中国能源年鉴

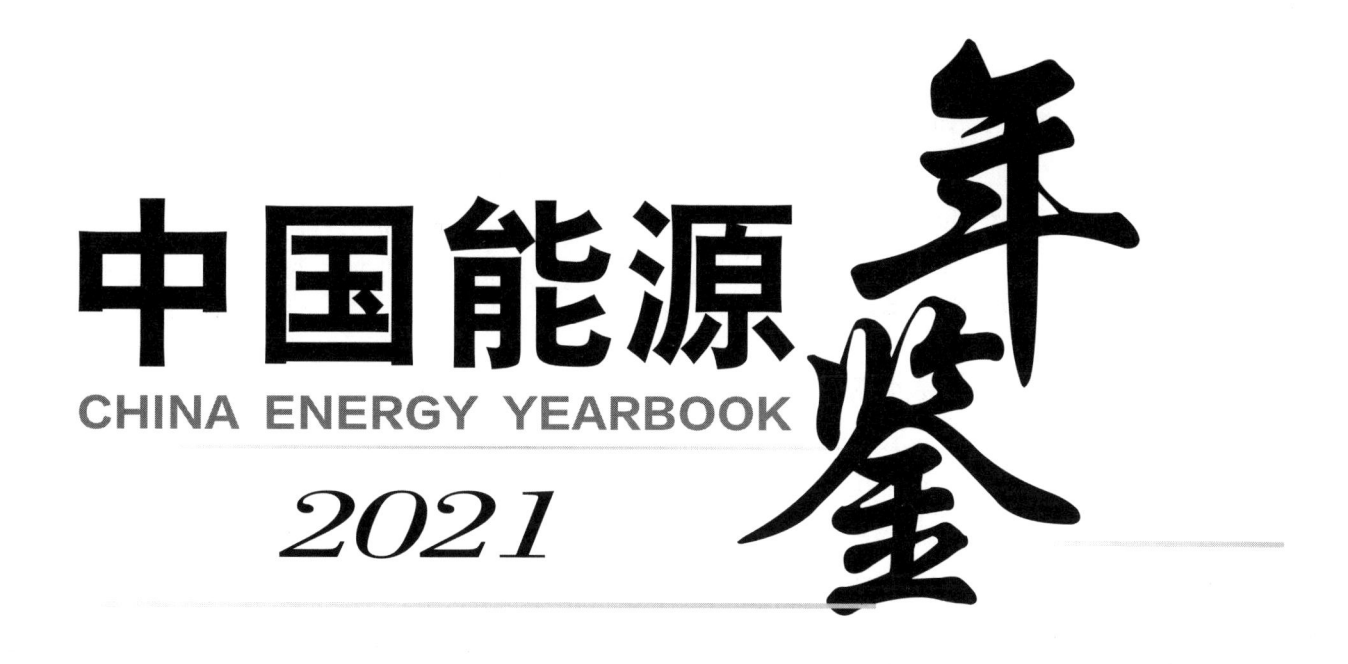

CHINA ENERGY YEARBOOK

2021

中国能源研究会 编

经济管理出版社
ECONOMY & MANAGEMENT PUBLISHING HOUSE

图书在版编目（CIP）数据

中国能源年鉴.2021/中国能源研究会编.—北京：经济管理出版社，2021.11
ISBN 978-7-5096-8266-1

Ⅰ.①中… Ⅱ.①中… Ⅲ.①能源经济—中国—2021—年鉴 Ⅳ.①F426.2-54

中国版本图书馆CIP数据核字（2021）第230106号

组稿编辑：陆雅丽
责任编辑：杨　娜　詹　静　康国华
责任印制：黄章平
责任校对：董杉珊　张晓燕　王淑卿

出版发行：经济管理出版社
　　　　　（北京市海淀区北蜂窝8号中雅大厦A座11层　100038）
网　　址：www.E-mp.com.cn
电　　话：（010）51915602
印　　刷：北京晨旭印刷厂
经　　销：新华书店
开　　本：880mm×1230mm/16
印　　张：81.5
字　　数：1978千字
版　　次：2021年11月第1版　2021年11月第1次印刷
书　　号：ISBN 978-7-5096-8266-1
定　　价：900.00元

·版权所有　翻印必究·
凡购本社图书，如有印装错误，由本社读者服务部负责调换。
联系地址：北京阜外月坛北小街2号
电话：（010）68022974　邮编：100836

编委会

主　任　史玉波　中国能源研究会理事长

委　员
　　　　王禹民　中国能源研究会副理事长
　　　　辛保安　中国能源研究会副理事长
　　　　　　　　国家电网有限公司董事长
　　　　申彦锋　中国能源研究会副理事长
　　　　　　　　中国核工业集团有限公司副总经理
　　　　焦方正　中国能源研究会副理事长
　　　　　　　　中国石油天然气集团有限公司副总经理
　　　　刘宏斌　中国能源研究会副理事长
　　　　　　　　中国石油化工集团有限公司副总经理
　　　　周立伟　中国能源研究会副理事长
　　　　　　　　中国海洋石油集团有限公司副总经理
　　　　陈允鹏　中国能源研究会副理事长
　　　　　　　　中国南方电网有限责任公司副总经理
　　　　樊启祥　中国能源研究会副理事长
　　　　　　　　中国华能集团有限公司副总经理
　　　　彭　勇　中国能源研究会副理事长
　　　　　　　　中国大唐集团有限公司副总经理
　　　　徐树彪　中国能源研究会副理事长
　　　　　　　　国家电力投资集团有限公司副总经理
　　　　王树民　中国能源研究会副理事长
　　　　　　　　国家能源投资集团有限责任公司副总经理

庞松涛　中国能源研究会副理事长
　　　　中国广核集团有限公司副总经理
韩　水　中国能源研究会监事长
孙正运　中国能源研究会副理事长兼秘书长
　　　　国家电网公司一级顾问

编写组

组　长　林卫斌

成　员（按姓氏笔画排序）

　　　　王　菲　王　燕　白　俊　任东明　刘　凯
　　　　齐正平　杨建红　苏　剑　李继峰　李　秦
　　　　张晓婷　柯晓明　郝向斌　赵艳红　施发启
　　　　袁　静　韩文轩　蒋学林　鲁　刚

目 录

第一篇 发展篇

第一章 能源投资与建设 ·· 3
    一、煤炭投资与建设 ·· 4
    二、电力投资与建设 ·· 8
    三、石油天然气投资与建设 ·· 17
    四、新能源和可再生能源投资与建设 ·· 20

第二章 能源生产 ·· 23
    一、煤炭生产 ·· 24
    二、电力生产 ·· 26
    三、石油生产 ·· 28
    四、天然气生产 ·· 30
    五、新能源和可再生能源生产 ·· 31

第三章 能源消费 ·· 36
    一、综合能源消费 ·· 36
    二、煤炭消费 ·· 38
    三、电力消费 ·· 39
    四、石油消费 ·· 41
    五、天然气消费 ·· 42

第四章 能源进出口 ·· 44
    一、煤炭进出口 ·· 44
    二、电力进出口 ·· 44
    三、石油进出口 ·· 45
    四、天然气进出口 ·· 47

第五章	能源效率	48
	一、综合效率	48
	二、煤炭效率	51
	三、石油效率	51
	四、电力效率	51

第六章	能源环境	53
	一、能源与废气污染物排放	53
	二、能源与废水污染物排放	54
	三、能源与固体废弃物排放	54
	四、能源与温室气体排放	55

第二篇 改革篇

第七章	综　合	79
	一、"四个革命，一个合作"能源安全新战略	79
	二、能源体制革命行动计划	88
	三、能源革命试点在山西	89
	四、能源管理体制改革	90
	五、能源企业改革	94
	六、能源价格改革	114
	七、能源投融资体制改革	125

第八章	煤炭体制改革	135
	一、煤炭交易机制改革	135
	二、煤炭资源税改革	146
	三、煤炭企业改革	148
	四、煤炭行业改革动态	151

第九章	电力体制改革	152
	一、电力体制改革顶层设计	152
	二、有序放开发用电计划	175
	三、配售电改革	191
	四、输配电价改革	210
	五、电力市场建设	232
	六、交易机构改革	283
	七、电力企业改革	287

第十章 油气体制改革 ... 289
    一、油气体制改革顶层设计 ... 289
    二、组建国家油气管网公司 ... 291
    三、天然气价格改革 ... 291
    四、矿权制度改革 ... 302
    五、油气企业改革 ... 308

第三篇 政策篇

第十一章 综合能源政策 ... 313
    一、能源战略规划 ... 313
    二、年度能源工作计划 ... 412
    三、能源系统新业态、新模式政策 ... 416
    四、节能减排政策 ... 427
    五、能源环境政策 ... 437
    六、能源补贴政策 ... 480
    七、能源供应保障政策 ... 486

第十二章 煤炭政策 ... 498
    一、煤炭发展规划 ... 498
    二、煤炭安全生产政策 ... 534
    三、煤炭去产能政策 ... 559
    四、煤炭库存政策 ... 573
    五、现代煤化工产业政策 ... 579
    六、煤炭价格监管政策 ... 585

第十三章 电力政策 ... 590
    一、电力发展规划 ... 590
    二、电力安全生产政策 ... 609
    三、电源发展政策 ... 619
    四、电力需求侧管理政策 ... 642
    五、新型电力系统政策 ... 649
    六、获得电力政策 ... 662

第十四章 石油天然气政策 ... 671
    一、石油天然气发展规划 ... 671
    二、推进天然气利用政策 ... 705

三、石油天然气价格政策 ………………………………………………………………………… 714
　　四、石油天然气进口政策 ………………………………………………………………………… 725
　　五、石油天然气供应保障政策 …………………………………………………………………… 730
　　六、石油天然气监管政策 ………………………………………………………………………… 735

第十五章　新能源和可再生能源政策 ……………………………………………………………… 756
　　一、新能源和可再生能源发展规划 ……………………………………………………………… 756
　　二、可再生能源消纳政策 ………………………………………………………………………… 830
　　三、水电政策 ……………………………………………………………………………………… 849
　　四、风能政策 ……………………………………………………………………………………… 854
　　五、太阳能政策 …………………………………………………………………………………… 858
　　六、生物质能政策 ………………………………………………………………………………… 866
　　七、储能政策 ……………………………………………………………………………………… 874

第四篇　科技篇

第十六章　煤炭技术 ………………………………………………………………………………… 883
　　一、煤炭地质勘查技术 …………………………………………………………………………… 883
　　二、煤炭工程建设技术 …………………………………………………………………………… 885
　　三、井工煤矿开采技术 …………………………………………………………………………… 888
　　四、露天煤矿开采技术 …………………………………………………………………………… 894
　　五、煤炭加工利用技术 …………………………………………………………………………… 896

第十七章　电力技术 ………………………………………………………………………………… 900
　　一、火电技术 ……………………………………………………………………………………… 900
　　二、水电技术 ……………………………………………………………………………………… 906
　　三、核电技术 ……………………………………………………………………………………… 909
　　四、并网技术 ……………………………………………………………………………………… 913
　　五、输电技术 ……………………………………………………………………………………… 915
　　六、智能电网技术 ………………………………………………………………………………… 918

第十八章　石油技术 ………………………………………………………………………………… 923
　　一、石油勘探技术 ………………………………………………………………………………… 923
　　二、石油开采技术 ………………………………………………………………………………… 925
　　三、石油储存及运输技术 ………………………………………………………………………… 929
　　四、石油加工技术 ………………………………………………………………………………… 930

第十九章　天然气技术 ... 932
一、天然气勘探技术 ... 932
二、天然气开采技术 ... 933
三、天然气储存及运输技术 ... 937

第二十章　新能源和可再生能源技术 ... 941
一、风力技术 ... 941
二、太阳能技术 ... 945
三、氢能技术 ... 948
四、地热技术 ... 950
五、海洋能技术 ... 952
六、生物质能技术 ... 958
七、储能技术 ... 961

第五篇　国际合作篇

第二十一章　能源国际合作战略规划 ... 969

第二十二章　能源国际合作战略通道 ... 973
一、油气战略通道 ... 973
二、电力战略通道 ... 979

第二十三章　能源对外投资 ... 982
一、对外直接投资 ... 982
二、对外工程承包 ... 986
三、大型能源企业对外投资情况 ... 989

第二十四章　能源国际合作双边关系 ... 1008
一、南亚、东南亚地区 ... 1008
二、俄罗斯 ... 1010
三、中亚地区 ... 1011
四、中东地区 ... 1012
五、非洲地区 ... 1013
六、欧洲地区 ... 1015
七、美国 ... 1015
八、拉美地区 ... 1016

第二十五章　能源国际合作多边治理 ······ 1017
一、完善区域能源合作机制 ······ 1017
二、与主要国际能源组织建立紧密联系 ······ 1019
三、通过重要国际平台开展能源治理合作 ······ 1021
四、在"一带一路"倡议下深化能源治理合作 ······ 1023
五、以新主张新实践，引领能源绿色低碳发展 ······ 1024
六、提升议价定价能力，塑造国际能源贸易新秩序 ······ 1027
七、投身国际能源援助，消除欠发达地区能源贫困 ······ 1028

第六篇　企业篇

第二十六章　能源企业 ······ 1033
中国核工业集团有限公司 ······ 1033
中国石油天然气集团有限公司 ······ 1034
中国石油化工集团有限公司 ······ 1036
中国海洋石油集团有限公司 ······ 1037
国家电网有限公司 ······ 1039
中国南方电网有限责任公司 ······ 1041
中国华能集团有限公司 ······ 1042
中国大唐集团有限公司 ······ 1044
中国华电集团有限公司 ······ 1045
国家电力投资集团有限公司 ······ 1046
中国长江三峡集团有限公司 ······ 1048
国家能源投资集团有限责任公司 ······ 1052
中国广核集团有限公司 ······ 1055
京能（锡林郭勒）发电有限公司 ······ 1056
北京清畅电力技术股份有限公司 ······ 1057
协合新能源集团有限公司 ······ 1057
广州博纳信息技术有限公司 ······ 1058
吉林省地方电力有限公司 ······ 1059
江苏泽宇智能电力股份有限公司 ······ 1060
赫普能源环境科技股份有限公司 ······ 1061
珠海市同海科技股份有限公司 ······ 1061
河南明阳新能源有限公司 ······ 1062
山西省地质工程勘察院 ······ 1063
奇安信科技集团股份有限公司 ······ 1064
北京清新环境技术股份有限公司 ······ 1065

大唐电信科技股份有限公司	1066
江阴弘远新能源科技有限公司	1066
青岛鼎信通讯股份有限公司	1067
北京四方继保自动化股份有限公司	1068
兴唐通信科技有限公司	1068
中国中煤能源集团有限公司	1069
山东能源集团有限公司	1070
陕西煤业化工集团有限责任公司	1070
大同煤矿集团有限责任公司	1071
山西焦煤集团有限责任公司	1071
冀中能源集团有限责任公司	1072
山西潞安矿业（集团）有限责任公司	1073
晋能集团有限公司	1073
华阳新材料科技集团有限公司	1074
山西晋城无烟煤矿业集团有限责任公司	1075
内蒙古霍林河露天煤业股份有限公司	1075
黑龙江龙煤矿业控股集团有限责任公司	1076
华电煤业集团有限公司	1077
内蒙古伊泰集团有限公司	1077
内蒙古汇能煤电集团有限公司	1078
中国平煤神马集团有限公司	1078
淮北矿业（集团）有限责任公司	1079
徐州矿务集团有限公司	1079
靖远煤业集团有限责任公司	1080
中国中化集团有限公司	1081
中国航空油料集团有限公司	1082
陕西延长石油（集团）有限责任公司	1082
振华石油控股有限公司	1083
新奥集团股份有限公司	1084
山东东明石化集团有限公司	1084
荣盛石化股份有限公司	1085

第二十七章 能源建设企业 1087
中国节能环保集团有限公司	1087
中国煤炭科工集团有限公司	1088
中国电力建设集团有限公司	1089
中国能源建设集团有限公司	1090

中煤矿山建设集团有限责任公司 ………………………………………………………… 1091
　　内蒙古能源建设投资（集团）有限公司 …………………………………………………… 1092
　　河北建投能源投资股份有限公司 …………………………………………………………… 1093

第二十八章　能源设备制造企业 …………………………………………………………… 1094
　　一、煤炭设备制造企业 ……………………………………………………………………… 1094
　　二、电力设备制造企业 ……………………………………………………………………… 1100
　　三、油气设备制造企业 ……………………………………………………………………… 1108
　　四、新能源与可再生能源设备制造企业 …………………………………………………… 1111

第七篇　数据篇

简要说明 …………………………………………………………………………………………… 1122

第二十九章　能源消费与效率 ……………………………………………………………… 1123
　　一、综合能源消费 …………………………………………………………………………… 1123
　　二、煤炭消费 ………………………………………………………………………………… 1129
　　三、石油消费 ………………………………………………………………………………… 1133
　　四、天然气消费 ……………………………………………………………………………… 1140
　　五、电力消费 ………………………………………………………………………………… 1146
　　六、能源效率 ………………………………………………………………………………… 1152

第三十章　能源投资与资源 ………………………………………………………………… 1159
　　一、能源投资 ………………………………………………………………………………… 1159
　　二、能源资源 ………………………………………………………………………………… 1169

第三十一章　能源生产与价格 ……………………………………………………………… 1184
　　一、综合能源生产 …………………………………………………………………………… 1184
　　二、煤炭生产 ………………………………………………………………………………… 1187
　　三、石油生产 ………………………………………………………………………………… 1190
　　四、天然气生产 ……………………………………………………………………………… 1194
　　五、电力生产 ………………………………………………………………………………… 1197
　　六、非化石能源生产 ………………………………………………………………………… 1203

第三十二章　能源设施 ……………………………………………………………………… 1212
　　一、煤炭设施 ………………………………………………………………………………… 1212
　　二、石油设施 ………………………………………………………………………………… 1214

三、天然气设施 ………………………………………………………………… 1219
　　四、电力设施 …………………………………………………………………… 1225
　　五、非化石能源设施 …………………………………………………………… 1231

第三十三章　能源贸易 ………………………………………………………… 1239
　　一、综合能源贸易 ……………………………………………………………… 1239
　　二、煤炭贸易 …………………………………………………………………… 1240
　　三、石油贸易 …………………………………………………………………… 1243
　　四、天然气贸易 ………………………………………………………………… 1248

第三十四章　能源价格 ………………………………………………………… 1252
　　一、煤炭价格 …………………………………………………………………… 1252
　　二、石油价格 …………………………………………………………………… 1255
　　三、天然气价格 ………………………………………………………………… 1259
　　四、电力价格 …………………………………………………………………… 1263

索　引

内容索引 ………………………………………………………………………… 1273

第一篇　发展篇

第一章　能源投资与建设

【能源投资规模】

根据国家统计局发布的《中国统计年鉴》，2019年，全国能源工业投资总规模达32359亿元，同比增长了7.7%，占全社会固定资产投资额的5.8%。其中，煤炭开采和洗选业投资3634亿元，同比增长了29.6%，占能源工业投资总额的11.2%；石油和天然气开采业投资3306亿元，同比增长了25.7%，占能源工业投资总额的10.2%；石油加工及炼焦业投资3313亿元，同比增长了12.4%，占能源工业投资总额的10.3%；电力、热力、燃气生产和供应业投资22106亿元，同比增长了1.8%，占能源工业投资总额的68.3%。

2012~2019年，能源工业投资总额由2012年的25500亿元增加至2019年的32359亿元，累计增加了6859亿元；能源工业投资额占全社会固定资产投资额的比重由2012年的6.8%下降至2019年的5.8%，降低了1个百分点。其中，煤炭开采和洗选业投资额由2012年的5370亿元减少至2019年的3634亿元，累计减少1736亿元，占比由21.1%下降至11.2%，降低了9.9个百分点；石油和天然气开采业投资额由3077亿元增加至3306亿元，累计增加229亿元，占比由12.1%下降至10.2%，降低了1.9个百分点；石油加工及炼焦业投资额由2500亿元增加至3313亿元，累计增加813亿元，占比由9.8%增加至10.3%，上升了0.5个百分点；电力、热力、燃气生产和供应业投资额由14553亿元增加至22106亿元，累计增加7553亿元，占比由57.1%增加至68.3%，上升了11.2个百分点。

依据国家统计局发布的数据，2019年，能源工业投资额排名前五的省份为山东省、河南省、内蒙古自治区、河北省和广东省，能源工业投资额分别为3058亿元、2259亿元、2097亿元、1969亿元和1706亿元；能源工业投资额较少的省份分别为海南省、西藏自治区和上海市，投资额分别为222亿元、184亿元和127亿元。

2012~2019年，山东省投资增加了1783亿元，是增资最多的省份；其次是河南省，累计增加投资1474亿元；山西省能源工业投资由2012年的2113亿元下降到2019年的1180亿元，累计减少了933亿元，是能源工业投资额减少最多的省份；而后是黑龙江省，能源工业投资额减少了416亿元。

一、煤炭投资与建设

(一) 煤炭投资

1. 煤炭固定资产投资

国家统计局数据显示（见图1-1），2019年，全国煤炭开采和洗选业投资额为3759亿元，较2018年增加了954亿元，同比增长了34.0%。2012~2019年，煤炭开采和洗选业投资规模由2012年末的5370亿元降低至2019年的3759亿元，投资额累计减少1611亿元，年均下降5.0%。

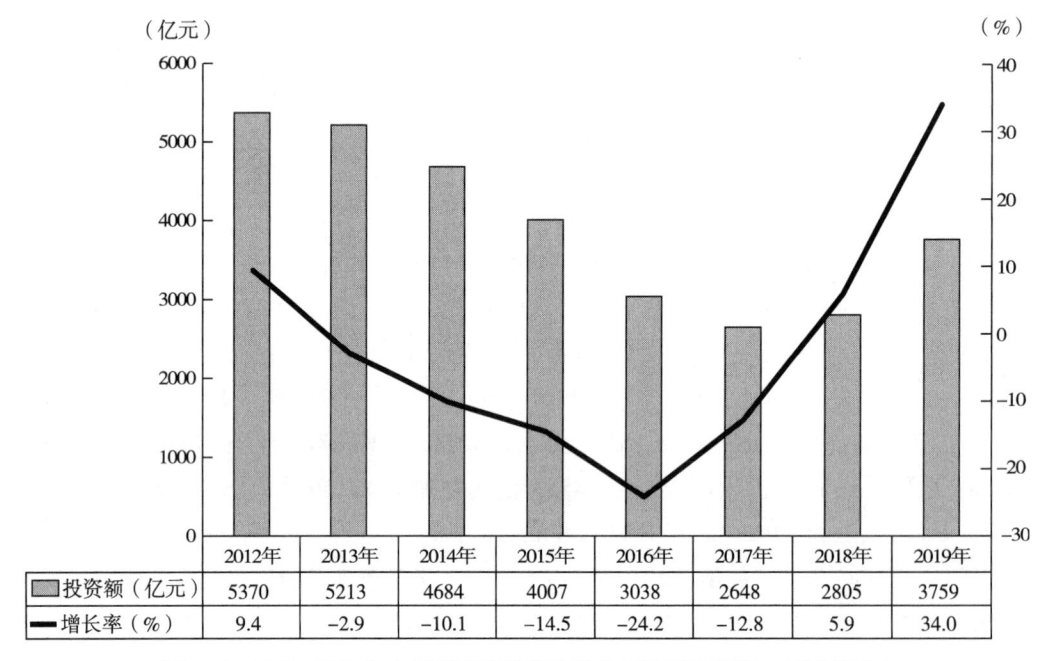

	2012年	2013年	2014年	2015年	2016年	2017年	2018年	2019年
投资额（亿元）	5370	5213	4684	4007	3038	2648	2805	3759
增长率（%）	9.4	-2.9	-10.1	-14.5	-24.2	-12.8	5.9	34.0

图1-1 2012~2019年中国煤炭开采和洗选业固定资产投资（不含农户）

资料来源：2020年《中国统计年鉴》。

2020年的新冠肺炎疫情对投资行业造成了较大的冲击，全国煤炭开采和洗选业固定资产投资大幅下降。煤炭开采和洗选业固定资产投资同比下降了0.7%，其中民间投资同比下降了15.4%。

2. 分地区煤炭开采和洗选业投资

根据国家统计局发布的数据，2019年，煤炭开采和洗选业投资额最多的是新疆，为2838.2亿元，占全国煤炭开采和洗选业投资总额的39.1%；其次是贵州的1223.4亿元和陕西的627.4亿元，分别占全国煤炭开采和洗选业投资总额的16.8%和8.6%；投资额在10亿元以下的有重庆、江西、辽宁和湖北。

(二) 煤炭建设

1. 原煤开采新增生产能力

根据国家统计局历年发布的《中国统计年鉴》，2019年，原煤开采新增生产能力9702万吨，较2018年减少了1995万吨，同比减少了17%；2012~2019年，原煤开采新增生产能力由2012年的39852万吨降低到2019年的9702万吨，累计减少了30150万吨，年均下降了18.3%。

2019年，焦炭生产新增生产能力923万吨，较2018年减少了547万吨，同比减少了37.2%；2012~2019年，焦炭生产新增生产能力由2012年的6125万吨降低至2019年的923万吨，累计减少了5202万吨，年均下降了23.7%。

2. 全国生产和建设煤矿产能情况

截至2018年12月底，全国安全生产许可证等证照齐全的煤矿生产地3373处，较2017年增加了5.7%，产能35.3亿吨/年，较2017年减少了13.7%；已核准（审批）、开工建设煤矿生产地1010处（含生产煤矿同步改建、改造项目64处），产能10.3亿吨/年（各省份相加数值为10.56亿吨），其中，已建成、进入联合试运转的煤矿203处，产能3.7亿吨/年。与2017年的数据相比，在产、建设、试运转煤矿产地数量分别减少了534处、146处、0处，产能净增加1.91亿吨、0.37亿吨、0.16亿吨，整体产能维持平稳增长，数量有序下降。

未按照法律法规取得核准（审批）及其他开工报建审批手续的建设煤矿地、未取得相关证照的生产煤矿地，未被纳入国家能源局2019年发布的公告范围。

3. 国家核准重大煤矿建设情况

依据国家发展和改革委员会（以下简称国家发改委）和国家能源局公开的资料（见表1-1），2020年，国家能源局共核准批复22个煤矿项目，合计建设规模4260万吨/年。其中，新疆的煤矿项目20个，建设规模3720万吨/年。建设规模最大的是伊宁矿区资源整合区伊泰伊犁矿业公司煤矿项目，建设规模450万吨/年，项目总投资20.89亿元（不含矿业权费用）。

表1-1　2020年国家核准煤矿建设项目

序号	项目名称	具体内容
1	陕西韩城矿区王峰煤矿项目	2020年3月，国家发展改革委核准陕西韩城矿区王峰煤矿项目，矿井建设规模300万吨/年，配套建设选煤厂，项目总投资41.84亿元（不含矿业权费用）
2	甘肃华亭矿区五举煤矿项目	2020年6月，国家发展改革委核准甘肃华亭矿区五举煤矿项目，矿井建设规模240万吨/年，配套建设选煤厂，项目总投资32.67亿元（不含矿业权费用）
3	新疆沙湾矿区西区红山西煤矿项目	2020年6月，国家发展改革委核准新疆沙湾矿区西区红山西煤矿项目，矿井建设规模120万吨/年，配套建设选煤厂，项目总投资7.33亿元（不含矿业权费用）
4	新疆哈密巴里坤矿区别斯库都克露天煤矿调整建设规模（生产能力）	2020年7月，国家发展改革委核准同意别斯库都克露天煤矿建设规模（生产能力）由200万吨/年调整为300万吨/年，项目总投资调整为7.3亿元（不含矿业权费用）

续表

序号	项目名称	具体内容
5	新疆哈密巴里坤矿区吉郎德露天煤矿调整建设规模（生产能力）	2020年7月，国家发展改革委核准同意吉郎德露天煤矿建设规模（生产能力）由200万吨/年调整为300万吨/年，项目总投资调整为9.7亿元（不含矿业权费用）
6	新疆鄯善县七克台矿区资源整合区一号整合井田项目	2020年8月，国家发展改革委核准建设鄯善县七克台矿区资源整合区一号整合井田项目，一号整合井田项目建设规模150万吨/年，配套建设相同规模的选煤厂，项目总投资8.4亿元（不含矿业权费用）
7	新疆哈密三塘湖矿区条湖三号矿井一期工程项目	2020年8月，国家发展改革委核准建设三塘湖矿区条湖三号矿井一期工程项目，建设规模120万吨/年，配套建设选煤厂，项目总投资10.89亿元（不含矿业权费用）
8	新疆阳霞矿区卡达希区轮台阳霞煤矿（整合二号矿井）项目	2020年8月，国家发展改革委核准建设阳霞矿区卡达希区轮台阳霞煤矿（整合二号矿井）项目，建设规模120万吨/年，配套建设相同规模的选煤厂，项目总投资11.41亿元（不含矿业权费用）
9	新疆克布尔碱矿区润田煤矿（六号、七号矿井整合煤矿）项目	2020年8月，国家发展改革委核准建设克布尔碱矿区润田煤矿（六号、七号矿井整合煤矿）项目，建设规模120万吨/年，配套建设相同规模的选煤厂，总投资10.58亿元（不含矿业权费用）
10	新疆白杨河矿区白杨河矿井一期工程项目	2020年9月，国家发展改革委核准建设白杨河矿区白杨河矿井一期工程项目，建设规模120万吨/年，配套建设相同规模的选煤厂，总投资15.04亿元（不含矿业权费用）
11	新疆阳霞矿区苏库努尔区玉鑫煤矿（一号矿井）项目	2020年9月，国家能源局核准建设阳霞矿区苏库努尔区玉鑫煤矿（一号矿井）项目，建设规模120万吨/年，配套建设相同规模的选煤厂，总投资13.75亿元（不含矿业权费用）
12	新疆和什托洛盖矿区陶和矿井一期工程项目	2020年9月，国家发展改革委核准建设和什托洛盖矿区陶和矿井一期工程项目，建设规模120万吨/年，配套建设相同规模的选煤厂，总投资11.86亿元（不含矿业权费用）
13	新疆阳霞矿区塔里克区二号矿井（轮台卫东煤矿）一期工程项目	2020年11月，国家能源局核准建设阳霞矿区塔里克区二号矿井（轮台卫东煤矿）一期工程项目，建设规模120万吨/年，配套建设相同规模的选煤厂，总投资11.46亿元（不含矿业权费用）
14	新疆伊宁矿区北区干沟煤矿项目	2020年11月，国家能源局核准建设伊宁矿区北区干沟煤矿项目，建设规模240万吨/年，配套建设相同规模的选煤厂，总投资11.97亿元（不含矿业权费用）
15	新疆七泉湖矿区星亮二矿井项目	2020年11月，国家能源局核准建设七泉湖矿区星亮二矿井项目，建设规模120万吨/年，配套建设相同规模的选煤厂，总投资9.07亿元（不含矿业权费用）
16	新疆和什托洛盖矿区资源整合区枭龙煤矿项目	2020年11月，国家能源局核准建设和什托洛盖矿区资源整合区枭龙煤矿项目，建设规模120万吨/年，配套建设相同规模的选煤厂，总投资8.06亿元（不含矿业权费用）
17	新疆伊宁矿区资源整合区伊泰伊犁矿业公司煤矿项目	2020年12月，国家能源局核准建设新疆伊宁矿区资源整合区伊泰伊犁矿业公司煤矿项目，建设规模450万吨/年，配套建设相同规模的选煤厂，总投资20.89亿元（不含矿业权费用）
18	新疆伊宁矿区北区七号矿井一期工程项目	2020年12月，国家能源局核准建设新疆伊宁矿区北区七号矿井一期工程项目，建设规模300万吨/年，配套建设相同规模的选煤厂，总投资22.42亿元（不含矿业权费用）
19	新疆准东西黑山矿区资源整合区北山露天煤矿一期工程项目	2020年12月，国家能源局核准建设新疆准东西黑山矿区资源整合区北山露天煤矿一期工程项目，建设规模300万吨/年，配套建设相同规模的选煤厂，总投资6.03亿元（不含矿业权费用）

续表

序号	项目名称	具体内容
20	新疆七克台矿区资源整合区二号整合井田项目	2020年12月,国家能源局核准建设新疆七克台矿区资源整合区二号整合井田项目,建设规模120万吨/年,配套建设相同规模的选煤厂,总投资8.94亿元(不含矿业权费用)
21	新疆和什托洛盖矿区小型煤矿整合区阿勒泰鑫泰矿业五号煤矿项目	2020年12月,国家能源局核准建设和什托洛盖矿区小型煤矿整合区阿勒泰鑫泰矿业五号煤矿项目,建设规模120万吨/年,配套建设相同规模的选煤厂,项目总投资4.69亿元(不含矿业权费用)
22	新疆昌吉白杨河矿区天业煤矿项目	2020年12月,国家能源局核准建设昌吉白杨河矿区天业煤矿项目,建设规模240万吨/年,配套建设相同规模的选煤厂,项目总投资17.01亿元(不含矿业权费用)

资料来源:根据国家发改委和国家能源局公开资料整理。

4. 重点煤炭工程建设

(1) 神华宁煤煤炭间接液化项目(400万吨/年)。2016年12月,世界最大煤制油项目——神华宁煤集团400万吨/年煤炭间接液化示范项目在宁夏建成投产。该项目位于宁夏宁东能源化工基地,总投资约550亿元,承担37项重大技术、装备及材料的国产化任务,项目国产化率达到98.5%。该项目每年转化煤炭2046万吨,年产油品405万吨,其中,柴油273万吨,石脑油98万吨,液化气34万吨;副产硫黄20万吨,混醇7.5万吨,硫酸铵14.5万吨,新增甲醇100万吨/年。

2017年11月,中石化十建公司承建的神华宁煤煤制油、油品合成装置A标段技改项目一次投料开车成功,正式投入生产运行。

2020年6月13日,该示范项目完成装置大检修,成功打通第一条产品线,第一批次主工艺装置开车成功。该项目检修累计完成60台关键机组大修,876台压力容器及17645条压力管道的定检工作;拆除了740处卡具,顺利完成6项红线检修项目,攻克了进口设备检修难题,节省检修费用近200万元,打破了国外企业的垄断。

(2) 潞安矿业高硫煤一体化清洁利用一期工程(100万吨/年)。国家发改委以发改能源〔2016〕2433号文件发布了《关于山西潞安矿业(集团)有限责任公司高硫煤清洁利用油化电热一体化示范项目核准的批复》。2016年11月,山西省发改委对该项目正式核准。

该项目位于山西省长治市襄垣县王桥新型煤化工工业园区潞安油化电热一体化综合示范园区,占地365.75公顷,总投资236.7亿元,年产180万吨油品和化学品,包括柴油、石脑油、液化石油气、溶剂油、白油、Ⅲ+基础油、石蜡、正构烷烃、醇类等产品,分两期建设,其中,一期建设100万吨/年铁基费托油品装置,二期建设80万吨/年钴基费托蜡加工装置。主体工程主要包括粉煤气化、净化、PSA尾气制氢、铁基油品合成、100万吨/年铁基油品加工、80万吨/年钴基油品加工等装置。

2017年7月,该项目总体试车工作完成83.3%,设备调试累计完成95.8%,仪表阀门调试累计完成92.4%,管线吹扫、冲洗累计完成94.8%,压缩机负荷调试完成78.4%。固体储运、热电装置3#炉、调蓄水池、空压站、除氧水站、循环水厂、空分1# 2#汽轮机已正常运行。仪表风、工厂风、消防水、循环水、脱盐水、生产水、生活水、0.8MPa氮气、8.6MPa氮气、污水生化处理等系统已正常投用。

2019年9月,潞安高硫煤清洁利用油化电热一体化示范项目顺利通过中国石油和化学工业联合会专家组的性能标定。高硫煤清洁利用油化电热一体化示范项目的生产规模为每年100万吨的煤炭间接液化生产线和每年80万吨的钴基费托合成粗油品加工装置,合计每年生产180万吨油品及化学品,简称"180项目"。在项目推进的过程中,潞安集团以自产高硫煤为原料,采用国际先进技术集成耦合,通过生产高端蜡、无芳溶剂、特种燃料、高档润滑油、专属化学品五大类高端精细化学品及配套115MW余热发电,实现了煤炭的清洁高效利用,完美地演绎了煤炭经济效益衡量标准的嬗变——从吨煤到升油再到克化学品的价值提升。目前,该项目已成功走出区别于石油基的高端蜡、高档润滑油基础油和高端润滑油、高端特种燃料油、无芳碳氢环保溶剂油以及专属化学品开发五条产业开发路径,研发出5大类、49个规格、180个型号的煤基合成特种产品,其中,高熔点费托合成蜡、无芳烃溶剂油等多个产品达到世界先进水平,填补了国内空白。与此同时,潞安集团以项目运行为契机,将对标国际,加快配套工程60万吨/年异构脱蜡和30万吨/年烯烃分离的建设,以实现煤炭产业的高端化和经济效益的最大化,当好能源革命的排头兵。

(3) 内蒙古伊泰煤炭间接液化项目。2016年12月,国家发改委印发《关于内蒙古伊泰煤制油有限责任公司200万吨/年煤炭间接液化示范项目核准的批复》(发改能源〔2016〕2540号),批复同意内蒙古伊泰煤制油有限责任公司建设200万吨/年煤炭间接液化示范项目。该示范项目概算投资290.72亿元,总占地面积288.18公顷,建设期为48个月,预计2020年底建成投产。项目产品总产量为215.35万吨/年,主要产品为柴油、石脑油、LPG、LNG,并副产混醇、硫黄等产品,均属于清洁液体燃料和优质化工原料。

2020年9月,内蒙古伊泰集团有限公司与中化二建集团有限公司就伊泰能源化工200万吨/年煤炭间接液化示范项目签署战略合作框架协议,标志着这一巨无霸工程加快推进。该示范项目总投资约293.42亿元,建设期3年,项目拟采用高温F-T合成技术,年产200多万吨油品,其中柴油144万吨、石脑油40万吨、LPG 16万吨、LNG 10万吨,并副产混醇、硫黄等,均属于清洁液体燃料和优质化工原料。

二、电力投资与建设

(一) 电力投资

1. 全国电力固定资产投资额

基于国家统计局发布的数据进行计算(见图1-2),2019年,全国城镇电力、热力及燃气的生产和供应业投资额为23248.9亿元,同比增长5.9%。2012~2019年,全国城镇电力、热力及燃气的生产和供应业投资规模由2012年的14552.6亿元增加到2019年的23248.9亿元,年均增长6.9%。

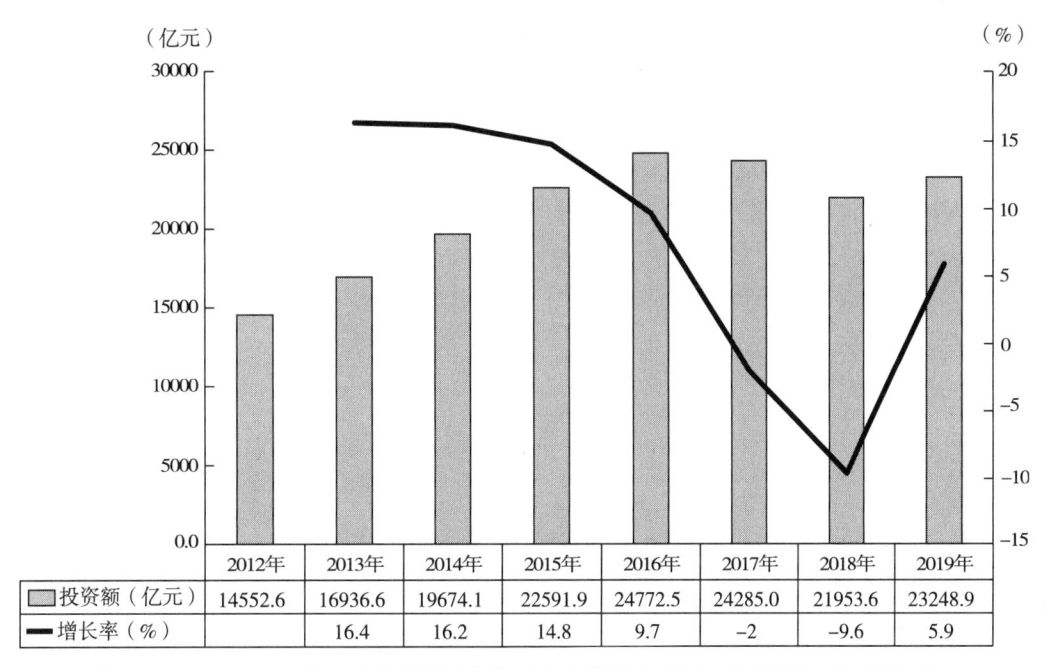

图1-2 2012~2019年电力、热力及燃气的生产和供应业固定资产投资（不含农户）

年份	2012年	2013年	2014年	2015年	2016年	2017年	2018年	2019年
投资额（亿元）	14552.6	16936.6	19674.1	22591.9	24772.5	24285.0	21953.6	23248.9
增长率（%）		16.4	16.2	14.8	9.7	-2	-9.6	5.9

资料来源：2012~2017年的数据来源于2018年《中国统计年鉴》。2018~2020年的数据根据2020年《中国能源统计年鉴》计算得到。

2019年，电力投资额最多的是河北省，投资额为1577亿元，较上年减少了49亿元，同比降低了3.0%；投资额最少的是上海市，为88.4亿元，较上年减少了33亿元，同比降低了21.2%。一半以上省份的电力投资额均有所增加，小部分省份的电力投资额减少。

2. 电力工程建设完成投资额

根据中国电力企业联合会历年发布的《电力统计基本数据一览表》，2020年，全国主要电力企业合计完成投资10189亿元，比上年增长了22.8%。

全国电源工程建设完成投资5292亿元，比上年增长了29.5%。其中，水电完成投资1067亿元，比上年增长了17.9%；火电完成投资568亿元，比上年下降了27.2%；核电完成投资379亿元，比上年下降了18.1%；风电完成投资2653亿元，比上年增长了70.9%；太阳能发电完成投资625亿元，比上年增长了62.3%。

全国电网工程建设完成投资4896亿元，比上年下降了2.3%。其中，直流工程532亿元，比上年增长了113.4%；交流工程4188亿元，比上年下降了7.5%，占电网总投资的85.5%。2012~2020年，中国电力工程建设累计完成投资额75192亿元，其中，电源工程建设累计完成投资32896亿元，电网工程建设累计完成投资42294元。

从近十年的数据来看，电力投资总体呈增长态势，"十二五"期间年均投资约为7800亿元，"十三五"期间年均投资约为8800亿元。2020年达到近十年电力投资的最高水平，2012年电力投资7393亿元，为近十年最低。

2020年，中国电力工程建设完成投资额较2012年累计增加了2796亿元，年均增长了4.1%。其中，电源工程建设完成投资额累计增加了1560亿元，年均增长了4.5%；电网工程建设完成投资额累计增加了1235亿元，年均增长了3.7%。

2020年，电源投资同比增长了29.5%，电网投资下降了2.3%。2013~2020年，2020年的电源投资增速相对较快，且逐年增加；电网投资在2016年以前增速为正，其中，2016年的增长率达到17.0%，2016年以后，投资增速显著下降，电网投资连续两年呈现负增长，2019年和2020年分别较前一年下降了6.1%和2.3%（见图1-3）。

	2013年	2014年	2015年	2016年	2017年	2018年	2019年	2020年
电源（%）	3.8	-4.8	6.8	-13.4	-14.9	-3.9	17.8	29.5
电网（%）	5.3	6.8	12.6	17.0	-1.7	0.0	-6.1	-2.3

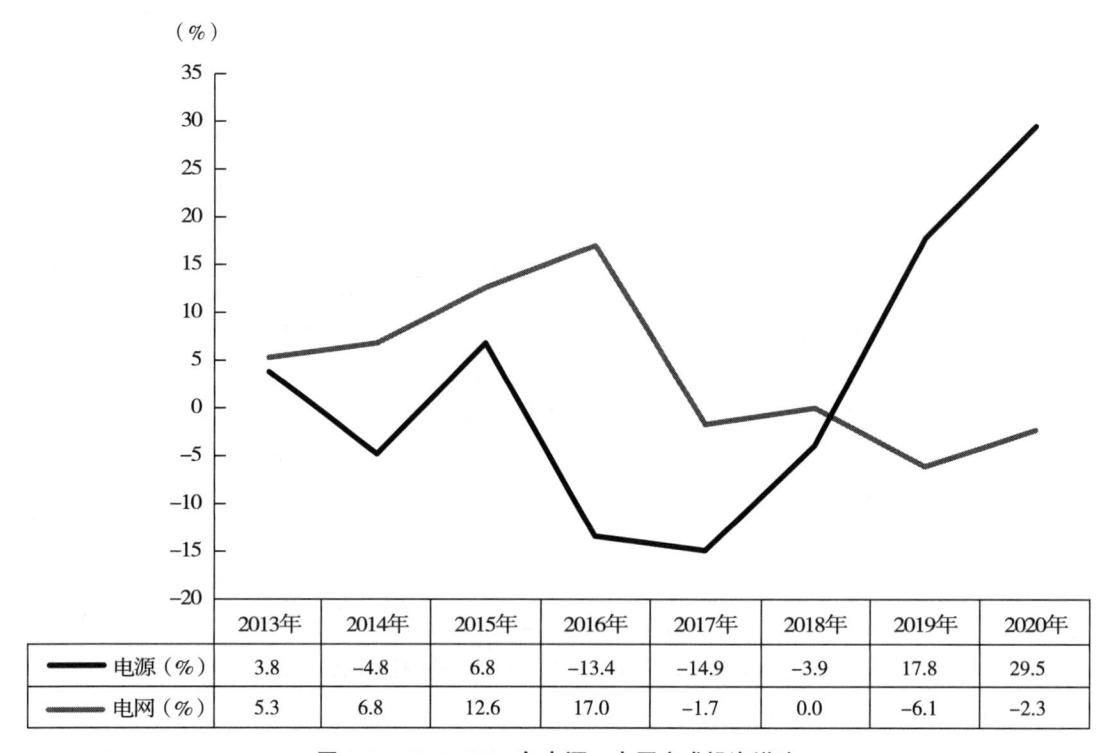

图1-3　2013~2020年电源、电网完成投资增速

3. 电力结构再次调整，网源投资差距继续缩小

2020年，全国电源基本建设投资占电力投资的比重为53%，较上一年增加了8个百分点；电网基本建设投资占电力投资的比重为47%，较上一年降低了8个百分点。近十年来，电力投资结构出现较大变化。"十二五"前三年电源投资虽略高于电网投资，但两者占比相当；自2014年起，电网投资持续增长；2018年，电网投资接近电源投资的2倍，达到历史峰值；2019年，两者的差距缩小，为952亿元；2020年，两者的差距缩至500余亿元。

（1）电源固定资产投资。根据历年发布的《电力统计基本数据一览表》，2020年，水电完成投资额1067亿元，较2019年增加了162亿元，同比增长了17.9%；火电完成投资额568亿元，较2019年减少了212亿元，同比下降了27.2%；核电完成投资额379亿元，较2019年减少了84亿元，同比下降了18.1%；风电完成投资额2653亿元，较2019年增加了1101亿元，同比增长了70.9%；太阳能发电完成投资额625亿元，较2019年增加了240亿元，同比增长了62.3%。

近十年来，电源投资结构也出现了明显变化，其中，火电投资有五年占比排名第一，水电有两年占比排名第一，风电有两年占比排名第一。2015年、2019年和2020年风电投资分别为火电的1倍、2倍和4倍，2020年光电投资超过火电。

2012~2020年，水电累计完成投资额7038亿元，火电累计完成投资额7869亿元，核电累计完成投资额4410亿元，风电累计完成投资额7178亿元，太阳能发电累计完成投资额1908亿元。

2020年相较于2012年，水电完成投资额累计减少了172亿元，年均增长率为-1.9%；火电累计减少了434亿元，年均增长率为6.9%；核电累计减少了405亿元，年均增长率为8.7%；风电累计增加了2046亿元，年均增长率为20.2%；太阳能发电累计增加了526亿元，年均增长率为25.9%。

通过对历年《电力统计基本数据一览表》中数据的计算，2020年，水电完成投资额占能源工业投资总额的20.2%，较2019年下降了5.4个百分点；火电完成投资额占能源工业投资总额的10.7%，较2019年下降了8.6个百分点；核电完成投资额占能源工业投资总额的7.2%，较2019年减少了4.5个百分点；风电完成投资额占能源工业投资总额的50.1%，较2019年增加了12.2个百分点；太阳能发电完成投资额占能源工业投资总额的11.8%，较2019年上升了6.2个百分点。

2012~2020年，水电完成投资额占能源工业投资总额的比重由2012年的33.2%降至2020年的20.2%，下降了13个百分点；火电完成投资额占能源工业投资总额的比重由2012年的26.9%变动至2020年的10.7%，下降了16.2个百分点；核电完成投资额占能源工业投资总额的比重由21.0%变动至2020年的7.2%，下降了13.8个百分点；风电完成投资额占能源工业投资总额的比重由2012年的16.3%变动至2020年的50.1%，上升了33.8个百分点；太阳能发电完成投资额占能源工业投资总额的比重由2012年的2.7%上升至2020年的11.8%，上升了9.1个百分点。

（2）电网固定资产投资。历年《电力统计基本数据一览表》显示，2020年，电网投资总额4896亿元，较2019年减少了116亿元，同比下降了2.3%。其中，送变电电网投资4721亿元，较2019年增加了61亿元，同比增长了1.3%；其他电网投资176亿元，较2019年减少了176亿元，同比减少了50.0%。送变电电网投资中直流电电网投资532亿元，较2019年增加了283亿元，同比增长了113.7%；交流电电网投资4188亿元，较2019年减少了223亿元，同比下降了5.1%。

2012~2020年，电网投资总额累计投资42294.8亿元，其中，送变电电网累计投资40650.1亿元，其他电网累计投资1646亿元。送变电电网投资中直流电电网累计投资3670.7亿元，交流电电网累计投资36978.2亿元。

2020年相较于2012年，电网投资总额累计增加了1234.9亿元，年均增长率为4.2%。其中，送变电电网累计增加了1263亿元，年均增长率为4.6%；其他电网累计减少了27.2亿元，年均增长率为-1.7%。送变电电网投资中直流电电网累计增加了254.3亿元，年均增长率为-11.4%；交流电电网投资累计增加了1007.7亿元，年均增长率为4.0%。

（二）电力建设

1. 电源建设

（1）发电装机容量。

根据国家统计局和2020年《中国电力统计年鉴》公布的数据，2020年，全国发电装机容量达220058万千瓦，较上年增加了19087万千瓦，同比增长了9.5%，增速较上年增加了3.7个百分点；人均发电装机容量达1.56千瓦，较上年增加了0.12千瓦，同比增长了9.1%，增速较上年增加了3.2个百分点。

2012~2020年，全国发电设备容量由2012年的114676万千瓦增加到2020年的220058万千瓦，累计增加了105382万千瓦，年均增加了13172.8万千瓦，年均增长率为8.5%。其中，2015年，全国发电设备容量增长最快，较2014年增长了11.3%；2015年后，我国装机增速呈下降趋势，至2020年陡然回升，最主要的原因是风电、太阳能发电等新能源新增装机创历史新高。2019年，全国发电设备容量增长最慢，较2016年增长了5.8%。

据历年《中国统计年鉴》，2020年，火电装机容量124517万千瓦，较2019年增加5462万千瓦，同比增长4.6%；水电装机容量37016万千瓦，较2019年增加1376万千瓦，同比增长3.9%；核电装机容量4989万千瓦，较2019年增加115万千瓦，同比增长2.4%；风电装机容量28153万千瓦，较2019年增加7148万千瓦，同比增长34.0%；太阳能发电装机容量25343万千瓦，较2019年增加4875万千瓦，同比增长23.8%。

2020年相较于2012年，火电装机容量累计增加42549万千瓦，年均增长率为6.5%；水电装机容量累计增加12069万千瓦，年均增长率为6.0%；核电装机容量累计增加3732万千瓦，年均增长率为37.1%；风电装机容量累计增加22011万千瓦，年均增长率为44.8%；太阳能发电装机容量累计增加25002万千瓦，年均增长率为916.5%。

基于上述数据的分析，2020年，火电装机容量占发电装机总容量的56.6%，较上年下降2.6个百分点；水电装机容量占发电装机总容量的16.8%，较上年下降0.9个百分点；核电装机容量占发电装机总容量的2.3%，与上年相比下降了0.2个百分点；风电装机容量占发电装机总容量的12.8%，较上年上升了2.3个百分点；太阳能发电装机容量占发电装机总容量的11.5%，较上年上升了1.3个百分点。

2012~2020年，火电装机容量占发电装机总容量的比重由2012年的71.5%降至2020年的56.6%，下降14.9个百分点；水电装机容量占发电装机总容量的比重由2012年的21.8%变动至2020年的16.8%，下降5个百分点；核电装机容量占发电装机总容量的比重由1.1%变动至2020年的2.3%，上升1.2个百分点；风电装机容量占发电装机总容量的比重由2012年的5.4%变动至2020年的12.8%，上升7.4个百分点；太阳能发电装机容量占发电装机总容量的比重由2012年的0.3%上升至2020年的11.5%，上升11.2个百分点。

2020年，全国新增发电装机容量19087万千瓦，较上年增长81.8%。其中，火电新增发电装机容量5637万千瓦，较上年增长27.4%；水电新增发电装机容量1323万千瓦，较上年下降197.7%；核电新增发电装机容量112万千瓦，较上年下降72.6%；风电新增发电装机容量

7167万千瓦，较上年增长178.7%；太阳能发电新增发电装机容量4820万千瓦，较上年增长81.7%。

1）煤电装机容量占比首次低于50%，非化石能源装机创历史新高。

截至2020年底，全国全口径水电装机容量3.7亿千瓦、火电装机容量12.5亿千瓦、核电装机容量4989万千瓦、并网风电装机容量2.8亿千瓦、并网太阳能发电装机容量2.5亿千瓦、生物质发电装机容量2952万千瓦。全国全口径非化石能源发电装机容量合计9.8亿千瓦，占总发电装机容量的比重为44.8%，比上年提高2.8个百分点。煤电装机容量10.8亿千瓦，占比为49.1%，首次降至50%以下。

"十三五"时期，全国全口径发电装机容量年均增长7.6%，其中，非化石能源装机年均增长13.1%，占总装机容量的比重从2015年底的34.8%上升至2020年底的44.8%，提升10个百分点；煤电装机容量年均增速为3.7%，占总装机容量的比重从2015年底的59.0%下降至2020年底的49.1%，下降近10个百分点。

从装机增速来看，2020年，火电装机同比增长4.7%，较上年高出0.7个百分点；风电装机同比增长34.6%，较上年增速高出21个百分点；太阳能发电以24.1%的速度增长，较上年增速大幅提升7个百分点；核电增速收缩，降低6.7个百分点；水电装机低速缓增，同比增长3.4%。

从电源结构来看，近十年来我国传统化石能源发电装机比重持续下降，新能源装机比重明显上升。2020年，火电装机比重较2011年下降了15.7个百分点，风电、太阳能发电装机比重上升了近20个百分点，发电装机结构进一步优化。水电、风电、光伏、在建核电装机规模等多项指标保持世界第一。

2）新增发电装机规模创历史新高，新能源逐步向主力电源发展。

2020年，全国电源新增发电装机容量19087万千瓦，比上年多投产8587万千瓦，同比增长81.8%。其中，新增水电装机1323万千瓦，新增并网风电7167万千瓦，新增太阳能发电装机容量4820万千瓦，新增全国生物质发电装机容量543万千瓦。

从新增发电装机总规模来看，连续八年新增装机容量过亿千瓦，2020年更是创历史新高。受电力供需形势变化等因素的影响，2018年和2019年我国新增装机规模连续下滑。2020年，在新能源装机高增速的带动下，新增装机总体容量大幅提升。

2020年，新增发电装机以新能源为增量主体。并网风电、太阳能发电新增装机合计11987万千瓦，超过上年新增装机总规模，占2020年新增发电装机总容量的62.8%，连续四年成为新增发电装机主力。2020年，火电（包括煤电、气电、生物质发电）新增装机占全部新增装机的29.53%，与2015年相比降低21个百分点；水电新增装机占比为6.93%。

从各类电源新增装机规模来看，2020年，新增火电装机5637万千瓦，自2015年以来，新增装机容量首次回升，较上年多投产1214万千瓦。新增并网风电和太阳能发电装机容量分别为7167万千瓦和4820万千瓦，分别比上年多投产4595万千瓦和2168万千瓦。新增水电和核电装机分别为1323万千瓦和112万千瓦。

3）新能源新增装机。

风电、光伏通过试点示范及规模化应用取得快速发展。"十三五"期间，风电年新增装机超过1500万千瓦，光伏年新增装机约3000万千瓦。从2021年起，新核准陆上风电项目全面平价上网，光伏行业将不再有新增补贴项目。

2020年，全国风电新增并网装机7167万千瓦，其中，陆上风电新增装机6861万千瓦，海上风电新增装机306万千瓦。据全球风能理事会（GWEC）2月25日发布的数据，中国海上风电新增装机连续三年领跑全球，新增容量占全球新增一半以上。市场与政策共同向平价上网驱动，行业项目建设加速。风电建设整体处于平价前的冲刺期，新增并网装机增幅明显。2019年和2020年风电新增装机增速分别为20.9%和178.7%。从空间分布来看，中东部地区和南方地区占比约40%，东北、华北、西北地区占60%。到2020年底，全国风电累计装机2.81亿千瓦，其中，陆上风电累计装机2.71亿千瓦，海上风电累计装机约900万千瓦。

我国太阳能发电装机规模快速扩大。"十三五"以来，太阳能发电新增装机规模提升明显。2019年，我国启动光伏发电竞价项目申报，新增幅度缩减。2020年，新增并网装机量恢复上升。2020年，全国太阳能发电新增装机4820万千瓦，其中，集中式光伏3268万千瓦，分布式光伏1552万千瓦。

4）火电新增装机。

2020年，火电新增装机5637万千瓦，较上年同期多投产1214万千瓦，同比上升27.4%。全年有多个大型火电机组并网，重点工程包括：1月，阳江全球首台1240兆瓦阳西5号、6号机组启动试运行；8月，山东能源盛鲁能化盛鲁电厂1号机组和甘肃常乐电厂1号100万千瓦机组首次并网成功；9月，大唐东营热电厂世界首台六缸六排汽100万千瓦1号机组首次并网成功；12月，山西盂县2×100万千瓦发电项目1号机组并网成功，世界首例、我国首台汽轮机高位布置发电机组和国家能源集团国华电力锦界电厂5号机组首次并网一次成功。受需求驱动，火电装机容量持续增加。但随着风电等清洁能源的大规模应用，火电装机容量的增长速度逐渐降低。"十三五"以来，火电新增装机呈逐渐缩减之势，其增量主体地位有被新能源取代的趋势。

5）水电新增装机。

2020年，水电新增装机1323万千瓦，较上年多投产878万千瓦。自2013年以来，我国水电新增装机整体呈下降趋势，2019年达到十年最低点，2020年有所上升。2020年，新增装机较多的省份为四川（413万千瓦）、云南（340万千瓦）和安徽（136万千瓦），占全部新增装机的67.2%。按照《水电发展"十三五"规划》，2020年，我国水电总装机容量达到3.8亿千瓦。截至2020年底，水电装机规模37016万千瓦，接近"十三五"规划目标。

6）核电新增装机。

2020年，核电新增装机继续缩减。2020年，核电新增装机112万千瓦，较上年同期少投产297万千瓦，同比减少72.6%。9月，中核集团田湾核电站5号机组顺利完成满功率连续运行考核，这标志着田湾核电站5号机组具备投入商业运行的条件，额定容量111.8万千瓦。11月27日，"华龙一号"全球首堆——中核集团福清核电5号机组首次并网发电，于2021年1月30日投入商业运行，额定容量116.1万千瓦。

（2）电源在建规模。

据历年《电力统计基本数据一览表》，2020年，我国主要发电企业电源项目在建规模为16137万千瓦，较2019年减少2055万千瓦，同比下降11.3%。其中，水电在建规模8642万千瓦，较 2019 年减少 276 万千瓦，同比下降 3.3%；火电 3883 万千瓦，较 2019 年减少 1526 万千瓦，同比下降 28.2%；核电 1547 万千瓦，较 2019 年增加 127 万千瓦，同比增长 8.9%；风电 1996 万千瓦，较 2019 年减少 740 万千瓦，同比下降 27.0%。

2012~2020 年，水电在建规模占总在建规模的比重由 2012 年的 40.9% 增至 2020 年的 50.7%，增长 9.8 个百分点；火电在建规模占总在建规模的比重由 2012 年的 31.8% 变动至 2020 年的 24.1%，下降 7.7 个百分点；核电在建规模占总在建规模的比重由 20.8% 变动至 2020 年的 9.6%，下降 11.2 个百分点；风电在建规模占总在建规模的比重由 2012 年的 6.0% 变动至 2020 年的 12.4%，上升 6.4 个百分点。

2. 电网建设

（1）电网建设规模。"十三五"期间，我国建成投运多项交流和直流特高压工程，跨区输电能力进一步提升，藏中联网工程、阿里联网工程以及张北柔性直流电网工程等重点电网工程顺利投运，电网更加强大。我国已形成以东北、西北、西南区域为送端，华北、华东、华中、华南区域为受端，区域间交直流混联的电网格局，全国大电网基本实现联通。

中国电力企业联合会发布的《电力统计基本数据一览表》历年数据显示，2020 年，我国 220 千伏及以上变压器容量达 452810 万千伏安，较 2019 年增加 21113 万千伏安，同比增长 4.9%。其中，1000 千伏变压器容量 17400 万千伏安，较 2019 年增加 2100 万千伏安，同比增长 13.7%；750 千伏变压器容量 20165 万千伏安，较 2019 年增加 1860 万千伏安，同比增长 10.2%；500 千伏变压器容量 151505 万千伏安，较 2019 年增加 5906 万千伏安，同比增长 4.1%；330 千伏变压器容量 13096 万千伏安，较 2019 年增加 1050 万千伏安，同比增长 8.7%；220 千伏变压器容量 208143 万千伏安，较 2019 年增加 6019 万千伏安，同比增长 3.0%。此外，直流±1100 千伏变压器容量 2876 万千伏安，与 2019 年相比保持不变；直流±800 千伏变压器容量 25794 万千伏安，较 2019 年增加 3477 万千伏安，同比增长 15.6%；±660 千伏变压器容量 947 万千伏安；直流±500 千伏变压器容量 11648 万千伏安，较 2019 年增加 703 万千伏安，同比增长 6.4%；直流±400 千伏变压器容量 1245 万千伏安，与上年相比，保持不变。

2012~2020 年，我国 220 千伏及以上变压器容量由 2012 年的 276703 万千伏安变动至 2020 年的 452810 万千伏安，累计增加 176107 万千伏安，年均增长 6.4%。其中，1000 千伏变压器容量累计增加 15600 万千伏安，年均增长 32.7%；750 千伏变压器容量累计增加 14845 万千伏安，年均增长 18.1%；500 千伏变压器容量累计增加 60880 万千伏安，年均增长 6.6%；220 千伏变压器容量累计增加 63915 万千伏安，年均增长 4.7%。此外，直流±800 千伏变压器容量累计增加 21434 万千伏安，年均增长 24.9%；直流±660 千伏变压器容量累计增加 1 万千伏安；直流±500 千伏变压器容量累计减少 9921 万千伏安，年均下降 7.4%；直流±400 千伏变压器容量累计增加 1104 万千伏安，年均增长 31.3%。

2020 年，全国新增 220 千伏及以上变电设备容量 22288 万千伏安，比上年少投产 1526 万千伏安，同比减少 6.4%；全国新增 220 千伏及以上输电线路回路长度 3.5 万千米，与上年投产量相当，同比减少 2.5%；新增直流换流容量 5200 万千瓦，比上年多投产 3000 万千瓦，同比上升 136.4%。

近年来，电网投运规模增速保持在较低水平，220 千伏及以上变电设备容量、输电线路回路长度增速均在5%以内。新增规模波动幅度不大，基本保持近几年平均水平，变电设备增量持续超过2亿千伏安，输电线路回路长度增长超过3.5万千米。

2020年，我国220千伏及以上输配电线路长度达794118千米，较2019年增加34653千米，同比增长4.6%。其中，1000千伏输电线路长度13072千米，较2019年增加1306千米，同比增长11.1%；750千伏输电线路长度24346千米，较2019年增加1090千米，同比增长4.7%；500千伏输电线路长度201533千米，较2019年增加5897千米，同比增长3.0%；220千伏输电线路长度475217千米，较2019年增加20632千米，同比增长4.5%。此外，直流±1100千伏输电线路长度3295千米，与2019年相比保持不变；直流±800千伏输电线路长度24922千米，较2019年增加3015千米，同比增长13.8%；直流±660千伏输电线路长度1334千米，与上年持平；直流±500千伏输电线路长度14793千米，较2019年增加1060千米，同比增长7.7%；直流±400千伏输电线路长度1639千米，与上年持平。

2012~2020年，我国220千伏及以上输电线路长度累计增加279161千米，年均增长6.8%；1000千伏输电线路长度累计增加12433千米，年均增长243.2%；750千伏输电线路长度累计增加14258千米，年均增长17.7%；500千伏输电线路长度累计增加55283千米，年均增长4.7%；220千伏输电线路长度累计增加157000千米，年均增长6.2%。此外，直流±800千伏输电线路长度累计增加19456千米，年均增长44.5%；直流±660千伏输电线路长度累计减少66千米，年均下降0.6%；直流±500千伏输电线路长度累计增加5648千米，年均增长7.7%；直流±400千伏输电线路长度累计增加588千米，年均增长7.0%。

（2）新增电网建设规模。2020年，全国新增直流输电线路长度共计4444千米，其中，直流±800千伏线路长度增加3389千米，直流±500千伏线路长度增加1055千米；换流容量5200万千瓦，较2019年增长1.36倍。其中，2020年全部新增直流输电线路长度来自于直流±800千伏和直流±500千伏线路；直流±800千伏的换流容量4000万千瓦，直流±500千伏的换流容量1200万千瓦。

2020年，全国新投产交流110千伏及以上输电线路57237千米，比上年下降1.25%；变电容量31292万千伏安，比上年下降2.0%。其中，新增1000千伏线路1736千米，变电设备容量1800万千伏安；新增750千伏线路1090千米，变电设备容量1860万千伏安；新增500千伏线路7424千米，变电设备容量8255万千伏安；新增330千伏线路1566千米，变电设备容量1098万千伏安；新增220千伏线路18768千米，变电设备容量9275万千伏安；新增110千伏（含66千伏）线路26653千米，变电设备容量9004万千伏安。

（3）输电通道建设。2020年，我国共成功投运"十四交十六直"30个特高压工程，跨省跨区输电能力达1.4亿千瓦。

重大输电通道工程建设持续推进。在特高压建设方面，2020年，全国共有山东—河北环网、张北—雄安、蒙西—晋中、驻马店—南阳（配套）、昆柳龙直流工程、青海—河南等特高压线路建成投运。至2020年，我国共建成投运30条特高压线路。其中，国网共26条特高压，分为14条交流特高压和12条直流特高压；南网有4条直流特高压。此外，云贵互联通道工程、阿里与藏中电网联网工程等重点项目也已建成投产。

（4）电力服务质效。2020年，全国供电服务质量稳步提升。上半年，全国平均供电可靠率 99.8869%，同比上升 0.0323 个百分点；用户平均停电时间 4.94 时/户，同比减少 1.38 时/户，其中，故障平均停电时间 2.45 时/户，预安排平均停电时间 2.49 时/户。上半年，城市地区平均供电可靠率 99.9554%，用户平均停电时间 1.95 时/户；农村地区平均供电可靠率 99.8614%，用户平均停电时间 6.05 时/户。

2020 年，"获得电力"服务水平持续提升，用电营商环境持续优化。在全球 190 个经济体中，我国营商环境排名连续大幅跃升，2019 年排至第 31 位，其中"获得电力"排名由 2018 年的第 98 位跃升至第 12 位，被世界银行评价为"已接近或位于全球最佳实践的前沿"。

在优质服务方面，2020 年，国家电网出台了办电更省时、办电更省心、办电更省钱、服务更便捷、服务更透明、服务更温馨、用电更可靠、用电更经济、用电更安全九项举措，三年将累计为国家电网公司经营区内企业节省投资超 1000 亿元。

2020 年 4 月，南方电网印发《2020 年优化电力营商环境工作措施》，从提高"获得电力"指标水平、提高优质服务能力等五方面提出了 15 条措施，在办电程序环节数、接电时间、费用成本、供电可靠性等方面再次加码，为南方五省区高质量发展营造优质电力营商环境。

2020 年 9 月，国家发改委、国家能源局联合印发了《关于全面提升"获得电力"服务水平持续优化用电营商环境的意见》，提出到 2022 年底前，在全国范围内实现居民用户和低压小微企业办电零上门、零审批、零投资；高压用户办电省力、省时、省钱，推动用电营商环境持续优化。全国范围内用电营商环境将在政府部门和企业的共同推动下持续优化。

三、石油天然气投资与建设

（一）石油天然气投资

根据国家统计局历年发布的《中国统计年鉴》，2019 年，石油和天然气开采业的投资额为 3127 亿元，同比增长 18.9%；石油加工及炼焦业的投资额为 2835 亿元，同比下降 3.8%。2012~2019 年，石油和天然气开采业的投资规模由 2012 年的 3077 亿元上升到 2019 年的 3127 亿元，年均上升 2.3%；石油加工及炼焦业投资规模由 2012 年的 2500.5 亿元增加到 2019 年的 2835 亿元，年均增长 1.8%。

（1）分地区石油和天然气开采业投资。依据国家统计局公布的数据进行计算，结果显示，2019 年，石油和天然气开采业投资额最多的是新疆，为 646.6 亿元，占石油和天然气开采业投资额的 21.7%；其次是陕西省的 448.6 亿元和天津市的 340.3 亿元，分别占石油和天然气开采业投资额的 15.0% 和 11.4%；投资额最少的是广西壮族自治区，接近于 0。

2019 年较 2018 年石油和天然气开采业投资额增加最多的是新疆维吾尔自治区，增加 155.6 亿元，其次是天津市，增加 109.6 亿元。

2012~2019 年，石油和天然气开采业投资额累计增加最多的省份是新疆维吾尔自治区，累计增加 215.2 亿元，其次是陕西省，累计增加 147.4 亿元；石油和天然气开采业投资额累计减少最多的省份是黑龙江省，累计减少120.6亿元。

（2）分地区石油加工及炼焦业投资。依据对国家统计局数据的计算，2019年，石油加工及炼焦业投资额最多的是陕西省，为369.4亿元，占石油加工及炼焦业投资额的10.4%；其次是河北省的337.5亿元，占石油加工及炼焦业投资额的9.5%；投资额最少的是河北，接近于0。

2019年较2018年石油加工及炼焦业投资额增加最多的是重庆市，增加132.6亿元；其次是青海省，增加70.8亿元；较上年减少最多的是浙江省，减少177.8亿元。

2012~2019年，石油加工及炼焦业投资额累计增加最多的省份是陕西省，累计增加232.4亿元；其次是湖南省，累计增加200.4亿元；石油加工及炼焦业投资额累计减少最多的省份是福建省，累计减少63.2亿元。

（二）石油天然气建设

1. 石油建设

2020年，我国新建成原油管道97千米，无新建成成品油管道。管道建设速度进一步放缓，全年原油管道新建成工程以更新改造、替换老旧管道为主。截至2020年底，我国境内累计建成原油管道约2.9万千米，成品油管道约2.9万千米。2020年续建（开工）和2021年及以后建成的原油和成品油管道总里程预计分别为1297千米和727千米。

2020年建成或投产的主要原油管道有：中国石化算山码头—镇海炼化厂，董家口港—潍坊—鲁中、鲁北输油管道三期工程等。2020年续建（开工）和2021年及以后将建成的主要原油管道有：董家口—东营原油管道、日照—濮阳—洛阳原油管道、监利—潜江输油管道等。2020年无成品油管道建成。2020年续建（开工）和2021年及以后将建成的主要成品油管道有：荆门—荆州成品油管道、连云港—徐州—郑州成品油管道等。

2. 天然气建设

2020年，我国新建成天然气管道约4984千米，较2019年增加2765千米。与2019年相比，天然气管道建设速度呈大幅增长态势。截至2020年底，我国境内累计建成天然气管道约8.6万千米。2020年续建（开工）和2021年及以后建成的天然气管道总里程预计为3050千米，建设趋势仍然向好。

2020年建成或投产的主要天然气管道有：中俄东线中段（长岭—永清），明水—哈尔滨支线，青宁（青岛—南京）输气管道，西气东输三线闽粤支干线，深圳液化天然气（LNG）接收站外输管道，新奥舟山LNG接收站外输管道，西气东输福州联络线（西三线福州末站—中国海油福建LNG青口分输站），广东省"2021工程"，云南能源投资股份有限公司陆良支线（陆良末站—召夸），泸西—弥勒—开远支线泸西—弥勒段，宁海—象山天然气管道，济南东部城区天然气管道改线工程，中国华电启通（启东—南通）天然气管线，中国海油南海天然气管线高栏支线，中国石化中科炼化配套管道，"川气东送"与港华燃气联通工程，新疆煤制气管道潜江—郴州段，丽水—龙游天然气管道一期工程，秦沈管道天然气管道朝阳支线，河南省发展燃气有限公司"唐伊线"方城—南召、社旗天然气支线工程（南阳支线），山东临沂能源公司临朐—沂水天然气管道，临沧天然气管道支线一期，"气化湖南"郴州—桂阳段等。

2020年续建（开工）和2021年及以后建成的主要天然气管道有：中俄东线天然气管道南段，中俄东线安平—临沂段，山东管网南干线、西干线、西干线支线，忠武线潜湘支线、西三线长沙支线与中国石化新疆煤制气管道湖南长沙联通工程，习酒镇—习水县城天然气输气管道，广西天然气支线管网陆川天然气支线管道工程，神木—安平煤层气管道工程山西—河北段，濮范台（濮阳—范县—台前）输气管道，麟游—宝鸡输气管道，"气化湖南"工程桂阳—临武段等。

3. 储气库建设

2020年，我国储气库工作气量达147亿立方米，较2019年略有增长，约占全国天然气年度消费总量的4.5%。

2020年储气库项目建设进展包括：新疆温吉桑储气库群开工建设、辽河雷61储气库注气投产、吉林双坨子储气库完成试注、大庆油田升平储气库先导试验井等，主要集中在新疆、东北和川渝地区。

4. LNG接收能力

2020年，我国LNG接收站总接收能力达8700万吨/年，同比增长14.2%，年新增接收能力1085万吨/年，在建和扩建项目潜力巨大。若在建和规划项目如期建成，预计到2025年，接收能力将接近1.8亿吨/年。

5. LNG接收站项目

2020年新建成LNG接收站项目包括：广汇能源启东LNG接收站项目三期工程，新增1座16万立方米LNG储罐；上海洋山LNG接收站扩建工程，新增2座20万立方米LNG储罐；浙江宁波LNG接收站二期工程，新增3座16万立方米LNG储罐；唐山LNG接收站三期工程，新增2座16万立方米LNG储罐（此期工程共新增4座16万立方米LNG储罐）。上述项目分别为江苏、上海、浙江和北京提高了储备能力，为天然气供应应急调峰提供了有力保障。

此外，各省份根据国家要求出台落实文件，明确重点建设任务，以完成储气能力建设目标任务。例如，云南省着力构建"1个地下储气库+6个省级重点实施的LNG储气项目+17个州（市）级重点实施的LNG储气项目"互为补充的储气体系；江西省重点推进湖口LNG储配项目工程和樟树地下盐穴储气库前期研究工作；湖北省加快构建以地下盐穴储气库、沿江LNG接收站和大中型LNG储罐为主的储气体系；河南省则通过"苏豫模式"在江苏滨海LNG接收站投资建设LNG储罐，满足储气能力需求，并拓展气源渠道。

6. 天然气互联互通工程

2020年，我国天然气基础设施互联互通工程取得新进展。2020年12月3日，正式投产运营中俄东线天然气管道中段工程。中俄东线是继中亚管道、中缅管道后，向我国供气的第三条跨国境天然气长输管道。中段按期建成投产后，与已建的东北、华北管网、陕京管道系统及大连、唐山LNG、辽河储气库等互联互通，可有效增强京津冀地区天然气供应能力和调峰应急保障能力。

2020年12月15日，正式投产青宁天然气管道。该管道连接华北区域和长三角区域管网，在东部沿海地区形成陆上天然气与海外液化天然气资源的互通互保，实现与西气东输、川气东送等东西主干管网的联通，可全面提升我国中东部地区天然气应急保供能力。

2020年12月，启通天然气管线项目、启东三期LNG接收站项目均正式进入试运行阶段，实现西气东输管网与启通天然气管线完成互联互通。2020年10月30日，正式投产西气东输福州联络线工程，将西气东输三线东段干线与东部沿海天然气管网互联互通。川气东送管道于2020年8月26日完成金坛输气站向港华燃气金坛储气库投产试运行，实现川气东送管道与港华金坛储气库的互联互通等。

四、新能源和可再生能源投资与建设

（一）新能源和可再生能源投资

根据中国电力企业联合会历年发布的《电力工业统计资料汇编》和《全国电力工业统计快报》，2020年，水电投资1077亿元，与上年相比增长32.3%；核电投资378亿元，较上年增加43亿元，同比增长12.8%。2019年，水电投资814亿元，比上年增加140亿元，同比增长20.8%；风电投资1171亿元，比上年增加525亿元，同比增长81.3%；核电投资335亿元，比上年减少112亿元，同比下降25.1%；太阳能发电投资184亿元，比上年减少23亿元，同比下降11.1%。

2020年，水电投资较2012年累计减少162亿元，下降13.1%；核电投资累计减少406亿元，下降51.8%。2019年，水电投资较2012年累计减少425亿元，下降34.3%；风电投资累计增加564亿元，增长92.9%；核电投资累计减少449亿元，下降57.3%；太阳能发电投资累计增加85亿元，增长85.9%（见图1-4）。

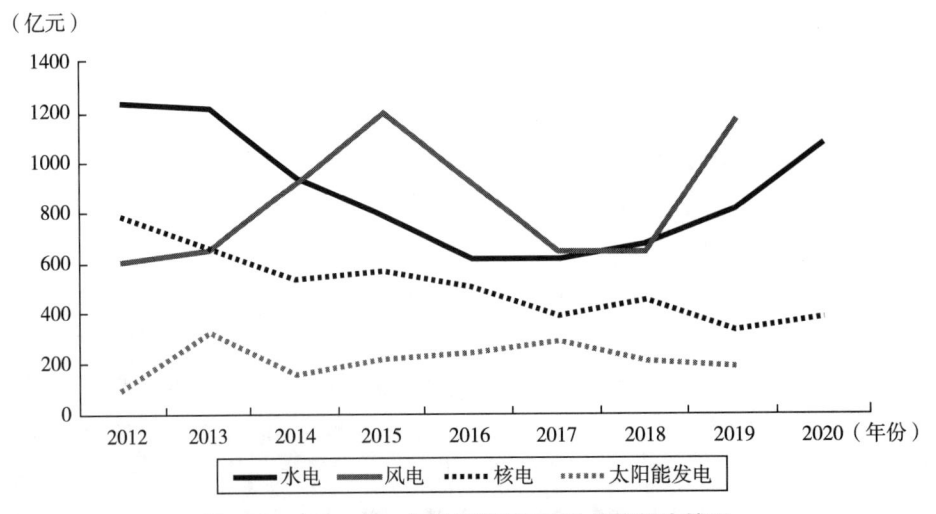

图1-4 2012~2020年新能源和可再生能源投资情况

（二）新能源和可再生能源建设

1. 新能源和可再生能源发电装机容量

据中国电力企业联合会、国家统计局和国家能源局公布的数据，截至2020年底，全国新能源和可再生能源累计装机容量占能源总装机容量的44.1%，同比增加2.6个百分点。其中，水电累计装机37016万千瓦（其中，抽水蓄能发电3149万千瓦），同比增长3.9%；并网风电累计装机28153万千瓦，同比增长34.0%；核电累计装机4989万千瓦，同比增长2.4%；并网太阳能发电累计装机25343万千瓦，同比增长23.8%；生物质累计发电装机2952万千瓦，同比增长40.0%，累计装机容量排名前四位的省份是四川省、云南省、湖北省、内蒙古自治区，分别达到8359万千瓦、8111万千瓦、4705万千瓦和4327万千瓦。

可再生能源装机规模稳步扩大。截至2020年底，我国可再生能源发电装机达到9.34亿千瓦，同比增长约17.5%，可再生能源发电量持续增长。2020年，全国可再生能源发电量达22148亿千瓦·时，同比增长约8.4%。

从电源装机结构上看，2020年，水电装机容量占总装机容量的16.6%，核电装机占比2.2%，风电装机占比12.6%，太阳能发电装机占比11.4%，生物质发电装机占比1.3%。

2. 新能源和可再生能源新增装机容量

基于中国电力企业联合会、国家统计局和国家能源局公布的数据进行计算，结果显示，2020年，全国水电新增装机1376万千瓦，同比增长261.2%。其中，新增装机较多的省份为四川（413万千瓦）、云南（340万千瓦）和安徽（136万千瓦），占全部新增装机的67.13%。全国风电市场规模扩大，新增并网风电装机1620万千瓦，比2019年累计增加4570万千瓦，同比增长177.3%。全国核电新增装机容量115万千瓦·时，比2019年累计减少293万千瓦·时，同比下降71.8%。全国太阳能发电新增装机4875万千瓦·时，比上年同期增加1840万千瓦·时，同比增长59.8%。全国生物质发电新增装机698万千瓦，比上年增加225万千瓦，同比增长47.6%。新增装机较多的省份是山东、河南、浙江、江苏和广东，分别为67.7万千瓦、64.6万千瓦、41.7万千瓦、38.9万千瓦和36.0万千瓦。

3. 海上风电装机情况

根据国家能源局的数据，2020年，海上风电新增装机306万千瓦，累计装机约900万千瓦，较2019年增长约51.6%，延续海上风电高增长态势。2020年，中国海上风电占中国风电新增装机的比重下降至4.27%，主要是受2020年陆上风电抢装潮的影响。据全球风能理事会（GWEC）2月25日发布的数据，中国海上风电新增装机连续三年领跑全球，新增容量占全球新增一半以上。

4. 光伏扶贫项目计划

"十三五"以来，国家能源局积极贯彻落实《中共中央 国务院关于打赢脱贫攻坚战的决定》和中央扶贫工作会议精神，严格落实"精准扶贫、精准脱贫"要求，聚焦具有光伏建设条件的重点扶贫县建档立卡贫困村的建档立卡贫困户，优先扶持深度贫困地区和无劳动能力贫困人口。自2015年启动光伏扶贫试点工作以来，先后安排790万千瓦光伏扶贫项目，截至

2017年底，已帮扶约80万建档立卡贫困户。

2017年底，国家能源局同国务院扶贫办联合印发《关于下达"十三五"第一批光伏扶贫项目计划的通知》，下达8689个村级光伏扶贫电站，总装机4186237.852千瓦的光伏扶贫项目计划。本次下达的光伏扶贫电站分布在14个省份的236个光伏扶贫重点县的14556个建档立卡贫困村，电站建成后将充分发挥光伏产业优势，增强贫困村经济实力，惠及710751户建档立卡贫困户。

2019年4月，《国家能源局、国务院扶贫办关于下达"十三五"第二批光伏扶贫项目计划的通知》指出，本次共下达15个省份、165个县的光伏扶贫项目，共3961个村级光伏扶贫电站（以下简称电站），总装机规模1673017.43千瓦，帮扶对象为3859个建档立卡贫困村的301773户建档立卡贫困户。

2020年是脱贫攻坚的决胜之年，全国能源系统充分发挥行业优势，聚焦"三区三州"等深度贫困地区，统筹推进能源开发建设与脱贫攻坚，能源扶贫工作取得明显成效。2020年上半年，"三区三州"、抵边村寨农网改造升级按期全面完成，显著改善了深度贫困地区210多个国家级贫困县、1900多万群众的基本生产生活用电条件。光伏扶贫工程收益稳定、见效较快，直接带动脱贫作用明显。全国累计建成2636万千瓦光伏扶贫电站，惠及近6万个贫困村、415万贫困户，每年可产生发电收益约180亿元，相应安置公益岗位125万个。"光伏+产业"持续较快发展，农光互补、畜光互补等新模式广泛推广，增加了贫困村和贫困户的收入。能源开发建设为贫困地区创造了大量的就业机会，发挥了重要的脱贫带动作用。

第二章 能源生产

【能源生产量】

2020年以来，能源生产逐步回升，煤电油气供需衔接平稳有序，为疫情防控和经济社会稳定恢复提供了有力支撑。

2020年，一次能源生产总量40.8亿吨标准煤，较上年增长2.8%；一次能源人均生产量2.9万吨标准煤，较上年增长2.5%；一次能源日均生产1115万吨标准煤，同比增长2.5%。2015~2020年，一次能源生产总量累计增加4.6亿吨标准煤，一次能源人均生产量累计增加0.3万吨标准煤，一次能源日均生产量累计增加125万吨标准煤。此外，一次能源自给率由2015年的83.3%下降至2020年的81.9%，下降了1.4个百分点。

其中，2020年1~11月，生产煤炭34.8亿吨，同比增长0.4%；油气生产加工加快，油气生产企业加强供应力度，积极释放优质产能，非常规天然气贡献日益显著。1~11月，生产原油1.8亿吨，同比增长1.6%；加工原油6.1亿吨，增长3.1%；生产天然气1702亿立方米，同比增长9.3%；电力生产由降转增。1~11月，发电量66824亿千瓦·时，同比增长2.0%。

【能源生产结构】

在能源生产结构方面，"十三五"时期，随着能源转型步伐加快，我国能源生产结构持续优化。在深化能源供给侧结构性改革、优先发展非化石能源等一系列政策措施的大力推动下，清洁能源比重进一步提升，能源结构持续优化。天然气、水电、核电、风电等清洁能源生产合计占比在2016年超过20%，达到21.9%。2017年、2018年、2019年清洁能源占比分别为22.8%、23.6%、24.5%。

近十年来，不同品种能源占比呈现不同趋势。原煤生产占比持续下降，2019年较2011年下降9.2个百分点。原油生产总量占比持续下降，2019年较2011年下降1.6个百分点。天然气生产占比变化不大，2019年较2011年提升1.6个百分点，水电、核电、风电等一次电力生产合计占比翻番，2019年较2011年提升9.2个百分点。

据国家统计局公布的数据，从一次能源生产结构来看，原煤生产量占一次能源生产量的比重由2015年的72.2%下降至2020年的67.5%，下降4.7个百分点；原油生产量占一次能源生产量的比重由2015年的8.5%下降至2020年的6.8%，下降1.7个百分点；天然气生产量占一次能源生产量的比重由2012年的4.8%上升至2020年的6.0%，增长1.2个百分点；非化石能源生产量占一次能源生产量的比重由2015年的14.5%上升至2020年的19.6%，上升5.1个百分点。

【能源生产安全】

根据国家统计局的统计,2020年,全年因各类生产安全事故共死亡27412人。工矿商贸企业就业人员10万人生产安全事故死亡人数为1.301人,比上年下降11.7%;煤矿百万吨死亡人数为0.059人,下降28.9%;道路交通事故万车死亡人数为1.66人,下降7.8%。

一、煤炭生产

(一) 煤炭生产量

1. 原煤生产总量

2020年,原煤生产企业加快释放优质产能,多措并举稳定煤炭供应。新冠肺炎疫情初期,奋力复产,增储保供;年中淡季,压产稳价,优化结构;寒冬旺季,挖潜增产,统筹供应。全年原煤产量39亿吨,比上年增长1.4%,较好地发挥了煤炭作为主要能源的稳定保障作用。2015~2020年,2019年原煤产量最多,达到38.46亿吨;2016年,受产能政策和需求放缓的双重影响,原煤产量仅为34.11亿吨,是该期间内原煤产量最少的一年。其中,2015年和2016年原煤生产总量均为负增长,增速分别为-3.3%和-9.0%。

2. 原煤生产人均量

2020年,原煤生产人均量为2.76吨,较2016年增加0.03吨,同比增长1.1%。2015~2020年,原煤生产人均量由2015年的2.71吨增加至2020年的2.76吨,年均增加0.01吨,年均增长率为0.4%。其中,2015年和2016年原煤生产人均量均为负增长,增速分别为-3.6%和-9.6%。

3. 原煤生产日均量

根据国家统计局的数据,2020年,原煤生产日均量为1066万吨,较2019年增加12万吨,同比增长1.1%。2015~2020年,原煤生产日均量由2015年的1026万吨增加到2020年的1066万吨,年均减少8万吨,年均增长率为0.8%。其中,2015年和2016年原煤生产日均量均为负增长,增速分别为-3.3%和-9.2%。

4. 分地区原煤生产量

据国家统计局历年的《中国统计年鉴》,2019年,全国原煤生产量最多的是内蒙古自治区,生产量为10.9亿吨,占全国原煤生产量的28.4%;其次是山西省,原煤生产量为9.9亿吨,占全国原煤生产量的25.7%;再次是陕西省,原煤生产量为6.4亿吨,占全国原煤生产量的16.6%。2013~2019年,原煤生产量最少的是北京市,2019年生产量为36万吨,占比不足全国原煤生产量的0.1%。

根据国家统计局的数据,从产煤地区来看,煤炭生产开发进一步向大型煤炭基地集中。2020年,14个大型煤炭基地产量占全国总产量的96.6%,比2015年提高3.6个百分点。2020年,全国规模以上企业煤炭产量38.4亿吨,同比增长0.9%,有8个省(区)原煤产量超过亿吨，其中，山西和内蒙古原煤产量高达10.63亿吨和10.1亿吨，占全国规模以上企业原煤产量的比重分别为27.66%和26.04%。与此同时，大型现代化煤矿已成为全国煤炭生产的主体。全国建成年产120万吨以上的大型现代化煤矿1200处以上，产量占全国的80%左右。

5. 淘汰落后产能

数据显示，"十三五"期间，全国累计退出煤矿5500处、退出落后煤炭产能10亿吨/年以上；2020年，全国30万吨/年以下的煤矿数量及产能较2018年下降均超40%。在淘汰落后产能的同时，全国煤炭供给质量显著提高，截至2020年底，全国煤矿数量减少到4700处，全国煤矿平均单井规模由每年35万吨增加到每年110万吨，增长214.3%。

6. 煤炭清洁利用

我国85%以上的煤炭消费已经基本实现清洁高效利用和超低排放。近年来，煤炭生产、运输、消费等环节的煤炭清洁高效利用取得了一系列重大成果。2020年，我国原煤入洗率达到74.1%，比2015年提高8.2个百分点；矿井水综合利用率、煤矸石综合利用处置率、井下瓦斯抽采利用率比2015年分别提高11.2个百分点、8个百分点、9.5个百分点。

"十三五"期间，我国燃煤电厂完成超低排放和节能改造9.5亿千瓦，占全国燃煤电厂总装机的76%，建成世界上最大规模的超低排放清洁煤电供应系统；具有自主知识产权的高效煤粉型锅炉技术得到推广应用，锅炉燃料燃尽率达到98%，比普通燃煤锅炉提高28个百分点，主要污染物排放指标达到天然气锅炉排放标准；全国约6.1亿吨的粗钢产能正在实施超低排放改造；传统煤化工的大型合成氨行业已全面升级换代为煤炭高温气化技术；新兴的现代煤化工升级示范项目全面实现烟气超低排放、污废水近"零排放"和VOCs治理；煤焦化、大中型工业锅炉、工业窑炉正在全面进行超低排放改造。

散煤治理是煤炭清洁高效利用的关键。"十三五"期间，散煤综合治理和煤炭减量替代成效显著，散煤用量削减超过2亿吨。目前，我国民用散煤用量已压缩到2亿吨以内。"十三五"期间，北方地区冬季清洁取暖率达到60%以上，替代散煤1.4亿吨以上。

（二）焦炭生产量

根据国家统计局公布的数据，2020年，全年焦炭产量47116万吨，增速与上年持平。2015~2020年，2019年焦炭产量最多，达到47126万吨，同比增长5.2%；焦炭生产人均量为0.33吨，同比下降0.14%。2015~2020年，焦炭生产人均量由2015年的0.32吨增加至2020年的0.33吨，上升3.13%。其中，2019年和2020年焦炭生产人均量最多，均为0.33吨，2019年较上年增长7.19%；焦炭生产日均量为128.7万吨，较2019年减少0.4万吨，同比下降0.3%。2015~2020年，焦炭生产日均量由2015年的122.8万吨增加到2020年的128.7万吨，增长4.8%。其中，2019年焦炭生产日均量最多，为129.1万吨，较上年增长7.5%。

2019年，全国各地区焦炭生产量最多的是山西省，生产量为9700万吨，占全国焦炭生产量的20.6%，较2018年增长4.8%，较2012年增长12.7%；其次是河北省，焦炭生产量4983万吨，占全国焦炭生产量的10.6%，较2018年增长5.0%，较2012年下降25.6%；再次是山东省，焦炭生产量 4921 万吨，占全国焦炭生产量的 10.4%。2014~2019 年，焦炭生产量较少的有天津市、青海省以及重庆市，焦炭生产量占比不足全国焦炭生产量的 2%。

二、电力生产

（一）电力发电总量

据中国电力企业联合会和国家统计局公布的数据，2020 年，全国共计发电 76264 亿千瓦·时，比上年增长 4.09%，增速比上年下降 0.66 个百分点。发电量从 2012 年的 4.99 万亿千瓦·时到 2020 年的 7.62 万亿千瓦·时，实现了年均增长 5.4% 的稳步发展。

其中，火电发电量 51770 亿千瓦·时，同比增长 2.6%；水电发电量 13553 亿千瓦·时，同比增长 4.1%；核电发电量 3662 亿千瓦·时，同比增长 5.0%。风电、太阳能发电量分别为 4665 亿千瓦·时、2611 亿千瓦·时，分别同比增长 15.1% 和 16.6%。其他电源发电量为 3 亿千瓦·时。

2020 年，可再生能源发电量达到 2.2 万亿千瓦·时，占全社会用电量的比重达到 29.5%，较 2012 年增长 9.5 个百分点。全国全口径非化石能源发电量 2.58 万亿千瓦·时，同比增长 7.9%，占全国全口径发电量的比重为 33.9%，同比提高 1.2 个百分点，非化石能源电力供应能力持续增强。全国全口径煤电发电量 4.63 万亿千瓦·时，同比增长 1.7%，占全国全口径发电量的比重为 60.8%，同比降低 1.4 个百分点。2020 年运行核电机组累计发电量为 3662 亿千瓦·时，占全国累计发电量的 4.94%，占比为近五年之最。

各电源品种中，2020 年水电发电量占总发电量的 17.8%，与上年基本持平；火电占 67.9%，下降 0.1 个百分点；核电占 4.8%，上升 0.04 个百分点；风电占 6.1%，上升 0.6 个百分点；太阳能发电占 3.4%，上升 0.3 个百分点。

2012~2020 年，水电发电量占总发电量的比重由 2012 年的 17.5% 变动至 2020 年的 17.8%，累计上升 0.3 个百分点；火电占比由 2012 年的 78.0% 降低至 2020 年的 67.9%，下降 10.1 个百分点；核电占比由 2012 年的 2.0% 变动至 2020 年的 4.8%，上升 2.8 个百分点；风电占比由 2012 年的 1.9% 变动至 2020 年的 6.1%，上升 4.2 个百分点；太阳能发电占比由 2012 年的 0.1% 上升至 2020 年的 3.4%，上升 3.3 个百分点。

"十三五"时期，全国全口径发电量年均增长 5.8%，其中非化石能源发电量年均增长 10.6%，占总发电量比重从 2015 年的 27.2% 上升至 2020 年的 33.9%，提升 6.7 个百分点；煤电发电量年均增速为 3.5%，占总发电量比重从 2015 年的 67.9% 下降至 2020 年的 60.8%，降低 7.1 个百分点。

（二）电力发电新增量

依据中国电力企业联合会和国家统计局公布的数据进行计算，结果显示，2020 年，全国新增发电量4538亿千瓦·时,较2019年增加1232亿千瓦·时。其中,水电新增533亿千瓦·时、火电新增2853亿千瓦·时、核电新增176亿千瓦·时、风电新增608亿千瓦·时、太阳能发电新增367亿千瓦·时。2020年,新增发电量主要依赖于火电设备,火电新增发电量占2020年新增发电量的62.9%;其次是风电,占新增发电量的13.4%。

(三)分地区电力发电量

根据国家统计局的数据,2020年,各季度中国发电量主要集中在华东、华北、西北地区;2020年1~12月,中国发电量产量大区分布相对均衡,其中,华东地区产量最高,特别是山东省,贡献了最多产量。

2020年,在全国各地区发电量中,内蒙古发电量居第一位,年发电量为5811亿千瓦·时,占当年全国总发电量的7.5%;其次是山东省的5806亿千瓦·时,占全国总发电量的7.5%;发电量居第三位的是广东省,为5226亿千瓦·时,占全国总发电量的6.7%。2015~2020年,各年发电量均最少的是西藏自治区,2020年发电量89亿千瓦·时,占全国发电量的0.1%。

(四)发电设备利用小时数情况

据中国电力企业联合会公布的数据,2020年,全国6000千瓦及以上电厂发电设备累计平均利用小时数为3756小时,同比减少72小时。其中,水电设备平均利用小时数为3825小时,同比增加128小时,为十年内最高值;火电设备平均利用小时数为4211小时,同比减少97小时;核电设备平均利用小时数为7450小时,同比增加56小时;风电设备平均利用小时数为2078小时,同比减少5小时。

2020年,全国6000千瓦及以上电厂发电设备平均利用小时数较2012年累计降低819小时。其中,水电设备利用小时数累计增加234小时;火电设备利用小时数累计减少761小时;核电设备利用小时数累计减少399小时;风电设备利用小时数累计增加149小时。

从全国发电设备平均利用小时数来看,除2018年发电设备平均利用小时数略有回升外,近十年总体呈下滑之势。自2015年开始,全国发电设备平均利用小时数开始跌进4000小时以内。随着供给侧结构性改革效果的显现,2018年平均利用小时数略微回升,电力供需形势由总体宽松转为总体平衡。2019年,电力供需形势继续延续总体平衡态势。2020年,水电设备利用小时数为3825小时,历年来首次突破3800小时,同比提高128小时。据国家能源局的数据,2020年,全国主要流域弃水电量约301亿千瓦·时,水能利用率约96.61%,较上年同期提高0.73个百分点,弃水状况进一步缓解。

火电设备利用小时数为4211小时,同比降低97小时,其中,煤电4340小时,同比降低89小时。伴随输配电能力的增强,跨区域送电量规模快速扩大,支撑了一定的火电发电,火电发电量平稳增加,但在总发电量中的占比继续下降。受电力供需区域性差异以及可再生能源上网电量挤占的影响,火电机组利用效率仍旧偏低。2020年,"新基建"加速发展,部分特高压投产,煤电的定位由主体电源向基础性电源转变,提供更多的调峰调频服务。2020年,各地的电力容量市场、电力辅助服务市场的建立和完善,也将为煤电定位的转变提供政策支持。火电利用小时数较高的地区是内蒙古、河北、海南、湖北、安徽等,作为火电装机大省的山东、江苏、广东、河南、浙江等,火电利用小时数排名靠后。据国家能源局的数据,2020年,全国包括水电、风电、光伏发电、生物质发电等在内的可再生能源利用水平不断提高,弃水、弃风、弃光状况明显缓解。

2020年,核电平均利用小时数为7450小时,同比增加56小时。2020年,共有2台核电机组完成首次装料,分别为田湾核电5号机组和福清核电5号机组。近十年来,核电利用小时数呈现波动态势,2015~2017年出现明显下降,2018年后回升至前几年的较高水平。

(五)电力生产安全

2020年,全国发生电力人身伤亡事故36起,死亡45人,事故起数同比增加1起,增幅3%;死亡人数增加5人,增幅13%。其中,电力生产人身伤亡事故23起,死亡24人,事故起数同比减少6起,降幅21%,占事故总起数的64%;死亡人数同比减少8人,降幅32%,占死亡总人数的53%;电力建设人身伤亡事故13起,死亡21人,事故起数同比增加7起,占事故总起数的36%;死亡人数同比增加13人,占死亡总人数的47%。全国没有发生电力安全事故,同比减少1起。

2020年,全国没有发生重大及以上电力人身伤亡事故,没有发生电力安全事故、水电站大坝漫坝垮坝事故以及对社会有较大影响的电力安全事件。

三、石油生产

(一)原油生产

根据国家统计局的数据,2012~2020年,中国原油产量基本维持在2亿吨左右。2020年,中国原油产量1.95亿吨,同比上升1.6%,增幅较上年扩大0.7个百分点。自2016年起,国内原油产量出现持续下滑,2019年勘探开发形势好转,龙头企业带头增储上产,原油生产扭转了连续三年下滑的态势,增速由负转正。2020年,在国际油价暴跌的背景下,国内油气勘探开发面临较大压力,但国内石油企业深入落实"七年行动计划",确保原油产量继续回升。大庆、长庆、胜利、新疆等主力油气田产量持续增长,其中,长庆油田油气年产量突破6000万吨油当量,约占国内产量的1/6。我国海上油气产量突破6500万吨油当量,创历史新高,其中,海上石油增产240万吨油当量。

2020年,原油日均生产量54.2万吨,达397万桶,同比上升3.4%。原油生产增速略有放缓。原油进口降幅扩大,国际原油价格继续上涨。进口原油3847万吨,环比减少689万吨,同比下降15.4%,降幅比上月扩大14.6个百分点;2020年,进口原油5.4亿吨,比上年增长 7.3%。

自 2015 年开始，获得原油进口权和进口原油使用权的地方炼厂连续两年增加，地方炼厂占原油加工份额不断提高。2017 年，非国有控股企业原油加工量占全部的比重为 14.9%，比上年提高了 1.8 个百分点。此外，截至 2017 年底，全国已探明油田 734 个，累计生产石油 67.67 亿吨。

2019 年，生产原油的省（市）中，原油生产量排名前三的省（市）是陕西省、天津市和黑龙江省，分别生产原油 3543 万吨、3112 万吨和 3110 万吨；原油生产量最少的是四川省，仅 8 万吨。2019 年，石油新增探明地质储量 11.24 亿吨，同比增长 17.2%，2018 年以来继续快速增长。其中，新增探明地质储量大于 1 亿吨的盆地有 3 个，分别是鄂尔多斯盆地、准噶尔盆地和渤海湾盆地（含海域）；新增探明地质储量大于 1 亿吨的油田有 2 个，分别为鄂尔多斯盆地的庆城油田和准噶尔盆地的玛湖油田。2019 年，全国石油产量 1.91 亿吨，同比增长 1.1%，其中，产量大于 1000 万吨的盆地有渤海湾（含海域）、松辽、鄂尔多斯、准噶尔、塔里木和珠江口盆地，合计 1.67 亿吨，占全国总量的 87.6%。

（二）石油生产

据国家统计局历年公布的数据，2020 年，原油产量 19477 万吨，较上年增加 376 万吨，同比上升 1.97%；汽油产量 13180 万吨，较上年减少 941 万吨，同比下降 6.7%；柴油产量 15905 万吨，较上年减少 733 万吨，同比下降 4.4%；煤油产量 4049 万吨，较上年减少 1224 万吨，同比下降 23.2%；燃料油产量 3406 万吨，较上年增加 936 万吨，同比上升 37.9%；液化石油气产量 4448 万吨，较上年增加 312 万吨，同比增长 7.5%。

（三）汽油生产

根据历年的《中国能源统计年鉴》，2019 年，汽油产量最多的省是山东省，生产汽油 2321 万吨；其次是辽宁省，生产汽油 1789 万吨；居第三位的是广东省，生产汽油 1166 万吨。2019 年，汽油产量最少的是青海省，仅 53 万吨。

（四）柴油生产

国家统计局的数据显示，2019 年，在生产柴油的省（自治区、直辖市）中，柴油产量排名前三的省（自治区、直辖市）是山东省、辽宁省和广东省，分别生产 3125 万吨、2146.8 万吨和 1469.2 万吨；柴油产量最少的是青海省，为 65.6 万吨。

（五）煤油生产

据历年的《中国能源统计年鉴》，2019 年，在生产煤油的省（自治区、直辖市）中，煤油产量排名前三的省是广东省、辽宁省和江苏省,分别生产 840.5 万吨、768.9 万吨和 499.5 万吨;煤油产量最少的是青海省,为 3.4 万吨。

四、天然气生产

根据国家统计局的数据(见图 2-1),2020 年天然气产量 1925 亿立方米,比上年增长 9.2%,增速较上年降低 0.8 个百分点;与 2015 年相比,产量增加 579 亿立方米,增长 43%。2020 年,天然气日均生产量 5.3 亿立方米,比上年增长 10.4%;与 2015 年相比,日均生产量增加 1.6 亿立方米,增长 43.2%。2020 年人均生产量 136.3 亿立方米,比上年增长 9%;与 2015 年相比,人均生产量增加 39 立方米,增长 40.1%。截至 2019 年底,累计生产天然气 2.23 万亿立方米。

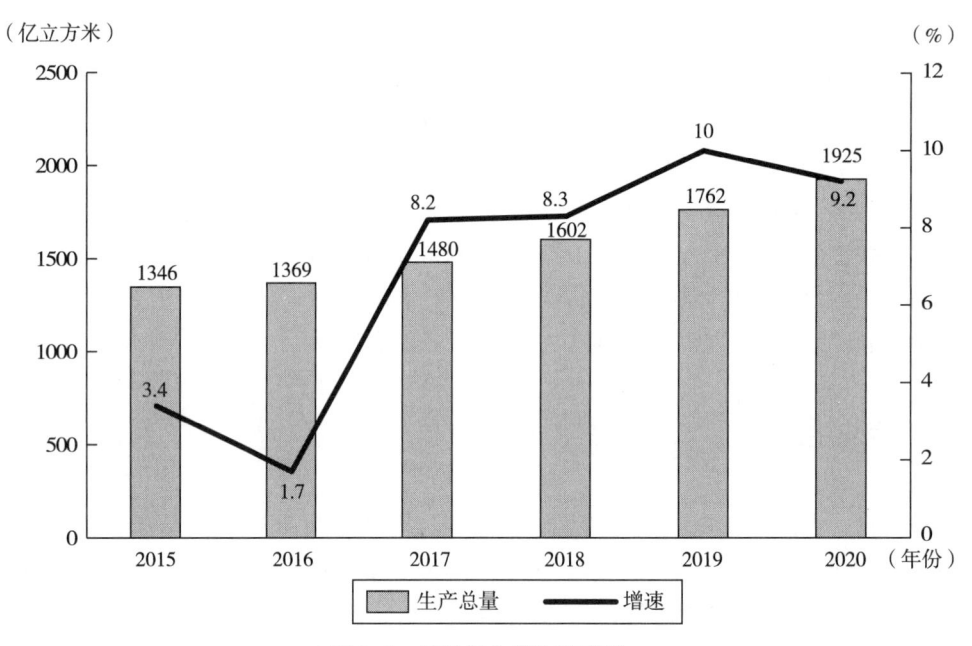

图 2-1 天然气生产年度走势

1. 分地区天然气生产量

国家统计局的数据显示,2020 年,天然气生产量排名前三的省(自治区)是陕西、四川和新疆,分别生产 527.4 亿立方米、463.3 亿立方米和 369.8 亿立方米;天然气生产量排名后三的省(自治区)是广西、海南和湖北,分别为 0.2 亿立方米、1 立方米和 1 立方米。2020 年,我国天然气产量再创新高,截至 11 月底,陕西、四川、新疆天然气产量均超过 2019 年全年。陕西的天然气产量主要来自长庆油田和延长油田,尤其是长庆油田,2020 年通过技术创新和管理创新的有机融合,致密气水平井初期单井产量提高 30% 以上。天然气生产区域分布主要与其天然气资源密切相关,出于地理环境的原因,天然气产量分布较为集中,其中,陕西、四川、新疆三大省份的天然气产量占据71.33%,占比超过一半,2019年中国天然气产量TOP10省份占比达93.85%,集中度较高。

2. 分品种天然气生产量

根据国家统计局、自然资源部和国家能源局发布的数据,2020年,国内天然气产量增长超100亿立方米,达1888亿立方米,同比增长9.8%,连续四年增产超过100亿立方米。其中,页岩气产量200.4亿立方米,同比增长30.3%;煤层气地面抽采量97.7亿立方米,同比增长10%。尽管受新冠肺炎疫情影响,但国内天然气生产商在2020年仍继续加大油气勘探开发力度,执行"七年行动计划",共同推动国内天然气产量同比增长。

五、新能源和可再生能源生产

(一)新能源和可再生能源发电情况

我国大力推进清洁能源开发利用,水电、风电、光伏、在建核电装机规模等指标保持世界第一。风电、光伏发电实现平价无补贴上网,风电、光伏发电和水能利用率均提高到95%以上。2020年,全国弃风电量166.1亿千瓦·时,风电利用率96.5%,同比提升0.5个百分点;弃光电量52.6亿千瓦·时,光伏发电利用率98.0%,与上年基本持平。《清洁能源消纳行动计划(2018—2020年)》提出的全国及重点省份2020年新能源利用率目标全面完成。

2020年,新能源和可再生能源发电量25817亿千瓦·时,约占全部发电量的33.9%,同比上升1.2个百分点。其中,水力发电量13553亿千瓦·时,占全部发电量的17.8%,同比增长4.1%;与2012年相比,水力发电量增加4832亿千瓦·时,年均增长5.7%。风力发电量4665亿千瓦·时,占全部发电量的6.1%,同比增长15.1%;与2012年相比,风力发电量增加3705亿千瓦·时,年均增长21.8%。核能发电量3662亿千瓦·时,比上年增长4.8%,同比增长5.0%;与2012年相比,核能发电量增加2688亿千瓦·时,年均增长18.0%。太阳能发电量2611亿千瓦·时,占全部发电量的3.4%,同比增长16.6%;与2012年相比,太阳能发电量增加2575.1亿千瓦·时,年均增长70.9%。生物质发电1326亿千瓦·时,占全部发电量的1.7%,同比增长19.4%。

2019年,全年弃水电量约691亿千瓦·时,弃风电量168.6亿千瓦·时,弃光电量54.9亿千瓦·时。2019年,全年弃水率均低于5%,弃风弃光状况进一步缓解,全国弃光率降至2%,同比下降1个百分点;弃风率4%,同比下降3个百分点。从重点区域来看,光伏消纳问题主要出现在西北地区,其弃光电量占全国的87%,弃光率同比下降2.3个百分点至5.9%;西藏、新疆、甘肃弃光率分别为24.1%、7.4%和4.0%,同比下降19.5个、8.2个和5.6个百分点;青海受新能源装机大幅增加、负荷下降等因素影响,弃光率提高至7.2%,同比提高2.5个百分点。弃风主要集中在新疆、甘肃和内蒙古,弃风率分别为14%、7.6%和7.1%,三省(区)弃风电量合计136亿千瓦·时,占全国弃风电量的81%。

1. 水力发电

根据中国电力企业联合会发布的数据，2019 年，水电发电量最多的是四川省，为 3316 亿千瓦·时；其次是云南省，水电发电量为 2854 亿千瓦·时。水电发电量最少的是天津市，仅 0.1 亿千瓦·时，其次是山东省，为 5 亿千瓦·时。

2020 年，6000 千瓦及以上水电设备平均利用小时数为 3825 小时，较 2019 年增加 128 小时。其中，抽水蓄能设备平均利用小时数为 1094 小时，较 2019 年增加 40 小时。2012~2020 年，水电设备平均利用小时数变动不大，抽水蓄能设备平均利用小时数由 2012 年的 592 小时增加至 2020 年的 1094 小时，累计增加 502 小时。

2020 年，全国主要流域弃水电量约 301 亿千瓦·时，较上年同期减少 46 亿千瓦·时。水能利用率约 96.61%，较上年同期提高 0.73 个百分点。弃水主要发生在四川省，其主要流域弃水电量约 202 亿千瓦·时，较上年同期减少 77 亿千瓦·时，主要集中在大渡河干流，约占全省弃水电量的 53%；青海省弃水较上年有所增加，弃水约 40 亿千瓦·时，比上年同期增加 18.5 亿千瓦·时；其他省份弃水电量维持较低水平。

2. 风力发电

据国家能源局的数据，2019 年，风电发电量 4057 亿千瓦·时，首次突破 4000 亿千瓦·时，占全部发电量的 5.5%。2019 年，全年弃风电量 168.6 亿千瓦·时。

2019 年，弃风率超过 5% 的地区是新疆（弃风率 14.0%，弃风电量 66.1 亿千瓦·时）、甘肃（弃风率 7.6%，弃风电量 18.8 亿千瓦·时）、内蒙古（弃风率 7.1%，弃风电量 51.2 亿千瓦·时）。三省（自治区）弃风电量合计 136 亿千瓦·时，占全国弃风电量的 81%。

2020 年，全国弃风电量约 166 亿千瓦·时，平均利用率 96.5%，较上年同期提高 0.5 个百分点。全国平均弃风率 3%，较上年同比下降 1 个百分点，尤其是新疆、甘肃、内蒙古，弃风率同比显著下降，新疆弃风率 10.3%，甘肃弃风率 6.4%，内蒙古弃风率 7%，同比分别下降 3.7 个、1.3 个、0.1 个百分点。

（1）分地区风电发电量。根据中国电力企业联合会历年的《电力工业统计资料汇编》，2019 年，风电发电量最多的是内蒙古，为 666 亿千瓦·时；其次是新疆，风电发电量为 413 亿千瓦·时；风电发电量最少的是北京，仅 3 亿千瓦·时；其次是海南，风电发电量为 5 亿千瓦·时。

（2）分地区风电设备平均利用小时数。据历年的《电力工业统计资料汇编》，2019 年，全国风电设备平均利用小时数为 2082 小时，风电平均利用小时数较高的地区是云南（2808 小时）、福建（2639 小时）、四川（2553 小时）、广西（2385 小时）和黑龙江（2323 小时）。6000 千瓦及以上风电设备平均利用小时数最多的是云南，为 2808 小时，其次是福建的 2639 小时以及四川的 2553 小时。6000 千瓦及以上风电设备平均利用小时数最少的是河南，为 1480 小时，其次是广东的 1612 小时以及海南的 1645 小时。

（3）风电保障性收购落实情况。2016 年，国家发改委、国家能源局按照《中华人民共和国可再生能源法》要求，核定了重点地区风电发电最低保障收购年利用小时数，提出全额保障性收购相关要求。

国家能源局《2020 年度全国可再生能源电力发展监测评价报告》显示，2020 年，在规定风电最低保障收购年利用小时数的地区中，甘肃Ⅲ类资源区、宁夏Ⅲ类资源区和山西Ⅳ类资源区未达到国家最低保障收购年利用小时数要求，实际利用小时数比最低保障收购年利用小时数分别低162小时、197小时和150小时。

3. 太阳能发电

（1）分地区太阳能发电量。根据中国电力企业联合会和国家统计局的数据，2019年，太阳能发电量最多的是河北，为176.3亿千瓦·时；其次是山东和内蒙古，太阳能发电量分别为166.9亿千瓦·时和162.8亿千瓦·时；太阳能发电量最少的是重庆，仅3.3亿千瓦·时；其次是北京的4.8亿千瓦·时和上海的7.8亿千瓦·时。

2020年，全国弃光电量52.6亿千瓦·时，平均利用率98%，与上年平均利用率持平。光伏消纳问题较为突出的西北地区弃光率降至4.8%，同比降低1.1个百分点，新疆和甘肃弃光率进一步下降，分别为4.6%和2.2%，同比降低2.8个和2.0个百分点。

（2）光伏保障性收购落实情况。2016年，国家发改委、国家能源局按照《中华人民共和国可再生能源法》要求，核定了重点地区光伏发电最低保障收购年利用小时数，提出全额保障性收购相关要求。

2020年，在规定光伏发电最低保障收购年利用小时数的地区中，甘肃Ⅱ类地区、青海Ⅰ类和Ⅱ类地区以及宁夏Ⅰ类地区4个地区未达到光伏发电最低保障收购年利用小时数要求，其中，甘肃Ⅱ类地区比最低保障收购年利用小时数低137小时；青海Ⅰ类和Ⅱ类地区比最低保障收购年利用小时数分别低64小时和63小时；宁夏Ⅰ类地区比最低保障收购年利用小时数低110小时。

4. 生物质发电

根据国家能源局发布的报告，截至2020年底，全国生物质发电新增并网容量553.6万千瓦，其中，垃圾焚烧发电315.0万千瓦，农林生物质发电226.2万千瓦，沼气发电12.5万千瓦。全国生物质发电在建容量1027.1万千瓦，其中，垃圾焚烧发电624.5万千瓦，占比60.8%；农林生物质发电382.9万千瓦，占比37.3%；沼气发电19.7万千瓦，占比1.9%。截至2020年底，全国生物质发电累计并网装机2962.4万千瓦。其中，垃圾焚烧发电1536.4万千瓦，农林生物质发电1338.8万千瓦，沼气发电87.2万千瓦。分地区看，山东、广东、浙江、江苏和安徽五省累计并网装机均超过200万千瓦，占全国累计并网容量的46.6%。

（二）可再生能源电力消纳情况

1. 全国可再生能源电力消纳情况

为促进清洁能源高质量发展，2020年5月，国家能源局发布《关于建立健全清洁能源消纳长效机制的指导意见（征求意见稿）》，提出将从"构建以消纳为核心的清洁能源发展机制""加快形成有利于清洁能源消纳的电力市场机制""全面提升电力系统调节能力""着力推动清洁能源消纳模式创新""构建清洁能源消纳闭环监管体系"五方面入手，建立健全清洁能源消纳长效机制。2020年也是我国正式实施可再生能源电力消纳保障机制的第一年。5月，国家发改委、国家能源局联合印发《关于各省级行政区域2020年可再生能源电力消纳责任权重的通知》，明确了各省（区、市）2020年可再生能源电力消纳总量责任权重、非水电责任权重的最低值和激励值。7月起，多地发布可再生能源电力消纳实施方案，要求各类市场主体完成相应可再生能源及非水电可再生能源电力消纳量，实质性推进配额制落地实施。

2020年，全国可再生能源电力实际消纳量为21613亿千瓦·时，占全社会用电量的28.8%，同比提高1.3个百分点；全国非水电可再生能源电力消纳量为8562亿千瓦·时，占全社会用电量的比重为11.4%，同比增长1.2个百分点。

2020年，可再生能源电力消纳量最多的三个省是四川、广东和云南，消纳量分别为2344亿千瓦·时、2294亿千瓦·时和1634亿千瓦·时；消纳量最少的三个省（区、市）是天津、西藏和海南，消纳量分别为141亿千瓦·时、72亿千瓦·时和59亿千瓦·时。

30个省（区、市）中，可再生能源电力消纳量占全社会用电量的比重超过80%的3个，40%~80%的6个，20%~40%的10个，10%~20%的11个；非水电可再生能源电力消纳占全社会用电量的比重超过20%的4个，10%~20%的15个，5%~10%的9个，5%以下的2个。

2020年，可再生能源电力消纳量占比最高的是西藏自治区，为87.1%，同比下降1.3%；其次是青海省，为84.7%，同比增长2.9%；可再生能源电力消纳量占比最低的是山东省，为12.4%，同比增长0.8%。

2. 全国非水电可再生能源电力消纳情况

据国家能源局公布的数据，2020年，全国非水电可再生能源电力消纳量为8562亿千瓦·时，占全社会用电量比重为11.4%，同比增长1.2个百分点。根据《国家发展改革委 国家能源局关于印发各省级行政区域2020年可再生能源电力消纳责任权重的通知》（发改能源〔2020〕767号）公布的2020年各省（区、市）可再生能源电力消纳责任权重，综合考虑各省（区、市）本地生产、本地利用以及外来电力消纳情况。经核算，除西藏免除考核以外，全国30个省（区、市）都完成了国家能源主管部门下达的消纳总量责任权重和非水电消纳责任权重。综合考虑各省（区、市）本地生产、本地利用以及外送电力消纳可再生能源电量情况，2020年，30个省（区、市）中，非水电可再生能源电力消纳量占全社会用电量的比重超过20%的4个，10%~20%的15个，5%~10%的9个，5%以下的2个。从非水电可再生能源电力消纳量比重来看，青海、西藏、黑龙江、宁夏、吉林、内蒙古最高，均超过18%；从非水电可再生能源电力消纳量同比增长来看，青海、北京、天津、内蒙古、吉林等省（区、市）同比增长较快，分别同比上升了5.7个、4.1个、3.1个、2.8个和2.5个百分点。

（三）特高压线路输送可再生能源情况

《2020年度全国可再生能源电力发展监测评价报告》显示，2020年，22条特高压线路年输送电量5318亿千瓦·时，其中，可再生能源电量2441亿千瓦·时，同比提高3.8%，可再生能源电量占全部输送电量的45.9%。国家电网运营的18条特高压线路输送电量4559亿千瓦·时，其中，可再生能源电量1682亿千瓦·时，占输送电量的37%。南方电网运营的4条特高压线路输送电量759亿千瓦·时，全部为可再生能源电量。

(四) 2020 年国家清洁能源示范省（区）落实情况

2020 年，浙江全部可再生能源电力消纳量 946 亿千瓦·时，占本省全社会用电量的比重为 19.6%，同比降低 0.4 个百分点；非水电可再生能源电力消纳量为 362 亿千瓦·时，占本省全社会用电量的比重为 7.5%，同比上升 0.8 个百分点。

2020 年，四川全部可再生能源电力消纳量为 2344 亿千瓦·时，占本省全社会用电量的比重为 81.80%，同比上升 0.7 个百分点；非水电可再生能源电力消纳量为 174 亿千瓦·时，占本省全社会用电量的比重为 6.1%，同比上升 0.5 个百分点。

2020 年，宁夏全部可再生能源电力消纳量为 277 亿千瓦·时，占本省全社会用电量的比重为 26.7%，同比上升 1 个百分点；非水电可再生能源电力消纳量为 222 亿千瓦·时，占本省全社会用电量的比重为 21.4%，同比上升 0.1 个百分点。风电Ⅲ类地区未达到最低保障收购年利用小时数要求，比要求低 197 小时，风电利用率为 97.8%；光伏发电Ⅰ类地区未达到最低保障收购年利用小时数要求，比要求低 110 小时，光伏利用率为 97.5%。

2020 年，甘肃全部可再生能源电力消纳量为 722 亿千瓦·时，占本省全社会用电量的比重为 52.5%，同比下降 1.4 个百分点；非水电可再生能源电力消纳量为 245 亿千瓦·时，占本省全社会用电量的比重为 17.8%，同比上升 0.9 个百分点。风电Ⅱ类资源区达到保障性收购年利用小时数要求，风电Ⅲ类资源区未达到最低保障性收购年利用小时数要求，比要求低 162 小时，风电利用率为 97.1%；光伏发电Ⅰ类资源区达到保障性收购年利用小时数要求，光伏发电Ⅱ类资源区未达到最低保障性收购年利用小时数要求，比要求低 137 小时，光伏利用率为 97.7%。

2020 年，青海全部可再生能源电力消纳量为 629 亿千瓦·时，占本省全社会用电量的比重为 84.7%，同比上升 2.9 个百分点；非水电可再生能源电力消纳量为 188 亿千瓦·时，占本省全社会用电量的比重约为 25.4%，同比上升 5.7 个百分点。青海光伏发电未达到最低保障性收购年利用小时数要求，光伏发电Ⅰ类和Ⅱ类资源区分别比要求低 64 小时和 63 小时，光伏利用率分别为 88.5% 和 94.8%。

第三章　能源消费

一、综合能源消费

（一）能源消费量

"十三五"时期，我国能源健康有序发展。2015~2020年，我国能源消费总量由2015年的42.99亿吨标准煤增加到2020年的49.8亿吨标准煤，5年间增加了近7亿吨标准煤，增幅为15.84%，年均增长率为3.17%。由图3-1可知，2015~2018年，我国能源消费总量的增速在稳步上升，从2018年至2020年，增速逐渐放缓。人均能源消费量从2015年的3.14吨标准煤增加到2020年的3.53吨标准煤，5年增长了12.42%。日均能源消费量从2015年的1178万吨标准煤增加到2020年的1361万吨标准煤。

	2015年	2016年	2017年	2018年	2019年	2020年
能源消费总量（亿吨标准煤）	42.99	43.58	44.85	47.19	48.7	49.8
增长率（%）	1.0	1.4	2.9	5.2	3.2	2.3

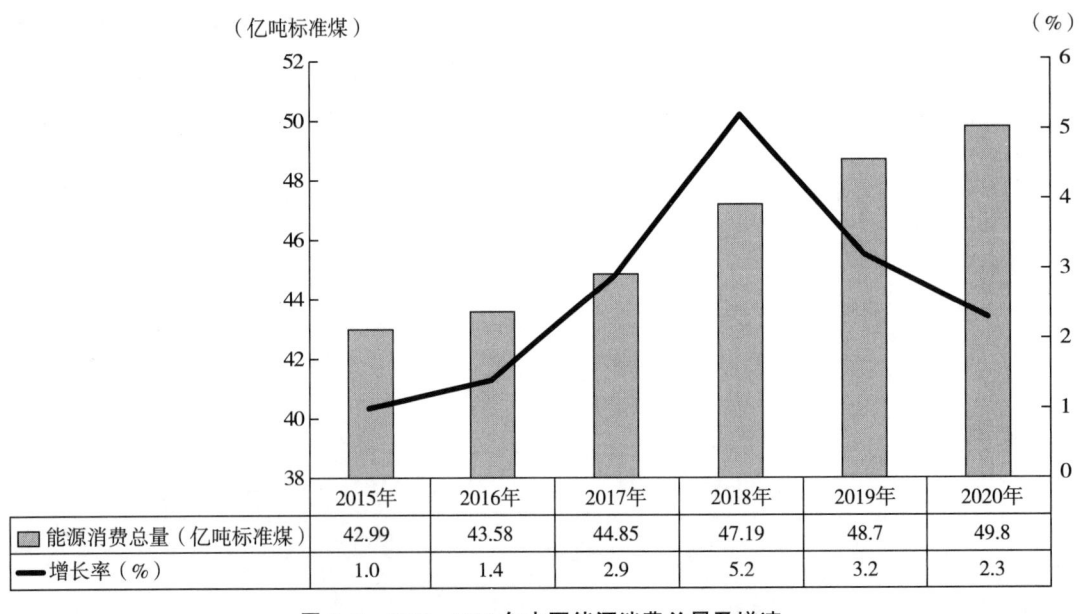

图3-1　2015~2020年中国能源消费总量及增速

2019年，能源消费总量为48.7亿吨标准煤，非化石能源占能源消费比重达15.3%，提前一年完成"十三五"规划目标。2020年，我国能源消费总量为49.8亿吨标准煤，较2019年增加了1.1亿吨标准煤，同比增长2.5%，较2019年下降0.9个百分点；人均能源消费量为3.53吨标准煤，较2019年增加0.05吨标准煤，同比增长1.4%，较2019年下降0.7个百分点；日均能源消费量为1361万吨标准煤，较2019年增加30万吨标准煤，同比增长2.3%，较2019年下降了1个百分点。国家统计局初步核算，仅前三季度能源消费总量同比增长0.9%，上半年下降0.2%。占全社会能源消费六成以上的规模以上工业能源消费增长1.1%，上半年下降0.4%，其中，电力、钢铁、化工、石化、建材、有色六个主要耗能行业能源消费增长1.9%，增速比上半年加快1.1个百分点；其他行业下降3.1%，降幅收窄2.9个百分点。1~11月，全国全社会用电量66772亿千瓦·时，同比增长2.5%。

（二）能源消费结构

"十三五"时期，我国能源消费结构持续优化，清洁能源消费占能源消费总量的比重从2016年的19.5%上升到2019年的23.4%；煤炭消费占比呈下降趋势，2019年降至57.7%。五年来，清洁能源在能源消费增量中的份额增长到65%以上，非化石能源消费的比重超过15%，天然气消费年均增速超过10%，电力占终端能源消费的比重增长到约27%。

国家统计局的数据显示，2015~2020年，煤炭消费量分别为27.7亿吨标准煤、27.5亿吨标准煤、27.6亿吨标准煤、27.8亿吨标准煤、28.1亿吨标准煤和28.3亿吨标准煤，各年的煤炭消费量基本持平；石油消费量分别为8.0亿吨标准煤、8.3亿吨标准煤、8.6亿吨标准煤、

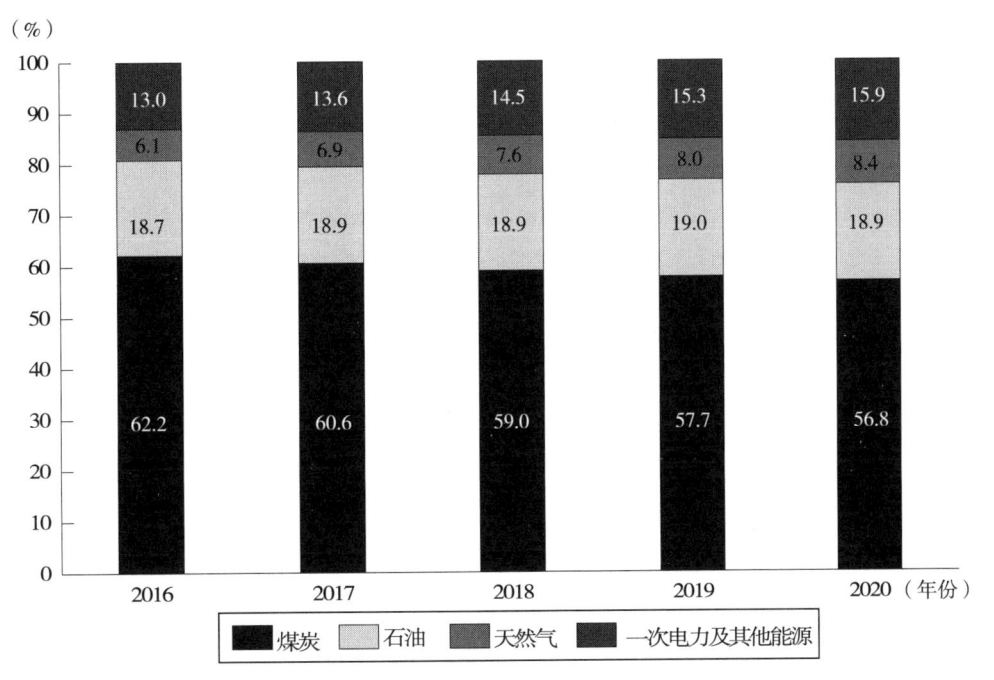

图3-2　2016~2020年一次能源消费结构

8.9亿吨标准煤、9.3亿吨标准煤和9.4亿吨标准煤，消费平稳增长，年均增长率为3.6%；天然气消费量分别为2.5亿吨标准煤、2.7亿吨标准煤、3.1亿吨标准煤、3.6亿吨标准煤、3.9亿吨标准煤和4.2亿吨标准煤，增长速度较快，年均增速11.0%；一次电力及其他能源消费量分别为5.2亿吨标准煤、5.7亿吨标准煤、6.2亿吨标准煤、6.8亿吨标准煤、7.5亿吨标准煤和7.9亿吨标准煤，增长速度较快，年均增速8.7%。

2020年，煤炭消费量占能源消费总量的56.8%，较上年下降0.9个百分点，较2015年下降7个百分点；石油消费量占能源消费总量的18.9%，与上年相比下降1个百分点，较2012年上升0.5个百分点；天然气消费量占能源消费总量的8.4%，占比较上年上升0.4个百分点，较2015年上升2.7个百分点；一次电力及其他能源消费量占能源消费总量的15.9%，较上年上升0.6个百分点，较2015年上升3.9个百分点（见图3-2）。

二、煤炭消费

"十三五"时期，我国经济发展进入新常态。根据国家统计局的数据（见图3-3），在经济保持中高速增长，且质量效益明显提高的背景下，2016~2020年，中国煤炭消费总量分别为38.9亿吨、39.1亿吨、39.7亿吨、40.2亿吨以及40.4亿吨，煤炭消费总量呈现持续增长趋势。截至2020年，全国煤炭消费总量为42.6亿吨，较2019年增加2.4亿吨，同比增长0.6%；人均能源消费量2.87吨，较2019年增加0.17吨，同比增长0.4%；日均能源消费量1105万吨，较2019年增加4万吨，同比增长0.4%。

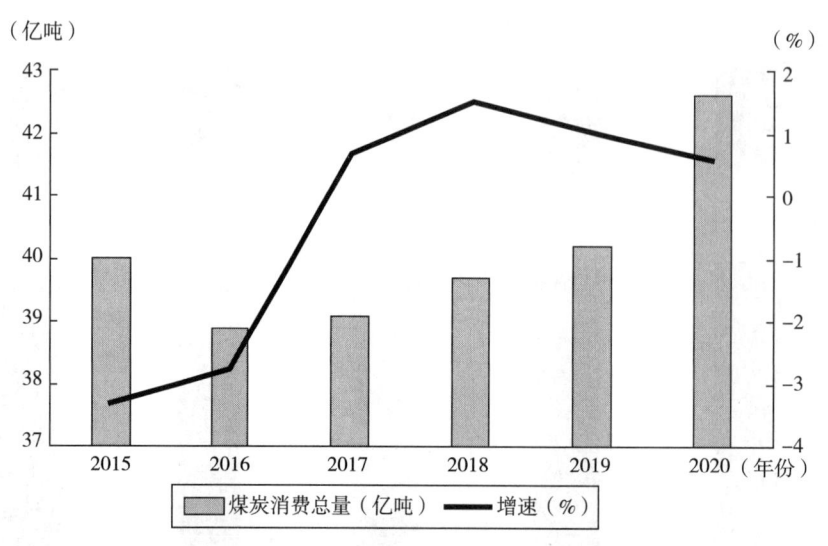

图3-3 2015~2020年中国煤炭消费总量及增速

2015~2020年，煤炭消费总量累计增加2.6亿吨，人均煤炭消费量累计下降0.02吨，日均煤炭消费量累计减少9万吨。

据国家统计局初步核算，2020年，全国煤炭消费量增长0.6%，煤炭消费量占能源消费总量的56.8%，比上年下降0.9个百分点。2010~2020年，煤炭在我国一次能源消费结构中的比重从69.2%降至56.8%，但占比仍过半。

根据中国煤炭工业协会测算，电力行业、钢铁行业、建材行业、化工行业等主要耗煤行业耗煤分别同比增长0.8%、3.3%、0.2%、1.3%，其他行业耗煤同比下降4.6%。

在"双碳"目标下，"十四五"时期我国将严控煤炭消费增长，2021年煤炭消费比重预计将下降到56%以下。

三、电力消费

（一）电力消费量

1. 电力消费总量

"十三五"时期，全社会用电量年均增长5.7%，较"十二五"时期回落0.6个百分点。2015年是"十三五"的开局之年，我国宏观经济增速换挡，进入经济新常态，增长方式发生转变，当年全社会用电量5.69万亿千瓦·时，增速回落至0.96%，为多年来最低值。2016年后，产业结构加快升级，全社会用电量增速回升；2019年，全社会用电量增速增长至4.47%。2020年，因突如其来的新冠肺炎疫情，用电需求再次受到影响，我国通过采取严密的防控措施，持续推进复工复产、复商复市，经济在第二季度实现恢复性增长，全社会用电量增速摆脱较低预期，实际增速达到3.1%。

2012~2020年，全社会电力消费总量由2012年的49762.6亿千瓦·时增长到2020年的75110亿千瓦·时，累计增加25347.4亿千瓦·时，年均增长5.3%。

（1）全社会用电量同比增长3.1%，增速趋缓。2020年，我国全社会用电量平稳增长，增速略缓。根据中国电力企业联合会（以下简称"中电联"）的数据，2020年，全社会用电量75110亿千瓦·时，同比增长3.1%。受新冠肺炎疫情影响，2020年，电力需求和电力供应都出现了诸多变数，呈现不确定性，尤其是第二、第三产业受冲击较大。下半年，随着复工复产、复商复市持续推进，用电需求较快回升。

（2）季度用电量随复工复产进度攀升。2020年，各季度全社会用电量增速稳步回升，与各季度经济增速走势一致，第四季度恢复态势强劲。2020年，各季度全社会用电量增速分别为-6.5%、3.9%、5.8%、8.1%。第一季度由于新冠肺炎疫情，用电量增速大幅下降。随着经济运行稳步复苏，第二至第四季度用电量增速逐渐回升，第四季度增速达8.1%，为近几年最高值。经济运行稳步复苏是用电量增速回升的最主要原因。全社会用电量季度增速变化趋势反映出，随着新冠肺炎疫情得到有效控制以及国家逆周期调控政策逐步落地，复工复产、复商复市持续取得明显成效，国民经济持续稳定恢复。

（3）产业用电量增速逐季上升。2020年，第二、第三产业用电增幅较小。从分产业来看，第一产业用电量859亿千瓦·时，同比增长10.3%，是唯一实现两位数增长的产业；第二产业用电量51215亿千瓦·时，同比增长3.3%；第三产业用电量12087亿千瓦·时，同比增长1.9%。城乡居民生活用电量10949亿千瓦·时，同比增长6.8%。

第二、第三产业用电增速分别为2.5%和1.9%，增速较2019年分别下降1.3个和7.6个百分点。2020年，第二产业各季度用电量增速分别为-8.8%、3.3%、5.8%和7.6%，复工复产持续推进，拉动各季度增速持续回升。工业用电恢复成为拉动用电量增长的重要力量。2020年第三、第四季度，高技术及装备制造业用电增速大幅攀升，拉动全社会用电量快速增长。第三产业各季度用电量增速分别为-8.3%、0.5%、5.9%和8.4%，随着复商复市的持续推进，第三产业用电量增速逐季上升。比较突出的是信息传输、软件和信息技术服务业，用电量同比增长23.9%。大数据、云计算、物联网等新技术的快速推广应用，促进了线上产业的高速增长。

第一产业和城乡居民生活用电增速有所回升，分别为10.2%和6.9%，较2019年分别提升6个和1.2个百分点。2020年，第一产业各季度用电量增速分别为4.0%、11.9%、11.6%和12.0%，连续三个季度的增速超过10%。第一产业用电量的快速增长主要受益于农网改造升级、乡村用电条件改善、电能替代、脱贫攻坚带动乡村发展等，第一产业用电潜力得到释放。城乡居民生活用电量在第二、第四季度快速增长，各季度增速分别为3.5%、10.6%、5.0%和10.0%。

在全社会用电量保持平稳增长的同时，电力消费结构正日益优化。第二产业用电比重逐步收缩，第三产业、居民用电比重逐步扩大。随着新兴服务业进一步快速发展和城乡居民生活水平的提高，用电结构将进一步向第三产业和居民倾斜。

2. 人均电力消费量

根据国家统计局和国家能源局的数据，2020年，全社会人均用电量5320千瓦·时，较上年增加11千瓦·时，同比增长0.2%。2012~2020年，全社会人均电力消费量由2012年的3661.0千瓦·时增长到2020年的5320.0千瓦·时，累计增加1659千瓦·时，年均增长4.8%。

3. 日均电力消费量

据国家统计局和国家能源局发布的数据，2020年，全社会日均用电量205亿千瓦·时，与上年持平。2012~2020年，全社会日均电力消费量由2012年的136.0亿千瓦·时增长到2020年的205亿千瓦·时，累计增加69亿千瓦·时，年均增长5.3%。

4. 分地区用电量

根据国家统计局历年的《中国统计年鉴》，2020年，全社会用电量最多的是山东，为6940亿千瓦·时，占全社会用电量的9.2%；其次是广东的6926亿千瓦·时和江苏的6374亿千瓦·时，分别占全社会用电量的9.2%和8.5%；全社会用电量最少的是西藏，仅82亿千瓦·时。

5. 分产业用电量

据国家能源局公布的历年数据，2020年，第一产业用电量859亿千瓦·时，较上年增加80亿千瓦·时，增长10.3%，上升6.0个百分点；第二产业用电量51215亿千瓦·时，较上年增加 1620 亿千瓦·时，增长 3.3%，上升 0.2 个百分点；第三产业用电量 12087 亿千瓦·时，较上年增加 226 亿千瓦·时，增长 1.9%，下降 7.5 个百分点；城镇居民生活用电量 10949 亿千瓦·时，较上年增加 699 亿千瓦·时，增长 6.8%，上升 1.1 个百分点。

2015~2020 年，第一产业用电量由 1040 亿千瓦·时变动至 859 亿千瓦·时，累计减少 181 亿千瓦·时，累计减少 17.4%；第二产业用电量由 42249 亿千瓦·时变动至 51215 亿千瓦·时，累计增加 8966 亿千瓦·时，累计增长 21.2%；第三产业用电量由 7166 亿千瓦·时变动至 12087 亿千瓦·时，累计增加 4921 亿千瓦·时，累计增长 68.7%；城镇居民生活用电量由 7565 亿千瓦·时变动至 10949 亿千瓦·时，累计增加 3384 亿千瓦·时，累计增长 44.7%。

（二）电力消费结构

2020 年，第一产业用电量占全社会用电量的比重为 1.1%，与上年持平；第二产业用电量占全社会用电量的比重为 68.2%，占比较上年下降 0.2 个百分点；第三产业用电量占全社会用电量的 16.1%，占比较上年下降 0.3 个百分点；城镇居民生活用电量占全社会用电量的 14.6%，占比较上年增加 0.5 个百分点。

2012~2020 年，除了 2012 年的 2.0% 和 2013 年的 1.9% 外，第一产业用电量占全社会用电总量的比重均保持在 1.8% 的水平。第二产业用电量占比由 2012 年的 73.9% 下降到 2020 年的 68.2%，累计下降 5.7 个百分点；第三产业用电量占比由 2012 年的 11.5% 上升到 2020 年的 16.1%，累计增加 4.6 个百分点；城镇居民生活用电量占比由 2012 年的 12.5% 上升到 2020 年的 14.6%，累计增加 2.1 个百分点。

四、石油消费

1. 石油消费总量

根据国家统计局的数据，2020 年，我国石油表观消费量约 7.02 亿吨，同比增长 6.6%。国内新冠肺炎疫情率先受控、复工复产有效推进、成品油需求快速回升、石化下游产品需求旺盛等因素，共同拉动石油消费平稳增长。2016~2020 年，石油消费总量由 2016 年的 5.77 亿吨增长到 2020 年的 7.02 亿吨，累计增加 1.25 亿吨，年均增长 5.0%。2021 年，预计我国石油需求量约为 7.09 亿吨，受释放原油库存的影响，表观消费量增速回落。

2. 人均石油消费量

2020 年，人均石油消费量 497 千克，较上年增加 40 千克，同比增长 8.7%，增长 5.3 个百分点。2016~2020 年，人均石油消费量由 2016 年的 414 千克增长到 2020 年的 497 千克，累计增加 83 千克，年均增长 4.7%。

3. 日均石油消费量

2020 年，日均石油消费量 192 万吨，相当于 1407 万桶，同比增长 8.8%，下降 5.1 个百分点。2016~2020 年，日均石油消费量由 2016 年的 158 万吨（1159 万桶）增长到 2020 年的 192

万吨（1407万桶），年均增长5.0%。

4. 石油消费结构

石油消费主要应用于农、林、牧、渔业，工业，建筑业，交通运输、仓储和邮政业，批发、零售业和住宿、餐饮业，其他行业以及生活消费。其中，用于工业的石油消费量最多，占石油消费总量的39.1%左右，2019年占比为39.1%，较上年下降3个百分点；其次是交通运输、仓储和邮政业领域，2019年占比34.3%，较上年下降2.2个百分点；再次是生活消费，2019年占石油消费量的11.3%，较上年下降0.5个百分点；石油消费量最少的是批发、零售业和住宿、餐饮业，仅占石油消费总量的0.9%。

五、天然气消费

1. 天然气消费总量

据国家统计局发布的数据，2020年，天然气消费量3277亿立方米，较上年增加217亿立方米，同比增长7.1%。2015~2020年，天然气消费量由2015年的1932亿立方米增长到2020年的3277亿立方米，年均增加269亿立方米，年均增长11.1%。其中，2017年和2018年天然气消费量增长相对较快，2017年较2016年同比增长15.2%；2018年天然气消费量2817亿立方米，比上年增加423亿立方米，增长17.7%。

2015~2020年，2019年和2020年增幅均为负增长，2019年比2018年下降9.1个百分点，2020年比2019年下降1.5个百分点，2017年较2016年上升7.6个百分点，2018年较2017年上升2.5个百分点。

2. 人均天然气消费量

2020年，人均天然气消费量232立方米，较上年增加15立方米，同比增长6.9%。2015~2020年，人均天然气消费量由2015年的140立方米增长到2020年的232立方米，年均增加18.4立方米，年均增长10.6%。其中，2017年和2018年人均天然气消费量增长相对较快，2017年人均天然气消费量171立方米，比上年增加22立方米，增长14.8%；2018年较2017年同比增长17.2%。

2015~2020年，2019年和2020年增幅均为负增长，2019年比2018年下降8.9个百分点，2020年比2019年下降1.3个百分点，2017年较2016年上升7.7个百分点，2018年较2017年上升2.6个百分点。

3. 日均天然气消费量

2020年，日均天然气消费量8.95亿立方米，较上年增加0.57亿立方米，同比增长6.8%。2015~2020年，日均天然气消费量由2015年的5.29亿立方米增长到2020年的8.95亿立方米，年均增加0.73亿立方米，年均增长11.1%。其中，2017年和2018年日均天然气消费量增长相对较快，2017年较2016年同比增长15.5%；2018年日均天然气消费量7.72亿立方米，比上年增加1.16立方米，增长17.7%。

2015~2020年，2019年和2020年增幅均为负增长，2019年比2018年下降9.1个百分点，

2020年比2019年下降1.5个百分点，2017年较2016年上升7.6个百分点，2018年较2017年上升2.5个百分点（见图3-4）。

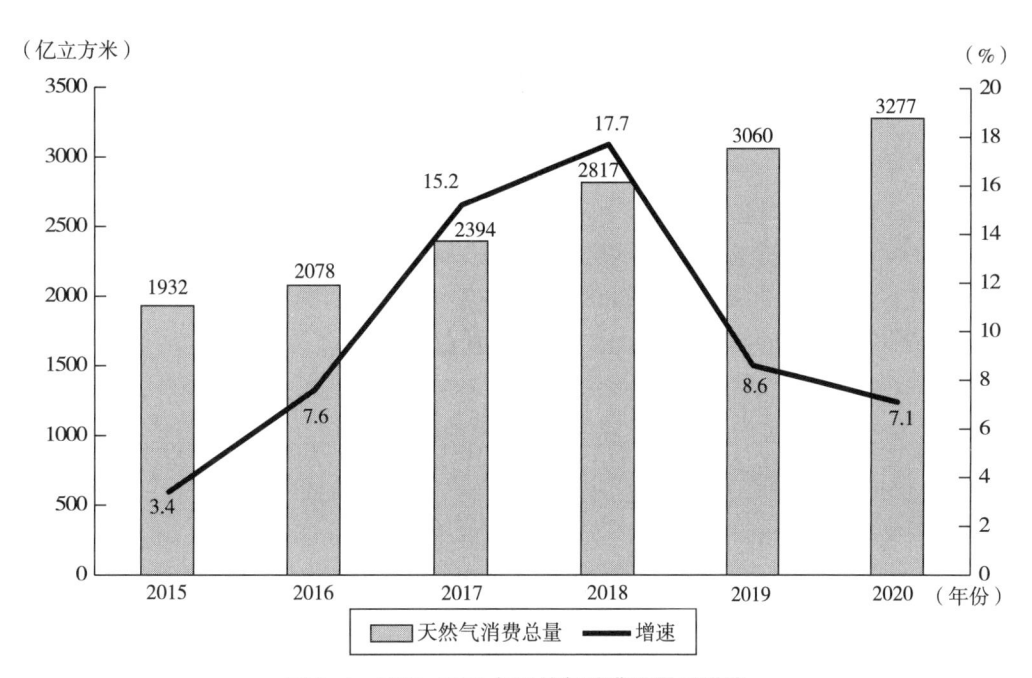

图 3-4　2015~2020年天然气消费总量及增速

第四章 能源进出口

一、煤炭进出口

根据国家统计局和海关总署公布的数据，2020年，我国进口煤炭30399万吨，同比增长1.5%；出口煤炭319万吨，同比下降47.1%；净进口煤炭30080万吨，同比增加716万吨。2020年，中国煤炭对外依存度6.6%，较上年降低0.2个百分点。2020年，我国煤炭进口量较2015年累计增加9993万吨，上升50%；出口煤炭累计减少214万吨，下降40.2%；净进口煤炭累计增加10207万吨。

2020年，我国煤炭进口量全球第一。其中，印度尼西亚、澳大利亚、俄罗斯、蒙古国、菲律宾是我国进口煤炭的前五大渠道。

2020年，我国煤炭进口额为20237百万美元，同比下降13.5%；煤炭出口额435百万美元，同比下降54.3%。2020年，我国煤炭进口额较2015年累计增加8136百万美元，上升67.2%；煤炭出口额累计减少64百万美元，下降12.8%。

二、电力进出口

2020年，我国电力进口量38亿千瓦·时，较上年降低10.6亿千瓦·时，较2015年累计下降38.8%；我国电力出口量192.1亿千瓦·时，较上年降低24.4亿千瓦·时，较2015年累计增长3%；我国电力净出口量154.1亿千瓦·时，较上年减少13.8亿千瓦·时，较2015年累计增长23.9%。

俄罗斯是中国第一大电力进口国。自1992年中俄电力开展合作，中国已通过在运的3条跨国联网线路，累计对俄购电248.73亿千瓦·时。2012年2月，中国国家电网公司与俄罗斯东方能源公司签署了长达25年的购电协议，协议规定，到2037年前俄罗斯向中国供应1000亿千瓦·时的电量。截至2018年4月，500千伏中俄直流联网黑河背靠背换流站实现安全运行6周年。通过500千伏阿黑线累计进口俄电138.3亿千瓦·时，占进口总量的44.4%，相当于节约燃煤470.22万吨。

三、石油进出口

(一) 石油进出口情况

2020年，我国石油进口量54206万吨，同比下降1.64%；石油出口量1638万吨，同比下降75.8%；石油净进口量52568万吨，同比增加4227万吨。2020年，中国石油对外依存度72.94%，较上年增加1.3个百分点；石油进口量较2015年累计增加14457万吨，累计增长36.4%；石油出口量累计减少3490万吨，累计降低68.1%；石油净进口量累计增加17947万吨，累计增长51.8%。

2020年，我国石油进口额1760亿美元，同比下降33.6%；石油出口额481亿美元，同比增长24%；石油净进口额1279亿美元，同比下降43.51%。

(二) 原油进出口情况

据海关总署公布的数据（见图4-1），2020年，中国原油全年进口量54239万吨，同比增长7.25%，较2015年增长61.7%。2020年，中国原油产量与进口量同比双增。国家统计局公布了2020年中国油气产量及进口数据，数据显示，2020年，中国原油产量为1.95亿吨，同

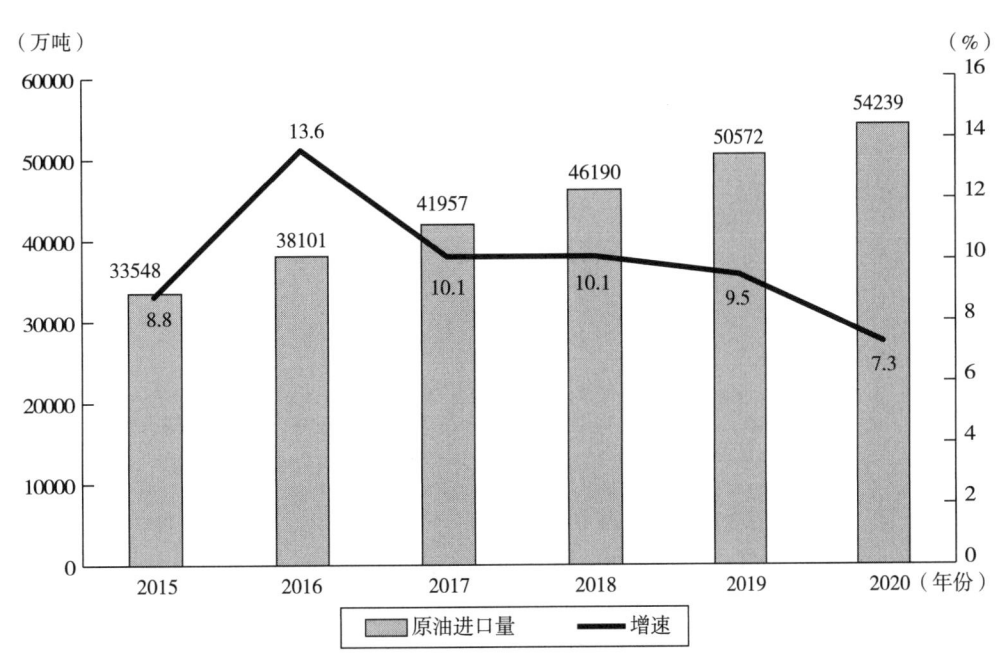

图4-1 原油进口年度走势

比增长 1.6%，增速同比提升 0.8 个百分点。在低油价下，国内加大进口，增加储备，原油进口量较快增长。我国原油进口增速继续高于国内原油产量增速，对外依存度仍在持续增高，升至 73.5%，较 2019 年提高约 1 个百分点。

2020 年，中国原油进口来源国前五名是沙特阿拉伯、俄罗斯、伊拉克、巴西和安哥拉，进口量分别为 8493 万吨、8345 万吨、6011 万吨、4218 万吨和 4177 万吨；进口份额占比分别为 15.7%、15.4%、11.1%、7.8% 和 7.7%。其中，产自沙特阿拉伯的原油总进口量约为 8492 万吨，约 169 万桶/日，比上年同期增长 1.9%，以微弱优势超过俄罗斯，沙特阿拉伯再次成为中国最大的石油供应国。2020 年俄罗斯向中国出口原油约 8357 万吨，约 167 万桶/日，比 2019 年增长 7.6%。2020 年，伊拉克仍是中国第三大原油供应国，由于美国的严厉制裁，严重影响了原油生产国伊朗和委内瑞拉的石油出口，伊拉克成为主要受益者之一。2020 年，伊拉克对中国的石油出口同比增长 16.1%，达到 6012 万吨。

（三）成品油进出口情况

海关总署公布的数据显示，2020 年，中国成品油出口数量为 6183 万吨，同比下降 7.5%；全年成品油净出口量回落至 3348 万吨，较 2019 年减少约 281 万吨。国外新冠肺炎疫情持续蔓延，导致成品油需求显著下滑，对我国成品油出口产生较大影响。另外，汽油进口量为 48 万吨，同比增长 45.5%；出口量为 1600 万吨，同比下降 2.3%。煤油进口量为 255 万吨，同比下降 28.8%；出口量为 998 万吨，同比下降 43.3%。柴油进口量为 90 万吨，同比下降 24.4%；出口量为 1976 万吨，同比下降 7.6%。

随着民营炼化企业的进一步崛起和做大做强，国内炼油业的竞争格局正在发生深刻变化，经营主体多元化进一步发展。2020 年我国炼油能力持续较快增长，当年净增 2580 万吨，总能力升至 8.9 亿吨/年。受多个大型项目投产驱动，国内石油化工产业继续扩张，当年我国原油加工量达到 6.74 亿吨，同比增长 3.0%。由于国内外成品油消费不振，相关企业主动适应需求变化，加快"油转化"进程，通过调整生产工艺流程与进一步延伸产业链等举措，降低成品油产出，并增加石化产品供给。2020 年我国成品油三大油品（汽油、煤油、柴油）产量合计 3.31 亿吨，同比下降 8.1%；表观消费量合计 2.9 亿吨，同比下降 6.6%。产需差收窄，在一定程度上缓解了成品油供应过剩问题。

具体来看，在汽油方面，2020 年上半年，受居家隔离政策影响，私家车出行频次大幅下降，汽油消费量下降明显。随着各地出行政策逐步放开，汽油消费量逐步回升。全年汽油产量为 1.32 亿吨，同比下降 6.6%；表观消费量为 1.16 亿吨，同比下降 7.6%。汽油供需差较 2019 年减少 52 万吨。

在柴油方面，2020 年初，各地普遍推迟复工复产，限制国内与国际物流运输，户外工程、基建以及物流运输开展受阻，导致柴油消费量下降。此后，各地加快基础设施与工程建设，刺激柴油消费量回升。全年柴油产量为 1.59 亿吨，同比下降 4.6%；表观消费量为 1.40 亿吨，同比下降 3.7%。柴油供需差较 2019 年减少 162 万吨。

在煤油方面，2020 年，各国相继出台缩减航班、航线的政策，以控制疫情蔓延，海内外航空煤油市场遭受前所未有的重创，我国航空煤油消费量亦出现大幅下降。综合来看，航空煤油消费量骤减，是国内成品油消费量下降的主要原因。全年我国煤油产量为4049.4万吨，同比下降23.2%；表观消费量为3306.71万吨，同比下降14.5%。煤油供需差较2019年减少661万吨。

四、天然气进出口

2020年，天然气进口量为1402.9亿立方米，比上年增长5.3%；出口量为36.9亿立方米，比上年同期增长2.5%；净进口量是1366亿立方米，同比增长5.4%。进口量与国内产量之比由2012年的0.4∶1扩大到2020年的0.8∶1，天然气进口持续快速增长。

2020年，中国天然气进口贸易依然以中国石油、中国石化、中海油三大石油公司为主导，其他企业的天然气进口贸易规模不断扩大。

2020年，中国天然气进口来源更加多元化，进口来源国共24个，有利于提高天然气进口量，保证国家能源安全。其中，澳大利亚进口量仍居首位，进口量为289.3亿立方米，进口额为103.1亿美元，平均进口单价为0.36美元/立方米，进口量占比20.6%；卡塔尔居第二位，进口量为81.4亿立方米，进口额为33.7亿美元，平均进口单价为0.41美元/立方米，进口份额为5.8%；其后是马来西亚和哈萨克斯坦。来自马来西亚的进口量为60.2亿立方米，进口额为17.3亿美元，平均进口单价为0.29美元/立方米，进口份额为4.3%。

（一）管道天然气进出口情况

2020年，中国天然气进口量1402.9亿立方米，其中，管道气进口量为476.53亿立方米。管道天然气进口国主要为陆上接壤国家，共计5个，其中，对土库曼斯坦为绝对依存，占比60%；其次为哈萨克斯坦、缅甸和乌兹别克斯坦，分别占比15.4%、8.8%和7.2%。

（二）液化天然气进出口情况

2020年，中国进口LNG 921.56亿立方米，澳大利亚依然为中国LNG进口最大来源国，全年进口289.3亿立方米；其次是卡塔尔，向中国供应81.4亿立方米；再次是马来西亚、印度尼西亚等国。2019年，中国总计进口液化LNG 6048万吨，加上管输量，中国目前为全球第一大天然气进口国。2019年，中国新增2个沿海LNG接收站，目前，共有22个LNG沿海接收站，接收能力9035万吨/年。全年LNG船舶中国港口挂靠次数为1329次，共来自全球29个国家。

第五章　能源效率

一、综合效率

（一）能耗强度

能耗强度反映的是经济增长对能源的依赖程度，能耗强度的持续下降体现了整体经济能源利用效率的提升。近年来，我国能源行业大力加强节能技术攻关，努力提高能效水平，节能降耗不断取得新成效，单位 GDP 能耗持续下降。根据国家统计局公布的数据，2016~2019 年，单位 GDP 能耗累计降低 13.2%。2017 年，我国单位 GDP 能耗比 2012 年累计降低 20.9%，五年累计节约能源约 10.3 亿吨标准煤。工业节能作用突出，单位 GDP 能耗的降低主要是由工业贡献的。

其中，2017 年，规模以上企业单位工业增加值能耗比 2012 年累计降低 27.6%，高于单位 GDP 能耗累计降幅 6.7 个百分点，年均降幅 1.7 个百分点。按照单位工业增加值能耗计算，规模以上工业五年累计节能约 9.2 亿吨标准煤，占全社会节能量的近 90%。2018 年，中国能源消费总量控制在 46.4 亿吨标准煤，能耗总量和强度"双控"目标完成情况符合"十三五"时间进度要求。2019 年，我国单位 GDP 能耗比 2015 年累计降低 7%。"十三五"以来，中国能耗强度累计下降 11.35%。

2020 年，能耗强度继续下降。据国家能源局发布的数据，2020 年，全国供电标准煤耗 305.5 克/（千瓦·时），同比再降 0.9 克/（千瓦·时），十年累计下降 23.5 克/（千瓦·时）。我国燃煤机组煤耗已连续四年优于《电力发展"十三五"规划》中"现役燃煤发电机组经改造平均供电煤耗低于 310 克标准煤/（千瓦·时）"的规划目标。全年单位 GDP 能耗比上年下降 0.1%，扭转了前三季度上升的态势；规模以上工业单位增加值能耗下降 0.4%，降幅比前三季度增加 0.3 个百分点。重点耗能工业企业单位电石综合能耗下降 2.1%，单位合成氨综合能耗上升 0.3%，吨钢综合能耗下降 0.3%，单位电解铝综合能耗下降 1.0%，每千瓦·时火力发电标准煤耗下降 0.6%。

(二) 能源加工转换效率

据国家统计局发布的2020年《中国统计年鉴》，2014~2019年，我国能源加工转换效率普遍提高。2019年与2014年相比，规模以上工业企业能源加工转换效率提高1.8个百分点。2016~2019年，规模以上企业单位工业增加值能耗累计下降超过15%，相当于节能4.8亿吨标准煤，节约能源成本约4000亿元，实现了经济效益和环境效益双赢。同期，单位工业增加值二氧化碳排放量累计下降18%。

2019年较2013年能源加工转换效率提高0.34个百分点，其中，发电及电站供热提高2.68个百分点，炼焦降低3个百分点，炼油降低2.35个百分点。

(三) 能源加工转换损耗

国家统计局发布的2020年《中国统计年鉴》显示，2019年，我国能源加工转换损失22156万吨标准煤，占一次能源消费总量的4.5%；损耗量较上年减少1353万吨标准煤，占一次能源消费总量的比重下降0.1个百分点。2015~2019年，能源加工转换损失由18770万吨标准煤增加至22156万吨标准煤，损耗累计增加3386万吨标准煤，占一次能源消费总量的比重累计上升0.2个百分点。

(四) 节能减排

1. 产能利用率

2019年，煤炭开采和洗选业产能利用率为69.8%，较上年下降0.8个百分点；石油和天然气开采业产能利用率为90.1%，较上年下降1.1百分点；电力、热力、燃气生产和供应业产能利用率为71.5%，较上年下降0.6个百分点。

2. 淘汰落后产能

工业内部结构优化带来显著节能成效，淘汰落后产能取得瞩目成就。2017年与2012年相比，六大高耗能行业单位增加值能耗累计降低23.2%，年均下降4.6%，五年累计节能约6.8亿吨标准煤，占全社会节能量的65%以上。五年来，国家共淘汰电力产能2108万千瓦，煤炭5.2亿吨，炼铁5897万吨，炼钢6640万吨。

2016年至2019年，中国规模以上企业单位工业增加值能耗累计下降超过15%，相当于节能4.8亿吨标准煤，节约能源成本约4000亿元。此外，国家统计局公布的数据显示，"十三五"期间，全国累计退出煤矿5500处，退出落后煤炭产能10亿吨/年以上，远超此前退出产能8亿吨/年的规划目标。

2020年6月，国家发改委、国家能源局发布《关于做好2020年能源安全保障工作的指导意见》，提出大力提高能源生产供应能力，当年再退出一批煤炭落后产能，煤矿数量控制在5000处以内，大型煤炭基地产量占全国煤炭产量的96%以上。

同年，国家发改委等六部门印发《2020年煤炭化解过剩产能工作要点》（以下简称《工作要点》），要求在巩固现有成果的基础上，持续推动结构性去产能，系统性优产能，确保各地区在"十三五"收官之年全面完成目标任务。《工作要点》提出，以煤电、煤化一体化及资源接续发展为重点，在山西、内蒙古、陕西、新疆等大型煤炭基地，谋划布局一批资源条件好、竞争能力强、安全保障程度高的大型露天煤矿和现代化井工煤矿。深入推进煤炭行业"放管服"改革，加快推动在建煤矿投产达产，合理有序释放先进产能，实现煤炭新旧产能有序接替。统筹推进煤电联营、兼并重组、转型升级等工作，促进煤炭及下游产业健康和谐发展。着力加强煤炭产供储销体系建设，持续提升供给体系质量，增强能源保障和应急调控能力。根据《工作要点》，内蒙古、新疆、黑龙江等十余地区陆续公布地方版实施方案。在巩固现有成果的基础上，我国结构性优产能持续推进，优质增量供给不断扩大。

3. 煤炭清洁高效利用

2020年，煤炭清洁高效利用水平持续提升。总体上，我国85%以上的煤炭消费已经基本实现清洁高效利用和超低排放。近年来，煤炭生产、运输、消费等环节煤炭清洁高效利用取得了一系列重大成果。2020年，我国原煤入洗率达到74.1%，比2015年提高8.2个百分点；矿井水综合利用率、煤矸石综合利用处置率、井下瓦斯抽采利用率比2015年分别提高11.2个百分点、8个百分点、9.5个百分点。

"十三五"期间，我国燃煤电厂完成超低排放和节能改造9.5亿千瓦，占全国燃煤电厂总装机的76%，建成世界上最大规模的超低排放清洁煤电供应系统；具有自主知识产权的高效煤粉型锅炉技术得到推广应用，锅炉燃料燃尽率达到98%，比普通燃煤锅炉提高28个百分点，主要污染物排放指标达到天然气锅炉排放标准；全国约6.1亿吨的粗钢产能正在实施超低排放改造；传统煤化工的大型合成氨行业已全面升级换代为煤炭高温气化技术；新兴的现代煤化工升级示范项目全面实现烟气超低排放、污废水近"零排放"和VOCs治理；煤焦化、大中型工业锅炉、工业窑炉正在全面进行超低排放改造。

散煤治理是煤炭清洁高效利用的关键。"十三五"期间，散煤综合治理和煤炭减量替代成效显著，散煤用量削减超过2亿吨。目前，我国民用散煤用量已压缩到2亿吨以内。"十三五"期间，北方地区冬季清洁取暖率达到60%以上，替代散煤1.4亿吨以上。

4. 供电标准煤耗

供电标准煤耗持续下降。据国家能源局发布的数据，2020年，全国供电标准煤耗305.5克/（千瓦·时），同比下降0.9克/（千瓦·时），十年累计下降23.5克/（千瓦·时）。我国燃煤机组煤耗已连续四年优于《电力发展"十三五"规划》中"现役燃煤发电机组经改造平均供电煤耗低于310克标准煤/（千瓦·时）"的规划目标。

2015~2020年，全国6000千瓦及以上火电机组供电标准煤耗由2015年的315.38克/（千瓦·时）下降到2020年的305.5克/（千瓦·时），累计下降9.88克/（千瓦·时）。根据中电联历年发布的《全国电力工业统计数据一览表》，2015年和2016年下降的相对较多，分别下降了3.57克/（千瓦·时）和3.30克/（千瓦·时），2018年下降最少，为1.00克/（千瓦·时）。

二、煤炭效率

2020年，全国工业产能利用率为74.5%，比上年下降2.1个百分点。其中，全国煤炭开采和洗选业产能利用率为69.8%，比上年同期下降0.8个百分点；黑色金属冶炼和压延加工业产能利用率为78.8%，比上年同期下降1.2个百分点。

2018年，煤炭开采和洗选业损耗12295万吨，较2017年减少942万吨，同比降低7.1%。2014~2018年，煤炭开采和洗选业损耗累计减少10580万吨，下降46.3%。

三、石油效率

2020年，全国石油和天然气开采产能利用率为90.1%，比上年同期下降1.1个百分点；2018年，炼油损失2689万吨，较上年增加28万吨，同比增加1.1%；其他损失29万吨，较上年减少18万吨，同比降低38.3%。2014~2018年，炼油损失累计减少1024万吨，下降61.5%；其他损失累计减少81万吨，下降73.6%。

四、电力效率

（一）线损情况

2020年，全国线损率再创新低。历年《全国电力工业统计数据一览表》显示，2020年，线损电量为3651亿千瓦·时，较2019年减少73亿千瓦·时，同比下降2.0%。据国家能源局发布的数据，2020年，全国线损率为5.62%，同比下降0.31个百分点，继续保持在6%以下，已经达到《电力发展"十三五"规划》中"到2020年，电网综合线损率控制在6.5%以内"的目标。通过电网设施改造更新等技术手段，以及更加科学的管理考核等诸多措施，全国线损率十年累计降低0.9个百分点。在全社会用电量超过7.5万亿千瓦·时的情况下，这一成绩单相当于每年节约用电676亿千瓦·时。

2015~2020年，线路损失率由2015年的6.64%变动至2020年的5.62%，下降1.02个百分点。其中，2015年线路损失率为6.64%，降至2016年的6.47%，下降0.17个百分点；2017年线路损失率为6.48%，降至2018年的6.27%，下降0.21个百分点；至2019年，线路损失率为5.93%，同比下降0.31个百分点。

（二）电耗强度

2020年，我国单位GDP用电量747千瓦·时/万元，较2019年降低3.0%，较2015年降低11.3%。单位用电量创造13.38元的国民生产总值，较2019年增加0.4元/（千瓦·时），较2015年累计增加1.51元/（千瓦·时）。

2020年，全国有三个省（自治区、直辖市）的单位GDP用电量超过2000千瓦·时/万元，其中，最多的是宁夏回族自治区，为2648千瓦·时/万元；其次是青海省，单位GDP用电量达2468千瓦·时/万元；居第三位的是新疆维吾尔自治区，单位GDP用电量为2173千瓦·时/万元。

（三）主要发电生产技术经济指标

2020年，全国6000千瓦及以上电厂发电设备平均利用小时数为3758小时，同比减少70小时；线路损失率为5.62%，较上年降低0.31个百分点；全国6000千瓦及以上电厂供电煤耗为305.5克/千瓦·时，同比降低0.9克/千瓦·时。

2020年，厂用电率尚未见公开数据，但总体呈现的下降趋势不变。2019年，全国厂用电率下降至4.67%，比上一年降低0.02个百分点，其中，火电6.01%，比上年升高0.06个百分点。随着非化石能源的发展和煤电机组技术的提升，厂用电率下降的难度将越来越大，且升降不一。

2015~2020年，全国6000千瓦及以上电厂发电设备平均利用小时数累计减少229.9小时，线路损失率累计下降1.02个百分点；全国6000千瓦及以上电厂供电煤耗累计下降9.9克/（千瓦·时）。

第六章 能源环境

一、能源与废气污染物排放

2019年，全国二氧化硫排放量为4572858吨，同比下降11.4%。全国各地区二氧化硫排放量同2018年相比下降最多的是山东省，其次是辽宁省和河北省；同2018年相比，二氧化硫排放量增长最多的是福建省。2019年，山东省二氧化硫排放量为281511吨，同比下降17.5%；辽宁省二氧化硫排放量为263087吨，同比下降18.1%；河北省二氧化硫排放量为286938吨，同比下降16.4%；福建省二氧化硫排放量为125363吨，同比上升15.5%。

2019年，全国氮氧化物排放量为12338518吨，同比下降4.3%。全国各地区氮氧化物排放量同2018年相比下降最多的是河北省，其次是山东省；同2018年相比，氮氧化物排放量上升的是内蒙古自治区和福建省。2019年，河北省氮氧化物排放量为1016548吨，同比下降12.0%；山东省氮氧化物排放量为1093288吨，同比下降4.5%；内蒙古自治区氮氧化物排放量为589717吨，同比上升6.1%；福建省氮氧化物排放量为305834吨，同比增长1.3%。

2019年，全国颗粒物排放量为10884766吨，同比下降3.9%。全国各地区颗粒物排放量同比下降最多的是贵州省，其次是江苏省和山西省；同2018年相比，颗粒物排放量增长最多的是西藏自治区。2019年，贵州省颗粒物排放量为189350吨，同比下降4.1%；江苏省颗粒物排放量为408730吨，同比下降23.1%；山西省颗粒物排放量为393523吨，同比下降21.4%；西藏自治区颗粒物排放量为135211吨，同比增长148.1%。

2019年，主要城市工业二氧化硫排放量合计3953670吨，占主要城市二氧化硫排放量的86.5%；生活二氧化硫排放量合计612998吨，占主要城市二氧化硫排放量的13.4%。主要城市工业氮氧化物排放量合计5480735吨，占主要城市氮氧化物排放量的44.4%；生活氮氧化物排放量合计497424吨，占主要城市氮氧化物排放量的4.03%。主要城市工业颗粒物排放量合计9259287吨，占主要城市烟（粉）尘排放量的85.1%；生活颗粒物排放量合计1549001吨，占主要城市烟（粉）尘排放量的14.2%。

2020年，电力行业污染物排放持续下降。燃煤电厂超低排放改造持续推进，全国超低排放煤电机组累计达9.5亿千瓦。据中国电力企业联合会统计，2019年，烟尘排放总量同比下降14.29%，二氧化硫排放总量下降10.1%，氮氧化物排放总量下降3.13%。近十年来，污染物排放下降明显。烟尘排放总量由2010年的160万吨下降到2019年的18万吨，排放绩效由 0.5 克/千瓦·时下降到 0.038 克/千瓦·时；二氧化硫排放总量由 2010 年的 926 万吨下降到 2019 年的 89 万吨，排放绩效由 2.7 克/千瓦·时下降到 0.187 克/千瓦·时；氮氧化物排放总量由 2012 年的 948 万吨下降到 2019 年的 93 万吨，排放绩效由 2.4 克/千瓦·时下降到 0.195 克/千瓦·时。

据 2021 年《BP 世界能源统计年鉴》，2020 年，我国汽油、气和煤燃烧相关活动产生的二氧化碳排放量为 99 亿吨，同比增长 1.02%，占全世界汽油、气和煤燃烧相关活动产生的二氧化碳排放量的 31%。2015~2019 年，我国二氧化碳排放量年均增长 1.60%；2015~2020 年，年均增长 1.74%，年均增速上升 0.14 个百分点。

根据国家统计局公布的数据，2020 年，全国万元国内生产总值二氧化碳排放下降 1.0%。近年来，全国各地围绕大气污染防治攻坚任务，扎实推进减煤替代和电能替代，实现能源清洁高效利用，全国万元国内生产总值二氧化碳排放持续下降。

2020 年，我国可再生能源开发利用规模达到 6.8 亿吨标准煤，相当于替代煤炭近 10 亿吨，减少二氧化碳、二氧化硫、氮氧化物排放量分别约达 17.9 亿吨、86.4 万吨与 79.8 万吨，为打好大气污染防治攻坚战提供了坚强保障。

同时，我国积极推进城乡有机废弃物等生物质能清洁利用，促进人居环境改善；积极探索沙漠治理、光伏发电、种养殖相结合的光伏治沙模式，推动光伏开发与生态修复相结合。

二、能源与废水污染物排放

随着中国能源工业的快速发展，煤炭开采和洗选业、石油和天然气开采业、石油加工及炼焦业以及电力等能源工业在生产过程中均向环境排放了大量的工业废水。

2019 年，全国城市污水排放总量 5546474 万立方米，主要废水污染物排放中化学需氧量 5671433 吨，工业类 771611 吨，农业类 186125 吨，生活类 4699493 吨。

全国各省（自治区、直辖市）污水排放总量最多的是广东省，共排放 808535 万立方米废水，废水中化学需氧量 634809 吨，工业类 63120 吨，农业类 8900 吨，生活类 562464 吨。废水排放总量排在第二位的是江苏省，共排放 472646 万立方米废水，废水中化学需氧量 474120 吨，工业类 109953 吨，农业类 9288 吨，生活类 354553 吨。废水排放总量排在第三位的是山东省，共排放 354337 万立方米废水，废水中化学需氧量 275674 吨，工业类 52729 吨，农业类 1797 吨，生活类 221014 吨。

三、能源与固体废弃物排放

能源在生产加工过程中的固体废弃物主要来源于煤炭行业。露天煤矿开采规模通常较大，产生的大量剥离物被堆放在排土场，其压占面积往往与采场所破坏的土地面积相当，并形成一系列污染效应。

石油勘探与开采过程中的钻井作业需要使用大量的泥浆，正常情况下是循环使用的，但当作业完成后，泥浆就会被废弃，并堆积在井场。泥浆中有烧碱、铁铬盐、盐酸等化学品，会对井场周围的水域和农田造成不良影响。

2019 年，全国一般工业固体废物产生量为 440810 万吨。

四、能源与温室气体排放

2020 年，我国汽油、气和煤燃烧相关活动产生的二氧化碳排放量为 99 亿吨，同比增长 1.02%，占全世界汽油、气和煤燃烧相关活动产生的二氧化碳排放量的 31%。2015~2019 年，我国二氧化碳排放量年均增长 1.60%；2015~2020 年，年均增长 1.74%，年均增速上升 0.14 个百分点。

新时代的中国能源发展

（2020 年 12 月）

中华人民共和国国务院新闻办公室

前 言

能源是人类文明进步的基础和动力，攸关国计民生和国家安全，关系人类生存和发展，对于促进经济社会发展、增进人民福祉至关重要。

新中国成立以来，在中国共产党领导下，中国自力更生、艰苦奋斗，逐步建成较为完备的能源工业体系。改革开放以来，中国适应经济社会快速发展需要，推进能源全面、协调、可持续发展，成为世界上最大的能源生产消费国和能源利用效率提升最快的国家。

中共十八大以来，中国发展进入新时代，中国的能源发展也进入新时代。习近平主席提出"四个革命、一个合作"能源安全新战略，为新时代中国能源发展指明了方向，开辟了中国特色能源发展新道路。中国坚持创新、协调、绿色、开放、共享的新发展理念，以推动高质量发展为主题，以深化供给侧结构性改革为主线，全面推进能源消费方式变革，构建多元清洁的能源供应体系，实施创新驱动发展战略，不断深化能源体制改革，持续推进能源领域国际合作，中国能源进入高质量发展新阶段。

生态兴则文明兴。面对气候变化、环境风险挑战、能源资源约束等日益严峻的全球问题，中国树立人类命运共同体理念，促进经济社会发展全面绿色转型，在努力推动本国能源清洁低碳发展的同时，积极参与全球能源治理，与各国一道寻求加快推进全球能源可持续发展新道路。习近平主席在第七十五届联合国大会一般性辩论上宣布，中国将提高国家自主贡献力度，采取更加有力的政策和措施，二氧化碳排放力争于 2030 年前达到峰值，努力争取 2060 年前实现碳中和。新时代中国的能源发展，为中国经济社会持续健康发展提供有力支撑，也为维护世界能源安全、应对全球气候变化、促进世界经济增长作出积极贡献。

为介绍新时代中国能源发展成就，全面阐述中国推进能源革命的主要政策和重大举措，特发布本白皮书。

一、走新时代能源高质量发展之路

新时代的中国能源发展，积极适应国内国际形势的新发展新要求，坚定不移走高质量发展新道路，更好服务经济社会发展，更好服务美丽中国、健康中国建设，更好推动建设清洁美丽世界。

（一）能源安全新战略

新时代的中国能源发展，贯彻"四个革命、一个合作"能源安全新战略。

——推动能源消费革命，抑制不合理能源消费。坚持节能优先方针，完善能源消费总量管理，强化能耗强度控制，把节能贯穿于经济社会发展全过程和各领域。坚定调整产业结构，高度重视城镇化节能，推动形成绿色低碳交通运输体系。在全社会倡导勤俭节约的消费观，培育节约能源和使用绿色能源的生产生活方式，加快形成能源节约型社会。

——推动能源供给革命，建立多元供应体系。坚持绿色发展导向，大力推进化石能源清洁高效利用，优先发展可再生能源，安全有序发展核电，加快提升非化石能源在能源供应中的比重。大力提升油气勘探开发力度，推动油气增储上产。推进煤电油气产供储销体系建设，完善能源输送网络和储存设施，健全能源储运和调峰应急体系，不断提升能源供应的质量和安全保障能力。

——推动能源技术革命，带动产业升级。深入实施创新驱动发展战略，构建绿色能源技术创新体系，全面提升能源科技和装备水平。加强能源领域基础研究以及共性技术、颠覆性技术创新，强化原始创新和集成创新。着力推动数字化、大数据、人工智能技术与能源清洁高效开发利用技术的融合创新，大力发展智慧能源技术，把能源技术及其关联产业培育成带动产业升级的新增长点。

——推动能源体制革命，打通能源发展快车道。坚定不移推进能源领域市场化改革，还原能源商品属性，形成统一开放、竞争有序的能源市场。推进能源价格改革，形成主要由市场决定能源价格的机制。健全能源法治体系，创新能源科学管理模式，推进"放管服"改革，加强规划和政策引导，健全行业监管体系。

——全方位加强国际合作，实现开放条件下能源安全。坚持互利共赢、平等互惠原则，全面扩大开放，积极融入世界。推动共建"一带一路"能源绿色可持续发展，促进能源基础设施互联互通。积极参与全球能源治理，加强能源领域国际交流合作，畅通能源国际贸易、促进能源投资便利化，共同构建能源国际合作新格局，维护全球能源市场稳定和共同安全。

（二）新时代能源政策理念

——坚持以人民为中心。牢固树立能源发展为了人民、依靠人民、服务人民的理念，把保障和改善民生用能、贫困人口用能作为能源发展的优先目标，加强能源民生基础设施和公共服务能力建设，提高能源普遍服务水平。把推动能源发展和脱贫攻坚有机结合，实施能源扶贫工程，发挥能源基础设施和能源供应服务在扶贫中的基础性作用。

——坚持清洁低碳导向。树立人与自然和谐共生理念，把清洁低碳作为能源发展的主导方向，推动能源绿色生产和消费，优化能源生产布局和消费结构，加快提高清洁能源和非化石能源消费比重，大幅降低二氧化碳排放强度和污染物排放水平，加快能源绿色低碳转型，建设美丽中国。

——坚持创新核心地位。把提升能源科技水平作为能源转型发展的突破口，加快能源科技自主创新步伐，加强国家能源战略科技力量，发挥企业技术创新主体作用，推进产学研深度融合，推动能源技术从引进跟随向自主创新转变，形成能源科技创新上下游联动的一体化创新和全产业链协同技术发展模式。

——坚持以改革促发展。充分发挥市场在资源配置中的决定性作用，更好发挥政府作用，深入推进能源行业竞争性环节市场化改革，发挥市场机制作用，建设高标准能源市场体系。加强能源发展战略和规划的导向作用，健全能源法治体系和全行业监管体系，进一步完善支持能源绿色低碳转型的财税金融体制，释放能源发展活力，为能源高质量发展提供支撑。

——坚持推动构建人类命运共同体。面对日趋严峻的全球气候变化形势，树立人类命运共同体意识，深化全球能源治理合作，加快推动以清洁低碳为导向的新一轮能源变革，共同促进全球能源可持续发展，共建清洁美丽世界。

二、能源发展取得历史性成就

中国坚定不移推进能源革命，能源生产和利用方式发生重大变革，能源发展取得历史性成就。能源生产和消费结构不断优化，能源利用效率显著提高，生产生活用能条件明显改善，能源安全保障能力持续增强，为服务经济高质量发展、打赢脱贫攻坚战和全面建成小康社会提供了重要支撑。

（一）能源供应保障能力不断增强

基本形成了煤、油、气、电、核、新能源和可再生能源多轮驱动的能源生产体系。初步核算，2019年中国一次能源生产总量达39.7亿吨标准煤，为世界能源生产第一大国（见图1）。煤炭仍是保障能源供应的基础能源，2012年以来原煤年产量保持在34.1亿~39.7亿吨。努力保持原油生产稳定，2012年以来原油年产量保持在1.9亿~2.1亿吨。天然气产量明显提

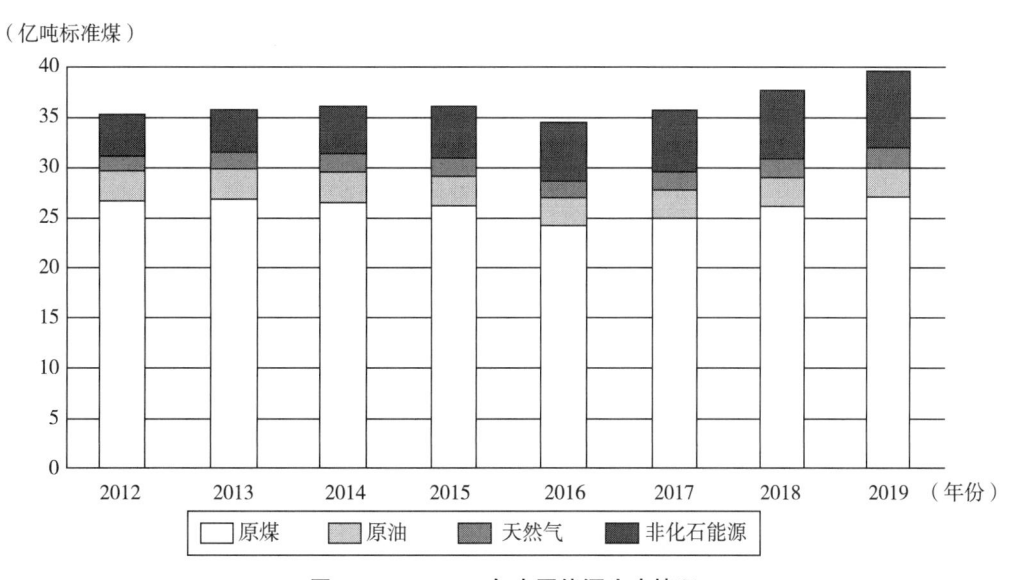

图1 2012~2019年中国能源生产情况

资料来源：国家统计局。

升,从2012年的1106亿立方米增长到2019年的1762亿立方米。电力供应能力持续增强,累计发电装机容量20.1亿千瓦,2019年发电量7.5万亿千瓦·时,较2012年分别增长75%、50%。可再生能源开发利用规模快速扩大,水电、风电、光伏发电累计装机容量均居世界首位。截至2019年底,在运在建核电装机容量6593万千瓦,居世界第二,在建核电装机容量世界第一。

能源输送能力显著提高。建成天然气主干管道超过8.7万公里、石油主干管道5.5万公里、330千伏及以上输电线路长度30.2万公里。

能源储备体系不断健全。建成9个国家石油储备基地,天然气产供储销体系建设取得初步成效,煤炭生产运输协同保障体系逐步完善,电力安全稳定运行达到世界先进水平,能源综合应急保障能力显著增强。

专栏1 可再生能源开发利用规模居世界首位

截至2019年底,中国可再生能源发电总装机容量7.9亿千瓦,约占全球可再生能源发电总装机的30%。其中,水电、风电、光伏发电、生物质发电装机容量分别达3.56亿千瓦、2.1亿千瓦、2.04亿千瓦、2369万千瓦,均居世界首位。2010年以来中国在新能源发电领域累计投资约8180亿美元,占同期全球新能源发电建设投资的30%。

可再生能源供热广泛应用。截至2019年底,太阳能热水器集热面积累计达5亿平方米,浅层和中深层地热能供暖建筑面积超过11亿平方米。

风电、光伏发电设备制造形成了完整的产业链,技术水平和制造规模处于世界前列。2019年多晶硅、光伏电池、光伏组件的产量分别约占全球总产量份额的67%、79%、71%,光伏产品出口到200多个国家及地区。风电整机制造占全球总产量的41%,已成为全球风电设备制造产业链的重要地区。

(二)能源节约和消费结构优化成效显著

能源利用效率显著提高。2012年以来单位国内生产总值能耗累计降低24.4%,相当于减少能源消费12.7亿吨标准煤。2012~2019年,以能源消费年均2.8%的增长支撑了国民经济年均7%的增长。

能源消费结构向清洁低碳加快转变。初步核算,2019年煤炭消费占能源消费总量比重为57.7%,比2012年降低10.8个百分点;天然气、水电、核电、风电等清洁能源消费量占能源消费总量比重为23.4%,比2012年提高8.9个百分点;非化石能源占能源消费总量比重达15.3%,比2012年提高5.6个百分点,已提前完成到2020年非化石能源消费比重达到15%左右的目标。新能源汽车快速发展,2019年新增量和保有量分别达120万辆和380万辆,均占全球总量一半以上;截至2019年底,全国电动汽车充电基础设施达120万处,建成世界最大规模充电网络,有效促进了交通领域能效提高和能源消费结构优化(见图2)。

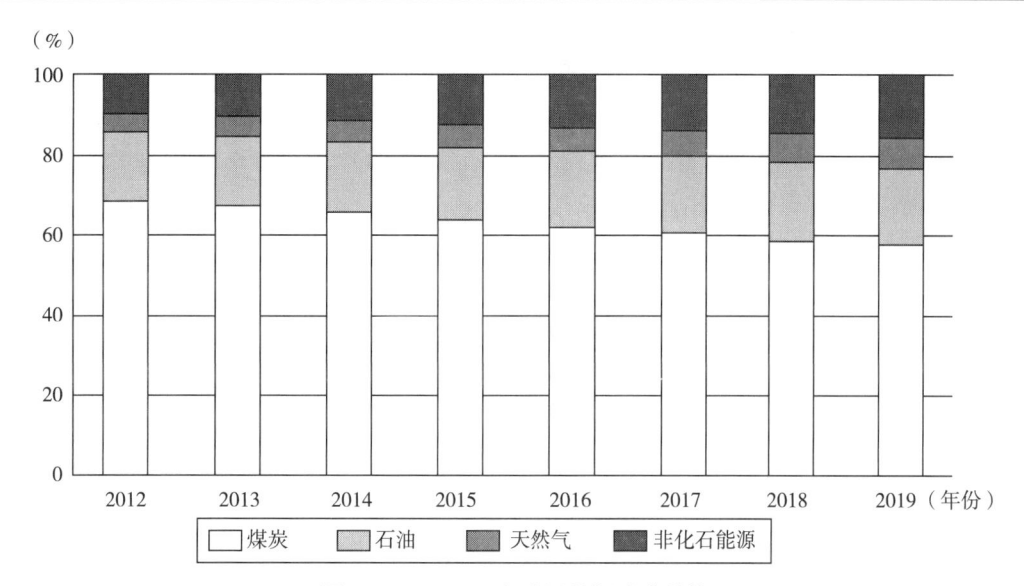

图 2 2012~2019 年中国能源消费结构

资料来源：国家统计局。

（三）能源科技水平快速提升

持续推进能源科技创新，能源技术水平不断提高，技术进步成为推动能源发展动力变革的基本力量。建立完备的水电、核电、风电、太阳能发电等清洁能源装备制造产业链，成功研发制造全球最大单机容量 100 万千瓦水电机组，具备最大单机容量达 10 兆瓦的全系列风电机组制造能力，不断刷新光伏电池转换效率世界纪录。建成若干应用先进三代技术的核电站，新一代核电、小型堆等多项核能利用技术取得明显突破。油气勘探开发技术能力持续提高，低渗原油及稠油高效开发、新一代复合化学驱等技术世界领先，页岩油气勘探开发技术和装备水平大幅提升，天然气水合物试采取得成功。发展煤炭绿色高效智能开采技术，大型煤矿采煤机械化程度达 98%，掌握煤制油气产业化技术。建成规模最大、安全可靠、全球领先的电网，供电可靠性位居世界前列。"互联网+"智慧能源、储能、区块链、综合能源服务等一大批能源新技术、新模式、新业态正在蓬勃兴起。

（四）能源与生态环境友好性明显改善

中国把推进能源绿色发展作为促进生态文明建设的重要举措，坚决打好污染防治攻坚战、打赢蓝天保卫战。煤炭清洁开采和利用水平大幅提升，采煤沉陷区治理、绿色矿山建设取得显著成效。落实修订后的《大气污染防治法》，加大燃煤和其他能源污染防治力度。推动国家大气污染防治重点区域内新建、改建、扩建用煤项目实施煤炭等量或减量替代。能源绿色发展显著推动空气质量改善，二氧化硫、氮氧化物和烟尘排放量大幅下降。能源绿色发展对碳排放强度下降起到重要作用，2019 年碳排放强度比 2005 年下降 48.1%，超过了 2020 年碳排放强度比 2005 年下降 40%~45% 的目标，扭转了二氧化碳排放快速增长的局面。

专栏2　化石能源清洁发展成效突出

煤炭清洁开采水平大幅提升。积极推广充填开采、保水开采等煤炭清洁开采技术，加强煤矿资源综合利用。2019年原煤入选率达73.2%，矿井水综合利用率达75.8%，土地复垦率达52%。

建成全球最大的清洁煤电供应体系。全面开展燃煤电厂超低排放改造。截至2019年底，实现超低排放煤电机组达8.9亿千瓦，占煤电总装机容量86%。超过7.5亿千瓦煤电机组实施节能改造，供电煤耗率逐年降低。

燃煤锅炉（窑炉）替代和改造成效显著。淘汰燃煤小锅炉20余万台，重点区域35蒸吨/时以下燃煤锅炉基本清零。有序推进对以煤、石油焦、重油等为燃料的工业窑炉实行燃料清洁化替代。

车用燃油环保标准大幅提升。实施成品油质量升级专项行动，快速提升车用汽柴油标准，从2012年的国三标准提升到2019年的国六标准，大幅减少了车辆尾气排放污染。

（五）能源治理机制持续完善

全面提升能源领域市场化水平，营商环境不断优化，市场活力明显增强，市场主体和人民群众办事创业更加便利。进一步放宽能源领域外资市场准入，民间投资持续壮大，投资主体更加多元。发用电计划有序放开、交易机构独立规范运行、电力市场建设深入推进。加快推进油气勘查开采市场放开与矿业权流转、管网运营机制改革、原油进口动态管理等改革，完善油气交易中心建设。推进能源价格市场化，进一步放开竞争性环节价格，初步建立电力、油气网络环节科学定价制度。协同推进能源改革和法治建设，能源法律体系不断完善。覆盖战略、规划、政策、标准、监管、服务的能源治理机制基本形成。

（六）能源惠民利民成果丰硕

把保障和改善民生作为能源发展的根本出发点，保障城乡居民获得基本能源供应和服务，在全面建成小康社会和乡村振兴中发挥能源供应的基础保障作用。2016~2019年，农网改造升级总投资达8300亿元，农村平均停电时间降低至15小时，农村居民用电条件明显改善。2013~2015年，实施解决无电人口用电行动计划，2015年底完成全部人口都用上电的历史性任务。实施光伏扶贫工程等能源扶贫工程建设，优先在贫困地区进行能源开发项目布局，实施能源惠民工程，促进了贫困地区经济发展和贫困人口收入增加。完善天然气利用基础设施建设，扩大天然气供应区域，提高民生用气保障能力。北方地区清洁取暖取得明显进展，改善了城乡居民用能条件和居住环境。截至2019年底，北方地区清洁取暖面积达116亿平方米，比2016年增加51亿平方米（见图3）。

三、全面推进能源消费方式变革

坚持节约资源和保护环境的基本国策，坚持节能优先方针，树立节能就是增加资源、减少污染、造福人类的理念，把节能贯穿于经济社会发展全过程和各领域。

（一）实行能耗双控制度

实行能源消费总量和强度双控制度，按省、自治区、直辖市行政区域设定能源消费总量和

(千瓦时/人)

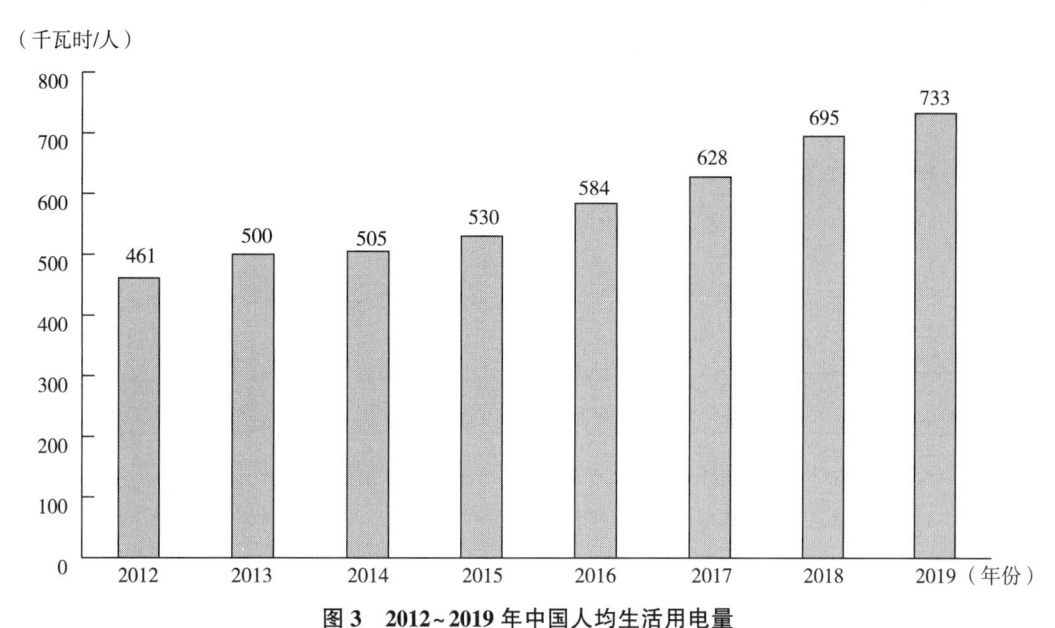

图3　2012~2019年中国人均生活用电量

资料来源：中国电力企业联合会。

强度控制目标，对各级地方政府进行监督考核。把节能指标纳入生态文明、绿色发展等绩效评价指标体系，引导转变发展理念。对重点用能单位分解能耗双控目标，开展目标责任评价考核，推动重点用能单位加强节能管理。

（二）健全节能法律法规和标准体系

修订实施《节约能源法》，建立完善工业、建筑、交通等重点领域和公共机构节能制度，健全节能监察、能源效率标识、固定资产投资项目节能审查、重点用能单位节能管理等配套法律制度。强化标准引领约束作用，健全节能标准体系，实施百项能效标准推进工程，发布实施340多项国家节能标准，其中近200项强制性标准，实现主要高耗能行业和终端用能产品全覆盖。加强节能执法监督，强化事中事后监管，严格执法问责，确保节能法律法规和强制性标准有效落实。

（三）完善节能低碳激励政策

实行促进节能的企业所得税、增值税优惠政策。鼓励进口先进节能技术、设备，控制出口耗能高、污染重的产品。健全绿色金融体系，利用能效信贷、绿色债券等支持节能项目。创新完善促进绿色发展的价格机制，实施差别电价、峰谷分时电价、阶梯电价、阶梯气价等，完善环保电价政策，调动市场主体和居民节能的积极性。在浙江等4省市开展用能权有偿使用和交易试点，在北京等7省市开展碳排放权交易试点。大力推行合同能源管理，鼓励节能技术和经营模式创新，发展综合能源服务。加强电力需求侧管理，推行电力需求侧响应的市场化机制，引导节约、有序、合理用电。建立能效"领跑者"制度，推动终端用能产品、高耗能行业、公共机构提升能效水平。

（四）提升重点领域能效水平

积极优化产业结构，大力发展低能耗的先进制造业、高新技术产业、现代服务业，推动传统产业智能化、清洁化改造。推动工业绿色循环低碳转型升级，全面实施绿色制造，建立健全节能监察执法和节能诊断服务机制，开展能效对标达标。提升新建建筑节能标准，深化既有建筑节能改造，优化建筑用能结构。构建节能高效的综合交通运输体系，推进交通运输用能清洁化，提高交通运输工具能效水平。全面建设节约型公共机构，促进公共机构为全社会节能工作作出表率。构建市场导向的绿色技术创新体系，促进绿色技术研发、转化与推广。推广国家重点节能低碳技术、工业节能技术装备、交通运输行业重点节能低碳技术等。推动全民节能，引导树立勤俭节约的消费观，倡导简约适度、绿色低碳的生活方式，反对奢侈浪费和不合理消费。

专栏3 重点领域节能持续加强

加强工业领域节能。实施国家重大工业专项节能监察、工业节能诊断行动、工业节能与绿色标准化行动，在钢铁、电解铝等12个重点行业遴选能效"领跑者"企业。开展工业领域电力需求侧管理专项行动，发布《工业领域电力需求侧管理工作指南》，遴选153家工业领域示范企业（园区）。培育能源服务集成商，促进现代能源服务业与工业制造有机融合。

强化建筑领域节能。新建建筑全面执行建筑节能标准，开展超低能耗、近零能耗建筑示范，推动既有居住建筑节能改造，提升公共建筑能效水平，加强可再生能源建筑应用。截至2019年底，累计建成节能建筑面积198亿平方米，占城镇既有建筑面积比例超过56%，2019年城镇新增节能建筑面积超过20亿平方米。

促进交通运输节能。完善公共交通服务体系，推广多式联运。提升铁路电气化水平，推广天然气车船，发展节能与新能源汽车，完善充换电和加氢基础设施，鼓励靠港船舶和民航飞机停靠期间使用岸电，建设天然气加气站、加注站。淘汰老旧高能耗车辆、船舶等。截至2019年底，建成港口岸电设施5400余套、液化天然气动力船舶280余艘。

加强公共机构节能。实行能源定额管理，遴选发布政府机关、学校、医院等公共机构能效领跑者，实施绿色建筑、绿色办公、绿色出行、绿色食堂、绿色文化行动，开展3600余个节约型公共机构示范单位创建活动。

（五）推动终端用能清洁化

以京津冀及周边地区、长三角、珠三角、汾渭平原等地区为重点，实施煤炭消费减量替代和散煤综合治理，推广清洁高效燃煤锅炉，推行天然气、电力和可再生能源等替代低效和高污染煤炭的使用。制定财政、价格等支持政策，积极推进北方地区冬季清洁取暖，促进大气环境质量改善。推进终端用能领域以电代煤、以电代油，推广新能源汽车、热泵、电窑炉等新型用能方式。加强天然气基础设施建设与互联互通，在城镇燃气、工业燃料、燃气发电、交通运输等领域推进天然气高效利用。大力推进天然气热电冷联供的供能方式，推进分布式可再生能源发展，推行终端用能领域多能协同和能源综合梯级利用。

> **专栏4　能源绿色低碳消费水平不断提升**
>
> 推进终端领域电能替代。制定《关于推进电能替代的指导意见》，在居民采暖、生产制造、交通运输等领域推行以电代煤、以电代油，稳步提升全社会电气化水平。2019年完成电能替代电量2065亿千瓦·时，比上年增长32.6%。
>
> 加强分散燃煤治理。制定《燃煤锅炉节能环保综合提升工程实施方案》，提高锅炉系统高效运行水平，因地制宜推广燃气锅炉、电锅炉、生物质成型燃料锅炉。大气污染防治重点区域加快淘汰燃煤小锅炉，根据大气环境质量改善要求，划定高污染燃料禁燃区。
>
> 推进北方地区清洁取暖。制定《北方地区冬季清洁取暖规划（2017—2021年）》，将改善民生与环境治理相结合，坚持宜气则气、宜电则电、宜煤则煤、宜热则热，大力推进清洁取暖。截至2019年底，北方地区清洁取暖率达55%，比2016年提高21个百分点。

四、建设多元清洁的能源供应体系

立足基本国情和发展阶段，确立生态优先、绿色发展的导向，坚持在保护中发展、在发展中保护，深化能源供给侧结构性改革，优先发展非化石能源，推进化石能源清洁高效开发利用，健全能源储运调峰体系，促进区域多能互补协调发展。

（一）优先发展非化石能源

开发利用非化石能源是推进能源绿色低碳转型的主要途径。中国把非化石能源放在能源发展优先位置，大力推进低碳能源替代高碳能源、可再生能源替代化石能源。

推动太阳能多元化利用。按照技术进步、成本降低、扩大市场、完善体系的原则，全面推进太阳能多方式、多元化利用。统筹光伏发电的布局与市场消纳，集中式与分布式并举开展光伏发电建设，实施光伏发电"领跑者"计划，采用市场竞争方式配置项目，加快推动光伏发电技术进步和成本降低，光伏产业已成为具有国际竞争力的优势产业。完善光伏发电分布式应用的电网接入等服务机制，推动光伏与农业、养殖、治沙等综合发展，形成多元化光伏发电发展模式。通过示范项目建设推进太阳能热发电产业化发展，为相关产业链的发展提供市场支撑。推动太阳能热利用不断拓展市场领域和利用方式，在工业、商业、公共服务等领域推广集中热水工程，开展太阳能供暖试点。

全面协调推进风电开发。按照统筹规划、集散并举、陆海齐进、有效利用的原则，在做好风电开发与电力送出和市场消纳衔接的前提下，有序推进风电开发利用和大型风电基地建设。积极开发中东部分散风能资源。积极稳妥发展海上风电。优先发展平价风电项目，推行市场化竞争方式配置风电项目。以风电的规模化开发利用促进风电制造产业发展，风电制造产业的创新能力和国际竞争力不断提升，产业服务体系逐步完善。

推进水电绿色发展。坚持生态优先、绿色发展，在做好生态环境保护和移民安置的前提下，科学有序推进水电开发，做到开发与保护并重、建设与管理并重。以西南地区主要河流为重点，有序推进流域大型水电基地建设，合理控制中小水电开发。推进小水电绿色发展，加大对实施河流生态修复的财政投入，促进河流生态健康。完善水电开发移民利益共享政策，坚持水电开发促进地方经济社会发展和移民脱贫致富，努力做到"开发一方资源、发展一方经济、改善一方环境、造福一方百姓"。

安全有序发展核电。中国将核安全作为核电发展的生命线,坚持发展与安全并重,实行安全有序发展核电的方针,加强核电规划、选址、设计、建造、运行和退役等全生命周期管理和监督,坚持采用最先进的技术、最严格的标准发展核电。完善多层次核能、核安全法规标准体系,加强核应急预案和法制、体制、机制建设,形成有效应对核事故的国家核应急能力体系。强化核安保与核材料管制,严格履行核安保与核不扩散国际义务,始终保持着良好的核安保记录。迄今为止在运核电机组总体安全状况良好,未发生国际核事件分级2级及以上的事件或事故。

因地制宜发展生物质能、地热能和海洋能。采用符合环保标准的先进技术发展城镇生活垃圾焚烧发电,推动生物质发电向热电联产转型升级。积极推进生物天然气产业化发展和农村沼气转型升级。坚持不与人争粮、不与粮争地的原则,严格控制燃料乙醇加工产能扩张,重点提升生物柴油产品品质,推进非粮生物液体燃料技术产业化发展。创新地热能开发利用模式,开展地热能城镇集中供暖,建设地热能高效开发利用示范区,有序开展地热能发电。积极推进潮流能、波浪能等海洋能技术研发和示范应用。

全面提升可再生能源利用率。完善可再生能源发电全额保障性收购制度。实施清洁能源消纳行动计划,多措并举促进清洁能源利用。提高电力规划整体协调性,优化电源结构和布局,充分发挥市场调节功能,形成有利于可再生能源利用的体制机制,全面提升电力系统灵活性和调节能力。实行可再生能源电力消纳保障机制,对各省、自治区、直辖市行政区域按年度确定电力消费中可再生能源应达到的最低比重指标,要求电力销售企业和电力用户共同履行可再生能源电力消纳责任。发挥电网优化资源配置平台作用,促进源网荷储互动协调,完善可再生能源电力消纳考核和监管机制。可再生能源电力利用率显著提升,2019年全国平均风电利用率达96%、光伏发电利用率达98%、主要流域水能利用率达96%。

专栏5　张家口可再生能源示范区加快建设

2015年国家批准张家口可再生能源示范区规划。规划提出,推进"三大创新":体制机制创新、商业模式创新、技术创新;实施"四大工程":规模化可再生能源开发工程、大容量储能应用工程、智能化输电工程、多元化应用示范工程;打造"五大功能区":低碳奥运专区、可再生能源科技创业城、可再生能源综合商务区、高端装备制造聚集区、农业可再生能源循环利用示范区。

截至2019年底,张家口市可再生能源发电总装机容量达1500万千瓦,占区域内全部发电装机容量的70%以上。风电供暖面积超过800万平方米,绿色数据中心消纳可再生能源电力2.85亿千瓦·时,可再生能源占区域能源消费比重达27%。新能源汽车推广量约3000辆,一批氢燃料电池公交车投入运营。张北±500千伏柔性直流电网试验示范工程和张北—雄安1000千伏特高压交流工程的建设,促进形成京津冀绿色能源协同发展新模式。

到2030年,张家口市80%的电力消费以及全部城镇公共交通、城乡居民生活用能、商业及公共建筑用能将来自可再生能源,全部工业企业实现零碳排放,形成以可再生能源为主的能源供应体系。

（二）清洁高效开发利用化石能源

根据国内资源禀赋，以资源环境承载力为基础，统筹化石能源开发利用与生态环境保护，有序发展先进产能，加快淘汰落后产能，推进煤炭清洁高效利用，提升油气勘探开发力度，促进增储上产，提高油气自给能力。

推进煤炭安全智能绿色开发利用。努力建设集约、安全、高效、清洁的煤炭工业体系。推进煤炭供给侧结构性改革，完善煤炭产能置换政策，加快淘汰落后产能，有序释放优质产能，煤炭开发布局和产能结构大幅优化，大型现代化煤矿成为煤炭生产主体。2016年至2019年，累计退出煤炭落后产能9亿吨/年以上。加大安全生产投入，健全安全生产长效机制，加快煤矿机械化、自动化、信息化、智能化建设，全面提升煤矿安全生产效率和安全保障水平。推进大型煤炭基地绿色化开采和改造，发展煤炭洗选加工，发展矿区循环经济，加强矿区生态环境治理，建成一批绿色矿山，资源综合利用水平全面提升。实施煤炭清洁高效利用行动，煤炭消费中发电用途占比进一步提升。煤制油气、低阶煤分质利用等煤炭深加工产业化示范取得积极进展。

清洁高效发展火电。坚持清洁高效原则发展火电。推进煤电布局优化和技术升级，积极稳妥化解煤电过剩产能。建立并完善煤电规划建设风险预警机制，严控煤电规划建设，加快淘汰落后产能。截至2019年底，累计淘汰煤电落后产能超过1亿千瓦，煤电装机占总发电装机比重从2012年的65.7%下降至2019年的52%。实施煤电节能减排升级与改造行动，执行更严格能效环保标准。煤电机组发电效率、污染物排放控制达到世界先进水平。合理布局适度发展天然气发电，鼓励在电力负荷中心建设天然气调峰电站，提升电力系统安全保障水平。

提高天然气生产能力。加强基础地质调查和资源评价，加强科技创新、产业扶持，促进常规天然气增产，重点突破页岩气、煤层气等非常规天然气勘探开发，推动页岩气规模化开发，增加国内天然气供应。完善非常规天然气产业政策体系，促进页岩气、煤层气开发利用。以四川盆地、鄂尔多斯盆地、塔里木盆地为重点，建成多个百亿立方米级天然气生产基地。2017年以来，每年新增天然气产量超过100亿立方米。

专栏6　非常规天然气勘探开发取得突破

页岩气。海相页岩气勘探开发取得重大突破，建设了四川长宁—威远、昭通、重庆涪陵等国家级页岩气示范区，推动页岩气规模化开发，2019年产量突破150亿立方米。

煤层气。初步建成沁水和鄂东两大煤层气产业化基地，为富煤地区发展绿色低碳经济作出重要贡献。2019年全国煤层气（煤矿瓦斯）抽采量超过180亿立方米。

致密气。致密砂岩气勘探开发取得重要进展，直接促进了鄂尔多斯盆地和川中地区致密气产量的快速增长。

提升石油勘探开发与加工水平。加强国内勘探开发，深化体制机制改革、促进科技研发和新技术应用，加大低品位资源勘探开发力度，推进原油增储上产。发展先进采油技术，提高原油采收率，稳定松辽盆地、渤海湾盆地等东部老油田产量。以新疆地区、鄂尔多斯盆地等为重

点，推进西部新油田增储上产。加强渤海、东海和南海等海域近海油气勘探开发，推进深海对外合作，2019年海上油田产量约4000万吨。推进炼油行业转型升级。实施成品油质量升级，提升燃油品质，促进减少机动车尾气污染物排放。

(三) 加强能源储运调峰体系建设

统筹发展煤电油气多种能源输运方式，构建互联互通输配网络，打造稳定可靠的储运调峰体系，提升应急保障能力。

加强能源输配网络建设。持续加强跨省跨区骨干能源输送通道建设，提升能源主要产地与主要消费区域间通达能力，促进区域优势互补、协调发展。提升既有铁路煤炭运输专线的输送能力，持续提升铁路运输比例和煤炭运输效率。推进天然气主干管道与省级管网、液化天然气接收站、储气库间互联互通，加快建设"全国一张网"，初步形成调度灵活、安全可靠的天然气输运体系。稳步推进跨省跨区输电通道建设，扩大西北、华北、东北和西南等区域清洁能源配置范围。完善区域电网主网架，加强省级区域内部电网建设。开展柔性直流输电示范工程建设，积极建设能源互联网，推动构建规模合理、分层分区、安全可靠的电力系统。

健全能源储备应急体系。建立国家储备与企业储备相结合、战略储备与商业储备并举的能源储备体系，提高石油、天然气和煤炭等储备能力。完善国家石油储备体系，加快石油储备基地建设。建立健全地方政府、供气企业、管输企业、城镇燃气企业各负其责的多层次天然气储气调峰体系。完善以企业社会责任储备为主体、地方政府储备为补充的煤炭储备体系。健全国家大面积停电事件应急机制，全面提升电力供应可靠性和应急保障能力。建立健全与能源储备能力相匹配的输配保障体系，构建规范化的收储、轮换、动用体系，完善决策执行的监管机制。

完善能源调峰体系。坚持供给侧与需求侧并重，完善市场机制，加强技术支撑，增强调峰能力，提升能源系统综合利用效率。加快抽水蓄能电站建设，合理布局天然气调峰电站，实施既有燃煤热电联产机组、燃煤发电机组灵活性改造，改善电力系统调峰性能，促进清洁能源消纳。推动储能与新能源发电、电力系统协调优化运行，开展电化学储能等调峰试点。推进天然气储气调峰设施建设，完善天然气储气调峰辅助服务市场化机制，提升天然气调峰能力。完善电价、气价政策，引导电力、天然气用户自主参与调峰、错峰，提升需求侧响应能力。健全电力和天然气负荷可中断、可调节管理体系，挖掘需求侧潜力。

(四) 支持农村及贫困地区能源发展

落实乡村振兴战略，提高农村生活用能保障水平，让农村居民有更多实实在在的获得感、幸福感、安全感。

加快完善农村能源基础设施。让所有人都能用上电，是全面建成小康社会的基本条件。实施全面解决无电人口问题三年行动计划，2015年底全面解决了无电人口用电问题。中国高度重视农村电网改造升级，着力补齐农村电网发展短板。实施小城镇中心村农网改造升级、平原农村地区机井通电和贫困村通动力电专项工程。2018年起，重点推进深度贫困地区和抵边村寨农网改造升级攻坚。加快天然气支线管网和基础设施建设，扩大管网覆盖范围。在天然气管网未覆盖的地区推进液化天然气、压缩天然气、液化石油气供应网点建设，因地制宜开发利用可再生能源，改善农村供能条件。

精准实施能源扶贫工程。能源不仅是经济发展的动力,也是扶贫的重要支撑。中国合理开发利用贫困地区能源资源,积极推进贫困地区重大能源项目建设,提升贫困地区自身"造血"能力,为贫困地区经济发展增添新动能。在革命老区、民族地区、边疆地区、贫困地区优先布局能源开发项目,建设清洁电力外送基地,为所在地区经济增长作出重要贡献。在水电开发建设中,形成了水库移民"搬得出、稳得住、能致富"的可持续发展模式,让贫困人口更多分享资源开发收益。加强财政投入和政策扶持,支持贫困地区发展生物质能、风能、太阳能、小水电等清洁能源。推行多种形式的光伏与农业融合发展模式,实施光伏扶贫工程,建成了成千上万座遍布贫困农村地区的"阳光银行"。

推进北方农村地区冬季清洁取暖。北方地区冬季清洁取暖关系广大人民群众生活,是重大民生工程、民心工程。以保障北方地区广大群众温暖过冬、减少大气污染为立足点,在北方农村地区因地制宜开展清洁取暖。按照企业为主、政府推动、居民可承受的方针,稳妥推进"煤改气""煤改电",支持利用清洁生物质燃料、地热能、太阳能供暖以及热泵技术应用。截至2019年底,北方农村地区清洁取暖率约31%,比2016年提高21.6个百分点;北方农村地区累计完成散煤替代约2300万户,其中京津冀及周边地区、汾渭平原累计完成散煤清洁化替代约1800万户。

专栏7　农村能源建设和扶贫取得显著成就

实施新一轮农网改造升级。2017年,小城镇中心村农网改造升级、农村机井通电和贫困村通动力电全面完成,惠及7.8万个村、1.6亿农村居民;为160万口机井通了电,惠及1万多个乡镇、1.5亿亩农田;为3.3万个自然村通了动力电。2019年完成新一轮农网改造升级目标,实现农村电网供电可靠率99.8%,综合电压合格率97.9%。全国农村地区基本实现稳定可靠的供电服务全覆盖。

全面解决无电人口用电。2013年至2015年,国家安排投资247.8亿元,实施无电地区电网延伸工程建设,为154.5万无电人口通电。实施光伏独立供电工程建设,为118.5万无电人口通电。2015年底全面解决无电人口用电问题,实现用电人口全覆盖。

实施光伏发电扶贫。光伏扶贫是精准扶贫十大工程之一。2014年以来,国家组织编制光伏扶贫规划,出台财政、金融、价格等政策,加强电网建设和运行服务,按照政府出资、企业实施方式,推动多种形式光伏扶贫工程。累计建成2636万千瓦光伏扶贫电站,惠及近6万个贫困村、415万贫困户,每年可产生发电收益约180亿元,相应安置公益岗位125万个。

五、发挥科技创新第一动力作用

抓住全球新一轮科技革命与产业变革的机遇,在能源领域大力实施创新驱动发展战略,增强能源科技创新能力,通过技术进步解决能源资源约束、生态环境保护、应对气候变化等重大问题和挑战。

(一)完善能源科技创新政策顶层设计

中国将能源作为国家创新驱动发展战略的重要组成部分,把能源科技创新摆在更加突出的地位。《国家创新驱动发展战略纲要》将安全清洁高效现代能源技术作为重要战略方向和重点领域。制定能源资源科技创新规划和面向 2035 年的能源、资源科技发展战略规划，部署了能源科技创新重大举措和重大任务，努力提升科技创新引领和支撑作用。制定能源技术创新规划和《能源技术革命创新行动计划（2016—2030 年）》，提出能源技术创新的重点方向和技术路线图。深化能源科技体制改革，形成政府引导、市场主导、企业为主体、社会参与、多方协同的能源技术创新体系。加大重要能源领域和新兴能源产业科技创新投入，加强人才队伍建设，提升各类主体创新能力。

（二）建设多元化多层次能源科技创新平台

依托骨干企业、科研院所和高校，建成一批高水平能源技术创新平台，有效激发了各类主体的创新活力。布局建设 40 多个国家重点实验室和一批国家工程研究中心，重点围绕煤炭安全绿色智能开采、可再生能源高效利用、储能与分布式能源等技术方向开展相关研究，促进能源科技进步。布局建设 80 余个国家能源研发中心和国家能源重点实验室，围绕煤炭、石油、天然气、火电、核电、可再生能源、能源装备重点领域和关键环节开展研究，覆盖当前能源技术创新的重点领域和前沿方向。大型能源企业适应自身发展和行业需要，不断加强科技能力建设，形成若干专业领域、有影响力的研究机构。地方政府结合本地产业优势，采取多种方式加强科研能力建设。在"大众创业、万众创新"政策支持下，各类社会主体积极开展科技创新，形成了众多能源科技创新型企业。

（三）开展能源重大领域协同科技创新

实施重大科技项目和工程，实现能源领域关键技术跨越式发展。聚焦国家重大战略产业化目标，实施油气科技重大专项，重点突破油气地质新理论与高效勘探开发关键技术，开展页岩油、页岩气、天然气水合物等非常规资源经济高效开发技术攻关。实施核电科技重大专项，围绕三代压水堆和四代高温气冷堆技术，开展关键核心技术攻关，持续推进核电自主创新。面向重大共性关键技术，部署开展新能源汽车、智能电网技术与装备、煤矿智能化开采技术与装备、煤炭清洁高效利用与新型节能技术、可再生能源与氢能技术等方面研究。面向国家重大战略任务，重点部署能源高效洁净利用与转化的物理化学基础研究，推动以基础研究带动应用技术突破。

专栏 8　重大能源技术装备取得新突破

可再生能源技术装备。掌握水能、风能、太阳能等能源系统关键技术。大型水电机组成套设计制造能力世界领先。风电、光伏发电全产业链技术快速迭代，成本大幅下降，形成一批世界级龙头企业。生物质能、地热能、海洋能等技术取得长足进步。

电网技术装备。全面掌握特高压输变电技术，柔性直流、多端直流等先进电网技术开展示范应用，智能电网、大电网控制等技术取得显著进步，输变电技术装备处于国际领先水平。

核电技术装备。掌握百万千瓦级压水堆核电站设计和建造技术。自主研发三代核电技术装备达到世界先进水平。具有自主知识产权的首个"华龙一号"示范工程——福清 5 号核电机组取得重要进展。"国和一号"（CAP1400）示范工程和高温气冷堆示范工程建设稳步推进，快堆、小型堆等多项前沿技术研究取得突破。

油气勘探开发技术装备。形成先进的低渗透和稠油油田开采技术，实现特大型超深高含硫气田安全高效开发技术等工业化应用，开发了超高破裂压力地层压裂技术，海洋深水勘探开发关键技术与装备取得重大进展，自主研发了以"海洋石油981"为代表的3000米深水半潜式钻井平台。自主研制"蓝鲸1号""蓝鲸2号"，助力海域天然气水合物开采技术获得突破。

清洁高效煤电技术装备。具有超超临界煤电机组自主研发和制造能力，发电煤耗下降至256克标准煤/千瓦·时。燃煤发电空冷、二次再热、循环流化床、超低排放等技术领域处于世界领先水平。建成10万吨级碳捕集利用与封存示范装备。

煤炭安全绿色智能开发利用技术装备。煤炭安全绿色开采技术达到国际先进水平，煤炭生产实现向自动化、机械化、智能化转变。形成具有自主知识产权的煤制油气等煤炭深加工成套工艺技术。

（四）依托重大能源工程提升能源技术装备水平

在全球能源绿色低碳转型发展趋势下，加快传统能源技术装备升级换代，加强新兴能源技术装备自主创新，清洁低碳能源技术水平显著提升。依托重大装备制造和重大示范工程，推动关键能源装备技术攻关、试验示范和推广应用。完善能源装备计量、标准、检测和认证体系，提高重大能源装备研发、设计、制造和成套能力。围绕能源安全供应、清洁能源发展和化石能源清洁高效利用三大方向，着力突破能源装备制造关键技术、材料和零部件等瓶颈，推动全产业链技术创新。开展先进能源技术装备的重大能源示范工程建设，提升煤炭清洁智能采掘洗选、深水和非常规油气勘探开发、油气储运和输送、清洁高效燃煤发电、先进核电、可再生能源发电、燃气轮机、储能、先进电网、煤炭深加工等领域装备的技术水平。

（五）支持新技术新模式新业态发展

当前，世界正处在新科技革命和产业革命交汇点，新技术突破加速带动产业变革，促进能源新模式新业态不断涌现。大力推动能源技术与现代信息、材料和先进制造技术深度融合，依托"互联网+"智慧能源建设，探索能源生产和消费新模式。加快智能光伏创新升级，推动光伏发电与农业、渔业、牧业、建筑等融合发展，拓展光伏发电互补应用新空间，形成广泛开发利用新能源的新模式。加速发展绿氢制取、储运和应用等氢能产业链技术装备，促进氢能燃料电池技术链、氢燃料电池汽车产业链发展。支持能源各环节各场景储能应用，着力推进储能与可再生能源互补发展。支持新能源微电网建设，形成发储用一体化局域清洁供能系统。推动综合能源服务新模式，实现终端能源多能互补、协同高效。在试点示范项目引领和带动下，各类能源新技术、新模式、新业态持续涌现，形成能源创新发展的"聚变效应"。

六、全面深化能源体制改革

充分发挥市场在能源资源配置中的决定性作用，更好发挥政府作用，深化重点领域和关键环节市场化改革，破除妨碍发展的体制机制障碍，着力解决市场体系不完善等问题，为维护国家能源安全、推进能源高质量发展提供制度保障。

（一）构建有效竞争的能源市场

大力培育多元市场主体，打破垄断、放宽准入、鼓励竞争，构建统一开放、竞争有序的能源市场体系，着力清除市场壁垒，提高能源资源配置效率和公平性。

培育多元能源市场主体。支持各类市场主体依法平等进入负面清单以外的能源领域，形成多元市场主体共同参与的格局。深化油气勘查开采体制改革，开放油气勘查开采市场，实行勘查区块竞争出让和更加严格的区块退出机制。支持符合条件的企业进口原油。改革油气管网运营机制，实现管输和销售业务分离。稳步推进售电侧改革，有序向社会资本开放配售电业务，深化电网企业主辅分离。积极培育配售电、储能、综合能源服务等新兴市场主体。深化国有能源企业改革，支持非公有制发展，积极稳妥开展能源领域混合所有制改革，激发企业活力动力。

建设统一开放、竞争有序的能源市场体系。根据不同能源品种特点，搭建煤炭、电力、石油和天然气交易平台，促进供需互动。推动建设现代化煤炭市场体系，发展动力煤、炼焦煤、原油期货交易和天然气现货交易。全面放开经营性电力用户发用电计划，建设中长期交易、现货交易等电能量交易和辅助服务交易相结合的电力市场。积极推进全国统一电力市场和全国碳排放权交易市场建设。

专栏9 电力领域市场化改革取得重要突破

健全输配电价监管体系。基本确立以"准许成本+合理收益"为核心的输配电价监管制度框架，改变电网企业盈利模式，为加快推进电力市场化改革奠定基础。

推进交易机构独立规范运行。组建北京、广州两家区域交易机构和33家省（自治区、直辖市）交易机构。实施交易机构股份制改造，完善治理结构。

放开配售电业务。鼓励社会资本参与增量配电业务。鼓励符合条件的企业从事售电业务，赋予用户更多自主选择权。截至2019年底，推出380个增量配电改革试点项目，在电力交易机构注册的售电公司近4500家。

推进电力市场建设。有序放开发用电计划，全面推广中长期交易，在8个地区开展电力现货试点，在5个区域电网、27个省级电网推进电力辅助服务市场建设。2019年，全国市场化交易电量约2.71万亿千瓦·时，约占全社会用电量的37.5%。

（二）完善主要由市场决定能源价格的机制

按照"管住中间、放开两头"总体思路，稳步放开竞争性领域和竞争性环节价格，促进价格反映市场供求、引导资源配置；严格政府定价成本监审，推进科学合理定价。

有序放开竞争性环节价格。推动分步实现公益性以外的发售电价格由市场形成，电力用户或售电主体可与发电企业通过市场化方式确定交易价格。进一步深化燃煤发电上网电价机制改革，实行"基准价+上下浮动"的市场化价格机制。稳步推进以竞争性招标方式确定新建风电、光伏发电项目上网电价。推动按照"风险共担、利益共享"原则协商或通过市场化方式形成跨省跨区送电价格。完善成品油价格形成机制，推进天然气价格市场化改革。坚持保基本、促节约原则，全面推行居民阶梯电价、阶梯气价制度。

科学核定自然垄断环节价格。按照"准许成本+合理收益"原则，合理制定电网、天然气管网输配价格。开展两个监管周期输配电定价成本监审和电价核定。强化输配气价格监管，开展成本监审，构建天然气输配领域全环节价格监管体系。

专栏 10　油气领域市场化改革取得积极进展

推进油气勘察开采体制改革。推进矿产资源管理改革，实行探采合一制度，允许符合准入要求的市场主体参与常规油气勘查开采。已开展多轮油气探矿权竞争出让活动，竞争出让油气勘察区块，引入国有石油公司之外的多家市场主体。实行更加严格的区块退出机制，加大区块退出力度。

推进油气管网运营机制改革。2019 年，组建国有资本控股、投资主体多元化的国家石油天然气管网集团有限公司，促进上下游市场公平竞争。推动油气管网设施公平开放，支持油气管网设施互联互通和公平接入。

改革油气产品定价机制。缩短成品油调价周期。逐步放开非常规天然气价格。理顺居民用气门站价格，促进更好反映供气成本和供需变化。加强天然气输配环节价格监管，减少中间供气环节，2017 年核定长输管道运输价格。

完善油气进出口管理体制。完善成品油进出口政策。支持符合条件的企业开展原油非国营贸易进口业务，形成了多元、有序、有活力的原油进口队伍。

（三）创新能源科学管理和优化服务

进一步转变政府职能，简政放权、放管结合、优化服务，着力打造服务型政府。发挥能源战略规划和宏观政策导向作用，集中力量办大事。强化能源市场监管，提升监管效能，促进各类市场主体公平竞争。坚持人民至上、生命至上理念，牢牢守住能源安全生产底线。

激发市场主体活力。深化能源"放管服"改革，减少中央政府层面能源项目核准，将部分能源项目审批核准权限下放地方，取消可由市场主体自主决策的能源项目审批。减少前置审批事项，降低市场准入门槛，加强和规范事中事后监管。提升"获得电力"服务水平，压减办电时间、环节和成本。推行"互联网+政务"服务，推进能源政务服务事项"一窗受理""应进必进"，提升"一站式"服务水平。

专栏 11　用电营商环境显著改善

优化用电营商环境是提升市场主体和人民群众"获得电力"的获得感和满意度的重要内容。在全国范围内推行低压小微企业用电报装"零上门、零审批、零投资"服务。2019年底，各直辖市、省会城市实现低压小微企业用电报装"三零"服务，办电时间压缩至30个工作日以内。世界银行报告显示，2017 年至 2019 年，企业办电环节平均由 5.5 个压减至 2 个，办电时间和办电成本大幅降低，"获得电力"指标排名从第 98 位提升至第 12 位。

引导资源配置方向。制定实施《能源生产和消费革命战略（2016—2030）》以及能源发展规划和系列专项规划、行动计划，明确能源发展的总体目标和重点任务，引导社会主体的投资方向。完善能源领域财政、税收、产业和投融资政策，全面实施原油、天然气、煤炭资源税从价计征，提高成品油消费税，引导市场主体合理开发利用能源资源。构建绿色金融正向激励体系，推广新能源汽车，发展清洁能源。支持大宗能源商品贸易人民币计价结算。

促进市场公平竞争。理顺能源监管职责关系，逐步实现电力监管向综合能源监管转型。严格电力交易、调度、供电服务和市场秩序监管，强化电网公平接入、电网投资行为、成本及投资运行效率监管。加强油气管网设施公平开放监管，推进油气管网设施企业信息公开，提高油气管网设施利用率。全面推行"双随机、一公开"监管，提高监管公平公正性。加强能源行业信用体系建设，依法依规建立严重失信主体名单制度，实施失信惩戒，提升信用监管效能。包容审慎监管新兴业态，促进新动能发展壮大。畅通能源监管热线，发挥社会监督作用。

筑牢安全生产底线。健全煤矿安全生产责任体系，提高煤矿安全监管监察执法效能，建设煤矿安全生产标准化管理体系，增强防灾治灾能力，煤矿安全生产形势总体好转。落实电力安全企业主体责任、行业监管责任和属地管理责任，提升电力系统网络安全监督管理，加强电力建设工程施工安全监管和质量监督，电力系统安全风险总体可控，未发生大面积停电事故。加强油气全产业链安全监管，油气安全生产形势保持稳定。持续强化核安全监管体系建设，提高核安全监管能力，核电厂和研究堆总体安全状况良好，在建工程建造质量整体受控。

（四）健全能源法治体系

发挥法治固根本、稳预期、利长远的保障作用，坚持能源立法同改革发展相衔接，及时修改和废止不适应改革发展要求的法律法规；坚持法定职责必须为、法无授权不可为，依法全面履行政府职能。

完善能源法律体系。推进能源领域法律及行政法规制修订工作，加强能源领域法律法规实施监督检查，加快电力、煤炭、石油、天然气、核电、新能源等领域规章规范性文件的"立改废"进程，将改革成果体现在法律法规和重大政策中。

推进能源依法治理。推进法治政府建设，推动将法治贯穿于能源战略、规划、政策、标准的制定、实施和监督管理全过程。构建政企联动、互为支撑的能源普法新格局，形成尊法、学法、守法、用法良好氛围。创新行政执法方式，全面推行行政执法公示制度、行政执法全过程记录制度、重大执法决定法制审核制度，全面落实行政执法责任制。畅通行政复议和行政诉讼渠道，确保案件依法依规办理，依法保护行政相对人合法权益，让人民在每一个案件中切实感受到公平正义。

七、全方位加强能源国际合作

中国践行绿色发展理念，遵循互利共赢原则开展国际合作，努力实现开放条件下能源安全，扩大能源领域对外开放，推动高质量共建"一带一路"，积极参与全球能源治理，引导应对气候变化国际合作，推动构建人类命运共同体。

（一）持续深化能源领域对外开放

中国坚定不移维护全球能源市场稳定，扩大能源领域对外开放。大幅度放宽外商投资准入，打造市场化法治化国际化营商环境，促进贸易和投资自由化便利化。全面实行准入前国民待遇加负面清单管理制度，能源领域外商投资准入限制持续减少。全面取消煤炭、油气、电力（除核电外）、新能源等领域外资准入限制。推动广东、湖北、重庆、海南等自由贸易试验区能源产业发展，支持浙江自由贸易试验区油气全产业链开放发展。埃克森美孚、通用电气、碧辟、法国电力、西门子等国际能源公司在中国投资规模稳步增加，上海特斯拉电动汽车等重大外资项目相继在中国落地，外资加油站数量快速增长。

专栏12　能源领域外商投资准入持续放宽

2017年，修订发布《外商投资产业指导目录》，首次提出全国范围实施的外商投资准入负面清单。2018年起，《外商投资准入特别管理措施（负面清单）》从目录中独立出来发布，负面清单之外的领域按照内外资一致原则实施管理。

2018年《外商投资准入特别管理措施（负面清单）》取消了以下准入限制：

（1）电网的建设、经营（中方控股）。

（2）特殊和稀缺煤类勘查、开采（中方控股）。

（3）新能源汽车整车制造的中方股比不低于50%。

（4）加油站（同一外国投资者设立超过30家分店、销售来自多个供应商的不同种类和品牌成品油的连锁加油站，由中方控股）建设、经营。

2019年《外商投资准入特别管理措施（负面清单）》取消了以下准入限制：

（1）石油、天然气（含煤层气，油页岩、油砂、页岩气除外）的勘探、开发限于合资、合作。

（2）城市人口50万以上城市燃气和热力管网建设、经营须由中方控股。

（二）着力推进共建"一带一路"能源合作

中国秉持共商共建共享原则，坚持开放、绿色、廉洁理念，努力实现高标准、惠民生、可持续的目标，同各国在共建"一带一路"框架下加强能源合作，在实现自身发展的同时更多惠及其他国家和人民，为推动共同发展创造有利条件。

推动互利共赢的能源务实合作。中国与全球100多个国家、地区开展广泛的能源贸易、投资、产能、装备、技术、标准等领域合作。中国企业高标准建设适应合作国迫切需求的能源项目，帮助当地把资源优势转化为发展优势，促进当地技术进步、就业扩大、经济增长和民生改善，实现优势互补、共同发展。通过第三方市场合作，与一些国家和大型跨国公司开展清洁能源领域合作，推动形成开放透明、普惠共享、互利共赢的能源合作格局。2019年，中国等30个国家共同建立了"一带一路"能源合作伙伴关系。

建设绿色丝绸之路。中国是全球最大的可再生能源市场，也是全球最大的清洁能源设备制造国。积极推动全球能源绿色低碳转型，广泛开展可再生能源合作，如几内亚卡雷塔水电项目、匈牙利考波什堡光伏电站项目、黑山莫茹拉风电项目、阿联酋迪拜光热光伏混合发电项目、巴基斯坦卡洛特水电站和真纳光伏园一期光伏项目等。可再生能源技术在中国市场的广泛应用，促进了全世界范围可再生能源成本的下降，加速了全球能源转型进程。

加强能源基础设施互联互通。积极推动跨国、跨区域能源基础设施联通，为能源资源互补协作和互惠贸易创造条件。中俄、中国—中亚、中缅油气管道等一批标志性的能源重大项目建成投运，中国与周边7个国家实现电力联网，能源基础设施互联互通水平显著提升，在更大范围内促进能源资源优化配置，促进区域国家经济合作。

提高全球能源可及性。积极推动"确保人人获得负担得起的、可靠和可持续的现代能源"可持续发展目标的国内落实，积极参与能源可及性国际合作，采用多种融资模式为无电地区因地制宜开发并网、微网和离网电力项目，为使用传统炊事燃料的地区捐赠清洁炉灶，提高合作国能源普及水平，惠及当地民生。

（三）积极参与全球能源治理

中国坚定支持多边主义，按照互利共赢原则开展双多边能源合作，积极支持国际能源组织和合作机制在全球能源治理中发挥作用，在国际多边合作框架下积极推动全球能源市场稳定与供应安全、能源绿色转型发展，为促进全球能源可持续发展贡献中国智慧、中国力量。

融入多边能源治理。积极参与联合国、二十国集团、亚太经合组织、金砖国家等多边机制下的能源国际合作，在联合研究发布报告、成立机构等方面取得积极进展。中国与90多个国家和地区建立了政府间能源合作机制，与30多个能源领域国际组织和多边机制建立了合作关系。2012年以来，中国先后成为国际可再生能源署成员国、国际能源宪章签约观察国、国际能源署联盟国等。

倡导区域能源合作。搭建中国与东盟、阿盟、非盟、中东欧等区域能源合作平台，建立东亚峰会清洁能源论坛，中国推动能力建设与技术创新合作，为18个国家提供了清洁能源利用、能效等领域的培训。

专栏13　中国推动完善全球能源治理体系的努力

在国际多边合作框架下，中国积极推动全球能源市场稳定与供应安全、能源绿色低碳转型发展、能源可及性、能效提升等倡议的制定和实施。

（1）倡议探讨构建全球能源互联网，推动以清洁和绿色方式满足全球电力需求。

（2）推动在二十国集团（G20）框架下发布《G20能效引领计划》《加强亚太地区能源可及性：关键挑战与G20自愿合作行动计划》《G20可再生能源自愿行动计划》。

（3）与国际可再生能源署等国际组织创设国际能源变革论坛。

（4）推动成立上海合作组织能源俱乐部。

（5）在中国设立亚太经合组织可持续能源中心。

（6）推动设立金砖国家能源研究平台。

（7）作为创始成员，加入国际能效中心。

（四）携手应对全球气候变化

中国秉持人类命运共同体理念，与其他国家团结合作、共同应对全球气候变化，积极推动能源绿色低碳转型。

加强应对气候变化国际合作。在联合国、世界银行、全球环境基金、亚洲开发银行等机构和德国等国家支持下，中国着眼能源绿色低碳转型，通过经验分享、技术交流、项目对接等方式，同相关国家在可再生能源开发利用、低碳城市示范等领域开展广泛而持续的双多边合作。

支持发展中国家提升应对气候变化能力。深化气候变化领域南南合作，支持最不发达国家、小岛屿国家、非洲国家和其他发展中国家应对气候变化挑战。从2016年起，中国在发展中国家启动10个低碳示范区、100个减缓和适应气候变化项目和1000个应对气候变化培训名额的合作项目，帮助发展中国家能源清洁低碳发展，共同应对全球气候变化。

（五）共同促进全球能源可持续发展的中国主张

人类已进入互联互通的时代，维护能源安全、应对全球气候变化已成为全世界面临的重大挑战。当前持续蔓延的新冠肺炎疫情，更加凸显各国利益休戚相关、命运紧密相连。中国倡议国际社会共同努力，促进全球能源可持续发展，应对气候变化挑战，建设清洁美丽世界。

协同推进能源绿色低碳转型，促进清洁美丽世界建设。应对气候变化挑战，改善全球生态环境，需要各国的共同努力。各国应选择绿色发展道路，采取绿色低碳循环可持续的生产生活方式，推动能源转型，协同应对和解决能源发展中的问题，携手应对全球气候变化，为建设清洁美丽世界作出积极贡献。

协同巩固能源领域多边合作，加速经济绿色复苏增长。完善国际能源治理机制，维护开放、包容、普惠、平衡、共赢的多边国际能源合作格局。深化能源领域对话沟通与务实合作，推动经济复苏和融合发展。加强跨国、跨地区能源清洁低碳技术创新和标准合作，促进能源技术转移和推广普及，完善国际协同的知识产权保护。

协同畅通国际能源贸易投资，维护全球能源市场稳定。消除能源贸易和投资壁垒，促进贸易投资便利化，开展能源资源和产能合作，深化能源基础设施合作，提升互联互通水平，促进资源高效配置和市场深度融合。秉持共商共建共享原则，积极寻求发展利益最大公约数，促进全球能源可持续发展，共同维护全球能源安全。

协同促进欠发达地区能源可及性，努力解决能源贫困问题。共同推动实现能源领域可持续发展目标，支持欠发达国家和地区缺乏现代能源供应的人口获得电力等基本的能源服务。帮助欠发达国家和地区推广应用先进绿色能源技术，培训能源专业人才，完善能源服务体系，形成绿色能源开发与消除能源贫困相融合的新模式。

结束语

中国即将开启全面建设社会主义现代化国家的新征程。进入新的发展阶段，中国将继续坚定不移推进能源革命，加快构建清洁低碳、安全高效的能源体系，为2035年基本实现社会主义现代化、本世纪中叶全面建成社会主义现代化强国提供坚强的能源保障。

当今世界正经历百年未有之大变局。生态环境事关人类生存和永续发展，需要各国团结合作，共同应对挑战。中国将秉持人类命运共同体理念，继续与各国一道，深化全球能源治理合作，推动全球能源可持续发展，维护全球能源安全，努力实现更加普惠、包容、均衡、平等的发展，建设更加清洁、美丽、繁荣、宜居的世界。

第二篇　改革篇

第七章　综　合

一、"四个革命，一个合作"能源安全新战略

2014年6月，国家能源局研究拟订了《能源发展战略行动计划（2014—2020年）》。6月13日，习近平总书记在中央财经领导小组第六次会议上提出"四个革命、一个合作"能源安全新战略，即推动能源消费革命，抑制不合理能源消费；推动能源供给革命，建立多元供应体系；推动能源技术革命，带动产业升级；推动能源体制革命，打通能源发展快车道；全方位加强国际合作，实现开放条件下能源安全。这是中华人民共和国成立以来，党中央首次专门召开会议研究能源安全问题，引领我国能源行业发展进入了新时代。这一重大战略内涵丰富、立意高远，是我们党历史上关于能源安全战略最为系统完整的论述，代表了我国能源战略理论创新的新高度。实践证明，这一战略符合我国国情，顺应时代潮流，遵循时代潮流，遵循能源规律，是习近平新时代中国特色社会主义思想在能源领域的重要体现和科学运用，是新时代指导我国能源转型发展的行动纲领。

能源消费革命、能源供给革命、能源技术革命和能源体制革命这四个方面总体上反映了我国目前整个能源发展面临的约束，"革命"一词意味着能源行业将会有一些颠覆性的变化。从能源消费革命角度上来看，过去能源的发展依赖于高能源，高资源的模式，今后则要通过控制能源消费的总量，实现效率提升，实现节能优先，进而实现产业结构的调整。从供给来看，我们应当立足国内能源多元供应体系，改变对煤炭的高度依赖，推进煤炭洁净化，实现煤炭高效利用，着力发展非煤炭能源。从技术革命角度来讲，中国应当通过推进产业革命，推进产业升级，参与到第三次产业革命的进程中。而能源技术革命是产业革命里面非常重要的一方面，能源技术革命意味着我国应当紧跟国际能源技术革命的趋势，以绿色低碳为方向，实现技术和商业模式的创新。能源体制革命则意味着要还原能源的商品属性，通过构建有效的市场结构和市场体系来推动能源消费革命，能源供给革命，进一步推动能源技术革命，产生更大的倍数效应。

国务院办公厅关于印发能源发展战略行动计划（2014—2020年）的通知

国办发〔2014〕31号

各省、自治区、直辖市人民政府，国务院各部委、各直属机构：

《能源发展战略行动计划（2014—2020年）》已经国务院同意，现印发给你们，请认真贯彻落实。

国务院办公厅

2014年6月7日

能源发展战略行动计划（2014—2020年）

能源是现代化的基础和动力。能源供应和安全事关我国现代化建设全局。新世纪以来，我国能源发展成就显著，供应能力稳步增长，能源结构不断优化，节能减排取得成效，科技进步迈出新步伐，国际合作取得新突破，建成世界最大的能源供应体系，有效保障了经济社会持续发展。

当前，世界政治、经济格局深刻调整，能源供求关系深刻变化。我国能源资源约束日益加剧，生态环境问题突出，调整结构、提高能效和保障能源安全的压力进一步加大，能源发展面临一系列新问题新挑战。同时，我国可再生能源、非常规油气和深海油气资源开发潜力很大，能源科技创新取得新突破，能源国际合作不断深化，能源发展面临着难得的机遇。

从现在到2020年，是我国全面建成小康社会的关键时期，是能源发展转型的重要战略机遇期。为贯彻落实党的十八大精神，推动能源生产和消费革命，打造中国能源升级版，必须加强全局谋划，明确今后一段时期我国能源发展的总体方略和行动纲领，推动能源创新发展、安全发展、科学发展，特制定本行动计划。

一、总体战略

（一）指导思想。

高举中国特色社会主义伟大旗帜，以邓小平理论、"三个代表"重要思想、科学发展观为指导，深入贯彻党的十八大和十八届二中、三中全会精神，全面落实党中央、国务院的各项决策部署，以开源、节流、减排为重点，确保能源安全供应，转变能源发展方式，调整优化能源结构，创新能源体制机制，着力提高能源效率，严格控制能源消费过快增长，着力发展清洁能源，推进能源绿色发展，着力推动科技进步，切实提高能源产业核心竞争力，打造中国能源升级版，为实现中华民族伟大复兴的中国梦提供安全可靠的能源保障。

（二）战略方针与目标。

坚持"节约、清洁、安全"的战略方针，加快构建清洁、高效、安全、可持续的现代能源体系。重点实施四大战略：

1. 节约优先战略。把节约优先贯穿于经济社会及能源发展的全过程，集约高效开发能源，科学合理使用能源，大力提高能源效率，加快调整和优化经济结构，推进重点领域和关键环节节能，合理控制能源消费总量，以较少的能源消费支撑经济社会较快发展。

到2020年，一次能源消费总量控制在48亿吨标准煤左右，煤炭消费总量控制在42亿吨左右。

2. 立足国内战略。坚持立足国内,将国内供应作为保障能源安全的主渠道,牢牢掌握能源安全主动权。发挥国内资源、技术、装备和人才优势,加强国内能源资源勘探开发,完善能源替代和储备应急体系,着力增强能源供应能力。加强国际合作,提高优质能源保障水平,加快推进油气战略进口通道建设,在开放格局中维护能源安全。

到2020年,基本形成比较完善的能源安全保障体系。国内一次能源生产总量达到42亿吨标准煤,能源自给能力保持在85%左右,石油储采比提高到14~15,能源储备应急体系基本建成。

3. 绿色低碳战略。着力优化能源结构,把发展清洁低碳能源作为调整能源结构的主攻方向。坚持发展非化石能源与化石能源高效清洁利用并举,逐步降低煤炭消费比重,提高天然气消费比重,大幅增加风电、太阳能、地热能等可再生能源和核电消费比重,形成与我国国情相适应、科学合理的能源消费结构,大幅减少能源消费排放,促进生态文明建设。

到2020年,非化石能源占一次能源消费比重达到15%,天然气比重达到10%以上,煤炭消费比重控制在62%以内。

4. 创新驱动战略。深化能源体制改革,加快重点领域和关键环节改革步伐,完善能源科学发展体制机制,充分发挥市场在能源资源配置中的决定性作用。树立科技决定能源未来、科技创造未来能源的理念,坚持追赶与跨越并重,加强能源科技创新体系建设,依托重大工程推进科技自主创新,建设能源科技强国,能源科技总体接近世界先进水平。

到2020年,基本形成统一开放竞争有序的现代能源市场体系。

二、主要任务

(一)增强能源自主保障能力。

立足国内,加强能源供应能力建设,不断提高自主控制能源对外依存度的能力。

1. 推进煤炭清洁高效开发利用。

按照安全、绿色、集约、高效的原则,加快发展煤炭清洁开发利用技术,不断提高煤炭清洁高效开发利用水平。

清洁高效发展煤电。转变煤炭使用方式,着力提高煤炭集中高效发电比例。提高煤电机组准入标准,新建燃煤发电机组供电煤耗低于每千瓦·时300克标准煤,污染物排放接近燃气机组排放水平。

推进煤电大基地大通道建设。依据区域水资源分布特点和生态环境承载能力,严格煤矿环保和安全准入标准,推广充填、保水等绿色开采技术,重点建设晋北、晋中、晋东、神东、陕北、黄陇、宁东、鲁西、两淮、云贵、冀中、河南、内蒙古东部、新疆等14个亿吨级大型煤炭基地。到2020年,基地产量占全国的95%。采用最先进节能节水环保发电技术,重点建设锡林郭勒、鄂尔多斯、晋北、晋中、晋东、陕北、哈密、准东、宁东等9个千万千瓦级大型煤电基地。发展远距离大容量输电技术,扩大西电东送规模,实施北电南送工程。加强煤炭铁路运输通道建设,重点建设内蒙古西部至华中地区的铁路煤运通道,完善西煤东运通道。到2020年,全国煤炭铁路运输能力达到30亿吨。

提高煤炭清洁利用水平。制定和实施煤炭清洁高效利用规划,积极推进煤炭分级分质梯级利用，加大煤炭洗选比重，鼓励煤矸石等低热值煤和劣质煤就地清洁转化利用。建立健全煤炭质量管理体系，加强对煤炭开发、加工转化和使用过程的监督管理。加强进口煤炭质量监管。大幅减少煤炭分散直接燃烧，鼓励农村地区使用洁净煤和型煤。

2. 稳步提高国内石油产量。

坚持陆上和海上并重，巩固老油田，开发新油田，突破海上油田，大力支持低品位资源开发，建设大庆、辽河、新疆、塔里木、胜利、长庆、渤海、南海、延长等9个千万吨级大油田。

稳定东部老油田产量。以松辽盆地、渤海湾盆地为重点，深化精细勘探开发，积极发展先进采油技术，努力增储挖潜，提高原油采收率，保持产量基本稳定。

实现西部增储上产。以塔里木盆地、鄂尔多斯盆地、准噶尔盆地、柴达木盆地为重点，加大油气资源勘探开发力度，推广应用先进技术，努力探明更多优质储量，提高石油产量。加大羌塘盆地等新区油气地质调查研究和勘探开发技术攻关力度，拓展新的储量和产量增长区域。

加快海洋石油开发。按照以近养远、远近结合，自主开发与对外合作并举的方针，加强渤海、东海和南海等海域近海油气勘探开发，加强南海深水油气勘探开发形势跟踪分析，积极推进深海对外招标和合作，尽快突破深海采油技术和装备自主制造能力，大力提升海洋油气产量。

大力支持低品位资源开发。开展低品位资源开发示范工程建设，鼓励难动用储量和濒临枯竭油田的开发及市场化转让，支持采用技术服务、工程总承包等方式开发低品位资源。

3. 大力发展天然气。

按照陆地与海域并举、常规与非常规并重的原则，加快常规天然气增储上产，尽快突破非常规天然气发展瓶颈，促进天然气储量产量快速增长。

加快常规天然气勘探开发。以四川盆地、鄂尔多斯盆地、塔里木盆地和南海为重点，加强西部低品位、东部深层、海域深水三大领域科技攻关，加大勘探开发力度，力争获得大突破、大发现，努力建设8个年产量百亿立方米级以上的大型天然气生产基地。到2020年，累计新增常规天然气探明地质储量5.5万亿立方米，年产常规天然气1850亿立方米。

重点突破页岩气和煤层气开发。加强页岩气地质调查研究，加快"工厂化"、"成套化"技术研发和应用，探索形成先进适用的页岩气勘探开发技术模式和商业模式，培育自主创新和装备制造能力。着力提高四川长宁—威远、重庆涪陵、云南昭通、陕西延安等国家级示范区储量和产量规模，同时争取在湘鄂、云贵和苏皖等地区实现突破。到2020年，页岩气产量力争超过300亿立方米。以沁水盆地、鄂尔多斯盆地东缘为重点，加大支持力度，加快煤层气勘探开采步伐。到2020年，煤层气产量力争达到300亿立方米。

积极推进天然气水合物资源勘查与评价。加大天然气水合物勘探开发技术攻关力度，培育具有自主知识产权的核心技术，积极推进试采工程。

4. 积极发展能源替代。

坚持煤基替代、生物质替代和交通替代并举的方针，科学发展石油替代。到2020年，形成石油替代能力4000万吨以上。

稳妥实施煤制油、煤制气示范工程。按照清洁高效、量水而行、科学布局、突出示范、自主创新的原则，以新疆、内蒙古、陕西、山西等地为重点，稳妥推进煤制油、煤制气技术研发和产业化升级示范工程，掌握核心技术，严格控制能耗、水耗和污染物排放，形成适度规模的煤基燃料替代能力。

积极发展交通燃油替代。加强先进生物质能技术攻关和示范，重点发展新一代非粮燃料乙醇和生物柴油，超前部署微藻制油技术研发和示范。加快发展纯电动汽车、混合动力汽车和船舶、天然气汽车和船舶，扩大交通燃油替代规模。

5. 加强储备应急能力建设。

完善能源储备制度，建立国家储备与企业储备相结合、战略储备与生产运行储备并举的储备体系，建立健全国家能源应急保障体系，提高能源安全保障能力。

扩大石油储备规模。建成国家石油储备二期工程，启动三期工程，鼓励民间资本参与储备建设，建立企业义务储备，鼓励发展商业储备。

提高天然气储备能力。加快天然气储气库建设，鼓励发展企业商业储备，支持天然气生产企业参与调峰，提高储气规模和应急调峰能力。

建立煤炭稀缺品种资源储备。鼓励优质、稀缺煤炭资源进口，支持企业在缺煤地区和煤炭集散地建设中转储运设施，完善煤炭应急储备体系。

完善能源应急体系。加强能源安全信息化保障和决策支持能力建设，逐步建立重点能源品种和能源通道应急指挥和综合管理系统，提升预测预警和防范应对水平。

（二）推进能源消费革命。

调整优化经济结构，转变能源消费理念，强化工业、交通、建筑节能和需求侧管理，重视生活节能，严格控制能源消费总量过快增长，切实扭转粗放用能方式，不断提高能源使用效率。

1. 严格控制能源消费过快增长。

按照差别化原则，结合区域和行业用能特点，严格控制能源消费过快增长，切实转变能源开发和利用方式。

推行"一挂双控"措施。将能源消费与经济增长挂钩，对高耗能产业和产能过剩行业实行能源消费总量控制强约束，其他产业按先进能效标准实行强约束，现有产能能效要限期达标，新增产能必须符合国内先进能效标准。

推行区域差别化能源政策。在能源资源丰富的西部地区，根据水资源和生态环境承载能力，在节水节能环保、技术先进的前提下，合理加大能源开发力度，增强跨区调出能力。合理控制中部地区能源开发强度。大力优化东部地区能源结构，鼓励发展有竞争力的新能源和可再生能源。

控制煤炭消费总量。制定国家煤炭消费总量中长期控制目标，实施煤炭消费减量替代，降低煤炭消费比重。

2. 着力实施能效提升计划。

坚持节能优先，以工业、建筑和交通领域为重点，创新发展方式，形成节能型生产和消费模式。

实施煤电升级改造行动计划。实施老旧煤电机组节能减排升级改造工程，现役60万千瓦（风冷机组除外）及以上机组力争5年内供电煤耗降至每千瓦·时300克标准煤左右。

实施工业节能行动计划。严格限制高耗能产业和过剩产业扩张，加快淘汰落后产能，实施十大重点节能工程，深入开展万家企业节能低碳行动。实施电机、内燃机、锅炉等重点用能设备能效提升计划，推进工业企业余热余压利用。深入推进工业领域需求侧管理，积极发展高效锅炉和高效电机，推进终端用能产品能效提升和重点用能行业能效水平对标达标。认真开展新建项目环境影响评价和节能评估审查。

实施绿色建筑行动计划。加强建筑用能规划，实施建筑能效提升工程，尽快推行75%的居住建筑节能设计标准，加快绿色建筑建设和既有建筑改造，推行公共建筑能耗限额和绿色建筑评级与标识制度，大力推广节能电器和绿色照明，积极推进新能源城市建设。大力发展低碳生态城市和绿色生态城区，到2020年，城镇绿色建筑占新建建筑的比例达到50%。加快推进供热计量改革，新建建筑和经供热计量改造的既有建筑实行供热计量收费。

实行绿色交通行动计划。完善综合交通运输体系规划，加快推进综合交通运输体系建设。积极推进清洁能源汽车和船舶产业化步伐，提高车用燃油经济性标准和环保标准。加快发展轨道交通和水运等资源节约型、环境友好型运输方式，推进主要城市群内城际铁路建设。大力发展城市公共交通，加强城市步行和自行车交通系统建设，提高公共出行和非机动出行比例。

3. 推动城乡用能方式变革。

按照城乡发展一体化和新型城镇化的总体要求，坚持集中与分散供能相结合，因地制宜建设城乡供能设施，推进城乡用能方式转变，提高城乡用能水平和效率。

实施新城镇、新能源、新生活行动计划。科学编制城镇规划，优化城镇空间布局，推动信息化、低碳化与城镇化的深度融合，建设低碳智能城镇。制定城镇综合能源规划，大力发展分布式能源，科学发展热电联产，鼓励有条件的地区发展热电冷联供，发展风能、太阳能、生物质能、地热能供暖。

加快农村用能方式变革。抓紧研究制定长效政策措施，推进绿色能源县、乡、村建设，大力发展农村小水电，加强水电新农村电气化县和小水电代燃料生态保护工程建设，因地制宜发展农村可再生能源，推动非商品能源的清洁高效利用，加强农村节能工作。

开展全民节能行动。实施全民节能行动计划，加强宣传教育，普及节能知识，推广节能新技术、新产品，大力提倡绿色生活方式，引导居民科学合理用能，使节约用能成为全社会的自觉行动。

（三）优化能源结构。

积极发展天然气、核电、可再生能源等清洁能源，降低煤炭消费比重，推动能源结构持续优化。

1. 降低煤炭消费比重。

加快清洁能源供应，控制重点地区、重点领域煤炭消费总量，推进减量替代，压减煤炭消费，到2020年，全国煤炭消费比重降至62%以内。

削减京津冀鲁、长三角和珠三角等区域煤炭消费总量。加大高耗能产业落后产能淘汰力度，扩大外来电、天然气及非化石能源供应规模，耗煤项目实现煤炭减量替代。到2020年，京津冀鲁四省市煤炭消费比 2012 年净削减 1 亿吨，长三角和珠三角地区煤炭消费总量负增长。

控制重点用煤领域煤炭消费。以经济发达地区和大中城市为重点，有序推进重点用煤领域"煤改气"工程，加强余热、余压利用，加快淘汰分散燃煤小锅炉，到 2017 年，基本完成重点地区燃煤锅炉、工业窑炉等天然气替代改造任务。结合城中村、城乡结合部、棚户区改造，扩大城市无煤区范围，逐步由城市建成区扩展到近郊，大幅减少城市煤炭分散使用。

2. 提高天然气消费比重。

坚持增加供应与提高能效相结合，加强供气设施建设，扩大天然气进口，有序拓展天然气城镇燃气应用。到 2020 年，天然气在一次能源消费中的比重提高到 10% 以上。

实施气化城市民生工程。新增天然气应优先保障居民生活和替代分散燃煤，组织实施城镇居民用能清洁化计划，到 2020 年，城镇居民基本用上天然气。

稳步发展天然气交通运输。结合国家天然气发展规划布局，制定天然气交通发展中长期规划，加快天然气加气站设施建设，以城市出租车、公交车为重点，积极有序发展液化天然气汽车和压缩天然气汽车，稳妥发展天然气家庭轿车、城际客车、重型卡车和轮船。

适度发展天然气发电。在京津冀鲁、长三角、珠三角等大气污染重点防控区，有序发展天然气调峰电站，结合热负荷需求适度发展燃气—蒸汽联合循环热电联产。

加快天然气管网和储气设施建设。按照西气东输、北气南下、海气登陆的供气格局，加快天然气管道及储气设施建设，形成进口通道、主要生产区和消费区相连接的全国天然气主干管网。到 2020 年，天然气主干管道里程达到 12 万公里以上。

扩大天然气进口规模。加大液化天然气和管道天然气进口力度。

3. 安全发展核电。

在采用国际最高安全标准、确保安全的前提下，适时在东部沿海地区启动新的核电项目建设，研究论证内陆核电建设。坚持引进消化吸收再创新，重点推进 AP1000、CAP1400、高温气冷堆、快堆及后处理技术攻关。加快国内自主技术工程验证，重点建设大型先进压水堆、高温气冷堆重大专项示范工程。积极推进核电基础理论研究、核安全技术研究开发设计和工程建设，完善核燃料循环体系。积极推进核电"走出去"。加强核电科普和核安全知识宣传。到 2020 年，核电装机容量达到 5800 万千瓦，在建容量达到 3000 万千瓦以上。

4. 大力发展可再生能源。

按照输出与就地消纳利用并重、集中式与分布式发展并举的原则，加快发展可再生能源。到 2020 年，非化石能源占一次能源消费比重达到 15%。

积极开发水电。在做好生态环境保护和移民安置的前提下，以西南地区金沙江、雅砻江、大渡河、澜沧江等河流为重点，积极有序推进大型水电基地建设。因地制宜发展中小型电站，开展抽水蓄能电站规划和建设，加强水资源综合利用。到 2020 年，力争常规水电装机达到 3.5 亿千瓦左右。

大力发展风电。重点规划建设酒泉、内蒙古西部、内蒙古东部、冀北、吉林、黑龙江、山东、哈密、江苏等 9 个大型现代风电基地以及配套送出工程。以南方和中东部地区为重点，大力发展分散式风电，稳步发展海上风电。到 2020 年，风电装机达到 2 亿千瓦，风电与煤电上网电价相当。

加快发展太阳能发电。有序推进光伏基地建设，同步做好就地消纳利用和集中送出通道建设。加快建设分布式光伏发电应用示范区，稳步实施太阳能热发电示范工程。加强太阳能发电并网服务。鼓励大型公共建筑及公用设施、工业园区等建设屋顶分布式光伏发电。到2020年，光伏装机达到1亿千瓦左右，光伏发电与电网销售电价相当。

积极发展地热能、生物质能和海洋能。坚持统筹兼顾、因地制宜、多元发展的方针，有序开展地热能、海洋能资源普查，制定生物质能和地热能开发利用规划，积极推动地热能、生物质和海洋能清洁高效利用，推广生物质能和地热供热，开展地热发电和海洋能发电示范工程。到2020年，地热能利用规模达到5000万吨标准煤。

提高可再生能源利用水平。加强电源与电网统筹规划，科学安排调峰、调频、储能配套能力，切实解决弃风、弃水、弃光问题。

（四）拓展能源国际合作。

统筹利用国内国际两种资源、两个市场，坚持投资与贸易并举、陆海通道并举，加快制定利用海外能源资源中长期规划，着力拓展进口通道，着力建设丝绸之路经济带、21世纪海上丝绸之路、孟中印缅经济走廊和中巴经济走廊，积极支持能源技术、装备和工程队伍"走出去"。

加强俄罗斯中亚、中东、非洲、美洲和亚太五大重点能源合作区域建设，深化国际能源双边多边合作，建立区域性能源交易市场。积极参与全球能源治理。加强统筹协调，支持企业"走出去"。

（五）推进能源科技创新。

按照创新机制、夯实基础、超前部署、重点跨越的原则，加强科技自主创新，鼓励引进消化吸收再创新，打造能源科技创新升级版，建设能源科技强国。

1. 明确能源科技创新战略方向和重点。

抓住能源绿色、低碳、智能发展的战略方向，围绕保障安全、优化结构和节能减排等长期目标，确立非常规油气及深海油气勘探开发、煤炭清洁高效利用、分布式能源、智能电网、新一代核电、先进可再生能源、节能节水、储能、基础材料等9个重点创新领域，明确页岩气、煤层气、页岩油、深海油气、煤炭深加工、高参数节能环保燃煤发电、整体煤气化联合循环发电、燃气轮机、现代电网、先进核电、光伏、太阳能热发电、风电、生物燃料、地热能利用、海洋能发电、天然气水合物、大容量储能、氢能与燃料电池、能源基础材料等20个重点创新方向，相应开展页岩气、煤层气、深水油气开发等重大示范工程。

2. 抓好科技重大专项。

加快实施大型油气田及煤层气开发国家科技重大专项。加强大型先进压水堆及高温气冷堆核电站国家科技重大专项。加强技术攻关，力争页岩气、深海油气、天然气水合物、新一代核电等核心技术取得重大突破。

3. 依托重大工程带动自主创新。

依托海洋油气和非常规油气勘探开发、煤炭高效清洁利用、先进核电、可再生能源开发、智能电网等重大能源工程，加快科技成果转化，加快能源装备制造创新平台建设，支持先进能源技术装备"走出去"，形成有国际竞争力的能源装备工业体系。

4. 加快能源科技创新体系建设。

制定国家能源科技创新及能源装备发展战略。建立以企业为主体、市场为导向、政产学研用相结合的创新体系。鼓励建立多元化的能源科技风险投资基金。加强能源人才队伍建设，鼓励引进高端人才，培育一批能源科技领军人才。

三、保障措施

（一）深化能源体制改革。

坚持社会主义市场经济改革方向，使市场在资源配置中起决定性作用和更好发挥政府作用，深化能源体制改革，为建立现代能源体系、保障国家能源安全营造良好的制度环境。

完善现代能源市场体系。建立统一开放、竞争有序的现代能源市场体系。深入推进政企分开，分离自然垄断业务和竞争性业务，放开竞争性领域和环节。实行统一的市场准入制度，在制定负面清单基础上，鼓励和引导各类市场主体依法平等进入负面清单以外的领域，推动能源投资主体多元化。深化国有能源企业改革，完善激励和考核机制，提高企业竞争力。鼓励利用期货市场套期保值，推进原油期货市场建设。

推进能源价格改革。推进石油、天然气、电力等领域价格改革，有序放开竞争性环节价格，天然气井口价格及销售价格、上网电价和销售电价由市场形成，输配电价和油气管输价格由政府定价。

深化重点领域和关键环节改革。重点推进电网、油气管网建设运营体制改革，明确电网和油气管网功能定位，逐步建立公平接入、供需导向、可靠灵活的电力和油气输送网络。加快电力体制改革步伐，推动供求双方直接交易，构建竞争性电力交易市场。

健全能源法律法规。加快推动能源法制定和电力法、煤炭法修订工作。积极推进海洋石油天然气管道保护、核电管理、能源储备等行政法规制定或修订工作。

进一步转变政府职能，健全能源监管体系。加强能源发展战略、规划、政策、标准等制定和实施，加快简政放权，继续取消和下放行政审批事项。强化能源监管，健全监管组织体系和法规体系，创新监管方式，提高监管效能，维护公平公正的市场秩序，为能源产业健康发展创造良好环境。

（二）健全和完善能源政策。

完善能源税费政策。加快资源税费改革，积极推进清费立税，逐步扩大资源税从价计征范围。研究调整能源消费税征税环节和税率，将部分高耗能、高污染产品纳入征收范围。完善节能减排税收政策，建立和完善生态补偿机制，加快推进环境保护税立法工作，探索建立绿色税收体系。

完善能源投资和产业政策。在充分发挥市场作用的基础上，扩大地质勘探基金规模，重点支持和引导非常规油气及深海油气资源开发和国际合作，完善政府对基础性、战略性、前沿性科学研究和共性技术研究及重大装备的支持机制。完善调峰调频备用补偿政策，实施可再生能源电力配额制和全额保障性收购政策及配套措施。鼓励银行业金融机构按照风险可控、商业可持续的原则，加大对节能提效、能源资源综合利用和清洁能源项目的支持。研究制定推动绿色信贷发展的激励政策。

完善能源消费政策。实行差别化能源价格政策。加强能源需求侧管理，推行合同能源管理，培育节能服务机构和能源服务公司，实施能源审计制度。健全固定资产投资项目节能评估审查制度，落实能效"领跑者"制度。

(三) 做好组织实施。

加强组织领导。充分发挥国家能源委员会的领导作用，加强对能源重大战略问题的研究和审议，指导推动本行动计划的实施。能源局要切实履行国家能源委员会办公室职责，组织协调各部门制定实施细则。

细化任务落实。国务院有关部门、各省（区、市）和重点能源企业要将贯彻落实本行动计划列入本部门、本地区、本企业的重要议事日程，做好各类规划计划与本行动计划的衔接。国家能源委员会办公室要制定实施方案，分解落实目标任务，明确进度安排和协调机制，精心组织实施。

加强督促检查。国家能源委员会办公室要密切跟踪工作进展，掌握目标任务完成情况，督促各项措施落到实处、见到实效。在实施过程中，要定期组织开展评估检查和考核评价，重大情况及时报告国务院。

二、能源体制革命行动计划

习近平总书记在2014年6月13日召开的中央财经领导小组第六次会议上要求加快推动能源体制革命，打通能源发展快车道。坚定不移推进改革，还原能源商品属性，构建有效竞争的市场结构和市场体系，形成主要由市场决定能源价格的机制，转变政府对能源的监管方式，建立健全能源法治体系。

2017年7月21日，国家能源局就《能源体制革命行动计划》（以下简称《行动计划》）（该文件未向社会公开发布）主要内容进行了公开解读。按照习近平总书记在中央财经领导小组第六次会议提出的推动能源体制革命，构建有效竞争的市场结构和市场体系，形成主要由市场决定能源价格的机制，创新能源科学管理模式，建立健全能源法治体系的战略思想，《行动计划》布局了四大类共14项主要任务：

(1) 构建有效竞争的能源市场结构和市场体系，重点提出五项任务：①健全能源市场结构，发挥国有经济在能源领域的主导作用，积极发展混合所有制能源企业，培育新型市场主体；②推进垄断环节改革，推进油气管网与销售业务分离、售电业务有序放开，实行能源基础设施向第三方公平开放；③完善市场交易机制，培育功能完善、规范运营的能源市场交易机构，加快建立和完善能源市场交易机制，促进市场主体多元化竞争；④建立市场准入制度，废除妨碍能源自由流动和公平竞争的政策法规，推广通过市场竞争机制确定能源项目投资经营主体；⑤健全市场信用体系，建立市场主体信用评级制度，建立健全守信激励和失信惩戒机制。

(2) 形成主要由市场决定能源价格的机制，重点提出两项任务：①加快推进能源价格市场化，按照"管住中间、放开两头"总体思路，推进电力、天然气等能源价格改革，稳妥处理和逐步减少交叉补贴；②科学核定自然垄断环节价格，按照"准许成本加合理收益"原则，合理制定电网、天然气管网输配价格。

（3）创新能源科学管理模式，重点提出五项任务：①加强战略规划引领，加强能源重大问题战略谋划，做好能源规划、年度计划及各类专项规划之间的有机衔接；②完善宏观政策配套机制，完善促进清洁能源发展的产业政策和投融资机制，健全能源矿业资源管理机制，完善政府对能源科研的支持机制，完善国际合作协调服务机制；③创新能源监管体系，统筹能源管理体制改革，明确中央与地方的能源监管职责，建立现代能源监管框架；④持续提升监管效能，完善能源市场准入制度，加强对能源市场主体行为的动态监管，加强监管能力建设；⑤发挥社会组织作用，加强和完善能源行业协会自律、协调、监督、服务的功能，发挥第三方机构专业化服务作用。

（4）建立健全能源法治体系，重点提出两项任务：①健全能源法律体系，建立以能源法为基础和统领，以煤炭法、电力法、石油天然气法等为主干，以能源行政法规、部门规章、地方性法规和地方政府规章为配套和补充，以标准和规范为技术支撑的能源法律法规体系；②深入推进依法行政，推进不同层级能源管理和监管机构、职能、权限、程序、责任法定化，公布部门权力和责任清单，依法履行职能。

为抓好《行动计划》任务落实，国家发展改革委、国家能源局明确了第一阶段（2017～2018年）十大重点行动：一是加快推进电力体制改革，二是深化石油天然气体制改革，三是完善煤炭市场体系，四是健全可再生能源发展机制，五是推进核电体制改革，六是加快"互联网+"智慧能源体制创新试点示范，七是构建新时期能源技术装备创新发展机制，八是加快电能替代体制机制创新，九是创新能源项目行政审批制度，十是完善能源法律体系。

第一阶段后期，国家发展改革委、国家能源局将及时评估总结，提出第二阶段（2019～2020年）重点行动，滚动实施，直至完成2030年战略目标。

三、能源革命试点在山西

2019年5月29日，习近平总书记在主持召开中央全面深化改革委员会第八次会议时发表重要讲话并审议通过了《关于在山西开展能源革命综合改革试点的意见》，会议强调推动能源生产和消费革命是保障能源安全、促进人与自然和谐共生的治本之策。山西要通过综合改革试点，努力在提高能源供给体系质量效益、构建清洁低碳用能模式、推进能源科技创新、深化能源体制改革、扩大能源对外合作等方面取得突破，争当全国能源革命排头兵。

作为全国首个能源革命综合改革试点，山西省积极推动能源革命从单一领域扩展到能源全领域，在煤炭、电力、新能源等领域探出改革新路；同时通过综合改革试点，努力在提高能源供给体系质量效益、构建清洁低碳用能模式、推进能源科技创新、深化能源体制改革、扩大能源对外合作等方面取得突破。2019年6月3日，山西省召开学习会议，对开展能源革命综合改革试点的要求做出如下决定：开展能源革命综合改革试点，要坚持绿色低碳、创新驱动、市场主导、协同发展的原则，全力推动能源供给、消费、技术、体制革命和国际合作，努力建设煤炭绿色开发利用基地、非常规天然气基地、电力外送基地、现代煤化工示范基地、煤基科技创新成果转化基地。坚持以制度革命带动能源革命，以能源革命生产关系变革牵引生产力变革。并提出了"八个变革、一个合作",即深入推进煤炭开采利用方式变革、非常规天然气勘采用变革、新能源可持续发展模式变革、电力建设运营体制变革、能源消费方式变革、能源科技创新相关体制变革、能源商品流通机制变革、与能源革命相关企业发展方式变革,深化拓展能源领域对外合作。

四、能源管理体制改革

(一)电监会与国家能源局重组

2013年3月,十二届全国人大一次会议审议通过了《国务院机构改革和职能转变方案》。为统筹推进能源发展和改革,加强能源监督管理,将原国家能源局、国家电力监管委员会的职责整合,重新组建国家能源局,由国家发展和改革委员会管理。新组建的国家能源局的主要职责是:拟订并组织实施能源发展战略、规划和政策,研究提出能源体制改革建议,负责能源监督管理等。

(二)国家能源局"三定"方案

国务院办公厅关于印发国家能源局主要职责内设机构和人员编制规定的通知

国办发〔2013〕51号

各省、自治区、直辖市人民政府,国务院各部委、各直属机构:
《国家能源局主要职责内设机构和人员编制规定》已经国务院批准,现予印发。

国务院办公厅
2013年6月9日

(此件有删减)

国家能源局主要职责内设机构和人员编制规定

根据第十二届全国人民代表大会第一次会议批准的《国务院机构改革和职能转变方案》和《国务院关于部委管理的国家局设置的通知》(国发〔2013〕15号),设立国家能源局(副部级),为国家发展和改革委员会管理的国家局。

一、职能转变

(一)取消的职责。

1. 取消电力、煤炭、油气企业的发展建设规划和专项发展建设规划审批。
2. 取消电力市场份额核定。
3. 取消电力用户向发电企业直接购电试点审批。

4. 取消水电站大坝运行安全信息化验收和安全监测系统检查验收。

5. 取消发电厂整体安全性评价审批。

6. 取消电力二次系统安全防护规范和方案审批。

7. 取消电力安全生产标准化达标评级审批。

8. 取消电力行业信息系统安全保护、网络与信息安全应急预案审批。

9. 根据《国务院机构改革和职能转变方案》需要取消的其他职责。

（二）下放的职责。

1. 将国家发展和改革委员会的供电营业区的设立、变更审批及供电营业许可证核发职责与国家能源局的电力业务许可证核发职责整合，下放区域能源监管机构。

2. 根据《国务院机构改革和职能转变方案》需要下放的其他职责。

（三）加强的职责。

1. 强化能源发展战略、规划和政策的拟订及组织实施，加强能源预测预警，提高国家能源安全保障能力。

2. 推进能源体制改革，加强能源法制建设，进一步发挥市场在资源配置中的基础性作用。

3. 完善能源监督管理体系，加强能源监督管理，推动能源消费总量控制，推进能源市场建设，维护能源市场秩序。

二、主要职责

（一）负责起草能源发展和有关监督管理的法律法规送审稿和规章，拟订并组织实施能源发展战略、规划和政策，推进能源体制改革，拟订有关改革方案，协调能源发展和改革中的重大问题。

（二）组织制定煤炭、石油、天然气、电力、新能源和可再生能源等能源，以及炼油、煤制燃料和燃料乙醇的产业政策及相关标准。按国务院规定权限，审批、核准、审核能源固定资产投资项目。指导协调农村能源发展工作。

（三）组织推进能源重大设备研发及其相关重大科研项目，指导能源科技进步、成套设备的引进消化创新，组织协调相关重大示范工程和推广应用新产品、新技术、新设备。

（四）负责核电管理，拟订核电发展规划、准入条件、技术标准并组织实施，提出核电布局和重大项目审核意见，组织协调和指导核电科研工作，组织核电厂的核事故应急管理工作。

（五）负责能源行业节能和资源综合利用，参与研究能源消费总量控制目标建议，指导、监督能源消费总量控制有关工作，衔接能源生产建设和供需平衡。

（六）负责能源预测预警，发布能源信息，参与能源运行调节和应急保障，拟订国家石油、天然气储备规划、政策并实施管理，监测国内外市场供求变化，提出国家石油、天然气储备订货、轮换和动用建议并组织实施，按规定权限审批或审核石油、天然气储备设施项目，监督管理商业石油、天然气储备。

（七）监管电力市场运行，规范电力市场秩序，监督检查有关电价，拟订各项电力辅助服务价格，研究提出电力普遍服务政策的建议并监督实施，负责电力行政执法。监管油气管网设施的公平开放。

（八）负责电力安全生产监督管理、可靠性管理和电力应急工作，制定除核安全外的电力运行安全、电力建设工程施工安全、工程质量安全监督管理办法并组织监督实施，组织实施依法设定的行政许可。依法组织或参与电力生产安全事故调查处理。

（九）组织推进能源国际合作，按分工同外国能源主管部门和国际能源组织谈判并签订协议，协调境外能源开发利用工作。按规定权限核准或审核能源（煤炭、石油、天然气、电力等）境外重大投资项目。

（十）参与制定与能源相关的资源、财税、环保及应对气候变化等政策，提出能源价格调整和进出口总量建议。

（十一）承担国家能源委员会具体工作。负责国家能源发展战略决策的综合协调和服务保障，推动建立健全协调联动机制。

（十二）承办国务院、国家能源委员会以及国家发展和改革委员会交办的其他事项。

三、内设机构

根据上述职责，国家能源局设12个内设机构：

（一）综合司。

负责文电、会务、机要、档案、督查、财务、资产管理等机关日常运转工作，承担政务公开、安全保密、信访，以及能源行业统计、预测预警等工作，承担国家能源委员会办公室的综合协调工作。

（二）法制和体制改革司。

研究能源重大问题，组织起草能源发展和有关监督管理的法律法规、规章送审稿，承担有关规范性文件的合法性审核工作，承担行政执法监督、行政复议、行政应诉等工作，承担能源体制改革有关工作。

（三）发展规划司。

研究提出能源发展战略建议，组织拟订能源发展规划、年度计划和产业政策，参与研究全国能源消费总量控制工作方案，指导、监督能源消费总量控制有关工作，承担能源综合业务。

（四）能源节约和科技装备司。

指导能源行业节能和资源综合利用工作，承担科技进步和装备相关工作，组织拟订能源行业标准（煤炭除外）。

（五）电力司。

拟订火电和电网有关发展规划、计划和政策并组织实施，承担电力体制改革有关工作，衔接电力供需平衡。

（六）核电司。

拟订核电发展规划、计划和政策并组织实施，组织核电厂的核事故应急管理工作。

（七）煤炭司。

拟订煤炭开发、煤层气、煤炭加工转化为清洁能源产品的发展规划、计划和政策并组织实施，承担煤炭体制改革有关工作，协调有关方面开展煤层气开发、淘汰煤炭落后产能、煤矿瓦斯治理和利用工作。

（八）石油天然气司（国家石油储备办公室）。

拟订油气开发、炼油发展规划、计划和政策并组织实施，承担石油天然气体制改革有关工作，承担国家石油、天然气储备管理工作，监督管理商业石油、天然气储备。

（九）新能源和可再生能源司。

指导协调新能源、可再生能源和农村能源发展，组织拟订新能源、水能、生物质能和其他可再生能源发展规划、计划和政策并组织实施。

（十）市场监管司。

组织拟订电力市场发展规划和区域电力市场设置方案，监管电力市场运行，监管输电、供电和非竞争性发电业务，处理电力市场纠纷，研究提出调整电价建议，监督检查有关电价和各项辅助服务收费标准，研究提出电力普遍服务政策的建议并监督实施，监管油气管网设施的公平开放。

（十一）电力安全监管司。

组织拟订除核安全外的电力运行安全、电力建设工程施工安全、工程质量安全监督管理办法的政策措施并监督实施，承担电力安全生产监督管理、可靠性管理和电力应急工作，负责水电站大坝的安全监督管理，依法组织或参与电力生产安全事故调查处理。

（十二）国际合作司。

组织推进能源国际交流与合作，按分工承担同外国能源主管部门和国际能源组织谈判并签订协议有关工作，拟订能源对外开放战略、规划及政策，协调境外能源开发利用。

机关党委（人事司）。承担机关和区域能源监管机构等直属单位的人事管理、机构编制、队伍建设、纪检监察等工作，负责机关和在京直属单位的党群工作。

四、人员编制

国家能源局机关行政编制240名。其中：局长1名、副局长4名，党组纪检组组长1名，司局领导职数42名（含监管总监1名、总工程师1名、总经济师1名、机关党委专职副书记1名）。

五、其他事项

（一）与国家发展和改革委员会的有关职责分工。

1. 国家能源局负责拟订并组织实施能源发展战略、规划和政策，研究提出能源体制改革建议，负责能源监督管理等；国家发展和改革委员会主要是做好国民经济和社会发展规划与能源规划的协调衔接。2. 国家能源局拟订的能源发展战略、重大规划、产业政策和提出的能源体制改革建议，由国家发展和改革委员会审定或审核后报国务院。3. 国家能源局按规定权限核准、审核能源投资项目，其中重大项目报国家发展和改革委员会核准，或经国家发展和改革委员会审核后报国务院核准。能源的中央财政性建设资金投资，由国家能源局汇总提出安排建议，报国家发展和改革委员会审定后下达。4. 国家能源局拟订的石油、天然气战略储备规划和石油、天然气战略储备设施项目，提出的国家石油、天然气战略储备收储、动用建议，经国家发展和改革委员会审核后，报国务院审批。5. 国家能源局提出调整能源产品价格的建议，报国家发展和改革委员会审批或审核后报国务院审批；国家发展和改革委员会调整涉及能源产品的价格，应征求国家能源局意见。6. 核电自主化工作，在国家发展和改革委员会指导下，由国家能源局组织实施。7. 输配电价格成本审核办法由国家发展和改革委员会会同国家能源局制定，共同颁布实施。电力辅助服务价格由国家能源局拟订，经国家发展和改革委员会同意后颁布实施。跨区域电网输配电价由国家能源局审核，报国家发展和改革委员会核准。大用户用电直供的输配电价格，由国家能源局提出初步意见，报国家发展和改革委员会核批。区域电力市场发电容量电价，由国家能源局研究提出初步意见，报国家发展和改革委员会核批。8. 国家发展和改革委员会、国家能源局共同部署开展全国电力价格检查。委托国家能源局对电力企业之间的价格行为（上网电价、输配电价）进行监督检查；在容量电价、输配电价方面，国家能源局会同国家发展和改革委员会进行监督检查；在终端销售电价方面，国家发展和改革委员会会同国家能源局进行监督检查。9. 国家发展和改革委员会、国家能源局按照各自的职责对价格违法行为进行处理。国家发展和改革委员会对电价违法行为实施行政处罚，国家能源局对查出的电价违法违规行为，应及时向国家发展和改革委员会提出价格行政处罚建议。

（二）国家能源局在核能对外合作方面与相关部门的职责分工。在国家能源委员会下建立核能对外合作的国内协调机制，协调合作中涉及跨部门的重大问题；国家能源局、国家国防科技工业局负责政府间和平利用核能协定的对外谈判和签约工作，外交部、科技部等部门按职责分工参与谈判，配合做好相关工作；协定的执行工作，由各部门根据职责分工分别落实；在国际原子能机构框架下的多双边合作事宜，由国家原子能机构负责牵头组织、落实。

（三）原国家电力监管委员会设立的 6 个电力区域监管局以及 12 个电力监管专员办公室，划给国家能源局实行垂直管理，核定行政编制 500 名，其中司局领导职数 42 名，负责所辖区域内电力等能源的监督管理和行政执法工作，以及电力安全监管工作。

（四）所属事业单位的设置、职责和编制事项另行规定。

六、附则

本规定由中央机构编制委员会办公室负责解释，其调整由中央机构编制委员会办公室按规定程序办理。

本规定职能转变中下放的职责第一项涉及法律规定的调整，按法定程序办理。

五、能源企业改革

（一）关于深化国有企业改革的指导意见

2015 年 8 月 24 日，中共中央、国务院印发了《关于深化国有企业改革的指导意见》（以下简称《指导意见》），这是新时期指导和推进中国国企改革的纲领性文件。《指导意见》共分 8 章 30 条，从改革的总体要求到分类推进国有企业改革、完善现代企业制度和国有资产管理体制、发展混合所有制经济、强化监督防止国有资产流失、加强和改进党对国有企业的领导、为国有企业改革创造良好环境条件等方面，全面提出了新时期国有企业改革的目标任务和重大举措。

《指导意见》提出，到 2020 年在重要领域和关键环节取得决定性成果，形成更符合我国基本经济制度和社会主义市场经济要求国资管理体制、现代企业制度、市场化经营机制，国有经济活力、控制力、影响力、抗风险能力明显增强。

中共中央 国务院关于深化国有企业改革的指导意见

中发〔2015〕22号

国有企业属于全民所有,是推进国家现代化、保障人民共同利益的重要力量,是我们党和国家事业发展的重要物质基础和政治基础。改革开放以来,国有企业改革发展不断取得重大进展,总体上已经同市场经济相融合,运行质量和效益明显提升,在国际国内市场竞争中涌现出一批具有核心竞争力的骨干企业,为推动经济社会发展、保障和改善民生、开拓国际市场、增强我国综合实力作出了重大贡献,国有企业经营管理者队伍总体上是好的,广大职工付出了不懈努力,成就是突出的。但也要看到,国有企业仍然存在一些亟待解决的突出矛盾和问题,一些企业市场主体地位尚未真正确立,现代企业制度还不健全,国有资产监管体制有待完善,国有资本运行效率需进一步提高;一些企业管理混乱,内部人控制、利益输送、国有资产流失等问题突出,企业办社会职能和历史遗留问题还未完全解决;一些企业党组织管党治党责任不落实、作用被弱化。面向未来,国有企业面临日益激烈的国际竞争和转型升级的巨大挑战。在推动我国经济保持中高速增长和迈向中高端水平、完善和发展中国特色社会主义制度、实现中华民族伟大复兴中国梦的进程中,国有企业肩负着重大历史使命和责任。要认真贯彻落实党中央、国务院战略决策,按照"四个全面"战略布局的要求,以经济建设为中心,坚持问题导向,继续推进国有企业改革,切实破除体制机制障碍,坚定不移做强做优做大国有企业。为此,提出以下意见。

一、总体要求

(一)指导思想

高举中国特色社会主义伟大旗帜,认真贯彻落实党的十八大和十八届三中、四中全会精神,深入学习贯彻习近平总书记系列重要讲话精神,坚持和完善基本经济制度,坚持社会主义市场经济改革方向,适应市场化、现代化、国际化新形势,以解放和发展社会生产力为标准,以提高国有资本效率、增强国有企业活力为中心,完善产权清晰、权责明确、政企分开、管理科学的现代企业制度,完善国有资产监管体制,防止国有资产流失,全面推进依法治企,加强和改进党对国有企业的领导,做强做优做大国有企业,不断增强国有经济活力、控制力、影响力、抗风险能力,主动适应和引领经济发展新常态,为促进经济社会持续健康发展、实现中华民族伟大复兴中国梦作出积极贡献。

(二)基本原则

——坚持和完善基本经济制度。这是深化国有企业改革必须把握的根本要求。必须毫不动摇巩固和发展公有制经济,毫不动摇鼓励、支持、引导非公有制经济发展。坚持公有制主体地位,发挥国有经济主导作用,积极促进国有资本、集体资本、非公有资本等交叉持股、相互融合,推动各种所有制资本取长补短、相互促进、共同发展。

——坚持社会主义市场经济改革方向。这是深化国有企业改革必须遵循的基本规律。国有企业改革要遵循市场经济规律和企业发展规律,坚持政企分开、政资分开、所有权与经营权分离,坚持权利、义务、责任相统一,坚持激励机制和约束机制相结合,促使国有企业真正成为依法自主经营、自负盈亏、自担风险、自我约束、自我发展的独立市场主体。社会主义市场经济条件下的国有企业,要成为自觉履行社会责任的表率。

——坚持增强活力和强化监管相结合。这是深化国有企业改革必须把握的重要关系。增强活力是搞好国有企业的本质要求,加强监管是搞好国有企业的重要保障,要切实做到两者的有机统一。继续推进简政放权,依法落实企业法人财产权和经营自主权,进一步激发企业活力、创造力和市场竞争力。进一步完善国有企业监管制度,切实防止国有资产流失,确保国有资产保值增值。

——坚持党对国有企业的领导。这是深化国有企业改革必须坚守的政治方向、政治原则。要贯彻全面从严治党方针,充分发挥企业党组织政治核心作用,加强企业领导班子建设,创新基层党建工作,深入开展党风廉政建设,坚持全心全意依靠工人阶级,维护职工合法权益,为国有企业改革发展提供坚强有力的政治保证、组织保证和人才支撑。

——坚持积极稳妥统筹推进。这是深化国有企业改革必须采用的科学方法。要正确处理推进改革和坚持法治的关系,正确处理改革发展稳定关系,正确处理搞好顶层设计和尊重基层首创精神的关系,突出问题导向,坚持分类推进,把握好改革的次序、节奏、力度,确保改革扎实推进、务求实效。

(三) 主要目标

到2020年,在国有企业改革重要领域和关键环节取得决定性成果,形成更加符合我国基本经济制度和社会主义市场经济发展要求的国有资产管理体制、现代企业制度、市场化经营机制,国有资本布局结构更趋合理,造就一大批德才兼备、善于经营、充满活力的优秀企业家,培育一大批具有创新能力和国际竞争力的国有骨干企业,国有经济活力、控制力、影响力、抗风险能力明显增强。

——国有企业公司制改革基本完成,发展混合所有制经济取得积极进展,法人治理结构更加健全,优胜劣汰、经营自主灵活、内部管理人员能上能下、员工能进能出、收入能增能减的市场化机制更加完善。

——国有资产监管制度更加成熟,相关法律法规更加健全,监管手段和方式不断优化,监管的科学性、针对性、有效性进一步提高,经营性国有资产实现集中统一监管,国有资产保值增值责任全面落实。

——国有资本配置效率显著提高,国有经济布局结构不断优化、主导作用有效发挥,国有企业在提升自主创新能力、保护资源环境、加快转型升级、履行社会责任中的引领和表率作用充分发挥。

——企业党的建设全面加强,反腐倡廉制度体系、工作体系更加完善,国有企业党组织在公司治理中的法定地位更加巩固,政治核心作用充分发挥。

二、分类推进国有企业改革

(四) 划分国有企业不同类别。根据国有资本的战略定位和发展目标,结合不同国有企业在经济社会发展中的作用、现状和发展需要,将国有企业分为商业类和公益类。通过界定功能、划分类别,实行分类改革、分类发展、分类监管、分类定责、分类考核,提高改革的针对性、监管的有效性、考核评价的科学性,推动国有企业同市场经济深入融合,促进国有企业经济效益和社会效益有机统一。按照谁出资谁分类的原则,由履行出资人职责的机构负责制定所出资企业的功能界定和分类方案,报本级政府批准。各地区可结合实际,划分并动态调整本地区国有企业功能类别。

（五）推进商业类国有企业改革。商业类国有企业按照市场化要求实行商业化运作，以增强国有经济活力、放大国有资本功能、实现国有资产保值增值为主要目标，依法独立自主开展生产经营活动，实现优胜劣汰、有序进退。

主业处于充分竞争行业和领域的商业类国有企业，原则上都要实行公司制股份制改革，积极引入其他国有资本或各类非国有资本实现股权多元化，国有资本可以绝对控股、相对控股，也可以参股，并着力推进整体上市。对这些国有企业，重点考核经营业绩指标、国有资产保值增值和市场竞争能力。

主业处于关系国家安全、国民经济命脉的重要行业和关键领域、主要承担重大专项任务的商业类国有企业，要保持国有资本控股地位，支持非国有资本参股。对自然垄断行业，实行以政企分开、政资分开、特许经营、政府监管为主要内容的改革，根据不同行业特点实行网运分开、放开竞争性业务，促进公共资源配置市场化；对需要实行国有全资的企业，也要积极引入其他国有资本实行股权多元化；对特殊业务和竞争性业务实行业务板块有效分离，独立运作、独立核算。对这些国有企业，在考核经营业绩指标和国有资产保值增值情况的同时，加强对服务国家战略、保障国家安全和国民经济运行、发展前瞻性战略性产业以及完成特殊任务的考核。

（六）推进公益类国有企业改革。公益类国有企业以保障民生、服务社会、提供公共产品和服务为主要目标，引入市场机制，提高公共服务效率和能力。这类企业可以采取国有独资形式，具备条件的也可以推行投资主体多元化，还可以通过购买服务、特许经营、委托代理等方式，鼓励非国有企业参与经营。对公益类国有企业，重点考核成本控制、产品服务质量、营运效率和保障能力，根据企业不同特点有区别地考核经营业绩指标和国有资产保值增值情况，考核中要引入社会评价。

三、完善现代企业制度

（七）推进公司制股份制改革。加大集团层面公司制改革力度，积极引入各类投资者实现股权多元化，大力推动国有企业改制上市，创造条件实现集团公司整体上市。根据不同企业的功能定位，逐步调整国有股权比例，形成股权结构多元、股东行为规范、内部约束有效、运行高效灵活的经营机制。允许将部分国有资本转化为优先股，在少数特定领域探索建立国家特殊管理股制度。

（八）健全公司法人治理结构。重点是推进董事会建设，建立健全权责对等、运转协调、有效制衡的决策执行监督机制，规范董事长、总经理行权行为，充分发挥董事会的决策作用、监事会的监督作用、经理层的经营管理作用、党组织的政治核心作用，切实解决一些企业董事会形同虚设、"一把手"说了算的问题，实现规范的公司治理。要切实落实和维护董事会依法行使重大决策、选人用人、薪酬分配等权利，保障经理层经营自主权，法无授权任何政府部门和机构不得干预。加强董事会内部的制衡约束，国有独资、全资公司的董事会和监事会均应有职工代表，董事会外部董事应占多数，落实一人一票表决制度，董事对董事会决议承担责任。改进董事会和董事评价办法，强化对董事的考核评价和管理，对重大决策失误负有直接责任的要及时调整或解聘，并依法追究责任。进一步加强外部董事队伍建设，拓宽来源渠道。

（九）建立国有企业领导人员分类分层管理制度。坚持党管干部原则与董事会依法产生、董事会依法选择经营管理者、经营管理者依法行使用人权相结合，不断创新有效实现形式。上级党组织和国有资产监管机构按照管理权限加强对国有企业领导人员的管理，广开推荐渠道，依规考察提名，严格履行选用程序。根据不同企业类别和层级，实行选任制、委任制、聘任制等不同选人用人方式。推行职业经理人制度，实行内部培养和外部引进相结合，畅通现有经营管理者与职业经理人身份转换通道，董事会按市场化方式选聘和管理职业经理人，合理增加市场化选聘比例，加快建立退出机制。推行企业经理层成员任期制和契约化管理，明确责任、权利、义务，严格任期管理和目标考核。

（十）实行与社会主义市场经济相适应的企业薪酬分配制度。企业内部的薪酬分配权是企业的法定权利，由企业依法依规自主决定，完善既有激励又有约束、既讲效率又讲公平、既符合企业一般规律又体现国有企业特点的分配机制。建立健全与劳动力市场基本适应、与企业经济效益和劳动生产率挂钩的工资决定和正常增长机制。推进全员绩效考核，以业绩为导向，科学评价不同岗位员工的贡献，合理拉开收入分配差距，切实做到收入能增能减和奖惩分明，充分调动广大职工积极性。对国有企业领导人员实行与选任方式相匹配、与企业功能性质相适应、与经营业绩相挂钩的差异化薪酬分配办法。对党中央、国务院和地方党委、政府及其部门任命的国有企业领导人员，合理确定基本年薪、绩效年薪和任期激励收入。对市场化选聘的职业经理人实行市场化薪酬分配机制，可以采取多种方式探索完善中长期激励机制。健全与激励机制相对称的经济责任审计、信息披露、延期支付、追索扣回等约束机制。严格规范履职待遇、业务支出，严禁将公款用于个人支出。

（十一）深化企业内部用人制度改革。建立健全企业各类管理人员公开招聘、竞争上岗等制度，对特殊管理人员可以通过委托人才中介机构推荐等方式，拓宽选人用人视野和渠道。建立分级分类的企业员工市场化公开招聘制度，切实做到信息公开、过程公开、结果公开。构建和谐劳动关系，依法规范企业各类用工管理，建立健全以合同管理为核心、以岗位管理为基础的市场化用工制度，真正形成企业各类管理人员能上能下、员工能进能出的合理流动机制。

四、完善国有资产管理体制

（十二）以管资本为主推进国有资产监管机构职能转变。国有资产监管机构要准确把握依法履行出资人职责的定位，科学界定国有资产出资人监管的边界，建立监管权力清单和责任清单，实现以管企业为主向以管资本为主的转变。该管的要科学管理、决不缺位，重点管好国有资本布局、规范资本运作、提高资本回报、维护资本安全；不该管的要依法放权、决不越位，将依法应由企业自主经营决策的事项归位于企业，将延伸到子企业的管理事项原则上归位于一级企业，将配合承担的公共管理职能归位于相关政府部门和单位。大力推进依法监管，着力创新监管方式和手段，改变行政化管理方式，改进考核体系和办法，提高监管的科学性、有效性。

（十三）以管资本为主改革国有资本授权经营体制。改组组建国有资本投资、运营公司，探索有效的运营模式，通过开展投资融资、产业培育、资本整合，推动产业集聚和转型升级，优化国有资本布局结构；通过股权运作、价值管理、有序进退，促进国有资本合理流动，实现保值增值。科学界定国有资本所有权和经营权的边界，国有资产监管机构依法对国有资本投资、运营公司和其他直接监管的企业履行出资人职责，并授权国有资本投资、运营公司对授权范围内的国有资本履行出资人职责。国有资本投资、运营公司作为国有资本市场化运作的专业平台，依法自主开展国有资本运作，对所出资企业行使股东职责，按照责权对应原则切实承担起国有资产保值增值责任。开展政府直接授权国有资本投资、运营公司履行出资人职责的试点。

（十四）以管资本为主推动国有资本合理流动优化配置。坚持以市场为导向、以企业为主体，有进有退、有所为有所不为，优化国有资本布局结构，增强国有经济整体功能和效率。紧紧围绕服务国家战略，落实国家产业政策和重点产业布局调整总体要求，优化国有资本重点投资方向和领域，推动国有资本向关系国家安全、国民经济命脉和国计民生的重要行业和关键领域、重点基础设施集中，向前瞻性战略性产业集中，向具有核心竞争力的优势企业集中。发挥国有资本投资、运营公司的作用，清理退出一批、重组整合一批、创新发展一批国有企业。建立健全优胜劣汰市场化退出机制，充分发挥失业救济和再就业培训等的作用，解决好职工安置问题，切实保障退出企业依法实现关闭或破产，加快处置低效无效资产，淘汰落后产能。支持企业依法合规通过证券交易、产权交易等资本市场，以市场公允价格处置企业资产，实现国有资本形态转换，变现的国有资本用于更需要的领域和行业。推动国有企业加快管理创新、商业模式创新，合理限定法人层级，有效压缩管理层级。发挥国有企业在实施创新驱动发展战略和制造强国战略中的骨干和表率作用，强化企业在技术创新中的主体地位，重视培养科研人才和高技能人才。支持国有企业开展国际化经营，鼓励国有企业之间以及与其他所有制企业以资本为纽带，强强联合、优势互补，加快培育一批具有世界一流水平的跨国公司。

（十五）以管资本为主推进经营性国有资产集中统一监管。稳步将党政机关、事业单位所属企业的国有资本纳入经营性国有资产集中统一监管体系，具备条件的进入国有资本投资、运营公司。加强国有资产基础管理，按照统一制度规范、统一工作体系的原则，抓紧制定企业国有资产基础管理条例。建立覆盖全部国有企业、分级管理的国有资本经营预算管理制度，提高国有资本收益上缴公共财政比例，2020年提高到30%，更多用于保障和改善民生。划转部分国有资本充实社会保障基金。

五、发展混合所有制经济

（十六）推进国有企业混合所有制改革。以促进国有企业转换经营机制，放大国有资本功能，提高国有资本配置和运行效率，实现各种所有制资本取长补短、相互促进、共同发展为目标，稳妥推动国有企业发展混合所有制经济。对通过实行股份制、上市等途径已经实行混合所有制的国有企业，要着力在完善现代企业制度、提高资本运行效率上下功夫；对于适宜继续推进混合所有制改革的国有企业，要充分发挥市场机制作用，坚持因地施策、因业施策、因企施策，宜独则独、宜控则控、宜参则参，不搞拉郎配，不搞全覆盖，不设时间表，成熟一个推进一个。改革要依法依规、严格程序、公开公正，切实保护混合所有制企业各类出资人的产权权益，杜绝国有资产流失。

（十七）引入非国有资本参与国有企业改革。鼓励非国有资本投资主体通过出资入股、收购股权、认购可转债、股权置换等多种方式，参与国有企业改制重组或国有控股上市公司增资扩股以及企业经营管理。实行同股同权，切实维护各类股东合法权益。在石油、天然气、电力、铁路、电信、资源开发、公用事业等领域，向非国有资本推出符合产业政策、有利于转型升级的项目。依照外商投资产业指导目录和相关安全审查规定，完善外资安全审查工作机制。开展多类型政府和社会资本合作试点，逐步推广政府和社会资本合作模式。

（十八）鼓励国有资本以多种方式入股非国有企业。充分发挥国有资本投资、运营公司的资本运作平台作用，通过市场化方式，以公共服务、高新技术、生态环保、战略性产业为重点领域，对发展潜力大、成长性强的非国有企业进行股权投资。鼓励国有企业通过投资入股、联合投资、重组等多种方式，与非国有企业进行股权融合、战略合作、资源整合。

（十九）探索实行混合所有制企业员工持股。坚持试点先行，在取得经验基础上稳妥有序推进，通过实行员工持股建立激励约束长效机制。优先支持人才资本和技术要素贡献占比较高的转制科研院所、高新技术企业、科技服务型企业开展员工持股试点，支持对企业经营业绩和持续发展有直接或较大影响的科研人员、经营管理人员和业务骨干等持股。员工持股主要采取增资扩股、出资新设等方式。完善相关政策，健全审核程序，规范操作流程，严格资产评估，建立健全股权流转和退出机制，确保员工持股公开透明，严禁暗箱操作，防止利益输送。

六、强化监督防止国有资产流失

（二十）强化企业内部监督。完善企业内部监督体系，明确监事会、审计、纪检监察、巡视以及法律、财务等部门的监督职责，完善监督制度，增强制度执行力。强化对权力集中、资金密集、资源富集、资产聚集的部门和岗位的监督，实行分事行权、分岗设权、分级授权，定期轮岗，强化内部流程控制，防止权力滥用。建立审计部门向董事会负责的工作机制。落实企业内部监事会对董事、经理和其他高级管理人员的监督。进一步发挥企业总法律顾问在经营管理中的法律审核把关作用，推进企业依法经营、合规管理。集团公司要依法依规、尽职尽责加强对子企业的管理和监督。大力推进厂务公开，健全以职工代表大会为基本形式的企业民主管理制度，加强企业职工民主监督。

（二十一）建立健全高效协同的外部监督机制。强化出资人监督，加快国有企业行为规范法律法规制度建设，加强对企业关键业务、改革重点领域、国有资本运营重要环节以及境外国有资产的监督，规范操作流程，强化专业检查，开展总会计师由履行出资人职责机构委派的试点。加强和改进外派监事会制度，明确职责定位，强化与有关专业监督机构的协作，加强当期和事中监督，强化监督成果运用，建立健全核查、移交和整改机制。健全国有资本审计监督体系和制度，实行企业国有资产审计监督全覆盖，建立对企业国有资本的经常性审计制度。加强纪检监察监督和巡视工作，强化对企业领导人员廉洁从业、行使权力等的监督，加大大案要案查处力度，狠抓对存在问题的整改落实。整合出资人监管、外派监事会监督和审计、纪检监察、巡视等监督力量，建立监督工作会商机制，加强统筹，创新方式，共享资源，减少重复检查，提高监督效能。建立健全监督意见反馈整改机制，形成监督工作的闭环。

（二十二）实施信息公开加强社会监督。完善国有资产和国有企业信息公开制度，设立统一的信息公开网络平台，依法依规、及时准确披露国有资本整体运营和监管、国有企业公司治理以及管理架构、经营情况、财务状况、关联交易、企业负责人薪酬等信息，建设阳光国企。认真处理人民群众关于国有资产流失等问题的来信、来访和检举，及时回应社会关切。充分发挥媒体舆论监督作用，有效保障社会公众对企业国有资产运营的知情权和监督权。

（二十三）严格责任追究。建立健全国有企业重大决策失误和失职、渎职责任追究倒查机制，建立和完善重大决策评估、决策事项履职记录、决策过错认定标准等配套制度，严厉查处侵吞、贪污、输送、挥霍国有资产和逃废金融债务的行为。建立健全企业国有资产的监督问责机制，对企业重大违法违纪问题敷衍不追、隐匿不报、查处不力的，严格追究有关人员失职渎职责任，视不同情形给予纪律处分或行政处分，构成犯罪的，由司法机关依法追究刑事责任。

七、加强和改进党对国有企业的领导

（二十四）充分发挥国有企业党组织政治核心作用。把加强党的领导和完善公司治理统一起来，将党建工作总体要求纳入国有企业章程，明确国有企业党组织在公司法人治理结构中的法定地位，创新国有企业党组织发挥政治核心作用的途径和方式。在国有企业改革中坚持党的建设同步谋划、党的组织及工作机构同步设置、党组织负责人及党务工作人员同步配备、党的工作同步开展，保证党组织工作机构健全、党务工作者队伍稳定、党组织和党员作用得到有效发挥。坚持和完善双向进入、交叉任职的领导体制，符合条件的党组织领导班子成员可以通过法定程序进入董事会、监事会、经理层，董事会、监事会、经理层成员中符合条件的党员可以依照有关规定和程序进入党组织领导班子；经理层成员与党组织领导班子成员适度交叉任职；董事长、总经理原则上分设，党组织书记、董事长一般由一人担任。

国有企业党组织要切实承担好、落实好从严管党治党责任。坚持从严治党、思想建党、制度治党，增强管党治党意识，建立健全党建工作责任制，聚精会神抓好党建工作，做到守土有责、守土负责、守土尽责。党组织书记要切实履行党建工作第一责任人职责，党组织班子其他成员要切实履行"一岗双责"，结合业务分工抓好党建工作。中央企业党组织书记同时担任企业其他主要领导职务的，应当设立1名专职抓企业党建工作的副书记。加强国有企业基层党组织建设和党员队伍建设，强化国有企业基层党建工作的基础保障，充分发挥基层党组织战斗堡垒作用、共产党员先锋模范作用。加强企业党组织对群众工作的领导，发挥好工会、共青团等群团组织的作用，深入细致做好职工群众的思想政治工作。把建立党的组织、开展党的工作，作为国有企业推进混合所有制改革的必要前提，根据不同类型混合所有制企业特点，科学确定党组织的设置方式、职责定位、管理模式。

（二十五）进一步加强国有企业领导班子建设和人才队伍建设。根据企业改革发展需要，明确选人用人标准和程序，创新选人用人方式。强化党组织在企业领导人员选拔任用、培养教育、管理监督中的责任，支持董事会依法选择经营管理者、经营管理者依法行使用人权，坚决防止和整治选人用人中的不正之风。加强对国有企业领导人员尤其是主要领导人员的日常监督管理和综合考核评价，及时调整不胜任、不称职的领导人员，切实解决企业领导人员能上不能下的问题。以强化忠诚意识、拓展世界眼光、提高战略思维、增强创新精神、锻造优秀品行为重点，加强企业家队伍建设，充分发挥企业家作用。大力实施人才强企战略，加快建立健全国有企业集聚人才的体制机制。

（二十六）切实落实国有企业反腐倡廉"两个责任"。国有企业党组织要切实履行好主体责任，纪检机构要履行好监督责任。加强党性教育、法治教育、警示教育，引导国有企业领导人员坚定理想信念，自觉践行"三严三实"要求，正确履职行权。建立切实可行的责任追究制度，与企业考核等挂钩，实行"一案双查"。推动国有企业纪律检查工作双重领导体制具体化、程序化、制度化，强化上级纪委对下级纪委的领导。加强和改进国有企业巡视工作，强化对权力运行的监督和制约。坚持运用法治思维和法治方式反腐败，完善反腐倡廉制度体系，严格落实反"四风"规定，努力构筑企业领导人员不敢腐、不能腐、不想腐的有效机制。

八、为国有企业改革创造良好环境条件

（二十七）完善相关法律法规和配套政策。加强国有企业相关法律法规立改废释工作，确保重大改革于法有据。切实转变政府职能，减少审批、优化制度、简化手续、提高效率。完善公共服务体系，推进政府购买服务，加快建立稳定可靠、补偿合理、公开透明的企业公共服务支出补偿机制。完善和落实国有企业重组整合涉及的资产评估增值、土地变更登记和国有资产无偿划转等方面税收优惠政策。完善国有企业退出的相关政策，依法妥善处理劳动关系调整、社会保险关系接续等问题。

（二十八）加快剥离企业办社会职能和解决历史遗留问题。完善相关政策，建立政府和国有企业合理分担成本的机制，多渠道筹措资金，采取分离移交、重组改制、关闭撤销等方式，剥离国有企业职工家属区"三供一业"和所办医院、学校、社区等公共服务机构，继续推进厂办大集体改革，对国有企业退休人员实施社会化管理，妥善解决国有企业历史遗留问题，为国有企业公平参与市场竞争创造条件。

（二十九）形成鼓励改革创新的氛围。坚持解放思想、实事求是，鼓励探索、实践、创新。全面准确评价国有企业，大力宣传中央关于全面深化国有企业改革的方针政策，宣传改革的典型案例和经验，营造有利于国有企业改革的良好舆论环境。

（三十）加强对国有企业改革的组织领导。各级党委和政府要统一思想，以高度的政治责任感和历史使命感，切实履行对深化国有企业改革的领导责任。要根据本指导意见，结合实际制定实施意见，加强统筹协调、明确责任分工、细化目标任务、强化督促落实，确保深化国有企业改革顺利推进，取得实效。

金融、文化等国有企业的改革，中央另有规定的依其规定执行。

（二）关于国有企业发展混合所有制经济的意见

2015 年 9 月 24 日，国务院印发了《关于国有企业发展混合所有制经济的意见》（以下简称《意见》）。《意见》分总体要求、分类推进国有企业混合所有制改革、分层推进国有企业混合所有制改革、鼓励各类资本参与国有企业混合所有制改革、建立健全混合所有制企业治理机制、建立依法合规的操作规则、营造国有企业混合所有制改革的良好环境、组织实施 8 部分 29 条。

国务院关于国有企业发展混合所有制经济的意见

国发〔2015〕54 号

各省、自治区、直辖市人民政府，国务院各部委、各直属机构：

发展混合所有制经济，是深化国有企业改革的重要举措。为贯彻党的十八大和十八届三中、四中全会精神，按照"四个全面"战略布局要求，落实党中央、国务院决策部署，推进国有企业混合所有制改革，促进各种所有制经济共同发展，现提出以下意见。

一、总体要求

（一）改革出发点和落脚点。国有资本、集体资本、非公有资本等交叉持股、相互融合的混合所有制经济，是基本经济制度的重要实现形式。多年来，一批国有企业通过改制发展成为混合所有制企业，但治理机制和监管体制还需要进一步完善；还有许多国有企业为转换经营机制、提高运行效率，正在积极探索混合所有制改革。当前，应对日益激烈的国际竞争和挑战，推动我国经济保持中高速增长、迈向中高端水平，需要通过深化国有企业混合所有制改革，推动完善现代企业制度，健全企业法人治理结构；提高国有资本配置和运行效率，优化国有经济布局，增强国有经济活力、控制力、影响力和抗风险能力，主动适应和引领经济发展新常态；促进国有企业转换经营机制，放大国有资本功能，实现国有资产保值增值，实现各种所有制资本取长补短、相互促进、共同发展，夯实社会主义基本经济制度的微观基础。在国有企业混合所有制改革中，要坚决防止因监管不到位、改革不彻底导致国有资产流失。

（二）基本原则。

——政府引导，市场运作。尊重市场经济规律和企业发展规律，以企业为主体，充分发挥市场机制作用，把引资本与转机制结合起来，把产权多元化与完善企业法人治理结构结合起来，探索国有企业混合所有制改革的有效途径。

——完善制度，保护产权。以保护产权、维护契约、统一市场、平等交换、公平竞争、有效监管为基本导向，切实保护混合所有制企业各类出资人的产权权益，调动各类资本参与发展混合所有制经济的积极性。

——严格程序，规范操作。坚持依法依规，进一步健全国有资产交易规则，科学评估国有资产价值，完善市场定价机制，切实做到规则公开、过程公开、结果公开。强化交易主体和交易过程监管，防止暗箱操作、低价贱卖、利益输送、化公为私、逃废债务，杜绝国有资产流失。

——宜改则改，稳妥推进。对通过实行股份制、上市等途径已经实行混合所有制的国有企业，要着力在完善现代企业制度、提高资本运行效率上下功夫；对适宜继续推进混合所有制改革的国有企业，要充分发挥市场机制作用，坚持因地施策、因业施策、因企施策，宜独则独、宜控则控、宜参则参，不搞拉郎配，不搞全覆盖，不设时间表，一企一策，成熟一个推进一个，确保改革规范有序进行。尊重基层创新实践，形成一批可复制、可推广的成功做法。

二、分类推进国有企业混合所有制改革

（三）稳妥推进主业处于充分竞争行业和领域的商业类国有企业混合所有制改革。按照市场化、国际化要求，以增强国有经济活力、放大国有资本功能、实现国有资产保值增值为主要目标，以提高经济效益和创新商业模式为导向，充分运用整体上市等方式，积极引入其他国有资本或各类非国有资本实现股权多元化。坚持以资本为纽带完善混合所有制企业治理结构和管理方式，国有资本出资人和各类非国有资本出资人以股东身份履行权利和职责，使混合所有制企业成为真正的市场主体。

（四）有效探索主业处于重要行业和关键领域的商业类国有企业混合所有制改革。对主业处于关系国家安全、国民经济命脉的重要行业和关键领域、主要承担重大专项任务的商业类国有企业，要保持国有资本控股地位，支持非国有资本参股。对自然垄断行业，实行以政企分开、政资分开、特许经营、政府监管为主要内容的改革，根据不同行业特点实行网运分开、放开竞争性业务，促进公共资源配置市场化，同时加强分类依法监管，规范营利模式。

——重要通信基础设施、枢纽型交通基础设施、重要江河流域控制性水利水电航电枢纽、跨流域调水工程等领域，实行国有独资或控股，允许符合条件的非国有企业依法通过特许经营、政府购买服务等方式参与建设和运营。

——重要水资源、森林资源、战略性矿产资源等开发利用，实行国有独资或绝对控股，在强化环境、质量、安全监管的基础上，允许非国有资本进入，依法依规有序参与开发经营。

——江河主干渠道、石油天然气主干管网、电网等，根据不同行业领域特点实行网运分开、主辅分离，除对自然垄断环节的管网实行国有独资或绝对控股外，放开竞争性业务，允许非国有资本平等进入。

——核电、重要公共技术平台、气象测绘水文等基础数据采集利用等领域，实行国有独资或绝对控股，支持非国有企业投资参股以及参与特许经营和政府采购。粮食、石油、天然气等战略物资国家储备领域保持国有独资或控股。

——国防军工等特殊产业，从事战略武器装备科研生产、关系国家战略安全和涉及国家核心机密的核心军工能力领域，实行国有独资或绝对控股。其他军工领域，分类逐步放宽市场准入，建立竞争性采购体制机制，支持非国有企业参与武器装备科研生产、维修服务和竞争性采购。

——对其他服务国家战略目标、重要前瞻性战略性产业、生态环境保护、共用技术平台等重要行业和关键领域，加大国有资本投资力度，发挥国有资本引导和带动作用。

（五）引导公益类国有企业规范开展混合所有制改革。在水电气热、公共交通、公共设施等提供公共产品和服务的行业和领域，根据不同业务特点，加强分类指导，推进具备条件的企业实现投资主体多元化。通过购买服务、特许经营、委托代理等方式，鼓励非国有企业参与经营。政府要加强对价格水平、成本控制、服务质量、安全标准、信息披露、营运效率、保障能力等方面的监管，根据企业不同特点有区别地考核其经营业绩指标和国有资产保值增值情况，考核中要引入社会评价。

三、分层推进国有企业混合所有制改革

（六）引导在子公司层面有序推进混合所有制改革。对国有企业集团公司二级及以下企业，以研发创新、生产服务等实体企业为重点，引入非国有资本，加快技术创新、管理创新、商业模式创新，合理限定法人层级，有效压缩管理层级。明确股东的法律地位和股东在资本收益、企业重大决策、选择管理者等方面的权利，股东依法按出资比例和公司章程规定行权履职。

（七）探索在集团公司层面推进混合所有制改革。在国家有明确规定的特定领域，坚持国有资本控股，形成合理的治理结构和市场化经营机制；在其他领域，鼓励通过整体上市、并购重组、发行可转债等方式，逐步调整国有股权比例，积极引入各类投资者，形成股权结构多元、股东行为规范、内部约束有效、运行高效灵活的经营机制。

（八）鼓励地方从实际出发推进混合所有制改革。各地区要认真贯彻落实中央要求，区分不同情况，制定完善改革方案和相关配套措施，指导国有企业稳妥开展混合所有制改革，确保改革依法合规、有序推进。

四、鼓励各类资本参与国有企业混合所有制改革

（九）鼓励非公有资本参与国有企业混合所有制改革。非公有资本投资主体可通过出资入股、收购股权、认购可转债、股权置换等多种方式，参与国有企业改制重组或国有控股上市公司增资扩股以及企业经营管理。非公有资本投资主体可以货币出资，或以实物、股权、土地使用权等法律法规允许的方式出资。企业国有产权或国有股权转让时，除国家另有规定外，一般不在意向受让人资质条件中对民间投资主体单独设置附加条件。

（十）支持集体资本参与国有企业混合所有制改革。明晰集体资产产权，发展股权多元化、经营产业化、管理规范化的经济实体。允许经确权认定的集体资本、资产和其他生产要素作价入股，参与国有企业混合所有制改革。研究制定股份合作经济（企业）管理办法。

（十一）有序吸收外资参与国有企业混合所有制改革。引入外资参与国有企业改制重组、合资合作，鼓励通过海外并购、投融资合作、离岸金融等方式，充分利用国际市场、技术、人才等资源和要素，发展混合所有制经济，深度参与国际竞争和全球产业分工，提高资源全球化配置能力。按照扩大开放与加强监管同步的要求，依照外商投资产业指导目录和相关安全审查规定，完善外资安全审查工作机制，切实加强风险防范。

（十二）推广政府和社会资本合作（PPP）模式。优化政府投资方式，通过投资补助、基金注资、担保补贴、贷款贴息等，优先支持引入社会资本的项目。以项目运营绩效评价结果为依据，适时对价格和补贴进行调整。组合引入保险资金、社保基金等长期投资者参与国家重点工程投资。鼓励社会资本投资或参股基础设施、公用事业、公共服务等领域项目，使投资者在平等竞争中获取合理收益。加强信息公开和项目储备，建立综合信息服务平台。

（十三）鼓励国有资本以多种方式入股非国有企业。在公共服务、高新技术、生态环境保护和战略性产业等重点领域，以市场选择为前提，以资本为纽带，充分发挥国有资本投资、运营公司的资本运作平台作用，对发展潜力大、成长性强的非国有企业进行股权投资。鼓励国有企业通过投资入股、联合投资、并购重组等多种方式，与非国有企业进行股权融合、战略合作、资源整合，发展混合所有制经济。支持国有资本与非国有资本共同设立股权投资基金，参与企业改制重组。

（十四）探索完善优先股和国家特殊管理股方式。国有资本参股非国有企业或国有企业引入非国有资本时，允许将部分国有资本转化为优先股。在少数特定领域探索建立国家特殊管理股制度，依照相关法律法规和公司章程规定，行使特定事项否决权，保证国有资本在特定领域的控制力。

（十五）探索实行混合所有制企业员工持股。坚持激励和约束相结合的原则，通过试点稳妥推进员工持股。员工持股主要采取增资扩股、出资新设等方式，优先支持人才资本和技术要素贡献占比较高的转制科研院所、高新技术企业和科技服务型企业开展试点，支持对企业经营业绩和持续发展有直接或较大影响的科研人员、经营管理人员和业务骨干等持股。完善相关政策，健全审核程序，规范操作流程，严格资产评估，建立健全股权流转和退出机制，确保员工持股公开透明，严禁暗箱操作，防止利益输送。混合所有制企业实行员工持股，要按照混合所有制企业实行员工持股试点的有关工作要求组织实施。

五、建立健全混合所有制企业治理机制

（十六）进一步确立和落实企业市场主体地位。政府不得干预企业自主经营，股东不得干预企业日常运营，确保企业治理规范、激励约束机制到位。落实董事会对经理层成员等高级经营管理人员选聘、业绩考核和薪酬管理等职权，维护企业真正的市场主体地位。

（十七）健全混合所有制企业法人治理结构。混合所有制企业要建立健全现代企业制度，明晰产权，同股同权，依法保护各类股东权益。规范企业股东（大）会、董事会、经理层、监事会和党组织的权责关系，按章程行权，对资本监管，靠市场选人，依规则运行，形成定位清晰、权责对等、运转协调、制衡有效的法人治理结构。

（十八）推行混合所有制企业职业经理人制度。按照现代企业制度要求，建立市场导向的选人用人和激励约束机制，通过市场化方式选聘职业经理人依法负责企业经营管理，畅通现有经营管理者与职业经理人的身份转换通道。职业经理人实行任期制和契约化管理，按照市场化原则决定薪酬，可以采取多种方式探索中长期激励机制。严格职业经理人任期管理和绩效考核，加快建立退出机制。

六、建立依法合规的操作规则

（十九）严格规范操作流程和审批程序。在组建和注册混合所有制企业时，要依据相关法律法规，规范国有资产授权经营和产权交易等行为，健全清产核资、评估定价、转让交易、登记确权等国有产权流转程序。国有企业产权和股权转让、增资扩股、上市公司增发等，应在产权、股权、证券市场公开披露信息，公开择优确定投资人，达成交易意向后应及时公示交易对象、交易价格、关联交易等信息，防止利益输送。国有企业实施混合所有制改革前，应依据本意见制定方案，报同级国有资产监管机构批准；重要国有企业改制后国有资本不再控股的，报同级人民政府批准。国有资产监管机构要按照本意见要求，明确国有企业混合所有制改革的操作流程。方案审批时，应加强对社会资本质量、合作方诚信与操守、债权债务关系等内容的审核。要充分保障企业职工对国有企业混合所有制改革的知情权和参与权，涉及职工切身利益的要做好评估工作，职工安置方案要经过职工代表大会或者职工大会审议通过。

（二十）健全国有资产定价机制。按照公开公平公正原则，完善国有资产交易方式，严格规范国有资产登记、转让、清算、退出等程序和交易行为。通过产权、股权、证券市场发现和合理确定资产价格，发挥专业化中介机构作用，借助多种市场化定价手段，完善资产定价机制，实施信息公开，加强社会监督，防止出现内部人控制、利益输送造成国有资产流失。

（二十一）切实加强监管。政府有关部门要加强对国有企业混合所有制改革的监管，完善国有产权交易规则和监管制度。国有资产监管机构对改革中出现的违法转让和侵吞国有资产、化公为私、利益输送、暗箱操作、逃废债务等行为，要依法严肃处理。审计部门要依法履行审计监督职能，加强对改制企业原国有企业法定代表人的离任审计。充分发挥第三方机构在清产核资、财务审计、资产定价、股权托管等方面的作用。加强企业职工内部监督。进一步做好信息公开，自觉接受社会监督。

七、营造国有企业混合所有制改革的良好环境

（二十二）加强产权保护。健全严格的产权占有、使用、收益、处分等完整保护制度，依法保护混合所有制企业各类出资人的产权和知识产权权益。在立法、司法和行政执法过程中，坚持对各种所有制经济产权和合法利益给予同等法律保护。

（二十三）健全多层次资本市场。加快建立规则统一、交易规范的场外市场，促进非上市股份公司股权交易，完善股权、债权、物权、知识产权及信托、融资租赁、产业投资基金等产品交易机制。建立规范的区域性股权市场，为企业提供融资服务，促进资产证券化和资本流动，健全股权登记、托管、做市商等第三方服务体系。以具备条件的区域性股权、产权市场为载体，探索建立统一结算制度，完善股权公开转让和报价机制。制定场外市场交易规则和规范监管制度，明确监管主体，实行属地化、专业化监管。

（二十四）完善支持国有企业混合所有制改革的政策。进一步简政放权，最大限度取消涉及企业依法自主经营的行政许可审批事项。凡是市场主体基于自愿的投资经营和民事行为，只要不属于法律法规禁止进入的领域，且不危害国家安全、社会公共利益和第三方合法权益，不得限制进入。完善工商登记、财税管理、土地管理、金融服务等政策。依法妥善解决混合所有制改革涉及的国有企业职工劳动关系调整、社会保险关系接续等问题，确保企业职工队伍稳定。加快剥离国有企业办社会职能，妥善解决历史遗留问题。完善统计制度，加强监测分析。

（二十五）加快建立健全法律法规制度。健全混合所有制经济相关法律法规和规章，加大法律法规立、改、废、释工作力度，确保改革于法有据。根据改革需要抓紧对合同法、物权法、公司法、企业国有资产法、企业破产法中有关法律制度进行研究，依照法定程序及时提请修改。推动加快制定有关产权保护、市场准入和退出、交易规则、公平竞争等方面法律法规。

八、组织实施

（二十六）建立工作协调机制。国有企业混合所有制改革涉及面广、政策性强、社会关注度高。各地区、各有关部门和单位要高度重视，精心组织，严守规范，明确责任。各级政府及相关职能部门要加强对国有企业混合所有制改革的组织领导，做好把关定向、配套落实、审核批准、纠偏提醒等工作。各级国有资产监管机构要及时跟踪改革进展，加强改革协调，评估改革成效，推广改革经验，重大问题及时向同级人民政府报告。各级工商联要充分发挥广泛联系非公有制企业的组织优势，参与做好沟通政企、凝聚共识、决策咨询、政策评估、典型宣传等方面工作。

（二十七）加强混合所有制企业党建工作。坚持党的建设与企业改革同步谋划、同步开展，根据企业组织形式变化，同步设置或调整党的组织，理顺党组织隶属关系，同步选配好党组织负责人，健全党的工作机构，配强党务工作者队伍，保障党组织工作经费，有效开展党的工作，发挥好党组织政治核心作用和党员先锋模范作用。

（二十八）开展不同领域混合所有制改革试点示范。结合电力、石油、天然气、铁路、民航、电信、军工等领域改革，开展放开竞争性业务、推进混合所有制改革试点示范。在基础设施和公共服务领域选择有代表性的政府投融资项目，开展多种形式的政府和社会资本合作试点，加快形成可复制、可推广的模式和经验。

（二十九）营造良好的舆论氛围。以坚持"两个毫不动摇"（毫不动摇巩固和发展公有制经济，毫不动摇鼓励、支持、引导非公有制经济发展）为导向，加强国有企业混合所有制改革舆论宣传，做好政策解读，阐释目标方向和重要意义，宣传成功经验，正确引导舆论，回应社会关切，使广大人民群众了解和支持改革。

各级政府要加强对国有企业混合所有制改革的领导，根据本意见，结合实际推动改革。

金融、文化等国有企业的改革，中央另有规定的依其规定执行。

国务院
2015 年 9 月 23 日

（三）关于进一步完善国有企业法人治理结构的指导意见

2017 年 5 月 3 日，国务院办公厅印发《国务院办公厅关于进一步完善国有企业法人治理结构的指导意见》。

国务院办公厅关于进一步完善国有企业法人治理结构的指导意见

国办发〔2017〕36 号

各省、自治区、直辖市人民政府，国务院各部委、各直属机构：

完善国有企业法人治理结构是全面推进依法治企、推进国家治理体系和治理能力现代化的内在要求，是新一轮国有企业改革的重要任务。当前，多数国有企业已初步建立现代企业制度，但从实践情况看，现代企业制度仍不完善，部分企业尚未形成有效的法人治理结构，权责不清、约束不够、缺乏制衡等问题较为突出，一些董事会形同虚设，未能发挥应有作用。根据《中共中央 国务院关于深化国有企业改革的指导意见》等文件精神，为改进国有企业法人治理结构，完善国有企业现代企业制度，经国务院同意，现提出以下意见：

一、总体要求

（一）指导思想。

全面贯彻党的十八大和十八届三中、四中、五中、六中全会精神，深入贯彻习近平总书记系列重要讲话精神和治国理政新理念新思想新战略，认真落实党中央、国务院决策部署，统筹推进"五位一体"总体布局和协调推进"四个全面"战略布局，牢固树立和贯彻落实创新、协调、绿色、开放、共享的发展理念，从国有企业实际情况出发，以建立健全产权清晰、权责明确、政企分开、管理科学的现代企业制度为方向，积极适应国有企业改革的新形势新要求，坚持党的领导、加强党的建设，完善体制机制，依法规范权责，根据功能分类，把握重点，进一步健全各司其职、各负其责、协调运转、有效制衡的国有企业法人治理结构。

（二）基本原则。

1. 坚持深化改革。尊重企业市场主体地位，遵循市场经济规律和企业发展规律，以规范决策机制和完善制衡机制为重点，坚持激励机制与约束机制相结合，体现效率原则与公平原则，充分调动企业家积极性，提升企业的市场化、现代化经营水平。

2. 坚持党的领导。落实全面从严治党战略部署，把加强党的领导和完善公司治理统一起来，明确国有企业党组织在法人治理结构中的法定地位，发挥国有企业党组织的领导核心和政治核心作用，保证党组织把方向、管大局、保落实。坚持党管干部原则与董事会依法选择经营管理者、经营管理者依法行使用人权相结合，积极探索有效实现形式，完善反腐倡廉制度体系。

3. 坚持依法治企。依据《中华人民共和国公司法》《中华人民共和国企业国有资产法》等法律法规，以公司章程为行为准则，规范权责定位和行权方式；法无授权，任何政府部门和机构不得干预企业正常生产经营活动，实现深化改革与依法治企的有机统一。

4. 坚持权责对等。坚持权利义务责任相统一，规范权力运行、强化权利责任对等，改革国有资本授权经营体制，深化权力运行和监督机制改革，构建符合国情的监管体系，完善履职评价和责任追究机制，对失职、渎职行为严格追责，建立决策、执行和监督环节的终身责任追究制度。

（三）主要目标。

2017年年底前，国有企业公司制改革基本完成。到2020年，党组织在国有企业法人治理结构中的法定地位更加牢固，充分发挥公司章程在企业治理中的基础作用，国有独资、全资公司全面建立外部董事占多数的董事会，国有控股企业实行外部董事派出制度，完成外派监事会改革；充分发挥企业家作用，造就一大批政治坚定、善于经营、充满活力的董事长和职业经理人，培育一支德才兼备、业务精通、勇于担当的董事、监事队伍；党风廉政建设主体责任和监督责任全面落实，企业民主监督和管理明显改善；遵循市场经济规律和企业发展规律，使国有企业成为依法自主经营、自负盈亏、自担风险、自我约束、自我发展的市场主体。

二、规范主体权责

健全以公司章程为核心的企业制度体系，充分发挥公司章程在企业治理中的基础作用，依照法律法规和公司章程，严格规范履行出资人职责的机构（以下简称出资人机构）、股东会（包括股东大会，下同）、董事会、经理层、监事会、党组织和职工代表大会的权责，强化权利责任对等，保障有效履职，完善符合市场经济规律和我国国情的国有企业法人治理结构，进一步提升国有企业运行效率。

（一）理顺出资人职责，转变监管方式。

1. 股东会是公司的权力机构。股东会主要依据法律法规和公司章程，通过委派或更换董事、监事（不含职工代表），审核批准董事会、监事会年度工作报告，批准公司财务预决算、利润分配方案等方式，对董事会、监事会以及董事、监事的履职情况进行评价和监督。出资人机构根据本级人民政府授权对国家出资企业依法享有股东权利。

2. 国有独资公司不设股东会，由出资人机构依法行使股东会职权。以管资本为主改革国有资本授权经营体制，对直接出资的国有独资公司，出资人机构重点管好国有资本布局、规范资本运作、强化资本约束、提高资本回报、维护资本安全。对国有全资公司、国有控股企业，出资人机构主要依据股权份额通过参加股东会议、审核需由股东决定的事项、与其他股东协商作出决议等方式履行职责，除法律法规或公司章程另有规定外，不得干预企业自主经营活动。

3. 出资人机构依据法律法规和公司章程规定行使股东权利、履行股东义务，有关监管内容应依法纳入公司章程。按照以管资本为主的要求，出资人机构要转变工作职能、改进工作方式，加强公司章程管理，清理有关规章、规范性文件，研究提出出资人机构审批事项清单，建立对董事会重大决策的合规性审查机制，制定监事会建设、责任追究等具体措施，适时制定国有资本优先股和国家特殊管理股管理办法。

(二) 加强董事会建设, 落实董事会职权。

1. 董事会是公司的决策机构, 要对股东会负责, 执行股东会决定, 依照法定程序和公司章程授权决定公司重大事项, 接受股东会、监事会监督, 认真履行决策把关、内部管理、防范风险、深化改革等职责。国有独资公司要依法落实和维护董事会行使重大决策、选人用人、薪酬分配等权利, 增强董事会的独立性和权威性, 落实董事会年度工作报告制度; 董事会应与党组织充分沟通, 有序开展国有独资公司董事会选聘经理层试点, 加强对经理层的管理和监督。

2. 优化董事会组成结构。国有独资、全资公司的董事长、总经理原则上分设, 应均为内部执行董事, 定期向董事会报告工作。国有独资公司的董事长作为企业法定代表人, 对企业改革发展负首要责任, 要及时向董事会和国有股东报告重大经营问题和经营风险。国有独资公司的董事对出资人机构负责, 接受出资人机构指导, 其中外部董事人选由出资人机构商有关部门提名, 并按照法定程序任命。国有全资公司、国有控股企业的董事由相关股东依据股权份额推荐派出, 由股东会选举或更换, 国有股东派出的董事要积极维护国有资本权益; 国有全资公司的外部董事人选由控股股东商其他股东推荐, 由股东会选举或更换; 国有控股企业应有一定比例的外部董事, 由股东会选举或更换。

3. 规范董事会议事规则。董事会要严格实行集体审议、独立表决、个人负责的决策制度, 平等充分发表意见, 一人一票表决, 建立规范透明的重大事项信息公开和对外披露制度, 保障董事会会议记录和提案资料的完整性, 建立董事会决议跟踪落实以及后评估制度, 做好与其他治理主体的联系沟通。董事会应当设立提名委员会、薪酬与考核委员会、审计委员会等专门委员会, 为董事会决策提供咨询, 其中薪酬与考核委员会、审计委员会应由外部董事组成。改进董事会和董事评价办法, 完善年度和任期考核制度, 逐步形成符合企业特点的考核评价体系及激励机制。

4. 加强董事队伍建设。开展董事任前和任期培训, 做好董事派出和任期管理工作。建立完善外部董事选聘和管理制度, 严格资格认定和考试考察程序, 拓宽外部董事来源渠道, 扩大专职外部董事队伍, 选聘一批现职国有企业负责人转任专职外部董事, 定期报告外部董事履职情况。国有独资公司要健全外部董事召集人制度, 召集人由外部董事定期推选产生。外部董事要与出资人机构加强沟通。

(三) 维护经营自主权, 激发经理层活力。

1. 经理层是公司的执行机构, 依法由董事会聘任或解聘, 接受董事会管理和监事会监督。总经理对董事会负责, 依法行使管理生产经营、组织实施董事会决议等职权, 向董事会报告工作, 董事会闭会期间向董事长报告工作。

2. 建立规范的经理层授权管理制度, 对经理层成员实行与选任方式相匹配、与企业功能性质相适应、与经营业绩相挂钩的差异化薪酬分配制度, 国有独资公司经理层逐步实行任期制和契约化管理。根据企业产权结构、市场化程度等不同情况, 有序推进职业经理人制度建设, 逐步扩大职业经理人队伍, 有序实行市场化薪酬, 探索完善中长期激励机制, 研究出台相关指导意见。国有独资公司要积极探索推行职业经理人制度, 实行内部培养和外部引进相结合, 畅通企业经理层成员与职业经理人的身份转换通道。开展出资人机构委派国有独资公司总会计师试点。

（四）发挥监督作用，完善问责机制。

1. 监事会是公司的监督机构，依照有关法律法规和公司章程设立，对董事会、经理层成员的职务行为进行监督。要提高专职监事比例，增强监事会的独立性和权威性。对国有资产监管机构所出资企业依法实行外派监事会制度。外派监事会由政府派出，负责检查企业财务，监督企业重大决策和关键环节以及董事会、经理层履职情况，不参与、不干预企业经营管理活动。

2. 健全以职工代表大会为基本形式的企业民主管理制度，支持和保证职工代表大会依法行使职权，加强职工民主管理与监督，维护职工合法权益。国有独资、全资公司的董事会、监事会中须有职工董事和职工监事。建立国有企业重大事项信息公开和对外披露制度。

3. 强化责任意识，明确权责边界，建立与治理主体履职相适应的责任追究制度。董事、监事、经理层成员应当遵守法律法规和公司章程，对公司负有忠实义务和勤勉义务；要将其信用记录纳入全国信用信息共享平台，违约失信的按规定在"信用中国"网站公开。董事应当出席董事会会议，对董事会决议承担责任；董事会决议违反法律法规或公司章程、股东会决议，致使公司遭受严重损失的，应依法追究有关董事责任。经理层成员违反法律法规或公司章程，致使公司遭受损失的，应依法追究有关经理层成员责任。执行董事和经理层成员未及时向董事会或国有股东报告重大经营问题和经营风险的，应依法追究相关人员责任。企业党组织成员履职过程中有重大失误和失职、渎职行为的，应按照党组织有关规定严格追究责任。按照"三个区分开来"的要求，建立必要的改革容错纠错机制，激励企业领导人员干事创业。

（五）坚持党的领导，发挥政治优势。

1. 坚持党的领导、加强党的建设是国有企业的独特优势。要明确党组织在国有企业法人治理结构中的法定地位，将党建工作总体要求纳入国有企业章程，明确党组织在企业决策、执行、监督各环节的权责和工作方式，使党组织成为企业法人治理结构的有机组成部分。要充分发挥党组织的领导核心和政治核心作用，领导企业思想政治工作，支持董事会、监事会、经理层依法履行职责，保证党和国家方针政策的贯彻执行。

2. 充分发挥纪检监察、巡视、审计等监督作用，国有企业董事、监事、经理层中的党员每年要定期向党组（党委）报告个人履职和廉洁自律情况。上级党组织对国有企业纪检组组长（纪委书记）实行委派制度和定期轮岗制度，纪检组组长（纪委书记）要坚持原则、强化监督。纪检组组长（纪委书记）可列席董事会和董事会专门委员会的会议。

3. 积极探索党管干部原则与董事会选聘经营管理人员有机结合的途径和方法。坚持和完善双向进入、交叉任职的领导体制，符合条件的国有企业党组（党委）领导班子成员可以通过法定程序进入董事会、监事会、经理层，董事会、监事会、经理层成员中符合条件的党员可以依照有关规定和程序进入党组（党委）；党组（党委）书记、董事长一般由一人担任，推进中央企业党组（党委）专职副书记进入董事会。在董事会选聘经理层成员工作中，上级党组织及其组织部门、国有资产监管机构党委应当发挥确定标准、规范程序、参与考察、推荐人选等作用。积极探索董事会通过差额方式选聘经理层成员。

三、做好组织实施

（一）及时总结经验，分层有序实施。在国有企业建设规范董事会试点基础上，总结经验、完善制度，国务院国资委监管的中央企业要依法改制为国有独资公司或国有控股公司，全面建立规范的董事会。国有资本投资、运营公司法人治理结构要"一企一策"地在公司章程中予以细化。其他中央企业和地方国有企业要根据自身实际，由出资人机构负责完善国有企业法人治理结构。

（二）精心规范运作，做好相互衔接。国有企业要按照完善法人治理结构的要求，全面推进依法治企，完善公司章程，明确内部组织机构的权利、义务、责任，实现各负其责、规范运作、相互衔接、有效制衡。国务院国资委要会同有关部门和单位抓紧制定国有企业公司章程审核和批准管理办法。

金融、文化等国有企业的改革，中央另有规定的依其规定执行。

国务院办公厅
2017年4月24日

（四）中央企业公司制改制工作实施方案

2017年7月18日，国务院办公厅印发了《中央企业公司制改制工作实施方案》。

国务院办公厅关于印发中央企业公司制改制工作实施方案的通知

国办发〔2017〕69号

各省、自治区、直辖市人民政府，国务院各部委、各直属机构：

《中央企业公司制改制工作实施方案》已经国务院同意，现印发给你们，请认真贯彻执行。

国务院办公厅
2017年7月18日

中央企业公司制改制工作实施方案

公司制是现代企业制度的有效组织形式，是建立中国特色现代国有企业制度的必要条件。经过多年改革，全国国有企业公司制改制面已达到90%以上，有力推动了国有企业政企分开，公司法人治理结构日趋完善，企业经营管理水平逐渐提高，但仍有部分国有企业特别是部分中央企业集团层面尚未完成公司制改制。《中共中央 国务院关于深化国有企业改革的指导意见》提出，到2020年在国有企业改革重要领域和关键环节取得决定性成果。中央经济工作会议和《政府工作报告》要求，2017年底前基本完成国有企业公司制改制工作。按照党中央、国务院有关部署要求，为加快推动中央企业完成公司制改制，制定本实施方案。

一、目标任务

2017年底前，按照《中华人民共和国全民所有制工业企业法》登记、国务院国有资产监督管理委员会监管的中央企业（不含中央金融、文化企业），全部改制为按照《中华人民共和国公司法》登记的有限责任公司或股份有限公司，加快形成有效制衡的公司法人治理结构和灵活高效的市场化经营机制。

二、规范操作

（一）制定改制方案。中央企业推进公司制改制，要按照现代企业制度要求，结合实际制定切实可行的改制方案，明确改制方式、产权结构设置、债权债务处理、公司治理安排、劳动人事分配制度改革等事项，并按照有关规定起草或修订公司章程。

（二）严格审批程序。中央企业集团层面改制为国有独资公司，由国务院授权履行出资人职责的机构批准；改制为股权多元化企业，由履行出资人职责的机构按程序报国务院同意后批准。中央企业所属子企业的改制，除另有规定外，按照企业内部有关规定履行审批程序。

（三）确定注册资本。改制为国有独资公司或国有及国有控股企业全资子公司，可以上一年度经审计的净资产值作为工商变更登记时确定注册资本的依据，待公司章程规定的出资认缴期限届满前进行资产评估。改制为股权多元化企业，要按照有关规定履行清产核资、财务审计、资产评估、进场交易等各项程序，并以资产评估值作为认缴出资的依据。

三、政策支持

（一）划拨土地处置。经省级以上人民政府批准实行授权经营或具有国家授权投资机构资格的企业，其原有划拨土地可采取国家作价出资（入股）或授权经营方式处置。全民所有制企业改制为国有独资公司或国有及国有控股企业全资子公司，其原有划拨土地可按照有关规定保留划拨土地性质。

（二）税收优惠支持。公司制改制企业按规定享受改制涉及的资产评估增值、土地变更登记和国有资产无偿划转等方面税收优惠政策。

（三）工商变更登记。全民所有制企业改制为国有独资公司或国有及国有控股企业全资子公司，母公司可先行改制并办理工商变更登记，其所属子企业或事业单位要限期完成改制或转企。全民所有制企业改制为股权多元化企业，应先将其所属子企业或事业单位改制或转企，再完成母公司改制并办理工商变更登记。

（四）资质资格承继。全民所有制企业改制为国有独资公司、国有及国有控股企业全资子公司或国有控股公司，其经营过程中获得的各种专业或特殊资质证照由改制后公司承继。改制企业应在工商变更登记后1个月内到有关部门办理变更企业名称等资质证照记载事项。

四、统筹推进

（一）加强党的领导。中央企业党委（党组）要切实加强对改制工作的组织领导，按照有关规定落实党的建设同步谋划、党的组织及工作机构同步设置、党组织负责人及党务工作人员同步配备、党的工作同步开展的"四同步"和体制对接、机制对接、制度对接、工作对接的"四对接"要求。要充分发挥企业党组织的领导核心和政治核心作用，确保党的领导、党的建设在企业改制中得到充分体现和切实加强。要依法维护职工合法权益，处理好企业改革发展稳定的关系。改制过程中的重大事项应及时报告党中央、国务院。

（二）建设现代企业制度。改制企业要以推进董事会建设为重点，规范权力运行，实现权利和责任对等，落实和维护董事会依法行使重大决策、选人用人、薪酬分配等权利。要坚持两个"一以贯之"，把加强党的领导和完善公司治理统一起来，处理好党组织和其他治理主体的关系，明确权责边界，做到无缝衔接，形成各司其职、各负其责、协调运转、有效制衡的公司治理机制。

（三）完善市场化经营机制。改制企业要不断深化劳动、人事、分配三项制度改革，建立健全与劳动力市场基本适应、与企业经济效益和劳动生产率挂钩的工资决定和正常增长机制，完善市场化用工制度，合理拉开收入分配差距，真正形成管理人员能上能下、员工能进能出、收入能增能减的市场化选人用人机制。

（四）防止国有资产流失。公司制改制过程中，要按照法律法规和国有企业改制、国有产权管理等有关规定规范操作，严格履行决策程序。完善金融支持政策，维护利益相关方合法权益，落实金融债权。加强对改制全流程的监管，坚持公开透明，严禁暗箱操作和利益输送。做好信息公开，加强事中事后监管，自觉接受社会监督。

中央党政机关和事业单位所办企业的清理整顿和公司制改制工作，按照国家集中统一监管的要求，另行规定执行。各省级人民政府参照本实施方案，指导地方国有企业公司制改制工作。

六、能源价格改革

（一）关于推进价格机制改革的若干意见

2015年10月15日，中共中央、国务院公布《中共中央 国务院关于推进价格机制改革的若干意见》（以下简称《意见》）。该《意见》分总体要求：深化重点领域价格改革，充分发挥市场决定价格作用；建立健全政府定价制度，使权力在阳光下运行；加强市场价格监管和反垄断执法，逐步确立竞争政策的基础性地位；充分发挥价格杠杆作用，更好服务宏观调控；保障措施6部分26条。

中共中央 国务院关于推进价格机制改革的若干意见

中发〔2015〕28号

价格机制是市场机制的核心，市场决定价格是市场在资源配置中起决定性作用的关键。改革开放以来，作为经济体制改革的重要组成部分，价格改革持续推进、不断深化，放开了绝大多数竞争性商品价格，对建立健全社会主义市场经济体制、促进经济社会持续健康发展发挥了重要作用。特别是近年来，价格改革步伐大大加快，一大批商品和服务价格陆续放开，成品油、天然气、铁路运输等领域价格市场化程度显著提高。同时也要看到，一些重点领域和关键环节价格改革还需深化，政府定价制度需要进一步健全，市场价格行为有待进一步规范。为推动价格改革向纵深发展，加快完善主要由市场决定价格机制，现提出以下意见。

一、总体要求

（一）指导思想。全面贯彻党的十八大和十八届二中、三中、四中全会精神，按照党中央、国务院决策部署，主动适应和引领经济发展新常态，紧紧围绕使市场在资源配置中起决定性作用和更好发挥政府作用，全面深化价格改革，完善重点领域价格形成机制，健全政府定价制度，加强市场价格监管和反垄断执法，为经济社会发展营造良好价格环境。

（二）基本原则

——坚持市场决定。正确处理政府和市场关系，凡是能由市场形成价格的都交给市场，政府不进行不当干预。推进水、石油、天然气、电力、交通运输等领域价格改革，放开竞争性环节价格，充分发挥市场决定价格作用。

——坚持放管结合。进一步增强法治、公平、责任意识，强化事中事后监管，优化价格服务。政府定价领域，必须严格规范政府定价行为，坚决管细管好管到位；经营者自主定价领域，要通过健全规则、加强执法，维护市场秩序，保障和促进公平竞争，推进现代市场体系建设。

——坚持改革创新。在价格形成机制、调控体系、监管方式上探索创新，尊重基层和群众的首创精神，推动价格管理由直接定价向规范价格行为、营造良好价格环境、服务宏观调控转变。充分发挥价格杠杆作用，促进经济转型升级和提质增效。

——坚持稳慎推进。价格改革要与财政税收、收入分配、行业管理体制等改革相协调，合理区分基本与非基本需求，统筹兼顾行业上下游、企业发展和民生保障、经济效率和社会公平、经济发展和环境保护等关系，把握好时机、节奏和力度，切实防范各类风险，确保平稳有序。

（三）主要目标。到2017年，竞争性领域和环节价格基本放开，政府定价范围主要限定在重要公用事业、公益性服务、网络型自然垄断环节。到2020年，市场决定价格机制基本完善，科学、规范、透明的价格监管制度和反垄断执法体系基本建立，价格调控机制基本健全。

二、深化重点领域价格改革，充分发挥市场决定价格作用

紧紧围绕使市场在资源配置中起决定性作用，加快价格改革步伐，深入推进简政放权、放管结合、优化服务，尊重企业自主定价权、消费者自由选择权，促进商品和要素自由流动、公平交易。

（四）完善农产品价格形成机制。统筹利用国际国内两个市场，注重发挥市场形成价格作用，农产品价格主要由市场决定。按照"突出重点、有保有放"原则，立足我国国情，对不同品种实行差别化支持政策，调整改进"黄箱"支持政策，逐步扩大"绿箱"支持政策实施规模和范围，保护农民生产积极性，促进农业生产可持续发展，确保谷物基本自给、口粮绝对安全。继续执行并完善稻谷、小麦最低收购价政策，改革完善玉米收储制度，继续实施棉花、大豆目标价格改革试点，完善补贴发放办法。加强农产品成本调查和价格监测，加快建立全球农业数据调查分析系统，为政府制定农产品价格、农业补贴等政策提供重要支撑。

（五）加快推进能源价格市场化。按照"管住中间、放开两头"总体思路，推进电力、天然气等能源价格改革，促进市场主体多元化竞争，稳妥处理和逐步减少交叉补贴，还原能源商品属性。择机放开成品油价格，尽快全面理顺天然气价格，加快放开天然气气源和销售价格，有序放开上网电价和公益性以外的销售电价，建立主要由市场决定能源价格的机制。把输配电价与发售电价在形成机制上分开，单独核定输配电价，分步实现公益性以外的发售电价由市场形成。按照"准许成本加合理收益"原则，合理制定电网、天然气管网输配价格。扩大输配电价改革试点范围，逐步覆盖到各省级电网，科学核定电网企业准许收入和分电压等级输配电价，改变对电网企业的监管模式，逐步形成规则明晰、水平合理、监管有力、科学透明的独立输配电价体系。在放开竞争性环节电价之前，完善煤电价格联动机制和标杆电价体系，使电力价格更好反映市场需求和成本变化。

（六）完善环境服务价格政策。统筹运用环保税收、收费及相关服务价格政策，加大经济杠杆调节力度，逐步使企业排放各类污染物承担的支出高于主动治理成本，提高企业主动治污减排的积极性。按照"污染付费、公平负担、补偿成本、合理盈利"原则，合理提高污水处理收费标准，城镇污水处理收费标准不应低于污水处理和污泥处理处置成本，探索建立政府向污水处理企业拨付的处理服务费用与污水处理效果挂钩调整机制，对污水处理资源化利用实行鼓励性价格政策。积极推进排污权有偿使用和交易试点工作，完善排污权交易价格体系，运用市场手段引导企业主动治污减排。

（七）理顺医疗服务价格。围绕深化医药卫生体制改革目标，按照"总量控制、结构调整、有升有降、逐步到位"原则，积极稳妥推进医疗服务价格改革，合理调整医疗服务价格，同步强化价格、医保等相关政策衔接，确保医疗机构发展可持续、医保基金可承受、群众负担不增加。建立以成本和收入结构变化为基础的价格动态调整机制，到2020年基本理顺医疗服务比价关系。落实非公立医疗机构医疗服务市场调节价政策。公立医疗机构医疗服务项目价格实行分类管理，对市场竞争比较充分、个性化需求比较强的医疗服务项目价格实行市场调节价，其中医保基金支付的服务项目由医保经办机构与医疗机构谈判合理确定支付标准。进一步完善药品采购机制，发挥医保控费作用，药品实际交易价格主要由市场竞争形成。

（八）健全交通运输价格机制。逐步放开铁路运输竞争性领域价格，扩大由经营者自主定价的范围；完善铁路货运与公路挂钩的价格动态调整机制，简化运价结构；构建以列车运行速度和等级为基础、体现服务质量差异的旅客运输票价体系。逐步扩大道路客运、民航国内航线客运、港口经营等领域由经营者自主定价的范围，适时放开竞争性领域价格，完善价格收费规则。放开邮政竞争性业务资费，理顺邮政业务资费结构和水平。实行有利于促进停车设施建设、有利于缓解城市交通拥堵、有效促进公共交通优先发展与公共道路资源利用的停车收费政策。进一步完善出租汽车运价形成机制，发挥运价调节出租汽车运输市场供求关系的杠杆作用，建立健全出租汽车运价动态调整机制以及运价与燃料价格联动办法。

（九）创新公用事业和公益性服务价格管理。清晰界定政府、企业和用户的权利义务，区分基本和非基本需求，建立健全公用事业和公益性服务财政投入与价格调整相协调机制，促进政府和社会资本合作，保证行业可持续发展，满足多元化需求。全面实行居民用水用电用气阶梯价格制度，推行供热按用热量计价收费制度，并根据实际情况进一步完善。教育、文化、养老、殡葬等公益性服务要结合政府购买服务改革进程，实行分类管理。对义务教育阶段公办学校学生免收学杂费，公办幼儿园、高中（含中职）、高等学校学费作为行政事业性收费管理；营利性民办学校收费实行自主定价，非营利性民办学校收费政策由省级政府按照市场化方向根据当地实际情况确定。政府投资兴办的养老服务机构依法对"三无"老人免费；对其他特殊困难老人提供养老服务，其床位费、护理费实行政府定价管理，其他养老服务价格由经营者自主定价。分类推进旅游景区门票及相关服务价格改革。推动公用事业和公益性服务经营者加大信息公开力度，接受社会监督，保障社会公众知情权、监督权。

三、建立健全政府定价制度，使权力在阳光下运行

对于极少数保留的政府定价项目，要推进定价项目清单化，规范定价程序，加强成本监审，推进成本公开，坚决管细管好管到位，最大限度减少自由裁量权，推进政府定价公开透明。

（十）推进政府定价项目清单化。中央和地方要在加快推进价格改革的基础上，于2016年以前制定发布新的政府定价目录，将政府定价范围主要限定在重要公用事业、公益性服务、网络型自然垄断环节。凡是政府定价项目，一律纳入政府定价目录管理。目录内的定价项目要逐项明确定价内容和定价部门，确保目录之外无定价权，政府定价纳入权力和责任清单。定期评估价格改革成效和市场竞争程度，适时调整具体定价项目。

（十一）规范政府定价程序。对纳入政府定价目录的项目，要制定具体的管理办法、定价机制、成本监审规则，进一步规范定价程序。鼓励和支持第三方提出定调价方案建议、参与价格听证。完善政府定价过程中的公众参与、合法性审查、专家论证等制度，保证工作程序明晰、规范、公开、透明，主动接受社会监督，有效约束政府定价行为。

（十二）加强成本监审和成本信息公开。坚持成本监审原则，将成本监审作为政府制定和调整价格的重要程序，不断完善成本监审机制。对按规定实行成本监审的，要逐步建立健全成本公开制度。公用事业和公益性服务的经营者应当按照政府定价机构的规定公开成本，政府定价机构在制定和调整价格前应当公开成本监审结论。

四、加强市场价格监管和反垄断执法，逐步确立竞争政策的基础性地位

清理和废除妨碍全国统一市场和公平竞争的各种规定和做法，严禁和惩处各类违法实行优惠政策行为，建立公平、开放、透明的市场价格监管规则，大力推进市场价格监管和反垄断执法，反对垄断和不正当竞争。加快建立竞争政策与产业、投资等政策的协调机制，实施公平竞争审查制度，促进统一开放、竞争有序的市场体系建设。

（十三）健全市场价格行为规则。在经营者自主定价领域，对经济社会影响重大特别是与民生紧密相关的商品和服务，要依法制定价格行为规则和监管办法；对存在市场竞争不充分、交易双方地位不对等、市场信息不对称等问题的领域，要研究制定相应议价规则、价格行为规范和指南，完善明码标价、收费公示等制度规定，合理引导经营者价格行为。

（十四）推进宽带网络提速降费。规范电信资费行为，推进宽带网络提速降费，为"互联网+"发展提供有力支撑。指导、推动电信企业简化资费结构，切实提高宽带上网等业务的性价比，并为城乡低收入群体提供更加优惠的资费方案。督促电信企业合理制定互联网接入服务资费标准和计费办法，促进电信网间互联互通。严禁利用不正当定价行为阻碍电信服务竞争，扰乱市场秩序。加强资费行为监管，清理宽带网络建设环节中存在的进场费、协调费、分摊费等不合理费用，严厉打击价格违法行为。

（十五）加强市场价格监管。建立健全机构权威、法律完备、机制完善、执行有力的市场价格监管工作体系，有效预防、及时制止和依法查处各类价格违法行为。坚持日常监管和专项检查相结合，加强民生领域价格监管，着力解决群众反映的突出问题，保护消费者权益。加大监督检查力度，对政府已放开的商品和服务价格，要确保经营者依法享有自主定价权。

（十六）强化反垄断执法。密切关注竞争动态，对涉嫌垄断行为及时启动反垄断调查，着力查处达成实施垄断协议、滥用市场支配地位和滥用行政权力排除限制竞争等垄断行为，依法公布处理决定，维护公平竞争的市场环境。建立健全垄断案件线索收集机制，拓宽案件来源。研究制定反垄断相关指南，完善市场竞争规则。促进经营者加强反垄断合规建设。

（十七）完善价格社会监督体系。充分发挥全国四级联网的12358价格举报管理信息系统作用，鼓励消费者和经营者共同参与价格监督。加强举报数据分析，定期发布分析报告，警示经营者，提醒消费者。建立健全街道、社区、乡镇、村居民价格监督员队伍，完善价格社会监督网络。依托社会信用体系，加快推进价格诚信建设，构建经营者价格信用档案，开展价格诚信单位创建活动，设立价格失信者"黑名单"，对构成价格违法的失信行为予以联合惩戒。鼓励和支持新闻媒体积极参与价格社会监督，完善舆论监督和引导机制。

五、充分发挥价格杠杆作用，更好服务宏观调控

在全面深化改革、强化价格监管的同时，加强和改善宏观调控，保持价格总水平基本稳定；充分发挥价格杠杆作用，促进节能环保和结构调整，推动经济转型升级。

（十八）加强价格总水平调控。加强价格与财政、货币、投资、产业、进出口、物资储备等政策手段的协调配合，合理运用法律手段、经济手段和必要的行政手段，形成政策合力，努力保持价格总水平处于合理区间。加强通缩、通胀预警，制定和完善相应防范治理预案。健全价格监测预警机制和应急处置体系，构建大宗商品价格指数体系，健全重要商品储备制度，提升价格总水平调控能力。

（十九）健全生产领域节能环保价格政策。建立有利于节能减排的价格体系，逐步使能源价格充分反映环境治理成本。继续实施并适时调整脱硫、脱硝、除尘等环保电价政策。鼓励各地根据产业发展实际和结构调整需要，结合电力、水等领域体制改革进程，研究完善对"两高一剩"（高耗能、高污染、产能过剩）行业落后工艺、设备和产品生产的差别电价、水价等价格措施，对电解铝、水泥等行业实行基于单位能耗超定额加价的电价政策，加快淘汰落后产能，促进产业结构转型升级。

（二十）完善资源有偿使用制度和生态补偿制度。加快自然资源及其产品价格和财税制度改革，全面反映市场供求、资源稀缺程度、生态环境损害成本和修复效益。完善涉及水土保持、矿山、草原植被、森林植被、海洋倾倒等资源环境收费基金或有偿使用收费政策。推进水资源费改革，研究征收水资源税，推动在地下水超采地区先行先试。采取综合措施逐步理顺水资源价格，深入推进农业水价综合改革，促进水资源保护和节约使用。

（二十一）创新促进区域发展的价格政策。对具有区域特征的政府和社会资本合作项目，已具备竞争条件的，尽快放开价格管理；仍需要实行价格管理的，探索将定价权限下放到地方，提高价格调整灵活性，调动社会投资积极性。加快制定完善适应自由贸易试验区发展的价格政策，能够下放到区内自主实施的尽快下放，促进各类市场主体公平竞争。

六、保障措施

价格工作涉及面广、政策性强、社会关注度高，牵一发而动全身。必须加强组织落实，科学制定方案，完善配套措施，做好舆论引导，为加快完善主要由市场决定价格机制提供有力保障。

（二十二）加强组织落实。各地区各有关部门要充分认识加快完善主要由市场决定价格机制的重要性、紧迫性和艰巨性，统一思想、形成合力，以敢啃"硬骨头"精神打好攻坚战。要深入调研、科学论证，广泛听取各方面意见，突出重点、分类推进，细化工作方案，及时总结评估，稳步有序推进，务求取得实效。影响重大、暂不具备全面推开条件的，可先行开展试点，发挥示范引领作用，积累可复制、可推广的经验。要以抓铁有痕、踏石留印的作风，狠抓落实，明确时间表、路线图、责任状，定期督查、强化问责，全力打通政策出台的"最先一公里"、政策实施的"中梗阻"与政策落地的"最后一公里"，确保各项措施落地生根。

（二十三）健全价格法制。紧密结合价格改革、调控和监管工作实际，加快修订价格法等相关法律法规，完善以价格法、反垄断法为核心的价格法律法规，及时制定或修订政府定价行为规则以及成本监审、**价格监测**、**价格**听证、规范市场价格行为等规章制度，全面推进依法治价。

（二十四）强化能力建设。在减少政府定价事项的同时，注重做好价格监测预警、成本调查监审、价格调控、市场价格监管和反垄断执法、价格公共服务等工作，并同步加强队伍建设，充实和加强工作力量，夯实工作基础。大力推进价格信息化建设，为增强价格调控监管服务能力提供有力支撑。鼓励高等学校和科研机构建立价格与反垄断研究机构，加强国际交流合作，培养专门人才。整合反垄断执法主体和力量，相对集中执法权。

（二十五）兜住民生底线。牢固树立底线思维，始终把保障和改善民生作为工作的出发点和落脚点。推行涉及民生的价格政策特别是重大价格改革政策时，要充分考虑社会承受能力，特别是政策对低收入群体生活的可能影响，做好风险评估，完善配套措施。落实和完善社会救助、保障标准与物价上涨挂钩的联动机制，完善社会救助制度特别是对特困人群的救助措施，保障困难群众基本生活不受影响。加强民生领域价格监管，做好价格争议纠纷调解处理，维护群众合法价格权益。

（二十六）做好舆论引导。加大对全面深化价格改革、规范政府定价、强化市场价格监管与反垄断执法等方面的宣传报道力度，加强新闻发布，准确阐述价格政策，讲好"价格改革故事"，及时引导舆论，回应社会关切，传递有利于加快完善主要由市场决定价格机制、推动经济转型升级的好声音和正能量，积极营造良好舆论氛围。

（二）关于全面深化价格机制改革的意见

2017年11月8日，国家发展和改革委员会发布《关于全面深化价格机制改革的意见》。

国家发展改革委关于全面深化价格机制改革的意见

发改价格〔2017〕1941号

各省、自治区、直辖市发展改革委、物价局：

为深入贯彻落实党的十九大精神，进一步落实《中共中央 国务院关于推进价格机制改革的若干意见》（中发〔2015〕28号）要求，全面深化价格机制改革，推动供给侧结构性改革，更好服务决胜全面建成小康社会，现提出以下意见。

一、重要意义

中国特色社会主义进入新时代，我国社会主要矛盾已经转化为人民日益增长的美好生活需要和不平衡不充分的发展之间的矛盾，经济已由高速增长阶段转向高质量发展阶段，必须坚持质量第一、效益优先，以供给侧结构性改革为主线，推动经济发展质量变革、效率变革、动力变革，着力构建市场机制有效、微观主体有活力、宏观调控有度的经济体制，建设现代化经济体系。新时代对价格机制改革提出了新要求，必须牢牢抓住价格这一市场经济条件下资源配置效率的"牛鼻子"，加快价格市场化改革，健全价格监管体系，使价格灵活反映市场供求、价格机制真正引导资源配置、价格行为规范有序，推动实现更高质量、更有效率、更加公平、更可持续的发展。

党的十八大以来，各级价格主管部门紧紧围绕党中央、国务院决策部署，蹄疾步稳、攻坚克难，推进价格改革取得突破性进展，政府定价范围大幅缩减，以"准许成本+合理收益"为核心的科学定价制度初步建立，价格杠杆作用进一步发挥，公平竞争审查制度逐步推行，市场价格监管和反垄断执法力度持续加强，对激发市场活力、增强发展动力、保障改善民生发挥了积极作用。但是，制约资源要素自由流动的价格机制障碍还没有完全消除，资源环境成本在价格形成中还没有充分体现，公平竞争的市场价格环境还不够完善，企业反映突出的价格收费问题还需要着力有效解决，民生价格稳定长效机制还不够健全，损害群众利益的价格违法行为还时有发生。站在新起点、迈进新时代，必须以敢于担当的精神和一往无前的勇气，纵深推进价格改革。

二、总体要求

（一）指导思想。深入贯彻落实党的十九大精神，以习近平新时代中国特色社会主义思想为指导，主动适应我国社会主要矛盾转化，坚持稳中求进工作总基调，坚持贯彻落实新发展理念，坚持以供给侧结构性改革为主线，围绕坚决打好防范化解重大风险、精准脱贫、污染防治的攻坚战，充分发挥市场在资源配置中的决定性作用和更好发挥政府作用，加快价格市场化改革，完善价格形成机制，强化价格监管，维护公平竞争，打破行政性垄断，防止市场垄断，有效发挥价格机制的激励、约束作用，引导资源在实体经济特别是生态环保、公共服务等领域高效配置，促进经济高质量发展，更好适应人民日益增长的美好生活需要。

（二）基本原则

——坚持市场规律。围绕使市场在资源配置中起决定性作用，着力破除限制资源要素自由流动的价格机制障碍，加快完善主要由市场决定价格的机制，逐步确立竞争政策的基础性地位，提高资源配置效率，激发市场活力，促进社会主义市场经济体制不断完善。

——坚持问题导向。聚焦当前经济社会发展的深层次矛盾问题，聚焦企业反映强烈、人民群众关心的突出问题，以提高供给体系质量为主攻方向，抓重点、补短板、强弱项，着力构建有利于经济转型发展、生态环境保护、公共服务优化、民生保障改善的价格机制和价格环境。

——坚持改革创新。落实新发展理念，改革价格形成机制，使价格充分反映市场供求关系、资源稀缺程度，加快环境损害成本内部化，增强价格反应灵活性。按照放管结合、并重的要求，加强和创新价格事中事后监管，维护市场价格秩序。建立促进新技术新业态新模式发展的包容审慎的价格监管新方式。

——坚持保障民生。牢固树立以人民为中心的发展思想，坚持在发展中保障和改善民生，抓住人民最关心最直接最现实的价格问题，妥善处理提高市场效率和保障社会公平的关系，保持民生商品和服务价格基本稳定，保障人民群众基本生活和合法价格权益。

——坚持统筹推进。把价格机制改革放在经济社会发展大局中统筹谋划，坚持正确方向，把握好时机、节奏和力度，妥善处理政府和市场、短期和长期、加法和减法、供给和需求的关系，因地制宜，稳慎推进，以进促稳，务求实效。

（三）主要目标。到2020年，市场决定价格机制基本完善，以"准许成本+合理收益"为核心的政府定价制度基本建立，促进绿色发展的价格政策体系基本确立，低收入群体价格保障机制更加健全，市场价格监管和反垄断执法体系更加完善，要素自由流动、价格反应灵活、竞争公平有序、企业优胜劣汰的市场价格环境基本形成。

三、进一步深化垄断行业价格改革

按照"管住中间、放开两头"的总体思路，深化垄断行业价格改革，能够放开的竞争性领域和环节价格，稳步放开由市场调节；保留政府定价的，建立健全成本监审规则和定价机制，推进科学定价。

（四）进一步推进价格市场化。结合有序放开发用电计划，扩大市场形成发电、售电价格的范围，加快推进电力市场交易，完善电力市场交易价格规则，健全煤电价格联动机制。坚持市场化方向，进一步完善成品油价格形成机制。深化非居民用天然气价格市场化改革，适时放开气源价格和销售价格，完善居民用气价格机制，加快上海、重庆天然气交易中心建设。扩大铁路货运市场调节价范围，健全铁路货运与公路挂钩、灵活反映市场供求的价格动态调整机制，研究公平公开的路网结算价格政策，为社会资本进入铁路建设、运营领域创造有利的价格政策环境。

（五）强化网络型自然垄断环节价格监管。建立健全以"准许成本+合理收益"为核心、约束与激励相结合的网络型自然垄断环节定价制度，准确核定成本，科学确定利润，严格进行监管，促进垄断企业技术创新、改进管理、降低成本、提高效率，维护消费者、经营者合法权益。加快制定出台分行业定价办法、成本监审办法，强化成本约束，完善价格形成机制。对输配电、天然气管道运输、铁路普通旅客列车运输等重点领域，实行严格监管，全面开展定价成本监审，科学合理制定价格。积极借助第三方力量参与成本监审。逐步建立健全垄断行业定价成本信息公开制度。

四、加快完善公用事业和公共服务价格机制

区分竞争性与非竞争性环节、基本与非基本服务，稳步放开公用事业竞争性环节、非基本服务价格，建立健全科学反映成本、体现质量效率、灵活动态调整的政府定价机制，调动社会资本积极性，补好公用事业和公共服务短板，提高公共产品供给能力和质量。

（六）深化公用事业和公共服务价格改革。加快理顺城市供水供气供热价格。研究逐步缩小电力交叉补贴，完善居民电价政策。巩固取消药品加成成果，进一步取消医用耗材加成，优化调整医疗服务价格；加快新增医疗服务价格项目受理审核，促进医疗新技术研发应用；扩大按病种、按服务单元收费范围和数量。进一步研究完善机动车停放服务收费政策。按照体现公益性要求，研究制定国家公园价格政策，加快建立健全自然资源、风景名胜、历史遗迹等景区

门票科学定价规则。

（七）建立健全价格动态调整机制。科学界定财政补贴、使用者付费边界，综合考虑成本变化、服务质量、社会承受能力，依法动态调整公用事业和公共服务价格。督促企业严格履行成本信息报送和公开义务。逐步建立健全城市供电、供水、供气、供热等领域上下游价格联动机制。完善政府和社会资本合作（PPP）项目价格调整机制，促进政府和社会资本合作模式推广。

五、创新和完善生态环保价格机制

坚持节约优先、保护优先、自然恢复为主的方针，创新和完善生态环保价格机制，推进环境损害成本内部化，促进资源节约和环境保护，推动形成绿色生产方式、消费方式。

（八）完善生态补偿价格和收费机制。按照"受益者付费、保护者得到合理补偿"原则，科学设计生态补偿价格和收费机制。完善涉及水土保持、渔业资源增殖保护、草原植被、海洋倾倒等资源环境有偿使用收费政策，科学合理制定收费办法、标准，增强收费政策的针对性、有效性。积极推动可再生能源绿色证书、排污权、碳排放权、用能权、水权等市场交易，更好发挥市场价格对生态保护和资源节约的引导作用。

（九）健全差别化价格机制。完善高耗能、高污染、产能严重过剩等行业差别（阶梯）电价、水价政策，鼓励各地结合实际扩大政策实施覆盖面，细化操作办法，合理拉开不同档次价格，倒逼落后产能加快淘汰。全面推行城镇非居民用水超定额累进加价制度，严格用水定额管理，合理确定分档水量和加价标准。

（十）完善可再生能源价格机制。根据技术进步和市场供求，实施风电、光伏等新能源标杆上网电价退坡机制，2020年实现风电与燃煤发电上网电价相当、光伏上网电价与电网销售电价相当。完善大型水电跨省跨区价格形成机制。开展分布式新能源就近消纳试点，探索通过市场化招标方式确定新能源发电价格，研究有利于储能发展的价格机制，促进新能源全产业链健康发展，减少新增补贴资金需求。完善电动汽车充换电价格支持政策，规范充换电服务收费，促进新能源汽车使用。

（十一）制定完善绿色消费价格政策。围绕倡导简约适度、绿色低碳的生活方式，制定完善节能环保价格政策。定期评估完善居民用电用水用气阶梯价格政策。按照补偿成本并合理盈利的原则，逐步调整污水处理、垃圾处理收费标准，探索实行差别化收费制度，推进污水、垃圾减量化、资源化。鼓励有条件的地区探索建立农村污水、垃圾处理收费制度。鼓励缺水地区健全支持再生水回收利用的价格政策。完善北方地区清洁供暖价格政策。根据成品油质量升级进程，制定国Ⅵ标准价格政策。

六、稳步推进农业用水和农产品价格改革

围绕实施乡村振兴战略和推进农业供给侧结构性改革，扎实推进农业水价综合改革，积极稳妥改革完善粮食等重要农产品价格形成机制，有效反映市场供求关系，促进农业节水和发展方式转变。

（十二）全面推进农业水价综合改革。坚持"先建机制、后建工程"的原则，在总体不增加农民负担的前提下，扎实推进农业水价综合改革，结合大中型灌区续建配套节水改造、高标准农田建设、新增千亿斤粮食田间工程、农业综合开发等项目建设，统筹农业水价形成机制与精准补贴和节水奖励机制、工程建设和管护机制、用水管理机制的协同推进。鼓励有条件的地区率先完成改革。

（十三）完善稻谷、小麦最低收购价政策。围绕确保国家粮食安全、口粮绝对安全，坚持市场化改革取向和保护农民利益并重，稳定政策框架，增强政策灵活性和弹性，分品种施策，分步骤实施，逐步分离政策性收储"保增收"功能，激发市场活力，同步建立完善相应的补贴机制和配套政策。研究完善糖料价格政策。

（十四）深化棉花目标价格改革。完善新疆棉花目标价格政策，合理确定目标价格水平和定价周期，优化补贴办法，探索开展"保险+期货"试点，促进新疆棉花优质稳定发展。

七、着力清理规范涉企收费

积极服务实体经济发展，清理规范各类涉企收费，建立健全收费监管长效机制，减轻实体经济负担。

（十五）严格行政事业性收费管理。加强行政事业性收费标准管理，取消不合理收费项目，降低偏高收费标准。建立健全收费政策执行情况报告和后评估制度。严格落实收费公示公开制度，推进网络等便捷高效的公示公开方式，强化社会监督。

（十六）清理规范经营服务性收费。取消违法违规收费项目，进一步放开具备竞争条件的收费。建立政府定价收费项目清单制度，实现全国一张清单、网上集中公开、动态调整管理，清单外一律不得政府定价。健全市场调节收费行为规则，加强收费行为监管，督促收费主体严格按照公平、合法、诚信、公开原则确定收费标准，提供质价相符的服务。加强行业协会、行政审批中介服务、电子政务平台等收费行为监管。

八、有效促进市场竞争公平有序

健全规则、强化执法、创新方式，持续加强市场价格监管和反垄断执法，维护市场价格秩序，积极营造公平竞争市场环境。

（十七）全面实施公平竞争审查制度。强化联席会议工作机制，促进公平竞争审查制度落地。严格审查增量，对涉及市场主体经济活动的规章、规范性文件等审查实现全覆盖，防止出台新的排除限制竞争的政策措施。逐步清理存量，稳妥有序清理废除妨碍统一市场和公平竞争的规定和做法。加大问责力度，探索建立公平竞争审查考核机制。

（十八）推进反价格垄断执法常态化精准化。对涉嫌价格垄断行为及时启动反垄断调查，依法查处达成实施价格垄断协议、滥用市场支配地位等行为，纠正滥用行政权力排除限制竞争的规定和做法。密切关注产能过剩行业、知识产权等重点领域排除限制竞争行为，坚决纠正滥用行政权力或市场优势地位排除限制竞争行为。依法查处滥用知识产权排除限制竞争行为，研究制定标准必要专利定价机制。加强反垄断执法经济学分析和市场竞争评估。

（十九）加强和创新市场价格监管。围绕群众关注的重点领域价格违法问题，持续加强市场价格监管，形成长效监管机制。按照建设大平台、构建大格局、提供大服务的要求，充分发挥全国12358价格监管平台作用，广泛动员社会力量参与监督，积极运用大数据等信息化手段，提升价格监管水平。完善价格应急处置机制，及时妥善处理各类价格突发事件。全面推行"双随机、一公开"监管方式，规范价格执法行为。探索推进"互联网+"等新技术新业态新模式包容审慎的价格监管。完善提醒告诫和价格承诺等预防性监管措施。完善价格社会监督网络，依托社会信用体系建设，构建经营者价格信用档案，对价格违法的失信行为实行联合惩戒。坚持民生导向、源头治理，逐步建立健全制度完善、组织健全、规范高效的价格争议纠纷调解体系。

九、切实兜住民生底线

坚持以人民为中心的发展思想，按照兜底线、织密网、建机制的要求，注重长效，综合施策，保障低收入群体基本生活，不断增强人民群众获得感和幸福感。

（二十）做好稳价工作。健全价格监测分析预警机制，密切跟踪分析国内外价格总水平和重要商品价格走势，及时提出调控建议。加强民生商品价格监测预警，研究完善价格异常波动应对预案，健全重要商品储备制度，丰富调控手段，提升调控能力，防范价格异常波动。逐步构建覆盖重要商品和服务的价格指数体系，合理引导市场预期。加强价格与财政、货币等政策手段的协调配合，充分发挥政策合力，努力保持价格总水平基本稳定。

（二十一）完善价格补贴联动机制。认真执行并适时完善社会救助和保障标准与物价上涨挂钩的联动机制，根据物价上涨情况，及时发放价格临时补贴，有效化解物价上涨影响，保障低收入群体基本生活，建设有力有效的民生保障长效机制。

（二十二）加强价格改革中的民生保障。科学制定价格改革方案，广泛听取社会意见，认真开展社会风险评估，深入梳理风险点，制定低收入群体保障预案，完善配套政策，保障低收入群体生活水平不因价格改革而降低。把握好改革方案出台的时机和力度，并注重与工资、社会救助和保障等标准调整相结合，确保平稳推进。

十、保障措施

价格改革涉及面广、政策性强，各方面高度关注。必须科学设计方案，狠抓改革落实，加强法制保障，强化宣传引导，有力有序有效地将各项措施落到实处，确保改革取得实效。

（二十三）加强组织实施。各地发展改革（价格）部门要牢固树立"四个意识"，提高政治站位，坚定改革信念，敢于担当，锐意攻坚，抓住"牛鼻子"，敢啃"硬骨头"，打好价格改革攻坚战。结合实际科学制定改革方案，周密部署，精心实施，细化改革任务分工，建立健全台账制度，以"钉钉子"精神，一个时间节点一个时间节点往前推进，一项一项抓好落实。加强部门协同、上下联动，形成工作合力。鼓励基层探索创新，做好典型经验总结推广。强化调度督查，压实压紧责任，一抓到底，确保每项改革举措落地生根。

（二十四）加强能力建设。深入学习、深刻领会党的十九大精神特别是习近平新时代中国特色社会主义思想，用新的思想武装头脑、指导实践。强化价格理论和政策研究，深入开展调查研究，加强系统谋划，丰富政策储备。深化国际交流合作，充分借鉴国际成熟经验。完善成本调查、监审制度，推进成本工作科学化精细化。加强价格信息化建设，提升价格调控监管服务水平。

（二十五）加强法制保障。积极推动《价格法》《反垄断法》等法律法规修订，完善政府定价、市场价格监管、反垄断执法等方面规章制度，巩固价格改革成果，规范政府和市场价格行为。动态评估、及时修订中央和地方定价目录，加快完善价格听证办法。制定完善重点领域市场价格行为规范、监管规则和反垄断指南。及时清理废止不符合法律法规、不适应改革形势的政策文件。

(二十六) 加强宣传引导。统筹利用传统媒体、新兴媒体，加强新闻信息发布，准确、客观解读价格改革政策。创新开展新闻宣传，提升新闻宣传能力，以群众喜闻乐见的方式，讲好价格改革故事。积极回应社会关切，合理引导社会舆论和市场预期，为全面深化价格机制改革营造良好舆论氛围。

国家发展改革委
2017 年 11 月 8 日

七、能源投融资体制改革

(一) 关于深化投融资体制改革的意见

2016 年 7 月 18 日，中共中央、国务院公布了《关于深化投融资体制改革的意见》。

中共中央 国务院关于深化投融资体制改革的意见

中发〔2016〕18 号

党的十八大以来，党中央、国务院大力推进简政放权、放管结合、优化服务改革，投融资体制改革取得新的突破，投资项目审批范围大幅度缩减，投资管理工作重心逐步从事前审批转向过程服务和事中事后监管，企业投资自主权进一步落实，调动了社会资本积极性。同时也要看到，与政府职能转变和经济社会发展要求相比，投融资管理体制仍然存在一些问题，主要是：简政放权不协同、不到位，企业投资主体地位有待进一步确立；投资项目融资难融资贵问题较为突出，融资渠道需要进一步畅通；政府投资管理亟需创新，引导和带动作用有待进一步发挥；权力下放与配套制度建设不同步，事中事后监管和过程服务仍需加强；投资法制建设滞后，投资监管法治化水平亟待提高。为深化投融资体制改革，充分发挥投资对稳增长、调结构、惠民生的关键作用，现提出以下意见。

一、总体要求

全面贯彻落实党的十八大和十八届三中、四中、五中全会精神，以邓小平理论、"三个代表"重要思想、科学发展观为指导，深入学习贯彻习近平总书记系列重要讲话精神，按照"五位一体"总体布局和"四个全面"战略布局，牢固树立和贯彻落实创新、协调、绿色、开放、共享的新发展理念，着力推进结构性改革尤其是供给侧结构性改革，充分发挥市场在资源配置中的决定性作用和更好发挥政府作用。进一步转变政府职能，深入推进简政放权、放管结合、优化服务改革，建立完善企业自主决策、融资渠道畅通、职能转变到位、政府行为规范、宏观调控有效、法治保障健全的新型投融资体制。

——企业为主，政府引导。科学界定并严格控制政府投资范围，平等对待各类投资主体，确立企业投资主体地位，放宽放活社会投资，激发民间投资潜力和创新活力。充分发挥政府投资的引导作用和放大效应，完善政府和社会资本合作模式。

——放管结合，优化服务。将投资管理工作的立足点放到为企业投资活动做好服务上，在服务中实施管理，在管理中实现服务。更加注重事前政策引导、事中事后监管约束和过程服务，创新服务方式，简化服务流程，提高综合服务能力。

——创新机制，畅通渠道。打通投融资渠道，拓宽投资项目资金来源，充分挖掘社会资金潜力，让更多储蓄转化为有效投资，有效缓解投资项目融资难融资贵问题。

——统筹兼顾，协同推进。投融资体制改革要与供给侧结构性改革以及财税、金融、国有企业等领域改革有机衔接、整体推进，建立上下联动、横向协同工作机制，形成改革合力。

二、改善企业投资管理，充分激发社会投资动力和活力

（一）确立企业投资主体地位。坚持企业投资核准范围最小化，原则上由企业依法依规自主决策投资行为。在一定领域、区域内先行试点企业投资项目承诺制，探索创新以政策性条件引导、企业信用承诺、监管有效约束为核心的管理模式。对极少数关系国家安全和生态安全、涉及全国重大生产力布局、战略性资源开发和重大公共利益等项目，政府从维护社会公共利益角度确需依法进行审查把关的，应将相关事项以清单方式列明，最大限度缩减核准事项。

（二）建立投资项目"三个清单"管理制度。及时修订并公布政府核准的投资项目目录，实行企业投资项目管理负面清单制度，除目录范围内的项目外，一律实行备案制，由企业按照有关规定向备案机关备案。建立企业投资项目管理权力清单制度，将各级政府部门行使的企业投资项目管理职权以清单形式明确下来，严格遵循职权法定原则，规范职权行使，优化管理流程。建立企业投资项目管理责任清单制度，厘清各级政府部门企业投资项目管理职权所对应的责任事项，明确责任主体，健全问责机制。建立健全"三个清单"动态管理机制，根据情况变化适时调整。清单应及时向社会公布，接受社会监督，做到依法、公开、透明。

（三）优化管理流程。实行备案制的投资项目，备案机关要通过投资项目在线审批监管平台或政务服务大厅，提供快捷备案服务，不得设置任何前置条件。实行核准制的投资项目，政府部门要依托投资项目在线审批监管平台或政务服务大厅实行并联核准。精简投资项目准入阶段的相关手续，只保留选址意见、用地（用海）预审以及重特大项目的环评审批作为前置条件；按照并联办理、联合评审的要求，相关部门要协同下放审批权限，探索建立多评合一、统一评审的新模式。加快推进中介服务市场化进程，打破行业、地区壁垒和部门垄断，切断中介服务机构与政府部门间的利益关联，建立公开透明的中介服务市场。进一步简化、整合投资项目报建手续，取消投资项目报建阶段技术审查类的相关审批手续，探索实行先建后验的管理模式。

（四）规范企业投资行为。各类企业要严格遵守城乡规划、土地管理、环境保护、安全生产等方面的法律法规，认真执行相关政策和标准规定，依法落实项目法人责任制、招标投标制、工程监理制和合同管理制，切实加强信用体系建设，自觉规范投资行为。对于以不正当手段取得核准或备案手续以及未按照核准内容进行建设的项目，核准、备案机关应当根据情节轻重依法给予警告、责令停止建设、责令停产等处罚；对于未依法办理其他相关手续擅自开工建设，以及建设过程中违反城乡规划、土地管理、环境保护、安全生产等方面的法律法规的项目，相关部门应依法予以处罚。相关责任人员涉嫌犯罪的，依法移送司法机关处理。各类投资中介服务机构要坚持诚信原则，加强自我约束，增强服务意识和社会责任意识，塑造诚信高效、社会信赖的行业形象。有关行业协会要加强行业自律，健全行业规范和标准，提高服务质量，不得变相审批。

三、完善政府投资体制，发挥好政府投资的引导和带动作用

（五）进一步明确政府投资范围。政府投资资金只投向市场不能有效配置资源的社会公益服务、公共基础设施、农业农村、生态环境保护和修复、重大科技进步、社会管理、国家安全等公共领域的项目，以非经营性项目为主，原则上不支持经营性项目。建立政府投资范围定期评估调整机制，不断优化投资方向和结构，提高投资效率。

（六）优化政府投资安排方式。政府投资资金按项目安排，以直接投资方式为主。对确需支持的经营性项目，主要采取资本金注入方式投入，也可适当采取投资补助、贷款贴息等方式进行引导。安排政府投资资金应当在明确各方权益的基础上平等对待各类投资主体，不得设置歧视性条件。根据发展需要，依法发起设立基础设施建设基金、公共服务发展基金、住房保障发展基金、政府出资产业投资基金等各类基金，充分发挥政府资金的引导作用和放大效应。加快地方政府融资平台的市场化转型。

（七）规范政府投资管理。依据国民经济和社会发展规划及国家宏观调控总体要求，编制三年滚动政府投资计划，明确计划期内的重大项目，并与中期财政规划相衔接，统筹安排、规范使用各类政府投资资金。依据三年滚动政府投资计划及国家宏观调控政策，编制政府投资年度计划，合理安排政府投资。建立覆盖各地区各部门的政府投资项目库，未入库项目原则上不予安排政府投资。完善政府投资项目信息统一管理机制，建立贯通各地区各部门的项目信息平台，并尽快拓展至企业投资项目，实现项目信息共享。改进和规范政府投资项目审批制，采用直接投资和资本金注入方式的项目，对经济社会发展、社会公众利益有重大影响或者投资规模较大的，要在咨询机构评估、公众参与、专家评议、风险评估等科学论证基础上，严格审批项目建议书、可行性研究报告、初步设计。经国务院及有关部门批准的专项规划、区域规划中已经明确的项目，部分改扩建项目，以及建设内容单一、投资规模较小、技术方案简单的项目，可以简化相关文件内容和审批程序。

（八）加强政府投资事中事后监管。加强政府投资项目建设管理，严格投资概算、建设标准、建设工期等要求。严格按照项目建设进度下达投资计划，确保政府投资及时发挥效益。严格概算执行和造价控制，健全概算审批、调整等管理制度。进一步完善政府投资项目代理建设制度。在社会事业、基础设施等领域，推广应用建筑信息模型技术。鼓励有条件的政府投资项目通过市场化方式进行运营管理。完善政府投资监管机制，加强投资项目审计监督，强化重大项目稽查制度，完善竣工验收制度，建立后评价制度，健全政府投资责任追究制度。建立社会监督机制，推动政府投资信息公开，鼓励公众和媒体对政府投资进行监督。

（九）鼓励政府和社会资本合作。各地区各部门可以根据需要和财力状况，通过特许经营、政府购买服务等方式，在交通、环保、医疗、养老等领域采取单个项目、组合项目、连片开发等多种形式，扩大公共产品和服务供给。要合理把握价格、土地、金融等方面的政策支持力度，稳定项目预期收益。要发挥工程咨询、金融、财务、法律等方面专业机构作用，提高项目决策的科学性、项目管理的专业性和项目实施的有效性。

四、创新融资机制,畅通投资项目融资渠道

(十)大力发展直接融资。依托多层次资本市场体系,拓宽投资项目融资渠道,支持有真实经济活动支撑的资产证券化,盘活存量资产,优化金融资源配置,更好地服务投资兴业。结合国有企业改革和混合所有制机制创新,优化能源、交通等领域投资项目的直接融资。通过多种方式加大对种子期、初创期企业投资项目的金融支持力度,有针对性地为"双创"项目提供股权、债权以及信用贷款等融资综合服务。加大创新力度,丰富债券品种,进一步发展企业债券、公司债券、非金融企业债务融资工具、项目收益债等,支持重点领域投资项目通过债券市场筹措资金。开展金融机构以适当方式依法持有企业股权的试点。设立政府引导、市场化运作的产业(股权)投资基金,积极吸引社会资本参加,鼓励金融机构以及全国社会保障基金、保险资金等在依法合规、风险可控的前提下,经批准后通过认购基金份额等方式有效参与。加快建立规范的地方政府举债融资机制,支持省级政府依法依规发行政府债券,用于公共领域重点项目建设。

(十一)充分发挥政策性、开发性金融机构积极作用。在国家批准的业务范围内,政策性、开发性金融机构要加大对城镇棚户区改造、生态环保、城乡基础设施建设、科技创新等重大项目和工程的资金支持力度。根据宏观调控需要,支持政策性、开发性金融机构发行金融债券专项用于支持重点项目建设。发挥专项建设基金作用,通过资本金注入、股权投资等方式,支持看得准、有回报、不新增过剩产能、不形成重复建设、不产生挤出效应的重点领域项目。建立健全政银企社合作对接机制,搭建信息共享、资金对接平台,协调金融机构加大对重大工程的支持力度。

(十二)完善保险资金等机构资金对项目建设的投资机制。在风险可控的前提下,逐步放宽保险资金投资范围,创新资金运用方式。鼓励通过债权、股权、资产支持等多种方式,支持重大基础设施、重大民生工程、新型城镇化等领域的项目建设。加快推进全国社会保障基金、基本养老保险基金、企业年金等投资管理体系建设,建立和完善市场化投资运营机制。

(十三)加快构建更加开放的投融资体制。创新有利于深化对外合作的投融资机制,加强金融机构协调配合,用好各类资金,为国内企业走出去和重点合作项目提供更多投融资支持。在宏观和微观审慎管理框架下,稳步放宽境内企业和金融机构赴境外融资,做好风险规避。完善境外发债备案制,募集低成本外汇资金,更好地支持企业对外投资项目。加强与国际金融机构和各国政府、企业、金融机构之间的多层次投融资合作。

五、切实转变政府职能,提升综合服务管理水平

(十四)创新服务管理方式。探索建立并逐步推行投资项目审批首问负责制,投资主管部门或审批协调机构作为首家受理单位"一站式"受理、"全流程"服务,一家负责到底。充分运用互联网和大数据等技术,加快建设投资项目在线审批监管平台,联通各级政府部门,覆盖全国各类投资项目,实现一口受理、网上办理、规范透明、限时办结。加快建立投资项目统一代码制度,统一汇集审批、建设、监管等项目信息,实现信息共享,推动信息公开,提高透明度。各有关部门要制定项目审批工作规则和办事指南,及时公开受理情况、办理过程、审批结果,发布政策信息、投资信息、中介服务信息等,为企业投资决策提供参考和帮助。鼓励新闻媒体、公民、法人和其他组织依法对政府的服务管理行为进行监督。下移服务管理重心,加强业务指导和基层投资管理队伍建设，给予地方更多自主权，充分调动地方积极性。

（十五）加强规划政策引导。充分发挥发展规划、产业政策、行业标准等对投资活动的引导作用，并为监管提供依据。把发展规划作为引导投资方向，稳定投资运行，规范项目准入，优化项目布局，合理配置资金、土地（海域）、能源资源、人力资源等要素的重要手段。完善产业结构调整指导目录、外商投资产业指导目录等，为各类投资活动提供依据和指导。构建更加科学、更加完善、更具操作性的行业准入标准体系，加快制定修订能耗、水耗、用地、碳排放、污染物排放、安全生产等技术标准，实施能效和排污强度"领跑者"制度，鼓励各地区结合实际依法制定更加严格的地方标准。

（十六）健全监管约束机制。按照谁审批谁监管、谁主管谁监管的原则，明确监管责任，注重发挥投资主管部门综合监管职能、地方政府就近就便监管作用和行业管理部门专业优势，整合监管力量，共享监管信息，实现协同监管。依托投资项目在线审批监管平台，加强项目建设全过程监管，确保项目合法开工、建设过程合规有序。各有关部门要完善规章制度，制定监管工作指南和操作规程，促进监管工作标准具体化、公开化。要严格执法，依法纠正和查处违法违规投资建设行为。实施投融资领域相关主体信用承诺制度，建立异常信用记录和严重违法失信"黑名单"，纳入全国信用信息共享平台，强化并提升政府和投资者的契约意识和诚信意识，形成守信激励、失信惩戒的约束机制，促使相关主体切实强化责任，履行法定义务，确保投资建设市场安全高效运行。

六、强化保障措施，确保改革任务落实到位

（十七）加强分工协作。各地区各部门要充分认识深化投融资体制改革的重要性和紧迫性，加强组织领导，搞好分工协作，制定具体方案，明确任务分工、时间节点，定期督查、强化问责，确保各项改革措施稳步推进。国务院投资主管部门要切实履行好投资调控管理的综合协调、统筹推进职责。

（十八）加快立法工作。完善与投融资相关的法律法规，制定实施政府投资条例、企业投资项目核准和备案管理条例，加快推进社会信用、股权投资等方面的立法工作，依法保护各方权益，维护竞争公平有序、要素合理流动的投融资市场环境。

（十九）推进配套改革。加快推进铁路、石油、天然气、电力、电信、医疗、教育、城市公用事业等领域改革，规范并完善政府和社会资本合作、特许经营管理，鼓励社会资本参与。加快推进基础设施和公用事业等领域价格改革，完善市场决定价格机制。研究推动土地制度配套改革。加快推进金融体制改革和创新，健全金融市场运行机制。投融资体制改革与其他领域改革要协同推进，形成叠加效应，充分释放改革红利。

（二）关于深化能源行业投融资体制改革的实施意见

2017年3月27日，国家能源局印发《关于深化能源行业投融资体制改革的实施意见》，要求充分激发社会资本参与能源投资的动力和活力。

国家能源局关于深化能源行业投融资体制改革的实施意见

国能法改〔2017〕88号

为贯彻落实《中共中央、国务院关于深化投融资体制改革的意见》（中发〔2016〕18号），进一步发挥能源投融资对稳增长、调结构、惠民生，推进供给侧结构性改革的重要作用，坚持企业为主、规划引导、放管结合、优化服务、创新机制、畅通渠道、统筹兼顾、协同推进的原则，提出以下实施意见。

一、充分激发社会资本参与能源投资的动力和活力

（一）确立能源企业投资主体地位。在增量配电网、规划内风电、背压式热电联产、燃气分布式发电等项目先行试点企业投资项目承诺制，推动以政策性条件引导、企业信用承诺、监管有效约束为核心的管理模式。

（二）实行能源投资项目管理负面清单制度。进一步取消下放能源投资项目核准权限。严格按照《政府核准的投资项目目录》规定核准能源项目，目录范围外的项目，一律实行备案制，不得进行任何形式的审批。

（三）建立能源投资项目管理权力清单制度。能源项目核准机关要根据《政府核准的投资项目目录》，制定本级能源投资项目管理权力清单，国家能源局要抓紧制定并试行《国家能源局权力和责任清单》。各省级能源项目核准机关要根据《政府核准的投资项目目录》规定的权限开展核准工作，要坚持投资审批权限下放层级与承接能力匹配，对涉及本地区重大规划布局、重要能源资源开发配置的项目，原则上不下放到地市级政府，一律不得下放到县级及以下政府核准。

（四）建立能源投资项目管理责任清单制度。能源项目核准机关要厘清职权所对应的责任事项，明确责任主体，健全问责机制。按照简化程序、优化流程、透明高效的原则，制作行政职权运行流程图，规范每个环节的承办机构、办理程序、办理要求、办理时限等，确保权力规范行使。

（五）规范能源投资项目备案管理制度。实行备案制的能源投资项目，备案机关要通过全国投资项目在线审批监管平台或政务服务大厅，提供快捷备案服务，备案不得设置任何前置条件。

（六）优化能源投资项目核准流程。实行核准制的能源投资项目，核准机关要依托全国投资项目在线审批监管平台或政务服务大厅实行并联核准，项目核准的前置许可条件不得互为前置。按照并联办理、联合评审的要求，配合推动相关部门协同下放审批权限，探索建立多评合一、统一评审的新模式。

（七）精简能源投资项目核准前置许可。能源投资项目核准只保留选址意见和用地（用海）预审作为前置条件，除法律法规明确规定的，各级能源项目核准机关一律不得设置任何项目核准的前置条件，不得发放同意开展项目前期工作的"路条"性文件。

（八）创新能源投资项目业主确定方式。在光伏、生物质能、火电站、水电站、风电等项目开展以竞争性方式确定能源投资项目业主试点。根据资源调查和专项规划，委托有资质的中介机构对纳入规划的项目进行咨询评估，通过招标、竞争性磋商等方式，公开、公平、公正确定业主。

（九）加强能源企业投资行为事中事后监管。企业投资能源项目要严格按照国家有关规定实施。未依法办理核准或备案手续开工建设，或者未按照核准的建设地点、建设规模、建设内容等进行建设的，核准机关应当根据法律法规规定，按情节轻重依法给予警告、责令停止建设、责令停产等处罚。

二、发挥好能源行业政府投资的引导和带动作用

（十）正确把握政府投资方向，明确投资范围。能源领域政府投资资金重点支持农村电网改造、煤矿安全改造、国家石油储备基地等市场不能有效配置资源的基础设施和公共服务类项目。

（十一）优化完善政府投资资金安排方式。对农村电网改造、煤矿安全改造、油气储备设施建设等政府投资的能源项目，建立政府投资资金分配信息发布机制，具备条件的项目采用招投标的方式取代行政指定性的资金分配方式，不设置歧视性条件，平等对待各类投资主体。对确需支持的经营性能源项目，政府投资主要采取资本金注入方式，也可适当采取投资补助、贷款贴息等方式进行引导。

（十二）编制能源领域三年滚动政府投资计划。依据国家宏观调控总体要求和能源发展规划，编制能源领域三年滚动政府投资计划，明确规划期内政府投资的重大能源项目。建立能源领域政府投资项目库，未入库项目原则上不予安排政府投资。

（十三）加强能源领域政府投资事中事后监管。以更严格标准加强对能源领域政府投资的概算预算、建设标准、建设工期、竣工验收等事项的要求。严格按照项目建设进度下达政府投资计划。严格概算执行和造价控制，健全概算审批、调整等管理制度。加强政府投资项目的竣工验收管理。探索与投资项目审计监督、重大项目稽查等部门实施联合监督的新机制，强化政府投资监管。

（十四）建立政府投资资金使用情况后评估制度。对能源领域政府投资项目的质量、工期、资金使用和安全性评价等事项进行专项监管和动态跟踪。完善政府投资追责体系，建立政府投资黑名单制度，项目一经发现违法违规问题，视情节轻重限制、禁止项目业主申请中央预算内投资资金，并追究法律责任。

（十五）鼓励政府和社会资本合作。落实《国家能源局关于在能源领域积极推广政府和社会资本合作模式的通知》（国能法改〔2016〕96号），重点在城镇配电网、农村电网、电动汽车充电桩、城市燃气管网、液化天然气（LNG）储运设施等领域推广运用政府和社会资本合作（PPP）模式。建立PPP项目联审机制，进一步简化PPP项目审批流程，提高行政服务效率。建立主要由市场决定能源价格的机制，为社会资本投资能源领域创造有利条件。对确定采用PPP模式的能源项目，通过竞争性机制公平择优选择社会资本作为合作伙伴。

三、畅通能源投资项目融资渠道

（十六）鼓励发展能源项目直接融资。依托多层次资本市场体系，拓宽和优化能源领域投资项目的直接融资渠道，鼓励符合条件的能源企业开展股票上市融资。总结能源领域资产证券化实践经验，鼓励金融机构选择符合条件的能源信贷资产、企业应收款、信托受益权、基础设施收益权等为基础资产，开展形式多样的资产证券化业务，盘活存量能源设施资产。加大创新力度，丰富债券品种，鼓励有条件的能源企业发行企业债券、项目收益债、重点产业专项债，

通过债券市场筹措资金。

（十七）大力加强能源领域"双创"项目金融扶持力度。加大对电动汽车充电基础设施、氢燃料电池、储能、综合智慧能源等科技程度高、资本密度低，并处于种子期、初创期项目的金融支持力度，鼓励金融机构有针对性地为能源领域"双创"项目提供股权、债券以及信用贷款等融资综合服务。

（十八）建立能源领域政府、银行、企业、社会合作对接机制。搭建政银企社合作平台，通过联合开展项目推介会等方式，加强与政策性、开发性金融机构以及广大社会资本的对接，为能源领域重大项目获取长期稳定、低成本的资金支持创造条件。

（十九）完善保险资金等机构资金对能源项目建设的投资机制。大力发展债权投资计划、产业投资基金、资产支持计划等融资工具，引导社保资金、保险资金、企业年金等用于收益稳定、回收期长的能源项目。建立信贷、证券、保险和基金等机构资金支持重大能源项目建设的合作对接机制，保障重大项目资金需求。

（二十）构建更加开放的投融资体制。加强与金融机构的协调配合，促进金融机构对重大能源基础设施建设合作项目提供信贷、担保、保险、国际结算等全方位、全流程的金融服务。促进金融机构针对能源领域对外合作的需求和特点，主动创新金融产品和服务方式，加快拓展和优化境外服务网络，为能源企业"走出去"和重点国际合作项目提供境内外一体化金融服务。积极搭建能源领域双多边政府间合作平台，建立健全能源行业"走出去"协调服务机制，更好地支持能源对外投资项目。加强与国际金融机构和各国政府、企业、金融机构在能源领域的多层次投融资合作。

四、提升综合服务管理水平

（二十一）落实能源投资项目审批负责制。探索建立并逐步推行能源投资项目审批、核准和备案首问负责制。能源项目核准、备案机关或审批协调机构实行"一站式"受理、"全流程"服务，一家负责到底。

（二十二）大力推进阳光审批。落实投资项目统一代码制度相关要求，充分利用全国投资项目在线审批监管平台，做好能源项目审批、监管等信息公开工作，提高透明度。制定能源项目审批工作规则，梳理整合办事环节，编制、更新企业办事流程图。推进能源项目审批管理工作的信息公开制度，及时公开项目受理情况、办理过程、审批结果。鼓励新闻媒体、公民、法人和其他组织依法对能源部门的服务管理行为进行监督。

（二十三）加强规划引领。完善能源规划体系，强化地方规划与国家规划的衔接，加强能源规划与城乡、土地、环保等领域规划的衔接。完善能源规划的约束引导机制，发挥好规划对能源投资的龙头性、引领性作用，促进能源产业科学有序发展。处理好规划和具体投资项目的关系，既要依据规划布局项目，也要防止规划制定过细、规划变相指定项目单位、规划套规划搞层层加码等有碍市场在能源投资中起决定性作用的问题出现。

（二十四）健全监管机制。按照谁审批谁监管、谁主管谁监管的原则，依托能源投资项目在线审批监管平台，加强项目建设全过程监管。完善有关规章制度，制定监管工作指南和操作规程，促进监管工作标准化、规范化、公开化。

（二十五）加强重点领域专项监管。煤矿、火电等产能过剩或存在潜在过剩风险的投资领域要严格按照国家专项规划和产业政策开展项目建设,对违规、违建项目责令停止建设或责令停产。切实保护社会资本在能源投资中的正当权益,加大监管力度,保障投资者合法合理诉求得到解决。

(二十六)加强能源企业信用体系建设。按照国家统一规划和部署,加强能源企业信用体系建设,实现信用信息公开共享。开展信用评价,曝光严重违法失信、发生重大以上安全事故"黑名单"企业。将企业信用记录纳入全国信用信息共享平台,强化政府和投资者的契约意识和诚信意识,形成守信激励、失信惩戒的约束机制,促使相关主体切实承担责任,履行法定义务,确保投资建设市场安全高效运行。

五、确保改革任务落实到位

(二十七)加强分工协作。建立能源投融资体制改革工作会商制度和协调机制,分解任务,明确责任,加强协同配合。能源项目审核机关要充分认识深化投融资体制改革的重要性和紧迫性,及时制定具体工作方案,明确任务分工、时间节点,做好相关支持配合工作。国家能源局派出能源监管机构要充分发挥监管职能,按照统一部署开展能源投融资体制改革工作落实情况专项监管。

(二十八)加快法制建设。完善与能源投融资相关的规章制度和行业标准,制定能源领域贯彻落实投资领域立法的具体管理办法或实施方案。加快推进《电力法》《煤炭法》修订,积极推动《能源法》《核电管理条例》《国家石油储备条例》《能源监管条例》《海洋石油天然气管道保护条例》等法律法规制定出台。加快制定修订能耗、碳排放等领域技术标准,实施能效"领跑者"制度,研究建立煤电机组能效领跑者机制。

(二十九)推进配套改革。能源投融资体制改革与其他领域改革要协同推进,形成叠加效应,充分释放改革红利。加快能源体制改革,落实电力体制改革措施,深化石油天然气体制改革,推进电力市场建设、售电侧改革、油气行业上游勘探开发领域改革等试点工作,有序放开油气勘查、开采、市场准入,完善油气进出口管理体制、完善油气加工环节准入和淘汰机制,推动油气管网基础设施公平开放。推动能源价格改革,完善油气产品定价机制,有序放开上网电价和公益性以外的销售电价。积极鼓励国有能源企业开展混合所有制改革,推动体制机制创新,为社会资本在能源领域开展投融资活动创造有利条件。

附件

任务分工和进度安排

序号	政策措施	局内分工	时间进度
1	确立能源企业投资主体地位	电力司、新能源司等	持续落实
2	实行能源投资项目管理负面清单制度	法改司牵头,各业务司分工负责	2017年6月底前
3	建立能源投资项目管理权力清单制度	各业务司分工负责	2017年6月底前
4	建立能源投资项目责任清单制度	各业务司分工负责	2017年6月底前
5	规范能源投资项目备案管理制度	各业务司分工负责	持续落实
6	优化能源投资项目核准流程	综合司牵头	持续落实
7	精简能源投资项目核准前置许可	各业务司分工负责	持续落实

续表

序号	政策措施	局内分工	时间进度
8	创新能源投资项目核准方式	各业务司分工负责	持续落实
9	加强能源企业投资行为事中事后监管	各业务司分工负责	持续落实
10	正确把握政府投资方向，明确投资范围	规划司牵头	持续落实
11	优化完善政府投资资金安排方式	新能源司、油气司、煤炭司等	持续落实
12	编制能源领域三年滚动政府投资规划	规划司牵头	按期完成
13	加强能源领域政府投资事中事后监管	各业务司分工负责	持续落实
14	建立政府投资基金使用情况后评估制度	规划司牵头，各业务司分工负责	2017年6月底前
15	鼓励政府和社会资本合作	法改司牵头	持续落实
16	鼓励发展能源项目直接融资	规划司牵头	持续落实
17	大力加强能源领域"双创"项目金融扶持力度	科技司牵头，各业务司分工负责	持续落实
18	建立能源领域政府、银行、企业、社会合作对接机制	规划司牵头，各业务司分工负责	持续落实
19	完善保险资金等机构资金对能源项目建设的投资机制	规划司牵头，各业务司分工负责	持续落实
20	推动构建更加开放的投融资机制	国际司牵头，各业务司分工负责	持续落实
21	落实能源投资项目审批首问负责制	综合司牵头	2016年12月底前
22	大力推进阳光审批	综合司、法改司牵头	持续落实
23	加强规划引领	规划司牵头	持续落实
24	健全监管机制	各业务司分工负责	持续落实
25	加强重点领域专项监管	各业务司分工负责	持续落实
26	加强能源企业信用体系建设	资质中心牵头	持续落实
27	加强分工协作	法改司牵头	持续落实
28	加快法制建设	法改司牵头，各业务司分工负责	持续落实
29	推进配套改革	法改司牵头	持续落实

第八章 煤炭体制改革

一、煤炭交易机制改革

(一) 关于深入推进煤炭交易市场体系建设的指导意见

2014年5月15日,国家发展改革委印发了《关于深入推进煤炭交易市场体系建设的指导意见的通知》。

国家发展改革委印发关于深入推进煤炭交易市场体系建设的指导意见的通知

发改运行〔2014〕967号

各省、自治区、直辖市发展改革委、经信委（工信委、经委、工信厅）,煤炭厅（局、办）,交通运输部、商务部、中国人民银行、中国证监会、国家能源局、中国煤炭工业协会、中国钢铁工业协会、中国铁路总公司、国家电网公司等有关单位：

经国务院同意,现将《关于深入推进煤炭交易市场体系建设的指导意见》印发你们,请认真贯彻落实。各省（区、市）有关部门要加强领导,精心组织,将各项工作落到实处。有关部门和单位要密切配合,大力支持,确保煤炭交易市场体系建设取得实效。

附件：关于深入推进煤炭交易市场体系建设的指导意见

国家发展改革委
2014年5月15日

附件

关于深入推进煤炭交易市场体系建设的指导意见

随着电煤市场化改革不断推进,我国煤炭交易市场发展迅速,现货交易市场数量众多,涉煤期货品种不断完善,市场体系初步建立,对促进煤炭行业健康发展发挥了重要作用。但是,当前煤炭交易市场仍然存在着市场分割、规模偏小、交易手段落后、不够规范和无序竞争等亟待解决的问题。为进一步引导和规范煤炭交易市场体系建设,现提出以下意见。

一、总体要求

（一）指导思想。

深入贯彻党的十八大和十八届二中、三中全会精神，全面落实国务院关于深化电煤市场化改革的决策部署，使市场在资源配置中起决定性作用和更好发挥政府作用，引导和规范煤炭交易市场建设，推动形成与我国社会主义市场经济体制相适应的统一开放、竞争有序的煤炭交易市场体系，为实施电煤市场化改革提供比较完善的市场载体。

（二）基本原则。

发挥市场在资源配置中的决定性作用。更多运用市场手段推进全国煤炭交易市场体系建设。结合煤炭、电力与铁路运输市场化改革，推进传统产运需衔接方式向现代交易模式转变，完善市场规则，促进市场充分竞争，在更大范围内优化配置煤炭资源。更好发挥政府的引导、规范和监管作用。要科学合理布局，明确建设标准，鼓励交易创新，规范交易秩序。注重加强市场监管，反对垄断和不正当竞争，防范交易风险，营造公平竞争的市场环境。鼓励和支持各类市场主体依法平等参与煤炭交易市场体系建设。

二、总体框架

（一）体系构成。煤炭交易市场包括现货市场和期货市场。其中，现货市场包括全国性、区域性和地方煤炭交易市场，期货市场包括国家批准开展动力煤、焦煤等涉煤期货品种交易的期货交易场所。

（二）功能定位。全国性煤炭交易市场主要承担全国范围内煤炭交易。区域性和地方煤炭交易市场主要承担相应范围内煤炭交易。各级煤炭交易市场作为市场体系的组成部分，定位不同、功能互补、信息共享、协同发展。

（三）基本作用。提供交易平台，企业自主交易，促进供需平衡；发现合理价格，引导生产消费和优化资源配置；降低交易成本，提高流通效率；规范交易行为，促进诚信经营；开展信息汇集和预测预警。

（四）目标任务。在规范现有煤炭交易市场的基础上，加快健全若干个区域性煤炭交易市场；结合煤炭主产地、消费地、铁路交通枢纽、主要中转港口，以及国家批准开展涉煤品种期货交易的期货交易场所等条件，逐步培育建成2~3个全国性煤炭交易市场，形成层次分明、功能齐全、手段先进、运行规范的煤炭交易市场体系。

三、市场建设与监管

（一）市场建设标准。全国性煤炭交易市场应符合以下条件：1.具有固定营业场所和完善的网络交易平台等配套服务设施；2.煤炭年交易量在二亿吨以上；3.具有完整规范的交易规则、交易程序、风险防控等管理制度；4.具有组织全国性煤炭交易活动的结算、担保、信贷等配套金融服务和物流、人才等条件；5.贴近煤炭主产地、消费地、铁路交通枢纽、主要中转港口，能够与国家批准开展涉煤品种期货交易的期货交易场所进行对接；6.便于煤炭产运需企业互相协商沟通、政府实施调控和监管。区域性和地方煤炭交易市场应符合以下条件：1.具有固定营业场所和完善的网络交易平台等配套服务设施；2.区域性煤炭交易市场的煤炭年交易量在一千万吨以上；地方煤炭交易市场的煤炭年交易量在二百万吨以上；3.具有完整规范的交易规则、交易程序、风险防控等管理制度；4.具有组织区域性或地方煤炭交易活动的结算、担保、信贷等配套金融服务和物流、人才等条件；5.贴近煤炭主产地、消费地、交通枢纽或中转港口等；6.具有相应的信息采集、数据分析和信息发布能力。

（二）加强事中事后监管。

实行市场化运作与政府引导、监管相结合，健全优胜劣汰的市场化竞争机制。依据市场建设标准，由国家发展改革委会同有关方面，对全国性或区域性煤炭交易市场开展检查；由省级煤炭经营监督管理部门会同有关方面，结合本地实际情况，对地方煤炭交易市场开展检查。对符合市场建设标准、运作较好的煤炭交易市场在资源、运力等方面给予必要支持；对达不到市场建设标准、运作不规范的要限期整改，整改后仍达不到标准的予以公示。

四、完善市场体系建设协调机制

为推进煤炭交易市场体系建设，及时协调解决建设中出现的重大问题，成立全国煤炭交易市场体系建设协调机制（以下简称协调机制）。

（一）协调机制组成。

协调机制由国家发展改革委、交通运输部、商务部、中国人民银行、中国证监会、国家能源局、中国铁路总公司、中国煤炭工业协会、中国钢铁工业协会、国家电网公司等单位组成，国家发展改革委为牵头单位。协调机制下设办公室，办公室设在中国煤炭工业协会，承担协调联络等日常工作。

（二）主要任务。

积极引导各类市场主体通过多种形式自愿参与煤炭交易市场建设和交易，统筹推进市场体系建设。清理市场分割、地区封锁等限制，研究制定煤炭交易标准化合同，加强合同履行检查。根据市场建设和运行情况，完善交易规则，规范交易秩序，加强监督指导，及时协调解决市场体系建设和运行中出现的重大问题。

（三）建设全国煤炭交易数据平台。

在协调机制领导下，由中国煤炭工业协会建设全国煤炭交易数据平台，负责汇集、整理煤炭交易数据，开展市场研究，编制发布全国性煤炭交易市场价格指数，为企业和社会提供服务。

五、合力推进煤炭交易市场体系建设

协调机制既要充分发挥各成员单位作用，又不取代成员单位各自职能分工。各成员单位之间要加强信息交流与情况通报，在研究制定重大政策措施时做好沟通、协调和配合，确保各项政策相互衔接、形成合力。交通运输部、中国铁路总公司要加强对所属企业的指导，依据运输能力和条件，配合做好煤炭交易市场建设相关工作。

各省（区、市）有关部门要根据本指导意见和当地实际，细化煤炭交易市场建设标准、制定建设规划、合理布局，避免一哄而上和无序发展。

（二）关于发展煤电联营的指导意见

2016年4月17日，国家发展改革委印发《关于发展煤电联营的指导意见》。

国家发展改革委印发《关于发展煤电联营的指导意见》的通知

发改能源〔2016〕857号

各省（自治区、直辖市）及计划单列市、新疆生产建设兵团发展改革委（能源局）、经信委（工信委、工信厅），国家电网公司、南方电网公司、华能、大唐、华电、国电、国电投集团公司，神华集团、中煤集团、国投公司、华润集团，中国国际工程咨询公司、电力规划设计总院，中国电力企业联合会，中国煤炭工业协会，有关电力、煤炭企业：

为加快调整能源结构，积极理顺煤电关系，促进煤炭、电力行业协同发展，提高能源安全保障水平，国家发展改革委制定了《关于发展煤电联营的指导意见》，现印发你们，请按照执行。

特此通知。

附件：关于发展煤电联营的指导意见

国家发展改革委

2016年4月17日

附件

关于发展煤电联营的指导意见

为贯彻落实习近平总书记关于我国能源安全发展的"四个革命、一个合作"重要战略思想，加快能源结构调整步伐，积极理顺煤电关系，促进煤炭、电力行业协同发展，提高能源安全保障水平，现提出以下意见：

一、充分认识发展煤电联营的重要意义

煤炭是我国主要的一次能源，燃煤电站是我国电力供应的基础，煤炭和电力是两个高度相关的国民经济重要支柱性行业。煤电联营是指煤炭和电力生产企业以资本为纽带，通过资本融合、兼并重组、相互参股、战略合作、长期稳定协议、资产联营和一体化项目等方式，将煤炭、电力上下游产业有机融合的能源企业发展模式，其中煤电一体化是煤矿和电厂共属同一主体的煤电联营形式。近年来，在国家政策引导下，我国煤电联营取得一定进展。截至2014年底，煤炭企业参股控股燃煤电站达1.4亿千瓦，发电集团参股控股煤矿年产能突破3亿吨，形成了以伊敏为代表的煤电一体化和以淮南为代表的大比例交叉持股等多种发展模式。发展煤电联营，有利于形成煤矿与电站定点、定量、定煤种的稳定供应模式，提升能源安全保障能力；有利于构建利益共享、风险共担的煤电合作机制，缓解煤电矛盾；有利于实现煤矿疏干水、煤泥、煤矸石和坑口电站乏汽的充分利用，促进绿色循环发展。

二、发展原则和重点方向

（一）发展原则

一是市场为主、企业自愿。充分发挥市场在能源资源配置中的决定性作用，尊重市场客观规律和企业选择权，煤炭和电力企业根据自身发展需求，自主开展煤电联营工作。二是统筹规划、流向合理。按照国家能源合理流向，结合煤炭重点运输通道统筹规划，科学开展煤电联营工作，提高煤炭传输效率，避免能源迂回倒流和低热值煤远距离运输，促进资源优化配置。三

是调整存量、严控增量。结合煤炭、电力行业发展布局，调整配置大型煤炭基地内现有煤矿、电力项目，优先消化存量项目，严格控制新增项目。四是互惠互利、风险共担。煤电联营要促进煤炭、电力企业的互惠互利，通过结成利益共同体实现风险共担，增强企业综合竞争力。五是联营合作、专业经营。在推进煤电联营发展时，要尊重行业客观发展规律，实现优势互补，提高煤电联营项目中的煤炭、电力板块的专业化管理水平。

（二）重点方向

一是重点推广坑口煤电一体化。科学推进西部地区锡盟、鄂尔多斯、晋北、晋中、晋东、陕北、宁东、哈密、准东等大型煤电基地开发，在落实电力消纳市场的前提下，有序扩大西部煤电东送规模。大型煤电基地坑口电站建设时，要着力推广煤电一体化发展。不具备条件的，原则上应发展煤电双方大比例交叉持股模式。优先利用在运及在建煤矿的富余产能发展煤电联营。二是在中东部优化推进煤电联营。根据煤炭、电力行业发展形势，以我国中东部区域的煤电矛盾突出地区为重点，根据国家"西煤东调""北煤南运"电煤运输格局，推进电煤供销关系长期稳定且科学合理的相关煤炭、电力企业开展跨区域联营，增强负荷中心电力供应保障能力。三是科学推进存量煤电联营。按照"政府引导、企业自愿、分类施策"的方针，针对在役煤矿和电站，鼓励有条件的煤炭和电力企业突破传统的行业、所有制限制，通过资本注入、股权置换、兼并重组、股权划拨等方式，着力推进存量煤矿和电站实现联营，鼓励发展混合所有制，促进国有资产保值增值。四是继续发展低热值煤发电一体化。在主要煤炭产区的大型煤矿坑口建设低热值煤电厂时，原则上应按照煤矿、选煤厂、电厂一体化模式推进，提高低热值煤综合利用水平，发挥低热值煤发电在推进煤炭清洁高效利用和构建矿区循环经济体系中的积极作用。五是建立煤电长期战略合作机制。发挥煤炭交易平台功能和市场配置资源作用，以煤炭交易价格指数为依据，促进供需协作，积极推动电力企业与煤炭企业建立长期战略合作，形成煤电价格联动、风险共担的合作机制。

三、实施要求

（一）提高煤电联营资源利用效率。新建煤电联营项目要尽量采用规划、设计、建设一体化模式，充分考虑燃料皮带运输、矿井疏干水复用、低热值煤就地消纳、锅炉灰渣回填复垦及综合利用、电站乏汽矿区供热等优化措施，确保电厂燃用设计煤种，有条件地区，在煤电一体化项目中鼓励开展煤炭分质梯级利用，促进循环经济发展。

（二）增强煤电联营专业化管理水平。在推进煤电联营时，要充分发挥专业化管理优势，实现优势互补，鼓励采用委托管理运营等方式，提高煤电联营项目生产效率和经济效益，进一步促进煤炭安全绿色开发、提升电厂清洁高效发展水平。

（三）提升煤电联营项目竞争力。煤电联营项目要尊重市场规律，全力打造具有竞争力的市场主体。对于存量项目联营，要发挥市场作用，避免"拉郎配"，推进强强联合，提高联营整体实力。对于增量项目，要坚持高起点，建设大型现代化煤矿和先进高效环保机组，提高经营效益。

四、政策支持

（一）"十三五"期间，在制定煤炭和电力发展规划时，除必要的生产接续煤矿项目和城市热电联产、电网安全需要建设的电源项目外，优先规划符合重点方向的煤电联营项目，优先将相关煤矿和电源纳入煤炭和电力发展规划，并在省级能源主管部门优选项目时优先安排。新建煤矿必须同时符合减量置换要求。

（二）对于符合重点方向的煤电一体化项目，各相关单位要加大协调力度，优化核准等相关程序，力争实现配套煤矿和电站同步规划、同步核准、同步建设。

（三）将煤电一体化项目的项目用电纳入配套电厂厂用电范围。

（四）在同等排放和能耗条件下，电网调度优先安排煤电一体化及其他煤电联营项目电量上网。支持煤电一体化项目优先参与跨区、跨省等电力市场化交易。

五、组织实施

（一）搭建服务平台。省级能源主管部门负责搭建交流平台，促进煤炭和电力企业磋商合作，协调解决煤电联营过程中的问题，并督促支持政策落实到位。

（二）加强咨询服务。煤炭、电力等行业协会要加强煤电联营模式和产业融合机制等相关研究，及时开展技术交流和经验推广，为企业做好咨询服务。

（三）加快企业转型。相关企业应加快转变发展思路，根据自身情况特点，积极参与煤电联营，理顺协调机制，合理配置企业资源，科学组织实施，增强企业平稳健康发展能力。

（四）加强监督管理。国家能源局各派出机构、各省级能源主管部门加强对辖区内煤电联营企业监督管理，促进煤电联营有序推进和规范化运作，同时避免推进过程中形成垄断。

（三）关于加强市场监管和公共服务 保障煤炭中长期合同履行的意见

2016年11月30日，国家发展改革委、国务院国资委联合印发《关于加强市场监管和公共服务 保障煤炭中长期合同履行的意见》。

国家发展改革委 国务院国资委印发《关于加强市场监管和公共服务 保障煤炭中长期合同履行的意见》的通知

发改运行〔2016〕2502号

各省、自治区、直辖市发展改革委、经信委（工信委、工信厅）、物价局、煤炭厅（局、办）、交通运输厅（委），中国煤炭工业协会、中国电力企业联合会、中国钢铁工业协会、中国价格协会，有关企业：

为认真贯彻落实党中央、国务院关于供给侧结构性改革决策部署，促进煤炭及相关行业平稳健康发展，积极推进煤炭中长期购销合同的签订和履行，国家发展改革委、国务院国资委会同交通运输部、国家能源局、中国铁路总公司、国家电网公司、南方电网公司研究制定了《关于加强市场监管和公共服务 保障煤炭中长期合同履行的意见》。现印发你们，请结合实际，认真落实。

附件：关于加强市场监管和公共服务 保障煤炭中长期合同履行的意见

国家发展改革委
国务院国资委
2016年11月30日

附件

关于加强市场监管和公共服务 保障煤炭中长期合同履行的意见

为认真落实党中央、国务院供给侧结构性改革重大决策部署，促进煤炭及相关行业平稳健康发展，积极推进煤炭中长期购销合同（以下简称中长期合同）的签订和履行，特制定以下意见：

一、充分认识煤炭中长期合同的重大意义。中长期合同是指买卖双方约定期限在一年及以上的单笔数量在20万吨以上的厂矿企业签订的合同。签订中长期合同是煤炭供需双方建立长期、稳定、诚信、高效合作关系的重要基础，对于保障煤炭稳定供应和价格平稳，促进相关行业健康发展和经济平稳运行都具有十分重要的意义。合同的签订和履行，有利于上下游企业生产组织，实现平稳有序运行；有利于稳定市场预期，减少供需波动；有利于优化运力配置，减少运输资源浪费；有利于降低企业和社会成本，提高整体经济效益。煤炭产运需企业要强化诚信意识和法治观念，积极主动签约，认真履行合同。地方相关部门要进一步提高认识，将保障合同履行作为经济运行调节的一项重要工作，精心安排，及时协调，优化服务，切实抓实抓好。

二、遵循市场经济规律，尊重企业市场主体地位。充分发挥市场在资源配置中的决定性作用，各地区有关部门要最大限度减少对微观事务的干预，重点强化服务和协调，充分尊重和发挥企业的市场主体地位，不得直接干预企业签订合同，不得干扰合同履行，不得实行地方保护。

三、完善合同条款和履约保障机制，提高中长期合同比重。煤炭企业依据核准（核定）的生产能力、参考实际煤炭发运量，用户企业依据实际需要，自主衔接签订合同。合同条款应当规范完整，包括数量、质量、价格、履行期限地点和方式、违约责任，以及解决争议方法等内容。鼓励支持更多煤炭供需企业遵循市场经济规律，签订更高比例中长期合同。大型煤炭、电力、钢铁企业要发挥示范和表率作用。

四、完善价格形成机制，促进价格平稳有序。充分发挥市场作用，供需企业双方可在合理确定基础价格的基础上，引入规范科学、双方认可的价格指数作参考，规范确定实际结算价格，基础价格和与市场变动的挂钩机制可按合理的合同周期适时进行调整。有关部门指导和完善指数发布机制，做到方法科学、数据真实、代表性强，确保指数合理反映市场变动的真实情况。

五、严格履行企业主体责任，提高合同履约率。供需双方在签订中长期合同时，要充分考虑到煤炭销售和铁路运输的合理区域半径，切实提高合同执行保障程度。鼓励支持大型煤炭企业与电力、冶金企业签订中长期合同。对具备运输条件的中长期合同，铁路、港航企业与供需双方签订运输合同。产运需企业要妥善解决好合同履行中出现的数量、质量、价格等问题。如遇重大问题，无法解决的，按程序向有关部门和单位报告。

六、建立健全合同履约考核评价。国家发展改革委、国资委会同有关部门和单位对合同履行情况实行分月统计、按季考核。适时召集煤炭产运需企业，了解合同履行情况，协调解决重大问题。对诚实守信、认真履约的企业要纳入诚信记录，对履行不力甚至恶意违约的企业纳入不良信用记录并视情况公开通报。在合同履行中，因市场等情况变化确需变更合同条款，由双方协商确定，如达不成一致，由国家发展改革委会同有关部门和单位协调解决。省级经济运行调节部门参照执行。

七、强化激励和保障，营造有利于合同履行的良好环境。各有关部门和运输、电网等单位，加强条件保障和服务，通过给予运力优先保障、优先释放储备产能、优化发电权使用与中长期合同比重挂钩等措施，鼓励企业提高中长期合同在煤炭交易中的比重，为合同履行创造良好的外部条件。

（一）优先保障资源和运力。根据供需双方签定的中长期合同，铁路、港航企业要根据运输条件进一步做好运力衔接，根据衔接确认的运力，在日常运输中优先装车、配船，为合同履约创造必要条件。

（二）优先安排释放先进产能。各地在有序释放安全高效先进产能时，对签订中长期合同并诚信履约的企业予以倾斜。

（三）同等条件下优先参与市场交易。对火电企业中，签订中长期合同数量比例高、日常进度兑现好的，在差别电量计划安排上给予倾斜，在电力直接交易等市场化交易中优先准入，给予政策支持。

（四）协调保障非常态情形下的合同履行。因不可抗力因素导致合同不能履行时，各级经济运行调节部门将积极协调临时替代资源或用户，在运力等方面予以重点协调，保障合同难以履行时的生产供应。

八、依法实施价格监管。对相互串通、操纵市场价格，低价倾销排挤竞争对手，捏造、散布涨价信息，囤积居奇、哄抬价格，推动价格过高过快上涨等违法行为，要依照《价格法》严肃查处。对达成实施垄断协议固定、变更价格，滥用市场支配地位以不公平高价销售煤炭或者以不公平低价购买煤炭等违法行为，要依照《反垄断法》严肃查处。鼓励和支持签订中长期合同的用户企业组成价格自律机构，对履约过程中出现的价格问题，及时向有关部门反映、举报，提出建议。

九、加强主体信用建设，实施守信联合激励和失信联合惩戒。煤炭产运需企业要牢固树立法律意识、契约意识和信用意识，合同一经签订必须严格履行。国家发展改革委会同有关方面支持第三方征信机构，研究中长期合同履行信用记录管理办法，定期公布合同履行情况，实施守信联合激励和失信联合惩戒。对有效履行合同的守信企业，在有关优惠政策上给予倾斜；对不履行合同的企业，纳入失信企业预警名单，情节严重的纳入失信企业黑名单，在企业相关项目核准审批、运力调整、价格监管和信用约束等方面，包括对企业法定代表人（负责人）实施守信联合激励和失信联合惩戒。

十、强化经营业绩考核。国资委将中央煤炭、电力等企业履行长期合作协议的情况纳入企业经营业绩考核范围，对于未有效履行协议的企业，将在经营业绩考核中予以剔除。地方有关部门参照上述做法，以适当方式对相关企业进行考核。

十一、充分发挥行业协会协调服务和行业自律作用。充分发挥煤炭、电力、钢铁、价格等行业协会的作用，积极引导企业签订中长期合同，加强行业自律，增强企业诚信意识，促进供需双方依法履行合同。中国煤炭工业协会要加强与煤炭生产企业和用煤企业沟通，认真做好中长期合同的收集、梳理和汇总工作。

十二、进一步完善社会监督机制。广泛建立并完善社会监督网络，鼓励公众积极参与对中长期合同履行情况的监督，不断扩大监督的参与面。加强宣传引导，树立一批守信践约、自觉接受社会监督的典型。

（四）关于加快签订和严格履行煤炭中长期合同的通知

2017年4月，国家发改委印发了《关于加快签订和严格履行煤炭中长期合同的通知》。

关于加快签订和严格履行煤炭中长期合同的通知

发改电〔2017〕230号

各省、自治区、直辖市及新疆生产建设兵团发展改革委（能源局）、经信委（工信委、工信厅）、煤炭厅（局），中国铁路总公司办公厅，中国煤炭工业协会、中国钢铁工业协会，国家电网公司、有关中央企业：

为贯彻落实党中央、国务院供给侧结构性改革决策部署，按照《关于加强市场监管和公共服务 保障煤炭中长期合同履行的意见》（发改运行〔2016〕2502号）要求，督促煤炭产运需企业更多签订，严格履行中长期合同，促进市场供需平衡和行业协调健康发展，现就有关事项通知如下：

一、进一步提高合同签订比例。各地区有关部门要采取有力的措施，积极推动产运需各方加快签订中长期合同，务于4月中旬前完成合同签订工作，确保签订的年度中长期合同数量占供应量或采购量的比例达到75%以上，并做好与铁路部门的衔接和运力落实，就下水煤炭做好与港航企业的衔接。4月底前，中国铁路总公司将产运需三方确认的合同报送国家发改委，国家发展改革委将据此编印合同名录，作为事中事后监管依据。

二、做好进度报送。煤炭产运需企业要牢固树立合同意识和诚信意识，认真履行签订的合同。各地区有关部门和企业要做好中长期合同的进度收集、汇总和报送工作。从4月起，每月15日前，省级经济运行部门、中央企业将列入名录的合同上月履行情况上报国家发改委，并抄送中国铁路总公司、中国煤炭工业协会、中国钢铁工业协会、国家电网公司，中央企业同时上报国务院国资委。铁路总公司对铁路运输企业落实中长期合同情况进行汇总，并与中国煤炭工业协会、中国钢铁工业协会、国家电网公司确认一致后，于每月20日前报送国家发展改革委备案，确保全年中长期合同履约率不低于90%。

三、坚强督促检查。各地区有关部门、中央企业要对煤炭中长期合同特别是电煤合同履行情况开展自查，并将上半年和全年的检查情况和结果，以书面形式报送国家发展改革委。国家发展改革委会同有关方面自4月份起进行督促检查，重点检查合同的规范签订及产运需企业合同兑现等有关情况，各地区有关部门、中央企业要积极支持，认真做好相关配合工作。

四、强化联合惩戒。各地区有关部门要认真落实发改运行〔2016〕2502号文件要求，建立具体的合同履行考核评价措施，对履行合同不力的企业实施必要的惩戒。截止到4月底，凡签约量比例低于75%，季度履约率低于80%或半年履约率低于90%的企业，国家发展改革委或省级经济运行部门对相关企业进行约谈和通报；并对全年签约量占比低于75%或履约不到

90%的相关煤炭企业，执行用电差别电价，对有关发电企业核减计划电量，在参与电力直接交易给予一定限制；对相关中央和省级煤炭、电力等国有企业，国有资产监督管理部门将在有关考核和评价中予以统筹考虑。

国家发展改革委办公厅
2017 年 4 月 7 日

（五）关于推进2018年煤炭中长期合同签订履行工作的通知

2017 年 11 月 10 日，国家发展改革委办公厅印发了《关于推进 2018 年煤炭中长期合同签订履行工作的通知》。

国家发展改革委办公厅关于推进2018年煤炭中长期合同签订履行工作的通知

发改办运行〔2017〕1843 号

各省、自治区、直辖市发展改革委、经信委（工信委、工信厅）、物价局、煤炭厅（局、办），煤炭、电力、冶金、建材、化肥行业协会，国家电网公司、有关企业：

近年来，各地区、有关部门和企业认真贯彻党中央、国务院关于供给侧结构性改革、推进煤炭去产能决策部署，扎实开展相关工作，行业发展状况明显好转，生产经营秩序不断规范。同时也应看到，随着市场需求大幅增加和南方部分地区小煤矿关闭退出力度超出预期，煤炭生产、运输格局发生明显变化，对统筹做好煤炭去产能、稳供应工作提出了更高要求。为指导煤炭产运需三方做好 2018 年中长期合同签订履行工作，促进煤炭稳定供应和上下游行业健康发展，现就有关事项通知如下。

一、充分认识煤炭中长期合同的重要作用

党的十九大明确指出，要进一步完善要素市场化配置，优化存量资源配置，扩大优质增量供给，实现供需动态平衡，为扎实推进煤炭中长期合同签订履行工作提出了更高要求。签订中长期合同不仅是煤炭供需双方建立长期、稳定、诚信、高效合作关系的重要基础，同时也是充分发挥市场在资源配置中的决定性作用和更好发挥政府作用的具体体现，有利于企业生产组织，减少供需波动，稳定市场预期；有利于优化运力配置，提高运输效率；有利于降低企业和社会成本，提高整体经济效益；有利于保障煤炭稳定供应和价格平稳，促进相关行业健康发展。

二、进一步创新方式，推动建立长期稳定合作关系

（一）支持企业自主签订合同。各地区有关部门要减少对微观事务的干预，充分尊重企业的市场主体地位，支持依法依规生产、经营的煤炭和用户企业自主签订合同。

（二）鼓励供需双方直购直销。在签订中长期合同中，鼓励支持煤炭供需双方多签直购直销合同，减少中间环节，降低交易成本，促进煤炭上下游相关行业健康有序发展。

（三）支持多签中长期合同。各地区有关部门要加强指导协调，积极推动供需双方签订一年及以上、数量相对固定以及有明确价格机制的中长期合同。其中，中央和各省区市及其他规模以上煤炭、发电企业集团签订的中长期合同数量，应达到自有资源量或采购量的 75% 以上，铁路、港航企业对中长期合同在运力方面要予以优先安排和兑现保障。鼓励多签有运力方参与的三方中长期合同，探索产运需三方和社会征信机构参与共同签订四方合同。

（四）规范合同签订行为。认真落实国家发展改革委等部门印发的《关于加强市场监管和公共服务　保障煤炭中长期合同履行的意见》（发改运行〔2016〕2502号）、《关于加快签订和严格履行煤炭中长期合同的通知》（发改电〔2017〕230号）有关要求，鼓励供需企业参照标准化的《煤炭购销合同》进行签订，合同的数量、质量、违约责任等内容应规范完整、真实有效，不得脱离生产经营实际、签订虚假合同。

（五）完善电煤合同价格机制。按照国家发展改革委《关于印发平抑煤炭市场价格异常波动的备忘录的通知》（发改运行〔2016〕2808号）精神，进一步完善电煤中长期合同价格机制。

下水煤合同定价机制。供需双方应继续参照上年度"基准价+浮动价"的办法协商确定定价机制。基准价由双方根据市场供需情况协商确定，对协商不能达成一致意见的，仍按不高于2017年度水平执行。

铁路直达煤合同定价机制。铁路直达煤供需双方也应参照"基准价+浮动价"机制协商确定合同价格。对双方协商能够达成一致意见的，按双方商定的意见执行，如双方不能达成一致意见的，应按以下意见执行：即基准价由下水煤基准价格扣除运杂费后的坑口平均价格和供需双方2017年月度平均成交价格综合确定，两类价格权重各占50%。浮动价可结合环渤海煤炭价格指数、CCTD秦皇岛港煤炭价格指数、中国沿海电煤采购价格指数综合确定。

区域内合同定价机制。可由各地根据本地区煤矿生产经营实际、下游用户承受能力等综合协商确定，保持煤价基本稳定。对供需双方因意见不统一影响合同签订或影响合同签订质量的，各地经济运行部门要本着市场化、法治化原则积极帮助协调。

（六）积极做好运力衔接。交通运输部、中国铁路总公司依据运输能力，组织指导有关企业进行运力衔接，对汇总的煤炭中长期合同，有关运输企业应优先确认运力。

（七）做好数据采集汇总工作。委托中国煤炭工业协会对供需双方合同的签订等情况进行汇总。供需双方对签订的2018年煤炭中长期合同，应及时登录中国煤炭市场网（www.cctd.com.cn）录入。

三、加强事中事后监管，提高合同履行水平

（一）煤炭产运需企业要切实增强诚信意识，合同一经签订必须严格履行，全年中长期合同履约率应不低于90%。国家发展改革委将会同有关方面加强指导，重点对20万吨以上的中长期合同进行监管，对合同履行情况实行分月统计、按季考核，并委托第三方征信机构开展中长期合同签订履行信用数据采集，建立动态信用记录，适时公布有关履约信用状况。

（二）各地区有关部门要认真落实发改运行〔2016〕2502号和发改电〔2017〕230号文件要求，建立和完善合同履行考核评价措施，在企业相关项目核准审批、运力调整、价格监管和信用约束等方面，实施守信联合激励和失信联合惩戒。对有效履行合同的守信企业，在有关优惠政策上给予倾斜；对不履行合同的企业，实施必要的惩戒，情节严重的纳入失信企业黑名单。

四、加强密切配合，保障工作顺利进行

（一）各有关方面要从贯彻新发展理念、提高供给体系质量、推动经济健康发展的高度，认识做好中长期合同签订履行的重要性，密切配合、形成合力，务求抓紧抓好。

（二）煤炭企业要提前落实资源。电力、冶金等重点用煤企业准确把握供需走势，做好2018年需求预测。铁路、港航企业要及早筹划运力安排，为衔接工作做好准备。

（三）供需双方要加快衔接，抓紧完成合同签订。要充分利用煤炭交易会平台抓紧进行衔接。中国煤炭工业协会应在12月上旬前完成2018年合同汇总工作，铁路部门应在12月中旬前完成对跨省区煤炭运力的配置。对在规定时间内未完成购销合同签订和录入网络系统的，原则上不再保留运力。

（四）目前随着迎峰度冬用煤高峰期的来临，各地要强化和落实保障供应主体责任，产运需各方要加强合作，保障煤炭日常供应平稳有序。同时，还要积极做好新闻宣传引导，营造良好舆论氛围。

国家发展改革委办公厅
2017年11月10日

（六）煤炭交易机制重大改革进展

2017年11月23日，2018年度全国煤炭交易会期间，煤炭上下游企业在互利共赢、自主协商的基础上，建立的"煤炭中长期合同"制度和"基础价+浮动价"的定价机制，对于保障煤炭稳定供应，维护行业平稳运行，发挥了重要作用。2017年全国大型煤炭企业中长期合同签订量一般超过80%，包括神华集团、中煤集团等在内的21家煤炭企业分别与华电集团、大唐集团、国电集团等在内的31家电力、钢铁等用户企业签订了中长期合同。秦皇岛港5500大卡动力煤中长期合同价格稳定在560~570元/吨的合理区间。

为规范履约，国家发改委于2020年首次引入煤炭中长期合同诚信履约承诺机制，供需双方在全国煤炭交易中心线上签订履约承诺，主动接受信用监管，并由国家公共信用信息中心归集合同履约信息。一旦未达到履约要求或违约内容，自愿接受国家发改委通报、公示等信用惩戒措施，承担相应法律责任。《关于进一步做好2021年煤炭中长期合同签订工作的通知》再次强调重视诚信履约的签订，"限期内完成承诺签订的，将在产运需衔接、应急保供工作中给予优先保障"。

二、煤炭资源税改革

2014年10月9日，财政部和国家税务总局印发了《关于实施煤炭资源税改革的通知》。

财政部 国家税务总局关于实施煤炭资源税改革的通知

财税〔2014〕72号

各省、自治区、直辖市、计划单列市财政厅（局）、地方税务局，西藏、宁夏自治区国家税务局，新疆生产建设兵团财务局：

为促进资源节约集约利用和环境保护，推动转变经济发展方式，规范资源税费制度，经国务院批准，自2014年12月1日起在全国范围内实施煤炭资源税从价计征改革，同时清理相关收费基金。现将煤炭资源税改革有关事项通知如下：

一、关于计征方法

煤炭资源税实行从价定率计征。煤炭应税产品（以下简称应税煤炭）包括原煤和以未税原煤加工的洗选煤（以下简称洗选煤）。应纳税额的计算公式如下：

应纳税额＝应税煤炭销售额×适用税率

二、关于应税煤炭销售额

应税煤炭销售额依照《中华人民共和国资源税暂行条例实施细则》第五条和本通知的有关规定确定。

（一）纳税人开采原煤直接对外销售的，以原煤销售额作为应税煤炭销售额计算缴纳资源税。

原煤应纳税额＝原煤销售额×适用税率

原煤销售额不含从坑口到车站、码头等的运输费用。

（二）纳税人将其开采的原煤，自用于连续生产洗选煤的，在原煤移送使用环节不缴纳资源税；自用于其他方面的，视同销售原煤，依照《中华人民共和国资源税暂行条例实施细则》第七条和本通知的有关规定确定销售额，计算缴纳资源税。

（三）纳税人将其开采的原煤加工为洗选煤销售的，以洗选煤销售额乘以折算率作为应税煤炭销售额计算缴纳资源税。

洗选煤应纳税额＝洗选煤销售额×折算率×适用税率

洗选煤销售额包括洗选副产品的销售额，不包括洗选煤从洗选煤厂到车站、码头等的运输费用。

折算率可通过洗选煤销售额扣除洗选环节成本、利润计算，也可通过洗选煤市场价格与其所用同类原煤市场价格的差额及综合回收率计算。折算率由省、自治区、直辖市财税部门或其授权地市级财税部门确定。

（四）纳税人将其开采的原煤加工为洗选煤自用的，视同销售洗选煤，依照《中华人民共和国资源税暂行条例实施细则》第七条和本通知有关规定确定销售额，计算缴纳资源税。

三、关于适用税率

煤炭资源税税率幅度为2%～10%，具体适用税率由省级财税部门在上述幅度内，根据本地区清理收费基金、企业承受能力、煤炭资源条件等因素提出建议，报省级人民政府拟定。结合当前煤炭行业实际情况，现行税费负担较高的地区要适当降低负担水平。省级人民政府需将拟定的适用税率在公布前报财政部、国家税务总局审批。

跨省煤田的适用税率由财政部、国家税务总局确定。

四、关于税收优惠

（一）对衰竭期煤矿开采的煤炭，资源税减征 30%。

衰竭期煤矿，是指剩余可采储量下降到原设计可采储量的 20%（含）以下，或者剩余服务年限不超过 5 年的煤矿。

（二）对充填开采置换出来的煤炭，资源税减征 50%。

纳税人开采的煤炭，同时符合上述减税情形的，纳税人只能选择其中一项执行，不能叠加适用。

五、关于征收管理

（一）纳税人同时销售（包括视同销售）应税原煤和洗选煤的，应当分别核算原煤和洗选煤的销售额；未分别核算或者不能准确提供原煤和洗选煤销售额的，一并视同销售原煤按本通知第二条第（一）款计算缴纳资源税。

（二）纳税人同时以自采未税原煤和外购已税原煤加工洗选煤的，应当分别核算；未分别核算的，按本通知第二条第（三）款计算缴纳资源税。

（三）纳税人 2014 年 12 月 1 日前开采或洗选的应税煤炭，在 2014 年 12 月 1 日后销售和自用的，按本通知规定缴纳资源税；2014 年 12 月 1 日前签订的销售应税煤炭的合同，在 2014 年 12 月 1 日后收讫销售款或者取得索取销售款凭据的，按本通知规定缴纳资源税。

各地应结合当地实际情况制定具体实施办法，报财政部、国家税务总局备案。对煤炭资源税改革运行中出现的问题，请及时上报财政部、国家税务总局。

此前有关规定与本通知不一致的，一律以本通知为准。

财政部
国家税务总局
2014 年 10 月 9 日

三、煤炭企业改革

（一）企业兼并重组

1. 组建晋能控股集团

2020 年 10 月 30 日，"拟对标"国家能源集团的晋能控股集团有限公司正式揭牌成立。晋能控股集团由大同煤矿集团有限责任公司、山西晋城无烟煤矿业集团有限责任公司、晋能集团有限公司，以及山西潞安矿业（集团）有限责任公司、华阳新材料科技股份有限公司相关资产和改革后的中国（太原）煤炭交易中心整合组建而成。

新成立的晋能控股集团注册地大同，下设晋能控股煤业集团、电力集团、装备制造集团、中国（太原）煤炭交易中心、研究院公司、财务公司六大子公司。目前，晋能控股煤业集团、电力集团、装备制造集团已陆续正式揭牌成立。

2. 组建山东省能源产业的国有资本投资公司

2020年7月13日,山东省宣布山东能源与兖矿集团联合重组方案,新的山东能源集团定位为山东省能源产业的国有资本投资公司,标志仅次于国家能源集团的中国第二大煤企行将诞生。这是新冠肺炎疫情以来最大的国企重组事件。双方重组后的煤炭产量达约2.91亿吨,将超越中煤集团,成为仅次于国家能源集团的中国第二大煤企,也将是中国第三个年产量超2亿吨的煤企。山东能源和兖矿集团战略重组,是国家煤炭布局的重要突破,开启煤炭重组新局面。

3. 冀中能源集团宣布对邢矿集团与山西冀中公司实施联合重组

2020年7月17日,冀中能源集团宣布对邢矿集团与山西冀中公司实施联合重组,并将井矿集团、张矿集团所持煤炭公司股权注入邢矿集团。这一轮的煤炭企业兼并重组,是在供给侧结构性改革持续深化基础上推进的重组,在一定意义上是为了实现煤炭企业的强强联合,推动企业从做大迈向做强。新一轮的煤炭企业兼并重组已悄然拉开序幕。

4. 成立山西省民爆集团

2018年12月28日,山西省对煤炭集团各专业化板块实施重组,依托晋煤集团、阳煤集团、潞安集团和山西焦煤集团,加快推进燃气、高端现代煤化工、煤机装备、民爆等领域专业化重组。2018年12月山西焦煤集团牵头,以山西焦煤化工公司为主体,重组整合同煤化工、潞安民爆、阳泉威虎四户企业而成的山西省民爆集团在山西焦煤本部挂牌成立。

(二)股权债权转让

国家能源集团多次转让煤企,旗下的子公司国电永寿煤业55%股权及7.99亿元债权转让。截至2019年5月31日,其总资产为6.07亿元,负债则由8.16亿元扩大到8.87亿元。国家能源集团还分别挂牌转让北京集华兴业煤炭有限公司75%股权和15%股权,挂牌价格合计近3000万元。国家能源集团转让的都是煤炭资源相对较差的企业。鼓励煤炭和发电企业投资建设煤电一体化项目,以及煤炭和发电企业相互参股、换股等多种方式发展煤电联营。同时将持续推动社会资本的参与。

(三)完善公司治理结构

公司制改革是企业走向现代化的题中之义。陕煤集团铜川矿务局将工商注册名称变更为陕煤集团铜川矿务局有限公司,使用了62年的局名首次变更,这标志着铜川矿务局公司制改革工作全面完成。辽宁铁法能源公司按照加强党的建设和建立现代企业制度相统一原则,进一步完善企业法人治理结构。

淮南矿业集团将整体改制提上日程,对照上市公司的标准和监管要求,持续提升公司治理水平,完善内部控制体系,规范资产管理和运营。

依法治企落到实处。山西焦煤集团霍州煤电规章制度、经济合同和重要决策的法律审核率实现100%,事前防范、事中控制、事后补救的完整工作链条初步形成,法务管理逐步与生产经营有效融合。

清理僵尸企业，压减管理层级，精简机构是大势所趋。河南能源化工集团2017年压减法人单位144家，2018年底将全面完成四级及以下公司压减，企业管理层级压缩至三级以内。京煤集团总部由19个部门减少至11个部门。

（四）推进商业模式创新

以市场为导向，煤炭企业更加注重品牌建设，集中力量办大事。山西煤炭进出口集团面向全国用户举办煤炭产品订货会，以统一平台面对市场、以整体形象面对用户，打造山煤煤炭品牌，提升市场地位。山西潞安集团逐步将内部资源有机整合，打通生产端、销售端，勾画市场导向型、业务集约化、管理专业化、资源共享化"一型三化"大营销体系。

对外以市场为导向，对内则创新管理方式，推行内部市场化，提高职工积极性，发挥其创造性。淮北矿业集团实行负面清单管理，给子公司更多的自主权和自由度；以召回管理制度，促使干部作风转变，唤醒干部责任和担当。山东能源新矿集团生产经营指标由下派变为自报，基层各单位根据本单位的实际情况，在规范运营的范围内，自己给自己定指标，化解"要我干"与"我要干"的矛盾。徐矿集团对中层管理人员实行契约化管理，双方对职责、权利和义务作了明确规定。湘煤集团完善薪酬体系，领导干部年薪与一线员工收入挂钩。龙煤集团全面推进内部市场化，力争用三年左右时间，在集团权属公司所有二级生产经营及独立核算单位建成内部市场化管理体系。

2020年10月27日，阳泉煤业（集团）有限责任公司更名为华阳新材料科技集团有限公司。全面开启专攻新材料产业的新征程。这是践行习近平总书记"在转型发展上率先蹚出一条新路来"和"六新"要求的重大举措和生动实践，对于汇聚创新资源要素，形成规模集群效应，打造新材料领域领军企业，推动全省经济高质量转型，具有重大战略意义和深远历史意义。

（五）演化发展新业态

为适应新时期的发展条件和要求，贯彻可持续发展的精神，党的十八大提出了"创新、协调、绿色、开放、共享"为主的五大发展理念，煤炭企业积极拥抱发展新业态。其中：

阳煤集团抓住国家"汽转铁"的政策机遇，联手中国铁路北京局集团、天津港集团，共同出资组建山西（阳泉）国际陆港集团有限公司，把天津"出海口"搬到阳煤集团的"家门口"，这对于打通山西至天津港的铁路煤炭绿色大通道发挥了重要作用。同时，该集团与百度公司展开全方位合作，共同推进煤炭精细化开采、智能化生产、平台化管理，建设煤炭行业智慧化的技术、商业新生态。该集团还将自主研发的机器人用于井下巡检，并将进一步开展智能机器人在日常生产、抢险救灾、危险区域探测等方面的应用研究。

山东能源集团利用互联网推动实体经济发展，先后建设了中国矿用物资网、"干将"、齐鲁云商等互联网平台，整合线下生产、销售、物流、结算等环节，形成集电商交易、物流配送、金融服务、数据分析于一体的生态圈。

除此之外，神华集团与360共设清洁能源大数据研究中心，积极应对网络安全挑战。晋煤集团成为煤层气全产业链上市企业。淮南矿业集团进军天然气产业，为下一步能源主轴——煤、电、气"互为支撑、协同发展"局面的形成打下了坚实基础。贵州盘江集团积极推进互联网金融交易中心、产业基金等项目，将煤层气板块作为新的经济增长点。

四、煤炭行业改革动态

（一）成立国家矿山安全监察局

2020年12月10日，国家矿山安全监察局揭牌。根据《国家矿山安全监察局职能配置、内设机构和人员编制规定》，国家矿山安全监察局是应急管理部管理的国家局，为副部级。国家矿山安全监察局的主要职责包括拟订矿山安全生产方面的政策、规划、标准，起草相关法律法规草案、部门规章草案并监督实施；负责国家矿山安全监察工作；指导矿山安全监管工作；负责统筹矿山安全生产监管执法保障体系建设，制定监管监察能力建设规划，完善技术支撑体系，推进监管执法制度化、规范化、信息化；参与编制矿山安全生产应急预案，指导和组织协调煤矿事故应急救援工作，参与非煤矿山事故应急救援工作；负责矿山安全生产宣传教育，组织开展矿山安全科学技术研究及推广应用工作等。

（二）动力煤期权在郑州商品交易所上市

2020年6月30日，动力煤期权在郑州商品交易所正式挂牌交易，成为继焦煤期货、动力煤期货之后，在国内上市的第三个煤炭金融品种。作为价格的保险，动力煤期权是对动力煤期货的有益补充，有利于引导更多客户参与交易，优化市场投资者结构；有利于丰富风险管理工具，更好满足产业企业多样化精细化避险需求；有利于进一步完善煤炭价格形成机制，更好地服务煤炭和电力市场化改革。

第九章 电力体制改革

一、电力体制改革顶层设计

(一) 关于进一步深化电力体制改革的若干意见

2015年3月15日，中共中央、国务院印发了《关于进一步深化电力体制改革的若干意见》。

中共中央 国务院关于进一步深化电力体制改革的若干意见

中发〔2015〕9号

为贯彻落实党的十八大和十八届三中、四中全会精神及中央财经领导小组第六次会议，国家能源委员会第一次会议精神，进一步深化电力体制改革，解决制约电力行业科学发展的突出矛盾和深层次问题，促进电力行业又好又快发展，推动结构转型和产业升级，现提出以下意见。

一、电力体制改革的重要性和紧迫性

自2002年电力体制改革实施以来，在党中央、国务院领导下，电力行业破除了独家办电的体制束缚，从根本上改变了指令性计划体制和政企不分、厂网不分等问题，初步形成了电力市场主体多元化竞争格局。

一是促进了电力行业快速发展。2014年全国发电装机容量达到13.6亿千瓦，发电量达到5.5万亿千瓦·时，电网220千伏及以上线路回路长度达到57.2万千米，220千伏及以上变电容量达到30.3亿千伏安，电网规模和发电能力位列世界第一。二是提高了电力普遍服务水平，通过农网改造和农电管理体制改革等工作，农村电力供应能力和管理水平明显提升，农村供电可靠性显著增强，基本实现城乡用电同网同价，无电人口用电问题基本得到了解决。三是初步形成了多元化市场体系。在发电方面，组建了多层面、多种所有制、多区域的发电企业；在电网方面，除国家电网和南方电网，组建了内蒙古电网等地方电网企业；在辅业方面，组建了中国电建、中国能建两家设计施工一体化的企业。四是电价形成机制逐步完善。在发电环节实现了发电上网标杆价，在输配环节逐步核定了大部分省的输配电价，在销售环节相继出台差别电价和惩罚性电价、居民阶梯电价等政策。五是积极探索了电力市场化交易和监管。相继开展了竞价上网、大用户与发电企业直接交易、发电权交易、跨省区电能交易等方面的试点和探索，电力市场化交易取得重要进展，电力监管积累了重要经验。

同时，电力行业发展还面临一些亟须通过改革解决的问题，主要有：

一是交易机制缺失，资源利用效率不高。售电侧有效竞争机制尚未建立，发电企业和用户之间市场交易有限，市场配置资源的决定性作用难以发挥。节能高效环保机组不能充分利用，弃水、弃风、弃光现象时有发生，个别地区窝电和缺电并存。二是价格关系没有理顺，市场化定价机制尚未完全形成。现行电价管理仍以政府定价为主，电价调整往往滞后成本变化，难以及时并合理反映用电成本、市场供求状况、资源稀缺程度和环境保护支出。三是政府职能转变不到位，各类规划协调机制不完善。各类专项发展规划之间、电力规划的实际执行与规划偏差过大。四是发展机制不健全，新能源和可再生能源开发利用面临困难。光伏发电等新能源产业设备制造产能和建设、运营、消费需求不匹配，没有形成研发、生产、利用相互促进的良性循环，可再生能源和可再生能源发电无歧视、无障碍上网问题未得到有效解决。五是立法修法工作相对滞后，制约电力市场化和健康发展。现有的一些电力法律法规已经不能适应发展的现实需要，有的配套改革政策迟迟不能出台，亟待修订有关法律、法规、政策、标准，为电力行业发展提供依据。

深化电力体制改革是一项紧迫的任务，事关我国能源安全和经济社会发展全局。党的十八届三中全会提出，国有资本继续控股经营的垄断行业，实行以政企分开、政资分开、特许经营、政府监管为主要内容的改革。《中央全面深化改革领导小组 2014 年工作要点》《国务院转批发展改革委关于 2014 年深化经济体制改革重点任务意见的通知》对深化电力体制改革提出了新使命、新要求。社会各界对加快电力体制改革的呼声也越来越高，推进改革的社会诉求和共识都在增加，具备了宽松的外部环境和扎实的工作基础。

二、深化电力体制改革的总体思路和基本原则

（一）总体思路

深化电力体制改革的指导思想和总体目标是：坚持社会主义市场经济改革方向，从我国国情出发，坚持清洁、高效、安全、可持续发展，全面实施国家能源战略，加快构建有效竞争的市场结构和市场体系，形成主要由市场决定能源价格的机制，转变政府对能源的监管方式，建立健全能源法制体系，为建立现代能源体系、保障国家能源安全营造良好的制度环境，充分考虑各方面诉求和电力工业发展规律，兼顾改到位和保稳定。通过改革，建立健全电力行业"有法可依、政企分开、主体规范、交易公平、价格合理、监管有效"的市场体制，努力降低电力成本、理顺价格形成机制，逐步打破垄断、有序放开竞争性业务，实现供应多元化，调整产业结构，提升技术水平、控制能源消费总量，提高能源利用效率、提高安全可靠性，促进公平竞争、促进节能环保。

深化电力体制改革的重点和路径是：在进一步完善政企分开、厂网分开、主辅分开的基础上，按照管住中间、放开两头的体制架构，有序放开输配以外的竞争性环节电价，有序向社会资本开放配售电业务，有序放开公益性和调节性以外的发用电计划；推进交易机构相对独立，规范运行；继续深化对区域电网建设和适合我国国情的输配体制研究；进一步强化政府监管，进一步强化电力统筹规划，进一步强化电力安全高效运行和可靠供应。

(二) 基本原则

坚持安全可靠。体制机制设计要遵循电力商品的实时性、无形性、供求波动性和同质化等技术经济规律，保障电能的生产、输送和使用动态平衡，保障电力系统安全稳定运行和电力可靠供应，提高电力安全可靠水平。

坚持市场化改革。区分竞争性和垄断性环节，在发电侧和售电侧开展有效竞争，培育独立的市场主体，着力构建主体多元、竞争有序的电力交易格局，形成适应市场要求的电价机制，激发企业内在活力，使市场在资源配置中起决定性作用。

坚持保障民生。结合我国国情和电力行业发展现状，充分考虑企业和社会承受能力，保障基本公共服务的供给。妥善处理交叉补贴问题，完善阶梯价格机制，确保居民、农业、重要公用事业和公益性服务等用电价格相对平稳，切实保障民生。

坚持节能减排。从实施国家安全战略全局出发，积极开展电力需求侧管理和能效管理，完善有序用电和节约用电制度，促进经济结构调整、节能减排和产业升级。强化能源领域科技创新，推动电力行业发展方式转变和能源结构优化，提高发展质量和效率，提高可再生能源发电和分布式能源系统发电在电力供应中的比例。

坚持科学监管。更好发挥政府作用，政府管理重点放在加强发展战略、规划、政策、标准等的制定实施，加强市场监管。完善电力监管机构、措施和手段，改进政府监管方法，提高对技术、安全、交易、运行等的科学监管水平。

三、近期推进电力体制改革的重点任务

(一) 有序推进电价改革，理顺电价形成机制

1. 单独核定输配电价。政府定价的范围主要限定在重要公用事业、公益性服务和网络自然垄断环节。政府主要核定输配电价，并向社会公布，接受社会监督。输配电价逐步过渡到按"准许成本加合理收益"原则，分电压等级核定。用户或售电主体按照其接入的电网电压等级所对应的输配电价支付费用。

2. 分步实现公益性以外的发售电价格由市场形成。放开竞争性环节电力价格，把输配电价与发售电价在形成机制上分开。合理确定生物质发电补贴标准。参与电力市场交易的发电企业上网电价由用户或售电主体与发电企业通过协商、市场竞价等方式自主确定。参与电力市场交易的用户购电价格由市场交易价格、输配电价（含线损）、政府性基金三部分组成。其他没有参与直接交易和竞价交易的上网电量，以及居民、农业、重要公用事业和公益性服务用电，继续执行政府定价。

3. 妥善处理电价交叉补贴。结合电价改革进程，配套改革不同种类电价之间的交叉补贴。过渡期间，由电网企业申报现有各类用户电价间交叉补贴数额，通过输配电价回收。

(二) 推进电力交易体制改革，完善市场化交易机制

4. 规范市场主体准入标准。按照接入电压等级，能耗水平、排放水平、产业政策以及区域差别化政策等确定并公布可参与直接交易的发电企业、售电主体和用户准入标准。按电压等级分期分批放开用户参与直接交易，参与直接交易企业的单位能耗、环保排放均应达到国家标准，不符合国家产业政策以及产品和工艺属于淘汰类的企业不得参与直接交易。进一步完善和创新制度，支持环保高效特别是超低排放机组通过直接交易和科学调度多发电。准入标准确定

后，升级政府按年公布当地符合标准的发电企业和售电主体目录，对用户目录实施动态监管，进入目录的发电企业、售电主体和用户可自愿到交易机构注册成为市场主体。

5. 引导市场主体开展多方直接交易。有序探索对符合标准的发电企业、售电主体和用户赋予自主选择权，确定交易对象、电量和价格，按照国家规定的输配电价向电网企业支付相应的过网费，直接洽谈合同，实现多方直接交易，短期和即时交易通过调度和交易机构实现，为工商业企业等各类用户提供更加经济、优质的电力保障。

6. 鼓励建立长期稳定的交易机制。构建体现市场主体意愿、长期稳定的双边市场模式，任何部门和单位不得干预市场主体的合法交易行为。直接交易双方通过自主协商决定交易事项，依法依规签订电网企业参与的三方合同。鼓励用户与发电企业之间签订长期稳定的合同，建立并完善实现合同调整及偏差电量处理的交易平衡机制。

7. 建立辅助服务分担共享新机制。适应电网调峰、调频、调压和用户可中断负荷等辅助服务新要求，完善并网发电企业辅助服务考核新机制和补偿机制。根据电网可靠性和服务质量，按照谁受益、谁承担的原则，建立用户参与的服务分担共享机制。用户可以结合自身负荷特性，自愿选择与发电企业或电网企业签订保供电协议、可中断负荷协议等合同，约定各自的服务权利与义务，承担必要的辅助服务费用，或按照贡献获得相应的经济补偿。

8. 完善跨省跨区电力交易机制。按照国家能源战略和经济、节能、环保、安全的原则，采取中长期交易为主、临时交易为补充的交易模式，推进跨省跨区电力市场化交易，促进电力资源在更大范围优化配置。鼓励具备条件的区域在政府指导下建立规范的跨省跨区电力市场交易机制，促使电力富余地区更好地向缺电地区输送电力，充分发挥市场配置资源、调剂余缺的作用。积极开展跨省跨区辅助服务交易。待时机成熟时，探索开展电力期货和电力场外衍生品交易，为发电企业、售电主体和用户提供远期价格基准和风险管理手段。

（三）建立相对独立的电力交易机构，形成公平规范的市场交易平台

9. 遵循市场经济规律和电力技术特性定位电网企业功能。改变电网企业集电力输送、电力统购统销、调度交易为一体的状况，电网企业主要从事电网投资运行、电力传输配送，负责电网系统安全，保障电网公平无歧视开放，按国家规定履行电力普遍服务义务。继续完善主辅分离。

10. 改革和规范电网企业运营模式。电网企业不再以上网电价和销售电价价差作为收入来源，按照政府核定的输配电价收取过网费。确保电网企业稳定的收入来源和收益水平。规范电网企业投资和资产管理行为。

11. 组建和规范运行电力交易机构。将原来由电网企业承担的交易业务与其他业务分开，实现交易机构相对独立运行。电力交易机构按照政府批准的章程和规则为电力市场交易提供服务。相关政府部门依据职责对电力交易机构实施有效监管。

12. 完善电力交易机构的市场功能。电力交易机构主要负责市场交易平台的建设、运营和管理，负责市场交易组织，提供结算依据和服务，汇总用户与发电企业自主签订的双边合同，负责市场主体的注册和相应管理，披露和发布市场信息等。

（四）推进发用电计划改革，更多发挥市场机制的作用

13. 有序缩减发用电计划。根据市场发育程度，直接交易的电量和容量不再纳入发用电计

划。鼓励新增工业用户和新核准的发电机组积极参与电力市场交易，其电量尽快实现以市场交易为主。

14. 完善政府公益性调节性服务功能。政府保留必要的公益性调节性发用电计划，以确保居民、农业、重要公用事业和公益性服务等用电，确保维护电网调峰调频和安全运行，确保可再生能源发电依照规划保障性收购。积极开展电力需求侧管理和能效管理，通过运用现代信息技术、培育电能服务、实施需求响应等，促进供需平衡和节能减排。加强老少边穷地区电力供应保障，确保无电人口用电全覆盖。

15. 进一步提升以需求侧管理为主的供需平衡保障水平。政府有关部门要按照市场化的方向，从需求侧和供应侧两方面入手，搞好电力电量整体平衡。提高电力供应的安全可靠水平。常态化、精细化开展有序用电工作，有效保障供需紧张下居民等重点用电需求不受影响。加强电力应急能力建设，提升应急响应水平，确保紧急状态下社会秩序稳定。

（五）稳步推进售电侧改革，有序向社会资本放开售电业务

16. 鼓励社会资本投资配电业务。按照有利于促进配电网建设发展和提高配电运营效率的要求，探索社会资本投资配电业务的有效途径。逐步向符合条件的市场主体放开增量配电投资业务，鼓励以混合所有制方式发展配电业务。

17. 建立市场主体准入和退出机制。根据开放售电侧市场的要求和各地实际情况，科学界定符合技术、安全、环保、节能和社会责任要求的售电主体条件。明确售电主体的市场准入、退出规则，加强监管，切实保障各相关方的合法权益。电网企业应无歧视地向售电主体及其用户提供报装、计量、抄表、维修等各类供电服务，按约定履行保底供应商义务，确保无议价能力用户也有电可用。

18. 多途径培育市场主体。允许符合条件的高新产业园区或经济技术开发区，组建售电主体直接购电；鼓励社会资本投资成立售电主体，允许其从发电企业购买电量向用户销售；允许拥有分布式电源的用户或微网系统参与电力交易；鼓励供水、供气、供热等公共服务行业和节能服务公司从事售电业务；允许符合条件的发电企业投资和组建售电主体进入售电市场，从事售电业务。

19. 赋予市场主体相应的权责。售电主体可以采取多种方式通过电力市场购电，包括向发电企业购电、通过集中竞价购电、向其他售电商购电等。售电主体、用户、其他相关方依法签订合同，明确相应的权利义务，约定交易、服务、收费、结算等事项。鼓励售电主体创新服务，向用户提供包括合同能源管理、综合节能和用能咨询等增值服务。各种电力生产方式都要严格按照国家有关规定承担电力基金、政策性交叉补贴、普遍服务、社会责任等义务。

（六）开放电网公平接入，建立分布式电源发展新机制

20. 积极发展分布式电源。分布式电源主要采用"自发自用、余量上网、电网调节"的运营模式，在确保安全的前提下，积极发展融合先进储能技术、信息技术的微电网和智能电网技术，提高系统消纳能力和能源利用效率。

21. 完善并网运行服务。加快修订和完善接入电网的技术标准、工程规范和相关管理办法，支持新能源、可再生能源、节能降耗和资源综合利用机组上网，积极推进新能源和可再生能源发电与其他电影、电网的有效衔接，依照规划认真落实可再生能源发电保障性收购制度，

解决好无歧视、无障碍上网问题。加快制定完善新能源和可再生能源研发、制造、组装、并网、维护、改造等环节的国家技术标准。

22. 加强和规范自备电厂监督管理。规范自备电厂准入标准，自备电厂的建设和运行应符合国家能源产业政策和电力规划布局要求，严格执行国家节能和环保排放标准，公平承担社会责任，履行相应的调峰义务。拥有自备电厂的企业应按规定承担与自备电厂产业政策相符合的政府性基金、政策性交叉补贴和系统备用费。完善和规范余热、余压、余气、瓦斯抽排等资源综合利用类自备电厂支持政策。规范现有自备电厂成为合格市场主体，允许在公平承担发电企业社会责任的条件下参与电力市场交易。

23. 全面放开用户侧分布式电源市场。积极开展分布式电源项目的各类试点和示范。放开用户侧分布式电源建设，支持企业、机构、社区和家庭根据各自条件，因地制宜投资建设太阳能、风能、生物质能发电以及燃气"热电冷"联产等各类分布式电源，准许接入各电压等级的配电网络和终端用电系统。鼓励专业化能源服务公司与用户合作或以"合同能源管理"模式建设分布式电源。

（七）加强电力统筹规划和科学监管，提高电力安全可靠水平

24. 切实加强电力行业特别是电网的统筹规划。政府有关部门要认真履行电力规划职责，优化电源与电网布局，加强电力规划与电源灯规划之间、全国电力规划与地方性电力规划之间的有效衔接。提升规划的覆盖面、权威性和科学性，增强规划的透明度和公众参与度，各种电源建设和电网布局要严格规划有序组织实施。电力规划应充分考虑资源环境承载力，依法开展规划的环境影响评价。规划经法定程序审核后，要向社会公开。建立规划实施检查、监督、评估、考核工作机制，保障电力规划的有效执行。

25. 切实加强电力行业及相关领域科学监督。完善电力监管组织体系，创新监管措施和手段，有效开展电力交易、调度、供电服务和安全监管，加强电网公平接入、电网投资行为、成本及投资运行效率监管，切实保障新能源并网接入，促进节能减排，保障居民供电和电网安全可靠运行。加强和完善行业协会自律、协调、监督、服务的功能，充分发挥其在政府、用户和企业之间的桥梁纽带作用。

26. 减少和规范电力行业的行政审批。进一步转变政府职能、简政放权，取消、下放电力项目审批权限，有效落实规划，明确审核条件和标准，规范简化审批程序，完善市场规划，保障电力发展战略、政策和标准有效落实。

27. 建立健全市场主体信用体系。加强市场主体诚信建设，规范市场秩序。有关部门要建立企业法人及其负责人、从业人员信用纪录，将其纳入统一的信用信息平台，使各类企业的信用状况透明、可追溯、可核查。加大监管力度，对企业和个人的违法失信行为予以公开，违法失信行为严重且影响电力安全的，要实行严格的行业禁入措施。

28. 抓紧修订电力法律法规。根据改革总体要求和进程，抓紧完成电力法的修订及相关行政法规的研究起草工作，充分发挥立法对改革的引导、推动、规范、保障作用。加强电力依法行政。加大可再生能源法的实施力度。加快能源监管法规制定工作，适应依法监管、有效监管的要求，及时制定和修订其他相关法律、法规、规章。

四、加强电力体制改革工作的组织实施

电力体制改革工作关系经济发展、群众生活和社会稳定，要加强组织领导，按照整体设计、重点突破、分步实施、有序推进、试点先行的要求，调动各方面的积极性，确保改革规范有序、稳妥推进。

（一）加强组织协调。完善电力体制改革工作小组机制，制定切实可行的专项改革工作方案及相关配套措施，进一步明确职责分工，明确中央、地方、企业的责任，确保电力体制改革工作顺利推进。

（二）积极营造氛围。加强与新闻媒体的沟通协调，加大对电力体制改革的宣传报道，在全社会形成推进电力体制改革的浓厚氛围，加强改革工作的沟通协调，充分调动各方积极性，凝聚共识、形成工作合力。

（三）稳妥有序推进。电力体制改革是一项系统性工程，要在各方共识的基础上有序、有效、稳妥推进。逐步扩大输配电价改革试点范围。对售电侧改革、组建相对独立运行的电力交易机构等重大改革事项，可以先进行试点，在总结试点经验和修改完善相关法律法规的基础上再全面推开。

（二）关于推进电力市场建设的实施意见

2015年11月30日，国家发改委、国家能源局正式公布施行《关于推进电力市场建设的实施意见》。

关于推进电力市场建设的实施意见

为贯彻落实《中共中央 国务院关于进一步深化电力体制改革的若干意见》（中发〔2015〕9号）有关要求，推动电力供应使用从传统方式向现代交易模式转变，现就推进电力市场建设提出以下意见。

一、总体要求和实施路径

（一）总体要求。

遵循市场经济基本规律和电力工业运行客观规律，积极培育市场主体，坚持节能减排，建立公平、规范、高效的电力交易平台，引入市场竞争，打破市场壁垒，无歧视开放电网。具备条件的地区逐步建立以中长期交易为主、现货交易为补充的市场化电力电量平衡机制；逐步建立以中长期交易规避风险，以现货市场发现价格，交易品种齐全、功能完善的电力市场。在全国范围内逐步形成竞争充分、开放有序、健康发展的市场体系。

（二）实施路径。

有序放开发用电计划、竞争性环节电价，不断扩大参与直接交易的市场主体范围和电量规模，逐步建立市场化的跨省跨区电力交易机制。选择具备条件地区开展试点，建成包括中长期和现货市场等较为完整的电力市场；总结经验、完善机制、丰富品种，视情况扩大试点范围；逐步建立符合国情的电力市场体系。

非试点地区按照《关于有序放开发用电计划的实施意见》开展市场化交易。试点地区可根据本地实际情况，另行制定有序放开发用电计划的路径。零售市场按照《关于推进售电侧改革的实施意见》开展市场化交易。

二、建设目标

（一）电力市场构成。

主要由中长期市场和现货市场构成。中长期市场主要开展多年、年、季、月、周等日以上电能量交易和可中断负荷、调压等辅助服务交易。现货市场主要开展日前、日内、实时电能量交易和备用、调频等辅助服务交易。条件成熟时，探索开展容量市场、电力期货和衍生品等交易。

（二）市场模式分类。

主要分为分散式和集中式两种模式。其中，分散式是主要以中长期实物合同为基础，发用双方在日前阶段自行确定日发用电曲线，偏差电量通过日前、实时平衡交易进行调节的电力市场模式；集中式是主要以中长期差价合同管理市场风险，配合现货交易采用全电量集中竞价的电力市场模式。

各地应根据地区电力资源、负荷特性、电网结构等因素，结合经济社会发展实际选择电力市场建设模式。为保障市场健康发展和有效融合，电力市场建设应在市场总体框架、交易基本规则等方面保持基本一致。

（三）电力市场体系。

分为区域和省（区、市）电力市场，市场之间不分级别。区域电力市场包括在全国较大范围内和一定范围内资源优化配置的电力市场两类。其中，在全国较大范围内资源优化配置的功能主要通过北京电力交易中心（依托国家电网公司组建）、广州电力交易中心（依托南方电网公司组建）实现，负责落实国家计划、地方政府协议，促进市场化跨省跨区交易；一定范围内资源优化配置的功能主要通过中长期交易、现货交易，在相应区域电力市场实现。省（区、市）电力市场主要开展省（区、市）内中长期交易、现货交易。同一地域内不重复设置开展现货交易的电力市场。

三、主要任务

（一）组建相对独立的电力交易机构。按照政府批准的章程和规则，组建电力交易机构，为电力交易提供服务。

（二）搭建电力市场交易技术支持系统。满足中长期、现货市场运行和市场监管要求，遵循国家明确的基本交易规则和主要技术标准，实行统一标准、统一接口。

（三）建立优先购电、优先发电制度。保障公益性、调节性发用电优先购电、优先发电，坚持清洁能源优先上网，加大节能减排力度，并在保障供需平衡的前提下，逐步形成以市场为主的电力电量平衡机制。

（四）建立相对稳定的中长期交易机制。鼓励市场主体间开展直接交易，自行协商签订合同，或通过交易机构组织的集中竞价交易平台签订合同。优先购电和优先发电视为年度电能量交易签订合同。可中断负荷、调压等辅助服务可签订中长期交易合同。允许按照市场规则转让或者调整交易合同。

（五）完善跨省跨区电力交易机制。以中长期交易为主、临时交易为补充，鼓励发电企业、电力用户、售电主体等通过竞争方式进行跨省跨区买卖电。跨省跨区送受电中的国家计划、地方政府协议送电量优先发电，承担相应辅助服务义务，其他跨省跨区送受电参与电力市场。

（六）建立有效竞争的现货交易机制。不同电力市场模式下，均应在保证安全、高效、环保的基础上，按成本最小原则建立现货交易机制，发现价格，引导用户合理用电，促进发电机组最大限度提供调节能力。

（七）建立辅助服务交易机制。按照"谁受益、谁承担"的原则，建立电力用户参与的辅助服务分担共享机制，积极开展跨省跨区辅助服务交易。在现货市场开展备用、调频等辅助服务交易，中长期市场开展可中断负荷、调压等辅助服务交易。用户可以结合自身负荷特性，自愿选择与发电企业或电网企业签订保供电协议、可中断负荷协议等合同，约定各自的辅助服务权利与义务。

（八）形成促进可再生能源利用的市场机制。规划内的可再生能源优先发电，优先发电合同可转让，鼓励可再生能源参与电力市场，鼓励跨省跨区消纳可再生能源。

（九）建立市场风险防范机制。不断完善市场操纵力评价标准，加强对市场操纵力的预防与监管。加强调度管理，提高电力设备管理水平，确保市场在电力电量平衡基础上正常运行。

四、市场主体

（一）市场主体的范围。

市场主体包括各类发电企业、供电企业（含地方电网、趸售县、高新产业园区和经济技术开发区等，下同）、售电企业和电力用户等。各类市场主体均应满足国家节能减排和环保要求，符合产业政策要求，并在交易机构注册。参与跨省跨区交易时，可在任何一方所在地交易平台参与交易，也可委托第三方代理。现货市场启动前，电网企业可参加跨省跨区交易。

（二）发电企业和用户的基本条件。

1. 参与市场交易的发电企业，其项目应符合国家规定，单位能耗、环保排放、并网安全应达到国家和行业标准。新核准的发电机组原则上参与电力市场交易。

2. 参与市场交易的用户应为接入电压在一定电压等级以上，容量和用电量较大的电力用户。新增工业用户原则上应进入市场交易。符合准入条件的用户，选择进入市场后，应全部电量参与市场交易，不再按政府定价购电。对于符合准入条件但未选择参与直接交易或向售电企业购电的用户，由所在地供电企业提供保底服务并按政府定价购电。用户选择进入市场后，在一定周期内不可退出。适时取消目录电价中相应用户类别的政府定价。

五、市场运行

（一）交易组织实施。电力交易、调度机构负责市场运行组织工作，及时发布市场信息，组织市场交易，根据交易结果制定交易计划。

（二）中长期交易电能量合同的形成。交易各方根据优先购电发电、直接交易（双边或集中撮合）等交易结果，签订中长期交易合同。其中，分散式市场以签订实物合同为主，集中式市场以签订差价合同为主。

（三）日前发电计划。分散式市场，次日发电计划由交易双方约定的次日发用电曲线、优先购电发电合同分解发用电曲线和现货市场形成的偏差调整曲线叠加形成。集中式市场，次日发电计划由发电企业、用户和售电主体通过现货市场竞价确定次日全部发用电量和发用电曲线形成。日前发电计划编制过程中，应考虑辅助服务与电能量统一出清、统一安排。

（四）日内发电计划。分散式市场以 5~15 分钟为周期开展偏差调整竞价，竞价模式为部分电量竞价，优化结果为竞价周期内的发电偏差调整曲线、电量调整结算价格、辅助服务容量、辅助服务价格等。集中式市场以 5~15 分钟为周期开展竞价，竞价模式为全电量竞价，优化结果为竞价周期内的发电曲线、结算价格、辅助服务容量、辅助服务价格等。

（五）竞争性环节电价形成。初期主要实行单一电量电价。现货市场电价由市场主体竞价形成分时电价，根据地区实际可采用区域电价或节点边际电价。为有效规避市场风险，对现货市场以及集中撮合的中长期交易实施最高限价和最低限价。

（六）市场结算。交易机构根据市场主体签订的交易合同及现货平台集中交易结果和执行结果，出具电量电费、辅助服务费及输电服务费等结算依据。建立保障电费结算的风险防范机制。

（七）安全校核。市场出清应考虑全网安全约束。电力调度机构负责安全校核，并按时向规定机构提供市场所需的安全校核数据。

（八）阻塞管理。电力调度机构应按规定公布电网输送能力及相关信息，负责预测和检测可能出现的阻塞问题，并通过市场机制进行必要的阻塞管理。因阻塞管理产生的盈利或费用按责任分担。

（九）应急处置。当系统发生紧急事故时，电力调度机构应按安全第一的原则处理事故，无需考虑经济性。由此带来的成本由相关责任主体承担，责任主体不明的由市场主体共同分担。当面临严重供不应求情况时，政府有关部门可依照相关规定和程序暂停市场交易，组织实施有序用电方案。当出现重大自然灾害、突发事件时，政府有关部门、国家能源局及其派出机构可依照相关规定和程序暂停市场交易，临时实施发用电计划管理。当市场运营规则不适应电力市场交易需要，电力市场运营所必须的软硬件条件发生重大故障导致交易长时间无法进行，以及电力市场交易发生恶意串通操纵行为并严重影响交易结果等情况时，国家能源局及其派出机构可依照相关规定和程序暂停市场交易。

（十）市场监管。切实加强电力行业及相关领域科学监管，完善电力监管组织体系，创新监管措施和手段。充分发挥和加强国家能源局及其派出机构在电力市场监管方面的作用。国家能源局依法组织制定电力市场规划、市场规则、市场监管办法，会同地方政府对区域电力市场及区域电力交易机构实施监管；国家能源局派出机构和地方政府电力管理部门根据职能依法履行省（区、市）电力监管职责，对市场主体有关市场操纵力、公平竞争、电网公平开放、交易行为等情况实施监管，对电力交易机构和电力调度机构执行市场规则的情况实施监管。

六、信用体系建设

（一）建立完善市场主体信用评价制度。开展电力市场交易信用信息系统和信用评价体系建设。针对发电企业、供电企业、售电企业和电力用户等不同市场主体建立信用评价指标体系。建立企业法人及其负责人、从业人员信用记录，将其纳入统一的信息平台，使各类企业的信用状况透明，可追溯、可核查。

（二）建立完善市场主体年度信息公示制度。推动市场主体信息披露规范化、制度化、程序化，在指定网站按照指定格式定期发布信息，接受市场主体的监督和政府部门的监管。

（三）建立健全守信激励和失信惩戒机制。加大监管力度，对于不履约、欠费、滥用市场操纵力、不良交易行为、电网歧视、未按规定披露信息等失信行为，要进行市场内部曝光，对有不守信行为的市场主体，要予以警告。建立并完善黑名单制度，严重失信行为直接纳入不良信用记录，并向社会公示；严重失信且拒不整改、影响电力安全的，必要时可实施限制交易行为或强制性退出，并纳入国家联合惩戒体系。

七、组织实施

在电力体制改革工作小组的领导下，国家发展改革委、工业和信息化部、财政部、国务院国资委、国家能源局等有关部门，充分发挥部门联合工作机制作用，组织协调发电企业、电网企业和电力用户，通过联合工作组等方式，切实做好电力市场建设试点工作。

（一）市场筹建。由电力体制改革工作小组根据电力体制改革的精神，制定区域交易机构设置的有关原则，由国家发展改革委、国家能源局会同有关省（区、市），拟定区域市场试点方案；省级人民政府确定牵头部门并提出省（区、市）市场试点方案。试点方案经国家发展改革委、国家能源局组织专家论证后，修改完善并组织实施。

试点地区应建立领导小组和专项工作组，做好试点准备工作。根据实际情况选择市场模式，选取组建区域交易机构或省（区、市）交易机构，完成电力市场（含中长期市场和现货市场，下同）框架方案设计、交易规则和技术支持系统基本规范制定，电力市场技术支持系统建设，并探索通过电力市场落实优先购电、优先发电的途径。适时启动电力市场试点模拟运行和试运行，开展输电阻塞管理。加强对市场运行情况的跟踪了解和分析，及时修订完善有关规则、技术规范。

（二）规范完善。一是对比分析不同试点面临的问题和取得的经验，对不同市场模式进行评估，分析适用性及资源配置效率，完善电力市场。二是继续放开发用电计划，进一步放开跨省跨区送受电，发挥市场机制自我调节资源配置的作用。三是视情况扩大试点范围，逐步开放融合。满足条件的地区，可试点输电权交易。长期发电容量存在短缺风险的地区，可探索建设容量市场。

（三）推广融合。一是在试点地区建立规范、健全的电力市场体系，在其他具备条件的地区，完善推广电力市场体系。进一步放开竞争性环节电价，在具备条件的地区取消销售电价和上网电价的政府定价；进一步放开发用电计划，并完善应急保障机制。二是研究提出促进全国范围内市场融合实施方案并推动实施，实现不同市场互联互通，在全国范围内形成竞争充分、开放有序、健康发展的市场体系。三是探索在全国建立统一的电力期货、衍生品市场。

（三）关于电力交易机构组建和规范运行的实施意见

2015年11月30日由国家发改委、国家能源局正式公布《关于电力交易机构组建和规范运行的实施意见》。

关于电力交易机构组建和规范运行的实施意见

为贯彻落实《中共中央 国务院关于进一步深化电力体制改革的若干意见》（中发〔2015〕9号）有关要求，推进构建有效竞争的市场结构和市场体系，建立相对独立、规范运行的电力交易机构（以下简称交易机构），现就电力交易机构组建和规范运行提出以下意见。

一、总体要求

（一）指导思想。

坚持市场化改革方向，适应电力工业发展客观要求，以构建统一开放、竞争有序的电力市场体系为目标，组建相对独立的电力交易机构，搭建公开透明、功能完善的电力交易平台，依法依规提供规范、可靠、高效、优质的电力交易服务，形成公平公正、有效竞争的市场格局，促进市场在能源资源优化配置中发挥决定性作用和更好发挥政府作用。

（二）基本原则。

平稳起步，有序推进。根据目前及今后一段时期我国电力市场建设目标、进程及重点任务，立足于我国现有网架结构、电源和负荷分布及其未来发展，着眼于更大范围内资源优化配置，统筹规划、有序推进交易机构组建工作，建立规范运行的全国电力交易机构体系。

相对独立，依规运行。将原来由电网企业承担的交易业务与其他业务分开，实现交易机构管理运营与各类市场主体相对独立。依托电网企业现有基础条件，发挥各类市场主体积极性，鼓励具有相应技术与业务专长的第三方参与，建立健全科学的治理结构。各交易机构依规自主运行。

依法监管，保障公平。交易机构按照政府批准的章程和规则，构建保障交易公平的机制，为各类市场主体提供公平优质的交易服务，确保信息公开透明，促进交易规则完善和市场公平。政府有关部门依法对交易机构实施监管。

二、组建相对独立的交易机构

（一）职能定位。

交易机构不以营利为目的，在政府监管下为市场主体提供规范公开透明的电力交易服务。交易机构主要负责市场交易平台的建设、运营和管理；负责市场交易组织，提供结算依据和相关服务，汇总电力用户与发电企业自主签订的双边合同；负责市场主体注册和相应管理，披露和发布市场信息等。

（二）组织形式。

将原来由电网企业承担的交易业务与其他业务分开，按照政府批准的章程和规则组建交易机构。交易机构可以采取电网企业相对控股的公司制、电网企业子公司制、会员制等组织形式。其中，电网企业相对控股的公司制交易机构，由电网企业相对控股，第三方机构及发电企业、售电企业、电力用户等市场主体参股。会员制交易机构由市场主体按照相关规则组建。

（三）市场管理委员会。

为维护市场的公平、公正、公开，保障市场主体的合法权益，充分体现各方意愿，可建立由电网企业、发电企业、售电企业、电力用户等组成的市场管理委员会。按类别选派代表组成，负责研究讨论交易机构章程、交易和运营规则，协调电力市场相关事项等。市场管理委员会实行按市场主体类别投票表决等合理议事机制，国家能源局及其派出机构和政府有关部门可以派员参加市场管理委员会有关会议。市场管理委员会审议结果经审定后执行，国家能源局及其派出机构和政府有关部门可以行使否决权。

（四）体系框架。

有序组建相对独立的区域和省（区、市）交易机构。区域交易机构包括北京电力交易中心（依托国家电网公司组建）、广州电力交易中心（依托南方电网公司组建）和其他服务于有关区域电力市场的交易机构。鼓励交易机构不断扩大交易服务范围，推动市场间相互融合。

（五）人员和收入来源。

交易机构应具有与履行交易职责相适应的人、财、物，日常管理运营不受市场主体干预，接受政府监管。交易机构人员可以电网企业现有人员为基础，根据业务发展需要，公开选聘，择优选取，不断充实；高级管理人员由市场管理委员会推荐，依法按组织程序聘任。交易机构可向市场主体合理收费，主要包括注册费、年费、交易手续费。

（六）与调度机构的关系。

交易机构主要负责市场交易组织，调度机构主要负责实时平衡和系统安全。日以内即时交易和实时平衡由调度机构负责。日前交易要区别不同情形，根据实践运行的情况和经验，逐步明确、规范交易机构和调度机构的职能边界。

交易机构按照市场规则，基于安全约束，编制交易计划，用于结算并提供调度机构。调度机构向交易机构提供安全约束条件和基础数据，进行安全校核，形成调度计划并执行，公布实际执行结果，并向市场主体说明实际执行与交易计划产生偏差的原因。交易机构根据市场规则确定的激励约束机制要求，通过事后结算实现经济责任分担。

三、形成规范运行的交易平台

（一）拟定交易规则。

根据市场建设目标和市场发展情况，设计市场交易品种。编制市场准入、市场注册、市场交易、交易合同、交易结算、信息披露等规则。

（二）交易平台建设与运维。

逐步提高交易平台自动化、信息化水平，根据市场交易实际需要，规划、建设功能健全、运行可靠的电力交易技术支持系统。加强技术支持系统的运维，支撑市场主体接入和各类交易开展。

（三）市场成员注册管理。

省级政府或由省级政府授权的部门，按年度公布当地符合标准的发电企业和售电主体，对用户目录实施动态监管。进入目录的发电企业、售电主体和用户可自愿到交易机构注册成为市场交易主体。交易机构按照电力市场准入规定，受理市场成员递交的入市申请，与市场成员签订入市协议和交易平台使用协议，办理交易平台使用账号和数字证书，管理市场成员注册信息和档案资料。注册的市场成员可通过交易平台在线参与各类电力交易，签订电子合同，查阅交易信息等。

（四）交易组织。

发布交易信息，提供平台供市场成员开展双边、集中等交易。按照交易规则，完成交易组织准备，发布电力交易公告，通过交易平台组织市场交易，发布交易结果。

(五)交易计划编制与跟踪。

根据各类交易合同编制日交易等交易计划,告知市场成员,并提交调度机构执行,跟踪交易计划执行情况,确保交易合同和优先发用电合同得到有效执行。

(六)交易结算。

根据市场交易发展情况及市场主体意愿,逐步细化完善交易结算相关办法,规范交易结算职能。

交易机构根据交易结果和执行结果,出具电量电费、辅助服务费及输电服务费等结算凭证。交易机构组建初期,可在交易机构出具结算凭证的基础上,保持电网企业提供电费结算服务的方式不变。

(七)信息发布。

按照信息披露规则,及时汇总、整理、分析和发布电力交易相关数据及信息。

(八)风险防控。

采取有效风险防控措施,加强对市场运营情况的监控分析,当市场出现重大异常时,按规则采取相应的市场干预措施,并及时报告。

四、加强对交易机构的监管

(一)市场监管。

切实加强电力行业及相关领域科学监管,完善电力监管组织体系,创新监管措施和手段。充分发挥和加强国家能源局及其派出机构在电力市场监管方面的作用。国家能源局依法组织制定电力市场规划、市场规则、市场监管办法,会同地方政府对区域电力市场及区域电力交易机构实施监管;国家能源局派出机构和地方政府电力管理部门根据职能依法履行省(区、市)电力监管职责,对市场主体有关市场操纵力、公平竞争、电网公平开放、交易行为等情况实施监管,对电力交易机构和电力调度机构执行市场规则的情况实施监管。

(二)外部审计。

试点交易机构应依法依规建立完善的财务管理制度,按年度经具有证券、期货相关业务资格的会计师事务所进行外部财务审计,财务审计报告应向社会发布。

(三)业务稽核。

可根据实际需要,聘请第三方机构对交易开展情况进行业务稽核,并提出完善规则等相关建议。

五、组织实施

(一)加强领导。

为促进不同电力市场的有机融合,逐步形成全国电力市场体系,在电力体制改革工作小组的领导下,国家发展改革委、工业和信息化部、财政部、国务院国资委、国家能源局等有关部门和企业,发挥好部门联合工作机制作用,切实做好交易机构组建试点工作。

(二)试点先行。

在试点地区,结合试点工作,组建相对独立的交易机构,明确试点交易机构发起人及筹备组班子人选。筹备组参与拟定交易机构组建方案,试点方案经国家发展改革委、国家能源局组织论证后组织实施。

(三) 组织推广。

总结交易机构组建试点经验，根据各地市场建设实际进展，有序推动其他交易机构相对独立、规范运行相关工作。

(四) 关于推进输配电价改革的实施意见

2015年11月30日，国家发改委、国家能源局印发《关于推进输配电价改革的实施意见》。

关于推进输配电价改革的实施意见

为贯彻落实《中共中央 国务院关于进一步深化电力体制改革的若干意见》（中发〔2015〕9号）有关要求，理顺电价形成机制，现就推进输配电价改革提出以下意见。

一、总体目标

建立规则明晰、水平合理、监管有力、科学透明的独立输配电价体系，形成保障电网安全运行、满足电力市场需要的输配电价形成机制。还原电力商品属性，按照"准许成本加合理收益"原则，核定电网企业准许总收入和分电压等级输配电价，明确政府性基金和交叉补贴，并向社会公布，接受社会监督。健全对电网企业的约束和激励机制，促进电网企业改进管理，降低成本，提高效率。

二、基本原则

试点先行，积极稳妥。输配电资产庞大，关系复杂，历史遗留的问题很多，各地情况千差万别，要坚持试点先行、积极稳妥的原则，在条件相对较好、矛盾相对较小、地方政府支持的地区先行开展试点，认真总结试点经验，逐步扩大试点范围，确保改革平稳推进。

统一原则，因地制宜。输配电价改革要遵循中发〔2015〕9号文件要求，在国家统一指导下进行，按照"准许成本加合理收益"原则，核定电网企业准许总收入和各电压等级输配电价，改变对电网企业的监管方式。同时，考虑到各地区实际情况，允许在输配电价核定的相关参数、总收入监管方式等方面适当体现地区特点。

完善制度，健全机制。电价改革，要制度先行。需要制订和完善输配电成本监审、价格管理办法，建立健全对电网企业的激励和约束机制，制度和办法要明确、具体、可操作。

突出重点，着眼长远。输配电价改革的重点是改革和规范电网企业运营模式。电网企业按照政府核定的输配电价收取过网费，不再以上网电价和销售电价价差作为主要收入来源。在输配电价核定过程中，既要满足电网正常合理的投资需要，保证电网企业稳定的收入来源和收益水平，又要加强成本约束，对输配电成本进行严格监审，促进企业加强管理，降低成本，提高效率。在研究制定具体试点方案时，要着眼长远，为未来解决问题适当留有余地。

三、主要措施

（一）逐步扩大输配电价改革试点范围。在深圳市、内蒙古西部率先开展输配电价改革试点的基础上，将安徽、湖北、宁夏、云南、贵州省（区）列入先期输配电价改革试点范围，按"准许成本加合理收益"原则核定电网企业准许总收入和输配电价。凡开展电力体制改革综合试点的地区，直接列入输配电价改革试点范围。鼓励具备条件的其他地区开展试点，尽快覆盖到全国。

输配电价改革试点工作主要可分为调研摸底、制定试点方案、开展成本监审、核定电网准许收入和输配电价四个阶段。鼓励试点地区在遵循中发〔2015〕9号文件明确的基本原则基础上，根据本地实际情况和市场需求，积极探索，勇于创新，提出针对性强、可操作性强的试点方案。试点方案不搞一刀切，允许在输配电价核定的相关参数、价格调整周期、总收入监管方式等方面适当体现地区特点。

（二）认真开展输配电价测算工作。各地要按照国家发展改革委和国家能源局联合下发的《输配电定价成本监审办法》（发改价格〔2015〕1347号），扎实做好成本监审和成本调查工作。其中，国家发展改革委统一组织对各试点地区开展输配电定价成本监审。各试点地区要配合做好成本监审具体工作，严格核减不相关、不合理的投资和成本费用。非试点地区同步开展成本调查，全面调查摸清电网输配电资产、成本和企业效益情况。在此基础上，以有效资产为基础测算电网准许总收入和分电压等级输配电价。试点地区建立平衡账户，实施总收入监管与价格水平监管。非试点地区研究测算电网各电压等级输配电价，为全面推进电价改革做好前期准备工作。

（三）分类推进交叉补贴改革。结合电价改革进程，配套改革不同种类电价之间的交叉补贴，逐步减少工商业内部交叉补贴，妥善处理居民、农业用户交叉补贴。过渡期间，由电网企业申报现有各类用户电价间交叉补贴数额，经政府价格主管部门审核后通过输配电价回收；输配电价改革后，根据电网各电压等级的资产、费用、电量、线损率等情况核定分电压等级输配电价，测算并单列居民、农业等享受的交叉补贴以及工商业用户承担的交叉补贴。鼓励试点地区积极探索，采取多种措施保障交叉补贴资金来源。各地全部完成交叉补贴测算和核定工作后，统一研究提出妥善处理交叉补贴的政策措施。

（四）明确过渡时期电力直接交易的输配电价政策。已制定输配电价的地区，电力直接交易按照核定的输配电价执行；暂未单独核定输配电价的地区，可采取保持电网购销差价不变的方式，即发电企业上网电价调整多少，销售电价调整多少，差价不变。

四、组织实施

（一）建立输配电价改革协调工作机制。国家发展改革委会同财政部、国资委、能源局等有关部门和单位成立输配电价改革专项工作组。专项工作组要定期沟通情况，对改革涉及的重点难点问题充分讨论，提出措施建议。

（二）加强培训指导。国家发展改革委加强对各地输配电价改革的指导，统一组织成本监审，审核试点方案和输配电准许收入、水平，对试点效果及时总结，完善政策。同时，组织集中培训、调研交流，提高各地价格主管部门业务能力，为顺利推进改革奠定基础。

（三）正确引导舆论。根据党中央、国务院确定的改革方向，在中发〔2015〕9号文件框架内加强输配电价改革宣传和政策解释工作，灵活采取多种方式进行宣传，正确引导社会舆论，凝聚共识，稳定预期，在全社会形成推进改革的浓厚氛围。

（四）夯实工作基础。各地价格主管部门要加强与电力投资、运行及国家能源局派出机构等部门的合作，充分听取各方意见，集中力量做好改革试点工作。加强上下沟通，健全信息沟通机制，对在方案研究、成本监审、电价测算等过程中遇到的重要情况和问题，及时向国家发展改革委反映。电网企业要积极配合输配电价改革工作，客观真实提供输配电成本监审和价格核定所需的各种财务报表、资产清单等，主动适应输配电价改革要求，改进核算方式，接受政府有关部门监督。

（五）关于推进售电侧改革的实施意见

2015年11月30日，国家发改委、国家能源局印发《关于推进售电侧改革的实施意见》。

关于推进售电侧改革的实施意见

为认真贯彻《中共中央　国务院关于进一步深化电力体制改革的若干意见》（中发〔2015〕9号）精神，现就推进售电侧改革提出以下意见。

一、指导思想和基本原则、工作目标

（一）指导思想。

向社会资本开放售电业务，多途径培育售电侧市场竞争主体，有利于更多的用户拥有选择权，提升售电服务质量和用户用能水平。售电侧改革与电价改革、交易体制改革、发用电计划改革等协调推进，形成有效竞争的市场结构和市场体系，促进能源资源优化配置，提高能源利用效率和清洁能源消纳水平，提高供电安全可靠性。

（二）基本原则。

坚持市场方向。通过逐步放开售电业务，进一步引入竞争，完善电力市场运行机制，充分发挥市场在资源配置中的决定性作用，鼓励越来越多的市场主体参与售电市场。

坚持安全高效。售电侧改革应满足供电安全和节能减排要求，优先开放能效高、排放低、节水型的发电企业，以及单位能耗、环保排放符合国家标准、产业政策的用户参与交易。

鼓励改革创新。参与交易的市场主体采用公示和信用承诺制度，不实行行政审批。整合互联网、分布式发电、智能电网等新兴技术，促进电力生产者和消费者互动，向用户提供智能综合能源服务，提高服务质量和水平。

完善监管机制。保证电力市场公平开放，建立规范的购售电交易机制，在改进政府定价机制、放开发电侧和售电侧两端后，对电网输配等自然垄断环节和市场其他主体严格监管，进一步强化政府监管。

二、售电侧市场主体及相关业务

（一）电网企业。

电网企业是指拥有输电网、配电网运营权（包括地方电力公司、趸售县供电公司），承担其供电营业区保底供电服务的企业，履行确保居民、农业、重要公用事业和公益性服务等用电的基本责任。当售电公司终止经营或无力提供售电服务时，电网企业在保障电网安全和不影响其他用户正常供电的前提下，按照规定的程序、内容和质量要求向相关用户供电，并向不参与市场交易的工商业用户和无议价能力用户供电，按照政府规定收费。若营业区内社会资本投资的配电公司无法履行责任时，由政府指定其他电网企业代为履行。

电网企业对供电营业区内的各类用户提供电力普遍服务，保障基本供电；无歧视地向市场主体及其用户提供报装、计量、抄表、维修、收费等各类供电服务；保障电网公平无歧视开放，向市场主体提供输配电服务，公开输配电网络的可用容量和实际使用容量等信息；在保证电网安全运行的前提下，按照有关规定收购分布式电源发电；受委托承担供电营业区内的有关电力统计工作。

电网企业按规定向交易主体收取输配电费用（含线损和交叉补贴），代国家收取政府性基金；按照交易中心出具的结算依据，承担市场主体的电费结算责任，保障交易电费资金安全。

鼓励以混合所有制方式发展配电业务。向符合条件的市场主体放开增量配电投资业务。社会资本投资增量配电网绝对控股的，即拥有配电网运营权，同时拥有供电营业区内与电网企业相同的权利，并切实履行相同的责任和义务。

（二）售电公司。

售电公司分三类，第一类是电网企业的售电公司。第二类是社会资本投资增量配电网，拥有配电网运营权的售电公司。第三类是独立的售电公司，不拥有配电网运营权，不承担保底供电服务。

售电公司以服务用户为核心，以经济、优质、安全、环保为经营原则，实行自主经营，自担风险，自负盈亏，自我约束。鼓励售电公司提供合同能源管理、综合节能和用电咨询等增值服务。同一供电营业区内可以有多个售电公司，但只能有一家公司拥有该配电网经营权，并提供保底供电服务。同一售电公司可在多个供电营业区内售电。

发电公司及其他社会资本均可投资成立售电公司。拥有分布式电源的用户，供水、供气、供热等公共服务行业，节能服务公司等均可从事市场化售电业务。

（三）用户。

符合市场准入条件的电力用户，可以直接与发电公司交易，也可以自主选择与售电公司交易，或选择不参与市场交易。

三、售电侧市场主体准入与退出

（一）售电公司准入条件。

1. 按照《中华人民共和国公司法》，进行工商注册，具有独立法人资格。

2. 资产要求。

（1）资产总额在2千万元至1亿元人民币的，可以从事年售电量不超过6至30亿千瓦·时的售电业务。

（2）资产总额在1亿元至2亿元人民币的，可以从事年售电量不超过30至60亿千瓦·时的售电业务。

（3）资产总额在2亿元人民币以上的，不限制其售电量。

（4）拥有配电网经营权的售电公司其注册资本不低于其总资产的20%。

3. 拥有与申请的售电规模和业务范围相适应的设备、经营场所，以及具有掌握电力系统基本技术经济特征的相关专职专业人员，有关要求另行制定。

4. 拥有配电网经营权的售电公司应取得电力业务许可证（供电类）。

（二）直接交易用户准入条件。

1. 符合国家产业政策，单位能耗、环保排放均应达到国家标准。

2. 拥有自备电源的用户应按规定承担国家依法合规设立的政府性基金，以及与产业政策相符合的政策性交叉补贴和系统备用费。

3. 微电网用户应满足微电网接入系统的条件。

（三）市场主体准入。

1. 符合准入条件的市场主体应向省级政府或由省级政府授权的部门申请，并提交相关资料。

2. 省级政府或由省级政府授权的部门通过政府网站等媒体将市场主体是否满足准入条件的信息及相关资料向社会公示。

3. 省级政府或由省级政府授权的部门将公示期满无异议的市场主体纳入年度公布的市场主体目录，并实行动态管理。

4. 列入目录的市场主体可在组织交易的交易机构注册，获准参与交易。在新的交易机构组建前，市场主体可先行在省级政府或由省级政府授权的部门登记。有关市场主体准入、退出办法另行制定。

（四）市场主体退出。

1. 市场主体违反国家有关法律法规、严重违反交易规则和破产倒闭的须强制退出市场，列入黑名单，不得再进入市场。退出市场的主体由省级政府或由省级政府授权的部门在目录中删除，交易机构取消注册，向社会公示。

2. 市场主体退出之前应将所有已签订的购售电合同履行完毕或转让，并处理好相关事宜。

四、市场化交易

（一）交易方式。

市场交易包括批发和零售交易。在交易机构注册的发电公司、售电公司、用户等市场主体可以自主双边交易，也可以通过交易中心集中交易。拥有分布式电源或微网的用户可以委托售电公司代理购售电业务。有关交易方式另行制定。

（二）交易要求。

参与交易的有关各方应符合电力市场建设的有关规定，到交易机构注册成为市场交易主体。市场有关各方应依法依规签订合同，明确相应的权利义务关系，约定交易、服务等事项。参与双边交易的买卖双方应符合交易的有关规定，交易结果应报有关交易机构备案。

（三）交易价格。

放开的发用电计划部分通过市场交易形成价格，未放开的发用电计划部分执行政府规定的电价。市场交易价格可以通过双方自主协商确定或通过集中撮合、市场竞价的方式确定。参与市场交易的用户购电价格由市场交易价格、输配电价（含线损和交叉补贴）、政府性基金三部分组成。

输配电价由政府核定，暂未单独核定输配电价的地区，可按现行电网购销价差作为电力市场交易输配电价。

（四）结算方式。

发电公司、电网企业、售电公司和用户应根据有关电力交易规则，按照自愿原则签订三方合同。电力交易机构负责提供结算依据，电网企业负责收费、结算，负责归集交叉补贴，代收政府性基金，并按规定及时向有关发电公司和售电公司支付电费。

五、信用体系建设与风险防范

（一）信息披露。

建立信息公开机制，省级政府或由省级政府授权的部门定期公布市场准入退出标准、交易主体目录、负面清单、黑名单、监管报告等信息。市场主体在省级政府指定网站和"信用中国"网站上公示公司有关情况和信用承诺，对公司重大事项进行公告，并定期公布公司年报。

（二）信用评价。

建立市场主体信用评价机制，省级政府或由省级政府授权的部门依据企业市场履约情况等市场行为建立市场主体信用评价制度，评价结果应向社会公示。建立黑名单制度，对严重违法、违规的市场主体，提出警告，勒令整改。拒不整改的列入黑名单，不得再进入市场。

（三）风险防范。

强化信用评价结果应用，加强交易监管等综合措施，努力防范售电业务违约风险。市场发生严重异常情况时，政府可对市场进行强制干预。

（四）强化监管。

国家能源局和省级政府应加强市场主体和交易机构的市场行为的监管，建立完善的监管组织体系，及时研究、分析交易情况和信息以及公布违反规则的行为。

六、组织实施

（一）分步推进。

在已核定输配电价的地区，鼓励社会资本组建售电公司，开展试点工作。在未核定输配电价的地区，因地制宜放开售电业务，可采取电网购销差价不变的方式开展用户直接交易。在及时对改革试点工作进行总结的基础上，逐步在全国范围内放开所有售电业务。

（二）加强组织指导。

国家发展改革委、工业和信息化部、财政部、环境保护部、国家能源局等有关部门加强与试点地区的联系与沟通，通力合作、密切配合，切实做好售电侧改革试点相关工作。各省级政府要高度重视，加强领导，建立健全工作机制，全面负责本地区改革试点工作，协调解决改革工作中的重大问题。

试点地区要按照电力体制改革总体部署，编制工作方案、配套细则，报国家发展改革委、国家能源局备案。要对改革试点情况定期总结，及时上报，推动改革不断深入。国家发展改革委会同国家能源局要对全国试点地区改革工作总体情况进行及时总结，宣传典型做法，推广改革成功经验。

（三）强化监督检查。

国家发展改革委、国家能源局会同有关部门及时掌握试点地区改革动态，加强指导、协调和督促检查，依据相关法律法规和监管要求对售电市场公平竞争、信息公开、合同履行、合同结算及信用情况实施监管。对改革不到位或政策执行有偏差的及时进行纠正，防止供应侧和需求侧能耗、排放双增高。

试点地区要及时检查指导各项试点探索工作。对在改革过程中出现的新情况、新问题，要积极研究探索解决的办法和途径，重大问题及时报告，确保改革的顺利进行。

建立电力交易督查机制，对各类准入交易企业的能耗、电耗、环保排污水平定期开展专项督查，及时查处违规交易行为，情节严重的要追究相关责任。

国家能源局派出机构和省级有关部门依据相关法律法规，对市场主体准入、电网公平开放、市场秩序、市场主体交易行为、电力普遍服务等实施监管，依法查处违法违规行为。

（六）关于加强和规范燃煤自备电厂监督管理的指导意见

2015年11月30日，国家发改委、国家能源局印发《关于加强和规范燃煤自备电厂监督管理的指导意见》。

关于加强和规范燃煤自备电厂监督管理的指导意见

为贯彻落实《中共中央 国务院关于进一步深化电力体制改革的若干意见》（中发〔2015〕9号）精神，加强和规范燃煤自备电厂监督管理，现提出如下意见：

一、重要意义

燃煤自备电厂（以下简称"自备电厂"）是我国火电行业的重要组成部分，在为工业企业生产运营提供动力供应、降低企业生产成本的同时，还可兼顾周边企业和居民用电用热需求。随着自备电厂装机规模持续扩大和火电行业能效、环保标准不断提高，进一步加强和规范自备电厂监督管理，逐步推进自备电厂与公用电厂同等管理，有利于加强电力统筹规划，推动自备电厂有序发展；有利于促进清洁能源消纳，提升电力系统安全运行水平；有利于提高能源利用效率，降低大气污染物排放；有利于维护市场公平竞争，实现资源优化配置。

二、基本原则

坚持统筹规划的原则。强化电力发展规划的引领约束作用，统筹能源资源和市场需求，科学规划建设自备电厂。

坚持安全可靠的原则。严格执行电力行业相关规章，提升自备电厂运行水平，维护电力系统安全稳定运行。

坚持节能减排的原则。严格新建机组能效、环保准入门槛，落实水资源管理"三条红线"控制指标。持续升级改造和淘汰落后火电机组，切实提升自备电厂能效、环保水平。

坚持公平竞争的原则。执行统一的产业政策和市场规则，推动自备电厂成为合格市场主体，公平参与市场交易。

坚持科学监管的原则。构建"规划、政策、规则、监管"协调一致的监管体系，强化对自备电厂的监督管理，维护电力建设运行秩序。

三、强化规划引导，科学规范建设

（一）统筹纳入规划。新（扩）建燃煤自备电厂项目（除背压机组和余热、余压、余气利用机组外）要统筹纳入国家依据总量控制制定的火电建设规划，由地方政府依据《政府核准的投资项目目录》核准，禁止以各种名义在总量控制规模外核准。

（二）公平参与优选。新（扩）建燃煤自备电厂要符合国家能源产业政策和电力规划布局要求，与公用火电项目同等条件参与优选。京津冀、长三角、珠三角等区域禁止新建燃煤自备电厂。装机明显冗余、火电利用小时数偏低地区，除以热定电的热电联产项目外，原则上不再新（扩）建自备电厂项目。

（三）科学规范建设。自备电厂要按照以热定电、自发自用为主的原则合理选择机型和装机规模。开工建设前要按规定取得核准文件和必要的支持性文件，建设过程中要严格执行火电建设相关产业政策和能效、水效、环保、安全质量等各项标准。严禁未批先建、批建不符及以余热、余压、余气名义建设常规燃煤机组等违规行为。禁止公用电厂违规转为企业自备电厂。

（四）做好电网接入。电网企业应对符合规定的自备电厂无歧视开放电网，做好系统接入服务。并网自备电厂应按要求配置必要的继电保护与安全自动装置以及调度自动化、通信和电量计量等设备，切实做好并网安全等相关工作。鼓励有条件并网的自备电厂按自愿原则并网运行。

四、加强运行管理，参与辅助服务

（一）加强运行管理。并网自备电厂要严格执行调度纪律，服从电力调度机构的运行安排，合理组织设备检修和机组启停。全面落实电力行业相关规章和标准，进一步加强设备维护，做好人员培训，主动承担维护电力系统安全稳定运行的责任和义务。

（二）参与辅助服务。并网自备电厂要按照"两个细则"参与电网辅助服务考核与补偿，根据自身负荷和机组特性提供调峰等辅助服务，并按照相关规定参与分摊，获得收益。

五、承担社会责任，缴纳各项费用

（一）承担社会责任。企业自备电厂自发自用电量应承担并足额缴纳国家重大水利工程建设基金、农网还贷资金、可再生能源发展基金、大中型水库移民后期扶持基金和城市公用事业附加等依法合规设立的政府性基金以及政策性交叉补贴，各级地方政府均不得随意减免或选择性征收。

（二）合理缴纳备用费。拥有并网自备电厂的企业应与电网企业协商确定备用容量，并按约定的备用容量向电网企业支付系统备用费。备用费标准分省统一制定，由省级价格主管部门按合理补偿的原则制定，报国家发展改革委备案。向企业自备电厂收取的系统备用费计入电网企业收入，并由政府价格主管部门在核定电网企业准许收入和输配电价水平时统筹平衡。随着电力市场化改革逐步推进，探索取消系统备用费，以市场化机制代替。

六、加强综合利用，推动燃煤消减

（一）加强综合利用。鼓励企业回收利用工业生产过程中产生可利用的热能、压差以及余气等建设相应规模的余热、余压、余气自备电厂。此类项目不占用当地火电建设规模，可按有关规定减免政策性交叉补贴和系统备用费。

（二）鼓励对外供热供电。余热、余压、余气自备电厂生产的电力、热力，在满足所属企业自身需求的基础上，鼓励其按有关规定参与电力交易并向周边地区供热。

（三）推动燃煤消减。推动可再生能源替代燃煤自备电厂发电。在风、光、水等资源富集地区，采用市场化机制引导拥有燃煤自备电厂的企业减少自发自用电量，增加市场购电量，逐步实现可再生能源替代燃煤发电。

七、推进升级改造，淘汰落后机组

（一）推进环保改造。自备电厂应安装脱硫、脱硝、除尘等环保设施，确保满足大气污染物排放标准和总量控制要求,并安装污染物自动监控设备,与当地环保、监管和电网企业等部门联网。污染物排放不符合环保要求的自备电厂要采取限制生产、停产改造等措施,限期完成环保设施升级改造。对于国家要求实施超低排放改造的自备燃煤机组,要在规定期限内完成相关改造工作。鼓励其他有条件的自备电厂实施超低排放改造。

(二)提高能效水平。自备电厂运行要符合相关产业政策规定的能效标准要求。供电煤耗、水耗高于本省同类型机组平均水平 5 克/千瓦·时、0.5 千克/千瓦·时及以上的自备燃煤发电机组,要因厂制宜,实施节能节水升级改造。

(三)淘汰落后机组。对机组类型属于《产业结构调整目录》等相关产业政策规定淘汰类的,由地方政府明确时间表,予以强制淘汰关停。能耗和污染物排放不符合国家和地方最新标准的自备电厂应实施升级改造,拒不改造或不具备改造条件的由地方政府逐步淘汰关停。淘汰关停后的机组不得转供电或解列运行,不得易地建设。主动提前淘汰自备机组的企业,淘汰机组容量和电量可按有关规定参与市场化交易。

八、确定市场主体,参与市场交易

(一)确定市场主体。满足下列条件的拥有并网自备电厂的企业,可成为合格发电市场主体。

1. 符合国家产业政策,达到能效、环保要求;

2. 按规定承担国家依法合规设立的政府性基金,以及与产业政策相符合的政策性交叉补贴;

3. 公平承担发电企业社会责任;

4. 进入各级政府公布的交易主体目录并在交易机构注册;

5. 满足自备电厂参与市场交易的其他相关规定。

(二)有序参与市场交易。拥有自备电厂的企业成为合格发电市场主体后,有序推进其自发自用以外电量按交易规则与售电主体、电力用户直接交易,或通过交易机构进行交易。

(三)平等参与购电。拥有自备电厂但无法满足自身用电需求的企业,按规定承担国家依法合规设立的政府性基金,以及与产业政策相符合的政策性交叉补贴后,可视为普通电力用户,平等参与市场购电。

九、落实责任主体,加强监督管理

(一)明确主体责任。拥有自备电厂的企业,要承担加强和规范自备电厂管理的主体责任,强化自备电厂内部管理,严格执行能效、环保标准,切实维护电力系统安全稳定运行,公平承担社会责任。

(二)加强组织协调。各省级发改(能源)、经信(工信)、价格、环保等相关部门以及国家能源局派出机构要进一步明确责任分工,加强协调,齐抓共管,形成工作合力,确保自备电厂规范有序发展。

(三)开展专项监管。国家能源局会同有关部门按规定开展自备电厂专项监管和现场检查,形成监管报告,对存在的问题要求限期整改,将拒不整改的企业纳入黑名单,并向社会公布。

(四)强化项目管理。各省级能源主管部门要进一步加强对本地区新(扩)建自备电厂项目的管理。国家能源局及其派出机构要加强对未核先建、批建不符、越权审批等违规建设项目及以余热、余压、余气名义建设常规燃煤机组等问题的监管，一经发现，交由地方能源主管部门责令其停止建设，并会同相关部门依法依规予以处理。

（五）规范运行改造。各省级发改（能源）、经信（工信）、环保等主管部门会同国家能源局派出机构，按照职责分工对燃煤自备电厂安全生产运行、节能减排、淘汰落后产能等工作以及余热、余压、余气自备电厂运行中的弄虚作假行为开展有效监管。对安全生产运行不合规，能效、环保指标不达标，未按期开展升级改造和淘汰落后等工作的自备电厂，要依法依规予以严肃处理，并视情况限批其所属企业新建项目。

（六）加强监督检查。财政部驻各省（区、市）监察专员办事处加强对拥有自备电厂企业缴纳政府性基金情况的监督检查。各省级价格、能源主管部门及国家能源局派出机构加强对拥有自备电厂缴纳政策性交叉补贴情况的监督检查。对存在欠缴、拒缴问题的，要通报批评、限期整改，并依法依规予以处理。

二、有序放开发用电计划

（一）关于当前开展电力用户与发电企业直接交易有关事项的通知

2013年7月29日，国家能源局综合司印发了《关于当前开展电力用户与发电企业直接交易有关事项的通知》。

国家能源局综合司关于当前开展电力用户与发电企业直接交易有关事项的通知

国能综监管〔2013〕258号

各派出机构，各省（自治区、直辖市）能源局：

按照国务院关于转变职能和简政放权的总体要求以及2013年深化经济体制改革重点工作的有关意见，为推进电力用户与发电企业直接交易并加强后续监管，规范直接交易行为，经商有关部门，现就有关事项通知如下：

一、对于电力直接交易试点工作，国家有关部门不再进行行政审批。请各地按照原国家电监会、国家发展改革委、国家能源局《关于完善电力用户与发电企业直接交易试点工作有关问题的通知》（电监市场〔2009〕20号）等有关文件精神，继续推进电力用户与发电企业直接交易相关工作，已经开展试点的地区，应在试点的基础上总结经验，继续推进，尚未开展直接交易的地区，要结合地区实际开展相关工作。

二、完善电力直接交易的市场准入条件，促进节能减排和产业结构的优化调整。

（一）参与直接交易的电力用户必须符合《产业结构调整指导目录》等国家产业政策并且环保排放达标，不符合国家产业政策以及淘汰类产品、工艺的企业不得参与。鼓励战略性新兴产业和能效标杆企业，以及实施工业领域电力需求侧管理，实现用电科学、有序、节约、高效的企业参与直接交易。

（二）实行差别化的准入政策，促进产业布局优化。东部地区，要向高新技术企业、战略型新兴产业及能效标杆企业倾斜，一般性的高能耗企业，原则上不安排参与直接交易；中部地区，参与电力直接交易的企业，其单位能耗低于本省（自治区、直辖市）工业企业平均水平；西部地区特别是能源富集地区，参与电力直接交易的企业，其单位能耗低于全国同行业平均水平。各省（自治区、直辖市）平均能耗水平和行业平均能耗水平参照国家有关部门相关标准执行。

（三）按照平稳有序的原则逐级开放用户。近期首先开放用电电压等级110千伏（66千伏）及以上用户，有条件的可开放35千伏（10千伏）及以上的工业用户或10千伏及以上的高新技术企业、战略型新兴产业参与直接交易。条件成熟的地区可以探索商业用户与分布式发电企业之间开展直接交易，以及工业园区和独立配售电企业整体作为用户参与直接交易。

三、减少干预，发挥市场在资源配置中的基础作用。任何单位和部门不得通过行政手段强制指定直接交易的对象、电量和电价，不得以直接交易为名变相实行电价优惠政策。各地电力用户与发电企业直接交易的工作方案、交易规则、输配电价以及参与直接交易的企业名单应予公开。电力用户与发电企业要按规定及时报送相关信息。电网企业要公平开放电网，做好直接交易的具体实施、计量结算和信息披露工作。

四、合理确定开展直接交易的电量规模。按照积极稳妥、实事求是、循序渐进的原则，根据当地的需要和企业的承受能力确定直接交易的电量规模，待取得经验和相应政策配套后，逐步扩大规模和范围。

五、加快推进输配电价（含损耗率）测算核准工作。国家已核批输配电价的省份，按照核批的标准执行。未核批的省份，按照国务院规定的职责分工，依据国家发展改革委相关输配电价计算公式，抓紧测算后提出意见，按程序报批。

六、加强对电力直接交易工作的领导。以省为单位统筹安排电力直接交易工作。可以成立由有关领导同志牵头、有关部门参加的工作领导小组，科学制定工作方案和交易规则，明确分工，加强协调，有序推进电力直接交易工作，工作方案报国家能源局和有关部门备案。各派出机构应积极推动直接交易相关工作，会同当地政府有关部门加强日常监管，及时跟踪了解情况，发现问题，及时查处纠正。工作中的重大问题，及时报告。

国家能源局综合司
2013年7月29日

（二）关于有序放开发用电计划的实施意见

2015年11月30日，国家发改委、国家能源局正式公布《关于有序放开发用电计划的实施意见》。

关于有序放开发用电计划的实施意见

为贯彻落实《中共中央 国务院关于进一步深化电力体制改革的若干意见》（中发〔2015〕

9号)有关要求,推进发用电计划改革,更多发挥市场机制的作用,逐步建立竞争有序、保障有力的电力运行机制,现就有序放开发用电计划提出以下意见。

一、总体思路和主要原则

(一) 总体思路。

通过建立优先购电制度保障无议价能力的用户用电,通过建立优先发电制度保障清洁能源发电、调节性电源发电优先上网,通过直接交易、电力市场等市场化交易方式,逐步放开其他的发用电计划。在保证电力供需平衡、保障社会秩序的前提下,实现电力电量平衡从以计划手段为主平稳过渡到以市场手段为主,并促进节能减排。

(二) 主要原则。

坚持市场化。在保证电力安全可靠供应的前提下,通过有序缩减发用电计划、开展发电企业与用户直接交易,逐步扩大市场化电量的比例,加快电力电量平衡从以计划手段为主向以市场手段为主转变,为建设电力市场提供空间。

坚持保障民生。政府保留必要的公益性、调节性发用电计划,以确保居民、农业、重要公用事业和公益性服务等用电。在有序放开发用电计划的过程中,充分考虑企业和社会的承受能力,保障基本公共服务的供给。常态化、精细化开展有序用电工作,有效保障供需紧张情况下居民等重点用电需求不受影响。

坚持节能减排和清洁能源优先上网。在确保供电安全的前提下,优先保障水电和规划内的风能、太阳能、生物质能等清洁能源发电上网,促进清洁能源多发满发。

坚持电力系统安全和供需平衡。按照市场化方向,改善电力运行调节,统筹市场与计划两种手段,引导供应侧、需求侧资源积极参与调峰调频,保障电力电量平衡,提高电力供应的安全可靠水平,确保社会生产生活秩序。

坚持有序推进。各地要综合考虑经济结构、电源结构、电价水平、送受电规模、市场基础等因素,结合本地实际情况,制定发用电计划改革实施方案,分步实施、有序推进。

二、建立优先购电制度

(一) 优先购电基本内容。优先购电是指按照政府定价优先购买电力电量,并获得优先用电保障。优先购电用户在编制有序用电方案时列入优先保障序列,原则上不参与限电,初期不参与市场竞争。

(二) 优先购电适用范围。一产用电,三产中的重要公用事业、公益性服务行业用电,以及居民生活用电优先购电。重要公用事业、公益性服务包括党政军机关、学校、医院、公共交通、金融、通信、邮政、供水、供气等涉及社会生活基本需求,或提供公共产品和服务的部门和单位。

(三) 优先购电保障措施。一是发电机组共同承担。优先购电对应的电力电量由所有公用发电机组共同承担,相应的销售电价、上网电价均执行政府定价。二是加强需求侧管理。在负荷控制系统、用电信息采集系统基础上,推广用电用能在线监测和需求侧管理评价,积极培育电能服务,建立完善国家电力需求侧管理平台。在前期试点基础上,推广需求响应,参与市场竞争,逐步形成占最大用电负荷3%左右的需求侧机动调峰能力,保障轻微缺电情况下的电力供需平衡。三是实施有序用电。常态化、精细化开展有序用电工作。制定有序用电方案,进行必要演练，增强操作能力。出现电力缺口或重大突发事件时，对优先购电用户保障供电，其他用户按照有序用电方案确定的顺序及相应比例分担限电义务。通过实施有序用电方案，保障严重缺电情况下的社会秩序稳定。四是加强老少边穷地区电力供应保障。加大相关投入，确保无电人口用电全覆盖。

三、建立优先发电制度

（一）优先发电基本内容。优先发电是指按照政府定价或同等优先原则，优先出售电力电量。优先发电容量通过充分安排发电量计划并严格执行予以保障，拥有分布式风电、太阳能发电的用户通过供电企业足额收购予以保障，目前不参与市场竞争。

（二）优先发电适用范围。为便于依照规划认真落实可再生能源发电保障性收购制度，纳入规划的风能、太阳能、生物质能等可再生能源发电优先发电；为满足调峰调频和电网安全需要，调峰调频电量优先发电；为保障供热需要，热电联产机组实行"以热定电"，供热方式合理、实现在线监测并符合环保要求的在采暖期优先发电，以上原则上列为一类优先保障。为落实国家能源战略、确保清洁能源送出，跨省跨区送受电中的国家计划、地方政府协议送电量优先发电；为减少煤炭消耗和污染物排放，水电、核电、余热余压余气发电、超低排放燃煤机组优先发电，以上原则上列为二类优先保障。各省（区、市）可根据本地区实际情况，按照确保安全、兼顾经济性和调节性的原则，合理确定优先顺序。

（三）优先发电保障措施。一是留足计划空间。各地安排年度发电计划时，充分预留发电空间。其中，风电、太阳能发电、生物质发电、余热余压余气发电按照资源条件全额安排发电，水电兼顾资源条件、历史均值和综合利用要求确定发电量，核电在保证安全的情况下兼顾调峰需要安排发电。二是加强电力外送和消纳。跨省跨区送受电中原则上应明确可再生能源发电量的比例。三是统一预测出力。调度机构统一负责调度范围内风电、太阳能发电出力预测，并充分利用水电预报调度成果，做好电力电量平衡工作，科学安排机组组合，充分挖掘系统调峰潜力，合理调整旋转备用容量，在保证电网安全运行的前提下，促进清洁能源优先上网；面临弃水弃风弃光情况时，及时预告有关情况，及时公开相关调度和机组运行信息。可再生能源发电企业应加强出力预测工作，并将预测结果报相应调度机构。四是组织实施替代，同时实现优先发电可交易。修订火电运行技术规范，提高调峰灵活性，为消纳可再生能源腾出调峰空间。鼓励开展替代发电、调峰辅助服务交易。

四、切实保障电力电量平衡

未建立现货市场的地区，应以现有发用电计划工作为基础，坚持公开、公平、公正，参照以下步骤做好年度电力电量平衡工作。

（一）做好供需平衡预测。每年年底，各地预测来年本地区电力供需平衡情况，预测总发用电量，测算跨省跨区送受电电量（含优先发电部分、市场交易部分），测算本地区平均发电利用小时数，点对网发电机组视同为受电地区发电企业。

（二）安排优先发电。优先安排风能、太阳能、生物质能等可再生能源保障性发电；根据电网调峰调频需要，合理安排调峰调频电量；按照以热定电原则安排热电联产机组发电；兼顾资源条件、系统需要，合理安排水电发电；兼顾调峰需要，合理安排核电发电；安排余热余压余气发电；考虑节能环保水平，安排高效节能、超低排放的燃煤机组发电。

（三）组织直接交易。组织符合条件的电力用户和发电企业，通过双边交易或多边交易等方式，确定交易电量和交易价格；尽可能确保用户用电负荷特性不得恶化，避免加大电网调峰压力；尽可能避免非理性竞争，保障可持续发展。其中，供热比重大的地区，直接交易不得影响低谷电力平衡和保障供热需要；水电比重大的地区，直接交易应区分丰水期、枯水期电量。

（四）扣除相应容量。为促进直接交易价格合理反映电力资源产品价值，在安排计划电量时，原则上应根据直接交易情况，相应扣除发电容量。为调动发电企业参与积极性，直接交易电量折算发电容量时，可根据对应用户最大负荷利用小时数、本地工业用户平均利用小时数或一定上限等方式折算。

（五）安排好年度电力电量平衡方案。扣除直接交易的发电量、发电容量后，剩余发电量、发电容量可以按照现行的差别电量计划制定规则，考虑年度检修计划后，确定发电计划。计划电量执行政府定价。电力企业应根据年度电力电量平衡方案协商签订购售电合同。

（六）实施替代发电。发电计划确定后，在满足安全和供热等约束条件下，组织发电企业通过自主协商或集中撮合等方式实施替代发电，促进节能减排。计划电量和直接交易电量，均可按照有关规定实施替代发电。

（七）保障电力平衡。所有统调发电机组均承担电力平衡和调峰调频任务，对应的电量为调峰调频电量，计入计划电量，原调度方式不变。

（八）适时调整年度电力电量平衡方案。通过调整方案，确保交易电量得以执行。可于四季度，根据直接交易电量变化、用电增速变化，以及有关奖惩因素等，按照上述规则调整年度电力电量平衡方案，并签订调整补充协议。

五、积极推进直接交易

通过建立、规范和完善直接交易机制，促进中长期电力交易的发展，加快市场化改革进程。

（一）用户准入范围。允许一定电压等级或容量的用户参与直接交易；允许售电公司参与；允许地方电网和趸售县参与；允许产业园区和经济技术开发区等整体参与。落后产能、违规建设和违法排污项目不得参与。各地可结合本地区实际情况、产业政策，以及能耗、环保水平等完善准入条件，并尽可能采用负面清单、注册制方式。选择直接交易的用户，原则上应全部电量参与市场交易，不再按政府定价购电。

（二）发电准入范围。允许火电、水电参与直接交易；鼓励核电、风电、太阳能发电等尝试参与；火电机组中，超低排放的燃煤发电机组优先参与。不符合国家产业政策、节能节水指标未完成、污染物排放未达到排放标准和总量控制要求、违规建设等电源项目不得参与。各地可结合本地区实际情况、发电产业政策，以及发电机组容量、能耗、环保水平等完善准入条件，并尽可能采用负面清单方式。发电机组参与直接交易的容量应保持合理比例，以便保持调峰调频能力、避免影响供需平衡。

（三）交易方式和期限。符合条件的发电企业、售电企业和用户可以自愿参与直接交易，协商确定多年、年度、季度、月度、周交易量和交易价格。既可以通过双边交易，也可以通过多边撮合交易实现；一旦参与，不得随意退出。年度交易量确定后，可以根据实际情况进行月度电量调整。直接交易合同原则上至少为期一年，双方必须约定违约责任，否则合同不得中途中止。具备条件的，允许部分或全部转让合同，即卖电方可以买电、买电方也可以卖电，以降低参与方的违约风险。

（四）直接交易价格。对于发电企业与用户、售电企业直接交易的电量，上网电价和销售电价初步实现由市场形成，即通过自愿协商、市场竞价等方式自主确定上网电价，按照用户、售电主体接入电网的电压等级支付输配电价（含线损、交叉补贴）、政府性基金等。暂未单独核定输配电价的地区、扩大电力直接交易参与范围的地区，可采取保持电网购销差价不变的方式，即发电企业上网电价调整多少，销售电价调整多少，差价不变。

（五）保持用电负荷特性。为保持用户用电特性，避免加大系统调峰压力，初期，直接交易电量应区分峰谷电量，实行峰谷电价，峰谷电价比值应不低于所在省份峰谷电价比值；有条件的地区，鼓励发用电双方提供负荷曲线。中期，在直接交易中努力实现电力基本匹配，发用电双方均需提供负荷曲线，但不严格要求兑现。后期，所有卖电方均需提供预计出力曲线；所有买电方均需提供预计用电曲线。

（六）避免非理性竞争。为了建立长期稳定的交易关系，促进可持续发展，参与直接交易的发电能力和用电量应保持合理比例、基本匹配，避免出现非理性竞争，影响市场化改革进程。具体比例可参考本地区可供电量与用电量的比值确定。

六、有序放开发用电计划

根据实际需要，在不影响电力系统安全、供需平衡和保障优先购电、优先发电的前提下，全国各地逐步放开一定比例的发用电计划，参与直接交易，促进电力市场建设。

（一）逐步放大直接交易比例。

用电逐步放开。现阶段可以放开110千伏（66千伏）及以上电压等级工商业用户、部分35千伏电压等级工商业用户参与直接交易。下一步可以放开全部35千伏及以上电压等级工商业用户，甚至部分10千伏及以上电压等级工商业用户参与；允许部分优先购电的企业和用户自愿进入市场。具备条件时，可以放开全部10千伏及以上电压等级用户，甚至允许所有优先购电的企业和用户自愿进入市场；也可以通过保留一定交叉补贴，使得无议价能力用户价格比较合理，在市场上具有一定竞争力，通过市场解决；供电企业仍承担保底供电责任，确保市场失灵时的基本保障。

发电相应放开。随着用电逐步放开，相应放开一定比例的发电容量参与直接交易。目前保留各类优先发电，鼓励优先发电的企业和用户自愿进入市场。具备条件时，调峰调频电量、供热发电、核电、余热余压余气发电等优先发电尽可能进入电力市场。

跨省跨区送受电逐步放开。现阶段，国家计划、地方政府协议送电量优先发电；其他跨省跨区送受电可给予一定过渡期，在历史均值基础上，年电量变化幅度应控制在一定比例范围内，或可通过跨省跨区替代发电实现利益调节。下一步，鼓励将国家计划、地方政府协议送电量转变为中长期合同；其他跨省跨区送受电由送受电各方自行协商确定，鼓励签订中长期合同。逐步过渡到主要通过中长期交易、临时交易实现；既可以是政府间中长期交易，电力企业、用户间中长期交易，也可以是电力企业、用户间临时交易。

（二）促进建立电力市场体系。

通过建立、规范和完善直接交易机制，促进电力中长期交易的发展。首先，选取试点地区开展现货市场试点，探索建立电力电量平衡新机制。然后，在现货市场试点基础上，丰富完善市场品种，探索实施途径、积累经验、完善规则，尝试建立比较完整的电力市场体系，为全国范围推广奠定基础。鼓励需求侧资源参与各类市场竞争，促进分布式发电、电动汽车、需求响应等的发展。后期，进一步完善各类电力市场和交易品种，并逐步在全国范围推广、建立比较完善的电力市场体系，使得电力电量平衡能够主要依靠电力市场实现，市场在配置资源中发挥决定性作用。

结合直接交易用户的放开，适时取消相应类别用户目录电价，即用户必须自行参与市场或通过售电公司购电。逐步取消部分上网电量的政府定价。除优先发电、优先购电对应的电量外，发电企业其他上网电量价格主要由用户、售电主体与发电企业通过自主协商、市场竞价等方式确定。在电力市场体系比较健全的前提下，全部放开上网电价和销售电价。

（三）不断完善应急保障机制。

通过实施需求响应和有序用电方案，完善电力电量平衡的应急保障机制和体系。在面临重大自然灾害和突发事件时，省级以上人民政府依法宣布进入应急状态或紧急状态，暂停市场交易，全部或部分免除市场主体的违约责任，发电全部或部分执行指令性交易，包括电量、电价，用电执行有序用电方案。

七、因地制宜组织实施

（一）切实加强组织领导。各地区要建立工作机制，有关部门要分工协作、相互配合，结合本地区实际情况，制定实施方案并报国家发展改革委和国家能源局；对于过渡时期可能出现的各种问题，早做考虑、早做预案；认真落实本指导意见提出的各项任务，遇有重大问题及时反映。国家发展改革委和国家能源局将会同有关部门加强对各地区实施方案制定和具体工作推进的指导和监督；适时组织评估有序放开发用电计划工作，总结经验、分析问题、完善政策。

（二）因地制宜开展工作。鉴于我国不同地区间电源电网结构、实际运行特点以及经济结构等均存在较大差异，改革过程中面临的困难各不相同、同步实施难度较大，各地可根据工作基础、实施难度和实际进展等因素，在本地区实施方案中确定主要时间节点，并制定不同阶段的放开比例和具体工作方案。建立现货市场的试点地区，可以根据需要另行设计发用电计划改革路径。

（三）充分发挥市场作用。无论是制定、实施本地区实施方案，还是组织开展试点工作，各地都要坚持发挥市场的作用，注重制定完善规则，按规则办事，避免自由裁量空间过大。特别是在直接交易等实施过程中，不得指定交易对象、交易电量、交易价格。国家能源局派出机构应加强对此类情况的监督检查。如经核实出现类似情况，将暂停该地区试点工作或改革推进工作，待整改完毕后再行推进。

（三）关于有序放开发用电计划的通知

2017年3月29日，国家发展改革委、国家能源局印发《关于有序放开发用电计划的通知》。

国家发展改革委　国家能源局关于有序放开发用电计划的通知

发改运行〔2017〕294号

各省、自治区、直辖市发展改革委、经信委（工信委、工信厅）、能源局、物价局，国家能源局各派出能源监管机构，中国电力企业联合会，国家电网公司、中国南方电网有限责任公司，中国华能集团公司、中国大唐集团公司、中国华电集团公司、中国国电集团公司、国家电力投资集团公司、中国长江三峡集团公司、神华集团公司、国家开发投资公司、中国核工业集团公司、中国广核集团有限公司、华润集团有限公司：

为贯彻《中共中央　国务院关于进一步深化电力体制改革的若干意见》（中发〔2015〕9号）文件精神，落实《国家发展改革委　国家能源局关于印发电力体制改革配套文件的通知》（发改经体〔2015〕2752号）要求，现就有序放开发用电计划工作有关事项通知如下：

一、加快组织发电企业与购电主体签订发购电协议（合同）。各地要加快推进电力体制改革，逐步扩大市场化交易电量规模，自文件下发之日起，尽快组织发电企业特别是燃煤发电企业与售电企业、用户及电网企业签订三方发购电协议（合同）。签订的发购电协议（合同）由电力交易机构根据相关规定汇总和确认，电力调度机构进行安全校核，燃煤发电企业只要不超过当地省域年度燃煤机组发电小时数最高上限，由电网企业保障执行。各地年度燃煤机组发电小时数的最高上限，综合考虑可再生能源消纳、电网安全、公平竞争和行业健康发展等情况统筹测算，由调度机构商省级政府相关部门确定，并报国家发展改革委和国家能源局备案。

二、逐年减少既有燃煤发电企业计划电量。2017年，在优先支持已实行市场交易电量的基础上，其他煤电机组安排计划电量不高于上年火电计划小时的80%，属于节能环保机组及自行签订发购电协议（合同）超出上年火电计划利用小时数50%的企业，比例可适当上调，但不超过85%。2018年以后计划发电量比例，配合用电量放开进展逐年减小。上年度计划利用小时数不宜作为基数的地区，可由省级政府相关部门根据电力体制改革相关精神适当调整确定基数。可再生能源调峰机组计划电量按照《可再生能源调峰机组优先发电试行办法》（发改运行〔2016〕1558号）有关要求安排。除优先发电计划外，其他电量均通过市场化交易实现，如因发用电计划放开不同步产生电费结算盈亏，计入本地输配电价平衡账户，可用于政策性交叉补贴、辅助服务费用等。

三、新核准发电机组积极参与市场交易。对中发〔2015〕9号文颁布实施后核准的煤电机组，原则上不再安排发电计划，不再执行政府定价，投产后一律纳入市场化交易和由市场形成价格，但签约交易电量亦不应超过当地年度燃煤机组发电小时数最高上限。新核准的水电、核电等机组除根据相关政策安排一定优先发电计划外，应积极参与电力市场交易，由市场形成价格。

四、规范和完善市场化交易电量价格调整机制。发电企业与售电企业、用户及电网企业签订市场化发购电协议（合同），鼓励签订中长期合同，并在合同中约定价格调整机制。燃煤发电企业的协议（合同）期限应与电煤中长期合同挂钩，发售电价格建立与电煤价格联动的调整机制，调整周期充分考虑电煤中长期合同的调整周期；有集中竞价的地区鼓励建立价格调整机制，具体调整方法由双方在协议（合同）中明确。煤电以外的市场化电量也应建立价格调整机制，鼓励建立与集中竞价相衔接的调整机制。

五、有序放开跨省跨区送受电计划。跨省跨区送受电逐步过渡到优先发电计划和有序实现直接交易相结合，根据电源规划、电源类别和核准投运时间，分类推进送受电计划改革。

国家规划内的既有大型水电、核电、风电、太阳能发电等清洁能源发电，以及网对网送受清洁能源的地方政府协议，通过优先发电计划予以重点保障。优先发电计划电量不低于上年实际水平或多年平均水平，价格按照《国家发展改革委关于完善跨省跨区电能交易价格形成机制有关问题的通知》（发改价格〔2015〕962号）有关精神，由送电、受电市场主体双方在自愿平等基础上，在贯彻落实国家能源战略的前提下，按照"风险共担、利益共享"原则协商或通过市场化交易方式确定送受电价格，鼓励通过签订中长期合同的方式予以落实；优先发电计划电量以外部分参加受电地区市场化竞价。

国家规划内的既有煤电机组，鼓励签订中长期协议（合同）。采取点对网或类似点对网专线输电方式送（分）电的，视同受电地区发电机组，参与电力电量平衡，根据受电地区煤电机组发用电计划放开情况同步推进市场化。历史形成统一分配电量的煤电机组，发电计划放开比例为受电地区放开比例的一半。

国家规划内且在中发〔2015〕9号文颁布实施后核准的清洁能源发电机组，在落实优先发电计划过程中，市场化方式形成价格部分的比例应逐步扩大。

国家规划内且在中发〔2015〕9号文颁布实施后核准的煤电机组，不再保留现有的电力电量或分电比例，发电计划放开比例为受电地区放开比例的一半。

六、认真制定优先发电计划。各地按照中发〔2015〕9号文及配套文件精神制定优先发电计划，以落实国家能源战略，确保清洁能源、调峰机组等保障性电源发电需要。省（区、市）内消纳的规划内风电、太阳能发电、核电等机组在保障性收购小时以内的电量，水电兼顾资源等条件、历史均值和综合利用要求的优先发电量，热电联产机组供热期以热定电的发电量，以及调峰调频电量，由省级政府相关部门按照《关于有序放开发用电计划的实施意见》要求，依据国家制定的相关办法，确定为优先发电计划，由电网企业保障执行。优先发电计划可以执行政府定价，也可通过市场化方式形成价格，根据电源特性和供需形势等因素确定比例。落实可再生能源保障性收购政策确实存在困难的地区，商国家发展改革委、国家能源局同意后，研究制定合理的解决措施，确保可再生能源发电保障小时数逐年增加，直至达到国家制定的保障性收购年利用小时数标准。跨省跨区送受电的优先发电计划在受电地区优先消纳。

七、允许优先发电计划指标有条件市场化转让。属于市场化方式形成价格的优先发电计划，如不能实现签约，指标可市场化转让给其他优先发电机组。优先发电计划指标市场化转让可在本地进行，也可以跨省跨区开展。如指标无法转让，则由电网企业参考本地区同类型机组平均购电价格购买，产生的结算盈余计入本地输配电价平衡账户。对规划以外或不符合国家规定程序的风电、太阳能发电等可再生能源，按规定不允许并网运行。风电、太阳能发电等可再生能源是否符合规划、符合国家规定程序，由地方能源主管部门会同能源局派出机构进行核查。核查确定为违规机组，还要纳入电力行业信用监管黑名单。

八、在保障无议价能力用户正常用电基础上引导其他购电主体参与市场交易。各地要按照中发〔2015〕9号文及配套文件精神明确优先购电范围，制定优先购电计划，确保无议价能力用户用电需要。优先购电计划执行政府定价，由电网公司予以保障。各地要加快放开无议价能力用户以外的电力用户等购电主体参与市场交易，引导发电侧放开规模与需求侧相匹配。参与直接交易的购电主体，原则上应全部电量参与市场交易，市场化交易的电量，政府相关部门将不再下达用电计划。具备条件的地区可扩大电力用户放开范围，不受电压等级限制。积极培育售电市场主体，售电公司可视同大用户与发电企业开展电力直接交易。中小用户无法参与电力直接交易的，可由售电公司代理参与。新增大工业用户原则上应通过签订电力直接交易协议（合同）保障供电，鼓励其他新增用户参与电力直接交易，签订中长期协议（合同）。要加强对电力用户参与市场意识的培育，大力发展电能服务产业，帮助用户了解用电曲线，提高市场化意识。争取在两年内，初步实现电力直接交易双方发用电曲线实时对应。

九、参与市场交易的电力用户不再执行目录电价。凡是参加电力市场交易的电力用户，均不再执行对应的目录电价。除优先购电、优先发电对应的电量外，发电企业其他上网电量价格主要由用户、售电主体与发电企业通过自主协商、市场竞价等方式确定。电力市场体系比较健全时，全部放开上网电价和公益性电量以外的销售电价。已参加市场交易的用户又退出的，在通过售电公司购电或再次参与市场交易前，由电网企业承担保底供电责任。电网企业与电力用户交易的保底价格在电力用户缴纳输配电价的基础上，按照政府核定的居民电价的1.2~2倍执行。保底价格具体水平由各省（区、市）价格主管部门按照国家确定的上述原则确定。

十、采取切实措施落实优先发电、优先购电制度。2017年起，各地上年末要按照要求，结合电力生产和消费实际，测算本地区本年度优先发电、优先购电保障范围，向国家发展改革委上报本地区本年度优先发电、优先购电计划建议；国家电网公司、南方电网公司按照要求，每年底向国家发展改革委上报次年度跨省跨区送受电优先发电计划建议。国家发展改革委根据上报情况，与有关部门、地方和电力企业协商，确定各地及跨省跨区送受电年度优先发电、优先购电计划，纳入年度基础产业、新兴产业和部分重点领域发展计划，并根据实际供需适当调整。国家发展改革委、国家能源局会同有关部门不断完善优先发电、优先购电管理办法。

国家发展改革委

国家能源局

2017年3月29日

（四）关于全面放开经营性电力用户发用电计划的通知

2019年6月22日，国家发展改革委下发了《关于全面放开经营性电力用户发用电计划的通知》。

国家发展改革委关于全面放开经营性电力用户发电用电计划的通知

发改运行〔2019〕1105号

各省、自治区、直辖市发展改革委、经信委（工信委、工信厅、经信厅、工信局）、能源局，北京市城市管理委员会，中国核工业集团有限公司、国家电网有限公司、中国南方电网有限责任公司、中国华能集团有限公司、中国大唐集团有限公司、中国华电集团有限公司、国家电力投资集团有限公司、中国长江三峡集团有限公司、国家能源投资集团有限责任公司、国家开发投资集团有限公司、华润集团有限公司、中国广核集团有限公司：

为深入学习贯彻习近平新时代中国特色社会主义思想和党的十九大精神，认真落实中央经济工作会议和政府工作报告部署要求，进一步全面放开经营性电力用户发用电计划，提高电力交易市场化程度，深化电力体制改革，现就全面放开经营性电力用户发用电计划有关要求通知如下。

一、全面放开经营性电力用户发用电计划

（一）各地要统筹推进全面放开经营性电力用户发用电计划工作，坚持规范有序稳妥的原则，坚持市场化方向完善价格形成机制，落实清洁能源消纳要求，确保电网安全稳定运行和电力用户的稳定供应，加强市场主体准入、交易合同、交易价格的事中事后监管。

（二）经营性电力用户的发用电计划原则上全部放开。除居民、农业、重要公用事业和公益性服务等行业电力用户以及电力生产供应所必需的厂用电和线损之外，其他电力用户均属于经营性电力用户。

（三）经营性电力用户中，不符合国家产业政策的电力用户暂不参与市场化交易，产品和工艺属于《产业结构调整指导目录》中淘汰类和限制类的电力用户严格执行现有差别电价政策。符合阶梯电价政策的企业用户在市场化电价的基础上继续执行阶梯电价政策。

（四）拥有燃煤自备电厂的企业按照国家有关规定承担政府性基金及附加、政策性交叉补贴、普遍服务和社会责任，按约定向电网企业支付系统备用费，取得电力业务许可证，达到能效、环保要求，成为合格市场主体后，有序推进其自发自用以外电量按交易规则参与交易。为促进和鼓励资源综合利用，对回收利用工业生产过程中产生可利用的热能、压差以及余气等建设相应规模的余热、余压、余气自备电厂，继续实施减免系统备用费和政策性交叉补贴等相关支持政策。

（五）各地政府主管部门要会同电网企业，细化研究并详细梳理暂不参与市场的用户清单，掌握经营性电力用户参与市场化交易情况，逐步建立分行业电力用户参与市场化交易统计分析制度，及时掌握经营性电力用户全面放开情况。

二、支持中小用户参与市场化交易

（六）积极支持中小用户由售电公司代理参加市场化交易，中小用户需与售电公司签订代理购电合同，与电网企业签订供用电合同，明确有关权责义务。

（七）经营性电力用户全面放开参与市场化交易主要形式可以包括直接参与、由售电公司代理参与、其他各地根据实际情况研究明确的市场化方式等，各地要抓紧研究并合理制定中小用户参与市场化交易的方式，中小用户可根据自身实际自主选择，也可以放弃选择权，保持现有的购电方式。各地可结合本地区电力供需形势，针对全面放开经营性电力用户发用电计划设定一段时间的过渡期。

（八）针对选择参与市场化交易但无法与发电企业达成交易意向的中小用户，过渡期内执行原有购电方式，过渡期后执行其他市场化购电方式。

（九）退出市场化交易或未选择参与市场化交易的中小用户，在再次直接参与或通过代理方式参与市场化交易前，由电网企业承担保底供电责任。

三、健全全面放开经营性发用电计划后的价格形成机制

（十）全面放开经营性发用电计划后的价格形成机制，按照价格主管部门的有关政策执行。

（十一）对于已按市场化交易规则执行的电量，价格仍按照市场化规则形成。鼓励电力用户和发电企业自主协商签订合同时，以灵活可浮动的形式确定具体价格，价格浮动方式由双方事先约定。

四、切实做好公益性用电的供应保障工作

（十二）各地要进一步落实规范优先发电、优先购电管理有关要求，对农业、居民生活及党政机关、学校、医院、公共交通、金融、通信、邮政、供水、供气等重要公用事业、公益性服务等用户安排优先购电。结合本地实际，加强分类施策，抓紧研究保障优先发电、优先购电执行的措施，统筹做好优先发电优先购电计划规范管理工作。

（十三）各地要根据优先购电保障原则，详细梳理优先购电用户清单，实施动态管理、跟踪保障，原则上优先购电之外的其他经营性电力用户全部参与市场。

（十四）各地要合理制定有序用电方案并按年度滚动调整，出现电力缺口或重大突发事件时，对优先购电用户保障供电，其他用户按照有序用电方案承担有序用电义务。

（十五）电网企业要按照规定承担相关责任，按照政府定价保障优先购电用户用电。优先购电首先由优先发电电量予以保障。

五、切实做好规划内清洁电源的发电保障工作

（十六）研究推进保障优先发电政策执行，重点考虑核电、水电、风电、太阳能发电等清洁能源的保障性收购。核电机组发电量纳入优先发电计划，按照优先发电优先购电计划管理有关工作要求做好保障消纳工作。水电在消纳条件较好地区，根据来水情况，兼顾资源条件、历史均值和综合利用等要求，安排优先发电计划；在消纳受限地区，以近年发电量为基础，根据市场空间安排保量保价的优先发电计划，保量保价之外的优先发电量通过市场化方式确定价格。风电、太阳能发电等新能源，在国家未核定最低保障收购年利用小时数的地区按照资源条件全额安排优先发电计划；在国家核定最低保障收购年利用小时数的地区，结合当地供需形势合理安排优先发电计划，在国家核定最低保障收购年利用小时数内电量保量保价收购基础上，鼓励超过最低保障收购年利用小时数的电量通过参与市场化交易方式竞争上网。

（十七）积极推进风电、光伏发电无补贴平价上网工作，对平价上网项目和低价上网项目，要将全部电量纳入优先发电计划予以保障，在同等条件下优先上网。平价上网项目和低价上网项目如存在弃风、弃光情况，由省级政府主管部门会同电网企业将弃风、弃光电量全额核定为可转让的优先发电计划，可在全国范围内通过发电权交易转让给其他发电企业并获取收益。电力交易机构要按要求做好弃风、弃光优先发电计划的发电权交易的组织工作，推动交易落实。

（十八）电网企业、电力用户和售电公司应按要求承担相关责任，落实清洁能源消纳义务。鼓励参与跨省跨区市场化交易的市场主体消纳优先发电计划外增送清洁能源电量。

（十九）鼓励经营性电力用户与核电、水电、风电、太阳能发电等清洁能源开展市场化交易，消纳计划外增送清洁能源电量。电力交易机构要积极做好清洁能源消纳交易组织工作，进

一步降低弃水、弃风、弃光现象。

（二十）清洁能源消纳受限地区要加快落实将优先发电计划分为"保量保价"和"保量竞价"两部分，其中"保量竞价"部分通过市场化方式形成价格，市场化交易未成交部分可执行本地区同类型机组市场化形成的平均购电价格。

六、加强电力直接交易的履约监管

（二十一）各地要有针对性地制定和完善相关规章制度，实施守信联合激励和失信联合惩戒机制，加强电力直接交易的履约监管力度。市场主体按照市场交易规则组织签订直接交易合同，明确相应的权利义务关系、交易电量和价格等重要事项，并严格按照合同内容履约执行。

（二十二）地方经济运行部门要会同电网企业、电力交易机构对电力直接交易合同履约情况实行分月统计，发挥电网企业及电力交易机构作用，将直接交易合同履约情况纳入统一管理，在一定范围内按季度通报。国家能源局派出机构对辖区内电力直接交易合同履约情况进行监管。

（二十三）发电企业、电力用户、售电公司等市场主体要牢固树立市场意识、法律意识、契约意识和信用意识，直接交易合同达成后必须严格执行，未按合同条款执行需承担相应违约责任并接受相关考核惩罚。

七、保障措施

（二十四）各地要根据实际情况，采取积极措施确保跨省跨区交易与各区域、省（区、市）电力市场协调运作。在跨省跨区市场化交易中，鼓励网对网、网对点的直接交易，对有条件的地区，有序支持点对网、点对点直接交易。各地要对跨省跨区送受端市场主体对等放开，促进资源大范围优化配置和清洁能源消纳。北京、广州电力交易中心和各地电力交易机构要积极创造条件，完善交易规则、加强机制建设、搭建交易平台，组织开展跨省跨区市场化交易。

（二十五）中国电力企业联合会、第三方信用服务机构和各电力交易机构开展电力交易信用数据采集，建立动态信用记录数据库，适时公布有关履约信用状况。对诚实守信、认真履约的企业纳入诚信记录，对履约不力甚至恶意违约的企业纳入不良信用记录并视情况公开通报，对存在违法、违规行为和列入"黑名单"的严重失信企业执行联合惩戒措施。

（二十六）各省（区、市）政府主管部门每月向国家发展改革委报送全面放开发用电计划进展情况。各电力交易机构、电网企业负责市场化交易的组织和落实，配合有关部门开展监管。各电力交易机构开展对市场交易的核查，按时向各地政府主管部门报告有关情况。国家能源局派出机构对辖区内各省（区、市）全面放开发用电计划执行情况进行监督，每季度向国家发展改革委、国家能源局报送相关情况。

国家发展改革委
2019 年 6 月 22 日

（五）关于深化燃煤发电上网电价形成机制改革的指导意见

2019 年 10 月 21 日，国家发展改革委下发了《关于深化燃煤发电上网电价形成机制改革的指导意见》。

国家发展和改革委员会关于深化燃煤发电上网电价形成机制改革的指导意见

发改办价格规〔2019〕1658号

各省、自治区、直辖市及计划单列市、新疆生产建设兵团发展改革委（物价局），华能集团、大唐集团、华电集团、国家能源集团、国家电投集团、国投电力有限公司、国家电网有限公司、南方电网公司、内蒙古电力（集团）有限责任公司：

为贯彻落实《中共中央 国务院关于进一步深化电力体制改革的若干意见》《中共中央 国务院关于推进价格机制改革的若干意见》精神，加快推进电力价格市场化改革，有序放开竞争性环节电力价格，提升电力市场化交易程度，经国务院同意，现就深化燃煤发电上网电价形成机制改革提出以下意见。

一、改革必要性

2004年以来，燃煤发电标杆上网电价及煤电价格联动机制逐步建立，并成为上网侧电价形成的重要基准，对规范政府定价行为、促进不同类型上网电价合理形成、优化电力行业投资、引导电力企业效率改善、推动电力上下游产业健康发展发挥了重要作用。近年来，随着电力市场化改革的不断深化，竞争性环节电力价格加快放开，现行燃煤发电标杆上网电价机制已难以适应形势发展，突出表现为不能有效反映电力市场供求变化、电力企业成本变化，不利于电力上下游产业协调可持续发展，不利于市场在电力资源配置中发挥决定性作用。

党中央、国务院关于电力体制改革和价格机制改革的相关文件明确提出，要坚持"管住中间、放开两头"，有序放开输配以外的竞争性环节电力价格；2018年中央经济工作会议也明确要求提升电力市场化交易程度。当前，输配电价改革已经实现全覆盖，"准许成本+合理收益"的定价机制基本建立；各地电力市场化交易规模不断扩大，约50%的燃煤发电上网电量电价已通过市场交易形成，现货市场已开始建立；全国电力供需相对宽松、燃煤机组发电利用小时数低于正常水平，进一步深化燃煤发电上网电价形成机制改革已具备坚实基础和有利条件，应抓住机遇加快推进竞争性环节电力价格市场化改革。

二、总体思路和基本原则

（一）总体思路。坚持市场化方向，按照"管住中间、放开两头"的体制架构，进一步深化燃煤发电上网电价机制改革，加快构建能够有效反映电力供求变化、与市场化交易机制有机衔接的价格形成机制，为全面有序放开竞争性环节电力价格、加快确立市场在电力资源配置中的决定性作用和更好发挥政府作用奠定坚实基础。

（二）基本原则。

坚持整体设计，分步推进。按照市场化改革要求，既要强化顶层设计，凡是能放给市场的坚决放给市场，政府不进行不当干预；又要分步实施，有序扩大价格形成机制弹性，防止价格大幅波动，逐步实现全面放开燃煤发电上网电价，确保改革平稳推进。

坚持统筹谋划，有效衔接。充分考虑不同类型、不同环节电价之间的关系，统筹谋划好核电、水电、燃气发电、新能源上网电价形成机制，以及不同类型用户销售电价形成机制，确保深化燃煤发电上网电价机制改革措施有效衔接。

坚持协同推进，保障供应。充分认识改革的复杂性，广泛听取意见建议，强化配套保障措施，确保改革有序开展。加快推进电力市场建设，协同深化电量、电价市场化改革，确保电力系统安全稳定运行，保障电力供应。

坚持强化监管，规范有序。按照放管并重的要求，加强电力价格行为监管，建立价格异常波动调控机制，健全市场规范、交易原则、电力调度、资金结算、风险防范、信息披露等制度，确保燃煤发电上网电价合理形成。

三、改革举措

（一）为稳步实现全面放开燃煤发电上网电价目标，将现行燃煤发电标杆上网电价机制改为"基准价+上下浮动"的市场化价格机制。基准价按当地现行燃煤发电标杆上网电价确定，浮动幅度范围为上浮不超过10%、下浮原则上不超过15%。对电力交易中心依照电力体制改革方案开展的现货交易，可不受此限制。国家发展改革委根据市场发展适时对基准价和浮动幅度范围进行调整。

（二）现执行标杆上网电价的燃煤发电电量，具备市场交易条件的，具体上网电价由发电企业、售电公司、电力用户等市场主体通过场外双边协商或场内集中竞价（含挂牌交易）等市场化方式在"基准价+上下浮动"范围内形成，并以年度合同等中长期合同为主确定；暂不具备市场交易条件或没有参与市场交易的工商业用户用电对应的电量，仍按基准价执行。

（三）燃煤发电电量中居民、农业用户用电对应的电量仍按基准价执行。

（四）燃煤发电电量中已按市场化交易规则形成上网电价的，继续按现行市场化规则执行。

（五）燃煤发电上网电价形成机制改革后，现行煤电价格联动机制不再执行。

四、配套改革

（一）健全销售电价形成机制。通过市场化方式形成上网电价的工商业用户用电价格，包括市场化方式形成上网电价、输配电价（含交叉补贴和线损，下同）、政府性基金，不再执行目录电价。由电网企业保障供应的用户用电价格，继续执行各地目录电价。其中，居民、农业用电继续执行现行目录电价，确保价格水平稳定。

（二）稳定可再生能源发电价补机制和核电、燃气发电、跨省跨区送电价格形成机制。纳入国家补贴范围的可再生能源发电项目上网电价在当地基准价（含脱硫、脱硝、除尘电价）以内的部分，由当地省级电网结算，高出部分按程序申请国家可再生能源发展基金补贴。核电、燃气发电、跨省跨区送电价格形成机制等，参考燃煤发电标杆上网电价的，改为参考基准价。

（三）相应明确环保电价政策。执行"基准价+上下浮动"价格机制的燃煤发电电量，基准价中包含脱硫、脱硝、除尘电价。仍由电网企业保障供应的电量，在执行基准价的基础上，继续执行现行超低排放电价政策。燃煤发电上网电价完全放开由市场形成的，上网电价中包含脱硫、脱硝、除尘电价和超低排放电价。

（四）规范交叉补贴调整机制。以2018年为基数，综合考虑电量增长等因素，在核定电网输配电价时统筹确定交叉补贴金额，以平衡电网企业保障居民、农业用电产生的新增损益。

（五）完善辅助服务电价形成机制。通过市场机制形成燃煤机组参与调峰、调频、备用、黑启动等辅助服务的价格，以补偿燃煤发电合理成本，保障电力系统安全稳定运行。对于燃煤机组利用小时严重偏低的省份，可建立容量补偿机制，容量电价和电量电价通过市场化方式形成。

五、实施安排

（一）各地要结合当地情况组织开展燃煤发电上网电价机制改革，制定细化实施方案，经省级人民政府批准后，于2019年11月15日前报国家发展改革委备案。尚不具备条件的地方，可暂不浮动，按基准价（即现行燃煤发电标杆上网电价）执行。现货市场实际运行的地方，可按现货市场规则执行。

（二）实施"基准价+上下浮动"价格机制的省份，2020年暂不上浮，确保工商业平均电价只降不升。国家发展改革委可根据情况对2020年后的浮动方式进行调控。

（三）国家发展改革委动态跟踪实施情况，结合电力体制改革总体进展，适时开展评估调整。

六、保障措施

（一）强化居民、农业等电力保障。居民、农业用电电量以及不具备市场交易条件或没有参与市场交易的工商业用户电量，由电网企业保障供应，主要通过优先发电计划保障，不足部分由所有参与电力市场的发电企业机组等比例保障。

（二）规范政府行为。各地要坚持市场化方向，按照国家制定的市场规则和运营规则来开展市场建设和电力交易，对用户和发电企业准入不得设置不合理门槛，在交易组织、价格形成等过程中，不得进行不当干预。

（三）加强电力市场价格行为监管。充分依托各地现有电力交易市场，积极发挥市场管理委员会作用，完善市场交易、运行等规则，规范市场主体交易行为，保障市场交易公平、公正、公开。积极配合市场监管部门及时查处电力市场中市场主体价格串通、实施垄断协议、滥用市场支配地位等违法违规价格行为，以及地方政府滥用行政权力排除、限制竞争的行为。鼓励市场主体参与价格监督。依托市场信用体系，构建市场主体价格信用档案，对价格违法行为予以联合惩戒。

（四）建立电价监测和风险防范机制。价格主管部门定期监测燃煤发电交易价格波动情况，评估价格波动的合理性。当交易价格出现异常波动时，依法及时采取干预措施，确保燃煤发电价格形成机制改革平稳有序推进。

（五）加强政策解读引导。采取多种方式全面、准确解读深化燃煤发电上网电价形成机制改革政策，加强舆情监测预警，积极回应社会关切，做好应急预案，为改革营造良好舆论环境。

本指导意见自2020年1月1日起实施。各地价格主管部门、电网企业、发电企业要充分认识深化燃煤发电上网电价形成机制改革的重要性、紧迫性和复杂性、艰巨性，切实担当起主体责任，精心细化改革实施方案，认真抓好落实，确保改革平稳实施。

国家发展改革委
2019年10月21日

（六）全面放开经营性电力用户发用电计划改革进展

2019 年，全国各电力交易中心组织完成市场交易电量 28344 亿千瓦·时，比上年增长 37.2%。其中，全国电力市场电力直接交易电量合计 21771.4 亿千瓦·时，占全社会用电量的 30.0%，占电网企业销售电量的 36.8%。全国电力市场化交易规模再上新台阶。北京电力交易中心举行增资协议签约仪式，共引入 10 家投资者，新增股东持股占比 30%。此外，国家电网区域 24 家省级交易机构均已出台股份制改革方案，22 家增资扩股实施方案已报国务院国资委审批，6 家交易机构增资方案获得国务院国资委批复，实现进场挂牌。我国电力交易机构股权结构进一步多元。

2020 年 1~9 月，南方五省区市场化交易电量 3661 亿千瓦·时，同比增长 20.1%，市场化占比 45.3%，降低企业用电成本超 246 亿元。

以广州电力交易中心为例，2020 年，其充分发挥市场机制作用，组织跨省跨区中长期市场化交易，最大限度消纳西部富余水电，1~9 月累计完成西电东送交易电量 1727 亿千瓦·时。着力推动市场交易主体规模不断扩大，认真贯彻落实放开经营性电力用户发用电计划要求，降低电力用户参与市场化交易门槛，大量 10 千伏及以下一般工商业用户进入市场，经营区域内电力市场主体注册规模达 59751 家，同比增长 73.7%，市场化交易参与率达 87.8%。

分地区来看，云南省电力市场化交易电量占全社会用电量比例率先破 60%。2020 年上半年云南电力市场交易电量 581.77 亿千瓦·时，同比增长 13.8%，交易电量占全社会用电量比例在全国率先突破 60% 大关，达到 65.7%。云南预计全年市场化交易电量将超 1150 亿千瓦·时。

三、配售电改革

（一）售电公司准入与退出管理办法和有序放开配电网业务管理办法

2016 年 10 月 8 日，国家发改委、国家能源局印发《售电公司准入与退出管理办法》和《有序放开配电网业务管理办法》。

国家发展改革委 国家能源局关于印发《售电公司准入与退出管理办法》和《有序放开配电网业务管理办法》的通知

发改经体〔2016〕2120 号

各省、自治区、直辖市发展改革委、能源局、工业和信息化主管部门，新疆生产建设兵团发展改革委：

为贯彻落实《中共中央 国务院关于进一步深化电力体制改革的若干意见》（中发〔2015〕

9号）和电力体制改革配套文件精神，有序向社会资本放开配售电业务，国家发展改革委、国家能源局制定了《售电公司准入与退出管理办法》和《有序放开配电网业务管理办法》，现印发给你们，请按照执行。

附件：1. 售电公司准入与退出管理办法
2. 有序放开配电网业务管理办法

国家发展改革委
国家能源局
2016年10月8日

附件1

售电公司准入与退出管理办法

第一章 总则

第一条 为积极稳妥推进售电侧改革，建立健全有序竞争的市场秩序，保护各类市场主体的合法权益，依据《中共中央 国务院关于进一步深化电力体制改革的若干意见》（中发〔2015〕9号）和电力体制改革配套文件，制定本办法。

第二条 售电公司准入与退出，坚持依法依规、开放竞争、安全高效、改革创新、优质服务、加强监管的原则。

第三条 本办法所指售电公司是指提供售电服务或配售电服务的市场主体。售电公司可以采取多种方式通过电力市场购电，包括向发电企业购电、通过集中竞价购电、向其他售电公司购电等，并将所购电量向用户或其他售电公司销售。电网企业的售电公司适用本办法。

第四条 电力、价格主管部门和监管机构依法对售电公司市场行为实施监管和开展行政执法工作。

第二章 准入条件

第五条 售电公司准入条件。

（一）依照《中华人民共和国公司法》登记注册的企业法人。

（二）资产要求

1. 资产总额不得低于2千万元人民币。

2. 资产总额在2千万元至1亿元人民币的，可以从事年售电量6至30亿千瓦·时的售电业务。

3. 资产总额在1亿元至2亿元人民币的，可以从事年售电量30至60亿千瓦·时的售电业务。

4. 资产总额在2亿元人民币以上的，不限制其售电量。

（三）从业人员。拥有10名及以上专业人员，掌握电力系统基本技术、经济专业知识，具备电能管理、节能管理、需求侧管理等能力，有三年及以上工作经验。

至少拥有一名高级职称和三名中级职称的专业管理人员。

（四）经营场所和设备。应具有与售电规模相适应的固定经营场所及电力市场技术支持系统需要的信息系统和客户服务平台，能够满足参加市场交易的报价、信息报送、合同签订、客户服务等功能。

（五）信用要求。无不良信用记录，并按照规定要求做出信用承诺，确保诚实守信经营。

（六）法律、法规规定的其他条件。

第六条 拥有配电网运营权的售电公司除上述准入条件外，还需具备以下条件：

（一）拥有配电网运营权的售电公司的注册资本不低于其总资产的20%。

（二）按照有关规定取得电力业务许可证（供电类）。

（三）增加与从事配电业务相适应的专业技术人员、营销人员、财务人员等，不少于20人，其中至少拥有两名高级职称和五名中级职称的专业管理人员。

（四）生产运行负责人、技术负责人、安全负责人应具有五年以上与配电业务相适应的经历，具有中级及以上专业技术任职资格或者岗位培训合格证书。

（五）具有健全有效的安全生产组织和制度，按照相关法律规定开展安全培训工作，配备安全监督人员。

（六）具有与承担配电业务相适应的机具设备和维修人员。对外委托有资质的承装（修、试）队伍的，要承担监管责任。

（七）具有与配电业务相匹配并符合调度标准要求的场地设备和人员。

（八）承诺履行电力社会普遍服务、保底供电服务义务。

第七条 已具有法人资格且符合售电公司准入条件的发电企业、电力建设企业、高新产业园区、经济技术开发区、供水、供气、供热等公共服务行业和节能服务公司可到工商部门申请业务范围增项，并履行售电公司准入程序后，开展售电业务。

除电网企业存量资产外，现有符合条件的高新产业园区、经济技术开发区和其他企业建设、运营配电网的，履行相应的准入程序后，可自愿转为拥有配电业务的售电公司。

第三章 准入程序

第八条 "一注册"。电力交易机构负责售电公司注册服务。符合准入条件的售电公司自主选择电力交易机构办理注册，获取交易资格。

各电力交易机构对注册信息共享，无须重复注册。

第九条 "一承诺"。售电公司办理注册时，应按固定格式签署信用承诺书，并向电力交易机构提交以下资料：营业执照、法人代表、资产证明、从业人员、经营场所和设备等基本信息和银行账户、售电范围等交易信息。

拥有配电网运营权的售电公司还需提供配电网电压等级、供电范围、电力业务许可证（供电类）等相关资料。

第十条 "一公示"。接受注册后，电力交易机构要通过"信用中国"（www.creditchina.gov.cn）等政府指定网站，将售电公司满足准入条件的信息、材料和信用承诺书向社会公示，公示期为1个月。

第十一条 公示期满无异议的售电公司，注册手续自动生效。电力交易机构将公示期满无异议的售电公司纳入自主交易市场主体目录，实行动态管理并向社会公布。

第十二条 公示期间存在异议的售电公司，注册暂不生效，暂不纳入自主交易市场主体目录。售电公司可自愿提交补充材料并申请再次公示；经两次公示仍存在异议的，由省级政府有关部门或能源监管机构核实处理。

第十三条 "三备案"。电力交易机构按月汇总售电公司注册情况向能源监管机构、省级政府有关部门和政府引入的第三方征信机构备案，并通过"信用中国"网站和电力交易平台网站向社会公布。

第十四条 售电公司注册信息发生变化时，应在5个工作日内向相应的电力交易机构申请变更。业务范围、公司股东、股权结构等有重大变化的，售电公司应再次予以承诺、公示。

第四章 权利与义务

第十五条 售电公司享有以下权利并履行以下义务：

（一）可以采取多种方式通过电力市场购售电，可以自主双边交易，也可以通过交易机构集中交易。参与双边交易的售电公司应将交易协议报交易机构备案并接受安全校核。

售电公司可以自主选择交易机构跨省跨区购电。

（二）同一配电区域内可以有多个售电公司。同一售电公司可在省内多个配电区域内售电。

（三）可向用户提供包括但不限于合同能源管理、综合节能、合理用能咨询和用电设备运行维护等增值服务，并收取相应费用。

（四）承担保密义务，不得泄漏用户信息。

（五）服从电力调度管理和有序用电管理，执行电力市场交易规则。

（六）参照国家颁布的售电合同范本与用户签订合同，提供优质专业的售电服务，履行合同规定的各项义务，并获取合理收益。合同范本由国家能源主管部门另行制定。

（七）受委托代理用户与电网企业的涉网事宜。

（八）按照国家有关规定，在省级政府指定网站和"信用中国"网站上公示公司资产、经营状况等情况和信用承诺，依法对公司重大事项进行公告，并定期公布公司年报。

（九）任何单位与个人不得干涉用户自由选择售电公司的权利。

第十六条 拥有配电网运营权的售电公司享有以下权利并履行以下义务：

（一）拥有并承担售电公司全部的权利与义务。

（二）拥有和承担配电区域内与电网企业相同的权利和义务，按国家有关规定和合同约定承担保底供电服务和普遍服务。

（三）承担配电区域内电费收取和结算业务。按照政府核定的配电价收取配电费；按合同向各方支付相关费用，并向其供电的用户开具发票；代收政府性基金及附加，交电网企业汇总后上缴财政；代收政策性交叉补贴，按照国家有关规定支付给电网企业。

（四）承担配电网安全责任，确保承诺的供电质量。

（五）按照规划、国家技术规范和标准投资建设配电网，负责配电网运营、维护、检修和事故处理，无歧视提供配电服务，不得干预用户自主选择售电公司。

（六）同一配电区域内只能有一家公司拥有该配电网运营权。不得跨配电区域从事配电业务。

（七）承担代付其配电网内使用的可再生能源电量补贴的责任。

第五章 退出方式

第十七条 售电公司有下列情形之一的，应强制退出市场并注销注册：

（一）隐瞒有关情况或者以提供虚假申请材料等方式违法违规进入市场，且拒不整改的；

（二）严重违反市场交易规则，且拒不整改的；

（三）依法被撤销、解散，依法宣告破产、歇业的；

（四）企业违反信用承诺且拒不整改或信用评价降低为不适合继续参与市场交易的；

（五）被有关部门和社会组织依法依规对其他领域失信行为做出处理，并被纳入严重失信主体"黑名单"的；

（六）法律、法规规定的其他情形。

第十八条 售电公司被强制退出，其所有已签订但尚未履行的购售电合同由地方政府主管部门征求合同购售电各方意愿，通过电力市场交易平台转让给其他售电公司或交由电网企业保底供电，并处理好其他相关事宜。

第十九条 省级政府或省级政府授权的部门在确认售电公司符合强制退出条件后，应通过省级政府指定网站和"信用中国"网站向社会公示10个工作日。公示期满无异议的，方可对该售电公司实施强制退出。

第二十条 售电公司可以自愿申请退出售电市场，并提前30个工作日向相应的电力交易机构提交退出申请。申请退出之前应将所有已签订的购售电合同履行完毕或转让，并处理好相关事宜。

第二十一条 拥有配电网运营权的售电公司申请自愿退出时，应妥善处置配电资产。若无其他公司承担该地区配电业务，由电网企业接收并提供保底供电服务。

第二十二条 电力交易机构收到售电公司自愿退出市场的申请后，应通过省级政府指定网站和"信用中国"网站向社会公示10个工作日。公示期满无异议的，方可办理退出市场手续。

第二十三条 电力交易机构应及时将强制退出和自愿退出且公示期满无异议的售电公司从自主交易市场主体目录中删除，同时注销市场交易注册，向能源监管机构、省级政府有关部门和政府引入的第三方征信机构备案，并通过"信用中国"网站和电力交易平台网站向社会公布。

第六章 售电公司信用体系建设

第二十四条 建立完善售电公司信用评价制度。依托政府有关部门网站、电力交易平台网站、"信用中国"网站和第三方征信机构，开发建设售电公司信用信息系统和信用评价体系。建立企业法人及其负责人、从业人员信用记录，将其纳入全国信用信息共享平台，确保各类企业的信用状况透明，可追溯、可核查。

第二十五条 第三方征信机构定期向政府有关部门和电力交易机构报告售电公司信用评价和有关情况，并向社会公布。

第二十六条 国家能源局派出机构和省级政府有关部门根据职责对售电公司进行监管，对违反交易规则和失信行为按规定进行处罚，记入信用记录，情节特别严重或拒不整改的，经过公示等有关程序后纳入涉电严重失信企业黑名单。强制退出的售电公司直接纳入黑名单。

第二十七条 建立电力行业违法失信行为联合惩戒机制，对纳入涉电严重失信企业黑名单的售电公司及负有责任的法定代表人、自然人股东、其他相关人员（以下简称"当事人"）采取以下惩戒措施：

（一）电力交易机构3年内不再受理该企业注册申请，其法定代表人3年内不得担任售电公司的法定代表人、董事、监事、高级管理人员。

（二）对当事人违法违规有关信息向金融机构提供查询服务，作为融资授信活动中的重要参考因素。

（三）限制当事人取得政府资金支持。

（四）对当事人申请公开发行企业债券的行为进行限制。

（五）工商行政管理、总工会、行业协会等部门和单位在法定代表人任职资格、授予荣誉、评比先进等方面，依法依规对其进行限制。

（六）按照相关法律法规进行处罚。

第七章 附 则

第二十八条 各省级政府可依据本办法制定实施细则。

第二十九条 本办法由国家发展改革委、国家能源局负责解释。

第三十条 本办法所称的电网企业特指国家电网公司、中国南方电网有限责任公司和内蒙古电力（集团）有限责任公司和各地方电网企业。

第三十一条 本办法自发布之日起施行，有效期3年。

附件2

有序放开配电网业务管理办法

第一章 总 则

第一条 为落实《中共中央 国务院关于进一步深化电力体制改革的若干意见》（中发〔2015〕9号），鼓励社会资本有序投资、运营增量配电网，促进配电网建设发展，提高配电网运营效率，制定本办法。

第二条 本办法所称的配电网业务是指满足电力配送需要和规划要求的增量配电网投资、建设、运营及以混合所有制方式投资配电网增容扩建。配电网原则上指110千伏及以下电压等级电网和220（330）千伏及以下电压等级工业园区（经济开发区）等局域电网。除电网企业存量资产外，其他企业投资、建设和运营的存量配电网，适用本办法。

第三条 按照管住中间、放开两头的体制架构，结合输配电价改革和电力市场建设，有序放开配电网业务，鼓励社会资本投资、建设、运营增量配电网，通过竞争创新，为用户提供安全、方便、快捷的供电服务。拥有配电网运营权的售电公司，具备条件的要将配电业务和竞争性售电业务分开核算。

第四条 有序放开配电网业务要遵循以下基本原则：

（一）规划引领。增量配电网络应符合省级配电网规划，保证增量配电网业务符合国家电力发展战略、产业政策和市场主体对电能配送的要求。

（二）竞争开放。鼓励社会资本积极参与增量配电网业务，通过市场竞争确定投资主体。

（三）权责对等。社会资本投资增量配电网业务并负责运营管理，应遵守国家有关技术规范标准，在获取合理投资收益同时，履行安全可靠供电、保底供电和社会普遍服务等义务。

（四）创新机制。拥有配电网运营权的售电公司应创新运营机制和服务方式，以市场化、保底供电等多种方式向受托用户售电，并可为用户提供综合能源服务，利用现代信息技术，向用户提供智能用电、科学用电的服务，促进能源消费革命。

第二章　增量配电网项目管理

第五条　增量配电网项目管理包括规划编制、项目论证、项目核准及项目建设等。地方政府能源管理部门负责增量配电网项目管理，制定增量配电网项目管理的相关规章制度，做好项目建设过程中的指导和协调，根据需要开展项目验收和后评价。

第六条　增量配电网项目须纳入地方政府能源管理部门编制的配电网规划。

第七条　符合条件的市场主体依据规划向地方政府能源管理部门申请作为增量配电网项目的业主。地方政府能源管理部门应当通过招标等市场化机制公开、公平、公正优选确定项目业主，明确项目建设内容、工期、供电范围并签订协议。

第八条　项目业主完成可行性论证并获得所有支持性文件，具备核准条件后向地方政府能源管理部门申请项目核准。地方政府能源管理部门按照核准权限核准项目，国家能源局派出机构向项目业主颁发电力业务许可证（供电类）或赋予相应业务资质，不得附加其他前置条件。

第九条　项目业主遵循"整体规划、分步实施"的原则，依据电力建设管理相关规章制度和技术标准，按照项目核准要求组织项目设计、工程招投标、工程施工等，开展项目投资建设。

第十条　电网企业按照电网接入管理的有关规定以及电网运行安全的要求，向项目业主无歧视开放电网，提供便捷、及时、高效的并网服务。

第三章　配电网运营

第十一条　向地方政府能源管理部门申请并获准开展配电网业务的项目业主，拥有配电区域内与电网企业相同的权利，并切实履行相同的责任和义务。符合售电公司准入条件的，履行售电公司准入程序后，可开展售电业务。

第十二条　除电网企业存量资产外，拥有配电网存量资产绝对控股权的公司，包括高新产业园区、经济技术开发区、地方电网、趸售县等，未经营配电网业务的，可向地方政府能源管理部门申请并获准开展配电网业务。符合售电公司准入条件的，履行售电公司准入程序后，可开展售电业务。

第十三条　拥有配电网运营权的项目业主须依法取得电力业务许可证（供电类）。

第十四条　符合准入条件的项目业主，可以只拥有投资收益权，配电网运营权可委托电网企业或符合条件的售电公司，自主签订委托协议。

第十五条　电网企业控股增量配电网拥有其运营权，在配电区域内仅从事配电网业务。其竞争性售电业务，应逐步实现由独立的售电公司承担。鼓励电网企业与社会资本通过股权合作等方式成立产权多元化公司经营配电网。

第十六条　配电网运营者在其配电区域内从事供电服务，包括：

（一）负责配电网络的调度、运行、维护和故障消除。

（二）负责配电网建设与改造。

（三）向各类用户无歧视开放配电网络，负责用户用电设备的报装、接入和增容。

（四）向各类用户提供计量、抄表、收费、开具发票和催缴欠费等服务。

（五）承担其电力设施保护和防窃电义务。

（六）向各类用户提供电力普遍服务。公开配电网络的运行、检修和供电质量、服务质量等信息。受委托承担电力统计工作。

（七）向市场主体提供配电服务、增值服务。

（八）向非市场主体提供保底供电服务。在售电公司无法为其签约用户提供售电服务时，直接启动保底供电服务。

（九）承担代付其配电网内使用的可再生能源电量补贴的责任。

（十）法律、法规、规章规定的其他业务。

第十七条 配电区域内的售电公司或电力用户可以不受配电区域限制购电。配电区域内居民、农业、重要公用事业、公益性服务以外的用电价格，由发电企业或售电公司与电力用户协商确定的市场交易价格、配电网接入电压等级对应的省级电网共用网络输配电价（含线损和政策性交叉补贴）、配电网的配电价格以及政府性基金及附加组成；居民、农业、重要公用事业、公益性服务等用电，继续执行所在省（区、市）的目录销售电价。配电区域内电力用户承担的国家规定的政府性基金及附加，由配电公司代收、省级电网企业代缴。

增量配电区域的配电价格由所在省（区、市）价格主管部门依据国家输配电价改革有关规定制定，并报国家发展改革委备案。配电价格核定前，暂按售电公司或电力用户接入电压等级对应的省级电网共用网络输配电价扣减该配电网接入电压等级对应的省级电网共用网络输配电价执行。

第十八条 配电网运营者向配电区域内用户提供的配电网服务包括：

（一）向市场主体提供配电网络的可用容量、实际容量等必要的市场信息。

（二）与市场主体签订经安全校核的三方购售电合同。

（三）履行合同约定，包括电能量、电力容量、辅助服务、持续时间、供电安全等级、可再生能源配额比例、保底供电服务内容等。

（四）承担配电区域内结算业务，按照政府核定的配电价格收取配电费，按照国家有关规定代收政府性基金和交叉补贴，按合同向各方支付相关费用。

第十九条 配电网运营者向居民、农业、重要公用事业和公益性服务等电力用户，具备市场交易资格选择不参与市场交易的电力用户，售电公司终止经营、无法提供售电服务的电力用户，以及政府规定暂不参与市场交易的其他电力用户实行保底供电服务。包括：

（一）按照国家标准或者电力行业标准提供安全、可靠的电力供应。

（二）履行普遍供电服务义务。

（三）按政府定价或有关价格规则向电力用户收取电费。

（四）按政府定价向发电企业优先购电。

第二十条 配电网运营者可有偿为各类用户提供增值服务。包括但不限于：

（一）用户用电规划、合理用能、节约用能、安全用电、替代方式等服务。

（二）用户智能用电、优化用电、需求响应等。

（三）用户合同能源管理服务。

（四）用户用电设备的运行维护。

（五）用户多种能源优化组合方案，提供发电、供热、供冷、供气、供水等智能化综合能源服务。

第二十一条 配电网运营者不得超出其配电区域从事配电业务。

发电企业及其资本不得参与投资建设电厂向用户直接供电的专用线路，也不得参与投资建设电厂与其参与投资的增量配电网络相连的专用线路。

第四章 配电网运营者的权利与义务

第二十二条 配电网运营者拥有以下权利：

（一）享有公平接入电网的权利。

（二）享有配电区域内投资建设、运行和维护配电网络的权利。

（三）享受公平通过市场安全校核、稳定购电的权利。

（四）公平获得电网应有的信息服务。

（五）为用户提供优质专业的配售电服务，获得配电和相关增值服务收入。

（六）参与辅助服务市场。

（七）获取政府规定的保底供电补贴。

第二十三条 配电网运营者须履行以下义务：

（一）满足国家相关技术规范和标准。

（二）遵守电力交易规则和电力交易机构有关规定，按要求向电力交易机构提供电力交易业务所需的各项信息。

（三）执行电网规划，服从并网管理。

（四）服从电力调度管理，遵守调度指令，提供电力调度业务所需的各项信息。

（五）保证配电网安全、可靠供电。

（六）无歧视开放电网，公平提供电源（用户）接入等普遍服务和保底供电服务。

（七）代国家收取政府性基金及政策性交叉补贴。

（八）接受监管机构监管。

第五章 附 则

第二十四条 本办法由国家发展改革委、国家能源局负责解释。

第二十五条 本办法所称的电网企业特指国家电网公司、中国南方电网有限责任公司和内蒙古电力（集团）有限责任公司和各地方电网企业。

第二十六条 本规则自发布之日起施行，有效期3年。

（二）关于规范开展增量配电业务改革试点的通知

2016年11月27日，国家发展改革委、国家能源局印发《关于规范开展增量配电业务改革试点的通知》。

国家发展改革委　国家能源局关于规范开展增量配电业务改革试点的通知

发改经体〔2016〕2480号

各省、自治区、直辖市、新疆生产建设兵团发展改革委、物价局、能源局、经信委（工信委、工信厅），国家能源局派出机构：

为贯彻落实《中共中央　国务院关于进一步深化电力体制改革的若干意见》（中发〔2015〕9号）精神，鼓励和引导社会资本投资增量配电业务，根据《有序放开配电网业务管理办法》的有关规定，在各地推荐基础上，国家发展改革委、国家能源局确定延庆智能配电网等105个项目为第一批增量配电业务改革试点项目（名单附后）。现就规范开展增量配电业务改革试点通知如下：

一、规范试点条件，搞好项目核准。增量配电网原则上指110千伏及以下电压等级电网和220（330）千伏及以下电压等级工业园区（经济开发区）等局域电网，不涉及220千伏及以上输电网建设，增量配电网建设应当符合省级配电网规划，符合国家电力发展战略、产业政策和市场主体对电能配送的要求。请各地对照《有序放开配电网业务管理办法》的有关规定，加强对试点项目的审核，依照管理权限做好项目核准工作，依法对项目建设和运行加强监管。

二、坚持公平开放，不得指定投资主体。试点项目应当向符合条件的市场主体公平开放，通过招标等市场化方式公开、公平、公正优选确定项目业主，明确项目建设内容、工期、供电范围并签订协议。项目业主应为独立法人，具有与配电网投资运营相应的业务资质和投资能力，无不良信用记录，确保诚实守信、依法依规经营。鼓励电网企业与社会资本通过股权合作等方式成立产权多元化公司参与竞争。

三、明确供电责任，确保供电安全。试点项目应当符合电网建设、运行、维护等国家和行业标准，履行安全可靠供电、保底供电和社会普遍服务等义务，保证项目建设质量和运行安全。各地要按照界限清晰、责任明确的原则，划定试点项目的供电范围，避免重复建设、防止交叉供电，确保电力供应安全可靠。同一配电区域内只能有一家公司拥有该配电网运营权。

四、规范配电网运营，平等履行社会责任。试点项目涉及的增量配电网应与公用电网相连，除鼓励发展以可再生能源就近消纳以及促进能源梯级利用为目的的局域网、微电网外，发电企业及其资本不得参与投资建设电厂向用户直接供电的专用线路，也不得参与投资建设电厂与其参与投资的增量配电网络相连的专用线路。禁止将公用电厂转为自备电厂。试点区域内的电力用户应当承担国家规定的政府性基金及附加和政策性交叉补贴，由配电公司代收、省级电网企业代缴。对按规定应实行差别电价和惩罚性电价的电力用户，不得以试点名义变相对其提供优惠电价和电费补贴。

五、加强沟通协调，充分调动各方面积极性。请各地加强对试点工作的组织领导，各部门、国家能源局派出机构分工协作、各司其职，加强与电网企业、发电企业、电力用户等各方面的协调沟通，充分调动各方面积极性，搞好工作衔接，形成工作合力，发挥试点的示范引领作用。国家能源局派出机构要按规定向项目业主颁发电力业务许可证（供电类）或赋予相应业务资质，为社会资本参与增量配电业务创造条件。电网企业要按照电网接入管理的有关规定以及电网运行安全的要求，向项目业主无歧视开放电网，提供便捷、及时、高效的并网服务。地方政府电力管理部门和国家能源局派出机构要依法履行电力监管职责，对增量配电业务符合配电网规划、电网公平开放、电力普遍服务等实施监管,并按照本《通知》明确的标准,积极筛选符合条件的项目,在试点基础上加快推广。国家发展改革委、国家能源局将会同有关部门加强对试点的指导协调和督促检查,共同做好试点工作。

特此通知。

国家发展改革委
国家能源局
2016年11月27日

(三) 关于加快推进增量配电业务改革试点的通知

2017年11月30日,国家发展改革委办公厅、国家能源局综合司联合印发《关于加快推进增量配电业务改革试点的通知》。

国家发展改革委办公厅 国家能源局综合司关于加快推进增量配电业务改革试点的通知

发改办经体〔2017〕1973号

各省、自治区、直辖市、新疆生产建设兵团发展改革委、能源局,国家能源局派出机构:

2017年11月3日,国家发展改革委、国家能源局召开电力体制改革专题会,决定启动第三批增量配电业务改革试点,并对加快推进增量配电业务改革试点做出了部署。现将有关事项通知如下:

一、做好第三批试点项目的报送工作。电力体制改革专题会要求,增量配电业务改革试点项目要实现全国地级以上城市全覆盖,每个地级市至少要有一个试点,条件较好的地方可以多一些试点。请各地按照会议要求,尽快组织筛选符合条件的项目,于12月29日前报送至国家发展改革委体改司、国家能源局电力司,并附简要说明,包括项目名称、所在区域、建设规模、电压等级、供电范围(面积)、年供电量、投资规模、属于增量配电网还是电网公司以外的存量配电资产、是否涉及电网公司的存量配电资产等。报送材料时请附电子版光盘。

二、建立试点项目进展情况定期上报制度。从2018年1月起,请各地通过发展改革系统纵向网邮箱,每半个月上报一次增量配电业务改革试点进展情况(原则上为每月15日、30日,遇公休日顺延),包括试点项目业主确定情况、业主股权结构、配电区域划分情况、电力业务许可证(供电类)办理情况等,以及试点过程中存在的问题。试点项目完成配电区域划分,并取得电力业务许可证(供电类)后,可不再上报进展情况。

国家发展改革委办公厅
国家能源局综合司
2017年11月30日

(四) 关于印发《增量配电业务配电区域划分实施办法(试行)》的通知

2018年3月13日,国家发展改革委、国家能源局联合印发《增量配电业务配电区域划分实施办法（试行）》。

国家发展改革委　国家能源局关于印发《增量配电业务配电区域划分实施办法（试行）》的通知

发改能源规〔2018〕424号

各省、自治区、直辖市、新疆生产建设兵团发展改革委、能源局、经信委（工信委、工信厅），国家能源局派出监管机构：

为深入学习贯彻习近平新时代中国特色社会主义思想和党的十九大精神，全面落实《中共中央　国务院关于进一步深化电力体制改革的若干意见》（中发〔2015〕9号）及其配套文件要求，进一步推动增量配电业务改革，根据《有序放开配电网业务管理办法》等有关规定，国家发展改革委、国家能源局制定了《增量配电业务配电区域划分实施办法（试行）》。现印发你们，请认真贯彻执行。

附件：增量配电业务配电区域划分实施办法（试行）

国家发展改革委
国家能源局
2018年3月13日

附件

增量配电业务配电区域划分实施办法（试行）

第一章　总　则

第一条　为深入学习贯彻习近平新时代中国特色社会主义思想和党的十九大精神，落实《中共中央　国务院关于进一步深化电力体制改革的若干意见》（中发〔2015〕9号）及其配套文件精神，积极稳妥推进增量配电业务改革，依据《国家发展改革委　国家能源局关于印发〈售电公司准入与退出管理办法〉和〈有序放开配电网业务管理办法〉的通知》（发改经体〔2016〕2120号）以及相关法律、法规、规章，制定本办法。

第二条　本办法所称增量配电业务配电区域（以下简称配电区域）是指拥有配电网运营权的售电公司向用户配送电能，并依法经营的区域。

第三条　在一个配电区域内，只能有一家售电公司拥有该配电网运营权，按照有关规定履行电力社会普遍服务、保底供电服务和无歧视提供配电服务义务，退出配电业务时履行配电网运营权移交义务。

第四条　国家发展改革委、国家能源局负责对全国配电区域划分实施情况进行监督管理。地方政府确认的主管部门（以下简称地方相关主管部门）负责配电区域的划分；国家能源局派出监管机构负责向增量配电业务项目业主颁发电力业务许可证（供电类）并在许可证中载明配电区域。

第二章　划分原则

第五条　配电区域划分应坚持公平公正、安全可靠、经济合理、界限清晰、责任明确的基本原则。

第六条 配电区域原则上应按照地理范围或行政区域划分，具有清晰的边界，避免出现重复建设、交叉供电、普遍服务和保底供电服务无法落实等情况。

第七条 增量配电业务应符合国家电力发展战略及产业政策，符合省级配电网规划，并满足国家和行业对电能配送的有关规定及标准要求。

第八条 配电区域划分应与国家能源政策相衔接。国家发展改革委、国家能源局公布的各类能源行业示范项目中已包含增量配电业务并明确供电范围的，配电区域原则上与其保持一致。

第九条 鼓励以满足可再生能源就近消纳为主要目标的增量配电业务，支持依据其可再生能源供电范围、电力负荷等情况划分配电区域。不得依托燃煤自备电厂建设增量配电网，防止以规避社会责任为代价营造成本优势。

第十条 地方相关主管部门应当在配电网规划、项目论证、项目业主确定、项目核准（备案）等环节明确具有清晰地理边界的配电区域，出具配电区域划分意见，并抄送国家能源局派出监管机构。

第十一条 对于增量配电业务项目业主已确定，但尚未明确配电区域的，项目业主可向地方相关主管部门补充提出配电区域划分申请。

第十二条 配电区域划分意见应载明配电区域的地理范围、划分界限及产权分界点等信息，并附配电区域地理平面图、电网分布图等说明文件。

第十三条 增量配电业务项目业主按照有关规定申领电力业务许可证（供电类）时，国家能源局派出监管机构主要依据地方相关主管部门出具的配电区域划分意见，在电力业务许可证（供电类）中载明配电区域。已满足其他许可条件，但未取得配电区域划分意见的，国家能源局派出监管机构参考企业间自主达成的配电区域划分协议等材料，在电力业务许可证（供电类）中载明配电区域。

第三章 申请与办理

第十四条 增量配电业务项目业主向地方相关主管部门补充申请划分配电区域的，应提供以下资料：

（一）法人营业执照；

（二）增量配电业务项目业主确定材料；

（三）配电区域基本状况；

（四）配电区域划分协商情况及存在的主要争议；

（五）主张的配电区域划分方案及论证依据。

第十五条 地方相关主管部门收到项目业主配电区域划分书面申请后，应征求配电区域划分相关方对申请方所主张划分方案的意见。配电区域划分相关各方（含申请方）应配合做好资料提供、现场调查等工作。

第十六条 配电区域划分依据主要包括：

（一）配电网规划有关情况；

（二）增量配电业务项目业主确定情况；

（三）配电网覆盖范围及产权归属情况；

（四）配电网是否满足国家及行业对电能配送的有关规定和标准要求，在考虑外部电网的互联后，能否实现电力平衡和电量平衡；

（五）增量配电业务配电区域划分前，配电网运营单位与电网企业签订的供用电合同、电网接入意向或历史形成的实际供用电约定文件。

第十七条　地方相关主管部门收到配电区域划分申请后，应在 20 个工作日内向申请方及相关各方出具配电区域划分意见。因难度和争议较大，需要延迟的，需向申请方书面说明原因。

第十八条　地方相关主管部门收到配电区域划分申请至正式出具配电区域划分意见期间，配电区域划分相关各方（含申请方）原则上不得在相关配电区域内进行配电网施工建设。

第四章　资产与用户

第十九条　拥有配电网运营权的售电公司依法享有所辖配电区域配电网投资建设及经营管理的权利。由非本区域配电网运营主体投资建设并运营的存量配电网资产，可通过以下方式处置：

（一）存量配电网资产产权单位通过资产入股等方式，参股拥有本区域配电网运营权的售电公司，共同运营区域配电网；

（二）存量配电网资产产权单位通过出售、产权置换等方式，将存量配电网资产所有权转让给拥有本区域配电网运营权的售电公司；

（三）存量配电网资产产权单位通过租赁等方式，将存量配电网资产租借给拥有本区域配电网运营权的售电公司运营；

（四）存量配电网资产产权单位按照企业主管部门有关要求或其他符合法律法规的方式厘清配电网资产运营权。

第二十条　配电区域确定后，增量电力用户和随存量配电网资产移交的存量用户的配电业务按照属地原则，由拥有该区域配电网运营权的售电公司负责。

第二十一条　对于配电区域内，主要电源为其他配电网运营企业专线（专变）供电的电力用户，本着节约资源的原则，供电方式可维持不变（但保留用户的选择权），本专线（专变）不可再扩展其他电力用户。

第五章　变更与管理

第二十二条　配电区域发生变更的，地方相关主管部门应当出具配电区域变更意见，拥有该区域配电网运营权的售电公司应当依法申请电力业务许可证（供电类）的变更。

第二十三条　配电网运营企业擅自变更配电区域的，由国家能源局派出监管机构依法予以处理。

第二十四条　拥有配电网运营权的售电公司应建设运营满足区域内各类用电需求的配电网，按照《供电监管办法》等规定为用户提供接入电网、供电保障等服务，并接受国家能源局派出监管机构的监管。

第六章　附　则

第二十五条　本办法由国家发展改革委、国家能源局负责解释。

第二十六条　本办法自发布之日起施行，有效期 2 年。

（五）关于进一步推进增量配电业务改革的通知

2019年1月5日，国家发展改革委、国家能源局联合印发《关于进一步推进增量配电业务改革的通知》。

国家发展改革委　国家能源局关于进一步推进增量配电业务改革的通知

发改能源规〔2019〕27号

各省、自治区、直辖市、新疆生产建设兵团发展改革委、能源局、经信委（工信委、工信厅、经信厅、工信局）、物价局，国家能源局各派出能源监管机构，国家电网公司、南方电网公司、内蒙古电力公司：

为深入贯彻习近平新时代中国特色社会主义思想和党的十九大精神，认真落实中央经济工作会议提出的"巩固、增强、提升、畅通"的方针和政府工作报告部署，根据《中共中央国务院关于进一步深化电力体制改革的若干意见》（中发〔2015〕9号）及其配套文件要求，进一步推进增量配电业务改革，现就有关事项通知如下。

一、进一步规范项目业主确定

（一）所有新增增量配电业务试点项目，均应依照《招标投标法》及其《实施条例》的有关规定，通过招标等市场化方式公开、公平、公正优选确定项目业主。

（二）尚未确定业主的试点项目，地方政府部门不得直接指定试点项目业主，任何企业不得强行要求获取试点项目控股权，不建议电网企业或当地政府投资平台控股试点项目。已确定业主的试点项目可维持项目各投资方股比不变。

（三）已投资、建设和运营的存量配电网，应由产权所有人向地方能源主管部门申请作为配电网项目业主。

二、进一步明确增量和存量范围

（四）已纳入省级相关电网规划、但尚未核准或备案的配电网项目和已获核准或备案、但在相关文件有效期内未开工建设的配电网项目均属于增量配电业务范围，可依据《有序放开配电网业务管理办法》（发改经体〔2016〕2120号），视情况开展增量配电业务改革。

（五）未经核准或备案，任何企业不得开工建设配电网项目，违规建设的配电网项目不属于企业存量配电设施。

（六）电网企业已获批并开工、但在核准或备案文件有效期内实际完成投资不足10%的项目，可纳入增量配电业务试点，电网企业可将该项目资产通过资产入股等方式参与增量配电网建设。

（七）由于历史原因，地方或用户无偿移交给电网企业运营的配电设施，资产权属依法明确为电网企业的，属于存量配电设施；资产权属依法明确为非电网企业的，属于增量配电设施。

（八）各地可以根据需要，开展正常方式下仅具备配电功能的规划内220（330）千伏增量配电业务试点，可不限于用户专用变电站和终端变电站。

三、进一步做好增量配电网规划工作

（九）认真履行规划管理职能。对于已经批复的增量配电业务试点，地方能源主管部门应组织试点项目规划编制工作。对于园区类试点项目，考虑"多规合一"的需要，经授权可由园区管委会或区县政府代为履行。规划职能不应委托潜在投资主体代为履行，但应充分征求和吸纳电网企业、潜在投资主体等相关方提出的合理化规划建议。

（十）做好增量配电网规划统筹协调工作。增量配电业务试点项目规划需纳入省级相关电网规划，实现增量配电网与公用电网互联互通和优化布局，避免无序发展和重复建设。具备条件的，还应与分布式电源、微电网、综合能源等方面的发展相协调，允许符合政策且纳入规划的分布式电源以适当电压等级就近接入增量配电网，但试点项目内不得以常规机组"拉专线"的方式向用户直接供电，不得依托常规机组组建局域网、微电网，不得依托自备电厂建设增量配电网，禁止以任何方式将公用电厂转为自备电厂。规划编制过程中，地区配电网规划和输电网规划经论证确需调整的，省级能源主管部门应按电力规划管理办法履行相应程序后予以调整。

（十一）合理设定规划范围。设定规划范围应统筹考虑存量配电设施和增量配电设施，充分发挥存量资产供电能力，避免重复投资和浪费。园区类试点项目的规划范围原则上为园区土地利用规划和城乡建设规划等上位规划确定的范围，非园区类试点项目的规划范围由省级能源主管部门与地方政府协商确定。与增量配电网相邻的存量资产应纳入规划范围统筹规划，避免重复建设，提高系统效率。同一试点项目的多个规划范围之间，通过输电线路互联互通的，该输电项目不纳入增量配电网试点项目规划范围。

（十二）合理设定配电区域。配电区域是指拥有配电网运营权的售电公司向用户配送电能，并依法经营的区域。配电区域的范围结合规划情况和具体的存量资产处置方式，按照《增量配电业务配电区域划分实施办法（试行）》（发改能源规〔2018〕424号）确定。

（十三）电网企业应按规定提供规划编制信息。试点所在地能源主管部门可向当地电网企业发函收集必要的规划编制信息，电网企业应在十五个工作日内复函并提供相关资料。规划编制信息主要包括当地电力系统现状，电网企业发展规划，以及相关变电站间隔、负载、供电能力等。

（十四）加强对增量配电网接入公用电网管理。增量配电试点项目业主应委托具备资质的专业机构编制项目接入系统设计报告，由地方能源主管部门委托具备资质的第三方咨询机构组织评审论证，论证过程应充分听取电网企业意见。地方能源主管部门协调确定接入系统意见，电网企业根据协调意见，按照电网接入管理的有关规定以及电网运行安全要求，向项目业主提供便捷、及时、高效的并网服务，不得拒绝和拖延并网，不得对参股项目和未参股项目差别对待。

（十五）做好增量配电网规划评审工作。规划方案由省级能源主管部门组织评审，具体评审工作应委托具备资质的第三方咨询机构开展，评审时应充分听取地方政府、经信（工信）、价格、住建、国家能源局派出能源监管机构等单位以及电网企业、潜在投资主体等方面的意见，不得邀请利益攸关方人员担任评审专家，以确保评审结论客观公正。

（十六）在规划编制阶段，可根据实际需要设置重复建设辨识环节，辨识论证应综合考虑

电网结构、负荷增长潜力、电网安全、通道资源，以及现有配电项目的改扩建条件、供电能力、供电质量、供电经济合理性等因素具体开展，辨识论证的方法、计算过程和结论要以专门章节的形式在规划方案中体现。在规划评审阶段，由第三方评估机构对规划方案中的重复建设辨识论证开展评估，并给出明确意见。

（十七）地方政府主管部门会同国家能源局派出能源监管机构定期开展规划实施检查、监督、评估工作，确保规划有效执行。

四、进一步规范增量配电网的投资建设与运营

（十八）尚未确定配电区域的试点项目，应依据批复的试点项目规划，按照《增量配电业务配电区域划分实施办法（试行）》（发改能源规〔2018〕424号）的要求，妥善处置规划范围内存量资产，确定配电区域。规划范围内的存量资产可通过资产入股、出售、产权置换等方式参与增量配电网投资、建设和运营。

（十九）增量配电网企业应设计合理的法人治理结构，独立作出投资决策，严格执行《公司法》的相关规定。

（二十）在试点项目获批至项目业主确定的过渡期内，为满足新增用户用电需求，经地方政府批复后可由电网企业先行投资建设配电设施并运行维护，也可由地方政府指定企业先行建设配电设施，并委托有能力企业运行维护。待项目业主确定后，先行建设的配电设施可选择折价入股或转让等方式进行处置。

（二十一）增量配电网与省级电网之间的结算电价，按照《关于制定地方电网和增量配电网配电价格的指导意见》（发改价格规〔2017〕2269号）的要求，按现行省级电网相应电压等级输配电价执行。

（二十二）鼓励各地结合本地实际采用招标定价法、准许收入法、最高限价法、标尺竞争法等方法核定独立配电价格。支持增量配电网企业在保证配电区域内用户平均配电价格不高于核定的配电价格水平情况下，采取灵活的价格策略，探索新的经营模式。

（二十三）建立增量配电业务试点项目退出机制。对于已批复的增量配电业务试点项目，经地方能源主管部门会同派出能源监管机构评估认定不再具备试点条件的，报国家发展改革委、国家能源局同意后可取消项目试点资格。

（二十四）建立增量配电网业主退出机制。增量配电网项目业主确定后，由于项目业主拖延建设、拒不履行建设承诺或运营水平达不到投标要求，造成无法满足区内用户用电需求的，应视情况依法依规取消项目业主资格，妥善处置已投入资产，并重新招标确定项目业主。过渡期间若无其他公司承担该地区配电业务，由电网企业接受并提供保底供电服务，不得因增量配电网业主更换影响电力安全、可靠供应。重新确定项目业主时，应统筹考虑过渡期间新建电网资产。

（二十五）各地有关部门应根据电力负荷增长、规划建设时序和工程前期工作开展情况，简化优化配电项目核准程序，提高审核效率，加快增量配电网建设项目核准工作。

（二十六）国家能源局资质中心、各派出监管机构应进一步简化电力业务许可证（供电类）申领程序，支持增量配电网项目业主加快开展增量配电业务。

（二十七）鼓励拥有配电网运营权的售电公司将配电业务与竞争性业务分开核算。

（二十八）增量配电网并网运行时，按网对网关系与相关电网调度机构签订并网协议。增量配电网项目业主在配电区域内拥有与电网企业在互联互通、建设运营、参与电力市场、保底供电、分布式电源和微电网并网、新能源消纳等方面同等的权利和义务。

（二十九）加强对增量配电项目业主履约行为管理，对违反电力管理等相关法律、法规规定，经相关政府部门认定严重违法失信行为的增量配电企业纳入电力行业失信"黑名单"。

（三十）国家发展改革委、国家能源局将加强对增量配电业务改革试点指导督促，对进展缓慢和问题突出的地区进行通报、约谈。各地区有关部门、国家能源局派出监管机构应认真履行职责，加快推进增量配电业务试点工作，积极协调解决改革推进中的主要问题，及时报告改革试点进展情况和意见建议，扎实推动改革试点落地生根，取得实效。

国家发展改革委
国家能源局
2019年1月5日

（六）增量配电改革主要政策文件梳理

时间	政策文件
2016年10月	《国家发展改革委　国家能源局关于印发〈售电公司准入与退出管理办法〉和〈有序放开配电网业务管理办法〉的通知》（发改经体〔2016〕2120号）
2016年11月	《国家发展改革委　国家能源局关于规范开展增量配电业务改革试点的通知》（发改经体〔2016〕2480号）
2017年7月	《国家发展改革委办公厅　国家能源局综合司关于请报送第二批增量配电业务改革试点项目的通知》（发改办经体〔2017〕1264号）
2017年11月	《国家发展改革委　国家能源局关于规范开展第二批增量配电业务改革试点的通知》（发改经体〔2017〕2010号）
2017年11月	《国家发展改革委办公厅　国家能源局综合司关于加快推进增量配电业务改革试点的通知》（发改办经体〔2017〕1973号）
2017年12月	《国家发展改革委关于印发〈区域电网输电价格定价办法（试行）〉〈跨省跨区专项工程输电价格定价办法（试行）〉和〈关于制定地方电网和增量配电网配电价格的指导意见〉的通知》（发改价格规〔2017〕2269号）
2018年3月	《关于印发〈增量配电业务配电区域划分实施办法（试行）〉的通知》（发改能源规〔2018〕424号）
2018年4月	《国家发展改革委　国家能源局关于规范开展第三批增量配电业务改革试点的通知》（发改经体〔2018〕604号）
2018年6月	《国家发展改革委　国家能源局关于规范开展第三批增量配电业务改革试点的补充通知》（发改经体〔2018〕956号）
2018年7月	《国家能源局综合司关于简化优化许可条件、加快推进增量配电项目电力业务许可工作的通知》（国能综通资质〔2018〕102号）
2018年7月	《国家发展改革委办公厅关于开展增量配电业务改革试点督导调研的通知》（发改电〔2018〕401号）
2018年10月	《国家发展改革委、国家能源局关于增量配电业务改革第一批试点项目进展情况的通报》（发改经体〔2018〕1460号）

续表

时间	政策文件
2018年11月	《国家发展改革委办公厅 国家能源局综合司关于建立增量配电业务改革试点项目直接联系制度的通知》（发改办经体〔2018〕1492号）
2018年12月	《国家发展改革委办公厅 国家能源局综合司关于请报送第四批增量配电业务改革试点项目的通知》（发改办运行〔2018〕1673号）
2019年1月	《国家发展改革委 国家能源局关于进一步推进增量配电业务改革的通知》（发改经体〔2019〕27号）
2019年3月	《国家发展改革委办公厅 国家能源局综合司关于印发〈增量配电业务改革试点项目进展情况通报（第二期）〉的通知》（发改办体改〔2019〕375号）
2019年6月	《国家发展改革委 国家能源局关于规范开展第四批增量配电业务改革试点的通知》（发改运行〔2019〕1097号）
2019年9月	《国家发展改革委办公厅 国家能源局综合司关于取消部分地区增量配电业务改革试点的通知》（发改办体改〔2019〕948号）
2019年10月	《国家发展改革委办公厅 国家能源局综合司关于请报送第五批增量配电业务改革试点项目的通知》（发改办运行〔2019〕1004号）
2020年8月	《国家发展改革委 国家能源局关于开展第五批增量配电业务改革试点的通知》（发改运行〔2020〕1310号）

（七）配售电改革进展

1. 配电改革的进展

2016年12月1日，首批105个增量配电网业务改革试点落地。2017年11月，第二批89个增量配电网业务改革试点落地。2018年4月18日，第三批第一批次97个增量配电网业务改革试点落地。2018年6月25日，第三批第二批次28个增量配电网业务改革试点落地。2019年6月21日，第四批84个增量配电业务改革试点落地。

2020年8月，国家发展改革委、国家能源局发布《关于开展第五批增量配电业务改革试点的通知》，确定黑龙江富拉尔基经济开发区金属新材料产业园等79个项目作为第五批增量配电业务改革试点，并鼓励具备条件的省（区、市）自行确定和公布试点项目。此前的3月份，国家电网公司在官网发布《进一步支持和推进增量配电业务改革的意见》，明确对增量配电业务改革的支持态度。

自增量配电改革启动以来，国家发展改革委、国家能源局分五批次明确了459个试点，陆续发布20余份文件，从项目业主确定、配电区域划分、增量配电网的投资建设与运营、部分试点退出等多方面予以指导和规范，并展开项目督查，但总体看，增量配电业务虽稳步前行，取得初步成效，但总体效果不及预期。

据《2020年增量配电发展研究白皮书》统计，在前四批404个试点中，取消24个试点、202个试点确定招标方式、250个试点确定业主、118个试点公布股比、150个试点确定供电范围、138个试点取得电力业务许可证（供电类）。目前，网对网的身份与电价、调度、存量资产处置、难以接入电源等问题制约项目试点落地。

2. 售电改革进展

在完善政策法规条例方面，为积极稳妥地推进售电侧改革，建立健全有序竞争的市场秩序，保护各类市场主体的合法权益，相应管理部门国家发展改革委、国家能源局制定出台了《售电公司准入与退出管理办法》，明确售电公司（包括拥有配电网运营权的售电公司）的准入条件、准入程序和退出方式，同时规范了售电公司的信用体系建设及其相应的权利、责任和义务。

在推动改革实践成效方面，在规范法规条例的基础上先后推进了江苏、山东、黑龙江、江西、福建、吉林、浙江、河北、广东、海南、重庆11个省市以及新疆生产建设兵团开展改革试点工作，各省的售电侧改革初见成效。以山东为例，截至2017年底省内注册的售电公司共604家（含北京电力交易中心推送的售电公司201家），其中76家参与了2017年电力市场交易，代理用户1563家，代理交易电量662亿千瓦·时，占全省所有市场交易电量的66%。选择售电公司代理交易的用户占全部交易用户的93%，售电公司已逐步被用户认可和接受，对促进电力市场化交易起到了积极作用。

四、输配电价改革

（一）区域电网输电价格定价办法（试行）、跨省跨区专项工程输电价格定价办法（试行）和关于制定地方电网和增量配电网配电价格的指导意见

2017年12月29日，国家发展改革委印发了《区域电网输电价格定价办法（试行）》《跨省跨区专项工程输电价格定价办法（试行）》和《关于制定地方电网和增量配电网配电价格的指导意见》。

国家发展改革委关于印发《区域电网输电价格定价办法（试行）》
《跨省跨区专项工程输电价格定价办法（试行）》和
《关于制定地方电网和增量配电网配电价格的指导意见》的通知

发改价格规〔2017〕2269号

各省、自治区、直辖市发展改革委、物价局、电力公司，国家电网公司、南方电网公司、内蒙古电力公司：

根据《中共中央 国务院关于推进价格机制改革的若干意见》（中发〔2015〕28号）、《中共中央 国务院关于进一步深化电力体制改革的若干意见》（中发〔2015〕9号）的相关规定，为纵深推进输配电价改革，建立规则明晰、水平合理、监管有力、科学透明的输配电价体系，经商国家能源局，我们制定了《区域电网输电价格定价办法（试行）》《跨省跨区专项工程输电价格定价办法（试行）》和《关于制定地方电网和增量配电网配电价格的指导意

见》，现印发给你们，请按照执行。试行过程中如遇相关问题和情况，请及时报告。

附件：1. 区域电网输电价格定价办法（试行）

2. 跨省跨区专项工程输电价格定价办法（试行）

3. 关于制定地方电网和增量配电网配电价格的指导意见

国家发展改革委

2017 年 12 月 29 日

附件 1

区域电网输电价格定价办法（试行）

第一章 总 则

第一条 为促进区域电网健康有序发展，建立规则明晰、水平合理、监管有力、科学透明的区域电网输电价格体系，根据《中华人民共和国价格法》《中华人民共和国电力法》《中共中央 国务院关于推进价格机制改革的若干意见》（中发〔2015〕28 号）《中共中央 国务院关于进一步深化电力体制改革的若干意见》（中发〔2015〕9 号）的相关规定，制定本办法。

第二条 本办法适用于区域电网跨省共用网络输电价格（以下简称"区域电网输电价格"）的核定。区域电网输电价格，是指区域电网和相关省级电网所属的 500 千伏或 750 千伏跨省交流共用输电网络，以及纳入国家规划的 1000 千伏特高压跨省交流共用输电网络的输电价格。

第三条 核定区域电网输电价格遵循以下原则。

（一）区分功能。区域电网既承担保障省级电网安全运行，又提供输电服务。区域电网输电价格，应在严格成本监审基础上核定准许收入，并按功能定位和服务对象合理分摊的原则制定。

（二）尊重历史。区域电网输电价格，要考虑区域内各省级电网之间已形成的输电费用分摊机制，平稳过渡，促进区域电网及省级电网健康可持续发展。

（三）促进交易。区域电网输电价格，应有利于促进市场公平竞争和资源合理配置，促进跨省跨区电力市场化交易，促进新能源等清洁能源在更大范围内优化配置。

第四条 区域电网输电价格，先核定区域电网输电业务的准许收入，再以此为基础核定。区域电网输电价格实行事前核定、定期调整的价格机制，监管周期暂定为三年。为与省级电网输配电价改革衔接，首个监管周期为 2018~2019 年。

第二章 准许收入的计算方法

第五条 区域电网准许收入计算方法参照《省级电网输配电价定价办法（试行）》（发改价格〔2016〕2711 号）执行。区域电网准许收入由准许成本、准许收益和价内税金构成。

第六条 准许成本由基期准许成本和监管周期新增（减少）准许成本构成。基期准许成本，根据《国家发展改革委 国家能源局关于印发〈输配电定价成本监审办法（试行）〉的通知》（发改价格〔2015〕1347 号）等规定，经成本监审核定。监管周期新增（减少）准许成本，按监管期初前一年及监管周期内预计合理新增或减少的准许成本计算。

区域电网从电力市场统一购买的电力市场调频、备用等服务费用，不得计入区域电网输电成本，按"谁受益、谁承担"原则由相关省级电网分摊，通过省级电网输配电价回收。

第七条 准许收益按可计提收益的有效资产乘以准许收益率计算。可计提收益的有效资产，是指为提供区域电网输电服务所需的，允许计提投资回报的输电资产，包括固定资产净值、无形资产净值和营运资本，固定资产净值和无形资产净值通过成本监审核定，营运资本按不高于监管周期前一年电力主营业务收入的10%核定。

新建区域电网跨省共用网络输电线路，经相关省级价格主管部门审核同意后纳入有效资产范围。

准许收益率的计算公式为：准许收益率=权益资本收益率×（1-资产负债率）+债务资本收益率×资产负债率。其中：权益资本收益率，按本监管周期初始年前一年1月1日~6月30日国家10年期国债平均收益率加不超过4个百分点核定；债务资本收益率，参考同期人民币贷款基准利率与电网企业实际融资结构和借款利率核定；资产负债率参照监管周期初始年前3年电网企业实际资产负债率平均值核定。

第八条 价内税金依据现行国家相关税法规定核定执行。计算公式为：价内税金=所得税+城市维护建设税+教育费附加。

第三章 输电价格的计算方法

第九条 区域电网输电价格原则上采用两部制电价形式。其中：电量电费反映区域电网提供输电服务的成本；容量电费反映区域电网为省级电网提供可靠供电、事故备用等安全服务的成本。区域电网准许收入在电量电费和容量电费之间进行分摊。电量电费比例，原则上按区域电网输电线路实际平均负荷占其提供安全服务的最大输电容量测算，并考虑输电线路长度、促进电力交易、与现行输电价格政策衔接等因素。计算公式为：

电量电费比例=（Σ各线路实际平均负荷×该条线路长度权重）÷（Σ各线路的稳定限额×该条线路长度权重）×K

容量电费比例=1-电量电费比例

其中：输电线路实际平均负荷反映区域电网提供输电服务的能力，按监管周期前一年电力调度机构统计数据计算。输电线路提供安全服务的最大输电容量，考虑整个网络安全稳定水平情况下各线路允许达到最大输电容量，按监管周期前一年电力调度机构确定的线路稳定限额计算。输电线路提供安全服务的最大输电容量超过其实际平均负荷的部分，反映区域电网提供安全备用服务的能力。考虑区域电网功能差异，设置调整系数K，取值在0.7~1.3之间。东北、西北电网主要以消纳新能源和电力送出为主，K系数原则上大于1，适当提高电量电费比例；华北、华东、华中电网主要以保障用电需求和安全为主，K系数原则上小于1，适当提高容量电费比例。

各地可考虑季节变化因素，采取每月系统最大负荷日典型方式进行计算，再加权平均计算得到全年平均水平。

第十条 电量电费随区域电网实际交易结算电量收取，由购电方承担。改革初期，可对区域电网现行不同标准的电量电价政策进行归并，简化并逐步统一区域电网电价标准。电力市场机制建立后，可探索建立反映位置信号和输电阻塞的电价机制。

第十一条 各省级电网承担的容量电费比例，按区域电网为各省级电网提供安全服务能力并结合现行输电价格政策合理确定。区域电网为各省级电网提供安全服务的能力，主要考虑提供事故紧急支援能力和对各省级电网峰荷贡献等因素。事故紧急支援能力按监管周期前一年电力调度机构确定的典型运行方式计算。运行方式复杂的区域电网，可按各典型运行方式实际执行时间（按月）加权计算出各省级电网可获得的全年平均最大事故紧急支援能力。省级电网峰荷责任按监管周期前一年电力调度机构统计的每月最大负荷数据计算。

分摊给各省级电网的容量电费作为上级电网分摊费用通过省级电网输配电价回收，随各省级电网终端售电量（含市场化电量）收取。

随各省级电网终端售电量收取容量电费标准＝该省级电网应承担的容量电费÷监管周期该省级电网终端平均售电量

第四章 输电价格的调整机制

第十二条 建立区域电网输电准许收入平衡调整机制，解决东西部电网发展不平衡问题。监管周期内，各区域电网因电网投资规划调整、输电量或售电量大幅变化、省级电网承受能力不足等原因，导致区域电网准许收入回收不足时，通过电网企业内部东西部电网平衡调整机制，优先在各区域电网之间进行准许收入平衡调整。

第十三条 监管周期内遇有国家重大政策调整、发生重大自然灾害、不可抗力等因素造成的成本重大变化，区域电网企业可以向国家发展改革委申请对准许收入和输电价格作适当调整。

第十四条 区域电网准许收入和输电价格调整，应与省级电网输配电价和销售电价调整相衔接。各省级电网应将分担的区域电网容量电费作为上级电网传导成本纳入本省输配电成本，通过省级电网输配电价回收。

第五章 附 则

第十五条 本办法由国家发展改革委负责解释。

第十六条 本办法自发布之日起实施，有效期5年。

附件2

跨省跨区专项工程输电价格定价办法（试行）

第一章 总 则

第一条 为促进电网健康有序发展，建立规则明晰、水平合理、监管有力、科学透明的跨省跨区专项工程输电价格体系，根据《中华人民共和国价格法》《中华人民共和国电力法》《中共中央 国务院关于推进价格机制改革的若干意见》（中发〔2015〕28号）《中共中央 国务院关于进一步深化电力体制改革的若干意见》（中发〔2015〕9号）的相关规定，制定本办法。

第二条 本办法适用于跨省跨区专项工程输电价格的核定。跨省跨区专项工程输电价格，是指电网企业提供跨省跨区专用输电、联网服务的价格。

第三条 核定跨省跨区专项工程输电价格遵循以下原则。

（一）坚持科学、规范、透明定价。以制度、规则、机制建设为核心，转变政府价格监管方式，提高政府定价的科学性，规范政府定价程序，推进定价成本信息公开，制定合理的输电价格。

（二）坚持激励约束并重。强化监管，严格开展成本监审，合理确定专项工程收益。既要激励电网企业主动加强管理、降低经营成本，又要约束电网企业投资行为，提高投资效率。

（三）坚持促进电力平衡充分发展。通过科学的价格机制，发挥中西部地区能源优势，保障东部地区能源安全供应，实现电力平衡发展。推进跨省跨区电力市场建设，提高电力基础设施利用效率，增强清洁能源消纳能力，促进电力资源在更大范围优化配置。

第四条　跨省跨区专项工程输电价格实行事前核定、定期调整的价格机制，监管周期暂定为三年。为与省级电网输配电价改革衔接，首个监管周期为2018~2019年。

第二章　输电价格的计算方法

第五条　新投产跨省跨区专项工程输电价格按经营期电价法核定。经营期电价是指以弥补合理成本、获取合理收益为基础，考虑专项工程经济寿命周期内各年度的现金流量后所确定的电价。

其中：运维费率按不高于《省级电网输配电价定价办法（试行）》（发改价格〔2016〕2711号）新增资产运维费率标准的80%确定；投资和设计利用小时按政府主管部门批复的项目核准文件确定；资本金收益率、银行贷款利率参照《省级电网输配电价定价办法（试行）》核价参数确定；还贷年限按20年计算；项目经营期限按30年计算，形成的固定资产按项目经营期限计提折旧费。

第六条　建立定期评估调整机制。以成本监审结果为基础，参照《省级电网输配电价定价办法（试行）》有关参数，定期评估，科学合理确定收益并调整输电价格。

其中：历史运维费、折旧费、输电量等以成本监审结果为准。监管周期内，运维费率、银行贷款利率等参照新投产专项工程核价参数确定；输电量按设计利用小时确定；资本金收益率，实际利用小时达到设计值75%的，参照《省级电网输配电价定价办法（试行）》核价参数确定，实际利用小时达不到设计值75%的，资本金收益率可适当降低。

第七条　多条专项工程统一运营的，电网企业应按工程项目逐条归集资产、成本、收入，暂无法归集的应按照"谁受益、谁承担"原则合理分摊。多条专项工程统一运营并形成共用网络的，按照"准许成本加合理收益"方法定价。

第三章　输电价格形式

第八条　跨省跨区专项工程输电价格形式按功能确定，执行单一制电价。

对于参与跨省跨区可再生能源增量现货交易的电量，可在基准输电价格基础上适当核减。

第九条　以联网功能为主的专项工程按单一容量电价核定，由联网双方共同承担。容量电费分摊比例以本监管周期初始年前三年联网双方平均最大负荷为基础，结合工程最大输电能力确定，客观反映两端电网接受备用服务的效用。

第十条　以输电功能为主的专项工程按单一电量电价核定。

第四章　输电价格调整机制

第十一条　监管周期内遇有国家重大政策调整、发生重大自然灾害、不可抗力等因素造成的成本重大变化，应在监管周期内对输电价格进行合理调整。

第十二条　监管周期内新增跨省跨区专项工程投资、输电量变化较大时，应在监管周期内对输电价格进行合理调整。

第十三条　跨省跨区专项工程输电价格调整，应与省级电网输配电价和区域电网输电价调整相衔接。

第五章　附　则

第十四条　本办法由国家发展改革委负责解释。

第十五条　本办法自发布之日起实施，有效期5年。

附件3

关于制定地方电网和增量配电网配电价格的指导意见

为科学合理制定地方电网和增量配电网（以下简称"配电网"）配电价格，促进配电网业务健康发展，根据《中华人民共和国价格法》《中华人民共和国电力法》《中共中央　国务院关于推进价格机制改革的若干意见》（中发〔2015〕28号）《中共中央　国务院关于进一步深化电力体制改革的若干意见》（中发〔2015〕9号）《国家发展改革委　国家能源局关于印发〈售电公司准入与退出管理办法〉和〈有序放开配电网业务管理办法〉的通知》（发改经体〔2016〕2120号）《国家发展改革委　国家能源局关于规范开展增量配电业务改革试点的通知》（发改经体〔2016〕2480号）《国家发展改革委关于全面深化价格机制改革的意见》（发改价格〔2017〕1941号）相关规定，提出以下指导意见。

一、总体要求

按照深入推进电力体制改革的总体要求和"管住中间、放开两头"的基本思路，对地方政府或其他主体建设运营的地方电网和按照《有序放开配电网业务管理办法》投资、运营的增量配电网核定独立配电价格，加强配电价格监管，促进配电业务健康发展。

一是建立机制与合理定价相结合。通过制度和规则建设，既提高政府定价的科学性，加强对配电网的成本、价格监管；又规范配电网企业的价格行为，形成科学合理、公开透明、激励有效的配电价格，促进售电侧市场公平竞争。

二是弥补成本与约束激励相结合。在严格成本监审基础上，按照弥补配电网企业合理成本并获得合理收益的原则核定配电价格，促进配电网健康可持续发展，提供安全可靠电力服务；同时建立激励约束机制，促进配电网企业提高效率、降低成本，以尽可能低的价格为用户提供优质配电服务。

三是公平开放与平等负担相结合。配电网与省级电网具有平等的市场主体地位。省级电网应向地方电网和增量配电网无歧视开放，配电网应向售电公司无歧视开放。配电网企业应按照相同的原则和标准承担政策性交叉补贴。

二、定价方法

配电网区域内电力用户的用电价格，由上网电价或市场交易电价、上一级电网输配电价、配电网配电价格、政府性基金及附加组成。用户承担的配电网配电价格与上一级电网输配电价之和不得高于其直接接入相同电压等级对应的现行省级电网输配电价。

省级价格主管部门应根据本省情况，充分征求有关企业和社会意见后，选择合适的配电价格定价方法。核定配电价格时，应充分考虑本地区上网电价、省级电网输配电价、趸售电价、销售电价等现行电价，并结合地区经济发展需求、交叉补贴等情况，合理选取定价参数。

（一）对于招标方式确定投资主体的配电网项目，采用招标定价法确定配电价格。竞标主体应同时做出投资规模、配电容量、供电可靠性、服务质量、线损率等承诺。政府相关主管部门对合同约定的供电服务标准等进行监管和考核，没有达到约定标准的，相应核减配电价格。

（二）对于非招标方式确定投资主体的配电网项目，可以选择准许收入法、最高限价法和标尺竞争法三种定价方法中的一种或几种方法确定配电价格。对于同一类型配电网，应选择相同定价方法。

一是准许收入法。省级价格主管部门在能源主管部门确定配电网规划投资及项目业主确定投资计划后，参照《省级电网输配电价定价办法（试行）》（发改价格〔2016〕2711号），核定配电网企业监管周期内的准许成本、准许收益、价内税金，确定监管周期内的年度准许收入，并根据配电网预测电量核定监管周期的独立配电价格。

二是最高限价法。先按照"准许成本加合理收益"的方法测算某个配电网的配电价格，再参照其他具有可比性的配电网配电价格，结合供电可靠性、服务质量等绩效考核指标，确定该配电网的配电最高限价，由配电网企业制定具体配电价格方案，报省级价格主管部门备案。鼓励各地探索建立最高限价随居民消费价格指数和效率提高要求挂钩的调整机制。

三是标尺竞争法。先按照"准许成本加合理收益"的方法测算某个配电网的配电价格，再按测算的该配电网配电价格与本省其他配电网配电价格的加权平均来最终确定该配电网的配电价格。在首个监管周期，可给予该配电网以较高权重。配电网差异较小的地区，也可以同类型配电网社会平均先进水平为基准，按省分类制定标杆配电价格。

三、调整机制

配电网配电价格调整，应明确价格监管周期，做好过渡阶段价格衔接，并参照《省级电网输配电价定价办法（试行）》建立平滑处理机制、定期校核机制和考核机制。

（一）明确配电价格监管周期。政府制定配电价格的监管周期原则上为三年。招标确定配电价格的有效期限，以配电项目合同约定期限为准。

（二）做好过渡阶段价格衔接。配电价格确定前，电力用户与配电网结算的输配电价暂按其接入电压等级对应的现行省级电网输配电价执行。配电网区域内列入试点范围的非水可再生能源或地方电网区域内既有的小水电发电项目与电力用户开展就近交易时，用户仅支付所使用电压等级的配电价格，不承担上一电压等级的输配电价。配电网区域内不得以常规机组"拉专线"的方式向用户直接供电。

（三）做好与存量地方电网配电价格衔接。省级价格主管部门应按照尊重历史、合理衔接的原则，在不增加交叉补贴的前提下，制定地方电网配电价格，与现行省级电网输配电价、趸售电价等做好衔接，并逐步过渡到按本指导意见确定的方法核定配电价格。

（四）鼓励建立激励机制。在一个监管周期内，配电网由于成本下降而增加收入的，下一监管周期可由配电网和用户共同分享，以激励企业提高经营效率、降低配电成本。

四、结算制度

配电网与省级电网之间的结算电价，按现行省级电网相应电压等级输配电价执行。配电网企业可根据实际情况，自主选择分类结算电价或综合结算电价与省级电网企业结算电费。不同电压等级输配电价与实际成本差异过大的，省级价格主管部门可根据实际情况，向国务院价格主管部门申请调整省级电网输配电价结构。

（一）分类结算电价。配电网企业根据配电网区域内实际供电用户类别、电压等级和用户用电容量向电力用户收取电费，再按省级电网分电压等级、分用户类别的输配电价，向省级电网企业支付输配电费。

（二）综合结算电价。配电网企业根据配电网接入省级电网的接网容量和电压等级，按省级电网两部制输配电价，向省级电网企业支付输配电费。

配电网区域内的电力用户（含自发自用电量）应承担国家规定的政府性基金及附加等社会责任，由配电网企业代收、省级电网企业代缴。在配电网与省级电网接入点，由省级电网专为配电网建设变电站的，省级价格主管部门可探索核定由配电网承担的接入费用，并适当调整配电网与省级电网之间的结算电价。配电网与发电企业的结算，按照调度协议约定的主体执行。

五、相关要求

配电网配电价格的制定和调整由省级价格主管部门负责，报国务院价格主管部门备案。省级价格主管部门要按照指导意见要求，抓紧制定配电网成本监审和价格管理规则，加快推进配电价格改革工作。

（一）配电网实行业务分离。配电网企业应设立独立企业法人，依法取得电力业务许可证，将配电网业务与其他业务分离，成本独立核算。目前配售一体化经营的配电网企业的配电业务、市场化售电业务应逐步实现独立核算。

（二）严格执行配电价格。省级价格主管部门制定并公布配电区域内电力用户与配电网结算的分电压等级、分用户类别配电价格。配电网企业可探索结合负荷率等因素制定配电价格套餐，由电力用户选择执行，但其水平不得超过省级价格主管部门制定的该类用户所在电压等级的输配电价。配电网企业对未参与电力市场的电力用户应严格执行价格主管部门制定的目录销售电价。

（三）推动信息公开，强化社会监督。省级价格主管部门制定和调整配电价格，要通过门户网站等指定平台向社会公开价格水平和相关依据。配电网企业要定期通过企业网站等平台公布成本、收入等相关信息。各地要加快建立配电价格监管数据库，推进价格信息公开透明，强化社会监督。

（二）输配电定价成本监审办法

2019年5月24日，国家发展改革委、国家能源局关于印发《输配电定价成本监审办法》的通知。

国家发展改革委　国家能源局关于印发《输配电定价成本监审办法》的通知

发改价格规〔2019〕897号

各省、自治区、直辖市发展改革委、物价局、电力公司，国家能源局派出机构，国家电网有限公司、南方电网有限责任公司、内蒙古电力有限责任公司：

为贯彻落实《中共中央　国务院关于推进价格机制改革的若干意见》（中发〔2015〕28号）、《中共中央　国务院关于进一步深化电力体制改革的若干意见》（中发〔2015〕9号）精神和中央经济工作会议要求，进一步完善对电网输配电成本的监管，深入推进输配电价改革，我们对2015年制定的《输配电定价成本监审办法（试行）》进行了修订，现将修订后《输配电定价成本监审办法》印发给你们，请按照执行。

附件：输配电定价成本监审办法

国家发展改革委
国家能源局
2019年5月24日

附件

输配电定价成本监审办法

第一章　总　则

第一条　为提高输配电价制定的科学性、合理性和透明度，完善对电网输配电成本的监管，规范输配电定价成本监审行为，促进电网企业加强成本管理，根据《中华人民共和国价格法》、《中共中央　国务院关于推进价格机制改革的若干意见》（中发〔2015〕28号）、《中共中央　国务院关于进一步深化电力体制改革的若干意见》（中发〔2015〕9号）和《政府制定价格成本监审办法》（国家发展改革委令第8号）等有关规定，制定本办法。

第二条　本办法适用于政府制定或者调整省级电网、区域电网、跨省跨区专项工程（以下简称专项工程）输配电价过程中，对提供输配电服务的电网经营企业（以下简称电网企业）实施定价成本监审的行为。

第三条　输配电定价成本，是指政府核定的电网企业提供输配电服务的合理费用支出。

省级电网输配电定价成本，是指政府核定的省级电网企业为使用其经营范围内输配电设施的用户提供输配电服务的合理费用支出。

区域电网输电定价成本，是指政府核定的区域电网经营者为使用其经营范围内跨省交流共用输电网络的用户提供输电服务的合理费用支出。

专项工程输电定价成本，是指政府核定的电网企业提供跨省跨区专用输电、联网服务的合理费用支出。

第四条　输配电定价成本监审应遵循以下原则：

（一）合法性原则。计入定价成本的费用应当符合《中华人民共和国会计法》等有关法律法规、国家有关财务会计制度、价格监管制度等规定。

（二）相关性原则。计入定价成本的费用应当限于电网企业提供输配电服务发生的直接费用以及需要分摊的间接费用。

（三）合理性原则。计入定价成本的费用应当符合输配电服务的合理需要，影响定价成本水平的主要经济、技术指标应当符合行业标准或者公允水平。

第五条　输配电定价成本监审应当以经政府有关部门或会计师事务所审计（审核）的监审期间年度财务报告、会计凭证、账簿，以及电网投资、生产运行、政府核准文件等相关资料为基础。未正式营业或者营业不满一个会计年度的不予实施成本监审。

第六条 电网企业应当按照输配电价格成本监管要求建立、健全成本核算制度和成本监审报表制度，完整准确记录、单独核算输配电业务成本和收入，并定期向政府价格主管部门上报。电网企业应当积极配合政府价格主管部门实施的成本监审工作，客观如实反映情况，并提供其所要求的财务报告、会计凭证、账簿、科目汇总表等相关文件资料和电子原始数据。

第二章 输配电定价成本构成

第七条 输配电定价成本包括折旧费和运行维护费。

第八条 本办法所指的折旧费，是对输配电业务相关的固定资产按照本办法规定的折旧方法和年限计提的费用。

第九条 本办法所指的运行维护费，是电网企业维持电网正常运行的费用，包括材料费、修理费、人工费和其他运营费用。

（一）材料费指电网企业提供输配电服务所耗用的消耗性材料、事故备品等，包括企业因自行组织设备大修、抢修、日常检修发生的材料消耗和委托外部社会单位检修需要企业自行购买的材料费用。

（二）修理费指电网企业为了维护和保持输配电相关设施正常工作状态所进行的外包修理活动发生的检修费用，不包括企业自行组织检修发生的材料消耗和人工费用。

（三）人工费指电网企业从事输配电业务的职工发生的薪酬支出，包括工资总额（含津补贴）、职工福利费、职工教育经费、工会经费、社会保险费用、住房公积金，含农电工、劳务派遣及临时用工支出等。

（四）其他运营费用指电网企业提供正常输配电服务发生的除以上成本因素外的费用。主要包括：

1. 生产经营类费用。包括农村电网维护费、委托运行维护费、租赁费等。
2. 管理类费用。包括办公费、会议费、水电费、物业管理费、差旅费等。
3. 安全保护类费用。包括电力设施保护费、劳动保护费、安全费、设备检测费等。
4. 研究开发类费用。包括研究开发费等开展与输配电服务相关的产品、技术、材料、工艺、标准的研究、开发过程中发生的费用支出。
5. 价内税金。包括车船使用税、房产税、土地使用税和印花税。
6. 其他费用。包括无形资产摊销、低值易耗品摊销、财产保险费、土地使用费、管理信息系统维护费等。

第十条 下列费用不得计入输配电定价成本：

（一）不符合《中华人民共和国会计法》等有关法律法规和国家有关财务会计、价格监管制度等规定的费用。

（二）与电网企业输配电业务无关的费用。包括：

1. 宾馆、招待所、办事处、医疗单位、电动汽车充换电服务等辅助性业务单位、多种经营及"三产"企业的成本费用；
2. 电网企业所属单位从事市场化业务对应的成本费用；
3. 抽水蓄能电站、电储能设施、电网所属且已单独核定上网电价的电厂的成本费用；

4. 独立核算的售电公司的成本费用；

5. 其他与输配电业务无关的费用。

（三）与输配电业务有关但按照国家有关规定由政府补助、政策优惠、社会无偿捐赠等有专项资金来源予以补偿的费用。

（四）各类赞助、滞纳金、违约金、罚款，以及计提的准备金。

（五）各类广告、公益宣传费用（停电故障信息公告、电力安全保护宣传、电力设备安全警示等费用除外）。

（六）除不可抗力外的固定资产盘亏、毁损和出售的净损失。

（七）向上级公司或管理部门上交的利润性质的管理费用、代上级公司或管理部门缴纳的各项费用、向出资人支付的利润分成以及对附属单位的补助支出等。

（八）经相关政府主管部门认定，在监审期间内除政策性因素外造成的未投入实际使用、未达到规划目标、擅自提高建设标准的输配电资产相关成本费用支出；国家重大输配电项目建设中，因企业自身责任导致工期延误、工程质量不合格、重复建设等造成的额外投资费用支出。

（九）其他不得计入输配电定价成本的费用。

第十一条　省级电网输配电定价成本按照500千伏及以上、220千伏（330千伏）、110千伏（66千伏）、35千伏、10千伏（含20千伏）、不满1千伏分电压等级核定。

第三章　输配电定价成本核定

第十二条　折旧费。计入定价成本的折旧费，按照监审期间最末一年的可计提折旧输配电固定资产原值和本办法规定的输配电固定资产分类定价折旧年限，采用年限平均法分类核定。

第十三条　可计提折旧的输配电固定资产指政府核定的经履行必要审批手续建设的符合规划的输配电线路、变电配电设备以及其他与输配电业务相关的资产，不包括从电网企业分离出来的辅助性业务单位，多种经营企业及"三产"资产等。

可计提折旧的输配电固定资产原值按照历史成本核定。按规定进行过清产核资的，按财政或国有资产监督管理部门认定的各类固定资产价值确认，包括政府相关部门认定的成建制接受资产、人员、债务方式转入的农网资产。

第十四条　下列输配电固定资产的折旧费不得计入输配电定价成本：

（一）进行过清产核资但未经财政或国有资产监督管理部门认定的。

（二）用户或地方政府无偿移交、由政府补助或者社会无偿投入等非电网企业投资形成的。

（三）不能提供固定资产价值有效证明的。

（四）固定资产的评估增值部分的。

（五）已提足折旧仍继续使用的。

（六）第十条第（八）项所规定的。

（七）其他不应计提折旧的情形。

第十五条　输配电固定资产定价折旧年限。2015年1月1日以前形成的输配电固定资产，定价折旧率按照国家电网公司、南方电网公司规定的折旧年限中值确定，其他电网企业参照执行；2015年1月1日及以后新增的输配电固定资产，原则上按照本办法规定的电网企业固定资产分类定价折旧年限（见附件），结合自然环境及电网发展水平等实际情况确定。电网企业实际折旧年限高于本办法规定的折旧年限，按照企业实际折旧年限核定。固定资产残值率按5%确定。

第十六条　材料费、修理费。按剔除不合理因素后的监审期间平均值核定，但本监审期间核定的新增材料费、修理费两项合计，原则上不得超过本监审期间核定的新增输配电固定资产原值的2.5%。超过2.5%的，电网企业应证明其合理性，具体数额根据评估论证后确定。特殊情况下，因不可抗力、政策性因素造成一次性费用过高的可分期分摊。

第十七条　人工费。国家电网公司、南方电网公司所属电网企业工资总额（含津补贴）参照监审期间最末一年国务院国有资产监督管理部门有关国有企业工资管理办法核定。非国家电网公司、南方电网公司所属的地方国有电网企业的工资总额参照监审期间最末一年地方国有资产监督管理部门有关工资管理办法核定。其他电网企业参考当地国有电网企业工资水平合理核定。

职工福利费、职工教育经费、工会经费据实核定，但不得超过核定的工资总额和国家规定的提取比例的乘积。

职工养老保险（包括补充养老保险）、医疗保险（包括补充医疗保险）、失业保险、工伤保险、生育保险、住房公积金等，审核计算基数按照企业实缴基数确定，但不得超过核定的工资总额和当地政府规定的基数，计算比例按照不超过国家或当地政府统一规定的比例确定。

农电工、劳务派遣、临时用工性质的用工支出未包含在工资总额内的，在不超过国家有关规定范围内按照企业实际发生数核定。

第十八条　其他运营费用。

（一）管理类费用。按剔除不合理因素后的监审期间最低年份水平确定，但不得高于上个监审周期核定水平。

（二）生产经营类费用、安全保护类费用、研究开发类费用。按剔除不合理因素后的监审期间平均值核定。其中，租赁费、委托运维费、研究开发费等涉及内部关联方交易的，可进行延伸审核，按照社会公允水平核定；社会公允水平无法获得的，按照实际承担管理运营维护单位发生金额核定。

内部关联方交易是指各级电网企业与关联方之间转移、交易、租赁、运维资产等所发生的各类行为以及提供劳务的行为。

（三）其他费用。按剔除不合理因素后的监审期间平均值核定。其中，无形资产的摊销年限，有法律法规规定或合同约定的，从其规定或约定；没有规定或约定的，原则上按不少于10年摊销。

（四）价内税金。按照现行国家税法规定监审期间最后一年水平核定。

（五）其他运营费用占本监审期间核定的输配电固定资产原值的比例，不得超过上一监审期间核定的比例；剔除生产经营类、安全保护类费用后的其他运营费用，不得超过本监审期间核定的运行维护费（仅包括材料费、修理费、人工费和其他运营费用中的生产经营类费用）的20%。

第十九条　核定单位输配电定价成本所对应的电量，省级电网按监审期间最末一年省级电网公司输配电量核定，区域电网按监审期间区域电网线路资产最末一年实际输送电量核定，专项工程按照监审期间该工程企业的平均实际输送电量和设计电量的较高值核定。

第二十条　输配电损耗率。按照电网企业监审期间实际损耗平均水平确定，省级电网分电压等级予以明确，专项输电服务分工程予以明确。

第四章　经营者义务

第二十一条　电网企业应当按照输配电成本监审要求，区分省级电网、区域电网、专项工程，分电压等级、用户类别单独核算并合理归集输配电的生产经营成本（费用）及收入等数据。

能直接归集到各电压等级（专项工程）的成本费用，应直接归集到相应电压等级（专项工程）。不能直接归集到各电压等级（专项工程）的共用成本费用，根据影响成本的主要因素分摊。折旧费、材料费、修理费等与资产相关度较高的，可按各电压等级（专项工程）固定资产原值比例分摊。

第二十二条　电网企业应当建立健全内部关联方交易管理制度，按照社会公允水平确定内部关联方交易费用项目价格；书面向政府价格主管部门报告内部关联方交易事项的相关情况。

第二十三条　电网企业应当自收到成本监审书面通知之日起20个工作日内，向政府价格主管部门或其指定的单位提供输配电定价成本监审所需资料，并对所提供成本资料的真实性、合法性、完整性负责。成本资料应当包括下列内容：

（一）企业基本情况。包括：（1）总体情况。企业历史概况、经营范围、组织机构、主营业务和其他业务、股权关系说明、主要生产经营和财务指标、输配电生产经营情况、营业执照等情况和说明材料；（2）人员情况。包括电网企业上报国有资产监督管理部门工资总额及其结构文件，国有资产监督管理部门工资总额批复、人员定岗定编及相关工资计划等文件，电网企业内部批复的工资文件；（3）投资及电量情况。监审期间输配电资产投资规划和建设规模、电量变化总体情况和说明；（4）其他情况。包括总部及各省网公司的资产、收入、工资、电量总额及其结构。

（二）会计核算及财务资料。包括：（1）企业财务管理制度。企业财务制度、成本核算办法、财务信息系统说明等；（2）会计账簿报表。经政府有关部门或会计师事务所审计（审核）的年度财务报告，以及手续齐备的会计凭证、收入支出、固定资产卡片明细账等账簿，监审期间内各年度一级至最末级科目余额表；（3）年度纳税申报表和审计报告。

（三）成本调查表。（1）按照政府价格主管部门要求和规定表式核算填报的成本调查表及其数据来源、工作底稿和填报说明；（2）成本调查表涉及的成本项目核算方法、成本费用分摊方法及相关依据。

（四）资产类资料。包括：（1）输配电工程可行性研究报告、竣工决算报告等能说明电网企业建设规模的相关证明材料，固定资产分布有关资料；（2）按电压等级、功能定位、建设资金来源（区分自有投资、无偿移交与政策性资产等）标准划分的固定资产分类情况，并提供分类依据和固定资产卡片信息；（3）跨省跨区（特高压）专项资产及利用率情况；（4）本监审期间内，与投资总额相对应项目的明细清单，包括项目名单、建设地点、电压等级、容量、投资总额、依据规划名称、核准文件及文件号等,以及对应形成的固定资产相关成本费用支出情况;(5)上一监管周期预测投资总额、清单及审批或核准文件依据;(6)监审期间内新增输配电固定资产总额、明细清单及依据;(7)第十条第(八)项所涉及的相关资产及费用支出情况。

(五)电量类资料。(1)购电量、输配电量等各类电量资料。(2)专项工程利用率以及相关的统计报表。

(六)监管周期对比资料。与上一监审期间相比,投资、成本、电量变化情况及其原因说明。

(七)各类收入和支出明细表。(1)购售电收入明细表;(2)各类上网电价和销售电价。

(八)内部关联方交易资料。包括内部关联方交易事项的相关情况,内部关联方交易对象、定价方法、交易价格和金额,以及与关联方的关系等,说明关联交易的合理性及其理由,并提供延伸审核所需的相关资料。

(九)成本监审所需的其他资料。

第二十四条 电网企业应当按照成本监审要求,向监审人员开放查询企业各类资料的权限,及时提供情况,反馈意见。电网企业拒绝提供、未在规定时间内提供、虚假或不完整提供成本监审所需资料的,政府价格主管部门可按照从低原则核定定价成本,情节严重的,可按照上一监审周期单位输配电定价成本的50%核定本监审周期输配电定价成本,由此产生的定价成本减少不能在以后成本监审周期内进行弥补,同时将相关单位及其负责人不良信用记录纳入全国信用信息共享平台,实施失信联合惩戒。

第二十五条 电网企业应当按照成本监审要求,每年定期向政府有关部门报告成本变化有关情况并说明理由。

第五章 附 则

第二十六条 地方电网、增量配电网等其他电网企业可参照本办法执行。

第二十七条 本办法由国家发展和改革委员会会同国家能源局解释。

第二十八条 本办法自发布之日起施行。有效期为3年。2015年6月9日国家发展和改革委员会、国家能源局发布的《输配电定价成本监审办法(试行)》(发改价格〔2015〕1347号)同时废止。

附件

电网企业固定资产分类定价折旧年限表

序号	资产类别/名称	折旧年限
一、	输配电线路	
1	500千伏及以上	30~38
2	220千伏(330千伏)	28~34
3	110千伏(66千伏)	26~32
4	35千伏	18~30
5	10千伏(20千伏)及以下	16~26

续表

序号	资产类别/名称	折旧年限
二、	变电配电设备	
1	110千伏以上	25~33
2	110千伏及以下	18~24
三、	其他	
1	用电计量设备	8
2	通讯线路及设备	8
3	自动化设备及仪器仪表	8
4	检修维护设备	10
5	运输设备	10
6	生产管理用工器具	10
7	辅助生产类设备及器具	20
8	非生产性房屋、建筑物	50
9	生产性房屋、建筑物	30

注：其他本表未列入的固定资产折旧年限按照企业折旧年限中值确定。

（三）区域电网输电价格定价办法

2020年1月19日，国家发改委印发《区域电网输电价格定价办法》的通知。

国家发展改革委关于印发《区域电网输电价格定价办法》的通知

发改价格规〔2020〕100号

各省、自治区、直辖市发展改革委（物价局），国家电网有限公司、南方电网有限责任公司、内蒙古电力（集团）有限责任公司：

为贯彻落实《中共中央 国务院关于进一步深化电力体制改革的若干意见》（中发〔2015〕9号）、《关于推进价格机制改革的若干意见》（中发〔2015〕28号）决策部署，持续深化电价改革，进一步提升输配电价核定的规范性、合理性，经商国家能源局，对《区域电网输电价格定价办法（试行）》（发改价格〔2017〕2269号）作了修订，形成了《区域电网输电价格定价办法》。现印发你们，请按照执行。

附件：区域电网输电价格定价办法

国家发展改革委
2020年1月19日

附件

区域电网输电价格定价办法

第一章 总 则

第一条 为科学合理核定区域电网输电价格，健全输电定价制度，根据《中华人民共和国价格法》《中华人民共和国电力法》《中共中央 国务院关于推进价格机制改革的若干意见》（中发〔2015〕28号）《中共中央 国务院关于进一步深化电力体制改革的若干意见》（中发〔2015〕9号）的相关规定，制定本办法。

第二条 本办法适用于区域电网输电价格的核定。

区域电网输电价格，是指区域电网运行机构运营区域共用输电网络提供的电量输送和系统安全及可靠性服务的价格。

第三条 核定区域电网输电价格遵循以下原则。

（一）提升电网效率。强化电网企业成本约束，以严格的成本监审为基础，按照"准许成本加合理收益"方法核定输电准许收入；健全激励约束机制，促进电网企业加强管理降低成本。

（二）合理分摊成本。区域电网既保障省级电网安全运行，又提供输电服务。区域电网输电价格，应在核定准许收入的基础上，按功能定位和服务对象合理分摊的原则制定。

（三）促进电力交易。区域电网输电价格，应有利于促进市场公平竞争和资源合理配置，促进跨省跨区电力市场化交易，促进清洁能源在更大范围内优化配置。

（四）规范定价行为。明晰定价规则，规范定价程序，科学确定方法，最大限度减少自由裁量权，提高政府定价的法治化、规范化、透明度。

第四条 区域电网输电价格，先核定区域电网输电业务的准许收入，再以此为基础核定。区域电网输电价格在每一监管周期开始前核定，监管周期为三年。

第五条 电网企业应对区域跨省交流共用网络的资产、费用、收入、投资计划及完成进度、区域及各省月最大负荷、发电量、用电量，每条输电线路长度、实际平均负荷、稳定限额，输电量、线损率、跨区跨省交易情况等与输电价格相关的基础数据，按相关规定进行统计归集，于每年5月底之前报送国务院价格主管部门，并抄送相关省级价格主管部门。

第二章 准许收入的计算方法

第六条 区域电网准许收入由准许成本、准许收益和税金构成。

第七条 准许成本由基期准许成本、监管周期新增和减少准许成本构成。基期准许成本，根据输配电定价成本监审办法等规定，经成本监审核定。监管周期新增和减少准许成本，按监管周期内预计合理新增和减少的准许成本计算。计算方法参照《省级电网输配电价定价办法》执行。

第八条 准许收益按可计提收益的有效资产乘以准许收益率计算。可计提收益的有效资产，是指电网企业投资形成的输电线路、变电设备以及其他与输电业务相关的资产，包括固定资产净值、无形资产净值和营运成本。

符合电力规划并履行按权限核准等程序的新增区域电网共用网络投资，纳入可计提收益的有效资产范围。具体由国家电网公司进行申报。

可计提收益的有效资产及准许收益率计算方法参照《省级电网输配电价定价办法》执行。

第九条 税金依据现行国家相关税法规定核定执行。包括所得税、城市维护建设税、教育费附加。

第三章 输电价格的计算方法

第十条 区域电网准许收入通过容量电费和电量电费两种方式回收。容量电费与电量电费比例计算公式为：

容量电费：电量电费＝（折旧费+人工费）：运行维护费（不含人工费）

第十一条 电量电费随区域电网实际交易结算电量收取，由购电方支付。容量电费按照受益付费原则，向区域内各省级电网公司收取。

第十二条 各省级电网公司向区域电网支付的容量电费，以区域电网对各省级电网提供安全及可靠性服务的程度为基础，综合考虑跨区跨省送（受）电量、年最大负荷、省间联络线备用率和供电可靠性等因素确定。

计算公式为：

各省级电网承担的容量电费比例＝R_1×（该省级电网跨区跨省结算送（受）电量÷Σ区域内各省级电网跨区跨省结算送（受）电量）+R_2×（该省级电网非同时年最高负荷÷Σ各省级电网非同时年最高负荷）+R_3×Σ（该省级电网与区域电网各联络线的稳定限额－实际平均负荷）／［2×Σ（区域电网各省间联络线稳定限额－实际平均负荷）］

其中：

R_1＝（区域电网统调机组跨区跨省结算送电量+Σ区域内各省级电网统调机组跨区跨省结算送电量）÷（区域电网统调机组发电量+Σ区域内各省级电网统调机组发电量）或者Σ区域内各省级电网跨区跨省结算受电量÷Σ区域内各省级电网省内售电量

R_2＝（1-R_1）÷2×区域电网紧密程度调整系数

区域电网紧密程度调整系数反映各区域内省级电网联系的紧密程度。计算公式为：

（区域内跨省交易电量÷区域总用电量）÷（Σ各区域内跨省交易电量÷Σ各区域总用电量）

R_3＝1-R_1-R_2

当区域电网紧密程度调整系数过大导致R_3为负时，R_3取0，相应R_2＝1-R_1。

第十三条 华北电网准许收入扣除京津唐电网应单独承担部分后，为京津唐电网与华北电网内其他省级电网共同承担部分。

京津唐电网应单独承担的准许收入，按京津唐电网自用固定资产原值占华北电网固定资产原值的比例核定。

京津唐电网与华北电网内其他省级电网共同承担的准许收入，按第十条确定容量电费和电量电费之间的分摊比例，按第十二条确定容量电费的分摊比例。

京津唐电网内各省级电网应分摊的容量电费，以京津唐电网单独承担的准许收入加上其应分摊的容量电费为基础，按照其与京津唐电网最大负荷的同时负荷比例确定。

京津唐电网范围内，位于北京、天津、河北境内的电厂参与京津唐地区交易电量不纳入华北电网电量电费计收范围。

第十四条 分摊给各省级电网公司的容量电费作为上级电网分摊费用纳入省级电网准许收

入，通过省级电网输配电价回收，按各省级电网终端售电量（含市场化电量）确定标准收取。

第四章 输电价格的调整机制

第十五条 建立准许收入平衡调整机制。对上一监管周期内受新增投资、电量增长等影响区域电网实际收入超过（低于）准许收入的部分，在本监管周期或下一监管周期定价时平滑处理。省级电网分摊的容量电费在监管周期之间调整过大、一个周期消化有困难的，可以在两个监管周期内平滑处理。

第十六条 监管周期内遇有国家重大政策调整、发生重大自然灾害、不可抗力等因素造成的成本重大变化，电网企业可以向国家发展改革委申请对准许收入和输电价格作适当调整。

第五章 附 则

第十七条 本办法由国家发展改革委负责解释。

第十八条 本办法自发布之日起实施，有效期5年。《国家发展改革委关于印发〈区域电网输电价格定价办法（试行）〉〈跨省跨区专项工程输电价格定价办法（试行）〉和〈关于制定地方电网和增量配电网配电价格的指导意见〉的通知》（发改价格规〔2017〕2269号）中《区域电网输电价格定价办法（试行）》同时废止。

（四）省级电网输配电价定价办法

2020年1月19日，国家发改委印发《省级电网输配电价定价办法》的通知。

国家发展改革委关于印发《省级电网输配电价定价办法》的通知

发改价格规〔2020〕101号

各省、自治区、直辖市发展改革委（物价局），国家电网有限公司、南方电网有限责任公司、内蒙古电力（集团）有限责任公司：

为贯彻落实《中共中央 国务院关于进一步深化电力体制改革的若干意见》（中发〔2015〕9号）、《关于推进价格机制改革的若干意见》（中发〔2015〕28号）决策部署，持续深化电价改革，进一步提升输配电价核定的规范性、合理性，经商国家能源局，对《省级电网输配电价定价办法（试行）》（发改价格〔2016〕2711号）作了修订，形成了《省级电网输配电价定价办法》。现印发你们，请按照执行。

附件：省级电网输配电价定价办法

国家发展改革委
2020年1月19日

附件

省级电网输配电价定价办法

第一章 总 则

第一条 为科学合理核定省级电网企业输配电价，健全输配电定价制度，根据《中华人民共和国价格法》《中华人民共和国电力法》《中共中央　国务院关于推进价格机制改革的若干意见》（中发〔2015〕28号）《中共中央　国务院关于进一步深化电力体制改革的若干意见》（中发〔2015〕9号）的相关规定，制定本办法。

第二条　本办法适用于省级电网输配电价的核定。省级电网输配电价，是指省级电网企业在其经营范围内为用户提供输配电服务的价格。

第三条　核定省级电网输配电价遵循以下原则：

（一）促进电网企业高质量发展。立足保障电力安全可靠供应，强化电网企业成本约束，以严格的成本监审为基础，按照"准许成本加合理收益"方法核定输配电准许收入；健全激励约束机制，促进电网企业加强管理降低成本，为用户提供安全高效可持续的输配电服务，助力行业和用户提高能效降低能耗。

（二）实现用户公平分摊成本。基于各类用户对输配电系统成本的耗费，兼顾其他公共政策目标，确定输配电价格，优化输配电价结构。

（三）严格规范政府定价行为。明晰定价规则，规范定价程序，科学确定方法，最大限度减少自由裁量权，提高政府定价的法治化、规范化、透明度。

第四条　核定省级电网输配电价，先核定电网企业输配电业务的准许收入，再以准许收入为基础核定分电压等级和各类用户输配电价。

第五条　省级电网输配电价在每一监管周期开始前核定，监管周期为三年。

第六条　电网企业应对各电压等级的资产、费用、收入、输配售电量、负荷、用户报装容量、线损率、投资计划完成进度等与输配电价相关的基础数据，按相关规定进行统计归集，并于每年5月底之前将上一年有关数据及材料报送国务院价格主管部门和省级政府价格主管部门。对未按要求及时报送的电网企业，国务院价格主管部门和省级价格主管部门可以视情况进行通报和约谈。

第二章　准许收入的计算方法

第七条　省级电网输配电准许收入由准许成本、准许收益和税金构成。

其中：准许成本＝基期准许成本＋监管周期预计新增（减少）准许成本

准许收益＝可计提收益的有效资产×准许收益率

第八条　准许成本的计算。

（一）准许成本由折旧费和运行维护费构成，区分基期准许成本、监管周期预计新增和减少准许成本分别核定。

（二）基期准许成本，是指根据输配电定价成本监审办法等规定，经成本监审核定的历史成本，包括区域电网分摊的容量电费和按销售电量分摊到各省级电网的电网总部调度中心、交易中心费用。

（三）监管周期新增和减少准许成本，是指电网企业在监管周期前一年及监管周期内预计合理新增和减少的准许成本。

1. 监管周期新增准许成本

（1）折旧费。折旧费的计算公式为：

折旧费＝预计新增输配电固定资产投资额×预计新增投资计入固定资产比率×定价折旧率

预计新增输配电固定资产投资额参照有权限的省级发展改革、能源主管部门预测的、符合电力规划的电网投资计划，按年度间等比例原则确定，有明确年度投资完成时间的，按计划要求确定。未明确具体投资项目和资产结构、监管周期内无投运计划或无法按期建成投运的，不得计入预计新增输配电固定资产投资额。

预计新增投资计入固定资产比率，指预计新增输配电固定资产投资额可计入当期预计新增输配电固定资产原值的比率，原则上不超过上一监管周期新增投资计入固定资产比率，最高不得超过75%。

预计新增输配电量，参考上一监管周期输配电量平均增速，以及有权限的省级发展改革、能源主管部门根据电力投资增长和电力供需形势预测的电量增长情况等因素核定。

预计新增单位电量固定资产＝预计新增输配电固定资产原值÷预计新增输配电量

预计新增输配电固定资产基于提高投资效率的要求，按照不高于历史单位电量固定资产的原则核定（国家政策性重大投资除外），低于历史单位电量固定资产的，按预计数核定。

定价折旧率，根据输配电定价成本监审办法规定的残值率、附表《电网企业固定资产分类定价折旧年限表》中所列折旧年限和新增输配电固定资产结构核定。

（2）运行维护费。运行维护费由材料费、修理费、人工费、其他运营费用组成，按以下方法分别核定。

（3）人工费。参考国务院国有资产管理部门核定的职工工资总额；材料费和修理费，参考电网经营企业上一监管周期费率水平，以及同类型电网企业的先进成本标准，且材料费、修理费和人工费三项合计按不高于监管周期新增输配电固定资产原值的2%核定。

（4）其他运营费用。按照不高于成本监审核定的上一监管周期电网企业费率水平的70%，同时不高于监管周期新增输配电固定资产原值的2.5%核定。其中：电网经营企业费率水平为其他运营费用占输配电固定资产原值的比重。

2. 监管周期减少准许成本。

监管周期内退役、报废的固定资产和摊销完毕的无形资产，相应减少的成本费用。成本费用率标准参照上一监管周期费率水平。

监管周期内已计提完折旧仍在使用的固定资产，不再计提定价折旧费。

第九条　准许收益的计算。

（一）可计提收益的有效资产，是指电网企业投资形成的输配电线路、变电配电设备以及其他与输配电业务相关的资产，包括固定资产净值、无形资产净值和营运资本。

1. 以下资产不得纳入可计提收益的固定资产范围：

（1）与输配电业务无关的固定资产。包括但不限于：电网企业宾馆、招待所、办事处、医疗单位、电动汽车充换电服务等辅助性业务单位、多种经营企业及"三产"资产；抽水蓄能电站、电储能设施、已单独核定上网电价的电厂资产；独立核算的售电公司资产；与输配电业务无关的对外股权投资；投资性固定资产（如房地产等）；其他需扣除的与输配电业务无关的固定资产等。

（2）应由有权限的政府主管部门审批或认定而未经批准或认定投资建设的固定资产，或允许企业自主安排，但不符合电力规划、未履行必要核准、备案程序投资建设的固定资产。

（3）单独核定输电价格的跨省跨区专项输电工程和配套工程固定资产。

（4）已纳入区域电网输电价格核算的固定资产。

（5）用户或地方政府无偿移交，由政府补助或者社会无偿投入等非电网企业投资形成的输配电资产。

（6）其他不应计提收益的固定资产。

2. 可计提收益的无形资产，主要包括软件、土地使用权等。

3. 可计提收益的营运资本，指电网企业为提供输配电服务，除固定资产投资以外的正常运营所需要的周转资金。

（二）可计提收益的有效资产的计算公式为：

可计提收益的有效资产＝基期可计提收益的有效资产＋监管周期预计新增可计提收益的有效资产－监管周期减少可计提收益的有效资产

1. 基期可计提收益的有效资产。固定资产净值和无形资产净值根据监审期间最末一年可计提折旧、可摊销计入定价成本的固定资产和无形资产原值所对应的账面净值，通过成本监审核定；营运资本按不高于成本监审核定的上一监管周期运行维护费的1/12加月购电费的1/6核定。

2. 监管周期预计新增可计提收益的有效资产。根据预计新增输配电固定资产原值扣减监管周期相应折旧费核定。

3. 监管周期减少有效资产。根据监管周期内预计退役、报废或已计提完折旧的固定资产核定。

（三）准许收益率的计算公式为：

准许收益率＝权益资本收益率×（1-资产负债率）+债务资本收益率×资产负债率

其中：权益资本收益率。原则上按不超过同期国资委对电网企业经营业绩考核确定的资产回报率，并参考上一监管周期省级电网企业实际平均净资产收益率核定。在总体收益率控制的前提下，考虑东西部差异，对涉及互助帮扶的省级电网企业收益率可作适当调整。

债务资本收益率。参考电网企业实际融资结构和借款利率，以及不高于同期人民币贷款市场报价利率核定。如电网企业实际借款利率高于市场报价利率，按照市场报价利率核定；如实际借款利率低于市场报价利率，按照实际借款利率加二者差额的50%核定。

资产负债率。按照国资委考核标准并参考上一监管周期电网企业资产负债率平均值核定。

第十条 税金是指除增值税外的其他税金，包括所得税、城市维护建设税、教育费附加，依据现行国家相关税法规定核定。

其中：所得税＝可计提收益的有效资产×（1-资产负债率）×权益资本收益率÷（1-所得税率）×所得税率

所得税率。按照税法有关规定核定。

城市维护建设税及教育费附加＝（不含增值税的准许收入×增值税税率-准许成本进项税抵扣额）×（城市维护建设税税率+教育费附加计征比率）

第十一条 通过输配电价回收的准许收入，是指通过省级电网输配电价向所有使用共用网络的用户（包括省内和"网对网"省外购电用户）回收的准许收入。应扣除以下项目：

（一）通过其他独立或专门渠道向特定电力用户回收的收入，包括但不限于：自备电厂备用容量费收入、高可靠性供电收入、一省两贷或多贷农网还贷资金收入。

（二）特定项目或特殊情况的政府补贴收入，如国家对农村电网维护费免征的增值税及其附加等。

（三）其他未在准许成本中扣除的项目，如涉及省级电网输配电业务关联交易在其他业务或公司形成的不合理收益等。

（四）其他应予扣除的项目。

第十二条　已经明确为区域电网输电服务的省级电网输电资产，应当纳入区域电网准许收入由区域用户共同负担。

区域电网分摊给各省级电网的容量电费作为上级电网分摊费用纳入省级电网准许收入，通过省级电网销售电量（含市场化电量）收取。

第十三条　经国务院价格主管部门同意，具备条件的地方，可对按照功能定位明确界定为单个或少数省内自用电源点服务的发电接网工程制定单独的发电接入价，相关成本费用不纳入省级电网输配准许收入回收。

第三章　输配电价的计算方法

第十四条　省级电网平均输配电价的计算公式为：

省级电网平均输配电价（含增值税）＝通过输配电价回收的准许收入（含增值税）÷省级电网输配电量

其中，省级电网输配电量，按照省级电网公司销售电量计算，参考成本监审核定的历史电量及其增长情况，以及有权限的省级政府主管部门根据电力投资增长和电力供需情况预测的电量增长情况等因素核定。

第十五条　依据不同电压等级和用户的用电特性和成本结构，分别制定分电压等级、分用户类别输配电价。

（一）电压等级分为500千伏（750千伏）、220千伏（330千伏）、110千伏（66千伏）、35千伏、10千伏（20千伏）和不满1千伏等6个电压等级。用户数较少的电压等级电价标准，可与相邻电压等级归并核定。

（二）用户类别分类，以现行销售电价分类为基础，原则上分为大工业用电、一般工商业及其他用电、居民用电和农业用电类别，有条件的地方可实现工商业同价。

第十六条　分电压等级输配电价的计算公式为：

各电压等级输配电价＝该电压等级总准许收入÷本电压等级的输配电量

某一电压等级总准许收入由本电压等级准许收入和上一电压等级传导的准许收入构成。

各电压等级准许成本、准许收益、税金构成。准许成本按固定资产原值、输送电量等因素归集、分摊至各电压等级，准许收益、税金按固定资产净值等因素归集、分摊至各电压等级。

第十七条　"网对网"省外购电用户承担的输电价格，按照与省内用户公平承担相应电压等级准许收入的原则确定，不承担送出省省内用户间交叉补贴的责任。

第十八条　分用户类别输配电价，应以分电压等级输配电价为基础，综合考虑政策性交叉补贴、用户负荷特性等因素统筹核定。根据各省具体情况，逐步缩减不同地区、不同电压等级、不同类型用户间的交叉补贴。

第十九条　两部制电价的容（需）量电价与电度电价，原则上参考准许成本中折旧费与运行维护费的比例核定。探索结合负荷率等因素制定输配电价套餐，由电力用户选择执行。

第二十条　省级电网综合线损率参考成本监审核定的上一监管周期实际综合线损率平均值核定，最高不得超过上一监管周期核定线损率。

第二十一条　结合电力体制改革进程，合理测算政策性交叉补贴规模，完善政策性交叉补贴的范围和运行机制。

第二十二条　由于区域和省级电网功能划分、送省外用户承担相应电压等级准许收入、发电接网工程接入成本单独核价等原因，导致测算的省级电网准许收入和输配电价与上一监管周期变动较大的，可在不同监管周期平滑处理。

第四章　输配电价的调整

第二十三条　建立准许收入平衡调整机制。对一个监管周期内因新增投资、电量增长、电量结构变化等引起电网企业实际收入的变化，由省级价格主管部门组织进行年度统计，在下一监管周期统筹处理。上一监管周期实际收入超过或低于准许收入的部分，在本监管周期或今后的监管周期定价时平滑处理，或根据国家政策调整使用。

第二十四条　监管周期内遇有国家重大政策调整、发生重大自然灾害、不可抗力等因素造成的成本重大变化，电网企业可以建议政府价格主管部门对准许收入和输配电价作适当调整。

第五章　附　则

第二十五条　本办法由国家发展改革委负责解释。之前出台文件规定与本办法不符的，按本办法执行。

第二十六条　现货市场试点地区，结合实际情况可探索提出符合现货市场需要的、具有一定弹性的分时输配电价方案建议。

第二十七条　本办法自发布之日起实施，有效期5年。

第二十八条　省属地方电网可参照本办法执行。

五、电力市场建设

（一）现货市场

1. 关于开展电力现货市场建设试点工作的通知

2017年8月28日，国家发展改革委办公厅、国家能源局综合司联合下发了《关于开展电力现货市场建设试点工作的通知》。

国家发展改革委办公厅　国家能源局综合司关于开展电力现货市场建设试点工作的通知

发改办能源〔2017〕1453号

各省（自治区、直辖市）、新疆生产建设兵团发展改革委（能源局、物价局），经信委（工信委、工信厅），北京市城市管理委员会，国家能源局各派出能源监管机构，国家电网公司、南方电网公司、内蒙古电力（集团）有限责任公司，其他有关电力企业：

为贯彻落实《中共中央　国务院关于进一步深化电力体制改革的若干意见》（中发〔2015〕9号）精神，加快建设完善电力市场体系，按照《关于推进电力市场建设的实施意见》，现就开展电力现货市场建设试点工作通知如下。

一、试点工作重要意义

加快构建有效竞争的市场结构和市场体系，是中发〔2015〕9号文明确的深化电力体制改革的核心目标。随着电力体制改革全面深化，电力中长期交易规模不断扩大，亟待加快探索建立电力现货交易机制，改变计划调度方式，发现电力商品价格，形成市场化的电力电量平衡机制，逐步构建中长期交易与现货交易相结合的电力市场体系，充分发挥市场在电力资源配置中的决定性作用，进一步释放改革红利。

二、试点工作目标

试点地区应围绕形成日内分时电价机制，在明确现货市场优化目标的基础上，建立安全约束下的现货市场出清机制和阻塞管理机制。组织市场主体开展日前、日内、实时电能量交易，实现调度运行和市场交易有机衔接，促进电力系统安全运行、市场有效运行，形成体现时间和位置特性的电能量商品价格，为市场主体提供反映市场供需和生产成本的价格信号。

试点地区应加快制定现货市场方案和运营规则、建设技术支持系统，2018年底前启动电力现货市场试运行；同时，应积极推动与电力现货市场相适应的电力中长期交易。

三、试点地区选择

根据地方政府意愿和前期工作进展，结合各地电力供需形势、网源结构和市场化程度等条件，选择南方（以广东起步）、蒙西、浙江、山西、山东、福建、四川、甘肃等8个地区作为第一批试点，加快组织推动电力现货市场建设工作。

电力现货市场建设试点原则上应按现有电力调度控制区（考虑跨省跨区送受电）组织开展，具备条件的地区可积极探索合并调度控制区。电力现货市场建设试点成熟一个，启动一个。

四、试点工作要求

（一）试点工作第一责任单位由试点所在省（区、市）人民政府明确，负责统筹推进试点工作，提出明确的试点工作时间表和任务分工表。国家发展改革委、国家能源局会同有关省（区、市）组织推动区域电力现货市场建设试点工作。

（二）国家电网公司、南方电网公司和内蒙古电力（集团）有限责任公司，应积极推动开展电力现货市场建设试点相关工作，并给予充分的人、财、物支持。

（三）试点地区第一责任单位可结合当地实际，研究明确试点实施工作牵头单位。试点实施工作可由调度机构牵头，也可由交易机构牵头，这两种模式都要进行实践探索，形成可复制可推广的经验。

（四）国家发展改革委、国家能源局将组织编制电力现货市场运营系统和电力市场结算管理系统等功能规范和建设大纲，在试点地区试行。拟委托电力规划设计总院组织国电南瑞、中国电科院、国网能源研究院、南网科研院、清华大学、华北电力大学等相关单位共同研究，并于2017年底前提出具体建议。条件成熟时出台相关国家标准。

（五）电力现货市场试点方案（含配套的电力中长期交易机制）和运营规则应在专家论证后，由具备能力的单位组织全市场仿真（或经济性模拟）及财务信用风险分析，并将仿真分析结果报送国家发展改革委、国家能源局。

（六）试点方案应充分考虑相关配套机制，包括但不限于：与现货交易机制配套的电力中长期交易机制、输配电价机制、优先发电和购电制度落实机制、可再生能源保障性收购机制、发电企业市场力防范机制、财务信用风险规避机制及市场应急预案等。

五、试点工作组织领导

国家发展改革委、国家能源局负责电力现货市场建设试点工作的组织领导和统筹协调。

国家发展改革委办公厅

国家能源局综合司

2017年8月28日

2. 关于健全完善电力现货市场建设试点工作机制的通知

2018年11月8日，国家能源局综合司下发了《关于健全完善电力现货市场建设试点工作机制的通知》。

国家能源局综合司关于健全完善电力现货市场建设试点工作机制的通知

国能综通法改〔2018〕164号

各试点地区发展改革委（能源局）、经信委（工信委、工信厅）、国家能源局派出监管机构，国家电网有限公司、南方电网有限公司、内蒙古电力（集团）有限责任公司，有关电力交易中心：

为贯彻落实《中共中央 国务院关于进一步深化电力体制改革的若干意见》（中发〔2015〕9号）精神，按照《国家发展改革委办公厅 国家能源局综合司关于开展电力现货市场建设试点工作的通知》（发改办能源〔2017〕1453号）的有关要求，现就健全完善电力现货市场建设试点工作机制有关事宜通知如下。

一、建立协调联系机制

国家发展改革委、国家能源局8个司局对口联系相关试点省份（具体分工见附件），跟踪掌握试点地区工作进展，协调推动现货市场建设工作重点难点问题，总结推广可复制的经验和做法，推动我国电力现货市场建设试点尽快取得实质性突破。

二、加快推动试点工作

各试点地区应抓紧工作，加快研究编制现货市场建设试点方案，抓紧研究起草市场运营规则，尽快开展技术支持系统建设相关工作。电力交易机构、电力调度机构要履行系统建设主体责任，电网企业要给予充分的人、财、物支持。试点地区原则上应于2019年6月底前开展现货试点模拟试运行。

三、建立信息报送机制

电力现货市场建设试点地区应以月度为周期,向国家发展改革委体改司、国家能源局法改司及试点地区对口联系司局报送电力现货市场建设有关情况,包括但不限于:(1)电力现货市场试点方案、运营规则编制情况,技术支持系统开发建设等完成情况,现货市场监管办法制定情况,现货市场模拟运行情况等;(2)存在的问题及解决措施;(3)有关意见建议。国家发展改革委、国家能源局将定期通报电力现货市场试点工作进展,以多种形式促进试点工作交流,加强能力建设。

四、加强工作协调配合

各试点省份电改牵头单位要发挥好牵头作用,督促相关方落实好试点工作要求,协调推动试点工作,促进形成工作合力。试点地区第一责任单位、国家能源局派出能源监管机构和试点实施工作单位要按照分工,做好现货市场试点方案和运营规则编制、技术支持系统开发建设等工作。方案和规则编制过程中,要吸收市场主体代表参与,广泛听取各方意见,组织专家论证,充分发挥市场管理委员会作用,确保工作质量。

因机构改革职能调整,电力现货市场建设试点工作分工发生变化的,应及时将调整情况报国家发展改革委体改司、国家能源局法改司及试点地区对口联系司局。

附件:电力现货市场试点地区联系部门表

国家能源局综合司
2018 年 11 月 8 日

附件

电力现货市场试点地区联系部门表

序号	试点地区	牵头联系部门
1	南方(以广东起步)	国家发改委体改司、国家能源局电力司
2	蒙西	国家能源局新能源司
3	浙江	国家能源局法改司
4	山西	国家发改委体改司、国家能源局电力司
5	山东	国家发改委运行局、基础司
6	福建	国家能源局市场监管司
7	四川	国家发改委价格司
8	甘肃	国家能源局法改司、国家发改委运行局

3. 关于深化电力现货市场建设试点工作的意见

2019 年 7 月 31 日,国家发展改革委办公厅、国家能源局综合司联合印发《关于深化电力现货市场建设试点工作的意见》的通知。

国家发展改革委办公厅　国家能源局综合司
《关于深化电力现货市场建设试点工作的意见》的通知

发改办能源〔2019〕828号

各省、自治区、直辖市、新疆生产建设兵团发展改革委、能源局、经信委（工信委、经信厅），北京市城管委，能源局各派出监管机构，国家电网有限公司、南方电网公司，中国华能、中国大唐、中国华电、国家能源集团、国家电投，中国三峡集团、国投、中核、中广核、华润集团，有关电力企业：

为贯彻落实党的十九大精神，加快电力市场体系建设，国家发展改革委、国家能源局组织编制了《关于深化电力现货市场建设试点工作的意见》，现印发你们，请结合实际，推动落实。如遇重大问题，请及时报告国家发展改革委、国家能源局。

国家发展改革委办公厅
国家能源局综合司
2019年7月31日

关于深化电力现货市场建设试点工作的意见

为贯彻落实党的十九大精神，加快电力市场体系建设，现就深化电力现货市场建设试点工作提出以下意见。

一、总体要求

（一）总体思路。

以习近平新时代中国特色社会主义思想为指导，深入贯彻党的十九大精神，认真落实党中央关于电力体制改革的决策部署，进一步深化电力市场化改革，遵循市场规律和电力系统运行规律，建立中长期交易为主、现货交易为补充的电力市场，完善市场化电力电量平衡机制和价格形成机制，促进形成清洁低碳、安全高效的能源体系。

（二）基本原则。

坚持市场主导。进一步发挥市场决定价格的作用，建立完善现货交易机制，以灵活的市场价格信号，引导电力生产和消费，加快放开发用电计划，激发市场主体活力，提升电力系统调节能力，促进能源清洁低碳发展。

坚持因地制宜。综合考虑各地供需形势、网源结构、送受电情况、市场化基础和经济社会发展水平等因素，结合实际、因地制宜，研究制定电力现货市场建设方案，鼓励各地差异化探索。

坚持统筹有序。统筹好计划与市场、当前与长远、省内与省间、中长期与现货交易之间的关系，总体设计、分步实施，积极稳妥、有序推进。

坚持安全可靠。做实做细市场模拟，提前发现问题，切实防控风险。推动市场交易和系统运行相互衔接，做好市场应急处理预案，保障电力安全可靠供应。

二、合理设计电力现货市场建设方案

（三）科学论证电力市场模式。因地制宜、科学合理选择电力市场模式，确保市场模式有良好的开放性、兼容性和可扩展性。原则上，电网阻塞断面多的地区，宜选择集中式电力市场模式起步；电网阻塞断面少且发电侧市场集中度高的地区，宜选择分散式电力市场模式起步。

（四）合理选择现货市场组成。现货市场主要开展日前、日内、实时的电能量交易，通过竞争形成分时市场出清价格，并配套开展备用、调频等辅助服务交易。试点地区可结合所选择的电力市场模式，同步或分步建立日前市场、日内市场、实时市场/实时平衡市场。

（五）合理确定现货市场主体范围。市场主体范围应涵盖各类发电企业和供电企业（含地方电网、趸售县、高新产业园区和经济技术开发区、增量配网试点项目等）、售电企业、具备直接参加电力现货交易条件的电力用户等。

（六）有利于区域市场建设。电力现货试点应符合国家区域协调发展要求，服务京津冀协同发展、长三角一体化发展、粤港澳大湾区建设等重大战略，按照建设统一开放、竞争有序的市场体系要求，为未来市场间交易和市场融合创造条件，进一步促进清洁能源更大范围消纳。

三、统筹协调电力现货市场衔接机制

（七）统筹协调省间交易与省（区、市）现货市场。各类跨省跨区中长期优先发电合同和中长期市场化交易合同双方，均需提前约定交易曲线作为结算依据。经过安全校核的日前跨区跨省送电曲线作为受（送）端省份电力现货市场电力的边界条件，偏差部分按照受（送）端省份现货市场规则进行结算。以国家计划为基础的跨区跨省送电计划放开前，可由受端省份电网企业或政府授权的其他企业代表与发电方、输电方协商签订三方中长期合同，约定典型送电曲线及输电容量使用条件。

（八）统筹协调电力中长期交易与现货市场。中长期交易可以实物合同、差价合同等一种或多种形式签订。中长期双边交易形成的电量合同，可由交易双方自行分解为分时曲线。中长期交易实物合同，其分解曲线应在满足电网安全约束的前提下予以执行。对于优先发电、优先购电，根据市场建设进展纳入中长期交易。推动形成中长期交易价格与现货市场价格科学合理的互动机制。

（九）统筹协调电力辅助服务市场与现货市场。配合电力现货试点，积极推进电力辅助服务市场建设，实现调频、备用等辅助服务补偿机制市场化。建立电力用户参与承担辅助服务费用的机制，鼓励储能设施等第三方参与辅助服务市场。

四、建立健全电力现货市场运营机制

（十）有序引导用电侧参与现货市场报价。根据市场发育程度、市场主体成熟度和计量设施情况，电力现货市场中，可采用发电侧单边申报量价的方式，采用负荷预测曲线作为需求，用电侧作为市场价格接受者；具备条件地区，用电侧可报量报价或报量不报价。发电侧单边申报和发用电侧双边申报形成的电力现货价格，均应作为用电侧电力现货结算价格基础，引导电力用户形成对系统友好的用电习惯。

（十一）建立促进清洁能源消纳的现货交易机制。非水可再生能源相应优先发电量应覆盖保障利用小时数。各电力现货试点地区应设立明确时间表，选择清洁能源以报量报价方式，或报量不报价方式参与电力现货市场，实现清洁能源优先消纳。市场建设初期，保障利用小时数以内的非水可再生能源可采用报量不报价方式参与电力现货市场。

（十二）合理选择现货市场价格形成机制。根据各电力现货试点地区的电网结构和阻塞情况，可选择采用节点边际电价、分区边际电价和系统边际电价等价格机制。对于电网阻塞线路多、阻塞成本高的地区，可选择节点边际电价机制；对于电网阻塞线路少、阻塞成本低的地区，可选择分区边际电价或系统边际电价机制。阻塞管理形成的盈余或成本，应及时在发用电侧市场主体间合理分摊。电力现货试点地区可视实际需要探索开展输电权交易。电力现货市场价格形成机制设计应避免增加市场主体间的交叉补贴。

（十三）科学设定现货市场限价。电力现货市场申报和出清限价设置应以促进用户侧削峰填谷、消纳清洁能源和防范价格异常波动为基本原则，避免因上下限设置不合理而影响价格信号发挥作用。

五、强化提升电力现货市场运营能力

（十四）建立健全现货市场运营工作制度。市场运营机构应加强相关工作制度建设，不断提升市场运营水平。建立电力市场运营工作规范，明确调度机构、交易机构相关岗位职责。建立市场运营涉密信息管理制度，规范信息交换和使用程序，防范关键信息泄露。建立市场运营关键岗位和人员回避制度，保障市场运营公开公正。

（十五）提高市场运营机构的组织保障水平。电网企业应在电力现货试点地区第一责任单位等部门和国家能源局派出机构的指导下，加快优化现货市场运营主体的组织机构设置，加强现货市场专业队伍建设，强化现货市场专职人员培训，确保技术支持系统开发建设、运行管理等工作顺利开展，保障满足现货市场建设和运营需要。

（十六）加强电力系统运行管理。严格落实电网安全运行控制标准要求，规范调用电网备用、调频资源，严格按照电力系统安全稳定导则计算电网阻塞断面的传输限值。调度机构可按照事前制定的规则处理电网故障、供需失衡等异常情况，保障电力系统安全可靠运行。

（十七）健全市场信息披露机制。按照保障交易的原则，电力交易机构在汇总各市场成员信息基础上，根据不同时间要求和公开范围，对外披露电力现货市场信息，包括交易规则、交易公告、输电通道可用容量、系统负荷预测、系统可再生能源功率预测汇总数据、市场成交信息等，保障市场公开、公平和公正。采用节点边际电价的地区应提供输电断面、网架拓扑结构、各节点电价、阻塞费用分摊、设备停运信息、非市场机组运行等信息，引导市场主体主动有效参与市场。

六、规范建设电力现货市场运营平台

（十八）规范技术支持系统开发建设。参照《电力市场运营系统现货交易和现货结算功能指南（试行）》要求，建立与电力现货市场建设相适应的信息化平台。市场运营机构应向市场主体提供现货市场技术支持系统功能模块体系，明确出清目标函数及实现过程，形成必要说明文档；做好技术支持系统运行情况分析，解决系统存在的问题，做好定期记录、汇总、披露等工作。

（十九）规范技术支持系统运行管理。技术支持系统建设执行招投标程序，并接受监督。技术支持系统投入试运行前，电力现货试点地区第一责任单位应会同有关部门组织对市场出清软件系统进行第三方标准算例校核。在系统运行各阶段，应建立公正、规范和透明的工作机制。对确需人为干预而进行的系统调整，应符合市场规则，严格做好人工调整记录，并向市场成员披露；系统关键市场参数的设定标准与取值，应经电力市场管理委员会审议通过，并报地方政府有关部门和国家能源局派出机构同意后执行；关键市场参数的调整应建立记录日志，及时向市场成员公布实际参数值。

七、建立完善电力现货市场配套机制

（二十）建立与现货市场衔接的用电侧电价调整机制。统筹考虑优先发电、优先购电结算情况，以及电力现货市场形成的价格信号，逐步建立完善用电侧价格调整机制。

（二十一）完善与现货市场配套的输配电价机制。探索结合电源侧、负荷侧接入电网位置单独计算系统接入成本。结合电力现货市场建设，研究完善与电能量市场价格机制相适应的跨省区输电价格机制和省内输配电价机制。

（二十二）提高电力系统长期供应保障能力。持续做好电力系统长期供应能力评估分析，统筹降成本和稳供应，设计合理市场机制有效引导电力投资。加快研究、适时建立容量补偿机制或容量市场，保证电力系统长期容量的充裕性。

（二十三）加强电力市场监管。强化电力市场科学监管，完善市场监管组织体系。统筹发挥市场监管和行业自律的作用，综合运用信用监管和行政管理手段，对市场成员执行市场规则的行为进行监管，重点对操纵市场、违反市场规则等行为实施监管，维护公平竞争秩序。

（二十四）开展现货市场运营绩效评估。国家发展改革委、国家能源局负责组织制定电力现货市场评价指标体系。从市场运行保障、市场运行效率、社会福利增加、清洁能源消纳等方面，对电力现货市场运行、电力市场规则执行和技术支持系统运行等情况进行全方位后评估，及时总结、不断推动完善市场机制，并不断推动扩大现货试点范围。

八、做好电力现货市场建设组织实施

电力现货试点地区尚未明确工作分工的，要抓紧明确。试点地区政府有关部门、国家能源局有关派出机构、有关电网企业、电力交易机构等，要按照工作分工，协同做好以下工作：

（二十五）加快研究制定现货市场建设方案和运营规则，加快开发建设现货市场相关技术支持系统；

（二十六）配套制定包括市场模拟在内的市场试运行方案，提前发现问题，及时完善市场规则和技术支持系统；

（二十七）加强市场运行跟踪分析、监测和预警，持续完善规则和系统，保障现货市场平稳可持续运行；

（二十八）提前制定市场应急预案，防范潜在风险，科学有序处置突发情况，确保电力安全可靠供应。

九、附则

（二十九）本意见由国家发展改革委、国家能源局负责解释。

4. 关于做好电力现货市场试点连续试结算相关工作的通知

2020年3月26日，国家发展改革委办公厅、国家能源局综合司联合下发了《关于做好电力现货市场试点连续试结算相关工作的通知》。

国家发展改革委办公厅　国家能源局综合司关于做好电力现货市场试点连续试结算相关工作的通知

发改办能源规〔2020〕245号

山西省、浙江省、山东省、广东省能源局，内蒙古自治区、福建省、四川省、甘肃省工信厅（经信厅），华北、南方能监局，山西省、浙江省、福建省、山东省、四川省、甘肃省能监办，国家电网有限公司、中国南方电网有限责任公司、内蒙古电力（集团）有限责任公司，各电力交易中心，各相关市场主体：

为落实《中共中央　国务院关于进一步深化电力体制改革的若干意见》（中发〔2015〕9号）及其配套文件精神，适应电力现货市场试点地区连续试结算工作的需要，现就做好相关工作通知如下。

一、高度重视电力现货市场试点连续试结算相关工作

（一）电力现货市场试点是电力市场化的关键改革，是有序发电和稳定用电的组合改革，是优化布局和优化结构的重大改革。电力现货市场连续运行后，对电力系统的经济机制产生了质的影响。起步阶段，适当加强宏观引导，加强电力市场风险防控工作，保障电力市场平稳运行和电力系统安全稳定运行，有利于构建公平竞争的市场环境，有利于打造健康可持续的行业体系。

二、结合实际制定电力现货市场稳定运行的保障措施

（二）做好电力中长期交易合同衔接工作。售电企业及直接参加电力现货交易的电力用户应与发电企业在合同中约定分时结算规则，包括但不限于固定价格、分时电价或详细分时结算曲线（组）等。售电企业及直接参加电力现货交易的电力用户（或发电企业）在日前市场开市前需提交结算曲线，未提交结算曲线的，由市场运营机构按照试点地区电力现货市场规则进行处理。电力中长期交易合同中，由发电企业市场交易价格、输配电价、政府性基金、辅助服务费用等直接相加构成售电企业或电力用户电价。各类跨省跨区优先发电和市场化中长期交易，均应由购买方和发电企业签订双边中长期交易合同，并明确分时结算曲线或形成分时结算曲线的具体规则。

（三）加强电力现货市场结算管理。不得设置不平衡资金池，每项结算科目均需独立记录，分类明确疏导，辅助服务费用、成本补偿、阻塞盈余等科目作为综合电价科目详细列支。所有结算科目的分摊（返还）应事先商定分摊（返还）方式，明确各方合理的权利与义务。

（四）充分发挥价格信号对电力生产、消费的引导作用，形成合理的季节和峰谷分时电价。充分发挥调节性能好的机组和可中断负荷的作用。电力供应存在偏紧时段地区，通过市场化手段提高市场主体参与系统调节的积极性。

（五）规范确定市场限价。现货试点地区第一责任部门组织合理确定市场限价核定原则和管理流程，并提前公布市场主体申报上下限。

（六）加强市场运营机构及技术支持系统开发方中立性管理。运营机构可以通过合同约定核心岗位工作人员离职三年内不得在利益主体就业或为其提供咨询服务。加强对电力现货市场技术支持系统的开发、运行和验收工作的监管。技术支持系统开发方应向市场主体公开承诺，不与所在市场相关主体发生业务相关商业行为，防止内幕交易。开发方、第三方验证执行者不得为关联企业（单位）或主体。

（七）加强市场力风险防范。建立对售电企业、发电企业和电网企业全覆盖的市场力识别和防范措施，探索市场力的事前、事中和事后监控机制，因地制宜、多措并举防范市场力风险。综合考虑各类市场主体价格承受能力，建立合理有效的市场力评估体系，保证市场平稳有序起步。

（八）严格市场注册管理。交易机构严格按照市场注册工作制度，提供各类市场主体注册服务。市场主体必须合法合规，符合市场信用要求，正常履行中长期交易合同，并经交易机构认定公示。健全完善市场主体退出程序。不满足参与电力现货市场技术条件的售电企业、电力用户，应在具备相关条件后才能参与有关交易活动。售电企业、电力用户自愿或者被强制放弃直接参加市场资格的，按照《售电公司准入与退出管理办法》《关于有序放开发用电计划的通知》等文件有关规定执行保底电价。确保保底电价设置科学合理，避免电力用户利用保底电价进行投机。

三、做好各项措施落实工作

（九）各试点地区第一责任部门负责会同相关单位做好相关措施的落实工作。尽快印发符合当地电力现货市场试点工作需要的2020年电力中长期交易工作相关文件，确保充分发挥电力中长期交易对冲电力现货交易价格波动风险的作用。各试点地区第一责任部门负责明确各项临时干预措施的有效期限，市场稳定运行后应逐步退出各项行政措施，以保证充分发挥市场配置资源的作用。

（十）各试点地区第一责任部门做好动态完善市场机制的工作。在连续试结算过程中，如遇各地规则中明确需要市场暂停的情况，应向市场主体披露详细原因、明确暂停持续时间。第一责任部门负责组织解决存在的问题，尽快重启交易，并及时向国家发展改革委、国家能源局报告。

（十一）各试点地区第一责任部门负责会同相关部门加强对电力现货市场结算的管理工作，各项结算科目的疏导与分摊（返还）明细应定期上报国家发展改革委、国家能源局，并在结算前向市场主体披露详细信息。

（十二）国家能源局派出机构负责组织电力交易机构在合同备案结算过程中，对双边形成的中长期合同约定分时结算相关内容进行核查，对不符合电力现货交易要求的进行风险提示。对于确不具备用电曲线管理能力的电力用户鼓励其由售电企业代理参与交易，以保护电力用户利益。各地政府主管部门、国家能源局派出机构要对市场主体的中长期合同签约履约情况进行核查，市场主体不得事后补签中长期合同。国家能源局派出机构负责加强市场力监管，采取有效措施促进市场运营机构和技术支持系统开发方的中立性。

（十三）交易机构在各试点地区第一责任部门和国家能源局派出机构组织下，具体实施市场注册管理。各地应加强市场主体准入注册管理，并在政府网站和交易机构网站进行公示后参与市场。各地应建立完善的结算制度，切实降低履约风险。

四、附则

（十四）工作中如遇重大事项，请及时报告国家发展改革委、国家能源局。

（十五）本通知自发布之日起施行，有效期2年。

国家发展改革委办公厅
国家能源局综合司
2020年3月26日

5. 电力现货市场信息披露办法（暂行）

2020年11月6日，国家能源局印发《电力现货市场信息披露办法（暂行）》的通知。

国家能源局关于印发《电力现货市场信息披露办法（暂行）》的通知

国能发监管〔2020〕56号

为加强电力现货市场信息披露管理，指导和规范信息披露工作，维护市场主体合法权益，依据《中共中央 国务院关于进一步深化电力体制改革的若干意见》（中发〔2015〕9号）及其配套文件、《电力监管条例》（中华人民共和国国务院令第432号）等有关规定，我局制订了《电力现货市场信息披露办法（暂行）》，现印发给你们，请遵照执行，并转发相关市场主体。

国家能源局

2020年11月6日

电力现货市场信息披露办法（暂行）

第一章 总 则

第一条 为指导和规范电力现货市场信息披露工作，加强信息披露管理，维护市场主体合法权益，依据《中共中央 国务院关于进一步深化电力体制改革的若干意见》（中发〔2015〕9号）及其配套文件、《电力监管条例》（中华人民共和国国务院令第432号）等有关规定，结合电力现货市场实践，制定本办法。

第二条 本办法适用于开展电力现货交易地区的信息披露。未开展电力现货交易的地区，应当根据各地实际情况，加强和完善信息披露工作，不断丰富信息披露内容，可参照本办法执行。

第三条 本办法所称信息披露主体是指参与电力现货市场的市场成员，包括发电企业、售电公司、电力用户、电网企业和市场运营机构。市场运营机构包括电力交易机构和电力调度机构。本办法所称市场主体是指参与电能量买卖或者辅助服务买卖的市场成员。

第四条 本办法所称信息披露是指信息披露主体提供、发布与电力现货市场相关信息的行为。

第二章 信息披露原则和方式

第五条 信息披露应当遵循真实、准确、完整、及时、易于使用的原则。

第六条 市场竞争所需信息应当充分披露，信息披露主体对其提供信息的真实性、准确性、完整性负责。

第七条 电力交易机构总体负责电力现货市场信息披露的实施，创造良好的信息披露条件，制定信息披露标准格式，开放数据接口。电力交易机构应当设立信息披露平台，信息披露平台原则上以电力交易机构现有信息平台为基础。

第八条 信息披露主体按照标准格式通过信息披露平台向电力交易机构提供信息，由电力交易机构通过信息披露平台发布信息。

第三章 信息披露内容

第九条 按照信息公开范围，电力现货市场信息分为公众信息、公开信息、私有信息和依申请披露信息四类。

（一）公众信息：是指向社会公众披露的信息。

（二）公开信息：是指向所有市场成员披露的信息。

（三）私有信息：是指向特定的市场主体披露的信息。

（四）依申请披露信息：是指仅在履行申请、审核程序后向申请人披露的信息。

第一节 发电企业

第十条 发电企业应当披露的公众信息包括：

（一）企业全称、企业性质、所属发电集团、工商注册时间、营业执照、统一社会信用代码（以下简称信用代码）、法定代表人（以下简称法人）、联系方式、电源类型、装机容量、所在地区等。

（二）企业变更情况，包括企业减资、合并、分立、解散及申请破产的决定；或者依法进入破产程序、被责令关闭等重大经营信息。

（三）与其他市场主体之间的关联企业信息。

（四）其他政策法规要求向社会公众公开的信息。

第十一条 发电企业应当披露的公开信息包括：

（一）电厂机组信息，包括电厂调度名称、电力业务许可证（发电类）编号、机组调度管辖关系、投运机组台数及编号、单机容量及类型、投运日期、接入电压等级；单机最大出力、核定最低技术出力、核定深调极限出力；机组出力受限的技术类型，如流化床、高背压供热等。

（二）机组出力受限情况、机组检修及设备改造计划等。

第十二条 发电企业私有信息包括：

（一）中长期交易结算曲线、电力市场申报电能量价曲线、上下调报价、机组启动费用、机组空载费用、辅助服务报价信息等。

（二）机组爬坡速率、机组边际能耗曲线、机组最小开停机时间、机组预计并网和解列时间、机组启停出力曲线、机组调试计划曲线、调频、调压、日内允许启停次数、厂用电率、热电联产机组供热信息等机组性能参数。

（三）机组运行情况，包括出力及发电量等。

（四）各新能源发电企业日前、实时发电预测。

（五）发电企业燃料、燃气供应情况、存储情况、燃料供应风险等。

（六）非国际河流水电企业来水情况、水库运行情况等。

第二节 售电公司

第十三条 售电公司应当披露的公众信息包括：

（一）企业全称、企业性质、售电公司类型、工商注册时间、注册资本金、营业执照、信用代码、法人、联系方式、信用承诺书、资产总额、股权结构、年最大售电量等。

（二）企业资产证明、从业人员相关证明材料、资产总额验资报告等。

（三）企业变更情况，企业减资、合并、分立、解散及申请破产的决定；或者依法进入破产程序、被责令关闭等重大经营信息。

（四）与其他市场主体之间的关联关系信息。

（五）其他政策法规要求向社会公众公开的信息。

第十四条　售电公司应当披露的公开信息包括：

（一）拥有配电网运营权的售电公司应当披露电力业务许可证（供电类）编号、配电网电压等级、配电区域、配电价格等信息。

（二）履约保函缴纳信息（如有）。

第十五条　售电公司私有信息包括：

中长期交易结算曲线、电力市场申报电能量价曲线、与代理电力用户签订的相关合同或者协议信息、与发电企业签订的交易合同信息等。

第三节　电力用户

第十六条　电力用户应当披露的公众信息包括：

（一）企业全称、企业性质、行业分类、用户类别、工商注册时间、营业执照、信用代码、法人、联系方式、主营业务、所属行业等。

（二）企业变更情况，包括企业减资、合并、分立、解散及申请破产的决定；或者依法进入破产程序、被责令关闭等重大经营信息。

（三）与其他市场主体之间的关联关系信息。

（四）其他政策法规要求向社会公众公开的信息。

第十七条　电力用户应当披露的公开信息包括：

企业用电类别、接入地区、年用电量、用电电压等级、供电方式、自备电源（如有）、变压器报装容量以及最大需量等。

第十八条　电力用户私有信息包括：

（一）电力用户用电信息，包括用电户号、用电户名、结算户号、计量点信息、用户电量信息、用户用电曲线等。

（二）中长期交易结算曲线、批发用户电力市场申报电能量价曲线、可参与系统调节的响应能力和响应方式等。

第四节　电网企业

第十九条　电网企业应当披露的公众信息包括：

（一）企业全称、企业性质、工商注册时间、营业执照、信用代码、法人、联系人、联系方式、供电区域、政府核定的输配电线损率等。

（二）与其他市场主体之间的关联关系信息。

（三）政府定价类信息，包括输配电价、各类政府性基金及其他市场相关收费标准等。

（四）电网主要网络通道示意图。

（五）其他政策法规要求向社会公众公开的信息。

第二十条　电网企业应当披露的公开信息包括：

（一）电力业务许可证（输电类）、电力业务许可证（供电类）编号。

（二）市场结算收付费总体情况及市场主体欠费情况。

（三）电网企业代理非市场用户每个交易时段的总购电量、总售电量、平均购电价格、平均售电价格等，含事前预测和事后实际执行。

（四）各类型发电机组装机总体情况，各类型发用电负荷总体情况等。

（五）电网设备信息，包括线路、变电站等输变电设备投产、退出和检修情况等。

（六）全社会用电量、重点行业用电量等。

第五节　市场运营机构

第二十一条　市场运营机构应当披露的公众信息包括：

（一）机构全称、机构性质、机构工商注册时间、股权结构、营业执照、信用代码、法人、组织机构、业务流程、服务指南、联系方式、办公地址、网站网址等。

（二）电力市场适用的法律法规、政策文件。

（三）电力市场规则类信息，包括交易规则、交易相关收费标准，制定、修订市场规则过程中涉及的解释性文档，对市场主体问询的答复等。

（四）信用评价类信息，包括市场主体电力交易信用信息、售电公司违约情况等。

（五）其他政策法规要求向社会公众公开的信息。

（六）市场暂停、中止、重新启动等情况。

第二十二条　市场运营机构应当披露的公开信息包括：

（一）公告类信息，包括电力交易机构财务审计报告、信息披露报告等定期报告、经国家能源局派出机构或者地方政府电力管理部门认定的违规行为通报、市场干预情况、第三方校验报告等。

（二）交易公告，包括交易品种、交易主体、交易规模、交易方式、交易准入条件、交易开始时间及终止时间、交易参数、出清方式、交易约束信息、交易操作说明、其他准备信息等。

（三）交易计划及其实际执行情况等。

（四）市场主体申报信息和交易结果，包括参与交易的主体数量、交易总申报电量、成交的主体数量、最终成交电量、成交均价等。

（五）市场边界信息，包括电网安全运行的主要约束条件、输电通道可用容量、关键输电断面及线路传输限额、必开必停机组组合及原因、非市场机组出力曲线、备用及调频等辅助服务需求、抽蓄电站蓄水水位、参与市场新能源总出力预测等。

（六）市场参数信息，包括市场出清模块算法及运行参数、价格限值、约束松弛惩罚因子、节点分配因子及其确定方法、节点及分区划分依据和详细数据等。

（七）预测信息，包括系统负荷预测、外来（外送）电交易计划、可再生能源出力预测，水电发电计划预测等，任何预测类信息都应当在实际运行后一日内发布对应的实际值。

（八）运行信息，包括实际负荷、实时频率、系统备用信息、重要通道实际输电情况、实际运行输电断面约束情况及其影子价格情况、联络线潮流、输变电设备检修计划执行情况、发电机组检修计划执行情况，非市场机组实际出力曲线等。

（九）参与现货市场机组分电源类型中长期合约占比、合约平均价格、总上网电量等。

（十）市场干预情况原始日志，包括干预时间、干预人员、干预操作、干预原因，涉及

《电力安全事故应急处置和调查处理条例》（中华人民共和国国务院令第 599 号）规定电力安全事故等级的事故处理情形除外。

（十一）市场出清类信息，包括各时段出清电价（节点边际电价市场应当披露所有节点的节点边际电价以及各节点边际电价的电能量、阻塞和网损等各分量价格）、出清电量，调频容量价格和调频里程价格，备用总量、备用价格，输电断面约束及阻塞情况，各电压等级计算网损等。

（十二）每个交易时段的分类结算情况，不平衡资金明细及每项不平衡资金的分摊方式等。

第二十三条 市场运营机构应当向特定市场主体披露其私有信息包括：

（一）中长期结算曲线、分时段中长期交易结算电量及结算电价，日前中标出力及日前节点边际电价，实时中标出力及实时节点边际电价。

（二）结算类信息，包括日清算单、月结算单、电费结算依据等。

第六节 依申请披露信息

第二十四条 市场成员应当报送的依申请披露信息包括：

（一）发电企业报送国际河流水电企业相关数据（如有）。

（二）电网企业报送各非市场用户的类型，购售电电量和电价等。

（三）电网企业报送市场用户进入市场前的用电信息。

（四）电网企业报送能够准确复现完整市场出清结果的电力系统市场模型及相关参数（采用节点边际电价、分区边际电价的电力现货市场地区），包括220kV 及以上输电设备（输电线路和变压器）联结关系，输电断面包含的输电设备及其系数、潮流方向、潮流上下限额等。

第二十五条 依申请披露信息纳入特定管理流程，由市场成员向试点地区第一责任单位报送。申请人发起申请，经试点地区第一责任单位审核通过并承诺履行保密责任后方可获取相关信息。申请人应当为参与电力现货市场的市场成员，需书面向试点地区第一责任单位提交申请，申请内容至少包括申请人单位、申请信息内容、申请信息必要性说明、联系方式等。

第二十六条 试点地区第一责任单位应当及时审核申请人提出的信息披露申请。如认定不通过或者披露信息范围需要调整，应及时通知申请人。如不能按时披露申请人提出的相关信息，应当明确延期披露的原因及时限，并在信息披露平台上专栏公示。

第七节 其 他

第二十七条 征得电力用户同意后，电网企业和市场运营机构应当允许售电公司和发电企业获取电力用户历史分时用电数据、用电信息等有关信息，并约定信息开放内容、频率、时效性，以满足市场主体参与现货交易的要求。

第二十八条 市场成员可申请扩增信息，应当将申请发送至信息披露平台，电力交易机构收到扩增信息披露申请后应及时通知所有受影响的市场主体，并报试点地区第一责任单位审核。扩增信息披露申请及审核结果应当通过信息披露平台专栏公示。

第二十九条 信息披露文档形式以可导出的、常规文件格式为主。

第三十条 电力交易机构应当定期向市场主体出具信息披露报告，内容应当包含但不限于电网概况、电力供需及预测情况、市场准入、市场交易、市场结算、市场建设、违规情况、市场干预情况等方面。

第四章 信息保密和封存

第三十一条 任何市场成员不得违规获取或者泄露未经授权披露的信息。市场成员的工作人员未经许可不得公开发表可能影响市场成交结果的言论。市场成员应当建立健全信息保密管理制度，定期开展保密培训，明确保密责任，必要时应当对办公系统、办公场所采取隔离措施。

第三十二条 信息封存是指对关键信息的记录留存。任何有助于还原运行日（指执行日前电力市场交易计划，保证实时电力平衡的自然日）情况的关键信息应当记录、封存。封存信息包括但不限于：

（一）运行日市场出清模型信息。

（二）市场申报量价信息。

（三）市场边界信息，包括外来（外送）电曲线、检修停运类信息、预测信息、新能源发电曲线、电网约束信息等。

（四）市场干预行为，包括修改计划机组出力、修改外来（外送）电出力、修改市场出清参数、修改预设约束条件、调整检修计划、调整既有出清结果等，应当涵盖人工干预时间、干预人员、干预操作、干预原因、受影响主体以及影响程度信息等。

（五）实时运行数据，包括机组状态及机组出力曲线、电网实时频率等。

（六）市场结算数据、计量数据。

第三十三条 电力交易机构、电力调度机构应当建立市场干预记录管理机制，明确记录保存方式。任何单位或者个人不得违法违规更改已封存信息。市场干预记录应当报市场管理委员会备案，国家能源局派出机构可定期对市场干预行为进行监管，保证市场干预行为的公平性。

第三十四条 封存的信息应当以易于访问的形式存档，并且存储系统应当满足访问、数据处理和安全方面的要求。

第三十五条 信息的封存期限为5年，特殊情形除外。

第五章 监督管理

第三十六条 国家能源局派出机构对市场成员按照本办法开展的信息披露行为进行监管，并根据履行监管职责的需要采取信息报送、现场检查、行政执法等监管措施。

第三十七条 市场主体对披露的信息内容、时限等有异议或者疑问，可向电力交易机构提出，由电力交易机构责成信息披露主体予以解释及配合。对未按要求及时披露、变更或者披露虚假信息的市场成员，一年之内出现上述情形两次以上的，国家能源局派出机构可对其采取监管约谈、监管通报、责令改正、出具警示函、出具监管意见等监管措施，并依据《电力监管条例》等有关规定作出行政处罚。

第三十八条 国家能源局派出机构组织专业机构对信息披露总体情况作出评价，从信息披露的有效性、易于使用性和保密性等方面对信息披露情况进行分析，将评价结果向所有市场成员公布，并抄送地方政府电力管理等部门。

第六章 附 则

第三十九条 本办法由国家能源局负责解释。

第四十条 本办法自发布之日起施行。

附件

电力现货市场信息披露基本内容

一、公众信息

信息编号	信息类型	发布时间	颗粒度	提供方
1.1	电力市场适用的法律法规、政策文件	相关法规政策制定后	—	电力交易机构
1.2	市场规则（细则）	相关规则制定后	—	电力交易机构
1.3	市场主体注册流程	市场启动前	包括注册申请表范本、服务指南等	电力交易机构
1.4	市场成员企业基本信息	市场启动前（及时更新）	企业全称、企业性质、信用代码、股权结构、年最大售电量（仅售电公司）等	市场成员
1.5	市场主体注册、注销或者变更类别的详细信息	发生时	—	市场主体
1.6	关联企业信息	市场启动前	电网企业的关联企业，市场主体之间的关联关系	市场成员
1.7	政府定价类信息	市场启动前（及时更新）	目录电价、输配电价、政府性基金	电网企业
1.8	市场主体费用组成	市场启动前	费用说明以及核定方式	电力交易机构
1.9	信用评价类信息	市场启动前（及时更新）	市场主体电力交易信用信息、售电公司违约情况等	电力交易机构
1.10	争议解决流程	市场启动前	—	电力交易机构
1.11	市场力检测	市场启动前	—	电力交易机构
1.12	《电网运行方式编制流程》	市场启动前	—	电力调度机构
1.13	负荷预测方法和流程	市场启动前	—	电力调度机构
1.14	外来（外送）电预测及其在连接点电量的分配方法	市场启动前		电网企业/电力调度机构
1.15	电网主要网络通道示意图	市场启动前	电压等级覆盖220kV及以上	电网企业/电力调度机构
1.16	调频、各类备用等辅助服务需求计算方法以及采购流程	市场启动前		电力调度机构
1.17	数据通信格式流程细则	市场启动前	—	电力交易机构

二、公开信息

信息编号	信息类型	发布时间	颗粒度	提供方
2.1	电厂机组信息	市场启动前（及时更新）	电厂调度名称，电力业务许可证（发电类）编号，机组调度管辖关系，投运机组台数以及编号，单机容量及类型，投运日期，接入电压等级；单机最大出力、核定最低技术出力、核定深调极限出力；机组出力受限的技术类型，如流化床、高背压供热等	发电企业
2.2	各发电单元的发电能力	每年发布未来3到10年的数据	每年	发电企业
2.3	机组检修以及设备改造计划	每年发布次年信息（及时更新）	每年	发电企业
2.4	机组出力受限情况	日前申报结束前	每个交易时间单元	发电企业
2.5	机组停运信息（起始时间，终止时间，停机容量）	尽快发布	每个交易时间单元	发电企业
2.6	售电公司履约保函缴纳信息（如有）	滚动更新	履约保函缴纳情况，并结合资产总额确定其售电量规模限额	售电公司/电力交易机构
2.7	拥有配电网运营权售电公司基本信息	市场启动前（及时更新）	电力业务许可证（供电类）编号、配电网电压等级、配电区域、配电价格等信息	拥有配电网运营权售电公司
2.8	企业用电信息	市场启动前（及时更新）	企业用电类别、接入地区、年用电量、用电电压等级、供电方式、自备电源（如有）、变压器报装容量以及最大需量等	电力用户
2.9	大型电力用户计划检修信息（起始时间，终止时间，停机容量）	尽快发布	每个交易时间单元	电力用户
2.10	电网企业基本信息	市场启动前（及时更新）	电力业务许可证（输电类）、电力业务许可证（供电类）编号	电网企业
2.11	市场主体欠费情况	滚动更新	欠费周期、欠费金额等	电网企业
2.12	非市场用户总购电量、总售电量、平均购电价、平均售电价	出清后尽快发布	每个交易时间单元	电网企业
2.13	电网基本情况	市场启动前（及时更新）	各类型发电机组装机总体情况，各类型发用电负荷总体情况等	电网企业
2.14	全社会用电量、重点行业用电量	每年、每季度发布次年、下一季度预测	每年、每季度	电网企业
2.15	电力交易机构财务审计报告	次年5月31日前	—	电力交易机构

续表

信息编号	信息类型	发布时间	颗粒度	提供方
2.16	市场日历	市场启动前	多年、年、月、周、多日、日各类交易计划安排	电力交易机构
2.17	交易公告	滚动更新	交易品种、交易主体、交易规模、交易方式、交易准入条件、交易开始时间以及终止时间、交易参数、交易约束信息、交易操作说明、其他准备信息等	电力交易机构
2.18	市场交易情况	交易完成后公布	交易规则允许的交易颗粒度，包括交易的主体数量、交易总申报电量、成交主体数量、最终成交电量、成交均价、安全校核结果等	电力交易机构
2.19	市场交易执行情况	交易周期结束后	交易规则允许的交易颗粒度，包括交易结算电量、交易结算均价等	电力交易机构
2.20	不平衡资金明细	根据结算规则确定	—	电力交易机构
2.21	信息披露报告等定期报告	每月	电网概况、电力供需及预测情况、市场准入、市场交易、市场结算、市场建设、违规情况、市场干预情况等。详细信息包含但不限于设备检修及投退役情况、电能量及辅助服务市场交易情况、断面约束及阻塞情况、边界条件重大变化情况、不平衡资金明细及分摊方式等	电力交易机构
2.22	争议解决结果	争议解决后	—	电力交易机构
2.23	年度电网运行方式（风险防范内容除外）	每年发布次年	每年	电力调度机构
2.24	经国家能源局派出机构或者地方政府电力管理部门认定的违规行为通报、市场干预情况等	发生时	—	电力交易机构
2.25	年度负荷预测（总负荷、分区负荷）	每年发布次年预测，至少留存10年	每月	电网企业
2.26	年前系统间联络线输电能力预测（考虑所有已知影响）	每年发布次年预测	每年	电力调度机构
2.27	电网设备检修计划及其对输电容量的影响报告	每年发布次年计划（每日更新）	每日	电网企业/电力调度机构
2.28	重要线路实际停运及其影响的发用电设备（包括计划检修与非停）	计划检修在每年发布次年情况（及时更新）；非停在停运后尽快发布	每个交易时间单元	电力调度机构

续表

信息编号	信息类型	发布时间	颗粒度	提供方
2.29	月度电网运行方式（风险防范内容除外）	每月发布次月	每月	电力调度机构
2.30	月前系统间联络线输电能力预测（考虑所有已知影响）	次月至未来12月（初期可按次月至年底）滚动更新	每周（分峰谷平段）	电力调度机构
2.31	周前负荷预测（总负荷、分区负荷）	滚动预测未来1到8周负荷	每个交易时间单元（初期可按每小时）	电力调度机构
2.32	周前系统间联络线输电能力预测（考虑所有已知影响）	每周发布下一周预测	每个交易时间单元	电力调度机构
2.33	重要线路与变压器平均潮流与热稳定极限值（可视化）	每周发布上一周数据	每小时	电力调度机构
2.34	周前新能源总出力预测	每周发布下一周预测	每个交易时间单元	电力调度机构
2.35	周前水电（含抽蓄）总出力预测	每周发布下一周预测	每个交易时间单元	电力调度机构
2.36	市场参数信息	日前申报结束前	市场出清模块算法及运行参数、价格限值、约束松弛惩罚因子	电力调度机构
2.37	电网安全约束条件	日前申报结束前	运行方式安排、关键输电断面及线路传输限额等	电力调度机构
2.38	必开必停机组名单以及原因	日前申报结束前	必开必停机组明细及原因	电力调度机构
2.39	开停机不满最小约束时间机组名单	日前申报结束前	开停机不满最小约束时间机组明细	电力调度机构
2.40	电网设备信息	日前申报结束前	线路、变电站等输变电设备投产、退出和检修情况	电网企业/电力调度机构
2.41	发电机组检修计划	日前申报结束前	每个交易时间单元	电力调度机构
2.42	日前负荷预测（总负荷、分区负荷）	运行日日前发布，至少留存一周	每个交易时间单元	电力调度机构
2.43	日前系统间联络线输电曲线预测（考虑所有已知影响）	日前申报结束前	每个交易时间单元	电力调度机构
2.44	发电出力预测（总出力、分区出力、各类非市场机组出力）	日前申报结束前	每个交易时间单元	电力调度机构
2.45	新能源总出力预测（分电源类型）	日前申报结束前	每个交易时间单元	电力调度机构

续表

信息编号	信息类型	发布时间	颗粒度	提供方
2.46	水电（含抽蓄）计划发电总出力预测	日前申报结束前	每个交易时间单元	电力调度机构
2.47	预测供需差额（总差额、分区差额）	日前、月前、年前	相应时间颗粒度	电网企业/电力调度机构
2.48	备用、调频等辅助服务需求总量及价格	日前申报结束前、出清后尽快发布	每个交易时间单元	电力调度机构
2.49	日内系统间联络线输电曲线预测（考虑所有已知影响）	滚动更新	每个交易时间单元	电力调度机构
2.50	市场出清电量、节点/分区边际电价	出清后尽快发布	节点边际电价市场应当披露所有节点的节点边际电价以及各节点边际电价的电能量、阻塞和网损等各分量价格	电力调度机构
2.51	机组状态及实际发电出力（总出力、分区出力、各类非市场机组出力）	实时发布	每个交易时间单元	电力调度机构
2.52	新能源总实时出力（分电源类型）	实时运行结束后尽快发布	每个交易时间单元	电力调度机构
2.53	水电总实时出力	实时运行结束后尽快发布	每个交易时间单元	电力调度机构
2.54	参与现货市场机组中长期合约占比、合约平均价格、总上网电量（分电源类型）	实时运行结束后尽快发布	每日	电力交易机构
2.55	实时运行信息	实时运行结束后尽快发布，至少留存2年	每个交易时间单元的实际负荷、实时频率、系统备用信息，重要通道实际输电情况、实际运行输电断面约束及其影子价格情况、联络线潮流，输变电设备检修计划执行情况、发电机组检修计划执行情况、非市场机组实际出力曲线等	电网企业/电力调度机构
2.56	第三方校验报告	正式运行前，正式运行的按照市场管理委员会指定的时间	—	电力调度机构
2.57	市场运营机构采取的任何对市场交易产生影响的操作，包括市场干预情况（涉及《电力安全事故应急处置和调查处理条例》（中华人民共和国国务院令第599号）规定电力安全事故等级的事故处理情形除外）等	潮流以及操作应当在实时运行后尽快发布，其他信息可在运行次日发布	每个交易时间单元	电力调度机构/电力交易机构

续表

信息编号	信息类型	发布时间	颗粒度	提供方
2.58	系统间联络线输电容量分配结果	每次容量分配后	每个交易时间单元	电力调度机构
2.59	系统间联络线输电容量预留	每次容量分配后	每个交易时间单元	电力调度机构
2.60	平衡市场交易电量、价格	市场出清后	每个交易时间单元	电力调度机构
2.61	再调度费用及明细	每季度更新	季度	电力调度机构
2.62	确定节点分配因子方法，节点及分区划分依据和详细数据	市场启动前	—	电力调度机构
2.63	日前、实时市场出清的输电断面约束及阻塞情况	实时运行结束后尽快发布	每个交易时间单元	电力调度机构
2.64	各电压等级的计算网损	出清后尽快发布	每个交易时间单元	电力调度机构

注：2.58、2.59、2.60、2.61适用于分区边际电价市场，2.62、2.63、2.64适用于节点边际电价市场。

（二）中长期市场

2020年6月10日，国家发展改革委、国家能源局联合印发《电力中长期交易基本规则》的通知。

国家发展改革委 国家能源局关于印发《电力中长期交易基本规则》的通知

发改能源规〔2020〕889号

各省、自治区、直辖市、新疆生产建设兵团发展改革委、能源局、经信委（工信委、工信厅），国家能源局各派出机构，国家电网有限公司、中国南方电网有限责任公司，中国华能集团有限公司、中国大唐集团有限公司、中国华电集团有限公司、国家能源投资有限公司、国家电力投资集团公司、中国长江三峡集团有限公司，国家开发投资集团有限公司、中国核工业集团有限公司、中国广核集团有限公司、华润（集团）有限公司，内蒙古电力（集团）有限责任公司，北京电力交易中心有限公司、广州电力交易中心有限责任公司：

为贯彻落实《中共中央 国务院关于进一步深化电力体制改革的若干意见》（中发〔2015〕9号）及相关配套文件要求，深化电力市场建设，进一步指导和规范各地电力中长期交易行为，适应现阶段电力中长期交易组织、实施、结算等方面的需要，我们对《电力中长期交易基本规则（暂行）》（发改能源〔2016〕2784号）进行了修订，现将修订后《电力中长期交易基本规则》（以下简称《基本规则》）印发给你们，请遵照执行。

国家能源局各派出机构要会同地方政府电力管理等部门根据《基本规则》制修订各地交

易规则，报国家发展改革委、国家能源局备案。

国家发展改革委
国家能源局
2020年6月10日

电力中长期交易基本规则

第一章 总 则

第一条 为规范电力中长期交易，依法维护电力市场主体的合法权益，推进统一开放、竞争有序的电力市场体系建设，根据《中共中央 国务院关于进一步深化电力体制改革的若干意见》（中发〔2015〕9号）及其配套文件和有关法律、法规规定，制定本规则。

第二条 未开展电力现货交易的地区，电力中长期交易执行本规则。开展电力现货交易的地区，可结合实际，制定与现货交易相衔接的电力中长期交易规则。

第三条 本规则所称电力中长期交易指发电企业、电力用户、售电公司等市场主体，通过双边协商、集中交易等市场化方式，开展的多年、年、季、月、周、多日等电力批发交易。

执行政府定价的优先发电电量和分配给燃煤（气）机组的基数电量（二者统称为计划电量）视为厂网间双边交易电量，签订厂网间购售电合同，相应合同纳入电力中长期交易合同管理范畴，其执行和结算均须遵守本规则。

电力辅助服务市场（补偿）机制相关规则另行制定。

第四条 电力市场成员应当严格遵守市场规则，自觉自律，不得操纵市场价格、损害其他市场主体的合法权益。

任何单位和个人不得非法干预市场正常运行。

第五条 国家发展改革委和国家能源局会同有关部门加强对各地发用电计划放开实施方案制定和具体工作推进的指导和监督；适时组织评估有序放开发用电计划工作，总结经验、分析问题、完善政策。

国家能源局依法组织制定电力市场规划、市场规则、市场监管办法，区域派出机构会同地方政府对区域电力市场和区域电力交易机构实施监管。

国家能源局派出机构和地方政府电力管理部门根据职能依法履行省（区、市）电力中长期交易监管职责。

第二章 市场成员

第六条 市场成员包括各类发电企业、电网企业、配售电企业、电力交易机构、电力调度机构、电力用户、储能企业等。

第一节 权利与义务

第七条 发电企业的权利和义务：

（一）按照规则参与电力交易，签订和履行各类交易合同，按时完成电费结算；

（二）获得公平的输电服务和电网接入服务；

（三）签订并执行并网调度协议，服从电力调度机构的统一调度；

（四）按照电力企业信息披露和报送等有关规定披露和提供信息，获得市场化交易和输配电服务等相关信息；

（五）具备满足参与市场化交易要求的技术支持手段；

（六）法律法规规定的其他权利和义务。

第八条　电力用户的权利和义务：

（一）按照规则参与电力市场化交易，签订和履行购售电合同、输配电服务合同，提供市场化交易所必须的电力电量需求、典型负荷曲线以及相关生产信息；

（二）获得公平的输配电服务和电网接入服务，按时支付购电费、输配电费、政府性基金及附加等；

（三）依法依规披露和提供信息，获得市场化交易和输配电服务等相关信息；

（四）服从电力调度机构的统一调度，在系统特殊运行状况下（如事故、严重供不应求等）按照电力调度机构要求安排用电；

（五）遵守政府电力管理部门有关电力需求侧管理规定，执行有序用电管理，配合开展错避峰；

（六）依法依规履行清洁能源消纳责任；

（七）具备满足参与市场化交易要求的技术支持手段；

（八）法律法规规定的其他权利和义务。

第九条　售电公司的权利和义务：

（一）按照规则参与电力市场化交易，签订和履行市场化交易合同，按时完成电费结算；

（二）依法依规披露和提供信息，在政府指定网站上公示公司资产、经营状况等情况和信用承诺，依法对公司重大事项进行公告，并定期公布公司年报；

（三）按照规则向电力交易机构、电力调度机构提供签约零售用户的交易电力电量需求、典型负荷曲线以及其他生产信息，获得市场化交易、输配电服务和签约市场主体的基础信息等相关信息，承担用户信息保密义务；

（四）依法依规履行清洁能源消纳责任；

（五）具备满足参与市场化交易要求的技术支持手段；

（六）拥有配电网运营权的售电公司承担配电区域内电费收取和结算业务；

（七）法律法规规定的其他权利和义务。

第十条　电网企业的权利和义务：

（一）保障电网以及输配电设施的安全稳定运行；

（二）为市场主体提供公平的输配电服务和电网接入服务，提供报装、计量、抄表、收费等各类供电服务；

（三）建设、运行、维护和管理电网配套技术支持系统，服从电力调度机构的统一调度；

（四）按照电力企业信息披露和报送等有关规定披露和提供信息，向电力交易机构提供支撑市场化交易和市场服务所需的相关数据，按照国家网络安全有关规定实现与电力交易机构的数据交互；

（五）收取输配电费，代收代付电费和政府性基金及附加等，按时完成电费结算；

（六）按照政府定价或者政府相关规定向优先购电用户以及其他不参与市场化交易的电力

用户（以下统称"非市场用户"）提供供电服务，签订供用电合同；

（七）预测非市场用户的电力、电量需求等；

（八）依法依规履行清洁能源消纳责任；

（九）法律法规规定的其他权利和义务。

第十一条　电力交易机构的权利和义务：

（一）参与拟定相应电力交易规则；

（二）提供各类市场主体的注册服务；

（三）按照规则组织电力市场交易，并负责交易合同的汇总管理；

（四）提供电力交易结算依据以及相关服务，按照规定收取交易服务费；

（五）建设、运营和维护电力市场化交易技术支持系统（以下简称"电力交易平台"）；

（六）按照电力企业信息披露和报送等有关规定披露和发布信息，提供信息发布平台，为市场主体信息发布提供便利，获得市场成员提供的支撑市场化交易以及服务需求的数据等；

（七）配合国家能源局及其派出机构和政府电力管理部门对市场规则进行分析评估，提出修改建议；

（八）监测和分析市场运行情况，依法依规干预市场，预防市场风险，并于事后向监管机构和政府相关部门及时报告；

（九）对市场主体违反交易规则、扰乱市场秩序等违规行为进行报告并配合调查；

（十）法律法规规定的其他权利和义务。

第十二条　电力调度机构的权利和义务：

（一）负责安全校核；

（二）按照调度规程实施电力调度，负责系统实时平衡，保障电网安全稳定运行；

（三）向电力交易机构提供安全约束边界和必开机组组合、必开机组发电量需求、影响限额的停电检修、关键通道可用输电容量等数据，配合电力交易机构履行市场运营职能；

（四）合理安排电网运行方式，保障电力交易结果的执行（因电力调度机构自身原因造成实际执行与交易结果偏差时，由电力调度机构所在电网企业承担相应的经济责任），保障电力市场正常运行；

（五）按照电力企业信息披露和报送等有关规定披露和提供电网运行的相关信息，提供支撑市场化交易以及市场服务所需的相关数据，按照国家网络安全有关规定实现与电力交易机构的数据交互；

（六）法律法规规定的其他权利和义务。

第二节　准入与退出

第十三条　市场主体应当是具有法人资格、财务独立核算、信用良好、能够独立承担民事责任的经济实体。内部核算的市场主体经法人单位授权，可参与相应电力交易。

第十四条　市场准入基本条件：

（一）发电企业。

1. 依法取得发电项目核准或者备案文件，依法取得或者豁免电力业务许可证（发电类）；

2. 并网自备电厂公平承担发电企业社会责任、承担国家依法依规设立的政府性基金及附加以及与产业政策相符合的政策性交叉补贴，取得电力业务许可证（发电类），达到能效、环保要求，可作为市场主体参与市场化交易；

3. 分布式发电企业符合分布式发电市场化交易试点规则要求。

（二）电力用户。

1. 符合电网接入规范、满足电网安全技术要求，与电网企业签订正式供用电协议（合同）；

2. 经营性电力用户的发用电计划原则上全部放开。不符合国家产业政策的电力用户暂不参与市场化交易，产品和工艺属于淘汰类和限制类的电力用户严格执行现有差别电价政策；

3. 拥有燃煤自备电厂的用户应当按照国家规定承担政府性基金及附加、政策性交叉补贴；

4. 具备相应的计量能力或者替代技术手段，满足市场计量和结算的要求。

（三）售电公司准入条件按照国家对售电公司准入与退出有关规定执行。拥有配电网运营权的售电公司应当取得电力业务许可证（供电类）。

第十五条　参加批发交易的市场主体以及参加零售交易的电力用户均实行市场注册。其中，参加零售交易的电力用户的注册手续和程序可以适当简化。

第十六条　参加市场化交易（含批发、零售交易）的电力用户全部电量需通过批发或者零售交易购买，且不得同时参加批发交易和零售交易。所有参加市场化交易的电力用户均不再执行目录电价。

参加市场化交易的电力用户，允许在合同期满的下一个年度，按照准入条件选择参加批发或者零售交易。

第十七条　已经选择市场化交易的发电企业和电力用户，原则上不得自行退出市场。有下列情形之一的，可办理正常退市手续：

1. 市场主体宣告破产，不再发电或者用电；

2. 因国家政策、电力市场规则发生重大调整，导致原有市场主体非自身原因无法继续参加市场的情况；

3. 因电网网架调整，导致发电企业、电力用户的发用电物理属性无法满足所在地区的市场准入条件。

上述市场主体，在办理正常退市手续后，执行国家有关发用电政策。售电公司退出条件按照国家有关售电公司准入与退出管理规定执行。

第十八条　对于滥用市场操纵力、不良交易行为等违反电力市场秩序的行为，可进行市场内部曝光；对于严重违反交易规则的行为，可依据《电力监管条例》等有关规定处理。

第十九条　退出市场的市场主体需妥善处理其全部合同义务。无正当理由退市的市场主体，原则上原法人以及其法人代表三年内均不得再选择市场化交易。

第二十条　无正当理由退市的电力用户，由为其提供输配电服务的电网企业承担保底供电责任。电网企业与电力用户交易的保底价格在电力用户缴纳输配电价的基础上，按照政府核定的目录电价的 1.2~2 倍执行。保底价格具体水平由各省（区、市）价格主管部门按照国家确定的上述原则确定。

第二十一条　完成市场注册且已开展交易的电力用户，合同期满后未签订新的交易合同但发生实际用电时，不再按照政府目录电价结算。其中，参加批发交易的用户按照各地规则进行偏差结算，参加零售交易的用户按照保底价格进行结算。

完成市场注册但未开展交易的电力用户，可探索公开招标确定售电公司提供零售服务等市场价格形成机制，也可执行政府目录电价。

第三章 市场注册、变更与注销

第二十二条 市场注册业务包括注册、信息变更、市场注销以及零售用户与售电公司业务关系确定等。

第二十三条 市场主体参与电力市场化交易，应当符合准入条件，在电力交易机构办理市场注册，按照有关规定履行承诺、公示、注册、备案等相关手续。市场主体应当保证注册提交材料的真实性、完整性。

第二十四条 企事业单位、机关团体等办理注册手续时应当关联用电户号等实际用电信息，并提供必要的单位名称、法人代表、联系方式等。

参与批发交易的市场主体，应当办理数字安全证书或者采取同等安全等级的身份认证手段。

第二十五条 办理售电增项业务的发电企业，应当分别以发电企业和售电公司的市场主体类别进行注册。

第二十六条 当国家政策调整或者交易规则发生重大变化时，电力交易机构可组织已注册市场主体重新办理注册手续。

第二十七条 市场主体注册信息发生变更时，应当及时向电力交易机构提出变更申请。市场主体类别、法人、业务范围、公司主要股东等有重大变化的，市场主体应当再次予以承诺、公示。公示期满无异议的，电力交易机构向社会发布。

第二十八条 电力用户或者售电公司关联的用户发生并户、销户、过户、改名或者用电类别、电压等级等信息发生变化时，市场主体应当在电网企业办理变更的同时，在电力交易机构办理注册信息变更手续。业务手续办理期间，电网企业需向电力交易机构提供分段计量数据。电力交易机构完成注册信息变更后，对其进行交易结算，提供结算依据。

第二十九条 退出市场的市场主体，应当及时向电力交易机构提出注销申请，按照要求进行公示，履行或者处理完成交易合同有关事项后予以注销。

第三十条 发电企业、电力用户、配售电企业根据交易需求和调度管理关系在相应的电力交易机构办理注册手续；售电公司自主选择一家电力交易机构办理注册手续。各电力交易机构共享注册信息，无须重复注册，按照相应省区的准入条件和市场规则参与交易。电力交易机构根据市场主体注册情况向国家能源局及其派出机构、省级政府有关部门和政府引入的第三方征信机构备案，并通过政府指定网站和电力交易机构网站向社会公布。

第四章 交易品种和交易方式

第三十一条 电力中长期交易现阶段主要开展电能量交易，灵活开展发电权交易、合同转让交易，根据市场发展需要开展输电权、容量等交易。

第三十二条 根据交易标的物执行周期不同，中长期电能量交易包括年度（多年）电量交易（以某个或者多个年度的电量作为交易标的物，并分解到月）、月度电量交易（以某个月度的电量作为交易标的物)、月内(多日)电量交易(以月内剩余天数的电量或者特定天数的电量作为交易标的物)等针对不同交割周期的电量交易。

第三十三条　电能量交易包括集中交易和双边协商交易两种方式。其中集中交易包括集中竞价交易、滚动撮合交易和挂牌交易三种形式。

集中竞价交易指设置交易报价提交截止时间，电力交易平台汇总市场主体提交的交易申报信息，按照市场规则进行统一的市场出清，发布市场出清结果。

滚动撮合交易是指在规定的交易起止时间内，市场主体可以随时提交购电或者售电信息，电力交易平台按照时间优先、价格优先的原则进行滚动撮合成交。

挂牌交易指市场主体通过电力交易平台，将需求电量或者可供电量的数量和价格等信息对外发布要约，由符合资格要求的另一方提出接受该要约的申请。

第三十四条　以双边协商和滚动撮合形式开展的电力中长期交易鼓励连续开市，以集中竞价交易形式开展的电力中长期交易应当实现定期开市。双边合同在双边交易申报截止时间前均可提交或者修改。

第三十五条　同一市场主体可根据自身电力生产或者消费需要，购入或者售出电能量。

为降低市场操纵风险，发电企业在单笔电力交易中的售电量不得超过其剩余最大发电能力，购电量不得超过其售出电能量的净值(指多次售出、购入相互抵消后的净售电量)。电力用户和售电公司在单笔电力交易中的售电量不得超过其购入电能量的净值(指多次购入、售出相互抵消后的净购电量)。

除电网安全约束外，不得限制发电企业在自身发电能力范围内的交易电量申报；发电权交易、合同转让交易应当遵循购售双方的意愿，不得人为设置条件，原则上鼓励清洁、高效机组替代低效机组发电。

第三十六条　在优先安排优先发电合同输电容量的前提下，鼓励发电企业、电力用户、售电公司利用剩余输电容量直接进行跨区跨省交易。

跨区跨省交易可以在区域交易平台开展，也可以在相关省交易平台开展；点对网专线输电的发电机组(含网对网专线输电但明确配套发电机组的情况)视同为受电地区发电机组，纳入受电地区电力电量平衡，根据受电地区发电计划放开情况参与受电地区电力市场化。

第三十七条　对于未来电力供应存在短缺风险的地区，可探索建立容量市场，保障长期电力供应安全。对于燃煤机组利用小时严重偏低的省份，可建立容量补偿机制。

第五章　价格机制

第三十八条　除计划电量执行政府确定的价格外，电力中长期交易的成交价格应当由市场主体通过双边协商、集中交易等市场化方式形成，第三方不得干预。

电能量市场化交易(含省内和跨区跨省)价格包括脱硫、脱硝、除尘和超低排放电价。

第三十九条　因电网安全约束必须开启的机组，约束上电量超出其合同电量(含优先发电合同、基数电量合同、市场交易合同)的部分，由各地根据实际情况在交易细则中明确，鼓励采用市场化机制确定价格。加强对必开机组组合和约束上电量的监管，保障公开、公平、公正。

新投产发电机组的调试电量按照调试电价政策进行结算。

第四十条　市场用户的用电价格由电能量交易价格、输配电价格、辅助服务费用、政府性基金及附加等构成，促进市场用户公平承担系统责任。输配电价格、政府性基金及附加按照国家有关规定执行。

第四十一条　双边交易价格按照双方合同约定执行。集中交易价格机制具体由各地区市场规则确定。其中，集中竞价交易可采用边际出清或者高低匹配等价格形成机制；滚动撮合交易可采用滚动报价、撮合成交的价格形成机制；挂牌交易采用一方挂牌、摘牌成交的价格形成机制。

第四十二条　跨区跨省交易受电地区落地价格由电能量交易价格（送电侧）、输电价格、辅助服务费用、输电损耗构成。输电损耗在输电价格中已明确包含的，不再单独收取；未明确的，暂按该输电通道前三年输电损耗的平均值计算，报国家能源局备案后执行。输电损耗原则上由买方承担，也可由市场主体协商确定承担方式。

第四十三条　执行峰谷电价的用户，在参加市场化交易后应当继续执行峰谷电价。各地应当进一步完善峰谷分时交易机制和调峰补偿机制，引导发电企业、电网企业和电力用户等主动参与调峰。

第四十四条　除国家有明确规定的情况外，双边协商交易原则上不进行限价。集中竞价交易中，为避免市场操纵以及恶性竞争，可对报价或者出清价格设置上、下限。价格上、下限原则上由相应电力市场管理委员会提出，经国家能源局派出机构和政府有关部门审定，应当避免政府不当干预。

第六章　交易组织

第一节　总体原则

第四十五条　政府部门应当在每年11月底前确定并下达次年跨区跨省优先发电计划、省内优先发电计划和基数电量。各地按照年度（多年）、月度、月内（多日）的顺序开展电力交易。

第四十六条　市场主体通过年度（多年）交易、月度交易和月内（多日）等交易满足发用电需求，促进供需平衡。

第四十七条　对于定期开市和连续开市的交易，交易公告应当提前至少1个工作日发布；对于不定期开市的交易，应当提前至少5个工作日发布。交易公告发布内容应当包括：

（一）交易标的（含电力、电量和交易周期）、申报起止时间；

（二）交易出清方式；

（三）价格形成机制；

（四）关键输电通道可用输电容量情况。

第四十八条　交易的限定条件必须事前在交易公告中明确，原则上在申报组织以及出清过程中不得临时增加限定条件，确有必要的应当公开说明原因。

第四十九条　电力交易机构基于电力调度机构提供的安全约束条件开展电力交易出清。

第五十条　对于签订市场化交易合同的机组，分配基数电量时原则上不再进行容量剔除。

第五十一条　各电力交易机构负责组织开展可再生能源电力相关交易，指导参与电力交易的承担消纳责任的市场主体优先完成可再生能源电力消纳相应的电力交易，在中长期电力交易合同审核、电力交易信息公布等环节对承担消纳责任的市场主体给予提醒。各承担消纳责任的市场主体参与电力市场交易时，应当向电力交易机构作出履行可再生能源电力消纳责任的承诺。

第二节 年度（多年）交易

第五十二条 年度（多年）交易的标的物为次年（多年）的电量（或者年度分时电量）。年度（多年）交易可通过双边协商或者集中交易的方式开展。

第五十三条 市场主体经过双边协商形成的年度（多年）意向协议，需要在年度双边交易申报截止前，通过电力交易平台提交至电力交易机构。电力交易机构根据电力调度机构提供的关键通道年度可用输电容量，形成双边交易预成交结果。

第五十四条 采用集中交易方式开展年度（多年）交易时，发电企业、售电公司和电力用户在规定的报价时限内通过电力交易平台申报报价数据。电力交易机构根据电力调度机构提供的关键通道年度可用输电容量进行市场出清，形成集中交易预成交结果。

第五十五条 年度交易结束后，电力交易机构汇总每类交易的预成交结果，并提交电力调度机构统一进行安全校核。电力调度机构在5个工作日内返回安全校核结果，由电力交易机构发布。安全校核越限时，由相关电力交易机构根据市场规则协同进行交易削减和调整。

第五十六条 市场主体对交易结果有异议的，应当在结果发布1个工作日内向电力交易机构提出，由电力交易机构会同电力调度机构在1个工作日内给予解释。逾期未提出异议的，电力交易平台自动确认成交。

第三节 月度交易

第五十七条 月度交易的标的物为次月电量（或者月度分时电量），条件具备的地区可组织开展针对年度内剩余月份的月度电量（或者月度分时电量）交易。月度交易可通过双边协商或者集中交易的方式开展。

第五十八条 市场主体经过双边协商形成的意向协议，需要在月度双边交易申报截止前，通过电力交易平台提交至电力交易机构。电力交易机构根据电力调度机构提供的关键通道月度可用输电容量，形成双边交易预成交结果。

第五十九条 采用集中交易方式开展月度交易时，发电企业、售电公司和电力用户在规定的报价时限内通过电力交易平台申报报价数据。电力交易机构根据电力调度机构提供的关键通道月度可用输电容量进行市场出清，形成集中交易预成交结果。

第六十条 月度交易结束后，电力交易机构汇总每类交易的预成交结果，并提交给电力调度机构统一进行安全校核。电力调度机构在2个工作日内返回安全校核结果，由电力交易机构发布。安全校核越限时，由相关电力交易机构根据市场规则协同进行交易削减和调整。

第六十一条 市场主体对交易结果有异议的，应当在结果发布1个工作日内向电力交易机构提出，由电力交易机构会同电力调度机构在1个工作日内给予解释。逾期未提出异议的，电力交易平台自动确认成交。

第六十二条 电力交易机构应当根据经安全校核后的交易结果，对年度交易分月结果和月度交易结果进行汇总，于每月月底前发布汇总后的交易结果。

第四节 月内（多日）交易

第六十三条 月内（多日）交易的标的物为月内剩余天数或者特定天数的电量（或者分时电量）。月内交易主要以集中交易方式开展。根据交易标的物不同，月内交易可定期开市或者连续开市。

第六十四条 月内集中交易中，发电企业、售电公司和电力用户在规定的报价时限内通过电力交易平台申报报价数据。电力交易机构根据电力调度机构提供的关键通道月内可用输电容量进行市场出清，形成集中交易预成交结果。

第六十五条 电力交易机构将月内集中交易的预成交结果提交给电力调度机构进行安全校核。电力调度机构应当在1个工作日内返回安全校核结果，由电力交易机构发布。市场主体对交易结果有异议的，应当在结果发布1个工作日内向电力交易机构提出，由电力交易机构会同电力调度机构在1个工作日内给予解释。

第六十六条 月内集中交易结束后，电力交易机构应当根据经安全校核后的交易结果，对分月交易计划进行调整、更新和发布。

第五节 偏差电量处理机制

第六十七条 允许发用双方在协商一致的前提下，可在合同执行一周前进行动态调整。鼓励市场主体通过月内（多日）交易实现月度发用电计划调整，减少合同执行偏差。

第六十八条 系统月度实际用电需求与月度发电计划存在偏差时，可通过发电侧上下调预挂牌机制进行处理，也可根据各地实际采用偏差电量次月挂牌、合同电量滚动调整等偏差处理机制。

第六十九条 发电侧上下调预挂牌机制采用"报价不报量"方式，具有调节能力的机组均应当参与上下调报价。发电侧上下调预挂牌机制可采用如下组织方式：

（一）月度交易结束后，发电机组申报上调报价（单位增发电量的售电价格）和下调报价（单位减发电量的购电价格）。允许发电机组在规定的月内截止日期前，修改其上调和下调报价。

（二）电力交易机构按照上调报价由低到高排序形成上调机组调用排序列表，按照下调报价由高到低排序形成下调机组调用排序列表。价格相同时按照发电侧节能低碳电力调度的优先级进行排序。

（三）月度最后七个自然日，根据电力电量平衡预测，各类合同电量的分解执行无法满足省内供需平衡时，电力调度机构参考上下调机组排序，在满足电网安全约束的前提下，预先安排机组提供上调或者下调电量、调整相应机组后续发电计划，实现供需平衡。机组提供的上调或者下调电量根据电力调度机构的实际调用量进行结算。

第七十条 偏差电量次月挂牌机制可采用如下组织方式：

（一）电力调度机构在保证电网安全运行的前提下，根据全网机组运行负荷率确定预挂牌机组负荷率上限和下限，并在月初公布。各机组上调、下调电量的限额按照负荷率上下限对应发电量与机组当月计划发电量的差额确定。

（二）在满足电网安全约束的前提下，将上月全网实际完成电量与全网计划发电量的差额，按照各机组上月申报的预挂牌价格（上调申报增发价格、下调申报补偿价格）排序确定机组上调、下调电量，作为月度调整电量累加至机组本月计划发电量。其中，下调电量按照机组月度集中交易电量、月度双边交易电量、年度分月双边交易电量、计划电量的顺序扣减相应合同电量。

（三）月度发电计划执行完毕后，发电侧首先结算机组上调电量或者下调电量，其余电量按照各类合同电量结算顺序以及对应电价结算；用户侧按照当月实际用电量和合同电量加权价结算电费，实际用电量与合同电量的偏差予以考核。

第七十一条　合同电量滚动调整机制可采用发电侧合同电量按月滚动调整，用户侧合同电量月结月清或者按月滚动调整。

第七章　安全校核

第七十二条　各类交易应当通过电力调度机构安全校核。涉及跨区跨省的交易，须提交相关电力调度机构共同进行安全校核，各级电力调度机构均有为各电力交易机构提供电力交易（涉及本电力调度机构调度范围的）安全校核服务的责任。安全校核的主要内容包括：通道输电能力限制、机组发电能力限制、机组辅助服务限制等内容。

第七十三条　电力调度机构应当及时向电力交易机构提供或者更新各断面（设备）、各路径可用输电容量，以及交易在不同断面、路径上的分布系数，并通过交易平台发布必开机组合和发电量需求、影响断面（设备）限额变化的停电检修等。

电力交易机构以各断面、各路径可用输电容量等为约束，对集中交易进行出清，并与同期组织的双边交易一并提交电力调度机构进行安全校核。

第七十四条　为保障系统整体的备用和调峰调频能力，在各类市场化交易开始前，电力调度机构可以根据机组可调出力、检修天数、系统负荷曲线以及电网约束情况，折算得出各机组的电量上限，对参与市场化交易的机组发电利用小时数提出限制建议，并及时提供关键通道可用输电容量、关键设备检修计划等电网运行相关信息，由电力交易机构予以公布。

其中，对于年度交易，应当在年度电力电量预测平衡的基础上，结合检修计划，按照不低于关键通道可用输电容量的80%下达交易限额。

对于月度交易，应当在月度电力电量预测平衡的基础上，结合检修计划和发电设备利用率，按照不低于关键通道可用输电容量的90%下达交易限额；发电设备利用率应当结合调峰调频需求制定，并向市场主体公开设备利用率。

对于月度内的交易，参考月度交易的限额制定方法，按照不低于关键通道可用输电容量的95%下达交易限额。

第七十五条　安全校核未通过时，由电力交易机构进行交易削减。对于双边交易，可按照时间优先、等比例等原则进行削减；对于集中交易，可按照价格优先原则进行削减，价格相同时按照发电侧节能低碳电力调度的优先级进行削减。

执行过程中，电力调度机构因电网安全和清洁能源消纳原因调整中长期交易计划后，应当详细记录原因并向市场主体说明。

第七十六条　安全校核应当在规定的期限内完成。安全校核未通过时，电力调度机构需出具书面解释，由电力交易机构予以公布。

第八章 合同签订与执行

第一节 合同签订

第七十七条 各市场成员应当根据交易结果或者政府下达的计划电量，参照合同示范文本签订购售电合同，并在规定时间内提交至电力交易机构。购售电合同中应当明确购电方、售电方、输电方、电量（电力）、电价、执行周期、结算方式、偏差电量计量、违约责任、资金往来信息等内容。

第七十八条 购售电合同原则上应当采用电子合同签订，电力交易平台应当满足国家电子合同有关规定的技术要求，市场成员应当依法使用可靠的电子签名，电子合同与纸质合同具备同等效力。

第七十九条 在电力交易平台提交、确认的双边协商交易以及参与集中交易产生的结果，各相关市场成员可将电力交易机构出具的电子交易确认单（视同为电子合同）作为执行依据。

第二节 优先发电合同

第八十条 跨区跨省的政府间协议原则上在上一年度的11月底前预测和下达总体电力电量规模和分月计划，由购售双方签订相应的购售电合同。合同需约定年度电量规模以及分月计划、送受曲线或者确定曲线的原则、交易价格等，纳入送、受电省优先发电计划，并优先安排输电通道。年度电量规模以及分月计划可根据实际执行情况，由购售双方协商调整。

第八十一条 对于省内优先发电计划，各地区结合电网安全、供需形势、电源结构等因素，科学安排本地优先发电电量，不得将上述电量安排在指定时段内集中执行，也不得将上述电量作为调节市场自由竞争的手段。

第八十二条 各地区确定的省内优先发电电量，原则上在每年年度双边交易开始前，对执行政府定价的电量签订厂网间年度购售电合同，约定年度电量规模以及分月计划、交易价格等。

年度交易开始前仍未确定优先发电的，可参考历史情况测算，预留优先发电空间，确保市场交易正常开展。

第八十三条 各地区根据非市场用户年度用电预测情况，扣除各环节优先发电电量后，作为年度基数电量在燃煤（气）等发电企业中进行分配。

第八十四条 优先发电电量和基数电量的分月计划可由合同签订主体在月度执行前进行调整和确认，其执行偏差可通过预挂牌上下调机制（或者其他偏差处理机制）处理。

第八十五条 采用"保量保价"和"保量竞价"相结合的方式，推动优先发电参与市场，不断提高跨区跨省优先发电中"保量竞价"的比例，应放尽放，实现优先发电与优先购电规模相匹配。

第三节 合同执行

第八十六条 各省电力交易机构汇总省内市场成员参与的各类交易合同（含优先发电合同、基数电量合同、市场交易合同），形成省内发电企业的月度发电计划，并依据月内（多日）交易，进行更新和调整。电力调度机构应当根据经安全校核后的月度（含调整后的）发电计划以及清洁能源消纳需求，合理安排电网运行方式和机组开机方式。相关电力交易机构汇总跨区跨省交易合同，形成跨区跨省发电企业的月度发电计划，并依据月内（多日）交易，进行更新和调整。

第八十七条 年度合同的执行周期内，次月交易开始前，在购售双方一致同意且不影响其他市场主体交易合同执行的基础上，允许通过电力交易平台调整后续各月的合同分月计划（合同总量不变），调整后的分月计划需通过电力调度机构安全校核。

第八十八条 电力交易机构定期跟踪和公布月度（含多日交易调整后的）发电计划完成进度情况。市场主体对发电计划完成进度提出异议时，电力调度机构负责出具说明，电力交易机构负责公布相关信息。

第八十九条 全部合同约定交易曲线的，按照合同约定曲线形成次日发电计划；部分合同约定交易曲线的，由电力调度机构根据系统运行需要，安排无交易曲线部分的发电曲线，与约定交易曲线的市场化交易合同共同形成次日发电计划。

第九十条 电力系统发生紧急情况时，电力调度机构可基于安全优先的原则实施调度，事后向国家能源局派出机构、地方政府电力管理部门报告事件经过，并向市场主体进行相关信息披露。

第九章 计量和结算

第一节 计 量

第九十一条 电网企业应当根据市场运行需要为市场主体安装符合技术规范的计量装置；计量装置原则上安装在产权分界点，产权分界点无法安装计量装置的，考虑相应的变（线）损。电网企业应当在跨区跨省输电线路两端安装符合技术规范的计量装置，跨区跨省交易均应当明确其结算对应计量点。

第九十二条 计量周期和抄表时间应当保证最小交易周期的结算需要，保证计量数据准确、完整。

第九十三条 发电企业、跨区跨省交易送受端计量点应当安装相同型号、相同规格、相同精度的主、副电能表各一套，主、副表应当有明确标志，以主表计量数据作为结算依据，副表计量数据作为参照，当确认主表故障后，副表计量数据替代主表计量数据作为电量结算依据。

第九十四条 多台发电机组共用计量点且无法拆分，各发电机组需分别结算时，按照每台机组的实际发电量等比例计算各自上网电量。对于风电、光伏发电企业处于相同运行状态的不同项目批次共用计量点的机组，可按照额定容量比例计算各自上网电量。

处于调试期的机组，如果和其他机组共用计量点，按照机组调试期的发电量等比例拆分共用计量点的上网电量，确定调试期的上网电量。

第九十五条 电网企业应当按照电力市场结算要求定期抄录发电企业（机组）和电力用户电能计量装置数据，并将计量数据提交电力交易机构。对计量数据存在疑义时，由具有相应资质的电能计量检测机构确认并出具报告，由电网企业组织相关市场成员协商解决。

第二节 结 算

第九十六条 电力交易机构负责向市场成员出具结算依据，市场成员根据相关规则进行电费结算。其中，跨区跨省交易由组织该交易的电力交易机构会同送受端电力交易机构向市场成员出具结算依据。

第九十七条 电网企业（含地方电网企业和配售电企业）之间结算的输配电费用，按照政府价格主管部门核定的输配电价和实际物理计量电量结算。

第九十八条　发电企业上网电量电费由电网企业支付；电力用户向电网企业缴纳电费，并由电网企业承担电力用户侧欠费风险；售电公司按照电力交易机构出具的结算依据与电网企业进行结算。市场主体可自行约定结算方式，未与电网企业签订委托代理结算业务的，电网企业不承担欠费风险。

第九十九条　电力用户的基本电价、政府性基金及附加、峰谷分时电价、功率因数调整等按照电压等级和类别按实收取，上述费用均由电网企业根据国家以及省有关规定进行结算。

第一百条　电力交易机构向各市场成员提供的结算依据包括以下内容：

（一）实际结算电量；

（二）各类交易合同（含优先发电合同、基数电量合同、市场交易合同）电量、电价和电费；

（三）上下调电量、电价和电费，偏差电量、电价和电费，分摊的结算资金差额或者盈余等信息（采用发电侧预挂牌上下调偏差处理机制的地区）；

（四）新机组调试电量、电价、电费；

（五）接受售电公司委托出具的零售交易结算依据。

第一百零一条　市场主体因偏差电量引起的电费资金，暂由电网企业收取和支付，并应当在电费结算依据中单项列示。

第一百零二条　市场主体的合同电量和偏差电量分开结算。以年度交易和月度交易为主的地区，按月清算、结账；开展多日交易的地区，按照多日交易规则清算，按月结账。

第一百零三条　采用发电侧预挂牌上下调偏差处理机制的地区，偏差电量电费结算可采用如下方法：

（一）批发交易用户（包括电力用户、售电公司）偏差电量分为超用电量和少用电量，超用电量支付购电费用，少用电量获得售电收入。

批发交易用户偏差电量＝用户实际网供电量－（各类交易合同购入电量－各类交易合同售出电量）

超用电量的结算价格＝发电侧上调服务电量的加权平均价×U1。U1为用户侧超用电量惩罚系数，U1≥1。当月系统未调用上调服务时，以月度集中竞价交易最高成交价（或者统一出清价）乘以惩罚系数结算超用电量。

少用电量的结算价格＝发电侧下调服务电量的加权平均价×U2。U2为用户侧少用电量惩罚系数，U2≤1。当月系统未调用下调服务时，以月度集中竞价交易最低成交价（或者统一出清价）乘以惩罚系数结算少用电量。

根据超用电量或者少用电量的区间范围，可设置分段的惩罚系数。

当售电公司所有签约用户月度实际总用量偏离售电公司月度交易计划时，售电公司承担偏差电量电费。

（二）发电企业偏差电量指发电企业因自身原因引起的超发或者少发电量，超发电量获得售电费用，少发电量支付购电费用。

超发电量结算价格＝发电侧下调服务电量的加权平均价×K1。K1为发电侧超发电量惩罚系数，K1≤1。当月系统未调用下调服务时，以月度集中竞价交易最低成交价（或者统一出清价）乘以惩罚系数结算超发电量。

少发电量结算价格=发电侧上调服务电量的加权平均价×K2。K2为发电侧少发电量惩罚系数，K2≥1。当月系统未调用上调服务时，以月度集中竞价交易最高成交价（或者统一出清价）乘以惩罚系数结算少发电量。

根据超发电量或者少发电量的区间范围，可设置分段的惩罚系数。

第一百零四条　电力用户拥有储能，或者电力用户参加特定时段的需求侧响应，由此产生的偏差电量，由电力用户自行承担。

第一百零五条　拥有配电网运营权的售电公司，与省级电网企业进行电费结算，并按照政府价格主管部门的相关规定，向省级电网企业支付输电费用。

第一百零六条　电力调度机构应当对结算周期内发电企业的偏差电量进行记录，包括偏差原因、起止时间、偏差电量等。在发电企业实际上网电量基础上，扣除各类合同电量、偏差电量后，视为发电企业的上下调电量。

发电企业的上下调电量，按照其申报价格结算。

第一百零七条　风电、光伏发电企业的电费结算：

（一）未核定最低保障收购年利用小时数的地区，按照当月实际上网电量以及政府批复的价格水平或者价格机制进行结算。

（二）核定最低保障收购年利用小时数的地区，最低保障收购年利用小时数内的电量按照政府批复的价格水平或者价格机制进行结算。超出最低保障收购年利用小时数的部分应当通过市场交易方式消纳和结算。

第一百零八条　风电、光伏发电量参与市场交易，结算涉及中央财政补贴时，按照《可再生能源电价附加资金管理办法》（财建〔2020〕5号）等补贴管理规定执行。

第一百零九条　非市场用户月度实际用电量与电网企业月度购电量（含年分月电量，扣除系统网损电量）存在偏差时，由为非市场用户供电的电网企业代为结算偏差电量费用，由此造成的电网企业购电成本损益单独记账，按照当月上网电量占比分摊或者返还给所有机组，月结月清。

第一百一十条　电力用户侧（包括批发交易电力用户、售电公司、非市场用户）的偏差电量费用与发电侧的上下调费用、偏差电量费用等之间的差额，按照当月上网电量或者用网电量占比分摊或者返还给所有市场主体，月结月清。

第十章　信息披露

第一百一十一条　市场信息分为社会公众信息、市场公开信息和私有信息。社会公众信息是指向社会公众披露的信息；市场公开信息是指向所有市场主体披露的信息；私有信息是指向特定的市场主体披露的信息。

第一百一十二条　社会公众信息包括但不限于：

（一）电力交易适用的法律、法规以及相关政策文件，电力交易业务流程、管理办法等；

（二）国家批准的发电侧上网电价、销售目录电价、输配电价、各类政府性基金及附加、系统备用费以及其他电力交易相关收费标准等；

（三）电力市场运行基本情况，包括各类市场主体注册情况，电力交易总体成交电量、价格情况等；

（四）电网运行基本情况，包括电网主要网络通道的示意图、各类型发电机组装机总体情况，发用电负荷总体情况等；

（五）其他政策法规要求向社会公众公开的信息。

第一百一十三条　市场公开信息包括但不限于：

（一）市场主体基本信息，市场主体注册准入以及退出情况，包括企业名称、统一社会信用代码、联系方式、信用评价信息等；

（二）发电设备信息，包括发电企业的类型、所属集团、装机容量、检修停运情况，项目投产（退役）计划、投产（退役）情况等；

（三）电网运行信息，电网安全运行的主要约束条件、电网重要运行方式的变化情况，电网各断面（设备）、各路径可用输电容量，必开必停机组组合和发电量需求，以及导致断面（设备）限额变化的停电检修等；

（四）市场交易类信息，包括年、季、月电力电量平衡预测分析情况，非市场化电量规模以及交易总电量安排、计划分解，各类交易的总成交电量和成交均价，安全校核结果以及原因等；

（五）交易执行信息，包括交易计划执行总体情况，计划执行调整以及原因，市场干预情况等；

（六）结算类信息，包括合同结算总体完成情况，差额资金每月的盈亏和分摊情况；

（七）其他政策法规要求对市场主体公开的信息。

第一百一十四条　市场私有信息主要包括：

（一）发电机组的机组特性参数、性能指标，电力用户用电特性参数和指标；

（二）各市场主体的市场化交易申报电量、申报电价等交易申报信息；

（三）各市场主体的各类市场化交易的成交电量以及成交价格等信息；

（四）各市场主体的市场化交易合同以及结算明细信息。

第一百一十五条　市场成员应当遵循及时、准确、完整的原则披露电力市场信息，对其披露信息的真实性负责。对于违反信息披露有关规定的市场成员，可依法依规纳入失信管理，问题严重的可按照规定取消市场准入资格。

第一百一十六条　电力交易机构、电力调度机构应当公平对待市场主体，无歧视披露社会公众信息和市场公开信息。市场成员严禁超职责范围获取私有信息，不得泄露影响公平竞争和涉及用户隐私的相关信息。

第一百一十七条　电力交易机构负责市场信息的管理和发布，会同电力调度机构按照市场信息分类及时向社会以及市场主体、政府有关部门发布相关信息。市场主体、电力调度机构应当及时向电力交易机构提供支撑市场化交易开展所需的数据和信息。

第一百一十八条　在确保安全的基础上，市场信息主要通过电力交易平台、电力交易机构网站进行披露。电力交易机构负责电力交易平台、电力交易机构网站的建设、管理和维护，并为其他市场主体通过电力交易平台、电力交易机构网站披露信息提供便利。电力交易平台、电力交易机构网站安全等级应当满足国家信息安全三级等级防护要求。

第一百一十九条 市场主体如对披露的相关信息有异议或者疑问,可向电力交易机构、电力调度机构提出,由电力交易机构会同电力调度机构负责解释。

第一百二十条 国家能源局派出机构、地方政府电力管理部门根据各地实际制定电力市场信息披露管理办法并监督实施。

第十一章 市场监管和风险防控

第一百二十一条 国家能源局及其派出机构应当建立健全交易机构专业化监管制度,推动成立独立的电力交易机构专家委员会,积极发展第三方专业机构,形成政府监管与外部专业化监督密切配合的有效监管体系。

第一百二十二条 电力交易机构、电力调度机构根据有关规定,履行市场运营、市场监控和风险防控等职责。根据国家能源局及其派出机构的监管要求,将相关信息系统接入电力监管信息系统,按照"谁运营、谁防范,谁运营、谁监控"的原则,采取有效风险防控措施,加强对市场运营情况的监控分析,按照有关规定定期向国家能源局及其派出机构、地方政府电力管理部门提交市场监控分析报告。

第一百二十三条 当出现以下情况时,电力交易机构、电力调度机构可依法依规采取市场干预措施:

(一)电力系统内发生重大事故危及电网安全的;
(二)发生恶意串通操纵市场的行为,并严重影响交易结果的;
(三)市场技术支持系统发生重大故障,导致交易无法正常进行的;
(四)因不可抗力电力市场化交易不能正常开展的;
(五)国家能源局及其派出机构作出暂停市场交易决定的;
(六)市场发生其他严重异常情况的。

第一百二十四条 电力交易机构、电力调度机构应当详细记录市场干预期间的有关情况,并向国家能源局派出机构、地方政府电力管理部门提交报告。

第一百二十五条 电力批发交易发生争议时,市场成员可自行协商解决,协商无法达成一致时可提交国家能源局派出机构、地方政府电力管理部门调解处理,也可提交仲裁委员会仲裁或者向人民法院提起诉讼。

第十二章 附 则

第一百二十六条 国家能源局及其派出机构会同地方政府电力管理等部门组织区域电力交易机构根据本规则拟定区域电力交易实施细则。国家能源局派出机构会同地方政府电力管理等部门根据本规则拟定或者修订各省(区、市)电力交易实施细则。

第一百二十七条 本规则由国家发展改革委、国家能源局负责解释。

第一百二十八条 本规则自发布之日起施行,有效期五年。

(三)辅助服务市场

2017年11月15日,国家能源局印发《完善电力辅助服务补偿(市场)机制工作方案》。

国家能源局关于印发《完善电力辅助服务补偿（市场）机制工作方案》的通知

国能发监管〔2017〕67号

各派出能源监管机构：

为深入贯彻落实党的十九大精神和《中共中央 国务院关于进一步深化电力体制改革的若干意见》（中发〔2015〕9号），进一步完善和深化电力辅助服务补偿机制，推进电力辅助服务市场化，按照《国家发展改革委 国家能源局关于印发电力体制改革配套文件的通知》（发改经体〔2015〕2752号）有关要求，我局研究制定了《完善电力辅助服务补偿（市场）机制工作方案》。经局长办公会审议通过，现印发你们，请结合实际认真落实。我局批复的电力辅助服务市场改革试点地区要按照批复方案推进试点，并结合本通知要求不断深化完善相关机制。

附件：完善电力辅助服务补偿（市场）机制工作方案

国家能源局

2017年11月15日

附件

完善电力辅助服务补偿（市场）机制工作方案

为深入贯彻落实党的十九大精神和《中共中央 国务院关于进一步深化电力体制改革的若干意见》（中发〔2015〕9号），进一步完善和深化电力辅助服务补偿机制，推进电力辅助服务市场化，按照《国家发展改革委 国家能源局关于印发电力体制改革配套文件的通知》（发改经体〔2015〕2752号）有关要求，制定本方案。

一、重要性和紧迫性

为保障电力系统安全、稳定、优质、经济运行，保证电能质量，规范电力辅助服务管理，原国家电力监管委员会于2006年11月印发《并网发电厂辅助服务管理暂行办法》（电监市场〔2006〕43号）（以下简称43号文）。按照该办法要求，各区域电力监管机构结合本地区电力系统实际和电力市场建设需要，陆续制订实施细则，组织实施并加强监管。2014年，国家能源局印发《关于积极推进跨省跨区电力辅助服务补偿机制建设工作的通知》（国能综监管〔2014〕456号），将跨省跨区交易电量纳入电力辅助服务补偿机制范畴。目前，电力辅助服务补偿机制除西藏尚未建立外，在全国范围内基本建成，运行效果普遍较好，为进一步推进电力市场建设奠定了基础。

近年来，我国电力行业尤其是清洁能源发展迅猛，电源结构、网架结构发生重大变化，系统规模持续扩大，系统运行管理的复杂性随之大大增加，对系统安全稳定运行提出了更高要求。当前，我国电力供应能力总体富余，煤电机组利用小时数呈逐步下降趋势，局部地区弃风、弃光、弃水、限核和系统调峰、供暖季电热矛盾等问题突出，现行电力辅助服务补偿办法的部分内容已经难以适应实际需要。为深入落实电力体制改革各项措施，进一步还原电力商品属性，构建有效竞争的市场结构和市场体系，在更大范围内优化资源配置，亟需进一步完善和深化电力辅助服务补偿（市场）机制。

二、总体思路和基本原则

（一）总体思路

按照中央进一步深化电力体制改革总体部署，坚持社会主义市场经济改革方向，结合各地实际，完善电力辅助服务补偿机制。

（二）基本原则

坚持服务大局原则。保障国家能源战略落实，维护电力系统安全运行，落实电力体制改革要求。

坚持市场化原则。配合电力市场体系建设，充分利用市场化机制发挥各类型发电企业和电力用户的调节性能，营造良好的制度环境。

坚持因地制宜原则。根据电力用户与发电企业直接交易、跨省跨区电能交易以及现货市场试点等实际情况，分类推进电力辅助服务补偿（市场）机制建设，确保对目前情况和电力现货市场具备较强适用性。

三、主要目标

以完善电力辅助服务补偿（市场）机制为核心，全面推进电力辅助服务补偿（市场）工作，分三个阶段实施。

第一阶段（2017~2018年）：完善现有相关规则条款，落实现行相关文件有关要求，强化监督检查，确保公正公平。

第二阶段（2018~2019年）：探索建立电力中长期交易涉及的电力用户参与电力辅助服务分担共享机制。

第三阶段（2019~2020年）：配合现货交易试点，开展电力辅助服务市场建设。

四、主要任务

（一）完善现有相关规则条款

1. 实现电力辅助服务补偿项目全覆盖。43号文中规定的项目应全部纳入电力辅助服务补偿范围。部分地区自动发电控制、调峰等服务未进行补偿的，要补充完善区域并网发电厂辅助服务管理实施细则相关规则条款，并切实落实到生产运行中。

2. 实现省级及以上电力调度机构调度的发电机组全部纳入电力辅助服务管理范围。部分地区未将核电、热电联产、水电、风电、光伏发电等发电机组纳入电力辅助服务管理范围或不同类型机组分立账户的，要完善相关内容、落实规则、加强监管，促进各种类型发电机组在同一平台公平承担电力辅助服务义务。各地可根据实际情况，将地市调度机构调度的发电机组逐步纳入电力辅助服务管理范围，或参照统调机组制定非统调机组辅助服务补偿实施细则。

3. 实现电力辅助服务补偿力度科学化。按照43号文所确定的"补偿成本、合理收益"的原则确定补偿力度，充分调动发电企业提供电力辅助服务的积极性。部分地区对于自动发电控制、调峰、备用等服务补偿力度较小不能覆盖电力辅助服务提供成本和适当收益的，要完善区域并网发电厂辅助服务管理实施细则相关内容，加大补偿力度。

4. 鼓励采用竞争方式确定电力辅助服务承担机组。电网企业根据系统运行需要，确定自动发电控制、备用、黑启动等服务总需求量，发电企业通过竞价的方式提供辅助服务。鼓励并网自备电厂通过购买低谷可再生能源的方式参与调峰，探索发电企业之间通过实时交易低谷发电量的方式提供调峰服务。

5. 鼓励自动发电控制和调峰服务按效果补偿。鼓励借鉴部分地区自动发电控制按效果付费的经验，采用自动发电控制机组的响应时间、调节精度、调节速率等效果指标乘以行程作为计量公式进行补偿，采用机组调峰率对系统运行的贡献程度（机组出力曲线相对系统负荷形状）进行补偿。

6. 按需扩大电力辅助服务提供主体。鼓励储能设备、需求侧资源参与提供电力辅助服务，允许第三方参与提供电力辅助服务。

（二）建立电力中长期交易涉及的电力用户参与电力辅助服务分担共享机制

7. 开展电力用户与发电企业中长期交易的地区，除了完成上述1~6条工作外，还应建立电力用户参与的电力辅助服务分担共享机制。

8. 电力辅助服务参与主体增加电力用户。鼓励电力用户参与提供电力辅助服务，签订带负荷曲线的电力直接交易合同，并满足所参加电力辅助服务的技术要求，按与发电企业同一标准进行补偿，随电力用户电费一并结算。

用户可以结合自身负荷特性，自愿选择与发电企业或电网企业签订保供电协议、可中断负荷协议等合同，约定各自的电力辅助服务权利与义务。

9. 电力用户参与电力辅助服务的方式：直接参与分摊电力辅助服务费用、经发电企业间接承担、购买发电企业辅助服务、自行提供电力辅助服务等。

10. 直接参与分摊电力辅助服务费用方式：电力用户按照直接交易电费承担电力辅助服务补偿责任。发电企业相应直接交易电费不再参与电力辅助服务补偿费用分摊，由电力用户按照直接交易电费与发电企业非直接交易电费比例分摊电力辅助服务补偿费用。

其中，电力用户分摊的电力调峰服务费用可以根据电力用户特性调整。未实行用电峰谷电价的地区，根据电力用户自身负荷曲线和全网用电负荷曲线，计算电力用户对电网调峰的贡献度。电力用户峰谷差率小于全网峰谷差率时调峰贡献度为正，电力用户峰谷差率大于全网峰谷差率时调峰贡献度为负。

11. 电力用户经发电企业间接承担方式：电力用户与发电企业协商直接交易电价时约定直接交易电价包含电力辅助服务费用，发电企业直接交易电费应继续参与电力辅助服务补偿费用分摊。

12. 购买发电企业辅助服务方式：电力调度机构事先按照电力用户市场份额计算应该承担的电力辅助服务责任。电力用户通过自身资源履行电力辅助服务责任，不足部分向发电企业购买电力辅助服务来确保责任的履行。

13. 自行提供电力辅助服务方式：用户根据系统运行需要调整用电曲线或者中断负荷作为电力辅助服务提供方。电力用户提供的电力辅助服务补偿费用应参照调峰、调频服务计算方式确定。

（三）分类型推进跨省跨区电力辅助服务补偿

14. 推进国家指令性计划、地方政府协议跨省跨区电能交易辅助服务补偿工作。实现国家指令性计划、地方政府协议跨省跨区电能交易与市场化跨省跨区电能交易同一标准和要求参与电力辅助服务补偿。

15. 市场化跨省跨区电能交易全面实施跨省跨区电力辅助服务补偿。送出端发电企业纳入受端地区电力辅助服务管理范围，并根据提供的电力辅助服务获得或者支付补偿费用。

市场化跨省跨区送电发电企业视同受端电网发电企业参与电力辅助服务补偿和考核。跨省跨区电能交易曲线未达到受端电网基本调峰要求的，按照受端电网基本调峰考核条款执行；达到有偿调峰要求的，按照有偿调峰补偿条款给予补偿。其余辅助服务项目原则上按照送端发电企业不能提供的情况处理，确能提供的，按照受端电网相应的补偿条款执行。

16. 跨省跨区电力用户与发电企业直接交易按照上述7~13条执行。

17. 跨省跨区电力辅助服务补偿费用随跨省跨区电能交易电费一起结算，相关电网企业应对结算工作予以必要的支持。

五、组织协调

（一）加强组织领导

国家能源局统一协调推进有关工作，各派出能源监管机构按照属地原则，负责组织推进当地电力辅助服务补偿（市场）工作及日常事务的协调处理。

推进电力辅助服务补偿工作要与电能量市场化交易进展情况密切协调，规则条款修订要与电能量交易相适应。电力直接交易工作要考虑电力用户承担相应的电力辅助服务责任和费用，跨省跨区电能交易购售双方协商交易要考虑电力辅助服务费用，现货试点地区电能量交易要统筹考虑调频、备用等电力辅助服务交易，并同步设计相关规则。

（二）落实责任分工

区域、省级派出能源监管机构要加强沟通协调，承担主体责任，做好区域内实施细则之间的衔接。跨省跨区送电辅助服务补偿由受端区域、省级派出能源监管机构商送端区域、省级派出能源监管机构提出实施方案，报送国家能源局备案。

各电力企业要高度重视，精心组织，加强工作沟通与配合，规则修订后尽快组织技术支持系统完善升级，完成人员培训、业务衔接等方面的工作。各电力调度机构负责电力辅助服务有关数据的统计工作，电网企业按照相应派出能源监管机构审核同意的执行结果配合完成结算。

（三）抓好督促落实

各派出能源监管机构要根据工作方案要求，结合当地实际，制定实施方案，明确具体时间节点和阶段性目标，报送国家能源局备案。推进过程中，实施方案如有调整，要及时报送国家能源局。国家能源局批复的电力辅助服务市场改革试点地区要按照批复方案推进试点，并结合本通知要求不断深化完善相关机制。

（四）分布式建设

1. 关于开展分布式发电市场化交易试点的通知

2017年11月，国家发改委、国家能源局联合发布《关于开展分布式发电市场化交易试点的通知》。

国家发展改革委　国家能源局关于开展分布式发电市场化交易试点的通知

发改能源〔2017〕1901号

各省、自治区、直辖市、新疆生产建设兵团发展改革委（能源局）、物价局，各能源监管机构，国家电网公司、南方电网公司、内蒙古电力公司：

分布式发电就近利用清洁能源资源，能源生产和消费就近完成，具有能源利用率高，污染排放低等优点，代表了能源发展的新方向和新形态。目前，分布式发电已取得较大进展，但仍受到市场化程度低、公共服务滞后、管理体系不健全等因素的制约。为加快推进分布式能源发展，遵循《关于进一步深化电力体制改革的若干意见》（中发〔2015〕9号）和电力体制改革配套文件，决定组织分布式发电市场化交易试点。现将有关要求和政策措施通知如下。

一、分布式发电交易的项目规模

分布式发电是指接入配电网运行、发电量就近消纳的中小型发电设施。分布式发电项目可采取多能互补方式建设，鼓励分布式发电项目安装储能设施，提升供电灵活性和稳定性。参与分布式发电市场化交易的项目应满足以下要求：接网电压等级在35千伏及以下的项目，单体容量不超过20兆瓦（有自身电力消费的，扣除当年用电最大负荷后不超过20兆瓦）。单体项目容量超过20兆瓦但不高于50兆瓦，接网电压等级不超过110千伏且在该电压等级范围内就近消纳。

二、市场交易模式

分布式发电市场化交易的机制是：分布式发电项目单位（含个人，以下同）与配电网内就近电力用户进行电力交易；电网企业（含社会资本投资增量配电网的企业，以下同）承担分布式发电的电力输送并配合有关电力交易机构组织分布式发电市场化交易，按政府核定的标准收取"过网费"。考虑各地区推进电力市场化交易的阶段性差别，可采取以下其中之一或多种模式：

（一）分布式发电项目与电力用户进行电力直接交易，向电网企业支付"过网费"。交易范围首先就近实现，原则上应限制在接入点上一级变压器供电范围内。

（二）分布式发电项目单位委托电网企业代售电，电网企业对代售电量按综合售电价格，扣除"过网费"（含网损电）后将其余售电收入转付给分布式发电项目单位。

（三）电网企业按国家核定的各类发电的标杆上网电价收购电量，但国家对电网企业的度电补贴要扣减配电网区域最高电压等级用户对应的输配电价。

三、电力交易组织

（一）建立分布式发电市场化交易平台

试点地区可依托省级电力交易中心设立市（县）级电网区域分布式发电交易平台子模块，或在省级电力交易中心的指导下由市（县）级电力调度机构或社会资本投资增量配电网的调度运营机构开展相关电力交易。交易平台负责按月对分布式发电项目的交易电量进行结算，电网企业负责交易电量的计量和电费收缴。电网企业及电力调度机构负责分布式发电项目与电力用户的电力电量平衡和偏差电量调整，确保电力用户可靠用电以及分布式发电项目电量充分利用。

（二）交易条件审核

符合市场准入条件的分布式发电项目，向当地能源主管部门备案并经电力交易机构进行技术审核后，可与就近电力用户按月（或年）签订电量交易合同，在分布式发电交易平台登记。经交易平台审核同意后供需双方即可进行交易，购电方应为符合国家产业政策导向、环保标准和市场准入条件的用电量较大且负荷稳定企业或其他机构。电网企业负责核定分布式发电交易所涉及的电压等级及电量消纳范围。

四、分布式发电"过网费"标准

（一）"过网费"标准确定原则

"过网费"是指电网企业为回收电网网架投资和运行维护费用，并获得合理的资产回报而收取的费用，其核算在遵循国家核定输配电价基础上，应考虑分布式发电市场化交易双方所占用的电网资产、电压等级和电气距离。分布式发电"过网费"标准按接入电压等级和输电及电力消纳范围分级确定。

分布式发电市场化交易试点项目中，"过网费"由所在省（区、市）价格主管部门依据国家输配电价改革有关规定制定，并报国家发展改革委备案。"过网费"核定前，暂按电力用户接入电压等级对应的省级电网公共网络输配电价（含政策性交叉补贴）扣减分布式发电市场化交易所涉最高电压等级的输配电价。

（二）消纳范围认定及"过网费"标准适用准则

分布式发电项目应尽可能与电网联接点同一供电范围内的电力用户进行电力交易，当分布式发电项目总装机容量小于供电范围上年度平均用电负荷时，"过网费"执行本级电压等级内的"过网费"标准，超过时执行上一级电压等级的过网费标准（即扣减部分为比分布式发电交易所涉最高电压等级更高一电压等级的输配电价），以此类推。各分布式发电项目的电力消纳范围由所在市（县）级电网企业及电力调度机构（含增量配电网企业）核定，报当地能源监管机构备案。

（三）与分布式发电项目进行直接交易的电力用户应按国家有关规定缴纳政府性基金及附加。

五、有关政策支持

（一）公共服务及费用

电网企业对分布式发电的电力输送和电力交易提供公共服务，除向分布式发电项目单位收取政府核定的"过网费"外，其他服务包括电量计量、代收电费等，均不收取任何服务费用。

（二）有关补贴政策

纳入分布式发电市场化交易试点的可再生能源发电项目建成后自动纳入可再生能源发展基金补贴范围，按照全部发电量给予度电补贴。光伏发电在当地分布式光伏发电的度电补贴标准基础上适度降低；风电度电补贴标准按当地风电上网标杆电价与燃煤标杆电价（含脱硫、脱硝、除尘电价）相减确定并适度降低。单体项目容量不超过20兆瓦的，度电补贴需求降低比例不得低于10%；单体项目容量超过20兆瓦但不高于50兆瓦的，度电补贴需求降低比例不得低于20%。

享受国家度电补贴的电量由电网企业负责计量，补贴资金由电网企业转付，省级及以下地方政府可制定额外的补贴政策。

（三）可再生能源电力消费和节能减排权益

分布式发电市场化交易的可再生能源电量部分视为购电方电力消费中的可再生能源电

力消费量，对应的节能量计入购电方，碳减排量由交易双方约定。在实行可再生能源电力配额制时，通过电网输送和交易的可再生能源电量计入当地电网企业的可再生能源电力配额完成量。

（四）有关建设规模管理

在试点地区建设的符合分布式发电市场化交易条件的光伏电站、风电，根据可实现市场化交易的额度确定各项目的建设规模和区域总建设规模。试点地区在报送试点方案时预测到2020年时建设规模，并可在实施中分阶段提出年度建设规模。对试点方案中的符合分布式发电市场化交易条件的风电、光伏电站项目，在电网企业确认其符合就近消纳条件的基础上，国家发展改革委、国家能源局在回复试点方案论证意见时将一次性确定到2020年底前的总建设规模及分年度新增建设规模。在试点地区，除了已建成运行风电、光伏电站项目和其他政策已明确的不列入国家年度规模管理的类型，新建50兆瓦及以下风电、光伏电站项目均按市场化交易模式建设。

六、试点工作组织

（一）选择试点地区

重点选择分布式可再生能源资源和场址等发展条件好，当地电力需求量较大，电网接入条件好，能够实现分布式发电就近接入配电网和就近消纳，并且可以达到较大总量规模的市（县）级区域以及经济开发区、工业园区、新型城镇化区域等。风电、光伏发电投资监测预警红色区域（或弃光率超过5%的区域），暂不开展该项试点工作。

（二）编制试点方案

有关省（区、市）能源主管部门会同国家能源局派出机构、同级价格主管部门、电力运行管理部门、电网公司等，组织有关地级市（或县级）政府相关部门、电网企业以及分布式发电企业和微电网运营企业，以地级市（或县级）区域、经济开发区、工业园区、新型城镇化区域等为单元编制试点方案（编制大纲见附件）。有关省（区、市）能源主管部门将编制的试点方案报送国家发展改革委、国家能源局，国家发展改革委、国家能源局会同有关部门和电网企业对试点方案组织论证。

（三）组织实施

有关省（区、市）能源主管部门根据国家发展改革委、国家能源局论证后的试点方案，与有关部门和电网企业等做好工作衔接，指导省级电力交易中心或有关电网企业建立分布式发电交易平台。试点地区的国家能源局派出机构负责研究制订分布式发电交易合同示范文本，配合所在省（区、市）发展改革委（能源局）指导电网企业组织好分布式发电交易并协调解决试点中出现的相关问题，按照有关规定履行监管职责。

（四）时间安排

2017年12月31日前，有关试点地区完成试点方案编制，进行交易平台建设准备。国家发展改革委、国家能源局论证试点方案后将论证意见回复有关省级能源主管部门。

2018年1月31日前，试点地区完成交易平台建设、制订交易规则等相关工作，自2018年2月1日起启动交易。

2018年6月30日前，对试点工作进行总结评估，完善有关机制体系，视情况确定推广范围及时间。试点顺利的地区可向国家发展改革委、国家能源局申请扩大试点或提前扩大到省级区域全面实施。

附件：分布式发电市场化交易试点方案编制参考大纲

国家发展改革委
国家能源局
2017 年 10 月 31 日

附件

分布式发电市场化交易试点方案编制参考大纲

分布式发电市场化交易试点方案应满足国家有关法律法规和管理办法要求，充分收集资源、装机、负荷、电价等各项基础资料。试点方案按照如下章节编制，应阐明开展分布式发电市场化交易的必要性、具备的条件、改革创新内容、实施主体、输配电价等政策建议。

一、重要性和必要性

说明本区域当前分布式发电发展总体情况，分析分布式发电发展面临的突出矛盾和问题，开展分布式发电市场化交易的目的和意义。

二、总体思路、原则和目标

（一）总体思路

提出本区域开展分布式发电市场化交易的总体要求和主要思路。

（二）基本原则

提出本区域开展分布式电源市场化交易应遵循的基本原则。

（三）目标和步骤

提出本区域开展分布式发电市场化交易的主要目标，可分阶段、按年度提出具体实施步骤和预期目标。

三、发展条件

（一）基础条件

1. 资源条件

区域内太阳能、风能资源条件以及可利用的土地条件。

2. 发展基础

区域内已建成屋顶光伏的总装机容量、年发电量、主要类型；已建成地面光伏电站的总装机容量、年发电量、接入电压等级；已建成的在本区域内消纳的风电项目的总装机容量、年度电量、接入电压等级。

3. 电力系统及市场条件

（1）区域年电力消费量（全社会用电量），最高、最低、平均用电负荷，电力需求的月度变化、典型日变化规律。

（2）各电压等级变电站的情况，重点描述 110 千伏、35 千伏等级变电站的分布情况。

（3）重点领域的用电及电价情况，如区域内的大型用电企业、工业园区（经济开发区）的供电方式、用电负荷、电价（分时）。

（二）分布式发电布局

根据企业开展前期工作、具备开发光伏、风电项目的场址条件，预测到2020年时，可能新开发的光伏发电、风电项目的分布及规模。如具备条件，尽可能落实到具体场址和预期规模。对光伏发电，应包括屋顶光伏发电的潜在条件和地面50兆瓦以下光伏电站的潜在条件。

（三）分布式发电接网及消纳条件

1. 接网条件分析

对2020年前计划开发的光伏发电、风电的接入110千伏及以下电网的条件进行测算；按照利用既有变电站接入能力（无需扩容）、改造扩容后的能力以及新建变电站三种条件测算。

2. 电力电量平衡分析

第一层次，分析区域内分布式发电的总发电出力与总电力需求的电力电量平衡关系，考虑分布式发电优先上网的前提条件，确定区域可接纳分布式发电的总潜力。

第二层次，以各变电站为节点在同一供电范围内，测算各变电站供电范围可接纳的分布式发电最大发电出力；结合分布式发电项目布局，说明哪些项目具备同一供电范围消纳条件，哪些项目需要跨上一电压等级变电站供电范围内消纳。

四、重点任务

（一）市场准入条件

提出分布式发电参与市场化交易的资格条件。重点内容为：

1. 参与交易的分布式发电项目应为接入配电网运行、发电量就近消纳的中小型发电设施。分布式电站项目可采取多能互补方式建设。

2. 参与分布式发电市场化交易的项目应满足以下要求：接网电压等级在35千伏及以下的项目，单体容量不超过20兆瓦（有自身电力消费的，扣除当年用电最大负荷后不超过20兆瓦），度电补贴需求降低比例不得低于10%。单体项目容量超过20兆瓦但不高于50兆瓦，接网电压等级不超过110千伏且在该电压等级范围内就近消纳，度电补贴需求降低比例不得低于20%。

3. 参与交易的购电方符合国家产业政策，达到国家环保和节能标准，在电网结算方面未有不良记录。

（二）交易规则

针对试点地区，省级发展改革委能源局牵头，会同国家能源局派出机构，在省级电网公司技术支持下，编写区域分布式发电市场化交易规则。交易规则应包括以下方面内容：

1. 交易模式

按照直接交易模式、电网企业代售模式和收购电价模式等三种分布式发电交易模式，各地区根据所在地区电力市场推进情况，因地制宜选择交易模式。

（1）选择直接交易模式的，分布式发电项目单位作为售电方自行选择符合交易条件的电力用户并以电网企业作为输电服务方签订三方供用电合同（称之为供电方、购电方、输电方），约定交易期限、交易电量、结算方式、结算电价、"过网费"标准以及违约责任等，其中"过网费"标准由省级价格主管部门制定。分布式发电项目交易电量纳入核定所在省级电网区域输配电价的基数电量，对分布式发电交易收取的"过网费"，在核定准许收入时予以扣除。

（2）选择委托电网企业代售电模式的，分布式发电项目单位可与电网企业签订转供电合同，电网企业按综合售电价格，扣除"过网费"（含网损电量）后将其余售电收入转付给分布式发电项目单位。双方约定转供电的合作期限、交易电量、"过网费"标准、结算方式等。

（3）在试点地区不参与市场交易的分布式发电项目，仍由电网企业全额收购其上网电量，收购电价为本地区各类发电项目标杆上网电价。

2. 电力电量平衡

（1）分布式发电市场化交易购售电双方均接受调度机构对电力电量平衡进行自动管理，偏差电力电量由调度机构自动调剂。

（2）购售电双方均应提前向调度机构报送出力预测和负荷预测。

3. 电费收缴和结算

（1）分布式售电方上网电量、购电方自发自用之外的购电量均由当地电网公司负责计量，购电方通过电网所购买全部电量（含分布式发电交易电量）均由当地电网公司负责收缴。

（2）电网公司收缴的电费，扣除"过网费"（含网损电量在内）后，支付给分布式发电项目单位。以月为周期结算。

4. "过网费"标准及执行

参考通知正文有关内容，各试点地区省级价格主管部门会同能源主管部门提出具体的核定标准和办法。

（三）分布式发电市场化交易平台建设

1. 分布式发电市场化交易信息管理系统

试点地区依托省级电力交易中心设立市（县）级电网区域分布式发电市场化交易平台子模块，也可在省级电力交易中心的指导下由市（县）级调度机构或社会资本投资增量配电网的调度运营机构开展相关工作。该交易平台应具备以下主要功能：申请参与分布式发电市场化交易、递交双边电力交易合同、接受分布式发电市场化交易售电方上网交易电量预测。交易平台负责对交易双方资格进行审核，对交易电量进行计量和结算。

2. 分布式发电市场化交易电量供需平衡管理

不要求分布式发电交易售电方的上网电力与购电方的用电负荷实时平衡。当售电方上网电力超过购电方用电负荷时，调度机构将多余电力配送给台区内（或跨台区）其他用户；当售电方上网电力减少（极端情况无出力）时，购电方的负荷由调度机构自动从网内调配电力满足。分布式发电企业与用户的供需合同为电量交易合同，实时供电和偏差电量均由调度机构自动组织实现电力电量平衡。

调度机构（一般由地调承担或增量配电网调度机构承担）负责建立分布式发电（电量）交易结算系统，按月进行购售电量平衡并结算。电网企业向购电方收取的总用电量的电费，切分出分布式发电市场化交易售电方的售电量，按交易价格将电费转交给分布式发电售电方。分布式发电市场化交易售电方也可与电网企业签订代售电合同，把电量全部委托电网企业代售电，电网企业按照综合售电价格扣除"过网费"后与分布式发电售电方结算。

五、配套措施

有关试点省级政府部门及市县有关级政府可在国家有关政策措施基础上，结合本地区实际细化有关政策和保障措施，并制定本地区支持分布式发电市场化交易政策措施。试点方案应说明省级政府及市县级政府的配套政策措施。

六、组织实施

从加强组织领导、完善工作机制、严格督查考核、稳妥有序推进等方面，提出本区域分布式电源市场化交易的组织实施要求。

2. 关于开展分布式发电市场化交易试点的补充通知

2017年12月28日，国家发展改革委办公厅、国家能源局综合司发布《关于开展分布式发电市场化交易试点的补充通知》。

国家发展改革委办公厅　国家能源局综合司关于开展分布式发电市场化交易试点的补充通知

发改办能源〔2017〕2150号

各省（区、市）、新疆生产建设兵团发展改革委（能源局）、物价局，国家能源局各派出监管机构，国家电网公司、南方电网公司、内蒙古电力公司：

为进一步明确分布式发电市场化交易试点方案编制的有关事项，在《国家发展改革委 国家能源局关于开展分布式发电市场化交易试点的通知》（发改能源〔2017〕1901号）基础上，现对试点组织方式及分工、试点方案内容要求、试点方案报送等补充通知如下：

一、试点组织方式及分工

有关省级发展改革委（能源局、物价局）负责试点组织的整体工作，会同国家能源局派出监管机构和其他电力市场交易管理部门确定分布式发电交易平台承担机构，制定发布交易规则及研究确定试点项目的"过网费"标准等。省级发展改革委（能源局）会同国家能源局派出监管机构承担组织编写区域分布式发电市场化交易规则，派出监管机构负责研究制订分布式发电交易合同示范文本。有关省级电网企业及试点所在地区市（县）级电网企业负责向省级发展改革委（能源局、物价局）及试点所在地区市（县）级发展改革委（能源局）提供电网建设及电力运行相关信息，分析试点地区110千伏及以下配电网接入和消纳5万千瓦以下分布式光伏发电（含地面光伏电站）、分散式风电等分布式电源的条件及在配电网内就近消纳的潜力，提出以接入和消纳条件为基础的分布式发电布局及最大建设规模的建议。

二、试点方案内容要求

（一）基础条件

资源条件主要是指气象部门观测评价数据，并提供当地已建成典型项目的年利用小时数；土地条件主要说明土地类型、适用的税收征收范围划分及征收标准。

（二）项目规模

结合已建成接入配电网消纳的光伏发电、分散式风电的项目建设规模，以及电力系统的负荷和配电网布局，测算到2020年时接入110千伏及以下配电网可就近消纳的分布式光伏和分散式风电的总规模及其2018~2020年各年度的规模。

（三）接网及消纳条件

试点地区电网企业对2020年底前接入配电网就近消纳的光伏发电、风电等项目，按既有变电站、已规划改造扩容和新建变电站三种情况测算接入能力。电力电量平衡分析作为一项长期工作，暂不要求按预测分布式发电规模和布局测算，仅按总量进行分析，对每个项目的消纳范围在报送试点方案时可不确定，待试点方案启动后逐个确定。

（四）试点项目

对试点方案的分布式发电项目按已建成运行项目、已备案在建项目和预计新建项目分类说明情况。对预计新建项目可概要描述大致布局和规模。为做好光伏电站和风电项目的规模管理和试点工作的衔接，国家能源局将在下达光伏电站、风电建设规模时对试点地区专项明确。

（五）交易规则

分布式发电市场化交易有三种可选的模式。各种模式交易规则分别如下。

1. 分布式发电项目与电力用户进行电力直接交易的模式。鼓励选择此模式，分布式发电项目单位与电力用户以合同方式约定交易条件，与电网企业一起签订三方供用电合同。在电网企业已经明确自身责任和服务内容的前提下，也可只签订两方电力交易合同，国家能源局派出监管机构在电网企业配合下制订合同示范文本。

2. 分布式发电项目单位委托电网企业代售电的模式。由电网企业起草转供电合同文本。

3. 电网企业按国家核定的各类发电的标杆上网电价收购并在110千伏及以下的配电网内就近消纳的模式。

各省级价格主管部门会同能源主管部门，选择1~2个地区申报试点。试点应满足的条件：（1）当地电网具备一定的消纳条件，可满足项目接入需求。（2）入选项目可参照《国家发展改革委 国家能源局关于开展分布式发电市场化交易试点的通知》（发改能源〔2017〕1901号）有关要求，并按有关规定签订直接交易协议，确保就近消纳比例不低于75%。（3）全额就近消纳的项目，如自愿放弃补贴，可不受规模限制。

如果已选择了直接交易或电网企业代售电模式，若合同无法履行，允许变更为全额上网模式，由电网企业按当年对应标杆上网电价收购。

在报送试点方案时，可先提交合同示范文本草案，在国家发展改革委、国家能源局论证同意试点方案后，再确定正式合同示范文本。在试点方案中应明确选择的交易模式种类、制订交易规则和合同示范文本，交易规则可暂为大纲稿，在国家发展改革委、国家能源局论证同意其试点方案后，再由省级发展改革委（能源局）、国家能源局派出监管机构或其他承担电力交易工作的部门按程序审定后发布。

（六）交易平台

省级发展改革委（能源局）会同国家能源局派出监管机构协调省级电力交易中心作为交易平台，组织开展试点地区分布式发电交易（主要是直接交易），在省级电力交易中心暂不具备承担分布式发电交易的情况下，可协调省级电网企业在试点地区的市（县）级电网公司承担交易平台任务。在报送试点方案时应明确承担交易平台的单位。

三、试点方案报送

（一）试点方案及支持性文件

省级发展改革委（能源局）、价格主管部门组织编制分布式发电交易试点地区市（县）级区域试点方案，会同国家能源局派出监管机构初步论证后，报送国家发展改革委、国家能源局，随方案报送以下支持性文件：

1. 省级电网企业确认的试点地区分布式发电电网接入及消纳意见；
2. 试点地区电网企业承担分布式发电市场化交易配套电网服务、电费计量收缴的承诺；
3. 省级电力交易中心或市（县）级电网企业承担分布式发电市场化交易平台的承诺；
4. 省级发展改革委（能源局）、国家能源局派出监管机构起草的分布式发电市场化交易规则大纲或草案、分布式发电交易合同示范文本；
5. 试点地区市（县）级人民政府关于分布式光伏发电、分散式风电土地利用、税收适用政策的说明或承诺；
6. 省级价格主管部门关于试点项目配电价格（"过网费"）的核定建议。

（二）试点方案报送及实施时间调整

为便于扎实做好试点方案编制及相关工作准备，各单位报送试点方案的截止时间延至2018年3月31日。国家发展改革委、国家能源局将对报来的试点方案及时组织论证，各地区启动试点的时间安排可据实际情况自主确定，最迟均应在2018年7月1日之前正式启动。

补充通知未涉及事项仍按《国家发展改革委 国家能源局关于开展分布式发电市场化交易试点的通知》（发改能源〔2017〕1901号）及其试点方案编制参考大纲执行。

附件：1. 试点工作重点专项及分工
2. 试点方案支持性文件要求

国家发展改革委办公厅
国家能源局综合司
2017年12月28日

附件1

试点工作重点专项及分工

重点专项	主要内容	承担单位
试点方案编制	选择试点地区，并按地区分别编制试点方案	省级发展改革委（能源局）会同价格主管部门
电网接入及消纳意见	分析试点地区110千伏及以下配电网接入和就近消纳能力，对试点方案中2018~2020分年度分布式发电项目总规模作出接入及消纳承诺	省级电网企业及试点地区市（县）级电网企业
交易规则	交易模式选择，交易条件和流程等	省级发展改革委（能源局），国家能源局派出监管机构
合同示范文本	交易双方责任义务、电网企业服务要求、交易方式、价格、电量、结算方式等内容	国家能源局派出监管机构负责起草和发布
交易平台	确定承担交易行为管理的机构，建设交易信息管理系统	省级电力交易中心或试点地区市（县）级电网企业
配电价格（"过网费"）标准	按分布式发电项目接入配电网电压等级及消纳范围确定项目应向电网企业缴纳的"过网费"标准	省级价格主管部门

附件2

试点方案支持性文件要求

名称	主要内容	出具单位
电网接入及消纳意见	对试点方案2020年时分布式发电总建成规模及2018~2020分年度建成规模的接入及消纳的论证及消纳的承诺	省级电网企业及试点地区市（县）级电网企业
电网服务承诺	试点地区电网企业承担分布式发电接入配电网运行、电费收缴、结算等服务承诺	试点地区市（县）级电网企业
交易平台设立	电力交易机构对开展分布式发电交易工作的承诺	省级电网电力交易中心或试点地区电网企业
交易规则	交易模式选择，交易条件和流程等，大纲或草案	省级发展改革委（能源局），国家能源局派出监管机构
交易合同示范文本	交易双方责任义务、电网企业服务要求、交易方式、价格、电量、结算方式等内容	国家能源局派出监管机构
地方政策说明及承诺	试点地区市（县）级政府关于分布式光伏发电（含符合交易条件的地面光伏电站）、分散式风电的土地利用政策，项目是否适用城镇土地使用税，耕地占用税征收方式及标准的说明，土地租用费用上限等，不向项目单位收取法律规定费用之外费用的承诺	试点地区市（县）级人民政府
配电价格（"过网费"）标准	按分布式发电项目接入配电网电压等级及消纳范围确定项目应向电网企业缴纳的"过网费"标准	省级价格主管部门

六、交易机构改革

2020年2月18日，国家发展改革委、国家能源局联合印发《关于推进电力交易机构独立规范运行的实施意见》的通知。

国家发展改革委 国家能源局印发
《关于推进电力交易机构独立规范运行的实施意见》的通知

发改体改〔2020〕234号

各省、自治区、直辖市、新疆生产建设兵团发展改革委、能源局、经信委（经信厅、工信厅、经信局、工信局），国家能源局各派出能源监管机构，国家电网有限公司、中国南方电网有限责任公司、内蒙古电力（集团）有限责任公司、中国华能集团有限公司、中国大唐集团有限公司、中国华电集团有限公司、国家电力投资集团有限公司、国家能源投资集团有限责任公司：

《关于推进电力交易机构独立规范运行的实施意见》已经中央全面深化改革委员会审批审

议通过。现印发你们，请认真贯彻落实。

国家发展改革委
国家能源局
2020 年 2 月 18 日

关于推进电力交易机构独立规范运行的实施意见

推进电力交易机构独立规范运行是进一步深化电力体制改革的重要内容，对构建主体多元、竞争有序的电力交易格局，形成适应市场要求的电价机制具有重要意义。为落实党中央、国务院决策部署精神，推进电力交易机构独立规范运行，现提出以下意见：

一、总体要求和主要目标

以习近平新时代中国特色社会主义思想为指导，全面贯彻党的十九大和十九届二中、三中、四中全会精神，按照《中共中央 国务院关于进一步深化电力体制改革的若干意见》和中央经济工作会议部署，坚持安全可靠和市场化改革原则，立足电力工业客观情况，循序渐进、分步实施，尊重规律、科学监管，加快推进电力交易机构（以下简称交易机构）独立规范运行，进一步完善公开透明的电力市场交易平台，加快推进建立市场化电价形成机制，建立电力运行风险防控机制，为逐步实现经营性电力用户发用电计划全面放开创造条件。

2020 年底前，区域性交易机构和省（自治区、直辖市）交易机构的股权结构进一步优化、交易规则有效衔接，与调度机构职能划分清晰、业务配合有序。2022 年底前，各地结合实际情况进一步规范完善市场框架、交易规则、交易品种等，京津冀、长三角、珠三角等地区的交易机构相互融合，适应区域经济一体化要求的电力市场初步形成。2025 年底前，基本建成主体规范、功能完备、品种齐全、高效协同、全国统一的电力交易组织体系。

二、进一步厘清交易机构、市场管理委员会和调度机构的职能定位

交易机构是不以营利为目的、按照政府批准的章程和规则为市场主体提供公平规范电力交易服务的专业机构。交易机构主要负责电力交易平台的建设、运营和管理，组织中长期市场交易，提供结算依据和服务；负责市场主体注册和管理，汇总电力交易合同，披露和发布市场信息等；配合调度机构组织现货交易。结合区域性电力市场建设，鼓励各交易机构开展股权业务融合，完善跨省跨区市场交易机制，允许市场主体自由选择交易机构，推动全国范围内市场融合发展，加快统一电力市场建设，促进电力资源在更大范围优化配置。

市场管理委员会由电网企业、发电企业、售电企业、电力用户、交易机构、第三方机构等各方面代表组成，是独立于交易机构的议事协调机制。市场管理委员会主要负责研究讨论各类交易规则，协调电力市场相关事项，协助政府有关部门监督和纠正交易机构不规范行为；要健全重大事项决策流程和表决机制，确保议事程序公开透明、公平合理，切实保障市场主体的合法权益。每个交易机构须有对应的市场管理委员会，区域性交易机构对应的市场管理委员会主任委员由国家发展改革委、国家能源局提名，省（自治区、直辖市）交易机构对应的市场管理委员会主任委员由国家能源局派出机构和所在地区政府有关部门提名，由各自市场管理委员会投票表决。根据实际需要合理确定主任委员任期，同一主任委员不得连任超过两届任期。

调度机构是电网经营企业和供电企业的重要组成部分，是电网运行的指挥中心，其根本职责是依法行使生产指挥权,对电网运行进行组织、指挥、指导和协调,负责电力电量平衡、发电生产组织、电力系统安全运行、电网运行操作和事故处理,依法依规落实电力市场交易结果,保障电网安全、稳定和优质、经济运行。电网调度工作要坚持"安全第一、预防为主"的方针和"公开、公平、公正"原则,统一调度、分级管理,依靠科技进步和提高人员素质,认真研究社会主义市场经济条件下电网运行管理的新情况,不断完善电网调度管理的措施,保证电网整体最佳效益的实现。

三、完善电力交易规则制定程序

制定交易规则应当公开、公平、公正,符合市场化原则和电力商品技术特性。国家发展改革委、国家能源局、财政部会同区域性交易机构、电网企业、发电企业等方面制定电力交易基本规则和跨省区交易规则;省(自治区、直辖市)内交易细则由国家能源局派出机构和地方政府有关部门组织交易机构在基本规则框架下起草,并由相应的市场管理委员会进行初步审议,经国家能源局派出机构和所在省(自治区、直辖市)政府有关部门审定后执行。交易规则和细则批准实施后,交易机构无权变更;需要修订的,提请市场管理委员会审议后,报原审定机构和部门批准。交易机构可结合业务实际情况提出完善电力交易规则和细则的建议。

四、加快推进交易机构股份制改造

针对当前交易机构全部采用公司制形式的实际情况,按照"多元制衡"原则依法依规加快推进交易机构股份制改造。股东应具备独立法人资格,可来自不同行业和领域,其中,单一股东持股比例不得超过50%。2020年上半年,北京、广州2家区域性交易机构和省(自治区、直辖市)交易机构中电网企业持股比例全部降至80%以下,2020年底前电网企业持股比例降至50%以下。在股份制改造过程中,交易机构应依法依规修订完善公司章程,规范设立股东会、董事会、监事会和经理层,形成权责分明、相互制衡的公司法人治理结构和灵活高效的经营管理机制,实现作为独立法人和市场主体自主经营。交易机构要健全党建工作体系,把党的领导融入公司治理各环节,推动党建与业务有机融合,为党和国家方针政策的贯彻落实提供坚强政治保证。

国家发展改革委、国家能源局组织国家电网有限公司、中国南方电网有限责任公司分别制定北京、广州2家区域性交易机构股份制改造实施方案。在国家发展改革委、国家能源局会同国家电网有限公司、中国南方电网有限责任公司指导下,各省(自治区、直辖市)人民政府相关部门组织省级电力(电网)公司制定本地交易机构股份制改造方案。

五、规范交易机构的人员、资产和财务管理

交易机构的董事会成员由各股东单位推荐,不得同时兼任市场管理委员会成员;高级管理人员可由股东单位推荐、董事会聘任,也可由董事会市场化选聘;自2020年起,交易机构新进普通工作人员一律市场化选聘。建立各交易机构间的人员交流机制,确保人员能进能出、能上能下,畅通员工的职业发展通道。根据行业实际情况,建立科学合理、具备竞争力的薪酬分配机制,保障交易机构从业人员的专业能力。

交易机构应以当前办公场所及物资设备为基础,综合考虑发展需求,采取划转、借用、租赁等方式明晰资产管理关系。对拟划转至交易机构的资产,按程序经国有资产管理部门批准后完成移交;对交易机构拟借用、租赁的资产,依法履行相关手续,明确责任主体后完成使用权

转移。现阶段，经市场管理委员会同意后，交易机构可与电网企业共享信息系统、交易系统等资产。

交易机构应坚持非营利性定位，根据员工薪酬、日常办公、项目建设等实际需要，合理编制经费预算。与电网企业共用资产的交易机构原则上不向市场主体收取费用，所需费用计入输配电环节成本并单列，由电网企业通过专项费用支付。具备条件的交易机构经市场管理委员会同意，也可向市场主体合理收费，经费收支情况应向市场主体公开。

六、共同做好电力市场交易组织实施

交易机构、调度机构负责电力市场运行组织，及时发布市场信息，组织市场交易，根据交易结果制定交易计划。交易机构与调度机构要密切配合，充分考虑电力网架结构、安全供电标准、调度运行体系等实际情况，基于安全约束条件组织电力交易，切实保障电力安全稳定供应。调度机构要严格按照交易规则开展包括日前、日内、实时电量交易及辅助服务在内的现货交易出清和执行，并将出清和执行结果提供交易机构。电力网架结构、技术支持系统、交易机构专业能力等条件较为成熟的地区，适时探索由交易机构组织开展日前交易。

市场交易如可能引发安全风险，调度机构必须按照"安全第一"原则进行调度。当发生重大突发事件或电力供应出现较大缺口等特殊情况时，政府有关部门可依法依规暂停市场交易，组织实施有序用电。

七、健全信息共享和安全保障机制

国家电网有限公司、中国南方电网有限责任公司在各自经营范围内统一交易系统平台，统一建设灾备系统，建立数据共享机制，北京、广州等区域性交易机构负责系统平台维护管理和相关数据汇总。健全交易机构和调度机构信息交换机制，调度机构按照交易规则要求，向交易机构准确及时提供市场交易需要的可公开数据。建立健全交易机构信息安全保障机制，根据交易机构内设部门职能设置信息管理权限，控制关键信息知悉范围，定期开展信息安全薄弱环节排查，制定信息安全事故应急处置预案，做好事前主动防御，确保电力运行信息安全可控。建立电力交易从业人员回避和保密管理制度，避免泄露重要信息。

八、加强专业化监管体系建设

国家发展改革委、国家能源局及派出机构、各省（自治区、直辖市）政府相关部门要建立健全对交易机构的专业化监管制度，发展第三方专业评估机构，形成政府监管与外部监督密切配合的综合监管体系。交易机构应有针对性地制定完善相关规章制度，在政府有关部门指导下，加快行业信用体系建设，协助政府有关部门加强电力交易履约监管，对严重违法失信的市场主体记入信用记录并纳入全国信用信息共享平台，依法公开违法失信行为，并采取警告或限制交易等措施实施联合惩戒；对拒不整改或信用评价为不适合参与交易的市场主体，可取消市场交易资格，强制退出电力市场。

国家发展改革委、国家能源局负责推进交易机构独立规范运行工作，进一步优化市场监管方式，确保任何部门和单位不得干预市场主体的合法交易行为，切实维护电力交易市场安全健康发展。各省（自治区、直辖市）政府有关部门会同国家能源局派出机构按照实施意见精神，制定本地区交易机构独立规范运行实施方案，经国家发展改革委、国家能源局同意后组织实施。电网企业、发电企业等市场主体要积极配合，妥善处理资产重组、股权变更、人员劳动关系变动等重大问题，确保交易机构正常稳定运行，科学制定风险防控预案，有效防范电力供应安全风险，相关情况及时按程序报告国家发展改革委、国家能源局。

七、电力企业改革

（一）企业兼并重组

1. 中国电力投资集团公司与国家核电技术公司合并

2015年5月29日，中国电力投资集团公司（下称中电投）与国家核电技术公司（下称国核技）合并，正式成立国家电力投资集团公司。中电投和国家核电作为国电投子公司，前者负责常规电部分，后者负责核电部分。国家电投集团注册资本金450亿元，资产总额8761亿元，员工总数14万人；旗下有7家A股、H股上市公司，其中A股上市公司：上海电力、国投电力、吉电股份、漳泽电力等。

2. 中国国电集团与神华集团合并

2017年8月28日，国资委发布消息，经报国务院批准，神华集团与国电集团合并重组为国家能源投资集团有限责任公司。合并完成后，集团资产规模超过1.8万亿元，拥有火电、新能源、水电等业务板块，是全球最大的火力发电公司、风力发电公司。电力总装机容量位居全国第一，可再生能源（风电、光伏和水电）在新公司总发电容量中的比例将达到23%。

3. 中国核工业集团有限公司与中国核工业建设集团有限公司实施重组

2018年1月31日，经报国务院批准，中国核工业集团有限公司与中国核工业建设集团有限公司实施重组，中国核工业建设集团有限公司整体无偿划转进入中国核工业集团有限公司，不再作为国资委直接监管企业。

吸收合并完成后，中核集团将直接持有上市公司中国核建的61.78%股份，成为其实际控制人。中核建所有下属子公司、企业或其他法人的股东或出资人，将均变更为中核集团或其下属公司。

4. 湖南电力设计院与湖南化工设计院整合重组

2020年4月21日，湘投集团旗下的湖南化工设计院有限公司举行股权交接仪式，其作价入股中国能建集团所属的湖南省电力设计院有限公司，双方进行整合重组，同时引进民营资本做大做强。这是湘投集团与中国能建强强联手，打造了央地国企混改的新典范，这次战略性重组，可通过优势互补，实现央地共赢。对推动我国能源产业的发展，以及湘投集团自身的改革意义重大。

5. 许继电气、平高电气将并入中国西电

2020年12月23日，许继电气、平高电气、中国西电、宝光股份相继发布公告，信息显示，中国西电集团正在与国家电网有限公司部分子企业筹划战略性重组，国家电网旗下平高、许继和山东电工电气将全部并入中国西电集团。

（二）区域煤电整合

2019年12月，国资委下发《关于印发中央企业煤电资源区域整合第一批试点首批划转企业名单的通知》。文件显示，根据《中央企业煤电资源区域整合试点方案》，中国华能、中国大唐、中国华电、国家电投、国家能源集团将在甘肃、陕西、新疆、青海、宁夏5个试点区域开展第一批试点。第一批试点共涉及48户煤电企业（或项目），其中，38户将于2020年6月30日前划转、2户于发电项目竣工后一年内划转、8户暂不划转（5户煤电一体化项目、2户自备电厂、1户已签订股权转让协议）。

中央企业煤电资源区域整合后，五大发电集团将在甘肃、陕西、新疆、青海、宁夏5省（区）形成"一家央企一个省（区）"的格局，华能、大唐、华电、国家电投、国家能源分别对应甘肃、陕西、新疆、青海、宁夏。另据中国能源报报道，东北地区及西南地区部分省份也将视第一批试点情况开展相关试点。

本次资源整合试点从2019年开始启动，试点时间三年左右。试点整合目标为：力争到2021年末，试点区域产能结构明显优化，煤电协同持续增强，运营效率稳步提高，煤电产能压降1/4~1/3，平均设备利用小时明显上升，整体减亏超过50%，资产负债率明显下降。

截至2020年底，甘肃、陕西、新疆、青海、宁夏五个试点区域首批划转电厂已移交管理权。其中，甘肃、陕西、青海、宁夏四省（区）于2020年9月30日完成移交管理权，新疆区域于12月11日移交完毕。

第十章 油气体制改革

一、油气体制改革顶层设计

2017年5月，中共中央、国务院印发《关于深化石油天然气体制改革的若干意见》。

中共中央 国务院印发《关于深化石油天然气体制改革的若干意见》

2017年5月21日，中共中央、国务院印发了《关于深化石油天然气体制改革的若干意见》（以下简称《意见》），明确了深化石油天然气体制改革的指导思想、基本原则、总体思路和主要任务。

《意见》指出，深化石油天然气体制改革，要全面贯彻党的十八大和十八届三中、四中、五中、六中全会精神，深入贯彻习近平总书记系列重要讲话精神和治国理政新理念新思想新战略，认真落实党中央、国务院决策部署，统筹推进"五位一体"总体布局和协调推进"四个全面"战略布局，牢固树立和贯彻落实新发展理念，全面实施国家能源战略，坚持社会主义市场经济改革方向，正确处理好企业、市场、政府之间的关系，发挥市场在资源配置中的决定性作用和更好发挥政府作用，以保障国家能源安全、促进生产力发展、满足人民群众需要为目标，建立健全竞争有序、有法可依、监管有效的石油天然气体制，实现国家利益、企业利益、社会利益有机统一。

《意见》强调，深化石油天然气体制改革要坚持问题导向和市场化方向，体现能源商品属性；坚持底线思维，保障国家能源安全；坚持严格管理，确保产业链各环节安全；坚持惠民利民，确保油气供应稳定可靠；坚持科学监管，更好发挥政府作用；坚持节能环保，促进油气资源高效利用。

《意见》明确，深化石油天然气体制改革的总体思路是：针对石油天然气体制存在的深层次矛盾和问题，深化油气勘查开采、进出口管理、管网运营、生产加工、产品定价体制改革和国有油气企业改革，释放竞争性环节市场活力和骨干油气企业活力，提升资源接续保障能力、国际国内资源利用能力和市场风险防范能力、集约输送和公平服务能力、优质油气产品生产供应能力、油气战略安全保障供应能力、全产业链安全清洁运营能力。通过改革促进油气行业持续健康发展，大幅增加探明资源储量，不断提高资源配置效率，实现安全、高效、创新、绿色，保障安全、保证供应、保护资源、保持市场稳定。

《意见》部署了八个方面的重点改革任务。

一是完善并有序放开油气勘查开采体制，提升资源接续保障能力。实行勘查区块竞争出让制度和更加严格的区块退出机制，加强安全、环保等资质管理，在保护性开发的前提下，允许符合准入要求并获得资质的市场主体参与常规油气勘查开采，逐步形成以大型国有油气公司为主导、多种经济成分共同参与的勘查开采体系。

二是完善油气进出口管理体制，提升国际国内资源利用能力和市场风险防范能力。建立以规范的资质管理为主的原油进口动态管理制度。完善成品油加工贸易和一般贸易出口政策。

三是改革油气管网运营机制，提升集约输送和公平服务能力。分步推进国有大型油气企业干线管道独立，实现管输和销售分开。完善油气管网公平接入机制，油气干线管道、省内和省际管网均向第三方市场主体公平开放。

四是深化下游竞争性环节改革，提升优质油气产品生产供应能力。制定更加严格的质量、安全、环保和能耗等方面技术标准，完善油气加工环节准入和淘汰机制。提高国内原油深加工水平，保护和培育先进产能，加快淘汰落后产能。加大天然气下游市场开发培育力度，促进天然气配售环节公平竞争。

五是改革油气产品定价机制，有效释放竞争性环节市场活力。完善成品油价格形成机制，发挥市场决定价格的作用，保留政府在价格异常波动时的调控权。推进非居民用气价格市场化，进一步完善居民用气定价机制。依法合规加快油气交易平台建设，鼓励符合资质的市场主体参与交易，通过市场竞争形成价格。加强管道运输成本和价格监管，按照准许成本加合理收益原则，科学制定管道运输价格。

六是深化国有油气企业改革，充分释放骨干油气企业活力。完善国有油气企业法人治理结构，鼓励具备条件的油气企业发展股权多元化和多种形式的混合所有制。推进国有油气企业专业化重组整合，支持工程技术、工程建设和装备制造等业务进行专业化重组，作为独立的市场主体参与竞争。推动国有油气企业"瘦身健体"，支持国有油气企业采取多种方式剥离办社会职能和解决历史遗留问题。

七是完善油气储备体系，提升油气战略安全保障供应能力。建立完善政府储备、企业社会责任储备和企业生产经营库存有机结合、互为补充的储备体系。完善储备设施投资和运营机制，加大政府投资力度，鼓励社会资本参与储备设施投资运营。建立天然气调峰政策和分级储备调峰机制。明确政府、供气企业、管道企业、城市燃气公司和大用户的储备调峰责任与义务，供气企业和管道企业承担季节调峰责任和应急责任，地方政府负责协调落实日调峰责任主体，鼓励供气企业、管道企业、城市燃气公司和大用户在天然气购销合同中协商约定日调峰供气责任。

八是建立健全油气安全环保体系，提升全产业链安全清洁运营能力。加强油气开发利用全过程安全监管，建立健全油气全产业链安全生产责任体系，完善安全风险应对和防范机制。

《意见》强调，深化石油天然气体制改革关系国家安全、经济发展、人民福祉和社会稳定，要按照整体设计、重点突破、稳妥推进、务求实效的要求，确保改革规范有序进行。各地区各部门及重点油气企业要切实增强大局意识，坚决贯彻落实党中央决策部署，制定切实可行的专项工作方案及相关配套措施，确保深化石油天然气体制改革的各项工作顺利有序推进。

二、组建国家油气管网公司

2019年3月19日，习近平主持召开中央全面深化改革委员会第七次会议，审核通过了《石油天然气管网运营机制改革实施意见》，会议强调，推动石油天然气管网运营机制改革，要坚持深化市场化改革、扩大高水平开放，组建国有资本控股、投资主体多元化的石油天然气管网公司，推动形成上游油气资源多主体多渠道供应、中间统一管网高效集输、下游销售市场充分竞争的油气市场体系，提高油气资源配置效率，保障油气安全稳定供应。2019年主要任务包括"深化石油天然气体制改革，组建国家石油天然气管网公司，实现管输和销售分开"。

2019年12月9日，国家石油天然气管网集团有限公司正式成立，中国油气产业向市场化迈出了十分关键的一步。国家石油天然气管网集团有限公司的主要职能是负责全国油气干线管道、部分储气调峰设施的投资建设，推进干线管道与社会管道系统构建，输送油气，统一调度全国油气干线管网运行，最终实现基础设施向所有符合条件的用户公平开放。

三、天然气价格改革

（一）关于调整天然气价格的通知

2013年6月28日，国家发改委下发了《关于调整天然气价格的通知》，将新的天然气区分为存量气和增量气，适当提高非居民用存量气价格。

国家发展改革委关于调整天然气价格的通知

发改价格〔2013〕1246号

各省、自治区、直辖市、新疆生产建设兵团发展改革委、物价局，中国石油天然气集团公司、中国石油化工集团公司：

根据深化资源性产品价格改革的总体要求，为逐步理顺天然气价格，保障天然气市场供应、促进节能减排，提高资源利用效率，我委会同有关部门在总结广东、广西天然气价格形成机制试点改革经验基础上，研究提出了天然气价格调整方案。现就有关事项通知如下：

一、天然气价格调整的基本思路和范围

（一）基本思路。按照市场化取向，建立起反映市场供求和资源稀缺程度的与可替代能源价格挂钩的动态调整机制，逐步理顺天然气与可替代能源比价关系，为最终实现天然气价格完全市场化奠定基础。

为尽快建立新的天然气定价机制，同时减少对下游现有用户影响，平稳推出价格调整方案，区分存量气和增量气，增量气价格一步调整到与燃料油、液化石油气（权重分别为60%

和40%）等可替代能源保持合理比价的水平；存量气价格分步调整，力争"十二五"末调整到位。

（二）适用范围。天然气价格管理由出厂环节调整为门站环节，门站价格为政府指导价，实行最高上限价格管理，供需双方可在国家规定的最高上限价格范围内协商确定具体价格。门站价格适用于国产陆上天然气、进口管道天然气。页岩气、煤层气、煤制气出厂价格，以及液化天然气气源价格放开，由供需双方协商确定，需进入长输管道混合输送并一起销售的（即运输企业和销售企业为同一市场主体），执行统一门站价格；进入长输管道混合输送但单独销售的，气源价格由供需双方协商确定，并按国家规定的管道运输价格向管道运输企业支付运输费用。

二、天然气价格调整的具体安排

（一）增量气门站价格按照广东、广西试点方案中的计价办法，一步调整到2012年下半年以来可替代能源价格85%的水平，并不再按用途进行分类。广东、广西增量气实际门站价格暂按试点方案执行。

（二）存量气门站价格适当提高。其中，化肥用气在现行门站价格基础上实际提价幅度最高不超过每千立方米250元；其他用户用气在现行门站价格基础上实际提价幅度最高不超过每千立方米400元。

（三）居民用气价格不作调整。存量气和增量气中居民用气门站价格此次均不作调整。2013年新增用气城市居民用气价格按该省存量气门站价格政策执行。

（四）实施时间。上述方案自2013年7月10日起执行。

三、相关问题

（一）关于门站价格。门站价格为国产陆上或进口管道天然气的供应商与下游购买方（包括省内天然气管道经营企业、城镇管道天然气经营企业、直供用户等）在天然气所有权交接点的价格。现行门站价格由天然气出厂（或首站）实际结算价格（含13%增值税）和管道运输价格组成。其中，管道运输价格适用于3%营业税的，按照保持用户购进成本不变的原则，将管道运输价格统一折算成含13%增值税的价格，即：含13%增值税的管道运输价格=1.057×含3%营业税的管道运输价格。

（二）关于存量气和增量气。存量气为2012年实际使用气量，增量气为超出部分。存量气量一经确定，上游供气企业不得随意调整，用户不得互相转让。

上游供气企业与下游用户结算时，可以先结算存量气、后结算增量气，也可以按存量气和增量气用气比例将增量气均衡分摊到每个结算周期进行结算，年度结算期末据实清算，但不得先结算增量气、后结算存量气。2013年新增气量按存量气和增量气用气比例均衡分摊，7月10日前的所有气量均按调价前的价格水平结算。

（三）关于居民用气量。居民用气包括居民生活用气、学校教学和学生生活用气、养老福利机构用气等，不包括集中供热用气。存量气量中居民用气量为2012年居民实际用气量，增量气中居民用气数量，由供需双方据实确定。城镇管道天然气经营企业应为居民气量的核定提供便利。居民用气量经供需双方确认后报当地和省级价格主管部门备案，作为安排天然气销售价格的参考和依据。如供需双方对用气结构和居民用气数量存在争议，由当地价格主管部门协调解决；协调未果的，报上级价格主管部门复核裁定。国家发展改革委对居民气量和价格执行情况进行抽查。

四、工作要求

调整天然气价格是国家深化资源性产品价格改革的重大举措，涉及面广，社会关注度高，各地区、各有关部门和天然气生产经营企业要高度重视、通力配合，共同做好工作。

（一）做好方案组织落实。各地区、各有关部门和天然气生产经营企业要统一思想，加强组织领导、精心部署，把工作做细做实；强化责任、密切合作，认真排查可能出现的问题和风险点，把矛盾和风险消除在萌芽状态；建立应急预案，完善应急措施，并密切跟踪方案实施情况，妥善解决方案实施过程中出现的问题，确保调价方案平稳实施。天然气生产经营企业要从大局出发，主动与地方发改（价格）部门衔接，加强与用气企业的沟通和协商。

（二）合理安排销售价格。门站价格以下销售价格由省级价格主管部门结合当地实际确定，可以实行存量气、增量气单独作价，也可以实行存量气、增量气加权综合作价，具体实施方案尽快报国家发展改革委备案。各地要加强成本监审，从紧核定省内管道运输价格和配气价格，综合考虑天然气采购成本，兼顾用户承受能力，合理安排非居民天然气销售价格；结合当地实际，在保持天然气竞争优势的前提下，合理安排车用天然气销售价格，原则上不疏导以前积累的矛盾。对燃气发电等大型用户，要尽可能减少供气环节，降低企业用气成本。

（三）保障天然气市场供应。有关部门和天然气生产经营企业要加强生产组织，做好供需衔接，强化需求侧管理，进行针对性调节，满足居民生活、化肥生产等重点用气需求，保障市场平稳运行。天然气生产经营企业要根据市场需求，多方组织资源，加大国内生产和进口力度，充分利用已建成的煤制气等气源，确保市场供应；要严格执行国家价格政策，不得单方面扣减居民气量或降低居民用气比例，变相提高居民用气价格水平；对西部地区个别省份以及确有困难的化肥等企业，要给予适当价格优惠。各地要加强天然气价格政策监督检查，严厉查处价格违法行为，维护天然气市场稳定。要切实落实国家放开页岩气、煤层气、煤制气出厂价格政策。

（四）确保出租车等行业稳定。高度重视天然气价格调整对出租车等行业的影响，密切关注行业动向，建立健全应急预案，及时化解可能出现的矛盾和问题，确保出租车行业稳定。各地、各部门要按照"谁主管、谁负责"的原则，做好道路运输行业突发事件的防范工作。各地可根据当地实际情况和已建立的运价与燃料价格联动机制，通过调整出租车运价或燃料附加标准疏导气价调整影响；疏导前要统筹考虑当地用油、用气车燃料成本差异和补贴情况，以及经营者承受能力，由地方政府采取发放临时补贴等措施，缓解气价调整对出租车行业影响；对城市公交和农村道路客运，继续按现行补贴政策执行。

（五）加强宣传引导。各地要加强与当地新闻媒体的沟通和联系，做好政策宣传解读，及时回应社会关切，争取社会各方理解和支持。要做好应急舆情处置预案，及时应对突发舆情。

附件：各省份天然气最高门站价格表

国家发展改革委

2013年6月28日

附件

各省份天然气最高门站价格表

单位：元/千立方米（含增值税）

省份	存量气	增量气	省份	存量气	增量气
北京	2260	3140	湖北	2220	3100
天津	2260	3140	湖南	2220	3100
河北	2240	3120	广东	2740	3320
山西	2170	3050	广西	2570	3150
内蒙古	1600	2480	海南	1920	2780
辽宁	2240	3120	重庆	1920	2780
吉林	2020	2900	四川	1930	2790
黑龙江	2020	2900	贵州	1970	2850
上海	2440	3320	云南	1970	2850
江苏	2420	3300	陕西	1600	2480
浙江	2430	3310	甘肃	1690	2570
安徽	2350	3230	宁夏	1770	2650
江西	2220	3100	青海	1530	2410
山东	2240	3120	新疆	1410	2290
河南	2270	3150			

注：山东交气点为山东省界。

关于降低非居民用天然气门站价格并进一步推进价格市场化改革的通知

2015年11月18日，国家发改委下发了《关于降低非居民用天然气门站价格并进一步推进价格市场化改革的通知》。

国家发展改革委关于降低非居民用天然气门站价格并进一步推进价格市场化改革的通知

发改价格〔2015〕2688号

各省、自治区、直辖市、新疆生产建设兵团发展改革委、物价局，中国石油天然气集团公司、中国石油化工集团公司：

根据《中共中央 国务院关于推进价格机制改革的若干意见》（中发〔2015〕28号）精神和国务院关于深化资源性产品价格改革的总体要求，经国务院批准，决定降低非居民用天然气门站价格，并进一步推进价格市场化改革。现就有关事项通知如下：

一、降低非居民用气门站价格

非居民用气最高门站价格每千立方米降低700元。其中，化肥用气继续维持现行优惠政策，价格水平不变。

二、提高天然气价格市场化程度

将非居民用气由最高门站价格管理改为基准门站价格管理。降低后的最高门站价格水平作为基准门站价格，供需双方可以基准门站价格为基础，在上浮20%、下浮不限的范围内协商确定具体门站价格。方案实施时门站价格暂不上浮，自2016年11月20日起允许上浮。各省（区、市）非居民用天然气基准门站价格见附表。

三、实施时间

上述方案自2015年11月20日起实施。

四、工作要求

天然气价格改革涉及面广，社会高度关注，各地区、各有关部门和天然气生产经营企业要高度重视、通力合作，共同做好相关工作。

（一）精心组织方案实施。各地区、各有关部门要加强组织领导、精心部署，加强市场监测分析和预警，建立应急预案，完善应急措施，确保调价方案平稳实施。天然气生产经营企业主动配合地方发展改革（价格）部门，加强沟通和协商，认真做好相关工作。

（二）合理安排天然气销售价格。各地要抓紧工作，尽快疏导非居民用气销售价格，释放降价红利；可根据当地实际，在完善监管规则的基础上，先行先试放开非居民用气销售价格；要抓紧建立居民阶梯气价制度，确保年内出台。2013年7月天然气价格改革方案实施后新增通气城市居民用气门站价格，按不高于当地非居民用气基准门站价格执行；居民用气销售价格，要按照与改革方向相衔接的原则统筹妥善安排。

（三）着力做好天然气公开交易工作。非居民用气应加快进入上海石油天然气交易中心，由供需双方在价格政策允许的范围内公开交易形成具体价格，力争用2~3年时间全面实现非居民用气的公开透明交易。天然气生产和进口企业要放眼长远，认真做好天然气公开交易工作；交易中心会员要向交易中心共享非居民用气的场内和场外交易数量和价格等信息；交易中心要规范管理、专业运作、透明交易，不断探索发现价格的新模式、新方法、新手段，尽早发现并确立公允的天然气价格，定期向社会发布，为推进价格全面市场化奠定坚实基础。

（四）切实维护天然气市场稳定。有关部门和天然气生产经营企业要加强生产组织和供需衔接，保障市场平稳运行。天然气生产经营企业要认真落实非居民用气降价政策。各级价格主管部门要加大价格检查和巡查力度，依法查处通过改变计价方式、增设环节、强制服务等方式提高或变相提高价格以及串通价格等违法违规行为，切实维护天然气市场秩序。

（五）加强宣传引导。各地要加强宣传解读，引导社会舆论正确理解降低非居民用气价格和进一步推进市场改革的重要意义，及时回应社会关切，营造良好舆论氛围。

附件：各省（区、市）非居民用天然气基准门站价格表

国家发展改革委

2015年11月18日

附件

各省（区、市）非居民用天然气基准门站价格表

单位：元/千立方米（含增值税）

省份	基准门站价格	省份	基准门站价格
北京	2000	湖北	1960
天津	2000	湖南	1960
河北	1980	广东	2180
山西	1910	广西	2010
内蒙古	1340	海南	1640
辽宁	1980	重庆	1640
吉林	1760	四川	1650
黑龙江	1760	贵州	1710
上海	2180	云南	1710
江苏	2160	陕西	1340
浙江	2170	甘肃	1430
安徽	2090	宁夏	1510
江西	1960	青海	1270
山东	1980	新疆	1150
河南	2010		

注：1. 山东交气点为山东省界。

2. 上述基准门站价格暂不上浮，下浮不限；自2016年11月20日起最高可上浮20%。

（二）关于建立健全居民生活用气阶梯价格制度的指导意见

2014年3月20日，国家发改委下发了《关于建立健全居民生活用气阶梯价格制度的指导意见》。

国家发展改革委关于建立健全居民生活用气阶梯价格制度的指导意见

发改价格〔2014〕467号

各省、自治区、直辖市发展改革委、物价局：

为深入贯彻党的十八届三中全会精神，落实国务院关于深化资源性产品价格改革决策部署，现就建立健全居民生活用气阶梯价格制度提出如下意见：

一、建立健全居民生活用气阶梯价格制度的必要性

天然气是一种不可再生的清洁能源，我国天然气人均资源占有量不到世界平均水平的10%。随着经济和社会的发展，我国天然气消费持续快速增长，国内天然气产量已不能满足日益增长的市场需求，对外依存度不断提高。但长期以来，我国对居民用气实行低价政策，一方面，由于居民气价明显低于工商业等其他用户价格，交叉补贴现象严重，导致用气量越大的用户，享受的补贴越多，没有体现公平负担的原则；另一方面，造成部分居民用户过度消费天然

气,特别是加大了冬季用气高峰时调峰保供的压力。

近年来,部分城市率先实施了阶梯气价政策,在保障居民基本用气需求、引导节约用气、缓解供气压力等方面起到了良好的政策效果。为进一步促进天然气市场的可持续健康发展,确保居民基本用气需求,同时引导居民合理用气、节约用气,有必要在全国范围内建立健全居民用气阶梯价格制度。

二、基本原则和主要内容

（一）基本原则

实行居民用气阶梯价格制度,遵循以下基本原则:一是保障基本与反映资源稀缺程度相结合。对于居民基本生活用气需求,实行相对较低价格;对超出基本生活用气需求的部分,要适当提高价格,以反映天然气资源稀缺程度。二是补偿成本与公平负担相结合。居民生活用气价格总体上要逐步反映用气成本,减少交叉补贴。同时,公平用气负担,用气多的居民多负担。三是统一政策与因地制宜相结合。国家制定居民生活用气阶梯价格政策的总体框架和指导性意见,各地结合当地自然地理环境、经济发展和居民用气特点,确定具体实施方案。

（二）主要内容

1. 分档气量的确定。按照满足不同用气需求,将居民用气量分为三档,其中:

第一档用气量,按覆盖区域内80%居民家庭用户的月均用气量确定,保障居民基本生活用气需求;

第二档用气量,按覆盖区域内95%居民家庭用户的月均用气量确定,体现改善和提高居民生活质量的合理用气需求;

第三档用气量,为超出第二档的用气部分。

2. 分档气价的安排。各档气量价格实行超额累进加价,其中:

第一档气价,按照基本补偿供气成本的原则确定,并在一定时期内保持相对稳定;

第二档气价,按照合理补偿成本、取得合理收益的原则制定,价格水平原则上与第一档气价保持1.2倍左右的比价;

第三档气价,按照充分体现天然气资源稀缺程度、抑制过度消费的原则制定,价格水平原则上与第一档气价保持1.5倍左右的比价。

3. 关于独立采暖。各地可结合当地气候、采暖用气需求等实际情况,单独制定独立采暖用气阶梯价格制度,也可综合考虑采暖用气和非采暖用气情况,将独立采暖用气纳入统一阶梯价格制度。确定分档气量和气价时,应统筹考虑不同住房面积用气数量差异,以及天然气独立采暖与集中供热等不同方式（以煤炭为燃料集中供热的,应考虑煤炭的环境成本）、天然气与电力等不同能源的采暖成本衔接,着重保障基本住房面积的采暖需求。

4. 实施范围。居民生活用气为通过城市燃气管网向居民家庭供应的所有燃气。居民用户原则上以住宅为单位,一个房产证明对应为一个居民户;没有房产证明的,以当地供气企业为居民安装的气表为单位。单个居民用户或单个气表对应家庭居民人数较多的,由各地根据实际情况妥善研究解决办法。

对学校、养老福利机构等执行居民气价的非居民用户,气价水平按当地居民第一档、第二档气价平均水平执行。

5. 计价周期。阶梯气价可以月为周期执行，也可以季度或年为周期，具体由各地结合当地实际情况合理确定。用气量在周期之间不累计、不结转。

6. 建立动态调整机制。各地可根据当地经济社会发展、居民生活水平提高、居民生活用气变化等实际情况，适时调整各档气量和气价。

7. 收入用途。实行阶梯气价后供气企业增加的收入，主要用于"一户一表"改造、弥补居民基本生活用气供应和储气调峰成本，以及减少与工商业交叉补贴等方面。

三、工作要求

（一）加强组织领导。居民生活用气阶梯价格制度是天然气价格改革的重要组成部分，关系居民切身利益。各地价格主管部门要加快工作步伐，2015年底前所有已通气城市均应建立起居民生活用气阶梯价格制度。今后凡制定或调整居民生活用气销售价格的城市，要同步建立起阶梯价格制度；已实行阶梯气价的城市，要根据本指导意见进一步完善相关政策。

天然气销售价格管理权限已下放至市县的省份，省级价格主管部门要加强工作指导，确保居民用气阶梯价格方案平稳实施。

（二）制定实施方案。各地价格主管部门要按照国家统一要求，组织专门力量，会同有关部门，结合当地用气实际情况，合理确定各档气量、分档气价、计价周期等，尽快制定实行居民用气阶梯价格制度的实施方案，妥善处理方案实施过程中可能面临的问题。

（三）做好价格论证和听证。各地在制定居民用气阶梯价格方案的过程中，要充分听取各方面意见，对阶梯气价的实施范围、档次划分、价格安排等方面进行认真研究论证。方案形成后，应按《政府制定价格听证办法》的规定进行价格听证后实施。

（四）保障低收入群体利益。各地在建立居民用气阶梯价格制度工作中，要充分考虑低收入家庭经济承受能力，对低收入家庭，要采取提高低保标准、增加补贴或设定减免优惠气量等方式，确保其基本生活水平不因气价调整而降低。

（五）加强宣传引导。各地要加强与新闻媒体沟通，采取多种形式，宣传我国天然气资源现状、实行阶梯气价的重要意义，做好政策宣传解读和引导，及时回应社会关切，争取社会各方理解和支持。

国家发展改革委
2014年3月20日

（三）关于理顺居民用气门站价格的通知

2018年5月25日，国家发改委下发了《关于理顺居民用气门站价格的通知》。

国家发展改革委关于理顺居民用气门站价格的通知

发改价格规〔2018〕794号

各省、自治区、直辖市发展改革委、物价局，中国石油天然气集团有限公司、中国石油化工集团公司：

根据《中共中央 国务院关于推进价格机制改革的若干意见》和《中共中央 国务院关

于深化石油天然气体制改革的若干意见》精神，为进一步深化资源性产品价格改革，充分发挥市场在资源配置中的决定性作用，促进天然气产供储销体系建设和行业持续健康发展，决定理顺居民用气门站价格、完善价格机制。现就有关事项通知如下。

一、理顺居民用气门站价格，建立反映供求变化的弹性价格机制

将居民用气由最高门站价格管理改为基准门站价格管理，价格水平按非居民用气基准门站价格水平（增值税税率10%）安排，各省（区、市）基准门站价格见附件。供需双方可以基准门站价格为基础，在上浮20%、下浮不限的范围内协商确定具体门站价格，实现与非居民用气价格机制衔接。方案实施时门站价格暂不上浮，实施一年后允许上浮。

目前居民与非居民用气门站价差较大的，此次最大调整幅度原则上不超过每千立方米350元，剩余价差一年后适时理顺。

上述方案自2018年6月10日起实施。

二、推行季节性差价政策，鼓励市场化交易

供需双方要充分利用弹性价格机制，在全国特别是北方地区形成灵敏反映供求变化的季节性差价体系，消费旺季可在基准门站价格基础上适当上浮，消费淡季适当下浮，利用价格杠杆促进削峰填谷，鼓励引导供气企业增加储气和淡旺季调节能力。

鼓励供需双方通过上海、重庆石油天然气交易中心等平台进行公开透明交易，充分发挥市场机制作用，形成市场交易价格。

三、合理疏导终端销售价格，从紧安排调价幅度

居民用气门站价格理顺后，终端销售价格由地方政府综合考虑居民承受能力、燃气企业经营状况和当地财政状况等因素，自主决策具体调整幅度、调整时间等，调价前须按规定履行相关程序。2018年如调整居民用气销售价格，原则上应在8月底前完成。

各地要按照《国家发展改革委关于加强地方天然气输配价格监管降低企业用气成本的通知》（发改价格〔2016〕1859号）和《国家发展改革委印发〈关于加强配气价格监管的指导意见〉的通知》（发改价格〔2017〕1171号）等文件要求，加强省内管道运输和配气价格监管，减少供气中间环节，降低过高的输配价格，并结合居民阶梯气价制度的完善，降低一档气销售价格调整幅度，更好地保障居民基本生活。

四、对低收入群体等给予适当补贴，保障基本民生

居民用气价格理顺后，对城乡低收入群体和北方地区农村"煤改气"家庭等给予适当补贴。补贴由地方政府承担主体责任，中央财政利用大气污染防治等现有资金渠道加大支持力度。

五、工作要求

居民用气价格事关百姓切身利益，各地区、各有关部门和天然气生产经营企业要高度重视、通力合作，共同做好相关工作。

（一）精心组织方案实施。各地区、各有关部门要加强组织领导，做细方案，精心部署，加强市场监测分析和预警，制定应急预案，及时排查可能出现的问题，完善应急措施，确保方案平稳实施。天然气生产经营企业要主动加强与地方价格主管部门沟通协商，认真配合做好相关工作。

（二）保障天然气市场平稳运行。有关部门和天然气生产经营企业要加强生产组织和供需衔接，保障市场平稳运行。门站价格允许浮动后，供气企业要与下游燃气企业充分沟通，协商确定具体门站价格。居民用气终端销售价格调整前，燃气企业不得擅自停气或临时增加限购措施。各地要加大价格检查和巡查力度，依法查处通过改变计价方式、增设环节、强制服务等方式提高或变相提高价格以及串通价格等违法违规行为，切实维护天然气市场正常秩序。

（三）做好低收入群体等补贴工作。各地要切实承担主体责任，进一步摸清底数，结合本地实际制定具体方案，可采取发放补助、提高最低生活保障标准等措施，确保低收入群体、北方地区农村"煤改气"家庭等生活水平不因理顺居民用气价格而降低。

（四）加强宣传解释。各地出台居民用气终端销售价格调整方案时，要加大宣传工作力度，准确解读政策意图，及时回应社会关切，营造良好舆论氛围，确保方案平稳实施。

此外，天然气增值税税率由11%降低至10%，现行非居民基准门站价格也作了相应调整，统一执行附件中价格水平。各地要综合考虑门站价格调整及增值税税率下调对省内运销环节的影响等因素，统筹安排好终端销售价格，将税率下调的好处全部让利于终端用户。

附件：各省（区、市）天然气基准门站价格表

国家发展改革委

2018年5月25日

附件

各省（区、市）天然气基准门站价格表

单位：元/千立方米（含10%增值税）

省份	基准门站价格	省份	基准门站价格
北京	1880	湖北	1840
天津	1880	湖南	1840
河北	1860	广东	2060
山西	1790	广西	1890
内蒙古	1230	海南	1530
辽宁	1860	重庆	1530
吉林	1650	四川	1540
黑龙江	1650	贵州	1600
上海	2060	云南	1600
江苏	2040	陕西	1230
浙江	2050	甘肃	1320
安徽	1970	宁夏	1400
江西	1840	青海	1160
山东	1860	新疆	1040
河南	1890		

注：山东交气点为山东省界。

(四) 关于加强天然气输配价格监管的通知

2020年7月1日,国家发改委、市场监管总局联合下发了《关于加强天然气输配价格监管的通知》。

国家发展改革委　市场监管总局关于加强天然气输配价格监管的通知

发改价格〔2020〕1044号

各省、自治区、直辖市及计划单列市、新疆生产建设兵团发展改革委、市场监管局：

近年来,我国天然气市场快速发展,对促进能源结构调整、大气污染防治以及改善人民生活发挥了积极作用。但同时,部分地区天然气供气环节过多、加价水平过高、收费行为不规范等问题仍然存在。为加强天然气输配价格监管,现就有关事项通知如下：

一、认真梳理供气环节减少供气层级。各地要组织力量、集中对本辖区天然气供气环节及各环节价格进行梳理,厘清天然气购进价格、省内管道运输价格、配气价格和销售价格。合理规划建设省内天然气管道,减少供气层级,天然气主干管网可以实现供气的区域,不得强制增设供气环节进行收费；通过多条省内管道层层转售的,要尽快合并清理规范,压缩供气环节；对没有实质性管网投入的"背靠背"分输站或不需要提供输配服务的省内管道,要尽快取消。

二、合理制定省内管道运输价格和城镇燃气配气价格。天然气输配价格按照"准许成本+合理收益"原则核定。省内管道运输价格由省级价格主管部门管理,各地要严格按照天然气管道运输价格管理办法制定管道运输价格,尚未制定管道运输价格的,要于2020年底前制定并对外公布；已制定价格的,要根据市场形势和运输气量变化,适时校核调整；对新投产管道,要及时制定价格；严禁管道运输企业自行制定管输价格或擅自收费。各地要根据《关于加强配气价格监管的指导意见》制定配气价格管理办法并核定独立的配气价格,准许收益率按不超过7%确定,地方可结合实际适当降低。鼓励各地探索建立管输企业与用户利益共享的激励机制,激励企业提高经营效率,进一步降低成本。

三、严格开展定价成本监审。成本监审是制定天然气输配价格的重要程序。各地要严格按照《政府制定价格成本监审办法》等有关规定,严格对天然气输配企业的有效资产、准许成本等进行监审。有效资产根据经有权限的行业投资主管部门认定的符合规划的线路、输气设备以及其他与输气业务相关的资产核定。未经有权限的行业投资主管部门审批建设的管道资产,政府无偿投入、政府补助和社会无偿投入形成的固定资产,从天然气输配企业分离出去的辅业、多种经营资产等,不纳入有效资产核定范围,不得计提折旧。准许成本的核定应当遵循合法性、相关性和合理性原则,凡与输配气业务无关的成本均应剔除。

四、加强市场价格监管。各地市场监管部门要加强市场价格监督检查,依法查处通过改变计价方式、增设环节、强制服务等方式提高或变相提高价格等违法违规行为,切实维护天然气市场秩序。地方市场监管部门发现跨行政区域的天然气管网价格违法违规行为,要报告上级有关部门。逐步推行成本信息公开制度,强化社会监督。

加强天然气输配价格监管是降低用气成本、促进天然气产业持续健康发展的重要措施。各地要高度重视，接到本通知后，迅速部署，精心组织，尽快落实相关要求，降低过高的省内管道运输价格、城镇燃气配气价格，取消不合理收费，切实减轻用户用气负担。有关落实情况、降价减负具体成效，于 2020 年 11 月 30 日前报国家发展改革委（价格司）和市场监管总局（价格监督检查和反不正当竞争局）。

国家发展改革委
市场监管总局
2020 年 7 月 1 日

四、矿权制度改革

（一）关于印发矿产资源权益金制度改革方案的通知

2017 年 4 月 13 日，国务院印发了《关于印发矿产资源权益金制度改革方案的通知》。

国务院关于印发矿产资源权益金制度改革方案的通知

国发〔2017〕29 号

各省、自治区、直辖市人民政府，国务院各部委、各直属机构：

现将《矿产资源权益金制度改革方案》印发给你们，请认真贯彻执行。

国务院
2017 年 4 月 13 日

矿产资源权益金制度改革方案

为落实党中央、国务院决策部署，更好地发挥矿产资源税费制度对维护国家权益、调节资源收益、筹集财政收入的重要作用，推进生态文明领域国家治理体系和治理能力现代化，现就矿产资源权益金制度改革制定以下方案。

一、总体要求

（一）指导思想。全面贯彻党的十八大和十八届三中、四中、五中、六中全会精神，深入贯彻习近平总书记系列重要讲话精神和治国理政新理念新思想新战略，认真落实党中央、国务院决策部署，统筹推进"五位一体"总体布局和协调推进"四个全面"战略布局，坚持稳中求进工作总基调，牢固树立和贯彻落实新发展理念，适应把握引领经济发展新常态，按照《生态文明体制改革总体方案》要求，坚持以推进供给侧结构性改革为主线，以维护和实现国家矿产资源权益为重点，以营造公平的矿业市场竞争环境为目的，建立符合我国特点的新型矿产资源权益金制度。

（二）基本原则。一是坚持维护国家矿产资源权益，完善矿产资源税费制度，推进矿业权竞争性出让，营造公平竞争的市场环境，合理调节矿产资源收入，有效遏制私挖乱采、贱卖资源行为。二是坚持落实矿业企业责任，督促企业高效利用资源、治理恢复环境，促进资源集约节约利用，同时按照"放管服"改革要求，加强事中事后监管，维护企业合法权益。三是坚持稳定中央和地方财力格局，兼顾矿产资源国家所有与矿产地利益，合理确定中央与地方矿产资源收入分配比例。

二、主要措施

（一）在矿业权出让环节，将探矿权采矿权价款调整为矿业权出让收益。将现行只对国家出资探明矿产地收取、反映国家投资收益的探矿权采矿权价款，调整为适用于所有国家出让矿业权、体现国家所有者权益的矿业权出让收益。以拍卖、挂牌方式出让的，竞得人报价金额为矿业权出让收益；以招标方式出让的，依据招标条件，综合择优确定竞得人，并将其报价金额确定为矿业权出让收益。以协议方式出让的，矿业权出让收益按照评估价值、类似条件的市场基准价就高确定。矿业权出让收益在出让时一次性确定，以货币资金方式支付，可以分期缴纳。具体征收办法由财政部会同国土资源部另行制定。同时，加快推进矿业权出让制度改革，实现与矿产资源权益金制度有机衔接。全面实现矿业权竞争性出让，严格限制协议出让行为，合理调整矿业权审批权限。

矿业权出让收益中央与地方分享比例确定为4∶6，兼顾矿产资源国家所有与矿产地利益，保持现有中央和地方财力格局总体稳定，与我国矿产资源主要集中在中西部地区的国情相适应，同时有效抑制私挖乱采、贱卖资源行为。

（二）在矿业权占有环节，将探矿权采矿权使用费整合为矿业权占用费。将现行主要依据占地面积、单位面积按年定额征收的探矿权采矿权使用费，整合为根据矿产品价格变动情况和经济发展需要实行动态调整的矿业权占用费，有效防范矿业权市场中的"跑马圈地"、"圈而不探"行为，提高矿产资源利用效率。

矿业权占用费中央与地方分享比例确定为2∶8，不再实行探矿权采矿权使用费按照登记机关分级征收的办法。具体办法由财政部会同国土资源部制定。

（三）在矿产开采环节，组织实施资源税改革。贯彻落实党中央、国务院决策部署，做好资源税改革组织实施工作，对绝大部分矿产资源品目实行从价计征，使资源税与反映市场供求关系的资源价格挂钩，建立税收自动调节机制，增强税收弹性。同时，按照清费立税原则，将矿产资源补偿费并入资源税，取缔违规设立的各项收费基金，改变税费重复、功能交叉状况，规范税费关系。

（四）在矿山环境治理恢复环节，将矿山环境治理恢复保证金调整为矿山环境治理恢复基金。按照"放管服"改革的要求，将现行管理方式不一、审批动用程序复杂的矿山环境治理恢复保证金，调整为管理规范、责权统一、使用便利的矿山环境治理恢复基金，由矿山企业单设会计科目，按照销售收入的一定比例计提，计入企业成本，由企业统筹用于开展矿山环境保护和综合治理。有关部门根据各自职责，加强事中事后监管，建立动态监管机制，督促企业落实矿山环境治理恢复责任。

三、配套政策

（一）将矿业权出让收益、矿业权占用费纳入一般公共预算管理，并按照矿产资源法、物权法、预算法和《国务院关于印发推进财政资金统筹使用方案的通知》(国发〔2015〕35号)等有关规定精神,由各级财政统筹用于地质调查和矿山生态保护修复等方面支出。

(二)取消国有地勘单位探矿权采矿权价款转增国家资本金政策,营造公平竞争的市场环境,维护国家矿产资源权益,推动国有地勘单位加快转型,促进实现市场化运作。已转增国家资本金的探矿权采矿权价款可不再补缴,由国家出资的企业履行国有资本保值增值责任,并接受履行国有资产出资人职责的机构监管。

(三)建立健全矿业权人信用约束机制。建立以企业公示、社会监督、政府抽查、行业自律为主要特点的矿业权人信息公示制度,将矿山环境治理恢复与土地复垦方案、矿产资源税费缴纳情况纳入公示内容,设置违法"黑名单",形成政府部门协同联动、行业组织自律管理、信用服务机构积极参与、社会舆论广泛监督的治理格局。

四、组织实施

各地区、各有关部门要充分认识矿产资源权益金制度改革的重要性和紧迫性,按照党中央、国务院决策部署,进一步加强对改革工作的组织领导。财政部、国土资源部要牵头建立矿产资源权益金制度改革部际协调机制,强化统筹协调,明确职责分工,会同有关部门抓紧制定矿产资源权益金征收使用的具体管理办法,妥善做好新旧政策的过渡衔接。各省级政府要切实承担起组织推进本地区矿产资源权益金制度改革的主体责任,扎实稳妥推进各项改革。各地区、各有关部门要强化对改革工作的检查指导,及时发现问题、解决问题,确保矿产资源权益金制度改革顺利实施,重大情况及时报告党中央、国务院。

(二)矿业权出让制度改革方案

2017年6月,中共中央办公厅、国务院办公厅印发《矿业权出让制度改革方案》。

中办国办印发《矿业权出让制度改革方案》

为贯彻落实生态文明体制改革要求,中共中央办公厅、国务院办公厅印发《矿业权出让制度改革方案》,要求以招标拍卖挂牌方式为主,全面推进矿业权竞争出让,严格限制矿业权协议出让,下放审批权限,强化监管服务;提出用3年左右时间,建成"竞争出让更加全面,有偿使用更加完善,事权划分更加合理,监管服务更加到位"的矿业权出让制度。

《方案》明确了改革主要思路,即以矿产资源规划为基础,以市场化出让为主线,以创新出让方式为重点,突出问题导向,坚持试点先行,全面推进矿业权竞争性出让,严格限制协议出让行为,调整矿业权审批权限,强化出让监管服务,确保"放得下、接得住、管得好",建立符合市场经济要求和矿业规律的矿业权出让制度。要求坚持市场竞争取向,遵循矿业发展规律;更好发挥政府作用,确保矿产资源国家安全;保障国家所有者权益,维护矿业权人合法权益等基本原则。

完善矿业权竞争出让制度方面,《方案》强调,做好矿业权出让基础工作,对油气与非油气矿产等特殊情形下的重叠设置作出专门规定。除特殊情形外,矿业权一律以招标拍卖挂牌方式出让,由市场判断勘查开采风险,决定矿业权出让收益。改革矿业权出让收益管理,出让收益可按年度分期缴纳。对探矿权，取得勘查许可证时首次缴纳金额不低于一定比例，其余部分在转为采矿权后按年度缴纳。创新矿业权经济调节机制，全面调整探矿权占用费收取标准，建立累进动态调整机制，有效遏制"圈而不探"现象；根据矿产品价格变动和经济发展需要，适时调整采矿权占用费和最低勘查投入标准。

严格限制矿业权协议出让方面，《方案》要求一般不得协议出让矿业权，特殊情形通过试点不断完善。协议出让范围严格控制在国务院确定的特定勘查开采主体和批准的重点建设项目，以及大中型矿山已设采矿权深部。协议出让必须实行集体决策、价格评估、结果公示，建立协议出让基准价制度，完善国家财政出资探矿权管理。

《方案》提出，下放审批权限、强化监管服务。国土资源部负责石油、烃类天然气、页岩气、放射性矿产、钨、稀土6种矿产的探矿权采矿权审批，负责资源储量规模10亿吨以上的煤以及资源储量规模大型以上的煤层气、金、铁、铜、铝、锡、锑、钼、磷、钾11种矿产的采矿权审批，其他原由国土资源部审批的下放省级国土资源主管部门。同时，强化矿产资源规划对矿业权出让的源头管控作用；严格出让交易监管，建立全国联网的矿业权出让信息公开查询系统；加强配号监管服务，全面实行痕迹管理；改革矿业权人监管方式，全面实行矿业权人勘查开采信息公开制度。

《方案》要求国土资源部、财政部等部门按照职责分工，加强协调，组织做好改革相关工作。选取山西、福建、江西、湖北、贵州、新疆6个省（区）有序开展试点。2017年启动试点工作；2018年在继续试点、总结经验的基础上，出台和修改完善相关规范性文件；在总结评估试点工作的基础上，2019年在全国推广实施。

（三）关于推进矿产资源管理改革若干事项的意见（试行）

为解决多年来矿产资源管理中存在的突出问题，2019年12月31日自然资源部印发了《关于推进矿产资源管理改革若干事项的意见（试行）》，对建立和实施矿业权出让制度、优化石油天然气矿业权管理、改革矿产资源储量分类和管理方式等作出了一系列重大的制度创新，体现了矿业权管理理念的重大转变。

自然资源部关于推进矿产资源管理改革若干事项的意见（试行）
自然资规〔2019〕7号

各省、自治区、直辖市自然资源主管部门，新疆生产建设兵团自然资源主管部门：

为贯彻落实党中央、国务院关于矿业权出让制度改革、石油天然气体制改革、加大油气勘探开发力度等决策部署，充分发挥市场配置资源的决定性作用和更好发挥政府作用，深化"放管服"改革，进一步完善矿产资源管理，现就推进矿产资源管理改革提出如下意见。

一、全面推进矿业权竞争性出让

除协议出让外，对其他矿业权以招标、拍卖、挂牌方式公开竞争出让，出让前应当在自然资源部门户网站、同级自然资源主管部门门户网站（或政府门户网站）和政府公共资源交易平台（矿业权交易平台）公告不少于20个工作日。以招标方式出让的，依据招标条件，综合择优确定中标人。以拍卖方式出让的，应价最高且不低于底价的竞买人为竞得人；以挂牌方式出让的，报价最高且不低于底价者为竞得人，只有一个竞买人报价且不低于底价的，挂牌成交。

继续推进油气（包括石油、烃类天然气、页岩气、煤层气、天然气水合物，下同）探矿权竞争出让试点。在全国范围内探索以本附件所列的出让收益市场基准价确定的价格等作为油气探矿权竞争出让起始价，开展油气探矿权竞争出让试点，探索积累实践经验，稳步推进油气勘查开采管理改革。

二、严格控制矿业权协议出让

稀土、放射性矿产勘查开采项目或国务院批准的重点建设项目，自然资源主管部门可以协议方式向特定主体出让矿业权。基于矿山安全生产和资源合理开发利用等考虑，已设采矿权深部或上部的同类矿产（《矿产资源分类细目》的类别，普通建筑用砂石土类矿产除外），需要利用原有生产系统进一步勘查开采矿产资源的，可以协议方式向同一主体出让探矿权、采矿权。协议出让矿业权，必须实行价格评估、结果公示，矿业权出让收益由自然资源主管部门根据评估价值、市场基准价确定。

地方自然资源主管部门协议出让矿业权须征求同级地方人民政府意见，需自然资源部协议出让的矿业权应先征求省级人民政府意见。已设采矿权深部或上部需要协议出让的探矿权采矿权除外。

三、积极推进"净矿"出让

开展砂石土等直接出让采矿权的"净矿"出让，积极推进其他矿种的"净矿"出让，加强矿业权出让前期准备工作，优化矿业权出让流程，提高服务效率，依据地质工作成果和市场主体需求，建立矿业权出让项目库，会同相关部门，依法依规避让生态保护红线等禁止限制勘查开采区，合理确定出让范围，并做好与用地用海用林用草等审批事项的衔接，以便矿业权出让后，矿业权人正常开展勘查开采工作。

对属矿业权出让前期工作原因而导致的矿业权人无法如期正常开展勘查开采工作的，自然资源主管部门可以撤回矿业权，并按有关规定退还矿业权出让收益等已征收的费用。

四、实行同一矿种探矿权采矿权出让登记同级管理

解决同一矿种探矿权采矿权不同层级管理带来的问题。自然资源部负责石油、烃类天然气、页岩气、天然气水合物、放射性矿产、钨、稀土、锡、锑、钼、钴、锂、钾盐、晶质石墨14种重要战略性矿产的矿业权出让、登记；战略性矿产中大宗矿产通过矿产资源规划管控，由省级自然资源主管部门负责矿业权出让、登记。其他矿种由省级及以下自然资源主管部门负责。

五、开放油气勘查开采市场

在中华人民共和国境内注册，净资产不低于3亿元人民币的内外资公司，均有资格按规定取得油气矿业权。从事油气勘查开采应符合安全、环保等资质要求和规定，并具有相应的油气勘查开采技术能力。

六、实行油气探采合一制度

根据油气不同于非油气矿产的勘查开采技术特点，针对多年存在的问题，油气矿业权实行探采合一制度。油气探矿权人发现可供开采的油气资源的,在报告有登记权限的自然资源主管部门后即可进行开采。进行开采的油气矿产资源探矿权人应当在5年内签订采矿权出让合同,依法办理采矿权登记。

七、调整探矿权期限

根据矿产勘查工作技术规律,以出让方式设立的探矿权首次登记期限延长至5年,每次延续时间为5年。探矿权申请延续登记时应扣减首设勘查许可证载明面积(非油气已提交资源量的范围/油气已提交探明地质储量的范围除外,已设采矿权矿区范围垂直投影的上部或深部勘查除外)的25%,其中油气探矿权可扣减同一盆地的该探矿权人其他区块同等面积。

本意见下发前已有的探矿权到期延续时,应当签订出让合同,证载面积视为首设面积,按上述规定执行。

探矿权出让合同已有约定的,按合同执行。

八、改革矿产资源储量分类

为最大化降低社会认知和信息交易成本,按照"有没有""有多少""可采多少"的逻辑,将矿产勘查分为普查、详查、勘探三个阶段。科学确定矿产资源储量分类分级,将固体矿产简化为资源量和储量两类,资源量按地质可靠程度由低到高分为推断资源量、控制资源量和探明资源量三级,储量按地质可靠程度和可行性研究的结果,分为可信储量和证实储量两级。

油气矿产分为资源量和地质储量两类,资源量不再分级,地质储量按地质可靠程度分为预测地质储量、控制地质储量和探明地质储量三级。企业可根据技术能力确定技术可采储量,根据经营决策确定经济可采储量。

九、取消矿产资源储量登记事项

简化归并评审备案和登记事项,缩减办理环节和要件,提高行政效率。矿产资源储量登记书内容纳入评审备案管理,不再作为矿业权登记要件,将评审备案结果作为统计的依据。

自然资源主管部门依据矿业权人或压矿建设项目单位矿产资源储量评审备案申请,对矿产资源储量报告进行审查,出具评审备案文件。自然资源主管部门可委托矿产资源储量评审机构根据评审备案范围和权限组织开展评审备案工作,相关费用纳入财政预算。

十、明确评审备案范围和权限

缩减矿产资源储量政府直接评审备案范围,减轻矿业权人负担。探矿权转采矿权、采矿权变更矿种与范围,油气矿产在探采矿期间探明地质储量、其他矿产在采矿期间资源量发生重大变化的(变化量超过30%或达到中型规模以上的),以及建设项目压覆重要矿产,应当编制矿产资源储量报告,申请评审备案。不再对探矿权保留、变更矿种,探矿权和采矿权延续、转让、出让,划定矿区范围,查明、占用储量登记,矿山闭坑,以及上市融资等环节由政府部门直接进行评审备案。

自然资源部负责本级已颁发矿业权证的矿产资源储量评审备案工作,其他由省级自然资源主管部门负责。涉及建设项目压覆重要矿产的,由省级自然资源主管部门负责评审备案,油气和放射性矿产资源除外。积极培育矿产资源储量评审市场服务体系,满足企业生产经营和市场需要。定期开展矿产资源储量现状调查,夯实资源本底数据。

十一、规范财政出资地质勘查工作

中央或地方财政出资勘查项目，不再新设置探矿权，凭项目任务书开展地质勘查工作。本意见下发前已设探矿权的，自然资源主管部门可以继续办理探矿权延续，完成规定的勘查工作后注销探矿权，由自然资源主管部门面对各类市场主体公开竞争出让矿业权。

本意见自 2020 年 5 月 1 日起实施，有效期三年。本意见实施前已印发的其他文件与本意见规定不一致的，按照本意见执行。

附件：油气矿业权出让收益市场基准价标准表

自然资源部
2019 年 12 月 31 日

附件

油气矿业权出让收益市场基准价标准表

WTI 原油价格（美元/桶）	出让收益市场基准价（万元人民币/平方千米）	
	陆域	海域
低于 40（含）	0.4	0.2
40~55（含）	0.5	0.3
55~65（含）	0.6	0.4
65~80（含）	0.7	0.5
80~100（含）	0.8	0.6
100 以上	0.9	0.7

五、油气企业改革

（一）企业重组整合

1. 中国海洋石油集团有限公司牵头成立国海海工资产管理有限公司

2019 年 4 月 24 日，国海海工资产管理有限公司正式揭牌，这是中国诚通控股集团有限公司、中国海洋石油集团有限公司作为牵头单位，携手 5 家海工装备制造中央企业，共同组建的中央企业海工装备资产管理平台，将发挥整体优势和专业优势，推动各方优质资源互补，提升我国在海工装备市场上的话语权，确保海工资产的质量和价值，实现产业结构调整和布局优化。

2. 陕西延长石油改革重组

2019 年 6 月，陕西延长石油（集团）（以下简称"延长石油"）作为战略投资者，拟对陕西燃气集团有限公司进行增资扩股，增资扩股后，延长石油股权占比可能超过 51%，成为陕西燃气集团第一大股东。作为国内首个和唯一拥有油气探矿权和采矿权的地方石油公司，延长石油目前已形成原油生产能力1275万吨/年、炼油加工能力1740万吨/年、天然气产能29亿立方米/年、煤炭产能800万吨/年、化工品产能500万吨/年。此次重组整合将改变陕西油气产业格局，对于陕西的油气发展影响重大，将可能实现石油与天然气产业的整合，向上或者向下进行产业链延伸的两大企业可合二为一，真正实现油气全产业链一体化。

3. 中国中化集团与中国化工集团联合重组

截至2020年底，中国中化集团有限公司、中国化工集团有限公司两家企业的合并正在进行中，还将经过许多内部程序，其必要性很强，合并事宜正在推动过程中。

（二）扩大油气田自主经营范围

1. 华北油田首个规模化民用社区地热项目投用

2019年11月，地热方面，以华北油田为代表，正式投用首个规模化民用社区地热项目，在河北省任丘市石油新城（一期）正式实施地热供暖，供热面积63万平方米，涉及居民及商铺4000余户，运营期间每年可替代燃煤9300吨，减排二氧化碳1.7万吨。这是中国石油首个具有油田特色的综合利用潜山高温地热水、砂岩地热水及油田产出余热水的民用供暖项目。

2. 中石油调整经营范围

2020年5月，中国石油根据公司业务发展实际情况，为满足油气资源、地热资源勘查开采和部分炼化产品生产经营需要，适应中国石油电子销售平台运营要求，对公司经营范围做下列调整：一是将"石油、天然气勘查、生产"调整为"石油、天然气、煤层气、页岩气、页岩油、天然气水合物等资源的勘查、开采、销售"，增加"地热的勘查、开采、利用"；二是增加"食品添加剂的生产、销售，非纺造布的生产、销售"；三是增加"增值电信业务，互联网平台，互联网信息服务，互联网数据服务，互联网批发、零售"。

可以看出，天然气水合物、地热、非纺造布（熔喷布相关）、电商平台等正式成为中国石油的经营业务，这也使得中国第一大油气央企在未来的战略发展方向中，有了更多的可能性。

（三）公司制改

中国石油化工集团公司由全民所有制企业改制为国有独资公司。2020年2月21日，中国石油化工集团公司在上海清算所网站发布改制更名的公告：经国务院国有资产监督管理委员会批准，中国石油化工集团公司由全民所有制企业改制为国有独资公司。

此次公布的《中国石油化工集团公司改制更名的公告》主要有三点内容：一是中国石油化工集团公司名称变更为中国石油化工集团有限公司；二是上述变更事宜的工商登记变更手续已办理完毕，并取得新的营业执照；三是改制前中国石油化工集团公司的全部债权债务，以及各种专业和特殊资质证照等，由改制后的中国石油化工集团有限公司承继。

第三篇　政策篇

第十一章 综合能源政策

一、能源战略规划

(一)"2014年6月13日中央财经领导小组第六次会议"能源相关内容

2014年6月13日,中共中央总书记、国家主席、中央军委主席、中央财经领导小组组长习近平主持召开中央财经领导小组第六次会议,研究我国能源安全战略。习近平就推动能源生产和消费革命提出5点要求,要求抑制不合理能源消费,推动能源供给革命,建立多元供应体系,立足国内多元供应保安全。

第一,推动能源消费革命,抑制不合理能源消费。坚决控制能源消费总量,有效落实节能优先方针,把节能贯穿于经济社会发展全过程和各领域,坚定调整产业结构,高度重视城镇化节能,树立勤俭节约的消费观,加快形成能源节约型社会。

第二,推动能源供给革命,建立多元供应体系。立足国内多元供应保安全,大力推进煤炭清洁高效利用,着力发展非煤能源,形成煤、油、气、核、新能源、可再生能源多轮驱动的能源供应体系,同步加强能源输配网络和储备设施建设。

第三,推动能源技术革命,带动产业升级。立足我国国情,紧跟国际能源技术革命新趋势,以绿色低碳为方向,分类推动技术创新、产业创新、商业模式创新,并同其他领域高新技术紧密结合,把能源技术及其关联产业培育成带动我国产业升级的新增长点。

第四,推动能源体制革命,打通能源发展快车道。坚定不移推进改革,还原能源商品属性,构建有效竞争的市场结构和市场体系,形成主要由市场决定能源价格的机制,转变政府对能源的监管方式,建立健全能源法治体系。

第五,全方位加强国际合作,实现开放条件下能源安全。在主要立足国内的前提条件下,在能源生产和消费革命所涉及的各个方面加强国际合作,有效利用国际资源。

(二)"2016年12月21日中央财经领导小组第十四次会议"能源相关内容

2016年12月21日下午,中共中央总书记、国家主席、中央军委主席、中央财经领导小组组长习近平主持召开中央财经领导小组第十四次会议，研究"十三五"规划纲要确定的165项重大工程项目进展和解决好人民群众普遍关心的突出问题等工作。习近平发表重要讲话强调，准确把握全面建成小康社会内涵，对实现第一个百年奋斗目标至关重要。全面建成小康社会，在保持经济增长的同时，更重要的是落实以人民为中心的发展思想，想群众之所想、急群众之所急、解群众之所困，在学有所教、劳有所得、病有所医、老有所养、住有所居上持续取得新进展。

会议听取了国家发改委关于"十三五"规划纲要确定的165项重大工程项目进展情况的汇报，分别听取了国家能源局关于推进北方地区冬季清洁取暖、浙江省关于普遍推行垃圾分类制度、农业部关于畜禽养殖废弃物处理和资源化、民政部关于提高养老院服务质量、住房和城乡建设部关于规范住房租赁市场和抑制房地产泡沫、国家食品药品监管总局关于加强食品安全监管等的汇报。

习近平强调，推进北方地区冬季清洁取暖等6个问题都是大事，关系广大人民群众生活，是重大的民生工程、民心工程。推进北方地区冬季清洁取暖，关系北方地区广大群众温暖过冬，关系雾霾天能不能减少，是能源生产和消费革命、农村生活方式革命的重要内容。要按照企业为主、政府推动、居民可承受的方针，宜气则气，宜电则电，尽可能利用清洁能源，加快提高清洁供暖比重。

（三）习近平主席在第七十五届联合国大会一般性辩论上的讲话

2020年9月22日，国家主席习近平受邀参加第七十五届联合国大会，本次会议的紧急优先事项之一是应对新冠肺炎疫情。习近平主席在本次联合国大会一般性辩论上郑重宣布中国实现"碳达峰、碳中和"的目标愿景，为我国应对气候变化、推动绿色发展指明了方向，这是基于推动构建人类命运共同体责任担当和实现可持续发展内在要求作出的重大战略决策。

习近平主席提到，应对气候变化《巴黎协定》代表了全球绿色低碳转型的大方向，是保护地球家园需要采取的最低限度行动，各国必须迈出决定性步伐。中国将提高国家自主贡献力度，采取更加有力的政策和措施，二氧化碳排放力争于2030年前达到峰值，努力争取2060年前实现碳中和。各国要树立创新、协调、绿色、开放、共享的新发展理念，抓住新一轮科技革命和产业变革的历史性机遇，推动疫情后世界经济"绿色复苏"，汇聚起可持续发展的强大合力。

（四）习近平主席在气候雄心峰会上的讲话

2020年12月12日，国家主席习近平受邀参加联合国及有关国家倡议举办的气候雄心峰会，并在会议上通过视频发表题为《继往开来，开启全球应对气候变化新征程》的重要讲话，宣布了中国国家自主贡献一系列新举措，对催生技术进步与效率提升，加快能源行业全面体制机制改革具有重要意义，体现出我国坚定不移推动能源绿色低碳转型，锚定碳排放峰值和碳中和目标的雄心和信心。

习近平主席提到："中国为达成应对气候变化《巴黎协定》作出重要贡献，也是落实《巴黎协定》的积极践行者。今年9月，我宣布中国将提高国家自主贡献力度，采取更加有力的政策和措施，力争2030年前二氧化碳排放达到峰值，努力争取2060年前实现碳中和。"

在这次大会中，习近平主席进一步宣布：到2030年，中国单位国内生产总值二氧化碳排放将比2005年下降65%以上，非化石能源占一次能源消费比重将达到25%左右，森林蓄积量将比2005年增加60亿立方米，风电、太阳能发电总装机容量将达到12亿千瓦以上。中国历来重信守诺，将以新发展理念为引领，在推动高质量发展中促进经济社会发展全面绿色转型，脚踏实地落实上述目标，为全球应对气候变化作出更大贡献。

（五）党的十八大报告中能源相关内容

【大力推进生态文明建设】

坚持节约资源和保护环境的基本国策，坚持节约优先、保护优先、自然恢复为主的方针，着力推进绿色发展、循环发展、低碳发展，形成节约资源和保护环境的空间格局、产业结构、生产方式、生活方式，从源头上扭转生态环境恶化趋势，为人民创造良好生产生活环境，为全球生态安全作出贡献。

（二）全面促进资源节约。节约资源是保护生态环境的根本之策。要节约集约利用资源，推动资源利用方式根本转变，加强全过程节约管理，大幅降低能源、水、土地消耗强度，提高利用效率和效益。推动能源生产和消费革命，控制能源消费总量，加强节能降耗，支持节能低碳产业和新能源、可再生能源发展，确保国家能源安全。加强水源地保护和用水总量管理，推进水循环利用，建设节水型社会。严守耕地保护红线，严格土地用途管制。加强矿产资源勘查、保护、合理开发。发展循环经济，促进生产、流通、消费过程的减量化、再利用、资源化。

（四）加强生态文明制度建设。保护生态环境必须依靠制度。要把资源消耗、环境损害、生态效益纳入经济社会发展评价体系，建立体现生态文明要求的目标体系、考核办法、奖惩机制。建立国土空间开发保护制度，完善最严格的耕地保护制度、水资源管理制度、环境保护制度。深化资源性产品价格和税费改革，建立反映市场供求和资源稀缺程度、体现生态价值和代际补偿的资源有偿使用制度和生态补偿制度。积极开展节能量、碳排放权、排污权、水权交易试点。加强环境监管，健全生态环境保护责任追究制度和环境损害赔偿制度。加强生态文明宣传教育，增强全民节约意识、环保意识、生态意识，形成合理消费的社会风尚，营造爱护生态环境的良好风气。

（六）《中华人民共和国国民经济和社会发展第十三个五年规划纲要》能源相关内容

【第三十章　建设现代能源体系】

深入推进能源革命，着力推动能源生产利用方式变革，优化能源供给结构，提高能源利用效率，建设清洁低碳、安全高效的现代能源体系，维护国家能源安全。

第一节　推动能源结构优化升级

统筹水电开发与生态保护，坚持生态优先，以重要流域龙头水电站建设为重点，科学开发西南水电资源。继续推进风电、光伏发电发展，积极支持光热发电。以沿海核电带为重点，安全建设自主核电示范工程和项目。加快发展生物质能、地热能，积极开发沿海潮汐能资源。完善风能、太阳能、生物质能发电扶持政策。优化建设国家综合能源基地，大力推进煤炭清洁高效利用。限制东部、控制中部和东北、优化西部地区煤炭资源开发，推进大型煤炭基地绿色化开采和改造，鼓励采用新技术发展煤电。加强陆上和海上油气勘探开发，有序开放矿业权，积极开发天然气、煤层气、页岩油（气）。推进炼油产业转型升级，开展成品油质量升级行动计划，拓展生物燃料等新的清洁油品来源。

第二节　构建现代能源储运网络

统筹推进煤电油气多种能源输送方式发展，加强能源储备和调峰设施建设，加快构建多能互补、外通内畅、安全可靠的现代能源储运网络。加强跨区域骨干能源输送网络建设，建成蒙西—华中北煤南运战略通道，优化建设电网主网架和跨区域输电通道。加快建设陆路进口油气战略通道。推进油气储备设施建设，提高油气储备和调峰能力。

第三节　积极构建智慧能源系统

加快推进能源全领域、全环节智慧化发展，提高可持续自适应能力。适应分布式能源发展、用户多元化需求，优化电力需求侧管理，加快智能电网建设，提高电网与发电侧、需求侧交互响应能力。推进能源与信息等领域新技术深度融合，统筹能源与通信、交通等基础设施网络建设，建设"源—网—荷—储"协调发展、集成互补的能源互联网。

（七）党的十九大报告中能源相关内容

【加快生态文明体制改革，建设美丽中国】

人与自然是生命共同体，人类必须尊重自然、顺应自然、保护自然。人类只有遵循自然规律才能有效防止在开发利用自然上走弯路，人类对大自然的伤害最终会伤及人类自身，这是无法抗拒的规律。

我们要建设的现代化是人与自然和谐共生的现代化，既要创造更多物质财富和精神财富以满足人民日益增长的美好生活需要，也要提供更多优质生态产品以满足人民日益增长的优美生态环境需要。必须坚持节约优先、保护优先、自然恢复为主的方针，形成节约资源和保护环境的空间格局、产业结构、生产方式、生活方式，还自然以宁静、和谐、美丽。

（一）推进绿色发展。加快建立绿色生产和消费的法律制度和政策导向，建立健全绿色低碳循环发展的经济体系。构建市场导向的绿色技术创新体系，发展绿色金融，壮大节能环保产业、清洁生产产业、清洁能源产业。推进能源生产和消费革命，构建清洁低碳、安全高效的能源体系。推进资源全面节约和循环利用，实施国家节水行动，降低能耗、物耗，实现生产系统和生活系统循环链接。倡导简约适度、绿色低碳的生活方式，反对奢侈浪费和不合理消费，开展创建节约型机关、绿色家庭、绿色学校、绿色社区和绿色出行等行动。

（二）着力解决突出环境问题。坚持全民共治、源头防治，持续实施大气污染防治行动，打赢蓝天保卫战。加快水污染防治，实施流域环境和近岸海域综合治理。强化土壤污染管控和修复，加强农业面源污染防治，开展农村人居环境整治行动。加强固体废弃物和垃圾处置。提高污染排放标准，强化排污者责任，健全环保信用评价、信息强制性披露、严惩重罚等制度。构建政府为主导、企业为主体、社会组织和公众共同参与的环境治理体系。积极参与全球环境治理，落实减排承诺。

（八）能源发展战略行动计划（2014—2020年）

2014年6月7日，国务院办公厅印发《能源发展战略行动计划（2014—2020年）》，明确了2020年我国能源发展的总体目标、战略方针和重点任务，部署推动能源创新发展、安全发展、科学发展。这是今后一段时期我国能源发展的行动纲领。

国务院办公厅关于印发能源发展战略行动计划（2014—2020年）的通知

国办发〔2014〕31号

各省、自治区、直辖市人民政府，国务院各部委、各直属机构：

《能源发展战略行动计划（2014—2020年）》已经国务院同意，现印发给你们，请认真贯彻落实。

国务院办公厅
2014年6月7日

能源发展战略行动计划（2014—2020年）

能源是现代化的基础和动力。能源供应和安全事关我国现代化建设全局。新世纪以来，我国能源发展成就显著，供应能力稳步增长，能源结构不断优化，节能减排取得成效，科技进步迈出新步伐，国际合作取得新突破，建成世界最大的能源供应体系，有效保障了经济社会持续发展。

当前，世界政治、经济格局深刻调整，能源供求关系深刻变化。我国能源资源约束日益加剧，生态环境问题突出，调整结构、提高能效和保障能源安全的压力进一步加大，能源发展面临一系列新问题新挑战。同时，我国可再生能源、非常规油气和深海油气资源开发潜力很大，能源科技创新取得新突破，能源国际合作不断深化，能源发展面临着难得的机遇。

从现在到2020年，是我国全面建成小康社会的关键时期，是能源发展转型的重要战略机遇期。为贯彻落实党的十八大精神，推动能源生产和消费革命，打造中国能源升级版，必须加强全局谋划，明确今后一段时期我国能源发展的总体方略和行动纲领，推动能源创新发展、安全发展、科学发展，特制定本行动计划。

一、总体战略

（一）指导思想。

高举中国特色社会主义伟大旗帜，以邓小平理论、"三个代表"重要思想、科学发展观为指导，深入贯彻党的十八大和十八届二中、三中全会精神，全面落实党中央、国务院的各项决策部署，以开源、节流、减排为重点，确保能源安全供应，转变能源发展方式，调整优化能源结构，创新能源体制机制，着力提高能源效率，严格控制能源消费过快增长，着力发展清洁能源，推进能源绿色发展，着力推动科技进步，切实提高能源产业核心竞争力，打造中国能源升级版，为实现中华民族伟大复兴的中国梦提供安全可靠的能源保障。

（二）战略方针与目标。

坚持"节约、清洁、安全"的战略方针，加快构建清洁、高效、安全、可持续的现代能源体系。重点实施四大战略：

1. 节约优先战略。把节约优先贯穿于经济社会及能源发展的全过程，集约高效开发能源，科学合理使用能源，大力提高能源效率，加快调整和优化经济结构，推进重点领域和关键环节节能，合理控制能源消费总量，以较少的能源消费支撑经济社会较快发展。

到2020年，一次能源消费总量控制在48亿吨标准煤左右，煤炭消费总量控制在42亿吨左右。

2. 立足国内战略。坚持立足国内，将国内供应作为保障能源安全的主渠道，牢牢掌握能源安全主动权。发挥国内资源、技术、装备和人才优势，加强国内能源资源勘探开发，完善能源替代和储备应急体系，着力增强能源供应能力。加强国际合作，提高优质能源保障水平，加快推进油气战略进口通道建设，在开放格局中维护能源安全。

到2020年，基本形成比较完善的能源安全保障体系。国内一次能源生产总量达到42亿吨标准煤，能源自给能力保持在85%左右，石油储采比提高到14~15，能源储备应急体系基本建成。

3. 绿色低碳战略。着力优化能源结构，把发展清洁低碳能源作为调整能源结构的主攻方向。坚持发展非化石能源与化石能源高效清洁利用并举，逐步降低煤炭消费比重，提高天然气消费比重，大幅增加风电、太阳能、地热能等可再生能源和核电消费比重，形成与我国国情相适应、科学合理的能源消费结构，大幅减少能源消费排放，促进生态文明建设。

到2020年，非化石能源占一次能源消费比重达到15%，天然气比重达到10%以上，煤炭消费比重控制在62%以内。

4. 创新驱动战略。深化能源体制改革，加快重点领域和关键环节改革步伐，完善能源科学发展体制机制，充分发挥市场在能源资源配置中的决定性作用。树立科技决定能源未来、科技创造未来能源的理念，坚持追赶与跨越并重，加强能源科技创新体系建设，依托重大工程推进科技自主创新，建设能源科技强国，能源科技总体接近世界先进水平。

到2020年，基本形成统一开放竞争有序的现代能源市场体系。

二、主要任务

（一）增强能源自主保障能力。

立足国内，加强能源供应能力建设，不断提高自主控制能源对外依存度的能力。

1. 推进煤炭清洁高效开发利用。

按照安全、绿色、集约、高效的原则，加快发展煤炭清洁开发利用技术，不断提高煤炭清洁高效开发利用水平。

清洁高效发展煤电。转变煤炭使用方式，着力提高煤炭集中高效发电比例。提高煤电机组准入标准，新建燃煤发电机组供电煤耗低于每千瓦·时 300 克标准煤，污染物排放接近燃气机组排放水平。

推进煤电大基地大通道建设。依据区域水资源分布特点和生态环境承载能力，严格煤矿环保和安全准入标准，推广充填、保水等绿色开采技术，重点建设晋北、晋中、晋东、神东、陕北、黄陇、宁东、鲁西、两淮、云贵、冀中、河南、内蒙古东部、新疆等 14 个亿吨级大型煤炭基地。到 2020 年，基地产量占全国的 95%。采用最先进节能节水环保发电技术，重点建设锡林郭勒、鄂尔多斯、晋北、晋中、晋东、陕北、哈密、准东、宁东等 9 个千万千瓦级大型煤电基地。发展远距离大容量输电技术，扩大西电东送规模，实施北电南送工程。加强煤炭铁路运输通道建设，重点建设内蒙古西部至华中地区的铁路煤运通道，完善西煤东运通道。到 2020 年，全国煤炭铁路运输能力达到 30 亿吨。

提高煤炭清洁利用水平。制定和实施煤炭清洁高效利用规划，积极推进煤炭分级分质梯级利用，加大煤炭洗选比重，鼓励煤矸石等低热值煤和劣质煤就地清洁转化利用。建立健全煤炭质量管理体系，加强对煤炭开发、加工转化和使用过程的监督管理。加强进口煤炭质量监管。大幅减少煤炭分散直接燃烧，鼓励农村地区使用洁净煤和型煤。

2. 稳步提高国内石油产量。

坚持陆上和海上并重，巩固老油田，开发新油田，突破海上油田，大力支持低品位资源开发，建设大庆、辽河、新疆、塔里木、胜利、长庆、渤海、南海、延长等 9 个千万吨级大油田。

稳定东部老油田产量。以松辽盆地、渤海湾盆地为重点，深化精细勘探开发，积极发展先进采油技术，努力增储挖潜，提高原油采收率，保持产量基本稳定。

实现西部增储上产。以塔里木盆地、鄂尔多斯盆地、准噶尔盆地、柴达木盆地为重点，加大油气资源勘探开发力度，推广应用先进技术，努力探明更多优质储量，提高石油产量。加大羌塘盆地等新区油气地质调查研究和勘探开发技术攻关力度，拓展新的储量和产量增长区域。

加快海洋石油开发。按照以近养远、远近结合，自主开发与对外合作并举的方针，加强渤海、东海和南海等海域近海油气勘探开发，加强南海深水油气勘探开发形势跟踪分析，积极推进深海对外招标和合作，尽快突破深海采油技术和装备自主制造能力，大力提升海洋油气产量。

大力支持低品位资源开发。开展低品位资源开发示范工程建设，鼓励难动用储量和濒临枯竭油田的开发及市场化转让，支持采用技术服务、工程总承包等方式开发低品位资源。

3. 大力发展天然气。

按照陆地与海域并举、常规与非常规并重的原则，加快常规天然气增储上产，尽快突破非常规天然气发展瓶颈，促进天然气储量产量快速增长。

加快常规天然气勘探开发。以四川盆地、鄂尔多斯盆地、塔里木盆地和南海为重点，加强西部低品位、东部深层、海域深水三大领域科技攻关，加大勘探开发力度，力争获得大突破、大发现，努力建设 8 个年产量百亿立方米级以上的大型天然气生产基地。到 2020 年，累计新增常规天然气探明地质储量 5.5 万亿立方米，年产常规天然气 1850 亿立方米。

重点突破页岩气和煤层气开发。加强页岩气地质调查研究，加快"工厂化"、"成套化"技术研发和应用，探索形成先进适用的页岩气勘探开发技术模式和商业模式，培育自主创新和装备制造能力。着力提高四川长宁—威远、重庆涪陵、云南昭通、陕西延安等国家级示范区储量和产量规模，同时争取在湘鄂、云贵和苏皖等地区实现突破。到2020年，页岩气产量力争超过300亿立方米。以沁水盆地、鄂尔多斯盆地东缘为重点，加大支持力度，加快煤层气勘探开采步伐。到2020年，煤层气产量力争达到300亿立方米。

积极推进天然气水合物资源勘查与评价。加大天然气水合物勘探开发技术攻关力度，培育具有自主知识产权的核心技术，积极推进试采工程。

4. 积极发展能源替代。

坚持煤基替代、生物质替代和交通替代并举的方针，科学发展石油替代。到2020年，形成石油替代能力4000万吨以上。

稳妥实施煤制油、煤制气示范工程。按照清洁高效、量水而行、科学布局、突出示范、自主创新的原则，以新疆、内蒙古、陕西、山西等地为重点，稳妥推进煤制油、煤制气技术研发和产业化升级示范工程，掌握核心技术，严格控制能耗、水耗和污染物排放，形成适度规模的煤基燃料替代能力。

积极发展交通燃油替代。加强先进生物质能技术攻关和示范，重点发展新一代非粮燃料乙醇和生物柴油，超前部署微藻制油技术研发和示范。加快发展纯电动汽车、混合动力汽车和船舶、天然气汽车和船舶，扩大交通燃油替代规模。

5. 加强储备应急能力建设。

完善能源储备制度，建立国家储备与企业储备相结合、战略储备与生产运行储备并举的储备体系，建立健全国家能源应急保障体系，提高能源安全保障能力。

扩大石油储备规模。建成国家石油储备二期工程，启动三期工程，鼓励民间资本参与储备建设，建立企业义务储备，鼓励发展商业储备。

提高天然气储备能力。加快天然气储气库建设，鼓励发展企业商业储备，支持天然气生产企业参与调峰，提高储气规模和应急调峰能力。

建立煤炭稀缺品种资源储备。鼓励优质、稀缺煤炭资源进口，支持企业在缺煤地区和煤炭集散地建设中转储运设施，完善煤炭应急储备体系。

完善能源应急体系。加强能源安全信息化保障和决策支持能力建设，逐步建立重点能源品种和能源通道应急指挥和综合管理系统，提升预测预警和防范应对水平。

（二）推进能源消费革命。

调整优化经济结构，转变能源消费理念，强化工业、交通、建筑节能和需求侧管理，重视生活节能，严格控制能源消费总量过快增长，切实扭转粗放用能方式，不断提高能源使用效率。

1. 严格控制能源消费过快增长。

按照差别化原则，结合区域和行业用能特点，严格控制能源消费过快增长，切实转变能源开发和利用方式。

推行"一挂双控"措施。将能源消费与经济增长挂钩，对高耗能产业和产能过剩行业实行能源消费总量控制强约束，其他产业按先进能效标准实行强约束，现有产能能效要限期达标，新增产能必须符合国内先进能效标准。

推行区域差别化能源政策。在能源资源丰富的西部地区，根据水资源和生态环境承载能力，在节水节能环保、技术先进的前提下，合理加大能源开发力度，增强跨区调出能力。合理控制中部地区能源开发强度。大力优化东部地区能源结构，鼓励发展有竞争力的新能源和可再生能源。

控制煤炭消费总量。制定国家煤炭消费总量中长期控制目标，实施煤炭消费减量替代，降低煤炭消费比重。

2. 着力实施能效提升计划。

坚持节能优先，以工业、建筑和交通领域为重点，创新发展方式，形成节能型生产和消费模式。

实施煤电升级改造行动计划。实施老旧煤电机组节能减排升级改造工程，现役60万千瓦（风冷机组除外）及以上机组力争5年内供电煤耗降至每千瓦·时300克标准煤左右。

实施工业节能行动计划。严格限制高耗能产业和过剩产业扩张，加快淘汰落后产能，实施十大重点节能工程，深入开展万家企业节能低碳行动。实施电机、内燃机、锅炉等重点用能设备能效提升计划，推进工业企业余热余压利用。深入推进工业领域需求侧管理，积极发展高效锅炉和高效电机，推进终端用能产品能效提升和重点用能行业能效水平对标达标。认真开展新建项目环境影响评价和节能评估审查。

实施绿色建筑行动计划。加强建筑用能规划，实施建筑能效提升工程，尽快推行75%的居住建筑节能设计标准，加快绿色建筑建设和既有建筑改造，推行公共建筑能耗限额和绿色建筑评级与标识制度，大力推广节能电器和绿色照明，积极推进新能源城市建设。大力发展低碳生态城市和绿色生态城区，到2020年，城镇绿色建筑占新建建筑的比例达到50%。加快推进供热计量改革，新建建筑和经供热计量改造的既有建筑实行供热计量收费。

实行绿色交通行动计划。完善综合交通运输体系规划，加快推进综合交通运输体系建设。积极推进清洁能源汽车和船舶产业化步伐，提高车用燃油经济性标准和环保标准。加快发展轨道交通和水运等资源节约型、环境友好型运输方式，推进主要城市群内城际铁路建设。大力发展城市公共交通，加强城市步行和自行车交通系统建设，提高公共出行和非机动出行比例。

3. 推动城乡用能方式变革。

按照城乡发展一体化和新型城镇化的总体要求，坚持集中与分散供能相结合，因地制宜建设城乡供能设施，推进城乡用能方式转变，提高城乡用能水平和效率。

实施新城镇、新能源、新生活行动计划。科学编制城镇规划，优化城镇空间布局，推动信息化、低碳化与城镇化的深度融合，建设低碳智能城镇。制定城镇综合能源规划，大力发展分布式能源，科学发展热电联产，鼓励有条件的地区发展热电冷联供，发展风能、太阳能、生物质能、地热能供暖。

加快农村用能方式变革。抓紧研究制定长效政策措施，推进绿色能源县、乡、村建设，大力发展农村小水电，加强水电新农村电气化县和小水电代燃料生态保护工程建设，因地制宜发展农村可再生能源，推动非商品能源的清洁高效利用，加强农村节能工作。

开展全民节能行动。实施全民节能行动计划，加强宣传教育，普及节能知识，推广节能新技术、新产品，大力提倡绿色生活方式，引导居民科学合理用能，使节约用能成为全社会的自觉行动。

（三）优化能源结构。

积极发展天然气、核电、可再生能源等清洁能源，降低煤炭消费比重，推动能源结构持续优化。

1. 降低煤炭消费比重。

加快清洁能源供应，控制重点地区、重点领域煤炭消费总量，推进减量替代，压减煤炭消费，到2020年，全国煤炭消费比重降至62%以内。

削减京津冀鲁、长三角和珠三角等区域煤炭消费总量。加大高耗能产业落后产能淘汰力度，扩大外来电、天然气及非化石能源供应规模，耗煤项目实现煤炭减量替代。到2020年，京津冀鲁四省市煤炭消费比2012年净削减1亿吨，长三角和珠三角地区煤炭消费总量负增长。

控制重点用煤领域煤炭消费。以经济发达地区和大中城市为重点，有序推进重点用煤领域"煤改气"工程，加强余热、余压利用，加快淘汰分散燃煤小锅炉，到2017年，基本完成重点地区燃煤锅炉、工业窑炉等天然气替代改造任务。结合城中村、城乡结合部、棚户区改造，扩大城市无煤区范围，逐步由城市建成区扩展到近郊，大幅减少城市煤炭分散使用。

2. 提高天然气消费比重。

坚持增加供应与提高能效相结合，加强供气设施建设，扩大天然气进口，有序拓展天然气城镇燃气应用。到2020年，天然气在一次能源消费中的比重提高到10%以上。

实施气化城市民生工程。新增天然气应优先保障居民生活和替代分散燃煤，组织实施城镇居民用能清洁化计划，到2020年，城镇居民基本用上天然气。

稳步发展天然气交通运输。结合国家天然气发展规划布局，制定天然气交通发展中长期规划，加快天然气加气站设施建设，以城市出租车、公交车为重点，积极有序发展液化天然气汽车和压缩天然气汽车，稳妥发展天然气家庭轿车、城际客车、重型卡车和轮船。

适度发展天然气发电。在京津冀鲁、长三角、珠三角等大气污染重点防控区，有序发展天然气调峰电站，结合热负荷需求适度发展燃气—蒸汽联合循环热电联产。

加快天然气管网和储气设施建设。按照西气东输、北气南下、海气登陆的供气格局，加快天然气管道及储气设施建设，形成进口通道、主要生产区和消费区相连接的全国天然气主干管网。到2020年，天然气主干管道里程达到12万千米以上。

扩大天然气进口规模。加大液化天然气和管道天然气进口力度。

3. 安全发展核电。

在采用国际最高安全标准、确保安全的前提下，适时在东部沿海地区启动新的核电项目建设，研究论证内陆核电建设。坚持引进消化吸收再创新，重点推进AP1000、CAP1400、高温气冷堆、快堆及后处理技术攻关。加快国内自主技术工程验证，重点建设大型先进压水堆、高温气冷堆重大专项示范工程。积极推进核电基础理论研究、核安全技术研究开发设计和工程建设，完善核燃料循环体系。积极推进核电"走出去"。加强核电科普和核安全知识宣传。到2020年，核电装机容量达到5800万千瓦，在建容量达到3000万千瓦以上。

4. 大力发展可再生能源。

按照输出与就地消纳利用并重、集中式与分布式发展并举的原则，加快发展可再生能源。到 2020 年，非化石能源占一次能源消费比重达到 15%。

积极开发水电。在做好生态环境保护和移民安置的前提下，以西南地区金沙江、雅砻江、大渡河、澜沧江等河流为重点，积极有序推进大型水电基地建设。因地制宜发展中小型电站，开展抽水蓄能电站规划和建设，加强水资源综合利用。到 2020 年，力争常规水电装机达到 3.5 亿千瓦左右。

大力发展风电。重点规划建设酒泉、内蒙古西部、内蒙古东部、冀北、吉林、黑龙江、山东、哈密、江苏等 9 个大型现代风电基地以及配套送出工程。以南方和中东部地区为重点，大力发展分散式风电，稳步发展海上风电。到 2020 年，风电装机达到 2 亿千瓦，风电与煤电上网电价相当。

加快发展太阳能发电。有序推进光伏基地建设，同步做好就地消纳利用和集中送出通道建设。加快建设分布式光伏发电应用示范区，稳步实施太阳能热发电示范工程。加强太阳能发电并网服务。鼓励大型公共建筑及公用设施、工业园区等建设屋顶分布式光伏发电。到 2020 年，光伏装机达到 1 亿千瓦左右，光伏发电与电网销售电价相当。

积极发展地热能、生物质能和海洋能。坚持统筹兼顾、因地制宜、多元发展的方针，有序开展地热能、海洋能资源普查，制定生物质能和地热能开发利用规划，积极推动地热能、生物质和海洋能清洁高效利用，推广生物质能和地热供热，开展地热发电和海洋能发电示范工程。到 2020 年，地热能利用规模达到 5000 万吨标准煤。

提高可再生能源利用水平。加强电源与电网统筹规划，科学安排调峰、调频、储能配套能力，切实解决弃风、弃水、弃光问题。

（四）拓展能源国际合作。

统筹利用国内国际两种资源、两个市场，坚持投资与贸易并举、陆海通道并举，加快制定利用海外能源资源中长期规划，着力拓展进口通道，着力建设丝绸之路经济带、21 世纪海上丝绸之路、孟中印缅经济走廊和中巴经济走廊，积极支持能源技术、装备和工程队伍"走出去"。

加强俄罗斯中亚、中东、非洲、美洲和亚太五大重点能源合作区域建设，深化国际能源双边多边合作，建立区域性能源交易市场。积极参与全球能源治理。加强统筹协调，支持企业"走出去"。

（五）推进能源科技创新。

按照创新机制、夯实基础、超前部署、重点跨越的原则，加强科技自主创新，鼓励引进消化吸收再创新，打造能源科技创新升级版，建设能源科技强国。

1. 明确能源科技创新战略方向和重点。

抓住能源绿色、低碳、智能发展的战略方向，围绕保障安全、优化结构和节能减排等长期目标，确立非常规油气及深海油气勘探开发、煤炭清洁高效利用、分布式能源、智能电网、新一代核电、先进可再生能源、节能节水、储能、基础材料等 9 个重点创新领域，明确页岩气、煤层气、页岩油、深海油气、煤炭深加工、高参数节能环保燃煤发电、整体煤气化联合循环发电、燃气轮机、现代电网、先进核电、光伏、太阳能热发电、风电、生物燃料、地热能利用、海洋能发电、天然气水合物、大容量储能、氢能与燃料电池、能源基础材料等 20 个重点创新方向，相应开展页岩气、煤层气、深水油气开发等重大示范工程。

2. 抓好科技重大专项。

加快实施大型油气田及煤层气开发国家科技重大专项。加强大型先进压水堆及高温气冷堆核电站国家科技重大专项。加强技术攻关，力争页岩气、深海油气、天然气水合物、新一代核电等核心技术取得重大突破。

3. 依托重大工程带动自主创新。

依托海洋油气和非常规油气勘探开发、煤炭高效清洁利用、先进核电、可再生能源开发、智能电网等重大能源工程，加快科技成果转化，加快能源装备制造创新平台建设，支持先进能源技术装备"走出去"，形成有国际竞争力的能源装备工业体系。

4. 加快能源科技创新体系建设。

制定国家能源科技创新及能源装备发展战略。建立以企业为主体、市场为导向、政产学研用相结合的创新体系。鼓励建立多元化的能源科技风险投资基金。加强能源人才队伍建设，鼓励引进高端人才，培育一批能源科技领军人才。

三、保障措施

（一）深化能源体制改革。

坚持社会主义市场经济改革方向，使市场在资源配置中起决定性作用和更好发挥政府作用，深化能源体制改革，为建立现代能源体系、保障国家能源安全营造良好的制度环境。

完善现代能源市场体系。建立统一开放、竞争有序的现代能源市场体系。深入推进政企分开，分离自然垄断业务和竞争性业务，放开竞争性领域和环节。实行统一的市场准入制度，在制定负面清单基础上，鼓励和引导各类市场主体依法平等进入负面清单以外的领域，推动能源投资主体多元化。深化国有能源企业改革，完善激励和考核机制，提高企业竞争力。鼓励利用期货市场套期保值，推进原油期货市场建设。

推进能源价格改革。推进石油、天然气、电力等领域价格改革，有序放开竞争性环节价格，天然气井口价格及销售价格、上网电价和销售电价由市场形成，输配电价和油气管输价格由政府定价。

深化重点领域和关键环节改革。重点推进电网、油气管网建设运营体制改革，明确电网和油气管网功能定位，逐步建立公平接入、供需导向、可靠灵活的电力和油气输送网络。加快电力体制改革步伐，推动供求双方直接交易，构建竞争性电力交易市场。

健全能源法律法规。加快推动能源法制定和电力法、煤炭法修订工作。积极推进海洋石油天然气管道保护、核电管理、能源储备等行政法规制定或修订工作。

进一步转变政府职能，健全能源监管体系。加强能源发展战略、规划、政策、标准等制定和实施，加快简政放权，继续取消和下放行政审批事项。强化能源监管，健全监管组织体系和法规体系，创新监管方式，提高监管效能，维护公平公正的市场秩序，为能源产业健康发展创造良好环境。

（二）健全和完善能源政策。

完善能源税费政策。加快资源税费改革，积极推进清费立税，逐步扩大资源税从价计征范围。研究调整能源消费税征税环节和税率，将部分高耗能、高污染产品纳入征收范围。完善节能减排税收政策，建立和完善生态补偿机制，加快推进环境保护税立法工作，探索建立绿色税收体系。

完善能源投资和产业政策。在充分发挥市场作用的基础上，扩大地质勘探基金规模，重点支持和引导非常规油气及深海油气资源开发和国际合作，完善政府对基础性、战略性、前沿性科学研究和共性技术研究及重大装备的支持机制。完善调峰调频备用补偿政策，实施可再生能源电力配额制和全额保障性收购政策及配套措施。鼓励银行业金融机构按照风险可控、商业可持续的原则，加大对节能提效、能源资源综合利用和清洁能源项目的支持。研究制定推动绿色信贷发展的激励政策。

完善能源消费政策。实行差别化能源价格政策。加强能源需求侧管理，推行合同能源管理，培育节能服务机构和能源服务公司，实施能源审计制度。健全固定资产投资项目节能评估审查制度，落实能效"领跑者"制度。

（三）做好组织实施。

加强组织领导。充分发挥国家能源委员会的领导作用，加强对能源重大战略问题的研究和审议，指导推动本行动计划的实施。能源局要切实履行国家能源委员会办公室职责，组织协调各部门制定实施细则。

细化任务落实。国务院有关部门、各省（区、市）和重点能源企业要将贯彻落实本行动计划列入本部门、本地区、本企业的重要议事日程，做好各类规划计划与本行动计划的衔接。国家能源委员会办公室要制定实施方案，分解落实目标任务，明确进度安排和协调机制，精心组织实施。

加强督促检查。国家能源委员会办公室要密切跟踪工作进展，掌握目标任务完成情况，督促各项措施落到实处、见到实效。在实施过程中，要定期组织开展评估检查和考核评价，重大情况及时报告国务院。

（九）能源生产和消费革命战略（2016—2030年）

2016年12月29日，经国务院同意、国家发改委和国家能源局联合印发的《能源生产和消费革命战略（2016—2030）》，被认为是能源革命的具体路线图。

国家发展改革委　国家能源局关于印发
《能源生产和消费革命战略（2016—2030）》的通知

发改基础〔2016〕2795号

各省、自治区、直辖市人民政府，中央有关部门，国务院各部委、各直属机构，有关中央企业，有关行业协会、学会：

为贯彻落实中央财经领导小组第六次会议和国家能源委员会第二次会议精神，我们会同有关部门制定了《能源生产和消费革命战略（2016—2030）》，已经国务院同意，现印发你们，请结合实际认真贯彻落实。

推进能源生产和消费革命，有利于增强能源安全保障能力、提升经济发展质量和效益、增加基本公共服务供给、积极主动应对全球气候变化、全面推进生态文明建设，对于全面建成小康社会和加快建设现代化国家具有重要现实意义和深远战略意义。必须牢固树立和贯彻落实新发展理念，适应把握引领经济发展新常态，坚持以推进供给侧结构性改革为主线，把推进能源革命作为能源发展的国策，筑牢能源安全基石，推动能源文明消费、多元供给、科技创新、深化改革、加强合作，实现能源生产和消费方式根本性转变。

各地区、各部门要加强组织领导，研究制定与能源生产和消费革命战略相衔接的规划体系和实施方案，强化信息共享和协同联动机制，完善政策措施，切实形成工作合力，确保完成各项任务。国家发展改革委、国家能源局将加强统筹协调，完善工作机制，密切跟踪分析，加强监督考核，及时协调解决实施中的问题。

附件：能源生产和消费革命战略（2016—2030）

国家发展改革委
国家能源局
2016 年 12 月 29 日

能源生产和消费革命战略（2016—2030）

能源是人类社会发展的物质基础，能源安全是国家安全的重要组成部分。面对能源供需格局新变化、国际能源发展新趋势，为推进能源生产和消费革命，保障国家能源安全，制定本战略，实施期限为 2016~2030 年。

一、把握能源发展大势，充分认识能源革命紧迫性

（一）世界能源发展趋势。能源是现代社会的血液。十八世纪以后，煤炭、石油、电力的广泛使用，先后推动了第一、第二次工业革命，使人类社会从农耕文明迈向工业文明，能源从此成为世界经济发展的重要动力，也成为各国利益博弈的焦点。当今世界，化石能源大量使用，带来环境、生态和全球气候变化等领域一系列问题，主动破解困局、加快能源转型发展已经成为世界各国的自觉行动。新一轮能源变革兴起，将为世界经济发展注入新的活力，推动人类社会从工业文明迈向生态文明。

一是能源清洁低碳发展成为大势。在人类共同应对全球气候变化大背景下，世界各国纷纷制定能源转型战略，提出更高的能效目标，制定更加积极的低碳政策，推动可再生能源发展，加大温室气体减排力度。各国不断寻求低成本清洁能源替代方案，推动经济绿色低碳转型。联合国气候变化《巴黎协定》提出了新的更高要求，明确本世纪下半叶实现全球温室气体排放和吸收相平衡的目标，将驱动以新能源和可再生能源为主体的能源供应体系尽早形成。

二是世界能源供需格局发生重大变化。世界能源需求进入低速增长时期，主要发达国家能源消费总量趋于稳定甚至下降，新兴经济体能源需求将持续增长，占全球能源消费比重不断上升。随着页岩油气革命性突破，世界油气开始呈现石油输出国组织、俄罗斯—中亚、北美等多极供应新格局。中国、欧盟等国家（地区）可再生能源发展，带动全球能源供应日趋多元，供应能力不断增强，全球能源供需相对宽松。

三是世界能源技术创新进入活跃期。能源新技术与现代信息、材料和先进制造技术深度融合，太阳能、风能、新能源汽车技术不断成熟，大规模储能、氢燃料电池、第四代核电等技术有望突破，能源利用新模式、新业态、新产品日益丰富，将带来人类生产生活方式深刻变化。各国纷纷抢占能源技术进步先机，谋求新一轮科技革命和产业变革竞争制高点。

四是世界能源走势面临诸多不确定因素。近年来，国际油价大幅震荡，对世界能源市场造成深远影响，未来走势充满变数。新能源和可再生能源成本相对偏高，竞争优势仍不明显，化石能源主体地位短期内难以替代。地缘政治关系日趋复杂，不稳定不确定因素明显增多。能源生产和消费国利益分化调整，全球能源治理体系加速重构。

（二）我国能源发展形势。今后十余年是我国现代化建设承上启下的关键阶段，我国经济总量将持续扩大，人民生活水平和质量全面提高，能源保障生态文明建设、社会进步和谐、人民幸福安康的作用更加显著，我国能源发展将进入从总量扩张向提质增效转变的新阶段。

一是我国能源消费将持续增长。一方面，实现全面建成小康社会和现代化目标，人均能源消费水平将不断提高，刚性需求将长期存在。另一方面，我国经济发展进入新常态，经济结构不断优化、新旧增长动力加快转换，粗放式能源消费将发生根本转变，能源消费进入中低速增长期。

二是绿色低碳成为能源发展方向。随着生态文明建设加快推进，大幅削减各种污染物排放，有效防治水、土、大气污染，显著改善生态环境质量，要求能源与环境绿色和谐发展。同时，积极应对气候变化，更加主动控制碳排放，要求坚决控制化石能源总量，优化能源结构，将推动能源低碳发展迈上新台阶。

三是能源体制不断健全完善。随着全面深化改革的不断推进，国家治理体系和治理能力现代化将取得重大进展，发展不平衡、不协调、不可持续等问题逐步得到解决，能源领域基础性制度体系也将基本形成，能源发展水平与人民生活质量同步提高。

四是能源国际合作水平持续提高。随着我国深度融入世界经济体系，对内对外开放相互促进，开放型经济新体制加快构建，创新驱动发展战略深入实施促进能源科技实力显著提升，在国际能源合作和治理中将发挥更加重要的作用。

（三）能源革命机遇挑战。加快推进能源革命蕴含大有可为的机遇和优势。落实新发展理念，全面推进生态文明建设，建设美丽中国，为推进能源革命提供了不竭动力。我国发展潜力大、韧性强，实施"一带一路"建设、京津冀协同发展、长江经济带发展"三大战略"，推进新型城镇化，为推进能源革命构筑了广阔舞台。经济发展进入新常态，能源消费增速放缓，供应压力有所减轻，为推进能源革命拓展了回旋余地。全社会对能源开发利用普遍关切，广大人民群众节能环保意识不断增强，为推进能源革命奠定了广泛基础。

加快推进能源革命，是一项长期战略任务，更是一项复杂系统工程，面临现实困难与挑战。我国人口众多、人均能源资源拥有量相对较低，随着经济规模不断扩大，资源约束日益趋紧。发展方式粗放，能源利用效率低，生产和使用过程中环境污染问题突出、生态系统退化，控制碳排放任务艰巨。能源科技整体水平与能源结构转型要求不适应，支撑引领作用不够强，关键核心技术自主创新能力不足。与传统化石能源相比，新能源在技术经济性等方面竞争优势不明显，通过市场作用调节能源结构的机制尚不完善。体制机制难以适应构建现代能源体系的需要，改革创新刻不容缓。世界能源地缘关系日趋复杂，保障开放条件下的能源安全面临诸多挑战。

总体上看，推进能源革命机遇与挑战并存，机遇大于挑战。必须统筹全局，把握机遇，因势利导，主动作为，集中力量实现战略目标。

（四）能源革命重大意义。推进能源革命，有利于促进我国供给侧结构性改革，提升经济发展质量和效益，推动经济行稳致远，支撑我国迈入中等发达国家行列；有利于增强能源安全保障能力，有效应对各种风险和突发事件，提升整体国家安全水平；有利于优化能源结构、提高能源效率，破解资源环境约束，全面推进生态文明建设；有利于增强自主创新能力，实现科技、能源、经济紧密结合；有利于全面增强我国在国际能源领域的影响力，积极主动应对全球气候变化，彰显负责任大国形象；有利于增加基本公共服务供给，使能源发展成果更多惠及全体人民，对于全面建成小康社会和加快建设现代化国家具有重要现实意义和深远战略意义。

二、面向全面建设现代化，明确能源革命战略目标

（一）指导思想。全面贯彻党的十八大和十八届三中、四中、五中、六中全会精神，更加紧密团结在以习近平同志为核心的党中央周围，认真落实党中央、国务院决策部署，紧紧围绕统筹推进"五位一体"总体布局和协调推进"四个全面"战略布局，牢固树立和贯彻落实创新、协调、绿色、开放、共享的发展理念，坚持以推进供给侧结构性改革为主线，主动适应、把握和引领我国经济发展新常态，顺应世界能源发展大势，把推进能源革命作为能源发展的国策，筑牢能源安全基石，推动能源文明消费、多元供给、科技创新、深化改革、加强合作，实现能源生产和消费方式根本性转变，为全面建设社会主义现代化国家、实现中华民族伟大复兴中国梦提供坚强保障。

（二）基本原则。

——立足安全，筑牢底线。树立底线思维，增强危机意识，坚持总体国家安全观，将能源安全理念体现在经济社会、生产生活等各个方面，落实在法律法规、规划政策、技术标准等各个层面。加强能源全方位国际合作，着力构建多元能源供应体系，牢牢掌握能源安全主动权，满足人民群众基本用能需求和经济社会可持续发展需要。

——深化改革，开拓创新。解放思想、打破常规，坚持问题导向，破除固有利益藩篱。着眼未来设立积极的能源革命目标，以能源消费和供给革命为核心任务，深入实施创新驱动发展战略，全面释放发展活力。

——市场主导，政府推动。发挥市场在资源配置中的决定性作用，还原能源商品属性，遵循市场经济规律、能源行业发展规律，突出市场主体推进能源革命的主力军作用。更好发挥政府作用，打造服务型政府，加强基础制度建设，健全法律法规，维护市场秩序，精准科学调控，推进能源治理现代化。

——统揽全局，协调推进。坚持全国一盘棋，充分利用两个市场、两种资源。坚持长远战略目标不动摇，主动作为、积极稳妥、循序渐进，着力化解深层次矛盾，突出解决现实问题，补齐发展短板。凝聚社会共识，形成各方合力，实现由量变到质变的能源跨越式发展。

（三）战略取向。紧紧把握时代脉搏，坚持安全为本、节约优先、绿色低碳、主动创新的战略取向，全面实现我国能源战略性转型。

——以保障安全为出发点。立足国内，推动能源供应多元化，着力优化能源结构，加快形

成煤、油、气、核、新能源和可再生能源多轮驱动、协调发展的能源供应体系。坚持互利共赢开放战略，全面提升能源国际合作质量和水平，积极参与全球能源治理，构建广泛利益共同体，实现开放条件下的能源安全。

——以节约优先为方针。坚持"开源"、"节流"并重，坚决控制能源消费总量，彻底改变粗放型能源消费方式，科学管控劣质低效用能。提高能源利用效率，推动产业结构和能源消费结构双优化，推进能源梯级利用、循环利用和能源资源综合利用，加快形成能源节约型社会，降低社会用能成本。

——以绿色低碳为方向。坚持能源绿色生产、绿色消费，切实减少对环境的破坏，保障生态安全。根据资源环境承载能力科学规划能源资源开发布局，推动能源集中式和分布式开发并举，坚持优存量和拓增量并重，降低煤炭在能源结构中的比重，大幅提高新能源和可再生能源比重，使清洁能源基本满足未来新增能源需求，实现单位国内生产总值碳排放量不断下降。

——以主动创新为动力。加快能源科技创新步伐，推动能源技术从被动跟随向自主创新转变，着力突破重大关键能源技术，加快建设智慧能源管理系统，增强需求侧响应能力，实现能源生产和消费智能互动。推动能源体制机制创新，加快重点领域和关键环节改革步伐，提高能源资源配置效率，为能源转型发展提供不竭动力。

（四）目标要求。

到 2020 年，全面启动能源革命体系布局，推动化石能源清洁化，根本扭转能源消费粗放增长方式，实施政策导向与约束并重。能源消费总量控制在 50 亿吨标准煤以内，煤炭消费比重进一步降低，清洁能源成为能源增量主体，能源结构调整取得明显进展，非化石能源占比 15%；单位国内生产总值二氧化碳排放比 2015 年下降 18%；能源开发利用效率大幅提高，主要工业产品能源效率达到或接近国际先进水平，单位国内生产总值能耗比 2015 年下降 15%，主要能源生产领域的用水效率达到国际先进水平；电力和油气体制、能源价格形成机制、绿色财税金融政策等基础性制度体系基本形成；能源自给能力保持在 80% 以上，基本形成比较完善的能源安全保障体系，为如期全面建成小康社会提供能源保障。

2021~2030 年，可再生能源、天然气和核能利用持续增长，高碳化石能源利用大幅减少。能源消费总量控制在 60 亿吨标准煤以内，非化石能源占能源消费总量比重达到 20% 左右，天然气占比达到 15% 左右，新增能源需求主要依靠清洁能源满足；单位国内生产总值二氧化碳排放比 2005 年下降 60%~65%，二氧化碳排放 2030 年左右达到峰值并争取尽早达峰；单位国内生产总值能耗（现价）达到目前世界平均水平，主要工业产品能源效率达到国际领先水平；自主创新能力全面提升，能源科技水平位居世界前列；现代能源市场体制更加成熟完善；能源自给能力保持在较高水平，更好利用国际能源资源；初步构建现代能源体系。

展望 2050 年，能源消费总量基本稳定，非化石能源占比超过一半，建成能源文明消费型社会；能效水平、能源科技、能源装备达到世界先进水平；成为全球能源治理重要参与者；建成现代能源体系，保障实现现代化。

三、推动能源消费革命，开创节约高效新局面

强化约束性指标管理，同步推进产业结构和能源消费结构调整，有效落实节能优先方针，全面提升城乡优质用能水平，从根本上抑制不合理消费，大幅度提高能源利用效率，加快形成能源节约型社会。

（一）坚决控制能源消费总量。以控制能源消费总量和强度为核心，完善措施、强化手段，建立健全用能权制度，形成全社会共同治理的能源总量管理体系。

实施能源消费总量和强度"双控"。把能源消费总量、强度目标作为经济社会发展重要约束性指标，推动形成经济转型升级的倒逼机制。合理区分控制对象，重点控制煤炭消费总量和石油消费增量，鼓励可再生能源消费。建立控制指标分解落实机制，综合考虑能源安全、生态环境等因素，贯彻区域发展总体战略和主体功能区战略，结合各地资源禀赋、发展现状、发展潜力，兼顾发展质量和社会公平。实施差别化总量管理，大气污染重点防控地区严格控制煤炭消费总量，实施煤炭消费减量替代，扩大天然气替代规模。东部发达地区化石能源消费率先达到峰值，加强重点行业、领域能源消费总量管理。严格节能评估审查，从源头减少不合理能源消费。

构建用能权制度。用能权是经核定允许用能单位在一定时期内消费各类能源量的权利，是控制能源消费总量的有效手段和长效机制。建立健全用能权初始分配制度，确保公平、公开。推进用能预算化管理，保障优质增量用能，淘汰劣质低效用能，坚持节约用能，推动用能管理科学化、自动化、精细化。培育用能权交易市场，开展用能权有偿使用和交易试点，研究制定用能权管理的相关制度，加强能力建设和监督管理。

（二）打造中高级能源消费结构。大力调整产业结构，推动产业结构调整与能源结构优化互驱共进，使能源消费结构迈入更加绿色、高效的中高级形态。

以能源消费结构调整推动传统产业转型升级。提高市场准入标准，限制高能耗、高污染产业发展及煤炭等化石能源消费。推动制造业绿色改造升级，化解过剩产能，依法依规淘汰煤炭、钢铁、建材、石化、有色、化工等行业环保、能耗、安全生产不达标和生产不合格落后产能，促进能源消费清洁化。统筹考虑国内外能源市场和相关产业变化情况，灵活调节进出口关税，推进外贸向优质优价、优进优出转变，减少高载能产品出口。

以产业结构调整促进能源消费结构优化。大力发展战略性新兴产业，实施智能制造工程，加快节能与新一代信息技术、新能源汽车、新材料、生物医药、先进轨道交通装备、电力装备、航空、电子及信息产业等先进制造业发展，培育能耗排放低、质量效益好的新增长点。提高服务业比重，推动生产性服务业向专业化和价值链高端延伸、生活性服务业向精细化和高品质转变，促进服务业更多使用清洁能源。通过实施绿色标准、绿色管理、绿色生产，加快传统产业绿色改造，大力发展低碳产业，推动产业体系向集约化、高端化升级，实现能源消费结构清洁化、低碳化。

（三）深入推进节能减排。坚持节能优先总方略，把节能贯穿于经济社会发展全过程和各领域，健全节能标准和计量体系，完善节能评估制度，全面提高能源利用效率，推动完善污染物和碳排放治理体系。

把工业作为推动能源消费革命的重点领域。综合运用法律、经济、技术等手段，调整工业用能结构和方式，促进能源资源向工业高技术、高效率、高附加值领域转移，推动工业部门能耗尽早达峰。对钢铁、建材等耗煤行业实施更加严格的能效和排放标准，新增工业产能主要耗能设备能效达到国际先进水平。大力推进低碳产品认证，促进低碳生产。重构工业生产和组织方式，全面推进工业绿色制造，推动绿色产品、绿色工厂、绿色园区和绿色供应链全面发展。加快工艺流程升级与再造，以绿色设计和系统优化为重点，推广清洁低碳生产，促进增产不增能甚至增产降能。以新材料技术为重点推行材料替代，降低原材料使用强度，提高资源回收利用水平。推行企业循环式生产、产业循环式组合、园区循环式改造，推进生产系统和生活系统循环链接。充分利用工业余热余压余气，鼓励通过"能效电厂"工程提高需求侧节能和用户响应能力。

充分释放建筑节能潜力。建立健全建筑节能标准体系，大力发展绿色建筑，推行绿色建筑评价、建材论证与标识制度，提高建筑节能标准，推广超低能耗建筑，提高新建建筑能效水平，增加节能建筑比例。加快既有建筑节能和供热计量改造，实施公共建筑能耗限额制度，对重点城市公共建筑及学校、医院等公益性建筑进行节能改造，推广应用绿色建筑材料，大力发展装配式建筑。严格建筑拆除管理，遏制不合理的"大拆大建"。全面优化建筑终端用能结构，大力推进可再生能源建筑应用，推动农村建筑节能及绿色建筑发展。

全面构建绿色低碳交通运输体系。优化交通运输结构，大力发展铁路运输、城市轨道交通运输和水运，减少煤炭等大宗货物公路长途运输，加快零距离换乘、无缝衔接交通枢纽建设。倡导绿色出行，深化发展公共交通和慢行交通，提高出行信息服务能力。统筹油、气、电等多种交通能源供给，积极推动油品质量升级，全面提升车船燃料消耗量限值标准，推进现有码头岸电设施改造，新建码头配套建设岸电设施，鼓励靠港船舶优先使用岸电，实施多元替代。加快发展第三方物流，优化交通需求管理，提高交通运输系统整体效率和综合效益。

实施最严格的减排制度。坚决控制污染物排放，主动控制碳排放，建立健全排污权、碳排放权初始分配制度，培育和发展全国碳排放权交易市场。强化主要污染物减排，重点加强钢铁、化工、电力、水泥、氮肥、造纸、印染等行业污染控制，实施工业污染源全面达标排放行动，控制移动源污染物排放。全面推进大气中细颗粒物防治。构建机动车船和燃料油环保达标监管体系。扩大污染物总量控制范围，加快重点行业污染物排放标准修订。提高监测预警水平，建立完善全国统一的实时在线环境监控系统，加强执法监督检查。依法做好开发利用规划环评，严格建设项目环评，强化源头预防作用和刚性约束，加快推行环境污染第三方治理。

（四）推动城乡电气化发展。结合新型城镇化、农业现代化建设，拓宽电力使用领域，优先使用可再生能源电力，同步推进电气化和信息化建设，开创面向未来的能源消费新时代。

大幅提高城镇终端电气化水平。实施终端用能清洁电能替代，大力推进城镇以电代煤、以电代油。加快制造设备电气化改造，提高城镇产业电气化水平。提高铁路电气化率，超前建设汽车充电设施，完善电动汽车及充电设施技术标准，加快全社会普及应用，大幅提高电动汽车市场销量占比。淘汰煤炭在建筑终端的直接燃烧，鼓励利用可再生电力实现建筑供热（冷）、炊事、热水，逐步普及太阳能发电与建筑一体化。

全面建设新农村新能源新生活。切实提升农村电力普遍服务水平，完善配电网建设及电力接入设施、农业生产配套供电设施，缩小城乡生活用电差距。加快转变农业发展方式，推进农业生产电气化。实施光伏（热）扶贫工程，探索能源资源开发中的资产收益扶贫模式，助推脱贫致富。结合农村资源条件和用能习惯，大力发展太阳能、浅层地热能、生物质能等，推进用能形态转型，使农村成为新能源发展的"沃土"，建设美丽宜居乡村。

加速推动电气化与信息化深度融合。保障各类新型合理用电，支持新产业、新业态、新模式发展，提高新消费用电水平。通过信息化手段，全面提升终端能源消费智能化、高效化水平，发展智慧能源城市，推广智能楼宇、智能家居、智能家电，发展智能交通、智能物流。培育基于互联网的能源消费交易市场，推进用能权、碳排放权、可再生能源配额等网络化交易，发展能源分享经济。加强终端用能电气化、信息化安全运行体系建设，保障能源消费安全可靠。

（五）树立勤俭节约消费观。充分调动人民群众的积极性、主动性和创造性，大力倡导合理用能的生活方式和消费模式，推动形成勤俭节约的社会风尚。

增强全民节约意识。牢固树立尊重自然、顺应自然、保护自然的理念，加强环保意识、生态意识，积极培育节约文化，使节约成为社会主流价值观，加快形成人与自然和谐发展的能源消费新格局。把节约高效作为素质教育的重要内容。发挥公共机构典型示范带动作用，大力提倡建设绿色机关、绿色企业、绿色社区、绿色家庭。加强绿色消费宣传，坚决抵制和反对各种形式的奢侈浪费、不合理消费。

培育节约生活新方式。开展绿色生活行动，推动全民在衣食住行游等方面加快向文明绿色方式转变。继续完善小排量汽车和新能源汽车推广应用扶持政策体系。适应个性化、多元化消费需求发展，引导消费者购买各类节能环保低碳产品，减少一次性用品使用，限制过度包装。推广绿色照明和节能高效产品。

完善公众参与制度。增强公众参与程度，扩大信息公开范围，使全体公民在普遍享有现代能源服务的同时，保障公众知情权。健全举报、听证、舆论和公众监督制度。发挥社会组织和志愿者作用，引导公众有序参与能源消费各环节。

四、推动能源供给革命，构建清洁低碳新体系

立足资源国情，实施能源供给侧结构性改革，推进煤炭转型发展，提高非常规油气规模化开发水平，大力发展非化石能源，完善输配网络和储备系统，优化能源供应结构，形成多轮驱动、安全可持续的能源供应体系。

（一）推动煤炭清洁高效开发利用。煤炭是我国主体能源和重要工业原料，支撑了我国经济社会快速发展，还将长期发挥重要作用。实现煤炭转型发展是我国能源转型发展的立足点和首要任务。

实现煤炭集中使用。多种途径推动优质能源替代民用散煤，大力推广煤改气、煤改电工程。制定更严格的煤炭产品质量标准，逐步减少并全面禁止劣质散煤直接燃烧，大力推进工业锅炉、工业窑炉等治理改造，降低煤炭在终端分散利用比例，推动实现集中利用、集中治理。

大力推进煤炭清洁利用。建立健全煤炭质量管理体系，完善煤炭清洁储运体系，加强煤炭质量全过程监督管理。不断提高煤电机组效率，降低供电煤耗，全面推广世界一流水平的能效标准。加快现役煤电机组升级改造，新建大型机组采用超超临界等最先进的发电技术，建设高效、超低排放煤电机组，推动实现燃煤电厂主要污染物排放基本达到燃气电厂排放水平，建立世界最清洁的煤电体系。结合棚户区改造等城镇化建设，发展热电联产。在钢铁、水泥等重点行业以及锅炉、窑炉等重点领域推广煤炭清洁高效利用技术和设备。按照严格的节水、节能和环保要求，结合生态环境和水资源承载能力，适度推进煤炭向深加工方向转变，探索清洁高效的现代煤化工发展新途径，适时开展现代煤化工基地规划布局，提高石油替代应急保障能力。

促进煤炭绿色生产。严控煤炭新增产能，做好新增产能与化解过剩产能衔接，完善煤矿正常退出机制，实现高质量协调发展。实施煤炭开发利用粉尘综合治理，限制高硫、高灰、高砷、高氟等煤炭资源开发。强化矿山企业环境恢复治理责任，健全采煤沉陷区防治机制，加快推进历史遗留重点采煤沉陷区综合治理。统筹煤炭与煤层气开发，提高煤矸石、矿井水、煤矿瓦斯等综合利用水平。加强煤炭洗选加工，提高煤炭洗选比例。促进煤炭上下游、相关产业融合，加快煤炭企业、富煤地区、资源枯竭型城市转产转型发展。

（二）实现增量需求主要依靠清洁能源。大力发展清洁能源，大幅增加生产供应，是优化能源结构、实现绿色发展的必由之路。推动清洁能源成为能源增量主体，开启低碳供应新时代。

推动非化石能源跨越式发展。坚持分布式和集中式并举，以分布式利用为主，推动可再生能源高比例发展。大力发展风能、太阳能，不断提高发电效率，降低发电成本，实现与常规电力同等竞争。因地制宜选择合理技术路线，广泛开发生物质能，加快生物质供热、生物天然气、农村沼气发展，扩大城市垃圾发电规模。创新开发模式，统筹水电开发经济效益、社会效益和环境效益。在具备条件的城市和区域，推广开发利用地热能。开展海洋能等其他可再生能源利用的示范推广。采用我国和国际最新核安全标准，安全高效发展核电，做好核电厂址保护，优化整合核电堆型，稳妥有序推进核电项目建设，加强铀资源地质勘查，实行保护性开采政策，规划建设核燃料生产、乏燃料后处理厂和放射性废物处置场。

积极推动天然气国内供应能力倍增发展。加强天然气勘查开发，建设四川、新疆等天然气生产供应区，加快推动鄂尔多斯盆地、沁水盆地与新疆等地区不同煤阶煤层气，以及四川盆地及外围、中下扬子地区、北方地区页岩气勘查开发，推动煤层气、页岩气、致密气等非常规天然气低成本规模化开发，稳妥推动天然气水合物试采。处理好油气勘查开发过程中的环境问题，严格执行环保标准，加大水、土、大气污染防治力度。

推动分布式成为重要的能源利用方式。在具备条件的建筑、产业园区和区域，充分利用分布式天然气、分布式可再生能源，示范建设相对独立、自我平衡的个体能源系统。根据分布式能源供应情况，合理布局产业集群，完善就近消纳机制，推动实现就地生产、就地消费。

（三）推进能源供给侧管理。坚持严控能源增量、优化存量，着力提升能源供给质量和效率，扩大有效供给，合理控制能源要素成本，增强供给的适应性和灵活性。

建立健全能源生产、配送、交易管理市场化制度，推动能源优质优供，引导能源消费升级。完善产能退出机制，加快淘汰能源领域落后产能。分级分类建立能源产品标准体系并逐步完善提高，严禁不合格能源生产和交易使用。通过技术进步降低清洁能源成本，完善支持清洁能源发展的市场机制，建立健全生态保护补偿机制，推动化石能源外部环境成本内部化，合理确定煤炭税费水平。建立多元化成品油市场供应体系，实现原油、煤炭、生物质等原料的生产技术和产品的协同优化。优化能源系统运行，打造能源高效公平流动基础设施平台。建立能源基础设施公平性接入的有效监督机制，降低输配成本，提高能源供给效率。

（四）优化能源生产布局。综合考虑能源资源禀赋、水资源条件、生态环境承载力以及能源消费总量和强度"双控"等因素，科学确定能源重点开发基地，统筹能源生产与输送。

合理布局能源生产供应。东部地区，充分利用国内外天然气，发展核电、分布式可再生能源和海上风电，积极吸纳其他地区富余清洁能源，率先减煤。中部地区，大力发展分布式可再生能源，做好煤炭资源保护性开发，总体上降低煤炭生产规模，加快发展煤层气，建设区外能源输入通道及能源中转枢纽。西南地区，建设云贵川及金沙江等水电基地，大力发展川渝天然气，积极发展生物质能源，加快调整煤炭生产结构。西北地区，建设化石能源和可再生能源大型综合能源基地，保障全国能源平衡。东北地区，加快淘汰煤炭落后产能，大力发展新能源和可再生能源，实现供需平衡，完善国外能源输入通道。加快建设海上油气战略接续区，稳步推进海洋能开发利用。按照炼化一体化、装置规模化、产业园区化、产品清洁化的要求，优化石油炼化产业布局。

有效衔接能源开发地与输送网。实行能源优先就地平衡，尽量减少远距离大规模输送。结合全国能源生产供应布局，统筹多种能源输送方式，推进能源开发基地、加工转换基地与能源输送通道的同步规划、同步建设。加快能源输送网络转型，减少网络冗余，提高系统运行效率，扩大可再生能源有效利用，推动能源输送网络运营调度升级提效。

（五）全面建设"互联网+"智慧能源。促进能源与现代信息技术深度融合，推动能源生产管理和营销模式变革，重塑产业链、供应链、价值链，增强发展新动力。

推进能源生产智能化。鼓励风电、太阳能发电等可再生能源的智能化生产，推动化石能源开采、加工及利用全过程的智能化改造，加快开发先进储能系统。加强电力系统的智能化建设，有效对接油气管网、热力管网和其他能源网络，促进多种类型能流网络互联互通和多种能源形态协同转化，建设"源—网—荷—储"协调发展、集成互补的能源互联网。

建设分布式能源网络。鼓励分布式可再生能源与天然气协同发展，建设基于用户侧的分布式储能设备，依托新能源、储能、柔性网络和微网等技术，实现分布式能源的高效、灵活接入以及生产、消费一体化，依托能源市场交易体系建设，逐步实现能源网络的开放共享。

发展基于能源互联网的新业态。推动多种能源的智能定制，合理引导电力需求，鼓励用户参与调峰，培育智慧用能新模式。依托电子商务交易平台，实现能源自由交易和灵活补贴结算，推进虚拟能源货币等新型商业模式。构建基于大数据、云计算、物联网等技术的能源监测、管理、调度信息平台、服务体系和产业体系。打造能源企业"大众创业、万众创新"平台，全面推进能源领域众创众包众扶众筹。

五、推动能源技术革命，抢占科技发展制高点

立足自主创新，准确把握世界能源技术演进趋势，以绿色低碳为主攻方向，选择重大科技领域，按照"应用推广一批、示范试验一批、集中攻关一批"路径要求，分类推进技术创新、商业模式创新和产业创新，将技术优势转化为经济优势，培育能源技术及关联产业升级的新增长点。

（一）普及先进高效节能技术。以系统节能为基础，以高效用能为方向，将高效节能技术广泛应用于工业、建筑、交通等各领域。

工业节能技术。发展工业高效用能技术，加强生产工艺和机械设备节能技术研发，重点推动工业锅（窑）炉、电机系统、变压器等通用设备节能技术研发应用。深入推进流程工业系统节能改造，完善和推广工业循环利用、系统利用和梯级利用技术。广泛应用原料优化、工业余热、余压、余气回收利用和电厂烟气余热回收利用技术。推行产品绿色节能设计，推广轻量化低功耗易回收等技术工艺。

建筑节能技术。推广超低能耗建筑技术以及绿色家居、家电等生活节能技术，发展新型保温材料、反射涂料、高效节能门窗和玻璃、绿色照明、智能家电等技术，鼓励发展近零能耗建筑技术和既有建筑能效提升技术，积极推广太阳能、地热能、空气热能等可再生能源建筑规模化应用技术。

交通运输节能技术。突破新能源汽车核心技术，发展节能汽车技术，完善高铁、新型轨道交通节能关键技术，积极开发大型飞机、船舶材料及燃料加工技术。研发和推广交通与互联网融合技术，利用交通大数据，发展城市智能交通管理技术、车联网等交通控制网技术。

（二）推广应用清洁低碳能源开发利用技术。强化自主创新，加快非化石能源开发和装备制造技术、化石能源清洁开发利用技术应用推广。

可再生能源技术。加快大型陆地、海上风电系统技术及成套设备研发，推动低风速、风电场发电并网技术攻关。加快发展高效太阳能发电利用技术和设备，重点研发太阳能电池材料、光电转换、智能光伏发电站、风光水互补发电等技术，研究可再生能源大规模消纳技术。研发应用新一代海洋能、先进生物质能利用技术。

先进核能技术。推动大型先进压水堆核电站的规模化建设，钠冷快中子堆核电厂示范工程及压水堆乏燃料后处理示范工程的建设，以及高温气冷堆等新型核电示范工程建设；推进小型智能堆、浮动核电站等新技术示范，重点实施自主知识产权技术的示范推广。突破铀资源攻深找盲技术和超深大型砂岩铀矿高效地浸、铀煤协调开采等关键技术，探索盐湖及海水铀资源低成本提取技术，开展先进核电燃料的研究和应用，开发事故容错核燃料技术、先进核燃料循环后处理技术及高放废物处理处置技术。

煤炭清洁开发利用技术。创新煤炭高效建井和智能矿山等关键技术、煤炭无人和无害化等智能开采、充填开采、保水开采以及无煤柱自成巷开采技术，开展矿井低浓度瓦斯采集、提纯、利用技术攻关。创新超高效火电技术、超清洁污染控制技术、低能耗碳减排和硫捕集封存利用技术、整体煤气化联合循环发电技术等，掌握燃气轮机装备制造核心技术。做好节水环保高转化率煤化工技术示范。

油气开发利用技术。积极研究应用油气高采收率技术和陆地深层油气勘查开发技术。探索致密气、页岩气压裂新技术、油页岩原位开采技术。研发推广适合不同煤阶的煤层气抽采技术。推动深海油气勘查开发、海上溢油等事故应急响应和快速处理技术及装备研发。加快重劣质油组合加工技术等关键技术研发，积极推动油品质量升级关键技术研发及推广，突破分布式能源微燃机制造技术，推广单燃料天然气车船应用技术。

（三）大力发展智慧能源技术。推动互联网与分布式能源技术、先进电网技术、储能技术深度融合。

先进电网技术。加强新能源并网、微网等智能电网技术研发应用，推动先进基础设施和装备关键技术、信息通信技术及调控互动技术研发示范。完善并推广应用需求侧互动技术、电力虚拟化及电力交易平台技术，提升电网系统调节能力。

储能技术。发展可变速抽水蓄能技术，推进飞轮、高参数高温储热、相变储能、新型压缩空气等物理储能技术的研发应用，发展高性能燃料电池、超级电容等化学储能技术。研发支持即插即用、灵活交易的分布式储能设备。

能源互联网技术。集中攻关能源互联网核心装备技术、系统支撑技术，重点推进面向多能流的能源交换路由器技术、能气交换技术、能量信息化与信息物理融合技术、能源大数据技术及能源交易平台与金融服务技术等。

（四）加强能源科技基础研究。实施人才优先发展战略，重点提高化石能源地质、能源环境、能源动力、材料科学、信息与控制等基础科学领域的研究能力和水平。

开展前沿性创新研究。加快研发氢能、石墨烯、超导材料等技术。突破无线电能传输技术、固态智能变压器等核心关键技术。发展快堆核电技术。加强煤炭灾害机理等基础理论研究，深入研究干热岩利用技术。突破微藻制油技术、探索藻类制氢技术。超前研究个体化、普泛化、自主化的自能源体系相关技术。

重视重大技术创新。集中攻关可控热核聚变试验装置，力争在可控热核聚变实验室技术上取得重大突破。大力研发经济安全的天然气水合物开采技术。深入研究经济性全收集全处理的碳捕集、利用与封存技术。

六、推动能源体制革命，促进治理体系现代化

还原能源商品属性，加快形成统一开放、竞争有序的市场体系，充分发挥市场配置资源的决定性作用和更好发挥政府作用。以节约、多元、高效为目标，创新能源宏观调控机制，健全科学监管体系，完善能源法律法规，构建激励创新的体制机制，打通能源发展快车道。

（一）构建有效竞争的能源市场体系。坚持社会主义市场经济改革方向，加快形成企业自主经营、消费者自由选择、商品和要素自由流动的能源市场体系。

加快形成现代市场体系。政府减少对能源市场的干预，减少对能源资源直接分配和微观经济活动的行政管理，抓紧构建基础性制度，保障资源有序自由流动。全面推进能源行政审批制度改革，完善负面清单，鼓励和引导各类市场主体依法平等参与负面清单以外的能源领域投资运营。积极稳妥发展混合所有制，支持非公有制发展，实现市场主体多元化。建立完善的油气、煤炭、电力以及用能权等能源交易市场，确立公平开放透明统一的市场规则。打破地区封锁、行业垄断，加强市场价格监管和反垄断执法，严厉查处实施垄断协议、滥用市场支配地位和滥用行政权力等垄断行为。

全面推进能源企业市场化改革。着力推动能源结构、布局、技术全面优化。实施国有能源企业分类改革，坚持有进有退、有所为有所不为，着力推进电力、油气等重点行业改革。按照管住中间、放开两头的原则，有序放开发电和配售电业务。优化国有资本布局，完善现代企业制度，提高投资效率，充分发挥在保护资源环境、加快转型升级、履行社会责任中的引领和表率作用，更好适应能源消费需求升级。增强国有经济活力、控制力、影响力、抗风险能力，做优做强，更好服务于国家战略目标。

（二）建立主要由市场决定价格机制。全面放开竞争性环节价格，凡是能由市场形成价格的，都要交给市场。加强对市场价格的事中事后监管，规范价格行为。推动形成由能源资源稀缺程度、市场供求关系、环境补偿成本、代际公平可持续等因素决定能源价格机制。稳妥处理和逐步减少交叉补贴。

加强政府定价成本监审，推进定价公开透明。健全政府在重要民生和部分网络型自然垄断环节价格的监管制度。落实和完善社会救助、保障标准与物价上涨挂钩的联动机制，保障困难群众基本用能需求。

（三）创新能源科学管理模式。加快政府职能转变，持续推进简政放权、放管结合、优化服务改革，建立健全战略谋划、规划实施、政策配套、监管到位的能源科学管理模式。

加强战略规划引领。加强能源重大问题的战略谋划，加强顶层设计，不断提高能源宏观管理的全局性、前瞻性、针对性。做好能源规划、年度计划及各类专项规划之间的有机衔接，建立规划实施、监督检查、评估考核机制，保障规划有效落实，进一步提高规划的科学性、权威性和约束力。创新和完善能源宏观调控，按照总量调节和定向施策并举、短期和中长期结合、国内和国际统筹、改革和发展协调的要求，推动实现能源总量和强度控制、优化能源结构、防控风险、保护环境。

创新宏观政策配套机制。完善鼓励清洁能源加快发展的产业政策和投融资机制。加强用能权与用水权、排污权、碳排放权初始分配制度，以及土地有偿使用管理制度相衔接，统筹推进能源资源合理高效利用。研究完善矿产资源权益金及配套制度，维护资源所有者和投资者权益，健全政府依法有序投放、企业公开公平竞争的能源矿业资源管理机制。建立健全支撑能源绿色发展的财税、金融服务体系。健全能源统计制度，完善计量体系和能源消费总量、环境质量、节能减排等目标考核体系，推进能源管理体系认证。加强能源信息收集整理，及时跟踪研究国内外能源发展情况及动态。

重塑能源监管体系。统筹能源管理体制改革，明确中央与地方的能源监管职责。推进能源领域信用体系建设，保障政府科学决策、市场有序发展。完善监管协调机制，建立健全权责清晰、规则统一、方式得当、执法有力的现代能源监管框架。

持续提升监管效能。完善能源市场准入制度，统一准入"门槛"，强化资源、环境、安全等技术标准。运用市场、信用、法治等手段，加强对能源市场主体行为的持续性动态监管，防范安全风险，维护市场秩序，保障社会公共利益和投资者、经营者、消费者合法权益。加强监管能力建设，创新监管方法和手段，提高监管的针对性、及时性、有效性。

（四）建立健全能源法治体系。以能源法治平衡各方利益，以能源法治凝聚能源改革共识，坚持在法治下推进改革，在改革中完善法治。

建立科学完备、先进适用的能源法律法规体系。根据形势发展需要，健全能源法律法规体系，加强能源监管法律法规建设，研究完善相关配套实施细则，做好地方性法规与法律、行政法规的衔接。

及时修订废止阻碍改革、落后于实践发展的法律法规。增强能源法律法规的及时性、针对性、有效性。

七、加强全方位国际合作，打造能源命运共同体

按照立足长远、总体谋划、多元合作、互利共赢的方针，加强能源宽领域、多层次、全产业链合作，构筑连接我国与世界的能源合作网，打造能源合作的利益共同体和命运共同体。

（一）实现海外油气资源来源多元稳定。完善海外重点合作区域布局，丰富能源国际合作内涵，把握好各方利益交集。

构建多元化供应格局。有效利用国际资源，加快重构供应版图，形成长期可靠、安全稳定的供应渠道。

打造命运共同体。把握和扩大能源国际合作各方的利益交集，充分照顾合作东道国现实利益，把我国能源合作战略利益与资源国经济发展和改善民生需求充分结合起来。能源"走出去"企业要切实履行当地社会责任，促进互利共赢。

创新合作方式。坚持经济与外交并重、投资和贸易并举，充分利用高层互访、双多边谈判、对外经济援助等机会，创新完善能源国际合作方式。发挥资本和资金优势，推动资源开发与基础设施建设相结合。

（二）畅通"一带一路"能源大通道。巩固油气既有战略进口通道，加快新建能源通道，有效提高我国和沿线国家能源供应能力，全面提升能源供应互补互济水平。

确保能源通道畅通。巩固已有主要油气战略进口通道。推动建立陆海通道安全合作机制，做好通道关键节点的风险管控，提高设施防护能力、战略预警能力以及突发事件应急反应能力，建设安全畅通的能源输送大通道。

完善能源通道布局。加强陆海内外联动、东西双向开放，加快推进"一带一路"国家和地区能源互联互通，加快能源通道建设，提高陆上通道运输能力。推动周边国家电力基础网络互联互通。

推进共商共建共享。与相关国家和地区共同推进能源基础设施规划布局、标准规范、经营管理的对接，加强法律事务合作，保障能源输送高效畅通。以企业为主体，以基础设施为龙头，共建境外能源经贸产业园区。

（三）深化国际产能和装备制造合作。引技引智并举，拓宽合作领域，加大国际能源技术合作力度，推动能源产业对外深度融合，提升我国能源国际竞争力。

引进先进适用技术。通过相互投资、市场开放等手段，引进消化吸收和再创新清洁煤、乏燃料处理、智能电网等关键、适用能源技术，鼓励掌握先进技术的国外企业参与国内非常规油气勘查开发、清洁低碳能源开发利用等。

提升科技全球协同创新能力。积极参与前瞻性能源技术国际研发应用合作平台和机制建设，密切跟踪掌握关键重点领域前沿动态。加强政府间、企业间、研究机构间合作与交流，创新能源领域人才合作培养机制。积极参与制定先进能源技术标准，推动国内技术标准国际化。

融入全球能源产业链。发挥比较优势，培育一批跨国企业，增强国际竞争力，推动能源生产和高效节能装备、技术、服务"走出去"。联合技术先进国家共同开拓第三方国际市场，深度融入全球能源产业链、价值链、物流链。

（四）增强国际能源事务话语权。

积极参与国际能源治理。推动全球能源治理机制变革，共同应对全球性挑战，打造命运共同体。巩固和完善我国双边多边能源合作机制，积极参与国际机构改革进程。

积极承担国际责任和义务。坚持共同但有区别的责任原则、公平原则、各自能力原则，积极参与应对气候变化国际谈判，推动形成公平合理、合作共赢的全球气候治理体系。广泛开展务实交流合作，推动发达国家切实履行大幅度率先减排等《联合国气候变化框架公约》义务。支持发展中国家开发清洁能源和保护生态环境，树立负责任大国形象。

八、提升综合保障能力，掌握能源安全主动权

始终保持忧患意识、危机意识，立足国内，着眼全球，构建涵盖能源供给利用、储备应急、监督管理等各方面的综合保障体系，把能源安全的主动权牢牢掌握在自己手中。

（一）形成多元安全保障体系。统筹不同能源品种、生产输送消费环节、当前和长远需要，全面提高能源安全保障的综合协同能力。

推动多元化保障安全。加大国内油气勘探开发力度，稳定国内供应，确保油气安全。加强煤炭、核能、可再生能源等供应安全。处理好不同能源品种替代互补关系，实现多能互补。

强化全过程安全保障。加快构建结构多元、供应稳定的现代能源产业体系。坚持节能优先，合理控制能源消费需求。提升能源安全输送能力，统筹煤、电、油、气网运设施能力建设，建设架构合理、坚强可靠的骨干输电通道，形成全面覆盖的油气管网，实现能源便捷流动、灵活调运。

坚持长短结合。积极应对市场短期供应中断，防范突发事件和短期价格剧烈波动影响。更加注重能源长期可持续安全，统筹能源安全与生态环境安全，把新能源、新技术、气候变化作为新能源安全观的重要内容。

（二）增强战略储备和应急能力。建立政府储备与企业储备并重、中央储备与地方储备分层、资源储备与技术储备结合、战略储备与应急响应兼顾、国内储备与国际储备互补的能源储备机制。

扩大能源资源及产品储备规模。完善能源储备设施布局，增强长期战略性储备、平时和应急调峰性储备能力。加快石油储备基地建设，科学确定储备规模。积极发展天然气应急调峰设施，提升天然气应急调峰能力，加快地下储气库、沿海液化天然气应急调峰站等建设。统筹考虑储电、储热、储冷等多种储备方式，发挥好调节供需平衡和能源缓冲作用。

增强替代能源能力储备。增强煤制油、煤制气等煤基燃料技术研发能力，积极研发生物柴油、燃料乙醇、生物纤维合成汽油等生物液体燃料替代技术，大力推进纯电动汽车、燃料电池等动力替代技术发展，发展氢燃料等替代燃料技术。积极推动替代技术产业示范。

健全能源预警应急体系。强化能源生产、运行、环境等领域事故应急能力建设，开发能源预测预警模型，建立预测预警平台，定期跟踪并发布信息，畅通反馈机制。制定应急预案、完善演练制度和应急调度机制，提高能源应急响应能力，有效减少能源中断带来的损失。

（三）提升生产运行安全水平。加大能源安全生产投入，加强能源行业安全监管，全面提升煤电油气运安全水平。

加大安全生产投入。全面普查煤矿隐蔽致灾因素，加快关闭煤与瓦斯突出等灾害隐患严重的煤矿。加大老旧油气管道和电网改造力度，做好基础设施保护与隐患排查治理工作。强化炼厂、油库、油气加注站等重大危险源管控。加强核安全队伍建设，进一步提高核能与核技术安全水平，降低核与辐射安全风险。尽快出台能源互联网技术安全制度，加强安全研判和预控。

加强行业安全监管。完善和落实安全生产责任、管理制度和考核机制，严格责任追究，坚决遏制能源领域重特大安全事故发生。创新安全生产监管执法机制，加强能源项目全过程安全监管，重点开展源头监管和治理，及时排查化解安全隐患。加强安全生产诚信体系建设。整合建立能源安全生产综合信息平台。加强监管执法队伍建设。

九、实施重大战略行动，推进重点领域率先突破

围绕能源革命战略目标，选择重点突破领域，通过示范建设和实施重大工程，推动落实各项战略任务。

（一）全民节能行动。开展千家万户绿色节能活动，深入开展反过度包装、反食品浪费、反过度消费行动，完善国家节能技术推广机制。实施一批节能改造重点工程，推动重点用能单位节能行动。推行合同能源管理和重点用能行业能效"领跑者"制度。加强节能监察。建设节约型公共机构示范单位，全面建设节约型办公区。建立能流物流高效循环、梯级利用的复合型工厂和园区。全面实行供热计量收费，推广绿色施工及装配化建造方式。深入推进"车、船、路、港"千家企业节能低碳交通运输专项行动。

（二）能源消费总量和强度控制行动。将全国能耗总量和强度双控目标分解到各地区和重点用能单位，严格考核、监督和问责。推行用能预算管理制度，研究在大气污染联防联控重点区域、经济发达地区和大中城市率先开展用能权使用和交易试点，结合综合经济社会效益等，对重点行业企业排序，建立初始用能权核定制度。全面淘汰分散燃煤小锅炉，推动电代油、气代油、生物燃料替代，提高燃油经济性标准。严格控制煤炭消费总量，确保实现空气质量治理阶段性达标。

（三）近零碳排放示范行动。重点控制电力、钢铁、建材、化工等行业的碳排放。继续推进公交优先发展战略，推广新能源汽车。京津冀、长三角、珠三角地区碳排放率先达到峰值。深入开展低碳省（区、市）、市、城镇、产业园区、社区试点示范，实施近零碳排放区示范工程。开展碳捕集利用封存试点。推动建设全国统一的碳排放权交易市场，实行重点单位碳排放报告、核查、核证和配额管理制度。

（四）电力需求侧管理行动。充分发挥电力需求侧管理在供给侧结构性改革中的作用，开展工业领域电力需求侧管理专项行动，并在交通、建筑、商业领域推广示范。制定工业领域电力需求侧管理指南，形成一批示范企业和园区。建设电力需求侧管理平台。支持技术创新及产业化应用，形成工业领域电力需求侧管理推荐产品和技术目录。建设产业联盟及相关中介组织，加快培育电能服务产业。实施电力需求侧管理评价，推动形成科学、有序、安全、节约的现代用能管理体系。组织万家工业企业参与专项行动，到2020年，工业企业单位增加值电耗平均下降10%以上。

（五）煤炭清洁利用行动。全面实施燃煤电厂节能及超低排放升级改造，坚决淘汰关停落后产能和不符合相关强制性标准要求的燃煤机组。在2020年前，所有现役电厂平均供电煤耗低于310克标准煤/千瓦·时，新建电厂平均供电煤耗低于300克标准煤/千瓦·时，到2030年，煤炭用于发电的比重不断提高，燃煤电厂平均供电煤耗进一步降低，超低污染物排放煤电机组占全国80%以上。多措并举，全面推进散煤治理。到2020年，全面实现燃煤锅炉污染物达标排放，大气污染重点防控区全部淘汰落后燃煤锅炉，污染物排放达到国家特别排放限值要求，实施重点区域散煤清洁化治理行动，散煤治理取得明显进展。

（六）天然气推广利用行动。进一步明确积极发展天然气政策，高效利用天然气。实施大气污染治理重点地区气化工程，根据资源落实情况，加快重点地区燃煤设施和散煤燃烧天然气替代步伐，做好供需季节性调节。提高城市燃气化率。有序发展天然气调峰电站，积极推进天然气冷热电三联供，大力发展天然气分布式能源，推动天然气和新能源融合发展。开展交通领域气化工程，大力推进车、船用燃油领域天然气替代，加快内河船舶液化天然气燃料的推广应用。

（七）非化石能源跨越发展行动。优化风电和光伏发电布局，加快中东部可再生能源发展，稳步推进"三北"地区风光电基地建设，建立弃风率和弃光率预警考核机制，实现可再生能源科学有序发展。鼓励可再生能源电力优先就近消纳，充分利用规划内输电通道实现跨区外送。大力推进生物质能原料基地建设，扩大生物质能利用规模。开展地热能示范县、示范乡镇建设。开展海洋能示范项目建设。在生态优先前提下积极有序推进大型水电基地建设，因地制宜发展中小型水电站，大力推进抽水蓄能电站建设，科学有序开发金沙江等水电。到2030年，非化石能源发电量占全部发电量的比重力争达到50%。

（八）农村新能源行动。更好发挥能源扶贫脱贫攻坚作用，改善贫困地区用能条件，通过建设太阳能光伏电站、开发水电资源等方式，探索能源开发收益共享等能源扶贫新机制。建立农村商品化能源供应体系，稳步扩大农村电力、燃气和洁净型煤供给，加快替代农村劣质散煤，提高物业化管理、专业化服务水平。统筹推进农村配电网建设、太阳能光伏发电和热利用。在具备条件的农村地区，建设集中供热和燃气管网。就近利用农作物秸秆、畜禽粪便、林业剩余物等生物质资源，开展农村生物天然气和沼气等燃料清洁化工程。到2030年，农村地区实现商品化能源服务体系。

（九）能源互联网推广行动。融合应用信息、电力、储能、电力电子、新能源技术，搭建能源互联网基础架构。建设能源智能化、综合能源网和信息通讯基础设施，开发能源联网交易体系，创新能源交易商业模式。发展储能和电动汽车应用、智慧用能和增值服务，培育绿色能源交易市场，发展能源大数据服务应用等。建设国际领先的能源互联网技术标准体系。

（十）能源关键核心技术及装备突破行动。强化创新基础，依托骨干企业、科研院所和高校，建设一批具有影响力的能源技术研究基地（平台）。优化能源科研机构组织运行方式，建立健全激励机制。加强能源基础理论联合研究，增强原始创新、集成创新能力，在重要的能源核心技术和关键材料方面取得突破，梯次开展重大示范工程。调整优化能源装备制造布局，推动产业集聚向产业集群转型升级，建设全球重大能源装备制造基地。加强能源装备领域产业计量测试中心建设，提供全产业链、全溯源链、全生命周期计量测试服务。

（十一）能源供给侧结构性改革行动。持续深化国有能源企业改革，完善油气和电力主体多元的市场化体系，增强市场活力和市场竞争力，转变国有企业经营机制，做优做强，提高能源供应质量和效率。加快油气交易平台建设，完善电力市场交易平台。推动新能源基地配套布局天然气、抽水蓄能等调峰电厂，提高发电稳定性。开展化石能源产品质量达标行动，完善煤炭产品质量标准体系。加强油气管网、电网接入公平性监管，加强煤炭质量监测和抽查管理。加快建设排污权、碳交易市场，实现化石能源外部成本内部化。实施能源生产安全保障行动。

（十二）能源标准完善和升级行动。在建筑建材、车用燃油、汽车排放、家用电器、商品煤、燃煤锅炉等方面，制修订更加严格的节能环保标准。在太阳能发电、核电安全、能源互联网、新能源汽车、充电设施等方面，完善技术标准体系。加快前沿性创新技术转化为标准。超前部署创新领域标准研究。建立标准及时更新机制。落实责任主体，加强标准执行，严格监督考核，完善奖惩制度。

（十三）"一带一路"能源合作行动。陆上依托国际大通道，以沿线中心城市为支撑，以重点经贸产业园区为合作平台，推动能源投资和贸易；海上以重点港口为节点，畅通能源输送通道。联合开发水能、光伏、风能、生物质能、地热能、海洋能等资源，打造清洁能源合作样板。实施低碳示范区、减缓和适应气候变化及人员培训合作项目。

十、切实加强组织领导，确保战略目标全面实现

推进能源革命，必须统一思想，加强组织领导，健全领导体制和工作机制，完善规划体系，协调重大关系，研究解决重大问题，动员全社会力量，积极稳妥推进，保障能源革命阶段性任务和整体战略目标的顺利实现。

（一）明确实施责任主体。各地区、各部门要提高认识，深入理解加快推动能源革命的重要性、紧迫性和艰巨性，切实负起责任，密切协调配合，强化信息共享和协同联动机制，形成强大合力。在深入调研、科学论证，广泛听取各方面意见的基础上，研究制定与战略要求相衔接的规划体系和实施方案，明确责任分工和时间要求，确保各项政策措施落地生根。

（二）强化规划指导作用。制定或修订经济社会发展总体规划，主体功能区规划，区域、专项规划及年度计划，要体现能源革命战略意图。依据本战略制定能源分行业、分区域以及重点领域专项规划，注重能源规划和年度计划相衔接。处理好整体与局部、长远与近期之间的关系。完善规划动态调整机制，提升规划的科学性、权威性和约束力，在规划体系中分解落实能源战略任务和目标，形成具体实施方案。建立规划实施、监督检查、评估考核机制，保障规划有效落实。

（三）完善政策措施保障。促进能源政策与财税、金融、土地、价格、环保、产业等相关政策统筹协调，确保各项政策措施的连贯统一，提高政策综合效力。加强制度配套，将能源消费"双控"指标纳入经济社会发展综合评价体系，用能权、用水权、排污权、碳排放权初始分配制度建设与之相配套。严格约束性指标管理，加大审批事项取消下放力度，更多发挥市场机制作用。

（四）健全监督管理体系。国家发展改革委、国家能源局加强统筹协调，各有关部门要周密部署、强化沟通协作，形成工作合力，要对战略落实情况进行跟踪分析和督促检查，及时解决实施中遇到的问题，重大问题要及时向国务院报告。建立战略任务落实情况督促检查和第三方评价机制，完善长期监测、滚动调整、绩效评估和监督考核机制。同时，发挥舆论监督作用，完善公众参与机制，加强信息公开，引导公众参与战略贯彻落实的全过程，提高战略推进、独立监督、科学管理、民主决策的水平。

（五）加强宣传教育引导。各地区、各部门要动员社会各方力量，开展形式多样的能源革命战略宣传，加强新闻宣传、政策解读和教育普及，准确阐述战略的革命思想，把"清洁低碳、安全高效"的理念融入社会主义核心价值体系观宣传教育加以推广、弘扬。注重引导舆论，回应社会关切，传递有利于加快能源革命的好声音和正能量，积极营造浓厚、持久的社会氛围，推动形成社会共识和自觉意识，不断把能源革命推向深入。

（十）能源技术革命创新行动计划（2016—2030年）

2016年4月7日，国家发改委、国家能源局下发《能源技术革命创新行动计划（2016—2030年）》，明确今后一段时期我国能源技术创新工作重点、主攻方向及重点创新行动的时间表和路线图。

国家发展改革委　国家能源局关于印发
《能源技术革命创新行动计划（2016—2030年）》的通知

发改能源〔2016〕513号

各省、自治区、直辖市及计划单列市、新疆生产建设兵团发展改革委、能源局、各有关中央企业：

为深入贯彻落实党的十八届五中全会、中央财经领导小组第六次会议和国家"十三五"规划纲要精神，践行"创新、协调、绿色、开放、共享"发展理念，推动实施能源"四个革命、一个合作"的战略思想，充分发挥能源技术创新在建设清洁低碳、安全高效现代能源体系中的引领和支撑作用，国家发展改革委、国家能源局组织编制了《能源技术革命创新行动计划（2016—2030年）》，现印发你们，请认真组织实施。

国家发展改革委
国家能源局
2016年4月7日

能源技术革命创新行动计划（2016—2030年）

能源是人类生存和文明发展的重要物质基础，我国已成为世界上最大的能源生产国和消费国，能源供应能力显著增强，技术装备水平明显提高。同时，我们也面临着世界能源格局深度调整、全球应对气候变化行动加速、国家间技术竞争日益激烈、国内经济进入新常态、资源环境制约不断强化等挑战。为积极应对挑战，党中央、国务院审时度势，在中央财经领导小组第六次会议上作出了推动能源消费、供给、技术和体制革命，全方位加强国际合作的战略部署。党的十八届五中全会进一步明确建设清洁低碳、安全高效的现代能源体系。

科技决定能源的未来，科技创造未来的能源。能源技术创新在能源革命中起决定性作用，必须摆在能源发展全局的核心位置。为贯彻落实党的十八届五中全会和中央财经领导小组第六次会议精神，围绕可能产生重大影响的革命性能源技术创新和对建设现代能源体系具有重要支撑作用的技术领域，明确今后一段时期我国能源技术创新的工作重点、主攻方向以及重点创新行动的时间表和路线图，特制订本行动计划。

一、能源科技的发展形势

（一）世界能源科技发展趋势。当前，新一轮能源技术革命正在孕育兴起，新的能源科技成果不断涌现，正在并将持续改变世界能源格局。非常规油气勘探开发技术在北美率先取得突破，页岩气和致密油成为油气储量及产量新增长点，海洋油气勘探开发作业水深纪录不断取得突破；主要国家均开展了700℃超超临界燃煤发电技术研发工作，整体煤气化联合循环技术、碳捕捉与封存技术、增压富氧燃烧等技术快速发展。燃气轮机初温和效率进一步提高，H级机组已实现商业化，以氢为燃料的燃气轮机正在快速发展；三代核电技术逐渐成为新建机组主流技术，四代核电技术、小型模块式反应堆、先进核燃料及循环技术研发不断取得突破；风电技术发展将深海、高空风能开发提上日程，太阳能电池组件效率不断提高，光热发电技术开始规模化示范，生物质能利用技术多元化发展；电网技术与信息技术融合不断深化，电气设备新材料技术得到广泛应用，部分储能技术已实现商业化应用。可再生能源正逐步成为新增电力重要来源，电网结构和运行模式都将发生重大变化。

近年来，主要能源大国均出台了一系列法律法规和政策措施，采取行动加快能源科技创新。美国发布了《全面能源战略》等战略计划，将"科学与能源"确立为第一战略主题，提出形成从基础研究到最终市场解决方案的完整能源科技创新链条，强调加快发展低碳技术，已陆续出台了提高能效、发展太阳能、四代和小型模块化核能等清洁电力等新计划。日本陆续出台了《面向2030年能源环境创新战略》等战略计划，提出了能源保障、环境、经济效益和安全并举的方针，继续支持发展核能，推进节能和可再生能源，发展新储能技术，发展整体煤气化联合循环（IGCC）、整体煤气化燃料电池循环等先进煤炭利用技术。欧盟制订了《2050能源技术路线图》等战略计划，突出可再生能源在能源供应中的主体地位，提出了智能电网、碳捕集与封存、核聚变以及能源效率等方向的发展思路，启动了欧洲核聚变联合研究计划。

纵观全球能源技术发展动态和主要能源大国推动能源科技创新的举措，可以得到以下结论和启示：一是能源技术创新进入高度活跃期，新兴能源技术正以前所未有的速度加快迭代，对世界能源格局和经济发展将产生重大而深远的影响；二是绿色低碳是能源技术创新的主要方向，集中在传统化石能源清洁高效利用、新能源大规模开发利用、核能安全利用、能源互联网和大规模储能以及先进能源装备及关键材料等重点领域；三是世界主要国家均把能源技术视为新一轮科技革命和产业革命的突破口，制定各种政策措施抢占发展制高点，增强国家竞争力和保持领先地位。

（二）我国能源科技发展形势。近年来，我国能源科技创新能力和技术装备自主化水平显著提升，建设了一批具有国际先进水平的重大能源技术示范工程。初步掌握了页岩气、致密油等勘探开发关键装备技术，煤层气实现规模化勘探开发，3000米深水半潜式钻井船等装备实现自主化，复杂地形和难采地区油气勘探开发部分技术达到国际先进水平，千万吨炼油技术达到国际先进水平，大型天然气液化、长输管道电驱压缩机组等成套设备实现自主化；煤矿绿色安全开采技术水平进一步提升，大型煤炭气化、液化、热解等煤炭深加工技术已实现产业化，低阶煤分级分质利用正在进行工业化示范；超超临界火电技术广泛应用，投运机组数量位居世界首位，大型IGCC、CO_2封存工程示范和700℃超超临界燃煤发电技术攻关顺利推进，大型水电、1000kV特高压交流和±800kV特高压直流技术及成套设备达到世界领先水平，智能电网和多种储能技术快速发展；基本掌握了AP1000核岛设计技术和关键设备材料制造技术，采用"华龙一号"自主三代技术的首堆示范项目开工建设，首座高温气冷堆技术商业化核电站示范工程建设进展顺利，核级数字化仪控系统实现自主化；陆上风电技术达到世界先进水平，海上风电技术攻关及示范有序推进,光伏发电实现规模化发展,光热发电技术示范进展顺利,纤维素乙醇关键技术取得重要突破。

虽然我国能源科技水平有了长足进步和显著提高,但与世界能源科技强国和引领能源革命的要求相比,还有较大的差距。一是核心技术缺乏,关键装备及材料依赖进口问题比较突出,三代核电、新能源、页岩气等领域关键技术长期以引进消化吸收为主,燃气轮机及高温材料、海洋油气勘探开发技术装备等长期落后。二是产学研结合不够紧密,企业的创新主体地位不够突出,重大能源工程提供的宝贵创新实践机会与能源技术研发结合不够,创新活动与产业需求脱节的现象依然存在。三是创新体制机制有待完善,市场在科技创新资源配置中的作用有待加强,知识产权保护和管理水平有待提高,科技人才培养、管理和激励制度有待改进。四是缺少长远谋划和战略布局,目前的能源政策体系尚未把科技创新放在核心位置,国家层面尚未制定全面部署面向未来的能源领域科技创新战略和技术发展路线图。

(三)我国能源技术战略需求。我国能源技术革命应坚持以国家战略需求为导向,一方面为解决资源保障、结构调整、污染排放、利用效率、应急调峰能力等重大问题提供技术手段和解决方案,另一方面为实现经济社会发展、应对气候变化、环境质量等多重国家目标提供技术支撑和持续动力。

1. 围绕"两个一百年"奋斗目标提供能源安全技术支撑。我国正处于实现"两个一百年"奋斗目标和中华民族伟大复兴的中国梦的关键阶段,能源需求在很长时期内还将持续增长。这要求通过能源技术创新加快化石能源勘探开发和高效利用,大力发展新能源和可再生能源,构建常规和非常规、化石和非化石、能源和化工以及多种能源形式相互转化的多元化能源技术体系。

2. 围绕环境质量改善目标提供清洁能源技术支撑。我国正在建设"蓝天常在、青山常在、绿水常在"的美丽中国,这要求通过能源技术创新,大幅减少能源生产过程污染排放,提供更清洁的能源产品,加强能源伴生资源综合利用,构建清洁、循环的能源技术体系。

3. 围绕二氧化碳峰值目标提供低碳能源技术支撑。我国对世界承诺,到2030年单位国内生产总值二氧化碳排放比2005年下降60%~65%、非化石能源占一次能源消费比重达到20%左右、二氧化碳排放2030年左右达到峰值并争取早日实现。这要求通过能源技术创新,加快构建绿色、低碳的能源技术体系。在可再生领域,要重点发展更高效率、更低成本、更灵活的风能、太阳能利用技术,生物质能、地热能、海洋能利用技术,可再生能源制氢、供热等技术。在核能领域,要重点发展三代、四代核电,先进核燃料及循环利用,小型堆等技术,探索研发可控核聚变技术。在二氧化碳封存利用领域,要重点发展驱油驱气、微藻制油等技术。

4. 围绕能源效率提升目标提供智慧能源技术支撑。我国能源利用效率总体处于较低水平,这要求通过能源技术创新,提高用能设备设施的效率,增强储能调峰的灵活性和经济性,推进能源技术与信息技术的深度融合,加强整个能源系统的优化集成,实现各种能源资源的最优配置,构建一体化、智能化的能源技术体系。要重点发展分布式能源、电力储能、工业节能、建筑节能、交通节能、智能电网、能源互联网等技术。

5. 围绕能源技术发展目标提供关键材料装备支撑。能源技术发展离不开先进材料和装备的支撑。根据重点能源技术需要,重点发展特种金属功能材料、高性能结构材料、特种无机非金属材料、先进复合材料、高温超导材料、石墨烯等关键材料；重点发展非常规油气开采装备、海上能源开发利用平台、大型原油和液化天然气船舶、核岛关键设备、燃气轮机、智能电网用输变电及用户端设备、大功率电力电子器件、大型空分、大型压缩机、特种用途的泵、阀等关键装备。

二、总体要求

（一）指导思想

全面贯彻落实党的十八大和十八届二中、三中、四中、五中全会精神，深入学习贯彻习近平总书记系列重要讲话精神，坚持"四个全面"战略布局，牢固树立创新、协调、绿色、开放、共享的发展理念，主动引领经济社会发展新常态，以建设清洁低碳、安全高效现代能源体系的需求为导向，以提升能源自主创新能力为核心，以突破能源重大关键技术为重点，以能源新技术、新装备、新产业、新业态示范工程和试验项目为依托，实施制造强国战略，推动能源技术革命，实现我国从能源生产消费大国向能源技术强国战略转变。

（二）基本原则

坚持自主创新。必须把自主创新摆在能源科技创新的核心位置，加强能源领域基础研究，强化原始创新、集成创新和引进消化吸收再创新，重视颠覆性技术创新。

坚持市场导向。发挥市场在科技创新资源配置中的决定性作用，强化企业创新主体地位和主导作用，促进创新资源高效合理配置。加快政府职能从研发管理向创新服务转变。

坚持重点突破。坚持问题导向，瞄准制约能源发展和可能取得革命性突破的关键和前沿技术，依托重大能源工程开展试验示范，推动能源技术创新能力显著提升。

坚持统筹协调。健全政产学研用协同创新机制，鼓励重大技术研发、重大装备研制、重大示范工程和技术创新平台四位一体创新，坚持统筹国际国内能源科技开放式创新。

（三）总体目标

到2020年，能源自主创新能力大幅提升，一批关键技术取得重大突破，能源技术装备、关键部件及材料对外依存度显著降低，我国能源产业国际竞争力明显提升，能源技术创新体系初步形成。

到2030年，建成与国情相适应的完善的能源技术创新体系，能源自主创新能力全面提升，能源技术水平整体达到国际先进水平，支撑我国能源产业与生态环境协调可持续发展，进入世界能源技术强国行列。

三、重点任务

（一）煤炭无害化开采技术创新。加快隐蔽致灾因素智能探测、重大灾害监控预警、深部矿井灾害防治、重大事故应急救援等关键技术装备研发及应用，实现煤炭安全开采。加强煤炭开发生态环境保护，重点研发井下采选充一体化、绿色高效充填开采、无煤柱连续开采、保水开采、采动损伤监测与控制、矿区地表修复与重构等关键技术装备，基本建成绿色矿山。提升煤炭开发效率和智能化水平，研发高效建井和快速掘进、智能化工作面、特殊煤层高回收率开采、煤炭地下气化、煤系共伴生资源综合开发利用等技术，重点煤矿区基本实现工作面无人化，全国采煤机械化程度达到95%以上。

（二）非常规油气和深层、深海油气开发技术创新。深入开展页岩油气地质理论及勘探技术、油气藏工程、水平井钻完井、压裂改造技术研究并自主研发钻完井关键装备与材料，完善煤层气勘探开发技术体系，实现页岩油气、煤层气等非常规油气的高效开发，保障产量稳步增长。突破天然气水合物勘探开发基础理论和关键技术，开展先导钻探和试采试验。掌握深层—超深层油气勘探开发关键技术，勘探开发埋深突破8000米领域，形成6000~7000米有效开发成熟技术体系，勘探开发技术水平总体达到国际领先。全面提升深海油气钻采工程技术水平及装备自主建造能力，实现3000米、4000米超深水油气田的自主开发。

（三）煤炭清洁高效利用技术创新。加强煤炭分级分质转化技术创新，重点研究先进煤气化、大型煤炭热解、焦油和半焦利用、气化热解一体化、气化燃烧一体化等技术，开展3000吨/天及以上煤气化、百万吨/年低阶煤热解、油化电联产等示范工程。开发清洁燃气、超清洁油品、航天和军用特种油品、重要化学品等煤基产品生产新工艺技术，研究高效催化剂体系和先进反应器。加强煤化工与火电、炼油、可再生能源制氢、生物质转化、燃料电池等相关能源技术的耦合集成，实现能量梯级利用和物质循环利用。研发适用于煤化工废水的全循环利用"零排放"技术，加强成本控制和资源化利用，完成大规模工业化示范。进一步提高常规煤电参数等级，积极发展新型煤基发电技术，全面提升煤电能效水平；研发污染物一体化脱除等新型技术，不断提高污染控制效率、降低污染控制成本和能耗。

（四）二氧化碳捕集、利用与封存技术创新。研究CO_2低能耗、大规模捕集技术，研究CO_2驱油利用与封存技术、CO_2驱煤层气与封存技术、CO_2驱水利用与封存技术、CO_2矿化发电技术、CO_2化学转化利用技术、CO_2生物转化利用技术，研究CO_2矿物转化、固定和利用技术，研究CO_2安全可靠封存、监测及运输技术，建设百万吨级CO_2捕集利用和封存系统示范工程，全流量的CCUS系统在电力、煤炭、化工、矿物加工等系统获得覆盖性、常规性应用，实现CO_2的可靠性封存、监测及长距离安全运输。

（五）先进核能技术创新。开展深部及非常规铀资源勘探开发利用技术研究，实现深度1000米以内的可地浸砂岩开发利用，开展黑色岩系、盐湖、海水等低品位铀资源综合回收技术研究。实现自主先进核燃料元件的示范应用，推进事故容错燃料元件（ATF）、环形燃料元件的辐照考验和商业运行，具备国际领先核燃料研发设计能力。在第三代压水堆技术全面处于国际领先水平基础上，推进快堆及先进模块化小型堆示范工程建设，实现超高温气冷堆、熔盐堆等新一代先进堆型关键技术设备材料研发的重大突破。开展聚变堆芯燃烧等离子体的实验、控制技术和聚变示范堆DEMO的设计研究。

（六）乏燃料后处理与高放废物安全处理处置技术创新。推进大型商用水法后处理厂建设，加强先进燃料循环的干法后处理研发与攻关。开展高放废物处置地下实验室建设、地质处置及安全技术研究，完善高放废物地质处置理论和技术体系。围绕高放废液、高放石墨、α废物处理，以及冷坩埚玻璃固化高放废物处理等方面加强研发攻关，争取实现放射性废物处理水平进入先进国家行列。研究长寿命次锕系核素总量控制等放射性废物嬗变技术，掌握次临界系统设计和关键设备制造技术，建成外源次临界系统工程性实验装置。

（七）高效太阳能利用技术创新。深入研究更高效、更低成本晶体硅电池产业化关键技术，开发关键配套材料。研究碲化镉、铜铟镓硒及硅薄膜等薄膜电池产业化技术、工艺及设备，大幅提高电池效率，实现关键原材料国产化。探索研究新型高效太阳能电池，开展电池组件生产及应用示范。掌握高参数太阳能热发电技术，全面推动产业化应用，开展大型太阳能热电联供系统示范，实现太阳能综合梯级利用。突破太阳能热化学制备清洁燃料技术，研制出连续性工作样机。研究智能化大型光伏电站、分布式光伏及微电网应用、大型光热电站关键技术，开展大型风光热互补电站示范。

（八）大型风电技术创新。研究适用于200~300米高度的大型风电系统成套技术，开展大型高空风电机组关键技术研究，研发100米级及以上风电叶片，实现200~300米高空风力发电推广应用。深入开展海上典型风资源特性与风能吸收方法研究，自主开发海上风资源评估系统。突破远海风电场设计和建设关键技术，研制具有自主知识产权的10MW级及以上海上风电机组及轴承、控制系统、变流器、叶片等关键部件，研发基于大数据和云计算的海上风电场集群运控并网系统，实现废弃风电机组材料的无害化处理与循环利用，保障海上风电资源的高效、大规模、可持续开发利用。

（九）氢能与燃料电池技术创新。研究基于可再生能源及先进核能的制氢技术、新一代煤催化气化制氢和甲烷重整/部分氧化制氢技术、分布式制氢技术、氢气纯化技术，开发氢气储运的关键材料及技术设备，实现大规模、低成本氢气的制取、存储、运输、应用一体化，以及加氢站现场储氢、制氢模式的标准化和推广应用。研究氢气/空气聚合物电解质膜燃料电池（PEMFC）技术、甲醇/空气聚合物电解质膜燃料电池（MFC）技术，解决新能源动力电源的重大需求，并实现PEMFC电动汽车及MFC增程式电动汽车的示范运行和推广应用。研究燃料电池分布式发电技术，实现示范应用并推广。

（十）生物质、海洋、地热能利用技术创新。突破先进生物质能源与化工技术，开展生物航油（含军用）、纤维素乙醇、绿色生物炼制大规模产业化示范，研究新品种、高效率能源植物，建设生态能源农场，形成先进生物能源化工产业链和生物质原料可持续供应体系。加强海洋能开发利用，研制高效率的波浪能、潮流能和温（盐）差能发电装置，建设兆瓦级示范电站，形成完整的海洋能利用产业链。加强地热能开发利用，研发水热型地热系统改造及增产技术，突破干热岩开发关键技术装备，建设兆瓦级干热岩发电和地热综合梯级利用示范工程。

（十一）高效燃气轮机技术创新。深入研究燃气轮机先进材料与智能制造、机组设计、高效清洁燃烧等关键技术，开展燃气轮机整机试验，突破高温合金涡轮叶片和设计技术等燃气轮机产业发展瓶颈，自主研制先进的微小型、工业驱动用中型燃气轮机和重型燃气轮机，全面实现燃气轮机关键材料与部件、试验、设计、制造及维修维护的自主化。

（十二）先进储能技术创新。研究太阳能光热高效利用高温储热技术、分布式能源系统大容量储热（冷）技术，研究面向电网调峰提效、区域供能应用的物理储能技术，研究面向可再生能源并网、分布式及微电网、电动汽车应用的储能技术，掌握储能技术各环节的关键核心技术，完成示范验证，整体技术达到国际领先水平，引领国际储能技术与产业发展。积极探索研究高储能密度低保温成本储能技术、新概念储能技术（液体电池、镁基电池等）、基于超导磁和电化学的多功能全新混合储能技术，争取实现重大突破。

（十三）现代电网关键技术创新。掌握柔性直流输配电技术、新型大容量高压电力电子元器件技术；开展直流电网技术、未来电网电力传输技术的研究和试验示范；突破电动汽车无线充电技术、高压海底电力电缆关键技术，并推广应用；研究高温超导材料等能源装备部件关键技术和工艺。掌握适合电网运行要求的低成本、量子级的通信安全工程应用技术，实现规模化应用。研究现代电网智能调控技术，开展大规模可再生能源和分布式发电并网关键技术研究示范；突破电力系统全局协调调控技术，并示范应用；研究能源大数据条件下的现代复杂大电网的仿真技术；实现微电网/局域网与大电网相互协调技术、源—网—荷协调智能调控技术的充分应用。

（十四）能源互联网技术创新。能源互联网是一种互联网与能源生产、传输、存储、消费以及能源市场深度融合的能源产业发展新业态。推动能源智能生产技术创新，重点研究可再生能源、化石能源智能化生产，以及多能源智能协同生产等技术。加强能源智能传输技术创新，重点研究多能协同综合能源网络、智能网络的协同控制等技术，以及能源路由器、能源交换机等核心装备。促进能源智能消费技术创新，重点研究智能用能终端、智能监测与调控等技术及核心装备。推动智慧能源管理与监管手段创新，重点研究基于能源大数据的智慧能源精准需求管理技术、基于能源互联网的智慧能源监管技术。加强能源互联网综合集成技术创新，重点研究信息系统与物理系统的高效集成与智能化调控、能源大数据集成和安全共享、储能和电动汽车应用与管理以及需求侧响应等技术，形成较为完备的技术及标准体系，引领世界能源互联网技术创新。

（十五）节能与能效提升技术创新。加强现代化工业节能技术创新，重点研究高效工业锅（窑）炉、新型节能电机、工业余能深度回收利用以及基于先进信息技术的工业系统节能等技术并开展工程示范。开展建筑工业化、装配式住宅，以及高效智能家电、制冷、照明、办公终端用能等新型建筑节能技术创新。推动高效节能运输工具、制动能量回馈系统、船舶推进系统、数字化岸电系统，以及基于先进信息技术的交通运输系统等先进节能技术创新。加强能源梯级利用等全局优化系统节能技术创新，开展散煤替代等能源综合利用技术研究及示范，对我国实现节能减排目标形成有力支撑。

以上各项重点任务分解为若干具体技术创新行动，详见附件。

四、政策保障

（一）完善能源技术创新环境。建立健全能源领域相关法律法规及科技成果转化、知识产权保护、标准化等配套政策法规。加强能源技术创新文化建设，培育多元包容、尊重创新、宽容失败、良性竞争的科研文化。完善能源新技术、新模式等知识产权创造、运用、管理、保护机制。完善能源技术标准体系，推动能源自主创新成果及时转化为标准。建立健全能源技术装备标准、检测、认证和质量监督组织体系，保障能源技术装备质量。加强能源技术创新成果使用、处置和收益管理，强化对能源技术创新成果转化的激励。完善以能力和贡献为导向的能源技术人才评价和激励机制。完善能源技术项目全生命周期闭环评价体系，加强事中事后监管和服务，突出创新绩效评价。

（二）激发企业技术创新活力。建立健全企业主导的能源技术创新机制。激发企业创新内生动力，培育一批具有国际竞争力的能源技术创新领军企业，推动企业成为能源技术与能源产业紧密结合的重要创新平台。健全国有能源企业技术创新经营业绩考核制度，加大技术创新在国有能源企业经营业绩考核中的比重，切实推动国有能源企业成为重大能源技术装备研制和工程应用的主体。鼓励民营企业开展能源技术创新，积极承担国家能源技术创新任务。完善能源领域中小微企业创业孵化等创新服务体系，鼓励能源领域中小微企业加大研发力度，激发"大众创业、万众创新"良好局面。鼓励围绕重点和新兴能源技术领域构建以企业为主导、产学研合作的产业技术创新联盟。

（三）夯实能源技术创新基础。深化能源领域科研院所分类改革和高等学校科研体制机制改革，强化科研院所和高等院校的源头创新主力军地位，依托国家重点实验室加强能源技术创新基础研究和重大战略研究，提升原始创新能力。依托骨干能源企业、高校和科研院所建设一批国家能源技术创新平台，探索建立新型的组织结构和运行机制。完善能源领域军民技术融合政策制度，加速核能、航空航天等领域符合条件的军用技术向能源领域转化应用。组织实施能源技术人才培养计划，完善从研发、转化、生产到管理的人才培养体系。抓好高层次骨干人才培养，引进和培养一批站在世界能源技术前沿、勇于创新的技术带头人。培育一批具有宏观战略思维和市场思维的复合型管理人才。

（四）完善技术创新投融资机制。加强中央预算内资金和政府性基金对能源技术创新的支持力度。深化科技计划（专项、基金）管理改革，强化对能源重点领域技术研发和示范应用的支持。推动企业成为能源技术研发投入主体，鼓励企业自主投入开展能源重大关键共性技术、装备和标准的研发攻关。研究设立能源产业科技创新投资基金，支持能源科技示范工程建设和企业技术改造。引导风险投资、私募股权投资等支持能源技术创新。深化金融领域改革，拓宽能源技术创新融资渠道，降低融资成本。积极发挥政策性金融、开发性金融和商业金融的优势，加大对能源技术重点领域的支持力度。

（五）创新税收价格保险支持机制。实施有利于能源技术创新的税收政策，完善能源企业研发费用计核方法，切实减轻能源企业税收负担。研究按照"一案一策"的原则，针对能源技术创新示范工程落实资源、能源、土地等要素和产品价格优惠政策，促进先进能源技术创新成果的工程应用。完善首台（套）重大能源技术装备支持政策，推进保险补偿机制，研究使用首台（套）装备的优惠政策，加快重大能源技术装备自主化。

（六）深化能源科技国际合作交流。制定能源技术创新国际化战略，积极开展全方位、多层次、高水平的能源技术国际合作。充分利用国际国内能源技术资源，积极融入全球创新网络，提升我国对全球能源技术战略资源配置的掌控能力。相关部门在国际合作交流中，注重在技术合作、知识产权、跨国并购等方面为企业搭建沟通和对话平台。鼓励能源企业、高校和科研机构与国外相关机构开展联合技术创新。结合"一带一路"倡议实施，依托重大能源项目，推动我国先进能源技术、装备和标准"走出去"。

五、组织实施

（一）加强组织领导。进一步发挥国家能源委员会在能源技术创新中的统筹协调作用，建立和完善工作会商制度和协调机制，分解任务，明确责任，加强协同配合，确保行动计划各项任务落到实处。发展改革委、能源局重点负责组织实施能源技术创新示范工程。各有关部门根据职能做好相关支持配合工作。各地区要结合本地区特点和发展需求，制定相关配套政策文件，为能源技术创新及相关示范工程建设提供有利条件，切实推动本地区能源技术进步。

（二）组织开展工程试验示范。针对重点技术创新行动，研究设立国家能源技术创新试验示范依托工程，按照公平、公正、公开原则，通过竞争性机制确定示范工程牵头承担单位。建立国家能源技术创新示范项目跟踪监测和协调服务平台，对示范项目开展全过程、全周期跟踪和服务。按技术领域建立专家组和咨询服务指导机制，对示范效果进行及时评价和总结，并提出推广应用建议。

（三）完善评价机制。建立健全动态评估机制，强化国家《能源技术革命创新行动计划（2016—2030年）》实施的跟踪监测、科学评估和督促检查，定期对相关战略目标、计划执行等情况进行科学评估评价，及时协调解决行动计划实施过程中遇到的问题。根据能源技术发展形势动态修订行动计划。

（四）做好配套衔接工作。在实施《能源技术革命创新行动计划（2016—2030年）》中，要加强与《国家中长期科学和技术发展规划纲要（2006—2020年）》、国家科技专项规划、《中国制造2025》等战略规划的衔接配合，积极推荐重大能源技术创新项目列入国家相关创新专项规划，相互支撑，互为补充，形成共同推进行动落实的良好局面，切实推动我国能源技术革命。

附：

能源技术革命重点创新行动路线图

一、煤炭无害化开采技术创新

（一）战略方向

1. 煤炭资源安全高效智能开发。重点在煤炭开采隐蔽灾害探查、重大灾害综合治理、应急救援技术及装备、煤系共生伴生资源综合高效开发利用、煤炭资源回收率提高、煤炭智能开采、地下气化开采等方面开展研发与攻关。

2. 煤炭资源绿色开发与生态矿山建设。重点在绿色高效充填开采、绿色高效分选技术与装备、采动损伤监测与控制、采动塌陷区治理与利用、保水开采、矿井水综合利用及深度净化处理、生态环境治理等方面开展研发与攻关。

（二）创新目标

1. 2020年目标。煤炭安全绿色、高效智能开采技术水平大幅提升。大中型矿区基本实现安全绿色开采，原煤入洗率达到80%，采动环境损害降低70%以上，煤矿稳定塌陷土地治理率达到85%以上；基本实现智能开采，机械装备及智能化控制系统在煤炭生产上全覆盖，重点煤矿区采煤工作面人数减少50%以上，全国煤矿采煤机械化程度达到90%以上，掘进机械化程度达到65%以上；单个气化矿井年气化50万吨煤炭。

2. 2030年目标。煤炭实现科学产能。实现煤炭安全开采；基本建成绿色矿山，原煤入洗率达到应洗尽洗，采动环境损伤降低90%以上，煤矿稳定塌陷土地治理率达到90%以上；实现智能化开采，重点煤矿区基本实现工作面无人化、顺槽集中控制，全国煤矿采煤机械化程度达到95%以上，掘进机械化程度达到80%以上；规模化地下气化开采矿井实现工业示范。

3. 2050年展望。全面建成安全绿色、高效智能矿山技术体系，实现煤炭安全绿色、高效智能生产（见图11-1）。

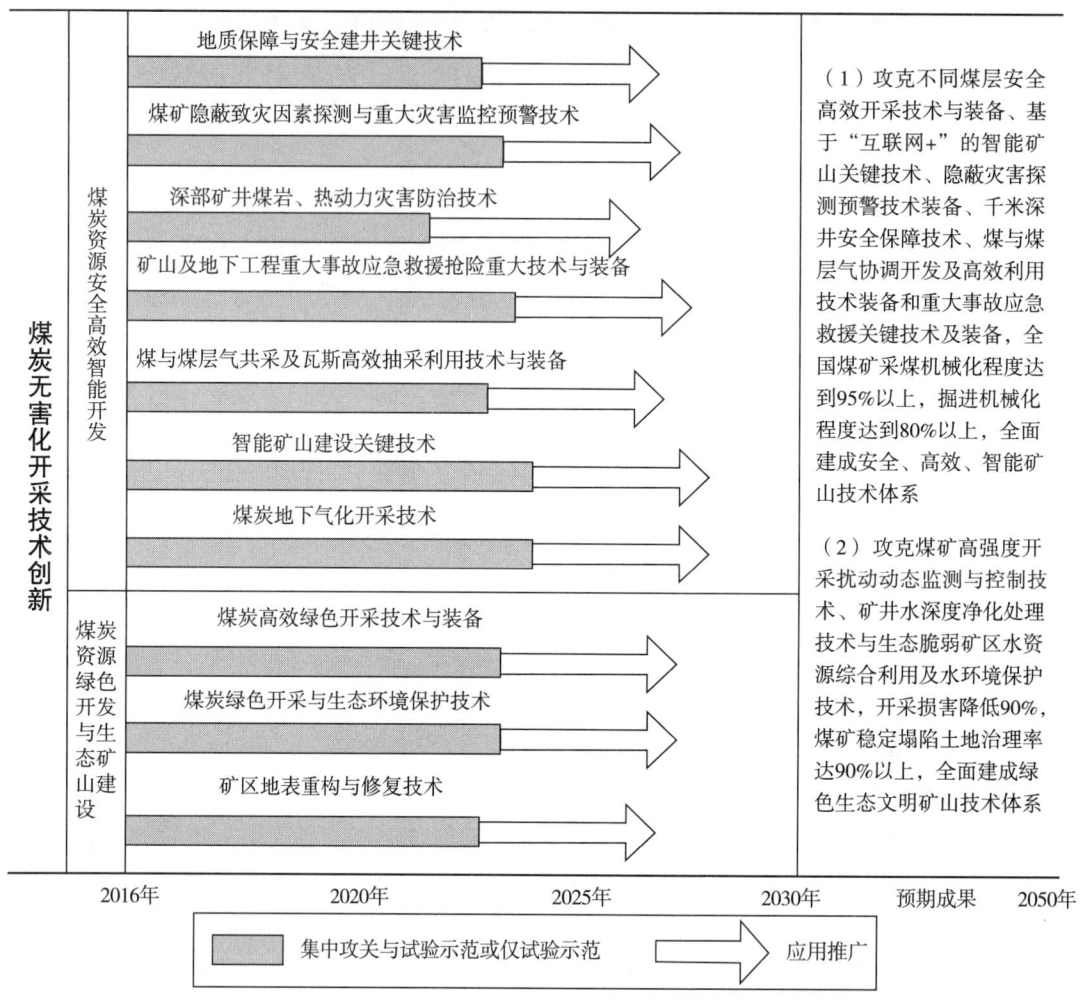

图 11-1 煤炭无害化开采技术创新路线

（三）创新行动

1. 地质保障与安全建井关键技术。研究西部煤田地质勘探技术、大深度和智能化的地质钻探技术及装备、直升机时间域航空电磁技术、无人机航磁技术、环境地质和灾害地质的评价及煤矿安全地质保障技术；研究千米冲积层立井施工、西部弱胶结软弱岩层钻井法凿井和大斜长沿轴线斜井冻结等安全建井关键技术。

2. 隐蔽致灾因素智能探测及重大灾害监控预警技术。研发煤矿水害、火灾、瓦斯、顶板及冲击地压等主要灾害隐蔽致灾因素智能探测技术与装备，研究重大灾害危险源及前兆信息识别与自分析评价技术，研发事故隐患相关基础参数、工程参数、人员及设备运行状态与故障参数等信息监测技术及装备，以及重大灾害智能预警技术。

3. 深部矿井煤岩、热动力灾害防治技术。研发深部矿井采场及围岩控制技术与装备、以区域卸压增透和致裂卸压增透为主的深部矿井煤岩瓦斯灾害治理技术及装备，研发以阻化泥浆和液氮为主的深部矿井自然发火综合防治技术、工艺与装备；研究以集中降温和局部降温为主的深部矿井热害综合治理技术。

4. 矿山及地下工程重大事故应急救援技术及装备。研发煤矿重大事故灾区高可靠性无人侦测技术、救援通道快速构建技术及装备、灾变环境应急通讯及遇险人员搜求技术与装备，以及分布式联合仿真救援培训演练系统与综合管理信息平台。

5. 煤炭高效开采及智能矿山建设关键技术。研发煤矿智能化工作面成套技术及装备、巷道高效快速掘进技术与装备，以及薄和较薄、大倾角—急倾斜及特厚的煤层高效高回收率开采技术与装备；研发千万吨级矿井大型提升装备、煤矿智能供配电与节能技术；研究矿山海量数据存储管理和并行分析技术、基于云服务和大数据技术的煤矿智能预测和决策系统，以及矿业感知、管控、诊断与维护技术。

6. 与煤系共伴生资源综合开发利用技术。研究煤矿区煤炭及伴生资源条件探测和精细识别技术，以及矿井水井下储存、深度净化处理、综合利用与水环境保护技术；研发西部煤田控火及热能利用技术、煤与煤层气共采及瓦斯高效抽采利用技术与装备；开发"煤—水—气—热—铀"多资源共采关键技术。

7. 煤炭绿色开采与生态环境保护技术。研发井下采选充一体化技术及装备、绿色结构充填控制岩层沉陷关键技术，以及大型露天矿连续、半连续开采工艺生产系统关键技术与装备。开展无煤柱连续开采、保水开采、矿区环境遥感监测、采动损伤监测与控制、高强度大规模开采、西部浅埋煤层开采覆岩移动与控制等技术研究，研发毛煤井下分选与矸石井下充填处置技术与装备。

8. 煤炭高效分选关键技术与装备。研发煤炭精细化重介质分选技术、高效干法选煤技术、煤炭产品质量监测与选煤过程智能控制技术、千万吨/年模块化洗选技术与装备，以及矿区煤泥综合利用技术。

9. 矿区地表修复与重构技术。研究煤炭开采与城镇化建设协调开发技术、煤炭高强度开采沉陷与生态演变精准监测及修复治理技术，以及赤泥与煤矸石混合堆存技术；研发矿区地貌、土壤、植被、水体重构和景观再造技术。

10. 煤炭地下气化开采技术。研究气化煤层的赋存条件判识，以及高可靠性的地下气化炉燃烧工作面位置监测方法，研发拉管法后退式注气装备与工艺，以及地下气化的燃空区充填及气化工作面组的接替技术与工艺。

二、非常规油气和深层、深海油气开发技术创新

（一）战略方向

1. 非常规油气勘探开发。重点在页岩油气赋存机理、资源和选区评价等基础理论与技术，页岩油气藏地质建模、动态预测和开采工艺，页岩油气长水平井段水平井钻完井及压裂改造技术和关键装备等方面开展研发与攻关；在深层煤层气开发、复杂储层煤层气高效增产、低阶煤层气资源评价与开发、煤层气开发动态分析与评价，以及煤层气井高效排水降压工艺等方面开展研发与攻关；在天然气水合物勘探目标预测及评价、钻井及井筒工艺、高效开采，以及环境影响评价和安全控制等方面开展研发与攻关。

2. 深层油气勘探开发。重点在深层—超深层油气成藏地质理论及评价、储层地震预测及安全快速钻井、深层超高压油气流体评价，以及复杂储集层深度改造和开发配套等方面开展研发与攻关。

3. 深海油气开发技术与装备。重点在深远海复杂海况下的浮式钻井平台工程、水下生产系统工程、海底管道与立管工程、深水流动安全保障与控制、深水钻井技术与装备，以及基于全生命周期经济性的开发技术评价及优选等方面开展研发与攻关（见图11-2）。

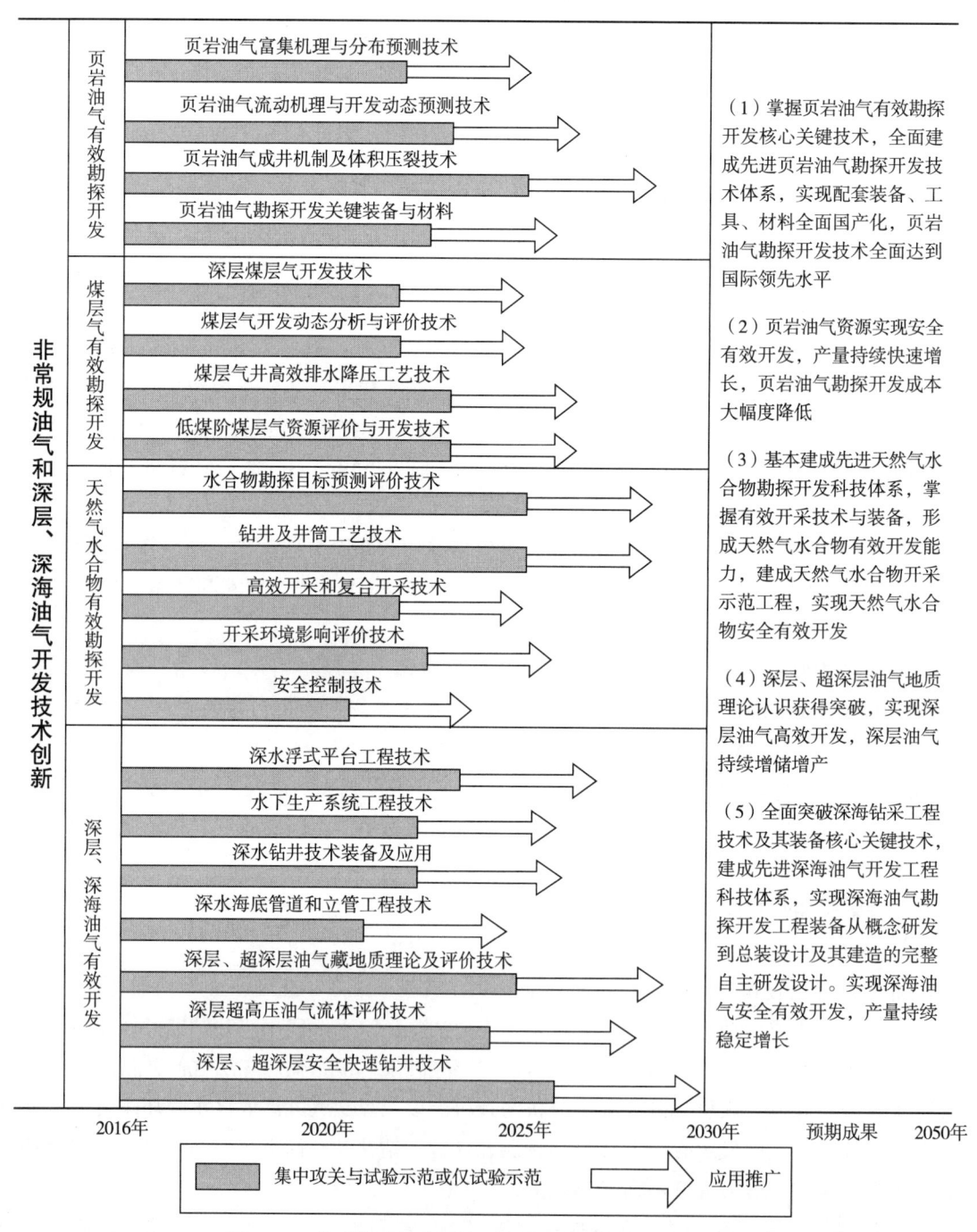

图 11-2 非常规油气和深层、深海油气开发技术创新路线

（二）创新目标

1. 2020年目标。在非常规油气勘探开发方面，初步明确页岩油气富集机理、流动机理，建立页岩油气资源与选区评价、储层微观孔隙结构表征、页岩含气量准确测定、页岩气测井综合评价、甜点地球物理预测、产能预测、长水平段水平井钻完井及分段压裂技术，陆相页岩油气地质与工程应用基础研究取得进展，主要装备、工具、材料基本实现自主化生产，单井成本降低10%以上，页岩油气勘探开发技术体系总体达到国际先进水平；主要煤层气基地直井平均产量达到2500立方米/天，水平井产量达到15000立方米/天，实现高煤阶煤层气高效开采；油页岩地面干馏收油率达到90%以上、尾料利用率达到80%以上，地下原位裂解技术实现产业化，建成3~5个示范工程；落实冻土区和海域天然气水合物资源潜力，建成2~3个先导开采试验区。在深层油气勘探开发方面，形成深层油气成藏地质理论体系，勘探开发技术体系完善，且总体上都达到国际先进水平；初步形成埋深7000米以上深层油气开发技术。在深海油气勘探开发方面，形成具有自主知识产权的深海油气田开发工程技术体系，自主建造效率更高、能耗更低的第七代超深水半潜平台，形成自主开发3000米深水大型油气田工程技术能力。

2. 2030年目标。在非常规油气勘探开发方面，查明不同类型页岩油气富集机理、开发机理、流固耦合机理，形成适合于中国地质特点的页岩油气资源与选区评价、储层微观孔隙结构表征、页岩含气量准确测定、页岩油气测井综合评价、甜点地球物理预测、产能预测、长水平井段水平井钻完井及分段压裂等技术，配套装备、工具、材料国产化率达到80%以上，水平井钻完井及压裂改造费用大幅度降低，部分技术达到国际领先水平，实现海相页岩气的高效开发和陆相页岩油气的有效开发；实现低煤阶煤层气选区动用；形成天然气水合物有效开发能力，初步建成天然气水合物试验基地。在深层油气勘探开发方面，技术水平总体达到国际领先且技术趋于成熟；深层—超深层油气资源有效开发，勘探开发埋深突破8000米领域，形成6000~7000米有效开发成熟技术体系。在深海油气勘探开发方面，深海油气勘探开发技术水平总体达到国际领先且技术趋于成熟；实现深远海油气田工程技术有效开发达到4000米水深，深海油气勘探、钻井以及开发生产关键工程技术与装备完全国产化。

3. 2050年展望。全面建成先进的页岩油气科技体系，配套的装备、工具、材料全面实现国产化，页岩油气资源实现高效开发，产量持续快速增长，页岩油气勘探开发技术全面达到国际领先水平，页岩油气勘探开发成本大幅度降低。全面建成深层油气科技创新体系。全面突破深远海钻采工程技术与装备自主制造能力，建成先进深远海油气开发工程科技体系。非常规和深层、深海油气资源全面高效开发，产量持续快速增长，成为我国油气产量主力。

（三）创新行动

1. 页岩油气富集机理与分布预测技术。针对我国海、陆相页岩层系特点，研究页岩油气赋存机理与分布规律，开展页岩储层微观孔隙结构定量表征、页岩含气量测定、页岩油可流动性评价、页岩油气资源评价与选区评价、页岩油气测井综合评价和"甜点"地球物理预测技术等研究，形成适合于我国地质特点的页岩油气地质理论与勘探技术体系。

2. 页岩油气流动机理与开发动态预测技术。针对我国页岩油气藏的地质特点，以油气藏精细描述和地质建模研究为基础，借助现代油藏工程的技术手段，开展页岩油气多尺度耦合流动机理、物理模拟、产能预测和动态分析方法、数值模拟技术等基础研究，揭示页岩油气藏开发过程中的流动规律，发展页岩油气藏工程理论和技术方法，为页岩油气高效开发提供理论和技术支撑。

3. 页岩油气成井机制及体积压裂技术。开展高精度长水平段水平井钻完井、增产改造与测试工艺技术研究，重点研发海相深层页岩气水平井优快钻井与压裂改造技术、陆相页岩油气长水平段水平井钻完井与压裂改造技术、无水压裂技术、重复压裂技术，实现不同类型（海相、陆相、海陆过渡相）、不同深度（3500米以浅、3500米以深）页岩油气高效开发。

4. 页岩油气勘探开发关键装备与材料。针对页岩储层低孔、特低渗特点，研发适合于不同类型页岩的长水平段水平井钻完井关键装备、工具、钻井金属材料、油基钻井液和弹塑性水泥浆体系，开发制备低磨阻、低伤害、低成本的滑溜水压裂液体系和高效携砂、低伤害的冻胶压裂液体系，开展压裂返排液再利用技术研究，形成适合于中国页岩油气地质特点的钻完井关键装备、工具及材料，提高国产化比例，大幅度降低钻完井成本，实现页岩油气的高效开发。

5. 煤层气资源有效勘探开发技术。开展超低渗透煤储层改造技术、多煤层煤层气合采技术、深层煤层气开发技术、复杂储层煤层气高效增产技术、低煤阶煤层气资源评价与开发技术、煤层气开发动态分析与评价技术和煤层气井高效排水降压工艺技术等研究，保障我国煤层气产量稳步增长。

6. 天然气水合物勘探开发技术。研究水合物勘探目标预测评价技术、钻井及井筒工艺技术、高效开采和复合开采技术、安全控制技术、开采环境监测技术，建设天然气水合物开采示范工程，掌握有效开采技术，实现天然气水合物安全高效开发。

7. 深层油气高效勘探开发技术。开展深层—超深层油气成藏地质理论及评价技术、深层—超深层油气储层地震预测技术、深层超高压油气流体评价技术、深层复杂储集层深度改造与开发配套技术，以及深层—超深层安全快速钻井技术等研究，实现深层油气高效开发。

8. 深海油气有效勘探开发技术与装备。开展深远海浮式钻井平台工程技术、水下生产系统工程技术、深水海底管道和立管工程技术、深水流动安全保障与控制技术，以及深水大载荷采油装备关键设备轻量化技术、深水油气田全生命周期监测技术研究。研发水深3000米领域油气资源的勘探开发技术与装备，建设海洋深水油气配套产业链。构建基于海洋工程大数据的全景式全生命周期应用研究技术。全面提升海洋工程装备从概念研究到总装设计及其建造的完整自主研发设计能力。

9. 海洋油气开发安全环保技术。研发海底管道运行监测技术、海洋油气泄漏应急处理技术与装备。针对深远海作业，开展海工装备零排放技术、节能技术，健康、安全与环境管理体系（HSE）分析，以及海底油气设备安全监测技术等研究。

10. 非常规及深海油气高效转化及储运技术。研究天然气水合物高效储运技术。针对海上及偏远地区油田，重点开展天然气就地高效转化紧凑型高通量转化技术研究。

三、煤炭清洁高效利用技术创新

（一）战略方向

1. 煤炭分级分质转化。重点在先进煤气化、大型煤炭热解、加氢液化、焦油和半焦高效转化等方面开展研发与攻关。

2. 重要能源化工产品生产。重点在天然气、超清洁油品、航天和军用特种油品、基础化学品、专用和精细化学品的生产工艺技术等方面开展研发与攻关。

3. 煤化工与重要能源系统耦合集成。重点在与火力发电、炼油、可再生能源制氢、生物质转化、燃料电池等系统的耦合集成方面开展研发与攻关。

4. 煤化工废水安全高效处理。重点在提高复杂废水处理能力、降低成本、资源化利用和减少排放等方面开展研发与攻关。

5. 先进煤电技术。重点在常规煤电参数等级进一步提高、新型煤基发电和污染物一体化脱除等方面上开展研发与攻关（见图11-3）。

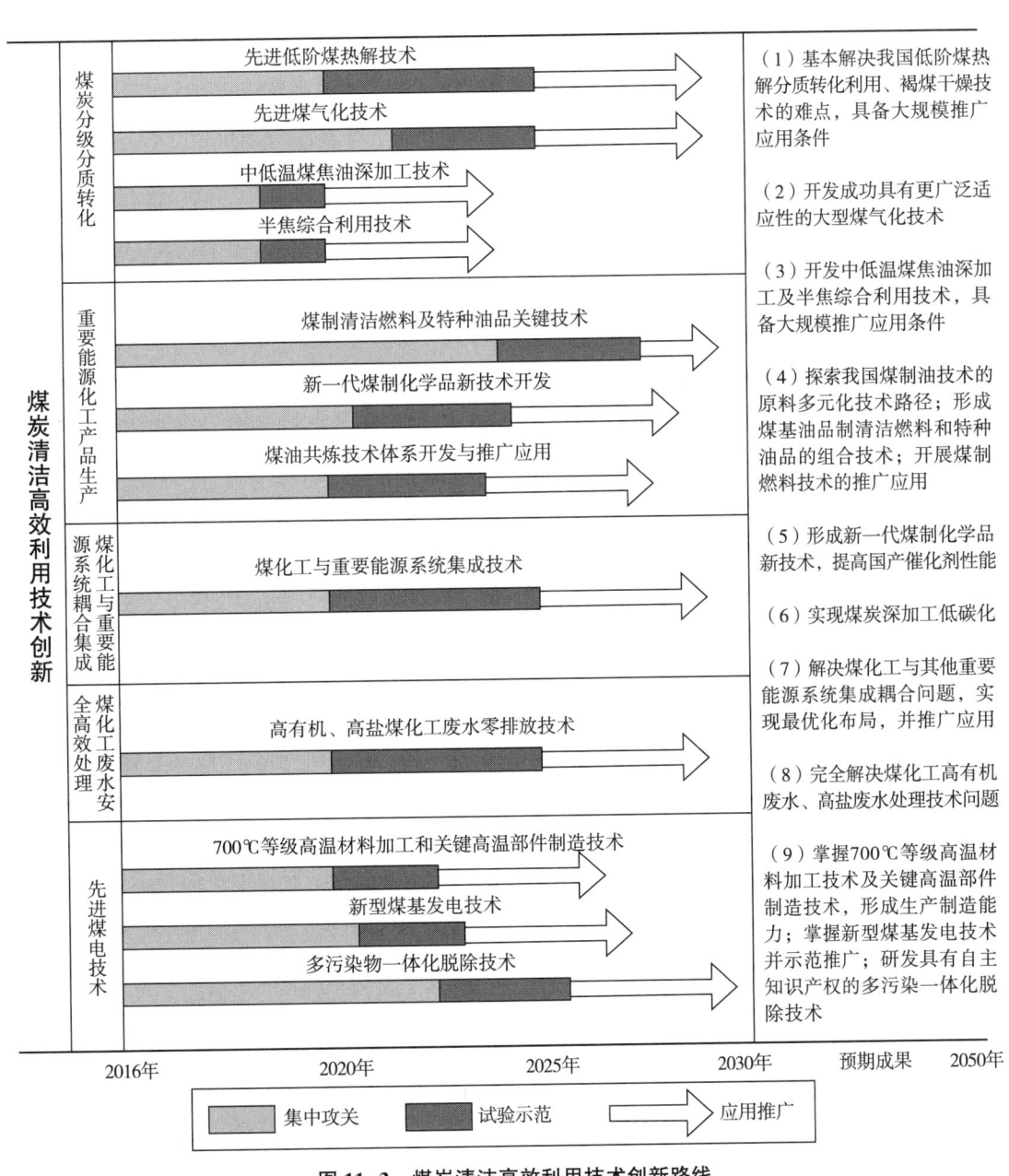

图 11-3 煤炭清洁高效利用技术创新路线

（二）创新目标

1. 2020年目标。开发出3000吨/天以上大型煤气化技术及煤种适应性强的新一代气化技术；形成成熟的低阶煤热解分质转化技术路线，完成百万吨级工业示范。煤制燃料技术、能效水平进一步提升，掌握成熟高效的百万吨级煤制油及特种油品工业技术和催化剂，完成10亿立方米级自主甲烷化技术开发及工业示范，实现煤制化学品技术的升级和技术集成。突破煤气化废水预处理、改善可生化性、特征污染物降解及深度处理等关键技术，完成废水处理技术工业示范。全面掌握700℃等级高温材料制造和加工技术，掌握新型煤基发电技术，开发和示范燃煤机组烟气多污染物（SO_2、NO_x、Hg等）一体化脱除技术。

2. 2030年目标。形成适应不同煤种、系列化的先进煤气化技术体系，突破基于新概念的催化气化、加氢气化等技术。实现百万吨级低阶煤热解转化技术推广应用，突破热解与气化过程集成的关键技术。开发出一批高效率、低消耗、低成本的煤制燃料和化学品新技术并实现工业化应用。突破煤化工与炼油、石化化工、发电、可再生能源耦合集成技术并完成工业化示范。建设700℃超超临界燃煤电站，建成新型煤基发电技术示范工程并推广，形成具有自主知识产权的燃煤污染物净化一体化工艺设备成套技术。

3. 2050年展望。形成完整的煤炭清洁高效利用技术体系，整体达到世界领先水平，煤炭加工转化全生命周期经济、社会和环保效益显著提高，支撑产业实现绿色可持续发展。700℃常规煤电技术供电效率达到56%~60%；掌握磁流体发电联合循环（MHD-CC）发电等探索技术，实现示范应用；全部煤电机组实现低成本污染物超低排放，重金属污染物控制技术全面应用。

（三）创新行动

1. 先进煤气化技术。研发适应于高灰熔点煤的新型超高温气流床气化技术、处理能力3000吨级/天以上大型气化炉、千吨级/天连续自动液态排渣床加压气化炉；突破大型流化床加压气化关键技术，开展2000吨级/天气化炉工业示范；研制日输送量千吨以上煤气化专用粉煤输送泵；开展新一代煤催化气化和加氢气化技术研究，并推进工业示范。

2. 先进低阶煤热解技术。研发清洁高效的低阶煤热解技术，开展百万吨级工业化示范。加强热解与气化、燃烧的有机集成，开发气化—热解一体化技术和燃烧—热解一体化技术，与燃气循环发电或蒸汽循环发电结合，开展油化电多联产工业示范。研究更高油品收率的快速热解、催化（活化）热解、加压热解和加氢热解等新一代技术。

3. 中低温煤焦油深加工技术。研发煤焦油轻质组分制对二甲苯、中质组分制高品质航空煤油和柴油、重质组分制特种油品的分质转化技术，开展百万吨级工业示范。研究中低温煤焦油提取精酚、吡啶、咔唑等高附加值精细化工产品技术。建设50万吨/年中低温煤焦油全馏分加氢制芳烃和环烷基油工业化示范工程。

4. 半焦综合利用技术。研究半焦在民用散烧、工业锅炉、冶金、气化、发电等方面的高效清洁利用技术，完成清洁高效的民用炉灶和工业窑炉燃烧试验、示范及推广；完成半焦用于烧结、高炉喷吹、大型化气流床和固定床气化、粉煤炉和循环流化床锅炉工业化试验、示范及推广。

5. 超清洁油品和特种油品技术。研发温和反应条件下的新一代煤直接液化技术、高温费托合成等新型煤间接液化技术；开发超清洁汽柴油以及军用柴油、大比重航空煤油、火箭柴油等特种油品生产技术；研究煤衍生油预处理、芳香化合物提取、分离及深加工技术。加强煤直接液化与间接液化、高温费托合成与低温费托合成的优化集成，完成百万吨级工业示范。

6. 煤制清洁燃气关键技术。开发煤经合成气完全甲烷化制天然气成套工艺技术，开展10亿立方米/年工业示范。研究煤气化与变换、甲烷化的耦合集成技术，探索一步法煤制天然气技术。开发新一代氢气分离技术，中小型洁净煤气化制工业燃气成套技术。

7. 新一代煤制化学品技术。研发新型的氨、甲醇、煤制烯烃、煤制乙二醇合成技术和催化剂；突破甲醇制芳烃、石脑油与甲醇联合制烯烃、二甲醚羰基化/乙酸甲酯加氢制乙醇、合成气制高碳伯醇、煤制聚甲氧基二甲醚、甲醇甲苯烷基化制对二甲苯、煤氧热法制电石等技术，并开展大型工业示范。探索合成气一步法制烯烃、乙醇等技术。开展煤制化学品高效催化剂研发、放大与工业制备，设计制造配套的大型工业反应器及其他关键设备。

8. 煤油共炼技术。研究煤油共炼协同反应机理、原料匹配性调控技术，以及新一代高活性、高分散性催化剂制备技术；开发定向转化生产清洁油品、特种油品和芳烃技术；自主研制单台150万吨/年大型浆态床加氢反应器、新型高压差减压阀、高压油煤浆输送泵等关键装备；研发含油残渣高效综合利用技术。

9. 煤化工耦合集成技术。研发煤与生物质和垃圾共气化、煤化工制（用）氢系统与风电（太阳能）制氢集成、煤化工与可再生能源电力储能和调峰集成、煤化工与整体煤气化联合循环发电集成、煤化工与燃料电池发电集成、煤化工与二氧化碳捕集、利用与封存集成等关键技术。

10. 高有机、高盐煤化工废水近零排放技术。开发典型污染物高效预处理、可生化性改善、去除特征污染物酚及杂环类和氨氮等高有机废水近零排放关键技术；开发包括臭氧催化氧化的深度处理技术及浓盐水分离、蒸发结晶组合技术；研究废水处理各项技术的优化组合，完善单质结晶盐分离流程和结晶盐利用，开展废水近零排放技术优化和工业示范。进一步研发基于新概念、新原理、新路线的煤化工废水全循环利用"零排放"技术。

11. 700℃等级镍基合金耐热材料生产和关键高温部件制造技术，以及主机和关键辅机制造技术。研发700℃镍基合金高温材料生产和加工技术，耐热材料大型铸件、锻件的加工制造技术，高温部件焊接材料、焊接工艺及高温材料的检验技术等；研究700℃机组主辅机关键部件加工制造技术；研发700℃超超临界发电机组锅炉、汽轮机及关键辅机和阀门国产化制造技术。

12. 新型煤基发电技术。研究600MW及以上容量机组褐煤预干燥及水回收高效褐煤发电集成及设备开发技术，实现在600MW等级或以上容量机组褐煤高效发电集成技术的工程应用；研发1000MW等级超超临界褐煤锅炉配套风扇磨煤机设计制造技术。研究并掌握全燃准东煤锅炉燃烧技术，建设示范工程。

13. 多污染物（SO_2、NO_x、Hg等）一体化脱除技术。研发自主知识产权的多污染物（SO_2、NO_x、Hg等）一体化脱除技术，包括研发具有同时吸附多污染物的新型高效吸附剂及高效、低成本氧化剂、氧化工艺与设备，以及高效催化剂等，研发多污染物一体化脱除技术工艺关键装置设计与制造技术，研究工艺流程优化技术等。

14. 煤电技术探索。重点探索研究基于富氧燃烧的超临界二氧化碳布雷顿循环发电及碳捕集技术、整体煤气化燃料电池联合循环（IGFC-CC）发电技术，以及磁流体发电联合循环（MHD-CC）发电技术。

四、二氧化碳捕集、利用与封存技术创新

（一）战略方向

1. CO_2 的大规模、低能耗捕集。重点在燃烧后 CO_2 捕集上实现重大突破，并积极在燃烧前 CO_2 捕集及富氧燃烧等方面开展研发与攻关。

2. CO_2 的大规模资源化利用。重点在 CO_2 的驱油、驱气、驱水及 CO_2 的矿化发电和生物化工规模化利用等方面开展研发与攻关。

3. CO_2 的安全可靠的封存、监测及运输。重点在封存机理、适合我国地质特点的封存理论和工程技术体系建设、全流程的监测和预测（警）、安全高效的 CO_2 长管道运输及管网优化设计等方面开展研发与攻关。

（二）创新目标

1. 2020年目标。突破低能耗捕集关键材料和工艺，验证基于IGCC系统的CCUS技术，初步掌握富氧燃烧系统的放大规律和设计方法。集成、配套和完善 CO_2 综合利用与封存的产业化技术，初步建成涵盖石油、化工、电力、煤炭和生物工程等的CCUS技术示范工程。建立封存的监测、核证和计量系统，形成安全环保评价标准；突破 CO_2 长距离安全运输技术。建成百万吨级全流程CCUS技术示范工程。

2. 2030年目标。燃烧后捕集材料和工艺获得革命性进展，建成基于IGCC系统的全流量 CO_2 捕集示范工程，实现大规模富氧燃烧系统长时间稳定运行。构建涵盖石油、化工、电力、煤炭和生物工程等的CCUS技术产业项目集群。建立系统的 CO_2 地质封存技术规范和安全保障体系，掌握 CO_2 长距离安全运输技术。商业化碳捕集和封存技术在煤电机组得到应用。

3. 2050年展望。革命性捕集技术得到产业化应用，CO_2 减排成本较2015年降低60%以上，经济安全的 CO_2 捕集和封存技术发展成熟；全流量的CCUS系统在电力、煤炭、化工、矿物加工等系统实现覆盖性、常规性应用（见图11-4）。

（三）创新行动

1. 新一代大规模低能耗 CO_2 捕集技术。研究新型高效 CO_2 吸收（附）剂和材料，以及气、液二次污染物控制技术；研究新型捕集工艺及设备放大技术、吸收和再生过程强化技术、捕集系统与发电系统耦合集成技术，开发核心专有设备；研究 CO_2 与细微颗粒物、SO_2 等污染物的协同脱除技术。

2. 基于IGCC系统的 CO_2 捕集技术。研发新型吸附材料和膜分离材料、低能耗 CO_2 吸收（附）剂、合成气的高效变换技术和净化技术、碳捕集与富氢气体燃烧技术、新型化学链气化技术；研究基于IGCC的 CO_2 捕集系统集成优化技术。

3. 大容量富氧燃烧锅炉关键技术。研究大容量富氧燃烧系统放大技术、大容量富氧燃烧锅炉设计计算方法及工程放大规律、富氧燃烧用大型空分与锅炉系统动态匹配技术，研发适合于富氧燃烧烟气特点的压缩纯化技术（含酸性气体协同处理），以及富氧燃烧全厂系统动态特性、调节控制、节能（水）等技术。

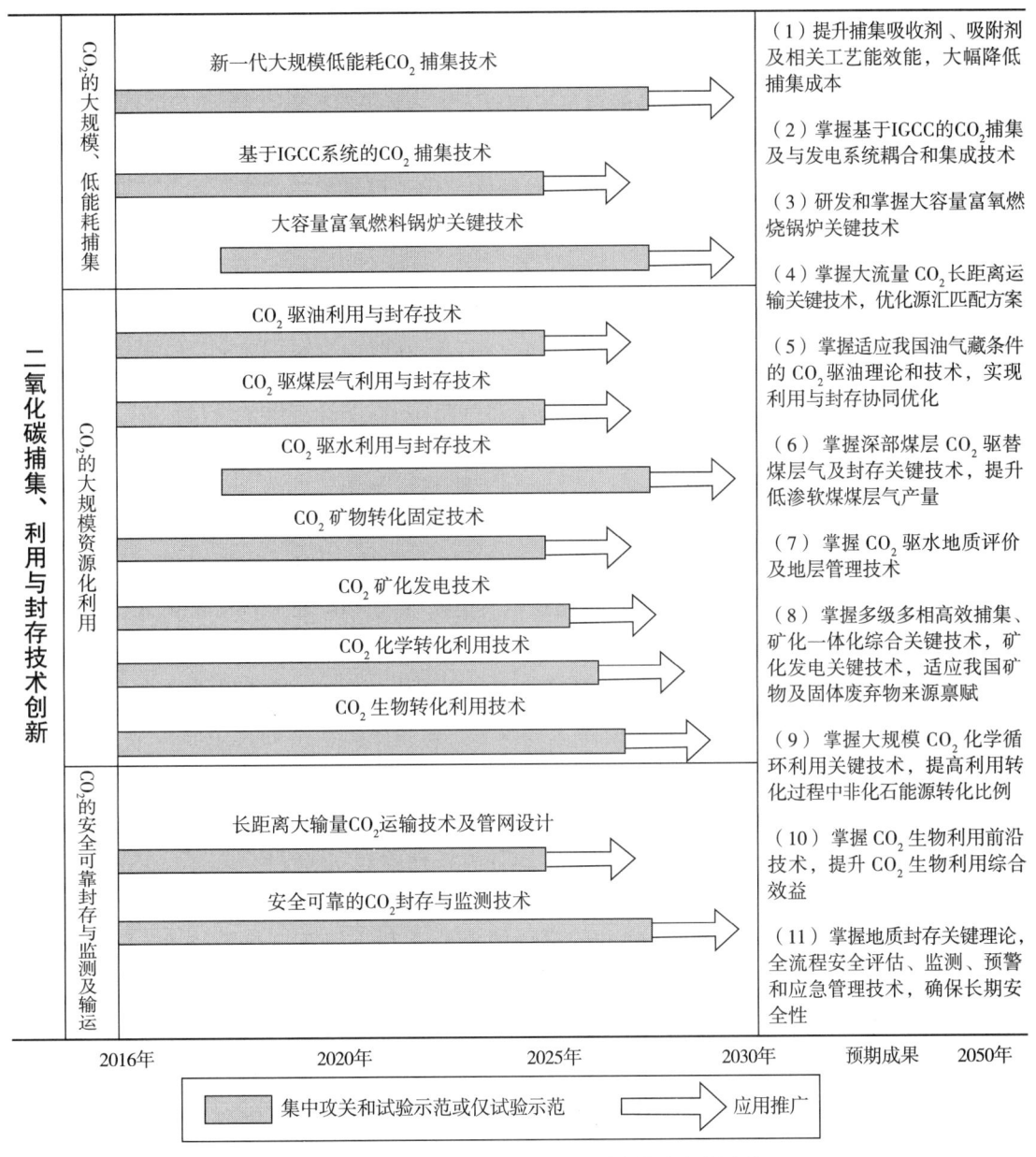

图 11-4 二氧化碳捕集、利用与封存技术创新路线

二氧化碳捕集、利用与封存技术创新

CO_2的大规模、低能耗捕集：
- 新一代大规模低能耗CO_2捕集技术
- 基于IGCC系统的CO_2捕集技术
- 大容量富氧燃料锅炉关键技术

CO_2的大规模资源化利用：
- CO_2驱油利用与封存技术
- CO_2驱煤层气利用与封存技术
- CO_2驱水利用与封存技术
- CO_2矿物转化固定技术
- CO_2矿化发电技术
- CO_2化学转化利用技术
- CO_2生物转化利用技术

CO_2的安全可靠封存与监测及输运：
- 长距离大输量CO_2运输技术及管网设计
- 安全可靠的CO_2封存与监测技术

预期成果：
（1）提升捕集吸收剂、吸附剂及相关工艺能效，大幅降低捕集成本
（2）掌握基于IGCC的CO_2捕集及与发电系统耦合和集成技术
（3）研发和掌握大容量富氧燃烧锅炉关键技术
（4）掌握大流量CO_2长距离运输关键技术，优化源汇匹配方案
（5）掌握适应我国油气藏条件的CO_2驱油理论和技术，实现利用与封存协同优化
（6）掌握深部煤层CO_2驱替煤层气及封存关键技术，提升低渗软煤煤层气产量
（7）掌握CO_2驱水地质评价及地层管理技术
（8）掌握多级多相高效捕集、矿化一体化综合关键技术，矿化发电关键技术，适应我国矿物及固体废弃物来源禀赋
（9）掌握大规模CO_2化学循环利用关键技术，提高利用转化过程中非化石能源转化比例
（10）掌握CO_2生物利用前沿技术，提升CO_2生物利用综合效益
（11）掌握地质封存关键理论，全流程安全评估、监测、预警和应急管理技术，确保长期安全性

时间轴：2016年 — 2020年 — 2025年 — 2030年 — 预期成果 — 2050年

图例：集中攻关和试验示范或仅试验示范 ／ 应用推广

4. CO_2驱油利用与封存技术。开发特殊油气藏CO_2驱油技术，研究CO_2与典型油藏混相机理，发展油藏多相多组分相态理论，开发适合驱油封存的调剖技术、混相促进技术、大规模驱油封存场地稳定性评价与控制技术，开发CO_2驱油与封存的动态跟踪与调控技术，优化油藏开采方案及相关配套监测方案。研究CO_2/油/水多相渗流及油气藏CO_2封存机理，发展封存潜力评价、CO_2驱油与封存协同优化方法。

5. CO_2驱煤层气与封存技术。研究低渗软煤的流固耦合作用理论，深化驱煤层气CO_2封存潜力的评估方法；突破并验证适合深度1000米以上、渗透系数1mD以下煤层中驱煤层气的

注入性增强技术；开发适合于吸附态 CO_2 的监测技术，形成并验证驱煤层气监测技术体系。

6. CO_2 驱水利用与封存技术。研究封存与驱水相互作用规律，提出驱水利用的潜力评价方法与选址准则，并应用于典型盆地的目标区圈定；提出安全性、稳定性评价方法，开发封存与产水协同优化模型，构筑驱水利用全流程系统工艺。

7. CO_2 矿物转化、固定和利用技术。针对钢铁、化工等过程产生的大量工业固废，结合我国丰富的钾长石等天然矿物质，研发工业固废和典型钙镁基天然矿物中 CO_2 矿化的高选择性产品分离技术，形成多级多相反应与分离一体化大型装备，实现矿渣的高效综合利用。

8. CO_2 矿化发电技术。利用大规模工业碱性固废、天然碱性矿物矿化 CO_2 发电并联产化学品，研究 CO_2 矿化电池（CMC）的化学反应过程、催化材料及传输机制，有效利用矿化反应低位化学能发电；研究 CO_2 矿化电池的工程放大技术，形成可商业化电池堆；研发燃煤电厂低浓度烟气 CO_2 直接矿化发电技术，以及纯碱、镁盐、硅氧化物等化工加工过程中应用 CO_2 矿化电池发电的耦合技术。

9. CO_2 化学转化利用技术。研发 CO_2 与甲烷重整制备合成气技术，研究 CO_2 与氢气制液体燃料、甲醇、碳酸酯、丙烯酸等高值化学品及可降解塑料的高效催化剂和专属反应器的放大技术，研究并验证光/电、光/热的 CO_2 转化技术、电解水与 CO_2 还原耦合的电能和化学能循环利用技术。

10. CO_2 生物转化利用技术。研发高效低成本的固碳优良藻类（菌种）的大规模培育及高效生物光反应器放大技术，研究 CO_2 微藻土壤改良、制备生物柴油和化学品、CO_2 气肥等技术。探索微藻基因工程改良前沿技术。

11. CO_2 安全可靠封存与监测及运输技术。研究地质封存机理、长期运移规律及预测方法，以及封存地质学理论与场地选址方法；开发注入过程和关井后的长期监测、风险预测、预警与应急管理技术与方法，以及长寿命井下设备与工程材料；研究 CO_2 有效封存的计量和验证方法。研究长距离大输量 CO_2 运输的管道微损伤监测和止裂及自封堵技术、管线泄漏检（监）测技术、沿线高后果区智能报警技术。

12. 建设百万吨级碳捕集利用和封存系统示范工程。完成燃烧后 CO_2 捕集技术的放大研究、脱碳工程与电厂系统的工程化集成技术研究；建设百万吨级大型 CO_2 捕集系统示范工程，配合开展百万吨级 CO_2 驱油和封存的协同优化，保证封存的长期安全性。

五、先进核能技术创新

（一）战略方向

1. 核能资源勘探开发利用。重点在深部铀资源勘探开发理论、新一代高效智能化地浸采铀，以及非常规铀资源（主要包括黑色岩系型及海水中的铀资源等）开发利用等方面开展研发与攻关。

2. 先进核燃料元件。重点在自主先进压水堆核燃料元件示范及推广应用、更高安全性及可靠性和经济性的压水堆燃料元件自主开发、先进燃料技术体系完善，以及智能制造在核燃料设计制造领域应用等方面开展研发与攻关。

3. 新一代反应堆。重点在快堆及先进模块化小型堆示范工程建设、先进核燃料循环系统构建、超高温气冷堆关键技术装备及配套用热工艺，以及新一代反应堆的基础理论和关键技术等方面开展研发与攻关。

4. 聚变堆。重点在 ITER 的设计和建造、堆芯物理和聚变堆工程技术、聚变工程技术试验平台（FETP）自主设计建造，以及大型托卡马克聚变堆装置设计、建造和运行等方面开展研发与攻关（见图 11-5）。

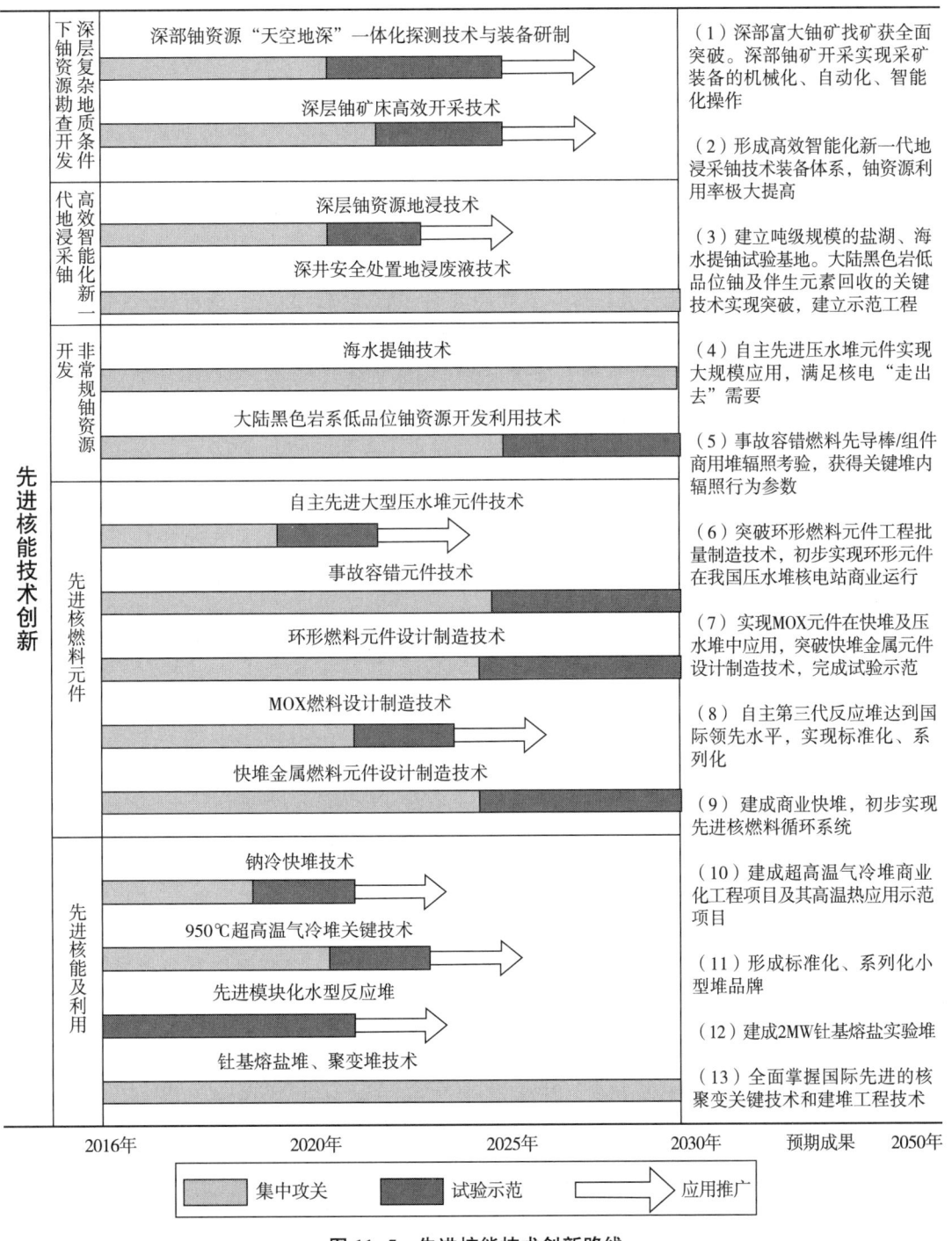

图 11-5 先进核能技术创新路线

（二）创新目标

1. 2020年目标。在核能资源勘探开发利用方面，创新深部铀成矿理论，实用性综合勘查深度达到1500米。实现埋深800米以内的可地浸砂岩铀资源经济开发利用，建成千吨级数字化、自动化的地浸采铀示范工程。黑色岩系型等低品位铀资源铀浸出率达超过80%。获得先进的盐湖、海水提铀功能材料，完成提铀放大工艺优化设计及配套装置加工。在先进核燃料元件方面，实现自主先进核燃料元件的应用；事故容错燃料元件（ATF）、环形燃料元件初步具备辐照考验条件；研制MOX燃料示范快堆考验组件并完成辐照考验。在反应堆技术方面，突破自主第三代超大型压水堆关键技术；示范快堆开工建设；完成超高温气冷堆在950℃高温运行及核能制氢的可行性论证，建设高温气冷堆700℃工艺热示范工程；建成先进模块化小型堆示范工程（含海上核动力平台）。熔盐堆、行波堆、聚裂变混合堆等先进堆型关键材料及部分技术取得重要突破；等聚变堆离子体的参数和品质获得提高，为设计建造聚变工程技术试验平台（FETP）奠定基础。

2. 2030年目标。在核能资源勘探开发利用方面，形成国际领先的深部铀成矿理论体系及技术体系；实现深度1000米以内的可地浸砂岩智能化、绿色化经济开发利用；建成黑色岩系型等低品位铀资源综合回收示范工程，建成盐湖、海水连续提铀试验装置并获得技术经济评价参数。先进核燃料元件，具备国际领先核燃料研发设计能力，事故容错燃料先导棒/先导组件实现商用堆辐照考验，初步实现环形元件在压水堆核电站商业运行；MOX组件批量化生产管理技术达到国际先进水平，快堆金属元件具备规模化应用条件。在反应堆技术方面，第三代压水堆技术全面处于国际领先水平，实现系列化发展；突破100KW级商用增殖快堆电站关键技术，实现商业后处理厂—MOX元件—商业快堆闭路循环；建设完成950℃超高温气冷堆及高温热应用商业化工程；先进模块化小型堆实现标准化、规模化建设；熔盐堆等先进堆型关键设备材料取得重大突破，具备建设示范工程条件。聚变工程技术试验平台（FETP）成功运行，掌握聚变堆芯燃烧等离子体的实验、运行和控制技术。

3. 2050年展望。完全掌握铀资源成矿理论，深部铀资源、非常规铀资源开发具备规模化经济开采能力，能保障核能长久发展。核燃料自主设计能力进入世界先进水平，智能制造、柔性制造等先进技术广泛应用。四代核能系统全面实现"可持续性、安全性、经济性和核不扩散"的要求，核能在供热、化工、制氢、冶金等方面具备规模建设条件。建设1000000KW量级聚变原型电站，实现核聚变能源商用化应用。

（三）创新行动

1. 深部铀成矿理论创新与一体化铀资源探测技术与装备。探索热液型铀多金属成矿带成矿体系、砂岩型铀矿超常富集机理及多能源矿产间作用关系、非常规铀资源富集模式与规律、纳米地学、铀成矿模拟试验，以及铀矿地质大数据规律等。研究大探深、高精度地面及井中地球物理勘查技术，以及高效钻进技术、纳米测试技术、基于互联网的综合分析评价技术、智能化预测技术；研制铀多金属勘查新型放射性仪器。

2. 地浸采铀高效钻进与成井技术。研发专用地浸钻孔钻进设备，采铀工艺钻孔结构，基于随钻测斜、定向钻进的高效安全钻孔成井技术、地浸井场快速开拓和布置技术；研究复杂难浸铀资源地浸高效浸出技术；开展绿色、智能地浸采铀技术研究，建设数字化、绿色地浸矿山。

3. 黑色岩系型、磷块岩型的低品位铀资源开发技术及盐湖、海水提铀技术。研发工艺矿物学特征、选矿试剂合成、矿物分选工艺和选矿技术，铀高效浸出工艺及浸出装置、分离方法、产品制备及工艺废水处理技术，进行工业试验示范；研发盐湖和海水提铀装置、实验室平台，突破高性能提铀材料及功能材料提铀性能，建立国家级开放性的海水提铀方法测试平台，研究海水提铀与海水淡化耦合技术、铀酰化学技术。

4. 先进自主压水堆元件。推进自主先进锆合金包壳核燃料元件技术攻关和产业化应用。研发事故容错元件（ATF）高铀密度或掺杂燃料芯块，先进金属、新型复合的新型包壳材料；完善适用于ATF元件包壳堆内辐照考验及辐照后检查技术，研究燃料制备和性能评价关键技术。研究压水堆环形燃料堆芯和组件设计技术，开展环形燃料组件堆外热工水力等验证、小组件试验堆内辐照考验和先导组件商用堆内辐照考验。

5. 快堆及燃料元件设计与工程化技术。完善快堆法规、标准体系，突破大型商用快堆的热工水力、非能动事故余热排出等关键技术，形成快堆电站自主化的软件及设计集成技术，实现设备自主化；突破快堆MOX组件芯块设计与成型工艺技术，高性能结构材料，组件制造工程化技术，掌握快堆MOX换料运行技术。突破大增殖比的（U、Pu）Zr金属元件及添加MA的金属燃料关键技术。

6. 超高温气冷堆关键技术及高温热工程应用技术。攻关950℃超高温气冷堆关键技术，开展安全与事故分析、堆内构件材料及结构分析等。开发基于HTR-PM现有堆芯设计的气—气中间换热器，提供700℃的工艺热生产煤气、油品和焦炭。

7. 先进小型堆关键技术及工程化。针对陆上模块式小型堆，突破关键设备、模块化建造技术、运行技术及安全审查技术，完善法规标准。针对海上核动力平台，开展工程设计、设备制造、工厂化总体建造和海上运行调试技术研究，建设示范工程，完善法规标准。开展大功率空间核反应堆电源技术研究，突破设计、关键材料、装备、运行技术等。

8. 钍基熔盐堆基础理论与关键技术。建立完善的研究平台体系，研究关键基础理论和关键工艺技术，突破熔盐制备技术、高温材料腐蚀机理及控制技术、回路技术、反应堆运行控制技术，探索钍—铀循环在线后处理技术，建成2MW钍基熔盐实验堆。

9. 聚变物理研究。完善等离子体诊断、控制、加热、加料等手段，研究先进托卡马克等离子体实验，实现高比压、高约束的等离子体实验运行，提升对聚变等离子体的认识水平和控制能力，设计建造聚变工程技术试验平台（FETP）。

六、乏燃料后处理与高放废物安全处理处置技术创新

（一）战略方向

1. 乏燃料后处理。重点在大型商用水法后处理厂建设、全分离的无盐二循环流程研究、后处理流程经济性和环保性的提高，以及适用于快堆等的先进燃料循环的干法后处理等方面开展研发与攻关。

2. 高放废物地质处置。重点在高放废物地质处置研发体系创新、高放废物处置地下实验室建设、地质处置及安全技术，以及高放废物地质处置理论和技术体系完善等方面开展研发与攻关。

3. 高放废物处理。重点在高放废液处理、高放石墨处理、α废物处理，以及冷坩埚玻璃固化高放废物处理等方面开展研发与攻关。

4. 放射性废物嬗变技术。重点在长寿命次锕系核素总量控制、次临界系统设计和关键设备研究、外中子源驱动次临界高效嬗变系统（含加速器驱动和聚变驱动）技术体系完善，以及降低高放废物安全处理（置）难度等方面开展研发与攻关（见图11-6）。

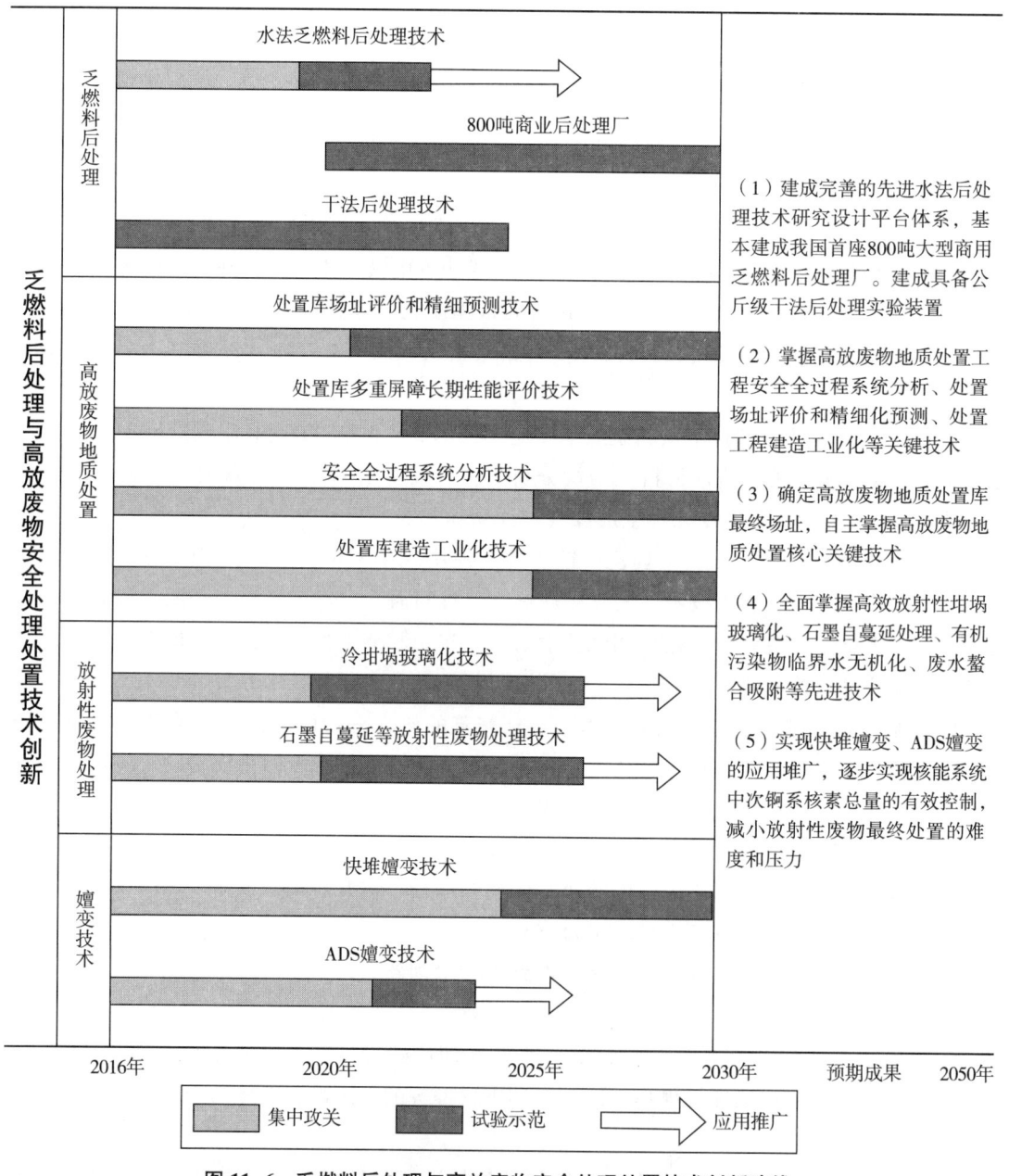

图 11-6 乏燃料后处理与高放废物安全处理处置技术创新路线

（二）创新目标

1. 2020年目标。在乏燃料后处理方面，掌握大型商用乏燃料后处理厂自主设计、建造及运行技术，突破动力堆乏燃料后处理工艺、设备等关键技术，建立动力堆高放废液分离工艺技术；针对快堆MOX乏燃料后处理，建立适用于我国乏燃料后处理中试厂的水法处理工艺流程，具备示范条件；推进乏燃料干法后处理技术研究，基础研究取得重要突破。在高放废物地质处置方面，建成高放废物处置地下实验室，掌握实验室现场试验关键技术体系；掌握场址评价方法，提出3~5个高放废物处置库候选场址，确定工程屏障选材，完成高放固化体多重介质多因素蚀变与核素迁移中间规模试验；提出废石墨、重水堆乏燃料等特殊废物的最终处置方案，完成可行性研究；掌握中等深度放射性废物处置技术。在放射性废物处理方面，突破高放废液煅烧、水冷鼓泡、出料和贵金属沉积等技术，研制出两步法冷坩埚玻璃固化科研样机（35L/h高放废液）、石墨自蔓延处理中间装置、有机物超临界水无机化工程样机，以及废水螯合吸附等工程样机，放射性废物处理技术水平显著提高。在先进分离嬗变技术方面，完成实验规模的MA嬗变技术和分离工艺研究，掌握分离—嬗变关键技术，获得整个环节的数据和经验；建成较完善的外中子源驱动次临界嬗变系统技术研究平台体系，掌握加速器中子源、紧凑型聚变中子源系统以及次临界反应堆或包层的系统关键技术，确定外中子源驱动次临界系统的嬗变性能等运行参数。

2. 2030年目标。在乏燃料后处理方面，建成完善的先进水法后处理技术研发平台体系，基本建成我国首座800吨大型商用乏燃料后处理厂；建立我国锕系元素分离一体化先进水法后处理流程，提出干法后处理技术的优选路线，建成具备公斤级熔盐电解分离铀、钚的实验装置。在高放废物地质处置方面，确定高放废物处置库推荐场址，完成处置库工程设计，掌握地质处置技术和安全评价技术，具备建库条件；建成中等深度处置库。在放射性废物处理方面，全面掌握高放废液冷坩埚玻璃固化技术、石墨自蔓延处理技术、有机污物超临界水无机化技术、卤渣热等静技术、废水螯合吸附技术，放射性废物处理技术进入先进国家行列。在先进分离嬗变技术方面，完成使用于600000KW快堆核电站的含MA混合氧化铀钚燃料（MOX）的设计、研制及随堆考验，确定外源驱动次临界系统技术路线，掌握自主产权的关键设备设计制造技术，建成外源次临界系统工程性实验装置。

3. 2050年展望。干法后处理实现工业化应用，逐步取代水法后处理，实现快堆嬗变、ADS嬗变技术的应用推广，逐步实现核能系统中次锕系核素总量的有效控制。解决历史上遗留废物隐患，废物最小化达到世界领先水平。掌握高放废物地质处置工业化技术，建成高放废物处置库并运行。

（三）创新行动

1. 先进乏燃料后处理工艺及关键技术设备。针对大型核燃料后处理厂，开展首端处理技术及新型无盐试剂二循环流程开发、工艺流程台架热试验及验证；建设后处理全流程数字模拟平台，研究脉冲萃取柱数字模拟与仿真技术，实现大型关键设备国产化；研发自动化控制技术、远程操作系统与设备、大型先进热室设计，以及先进干法首端技术及干法分离技术。

2. 高放废物地质处置库技术。围绕地下实验室工程及现场试验，开展高放废物处置库选址研究，并形成完善的场址评价技术体系；重点研究以地下实验室为研发平台的地质处置工程

（艺）技术和工程屏障、处置库概念设计、处置库开挖技术，以及废物罐的运输、就位及回取技术和验证；研究处置库的核素释放和迁移、安全评价和安全全过程系统分析，掌握概率安全评价技术；开展处置库屏障系统安全特性演化试验和评价。

3. 先进废物处理技术。研究放射性石墨废物自蔓延处理技术；突破冷坩埚玻璃固化技术、有机污物超临界水处理技术，以及高放卤渣热等静压陶瓷固化技术，研究废水螯合吸附技术。

4. 快堆嬗变技术。完成中国实验快堆（CEFR）中单个次锕系核素小样件的辐照，主要包括 CEFR 嬗变靶件的设计和研制、嬗变靶件的辐照考验和辐照后检验，以及辐照后芯块的化学分析与分离工艺研究等。完成示范快堆（CFR600）中嬗变组件的辐照和后处理，主要包括含次锕系元素的 MOX 燃料制造技术研究，批量使用含 MA 燃料的快堆堆芯设计、安全评价和随堆考验，批量使用含 MA 燃料的反应堆安全运行技术，以及辐照后含 MA 燃料的后处理技术研究等。

七、高效太阳能利用技术创新

（一）战略方向

1. 太阳能高效晶体硅电池及新概念光电转换器件。重点在开发平均效率≥25%的晶体硅电池产线［如异质结（HIT）电池和叉指背接触（IBC）电池或二者的结合］，探索更高效率、更低成本的新概念光电转换器件及面向产业化技术等方面开展创新与攻关。

2. 高参数太阳能热发电与太阳能综合梯级利用系统。重点在超临界太阳能热发电、空气吸热器、固体粒子吸热器、50~100MW 级大型全天连续运行太阳能热电站及太阳能综合梯级利用、100MWe 槽式太阳能热电站仿真与系统集成等方面开展研发与攻关。

3. 太阳能热化学制备清洁燃料。重点在太阳能热化学反应体系筛选、热化学在非平衡条件下的反应热力学和动力学机理及其与传热学和多项流的耦合作用机理探索、太阳能制取富含甲烷的清洁燃料等方面开展研发与攻关。

4. 智能光伏电站与风光热互补电站。重点在高能效、低成本智能光伏电站，智能化分布式光伏和微电网应用，50MW 级储热的风光热互补混合发电系统等方面开展研发与攻关（见图 11-7）。

（二）创新目标

1. 2020 年目标。突破三五（Ⅲ-Ⅴ）族化合物电池和铁电—半导体耦合电池的产业化关键技术，建成 100MW 级 HIT 太阳能电池示范生产线；掌握分布式太阳能热电联供系统的集成和控制，以及太阳能热化学制备燃料机理；掌握智能光伏电站设计和建造成套技术，实现发电效率≥80%；掌握 50MW 级塔式光热电站整体设计及关键部件制造技术；突破光热—光伏—风电集成设计和控制技术，促进风光互补利用技术产业化。

2. 2030 年目标。大幅提高铜铟镓硒（CIGS）、碲化镉（CdTe）电池的效率，建立完整自主知识产权生产线，实现在建筑中规模应用并达到国际前沿水平；HIT 电池国产化率≥85%并达到批产化水平。掌握高参数太阳能热发电技术，全面推动产业化应用；建成 50MW 太阳能热电联供系统，形成自主知识产权和标准体系。突破太阳能热化学反应器技术，研制出连续性工作样机。

3. 2050 年展望。开发出新型高性能光伏电池，大幅提升光电转换效率并降低成本，至少

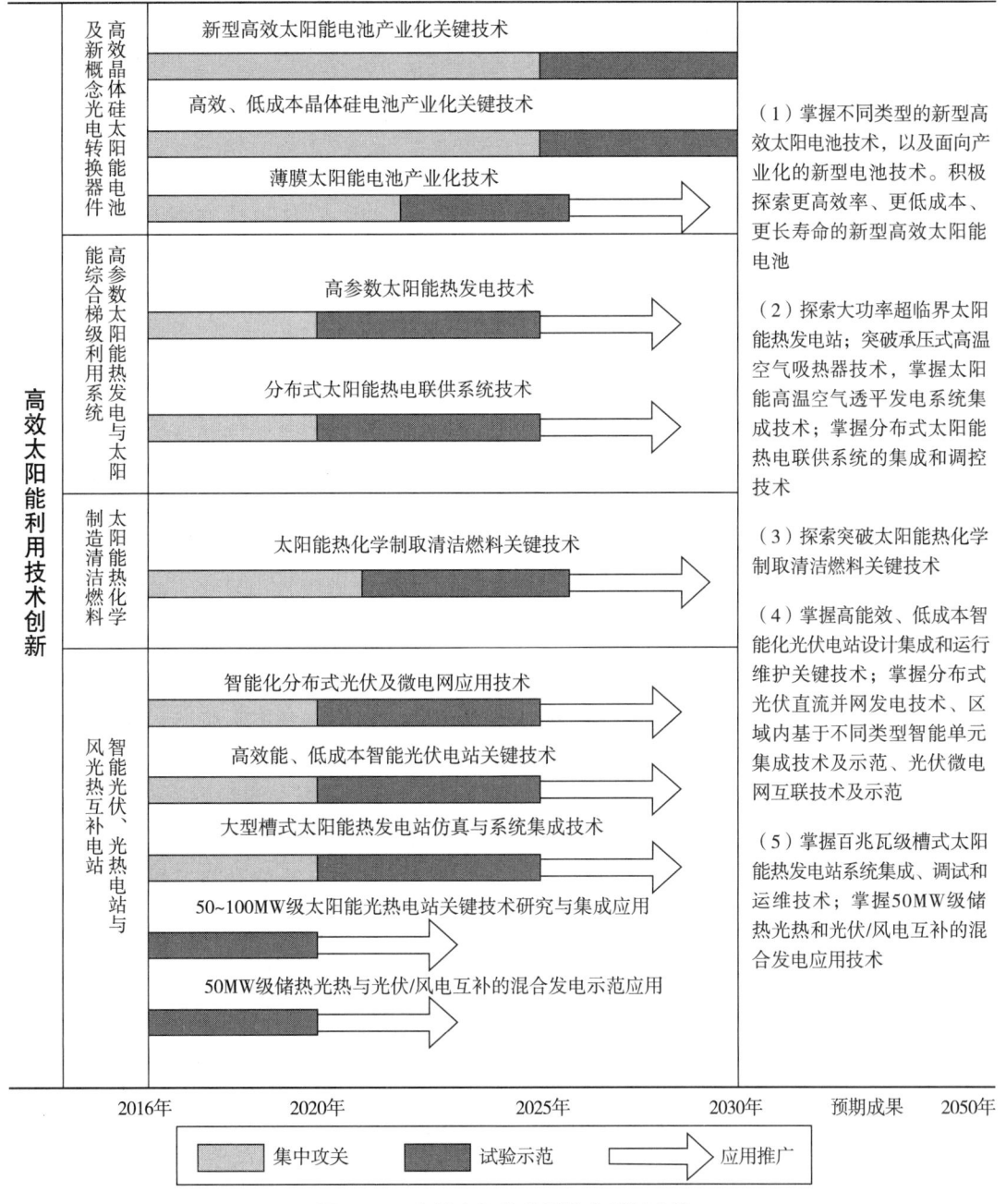

图 11-7 高效太阳能利用技术创新路线

一种电池达到世界最高效率；实现光电转化和储能一体化；太阳能热化学制备清洁燃料获重大突破并示范。

（三）创新行动

1. 新型高效太阳能电池产业化关键技术。研发铁电—半导体耦合电池、钙钛矿电池及钙钛矿/晶体硅叠层电池产业化的关键技术、工艺及设备，建立电池组件生产及应用示范线，建成产能≥2MWp 的中试生产线，组件平均效率各为≥14%、≥15%、≥21%。探索新型高效太阳能电池技术，探索研发更高效、更低成本的铁电—半导体耦合电池、铁电—半导体耦合/晶体硅叠层电池、钙钛矿电池、染料敏化电池、有机电池、量子点电池、新型叠层电池、硒化锑电池、铜锌锡硫电池和三五（Ⅲ-Ⅴ）族纳米线电池等电池技术，实现至少一种电池达到世界最高效率。

2. 高效、低成本晶体硅电池产业化关键技术。研究低成本晶体硅电池、HIT太阳电池、IBC电池产业示范线关键技术和工艺，推进HIT太阳电池设备及原材料国产化，开发IBC与HIT结合型效电池；建成设备国产化率≥80%的百兆瓦级电池示范生产线，产线电池平均效率各为≥21%、≥23%、≥23%。研制太阳能电池关键配套材料，开发高效电池用配套电极浆料关键技术，包括正银浆料制备技术，以及无铅正面银电极、低成本浆料银/铜粉体功能相复合电极材料等。

3. 薄膜太阳能电池产业化关键技术。研究碲化镉、铜铟镓硒及硅薄膜等薄膜电池的产业化关键技术、工艺及设备，掌握铜铟镓硒薄膜电池原材料国产化技术；建成产能100MWp示范生产线，组件平均效率各为≥17%、≥17%、≥15%。

4. 高参数太阳能热发电技术。研究高温高效率吸热材料、超临界蒸汽发生器、二氧化碳透平；研发高温承压型空气吸热器、50kW级高温空气—燃气联合发电系统、高性能太阳能粒子吸热器；研究高温粒子储热、粒子蒸汽发生器的设计方法及换热过程、粒子空气换热装置的高温粒子与空气间换热规律。

5. 分布式太阳能热电联供系统技术。研究不同聚光吸热的分布式太阳能热电联供系统长周期蓄热材料、部件和系统，研制单螺杆膨胀机、斯特林发动机、有机工质蒸汽轮机等低成本高效中小功率膨胀动力装置，提出不同聚光吸热的高效中小功率热功转换热力循环系统；建设1~1000kW级分布式太阳能热电联供系统集成示范，掌握电站的动态运行特性和调控策略。

6. 太阳能热化学制取清洁燃料关键技术。研究热化学反应体系筛选及反应热力学和动力学，以及金属氧化物还原反应制取清洁燃料、甲烷（催化）干湿重整过程、含碳物料的干湿重整过程等的反应热力学和动力学机理；研究太阳能高温热化学器内传热学与反应动力学的耦合作用机理、太阳能热化学制取清洁燃料的多联产系统热力学机理和动态过程。

7. 智能化分布式光伏及微电网应用技术。研究分布式光伏智能化技术、分布式光伏直流并网发电技术，以及区域性分布式光伏功率预测技术，开展区域内基于不同类型智能单元的分布式光伏系统设计集成技术、光伏微电网互联技术的研究及示范。

8. 高能效、低成本智能光伏电站关键技术研究及示范。研究智能光伏电站设计集成和运行维护技术、高可靠智能化平衡部件技术、兆瓦级光伏直流并网发电系统关键技术，开展百万千瓦级大规模智能光伏电站群的运行特性及对电网的影响研究。

9. 大型槽式太阳能热发电站仿真与系统集成技术。建立100MWe槽式太阳能热发电站仿真系统，搭建槽式集热器、导热油系统、储热系统、蒸汽发生系统、汽轮机仿真模型。研究大型槽式太阳能热发电站系统集成技术，实现气象条件与集热、储热、蒸汽发生与汽轮发电协同控制与调节技术，研究可复制、模块化的系统集成与集成控制技术，电站参数优化方法等。

10. 50~100MW级大型太阳能光热电站关键技术研究与集成应用。研究定日镜及大型定日镜场技术、塔式电站大型镜场在线检测技术、大型吸热器技术及大型高效储换热技术、适合光热发电系统的热力装备技术，研究塔式电站系统集成与控制技术、光热发电系统参与电网调节的主动式控制技术，建立可全天连续发电的 50MW 级槽式太阳能高效梯级利用示范电站；研究 20MW 级直接产生过热蒸汽型的多塔集成调控塔式太阳能热发电站集成应用。

11. 50MW 级储热光伏、光热、风电互补的混合发电示范应用。研究储能光热电站（>10MW）与光伏（>20MW）/风电（>20MW）混合发电站的整体设计技术，研究储能光热电站与光伏/风电互补发电的协调技术；研究混合发电站的控制技术及自动化运维技术，实现各种工况下光热—光伏/风电混合发电站的平稳发电以及突变条件下的快速响应；研究 50MW 级储能光热电站与光伏/风电混合发电站整体系统集成、工程化及运营技术，实现示范应用。

八、大型风电技术创新

（一）战略方向

1. 大型风电关键设备。重点在 10MW 级及以上风电机组，以及 100 米级及以上风电叶片、10MW 级及以上风电机组变流器和高可靠、低成本大容量超导风力发电机等方面开展研发与攻关。

2. 远海大型风电系统建设。重点在远海大型风电场设计建设、适用于深水区的大容量风电机组漂浮式基础、远海风电场输电，以及海上风力发电运输、施工、运维成套设备等方面开展研发与攻关。

3. 基于大数据和云计算的风电场集群运控并网系统。重点在典型风资源特性研究与评估、基于大数据大型海上风电基地群控、风电场群优化协调控制和智能化运维、海上风电场实时监测及智能诊断技术装备等方面开展研发与攻关。

4. 废弃风电设备无害化处理与循环利用。重点在风电设备无害化回收处理、风电磁体和叶片的无害化回收处理等方面开展研发与攻关。

（二）创新目标

1. 2020 年目标。形成 200~300 米高空风力发电成套技术。掌握自主知识产权的 10MW 级以下大型风电机组及关键部件的设计制造技术，形成国际竞争力；突破近海风电场设计和建设成套关键技术，形成海上风电工程技术标准。掌握复杂条件下的风资源特性及各区域风电资源时空互补性，评估风资源可获得性，进行风电场优化布局；建立风电场群控制与运维体系，支撑区域风电规模并网。

2. 2030 年目标。200~300 米高空风力发电获得实际应用并推广。突破 10MW 级及以上大型风电机组关键部件设计制造技术，建立符合海况的远海风电场设计建设标准和运维规范；掌握风电场集群的多效利用、风电场群发电功率优化调度运行控制技术；掌握废弃风电机组材料的无害化处理与循环利用技术，支撑风电可持续发展；成为风电技术创新和产业发展强国。

3. 2050 年展望。突破 30MW 级超大型风电机组关键技术，掌握不同海域规模化风电开发成套技术与装备，形成完整的风能利用自主创新体系和产业体系，风能成为我国主要能源之一（见图 11-8）。

（三）创新行动

1. 100 米级及以上叶片设计制造技术。研究 100 米级及以上叶片三维设计方法与设计体系、叶片载荷与破坏机理和优化校核方法，以及基于高效叶片气弹、轻量化结构和新材料技术相结合的一体化设计技术；研究 100 米级及以上叶片结构轻量化设计技术、叶片碳—玻材料混

图 11-8 大型风电技术创新路线

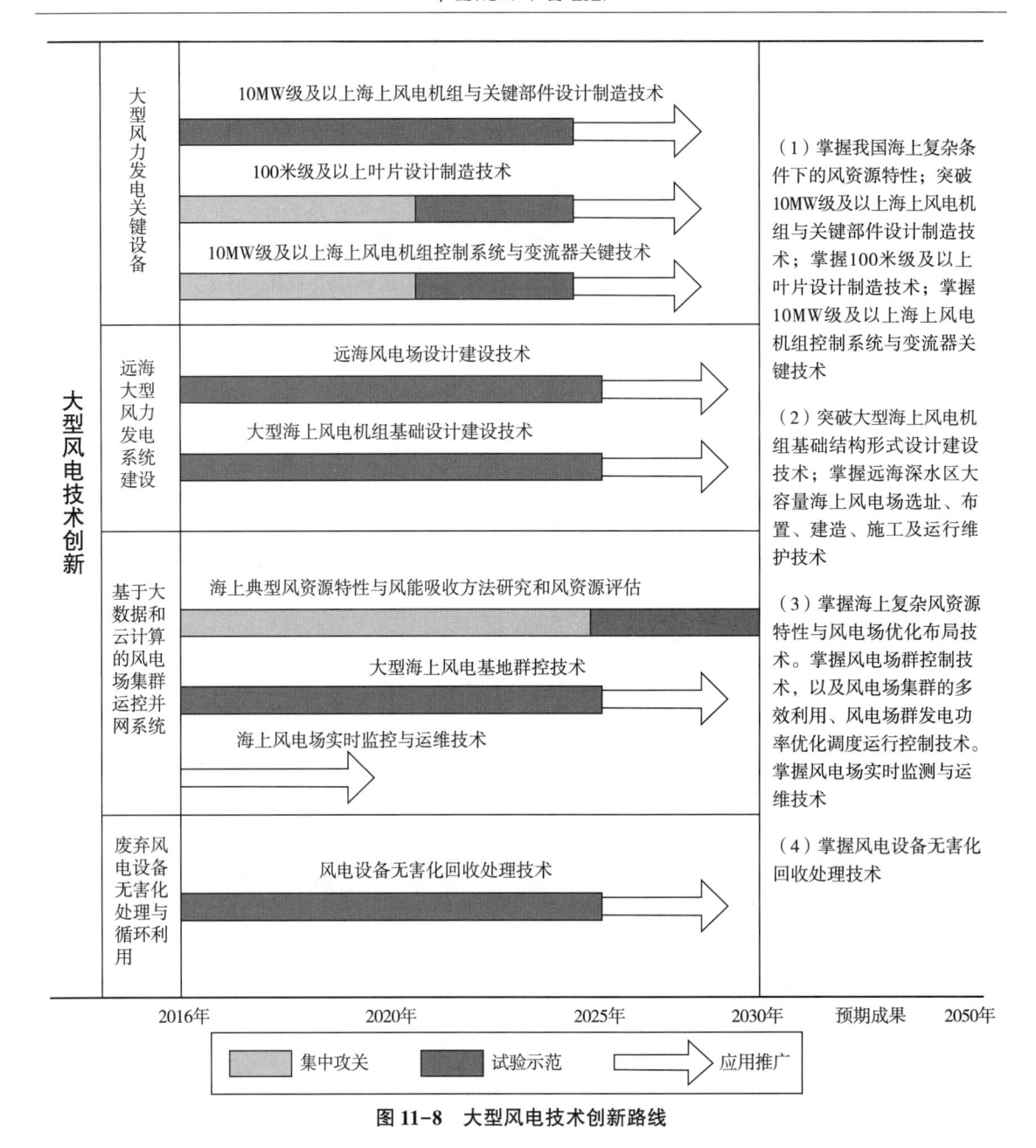

杂及铺层优化设计技术；研制 100 米级及以上大型海上风电机组叶片，研究大型叶片测试技术，推动具有自主知识产权的系列化风电叶片产业化。

2. 大功率陆上风电机组及部件设计与优化关键技术。研究大功率风电机组整机一体化优化设计及轻量化设计技术；开展大功率机组叶片、载荷与先进传感控制集成一体化降载优化技术，大功率风电机组电气控制系统智能诊断、故障自恢复免维护技术，以及大功率陆上风电机组及关键部件绿色制造技术研发。

3. 陆上不同类型风电场运行优化及运维技术。研究风电机组和风电场综合智能化传感技术、风电大数据收集及分析技术；研究复杂地形、特殊环境条件下风电场与大型并网风电场的设计优化方法及基于大数据的风电场运行优化技术；研究基于物联网、云计算和大数据综合应用的陆上不同类型风电场智能化运维关键技术，以及适合接入配电网的风电场优化协调控制、实时监测和电网适应性等关键技术。

4. 典型风资源特性与风能吸收方法研究及资源评估。研究陆上和海上复杂条件影响下的风特性并揭示脉动特性，研究边界层风垂直变化并分析不同海域的热力稳定度。根据海上典型风资源特征，探明多尺度叶片流场复杂特性和描述方法，获得不同尺度流场特征参数相互耦合的物理机制，开展适合我国风资源特性的高性能大型风电机组的专用翼型族研究。普查陆上和海上典型风资源并分析数据，建立风资源评估数值模型，开发自主知识产权的风资源评估系统。

5. 10MW 级及以上海上风电机组及关键部件设计制造关键技术。研究适合我国海况和海上风资源特点的风电机组精确化建模和仿真计算技术；研究 10MW 级及以上海上风电机组整机设计技术，包括风电机组、塔架、基础一体化设计技术，以及考虑极限载荷、疲劳载荷、整机可靠性的设计优化技术；研究高可靠性传动链及关键部件的设计、制造、测试技术，以及大功率风电机组冷却技术。研制自主知识产权的 10MW 级及以上海上风电机组及其轴承和发电机等关键部件。

6. 10MW 级及以上海上风电机组控制系统与变流器关键技术。研究海上风电机组在风、波浪、洋流耦合下的运行特性；研究风电机组智能化控制技术、极端工况（覆冰、台风）下的载荷安全控制技术。研究风电机组变流器和变桨距控制系统等的模块化设计技术，以及中高压变流技术、新型变流器冷却技术；研制大型海上风电机组智能型整机控制系统、变流器及变桨距控制装备，并推广应用。

7. 远海风电场设计建设技术。研究海上风电场建设选址技术，提出适合我国远海深水区风资源条件的风电机组优化布置方法。开展极端海洋环境荷载作用下海上风电机组结构的非线性荷载特性、远海深水区极端海况条件下大容量海上风电机组基础的荷载联合作用计算方法等研究；开发远海风电机组施工与建造技术、远海风电场并网技术、深水电缆铺设及动态跟随风电机组的柔性连接技术、风能与海洋能综合一体化互补利用技术与装备。

8. 大型海上风电机组基础设计建设技术。研究提出适用于我国远海深水区大容量风电机组的海上基础结构型式。探索远海深水区大容量海上风电机组基础的疲劳发生机理与控制方法，开展极端海洋环境荷载作用下的失效模式与分析方法研究，提出其反应控制策略与防灾减灾对策。研究大容量风电机组基础设计制造技术，研制远海海洋环境荷载特点下满足施工与制造要求的新型漂浮式基础。

9. 大型海上风电基地群控技术。建立包含海上风电场群运行数据、实测气象数据以及数值天气预报数据的大数据平台，研发基于大数据的海上大型风电基地运行优化技术、风电场群发电功率一体化预测技术、风电场群协同控制优化技术、风电场及场群真实能效评估和优化策略。研究海上风电场群电能的多效利用技术，研究储能系统的功率和容量选取以及混合储能系统的协调控制问题。

10. 海上风电场实时监测与运维技术。分析影响海上风电场群运维安全及成本的因素，研究海上风电场运维技术，开发基于寿命评估的动态智能运维管理系统；研发海上风电场的运行维护专用检测和作业装备及健康模型与状况评估、运行风险评估、剩余寿命预测和运维决策支持等技术。研究海上机组的新型状态监测系统装备技术及智能故障预估的维护技术、关键部件远程网络化监控与智能诊断技术。

11. 风电设备无害化回收处理技术。研究叶片无害化回收处理技术，研究适合叶片性能要求和大尺度几何结构的易回收或降解的树脂体系及其成型技术；研发不同类型风电叶片组成材料的高效分离回收技术及装备，以及不可回收材料无害化处理技术与装备。研发不同类型风电磁体回收与无害化处理关键技术与装备；研究不同组成材料的永磁体高效清洁分类回收技术与永磁材料再利用技术，并研制回收处理设备。

九、氢能与燃料电池技术创新

（一）战略方向

1. 氢的制取、储运及加氢站。重点在大规模制氢、分布式制氢、氢的储运材料与技术，以及加氢站等方面开展研发与攻关。

2. 先进燃料电池。重点在氢气/空气聚合物电解质膜燃料电池（PEMFC）、甲醇/空气聚合物电解质膜燃料电池（MFC）等方面开展研发与攻关。

3. 燃料电池分布式发电。重点在质子交换膜燃料电池（PEMFC）、固体氧化物燃料电池（SOFC）、金属空气燃料电池（MeAFC），以及分布式制氢与燃料电池（PEMFC和SOFC）的一体化设计和系统集成等方面开展研发与攻关。

（二）创新目标

1. 2020年目标。建立健全氢能及燃料电池规模化应用的设计、工艺、检测平台。基本掌握高效氢气制备、纯化、储运和加氢站等关键技术，以及低成本长寿命电催化剂技术、聚合物电解质膜技术、低铂载量多孔电极与膜电极技术、高一致性电堆及系统集成技术，突破关键材料、核心部件、系统集成、过程控制等关键技术，实现氢能及燃料电池技术在动力电源、增程电源、移动电源、分布式电站、加氢站等领域的示范运行或规模化推广应用。其中，PEMFC电源系统实现额定输出功率50~100kW、系统比功率≥300Wh/kg、电堆比功率3000W/L以上、使用寿命5000hr以上；MFC电源系统实现额定输出功率5~10kW、系统比能量≥345Wh/kg、使用寿命3000hr以上；开发出接近质子膜燃料电池操作温度、储氢容量高于5wt%的储氢材料或技术，及长距离、大规模氢的储存及运输技术。

2. 2030年目标。实现大规模氢的制取、存储、运输、应用一体化，实现加氢站现场储氢、制氢模式的标准化和推广应用；完全掌握燃料电池核心关键技术，建立完备的燃料电池材料、部件、系统的制备与生产产业链，实现燃料电池和氢能的大规模推广应用。其中，PEMFC分布式发电系统使用寿命达到10000hr以上、SOFC分布式发电系统使用寿命达到40000hr以上、MeAFC分布式发电系统使用寿命达到10000hr以上。

3. 2050年展望。实现氢能和燃料电池的普及应用，实现氢能制取利用新探索的突破性进展（见图11-9）。

（三）创新行动

1. 大规模制氢技术。研究基于可再生能源和先进核能的低成本制氢技术，重点突破太阳能光解制氢和热分解制氢等关键技术，建设示范系统；突破高温碘—硫循环分解水制氢及高温电化学制氢，完成商业化高温核能分解水制氢方案设计。研发新一代煤催化气化制氢和甲烷重

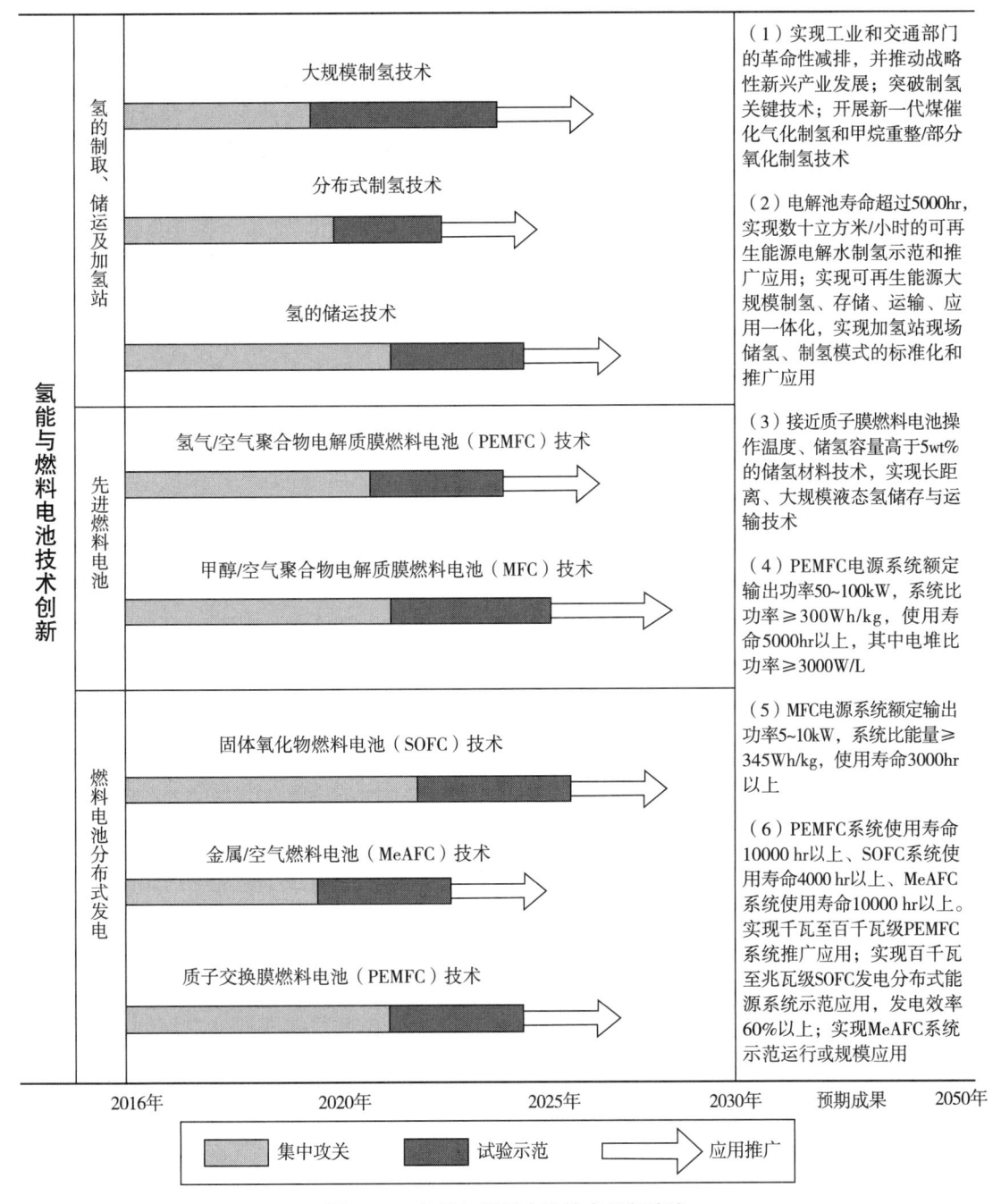

图 11-9 氢能与燃料电池技术创新路线

氢能与燃料电池技术创新路线图包含以下内容：

氢的制取、储运及加氢站
- 大规模制氢技术
- 分布式制氢技术
- 氢的储运技术

先进燃料电池
- 氢气/空气聚合物电解质膜燃料电池（PEMFC）技术
- 甲醇/空气聚合物电解质膜燃料电池（MFC）技术

燃料电池分布式发电
- 固体氧化物燃料电池（SOFC）技术
- 金属/空气燃料电池（MeAFC）技术
- 质子交换膜燃料电池（PEMFC）技术

时间轴：2016年—2020年—2025年—2030年—预期成果—2050年

阶段说明：集中攻关、试验示范、应用推广

预期成果：

（1）实现工业和交通部门的革命性减排，并推动战略性新兴产业发展；突破制氢关键技术；开展新一代煤催化气化制氢和甲烷重整/部分氧化制氢技术

（2）电解池寿命超过5000hr，实现数十立方米/小时的可再生能源电解水制氢示范和推广应用；实现可再生能源大规模制氢、存储、运输、应用一体化，实现加氢站现场储氢、制氢模式的标准化和推广应用

（3）接近质子膜燃料电池操作温度、储氢容量高于5wt%的储氢材料技术，实现长距离、大规模液态氢储存与运输技术

（4）PEMFC电源系统额定输出功率50~100kW，系统比功率≥300Wh/kg，使用寿命5000hr以上，其中电堆比功率≥3000W/L

（5）MFC电源系统额定输出功率5~10kW，系统比能量≥345Wh/kg，使用寿命3000hr以上

（6）PEMFC系统使用寿命10000 hr以上、SOFC系统使用寿命4000 hr以上、MeAFC系统使用寿命10000 hr以上。实现千瓦至百千瓦级PEMFC系统推广应用；实现百千瓦至兆瓦级SOFC发电分布式能源系统示范应用，发电效率60%以上；实现MeAFC系统示范运行或规模应用

整/部分氧化制氢技术。

2. 分布式制氢技术。研究可再生能源发电与质子交换膜/固体氧化物电池电解水制氢一体化技术，突破高效催化剂、聚合物膜、膜电极和双极板等材料与部件核心技术，掌握适应可再生能源快速变载的高效中压电解制氢电解池技术，建设可再生能源电解水制氢示范并推广应用；研究分布式天然气、氨气、甲醇、液态烃类等传统能源与化工品高效催化制氢技术与工

艺，以及高效率低成本膜反应器制氢和氢气纯化技术，形成标准化的加氢站现场制氢模式并示范应用。

3. 氢气储运技术。开发70Mpa等级碳纤维复合材料与储氢罐设备技术、加氢站氢气高压和液态氢的存储技术；研发成本低、循环稳定性好、使用温度接近燃料电池操作温度的氮基、硼基、铝基、镁基和碳基等轻质元素储氢材料；发展以液态化合物和氨等为储氢介质的长距离、大规模氢的储运技术，设计研发高活性、高稳定性和低成本的加氢/脱氢催化剂。

4. 氢气/空气聚合物电解质膜燃料电池（PEMFC）技术。针对清洁高效新能源动力电源的重大需求，重点突破PEMFC的低成本长寿命电催化剂、聚合物电解质膜、有序化膜电极、高一致性电堆及双极板、模块化系统集成、智能化过程检测控制、氢源技术等核心关键技术，解决PEMFC性能、寿命、成本等关键问题，并实现PEMFC电动汽车的示范运行和推广应用。

5. 甲醇/空气聚合物电解质膜燃料电池（MFC）技术。针对清洁高效新能源动力电源的重大需求，重点突破MFC耐高温长寿命电催化剂、新型耐高温聚合物电解质膜、有序化膜电极、一体化有机燃料重整、高温条件下电堆系统集成优化、智能控制等核心关键技术，并实现MFC在电动汽车上应用的示范运行和推广应用（无需制氢、储氢、加氢站）。

6. 燃料电池分布式发电技术。重点研发质子交换膜燃料电池（PEMFC）及氢源技术、固体氧化物燃料电池技术（SOFC），以及金属空气燃料电池（MeAFC）技术。在分散电站工况条件下，突破PEMFC、SOFC、MeAFC燃料电池关键材料、核心部件、系统集成和质能平衡管理等关键技术，建立分布式发电产业化平台，实现千瓦至百千瓦级PEMFC系统在通信基站和分散电站等领域的推广应用；实现百千瓦至兆瓦级SOFC发电分布式能源系统示范应用，发电效率60%以上，并开发适于边远城市和工矿企业等分布式电站；实现MeAFC系统在智能微电网、通信基站和应急救灾等领域的示范运行或规模应用。

十、生物质、海洋、地热能利用技术创新

（一）战略方向

1. 先进生物质能与化工。重点在生物航油（含军用）制取、绿色生物炼制升级、生态能源农场构建等方面开展研发与攻关。

2. 海洋能开发利用。重点在海洋能源高效开发利用、远海海域海洋能开发利用、海洋能利用技术应用领域扩展等方面开展研发与攻关。

3. 地热能开发利用。重点在干热岩开发利用、水热型地热系统开发利用升级等方面开展研发与攻关。

（二）创新目标

1. 2020年目标。在先进生物质能与化工方面，建成千吨级生物航油示范工程，完成台架试验并实现木质纤维素生物航油试飞验证；建成万吨级纤维素乙醇示范，实现生物天然气商业化示范；开发生物柴油多联产和炼制技术，形成万吨级示范工程；建设千吨级生物橡胶和生物基材料单体及聚合物、万吨级生物基聚氨酯、十万吨级生物基增塑剂及PVC制品等的示范生产线；升级生物天然气工程技术，实现商业化；培育一批新兴能源植（作）物新品系（种），初步建立生物质原料可持续供应体系。在海洋能开发利用方面，制订南海海洋能利用路线图。完善潮流能、波浪能装置设计体系，开发高效率的潮流能装置翼型与叶轮；提高温（盐）差

能发电效率，研发温（盐）差能发电实型装置。地热能开发利用，掌握干热岩开发关键技术，建成100kW级干热岩发电示范；突破干热岩开发设备设计及制造关键技术，解决结垢、回灌难题，实现浅层地热规模化开发利用；建成兆瓦级地热综合梯级利用示范。

2. 2030年目标。在先进生物质能与化工方面，具有商业化运营能力；完成万吨级多元化原料的生物航油集成与生产示范，形成十大类、百余种重大化工产品的先进生物制造工艺及产业链，建立10余个重大化工产品生物制造产业示范工程；创建5~10个生态能源农场示范，设立能源植物生态影响长期定位试验观测点，形成标准化的生物质原料可持续供应体系。在海洋能开发利用方面，实现海洋能装置设计与制造技术的协同发展并提升自主研发率，突破关键基础元器件和功能部件设计制造技术；突破波浪能高效捕获与能量转换技术，实现潮流能电场运行标准化，完善温（盐）差能海况样机开发；在南海建立波浪能、温差能示范电站，实现波浪能、温差能利用技术在南海的初步应用；全面推广应用成熟的海洋能利用技术。在地热能开发利用方面，实现干热岩开发利用设计与制造技术的协同发展，完善干热岩开发利用工艺，提升装备自主研发率，建成兆瓦级干热岩发电示范工程；建设规模化利用水热型地热示范工程，形成完善的设计规范和技术标准。

3. 2050年展望。生物航空燃料技术支撑商业化应用，形成多元化生物质原料可持续供应保障体系，低值生物质生物炼制和绿色多联产技术形成国际竞争力，生态能源农场具有持续绿色能源贡献能力。建立兆瓦级波浪能、潮流能发电装置群；实现潮流能、波浪能发电技术在近海海域的产业化；建立完整的海洋能产业链，实现海洋能发电和制淡水技术的全面应用。形成完善的地热能利用技术标准体系，实现干热岩发电工程推广、水热型地热应用（见图11-10）。

（三）创新行动

1. 生物航油（含军用）制取关键技术。突破纤维素及非粮生物质的水热降解、中间体加氢脱氧等技术，研究油脂提取及加氢异构技术、油脂与木质纤维素生物航油的加氢精制技术、油脂与木质纤维素原料互补的燃油组成及能质性能调控技术、生物航油适应性燃烧技术；提升基于纤维素和油脂类原料互补、生物航油高洁净精制和副产物高质化利用等的技术体系。打造生物航油产业化研发平台并研制全产业链制备装备，建立千（万）吨级示范工程，加强自主技术集成与工业应用示范。

2. 绿色生物炼制技术。突破烃类大宗化学品绿色炼制转化的共性关键技术，研发分散生物质原料高效清洁收集模式，升级生物能源、生物基材料和化学品联产技术，建立生物质生化转化技术平台；研制大型连续高效发酵转化关键设备，研发国产化、成套化、标准化的生物质绿色制造和多联产装备体系，优化废弃物原料智能化收集、高效转化和资源综合利用等关键技术体系，推进生物质能源与化工产品的配额应用，形成产业化应用模式。

3. 生态能源农场。研究能源植物高效光合固碳、细胞壁生物合成、油脂合成、糖合成代谢网络及其调控机制，选育能源植物新品种；突破能源植物资源在非农耕边际土地或废水中高产、低成本、规模化培育技术，研究能源植物生态影响调控技术，建立生态能源农场资源数据库；研发智能化生物质原料收运储技术装备，建立多元化、多渠道、智能化的新兴生物质原料持续供给体系，建设生态能源农场示范。

4. 生物质能源开发利用探索技术。重点探索研究基于仿生学的生物质生物转化技术、基

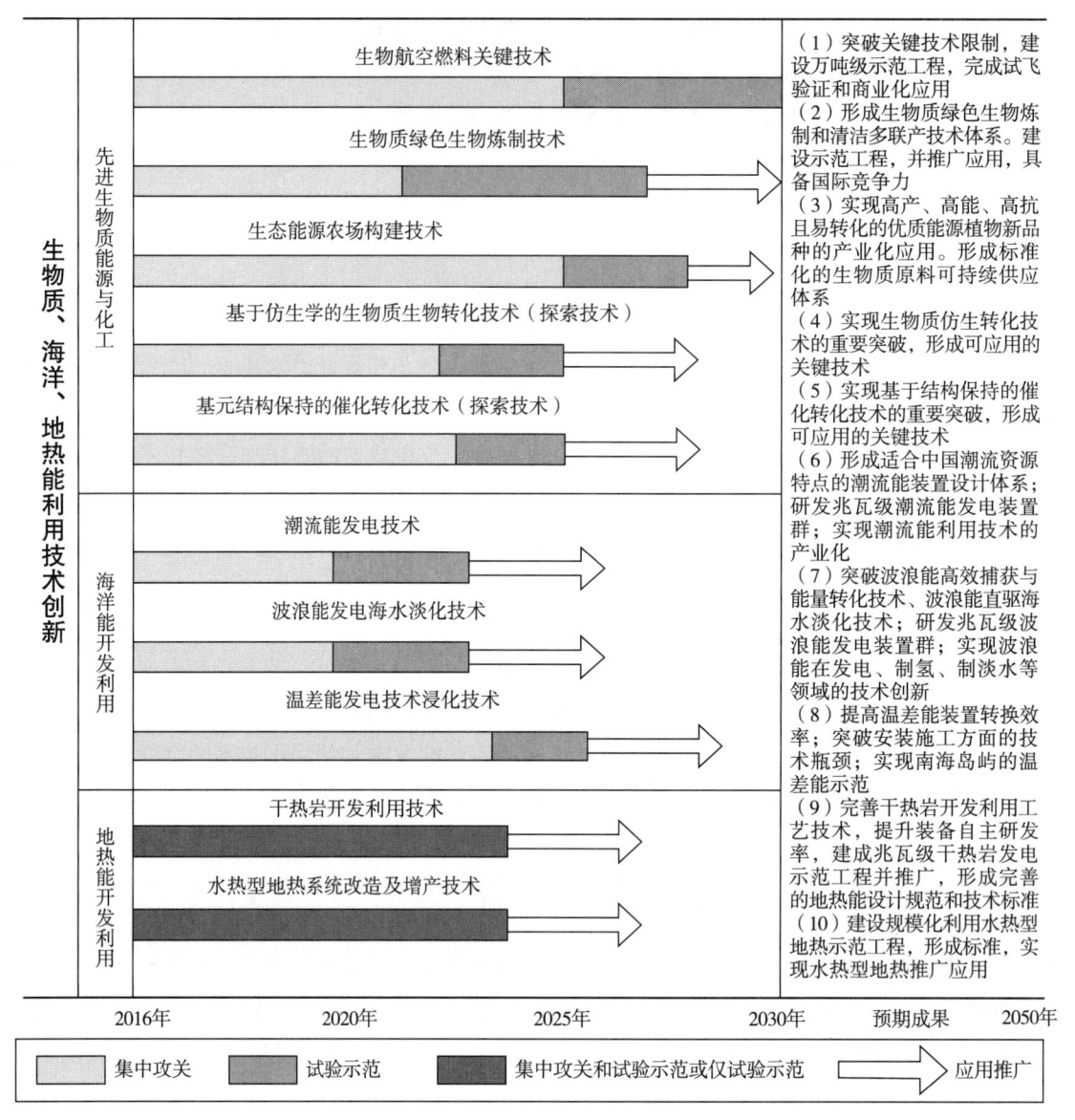

图 11-10　生物质、海洋、地热能利用技术创新路线

元结构保持的催化转化技术等。

5. 波浪能利用技术。突破海上生存能力技术、波浪能利用关键元器件和功能部件设计制造技术，研究高转换率波浪能发电技术与工艺，研发兆瓦级波浪能发电装置群；研发海上多能互补发电制淡水综合平台，开展波浪能在海洋仪器供电/驱动、海水淡化和海洋综合养殖业等方面的应用；实现波浪能装置设计制造及电场运行的标准化，推进波浪能技术产业化。

6. 潮流能利用技术。研发潮流能发电机组水下密封技术，开发高效率的潮流叶轮及适合潮流资源特点的翼型叶片，突破发电机组水下密封、低流速启动、模块设计与制造等关键技术；研发兆瓦级潮流能发电装置群，研究潮流能发电场建设技术与标准体系；建设示范工程，推进规模化利用。

7. 温（盐）差能利用技术。研究温（盐）差能发电热力循环技术，研制温（盐）差能实际海况试验样机，突破安装施工方面的技术瓶颈，建设温（盐）差能利用技术示范工程，并推广应用成熟技术。

8. 干热岩开发利用技术。研发靶区定位和探测的技术设备、大体积压裂技术设备及配套施工技术；突破人工裂隙发育延伸控制技术及施工工艺、裂隙网络优化技术、宽负荷耦合发电技术、干热岩中高温发电工艺，开发高效热电转换地面发电设备，掌握系统高压全封闭运行设计工艺；研究干热岩开发利用系统稳定运行优化控制方法、成井测试及微地震监测装置，形成开发利用环境影响评价方法与指标体系，建立开发利用工程化技术体系和标准，建设示范工程。

9. 水热型地热系统改造与增产技术。突破储层物性综合测试技术及相应测试方法和手段、储层增效技术，掌握孔隙和裂隙型热储动态开发回灌跟踪与评价方法，研制示踪、酸化处理材料及储层酸化技术配套装备，形成完善的增效工艺；研究群井开发动态测试、预测与评价技术；研发储层、井筒、输运系统和发电系统核心部件防结垢技术，形成整套工艺；研发规范化取样和测试设备与工艺、结垢预测热动力学软件、阻垢剂加注工艺与设备。形成水热型地热热储可持续开发利用的创新理论、技术体系、行业标准与大数据信息化技术平台。

十一、高效燃气轮机技术创新

（一）战略方向

1. 先进材料与制造。重点在高性能复合材料、高温耐热合金材料涂层、大尺寸高温合金（单晶、定向结晶）铸造、复杂结构高温合金无余量精密铸造、高精度与高质量3D打印及智能制造等方面开展研发与攻关。

2. 燃气轮机机组设计。重点在微型燃气轮机领域的高效径流式叶轮及系统一体化设计、中小型燃气轮机领域的高效多级轴流压气机设计、重型燃气轮机领域的先进气动布局与通流设计等方面开展研发与攻关。

3. 高效清洁燃烧。重点在低污染燃烧室、分级燃烧燃烧室、回流燃烧室、贫预混与预蒸发燃烧室和可变几何燃烧室，以及低热值燃料稳燃与多燃料适应性、富氢与氢燃料燃烧等方面开展研发与攻关。

（二）创新目标

1. 2020年目标。突破热端部件设计制造技术，具备高性能复合材料大规模制备技术；建成微型、小型和中型燃气轮机整机试验平台、重型燃气轮机整机发电试验电站；实现1MW以下级微小型燃气轮机及分布式供能系统、1~10MW级小型燃气轮机和10~50MW级工业驱动用中型燃气轮机的产业化；完成F级70MW等级整机研制和300MW等级重型燃气轮机设计。

2. 2030年目标。热端部件材料和制造技术取得重大创新和实现完全自主化，高性能复合材料实现低成本和大规模应用；形成具有完全自主知识产权并有国际竞争力的微小型燃气轮机系列化产品；实现F级70MW、300MW等级重型燃气轮机商业化应用；完成H级400MW等级重型燃气轮机自主研制。

3. 2050年展望。突破新原理燃气轮机及循环系统，实现微小型燃气轮机与风光储多能互补的分布式能源系统大规模应用，H级及以上级重型燃气轮机与整体煤气化循环动力系统实现商业化应用（见图11-11）。

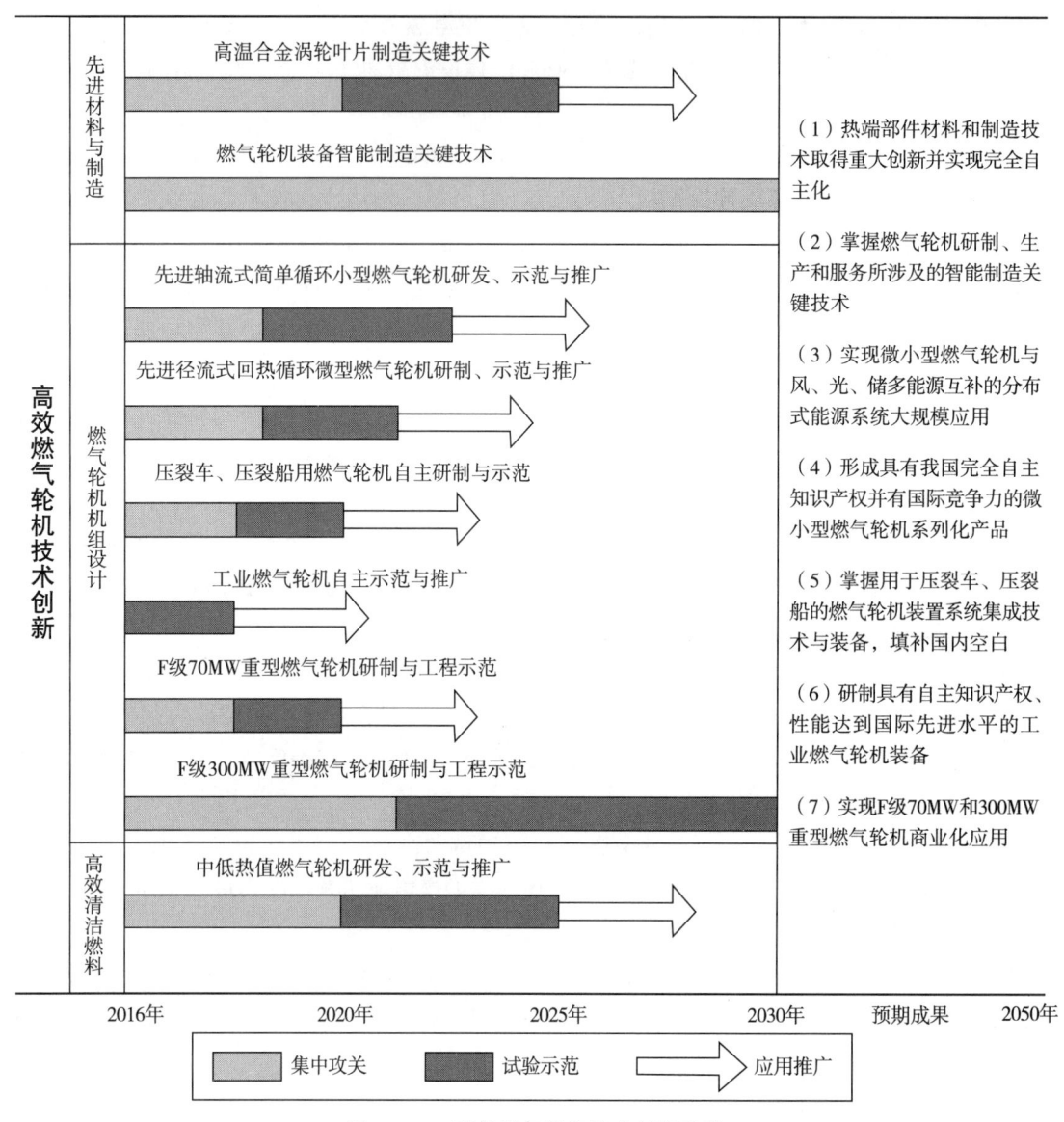

图 11-11　高效燃气轮机技术创新路线

（三）创新行动

1. 高温合金涡轮叶片制造。开展高温合金涡轮铸造叶片模具技术、叶片铸造成形技术、大型高温合金涡轮叶片精铸件晶体取向及组织控制技术和尺寸形状精度控制技术、叶片服役损伤的检测体系和评估技术及损伤修复技术，以及高温合金涡轮叶片焊接、特种加工和涂层技术研究，掌握高温合金涡轮叶片制造核心关键技术，形成自主研发能力。

2. 燃气轮机装备智能制造。开展燃气轮机关联设计与多学科优化设计技术，燃气轮机快速工艺设计与仿真优化设计，部件及整体虚拟装配技术，燃气轮机在线（位）检测与制造过程智能管控技术，高精度3D金属/合金打印技术，燃气轮机全寿命期的大数据与智能决策技术，以及高效、高精度、高柔性和高集成度的燃气轮机智能生产线技术研究，掌握燃气轮机研制、生产和服务所涉及的智能制造关键技术。

3. 先进径流式、回热循环微型燃气轮机。开展整体插拔式单筒燃烧室和回流燃烧室高效低污染设计技术、离心压气机和向心涡轮设计加工与试验验证、高效回热器设计与验证、燃气轮机与高速电机一体化设计和气浮轴承与磁悬浮轴承技术研究，掌握 1MW 及以下功率等级分布式供能燃气轮机技术；建设示范工程，形成具有完全自主知识产权并有国际竞争力的产品。

4. 先进轴流式简单循环小型燃气轮机。开展高效轴流式动力涡轮设计、伴生气和煤制气等低热值燃料燃烧室研制，掌握 1~10MW 功率等级简单循环小型燃气轮机技术；建设示范工程，实现分布式供能用轴流式小型燃气轮机的产品化与型谱化。

5. 压裂车（船）用燃气轮机。研制满足页岩油气开发需求且性能达到国际目前先进水平的压裂车（船）用燃气轮机装置，研究压裂车（船）用燃气轮机装置集成总体设计及优化技术、高功率密度和轻量化燃气轮机装置系统集成设计技术；完成样机制造，建设示范工程。

6. F 级 70MW 重型燃气轮机。开展具有完全自主知识产权的燃气轮机整机设计制造与系统集成、全尺寸燃烧室的全温全压性能试验、透平叶片冷却试验，以及整机空负荷试车试验与带负荷发电试验，掌握 F 级 70MW 等级重型燃气轮机核心技术；建立示范工程。

7. F 级 300MW 等级重型燃气轮机。研制 F 级 300MW 等级重型燃气轮机整机装备，开展整机设计、关键部件试验及工业考核，以及整机制造与系统集成，整机空负荷试验及带负荷发电试验验证，实现装备从部分国产化制造到自主设计、制造及保障；建设示范工程。

8. 高参数燃氢燃气轮机。开展燃氢燃气轮机稳燃技术、燃氢燃气轮机高效低 NOx 燃烧室设计技术、有效防止氢脆和提高机组寿命的新型合金材料，以及燃氢燃气轮机高温涡轮叶片冷却技术研究。

9. 燃气轮机试验平台建设。建设燃气轮机试验与示范平台、高性能微型和小型燃气轮机整机验证平台、30MW 等级天然气管线燃气轮机增压试验站示范平台，以及 70MW、300MW 等级重型燃气轮机示范电站，满足各功率档燃气轮机试验与示范需要。

十二、先进储能技术创新

（一）战略方向

1. 储热/储冷。重点在太阳能光热的高效利用、分布式能源系统大容量储热（冷）等方面开展研发与攻关。

2. 物理储能。重点在电网调峰提效、区域供能的物理储能应用等方面开展研发与攻关。

3. 化学储能。重点在可再生能源并网、分布式及微电网、电动汽车的化学储能应用等方面开展研发与攻关。

（二）创新目标

1. 2020 年目标。突破高温储热的材料筛选与装置设计技术、压缩空气储能的核心部件设计制造技术，突破化学储电的各种新材料制备、储能系统集成和能量管理等核心关键技术。示范推广 10MW/100MWh 超临界压缩空气储能系统、1MW/1000MJ 飞轮储能阵列机组、100MW 级全钒液流电池储能系统、10MW 级钠硫电池储能系统和 100MW 级锂离子电池储能系统等一批趋于成熟的储能技术。

2. 2030 年目标。全面掌握战略方向重点布局的先进储能技术，实现不同规模的示范验证，同时形成相对完整的储能技术标准体系，建立比较完善的储能技术产业链，实现绝大部分储能技术在其适用领域的全面推广，整体技术赶超国际先进水平。

3. 2050年展望。积极探索新材料、新方法，实现具有优势的先进储能技术储备，并在高储能密度低保温成本热化学储热技术、新概念电化学储能技术（液体电池、镁基电池等）、基于超导磁和电化学的多功能全新混合储能技术等方面实现重大突破，力争完全掌握材料、装置与系统等各环节的核心技术。全面建成储能技术体系，整体达到国际领先水平，引领国际储能技术与产业发展（见图11-12）。

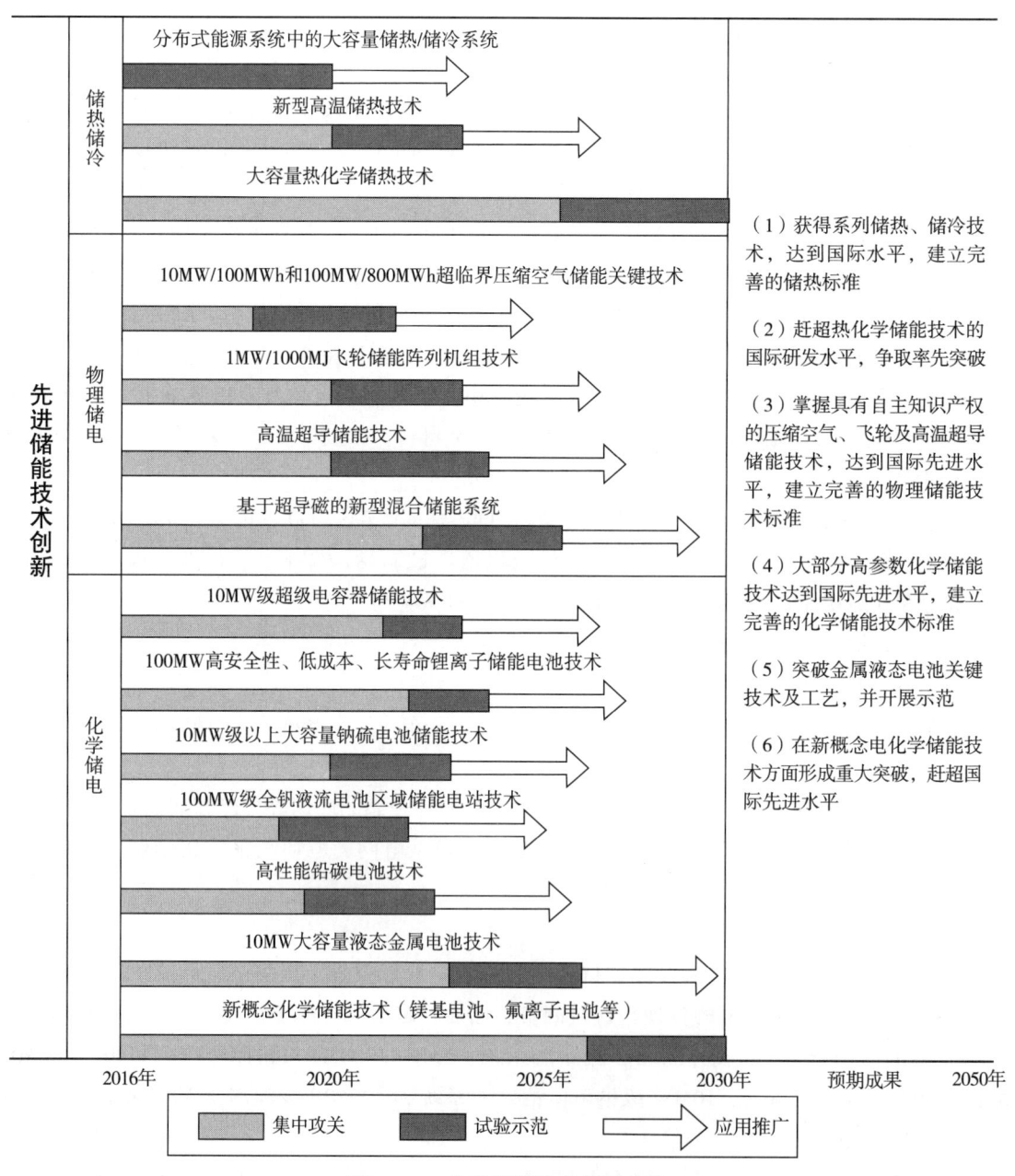

图11-12 先进储能技术创新路线

(三) 创新行动

1. 储热/储冷技术。研究高温（≥500℃）储热技术，开发高热导、高热容的耐高温混凝土、陶瓷、熔盐、复合储热材料的制备工艺与方法；研究高温储热材料的抗热冲击性能及机械性能间关系，探究高温热循环动态条件下材料性能演变规律；研究10MWh级以上高温储热单元优化设计技术。开展10~100MWh级示范工程，示范验证10~100MWh级面向分布式供能的储热（冷）系统和10MW级以上太阳能光热电站用高温储热系统；开发储热（冷）装置的模块化设计技术，研究大容量系统优化集成技术、基于储热（冷）的动态热管理技术。研究热化学储热等前瞻性储热技术，探索高储热密度、低成本、循环特性良好的新型材料配对机制；突破热化学储热装置循环特性、传热特性的强化技术；创新热化学储热系统的能量管理技术。

2. 新型压缩空气储能技术。突破10MW/100MWh和100MW/800MWh的超临界压缩空气储能系统中宽负荷压缩机和多级高负荷透平膨胀机、紧凑式蓄热（冷）换热器等核心部件的流动、结构与强度设计技术；研究这些核心部件的模块化制造技术、标准化与系列化技术。突破大规模先进恒压压缩空气储能系统、太阳能热源压缩空气储能系统、利用LNG冷能压缩空气储能系统等新型系统的优化集成技术与动态能量管理技术；突破压缩空气储能系统集成及其与电力系统的耦合控制技术；建设工程示范，研究示范系统调试与性能综合测试评价技术；研发储能系统产业化技术并推广应用。

3. 飞轮储能技术。发展10MW/1000MJ飞轮储能单机及阵列装备制造技术。突破大型飞轮电机轴系、重型磁悬浮轴承、大容量微损耗运行控制器以及大功率高效电机制造技术；突破飞轮储能单机集成设计、阵列系统设计集成技术；研究飞轮单机总装、飞轮储能阵列安装调试技术；研究飞轮储能系统应用运行技术、检测技术、安全防护技术；研究飞轮储能核心部件专用生产设备、总装设备、调试设备技术和批量生产技术。研究大容量飞轮储能系统在不同电力系统中的耦合规律、控制策略；探索飞轮储能在电能质量调控、独立能源系统调节以及新能源发电功率调控等领域中的经济应用模式；建设大型飞轮储能系统在新能源的应用示范。

4. 高温超导储能技术。探索高温超导储能系统的设计新型原理，突破2.5MW/5MJ以上高温超导储能磁体设计技术；研究高温超导储能系统的功率调节系统PCS的设计、控制策略、调制及制造技术；研究高温超导储能低温高压绝缘结构、低温绝缘材料和制冷系统设计技术；研究高性能在线监控技术、实时快速测量和在线检测控制技术。布局基于超导磁和电化学及其他大规模物理储能的多功能全新混合储能技术，重点突破混合储能系统的控制技术及多时间尺度下的能量匹配技术。开发大型高温超导储能装置及挂网示范运行。

5. 大容量超级电容储能技术。开发新型电极材料、电解质材料及超级电容器新体系。开展高性能石墨烯及其复合材料的宏量制备，探索材料结构与性能的作用关系；开发基于钠离子的新型超级电容器体系。研究高能量混合型超级电容器正负电极制备工艺、正负极容量匹配技术；研发能量密度30Wh/kg、功率密度5000W/kg的长循环寿命超级电容器单体技术。研究超级电容器模块化技术，突破大容量超级电容器串并联成组技术。研究10MW级超级电容器储能装置系统集成关键技术，突破大容量超级电容器应用于制动能量回收、电力系统稳定控制和电能质量改善等的设计与集成技术。

6. 电池储能技术。突破高安全性、低成本、长寿命的固态锂电池技术，以及能量密度达到300Wh/kg的锂硫电池技术、低温化钠硫储能电池技术；研究比能量>55Wh/kg，循环寿命>5000次（80%DOD）的铅炭储能电池技术；研究总体能量效率≥70%的锌镍单液流电池技术；研究储能电池的先进能量管理技术、电池封装技术、电池中稀有材料及非环保材料的替代技术。研究适用于100kW级高性能动力电池的储能技术，建设100MW级全钒液流电池、钠硫电池、锂离子电池的储能系统，完善电池储能系统动态监控技术。突破液态金属电池关键技术，开展MW级液态金属电池储能系统的示范应用。布局以钠离子电池、氟离子电池、氯离子电池、镁基电池等为代表的新概念电池技术，创新电池材料、突破电池集成与管理技术。

十三、现代电网关键技术创新

（一）战略方向

1. 基础设施和装备。重点在柔性直流输配电、无线电能传输、大容量高压电力电子元器件和高压海底电力电缆等先进输变电装备技术，以及用于电力设备的新型绝缘介质与传感材料、高温超导材料等方面开展研发与攻关。

2. 信息通信。重点在电力系统量子通信技术应用、电力设备在线监测先进传感技术、高效电力线载波通信、推动电力系统与信息系统深度融合等方面开展研发与攻关。

3. 智能调控。重点在可再生能源并网、主动配电网技术、大电网自适应/自恢复安全稳定技术、适应可再生能源接入的智能调度运行、电力市场运营、复杂大电网系统安全稳定等方面开展研发与攻关（见图11-13）。

（二）创新目标

1. 2020年目标。突破柔性直流输配电、电动汽车无线充电技术，掌握大容量高压电力电子元器件和高压海底电力电缆等先进输变电装备关键技术，实现工业化、低成本制造及示范推广，相关技术及装备走向国际市场。突破信息通信安全技术和电力线载波技术，形成宽带电力线通信标准；形成适合电网运行要求的低成本、量子级的通信安全技术。研究大规模可再生能源和分布式发电并网关键技术并开展示范；突破电力系统全局协调调控技术，实现示范应用。完成现代复杂大电网安全稳定技术研究，实现现代复杂大电网安全稳定运行。

2. 2030年目标。柔性直流输配电技术、新型大容量高压电力电子元器件和高压海底电力电缆等先进输变电装备达到国际先进水平。突破高温超导材料关键技术和工艺。形成适合电网运行要求的低成本、量子级的通信安全工程应用技术解决方案，实现规模化应用。微电网/局域网与大电网相互协调技术、源—网—荷协调智能调控技术获得充分应用。

3. 2050年展望。无线输电技术得到应用，电网的系统、设备、通信、控制等技术引领国际先进水平，完全掌握材料、核心器件、装备和系统成套技术。完全解决可再生能源和分布式电源并网消纳问题。建成世界领先的、安全高效的、绿色环保的现代电网。

（三）创新行动

1. 先进输变电装备技术。研发高可靠性、环保安全（难燃、低噪声）、低损耗、智能化及紧凑化的变压器；研制高电压、大电流、高可靠性和选相控制的替代SF6的新型气体介质断路器及真空和固态断路器，并开展示范应用；研制安全高效的新型限流器；突破高压海底电力电缆的制造和敷设技术，研究新型电缆材料、先进附件；研发高质量在线监测/检测装备和系统。

2. 直流电网技术。研究直流电网架构及运行控制技术，建立直流电网技术装备标准体系；

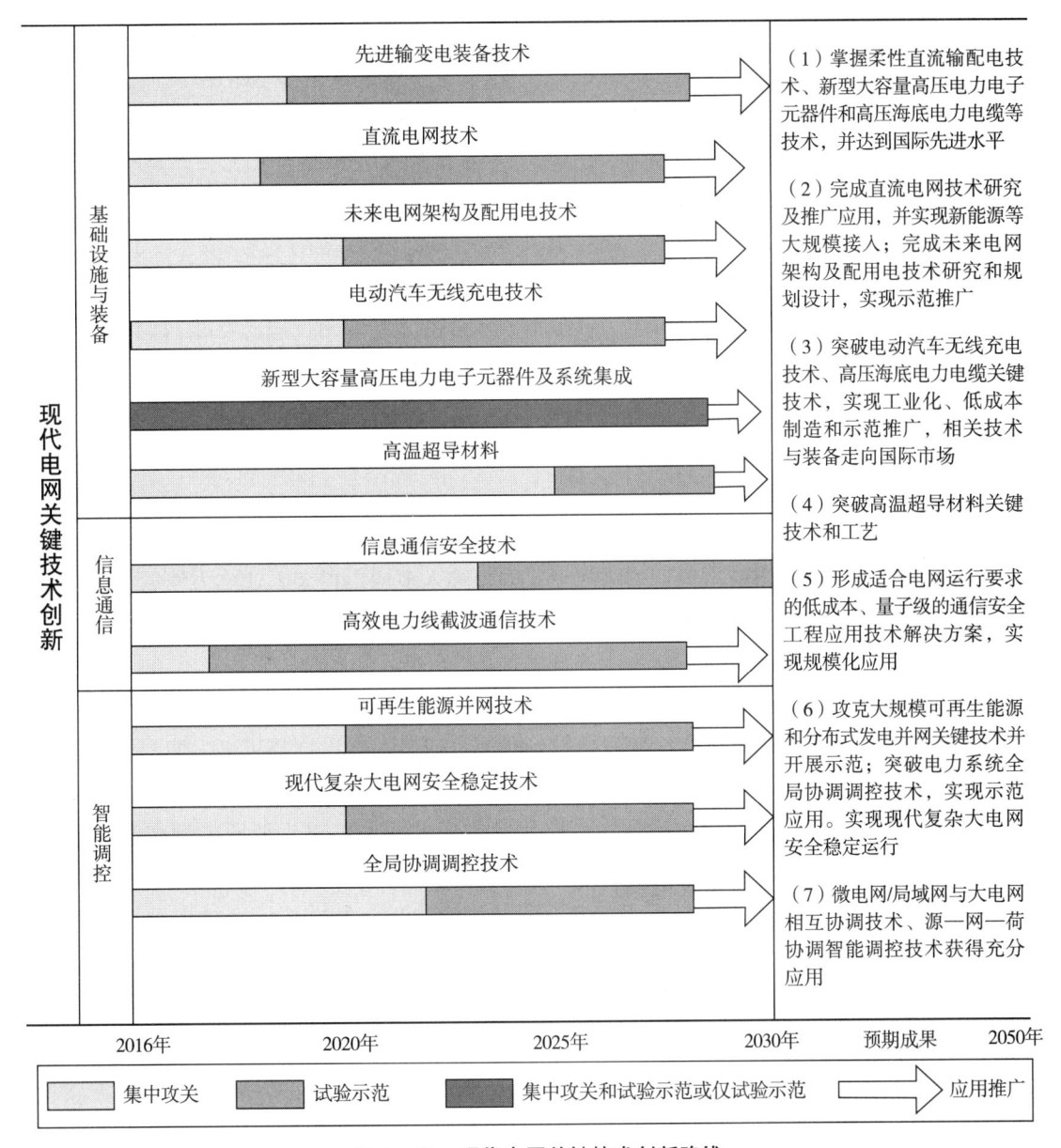

图 11-13 现代电网关键技术创新路线

开展新型电压源型换流器、直流断路器、直流变压器、直流电缆、直流电网控制保护等核心设备研发和工程化；建设包含大规模负载群、集中/分布式新能源、大规模储能在内的直流电网示范工程。

3. 电动汽车无线充电技术。以电动汽车无线充电为突破点和应用对象，研发高效率、低成本的无线电能传输系统，实现即停即充，甚至在行驶中充电。形成电动汽车无线充电技术标准体系，研究电动汽车无线充电场站的负荷管理，建设电动汽车无线充电场站示范工程。

4. 新型大容量高压电力电子元器件及系统集成。研究先进电力电子元器件及应用；开展新一代大容量、高电压电力电子器件的材料研发和关键工艺技术研究；研发用于高电压、大容量直流断路器和断路保护器的高性能电力电子器件；建设高水平生产线，提高质量、降低成本，推进国产化。研究高压大容量固态电力电子变压器、大容量双向/多向换流器、多功能并网逆变器、智能开关固态断路器、固态电源切换开关、软常开开关设备。

5. 高温超导材料。研究高温超导基础理论、各系材料配方及制备工艺；开展面向超导电力装备的应用型超导材料研究；推动高温超导材料的实用化，并研究其成套工程技术；开展高温超导在超导电缆、变压器、限流器、超导电机等领域的示范和应用。

6. 信息通信安全技术。研究电力线频谱资源动态、高效地感知与使用；研究降低对已有通信业务干扰的关键技术，形成宽带电力线通信技术标准体系。建设能源互联网量子安全通信技术与常规网络融合应用示范，提出电网量子安全通信加密理论、量子通信协议及量子安全通信与经典网络通信融合的模型。形成适合我国电网量子安全通信要求的低成本、量子级安全可靠的通信技术解决方案。采用低功耗通用无线通信技术，实现电网末端海量信息的采集和传输。

7. 高效电力线载波通信技术。研究进一步提高电力线载波通信频谱效率的通信方式，提高工作带宽并充分考虑利用电力线三相之间形成的多输入多输出构架，使电力线载波通信系统物理层的传输速率达到 Gbps；使电力线通信应用范围扩展到包括互联网接入、家庭联网、家庭智能控制、新能源监控及电力安全生产等众多领域。

8. 可再生能源并网与消纳技术。制定大规模清洁能源发电系统并网接入技术标准和规范。研究并实现基于天气数据的可再生能源发电精确预测。研发并推广增强可再生能源并网能力的储能、多能源互补运行与控制、微电网、可再生能源热电联产等技术。发挥电力大数据和电力交易平台在促进可再生能源并网和消纳中的作用。实现电网和可再生能源电源之间的高度融合，促进可再生能源高效、大容量的分布式接入及消纳。

9. 现代复杂大电网安全稳定技术。研究交直流混合电网、智能电网、微电网构成的复杂大电网稳定机理分析技术，在线/实时分析技术和协调控制技术；建立能源大数据条件下的现代复杂大电网仿真中心，研究满足大规模间歇性能源/分布式能源/智能交互/大规模电力电子设备应用的、高效精确的电力系统仿真技术；加强电网大面积停电的在线/实时预警和评估技术研究。

10. 全局协调调控技术。研究大规模风电/光伏接入的输电网与含高比例分布式可再生能源的配电网之间协调互动的建模分析、安全评估、优化调度与运行控制技术，建立多种特性发电资源并存模式下的输配协同运行控制模式；针对未来电网中多决策主体、多电网形态特点，构建具有高度适应性的调度运行控制体系，开展"分布自律—互动协调"的源—网—荷协同的能量管理技术研发与示范应用。

十四、能源互联网技术创新

（一）战略方向

1. 能源互联网架构设计。重点在能源互联网全局顶层规划、功能结构设计、多能协同规划、面向多能流的能源交换与路由等方面开展研发与攻关。

2. 能源与信息深度融合。重点在能量信息化与信息物理融合、能源互联网信息通信等方面开展研发与攻关。

3. 能源互联网衍生应用。重点在能源大数据、能量虚拟化、储能及电动汽车应用与管理、需求侧响应以及能源交易服务平台、智慧能源管理与监管支撑平台等方面开展研发与攻关（见图 11-14）。

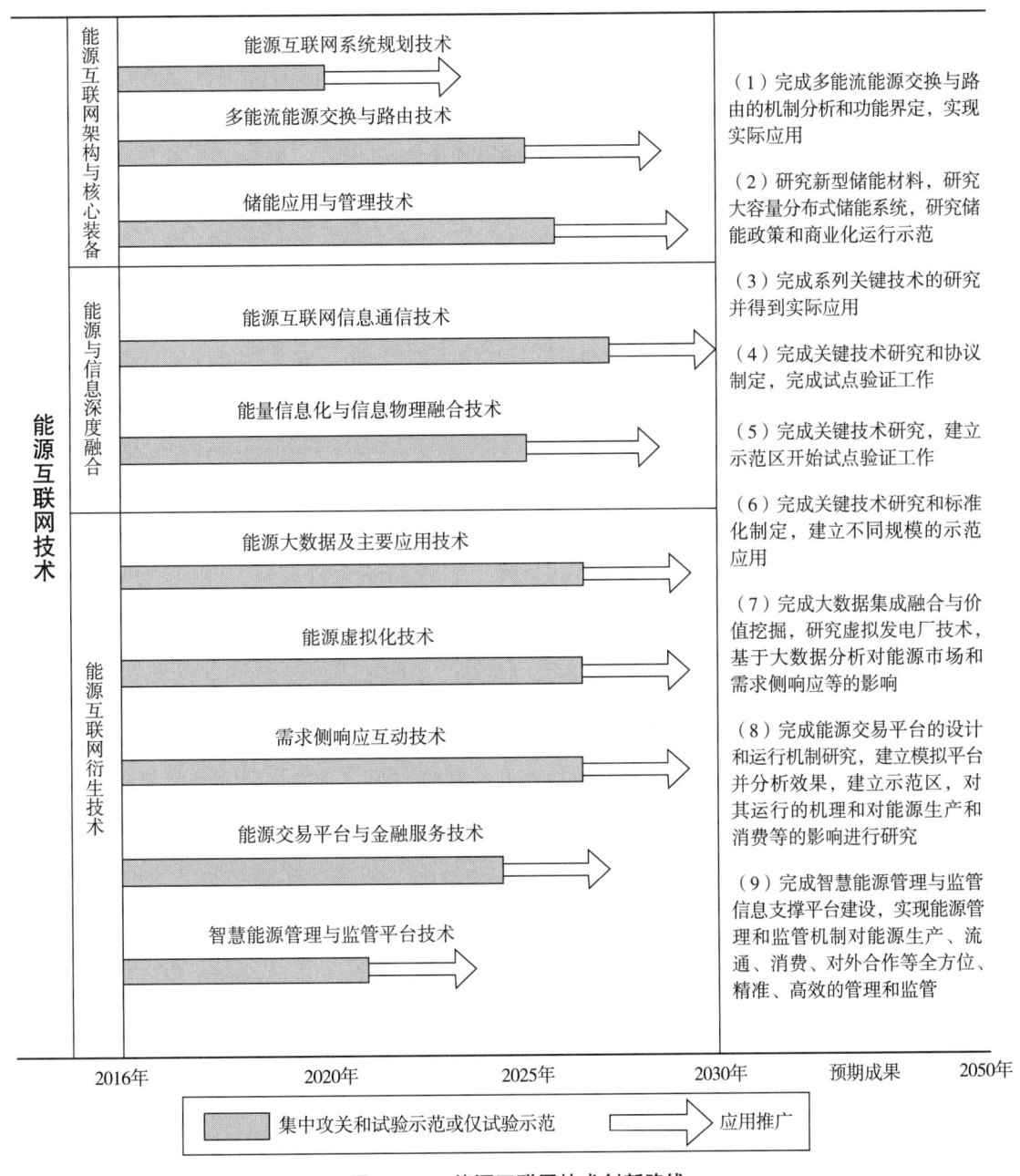

图 11-14　能源互联网技术创新路线

（二）创新目标

1. 2020 年目标。初步建立能源互联网技术创新体系，能源互联网基础架构、能源与信息深度融合及能源互联网相关应用技术取得重大突破并实现示范应用。部分能源互联网核心装备取得突破并实现商业化应用。建立智慧能源管理与监管技术支撑平台。初步建立开放的能源互联网技术标准、检测、认证和评估体系。

2. 2030年目标。建成完善的能源互联网技术创新体系。形成具有国际竞争力的系列化、标准化能源互联网核心技术装备，核心设备和发展模式实现规模化应用。形成完善的能源互联网技术标准、检测、认证和评估体系，以及具有国际竞争力的能源互联网支撑系统和行业服务体系。

3. 2050年展望。全面建成国际领先的能源互联网技术创新体系，引领世界能源互联网技术创新。建成基础开放、共享协同的能源互联网生态体系。

（三）创新行动

1. 能源互联网生产消费智能化技术。研究可再生能源、化石能源智能化生产，以及多能源智能协同生产技术。研究智能用能终端、智能监测与调控等能源智能消费技术。研究综合能源和智能建筑集成技术，将分布式能源发电和天然气网、建筑节能等相结合实现冷、热、电三大能源系统的整合优化运行。

2. 多能流能源交换与路由技术。研究灵活高效、标准化的能源互联网网络拓扑结构。研究能源路由器、能源交换机、能量网卡等关键设备。研究适用于能源互联网的新型电力电子器件、超导材料等基础技术。研究多能流能源交换与路由机制与方法，建立标准化的能源交换机与路由器系统架构与功能指标。研究多能耦合的能源互联网运行及控制可靠性技术，确保能源互联网的高可靠性运行。

3. 能量信息化与信息物理融合技术。研究能量信息数字化处理的理论架构和方法。研究信息—能量耦合的统一建模与安全分析技术。研究系统结构优化、多元信息物理能源系统的网络协同控制等信息物理能源系统融合技术。研究开放的信息物理能源融合技术接口标准。研究利用能量信息化与网络化管控盘活碎片化存量灵活性能源资源技术。

4. 能源互联网信息通信技术。研究面向能源互联网的新型海量信息采集技术体系架构与高效传输处理核心技术。研究支撑大规模分布式电源和负荷计量、监测等功能的各类新型传感器件。研究信息物理系统数据、终端客户信息、物理网络数据等能源互联网海量信息技术处理与融合技术。研究能源互联网信息安全技术。

5. 能源大数据及其应用技术。研究能源互联网用户大数据、设备大数据、运行大数据、交易大数据、金融大数据等各类大数据集成技术。研究多源数据集成融合与价值挖掘关键技术。研究能源大数据在引导政府决策、提升企业业务水平与服务质量以及创新能源产业商业模式等方面的支撑技术。

6. 能源虚拟化技术。研究虚拟电厂、分布式能源预测、区域多能源系统综合优化控制及复杂系统分布式优化技术，研究能源虚拟化技术参与多能源系统的能量市场、辅助服务市场、碳交易市场等支撑技术。在能源系统自动化程度较高、分布式能源较为丰富的地区开展能源虚拟化技术参与市场交易试点工作。

7. 能源互联网储能应用与管理技术。研发能源互联网各类应用场景下的支持即插即用、灵活交易的分布式储能设备和电动汽车应用技术。研发支撑电、冷、热、气、氢、储等多种能源形态灵活转化、高效存储、智能协同的核心装备。研发支撑储能设备模块化设计、标准化接入、梯次化利用与网络化管理关键技术。

8. 需求侧响应互动技术。研究基于智能用能的需求侧响应互动技术。研究基于用户行为心理学等交叉学科手段进行需求响应建模技术。研究需求响应资源辨识与量化，需求响应计量，需求响应参与辅助服务结算等关键技术。研究需求响应参与系统调峰、调频等辅助服务市场支撑技术。

9. 能源交易服务平台技术。研究满足能源互联网各类功能的市场交易平台技术。研究能源结构生态化、产能用能一体化、资源配置高效化的全新市场架构设计技术。研发基于身份识别的自动交易和实时结算技术体系。研究基于能源互联网的金融服务技术。开发服务于能源生产、传输、储存和消费等全寿命周期的能源互联网金融产品与融资工具。研究能源自由交易情景下能源系统安全保障技术。

10. 智慧能源管理监管平台技术。研究基于能源大数据，支撑能源规划、改革和决策的智慧能源精准管理技术；研究基于能源互联网，覆盖能源生产、流通、消费和国际合作等全领域，且和智慧能源发展水平相适应的现代能源监管技术。

十五、节能与能效提升技术创新

（一）战略方向

1. 现代化工业节能。重点在高效工业锅（窑）炉、新型节能电机、工业余能深度回收利用等相关领域，以及基于先进信息技术的工业系统节能等方面开展研发与攻关。

2. 新型建筑节能。重点在建筑工业化、装配式住宅、被动式节能技术与产品等相关领域，以及高效智能家电、制冷、照明、办公等终端用能产品开展研发与攻关。

3. 先进交通节能。重点在高效节能运输工具、制动能量回馈系统、船舶推进系统、数字化岸电系统等相关领域，以及基于先进信息技术的交通运输系统开展研发与攻关。

4. 全局优化系统节能。重点在能源全局优化系统集成，能源梯级利用等相关领域，包括系统优化、多能互补、多能转化、智能调度等方面开展研发与攻关（见图11-15）。

（二）创新目标

1. 2020年目标。工业、建筑、交通等重点行业基本形成具有自主知识产权的先进节能技术和装备体系，建立开放的节能标准、检测、认证和评估技术体系。重点高耗能产品单位能耗明显降低，终端用能产品能效大幅提升，主要交通运输工具能耗显著下降，以超低能耗、高比例非化石能源为基本特征的绿色建筑体系初步形成，能源全局系统优化技术初见成效，对实现节能减排目标形成有力支撑。

2. 2030年目标。在能源消费领域全面建立具有自主知识产权的先进节能技术体系，节能技术、产品和装备具有全球竞争力。形成国际先进的能效标准、检测、认证和评估技术体系。主要领域能源效率达到国际先进水平，系统节能成为能效提升的关键驱动力，支撑温室气体排放在2030年前尽早达到峰值。

3. 2050年展望。全面建成国际领先的节能技术体系，引领全球节能技术创新。先进节能技术与新一代信息技术深度融合，各领域能源获得充分、高效和有序利用。

（三）创新行动

1. 高效工业锅（窑）炉技术。开发新型高效煤粉锅炉、大型流化床锅炉、燃气锅炉烟气

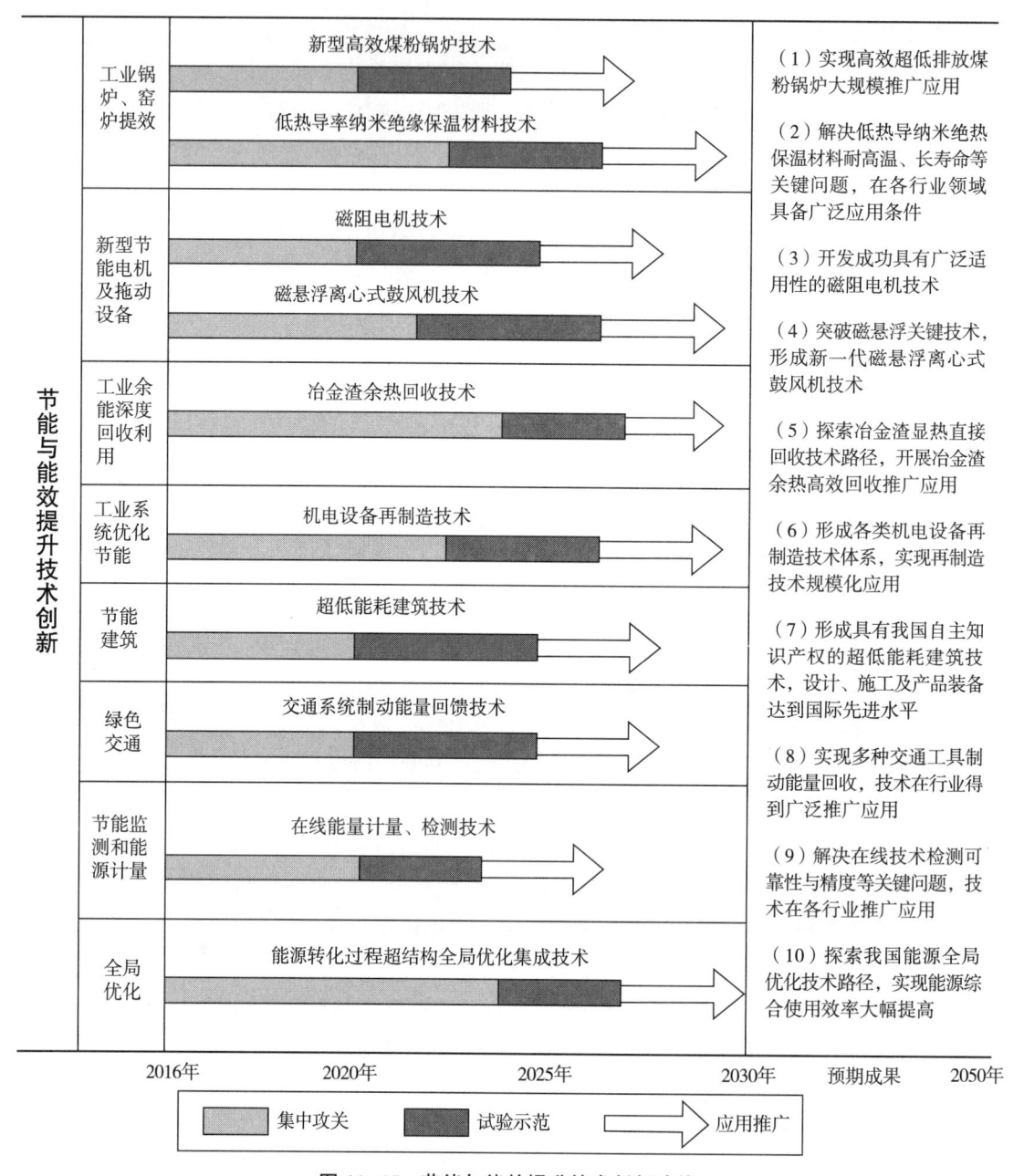

图 11-15 节能与能效提升技术创新路线

全热回收、高炉煤气锅炉蓄热稳燃、高效低氮解耦燃烧（层燃）、新型低温省煤器、智能吹灰优化与在线结焦预警系统等工业锅炉节能技术。研究新型蓄热式燃烧、低热导率纳米绝热保温材料、黑体强化辐射和预混式二次燃烧等工业窑炉节能技术。建设绿色锅炉示范工程，运行效率提高到90%以上，促进高效节能锅炉应用。

2. 新型节能电机及拖动设备。研究新型自励异步三相电机、磁阻电机、稀土永磁同步电机、变极起动无滑环绕线转子感应电动机等新型高效电机节能技术与设备。研究大型往复压缩机流量无级调控、磁悬浮离心式鼓风机、曲叶型离心风机、新型高效节能水泵等拖动设备节能技术。开展电机能效提升工程,改造电机系统调节方式,建设基于互联网的电机系统节能提效研发平台,鼓励高效耗能设备替代,加快系统无功补偿改造。

3. 工业余能深度回收利用技术。重点研发冶金渣余热回收、冶金余热余压能量回收同轴机组应用、全密闭矿热炉高温烟气干法净化回收利用、焦炉荒煤气余热回收、转炉煤气干法回收、化工生产反应余热余压利用、高效长寿命工业换热器、螺杆膨胀动力驱动、有机朗肯循环(ORC)低品位余热发电等工业余能深度回收利用技术和设备,提高工业余能回收利用效率。

4. 工业系统优化节能技术。研究开发钢铁、建材、石化等高耗能工业领域的可视化能源管理优化系统。开发基于智能化控制的燃料及蒸汽高效利用技术。研究应用机电设备再制造、建筑材料薄型化生产、玻璃瓶罐轻量化制造等资源减量化与循环化利用技术。研发高档数控机床、机器人、操作系统及相关工业软件、信息通信设备等工艺系统优化节能技术。建设绿色制造工程,实现制造业绿色发展,主要产品单耗达到世界先进水平。

5. 先进节能建筑技术。重点研究建筑工业化、装配式住宅、超低能耗建筑等先进建筑节能技术。研发高效能热泵、磁悬浮变频离心式中央空调机组、温湿度独立控制空调系统、排风余热与制冷机组冷凝热回收等主动型建筑节能技术。研发高防火性墙体保温材料、节能型材、热反射镀膜玻璃、低辐射(Low-E)玻璃、建筑遮阳等被动式节能技术与产品。推进光伏建筑一体化(BIPV)、太阳能空调等节能技术在建筑上的应用,开发高效智能空调、电冰箱、洗衣机等节能电器。推进现代木结构、新型钢结构建筑及装配式住宅的示范应用。

6. 绿色交通技术。开发先进高速重载轨道交通装备和新能源汽车等高效节能运输装备。研究开发城市轨道交通牵引供电系统制动能量回馈、轨道车辆直流供电变频空调、缸内汽油直喷发动机、车用燃油清洁增效、基于减小螺旋桨运动阻力的船舶推进系统、数字化岸电系统等交通运输节能技术。开发应用沥青路面冷再生、LED智能照明、大功率氙气灯照明等交通道路系统节能技术。

7. 节能监测和能源计量。研发快速准确的便携或车载式节能检测设备,在线能源计量、检测技术和设备,热工检测便携式设备、在线设备和检测技术。研究石油、化工、冶金等流程工业领域压缩机、水泵、电机等通用设备运行效能评估及节能改造技术。研究建筑能耗数据监测与评估诊断技术。

8. 全局优化技术。研究提高能源生产侧与消费侧响应效率、实现跨部门能源规划布局的全局优化建模技术。研究非石油资源能源转化利用的最优路径比选技术,以及能源转化过程超结构全局优化集成技术。研发油气跨区域最优管网布局设计。研究能源系统智慧化建设最优路径比选与全局优化的系统设计。研究具有耦合金融、匹配供需、精准计量、身份识别、自动交易、实时结算、适时监管等功能的能源全局动态优化调度技术,攻克一批智能互联互通、支撑智慧化架构节点的全局优化构建技术。

(十一)能源发展"十三五"规划

2016年12月26日,国家发改委、国家能源局印发了《能源发展"十三五"规划》,主要阐明我国能源发展的指导思想、基本原则、发展目标、重点任务和政策措施,是"十三五"

时期我国能源发展的总体蓝图和行动纲领。

国家发展改革委 国家能源局关于印发能源发展"十三五"规划的通知

发改能源〔2016〕2744号

各省、自治区、直辖市发展改革委（能源局），新疆生产建设兵团发展改革委（能源局），各有关中央企业，有关行业协会、学会：

经国务院同意，现将《能源发展"十三五"规划》印发给你们，请认真贯彻执行。

附件：能源发展"十三五"规划

国家发展改革委
国家能源局
2016年12月26日

附件

能源发展"十三五"规划

前 言

能源是人类社会生存发展的重要物质基础，攸关国计民生和国家战略竞争力。当前，世界能源格局深刻调整，供求关系总体缓和，应对气候变化进入新阶段，新一轮能源革命蓬勃兴起。我国经济发展步入新常态，能源消费增速趋缓，发展质量和效率问题突出，供给侧结构性改革刻不容缓，能源转型变革任重道远。"十三五"时期是全面建成小康社会的决胜阶段，也是推动能源革命的蓄力加速期，牢固树立和贯彻落实创新、协调、绿色、开放、共享的发展理念，遵循能源发展"四个革命、一个合作"战略思想，深入推进能源革命，着力推动能源生产利用方式变革，建设清洁低碳、安全高效的现代能源体系，是能源发展改革的重大历史使命。

本规划根据《中华人民共和国国民经济和社会发展第十三个五年规划纲要》（以下简称"十三五"规划纲要）编制，主要阐明我国能源发展的指导思想、基本原则、发展目标、重点任务和政策措施，是"十三五"时期我国能源发展的总体蓝图和行动纲领。

第一章 发展基础与形势

一、发展基础

"十二五"时期我国能源较快发展，供给保障能力不断增强，发展质量逐步提高，创新能力迈上新台阶，新技术、新产业、新业态和新模式开始涌现，能源发展站到转型变革的新起点。

能源供给保障有力。能源生产总量、电力装机规模和发电量稳居世界第一，长期以来的保供压力基本缓解。大型煤炭基地建设取得积极成效，建成一批安全高效大型现代化煤矿。油气储采比稳中有升，能源储运能力显著增强，油气主干管道里程从7.3万公里增长到11.2万公里，220千伏及以上输电线路长度突破60万公里，西电东送能力达到1.4亿千瓦，资源跨区优化配置能力大幅提升。

结构调整步伐加快。非化石能源和天然气消费比重分别提高2.6个和1.9个百分点，煤炭消费比重下降 5.2 个百分点，清洁化步伐不断加快。水电、风电、光伏发电装机规模和核电在建规模均居世界第一。非化石能源发电装机比例达到 35%，新增非化石能源发电装机规模占世界的 40% 左右。

节能减排成效显著。单位国内生产总值能耗下降 18.4%，二氧化碳排放强度下降 20% 以上，超额完成规划目标。大气污染防治行动计划逐步落实，重点输电通道全面开工，成品油质量升级行动深入实施，东部 11 个省（市）提前供应国五标准车用汽柴油，散煤治理步伐加快，煤炭清洁高效利用水平稳步提升。推动现役煤电机组全面实现脱硫，脱硝机组比例达到 92%，单位千瓦·时供电煤耗下降 18 克标准煤，煤电机组超低排放和节能改造工程全面启动。

科技创新迈上新台阶。千万吨煤炭综采、智能无人采煤工作面、三次采油和复杂区块油气开发、单机 80 万千瓦水轮机组、百万千瓦超超临界燃煤机组、特高压输电等技术装备保持世界领先水平。自主创新取得重大进展，三代核电"华龙一号"、四代安全特征高温气冷堆示范工程开工建设，深水油气钻探、页岩气开采取得突破，海上风电、低风速风电进入商业化运营，大规模储能、石墨烯材料等关键技术正在孕育突破，能源发展进入创新驱动的新阶段。

体制改革稳步推进。大幅取消和下放行政审批事项，行政审批制度改革成效明显。电力体制改革不断深化，电力市场建设、交易机构组建、发用电计划放开、售电侧和输配电价改革加快实施。油气体制改革稳步推进。电煤价格双轨制取消，煤炭资源税改革取得突破性进展，能源投资进一步向民间资本开放。

国际合作不断深化。"一带一路"能源合作全面展开，中巴经济走廊能源合作深入推进。西北、东北、西南及海上四大油气进口通道不断完善。电力、油气、可再生能源和煤炭等领域技术、装备和服务合作成效显著，核电国际合作迈开新步伐。双多边能源交流广泛开展，我国对国际能源事务的影响力逐步增强。

专栏 1 "十二五"时期能源发展主要成就

指标	单位	2010 年	2015 年	年均增长
一次能源生产量	亿吨标准煤	31.2	36.2	3%
其中：煤炭	亿吨	34.3	37.5	1.8%
原油	亿吨	2	2.15	1.1%
天然气	亿立方米	957.9	1346	7.0%
非化石能源	亿吨标准煤	3.2	5.2	10.2%
电力装机规模	亿千瓦	9.7	15.3	9.5%
其中：水电	亿千瓦	2.2	3.2	8.1%
煤电	亿千瓦	6.6	9.0	6.4%
气电	亿千瓦	2642	6603	20.1%
核电	亿千瓦	1082	2717	20.2%
风电	亿千瓦	2958	13075	34.6%
太阳能发电	亿千瓦	26	4318	177%
能源消费总量	亿吨标准煤	36.1	43	3.6%

指标	单位	2010年	2015年	年均增长
能源消费结构				
其中：煤炭	%	69.2	64	〔-5.2〕
石油	%	17.4	18.1	〔0.7〕
天然气	%	4	5.9	〔1.9〕
非化石能源	%	9.4	12	〔2.6〕

注：〔〕内为五年累计值。

二、发展趋势

从国际来看，"十三五"时期世界经济将在深度调整中曲折复苏，国际能源格局发生重大调整，围绕能源市场和创新变革的国际竞争仍然激烈，主要呈现以下五个趋势。

能源供需宽松化。美国页岩油气革命，推动全球油气储量、产量大幅增加。液化天然气技术进一步成熟，全球天然气贸易规模持续增长，并从区域化走向全球化。非化石能源快速发展，成为能源供应新的增长极。世界主要发达经济体和新兴经济体潜在增长率下降，能源需求增速明显放缓，全球能源供应能力充足。

能源格局多极化。世界能源消费重心加速东移，发达国家能源消费基本趋于稳定，发展中国家能源消费继续保持较快增长，亚太地区成为推动世界能源消费增长的主要力量。美洲油气产能持续增长，成为国际油气新增产量的主要供应地区，西亚地区油气供应一极独大的优势弱化，逐步形成西亚、中亚—俄罗斯、非洲、美洲多极发展新格局。

能源结构低碳化。世界能源低碳化进程进一步加快，天然气和非化石能源成为世界能源发展的主要方向。经济合作与发展组织成员国天然气消费比重已经超过30%，2030年天然气有望成为第一大能源品种。欧盟可再生能源消费比重已经达到15%，预计2030年将超过27%。日本福岛核事故影响了世界核电发展进程，但在确保安全的前提下，主要核电大国和一些新兴国家仍将核电作为低碳能源发展的方向。

能源系统智能化。能源科技创新加速推进，新一轮能源技术变革方兴未艾，以智能化为特征的能源生产消费新模式开始涌现。智能电网加快发展，分布式智能供能系统在工业园区、城镇社区、公用建筑和私人住宅开始应用，新能源汽车产业化进程加快，越来越多的用能主体参与能源生产和市场交易，智慧能源新业态初现雏形。

国际竞争复杂化。能源国际竞争焦点从传统的资源掌控权、战略通道控制权向定价权、货币结算权、转型变革主导权扩展。能源生产消费国利益分化调整，传统与新兴能源生产国之间角力加剧，全球能源治理体系加速重构。

从国内来看，"十三五"时期是我国经济社会发展非常重要的时期。能源发展将呈现以下五个趋势。

能源消费增速明显回落。未来五年，钢铁、有色、建材等主要耗能产品需求预计将达到峰值，能源消费将稳中有降。在经济增速趋缓、结构转型升级加快等因素共同作用下，能源消费增速预计将从"十五"以来的年均9%下降到2.5%左右。

能源结构双重更替加快。"十三五"时期是我国实现非化石能源消费比重达到15%目标的决胜期,也是为 2030 年前后碳排放达到峰值奠定基础的关键期。煤炭消费比重将进一步降低,非化石能源和天然气消费比重将显著提高,我国主体能源由油气替代煤炭、非化石能源替代化石能源的双重更替进程将加快推进。

能源发展动力加快转换。能源发展正在由主要依靠资源投入向创新驱动转变,科技、体制和发展模式创新将进一步推动能源清洁化、智能化发展,培育形成新产业和新业态。能源消费增长的主要来源逐步由传统高耗能产业转向第三产业和居民生活用能,现代制造业、大数据中心、新能源汽车等将成为新的用能增长点。

能源供需形态深刻变化。随着智能电网、分布式能源、低风速风电、太阳能新材料等技术的突破和商业化应用,能源供需方式和系统形态正在发生深刻变化。"因地制宜、就地取材"的分布式供能系统将越来越多地满足新增用能需求,风能、太阳能、生物质能和地热能在新城镇、新农村能源供应体系中的作用将更加凸显。

能源国际合作迈向更高水平。"一带一路"建设和国际产能合作的深入实施,推动能源领域更大范围、更高水平和更深层次的开放交融,有利于全方面加强能源国际合作,形成开放条件下的能源安全新格局。

三、主要问题和挑战

"十三五"时期,我国能源消费增长换档减速,保供压力明显缓解,供需相对宽松,能源发展进入新阶段。在供求关系缓和的同时,结构性、体制机制性等深层次矛盾进一步凸显,成为制约能源可持续发展的重要因素。面向未来,我国能源发展既面临厚植发展优势、调整优化结构、加快转型升级的战略机遇期,也面临诸多矛盾交织、风险隐患增多的严峻挑战。

传统能源产能结构性过剩问题突出。煤炭产能过剩,供求关系严重失衡。煤电机组平均利用小时数明显偏低,并呈现进一步下降趋势,导致设备利用效率低下、能耗和污染物排放水平大幅增加。原油一次加工能力过剩,产能利用率不到 70%,但高品质清洁油品生产能力不足。

可再生能源发展面临多重瓶颈。可再生能源全额保障性收购政策尚未得到有效落实。电力系统调峰能力不足,调度运行和调峰成本补偿机制不健全,难以适应可再生能源大规模并网消纳的要求,部分地区弃风、弃水、弃光问题严重。鼓励风电和光伏发电依靠技术进步降低成本、加快分布式发展的机制尚未建立,可再生能源发展模式多样化受到制约。

天然气消费市场亟需开拓。天然气消费水平明显偏低与供应能力阶段性富余问题并存,需要尽快拓展新的消费市场。基础设施不完善,管网密度低,储气调峰设施严重不足,输配成本偏高,扩大天然气消费面临诸多障碍。市场机制不健全,国际市场低价天然气难以适时进口,天然气价格水平总体偏高,随着煤炭、石油价格下行,气价竞争力进一步削弱,天然气消费市场拓展受到制约。

能源清洁替代任务艰巨。部分地区能源生产消费的环境承载能力接近上限,大气污染形势严峻。煤炭占终端能源消费比重高达 20% 以上,高出世界平均水平 10 个百分点。"以气代煤"和"以电代煤"等清洁替代成本高,洁净型煤推广困难,大量煤炭在小锅炉、小窑炉及家庭生活等领域散烧使用,污染物排放严重。高品质清洁油品利用率较低,交通用油等亟须改造升级。

能源系统整体效率较低。电力、热力、燃气等不同供能系统集成互补、梯级利用程度不高。电力、天然气峰谷差逐渐增大，系统调峰能力严重不足，需求侧响应机制尚未充分建立，供应能力大都按照满足最大负荷需要设计，造成系统设备利用率持续下降。风电和太阳能发电主要集中在西北部地区，长距离大规模外送需配套大量煤电用以调峰，输送清洁能源比例偏低，系统利用效率不高。

跨省区能源资源配置矛盾凸显。能源资源富集地区大都仍延续大开发、多外送的发展惯性，而主要能源消费地区需求增长放缓，市场空间萎缩，更加注重能源获取的经济性与可控性，对接受区外能源的积极性普遍降低。能源送受地区之间利益矛盾日益加剧，清洁能源在全国范围内优化配置受阻，部分跨省区能源输送通道面临低效运行甚至闲置的风险。

适应能源转型变革的体制机制有待完善。能源价格、税收、财政、环保等政策衔接协调不够，能源市场体系建设滞后，市场配置资源的作用没有得到充分发挥。价格制度不完善，天然气、电力调峰成本补偿及相应价格机制较为缺乏，科学灵活的价格调节机制尚未完全形成，不能适应能源革命的新要求。

第二章 指导方针和目标

一、指导思想

全面贯彻党的十八大和十八届三中、四中、五中、六中全会精神，更加紧密地团结在以习近平同志为核心的党中央周围，认真落实党中央、国务院决策部署，紧紧围绕统筹推进"五位一体"总体布局和协调推进"四个全面"战略布局，牢固树立和贯彻落实创新、协调、绿色、开放、共享的发展理念，主动适应、把握和引领经济发展新常态，遵循能源发展"四个革命、一个合作"的战略思想，顺应世界能源发展大势，坚持以推进供给侧结构性改革为主线，以满足经济社会发展和民生需求为立足点，以提高能源发展质量和效益为中心，着力优化能源系统，着力补齐资源环境约束、质量效益不高、基础设施薄弱、关键技术缺乏等短板，着力培育能源领域新技术新产业新业态新模式，着力提升能源普遍服务水平，全面推进能源生产和消费革命，努力构建清洁低碳、安全高效的现代能源体系，为全面建成小康社会提供坚实的能源保障。

二、基本原则

——革命引领，创新发展。把能源革命作为能源发展的核心任务，把创新作为引领能源发展的第一动力。加快技术创新、体制机制创新、商业模式创新，充分发挥市场配置资源的决定性作用，增强发展活力，促进能源持续健康发展。

——效能为本，协调发展。坚持节约资源的基本国策，把节能贯穿于经济社会发展全过程，推行国际先进能效标准和节能制度，推动形成全社会节能型生产方式和消费模式。以智能高效为目标，加强能源系统统筹协调和集成优化，推动各类能源协同协调发展，大幅提升系统效率。

——清洁低碳，绿色发展。把发展清洁低碳能源作为调整能源结构的主攻方向，坚持发展非化石能源与清洁高效利用化石能源并举。逐步降低煤炭消费比重，提高天然气和非化石能源消费比重，大幅降低二氧化碳排放强度和污染物排放水平，优化能源生产布局和结构，促进生态文明建设。

——立足国内，开放发展。加强能源资源勘探开发，增强能源储备应急能力，构建多轮驱动的能源供应体系,保持能源充足稳定供应。积极实施"一带一路"倡议,深化能源国际产能和装备制造合作,推进能源基础设施互联互通,提升能源贸易质量,积极参与全球能源治理。

——以人为本,共享发展。按照全面建成小康社会的要求,加强能源基础设施和公共服务能力建设,提升产业支撑能力,提高能源普遍服务水平,切实保障和改善民生。坚持能源发展和脱贫攻坚有机结合,推进能源扶贫工程,重大能源工程优先支持革命老区、民族地区、边疆地区和集中连片贫困地区。

——筑牢底线,安全发展。树立底线思维,增强危机意识,坚持国家总体安全观,牢牢把握能源安全主动权。增强国内油气供给保障能力,推进重点领域石油减量替代,加快发展石油替代产业,加强煤制油气等战略技术储备,统筹利用"两个市场,两种资源",构建多元安全保障体系,确保国家能源安全。

三、政策取向

更加注重发展质量,调整存量、做优增量,积极化解过剩产能。对存在产能过剩和潜在过剩的传统能源行业,"十三五"前期原则上不安排新增项目,大力推进升级改造和淘汰落后产能。合理把握新能源发展节奏,着力消化存量,优化发展增量,新建大型基地或项目应提前落实市场空间。尽快建立和完善煤电、风电、光伏发电设备利用率监测预警和调控约束机制,促进相关产业健康有序发展。

更加注重结构调整,加快双重更替,推进能源绿色低碳发展。抓住能源供需宽松的有利时机,加快能源结构双重更替步伐。着力降低煤炭消费比重,加快散煤综合治理,大力推进煤炭分质梯级利用。鼓励天然气勘探开发投资多元化,实现储运接收设施公平接入,加快价格改革,降低利用成本,扩大天然气消费。超前谋划水电、核电发展,适度加大开工规模,稳步推进风电、太阳能等可再生能源发展,为实现2030年非化石能源发展目标奠定基础。

更加注重系统优化,创新发展模式,积极构建智慧能源系统。把提升系统调峰能力作为补齐电力发展短板的重大举措,加快优质调峰电源建设,积极发展储能,变革调度运行模式,加快突破电网平衡和自适应等运行控制技术,显著提高电力系统调峰和消纳可再生能源能力。强化电力和天然气需求侧管理,显著提升用户响应能力。大力推广热、电、冷、气一体化集成供能,加快推进"互联网+"智慧能源建设。

更加注重市场规律,强化市场自主调节,积极变革能源供需模式。适应跨省区能源配置需求减弱的新趋势,处理好能源就地平衡与跨区供应的关系,慎重研究论证新增跨区输送通道。用市场机制协调电力送、受双方利益,发挥比较优势,实现互利共赢。坚持集中开发与分散利用并举,高度重视分布式能源发展,大力推广智能化供能和用能方式,培育新的增长动能。

更加注重经济效益,遵循产业发展规律,增强能源及相关产业竞争力。以全社会综合用能成本较低作为能源发展的重要目标和衡量标准,更加突出经济性,着力打造低价能源优势。遵循产业发展趋势和规律,逐步降低风电、光伏发电价格水平和补贴标准,合理引导市场预期,通过竞争促进技术进步和产业升级,实现产业健康可持续发展。

更加注重机制创新,充分发挥价格调节作用,促进市场公平竞争。放开电力、天然气竞争性环节价格，逐步形成及时反映市场供求关系、符合能源发展特性的价格机制，引导市场主体合理调节能源生产和消费行为。推动实施有利于提升清洁低碳能源竞争力的市场交易制度和绿色财税机制。

四、主要目标

按照"十三五"规划纲要总体要求，综合考虑安全、资源、环境、技术、经济等因素，2020年能源发展主要目标是：

——能源消费总量。能源消费总量控制在50亿吨标准煤以内，煤炭消费总量控制在41亿吨以内。全社会用电量预期为6.8万亿~7.2万亿千瓦·时。

——能源安全保障。能源自给率保持在80%以上，增强能源安全战略保障能力，提升能源利用效率，提高能源清洁替代水平。

——能源供应能力。保持能源供应稳步增长，国内一次能源生产量约40亿吨标准煤，其中煤炭39亿吨，原油2亿吨，天然气2200亿立方米，非化石能源7.5亿吨标准煤。发电装机20亿千瓦左右。

——能源消费结构。非化石能源消费比重提高到15%以上，天然气消费比重力争达到10%，煤炭消费比重降低到58%以下。发电用煤占煤炭消费比重提高到55%以上。

——能源系统效率。单位国内生产总值能耗比2015年下降15%，煤电平均供电煤耗下降到每千瓦·时310克标准煤以下，电网线损率控制在6.5%以内。

——能源环保低碳。单位国内生产总值二氧化碳排放比2015年下降18%。能源行业环保水平显著提高，燃煤电厂污染物排放显著降低，具备改造条件的煤电机组全部实现超低排放。

——能源普遍服务。能源公共服务水平显著提高，实现基本用能服务便利化，城乡居民人均生活用电水平差距显著缩小。

专栏2 "十三五"时期能源发展主要指标

类别	指标	单位	2015年	2020年	年均增长	属性
能源总量	一次能源生产量	亿吨标准煤	36.2	40	2.00%	预期性
	电力装机总量	亿千瓦	15.3	20	5.50%	预期性
	能源消费总量	亿吨标准煤	43	<50	<3%	预期性
	煤炭消费总量	亿吨原煤	39.6	41	0.7%	预期性
	全社会用电量	万亿千瓦·时	5.69	6.8~7.2	3.6%~4.8%	预期性
能源安全	能源自给率	%	84	>80		预期性
能源结构	非化石能源装机比重	%	35	39	〔4〕	预期性
	非化石能源发电量比重	%	27	31	〔4〕	预期性
	非化石能源消费比重	%	12	15	〔3〕	约束性
	天然气消费比重	%	5.9	10	〔4.1〕	预期性
	煤炭消费比重	%	64	58	〔-6〕	约束性
	电煤占煤炭消费比重	%	49	55	〔6〕	预期性

类别	指标	单位	2015年	2020年	年均增长	属性
能源效率	单位国内生产总值能耗降低	%	—	—	〔15〕	约束性
	煤电机组供电煤耗	克标准煤/千瓦·时	318	<310		约束性
	电网线损率	%	6.64	<6.5		预期性
能源环保	单位国内生产总值二氧化碳排放降低	%	—	—	〔18〕	约束性

注：〔 〕内为五年累计值。

第三章 主要任务

一、高效智能，着力优化能源系统

以提升能源系统综合效率为目标，优化能源开发布局，加强电力系统调峰能力建设，实施需求侧响应能力提升工程，推动能源生产供应集成优化，构建多能互补、供需协调的智慧能源系统。

优化能源开发布局。根据国家发展战略，结合全国主体功能区规划和大气污染防治要求，充分考虑产业转移与升级、资源环境约束和能源流转成本，全面系统优化能源开发布局。能源资源富集地区合理控制大型能源基地开发规模和建设时序，创新开发利用模式，提高就地消纳比例，根据目标市场落实情况推进外送通道建设。能源消费地区因地制宜发展分布式能源，降低对外来能源调入的依赖。充分发挥市场配置资源的决定性作用和更好发挥政府作用，以供需双方自主衔接为基础，合理优化配置能源资源，处理好清洁能源充分消纳战略与区域间利益平衡的关系，有效化解弃风、弃光、弃水和部分输电通道闲置等资源浪费问题，全面提升能源系统效率。

加强电力系统调峰能力建设。加快大型抽水蓄能电站、龙头水电站、天然气调峰电站等优质调峰电源建设，加大既有热电联产机组、燃煤发电机组调峰灵活性改造力度，改善电力系统调峰性能，减少冗余装机和运行成本，提高可再生能源消纳能力。积极开展储能示范工程建设，推动储能系统与新能源、电力系统协调优化运行。推进电力系统运行模式变革，实施节能低碳调度机制，加快电力现货市场及电力辅助服务市场建设，合理补偿电力调峰成本。

实施能源需求响应能力提升工程。坚持需求侧与供给侧并重，完善市场机制及技术支撑体系，实施"能效电厂""能效储气库"建设工程，逐步完善价格机制，引导电力、天然气用户自主参与调峰、错峰，增强需求响应能力。以智能电网、能源微网、电动汽车和储能等技术为支撑，大力发展分布式能源网络，增强用户参与能源供应和平衡调节的灵活性和适应能力。积极推行合同能源管理、综合节能服务等市场化机制和新型商业模式。

实施多能互补集成优化工程。加强终端供能系统统筹规划和一体化建设，在新城镇、新工业园区、新建大型公用设施（机场、车站、医院、学校等）、商务区和海岛地区等新增用能区域，实施终端一体化集成供能工程，因地制宜推广天然气热电冷三联供、分布式再生能源发电、地热能供暖制冷等供能模式，加强热、电、冷、气等能源生产耦合集成和互补利用。在既有工业园区等用能区域，推进能源综合梯级利用改造，推广应用上述供能模式，加强余热余压、工业副产品、生活垃圾等能源资源回收及综合利用。利用大型综合能源基地风能、太阳能、水能、煤炭、天然气等资源组合优势，推进风光水火储多能互补工程建设运行。

> **专栏3　能源系统优化重点工程**
>
> 综合能源基地建设工程：统筹规划、集约开发，优化建设山西、鄂尔多斯盆地、内蒙古东部地区、西南地区和新疆五大国家综合能源基地。稳步推进宁夏宁东、甘肃陇东区域能源基地开发，科学规划安徽两淮、贵州毕节、陕西延安、内蒙古呼伦贝尔、河北张家口等区域能源基地建设，促进区域能源协调可持续发展。
>
> 优质调峰机组建设工程：加快推进金沙江龙盘、岗托等龙头水电站建设，建设雅砻江两河口、大渡河双江口等龙头水电站，提高水电丰枯调节能力和水能利用效率。合理规划抽水蓄能电站规模与布局，完善投资、价格机制和管理体制，加快大型抽水蓄能电站建设，新增开工规模6000万千瓦，2020年在运规模达到4000万千瓦。在大中型城市、气源有保障地区和风光等集中开发地区优先布局天然气调峰电站。
>
> 风光水火储多能互补工程：重点在青海、甘肃、宁夏、四川、云南、贵州、内蒙古等省区，利用风能、太阳能、水能、煤炭、天然气等资源组合优势，充分发挥流域梯级水电站、具有灵活调节能力火电机组的调峰能力和效益，积极推进储能等技术研发应用，完善配套市场交易和价格机制，开展风光水火储互补系统一体化运行示范，提高互补系统电力输出功率稳定性和输电效率，提升可再生能源发电就地消纳能力。加快发展储电、储热、储冷等多类型、大容量、高效率储能系统，积极建设储能示范工程，合理规划建设供电、加油、加气与储能（电）站一体化设施。
>
> 终端一体化集成供能工程：在新增用能区域加强终端供能系统统筹规划和一体化建设，因地制宜实施传统能源与风能、太阳能、地热能、生物质能、海洋能等能源的协同开发利用，统筹规划电力、燃气、热力、供冷、供水管廊等基础设施，建设终端一体化集成供能系统。在既有用能区域推广应用上述供能模式，同时加快能源综合梯级利用改造，建设余热、余压综合利用发电机组。建成北京城市副中心、福建平潭综合实验区、山西大同经济技术开发区等终端一体化集成供能示范工程，余热、余压综合利用规模达到1000万千瓦，建设一批智慧能源示范园区。
>
> "能效电厂"建设工程：全国范围内扩大实施峰谷、季节、可中断负荷等价格制度，推广落实气、电价格联动机制。在四川、云南、湖北、湖南、广西、福建等水电比重大的省份实施丰枯电价。鼓励发展咨询、诊断、设计、融资、改造、托管等"一站式"合同能源管理服务，积极开展合同能源管理示范工程。

积极推动"互联网+"智慧能源发展。加快推进能源全领域、全环节智慧化发展，实施能源生产和利用设施智能化改造，推进能源监测、能量计量、调度运行和管理智能化体系建设，提高能源发展可持续自适应能力。加快智能电网发展，积极推进智能变电站、智能调度系统建设，扩大智能电表等智能计量设施、智能信息系统、智能用能设施应用范围，提高电网与发电侧、需求侧交互响应能力。推进能源与信息、材料、生物等领域新技术深度融合，统筹能源与通信、交通等基础设施建设，构建能源生产、输送、使用和储能体系协调发展、集成互补的能源互联网。

二、节约低碳，推动能源消费革命

坚持节约优先，强化引导和约束机制，抑制不合理能源消费，提升能源消费清洁化水平，逐步构建节约高效、清洁低碳的社会用能模式。

实施能源消费总量和强度"双控"。把能源消费总量和能源消费强度作为经济社会发展重要约束性指标，建立指标分解落实机制。调整产业结构，综合运用经济、法律等手段，切实推进工业、建筑、交通等重点领域节能减排，通过淘汰落后产能、加快传统产业升级改造和培育新动能，提高能源效率。加强重点行业能效管理，推动重点企业能源管理体系建设，提高用能设备能效水平，严格钢铁、电解铝、水泥等高耗能行业产品能耗标准。

开展煤炭消费减量行动。严控煤炭消费总量，京津冀鲁、长三角和珠三角等区域实施减煤量替代，其他重点区域实施等煤量替代。提升能效环保标准，积极推进钢铁、建材、化工等高耗煤行业节能减排改造。全面实施散煤综合治理，逐步推行天然气、电力、洁净型煤及可再生能源等清洁能源替代民用散煤，实施工业燃煤锅炉和窑炉改造提升工程，散煤治理取得明显进展。

拓展天然气消费市场。积极推进天然气价格改革，推动天然气市场建设，探索建立合理气、电价格联动机制，降低天然气综合使用成本，扩大天然气消费规模。稳步推进天然气接收和储运设施公平开放，鼓励大用户直供。合理布局天然气销售网络和服务设施，以民用、发电、交通和工业等领域为着力点，实施天然气消费提升行动。以京津冀及周边地区、长三角、珠三角、东北地区为重点，推进重点城市"煤改气"工程。加快建设天然气分布式能源项目和天然气调峰电站。2020 年气电装机规模达到 1.1 亿千瓦。

实施电能替代工程。积极推进居民生活、工业与农业生产、交通运输等领域电能替代。推广电锅炉、电窑炉、电采暖等新型用能方式，以京津冀及周边地区为重点，加快推进农村采暖电能替代，在新能源富集地区利用低谷富余电实施储能供暖。提高铁路电气化率，适度超前建设电动汽车充电设施，大力发展港口岸电、机场桥电系统，促进交通运输"以电代油"。到 2020 年电能在终端能源消费中的比重提高到 27% 以上。

开展成品油质量升级专项行动。2017 年起全面使用国五标准车用汽柴油，抓紧制定发布国六标准车用汽柴油标准，力争 2019 年全面实施。加快推进普通柴油、船用燃料油质量升级，推广使用生物质燃料等清洁油品，提高煤制燃料战略储备能力。加强车船尾气排放与净化设施改造监管，确保油机协同升级。

创新生产生活用能模式。实施工业节能、绿色建筑、绿色交通等清洁节能行动。健全节能标准体系，大力开发、推广节能高效技术和产品，实现重点用能行业、设备节能标准全覆盖。推行重点用能行业能效"领跑者"制度和对标达标考核制度。积极创建清洁能源示范省（区、市）、绿色能源示范市（县）、智慧能源示范镇（村、岛）和绿色园区（工厂），引导居民科学合理用能，推动形成注重节能的生活方式和社会风尚。

专栏4　能源消费革命重点工程
天然气消费提升行动：扩大城市高污染燃料禁燃区范围，加快实施"煤改气"。以京津冀及周边地区、长三角、珠三角、东北地区为重点，推进重点城市"煤改气"工程，增加用气450亿立方米，替代燃煤锅炉18.9万蒸吨。提高天然气发电利用比重，鼓励发展天然气分布式多联供项目，支持发展燃气调峰电站，结合热负荷需求适度发展燃气热电联产项目。扩大交通领域天然气利用，推广天然气公交车、出租车、物流配送车、环卫车、重型卡车和液化天然气船舶。 　　充电基础设施建设工程：建设"四纵四横"城际电动汽车快速充电网络，新增超过800座城际快速充电站。新增集中式充换电站超过1.2万座，分散式充电桩超过480万个，满足全国500万辆电动汽车充换电需求。 　　节能行动：大力推广应用高效节能产品和设备，发展高效锅炉、高效内燃机、高效电机和高效变压器，推进高耗能通用设备改造，推广节能电器和绿色照明，不断提高重点用能设备能效。提高建筑节能标准，加快推进建筑节能改造，推广供热计量，完善绿色建筑标准体系，推广超低能耗建筑。实施工业园区节能改造工程，加强园区能源梯级利用。大力发展城市公共交通，提高绿色出行比例。 　　清洁能源示范省区建设工程：着眼于提高非化石能源和天然气消费比重，控制煤炭消费，提高清洁化用能水平，加快推进浙江清洁能源示范省，宁夏新能源综合示范区，青海、张家口可再生能源示范区建设，支持四川、海南、西藏等具备条件的省区开展清洁能源示范省建设，支持日喀则等地区发挥资源综合比较优势，推进绿色能源示范区建设，在具备资源条件和发展基础的地区建设一批智慧能源示范城市（乡镇、园区、楼宇）。

三、多元发展，推动能源供给革命

推动能源供给侧结构性改革，以五大国家综合能源基地为重点优化存量，把推动煤炭等化石能源清洁高效开发利用作为能源转型发展的首要任务，同时大力拓展增量，积极发展非化石能源，加强能源输配网络和储备应急设施建设，加快形成多轮驱动的能源供应体系，着力提高能源供应体系的质量和效率。

着力化解和防范产能过剩。坚持转型升级和淘汰落后相结合，综合运用市场和必要的行政手段，提升存量产能利用效率，从严控制新增产能，支持企业开展产能国际合作，推动市场出清，多措并举促进市场供需平衡。加强市场监测预警，强化政策引导，主动防范风险，促进产业有序健康发展。

——煤炭。严格控制审批新建煤矿项目、新增产能技术改造项目和生产能力核增项目，确需新建煤矿的，实行减量置换。运用市场化手段以及安全、环保、技术、质量等标准，加快淘汰落后产能和不符合产业政策的产能，积极引导安全无保障、资源枯竭、赋存条件差、环境污染重、长期亏损的煤矿产能有序退出，推进企业兼并重组，鼓励煤、电、化等上下游产业一体化经营。实行煤炭产能登记公告制度，严格治理违法违规煤矿项目建设，控制超能力生产。"十三五"期间，停缓建一批在建煤矿项目，14个大型煤炭基地生产能力达到全国的95%以上。

专栏5　煤炭发展重点

严格控制新增产能：神东、陕北、黄陇和新疆基地，在充分利用现有煤炭产能基础上，结合已规划电力、现代煤化工项目，根据市场情况合理安排新建煤矿项目；蒙东（东北）、宁东、晋北、晋中、晋东和云贵基地，有序建设接续煤矿，控制煤炭生产规模；鲁西、冀中、河南和两淮基地压缩煤炭生产规模。

加快淘汰落后产能：尽快关闭13类落后小煤矿，以及开采范围与自然保护区、风景名胜区、饮用水水源保护区等区域重叠的煤矿。2018年前淘汰产能小于30万吨/年且发生过重大及以上安全生产责任事故的煤矿，产能15万吨/年且发生过较大及以上安全生产责任事故的煤矿，以及采用国家明令禁止使用的采煤方法、工艺且无法实施技术改造的煤矿。

有序退出过剩产能：开采范围与依法划定、需特别保护的相关环境敏感区重叠的煤矿，晋、蒙、陕、宁等地区产能小于60万吨/年的非机械化开采煤矿，冀、辽、吉、黑、苏、皖、鲁、豫、甘、青、新等地区产能小于30万吨/年的非机械化开采煤矿，其他地区产能小于9万吨/年的非机械化开采煤矿有序退出市场。

——煤电。优化规划建设时序，加快淘汰落后产能，促进煤电清洁高效发展。建立煤电规划建设风险预警机制，加强煤电利用小时数监测和考核，与新上项目规模挂钩，合理调控建设节奏。"十三五"前两年暂缓核准电力盈余省份中除民生热电和扶贫项目之外的新建自用煤电项目，采取有力措施提高存量机组利用率，使全国煤电机组平均利用小时数达到合理水平；后三年根据供需形势，按照国家总量控制要求，合理确定新增煤电规模，有序安排项目开工和投产时序。民生热电联产项目以背压式机组为主。提高煤电能耗、环保等准入标准，加快淘汰落后产能，力争关停2000万千瓦。2020年煤电装机规模力争控制在11亿千瓦以内。

全面实施燃煤机组超低排放与节能改造，推广应用清洁高效煤电技术，严格执行能效环保标准，强化发电厂污染物排放监测。2020年煤电机组平均供电煤耗控制在每千瓦·时310克以下，其中新建机组控制在300克以下，二氧化硫、氮氧化物和烟尘排放浓度分别不高于每立方米35毫克、50毫克、10毫克。

专栏6　煤电发展重点

优化建设时序：取消一批，缓核一批，缓建一批和停建煤电项目，新增投产规模控制在2亿千瓦以内。

淘汰落后产能：逐步淘汰不符合环保、能效等要求且不实施改造的30万千瓦以下、运行满20年以上纯凝机组、25年及以上抽凝热电机组，力争淘汰落后产能2000万千瓦。

节能减排改造："十三五"期间完成煤电机组超低排放改造4.2亿千瓦，节能改造3.4亿千瓦。其中：2017年前总体完成东部11省市现役30万千瓦及以上公用煤电机组、10万千瓦及以上自备煤电机组超低排放改造；2018年前基本完成中部8省现役30万千瓦及以上煤电机组超低排放改造，2020年前完成西部12省区市及新疆生产建设兵团现役30万千瓦及以上煤电机组超低排放改造。不具备改造条件的机组实现达标排放，对经整改仍不符合要求的，由地方政府予以淘汰关停。东部、中部地区现役煤电机组平均供电煤耗力争在2017年、2018年实现达标，西部地区到2020年前达标。

——煤炭深加工。按照国家能源战略技术储备和产能储备示范工程的定位，合理控制发展节奏，强化技术创新和市场风险评估，严格落实环保准入条件，有序发展煤炭深加工，稳妥推进煤制燃料、煤制烯烃等升级示范，增强项目竞争力和抗风险能力。严格执行能效、环保、节水和装备自主化等标准，积极探索煤炭深加工与炼油、石化、电力等产业有机融合的创新发展模式，力争实现长期稳定高水平运行。"十三五"期间，煤制油、煤制天然气生产能力达到1300万吨和170亿立方米左右。

鼓励煤矸石、矿井水、煤矿瓦斯等煤炭资源综合利用，提升煤炭资源附加值和综合利用效率。采用先进煤化工技术，推进低阶煤中低温热解、高铝粉煤灰提取氧化铝等煤炭分质梯级利用示范项目建设。积极推广应用清洁煤技术，大力发展煤炭洗选加工，2020年原煤入选率达到75%以上。

专栏7 煤炭深加工建设重点

煤制油项目：宁夏神华宁煤二期、内蒙古神华鄂尔多斯二三线、陕西兖矿榆林二期、新疆甘泉堡、新疆伊犁、内蒙古伊泰、贵州毕节、内蒙古东部。

煤制天然气项目：新疆准东、新疆伊犁、内蒙古鄂尔多斯、山西大同、内蒙古兴安盟。

煤炭分质利用示范项目：陕西延长榆神煤油电多联产、陕煤榆林煤油气化多联产、龙成榆林煤油气多联产，江西江能神雾萍乡煤电油多联产等。

——炼油。加强炼油能力总量控制，淘汰能耗高、污染重的落后产能，适度推进先进产能建设。严格项目准入标准，防止以重油深加工等名义变相增加炼油能力。积极开展试点示范，推进城市炼厂综合治理，加快产业改造升级，延长炼油加工产业链，增加供应适销对路、附加值高的下游产品，提高产业智能制造和清洁高效水平。

推进非化石能源可持续发展。统筹资源、环境和市场条件，超前布局、积极稳妥推进建设周期长、配套要求高的水电和核电项目，实现接续滚动发展。坚持集中开发与分散利用并举，调整优化开发布局，全面协调推进风电开发，推动太阳能多元化利用，因地制宜发展生物质能、地热能、海洋能等新能源，提高可再生能源发展质量和在全社会总发电量中的比重。

——常规水电。坚持生态优先、统筹规划、梯级开发，有序推进流域大型水电基地建设，加快建设龙头水电站，控制中小水电开发。在深入开展环境影响评价、确保环境可行的前提下，科学安排金沙江、雅砻江、大渡河等大型水电基地建设时序，合理开发黄河上游等水电基地，深入论证西南水电接续基地建设。创新水电开发运营模式，探索建立水电开发收益共享长效机制，保障库区移民合法权益。2020年常规水电规模达到3.4亿千瓦，"十三五"新开工规模6000万千瓦以上。

发挥现有水电调节能力和水电外送通道、周边联网通道输电潜力，优化调度运行，促进季节性水电合理消纳。加强四川、云南等弃水问题突出地区水电外送通道建设，扩大水电消纳范围。

——核电。安全高效发展核电，在采用我国和国际最新核安全标准、确保万无一失的前提下，在沿海地区开工建设一批先进三代压水堆核电项目。加快堆型整合步伐，稳妥解决堆型多、堆型杂的问题，逐步向自主三代主力堆型集中。积极开展内陆核电项目前期论证工作，加强厂址保护。深入实施核电重大科技专项，开工建设CAP1400示范工程，建成高温气冷堆示范工程。加快论证并推动大型商用乏燃料后处理厂建设。适时启动智能小型堆、商业快堆、60万千瓦级高温气冷堆等自主创新示范项目，推进核能综合利用。实施核电专业人才队伍建设行动，加强核安全监督、核电操作人员及设计、建造、工程管理等关键岗位人才培养，完善专业人才梯队建设，建立多元化人才培养渠道。2020年运行核电装机力争达到5800万千瓦，在建核电装机达到3000万千瓦以上。

——风电。坚持统筹规划、集散并举、陆海齐进、有效利用。调整优化风电开发布局，逐步由"三北"地区为主转向中东部地区为主，大力发展分散式风电，稳步建设风电基地，积极开发海上风电。加大中东部地区和南方地区资源勘探开发，优先发展分散式风电，实现低压侧并网就近消纳。稳步推进"三北"地区风电基地建设，统筹本地市场消纳和跨区输送能力，控制开发节奏，将弃风率控制在合理水平。加快完善风电产业服务体系，切实提高产业发展质量和市场竞争力。2020年风电装机规模达到2.1亿千瓦以上，风电与煤电上网电价基本相当。

——太阳能。坚持技术进步、降低成本、扩大市场、完善体系。优化太阳能开发布局，优先发展分布式光伏发电，扩大"光伏+"多元化利用，促进光伏规模化发展。稳步推进"三北"地区光伏电站建设，积极推动光热发电产业化发展。建立弃光率预警考核机制，有效降低光伏电站弃光率。2020年，太阳能发电规模达到1.1亿千瓦以上，其中分布式光伏6000万千瓦、光伏电站4500万千瓦、光热发电500万千瓦，光伏发电力争实现用户侧平价上网。

专栏8　风能和太阳能资源开发重点

稳步推进内蒙古、新疆、甘肃、河北等地区风电基地建设。在青海、新疆、甘肃、内蒙古、陕西等太阳能资源和土地资源丰富地区，科学规划、合理布局、有序推进光伏电站建设。在四川、云南、贵州等水能资源丰富的西南地区，借助水电站外送通道和灵活调节能力，推进多能互补形式的大型新能源基地开发建设，充分发挥风电、光伏发电、水电的互补效益，重点推进四川省凉山州风水互补、雅砻江风光水互补、金沙江风光水互补、贵州省乌江与北盘江"两江"流域风水联合运行等基地规划建设。

鼓励"三北"地区风电和光伏发电参与电力市场交易和大用户直供，支持采用供热、制氢、储能等多种方式，扩大就地消纳能力。大力推动中东部和南方地区分散风能资源的开发，推动低风速风机和海上风电技术进步。

推广光伏发电与建筑屋顶、滩涂、湖泊、鱼塘、农业大棚及相关产业有机结合的新模式，鼓励利用采煤沉陷区废弃土地建设光伏发电项目，扩大中东部和南方地区分布式利用规模。

——生物质能及其他。积极发展生物质液体燃料、气体燃料、固体成型燃料。推动沼气发电、生物质气化发电，合理布局垃圾发电。有序发展生物质直燃发电、生物质耦合发电，因地制宜发展生物质热电联产。加快地热能、海洋能综合开发利用。2020年生物质能发电装机规模达到1500万千瓦左右，地热能利用规模达到7000万吨标煤以上。

夯实油气资源供应基础。继续加强国内常规油气资源勘探开发，加大页岩气、页岩油、煤层气等非常规油气资源调查评价，积极扩大规模化开发利用，立足国内保障油气战略资源供应安全。

——石油。加强国内勘探开发，促进石油增储稳产。深化精细勘探开发，延缓东部石油基地产量衰减，实现西部鄂尔多斯、塔里木、准噶尔三大石油基地增储稳产。加强海上石油基地开发，积极稳妥推进深水石油勘探开发。支持鄂尔多斯、松辽、渤海湾等地区超低渗油、稠油、致密油等低品位资源和页岩油、油砂等非常规资源勘探开发和综合利用。"十三五"期间，石油新增探明储量50亿吨左右，年产量2亿吨左右。

——天然气。坚持海陆并进，常非并举。推进鄂尔多斯、四川、塔里木气区持续增产，加大海上气区勘探开发力度。以四川盆地及周缘为重点，加强南方海相页岩气勘探开发，积极推进重庆涪陵、四川长宁—威远、云南昭通、陕西延安等国家级页岩气示范区建设，推动其他潜力区块勘探开发。建设沁水盆地、鄂尔多斯盆地东缘和贵州毕水兴等煤层气产业化基地，加快西北煤层气资源勘查，推进煤矿区瓦斯规模化抽采利用。积极开展天然气水合物勘探，优选一批勘探远景目标区。2020年常规天然气产量达到1700亿立方米，页岩气产量达到300亿立方米，煤层气（煤矿瓦斯）利用量达到160亿立方米。

补齐能源基础设施短板。按照系统安全、流向合理、优化存量、弥补短板的原则，稳步有序推进跨省区电力输送通道建设，完善区域和省级骨干电网，加强配电网建设改造，着力提高电网利用效率。科学规划、整体布局，统筹推进油气管网建设，增强区域间协调互济供给能力和终端覆盖能力。加强能源储备应急体系建设。

——电网。坚持分层分区、结构清晰、安全可控、经济高效的发展原则，充分论证全国同步电网格局，进一步调整完善电网主网架。根据目标市场落实情况，稳步推进跨省区电力输送通道建设，合理确定通道送电规模。有序建设大气污染防治重点输电通道，积极推进大型水电基地外送通道建设，优先解决云南、四川弃水和东北地区窝电问题。探索建立灵活可调节的跨区输电价格形成机制，优化电力资源配置。进一步优化完善区域和省级电网主网架，充分挖掘既有电网输送潜力，示范应用柔性直流输电，加快突破电网平衡和自适应等运行控制技术，着力提升电网利用效率。加大投资力度，全面实施城乡配电网建设改造行动，打造现代配电网，鼓励具备条件地区开展多能互补集成优化的微电网示范应用。"十三五"期间新增跨省区输电能力1.3亿千瓦左右。

——油气管网。统筹油田开发、原油进口和炼厂建设布局，以长江经济带和沿海地区为重点，加强区域管道互联互通，完善沿海大型原油接卸码头和陆上接转通道，加快完善东北、西北、西南陆上进口通道，提高管输原油供应能力。按照"北油南下、西油东运、就近供应、区域互联"的原则，优化成品油管输流向，鼓励企业间通过油品资源串换等方式，提高管输效率。按照"西气东输、北气南下、海气登陆、就近供应"的原则，统筹规划天然气管网，

第十一章 综合能源政策

加快主干管网建设，优化区域性支线管网建设，打通天然气利用"最后一公里"，实现全国主干管网及区域管网互联互通。优化沿海液化天然气（LNG）接收站布局，在环渤海、长三角、东南沿海地区，优先扩大已建LNG接收站储转能力，适度新建LNG接收站。加强油气管网运行维护，提高安全环保水平。2020年，原油、成品油管道总里程分别达到3.2万和3.3万公里，年输油能力分别达到6.5亿和3亿吨；天然气管道总里程达到10万公里，干线年输气能力超过4000亿立方米。

——储备应急设施。加快石油储备体系建设，全面建成国家石油储备二期工程，启动后续项目前期工作，鼓励商业储备，合理提高石油储备规模。加大储气库建设力度，加快建设沿海LNG和城市储气调峰设施。推进大型煤炭储配基地和煤炭物流园区建设，完善煤炭应急储备体系。

\multicolumn{2}{c}{专栏9 能源基础设施建设重点}		
电力	跨省区外送电通道：建成内蒙古锡盟经北京天津至山东、内蒙古蒙西至天津南、陕北神木至河北南网扩建、山西盂县至河北、内蒙古上海庙至山东、陕西榆横至山东、安徽淮南经江苏至上海、宁夏宁东至浙江、内蒙古锡盟至江苏泰州、山西晋北至江苏、滇西北至广东等大气污染防治重点输电通道以及金沙江中游至广西、观音岩水电外送、云南鲁西背靠背、甘肃酒泉至湖南、新疆准东至华东皖南、扎鲁特至山东青州、四川水电外送、乌东德至广东、川渝第三通道、渝鄂背靠背、贵州毕节至重庆输电工程。 开工建设赤峰（含元宝山）至华北、白鹤滩至华中华东、张北至北京、陕北（神府、延安）至湖北、闽粤联网输电工程。 结合电力市场需求，深入开展新疆、东北（呼盟）、蒙西（包头、阿拉善、乌兰察布）、陇彬（陇东、彬长）、青海、金沙江上游等电力外送通道项目前期论证。 区域电网：依托外送通道优化东北电网500千伏主网架；完善华北电网主网架，适时推进蒙西与华北主网架异步联网；完善西北电网750千伏主网架，覆盖至南疆等地区；优化华东500千伏主网架；加快实施川渝藏电网与华中东四省电网异步联网，推进实施西藏联网工程；推进云南电网与南方主网异步联网，适时开展广东电网异步联网。
石油	跨境跨区原油输配管道：完善中哈、中缅原油管道，建设中俄二线、仪长复线仪征至九江段、日仪增输、日照—濮阳—洛阳等原油管道，完善长江经济带管网布局，实施老旧管道改造整改。论证中哈原油管道至格尔木延伸工程。 跨区成品油输配管道：建设锦州至郑州、樟树至株洲、洛阳至三门峡至运城至临汾、三门峡至西安管道，改扩建格尔木至拉萨等管道。
天然气	跨境跨区干线管道：建设中亚天然气管道D线、西气东输三线（中段）四线五线、陕京四线、中俄东线、中俄西线（西段）、川气东送二线、新疆煤制气外输、鄂安沧煤制气外输、蒙西煤制气外输、青岛至南京、青藏天然气管道等。 区域互联互通管道：建成中卫至靖边、濮阳至保定、东先坡至燕山、武清至通州、建平至赤峰、海口至徐闻等跨省管道，建设长江中游城市群供气支线。
储气库	已建项目扩容达容：大港库群、华北库群、金坛盐穴、中原文96、相国寺等。 新建项目：华北兴9、华北文23、中原文23、江汉黄场、河南平顶山、江苏金坛、江苏淮安等。

四、创新驱动，推动能源技术革命

深入实施创新驱动发展战略，推动大众创业、万众创新，加快推进能源重大技术研发、重大装备制造与重大示范工程建设，超前部署重点领域核心技术集中攻关，加快推进能源技术革命，实现我国从能源生产消费大国向能源科技装备强国转变。

加强科技创新能力建设。加强能源科技创新体系顶层设计，完善科技创新激励机制，统筹推进基础性、综合性、战略性能源科技研发，提升能源科技整体竞争力，培育更多能源技术优势并加快转化为经济优势。深入推进能源领域国家重大专项工程。整合现有科研力量，建设一批能源创新中心和实验室。进一步激发能源企业、高校及研究机构的创新潜能，推动大众创业、万众创新，鼓励加强合作，建立一批技术创新联盟，推进技术集成创新。强化企业创新主体地位，健全市场导向机制，加快技术产业化应用，打造若干具有国际竞争力的科技创新型能源企业。依托现有人才计划，强化人才梯队建设，培育一批能源科技领军人才与团队。

推进重点技术与装备研发。坚持战略导向，以增强自主创新能力为着力点，围绕油气资源勘探开发、化石能源清洁高效转化、可再生能源高效开发利用、核能安全利用、智慧能源、先进高效节能等领域，应用推广一批技术成熟、市场有需求、经济合理的技术，示范试验一批有一定技术积累但工艺和市场有待验证的技术，集中攻关一批前景广阔的技术，加速科技创新成果转化应用。加强重点领域能源装备自主创新，重点突破能源装备制造关键技术、材料和零部件等瓶颈，加快形成重大装备自主成套能力，推动可再生能源上游制造业加快智能制造升级，提升全产业链发展质量和效益。

实施科技创新示范工程。发挥我国能源市场空间大、工程实践机会多的优势，加大资金、政策扶持力度，重点在油气勘探开发、煤炭加工转化、高效清洁发电、新能源开发利用、智能电网、先进核电、大规模储能、柔性直流输电、制氢等领域，建设一批创新示范工程，推动先进产能建设，提高能源科技自主创新能力和装备制造国产化水平。

	专栏10　能源科技创新重点任务
关键技术	推广应用：页岩气水平井分段压裂、蒸汽辅助重力泄油、煤层气井高效排水降压、百万吨级煤炭间接液化、生物柴油、高效低成本晶体硅电池、大容量特高压直流输电、智能电网、第三代核电技术、能源装备耐热耐腐蚀材料、新型高效储能材料。 示范试验：非常规油气评价、干热岩资源勘查与开发利用、新一代煤炭气化、规模化煤炭分质利用、非粮燃料乙醇、生物质集中高效热电联产、柔性直流输电、先进超超临界火电机组高温金属材料研制与部件制造、大功率电力电子器件制造及应用、精细陶瓷、石墨烯储能器件、光伏电池材料。 集中攻关：煤炭绿色无人开采、深井灾害防治、非常规油气精确勘探和高效开发、深海和深层常规油气开发、新型低阶煤热解分质转化、绿色煤电、生物航空燃油、核电乏燃料后处理、新型高效低成本光伏发电、光热发电、超导直流输电、基于云技术的电网调度控制系统、新能源并网技术、微网技术、新型高效电池储能、氢能和燃料电池。

重大装备	煤炭：薄煤层机械化开采装备、重大事故应急抢险技术装备、大型空分装置、超大型煤炭气化装置、大型煤炭液化装置、大型合成气甲烷化装置。 油气：旋转导向钻井系统、国产水下生产系统、万吨级半潜式起重铺管船、海上大型浮式生产储油系统、非常规油气勘探开发技术装备、重大海上溢油应急处置技术装备。 电力：节能/超低排放型超临界循环流化床锅炉、燃气轮机、百万千瓦级水电机组、核电主泵和爆破阀等关键设备、低速及7~10兆瓦级风电机组、光热发电核心设备、高效锅炉、高效电机、超大规模可再生能源集成装备、大规模储能电池。
重大示范工程	煤炭：智慧煤矿、煤制芳烃、煤基多联产、百万吨级煤油共炼、煤油气资源综合利用、煤电铝一体化、煤制清洁燃料。 油气：非常规油气开发、深层稠油开发、1500米以下深海油气开发。 电力：清洁高效燃煤发电、自主知识产权重型F级燃气轮机发电、华龙一号、CAP1400、60万千瓦高温气冷堆、CFR600快堆、模块化小型堆、智能电网、大规模先进储能。 新能源：大型超大型海上风电、大型光热发电、多能互补分布式发电、生物质能梯级利用多联产、海岛微网、深层高温干热岩发电、海洋潮汐发电、天然气水合物探采。

五、公平效能，推动能源体制革命

坚持市场化改革方向，理顺价格体系，还原能源商品属性，充分发挥市场配置资源的决定性作用和更好发挥政府作用，深入推进能源重点领域和关键环节改革，着力破除体制机制障碍，构建公平竞争的能源市场体系，为提高能源效率、推进能源健康可持续发展营造良好制度环境。

完善现代能源市场。加快形成统一开放、竞争有序的现代能源市场体系。放开竞争性领域和环节，实行统一市场准入制度，推动能源投资多元化，积极支持民营经济进入能源领域。健全市场退出机制。加快电力市场建设，培育电力辅助服务市场，建立可再生能源配额制及绿色电力证书交易制度。推进天然气交易中心建设。培育能源期货市场。开展用能权交易试点，推动建设全国统一的碳排放交易市场。健全能源市场监管机制，强化自然垄断业务监管，规范竞争性业务市场秩序。

推进能源价格改革。按照"管住中间、放开两头"的总体思路，推进能源价格改革，建立合理反映能源资源稀缺程度、市场供求关系、生态环境价值和代际补偿成本的能源价格机制，妥善处理和逐步减少交叉补贴，充分发挥价格杠杆调节作用。放开电力、油气等领域竞争性环节价格，严格监管和规范电力、油气输配环节政府定价，研究建立有效约束电网和油气管网单位投资和成本的输配价格机制，实施峰谷分时价格、季节价格、可中断负荷价格、两部制价格等科学价格制度，完善调峰、调频、备用等辅助服务价格制度，推广落实气、电价格联动机制。研究建立有利于激励降低成本的财政补贴和电价机制，逐步实现风电、光伏发电上网电价市场化。

深化电力体制改革。按照"准许成本加合理收益"的原则，严格成本监管，合理制定输配电价。加快建立相对独立、运行规范的电力交易机构，改革电网企业运营模式。有序放开除公益性调节性以外的发用电计划和配电增量业务，鼓励以混合所有制方式发展配电业务，严格规范和多途径培育售电市场主体。全面放开用户侧分布式电力市场，实现电网公平接入，完善鼓励分布式能源、智能电网和能源微网发展的机制和政策，促进分布式能源发展。积极引导和规范电力市场建设，有效防范干预电力市场竞争、随意压价等不规范行为。

推进油气体制改革。出台油气体制改革方案，逐步扩大改革试点范围。推进油气勘探开发制度改革，有序放开油气勘探开发、进出口及下游环节竞争性业务，研究推动网运分离。实现管网、接收站等基础设施公平开放接入。

加强能源治理能力建设。进一步转变政府职能，深入推进简政放权、放管结合、优化服务改革，加强规划政策引导，健全行业监管体系。适应项目审批权限下放新要求，创新项目管理机制，推动能源建设项目前期工作由政府主导、统一实施，建设项目经充分论证后纳入能源规划，通过招投标等市场机制选择投资主体。

深入推进政企分开，逐步剥离由能源企业行使的管网规划、系统接入、运行调度、标准制定等公共管理职能，由政府部门或委托第三方机构承担。强化能源战略规划研究，组织开展能源发展重大战略问题研究，提升国家能源战略决策能力。

健全能源标准、统计和计量体系，修订和完善能源行业标准，构建国家能源大数据研究平台，综合运用互联网、大数据、云计算等先进手段，加强能源经济形势分析研判和预测预警，显著提高能源数据统计分析和决策支持能力。

六、互利共赢，加强能源国际合作

统筹国内国际两个大局，充分利用两个市场、两种资源，全方位实施能源对外开放与合作战略，抓住"一带一路"建设重大机遇，推动能源基础设施互联互通，加大国际产能合作，积极参与全球能源治理。

推进能源基础设施互联互通。加快推进能源合作项目建设，促进"一带一路"沿线国家和地区能源基础设施互联互通。研究推进跨境输电通道建设，积极开展电网升级改造合作。

加大国际技术装备和产能合作。加强能源技术、装备与工程服务国际合作，深化合作水平，促进重点技术消化、吸收再创新。鼓励以多种方式参与境外重大电力项目，因地制宜参与有关新能源项目投资和建设，有序开展境外电网项目投资、建设和运营。

积极参与全球能源治理。务实参与二十国集团、亚太经合组织、国际能源署、国际可再生能源署、能源宪章等国际平台和机构的重大能源事务及规则制订。加强与东南亚国家联盟、阿拉伯国家联盟、上海合作组织等区域机构的合作，通过基础设施互联互通、市场融合和贸易便利化措施，协同保障区域能源安全。探讨构建全球能源互联网。

七、惠民利民，实现能源共享发展

全面推进能源惠民工程建设，着力完善用能基础设施，精准实施能源扶贫工程，切实提高能源普遍服务水平，实现全民共享能源福利。

完善居民用能基础设施。推进新一轮农村电网改造升级工程，实施城市配电网建设改造行动，强化统一规划，健全技术标准，适度超前建设，促进城乡网源协调发展。统筹电网升级改造与电能替代，满足居民采暖领域电能替代。积极推进棚户区改造配套热电联产机组建设。加快天然气支线管网建设，扩大管网覆盖范围。在天然气管网未覆盖地区推进液化天然气、压缩天然气、液化石油气直供，保障民生用气。推动水电气热计量器具智能化升级改造，加强能源资源精细化管理。积极推进城市地下综合管廊建设，鼓励能源管网与通信、供水等管线统一规划、设计和施工，促进城市空间集约化利用。

精准实施能源扶贫工程。在革命老区、民族地区、边疆地区、集中连片贫困地区，加强能源规划布局，加快推进能源扶贫项目建设。调整完善能源开发收益分配机制，增强贫困地区自我发展"造血功能"。继续强化定点扶贫，加大政府、企业对口支援力度，重点实施光伏、水电、天然气开发利用等扶贫工程。

提高能源普遍服务水平。完善能源设施维修和技术服务站，培育能源专业化服务企业，健全能源资源公平调配和应急响应机制，保障城乡居民基本用能需求，降低居民用能成本，促进能源军民深度融合发展，增强普遍服务能力。提高天然气供给普及率，全面释放天然气民用需求，2020年城镇气化率达到57%，用气人口达到4.7亿。支持居民以屋顶光伏发电等多种形式参与清洁能源生产，增加居民收入，共享能源发展成果。

大力发展农村清洁能源。采取有效措施推进农村地区太阳能、风能、小水电、农林废弃物、养殖场废弃物、地热能等可再生能源开发利用，促进农村清洁用能，加快推进农村采暖电能替代。鼓励分布式光伏发电与设施农业发展相结合，大力推广应用太阳能热水器、小风电等小型能源设施，实现农村能源供应方式多元化，推进绿色能源乡村建设。

专栏11 民生工程建设重点

配电网：建成20个中心城市（区）核心区高可靠性供电示范区、60个新型城镇化配电网示范区。基本建成结构合理、技术先进、灵活可靠、经济高效、环境友好的新型配电网，中心城市（区）用户年均停电时间不超过1小时；城镇地区用户年均停电时间不超过10小时。乡村地区用户年均停电时间不超过24小时，综合电压合格率达到97%，动力电基本实现全覆盖。

农村电网：开展西藏、新疆以及四川、云南、甘肃、青海四省藏区农村电网建设攻坚，加强西部及贫困地区农村电网改造升级，推进东中部地区城乡供电服务便利化进程。到2017年底，完成中心村电网改造升级，实现平原地区机井用电全覆盖，贫困村全部通动力电。到2020年，全国农村地区基本实现稳定可靠的供电服务全覆盖，供电能力和服务水平明显提升，农村电网供电可靠率达到99.8%，综合电压合格率达到97.9%，户均配变容量不低于2千伏安。

光伏扶贫：完成200万建档立卡贫困户光伏扶贫项目建设。

离网式微电网工程：在海岛、边防哨卡等电网未覆盖地区建设一批微电网工程。

第四章 保障措施

一、健全能源法律法规体系

建立健全完整配套的能源法律法规体系，推动相关法律制定和修订，完善配套法规体系，发挥法律、法规、规章对能源行业发展和改革的引导和约束作用，实现能源发展有法可依。

二、完善能源财税投资政策

完善能源发展相关财政、税收、投资、金融等政策，强化政策引导和扶持，促进能源产业可持续发展。

加大财政资金支持。继续安排中央预算内投资，支持农村电网改造升级、石油天然气储备基地建设、煤矿安全改造等。继续支持科技重大专项实施。支持煤炭企业化解产能过剩，妥善分流安置员工。支持已关闭煤矿的环境恢复治理。

完善能源税费政策。全面推进资源税费改革，合理调节资源开发收益。加快推进环境保护费改税。完善脱硫、脱硝、除尘和超低排放环保电价政策，加强运行监管，实施价、税、财联动改革，促进节能减排。

完善能源投资政策。制定能源市场准入"负面清单"，鼓励和引导各类市场主体依法进入"负面清单"以外的领域。加强投资政策与产业政策的衔接配合，完善非常规油气、深海油气、天然铀等资源勘探开发与重大能源示范项目投资政策。

健全能源金融体系。建立能源产业与金融机构信息共享机制，稳步发展能源期货市场，探索组建新能源与可再生能源产权交易市场。加强能源政策引导，支持金融机构按照风险可控、商业可持续原则加大能源项目建设融资，加大担保力度，鼓励风险投资以多种方式参与能源项目。鼓励金融与互联网深度融合，创新能源金融产品和服务，拓宽创新型能源企业融资渠道，提高直接融资比重。

三、强化能源规划实施机制

建立制度保障，明确责任分工，加强监督考核，强化专项监管，确保能源规划有效实施。

增强能源规划引导约束作用。完善能源规划体系，制定相关领域专项规划，细化规划确定的主要任务，推动规划有效落实。强化省级能源规划与国家规划的衔接，完善规划约束引导机制，将规划确定的主要目标任务分解落实到省级能源规划中，实现规划对有关总量控制的约束。完善规划与能源项目的衔接机制，项目按核准权限分级纳入相关规划，原则上未列入规划的项目不得核准，提高规划对项目的约束引导作用。

建立能源规划动态评估机制。能源规划实施中期，能源主管部门应组织开展规划实施情况评估，必要时按程序对规划进行中期调整。规划落实情况及评估结果纳入地方政府绩效评价考核体系。

创新能源规划实施监管方式。坚持放管结合，建立高效透明的能源规划实施监管体系。创新监管方式，提高监管效能。重点监管规划发展目标、改革措施和重大项目落实情况，强化煤炭、煤电等产业政策监管，编制发布能源规划实施年度监管报告，明确整改措施，确保规划落实到位。

二、年度能源工作计划

（一）2014年全国能源工作会议

2014年能源工作的指导思想是：全面贯彻党的十八大和十八届二中、三中全会精神，认真落实党中央、国务院各项决策部署，围绕确保国家能源战略安全、转变能源消费方式、优化能源布局结构、创新能源体制机制四项基本任务，着力转方式、调结构、促改革、强监管、保供给、惠民生，以改革红利激发市场动力活力，打造中国能源"升级版"，为经济社会发展提供坚实的能源保障。

2014 年能源工作的主要目标是：提高能源效率；优化能源结构；增强能源生产能力；控制能源消费。

2014 年要重点做好以下十项工作：一是转变能源消费方式，控制能源消费过快增长。推行"一挂双控"措施；推行区域差别化能源政策；实施控制能源消费总量工作方案。二是认真落实大气污染防治措施，促进能源结构优化。落实大气污染防治行动计划年度重点任务；降低煤炭消费比重；严格控制京津冀、长三角、珠三角等区域煤电项目；有序实施"煤改气"；加快推进油品质量升级；提高天然气供气保障能力；加大淘汰落后产能和节能减排工作力度。三是大力发展清洁能源，促进能源绿色发展。积极开发水电；有序发展风电；加快发展太阳能发电；积极推进生物质能和地热能开发利用；安全高效发展核电。四是加快石油天然气发展，提高安全保障能力。加大油气资源勘探开发力度；着力突破页岩气等非常规油气和海洋油气资源开发；稳妥推进煤制油气产业示范；加快油气基础设施建设；积极推进石油和天然气期货贸易。五是优化布局，推进煤炭煤电大基地和大通道建设。加强大型煤炭基地建设；加快清洁煤电基地和输电通道建设。六是以重大项目为载体，大力推进能源科技创新。抓好重大技术研究和重大科技专项；依托重大工程推动关键装备国产化；加强能源行业标准制订和管理。七是深化能源国际合作，拓展我国能源发展空间。建立丝绸之路经济带和 21 世纪海上丝绸之路；巩固深化能源国际合作重大关系；推动能源企业"走出去"；增强全球能源治理的话语权和影响力。八是加快能源民生工程建设，提高能源普遍服务水平。加强无电地区电力建设；深入推进人民群众用电满意工程；提高民用天然气供给普及率；积极推进"新城镇、新能源、新生活"行动。九是推进体制机制改革，强化能源市场监管。鼓励和引导民间资本进一步扩大能源领域投资；进一步深化电力改革；稳步推进石油天然气改革；加快煤炭改革；加强能源市场监管；加强能源安全监管。十是加强能源行业管理，转职能改作风抓大事解难题办实事建机制。推进能源法制建设；强化战略规划政策引导；创新审批（核准）备案机制；做好服务能源大省和能源企业工作；加强能源统计监测和预警。

（二）2015 年全国能源工作会议

在此次会议中确定，2015 年要突出抓好以下七项重点工作：

一是要切实抓好能源中长期战略规划。确定 2030 年能源总量和结构目标；抓好"十三五"规划大纲的编制；突出重点，做好专项规划，即切实搞好煤炭、电力、油气、新能源、装备制造专项规划，做好专项规划与能源总体规划的衔接；重点抓好电力发展规划，突出统筹电源与电网发展，煤电与清洁能源发展，发电与调度，各类电源基地布局与重要电力通道布局；抓好"十二五"能源规划执行情况的评估。二是要大力推进能源消费革命，着力提高能源效率和节能减排水平。要坚持"节约优先"，以提高能源效率为主线，切实转变能源消费方式，保障合理用能，鼓励节约用能，限制过度用能；大力提高煤炭清洁高效利用水平；切实抓好先进典型示范带动；科学论证，认真抓好煤制油、煤制气示范工程，坚持"清洁高效、节水环保、合理布局、示范先行"的发展原则，抓好煤制油、煤制气示范工程建设；配合有关部门，努力提高全社会能源使用效率。三是要大力推进能源供给革命，优化能源结构，构建多轮驱动、全面安全的能源供应体系。要积极发展水电；安全发展核电；大力发展风电和太阳能发电；扎实推进地热能、生物质能发展。努力提高石油、天然气生产能力。加强管理，扶优限劣，促进煤炭健康发展。四是要大力推进能源技术革命，着力提升能源科技水平和竞争力。五是要大力推进能源体制机制创新，切实增强能源发展的动力和活力。六是要切实抓好能源国际合作，提高国家能源安全保障水平。七是要围绕中心、服务大局，打造依法行政的服务型国家能源局。

（三）2016年全国能源工作会议

会议提出2016年要努力实现能源结构进一步优化、能源消费总量进一步得到有效控制、能源供给保障能力进一步加强、能源效率进一步提升。具体说，要扎实做好以下七项工作：

一是积极引领能源发展新常态，重点抓好"十三五"能源规划的编制实施。二是统筹优化增量与调整存量，努力构建清洁低碳、安全高效的能源供给体系。大力发展非化石能源；科学有序开发化石能源；深入实施燃煤电厂超低排放和节能改造；推进煤炭绿色开采建设生态文明矿区；加大能源基础设施建设。三是坚持绿色低碳，推进能源清洁高效利用。四是坚持深化改革、依法行政，推动形成有效竞争的能源市场机制。五是坚持创新引领发展，带动能源产业转型升级。六是坚持统筹国内国际两个大局，着力保障开放条件下的能源安全。七是全面落实从严治党要求，推动能源系统自身建设迈上新台阶。

（四）2017年全国能源工作会议

2017年全国能源工作会议总结了2016年能源工作取得的成就，并对2017年能源工作重点进行了部署：一要坚定不移去产能，不折不扣地将化解煤炭过剩产能一抓到底，高度重视防范化解煤电产能过剩问题。二要全面推进能源生产和消费革命战略，推进非化石能源规模化发展，化石能源清洁高效利用。三要加快能源领域改革创新步伐，在电力、石油、天然气行业改革实现新的突破，集中力量推进能源关键技术装备创新。四要大力实施能源民生工程，增加清洁民生能源供应，加快推进农村能源生产和消费方式变革，全面开展能源扶贫。五要进一步强化安全责任意识，牢牢守住安全生产底线。同时要切实履行全面从严治党"两个责任"，持续推进管理理念、管理职能、管理方式、管理作风转变。

（五）2018年全国能源工作会议

会议强调，2018年能源工作要按照高质量发展的要求，以供给侧结构性改革为主线，统筹推进稳增长、促改革、调结构、惠民生、防风险各项工作。一要聚焦突出矛盾和问题，切实提升油气保障和能源安全生产水平；二要聚焦绿色发展，着力解决清洁能源消纳问题，着力推进能源结构调整战略工程，统筹推进煤炭清洁高效利用，大力推进能源清洁发展水平；三要聚焦煤炭和煤电，深入推进供给侧结构性改革，坚决夺取煤炭去产能任务决定性胜利，大力化解煤电过剩产能；四要聚焦核心技术攻关和成果转化应用，大力推进重大技术装备攻关，健全完善工作机制，培育壮大科技创新新动能；五要聚焦重点领域和关键环节，进一步深化电力体制改革、油气体制改革、"放管服"改革，进一步强化能源监管和依法治理；六要聚焦重点地区和重要领域，扎实推进北方地区清洁取暖，加大成品油质量升级工作力度，大力提升能源惠民利民力度；七要聚焦重大战略合作，进一步做好统筹谋划，打造合作亮点，提升话语优势，全方位提升能源国际合作水平。

（六）2019年全国能源工作会议

2019年全国能源工作会议强调，2019年能源工作要坚持以习近平新时代中国特色社会主义思想为指导，全面落实中央经济工作会议决策部署和全国发展改革工作会议部署要求，深入推进"四个革命、一个合作"能源安全新战略，按照高质量发展的根本要求，在构建清洁低碳、安全高效的能源体系上取得新成效，着力推动能源高质量发展迈出新步伐。要坚持讲政治、顾大局，更加紧密围绕党中央重大战略部署开展工作，更加深入研究谋划能源发展重大问题，着力把好能源工作的正确政治方向；要坚持补短板、防风险，加快推进油气产业发展，抓好三大攻坚战任务落实，集中攻关关键核心技术，提升能源安全生产能力，着力夯实能源安全发展基础；要坚持调结构、优布局，注重打牢调结构优布局的基础，牢牢把握调结构优布局的方向，培育壮大调结构优布局的新模式新业态，着力提升能源协调发展水平；要坚持抓改革、强市场，深入推进电力体制改革，积极推进油气管网运营机制改革，深化"放管服"改革，着力增强能源发展内生动力；要坚持全方位、重实效，深化重点项目合作，积极推动国际能源治理变革，注重防范化解能源合作风险隐患，着力提高"一带一路"能源合作水平；要坚持强党建、抓廉政，坚持不懈强化理论武装，进一步严肃党内政治生活，坚定不移推进反腐败斗争，驰而不息纠治"四风"，大力加强干部队伍建设，切实强化舆论引导，着力推动全面从严治党向纵深发展。

（七）2020年全国能源工作会议

2020年全国能源工作会议强调，2020年能源工作要紧扣全面建成小康社会目标任务，坚持稳中求进工作总基调，坚持新发展理念，坚持以供给侧结构性改革为主线，坚持以改革开放为动力，遵循"四个革命、一个合作"能源安全新战略，全面落实党的十九届四中全会、中央经济工作会议、国家能源委员会会议、全国发展和改革工作会议部署要求，大力推进能源治理体系和治理能力现代化，加快发展现代能源经济，奋力推动能源高质量发展再上新台阶，为决战决胜全面建成小康社会贡献积极力量。要强统筹、重执行，切实抓好能源战略规划编制实施；要稳基础、优产能，切实抓好煤炭兜底保障；要补短板、稳增长，切实抓好油气安全保障；要优布局、盯重点，切实抓好清洁能源发展和消纳；要攻难关、迎小康，切实抓好脱贫攻坚各项工作；要保民生、促持续，切实抓好污染防治攻坚任务；要建机制、强创新，切实抓好重大技术装备攻关和示范；要勇担当、善作为，切实抓好能源监管工作；要谋共赢、善斗争，切实抓好"一带一路"能源合作；要抓示范、谋突破，切实抓好能源领域重要改革；要固根本、求长效，切实抓好全面从严治党。

三、能源系统新业态、新模式政策

（一）关于推进"互联网+"智慧能源发展的指导意见

2016年2月24日，国家发改委、国家能源局、工信部联合下发了《关于推进"互联网+"智慧能源发展的指导意见》。

关于推进"互联网+"智慧能源发展的指导意见

发改能源〔2016〕392号

各省、自治区、直辖市及计划单列市、新疆生产建设兵团发展改革委、能源局、工业和信息化主管部门，各有关中央企业：

"互联网+"智慧能源（以下简称能源互联网）是一种互联网与能源生产、传输、存储、消费以及能源市场深度融合的能源产业发展新形态，具有设备智能、多能协同、信息对称、供需分散、系统扁平、交易开放等主要特征。在全球新一轮科技革命和产业变革中，互联网理念、先进信息技术与能源产业深度融合，正在推动能源互联网新技术、新模式和新业态的兴起。能源互联网是推动我国能源革命的重要战略支撑，对提高可再生能源比重，促进化石能源清洁高效利用，提升能源综合效率，推动能源市场开放和产业升级，形成新的经济增长点，提升能源国际合作水平具有重要意义。为推进能源互联网发展，根据《国务院关于积极推进"互联网+"行动的指导意见》（国发〔2015〕40号）的要求，提出如下意见。

一、总体要求

（一）指导思想

全面贯彻党的十八大和十八届三中、四中、五中全会精神，深入贯彻习近平总书记系列重要讲话精神，按照中央财经领导小组第六次会议和国家能源委员会第一次会议重大决策部署要求，适应和引领经济社会发展新常态，着眼能源产业全局和长远发展需求，以改革创新为核心，以"互联网+"为手段，以智能化为基础，紧紧围绕构建绿色低碳、安全高效的现代能源体系，促进能源和信息深度融合，推动能源互联网新技术、新模式和新业态发展，推动能源领域供给侧结构性改革，支撑和推进能源革命，为实现我国从能源大国向能源强国转变和经济提质增效升级奠定坚实基础。

（二）基本原则

基础开放，大众参与。发挥互联网在变革能源产业中的基础作用，推动能源基础设施合理开放,促进能源生产与消费融合,提升大众参与程度,加快形成以开放、共享为主要特征的能源产业发展新形态。

探索创新,示范先行。遵循"互联网+"应用发展规律,营造开放包容的创新环境,鼓励多元化的技术、机制及模式创新,因地制宜推进能源互联网新技术与新模式先行先试,形成万众创新良好氛围。

市场驱动,科学监管。发挥市场在资源配置中的决定性作用,驱动形成能源互联网发展新业态。适应新业态及大数据应用发展要求,完善能源与信息深度融合下的安全监管和市场监管机制,保障信息安全和市场参与者的合法权益。

深化改革,推动革命。适应能源互联网"三分技术、七分改革"的发展要求,深化能源体制机制改革,还原能源商品属性,构建有效竞争的市场结构和市场体系,推动能源消费、供给和技术革命。

(三)发展目标

能源互联网是一种能源产业发展新形态,相关技术、模式及业态均处于探索发展阶段。为促进能源互联网健康有序发展,近中期将分为两个阶段推进,先期开展试点示范,后续进行推广应用,确保取得实效。

2016~2018年,着力推进能源互联网试点示范工作:建成一批不同类型、不同规模的试点示范项目。攻克一批重大关键技术与核心装备,能源互联网技术达到国际先进水平。初步建立能源互联网市场机制和市场体系。初步建成能源互联网技术标准体系,形成一批重点技术规范和标准。催生一批能源金融、第三方综合能源服务等新兴业态。培育一批有竞争力的新兴市场主体。探索一批可持续、可推广的发展模式。积累一批重要的改革试点经验。

2019~2025年,着力推进能源互联网多元化、规模化发展:初步建成能源互联网产业体系,成为经济增长重要驱动力。建成较为完善的能源互联网市场机制和市场体系。形成较为完备的技术及标准体系并推动实现国际化,引领世界能源互联网发展。形成开放共享的能源互联网生态环境,能源综合效率明显改善,可再生能源比重显著提高,化石能源清洁高效利用取得积极进展,大众参与程度大幅提升,有力支撑能源生产和消费革命。

二、重点任务

加强能源互联网基础设施建设,建设能源生产消费的智能化体系、多能协同综合能源网络、与能源系统协同的信息通信基础设施。营造开放共享的能源互联网生态体系,建立新型能源市场交易体系和商业运营平台,发展分布式能源、储能和电动汽车应用、智慧用能和增值服务、绿色能源灵活交易、能源大数据服务应用等新模式和新业态。推动能源互联网关键技术攻关、核心设备研发和标准体系建设,促进能源互联网技术、标准和模式的国际应用与合作。

(一)推动建设智能化能源生产消费基础设施

1. 推动可再生能源生产智能化。

鼓励建设智能风电场、智能光伏电站等设施及基于互联网的智慧运行云平台,实现可再生能源的智能化生产。鼓励用户侧建设冷热电三联供、热泵、工业余热余压利用等综合能源利用基础设施,推动分布式可再生能源与天然气分布式能源协同发展,提高分布式可再生能源综合利用水平。促进可再生能源与化石能源协同生产,推动对散烧煤等低效化石能源的清洁替代。

建设可再生能源参与市场的计量、交易、结算等接入设施与支持系统。

2. 推进化石能源生产清洁高效智能化。

鼓励煤、油、气开采、加工及利用全链条智能化改造，实现化石能源绿色、清洁和高效生产。鼓励建设与化石能源配套的电采暖、储热等调节设施，鼓励发展天然气分布式能源，增强供能灵活性、柔性化，实现化石能源高效梯级利用与深度调峰。加快化石能源生产监测、管理和调度体系的网络化改造，建设市场导向的生产计划决策平台与智能化信息管理系统，完善化石能源的污染物排放监测体系，以互联网手段促进化石能源供需高效匹配、运营集约高效。

3. 推动集中式与分布式储能协同发展。

开发储电、储热、储冷、清洁燃料存储等多类型、大容量、低成本、高效率、长寿命储能产品及系统。推动在集中式新能源发电基地配置适当规模的储能电站，实现储能系统与新能源、电网的协调优化运行。推动建设小区、楼宇、家庭应用场景下的分布式储能设备，实现储能设备的混合配置、高效管理、友好并网。

4. 加快推进能源消费智能化。

鼓励建设以智能终端和能源灵活交易为主要特征的智能家居、智能楼宇、智能小区和智能工厂，支撑智慧城市建设。加强电力需求侧管理，普及智能化用能监测和诊断技术，加快工业企业能源管理中心建设，建设基于互联网的信息化服务平台。构建以多能融合、开放共享、双向通信和智能调控为特征，各类用能终端灵活融入的微平衡系统。建设家庭、园区、区域不同层次的用能主体参与能源市场的接入设施和信息服务平台。

（二）加强多能协同综合能源网络建设

1. 推进综合能源网络基础设施建设。

建设以智能电网为基础，与热力管网、天然气管网、交通网络等多种类型网络互联互通，多种能源形态协同转化、集中式与分布式能源协调运行的综合能源网络。加强统筹规划，在新城区、新园区以及大气污染严重的重点区域率先布局，确保综合能源网络结构合理、运行高效。建设高灵活性的柔性能源网络，保证能源传输的灵活可控和安全稳定。建设接纳高比例可再生能源、促进灵活互动用能行为和支持分布式能源交易的综合能源微网。

2. 促进能源接入转化与协同调控设施建设。

推动不同能源网络接口设施的标准化、模块化建设，支持各种能源生产、消费设施的"即插即用"与"双向传输"，大幅提升可再生能源、分布式能源及多元化负荷的接纳能力。推动支撑电、冷、热、气、氢等多种能源形态灵活转化、高效存储、智能协同的基础设施建设。建设覆盖电网、气网、热网等智能网络的协同控制基础设施。

（三）推动能源与信息通信基础设施深度融合

1. 促进智能终端及接入设施的普及应用。

发展能源互联网的智能终端高级量测系统及其配套设备，实现电能、热力、制冷等能源消费的实时计量、信息交互与主动控制。丰富智能终端高级量测系统的实施功能，促进水、气、热、电的远程自动集采集抄，实现多表合一。规范智能终端高级量测系统的组网结构与信息接口，实现和用户之间安全、可靠、快速的双向通信。

2. 加强支撑能源互联网的信息通信设施建设。

优化能源网络中传感、信息、通信、控制等元件的布局，与能源网络各种设施实现高效配置。推进能源网络与物联网之间信息设施的连接与深度融合。对电网、气网、热网等能源网络及其信息架构、存储单元等基础设施进行协同建设，实现基础设施的共享复用，避免重复建设。推进电力光纤到户工程，完善能源互联网信息通信系统。在充分利用现有信息通信设施基础上，推进电力通信网等能源互联网信息通信设施建设。

3. 推进信息系统与物理系统的高效集成与智能化调控。

推进信息系统与物理系统在量测、计算、控制等多功能环节上的高效集成，实现能源互联网的实时感知和信息反馈。建设信息系统与物理系统相融合的智能化调控体系，以"集中调控、分布自治、远程协作"为特征，实现能源互联网的快速响应与精确控制。

4. 加强信息通信安全保障能力建设。

加强能源信息通信系统的安全基础设施建设，根据信息重要程度、通信方式和服务对象的不同，科学配置安全策略。依托先进密码、身份认证、加密通信等技术，建设能源互联网下的用户、数据、设备与网络之间信息传递、保存、分发的信息通信安全保障体系，确保能源互联网安全可靠运行。提升能源互联网网络和信息安全事件监测、预警和应急处置能力。

（四）营造开放共享的能源互联网生态体系

1. 构建能源互联网的开放共享体系。

充分利用互联网领域的快速迭代创新能力，建立面向多种应用和服务场景下能源系统互联互通的开放接口、网络协议和应用支撑平台，支持海量和多种形式的供能与用能设备的快速、便捷接入。从局部区域着手，推动能源网络分层分区互联和能源资源的全局管理，支持终端用户实现基于互联网平台的平等参与和能量共享。

2. 建设能源互联网的市场交易体系。

建立多方参与、平等开放、充分竞争的能源市场交易体系，还原能源商品属性。培育售电商、综合能源运营商和第三方增值服务供应商等新型市场主体。逐步建设以能量、辅助服务、新能源配额、虚拟能源货币等为标的物的多元交易体系。分层构建能量的批发交易市场与零售交易市场，基于互联网构建能量交易电子商务平台，鼓励交易平台间的竞争，实现随时随地、灵活对等的能源共享与交易。建立基于互联网的微平衡市场交易体系，鼓励个人、家庭、分布式能源等小微用户灵活自主地参与能源市场。

3. 促进能源互联网的商业模式创新。

搭建能源及能源衍生品的价值流转体系，支持能源资源、设备、服务、应用的资本化、证券化，为基于"互联网+"的B2B、B2C、C2B、C2C、O2O等多种形态的商业模式创新提供平台。促进能源领域跨行业的信息共享与业务交融，培育能源云服务、虚拟能源货币等新型商业模式。鼓励面向分布式能源的众筹、PPP等灵活的投融资手段，促进能源的就地采集与高效利用。开展能源互联网基础设施的金融租赁业务，建立租赁物与二手设备的流通市场，发展售后回租、利润共享等新型商业模式。提供差异化的能源商品，并为灵活用能、辅助服务、能效管理、节能服务等新业务提供增值服务。

4. 建立能源互联网国际合作机制。

配合国家"一带一路"建设，建立健全开放共享的能源互联网国际合作机制，加强与周边国家能源基础设施的互联互通，推动国内能源互联网先进技术、装备、标准和模式"走出去"。

（五）发展储能和电动汽车应用新模式

1. 发展储能网络化管理运营模式。

鼓励整合小区、楼宇、家庭应用场景下的储电、储热、储冷、清洁燃料存储等多类型的分布式储能设备及社会上其他分散、冗余、性能受限的储能电池、不间断电源、电动汽车充放电桩等储能设施，建设储能设施数据库，将存量的分布式储能设备通过互联网进行管控和运营。推动电动汽车废旧动力电池在储能电站等储能系统实现梯次利用。构建储能云平台，实现对储能设备的模块化设计、标准化接入、梯次化利用与网络化管理，支持能量的自由灵活交易。推动储能提供能源租赁、紧急备用、调峰调频等增值服务。

2. 发展车网协同的智能充放电模式。

鼓励充换电设施运营商、电动汽车企业等，集成电网、车企、交通、气象、安全等各种数据，建设基于电网、储能、分布式用电等元素的新能源汽车运营云平台。促进电动汽车与智能电网间能量和信息的双向互动，应用电池能量信息化和互联网化技术，探索无线充电、移动充电、充放电智能导引等新运营模式。积极开展电动汽车智能充放电业务，探索电动汽车利用互联网平台参与能源直接交易、电力需求响应等新模式。

3. 发展新能源+电动汽车运行新模式。

充分利用风能、太阳能等可再生能源资源，在城市、景区、高速公路等区域因地制宜建设新能源充放电站等基础设施，提供电动汽车充放电、换电等业务，实现电动汽车与新能源的协同优化运行。

（六）发展智慧用能新模式

1. 培育用户侧智慧用能新模式。

完善基于互联网的智慧用能交易平台建设。建设面向智能家居、智能楼宇、智能小区、智能工厂的能源综合服务中心，实现多种能源的智能定制、主动推送和资源优化组合。鼓励企业、居民用户与分布式资源、电力负荷资源、储能资源之间通过微平衡市场进行局部自主交易，通过实时交易引导能源的生产消费行为，实现分布式能源生产、消费一体化。

2. 构建用户自主的能源服务新模式。

逐步培育虚拟电厂、负荷集成商等新型市场主体，增加灵活性资源供应。鼓励用户自主提供能量响应、调频、调峰等灵活的能源服务，以互联网平台为依托进行动态、实时的交易。进一步完善相关市场机制，兼容用户以直接、间接等多种方式自主参与灵活性资源市场交易的渠道。建立合理的灵活性资源补偿定价机制，保障灵活性资源投资拥有合理的收益回报。

3. 拓展智慧用能增值服务新模式。

鼓励提供更多差异化的能源商品和服务方案。搭建用户能效监测平台并实现数据的互联共享，提供个性化的能效管理与节能服务。基于互联网平台，提供面向用户终端设施的能量托管、交易委托等增值服务。拓展第三方信用评价，鼓励能源企业或专业数据服务企业拓展独立的能源大数据信息服务。

(七) 培育绿色能源灵活交易市场模式

1. 建设基于互联网的绿色能源灵活交易平台。

建设基于互联网的绿色能源灵活交易平台，支持风电、光伏、水电等绿色低碳能源与电力用户之间实现直接交易。挖掘绿色能源的环保效益，打造相应的能源衍生品，面向不同用户群体提供差异化的绿色能源套餐。培育第三方运维、点对点能源服务等绿色能源生产、消费和交易新业态。

2. 构建可再生能源实时补贴机制。

建立基于互联网平台的分布式可再生能源实时补贴结算机制，实现补贴的计量、认证和结算与可再生能源生产交易实时挂钩。进一步探索将大规模的风电场、光伏电站等纳入基于互联网平台的实时补贴范围。

3. 发展绿色能源的证书交易体系。

探索建立与绿色能源生产和交易实时挂钩的绿色证书生成和认证机制，推进绿色证书交易体系与现行排污权交易体系相融合，并通过合理的机制，将绿色证书交易作为碳排放权交易的有益补充。推动建立绿色能源生产强制配额制度，实现基于互联网平台的绿色证书交易与结算。推动绿色证书的证券化、金融化交易。

(八) 发展能源大数据服务应用

1. 实现能源大数据的集成和安全共享。

实施能源领域的国家大数据战略，积极拓展能源大数据的采集范围，逐步覆盖电、煤、油、气等能源领域及气象、经济、交通等其他领域。实现多领域能源大数据的集成融合。建设国家能源大数据中心，逐渐实现与相关市场主体的数据集成和共享。在安全、公平的基础上，以有效监管为前提，打通政府部门、企事业单位之间的数据壁垒，促进各类数据资源整合，提升能源统计、分析、预测等业务的时效性和准确度。

2. 创新能源大数据的业务服务体系。

促进基于能源大数据的创新创业，开展面向能源生产、流通、消费等环节的新业务应用与增值服务。鼓励能源生产、服务企业和第三方企业投资建设面向风电、光伏等能源大数据运营平台，为能源资源评估、选址优化等业务提供专业化服务。鼓励发展基于能源大数据的信息挖掘与智能预测业务，对能源设备的运行管理进行精准调度、故障诊断和状态检修。鼓励发展基于能源大数据的温室气体排放相关专业化服务。鼓励开展面向能源终端用户的用能大数据信息服务，对用能行为进行实时感知与动态分析，实现远程、友好、互动的智能用能控制。

3. 建立基于能源大数据的行业管理与监管体系。

探索建立基于能源大数据技术、精确需求导向的能源规划新模式，推动多能协同的综合规划模式，提升政府对能源重大基础设施规划的科学决策水平，推进简政放权和能源体制机制持续创新。推动基于能源互联网的能源监管模式创新，发挥能源大数据技术在能源监管中的基础性作用，建立覆盖能源生产、流通、消费全链条，透明高效的现代能源监督管理网络体系，提升能源监管的效率和效益。建设基于互联网、分级分层的能源统计、分析与预测预警平台，指导监督能源消费总量控制。

（九）推动能源互联网的关键技术攻关

1. 支持能源互联网的核心设备研发。

研制提供能量汇聚、灵活分配、精准控制、无差别化接入等功能的新型设备，为能源互联网设施自下而上的自治组网、分散式网络化协同控制提供硬件支撑。支持直流电网、先进储能、能源转换、需求侧管理等关键技术、产品及设备的研发和应用。推广港口气化、港口岸电等清洁替代技术。加强能源互联网技术装备研发的国际化合作。

2. 支持信息物理系统关键技术研发。

研究低成本、高性能的集成通信技术。研究信息物理系统中面向量测、电价、控制、服务等多种信息类型、安全可靠的信息编码、加密、检验和通信技术。研究信息物理系统中能源流和信息流高效融合的调度管理与协同控制等关键技术。研究信息—能量耦合的统一建模与安全分析关键技术。

3. 支持系统运营交易关键技术研发。

研究多能融合能源系统的建模、分析与优化技术。研究集中式与分布式协同计算、控制、调度与自愈技术。研发支持多元交易主体、多元能源商品和复杂交易类型的能源电商平台。研究支持分布式、并发式交互响应的实时交易，互联网虚拟能源货币认证，互联网虚拟能源货币的定价、流通、交易与结算等关键技术。探索软件定义能源网络技术。

（十）建设国际领先的能源互联网标准体系

1. 制定能源互联网通用技术标准。

研究建立能源互联网标准体系。优先制定能源互联网的通用标准、与智慧城市和《中国制造2025》等相协调的跨行业公用标准和重要技术标准，包括能源互联网的能源转换类标准、设备类标准、信息交换类标准、安全防护类标准、能源交易类标准、计量采集类标准、监管类标准等。推动建立能源互联网相关国际标准化技术委员会，努力争取核心标准成为国际标准。

2. 建设能源互联网质量认证体系。

建立全面、先进、涵盖相关产业的产品检测与质量认证平台。建立国家能源互联网质量认证平台检测数据共享机制。建立国家能源互联网产品检测与质量认证平台及网络。鼓励建设能源互联网企业与产品数据库，定期发布测试数据。建立健全检测方法和评价体系，引导产业健康发展。

三、组织实施

（一）加强组织领导

在"互联网+"行动实施部际联席会议机制下，国家能源局会同国家发展改革委、工业和信息化部等有关部门设立"互联网+"智慧能源专项协调机制，统筹协调解决重大问题，及时总结推广成功经验和有效做法，切实推动行动的贯彻落实。加强能源互联网技术创新平台建设，依托企业、科研机构、高校，组建国家能源互联网技术创新中心和重点实验室。建立跨领域、跨行业的能源互联网专业咨询委员会，为政府决策提供重要支撑。各地发展改革（能源）、工业和信息化主管部门应结合实际，牵头研究制定适合本地的能源互联网行动落实方案，因地制宜，统筹谋划，科学组织实施，杜绝盲目建设和重复投资，务实有序推进能源互联网行动。

第十一章 综合能源政策

（二）完善政策法规

建立健全相关法律法规，保障能源互联网健康有序发展。正在制修订过程中的能源法、电力法等法律法规应适应能源互联网新模式、新业态发展需求。加强电力与油气体制改革、其他资源环境价格改革，以及碳交易、用能权交易等市场机制与能源互联网发展的协同对接。积极开展能源互联网创新政策试点，破除地区配额、地方保护、互联互通、数据共享、交易机制等方面的政策壁垒，研究制定适应能源互联网新模式、新业态发展特点的价格、税收、保险等相关政策法规。加强能源互联网技术、产品和模式等的知识产权管理与保护。加强能源互联网信息安全政策法规及标准体系建设。

（三）推动市场改革

发挥市场在资源配置中的决定性作用，推动建立公平竞争、开放有序的能源市场交易体系。建立健全能源市场的准入制度，鼓励第三方资本、小微型企业等新兴市场主体参与市场，促进各类所有制企业的平等、协同发展。加快电力、油气行业市场体系建设，建立市场化交易机制和价格形成机制，使价格信号能从时间、空间上反映实际成本和供需状况，有效引导供需。允许市场主体自主协商或通过交易平台集中竞价等多种方式开展能源商品及灵活性资源等能源衍生品服务交易，最大限度地激发市场活力。

（四）开展试点示范

围绕现代互联网技术与能源系统的全面深度融合，鼓励具备条件的地区、部门和企业，因地、因业制宜地开展各类能源互联网应用试点示范，在技术创新、运营模式、发展业态和体制机制等方面深入探索，先行先试，总结积累可推广的成功经验，为能源互联网的健康有序发展奠定坚实基础。

（五）创新产业扶持

将能源互联网纳入重大工程包，加大中央、地方预算内资金投入力度，引导更多社会资本进入，分步骤组织实施能源互联网重大示范工程。充分发挥国家科技计划和相关专项作用，支持开展能源互联网基础、共性和关键技术研发。依靠金融创新探索企业和项目融资、收益分配和风险补偿机制，降低能源互联网发展准入门槛和风险。支持符合条件的能源互联网项目实施主体通过发行债券、股权交易、众筹、PPP等方式进行融资。积极发挥基金、融资租赁、担保等金融机构优势，引导更多的社会资本投向能源互联网产业。

（六）共享数据资源

开展能源公共数据分级利用改革试点，研究制定能源数据使用管理和交易共享规范。从国家安全、系统安全和用户信息安全需求出发，推进能源信息的分级分类。加强能源大数据采集、传输、存储、处理和共享全过程的安全监管。加强能源互联网信息基础设施共建共享，建立贯穿能源全产业链的信息公共服务网络和数据库，加强上下游企业能源信息对接、共享共用和交易服务。鼓励互联网企业与能源企业合作挖掘能源大数据商业价值，促进能源互联网的应用创新。

（七）强化创新基础

推动成立能源互联网创新产业联盟，配合有关政府部门严格能源互联网产品准入管理，开展标准、检测和认证相关工作。引进和培育一批领军型、复合型、专业型人才，形成支持能源互联网建设的智力保障体系。吸引能源互联网领域国际人才在我国创业创新和从事教学科研等活动。创新人才培养模式，建立健全多层次、跨学科的能源互联网人才培养体系。在高校探索设立能源互联网相关专业或培养项目，大力培养跨界复合型人才。

（八）加强宣传引导

各有关部门、企业和新闻媒体要通过多种形式加强对能源互联网政策机制、发展动态、先进技术、示范项目、新兴业态等的宣传，让社会各界全面了解能源互联网，扩大示范带动效应，吸引更多社会资本参与能源互联网的研究建设与创新发展，形成广泛、活跃、持续的能源互联网发展氛围，为能源互联网新技术、新商业模式和新业态孕育兴起提供良好的舆论环境。

国家发展改革委

国家能源局

工业和信息化部

2016年2月24日

（二）关于推进多能互补集成优化示范工程建设的实施意见

2016年7月4日，国家发改委、国家能源局联合印发《关于推进多能互补集成优化示范工程建设的实施意见》。

国家发展改革委 国家能源局关于推进多能互补集成优化示范工程建设的实施意见

发改能源〔2016〕1430号

各省、自治区、直辖市发展改革委、能源局，新疆生产建设兵团发展改革委，有关能源企业：

根据国务院关于贯彻落实稳增长政策措施有关要求，为加快推进多能互补集成优化示范工程建设，提高能源系统效率，增加有效供给，满足合理需求，带动有效投资，促进经济稳定增长，现提出如下实施意见：

一、建设意义

多能互补集成优化示范工程主要有两种模式：一是面向终端用户电、热、冷、气等多种用能需求，因地制宜、统筹开发、互补利用传统能源和新能源，优化布局建设一体化集成供能基础设施，通过天然气热电冷三联供、分布式可再生能源和能源智能微网等方式，实现多能协同供应和能源综合梯级利用；二是利用大型综合能源基地风能、太阳能、水能、煤炭、天然气等资源组合优势，推进风光水火储多能互补系统建设运行。

建设多能互补集成优化示范工程是构建"互联网+"智慧能源系统的重要任务之一，有利于提高能源供需协调能力，推动能源清洁生产和就近消纳，减少弃风、弃光、弃水限电，促进可再生能源消纳，是提高能源系统综合效率的重要抓手，对于建设清洁低碳、安全高效现代能源体系具有重要的现实意义和深远的战略意义。

二、主要任务

（一）终端一体化集成供能系统

在新城镇、新产业园区、新建大型公用设施（机场、车站、医院、学校等）、商务区和海岛地区等新增用能区域，加强终端供能系统统筹规划和一体化建设，因地制宜实施传统能源与风能、太阳能、地热能、生物质能等能源的协同开发利用，优化布局电力、燃气、热力、供冷、供水管廊等基础设施，通过天然气热电冷三联供、分布式可再生能源和能源智能微网等方式实现多能互补和协同供应，为用户提供高效智能的能源供应和相关增值服务，同时实施能源需求侧管理，推动能源就地清洁生产和就近消纳，提高能源综合利用效率。

在既有产业园区、大型公共建筑、居民小区等集中用能区域，实施供能系统能源综合梯级利用改造，推广应用上述供能模式，同时加强余热、余压以及工业副产品、生活垃圾等能源资源回收和综合利用。

（二）风光水火储多能互补系统

在青海、甘肃、宁夏、内蒙古、四川、云南、贵州等省区，利用大型综合能源基地风能、太阳能、水能、煤炭、天然气等资源组合优势，充分发挥流域梯级水电站、具有灵活调节性能火电机组的调峰能力，建立配套电力调度、市场交易和价格机制，开展风光水火储多能互补系统一体化运行，提高电力输出功率的稳定性，提升电力系统消纳风电、光伏发电等间歇性可再生能源的能力和综合效益。

三、建设目标

2016 年，在已有相关项目基础上，推动项目升级改造和系统整合，启动第一批示范工程建设。"十三五"期间，建成国家级终端一体化集成供能示范工程 20 项以上，国家级风光水火储多能互补示范工程 3 项以上。

到 2020 年，各省（区、市）新建产业园区采用终端一体化集成供能系统的比例达到 50%左右，既有产业园区实施能源综合梯级利用改造的比例达到 30%左右。国家级风光水火储多能互补示范工程弃风率控制在 5%以内，弃光率控制在 3%以内。

四、建设原则及方式

（一）统筹优化，提高效率

终端一体化集成供能系统以综合能源效率最大化，热、电、冷等负荷就地平衡调节，供能经济合理具有市场竞争力为主要目标，统筹优化系统配置，年平均化石能源转换效率应高于70%。风光水火储多能互补系统以优化存量为主，着重解决区域弃风、弃光、弃水问题；对具备风光水火储多能互补系统建设条件的地区，新建项目优先采用该模式。

（二）机制创新，科技支撑

创新多能互补集成优化示范工程政策环境、体制机制和商业模式，符合条件的示范项目优先执行国家有关灵活价格政策、激励政策和改革举措。推动产学研结合，加强系统集成、优化运行等相关技术研发，推动技术进步和装备制造能力升级。示范项目应优先采用自主技术装备，对于自主化水平高的项目优先审批和安排。

（三）试点先行，逐步推广

积极推进终端一体化集成供能示范工程、能源基地风光水火储多能互补示范工程建设，将产业示范与管理体制、市场建设、价格机制等改革试点工作相结合，探索有利于推动多能互补集成优化示范工程大规模发展的有效模式，在试点基础上积极推广应用。

五、政策措施

（一）实施新的价格机制

落实《中共中央 国务院关于推进价格机制改革的若干意见》，按照"管住中间、放开两头"的总体思路，推进电力、天然气等能源价格改革，促进市场主体多元化竞争，建立主要由市场决定能源价格的机制。

针对终端一体化集成供能示范工程，在能源价格市场化机制形成前，按照市场化改革方向，推行有利于提高系统效率的电价、热价、气价等新的价格形成机制。实施峰谷价格、季节价格、可中断价格、高可靠性价格、两部制价格等科学价格制度，推广落实气、电价格联动等价格机制，引导电力、天然气用户主动参与需求侧管理。具体价格政策及水平由国家及地方价格主管部门按权限确定。

针对风光水火储多能互补示范工程，统筹市场形成价格与政府模拟市场定价两种手段，加快推进电力和天然气现货市场、电力辅助服务市场建设，完善调峰、调频、备用等辅助服务价格市场化机制。在市场化价格形成前，实施有利于发挥各类型电源调节性能的电价、气价及辅助服务价格机制。

（二）加大政策扶持力度

经国家认定的多能互补集成优化示范项目优先使用国家能源规划确定的各省（区、市）火电装机容量、可再生能源发展规模及补贴等总量指标额度。风光水火储多能互补示范项目就地消纳后的富余电量，可优先参与跨省区电力输送消纳。符合条件的多能互补集成优化工程项目将作为能源领域投资的重点对象。符合条件的项目可按程序申请可再生电价附加补贴，各省（区、市）可结合当地实际情况，通过初投资补贴或贴息、开设专项债券等方式给予相关项目具体支持政策。

（三）创新管理体制和商业模式

积极支持采取政府和社会资本合作模式（PPP）建设多能互补集成优化示范工程。结合电力、油气体制改革工作，创新终端一体化集成供能系统管理和运行模式，开展售电业务放开改革。国家能源局会同有关部门完善电（气、热）网接入、并网运行等技术标准和规范，统筹协调用能、供能、电（气、热）网等各方利益，解决终端一体化集成供能系统并网和余电、余热上网问题。相关电网、气网、热力等管网企业负责提供便捷、及时、无障碍接入上网和应急备用服务，实施公平调度。创新终端一体化集成供能系统商业模式，鼓励采取电网、燃气、热力公司控股或参股等方式组建综合能源服务公司从事市场化供能、售电等业务，积极推行合同能源管理、综合节能服务等市场化机制。加快构建基于互联网的智慧用能信息化服务平台，为用户提供开放共享、灵活智能的综合能源供应及增值服务。

六、实施机制

（一）统筹规划布局

国家发展改革委、国家能源局在国家能源规划中明确多能互补集成优化示范工程建设任务，并将相关国家级示范项目纳入规划。各省（区、市）能源主管部门应在省级能源规划中明确本地区建设目标和任务，针对本省（区、市）新城镇、新建产业园区等新增用能区域，组织相关地方能源、城建等有关部门研究制定区域供用能系统综合规划，加强与城市、土地等相关规划衔接，通过市场化招标等方式优选投资主体，统筹安排供用能基础设施建设。具有全国示范意义的重点项目，可由省级能源主管部门报国家发展改革委、国家能源局备案，国家发展改革委、国家能源局组织有资质的第三方机构进行审核认定，向社会统一公告。

（二）加强组织协调

国家发展改革委、国家能源局会同有关部门推进和指导多能互补集成优化示范工程的实施，组织制定相关政策和示范工程评价标准，协调政策落实中的重大问题。各省（区、市）能源主管部门应研究制定多能互补集成优化示范工程实施方案，负责省（区、市）示范项目的组织协调和监督管理，优化和简化项目核准程序，协调解决项目实施过程中的问题，及时向有关部门报告执行中出现的问题及政策建议，确保示范项目建设进度、质量和示范效果。

（三）强化事中事后监管

国家能源局派出机构应加强对多能互补集成优化示范工程事中事后监管，针对规划编制和实施、项目核准、价格财税扶持政策、并网和调度运行等情况出具监管意见，推动多能互补集成优化示范工程有效实施。

国家发展改革委

国家能源局

2016年7月4日

四、节能减排政策

（一）关于印发节能节水和环境保护专用设备企业所得税优惠目录（2017年版）的通知

2017年9月6日，国家财政部、税务总局、国家发改委、工业和信息化部、原环境保护部联合印发了《节能节水和环境保护专用设备企业所得税优惠目录（2017年版）》。文件中明确，按照国务院关于简化行政审批的要求，进一步优化优惠管理机制，实行企业自行申报并直接享受优惠、税务部门强化后续管理的机制。企业购置节能节水和环境保护专用设备，应自行判断是否符合税收优惠政策规定条件，按规定向税务部门履行企业所得税优惠备案手续后直接享受税收优惠，税务部门采取税收风险管理、稽查、纳税评估等方式强化后续管理。《节能节水和环境保护专用设备企业所得税优惠目录（2017年版）》自2017年1月1日起施行。《节能节水专用设备企业所得税优惠目录（2008年版）》和《环境保护专用设备企业所得税优惠目录（2008年版）》自2017年10月1日起废止，企业在2017年1月1日至2017年9月30日购置的专用设备符合2008年版优惠目录规定的，也可享受税收优惠。

关于印发节能节水和环境保护专用设备企业所得税优惠目录（2017年版）的通知

财税〔2017〕71号

各省、自治区、直辖市、计划单列市财政厅（局）、国家税务局、地方税务局、发展改革委、工业和信息化主管部门、环境保护厅（局），新疆生产建设兵团财务局、发展改革委、工业和信息化委员会、环境保护局：

经国务院同意，现就节能节水和环境保护专用设备企业所得税优惠目录调整完善事项及有关政策问题通知如下：

一、对企业购置并实际使用节能节水和环境保护专用设备享受企业所得税抵免优惠政策的适用目录进行适当调整，统一按《节能节水专用设备企业所得税优惠目录（2017年版）》（附件1）和《环境保护专用设备企业所得税优惠目录（2017年版）》（附件2）执行。

二、按照国务院关于简化行政审批的要求，进一步优化优惠管理机制，实行企业自行申报并直接享受优惠、税务部门强化后续管理的机制。企业购置节能节水和环境保护专用设备，应自行判断是否符合税收优惠政策规定条件，按规定向税务部门履行企业所得税优惠备案手续后直接享受税收优惠，税务部门采取税收风险管理、稽查、纳税评估等方式强化后续管理。

三、建立部门协调配合机制，切实落实节能节水和环境保护专用设备税收抵免优惠政策。税务部门在执行税收优惠政策过程中，不能准确判定企业购置的专用设备是否符合相关技术指标等税收优惠政策规定条件的，可提请地市级（含）以上发展改革、工业和信息化、环境保护等部门，由其委托专业机构出具技术鉴定意见，相关部门应积极配合。对不符合税收优惠政策规定条件的，由税务机关按《税收征管法》及有关规定进行相应处理。

四、本通知所称税收优惠政策规定条件，是指《节能节水专用设备企业所得税优惠目录（2017年版）》和《环境保护专用设备企业所得税优惠目录（2017年版）》所规定的设备类别、设备名称、性能参数、应用领域和执行标准。

五、本通知自2017年1月1日起施行。《节能节水专用设备企业所得税优惠目录（2008年版）》和《环境保护专用设备企业所得税优惠目录（2008年版）》自2017年10月1日起废止，企业在2017年1月1日至2017年9月30日购置的专用设备符合2008年版优惠目录规定的，也可享受税收优惠。

附件：1. 节能节水专用设备企业所得税优惠目录（2017年版）（略）
2. 环境保护专用设备企业所得税优惠目录（2017年版）（略）

财政部
税务总局
国家发展改革委
工业和信息化部
环境保护部
2017年9月6日

（二）关于开展重点用能单位"百千万"行动有关事项的通知

2017年11月1日，国家发改委下发《关于开展重点用能单位"百千万"行动有关事项的通知》。

国家发展改革委关于开展重点用能单位"百千万"行动有关事项的通知

发改环资〔2017〕1909号

各省、自治区、直辖市及计划单列市、新疆生产建设兵团发展改革委,有关地区经信委(工信委、工信厅、经信局),浙江省能源局:

党的十八届五中全会提出实行能源消耗总量和强度"双控"行动,国家"十三五"规划《纲要》明确了全国"双控"目标任务,提出实施重点用能单位"百千万"行动。国务院印发的《"十三五"节能减排综合工作方案》提出,开展重点用能单位"百千万"行动,按照属地管理和分级管理相结合原则,国家、省、地市分别对"百家""千家""万家"重点用能单位进行目标责任评价考核。为开展好重点用能单位"百千万"行动,现将有关事项通知如下:

一、关于实施范围

纳入重点用能单位"百千万"行动实施范围的包括工业、建筑、交通运输、商贸流通、公共机构等领域的重点用能单位。各级人民政府管理节能工作的部门会同有关部门,将本地区2015年综合能源消费量10000吨标准煤以上的用能单位,和国务院有关部门或省级人民政府管理节能工作的部门指定的2015年综合能源消费量5000吨以上不满10000吨标准煤的用能单位,纳入"百千万"行动实施范围。

全国能耗最高的一百家重点用能单位(简称"百家"企业),由省级人民政府管理节能工作的部门会同有关部门,将本地区2015年综合能源消费量300万吨标准煤以上的重点用能单位名单报送国家发展改革委,国家发展改革委会同有关部门进行审核并确定"百家"企业名单。

能耗较高的一千家重点用能单位(简称"千家"企业),由省级人民政府管理节能工作的部门会同有关部门,从本地区2015年综合能源消费量50万吨标准煤以上的重点用能单位中确定。

"百家""千家"企业以外的其他重点用能单位(简称"万家"企业),原则上由地市级(包括特殊情况下的区、县或县市级,下同)人民政府管理节能工作的部门会同有关部门,将本地区2015年综合能源消费量50万吨标准煤以下的重点用能单位纳入"万家"企业名单。

重点用能单位破产、兼并、改组改制以及生产规模变化和能源消耗发生较大变化,或按照产业政策需要关闭的,"百家"企业由省级人民政府管理节能工作的部门报请国家发展改革委进行调整,"千家"企业由省级人民政府管理节能工作的部门进行调整并报国家发展改革委备案,"万家"企业原则上由地市级人民政府管理节能工作的部门进行调整,并逐级报省级人民政府管理节能工作的部门和国家发展改革委备案。

二、关于目标分解和评价考核

(一)关于分解能耗总量和节能目标

各地区根据国家分解下达的能耗总量和强度"双控"目标,结合本地区重点用能单位实际情况,合理分解本地区"百家""千家""万家"企业"十三五"及年度能耗总量控制和节能目标(以下简称"双控"目标)。

"百家""千家"企业"双控"目标由省级人民政府管理节能工作的部门和能源消费总量

控制部门会同有关部门分解；"万家"企业"双控"目标原则上由地市级人民政府管理节能工作的部门和能源消费总量控制部门会同有关部门，在所属地区省级人民政府管理节能工作的部门和能源消费总量控制部门指导下分解。

各地区根据重点用能单位所属行业特点分解"双控"目标。能耗总量控制目标可采用基准法或历史法分解，即结合重点用能单位近几年产量、行业能效先进水平等因素确定，或参照重点用能单位近几年综合能源消费量确定。节能目标可选择单位产品能耗、单位产值能耗、单位运输周转量能耗、公共机构单位建筑面积能耗等目标值或下降率作为指标。

各省级人民政府管理节能工作的部门将本地区纳入"百千万"行动实施范围的重点用能单位名单及各单位"双控"目标报送国家发展改革委（环资司）。

"百家"企业名单及"双控"目标由国家发展改革委公布，"千家"企业名单及"双控"目标由省级人民政府管理节能工作的部门和能源消费总量控制部门公布，"万家"企业名单及"双控"目标原则上由地市级人民政府管理节能工作的部门和能源消费总量控制部门公布。

（二）关于目标责任评价考核

"百家"企业考核：各省级人民政府管理节能工作的部门会同有关部门，每年7月底前完成本地区"百家"企业上一年度"双控"目标责任评价考核，将考核结果报送国家发展改革委。国家发展改革委会同有关部门，复核各地区报送的"百家"企业上一年度"双控"目标责任评价考核结果并向社会公布。

"千家"企业考核：各省级人民政府管理节能工作的部门会同有关部门，每年7月底前完成本地区"千家"企业上一年度"双控"目标责任评价考核，向社会公布考核结果，并将考核结果报送国家发展改革委。

"万家"企业考核：原则上由各地市级人民政府管理节能工作的部门会同有关部门进行考核，每年6月底前完成本地区"万家"企业上一年度"双控"目标责任评价考核，向社会公布考核结果，并将考核结果报送所属地区省级人民政府管理节能工作的部门。各省级人民政府管理节能工作的部门汇总本地区"万家"企业上一年度"双控"目标责任评价考核结果，每年7月底前报送国家发展改革委。

国家发展改革委将各地区对重点用能单位开展"双控"目标责任评价考核的情况纳入省级人民政府能源消耗总量和强度"双控"考核体系。

国家发展改革委、省级人民政府管理节能工作的部门、地市级人民政府管理节能工作的部门分别将"百家""千家""万家"企业节能考核结果纳入社会信用记录系统。各级发展改革部门、管理节能工作的部门和能源消费总量控制部门，对未完成"双控"目标任务的重点用能单位暂停审批或核准新建扩建高耗能项目。省级以上人民政府管理节能工作的部门会同有关部门，对在节能工作中取得显著成绩的重点用能单位和个人以适当方式给予表彰奖励。

三、切实推动重点用能单位节能管理工作

（一）落实节能管理措施

省级人民政府管理节能工作的部门会同有关部门，明确本地区各级人民政府有关部门在"百家""千家""万家"企业节能管理中的职责。

地方各级人民政府管理节能工作的部门会同有关部门根据职责分工，推动重点用能单位按照节能法、《重点用能单位节能管理办法》等有关法律法规要求，加强节能管理，落实各项节能措施。主要包括强化节能目标责任，建立健全能源管理制度，严格执行能源利用状况报告、能源管理岗位和能源管理负责人等制度，建立健全能源管理体系，加强能源计量统计，开展能源审计，开展能效达标对标活动，推动能耗在线监测，实施节能技术改造等。

（二）加强节能监督检查

地方各级人民政府管理节能工作的部门会同有关部门组织节能监察等机构对重点用能单位执行节能法律法规和节能标准情况进行监督检查，严肃查处违法违规行为。对未设立能源管理岗位、聘任能源管理负责人，未报送能源利用状况报告或报告质量不符合要求，单位产品能耗超过国家和地方限额标准，未按要求淘汰落后生产工艺、违规使用明令淘汰用能设备等的重点用能单位，按照节能法等有关法律、法规、规章相关规定对其进行处罚，并纳入企业的社会信用记录系统。

（三）加强节能能力建设

地方各级人民政府管理节能工作的部门要会同有关部门，加强本地区节能管理、节能监察与节能服务能力建设，对政府有关部门、节能监察机构及重点用能单位等相关人员加强培训，提升节能工作水平。

国家发展改革委视情况对"百千万"重点用能单位节能改造予以必要支持，促进重点用能单位能效提升。

（四）强化新闻宣传和舆论引导

各级人民政府管理节能工作的部门要加强新闻宣传和舆论引导，结合"节能宣传周"等活动，充分利用报纸、广播、电视、网络等多种形式的宣传载体，积极宣传重点用能单位特别是"百家""千家"企业的先进经验、典型做法，曝光未完成能耗总量控制和节能目标的重点用能单位名单。

联系人：国家发展改革委环资司　李少华

电话：010-68505904

传真：010-68505845

国家发展改革委
2017 年 11 月 1 日

（三）不单独进行节能审查的行业目录

为进一步推进简政放权，2017 年 11 月 15 日，国家发展改革委发布《不单独进行节能审查的行业目录》（发改环资规〔2017〕1975 号，以下简称《目录》）。按照不同行业特点，将风电站、光伏电站（光热）、生物质能、地热能、核电站、水电站、抽水蓄能电站、电网工程、输油管网、输气管网、水利、铁路（含独立铁路桥梁、隧道）、公路、城市道路、内河航运、信息（通信）网络（不含数据中心）、电子政务、卫星地面系统列入《目录》。

国家发展改革委关于印发《不单独进行节能审查的行业目录》的通知

发改环资规〔2017〕1975号

中直管理局，教育部、工业和信息化部、财政部、住房城乡建设部、交通运输部、商务部、国资委、质检总局、统计局、银监会、国管局、能源局、粮食局，各省、自治区、直辖市及计划单列市、新疆生产建设兵团发展改革委，有关地区经信委（工信委、工信厅、经信局），浙江省能源局：

为进一步深化"放管服"改革，根据《中华人民共和国节约能源法》《固定资产投资项目节能审查办法》（国家发展改革委2016年第44号令），现将《不单独进行节能审查的行业目录》印发给你们，并就有关事项通知如下：

一、对于本目录中的项目，建设单位可不编制单独的节能报告，可在项目可行性研究报告或项目申请报告中对项目能源利用情况、节能措施情况和能效水平进行分析。

二、节能审查机关对本目录中的项目不再单独进行节能审查，不再出具节能审查意见。

三、建设单位投资建设本目录中的项目应按照相关节能标准、规范建设，采用节能技术、工艺和设备，加强节能管理，不断提高项目能效水平。

四、各地节能管理部门应依据《中华人民共和国节约能源法》《固定资产投资项目节能审查办法》和《节能监察办法》（国家发展改革委2016年第33号令），对本目录中项目进行监督管理，对违反节能法律法规、标准规范的项目进行处罚。

五、年综合能源消费量不满1000吨标准煤，且年电力消费量不满500万千瓦·时的固定资产投资项目，以及涉及国家秘密的项目参照适用以上规定。

六、本通知自印发之日起执行。

附件：不单独进行节能审查的行业目录

国家发展改革委

2017年11月15日

不单独进行节能审查的行业目录

风电站、光伏电站（光热）、生物质能、地热能、核电站、水电站、抽水蓄能电站、电网工程、输油管网、输气管网、水利、铁路（含独立铁路桥梁、隧道）、公路、城市道路、内河航运、信息（通信）网络（不含数据中心）、电子政务、卫星地面系统。

（四）工业节能诊断服务行动计划

2019年5月16日，工业和信息化部印发关于《工业节能诊断服务行动计划》的通知。

工业和信息化部关于印发《工业节能诊断服务行动计划》的通知

工信部节函〔2019〕101号

各省、自治区、直辖市及计划单列市、新疆生产建设兵团工业和信息化主管部门，有关行业协会，有关中央企业：

现将《工业节能诊断服务行动计划》印发你们，请认真抓好贯彻执行。

联系人：王旭明　莫虹频

电话：010-68205368/68205369

电子邮箱：jienengchu@miit.gov.cn

工业和信息化部
2019年5月16日

工业节能诊断服务行动计划

工业节能诊断是对企业工艺技术装备、能源利用效率、能源管理体系开展的全面诊断，有利于帮助企业发现用能问题，查找节能潜力，提升能效和节能管理水平。"十三五"以来，通过健全节能政策法规、完善标准体系、强化节能监管、推动节能技术改造，企业能效水平持续提升，部分行业先进企业能效已达到国际先进水平。但受节能意识薄弱、技术力量不足、管理体系不健全等因素影响，不同地区、行业间的企业能效水平差距依然较大，企业进一步节能降耗、降本增效的需求十分迫切。为满足企业节能需求，支持企业深挖节能潜力，持续提升工业能效水平，推动工业绿色发展，按照《"十三五"工业绿色发展规划》，制定本行动计划。

一、总体要求

遵循企业自愿的原则，按照制造业高质量发展和"放管服"改革要求，在持续加强企业能源消费管理、加大节能监察力度的基础上，不断强化节能服务工作，完善市场化机制。以能源管理基础薄弱的企业和行业为重点，加大节能诊断服务工作力度，使工业节能逐步向各行业、大中小企业全面深入推进和提升。统筹考虑地区、行业的特点和不同需求，做好诊断服务工作的顶层设计，充分发挥各级工业和信息化主管部门、行业协会、节能诊断服务市场化组织及企业等的各自优势，积极探索政府引导与市场机制相结合的推进模式，分步实施，务求实效。

近期，每年对3000家以上重点企业实施节能诊断服务，培育壮大一批节能诊断服务市场化组织，制定一批重点行业节能诊断标准，努力构建公益性和市场化相结合的诊断服务体系。

二、主要任务

（一）确定诊断服务对象

1. 支持能源管理基础薄弱的企业全面开展诊断。主要面向机械、电气、电子、轻工、纺织等行业，以年综合能源消费量在5000~10000吨标准煤（分别折合年原煤消费量约7000~15000吨，年原油消费量约3500~7000吨，年天然气消费量约400万~800万立方米，年综合用电量约4000万~8000万千瓦·时）的企业为重点，全面支持开展节能诊断。

2. 引导重点高耗能行业开展专项诊断。主要面向技术、工艺、装备较先进、能源管理体系相对完善的钢铁、建材、石化化工、有色金属等行业，以年综合能源消费量10000吨标准煤以上（分别折合年原煤消费量约15000吨以上，年原油消费量约7000吨以上，年天然气消费量约800万立方米以上，年综合电耗约8000万千瓦·时以上）的企业为重点，鼓励自主开展专项节能诊断。

（二）明确诊断服务内容

3. 围绕企业生产工艺流程和主要技术装备，做好能源利用、能源效率和能源管理三方面诊断工作。一是核定企业能源消费构成及消费量，编制企业能量平衡表，核算企业综合能源消费量，查找能源利用薄弱环节和突出问题。二是结合行业特点核算企业主要工序能耗及单位产品综合能耗，评估主要用能设备能效水平和实际运行情况，分析高效节能装备和先进节能技术推广应用潜力。三是检查能源管理岗位设置、能源计量器具配备、能源统计制度建立及执行等能源管理措施落实情况。

4. 对以煤炭消费为主的工艺装备，重点对燃煤锅炉及炉窑能效进行诊断，分析节能技术改造潜力。轻工、纺织等行业重点诊断锅炉燃煤系统，分析高效煤粉燃烧、工业级循环流化床燃烧、自动控制及远程监控技术应用潜力；钢铁行业重点诊断高炉和焦炉，分析高参数煤气发电、焦炉上升管余热回收利用、中低温余热回收利用技术应用潜力；建材行业重点诊断水泥回转窑烧成系统，分析热效率提升技术应用潜力；石化化工行业分析先进煤气化技术，以及炼化、煤化工、电石、硫酸、炭黑等行业中低品位余热高效回收技术应用潜力。

5. 对以电力消费为主的工艺装备，重点对电机系统及电窑炉能效进行诊断，分析先进节能技术装备应用潜力。机械行业重点诊断传动机械、矿山机械，分析开关磁阻电机调速系统、大弹性位移非接触同步永磁传动等技术应用潜力；轻工行业重点诊断工业空调、商用空调等，分析光伏直驱变频空调技术应用潜力；钢铁行业重点诊断电炉炼钢工艺，分析全自动密闭加料技术、废钢预热技术应用潜力；有色金属行业诊断电解铝电解槽，分析电流强化技术、新型结构电解槽技术应用潜力；石化化工行业重点诊断电石生产装置，分析短网综合补偿技术应用潜力。

6. 对以油气消费为主的工艺装备，重点对燃油燃气锅炉、炉窑及油气资源能量转换设备的能效进行诊断，分析节能技术应用和能源转化效率提升潜力。轻工、纺织行业重点诊断燃油燃气锅炉系统，分析煤炭减量燃气替代潜力；建材行业重点分析玻璃熔窑应用大吨位窑炉、一窑多线成型技术，陶瓷窑应用低温快烧、宽断面大型窑炉等技术装备应用潜力；石化化工行业重点分析炼油工艺应用板式空冷技术，乙烯生产应用辐射炉管内强化传热技术，合成氨生产应用节能型天然气转化技术等的应用潜力。

（三）推动实施节能技术改造

7. 诊断工作完成后，节能诊断服务市场化组织应协助企业分析应用诊断结果，围绕生产工艺、技术装备、系统优化、运行管理等方面提出节能改造建议，并评估预期综合效益。鼓励企业与节能服务市场化组织、节能技术装备提供商等对接，利用合同能源管理等方式实施节能技术改造，并跟踪项目实施情况、评价节能降耗效果。

（四）加强诊断服务能力建设

8. 公开遴选并培育一批资质优、信誉佳、专业强的节能诊断服务市场化组织及专家团队。根据不同行业的主要工艺设备和用能特点，分行业梳理和提炼节能诊断的重点内容和模式，组织编写节能诊断指南和标准。发布优秀案例和节能改造项目库。搭建节能诊断数据平台，建立行业用能结构、工艺技术、能效指标数据库。加强对各地工业和信息化节能主管部门、节能诊断服务市场化组织、工业企业节能管理人员的培训，解读节能法规政策标准，推广节能先进技术装备。

三、保障措施

（一）加强组织领导。各地工业和信息化主管部门要充分认识节能诊断工作对推动绿色发展的重要作用，统筹协调节能标准、监察、技术改造等工作，分业指导，制定切实可行的节能诊断服务措施；充分发挥行业协会、节能诊断服务市场化组织及企业各自优势，形成工作合力。工业和信息化部每年将发布节能诊断重点工作计划。

（二）加大政策支持。利用工业节能与绿色制造等相关预算资金，支持开展节能诊断服务。充分利用绿色制造、节能减排等现有政策手段，做好诊断后续跟踪服务工作，综合运用技术改造、绿色信贷等财政、金融手段，支持根据诊断结果实施的节能改造项目。鼓励有条件的地区出台配套支持政策。

（三）做好推广交流。对工业企业节能诊断工作及时进行总结，加大对典型案例和工作创新模式的宣传，并对发现的问题及时改进。开展工业企业节能诊断交流，努力提升工业企业节能水平。

开展诊断工作必须遵循企业自愿参与原则，不得增加企业额外负担。选择信誉佳、专业强的市场化组织，采用合同能源管理等多种市场化节能服务模式，为企业提供优质、高效、规范的节能诊断服务。各级工业和信息化主管部门要加强指导，杜绝强制服务、强制收费。对违规增加企业负担的依法依规进行处理。

（五）关于印发绿色建筑创建行动方案的通知

2020年7月15日，住房和城乡建设部、国家发改委、教育部、工业和信息化部、人民银行、机关事务管理局、银保监会联合下发《关于印发绿色建筑创建行动方案的通知》。

住房和城乡建设部　国家发展改革委　教育部　工业和信息化部　人民银行　国管局银保监会关于印发绿色建筑创建行动方案的通知

建标〔2020〕65号

各省、自治区、直辖市住房和城乡建设厅（委、管委）、发展改革委、教育厅（委）、工业和信息化主管部门、机关事务主管部门，人民银行上海总部、各分行、营业管理部、省会（首府）城市中心支行、副省级城市中心支行，各银保监局，新疆生产建设兵团住房和城乡建设局、发展改革委、教育局、工业和信息化局、机关事务管理局：

为贯彻落实习近平生态文明思想和党的十九大精神，依据《国家发展改革委关于印发〈绿色生活创建行动总体方案〉的通知》（发改环资〔2019〕1696号）要求，决定开展绿色建筑创建行动。现将《绿色建筑创建行动方案》印发给你们，请结合本地区实际，认真贯彻执行。

中华人民共和国住房和城乡建设部
中华人民共和国国家发展和改革委员会
中华人民共和国教育部
中华人民共和国工业和信息化部
中国人民银行
国家机关事务管理局
中国银行保险监督管理委员会
2020年7月15日

绿色建筑创建行动方案

为全面贯彻党的十九大和十九届二中、三中、四中全会精神，深入贯彻习近平生态文明思想，按照《国家发展改革委关于印发〈绿色生活创建行动总体方案〉的通知》（发改环资〔2019〕1696号）要求，推动绿色建筑高质量发展，制定本方案。

一、创建对象

绿色建筑创建行动以城镇建筑作为创建对象。绿色建筑指在全寿命期内节约资源、保护环境、减少污染，为人们提供健康、适用、高效的使用空间，最大限度实现人与自然和谐共生的高质量建筑。

二、创建目标

到2022年，当年城镇新建建筑中绿色建筑面积占比达到70%，星级绿色建筑持续增加，既有建筑能效水平不断提高，住宅健康性能不断完善，装配化建造方式占比稳步提升，绿色建材应用进一步扩大，绿色住宅使用者监督全面推广，人民群众积极参与绿色建筑创建活动，形成崇尚绿色生活的社会氛围。

三、重点任务

（一）推动新建建筑全面实施绿色设计。制修订相关标准，将绿色建筑基本要求纳入工程建设强制规范，提高建筑建设底线控制水平。推动绿色建筑标准实施，加强设计、施工和运行管理。推动各地绿色建筑立法，明确各方主体责任，鼓励各地制定更高要求的绿色建筑强制性规范。

（二）完善星级绿色建筑标识制度。根据国民经济和社会发展第十三个五年规划纲要、国务院办公厅《绿色建筑行动方案》（国办发〔2013〕1号）等相关规定，规范绿色建筑标识管理，由住房和城乡建设部、省级政府住房和城乡建设部门、地市级政府住房和城乡建设部门分别授予三星、二星、一星绿色建筑标识。完善绿色建筑标识申报、审查、公示制度，统一全国认定标准和标识式样。建立标识撤销机制，对弄虚作假行为给予限期整改或直接撤销标识处理。建立全国绿色建筑标识管理平台，提高绿色建筑标识工作效率和水平。

（三）提升建筑能效水效水平。结合北方地区清洁取暖、城镇老旧小区改造、海绵城市建设等工作，推动既有居住建筑节能节水改造。开展公共建筑能效提升重点城市建设，建立完善运行管理制度，推广合同能源管理与合同节水管理，推进公共建筑能耗统计、能源审计及能效公示。鼓励各地因地制宜提高政府投资公益性建筑和大型公共建筑绿色等级，推动超低能耗建筑、近零能耗建筑发展，推广可再生能源应用和再生水利用。

（四）提高住宅健康性能。结合疫情防控和各地实际，完善实施住宅相关标准，提高建筑室内空气、水质、隔声等健康性能指标，提升建筑视觉和心理舒适性。推动一批住宅健康性能示范项目，强化住宅健康性能设计要求，严格竣工验收管理，推动绿色健康技术应用。

（五）推广装配化建造方式。大力发展钢结构等装配式建筑，新建公共建筑原则上采用钢结构。编制钢结构装配式住宅常用构件尺寸指南，强化设计要求，规范构件选型，提高装配式建筑构配件标准化水平。推动装配式装修。打造装配式建筑产业基地，提升建造水平。

（六）推动绿色建材应用。加快推进绿色建材评价认证和推广应用，建立绿色建材采信机制，推动建材产品质量提升。指导各地制定绿色建材推广应用政策措施，推动政府投资工程率先采用绿色建材，逐步提高城镇新建建筑中绿色建材应用比例。打造一批绿色建材应用示范工程，大力发展新型绿色建材。

（七）加强技术研发推广。加强绿色建筑科技研发，建立部省科技成果库，促进科技成果转化。积极探索5G、物联网、人工智能、建筑机器人等新技术在工程建设领域的应用，推动绿色建造与新技术融合发展。结合住房和城乡建设部科学技术计划和绿色建筑创新奖，推动绿色建筑新技术应用。

（八）建立绿色住宅使用者监督机制。制定《绿色住宅购房人验房指南》，向购房人提供房屋绿色性能和全装修质量验收方法，引导绿色住宅开发建设单位配合购房人做好验房工作。鼓励各地将住宅绿色性能和全装修质量相关指标纳入商品房买卖合同、住宅质量保证书和住宅使用说明书，明确质量保修责任和纠纷处理方式。

四、组织实施

（一）加强组织领导。省级政府住房和城乡建设、发展改革、教育、工业和信息化、机关事务管理等部门，要在各省（区、市）党委和政府直接指导下，认真落实绿色建筑创建行动方案，制定本地区创建实施方案，细化目标任务，落实支持政策，指导市、县编制绿色建筑创建行动实施计划，确保创建工作落实到位。各省（区、市）和新疆生产建设兵团住房和城乡建设部门应于2020年8月底前将本地区绿色建筑创建行动实施方案报住房和城乡建设部。

（二）加强财政金融支持。各地住房和城乡建设部门要加强与财政部门沟通，争取资金支持。各地要积极完善绿色金融支持绿色建筑的政策环境，推动绿色金融支持绿色建筑发展，用好国家绿色发展基金，鼓励采用政府和社会资本合作（PPP）等方式推进创建工作。

（三）强化绩效评价。住房和城乡建设部会同相关部门按照本方案，对各省（区、市）和新疆生产建设兵团绿色建筑创建行动工作落实情况和取得的成效开展年度总结评估，及时推广先进经验和典型做法。省级政府住房和城乡建设等部门负责组织本地区绿色建筑创建成效评价，及时总结当年进展情况和成效，形成年度报告，并于每年11月底前报住房和城乡建设部。

（四）加大宣传推广力度。各地要组织多渠道、多种形式的宣传活动，普及绿色建筑知识，宣传先进经验和典型做法，引导群众用好各类绿色设施，合理控制室内采暖空调温度，推动形成绿色生活方式。发挥街道、社区等基层组织作用，积极组织群众参与，通过共谋共建共管共评共享，营造有利于绿色建筑创建的社会氛围。

五、能源环境政策

（一）关于北方地区清洁供暖价格政策的意见

2017年9月25日，国家发改委印发《关于北方地区清洁供暖价格政策的意见》，制定了

"煤改电"、"煤改气"的具体价格支持政策。

国家发展改革委关于印发北方地区清洁供暖价格政策意见的通知

发改价格〔2017〕1684号

各省、自治区、直辖市发展改革委、物价局、电力公司，中国石油天然气集团公司、中国石油化工集团公司、中国海洋石油总公司，国家电网公司、内蒙古电力公司：

为贯彻落实党中央国务院关于推进北方地区清洁供暖的决策部署，加快推动清洁供暖工作，按照"企业为主、政府推动、居民可承受"的方针，我们制定了《关于北方地区清洁供暖价格政策的意见》，现予印发，请按照执行。

附件：关于北方地区清洁供暖价格政策的意见

国家发展改革委

2017年9月19日

关于北方地区清洁供暖价格政策的意见

为贯彻落实党中央国务院关于推进北方地区清洁供暖的决策部署，经研究，现就有关价格政策提出以下意见。

一、总体要求

北方广大农村地区、一些城镇以及部分大中城市的周边区域，还在大量采用分散燃煤和散烧煤取暖，既影响了居民基本生活的改善，也加重了北方地区冬季雾霾天气。推进北方地区冬季清洁取暖，是重大民生工程、民心工程，关系北方地区广大群众温暖过冬，关系雾霾天能不能减少，是能源生产和消费革命、农村生活方式革命的重要内容。

要按照"企业为主、政府推动、居民可承受"的方针，遵循因地制宜、突出重点、统筹协调的原则，宜气则气、宜电则电，建立有利于清洁供暖价格机制，综合运用完善峰谷价格、阶梯价格，扩大市场化交易等价格支持政策，促进北方地区加快实现清洁供暖。

二、完善"煤改电"电价政策

具备资源条件，适宜"煤改电"的地区，要通过完善峰谷分时制度和阶梯价格政策，创新电力交易模式，健全输配电价体系等方式，降低清洁供暖用电成本。

（一）完善峰谷分时价格制度

鼓励利用谷段低价电供暖，提高电力系统利用效率，降低"煤改电"用电成本。一是推行上网侧峰谷分时电价政策。鼓励北方地区省级价格主管部门按照当地大容量主力燃煤机组的边际发电成本确定谷段上网电价，在上网电价平均水平不变的前提下确定峰段上网电价，报国家发展改革委同意后实施。二是完善销售侧峰谷分时时段划分。对采暖用电部分，适当延长谷段时间（原则上不超过2小时），优化峰、平、谷价格时段划分。三是适当扩大销售侧峰谷电价差。在销售侧平均水平不变的情况下，进一步扩大采暖季谷段用电电价下浮比例。

（二）优化居民用电阶梯价格政策

合理确定采暖用电量，鼓励叠加峰谷电价，明确村级"煤改电"电价政策，降低居民

"煤改电"用电成本。一是合理确定居民采暖用电量。相关省份根据当地实际,合理确定居民取暖电量。该部分电量按居民第一档电价执行;超出部分计入居民生活用电,执行居民阶梯电价。二是鼓励叠加峰谷电价。鼓励省级价格主管部门在现行居民阶梯价格政策基础上,叠加峰谷分时电价政策,并在采暖季适当延长谷段时间。三是明确村级"煤改电"电价政策。农村地区以村或自然村为单位通过"煤改电"改造使用电采暖或热泵等电辅助加热取暖,与居民家庭"煤改电"取暖执行同样的价格政策。

(三)大力推进市场化交易机制

鼓励清洁供暖用电电量积极参与电力市场交易,在缓解弃风弃光扩大用电的同时,降低电采暖用电成本。一是推动可再生能源就近直接消纳。鼓励北方风电、光伏发电富集地区,在按有关规定完成保障性收购的前提下,鼓励电蓄热、储能企业与风电、光伏发电企业开展直接交易,建立长期稳定且价格较低的供用电关系。二是促进跨省跨区电力交易。北京、天津等行政区域内电力资源不足的,要在确保电网安全的前提下,打破省间壁垒,通过跨省跨区电力交易的方式扩展低成本电力资源。三是探索市场化竞价采购机制。支持具备条件的地区建立采暖用电的市场化竞价采购机制,由电网企业或独立售电公司代理用户采购市场最低价电量,予以优先购电保障。具体方案由省级价格主管部门、电力运行主管部门、能源部门、电网企业制定。四是合理制定电采暖输配电价。参加电力市场交易的采暖用电,峰段、平段执行相应电压等级的输配电价,谷段输配电价按平段输配电价的50%执行。

三、完善"煤改气"气价政策

天然气资源有保障,适宜"煤改气"的地区,要通过完善阶梯价格制度,推行季节性差价政策,运用市场化交易机制等方式,综合降低清洁供暖用气成本,重点支持农村"煤改气"。

(一)明确"煤改气"门站价格政策。实行政府指导价的陆上管道天然气供农村"煤改气"采暖用气门站价格,按居民用气价格执行;供城镇"煤改气"采暖用气门站价格,按现行价格政策执行。

(二)完善销售价格政策。居民"煤改气"采暖用气销售价格,按居民用气价格执行。同时,进一步完善居民阶梯气价制度,可对采暖用气单独制定阶梯价格制度。

(三)灵活运用市场化交易机制。鼓励供热企业与上游供气企业直接签订购销合同,通过交易平台确定或协商确定购气价格。

四、因地制宜健全供热价格机制

科学合理制定供热价格,协调好不同供暖方式的比价关系,既让企业有积极性开发清洁供暖项目,也让居民可承受,保障清洁取暖顺利推进。

(一)完善集中供热价格政策。适宜采取集中供暖的地区,通过热电联产、大型燃煤锅炉、燃气锅炉、生物质锅炉、地热供暖等方式集中供暖的,必须按照超低排放要求进行环保改造并达到规定的排放(回灌)标准后供热。地方价格主管部门要统筹考虑改造运行成本、居民承受能力,合理制定居民供热价格。采用背压式热电联产机组供热的,在认真核定成本的基础上,科学合理确定热力或供热价格。加快推进供热计量收费,推行两部制热价。大型燃煤锅炉环保改造、燃煤锅炉改为燃气锅炉,导致热力生产成本增加较多的,可以通过适当调整供热价格的方式疏导,不足部分通过地方财政予以补偿。

（二）试点推进市场化原则确定区域清洁供暖价格。区域性集中清洁供暖，原则上由政府按照供暖实际成本，在考虑合理收益的基础上，科学合理确定供热价格。在具备条件的地区，试点推进市场化原则确定区域清洁供暖价格，由供暖企业按照合理成本加收益的原则，在居民可承受能力范围内自行确定价格。

（三）加强供热企业成本监审和价格监管。有权限的价格主管部门，根据成本监审办法的要求，加强对属于网络型自然垄断环节的热力管道输送环节成本监审，剔除不合理成本，逐步推行成本公开，强化社会监督，合理制定热力输送价格。

五、统筹协调相关支持政策

清洁供暖是一项系统工程，在实行价格支持政策的同时，其他相关政策要协同推进，形成合力。

（一）加大财政支持力度。以"2+26"城市为重点，开展北方地区冬季清洁取暖试点。中央财政通过现有资金渠道，支持试点城市推进清洁方式取暖替代散煤燃烧取暖，鼓励地方政府创新机制，完善政策，引导企业和社会加大投入，实现试点地区散煤供暖"销号"，并形成示范带动作用。各地应结合本地实际，研究出台支持清洁取暖的政策措施，统筹使用相关政府资金，加大对清洁取暖工作的支持力度，并向重点城市倾斜。落实供暖企业向居民供暖相关增值税、房产税、城镇土地使用税优惠政策。

（二）探索多元化融资方式。大力发展绿色金融，在风险可控的前提下，加大对清洁供暖企业和项目的支持力度。支持通过企业债、低息贷款等方式解决清洁供暖项目融资问题。鼓励社会资本通过政府和社会资本合作（PPP）模式参与清洁供暖项目投资建设运营，多渠道解决项目融资问题，降低融资成本。

（三）扩大市场准入。进一步放开供暖市场准入，大力支持有实力、有信誉的民营企业进入清洁供暖领域，不断挖掘具有发展前景、经济性良好的新型清洁供暖技术。

（四）做好供应保障。电网企业要合理调整投资结构，加大与清洁供暖相关的配电网改造力度，保障清洁供暖用电稳定。上游供气企业要及早谋划部署，确保气源充足供应，同时根据居民用气实际情况重新核定居民用气比例，确保居民气量充足稳定供应。各级供气企业要切实承担分级储气责任，加快储气设施建设进度，保障冬季用气高峰天然气安全稳定供应。

北方地区各级价格主管部门要切实增强对推进"煤改电""煤改气"重要性的认识，加强组织领导，科学制定本地区具体政策方案，周密部署，精心实施，为加快推动北方地区清洁取暖，保障和改善民生，营造良好的价格政策环境。

（二）北方地区冬季清洁取暖规划（2017—2021年）

2017年12月5日，由十部委印发的《北方地区冬季清洁取暖规划（2017—2021）》，对北方地区清洁能源取暖工作进行了整体部署，包括清洁取暖现状、存在问题、热源选择等，并特别对煤改气工作提出了具体要求。

关于印发北方地区冬季清洁取暖规划（2017—2021年）的通知

发改能源〔2017〕2100号

为深入贯彻党的十九大精神，落实习近平总书记在中央财经领导小组第14次会议上的重要指示，以习近平新时代中国特色社会主义思想为指导，按照党中央、国务院决策部署，发展改革委、能源局、财政部、环境保护部、住房城乡建设部、国资委、质检总局、银监会、证监会、军委后勤保障部制定了《北方地区冬季清洁取暖规划（2017—2021年）》，已经国务院同意。现印发你们，请按照执行。

附件：北方地区冬季清洁取暖规划（2017—2021年）

国家发展改革委

国家能源局

财政部

环境保护部

住房城乡建设部

国资委

质检总局

银监会

证监会

军委后勤保障部

2017年12月5日

北方地区冬季清洁取暖规划（2017—2021年）

清洁取暖是指利用天然气、电、地热、生物质、太阳能、工业余热、清洁化燃煤（超低排放）、核能等清洁化能源，通过高效用能系统实现低排放、低能耗的取暖方式，包含以降低污染物排放和能源消耗为目标的取暖全过程，涉及清洁热源、高效输配管网（热网）、节能建筑（热用户）等环节。当前，我国北方地区清洁取暖比例低，特别是部分地区冬季大量使用散烧煤，大气污染物排放量大，迫切需要推进清洁取暖，这关系北方地区广大群众温暖过冬，关系雾霾天能不能减少，是能源生产和消费革命、农村生活方式革命的重要内容。为提高北方地区取暖清洁化水平，减少大气污染物排放，根据中央财经领导小组第14次会议关于推进北方地区冬季清洁取暖的要求，特制定本规划。

一、规划基础

本规划所指北方地区包括北京、天津、河北、山西、内蒙古、辽宁、吉林、黑龙江、山东、陕西、甘肃、宁夏、新疆、青海14个省（区、市）以及河南省部分地区，涵盖了京津冀大气污染传输通道的"2+26"个重点城市（含雄安新区，下同），具体包括：北京市、天津市，河北省石家庄、唐山、廊坊、保定、沧州、衡水、邢台、邯郸市，山西省太原、阳泉、长治、晋城市，山东省济南、淄博、济宁、德州、聊城、滨州、菏泽市，河南省郑州、开封、安阳、鹤壁、新乡、焦作、濮阳市的行政区域。冬季取暖时间因地域不同有所差异，华北地区一般为4个月，东北、西北地区一般为5~7个月。

规划基准年为2016年。规划期为2017~2021年。

（一）北方地区取暖总体情况

1. 取暖面积。截至2016年底，我国北方地区城乡建筑取暖总面积约206亿平方米。其中，城镇建筑取暖面积141亿平方米，农村建筑取暖面积65亿平方米。"2+26"城市城乡建筑取暖面积约50亿平方米。

2. 用能结构。我国北方地区取暖使用能源以燃煤为主，燃煤取暖面积约占总取暖面积的83%，天然气、电、地热能、生物质能、太阳能、工业余热等合计约占17%。取暖用煤年消耗约4亿吨标煤，其中散烧煤（含低效小锅炉用煤）约2亿吨标煤，主要分布在农村地区。北方地区供热平均综合能耗约22千克标煤/平方米，其中，城镇约19千克标煤/平方米，农村约27千克标煤/平方米。

3. 供暖热源。在北方城镇地区，主要通过热电联产、大型区域锅炉房等集中供暖设施满足取暖需求，承担供暖面积约70亿平方米，集中供暖尚未覆盖的区域以燃煤小锅炉、天然气、电、可再生能源等分散供暖作为补充。城乡结合部、农村等地区则多数为分散供暖，大量使用柴灶、火炕、炉子或土暖气等供暖，少部分采用天然气、电、可再生能源供暖。

4. 热网系统。截至2016年底，我国城镇集中供热管网总里程达到31.2万公里，其中供热一级网长度约9.6万公里，供热二级网长度约21.6万公里。集中供热管网主要分布在城市，城市集中供热管网总里程约23.3万公里，占城镇集中供热管网总里程的74.6%，县城集中供热管网总里程约7.9万公里，占城镇集中供热管网总里程的25.4%。

5. 热用户。热用户取暖系统包括室内末端设备和取暖建筑。室内末端设备主要有散热器、地面辐射、发热电缆或电热膜、空调等，以散热器为主。北方地区城镇新建建筑执行节能强制性标准比例基本达到100%，节能建筑占城镇民用建筑面积比重超过50%。农村取暖建筑中仅20%采取了一定节能措施。

（二）北方地区清洁取暖情况

为满足用户清洁取暖需求，采取以下清洁供暖方式：

1. 天然气供暖。天然气供暖是以天然气为燃料，使用脱氮改造后的燃气锅炉等集中式供暖设施，或壁挂炉等分散式供暖设施，向用户供暖的方式，包括燃气热电联产、天然气分布式能源、燃气锅炉、分户式壁挂炉等，具有燃烧效率较高、基本不排放烟尘和二氧化硫的优势。截至2016年底，我国北方地区天然气供暖面积约22亿平方米，占总取暖面积11%。

2. 电供暖。电供暖是利用电力，使用电锅炉等集中式供暖设施或发热电缆、电热膜、蓄热电暖器等分散式电供暖设施，以及各类电驱动热泵，向用户供暖的方式，布置和运行方式灵活，有利于提高电能占终端能源消费的比重。蓄热式电锅炉还可以配合电网调峰，促进可再生能源消纳。截至2016年底，我国北方地区电供暖面积约4亿平方米，占比2%。

3. 清洁燃煤集中供暖。清洁燃煤集中供暖是对燃煤热电联产、燃煤锅炉房实施超低排放改造后（即在基准氧含量6%条件下，烟尘、二氧化硫、氮氧化物排放浓度分别不高于10、

35、50毫克/立方米),通过热网系统向用户供暖的方式,包括达到超低排放的燃煤热电联产和大型燃煤锅炉供暖,环保排放要求高,成本优势大,对城镇民生取暖、清洁取暖、减少大气污染物排放起主力作用。截至2016年底,我国北方地区清洁燃煤集中供暖面积约35亿平方米,均为燃煤热电联产集中供暖,占比17%。

4. 可再生能源等其他清洁供暖。包括地热供暖、生物质能清洁供暖、太阳能供暖、工业余热供暖,合计供暖面积约8亿平方米,占比4%。

地热供暖是利用地热资源,使用换热系统提取地热资源中的热量向用户供暖的方式。截至2016年底,我国北方地区地热供暖面积约5亿平方米。

生物质能清洁供暖是指利用各类生物质原料,及其加工转化形成的固体、气体、液体燃料,在专用设备中清洁燃烧供暖的方式。主要包括达到相应环保排放要求的生物质热电联产、生物质锅炉等。截至2016年底,我国北方地区生物质能清洁供暖面积约2亿平方米。太阳能供暖是利用太阳能资源,使用太阳能集热装置,配合其他稳定性好的清洁供暖方式向用户供暖。太阳能供暖主要以辅助供暖形式存在,配合其他供暖方式使用,目前供暖面积较小。

工业余热供暖是回收工业企业生产过程中产生的余热,经余热利用装置换热提质向用户供暖的方式。截至2016年底,我国北方地区工业余热供暖面积约1亿平方米。

(三) 清洁取暖发展面临问题

总的来看,我国北方地区清洁取暖比例低(占总取暖面积约34%),且发展缓慢。

1. **缺少统筹规划与管理。** 长期以来,北方地区供热缺乏对煤炭、天然气、电、可再生能源等多种能源形式供热的统筹谋划,热力供需平衡不足,导致供热布局不科学、区域优化困难。现役纯凝机组供热改造无统筹优化,改造后电网调峰能力下降,加剧部分地区弃风、弃光等现象。部分地区将清洁取暖等同于"一刀切"去煤化,整体效果较差。此外,清洁取暖工作涉及面广,职能分散,缺少统一管理部门,在具体推进过程中存在协调联动不足的问题。

2. **体制机制与支持政策需要改进。** 部分供热区域热源不能互相调节。热电联产供热范围内小锅炉关停缓慢的情况比较普遍,供热能力未充分发挥。热价、天然气价、电价等均执行地方政府统一定价,市场化调节能力不足。风电供暖项目没有实现直接电量交易,不能发挥富余风电低价优势。天然气供应中间环节过多,导致成本偏高制约推广应用。集中供暖按面积计费的方式不科学,浪费严重。除京津冀等地区出台了力度较大的支持措施外,大部分地区支持政策,特别是资金、价格、市场交易等具有实质性推动作用的政策仍然较少。

3. **清洁能源供应存在短板且成本普遍较高。** 天然气季节性峰谷差较大(最大峰谷差超过10倍),造成天然气供暖期存在缺口、非供暖期供大于求的情况。燃气管网存在薄弱环节,农村地区燃气管网条件普遍较差。部分地区配电网网架依然较弱,改造投资较大。部分集中供热管网老化腐蚀严重,影响了供热系统安全与供热质量。清洁供暖成本普遍高于普通燃煤供暖,很难同时保证清洁供暖企业盈利且用户可承受。

4. **技术支撑能力有待提升。** 很多清洁供暖技术应用范围还不广,相关技术标准和规范仍不完善，造成市场标准不统一，操作不规范，产品质量和性能不够稳定，导致用户体验较差。

5. 商业模式创新不足。受历史上计划经济下的供暖模式影响，供暖行业仍处于向市场化运作转变的过程之中，投资运行依靠补贴，服务方式单一，在经营管理模式、融资方式、服务范围和水平方面有待进一步提升。

6. 建筑节能水平较低。北方地区大部分建筑特别是广大农村地区建筑，围护结构热工性能较差，导致取暖过程中热量损耗较大，不利于节约能源和降低供暖成本。

7. 取暖消费方式落后。受长期以来的观念、习惯等因素影响，相当数量取暖用户仍依赖传统、落后的供暖方式满足取暖需求，对新的清洁供暖方式接受度较低。

二、总体要求

在坚持发展经济的同时，要更加关心人民群众的身边事，改善人民群众的生活环境、生活质量。推进北方地区冬季清洁取暖，对于北方温暖过冬、减少雾霾天具有重要意义，是北方地区广大群众迫切希望解决的问题，必须坚定信心，明确方向，全力推进。

（一）指导思想

全面贯彻党的十九大精神，以习近平新时代中国特色社会主义思想为指导，落实习近平总书记在中央财经领导小组第14次会议上的重要指示，按照党中央、国务院决策部署，统筹推进"五位一体"总体布局，协调推进"四个全面"战略布局，坚定不移贯彻创新、协调、绿色、开放、共享的发展理念，紧扣新时代我国社会主要矛盾变化，推动能源生产和消费革命、农村生活方式革命，以保障北方地区广大群众温暖过冬、减少大气污染为立足点，按照企业为主、政府推动、居民可承受的方针，宜气则气，宜电则电，尽可能利用清洁能源，加快提高清洁供暖比重，构建绿色、节约、高效、协调、适用的北方地区清洁供暖体系，为建设美丽中国作出贡献。

（二）基本原则

一是坚持清洁替代，安全发展。以清洁化为目标，在确保民生取暖安全的前提下，统筹热力供需平衡，单独或综合采用各类清洁供暖方式，替代城镇和乡村地区的取暖用散烧煤，减少取暖领域大气污染物排放。坚守安全底线，构建规模合理、安全可靠的热力供应系统。

二是坚持因地制宜，居民可承受。立足本地资源禀赋、经济实力、基础设施等条件及大气污染防治要求，科学评估，根据不同区域自身特点，充分考虑居民消费能力，采取适宜的清洁供暖策略，在同等条件下选择成本最低和污染物排放最少的清洁供暖组合方式。

三是坚持全面推进，重点先行。综合考虑大气污染防治紧迫性、经济承受能力、工作推进难度等因素，全面统筹推进城市城区、县城和城乡结合部、农村三类地区的清洁取暖工作。同一类别地区，经济条件、基础设施条件较好的优先推进。以京津冀大气污染传输通道的"2+26"个重点城市为重点，在城市城区、县城和城乡结合部、农村地区全面推进清洁供暖。

四是坚持企业为主，政府推动。充分调动企业和用户的积极性，鼓励民营企业进入清洁供暖领域，强化企业在清洁取暖领域的主体地位。发挥各级政府在清洁取暖中的推动作用，按照国家统筹优化顶层设计、推动体制机制改革，省级政府负总责并制定实施方案，市县级及基层具体抓落实的工作机制，构建科学高效的政府推动责任体系。

五是坚持军民一体，协同推进。地方政府与驻地部队要加强相互沟通，建立完善清洁取暖军地协调机制，确保军地一体衔接，同步推进实施。军队清洁取暖一并纳入国家规划，享受有关支持政策。

（三）工作目标

1. 总体目标

到2019年，北方地区清洁取暖率达到50%，替代散烧煤（含低效小锅炉用煤）7400万吨。到2021年，北方地区清洁取暖率达到70%，替代散烧煤（含低效小锅炉用煤）1.5亿吨。供热系统平均综合能耗降低至15千克标煤/平方米以下。热网系统失水率、综合热损失明显降低。新增用户全部使用高效末端散热设备，既有用户逐步开展高效末端散热设备改造。北方城镇地区既有节能居住建筑占比达到80%。力争用5年左右时间，基本实现雾霾严重城市化地区的散煤供暖清洁化，形成公平开放、多元经营、服务水平较高的清洁供暖市场。

2. "2+26"重点城市发展目标

北方地区冬季大气污染以京津冀及周边地区最为严重，"2+26"重点城市作为京津冀大气污染传输通道城市，且所在省份经济实力相对较强，有必要、有能力率先实现清洁取暖。在"2+26"重点城市形成天然气与电供暖等替代散烧煤的清洁取暖基本格局，对于减轻京津冀及周边地区大气污染具有重要意义。2019年，"2+26"重点城市城区清洁取暖率要达到90%以上，县城和城乡结合部（含中心镇，下同）达到70%以上，农村地区达到40%以上。2021年，城市城区全部实现清洁取暖，35蒸吨以下燃煤锅炉全部拆除；县城和城乡结合部清洁取暖率达到80%以上，20蒸吨以下燃煤锅炉全部拆除；农村地区清洁取暖率60%以上。

3. 其他地区发展目标

按照由城市到农村分类全面推进的总体思路，加快提高非重点地区清洁取暖比重。

城市城区优先发展集中供暖，集中供暖暂时难以覆盖的，加快实施各类分散式清洁供暖。2019年，清洁取暖率达到60%以上；2021年，清洁取暖率达到80%以上，20蒸吨以下燃煤锅炉全部拆除。新建建筑全部实现清洁取暖。

县城和城乡结合部构建以集中供暖为主、分散供暖为辅的基本格局。2019年，清洁取暖率达到50%以上；2021年，清洁取暖率达到70%以上，10蒸吨以下燃煤锅炉全部拆除。

农村地区优先利用地热、生物质、太阳能等多种清洁能源供暖，有条件的发展天然气或电供暖，适当利用集中供暖延伸覆盖。2019年，清洁取暖率达到20%以上；2021年，清洁取暖率达到40%以上。

三、推进策略

清洁取暖方式多样，适用于不同条件和地区，且涉及热源、热网、用户等多个环节，应科学分析，精心比选，全程优化，有序推进。

（一）因地制宜选择供暖热源

1. 可再生能源供暖

（1）地热供暖

地热能具有储量大、分布广、清洁环保、稳定可靠等特点。我国北方地区地热资源丰富，可因地制宜作为集中或分散供暖热源。

积极推进水热型（中深层）地热供暖。按照"取热不取水"的原则，采用"采灌均衡、间接换热"或"井下换热"技术，以集中式与分散式相结合的方式推进中深层地热供暖，实现地热资源的可持续开发。在经济较发达、环境约束较高的京津冀鲁豫和生态环境脆弱的青藏高原及毗邻区，将地热能供暖纳入城镇基础设施建设范畴，集中规划，统一开发。

大力开发浅层地热能供暖。按照"因地制宜，集约开发，加强监管，注重环保"的方式，加快各类浅层地热能利用技术的推广应用，经济高效替代散煤供暖。

完善地热能开发利用行业管理。建立健全管理制度和技术标准，维护地热能开发利用市场秩序。制定地热能开发利用管理办法，理顺地热探矿权许可证办理、地热水采矿许可证办理、地热水资源补偿费征收与管理等机制。完善地热行业标准规范，确保地热回灌率100%，依法推行资格认证、规划审查和许可制度。

专栏1　地热供暖发展路线及适用条件

中深层地热能供暖：具有清洁、环保、利用系数高等特点，主要适于地热资源条件良好、地质条件便于回灌的地区，重点在松辽盆地、渤海湾盆地、河淮盆地、江汉盆地、汾河—渭河盆地、环鄂尔多斯盆地、银川平原等地区，代表地区为京津冀、山西、陕西、山东、黑龙江、河南等。浅层地热能供暖：适用于分布式或分散供暖，可利用范围广，具有较大的市场和节能潜力。在京津冀鲁豫的主要城市及中心城镇等地区，优先发展再生水源（含污水、工业废水等），积极发展地源（土壤源），适度发展地表水源（含河流、湖泊等），鼓励采用供暖、制冷、热水联供技术。

专栏2　地热供暖发展目标

到2021年，地热供暖面积达到10亿平方米，其中中深层地热供暖5亿平方米，浅层地热供暖5亿平方米（含电供暖中的地源、水源热泵）。

（2）生物质能清洁供暖

生物质能清洁供暖布局灵活，适应性强，适宜就近收集原料、就地加工转换、就近消费、分布式开发利用，可用于北方生物质资源丰富地区的县城及农村取暖，在用户侧直接替代煤炭。

大力发展县域农林生物质热电联产。在北方粮食主产区，根据新型城镇化进程，结合资源条件和供热市场，加快发展为县城供暖的农林生物质热电联产。鼓励对已投产的农林生物质纯凝发电项目进行供热改造，为周边区域集中供暖。稳步发展城镇生活垃圾焚烧热电联产。在做好环保、选址及社会稳定风险评估的前提下，在人口密集、具备条件的大中城市稳步推进生活垃圾焚烧热电联产项目建设。加快应用现代垃圾焚烧处理及污染防治技术，提高垃圾焚烧发电环保水平。加强宣传和舆论引导，避免或减少邻避效应。

加快发展生物质锅炉供暖。鼓励利用农林剩余物或其加工形成的生物质成型燃料，在专用锅炉中清洁燃烧用于供暖。加快 20 蒸吨以上大型先进低排放生物质锅炉区域供暖项目建设。积极推动生物质锅炉在中小工业园区、工商业及公共设施中的应用。在热力管网、天然气管道无法覆盖的区域，推进中小型生物质锅炉项目建设。在农村地区，大力推进生物质成型燃料替代散烧煤。

积极推进生物沼气等其他生物质能清洁供暖。加快发展以畜禽养殖废弃物、秸秆等为原料发酵制取沼气，以及提纯形成生物天然气，用于清洁取暖和居民生活。积极推进符合入网标准的生物天然气并入城镇燃气管网，加快生物天然气产业化发展进程。推动大中型沼气工程为周边居民供气，建设村级燃气供应站及小规模管网，提升燃气普遍服务水平。积极发展各种技术路线的生物质气化及气电多联产，实施秸秆热解气化清洁能源利用工程。

严格生物质能清洁供暖标准要求。提高生物质热电联产新建项目环保水平，加快已投产项目环保改造步伐，实现超低排放（在基准氧含量 6%条件下，烟尘、二氧化硫、氮氧化物排放浓度分别不高于 10、35、50 毫克/立方米）。城市城区生物质锅炉烟尘、二氧化硫、氮氧化物排放浓度要达到天然气锅炉排放标准。推进生物质成型燃料产品、加工机械、工程建设等标准化建设。加快大型高效低排放生物质锅炉、工业化厌氧发酵等重大技术攻关。加强对沼气及生物天然气全过程污染物排放监测。

专栏 3　生物质能清洁供暖发展路线及适用条件

生物质能区域供暖：采用生物质热电联产和大型生物质集中供热锅炉，为 500 万平方米以下的县城、大型工商业和公共设施等供暖。其中，生物质热电联产适合为县级区域供暖，大型生物质集中供热锅炉适合为产业园区提供供热供暖一体化服务。直燃型生物质集中供暖锅炉应使用生物质成型燃料，配置高效除尘设施。生物质能分散式供暖：采用中小型生物质锅炉等，为居民社区、楼宇、学校等供暖。采用生物天然气及生物质气化技术建设村级生物燃气供应站及小型管网，为农村提供取暖燃气。

专栏 4　生物质能清洁供暖发展目标

到 2021 年，生物质能清洁供暖面积达到 21 亿平方米，其中：农林生物质热电联产供暖面积 10 亿平方米，城镇生活垃圾热电联产供暖面积 5 亿平方米，生物质成型燃料供暖面积 5 亿平方米，生物天然气与其他生物质气化供暖面积超 1 亿平方米。

（3）太阳能供暖

太阳能热利用技术成熟，已广泛用于生活及工业热水供应。在资源丰富地区，太阳能适合与其他能源结合，实现热水、供暖复合系统的应用。

大力推广太阳能供暖。积极推进太阳能与常规能源融合，采取集中式与分布式结合的方式进行建筑供暖。鼓励在条件适宜的中小城镇、民用及公共建筑上推广太阳能供暖系统。在农业大棚、养殖场等用热需求大且与太阳能特性匹配的行业，充分利用太阳能供热。

进一步推动太阳能热水应用。在太阳能资源适宜地区，加大太阳能热水系统推广力度。以小城镇建设、棚户区改造等项目为依托，推动太阳能热水规模化应用。支持农村和小城镇居民安装使用太阳能热水器，在农村推行太阳能公共浴室工程。在城市新建、改建、扩建的有稳定热水需求的公共建筑和住宅建筑上，推动太阳能热水系统与建筑的统筹规划、设计和应用。

专栏5　太阳能供暖发展路线及适用条件

太阳能供暖：适合与其他能源结合，实现热水、供暖复合系统的应用，是热网无法覆盖时的有效分散供暖方式。特别适用于办公楼、教学楼等只在白天使用的建筑。太阳能热水：适合小城镇、城乡结合部和广大的农村地区。太阳能集中热水系统也可应用在中大型城市的学校、浴室、体育馆等公共设施和大型居住建筑。

专栏6　太阳能供暖发展目标

配合其他清洁供暖方式，到2021年，实现太阳能供暖面积目标5000万平方米。

---

2. 天然气供暖

"煤改气"要在落实气源的前提下有序推进，供用气双方要签订"煤改气"供气协议并严格履行协议，各级地方政府要根据供气协议制定"煤改气"实施方案和年度计划。按照"宜管则管、宜罐则罐"原则，综合利用管道气、撬装液化天然气（LNG）、压缩天然气（CNG）、非常规天然气和煤层气等多种气源，强化安全保障措施，积极推进天然气供暖发展。以"2+26"城市为重点，着力推动天然气替代散烧煤供暖。

有条件城市城区和县城优先发展天然气供暖。在北方地区城市城区和县城，加快城镇天然气管网配套建设，制定时间表和路线图，优先发展燃气供暖。因地制宜适度发展天然气热电联产，对于环保不达标、改造难度大的既有燃煤热电联产机组，优先实施燃气热电联产替代升级（热电比不低于60%）。在具有稳定冷热电需求的楼宇或建筑群，大力发展天然气分布式能源。加快现有燃煤锅炉天然气置换力度，积极推进新建供暖设施使用天然气。充分利用燃气锅炉启停灵活的优势，鼓励在集中供热区域用作调峰和应急热源。

城乡结合部延伸覆盖。在城乡结合部，结合限煤区的规划设立，通过城区天然气管网延伸以及LNG、CNG点对点气化装置，安装燃气锅炉房、燃气壁挂炉等，大力推广天然气供暖。

农村地区积极推广。在农村地区，根据农村经济发展速度和不同地区农民消费承受能力，以"2+26"城市周边为重点，积极推广燃气壁挂炉。在具备管道天然气、LNG、CNG供气条件的地区率先实施天然气"村村通"工程。

专栏 7　天然气供暖发展路线及适用条件

燃气热电联产机组：在气源充足、经济承受能力较强的条件下，可作为大中型城市集中供热的新建基础热源，应安装脱硝设施降低氮氧化物排放浓度。热电冷三联供分布式机组：结合电负荷及冷、热负荷需求，适用于政府机关、医院、宾馆、综合商业及办公、机场、交通枢纽等公用建筑。燃气锅炉（房）：适合作为集中供热的调峰热源，与热电联产机组联合运行，鼓励有条件的地区将环保难以达到超低排放的燃煤调峰锅炉改为燃气调峰锅炉。大热网覆盖不到、供热面积有限的区域，在气源充足、经济承受能力较强的条件下也可作为基础热源。应重点降低燃气锅炉氮氧化物排放浓度。分户燃气壁挂炉：适合热网覆盖不到区域的分散供热，作为集中供热的有效补充，也适用于独栋别墅或城中村、城郊村等居民用户分散的区域。

专栏 8　"2+26"城市天然气供暖发展目标

"2+26"城市 2017~2021 年累计新增天然气供暖面积 18 亿平方米，新增用气 230 亿立方米。其中，燃气热电联产新建/改造规模 1100 万千瓦，新增用气 75 亿立方米；燃气锅炉新建/改造 5 万蒸吨，新增用气 56 亿立方米；"煤改气"壁挂炉用户增加 1200 万户，新增用气 90 亿立方米；天然气分布式能源增加 120 万千瓦，新增用气 9 亿立方米。新增清洁取暖"煤改气"需求主要集中在城镇地区，新增 146 亿立方米，占比 63%；农村地区新增 85 亿立方米，占比 37%。

---

3. 电供暖

结合采暖区域的热负荷特性、环保生态要求、电力资源、电网支撑能力等因素，因地制宜发展电供暖。统筹考虑电力、热力供需，实现电力、热力系统协调优化运行。

积极推进各种类型电供暖。以"2+26"城市为重点，在热力管网覆盖不到的区域，推广碳晶、石墨烯发热器件、电热膜、蓄热电暖器等分散式电供暖，科学发展集中电锅炉供暖，鼓励利用低谷电力，有效提升电能占终端能源消费比重。根据气温、水源、土壤等条件特性，结合电网架构能力，因地制宜推广使用空气源、水源、地源热泵供暖，发挥电能高品质优势，充分利用低温热源热量，提升电能取暖效率。

鼓励可再生能源发电规模较大地区实施电供暖。在新疆、甘肃、内蒙古、河北、辽宁、吉林、黑龙江等"三北"可再生能源资源丰富地区，充分利用存量机组发电能力，重点利用低谷时期的富余风电，推广电供暖，鼓励建设具备蓄热功能的电供暖设施，促进风电和光伏发电等可再生能源电力消纳。

专栏 9　电供暖发展路线及适用条件

分散式电供暖：适合非连续性供暖的学校、部队、办公楼等场所，也适用于集中供热管网、燃气管网无法覆盖的老旧城区、城乡结合部、农村或生态要求较高区域的居民住宅。电锅炉供暖：应配套蓄热设施，适合可再生能源消纳压力较大，弃风、弃光问题严重，电网调峰需求较大的地区，可用于单体建筑或小型区域供热。空气源热泵：对冬季室外最低气温有一定要求（一般高于-5℃），适宜作为集中供热的补充，承担单体建筑或小型区域供热（冷），也可用于分户取暖。水源热泵：适用于水量、水温、水质等条件适宜的区域。优先利用城镇污水资源，发展污水源热泵，对于海水或者湖水资源丰富地区根据水温等情况适当发展。对于有冷热需求的建筑可兼顾夏季制冷。适宜作为集中供热的补充，承担单体建筑或小型区域供热（冷）。地源热泵：适宜于地质条件良好，冬季供暖与夏季制冷基本平衡，易于埋管的建筑或区域，承担单体建筑或小型区域供热（冷）。

专栏 10　电供暖发展目标

到 2021 年，电供暖（含热泵）面积达到 15 亿平方米，其中分散式电供暖 7 亿平方米，电锅炉供暖 3 亿平方米，热泵供暖 5 亿平方米。城镇电供暖 10 亿平方米，农村 5 亿平方米。电供暖带动新增电量消费 1100 亿千瓦·时。

4. 工业余热供暖

继续做好工业余热回收供暖。开展工业余热供热资源调查，对具备工业余热供热的工业企业，鼓励其采用余热余压利用等技术进行对外供暖。因地制宜，选择具有示范作用、辐射效应的园区和城市，统筹整合钢铁、水泥等高耗能企业的余热余能资源和区域用能需求，实现能源梯级利用。大力发展热泵、蓄热及中低温余热利用技术，进一步提升余热利用效率和范围。

专栏 11　工业余热供暖发展路线及适用条件

供暖区域内，存在生产连续稳定并排放余热的工业企业，回收余热，满足一定区域内的取暖需求。余热供暖企业应合理确定供暖规模，不影响用户取暖安全和污染治理、错峰生产、重污染应对等环保措施。

专栏 12　工业余热供暖发展目标

到 2021 年，工业余热（不含电厂余热）供暖面积目标达到 2 亿平方米。

5. 清洁燃煤集中供暖

清洁燃煤集中供暖是实现环境保护与成本压力平衡的有效方式，未来较长时期内，在多数北方城市城区、县城和城乡结合部应作为基础性热源使用。

充分利用存量机组供热能力。加强热电联产供热范围内燃煤小锅炉的关停力度，提高热电联产供热比重。扩大热电机组供热范围，经技术论证和经济比较后，稳步推进中长距离供热。鼓励热电联产机组充分利用乏汽余热、循环冷却水余热，进一步增加对外供暖能力，降低机组发电煤耗。统筹考虑区域用热需求和电力系统运行情况，经科学评估，确保民生供暖和电力系统安全后，可对城市周边具备改造条件且运行未满15年的纯凝发电机组实施供热改造，必要的需同步加装蓄热设施等调峰装置。鼓励生物质成型燃料在燃煤热电联产设施中的科学混烧，多渠道消化生物质资源。

科学新建热电联产机组。新建燃煤热电联产项目要优先考虑背压式热电联产机组，省会（直辖）城市限制新建抽凝式热电联产机组。

着力提升热电联产机组运行灵活性。全面推动热电联产机组灵活性改造，实施热电解耦，提升电网调峰能力。通过技术改造，使热电联产机组增加20%额定容量的调峰能力，最小技术出力达到40%~50%额定容量。

重点提高环保水平。进一步提高热电联产机组和燃煤锅炉的环保要求，热电联产机组和城市城区的燃煤锅炉必须达到超低排放（即在基准氧含量6%条件下，烟尘、二氧化硫、氮氧化物排放浓度分别不高于10、35、50毫克/立方米）。推进燃煤锅炉"以大代小"（大型高效节能环保锅炉替代低效分散小锅炉）和节能环保综合改造，开展燃煤锅炉超高能效和超低排放示范，推广高效节能环保煤粉锅炉。提高供热燃煤质量，优先燃用低硫分、低灰分的优质煤。

联合运行提高供热可靠性。整合城镇地区供热管网，在已形成的大型热力网内，鼓励不同类型热源一并接入，实现互联互通，提高供热可靠性。热电联产机组与调峰锅炉联网运行，热电联产机组为基础热源，锅炉为调峰热源。

专栏13　清洁燃煤集中供暖发展路线及适用条件

大型抽凝式热电联产机组：适合作为大中型城市集中供热基础热源，应充分利用存量机组的供热能力，扩大供热范围，鼓励进行乏汽供热改造。做好热电机组灵活性改造工作，提升电网调峰能力。背压式热电联产机组：适合作为城镇集中供热基础热源，新建热电联产应优先考虑背压式热电联产机组。大型燃煤锅炉（房）：适合作为集中供热的调峰热源，与热电联产机组联合运行。在大热网覆盖不到、供热面积有限的区域（如小型县城、中心镇、工矿区等），也可作为基础热源。重点提升燃煤锅炉环保水平，逐步淘汰环保水平落后、能耗高的层燃型锅炉。

专栏14　清洁燃煤集中供暖发展目标

到2021年，清洁燃煤集中供暖面积达到110亿平方米，其中超低排放热电联产80亿平方米，超低排放锅炉房30亿平方米。热电联产供热能力利用率达到60%。实施燃煤热电联产灵活性改造1.3亿千瓦。结合城镇新增取暖需求及燃煤小锅炉替代，新建背压式热电联产机组1000万千瓦，现役热电联产机组超低排放改造1.2亿千瓦。

（二）全面提升热网系统效率

1. 加大供热管网优化改造力度。有条件的城镇地区要采用清洁集中供暖。优化城镇供热管网规划建设，充分发挥清洁热源供热能力。加大老旧一、二级管网、换热站及室内取暖系统的节能改造。对存在多个热源的大型供热系统，应具备联网运行条件，实现事故时互相保障。一、二级供热管网新建或改造工程优先采用无补偿直埋技术。对于采用管沟敷设方式的管网，根据现场实际对管沟进行必要的防水和排水改造；经评估运行不良且具备改造条件的管网，宜改为直埋式敷设。鼓励采用综合管廊方式建设改造城市地下管网，对已经建有综合管廊的地段，应将供热管网纳入综合管廊。二级网及用户引入口应设有水力平衡装置及热计量装置。

2. 加快供热系统升级。积极推广热源侧运行优化、热网自动控制系统、管网水力平衡改造、无人值守热力站、用户室温调控及无补偿直埋敷设等节能技术措施。通过增设必备的调节控制设备和热计量装置等手段，推动供热企业加快供热系统自动化升级改造，实现从热源、一级管网、热力站、二级管网及用户终端的全系统的运行调节、控制和管理。利用先进的信息通信技术和互联网平台的优势，实现与传统供热行业的融合，加强在线水力优化和基于负荷预测的动态调控，推进供热企业管理的规范化、供热系统运行的高效化和用户服务多样化、便捷化，提升供热的现代化水平。新建或改造热力站应设有节能、控制系统或设备。

专栏15　供热管网与供热系统建设改造目标

2017~2021年，北方地区新建供热管网8.4万公里。其中，新建供热一级网、二级网各4.2万公里。完成供热管网改造里程5万公里。其中，改造供热一级网1.6万公里、二级网3.4万公里。2017~2021年，北方地区新建智能化热力站2.2万座，改造1.4万座。

（三）有效降低用户取暖能耗

1. 提高建筑用能效率。城镇新建建筑全面执行国家65%建筑节能强制性标准，推动严寒及寒冷地区新建居住建筑加快实施更高水平节能强制性标准。引导重点地区抓紧制定75%或更高节能要求的地方标准。提高建筑门窗等关键部位节能性能要求，稳步推进既有建筑节能改造。积极开展超低能耗建筑、近零能耗建筑建设示范。鼓励农房按照节能标准建设和改造，提升围护结构保温性能，在太阳能资源条件较好的省份推动被动式太阳房建设。

2. 完善高效供暖末端系统。根据供热系统所在地的气候特征、建筑类型、使用规律、舒适度要求和控制性能，按照节约能源、因地制宜的原则，合理确定室内供暖末端形式，逐步推广低温采暖末端形式。

3. 推广按热计量收费方式。大力推行集中供暖地区居住和公共建筑供热计量。新建住宅在配套建设供热设施时，必须全部安装供热分户计量和温控装置，既有住宅要逐步实施供热分户计量改造。配套制定计量计费标准。不断提高居民分户计量、节约能源的意识，建立健全用热监测体系，实现用户行为节能。

专栏16　建筑能效提升目标

2017~2021年，北方城镇新建建筑全面执行国家建筑节能强制性标准，京津冀及周边地区等重点区域新建居住建筑执行75%建筑节能强制性标准；实施既有建筑节能改造面积5亿平方米，其中，城镇既有居住建筑节能改造4亿平方米，公共建筑节能改造5000万平方米，农村农房节能改造5000万平方米。

四、保障措施

清洁取暖是一项系统性工程，要在能源供应与利用、管网线路建设改造与维护、技术装备、项目运行、建筑节能、环保要求、体制机制改革、舆论宣传等各个环节细化措施，保障规划落实。

（一）上下联动落实任务分工

1. 国家部门做好总体设计，指导推动国家相关部门根据职能，确定总体推进路径，解决共性问题，做好相关政策的统筹衔接。

国家发展改革委、住房城乡建设部、国家能源局负责制定国家层面的清洁取暖规划，研究制定清洁取暖评估考核体系。

国家发展改革委、国家能源局牵头建立清洁取暖规划部际联席会议机制，指导督促规划落实，协调清洁取暖过程中需要国家部门解决的重大问题，保障清洁能源供应，改革完善价格、市场交易等方面的体制机制，推动清洁供暖技术装备升级，建立健全行业标准体系，推动重点地区煤炭消费减量替代和煤炭清洁高效利用。

清洁取暖规划部际联席会议办公室设在国家能源局，负责日常工作。国家能源局要成立专门机构，落实人员，负责协调推进规划执行。

住房城乡建设部负责指导城镇清洁供暖和建筑能效提升工作，制定城镇清洁供暖评估考核体系。

财政部负责中央层面清洁取暖财政政策研究制定等工作。环境保护部负责各类清洁供暖的排放标准制定及监管工作。

质检总局负责锅炉安全、节能、环保的监督检查工作，配合开展锅炉节能环保改造及落后锅炉淘汰工作。

军委后勤保障部负责北方地区部队清洁取暖工作，编制规划计划，协调落实相关政策，指导督促工作任务落实。

各部门要根据以上任务分工，制定出台政策文件，落实相关工作。

2. 地方政府制定实施方案，抓好落实

各省（区、市）要明确省级清洁取暖主管部门，按照国家清洁取暖规划统一要求，根据本地区实际，经与本地区能源、供暖、城乡建设等规划衔接后，组织编制省级清洁取暖实施方案，明确目标任务，提出资金来源和使用方法，落实国家规划要求。实施方案制定完成后，需报送清洁取暖规划部际联席会议办公室备案，抄送国家发展改革委、财政部、环保部、住房城乡建设部、军委后勤保障部。工作方案滚动调整的，要在当年供暖季开始前三个月报送。

省级清洁取暖工作方案确定后，各市（县）也要编制市（县）级清洁取暖工作方案，进一步细化国家规划和省级实施方案的相关要求，抓好具体落实。

各地方要切实履行职责，明确专门机构，组织开展清洁取暖工作，建立常态协调机制，加强发改、能源、住建、财政、环保、国土、城市规划、金融、工业和信息化、质检、安全等政府部门及电力、天然气、供暖等相关企业的协作，就推进清洁取暖过程中的能源供应、环保监管、项目用地、资金支持、安全保障等各类问题进行协调，在保证民生供热安全的前提下做好清洁取暖工作。各省（区、市）要将本规划确定的发展目标、重点任务和政策措施分解落实，明确责任单位，设立进度安排协调和目标考核机制，精心组织实施。

3. 企业承担供暖主体责任，提供优质服务

企业是清洁供暖的主体，是清洁供暖工程、热力生产、供暖服务等具体工作的实施者，对于清洁供暖的成功推进至关重要，应加强经营模式创新，为用户提供多元化综合能源服务，不断提高产品和服务质量，提升用户满意度，推动成熟、完善、可持续的清洁供暖市场的建立。

电力、油气、可再生能源、供暖等相关企业，要及时将政府明确的目标任务分解落实，并按照政府规划统一要求，编制企业清洁供暖工作方案。

（二）多种渠道提供资金支持

1. 精准高效使用财政资金。中央财政充分利用现有可再生能源发展、大气污染防治等资金渠道，加大对清洁取暖的支持力度。以"2+26"城市为重点开展清洁取暖城市示范，中央财政通过调整现有专项支出结构对示范城市给予奖补激励，中央预算内投资加大支持力度。鼓励各地方创新体制机制、完善政策措施，引导企业和社会加大资金投入，构建"企业为主、政府推动、居民可承受"的运营模式。地方政府有关部门应结合本地实际，研究出台支持清洁取暖的政策措施，统筹使用相关政府资金，加大对清洁取暖工作的支持力度，并对重点城市倾斜。

2. 多方拓宽资金渠道。一是鼓励银行业金融机构在风险可控、商业可持续的前提下，依法合规对符合信贷条件的清洁取暖项目给予信贷支持。二是通过发展绿色金融、开展政府和社会资本合作（PPP）等方式支持清洁供暖项目建设运营。三是鼓励社会资本设立产业投资基金，投资清洁取暖项目和技术研发。四是支持符合条件的清洁供暖企业首次公开发行（IPO）股票并上市，鼓励符合条件的已上市企业依法依规进行再融资。五是鼓励和支持符合条件的清洁供暖企业通过发行企业（公司）债券、短期融资券、中期票据、中小企业集合票据等多种债务融资工具，扩大直接融资的规模和比重。六是研究支持煤改清洁能源供暖项目参与温室气体自愿减排交易项目。

（三）完善价格与市场化机制

1. 创新优化取暖用电价格机制。对具备资源条件，适宜电供暖的地区，综合采取完善峰谷分时价格制度、优化居民用电阶梯价格政策、扩大市场化交易等支持政策，降低电供暖成本。对于通过市场化交易实施电供暖的，电力调度部门要根据电供暖直接交易需要，优化电力调度机制，以最大程度促进可再生能源消纳、最低供热煤耗等为目标，科学搭配用于供暖的可再生能源电力与火电比例，调剂余缺，保障电供暖直接交易切实可行。鼓励建设蓄热式电锅炉等具有调峰功能的电供暖设施，参与提供电力系统辅助服务，促进电力运行削峰填谷，按规定

获得收益。

2. 多措并举完善取暖用气价格机制。对天然气资源有保障，适宜天然气供暖的地区，通过完善阶梯价格制度、推行季节性差价政策、运用市场化交易机制等方式，降低天然气取暖成本，促进北方地区天然气供暖发展。

3. 因地制宜健全供热价格机制。在居民承受能力范围内，兼顾考虑供热清洁化改造和运行成本，合理制定清洁取暖价格，疏导清洁取暖价格矛盾，不足部分通过地方财政予以支持。

（四）保障清洁取暖能源供应

1. 加快天然气供应能力建设。一是多方开拓气源。中石油、中石化、中海油等主要供气企业要按计划做好气源供应，各省市要推动民营企业、城镇燃气企业开辟新供应渠道。加快推动非常规天然气开发，鼓励煤层气开发利用，研究给予致密气开发一定支持政策。二是加快天然气基础设施建设。推动已纳入规划的长输管道和 LNG 接收站加快建设，加快中俄东线、进口 LNG 等气源引进和建设步伐，推进全国长输管道互联互通。具备扩建条件的已有接收站均要建储罐，扩建增压、气化设施，按实际接收 LNG 能力进行核定。三是建立储气调峰辅助服务市场机制。落实《天然气基础设施建设与运营管理办法》，到 2020 年，县级以上地区至少形成不低于本行政区域平均 3 天需求量的应急储气能力。推动建设供用气双方共同承担调峰责任的体制机制。鼓励承担储气调峰义务的企业从第三方购买储气调峰服务和气量。鼓励更多投资主体投资建设地下储气库。四是加强监管完善法规。北方地区推进燃气清洁取暖的地方政府要以试点等方式，加强对本地区燃气特别是农村燃气取暖工作的指导，督促相关企业加强供用气安全管理。相关企业要承担安全供气的主体责任，制定完善的企业规范和操作规程。

2. 加强配电网建设。一是电网企业应加强与相关城市"煤改电"规划的协调配合，加快配电网改造。结合国家配电网建设行动计划和农网改造计划，有效利用农网改造中央预算内投资、电网企业资金等资金渠道，满足电供暖设施运行对配套电网的需求。二是将地下电力管线建设纳入地方重点工程，加大协调支持力度。结合重点部队电网升级改造工程，为电供暖部队营区进行配套电网改造。三是加快研究出台电力普遍服务补偿机制，支持企业在偏远地区做好电网建设和运行维护工作。四是结合配售电改革，调动社会资本参与配电网建设的积极性。

3. 组织开展北方地区地热资源潜力勘查与选区评价。在全国地热资源开发利用现状普查的基础上，查明我国北方地区主要水热型地热区（田）及浅层地热能、干热岩开发区地质条件、热储特征、地热资源的质量和数量，并对其开采技术经济条件做出评价，为合理开发利用提供依据。

4. 建立健全生物质原料供应体系。以县为单位进行生物质资源调查，明确可作为能源化利用的资源潜力。适应各地区不同情况，支持企业建立健全生物质原料收集体系，推进收储运专业化发展，提高原料保障程度。因地制宜，结合生态建设和环境保护要求，建设生物质原料基地。

5. 加强余热资源需求调查评价和利用体系建设。各有关地区要深入开展余热资源和热负荷需求调查摸底，全面梳理本地区相关行业余热资源的种类、品质、数量、连续性、稳定性、分布和利用状况。加快建设高效率的余热采集、管网输送、终端利用供热体系，按照能源梯级利用原则，实现余热资源利用最大化。

6. 加强节能环保锅炉清洁煤供应能力建设。以提高煤炭清洁高效利用水平为重点，推进与节能环保锅炉配套的清洁煤制备、配送、储存、使用等环节的设施建设与升级改造。推进清洁煤制备储运专业化发展，统一规划、合理布局建设清洁煤制备储运中心。完善清洁煤质量要求和检测标准。

7. 加强集中供热管线建设与维护。一是积极推进老旧热力网优化改造，对城市既有供热管网系统进行认真梳理，结合城市道路及管线改造，对运行年限较长及存在安全隐患的管线制定改造计划。鼓励供暖企业将符合接入技术条件的部队纳入集中供暖。二是加强热网整合，形成多热源联合供热环状热网，提高热力网安全可靠性。充分利用热电联产的供热优势，因地制宜发展长距离输送高温水热网。三是合理确定多热源联合供热环状热网的水力工况、热力工况，设置热力网泄漏检测，做好热力网自动化、智能化控制，提高热力网从热源到热用户的自动化、智能化控制水平，降低热力网热耗、电耗、水耗。

8. 适当给予中央企业业绩考核政策支持。为支持中央企业做好北方地区冬季清洁取暖能源供应保障工作，对于中央企业在偏远地区建设天然气管道、配电网等方式支持北方地区冬季清洁取暖造成的亏损，在业绩考核中予以适当考虑。

（五）加快集中供暖方式改革

1. 大力发展供热市场。放开能源生产、供暖等方面的准入限制，鼓励民营企业进入清洁供暖领域，多种模式参与集中供热设施建设和运营。引导各集中供热特许经营区经营主体通过兼并、收购、重组等方式合并，形成专业化、规模化的大型企业集团，扩大集中供热面积，淘汰不符合环境要求的小锅炉。推动以招投标等市场化方式选择供热主体。支持和鼓励企业发展源、网、站及热用户一体化的经营管理模式，减少中间管理环节，降低供热成本。

2. 改进集中供暖方式。在适合集中供暖的区域，优先以热电联产满足取暖需求，加快推进热电联产替代燃煤锅炉。按照《热电联产管理办法》（发改能源〔2016〕617号）要求，优先发展背压式热电联产机组，并落实背压机组两部制电价等支持政策，结合电力系统运行情况严格管理纯凝机组供热改造。热电联产供热区域内，热电联产机组承担基本热负荷，调峰锅炉承担尖峰热负荷，确保热电联产供热区域内热电联产供热率高于80%以上。城市城区燃煤锅炉房须达到超低排放，并安装大气污染源自动监控设施，达不到要求的锅炉要制定替代措施（方案），明确关停淘汰计划并取消补贴。

（六）加强取暖领域排放监管

1. 继续推进燃煤热电超低排放改造。到2020年，全国所有具备改造条件的燃煤热电联产机组实现超低排放（在基准氧含量6%条件下，烟尘、二氧化硫、氮氧化物排放浓度分别不高于10、35、50毫克/立方米）。对现役燃煤热电联产机组，东部地区2017年前总体完成超低排放改造，中部地区力争在2018年前基本完成，西部地区在2020年前完成。逐步扩大改造范围，没有列入关停计划的集中供暖小型热电联产机组，也要实施超低排放改造。

2. 提高燃煤集中供暖锅炉排放监管力度。所有燃煤集中供暖锅炉必须达标排放，安装大气污染源自动监控设施。对城市城区的燃煤锅炉进行超低排放改造（在基准氧含量6%条件下，烟尘、二氧化硫、氮氧化物排放浓度分别不高于10、35、50毫克/立方米），并纳入超低排放监管范围。鼓励其余燃煤锅炉参照超低排放和天然气锅炉标准提高环保排放水平。出台限制和淘汰类燃煤锅炉设备技术和装备目录，明确更新淘汰时限，推动更新换代，推广高效节能环保锅炉。

3. 建设地热能开发利用信息监测统计体系。建立浅层及水热型地热能开发利用过程中的水质、水位、水温等地热资源信息监测系统。建立全国地热能开发利用监测信息系统，利用现代信息技术，对地热能勘查、开发利用情况进行系统的监测和动态评价。

4. 明确天然气壁挂炉、生物质锅炉排放标准与监管要求。从设备、销售环节提高天然气壁挂炉氮氧化物的排放标准和监管要求。生物质锅炉（含热电联产）必须配套布袋除尘设施，达到相应环保排放标准要求，并安装大气污染源自动监控设备。城市城区生物质锅炉烟尘、二氧化硫、氮氧化物排放浓度要达到天然气锅炉排放标准。

5. 严格散烧煤流通监管。从煤炭销售流通环节开始加强散烧煤监管，制定严格的散烧煤质量标准，对硫分、灰分、挥发分、有害元素等进行更严格的限制，对不符合要求的煤炭经销商业务资质予以取消，严控劣质煤流向农村消费市场。

（七）推动技术装备创新升级

1. 加强清洁供暖科技创新。跟踪清洁供暖技术前沿发展，形成清洁供暖关键技术研发目录，有序组织研发工作。依托骨干企业、科研院所和高校，建设一批有影响力的清洁供暖技术研究基地。加大科研力量投入，增强原始创新、集成创新能力，在先进相变储热和化学储热等各类储热技术、智能供热技术、大气污染物排放控制技术、多能互补技术等专项技术上取得突破。研究探索核能供热，推动现役核电机组向周边供热，安全发展低温泳池堆供暖示范。

2. 推动清洁供暖装备升级。集中攻关高效热泵、低氮天然气供暖设施、煤炭清洁高效利用设施等关键设备，推动清洁供暖装备升级。提升热电联产机组灵活性，满足清洁取暖和电力系统调峰需求。推动智能供热研究及应用示范，重点研究先进传感技术、控制技术、信息技术、通讯技术、大数据技术等新技术，促进供热设备和运行方式升级，推动供热装备行业的高效化、自动化、信息化发展。

3. 着力提高清洁供暖设备质量。推进供热行业强制性节能标准编制和修订，充分发挥其节能准入作用。清洁供暖设备生产企业要加强内部质量管理体系建设，强化质量控制，向市场提供优质产品。各相关部门要加强市场各类清洁供暖设备监督检查力度，对存在不符合产品功效宣传、未达到设计寿命等各类质量问题的企业给予严肃处罚。地方各级政府有关部门在清洁供暖设备招标过程中，要注意产品质量，并跟踪用户使用情况，将产品较差的企业列入采购黑名单。供热企业要加强在役设备能效实时监督，对清洁供热设备开展能效检测和项目后评价。

（八）构建清洁取暖产业体系

1. 建立健全行业标准体系建设。根据清洁取暖需求，结合能源革命与"互联网+"技术发展，及时健全清洁取暖标准、统计和计量体系，修订和完善相关设备、设计、建设、运行标准，从标准体系上保障清洁取暖可持续发展。构建国家清洁取暖大数据研究平台，综合运用互联网、大数据、云计算等先进手段，集成产学研交流和管理、宣传等多功能，加强清洁取暖需求形势分析研判和预测预警，显著提高清洁取暖数据统计分析和决策支持能力。

2. 创新经营模式。在清洁供暖领域积极引入合同能源管理、设备租赁、以租代建等新型模式。强调市场引领，创新商业模式，鼓励有关企业结合自身优势，突出核心业务，采用合同能源管理（EMC）、工程总包（EPC）、政府和社会资本合作（PPP）、融资租赁、能源托管、以租代建等商业模式，引导社会共同参与实施清洁供暖项目的市场化建设运营，保障合理投资收益，带动产品升级和产业发展。

3. 提供多元化综合能源服务。结合市场需求，鼓励企业提供多样化的综合能源解决方案。鼓励因地制宜采用天然气、清洁电力、地热能、余热、太阳能等多种清洁供暖方式配合互补的方式，满足不同地区取暖需求。支持地方政府有关部门采用项目招标、购买服务等市场化方式，引导有关企业和社会资本积极参与清洁供暖，提供技术咨询、方案设计、设备研制、投资建设、运营管理等清洁供暖工程（项目）整体解决方案。支持公共建筑率先实施综合能源解决方案。

（九）做好清洁取暖示范推广

1. 主动推进雄安新区等清洁取暖示范。发挥中央企业积极性，加大各级政策倾斜力度，结合雄安新区建设规划，重点推动雄安新区清洁取暖示范。综合利用天然气、电、地热、生物质等多种能源形式，构建安全、清洁、绿色的供暖体系，打造北方地区清洁取暖的样板工程。以"2+26"城市为重点，开展城市清洁取暖试点。

2. 全方位宣传推广清洁取暖。通过各类媒体宣传清洁取暖的优点，普及清洁取暖知识，展示清洁取暖成果，改变传统取暖习惯。打造清洁取暖典型项目或示范工程，开展专题报道，形成显著示范效应和良好舆论导向。推动用户侧逐步改变原有的用暖观念和用暖方式，提高对清洁取暖环保价值的认识，改进粗放的用暖方式，节约能源。

（十）加大农村清洁取暖力度

农村地区是北方地区清洁取暖的最大短板，是散烧煤消费的主力地区，必须加大力度，提升农村地区清洁取暖水平。

1. 建立农村取暖管理机制。改变农村取暖无规划、无管理、无支持的状况，地方各级政府明确责任部门，建立管理机制，加强各部门协调，保障农村取暖科学有序发展。

2. 选择适宜推进策略。农村取暖具有用户分散、建筑独立、经济承受能力弱等特点，应因地制宜，将农村炊事、养殖、大棚用能与清洁取暖相结合，充分利用生物质、沼气、太阳能、罐装天然气、电等多种清洁能源供暖。对于偏远山区等暂时不能通过清洁供暖替代散烧煤供暖的，要重点利用"洁净型煤+环保炉具""生物质成型燃料+专用炉具"等模式替代散烧煤供暖。通过集中供煤等方式提高供暖用煤质量，采用先进的专用炉具，并明确大气污染物排放标准，尽可能减少供暖污染物排放。推进现有农村住房建筑节能改造，不断完善政策和监管措施，提高北方地区农村建筑节能水平。

3. 保障重点地区农村清洁取暖补贴资金。对于"2+26"城市的农村地区，要享受与城市地区同等的财政补贴政策，探索农村清洁取暖补贴机制，保障大气污染传输通道散烧煤治理工作顺利完成。

五、评估调整

省级发改（能源）、住建、财政、环保等有关部门及国家能源局派出机构建立清洁取暖规划实施情况监管组织体系，有效开展监管工作。要创新监管措施和手段，密切跟踪工作进展，掌握目标任务完成情况及工作推进中的实际困难，定期组织开展监督检查和考核评价。省级清洁取暖主管部门负责牵头编制规划实施情况评估报告，并报送清洁取暖规划部际联席会议办公室。

清洁取暖规划部际联席会议办公室会同有关部门，根据地方评估报告，对规划实施情况做出总体评估，适时调整规划内容，保障规划适应最新变化情况。

附件：北方重点地区冬季清洁取暖"煤改气"气源保障总体方案

北方重点地区冬季清洁取暖"煤改气"气源保障总体方案

为落实习近平总书记在中央财经领导小组第14次会议上的讲话精神，配合《北方地区冬季清洁取暖规划（2017—2021年）》，推进北方地区冬季清洁取暖"煤改气"有序、健康发展，国家能源局会同相关省市和企业组织编制了《北方重点地区冬季清洁取暖"煤改气"气源保障总体方案》（以下简称《方案》）。《方案》实施期为2017~2021年。

本《方案》所指北方地区包括北京、天津、河北、山西、内蒙古、辽宁、吉林、黑龙江、山东、陕西、甘肃、青海、宁夏、新疆14个省（区、市）和河南省部分地区，涵盖了京津冀大气污染防治传输通道的"2+26"重点城市（指北京市、天津市、河北省石家庄、唐山、廊坊、保定、沧州、衡水、邢台、邯郸市，山西省太原、阳泉、长治、晋城市，山东省济南、淄博、济宁、德州、聊城、滨州、菏泽市，河南省郑州、开封、安阳、鹤壁、新乡、焦作、濮阳市）。

本《方案》重点针对"2+26"重点城市所涉及的六省市（以下简称"六省市"）制定了保障方案，北方地区其他省市要参照此方案形成本省清洁取暖"煤改气"气源保障方案。

一、基本情况

（一）北方地区天然气取暖现状

北方地区冬季取暖时间因地域不同有所差异，华北地区一般为4个月，东北、西北地区一般为5~7个月。

截至2016年底，北方地区天然气取暖面积共约22亿平方米，占总取暖面积11%，天然气用量259亿立方米，占北方地区天然气消费量26%。北方地区取暖以燃煤为主，天然气取暖占比普遍较低，仅京津城镇地区占比较高，其中北京约80%，天津约50%。

天然气取暖方式主要包括四种：燃气热电联产、燃气锅炉房、分户式燃气壁挂炉和天然气分布式能源。

（二）六省市天然气取暖现状

截至2016年底，六省市天然气取暖面积约14亿平方米，天然气用量185亿立方米，占六省市天然气消费量的36%。

"2+26"重点城市天然气取暖面积共约12.4亿平方米，天然气用量160亿立方米，占"2+26"重点城市天然气消费量的38%。其中，城镇天然气取暖面积11.8亿平方米，天然气用量151亿立方米，占比94%；农村天然气取暖面积0.6亿平方米，天然气用量9亿立方米，占比6%。

"2+26"重点城市天然气取暖方式按类型分为：一是燃气热电联产，取暖面积约2.2亿平方米，天然气用量64亿立方米，占比39%，主要集中在京津两地；二是燃气锅炉房，取暖面积约 8.2 亿平方米，天然气用量 76 亿立方米，占比 47%；三是分户式燃气壁挂炉，取暖面积约 2 亿平方米，天然气用量 19 亿立方米，占比 12%；四是天然气分布式能源，取暖面积约 300 万平方米，天然气用量 1 亿立方米，占比不足 1%。

(三) 存在问题

一是储气调峰设施建设严重滞后。我国地下储气库建设严重滞后，有效工作气量仅占天然气表观消费量 3% 左右，难以满足季节调峰需求。LNG 接收站储罐均是正常运营储罐，可供调峰使用的容量很小。干线管道管存气只有在应急状况下可动用，不具备调峰能力。而目前华北地区天然气季节峰谷比已达到 3.5，加大清洁取暖"煤改气"力度将进一步增加冬季用气峰值，天然气保供难度大。同时，按《天然气基础设施建设与运营管理办法》要求"到 2020 年天然气销售企业应当拥有不低于其年合同销售量 10% 工作气量""县级以上地方人民政府至少形成不低于保障本行政区域平均 3 天需求量的应急储气能力"，目前各城市尚不具备应急储气能力，冬季供需矛盾越发突出。供气企业与城镇燃气经营企业在日调峰责任的划分上仍需进一步明确。储气调峰价格机制尚未建立，调峰设施投资和储气费回收渠道不明确，企业建设储气调峰设施的积极性不高。

二是基础设施"最后一公里"建设存在短板。"2+26"重点城市共涉及 328 个县级行政单位，尚有北京延庆区等 17 个县级行政单位没有接通管道天然气。已接通管道天然气的 311 个县级行政单位，多数通至县城一级，大部分乡镇缺乏管道气。同时，农村地区燃气管网条件普遍较差，仅少数乡村使用天然气，燃气管网覆盖尚有很大缺口。

三是天然气价格偏高制约推广应用。国内天然气资源禀赋差，生产企业少，市场竞争不充分，导致生产成本较高；同时对外依存度不断上升，进口成本高；加之供气环节过多，层层加价加重了终端用户负担，一定程度上影响了市场开拓。

四是"煤改气"气源保障存在一定挑战。目前国内主要供气商是中石油、中石化和中海油三家石油企业（以下简称"三家石油企业"），受国际油价持续走低、市场需求不足等影响，气田开发存在不确定因素，难以确保形成有效供气量。其他供气主体的气源项目建设存在不确定因素，如煤制天然气受环保、价格、管道接气等因素影响进度滞后，新建 LNG 接收站项目前期工作周期长，项目落实难等，短期内难以及时弥补缺口。

二、清洁取暖"煤改气"总体要求与推进策略

(一) 总体要求

贯彻落实第 14 次中央财经领导小组会议精神和习近平总书记讲话精神，严格遵循"煤改气要多方开拓气源，提高管道输送能力，在落实气源的前提下有规划的推进，防止出现气荒"的原则，各级地方政府要根据供气协议制定"煤改气"实施方案和年度计划，有序推进"煤改气"项目。供用气双方要签订"煤改气"供气协议并严格履行协议，冬季保供期间需增供的要提前制定计划，并与供气企业协调一致，确保安全平稳用气。

(二) 推进策略

按照"宜管则管、宜罐则罐、多能互补、综合集成"原则，统筹管道气、LNG、CNG 等多种供气方式，根据气源落实情况因地制宜发展天然气取暖。在落实气源的前提下，以"2+26"重点城市为抓手，力争 5 年内有条件地区基本实现天然气取暖替代散烧煤。

在设区市主城区和县城，加快城镇天然气管网配套建设，科学规划无煤区，制定时间表和路线图。大力发展天然气分布式能源，因地制宜发展天然气热电联产，加快现有燃煤锅炉天然气置换力度，推进新建取暖设施优先使用天然气。

在城乡结合部、城中村规划设立限煤区，通过城区热网延伸和燃气锅炉房集中供暖，或者借助管道气以及点对点的LNG、CNG等气源入户安装燃气壁挂炉，大力推广天然气取暖。

在农村地区因地制宜，以"2+26"城市为重点，积极开展燃气壁挂炉试点示范，在有条件的地区率先实施天然气"村村通"工程。

（三）发展目标

1. 到2021年，三家石油企业向六省市供气量达到1060亿立方米/年，通过推动供气主体多元化，引入其他供气主体，力争供气量达到1240亿立方米/年。

2. 2021年冬季采暖季期间，三家石油企业向六省市供气量达到593亿立方米，通过推动供气主体多元化，引入其他供气主体力争供气量达到745亿立方米。

3. 到2021年，六省市需具备的城市应急储气量分别为：北京1.7亿立方米、天津1.2亿立方米、河北2.1亿立方米、山东2.3亿立方米、河南1.6亿立方米、山西1.4亿立方米。

三、基础设施建设重点任务

在基础设施建设布局上将六省市视为整体市场，统一规划、分步实施，推动供气多元化，完善基础设施，加快布局省、市、县和供气企业四级储气调峰设施，保障天然气平稳安全供应。

（一）主干管道

1. 现状

目前，向六省市供气的现役管道主要包括陕京一二三线、西气东输一二线、永清—唐山—秦皇岛管线、榆林—济南管道、大唐煤制气管道（克什克腾旗—北京）、唐山LNG外输管道、青岛LNG外输管线、天津LNG外输管线等16条管道，总输气规模约940亿立方米/年（2.7亿立方米/天）。

同时，六省市区域内拥有以冬季调峰供气为主的大港油田—永清一二三线，兼具省际联络和区域供气功能的冀宁联络线（河北安平—江苏青山）和沧州—淄博管道，可增加重点地区管输能力的安平—济南管道、济南—青岛一二线、陕京四线宝坻—香河—西集联络线、泰安—青岛—威海管道、中原油田—开封等13条管道，总输气规模约660亿立方米/年（1.9亿立方米/天）。

2. 重点项目

2017~2021年共新增干线管道8条，建成投产后可向六省市增加供应能力约750亿立方米/年（2.14亿立方米/天）。

2017年陕京四线和天津LNG外输管道投产，向六省市增加供应能力5300万立方米/天。

2018年鄂尔多斯—安平—沧州管道（沧州—鹿泉段）建成，天津LNG外输供应范围扩大。

2019年鄂尔多斯—安平—沧州管道（濮阳—保定段）投产，陕京四线干线能力提升，向六省市增加供应能力4400万立方米/天；青岛—南京管道建成，实现青岛LNG与川气东送管道的联通。

2020年中俄东线长岭—永清段、唐山LNG外输管道复线和蒙西煤制气外输管线东段投产，向六省市增加供应能力1.045亿立方米/天。

2021年中俄东线安平—泰兴段投产，华北管网与长三角管网连通能力提升；神木—安平煤层气管道建成，向六省市增加供应能力1300万立方米/天。

（二）LNG接收及储存设施

1. 现状

六省市区域内共有4座LNG接收站，12座LNG储罐，接收能力1470万吨/年，储存能力12.8亿立方米，气化外输能力0.82亿立方米/天。

2. 重点项目

通过现有扩容和新建两种途径，加快京津冀和山东沿海LNG接收站建设步伐，配套建设气化外输设施后，2021年底前增加气化外输能力约1.65亿立方米/天。

（三）六省市支线

1. 现状

六省市区域内现有支线管道累计里程约1.3万公里，年输配能力1940亿立方米。

2. 重点项目

完善六省市输配气管网系统，加强省际联络线建设，提高管道网络化程度，加快建设通往各县（市）支线管道，打通天然气供应"最后一公里"，提升天然气管道覆盖率，到2021年"2+26"重点城市县级行政单位全部实现天然气管道覆盖。

河北、河南：建设冀中十县管网三期、藁城—望都天然气支线管道、和顺—邢台天然气支线管道、濮阳—鹤壁支线管道、濮阳—范县台前输气管道等支线管道，提高重点区域管网分输能力；建设文23储气库—中开复线连接线、邯郸—渤海新区等管道，增强六省市管道与地下储气库、干线管道的联通能力；建设中原大化供气管道等推行大用户与石油公司"直接交易、直接供气"。

山东：推动天然气"县县通"工程，建设泗水—任城、邹城供气管道。

山西：建设端氏—长子、榆次—平遥、解愁—阳泉、太原—长治等省内支线。

北京：建设密云—马坊、陕京四线马坊—香河联络线，形成北京外环供气管网。建设鄂安沧濮阳—保定支干线燕山石化供气管道，新增向北京供气气源。

天津：建设天津城市管网与中海油天津LNG连接工程提高城市管网接气能力。建设天津乙烯供气支线，实现石油公司向大用户直接供气。

2017~2021年"2+26"重点城市累计新建支线管道42条，新增里程4300公里，新增年输配能力580亿立方米。

（四）储气调峰设施

1. 现状

六省市区域内地下储气库主要有大港储气库群、华北储气库群、苏桥、板南和文96，有效工作气量33.2亿立方米，采气能力约3150万立方米/天。

六省市现有城市应急储气能力较低，约1.05亿立方米/天，仅相当于其年均日用气的 75%。

2. 重点项目

2017~2021 年，将扩容改造板南、苏桥等 11 座储气库，逐步建成中石化文 23 和中石油文 23 共 2 座储气库，到 2021 年六省市地下储气库日采气能力可增加 3850 万立方米/天，达到 7000 万立方米/天。其中，中原文 23 储气库采气能力 2018 年达到 500 万立方米/天，2019 年达到 2000 万立方米/天。

督促地方落实《天然气基础设施建设与运营管理办法》要求的平均 3 天需求量应急储气能力，确保城镇燃气经营企业具备满足日调峰的能力。在新建城市 LNG 储罐增加应急能力的同时，各地方政府要推动城镇燃气经营企业购买储气调峰服务和调峰气量，确保满足应急能力。

北京：在唐山 LNG 接收站内新建 2 个 LNG 储罐，新增储气能力 1.9 亿立方米。

天津：建设大港、静海、武清 LNG 应急调峰储备站，新增储气能力 5800 万立方米。

河北：建设石家庄高新区 LNG 应急储备站、唐山 LNG 储罐项目、保定 LNG 应急储备项目等，在沧州、渤海新区、衡水、邢台、邯郸等城市建设应急储罐，新增应急能力 3 亿立方米。

河南：建设 7 市城镇 LNG 储备设施，新增应急能力 1.67 亿立方米。

山东：建设济宁、滨州、德州、淄博等城市应急储罐，新增应急能力 7400 万立方米。

山西：建设太原、长治、阳泉、晋城、大同、忻州、晋中、运城等 LNG 调峰项目，新增应急能力 4800 万立方米。

四、保障措施和政策支持

（一）落实责任分工合作

国家能源局负责国家层面"煤改气"气源协调和保障，以"2+26"城市所涉及的六省市为范例，确定"煤改气"总体原则，在全国天然气统一管网系统中配置天然气资源，解决共性问题，争取对"煤改气"政策支持。

北方地区各省市发改委（能源局）要参照六省市气源保障方案中确定的"煤改气"总体原则和气源配置方案，根据气源落实情况制定省级"煤改气"气源保障方案，明确目标任务，确保"煤改气"有序开展。

企业是"煤改气"气源保障的主体，是气源保障工程、天然气长输管道、地下储气库及城市应急储气设施建设等具体工作的实施者。城市燃气企业要在地方政府的指导下，做好城镇居民供气工作和城市应急储气设施建设。终端供气企业要加强入村、入户设施的定期巡检、维护，保障平稳、安全供气，重视服务质量提升。各级供气企业均要及时将气源保障任务分解落实，及时安排生产计划，组织编制企业保障方案。

（二）多方开拓气源

督促气源企业按计划做好气源供应，充分发挥好中石油、中石化、中海油主要供气商的作用，同时加快推动民营企业、城镇燃气经营企业开辟新供应渠道。加快中俄东线、进口 LNG 等气源引进和建设步伐，加大煤层气、页岩气、煤制天然气等挖潜力度。加快推动非常规天然气开发。加强煤层气资源就近利用，提高属地资源利用比例，确保资源优先满足属地冬季取暖气源保障需要。

（三）加快基础设施建设

一是编制全国天然气基础设施互联互通工作方案，打破企业间、地域间及行政性垄断，推进管道互联互通，做到应联尽联。论证沿海LNG接收站管道互联。协调各管道系统间压力等级，最大限度发挥应急和调峰能力。

二是推动已纳入规划的长输管道和LNG接收站加快建设，协调推动前期各项工作。开展天然气基础设施建设项目通过招投标等方式选择投资主体试点工作。加快推动城市周边、城乡结合部和农村地区天然气利用"最后一公里"基础设施建设。

三是鼓励具备扩建条件的已有接收站增建储罐，扩建增压、气化设施，并按实际接收LNG能力进行核定。经国家准许的新增进口天然气项目主体可依照相关规定申请享受进口天然气增值税按比例返还政策。各部门、各地方要进一步简化审批程序，为接收站扩建及天然气长输管道项目开辟"绿色通道"，简化程序，支持项目加快建设。

（四）建立储气调峰辅助服务市场机制

一是按照《天然气基础设施建设与运营管理办法》的规定切实落实供用气双方权利和责任，天然气销售企业要履行季节调峰义务，城镇燃气经营企业要落实小时调峰义务，供用气双方要在天然气购销合同中明确约定日调峰供气量和各自责任。

二是构建和完善储气调峰辅助服务市场机制。企业储气调峰责任的履行，可以通过自建、合建或租赁第三方储气设施，向第三方企业购买储气调峰服务等方式实现。

三是各省级人民政府要把燃气应急保障能力要求分解到各重点用气城市，给予相应扶持政策，督促形成至少不低于保障本行政区域平均3天需求量的储气能力。

四是鼓励更多投资主体投资建设地下储气库，充分发挥上海、重庆等石油天然气交易中心作用，逐步将地下储气库工作气量、LNG应急调峰规模等纳入交易范围，建立各方自由交易的调峰市场。

（五）加快推进市场化改革

一是鼓励具备条件的地区，在建立健全监管规则的基础上，放开非居民用气销售价格。鼓励用气季节性峰谷差大的地区，在终端销售环节推行季节性差价政策。

二是减少供气中间环节，降低用气成本。天然气主干管网可以实现供气的区域和用户，不得以统购统销或统一代输等名义，增设供气输配环节，提高供气成本。对没有实质性管网投入或不需要提供输配服务的加价，要立即取消。各地在项目核准时，对省内天然气管道项目建设要认真论证，对增设不必要中间环节的管道项目要严格把关。

三是建立用户自主选择资源和供气路径的机制。用户可自主选择资源方和供气路径，减少供气层级，降低用气成本。用户自主选择资源方和供气路径的，应当符合当地城乡发展规划、天然气和燃气发展等专项规划，地方人民政府应加强统筹协调给予支持。

（六）加大政策支持力度

一是中央财政充分利用现有大气污染防治等资金渠道，加大对清洁取暖"煤改气"的支持力度。鼓励地方政府因地制宜配套财政支持，推进清洁取暖"煤改气"项目发展。

二是鼓励银行业金融机构在风险可控、商业可持续的前提下，依法合规对符合信贷条件的清洁取暖气源项目和"煤改气"项目给予信贷支持。

三是支持地方政府、金融机构、企业等在防范风险基础上创新合作机制和投融资模式，创新和灵活运用贷款、基金、债券、租赁、证券等多种金融工具，加大对清洁取暖"煤改气"领域的融资支持。积极推广政府和社会资本合作（PPP）等方式。

四是对于央企支持北方清洁取暖在偏远地区建设天然气管道所造成的亏损，在业绩考核中予以适当考虑。

（七）加强监管，落实清洁取暖重点任务

一是加强天然气管道运输和配气价格监管，建立健全成本监审制度，推行成本信息公开，强化社会监督。及时开展成本监审，合理制定输配价格，输配价格偏高的要予以降低。

二是加强对天然气基础设施规划、政策、项目、协议履行情况的监管，督促各地方、部门和相关企业落实责任主体。进一步推动落实基础设施第三方公平准入各项要求，切实将流量信息、已预定能力信息、剩余能力、管段或区域费率标准、LNG接收站服务窗口期等信息公平要求落到实处。

三是地方政府要以试点等方式加强对本地区燃气特别是农村燃气取暖工作的指导，督促相关企业加强供用气安全管理。相关企业要承担安全供气的主体责任，制定完善的企业规范和操作规程。

（三）加大清洁煤供应确保群众温暖过冬的通知

2017年12月25日，国家发改委办公厅、国家能源局综合司印发《加大清洁煤供应确保群众温暖过冬的通知》，通知提出，近期全国处于迎峰度冬用能高峰，部分地区天然气供需出现结构性、时段性、区域性矛盾，影响群众冬季采暖。推广使用清洁煤，可以有效缓解当前冬季供暖压力，也是推进散煤治理、构建清洁供暖体系的重要渠道。

国家发展改革委办公厅　国家能源局综合司关于加大清洁煤供应确保群众温暖过冬的通知

发改办能源〔2017〕2121号

北京、天津、河北、山西、内蒙古、辽宁、吉林、黑龙江、安徽、山东、河南、陕西、甘肃、宁夏、新疆、青海省（自治区、直辖市）发展改革委、能源局、煤炭行业管理部门、新疆生产建设兵团发展改革委，中国华能集团公司、中国大唐集团有限公司、中国华电集团公司、国家电力投资集团公司、国家能源投资集团有限责任公司、中国中煤能源集团有限公司、中国煤炭科工集团有限公司：

近期全国处于迎峰度冬用能高峰，部分地区天然气供需出现结构性、时段性、区域性矛盾，影响群众冬季采暖。推广使用清洁煤，可以有效缓解当前冬季供暖压力，也是推进散煤治理、构建清洁供暖体系的重要渠道。为加大清洁煤供应力度，确保群众温暖过冬，现将有关事项通知如下：

一、因地制宜推进清洁供暖。各地要把优先保障居民采暖用能放在首位，根据能源供应情况、居民经济承受能力和用能习惯，宜电则电、宜气则气、宜煤则煤、宜油则油，因地制宜及时采取有效措施，全力做好迎峰度冬能源供应。鼓励推广使用清洁煤替代劣质散煤，不得采取

"一刀切"的限煤措施。

二、加快煤炭优质产能释放。重点产煤地区要按照增减挂钩减量置换要求，督促煤炭企业加紧落实产能置换方案，国家有关部门将加快办理煤矿建设项目核准手续。重点产煤地区要对已核准煤矿建设项目，积极协调办理采矿许可、土地使用、环境影响评价等手续；督促已建成项目及时开展联合试运转和竣工验收等工作，尽快投入生产；按照《关于做好符合条件的优质产能煤矿生产能力核定工作的通知》（发改运行〔2017〕763号）要求，进一步加快对符合条件的优质产能煤矿核增生产能力。

三、加大清洁煤供应力度。重点产煤地区要引导煤炭企业，在确保安全生产的前提下，按照公告产能科学组织生产，积极挖潜增加产量和供应。推进煤炭洗选加工，提高原煤入选比重，提升煤炭产品质量。

四、做好煤炭产运需衔接。各地要强化煤炭产运需动态监测分析，以发电供暖和民生用煤为重点，制定完善和认真落实保障供应方案。发电企业要提高电煤库存，确保可用天数符合要求。铁路、港航企业要强化对煤炭运输的协调调度，加强运力组织安排，优先保障民生用煤运输需求。

五、健全清洁煤供应体系。各地要进一步建立完善清洁煤供应网络，合理布局销售网点，提高服务质量，方便群众购买使用清洁煤产品。加强煤炭质量跟踪监测和市场整治力度，形成较为完善的质量监管体系，抑制劣质煤炭生产、销售、流通和使用。

六、推动燃煤设备升级改造。各地要强化节能环保要求，加快大型供暖燃煤锅炉的超低排放改造，淘汰排放不达标的燃煤设备。在具备条件的地区发展集中供暖，推广使用清洁煤锅炉，替代分散的燃煤小锅炉。在不具备集中供暖条件的地区，鼓励推广使用节能环保炉具和清洁型煤。

七、加大清洁煤技术装备研发。鼓励企业、科研院所加大清洁煤技术装备研发投入，重点加强对煤质适应性的研究，实现多种煤质煤炭的清洁燃烧，降低燃煤的经济成本、环境成本、社会成本。

八、加强组织领导。各地要充分认识加大清洁煤供应，确保群众温暖过冬的重要性与紧迫性，把此项工作当作一项重要的民生工程、民心工程、紧要任务来抓。要强化组织领导，周密部署，扎实推进，协调处理好清洁煤供应中的问题，层层压实相关部门和企业责任，为清洁供暖提供强有力的组织保障，确保群众温暖过冬。

国家发展改革委办公厅
国家能源局综合司
2017年12月25日

（四）关于做好北方地区"煤改电"供暖工作保障群众温暖过冬的通知

当前，我国北方地区正处于冬季取暖和电力迎峰度冬的重叠期，各地为推进清洁取暖实施的一批"煤改电"工程已投入运行，对保障集中供暖以外地区群众取暖、减少大气污染物排放起到了重要作用，但同时也面临持续稳定运行的压力。为全面贯彻落实党的十九大精神及中央经济工作会议部署，坚持以人民为中心的发展思想，扎实做好"煤改电"供暖工作，2017年12月25日，国家能源局综合司印发了《关于做好北方地区"煤改电"供暖工作保障群众温暖过冬的通知》。

国家能源局综合司关于做好北方地区"煤改电"供暖工作保障群众温暖过冬的通知

国能综通电力〔2017〕131号

北京、天津、河北、山西、内蒙古、辽宁、吉林、黑龙江、山东、陕西、甘肃、宁夏、新疆、青海、河南省（区、市）人民政府办公厅，新疆生产建设兵团办公厅，中核、中广核、国家电网、内蒙古电力、中国华能、中国大唐、中国华电、国家能源、国家电投、中国三峡、国投、中国华润集团（公司）：

当前，我国北方地区正处于冬季取暖和电力迎峰度冬的重叠期，各地为推进清洁取暖实施的一批"煤改电"工程已投入运行，对保障集中供暖以外地区群众取暖、减少大气污染物排放起到了重要作用，但同时也面临持续稳定运行的压力。为全面贯彻落实党的十九大精神及中央经济工作会议部署，坚持以人民为中心的发展思想，扎实做好"煤改电"供暖工作，现将有关事项通知如下：

一、各省（区、市）有关部门、各有关单位要高度重视，未雨绸缪，落实《北方地区冬季清洁取暖规划（2017—2021年）》，突出抓好北方地区冬季雾霾治理，在确保民生取暖安全、用电安全的前提下，有序推进"煤改电"供暖，统筹做好配电设施改造、居民取暖用电补助等工作，加强各环节衔接，保障群众温暖过冬。

二、各省（区、市）"煤改电"责任部门，要会同相关单位，组织"煤改电"供暖地区逐户排查。已完成改造的，要保证电力安全稳定供应和电供暖设施使用安全，确保"煤改电"用户取暖效果。

三、对计划改造而未完成的"煤改电"供暖工程，各省（区、市）"煤改电"责任部门要按计划有序推进实施，未完成改造或已完成改造但电力暂无法供应的，可继续采用原有供暖方式。新安排"煤改电"供暖工程要做好规划统筹，结合配电网、农网升级改造，分电压等级、分批次逐步实施，避免改造后电网局部"卡脖子"问题。

四、主要电网企业要汇总辖区内"煤改电"改造计划及用电报装情况，结合现有供电能力及电网改造计划，及时向地方政府有关部门提出反馈建议。对已纳入计划的"煤改电"工程，要抓紧施工，确保按期完成。

五、电网企业要认真分析迎峰度冬期间电力系统运行情况，特别是要关注元旦、春节群众回乡高峰期间负荷变化情况，做好电力电量平衡，优化运行方式，充分发挥跨省、跨区电力支援能力，加强输变电设备的运行监测和安全保护，确保电力系统安全稳定运行，最大限度满足"煤改电"供暖用电需求。

六、对于因变压器和线路过载、输变电设备故障、电费收缴等原因导致"煤改电"供暖中断的，电网企业要加大投入、抓紧抢修、统筹协调，无条件保障取暖期供暖用电。电网企业要做好应急预案，对可能出现的各类故障提前制定应对措施，建立预警响应机制，在最短时间内恢复供暖用电。电网企业要加大用电安全知识宣传和指导，消除大功率电供暖设备使用过程中的火灾隐患。

七、各发电企业要抓好电力生产，加强设备检修和维护，做好防寒防冻管理，提高设备运行可靠性和灵活性，落实好煤炭、天然气等燃料供应，确保取暖期电力安全稳定生产。鼓励各类发电企业通过直接交易，为"煤改电"供暖用户供应电力。

八、各省（区、市）"煤改电"责任部门会同国家能源局各派出监管机构，配合住建、质检等部门，开展"煤改电"工程质量安全检查，全面排查隐患，坚决避免安全事故发生，确保群众安全取暖。

请各单位按以上要求做好各项工作，如遇重大事项，应及时报告我局。

特此通知。

联系人及电话：孙鹤　010-68555062

国家能源局综合司

2017 年 12 月 25 日

（五）关于印发打赢蓝天保卫战三年行动计划的通知

为加快改善环境空气质量，打赢蓝天保卫战，2018 年 7 月 3 日，国务院印发打赢蓝天保卫战三年行动计划的通知。

国务院关于印发打赢蓝天保卫战三年行动计划的通知

国发〔2018〕22 号

各省、自治区、直辖市人民政府，国务院各部委、各直属机构：

现将《打赢蓝天保卫战三年行动计划》印发给你们，请认真贯彻执行。

国务院

2018 年 6 月 27 日

（此件公开发布）

打赢蓝天保卫战三年行动计划

打赢蓝天保卫战，是党的十九大作出的重大决策部署，事关满足人民日益增长的美好生活需要，事关全面建成小康社会，事关经济高质量发展和美丽中国建设。为加快改善环境空气质量，打赢蓝天保卫战，制定本行动计划。

一、总体要求

（一）指导思想。以习近平新时代中国特色社会主义思想为指导，全面贯彻党的十九大和十九届二中、三中全会精神，认真落实党中央、国务院决策部署和全国生态环境保护大会要求，坚持新发展理念，坚持全民共治、源头防治、标本兼治，以京津冀及周边地区、长三角地区、汾渭平原等区域（以下称重点区域）为重点，持续开展大气污染防治行动，综合运用经济、法律、技术和必要的行政手段，大力调整优化产业结构、能源结构、运输结构和用地结构，强化区域联防联控，狠抓秋冬季污染治理，统筹兼顾、系统谋划、精准施策，坚决打赢蓝天保卫战，实现环境效益、经济效益和社会效益多赢。

（二）目标指标。经过3年努力，大幅减少主要大气污染物排放总量，协同减少温室气体排放，进一步明显降低细颗粒物（PM2.5）浓度，明显减少重污染天数，明显改善环境空气质量，明显增强人民的蓝天幸福感。

到2020年，二氧化硫、氮氧化物排放总量分别比2015年下降15%以上；PM2.5未达标地级及以上城市浓度比2015年下降18%以上，地级及以上城市空气质量优良天数比率达到80%，重度及以上污染天数比率比2015年下降25%以上；提前完成"十三五"目标任务的省份，要保持和巩固改善成果；尚未完成的，要确保全面实现"十三五"约束性目标；北京市环境空气质量改善目标应在"十三五"目标基础上进一步提高。

（三）重点区域范围。京津冀及周边地区，包含北京市，天津市，河北省石家庄、唐山、邯郸、邢台、保定、沧州、廊坊、衡水市以及雄安新区，山西省太原、阳泉、长治、晋城市，山东省济南、淄博、济宁、德州、聊城、滨州、菏泽市，河南省郑州、开封、安阳、鹤壁、新乡、焦作、濮阳市等；长三角地区，包含上海市、江苏省、浙江省、安徽省；汾渭平原，包含山西省晋中、运城、临汾、吕梁市，河南省洛阳、三门峡市，陕西省西安、铜川、宝鸡、咸阳、渭南市以及杨凌示范区等。

二、调整优化产业结构，推进产业绿色发展

（四）优化产业布局。各地完成生态保护红线、环境质量底线、资源利用上线、环境准入清单编制工作，明确禁止和限制发展的行业、生产工艺和产业目录。修订完善高耗能、高污染和资源型行业准入条件，环境空气质量未达标城市应制订更严格的产业准入门槛。积极推行区域、规划环境影响评价，新、改、扩建钢铁、石化、化工、焦化、建材、有色等项目的环境影响评价，应满足区域、规划环评要求。（生态环境部牵头，发展改革委、工业和信息化部、自然资源部参与，地方各级人民政府负责落实。以下均需地方各级人民政府落实，不再列出）

加大区域产业布局调整力度。加快城市建成区重污染企业搬迁改造或关闭退出，推动实施一批水泥、平板玻璃、焦化、化工等重污染企业搬迁工程；重点区域城市钢铁企业要切实采取彻底关停、转型发展、就地改造、域外搬迁等方式，推动转型升级。重点区域禁止新增化工园区，加大现有化工园区整治力度。各地已明确的退城企业，要明确时间表，逾期不退城的予以停产。（工业和信息化部、发展改革委、生态环境部等按职责负责）

（五）严控"两高"行业产能。重点区域严禁新增钢铁、焦化、电解铝、铸造、水泥和平板玻璃等产能；严格执行钢铁、水泥、平板玻璃等行业产能置换实施办法；新、改、扩建涉及大宗物料运输的建设项目，原则上不得采用公路运输。（工业和信息化部、发展改革委牵头，生态环境部等参与）

加大落后产能淘汰和过剩产能压减力度。严格执行质量、环保、能耗、安全等法规标准。修订《产业结构调整指导目录》，提高重点区域过剩产能淘汰标准。重点区域加大独立焦化企业淘汰力度，京津冀及周边地区实施"以钢定焦"，力争2020年炼焦产能与钢铁产能比达到0.4左右。严防"地条钢"死灰复燃。2020年，河北省钢铁产能控制在2亿吨以内；列入去产能计划的钢铁企业，需一并退出配套的烧结、焦炉、高炉等设备。（发展改革委、工业和信

息化部牵头，生态环境部、财政部、市场监管总局等参与）

（六）强化"散乱污"企业综合整治。全面开展"散乱污"企业及集群综合整治行动。根据产业政策、产业布局规划，以及土地、环保、质量、安全、能耗等要求，制定"散乱污"企业及集群整治标准。实行拉网式排查，建立管理台账。按照"先停后治"的原则，实施分类处置。列入关停取缔类的，基本做到"两断三清"（切断工业用水、用电，清除原料、产品、生产设备）；列入整合搬迁类的，要按照产业发展规模化、现代化的原则，搬迁至工业园区并实施升级改造；列入升级改造类的，树立行业标杆，实施清洁生产技术改造，全面提升污染治理水平。建立"散乱污"企业动态管理机制，坚决杜绝"散乱污"企业项目建设和已取缔的"散乱污"企业异地转移、死灰复燃。京津冀及周边地区2018年底前全面完成；长三角地区、汾渭平原2019年底前基本完成；全国2020年底前基本完成。（生态环境部、工业和信息化部牵头，发展改革委、市场监管总局、自然资源部等参与）

（七）深化工业污染治理。持续推进工业污染源全面达标排放，将烟气在线监测数据作为执法依据，加大超标处罚和联合惩戒力度，未达标排放的企业一律依法停产整治。建立覆盖所有固定污染源的企业排放许可制度，2020年底前，完成排污许可管理名录规定的行业许可证核发。（生态环境部负责）

推进重点行业污染治理升级改造。重点区域二氧化硫、氮氧化物、颗粒物、挥发性有机物（VOCs）全面执行大气污染物特别排放限值。推动实施钢铁等行业超低排放改造，重点区域城市建成区内焦炉实施炉体加罩封闭，并对废气进行收集处理。强化工业企业无组织排放管控。开展钢铁、建材、有色、火电、焦化、铸造等重点行业及燃煤锅炉无组织排放排查，建立管理台账，对物料（含废渣）运输、装卸、储存、转移和工艺过程等无组织排放实施深度治理，2018年底前京津冀及周边地区基本完成治理任务，长三角地区和汾渭平原2019年底前完成，全国2020年底前基本完成。（生态环境部牵头，发展改革委、工业和信息化部参与）

推进各类园区循环化改造、规范发展和提质增效。大力推进企业清洁生产。对开发区、工业园区、高新区等进行集中整治，限期进行达标改造，减少工业集聚区污染。完善园区集中供热设施，积极推广集中供热。有条件的工业集聚区建设集中喷涂工程中心，配备高效治污设施，替代企业独立喷涂工序。（发展改革委牵头，工业和信息化部、生态环境部、科技部、商务部等参与）

（八）大力培育绿色环保产业。壮大绿色产业规模，发展节能环保产业、清洁生产产业、清洁能源产业，培育发展新动能。积极支持培育一批具有国际竞争力的大型节能环保龙头企业，支持企业技术创新能力建设，加快掌握重大关键核心技术，促进大气治理重点技术装备等产业化发展和推广应用。积极推行节能环保整体解决方案，加快发展合同能源管理、环境污染第三方治理和社会化监测等新业态，培育一批高水平、专业化节能环保服务公司。（发展改革委牵头，工业和信息化部、生态环境部、科技部等参与）

三、加快调整能源结构，构建清洁低碳高效能源体系

（九）有效推进北方地区清洁取暖。坚持从实际出发，宜电则电、宜气则气、宜煤则煤、宜热则热，确保北方地区群众安全取暖过冬。集中资源推进京津冀及周边地区、汾渭平原等区域散煤治理，优先以乡镇或区县为单元整体推进。2020年采暖季前，在保障能源供应的前提下，京津冀及周边地区、汾渭平原的平原地区基本完成生活和冬季取暖散煤替代；对暂不具备清洁能源替代条件的山区，积极推广洁净煤，并加强煤质监管，严厉打击销售使用劣质煤行为。燃气壁挂炉能效不得低于2级水平。（能源局、发展改革委、财政部、生态环境部、住房城乡建设部牵头，市场监管总局等参与）

抓好天然气产供储销体系建设。力争2020年天然气占能源消费总量比重达到10%。新增天然气量优先用于城镇居民和大气污染严重地区的生活和冬季取暖散煤替代，重点支持京津冀及周边地区和汾渭平原，实现"增气减煤"。"煤改气"坚持"以气定改"，确保安全施工、安全使用、安全管理。有序发展天然气调峰电站等可中断用户，原则上不再新建天然气热电联产和天然气化工项目。限时完成天然气管网互联互通，打通"南气北送"输气通道。加快储气设施建设步伐，2020年采暖季前，地方政府、城镇燃气企业和上游供气企业的储备能力达到量化指标要求。建立完善调峰用户清单，采暖季实行"压非保民"。（发展改革委、能源局牵头，生态环境部、财政部、住房城乡建设部等参与）

加快农村"煤改电"电网升级改造。制定实施工作方案。电网企业要统筹推进输变电工程建设，满足居民采暖用电需求。鼓励推进蓄热式等电供暖。地方政府对"煤改电"配套电网工程建设应给予支持，统筹协调"煤改电""煤改气"建设用地。（能源局、发展改革委牵头，生态环境部、自然资源部参与）

（十）重点区域继续实施煤炭消费总量控制。到2020年，全国煤炭占能源消费总量比重下降到58%以下；北京、天津、河北、山东、河南五省（直辖市）煤炭消费总量比2015年下降10%，长三角地区下降5%，汾渭平原实现负增长；新建耗煤项目实行煤炭减量替代。按照煤炭集中使用、清洁利用的原则，重点削减非电力用煤，提高电力用煤比例，2020年全国电力用煤占煤炭消费总量比重达到55%以上。继续推进电能替代燃煤和燃油，替代规模达到1000亿度以上。（发展改革委牵头，能源局、生态环境部参与）

制定专项方案，大力淘汰关停环保、能耗、安全等不达标的30万千瓦以下燃煤机组。对于关停机组的装机容量、煤炭消费量和污染物排放量指标，允许进行交易或置换，可统筹安排建设等容量超低排放燃煤机组。重点区域严格控制燃煤机组新增装机规模，新增用电量主要依靠区域内非化石能源发电和外送电满足。限时完成重点输电通道建设，在保障电力系统安全稳定运行的前提下，到2020年，京津冀、长三角地区接受外送电量比例比2017年显著提高。（能源局、发展改革委牵头，生态环境部等参与）

（十一）开展燃煤锅炉综合整治。加大燃煤小锅炉淘汰力度。县级及以上城市建成区基本淘汰每小时10蒸吨及以下燃煤锅炉及茶水炉、经营性炉灶、储粮烘干设备等燃煤设施，原则上不再新建每小时35蒸吨以下的燃煤锅炉，其他地区原则上不再新建每小时10蒸吨以下的燃煤锅炉。环境空气质量未达标城市应进一步加大淘汰力度。重点区域基本淘汰每小时35蒸吨以下燃煤锅炉，每小时65蒸吨及以上燃煤锅炉全部完成节能和超低排放改造；燃气锅炉基本完成低氮改造；城市建成区生物质锅炉实施超低排放改造。（生态环境部、市场监管总局牵头，发展改革委、住房城乡建设部、工业和信息化部、能源局等参与）

加大对纯凝机组和热电联产机组技术改造力度，加快供热管网建设，充分释放和提高供热能力，淘汰管网覆盖范围内的燃煤锅炉和散煤。在不具备热电联产集中供热条件的地区，现有多台燃煤小锅炉的,可按照等容量替代原则建设大容量燃煤锅炉。2020年底前,重点区域30万千瓦及以上热电联产电厂供热半径15公里范围内的燃煤锅炉和落后燃煤小热电全部关停整合。(能源局、发展改革委牵头,生态环境部、住房城乡建设部等参与)

(十二)提高能源利用效率。继续实施能源消耗总量和强度双控行动。健全节能标准体系,大力开发、推广节能高效技术和产品,实现重点用能行业、设备节能标准全覆盖。重点区域新建高耗能项目单位产品(产值)能耗要达到国际先进水平。因地制宜提高建筑节能标准,加大绿色建筑推广力度,引导有条件地区和城市新建建筑全面执行绿色建筑标准。进一步健全能源计量体系,持续推进供热计量改革,推进既有居住建筑节能改造,重点推动北方采暖地区有改造价值的城镇居住建筑节能改造。鼓励开展农村住房节能改造。(发展改革委、住房城乡建设部、市场监管总局牵头,能源局、工业和信息化部等参与)

(十三)加快发展清洁能源和新能源。到2020年,非化石能源占能源消费总量比重达到15%。有序发展水电,安全高效发展核电,优化风能、太阳能开发布局,因地制宜发展生物质能、地热能等。在具备资源条件的地方,鼓励发展县域生物质热电联产、生物质成型燃料锅炉及生物天然气。加大可再生能源消纳力度,基本解决弃水、弃风、弃光问题。(能源局、发展改革委、财政部负责)

四、积极调整运输结构,发展绿色交通体系

(十四)优化调整货物运输结构。大幅提升铁路货运比例。到2020年,全国铁路货运量比2017年增长30%,京津冀及周边地区增长40%、长三角地区增长10%、汾渭平原增长25%。大力推进海铁联运,全国重点港口集装箱铁水联运量年均增长10%以上。制定实施运输结构调整行动计划。(发展改革委、交通运输部、铁路局、中国铁路总公司牵头,财政部、生态环境部参与)

推动铁路货运重点项目建设。加大货运铁路建设投入,加快完成蒙华、唐曹、水曹等货运铁路建设。大力提升张唐、瓦日等铁路线煤炭运输量。在环渤海地区、山东省、长三角地区,2018年底前,沿海主要港口和唐山港、黄骅港的煤炭集港改由铁路或水路运输;2020年采暖季前,沿海主要港口和唐山港、黄骅港的矿石、焦炭等大宗货物原则上主要改由铁路或水路运输。钢铁、电解铝、电力、焦化等重点企业要加快铁路专用线建设,充分利用已有铁路专用线能力,大幅提高铁路运输比例,2020年重点区域达到50%以上。(发展改革委、交通运输部、铁路局、中国铁路总公司牵头,财政部、生态环境部参与)

大力发展多式联运。依托铁路物流基地、公路港、沿海和内河港口等,推进多式联运型和干支衔接型货运枢纽(物流园区)建设,加快推广集装箱多式联运。建设城市绿色物流体系,支持利用城市现有铁路货场物流货场转型升级为城市配送中心。鼓励发展江海联运、江海直达、滚装运输、甩挂运输等运输组织方式。降低货物运输空载率。(发展改革委、交通运输部牵头,财政部、生态环境部、铁路局、中国铁路总公司参与)

(十五)加快车船结构升级。推广使用新能源汽车。2020年新能源汽车产销量达到200万辆左右。加快推进城市建成区新增和更新的公交、环卫、邮政、出租、通勤、轻型物流配送车辆使用新能源或清洁能源汽车,重点区域使用比例达到80%;重点区域港口、机场、铁路货场等新增或更换作业车辆主要使用新能源或清洁能源汽车。2020年底前,重点区域的直辖市、

第十一章 综合能源政策

省会城市、计划单列市建成区公交车全部更换为新能源汽车。在物流园、产业园、工业园、大型商业购物中心、农贸批发市场等物流集散地建设集中式充电桩和快速充电桩。为承担物流配送的新能源车辆在城市通行提供便利。（工业和信息化部、交通运输部牵头，财政部、住房城乡建设部、生态环境部、能源局、铁路局、民航局、中国铁路总公司等参与）

大力淘汰老旧车辆。重点区域采取经济补偿、限制使用、严格超标排放监管等方式，大力推进国三及以下排放标准营运柴油货车提前淘汰更新，加快淘汰采用稀薄燃烧技术和"油改气"的老旧燃气车辆。各地制定营运柴油货车和燃气车辆提前淘汰更新目标及实施计划。2020年底前，京津冀及周边地区、汾渭平原淘汰国三及以下排放标准营运中型和重型柴油货车100万辆以上。2019年7月1日起，重点区域、珠三角地区、成渝地区提前实施国六排放标准。推广使用达到国六排放标准的燃气车辆。（交通运输部、生态环境部牵头，工业和信息化部、公安部、财政部、商务部等参与）

推进船舶更新升级。2018年7月1日起，全面实施新生产船舶发动机第一阶段排放标准。推广使用电、天然气等新能源或清洁能源船舶。长三角地区等重点区域内河应采取禁限行等措施，限制高排放船舶使用，鼓励淘汰使用20年以上的内河航运船舶。（交通运输部牵头，生态环境部、工业和信息化部参与）

（十六）加快油品质量升级。2019年1月1日起，全国全面供应符合国六标准的车用汽柴油，停止销售低于国六标准的汽柴油，实现车用柴油、普通柴油、部分船舶用油"三油并轨"，取消普通柴油标准，重点区域、珠三角地区、成渝地区等提前实施。研究销售前在车用汽柴油中加入符合环保要求的燃油清净增效剂。（能源局、财政部牵头，市场监管总局、商务部、生态环境部等参与）

（十七）强化移动源污染防治。严厉打击新生产销售机动车环保不达标等违法行为。严格新车环保装置检验，在新车销售、检验、登记等场所开展环保装置抽查，保证新车环保装置生产一致性。取消地方环保达标公告和目录审批。构建全国机动车超标排放信息数据库，追溯超标排放机动车生产和进口企业、注册登记地、排放检验机构、维修单位、运输企业等，实现全链条监管。推进老旧柴油车深度治理，具备条件的安装污染控制装置、配备实时排放监控终端，并与生态环境等有关部门联网，协同控制颗粒物和氮氧化物排放，稳定达标的可免于上线排放检验。有条件的城市定期更换出租车三元催化装置。（生态环境部、交通运输部牵头，公安部、工业和信息化部、市场监管总局等参与）

加强非道路移动机械和船舶污染防治。开展非道路移动机械摸底调查，划定非道路移动机械低排放控制区，严格管控高排放非道路移动机械，重点区域2019年底前完成。推进排放不达标工程机械、港作机械清洁化改造和淘汰，重点区域港口、机场新增和更换的作业机械主要采用清洁能源或新能源。2019年底前，调整扩大船舶排放控制区范围，覆盖沿海重点港口。推动内河船舶改造，加强颗粒物排放控制，开展减少氮氧化物排放试点工作。（生态环境部、交通运输部、农业农村部负责）

推动靠港船舶和飞机使用岸电。加快港口码头和机场岸电设施建设，提高港口码头和机场岸电设施使用率。2020年底前，沿海主要港口50%以上专业化泊位（危险货物泊位除外）具备向船舶供应岸电的能力。新建码头同步规划、设计、建设岸电设施。重点区域沿海港口新增、更换拖船优先使用清洁能源。推广地面电源替代飞机辅助动力装置，重点区域民航机场在飞机停靠期间主要使用岸电。（交通运输部、民航局牵头，发展改革委、财政部、生态环境部、能源局等参与）

五、优化调整用地结构，推进面源污染治理

（十八）实施防风固沙绿化工程。建设北方防沙带生态安全屏障，重点加强三北防护林体系建设、京津风沙源治理、太行山绿化、草原保护和防风固沙。推广保护性耕作、林间覆盖等方式，抑制季节性裸地农田扬尘。在城市功能疏解、更新和调整中，将腾退空间优先用于留白增绿。建设城市绿道绿廊，实施"退工还林还草"。大力提高城市建成区绿化覆盖率。（自然资源部牵头，住房城乡建设部、农业农村部、林草局参与）

（十九）推进露天矿山综合整治。全面完成露天矿山摸底排查。对违反资源环境法律法规、规划，污染环境、破坏生态、乱采滥挖的露天矿山，依法予以关闭；对污染治理不规范的露天矿山，依法责令停产整治，整治完成并经相关部门组织验收合格后方可恢复生产，对拒不停产或擅自恢复生产的依法强制关闭；对责任主体灭失的露天矿山，要加强修复绿化、减尘抑尘。重点区域原则上禁止新建露天矿山建设项目。加强矸石山治理。（自然资源部牵头，生态环境部等参与）

（二十）加强扬尘综合治理。严格施工扬尘监管。2018年底前，各地建立施工工地管理清单。因地制宜稳步发展装配式建筑。将施工工地扬尘污染防治纳入文明施工管理范畴，建立扬尘控制责任制度，扬尘治理费用列入工程造价。重点区域建筑施工工地要做到工地周边围挡、物料堆放覆盖、土方开挖湿法作业、路面硬化、出入车辆清洗、渣土车辆密闭运输"六个百分之百"，安装在线监测和视频监控设备，并与当地有关主管部门联网。将扬尘管理工作不到位的不良信息纳入建筑市场信用管理体系，情节严重的，列入建筑市场主体"黑名单"。加强道路扬尘综合整治。大力推进道路清扫保洁机械化作业，提高道路机械化清扫率，2020年底前，地级及以上城市建成区达到70%以上，县城达到60%以上，重点区域要显著提高。严格渣土运输车辆规范化管理，渣土运输车要密闭。（住房城乡建设部牵头，生态环境部参与）

实施重点区域降尘考核。京津冀及周边地区、汾渭平原各市平均降尘量不得高于9吨/月·平方公里；长三角地区不得高于5吨/月·平方公里，其中苏北、皖北不得高于7吨/月·平方公里。（生态环境部负责）

（二十一）加强秸秆综合利用和氨排放控制。切实加强秸秆禁烧管控，强化地方各级政府秸秆禁烧主体责任。重点区域建立网格化监管制度，在夏收和秋收阶段开展秸秆禁烧专项巡查。东北地区要针对秋冬季秸秆集中焚烧和采暖季初锅炉集中起炉的问题，制定专项工作方案，加强科学有序疏导。严防因秸秆露天焚烧造成区域性重污染天气。坚持堵疏结合，加大政策支持力度，全面加强秸秆综合利用，到2020年，全国秸秆综合利用率达到85%。（生态环境部、农业农村部、发展改革委按职责负责）

控制农业源氨排放。减少化肥农药使用量，增加有机肥使用量，实现化肥农药使用量负增长。提高化肥利用率，到2020年，京津冀及周边地区、长三角地区达到40%以上。强化畜禽粪污资源化利用，改善养殖场通风环境，提高畜禽粪污综合利用率，减少氨挥发排放。（农业农村部牵头，生态环境部等参与）

六、实施重大专项行动，大幅降低污染物排放

（二十二）开展重点区域秋冬季攻坚行动。制定并实施京津冀及周边地区、长三角地区、汾渭平原秋冬季大气污染综合治理攻坚行动方案，以减少重污染天气为着力点，狠抓秋冬季大气污染防治，聚焦重点领域，将攻坚目标、任务措施分解落实到城市。各市要制定具体实施方案，督促企业制定落实措施。京津冀及周边地区要以北京为重中之重，雄安新区环境空气质量要力争达到北京市南部地区同等水平。统筹调配全国环境执法力量，实行异地交叉执法、驻地督办，确保各项措施落实到位。（生态环境部牵头，发展改革委、工业和信息化部、财政部、住房城乡建设部、交通运输部、能源局等参与）

（二十三）打好柴油货车污染治理攻坚战。制定柴油货车污染治理攻坚战行动方案，统筹油、路、车治理，实施清洁柴油车（机）、清洁运输和清洁油品行动，确保柴油货车污染排放总量明显下降。加强柴油货车生产销售、注册使用、检验维修等环节的监督管理，建立天地车人一体化的全方位监控体系，实施在用汽车排放检测与强制维护制度。各地开展多部门联合执法专项行动。（生态环境部、交通运输部、财政部、市场监管总局牵头，工业和信息化部、公安部、商务部、能源局等参与）

（二十四）开展工业炉窑治理专项行动。各地制定工业炉窑综合整治实施方案。开展拉网式排查，建立各类工业炉窑管理清单。制定行业规范，修订完善涉各类工业炉窑的环保、能耗等标准，提高重点区域排放标准。加大不达标工业炉窑淘汰力度，加快淘汰中小型煤气发生炉。鼓励工业炉窑使用电、天然气等清洁能源或由周边热电厂供热。重点区域取缔燃煤热风炉，基本淘汰热电联产供热管网覆盖范围内的燃煤加热、烘干炉（窑）；淘汰炉膛直径3米以下燃料类煤气发生炉，加大化肥行业固定床间歇式煤气化炉整改力度；集中使用煤气发生炉的工业园区，暂不具备改用天然气条件的，原则上应建设统一的清洁煤制气中心；禁止掺烧高硫石油焦。将工业炉窑治理作为环保强化督查重点任务，凡未列入清单的工业炉窑均纳入秋冬季错峰生产方案。（生态环境部牵头，发展改革委、工业和信息化部、市场监管总局等参与）

（二十五）实施VOCs专项整治方案。制定石化、化工、工业涂装、包装印刷等VOCs排放重点行业和油品储运销综合整治方案，出台泄漏检测与修复标准，编制VOCs治理技术指南。重点区域禁止建设生产和使用高VOCs含量的溶剂型涂料、油墨、胶粘剂等项目，加大餐饮油烟治理力度。开展VOCs整治专项执法行动，严厉打击违法排污行为，对治理效果差、技术服务能力弱、运营管理水平低的治理单位，公布名单，实行联合惩戒，扶持培育VOCs治理和服务专业化规模化龙头企业。2020年，VOCs排放总量较2015年下降10%以上。（生态环境部牵头，发展改革委、工业和信息化部、商务部、市场监管总局、能源局等参与）

七、强化区域联防联控，有效应对重污染天气

（二十六）建立完善区域大气污染防治协作机制。将京津冀及周边地区大气污染防治协作小组调整为京津冀及周边地区大气污染防治领导小组；建立汾渭平原大气污染防治协作机制，纳入京津冀及周边地区大气污染防治领导小组统筹领导；继续发挥长三角区域大气污染防治协作小组作用。相关协作机制负责研究审议区域大气污染防治实施方案、年度计划、目标、重大措施，以及区域重点产业发展规划、重大项目建设等事关大气污染防治工作的重要事项，部署区域重污染天气联合应对工作。（生态环境部负责）

（二十七）加强重污染天气应急联动。强化区域环境空气质量预测预报中心能力建设，2019年底前实现7~10天预报能力，省级预报中心实现以城市为单位的7天预报能力。开展环境空气质量中长期趋势预测工作。完善预警分级标准体系，区分不同区域不同季节应急响应标准，同一区域内要统一应急预警标准。当预测到区域将出现大范围重污染天气时，统一发布预警信息，各相关城市按级别启动应急响应措施，实施区域应急联动。（生态环境部牵头，气象局等参与）

（二十八）夯实应急减排措施。制定完善重污染天气应急预案。提高应急预案中污染物减排比例，黄色、橙色、红色级别减排比例原则上分别不低于10%、20%、30%。细化应急减排措施，落实到企业各工艺环节，实施"一厂一策"清单化管理。在黄色及以上重污染天气预警期间，对钢铁、建材、焦化、有色、化工、矿山等涉及大宗物料运输的重点用车企业，实施应急运输响应。（生态环境部牵头，交通运输部、工业和信息化部参与）

重点区域实施秋冬季重点行业错峰生产。加大秋冬季工业企业生产调控力度，各地针对钢铁、建材、焦化、铸造、有色、化工等高排放行业，制定错峰生产方案，实施差别化管理。要将错峰生产方案细化到企业生产线、工序和设备，载入排污许可证。企业未按期完成治理改造任务的，一并纳入当地错峰生产方案，实施停产。属于《产业结构调整指导目录》限制类的，要提高错峰限产比例或实施停产。（工业和信息化部、生态环境部负责）

八、健全法律法规体系，完善环境经济政策

（二十九）完善法律法规标准体系。研究将VOCs纳入环境保护税征收范围。制定排污许可管理条例、京津冀及周边地区大气污染防治条例。2019年底前，完成涂料、油墨、胶粘剂、清洗剂等产品VOCs含量限值强制性国家标准制定工作，2020年7月1日起在重点区域率先执行。研究制定石油焦质量标准。修改《环境空气质量标准》中关于监测状态的有关规定，实现与国际接轨。加快制修订制药、农药、日用玻璃、铸造、工业涂装类、餐饮油烟等重点行业污染物排放标准，以及VOCs无组织排放控制标准。鼓励各地制定实施更严格的污染物排放标准。研究制定内河大型船舶用燃料油标准和更加严格的汽柴油质量标准，降低烯烃、芳烃和多环芳烃含量。制定更严格的机动车、非道路移动机械和船舶大气污染物排放标准。制定机动车排放检测与强制维修管理办法，修订《报废汽车回收管理办法》。（生态环境部、财政部、工业和信息化部、交通运输部、商务部、市场监管总局牵头，司法部、税务总局等参与）

（三十）拓宽投融资渠道。各级财政支出要向打赢蓝天保卫战倾斜。增加中央大气污染防治专项资金投入，扩大中央财政支持北方地区冬季清洁取暖的试点城市范围，将京津冀及周边地区、汾渭平原全部纳入。环境空气质量未达标地区要加大大气污染防治资金投入。（财政部牵头，生态环境部等参与）

支持依法合规开展大气污染防治领域的政府和社会资本合作（PPP）项目建设。鼓励开展合同环境服务，推广环境污染第三方治理。出台对北方地区清洁取暖的金融支持政策，选择具备条件的地区，开展金融支持清洁取暖试点工作。鼓励政策性、开发性金融机构在业务范围内，对大气污染防治、清洁取暖和产业升级等领域符合条件的项目提供信贷支持，引导社会资本投入。支持符合条件的金融机构、企业发行债券，募集资金用于大气污染治理和节能改造。将"煤改电"超出核价投资的配套电网投资纳入下一轮输配电价核价周期，核算准许成本。

（财政部、发展改革委、人民银行牵头，生态环境部、银保监会、证监会等参与）

（三十一）加大经济政策支持力度。建立中央大气污染防治专项资金安排与地方环境空气质量改善绩效联动机制，调动地方政府治理大气污染积极性。健全环保信用评价制度，实施跨部门联合奖惩。研究将致密气纳入中央财政开采利用补贴范围，以鼓励企业增加冬季供应量为目标调整完善非常规天然气补贴政策。研究制定推进储气调峰设施建设的扶持政策。推行上网侧峰谷分时电价政策，延长采暖用电谷段时长至10个小时以上，支持具备条件的地区建立采暖用电的市场化竞价采购机制，采暖用电参加电力市场化交易谷段输配电价减半执行。农村地区利用地热能向居民供暖（制冷）的项目运行电价参照居民用电价格执行。健全供热价格机制，合理制定清洁取暖价格。完善跨省跨区输电价格形成机制，降低促进清洁能源消纳的跨省跨区专项输电工程增送电量的输配电价，优化电力资源配置。落实好燃煤电厂超低排放环保电价。全面清理取消对高耗能行业的优待类电价以及其他各种不合理价格优惠政策。建立高污染、高耗能、低产出企业执行差别化电价、水价政策的动态调整机制，对限制类、淘汰类企业大幅提高电价，支持各地进一步提高加价幅度。加大对钢铁等行业超低排放改造支持力度。研究制定"散乱污"企业综合治理激励政策。进一步完善货运价格市场化运行机制，科学规范两端费用。大力支持港口和机场岸基供电，降低岸电运营商用电成本。支持车船和作业机械使用清洁能源。研究完善对有机肥生产销售运输等环节的支持政策。利用生物质发电价格政策，支持秸秆等生物质资源消纳处置。（发展改革委、财政部牵头，能源局、生态环境部、交通运输部、农业农村部、铁路局、中国铁路总公司等参与）

加大税收政策支持力度。严格执行环境保护税法，落实购置环境保护专用设备企业所得税抵免优惠政策。研究对从事污染防治的第三方企业给予企业所得税优惠政策。对符合条件的新能源汽车免征车辆购置税，继续落实并完善对节能、新能源车船减免车船税的政策。（财政部、税务总局牵头，交通运输部、生态环境部、工业和信息化部、交通运输部等参与）

九、加强基础能力建设，严格环境执法督察

（三十二）完善环境监测监控网络。加强环境空气质量监测，优化调整扩展国控环境空气质量监测站点。加强区县环境空气质量自动监测网络建设，2020年底前，东部、中部区县和西部大气污染严重城市的区县实现监测站点全覆盖，并与中国环境监测总站实现数据直联。国家级新区、高新区、重点工业园区及港口设置环境空气质量监测站点。加强降尘量监测，2018年底前，重点区域各区县布设降尘量监测点位。重点区域各城市和其他臭氧污染严重的城市，开展环境空气VOCs监测。重点区域建设国家大气颗粒物组分监测网、大气光化学监测网以及大气环境天地空大型立体综合观测网。研究发射大气环境监测专用卫星。（生态环境部牵头，国防科工局等参与）

强化重点污染源自动监控体系建设。排气口高度超过45米的高架源，以及石化、化工、包装印刷、工业涂装等VOCs排放重点源，纳入重点排污单位名录，督促企业安装烟气排放自动监控设施，2019年底前，重点区域基本完成；2020年底前，全国基本完成。（生态环境部负责）

加强移动源排放监管能力建设。建设完善遥感监测网络、定期排放检验机构国家—省—市三级联网，构建重型柴油车车载诊断系统远程监控系统，强化现场路检路查和停放地监督抽测。2018年底前，重点区域建成三级联网的遥感监测系统平台，其他区域2019年底前建成。推进工程机械安装实时定位和排放监控装置，建设排放监控平台，重点区域2020年底前基本完成。研究成立国家机动车污染防治中心，建设区域性国家机动车排放检测实验室。（生态环境部牵头，公安部、交通运输部、科技部等参与）

强化监测数据质量控制。城市和区县各类开发区环境空气质量自动监测站点运维全部上收到省级环境监测部门。加强对环境监测和运维机构的监管，建立质控考核与实验室比对、第三方质控、信誉评级等机制，健全环境监测量值传递溯源体系，加强环境监测相关标准物质研制，建立"谁出数谁负责、谁签字谁负责"的责任追溯制度。开展环境监测数据质量监督检查专项行动，严厉惩处环境监测数据弄虚作假行为。对地方不当干预环境监测行为的，监测机构运行维护不到位及篡改、伪造、干扰监测数据的，排污单位弄虚作假的，依纪依法从严处罚，追究责任。（生态环境部负责）

（三十三）强化科技基础支撑。汇聚跨部门科研资源，组织优秀科研团队，开展重点区域及成渝地区等其他区域大气重污染成因、重污染积累与天气过程双向反馈机制、重点行业与污染物排放管控技术、居民健康防护等科技攻坚。大气污染成因与控制技术研究、大气重污染成因与治理攻关等重点项目，要紧密围绕打赢蓝天保卫战需求，以目标和问题为导向，边研究、边产出、边应用。加强区域性臭氧形成机理与控制路径研究，深化VOCs全过程控制及监管技术研发。开展钢铁等行业超低排放改造、污染排放源头控制、货物运输多式联运、内燃机及锅炉清洁燃烧等技术研究。常态化开展重点区域和城市源排放清单编制、源解析等工作，形成污染动态溯源的基础能力。开展氨排放与控制技术研究。（科技部、生态环境部牵头，卫生健康委、气象局、市场监管总局等参与）

（三十四）加大环境执法力度。坚持铁腕治污，综合运用按日连续处罚、查封扣押、限产停产等手段依法从严处罚环境违法行为，强化排污者责任。未依法取得排污许可证、未按证排污的，依法依规从严处罚。加强区县级环境执法能力建设。创新环境监管方式，推广"双随机、一公开"等监管。严格环境执法检查，开展重点区域大气污染热点网格监管，加强工业炉窑排放、工业无组织排放、VOCs污染治理等环境执法，严厉打击"散乱污"企业。加强生态环境执法与刑事司法衔接。（生态环境部牵头，公安部等参与）

严厉打击生产销售排放不合格机动车和违反信息公开要求的行为，撤销相关企业车辆产品公告、油耗公告和强制性产品认证。开展在用车超标排放联合执法，建立完善环境部门检测、公安交管部门处罚、交通运输部门监督维修的联合监管机制。严厉打击机动车排放检验机构尾气检测弄虚作假、屏蔽和修改车辆环保监控参数等违法行为。加强对油品制售企业的质量监督管理，严厉打击生产、销售、使用不合格油品和车用尿素行为，禁止以化工原料名义出售调和油组分，禁止以化工原料勾兑调和油，严禁运输企业储存使用非标油，坚决取缔黑加油站点。（生态环境部、公安部、交通运输部、工业和信息化部牵头，商务部、市场监管总局等参与）

（三十五）深入开展环境保护督察。将大气污染防治作为中央环境保护督察及其"回头看"的重要内容，并针对重点区域统筹安排专项督察，夯实地方政府及有关部门责任。针对大气污染防治工作不力、重污染天气频发、环境质量改善达不到进度要求甚至恶化的城市，开展机动式、点穴式专项督察，强化督察问责。全面开展省级环境保护督察，实现对地市督察全覆盖。建立

完善排查、交办、核查、约谈、专项督察"五步法"监管机制。(生态环境部负责)

十、明确落实各方责任，动员全社会广泛参与

(三十六)加强组织领导。有关部门要根据本行动计划要求，按照管发展的管环保、管生产的管环保、管行业的管环保原则，进一步细化分工任务，制定配套政策措施，落实"一岗双责"。有关地方和部门的落实情况，纳入国务院大督查和相关专项督查，对真抓实干成效明显的强化表扬激励，对庸政懒政怠政的严肃追责问责。地方各级政府要把打赢蓝天保卫战放在重要位置，主要领导是本行政区域第一责任人，切实加强组织领导，制定实施方案，细化分解目标任务，科学安排指标进度，防止脱离实际层层加码，要确保各项工作有力有序完成。完善有关部门和地方各级政府的责任清单，健全责任体系。各地建立完善"网格长"制度，压实各方责任，层层抓落实。生态环境部要加强统筹协调，定期调度，及时向国务院报告。(生态环境部牵头，各有关部门参与)

(三十七)严格考核问责。将打赢蓝天保卫战年度和终期目标任务完成情况作为重要内容，纳入污染防治攻坚战成效考核，做好考核结果应用。考核不合格的地区，由上级生态环境部门会同有关部门公开约谈地方政府主要负责人，实行区域环评限批，取消国家授予的有关生态文明荣誉称号。发现篡改、伪造监测数据的，考核结果直接认定为不合格，并依纪依法追究责任。对工作不力、责任不实、污染严重、问题突出的地区，由生态环境部公开约谈当地政府主要负责人。制定量化问责办法，对重点攻坚任务完成不到位或环境质量改善不到位的实施量化问责。对打赢蓝天保卫战工作中涌现出的先进典型予以表彰奖励。(生态环境部牵头，中央组织部等参与)

(三十八)加强环境信息公开。各地要加强环境空气质量信息公开力度。扩大国家城市环境空气质量排名范围，包含重点区域和珠三角、成渝、长江中游等地区的地级及以上城市，以及其他省会城市、计划单列市等，依据重点因素每月公布环境空气质量、改善幅度最差的20个城市和最好的20个城市名单。各省(自治区、直辖市)要公布本行政区域内地级及以上城市环境空气质量排名，鼓励对区县环境空气质量排名。各地要公开重污染天气应急预案及应急措施清单，及时发布重污染天气预警提示信息。(生态环境部负责)

建立健全环保信息强制性公开制度。重点排污单位应及时公布自行监测和污染排放数据、污染治理措施、重污染天气应对、环保违法处罚及整改等信息。已核发排污许可证的企业应按要求及时公布执行报告。机动车和非道路移动机械生产、进口企业应依法向社会公开排放检验、污染控制技术等环保信息。(生态环境部负责)

(三十九)构建全民行动格局。环境治理，人人有责。倡导全社会"同呼吸共奋斗"，动员社会各方力量，群防群治，打赢蓝天保卫战。鼓励公众通过多种渠道举报环境违法行为。树立绿色消费理念，积极推进绿色采购，倡导绿色低碳生活方式。强化企业治污主体责任，中央企业要起到模范带头作用，引导绿色生产。(生态环境部牵头，各有关部门参与)

积极开展多种形式的宣传教育。普及大气污染防治科学知识，纳入国民教育体系和党政领导干部培训内容。各地建立宣传引导协调机制，发布权威信息，及时回应群众关心的热点、难点问题。新闻媒体要充分发挥监督引导作用，积极宣传大气环境管理法律法规、政策文件、工作动态和经验做法等。(生态环境部牵头，各有关部门参与)。

六、能源补贴政策

（一）关于加快推进深度贫困地区能源建设助推脱贫攻坚的实施方案

2017年10月31日，国家能源局制定印发《关于加快推进深度贫困地区能源建设助推脱贫攻坚的实施方案》，要求优先安排"三区三州"能源重大投资项目，实施深度贫困地区农村电网改造升级工程，深入推进深度贫困地区光伏扶贫工程。

国家能源局印发《关于加快推进深度贫困地区能源建设助推脱贫攻坚的实施方案》的通知

国能发规划〔2017〕65号

各司，各派出能源监管机构，各直属事业单位，中电联，中电传媒：

按照党的十九大坚决打赢脱贫攻坚战的战略部署和习近平总书记在深度贫困地区脱贫攻坚座谈会上的重要讲话精神，根据中办、国办《关于支持深度贫困地区脱贫攻坚的实施意见》（厅字〔2017〕41号）要求，国家能源局制定了《关于加快推进深度贫困地区能源建设助推脱贫攻坚的实施方案》，现印发你们。请按照本实施方案，结合职能加大对深度贫困地区支持力度，助推深度贫困地区脱贫攻坚。

附件：国家能源局关于加快推进深度贫困地区能源建设助推脱贫攻坚的实施方案

国家能源局
2017年10月31日

国家能源局关于加快推进深度贫困地区能源建设助推脱贫攻坚的实施方案

按照党的十九大坚决打赢脱贫攻坚战的战略部署和习近平总书记在深度贫困地区脱贫攻坚座谈会上的重要讲话精神，根据中办、国办《关于支持深度贫困地区脱贫攻坚的实施意见》（厅字〔2017〕41号）要求，国家能源局将充分发挥能源开发建设在解决深度贫困问题上的基础性作用，加大支持力度，助推深度贫困地区脱贫攻坚，特制订本实施方案。

一、充分认识深度贫困地区脱贫攻坚的重要性

今年6月23日，习近平总书记在深度贫困地区脱贫攻坚座谈会上发表重要讲话，深刻剖析了深度贫困的主要成因，指明了攻坚深度贫困的突破口，明确了做好深度贫困地区脱贫攻坚工作的要求。10月18日，习近平总书记在党的十九大报告中指出，要重点攻克深度贫困地区脱贫任务，确保到二〇二〇年我国现行标准下农村贫困人口实现脱贫，贫困县全部摘帽，解决区域性整体贫困，做到脱真贫、真脱贫。

坚持以人民为中心、坚持在发展中保障和改善民生，是习近平新时代中国特色社会主义思想基本方略中的重要组成部分，对于统筹做好脱贫攻坚全局工作和重点破解深度贫困问题具有

重要指导意义。局各部门、各单位要将思想统一到习近平总书记的重要讲话精神上来，深刻认识深度贫困地区如期完成脱贫攻坚任务的艰巨性、重要性、紧迫性，增强责任担当，加大工作力度，不折不扣地落实好党中央决策部署和习近平总书记的要求。

二、优先安排"三区三州"能源重大投资项目

进一步加大倾斜力度，依据"三区三州"相关能源规划，合理开发利用深度贫困地区能源资源，在深度贫困地区优先布局重大能源投资项目和安排资金，促进资源优势尽快转化为经济发展优势。

（一）优先规划布局能源开发项目

在《能源发展"十三五"规划》、各能源专项规划中期评估、调整以及和省级能源规划的衔接中，把深度贫困地区能源建设摆上更重要的位置，科学合理确定深度贫困地区能源发展思路，明确未来三年的目标和任务，在条件允许的情况下，各类能源项目优先在深度贫困地区布局建设。同时，加快推进深度贫困地区专项能源规划批复工作，在规范能源资源勘探开发秩序的基础上，促进深度贫困地区能源资源的优先开发、转化、利用。（规划司、科技司、电力司、核电司、煤炭司、油气司、新能源司）

（二）优先推动建设能源项目

推动《能源发展"十三五"规划》、各能源专项规划中已确定的深度贫困地区能源开发项目尽快开工建设投产。重点推进在"三区三州"规划建设的重大水电项目，包括已开工的叶巴滩、白鹤滩、巴塘、硬梁包4座水电站，正在开展前期工作的拉哇、两家人、卡拉、牙根一级、孟底沟、金川、巴拉、林芝等8座水电站，总装机3110万千瓦。加快推进甘肃通渭风电基地、四川凉山风电基地建设。督促相关省（区）将风电、光伏建设规模向"三区三州"等深度贫困地区倾斜。到2020年，四川、云南、西藏、青海风电装机累计并网容量分别达到500、1200、20、200万千瓦。加快推进深度贫困地区煤炭矿区总体规划批复和项目核准工作，促进深度贫困地区煤炭行业结构调整和转型升级。加快青藏油气管道项目前期工作，推动建设南疆天然气管线乌什支线。加强深度贫困地区电网建设，加快建设藏中和昌都联网工程、拉萨至灵芝铁路供电工程，研究推进建设阿里与藏区主网互联工程，新疆电网进一步向南疆延伸，完善西部水电基地外送通道建设，确保西藏水电开发与消纳。

对国家能源局办理的涉及深度贫困地区能源项目审批核准事项，要优先尽快办理，积极协助企业落实前置条件。（电力司、煤炭司、油气司、新能源司）

（三）优先安排中央补助性资金

摸清深度贫困地区实际需求，加大农网改造和煤矿安全改造等方面中央补助性资金倾斜支持力度，切实发挥中央预算内投资的带动作用，提高深度贫困地区能源服务水平和安全生产水平，进一步促进当地经济发展。（煤炭司、新能源司）

三、实施深度贫困地区农村电网改造升级工程

（一）进一步加大贫困地区配电网建设改造投资力度

继续按照《国务院办公厅转发发展改革委关于"十三五"实施新一轮农村电网改造升级工程的意见》（国办发〔2016〕9号）部署，将深度贫困地区作为"十三五"实施新一轮农村电网改造升级工程的重点，加快农村电网改造升级，促进脱贫攻坚，重点是加快推进"三区三州"等深度贫困地区农网改造升级，着力解决低电压、网架不合理、未通动力电等发展薄弱环节和关键问题，确保到2020年深度贫困地区供电服务水平达到或接近本省（区、市）农村平均水平。同时，加大深度贫困地区县城区、工业园区的配电网建设改造力度，促进当地经济发展。（新能源司、电力司）

（二）进一步加快实施动力电全覆盖工程

加大政策、资金支持力度，提高建设标准，推进深度贫困地区老旧线路和配电台区改造升级，按计划完成深度贫困地区的农网动力电全覆盖。到2017年底，完成除西藏外的所有深度贫困村通动力电建设任务；到2020年，结合西藏大电网覆盖及县域农村电网建设进程，为西藏2万个贫困自然村通动力电。（新能源司）

四、深入推进深度贫困地区光伏扶贫工程

（一）光伏扶贫规模优先向深度贫困地区安排

在下达"十三五"光伏扶贫规模计划时，对《关于实施光伏发电扶贫工作的意见》附表中的深度贫困县予以重点支持。优先支持"三区三州"因地制宜、按照相关政策建设光伏扶贫项目。（新能源司）

（二）积极配合有关方面做好项目补贴发放及电网接入

配合财政部做好保障光伏扶贫项目补贴优先发放相关工作，确保深度贫困地区光伏扶贫项目补贴及时到位。结合农网改造工程，保障深度贫困地区光伏扶贫项目电网接入，督促电网企业做好相关服务工作，加快并网进度。（新能源司、电力司）

五、加强深度贫困地区定点扶贫工作

国家能源局负责定点扶贫的通渭县属于深度贫困地区。下一步，要继续加大对通渭县脱贫攻坚工作的支持力度。

（一）进一步明确脱贫攻坚目标任务

对《国家能源局定点帮扶与省直单位双联融合推进通渭县脱贫攻坚总体规划（2016—2020）》、《甘肃省通渭风电基地规划》的实施情况进行评估，根据实际情况提出调整意见。同时，把规划中剩余的任务逐一分解落实到年度，明确重点任务和时间表，采取有力措施，对账销号，深入推进落实。（规划司、新能源司）

（二）重点研究解决好县里关切的事项

对于通渭县提出需要协调解决的支持通渭风电项目、清洁供暖试点项目、光伏扶贫项目、生物质秸秆及垃圾气化热电联产示范项目建设以及其他重要事项，结合风电开发预警管理调整、清洁取暖试点推进等工作，予以积极支持和指导。（新能源司、电力司、甘肃能源监管办）

（三）强化人才支援和教育帮扶

按照定点扶贫工作的需要，继续选派优秀干部到通渭县挂职，以及在扶贫村任第一书记。注重对扶贫挂职人员的日常管理和考核监督，对成绩突出、群众公认的挂职干部，按照有关规定积极予以宣传表彰和提拔使用。继续在通渭县组织开展支教、培训、讲座等教育帮扶活动。（人事司、规划司、甘肃能源监管办）

以上工作，国家能源局各部门、各单位要高度重视，加强组织领导，落实工作责任，强化协调沟通，共同推进各项任务的落实，务求取得实效。

（二）关于加快推进可再生能源发电补贴项目清单审核有关工作的通知

2020年11月18日，财政部下发了《关于加快推进可再生能源发电补贴项目清单审核有关工作的通知》。

关于加快推进可再生能源发电补贴项目清单审核有关工作的通知
财办建〔2020〕70号

各省、自治区、直辖市财政厅（局），国家电网公司、中国南方电网有限责任公司、国家可再生能源信息管理中心：

按照《财政部　国家发展改革委　国家能源局关于促进非水可再生能源发电健康发展的若干意见》（财建〔2020〕4号）要求，国家不再发布可再生能源电价附加补助目录，而由电网企业确定并定期公布符合条件的可再生能源发电补贴项目清单（以下简称补贴清单）。为加快推进相关工作，现将补贴清单审核、公布等有关事项通知如下：

一、抓紧审核存量项目信息，分批纳入补贴清单。纳入补贴清单的可再生能源发电项目需满足以下条件：

（一）符合我国可再生能源发展相关规划的陆上风电、海上风电、集中式光伏电站、非自然人分布式光伏发电、光热发电、地热发电、生物质发电等项目。所有项目应于2006年及以后年度按规定完成核准（备案）手续，并已全部容量完成并网。

（二）符合国家能源主管部门要求，按照规模管理的需要纳入年度建设规模管理范围内，生物质发电项目需纳入国家或省级规划，农林生物质发电项目应符合《农林生物质发电项目防治掺煤监督管理指导意见》（国能综新能〔2016〕623号）要求。其中，2019年光伏新增项目，2020年光伏、风电和生物质发电新增项目需满足国家能源主管部门出台的新增项目管理办法。

（三）符合国家可再生能源价格政策，上网电价已获得价格主管部门批复。

二、补贴清单由电网企业公布。具体流程如下：

（一）项目初审。

国家电网、南方电网和地方独立电网企业组织经营范围内的可再生能源发电企业按要求申报补贴清单，并对申报项目材料的真实性进行初审。具体申报要求见国家可再生能源信息平台（以下简称信息平台）公告。

（二）省级主管部门确认。

电网企业将符合要求的可再生能源发电项目汇总后，向各省（区、市）能源主管部门申报审核。各省（区、市）能源主管部门对项目是否按规定完成核准（备案）、是否纳入年度建设规模管理范围等条件进行确认并将结果反馈电网企业。

（三）项目复核。

电网企业将经过确认的可再生能源发电项目相关申报材料按要求通过信息平台提交国家可再生能源信息管理中心，由国家可再生能源信息管理中心对申报项目资料的完整性、支持性文件的有效性和项目情况的真实性进行复核，包括规模管理和电价政策等方面内容，并将复核结果反馈电网企业。

（四）补贴清单公示和公布。

电网企业将复核后符合条件的项目形成补贴项目清单，并在网站上进行公示。公示期满后，国家电网、南方电网正式对外公布各自经营范围内的补贴清单，并将公布结果报送财政部、国家发展改革委和国家能源局。地方独立电网需报送所在地省级财政、价格、能源主管部门确认后，再公布经营范围内的补贴清单。

补贴清单内容需包括：项目类别、名称、场址、业主、并网容量、全容量并网时间、上网电价、列入规模管理年份等基本信息，以及其他必要信息。此前已公布的补贴清单如信息不全，应予以补充公布。

三、按照国家价格政策要求，项目执行全容量并网时间的上网电价。对于履行程序分批次并网的项目，除国家另有明确规定以外，应按每批次全容量并网的实际时间分别确定上网电价。项目全容量并网时间由地方能源监管部门或电网企业认定，如因技术原因等特殊原因确实无法认定的，为加快项目确权，暂按本文所附《可再生能源发电项目全容量并网时间认定办法》进行认定。

四、纳入补贴清单的可再生能源发电项目，如项目名称、业主信息发生变更，由可再生能源发电企业向电网企业申请更变，电网企业应在接到申请后15天内完成变更并对外公布；如并网容量、场址发生变更，需按本通知第三部分要求重新申报纳入补贴清单。

五、光伏自然人分布式仍按《财政部 国家发展改革委 国家能源局关于公布可再生能源电价附加资金补助目录（第六批）的通知》（财建〔2016〕669号）要求管理，电网企业应定期汇总项目信息并完成备案工作。

请各单位按照上述要求，按照项目全容量并网时间先后顺序，成熟一批，公布一批，尽快完成补贴清单的公布。补贴清单审核、公布中如遇新情况、新问题，请及时向财政部、国家发展改革委、国家能源局反映。

财政部办公厅

2020年11月18日

（三）关于完善新能源汽车推广应用财政补贴政策的通知

2020年4月23日，财政部等下发了《关于完善新能源汽车推广应用财政补贴政策的通知》。

关于完善新能源汽车推广应用财政补贴政策的通知

财建〔2020〕86号

各省、自治区、直辖市、计划单列市财政厅（局）、工业和信息化主管部门、科技厅（局、科委）、发展改革委：

为支持新能源汽车产业高质量发展，做好新能源汽车推广应用工作，促进新能源汽车消

费,现将新能源汽车推广应用财政补贴政策有关事项通知如下:

一、延长补贴期限,平缓补贴退坡力度和节奏

综合技术进步、规模效应等因素,将新能源汽车推广应用财政补贴政策实施期限延长至2022年底。平缓补贴退坡力度和节奏,原则上2020~2022年补贴标准分别在上一年基础上退坡10%、20%、30%(2020年补贴标准见附件)。为加快公共交通等领域汽车电动化,城市公交、道路客运、出租(含网约车)、环卫、城市物流配送、邮政快递、民航机场以及党政机关公务领域符合要求的车辆,2020年补贴标准不退坡,2021~2022年补贴标准分别在上一年基础上退坡10%、20%。原则上每年补贴规模上限约200万辆。

二、适当优化技术指标,促进产业做优做强

2020年,保持动力电池系统能量密度等技术指标不作调整,适度提高新能源汽车整车能耗、纯电动乘用车纯电续驶里程门槛(具体技术要求见附件)。2021~2022年,原则上保持技术指标总体稳定。支持"车电分离"等新型商业模式发展,鼓励企业进一步提升整车安全性、可靠性,研发生产具有先进底层操作系统、电子电气系统架构和智能化网联化特征的新能源汽车产品。

三、完善资金清算制度,提高补贴精度

从2020年起,新能源乘用车、商用车企业单次申报清算车辆数量应分别达到10000辆、1000辆;补贴政策结束后,对未达到清算车辆数量要求的企业,将安排最终清算。新能源乘用车补贴前售价须在30万元以下(含30万元),为鼓励"换电"新型商业模式发展,加快新能源汽车推广,"换电模式"车辆不受此规定。

四、调整补贴方式,开展燃料电池汽车示范应用

将当前对燃料电池汽车的购置补贴,调整为选择有基础、有积极性、有特色的城市或区域,重点围绕关键零部件的技术攻关和产业化应用开展示范,中央财政将采取"以奖代补"方式对示范城市给予奖励(有关通知另行发布)。争取通过4年左右时间,建立氢能和燃料电池汽车产业链,关键核心技术取得突破,形成布局合理、协同发展的良好局面。

五、强化资金监管,确保资金安全

地方新能源汽车推广牵头部门应会同其他相关部门强化管理,要把补贴核查结果同步公示,接受社会监督,对未按要求审核公示的上报资料不予受理。切实发挥信息化监管作用,对于数据弄虚作假的,经查实一律取消补贴。对监管不严、造成骗补等问题的地方和企业按规定严肃处理。

六、完善配套政策措施,营造良好发展环境

根据资源优势、产业基础等条件合理制定新能源汽车产业发展规划,强化规划的严肃性,确保规划落实。加大新能源汽车政府采购力度,机要通信等公务用车除特殊地理环境等因素外原则上采购新能源汽车,优先采购提供新能源汽车的租赁服务。推动落实新能源汽车免限购、免限行、路权等支持政策,加大柴油货车治理力度,提高新能源汽车使用优势。

本通知从2020年4月23日起实施,2020年4月23日至2020年7月22日为过渡期。过渡期期间,符合2019年技术指标要求但不符合2020年技术指标要求的销售上牌车辆,按照《关于进一步完善新能源汽车推广应用财政补贴政策的通知》(财建〔2019〕138号)对应标

准的 0.5 倍补贴，符合 2020 年技术指标要求的销售上牌车辆按 2020 年标准补贴。补贴车辆限价规定过渡期后开始执行。2019 年 6 月 26 日至 2020 年 4 月 22 日推广的燃料电池汽车按照财建〔2019〕138 号规定的过渡期补贴标准执行。

其他相关规定继续按《关于 2016—2020 年新能源汽车推广应用财政支持政策的通知》（财建〔2015〕134 号）、《关于新能源汽车推广应用审批责任有关事项的通知》（财建〔2016〕877 号）、《关于调整新能源汽车推广应用财政补贴政策的通知》（财建〔2016〕958 号）、《关于调整完善新能源汽车推广应用财政补贴政策的通知》（财建〔2018〕18 号）、《关于进一步完善新能源汽车推广应用财政补贴政策的通知》（财建〔2019〕138 号）、《关于支持新能源公交车推广应用的通知》（财建〔2019〕213 号）等有关文件执行。

附件：2020 年新能源汽车推广补贴方案及产品技术要求（略）

财政部
工业和信息化部
科技部
国家发展改革委
2020 年 4 月 23 日

七、能源供应保障政策

（一）关于做好煤电油气运保障工作的通知

为统筹做好煤电油气运供应工作，为党的十九大胜利召开提供有力保障，营造良好的氛围，2017 年 9 月 14 日，国家发改委印发了《关于做好煤电油气运保障工作的通知》。

国家发展改革委关于做好煤电油气运保障工作的通知

发改运行〔2017〕1659 号

各省、自治区、直辖市发展改革委、经信委（工信委、工信厅），北京市城管委，吉林省能源局，煤电油气运保障工作部际协调机制有关成员单位，中国电力企业联合会，中国华能集团公司、中国大唐集团公司、中国华电集团公司、中国国电集团公司、国家电力投资集团公司、中国长江三峡集团公司、国家开发投资公司、中国核工业集团公司、中国广核集团公司、神华集团有限责任公司、中国中煤能源集团有限公司、中国海洋石油总公司、中国远洋海运集团有限公司：

为统筹做好煤电油气运供应工作，为党的十九大胜利召开提供有力保障，营造良好的氛围，现就有关事项通知如下。

一、增强"四个意识"，突出综合谋划

党的十九大是在我国全面建成小康社会决胜阶段召开的一次十分重要的代表大会，是党和国家政治生活中的一件大事。各地经济运行部门、有关企业和行业协会要牢固树立"四个意识",充分认识做好十九大期间煤电油气运保障工作的重大意义,切实把做好与经济社会发展和群众生产生活密切相关的供煤、供电、供油、供气、供暖和有关运输保障等工作,作为当前经济运行调节的一项重大政治任务,精心谋划,周密安排,主动担当,狠抓落实,确保党的十九大召开前后煤电油气运稳定供应。

二、加强运行调节,努力保障安全稳定供应

(一)加强经济运行态势分析研判。近期各地要强化对本地区经济运行态势特别是煤电油气运供需状况的分析监测,准确把握市场需求变化,密切关注国内外经济和上下游行业变化对煤电油气运供需关系的影响。重点加强对生产、销售、库存等情况的跟踪监测及产运销衔接,保持合理库存水平,及时发现和协调解决供应中的问题,保障重点时段、重点行业市场稳定有序供应。

(二)加快推进煤炭优质产能释放。一是各产煤地区要组织指导煤炭生产企业在确保安全的前提下科学组织生产,不得以简单停产方式开展或应对执法检查,重点产煤地区要认真落实保供责任。二是严格落实增减挂钩、减量置换要求,加快办理相关手续,促进建设项目依法依规投入建设生产。相关政府部门要按照简政放权、放管结合、优化服务要求,加快办理建设项目核准手续;对已核准项目,要积极协调加快办理采矿许可、土地使用、环境影响评价和安全生产许可等后续手续,已建成项目要及时开展联合试运转和竣工验收等工作。三是按照严格条件标准、严格减量置换的原则,对部分符合条件的优质产能煤矿重新核定生产能力。各地和有关中央企业要积极协调和组织具备条件的煤矿加紧落实产能置换方案,为加快办理相关手续、增加有效供给创造条件。

(三)做好电力稳发稳供。一是落实稳定发电责任。各单位要按照要求,继续做好相关工作,首先确保完成今年电力迎峰度夏任务。各地要认真执行优先发电计划,密切跟踪并及时公开进度,切实促进清洁能源多发满发,优先上网。发电企业要分析供需形势,提前做好燃料采购、运力衔接和储存,千方百计扩大场存能力、提高存储水平;做好设备维护和检修,稳定发电出力,兑现直接交易合同。二是优化电网运行方式。电网企业要在保证安全的条件下优化火电机组运行方式,为清洁能源上网腾出空间;充分发挥北京、广州电力交易平台作用,进一步加大跨省区送受电规模,实施余缺互补;积极开展发电权交易,实现清洁能源机组与火电机组间利益调节,鼓励同一集团内实行跨省区发电权交易。三是增强系统调节能力。各地要加大火电机组灵活性改造力度,积极扩大热电解耦规模,增强系统消纳可再生能源能力;要建立利益调节机制,切实落实《可再生能源调峰机组优先发电试行办法》,再加快认定一批调峰机组,提高火电机组参与调峰积极性;鼓励清洁能源机组与煤电机组、自备电厂开展发电权交易,引导参与调峰。

(四)提高油品天然气供应保障能力。有关企业要根据重点时段、重点地区、重点领域市场供需变化情况,在安全生产前提下适当提高加工负荷,加强产运销衔接和便民服务,保持合理库存水平,满足不同品种牌号油品需求,特别要做好严寒地区低凝点柴油供应工作,优先保证高速公路、中心城区等重点用油需求。要及早采取增产、增加进口、减少自用等措施增加天然气资源供应,加快推进管网建设和互联互通促进资源优化配置,有效发挥储气设施调峰作用，确保重点地区、重点用户天然气需求。各地天然气保障主管部门要按照签订的《2017年保证民生用气责任书》有关要求，明确目标任务，落实各地天然气供应保障主管部门责任，完善综合保供措施，确保民生用气。

（五）加强运输协调保障。各地要提前摸清运输需求，加强与运输部门的沟通衔接，制定煤炭、粮食等重点物资运输方案，强化运输综合协调，确保重点物资运输平稳有序。铁路、港航企业要继续加强与上下游企业的沟通，特别是对东北等地区存煤明显偏低的重点电厂，优先安排请车、装车、装船和港口接卸，保障煤炭港存处于合理水平；充分利用管输、铁路、公路等多种运输方式，加强对粮食主产区域柴油资源调运，确保秋种用油需要；按照国家粮食调拨计划，加强粮食调运协调，做好跨省移库粮和省内集并粮运输工作；根据市场供应需要，重点做好西北钾肥、西南磷肥及山东、山西氮肥运输。运输部门要根据客流变化，科学安排，合理组织，努力满足国庆"黄金周"等重点时段旅客出行需要，确保旅客运输平稳有序。

（六）务必确保安全生产。煤电油气运各单位要提高思想认识，牢固树立安全发展理念，始终把安全生产放在首要位置，严格做到"不放过任何一个漏洞，不丢掉任何一个盲点，不留下任何一个隐患"。各有关单位要认真贯彻落实国务院安委会的部署，配合支持有关部门开展全国安全生产大检查，强化隐患排查治理，坚决落实安全生产责任制，健全安全生产工作长效机制，促进煤电油气运安全生产和稳定供应。

三、坚持问题导向，着力解决好重点地区的问题和困难

（一）确保华北电网平稳有序运行。各有关单位要坚持"全国保华北，华北保京津唐，京津唐保北京，北京保核心"的原则，统筹资源，集中力量，确保党的十九大期间北京电网的安全平稳运行。要充分发挥跨省区送电通道作用，加强跨省区送电支援，确保受电地区的电源支撑，保障电网供需平衡。发电企业要严格落实发电运行安排方案，服从调度命令，确保机组正常运行，加强环保设施运行管理，确保达标排放。对发电机组、变电站、重要输电线路等关键部位要加强值守；对电网运行的薄弱环节要加强安全技术保障，提高电力供应保障系数。

（二）强化华北地区用油用气。有关企业要进一步优化加工方案，高负荷生产京Ⅵ、国Ⅴ汽柴油产品，重点保障华北地区特别是重点城市成品油清洁安全稳定供应。积极协调外方保障进口管道气稳定供应，提前落实进口LNG资源，确保主力气田按计划生产，优化储气库注采方案，按时建成投用陕京四线、中靖联络线等重点工程，组织存在资源硬缺口的城市通过市场采购等方式提前锁定资源，确保华北地区居民生活等重点用气需求。

（三）全力保障重点地区发电供暖煤炭供应。各省区市和相关企业要加强煤炭产运需动态监测分析，及时发现和协调解决供应中出现的突出问题，努力保障党的十九大召开前后煤炭稳定供应。京津唐地区，要积极落实煤源，加强运输调度协调，提前做好电煤储备工作，确保电煤稳定供应。东北地区要充分认识今冬明春煤炭供应保障的严峻性和复杂性，切实承担起本地区保供责任，进一步研究完善保供方案，确保责任到人、措施落地；内蒙古自治区政府要认真落实特别应急供煤措施，组织煤矿在确保安全的前提下做好生产，全力保障东北地区和京津唐地区煤炭稳定供应。重庆、四川、贵州、云南等保供难度较大的地区，要合理把握去产能的节奏和力度，积极整合资源，完善储煤设施，提高社会存煤和电厂存煤能力。运输企业要加强运力安排与运输组织，挖掘潜力增加煤炭运力，优先保障重点港口、重点用户和重点区域的运输

需求。发电企业要认真履行保障供应主体责任，加强与煤矿、运输企业沟通，落实所需资源和运力，提前做好电煤储备工作，努力将电煤库存提升到合理水平。煤炭产运需三方要多签订量价齐全和有运力保障的中长期合同，要加强对合同执行情况的监督考核，进一步提高签约履约水平。

四、强化底线思维，科学制定应急预案

（一）加强安全隐患排查。各有关单位要对煤电油气运工作的风险隐患和薄弱环节进行彻底排查，做到对不安全因素早发现、早报告、早控制、早化解。持续加强巡检维护，细化各项安全管理方案，及时采取有效措施，消除安全隐患，防范和遏制重大事故发生，确保煤电油气运安全稳定运行。

（二）科学制定突发应急预案。各有关方面要针对重点领域、关键环节，研究制定发生事故灾难、出现极端天气等特殊情况下的应急预案，坚持底线思维，充分估计可能出现的各种困难，未雨绸缪，细化各项应对措施，加强应急演练，适时启动并做好组织实施工作，最大限度降低各类突发事件对煤电油气运保障工作的影响。主要产煤地区要结合产能情况、可供资源等研究提出保供措施，煤炭供应保障难度大的地区要摸清重点行业用煤情况，制定详实可操作的有序用煤工作预案，切实避免出现电厂缺煤停机的情况。电力供应偏紧地区要认真落实优先购电制度，及时制定有序用电方案，优先保障重点用户和居民等民生用电。科学制定成品油、天然气应急保供预案，采取必要的需求侧管理措施，科学确定减停供次序，确保党的十九大期间重点地区、重点场所、重大活动成品油和天然气的稳定供应。

五、加强组织领导，保障措施落实

（一）明确责任分工。各地政府部门要认真按照本地党委、人民政府的部署和分工，切实履行保障煤电油气运供应的责任，研究制定党的十九大期间煤电油气运保障工作方案，并层层压实相关部门和企业的主体责任，建立健全问责机制，确保任务落实、责任落实和督查落实。

（二）建立保障工作沟通协同机制。煤电油气运保障工作涉及到相关政府部门、各有关企业、用户等各个主体，涉及到各省份之间协调互济等方方面面，相关部门之间、企业之间要加强合作，务必做到协同联动。要建立沟通机制，强化信息共享和工作协同，形成合力，做到科学统筹。

（三）加快推进煤电油气运信用体系建设。各有关单位要创新事中事后监管方式，积极推动煤电油气运行业信用体系建设，规范市场主体行为，促进煤电油气运保障长效机制建立。积极建立相关市场主体信用记录，纳入统一的信用信息平台，引入第三方征信机构对市场主体开展信用评价。要开展煤电油气运领域失信问题专项治理，推进落实联合惩戒合作备忘录，对严重失信的市场主体实施联合惩戒，维护正常的行业秩序。

国家发展改革委
2017年9月14日

（二）提升新能源汽车充电保障能力行动计划

2018年11月9日，为加快推进充电基础设施规划建设，全面提升新能源汽车充电保障能力，国家发改委印发关于《提升新能源汽车充电保障能力行动计划》的通知。

关于印发《提升新能源汽车充电保障能力行动计划》的通知

发改能源〔2018〕1698号

各省、自治区、直辖市发展改革委、能源局、工业和信息化主管部门、财政厅，北京城管委，各派出能源监管机构，国家电网公司、南方电网公司：

为加快推进充电基础设施规划建设，全面提升新能源汽车充电保障能力，推动落实《电动汽车充电基础设施发展指南（2015—2020年）》，根据《国务院办公厅关于加快电动汽车充电基础设施建设的指导意见》（国办发〔2015〕73号）要求，国家发展改革委、国家能源局、工业和信息化部、财政部制定了《提升新能源汽车充电保障能力行动计划》，现印发你们，请遵照执行。

国家发展改革委

国家能源局

工业和信息化部

财政部

2018年11月9日

提升新能源汽车充电保障能力行动计划

我国新能源汽车正处于市场化发展的关键时期，充电基础设施是新能源汽车推广应用的重要基础之一。近年来，在党中央、国务院的正确领导下，在各有关方面的大力支持下，我国充电基础设施快速发展，已建成充电桩数量超过60万个，为新能源汽车提供了配套能源保障，在能源供给侧结构性改革和大气污染防治等方面发挥了重要作用。

当前，新能源汽车和充电设施尚处于发展过程中，特别是充电基础设施依然面临着建设落地难、运营效率低等问题，仍是制约新能源汽车发展的短板之一，新能源汽车充电保障能力亟待提升。为加快推进充电基础设施规划建设，全面提升新能源汽车充电保障能力，推动落实《电动汽车充电基础设施发展指南（2015—2020年）》，根据《国务院办公厅关于加快电动汽车充电基础设施建设的指导意见》（国办发〔2015〕73号）要求，特制定本行动计划。

一、总体要求

深入贯彻习近平新时代中国特色社会主义思想，落实党中央、国务院关于加快新能源汽车发展的决策部署，以新能源汽车推广应用为出发点，以提升充电保障能力为行动目标，推动充电基础设施高质量发展，为新能源汽车发展提供坚实能源保障，为新能源汽车用户提供更高效便捷的充电服务。

二、工作目标

力争用3年时间大幅提升充电技术水平，提高充电设施产品质量，加快完善充电标准体系，全面优化充电设施布局，显著增强充电网络互联互通能力，快速升级充电运营服务品质，进一步优化充电基础设施发展环境和产业格局。

三、重点任务

（一）提高充电设施技术质量

加强充电技术研究和充电设施产品开发，满足充电可靠性要求，促进充电设施智能化，实现充电连接轻量化，探索充电方式无线化，改善用户充电体验，满足新能源汽车不同场景的充电需求。充分发挥整车、动力电池、充电设备生产、设施运营等企业主体作用，加快技术创新，加强品质管控，促进充电技术的创新开发应用，确保充电设备质量优良、环境友好、使用便捷、安全可靠。严格执行充电接口及通信协议标准，加强跨专业合作，跟踪先进充电技术的发展，加快大功率充电、无线充电、智能充电等技术的研发应用，共同提升电动汽车充电保障能力。

（二）提升充电设施运营效率

充电设施运营企业要全面提升设施运营维护水平，加强管理和资源保障，采购符合标准的充电设备，系统排查现有设施设备运行状态，确保运营安全，积极盘活"僵尸桩"，结合服务场景科学配置车桩比例，切实提升充电设施利用效率和服务能力。继续探索出租车、租赁车等特定领域电动汽车换电模式应用。

（三）优化充电设施规划布局

各地能源主管部门要牵头会同相关方面，加强协同，形成合力，根据中长期新能源汽车保有量、区域分布、类型结构等，梳理总结行驶停放及充电规律，分析充电需求场景，优化车桩匹配，及时滚动编制充电设施建设专项规划，并将其纳入城乡整体规划，指导充电设施科学合理布局，千方百计解决老旧居民区充电桩、城市中心公共充电设施等建设难题，补齐充电网络短板，有效缓解充电设施利用率低和车辆充电不便利并存的矛盾。

进一步明确和细化充电基础设施的用地政策，保证公交车、出租车、物流车、分时租赁车、共享汽车等运营类新能源汽车充电设施的建设用地，以及有明确需求的其他新能源车辆的充电专用场地，提高充电保障能力。针对老旧、电力增容困难且有充电需求的居民区要在周边合理范围内，科学规划公共充电设施建设用地。在企事业单位停车场按需配建充电设施，鼓励在商业区、旅游区停车场因地制宜建设充电设施。深度挖掘城市停车空间，加强停车场规划与充电设施规划的衔接，支持结合停车场一体建设充电设施，并鼓励通过化零为整的方式，将分散的各类城市停车充电设施集中委托给停车场管理单位或有实力的充电服务企业，开展规模化建设或经营。进一步落实简化规划审批要求，重点加快居民自有停车库、停车位建桩，企事业单位既有停车位建桩，以及运营商在城市公共停车场建桩的推进速度。建立和完善充电设施建设用地及其相关管理标准、规范，明确场地方、建设方、运营方责任和管理措施。

（四）强化充电设施供电保障

将充电设施电力接入作为发展新能源汽车基础配套设施范畴统筹考虑。对用户充电规律、充电电量、使用场景进行系统研究预测，将设施供电纳入配电网专项规划，保证供电容量满足需求并具有包容性。电网企业要按照相关专项规划，做好基础设施配套电网建设与改造，合理建设充电设施接入系统工程，相关成本纳入电网输配电价。各供电企业要进一步规范接电报装流程，落实开辟绿色通道和限时办结的要求，为充电设施建设提供便利、高效服务。

加强居民区充电设施接入服务。新建居民区应统一将供电线路敷设至固定停车位（或预留敷设条件），预留用电容量。全面摸排现有居民区停车位安装充电桩及供电现状，研究探索公共电网对物业管理停车位直接供电模式，加快推广电动汽车智能化有序充电，针对老旧居民区电力容量不够等问题，引导电动汽车低谷充电，挖掘现有电网设备利用潜力，千方百计满足"一车一桩"接电需求。

保障公交、出租、物流、环卫等专用充电设施用电需求。根据专用电动车辆的增长情况，提前做好配网规划，并保障充电设施红线外供配电设施投资建设，实现配套电网建设工程与充电设施同步施工、同步接电，服务专用领域电动汽车规模化应用。

（五）推进充电设施互联互通

着力提升充电互联互通水平，加快构建和完善充电基础设施信息互联互通网络，有效解决充电用户找桩难、联通难、结算难等问题，为充电用户提供更好的充电服务保障，促进产业科学健康发展。

推进国家充电基础设施信息服务平台和国家新能源汽车监管平台协同发展。研究建立数据共享机制，实施新能源汽车充电溯源管理，做到充电行为数据可追溯、节能减排数据可计算、车桩信息数据可统计。推进国家级信息平台与重点城市信息平台、企业平台的互联互通，逐步形成充电设施信息服务网络。

各充电设施运营企业要提升信息化水平，面向用户提供充电服务信息，准确提供充电设施的状态信息，强化所属设备的支付结算、运行维护和充电安全等信息管理。鼓励整车企业优化新能源汽车运行监测平台，与充电设施运营、出行服务等企业对接，实现信息互联互通。

（六）完善充电设施标准体系

做好标准顶层设计和体系规划，发挥标准技术引领、规范充电设施市场的作用，促进新能源汽车与充电设施行业标准间的协调统一。加快推进充电标准化进程，建立形成国家标准、行业标准、团体标准有效互补的充电标准体系，满足充电技术发展需要。

结合新技术、新工艺、新材料发展，完善传导充电、无线充电标准体系。提高产品质量要求，完善充电设施关键元器件、材料、工艺团体标准，制定高温高湿沿海地区、低温严寒地区充电设施防护标准。制定电动客车大功率充电技术标准，开展乘用车大功率充电技术研发及标准预研工作，制定电动汽车无线充电互操作标准，启动无线充电互操作测试，研究大电流交流充电标准。研究电动汽车、充电设施与电网互动标准体系，结合有序充电、充电电力需求侧管理、微电网—充放电示范试点，加快制定电网互动标准。

继续开展充电互操作性测试活动，提升相关实验室的检验检测能力。加强充电信息安全标准建设，完善充电设施、新能源汽车充电信息安全测试评价标准。完善互联互通标准，制定充电设施—充电服务平台、充电服务平台—整车平台通信协议标准，满足国家级、城市级信息平台建设需要，以及个人桩分享、即插即充充电业务需求。

积极开展电动汽车充电设施国际标准化工作，参与国际充电标准制定。推动我国充电标准国际化，提高我国在国际标准中的地位，服务行业企业走出去。

四、保障措施

（一）积极鼓励商业模式创新

进一步加大对充电设施运营模式创新的支持力度。在公共、私人、专用充电服务领域创新商业模式，鼓励打造商业模式创新示范工程，为电动汽车用户提供更好的充电服务体验与综合增值服务，促进形成健康、可持续发展的商业生态环境。

鼓励整车、充电设施运营服务、出行服务等企业开展合作，促进充电服务专业化发展，通过众筹建桩、电力市场、车位经营、车辆租赁、广告服务、大数据应用、电动汽车充放电等多种方式增加运营收入。开拓电动汽车销售、租赁、维修保养等服务市场，探索创新公交、出租、环卫、物流、分时租赁、网约、共享、通勤、旅游巴士等专用充电领域商业运营模式。鼓励充电场站与商业地产相结合的发展方式，提升商场、超市、电影院、便利店、旅游景区等公共领域充电服务水平。

（二）持续加大政策支持力度

加大相关部门间统筹协调力度，系统解决项目建设用地、电力接入、配建预留、燃油车占位、运营盈利难等共性问题。鼓励地方充分发挥"十三五"中央财政充电基础设施奖补政策作用，促进整车行业与充电设施建设运营行业合作，调动社会资本积极性，为私人用户提供建桩充电保障。引导地方财政补贴从补购置转向补运营，逐渐将地方财政购置补贴转向支持充电基础设施建设和运营、新能源汽车使用和运营等环节。支持采用"互联网+"等方式，加强对享受补贴充电设施的事中事后考核监管，确保相关充电设施产品符合国家相关标准并发挥实效。

电网公司要按照规定落实现有优惠电价政策。具备条件的充电设施，通过安装核减表，满足电费发票抵扣需求，促进电价规范和公平竞争。加大峰谷电价实施力度，引导充电基础设施参与电力削峰填谷，降低电力使用成本。利用智能电网、智能网联汽车等技术，鼓励新能源汽车提供储能服务，并通过峰谷差获得收益。引导鼓励开发充电设施的财产险、产品责任险等险种，保护消费者权益。加强技术储备，开展电动汽车充放电试点，探索分布式发电、储能与电动汽车充放电技术的结合，促进清洁能源消纳。

（三）充分发挥行业协会作用

充分发挥中国充电联盟等行业组织的作用，积极促进充电设施行业向规模化、规范化、多元化方向发展，促进创新，提质增效。通过开展自愿性产品检测认证、行业白名单制定等工作，配合政府部门严格产品准入和事中事后监督，引导充电技术进步，提升充电设施产品质量和服务水平，强化企业社会责任和行业自律。推动国家充电基础设施信息服务平台建设，加快与国家新能源汽车监管平台的信息互联互通。

（三）关于做好 2020 年能源安全保障工作的指导意见

2020 年 6 月 12 日，国家发改委、国家能源局联合下发《关于做好 2020 年能源安全保障工作的指导意见》。

国家发展改革委　国家能源局关于做好 2020 年能源安全保障工作的指导意见

发改运行〔2020〕900 号

各省、自治区、直辖市、新疆生产建设兵团发展改革委、工信厅（经信委、经信厅）、能源局：

在习近平总书记提出的"四个革命、一个合作"能源安全新战略指引下，我国能源转型发展和产供储销体系建设深入推进，供给体系不断完善，煤电油气供应保障能力稳步提升，安全风险总体可控，能够满足经济社会发展正常需要，并经受住了新冠肺炎疫情等突发情形的冲击和考验。与此同时，保障能源安全稳定供应也面临一些新的挑战。为深入贯彻落实习近平总书记系列重要指示批示精神，紧紧围绕政府工作报告决策部署，扎实做好"六稳"工作，落实"六保"任务，推动能源高质量发展，不断提高能源安全保障能力，提出如下意见：

一、总体要求

以习近平新时代中国特色社会主义思想为指导，深入贯彻党的十九大和十九届二中、三中、四中全会精神，遵循"四个革命、一个合作"能源安全新战略，按照总体国家安全观的要求，保持战略定力，增强忧患意识，坚持稳中求进工作总基调，坚持底线思维，深入落实政府工作报告部署，着眼应对我国能源供应体系面临的各种风险挑战，着力增强供应保障能力，提高能源系统灵活性，强化能源安全风险管控，保障国家能源安全，为经济社会秩序加快恢复和健康发展提供坚实有力支撑。

二、大力提高能源生产供应能力

（一）不断优化煤炭产能结构。严格安全、环保、能耗执法，分类处置30万吨/年以下煤矿、与环境敏感区重叠煤矿和长期停产停建的"僵尸企业"，加快退出达不到安全环保等要求的落后产能，为优质产能释放腾出环境容量和生产要素。坚持"上大压小、增优汰劣"，持续优化煤炭生产开发布局和产能结构，扩大优质增量供给，促进供需动态平衡。主要产煤地区要科学规划煤炭和煤电、煤化工等下游产业发展，统筹煤炭就地转化与跨区域供应保障，保持产业链供应链协同稳定。深入推进煤矿机械化、自动化、信息化、智能化建设，进一步提升安全绿色高效开发水平。2020年再退出一批煤炭落后产能，煤矿数量控制在5000处以内，大型煤炭基地产量占全国煤炭产量的96%以上。

（二）持续构建多元化电力生产格局。稳妥推进煤电建设，发布实施煤电规划建设风险预警，严控煤电新增产能规模，按需合理安排应急备用电源和应急调峰储备电源。在保障消纳的前提下，支持清洁能源发电大力发展，加快推动风电、光伏发电补贴退坡，推动建成一批风电、光伏发电平价上网项目，科学有序推进重点流域水电开发，打造水风光一体化可再生能源综合基地。安全发展先进核电，发挥电力系统基荷作用。开展煤电风光储一体化试点，在煤炭和新能源资源富集的西部地区，充分发挥煤电调峰能力，促进清洁能源多发满发。2020年，常规水电装机达到3.4亿千瓦左右，风电、光伏发电装机均达到2.4亿千瓦左右。

（三）积极推动国内油气稳产增产。坚持大力提升国内油气勘探开发力度，支持企业拓宽资金渠道，通过企业债券、增加授信额度以及通过深化改革、扩大合作等方式方法，推动勘探开发投资稳中有增。加强渤海湾、鄂尔多斯、塔里木、四川等重点含油气盆地勘探力度，夯实资源接续基础。推动东部老油气田稳产，加大新区产能建设力度。加快页岩油气、致密气、煤层气等非常规油气资源勘探开发力度，保障持续稳产增产。

三、积极推进能源通道建设

（四）增加铁路煤炭运输。加快浩吉铁路集疏运项目建设进度，充分发挥浩吉铁路通道能力，力争2020年煤炭运输增加3000万吨以上。加快补强瓦日线集疏运配套能力，力争增加3000万吨以上。利用唐呼、包西、宁西、瓦日线能力，力争实现陕西铁路煤炭运输增加4000

万吨以上。推动疆煤运输增加 2000 万吨以上，有效满足疆内及河西走廊地区合理用煤需求。积极推进京津冀鲁地区公转铁增量，继续提高铁路运输比例。

（五）提升港口中转能力。积极推动入港铁路专用线及支线扩能改造，加大铁路运力调配，系统提升港口的铁路集疏运能力和堆存能力，提高南方煤炭接卸集约化专业化水平。鼓励从事煤炭运输的通用散货泊位专业化改造，加大环保设施投入。大力推进码头岸电设施、船舶受电设施建设改造，鼓励对使用岸电的船舶实施优先靠泊优先通行等措施，着力提升岸电使用率，推进港口绿色发展。

（六）统筹推进电网建设。有序安排跨省区送电通道建设，优先保证清洁能源送出，不断增强电网互济和保供能力。进一步优化西电东送通道对资源配置的能力，协调均衡发展区域内各级电网。实施配电网建设改造行动计划，推进粤港澳大湾区、长三角一体化等区域智能电网高标准建设。继续支持农村地区电网建设，2020 年完成"三区三州"农网改造升级攻坚任务。加快电力关键设备、技术和网络的国产化替代，发展新型能源互联网基础设施，加强网络安全防护技术研究和应用，开发和管理电力行业海量数据，打牢电力系统和电力网络安全的基础。

（七）推动油气管道建设。立足"全国一张网"，提升石油天然气管输能力和供应保障水平。加快天然气管道互联互通重大工程建设，优化管输效率，加强区域间、企业间、气源间互供互保。推进重点油品管道建设，保障炼厂原油供应和消费地成品油需求，逐步解决油品资源不平衡和运输瓶颈问题。

（八）稳定进口油气资源供应。加强海外油气资源组织，保障进口资源稳定供应。鼓励油气企业与运输企业加强衔接，保障进口油气运力。

四、着力增强能源储备能力

（九）持续增强煤炭储备能力。主要调入地区燃煤电厂常态存煤水平达到 15 天以上的目标，鼓励有条件的地区选择一批大型燃煤电厂，通过新建扩建储煤场地、改造现有设施等措施，进一步提高存煤能力。在推动 2019 年新增储备能力任务落实的同时，引导再新增 3000 万吨左右的储煤能力，鼓励企业在煤炭消费地、铁路交通枢纽、主要中转港口建立煤炭产品储备，通过"产销联动、共建共享"，按照合理辐射半径，推进储煤基地建设。支持主要产煤地区研究建立调峰储备产能及监管机制，提升煤炭供给弹性。

（十）提升电力系统调节能力。2020 年调峰机组达到最大发电负荷的 10%。开展现有火电机组调节性能改造，提高电力系统灵活性和调节能力。积极推动抽水蓄能电站、龙头水电站等具备调峰能力电源的建设，有序安排煤电应急调峰储备电源建设。进一步完善调峰补偿机制，加快推进电力调峰等辅助服务市场化，探索推动用户侧承担辅助服务费用的相关机制，提高调峰积极性。推动储能技术应用，鼓励电源侧、电网侧和用户侧储能应用，鼓励多元化的社会资源投资储能建设。

（十一）加快推进储气设施建设。做好地下储气库、LNG 储罐统筹规划布局，推进储气设施集约、规模建设。各省（区、市）编制发布省级储气设施建设专项规划，鼓励地方政府和有关企业通过异地合作、参股合资等方式，共担共享储气设施投资建设成本和收益。

五、加强能源需求管理

（十二）推动煤炭清洁高效利用。加强散煤综合治理，严控劣质煤使用，进一步提高原料用煤和发电用煤比例。推进燃煤电厂超低排放和节能改造，实施燃煤锅炉节能环保综合改造，创新清洁高效利用技术和装备，加快清洁高效技术研发和推广，推进分质分级利用，进一步提高煤炭清洁高效利用水平。突出做好东北、"两湖一江"、西南等重点地区煤炭供应保障，抓紧补齐区域性煤炭产供储销体系短板，不断完善保供方案和有序用煤预案，切实保障发电取暖等民生用煤稳定供应。

（十三）深化电力需求侧管理。以电力市场化改革为契机，引导和激励电力用户挖掘调峰资源，参与系统调峰，形成占年度最大用电负荷3%左右的需求响应能力。根据供需情况编制有序用电方案，到2020年本地区可调用电负荷达到最大用电负荷的20%，开展必要演练，提高需求侧参与系统调峰的能力。深入实施电能替代，不断提高电能占终端能源消费比重。大力推广地能热泵、工业电锅炉（窑炉）、农业电排灌、船舶岸电、机场桥载设备、电蓄能调峰等。加强充电基础设施配套电网建设与改造，推进电动汽车充放电行为的有序管理，拓展车联网等信息服务新领域，进一步优化充电基础设施发展环境和产业格局。

（十四）持续提升天然气应急调峰能力。动态调整天然气调峰用户清单，细化完善应急保供预案，在用气高峰期根据资源供应情况分级启动实施，确保"煤改气"等居民生活用气需求，并对学校、医院、养老福利机构、集中供热以及燃气公共汽车、出租车等民生用气需求优先落实和保障资源。

（十五）提高中长期合同签约履约水平。完善煤炭中长期合同制度，规范合同签订行为，明确监管标准，督促产运需各方按期按量履行中长期合同。鼓励上游供气企业与各地全面签订供气合同，通过合同锁定全年及供暖季民生用气资源，对于非民生用气鼓励通过市场化方式由供需双方协商落实资源。加强中长期合同信用信息采集，定期进行公示通报，对经提醒后仍达不到履约要求的进行约谈，并依法依规实施失信惩戒。

（十六）建立健全能源市场体系。加快全国煤炭交易中心建设，因地制宜推动区域煤炭交易中心建设，进一步提升市场配置资源效率。继续推动天然气交易中心发展，加快放开发用电计划，进一步完善电力市场交易政策，拉大电力峰谷价差，逐步形成中长期交易为主、现货交易为补充的电力市场格局。加大成品油打击走私、偷税漏税等非法行为力度，维护市场秩序。对具有原油进口使用资质但发生严重偷漏税等违法违规行为的地方炼油企业，一经执法部门查实，取消资质，营造公平竞争的市场环境。

（十七）强化节能提高能效。加强工业、建筑、交通、公共机构等重点领域节能，组织实施重点节能工程，开展节能改造。严格实施节能审查，从源头上提高新上项目能效水平。强化重点用能单位节能管理，加快推进重点用能单位能耗在线监测系统建设。加强节能宣传，提升全民节能意识。

六、保障措施

（十八）完善应急保障预案。对常态下的供需变化、应急状态和其他极端情形，制定供应保障预案，明确应急措施和响应机制，形成多层次、分级别的预警与应对策略。完善应急预案制度，针对不同能源品种的供需特点和不同应急情景，编制应急处置方案。开展应急演练，提高快速响应能力。

（十九）强化能源监测预警。密切关注境外疫情对全球能源供应链和产业链的影响，加强供需形势的密切跟踪研判，建立能源监测预警体系，动态监测能源安全风险，适时启动分级动用和应急响应机制。加强能源安全信息及时、准确、规范发布，回应社会关切，形成良好的舆论环境。

（二十）加大政策支持力度。坚持市场化法治化原则，完善激励机制。鼓励开发性、政策性银行支持能源安全保障项目建设，引导社会资本参与项目建设，提供应急保障服务。支持符合条件的企业通过发行企业债券等市场化方式，为能源储备设施建设等进行融资。

（二十一）加强组织实施。各地区要高度重视能源安全保障工作，加强组织领导，建立工作协调机制，明确职责分工，精心组织实施，加强部门间、企业间沟通联系，强化协同联动，及时协调解决突出问题，确保各项任务措施落细落实。

国家发展改革委
国家能源局
2020 年 6 月 12 日

第十二章 煤炭政策

一、煤炭发展规划

(一) 关于煤炭行业化解过剩产能 实现脱困发展的意见

2016 年 2 月 5 日,国务院下发《关于煤炭行业化解过剩产能 实现脱困发展的意见》,对今后一个时期化解煤炭行业过剩产能、推动煤炭企业实现脱困发展提出要求、明确任务并作出部署。

国务院关于煤炭行业化解过剩产能 实现脱困发展的意见

国发〔2016〕7 号

各省、自治区、直辖市人民政府,国务院各部委、各直属机构:

煤炭是我国主体能源。煤炭产业是国民经济基础产业,涉及面广、从业人员多,关系经济发展和社会稳定大局。近年来,受经济增速放缓、能源结构调整等因素影响,煤炭需求大幅下降,供给能力持续过剩,供求关系严重失衡,导致企业效益普遍下滑,市场竞争秩序混乱,安全生产隐患加大,对经济发展、职工就业和社会稳定造成了不利影响。为贯彻落实党中央、国务院关于推进结构性改革、抓好去产能任务的决策部署,进一步化解煤炭行业过剩产能、推动煤炭企业实现脱困发展,现提出以下意见:

一、总体要求

(一) 指导思想。全面贯彻党的十八大和十八届三中、四中、五中全会以及中央经济工作会议精神,按照"五位一体"总体布局和"四个全面"战略布局,牢固树立和贯彻落实创新、协调、绿色、开放、共享的发展理念,着眼于推动煤炭行业供给侧结构性改革,坚持市场倒逼、企业主体,地方组织、中央支持,综合施策、标本兼治,因地制宜、分类处置,将积极稳妥化解过剩产能与结构调整、转型升级相结合,实现煤炭行业扭亏脱困升级和健康发展。

(二) 基本原则。

市场倒逼与政府支持相结合。充分发挥市场机制作用和更好发挥政府引导作用,用法治化和市场化手段化解过剩产能。企业承担化解过剩产能的主体责任,地方政府负责制定落实方案并组织实施，中央给予资金奖补和政策支持。

化解产能与转型升级相结合。严格控制新增产能，切实淘汰落后产能，有序退出过剩产能，探索保留产能与退出产能适度挂钩。通过化解过剩产能，促进企业优化组织结构、技术结构、产品结构，创新体制机制，提升综合竞争力，推动煤炭行业转型升级。

整体推进与重点突破相结合。在重点产煤省份和工作基础较好的地区率先突破，为整体推进探索有益经验。以做好职工安置为重点，挖掘企业内部潜力，做好转岗分流工作，落实好各项就业和社会保障政策，保障职工合法权益，处理好企业资产债务。

（三）工作目标。在近年来淘汰落后煤炭产能的基础上，从2016年开始，用3~5年的时间，再退出产能5亿吨左右、减量重组5亿吨左右，较大幅度压缩煤炭产能，适度减少煤矿数量，煤炭行业过剩产能得到有效化解，市场供需基本平衡，产业结构得到优化，转型升级取得实质性进展。

二、主要任务

（四）严格控制新增产能。从2016年起，3年内原则上停止审批新建煤矿项目、新增产能的技术改造项目和产能核增项目；确需新建煤矿的，一律实行减量置换。在建煤矿项目应按一定比例与淘汰落后产能和化解过剩产能挂钩，已完成淘汰落后产能和化解过剩产能任务的在建煤矿项目应由省级人民政府有关部门予以公告。

（五）加快淘汰落后产能和其他不符合产业政策的产能。安全监管总局等部门确定的13类落后小煤矿，以及开采范围与自然保护区、风景名胜区、饮用水水源保护区等区域重叠的煤矿，要尽快依法关闭退出。产能小于30万吨/年且发生重大及以上安全生产责任事故的煤矿，产能15万吨/年及以下且发生较大及以上安全生产责任事故的煤矿，以及采用国家明令禁止使用的采煤方法、工艺且无法实施技术改造的煤矿，要在1至3年内淘汰。

（六）有序退出过剩产能。

1. 属于以下情况的，通过给予政策支持等综合措施，引导相关煤矿有序退出。

——安全方面：煤与瓦斯突出、水文地质条件极其复杂、具有强冲击地压等灾害隐患严重，且在现有技术条件下难以有效防治的煤矿；开采深度超过《煤矿安全规程》规定的煤矿；达不到安全质量标准化三级的煤矿。

——质量和环保方面：产品质量达不到《商品煤质量管理暂行办法》要求的煤矿；开采范围与依法划定、需特别保护的相关环境敏感区重叠的煤矿。

——技术和资源规模方面：非机械化开采的煤矿；晋、蒙、陕、宁等4个地区产能小于60万吨/年，冀、辽、吉、黑、苏、皖、鲁、豫、甘、青、新等11个地区产能小于30万吨/年，其他地区产能小于9万吨/年的煤矿；开采技术和装备列入《煤炭生产技术与装备政策导向（2014年版）》限制目录且无法实施技术改造的煤矿；与大型煤矿井田平面投影重叠的煤矿。

——其他方面：长期亏损、资不抵债的煤矿；长期停产、停建的煤矿；资源枯竭、资源赋存条件差的煤矿；不承担社会责任、长期欠缴税款和社会保障费用的煤矿；其他自愿退出的煤矿。

2. 对有序退出范围内属于满足林区、边远山区居民生活用煤需要或承担特殊供应任务的煤矿，经省级人民政府批准，可以暂时保留。保留的煤矿原则上要实现机械化开采。

3. 探索实行煤炭行业"存去挂钩"。除工艺先进、生产效率高、资源利用率高、安全保障能力强、环境保护水平高、单位产品能源消耗低的先进产能外，对其他保留产能探索实行"存去挂钩"，通过重新确定产能、实行减量生产等多种手段压减部分现有产能。

（七）推进企业改革重组。稳妥推动具备条件的国有煤炭企业发展混合所有制经济，完善现代企业制度，提高国有资本配置和运行效率。鼓励大型煤炭企业兼并重组中小型企业，培育一批大型煤炭企业集团，进一步提高安全、环保、能耗、工艺等办矿标准和生产水平。利用3年时间，力争单一煤炭企业生产规模全部达到300万吨/年以上。

（八）促进行业调整转型。鼓励发展煤电一体化，引导大型火电企业与煤炭企业之间参股。火电企业参股的煤炭企业产能超过该火电企业电煤实际消耗量的一定比例时，在发电量计划上给予该火电企业奖励。加快研究制定商品煤系列标准和煤炭清洁利用标准。鼓励发展煤炭洗选加工转化，提高产品附加值；按照《现代煤化工建设项目环境准入条件（试行）》，有序发展现代煤化工。鼓励利用废弃的煤矿工业广场及其周边地区，发展风电、光伏发电和现代农业。加快煤层气产业发展，合理确定煤层气勘查开采区块，建立煤层气、煤炭协调开发机制，处理好煤炭、煤层气矿业权重叠地区资源开发利用问题，对一定期限内规划建井开采的区域，按照煤层气开发服务于煤炭开发的原则，采取合作或调整煤层气矿业权范围等方式，优先保证煤炭开发需要，并有效利用煤层气资源。开展低浓度瓦斯采集、提纯和利用技术攻关，提高煤矿瓦斯利用率。

（九）严格治理不安全生产。进一步加大煤矿安全监管监察工作力度，开展安全生产隐患排查治理，对存在重大安全隐患的煤矿责令停产整顿。严厉打击证照不全、数据资料造假等违法生产行为，对安全监控系统不能有效运行、煤与瓦斯突出矿井未按规定落实区域防突措施、安全费用未按要求提取使用、不具备安全生产条件的煤矿，一律依法依规停产整顿。

（十）严格控制超能力生产。全面实行煤炭产能公告和依法依规生产承诺制度，督促煤矿严格按公告产能组织生产，对超能力生产的煤矿，一律责令停产整改。引导企业实行减量化生产，从2016年开始，按全年作业时间不超过276个工作日重新确定煤矿产能，原则上法定节假日和周日不安排生产。对于生产特定煤种、与下游企业机械化连续供应以及有特殊安全要求的煤矿企业，可在276个工作日总量内实行适度弹性工作日制度，但应制定具体方案，并向当地市级以上煤炭行业管理部门、行业自律组织及指定的征信机构备案，自觉接受行业监管和社会监督。

（十一）严格治理违法违规建设。对基本建设手续不齐全的煤矿，一律责令停工停产，对拒不停工停产、擅自组织建设生产的，依法实施关闭。强化事中事后监管，建立和完善煤炭生产要素采集、登记、公告与核查制度，落实井下生产布局和技术装备管理规定，达不到国家规定要求的煤矿一律停产并限期整改，整改后仍达不到要求的，限期退出。有关部门要联合惩戒煤矿违法违规建设生产行为。

（十二）严格限制劣质煤使用。完善煤炭产业发展规划，停止核准高硫高灰煤项目，依法依规引导已核准的项目暂缓建设、正在建设的项目压缩规模、已投产的项目限制产量。落实商品煤质量管理有关规定，加大对京津冀、长三角、珠三角等地区销售使用劣质散煤情况的检查力度。按照有关规定继续限制劣质煤进口。

三、政策措施

（十三）加强奖补支持。设立工业企业结构调整专项奖补资金，按规定统筹对地方化解煤炭过剩产能中的人员分流安置给予奖补，引导地方综合运用兼并重组、债务重组和破产清算等方式，加快处置"僵尸企业"，实现市场出清。使用专项奖补资金要结合地方任务完成进度、困难程度、安置职工情况等因素，对地方实行梯级奖补，由地方政府统筹用于符合要求企业的职工安置。具体办法由相关部门另行制定。

（十四）做好职工安置。要把职工安置作为化解过剩产能工作的重中之重，坚持企业主体作用与社会保障相结合，细化措施方案，落实保障政策，维护职工合法权益。安置计划不完善、资金保障不到位以及未经职工代表大会或全体职工讨论通过的职工安置方案，不得实施。

1. 挖掘企业内部潜力。采取协商薪酬、灵活工时、培训转岗等方式，稳定现有工作岗位，对采取措施不裁员或少裁员的生产经营困难企业，通过失业保险基金发放稳岗补贴。支持创业平台建设和职工自主创业，积极培育适应煤矿职工特点的创业创新载体，将返乡创业试点范围扩大到矿区，通过加大专项建设基金投入等方式，提升创业服务孵化能力，培育接续产业集群，引导职工就地就近创业就业。

2. 对符合条件的职工实行内部退养。对距离法定退休年龄 5 年以内的职工经自愿选择、企业同意并签订协议后，依法变更劳动合同，企业为其发放生活费并缴纳基本养老保险费和基本医疗保险费。职工在达到法定退休年龄前，不得领取基本养老金。

3. 依法依规解除、终止劳动合同。企业确需与职工解除劳动关系的，应依法支付经济补偿，偿还拖欠的职工在岗期间工资和补缴社会保险费用，并做好社会保险关系转移接续手续等工作。企业主体消亡时，依法与职工终止劳动合同，对于距离法定退休年龄 5 年以内的职工，可以由职工自愿选择领取经济补偿金，或由单位一次性预留为其缴纳至法定退休年龄的社会保险费和基本生活费，由政府指定的机构代发基本生活费、代缴基本养老保险费和基本医疗保险费。

4. 做好再就业帮扶。通过技能培训、职业介绍等方式，促进失业人员再就业或自主创业。对就业困难人员，要加大就业援助力度，通过开发公益性岗位等多种方式予以帮扶。对符合条件的失业人员按规定发放失业保险金，符合救助条件的应及时纳入社会救助范围，保障其基本生活。

（十五）加大金融支持。

1. 金融机构对经营遇到困难但经过深化改革、加强内部管理仍能恢复市场竞争力的骨干煤炭企业，要加强金融服务，保持合理融资力度，不搞"一刀切"。支持企业通过发债替代高成本融资，降低资金成本。

2. 运用市场化手段妥善处置企业债务和银行不良资产，落实金融机构呆账核销的财税政策，完善金融机构加大抵债资产处置力度的财税支持政策。研究完善不良资产批量转让政策，支持银行加快不良资产处置进度，支持银行向金融资产管理公司打包转让不良资产，提高不良资产处置效率。

3. 支持社会资本参与企业并购重组，鼓励保险资金等长期资金创新产品和投资方式，参与企业并购重组，拓展并购资金来源。完善并购资金退出渠道，加快发展相关产权的二级交易市场，提高资金使用效率。

4. 严厉打击企业逃废银行债务行为，依法保护债权人合法权益。地方政府建立企业金融债务重组和不良资产处置协调机制，组织协调相关部门支持金融机构做好企业金融债务重组和不良资产处置工作。

（十六）盘活土地资源。支持退出煤矿用好存量土地，促进矿区更新改造和土地再开发利用。煤炭产能退出后的划拨用地，可以依法转让或由地方政府收回。地方政府收回原划拨土地使用权后的出让收入，可按规定通过预算安排用于支付产能退出企业职工安置费用。对用地手续完备的腾让土地，转产为生产性服务业等国家鼓励发展行业的，可在5年内继续按原用途和土地权利类型使用土地。

（十七）鼓励技术改造。鼓励和支持煤矿企业实施机械化、自动化改造，重点创新煤炭地质保障与高效建井关键技术，煤炭无人和无害化、无煤柱自成巷开采技术，推广保水充填开采、智能开采和特殊煤层开采等绿色智慧矿山关键技术，提升大型煤炭开采先进装备制造水平。

（十八）其他支持政策。加快推进国有煤炭企业分离办社会职能，尽快移交"三供一业"（供水、供电、供热和物业管理），解决政策性破产遗留问题。支持煤炭企业按规定缓缴采矿权价款。支持煤炭企业以采矿权抵押贷款，增加周转资金。改进国有煤炭企业业绩考核机制，根据市场变化情况科学合理确定企业经营业绩考核目标。调整完善煤炭出口政策，鼓励优势企业扩大对外出口。严格执行反不正当竞争法、反垄断法，严肃查处违法违规竞争行为，维护公平竞争市场秩序。

四、组织实施

（十九）加强组织领导。相关部门要建立化解煤炭过剩产能和脱困升级工作协调机制，加强综合协调，制定实施细则，督促任务落实，统筹推进各项工作。各有关省级人民政府对本地区化解煤炭过剩产能工作负总责，要成立领导小组，任务重的市、县和重点企业要建立相应领导机构和工作推进机制。国务院国资委牵头组织实施中央企业化解煤炭过剩产能工作。各有关省级人民政府、国务院国资委要根据本意见研究提出产能退出总规模、分企业退出规模及时间表，据此制订实施方案及配套政策，报送国家发展改革委。

（二十）强化监督检查。建立健全目标责任制，把各地区化解过剩产能目标落实情况列为落实中央重大决策部署监督检查的重要内容，加强对化解过剩产能工作全过程的监督检查。各地区要将化解过剩产能任务年度完成情况向社会公示，建立举报制度。强化考核机制，引入第三方机构对各地区任务完成情况进行评估，对未完成任务的地方和企业要予以问责。国务院相关部门要适时组织开展专项督查。

（二十一）做好行业自律。行业协会要引导煤炭企业依法经营、理性竞争，在"信用中国"网站和全国企业信用信息公示系统上公示企业依法依规生产承诺书，引入相关中介、评级、征信机构参与标准确认、公示监督等工作。化解煤炭过剩产能标准和结果向社会公示，加强社会监督，实施守信激励、失信惩戒。

（二十二）加强宣传引导。要通过报刊、广播、电视、互联网等方式，广泛深入宣传化解煤炭过剩产能的重要意义和经验做法,加强政策解读,回应社会关切,形成良好的舆论环境。

国务院

2016年2月1日

(二)煤炭工业发展"十三五"规划

2016年12月22日,国家发改委、国家能源局印发了《煤炭工业发展"十三五"规划》。该规划阐明了"十三五"时期我国煤炭工业发展的指导思想、基本原则、发展目标、主要任务和保障措施,是指导煤炭工业科学发展的总体蓝图和行动纲领。

国家发展改革委 国家能源局关于印发煤炭工业发展"十三五"规划的通知

发改能源〔2016〕2714号

各省(自治区、直辖市)发展改革委(能源局)、煤炭行业管理部门、新疆生产建设兵团发展改革委,各有关中央企业:

为加快推进煤炭领域供给侧结构性改革,推动煤炭工业转型发展,建设集约、安全、高效、绿色的现代煤炭工业体系,依据《国民经济和社会发展第十三个五年规划纲要》和《能源发展"十三五"规划》,我们制订了《煤炭工业发展"十三五"规划》。现印发你们,请遵照执行。

附件:煤炭工业发展"十三五"规划

国家发展改革委

国家能源局

2016年12月22日

煤炭工业发展"十三五"规划

(公开发布稿)

前 言

煤炭是我国的基础能源和重要原料。煤炭工业是关系国家经济命脉和能源安全的重要基础产业。在我国一次能源结构中,煤炭将长期是主体能源。"十三五"时期是全面建成小康社会的决胜阶段,也是煤炭工业加快转型发展,实现由大到强历史跨越的重要机遇期。牢固树立创新、协调、绿色、开放、共享的发展理念,适应把握引领经济发展新常态,深入贯彻"四个革命、一个合作"能源发展战略思想,努力建设集约、安全、高效、绿色的现代煤炭工业体系,切实维护国家能源安全,是"十三五"时期煤炭行业肩负的重大历史使命。

煤炭工业发展"十三五"规划,根据《国民经济和社会发展第十三个五年规划纲要》和《能源发展"十三五"规划》编制,阐明"十三五"时期我国煤炭工业发展的指导思想、基本原则、发展目标、主要任务和保障措施,是指导煤炭工业科学发展的总体蓝图和行动纲领。

第一章 发展基础和形势

一、发展基础

"十二五"时期是煤炭工业发展很不平凡的五年。煤炭行业全面贯彻落实党中央、国务院重大决策部署，积极转变发展方式，加快推动结构调整，站到了转型变革的新起点。

保障能力更加稳固。煤炭地质勘查取得积极进展，新增查明资源储量近2300亿吨。煤炭生产开发布局逐步优化，大型煤炭基地成为煤炭供应的主体和综合能源基地建设的重要依托。煤炭生产效率显著提升，煤炭输送通道长期瓶颈制约基本消除，有力保障了国民经济发展需要。

产业结构显著优化。在大型煤炭基地内建成一批大型、特大型现代化煤矿，安全高效煤矿760多处，千万吨级煤矿53处；加快关闭淘汰和整合改造，"十二五"共淘汰落后煤矿7100处、产能5.5亿吨/年，煤炭生产集约化、规模化水平明显提升。积极推进煤矿企业兼并重组，产业集中度进一步提高。煤炭上下游产业融合发展加快，建成一批煤、电、化一体化项目。

安全生产形势持续好转。加大安全投入，推进安全基础建设，完善安全监管监察体制机制，强化安全生产责任落实，煤矿安全保障能力进一步提升。2015年，全国发生煤矿事故352起、死亡598人，与2010年相比，减少1051起、1835人，煤矿百万吨死亡率从0.749下降到0.162。

科技创新迈上新台阶。年产千万吨级综采成套设备、年产2000万吨级大型露天矿成套设备实现国产化，智能工作面技术达到国际先进水平。大型选煤技术和装备国产化取得新进展。百万吨级煤制油和60万吨煤制烯烃等煤炭深加工示范项目实现商业化运行。低透气性煤层瓦斯抽采等技术取得突破，形成采煤采气一体化开发新模式。

矿区生态环境逐步改善。推动采煤沉陷区和排矸场综合治理，矿区生态修复和环境治理成效明显。大力发展煤矿清洁生产和循环经济，煤矸石、矿井水、煤层气（煤矿瓦斯）等资源综合利用水平不断提高。棚户区改造加快推进，职工生产生活环境进一步改善。

煤炭行业改革不断深化。取消重点电煤合同和电煤价格双轨制，煤炭市场化改革取得实质性进展。实施煤炭资源税从价计征改革，扩大煤炭企业增值税抵扣范围，清理涉煤收费基金，减轻了煤炭企业负担。取消煤炭生产许可证、煤炭经营许可证等一批行政审批事项。煤炭领域国际交流不断深化，对外合作取得积极进展。

专栏1 "十二五"时期煤炭工业发展情况

指标	单位	2010年	2015年	年均增速［累计］
资源保障				
（1）查明资源储量	亿吨	13412	15663	3.2%
煤炭生产消费				
（2）煤炭产量	亿吨	34.3	37.5	1.8%
（3）煤炭消费量	亿吨	34.9	39.6	2.6%
（4）千万吨级煤矿数量	处	40	53	5.8%
（5）千万吨级煤矿产量	亿吨	5.6	7.3	5.4%

指标	单位	2010年	2015年	年均增速［累计］
技术进步				
(6) 采煤机械化程度	%	65	76	［↑11］
(7) 掘进机械化程度	%	52	58	［↑6］
(8) 原煤入选率	%	51	66	［↑15］
大型煤炭基地建设				
(9) 大型煤炭基地产量	亿吨	30	35	［16.7%］
(10) 大型煤炭基地产量占比	%	87	93	［↑6］
煤炭企业发展				
(11) 亿吨级煤炭企业数量	家	5	9	12.5%
(12) 亿吨级煤炭企业产量	亿吨	8	15	13.4%
淘汰落后				
(13) 淘汰落后煤矿产能	亿吨	colspan="2" 5.5	—
其中：关闭煤矿产能	亿吨	colspan="2" 3.2	—
安全生产				
(14) 煤矿事故	起	1403	352	-24.2%
(15) 死亡人数	人	2433	598	-24.5%
(16) 百万吨死亡率	—	0.749	0.162	-26.4%
资源综合利用				
(17) 土地复垦率	%	40	48	［↑8］
(18) 煤矸石综合利用率	%	61	64	［↑3］
(19) 矿井水利用率	%	59	68	［↑9］
(20) 煤层气（煤矿瓦斯）产量	亿立方米	90	180	14.9%
(21) 煤层气（煤矿瓦斯）利用量	亿立方米	35	86	19.7%
煤炭贸易				
(22) 煤炭进口量	亿吨	1.83	2.04	2.2%
(23) 煤炭出口量	亿吨	0.19	0.05	-23.4%

二、主要问题

煤炭工业取得了长足进步，但发展过程中不平衡、不协调、不可持续问题依然突出。

煤炭产能过剩。受经济增速放缓、能源结构调整等因素影响，煤炭需求下降，供给能力过剩。手续不全在建煤矿规模仍然较大，化解潜在产能尚需一个过程。

结构性矛盾突出。煤炭生产效率低，人均工效与先进产煤国家差距大。煤矿发展水平不均衡，先进高效的大型现代化煤矿和技术装备落后、安全无保障、管理水平差的落后煤矿并存，年产30万吨及以下小煤矿仍有6500多处。煤炭产业集中度低，企业竞争力弱，低效企业占据大量资源，市场出清任务艰巨。

清洁发展水平亟待提高。煤炭开采引发土地沉陷、水资源破坏、瓦斯排放、煤矸石堆存等，破坏矿区生态环境，恢复治理滞后。煤炭利用方式粗放，大量煤炭分散燃烧，污染物排放严重，大气污染问题突出，应对气候变化压力大。

安全生产形势依然严峻。煤矿地质条件复杂，水、火、瓦斯、地温、地压等灾害愈发严重。东中部地区部分矿井开采深度超过1000米，煤矿事故多发，百万吨死亡率远高于世界先进国家水平。煤炭经济下行，企业投入困难，安全生产风险加剧。

科技创新能力不强。煤炭基础理论研究薄弱，共性关键技术研发能力不强，煤机成套装备及关键零部件的可靠性和稳定性不高。煤炭科技研发投入不足，企业创新主体地位和主导作用有待加强，科技创新对行业发展的贡献率低。

体制机制有待完善。煤矿关闭退出机制不完善，人员安置和债务处理难度大，退出成本高。煤炭企业负担重，国有企业办社会等历史遗留问题突出。部分国有煤炭企业市场主体地位尚未真正确立，市场意识和投资决策水平亟待提高。

三、发展形势

"十三五"时期，煤炭工业发展面临的内外部环境更加错综复杂。从国际来看，世界经济在深度调整中曲折复苏、增长乏力，国际能源格局发生重大调整，能源结构清洁化、低碳化趋势明显，煤炭消费比重下降，消费重心加速东移，煤炭生产向集约高效方向发展，企业竞争日趋激烈，外部风险挑战加大。

能源格局发生重大调整。受能源需求增长放缓，油气产量持续增长，非化石能源快速发展等因素影响，能源供需宽松，价格低位运行。能源供给多极化，逐步形成中东、中亚—俄罗斯、非洲、美洲多极发展新格局。发达国家能源消费趋于稳定，发展中国家能源消费较快增长。能源结构调整步伐加快，清洁化、低碳化趋势明显，煤炭在一次能源消费中的比重呈下降趋势。能源科技创新日新月异，以信息化、智能化为特征的新一轮能源科技革命蓄势待发。

煤炭消费重心加速向亚洲转移。主要煤炭消费地区分化，受日趋严格的环保要求、应对气候变化、廉价天然气替代等因素影响，美国和欧洲等发达地区煤炭消费持续下降；印度和东南亚地区经济较快增长，电力需求旺盛，煤炭消费保持较高增速，成为拉动世界煤炭需求的重要力量，为我国煤炭企业"走出去"带来了新的机遇。

煤炭生产向集约高效方向发展。全球煤炭新建产能陆续释放，煤炭供应充足，市场竞争日趋激烈。为应对市场竞争，主要产煤国家提高生产技术水平、关停高成本煤矿、减少从业人员、压缩生产成本、提高产品质量，提升产业竞争力。世界煤炭生产结构进一步优化，煤矿数量持续减少，煤矿平均规模不断扩大，生产效率快速提升，煤炭生产规模化、集约化趋势明显。

从国内来看，经济发展进入新常态，从高速增长转向中高速增长，向形态更高级、分工更优化、结构更合理的阶段演化，能源革命加快推进，油气替代煤炭、非化石能源替代化石能源双重更替步伐加快，生态环境约束不断强化，煤炭行业提质增效、转型升级的要求更加迫切，行业发展面临历史性拐点。

煤炭的主体能源地位不会变化。我国仍处于工业化、城镇化加快发展的历史阶段，能源需求总量仍有增长空间。立足国内是我国能源战略的出发点，必须将国内供应作为保障能源安全的主渠道，牢牢掌握能源安全主动权。煤炭占我国化石能源资源的90%以上，是稳定、经济、自主保障程度最高的能源。煤炭在一次能源消费中的比重将逐步降低，但在相当长时期内，主体能源地位不会变化。必须从我国能源资源禀赋和发展阶段出发，将煤炭作为保障能源安全的基石，不能分散对煤炭的注意力。

能源需求增速放缓。在经济增速趋缓、经济转型升级加快、供给侧结构性改革力度加大等因素共同作用下，能源消费强度降低，能源消费增长换挡减速。"十三五"期间，预计我国经济年均实际增长6.5%以上，第三产业比重年均提高1个百分点，钢铁、有色、建材等主要耗能行业产品需求增长空间有限，能源消费年均增长3%左右，增速明显放缓。

清洁能源替代步伐加快。我国能源结构步入战略性调整期，能源革命加快推进，由主要依靠化石能源供应转向由非化石能源满足需求增量。天然气、核能和可再生能源快速发展，开发利用规模不断扩大，对煤炭等传统能源替代作用增强，预计到2020年，非化石能源消费比重达15%左右，天然气消费比重达10%左右，煤炭消费比重下降到58%左右。

生态环保和应对气候变化压力增加。我国资源约束趋紧，环境污染严重，人民群众对清新空气、清澈水质、清洁环境等生态产品的需求迫切。我国是二氧化碳排放量最大的国家，已提出2030年左右二氧化碳排放达到峰值的目标，国家将保护环境确定为基本国策，推进生态文明建设，煤炭发展的生态环境约束日益强化，必须走安全绿色开发与清洁高效利用的道路。

煤炭工业发展迎来诸多历史机遇。"一带一路"建设、京津冀协同发展、长江经济带发展三大国家战略的实施，给经济增长注入了新动力。国家将煤炭清洁高效开发利用作为能源转型发展的立足点和首要任务，为煤炭行业转变发展方式、实现清洁高效发展创造了有利条件。国家大力化解过剩产能，为推进煤炭领域供给侧结构性改革、优化布局和结构创造了有利条件。现代信息技术与传统产业深度融合发展，为煤炭行业转换发展动力、提升竞争力带来了新的机遇。

综合判断，煤炭行业发展仍处于可以大有作为的重要战略机遇期，也面临诸多矛盾叠加、风险隐患增多的严峻挑战。必须切实转变发展方式，加快推动煤炭领域供给侧结构性改革，着力在优化结构、增强动力、化解矛盾、补齐短板上取得突破，提高发展的质量和效益，破除体制机制障碍，不断开拓煤炭工业发展新境界。

第二章 指导方针和目标

一、指导思想

全面贯彻党的十八大和十八届三中、四中、五中、六中全会精神，深入贯彻习近平总书记系列重要讲话精神，统筹推进"五位一体"总体布局和协调推进"四个全面"战略布局，牢固树立创新、协调、绿色、开放、共享的发展理念，适应把握引领经济发展新常态，遵循"四个革命，一个合作"的能源发展战略思想，以提高发展的质量和效益为中心，以供给侧结构性改革为主线，坚持市场在资源配置中的决定性作用，着力化解煤炭过剩产能，着力调整产业结构和优化布局，着力推进清洁高效低碳发展，着力加强科技创新，着力深化体制机制改革，努力建设集约、安全、高效、绿色的现代煤炭工业体系，实现煤炭工业由大到强的历史跨越。

二、基本原则

坚持深化改革与科技创新相结合，推动创新发展。理顺煤炭管理体制，完善煤炭税费体系，健全煤矿退出机制，深化国有企业改革，营造公平竞争、优胜劣汰的市场环境，增强企业发展的内生动力、活力和创造力。强化科技创新引领作用，加强基础研究、关键技术攻关、先进适用技术推广和科技示范工程建设，推动现代信息技术与煤炭产业深度融合发展，提高煤炭行业发展质量和效益。

坚持优化布局与结构升级相结合，推动协调发展。依据能源发展战略和主体功能区战略，优化煤炭发展布局，加快煤炭开发战略西移步伐，强化大型煤炭基地、大型骨干企业集团、大型现代化煤矿的主体作用，促进煤炭集约协调发展。统筹把握化解过剩产能与保障长期稳定供应的关系，科学运用市场机制、经济手段和法治办法，大力化解过剩产能，严格控制煤炭总量；积极培育先进产能，提升煤炭有效供给能力，确保产能与需求基本平衡，促进结构调整和优化升级。

坚持绿色开发与清洁利用相结合，推动绿色发展。以生态文明理念引领煤炭工业发展，将生态环境约束转变为煤炭绿色持续发展的推动力，从煤炭开发、转化、利用各环节着手，强化全产业链统筹衔接，加强引导和监管，推进煤炭安全绿色开发，促进清洁高效利用，加快煤炭由单一燃料向原料和燃料并重转变，推动高碳能源低碳发展，最大限度减轻煤炭开发利用对生态环境的影响，实现与生态环境和谐发展。

坚持立足国内与国际合作相结合，推动开放发展。坚持立足国内的能源战略，增强国内煤炭保障能力和供应质量，牢牢掌握能源安全主动权。统筹国际国内两个大局，充分利用两个市场、两种资源，以"一带一路"建设为统领，遵循多元合作、互利共赢原则，稳步开展国际煤炭贸易，稳妥推进国际产能合作，增强全球煤炭资源配置能力，提升煤炭产业的国际竞争力。

坚持以人为本与保障民生相结合，推动共享发展。坚持以人为本、生命至上理念，健全安全生产长效机制，深化煤矿灾害防治，加强职业健康监护，保障煤矿职工生命安全和身心健康。统筹做好化解过剩产能中的人员安置，加大政策资金支持力度，多渠道妥善安置煤矿职工，促进再就业和自主创业，完善困难职工帮扶体系，维护广大职工的合法权益。

三、主要目标

到2020年，煤炭开发布局科学合理，供需基本平衡，大型煤炭基地、大型骨干企业集团、大型现代化煤矿主体地位更加突出，生产效率和企业效益明显提高，安全生产形势根本好转，安全绿色开发和清洁高效利用水平显著提升，职工生活质量改善，国际合作迈上新台阶，煤炭治理体系和治理能力实现现代化，基本建成集约、安全、高效、绿色的现代煤炭工业体系。

——集约：化解淘汰过剩落后产能8亿吨/年左右，通过减量置换和优化布局增加先进产能5亿吨/年左右，到2020年，煤炭产量39亿吨。煤炭生产结构优化，煤矿数量控制在6000处左右，120万吨/年及以上大型煤矿产量占80%以上，30万吨/年及以下小型煤矿产量占10%以下。煤炭生产开发进一步向大型煤炭基地集中，大型煤炭基地产量占95%以上。产业集中度进一步提高，煤炭企业数量3000家以内，5000万吨级以上大型企业产量占60%以上。

——安全：煤矿安全生产长效机制进一步健全，安全保障能力显著提高，重特大事故得到有效遏制，煤矿事故死亡人数下降15%以上，百万吨死亡率下降15%以上。煤矿职业病危害防治取得明显进展，煤矿职工健康状况显著改善。

——高效：煤矿采煤机械化程度达到85%，掘进机械化程度达到65%。科技创新对行业发展贡献率进一步提高，煤矿信息化、智能化建设取得新进展，建成一批先进高效的智慧煤矿。煤炭企业生产效率大幅提升，全员劳动工效达到1300吨/人·年以上。

——绿色：生态文明矿区建设取得积极进展，最大程度减轻煤炭生产开发对环境的影响。资源综合利用水平提升，煤层气（煤矿瓦斯）产量240亿立方米，利用量160亿立方米；煤矸石综合利用率75%左右，矿井水利用率80%左右，土地复垦率60%左右。原煤入选率75%以上，煤炭产品质量显著提高，清洁煤电加快发展，煤炭深加工产业示范取得积极进展，煤炭清洁利用水平迈上新台阶。

专栏2 "十三五"时期煤炭工业发展主要目标

指标	单位	2015年	2020年	年均增速[累计]
集约发展目标				
(1) 新增煤炭查明资源储量	亿吨	2000		—
(2) 煤炭产量	亿吨	37.5	39	0.8%
(3) 煤炭消费量	亿吨	39.6	41	0.7%
(4) 化解淘汰过剩落后产能规模	亿吨/年	8		—
(5) 通过减量置换和优化布局增加先进产能规模	亿吨/年	5		—
(6) 大型煤炭基地产量比重	%	93	95	[↑2]
(7) 大型煤矿产量比重	%	73	80	[↑7]
(8) 煤矿数量	处	9700	6000	[-39%]
(9) 企业数量	家	6000	<3000	[-50%]
(10) 5000万吨级以上大型煤炭企业产量比重	%	55	60	[↑5]
安全发展目标				
(11) 煤矿事故死亡人数	人	598	<510	[-15%]
(12) 百万吨死亡率	—	0.162	<0.14	[-15%]
高效发展目标				
(13) 采煤机械化程度	%	76	85	[↑9]
(14) 掘进机械化程度	%	58	65	[↑7]
(15) 全员劳动工效	吨/人年	840	1300	9.1%
绿色发展目标				
(16) 土地复垦率	%	48	60	[↑12]
(17) 煤矸石综合利用率	%	65	75	[↑10]
(18) 矿井水利用率	%	68	80	[↑12]
(19) 煤层气（煤矿瓦斯）产量	亿立方米	180	240	5.9%
(20) 煤层气（煤矿瓦斯）利用量	亿立方米	86	160	13.2%
(21) 原煤入选率	%	66	75	[↑9]

第三章 优化生产开发布局

全国煤炭开发总体布局是压缩东部、限制中部和东北、优化西部。东部地区煤炭资源枯竭，开采条件复杂，生产成本高，逐步压缩生产规模；中部和东北地区现有开发强度大，接续资源多在深部，投资效益降低，从严控制接续煤矿建设；西部地区资源丰富，开采条件好，生态环境脆弱，加大资源开发与生态环境保护统筹协调力度，结合煤电和煤炭深加工项目用煤需要，配套建设一体化煤矿。

一、生产开发布局

以大型煤炭基地为重点，统筹资源禀赋、开发强度、市场区位、环境容量、输送通道等因素，优化煤炭生产布局。

（一）加快大型煤炭基地外煤矿关闭退出

北京、吉林、江苏资源枯竭，产量下降，逐步关闭退出现有煤矿。福建、江西、湖北、湖南、广西、重庆、四川煤炭资源零星分布，开采条件差，矿井规模小，瓦斯灾害严重，水文地质条件复杂，加快煤矿关闭退出。青海做好重要水源地、高寒草甸和冻土层生态环境保护，加快矿区环境恢复治理，从严控制煤矿建设生产。到2020年，大型煤炭基地外煤炭产量控制在2亿吨以内。

（二）降低鲁西、冀中、河南、两淮大型煤炭基地生产规模

鲁西、冀中、河南、两淮基地资源储量有限，地质条件复杂，煤矿开采深度大，部分矿井开采深度超过千米，安全生产压力大。基地内人口稠密，地下煤炭资源开发与地面建设矛盾突出。重点做好资源枯竭、灾害严重煤矿退出，逐步关闭采深超过千米的矿井，合理划定煤炭禁采、限采、缓采区范围，压缩煤炭生产规模。到2020年，鲁西基地产量控制在1亿吨以内、冀中基地0.6亿吨、河南基地1.35亿吨、两淮基地1.3亿吨。

（三）控制蒙东（东北）、晋北、晋中、晋东、云贵、宁东大型煤炭基地生产规模

内蒙古东部生态环境脆弱，水资源短缺，控制褐煤生产规模，限制远距离外运，主要满足锡盟煤电基地用煤需要，通过锡盟—山东、锡盟—江苏输电通道，向华北、华东电网送电。东北地区煤质差，退出煤矿规模大，人员安置任务重，适度建设接续矿井，逐步降低生产规模。到2020年，蒙东（东北）基地产量4亿吨。

晋北、晋中、晋东基地尚未利用资源多在中深部，煤质下降，水资源和生态环境承载能力有限，做好资源枯竭煤矿关闭退出，加快处置资源整合煤矿，适度建设接续矿井。晋北基地坚持输煤输电并举，积极推进煤电一体化，通过晋北—江苏输电通道向华东地区供电；结合煤制天然气项目建设，向华北地区供气。晋中基地做好炼焦煤资源保护性开发。晋东基地做好优质无烟煤资源保护性开发，结合煤制油项目建设，满足新增煤炭深加工用煤需求。到2020年，晋北基地产量3.5亿吨、晋中基地3.1亿吨、晋东基地3.4亿吨。

云贵基地开采条件差，高瓦斯和煤与瓦斯突出矿井多，水文地质条件复杂，单井规模小，大力调整生产结构，淘汰落后和非正规采煤工艺方法，加快关闭灾害严重煤矿，适度建设大中型煤矿，提高安全生产水平。结合煤制油项目建设，满足新增煤炭深加工用煤需求。到2020年，云贵基地产量2.6亿吨。

宁东基地开发强度大，控制煤炭生产规模，以就地转化为主，重点满足宁东—浙江输电通道和宁东煤制油等新增用煤需求。到2020年，宁东基地产量0.9亿吨。

（四）有序推进陕北、神东、黄陇、新疆大型煤炭基地建设

陕北、神东基地煤炭资源丰富、煤质好，煤层埋藏浅，地质构造简单，生产成本低，重点

配套建设大型、特大型一体化煤矿。结合蒙西—天津南、上海庙—山东、神木—河北、榆横—潍坊四条外送电通道建设，配套建设一体化煤矿，变输煤为输电，向华北电网送电。结合榆林、鄂尔多斯等煤制油、煤制天然气、低阶煤分质利用（多联产）项目建设情况，有序建设配套煤矿，满足煤炭深加工用煤需要。增加外调规模，通过蒙西至华中等煤运通道向南方供煤，保障华中、华南地区淘汰小煤矿后的煤炭供应。到2020年，陕北基地产量2.6亿吨，神东基地9亿吨。

黄陇基地适度建设大型煤矿，补充川渝等地区供应缺口。黄陇基地渭北区域保有资源储量少，水文地质条件复杂，加快资源枯竭和灾害严重煤矿关闭退出。黄陇基地陇东区域资源埋藏深，缺乏区位优势，煤炭开发仍需依赖外送电力需求。到2020年，黄陇基地产量1.6亿吨。

新疆基地煤炭资源丰富，开采条件好，水资源短缺，生态环境脆弱，市场相对独立，以区内转化为主，少量外调。结合哈密—郑州和准东—华东等疆电外送通道建设，配套建设大型、特大型一体化煤矿，满足电力外送用煤需要。根据准东、伊犁煤炭深加工项目建设情况，适度开发配套煤矿，满足就地转化需求。到2020年，新疆基地产量2.5亿吨。

到2020年，煤炭生产开发进一步向大型煤炭基地集中，14个大型煤炭基地产量37.4亿吨，占全国煤炭产量的95%以上。

二、生产开发规模

按照减量置换原则，严格控制煤炭新增规模。东部地区原则上不再新建煤矿。中部和东北地区从严控制接续煤矿，中部地区新开工规模约占全国的12%，东北地区新开工规模约占全国的1%。西部地区结合煤电和煤炭深加工项目用煤需要，配套建设一体化煤矿，新开工规模约占全国的87%。内蒙古、陕西、新疆为重点建设省（区），新开工规模约占全国的80%。新开工项目结合过剩产能化解效果和市场情况，另行安排。

预计到2020年，全国煤炭产量39亿吨。东部地区煤炭产量1.7亿吨，占全国的4.4%，其中北京退出煤炭生产，河北、江苏、福建、山东煤炭产量下降；东部地区煤炭消费量12.7亿吨，占全国的30.8%；净调入煤炭11亿吨。东北地区煤炭产量1.2亿吨，占全国的3.1%，其中黑龙江产量基本维持现有规模，辽宁、吉林产量下降；东北地区煤炭消费量3.6亿吨，占全国的8.6%；净调入煤炭2.4亿吨。中部地区煤炭产量13亿吨，占全国的33.3%，其中山西、安徽、河南基本保持稳定，江西、湖北、湖南产量下降；中部地区煤炭消费量10.6亿吨，占全国的25.5%；净调出煤炭2.4亿吨。西部地区煤炭产量23.1亿吨，占全国的59.2%，其中内蒙古、陕西、新疆产量增幅较大，贵州、云南、甘肃、宁夏、青海产量适度增加，重庆、四川、广西产量下降；西部地区煤炭消费量14.5亿吨，占全国的35.1%；净调出煤炭8.6亿吨。

三、跨区调运平衡

预计2020年，煤炭调出省区净调出量16.6亿吨，其中晋陕蒙地区15.85亿吨，主要调往华东、京津冀、中南、东北地区及四川、重庆；新疆0.2亿吨，主要供应甘肃西部，少量供应四川、重庆；贵州0.55亿吨，主要调往云南、湖南、广东、广西、四川、重庆。煤炭调入省区净调入19亿吨，主要由晋陕蒙、贵州、新疆供应，沿海、沿江地区进口部分煤炭。

"十三五"期间，煤炭铁路运力总体宽松，预计2020年，全国煤炭铁路运输总需求约26

亿~28亿吨。考虑铁路、港口及生产、消费等环节不均衡性，需要铁路运力30亿~33亿吨。铁路规划煤炭运力36亿吨，可以满足"北煤南运、西煤东调"的煤炭运输需求。西部地区煤炭外调量较快增长。煤炭铁路运输以晋陕蒙煤炭外运为主，全国形成"九纵六横"的煤炭物流通道网络。

专栏3　煤炭运输通道

1. 晋陕蒙外运通道

由北通路（大秦、朔黄、蒙冀、丰沙大、集通、京原）、中通路（石太、邯长、山西中南部、和邢）和南通路（侯月、陇海、宁西）三大横向通路和焦柳、京九、京广、蒙西至华中、包西五大纵向通路组成，满足京津冀、华东、华中和东北地区煤炭需求。

2. 蒙东外运通道

主要为锡乌、巴新横向通路，满足东北地区煤炭需求。

3. 云贵外运通道

主要包括沪昆横向通路、南昆纵向通路，满足湘粤桂川渝地区煤炭需求。

4. 新疆外运通道

主要包括兰新、兰渝纵向通路，适应新疆煤炭外运需求。

5. 水运通道

由长江、珠江—西江横向通路、沿海纵向通路、京杭运河纵向通路组成，满足华东、华中、华南地区煤炭需求。

6. 进出口通道

由沿海港口和沿边陆路口岸组成，适应煤炭进出口需要。

以锦州、秦皇岛、天津、唐山、黄骅、青岛、日照、连云港等北方下水港，江苏、上海、浙江、福建、广东、广西、海南等南方接卸港，以及沿长江、京杭大运河的煤炭下水港为主体，组成北煤南运水上运输系统。预计2020年，北方港口海运一次下水量8亿吨。考虑铁路、港口及生产、消费等环节不均衡性，需下水能力8.5亿吨。北方八港下水能力8.7亿~9.3亿吨，可适应煤炭下水需要。

第四章　加快煤炭结构优化升级

遵循煤炭行业特点和发展规律，发挥市场在资源配置中的决定性作用和更好发挥政府作用，严格控制新增产能，有序退出过剩产能，积极发展先进产能，推进煤矿企业兼并重组，促进结构调整和优化升级，提升煤炭产业发展质量和效益。

一、严格控制新增产能

从2016年起，3年内原则上停止审批新建煤矿项目、新增产能的技术改造项目和产能核增项目。未经核准擅自开工的违规建设煤矿一律停建停产，承担资源枯竭矿区生产接续、人员转移安置等任务确需继续建设的，须关闭退出相应规模的煤矿进行减量置换。鼓励在建煤矿停建缓建，暂不释放产能，对不能停建缓建的，按一定比例关闭退出相应规模煤矿或核减生产能力进行产能置换。因结构调整、转型升级等原因确需在规划布局内新建煤矿的，应关闭退出相应规模的煤矿进行减量置换。新建煤矿建设规模不小于120万吨/年。在煤炭市场相对独立的边疆少数民族地区，对符合国家规划和产业政策的煤电、煤炭深加工等重点项目，按照有所区别的产能减量置换办法，有序安排配套煤矿建设，充分发挥一体化运营效益。

二、有序退出过剩产能

加快依法关闭退出落后小煤矿，以及与保护区等生态环境敏感区域重叠、安全事故多发、国家明令禁止使用的采煤工艺的煤矿。综合运用安全、质量、环保、能耗、技术、资源规模等政策措施，引导灾害严重、安全无保障、煤质差、能耗不达标、非机械化开采的煤矿有序退出；引导长期亏损、资不抵债、长期停产停建、资源枯竭的煤矿有序退出。对依赖政府补贴和银行续贷生存，难以恢复竞争力的煤矿企业，停止各种不合理补贴，强化安全、质量、环保、能耗、技术等执法，倒逼企业退出。建立问责考核机制，督促地方和企业细化实施方案，加快实施进度，引导过剩产能加快退出。

三、积极发展先进产能

以提高质量和效益为核心，发展工艺先进、生产效率高、资源利用率高、安全保障能力强、环境保护水平高、单位产品能源消耗低的先进产能，保障煤炭长期稳定供应。创新煤矿设计理念，采用高新技术和先进适用技术装备，重点建设露天煤矿、特大型和大型井工煤矿。优化开拓布局，简化生产系统，降低生产能耗，减少劳动用工，实现集约高效生产。依托大型煤炭企业集团，应用大数据、物联网等现代信息技术，建设智能高效的大型现代化煤矿，实现生产、管理调度、灾害防治、后勤保障等环节智能感知及快速处理，全面提升煤矿技术水平和经济效益。

四、推进企业兼并重组

坚持市场主导、企业主体和政府支持相结合的原则，支持优势煤炭企业兼并重组，培育大型骨干企业集团，提高产业集中度，增强市场控制力和抗风险能力。按照一个矿区原则上由一个主体开发的要求，支持大型企业开发大型煤矿，整合矿区内分散的矿业权，提高资源勘查开发规模化、集约化程度。支持山西、内蒙古、陕西、新疆等重点地区煤矿企业强强联合，组建跨地区、跨行业、跨所有制的特大型煤矿企业集团，推动煤炭生产要素在全国范围内的优化配置。坚持煤电结合、煤运结合、煤化结合，鼓励煤炭、电力、运输、煤化工等产业链上下游企业进行重组或发展大比例交叉持股，打造全产业链竞争优势，更好发挥协同效应，实现互惠互利、风险共担。

第五章 推进煤炭清洁生产

牢固树立绿色发展理念，推行煤炭绿色开采，发展煤炭洗选加工，发展矿区循环经济，加强矿区生态环境治理，推动煤炭供给革命。

一、推行煤炭绿色开采

研究制定矿区生态文明建设指导意见，建立清洁生产评价体系，建设一批生态文明示范矿区。在煤矿设计、建设、生产等环节，严格执行环保标准，采用先进环保理念和技术装备，减轻对生态环境影响。以煤矿掘进工作面和采煤工作面为重点，实施粉尘综合治理，降低粉尘排放。因地制宜推广充填开采、保水开采、煤与瓦斯共采、矸石不升井等绿色开采技术。限制开发高硫、高灰、高砷、高氟等对生态环境影响较大的煤炭资源。加强生产煤矿回采率管理，对特殊和稀缺煤类实行保护性开发。

二、发展煤炭洗选加工

大中型煤矿应配套建设选煤厂或中心选煤厂，加快现有煤矿选煤设施升级改造，提高原煤入选比重。推进千万吨级先进洗选技术装备研发应用，降低洗选过程中的能耗、介耗和污染物排放。大力发展高精度煤炭洗选加工，实现煤炭深度提质和分质分级。鼓励井下选煤厂示范工程建设，发展井下排矸技术。支持开展选煤厂专业化运营维护，提升选煤厂整体效率，降低运营成本。

三、发展矿区循环经济

以经济效益、社会效益、生态效益协同提高为目标，促进煤炭与共伴生资源的综合开发与循环利用。坚持统一规划和集中高效管理，统筹矿区综合利用项目及相关产业建设布局，提升循环经济园区建设水平。支持煤炭企业按等容量置换原则建设洗矸煤泥综合利用电厂，发挥综合利用发电在废弃物消纳处置、矿区供热、供暖、供冷等方面作用。发展煤矸石和粉煤灰制建材，提高煤矸石新型建材的市场竞争力。推进矿井排水产业化利用，提高矿井水资源利用率和利用水平。加强科研创新，探索与煤共伴生的铝、镓、锗等资源利用价值。

四、加强矿区生态环境治理

按照不欠新账、快还旧账的原则，全面推进矿区损毁土地复垦和植被恢复。推进采煤沉陷区综合治理，探索利用采煤沉陷区、废弃煤矿工业场地及周边地区，发展风电、光伏、现代农业、林业等产业。加强统筹规划和资金支持，推进新疆等地区煤田火区治理。构建政府主导、政策扶持、社会参与、开发式治理、市场化运作的治理新模式，加大历史遗留矿山地质环境问题治理力度。

第六章　促进煤炭清洁高效利用

按照"清洁、低碳、高效、集中"的原则，加强商品煤质量管理，推进重点耗煤行业节能减排，推进煤炭深加工产业示范，加强散煤综合治理，推动煤炭消费革命。

一、加强商品煤质量管理

完善商品煤标准体系，制定修订民用煤炭产品等标准，严格限制硫分、灰分、有害元素等指标，鼓励煤炭生产、加工、经营、使用企业制定更严格的商品煤质量企业标准。健全商品煤质量监管体系，强化对商品煤质量监管，重点加强流通环节煤炭质量跟踪监测和管理，限制劣质煤炭销售和使用。推动企业建立商品煤质量保证制度和验收制度，建立商品煤质量档案。

二、推进重点耗煤行业节能减排

发展清洁高效煤电，提高电煤在煤炭消费中的比重。采用先进高效脱硫、脱硝、除尘技术，全面实施燃煤电厂超低排放和节能改造，加大能耗高、污染重煤电机组改造和淘汰力度。坚持"以热定电"，鼓励发展能效高、污染少的背压式热电联产机组。严格执行钢铁、建材等耗煤行业能耗、环保标准，加强节能环保改造，强化污染物排放监控。推进煤炭分质分级梯级利用，鼓励煤—化—电—热一体化发展，提升能源转换效率和资源综合利用率。

三、推进煤炭深加工产业示范

改造提升传统煤化工产业，在煤焦化、煤制合成氨、电石等领域进一步推动上大压小，淘汰落后产能。以国家能源战略技术储备和产能储备为重点，在水资源有保障、生态环境可承受的地区，开展煤制油、煤制天然气、低阶煤分质利用、煤制化学品、煤炭和石油综合利用等五类模式以及通用技术装备的升级示范，加强先进技术攻关和产业化，提升煤炭转化效率、经济效益和环保水平，发挥煤炭的原料功能。

四、加强散煤综合治理

在大气污染防治重点地区实施煤炭消费减量替代。加强散煤使用管理，积极推广优质无烟煤、型煤、兰炭等洁净煤，在民用煤炭消费集中地区建设洁净煤配送中心，完善洁净煤供应网络。完善民用炉具能效限定值及能效等级标准。全面整治无污染物治理设施和不能实现达标排放的燃煤锅炉，加快淘汰低效层燃锅炉，推广高效煤粉工业锅炉。鼓励发展集中供热，逐步替代分散燃煤锅炉。推广先进适用的工业炉窑余热、余能回收利用技术，实现余热、余能高效回收及梯级利用。

第七章 提升安全保障能力

坚持以人为本、生命至上理念，健全安全生产长效机制，深化煤矿灾害防治，加强职业健康监护，全面提升煤矿安全保障能力。

一、健全安全生产长效机制

建立责任全覆盖、管理全方位、监管全过程的煤矿安全生产综合治理体系，健全安全生产长效机制。按照党政同责、一岗双责、失职追责的要求完善煤矿安全生产责任制，严格落实煤矿企业主体责任，保障安全生产投入，改善安全生产条件。进一步明确综合监管部门和行业主管部门监管责任，合理划分各级安全监管监察部门执法责任、执法边界和管理范围，提高一线专业执法人员的比例。充分运用市场机制，推进煤矿安全生产，逐步建立煤矿安全生产责任保险体系。

二、深化煤矿灾害防治

利用物联网、大数据等技术，推进煤矿安全监控系统升级改造，构建煤矿作业场所的事故预防及应急处置系统，加强对水、火、瓦斯、煤尘、顶板等灾害防治，全面推进灾害预防和综合治理。采取保护层开采、区域预抽、揭煤管理等防范措施，推进煤与瓦斯突出和高瓦斯矿井瓦斯综合治理。加强区域性水害普查，采取综合措施做好水害防治。严格执行《煤矿安全规程》，提升安全准入门槛，加强过程控制，推进煤矿排查治理安全生产隐患，重点推进灾害严重矿区致灾因素排查。

三、加强职业健康监护

加强煤矿职业病危害防治体系建设，加大资金投入，强化工程、技术等控制措施，提高职业病危害基础防控能力。推进煤矿职业病危害因素申报、检测、评价与控制工作，煤矿企业应如实、及时申报职业病危害因素，为职工建立职业健康档案，定期体检，依法维护和发展职工安全健康权益。建立健全粉尘防治规章制度和责任制，落实企业粉尘防治主体责任，减少尘肺病发病率。加强煤矿职业病危害预防控制关键技术与装备的研发，推动煤矿企业建立健全劳保用品管理制度，做好劳保用品的检查、更新。建立煤矿企业职业卫生监督员制度，发挥群众安全监督组织和特聘煤矿安全群众监督员作用。完善煤矿职业病防治支撑体系，有效保障职工工伤保险待遇，切实解决困难职工医疗和生活问题。

第八章 加强煤炭科技创新

坚持创新发展理念，加强基础研究、关键技术攻关、先进适用技术推广和重大科技示范工程建设，完善煤炭科技创新体系，推动煤炭技术革命。

一、加强基础研究和关键技术攻关

支持煤矿灾害机理、煤炭安全绿色开发和清洁高效利用、煤层气赋存规律、煤系伴生资源协同开发等基础理论研究，强化煤炭科技原始创新能力。突破煤炭地质保障、煤炭智能钻探、煤炭绿色安全无人开采、特厚煤层井工开采、深井灾害防治、煤炭深加工等重大关键技术。加快千万吨级煤炭综采成套、千万吨级煤炭洗选等先进技术装备研发，解决煤机成套装备及关键零部件可靠性和稳定性问题，提高煤机装备数字化控制、自动化生产和远程操作能力。

二、应用推广先进适用技术

以提高效率为核心，应用推广煤田高精度勘探、深厚冲积层快速建井、岩巷快速掘进、高效充填开采、智能工作面综采、薄煤层开采、干法选煤、矿井水和矿井热能利用、中低浓度瓦斯利用、高效低排放煤粉工业锅炉等先进工艺技术，鼓励应用煤机再制造产品和技术。加强煤炭集成创新，推动物联网、大数据、云计算等现代信息技术在煤炭行业的集成应用，服务煤炭生产、灾害预防预警、煤炭物流、行业管理等工作。

三、加快重大科技示范工程建设

推进复杂地质条件安全开采、煤矿重大事故应急处置与救援等技术试验示范。积极引导社会投资，推动智慧煤矿、煤炭清洁高效利用和转化、煤层气开发利用等重大示范工程建设。依托重大示范工程带动自主创新，加快国产技术装备应用，形成具有自主知识产权的核心技术和装备体系。

四、完善科技创新机制

深入实施创新驱动战略，激发煤炭科技创新活力。充分发挥国家科技计划（专项、基金等）作用，积极支持煤炭科技研发工作，加强煤炭领域科技创新基地建设。建立煤炭先进技术和装备目录，加强对先进技术装备的支持。强化企业创新主体地位和主导作用，支持优势煤炭企业增加科技研发投入，建立技术中心和研发机构，推动关键技术攻关，提高自主创新能力。加强协同创新平台建设，鼓励煤炭企业与高等学校、研究机构等加强合作，建立产学研联盟，加快煤炭科技成果转化和应用。加快煤炭科技人才培养，加强煤矿职工技能培训，为煤炭科技发展提供基础保障。

专栏4　煤炭科技发展重点

1. 基础理论研究

煤矿瓦斯突出机理、矿井带压开采及冲击地压预测防治、煤层气赋存规律、煤炭安全绿色开发、煤炭清洁高效利用、煤系伴生资源协同开发、矿区全物质循环规划、碳排放控制等基础理论研究。

2. 关键技术装备攻关

煤炭绿色资源勘探、智能钻探、大型矿井快速建井、绿色安全无人开采、特厚煤层井工开采、深井灾害防治、清洁高效煤电、低阶煤中低温热解分质转化、煤炭污染控制、煤层气经济高效开发、燃煤二氧化碳捕集利用封存等关键技术。

千万吨级煤炭综采成套、千万吨级煤炭洗选、重大事故快速抢险与应急处置、大型煤炭液化、大型合成气甲烷化等重大技术装备。

3. 先进适用技术推广

煤田高精度勘探、深厚冲积层快速建井、岩巷快速掘进、高效充填开采、智能工作面综采、薄煤层开采、煤机再制造、干法选煤、矿井水和矿井热能利用、中低浓度瓦斯利用、高效低排放煤粉工业锅炉，云计算、物联网等现代信息技术。

4. 重大科技示范工程

复杂地质条件安全开采、煤矿重大事故应急处置与救援、智慧煤矿、煤制芳烃、煤炭热解气化一体化多联产、百万吨级煤油共炼、煤电铝一体化等示范工程。

第九章 加快煤层气产业发展

统筹煤炭、煤层气勘探开发布局和时序，坚持煤层气（煤矿瓦斯）先抽后采、抽采达标，加大勘查开发利用力度，保障煤矿安全生产，增加清洁能源供应，减少温室气体排放。

一、加强煤层气（煤矿瓦斯）勘查开发

完善煤层气、煤炭协调开发机制，妥善解决煤炭、煤层气矿业权重叠地区资源开发利用问题，研究推行煤炭、煤层气矿业权证统一发放。建设沁水盆地、鄂尔多斯盆地东缘和贵州毕水兴煤层气产业化基地，突破西北低煤阶和西南高应力地区煤层气勘查开发，加快准噶尔盆地、二连盆地、黔西滇东等煤层气勘查开发，建设一批煤矿瓦斯抽采利用规模化矿区和瓦斯治理示范矿井，鼓励煤矿实施井上下立体化联合抽采。完善以社会投资为主、政府适当支持的多元化投融资体系，鼓励民间资本参与煤层气勘查开发、储配及输气管道等基础设施建设，推动煤层气产业发展。

专栏5 煤层气勘查开发重点地区

1. 煤层气勘查

山西沁源、保德、临兴、石楼，内蒙古石拐、霍林河，陕西韩城，四川筠连，贵州织金，新疆碱沟、艾维尔沟等。

2. 煤层气开发

山西柿庄南、古交、柳林、马必、三交，贵州六盘水、毕节，陕西韩城南、彬长，新疆阜康等。

二、加大煤层气（煤矿瓦斯）利用力度

依据资源分布、市场需求和天然气输气管网建设情况，统筹建设煤层气输气管网，因地制宜发展煤层气压缩和液化。开展低浓度瓦斯采集、提纯和利用技术攻关，推广低浓度瓦斯发

电、热电冷联供，鼓励乏风瓦斯氧化及余热发电或供热等利用。进一步严格煤矿瓦斯排放标准，严禁高浓度瓦斯直接排放。结合电力体制改革，完善煤矿瓦斯发电上网电价政策。积极推广政府和社会资本合作模式，推进煤层气输气管网、压缩（液化）站、储气库、瓦斯发电等项目建设。

第十章 深化煤炭行业改革

完善煤炭税费体系，健全煤矿关闭退出机制，深化国有煤炭企业改革，加快解决历史遗留问题，营造公平竞争、优胜劣汰的市场环境，最大限度激发企业活力、创造力和市场竞争力，推动煤炭体制革命。

一、完善煤炭税费体系

深化煤炭税费综合改革，整合重复税费，清理不合理收费，取缔违规设立的各项收费基金。做好煤炭资源税改革后续工作，进一步规范资源税优惠政策。落实煤炭企业增值税抵扣、资源综合利用税收优惠等政策。推进煤炭资源有偿使用制度改革，建立矿产资源权益金制度，进一步理顺煤炭资源税费体系，合理调节煤炭资源收入，减轻煤炭企业负担。

二、健全煤矿关闭退出机制

完善煤矿关闭退出相关标准，指导煤矿有序退出。加大政策扶持力度，支持通过企业内部分流、转岗就业创业、内部退养、公益性岗位安置等方式，多渠道分流安置煤矿职工。加强再就业帮扶，通过就业指导、技能培训、职业介绍等方式，促进失业人员再就业或自主创业。支持退出煤矿用好存量土地，促进矿区更新改造和土地再开发利用，煤矿退出后的划拨用地，可以依法转让或由地方政府收回，地方政府收回原划拨土地使用权后的出让收入，可按规定通过预算安排用于支付产能退出企业职工安置费用。支持地方利用资源性收入，做好关闭退出煤矿的生态环境恢复治理。地方政府要按照国家有关要求做好失业保险、失业救助、发放最低生活保障等兜底工作。

三、深化国有煤炭企业改革

减少行政性干预，发挥企业家创新精神和企业主体作用，引导国有煤炭企业发展由依靠政府和政策支持向依靠创新和市场竞争转变，提高企业经营决策水平。健全煤炭企业公司法人治理结构，建立完善现代企业经营管理制度。鼓励企业创新管理模式，压缩管理层级，精简机构人员，降低运营成本。严格管控投资风险，加强内部精细化管理，着力推进管理人员能上能下、员工能进能出、收入能增能减的国有企业三项制度改革。推动具备条件的国有煤炭企业发展混合所有制，创造条件推进集团公司整体上市，促进企业转换经营机制，提高国有资本配置和运行效率。健全企业民主管理制度，落实职工群众的知情权、参与权、表达权、监督权。

四、加快解决历史遗留问题

加快分离国有煤炭企业办社会职能，建立政府和企业合理分担成本的机制，多渠道筹措资金，采取分离移交、重组改制、关闭撤销、政府购买服务、专业化运营管理等方式，剥离"三供一业"和医院、学校、社区等办社会职能，加快推进厂办大集体改革。尽快移交煤炭企业承担的退休人员管理职能，纳入属地实行社会化管理。允许国有企业划出部分股权转让收益、地方政府出让部分国有企业股权，专项解决分离企业办社会等历史遗留问题。

第十一章 发展煤炭服务产业

围绕结构深度调整,积极推动煤炭转型发展,加快发展煤炭现代物流,健全煤炭市场交易体系,加强行业服务能力建设,繁荣发展煤炭行业文化。

一、发展煤炭现代物流

推进环渤海、长三角等大型煤炭储配基地和煤炭物流园区建设,实现煤炭精细化加工配送。加快蒙西至华中等铁路通道和水运、进出口通道建设,优化煤炭物流网络。发展煤炭水铁联运,完善煤炭物流转运设施,实现铁路货运站与港口码头无缝衔接。发展煤炭绿色物流,推进封闭运输,减轻对环境影响。加强物流环节收费监管,清理不合理收费,降低煤炭物流成本。加快物联网、移动互联等先进技术在煤炭物流领域的应用,推动煤炭物流标准化建设,提高煤炭物流专业化管理和服务能力。

专栏6 煤炭物流工程

1. 大型煤炭储配基地

环渤海、山东半岛、长三角、海西、珠三角、北部湾、中原、泛武汉、长株潭、环鄱阳湖、成渝。

2. 大型煤炭物流园区

锦州、秦皇岛、京唐港、曹妃甸、天津、黄骅、青岛、日照、龙口、宁波、舟山、镇江、靖江、芜湖、罗源湾、莆田、广州、珠海、防城港、北海、南阳、荆州、岳阳、九江、万州。

二、健全煤炭市场交易体系

进一步完善煤炭产运需衔接机制,促进传统产运需衔接方式向现代交易模式转变。积极引导各类市场主体参与煤炭交易市场建设,加快建设区域性煤炭交易市场,培育1~2个全国性煤炭交易中心。完善煤炭交易市场运行机制,发展煤炭期货交易,创新煤炭金融服务,降低交易成本,优化煤炭资源配置。清理市场分割、地区封锁等限制,推动煤炭交易平台信息共享,形成跨区域和行业的智能物流信息服务平台。

三、加强行业服务能力建设

推进煤炭统计监测体系建设,及时向社会发布产业发展信息。支持煤炭企业和科研院所组建战略研究机构,为政府宏观管理和企业经营决策提供支撑。积极发展煤炭生产性服务业,鼓励老煤炭企业在关闭退出过程中,组建专业化生产服务公司,开展矿井生产承包、单项工程承包等各种形式的技术服务和托管运营,推动煤炭企业由单纯提供产品向提供产品服务转变。发挥行业协会和中介组织在信息发布、技术服务、宣传推广、行业自律等方面的作用,提升行业服务能力。

四、繁荣发展煤炭行业文化

按照繁荣发展社会主义文艺的总要求,积极发展具有先进性、科学性、惠及广大职工的煤炭行业文化。深入开展安全宣传教育,抓好安全行为养成,营造浓厚的安全文化氛围。加强煤炭行业文化品牌建设，打造具有鲜明煤矿特色的文化活动品牌。加快发展矿山公园、井下探秘游、矿山遗迹等新产品、新业态，提高市场化运作能力。充分利用传统媒体资源，发挥新型媒体优势，扩大煤炭行业文化的社会影响力。

第十二章 推进全方位国际合作

统筹国际国内两个大局，充分利用两个市场、两种资源，以"一带一路"建设为统领，遵循多元合作、互利共赢原则，全方位加强煤炭国际合作，提升煤炭工业国际竞争力。

一、稳步开展国际煤炭贸易

坚持市场化原则，巩固和发展与主要煤炭资源国和消费国的长期稳定贸易关系。鼓励进口优质煤炭，加强炼焦煤进口，严格控制低热值煤、高硫煤等劣质煤进口。完善煤炭出口政策，鼓励优势企业扩大对外出口。积极参与全球煤炭资源优化配置，提高优质煤炭资源供应潜力，提高我国在世界煤炭市场中的影响力。

二、推进境外煤炭资源开发利用

积极稳妥推进煤炭国际产能合作，鼓励优势煤炭企业根据资源条件、经济社会发展情况、政策环境等选择投资目标，推进境外煤炭资源勘探开发。结合境外煤炭资源开发需要，开展配套基础设施建设和煤炭上下游投资，实现合作共赢。发挥政策性银行和开发性金融机构的积极作用，通过银团贷款、出口信贷、项目融资等多种方式，加大对符合条件的煤炭国际产能和装备制造合作的融资支持力度。

三、扩大对外工程承包和技术服务

加强煤炭科技国际合作，建设国际化煤炭科技研发、装备制造平台。建立境外煤炭装备制造基地、零配件基地和技术服务中心，为境外资源开发利用提供技术服务和人才支持。鼓励煤炭生产、煤机制造、煤矿建设等企业，发挥长期积累的技术和装备优势，积极参与境外煤矿建设、技术服务以及运营管理，带动先进工艺技术和大型成套装备出口。

第十三章 环境影响评价

一、煤炭开发对环境的影响

煤炭开发对环境的影响主要是煤矸石、煤矿瓦斯和矿井水排放，以及采煤引起的地表沉陷和水土流失。

东部地区。人口稠密、土地资源稀缺，多数煤矿位于平原地区，主要环境影响是地表沉陷。2020年，预计东部地区产生煤矸石0.56亿吨、煤泥1490万吨、矿井水4.52亿立方米，新形成沉陷土地面积0.42万公顷。

中部和东北地区。山西、内蒙古煤炭开发强度大，生态环境较脆弱，主要环境影响是地下水径流破坏、潜水位下降和地表水减少，煤矸石和煤矿瓦斯产生量大。吉林、湖北、湖南、江西煤炭产量逐渐减少，主要环境影响是地表沉陷、水土流失和瓦斯排放。2020年，预计中部和东北地区产生煤矸石3.36亿吨、煤泥8760万吨、矿井水20.05亿立方米，新形成沉陷土地面积2.8万公顷。

西部地区。除西南地区外，均处于干旱半干旱地区，水资源缺乏，植被稀少，生态环境脆弱，主要环境影响是地下水径流破坏、地下潜水位下降和地表水减少，引起地表干旱、水土流失、荒漠化和植被枯萎，煤矸石和瓦斯产生量大。2020年，预计西部地区产生煤矸石4.03亿吨、煤泥 9120 万吨、矿井水 35.47 亿立方米，新形成沉陷土地面积 3.34 万公顷。

二、预防和减轻环境影响的对策

（一）顶层设计，推进煤炭清洁高效开发利用。优化煤炭产业结构、消费结构，支持和鼓励煤炭生产企业通过多种技术途径，从源头减少煤矸石、矿井水和煤矿瓦斯等排放，继续推进矿区节能减排，加强商品煤质量管控，大幅度提高煤炭集中转化、废弃资源和污染物集中治理的比重。扶持企业立足资源和区位特点，积极开拓煤炭使用新领域，推进煤炭清洁高效利用。

（二）科技创新，为减缓环境影响提供基础支撑。加强基础研究与科技攻关，健全政—产—学—研—用科技创新体系，完善扶持政策。加强碳减排、乏风瓦斯氧化利用、充填开采、保水开采等绿色开采技术，煤炭分级提质利用、煤炭深加工、高效燃煤发电等技术研发，推动创新成果的推广和产业化应用。

（三）加强治理，改善矿区生态环境。树立生态保护红线意识，严格执行国家有关环境治理和水土保持方面的法律法规及标准要求，全面落实环境保护和水土保持"三同时"制度。在环境敏感区和生态脆弱区，结合资源条件和环境容量，严格控制煤炭开发规模，合理安排开发时序。强化生产端废弃物源头减量，切实减少矿区各类污染物排放。建立多部门联动生态治理监管机制，有序推进煤田火区、采空区、沉陷区综合治理，防治地质灾害。将生态文明理念融入煤矿全生命周期建设，树立良好社会形象，使煤炭开发与当地社会和谐发展。

（四）公众监督，完善公众参与机制。发挥社会公众和新闻媒体的监督作用，完善公众参与机制，强化环保宣传，支持和鼓励企业定期发布社会责任报告，建立公众反馈意见的监督执行制度，切实保障社会公众有效行使监督权。

三、环境治理的预期效果

通过实施以上措施，到 2020 年基本实现规划提出的环境保护目标，煤炭清洁高效生产体系基本建立，矿区生态环境显著改善。

（一）全国环境治理预期效果。到 2020 年，煤矸石综合利用率 75% 左右；矿井水综合利用率 80%；煤矿稳定沉陷土地治理率 80% 以上，排矸场和露天矿排土场复垦率达到 90% 以上；瓦斯综合利用水平显著提高，煤层气（煤矿瓦斯）抽采量达到 240 亿立方米，利用率 67% 左右；新增沉陷土地面积 6.56 万公顷，复垦面积约 3.91 万公顷，土地复垦率 60% 左右。

（二）地区环境治理预期效果。东部地区采取煤矸石发电、井下充填、土地复垦和立体开发等措施，煤矸石利用率达到 100%，矿井水利用率 92%，沉陷土地复垦率 68%，煤层气（煤矿瓦斯）利用率 53%。中部和东北地区采取煤矸石发电、井下充填、地表土地复垦和立体开发、植被绿化等措施，煤矸石利用率 76%，矿井水利用率 77%，沉陷土地复垦率 63%，煤层气（煤矿瓦斯）利用率 64%。西部地区采取煤矸石发电、井下充填、地表土地复垦和立体开发、植被绿化、保水充填开采等措施，煤矸石利用率 70%，矿井水利用率 80%，沉陷土地复垦率 55%，煤层气（煤矿瓦斯）利用率 72%。

第十四章 保障措施

一、健全煤炭法律法规

研究修订《煤炭法》，健全煤炭法律法规体系。修订煤炭产业政策，提高办矿标准，完善产业调控政策体系。制定和完善煤炭先进产能、矿区生态环境保护、煤矿建设、煤炭产品、煤炭清洁开发利用、煤炭物流等方面标准、规范。强化法律法规、政策标准等实施的监督检查。深入开展煤炭普法工作，增强全行业的法治意识。

二、加强煤炭行业监管

理顺煤炭管理职能，健全集中统一、上下协调的管理体制，加强煤炭资源、开发、安全生产、经营全过程管理。完善煤炭工业发展规划、煤炭资源勘查规划、矿区总体规划等有机衔接、协调配合的机制，强化规划、产业政策、标准的引导和约束作用。做好简政放权、放管结合、优化服务，进一步转变煤炭管理部门职能。创新事中事后监管方式，综合运用现场和非现场监管等手段，及时查处未批先建、超能力生产等违法违规行为。全面实行煤炭产能登记公告制度，研究建立煤炭产能监测与预控体系，及时通报行业运行情况，引导企业合理安排建设进度、有序组织生产。

三、加大金融支持力度

坚持区别对待、有控有扶的原则，不搞"一刀切"，引导金融机构对具备竞争力的优质骨干煤炭企业继续给予信贷支持，支持符合条件的煤炭企业以采矿权、应收账款等资产进行抵质押担保，通过发行债券等方式融资。积极稳妥推进煤炭企业债务重组，通过调整贷款期限、还款方式等措施，帮助符合国家产业政策，积极主动去产能、调结构、转型发展、有一定清偿能力的煤炭企业渡过难关。综合运用债务重组、破产重整或破产清算等手段，妥善处置煤炭企业债务和不良资产。

四、强化政策资金保障

利用工业企业结构调整专项奖补资金，统筹对化解煤炭过剩产能中的人员分流安置给予奖补，引导地方加快处置"僵尸企业"，实现市场出清。研究安排中央预算内投资，支持符合条件的煤矿安全改造、采煤沉陷区综合治理、独立工矿区改造搬迁和棚户区改造。继续对煤层气开采利用给予财政支持，根据产业发展、抽采利用成本和市场销售价格适时调整补贴标准。完善煤炭行业产品成本核算制度，促进煤炭企业降本增效。

五、加强行业诚信建设

加强煤炭行业信用建设和信用监管，在去产能、减量化生产、治理违法违规建设和超能力生产等工作中，建立煤矿信用记录，及时向社会公告，接受社会监督。建立黑名单制度，对列入失信黑名单的煤炭企业，有关部门按照规定实施联合惩戒。完善个人信用记录，将失信惩戒措施落实到人。充分发挥行业协会、金融机构、征信机构等作用，推进行业诚信体系建设，加强行业自律，形成诚实守信的良好行业氛围。

六、做好规划实施管理

国务院各有关部门要加强沟通协调，密切配合，制定和完善各项配套政策措施，形成推动规划实施的合力。地方各级政府有关部门要按照各自职责，结合实际，明确责任主体，细化落实本规划提出的主要目标和重点任务，加强规划实施的组织领导。完善规划统筹协调机制，做好与相关规划实施的衔接，强化规划的引导和约束作用。建立规划实施监测和动态评估机制，强化对规划实施情况的跟踪分析，根据经济社会发展和规划实施情况，做好规划评估和调整，完善相关政策和措施。按照国家总体部署和政策导向，结合煤炭工业发展实际情况，制定年度实施方案，指导地方和企业，落实煤炭工业发展和改革任务，保证规划目标和任务顺利实现。

(三) 煤炭深加工产业示范"十三五"规划

2017年2月8日，国家能源局印发《煤炭深加工产业示范"十三五"规划》。作为首个国家层面的煤炭深加工产业规划，也是"十三五"期间14个能源专项规划中唯一经由国务院批准的规划，其明确煤炭深加工产业发展定位的同时，也为未来煤炭清洁高效利用指明了方向。该规划明确，到2020年，已建成的示范项目实现安全、环保、稳定运行，自主技术和装备可靠性得到验证，煤制清洁燃料和化工原料得到市场认可和应用，装备自主化率进一步提高，推动形成技术路线完整、产品种类齐全的煤炭深加工产业体系，为产业长远可持续发展打下坚实基础。为推动煤炭深加工产业向更高水平发展，"十三五"期间，将重点开展煤制油、煤制天然气、低阶煤分质利用、煤制化学品、煤炭和石油综合利用等5类模式以及通用技术装备的升级示范。

国家能源局关于印发《煤炭深加工产业示范"十三五"规划》的通知

国能科技〔2017〕43号

河北、山西、内蒙古、辽宁、吉林、黑龙江、安徽、湖北、贵州、云南、陕西、甘肃、宁夏、新疆发展改革委（能源局），中国石油和化学工业联合会，有关企业：

为贯彻落实中央财经领导小组第六次会议精神、《国民经济和社会发展第十三个五年规划纲要》以及《能源发展"十三五"规划》，加快推进煤炭清洁高效利用，指导煤炭深加工产业科学健康发展，国家能源局组织编制了《煤炭深加工产业示范"十三五"规划》，经国务院同意，现印发你们，请认真贯彻执行。

附件：煤炭深加工产业示范"十三五"规划

国家能源局
2017年2月8日

煤炭深加工产业示范"十三五"规划

前 言

煤炭深加工是指以煤为主要原料，生产多种清洁燃料和基础化工原料的煤炭加工转化产业，具体包括煤制油、煤制天然气、低阶煤分质利用、煤制化学品以及多种产品联产等领域，不包括传统煤化工产业。

煤炭是我国的主体能源和重要原料。适度发展煤炭深加工产业，既是国家能源战略技术储备和产能储备的需要，也是推进煤炭清洁高效利用和保障国家能源安全的重要举措。

为深入贯彻落实习近平总书记在中央财经领导小组第六次会上提出的"四个革命、一个合作"能源发展的战略思想和对神华宁煤煤制油示范项目作出的重要指示精神，根据《国民经济和社会发展第十三个五年规划纲要》以及《能源发展"十三五"规划》，特制定《煤炭深加工产业示范"十三五"规划》。本规划包括煤炭深加工产业示范的指导思想、基本原则、发展目标、主要任务和保障措施。

本规划将根据国内外能源化工市场形势和煤炭深加工技术与产业发展实际，适时进行调整。

一、规划基础和背景

（一）产业现状

随着示范项目持续推进建设，我国煤炭深加工产业发展已初具规模。截至2015年底，我国煤制油、煤制天然气、煤制烯烃（包括甲醇制烯烃）产能分别达到254万吨/年、31亿立方米/年和862万吨/年，2015年产量分别为115万吨、18.8亿立方米和648万吨。"十二五"期间，产业发展取得了显著成绩。

1. 示范项目运行水平不断提升。通过优化工艺技术和提升管理水平，基本实现了安全、稳定、长周期、高负荷运行，煤耗、水耗不断下降，"三废"处理和环保水平不断提高。神华鄂尔多斯108万吨/年煤直接液化项目吨产品水耗从10吨降至5.8吨；伊泰16万吨/年煤间接液化项目吨产品煤耗从4吨标煤降至3.6吨标煤；神华包头煤制烯烃项目吨产品综合能耗从3.6吨标煤降至3.3吨标煤；大唐克旗、新疆庆华、内蒙古汇能等煤制天然气项目稳定运行水平不断提高。

2. 自主技术装备水平大幅提高。我国煤炭深加工产业关键技术和重大装备自主化水平进一步提升，整体达到世界先进水平，装备自主化率已达到85%。油品、烯烃生产等自主成套工艺技术在工程中广泛应用。多喷嘴对置式水煤浆气化、航天粉煤加压气化、水煤浆水冷壁等自主气化技术装备约70台实现了工业运行。大型空分装置、大型工艺压缩机组、适用于苛刻条件的泵、阀等关键设备和控制系统实现了自主化。

3. 培养了一批骨干企业和人才队伍。神华集团有限责任公司、兖矿集团有限公司、内蒙古伊泰集团有限公司等企业成为推动产业发展的重要力量，国家能源煤基液体燃料研发中心、低碳催化与工程研发中心、煤气化技术研发中心、煤炭分质清洁转化重点实验室等成为产业技术创新中心，中国石油化工集团公司、中国化学工程公司、大连金州重型机器集团有限公司、沈阳鼓风机（集团）有限公司等企业成为工程设计和装备制造的重要支撑力量，煤炭深加工产业从业人员超过10万人，逐步建立起有效的人才培养机制，基本形成了专业全面、结构合理的人才队伍。

4. 促进了资源地区经济转型发展。煤炭深加工产业累计投资超过3500亿元，2015年实现产值约1000亿元、利税约330亿元，带动了传统煤化工、装备制造等产业升级和转型发展，直接创造5万个就业岗位，间接提供几十万个就业岗位；带动了相关产业装备制造、基础设施配套建设和相关服务业的发展，推动地区资源优势向产业经济优势转变。

（二）主要问题

煤炭深加工是新兴产业，目前仍处于产业化初级阶段，尚存在一些问题亟待解决。

1. 生产工艺和环保技术有待完善。部分示范项目由于设计和装置可靠性等问题，未能实现长周期、满负荷运行。系统优化集成不够，主体化工装置与环保设施之间、各单元化工装置之间匹配度不够，从而增加了投资和资源消耗，也影响了总体运行效果。自主甲烷化技术尚未在大型工程上应用，部分关键装备、材料仍依赖进口。示范项目的产品结构单一，产业链有待延伸。相关环保技术发展相对滞后,废水处理难度大、处理成本高。低位热能、油渣、灰渣等资源综合利用水平有待提高。

2. 示范项目建设秩序有待规范。部分已核准的项目存在批大建小、进度滞后、工程造价超概算等问题。大唐克旗、内蒙古汇能、新疆庆华等煤制天然气项目现仅建成了一期工程,大唐阜新煤制天然气项目因建设停滞至今未形成产能。部分省(区)存在项目争取积极、后续协调不足、跟踪服务不够等问题,已启动前期工作的项目在落实煤炭资源、水权置换、排污指标等配套条件方面存在一定困难。

3. 企业运营管理水平有待提高。示范项目承担单位大多来自煤炭、电力、传统化工等领域,对技术密集、工艺复杂的煤炭深加工产业深入研究不够,建设、运营管理可借鉴的经验有限,对油气和石化产品市场规律把握不足,示范效果与预期存在差距,总体风险控制水平有待提高。

4. 产业支撑体系有待健全。"十二五"期间,示范工作的重点是推进大型工程建设,支撑体系建设相对滞后。符合煤炭深加工产业特点的设计理念和体系有待建立,技术装备的定型化、标准化、系列化有待提高,工程设计、建设、产品、安全、环保等标准规范需加快制修订进度,以支撑产业健康发展。

(三)发展形势

随着国际能源供需格局深度调整,能源结构向清洁化、低碳化方向转变,国内能源需求增速放缓,供给侧结构性改革深入推进,"十三五"期间煤炭深加工产业发展环境更加复杂,将面临更多新的挑战和机遇。

1. 生态环境和资源约束强化。随着新环保法以及大气污染、水污染、土壤污染等专项行动计划的实施,煤炭深加工产业的污染控制要求将更加严格,煤炭深加工项目获得用水、用能、环境指标的难度加大。我国已承诺2030年左右二氧化碳排放达到峰值并争取早日实现,煤炭深加工产业也面临碳减排压力。

2. 能源化工市场竞争加剧。国际油气市场供需趋于宽松,价格低位运行,中东、北美低成本的油气、烯烃等产品加快出口。国内经济进入新常态,大宗能源化工产品需求增速放缓,市场竞争日益激烈,煤炭深加工产业发展的不确定性增大。

3. 先进能源技术竞争日益激烈。新一轮科技革命和产业变革正在孕育兴起,发达国家出台了一系列能源技术创新战略计划,非常规油气、电动汽车、可再生能源等技术进步十分迅速,如率先实现重大革命性突破,将压缩煤炭深加工产业发展空间。

4. 清洁燃料替代传统燃料加快。我国清洁燃料需求将保持持续增长,国五及以上标准车用汽、柴油和普通柴油将全面推广,船用燃料油升级步伐加快,天然气车、船快速发展,散煤以及高硫煤、石油焦等劣质燃料逐步退出市场,工业窑炉、采暖锅炉"煤改气"积极推进,煤炭深加工产业可在燃料结构调整中发挥重要作用。

5. 煤炭供给侧改革加速推进。我国煤炭行业产能严重过剩,急需加快供给侧结构性改革,推动行业转型升级,培育新的利润增长点。钢材、水泥等大宗原材料价格较低,工程建设成本下降。煤炭深加工产业作为延伸煤炭产业链、提高附加值的重要途径,将迎来新的发展机遇。

6. 煤炭深加工自主创新更加活跃。我国煤炭深加工自主创新步伐加快,新一代的煤气化、液化、热解、合成等关键技术不断涌现，合成气一步法制烯烃、热解—气化一体化等革命性技术研究取得重要突破，将为产业注入持续发展动力。

二、指导方针和目标

（一）指导思想

全面贯彻党的十八大和十八届三中、四中、五中、六中全会精神，深入贯彻落实"四个革命、一个合作"能源发展的战略思想，牢固树立和落实"创新、协调、绿色、开放、共享"五大发展理念，主动适应我国经济发展新常态，紧紧抓住供给侧改革的重要契机，以增强能源自主保障能力和推动煤炭清洁高效利用为导向，以技术升级示范为主线，以国家能源战略技术储备和产能储备为重点，加强煤炭深加工自主创新，加快先进技术产业化，推动重大示范项目建设，提升煤炭转化效率和效益，强化生态环境保护，降低工程造价和生产成本，不断增强产业竞争力和抗风险能力，将煤炭深加工产业培育成为我国现代能源体系的重要组成部分。

（二）基本原则

1. 自主创新，升级示范。落实创新驱动发展战略，将自主创新作为煤炭深加工可持续发展的第一动力，瞄准产业重大需求，强化原始创新、集成创新和引进消化吸收再创新，推动新工艺、新技术、新产品，系统优化集成，关键装备，环境保护等自主创新成果的全方位升级示范，牢牢掌握未来发展的主动权。

2. 量水而行，绿色发展。将资源和环境承载力作为产业发展的前提，坚守水资源管理"三条红线"，强化节能目标责任和监督考核，严控能源消费总量和强度，坚持规划环评和建设项目环评并重，执行最严格的环境保护标准，努力实现绿色发展。已超出水资源、能源消费控制总量和已无环境容量的地区建设煤炭深加工项目，需先期采取有力措施腾出相应容量指标。

3. 严控产能，有序推进。坚持高起点、高标准发展，不支持现有技术水平的大规模产能扩张，不设定约束性的产能和产量目标，主要以技术发展进程确定产业发展节奏，列入规划的项目应承担明确的示范任务，成熟一个，建设一个，逐步提高产业水平和层次。

4. 科学布局，集约发展。落实《全国主体功能区规划》，按照"靠近原料、靠近市场、进入园区"的原则，科学合理确定产业布局。在煤炭资源地区按照基地化生产、规模化外送的模式集中布局示范项目，在消费市场中心按照调度灵活、就地消纳的模式布局规模适中的示范项目。在同等条件下，布局示范项目向老、少、边、穷地区倾斜，支持当地经济发展。

5. 转换动力，助推转型。努力将煤炭深加工产业培育成为煤炭资源地区经济发展的新动力。支持煤炭深加工企业兼并重组上游煤矿资产，化解过剩产能。支持煤炭企业延伸产业链，参与建设煤炭深加工项目，实现脱困发展。通过煤炭深加工示范项目带动传统煤化工技术改造和升级，聚集资金、技术和人才资源，加快当地产业结构调整和经济转型发展。

6. 优势互补，协调发展。将煤炭深加工作为我国油品、天然气和石化原料供应多元化的重要来源，同时发挥工艺技术和产品质量优势，发挥与传统石油加工的协同作用，推进形成与炼油、石化和天然气产业互为补充、协调发展的格局。

（三）发展目标

到2020年，已建成的示范项目实现安全、环保、稳定运行，自主技术和装备可靠性得到验证，煤制清洁燃料和化工原料得到市场认可和应用，装备自主化率进一步提高，推动形成技术路线完整、产品种类齐全的煤炭深加工产业体系，为产业长远可持续发展打下坚实基础（见表12-1）。

表12-1 资源利用效率主要指标

指标名称	煤制油（直接液化）		煤制油（间接液化）		煤制天然气	
	基准值	先进值	基准值	先进值	基准值	先进值
单位产品综合能耗，吨标煤/吨（千标立方米）	≤1.9	≤1.6	≤2.2	≤1.8	≤1.4	≤1.3
单位产品原料煤耗，吨标煤/吨（千标立方米）	≤3.5	≤3.0	≤3.3	≤2.8	≤2.0	≤1.6
单位产品新鲜水耗，吨/吨（千标立方米）	≤7.5	≤6.0	≤7.5	≤6.0	≤6.0	≤5.5
能源转化效率（%）	≥55	≥57	≥42	≥44	≥51	≥57

注：①同时生产多种产品的项目要求达到按产品加权平均后的指标；②以褐煤等劣质煤为原料的项目可适度放宽指标要求。

1. 技术升级。大型煤气化、加氢液化、低温费托合成、甲醇制烯烃技术进一步完善；百万吨级低阶煤热解、50万吨级中低温煤焦油深加工、10亿立方米级自主甲烷化、百万吨级煤制芳烃等技术完成工业化示范。

2. 资源利用效率。煤制油、煤制天然气单位产品的综合能耗、原料煤耗、新鲜水耗至少达到表12-1中的基准值，力争达到先进值。

3. 规模目标（预期性）。预计2020年，煤制油产能为1300万吨/年、煤制天然气产能为170亿立方米/年、低阶煤分质利用产能为1500万吨/年（煤炭加工量）。

三、主要任务

"十三五"期间，重点开展煤制油、煤制天然气、低阶煤分质利用、煤制化学品、煤炭和石油综合利用等5类模式以及通用技术装备的升级示范，持续做好投运项目的工程标定和后评价工作，不断总结经验教训，推动煤炭深加工产业向更高水平发展。

（一）煤制油

1. 功能定位。提高石油自给保障能力，生产低硫、低烯烃、低芳烃的超清洁油品，提供国五及以上标准油品；生产高密度、高热值、超低凝点的军用、航空航天等特种油品，保障国防建设需求。

2. 重点任务。在总结神华鄂尔多斯108万吨/年煤直接液化装置（即第一条生产线）运行实践的基础上，进一步改进和完善煤直接液化技术，启动建设第二、三条生产线，改善循环溶剂油平衡，开发超清洁汽、柴油以及军用柴油、高密度航空煤油、火箭煤油等特种油品的生产技术，利用石脑油、液化石油气生产芳烃、丙烯等化学品，加强液化残渣的高效利用，建成煤基综合能源化工示范项目。

推动兖矿榆林百万吨级和神华宁煤400万吨/年煤间接液化示范项目实现"安、稳、长、满、优"运行。研发处理能力3000~4000吨/日的新型气流床气化技术，进一步提升气化效率，降低工程造价和废水排放。开展低温费托合成油生产高附加产品以及高温费托合成技术工业化示范，优化产品结构，更多地生产超清洁汽油以及高品质石蜡、溶剂油、α-烯烃、高档润滑油等高附加值产品。开发新型费托合成催化剂，提高目标产品选择性，简化后续产品加工流程。

加强煤直接液化和间接液化技术、低温费托合成和高温费托合成技术集成，实现各自优势互补，进一步提高能效，降低成本。

3. 示范项目。优先支持长期推动煤制油技术研发和产业化的企业建设示范项目，优先支持依托已有大型示范工程的示范项目建设，优先支持与传统煤化工结构调整相结合的示范项目建设。

新建项目：建设潞安长治、伊泰伊犁、伊泰鄂尔多斯和贵州渝富毕节（纳雍）煤制油示范项目，分别承担相应的示范任务（见表12-2）。

储备项目：陕西未来榆林煤间接液化一期后续项目、伊泰甘泉堡、宁煤二期等煤制油项目。

表12-2 煤制油新建项目及示范任务

序号	项目名称	示范任务
1	潞安长治180万吨/年高硫煤清洁利用油化电热一体化示范项目	适用于当地高硫煤的3000吨级干粉煤气化技术工业化示范、费托合成及高端油品和化学品生产技术示范、煤制油带动甲醇等传统煤化工改造升级示范
2	伊泰伊犁100万吨/年煤炭间接液化示范项目	3000吨级多喷嘴对置式水煤浆气化技术工业化示范、改进型费托合成反应器及新一代催化剂示范、机械蒸发加结晶处理浓盐水示范
3	伊泰鄂尔多斯200万吨/年煤炭间接液化示范项目	改进型费托合成反应器和第二代费托合成催化剂示范、日投煤量4000吨自主大型粉煤气化炉工业化示范、百万吨级费托合成及油品加工成套技术和关键装备工业化应用、煤炭间接液化工艺流程优化示范
4	贵州渝富毕节（纳雍）200万吨/年煤炭间接液化示范项目	高硫煤炭清洁高效综合利用示范、煤炭间接液化制汽油示范

（二）煤制天然气

1. 功能定位。协同保障进口管道天然气的供应安全，解决富煤地区能源长距离外送问题，为大气污染防治重点区域工业、民用、分布式能源（冷热电三联供）、交通运输提供清洁燃气，替代散煤、劣质煤、石油焦等燃料，有效降低大气污染物排放。

2. 重点任务。推动已建成的煤制天然气示范工程系统优化完善，在高负荷条件下实现连续、稳定和清洁生产。研发大型化环保型固定床熔渣气化技术，开展处理能力1500~2000吨/日气化炉工业化示范。加快固定床和气流床组合气化技术的应用。开发具有自主知识产权的甲烷化成套工艺技术，开展10亿立方米/年及以上规模的工业化示范。研发先进高效的酚氨回收、含酚废水生化处理、高盐水处理等技术，加强各单项技术的优化集成。开展煤制天然气联产油品和化学品示范，提高项目生产的灵活性和综合效益。以大幅提高合成气中甲烷比例为目标，推动多段分级转化流化床气化技术和催化气化技术的研发、试验示范。

3. 示范项目。新建示范项目至少承担单系列生产规模的自主甲烷化技术工业化示范任务。

新建项目：建设苏新能源和丰、北控鄂尔多斯、山西大同、新疆伊犁、安徽能源淮南煤制天然气示范项目，分别承担相应的示范任务（见表12-3）。

储备项目：新疆准东、内蒙古西部（含天津渤化、国储能源）、内蒙古东部（兴安盟、伊敏）、陕西榆林、武安新峰、湖北能源、安徽京皖安庆等煤制天然气项目。"十三五"期间，严格控制储备项目调整为新建项目规模，其中新疆准东、内蒙古西部、内蒙古东部、陕西北部均控制在40亿立方米/年以内。

表12-3 煤制天然气新建项目及示范任务

序号	项目名称	示范任务
1	苏新能源和丰40亿立方米/年煤制天然气项目	大连化物所自主甲烷化技术工业化示范、重大装备自主化示范
2	北控鄂尔多斯40亿立方米/年煤制天然气项目	新型高压固定床气化工业化示范、自主甲烷化技术工业化示范、高含盐废水资源化利用示范
3	山西大同40亿立方米/年煤制天然气项目	固定床与气流床组合气化工艺示范、自主甲烷化技术工业化示范、高浓盐水杂盐纯化和结晶盐分离技术应用示范
4	新疆伊犁40亿立方米/年煤制天然气项目	固定床碎煤加压气化废水高效处理示范、自主甲烷化技术工业化示范、重大装备自主化示范、大型煤化电热一体化示范
5	安徽能源淮南22亿立方米/年煤制天然气项目	适用于淮南高灰熔点煤的东方炉煤气化技术示范、大连化物所自主甲烷化技术工业化示范

（三）低阶煤分质利用

1. 功能定位。对成煤时期晚、挥发份含量高、反应活性高的煤进行分质利用，通过油品、天然气、化学品和电力的联产，实现煤炭使用价值和经济价值的最大化。

2. 重点任务。研发清洁高效的低阶煤热解技术，攻克粉煤热解、气液固分离工程难题，开展百万吨级工业化示范。研究更高油品收率的快速热解、催化（活化）热解、加压热解、加氢热解等新一代技术。加强热解与气化、燃烧的有机集成，开发热解—气化一体化技术和热解—燃烧一体化技术，配合中低热值燃气轮机或适应性改造后的燃煤锅炉，开展焦油和电力的联产示范。

研发煤焦油轻质组分制芳烃、中质组分制高品质航空煤油和柴油、重质组分制特种油品的分质转化技术，开展百万吨级工业化示范。研究中低温煤焦油提取精酚、吡啶、咔唑等石油难以生产的精细化工产品技术。开展50万吨级中低温煤焦油全馏分加氢制芳烃和环烷基油工业化示范。开展半焦用于民用灶具、工业窑炉、烧结、高炉喷吹、大型化气流床和固定床气化、粉煤炉和循环流化床锅炉工业化试验、示范及推广。

在各单项技术突破的基础上，加强系统优化和集成，开展油、气、化、电多联产的千万吨级低阶煤分质利用工业化示范。

3. 示范项目。

新建项目：建设京能锡盟、陕煤化榆林、延长石油榆林、陕西龙成、呼伦贝尔圣山低阶煤分质利用示范项目，分别承担相应的示范任务（见表12-4）。

储备项目：延长石油榆横煤基油醇联产、阳煤晋北低阶煤分质利用多联产、京能哈密煤炭分级综合利用、新疆长安能化塔城煤炭分质利用、华本双鸭山煤炭与生物质共气化多联产、珲春矿业低阶煤分质分级利用等项目。

表12-4 低阶煤分质利用新建项目及示范任务

序号	项目名称	示范任务
1	京能锡盟500万吨/年褐煤热解分级综合利用项目	两段转体炉煤热解技术百万吨级工业化示范、半焦水煤浆气化工业化示范、低温热解与间接液化技术组合示范
2	陕煤化榆林1500万吨/年煤炭分质清洁高效转化示范项目	百万吨级低阶煤热解工业化示范、热解—气化一体化（CGPS）技术的大型工业化示范、焦油加氢制芳烃及航空燃料大型工业化示范、先进水处理技术工业化示范、关键装备自主化示范
3	延长石油榆林800万吨/年煤提取焦油与制合成气一体化（CCSI）产业示范项目	煤提取煤焦油与制合成气一体化（CCSI）技术百万吨级工业化示范、煤油共炼（YCCO）技术百万吨级工业化示范、油化电多联产示范
4	陕西龙成煤清洁高效利用有限公司1000万吨/年粉煤清洁高效综合利用一体化示范项目	单系列200万吨/年旋转床低阶煤低温热解技术装备示范、煤焦油和热解气深加工工艺技术示范
5	呼伦贝尔圣山30万吨/年褐煤清洁高效综合利用示范项目	热溶催化技术（高液体收率的褐煤催化加氢热解技术）工业化示范

（四）煤制化学品

1. 功能定位。生产烯烃、芳烃、含氧化合物等基础化工原料及化学品，弥补石化原料不足，降低石化产品成本，形成与传统石化产业互为补充、有序竞争的市场格局，促进有机化工及精细化工等产业健康发展。

2. 重点任务。优化完善甲醇制芳烃技术，开展百万吨级工业化示范。开发新一代甲醇制烯烃技术，进一步提升催化剂、反应器等关键技术，适时推动百万吨级工业化示范。开发新型煤制乙二醇技术，提高产品质量和运行稳定性，研究非贵金属催化剂和更大规模反应器。开发合成气制高碳伯醇等技术，研究高性能催化剂，提高目标产品选择性，开展相应的中间试验。加强合成气一步法制烯烃、乙醇等技术基础理论研究，攻克工程技术难题，推动工程放大和试验示范。

3. 示范项目。支持企业和地方依托《石化产业规划布局方案》《现代煤化工产业创新发展布局方案》《石化和化学工业发展规划（2016—2020年）》等相关规划部署的大型工程，开展上述示范任务。

（五）煤炭与石油综合利用

1. 功能定位。采用先进煤化工技术改造炼油过程，统筹优化煤炭和石油资源的加工利用，更高效率、高收率、低成本地生产优质油品。

2. 重点任务。开展煤气化、费托合成、油煤共炼等技术与炼油工艺技术的优化集成研究，依托大型炼厂开展煤与石油综合利用工业化示范。采用煤气化为核心的制氢系统，节省天然气。配套建设费托合成装置，提供超清洁成品油组分油，副产的富含直链烷烃的石脑油补充作为乙烯裂解原料。配套建设油煤共炼装置对炼厂重油和煤炭进行加氢，提供超清洁成品油组分油，副产的高芳潜石脑油补充作为重整原料。炼厂所产劣质石油焦、渣油以及油煤共炼装置所产液化残渣进行汽化后，补充合成气资源。借鉴加氢稳定、费托合成等煤制油成熟单元技术，开展适用于炼厂重油加工的悬浮床、浆态床加氢技术工业化示范。

3. 示范项目。支持企业和地方依托已有炼化项目或《石化产业规划布局方案》、炼油行业专项规划等相关规划确定的炼化项目，开展上述示范任务。

（六）通用技术装备

开发煤炭在线原位快速检测技术，研制大规模磨煤机、流化床干燥、冷凝水回收等装备，提高备煤系统自动化水平和煤质的稳定性。研发并示范废水制浆、先进预处理、生化处理、光催化、电催化、高效膜提浓等废水处理技术，结晶分盐、盐湖排放等高盐废水处置技术以及结晶盐资源化技术。采用水夹点技术、优化设计全系统水平衡，示范高效节水消雾技术、闭式循环水技术、高效空冷技术。优化全系统蒸汽平衡，加强低位热能利用。结合大型油气田开采，开展二氧化碳驱油驱气工业化示范。开展大型空压机、增压机、增压透平膨胀机、高压板式换热器、高压液氧液氮泵、高压固体输送泵、高压浆液泵、特种阀门等通用装备和控制系统的自主化应用示范。利用煤炭深加工产业的合成气、副产氢，开展与燃料电池产业衔接的相关技术、装备研发。

四、保障措施

（一）切实加强调控引导

强化规划的指导作用，严格按照本规划确定的方针、目标和任务，推动"十三五"期间煤炭深加工产业示范，建立示范项目的动态调整和退出机制，并结合实际进展进行评估。列入规划的新建项目应抓紧开展相关工作，在履行项目核准和报建审批手续后，精心组织实施，落实好各项示范任务。列入规划的储备项目应先调整为新建项目，再申请核准。储备项目在符合区域规模控制要求并符合重大项目评估工作细则中有关新建项目的条件的前提下，由省级发展改革委（能源局）提出申请，并经研究论证后方可调整为新建项目。国家能源局将持续跟踪规划内项目进展，适时开展评估，对主动放弃、推动不力、进展迟缓、无故拖延的项目，取消新建项目或储备项目资格；同时根据煤炭深加工技术发展及市场变化等情况，研究论证新的示范项目，并择优增补纳入规划。加强规划实施监管工作，严禁项目违规审批、未批先建。

（二）优化自主创新环境

加强政府政策引导，支持煤炭深加工企业联合科研院所、高等院校及工程设计、装备制造、工程施工等单位，围绕产业重大需求，加大技术研发力度，加快先进成果转化，加大对技术转化过程中高投入、高风险环节的支持力度，打通科技创新与产业发展的通道。加强煤炭深加工领域技术研发平台的建设，发挥其吸引与培养人才、汇聚创新资源的作用，提高对产业发展的支撑能力。

（三）推动市场公平准入

加强煤制清洁油品和煤制天然气市场推广应用。支持煤制油企业公平参与油品质量升级，进入清洁油品批发和零售市场，逐步拓宽销售渠道。支持煤制天然气企业与下游用户直接签订售气合同，落实气量和价格，并与管道企业（或由下游用户与管道企业）签订管输服务合同，通过多方协商共同承担天然气调峰任务。推动天然气管网设施、成品油管网设施分别向煤制天然气、煤制油品公平开放。鼓励煤制油（气）企业和其他社会资本投资建设输送油（气）管道。

（四）研究完善支持政策

有关部门对列入国家规划的煤炭深加工示范项目在土地预审、资源配置、环境影响评价、水资源论证、水土保持方案审批等方面给予政策支持，鼓励金融机构对符合条件的项目提供融资支持。研究通过国家专项建设基金和产业基金等支持煤炭深加工示范项目建设的可行性。充分考虑煤制油与炼油行业的不同特点，研究制定适用于煤制油品的税收政策。加大金融支持力度，拓宽煤炭深加工企业融资渠道，降低融资成本。推动煤炭深加工企业与发电企业直接交易，自备燃煤发电机组符合国家相关规定的，其自用有余的上网电量可以享受超低排放电价支持政策。

（五）加快标准体系建设

以标准化工作改革为契机，加快建立科学合理的煤炭深加工行业标准化体系。切实发挥煤炭深加工企业在标准研制、实施中的主体作用，建立企业产品和服务标准自我声明公开和监督制度。依托行业组织或产业技术联盟，大力培育发展团体标准，增加标准供给，固化创新成果。加大对煤炭深加工行业标准化工作的投入，加强相关的基础研究，加快制定产品、安全、环保和方法类等产业发展急需的标准，推进装备、工程设计与建设标准规范的制定，以高质量标准引领和规范产业发展。

（六）加强国际交流合作

加强煤炭清洁高效利用领域相关政策和技术的对外交流与合作。支持我国煤炭深加工企业与在该领域处于全球领先地位的国外创新企业开展联合研究和技术开发。结合我国"一带一路"战略的实施，在充分尊重资源国意愿的前提下，坚持市场商业化和互利共赢的原则，适时支持企业利用国外资源建设煤炭深加工项目，形成能源资源上下游一体化合作格局，不断拓展产业发展空间。

五、环境影响评价

（一）环境影响分析

煤炭深加工产业主要布局在中西部地区，其中鄂尔多斯盆地、新疆伊犁和准东地区的项目较为集中。除新疆伊犁外，大多数地区水资源开发利用程度高，水资源供需矛盾较为突出，并且没有纳污水体。这些地区人口密度相对较低，平整、开阔的未开发用地较多，工业项目一般距离敏感目标较远。部分地区由于发展大量的传统化工产业，导致局部特征污染物超标。

1. 生产环节。煤炭深加工生产环节对环境的影响主要包括：动力中心、工艺加热炉排放的烟气及酸性气回收装置、火炬等排放的废气，动静密封点、有机液体储存和装卸、污水收集暂存和处理系统等逸散与排放的废气，气化、液化工艺产生的有机废水，气化炉和锅炉排放的灰渣，污水处理过程中产生的结晶盐等。

预计到2020年，煤炭深加工项目年用水总量约为2.1亿吨，排放烟尘0.19万吨、二氧化硫9842吨、氮氧化物9564吨。煤炭深加工项目主要取用黄河、伊犁河等水系地表水，同时不断扩大利用矿井水、中水等非常规水资源，超出水资源控制总量的地区，通过水权置换取得用水指标。绝大部分项目废水不外排，少数项目废水达标排放；挥发性有机物、恶臭物质及有毒有害污染物的逸散与排放得到有效控制；非正常排放废气应送专有设备或火炬等设施处理；气化炉和锅炉的灰渣等实施资源综合利用或作为一般固体废物处理；危险废物严格按照有关规定处置。在合理控制项目的选址和规模，强化污染防治措施和风险防范措施的前提下，煤炭深加工产业对环境的影响基本可控。

2. 消费环节。煤制天然气替代民用散煤、工业锅炉和工业窑炉用煤，可有效解决用煤方式粗放、难以脱硫、脱硝、除尘和大量污染物直接外排的问题。据测算，煤制天然气作为燃料，与散煤燃烧相比可减排二氧化硫55万吨/年，与工业锅炉燃煤相比可减排二氧化硫10.4万吨/年，同时大幅减少氮氧化物和粉尘的排放量。煤制清洁油品具有硫、氮、烯烃、芳烃含量低等特点，清洁程度优于国五标准车用油品，有利于减少机动车污染物的排放。使用煤制清洁油品，与国五标准车用油品相比，可减排二氧化硫230吨/年，同时降低细颗粒物（PM2.5）排放达50%、一氧化碳排放达25%。

（二）环境保护措施

1. 优化规划布局，减轻环境影响。严格执行"大气十条"、"水十条"、"土十条"、《现代煤化工建设项目环境准入条件》等相关法律法规和国家政策的规定，优化产业布局，重点在煤炭资源丰富、生态环境可承受、水资源有保障、运输便捷的中西部地区布局示范项目。京津冀、长三角、珠三角和缺水地区，严格控制新建煤炭深加工项目。煤炭深加工项目应布设在工业园区。园区规划应依法开展环境影响评价。

2. 坚持预防为主，提升治理水平。通过优选工艺和环保技术，提升产业环保水平。严格控制煤炭深加工项目的原料煤选择，限制低水平、小规模的落后工艺技术，避免因工艺技术选择不当或工艺与煤种不匹配而造成环保问题。强化清污分流、污污分治、深度处理、分质回用的污水处置方案，优选推广工艺成熟的污水处理集成技术，避免因水处理工艺不合理而造成污染。

3. 加强风险防范，完善应急措施。强化环境风险防范措施，加强环境监测。根据相关标准设置事故水池，对事故废水进行有效收集和妥善处理，禁止直接外排。制定有效的地下水和地表水监控和应急措施，强化企业的主体责任。建立覆盖常规污染物、特征污染物的环境监测体系，加强非正常排放工况污染物监测，并与当地环保部门联网。

（三）环境治理预期效果

示范项目的水资源消耗进一步降低，每吨煤制油品水耗从"十二五"期间的10吨以上降至7.5吨以下，每千标准立方米煤制天然气水耗从当前的10吨以上降至6吨以下，煤炭分质利用的水耗控制在1吨/吨原料煤以内，行业平均的污水回用率大幅提高至80%以上。对环评报告批复允许外排废水（含排入蒸发塘）的已建和续建示范项目，煤制油项目吨油品外排废水量由1~8吨降至1吨以下，煤制天然气项目千标立方米天然气外排废水量从1~5吨降至1

吨以下，煤炭分质利用项目转化每吨原料煤的外排废水量控制在1吨以内。无纳污水体的新建示范项目通过利用结晶分盐等技术，将高含盐废水资源化利用，实现污水不外排。示范项目通过直供电、集中供电供热等方案，避免建设小规模、低效率自备热电站，粉尘、氮氧化物、二氧化硫、二氧化碳等排放量大幅降低。在煤化工行业污染物排放标准出台前，加热炉烟气、酸性气回收装置尾气以及挥发性有机物等全部达到《石油炼制工业污染物排放标准》（GB31570）或《石油化学工业污染物排放标准》（GB31571）的相关要求。

二、煤炭安全生产政策

（一）关于大力推进煤矿安全生产标准化建设工作的通知

国家安全监管总局、国家煤矿安监局、国家发改委、国家能源局四部门于2017年联合印发了《关于大力推进煤矿安全生产标准化建设工作的通知》（以下简称《通知》），进一步夯实煤矿安全生产基础，防范和遏制重特大事故，提高煤炭稳定供应能力。

《通知》明确加大对一级、二级标准化煤矿支持力度，制定了五项激励政策：一是在全国性或区域性调整、实施减量化生产措施时，一级标准化煤矿原则上不纳入减量化生产煤矿范围；在地方政府因其他煤矿发生事故采取区域政策性停产措施时，一级、二级标准化煤矿原则上不纳入停产范围。二是优质产能煤矿生产能力核增时，一级标准化煤矿的产能置换比例不小于核增产能的100%。三是停产煤矿复产验收时，优先对二级及以上标准化煤矿进行验收。四是二级及以上标准化煤矿在安全生产许可证有效期届满时，符合相关条件后，可以直接办理延期手续。五是国家煤矿安监局将会同国家发改委、国家能源局等有关部门定期向银行、证券、保险、担保等主管部门通报一级标准化矿井名单，作为煤矿企业信用评级的重要参考依据。

国家安全监管总局　国家煤矿安监局　国家发展改革委　国家能源局
关于大力推进煤矿安全生产标准化建设工作的通知

安监总煤行〔2017〕59号

各产煤省、自治区、直辖市及新疆生产建设兵团煤矿安全生产标准化工作主管部门、煤炭行业管理部门、煤矿安全监管部门、发展改革委、能源局，各省级煤矿安全监察局，有关中央企业：

为大力推进煤矿安全生产标准化建设工作，进一步夯实煤矿安全生产基础，防范和遏制重特大事故，提高煤炭稳定供应能力，现就有关事项通知如下：

一、切实提高对煤矿安全生产标准化建设工作重大意义的认识

煤矿安全生产标准化是在煤矿安全质量标准化实践基础上，融合安全风险分级管控、事故隐患排查治理内容，遵循煤矿安全生产客观规律，形成的煤矿安全基础建设工作体系，是对多年来煤矿安全生产管理经验的科学总结，是我国煤矿迈向国际通用安全管理体系的必由之路。

《中共中央 国务院关于推进安全生产领域改革发展的意见》指出，要大力推进企业安全生产标准化建设；《安全生产法》中规定生产经营单位必须推进安全生产标准化建设。各地区煤矿安全生产标准化工作主管部门和各煤炭企业要进一步提高思想认识，增强做好煤矿安全生产标准化工作的责任感和紧迫感，把煤矿安全生产标准化作为加强安全、生产、技术和现场管理的重要平台和实施监督管理的重要手段，积极构建风险分级管控、隐患排查治理和安全质量达标"三位一体"的煤矿安全生产标准化体系，推动煤矿安全生产关口前移，有效降低煤炭产能过剩时期积聚的安全风险，化解煤矿安全投入不足、基础松动、培训和现场管理滑坡等突出矛盾，促进煤矿企业筑牢夯实安全基础，切实提高安全生产管理科学化水平，改善职工作业环境，提升抵御事故风险能力，有效防范和遏制重特大事故，促进我国煤炭工业转型升级和长期平稳健康发展。

二、加强煤矿安全生产标准化宣贯培训工作

新修订发布的《煤矿安全生产标准化基本要求及评分方法（试行）》和《煤矿安全生产标准化考核定级办法（试行）》（煤安监行管〔2017〕5号，以下统称新标准）将于2017年7月1日试行，各级煤矿安全生产标准化工作主管部门和各煤炭企业要立即行动起来，组织新标准宣贯培训工作。

一是明确培训责任。各地区、各煤矿企业要结合自身实际，组织制定全面细致的培训计划，层层明确培训责任，做到新标准培训工作全覆盖。各级煤矿安全生产标准化工作主管部门负责辖区内煤矿企业集团负责人、主管处室负责人的培训工作；煤矿企业集团负责所属煤矿主要负责人、分管负责人的培训工作；煤矿负责业务科室、区队班组及从业人员的培训工作。国家煤矿安监局将组织对各产煤省主管部门分管负责人和中央企业总部相关人员进行培训。各级煤矿安全培训机构要将新标准作为2017年度教学重点内容。各级主管部门和煤矿企业要充分利用报刊、网站、微信等媒体，采取专家解读、专栏文章、专题研讨、群组交流等方式，分层次、多角度开展学习交流，营造全员知新标准、学新标准、论新标准、用新标准的良好氛围。

二是强化培训监督。各级主管部门要在组织开展培训的同时，将煤矿企业组织开展新标准培训情况纳入安全培训日常检查范围，加强对从业人员，特别是矿长、副矿长、总工程师、副总工程师（技术负责人）等煤矿管理人员对新标准掌握程度的考核，促进培训取得实效。对考核不合格的，要责令煤矿企业重新培训。

三、完善创建煤矿安全生产标准化工作激励机制

各有关部门要贯彻落实《国务院关于进一步加强企业安全生产工作的通知》（国发〔2010〕23号）、《国务院关于煤炭行业化解过剩产能实现脱困发展的意见》（国发〔2016〕7号）、《煤矿企业安全生产许可证实施办法》（国家安全监管总局令第86号）、《关于做好符合条件的优质产能煤矿生产能力核定工作的通知》（发改运行〔2017〕763号）等文件精神，加大对一级、二级标准化煤矿支持力度。一是在全国性或区域性调整、实施减量化生产措施时，一级标准化煤矿原则上不纳入减量化生产煤矿范围；在地方政府因其他煤矿发生事故采取区域政策性停产措施时，一级、二级标准化煤矿原则上不纳入停产范围。二是优质产能煤矿生产能力核增时，一级标准化煤矿的产能置换比例不小于核增产能的100%。三是停产煤矿复产验收时，优先对二级及以上标准化煤矿进行验收。四是二级及以上标准化煤矿在安全生产许可证有效期届

满时，符合相关条件后，可以直接办理延期手续。五是国家煤矿安监局将会同国家发展改革委、国家能源局等有关部门定期向银行、证券、保险、担保等主管部门通报一级标准化矿井名单，作为煤矿企业信用评级的重要参考依据。

各有关部门要结合本地实际，围绕如何调动煤矿企业创建标准化工作积极性，进一步研究构建煤矿安全生产标准化建设激励机制。各煤矿企业集团要建立企业内部标准化工作激励机制，加大对所属煤矿标准化工作奖励力度、提高标准化工作在工资结构中的比重，充分调动和发挥煤矿及基层从业人员的工作积极性。

四、统筹协调推进煤矿安全生产标准化建设工作

（一）做好新旧标准的过渡工作。各级主管部门要进一步推进标准化试点工作，及时总结试点过程中积累的经验和好做法，督促辖区内煤矿企业对照新标准开展达标创建工作，做到主动过渡、早日达标。2017年7月1日起，全国所有生产煤矿开展安全生产标准化工作都要按照新标准执行。国家煤矿安监局将选择一批试点优秀的煤矿，在全国煤矿安全生产标准化工作现场推进会上予以命名公告。

（二）充分利用煤矿全面安全"体检"成果。各地区要紧密结合煤矿全面安全"体检"工作，督促煤矿企业认真对照新标准，制定巩固提高的目标措施，将全面安全"体检"的检查成果和整改情况，作为开展年度安全风险辨识的重要依据，让问题整改的过程成为对标创建的过程，进一步强基固本，夯实煤矿安全基础。

（三）做好考核定级和动态监管衔接。标准化等级的考核确认，是主管部门对煤矿安全生产标准化工作现状的认定，考核定级工作完成后，要加强对达标煤矿的动态监管，不但对工程、设备设施的"硬件"要把好验收关，而且也要对配备"五职"矿长、相关专业技术人员和各类员工基本素质的"软件"把好验收关，督促煤矿企业落实主体责任，实现持续达标、动态达标。每年按照一定比例对辖区内的各个等级的达标煤矿进行抽查，发现不再具备达标条件的，要及时降低或撤消其等级，并予以公开曝光。

国家煤矿安监局将采取政府购买服务的方式，委托专业化的考核队伍，对申报一级安全生产标准化的煤矿开展全覆盖式的检查考核，2017年6月起，开始受理一级安全生产标准化煤矿考核申请。

国家安全监管总局
国家煤矿安监局
国家发展改革委
国家能源局
2017年5月26日

（二）《煤矿安全生产标准化考核评级办法（试行）》和《煤矿安全生产标准化基本要求及评分方法（试行）》

2017年1月24日，国家煤矿安全监察局印发《煤矿安全生产标准化考核定级办法（试行）》和《煤矿安全生产标准化基本要求及评分方法（试行）》。

国家煤矿安全监察局关于印发《煤矿安全生产标准化考核评级办法（试行）》和《煤矿安全生产标准化基本要求及评分方法（试行）》的通知

煤安监行管〔2017〕5号

各产煤省、自治区、直辖市及新疆生产建设兵团煤矿安全生产标准化工作主管部门，有关中央企业：

为贯彻执行《中华人民共和国安全生产法》关于"企业必须推进安全生产标准化建设"的规定，指导煤矿构建安全风险分级管控和事故隐患排查治理双重预防性工作机制，进一步强化煤矿安全基础，提升安全保障能力，国家煤矿安监局在2013年发布的《煤矿安全质量标准化考核评级办法（试行）》和《煤矿安全质量标准化基本要求及评分方法（试行）》基础上，组织制定了《煤矿安全生产标准化考核定级办法（试行）》（以下简称《定级办法》）和《煤矿安全生产标准化基本要求及评分方法（试行）》（以下简称《评分方法》），现予印发，于2017年7月1日起试行。

请各单位认真做好《定级办法》和《评分方法》宣贯工作，明确权力和责任清单，严格依责尽职，指导和督促本地区（本单位）煤矿企业按照新办法开展达标创建，深入推进煤矿安全生产标准化建设。

在试行过程中如发现问题，请及时将具体意见函告国家煤矿安全监察局行业管理司。

联系人及电话：井健、梁子荣，010-64464099，64464789，64464294（传真）；电子邮箱：liangzr@chinasafety.gov.cn；通讯地址：北京市东城区和平里北街21号；邮编：100713。

附件：1. 煤矿安全生产标准化考核定级办法（试行）
2. 煤矿安全生产标准化基本要求及评分方法（试行）（略）

国家煤矿安全监察局
2017年1月24日

附件1

煤矿安全生产标准化考核定级办法（试行）

第一条　为深入推进全国煤矿安全生产标准化工作，持续提升煤矿安全保障能力，根据《安全生产法》关于"生产经营单位必须推进安全生产标准化建设"的规定，制定本办法。

第二条　本办法适用于全国所有合法的生产煤矿。

第三条　考核定级标准执行《煤矿安全生产标准化基本要求及评分方法》（以下简称《评分方法》）。

第四条　申报安全生产标准化等级的煤矿必须同时具备《评分方法》设定的基本条件，有任一条基本条件不能满足的，不得参与考核定级。

第五条　煤矿安全生产标准化等级分为一级、二级、三级3个等次，所应达到的标准为：

一级：煤矿安全生产标准化考核评分90分以上（含，以下同），井工煤矿安全风险分级管控、事故隐患排查治理、通风、地质灾害防治与测量、采煤、掘进、机电、运输部分的单项考核评分均不低于90分，其他部分的考核评分均不低于80分，正常工作时单班入井人数不超过1000人、生产能力在30万吨/年以下的矿井单班入井人数不超过100人；露天煤矿安全风险分级管控、事故隐患排查治理、钻孔、爆破、边坡、采装、运输、排土、机电部分的考核评分均不低于90分，其他部分的考核评分均不低于80分。

二级：煤矿安全生产标准化考核评分80分以上，井工煤矿安全风险分级管控、事故隐患排查治理、通风、地质灾害防治与测量、采煤、掘进、机电、运输部分的单项考核评分均不低于80分，其他部分的考核评分均不低于70分；露天煤矿安全风险分级管控、事故隐患排查治理、钻孔、爆破、边坡、采装、运输、排土、机电部分的考核评分均不低于80分，其他部分的考核评分均不低于70分。

三级：煤矿安全生产标准化考核评分70分以上，井工煤矿事故隐患排查治理、通风、地质灾害防治与测量、采煤、掘进、机电、运输部分的单项考核评分均不低于70分，其他部分的考核评分均不低于60分；露天煤矿安全风险分级管控、事故隐患排查治理、钻孔、爆破、边坡、采装、运输、排土、机电部分的考核评分均不低于70分，其他部分的考核评分均不低于60分。

第六条　煤矿安全生产标准化等级实行分级考核定级。

一级标准化申报煤矿由省级煤矿安全生产标准化工作主管部门组织初审，国家煤矿安全监察局组织考核定级。

二级、三级标准化申报煤矿的初审和考核定级部门由省级煤矿安全生产标准化工作主管部门确定。

第七条　煤矿安全生产标准化考核定级按照企业自评申报、检查初审、组织考核、公示监督、公告认定的程序进行。煤矿安全生产标准化考核定级部门原则上应在收到煤矿企业申请后的60个工作日内完成考核定级。

1. 自评申报。煤矿对照《评分方法》全面自评，形成自评报告，填写煤矿安全生产标准化等级申报表，依拟申报的等级自行或由隶属的煤矿企业向负责初审的煤矿安全生产标准化工作主管部门提出申请。

2. 检查初审。负责初审的煤矿安全生产标准化工作主管部门收到企业申请后，应及时进行材料审查和现场检查，经初审合格后上报负责考核定级的部门。

3. 组织考核。考核定级部门在收到经初审合格的煤矿企业安全生产标准化等级申请后，应及时组织对上报的材料进行审核，并在审核合格后，进行现场检查或抽查，对申报煤矿进行考核定级。

对自评材料弄虚作假的煤矿，煤矿安全生产标准化工作主管部门应取消其申报安全生产标准化等级的资格，认定其不达标。

煤矿整改完成后方可重新申报。

4. 公示监督。对考核合格的煤矿，煤矿安全生产标准化考核定级部门应在本单位或本级政府的官方网站向社会公示，接受社会监督。公示时间不少于5个工作日。

对考核不合格的煤矿，考核定级部门应书面通知初审部门按下一个标准化等级进行考核。

5. 公告认定。对公示无异议的煤矿，煤矿安全生产标准化考核定级部门应确认其等级，并予以公告。

第八条　煤矿安全生产标准化等级实行有效期管理。一级、二级、三级的有效期均为3年。

第九条　安全生产标准化达标煤矿的监管。

1. 对取得安全生产标准化等级的煤矿应加强动态监管。各级煤矿安全生产标准化工作主管部门应结合属地监管原则，每年按照检查计划按一定比例对达标煤矿进行抽查。对工作中发现已不具备原有标准化水平的煤矿应降低或撤消其取得的安全生产标准化等级；对发现存在重大事故隐患的煤矿应撤消其取得的安全生产标准化等级。

2. 对发生生产安全死亡事故的煤矿，各级煤矿安全生产标准化工作主管部门应立即降低或撤消其取得的安全生产标准化等级。一级、二级煤矿发生一般事故时降为三级，发生较大及以上事故时撤消其等级；三级煤矿发生一般及以上事故时，撤消其等级。

3. 降低或撤消煤矿所取得的安全生产标准化等级时，应及时将相关情况报送原等级考核定级部门，并由原等级考核定级部门进行公告确认。

4. 对安全生产标准化等级被撤消的煤矿，实施撤消决定的标准化工作主管部门应依法责令其立即停止生产、进行整改，待整改合格后、重新提出申请。

因发生生产安全事故被撤消等级的煤矿原则上1年内不得申报二级及以上安全生产标准化等级（省级安全生产标准化主管部门另有规定的除外）。

5. 安全生产标准化达标煤矿应加强日常检查，每月至少组织开展1次全面的自查，并在等级有效期内每年由隶属的煤矿企业组织开展1次全面自查（企业和煤矿一体的由煤矿组织），形成自查报告，并依煤矿安全生产标准化等级向相应的考核定级部门报送自查结果。一级安全生产标准化煤矿的自评结果报送省级煤矿安全生产标准化工作主管部门，由其汇总并于每年年底向国家煤矿安全监察局报送1次。

6. 各级煤矿安全生产标准化主管部门应按照职责分工每年至少通报一次辖区内煤矿安全生产标准化考核定级情况，以及等级被降低和撤消的情况，并报送有关部门。

第十条　煤矿企业采用《煤矿安全风险预控管理体系规范》（AQ/T1093—2011）开展安全生产标准化创建工作的，可依据其相应的评分方法进行考核定级，考核等级与安全生产标准化相应等级对等，其考核定级工作按照本办法执行。

第十一条　各级煤矿安全生产标准化工作主管部门和煤矿企业应建立安全生产标准化激励策，对被评为一级、二级安全生产标准化的煤矿给予鼓励。

第十二条　省级煤矿安全生产标准化工作主管部门可根据本办法和本地区工作实际制定实施细则，并及时报送国家煤矿安全监察局。

第十三条　本办法自2017年7月1日起试行，2013年颁布的《煤矿安全质量标准化考核评级办法（试行）》同时废止。

（三）关于强化输煤及制粉系统和防腐工作安全措施落实　有效防范人身事故的通知

2017年4月5日，国家能源局综合司印发了《关于强化输煤及制粉系统和防腐工作安全措施落实　有效防范人身事故的通知》。

国家能源局综合司关于强化输煤及制粉系统和防腐工作安全措施落实有效防范人身事故的通知

国能综安全〔2017〕219号

各省（自治区、直辖市）、新疆生产建设兵团发展改革委（能源局），各派出能源监管机构，全国电力安委会企业成员单位：

2016年至今，发电企业输煤及制粉系统和防腐工作过程中人身伤亡事故频发，截至2017年3月底，已发生人身伤亡事故15起，死亡17人。这些事故的发生，充分暴露出部分企业对输煤及制粉系统和防腐工作安全管理不严格、反违章工作不深入，现场安全制度、安全措施不落实，安全教育培训警示不到位，没有深刻吸取以往事故教训，致使类似事故重复发生。为进一步强化输煤及制粉系统和防腐工作安全措施落实，有效防范人身事故发生，现就有关事项通知如下：

一、深刻吸取事故教训，补齐企业安全管理短板。各单位要高度重视输煤及制粉系统和防腐工作安全管理，深刻吸取以往事故教训，认真组织排查本单位相关领域存在的安全隐患，采取切实有效的改进措施，及时消除安全管理薄弱环节，补齐企业安全管理短板。

二、强化安全措施落实，提高安全管理制度执行力。各单位要严格执行《防止电力生产事故的二十五项重点要求》《电业安全工作规程》等安全规章制度和标准，加强作业安全危害分析和风险管理，提高高处坠落、机械伤害、中毒窒息等事故防范能力。要严格"两票三制"，强化现场作业组织管理，落实作业安全措施，提高各项安全管理制度执行力。

三、深入开展违章查处，规范现场作业人员行为。各单位要进一步深化现场反违章工作，建立违章查处的长效机制，明确各级、各类人员的查处违章职责，强化反违章工作的全员参与，特别要针对重点区域、薄弱环节、重大作业，加强现场违章查处的频次和力度，严格曝光、考核，形成反违章的高压态势，切实规范现场作业人员的工作行为。

四、加大安全投入力度，持续改进现场作业环境。输煤、制粉系统以及防腐作业的工作环境相对恶劣，现场安全设施标准化情况与发电企业其他区域相比差距较大。各单位要对照安全设施配置标准，加大安全投入力度，对上述区域集中开展安全防护设施的排查治理，完善安全警示标志和现场照明，持续改进现场作业环境。

五、严格外包队伍准入，提高外包队伍安全保障能力。各单位要从外包队伍资质、人员素质、安全保障能力等方面严把外包队伍入厂关，加大输煤及制粉系统和防腐工作等外包队伍安全管理力度，将外包队伍及人员纳入本单位安全管理体系，统一管理、统一标准、统一落实，坚决清退不满足安全生产要求的队伍和人员，提高外包队伍安全保障能力。

六、抓好安全教育培训，强化员工安全意识和提升安全技能。各单位要充分利用安全日等安全培训长效机制，以安规、反措等应知应会内容为重点，结合各岗位及人员特点，有针对性开展安全教育培训，提高安全培训效果，要加大相关事故案例学习，用血的教训警醒员工，深刻理解"安全为了谁"的内涵，让安全变为主动行为和内心要求，强化员工安全意识和提升安全技能。

七、加强电力安全监管，督促企业落实安全生产主体责任。负有电力安全监管职责的部门要结合年度工作安排，有针对性地检查企业贯彻落实输煤及制粉系统和防腐工作防范事故措施，督促企业落实安全生产主体责任，切实做好输煤及制粉系统和防腐安全工作。

国家能源局综合司

2017年4月5日

（四）安全评价检测检验机构管理办法

2019年3月20日，中华人民共和国应急管理部下发《安全评价检测检验机构管理办法》。

中华人民共和国应急管理部令

第1号

《安全评价检测检验机构管理办法》已经2018年6月19日应急管理部第8次部长办公会议审议通过，现予公布，自2019年5月1日起施行。

部长 王玉普

2019年3月20日

安全评价检测检验机构管理办法

第一章 总 则

第一条 为了加强安全评价机构、安全生产检测检验机构（以下统称安全评价检测检验机构）的管理，规范安全评价、安全生产检测检验行为，依据《中华人民共和国安全生产法》《中华人民共和国行政许可法》等有关规定，制定本办法。

第二条 在中华人民共和国领域内申请安全评价检测检验机构资质，从事法定的安全评价、检测检验服务，以及应急管理部门、煤矿安全生产监督管理部门实施安全评价检测检验机构资质认可和监督管理适用本办法。

从事海洋石油天然气开采的安全评价检测检验机构的管理办法，另行制定。

第三条 国务院应急管理部门负责指导全国安全评价检测检验机构管理工作，建立安全评价检测检验机构信息查询系统，完善安全评价、检测检验标准体系。

省级人民政府应急管理部门、煤矿安全生产监督管理部门（以下统称资质认可机关）按照各自的职责，分别负责安全评价检测检验机构资质认可和监督管理工作。

设区的市级人民政府、县级人民政府应急管理部门、煤矿安全生产监督管理部门按照各自的职责，对安全评价检测检验机构执业行为实施监督检查，并对发现的违法行为依法实施行政处罚。

第四条 安全评价检测检验机构及其从业人员应当依照法律、法规、规章、标准，遵循科学公正、独立客观、安全准确、诚实守信的原则和执业准则，独立开展安全评价和检测检验，并对其作出的安全评价和检测检验结果负责。

第五条 国家支持发展安全评价、检测检验技术服务的行业组织，鼓励有关行业组织建立安全评价检测检验机构信用评定制度，健全技术服务能力评定体系，完善技术仲裁工作机制，强化行业自律，规范执业行为，维护行业秩序。

第二章 资质认可

第六条 申请安全评价机构资质应当具备下列条件：

（一）独立法人资格，固定资产不少于八百万元；

（二）工作场所建筑面积不少于一千平方米，其中档案室不少于一百平方米，设施、设备、软件等技术支撑条件满足工作需求；

（三）承担矿山、金属冶炼、危险化学品生产和储存、烟花爆竹等业务范围安全评价的机构，其专职安全评价师不低于本办法规定的配备标准（附件1）；

（四）承担单一业务范围的安全评价机构，其专职安全评价师不少于二十五人；每增加一个行业（领域），按照专业配备标准至少增加五名专职安全评价师；专职安全评价师中，一级安全评价师比例不低于百分之二十，一级和二级安全评价师的总数比例不低于百分之五十，且中级及以上注册安全工程师比例不低于百分之三十；

（五）健全的内部管理制度和安全评价过程控制体系；

（六）法定代表人出具知悉并承担安全评价的法律责任、义务、权利和风险的承诺书；

（七）配备专职技术负责人和过程控制负责人；专职技术负责人具有一级安全评价师职业资格，并具有与所开展业务相匹配的高级专业技术职称，在本行业领域工作八年以上；专职过程控制负责人具有安全评价师职业资格；

（八）正常运行并可以供公众查询机构信息的网站；

（九）截至申请之日三年内无重大违法失信记录；

（十）法律、行政法规规定的其他条件。

第七条 申请安全生产检测检验机构资质应当具备下列条件：

（一）独立法人资格，固定资产不少于一千万元；

（二）工作场所建筑面积不少于一千平方米，有与从事安全生产检测检验相适应的设施、设备和环境，检测检验设施、设备原值不少于八百万元；

（三）承担单一业务范围的安全生产检测检验机构，其专业技术人员不少于二十五人；每增加一个行业（领域），至少增加五名专业技术人员；专业技术人员中，中级及以上注册安全工程师比例不低于百分之三十，中级及以上技术职称比例不低于百分之五十，且高级技术职称人员比例不低于百分之二十五；

（四）专业技术人员具有与承担安全生产检测检验相适应的专业技能，以及在本行业领域工作两年以上；

（五）法定代表人出具知悉并承担安全生产检测检验的法律责任、义务、权利和风险的承诺书；

（六）主持安全生产检测检验工作的负责人、技术负责人、质量负责人具有高级技术职称，在本行业领域工作八年以上；

（七）符合安全生产检测检验机构能力通用要求等相关标准和规范性文件规定的文件化管理体系；

（八）正常运行并可以供公众查询机构信息的网站；

（九）截至申请之日三年内无重大违法失信记录；

（十）法律、行政法规规定的其他条件。

第八条　下列机构不得申请安全评价检测检验机构资质：

（一）本办法第三条规定部门所属的事业单位及其出资设立的企业法人；

（二）本办法第三条规定部门主管的社会组织及其出资设立的企业法人；

（三）本条第一项、第二项中的企业法人出资设立（含控股、参股）的企业法人。

第九条　符合本办法第六条、第七条规定条件的申请人申请安全评价检测检验机构资质的，应当将申请材料报送其注册地的资质认可机关。

申请材料清单目录由国务院应急管理部门另行规定。

第十条　资质认可机关自收到申请材料之日起五个工作日内，对材料齐全、符合规定形式的申请，应当予以受理，并出具书面受理文书；对材料不齐全或者不符合规定形式的，应当当场或者五个工作日内一次性告知申请人需要补正的全部内容；对不予受理的，应当说明理由并出具书面凭证。

第十一条　资质认可机关应当自受理之日起二十个工作日内，对审查合格的，在本部门网站予以公告，公开有关信息（附件2、附件3），颁发资质证书，并将相关信息纳入安全评价检测检验机构信息查询系统；对审查不合格的，不予颁发资质证书，说明理由并出具书面凭证。

需要专家评审的，专家评审时间不计入本条第一款规定的审查期限内，但最长不超过三个月。

资质证书的式样和编号规则由国务院应急管理部门另行规定。

第十二条　安全评价检测检验机构的名称、注册地址、实验室条件、法定代表人、专职技术负责人、授权签字人发生变化的，应当自发生变化之日起三十日内向原资质认可机关提出书面变更申请。资质认可机关经审查后符合条件的，在本部门网站予以公告，并及时更新安全评价检测检验机构信息查询系统相关信息。

安全评价检测检验机构因改制、分立或者合并等原因发生变化的，应当自发生变化之日起三十日内向原资质认可机关书面申请重新核定资质条件和业务范围。

安全评价检测检验机构取得资质一年以上，需要变更业务范围的，应当向原资质认可机关提出书面申请。资质认可机关收到申请后应当按照本办法第九条至第十一条的规定办理。

第十三条　安全评价检测检验机构资质证书有效期五年。资质证书有效期届满需要延续的，应当在有效期届满三个月前向原资质认可机关提出申请。原资质认可机关应当按照本办法第九条至第十一条的规定办理。

第十四条　安全评价检测检验机构有下列情形之一的，原资质认可机关应当注销其资质，在本部门网站予以公告，并纳入安全评价检测检验机构信息查询系统：

（一）法人资格终止；

（二）资质证书有效期届满未延续；

（三）自行申请注销；

（四）被依法撤销、撤回、吊销资质；

（五）法律、行政法规规定的应当注销资质的其他情形。

安全评价检测检验机构资质注销后无资质承继单位的，原安全评价检测检验机构及相关人员应当对注销前作出的安全评价检测检验结果继续负责。

第三章　技术服务

第十五条　生产经营单位可以自主选择具备本办法规定资质的安全评价检测检验机构，接受其资质认可范围内的安全评价、检测检验服务。

第十六条　生产经营单位委托安全评价检测检验机构开展技术服务时，应当签订委托技术服务合同，明确服务对象、范围、权利、义务和责任。

生产经营单位委托安全评价检测检验机构为其提供安全生产技术服务的，保证安全生产的责任仍由本单位负责。应急管理部门、煤矿安全生产监督管理部门以安全评价报告、检测检验报告为依据，作出相关行政许可、行政处罚决定的，应当对其决定承担相应法律责任。

第十七条　安全评价检测检验机构应当建立信息公开制度，加强内部管理，严格自我约束。专职技术负责人和过程控制负责人应当按照法规标准的规定，加强安全评价、检测检验活动的管理。

安全评价项目组组长应当具有与业务相关的二级以上安全评价师资格，并在本行业领域工作三年以上。项目组其他组成人员应当符合安全评价项目专职安全评价师专业能力配备标准。

第十八条　安全评价检测检验机构开展技术服务时，应当如实记录过程控制、现场勘验和检测检验的情况，并与现场图像影像等证明资料一并及时归档。

安全评价检测检验机构应当按照有关规定在网上公开安全评价报告、安全生产检测检验报告相关信息及现场勘验图像影像。

第十九条　安全评价检测检验机构应当在开展现场技术服务前七个工作日内，书面告知项目实施地资质认可机关，接受资质认可机关及其下级部门的监督抽查。

第二十条　生产经营单位应当对本单位安全评价、检测检验过程进行监督，并对本单位所提供资料、安全评价和检测检验对象的真实性、可靠性负责，承担有关法律责任。

生产经营单位对安全评价检测检验机构提出的事故预防、隐患整改意见，应当及时落实。

第二十一条　安全评价、检测检验的技术服务收费按照有关规定执行。实行政府指导价或者政府定价管理的，严格执行政府指导价或者政府定价政策；实行市场调节价的，由委托方和受托方通过合同协商确定。安全评价检测检验机构应当主动公开服务收费标准，方便用户和社会公众查询。

审批部门在审批过程中委托开展的安全评价检测检验技术服务，服务费用一律由审批部门支付并纳入部门预算，对审批对象免费。

第二十二条　安全评价检测检验机构及其从业人员不得有下列行为：

（一）违反法规标准的规定开展安全评价、检测检验的；

（二）不再具备资质条件或者资质过期从事安全评价、检测检验的；

（三）超出资质认可业务范围，从事法定的安全评价、检测检验的；

（四）出租、出借安全评价检测检验资质证书的；

（五）出具虚假或者重大疏漏的安全评价、检测检验报告的；

（六）违反有关法规标准规定，更改或者简化安全评价、检测检验程序和相关内容的；

（七）专职安全评价师、专业技术人员同时在两个以上安全评价检测检验机构从业的；

（八）安全评价项目组组长及负责勘验人员不到现场实际地点开展勘验等有关工作的；

（九）承担现场检测检验的人员不到现场实际地点开展设备检测检验等有关工作的；

（十）冒用他人名义或者允许他人冒用本人名义在安全评价、检测检验报告和原始记录中签名的；

（十一）不接受资质认可机关及其下级部门监督抽查的。

本办法所称虚假报告，是指安全评价报告、安全生产检测检验报告内容与当时实际情况严重不符，报告结论定性严重偏离客观实际。

第四章 监督检查

第二十三条 资质认可机关应当建立健全安全评价检测检验机构资质认可、监督检查、属地管理的相关制度和程序，加强事中事后监管，并向社会公开监督检查情况和处理结果。

国务院应急管理部门可以对资质认可机关开展资质认可等工作情况实施综合评估，发现涉及重大生产安全事故、存在违法违规认可等问题的，可以采取约谈、通报，撤销其资质认可决定，以及暂停其资质认可权等措施。

第二十四条 资质认可机关应当将其认可的安全评价检测检验机构纳入年度安全生产监督检查计划范围。按照国务院有关"双随机、一公开"的规定实施监督检查，并确保每三年至少覆盖一次。

安全评价检测检验机构从事跨区域技术服务的，项目实施地资质认可机关应当及时核查其资质有效性、认可范围等信息，并对其技术服务实施抽查。

资质认可机关及其下级部门应当对本行政区域内登记注册的安全评价检测检验机构资质条件保持情况、接受行政处罚和投诉举报等情况进行重点监督检查。

第二十五条 资质认可机关及其下级部门、煤矿安全监察机构、事故调查组在安全生产行政许可、建设项目安全设施"三同时"审查、监督检查和事故调查中，发现生产经营单位和安全评价检测检验机构在安全评价、检测检验活动中有违法违规行为的，应当依法实施行政处罚。

吊销、撤销安全评价检测检验机构资质的，由原资质认可机关决定。

对安全评价检测检验机构作出行政处罚等决定，决定机关应当将有关情况及时纳入安全评价检测检验机构信息查询系统。

第二十六条 负有安全生产监督管理职责的部门及其工作人员不得干预安全评价检测检验机构正常活动。除政府采购的技术服务外，不得要求生产经营单位接受指定的安全评价检测检验机构的技术服务。

没有法律法规依据或者国务院规定，不得以备案、登记、年检、换证、要求设立分支机构等形式，设置或者变相设置安全评价检测检验机构准入障碍。

第五章 法律责任

第二十七条 申请人隐瞒有关情况或者提供虚假材料申请资质（包括资质延续、资质变更、增加业务范围等）的，资质认可机关不予受理或者不予行政许可，并给予警告。该申请人在一年内不得再次申请。

第二十八条 申请人以欺骗、贿赂等不正当手段取得资质（包括资质延续、资质变更、增加业务范围等）的，应当予以撤销。该申请人在三年内不得再次申请；构成犯罪的，依法追究刑事责任。

第二十九条 未取得资质的机构及其有关人员擅自从事安全评价、检测检验服务的，责令立即停止违法行为，依照下列规定给予处罚：

（一）机构有违法所得的，没收其违法所得，并处违法所得一倍以上三倍以下的罚款，但最高不得超过三万元；没有违法所得的，处五千元以上一万元以下的罚款；

（二）有关人员处五千元以上一万元以下的罚款。

对有前款违法行为的机构及其人员，由资质认可机关记入有关机构和人员的信用记录，并依照有关规定予以公告。

第三十条 安全评价检测检验机构有下列情形之一的，责令改正或者责令限期改正，给予警告，可以并处一万元以下的罚款；逾期未改正的，处一万元以上三万元以下的罚款，对相关责任人处一千元以上五千元以下的罚款；情节严重的，处一万元以上三万元以下的罚款，对相关责任人处五千元以上一万元以下的罚款：

（一）未依法与委托方签订技术服务合同的；

（二）违反法规标准规定更改或者简化安全评价、检测检验程序和相关内容的；

（三）未按规定公开安全评价报告、安全生产检测检验报告相关信息及现场勘验图像影像资料的；

（四）未在开展现场技术服务前七个工作日内，书面告知项目实施地资质认可机关的；

（五）机构名称、注册地址、实验室条件、法定代表人、专职技术负责人、授权签字人发生变化之日起三十日内未向原资质认可机关提出变更申请的；

（六）未按照有关法规标准的强制性规定从事安全评价、检测检验活动的；

（七）出租、出借安全评价检测检验资质证书的；

（八）安全评价项目组组长及负责勘验人员不到现场实际地点开展勘验等有关工作的；

（九）承担现场检测检验的人员不到现场实际地点开展设备检测检验等有关工作的；

（十）安全评价报告存在法规标准引用错误、关键危险有害因素漏项、重大危险源辨识错误、对策措施建议与存在问题严重不符等重大疏漏，但尚未造成重大损失的；

（十一）安全生产检测检验报告存在法规标准引用错误、关键项目漏检、结论不明确等重大疏漏，但尚未造成重大损失的。

第三十一条 承担安全评价、检测检验工作的机构，出具虚假证明的，没收违法所得；违法所得在十万元以上的，并处违法所得二倍以上五倍以下的罚款；没有违法所得或者违法所得不足十万元的，单处或者并处十万元以上二十万元以下的罚款；对其直接负责的主管人员和其他直接责任人员处二万元以上五万元以下的罚款；给他人造成损害的，与生产经营单位承担连带赔偿责任；构成犯罪的，依照刑法有关规定追究刑事责任。

对有前款违法行为的机构，由资质认可机关吊销其相应资质，向社会公告，按照国家有关规定对相关机构及其责任人员实行行业禁入，纳入不良记录"黑名单"管理，以及安全评价检测检验机构信息查询系统。

第六章　附　则

第三十二条　本办法自 2019 年 5 月 1 日起施行。原国家安全生产监督管理总局 2007 年 1 月 31 日公布、2015 年 5 月 29 日修改的《安全生产检测检验机构管理规定》（原国家安全生产监督管理总局令第 12 号），2009 年 7 月 1 日公布、2013 年 8 月 29 日、2015 年 5 月 29 日修改的《安全评价机构管理规定》（原国家安全生产监督管理总局令第 22 号）同时废止。

附件：1. 安全评价机构业务范围与专职安全评价师专业能力配备标准（略）

2. 安全评价机构信息公开表（样式）（略）

3. 安全生产检次检验机构信息公开表（样式）（略）

（五）煤矿安全改造中央预算内投资专项管理办法

2020 年 1 月 6 日，国家发改委印发关于修订《煤矿安全改造中央预算内投资专项管理办法》的通知。

关于修订印发《煤矿安全改造中央预算内投资专项管理办法》的通知

发改能源规〔2020〕23 号

司法部，各省、自治区、直辖市、新疆生产建设兵团发展改革委、能源局、煤炭行业管理部门，各省级煤矿安全监察机构，有关中央企业：

为贯彻落实党中央、国务院关于深化供给侧结构性改革的决策部署，不断夯实煤矿安全生产基础，加快构建煤炭产供储销体系，提升煤炭安全稳定供应保障能力，国家发展改革委、国家能源局、应急管理部、国家煤矿安监局对《煤矿安全改造专项管理办法》（发改能源〔2018〕1659 号）进行了修订。

现将修订后的《煤矿安全改造中央预算内投资专项管理办法》印发你们，请认真遵照执行。

国家发展改革委
能源局
应急部
煤矿安监局
2020 年 1 月 6 日

煤矿安全改造中央预算内投资专项管理办法

第一章　总　则

第一条　为适应煤矿安全生产形势变化，落实转变政府职能、深化简政放权、创新监管方式等工作要求，扎实推进煤炭行业供给侧结构性改革，夯实煤矿安全生产基础，提升煤炭工业发展质量和效益，根据《政府投资条例》（国令第 712 号）、《中央预算内投资补助和贴息项目管理办法》（国家发展改革委令第 45 号）、《国家发展改革委关于进一步规范打捆切块项目中央预算内投资计划管理的通知》（发改投资〔2017〕1897 号）等规定，制定本办法。

第二条　本办法所称专项是指国家发展改革委安排的用于支持煤矿安全改造和煤炭储备能力建设的中央预算内投资专项。

第三条　煤矿安全改造专项设立的目的是支持煤矿企业加快改善安全生产条件，提升安全保障能力；健全煤炭储备体系，提升煤炭安全稳定供应保障能力，促进煤矿安全生产形势持续稳定好转。

本专项中央预算内投资用于支持与煤矿安全生产直接相关的设备升级、系统改造和工程建设，煤矿灾害治理工程技术支撑平台，煤炭储备能力建设。

本专项实施周期为 2019~2022 年。

第四条　本专项采用投资补助方式，对符合条件的项目给予资金支持。专项资金以省、自治区、直辖市、新疆生产建设兵团、司法部及有关中央企业等为单位按年度统一申报，国家集中安排，切块或直接下达。对于切块下达的，地方投资主管部门安排到具体项目时要明确投资安排方式。

对于煤矿安全改造项目，国家发展改革委向省级投资主管部门和有关中央单位切块下达年度中央预算内投资计划，提出绩效目标、补助标准和工作要求等，省级投资主管部门和有关中央单位按规定时限将切块资金分解安排到具体项目，并向国家发展改革委报备。

对于煤炭储备能力建设项目，国家发展改革委向具体项目下达年度中央预算内投资计划，并提出绩效目标和工作要求等。

第五条　专项资金用于计划新开工或续建项目，不得用于已完工项目。

项目中央预算内投资补助金额应当一次性核定，对于已经足额安排的项目，不得重复申请。同一项目，不得重复申请不同中央财政专项资金。

第二章　支持原则

第六条　煤矿安全改造应本着企业负责、政府支持的原则，多渠道筹集资金。煤矿安全改造项目的资金配置，以煤矿企业自有资金、银行贷款为主，符合条件的中央和地方政府给予适当补助。

地方政府和企业要落实国家能源安全储备政策要求，落实规划布局，引导企业加强煤炭储备能力建设，完善煤炭产品与产能储备相结合的煤炭储备体系。对于符合条件的煤炭储备能力建设项目，中央预算内投资按照储备能力定额补助，地方政府（中央企业）也应按照国家能源安全储备政策有关要求，给予一定的资金补助。

第七条　煤矿企业要按照国家有关规定，根据安全生产实际需要，足额提取安全费用，保证煤矿安全改造项目企业自有资金及时到位。未按照有关规定提取和使用煤炭生产安全费用的项目，专项资金不予支持。

第八条　中央预算内投资补助比例原则上不超过项目总投资的 30%。其中，煤炭储备能力建设项目定额补助具体标准根据年度申报建设规模、专项资金总额等综合研究确定。

各地区和中央单位要根据煤矿安全生产和煤炭储备体系建设实际需要、专项补助标准、企业及地方资金落实情况，合理如实申报投资计划，企业或地方支持资金不落实的不得申报。

上一年度地方政府或中央企业本部承诺支持但实际落实不到位的地区或中央企业，本年度不安排中央预算内投资。

第九条 中央预算内投资用于支持煤矿进行安全技术改造，安全装备升级，高危岗位智能装备替代推广，开展重大灾害治理等。以下类型煤矿可予以重点支持。

（一）灾害严重、安全欠账多且自身投入困难的煤矿企业所属煤矿；

（二）中长期合同履约率高、积极参与煤炭产品产能调峰和储备等供应保障责任落实较好的煤矿企业所属煤矿；

（三）积极落实产能置换政策、产能登记公告制度等煤炭行业供给侧结构性改革重点举措的地区或煤矿企业所属煤矿；

（四）积极推广应用井下智能装备、机器人岗位替代、推进煤炭开采减人提效的煤矿；

（五）安全生产标准化达到二级以上的煤矿；

（六）欠发达地区，特别是革命老区、民族地区、边疆地区和集中连片特殊困难地区的煤矿；

（七）其他需要中央预算内投资支持的煤矿。

申报项目须符合国家煤炭产业政策，国家发展改革委、国家能源局会同应急管理部、国家煤矿安监局根据煤炭产业发展需要和形势变化，研究确定具体支持范围、重点和条件，并在年度中央预算内投资申报通知中予以明确。

第十条 项目单位被依法依规列入失信联合惩戒对象名单的，专项资金不予支持。

第三章 投资计划申报

第十一条 省级投资主管部门会同省级煤炭行业管理、煤矿安全监管、煤矿安全监察部门做好本地区煤矿安全改造项目的储备工作，指导本地区煤矿企业根据安全生产实际需要，编制煤矿安全改造规划。有关中央单位负责本单位煤矿安全改造项目的储备工作。煤矿安全改造规划的规划期一般为5年。

省级投资主管部门会同省级煤炭行业管理、运行调节等部门，按照国家能源安全储备政策和《煤炭产供储销体系建设方案》（发改运行〔2019〕913号）明确的煤炭储备体系建设原则及目标，结合煤炭生产、运输和需求格局变化，做好煤炭储备项目储备。

第十二条 省级投资主管部门和有关中央单位依据本地区（本单位）项目储备情况，编制本地区（本单位）煤矿安全改造专项三年滚动投资计划，并录入国家重大建设项目库。

未列入国家重大建设项目库三年滚动投资计划的项目，专项资金不予支持。

第十三条 国家发展改革委、国家能源局根据国家重大建设项目库煤矿安全改造专项三年滚动投资计划、煤矿安全生产和供应保障形势变化等，商应急管理部、国家煤矿安监局研究确定煤矿安全改造专项年度支持范围、重点、补助标准、申报要求等，于每年第三季度发布下一年度中央预算内投资申报通知。

第十四条 省级投资主管部门和有关中央单位在规定时限内，依据申报通知各项要求，通过国家重大建设项目库，从纳入三年滚动投资计划的储备项目中，选取符合投资支持方向、具备条件的项目进行审核后作为备选项目，并提出审核意见，包括项目名称、实施主体、建设规模、建设工期、投资估算和资金筹措等信息。

备选项目应有扎实的前期工作基础，已通过地方投资项目在线审批监管平台取得唯一赋码并完成备案程序，具备开工条件，确保投资计划分解下达后，能够及时开工建设。

对于煤矿安全改造项目，测算出本地区（本单位）下一年度中央预算内投资需求，以"块"项目的形式上报下一年度投资计划，"块"项目应同步推送至国家重大建设项目库年度投资计划报送区，日常监管直接责任单位为省级投资主管部门或有关中央单位。对于煤炭储备能力建设项目，直接申报具体项目资金需求，日常监管直接责任落实到具体单位和责任人。

第四章　备选项目审核

第十五条　项目申报单位按照国家发展改革委、国家能源局发布的年度中央预算内投资申报通知有关要求，自行或委托中介机构编制项目资金申请报告，报省级投资主管部门或有关中央单位。

资金申请报告应包括：

（一）项目单位的基本情况和财务状况；

（二）项目的基本情况，包括在线平台生成的项目代码、建设内容、投资概算及资金来源、建设条件落实情况等；

（三）项目列入三年滚动投资计划，并通过在线平台完成审批、核准或备案情况；

（四）申请投资补助的主要理由和政策依据；

（五）申报通知要求提供的其他内容或附属文件。

项目单位对申报材料的真实性负责，并作出真实性承诺。

在资金申请报告阶段依法需要对项目招标范围、招标方式、招标组织形式进行审批、核准的，还应当在资金申请报告中增加有关招标的内容。

第十六条　省级投资主管部门和有关中央单位应对资金申请报告的下列事项进行审核，并对审核结果和申报材料的真实性、合规性负责。

（一）项目符合中央预算内投资补助各项规定；

（二）项目符合煤矿安全改造专项的支持范围和条件；

（三）没有其他中央财政专项资金支持该项目；

（四）项目已列入三年滚动投资计划，并通过在线平台完成审批、核准或备案；

（五）项目主要建设条件特别是资金来源基本落实，属于计划新开工或续建项目，且主要建设内容尚未完工；

（六）支撑性文件齐备、有效；

（七）符合申报通知明确的其他各项要求。

第十七条　审核资金申请报告时，省级投资主管部门和有关中央单位可根据需要委托有关中介机构或组织专家进行评估。

受委托的机构和专家应与项目无经济利益关系，遵照科学、客观、公正的原则独立地开展评估工作。

第十八条　省级投资主管部门和有关中央单位对提请安排中央预算内投资的项目资金申请报告提出审核意见。该审核意见是国家发展改革委、国家能源局下达投资计划的重要参考。

第五章　投资计划下达

第十九条　国家发展改革委、国家能源局商应急管理部、国家煤矿安监局综合考虑煤矿安全改造专项年度规模、各地区（中央单位）投资需求、备选项目审核意见、往年项目实施情况等因素，切块下达各地区（中央单位）煤矿安全改造中央预算内投资年度投资计划，并明确投资目标、建设任务、补助标准和工作要求等。

煤炭储备能力建设项目中央预算内投资计划由国家发展改革委直接下达。

第二十条　对直接下达投资计划的项目，省级投资主管部门和有关中央单位在10个工作日内转发下达。

对于切块下达的投资计划，各省级投资主管部门和有关中央单位在20个工作日内分解下达到具体项目。未取得在线审批监管平台唯一赋码的项目不能作为子项目分解。

第二十一条　各省级投资主管部门和有关中央单位将切块投资计划分解下达到具体项目时，须通过国家重大建设项目库生成投资计划表并下达投资计划，向国家发展改革委报备。

每一个项目需明确项目单位及项目责任人、日常监管直接责任单位及监管责任人。未分解落实责任的项目，由省级投资主管部门或有关中央单位承担日常监管直接责任。

第二十二条　各省级投资主管部门要根据地方财政承受能力，合理测算上报投资需求和分解安排具体项目，避免因支持项目建设而加重地方筹资压力，严格防范新增地方政府债务风险。

第二十三条　投资计划下达后，各级财政部门按照有关规定及时分解下达预算资金。

第六章　项目实施管理

第二十四条　项目单位是项目的实施主体和责任主体。有关单位要按照中央预算内投资补助项目管理的规定，建立健全本单位煤矿安全改造专项项目管理的各项规章制度，规范资金使用和管理、招标、工程监理等工作，如期保质保量完成建设任务，不得擅自改变主要建设内容和建设标准。

中央预算内投资要专款专用，不得转移、侵占或者挪用。煤矿企业要配合中央和地方有关部门做好对国家补助资金使用的监管、检查、审计等工作。

第二十五条　各省级投资主管部门和有关中央单位应按照中央预算内投资项目日常监管各项规定，对项目资金使用和实施进展开展定期调度，必要时开展现场检查，督促项目单位规范资金使用与管理。

第二十六条　各省级投资主管部门和有关中央单位应依托国家重大建设项目库对下列信息开展定期调度，并向国家发展改革委报告。

（一）项目实际开竣工时间；

（二）项目资金到位、支付和投资完成情况；

（三）项目的主要建设内容；

（四）项目工程形象进度；

（五）绩效目标实现情况；

（六）存在的问题。

项目日常监管直接责任单位及监管责任人负责对信息填报情况进行审核把关。

第二十七条　因不能按时开工建设或者建设内容发生较大变化等情况，导致项目不能完成既定建设目标的，项目单位应当及时报告情况和原因，申请项目调整。直接下达的项目，由国家发展改革委调整；切块投资计划分解下达的项目，由省级投资主管部门或有关中央单位进行调整，调整结果应当及时向国家发展改革委报备。

调整投资原则上仅用于本专项支持范围，不能用于其他专项、其他领域的项目。调出项目不再安排中央预算内投资。调入项目应符合本专项支持方向和年度申报要求，建设条件已落实或已经开工建设。

调整投资计划下达后5个工作日内，应在国家重大建设项目库中进行调整更新，及时删除原项目，对新项目开展调度。

第二十八条　项目竣工后，由项目单位依法进行竣工验收，开展绩效自评，形成项目竣工验收报告向省级投资主管部门或有关中央单位报备。项目竣工验收报告包括项目基本信息、项目管理情况、中央预算内资金使用情况、主要建设内容完成情况、绩效自评情况、项目决算和内部审计情况等。

项目单位要按国家有关规定妥善保管项目有关档案和验收材料。

第二十九条　省级投资主管部门和有关中央单位应及时总结上一年度专项执行情况，包括项目实施和调整、资金使用和管理、竣工验收、审计稽察、成效和问题、举措和建议等情况，于每年3月底前以正式文件形式报送国家发展改革委。

国家发展改革委对各单位上年度专项执行情况进行考核评价，考核评价结果作为确定下一年度资金安排有关基础依据。

第七章　监督检查和法律责任

第三十条　国家发展改革委、国家能源局按照有关规定对省级投资主管部门和有关中央单位审核备选项目、分解下达切块投资、履行监管职责等工作情况进行监管，定期对项目开展在线调度，督促了解项目建设情况，必要时会同有关部门开展现场检查。

有关部门和项目单位应配合检查工作。

第三十一条　国家发展改革委、国家能源局接受单位、个人对煤矿安全改造专项项目在中央预算内投资申报和实施过程中违法违规行为的举报，并按照有关规定予以查处。

第三十二条　省级投资主管部门或有关中央单位有下列行为之一的，国家发展改革委、国家能源局可根据情节轻重，采取在一定时期和范围内不再受理该地区（单位）资金申报、压缩该地区（单位）资金规模、取消安排投资等措施，责令相关单位限期整改，同时追究相关人员责任：

（一）不配合检查，或者指令或授意项目单位提供虚假情况、骗取中央预算内投资的；

（二）审核项目不严，造成中央预算内投资损失的或重复安排的；

（三）项目不能按时开工，且没有及时调整投资计划，造成资金闲置超过一年的；

（四）项目调整金额超过该地区（单位）年度投资规模20%或年度调整金额超过2亿元的；

（五）没有在规定时间内分解下达投资计划的；

（六）安排的项目不符合专项安排原则和投资方向的；

（七）分解投资计划时，没有同步录入国家重大建设项目库，或对项目单位录入数据信息不全、错误等未尽到监管责任，影响国家发展改革委对项目情况进行在线调度的；

（八）督促项目执行不力，完成专项年度建设目标或建设任务情况较差的；

（九）不按时提交上年度项目实施总结报告的；

（十）其他违反国家法律法规、规定或严重影响专项实施的行为。

第三十三条　项目单位有下列行为之一的，省级投资主管部门或有关中央单位应责令其限期整改，同时视情况采取核减、收回或者停止拨付中央预算内投资，一定时期和范围内不再受理该项目单位资金申请报告等措施；情节严重、性质恶劣的，可依照有关规定，将相关信息纳入全国信用信息共享平台，并依法依规在"信用中国"网站公开，提请或者移交有关机关依法追究有关责任人的行政或者法律责任：

（一）项目法人、建设规模、建设方式、建设标准和内容发生重大变化而不及时报告的；

（二）前期工作不充分，项目在投资计划下达超过一年不能开工建设的；

（三）未按要求通过国家重大建设项目库报送项目信息，或录入数据信息不全、错误等，影响国家发展改革委对项目情况进行在线调度的；

（四）不配合检查或审计稽察的；

（五）提供虚假情况、重复申报项目骗取中央预算内投资的；

（六）转移、侵占或者挪用中央预算内投资的；

（七）招投标违反《招标投标法》有关规定的；

（八）工程质量存在重大问题的；

（九）其他违反国家法律法规和规定的行为。

第三十四条　有关工作人员有下列行为之一的，责令其限期整改，根据实际情况依纪依法追究有关责任人的党纪、行政责任；构成犯罪的，由司法机关依法追究刑事责任。

（一）违反《中国共产党纪律处分条例》《行政机关公务员处分条例》相关规定的；

（二）违反规定受理资金申请报告的；

（三）违反规定的程序和原则安排投资计划的；

（四）其他违反本办法规定的行为。

第八章　附　则

第三十五条　本办法由国家发展改革委、国家能源局会同应急管理部、国家煤矿安监局解释。

第三十六条　省级投资主管部门和有关中央单位可根据中央预算内投资补助管理有关规定和本办法制定本地区本单位煤矿安全改造专项管理办法。

第三十七条　本办法中所述有关中央单位指司法部相关部门和有关中央企业。

第三十八条　本办法自发布之日起施行，有效期至2022年12月31日。《煤矿安全改造专项管理办法》（发改能源〔2018〕1659号）同时废止。

（六）煤矿重大事故隐患判定标准

2020年11月20日，中华人民共和国应急管理部下发《煤矿重大事故隐患判定标准》。

中华人民共和国应急管理部令

第 4 号

《煤矿重大事故隐患判定标准》已经 2020 年 11 月 2 日应急管理部第 31 次部务会议审议通过，现予公布，自 2021 年 1 月 1 日起施行。

部长　王玉普

2020 年 11 月 20 日

煤矿重大事故隐患判定标准

第一条　为了准确认定、及时消除煤矿重大事故隐患，根据《中华人民共和国安全生产法》和《国务院关于预防煤矿生产安全事故的特别规定》（国务院令第 446 号）等法律、行政法规，制定本标准。

第二条　本标准适用于判定各类煤矿重大事故隐患。

第三条　煤矿重大事故隐患包括下列 15 个方面：

（一）超能力、超强度或者超定员组织生产；

（二）瓦斯超限作业；

（三）煤与瓦斯突出矿井，未依照规定实施防突出措施；

（四）高瓦斯矿井未建立瓦斯抽采系统和监控系统，或者系统不能正常运行；

（五）通风系统不完善、不可靠；

（六）有严重水患，未采取有效措施；

（七）超层越界开采；

（八）有冲击地压危险，未采取有效措施；

（九）自然发火严重，未采取有效措施；

（十）使用明令禁止使用或者淘汰的设备、工艺；

（十一）煤矿没有双回路供电系统；

（十二）新建煤矿边建设边生产，煤矿改扩建期间，在改扩建的区域生产，或者在其他区域的生产超出安全设施设计规定的范围和规模；

（十三）煤矿实行整体承包生产经营后，未重新取得或者及时变更安全生产许可证而从事生产，或者承包方再次转包，以及将井下采掘工作面和井巷维修作业进行劳务承包；

（十四）煤矿改制期间，未明确安全生产责任人和安全管理机构，或者在完成改制后，未重新取得或者变更采矿许可证、安全生产许可证和营业执照；

（十五）其他重大事故隐患。

第四条　"超能力、超强度或者超定员组织生产"重大事故隐患，是指有下列情形之一的：

（一）煤矿全年原煤产量超过核定（设计）生产能力幅度在 10% 以上，或者月原煤产量大于核定（设计）生产能力的 10% 的；

（二）煤矿或其上级公司超过煤矿核定（设计）生产能力下达生产计划或者经营指标的；

（三）煤矿开拓、准备、回采煤量可采期小于国家规定的最短时间，未主动采取限产或者停产措施，仍然组织生产的（衰老煤矿和地方人民政府计划停产关闭煤矿除外）；

（四）煤矿井下同时生产的水平超过2个，或者一个采（盘）区内同时作业的采煤、煤（半煤岩）巷掘进工作面个数超过《煤矿安全规程》规定的；

（五）瓦斯抽采不达标组织生产的；

（六）煤矿未制定或者未严格执行井下劳动定员制度，或者采掘作业地点单班作业人数超过国家有关限员规定20%以上的。

第五条　"瓦斯超限作业"重大事故隐患，是指有下列情形之一的：

（一）瓦斯检查存在漏检、假检情况且进行作业的；

（二）井下瓦斯超限后继续作业或者未按照国家规定处置继续进行作业的；

（三）井下排放积聚瓦斯未按照国家规定制定并实施安全技术措施进行作业的。

第六条　"煤与瓦斯突出矿井，未依照规定实施防突出措施"重大事故隐患，是指有下列情形之一的：

（一）未设立防突机构并配备相应专业人员的；

（二）未建立地面永久瓦斯抽采系统或者系统不能正常运行的；

（三）未按照国家规定进行区域或者工作面突出危险性预测的（直接认定为突出危险区域或者突出危险工作面的除外）；

（四）未按照国家规定采取防治突出措施的；

（五）未按照国家规定进行防突措施效果检验和验证，或者防突措施效果检验和验证不达标仍然组织生产建设，或者防突措施效果检验和验证数据造假的；

（六）未按照国家规定采取安全防护措施的；

（七）使用架线式电机车的。

第七条　"高瓦斯矿井未建立瓦斯抽采系统和监控系统，或者系统不能正常运行"重大事故隐患，是指有下列情形之一的：

（一）按照《煤矿安全规程》规定应当建立而未建立瓦斯抽采系统或者系统不正常使用的；

（二）未按照国家规定安设、调校甲烷传感器，人为造成甲烷传感器失效，或者瓦斯超限后不能报警、断电或者断电范围不符合国家规定的。

第八条　"通风系统不完善、不可靠"重大事故隐患，是指有下列情形之一的：

（一）矿井总风量不足或者采掘工作面等主要用风地点风量不足的；

（二）没有备用主要通风机，或者两台主要通风机不具有同等能力的；

（三）违反《煤矿安全规程》规定采用串联通风的；

（四）未按照设计形成通风系统，或者生产水平和采（盘）区未实现分区通风的；

（五）高瓦斯、煤与瓦斯突出矿井的任一采（盘）区，开采容易自燃煤层、低瓦斯矿井开采煤层群和分层开采采用联合布置的采（盘）区，未设置专用回风巷，或者突出煤层工作面没有独立的回风系统的；

（六）进、回风井之间和主要进、回风巷之间联络巷中的风墙、风门不符合《煤矿安全规程》规定，造成风流短路的；

（七）采区进、回风巷未贯穿整个采区，或者虽贯穿整个采区但一段进风、一段回风，或者采用倾斜长壁布置，大巷未超前至少2个区段构成通风系统即开掘其他巷道的；

（八）煤巷、半煤岩巷和有瓦斯涌出的岩巷掘进未按照国家规定装备甲烷电、风电闭锁装置或者有关装置不能正常使用的；

（九）高瓦斯、煤（岩）与瓦斯（二氧化碳）突出矿井的煤巷、半煤岩巷和有瓦斯涌出的岩巷掘进工作面采用局部通风时，不能实现双风机、双电源且自动切换的；

（十）高瓦斯、煤（岩）与瓦斯（二氧化碳）突出建设矿井进入二期工程前，其他建设矿井进入三期工程前，没有形成地面主要通风机供风的全风压通风系统的。

第九条 "有严重水患，未采取有效措施"重大事故隐患，是指有下列情形之一的：

（一）未查明矿井水文地质条件和井田范围内采空区、废弃老窑积水等情况而组织生产建设的；

（二）水文地质类型复杂、极复杂的矿井未设置专门的防治水机构、未配备专门的探放水作业队伍，或者未配齐专用探放水设备的；

（三）在需要探放水的区域进行采掘作业未按照国家规定进行探放水的；

（四）未按照国家规定留设或者擅自开采（破坏）各种防隔水煤（岩）柱的；

（五）有突（透、溃）水征兆未撤出井下所有受水患威胁地点人员的；

（六）受地表水倒灌威胁的矿井在强降雨天气或其来水上游发生洪水期间未实施停产撤人的；

（七）建设矿井进入三期工程前，未按照设计建成永久排水系统，或者生产矿井延深到设计水平时，未建成防、排水系统而违规开拓掘进的；

（八）矿井主要排水系统水泵排水能力、管路和水仓容量不符合《煤矿安全规程》规定的；

（九）开采地表水体、老空水淹区域或者强含水层下急倾斜煤层，未按照国家规定消除水患威胁的。

第十条 "超层越界开采"重大事故隐患，是指有下列情形之一的：

（一）超出采矿许可证载明的开采煤层层位或者标高进行开采的；

（二）超出采矿许可证载明的坐标控制范围进行开采的；

（三）擅自开采（破坏）安全煤柱的。

第十一条 "有冲击地压危险，未采取有效措施"重大事故隐患，是指有下列情形之一的：

（一）未按照国家规定进行煤层（岩层）冲击倾向性鉴定，或者开采有冲击倾向性煤层未进行冲击危险性评价，或者开采冲击地压煤层，未进行采区、采掘工作面冲击危险性评价的；

（二）有冲击地压危险的矿井未设置专门的防冲机构、未配备专业人员或者未编制专门设计的；

（三）未进行冲击地压危险性预测，或者未进行防冲措施效果检验以及防冲措施效果检验不达标仍组织生产建设的；

（四）开采冲击地压煤层时，违规开采孤岛煤柱，采掘工作面位置、间距不符合国家规定，或者开采顺序不合理、采掘速度不符合国家规定、违反国家规定布置巷道或者留设煤（岩）柱造成应力集中的；

（五）未制定或者未严格执行冲击地压危险区域人员准入制度的。

第十二条 "自然发火严重，未采取有效措施"重大事故隐患，是指有下列情形之一的：

（一）开采容易自燃和自燃煤层的矿井，未编制防灭火专项设计或者未采取综合防灭火措施的；

（二）高瓦斯矿井采用放顶煤采煤法不能有效防治煤层自然发火的；

（三）有自然发火征兆没有采取相应的安全防范措施继续生产建设的；

（四）违反《煤矿安全规程》规定启封火区的。

第十三条 "使用明令禁止使用或者淘汰的设备、工艺"重大事故隐患，是指有下列情形之一的：

（一）使用被列入国家禁止井工煤矿使用的设备及工艺目录的产品或者工艺的；

（二）井下电气设备、电缆未取得煤矿矿用产品安全标志的；

（三）井下电气设备选型与矿井瓦斯等级不符，或者采（盘）区内防爆型电气设备存在失爆，或者井下使用非防爆无轨胶轮车的；

（四）未按照矿井瓦斯等级选用相应的煤矿许用炸药和雷管、未使用专用发爆器，或者裸露爆破的；

（五）采煤工作面不能保证 2 个畅通的安全出口的；

（六）高瓦斯矿井、煤与瓦斯突出矿井、开采容易自燃和自燃煤层（薄煤层除外）矿井，采煤工作面采用前进式采煤方法的。

第十四条 "煤矿没有双回路供电系统"重大事故隐患，是指有下列情形之一的：

（一）单回路供电的；

（二）有两回路电源线路但取自一个区域变电所同一母线段的；

（三）进入二期工程的高瓦斯、煤与瓦斯突出、水文地质类型为复杂和极复杂的建设矿井，以及进入三期工程的其他建设矿井，未形成两回路供电的。

第十五条 "新建煤矿边建设边生产，煤矿改扩建期间，在改扩建的区域生产，或者在其他区域的生产超出安全设施设计规定的范围和规模"重大事故隐患，是指有下列情形之一的：

（一）建设项目安全设施设计未经审查批准，或者审查批准后作出重大变更未经再次审查批准擅自组织施工的；

（二）新建煤矿在建设期间组织采煤的（经批准的联合试运转除外）；

（三）改扩建矿井在改扩建区域生产的；

（四）改扩建矿井在非改扩建区域超出设计规定范围和规模生产的。

第十六条 "煤矿实行整体承包生产经营后，未重新取得或者及时变更安全生产许可证而从事生产，或者承包方再次转包，以及将井下采掘工作面和井巷维修作业进行劳务承包"重大事故隐患，是指有下列情形之一的：

（一）煤矿未采取整体承包形式进行发包，或者将煤矿整体发包给不具有法人资格或者未取得合法有效营业执照的单位或者个人的；

（二）实行整体承包的煤矿，未签订安全生产管理协议，或者未按照国家规定约定双方安全生产管理职责而进行生产的；

（三）实行整体承包的煤矿，未重新取得或者变更安全生产许可证进行生产的；

（四）实行整体承包的煤矿，承包方再次将煤矿转包给其他单位或者个人的；

（五）井工煤矿将井下采掘作业或者井巷维修作业（井筒及井下新水平延深的井底车场、主运输、主通风、主排水、主要机电硐室开拓工程除外）作为独立工程发包给其他企业或者个人的，以及转包井下新水平延深开拓工程的。

第十七条　"煤矿改制期间，未明确安全生产责任人和安全管理机构，或者在完成改制后，未重新取得或者变更采矿许可证、安全生产许可证和营业执照"重大事故隐患，是指有下列情形之一的：

（一）改制期间，未明确安全生产责任人进行生产建设的；

（二）改制期间，未健全安全生产管理机构和配备安全管理人员进行生产建设的；

（三）完成改制后，未重新取得或者变更采矿许可证、安全生产许可证、营业执照而进行生产建设的。

第十八条　"其他重大事故隐患"，是指有下列情形之一的：

（一）未分别配备专职的矿长、总工程师和分管安全、生产、机电的副矿长，以及负责采煤、掘进、机电运输、通风、地测、防治水工作的专业技术人员的；

（二）未按照国家规定足额提取或者未按照国家规定范围使用安全生产费用的；

（三）未按照国家规定进行瓦斯等级鉴定，或者瓦斯等级鉴定弄虚作假的；

（四）出现瓦斯动力现象，或者相邻矿井开采的同一煤层发生了突出事故，或者被鉴定、认定为突出煤层，以及煤层瓦斯压力达到或者超过 0.74MPa 的非突出矿井，未立即按照突出煤层管理并在国家规定期限内进行突出危险性鉴定的（直接认定为突出矿井的除外）；

（五）图纸作假、隐瞒采掘工作面，提供虚假信息、隐瞒下井人数，或者矿长、总工程师（技术负责人）履行安全生产岗位责任制及管理制度时伪造记录，弄虚作假的；

（六）矿井未安装安全监控系统、人员位置监测系统或者系统不能正常运行，以及对系统数据进行修改、删除及屏蔽，或者煤与瓦斯突出矿井存在第七条第二项情形的；

（七）提升（运送）人员的提升机未按照《煤矿安全规程》规定安装保护装置，或者保护装置失效，或者超员运行的；

（八）带式输送机的输送带入井前未经过第三方阻燃和抗静电性能试验，或者试验不合格入井，或者输送带防打滑、跑偏、堆煤等保护装置或者温度、烟雾监测装置失效的；

（九）掘进工作面后部巷道或者独头巷道维修（着火点、高温点处理）时，维修（处理）点以里继续掘进或者有人员进入，或者采掘工作面未按照国家规定安设压风、供水、通信线路及装置的；

（十）露天煤矿边坡角大于设计最大值，或者边坡发生严重变形未及时采取措施进行治理的；

（十一）国家矿山安全监察机构认定的其他重大事故隐患。

第十九条　本标准所称的国家规定，是指有关法律、行政法规、部门规章、国家标准、行业标准，以及国务院及其应急管理部门、国家矿山安全监察机构依法制定的行政规范性文件。

第二十条　本标准自 2021 年 1 月 1 日起施行。原国家安全生产监督管理总局 2015 年 12 月 3 日公布的《煤矿重大生产安全事故隐患判定标准》（国家安全生产监督管理总局令第 85 号）同时废止。

三、煤炭去产能政策

（一）关于进一步加快建设煤矿产能置换工作的通知

为培育和发展先进产能，加快淘汰落后产能，促进煤炭产业结构调整和转型升级，2017 年 4 月 5 日，国家发改委下发《关于进一步加快建设煤矿产能置换工作的通知》，就进一步加快建设煤矿产能置换增减挂钩工作进行部署。

国家发展改革委关于进一步加快建设煤矿产能置换工作的通知

发改能源〔2017〕609 号

各产煤省（区、市）及新疆生产建设兵团发展改革委、能源局、煤炭行业管理部门，有关中央企业：

为培育和发展先进产能，加快淘汰落后产能，促进煤炭产业结构调整和转型升级，现就进一步加快建设煤矿产能置换增减挂钩工作通知如下：

一、建立煤炭产能置换长效机制。"十三五"期间，对于国发〔2016〕7 号文件印发前手续不全、又确需继续建设的煤矿项目，严格执行减量置换政策；对于国发〔2016〕7 号文件印发前已核准的在建煤矿项目，应按照发改能源〔2016〕1602 号等文件要求承担化解过剩产能任务。钢铁煤炭行业化解过剩产能和脱困发展工作部际联席会议根据煤炭产业结构调整、优化布局需要，结合煤炭去产能工作进度和市场供需变化等情况，适时调整完善产能置换政策，统筹研究确定产能置换比例。

二、鼓励跨省（区、市）实施产能置换。建设煤矿使用企业关闭退出产能指标，双方应签订协议，由建设煤矿向关闭退出煤矿在职安置或资金等方面提供必要的支持。关闭退出煤矿与建设煤矿位于不同省（区、市）的，签订协议进行交易的置换产能指标按发改能源〔2016〕1602 号等文件折算后产能的 130% 计算。

三、鼓励实施兼并重组。鼓励煤炭企业跨行业、跨地区、跨所有制实施兼并重组，实质性兼并重组后，主体企业建设煤矿项目使用兼并重组企业产能指标的，置换产能指标按发改能源〔2016〕1602 号等文件折算后产能的 130% 计算。

四、鼓励已核准（审批）的煤矿建设项目通过产能置换承担化解过剩产能任务。国发〔2016〕7 号文件印发前已核准（审批）的在建煤矿项目使用其他企业产能指标的，置换产能指标按发改能源〔2016〕1602号等文件折算后产能的130%计算。

五、稳妥有序推进煤炭去产能。在确保按计划完成化解过剩产能任务的前提下，超出全国去产能任务比例以上的省（区、市），已纳入2017~2020年化解煤炭过剩产能实施方案内的关闭退出煤矿，经企业申请不享受中央财政奖补资金的，可作为实施方案以外的产能置换指标使用；未超出全国去产能任务比例以上省（区、市），已纳入2017~2020年化解煤炭过剩产能实施方案内的关闭退出煤矿，经企业申请不享受中央财政奖补资金的，可按80%折算后作为实施方案以外的产能置换指标使用。其中，符合跨省（区、市）实施产能置换、兼并重组等要求的，置换产能指标按折算后产能的130%计算。

六、严格落实新建煤矿减量置换要求。符合上述要求的置换产能指标均可按要求进行折算，但用于置换的实际关闭退出煤矿产能（含核减产能）不得小于新建煤矿项目建设规模。

七、支持地方统一实施产能置换。对部分去产能煤矿数量多、产能规模小的地区，可由省级政府有关部门组织征得关闭退出煤炭企业同意的书面意见后，统一开展产能置换指标交易，签订产能置换协议，收益统筹用于本地区煤炭去产能相关工作。2016年已通过验收抽查、参政奖补资金已拨付的关闭退出煤矿，在省级政府承诺承担因产能指标交易引发的法律后果后，指定省级政府有关部门统一开展产能置换指标交易。同一产能指标不得重复使用。

八、加强煤炭产能置换指标交易服务。鼓励地方政府建立煤炭产能置换指标交易平台，发布产能交易指标信息，为产能置换创造有利条件。省级政府有关部门可结合去产能奖补标准发布本区域产能指标交易指导价，引导建设煤矿和退出煤矿通过自主协商，签订产能置换指标交易协议。人员安置折算的产能指标不能用于交易。

九、已纳入年度化解过剩产能实施方案并按期关闭退出的煤矿，应在次年6月30日前签订产能置换指标交易协议，其中，2016年已关闭退出的煤矿，最迟应于2017年9月30日签订产能置换指标交易协议，逾期未签订的退出煤矿产能指标作废，不能用于置换。2017年6月30日前签订产能置换指标交易协议并上报产能置换方案的，本通知第二、三、四、五条规定的130%折算比例可以提高为150%。

国家发展改革委
2017年4月5日

（二）关于完善煤矿产能登记公告制度　开展建设煤矿产能公告工作的通知

为进一步规范煤矿建设生产秩序、引导市场主体预期、推进政府信息公开，2017年6月20日，国家能源局印发了《关于完善煤矿产能登记公告制度　开展建设煤矿产能公告工作的通知》。

国家能源局关于完善煤矿产能登记公告制度　开展建设煤矿产能公告工作的通知

国能发煤炭〔2017〕17号

各产煤省（自治区、直辖市）、新疆生产建设兵团煤炭行业管理部门、发展改革委，有关中央企业：

近年来，各产煤地区认真落实《国务院关于煤炭行业化解过剩产能实现脱困发展的意见》

(国发〔2016〕7号)、《国务院办公厅关于促进煤炭行业平稳运行的意见》(国办发〔2013〕104号)等文件要求,创新行业管理方式,建立煤矿产能登记公告制度,推行合法生产煤矿产能常态化公告,管理和服务效能明显提高。为进一步规范煤矿建设生产秩序、引导市场主体预期、推进政府信息公开,现就完善煤矿产能登记公告制度、开展建设煤矿产能公告工作有关事项通知如下:

一、严格煤矿新增产能审批管理

坚持产能法定原则,新增产能的煤炭开发项目严格按照国家关于固定资产投资项目管理有关规定实行核准管理,国家和地方有关部门在其权限内批准的核准文件是确定煤矿产能的基本依据。国家规划矿区内新增年生产能力120万吨及以上煤炭开发项目由国务院有关部门核准,国家规划矿区内其余煤炭开发项目和一般煤炭开发项目由省级政府核准。省级及以下政府部门关于新建、改扩建、技术改造、资源整合等类型新增产能煤矿项目的核准(审批)职责分工以公布的部门权力清单或省级政府有关规定为准。各级政府发展改革、煤炭行业管理部门不得在本级政府核准权限及本部门权力清单以外实施核准(审批)。

二、规范建设煤矿开工管理

煤矿建设项目取得核准(审批)文件和法律法规确定的其他开工报建审批手续后方可开工建设。项目单位应按照《企业投资项目核准和备案管理条例》(国务院第673号令)、《企业投资项目核准和备案管理办法》(国家发展改革委2017年第2号令)等规定,在开工前报备基本信息。开工信息报备工作原则上通过投资项目在线审批监管平台办理,暂不具备条件的地区可按照现行煤矿建设项目开工备案程序报地方有关部门办理。省级发展改革委或煤炭行业管理部门要根据职责分工,发布辖区内开工报备信息的统一格式。开工报备应严格执行"放管服"改革要求,不得要求企业提供没有法律法规依据的审批(许可)信息,不得以开工报备名义实施审批、审查。省级政府有关部门可根据工作需要,组织市、县政府有关部门办理开工信息报备,并及时汇总辖区内煤矿建设项目开工情况。

三、实施建设煤矿产能公告

省级煤炭行业管理部门要根据汇总的煤矿建设项目开工情况,发布建设煤矿产能公告。公告内容包括建设煤矿的名称、建设类型(新建、改扩建、技术改造、资源整合等)、建设规模、新增产能、核准(审批)机关及文号等。改扩建、技术改造煤矿已有生产系统仍在运转的,现有产能部分作为生产煤矿公告,新增产能部分作为建设煤矿公告。无新增产能的煤矿改建、技术改造项目(如水平延伸、系统更新等)不实施建设煤矿产能公告。对地方核准权限内的改扩建、技术改造、资源整合类新增产能煤矿项目,地方部门权力清单公布前、根据省级政府有关规定仅审批初步设计的,应公告初步设计审批机关及文号。建设煤矿进入联合试运转的,应在公告中予以备注说明。

四、做好生产煤矿产能公告衔接

建设煤矿履行竣工验收程序、取得安全生产许可证等证照后转入生产煤矿管理。省级煤炭行业管理部门在生产煤矿产能公告中增加(调整)相关煤矿产能信息,原建设煤矿产能公告中相关煤矿条目不再保留。生产煤矿应公告煤矿的名称、生产能力、安全生产许可证编号等内容,在前次公告基础上的煤矿产能信息变化类别(首次公告、产能增加、产能减少、取消公告、重新公告、变更名称等）应予以备注说明。安全生产许可证等证照已注销的生产煤矿要及时取消产能公告，有关煤矿不得从事生产活动。因市场前景、经济效益等原因选择停产停建的合法合规煤矿，可以继续保留煤矿产能公告。

各地建设生产煤矿产能公告由省级煤炭行业管理部门定期通过部门网站统一发布（公告表格样式附后），每次公告间隔时间原则上不超过6个月。煤矿数量多、产能信息变化快的省（区、市）可相应提高公告频率。中央企业所属煤矿按照属地原则，纳入省级煤炭行业管理部门产能登记公告范围。各地应于2017年7月15日前公告截至6月底的建设生产煤矿产能情况。

五、加快产能登记公告信息系统建设

各地要按照"全面覆盖、上下畅通、数据在线、实时查询"的要求推进产能登记公告信息系统建设。国家能源局将组织开发相关工作信息系统，支持地方部门加强产能信息的电子化管理。鼓励各地根据本地区实际，建设涵盖产能登记公告子系统的行业管理信息系统，运用大数据、云计算等信息化手段，提高行业管理效率。积极推进行业管理信息系统与投资项目在线审批监管平台、有关部门监管系统的互联互通，加强数据信息共享，发挥协同监管效用。

六、强化煤矿建设生产事中事后监管

各地要以产能公告名单为基础，合理确定省、市、县煤炭管理部门监管分工，统筹日常和专项检查任务，科学制定年度监管工作方案，按照"双随机、一公开"方式，加强事中事后监管。要主动通过现场检查核实煤矿的证照、建设进度、生产条件等产能管理相关信息，动态完善煤矿产能管理档案。鼓励社会公众依据产能公告监督煤矿建设生产行为，及时核实、处置群众举报问题。对审批手续齐全但未按规定报备开工信息、未纳入公告范围的煤矿，责令项目单位补报相关信息，并将其漏报行为列入项目异常信用记录，纳入全国信用信息共享平台；对存在未批先建、超能力生产等违法违规行为的煤矿，按照国务院第446号令、第673号令有关规定对企业实施处罚；涉及其他部门职权的，及时移交有关部门处理。

完善煤矿产能登记公告制度是各级煤炭管理部门深化"放管服"改革、转职能提效能的重要内容。各地要按照本通知要求，加强组织领导，保障人员配备，健全工作体系，补齐工作短板，主动作为、履职尽责，深入推进煤矿产能登记公告工作的系统化、制度化、规范化，不断提高煤炭行业管理和服务水平，为煤炭工业持续健康发展提供有力保障。

附件：建设生产煤矿产能公告表格样式（略）

国家能源局

2017年6月20日

（三）关于进一步推进煤炭企业兼并重组转型升级的意见

2017年12月19日，国家发改委等12个部委近日联合印发《关于进一步推进煤炭企业兼并重组转型升级的意见》。该意见提出进一步推进煤炭企业兼并重组转型升级的主要途径及12条政策措施。

关于进一步推进煤炭企业兼并重组转型升级的意见

发改运行〔2017〕2118号

各省、自治区、直辖市及新疆生产建设兵团发展改革委（能源局）、经信委（工信委、工信厅）、财政厅（局）、人力资源社会保障厅（局）、国土资源厅（局）、环境保护厅（局）、国资委、质量技术监督局、安全监管局、煤炭厅（局、办），各银监局，各省级煤矿安监局，人民银行上海总部、各分行、营业管理部、省会（首府）城市中心支行、副省级城市中心支行：

为贯彻落实《国务院关于煤炭行业化解过剩产能实现脱困发展的意见》（国发〔2016〕7号），深入推进煤炭供给侧结构性改革，进一步优化存量资源配置，扩大优质增量供给，实现煤炭供需动态平衡，有效抵御市场风险，提升煤炭行业发展的质量和效益，现就推进煤炭企业兼并重组转型升级提出如下意见：

一、总体要求

（一）指导思想。认真学习贯彻党的十九大精神，充分发挥市场在资源配置中的决定性作用，更好发挥政府作用，把提高供给体系质量作为主攻方向，通过市场机制、经济手段、法治办法，促进煤炭企业加快兼并重组和上下游深度融合发展，大幅提高煤矿规模化、集约化、现代化水平，实现煤炭行业转型升级。

（二）基本原则。坚持市场主导、企业主体和政府支持相结合；坚持发展先进生产力和淘汰落后产能、化解过剩产能相结合；坚持做强做优做大主业和上下游产业融合发展相结合；坚持提高产业集中度和优化生产布局相结合。

（三）主要目标。通过兼并重组，实现煤炭企业平均规模明显扩大，中低水平煤矿数量明显减少，上下游产业融合度显著提高，经济活力得到增强，产业格局得到优化。到2020年底，争取在全国形成若干个具有较强国际竞争力的亿吨级特大型煤炭企业集团，发展和培育一批现代化煤炭企业集团。

二、主要途径及目的

（四）支持有条件的煤炭企业之间实施兼并重组。大力推进不同规模、不同区域、不同所有制、不同煤种的煤炭企业实施兼并重组，丰富产品种类，提升企业规模，扩大覆盖范围，创新经营机制，进一步提升煤炭企业的综合竞争力。推进中央专业煤炭企业重组其他涉煤中央企业所属煤矿，实现专业煤炭企业做强做优做大。鼓励各级国资监管机构设立资产管理专业平台公司，通过资产移交等方式，对国有企业开办煤矿业务进行整合。支持煤炭企业由单一生产型企业向生产服务型企业转变，加快专业化公司建设，推动煤炭产业迈向中高端。

（五）支持发展煤电联营。支持煤炭、电力企业通过实施兼并重组，采取出资购买、控股参股等方式，积极发展煤电联营。结合电煤运输格局，以中东部地区为重点，推进电煤购销关系长期稳定且科学合理的相关煤炭、电力企业开展联营。支持大型发电企业对煤炭企业实施重组，提高能源供应安全保障水平。

（六）支持煤炭与煤化工企业兼并重组。鼓励煤炭与煤化工企业根据市场需要出发实施兼并重组，有序发展现代煤化工，促进煤炭就地转化，发展高科技含量、高附加值产品。实现煤炭原料上下游产业的有机融合，增强产业相互带动作用。

（七）支持煤炭与其他关联产业企业兼并重组。鼓励具备实力的钢铁企业结合资源需求，与煤炭企业实施兼并重组。鼓励铁路、港航运输企业与煤炭企业实施兼并重组，发挥大宗物资运输的产业链优势，提高运输保障水平，形成稳定的货源渠道，提高抵御市场抗风险能力。

（八）通过兼并重组推动过剩产能退出。鼓励通过兼并重组加快淘汰落后产能和其他不符合产业政策的产能，引导规模小、安全差、效率低的煤矿主动退出。引导和鼓励对化解煤炭过剩产能实施方案以外的煤矿进行减量重组，培育和发展先进产能，保留煤矿能力不得高于重组前各煤矿能力总和，支持保留煤矿统一开发被重组煤矿剩余煤炭资源；允许资源不相邻的煤矿异地减量重组，重组后资源分期开发，保留煤矿退出前不得开采被重组煤矿剩余煤炭资源，重组主体企业做出分期开发承诺，省级人民政府有关部门向社会进行公告。有关省（区、市）制定具体方案并组织实施。

（九）通过兼并重组推进技术进步和升级。进一步研究完善煤炭先进产能标准，鼓励企业通过兼并重组，进一步发挥资源、技术、装备、管理、资金优势，积极培育发展工艺先进、生产效率和资源利用率高、安全保障能力强、环境保护水平高、单位产品能源消耗低的先进产能，实现安全环保集约化开采。到2025年，形成以大型企业为骨干、先进产能为主体的煤炭供给新格局。支持企业通过兼并重组，推广应用成熟、先进、适用的技术装备，加强技术攻关和科技成果转化，进一步提高机械化、自动化、信息化和智能化水平。

（十）通过兼并重组实现煤炭资源优化配置。煤炭资源实行集约开发，按照一个矿区原则上由一个主体开发的原则，推进矿区内煤炭企业兼并重组。对不符合优化布局的煤矿资源，通过市场化的方式进行兼并重组，促进资源进一步向优势企业集中，提高资源利用率。

（十一）通过兼并重组提高煤矿安全生产保障水平。通过兼并重组引导安全保障程度低的煤矿加快退出，进一步压减煤矿数量，减少事故隐患，通过实施机械化、自动化和智能化，推动煤矿生产系统改造升级，提高技术装备水平和安全保障水平。

（十二）通过兼并重组加快"僵尸企业"处置。坚持问题导向，从实际出发，对于因管理粗放、冗员较多、技术水平和劳动生产率低等原因暂时陷入困境，但具有一定发展潜力和重组价值的"僵尸企业"，支持实施兼并重组，提高经营管理水平和经济效益。对于产能落后、不符合产业政策的"僵尸企业"，坚决停止各种不合理补贴，强化环保、能耗、质量、安全等执法约束，加快退出。

（十三）通过兼并重组实现煤炭产业的优化布局。统筹资源禀赋、开发强度、市场区位、环境容量、输送通道等因素，按照"压缩东部、限制中部和东北、优化西部"的要求，进一步降低鲁西、冀中、河南、两淮煤炭基地生产规模，控制蒙东（东北）、宁东、晋北、晋中、晋东、云贵煤炭基地生产规模，支持陕北、神东、黄陇、新疆煤炭基地通过兼并重组适度扩大规模，减少区内开发主体数量。中南、西南、东北等小煤矿集中地区，应以淘汰退出为主。

三、政策措施

（十四）支持土地矿产处置。支持兼并重组企业依法依规增扩部分夹缝资源、深部资源和无法新设矿业权的边角资源。支持兼并重组企业盘活土地资产，涉及的划拨土地符合划拨用地条件的，经所在地县级以上人民政府批准可继续以划拨方式使用；不符合划拨用地条件的，依法实行有偿使用。兼并重组企业的土地，涉及改变用途的，经批准可采取协议出让方式办理用地手续，转产为国家鼓励发展的生产性服务业的，可以5年为限继续按原用途和土地权利类型使用土地；工业用地不涉及改变用途的，提高土地利用率和增加建设容积率可不再增收土地价款。经省级以上人民政府批准兼并重组改制的国有企业，其使用的原生产经营性划拨土地，可以国家作价出资（入股）方式处置；兼并重组企业涉及的集体建设用地发生转移的，相关企业可与农村集体土地所有权主体协商，确定土地使用期限，签订土地使用合同，依法办理集体建设用地使用权转移手续。

（十五）完善煤矿新建项目核准审批条件。根据国民经济和社会发展对煤炭的需求，为保障煤炭供需动态平衡，在落实产能置换长效机制前提下，对确需新建的煤矿，优先支持煤电联营项目和兼并重组主体企业新建项目。

（十六）严格安全标准约束。加强煤矿安全执法检查，新发生重大安全生产事故的煤矿、存在重大安全生产隐患经限期整改仍不达标的煤矿，列入兼并重组重点对象企业范围。对其中剩余资源确有开采价值的，经省级人民政府有关部门同意并向社会公告后，由兼并重组主体企业对其资源进行整合，重新规划、设计开采方案，被兼并重组的煤矿必须关闭井筒、不得保留原生产系统，严禁多系统、多井口出煤，防止简单组合，逃避退出。

（十七）严格环保法规标准约束。加强煤矿环境保护执法检查，严格环境准入。兼并重组项目应符合矿区总体规划和规划环评要求，依法履行项目环评手续。项目生产过程应落实各项生态保护措施，做到开采过程排放达标。项目违法建成投产的，须依法接受处罚并停止生产，列入兼并重组重点对象企业范围。

（十八）严格质量标准约束。生产高硫高灰煤的煤矿应当限制产量，产量逐年减少。凡生产高硫高灰劣质煤，经过洗选商品煤质量仍达不到《商品煤质量管理暂行办法》规定标准的煤矿，列入兼并重组重点对象企业范围。

（十九）严格规模技术标准。煤炭生产技术与装备达不到《煤炭生产技术与装备政策导向》的煤矿，属于《关于做好2017年钢铁煤炭行业化解过剩产能实现脱困发展工作的意见》（发改运行〔2017〕691号）文件所明确加快推进兼并重组的煤矿，列入兼并重组重点对象企业范围。

（二十）强化煤炭企业诚实守信政策引导。由主管部门、行业协会牵头，第三方征信机构参与，推动行业信用体系建设。煤炭生产企业应该在有资质的第三方征信机构建立信用记录。凡未建立信用记录，或者存在重大失信行为被列入严重失信企业黑名单的，列入兼并重组重点对象企业范围。

（二十一）实行兼并重组重点对象企业和主体企业名录管理。对第十六条至第二十条中列入兼并重组重点对象企业范围的，实行名录管理。对具有经济、技术和管理等优势的煤炭企业和大型火电企业，建立兼并重组主体企业名录。鼓励兼并重组主体名录企业对兼并重组重点对象企业实施兼并重组。煤炭行业管理部门会同有关部门和单位负责制定兼并重组重点对象企业和主体企业名录管理办法，开展名录认定和公开等工作。

（二十二）支持兼并重组企业市场融资和资产债务重组。对符合条件的兼并重组主体企业，鼓励其通过资本市场和其他融资渠道筹集资金，对具备重组价值的企业进行兼并重组，并按照依法合规、平等协商的原则，与被兼并重组企业债权人确定债务承接的具体办法。鼓励银行业金融机构按照《中国银监会办公厅关于做好银行业金融机构债权人委员会相关工作的通知》（银监办便函〔2016〕1196号）等文件规定，充分发挥债权人委员会作用，开展债务重组工作。对确有资金需求的兼并重组企业，鼓励银行业金融机构按照依法合规、自主决策、风险可控、商业可持续原则，采取银团贷款等方式，积极稳妥开展并购贷款业务，避免出现逃废债行为。鼓励各省级人民政府依法合规设立地方资产管理公司，进一步拓宽煤炭企业不良资产处置渠道。

（二十三）对不具备长期发展条件、列入兼并重组重点对象的煤炭企业实行审慎的信贷政策。银行业金融机构要加强风险监测和识别，有效评估企业发展前景、财务状况和还款来源，对不具备长期发展条件、列入兼并重组重点对象的煤炭企业，审慎给予信贷支持。

（二十四）对不具备长期发展条件、列入兼并重组重点对象的煤炭企业实行审慎的关联产业政策。不符合国家产业政策以及产品和工艺属于淘汰类的煤炭企业不得参与电力直接交易。有关部门不得向其下达出口配额，不得给予中央财政安全技术改造补助资金。

（二十五）对不具备长期发展条件、列入兼并重组重点对象的煤炭企业加强债券风险防范。凡属此类情形的，评级公司及时做好跟踪评级，有关部门严格按照相关规则指引，审慎开展企业债券注册发行工作。已经发行企业债券的，加强债券资金用途监管，实施企业偿债能力动态监控，综合施策防范信用违约风险。

四、工作要求

（二十六）加强组织领导。相关部门要加强协调，督促、指导、协调煤炭企业兼并重组转型升级工作。各有关省级人民政府要加强组织领导，研究制定重大政策，协调解决重大问题，防止国有资产流失，防止违法违规煤矿借兼并重组逃避处罚、应淘汰退出的落后煤矿借兼并重组逃避退出，全面推动本地区煤炭企业兼并重组转型升级工作。要突出市场的决定性作用，杜绝"拉郎配"行为。

（二十七）简化工作程序。坚持公开、公平、公正，保证煤炭企业兼并重组工作规范有序进行。要强化服务意识，制订切实可行的配套措施，减轻企业负担，简化办事程序，提高工作效率。有关部门要建立一站式服务的部门协调机制，在规定时间内尽快办结有关行政审批和证照变更等工作。

（二十八）加强煤炭领域诚信建设。引导兼并重组相关企业主动发布综合信用承诺和依法依规生产、化解过剩产能等专项承诺，自觉接受社会监督。鼓励行业协会与有资质的第三方征信机构合作，完善会员企业信用评价机制，建立健全行业自律公约和职业道德准则。

（二十九）做好宣传引导。充分利用主流媒体，深入宣传党中央、国务院化解煤炭行业过剩产能实现脱困发展的决策部署，宣传煤炭工业发展"十三五"规划和产业政策，宣传推进煤炭企业兼并重组转型升级的相关原则和思路。推广先进经验和工作成果，营造良好的舆论环境。

（三十）确保社会稳定。要高度重视煤炭企业兼并重组转型升级中的职工安置工作，依法依规制定和落实职工安置方案，妥善处理劳动关系，稳妥接续社会保险关系，落实各项再就业帮扶政策措施。

国家发展改革委

财政部

人力资源社会保障部

国土资源部

环境保护部

人民银行

国资委

质检总局

安全监管总局

银监会

能源局

煤矿安监局

2017 年 12 月 19 日

（四）关于加快浅层地热能开发利用促进北方采暖地区燃煤减量替代的通知

2017 年 12 月 29 日，国家发改委、国土资源部、环境保护部、住房和城乡建设部、水利部、国家能源局联合下发《关于加快浅层地热能开发利用促进北方采暖地区燃煤减量替代的通知》，加快浅层地热能的利用，推动供暖领域燃煤减量替代。

关于加快浅层地热能开发利用促进北方采暖地区燃煤减量替代的通知

发改环资〔2017〕2278 号

近年来，一些地区积极发展浅层地热能供热（冷）一体化服务，在减少燃煤消耗、提高区域能源利用效率等方面取得明显成效。为贯彻落实《国务院关于印发大气污染防治行动计划的通知》（国发〔2013〕37 号）、《国务院关于印发"十三五"节能减排综合工作方案的通知》（国发〔2016〕74 号）、《国务院关于印发"十三五"生态环境保护规划的通知》（国发〔2016〕65 号）以及国家发展改革委等部门《关于印发〈重点地区煤炭消费减量替代管理暂行办法〉的通知》（发改环资〔2014〕2984 号）和《关于推进北方采暖地区城镇清洁供暖的指导意见》（建城〔2017〕196 号），因地制宜加快推进浅层地热能开发利用，推进北方采暖地区居民供热等领域燃煤减量替代，提高区域供热（冷）能源利用效率和清洁化水平，改善空气环境质量，现提出以下意见。

一、总体要求

（一）指导思想。

全面贯彻落实党的十九大精神，认真学习贯彻习近平新时代中国特色社会主义思想，落实新发展理念，按照"企业为主、政府推动、居民可承受"方针，统筹运用相关政策，支持和规范浅层地热能开发利用，提升居民供暖清洁化水平，改善空气环境质量。

（二）基本原则。

浅层地热能（亦称地温能）指自然界江、河、湖、海等地表水源、污水（再生水）源及地表以下200米以内、温度低于25摄氏度的岩土体和地下水中的低品位热能，可经热泵系统采集提取后用于建筑供热（冷）。在浅层地热能开发利用中应坚持以下原则：

1. 因地制宜。立足区域地质、水资源和浅层地热能特点、居民用能需求，结合城区、园区、郊县、农村经济发展状况、资源禀赋、气象条件、建筑物分布、配电条件等，合理开发利用地表水（含江、河、湖、海等）、污水（再生水）、岩土体、地下水等蕴含的浅层地热能，不断扩大浅层地热能在城市供暖中的应用。

2. 安全稳定。供热（冷）涉及民生，浅层地热能开发利用必须把保障安全稳定运行放在首位，工程建设和运营单位应具备经营状况稳定、资信良好、技术成熟、建设规范、工程质量优良等条件，并符合当地供热管理有关规定，确保供热（冷）系统安全稳定可靠，满足供热、能效、环保、水资源保护要求。

3. 环境友好。浅层地热能开发利用应以严格保护水资源和生态环境为前提，确保不浪费水资源、不污染水质、不破坏土壤热平衡、不产生地质灾害。

4. 市场主导与政府推动相结合。充分发挥市场在资源配置中的决定性作用，以高质量满足社会供热（冷）需求不断提升人民群众获得感为出发点，鼓励各类投资主体参与浅层地热能开发。更好发挥政府作用，针对浅层地热能开发利用的瓶颈制约，用改革的办法破除体制机制障碍，有效发挥政府规划引导、政策激励和监督管理作用，营造有利于浅层地热能开发利用的公平竞争市场环境。

（三）主要目标。

以京津冀及周边地区等北方采暖地区为重点，到2020年，浅层地热能在供热（冷）领域得到有效应用，应用水平得到较大提升，在替代民用散煤供热（冷）方面发挥积极作用，区域供热（冷）用能结构得到优化，相关政策机制和保障制度进一步完善，浅层地热能利用技术开发、咨询评价、关键设备制造、工程建设、运营服务等产业体系进一步健全。

二、统筹推进浅层地热能开发利用

相关地区各级发展改革、运行、国土、环保、住建、水利、能源、节能等相关部门要把浅层地热能利用作为燃煤减量替代、推进新型城镇化、健全城乡能源基础设施、推进供热（冷）等公共服务均等化等工作的重要内容，加强组织领导，强化统筹协调，大力推动本地区实施浅层地热能利用工程，促进煤炭减量替代，改善环境质量。

（一）科学规划开发布局。

相关地区国土资源主管部门要会同有关部门开展中小城镇及农村浅层地热能资源勘察评价，摸清地质条件，合理划定地热矿业权设置区块，并纳入矿产资源规划和土地利用总体规划，为科学配置、高效利用浅层地热能资源提供基础。相关地区省级人民政府水行政主管部门会同发展改革、国土、住建、能源等部门依据区域水资源调查评价和开发利用规划、矿产资源规划和土地利用总体规划、浅层地热能勘察情况，组织划定水（地）源热泵系统适宜发展区、限制发展区和禁止发展区,科学规划水(地)源热泵系统建设布局。相关地区省级能源主管部门会同有关部门将本地区浅层地热能开发利用纳入相关规划,并依法同步开展规划环境影响评价。有关部门进一步健全和完善浅层地热能开发利用的设计、施工、运行、环保等相关标准,制定出台水(地)源热泵系统建设项目水资源论证技术规范和标准,明确浅层地热能热泵系统的能效、回灌、运行管理等相关要求。

在地下水饮用水水源地及其保护区范围内,禁止以保护的目标含水层作为热泵水源;对于地下水禁止开采区禁采含水层及与其水力联系密切的含水层、限制开采区的限采含水层,禁止将地下水作为热泵水源;禁止以承压含水层地下水作为热泵水源。浅层地热能开发利用项目应依法开展环境影响评价;涉及取水的,应开展水资源论证,向当地水行政主管部门提交取水许可申请,取得取水许可证后方可取水;涉及建设地下水开采井的,应按水行政主管部门取水许可审批确定的地下水取水工程建设方案施工建设。

(二)因地制宜开发利用。

相关地区要充分考虑本地区经济发展水平、区域用能结构、地理、地质与水文条件等,结合地方供热(冷)需求,对现有非清洁燃煤供暖适宜用浅层地热能替代的,应尽快完成替代;对集中供暖无法覆盖的城乡结合部等区域,在适宜发展浅层地热能供暖的情况下,积极发展浅层地热能供暖。

相关地区要根据供热资源禀赋,因地制宜选取浅层地热能开发利用方式。对地表水和污水(再生水)资源禀赋好的地区,积极发展地表水源热泵供暖;对集中度不高的供暖需求,在不破坏土壤热平衡的情况下,积极采用分布式土壤源热泵供暖;对水文、地质条件适宜地区,在100%回灌、不污染地下水的情况下,积极推广地下水源热泵技术供暖。

(三)提升运行管理水平。

浅层地热能开发利用涉及土壤环境和地下水及地表水环境,项目建设和运营应严格依据国家相关法律法规和标准规范进行。运营单位要健全浅层地热能利用系统运行维护管理,综合运用互联网、智能监控等技术,确保系统安全稳定高效运行,供热质量、服务等达到所在地有关标准要求。严格保护地下水水质,制定目标水源动态监测与保护方案,定期对回灌水和采温层地下水取样送检,并记录在案建档管理;应对采温层岩土质量、地下水水位、系统运行效率等实施长期监测,其中供回水温度、系统 COP 系数、土壤温度等参数应接入国家能耗在线监测系统,实现实时在线监测。对取用及回灌地下水的,应分别在取、灌管道上安装水量自动监测设施,并接入当地水行政主管部门水资源信息管理平台。热泵机组全年综合性能系数(ACOP)应符合相关标准要求,系统供热平均运行性能系数(COP)不得低于 3.5。

(四)创新开发利用模式。

在浅层地热能开发利用领域大力推广采取合同能源管理模式,鼓励将浅层地热能开发利用项目整体打包,采取建设—运营—维护一体化的合同能源管理模式,系统运营维护交由专业化的合同能源服务公司。运营单位对系统运行负总责,并制定供热(冷)服务方案,针对影响系统稳定运行的因素编制预案。

三、加强政策保障和监督管理

（一）完善支持政策。

浅层地热能开发利用项目运行电价和供暖收费按照《国家发展改革委关于印发北方地区清洁供暖价格政策意见的通知》（发改价格〔2017〕1684号）等相关规定执行。对传统供热地区，浅层地热能供暖价格原则上由政府按照供暖实际成本，在考虑合理收益的基础上，科学合理确定；其他地区供热（冷）价格由相关方协商确定。

对通过合同能源管理方式实施的浅层地热能利用项目，按有关规定享受税收政策优惠；中央预算内资金积极支持浅层地热能利用项目建设。相关地区要加大支持力度，将浅层地热能供暖纳入供暖行业支持范围，符合当地供热管理相关要求的浅层地热能供热企业作为热力产品生产企业和热力产品经营企业享受供热企业相关支持政策。

鼓励相关地区创新投融资模式、供热体制和供热运营模式，进一步放开城镇供暖行业的市场准入，大力推广政府和社会资本合作（PPP）模式，积极支持社会资本参与浅层地热能开发。鼓励投资主体发行绿色债券实施浅层地热能开发利用。鼓励金融机构、融资租赁企业创新金融产品和融资模式支持浅层地热能开发利用。

（二）加强示范引导和技术进步。

相关地区要组织实施浅层地热能利用工程，选择一批城镇、园区、郊县、乡村开展示范，发挥其惠民生、控煤炭、促节能的示范作用。国家发展改革委会同有关部门选取地方典型案例向社会发布，引导社会选用工艺技术先进、服务质量优良的设备生产、项目建设和运营维护单位，有效推动节能减煤和改善生态环境。相关地区发展改革委、住房城乡建设部门要及时组织示范工程项目申报。加大对浅层地热能供暖技术的研发投入和科技创新，提升装备技术水平，进一步提高浅层地热能供暖系统的稳定性和可靠性。

（三）建立健全承诺和评估机制。

国家发展改革委、住房城乡建设部、水利部组织建立浅层地热能开发利用项目信息库，由项目单位登记项目信息，包括企业信息、项目建设信息、运行信息，并承诺项目符合浅层地热能开发利用相关法律法规和标准规范要求，提交定期评估报告等，接受事中和事后监管。运营单位每年对项目运行维护情况进行评价，重点评估系统运行效率、供回水温度、地下水回灌率、土壤温度波动、土壤及地下水质量检测情况等，评价报告作为项目信息提交浅层地热能利用项目信息库。

（四）加强监督检查。

相关地区各级发展改革、运行、国土、环保、住建、水利、能源、节能等相关部门要按照职责加强浅层地热能开发利用的监督管理，重点对温度、水位、水质等开展长期动态监测，对项目的供暖保障、能效、环保、水资源管理保护、回灌等环节进行监管。地下水水源热泵回灌率达不到相关标准要求、回灌导致含水层地下水水质下降、开采地下水引发地面沉降等地质与生态环境问题的，由国土、环保、水利等部门按照国家有关法律法规依法查处；对导致水质恶化或诱发严重环境水文地质问题的，由国土、环保、水利等部门依法查处；对机组及系统热效率不达标、地温连续3年持续单向变化等，不得享受价格、热（冷）费、税收等清洁供暖相关支持政策；对未按批准的取水许可规定条件取水、污染水质、破坏土壤热平衡、产生地质灾害、未能履行供热承诺且整改后仍不能达到相关要求的项目单位失信行为纳入全国信用信息共享平台，实施失信联合惩戒。

国家发展改革委
国土资源部
环境保护部
住房城乡建设部
水利部
国家能源局
2017 年 12 月 29 日

（五）关于做好 2020 年煤炭化解过剩产能工作的通知

2020 年 6 月 12 日，国家发改委、工业和信息化部、国家能源局、财政部、人力资源社会保障部、国务院国资委联合下发了《2020 年煤炭化解过剩产能工作要点》。

2020 年煤炭化解过剩产能工作要点

为贯彻落实党中央、国务院关于推进供给侧结构性改革的决策部署，做好 2020 年煤炭去产能工作，推动煤炭行业高质量发展，制定本工作要点。

一、全面完成去产能目标任务。尚未完成"十三五"去产能目标任务的地区，在 2020 年底前全面完成。在确保完成"十三五"目标任务的基础上，可以对退出煤矿进行调整，调出煤矿名单统一报送部际联席会议办公室备案。

二、持续巩固去产能成果。对去产能煤矿全面实施"回头看"，已退出煤矿要严格按照标准关闭到位，坚决防止已经退出的产能死灰复燃，确保各类问题整改到位。综合施策提高职工安置质量，妥善解决结转职工安置、失业职工帮扶、内部退养费用缺口等遗留问题。围绕推动行业企业高质量发展，加快推进改革重组、结构调整、转型升级等重点工作。

三、积极稳妥深化"僵尸企业"处置。贯彻落实深化"僵尸企业"处置工作的相关规定，依法依规加快处置煤炭行业"僵尸企业"。各地区要加强日常监测排查，对于没有生存能力和发展潜力的低效、无效煤炭行业企业，依法及时出清。

四、分类处置 30 万吨/年以下煤矿。认真执行《30 万吨/年以下煤矿分类处置工作方案》，结合本地区煤炭供需形势和资源运力情况，加快落实已制定的实施方案，按照严格执法关闭一批、实施产能置换退出一批、升级改造提升一批的要求，加快退出低效无效产能，提升安全生产保障水平和能源稳定供应能力。

五、加快退出达不到环保要求的煤矿。按照法律法规及国家有关文件要求，加快分类处置开采范围与自然保护区、风景名胜区、饮用水水源保护区重叠的煤矿。加快退出既无降硫措施又无达标排放用户的高硫煤炭生产煤矿，不能就地使用的高灰煤炭生产煤矿，以及高砷煤炭生产煤矿。

六、有序推进去产能工作。有关省（区、市）要结合本地实际，统筹制定去产能实施方案。

认真执行去产能公示公告和关闭验收相关规定，退出煤矿要严格关闭到位、及时注销采矿许可证等相关证照，核减产能煤矿、减量重组煤矿要及时公告产能变动信息，自觉接受社会监督。

七、培育发展优质先进产能。以煤电、煤化一体化及资源接续发展为重点，在山西、内蒙古、陕西、新疆等大型煤炭基地，谋划布局一批资源条件好、竞争能力强、安全保障程度高的大型露天煤矿和现代化井工煤矿。深入推进"放管服"改革，加快在建煤矿手续办理和工程建设进度，持续扩大优质增量供给。严厉打击违法违规建设行为，不断提高煤炭行业法治化水平。

八、统筹做好保供稳价工作。保供难度大的地区要统筹制定去产能实施方案和煤炭应急保供方案，确保资源运力接续。支持通过签订中长期合同、建立储备基地、实施煤电联营等方式，形成互利共赢、长期稳定的供需合作关系。主要产煤省区和大型煤炭企业要有序释放优质先进产能，合理均衡组织生产，保障煤炭市场平稳运行。

九、加快推进兼并重组。坚持市场主导、企业主体和政府支持相结合，统筹推进企业改革和兼并重组工作，进一步提升行业集中度、提高生产技术水平。支持煤炭企业建设坑口电厂、发电企业建设煤矿，鼓励通过一体化运营、股权合作等多种方式发展煤电联营，促进上下游产业融合发展，提高能源供应保障水平。

十、加快推进结构调整。有关省（区、市）要结合全国煤炭生产、运输格局变化，做好煤炭工业发展"十三五"规划实施情况评估和"十四五"规划研究，进一步优化存量资源配置，扩大优质增量供给，实现供需动态平衡。加快退出低效无效产能和落后产能，持续减少煤矿数量，不断提高产能利用率，进一步提升安全、环保、能耗、工艺等办矿标准和生产水平。

十一、加快推进转型升级。深化煤炭供给侧结构性改革，突出生态保护和环境治理，建设安全、绿色、集约、高效的煤炭供给体系。以产业延伸、更新和多元化发展为路径，充分利用去产能分流职工和资源资产，因地制宜实施转产转型，逐步建立现代产业体系，加快新旧发展动能有序转换。

十二、着力推动煤炭清洁开发。协同推动经济发展和环境保护，做好煤炭产业发展规划、矿区总体规划与规划环境影响评价的衔接。严格禁止在国家公园、自然保护区、风景名胜区、饮用水水源保护区规划布局新的煤矿项目，严格限制高硫高灰高砷煤项目开发，在煤矿设计、建设等环节严格执行环保标准，从源头上减少煤炭开发对生态环境的影响。

十三、着力推动煤炭清洁生产。落实《煤炭采选业清洁生产评价指标体系》，从生产工艺及装备、资源能源消耗、资源综合利用、生态环境保护、清洁生产管理等方面提升煤炭清洁生产水平。因地制宜推广充填开采、保水开采、煤与瓦斯共采、矸石不升井、露天矿内排土等绿色开采技术和智能化开采技术，鼓励推进采煤沉陷区治理和露天煤矿土地复垦，探索利用采煤沉陷区、关闭退出煤矿工业场地发展风电、光伏、现代农业等产业。

十四、着力推动煤炭清洁运输。进一步优化煤炭运输结构，加快推进"公转铁、公转水"。提升北方主要港口集疏港铁路能力，加快推动具备条件港口的煤炭集港改由铁路或水路运输。推进浩吉铁路集疏运系统建设，更好发挥北煤南运大通道作用。鼓励发展煤炭集装箱运输，积极推进集运站、储煤场环保改造，进一步提高煤炭清洁储运能力。

十五、着力推进煤炭清洁利用。发展高精度洗选加工，持续提高原煤入选比例。加强源头管理，严格执行商品煤质量标准，严格控制劣质煤进口和使用。抓好燃煤电厂超低排放改造，加强燃煤锅炉排放监管，提升煤炭清洁利用水平。加强科研攻关，拓展煤炭清洁高效利用领域，创新清洁高效利用技术和装备，有序发展现代煤化工。

十六、严格落实产能置换要求。自本工作要点印发之日起，除应急保供煤矿外，原则上不再实施产能置换诚信承诺，已出具承诺的企业要在规定时间内履行承诺到位，逾期未落实的将纳入企业信用记录。上报产能置换方案时，煤矿新建项目产能置换方案中的退出煤矿和核减产能煤矿应在项目开工前关闭（核减）到位，煤矿核增项目产能置换方案中的退出煤矿和核减产能煤矿应在产能核增申请得到批复前关闭（核减）到位。各地要加大督促检查力度，确保已确认产能置换方案中的煤矿如期退出（核减）到位，产能置换指标交易收入优先用于去产能职工安置。国家有关部门将适时对产能置换方案落实情况进行核实。

十七、规范实施中长期合同制度。提高中长期合同签订数量，支持企业多签早签数量相对固定、价格机制明确的煤炭中长期合同。规范中长期合同签约履约行为，推广使用《煤炭中长期购销合同示范文本》，坚持"基准价+浮动价"定价机制，完善履约情况考核评价措施。各地有关部门和产运需企业要强化落实保供主体责任，不得因合同签订工作影响发电取暖等民生用煤稳定供应。

十八、不断提升煤炭储备水平。各地有关部门要督促煤炭生产、经营、消费企业落实不同时段最低最高库存要求，保持合理库存水平。已建成燃煤电厂存煤能力达不到要求的，要对现有设施进行改造或与有关企业签订代储、互保协议。支持在煤炭消费地、铁路交通枢纽、主要中转港口建设一批煤炭储备基地，逐步形成以企业社会责任储备为主体、地方政府储备为补充，产品储备与产能储备有机结合的煤炭储备体系。

十九、持续加强诚信体系建设。加强政府部门和公共服务机构信用信息归集共享，将煤炭企业项目建设、安全生产、去产能、产能置换、中长期合同履行、守法诚信经营、履行社会责任等方面的诚信记录，及时纳入全国信用信息共享平台。强化企业信用约束，逐步构建以信用为基础的新型监管体制。

四、煤炭库存政策

2017年11月28日，国家发改委、国家能源局印发了《关于建立健全煤炭最低库存和最高库存制度的指导意见（试行）及考核办法的通知》。

国家发展改革委　国家能源局印发《关于建立健全煤炭最低库存和最高库存制度的指导意见（试行）》及考核办法的通知

发改运行规〔2017〕2061号

各省、自治区、直辖市发展改革委（能源局）、经信委（工信委、工信厅）、煤炭管理部门，新疆生产建设兵团发展改革委、工信委，中国煤炭工业协会、中国电力企业联合会、中国钢铁工业协会，有关中央企业：

为深入贯彻落实党的十九大精神，建设现代化经济体系，深化供给侧结构性改革，按照进一步健全国家储备制度和建立推动煤炭行业长期健康发展长效机制的工作要求，国家发展改革委、国家能源局会同有关部门和单位研究制定了《关于建立健全煤炭最低库存和最高库存制度的指导意见（试行）》《煤炭最低库存和最高库存制度考核办法（试行）》，现印发你们，请结合实际认真贯彻执行。

附件：1. 关于建立健全煤炭最低库存和最高库存制度的指导意见（试行）
2. 煤炭最低库存和最高库存制度考核办法（试行）

国家发展改革委
国家能源局
2017年11月28日

附件1

关于建立健全煤炭最低库存和最高库存制度的指导意见（试行）

为深入贯彻落实党的十九大精神，建设现代化经济体系，深化供给侧结构性改革，按照进一步健全国家储备制度和建立推动煤炭行业长期健康发展长效机制的工作要求，不断增强煤炭稳定供应和应急保障能力，实现供需动态平衡，促进经济平稳运行，现就建立健全煤炭最低库存和最高库存制度提出以下意见。

一、建立健全煤炭最低库存和最高库存制度的必要性

煤炭是我国的基础能源和重要原材料，保持合理库存是实现煤炭稳定供应、避免价格大幅波动的有力保障。近年来，部分地区和有关重点行业围绕建立煤炭储备制度、提高库存水平陆续出台了一系列管理办法和规定，为缓解区域性、时段性供需矛盾发挥了积极作用，但从实践情况看，还存在着覆盖面不全、约束力不强、标准要求不统一等问题，难以满足新形势的发展变化需要。为此，在现有工作基础上，建立健全以最低库存和最高库存为主要内容的社会责任储备制度，具有十分重要的意义。

完善和健全库存制度是保障国家能源安全的客观要求。2016年我国煤炭消费占能源消费总量的62%，随着经济发展进入新常态，煤炭消费所占比重虽然有所下降，但大幅度提高新能源和可再生能源的利用比重还需要一个较长的过程，短期内煤炭作为我国主体能源的地位难以改变，保障煤炭稳定供应对经济发展和能源安全具有重要意义。

完善和健全库存制度是保证煤炭稳定供应的现实需要。我国煤炭消费区与主产地呈逆向分布，跨省区的资源协调和运力保障难度较大。特别是近两年随着煤炭去产能的深入推进，原有的煤炭产运需格局发生了明显变化，加之自然灾害、安全事故等突发事件，区域性、时段性的供需矛盾时有发生，提高社会煤炭整体库存水平有利于促进供需平衡，保障市场稳定供应。

完善和健全库存制度是保障上下游企业安全生产的重要条件。连续性平稳生产是煤炭、电力行业的主要特征，也是保障安全运行的重要条件。当煤炭需求出现大幅波动，价格高企时，极有可能导致煤炭企业超能力生产和违法违规生产，增加安全风险隐患；当电厂存煤过低时，也将会导致发电机组运行不稳定，甚至出现缺煤停机的情况，给电厂和电网安全带来不利影响。保持合理库存有利于煤炭上下游企业均衡组织生产，提升安全总体水平。

完善和健全库存制度是规范煤炭合理库存的有效手段。目前煤炭生产、经营、消费环节的

库存主要由企业根据自身经营状况和需求确定，由于缺少相关库存标准规范或文件依据，地方有关部门对企业库存变化难以进行有效监管，存在着部分企业社会责任意识不强、存煤储煤随意性较大、库存数量达不到合理水平等问题。强化库存监管有助于提升企业责任意识和规范储煤行为。

完善和健全库存制度是促进煤炭价格处于合理区间的有力措施。当煤炭供过于求、价格下跌时，通过设立最低库存，引导煤炭产供需各方多存煤，有利于促进供需平衡；当煤炭供不应求、价格上涨时，通过设立最高库存，有利于防止产供需各方特别是中间环节囤积惜售，加剧市场失衡，造成价格剧烈波动。进一步发挥好库存的蓄水池和调节器作用，有利于促进煤炭价格稳定在合理区间。

此外，从储备技术条件看，煤炭分类存放、分区管理、分层压实组堆、煤堆覆盖、定期检温制度等存煤方式日趋成熟，具备了增加存煤的技术条件。同时，一批现代化新型电厂相继建成投产，这些新建电厂集疏运设施完备，煤炭堆存能力较大，具备了提高存煤水平的基本条件。

二、总体要求和主要原则

深入贯彻落实党的十九大精神，以习近平新时代中国特色社会主义思想为指引，持续深化煤炭供给侧结构性改革，积极推动促进行业健康发展的长效机制建设，通过建立健全煤炭最低库存和最高库存制度，进一步落实企业主体责任和社会责任，强化地方政府监管责任，督促指导煤炭生产、经营、消费企业保持合理库存水平，不断提升供应保障能力和市场风险防范能力，促进供需动态平衡，为经济社会平稳运行提供有力支撑。

建立健全煤炭最低库存和最高库存制度应遵循以下原则：

一是坚持社会责任与鼓励引导相结合。最低库存和最高库存是煤炭生产、经营、消费企业的社会责任，应认真履行；执行中，鼓励引导煤炭消费企业在规定的库存水平范围内，根据市场变化和自身需求合理增加存煤，以增强应对市场波动的能力。

二是坚持安全性与经济性相结合。最低库存和最高库存标准的确定，要以满足企业正常生产和经营为前提，既不能因标准过低，达不到保障安全生产运行的要求，也不能因标准过高，超出了企业承受能力的范围。

三是坚持常态化与因时制宜相结合。在明确常态下最低库存和最高库存的同时，对迎峰度夏度冬用煤高峰时段，以及价格出现大幅波动等特殊情况下的存煤标准及适用范围进行适当调整。

三、科学确定不同领域煤炭最低库存和最高库存

根据现有相关行业标准规范，综合考虑煤炭开采布局、资源禀赋、运输条件和产运需结构变化等因素，按照不同环节、不同区域、不同企业、不同时段，科学确定煤炭最低库存和最高库存。

（一）煤炭生产企业。根据《煤炭工业矿井设计规范》（GB50215-2015）、《煤矿生产能力核定标准》（安监总煤行〔2014〕61号）等有关规定，煤矿地面生产系统中的储煤能力应达到3~7天的矿井设计产量，储煤能力包括储煤场和贮煤装车仓总能力。依据《关于平抑煤炭市场价格异常波动的备忘录》（发改运行〔2016〕2808号）对不同价格区间的设定，煤炭生产企业应遵循以下原则进行储煤：设有储煤厂的煤矿，当动力煤价格处于绿色区域时，应保持

不低于 5 天设计产量的最低储煤量；当动力煤价格出现大幅下跌超出绿色区域下限时，煤矿应保持不低于 7 天设计产量的最低储煤量；当动力煤价格出现大幅上涨超出绿色区域上限时，煤矿储煤量可不高于 3 天设计产量。不设储煤厂的煤矿，应根据《煤炭工业矿井设计规范》有关规定，保持装车仓最大设计储煤量。

（二）煤炭经营企业。从事原煤、配煤及洗选、型煤加工产品经销等活动的煤炭经营企业，最低库存原则上不低于上一年度 3 天的日常经营量。当市场供不应求、动力煤价格出现大幅上涨超出绿色区域上限时，煤炭经营企业最高库存原则上不超过上一年度月均经营量。

（三）煤炭主要用户。电力、建材、冶金、化工等重点耗煤行业的相关企业，日常生产经营过程中煤炭最低库存原则上不应低于近三年企业储煤平均水平；在市场供不应求、价格连续快速上涨时，其存煤量不应高于最高库存，最高库存原则上不超过两倍的最低库存量。

库存界定范围。生产企业的库存包括场存煤、站存煤，不包括发运到港口、集运站或分销基地的存煤。主要用户的库存指厂存煤（包括距厂较近的自有或租用堆场、专用码头存煤），不包括在途煤。

考虑到电煤占煤炭消费的比例最高，又是保障电力企业稳定生产的关键，目前先行制定重点燃煤电厂煤炭最低库存和最高库存规定，其他相关行业可参照电力行业或根据行业实际情况，由有关部门会同行业协会研究制定。各省（区、市）有关部门可根据本指导意见要求，结合地方实际情况，在保证稳定供应的前提下，研究制定本地区煤炭最低库存和最高库存管理实施细则，并报国家有关部门备案。

四、最低库存和最高库存的适用情形

参照《关于平抑煤炭市场价格异常波动的备忘录》等文件规定，最低库存和最高库存分为以下三种适用情形：

（一）当市场供不应求，价格大幅上涨至红色区域时，加强对煤炭生产、经营、消费企业最高库存情况的监督检查，防止囤积惜售，加剧供应紧张状况。在此期间，可不考核生产和经营企业最低库存，鼓励各方加大资源投放，以满足市场需求。

（二）当市场供过于求，价格大幅下跌至红色区域时，加强对煤炭生产、经营、消费企业最低库存情况的监督检查，防止企业少存煤甚至不存煤，影响安全生产稳定运行。期间，可不考核最高库存，鼓励企业多存煤，以促进市场供需平衡。

（三）其他情形均对最低库存和最高库存进行考核。

五、组织实施

（一）落实职责分工。建立健全国家指导、地方监管、企业主体的煤炭最低库存和最高库存制度。国务院有关部门负责加强顶层设计，提出总体工作要求；地方有关部门负责组织实施和日常监管；企业履行主体责任，按照相关要求保持合理库存。

（二）加强运行监测。各地运行调节部门要会同有关方面建立覆盖煤炭产供需的运行监测体系，跟踪掌握煤炭供需和库存变化情况，做好预测预警和信息引导。相关企业应定期向地方运行调节部门报送煤炭生产、经营、消耗及库存数量。

（三）加大监督考核。各地煤炭管理部门负责对本地区煤炭生产和经营企业最低库存和最高库存执行情况进行监督考核，运行调节部门负责对重点用煤企业的最低库存和最高库存执行情况进行监督考核。发现企业库存未达到要求的，要督促其在确保安全的前提下限期整改，到期仍达不到要求的，由有关部门依法依规采取惩戒措施；对造成缺煤停机、影响发电供热的，要按照相关规定追究责任；对囤积居奇、哄抬物价、扰乱市场秩序的价格违法行为，依法进行查处。对因自然灾害、安全事故、设备检修、资源运力受限等特殊情况影响正常生产运行，无法满足存煤要求的，相关企业应第一时间向有关部门报备，期间暂不对其最低库存和最高库存进行考核，可免于执行相应惩戒措施，但在影响消除后应及时补足库存。

（四）完善政策支持。有关部门要加强协调服务，为落实好最低库存和最高库存制度创造有利条件。当煤炭资源或运力出现紧张时，各级运行调节部门要组织重点用户加强与煤炭生产企业、运输企业的沟通和协调，保证企业库存处于合理水平。各地不得出台限制煤炭正常流通等地方保护性措施。各地可根据实际对储煤设施改造力度较大、最低库存和最高库存制度执行较好的企业给予相应的政策支持。

（五）强化行业自律和信用约束。充分发挥煤炭、电力等行业协会的作用，督促引导企业主动履行社会责任，自觉遵守最低库存和最高库存要求。委托第三方信用服务机构适时开展企业最低库存和最高库存执行情况的信用数据采集工作，并纳入企业信用记录。建立完善相关企业失信黑名单和重点关注名单制度，定期公布最低库存和最高库存执行情况信用评估报告，实施守信联合激励和失信联合惩戒。

本意见自2018年1月1日起施行，有效期至2022年12月31日。

附件：重点燃煤电厂煤炭最低库存和最高库存规定

重点燃煤电厂煤炭最低库存和最高库存规定

根据《大中型火力发电厂设计规范》（GB50660—2011）等规定，综合考虑电厂所处地区资源禀赋、运输条件以及机组类型等因素，参照近年来全国重点电厂煤炭库存情况，分区域、分类别、分时段制定重点燃煤电厂煤炭最低库存和最高库存标准。

一、最低库存

区域存煤标准。主要考虑各省（区、市）煤炭消费量和自给率等因素，结合近年来各区域电煤库存平均可用天数，将各地最低库存标准分为两档。具体为：山西、陕西、内蒙古等煤炭主产区的燃煤电厂，库存量原则上不少于15天耗煤量；其他地区的燃煤电厂，库存量原则上不少于20天耗煤量。

电厂存煤标准。燃煤电厂最低库存量还应综合考虑运输方式、运输距离、资源矿点、煤种类型等因素。具体为：①运距不大于50公里的燃煤电厂，库存量不应少于5天耗煤量；运距大于50公里、小于100公里的燃煤电厂，采用汽车运输时库存量不应少于7天耗煤量，采用铁路运输时不应少于10天耗煤量；运距大于100公里的燃煤电厂，库存量不应少于15天耗煤量。②铁路和水路联运的燃煤电厂，库存量不应少于20天耗煤量。③对于燃烧褐煤的燃煤电厂，库存量不应少于10天耗煤量。当存在两种以上供煤方式或供煤矿井较多时，最低库存量可取上述要求中的较小值。

常态下燃煤电厂的最低库存，选取区域存煤与电厂存煤标准的低值。对于运输条件较好的煤电联营项目，可适当调低最低库存标准。

特殊时段标准。为确保迎峰度夏度冬及重大活动用煤需要，有关电力企业要提前做好煤炭收储工作，确保在用煤高峰到来前，将最低库存水平在常态基础上再提高5~10天，其中燃烧褐煤的电厂的最低库存水平在常态基础上提高5天。

已建成燃煤电厂存煤能力达不到最低煤炭库存标准要求的，应对现有设施进行改造；不具备改造条件的，需与有关煤炭生产经营企业或邻近电厂签订代储、互保协议，满足存煤要求。

二、最高库存

当市场供不应求、价格连续快速上涨时，燃煤电厂库存量应保持在合理水平，原则上不超过两倍的最低库存量，迎峰度夏度冬及重大活动期间，最高库存量可再适当上浮10~20天。

燃煤电厂最低库存和最高库存适用范围，按照《关于建立健全煤炭最低库存和最高库存制度的指导意见（试行）》有关规定执行。

三、库存天数测算

用于计算库存天数的日煤耗基准值，原则上由省级运行调节部门根据电厂前30天平均耗煤量确定。特殊地区（水电丰富、露天矿比例较高、电厂耗煤季节性差距较大等地区）可根据实际确定本地区日耗煤基准值的测算标准。

附件2

煤炭最低库存和最高库存制度考核办法（试行）

为加强煤炭最低库存和最高库存制度执行情况的监督考核，规范煤炭生产、经营、消费各环节库存水平，保障稳定供应，促进供需动态平衡，依据《关于建立健全煤炭最低库存和最高库存制度的指导意见（试行）》，制定本办法。

一、考核原则

考核工作按照目标明确、责任落实、措施到位的总体要求，坚持中央指导、地方为主、分级实施、奖惩并重的原则。

二、考核对象、主体、内容和方式

（一）考核对象。煤炭生产企业；从事原煤、配煤及洗选、型煤加工产品经销等活动的煤炭经营企业；电力等重点耗煤企业。

（二）考核主体。各地煤炭管理部门负责对本地区煤炭生产和经营企业最低库存和最高库存执行情况进行监督考核，运行调节部门负责对重点用煤企业的最低库存和最高库存执行情况进行监督考核。

（三）考核内容。企业存煤是否符合所在地区煤炭最低库存和最高库存要求。

（四）考核方式。定期检查和随机抽查相结合，查看报表和现场核查相结合。

三、考核组织

（一）相关企业应按月向地方有关部门报送上月每日煤炭生产、经营、消耗及库存数量。迎峰度夏度冬等重点时段，各地可要求企业按旬或周进行报送，市场供需出现异常波动等特殊情况下可要求按日报送。

（二）各地有关部门要建立本地区煤炭库存台账，跟踪掌握企业库存变化、最低库存和最高库存制度执行情况。

(三) 各地有关部门采取随机抽查的方式，对企业煤炭库存进行实地检查，核实企业库存数量是否达标、账实是否相符。

(四) 在迎峰度夏度冬等重点时段或市场供需出现异常波动时，国家发展改革委、国家能源局、中国电力企业联合会、中国煤炭工业协会等有关部门和行业协会将适时组织对重点地区煤炭库存情况进行核查。

(五) 企业存在以下情形之一的，认定为考核不达标：

1. 不按要求报送相关数据，不配合相关部门进行检查；
2. 账实不符、虚报、瞒报；
3. 煤炭生产、经营企业存煤数量连续3天达不到对应的库存要求；
4. 路运直达的电厂存煤连续3天、水陆联运的电厂存煤连续7天达不到对应的库存要求。

(六) 企业存煤数量达不到要求的，有关部门要督促其在确保安全的前提下限期整改到位。

(七) 相关企业因自然灾害、安全事故、设备检修、资源运力受限等特殊情况影响正常生产运行，无法满足存煤要求的，应第一时间向相关部门报备，期间暂不对其最低库存和最高库存进行考核，但在影响消除后应及时补足库存。

四、奖惩措施

(一) 建立企业最低库存和最高库存执行情况"红黑"名单和重点关注名单制度，定期在"信用中国"网站公布，依法依规实施守信联合激励和失信联合惩戒。委托第三方信用服务机构开展企业最低库存和最高库存执行情况的信用数据采集工作，并纳入企业信用记录。

(二) 有关部门要加强协调服务，为落实好最低库存和最高库存制度创造有利条件。各地可根据每年考核结果，结合地方实际，对最低库存和最高库存制度执行较好的企业进行通报表扬，纳入"红名单"，并在资金奖励、计划电量安排、储煤设施改造、资源运力衔接等方面给予相应支持。

(三) 一年内企业库存考核一次不达标的，纳入企业信用重点关注名单，进行重点关注和信用跟踪监测，有关部门要对企业负责人进行约谈；两次不达标的，进行通报批评；三次及以上不达标的，纳入企业信用"黑名单"，由有关部门依法依规采取惩戒措施。

(四) 对因未执行最低库存和最高库存制度造成缺煤停机、影响发电供热的，按照相关规定追究责任；对囤积居奇、哄抬物价、扰乱市场秩序的价格违法行为，依法进行查处。

本办法自2018年1月1日起施行，有效期至2022年12月31日。

五、现代煤化工产业政策

2017年3月22日，国家发改委、工业和信息化部对外公布了《现代煤化工产业创新发展布局方案》。该方案指出，目前产业整体仍处于升级示范阶段，尚不完全具备大规模产业化的条件，系统集成水平和污染控制技术有待提升，生产稳定性和经济性有待验证，行业标准和市场体系有待完善，且存在不顾生态环境容量和水资源承载能力、盲目规划建设现代煤化工项目的势头。该方案明确了八大重点任务，包括深入开展产业技术升级示范，加快推进关联产业融合发展，实施优势企业挖潜改造，规划布局现代煤化工产业示范区，组织实施资源城市转型工程，稳步推进产业国际合作，大力提升技术装备成套能力，积极探索二氧化碳减排途径。该方案强调，为了保障顺利实施，必须严格项目建设要求，规范审批管理程序，推动资源合理配置，强化安全环保监管，完善产业组织结构，加强组织实施领导。

国家发展改革委　工业和信息化部关于印发《现代煤化工产业创新发展布局方案》的通知

发改产业〔2017〕553号

各省、自治区、直辖市及计划单列市、新疆生产建设兵团发展改革、工业和信息化主管部门，有关中央企业，中国国际工程咨询公司，中国石化和化学工业联合会，石油和化学工业规划院：

为推动现代煤化工产业创新发展，拓展石油化工原料来源，加强科学规划，做好产业布局，制定《现代煤化工产业创新发展布局方案》。现印发你们，请结合实际认真贯彻落实。

国家发展和改革委员会

工业和信息化部

2017年3月22日

现代煤化工产业创新发展布局方案

现代煤化工是指以煤为原料，采用先进技术和加工手段生产替代石化产品和清洁燃料的产业。为推动现代煤化工产业创新发展，拓展石油化工原料来源，形成与传统石化产业互为补充、协调发展的产业格局，贯彻落实《石化产业规划布局方案》和《关于石化产业调结构促转型增效益的指导意见》的工作部署，现提出现代煤化工产业创新发展布局方案。

一、开展现代煤化工产业创新发展布局的必要性

石化产品是国民经济发展的重要基础原料，市场需求巨大，但受油气资源约束，对外依存度较高。2015年，原油、天然气、乙烯、芳烃和乙二醇对外依存度分别高达60.8%、31.5%、50.4%、55.9%和66.9%。我国煤炭资源相对丰富，采用创新技术适度发展现代煤化工产业，对于保障石化产业安全、促进石化原料多元化具有重要作用。

经过多年努力，我国现代煤化工技术已取得全面突破，关键技术水平已居世界领先地位，煤制油、煤制天然气、煤制烯烃、煤制乙二醇基本实现产业化，煤制芳烃工业试验取得进展，成功搭建了煤炭向石油化工产品转化的桥梁。但是，目前产业整体仍处于升级示范阶段，尚不完全具备大规模产业化的条件，系统集成水平和污染控制技术有待提升，生产稳定性和经济性有待验证，行业标准和市场体系有待完善，且存在不顾生态环境容量和水资源承载能力、盲目规划建设现代煤化工项目的势头。针对存在的问题，迫切需要加强科学规划、做好产业布局、提高质量效益，化解资源环境矛盾，实现煤炭清洁转化，培育经济新增长点，进一步提升应用示范成熟性、技术和装备可靠性，逐步建成行业标准完善、技术路线完整、产品种类齐全的现代煤化工产业体系，推动产业安全、绿色、创新发展。

二、基本原则

——坚持创新引领，促进升级示范。加快现代煤化工产业技术优化升级，大力推进原始创

新和集成创新。聚焦重点领域和关键环节，加强共性技术研发和成果转化。依托现代煤化工升级示范工程建设，推进新技术产业化，完善技术装备支撑体系，提升产业自主发展能力。

——坚持产业融合，促进高效发展。鼓励跨行业、跨地区优化配置要素资源，积极推广煤基多联产，促进现代煤化工与电力、石油化工、冶金建材、化纤等产业融合发展，构建循环经济产业链和产业集群，提升资源能源利用效率。

——坚持科学布局，促进集约发展。依托现有现代煤化工优势企业，实施挖潜改造。选择在煤水资源相对丰富、环境容量较好的地区，规划建设现代煤化工产业示范区。结合资源型城市转型发展，因地制宜延伸现代煤化工产业链。

——坚持综合治理，促进绿色发展。积极采用现代煤化工绿色创新技术，提升本质安全水平和安全保障能力，推动现代煤化工产业安全发展。加强全过程控制管理，降低三废排放强度，提升三废资源化利用水平。开展二氧化碳减排等技术应用示范，推动末端治理向综合治理转变，提高产业清洁低碳发展水平。新建现代煤化工项目与各省（区、市）高耗能项目的落后产能淘汰紧密结合，确保全国及各有关省（区、市）单位国内生产总值二氧化碳排放降低目标的实现。

三、重点任务

（一）深入开展产业技术升级示范

认真总结前期产业化示范经验教训，主动适应产业发展新趋势和市场新要求，突破部分环节关键技术瓶颈，提升系统集成优化水平，推动产业技术升级。重点开展煤制烯烃、煤制油升级示范，提升资源利用、环境保护水平；有序开展煤制天然气、煤制乙二醇产业化示范，逐步完善工艺技术装备及系统配置；稳步开展煤制芳烃工程化示范，加快推进科研成果转化应用（见表12-5）。

表12-5 产业技术升级示范重点

类别	升级示范重点
煤制油	直接液化、费托合成、煤油共炼等
煤制天然气	大型化碎煤加压气化、大型化环保型固定床熔渣气化、气流床气化、甲烷化成套工艺等
煤制烯烃	新一代甲醇制烯烃、合成气一步法制烯烃等
煤制芳烃	甲醇制芳烃、煤分质利用联产制芳烃等
煤制乙二醇	合成气制草酸酯、草酸酯加氢、合成气一步法制乙二醇等
环保	难降解废水高效处理、高含盐废水处理处置、结晶盐综合利用等

（二）加快推进关联产业融合发展

按照循环经济理念，采取煤化电热一体化、多联产方式，大力推动现代煤化工与煤炭开采、电力、石油化工、化纤、盐化工、冶金建材等产业融合发展，延伸产业链，壮大产业集群，提高资源转化效率和产业竞争力（见表12-6）。

表 12-6 产业融合发展重点

领域	发展重点
现代煤化工——煤炭开采	利用高硫煤气化技术开展现代煤化工产业升级示范，延长现役高硫煤矿井服务年限。重点转化利用山西和贵州高硫煤等劣质煤炭资源
现代煤化工——电力	结合新疆、陕西、宁夏、内蒙古等电源点建设，发展煤化电热一体化，推动整体煤气化联合循环发电系统（IGCC）建设，实现现代煤化工与电力（热力）联产和负荷的双向调节，提高资源能源利用效率
现代煤化工——石油化工	利用煤化电热一体化集成技术，建设集原油加工、发电、供热、制氢于一体的联合装置。发挥现代煤化工与原油加工中间产品互为供需的优势，开展煤炭和原油联合加工示范
现代煤化工——化纤	发展煤制芳烃和煤制乙二醇，推动化纤原料多元化，实施煤基化纤原料示范工程
现代煤化工——盐化工	重点做好青海等地盐湖资源综合开发利用，建设青海矿业海西州煤制烯烃项目。结合汞污染防治国际公约要求，在有条件的地区适时实施聚氯乙烯原料路线改造、乙炔加氢制乙烯
现代煤化工——冶金建材	发展粉煤灰制建材产品，开发高铝粉煤灰制氧化铝、一氧化碳或氢气直接还原铁等技术，重点在蒙西等地开展现代煤化工和冶金建材一体化示范，提高冶金副产气体综合利用水平

（三）实施优势企业挖潜改造

深入开展行业对标管理，重点抓好具有发展潜力的优势企业填平补齐、挖潜改造，加强技术创新，优化资源配置，提高安全环保水平。推动神华集团包头、中煤集团榆林、延长集团靖边和陕煤化集团蒲城等企业运用现有生产装置运行经验，提升资源综合利用水平，进一步提高烯烃收率，降低能耗、水耗和污染物排放，实施煤制烯烃升级改造工程，促进产业规模化、高端化、精细化发展。

（四）规划布局现代煤化工产业示范区

统筹区域资源供给、环境容量、产业基础等因素，结合全国主体功能区规划以及大型煤炭基地开发，按照生态优先、有序开发、规范发展、总量控制的要求，依托现有产业基础，采取产业园区化、装置大型化、产品多元化的方式，以石油化工产品能力补充为重点，规划布局内蒙古鄂尔多斯、陕西榆林、宁夏宁东、新疆准东 4 个现代煤化工产业示范区，推动产业集聚发展，逐步形成世界一流的现代煤化工产业示范区。每个示范区"十三五"期间新增煤炭转化量总量须控制在 2000 万吨以内（不含煤制油、煤制气等煤制燃料），在总量控制的前提下，编制好总体规划，开展规划环境影响评价，做好规划水资源论证，落实水资源条件，择优确定项目业主，有序推进项目建设。结合示范区发展情况适时进行评估，建立示范区的动态调整机制。

（五）组织实施资源城市转型工程

深入贯彻落实东北地区等老工业基地振兴、西部大开发、中部地区崛起战略，充分利用资源型城市煤炭开发、技术人才和市场需求等条件，开展煤炭清洁高效转化，努力延伸产业链，加快资源型城市转型升级，促进区域经济发展。

东北地区在资源环境条件允许的情况下，以"煤头化尾"为抓手，推动黑龙江、吉林、内蒙古三省区利用煤炭资源和化工基础优势，形成合力、协同发展，建设黑龙江龙泰公司双鸭山煤制烯烃等项目。西部地区利用云贵地区煤水资源组合特点，建设中国石化毕节煤制烯烃等项目。中部地区依托山西、河南现代煤化工产业转型升级的要素资源优势，在朔州、鹤壁分别择优选取业主，各实施一项煤制烯烃升级示范工程。

（六）稳步推进产业国际合作

结合实施"一带一路"建设，充分发挥我国煤化工技术、装备、工程和人才优势，深化与沿线煤炭资源国务实合作，积极利用境外煤炭资源和环境容量等有利条件，采取境外煤炭开采转化一体化、境内外上下游一体化、境外重大工程技术装备总承包等方式，加快产业"走出去"步伐，稳步推进产业全球布局，努力打造具有控制力的煤化工产业链和价值链，缓解国内资源环境压力。

（七）大力提升技术装备成套能力

依托骨干企业、科研院所技术装备研发基础，完善"基础科研、研发平台、装备制造、示范工程"四位一体的创新体系，结合示范工程和产业示范区建设，推动煤化工成套技术装备自主创新。

煤炭分级利用领域，重点突破加压、连续热解和油气尘高效分离技术装备；煤炭气化领域，重点突破8.7兆帕大型水煤浆气化、4.0兆帕以上固定床加压气化和熔渣气化、大型干煤粉气化、大型空分装置及稀有气体提取、干法除尘、气化炉废锅等技术装备；净化合成领域，重点突破大型低温甲醇洗、大型合成气压缩机、防爆电机、大型低压甲醇合成等技术装备；能量利用和废水处理领域，重点突破合成气燃气轮机、合成反应热高效利用、低位能有效利用、智能空气冷却器、密闭式循环冷却系统、含盐废水处理、结晶盐综合利用、废水制浆等技术装备。

（八）积极探索二氧化碳减排途径

加强产业发展与二氧化碳减排潜力统筹协调，大力推广煤化电热一体化技术，尝试提高现代煤化工项目二氧化碳过程捕集的比重，降低捕获成本。认真总结二氧化碳在资源开发领域的应用经验，深入开展二氧化碳驱油驱气示范。利用内蒙古、陕西、宁夏、新疆等地荒漠化土地资源丰富、光照时间长、强度高的优势，结合产业示范区建设，探索开展二氧化碳微藻转化、发酵制取丁二酸等应用示范及综合利用。

四、保障措施

（一）严格项目建设要求

新建现代煤化工项目必须符合土地利用总体规划，及所在地区能耗总量和强度控制指标要求，满足城市规划、土地利用、安全环保、节能、节水等标准和规范要求。项目选址及污染控制措施应满足《现代煤化工建设项目环境准入条件（试行）》的相关要求，严格控制二氧化硫、氮氧化物、细颗粒物、挥发性有机物及其他有毒有害大气污染物排放，固体废弃物和高含盐废水做到无害化处理及资源化利用。单系列制烯烃装置年生产能力在50万吨及以上，整体能效高于44%，单位烯烃产品综合能耗低于2.8吨标煤（按《煤制烯烃单位产品能源消耗限额》（GB30180）方法计算）、耗新鲜水小于16吨。煤制乙二醇装置年生产能力在20万吨及以上，单位乙二醇产品综合能耗低于2.4吨标煤、耗新鲜水小于10吨。煤制油、煤制气等煤制燃料项目建设要求参照《煤炭深加工产业示范"十三五"规划》执行。

现代煤化工产业示范区优先毗邻大型煤炭基地一体化建设，充分考虑水功能区划和污染物限排总量，布局在水资源获取能力较强、生态环境容量较好、二氧化碳减排潜力较大、远离生态红线控制区和集中式居民区的区域，煤炭基地资源量应保障煤化工产业示范区经济运行周期的需要。示范区供热、污水处理设施、固体废物处理处置及资源化设施、安全及环境风险防控设施等公用工程及辅助设施应统筹建设，二氧化碳转化方案和利用水平与相关技术产业化进展相适应。示范区应符合城乡规划，并须制定总体发展规划和安全、环保、消防等专项规划，依法开展示范区总体发展规划环境影响评价和水资源论证。

现代煤化工产业示范区应开展智慧园区建设，采用云计算、大数据、物联网、地理信息系统等信息技术，提升信息化应用水平。依托网上交易、现代物流、检验检测等公共服务平台，提高园区安全管理、环境保护、能源管理、应急救援和公共服务能力。现代煤化工企业应开展智能制造示范，使企业生产运营具备全面自感知、自分析、自决策和自执行能力，以信息化、智能化手段提高企业安全环保水平。

（二）规范审批管理程序

新建煤制烯烃、煤制芳烃项目必须列入《现代煤化工产业创新发展布局方案》，必须符合《现代煤化工建设项目环境准入条件（试行）》要求。煤化工项目业主可自主开展前期工作，相关部门依法开展城市规划、用地预审、环境影响评价、水资源论证等工作。按照国务院关于简政放权的精神和《政府核准的投资项目目录（2016年本）》的要求，将列入《现代煤化工产业创新发展布局方案》的新建煤制烯烃、煤制芳烃项目（不包括煤制油、煤制气等煤制燃料项目），下放省级政府核准。

（三）推动资源合理配置

统筹兼顾煤炭工业可持续发展以及相关产业对煤炭的需求，加强煤炭综合开发利用工作，在高硫煤产区，可利用高硫煤为原料发展现代煤化工产业。加强全水系统管理，鼓励采用废水、中水、矿井水回用技术和空气冷却、密闭式循环冷却水系统等节水技术，施行严格的用水定额标准，不断降低水资源消耗强度，提高利用效率。利用国家资金，支持现代煤化工重大技术装备研发和产业化。结合输配电价改革试点，推动现代煤化工企业与发电企业直接交易，支持符合条件的现代煤化工企业开展区域电网试点和增量配电业务。

（四）强化安全环保监管

加快修订完善安全防护、污染物排放、水资源保护等标准，重点从源头控制、过程监管上研究现代煤化工产业污染控制方式，进一步提高现代煤化工项目在安全、环保、水资源保护方面的准入门槛，引导企业优化生产工艺、强化设备选型选材、提高设计标准和施工质量、强化运行管理、规范治理设施。严格安全、环保、水资源保护行政许可程序，切实执行安全、环保设施"三同时"及排污许可制度。加强城市建设与产业发展的规划衔接，切实落实安全生产和环境保护所需的防护距离。

加强工程建设和生产运行日常监督检查，要求企业按照排污许可证要求，建立自行监测、信息公开、记录台账及定期报告制度，确保长期稳定按证排污。对不符合安全、环保、水资源保护要求的要依法采取停工停产整顿等措施，督促企业及时消除隐患。建立健全企业—园区—政府应急联动体系，防范安全环境风险，及时查处安全环境违法事件，严格事故调查和处理，依法追究相关人员责任。

(五)完善产业组织结构

按照园区化、大型化、多联产发展模式,引导现代煤化工与煤炭、电力、石油化工等行业联合布局,打造具有较强竞争力的产业链和产业集群。按照强强联合、优势互补的原则,鼓励关联行业骨干企业组建上下游一体化的市场主体。积极发展混合所有制经济,推动国有企业与非公企业合资合作,支持民营、外资企业进入现代煤化工领域,增强产业发展活力。

鼓励生产企业、高等院校、科研院所、中介机构等单位形成合力,共同开展重大问题研究,提出产业发展政策建议。建立和完善产业信息统计系统,适时发布行业动态,及时启动预警机制,合理引导企业投资,防范投资风险。

(六)加强组织实施领导

国家发展改革委、工业和信息化部会同国土资源部、环境保护部、住房城乡建设部、安全监管总局、能源局等部门组织实施现代煤化工产业创新发展布局方案。成立由有关部门职能司局、省级发展改革委、省级工业和信息化部门项目业主、咨询机构、行业协会等单位组成的方案实施工作小组,适时组织召开会议,通报工作进展,检查执行情况,研究对策措施,解决突出问题。建立健全第三方评估机制,切实做好方案实施情况的评估,并根据评估结论,适时调整完善。

各有关部门要充分认识贯彻落实现代煤化工产业创新发展布局方案的重要性和紧迫性,加强组织领导,积极协作配合,共同做好方案确定的各项工作。有关地方要认真做好现代煤化工产业示范区规划和项目管理工作,加强工程项目建设协调指导、监督检查,确保项目科学有序实施。行业协会、咨询机构要充分发挥桥梁纽带作用,积极协助做好方案解读和宣传引导,营造方案实施的良好氛围。

六、煤炭价格监管政策

(一)关于做好迎峰度冬期间煤炭市场价格监管的通知

2017年10月23日,国家发改委办公厅发布《关于做好迎峰度冬期间煤炭市场价格监管的通知》,要求立即组织开展煤炭市场价格巡查,严厉打击煤炭行业哄抬价格和价格垄断行为。

国家发展改革委办公厅关于做好迎峰度冬期间煤炭市场价格监管的通知

发改办价监〔2017〕1737号

各省、自治区、直辖市发展改革委(物价局)、经信委(工信委、工信厅)、能源局、煤炭厅(局):

为防范煤炭价格异常波动,确保迎峰度冬期间煤炭市场价格基本稳定,现就做好煤炭市场价格监管工作通知如下。

一、立即组织开展煤炭市场价格巡查

各地尤其是煤炭主产区、主要煤炭港口所在地要立即行动，组织部署检查力量深入开展煤炭市场价格巡查。要摸清底数，全面掌握本辖区内所有煤炭生产流通企业基本情况。迎峰度冬期间要持续开展市场价格巡查工作，重点关注煤炭价格变化、库存数量、库存周期变化等情况。一旦出现煤炭市场价格异常波动情况，要加大巡查检查的频次和力度。

要充分发挥全国 12358 价格监管平台作用，认真办理有关煤炭价格违法行为的投诉举报。通过市场巡查和投诉举报办理，搜集甄别违法线索，掌握分析违法动向，及时查处违法行为，切实维护煤炭市场价格秩序。

二、严厉打击煤炭行业哄抬价格和价格垄断行为

（一）严厉打击哄抬价格行为。各地在巡查检查中一旦发现煤炭生产流通企业、煤炭行业相关社会组织、煤炭价格指数编制企业，以及其他为煤炭交易提供服务的单位，存在捏造、散布涨价信息，扰乱市场秩序，推动煤炭价格过高过快上涨的行为，要依法严肃查处。一旦发现有关企业、港口库存存在异常情况，要深入排查是否存在恶意囤积煤炭的行为。发现苗头性、倾向性情况，要及时予以提醒告诫，经告诫后仍继续囤积，推动煤炭价格过高过快上涨的，要依法严肃查处。

（二）严厉打击价格垄断行为。各地要密切关注煤炭市场竞争状况，一旦发现下游用煤企业和消费者举报煤炭经营者达成垄断协议、滥用市场支配地位以不公平高价销售煤炭的违法行为，要依法严肃查处。

（三）切实提高检查的威慑力。对情节严重、性质恶劣的典型案件要通过新闻媒体公开曝光。重大价格违法案件和价格垄断案件相关经营者应列入失信黑名单，纳入全国信用信息共享平台，实施联合惩戒。

三、强化组织领导，提升监管效果

迎峰度冬期间，煤炭市场价格稳定关系到冬季取暖用暖安全，关系人民群众切身利益，关系经济发展和社会稳定，各地要充分认识此项工作的重要性与紧迫性，强化组织领导，周密部署，扎实推进，坚决查处价格违法和价格垄断行为。价格主管部门负责组织实施，经济运行部门和煤炭行业管理部门负责提供煤炭行业有关情况，并派出人员参与检查巡查，共同形成检查合力，确保迎峰度冬期间煤炭市场价格监管工作取得实效。

国家发展改革委将对重点地区检查工作进行督查，并派出检查组，对重点地区和重点企业进行直接检查。迎峰度冬期间，河北省、山西省、陕西省、内蒙古自治区价格主管部门每周上报煤炭市场价格监管情况；其他省级价格主管部门每月上报煤炭市场价格监管情况，包括出动巡查人次、巡查单位数、煤炭市场价格变化情况、重点单位库存变化情况、举报投诉办理情况、违法案件查处情况等。一旦煤炭市场出现重大或异常情况，各地价格主管部门要随时上报。2018 年 3 月 30 日前，各省级价格主管部门将迎峰度冬期间煤炭市场价格监管工作总结上报国家发展改革委（价监局）。

国家发展改革委办公厅
2017 年 10 月 23 日

（二）关于做好2021年煤炭中长期合同签订履行工作的通知

2020年12月5日，国家发改委办公厅发布《关于做好2021年煤炭中长期合同签订履行工作的通知》。

国家发展改革委办公厅关于做好2021年煤炭中长期合同签订履行工作的通知

发改办运行〔2020〕902号

各省、自治区、直辖市发展改革委、工信厅（经信厅、经信委）、能源局，北京市城市管理委员会，有关中央企业，全国煤炭交易中心，有关行业协会：

保障煤炭安全稳定供应，对扎实做好"六稳"工作，全面落实"六保"任务，构建以国内大循环为主体、国内国际双循环相互促进的新发展格局具有重要意义。为进一步完善煤炭中长期合同制度，推动做好2021年中长期合同签订履行工作，现将有关事项通知如下：

一、充分认识做好煤炭中长期合同工作的重要意义

（一）煤炭中长期合同发挥了"压舱石"作用。"十三五"期间，煤炭中长期合同制度不断健全，"基准价+浮动价"价格机制得到广泛认可，签约履约率稳步提升，产运需各方有效衔接，信用监管体系初步形成。实践表明，煤炭中长期合同为推动上下游行业持续健康发展、促进煤炭市场供需平衡、保障全国煤炭稳定可靠供应和能源安全发挥了重要作用。

（二）继续坚持煤炭中长期合同制度。党的十九届五中全会提出要完善能源产供储销体系，保障能源安全。煤炭中长期合同制度是煤炭产供储销体系的重要组成部分。"十四五"时期，要深入总结近些年的实践经验，继续坚持并不断完善煤炭中长期合同制度，逐步形成市场机制更有效、监管机制更有力、产供储销紧密衔接的煤炭市场交易体系，为畅通国内大循环、促进国民经济健康平稳运行提供更加坚实的能源保障。

二、不断完善煤炭中长期合同制度

（三）进一步明确煤炭中长期合同范围。煤炭中长期合同是指供需双方签订的执行期限在一年及以上、有明确数量和价格机制的煤炭购销合同。电煤合同单笔数量不低于20万吨，冶金、建材、化工等行业用煤合同不低于10万吨，经铁路衔接确认运力并签订诚信履约承诺的，纳入重点监管范围。

（四）促进有效市场和有为政府更好结合。充分发挥市场在资源配置中的决定性作用，尊重价值规律和供求关系，支持煤炭供需双方自主衔接签订合同、自主协商确定价格。更好发挥政府作用，着力加强制度建设、完善交易规则、强化信用监管，引导有关各方提高大局意识、承担社会责任、规范签约履约行为，保障煤炭市场平稳运行。

（五）执行"基准价+浮动价"价格机制。供需双方能够就中长期合同价格达成一致意见的，按双方商定意见执行。不能达成一致意见的，应按照"基准价+浮动价"原则确定。

在基准价方面，下水煤合同基准价首先由双方协商确定，协商不一致的按2020年度水平执行；铁路直达煤合同基准价要由下水煤基准价格扣除运杂费后的坑口平均价格和供需双方2020年月度平均成交价格，按各占50%权重综合确定。

在浮动价方面，下水煤合同与铁路直达煤合同的浮动价，均可结合环渤海煤炭价格指数、CCTD秦皇岛港煤炭价格指数、中国沿海电煤采购价格指数综合确定。

区域内合同价格应参照上年度价格协商确定，鼓励供需双方参照有关价格指数协商确定具体价格。

三、早签、多签、签实、签长煤炭中长期合同

（六）及早完成年度合同签订工作。供需双方要本着长期合作、互惠共赢的原则，主动沟通，加强对接，力争在2020年12月底前基本完成双方合同签订工作。铁路运输企业要提前做好运力配置计划，保证在2021年1月底前完成产运需三方合同签订工作，对在上述期限内仍未完成合同签订的，原则上不再保留运力。供需双方在合同谈判期间，要确保煤炭市场供应平稳有序，不得影响正常发电供热和居民生活用煤需求。

（七）进一步提高中长期合同签订比例。规模以上煤炭企业签订的中长期合同数量应达到自有资源量的80%以上，2019年以来核增产能煤矿核增部分签订比例应达到90%以上。规模以上电力企业签订的中长期合同数量应达到年度煤炭使用量的75%，使用进口煤的电厂，国内煤炭使用量的80%要签订中长期合同。规模以上煤炭和电力企业2021年签订的供需双方、产运需三方中长期合同数量均应不少于上年。

（八）中长期合同要有量有价真实有效。煤炭中长期合同的数量、质量、价格机制、违约责任、争议解决方式等基本要素应规范齐全。合同要真实有效，严禁以抢占铁路运力等为目的签订虚假合同，一经发现，记入企业信用记录，并对其在下一年度中长期合同签订中实施限制。鼓励使用合同示范文本，支持在全国煤炭交易中心平台签订电子商务合同。

（九）鼓励签订3年及以上的中长期合同。鼓励供需双方建立长期稳定战略合作关系，签订3~5年有明确价格机制的中长期合同，规模以上企业的3年及以上合同签订量原则上不低于年度中长期合同总量的30%。此前已签订尚未到期的中长期合同应继续执行。

四、强化煤炭中长期合同履约监管

（十）建立健全信用监管机制。纳入重点监管范围的中长期合同，将全部纳入国家诚信履约保障平台进行监管（http://ly.creditchina.gov.cn），合同履行情况实行分月统计、按季考核。国家发展改革委将适时归集合同履约情况及信用评价结果，依法依规纳入交易双方信用记录，并作为信用信息定期进行归集汇总和公示通报；对经提醒后仍达不到履约要求的进行约谈，并会同有关部门依法依规实施失信惩戒。

（十一）进一步提高履约水平。产运需三方应根据生产计划和铁路运输能力，在协商一致的前提下将年度中长期合同细化分解到月，月度履约率应不低于80%，季度和年度履约率不低于90%。经铁路部门确认运力的年度中长期合同，确实难以执行的，经产运需三方同意，可在全国煤炭交易中心平台进行交易。

五、健全煤炭中长期合同保障机制

（十二）汇总签约履约信息。煤炭中长期合同签约企业应及时登录中国煤炭市场网（www.cctd.com.cn）录入供需双方合同，中国煤炭工业协会要在2021年1月15日前完成合同汇总工作，并及时送国家铁路集团衔接运力。配置铁路运力纳入重点监管的合同供应方要在2021年1月底前登录全国煤炭交易中心（www.ncexc.cn）录入合同，供需双方均要在线签订

诚信履约承诺，没有签订履约承诺的一律不予确认。全国煤炭交易中心要将最终确认的重点监管合同及时向国家诚信履约保障平台共享。

每月 15 日前要在线报送上月和年度累计合同履行情况，煤炭供应企业报送中国煤炭工业协会，用煤企业报送全国煤炭交易中心，汇总单位要及时将履约情况共享给国家诚信履约保障平台。未按期报送履约情况的合同，经提示仍不报送的视为未履行。

（十三）加强铁路运力保障。铁路运输企业要加强运力统筹，按要求及时做好运力衔接工作，加强合同审核，优先为有明确数量和价格机制的中长期合同配置运力。日常执行过程中，优先兑现中长期合同运力，为合同执行提供稳定可靠的物流保障。

（十四）压实地方工作责任。各省区市有关部门要积极组织本地区企业签订煤炭中长期合同，结合实际建立签订履行考核评价机制，加强合同履约监管，及时协调解决工作中存在的困难和问题。

（十五）加强行业自律建设。各有关行业协会要引导企业加强自律，落实好中长期合同的各项要求，不得利用市场供需形势和行业优势地位签订不对等合同。大型企业要发挥表率作用，自觉规范签约行为，增强履约践诺意识，主动承担保供稳价社会责任，促进全国煤炭市场平稳运行。

国家发展改革委办公厅

2020 年 12 月 5 日

第十三章 电力政策

一、电力发展规划

（一）电力发展"十三五"规划（2016—2020年）

2016年11月7日，国家发展和改革委员会、国家能源局根据《中华人民共和国国民经济和社会发展第十三个五年规划纲要》《能源发展"十三五"规划》制订了《电力发展"十三五"规划》（简称《规划》）。其内容涵盖水电、核电、煤电、气电、风电、太阳能发电等各类电源和输配电网，重点阐述"十三五"时期我国电力发展的指导思想和基本原则，明确主要目标和重点任务。《规划》是"十三五"电力发展的行动纲领和编制相关专项规划的指导文件、布局重大电力项目的依据，规划期为2016—2020年。

电力发展"十三五"规划（2016—2020年）
（发布稿）
前　言

"十三五"时期是我国全面建成小康社会的决胜期、全面深化改革的攻坚期。电力是关系国计民生的基础产业，电力供应和安全事关国家安全战略，事关经济社会发展全局，面临重要的发展机遇和挑战。面对新形势，党中央、国务院明确提出了"推动消费、供给、技术、体制革命，全方位加强国际合作"能源发展战略思想，以及"节约、清洁、安全"的能源发展方针，为电力工业持续健康发展提供了根本遵循。

为深入贯彻落实党的十八大和十八届三中、四中、五中、六中全会精神，根据《中华人民共和国国民经济和社会发展第十三个五年规划纲要》《能源发展"十三五"规划》制订本规划。

本规划内容涵盖水电、核电、煤电、气电、风电、太阳能发电等各类电源和输配电网，重点阐述"十三五"时期我国电力发展的指导思想和基本原则，明确主要目标和重点任务，是"十三五"电力发展的行动纲领和编制相关专项规划的指导文件、布局重大电力项目的依据，规划期为2016~2020年。规划实施过程中，适时进行滚动调整。

第十三章 电力政策

一、发展基础

（一）取得的成绩

电力工业发展规模迈上新台阶。"十二五"期间，我国电力建设步伐不断加快，多项指标居世界首位。截至 2015 年底，全社会用电量达到 5.69 万亿千瓦·时，全国发电装机达 15.3 亿千瓦，其中水电 3.2 亿千瓦（含抽水蓄能 0.23 亿千瓦），风电 1.31 亿千瓦，太阳能发电 0.42 亿千瓦，核电 0.27 亿千瓦，火电 9.93 亿千瓦（含煤电 9 亿千瓦，气电 0.66 亿千瓦），生物质能发电 0.13 亿千瓦；"西电东送"规模达 1.4 亿千瓦；220 千伏及以上线路合计 60.9 万公里，变电容量 33.7 亿千伏安。

截至 2015 年底，我国人均装机约 1.11 千瓦，人均用电量约 4142 千瓦·时，均超世界平均水平；电力在终端能源消费中占比达 25.8%。

华北、华中、华东、东北、西北、南方六个区域各级电网网架不断完善，配电网供电能力、供电质量和装备水平显著提升，智能化建设取得突破，农村用电条件得到明显改善，全面解决了无电人口用电问题。

结构调整取得新成就。"十二五"时期，我国非化石电源发展明显加快。全国水电规模稳步增加，新增投产超过 1 亿千瓦，占全国发电装机比重达到 20.9%；风电规模高速增长，占比由 2010 年的 3.1% 提高至 8.6%，跃升为我国第三大电源；光伏发电实现了跨越式发展，累计新增约 4200 万千瓦；核电在运装机规模居世界第四，在建 3054 万千瓦，居世界第一。

火电机组结构持续优化，超临界、超超临界机组比例明显提高，单机 30 万千瓦及以上机组比重上升到 78.6%；单机 60 万千瓦及以上机组比重明显提升，达到 41%。

非化石能源装机占比从 2010 年的 27% 提高到 2015 年的 35%；非化石能源在一次能源消费中的比重从 2010 年的 9.4% 提高到 2015 年的 12%，超额完成"十二五"规划目标。

节能减排达到新水平。持续推进燃煤机组淘汰落后产能和节能改造升级，累计关停小火电机组超过 2800 万千瓦，实施节能改造约 4 亿千瓦，实施超低排放改造约 1.6 亿千瓦。

全国火电机组平均供电煤耗降至 315 克标煤/千瓦·时（其中煤电平均供电煤耗约 318 克标煤/千瓦·时），达到世界先进水平，煤电机组二氧化碳排放强度下降到约 890 克/千瓦·时；供电煤耗五年累计降低 18 克标煤/千瓦·时，年节约标煤 7000 万吨以上，减排二氧化碳约 2 亿吨。

实施严格的燃煤机组大气污染物排放标准，完善脱硫脱硝、除尘、超低排放等环保电价政策，推动现役机组全面实现脱硫，脱硝比例达到 92%。2015 年电力行业二氧化硫、氮氧化物等主要大气污染物排放总量较 2010 年分别减少 425 万吨、501 万吨，二氧化硫、氮氧化物减排量超额完成了"十二五"规划目标。

装备技术创新取得新突破。燃煤发电技术不断创新，达到世界领先水平。百万千瓦级超超临界机组、超低排放燃煤发电技术广泛应用；60 万千瓦级、百万千瓦级超超临界二次再热机组和世界首台 60 万千瓦级超临界 CFB 机组投入商业运行；25 万千瓦 IGCC、10 万吨二氧化碳捕集装置示范项目建成，世界首台百万千瓦级间接空冷机组开工建设。

水电工程建设技术和装备制造水平显著提高。攻克了世界领先的 300 米级特高拱坝、深埋长引水隧洞群等技术，相继建成了世界最高混凝土双曲拱坝（锦屏一级水电站），深埋式长隧洞（锦屏二级水电站）及世界第三、亚洲第一高的土心墙堆石坝（糯扎渡水电站）。

风电、太阳能等新能源发电技术与国际先进水平的差距显著缩小。我国已经形成了大容量风电机组整机设计体系和较完整的风电装备制造技术体系；规模化光伏开发利用技术取得重要进展，晶体硅太阳能电池产业技术具备较强的国际竞争力，批量化单晶硅电池效率达到19.5%，多晶硅电池效率达到18.5%。

核电技术步入世界先进行列。完成三代AP1000技术引进消化吸收，形成自主品牌的CAP1400和华龙一号三代压水堆技术，开工建设具有第四代特征的高温气冷堆示范工程，建成实验快堆并成功并网发电。

电网技术装备和安全运行水平处于世界前列。国际领先的特高压输电技术开始应用，±1100千伏直流输电工程开工建设。大电网调度运行能力不断提升，供电安全可靠水平有效提高。新能源发电并网、电网灾害预防与治理等关键技术及成套装备取得突破，多端柔性直流输电示范工程建成投运。

电力国际合作拓展新局面。对外核电、火电、水电、新能源发电及输变电合作不断加强，投资形式日趋多样。带动了我国标准、技术、装备、金融走出去。与8个周边国家和地区开展电力贸易，投资巴西、葡萄牙等国电网。

体制改革开启新篇章。《中共中央 国务院关于进一步深化电力体制改革的若干意见》（中发〔2015〕9号）及相关配套文件相继出台，试点工作逐步开展，价格机制逐步完善，输配电价改革试点加快推进，市场主体逐步培育，电力市场建设取得新进展。

简政放权深入推进。取消和下放电力审批事项17项，全面清理规范性文件，建立合法性审查制度，颁布或修改一大批电力法律、法规、产业政策和行业标准。

组建中国电建、中国能建两家特大型能源建设集团，主辅分离取得阶段性进展。基本取消了县级供电企业"代管体制"，基本实现城乡用电同网同价。

专栏1 "十二五"电力工业发展情况

类别	指标	2010年	2015年	年均增速
用电量	全社会用电量（亿千瓦·时）	41999	56933	6.27%
	人均用电量（千瓦·时）	3132	4142	5.75%
电源规模	总装机规模（亿千瓦）	9.7	15.3	9.54%
	人均装机（千瓦/人）	0.7	1.11	9.66%
	水电（亿千瓦）	2.16	3.2	8.15%
	核电（亿千瓦）	0.11	0.27	19.67%
	风电（亿千瓦）	0.3	1.31	34.29%
	光伏（亿千瓦）	0.003	0.42	168.67%
	火电（亿千瓦）	7.1	9.93	6.94%
	生物质能发电（亿千瓦）	—	0.13	—
电网规模	220千伏及以上线路（万公里）	44.6	60.9	6.4%
	变电容量（亿千伏安）	19.90	33.7	11.11%
电力流	西电东送规模（亿千瓦）	1	1.4	6.96%

类别	指标	2010年	2015年	年均增速
能耗	火电机组平均供电煤耗（克标煤/千瓦·时）	333	315	[-18]
	线路损失率	6.53%	6.64%	[0.11%]
主要大气污染物排放量	二氧化硫（万吨）	956	528.1	
	氮氧化物（万吨）	1055	551.9	

注：①[ ]为五年累计值；②2015年二氧化硫、氮氧化物排放量以环境统计年鉴公布数据为准。

（二）机遇与挑战

电力工业发展取得成绩的同时，也暴露出很多问题。"十二五"期间，电力供应由总体平衡、局部偏紧的状态逐步转向相对宽松、局部过剩。非化石电源快速发展的同时，部分地区弃风、弃光、弃水问题突出，"三北"地区风电消纳困难，云南、四川两省弃水严重。局部地区电网调峰能力严重不足，尤其北方冬季采暖期调峰困难，进一步加剧了非化石能源消纳矛盾。电力设备利用效率不高，火电利用小时数持续下降，输电系统利用率偏低，综合线损率有待进一步降低。区域电网结构有待优化，输电网稳定运行压力大，安全风险增加。

城镇配电网供电可靠性有待提高，农村电网供电能力不足。电力市场在配置资源中发挥决定性作用的体制机制尚未建立，电力结构优化及转型升级的调控政策亟待进一步加强。

"十三五"是我国全面建成小康社会的决胜期，深化改革的攻坚期，也是电力工业加快转型发展的重要机遇期。在世界能源格局深刻调整、我国电力供需总体宽松、环境资源约束不断加强的新时期，电力工业发展面临一系列新形势、新挑战。

供应宽松常态化。"十三五"期间，随着经济发展进入新常态，增长速度换挡，结构调整加快，发展动力转换，节能意识增强，全社会用电增速明显放缓。"十二五"期间开工建设的发电设备逐步投入运行，局部地区电力供过于求，设备利用小时数偏低，电力系统整体利用效率下降。我国电力供应将进入持续宽松的新阶段。

电源结构清洁化。大气污染防治力度加强，气候变化形势日益严峻，生态与环保刚性约束进一步趋紧。我国已向国际社会承诺2020年非化石能源消费比重达到15%左右，加快清洁能源的开发利用和化石能源的清洁化利用已经成为必然趋势。加快能源结构调整的步伐，向清洁低碳、安全高效转型升级迫在眉睫。

电力系统智能化。推进电力工业供给侧改革，客观上要求改善供应方式，提高供给效率，增强系统运行灵活性和智能化水平。风电、光伏发电大规模并网消纳，核电安全运行对电力系统灵活性和调节能力提出了新的要求。为全面增强电源与用户双向互动，提升电网互济能力，实现集中和分布式供应并举，传统能源和新能源发电协同，增强调峰能力建设，提升负荷侧响应水平，建设高效智能电力系统成为必然选择。

电力发展国际化。随着一带一路建设的逐步推进，全方位、多领域的电力对外开放格局更加明晰，电力产业国际化将成为一种趋势。电力企业国际化面临积累国际竞争经验，提高产品和服务多样化水平，电力行业标准与国际标准衔接，履行企业环境责任，完善金融保险配套服务等诸多挑战。电力国际化进程对我国与周边国家的电力互联互通和电力装备制造水平提出了新要求。

体制机制市场化。新一轮电力体制改革将改变电网企业的功能定位和盈利模式，促进电网投资、建设和运营向着更加理性化的方向发展。市场主体逐渐成熟，发电和售电侧引入市场竞争，形成主体多元、竞争有序的交易格局。新兴业态和商业模式创新不断涌现，市场在资源配置中的决定性作用开始发挥，市场化正在成为引领电力工业发展的新方向。

二、指导思想、原则和目标

（一）指导思想

深入贯彻党的十八大和十八届三中、四中、五中、六中全会精神，落实"四个革命、一个合作"发展战略，牢固树立和贯彻落实创新、协调、绿色、开放、共享发展理念，按照《中华人民共和国国民经济和社会发展第十三个五年规划纲要》、《能源发展"十三五"规划》相关部署，加强统筹协调，加强科技创新，加强国际合作；着力调整电力结构，着力优化电源布局，着力升级配电网，着力增强系统调节能力，着力提高电力系统效率，着力推进体制改革和机制创新；加快调整优化，转型升级，构建清洁低碳、安全高效的现代电力工业体系，惠及广大电力用户，为全面建成小康社会提供坚实支撑和保障。

（二）基本原则

统筹兼顾，协调发展。统筹各类电源建设，逐步提高非化石能源消费比重。降低全社会综合用电成本。统筹电源基地开发、外送通道建设和消纳市场，促进网源荷储一体协同发展。

清洁低碳，绿色发展。坚持生态环境保护优先，坚持发展非煤能源发电与煤电清洁高效有序利用并举，坚持节能减排。提高电能占终端能源消费比重，提高发电用煤占煤炭消费总量比重，提高天然气利用比例。

优化布局，安全发展。坚持经济合理，调整电源布局，优化电网结构。坚守安全底线，科学推进远距离、大容量电力外送，构建规模合理、分层分区、安全可靠的电力系统，提高电力抗灾和应急保障能力。

智能高效，创新发展。加强发输配用交互响应能力建设，构建"互联网+"智能电网。加强系统集成优化，改进调度运行方式，提高电力系统效率。大力推进科技装备创新，探索管理运营新模式，促进转型升级。

深化改革，开放发展。坚持市场化改革方向，健全市场体系，培育市场主体，推进电价改革，提高运营效率，构建有效竞争、公平公正公开的电力市场。坚持开放包容、政府推动、市场主导，充分利用国内国外两个市场、两种资源，实现互利共赢。

保障民生，共享发展。围绕城镇化、农业现代化和美丽乡村建设，以解决电网薄弱问题为重点，提高城乡供电质量，提升人均用电和电力普遍服务水平。在革命老区、民族地区、边疆地区、集中连片贫困地区实施电力精准扶贫。

（三）发展目标

1. 供应能力

为保障全面建成小康社会的电力电量需求，预期2020年全社会用电量6.8万亿~7.2万亿千瓦·时，年均增长3.6%~4.8%，全国发电装机容量20亿千瓦，年均增长5.5%。人均装机突破1.4千瓦，人均用电量5000千瓦·时左右，接近中等发达国家水平。城乡电气化水平明显提高，电能占终端能源消费比重达到27%。

考虑到为了避免出现电力短缺影响经济社会发展的情况和电力发展适度超前的原则，在预期 2020 年全社会用电需求的基础上，按照 2000 亿千瓦·时预留电力储备，以满足经济社会可能出现加速发展的需要。

2. 电源结构

按照非化石能源消费比重达到 15% 的要求，到 2020 年，非化石能源发电装机达到 7.7 亿千瓦左右，比 2015 年增加 2.5 亿千瓦左右，占比约 39%，提高 4 个百分点，发电量占比提高到 31%；气电装机增加 5000 万千瓦，达到 1.1 亿千瓦以上，占比超过 5%；煤电装机力争控制在 11 亿千瓦以内，占比降至约 55%。

3. 电网发展

合理布局能源富集地区外送，建设特高压输电和常规输电技术的"西电东送"输电通道，新增规模 1.3 亿千瓦，达到 2.7 亿千瓦左右；电网主网架进一步优化，省间联络线进一步加强，形成规模合理的同步电网。严格控制电网建设成本。全国新增 500 千伏及以上交流线路 9.2 万公里，变电容量 9.2 亿千伏安。

基本建成城乡统筹、安全可靠、经济高效、技术先进、环境友好、与小康社会相适应的现代配电网。中心城市（区）智能化建设和应用水平大幅提高，供电可靠率达到 99.99%，综合电压合格率达到 99.97%；城镇地区供电能力及供电安全水平显著提升，供电可靠率达到 99.9%，综合电压合格率达到 98.79%；乡村地区全面解决电网薄弱问题，基本消除"低电压"，供电可靠率达到 99.72%，综合电压合格率达到 97%，户均配变容量不低于 2 千伏安。为电采暖、港口岸电、充电基础设施等电能替代提供有力支撑。

4. 综合调节能力

抽水蓄能电站装机新增约 1700 万千瓦，达到 4000 万千瓦左右，单循环调峰气电新增规模 500 万千瓦。热电联产机组和常规煤电灵活性改造规模分别达到 1.33 亿千瓦和 8600 万千瓦左右。落实全额保障性收购制度，将弃风、弃光率控制在合理水平。

5. 节能减排

力争淘汰火电落后产能 2000 万千瓦以上。新建燃煤发电机组平均供电煤耗低于 300 克标煤/千瓦·时，现役燃煤发电机组经改造平均供电煤耗低于 310 克标煤/千瓦·时。火电机组二氧化硫和氮氧化物年排放总量均力争下降 50% 以上。30 万千瓦级以上具备条件的燃煤机组全部实现超低排放，煤电机组二氧化碳排放强度下降到 865 克/千瓦·时左右。火电厂废水排放达标率实现 100%。电网综合线损率控制在 6.5% 以内。

6. 民生用电保障

2020 年，电能替代新增用电量约 4500 亿千瓦·时。

力争实现北方大中型以上城市热电联产集中供热率达到 60% 以上，逐步淘汰管网覆盖范围内的燃煤供热小锅炉。完成全国小城镇和中心村农网改造升级、贫困村通动力电，实现平原地区机井用电全覆盖，东部地区基本实现城乡供电服务均等化，中西部地区城乡供电服务差距大幅缩小，贫困及偏远少数民族地区农村电网基本满足生产生活需要。

专栏2 "十三五"电力工业发展主要目标

类别	指标	2015年	2020年	年均增速	属性
电力总量	总装机（亿千瓦）	15.3	20	5.5%	预期性
	西电东送（亿千瓦）	1.4	2.7	14.04%	预期性
	全社会用电量（万亿千瓦·时）	5.69	6.8~7.2	3.6%~4.8%	预期性
	电能占终端能源消费比重	25.80%	27%	［1.2%］	预期性
	人均装机（千瓦/人）	1.11	1.4	4.75%	预期性
	人均用电量（千瓦·时/人）	4142	4860~5140	3.2%~4.4%	预期性
电力结构	非化石能源消费比重	12%	15%	［3%］	约束性
	非化石能源发电装机比重	35%	39%	［4%］	预期性
	常规水电（亿千瓦）	2.97	3.4	2.8%	预期性
	抽蓄装机（万千瓦）	2303	4000	11.7%	预期性
	核电（亿千瓦）	0.27	0.58	16.5%	预期性
	风电（亿千瓦）	1.31	2.1	9.9%	预期性
	太阳能发电（亿千瓦）	0.42	1.1	21.2%	预期性
	化石能源发电装机比重	65%	61%	［-4%］	预期性
	煤电装机比重	59%	55%	［-4%］	预期性
	煤电（亿千瓦）	9	<11	4.1%	预期性
	气电（亿千瓦）	0.66	1.1	10.8%	预期性
节能减排	新建煤电机组平均供电煤耗（克标煤/千瓦·时）	—	300	—	约束性
	现役煤电机组平均供电煤耗（克标煤/千瓦·时）	318	<310	［-8］	约束性
	线路损失率	6.64%	<6.50%		预期性
民生保障	充电设施建设	满足500万辆电动车充电			预期性
	电能替代用电量（亿千瓦·时）	—	4500		预期性

注：①［ ］为五年累计值；②2015年煤电平均供电煤耗根据中电联公布的火电平均供电煤耗估算。

三、重点任务

（一）积极发展水电，统筹开发与外送

坚持生态优先和移民妥善安置前提下，积极开发水电。以重要流域龙头水电站建设为重点，科学开发西南水电资源。坚持干流开发优先、支流保护优先的原则，积极有序推进大型水电基地建设，严格控制中小流域、中小水电开发。坚持开发与市场消纳相结合，统筹水电的开发与外送，完善市场化消纳机制，基本解决四川、云南水电消纳问题。强化政策措施，新建项目应提前落实市场空间，防止新弃水现象发生。

继续做好金沙江下游、大渡河、雅砻江等水电基地建设；积极推进金沙江上游等水电基地开发，推动藏东南"西电东送"接续能源基地建设；继续推进雅砻江两河口、大渡河双江口等龙头水电站建设，加快金沙江中游龙头水电站研究论证，积极推动龙盘水电站建设；基本建成长江上游、黄河上游、乌江、南盘江红水河、雅砻江、大渡河六大水电基地。

重点依托西南水电基地开发，建成金沙江中游送电广西、滇西北至广东、四川水电外送、乌东德电站送电两广输电通道，开工建设白鹤滩电站外送工程，积极开展金沙江上游等消纳方案研究。

"十三五"期间，全国常规水电新增投产约4000万千瓦，开工6000万千瓦以上，其中小水电规模500万千瓦左右。到2020年，常规水电装机达到3.4亿千瓦。

（二）大力发展新能源，优化调整开发布局

按照集中开发与分散开发并举、就近消纳为主的原则优化风电布局，统筹开发与市场消纳，有序开发风光电。加快中东部及南方等消纳能力较强地区的风电开发力度，积极稳妥推进海上风电开发。按照分散开发、就近消纳为主的原则布局光伏电站，全面推进分布式光伏和"光伏+"综合利用工程，积极支持光热发电。

调整"三北"风电消纳困难及弃水严重地区的风电建设节奏，提高风电就近消纳能力，解决弃风限电问题。加大消纳能力较强或负荷中心区风电开发力度，力争中东部及南方区域风电占全国新增规模的一半。在江苏、广东、福建等地因地制宜推进海上风电项目建设。

全面推进分布式光伏发电建设，重点发展屋顶分布式光伏发电系统，实施光伏建筑一体化工程。在中东部地区结合采煤沉陷区治理以及农业、林业、渔业综合利用等适度建设光伏电站项目。推进光热发电试点示范工程。

"十三五"期间，风电新增投产0.79亿千瓦以上，太阳能发电新增投产0.68亿千瓦以上。2020年，全国风电装机达到2.1亿千瓦以上，其中海上风电500万千瓦左右；太阳能发电装机达到1.1亿千瓦以上，其中分布式光伏6000万千瓦以上、光热发电500万千瓦。

依托电力外送通道，有序推进"三北"地区可再生能源跨省区消纳4000万千瓦，存量优先。

（三）鼓励多元化能源利用，因地制宜试点示范

在满足环保要求的条件下，合理建设城市生活垃圾焚烧发电和垃圾填埋气发电项目。积极清洁利用生物质能源，推动沼气发电、生物质发电和分布式生物质气化发电。到2020年，生物质发电装机1500万千瓦左右。

开展燃煤与生物质耦合发电、燃煤与光热耦合发电示范与应用。在东北等粮食主产区布局一批燃煤与农林废弃残余物耦合发电示范项目，在京津冀、长三角、珠三角布局一批燃煤与污泥耦合发电示范项目，在华北、西北布局一批燃煤与光热耦合发电示范项目。

推进"万千瓦级"高温地热发电项目建设。因地制宜发展中小型分布式中低温地热发电项目。开展深层高温干热岩发电系统关键技术研究和项目示范。

开展海洋能等综合技术集成应用示范。在有条件的沿海地区建设海洋能与风电、太阳能等可再生能源互补的海岛微电网示范项目。积极开展示范性潮汐电站建设。

开展风光储输多元化技术综合应用示范。结合风电、光伏等新能源开发，融合储能、微网应用，推动可再生能源电力与储能、智能输电、多元化应用新技术示范，推动多能互补、协同优化的新能源电力综合开发。"十三五"期间，继续推动张家口等可再生能源示范区相关建设。

（四）安全发展核电，推进沿海核电建设

坚持安全发展核电的原则，加大自主核电示范工程建设力度，着力打造核心竞争力，加快

推进沿海核电项目建设。建成三门、海阳AP1000自主化依托项目，建设福建福清、广西防城港"华龙一号"示范工程。开工建设CAP1400示范工程等一批新的沿海核电工程。深入开展内陆核电研究论证和前期准备工作。认真做好核电厂址资源保护工作。

"十三五"期间，全国核电投产约3000万千瓦、开工3000万千瓦以上，2020年装机达到5800万千瓦。

（五）有序发展天然气发电，大力推进分布式气电建设

充分发挥现有天然气电站调峰能力，推进天然气调峰电站建设，在有条件的华北、华东、南方、西北等地区建设一批天然气调峰电站，新增规模达到500万千瓦以上。适度建设高参数燃气蒸汽循环热电联产项目，支持利用煤层气、煤制气、高炉煤气等发电。推广应用分布式气电，重点发展热电冷多联供。"十三五"期间，全国气电新增投产5000万千瓦，2020年达到1.1亿千瓦以上，其中热电冷多联供1500万千瓦。

（六）加快煤电转型升级，促进清洁有序发展

积极主动适应能源结构调整和电力市场发展，加快煤电结构优化和转型升级，鼓励煤电联营，促进煤电高效、清洁、可持续发展。

严格控制煤电规划建设。坚持市场引导与政府调控并举的原则，通过建立风险预警机制和实施"取消一批、缓核一批、缓建一批"，同时充分发挥电力系统联网效益，采取跨省区电力互济、电量短时互补等措施，多措并举减少新增煤电规模。"十三五"期间，取消和推迟煤电建设项目1.5亿千瓦以上。到2020年，全国煤电装机规模力争控制在11亿千瓦以内。

合理控制煤电基地建设。配合远距离输电通道规划建设，根据受端供需状况合理安排煤电基地开发规模和建设时序，减小受端省份接受外来电力的压力。

因地制宜规划建设热电联产和低热值煤发电项目。在充分利用已有热源且最大限度地发挥其供热能力的基础上，按照"以热定电"的原则规划建设热电联产项目。优先发展背压式热电联产机组，电力富裕地区严控抽凝式热电机组。适当发展低热值煤综合利用发电项目。建设一定规模以煤矸石为主的综合利用发电项目。

积极促进煤电转型升级。加快新技术研发和推广应用，提高煤电发电效率及节能环保水平。全面实施燃煤电厂超低排放和节能改造"提速扩围"工程，加大能耗高、污染重煤电机组改造和淘汰力度。"十三五"期间，全国实施煤电超低排放改造约4.2亿千瓦，实施节能改造约3.4亿千瓦，力争淘汰落后煤电机组约2000万千瓦。到2020年，全国现役煤电机组平均供电煤耗降至310克标煤/千瓦·时；具备条件的30万千瓦级以上机组全部实现超低排放。

（七）加强调峰能力建设，提升系统灵活性

高度重视电力系统调节能力建设，从负荷侧、电源侧、电网侧多措并举，充分挖掘现有系统调峰能力，加大调峰电源规划建设力度，着力增强系统灵活性、适应性，破解新能源消纳难题。

加快抽水蓄能电站建设。统筹规划、合理布局，在有条件的地区，抓紧建设一批抽水蓄能电站。加强抽水蓄能电站调度运行管理，切实发挥抽水蓄能电站提供备用、增强系统灵活性的作用。"十三五"期间，抽蓄电站开工6000万千瓦左右，新增投产1700万千瓦左右，2020年装机达到4000万千瓦左右。

全面推动煤电机组灵活性改造。实施煤电机组调峰能力提升工程，充分借鉴国际火电灵活性相关经验，加快推动北方地区热电机组储热改造和纯凝机组灵活性改造试点示范及推广应用。"十三五"期间，"三北"地区热电机组灵活性改造约1.33亿千瓦，纯凝机组改造约8200万千瓦；其他地区纯凝机组改造约450万千瓦。改造完成后，增加调峰能力4600万千瓦，其中"三北"地区增加4500万千瓦。

优化电力调度运行。在确保电力系统安全稳定的前提下，以节能环保低碳为目标，制定科学可行的电力系统调度原则和具体措施，确定各类机组的发电优先序位、用户侧的有序用电序位以及机组的调峰、轮停序位，根据中长期、日前交易电量及负荷预测确定合理开机组合。推行节能低碳电力调度，加强对新能源发电的功率预测和考核，充分发挥电网联络线调剂作用，努力消纳可再生能源，减少能源、资源消耗和污染物排放。

大力提高电力需求侧响应能力。建立健全基于价格激励的负荷侧响应措施，进一步优化推广发电侧和用户侧峰谷电价机制，探索实行可中断负荷电价。完善推广电力需求侧管理，整合系统运行、市场交易和用户用电数据，提高负荷侧大数据分析能力，增强负荷侧响应能力。引导用户错峰用电，减小系统峰谷差。积极推进大容量和分布式储能技术的示范应用与推广。

(八) 筹划外送通道，增强资源配置能力

"十三五"期间电力外送统筹送受端需求、受端电源结构及调峰能力，合理确定受电比重和受电结构。跨区送电具有可持续性，满足送端地区长远需要，应参与受端电力市场竞争。输煤输电并举，避免潮流交叉迂回，促进可再生能源消纳，确保电网安全。

在实施水电配套外送输电通道的基础上，重点实施大气污染防治行动12条输电通道及酒泉至湖南、准东至安徽、金中至广西输电通道。建成东北（扎鲁特）送电华北（山东）特高压直流输电通道，解决东北电力冗余问题。适时推进陕北（神府、延安）电力外送通道建设。结合受端市场情况，积极推进新疆、呼盟、蒙西（包头、阿拉善、乌兰察布）、陇（东）彬（长）、青海等地区电力外送通道论证。"十三五"期间，新增"西电东送"输电能力1.3亿千瓦，2020年达到2.7亿千瓦。

(九) 优化电网结构，提高系统安全水平

坚持分层分区、结构清晰、安全可控、经济高效原则，按照《电力系统安全稳定导则》的要求，充分论证全国同步电网格局，进一步调整完善区域电网主网架，提升各电压等级电网的协调性，探索大电网之间的柔性互联，加强区域内省间电网互济能力，提高电网运行效率，确保电力系统安全稳定运行和电力可靠供应。

东北地区："十三五"期间，西电东送、北电南送的格局随着外送通道建设改变。重点加快扎鲁特至山东青州特高压直流输电工程建设，2018年形成1000万千瓦电力外送能力；适时启动赤峰（元宝山）至冀北输电通道建设；加强东北主网至高岭背靠背500千伏电网，确保300万千瓦的输电能力；加强蒙东与辽宁、吉林省间断面建设。2020年东北地区初步形成1700万千瓦外送能力，力争实现电力供需基本平衡。

依托扎鲁特外送通道及其配套工程，进一步优化三省一区内部电网结构，主要是蒙东电网围绕扎鲁特换流站建设，逐步形成覆盖呼伦贝尔、兴安、通辽和赤峰500千伏网架；黑龙江电网重点加强省内东西部网络联系，建设向扎鲁特电力汇集输电工程；吉林电网重点完善中部网架，配套建设水电站、抽水蓄能电站送出工程；辽宁电网结合负荷增长需要加强内部网架。

华北地区："十三五"期间，西电东送格局基本不变，京津冀鲁接受外来电力超过8000万千瓦。依托在建大气污染防治行动计划交流特高压输电工程，规划建设蒙西至晋中，胜利至锡盟，潍坊经临沂、枣庄至石家庄交流特高压输电工程，初步形成两横两纵的1000千伏交流特高压网架。建设张北至北京柔性直流工程，增加张北地区风光电外送能力。研究实施蒙西电网与华北主网异步联网及北京西至石家庄交流特高压联络线工程。

结合交流特高压输变电及其配套工程，进一步优化华北地区各省（区、市）电网结构。主要是按照京津冀协同发展战略部署，京津冀地区加强500千伏电网建设和配电网升级改造，实现首都接受外来电能力2200万千瓦以上，满足"电能替代"工程用电需求，确保首都供电安全；山东电网结合特高压交流和直流落点，优化500千伏网架，提高受电能力；山西电网重点满足规划内电源接入和送出，优化与京津冀电网互联结构；蒙西电网结合外送和本地负荷发展，加强锡盟与蒙西之间的联络，形成完整、坚强的蒙西电网。

西北地区："十三五"期间，重点加大电力外送和可再生能源消纳能力。加快准东、宁东、酒泉和陕北特高压直流外送通道建设；根据市场需求，积极推进新疆第三回、陇彬、青海外送通道研究论证。

继续完善750千伏主网架，增加电力互济能力。主要是陕西电网建设陕北至关中第二通道，形成陕北"目"字形网架，提高陕北向关中送电能力，为陕北特高压直流外送创造条件；甘肃电网启动河西地区主网加强方案，提高向兰白地区输电能力；青海电网结合新能源建设，适当补强原有网架；宁夏电网形成750千伏双环网，优化调整330/220千伏电网，满足上海庙直流接入；新疆电网进一步向南疆延伸，形成750千伏多环网结构，适时启动南疆与格尔木联网工程。

华东地区："十三五"期间，长三角地区新增外来电力3800万千瓦。建成淮南经南京至上海1000千伏特高压交流输电工程，初步形成受端交流特高压网架；建设苏州特高压站至新余、江苏东洲至崇明500千伏输变电工程，实现上海与苏州电网互联；研究实施适用技术，保证多回大容量直流安全稳定受入；开工建设闽粤联网工程。

结合交直流特高压输变电及其配套工程，进一步优化华东地区各省（市）电网结构。主要是上海电网结合外来电及城市发展，利用已有走廊及站址，做好电网改扩建，同时有效控制短路电流；江苏电网、浙江电网、安徽电网着重完善500千伏网架，提高负荷密集地区电网安全稳定运行水平并合理控制短路电流；福建电网加强山区500千伏网架，同时论证推进福建北部向南部新增输电通道。

华中地区："十三五"期间，实现电力外送到电力受入转变，湖南、湖北、江西新增接受外电达到1600万千瓦。实施渝鄂直流背靠背工程，实现与川渝藏电网异步联网，提高四川水电外送能力及系统安全稳定水平；推进省间电网加强工程，满足外来电增加需要；针对华北、华中联网安全运行薄弱环节，研究采取必要的安全措施；积极研究论证三峡电力留存及外送方案优化调整。

湖北电网围绕陕北（神府、延安）直流、渝鄂背靠背工程，做好相关配套工程论证及建设，进一步优化500千伏网架，控制关键节点短路电流水平；河南电网做好500千伏网架优化，适时加强豫南电网；湖南电网研究论证酒湖直流电力消纳，做好配套工程建设，论证黔东电厂改接贵州可行性；江西电网重点优化并加强赣东、赣南电网。

"十三五"期间，川渝藏形成相对独立的同步电网，建成川渝第三条500千伏输电通道，提高川渝间电网互济能力。四川电网结合第四回特高压直流外送工程加强水电汇集通道建设，同时完善西部水电基地至负荷中心500千伏输电通道。结合金沙江上游开发，积极推进金上水电外送工程论证和前期工作。研究论证川西电网目标网架，确保涉藏水电开发和消纳。重庆电网进一步加强受端电网建设，满足外来电力增加需要。西藏电网结合电气化铁路规划建设，重点建设藏中电网与昌都联网、拉萨至灵芝铁路供电工程，同时在立足优先保障自身电力供应的前提下，综合技术、经济、国防等多方面因素，推进建设阿里电网与藏区主网互联工程，实现主网覆盖西藏各地区。

南方地区："十三五"期间，稳步推进"西电东送"，形成"八交十一直"输电通道，送电规模达到4850万千瓦；进一步加强和优化主网结构，实现云南电网与主网异步联网，建成海南联网Ⅱ回工程，适时启动广东电网直流背靠背工程，形成以送、受端电网为主体，规模适中、结构清晰、定位明确的2~3个同步电网，提高电网安全稳定水平；提高向香港、澳门地区供电能力。

广东电网重点解决多直流连锁故障及短路电流超标问题，推动电网实现东西分区运行；广西电网重点结合云电送桂逐步实现由通道型电网向受端电网转变；云南电网重点加强滇西北、滇西南、滇东北送电通道建设，同时结合乌东德电站接入进一步优化滇中电网结构，增强云南电网运行的灵活性；贵州电网重点加强黔西南、黔西送电通道建设，优化贵阳负荷中心电网结构并进一步增强黔东电网与主网的联络；海南电网重点结合昌江核电及联网Ⅱ回的建设，进一步优化现有220千伏电网结构，提高电网抗灾能力。

（十）升级改造配电网，推进智能电网建设

满足用电需求，提高供电质量，着力解决配电网薄弱问题，促进智能互联，提高新能源消纳能力，推动装备提升与科技创新，加快构建现代配电网。有序放开增量配电网业务，鼓励社会资本有序投资、运营增量配电网，促进配电网建设平稳健康发展。

加强城镇配电网建设。强化配电网统一规划，健全标准体系。全面推行模块化设计、规范化选型、标准化建设。中心城市（区）围绕发展定位和高可靠用电需求，高起点、高标准建设配电网，供电质量达到国际先进水平，北京、上海、广州、深圳等超大型城市建成世界一流配电网；城镇地区结合国家新型城镇化进程及发展需要，适度超前建设配电网，满足快速增长的用电需求，全面支撑"京津冀""长江中游""中原""成渝"等城市群以及"丝绸之路经济带"等重点区域发展需要。积极服务新能源、分布式电源、电动汽车充电基础设施等多元化负荷接入需求。做好与城乡发展、土地利用的有效衔接，将管廊专项规划确定入廊的电力管线建设规模、时序纳入配电网规划。

实施新一轮农网改造升级工程。加快新型小乡镇、中心村电网和农业生产供电设施改造升级。结合"农光互补""光伏扶贫"等分布式能源发展模式，建设可再生能源就地消纳的农村配网示范工程。开展西藏、新疆和四川、云南、甘肃、青海四省藏区农村电网建设攻坚。加快西部及贫困地区农村电网改造升级，特别是国家扶贫开发工作重点县、集中连片特困地区以及革命老区的农村电网改造升级，实现贫困地区通动力电。推进东中部地区城乡供电服务均等化进程，逐步提高农村电网信息化、自动化、智能化水平，进一步优化电力供给结构。

推进"互联网+"智能电网建设。全面提升电力系统的智能化水平，提高电网接纳和优化配置多种能源的能力，满足多元用户供需互动。实现能源生产和消费的综合调配，充分发挥智能电网在现代能源体系中的作用。

提升电源侧智能化水平，加强传统能源和新能源发电的厂站级智能化建设，促进多种能源优化互补。全面建设智能变电站，推广应用在线监测、状态诊断、智能巡检系统，建立电网对山火、冰灾、台风等各类自然灾害的安全预警体系。

推进配电自动化建设，根据供电区域类型差异化配置，整体覆盖率达90%，实现配电网可观可控。提升输配电网络的柔性控制能力，示范应用配电侧储能系统及柔性直流输电工程。构建"互联网+"电力运营模式，推广双向互动智能计量技术应用。加快电能服务管理平台建设，实现用电信息采集系统全覆盖。全面推广智能调度控制系统，应用大数据、云计算、物联网、移动互联网技术，提升信息平台承载能力和业务应用水平。调动电力企业、装备制造企业、用户等市场主体的积极性，开展智能电网支撑智慧城市创新示范区，合力推动智能电网发展。

（十一）实施电能替代，优化能源消费结构

立足能源清洁化发展和大气污染防治，以电能替代散烧煤、燃油为抓手，不断提高电能占终端能源消费比重、可再生能源占电力消费比重及电煤占煤炭消费比重。综合考虑地区潜力空间、节能环保效益、财政支持能力、电力体制改革和电力市场交易等因素，因地制宜，分步实施，逐步扩大电能替代范围，着力形成节能环保、便捷高效、技术可行、广泛应用的新型电力消费市场。重点在居民采暖、生产制造、交通运输、电力供应与消费四个领域，推广或试点电采暖、地能热泵、工业电锅炉（窑炉）、农业电排灌、船舶岸电、机场桥载设备、电蓄能调峰等。开展差别化试点探索，积极创新，实施一批试点示范项目。

2020年，实现能源终端消费环节电能替代散烧煤、燃油消费总量约1.3亿吨标煤，提高电能占终端能源消费比重。

（十二）加快充电设施建设，促进电动汽车发展

按照"因地制宜、快慢互济、经济合理"的原则，以用户居住地停车位、单位停车场、公交及出租车场站等配建的专用充电设施为主体，以公共建筑物停车场、社会公共停车场、临时停车位等配建的公共充电设施为辅助，以独立占地的城市快充站、换电站和高速公路服务区配建的城际快充站为补充，推动电动汽车充电基础设施体系加快建设。加大停车场与充电基础设施一体化建设支持力度。探索电动汽车充放电与电力系统互动，改善系统调峰能力。

到2020年，新增集中式充换电站超过1.2万座，分散式充电桩超过480万个，基本建成适度超前、车桩相随、智能高效的充电基础设施体系，满足全国超过500万辆电动汽车的充电需求。

（十三）推进集中供热，逐步替代燃煤小锅炉

围绕大气污染防治和提高能源利用效率，健康有序发展以集中供热为前提的热电联产，不断提高我国北方城市集中供热普及率，解决我国北方地区冬季供暖期大气污染严重、区域热电

供需矛盾突出、热源结构不合理等问题，保障城市居民和工业园区用热需求。

综合考虑地区电力、热力需求和当地气候、资源、环境条件，统筹协调城市或工业园区的总体规划、供热规划、环境治理规划和电力规划等，按照"统一规划、以热定电、立足存量、结构优化、提高能效、环保优先"的基本原则，在优先利用已有热源且最大限度地发挥其供热能力的基础上，通过配套支持政策重点鼓励发展能效高、污染少的背压式热电联产机组。同时，发展热电联产集中供热与环境保护协调联动，与关停小锅炉和减少用煤量挂钩，提高热电联产供热范围内小锅炉的环保排放标准，加快小锅炉关停。在风能、太阳能、生物质能等可再生能源资源富集区，因地制宜发展风电供暖、太阳能光热电联供、生物质热电联产等新能源供热应用。

到2020年，实现北方大中型以上城市热电联产集中供热率达到60%以上，形成规划科学、布局合理、利用高效、供热安全的热电联产产业健康发展格局。

（十四）积极发展分布式发电，鼓励能源就近高效利用

加快分布式电源建设。放开用户侧分布式电源建设，推广"自发自用、余量上网、电网调节"的运营模式，鼓励企业、机构、社区和家庭根据自身条件，投资建设屋顶式太阳能、风能等各类分布式电源。鼓励在有条件的产业聚集区、工业园区、商业中心、机场、交通枢纽及数据存储中心和医院等推广建设分布式能源项目，因地制宜发展中小型分布式中低温地热发电、沼气发电和生物质气化发电等项目。支持工业企业加快建设余热、余压、余气、瓦斯发电项目。

（十五）开展电力精准扶贫，切实保障民生用电

围绕新型工业化、城镇化、农业现代化和美丽乡村建设，以满足用电需求、提高供电质量、促进智能化为目标，着力解决乡村及偏远地区供电薄弱问题，加大电力精准扶贫力度，加快建设现代配电服务体系，推进村庄公共照明设施建设，支持经济发展，服务社会民生。

加强老少边穷地区电力供应保障。全面解决农村电网户均供电容量低、安全隐患多、"卡脖子""低电压"等问题，加大国家级贫困县、集中连片特殊困难地区以及偏远少数民族地区、革命老区配电网建设与改造力度。

加大电力扶贫力度。坚持因地制宜、整体推进、政府主导、社会支持的原则，充分结合当地资源特点，鼓励电力企业履行社会责任，在贫困地区建设电力项目。支持贫困地区水电开发，适当发展绿色小水电，贫困地区的电力项目优先纳入电力规划。鼓励水电项目留存部分电力电量保障当地用电需要。建立长期可靠的项目运营管理机制和扶贫收益分配管理制度。确保电力扶贫项目与贫困人口精准对应，切实实现"精准扶贫、有效扶贫"。

（十六）加大攻关力度，强化自主创新

应用推广一批相对成熟、有市场需求的新技术，尽快实现产业化。试验示范一批有一定积累，但尚未实现规模化生产的适用技术，进一步验证技术路线和经济性。集中攻关一批前景广阔但核心技术受限的关键技术。鼓励企业增加研发投入，积极参与自主创新。

清洁高效发电技术。全面掌握拥有自主知识产权的超超临界机组设计、制造技术；以高温材料为重点，加快攻关700℃超超临界发电技术；研究开展中间参数等级示范，实现发电效率突破50%。推进自主产权的60万千瓦级超超临界CFB发电技术示范。加快整体煤气化联合循

环（IGCC）自主化设计制造攻关，在深入评估论证基础上推进大容量 IGCC 国产化示范应用，推进煤基梯级利用发电技术应用。加快燃煤与生物质耦合发电关键技术研发与应用。实践世界最先进的燃煤发电除尘、脱硫、脱硝和节能、节水、节地等技术；研究碳捕捉与封存（CCS）和资源化利用技术，适时开展应用示范。发展智能发电技术，开展发电过程智能化检测、控制技术研究与智能仪表控制系统装备研发，攻关高效燃煤发电机组、大型风力发电机组、重型燃气机组、核电机组等领域先进运行控制技术与示范应用。

先进电网技术与储能技术。开展大容量机电储能、熔盐蓄热储能、高效化学电池储能等多种储能示范应用，大幅降低单位千瓦建设成本，力争接近抽水蓄能电站水平，加快推广应用。继续推进特高压输电、大容量断路器、直流断路器、大容量柔性输电等先进电网技术的研发与应用。推进微电网关键技术研究及示范建设。推进高温超导等前沿技术领域的研究。开展电网防灾减灾技术研究。

电力行业网络与信息安全。建立健全信息技术产品选型安全审查机制，加强供应链安全管理。推进核心芯片、操作系统、数据库、应用软件等基础软硬件产品的安全可控能力建设。强化密码技术在电力行业网络安全工作中的支撑作用。加强联动协作与信息共享，持续提升电力行业网络安全综合检测预警及感知能力。

"互联网+"智慧能源。将发电、输配电、负荷、储能融入智能电网体系中，加快研发和应用智能电网、各类能源互联网关键技术装备，实现智能化能源生产消费基础设施、多能协同综合能源网络建设、能源与信息通信基础设施深度融合，建立绿色能源灵活交易机制，形成新型城镇多种能源综合协同、绿色低碳、智慧互动的供能模式。

电力领域其他重点自主创新。积极发展新型煤基发电技术，突破常规煤电效率瓶颈，推进燃料电池发电技术研发应用，研发固体氧化物、熔融碳酸盐燃料电池堆和发电系统集成技术。突破热端部件设计制造技术，掌握高性能复合材料大规模制备技术，建成微型、小型和中型燃气轮机整机试验平台、重型燃气轮机整机发电试验电站。探索机电型电热冷三联供示范系统运用。提高大型先进压水堆核电技术自主化程度，推动高温气冷堆技术优化升级，开展小型智能堆、商用快堆、熔盐堆等先进核能技术研究。加强百万千瓦级水轮发电机组、大容量高水头抽水蓄能机组等重大技术攻关。加快高效太阳能发电技术、大容量风电技术等可再生能源发电技术研发和应用。

（十七）落实一带一路倡议，加强电力国际合作

坚持开放包容、分类施策、合作共赢原则，充分利用国际国内两个市场、两种资源，积极推进电力装备、技术、标准和工程服务国际合作，根据需要推动跨境电网互联互通，鼓励电力企业参与境外电力项目建设经营。探讨构建全球能源互联网，推动以清洁和绿色方式满足全球电力需求。

积极开展对外业务。拓展电力装备出口，积极推进高效清洁火电、水电、核电、输变电等大型成套设备出口。积极推动对外电力服务，开展电力升级改造合作，带动电力设计、标准等技术服务国际合作。在控制财务风险的基础上，稳妥推进对外电力投资。

（十八）深化电力体制改革，完善电力市场体系

组建相对独立和规范运行的电力交易机构，建立公平有序的电力市场规则，初步形成功能

完善的电力市场。深入推进简政放权。

有序推进电力体制改革。核定输配电价。2017年底前，完成分电压等级核定电网企业准许总收入和输配电价，逐步减少电价交叉补贴。加快建立规则明晰、水平合理、监管有力、科学透明的独立输配电价体系。建立健全电力市场体系。

建立标准统一的电力市场交易技术支持系统，积极培育合格市场主体，完善交易机制，丰富交易品种。2016年启动东北地区辅助服务市场试点，成熟后全面推广。2018年底前，启动现货交易试点；2020年全面启动现货市场，研究风险对冲机制。组建相对独立和规范运行的电力交易机构。建立完善的治理结构、完备的市场规则和健全的制度体系；充分发挥各类市场主体和第三方机构在促进交易机构规范运行中的作用。积极推进交易机构股份制改造和相对独立规范运行，2016年底前完成电力交易机构组建工作。有序放开发用电计划。建立优先购电和优先发电制度，落实优先购电和优先发电的保障措施；切实保障电力电量平衡。逐年减少发电计划，2020年前基本取消优先发电权以外的非调节性发电计划。全面推进配售电侧改革。支持售电主体创新商业模式和服务内容，2018年底前完成售电侧市场竞争主体培育工作，基本形成充分竞争的售电侧市场主体；鼓励社会资本开展增量配电业务；明确增量配电网放开的具体办法；建立市场主体准入退出机制；完善市场主体信用体系；在试点基础上全面推开配售电改革。

深入推进简政放权。总结电力项目核准权限下放后的承接情况、存在问题和实施效果，结合电力体制改革精神，进一步探索创新市场化的电力项目开发和投资管理机制。加强简政放权后续监管，组织开展电力项目简政放权专项监管，重点对核准权限下放后的项目优选、项目核准、项目依法依规建设以及并网运行等工作进行监管，督促国家产业政策和技术标准落实，维护电力项目规划建设秩序。

四、规划实施

（一）加强组织领导

在发展改革委的统筹指导下，国家能源局作为全国电力规划的责任部门，建立健全以国家能源局组织协调、相关职能部门积极配合、各省级政府和重点电力企业细化落实的电力规划实施工作机制，加强对电力重大战略问题的研究和审议，推动规划实施。省级能源主管部门是省级电力规划的责任部门，各省级能源主管部门要切实履行职责，组织协调实施。

（二）细化任务落实

各省（区、市）要将本规划确定的约束性指标、主要任务和重大工程列入本地区能源发展规划和电力发展专项规划，分解落实目标任务，明确进度安排协调和目标考核机制，精心组织实施。各重点电力企业要充分发挥市场主体作用，积极有序推进规划项目前期论证，保障规划顺利实施。

（三）做好评估调整

规划实施年度中每年对规划执行情况进行回顾、梳理、评估，结合实施情况对规划项目进行微调。坚持规划中期评估制度，严格评估程序，委托第三方机构开展评估工作，对规划滚动实施提出建议，及时总结经验、分析问题、制订对策。规划确需调整的，由国家能源局按程序修订后公布。

（四）加强督促检查

国家能源局及其派出监管机构要完善电力规划实施情况监管组织体系，创新监管措施和手段，有效开展监管工作。各派出机构要会同省级能源主管部门，密切跟踪工作进展，掌握目标任务完成情况，定期组织开展监督检查和考核评价，编制并发布规划实施情况监管报告，提出滚动调整建议。建立重大情况报告制度，探索建立规划审计制度，及时发现并纠正实施中存在的问题。国家能源局派出机构与地方能源管理部门要进一步加强沟通协调，实现信息共享。

（五）健全法律法规和标准体系

修订颁布《电力法》，完善《电网调度管理条例》《电力供应与使用条例》《电力设施保护条例》等及其配套管理办法，出台《核电管理条例》，建立规范政府行为和市场行为的电力法制体系。

加强行业管理，强化电力规划管理办法的贯彻实施，研究制定电网无歧视公平接入、跨区送受电、微电网、热电联产、燃气发电、煤电联营、电网备用容量管理、节能低碳调度、高效智能电力系统建设、技术监督等政策。按照市场化改革要求，继续出台电力体制改革配套文件及指导意见。抓紧修订一批电力行业国家标准、定额和规程。落实国家大面积停电事件应急预案，提高电力系统抗灾和应急响应恢复能力。

探索建立电力领域法律法规和标准及时更新机制，充分发挥法制对电力改革和发展的引导、推动、规范和保障作用。

（六）建立协调机制

建立规划统筹协调机制，衔接国家规划与地方规划，协商重大电力项目布局、规模和时序，协调电网与电源项目。建立规划年度对接制度，开展地方电力规划咨询评估，依法开展规划环境影响评价。探索改进电源项目前期管理。加大财政资金支持，建设电力项目信息管理系统，提高项目储备、规划、核准、建设、运营、退役全过程信息化管理能力。加强信息公开，增强信息透明度。

完善运行调控机制，开展风电、光伏投资监测预警，建立弃风（光）率预警考核机制。2017年起，全面开展适应大规模清洁能源发电开发利用的电力节能低碳调度。建立跨省（区）送电中长期协议制度。整合各渠道电力信息数据，加强电力预测分析和预警，规范电力信息报告和发布制度。依托国家电力规划中心等中介机构，加快监测体系建设，为政府决策提供信息支持。建立健全电力行业信用支撑体系，实行黑名单制度。

（七）健全产业政策

研究制订覆盖规划建设、投资运营、信贷金融、装备制造的电力全产业链预警机制。研究燃煤与光热、生物质耦合，风光抽蓄耦合等可再生能源利用方式补助方法。结合电力体制改革进程，有序放开上网电价和公益性以外的用电价格。在放开上网电价之前，研究完善燃煤、天然气、水力、核电等上网电价机制，增强弹性，更好反映市场供求关系。完善输配电成本监审和核算制度。探索风（光）电专用电力外送通道运营模式。

支持抽水蓄能电站投资主体多元化。建立龙头电站梯级水库补偿机制，促进水电流域梯级电站联合优化运行。完善新能源发电电价补贴机制，探索市场化交易模式，推动技术进步和成本下降。支持煤电机组灵活性改造。鼓励实施电能替代。建立调峰、调频、调压等辅助服务市场，完善电力调峰成本补偿和价格机制。建立可再生能源全额保障性收购的电力运行监测评估制度。研究促进可再生能源就近消纳和储能发展的价格政策。

采取多种方式，继续安排资金支持城镇配电网、农村电网建设改造和电动汽车充电设施建设。鼓励社会资本参与跨省区输电工程、配电网工程、分布式电源并网工程、储能装置和电动汽车充电基础设施投资和建设。鼓励电力企业参与碳排放权交易。完善电力行业落后产能退出政策。

搭建电力产业新业态融资平台。鼓励风险投资、产业基金以多种形式参与电力产业创新。积极引导社会资本投资。鼓励通过发行专项债券、股权交易、众筹、PPP 等方式，加快示范项目建设。加强电力市场化改革领域人才培养。

（二）关于加强和规范电网规划投资管理工作的通知

2020 年 5 月 28 日，国家发展改革委、国家能源局联合印发《关于加强和规范电网规划投资管理工作的通知》。

国家发展改革委 国家能源局关于加强和规范电网规划投资管理工作的通知

发改能源规〔2020〕816 号

各省、自治区、直辖市、新疆生产建设兵团发展改革委、能源局，能源局各派出机构，国家电网有限公司、中国南方电网有限责任公司、内蒙古电力（集团）有限责任公司、中国国际工程咨询有限公司、电力规划设计总院、国核电力规划设计研究院有限公司、中国电力企业联合会：

为深入贯彻落实习近平总书记"四个革命、一个合作"能源安全新战略，推进电力体制改革，加强电力统筹规划，强化电网投资监管，国家发展改革委、国家能源局依据能源电力规划等相关规定，对电网规划投资管理工作进行了明确和规范，现将有关要求通知如下：

一、切实加强电网规划统筹协调与实施

（一）深化电网规划编制内容要求

电网规划是电力规划的重要组成部分，电网规划应实现对输配电服务所需各类电网项目的合理覆盖，包括电网基建项目和技术改造项目。基建项目是指为提供输配电服务而实施的新建（含扩建）资产类项目，技术改造项目是指对原有输配电服务资产的技术改造类项目。电网基建和技术改造项目均包含输变电工程项目（跨省跨区输电通道、区域和省级主网架、配电网等）、电网安全与服务项目（通信、信息化、智能化、客户服务等）、电网生产辅助设施项目（运营场所、生产工器具等）。

（二）深化电网规划编制的技术经济论证要求

规划编制过程中，应测算规划总投资和新增输配电量，评估规划实施后对输配电价格的影响。原则上，对于 110 千伏（66 千伏）及以上的输变电工程基建项目，规划应明确项目建设安排，对于 35 千伏及以下输变电工程等其余基建项目，应明确建设规模。对于各类技术改造项目，规划应明确技术改造目标和改造规模。省级能源主管部门可在此基础上，进一步研究提高本省电网规划编制的深度要求。

(三) 更加注重电网规划统筹协调

按照深化电力体制改革要求，电网规划应切实加强与经济社会发展规划统筹，有效衔接社会资本投资需求，遵循市场主体选择，合理涵盖包括增量配电网在内的各类主体电网投资项目，满足符合条件的市场主体在增量配电领域投资业务需求。电网规划要按照市场化原则，与相关市场主体充分衔接，合理安排跨省跨区输电通道等重大项目。

二、规范纳入规划的电网项目投资管理

(一) 推进分级分类管理

纳入规划的电网项目应根据《政府投资条例》（国务院令第712号）、《企业投资项目核准和备案管理条例》（国务院令第673号）等规定履行相应程序。省级能源主管部门应会同价格主管部门加强对相关项目的监督和管理，强化定额测算核定、造价管理等工作对电网投资成本控制的作用。500千伏及以上输变电工程基建项目应在核准文件中明确项目功能定位。

(二) 推进电网项目实施与适时调整

电网企业应通过投资计划有效衔接电网规划，积极开展前期工作，合理控制工程造价，规范履行相关程序，保障电网规划项目顺利落实。根据《电力规划管理办法》（国能电力〔2016〕139号），电力规划发布两至三年后，国家能源局和省级能源主管部门可根据经济发展和规划实施等情况按规定程序对五年规划进行中期滚动调整。在规划执行期内，如遇国家专项任务、输配电价调整、电网投资能力不足等重大变化，规划编制部门按程序对具体规划项目进行调整，相关单位应按照决策部署和实际需要及时组织实施。

三、加强电网规划及投资项目的事中事后分析评估

(一) 深化电网规划定期评估

国家能源局和省级能源主管部门按照能源电力规划相关规定，加强对电网规划实施情况的评估和监督。规划实施过程中开展中期评估，规划期结束后开展总结评估。电网规划评估结果作为规划滚动调整和下一阶段编制的重要参考。

(二) 完善电网投资成效评价

国家发展改革委、国家能源局研究建立科学合理的投资成效评价标准，定期选取典型电网项目，重点围绕规划落实情况、实际运营情况、输变电工程功能定位变化情况等开展评价。对非政策性因素造成的未投入实际使用、未达到规划目标、擅自提高建设标准的输配电资产，其成本费用不得计入输配电定价成本。

四、认真履行电网规划职责

(一) 强化电网规划统筹功能

国家能源局和省级能源主管部门应按照能源电力规划相关规定，在全国（含区域）和省级电力规划编制过程中，进一步加强电网规划研究，做好全国电力规划与地方性电力规划之间的有效衔接。全国电力规划应重点提出跨省跨区电网项目和省内500千伏及以上电网项目建设安排，省级电力规划应重点明确所属地区的110千伏（66千伏）及以上电网项目和35千伏及以下电网建设规模。

(二) 发挥电网规划引领作用

进一步强化安全性、经济性分析，考虑不同电压等级、不同类型用户的电价承载能力，论

证合理投资规模，提高电网投资效率，加强与电源专项规划的衔接，提高电力安全可靠水平。电网规划应充分征求价格主管部门意见，强化规划对输配电网投资的约束作用，电力企业、研究机构及其他行业相关单位应积极参与配合。

请各有关单位按照上述要求，结合本地区实际，完善相关管理工作机制，规范高效做好电网规划投资管理工作。请国家能源局派出机构对本地区电网规划落实情况加强监管，重大情况及时报告国家能源局。

本通知由国家发展改革委、国家能源局负责解释，自印发之日起施行，有效期5年。

国家发展改革委
国家能源局
2020年5月28日

二、电力安全生产政策

（一）关于推进电力安全生产领域改革发展的实施意见

2017年11月17日，国家发展改革委和国家能源局发布了《关于推进电力安全生产领域改革发展的实施意见》（发改能源规〔2017〕1986号，以下简称《实施意见》）。《实施意见》全面落实党中央和国务院关于安全生产工作的一系列重大决策部署，全面总结近年来电力安全生产领域的经验与问题，全面完善电力安全生产体制机制和管理体系，全面提升电力安全生产应急和保障能力，对我国电力安全生产领域的改革发展具有重大意义。

国家发展改革委　国家能源局关于推进电力安全生产领域改革发展的实施意见

发改能源规〔2017〕1986号

各省、自治区、直辖市及新疆生产建设兵团发展改革委（能源局）、经信委（工信委），国家能源局各派出能源监管机构，全国电力安委会企业成员单位，各有关单位：

为贯彻落实《中共中央　国务院关于推进安全生产领域改革发展的意见》（中发〔2016〕32号），推进电力安全生产领域改革发展，落实电力企业主体责任，完善电力安全生产监督管理机制，保障电力系统安全稳定运行，防范和遏制重特大事故的发生，现提出以下实施意见。

一、落实电力安全生产责任

（一）压实企业安全生产主体责任。企业是安全生产的责任主体，对本单位安全生产工作负全面责任，要严格履行安全生产法定责任，实行全员安全生产责任制度，健全自我约束、持续改进的常态化机制。要健全法定代表人和实际控制人同为安全生产第一责任人的责任体系，建立并完善电力安全生产保证体系和监督体系，建立全过程安全生产管理制度，做到安全责任、管理、投入、培训和应急救援"五到位"。各电力企业和电力项目参建单位应当自觉接受派出能源监管机构及地方政府有关部门的安全监督管理。

（二）明确行业安全生产监管法定责任。国家能源局依据国家法律法规和部门职责，切实履行电力行业安全生产监督管理责任；不断完善电力安全生产政策法规体系和标准规范体系；指导地方电力管理等有关部门加强电力安全生产管理相关工作；统筹部署全国电力安全监管工作，组织开展电力安全生产督查，强化监管执法，严厉查处违法违规行为。派出能源监管机构依据国家规定职责和法律法规授权，开展相关工作，并接受地方政府的业务指导。

（三）落实地方安全生产管理法定责任。按照"管行业必须管安全、管业务必须管安全、管生产经营必须管安全"的原则，地方各级政府电力管理等有关部门按照国家法律法规及有关规定，履行地方电力安全管理责任，将安全生产工作作为行业管理的重要内容，督促指导电力企业落实安全生产主体责任，加强电力安全生产管理。

二、完善安全监管体制

（四）完善电力安全监管体系。牢固树立安全发展、科学发展理念，加强电力安全监管体系建设，逐步理顺电力行业跨区域监管体制，明确行业监管、区域监管与地方监管职责，鼓励有条件的地区先行先试。地方各级政府电力管理等有关部门积极协助配合国家能源局及其派出能源监管机构，构建上下联动、相互支撑、无缝对接的电力安全监管体系。

（五）完善电力安全监管职能。国家能源局依法依规履行电力行业安全监管职责，组织、指导和协调全国电力安全生产监管工作。各派出能源监管机构根据国家规定职责和法律法规授权，履行电力安全监管职责，加强监管执法，严厉查处违法违规行为。地方各级政府电力管理等有关部门依法依规履行地方电力安全管理责任，并积极配合派出能源监管机构，做好相关工作。

（六）强化电力安全协同监管。国家能源局及其派出能源监管机构加强与地方各级政府电力管理等有关部门的沟通联系，强化协同监管，形成工作合力，联合组织开展安全检查、安全执法等工作，积极配合、协助安监等相关专业部门做好安全监管工作。

（七）规范电力事故调查工作。特别重大电力事故，由国务院或者国务院授权的部门组成事故调查组进行调查；重大电力事故，由国家能源局组织或参与调查，有关派出能源监管机构和省级政府电力管理等有关部门参加；较大电力事故，由派出能源监管机构组织或参与调查，有关省级政府电力管理等有关部门参加；一般电力事故，由派出能源监管机构视情况组织或参与调查。

三、严格安全生产执法

（八）严肃安全生产事故查处。严格事故调查处理，严肃查处事故责任单位和责任人。对于发生事故的单位，负责组织事故调查的部门要在事故结案后一年内对其进行评估，存在履职不力、整改措施不落实或落实不到位的，依法依规严肃追究有关单位和人员责任，并及时向社会公开。企业要加大安全生产责任追究力度，严格事故责任处理，研究建立责任处理与职务晋升挂钩机制。对被追究刑事责任的生产经营者实施相应的职业禁入。

（九）强化安全监管行政执法。加强电力安全执法检查工作，完善执法程序规定，规范行政执法行为，发现危及安全情况的及时予以纠正，存在违法违规行为的坚决予以制止。完善通报、约谈制度，对事故多发频发、企业履职不到位及其他涉及安全的重大事项，及时予以通报或约谈企业负责人。积极推进电力安全生产诚信体系建设，完善安全生产不良记录和"黑名单"制度，建立失信惩戒和守信激励机制。畅通"12398"能源监管热线，加大社会参与监督电力安全生产违法违规问题的力度。

（十）健全安全生产考核激励机制。健全电力安全生产考核评价体系，坚持过程考核和结果考核相结合，科学设定可量化的考核指标。建立安全生产绩效与履职评定、职务晋升、奖励惩处挂钩制度，落实安全生产"一票否决"制。企业要研究建立以安全绩效为引导的动态薪酬管理制度，研究试行企业领导班子年度及离任专项安全履职评价考核制度，严格落实一岗双责考核机制。

（十一）加强安全信息管理。规范电力事故事件及相关信息的报送工作，畅通报送渠道，确保及时、准确、完整。对于瞒报、谎报、漏报、迟报事故的单位和个人，依法依规予以处理。完善安全生产执法信息公开制度，建立电力安全信息共享平台，及时发布安全信息。

（十二）严格安全生产监管责任追究。研究制定电力安全生产监管权力和责任清单，尽职免责，失职问责。建立电力安全生产全过程责任追溯制度，杜绝安全生产领域项目审批、行政许可、监管执法等方面的违法违规行为。

四、创新安全发展机制

（十三）健全企业安全资信管理。电力企业要强化安全资质准入管理和业务评价准入参考机制，建立承包单位安全履职能力基础信息数据库，健全承包单位安全履约评价动态管控机制，实行承包单位和管理人员安全资信"双报备"制、施工作业人员安全资质与安全记录"双审核"制。

（十四）严格落实安全评估制。电力企业要严格执行新、改、扩电力建设工程安全设施和职业病防护设施"三同时"制度，开展电力建设工程危险性较大的分部分项工程专项施工方案评估、安全投入与工期的动态评估、新技术新材料新工艺安全性评估，燃煤电厂液氨罐区和贮灰场大坝定期安全评估。

（十五）推进安全责任保险制度。发挥保险机构参与风险管控和事故预防功能的优势，引导保险机构服务电力安全生产，完善安全生产责任保险投保、服务与评价制度。构建政府、保险机构、企业等多方协调运作机制，实现安全生产责任保险公共信息共享。鼓励保险机构根据安全生产状况实行浮动费率，促进企业提高安全生产管理水平。

（十六）健全社会化服务体系。支持发展电力安全生产专业化行业组织，强化行业自律，推进电力行业安全生产咨询服务等第三方机构产业化和社会化。鼓励中小微电力企业订单式、协作式购买运用安全生产管理和技术服务。鼓励企业、高校、科研院所和第三方机构联合开展事故预防理论研究和关键技术装备研发，建设一批电力安全生产领域产、学、研中心，加快成果转化和推广应用。

（十七）建立科技支撑体系。充分应用现代信息化技术，适应大数据时代流程再造，实施"互联网+安全监管"战略，实现监管手段创新，完善监督检查、数据分析、人员行为"三位一体"管理网络，实现流程和模式创新。建立电力行业安全生产信息大数据平台，深度挖掘大数据应用价值，以信息技术手段提升电力安全生产管理水平。推进能源互联网、电力及外部环境综合态势感知、高压柔性输电、新型储能技术等新技术在电力建设和设备改造中的安全应用。

（十八）推进市场化改革与安全协同发展。规范市场交易和调度运行业务流程，推动电力市场参与各方的技术标准统一，加强监督执行，保障电网运行安全。加强辅助服务的市场化交易机制的监管，加大对负荷侧参与电网运行调节、"源、网、荷友好互动"等新型电力市场形态的安全监管。强化对多种所有制形式、业务形态各异的大量新兴市场主体的安全监管，构建与电力市场化改革发展相适应的安全保障体系。

五、建立健全安全生产预控体系

（十九）加强安全风险管控。健全安全风险辨识评估机制，构建风险辨识、评估、预警、防范和管控的闭环管理体系，建立健全风险清册或台账，确定管控重点，实行风险分类分级管理，加强新材料、新工艺、新业态安全风险评估和管控，有效实施风险控制。各企业要研究制定重特大事故风险管控措施，根据作业场所、任务、环境、强度及人员能力等，认真辨识风险及危害程度，合理确定作业定员、时间等组织方案，实行分级管控，落实分级管控责任。

（二十）加强隐患排查治理。牢固树立隐患就是事故的观念，健全隐患排查治理制度、重大隐患治理情况向所在地负有安全监管职责的部门和企业职代会"双报告"制度，实行自查自报自改闭环管理。制定隐患排查治理导则或通则，建立隐患排查治理系统联网信息平台，建立重大隐患报告和公示制度，严格重大隐患挂牌督办制度，实行隐患治理"绿色通道"，优先安排人员和资金治理重大隐患。

（二十一）落实企业事故预防措施。加强安全危险因素分析，制定落实电力安全措施和反事故措施计划，形成安全隐患排查、整改、消除的闭环管理长效机制。严格执行"两票三制"，完善组织管理，落实安全措施，强化安全监护，保障作业安全。

（二十二）加强重大危险源监控。严格落实重大危险源安全管理规定和标准规范，认真开展危险源辨识与评估，完善重大危险源监控设施。加强液氨罐区、油区、氢站等安全管理，落实重大危险源防范措施。加强重大危险源源头管控，新建燃煤发电项目应采用没有重大危险源的技术路线，生产过程中存在重大危险源的燃煤发电企业应研究实施重大危险源替代改造方案。

（二十三）强化安全禁令清单。针对电力安全生产过程中存在的突出问题和薄弱环节，进一步规范电力安全生产监督管理，从人员资格、作业流程控制、安全生产条件、安全生产管理等方面，明确必须坚决禁止的行为，避免和减少事故的发生。

（二十四）建立职业病防治体系。建立职业病防治中长期规划，制定职业健康安全发展目标，实施职业健康促进计划。强化高危粉尘、高毒作业管理，加强对贮煤、输煤及锅炉巡检过程中煤尘、矽尘和设备噪声等职业病危害治理。强化企业主要负责人持续改进职业健康水平的责任，将职业病防治纳入安全生产工作考核体系，落实职业病危害告知、日常监测、定期检测评价和报告、防护保障和职业健康监护等制度措施。

六、加强电力运行安全管理

（二十五）加强电网运行安全管理。调度机构要科学合理安排运行方式，做好电力平衡工作。各电力企业要严格执行调度指令，做到令行禁止。加强电网设备运维检修管理。加强涉网机组安全管理，建立网源协调全过程管理机制。加强大容量重要输电通道安全运行，制定相应的防范策略和应对措施。提升机组深度调峰和调频能力，完善新能源及分布式电源接入技术标准体系，增强电网对新能源的安全消纳能力。加强电网安全运行风险管控工作，确保电网安全稳定运行和可靠供电。

（二十六）加强电力二次系统安全管理。加强电力二次系统安全管理工作，梳理分析电力系统继电保护和安全自动装置等二次系统的配置和策略；查找和消除二次设备、二次回路、保护定值和软件版本等方面的隐患；加强发电侧涉网继电保护等二次系统的正确配置和安全运行。

（二十七）提升电力设备安全水平。加强设备运行安全性分析和设备全寿命周期管理，制定设备治理滚动计划。加强设备状态监测、设备维护和巡视检查，完善设备安全监视与保护装置。加强设备设施缺陷管理，着力整治"家族性"缺陷。加强电力设施保护，防范电力设施遭受外力破坏。

（二十八）保障水电站大坝运行安全。切实做好水电站大坝防汛调度、安全定期检查、安全注册登记和信息化建设等工作，加强病险大坝的除险加固和隐患排查治理。强化水电站大坝安全监测和运行安全分析，开展高坝大库的安全性研究。

（二十九）加强电力可靠性管理。加强电力可靠性数据统计及监督管理，提高可靠性数据的真实性、准确性和完整性。强化可靠性统计数据的分析，充分发挥可靠性技术与数据在电力规划设计、项目建设、运营维护、优质服务中的辅助决策作用。加强可靠性分析应用工作，服务企业安全生产，为电力安全生产监督管理提供支撑。

（三十）加强电力技术监督管理。建立企业主要技术负责人负总责的技术监督管理体系，赋予主要技术负责人安全生产技术决策和指挥权。健全完善技术监督组织体系和标准体系，规范电力技术监督服务工作。建立全国电力技术监督网，加强技术监督专业交流沟通。

七、加强建设工程施工安全和工程质量管理

（三十一）加强工程源头管理。优化工程选线、选址方案，规范开工程序，完善建设施工安全方案和相应安全防护措施，认真做好电力建设工程设计审核和阶段性验收工作（含防雷设施）。严格落实国务院《企业投资项目核准和备案条例》，加强对核准（备案）电力项目监督管理，将安全生产条件作为电力项目核准（备案）项目事中事后检查的重要内容，加大电力项目建设和验收阶段检查力度，对未核先建、核建不符、超国家总量控制核准以及不符合安全技术标准的电力工程项目，立即停工整改。

（三十二）严格工程工期管理。建设单位要依照国家有关工程建设工期规定和项目可行性研究报告中施工组织设计的工期要求，对工程充分论证、评估，科学确定项目合理工期及每个阶段所需的合理时间，严格执行国家有关建设项目开工规定，禁止违规开工。工期确需调整的，必须按照相关规范经过原设计审查单位或安全评价机构等审查，论证和评估其对安全生产的影响，提出并落实施工组织措施和安全保障措施。

（三十三）规范招投标管理和发承包管理。建设单位要明确勘察、设计、施工、物资材料和设备采购等环节招投标文件及合同的安全和质量约定，严格审查招投标过程中有关国家强制性标准的实质性响应，招标投标确定的中标价格要体现合理造价要求，防止造价过低带来安全质量问题。加强工程发包管理，将承包单位纳入工程安全管理体系，严禁以包代管。加强参建单位资质和人员资格审查，严厉查处租借资质、违规挂靠、弄虚作假等各类违法违规行为。

（三十四）严格安全措施审查。建设单位和监理单位要建立健全专项施工方案编制及专家论证审查制度，严格审查和评估复杂地质条件、复杂结构以及技术难度大的工程项目安全技术措施。设计单位要对新技术、新设备、新材料、新工艺给施工安全带来的风险进行分析和评估，提出预防事故的措施和建议。监理单位要严格审查施工组织设计、作业指导书及专项施工方案，尤其是施工重要部位、关键环节、关键工序安全技术措施方案。

（三十五）加强现场安全管理。施工单位要进一步规范电力建设施工作业管理，完善施工工序和作业流程，严格落实施工现场安全措施，强化工程项目安全监督检查。监理单位要加强现场监理，创新监理手段，实现工程重点部位、关键工序施工的全过程跟踪，严控安全风险。各参建单位要加强施工现场安全生产标准化建设，完善安全生产标准化体系，建立安全生产标准化考评机制，从安全设备设施、技术装备、施工环境等方面提高施工现场本质安全水平，提升电力建设安全生产保障能力。健全现场安全检查制度，及时排查和治理隐患，制止和纠正施工作业不安全行为。

（三十六）加强工程质量监督管理。理顺电力建设工程质量监督管理体系，强化政府监管，优化监督机制，落实主体责任。建立健全电力建设工程质量控制机制，落实国家工程建设标准强制性条文，严格控制施工质量和工艺流程，加强关键环节和关键工序的过程控制和质量验收，保证工程质量。

八、加强网络与信息安全管理

（三十七）加强网络安全建设。坚持统筹谋划，做好顶层设计，推进网络安全技术布防建设。按照"安全分区、网络专用、横向隔离、纵向认证"要求，做好电力监控系统的安全防护。开展关键网络安全技术创新研究与应用，支持电力监控系统安全防护关键设备研发，推动商用密码应用，组织实施网络安全重大专项工程，加快网络安全实时监测手段建设。

（三十八）建立安全审查制度。按照国家相关法律法规规定，制定电力行业网络安全审查制度，形成支撑网络安全审查的电力行业网络安全标准体系，探索建立电力行业网络安全审查专业机构，组建电力行业网络安全审查专家库，开展重要网络产品及服务选型审查，提高网络安全可控水平。

（三十九）做好安全防护风险评估与等级保护测评工作。建立健全电力监控系统安全防护管理制度，开展电力监控系统安全防护风险评估，推进电力工控设备信息安全漏洞检测。完善电力行业信息安全等级保护测评标准和规范，加强信息安全等级保护测评机构和测评力量建设。

九、完善电力应急管理

（四十）完善应急管理体制。按照统一领导、综合协调、属地为主、分工负责的原则，完善国家指导协调、地方政府属地指挥、企业具体负责、社会各界广泛参与的电力应急管理体制。加强各级应急指挥机构和应急管理机构建设，明确责任分工，落实资金与装备保障。

（四十一）健全应急管理机制。加强预警信息共享机制建设，建立应急会商制度，以现代科技手段提升监测预警能力。建立协同联动机制，开展跨省跨区电力应急合作，形成应急信息、资源区域共享。完善灾后评估机制，科学指导灾后恢复重建工作。推进电力应急领域金融机制创新。

（四十二）加强应急预案管理。健全应急预案体系，强化预案编制管理和评审备案，充分发挥预案在应急处置中的主导作用。注重预案情景构建，突出风险分析和应急资源能力评估，提高预案针对性和可操作性。推动应急演练常态化，创新演练模式，逐步实现桌面推演与实战演练、专项演练与综合演练、常态化演练与示范性演练相结合。

（四十三）强化大面积停电防范和应急处置。落实《国家大面积停电事件应急预案》，推进省、市、县各级政府制订出台大面积停电事件应急预案。健全各级人民政府主导、电力企业具体应对、社会各方力量共同参与的大面积停电事件应对机制。积极推进电力设施抗灾能力建设，加快防范大面积停电关键技术研究与应用，重点提升电网防御和应对重特大自然灾害的能力。强化大面积停电事件应急处置资金保障，探索大面积停电事件资源征用和停电损失保险业务。

（四十四）加强应急处置能力建设。加强企业专业化应急抢修救援队伍、应急物资装备、应急经费保障建设和应急通信保障体系建设，提升极端情况下应急处置能力。推动重要电力用户自身应急能力建设。组织开展电力企业应急能力建设评估，推进评估成果应用。

十、加强保障能力建设

（四十五）健全规章制度标准规范体系。加强电力安全生产规章制度标准规范顶层设计，增强规章制度标准规范的系统性、可操作性。建立健全电力安全生产规章制度标准规范立改废释工作协调机制，加快推进规章制度标准规范制修订工作。完善电力建设工程、危险化学品等高危作业的安全规程。建立以强制性标准为主体、推荐性标准为补充的电力安全标准体系。

（四十六）保障安全生产投入。电力企业要加大安全生产投入，保证安全生产条件。电力建设参建单位要按照高危行业有关标准，提取并规范使用安全生产费用。推动制定电力企业安全生产费用提取标准，实行安全生产费用专款专用。建立健全政府引导、企业为主、社会资本共同参与的多元化安全投入长效机制，引导企业研发、采用先进适用的安全技术和产品，吸引社会资本参与电力安全基础设施项目建设和重大安全科技攻关。鼓励企业通过发行债券、基金等多种投融资方式加大安全投入。

（四十七）持续推进安全生产标准化建设。建立健全电力安全生产标准化工作长效机制，推进电力企业安全生产标准化创建工作。强化企业班组建设，实现安全管理、操作行为、设备设施和作业环境的标准化，提升企业本质安全水平。

（四十八）加大安全教育培训力度。电力企业要全面落实安全培训的主体责任，抓好本单位从业人员安全培训工作，依法对从业人员进行与其所从事岗位相应的安全教育培训，确保从业人员具备必要安全生产知识。电力企业应当制定本单位年度安全培训计划，建立安全培训管理制度，保障安全培训投入，保证培训时间，建立安全培训档案，如实记录安全生产培训的时间、内容、参加人员以及考核结果等情况。要将外包单位作业人员、劳务派遣人员、实习人员等纳入本单位从业人员统一管理，对其进行岗位安全操作规程和安全操作技能教育培训。

（四十九）推进安全文化建设。营造安全和谐的氛围与环境，有序推进电力安全文化建设，不断提高人员安全意识和安全技能，培养良好的安全行为习惯，提升各类人员综合安全素养。创建安全文化示范企业，打造安全文化精品，鼓励和引导社会力量参与电力安全文化作品创作和推广。

（五十）加强安全监管监督能力建设。加强电力安全监管能力建设，充实安全监督管理力量，建立安全监管人员定期培训轮训机制，按规定配备安全监管执法装备及现场执法车辆，建立电力安全专家库，完善安全监管执法支撑体系。企业要依法设置安全监督管理机构，有条件的企业鼓励设置安全总监，充实安全监督管理力量，支持并维护安全监督人员行使安全监督权力。

国家发展和改革委员会
国家能源局
2017 年 11 月 17 日

（二）水电站大坝安全监测工作管理办法

《水电站大坝安全监测工作管理办法》于 2017 年 10 月 18 日经国家能源局局长办公会议审议通过并印发。本办法共三十四条，自发布之日起施行。原国家电监委《水电站大坝安全监测工作管理办法》（电监安全〔2009〕4 号）同时废止。

国家能源局关于印发《水电站大坝安全监测工作管理办法》的通知

国能发安全〔2017〕61 号

各派出能源监管机构，大坝安全监察中心，各有关电力企业：

为了贯彻落实《水电站大坝运行安全监督管理规定》（国家发展改革委令第 23 号），加强水电站大坝安全监测工作，提高水电站大坝运行安全水平，我局制定了《水电站大坝安全监测工作管理办法》。经局长办公会议审议通过，现印发你们，请遵照执行。

原国家电力监管委员会《水电站大坝安全监测工作管理办法》（电监安全〔2009〕4 号）同时废止。

国家能源局
2017 年 10 月 18 日

水电站大坝安全监测工作管理办法

第一章 总 则

第一条 为了加强水电站大坝（以下简称大坝）安全监督管理，规范大坝安全监测工作（以下简称监测工作），确保大坝安全监测系统（以下简称监测系统）可靠运行，根据《水电站大坝运行安全监督管理规定》（国家发展改革委令第 23 号），制定本办法。

第二条 本办法适用于以发电为主、总装机容量 5 万千瓦及以上大、中型水电站大坝的安全监测及其监督管理工作。

第三条 监测工作包括监测系统的设计、审查、施工、监理、验收、运行、更新改造和相应的管理等工作。涉密大坝的监测工作，应当遵守国家有关保密工作规定。

第四条 监测工作的基本任务是了解大坝工作性态，掌握大坝变化规律，及时发现异常现象或者工程隐患。

第五条　监测系统应当与大坝主体工程同时设计、同时施工、同时投入运行和使用。

第六条　国家能源局负责全国大坝安全监测工作的监督管理。国家能源局派出机构（以下简称派出能源监管机构）负责辖区内监测工作的监督管理。国家能源局大坝安全监察中心（以下简称大坝中心）负责监测工作的技术监督、检查和指导。

第二章　设计和施工

第七条　大坝工程建设单位（以下简称建设单位）对监测系统的设计、施工和监理承担全面管理责任。建设单位应当加强施工期和首次蓄水期监测工作。监测系统竣工验收时，建设单位应当组织开展监测系统鉴定评价和监测资料综合分析，对于坝高100米以上的高坝或者监测系统复杂的中坝、低坝，其监测系统应当进行专门设计、审查、施工和验收。

第八条　监测系统的设计应当由大坝主体工程设计单位承担。设计单位应当优化监测系统设计，编制监测设计专题报告，明确监测项目的目的、内容、功能以及各监测项目初始值选取原则，并且对监测频次、监测期限和监测工作提出要求。

首次蓄水前，设计单位应当提出蓄水期监测工作的具体要求、关键项目的监测频次和设计警戒值。

监测系统竣工验收时，设计单位应当编制监测系统运行说明书，内容包括监测设计说明、监测项目竣工图、重要监测项目及其测点信息表；监测方法、频次和期限，巡视检查要求；监测仪器设备使用注意事项、维护要求；监测资料整编分析要求等。

第九条　监测系统的施工应当由大坝主体工程施工单位或者具有相应资质的施工单位承担。

首次蓄水前，施工单位应当按照设计要求测定各监测项目的蓄水初始值，并且经过建设单位确认。

施工单位应当负责监测系统移交前的运行维护管理工作，对监测资料进行整编分析，建立施工期大坝安全监测技术档案，并及时移交建设单位。

第十条　监测系统的施工监理应当由主体工程监理单位或者具有相应资质的监理单位承担。

第十一条　监测系统的设计报告及图集、审查意见和验收报告等资料，应当在首次大坝安全注册登记时报送大坝中心。

第三章　运行管理

第十二条　大坝投入运行后，监测系统的运行管理由电力企业负责。监测工作人员应当具备水工建筑物和监测技术专业知识以及大坝安全管理能力，并且经过相关技术培训。

第十三条　电力企业应当制定大坝安全监测管理制度和技术规程，建立运行期大坝安全监测技术档案。

第十四条　电力企业应当严格按照有关要求开展监测工作，不得擅自减少监测的项目、测点、测次和期限。

当发生地震、大洪水、库水位骤升骤降、库水位低于死水位或者其他可能影响大坝安全的异常情况时，电力企业应当加强巡视检查，增加监测频次（必要时增加监测项目），及时分析监测数据，评判大坝运行状态。

第十五条　电力企业应当及时整理、分析监测数据，对测值的可靠性和监测系统的完备性进行评判，掌握监测系统的运行情况，对监测仪器设备的异常情况进行处理。

第十六条　投运的大坝安全监测自动化系统应当达到实用化水平。对于坝高100米以上的大坝、库容1亿立方米以上的大坝和病险坝，电力企业的大坝运行安全管理信息系统应当具备在线监测功能。

第十七条　电力企业应当于每年三月底前完成上一年度监测资料的整编分析。年度整编分析应当突出趋势性分析和异常现象诊断，并且应当结合工程情况和特点，针对存在的问题进行综合分析。

第十八条　电力企业应当加强监测系统的日常巡查、年度详查和定期检查，定期对监测仪器设备进行校验，发现问题及时处理。

第十九条　电力企业应当开展长系列监测资料的综合分析工作，也可结合大坝安全定期检查或者特种检查开展，监测资料综合分析应当系统分析监测数据和巡视检查情况，结合工程地质条件、环境量和结构特性，对大坝安全性态进行分析。

第二十条　电力企业应当按照《水电站大坝运行安全信息报送办法》向大坝中心等有关单位报送大坝安全监测信息，并且对报送信息的及时性、准确性、完整性负责。

第二十一条　按照《水电站大坝运行安全信息报送办法》规定报送的监测项目，电力企业不得擅自停测。对于失效的仪器设备应当尽快修复、更换或者采用其他替代监测方式。

对于其他监测项目的设备封存或报废、监测频次和期限的调整，应当经过技术分析和安全论证，由电力企业上级管理单位审查后实施，实施情况应当报送大坝中心。

第二十二条　电力企业委托监测技术服务单位承担日常监测和检查、监测系统运行维护、监测数据整编分析等具体工作的，大坝运行安全责任仍由委托方承担，被委托单位按照相关合同或者协议承担相应责任。

第四章　监测系统的更新改造

第二十三条　当监测系统在系统功能、性能指标、监测项目、设备精度及运行稳定性等方面不能满足大坝运行安全要求时，电力企业应当对其进行更新改造。

监测系统的更新改造应当进行设计、审查和验收。

第二十四条　监测系统更新改造设计工作应当由原设计单位或者具有相应资质的设计单位承担。

第二十五条　电力企业应当组织审查监测系统更新改造设计方案。

第二十六条　监测系统更新改造施工工作应当由具有相应资质的施工单位承担。电力企业应当派监测工作人员全程参与监测系统更新改造施工工作。

在监测系统更新改造过程中，电力企业应当对重要监测项目采取临时监测措施，保证监测数据有效衔接。

第二十七条　更新改造的监测系统经过一年试运行后，电力企业方可组织竣工验收。验收合格后，电力企业应当将监测系统更新改造的设计、审查、安装调试、试运行、竣工验收等相关技术资料报送大坝中心。

第五章 监督管理

第二十八条 大坝中心应当每年发布水电站大坝监测工作情况。

第二十九条 大坝中心应当对电力企业大坝安全监测工作进行监督、检查和指导。

第三十条 对于未按照本办法开展大坝安全监测工作或者出具虚假材料、造成事故的单位，由派出能源监管机构按照《水电站大坝运行安全监督管理规定》第三十四条、第三十八条和第三十九条进行处理。

第六章 附 则

第三十一条 本办法下列用语的含义：

（一）监测系统复杂，是指因大坝结构或者地质条件复杂，监测项目、监测仪器类型众多；或者监测系统中采用新技术、新设备，经验不足。

（二）施工期大坝安全监测技术档案，是指监测设施的检验、埋设记录、竣工图、监测记录、监测设施和仪器设备基本资料表，监测数据分析报告和监测系统运行说明书，验收报告等。

（三）运行期大坝安全监测技术档案，是指监测记录、巡视检查记录、监测报表、监测仪器维护记录、仪器送检记录、监测系统更新改造技术报告、监测系统鉴定评价报告、监测资料整编分析报告等。

（四）重要监测项目，是指针对大坝重要部位和薄弱环节，根据大坝实际运行特性和工作性态而确定的监测项目。

（五）建设单位，是指建设大坝的电力企业或者电力企业委托的总承包单位。

第三十二条 水电站输水隧洞、压力钢管、调压井、发电厂房、尾水隧洞等输水发电建筑物及过坝建筑物及其附属设施，可以参照本办法相关要求开展安全监测工作。

第三十三条 在国家能源局注册登记的小水电大坝的安全监测及其监督管理工作，参照本办法执行。

第三十四条 本办法自发布之日起施行。原国家电力监管委员会《水电站大坝安全监测工作管理办法》（电监安全〔2009〕4号）同时废止。

三、电源发展政策

（一）关于推进供给侧结构性改革 防范化解煤电产能过剩风险的意见

2017年7月26日，国家发改委、能源局等十六部委联合印发《关于推进供给侧结构性改革 防范化解煤电产能过剩风险的意见》。

印发《关于推进供给侧结构性改革　防范化解煤电产能过剩风险的意见》的通知

发改能源〔2017〕1404号

各省、自治区、直辖市人民政府，国务院各部委、各直属机构，各有关中央企业：

为贯彻落实党中央、国务院关于推进供给侧结构性改革的决策部署，有力有序有效推进防范化解煤电产能过剩风险工作，经国务院同意，现将《关于推进供给侧结构性改革　防范化解煤电产能过剩风险的意见》印发给你们，请认真贯彻执行。

附件：关于推进供给侧结构性改革　防范化解煤电产能过剩风险的意见

国家发展改革委等十六部委

2017年7月26日

关于推进供给侧结构性改革　防范化解煤电产能过剩风险的意见

煤电是保障我国电力供应的基础性电源。近年来，我国煤电行业的装机结构不断优化，技术装备水平大幅提升，节能减排改造效果显著，为经济社会发展做出了重要贡献。但是，受经济增速放缓、电力供需形势变化等因素影响，煤电利用小时数持续下降，规划和在建煤电项目规模较大，违规建设问题仍然存在，多个地区将会出现电力供应过剩情况，防范化解煤电产能过剩风险刻不容缓。为贯彻落实党中央、国务院关于推进供给侧结构性改革的决策部署，有力有序有效推进防范化解煤电产能过剩风险工作，经国务院同意，现提出以下意见：

一、总体要求

（一）指导思想

全面贯彻党的十八大和十八届三中、四中、五中、六中全会、中央经济工作会议精神，深入贯彻习近平总书记系列重要讲话精神和治国理政新理念新思想新战略，认真落实党中央、国务院决策部署，统筹推进"五位一体"总体布局和协调推进"四个全面"战略布局，牢固树立和贯彻落实创新、协调、绿色、开放、共享的发展理念，着力落实"四个革命、一个合作"能源战略，不断优化能源结构和布局，走绿色低碳发展道路，积极推动煤电行业供给侧结构性改革，正确处理需求与供应、存量与增量、上游与下游的关系，有力有序防范化解煤电产能过剩风险，实现煤电高效清洁有序发展。

（二）基本原则

完善机制，科学调控。全面落实电力体制改革要求，建立健全工作机制，立足企业和地区实际情况，充分发挥市场调节和宏观调控作用，因地制宜、统筹推进防范化解煤电产能过剩风险工作。

企业为主，保障安全。发电企业要主动承担主体责任，认真落实各项调控要求，妥善做好人员安置、债务处置等相关事宜。科学研判电力供需形势变化，电网企业要及时做好电力生产调度，保障电力安全稳定供应。

淘汰落后，严控增量。加快淘汰落后产能，依法依规关停不符合强制性标准的机组，进一步优化煤电结构。强化规划引领约束作用，完善风险预测预警机制，严控新增煤电规模，坚决清理违规项目，遏制未核先建等违法违规行为。

优化存量，转型升级。继续推进煤电超低排放、节能改造和灵活性改造，规范整顿企业燃煤自备电厂，全面促进煤电行业转型升级、绿色发展，加快建设国际领先的高效清洁煤电体系。

（三）工作目标

"十三五"期间，全国停建和缓建煤电产能 1.5 亿千瓦，淘汰落后产能 0.2 亿千瓦以上，实施煤电超低排放改造 4.2 亿千瓦、节能改造 3.4 亿千瓦、灵活性改造 2.2 亿千瓦。到 2020 年，全国煤电装机规模控制在 11 亿千瓦以内，具备条件的煤电机组完成超低排放改造，煤电平均供电煤耗降至 310 克/千瓦·时。

二、主要任务

（四）从严淘汰落后产能。严格执行环保、能耗、安全、技术等法律法规标准和产业政策要求，依法依规淘汰关停不符合要求的 30 万千瓦以下煤电机组（含燃煤自备机组）。有关地区、企业可结合实际情况进一步提高淘汰标准，完善配套政策措施，及时制定关停方案并组织实施。

（五）清理整顿违规项目。按照《企业投资项目核准和备案管理条例》（国务院令第 673 号）、《国务院关于印发清理规范投资项目报建审批事项实施方案的通知》（国发〔2016〕29 号）等法律法规要求，全面排查煤电项目的规划建设情况，对未核先建、违规核准、批建不符、开工手续不全等违规煤电项目一律停工、停产，并根据实际情况依法依规分类处理。

（六）严控新增产能规模。强化燃煤发电项目的总量控制，所有燃煤发电项目都要纳入国家依据总量控制制定的电力建设规划（含燃煤自备机组）。及时发布并实施年度煤电项目规划建设风险预警，预警等级为红色和橙色省份，不再新增煤电规划建设规模，确需新增的按"先关后建、等容量替代"原则淘汰相应煤电落后产能；除国家确定的示范项目首台（套）机组外，一律暂缓核准和开工建设自用煤电项目（含燃煤自备机组）；国务院有关部门、地方政府及其相关部门同步暂停办理该地区自用煤电项目核准和开工所需支持性文件。

落实分省年度投产规模，缓建项目可选择立即停建或建成后暂不并网发电。严控煤电外送项目投产规模，原则上优先利用现役机组，2020 年底前已纳入规划基地外送项目的投产规模原则上减半。

（七）加快机组改造提升。统筹推进煤电机组超低排放和节能改造，东部、中部、西部地区分别在 2017 年、2018 年、2020 年底前完成具备条件机组的改造工作，进一步提高煤电高效清洁发展水平。积极实施灵活性改造（提升调峰能力等）工程，深入挖掘煤电机组调节能力，提高系统调节运行效率。

（八）规范自备电厂管理。燃煤自备电厂要纳入国家电力建设规划，不得以任何理由在国家规划之外审批燃煤自备电厂，京津冀、长三角、珠三角等区域禁止新建燃煤自备电厂。燃煤自备电厂要严格执行国家节能和环保排放标准，公平承担社会责任，履行相应的调峰义务。

（九）保障电力安全供应。加强电力预测预警分析，定期监测评估电力规划实施情况，并适时进行调整。要及时做好电力供需动态平衡，采取跨省区电力互济、电量短时互补等措施，合理安排电网运行方式，确保电力可靠供应和系统安全稳定运行。

三、政策措施

（十）落实产业支持政策。建立完善电力容量市场、辅助服务市场等电力市场机制，研究通过电量补贴、地方财政补贴等支持政策，对承担调峰任务的煤电机组、非供暖季停发的背压机组给予合理补偿。在确保按时完成淘汰、停建、缓建煤电产能任务目标的前提下，列入关停计划的机组容量可跨省（区、市）统筹使用，按等容量原则与暂缓核准、建设项目的恢复挂钩，或按一定比例与在建项目挂钩。列入关停计划且不参与等容量替代的煤电机组，关停后可享受最多不超过5年的发电权，并可通过发电权交易转让获得一定经济补偿，具体办法由各省结合电力体制改革自行制定。

（十一）积极推进重组整合。鼓励和推动大型发电集团实施重组整合，鼓励煤炭、电力等产业链上下游企业发挥产业链协同效应，加强煤炭、电力企业中长期合作，稳定煤炭市场价格；支持优势企业和主业企业通过资产重组、股权合作、资产置换、无偿划转等方式，整合煤电资源。

（十二）实施差别化金融政策。鼓励金融机构按照风险可控、商业可持续的原则，加大对煤电企业结构调整、改造提升的信贷支持。对未核先建、违规核准和批建不符等违规煤电项目，一律不得通过贷款、发债、上市等方式提供融资。对纳入暂缓范围的在建煤电项目，金融机构要加强信贷风险管控，通过债权人委员会有效保护金融债权。

（十三）盘活土地资源。煤电机组关停拆除后的用地，可依法转让或由地方政府收回，也可在符合城乡规划的前提下转产发展第三产业。其中，转产为生产性服务业等国家鼓励发展行业的，可在5年内继续按原用途和土地权利类型使用土地。

（十四）做好职工安置。参照钢铁煤炭行业去产能工作的职工安置政策，对符合条件职工实行内部退养，依法依规变更、解除、终止劳动合同，以及做好再就业帮扶等措施，维护职工合法权益，切实做好职工安置工作。挖掘企业内部潜力，优先在发电企业集团内部安置解决分流职工，煤电改造和新建、扩建项目应优先招用关停机组分流人员。地方人民政府要指导督促企业制定并落实职工安置方案，依法依规妥善处理好经济补偿、社会保险等问题，维护社会大局稳定。

四、组织实施

（十五）加强组织领导。国家发展改革委、国家能源局牵头建立防范化解煤电产能过剩风险工作协调机制，分年度制定实施方案，与国务院国资委、有关省级人民政府加强沟通协调，督促具体任务落实。各有关省级人民政府对本地区防范化解煤电产能过剩风险工作负总责，要制订工作实施细则，完善煤电项目建设信息平台，及时与国务院有关部门交换项目信息。

（十六）加强事中事后监管。国家发展改革委、国家能源局等有关部门要持续推进简政放权、放管结合、优化服务改革，加强防范化解煤电产能过剩风险工作的事中事后监管。研究利用卫星遥感、大数据、互联网等新技术监测违规建设项目等，及时研究完善惩戒制度，建立健全部门间协同监管机制，依法依规惩处未核先建、违规核准、批建不符、开工手续不全等行为。

（十七）强化督查问责。各级政府要支持企业做好淘汰、停建、缓建等事宜，确保防范化解煤电产能过剩风险工作平稳有序开展。发电企业承担防范化解煤电产能过剩风险主体落实责任，要主动防范化解风险，避免产生安全隐患、不稳定因素及社会影响。

建立健全目标责任制，把各地区防范化解煤电产能过剩风险任务落实情况列为落实中央重大决策部署监督检查的重要内容，对工作不力的地方和企业依法依规约谈问责。

（十八）加强宣传引导。充分发挥行业协会熟悉行业、贴近企业的优势，及时反映企业诉求，反馈政策落实情况，引导和规范企业做好自律工作。要通过报刊、广播、电视、互联网等方式，深入解读相关政策措施，积极宣传典型经验做法，及时回应社会关切，形成良好的舆论环境。

（二）关于开展燃煤耦合生物质发电技改试点工作的通知

2017年11月27日，国家能源局、环境保护部联合下发了《关于开展燃煤耦合生物质发电技改试点工作的通知》，为构建清洁低碳、安全高效的能源体系，持续实施大气污染防治行动，将在全国范围内开展燃煤耦合生物质发电技改试点工作。

国家能源局 环境保护部关于开展燃煤耦合生物质发电技改试点工作的通知

国能发电力〔2017〕75号

各省（区、市）发展改革委（经信委、经委、工信厅）、能源局、环境保护厅（局），新疆生产建设兵团发展改革委、环境保护局，国家电网、南方电网公司，华能、大唐、华电、国家能源、国电投集团公司，国投、华润电力公司，电力规划设计总院（国家电力规划研究中心），清华大学、浙江大学、南京林业大学：

为深入贯彻落实党的十九大精神，以习近平新时代中国特色社会主义思想为指导，推进能源生产和消费革命，构建清洁低碳、安全高效的能源体系，持续实施大气污染防治行动，加强固废和垃圾处理，优化资源配置。建设美丽中国，国家能源局、环境保护部决定按照《大气污染防治法》《能源发展"十三五"规划》《电力发展"十三五"规划》相关要求，开展燃煤耦合生物质发电技改试点工作。现将有关事项通知如下：

一、试点目的

2013年以来，国家全面实施煤电行业节能减排升级改造，在全国范围内推广燃煤电厂超低排放要求和新的能耗标准。目前，全国已累计完成煤电超低排放改造5.7亿千瓦、节能改造5.3亿千瓦，接近《全面实施燃煤电厂超低排放和节能改造工作方案》提出的2020年完成5.8亿千瓦和6.3亿千瓦的目标。组织燃煤耦合生物质发电技改试点项目建设，旨在发挥世界最大清洁高效煤电体系的技术领先优势，依托现役煤电高技发电系统和污染物集中治理设施，构筑城乡生态环保平台，兜底消纳农林废弃残余物、生活垃圾以及污水处理厂、水体污泥等生物质资源（属危险废物的除外），破解秸秆田间直焚、污泥垃圾围城等社会治理难题，克服生物质资源能源化利用污染物排放水平偏高的缺点，增加不需要调峰调频调压等配套调节措施的优质可再生能源电力供应，促进电力行业特别是煤电的低碳清洁发展。

二、试点内容

（一）燃煤耦合农林废弃残余物发电技改项目

重点在十三个粮食主产省份，优先选取热电联产煤电机组，布局一批燃煤耦合农林废弃残余物发电技改项目。针对秸秆消纳困难、田间直燃致霾严重地区农林废弃残余物的数量、品种和品质等情况，充分考虑本体机组运行安全、负荷调节、运行效率和经济性等因素，挖掘热力循环系统在耦合环节阶梯利用潜力，合理确定技改项目技术方案。优先采用便于可再生能源电量监测计量的气化耦合方案。鼓励试点项目联产生物炭，并开展碳基肥料还田、活性炭治理修复土壤水体等下游产业利用研究。

（二）燃煤耦合垃圾发电、燃煤耦合污泥发电技改项目

重点在直辖市、省会城市、计划单列市等36个重点城市和垃圾、污泥产生量大，土地利用较困难或空间有限，以填埋处置为主的地区，优先选取热电联产煤电机组，布局燃煤耦合垃圾及污泥发电技改项目。制定运行灵活的耦合工艺方案，充分挖掘煤电机组烟气、蒸汽热力利用潜力，垃圾、污泥全程密闭、干化焚烧，干化产生的水蒸气进行冷凝回收再利用，采取有效措施防止全过程恶臭污染物外泄，恶臭污染物送入锅炉进行高温分解，尽可能减少对机组原有燃煤煤质和制粉系统的影响，降低对煤电机组运行安全、运行效率、负荷调节和经济性的影响。

三、项目组织

（一）项目申报

各省（区、市）发展改革委（能源局）根据地方相关规划及规划滚动修编计划，统筹考虑本地区生物质资源特点及可持续获得量，征求本地区煤电企业改造意愿，会同环境保护主管部门，开展项目初审和申报工作。项目技术和工程方案、投资经济性测算报告分开编写。试点项目申请报告请于2018年1月12日前报国家能源局。央企所属企业申报试点。需总部同步报试点项目申请报告。

（二）项目确定

国家能源局、环境保护部组织专家审核试点申报项目技术方案的先进性、设备的国产化率、生物质资源的可持续获取量、污染物稳定达标排放的可靠性、经济性测算指标的合理性、项目前期准备情况，以及项目是否具备近期开工条件等。通过审核的项目列为燃煤耦合生物质发电技改试点项目。

（三）项目建设

请各省（区、市）有关主管部门按照《国务院关于促进企业技术改造的指导意见》（国发〔2012〕44号）相关要求，做好燃煤耦合生物质发电技改试点项目管理工作。项目技改完成后，由省级能源、环境保护主管部门会同相关主管部门，组织专家或委托第三方咨询机构对试点项目进行评估认定并出具意见，上报国家能源局和环境保护部。试点项目要建立和执行有关环境管理制度，开展各类污染物排放自行监测并主动公开监测数据，安装污染物排放在线监控设施，并与当地环境保护主管部门联网，相关污染物排放应符合国家和地方相应排放标准与排污许可要求，并按照有关规定达到超低排放。试点项目应建立生物质资源入厂管理台账，详细记录生物质资源利用量，采用经国家强制性产品认证的计量装置，可再生能源电量计量在线运行监测数值同步传输至电力调度机构，数据留存10年。

四、相关政策

（一）技改试点项目生物质能电量电价按国家相关规定执行。

（二）技改试点项目生物质能电量单独计量，由电网企业全额收购。

（三）请各地积极落实技改试点项目享受生物质能电量相关支持政策，因地制宜制定生物质资源消纳处置价格补偿机制，采用政府购买公共服务等多种方式合理补偿生物质资源消纳处置成本并保障企业合理盈利。

（四）积极支持科研院校加快燃煤耦合生物质发电关键技术研究开发、成果转化和标准制定，优先推广应用具有自主知识产权的先进技术和装备。

五、项目监管

（一）国家能源、环境保护主管部门将视情况会同相关主管部门，组织有关单位对燃煤耦合生物质发电技改试点项目进行抽查。对弄虚作假、骗取政策支持的单位，一经查实，将追缴违法违规所得，并依法追究相关人员的责任。

（二）各省（区、市）有关主管部门和国家能源局派出机构共同负责燃煤耦合生物质发电技改试点项目的建设、运营监管工作。

（三）地方环境保护主管部门要加强对燃煤耦合生物质发电技改试点项目大气污染物、废水、重金属达标排放的监督和管理，未达标排放的项目不得享受相关支持政策。

（四）地方能源、环境保护主管部门协调相关部门加强农林废弃残余物田间地头管理，严禁露天焚烧；加强垃圾、污泥填埋监管，加大对不达标垃圾、污泥填埋的处罚力度，坚决关闭不符合国家相关标准和规范的填埋场，加大力度引导填埋垃圾、污泥用于燃煤耦合生物质发电。

（三）关于发布2023年煤电规划建设风险预警的通知

2020年2月11日，国家能源局发布了《关于2023年煤电规划建设风险预警的通知》。

国家能源局关于发布2023年煤电规划建设风险预警的通知

国能发电力〔2020〕12号

各省、自治区、直辖市、新疆生产建设兵团能源局、有关省（直辖市）发展改革委，各派出机构，中电联，国家电网有限公司、中国南方电网有限责任公司，中国华能集团公司、中国大唐集团公司、中国华电集团公司、国家能源投资集团公司、国家电力投资集团公司，中国国际工程咨询公司、电力规划设计总院：

为落实国家煤电发展政策提出的按年发布实施煤电规划建设风险预警的要求，增强电力、热力供应保障能力，更好指导地方和发电企业按需有序核准、建设省内自用煤电项目，现将2023年分省煤电规划建设风险预警结果印送你们，并就有关事项通知如下：

一、煤电规划建设风险预警的指标体系分为煤电装机充裕度预警指标、资源约束指标、煤电建设经济性预警指标。其中，煤电装机充裕度预警指标是约束性指标，体现了当地煤电装机、电力供应的冗余情况；资源约束指标是约束性指标，反映了在当地规划建设煤电项目的可行性；煤电建设经济性预警指标是建议性指标，体现了建设省内自用煤电项目的经济性，为规划建设煤电项目提供决策参考。

二、煤电装机充裕度预警指标基于2023年各省、自治区、直辖市电力系统备用率，分为红色、橙色、绿色三个等级。煤电装机明显冗余、系统备用率过高的为红色预警；煤电装机较为充裕、系统备用率偏高的为橙色预警；电力供需基本平衡或有缺口的、系统备用率适当或者偏低的为绿色。各省、自治区、直辖市电力系统参考备用率测算方法及预警结果见附件1和附件2。

三、资源约束指标基于各省、自治区、直辖市的大气污染物排放、水资源、煤炭消费总量以及其他相关资源的约束情况，分为红色、绿色两个等级。对于《关于印发打赢蓝天保卫战三年行动计划的通知》（国发〔2018〕22号）确定的重点区域，资源约束指标为红色预警；其余为绿色。各省、自治区、直辖市资源约束情况见附件3。

四、煤电建设经济性预警指标基于2023年各省、自治区、直辖市新投运省内自用煤电项目的预期投资回报率，分为红色、橙色、绿色三个等级。投资回报率低于当期中长期国债利率的为红色预警；投资回报率在当期中长期国债利率至一般项目收益率（电力项目通常为8%）之间的为橙色预警；投资回报率高于一般项目收益率的为绿色。煤电项目预期投资回报率计算方法、预警结果见附件4和附件5。

五、在电力供需形势、煤价、电价等关键条件发生较大变化或者相关重大政策出台后，我局将及时更新风险预警结果，另行补充发布。

特此通知。

附件：1. 各省、自治区、直辖市电力系统参考备用率
2. 2023年装机充裕度情况
3. 2023年资源约束情况
4. 煤电项目预期投资回报率计算方法
5. 2023年经济性预警情况

国家能源局
2020年2月11日

附件1

各省、自治区、直辖市电力系统参考备用率

序号	地区		合理备用率（%）	绿色区间（%）	橙色区间（%）	红色区间（%）
1	黑龙江		13	≤15	15~16	>16
2	吉林		13	≤15	15~17	≥17
3	辽宁		13	≤14	14~17	≥17
4	内蒙古	蒙东	15	≤19	19~20	≥20
5		蒙西	15	≤16	16~21	≥21
6	北京		15	—	—	—
7	天津		15	≤19	19~20	≥20
8	河北	冀北	13	≤15	15~17	≥17
9		冀南	13	≤14	14~18	≥18

续表

序号	地区	合理备用率（%）	绿色区间（%）	橙色区间（%）	红色区间（%）
10	山东	13	≤14	14~17	≥17
11	山西	13	≤15	15~19	≥19
12	陕西	13	≤15	15~18	≥18
13	甘肃	13	≤15	15~18	≥18
14	青海	13	≤16	16~18	≥18
15	宁夏	15	≤18	18~20	≥20
16	新疆	15	≤17	17~22	≥22
17	河南	14	≤15	15~19	≥19
18	湖北	14	≤16	16~20	≥20
19	湖南	14	≤16	16~20	≥20
20	江西	14	≤16	16~22	≥22
21	四川	14	≤15	15~19	≥19
22	重庆	15	≤17	17~21	≥21
23	西藏	—	—	—	—
24	上海	15	≤17	17~18	≥18
25	江苏	12	≤13	13~17	≥17
26	浙江	12	≤13	13~17	≥17
27	安徽	12	≤14	14~18	≥18
28	福建	12	≤14	14~18	≥18
29	广东	13	≤14	14~18	≥18
30	广西	13	≤15	15~17	≥17
31	云南	13	≤14	14~20	≥20
32	贵州	13	≤15	15~20	≥20
33	海南	20	≤25	25~29	≥29

注：①绿色区间：系统实际备用率不高于合理备用率，或在合理备用率之上小于当地一台大型煤电单机对应的系统备用率；②红色区间：系统实际备用率在合理备用率之上多出当地一年负荷增长需要的装机所对应的系统备用率；③橙色区间：系统实际备用率介于绿色及红色范围之间。

附件2

2023年装机充裕度情况

序号	地区	煤电装机充裕度预警指标	序号	地区		煤电装机充裕度预警指标
1	黑龙江	橙色	4	内蒙古	蒙东	绿色
2	吉林	橙色	5		蒙西	绿色
3	辽宁	绿色	6	北京		—

续表

序号	地区		煤电装机充裕度预警指标	序号	地区	煤电装机充裕度预警指标
7	天津		绿色	21	四川	绿色
8	河北	冀北	绿色	22	重庆	绿色
9		冀南	绿色	23	西藏	—
10	山东		绿色	24	上海	绿色
11	山西		红色	25	江苏	绿色
12	陕西		绿色	26	浙江	绿色
13	甘肃		红色	27	安徽	绿色
14	青海		绿色	28	福建	绿色
15	宁夏		红色	29	广东	绿色
16	新疆		橙色	30	广西	绿色
17	河南		绿色	31	云南	绿色
18	湖北		绿色	32	贵州	绿色
19	湖南		绿色	33	海南	绿色
20	江西		绿色			

附件 3

2023 年资源约束情况

序号	地区		资源约束指标	序号	地区		资源约束指标
1	黑龙江		绿色	13	甘肃		绿色
2	吉林		绿色	14	青海		绿色
3	辽宁		绿色	15	宁夏		绿色
4	内蒙古	蒙东	绿色	16	新疆		绿色
5		蒙西	绿色	17	河南	重点区域	红色
6	北京		红色			其他区域	绿色
7	天津		红色	18	湖北		绿色
8	河北	冀北	重点区域 红色	19	湖南		绿色
			其他区域 绿色	20	江西		绿色
9		冀南	红色	21	四川		绿色
10	山东		重点区域 红色	22	重庆		绿色
			其他区域 绿色	23	西藏		绿色
11	山西		重点区域 红色	24	上海		红色
			其他区域 绿色	25	江苏		红色
12	陕西		重点区域 红色	26	浙江		红色
			其他区域 绿色	27	安徽		红色

续表

序号	地区	资源约束指标	序号	地区	资源约束指标
28	福建	绿色	31	云南	绿色
29	广东	绿色	32	贵州	绿色
30	广西	绿色	33	海南	绿色

注："重点区域"是指《关于印发打赢蓝天保卫战三年行动计划的通知》（国发〔2018〕22号）所确定的重点区域范围。

附件4

煤电项目预期投资回报率计算方法

$$k_{lr} = [(P - R_{ca} \times P_{ca}/10^6)T_v/C_E - (k_{zj} + r \times k_{ll} + k_{cb})]/(1-r)$$

其中，k_{lr}表示煤电项目资本金投资回报率。

P表示煤电项目上网电价（不含税），单位为"元/千瓦·时"。

C_E表示单位千瓦动态投资，单位为"元/千瓦"。

T_v表示预计的年利用小时数，单位为"小时"。

k_{zj}表示折旧率，按20年折旧年限，取5%。

r表示贷款占总投资的比例，电力项目一般为80%。

k_{ll}表示贷款利率。

k_{cb}表示经营成本率，全年经营成本与总投资的比例，包括修理费、人工工资福利及保险、材料费、其他费用等。以K_{cb}取2.5%为基准，初步测算典型煤电项目投资回报率；而后，将初算的投资回报率代入计算式：$K_{cb}= 0.0737\times$初算的项目投资回报率$+0.0118$，进而得到适用于具体项目的K_{cb}建议取值。

R_{ca}表示机组发电煤耗，单位为"克/千瓦·时"。

P_{ca}表示预计标煤价格（含税），单位为"元/吨"，参照近3年中国电煤价格指数（折算至7000大卡热值标煤）通过加权得出，由近及远权重分别取0.5、0.3和0.2。

附件5

2023年经济性预警情况

序号	地区		煤电建设经济性预警指标	序号	地区		煤电建设经济性预警指标
1	黑龙江		绿色	7	天津		红色
2	吉林		红色	8	河北	冀北	绿色
3	辽宁		红色	9		冀南	绿色
4	内蒙古	蒙东	绿色	10	山东		绿色
5		蒙西	绿色	11	山西		绿色
6	北京		—	12	陕西		绿色

续表

序号	地区	煤电建设经济性预警指标	序号	地区	煤电建设经济性预警指标
13	甘肃	红色	24	上海	绿色
14	青海	红色	25	江苏	绿色
15	宁夏	红色	26	浙江	绿色
16	新疆	绿色	27	安徽	绿色
17	河南	橙色	28	福建	绿色
18	湖北	绿色	29	广东	绿色
19	湖南	绿色	30	广西	红色
20	江西	红色	31	云南	红色
21	四川	红色	32	贵州	绿色
22	重庆	绿色	33	海南	绿色
23	西藏	—			

（四）关于做好2020年煤电化解过剩产能工作的通知

2020年6月12日，国家发展改革委、工业和信息化部、国家能源局、财政部、人力资源社会保障部、国务院国资委联合下发了《2020年煤电化解过剩产能工作要点》。

2020年煤电化解过剩产能工作要点

为进一步增强电力、热力供应保障能力，巩固化解煤电过剩产能工作成果，提升煤电清洁高效发展水平，现按照国家煤电发展政策的要求，制定本工作要点。

一、2020年目标任务

淘汰关停不达标的落后煤电机组（含燃煤自备机组，下同）。依法依规清理整顿违规建设煤电项目。发布实施煤电规划建设风险预警，按需有序规划建设煤电项目，严控煤电新增产能规模，按需合理安排煤电应急备用电源和应急调峰储备电源，2020年底全国煤电装机规模控制在11亿千瓦以内。

统筹推进燃煤电厂超低排放和节能改造，西部地区具备条件的机组2020年底前完成改造工作。

二、淘汰关停落后煤电机组

落实《关于深入推进供给侧结构性改革　进一步淘汰煤电落后产能　促进煤电行业优化升级的意见》（发改能源〔2019〕431号）等相关文件要求，制定本地区落后煤电机组2020年度煤电淘汰落后产能计划，明确目标任务并组织实施。

列入2020年度煤电淘汰落后产能目标任务的机组，除地方政府明确作为应急备用电源的机组外，应在2020年12月底前完成拆除工作，需至少拆除锅炉、汽轮机、发电机、输煤栈桥、冷却塔、烟囱中的任两项。

三、清理整顿违规建设项目

严格落实《关于推进供给侧结构性改革 防范化解煤电产能过剩风险的意见》（发改能源〔2017〕1404号）、《关于进一步规范电力项目开工建设秩序的通知》（发改能源〔2016〕1698号）等相关文件要求，继续做好现有违规建设煤电项目的清理整顿工作，坚决杜绝新发生违规建设煤电项目的情况。

结合分省煤电规划建设风险预警等级，电力、热力供需形势，项目建设实际等，按需分类将补齐手续的停建项目移出《关于印发2017年分省煤电停建和缓建项目名单的通知》（发改能源〔2017〕1727号）确定的停建项目名单。

四、发布实施年度风险预警

发布2023年煤电规划建设风险预警，按照适度有序的原则，分类指导各地自用煤电项目（含燃煤自备机组、不含燃煤背压机组，下同）的核准、建设工作。

（一）装机充裕度指标为红色、橙色的地区，暂缓核准、暂缓新开工建设自用煤电项目，合理安排在建煤电项目的建设时序。为支持北方地区清洁供暖，对于确有需要的民生热电项目，由相应省级能源主管部门牵头组织评估后，正常履行核准程序或开工建设。

（二）装机充裕度指标为绿色的地区，确有需要的，在落实国土、环保、水利等国家有关政策要求，并征求国家能源局相应派出机构意见后，按需有序核准、开工建设规划内自用煤电项目；同等条件下，优先核准、优先开工建设扶贫、民生热电、煤电联营项目。

（三）装机充裕度指标为绿色、资源约束指标为红色的地区，还应落实《打赢蓝天保卫战三年行动计划》（国发〔2018〕22号）等相关文件要求，严格控制新核准、新开工建设煤电项目规模。

五、严控各地新增煤电产能

强化煤电项目的总量控制，加强规划指导约束作用。统筹巩固化解煤电过剩产能和增强电力、热力供应保障能力工作，按需适度安排煤电投产规模。探索研究清洁能源发电与煤电协调健康发展的机制，推动北方地区清洁取暖，促进清洁能源消纳。

（一）装机充裕度指标为红、橙色的地区，原则上不新安排自用煤电项目投产，确有需要的，有序适度安排煤电应急调峰储备电源。为支持脱贫攻坚、北方地区清洁取暖，对确有需要的国家级贫困县扶贫项目，已连续两年发挥作用的应急调峰储备电源且属于民生热电的项目，可列为相应省份年度投产项目。

（二）装机充裕度指标为绿色的地区，要优先利用清洁能源和外来电，综合采取省间电力互济、需求侧管理、优化系统备用，以及充分发挥国家规划内自用煤电项目、应急备用电源和应急调峰储备电源作用等措施，减少对新增煤电装机的需求。确实无法满足需求的，按需适度安排煤电投产规模。同等条件下，优先安排扶贫、民生热电、煤电联营项目投产。

（三）请继续按照《关于报送2019—2020年煤电拟投产项目的通知》（发改办能源〔2019〕611号）等相关文件要求，按需核准、建设、投产外送煤电项目。

六、做好应急调峰储备工作

为妥善应对高峰时段电力缺口，进一步提高电力、热力应急保障能力，切实维护电力系统安全稳定运行和电力、热力的可靠供应，根据《煤电应急备用电源管理指导意见》（发改能源规〔2018〕419号）、《关于煤电应急调峰储备电源管理的指导意见》（发改能源规〔2018〕1323号）等相关文件要求，指导督促各地区落实文件要求，根据实际情况，按程序合理安排煤电应急备用电源和应急调峰储备电源，并做好相关工作。

七、统筹节能环保改造工作

统筹推进现役煤电机组的超低排放和节能改造，西部地区要进一步加大改造工作推进力度，确保在2020年底前完成具备条件机组的改造工作。鼓励有条件的地区和企业继续扩大改造范围，提高全国煤电清洁高效发展水平。

（五）关于完善核电上网电价机制有关问题的通知

2013年6月15日，国家发展改革委下发了《关于完善核电上网电价机制有关问题的通知》。

国家发展改革委关于完善核电上网电价机制有关问题的通知

发改价格〔2013〕1130号

各省、自治区、直辖市发展改革委、物价局，国家电网公司、南方电网公司，中国核工业集团公司、中广核集团公司、国家核电技术有限公司：

为了促进核电健康发展，合理引导核电投资，决定完善核电上网电价机制。现将有关事项通知如下：

一、对新建核电机组实行标杆上网电价政策。根据目前核电社会平均成本与电力市场供需状况，核定全国核电标杆上网电价为每千瓦·时0.43元。

二、全国核电标杆上网电价高于核电机组所在地燃煤机组标杆上网电价（含脱硫、脱硝加价，下同）的地区，新建核电机组投产后执行当地燃煤机组标杆上网电价。

三、全国核电标杆上网电价低于核电机组所在地燃煤机组标杆上网电价的地区，承担核电技术引进、自主创新、重大专项设备国产化任务的首台或首批核电机组或示范工程，其上网电价可在全国核电标杆电价基础上适当提高，具体由省级价格主管部门提出方案报我委核批。

四、全国核电标杆上网电价保持相对稳定。今后将根据核电技术进步、成本变化、电力市场供需状况变化情况对核电标杆电价进行评估并适时调整。

五、上述政策适用于2013年1月1日后投产的核电机组。2013年1月1日以前投产的核电机组，电价仍按原规定执行。

国家发展改革委

2013年6月15日

（六）保障核电安全消纳暂行办法

保障核电安全消纳暂行办法

为促进核电健康发展，保障核电机组电量消纳，国家发展改革委、国家能源局于2017年2月20日印发了《保障核电安全消纳暂行办法》（发改能源〔2017〕324号，以下简称《办法》），明确了核电保障性消纳应遵循"确保安全、优先上网、保障电量、平衡利益"的基本原则，按优先保障顺序安排核电机组发电。一是明确电网企业要确保核电项目的配套电网设施同步投产，及时提供并网服务；二是明确核电机组保障利用小时数的确定方法和保障性电量执行核电机组标杆上网电价；三是对于保障外电量，鼓励通过电力直接交易等市场化方式促进消纳；四是明确核电企业按直接参与或购买辅助服务方式参与系统调峰。

（七）关于进一步加强核电运行安全管理的指导意见

2018年5月22日，国家发改委、国家能源局、生态环境部、国防科工局联合下发了《关于进一步加强核电运行安全管理的指导意见》。

关于进一步加强核电运行安全管理的指导意见

发改能源〔2018〕765号

中国核工业集团有限公司、中国广核集团有限公司、国家电力投资集团有限公司、华能集团有限公司：

为贯彻落实党中央、国务院关于安全高效发展核电工作的重要决策部署，宣贯实施《中华人民共和国核安全法》，按照《中共中央 国务院关于推进安全生产领域改革发展的意见》等有关要求，在总结核电行业安全管理经验和"核电安全管理提升年"专项行动工作基础上，聚焦核电运行关键环节，进一步加强安全管理，保障核电机组安全稳定运行，促进核电安全高效发展，现提出如下意见。

一、总体要求

（一）指导思想。

深入学习贯彻习近平新时代中国特色社会主义思想和党的十九大精神，紧紧围绕"五位一体"总体布局和"四个全面"战略布局，坚持创新、协调、绿色、开放、共享的发展理念，坚持理性、协调、并进的核安全观，坚持安全第一、预防为主、责任明确、严格管理、纵深防御、独立监管、全面保障的原则，加强核安全文化建设，落实安全生产主体责任，将确保安全的方针落实到核电运行管理各个环节各项工作中，确保核电安全万无一失。

（二）基本要求。

坚持安全第一。牢固树立安全第一意识，完善核安全文化体系，深入推进核安全文化建设，与安全管理工作深入融合，不断提高全员核安全文化水平。

坚持落实责任。强化落实企业安全生产主体责任，实行全员安全生产责任制，明确企业各层级各部门各岗位安全生产责任，确保责任落到实处。

坚持方法创新。推进信息化、智能化、大数据等新技术在核电运行安全管理中的应用，加强对设备状态的监控和人员行为的评价，提高安全管理水平。

坚持持续改进。充分汲取运行事件经验反馈和国内外同行经验教训，扎实有效开展常态化、机制化的评估、检查和改进行动，追求卓越，持续提高安全绩效。

坚持开放透明。严格执行核电厂运行报告制度，建立开放共享的经验反馈体系，在行业内共享良好实践和经验教训，促进全行业安全管理水平共同提升。

（三）总体目标。

核电运行安全始终处于受控状态，运行安全水平始终保持国际前列并持续提升。核电企业安全管理体系更加完善，安全生产责任制全面落实，安全管理水平持续提升。政府安全管理能力不断提高，核电行业安全管理、核安全监管、核应急响应、核安保能力进一步增强。核电安全得到更加充分、全面、有效的保障。

二、加强核安全文化建设

积极培育和建设核安全文化，营造人人敬畏核安全、共同守护核安全的工作氛围，使全体从业人员自觉将安全第一的理念内化于心、外化于行。

（一）充分发挥领导带头示范作用。核电集团和核电厂应制定并公示主要负责人核安全文化行为准则。企业各级负责人，特别是党政负责人，在工作中要率先垂范、带头践行安全第一理念。坚持保守决策，以审慎保守的态度处理安全相关问题。授予安全岗位相适应的权力，确保安全相关人员、物资、资金等资源投入。建立容错机制，鼓励员工主动报告安全问题，并予以及时回应和合理解决。

（二）制定核安全文化建设指导方案和评价指标体系。相关部门会同有关方面，研究制定核安全文化建设指导方案，指导规范企业核安全文化建设活动，将核安全文化的原则和属性转化为具体要求，进一步落实到核电厂安全管理工作中。研究制订定性与定量相结合的评价指标体系，实现核安全文化健康状态可检查、可量化、可评价。核电厂要定期开展核安全文化自评估和同行评估活动，及时查找弱项短板，借鉴良好实践，有针对性地提升核安全文化水平。

三、进一步落实安全生产主体责任

核电厂要严格按照核安全法等法律法规要求，建立健全自我约束、持续改进的内生机制，做到安全生产责任明确、分工有序、人人自觉。

（三）进一步完善企业各部门各岗位安全生产责任。核电厂要落实全员安全生产责任制，按照管业务必须管安全、管生产经营必须管安全的要求，强化企业各相关部门的安全生产职责，明确从主要负责人到基层员工（含承包商、劳务派遣人员）的安全生产责任，清晰界定责任范围和考核标准。通过加强教育培训、强化管理考核和严格奖惩等方式，建立安全生产工作层层负责、人人有责、各负其责的责任体系。

（四）加强对安全履责情况的考核。核电集团对核电厂进行考核时，应加强安全行为导向，指标权重上应统筹生产性和安全性指标，并向机组安全性、可靠性、人员行为规范、信息公开透明的方向倾斜。健全激励约束机制，研究建立以安全绩效为引导的动态薪酬管理制度，将安全履责情况作为干部选拔、任用的考察内容，将安全行为准则纳入员工入职培训、岗前培训、在岗复训内容，实行安全生产绩效与履职评定、职务晋升、奖励惩处挂钩制度。建立安全生产责任追究制度，明确违章操作等红线行为，对弄虚作假、瞒报谎报等不诚信行为零容忍，依法依规追究有关单位和个人的责任。

四、加强核电厂人员行为规范管理

进一步筑牢核电安全的人防屏障，确保正确的人按照正确的方式做正确的事，预防和减少人因失误。

（五）加强新技术新方法在核电运行安全管理中的应用。核电厂要积极探索利用信息化、智能化、大数据等新技术，对核电厂工作人员在厂内重要区域的行为进行事前提示、事中监控和事后分析，提高管理信息化、智能化水平，更简单、更有效地预防人因失误。

（六）持续推进防人因失误工具开发和应用。核电厂要定期检查员工防人因失误工具掌握和使用情况，开发应用电子化规程等防人因失误技术。细化岗位培训基本要求，确保换岗、轮岗人员接受相应培训，掌握岗位所需的防人因失误工具应用技能。积极开展防人因失误工具经验交流。

（七）建立良好工作氛围，提升工作积极性。核电厂要加强组织建设、团队建设，努力创造良好的工作氛围和生活环境，针对反应堆操纵人员等重点岗位优化晋升、薪酬等机制，不断增强员工的归属感和成就感，提升工作积极性和自觉性。

五、加强核电厂设备可靠性管理

构建更加完善的核电安全技防屏障，加强关键设备识别和故障诊断，提升设备运维水平，有效预防和减少设备故障，进一步提高核电厂运行安全性和可靠性。

（八）加强关键设备运行状态监测。核电厂要根据机组设计特点识别关键设备，进行专项标识和运维管控，改进监控技术手段，提高关键设备运行状态监测的全面性、及时性和准确性，实现设备故障的早期预警，优化设备维修策略，推动状态维修技术的发展并同定期维修有机结合，提升设备可靠性。

（九）建立关键设备管理平台。核电集团和核电厂要逐步建立关键设备全寿期管理平台和可靠性数据库，提高设备智能监测、故障诊断、健康评价和寿命预测水平。

（十）开展核电厂动态风险评价。核电厂要逐步应用动态风险评价系统等工具，加强对核电机组运行风险的实时跟踪监测，相应调整管理资源配置，精准提高核电运行安全水平。

六、提高核电厂运行安全保障能力

加强核电运行关键环节管理，提升核电厂电源、冷源可靠性，提高消防安全管理水平，保障核电机组安全稳定运行。

（十一）提高电源保障能力。核电厂要积极协调电网管理部门，确保核电机组外电源线路的冗余性和可靠性。建立厂内应急电源保障相关的监督和评价机制，编制重大缺陷跟踪清单和异常事件处置应急预案，定期开展应急预案的操作演练。提高移动柴油发电机等应急电源的快速接入能力。

（十二）提升冷源保障水平。核电厂要加强可能影响冷源系统安全的外部因素识别和分析，进一步摸清致灾海生物及杂物的种类、形式和形成规律，提高循环水取水口拦截栅格、滤网的拦污和清洁能力，建立有效的监测、预警和响应机制，制定应急预案，提高快速响应能力，保障核电厂冷源可靠性。

（十三）提高消防安全管理水平。核电厂要从确保核安全的高度，充分认识消防安全的重要性。加强消防管理机构建设，落实消防安全责任制。加强消防重点部位管理，严格可燃物控制和动火作业管理。加强消防系统及设施管理，规范专职消防队建设，提高消防培训、演习的针对性和有效性。积极探索应用信息化技术管理消防业务。严格执行消防安全检查制度，加强大修期间的消防安全监督检查。

七、建立开放共享的经验反馈体系

加强运行事件原因分析，提高经验反馈的及时性和有效性，进一步降低核电厂运行事件发生频率，防止类似事件和问题重复发生。

（十四）完善行业经验反馈体系。发挥相关部门、行业组织、企业合力，完善行业经验反馈平台，加强信息共享，实现工程设计、制造、建设与运行之间的纵向反馈，以及各核电厂之间的横向反馈。

（十五）深入开展运行事件分析和经验反馈工作。核电厂应加强运行事件原因分析，切实找准根本原因，采取针对性的改进措施。核电集团应建立统一的经验反馈体系，实现集团内经验反馈信息的互联互通，集团所属技术支持单位应开展经验反馈信息的分析研究，提炼共性问题、关键问题、前瞻性问题，有针对性地开展相关培训和技术支持。相关部门会同有关方面，组织专家对重要运行事件开展独立分析，在行业内进行通报和交流。

（十六）提高评估交流活动实效。核电厂要积极开展同行评估、经验交流等活动并实现规范化、制度化，减少形式，提高实效。积极开展同先进核电国家、国际核电组织的合作，借鉴国际先进经验，进行管理对标和经验交流。

八、加强核电厂网络安全管理

将网络安全纳入核电安全管理体系，加强能力建设，保障核电厂网络安全。

（十七）开展网络安全能力建设。核电厂要建立健全电力监控系统安全防护管理制度，对网络威胁进行评估和风险分析，合理配置网络安全监控工具，建立核电厂防范网络攻击、数据操纵或篡改的能力，定期开展网络安全检查。核电集团和核电厂要加强网络安全能力建设，研究建立核电厂网络安全实验室、工控系统测试平台等基础设施。

（十八）做好网络等级保护测评。核电厂要制定生产控制大区、管理信息大区安全防护总体方案，完成等保定级、备案，并定期进行等级测评，建立网络安全事件应急响应预案并定期进行演练。

（十九）开展网络安全培训及评估工作。支持行业组织开展网络安全相关人员的技术培训，建立网络安全保护规范和协作机制，开展核电厂网络安全同行评估。

九、加强核应急与核安保管理

完善国家核应急协调机制，加强场内外核应急工作合力，提升核应急能力。建设完善全国核材料管理指挥控制中心，加强演习演练，提升核安保突发事件应对能力。

（二十）持续提升核应急工作水平。核电厂应履行核应急主体责任，健全体系、完善机制，促进核应急工作常备不懈、持续改进。加强企业与地方之间的沟通协调，充分发挥场内外核应急工作合力作用，不断提升核应急响应能力。

（二十一）推进核安保模拟演练制度化、规范化。核电厂应以真实检验响应力量保卫能力为目的，开展实兵对抗演练，切实提升实战能力。利用先进仿真软件技术，开展多情景下的模拟对抗演练，检验并提升核安保事件处置预案的科学性、合理性。推进核安保实兵对抗演练与模拟对抗演练制度化、规范化。

（二十二）加强核电厂实物保护系统。核电厂应制定实物保护系统有效性自评估方案。对企业管理、制度、技术措施、响应能力等方面开展常态化核安保专项检查工作，确保实物保护系统正常运行。针对薄弱环节，进一步健全管理制度，开展核电厂实物保护系统能力提升工程。

（二十三）提高核电厂低空空域安全保障能力。核电厂要积极开展防范低空空域飞行物入侵工作，建立有效防范低空空域飞行物入侵的感知、识别、处置、通报管理体系与技术手段，加强对核电厂低空空域的安全保卫能力，建立涵盖核电厂水下、水面、地面、低空的立体全面安全保卫体系，保障核电安全。

十、加强核电行业安全管理和监督检查

巩固"核电安全管理提升年"专项行动经验，加强企业内部安全监督和政府安全管理，把各项安全工作抓实抓好。

（二十四）建立和完善安全隐患排查治理机制。核电厂要建立健全隐患排查治理制度，开展定期检查和专项检查等，实行自查自改闭环管理，严格重大隐患挂牌督办制度。企业主要负责人应亲自带队，定期深入现场，开展巡视检查，督促对重大隐患的整改。相关部门按照核安全法要求，落实核安全监督检查制度，强化隐患排查治理监督检查。

（二十五）完善核电企业安全监督体系。建立完善核电厂自我监督、核电集团监督指导的监督体系，提升企业内部监督的有效性，形成自我检查、整改、提升的良性循环和长效机制。

（二十六）加强政府核电安全管理。能源局进一步加强核电行业安全管理，从行业规划、产业政策、法规标准、行政许可等方面加强行业安全生产工作，指导督促企业加强安全管理；核安全局以宣贯实施核安全法为抓手，严格核安全独立监管，推进核电行业核安全责任进一步落实，提升核安全管理水平；国防科工局进一步强化国家核应急和核安保管理体系。

国家发展改革委
国家能源局
生态环境部
国防科工局
2018 年 5 月 22 日

（八）关于完善水电上网电价形成机制的通知

2014 年 1 月 11 日，为合理反映水电市场价值，更大程度地发挥市场在资源配置中的决定性作用，促进水电产业健康发展，国家发展改革委下发了《关于完善水电上网电价形成机制的通知》。

国家发展改革委关于完善水电上网电价形成机制的通知

发改价格〔2014〕61号

各省、自治区、直辖市发展改革委、物价局，国家电网公司，南方电网公司，华能、大唐、华电、国电、中电投集团公司，三峡集团公司，国家开发投资公司：

为合理反映水电市场价值，更大程度地发挥市场在资源配置中的作用，促进水电产业健康发展，决定完善水电上网电价形成机制。现就有关事项通知如下：

一、跨省跨区域交易价格由供需双方协商确定。国家明确为跨省、跨区域送电的水电站，其外送电量上网电价按照受电地区落地价扣减输电价格（含线损）确定。其中，跨省（区、市）输电价格由国家发展改革委核定，跨区域电网输电价格由国家能源局审核，报国家发展改革委核准；受电地区落地价由送、受电双方按照平等互利原则，参照受电地区省级电网企业平均购电价格协商确定。经协商无法达成一致意见的，由国家发展改革委协调确定。

二、省内上网电价实行标杆电价制度。各省（区、市）水电标杆上网电价以本省省级电网企业平均购电价格为基础，统筹考虑电力市场供求变化趋势和水电开发成本制定。水电比重较大的省（区、市），可在水电标杆上网电价基础上，根据水电站在电力系统中的作用，实行丰枯分时电价或者分类标杆电价。个别情况特殊的水电站上网电价个别处理。具体由省级价格主管部门提出方案，报国家发展改革委核准。

三、建立水电价格动态调整机制。水电上网电价在一定时期内保持稳定。当电力市场供求、水电开发成本以及国家相关政策发生较大变化时，应适时调整水电上网电价。

四、鼓励通过竞争方式确定水电价格。要创造条件逐步实行由市场竞争形成电价的机制。具备条件的地区，可探索通过招标等竞争方式确定水电项目业主和上网电价。

五、逐步统一流域梯级水电站上网电价。对同一投资主体在同一流域开发的梯级水电站实行统一的省内上网电价；对不同投资主体在同一流域开发的梯级水电站，在完善上下游电站补偿机制基础上，逐步实行统一的省内上网电价。

六、以上规定适用于2014年2月1日以后新投产水电站。对现有水电站上网电价，要进一步规范管理，逐步简化电价分档。

国家发展改革委

2014年1月11日

（九）关于促进非水可再生能源发电健康发展的若干意见

2020年1月20日，财政部、国家发展改革委、国家能源局联合印发了《关于促进非水可再生能源发电健康发展的若干意见》，明确了非水可再生能源发电项目的补贴办法。

关于促进非水可再生能源发电健康发展的若干意见

财建〔2020〕4号

各省、自治区、直辖市财政厅（局）、发展改革委、物价局、能源局，新疆生产建设兵团财政局、发展改革委，国家电网有限公司、中国南方电网有限责任公司：

非水可再生能源是能源供应体系的重要组成部分，是保障能源安全的重要内容。当前，非水可再生能源发电已进入产业转型升级和技术进步的关键期，风电、光伏等可再生能源已基本具备与煤电等传统能源平价的条件。为促进非水可再生能源发电健康稳定发展，提出以下意见。

一、完善现行补贴方式

（一）以收定支，合理确定新增补贴项目规模。根据可再生能源发展规划、补助资金年度增收水平等情况，合理确定补助资金当年支持新增项目种类和规模。财政部将向有关部门公布年度新增补贴总额。国家发展改革委、国家能源局在不超过年度补贴总额范围内，合理确定各类需补贴的可再生能源发电项目新增装机规模，并及早向社会公布，引导行业稳定发展。新增海上风电和光热项目不再纳入中央财政补贴范围，按规定完成核准（备案）并于2021年12月31日前全部机组完成并网的存量海上风力发电和太阳能光热发电项目，按相应价格政策纳入中央财政补贴范围。

（二）充分保障政策延续性和存量项目合理收益。已按规定核准（备案）、全部机组完成并网，同时经审核纳入补贴目录的可再生能源发电项目，按合理利用小时数核定中央财政补贴额度。对于自愿转为平价项目的存量项目，财政、能源主管部门将在补贴优先兑付、新增项目规模等方面给予政策支持。价格主管部门将根据行业发展需要和成本变化情况，及时完善垃圾焚烧发电价格形成机制。

（三）全面推行绿色电力证书交易。自2021年1月1日起，实行配额制下的绿色电力证书交易（以下简称绿证），同时研究将燃煤发电企业优先发电权、优先保障企业煤炭进口等与绿证挂钩，持续扩大绿证市场交易规模，并通过多种市场化方式推广绿证交易。企业通过绿证交易获得收入相应替代财政补贴。

二、完善市场配置资源和补贴退坡机制

（四）持续推动陆上风电、光伏电站、工商业分布式光伏价格退坡。继续实施陆上风电、光伏电站、工商业分布式光伏等上网指导价退坡机制，合理设置退坡幅度，引导陆上风电、光伏电站、工商业分布式光伏尽快实现平价上网。

（五）积极支持户用分布式光伏发展。通过定额补贴方式，支持自然人安装使用"自发自用、余电上网"模式的户用分布式光伏设备。同时，根据行业技术进步、成本变化以及户用光伏市场情况，及时调整自然人分布式光伏发电项目定额补贴标准。

（六）通过竞争性方式配置新增项目。在年度补贴资金总额确定的情况下，进一步完善非水可再生能源发电项目的市场化配置机制，通过市场竞争的方式优先选择补贴强度低、退坡幅度大、技术水平高的项目。

三、优化补贴兑付流程

（七）简化目录制管理。国家不再发布可再生能源电价附加目录。所有可再生能源项目通过国家可再生能源信息管理平台填报电价附加申请信息。电网企业根据财政部等部门确定的原则，依照项目类型、并网时间、技术水平等条件，确定并定期向全社会公开符合补助条件的可再生能源发电项目清单，并将清单审核情况报财政部、国家发展改革委、国家能源局。此前，三部委已发文公布的 1~7 批目录内项目直接列入电网企业可再生能源发电项目补贴清单。

（八）明确补贴兑付主体责任。电网企业依法依规收购可再生能源发电量，及时兑付电价，收购电价（可再生能源发电上网电价）超出常规能源发电平均上网电价的部分，中央财政按照既定的规则与电网企业进行结算。

（九）补贴资金按年度拨付。财政部根据年度可再生能源电价附加收入预算和补助资金申请情况，将补助资金拨付到国家电网有限公司、中国南方电网有限责任公司和省级财政部门，电网企业根据补助资金收支情况，按照相关部门确定的优先顺序兑付补助资金，光伏扶贫、自然人分布式、参与绿色电力证书交易、自愿转为平价项目等项目可优先拨付资金。电网企业应切实加快兑付进度，确保资金及时拨付。

（十）鼓励金融机构按照市场化原则对列入补贴发电项目清单的企业予以支持。鼓励金融机构按照市场化原则对于符合规划并纳入补贴清单的发电项目，合理安排信贷资金规模，切实解决企业合规新能源项目融资问题。同时，鼓励金融机构加强支持力度，创新融资方式，加快推动已列入补贴清单发电项目的资产证券化进程。

四、加强组织领导

促进非水可再生能源高质量发展是推动能源战略转型、加快生态文明建设的重要内容，各有关方面要采取有力措施，全面实施预算绩效管理，保障各项政策实施效果。各省级发改、财政、能源部门要加强对本地区非水可再生能源的管理，结合实际制定发展规划。各省级电网要按照《中华人民共和国可再生能源法》以及其他政策法规规定，通过挖掘燃煤发电机组调峰潜力、增加电网调峰电源、优化调度运行方式等，提高非水可再生能源电力消纳水平，确保全额保障性收购政策落实到位。

财政部
国家发展改革委
国家能源局
2020 年 1 月 20 日

（十）关于《关于促进非水可再生能源发电健康发展的若干意见》有关事项的补充通知

为了进一步完善补助额度计算、项目容量认定等操作细则，推进非水可再生能源发电行业稳定健康发展，2020 年 9 月 29 日，三部委联合印发《关于〈关于促进非水可再生能源发电健康发展的若干意见〉有关事项的补充通知》。

关于《关于促进非水可再生能源发电健康发展的若干意见》有关事项的补充通知

财建〔2020〕426 号

各省、自治区、直辖市财政厅（局）、发展改革委、能源局，新疆生产建设兵团财政局、发展改革委，国家电网有限公司，中国南方电网有限责任公司：

为促进可再生能源高质量发展，2020 年 1 月，财政部、发展改革委、国家能源局印发了

《关于促进非水可再生能源发电健康发展的若干意见》（财建〔2020〕4号，以下简称4号文），明确了可再生能源电价附加补助资金（以下简称补贴资金）结算规则。为进一步明确相关政策，稳定行业预期，现将补贴资金有关事项补充通知如下：

一、项目合理利用小时数

4号文明确，按合理利用小时数核定可再生能源发电项目中央财政补贴资金额度。为确保存量项目合理收益，基于核定电价时全生命周期发电小时数等因素，现确定各类项目全生命周期合理利用小时数如下：

（一）风电一类、二类、三类、四类资源区项目全生命周期合理利用小时数分别为48000小时、44000小时、40000小时和36000小时。海上风电全生命周期合理利用小时数为52000小时。

（二）光伏发电一类、二类、三类资源区项目全生命周期合理利用小时数为32000小时、26000小时和22000小时。国家确定的光伏领跑者基地项目和2019、2020年竞价项目全生命周期合理利用小时数在所在资源区小时数基础上增加10%。

（三）生物质发电项目，包括农林生物质发电、垃圾焚烧发电和沼气发电项目，全生命周期合理利用小时数为82500小时。

二、项目补贴电量

项目全生命周期补贴电量=项目容量×项目全生命周期合理利用小时数。其中，项目容量按核准（备案）时确定的容量为准。如项目实际容量小于核准（备案）容量的，以实际容量为准。

三、补贴标准

按照《可再生能源电价附加补助资金管理办法》（财建〔2020〕5号，以下简称5号文）规定纳入可再生能源发电补贴清单范围的项目，全生命周期补贴电量内所发电量，按照上网电价给予补贴，补贴标准=（可再生能源标杆上网电价（含通过招标等竞争方式确定的上网电价）－当地燃煤发电上网基准价）/（1+适用增值税率）。

在未超过项目全生命周期合理利用小时数时，按可再生能源发电项目当年实际发电量给予补贴。

按照5号文规定纳入可再生能源发电补贴清单范围的项目，所发电量超过全生命周期补贴电量部分，不再享受中央财政补贴资金，核发绿证准许参与绿证交易。

按照5号文规定纳入可再生能源发电补贴清单范围的项目，风电、光伏发电项目自并网之日起满20年后，生物质发电项目自并网之日起满15年后，无论项目是否达到全生命周期补贴电量，不再享受中央财政补贴资金，核发绿证准许参与绿证交易。

四、加强项目核查

发展改革委、国家能源局、财政部将组织对补贴项目有关情况进行核查。其中，价格主管部门负责核查电价确定和执行等情况；电网企业负责核查项目核准（备案）和容量等情况，能源主管部门负责制定相关核查标准；财政主管部门负责核查补贴发放等情况。

电网企业应建立信息化数据平台，对接入的可再生能源发电项目装机、发电量、利用小时数等运行情况进行连续监测，对电费和补贴结算进行追踪分析，确保项目信息真实有效，符合国家制定的价格、项目和补贴管理办法。

（一）项目纳入可再生能源发电补贴清单时，项目业主应对项目实际容量进行申报。如在核查中发现申报容量与实际容量不符的，将按不符容量的 2 倍核减补贴资金。

（二）电网企业应按确定的项目补贴电量和补贴标准兑付补贴资金。如在核查中发现超标准拨付的情况，由电网企业自行承担。

特此通知。

财政部
发展改革委
国家能源局
2020 年 9 月 29 日

四、电力需求侧管理政策

2017 年 9 月 20 日，国家发展改革委、国家工信委、财政部、住房城乡建设部、国务院国资委、国家能源局六部委联合发布了《关于深入推进供给侧结构性改革做好新形势下电力需求侧管理工作的通知》，指出新的形势下，电力需求侧管理除继续做好电力电量节约，促进节能减排工作以外，各有关单位应坚持问题导向，重点做好推进电力体制改革，总结需求响应试点经验，及时向全国推广；实施电能替代，扩大电力消费市场；促进可再生能源电力的有效消纳利用，推进能源绿色转型与温室气体减排；提高智能用电水平。

关于深入推进供给侧结构性改革做好新形势下电力需求侧管理工作的通知

发改运行规〔2017〕1690 号

各省、自治区、直辖市发展改革委、经信委（工信委、工信厅）、物价局、财政厅（局）、住建厅、国资委、能源局，北京市城管委，国家能源局各派出能源监管机构，中国电力企业联合会，国家电网公司、南方电网公司：

2010 年《电力需求侧管理办法》印发以来，各有关部门和企业按照科学用电、节约用电、有序用电的理念，积极推进电力需求侧管理工作，在促进电力供需平衡和保障重点用户用电等方面发挥了重要作用。近年来我国经济进入新常态，电力供需形势相对宽松，电力需求侧管理面临的外部形势和内涵发生了较大变化，工作方向和重心需要及时调整。为贯彻落实供给侧结构性改革有关部署，促进供给侧与需求侧相互配合、协调推进，现就新形势下进一步做好电力需求侧管理有关事项通知如下。

一、近年来电力需求侧管理工作取得了积极成效

现行《电力需求侧管理办法》印发后，有关部门和地方政府各司其责、电网企业全力配合、电力用户积极参与，无论是紧张时期保平衡，还是宽松时期提能效，电力需求侧管理工作都发挥了非常重要的作用。

（一）有序用电不断规范，成为保障电力供需平衡的重要手段。一是强化政策引领。国家发展改革委出台《有序用电管理办法》，明确了在电力供应不足、突发事件等情况下，政府部门、电网企业、电力用户保障电力供需平衡的责任分工，以及优先保障居民生活和公共设施用电原则，较好地贯彻了以人民为中心的发展思想。二是健全工作体系。形成了全国、省、市多级联动，政府主导、电网实施、用户配合的科学管理体系，建立了备案、摸查、宣传、演练、实施的完整工作机制，既提高了工作效率，又确保了实施效果。三是科学精准实施。电力迎峰度夏期间，通过有序用电转移高峰负荷最大达到1600万千瓦，切实保障了电力供需平衡和社会稳定。

（二）节约用电积极引导，成为节能减排的有效措施。一是电网企业积极履行社会责任，完成电力需求侧管理目标责任考核任务。按照《关于印发〈电网企业实施电力需求侧管理目标责任考核方案（试行）〉的通知》（发改运行〔2011〕2407号）有关要求，电网企业积极采取措施促进自身节电和开展社会节电。2012~2016年，累计节约电量553亿千瓦·时，节约电力1268万千瓦，比目标任务分别超额完成131亿千瓦·时和359万千瓦。二是城市综合试点进一步探索了电力需求侧管理的先进经验和模式。北京、苏州、唐山、佛山4个综合试点城市，分别结合自身负荷特点和工作基础，积极发挥财政资金的撬动作用，不断探索电力需求侧管理的技术创新和制度创新，通过能效电厂、需求响应等一系列综合措施，在2013~2015年累计削减高峰负荷283万千瓦以上。三是电能服务产业健康发展。通过财政支持、价格激励、市场化模式探索等多种方式，电能服务产业发展迅速，节能服务产业广泛竞争的局面基本形成，为售电侧改革奠定了坚实基础。

（三）科学用电持续推进，成为经济运行的重要组成部分。一是信息化平台布局初步建成。国家电力需求侧管理平台成功上线运行，省级电力需求侧管理平台基本实现全覆盖，企业级电能服务管理平台快速发展，国家—省级—企业信息化平台架构基本建成，协同效应充分发挥，在线监测、宏观经济分析等工作实现了数字化、网络化、可视化。二是需求响应工作逐步深入。上海市在2014年开展电网、负荷集成商、工业用户共同参与的市场化需求响应试点基础上，将实施范围拓展到商业建筑领域。江苏省2015年在全国率先实现全省范围内实施需求响应，2016年最大响应负荷达到345万千瓦。

二、充分认识当前电力需求侧管理面临的形势

随着我国经济发展进入新常态，"十三五"时期用电量低速增长，电力供应能力充足，电力供需由总体偏紧、局地供需矛盾紧张转变为总体宽松、局地供应富余，形势已发生深刻变化。同时，生态文明建设、能源消费革命、新一轮电力体制改革的推进，都为电力需求侧管理提供了新的发展机遇，也提出了新的工作要求。

（一）面临新的形势。一是电力供需总体供大于求。近年来，随着经济发展进入新常态，全社会用电增速逐步放缓，"十二五"时期年均增长5.7%，与此同时电力装机增长迅速，"十二五"时期年均增长9.3%，截至2016年底，全国电力装机容量已达16.5亿千瓦，供大于求形势越发明显，电力需求侧管理的工作重心需从保障供需平衡向多元化目标转变。二是可再生能源消纳矛盾突出。随着用电增速放缓和可再生能源装机迅猛增长,弃水弃风弃光矛盾越发突出。2016年,全国弃水电量500亿千瓦·时,同比增长85.2%;弃风电量497亿千瓦·时,同比增长46.6%;弃光电量74亿千瓦·时,同比增长57.4%。

(二)提供新的机遇。一是"十三五"节能减排工作方案要求强化电力需求侧管理。2016年12月国务院印发的《"十三五"节能减排综合工作方案》中,明确要求加强电力需求侧管理,建设电力需求侧管理平台,推广电能服务,总结试点经验,鼓励用户积极采用节能技术产品,优化用电方式。二是新一轮电力体制改革对电力需求侧管理提出了新的要求。中发9号文件明确提出,积极开展需求侧管理和能效管理,通过运用现代信息技术、培育电能服务、实施需求响应等,促进供需平衡和节能减排。

(三)拓展新的内涵。电力需求侧管理是供给侧结构性改革的重要内容。电力的需求侧即是用户的供给侧,做好电力需求侧管理工作,有利于提升企业效率、降低实体经济企业成本。供给侧结构性改革的深入推进,客观上要求切实利用好需求侧管理的重要工具,与供给侧相互配合、协调推进,紧扣供给侧结构性改革的新任务和新问题,实现新突破。电力需求侧管理是推进"放管服"改革的有效抓手。深化简政放权、放管结合、优化服务改革,需大力提升与群众生活密切相关的公用事业服务质量和效率。通过电力需求侧管理不断强化居民等重点用户的供电服务,促进电网企业保障电力供应、提高电能可靠性、优化电能服务,是落实"放管服"改革要求的重要途径。电力需求侧管理是促进可再生能源消纳的关键手段。可再生能源发电的间歇性、随机性、不可控性,对需求侧用电负荷曲线柔性度的要求越来越高,通过深化推进电力需求侧管理,积极发展储能和电能替代等关键技术,促进供应侧与用户侧大规模友好互动,是促进可再生能源多发满发的重要手段。

三、进一步做好新形势下的电力需求侧管理工作

新的形势下,电力需求侧管理除继续做好电力电量节约,促进节能减排工作以外,各有关单位应坚持问题导向,重点做好以下工作:

(一)推进电力体制改革。细化落实优先购电制度,结合有序用电工作基础,进一步研究细化改革推进中优先购电用户的类别和保障方式,实现市场推进和保障民生两促进、两不误;探索市场机制建设,总结需求响应试点经验,及时向全国推广,进一步完善需求响应工作中的市场化机制,为电力市场建设积累经验。

(二)实施电能替代。各有关部门和企业要在需求侧领域合理实施电能替代,促进大气污染治理,扩大电力消费市场,拓展新的经济增长点。要不断创新电能替代领域、替代方法和替代内容,进一步扩大电能替代范围和实施规模。

(三)促进可再生能源消纳。各有关部门和企业要加强消费与生产的协同互动,从需求侧促进可再生能源电力的有效消纳利用,推进能源绿色转型与温室气体减排。

(四)提高智能用电水平。各有关部门和企业要通过信息和通信技术与用电技术的融合,推动用电技术进步、效率提升和组织变革,创新用电管理模式,培育电能服务新业态,提升电力需求侧管理智能化水平。

结合新形势和新任务,我们对现行的《电力需求侧管理办法》进行了修订。在执行过程

中，各有关单位要树立"电力的需求侧即是用户的供给侧"的理念，切实发挥好需求侧管理的重要作用推进供给侧结构性改革。2011年1月1日发布的《电力需求侧管理办法》同时废止。

附件：电力需求侧管理办法（修订版）

国家发展改革委

工业和信息化部

财政部

住房城乡建设部

国务院国资委

国家能源局

2017年9月20日

电力需求侧管理办法（修订版）

第一章 总 则

第一条 为深入推进供给侧结构性改革，推动能源革命和全社会节能减排，促进电力经济绿色发展和生态文明建设，根据《中华人民共和国电力法》《中华人民共和国节约能源法》《电力供应与使用条例》《关于进一步深化电力体制改革的若干意见》等法律法规和文件规定，制定本办法。

第二条 本办法所称电力需求侧管理，是指加强全社会用电管理，综合采取合理、可行的技术和管理措施，优化配置电力资源，在用电环节制止浪费、降低电耗、移峰填谷、促进可再生能源电力消费、减少污染物和温室气体排放，实现节约用电、环保用电、绿色用电、智能用电、有序用电。

第三条 国家发展改革委负责全国电力需求侧管理工作，县级以上人民政府经济运行主管部门负责本行政区域内的电力需求侧管理工作。国务院有关部门、各地区县级以上人民政府有关部门在各自职责范围内开展和参与电力需求侧管理。

第四条 电力生产供应和消费应贯彻节约优先、绿色低碳的国家能源发展战略，在增加电力供应时，统筹考虑并优先采取电力需求侧管理措施。政府主管部门应推动供用电技术改进，优化用电方式，开展电能替代，消纳可再生能源，提高能源效率。

第五条 电网企业、电能服务机构、售电企业、电力用户是电力需求侧管理的重要实施主体，应依法依规开展电力需求侧管理工作。

第二章 节约用电

第六条 本办法所称节约用电，是指加强全社会用电管理，综合采取合理、可行的技术和管理措施，在用电环节制止浪费、降低电耗、实现电力电量节约，促进节能减排和经济社会健康发展。

第七条 实施电网企业电力需求侧管理目标责任考核评价制度，政府主管部门制定和下达本级电网企业年度电力电量节约指标，组织开展年度指标完成情况考核；当年电力、电量节约指标原则上不低于电网企业售电营业区内上年最大用电负荷的0.3%、上年售电量的0.3%；电网企业可通过自行组织实施或购买服务实现。社会资本投资的增量配电网经营企业暂不参与考核，但应当主动采取措施实施电力需求侧管理，每年年底前将经营区域内电力电量节约量和工作措施上报省级经济运行主管部门。

第八条　电网企业应推广使用节能先进技术，采用节能输变电设备，采取技术措施减少供电半径，增强无功补偿，加强无功管理，稳步降低线损率。

第九条　鼓励推进工业、建筑等领域电力需求侧管理，组织开展产业园区、工业企业、综合商务区等功能区电力需求侧管理示范，建立和完善第三方评价机制，开发和传播典型案例，引领和促进工业、建筑领域节电、降耗、提效，提升可持续发展能力。

第十条　鼓励电能服务机构、售电企业提供合同能源管理、综合节能和用电咨询等服务，帮助用户节约电力电量，提高生产运行效率。

第十一条　政府主管部门应组织开展能效电厂项目示范，制定和发布电力需求侧管理技术推广目录，引导电力用户加快实施能效电厂项目，采用节电新技术。

第十二条　政府主管部门支持发展电能服务产业，推动建立电力需求侧管理服务机构体系；支持电力需求侧管理指导中心、行业协会、电能服务公司、产业联盟等机构创新服务内容和模式，提供节电咨询、设计、工程、评估、检测、核证、培训、标准制定、电子商务等服务；鼓励电能服务公司等向售电企业转型。

第三章　环保用电

第十三条　本办法所称环保用电，是指充分发挥电能清洁环保、安全便捷等优势，在需求侧实施电能替代燃煤、燃油、薪柴等，促进能源消费结构优化和清洁化发展，支持大气污染治理。

第十四条　政府主管部门应支持开展环保用电，推动在需求侧合理实施电能替代，促进大气污染治理，扩大电力消费市场，拓展新的经济增长点。

第十五条　综合考虑电力市场建设、技术经济性、节能环保效益等因素，因地制宜、有序推进各领域电能替代，重点推进京津冀等大气污染严重地区的"煤改电"工作以及北方地区的电供暖工作。实施电能替代新增电力电量需求应优先通过可再生能源电力满足，并在电网企业年度电力电量节约指标完成情况考核中予以合理扣除，对于通过可再生能源满足的电能替代新增电力电量，计入电网企业年度节约电力电量指标。

第十六条　鼓励电力用户采用地源、水源、空气源热泵、电蓄热、电蓄冷、储能等成熟的电能替代技术，支持开展电能替代新技术示范、区域示范、产业园区示范。

第十七条　电网企业应加强电能替代配套电网建设，推进电网升级改造，提高环保用电的供电保障能力，做好环保用电的供电服务。

第十八条　鼓励社会资本积极参与电能替代项目投资、建设和运营，探索多方共赢的市场化项目运作模式。

第四章　绿色用电

第十九条　本办法所称绿色用电，是指绿色电力消费与生产的协同互动，从需求侧促进可再生能源电力的有效消纳利用，推进能源绿色转型与温室气体减排。

第二十条　支持和推动绿色用电，探索绿色电力消费与生产的协同互动，引导电力用户优化用电方式，从需求侧促进可再生能源电力的有效消纳利用。

第二十一条 选择需求响应资源条件较好、可再生能源富集的地区，因地制宜开展需求响应促进可再生能源电力消纳试点，以互联网技术为支撑，探索、推广多方共赢的需求响应与可再生能源电力消纳协同模式。

第二十二条 支持电网企业会同电力用户探索建设大规模源网荷友好互动系统，有效平抑可再生能源带来的波动，提升电网"源""荷"互补能力，助力可再生能源大规模替代化石能源。

第二十三条 改善电力运行调节，将需求响应资源统筹纳入电力运行调度，提高电网的灵活性，为可再生能源电力的消纳创造条件。

第二十四条 探索建立需求响应与可再生能源电力消纳协调互动的经济激励机制，对需求响应参与方给予经济补偿，鼓励可再生能源发电企业通过灵活的电价机制引导需求响应用户购买可再生能源电力。

第五章 智能用电

第二十五条 本办法所称智能用电，是指通过信息和通信技术与用电技术的融合，推动用电技术进步、效率提升和组织变革，创新用电管理模式，培育电能服务新业态，提升电力需求侧管理智能化水平。

第二十六条 政府主管部门和企业应推进电力需求侧管理平台建设，完善平台主站、子站的互联互通、信息交互和共享、用电在线监测、数据统计分析、用电决策支持、需求响应与有序用电等功能，引导、鼓励电力用户和各类市场主体建设需求侧管理信息化系统并接入国家电力需求侧管理平台，积极推动与公共建筑能耗监管平台的互联互通及数据共享，为实施智能用电提供多方位的技术支撑，电网企业应定期向政府报送电力需求侧管理平台所需电力运行数据。

第二十七条 支持在产业园区、大型公共建筑、居民小区等集中用电区域开展"互联网+"智能用电示范，探索"互联网+"智能用电技术模式和组织模式，推进需求响应资源、储能资源、分布式可再生能源电力以及新能源微电网的综合开发利用，推广智能小区/楼宇/家庭、智慧园区试点，引导全社会采用智能用电设备。

第二十八条 鼓励电能服务公司、充换电设施运营商等创新智能用电服务内容和模式，探索开展电能云服务、电动汽车智能充换电服务，为电力用户提供智能化、个性化的用电与节电服务。鼓励电力用户主动参与和实施智能需求响应。

第二十九条 推动建设用电大数据中心，拓展用电大数据采集范围，整合电网企业、电力用户、电能服务公司等的用电数据资源，逐步实现用电数据的集成和安全共享，为电力经济运行分析、用电和节电决策等提供充足、及时、准确的数据支持。鼓励基于用电大数据的创新创业，支持开展基于用电大数据的新型增值服务。

第六章 有序用电

第三十条 本办法所称有序用电，是指在电力供应不足、突发事件等情况下，通过行政措施、经济手段、技术方法，依法控制部分用电需求，维护供用电秩序平稳的管理工作。

第三十一条 政府主管部门应将居民、农业、重要公用事业和公益性服务用电纳入优先购电权计划，建立优先购电用户目录，并根据保障需要，对目录用户进行甄别和完善，动态调整。

第三十二条　各地应扩大需求响应试点实施范围，结合电力市场建设的推进，推动将需求响应资源纳入电力市场。支持、激励各类电力市场参与方开发和利用需求响应资源，提供有偿调峰、调频等服务，逐步形成占年度最大用电负荷3%左右的需求侧机动调峰能力，保障非严重缺电情况下的电力供需平衡。

第三十三条　政府主管部门应引导、激励电力用户优化用电方式，采用具备需求响应的用电设备，充分利用需求响应资源，主动参与实施电力需求响应。

第三十四条　电网企业应通过电力负荷管理系统开展负荷监测和控制，负荷监测能力达到经营区域内最大用电负荷的70%以上，负荷控制能力达到经营区域内最大用电负荷的10%以上，100千伏安及以上用户全部纳入负荷管理范围，重点用能单位应将用电数据接入国家电力需求侧管理平台和国家重点用能单位能耗在线监测系统等平台。

第三十五条　政府主管部门应完善电力应急保障机制，精细化开展有序用电工作，组织制定有序用电方案，进行必要演练，增强操作能力。依法依规实施有序用电，保障优先购电权计划落实。

第三十六条　在面临重大自然灾害和突发事件时，省级以上人民政府依法宣布进入应急状态或紧急状态，用电执行有序用电方案。

第七章　保障措施

第三十七条　政府主管部门应健全和完善电力需求侧管理法制规制综合保障体系，及时将电力需求侧管理相关措施纳入相关法律法规或专门制定电力需求侧管理有关规章。

第三十八条　政府主管部门应将电力需求侧管理综合纳入国家和地方电力发展相关规划，确保实现对电力需求侧管理资源的优先开发利用。

第三十九条　政府主管部门应依法组织制定、修订电力需求侧管理相关国家标准、地方标准、行业标准，鼓励企业和有关单位制定电力需求侧管理企业标准、社团标准。

第四十条　各级经济运行主管部门每年制定能力建设（培训）工作方案，充分发挥国家电力需求侧管理平台在宣传培训、技术推广、案例分析、成果展示等方面的作用，并通过考核和激励手段促进各类电力需求侧管理专业从业人员加强培训。

第四十一条　各级价格主管部门应推动完善峰谷电价、尖峰电价、差别电价、惩罚性电价、居民阶梯电价，加大激励力度，扩大实施范围。探索试行、推广高可靠性电价、可中断负荷电价等电价政策，引导和激励电力用户参与电力需求侧管理。

第四十二条　地方政府可以设立电力需求侧管理专项资金，资金可来源于电价外附加征收的差别电价收入、其他财政预算安排等；资金用途可包括：电力需求侧管理平台、公共建筑能耗监测平台等建设和运维，示范项目补贴和示范企业奖励，需求响应补贴，以及宣传、培训、评估等。中央和地方节能减排类财政资金可用于开展电力需求侧管理工作。

第四十三条　鼓励金融机构创新管理模式和产品，为电力需求侧管理项目提供信贷、担保、抵押、融资租赁、保理、资产证券化等金融服务。支持符合条件的电能服务公司上市融资和发行绿色债券。探索创新投融资机制，引导社会资本进入电力需求侧管理领域。

第四十四条　电网企业开展电力需求侧管理工作的合理支出，可计入供电成本。

第四十五条　支持建立电能服务技术、产业联盟，鼓励联盟成员开展合作。支持专业服务机构等依托互联网等载体，开展线上线下培训和宣传，壮大电力需求侧管理专业人才队伍，提高全民节电意识和知识水平。加强用电和节电统计分析，完善电力需求侧管理实施绩效评估方法。

第四十六条　多方位加强电力需求侧管理国际合作，拓展国际融资渠道，引入适用的方法、技术、分析和评估工具，创新市场机制和商业模式，参与需求响应等相关国际标准的制定工作。

第八章　附　则

第四十七条　各省级经济运行主管部门可会同有关部门结合本省、自治区、直辖市实际情况，制定、修订实施细则。

第四十八条　本办法自发布之日起施行，有效期5年。2011年1月1日起实施的《电力需求侧管理办法》即行废止。

五、新型电力系统政策

（一）关于促进智能电网发展的指导意见

2015年7月6日，国家发展改革委、国家能源局联合下发了《关于促进智能电网发展的指导意见》。

国家发展改革委　国家能源局关于促进智能电网发展的指导意见

发改运行〔2015〕1518号

北京市、河北省、江西省、河南省、陕西省、西藏自治区发展改革委，各省、自治区、直辖市经信委（工信委、工信厅）、能源局，中国电力企业联合会，国家电网公司、中国南方电网有限责任公司：

智能电网是在传统电力系统基础上，通过集成新能源、新材料、新设备和先进传感技术、信息技术、控制技术、储能技术等新技术，形成的新一代电力系统，具有高度信息化、自动化、互动化等特征，可以更好地实现电网安全、可靠、经济、高效运行。发展智能电网是实现我国能源生产、消费、技术和体制革命的重要手段，是发展能源互联网的重要基础。为促进智能电网发展，现提出以下指导意见。

一、发展智能电网的重要意义

发展智能电网，有利于进一步提高电网接纳和优化配置多种能源的能力，实现能源生产和消费的综合调配；有利于推动清洁能源、分布式能源的科学利用，从而全面构建安全、高效、清洁的现代能源保障体系；有利于支撑新型工业化和新型城镇化建设，提高民生服务水平；有利于带动上下游产业转型升级，实现我国能源科技和装备水平的全面提升。

二、总体要求

（一）指导思想

坚持统筹规划、因地制宜、先进高效、清洁环保、开放互动、服务民生等基本原则，深入贯彻落实国家关于实现能源革命和建设生态文明的战略部署，加强顶层设计和统筹协调；推广应用新技术、新设备和新材料，全面提升电力系统的智能化水平；全面体现节能减排和环保要求，促进集中与分散的清洁能源开发消纳；与智慧城市发展相适应，构建友好开放的综合服务平台，充分发挥智能电网在现代能源体系中的关键作用。发挥智能电网的科技创新和产业培育作用，鼓励商业模式创新，培育新的经济增长点。

（二）基本原则

坚持统筹规划。编制智能电网战略规划，发挥电力企业、装备制造企业、用户等市场主体的积极性，在合作共赢的基础上合力推动智能电网发展。

坚持集散并重。客观认识我国国情和能源资源禀存与消费逆向分布的实际，在进一步发挥电网在更大范围优化配置能源资源作用的同时，提高输电网智能化水平。与此同时，加强发展智能配电网，鼓励分布式电源和微网建设，促进能源就地消纳。

坚持市场化。充分发挥市场在资源配置中的决定性作用，探索运营模式创新，鼓励社会资本进入，激发市场活力。

坚持因地制宜。各地要综合考虑经济发展水平、能源资源禀存、基础条件等差异，结合本地实际，推进本地智能电网发展。

（三）发展目标

到2020年，初步建成安全可靠、开放兼容、双向互动、高效经济、清洁环保的智能电网体系，满足电源开发和用户需求，全面支撑现代能源体系建设，推动我国能源生产和消费革命；带动战略性新兴产业发展，形成有国际竞争力的智能电网装备体系。

实现清洁能源的充分消纳。构建安全高效的远距离输电网和可靠灵活的主动配电网，实现水能、风能、太阳能等各种清洁能源的充分利用；加快微电网建设，推动分布式光伏、微燃机及余热余压等多种分布式电源的广泛接入和有效互动，实现能源资源优化配置和能源结构调整。

提升输配电网络的柔性控制能力。提高交直流混联电网智能调控、经济运行、安全防御能力，示范应用大规模储能系统及柔性直流输电工程，显著增强电网在高比例清洁能源及多元负荷接入条件下的运行安全性、控制灵活性、调控精确性、供电稳定性，有效抵御各类严重故障，供电可靠率处于全球先进水平。

满足并引导用户多元化负荷需求。建立并推广供需互动用电系统，实施需求侧管理，引导用户能源消费新观念，实现电力节约和移峰填谷；适应分布式电源、电动汽车、储能等多元化负荷接入需求，打造清洁、安全、便捷、有序的互动用电服务平台。

三、主要任务

（一）建立健全网源协调发展和运营机制，全面提升电源侧智能化水平

加强传统能源和新能源发电的厂站级智能化建设，开展常规电源的参数实测，提升电源侧的可观性和可控性，实现电源与电网信息的高效互通，进一步提升各类电源的调控能力和网源

协调发展水平；优化电源结构，引导电源主动参与调峰调频等辅助服务，建立相应运营补偿机制。

（二）增强服务和技术支撑，积极接纳新能源

推广新能源发电功率预测及调度运行控制技术；推广分布式能源、储能系统与电网协调优化运行技术，平抑新能源波动性；开展柔性直流输电技术试点，创新可再生能源电力送出方式；推广具有即插即用、友好并网特点的并网设备，满足新能源、分布式电源广泛接入要求。加强新能源优化调度与评价管理，提高新能源电站试验检测与安全运行能力；鼓励在集中式风电场、光伏电站配置一定比例储能系统，鼓励因地制宜开展基于灵活电价的商业模式示范；健全广域分布式电源运营管理体系，完善分布式电源调度运行管理模式；在海岛、山区等偏远区域，积极鼓励发展分布式能源和微电网，解决无电、缺电地区的供电保障问题。

（三）加强能源互联，促进多种能源优化互补

鼓励在可再生能源富集地区推进风能、光伏、储能优化协调运行；鼓励在集中供热地区开展清洁能源与可控负荷协调运行、能源互联网示范工程；鼓励在城市工业园区（商业园区）等区域，开展能源综合利用工程示范，以光伏发电、燃气冷热电三联供系统为基础，应用储能、热泵等技术，构建多种能源综合利用体系。加快源—网—荷感知及协调控制、能源与信息基础设施一体化设备、分布式能源管理等关键技术研发。完善煤、电、油、气领域信息资源共享机制，支持水、气、电集采集抄，建设跨行业能源运行动态数据集成平台，鼓励能源与信息基础设施共享复用。

（四）构建安全高效的信息通信支撑平台

充分利用信息通信技术，构建一体化信息通信系统和适用于海量数据的计算分析和决策平台，整合智能电网数据资源，挖掘信息和数据资源价值，全面提升电力系统信息处理和智能决策能力，为各类能源接入、调度运行、用户服务和经营管理提供支撑。在统一的技术架构、标准规范和安全防护的基础上，建设覆盖规划、建设、运行、检修、服务等各领域信息应用系统。

（五）提高电网智能化水平，确保电网安全、可靠、经济运行

探索新型材料在输变电设备中的应用，推广建设智能变电站，合理部署灵活交流、柔性直流输电等设施，提高动态输电能力和系统运行灵活性；推广应用输变电设备状态诊断、智能巡检技术；建立电网对冰灾、山火、雷电、台风等自然灾害的自动识别、应急、防御和恢复系统；建立适应交直流混联电网、高比例清洁能源、源—网—荷协调互动的智能调度及安全防御系统。根据不同地区配电网发展的差异化需求，部署配电自动化系统，鼓励发展配网柔性化、智能测控等主动配电网技术，满足分布式能源的大规模接入需求。鼓励云计算、大数据、物联网、移动互联网、骨干光纤传送网、能源路由器等信息通信技术在电力系统的应用支撑，建立开放、泛在、智能、互动、可信的电力信息通信网络。鼓励交直流混合配用电技术研究与试点应用，探索配电网发展新模式。

（六）强化电力需求侧管理，引导和服务用户互动

推广智能计量技术应用，完善多元化计量模式和互动功能；推广区域性自动需求响应系统、智能小区、智能园区以及虚拟电厂定制化工程方案；加快电力需求侧管理平台建设，支持

需求侧管理预测分析决策、信息发布、双向调度技术研究应用；探索灵活多样的市场化交易模式，建立健全需求响应工作机制和交易规则，鼓励用户参与需求响应，实现与电网协调互动。

（七）推动多领域电能替代，有效落实节能减排

推广低压变频、绿色照明、企业配电网管理等成熟电能替代和节能技术；推广电动汽车有序充电、V2G（Vehicle-to-Grid）及充放储一体化运营技术。加快建设电动汽车智能充电服务网络；建设车网融合模式下电动汽车充放电智能互动综合示范工程；鼓励动力电池梯次利用示范应用。鼓励在新能源富集地区开展大型电采暖替代燃煤锅炉、大型蓄冷（热）、集中供冷（热）站示范工程；推广港口岸电、热泵、家庭电气化等电能替代项目。

（八）满足多元化民生用电，支撑新型城镇化建设

建设低碳、环保、便捷的以用电信息采集、需求响应、分布式电源、储能、电动汽车有序充电、智能家居为特征的智能小区、智能楼宇、智能园区；探索光伏发电等在新型城镇化和农业现代化建设中的应用，推动用户侧储能应用试点；建立面向智慧城市的智慧能源综合体系，建设智能电网综合能量信息管理平台，支撑我国新城镇新能源新生活建设行动计划。

（九）加快关键技术装备研发应用，促进上下游产业健康发展

配合"互联网+"智慧能源行动计划，加强移动互联网、云计算、大数据和物联网等技术在智能电网中的融合应用；加快灵活交流输电、柔性直流输电等核心设备的国产化；加紧研制和开发高比例可再生能源电网运行控制技术、主动配电网技术、能源综合利用系统、储能管理控制系统和智能电网大数据应用技术等，实现智能电网关键技术突破，促进智能电网上下游产业链健康快速发展。

（十）完善标准体系，加快智能电网标准国际化

加快建立系统、完善、开放的智能电网技术标准体系，加强国内标准推广应用力度；加强智能电网标准国际合作，支持和鼓励企业、科研院所积极参与国际行业组织的标准化制定工作，加快推动国家智能电网标准国际化。

四、保障措施

（一）加强组织协调，统筹推动智能电网发展

一是建立组织协调机制。加强政府部门间协调，研究落实支持智能电网发展的财税、科技、人才等扶持政策，加强国际交流与合作，推动智能电网技术、标准和装备走出去。二是建立科技创新机制。充分发挥政府、企业和高校科研机构的作用，加强顶层设计，建立开放共享的智能电网科技创新体系。

（二）加大投资支持力度，完善电价机制

一是加大投资支持力度。加大国有资本预算支持力度；研究设立智能电网中央预算内投资专项，支持储能、智能用电、能源互联网等重点领域示范项目。二是促进形成多元化投融资体制。鼓励金融机构拓展适合智能电网发展的融资方式和配套金融服务，支持智能电网相关企业通过发行企业债等多种手段拓展融资渠道。鼓励并引进推广智能电网新技术、新产品，从成果转化的效益中提出一定份额用于技术创新的再投入。三是鼓励探索灵活电价机制。结合不同地区智能电网综合示范项目，提供能反映成本和供需关系的电价信号，引导用电方、供电方及第三方主动参与电力需求侧管理。在电力价格市场化之前，鼓励探索完善峰谷电价等电价政策，

支持储能产业发展。

（三）营造产业发展环境，鼓励商业模式创新

一是建立产业联盟推动市场化发展。发挥政府桥梁纽带作用，支持建立产业联盟，促进形成统一规范的技术和产品标准，构建多方共赢的市场运作模式。二是鼓励智能电网商业模式创新。探索互联网与能源领域结合的模式和路径，鼓励将用户主导、线上线下结合、平台化思维、大数据等互联网理念与智能电网增值服务结合。依托示范工程开展电动汽车智能充电服务、可再生能源发电与储能协调运行、智能用电一站式服务、虚拟电厂等重点领域的商业模式创新。

国家发展改革委
国家能源局
2015年7月6日

（二）关于推进新能源微电网示范项目建设的指导意见

2015年7月13日，国家能源局印发《关于推进新能源微电网示范项目建设的指导意见》，启动了北京延庆新能源微电网示范项目等24个并网型微电网项目、舟山摘箬山岛新能源微电网项目等四个独立型微电网项目。

国家能源局关于推进新能源微电网示范项目建设的指导意见

国能新能〔2015〕265号

各省（区、市）发展改革委（能源局）、新疆生产建设兵团发展改革委，国家电网公司、南方电网公司，各主要发电投资企业，中国电建集团、中国能建集团、水电水利规划设计总院，中科院：

可再生能源发展"十二五"规划把新能源微电网作为可再生能源和分布式能源发展机制创新的重要方向。近年来，有关研究机构和企业开展新能源微电网技术研究和应用探索，具备了建设新能源微电网示范工程的工作基础。为加快推进新能源微电网示范工程建设，探索适应新能源发展的微电网技术及运营管理体制，现提出以下指导意见：

一、充分认识新能源微电网建设的重要意义

新能源微电网代表了未来能源发展趋势，是贯彻落实习近平总书记关于能源生产和消费革命的重要措施，是推进能源发展及经营管理方式变革的重要载体，是"互联网+"在能源领域的创新性应用，对推进节能减排和实现能源可持续发展具有重要意义。同时，新能源微电网是电网配售侧向社会主体放开的一种具体方式，符合电力体制改革的方向，可为新能源创造巨大发展空间。各方面应充分认识推进新能源微电网建设的重要意义，积极组织推进新能源微电网示范项目建设，为新能源微电网的发展创造良好环境并在积累经验基础上积极推广。

二、示范项目建设目的和原则

新能源微电网示范项目建设的目的是探索建立容纳高比例波动性可再生能源电力的发输（配）储用一体化的局域电力系统，探索电力能源服务的新型商业运营模式和新业态，推动更

加具有活力的电力市场化创新发展，形成完善的新能源微电网技术体系和管理体制。

新能源微电网示范项目的建设要坚持以下原则：

（一）因地制宜，创新机制。结合当地实际和新能源发展情况选择合理区域建设联网型微电网，在投资经营管理方面进行创新；在电网未覆盖的偏远地区、海岛等，优先选择新能源微电网方式，探索独立供电技术和经营管理新模式。

（二）多能互补，自成一体。将各类分布式能源、储电蓄热（冷）及高效用能技术相结合，通过智能电网及综合能量管理系统，形成以可再生能源为主的高效一体化分布式能源系统。

（三）技术先进，经济合理。集成分布式能源及智能一体化电力能源控制技术，形成先进高效的能源技术体系；与公共电网建立双向互动关系，灵活参与电力市场交易，使新能源微电网在一定的政策支持下具有经济合理性。

（四）典型示范，易于推广。首先抓好典型示范项目建设，因地制宜探索各类分布式能源和智能电网技术应用，创新管理体制和商业模式；整合各类政策，形成具有本地特点且易于复制的典型模式，在示范的基础上逐步推广。

三、建设内容及有关要求

新能源微电网是基于局部配电网建设的，风、光、天然气等各类分布式能源多能互补，具备较高新能源电力接入比例，可通过能量存储和优化配置实现本地能源生产与用能负荷基本平衡，可根据需要与公共电网灵活互动且相对独立运行的智慧型能源综合利用局域网。新能源微电网项目可依托已有配电网建设，也可结合新建配电网建设；可以是单个新能源微电网，也可以是某一区域内多个新能源微电网构成的微电网群。鼓励在新能源微电网建设中，按照能源互联网的理念，采用先进的互联网及信息技术，实现能源生产和使用的智能化匹配及协同运行，以新业态方式参与电力市场，形成高效清洁的能源利用新载体。

（一）联网型新能源微电网。

联网型新能源微电网应重点建设：利用风、光、天然气、地热等可再生能源及其他清洁能源的分布式能源站；基于智能配电网的综合能量管理系统，实现冷热电负荷的动态平衡及与大电网的灵活互动；在用户侧应用能量管理系统，指导用户避开用电高峰，优先使用本地可再生能源或大电网低谷电力，并鼓励新能源微电网接入本地区电力需求侧管理平台；具备足够容量和反应速度的储能系统，包括储电、蓄热（冷）等。联网型新能源微电网优先选择在分布式可再生能源渗透率较高或具备多能互补条件的地区建设。

联网型新能源微电网示范项目技术要求：①最高电压等级不超过 110 千伏，与公共电网友好互动，有利于削减电网峰谷差，减轻电网调峰负担。②并网点的交换功率和时段要具备可控性，微电网内的供电可靠性和电能质量要能满足用户需求。微电网内可再生能源装机功率与峰值负荷功率的比值原则上要达到 50% 以上，按照需要配置一定容量的储能装置；在具备天然气资源的条件下，可应用天然气分布式能源系统作为微电网快速调节电源。③具备孤岛运行能力，保障本地全部负荷或重要负荷在一段时间内连续供电，并在电网故障时作为应急电源使用。

（二）独立型新能源微电网。

独立型（或弱联型）新能源微电网应重点建设：利用风、光、天然气、地热等可再生能源及其他清洁能源的分布式能源站；应急用柴油或天然气发电装置；基于智能配电网的综合能量管理系统，实现冷热电负荷的动态平衡；技术经济性合理的储能系统，包括储电、蓄热（冷）等。独立型（或弱联型）新能源微电网主要用于电网未覆盖的偏远地区、海岛等以及仅靠小水电供电的地区，也可以是对送电到乡或无电地区电力建设已经建成但供电能力不足的村级独立光伏电站的改造。

独立型新能源微电网示范项目技术要求：①通过交流总线供电，适合多种可再生能源发电系统的接入，易于扩容，容易实现与公共电网或相邻其他交流总线微电网联网。②可再生能源装机功率与峰值负荷功率的比值原则上要达到50%以上，柴油机应作为冷备用，其发电量占总电量需求的20%以下（对于冬夏季负荷差异大的海岛，该指标可以放宽到40%）；在有条件并技术经济合理的情况下，可采用（LNG或CNG为燃料的）天然气分布式能源。③供电可靠性要不低于同类地区配电网供电可靠性水平。

四、组织实施

（一）示范项目申报。各省（区、市）能源主管部门负责组织项目单位编制示范项目可行性研究报告（编制大纲见附件2），并联合相关部门开展项目初审和申报工作。示范项目要落实建设用地、天然气用量等条件，与县级及以上电网企业就电网接入和并网运行达成初步意见。

（二）示范项目确认。国家能源局组织专家对各地区上报的示范项目申请报告进行审核。对通过审核的项目，国家能源局联合相关部门发文确认。2015年启动的新能源微电网示范项目，原则上每个省（区、市）申报1~2个。

（三）示范项目建设。各省（区、市）能源主管部门牵头组织示范项目建设。项目建成后，项目单位应及时向省级能源主管部门提出竣工验收申请，省级能源主管部门会同国家能源局派出机构验收通过后，组织编制项目验收报告，并上报国家能源局。

（四）国家能源局派出机构负责对示范项目建设和建成后的运行情况进行监管。省级能源主管部门会同国家能源局派出机构对示范项目进行后评估，将评估报告上报国家能源局，对后期运行不符合示范项目技术要求的，应责令项目单位限期整改。

（五）关于新能源微电网的相关配套政策，国家能源局将结合项目具体技术经济性会同国务院有关部门研究制定具体支持政策，鼓励各地区结合本地实际制定支持新能源微电网建设和运营的政策措施。

附件：1. 新能源微电网技术条件（略）
2. 示范项目实施方案编制参考大纲（略）

国家能源局
2015年7月13日

（三）推进并网型微电网建设试行办法

为有力推进电力体制改革，切实规范、促进微电网健康有序发展，建立集中与分布式协同、多元融合、供需互动、高效配置的能源生产与消费体系。2017年7月17日，国家发展改革委、国家能源局印发《推进并网型微电网建设试行办法》（发改能源〔2017〕1339号）。本办法共八章三十一条，由国家发展改革委、国家能源局负责解释。各省级政府可依据本办法制定实施细则。

国家发展改革委　国家能源局关于印发《推进并网型微电网建设试行办法》的通知

发改能源〔2017〕1339号

各省、自治区、直辖市、新疆生产建设兵团发展改革委、能源局，国家能源局各派出能源监管机构，中国电力企业联合会，国家电网公司、中国南方电网有限责任公司，电力规划设计总院、水电水利规划设计总院：

为有力推进电力体制改革，切实规范、促进微电网健康有序发展，建立集中与分布式协同、多元融合、供需互动、高效配置的能源生产与消费体系，特制定《推进并网型微电网建设试行办法》，现印发你们，请按照执行。

特此通知。

附件：推进并网型微电网建设试行办法

国家发展改革委
国家能源局
2017年7月17日

推进并网型微电网建设试行办法

为推进能源供给侧结构性改革，促进并规范微电网健康发展，引导分布式电源和可再生能源的就地消纳，建立多元融合、供需互动、高效配置的能源生产与消费模式，推动清洁低碳、安全高效的现代能源体系建设，结合当前电力体制改革，特制定本办法。

第一章　总　则

第一条　微电网是指由分布式电源、用电负荷、配电设施、监控和保护装置等组成的小型发配用电系统。

微电网分为并网型和独立型，可实现自我控制和自治管理。并网型微电网通常与外部电网联网运行，且具备并离网切换与独立运行能力。本办法适用于并网型微电网的管理。

第二条　微电网须具备以下基本特征：

（一）微型。主要体现在电压等级低，一般在35千伏及以下；系统规模小，系统容量（最大用电负荷）原则上不大于20兆瓦。

（二）清洁。电源以当地可再生能源发电为主，或以天然气多联供等能源综合利用为目标的发电型式，鼓励采用燃料电池等新型清洁技术。其中，可再生能源装机容量占比在50%以上，或天然气多联供系统综合能源利用效率在70%以上。

（三）自治。微电网内部具有保障负荷用电与电气设备独立运行的控制系统，具备电力供需自我平衡运行和黑启动能力，独立运行时能保障重要负荷连续供电（不低于2小时）。微电网与外部电网的年交换电量一般不超过年用电量的50%。

（四）友好。微电网与外部电网的交换功率和交换时段具有可控性，可与并入电网实现备用、调峰、需求侧响应等双向服务，满足用户用电质量要求，实现与并入电网的友好互动，用户的友好用能。

第三条　微电网应适应新能源、分布式电源和电动汽车等快速发展，满足多元化接入与个性化需求。结合城市、新型城镇及新农村等发展需要，鼓励利用当地资源，进行融合创新，培育能源生产和消费新业态。

第四条　微电网源—网—荷一体化运营，具有统一的运营主体。微电网项目在规划建设中应依法实行开放、公平的市场竞争机制，鼓励各类企业、专业化能源服务公司投资建设、经营微电网项目；鼓励地方政府和社会资本合作（PPP），以特许经营等方式开展微电网项目的建设和运营。电网企业可参与新建及改（扩）建微电网，投资运营独立核算，不得纳入准许成本。

第五条　微电网运营主体应满足国家节能减排和环保要求，符合产业政策要求，取得相关业务资质，可自愿到交易机构注册成为市场交易主体。

第二章　规划建设

第六条　微电网发展应符合能源发展规划、电力发展规划等国家能源专项规划及其相关产业政策。地方能源管理部门应会同有关部门，做好微电网项目与配电网规划、城乡总体规划的衔接。

第七条　电网企业应为微电网提供公平无歧视的接入服务。

第八条　按照《企业投资项目核准和备案管理条例》《政府核准的投资项目目录》等有关规定，推进"放管服"等有关工作。新建及改（扩）建微电网项目根据类型及构成，由地方政府按照核准（备案）权限，对微电网源—网—荷等内容分别进行核准（备案）。

第九条　省级投资主管部门和能源管理部门根据微电网承诺用户、运营主体情况等，组织行业专家按照微电网相关标准进行评审，并将符合标准的微电网项目予以公示，享有微电网相关政策支持。

第三章　并网管理

第十条　国家发展改革委、国家能源局会同有关部门拟定微电网并网相关管理办法和行业技术标准，指导、监督并网管理工作。

第十一条　微电网并入电网应符合国家及行业微电网技术标准，符合接入电网的安全标准。

第十二条　省级能源管理部门应征求电网企业等相关市场主体意见，制定公布微电网并网程序、时限、相关服务标准及细则。

第十三条　微电网并网前，应由运营主体按照电力体制改革以及电力市场规则有关要求，与并入电网企业签订并网调度协议、购售电合同，明确双方责任和义务，确定电能计量、电价及电费结算、调度管理方式等。

第十四条　微电网接入公用配电网及由此引起的公用配电网建设与改造由电网企业承担。因特殊原因由项目业主建设的，电网企业、项目业主应协商一致。

第四章 运行维护

第十五条 微电网运营主体（或委托专业运营维护机构）负责微电网内调度运行、运维检修管理，源—网—荷电力电量平衡及优化协调运行，以及与外部电网的电力交换。

第十六条 微电网运营主体要建立健全运行管理规章制度，保障项目安全可靠运行。微电网的供电可靠性及电能质量应满足国家及行业相关规范要求，且不低于同类供电区域电网企业的供电服务水平。

第十七条 微电网的并网运行和电力交换应接受电力调度机构统一调度，向电力调度机构上报必要的运行信息。

第十八条 并入电网的微电网可视为可中断系统，不纳入《电力安全事故应急处置和调查处理条例》（国务院令第599号）对电网企业的考核范围。

第五章 市场交易

第十九条 微电网运营主体应依法取得电力业务许可证（供电类），承担微电网内的供电服务。微电网内分布式电源通过配电设施直接向网内用户供电，源—网—荷（分布式电源、配网、用户）应达成长期用能协议，明确重要负荷范围。

第二十条 微电网运营主体要鼓励电源、用户积极参与负荷管理、需求侧响应。鼓励微电网内建立购售双方自行协商的价格体系，构建冷、热、电多种能源市场交易机制。

第二十一条 微电网运营主体在具备售电公司准入条件、履行准入程序后，作为拥有配电网经营权的售电公司（第二类售电公司），开展售电业务。

第二十二条 微电网运营主体负责微电网与外部电网的电力电量交换，按照市场规则参与电力市场交易，承担与外部电网交易电量的输配电费用。相应的价格机制由国务院价格主管部门研究制定，具体由省级价格主管部门组织实施。微电网应公平承担社会责任，交易电量按政府规定标准缴纳政府性基金和政策性交叉补贴。

第六章 政策支持

第二十三条 微电网内部的新能源发电项目建成后按程序纳入可再生能源发展基金补贴范围，执行国家规定的可再生能源发电补贴政策。鼓励各地政府对微电网发展给予配套政策支持。

第二十四条 鼓励微电网项目单位通过发行企业债券、专项债券、项目收益债券、中期票据等方式直接融资，参照《配电网建设改造专项债券发行指引》（发改办财金〔2015〕2909号），享有绿色信贷支持。

第二十五条 省级能源管理部门应会同相关部门研究制定微电网所在地区需求侧管理政策，探索建立微电网可作为市场主体参与的可中断负荷调峰、电储能调峰、黑启动等服务补偿机制，鼓励微电网作为独立辅助服务提供者参与辅助服务交易。省级价格主管部门应研究新型备用容量定价机制，由微电网运营主体根据微电网自平衡情况自主申报备用容量，统一缴纳相应的备用容量费用。

第七章 监督管理

第二十六条 微电网项目和配套并网工程完工后，项目单位应及时组织竣工验收，并将竣工验收报告报送省级能源管理部门和国家能源局派出能源监管机构。

第二十七条　省级能源管理部门组织建立微电网的监测、统计、信息交换和信息公开等体系，开展微电网建设运行关键数据等相关统计工作。微电网运营主体应积极配合提供有关信息，如实提供原始记录，接受监督检查。

第二十八条　省级能源管理部门要密切跟踪微电网建设运行，建立健全考评机制，加强对微电网可再生能源就地消纳、能源综合利用效率、节能减排效益等考核与评估。如不满足本办法中相关要求及行业标准的微电网项目，不享有微电网相关权利与政策支持。

第二十九条　国家能源局派出能源监管机构负责对微电网运营主体准入、电网公平开放、市场秩序、交易行为、能源普遍服务等实施监管；会同省级能源管理部门建立并网争议协调机制，切实保障各方权益。

第三十条　微电网项目退出时，应妥善处置微电网资产。若无其他公司承担微电网内用户供电业务的，由电网企业接收并提供保底供电服务。

第八章　附　则

第三十一条　本办法由国家发展改革委、国家能源局负责解释。各省级政府可依据本办法制定实施细则。

第三十二条　本办法自发布之日起施行，有效期3年。

（四）关于加快能源领域新型标准体系建设的指导意见

2020年9月29日，国家能源局印发《关于加快能源领域新型标准体系建设的指导意见》，提出在智慧能源、能源互联网、风电、太阳能、地热能、生物质能、储能、氢能等新兴领域，率先推进新型标准体系建设，发挥示范带动作用。

关于加快能源领域新型标准体系建设的指导意见

国能发科技〔2020〕54号

各省（自治区、直辖市）、新疆生产建设兵团能源局，有关省（自治区、直辖市）发展改革委，中核集团、中国石油、中国石化、中国海油、国家电网、南方电网、中国华能、中国大唐、中国华电、国家电投、中国三峡集团、国家能源集团、哈电集团、东方电气集团、中煤集团、中国煤炭科工、中国电建、中国能建、中广核、中国西电集团、各能源行业标准化管理机构及能源行业标准化技术委员会，有关全国专业标准化技术委员会：

持续深化能源标准化工作改革，建立政府主导制定的标准与市场自主制定的标准协同发展、协调配套的新型标准体系，是推动能源高质量发展的重要举措。近年来，能源领域新型标准体系建设取得显著进展，但依然存在着各级政府推荐性标准界限不清，行业标准聚焦支撑能源主管部门履行行政管理、提供公共服务的公益属性不够突出，团体标准的发展空间和活力有待进一步释放等问题。为落实国务院标准化协调推进部际联席会议精神和《关于进一步加强行业标准管理的指导意见》，加快能源领域新型标准体系建设，推进能源治理体系和治理能力现代化，支撑引领能源高质量发展，根据《中华人民共和国标准化法》等有关法律法规和能源标准化工作实际，现提出以下意见。

一、明确目标导向，深化能源标准化工作改革

（一）能源领域新型标准体系建设及标准制修订要按照需求导向、先进适用、急用先行的原则，紧密围绕落实"四个革命、一个合作"能源安全新战略和构建清洁低碳、安全高效能源体系的需要，系统梳理现有标准并科学谋划应有和预计制定标准的蓝图，加快健全能源新兴领域的标准，提升能源传统领域的标准，积极推进标准国际化，切实发挥标准在推动能源高质量发展中的支撑和引领作用。

（二）深入贯彻标准化工作改革精神，找准政府与市场在能源标准化工作中的角色定位，厘清政府主导制定的标准与市场自主制定的标准范围。坚持目标导向、问题导向和结果导向，紧密结合电力、核电、煤炭、油气、新能源与可再生能源、电工装备等行业发展及标准化实际，因行施策、因业制宜，科学确定本领域新型标准体系的范围、边界及标准层级，持续推进标准体系优化。

二、厘清标准定位，科学谋划能源标准体系层级结构

（三）突出保安全、兜底限的定位，将能源行业执行的强制性标准严格限定在保障人身健康和生命财产安全、国家安全、生态环境安全和满足社会经济管理基本需要的技术要求范围之内，主要包括电力安全、石油产品和涉及能源的环保、能效、单位产品能耗限额、工程建设等标准。

（四）突出推荐性标准的公益属性。推荐性国家标准主要制定跨能源和其他行业的术语、图形符号、分类编码等基础通用标准，与强制性标准相配套、满足强制性标准实施需要的测试方法、计量等标准，以及对各行业起引领作用的标准。没有国家标准而又需要在能源行业范围内统一的，涉及重要产品、工程技术、服务和行业管理需求的技术要求制定能源行业标准。

（五）坚持团体标准由市场自主制定、侧重于提高竞争力的属性定位，聚焦能源新技术、新产业、新业态和新模式，配合国家标准、行业标准的实施应用，培育发展团体标准。发挥团体标准快速反映市场和创新需要的优势，增加能源领域标准的有效供给。

（六）在厘清国家标准、行业标准、团体标准等各级标准定位的基础上，科学界定基础通用标准，以及产品、服务、工艺、管理等标准的层次，统筹兼顾标准国际交流合作需要，使标准体系层级适当、划分清楚。

三、强化标准管理，夯实标准体系基础

（七）严格规范电力安全、石油产品等强制性国家标准的项目提出、组织起草、征求意见、技术审查、复审修订等工作。积极支持有关部门制定涉及能源的环保、能效、单位产品能耗限额、工程建设等强制性标准。全面梳理能源行业执行的强制性标准，强化组织实施和监督。

（八）坚持能源标准化与能源技术创新、工程示范一体化推进，夯实标准的技术基础，探索完善标准的终身维护机制，强化标准全生命周期管理和实施监督，切实提升能源领域标准的质量。提升单项能源行业标准的覆盖面，推进标准的系列化，控制新增能源行业标准的数量，为市场自主制定的标准留下空间。在电力、煤炭、油气及电工装备等行业持续推进推荐性国家标准与能源行业标准的统筹整合及优化。大力推进能源行业核电标准技术路线统一和实施应用，加快建设自主、统一、协调、先进的核电标准体系。

（九）在新能源和电力与电工装备新技术领域，以及互联网、大数据、人工智能、区块链等数字技术与能源融合发展领域，积极推动团体标准扩量提质。着力通过市场竞争实现团体标准的优胜劣汰。研究建立实施效果良好且符合国家标准或行业标准制定要求的团体标准转化为国家标准或行业标准的机制。根据促进团体标准规范发展的需要，依法依规对团体标准进行必要的引导和监督。建立团体标准投诉和举报机制，鼓励国家能源局确立的能源领域行业标准化管理机构和有关的全国、行业标准化技术委员会（以下简称"能源标准化技术组织"）作为第三方开展团体标准良好行为评价。

四、坚持积极稳妥，树立能源标准体系权威

（十）在智慧能源、能源互联网、风电、太阳能、地热能、生物质能、储能、氢能等新兴领域，率先推进新型标准体系建设，发挥示范带动作用。稳妥推进电力、煤炭、油气及电工装备等传统领域标准体系优化，做好现行标准体系及标准化管理机制与新型体系机制的衔接和过渡。

（十一）能源各领域标准化工作的开展应以本领域标准体系为指导，有关标准化技术委员会的建设及管理，标准制修订规划和计划的编制等工作原则上要以本领域的标准体系为依据。

五、明确主体责任，鼓励社会广泛参与

（十二）国家能源局、国家标准化管理委员会负责组织推动能源领域新型标准体系建设。能源标准化技术组织按照职责范围负责本领域国家标准、行业标准起草、技术审查及标准体系建设，编制和维护标准体系表。能源各领域标准体系应相互协调，对能源领域标准体系建设工作中出现的范围交叉等矛盾，由能源行业标准化管理机构负责组织协商，未协调一致的，由国家能源局、国家标准化管理委员会负责组织协商。

（十三）鼓励企业、社会团体、教育、科研机构等加强能源标准化人才培养、参与能源标准化工作，对能源领域新型标准体系的建设提出意见建议。制定能源团体标准的社会团体，应遵守有关规定，保证标准体系的协调统一，做好团体标准与本领域国家标准、行业标准的衔接。

六、强化动态维护，做好信息公开及服务

（十四）根据能源技术及行业发展情况，统筹继承与发展，在保持标准体系连续性、稳定性的基础上，能源标准化技术组织原则上要每年对本领域标准体系表进行论证及修订，并发布修订情况，具备公开条件的应予以公开；每5年组织专家进行一次集中研究论证及修订，并作为新版本发布。

（十五）坚持公开为常态、不公开为例外，持续推进能源领域推荐性国家标准、行业标准公开。能源标准化技术组织应根据工作需要将本领域标准体系表相关信息在本领域标准化信息平台及时公开，并组织开展宣贯服务。

本意见自发布之日起实施，有效期10年。

国家能源局

国家标准化管理委员会

2020年9月29日

六、获得电力政策

（一）压缩用电报装时间实施方案

按照《国务院办公厅关于进一步简化流程提高效率优化营商环境工作方案的通知》要求，为进一步加强用电报装工作管理，简化流程、提高效率、压缩时间、优化营商环境，2017年4月20日，国家能源局印发《压缩用电报装时间实施方案》（以下简称《实施方案》）。

国家能源局关于印发《压缩用电报装时间实施方案》的通知

国能监管〔2017〕110号

各派出能源监管机构，各省、自治区、直辖市发展改革委、能源局，国家电网公司、南方电网公司、内蒙古电力（集团）公司，各有关供电企业：

按照《国务院办公厅关于进一步简化流程提高效率优化营商环境工作方案的通知》（国办函〔2016〕70号）要求，为进一步加强用电报装工作管理，简化流程、提高效率、压缩时间、优化营商环境，我局在充分征求有关电网（供电）企业意见的基础上，研究制定了《压缩用电报装时间实施方案》。现印发你们，请结合实际认真贯彻落实。

附件：压缩用电报装时间实施方案

国家能源局
2017年4月20日

压缩用电报装时间实施方案

一、工作原则和目标任务

（一）工作原则

企业为主，政府规范。明确供电企业为责任主体，政府相关部门做好相应的规范工作。

多措并举，务求实效。通过简化手续、优化流程、建立考核奖惩机制等多种举措，确保取得优化营商环境的效果。

统筹规划，强化监管。做好地方经济社会发展规划与电力规划的统筹协调，同时加强监管，严格报装时间规定，规范报装服务行为。

（二）目标任务

到2017年7月底，用电报装工作实现以下目标：

1. 精简申请资料。减轻用户负担，加快受理进度，合理精简、整合用电报装申请资料，明确用电报装各环节申请资料清单目标表（见表13-1）。

表 13-1 用电报装各环节申请资料清单目标表

序号	业务名称	申请资料清单	备注
1	业务受理	(1) 用电申请书或用电业务表； (2) 用电人有效身份证明； (3) 用电地址物业权属证明； (4) 用电容量需求清单； (5) 用电工程项目批准文件	(1) 如委托他人办理，需同时提供经办人有效身份证明； (2) 第4、5项资料仅限高压用户提供； (3) 原用电范围内的增容业务无需重复提供第2、3、5项资料
2	设计文件和有关资料审核	(1) 设计单位资质证明材料； (2) 用电工程设计及说明书	
3	中间检查	(1) 施工单位资质证明材料； (2) 隐蔽工程施工及试验记录	
4	竣工检验	(1) 用电工程竣工报告； (2) 交接试验报告	居民用户无需提供第1、2项资料

注：本表为申请必备资料。对于法律法规另有规定的，按相关规定执行。

2. 简化业务流程。在保证供电安全的前提下，尽量简化业务流程，对于居民用户的用电报装业务，取消设计审查和中间检查环节。

3. 压缩报装时间。通过压缩用电报装供电方案答复、设计审查、中间检查、竣工验收及装表接电等环节办理时间，明确用电报装各环节压缩时间目标表（见表13-2），用电报装时间在现行《供电监管办法》规定基础上压缩1/3以上。鼓励供电企业随着工作推进并结合业务办理实际，进一步压缩各环节办理时间。

表 13-2 用电报装各环节压缩时间目标表

用户类别	各环节办理时限（工作日）					合计天数（工作日）	目前规定办理时限（工作日）	压缩比例（％）
	供电方案答复	设计审查	中间检查	竣工检验	装表接电			
居民用户	2	—	—	3	2	7	22	68.18
其他低压供电用户	5	5	2	3	3	18	29	37.93
高压单电源供电用户	15	10	3	5	5	38	59	35.59
高压双电源供电用户	30	10	3	5	5	53	84	36.90

二、重点工作

（一）优化用电报装流程，有效提高办理效率

各级供电企业要在保障用电报装服务质量的前提下，不断拓展服务渠道，简化报装手续，优化报装流程，办理业务坚持"一口对外"和"一次性告知"原则，大力推行"同城异地"受理和业扩流程"串改并"，强化部门间"联合办公"和"限时办结"，最大程度减少用户业务办理往返供电企业次数，切实提高办理效率。同时，严禁报装业务"体外循环"、走流程的现象，确保报装时间的真实性。

（二）创新用电报装服务手段，提升办理服务水平

各级供电企业应不断创新用电报装服务手段，通过开展业务回访，及时吸收采纳用户建议；指定专人进行"一对一"全过程跟踪服务，强化部门间协同合作，有效协调解决存在问题；实行"全流程监控"，加强企业内部管控等工作，不断提升用电报装服务水平。同时对用电报装进行全过程评价，查找问题、总结经验，全面提升服务水平。

（三）建立用电报装绿色通道，全力服务重大工程项目

各级供电企业要建立国家重点工程、地方重大项目和民生项目用电报装绿色通道制度，通过优先服务、专人负责、现场办公、重点督办等多种措施，从简从快地办理用电报装手续，及时协调解决项目推进过程中遇到的用电难题，确保重大工程项目及时接电，按时送电。

（四）加大信息公开力度，提高用电报装工作透明度

各级供电企业要严格按照《供电企业信息公开实施办法》有关要求做好供电信息公开工作，通过营业厅、95598电话及网站、手机客户端等多种便于公众知晓的渠道，全面公开用电报装服务流程、时间要求、收费标准及有关政策等信息，定期公布并及时更新本地区配电网接入能力和容量受限情况，便捷提供业务咨询、用电申请、自助查询、资料下载等服务，切实提高用电报装工作透明度，方便用电报装业务办理。

（五）加快配电网建设改造，持续提高供电能力

各级供电企业要结合地方经济发展水平、用户用电增长需求以及电网规划与建设情况，统筹安排电网建设资金，不断优化配电网结构，加强用电需求增长较快地区以及贫困、偏远地区的电网建设改造，持续提高供电能力，满足用户用电报装需求。

（六）加强沟通协调，统筹推进用电报装工作

各级供电企业要积极主动与地方政府部门沟通联系，提前摸清本地区建设规划、输电通道与综合管廊布局、市政施工等基本情况，合理预留配电设施及线路走廊用地，确保用户供电方案的合理性与可行性，尽量避免供电方案因规划、通道或管廊变化调整等原因变更或延迟答复影响用户用电报装效率。

三、保障措施

（一）强化监管，营造公平便利营商环境

能源监管机构要加大对供电企业办理用电业务情况的监管力度，重点监管供电企业执行新的用电报装时间规定、用电报装服务行为和用电报装信息公开、档案资料等情况，严肃处理违规供电企业，促进供电服务水平提高，营造公平便利营商环境。

（二）注重征信，统一纳入社会信用体系

能源监管机构要加快能源行业信用体系建设，建立健全市场主体信用记录，强化用电报装信用监督，应对供电企业、设计施工单位和电力用户等用电报装信用信息，特别是严重失信信息进行认定，及时报送能源行业信用信息平台。与相关部门建立信息共享机制，对于诚信电力用户创建用电报装绿色通道，对于服务优质供电企业予以表扬和奖励；对于失信企业和用户实施协同监管、联合惩戒，构建"一处失信、处处受限"的信用监督、警示和惩戒体系。

（三）因地制宜，边远贫困地区差异考核

边远贫困地区可参照执行本实施方案规定的用电报装业务办理时间，把解决群众"用上电"放在首位，在满足群众用电需求的前提下，不断提高用电报装工作效率，压缩办理时间。

（四）统筹兼顾，协调做好地方配电网规划

请地方政府有关部门做好地方经济社会发展规划与电力规划的统筹协调工作，及时将配电网规划纳入地方发展规划，科学合理确定项目建设方案与时序，建立发展规划、综合管廊、道路施工等信息的资源共享机制，统筹考虑电源、用户以及土地、环境、站址廊道等公共资源，依法依规保护配电网站址路径，实现市政规划信息资源共享，为压缩用电报装时间提供良好环境。

（二）关于全面提升"获得电力"服务水平持续优化用电营商环境的意见

2020年9月25日，国家发展改革委、国家能源局联合下发《关于全面提升"获得电力"服务水平持续优化用电营商环境的意见》。

国家发展改革委 国家能源局关于全面提升"获得电力"服务水平持续优化用电营商环境的意见

发改能源规〔2020〕1479号

各省、自治区、直辖市、新疆生产建设兵团发展改革委、能源局、经信委（工信委、工信厅），北京市城管委，国家能源局各派出机构，国家电网有限公司、中国南方电网有限责任公司、内蒙古电力（集团）有限责任公司，各有关供电企业：

为深入贯彻党中央、国务院关于深化"放管服"改革优化营商环境的决策部署，全面落实《优化营商环境条例》，加快推广北京、上海等地区行之有效的经验做法，进一步压减办电时间、简化办电流程、降低办电成本、提高供电可靠性，全面提升"获得电力"服务水平，持续改善用电营商环境，经国务院同意，现提出以下意见：

一、总体要求

（一）基本原则。

典型引领、创新发展。全面推广低压小微企业用电报装"零上门、零审批、零投资"（以下简称"三零"）服务、高压用户用电报装"省力、省时、省钱"（以下简称"三省"）服务等典型经验做法（详见附件1），充分发挥地方和企业积极性、主动性和创造性，鼓励支持各地区、各部门开拓创新，不断推出优化用电营商环境新举措、新模式。

分类施策、逐步推广。围绕用电报装时间、环节、成本、供电可靠性等方面，针对不同用户类型分类施策，因地制宜、科学合理地制定目标任务和提升举措，结合实际、先易后难，扎实提升"获得电力"服务水平。

政企协同、合力推进。健全完善提升"获得电力"服务水平协同工作机制，强化责任意识，主动认领任务，政府和企业协同联动、相互配合、信息共享，共同推动各项目标任务的落地落实。

（二）工作目标。

2022年底前，在全国范围内实现居民用户和低压小微企业用电报装"三零"服务、高压用户用电报装"三省"服务，用电营商环境持续优化，"获得电力"整体服务水平迈上新台阶。

——办电更省时。2020年底前，将低压、20kV及以下高压电力接入工程审批时间分别压减至5个、10个工作日以内；将供电企业办理用电报装业务各环节合计时间在现行规定基础上压缩40%以上（详见附件2），未实行"三零"服务的低压非居民用户、高压单电源用户、高压双电源用户的合计办理时间分别压减至6个、22个、32个工作日以内；将居民用户、实行"三零"服务的低压非居民用户从报装申请到装表接电的全过程办电时间分别压减至5个、25个工作日以内。2021年、2022年底前，将实行"三零"服务的低压非居民用户全过程办电时间进一步分别压减至20个、15个工作日以内。

——办电更省心。2020年底前，将居民用户、实行"三零"服务的低压非居民用户的用电报装压减至2个环节，未实行"三零"服务的低压非居民用户的用电报装压减至3个环节。在全国范围实现用电报装业务线上办理。

——办电更省钱。2021年底前，实现城市地区用电报装容量160kW及以下、农村地区100kW及以下的小微企业用电报装"零投资"；2022年底前，实现全国范围160kW及以下的小微企业用电报装"零投资"。

——用电更可靠。2022年底前，将直辖市、计划单列市、省会城市的中心区、市区、城镇、农村地区用户年均停电时间分别压减至1个、2个、5个、11个小时以内，或年均同比压缩8%以上；将其他地级行政区的中心区、市区、城镇、农村地区用户年均停电时间分别压减至2个、5个、9个、15个小时以内，或年均同比压缩8%以上。

二、压减办电时间

（三）压减用电报装业务办理时间。各供电企业要加强内部管控，创新技术手段和管理模式，加快业务办理速度和配套电网接入工程建设，实现用电报装业务各环节限时办理。鼓励实行配套电网接入工程"项目经理+客户经理"双经理负责制，实现网格化全过程跟进。深化大数据应用，推广移动作业终端，优化电网资源配置，精准对接用户需求。构建现代智慧供应链，提高物料资源配置管理水平。要如实记录用电报装时间信息，禁止"体外循环"、后补流程或重走流程。鼓励创新服务方式，拓展服务渠道，在现行规定时限基础上进一步压减办电时间。

（四）压减电力接入工程审批时间。各省级能源（电力）主管部门要牵头推进审批服务标准化，出台完善配套政策文件，优化审批流程，简化审批手续，明确审批时限，推行并联审批、限时办结，提高办理效率。对于符合条件的低压短距离电力接入工程，积极探索实行告知承诺、审批改备案或取消审批等方式。已出台政策措施的地区要按照本意见要求作进一步修改完善。鼓励和支持有条件的地区大幅压缩35kV及以上电力接入工程的审批时间。

三、提高办电便利度

（五）优化线上用电报装服务。各供电企业要持续优化用电报装线上服务功能，推行低压用户供用电合同电子化，推广高压用户客户经理预约上门服务，为用户提供用电报装、查询、交费等"一网通办"服务。鼓励有条件的地区，全面推广用电报装全流程线上办理，实现"业务线上申请、信息线上流转、进度线上查询、服务线上评价"，提升用户办电体验。用户有权自主选择用电报装线上线下办理渠道，供电企业不得加以限定。

（六）压减用电报装环节和申请资料。各供电企业要按照附件2的规定要求，进一步压减现有用电报装环节，取消低压用户的设计审查、中间检查和竣工检验环节。低压用户在业务受理环节仅需提供用电人有效身份证件和用电地址物权证件，高压用户需同时提供用电工程项目批准文件。高压用户在设计审查环节仅需提供设计单位资质证明材料和用电工程设计及说明书，在中间检查环节仅需提供施工单位资质证明材料和隐蔽工程施工及试验记录，在竣工检验环节仅需提供工程竣工报告（含竣工图纸）。除法律法规另有规定外，供电企业不得增设或变相设置用电报装业务办理环节、前置条件，不得增加申请资料，不得强制用户签订申请用电承诺书。鼓励和支持有条件的地区进一步压减用电报装环节和申请资料。

（七）加快政企协同办电信息共享平台建设。各省级能源（电力）主管部门要按照国家有关规定，依托政务服务平台，牵头加强电子证照的推广应用，推进办电审批服务信息系统建设，推动省、市、县跨层级纵向联通，加强与供电企业用电报装信息管理系统的横向联通，提供数据互认共享服务，实现政企协同办电。实行行政审批申请"一窗受理"，审批结果自动反馈供电企业，审批流程公开透明，用户可在线查询；供电企业在线获取和验证营业执照、身份证件、不动产登记等用电报装信息，实现居民用户"刷脸办电"、企业用户"一证办电"。2021年底前，各省级能源（电力）主管部门要牵头完成政企协同办电信息共享平台建设工作。鼓励和支持有条件的地区推进工程建设项目审批平台与供电企业用电报装信息管理系统的互联互通，供电企业提前获取用电需求、提前开展配套电网工程规划建设，提高办电效率。

四、降低办电成本

（八）优化接入电网方式。各供电企业要逐步提高低压接入容量上限标准，对于用电报装容量160kW及以下实行"三零"服务的用户采取低压方式接入电网。对于高压用户，要按照安全、经济和实用的原则确定供电方案，并结合当地电网承载能力，优先使用现有公用线路供电，实行就近就便接入电网。鼓励和支持有条件的地区进一步提高低压接入容量上限标准。鼓励推广临时用电的租赁共享服务，通过供电设施以租代购等方式满足用户临时用电需求。

（九）延伸电网投资界面。各供电企业要逐步将电网投资界面延伸至居民用户和低压小微企业用户红线（含计量装置），鼓励和支持适当延伸高压用户电网投资界面，对涉及防范化解重大风险、精准脱贫、污染防治三大攻坚战的项目可优先延伸。有条件的地区可进一步扩大"零投资"服务用户范围，已实行"三零"服务的地区不得缩小"零投资"服务用户范围。

（十）规范用电报装收费。各供电企业要依法依规规范用电报装收费，为市场主体提供稳定且价格合理的用电报装服务，不得以任何名义直接或通过关联企业向用户收取不合理费用。对于居民用户和已承诺实行"三零"服务的低压非居民用户要确保做到办电"零投资"。

五、提升供电能力和供电可靠性

（十一）加强配电网和农网规划建设。各供电企业要加大投资力度，科学制定配电网和农网建设投资方案，推动项目及时落地，持续提升供电能力。各省级能源（电力）主管部门要牵头加强配电网和农网发展规划的统筹协调，推动纳入城乡发展规划统筹考虑，并建立规划实施情况定期评估及滚动调整机制。

（十二）减少停电时间和停电次数。各供电企业要进一步提高供电可靠性，为市场主体提供更好用电保障，不得以各种名义违规对企业实施拉闸断电。要强化计划检修管理，科学合理制定停电计划，推广不停电作业技术，减少计划停电时间和次数。要加强设备巡视和运行维护管理，开展配电网运行工况全过程监测和故障智能研判，准确定位故障点，全面推行网格化抢修模式，提高电网故障抢修效率，减少故障停电时间和次数。停电计划、故障停电、抢修进度和送电安排等信息要通过即时通讯软件（微信等）、短信、移动客户端等渠道主动推送到用户。各省级能源（电力）主管部门要牵头建立健全相关工作机制，加大对违章作业、野蛮施工、违规用电等行为的查处力度，减少因违规施工导致的停电时间和次数。

六、加大信息公开力度

（十三）提高用电报装信息公开透明度。各供电企业要规范用电报装服务，制定用电报装工作流程、办理时限、办理环节、申请资料等服务标准和收费项目目录清单，及时作优化调整并向社会公开；要及时公布本地区配电网接入能力和容量受限情况。2020年底前，供电企业要完成服务标准和收费项目目录清单制定工作，并在移动客户端、营业场所等渠道予以公开；要将12398能源监管热线和95598等供电服务热线同步、同对象公布到位，保障用户知情权。各地电力接入工程审批相关部门要按照《优化营商环境条例》要求，通过政府网站、全国一体化在线政务服务平台，向社会公布电力接入工程审批相关政策文件；各省级价格主管部门制定或调整涉及终端电力用户用电价格政策文件时，提前一个月向社会公布，提高电费透明度。

（十四）加强政策解读和宣传引导。各供电企业要主动为市场主体和人民群众提供咨询解答服务，在办理用电报装业务过程中同步向用户进行宣传，做到"办理一户、宣传一户"，让用户及时全面了解"获得电力"相关政策举措。建立用电报装政策宣介常态化机制，各有关方面要综合运用电视、网络、报刊等新闻媒体以及供电企业客户端、营业厅等途径和方式，加强对优化用电营商环境措施和成效的宣传解读，为全面提升"获得电力"服务水平创造良好舆论氛围。

七、强化组织实施

（十五）健全工作机制。各单位要提高政治站位，充分认识优化用电营商环境、提升"获得电力"服务水平的重要意义，进一步增强工作责任感和使命感，切实加强组织领导，明确目标任务，建立健全工作机制，推动各项工作有序开展。国家能源局负责全国"获得电力"工作的统筹协调、整体推进和督促落实。各省级能源（电力）主管部门要牵头建立健全"获得电力"工作协调机制，做到上下联动、横向协同，有效形成工作合力。建立工作进展情况报送制度，各单位工作中取得的阶段性成效、存在的突出问题要及时报告国家能源局。

（十六）明确责任分工。各供电企业作为优化用电营商环境、提升"获得电力"服务水平的责任主体，要对标先进，聚焦薄弱环节和突出问题，制定具体实施方案并抓好落实，围绕提升办电服务水平，不断完善相关措施，建立健全长效机制。各省级能源（电力）主管部门要切实履行职责，推动优化用电营商环境工作纳入地方政府优化营商环境工作内容，牵头制定本地区优化用电营商环境重点任务台账，及时协调并帮助解决用户办电和用电过程中遇到的困难和问题。国家能源局派出机构要切实履行监管职责，持续加强配电网和农网规划建设监管，及时发现问题、督促整改到位，密切关注12398能源监管热线投诉举报情况和意见建议，对企业和群众反映集中的问题，特别是接入受限、违规加价收费、"三指定"等突出问题要依法依规严肃查处，确保工作取得实效。

（十七）做好总结推广。各省级能源（电力）主管部门要会同国家能源局派出机构，组织地方政府有关部门、供电企业及时梳理总结"获得电力"改革创新举措，提炼形成可复制、可推广的经验做法，以点带面，在本地区加快推广。国家能源局将根据各地工作进展情况，进一步总结行之有效的、能够在全国范围内推广的好经验好做法并组织全面推广，充分发挥典型示范带动作用，促进互学互鉴，加快推动全国办电和用电服务水平整体提升。

本意见由国家发展改革委、国家能源局负责解释，自印发之日起执行，有效期5年。

附件：1. "三零""三省"服务典型经验做法
2. 2020年供电企业办理用电报装业务的环节和时限目标

国家发展改革委
国家能源局
2020年9月25日

附件1

"三零""三省"服务典型经验做法

低压小微企业用电报装"三零"服务，即"零上门、零审批、零投资"。"零上门"是指：实行线上用电报装服务，用户可以在线提出用电需求，签订电子合同，供电企业委派专人上门服务，用户无需往返营业厅，用电报装"一次都不跑"。"零审批"是指：供电企业精简办电资料，一次性收取所有材料，代替用户办理电力接入工程审批手续，地方政府有关部门优化审批服务，实现一窗受理、并行操作、限时办结。"零投资"是指：供电企业将投资界面延伸至用户红线，报装容量在160kW及以下通过低压方式接入，计量装置及以上工程由供电企业投资建设。

高压用户用电报装"三省"服务，即"省力、省时、省钱"。"省力"是指：推广"互联网+"线上办电服务，推动政企办电信息互联互通，供电企业直接获取用户办电所需证照信息，用户在线提交用电申请、查询业务办理进程、评价服务质量，实现办电"最多跑一次"。"省时"是指：地方政府有关部门简化电力接入工程审批程序、压减审批时限；供电企业实行业务办理限时制，加快业务办理速度，确保用户及时接电。"省钱"是指：供电企业优化供电方案，实行就近就便接入电网，降低用户办电成本。

附件2

2020年供电企业办理用电报装业务的环节和时限目标

单位：工作日

用户类型	各环节办理时间						合计办理时间	现行规定时限	压减比例（%）
	业务受理	供电方案答复	设计审查	中间检查	竣工检验	装表接电			
未实行"三零"服务的低压非居民用户	1	3	—	—	—	2	6	18	67
高压单电源用户	1	10	3	2	3	3	22	38	42
高压双电源用户	1	20	3	2	3	3	32	53	40

注：①低压用户指采用380V及以下电压供电的用户，高压用户指采用10（6）kV及以上电压供电的用户。②对于居民用户和实行"三零"服务的低压非居民用户，用电报装压减为受理签约、施工接电2个环节。

第十四章　石油天然气政策

一、石油天然气发展规划

（一）页岩气发展规划

2016年9月24日，按照习近平总书记在中央财经领导小组第六次会议上提出的推动能源供给革命、消费革命、技术革命和体制革命指示精神，加快推进页岩气勘探开发，增加清洁能源供应，优化调整能源结构，满足经济社会较快发展、人民生活水平不断提高和绿色低碳环境建设的需求，国家能源局制定印发《页岩气发展规划（2016—2020年）》，明确了2020年、2030年页岩气发展的目标、指导方针、重点任务、保障措施等内容。

国家能源局关于印发页岩气发展规划（2016—2020年）的通知

国能油气〔2016〕255号

各省、自治区、直辖市及计划单列市发展改革委（能源局），有关企业：

为加快我国页岩气发展，规范和引导"十三五"期间页岩气勘探开发，现将《页岩气发展规划（2016—2020年）》印发你们，请按照执行。

国家能源局

2016年9月14日

页岩气发展规划（2016—2020年）

一、前言

美国页岩气革命对国际天然气市场及世界能源格局产生重大影响，世界主要资源国都加大了页岩气勘探开发力度。"十二五"期间，我国页岩气勘探开发取得重大突破，成为北美洲之外第一个实现规模化商业开发的国家，为"十三五"产业化大发展奠定了坚实基础。按照习近平总书记在中央财经领导小组第六次会议上提出的推动能源供给革命、消费革命、技术革命和体制革命指示精神，为加快推进页岩气勘探开发，增加清洁能源供应，优化调整能源结构，满足经济社会较快发展、人民生活水平不断提高和绿色低碳环境建设的需求，特制订本规划。

本规划为指导性规划，期限为2016年至2020年，展望到2030年。

二、规划背景

（一）发展基础

我国页岩气资源总体比较丰富，通过"十二五"攻关和探索，南方海相页岩气资源基本落实，并实现规模开发；页岩气开发关键技术基本突破，工程装备初步实现国产化；页岩气矿权管理、对外合作和政策扶持等方面取得重要经验。总体上，我国页岩气产业起步良好，基本完成了"十二五"规划预期目标。

1. 资源评价

页岩气基础地质调查评价取得重要进展，圈定10余个有利目标区，并不断在新区新层系中取得重要发现，基本查明南方下古生界地层是近期我国页岩气开发主力层系，为进一步拓展商业性勘探奠定了基础。根据2015年国土资源部资源评价最新结果，全国页岩气技术可采资源量21.8万亿立方米，其中海相13.0万亿立方米、海陆过渡相5.1万亿立方米、陆相3.7万亿立方米。

2. 勘探开发

全国共设置页岩气探矿权44个，面积14.4万平方千米。通过近年勘探开发实践，四川盆地及周缘大批页岩气井在志留系龙马溪组海相页岩地层勘探获得工业气流，证实了良好的资源及开发潜力；鄂尔多斯盆地三叠系陆相页岩地层也勘探获气。2012年，国家发改委、能源局批准设立了长宁—威远、昭通、涪陵3个国家级海相页岩气示范区和延安陆相国家级页岩气示范区，集中开展页岩气技术攻关、生产实践和体制创新。中国石化、中国石油积极推进页岩气勘探开发，大力开展国家级页岩气示范区建设，取得焦页1井等一批页岩气重大发现井，率先在涪陵、长宁—威远和昭通等国家级示范区内实现页岩气规模化商业开发。截至目前，全国累计探明页岩气地质储量5441亿立方米，2015年全国页岩气产量45亿立方米。

3. 科技攻关

国家加大页岩气科技攻关支持力度，设立了国家能源页岩气研发（实验）中心，在"大型油气田及煤层气开发"国家科技重大专项中设立"页岩气勘探开发关键技术"研究项目，在"973"计划中设立"南方古生界页岩气赋存富集机理和资源潜力评价"和"南方海相页岩气高效开发的基础研究"等项目，广泛开展各领域技术探索。中国石化、中国石油等相关企业也加强各层次联合攻关，在山地小型井工厂、优快钻完井、压裂改造等方面进行技术创新，并研制了3000型压裂车等一批具有自主知识产权的装备。通过"十二五"攻关，目前我国已经基本掌握3500米以浅海相页岩气勘探开发主体技术，有效支撑了我国页岩气产业健康快速发展。

4. 政策机制

2012年，财政部、国家能源局出台页岩气开发利用补贴政策，2012~2015年，中央财政按0.4元/立方米标准对页岩气开采企业给予补贴；2015年，两部门明确"十三五"期间页岩气开发利用继续享受中央财政补贴政策，补贴标准调整为前三年0.3元/立方米、后两年0.2元/立方米。2013年，国家能源局发布《页岩气产业政策》，从产业监管、示范区建设、技术政策、市场与运输、节约利用与环境保护等方面进行规定和引导，推动页岩气产业健康发展。"十二五"期间，探索建立了页岩气合资合作开发新机制，中国石化和中国石油分别与地方企业成立合资公司，开发重庆涪陵、四川长宁等页岩气区块。

（二）发展形势

"十三五"期间，我国经济发展新常态将推动能源结构不断优化调整，天然气等清洁能源需求持续加大，为页岩气大规模开发提供了宝贵的战略机遇。同时，我国页岩气产业发展仍处于起步阶段，不确定性因素和挑战也较多。

1. 发展机遇

（1）国家发展战略和政策引导为页岩气发展提供广阔空间。2015年天然气占我国一次能源消费比重5.9%，与世界24%的平均水平差距仍然较大。随着我国不断强化大气污染治理，大力推行清洁低碳发展战略和积极推进新型城镇化建设，天然气必将在调整和优化能源结构中发挥更大作用。国务院办公厅《能源发展战略行动计划（2014—2020年）》明确提出，到2020年天然气占我国一次能源消费比重将达到10%以上，大力开发页岩气符合我国能源发展大趋势。

（2）丰富的资源基础和良好的产业起步为页岩气发展提供坚实保障。"十二五"我国页岩气开发在南方海相获得突破，四川盆地页岩气实现规模化商业开发，其他很多有利区获得工业测试气流，南方海相龙马溪组页岩气资源及开发潜力得到有力证实。四川盆地深层海相页岩气、四川盆地外大面积常压低丰度海相页岩气及鄂尔多斯盆地陆相页岩气也为将来页岩气大规模开发提供资源保障。同时，我国已基本掌握3500米以浅海相页岩气高效开发技术，将为"十三五"页岩气产业加快发展提供有力技术支持。

（3）体制机制不断理顺为页岩气发展提供强大动力。页岩气被确定为独立矿种，勘探开发的体制障碍部分消除。两轮探矿权招标的探索为完善页岩气矿权竞争性出让和建立矿权退出机制积累了有益经验，多种性质市场主体合资合作开发模式的建立也为吸引和扩大页岩气投资提供了宝贵借鉴。随着油气体制改革的全面推进，市场准入进一步放宽、基础设施实现公平接入、价格市场化机制建立和行业监管不断完善等，都将为页岩气发展提供公平竞争、开放有序的外部环境。

2. 面临挑战

（1）建产投资规模大。页岩气井单井投资大，且产量递减快，气田稳产需要大量钻井进行井间接替，因此，页岩气开发投资规模较大，实施周期长，不确定因素较多，对页岩气开发企业具有较大的资金压力和投资风险，部分中小型企业投资积极性有所减退。

（2）深层开发技术尚未掌握。埋深超过3500米页岩气资源的开发对水平井钻完井和增产改造技术及装备要求更高。目前页岩气重点建产的川南地区埋深超过3500米的资源超过一半，该部分资源能否有效开发将影响"十三五"我国页岩气的开发规模。

（3）勘探开发竞争不足。页岩气有利区矿权多与已登记常规油气矿权重叠，常规油气矿权退出机制不完善，很难发挥页岩气独立矿种优势，通过市场竞争增加投资主体，扩大页岩气有效投资。此外，页岩气技术服务市场不发达，不利于通过市场竞争推动勘探开发技术及装备升级换代，实现降本增产。

（4）市场开拓难度较大。随着我国经济增长降速，以及石油、煤炭等传统化石能源价格深度下跌，天然气竞争力下降，消费增速明显放缓。与此同时，国内天然气产量稳步增长，中俄、中亚、中缅及LNG等一系列天然气长期进口协议陆续签订，未来天然气供应能力大幅提高。按目前能源消费结构，"十三五"期间天然气供应总体上较为充足。页岩气比常规天然气开发成本高，市场开拓难度更大。

三、指导方针和目标

（一）指导思想

贯彻落实国家能源发展战略，创新体制机制，吸引社会各类资本，扩大页岩气投资。以中上扬子地区海相页岩气为重点，通过技术攻关、政策扶持和市场竞争，发展完善适合我国特点的页岩气安全、环保、经济开发技术和管理模式，大幅度提高页岩气产量，把页岩气打造成我国天然气供应的重要组成部分。

（二）基本原则

一是加强资源勘探。以四川盆地海相页岩气为重点，兼顾其他有利区，加大勘探投入，不断增加页岩气探明储量，落实更多"甜点区"，夯实资源基础。

二是坚持体制机制创新。鼓励自主开发与对外合作相结合，积极引进先进适用技术，支持多种投资主体合资合作开发，努力扩大勘探开发投入，有效缓解页岩气开发技术和投资困境。

三是强化市场竞争。完善页岩气区块准入和退出机制，增加投资主体，强化市场竞争，促进工程技术升级换代，加快成本降低，提高页岩气开发的经济性。

四是加强政策扶持。针对页岩气发展初级阶段工程技术不成熟、勘探开发成本高、经济效益低等，坚持和完善相关扶持政策，保障行业可持续发展。

五是注重生态保护。严格开展页岩气开发环境影响评价，通过优化方案设计、使用清洁原料和先进技术装备、改善管理和加强综合利用等，从源头削减污染和减少用水、用地，实现页岩气开发与生态保护协调发展。

（三）发展目标

1. 2020年发展目标

完善成熟3500米以浅海相页岩气勘探开发技术，突破3500米以深海相页岩气、陆相和海陆过渡相页岩气勘探开发技术；在政策支持到位和市场开拓顺利情况下，2020年力争实现页岩气产量300亿立方米。

2. 2030年目标展望

"十四五"及"十五五"期间，我国页岩气产业加快发展，海相、陆相及海陆过渡相页岩气开发均获得突破，新发现一批大型页岩气田，并实现规模有效开发，2030年实现页岩气产量800亿~1000亿立方米。

四、重点任务

（一）大力推进科技攻关

立足我国国情，紧跟页岩气技术革命新趋势，攻克页岩气储层评价、水平井钻完井、增产改造、气藏工程等勘探开发瓶颈技术，加速现有工程技术的升级换代，有效支撑页岩气产业健康快速发展。

1. 页岩气地质选区及评价技术

重点开展页岩气地质基础理论、页岩气勘探评价技术及装备、页岩气储层精细描述及"甜点区"识别技术等攻关研究。

2. 深层水平井钻完井技术

重点开展埋深超过 3500 米长水平段井眼轨迹优化设计及控制技术、页岩水平井快速钻井技术、长寿命耐油井下动力钻具等攻关研究。

3. 深层水平井多段压裂技术

重点开展埋深超过 3500 米页岩储层水平井分段压裂优化设计及施工技术、压后评估技术及相关装备的攻关研究。

4. 页岩气开发优化技术

重点开展页岩气试井分析和产能评价技术、页岩气开发动态与储量评价技术、页岩气开发技术政策论证及采气工艺技术等攻关研究。

5. 页岩气开采环境评价及保护技术

重点开展页岩气井钻井液及压裂返排液处理处置技术、开发生态及地下水环境风险评估与监控技术、安全环保标准体系等攻关研究。

(二) 分层次布局勘探开发

根据工作基础和认识程度不同，对全国页岩气区块按重点建产、评价突破和潜力研究三种不同方式分别推进勘探开发。对已有产量或评价效果较好的区块，努力推进和扩大产能建设，发挥大幅提高页岩气产量主力军作用；对已获得工业气流发现的区块，加强开发评价和井组实验，适时启动规模开发；对工作基础较浅区块和大量新区块，强化基础地质条件研究和优选评价，力争取得新突破。

1. 重点建产区

（1）涪陵勘探开发区。位于重庆市东部，目的层为志留系龙马溪组富有机质页岩，已在焦石坝建成一期 50 亿立方米/年产能，并初步落实二期 5 个有利目标区，埋深小于 4000 米面积 600 平方千米，地质资源量 4767 亿立方米。

（2）长宁勘探开发区。位于四川盆地与云贵高原结合部，包括水富—叙永和沐川—宜宾两个区块，目的层为志留系龙马溪组富有机质页岩，埋深小于 4000 米有利区面积 4450 平方千米，地质资源量 1.9 万亿立方米。

（3）威远勘探开发区。位于四川省和重庆市境内，包括内江—犍为、安岳—潼南、大足—自贡、璧山—合江和泸县—长宁 5 个区块，目的层为志留系龙马溪组富有机质页岩，埋深小于 4000 米有利区面积 8500 平方千米，地质资源量约 3.9 万亿立方米。

（4）昭通勘探开发区。位于四川省和云南省交界地区，目的层为志留系龙马溪组富有机质页岩，目前已落实四个有利区，面积 1430 平方千米，地质资源量 4965 亿立方米。

（5）富顺—永川勘探开发区。主体位于四川省境内，目的层为志留系龙马溪组富有机质页岩，已初步落实有利区面积约 1000 平方千米，地质资源量约 5000 亿立方米。

2. 评价突破区

（1）宣汉—巫溪勘探开发区。位于重庆市北部，目的层为志留系龙马溪组富有机质页岩，埋深小于3500米有利区面积3000平方千米，地质资源量约2000亿立方米。

（2）荆门勘探开发区。主体位于湖北省中西部，目的层为志留系龙马溪组—五峰组富有机质页岩，已在远安等地初步落实有利区面积550平方千米，地质资源量3240亿立方米。

（3）川南勘探开发区。位于四川盆地南部，包括荣昌—永川、威远—荣县两个区块，目的层为志留系龙马溪组富有机质页岩，已初步落实埋深小于4500米有利区面积270平方千米，地质资源量2386亿立方米。

（4）川东南勘探开发区。位于四川盆地东南部，目的层为志留系龙马溪组富有机质页岩，已在丁山、武隆、南川等地初步落实埋深小于4500米有利区面积3270平方千米，地质资源量9485亿立方米。

（5）美姑—五指山勘探开发区。位于四川盆地西南部，目的层为志留系龙马溪组富有机质页岩，初步落实埋深小于4500米有利区面积1923平方千米，地质资源量1.35万亿立方米。

（6）延安勘探开发区。位于鄂尔多斯盆地中部，目的层为三叠系延长组及上古生界山西组、本溪组富有机质页岩，已在下寺湾—直罗、云岩—延川两个有利区落实地质资源量5630亿立方米。

3. 潜力研究区

通过"十二五"勘探评价，贵州正安区块、岑巩区块、湖北来凤—咸丰区块、湖南保靖区块、龙山区块、重庆城口区块、忠县—丰都区块等一批区块获得了较好的页岩气显示，"十三五"期间继续加大研究评价和勘探开发力度，争取有所突破。

（三）加强国家级页岩气示范区建设

"十三五"期间，进一步加强长宁—威远、涪陵、昭通和延安四个国家级页岩气示范区建设，通过试验示范，完善和推广页岩气有效开发技术、高效管理模式和适用体制机制等。

1. 关键工程技术试验示范

开展页岩气地球物理评价及"甜点区"预测、水平井钻完井、水平井压裂改造和页岩气开发优化等技术试验示范，形成适合我国地质条件的页岩气勘探开发关键技术及装备。

2. 高效管理模式试验示范

开展页岩气"工厂化"作业模式试验示范，优化页岩气水平井井场设计、施工作业程序、装备和材料配置等，最大程度提高施工作业效率，降低开发成本。

3. 体制机制试验示范

以合资合作开发为重点，完善和推广页岩气多元投资模式，降低页岩气投资压力，加快优质区块矿权动用，改善地企关系等外部环境。

4. 增设国家级页岩气示范区

结合"十三五"页岩气勘探开发情况，根据页岩储层类型和开发技术特征，适时增设一批国家级页岩气示范区，开展地质理论、关键工程技术及装备等试验示范，探索页岩气勘探开发新领域。

（四）完善基础设施及市场

根据页岩气产能建设和全国天然气管网建设及规划情况，支持页岩气接入管网或就近利用。在四川盆地等页岩气主产区，积极推进页岩气外输管道建设；在页岩气产量较低地区、骨干管网不发达地区，建设压缩天然气（CNG）和小型液化天然气（LNG）利用装置，提高页岩气利用率。鼓励各种投资主体进入页岩气销售市场，逐步形成以页岩气开采企业、销售企业及城镇燃气经营企业等多种主体并存的市场格局。

五、保障措施

（一）加强资源调查评价

进一步加强页岩气资源调查评价工作，落实页岩气经济可采资源量，掌握"甜点区"分布，提高页岩气资源探明程度。同时，积极推进页岩气勘查评价数据库的建立，实现页岩气地质评价、钻完井等基础资料共享，减少不必要的勘探评价成本。

（二）强化关键技术攻关

通过国家科技计划（专项、基金等）加强支持页岩气技术攻关，紧密结合页岩气生产实践中的技术难题，开展全产业链关键技术攻关和核心装备研发，同时，加强页岩气勘探开发前瞻性技术的研究和储备。通过不断提高技术水平推动页岩气开发成本持续下降，保障页岩气效益和可持续开发。

（三）推动体制机制创新

竞争出让页岩气区块，并完善页岩气区块退出机制，放开市场，引入各类投资主体，构建页岩气行业有效竞争的市场结构和市场体系，充分发挥市场对资源的配置作用，增加页岩气投资，降低开发成本。鼓励合资合作和对外合作，加快现有优质区块的勘探开发进度。积极培育页岩气技术服务和装备研发制造等市场主体。建立页岩气技术交流合作机制，完善页岩气市场监管和环境监管机制。

（四）加大政策扶持力度

落实好页岩气开发利用财政补贴政策，研究建立与页岩气滚动勘探开发相适应的矿权管理制度、制定支持页岩气就地利用政策、简化页岩气对外合作项目总体开发方案审批等，充分调动企业积极性。各级地方政府要在土地征用、城乡规划、环评安评、社会环境等方面给予页岩气企业积极支持，为页岩气产业发展创造良好的外部环境。

（五）建立滚动调整机制

本规划实施过程中，根据国内天然气需求、页岩气技术发展水平、成本效益和具体勘探开发总体工作进度，施行滚动调整机制，及时合理调整页岩气规划目标和任务部署，以适应行业发展需求，保障页岩气行业持续健康发展。

六、社会效益与环境评估

（一）社会效益

页岩气开发对推动我国科技进步、带动经济发展、优化能源结构和保障能源安全具有重要意义。掌握页岩气勘探开发主体技术，可将其应用到其他非常规油气领域，推动油气行业整体理论创新、技术进步和产业发展。作为一项重大的清洁能源基础产业，页岩气开发将有效带动交通、钢铁、材料、装备、水泥、化工等相关产业发展，增加社会就业，吸引国内外投资，增加国家税收，促进地方经济和国民经济可持续发展。

（二）环境评估

页岩气作为清洁能源，开发利用将节约和替代大量煤炭和石油资源，减少二氧化碳排放量，改善生态环境。同时，页岩气开发也会产生一定的环境影响，如页岩气井场建设会对地表植被产生破坏，开发和集输过程中可能产生甲烷逸散或异常泄漏，页岩气增产改造会引发地表震动，增产改造用水量大，影响地区水资源，钻井液和压裂液返排后处理不当，可能会造成污染。

采取的相关措施主要包括：严格遵守《环境保护法》（2014年修订）等法律法规，制修订页岩气开发相关环境标准；大范围推广水平井工厂化作业，减少井场数量，降低占地面积；对废弃井场进行植被恢复；生产过程中严格回收甲烷气体，不具备回收利用条件的须进行污染防治处理；增产改造过程中将返排的压裂液回收再利用，或进行无害化处理，降低污染物在环境中的排放。

（二）石油发展"十三五"规划

2016年12月24日，国家发展改革委印发了《石油发展"十三五"规划》，明确"十三五"时期，年均新增探明石油地质储量10亿吨左右。2020年国内石油产量2亿吨以上，构建开放条件下的多元石油供应安全体系，保障国内2020年5.9亿吨的石油消费水平。为保障目标完成，将加强勘探开发保障国内资源供给。陆上和海上并重，加强基础调查和资源评价，加大新区、新层系风险勘探，深化老区挖潜和重点地区勘探投入，夯实国内石油资源基础。巩固老油田，开发新油田，加快海上油田开发，大力支持低品位资源开发，实现国内石油产量基本稳定。

国家发展改革委关于印发石油天然气发展"十三五"规划的通知

发改能源〔2016〕2743号

各省、自治区、直辖市发展改革委（能源局）、新疆生产建设兵团发展改革委，中国石油天然气集团公司、中国石油化工集团公司、中国海洋石油总公司，中国石油和化学工业联合会：

为落实《中华人民共和国国民经济和社会发展第十三个五年规划纲要》总体要求，促进石油、天然气产业有序、健康、可持续发展，根据《能源发展"十三五"规划》，我们制订了《石油发展"十三五"规划》《天然气发展"十三五"规划》，现印送你们，请按照执行。

附件：1. 石油发展"十三五"规划
2. 天然气发展"十三五"规划

国家发展改革委
2016年12月24日

附件1

石油发展"十三五"规划

前 言

能源是我国经济社会发展的重要基础。石油作为重要的化石能源之一，随着我国国民经济持续稳定发展和人民生活水平的不断提高，其需求一定时期内仍将稳定增长。

世界经济在深度调整中曲折复苏，全球能源格局正在发生深刻变革，国内外石油供需总体宽松，国际油价剧烈波动且低位徘徊。国内经济进入新常态，经济发展方式加快转变，能源生产和消费革命成为长期战略。全面深化体制改革和"一带一路"建设，为行业发展和国际合作拓展了新的空间。我国石油工业发展面临挑战的同时迎来重要战略机遇期。

根据《中华人民共和国国民经济和社会发展第十三个五年规划纲要》和《能源发展"十三五"规划》的总体要求，为促进石油产业有序、健康、可持续发展，国家发展改革委、能源局组织编制了《石油发展"十三五"规划》（以下简称《规划》）。

本《规划》包括上游资源勘探开发、中游原油成品油管网等基础设施建设，兼顾下游石油节约和替代，是"十三五"期间我国石油产业健康发展的重要指引。在实施过程中，将根据实际情况对本规划进行适时调整、补充。

一、规划背景

（一）发展基础

储量快速增长，产量稳中有升。新一轮全国常规油气资源动态评价成果表明，我国陆上和近海海域常规石油地质资源量1085亿吨。截至2015年底，连续9年新增探明石油地质储量超过10亿吨，累计探明地质储量371.7亿吨，探明程度34%，处于勘探中期。2000年起，国内石油产量连续6年稳定在2亿吨以上。

消费持续稳定增长。2015年国内石油表观消费量5.47亿吨，占国内能源消费总量的18%，"十二五"期间年均增速4.8%，较"十一五"低约3个百分点。2015年国内成品油消费量3.38亿吨，"十二五"期间年均增速6.2%，较"十一五"低近1个百分点。2015年石油净进口3.33亿吨，"十二五"期间年均增速7%，较"十一五"低6个百分点。

综合保障能力显著提升。西北、东北、西南和海上四大进口战略通道布局基本完成，油源供应、进口渠道和运输方式逐步实现多元化。"十二五"期间国内新投运原油长输管道总里程5000公里，新投运成品油管道总里程3000公里。截至2015年底累计建成原油长输管道2.7万公里、成品油管道2.1万公里，基本满足当前国内原油、成品油资源调配需求。

技术创新和装备自主化再上台阶。创新了连续型油气聚集等地质理论，发展完善了低渗及稠油高效开发、三次采油等世界领先的技术系列，大型成套压裂机组、近钻头端地质导向系统等核心技术装备国产化取得突破。掌握了300米水深勘探开发成套技术，具备了1500米水深自主勘探开发能力和3000米水深工程技术装备及作业能力，建成投运"海洋石油981"深水半潜式钻井平台。

体制机制改革取得阶段性成果。按照党的十八届三中全会《关于全面深化改革重大问题的决定》精神，我国油气体制改革稳步推进。常规油气勘探开发体制改革率先在新疆启动试点，勘探开发和基础设施建设领域混合所有制试点稳步推进，投资主体进一步多元化；初步组建起行业监管队伍，基础设施第三方公平开放开始实施；原油进口权逐步放开，期货市场建设加快推进，成品油价格形成机制进一步完善。

总体来看，"十二五"时期我国石油产业发展面对全球能源格局深刻调整、国际油价剧烈波动的复杂外部环境，积极适应国内经济发展新常态，实现了稳步增长。同时，随着全面深化体制改革的推进和"一带一路"建设、京津冀协同发展战略、长江经济带发展战略的实施，石油行业迎来新的发展契机，将在"十三五"时期得到新的稳步发展。

专栏1 "十二五"时期石油行业发展成就

指标	单位	2010年	2015年	年增长率（%）
累计探明储量	亿吨	312.8	371.7	3.51
产量	亿吨/年	2.03	2.14	1.06
表观消费量	亿吨/年	4.32	5.47	4.83
石油净进口量	亿吨/年	2.39	3.33	6.86
原油管道里程	万公里	2.2	2.7	4.18
原油一次管输能力	亿吨/年	3.9	5.3	6.33
成品油管道里程	万公里	1.8	2.1	3.13
成品油一次管输能力	亿吨/年	1.4	2.1	8.45

（二）发展形势

1. 面临的机遇

全球石油供需形势总体宽松。美国页岩革命带动了页岩油、致密油等非常规、低品位资源勘探开发，2015年全球石油产量43.6亿吨，储采比55。预计"十三五"全球石油供应持续宽松、油价维持低位、需求稳定增长、消费重心东移。新常态下我国经济长期向好的基本面没有改变，"十三五"时期石油需求仍将稳步增长，但增速进一步放缓，石油在一次能源消费中的占比保持基本稳定。

体制机制改革全面深化。国内外油气供需总体宽松的态势，为深化油气行业改革提供了难得的历史机遇。"十三五"时期我国油气体制改革将在放宽市场准入、完善管网建设运营机制、落实基础设施公平接入、市场化定价、完善行业管理和监管等方面深入推进，充分发挥市场在资源配置中的决定性作用。

国际合作迎来新机遇。当前地缘政治和国际能源格局深刻调整的战略机遇期为我国积极拓展国际石油合作，参与全球能源治理提供了新空间。党中央提出建设"丝绸之路经济带"和"21世纪海上丝绸之路"的合作倡议，能源合作是其中重要的内容之一，有助于加大与相关国家在油气勘探开发、投资贸易、技术服务等领域合作，加强能源基础设施互联互通，共同维护跨境管道安全。

2. 面临的挑战

石油供应安全面临挑战。国内石油总体进入低品位资源勘探开发的新阶段，产量大幅增长难度大，开放条件下的石油供应安全仍是面临的重要问题。原油进口主要集中在中东等地缘政治不稳定地区、海上运输过于依赖马六甲海峡、陆上跨国管道突发事件等风险依然存在。石油储备规模及应急响应水平、国际石油合作质量还不能完全适应近年来国际油价波动幅度加大、频率加快的市场格局。

国内石油勘探投入不足。油气领域勘探开发主体较少，区块退出和流转机制不健全，竞争性不够。加之不同地区地质认识和资源禀赋差异，各公司勘探主要集中在资源丰度高地区，风险勘探积极性不高，部分地区勘探投入不足。一些国内企业通过"走出去"已获得国外区块，积累了技术和管理经验，但国内准入仍存在诸多限制，制约了多元化资本投入。

行业可持续发展存在制约。国内老油田已进入开发中后期，历史包袱和社会负担重、人员冗余，经营成本相对较高。大型国有企业经营机制不灵活、治理结构不完善，管理水平较国际一流企业仍存在较大差距。石油海外投资迅速增长，但控制和抵御风险能力不强，盈利能力持续下滑，国际话语权较弱。伴随2014年以来油价大幅下跌，国内石油行业市场化体系不健全、竞争力不足等体制性问题凸显。同时，低油价下企业大幅削减投资，油田作业量减少，员工收入下降，可能带来老油区社会稳定等风险隐患。

项目建设和管道安全面临压力。随着我国城乡经济发展和城镇化率提高，石油产能建设及基础设施项目与城乡规划、土地利用、生态保持的冲突时有发生，用地保障难度加大，部分管道路由难以协调。管道建设与其他基础设施相遇相交日益增多，管道占压和第三方破坏、损伤比较严重，管道安全运营风险加大，管道检验检测和完整性管理还未推广，检验检测技术水平不适应安全需求。渤海等近海海域用海矛盾日益突出。国家对海洋石油开发及管输环境保护和作业安全提出更高要求。

二、指导思想和目标

（一）指导思想

全面贯彻党的十八大和十八届三中、四中、五中、六中全会精神，深入落实习近平总书记系列重要讲话精神，牢固树立创新、协调、绿色、开放、共享的发展理念，以能源供给侧结构性改革为主线，遵循"四个革命、一个合作"能源发展战略思想，紧密结合"一带一路"建设、京津冀协同发展战略、长江经济带发展战略的实施，贯彻油气体制改革总体部署，发挥市场配置资源的决定性作用，加强国内勘探开发，完善优化管网布局，强化科技创新，构建安全稳定、开放竞争、绿色低碳、协调发展的现代石油产业体系，保障经济社会可持续发展。

（二）基本原则

供应保障与节约利用相互支撑。加大国内勘探开发，开拓海外、多元进口、强化贸易，构建国内基础稳固、海外布局多元的供给体系，保障石油供应安全。坚持节约优先，提高石油利用效率，推广替代能源，引领石油消费低速增长。

深化改革与加强监管相互结合。着力破除制约行业发展的体制机制障碍，实现勘探开发有序准入和基础设施公平开放，完善价格形成机制，发挥市场在资源配置中的决定性作用。加快"立改废"，完善法规体系，强化行业监管和市场监管，注重发挥协会、第三方研究机构、社会媒体的积极作用。

整体布局与区域发展相互衔接。统筹国内外资源，结合国家石化产业基地布局和各地区市场需求，整体规划、优化流向、适度超前，推进原油、成品油管网建设，加强主干管网及区域管网互联互通，打破地域分割和行政垄断。落实"一带一路"建设、京津冀协同发展战略、长江经济带发展战略，拓展石油产业发展新空间。

开发利用与环境保护相互协调。处理好资源开发利用与土地利用、环保、城乡规划、海洋主体功能区划、海洋功能区划等相关规划的统筹衔接，加强生产、运输和利用等全产业链生态环境保护，完善节能环保管理体系，强化源头控制和污染物治理，推进产业绿色、可持续发展。

（三）发展目标

1. 储量目标

"十三五"期间，年均新增探明石油地质储量10亿吨左右。

2. 石油供应

2020年国内石油产量2亿吨以上，构建开放条件下的多元石油供应安全体系，保障国内2020年5.9亿吨的石油消费水平。

3. 基础设施能力

"十三五"期间，建成原油管道约5000公里，新增一次输油能力1.2亿吨/年；建成成品油管道12000公里，新增一次输油能力0.9亿吨/年。到2020年，累计建成原油管道3.2万公里，形成一次输油能力约6.5亿吨/年；成品油管道3.3万公里，形成一次输油能力3亿吨/年。

专栏2 "十三五"时期石油发展主要目标

指标	单位	2015年	2020年	年增长率（%）	属性
累计探明储量	亿吨	371.7	420	2.47	预期性
产量	亿吨/年	2.14	2以上	—	预期性
石油表观消费量	亿吨/年	5.47	5.9	1.52	预期性
石油净进口量	亿吨/年	3.33	3.9	3.21	预期性
原油管道里程	万公里	2.7	3.2	3.46	预期性
原油管输能力	亿吨/年	5.3	6.5	4.17	预期性
成品油管道里程	万公里	2.1	3.3	9.46	预期性
成品油管输能力	亿吨/年	2.1	3	3.51	预期性

三、重点任务

（一）加强勘探开发保障国内资源供给

陆上和海上并重，加强基础调查和资源评价，加大新区、新层系风险勘探，深化老区挖潜和重点地区勘探投入，夯实国内石油资源基础。巩固老油田，开发新油田，加快海上油田开发，大力支持低品位资源开发，实现国内石油产量基本稳定。

1. 加强基础地质调查和资源评价

深化东（中）部、发展西部、加快海域，重点加强主要含油气盆地的地质勘查。深化成熟勘查区块的精细勘查，加强老油区的新领域深度挖潜。坚持新地区、新领域、新深度、新层位油气地质调查，提交一批后备选区。加强非常规资源地质调查，推动基础理论创新和复杂地区勘查技术突破。东（中）部以松辽和渤海湾等含油气盆地新层系、深层、古潜山、滩海为重点，主要目标为构造—岩性和地层岩性圈闭；西部地区以鄂尔多斯、四川、塔里木、准噶尔、柴达木等含油气盆地的叠合盆地前陆克拉通古隆起为重点，主要目标为大中型构造和地层—岩性圈闭，加强羌塘盆地等新区勘查。海域勘查以寻找新的大中型油气田为目标，重点勘查渤海海域、珠江口盆地北部和北部湾盆地等，加大深水区勘查力度。

2. 加强勘探实现石油增储稳产

石油企业要切实加大勘探力度，保障"十三五"勘探工作量投入，实现"十三五"期间新增探明地质储量50亿吨左右。东（中）部陆上老油区立足松辽和渤海湾盆地，深化精细勘探、增储挖潜，"十三五"期间力争新增探明地质储量11亿吨左右。西部地区以鄂尔多斯、塔里木、准噶尔、柴达木、吐哈盆地等为重点，加快优质资源储量探明，"十三五"期间力争新增探明地质储量27亿吨左右。加快海洋油气勘探力度，"十三五"期间新增探明地质储量12亿吨左右。

实现国内石油产量基本稳定。稳定松辽盆地、渤海湾盆地等东（中）部生产基地，积极发展先进采油技术，提高原油采收率，努力减缓大庆、胜利、辽河等老油田产量递减，2020年东（中）部地区实现石油产量8300万吨以上。巩固发展鄂尔多斯、塔里木和准噶尔盆地等西部石油生产基地，增储稳产、力争增产，2020年西部地区实现石油产量7000万吨以上。加快海洋油气开发步伐，2020年海域石油产量4700万吨以上。

支持低品位资源勘探开发工程示范和科技攻关。重点开展鄂尔多斯、松辽、渤海湾、新疆、海上等地区的超低渗、致密油（页岩油）、稠油、油页岩、油砂等低品位资源勘探开发工程示范，加强低成本开发技术攻关。

专栏3　勘探开发重点项目

（1）东（中）部。加大老区精细挖潜，强化三次采油和稠油转换开发。松辽盆地推进外围效益产能建设，致密油水平井示范区建设，加快二氧化碳驱油工业化试验。渤海湾盆地重点推进济阳坳陷等隐蔽油气藏勘探，重点突破古潜山、深层、新类型油藏领域。围绕东部富油凹陷重点区带的新层系、新类型与外围新区加强评价勘探，扩大储量规模。

（2）西部。鄂尔多斯盆地深化安塞、靖安、西峰等老区精细挖潜，推进姬塬、华庆、西峰—合水、镇北的超低渗资源规模动用，探索长7致密油工业化开发技术，加强鄂南地区古生界探索。塔里木盆地加强塔北—塔中碳酸盐、塔河周边与深层、顺北、巴楚等区域规模储量发现，探索塔西南等新区。准噶尔盆地持续深化准西北缘、准中、准南山前带等重点增储区带勘探，加快西北缘新区建产。

（3）海域。渤海建成辽东湾、渤西南、渤中、渤东四大生产区，深化渤海、南海等老油田精细开发，加强常规、非常规稠油热采。

（二）推进原油、成品油管网建设

整体规划、科学布局、充分发挥市场在资源配置中的决定性作用，优化管输流向，加强多元供应，提高管输比例和运行效率，有效降低物流成本。原油管道重在优化和提升陆上、海上原油进口能力，成品油管道重在解决区域油品不平衡问题和提高管输比例。加强科技创新，提高管道装备制造和工程技术水平，推进装备国产化，加快实现管道系统智能化、网络化。落实管道第三方公平开放，优先考虑利用现有管道向目标市场输送资源。加强管道保护和安全隐患治理。着力构建布局合理、覆盖广泛、安全高效的现代石油管道网络。

1. 推进原油管道建设

统筹原油管道与炼化基地、储备基地协同发展，保障炼厂原油供应、储备基地收储和动用。

（1）拓展陆上原油进口通道。建成中俄原油管道二线和中缅原油管道国内段，研究完善中哈原油管道增输配套设施，开展中哈原油管道延伸到格尔木项目前期工作。

（2）优化和提升海上原油接转能力。优化码头布局，提高东部沿海原油码头接卸能力，配套建设外输管道。统筹长江经济带管网布局，加快建设沿江主干管道，配套输配体系和仓储设施，开展大亚湾—长岭原油管道项目前期工作。鼓励新取得进口配额的原油加工企业通过管道输送进口原油，规划配套新建管道。

（3）推进其他原油管道建设。统筹国内资源开发，配套新建国内原油输送通道。与规划建设的炼化基地、炼油项目、国储基地等配套新建管道。

（4）实施管道隐患治理及改造。以东北、华北、华南等地区老旧管道为重点，加快实施以新代老、隐患治理等管道改造整改工程。

专栏4　原油管道重点项目

（1）陆上进口通道。中俄原油管道二线，中哈原油管道增输配套、中缅原油管道（国内段）及配套。开展中哈原油管道延伸到格尔木项目前期工作。

（2）长江经济带海上原油进口通道。仪长复线仪征—九江段、日仪增输、连云港—仪征原油管道。开展大亚湾—长岭原油管道项目前期工作。

（3）其他海上进口通道。日照—濮阳—洛阳、董家口—齐鲁—东营、日照港—沾化、董家口—潍坊—鲁中鲁北原油管道。

（4）改造整改工程。临邑—济南原油管道复线（以新代老）、廉江—茂名原油管道（以新代老）、庆铁三四线站场改造、铁大线（铁岭—鞍山段）增输、铁大线（鞍山—大连段）改造、鲁宁线安全隐患整治等。（见附表1）

---

2. 加快成品油管道建设

就近供应、区域互联。推进东北到华北华中、华南到西南等跨区管道建设，解决油品资源不平衡和运输瓶颈问题。加快布局云南等西南地区、山西等华北地区成品油管道，提高区域成品油管输供应。依托长三角炼化基地集群和沿江炼厂，加快完善长江经济带管网布局，减少长江水路运输。与规划建设的炼油及升级改造项目、煤制油项目、成品油中转库和储备库、航油油库等配套新建管道。统筹军事需求，根据军队油料需求计划和分输地要求，在管道适当位置预留分输口或结合已有站场建设分输设施，改扩建格尔木—拉萨成品油管道。

结合不同运输方式在石油运输中的优势和特点，加强管道运输与公路、铁路、水运等运输方式的高效衔接，提升油品周转效率。在满足管道输送能力规模和经济性的前提下，鼓励建设替代现有水运、公路、铁路的管道项目。落实管道第三方公平开放，优先考虑利用现有管道向目标市场输送资源，鼓励企业间油品资源串换。提升管道运输技术与运行管理自动化水平，提高油品顺序输送能力。

专栏 5　成品油管道重点项目

（1）东北到华北、华中。锦州—郑州成品油管道。

（2）长江经济带。樟树—株洲成品油管道。

（3）西南和华南。湛江—北海成品油管道。改扩建格尔木—拉萨成品油管道及配套。

（4）华北和华中等其他地区。洛阳—三门峡—运城—临汾、三门峡—西安、永坪—晋中成品油管道。

适时推进蒙西、蒙东煤制油外输管道建设。（见附表2）

（三）加快石油储备能力建设

1. 加快国家石油储备基地建设

推进国家石油储备二期、三期项目建设。加强国家对政府储备基地的统一管理。加快成品油政府储备基础设施建设。

2. 稳步落实储备规划

协调推进国家石油储备基地收储工作。积极利用符合规定的企业库容代储国家储备原油。鼓励社会资本参与商业仓储设施投资运营。

3. 健全石油储备制度

尽快出台《国家石油储备条例》，建立企业义务储备，推动建立完善政府储备、企业义务储备和企业生产经营库存有机结合、互为补充的储备体系，多方式、多途径提高国家石油保障能力。

（四）坚持石油节约利用

推进石油行业能效提升，优化基础设施、产能建设项目等用能工艺，选用高效节能设备，切实加强节能管理。努力提高原油商品率，采取增加伴生气回注、油气混输技术、伴生气凝液回收技术等措施加强油田伴生气回收利用。

持续开展工业、交通和建筑等重点领域节能，推进终端燃油产品能效提升和重点用能行业能效水平对标达标。实施内燃机、锅炉等重点用能设备能效提升计划，推进工业企业余热、余压利用。实施更加严格的燃油标准。加快发展轨道交通和水运等资源节约型、环境友好型运输方式。

（五）大力发展清洁替代能源

大力推广电能、天然气等对燃油的清洁化替代。积极支持天然气汽车、船舶发展，加快电动汽车等节能环保和新能源汽车应用。在"禁煤区"将排放不达标的燃油工业锅炉和窑炉列入禁燃范围，重点开展20蒸吨/小时以下的燃油工业锅炉天然气、电能替代。实施港口气化示范工程，推广港口岸电系统。

推进煤制油、煤制气产业示范。已建成的示范项目实现安全、环保、稳定运行，自主技术和装备可靠性得到验证，煤制清洁燃料和化工原料得到市场认可和应用，装备自主化率进一步提高，推动形成技术路线完整、产品种类齐全的煤炭深加工产业体系。

促进生物质能的开发和利用。合理扩大生物乙醇汽油生产和消费，适当发展生物柴油、生物航煤等先进生物燃料，提升可再生燃料比重。超前部署微藻制油等技术和产业化攻关。

（六）加强科技创新和提高装备自主化水平

发挥企业创新主体地位和主导作用，加强基础研究，强化原始创新、集成创新和引进消化后再创新。依托国家科技重大专项"大型油气田及煤层气开发专项"，重点攻克陆上深层、海洋深水油气勘探开发，推动重大理论突破、重大技术创新和重大装备本地化，全面实现"6212"（6大技术系列、20项重大技术、10项重大装备、22项示范工程）科技攻关目标。加快技术集成、配套、示范与推广，重点攻关低成本和环境友好型开发技术装备体系，推进新区建产和难动用储量经济性开发。

研发一批支撑深水、深层、非常规油气资源开发的重大装备，全面提升我国石油工业装备制造能力和国际竞争力。开展功能材料、纳米材料、大数据分析等前瞻性技术在石油领域的应用研究。到2020年，形成国际先进水平的石油工程装备、配套工具系列和研发制造技术。

专栏6　科技创新重点任务

（1）技术系列攻关。陆上特殊岩性及深层油气勘探开发、1500米以深海洋中深层油气勘探开发、老油田提高采收率、非常规低品位油藏经济开发、海洋应急处置及溢油污染处理等。

（2）重大装备研发。百万道级地震采集系统、多维高精度成像测井系统、测井交互精细融合处理平台、深井自动化钻机、旋转导向钻井系统、深井超深井连续管作业装备、国产水下生产系统、11000吨半潜式起重铺管船、海上大型浮式生产储油系统、新型优快钻完井和安全控制工具、井下智能控制工具，石油储运大机泵配套系统、计量系统、自动控制系统等。

（3）示范工程。鄂尔多斯盆地大型低渗透岩性地层油气藏开发、塔里木盆地碳酸盐岩油气田提高采收率关键技术示范、大庆长垣特高含水油田提高采收率示范，辽河、新疆稠油/超稠油开发技术示范，CO_2捕集驱油与埋存技术示范，南海流花油田群开发、渤海油田高效开发、鄂尔多斯、准噶尔、松辽、渤海湾盆地济阳坳陷致密油开发等。

四、规划实施

（一）组织实施

1. 加强组织领导

完善全国石油规划体系，各省（区、市）可根据本规划制定本地区石油发展规划，并与本规划相衔接。在国家发展改革委统筹指导下，国家能源局作为规划的组织实施部门，推动各项指标和任务落实。国务院各有关部门要按照职能分工，加强沟通配合，制定和完善相关配套政策措施，为规划实施创造有利条件。省级发展改革、能源主管部门要切实履行职责，组织协调实施。

2. 细化任务落实

研究制定《油气规划管理办法》，加强国家规划与省级规划、企业规划间的衔接，确保发展指标、重点任务、重大项目落地，规划有序推进。各省（区、市）要将本规划确定的各项指标、主要任务和重大工程列入本地区能源发展规划和石油发展专项规划，分解落实目标任务，明确进度安排协调和目标考核机制，精心组织实施。各企业作为规划的实施主体，根据本规划确定的主要目标和重大任务，细化调整企业实施方案，积极有序推进规划项目论证实施。

3. 做好评估调整

规划实施过程中适时对规划执行情况进行梳理、评估，结合实施情况对规划项目进行微调。坚持规划中期评估制度，严格评估程序，委托第三方机构开展评估工作，对规划滚动实施提出建议，及时总结经验、分析问题、制订对策。规划确需调整的，国家发展改革委、能源局根据经济社会发展和规划执行情况，适时修订并发布。

（二）保障措施

1. 完善法规体系和政策支持

加快法律法规体系建设，清理和修改不适合新形势和改革要求的法律法规和规范性文件。对非常规、低丰度、深水资源、三次采油、油气热采，落实差别化税费政策。进一步完善油气资源税费在中央与地方之间的分配方式和比例，促进形成资源开发惠及地方的机制。推动建立独立第三方行业研究机构，加快完善油气统计体系，研究推动油气大数据平台建设。

2. 全面深化油气体制改革

实行勘查区块竞争出让制度和更加严格的区块退出机制，公开公平向符合条件的各类市场主体出让相关矿业权，允许油气企业之间以市场化方式进行矿业权转让，逐步形成以大型国有油气公司为主导，多种经济成分共同参与的勘查开采体系。

鼓励改革试点和模式创新。持续推进新疆油气勘查开采改革试点，总结经验、完善制度并加快向全国推广。总结和发展新疆、川渝、鄂尔多斯盆地等地区常规油气、页岩气、致密气勘探开发企地合作、合资混改、引入竞争等创新模式。

深化下游竞争性环节改革。坚持放宽限制与加强监管并重，完善石油进口管理体制，调整成品油出口管理方式，发挥价格机制对优化能源结构、节约能源资源和促进环境保护的引导作用，完善成品油价格形成机制。

理顺资源开发税费关系，在统筹研究相关税费改革的基础上，研究建立矿产资源国家权益金制度，实施好资源税政策，合理确定负担水平。探索管道等基础设施建设运营惠及地方机制。

3. 进一步深入推进石油企业改革

完善国有油气企业法人治理结构，规范投资管理、强化风险控制，提高项目决策和运营管理水平。优化国有企业考核机制，加强对服务国家战略、保障国家石油供应安全和国民经济运行任务的考核，监管和推动石油企业可持续发展。

鼓励具备条件的油气企业发展股权多元化和多种形式的混合所有制。推进国有油气企业工程技术、工程建设和装备制造等业务进行专业化重组，作为独立的市场主体参与竞争，促进内部资源优化高效配置，瘦身健体、降本增效。

推进配套改革，加快剥离国有企业办社会职能和解决历史遗留问题，为国有企业公平参与市场竞争创造条件。支持老油区改革，积极鼓励和引导老油区转型升级。中央财政通过安排国有资本经营预算支出等方式给予必要支持。

4. 保障勘探开发和基础设施建设

落实《找矿突破战略行动总体方案（2016—2020年）》，加大财政资金基础地质调查投入力度，加快油气资源勘查市场开放，引导和鼓励社会资本投入，强化矿业权监管和科技支撑，通过激发市场活力使勘查和勘探投入保持在较高水平。石油企业要立足国内，切实保障"十三五"勘探工作量投入不低于"十二五"水平，加快储量探明和经济高效动用，推动石油增储稳产。

加强管网等基础设施投资建设，加强管网互联互通。加强勘探开发和基础设施布局规划与土地利用、环保、城乡规划、海洋主体功能区划、海洋功能区划等相关规划的统筹衔接。各省（区、市）要简化优化项目核准等手续，支持国家重大基础设施项目建设。相关部门和各省（区、市）应统筹勘探开发、基础设施用地，确保用地需求纳入国家和各省土地利用总体规划。建立用海协调机制，解决近海海域油气勘探开发用海矛盾。加强海上重大溢油应急能力建设，强化溢油数值预报技术研发，促进水面溢油收集、处置成套装备的示范应用，完善海上溢油应急处置体系。

创新基础设施项目投融资机制，拓宽投融资渠道，鼓励采取公开招标方式，推动项目建设运营和投资主体多元化。加大企业债券等对基础设施建设支持力度，研究推动利用金融手段支持基础设施的措施。推动基础设施项目在符合条件的前提下向经济欠发达、民族地区、革命老区等优先安排并给予支持。

5. 继续深化国际合作

更好地利用两个市场、两种资源，依托"一带一路"建设，加强统筹规划，维护国家石油供应安全。提升国际石油合作质量和效益，优化投资节奏和资产结构，探索境外投资领域、投资主体多元化和合作方式多样化，加强能源与金融的深度合作，提升企业"走出去"水平。优化和推进俄罗斯—中亚、中东、非洲、美洲、亚太等区域油气合作，推动中国优势装备、技术、标准、服务全面走出去。加强"一带一路"沿线国家基础设施互联互通合作，重视跨境管道安全保护，完善与过境国的机制建设，保障跨境管道安全平稳供应。保障国家进口石油运输船队建设。积极参与全球能源治理，推动原油期货市场建设，深化国际能源双边和多边合作，加强与国际能源署、能源宪章等国际组织的合作，增强我国在国际贸易和全球能源治理中的话语权。

6. 保障管道安全运行

各省（区、市）能源主管部门要加强对本行政区域管道保护工作的领导，督促落实本行政区域内市级、县级人民政府主管管道保护工作的部门。县级以上地方人民政府主管管道保护工作的部门要依法履行职责。落实管道保护企业主体责任，严格依法开展管道建设和维护工作，加强检测与巡查。研究制定海洋石油天然气管道保护条例和石油天然气管道保护法实施细则，加大管道保护法执行力度。建立中央与地方各部门上下联动保护机制，确保管道安全运行。加强管道与铁路、公路等其他重大建设工程相遇相交关系处理。加大管道安全隐患整改财政支持力度。

五、环境保护

（一）环境影响分析

部分油田处在人口稠密、水网发达、生态脆弱等环境相对敏感区域，随着经济社会发展和城镇化水平提升，企业生产面临压力。

水体影响分析。油田勘探开发对陆上矿区水体环境有一定的影响，主要污染物为 COD 和石油类。海上原油生产对环境的影响主要体现在泥浆钻屑、铺设海管、电缆过程中掀起的海底沉积物、生活污水、含油生产污水、可能存在的溢油事故等。

大气影响分析。油田大气环境污染主要是挥发性有机物、二氧化硫、氮氧化物、烟尘、硫化氢等，可能存在生产设备密封点泄漏、储罐和装卸过程挥发损失、废水废液废渣系统逸散等无组织排放及非正常工况排污。

土壤影响分析。油田生产过程中造成土壤石油类污染的主要原因是油泥沙、钻井废弃泥浆、岩屑和落地油和管线穿孔造成土壤污染。油田和管道建设中可能对防洪设施、水资源造成影响，大量占压和扰动地表、破坏地貌植被，易造成水土流失。油田生产中的落地原油、油泥，以及注水开采、水力压裂活动等可能长期损害水土保持功能。

（二）环境保护措施

环境保护工作除了建设环保防控体系外，还应推进产业结构优化升级，以提高能效、降低资源和能源消耗为重点，努力形成"低投入、低消耗、低排放、高效率"的发展模式。

完善节能环保管理体系，强化节能环保监督管理。全面贯彻落实节约能源、污染防治等有关法律法规、管理规定和标准。做好建设项目的环境影响评价、节能审查评估工作。加强建设项目防洪影响和水资源论证工作，切实落实建设项目水土保持方案制度和"三同时"制度，认真实施水土保持预防和治理措施，控制人为水土流失。

强化源头控制，加大污染治理力度。实施工艺改进、生产环节和废水废液废渣系统封闭性改造、设备泄漏检测与修复（LDAR）、罐型和装卸方式改进等措施，对易泄漏环节制定针对性改进措施，从源头减少挥发性有机物的泄漏排放。加强锅炉污染治理，确保稳定达标排放。推进清洁生产，开展综合利用，大力推广二氧化碳驱油和埋存技术。加大环保投入和科研开发，加强环保监控系统建设，强化环保队伍建设。

加强用地用海协调。对可能与石油发展规划实施有用地用海矛盾、相互制约的土地功能区划或功能海域（自然保护区、海洋保护区、森林公园、农渔业区、港口航运区等），需提前做好协调和沟通工作。

附表

表1 "十三五"原油管道重点项目表

项目分类		管道名称	长度	管径	设计输量	备注
			公里	毫米	万吨/年	
陆上进口通道及配套	1	中俄原油管道二线	941	813	1500	在建
	2	中缅原油管道（国内段）及安宁支线	658	813/610	1000	在建
	3	铁大线改造（鞍山—大连段）	362	813/711	2000	在建
海上进口通道及配套	1	董家口—齐鲁—东营	364	762/508	1500	
	2	仪长复线仪征—九江段	560	864/559	2000	在建
	3	日照—濮阳—洛阳	782	914/813	1800	
	4	廉江—茂名	75	711	2000	
	5	连云港—仪征	400	813	2000	
	6	日照港—沾化	485	700	1000	
	7	董家口—潍坊—鲁中鲁北	311	700双线	3800	在建
	8	大亚湾—长岭	1100	813	2000	

说明：大亚湾—长岭原油管道视炼厂项目建设和市场发展情况适时建设。

表2 "十三五"成品油管道重点项目表

项目序号	管道名称	长度	管径	设计输量	备注
		公里	毫米	万吨/年	
1	锦州—郑州	1646	660/610/559	1300	在建
2	樟树—株洲	300	406	450	
3	洛阳—三门峡—运城—临汾	480	508/323	600	
4	三门峡—西安	230	323	300	
5	永坪—晋中	360	406	320	
6	湛江—北海	210	457	500	
7	格尔木—拉萨成品油管道扩（改）建	1110	323（156）	80（15）	

说明：①格尔木—拉萨成品油管道扩（改）建工程方案抓紧研究论证，2020年前工程完工。②结合区域生态环境现状和特点、煤制油实际发展规模深入论证蒙东、蒙西煤制油外输管道规模的环境合理性，视煤制油项目进展情况适时建设。

附件2

天然气发展"十三五"规划

前　言

天然气是一种优质、高效、清洁的低碳能源，可与核能及可再生能源等其他低排放能源形成良性互补，是能源供应清洁化的最现实选择。加快天然气产业发展，提高天然气在一次能源消费中的比重，是我国加快建设清洁低碳、安全高效的现代能源体系的必由之路，也是化解环境约束、改善大气质量，实现绿色低碳发展的有效途径，同时对推动节能减排、稳增长惠民生促发展具有重要意义。

《巴黎协定》和 2030 年可持续发展议程为全球加速低碳发展进程和发展清洁能源明确了目标和时间表。随着我国加快推动能源生产和消费革命，新型城镇化进程不断提速和油气体制改革有力推进，天然气产业正迎来新的发展机遇。

根据《中华人民共和国国民经济和社会发展第十三个五年规划纲要》和《能源发展"十三五"规划》的总体要求，为扩大天然气供应利用规模，促进天然气产业有序、健康发展，国家发展改革委、能源局组织编制了《天然气发展"十三五"规划》（以下简称《规划》）。

本《规划》包括上游资源勘探开发、中游基础设施建设和下游市场利用，涵盖了常规天然气、煤层气和页岩气等内容，是"十三五"时期我国天然气产业健康发展的指导纲领。在实施过程中，将根据实际情况对本《规划》进行适时调整、补充。

一、规划背景

（一）发展基础

天然气储产量快速增长。根据新一轮全国油气资源动态评价成果，截至 2015 年底，我国常规天然气地质资源量 68 万亿立方米，累计探明地质储量约 13 万亿立方米，探明程度 19%，处于勘探早期。"十二五"期间全国累计新增探明地质储量约 3.9 万亿立方米，2015 年全国天然气产量 1350 亿立方米，储采比 29。"十二五"期间累计产量约 6000 亿立方米，比"十一五"增加约 2100 亿立方米，年均增长 6.7%。

非常规天然气加快发展。页岩气勘探开发取得突破性进展，"十二五"新增探明地质储量 5441 亿立方米，2015 年产量达到 46 亿立方米，焦石坝、长宁—威远和昭通区块实现了商业化规模开发。煤层气（煤矿瓦斯）抽采利用规模快速增长，"十二五"期间累计新增探明地质储量 3505 亿立方米，2015 年全国抽采量 140 亿立方米，利用量 77 亿立方米，煤层气产量（地面抽采）约 44 亿立方米，利用量 38 亿立方米。

进口天然气快速增加。天然气进口战略通道格局基本形成。西北战略通道逐步完善，中亚 A、B、C 线建成投产；西南战略通道初具规模；东北战略通道开工建设；海上进口通道发挥重要作用。"十二五"期间累计进口天然气超过 2500 亿立方米，是"十一五"天然气进口量的 7.2 倍，2015 年进口天然气 614 亿立方米。

天然气在一次能源消费结构中占比提高，用气结构总体合理。2015 年全国天然气表观消费量 1931 亿立方米，"十二五"期间年均增长 12.4%，累计消费量约 8300 亿立方米，是"十一五"消费量的 2 倍，2015 年天然气在一次能源消费中的比重从 2010 年的 4.4% 提高到 5.9%。目前天然气消费结构中，工业燃料、城市燃气、发电、化工分别占 38.2%、32.5%、14.7%、14.6%，与 2010 年相比，城市燃气、工业燃料用气占比增加，化工和发电用气占比有所下降。

基础设施布局日益完善。"十二五"期间累计建成干线管道 2.14 万公里，累计建成液化天然气（LNG）接收站 9 座，新增 LNG 接收能力 2770 万吨/年，累计建成地下储气库 7 座，新增工作气量 37 亿立方米。截至 2015 年底，全国干线管道总里程达到 6.4 万公里，一次输气能力约 2800 亿立方米/年，天然气主干管网已覆盖除西藏外全部省份，建成 LNG 接收站 12 座，LNG 接收能力达到 4380 万吨/年，储罐罐容 500 万立方米，建成地下储气库 18 座，工作气量55亿立方米。全国城镇天然气管网里程达到43万公里，用气人口3.3亿人，天然气发电装机5700万千瓦，建成压缩天然气/液化天然气（CNG/LNG）加气站6500座，船用LNG加注站13座。

技术创新和装备自主化取得突破进展。初步掌握了页岩气综合地质评价技术、3500米以浅钻完井及水平井大型体积压裂技术等，桥塞实现国产化。形成了复杂气藏超深水平井的钻完井、分段压裂技术体系。形成了高煤阶煤层气开发技术体系，初步突破了煤矿采动区瓦斯地面抽采等技术。自主设计、建成了我国第一座深水半潜式钻井平台，具备了水深3000米的作业能力。国产X80高强度钢管批量用于长输管道建设，高压、大口径球阀开始应用于工程实践，大功率电驱和燃驱压缩机组投入生产使用。

体制机制改革取得阶段性成果。油气体制改革稳步推进，页岩气矿权以招标方式对多种主体开放，常规天然气上游领域改革率先在新疆进行试点。初步组建起行业监管队伍，基础设施向第三方公平开放开始实施，混合所有制改革力度不断加大，数条跨省主干管道引入多种投资主体。天然气价格改革步伐明显加快，实现了存量气与增量气价格并轨，理顺了非居民用气价格。

专栏1　"十二五"时期天然气行业发展成就

指标	2010年	2015年	年均增速（%）
累计探明储量（万亿立方米）	9.1	13	7.4
产量（亿立方米/年）	952	1350	7.2
表观消费量（亿立方米/年）	1075	1931	12.4
天然气占一次能源消费的比例（%）	4.4	5.9	6.0
天然气进口量（亿立方米/年）	170	614	29.3
天然气管道里程（万公里）	4.26	6.4	8.5
管道一次运输能力（亿立方米）	960	2800	23.9
LNG接收能力（万吨/年）	1610	4380	22.2
地下储气库工作气量（亿立方米）	18	55	25

"十二五"期间我国天然气产业发展取得了很大成绩，同时也面临一些问题。勘探开发投入不足，效率偏低，勘探开发对象日益复杂，上产稳产难度大。非常规天然气开发经济性有待进一步提高。基础设施公平开放不够，储气调峰设施建设严重滞后，城市储气能力亟须加强。气田开发和天然气基础设施建设协调难度加大，管道安全状况不容乐观。

总体来看，"十二五"前期我国天然气产业保持高速发展势头，从2013年下半年开始，受宏观经济增速放缓、国际油价大幅下跌、气价机制尚未理顺等因素影响，天然气需求增速出现阶段性放缓。

（二）发展形势

与过去十年天然气需求快速增长、供不应求的状况不同，"十三五"期间，随着国内产量的增加和进口能力的增强，天然气供求总体上将进入宽平衡状态。同时，受产业链发展不协调等因素影响，局部地区部分时段还可能出现供应紧张状况。随着油气体制改革深入推进，天然气行业在面临挑战同时迎来新的发展机遇。

1. 发展机遇

能源生产和消费革命将进一步激发天然气需求。在经济增速换挡、资源环境约束趋紧的新常态下，能源绿色转型要求日益迫切，能源结构调整进入油气替代煤炭、非化石能源替代化石能源的更替期，优化和调整能源结构还应大力提高天然气消费比例。十八大提出大力推进生态文明建设，对加大天然气使用具有积极促进作用。《巴黎协定》的实施，将大大加快世界能源低碳化进程，同时，国家大力推动大气和水污染防治工作，对清洁能源的需求将进一步增加。

新型城镇化进程加快提供发展新动力。"十三五"城镇化率目标为60%，城镇化率每提高一个百分点，每年将增加相当于8000万吨标煤的能源消费量。当前我国城镇化水平仍然偏低，新型城镇化对高效清洁天然气的需求将不断增长，加快推进新型城镇化建设将积极促进天然气利用。

资源基础为天然气增产提供保障。我国天然气资源探明程度仅19%，仍处于勘探早期，剩余经济可采储量3.8万亿立方米，国内天然气产量仍将继续保持增长趋势。目前我国已相继发现并建成了四川、鄂尔多斯、塔里木、柴达木和近海海域等大型气区。四川磨溪气田已建成投产，南海陵水气田、川西彭州气田、川南页岩气田等一批大中型气田处于前期评价或产能建设期，这批气田将成为今后天然气上产的主要构成。页岩气等非常规气初步实现商业化开发。

国际天然气供应逐渐总体宽松。近年来，国际油气勘探开发技术不断取得突破，美国页岩气革命使世界天然气供需格局发生深刻变化，天然气供应宽松，价格大幅下跌，国际天然气供应宽松态势为我国引进境外天然气资源创造了良好外部条件。

油气体制改革步伐加快。油气体制改革将在放宽市场准入、完善管网建设运营机制、落实基础设施公平接入、形成市场化价格机制、完善行业管理和监管等方面深入推进，更充分发挥市场在资源配置中决定性作用，公平竞争开放有序的现代油气市场体系将逐步形成。

2. 面临的挑战

大幅增加天然气消费量难度较大。"十三五"期间中国能源转型面临很大挑战，天然气是中国能源转型最为重要和现实的抓手，但相比于其他能源，其发展也面临严峻挑战。提高天然气在一次能源消费结构中的比例存在较大不确定性，按照原有发展模式显然无法实现，需各方强有力的协同，并研究制定大力鼓励天然气利用的支持政策。

国内勘探投入不足。国内天然气资源丰富、探明率低，还处在勘探早期，具备快速增储上产的物质基础。由于地质工作程度和资源禀赋不同，油气领域勘探开发主体较少，区块退出和流转机制不健全，竞争性不够等原因，石油公司勘探主要集中在资源丰度高的地区，新区新层系风险勘探，页岩气等非常规资源勘探投入不足。一些国内企业通过"走出去"已获得国外区块，积累了技术和管理经验，但国内准入仍存在诸多限制，制约了多元资本投入。同时，国际油价持续下跌，石油企业上游领域投资减少，更直接影响国内天然气储产量增加。

体制机制制约和结构性矛盾问题突出。随着天然气产业快速发展，产业结构性矛盾日益突出，部分原有政策已不适应新的发展形势，储气能力严重滞后，保供难度日益增加。勘探开发和管道输送环节主体少，竞争不足，管道运营不透明，难以实现第三方市场主体公平接入。行业行政垄断和区域分割比较严重，输配环节过多，费用过高，最终用户没有获得实惠。市场化体制机制不健全，竞争性环节竞争不够充分，价格变化难以完全真实反映市场供求关系。进口高价合同气难以消纳，企业背负经营压力，天然气供应风险加大。法律法规体系不健全不完善，行业监管越位和缺位现象同时并存。

基础设施建设任务繁重，管道保护工作难度加大。"十三五"期间天然气管道及储气设施建设任务艰巨，协调难度加大。随着城镇化率逐年提高，城镇范围不断扩大，管道建设运行过程中与城乡规划的矛盾时有发生，管道占压情况比较严重，第三方破坏、损伤现象突出，管道安全风险加大。

二、指导思想和目标

（一）指导思想

全面贯彻党的十八大和十八届三中、四中、五中、六中全会精神，深入落实习近平总书记系列重要讲话精神，牢固树立创新、协调、绿色、开放、共享的发展理念，以能源供给侧结构性改革为主线，遵循"四个革命、一个合作"能源发展战略思想，紧密结合"一带一路"建设、京津冀协同发展、长江经济带发展战略，贯彻油气体制改革总体部署，发挥市场配置资源的决定性作用，创新体制机制，统筹协调发展，以提高天然气在一次能源消费结构中的比重为发展目标，大力发展天然气产业，逐步把天然气培育成主体能源之一，构建结构合理、供需协调、安全可靠的现代天然气产业体系。

（二）基本原则

国内开发与多元引进相结合。天然气供应立足国内为主，加大国内资源勘探开发投入，不断夯实资源基础，增加有效供应；构筑多元化引进境外天然气资源供应格局，确保供气安全。

整体布局与区域协调相结合。加强统筹规划，加快天然气主干管网建设，推进和优化支线等区域管道建设，打通天然气利用"最后一公里"，实现全国主干管网及区域管网互联互通。

保障供应与高效利用相结合。坚持高效环保、节约优先，提高利用效率，培育新兴市场，扩大天然气消费。加快推进调峰及应急储备建设，保障管道安全。以人为本，提高天然气安全保供水平，保障民生用气需求。

深化改革与加强监管相结合。加快油气体制改革进程，不断创新体制机制，推动市场体系建设，勘探开发有序准入，基础设施公平开放，打破地域分割和行业垄断，全面放开竞争性环节政府定价。加强行业监管和市场监管，明确监管职责，完善监管体系。

自主创新与引进技术相结合。加强科技攻关和研发，积极引进勘探开发、储存运输等方面的先进技术装备，加强企业科技创新体系建设，在引进、消化和吸收的基础上，提高自主创新能力，依托重大项目加快重大技术和装备自主化。

资源开发与环境保护相协调。处理好天然气发展与生态环境保护的关系，注重生产、运输和利用中的环境保护和资源供应的可持续性，减少环境污染。

（三）发展目标

1. 储量目标

常规天然气。"十三五"期间新增探明地质储量3万亿立方米，到2020年累计探明地质储量16万亿立方米。

页岩气。"十三五"期间新增探明地质储量1万亿立方米，到2020年累计探明地质储量超过1.5万亿立方米。

煤层气。"十三五"期间新增探明地质储量4200亿立方米，到2020年累计探明地质储量超过1万亿立方米。

2. 供应能力

2020年国内天然气综合保供能力达到3600亿立方米以上。

3. 基础设施

"十三五"期间，新建天然气主干及配套管道4万公里，2020年总里程达到10.4万公里，干线输气能力超过4000亿立方米/年；地下储气库累计形成工作气量148亿立方米。

4. 市场体系建设

加快推动天然气市场化改革，健全天然气产业法律法规体系，完善产业政策体系，建立覆盖全行业的天然气监管体制。

专栏2 "十三五"天然气行业发展主要指标

指标	2015年	2020年	年均增速（%）	属性
累计探明储量（常规气，万亿立方米）	13	16	4.3	预期性
产量（亿立方米/年）	1350	2070	8.9	预期性
天然气占一次能源消费比例（%）	5.9	8.3~10	—	预期性
气化人口（亿人）	3.3	4.7	10.3	预期性
城镇人口天然气气化率（%）	42.8	57	—	预期性
管道里程（万公里）	6.4	10.4	10.2	预期性
管道一次运输能力（亿立方米）	2800	4000	7.4	预期性
地下储气库工作气量（亿立方米）	55	148	21.9	约束性

三、重点任务

（一）加强勘探开发增加国内资源供给

按照"海陆并进、常非并举"的工作方针，加强基础调查和资源评价，持续加大国内勘探投入，围绕塔里木、鄂尔多斯、四川和海域四大天然气生产基地，加大新区、新层系风险勘探，深化老区挖潜和重点地区勘探投入，夯实国内资源基础；在加强常规天然气开发的同时，加大致密气、页岩气、煤层气等低品位、非常规天然气科技攻关和研发力度，突破技术瓶颈，实现规模效益开发，形成有效产能接替。

1. 加强基础地质调查和资源评价

加强常规、非常规天然气资源调查评价，重点加强主要含油气盆地的地质勘查，进一步深化成熟勘查区块的精细勘查，加强老气区的新领域深度挖潜。坚持新地区、新领域、新深度、新层位油气地质调查，提交一批后备选区。加强页岩气、煤层气等非常规资源地质调查工作，推动基础理论创新和复杂地区勘查技术突破。

2. 加快常规天然气增产步伐

陆上常规天然气。以四川、鄂尔多斯、塔里木盆地为勘探重点，强化已开发气田稳产，做好已探明未开发储量、新增探明储量开发评价和目标区优选建产工作，2020年产量约1200亿立方米。加强东部深层勘探开发，保持稳产力争增产。加快鄂尔多斯、四川两大盆地致密气上产步伐，2020年产量达到370亿立方米。

海域天然气。加快勘探开发，力争形成百亿方级天然气生产基地。

专栏3 常规天然气勘探开发重点项目

（1）陆上常规天然气。四川盆地加强磨溪地区龙王庙组气藏动态跟踪评价和高石梯地区震旦系气藏勘探开发一体化，加快川东北、普光、元坝、彭州海相等气田开发，努力保持既有气田稳产；塔里木盆地以克拉2气田、迪那气田和大北气田稳产、库车地区克深气田项目上产为重点；鄂尔多斯盆地以老区靖边和榆林、大牛地、杭锦旗气田开发为重点，保持苏里格气田"5+1"稳产。

（2）致密砂岩气。以鄂尔多斯盆地上古生界、四川盆地须家河组、松辽盆地登娄库组、渤海湾盆地深层、塔里木盆地深层为重点。

---

3. 非常规天然气重点突破页岩气、煤层气

以南方海相为勘探重点，推广应用水平井、"工厂化"作业模式，全面突破海相页岩气效益开发技术，实现产量大幅增长；探索海陆过渡相和陆相页岩气勘探开发潜力，寻找新的核心区，为进一步上产奠定基础。2020年页岩气产量力争达到300亿立方米。

重点开展沁水、鄂尔多斯盆地煤层气勘查工作，努力在新疆等西北地区低阶煤煤层气获得新的突破，探索滇东黔西含气盆地群高应力区煤层气资源勘查，为全国范围煤层气大规模开发提供坚实的资源基础。加快煤层气地面抽采，推进煤矿瓦斯规模化抽采利用。2020年，煤层气（地面抽采）产量100亿立方米。

推进煤制气产业示范。推动已建成的煤制天然气示范工程系统优化完善，在高负荷条件下实现连续、稳定和清洁生产。新建示范项目至少承担单系列生产规模的自主甲烷化技术工业化示范任务。

专栏4 非常规天然气勘探开发重点项目

页岩气：加快四川长宁—威远、重庆涪陵、云南昭通、陕西延安等国家级示范区建设，威远—荣县、荣昌—永川、贵州黔北、黔东北、湖南湘中、江西修武等其他潜力区块勘探开发。

煤层气：建设沁水盆地、鄂尔多斯盆地东缘和贵州毕水兴等煤层气产业化基地；加快内蒙古、新疆等地区煤层气勘探开发，扩大资源后备阵地。

（二）加快天然气管网建设

"十三五"是我国天然气管网建设的重要发展期，要统筹国内外天然气资源和各地区经济发展需求，整体规划，分步实施，远近结合，适度超前，鼓励各种主体投资建设天然气管道。依靠科技进步，加大研发投入，推动装备国产化。加强政府监管，完善法律法规，实现管道第三方准入和互联互通，在保证安全运营前提下，任何天然气基础设施运营企业应当为其他企业的接入请求提供便利。

1. 完善四大进口通道

西北战略通道重点建设西气东输三线（中段）、四线、五线，做好中亚D线建设工作。东北战略通道重点建设中俄东线天然气管道。西南战略通道重点建设中缅天然气管道向云南、贵州、广西、四川等地供气支线。海上进口通道重点加快LNG接收站配套管网建设。

2. 提高干线管输能力

加快向京津冀地区供气管道建设，增强华北区域供气和调峰能力。完善沿长江经济带天然气管网布局，提高国家主干管道向长江中游城市群供气能力。根据市场需求增长安排干线管道增输工程，提高干线管道输送能力。

3. 加强区域管网和互联互通管道建设

进一步完善主要消费区域干线管道、省内输配气管网系统，加强省际联络线建设，提高管道网络化程度，加快城镇燃气管网建设。建设地下储气库、煤层气、页岩气、煤制气配套外输管道。强化主干管道互联互通，逐步形成联系畅通、运行灵活、安全可靠的主干管网系统。

专栏5 长输管道重点项目

（1）"十二五"结转项目。西气东输三线（中段）：闽粤支干线、西气东输四线、中俄东线天然气管道、新疆煤制气外输管道、陕京四线、楚雄—攀枝花天然气管道、青藏天然气管道。

（2）完善四大进口通道。中亚D线、西气东输五线。

（3）干线管网建设。川气东送二线、鄂尔多斯—安平—沧州管道、青岛—南京管道、国家主干管道向长江中游城市群供气支线等。

（4）区域管网和互联互通管道。建成中卫—靖边、濮阳—保定、东仙坡—燕山、武清—通州、海口—徐闻、建平—赤峰、杭锦旗—银川、重庆—贵州—广西、威远—荣昌—南川—涪陵等天然气管道；加强省内供气支线建设，扩大市场覆盖范围。

（5）储气库、煤层气、页岩气、煤制气外输管道。文23—豫鲁支干线、陕43—靖边配套管道，适时启动蒙西、蒙东煤制气配套管道（见附表）。

（三）加快储气设施建设提高调峰储备能力

储气设施与天然气管道相连，是天然气管网系统重要的组成部分，是保障天然气安全、稳定供应的重要手段。依据全国天然气管网布局建设储气设施，主干管道应配套建设地下储气库，地下储气库和LNG接收站应与全国管网相联通，加强城市燃气应急调峰能力建设，构建储气调峰服务市场。

1. 重点推动天然气储备调峰能力建设

围绕国内主要天然气消费区域，在已初步形成的京津冀、西北、西南、东北、长三角、中西部、中南、珠三角八大储气基地基础上，加大地下储气库扩容改造和新建力度，支持 LNG 储气设施建设，逐步建立以地下储气库为主，气田调峰、CNG 和 LNG 储备站为辅，可中断用户调峰为补充的综合性调峰系统，建立健全由供气方、输配企业和用户各自承担调峰储备义务的多层次储备体系。到 2020 年形成地下储气库工作气量 148 亿立方米。有序发展 LNG 接收站调峰，加快建立和完善城市应急储气调峰设施，鼓励多种主体参与储气能力建设。加强需求侧管理，利用调峰气价、阶梯气价等价格手段，拓展可中断用户，激励各类用户参与调峰。

专栏 6　地下储气库重点项目

（1）已建、在建储气库扩容达容。中石油大港、华北储气库群、呼图壁、板南、苏桥、相国寺、陕 224、双 6、金坛、刘庄盐穴储气库、中石化中原文 96、金坛盐穴储气库等。

（2）新建地下储气库项目。逐步建成中石油文 23、中石化文 23、江汉盐穴、卫城、朱家墩，研究推进适时建设陕 43、克 75、淮安、长春气顶、双坨子、应城、樟树、平顶山盐穴、赵集、光明台及中俄东线天然气管道配套储气库等。

---

2. 推进液化天然气（LNG）接收站及分销设施建设

根据全国天然气资源流向和各消费区域市场实际需求，结合港口规划统筹优化沿海 LNG 接收站布局。在天然气需求量大、应急调峰能力要求高的环渤海、长三角、东南沿海地区，优先扩大已建 LNG 接收站储转能力，适度新建 LNG 接收站。

已建 LNG 接收站扩建项目优先考虑增加储气能力，以满足中心城市及辐射地区的应急调峰需求，鼓励在已有站址上进一步扩大规模。

新建 LNG 接收站优先考虑投资主体多元化、第三方准入条件落实、承担应急调峰任务、装备本地化的项目。加强项目储备，根据市场需求与项目条件适时启动。

综合考虑 LNG 资源供应、船用加注需求、港口规划和通航等条件，在沿海港口、湖泊和内河船舶污染物排放超标、环保要求高的水域布局 LNG 船舶加注站码头，加大船用 LNG 燃料推广力度，开展 LNG 江海转运试点。

（四）培育天然气市场和促进高效利用

加大天然气利用、推动天然气消费工程对产业健康发展具有重要作用，"十三五"要抓好大气污染治理重点地区等气化工程、天然气发电及分布式能源工程、交通领域气化工程、节约替代工程四大利用工程，天然气占一次能源消费比重力争提高到 10% 左右。

1. 大气污染治理重点地区等气化工程

以京津冀、长三角、珠三角、东北地区为重点，推进重点城市"煤改气"工程，扩大城市高污染燃料禁燃区范围，大力推进天然气替代步伐，替代管网覆盖范围内的燃煤锅炉、工业窑炉、燃煤设施用煤和散煤。在城中村、城乡结合部等农村地区燃气管网覆盖的地区推动天然气替代民用散煤，其他农村地区推动建设小型 LNG 储罐，替代民用散煤。加快城市燃气管网建设，提高天然气城镇居民气化率。实施军营气化工程，重点考虑大型军事基地用气需求，为驻城市及周边部队连通天然气管网，支持部队开展"煤改气"专项行动。

2. 天然气发电及分布式能源工程

借鉴国际天然气发展经验，提高天然气发电比重，扩大天然气利用规模，鼓励发展天然气分布式能源等高效利用项目，有序发展天然气调峰电站，因地制宜发展热电联产。在可再生能源分布比较集中和电网灵活性较低区域积极发展天然气调峰机组，推动天然气发电与风力、太阳能发电、生物质发电等新能源发电融合发展。2020 年天然气发电装机规模达到 1.1 亿千瓦以上，占发电总装机比例超过 5%。

3. 交通领域气化工程

完善交通领域天然气技术标准，推动划定船舶大气污染物排放控制区并严格执行减排要求，研究制订天然气车船支持政策。积极支持天然气汽车发展，包括城市公交车、出租车、物流配送车、载客汽车、环卫车和载货汽车等以天然气（LNG）为燃料的运输车辆，鼓励在内河、湖泊和沿海发展以天然气（LNG）为燃料的运输船舶。2020 年气化各类车辆约 1000 万辆，配套建设加气站超过 1.2 万座，船用加注站超过 200 座。

4. 节约替代工程

鼓励应用先进工艺、技术和设备高效利用天然气。鼓励低浓度瓦斯、通风瓦斯发电或热电联供，高浓度瓦斯力争全部利用。天然气生产企业要采取措施加强油田伴生气回收利用，努力提高天然气商品率；天然气运输企业要研究采用移动压缩机回收管道计划性维检修时放空气，减小放空量，避免浪费；优化大口径长输管道燃气轮机运行方式，降低燃气消耗。出台环保政策鼓励天然气利用。

四、规划实施

（一）组织实施

1. 加强组织领导

加强全国天然气管网统筹规划，完善全国天然气规划体系。在国家发展改革委统筹指导下，国家能源局作为规划的组织实施部门，推动各项指标和任务落实。国务院各有关部门要按照职能分工，加强沟通配合，制定和完善相关配套政策措施，为规划实施创造有利条件。省级发展改革、能源主管部门要切实履行职责，组织协调实施。

2. 细化任务落实

研究制定《油气规划管理办法》，加强国家规划与省级规划、企业规划间的衔接，确保发展指标、重点任务、重大项目落地。各省（区、市）要将本规划确定的各项指标、主要任务和重大工程列入本地区能源发展规划和天然气发展专项规划，分解落实目标任务，明确进度安排协调和目标考核机制，精心组织实施。各企业作为规划的实施主体，根据本规划确定的主要目标和重大任务，细化调整企业实施方案，积极有序推进规划项目论证实施。

3. 做好评估调整

规划实施过程中适时对规划执行情况进行梳理、评估，结合实施情况对规划项目进行微调。坚持规划中期评估制度，严格评估程序，委托第三方机构开展评估工作，对规划滚动实施提出建议，及时总结经验、分析问题、制订对策。规划确需调整的，国家发展改革委、能源局根据经济社会发展和规划执行情况，适时修订并发布。

（二）保障措施

1. 加大政策支持力度

对非常规、低丰度、深水天然气资源落实差别化税费政策。进一步完善油气资源税费在中央与地方之间的分配方式和比例，促进形成资源开发惠及地方的机制。研究延长页岩气补贴政策并研究给予致密气开发、生物天然气一定财政补贴。引导多种主体建设储气调峰设施。清理不适应新形势的政策措施，研究出台推进天然气利用的指导意见。

2. 全面深化油气体制改革

实行勘查区块竞争出让制度和更加严格的区块退出机制，公开公平向符合条件的各类市场主体出让相关矿业权，允许油气企业之间以市场化方式进行矿业权转让，逐步形成以大型国有油气公司为主导、多种经济成分共同参与的勘查开采体系。

鼓励改革试点和模式创新。持续推进新疆油气勘查开采改革试点，总结经验、完善制度并加快向全国推广。加大页岩气矿业权出让，鼓励多元投资主体进入。总结和发展新疆、川渝、鄂尔多斯盆地等地区常规油气、页岩气、致密气勘探开发企地合作、合资混改、引入竞争等创新模式。支持有条件的省（区、市）开展天然气体制改革综合试点或专项试点。在资源开发和基础设施建设运营领域积极有序发展混合所有制经济。

推动天然气管网运输和销售分离，大力推进天然气基础设施向第三方市场主体开放。放开非居民用气价格，进一步完善居民用气定价机制，加强天然气管输价格和成本监审，有效降低输配气成本，扩大天然气利用规模。建立完善上中下游天然气价格联动机制，加大天然气下游市场的开发培育力度，供气企业合理承担普遍服务义务，形成终端市场的竞争环境。依据市场化原则允许符合条件的企业参与天然气进口。鼓励符合产品质量标准的生物天然气进入天然气管网和车用燃气等领域。

理顺资源开发税费关系，在统筹研究相关税费改革的基础上，研究建立矿产资源国家权益金制度，实施好资源税政策，合理确定负担水平。改革管道运营企业税收收入分配机制。加强行业管理，推动建立独立第三方行业研究机构。研究推动油气大数据平台建设。

3. 进一步深入推进石油企业改革

完善国有油气企业法人治理结构，规范投资管理、强化风险控制，提高项目决策和运营管理水平。优化国有企业考核机制，加强对服务国家战略、保障国家油气供应安全和国民经济运行任务的考核，监管和推动石油企业可持续发展。

鼓励具备条件的油气企业发展股权多元化和多种形式的混合所有制。推进国有油气企业工程技术、工程建设和装备制造等业务进行专业化重组，作为独立的市场主体参与竞争，促进内部资源优化高效配置，瘦身健体，降本增效。

推进配套改革，加快剥离国有企业办社会职能和解决历史遗留问题，为国有企业公平参与市场竞争创造条件。中央财政通过安排国有资本经营预算支出等方式给予必要支持。

4. 保障勘探开发和基础设施建设

落实《找矿突破战略行动总体方案（2016—2020年）》，加大财政资金基础地质调查投入力度，加快资源勘查市场开放，引导和鼓励社会资本投入，强化矿业权监管和科技支撑，通过激发市场活力使勘查和勘探投入保持在较高水平。油气企业要立足国内，切实保障"十三五"勘探工作量投入不低于"十二五"，加快储量探明和经济高效动用，推动天然气快速增储上产。

加强管网、储气库等基础设施投资建设，加强管网互联互通，提高天然气区域互济及应急调峰能力。统筹衔接天然气基础设施布局规划与土地利用、环保、水利、城乡规划等相关规划，健全西北、东北"管廊带"，集约节约利用资源。各省（区、市）应统筹勘探开发、天然气基础设施用地，确保用地需求纳入各省土地利用总体规划。各省（区、市）要简化核准办理手续，支持国家重大基础设施建设。建立用海协调机制，解决近海海域油气勘探开发用海矛盾。

创新天然气基础设施项目管理机制，开展通过招投标等方式选择投资主体试点工作。开展地下储气库库址普查筛选和评价。加大企业债券等对基础设施建设支持力度。研究推动利用金融手段支持天然气基础设施建设的措施。推动基础设施项目在符合条件的前提下向经济欠发达、民族地区、革命老区等优先安排并给予支持。

5. 保障管道安全运行

各省级人民政府要加强对本行政区域管道保护工作的领导，督促本行政区域内的市级、县级人民政府指定主管管道保护工作的部门，县级以上地方人民政府主管管道保护的部门要依法履行职责。要落实管道保护企业主体责任，严格依法开展管道建设和维护工作，加强检测与巡查。研究制定石油天然气管道保护法实施细则、海洋石油天然气管道保护条例，加大管道保护法的执行力度。建立中央与地方各部门上下联动保护机制，确保管道安全运行。加强管道与铁路、公路等其他重大建设工程相遇相交关系处理。加大管道安全隐患整改支持力度。

6. 加快市场体系建设

加快推进油气体制改革进程，鼓励各类市场主体有序进入天然气行业，形成多元化主体公平竞争局面，提高效率增强活力。打破垄断，有序放开竞争性业务，完善价格形成机制，发挥市场对资源配置的决定性作用，推动天然气交易中心建设，提高国际定价话语权。深入推进简政放权，加强简政放权后续监管，督促国家产业政策和标准规范落地。健全监管机制，加强事中事后监管和对市场准入、交易行为、垄断环节、价格成本等重点环节监管，加大区域管网及配气市场监管力度。

7. 加强科技创新和提高装备自主化水平

依托大型油气田及煤层气开发国家科技重大专项，推动油气重大理论突破、重大技术创新和重大装备本地化，全面实现"6212"（6大技术系列、20项重大技术、10项重大装备、22项示范工程）科技攻关目标。重点攻克页岩气、煤层气经济有效开发的关键技术与核心装备，攻克复杂油气田进一步提高采收率的新技术，同时加强科研项目与示范工程紧密衔接。依托大型骨干企业，吸收包括民企在内的全社会优势力量，以企业为主体、产学研相结合，发挥示范项目引领作用。加快高层次人才培养和创新团队建设，提高油气科技自主创新能力。加快燃气轮机研发制造自主化进程，燃机核心技术研发能力和关键部件生产能力取得重大突破，有序推进自主燃机国产化应用。进一步提升天然气长输管线压缩机组和LNG接收站关键装备技术等水平并推动示范应用，进一步提高海洋油气装备研发制造能力。加强天然气水合物基础研究工作，重点攻关开发技术、环境控制等技术难题，超前做好技术储备。

8. 深入推进国际合作

深化双边、多边天然气合作，落实"一带一路"建设，加强与天然气生产国的合作，形成多元化供应体系，保障天然气供应安全。建立完善跨境天然气管道沿线国家保证供应多层面协调机制，重视跨境管道安全保护，保障安全平稳供气。促进与东北亚天然气消费国的合作，推动建立区域天然气市场，提高天然气价格话语权。积极参与全球能源治理，加强与国际组织的合作，为我国天然气发展创造更好的国际环境。

五、环境保护

（一）环境影响分析

1. 提高能效和节能减排效果显著

目前，我国一次能源消费结构仍以煤炭为主，二氧化碳排放强度高，环境压力大。"十三五"期间，随着天然气资源开发利用加快，天然气占一次能源消费的比重将提高，可有效降低污染物和二氧化碳排放强度。发电和工业燃料上天然气热效率比煤炭高约10%，天然气冷热电三联供热效率较燃煤发电高近1倍。天然气二氧化碳排放量是煤炭的59%、燃料油的72%。大型燃气—蒸汽联合循环机组二氧化硫排放浓度几乎为零，工业锅炉上二氧化硫排放量天然气是煤炭的17%、燃料油的25%；大型燃气—蒸汽联合循环机组氮氧化物排放量是超低排放煤电机组的73%，工业锅炉的氮氧化物排放量天然气是煤炭的20%；另外，与煤炭、燃料油相比，天然气无粉尘排放。若2020年天然气消费量达到3600亿立方米，比2015年增加1670亿立方米，同增加等量热值的煤炭相比，每年可减排二氧化碳7.1亿吨、二氧化硫790万吨。

2. 可持续发展作用重大

天然气广泛使用对保护生态环境，改善大气质量，提高公众生活质量和健康水平，实现可持续发展具有重要作用。天然气覆盖面的扩大和天然气普及率的提高，使越来越多的人民群众能共享天然气的清洁性，生活质量得到提高，对我国经济社会可持续发展将发挥重要作用。

（二）环境保护措施

坚持统筹规划、合理布局、保护环境、造福人民，实现天然气开发利用与安全健康、节能环保协调发展。认真执行环境影响评价制度和节能评估审查制度，加强项目环保评估和审查、节能评估和审查。加强国家重要生态功能区或生态脆弱区等生态保护重点地区环境监管力度。加强建设项目防洪影响和水资源论证工作，切实落实建设项目水土保持方案制度和"三同时"制度，认真实施水土保持预防和治理措施，控制人为水土流失。加强集约化开发力度，尽量减少耕地、林地占用。大力发展生物天然气，促进农作物秸秆、畜禽粪便等农业废弃物资源的利用。完善高酸性气田安全开发技术，加强对常规天然气开采及净化等过程大气污染治理，减少无组织排放和非正常排放，确保满足环境管理相关要求。加强对页岩气开发用水和煤制天然气生产用水及其处理的管理及环境监测。大力推广油田伴生气和气田试采气回收技术、天然气开采节能技术等。采取严格的环境保护措施降低对环境敏感区的影响，优化储运工艺，加强天然气泄漏检测，减少温室气体逸逸排放。加大LNG冷能利用力度（见表1）。

附表

表1 天然气主干管道规划表

序号	管道名称	长度 公里	管径 毫米	设计输量 亿立方米/年	设计压力 兆帕	备注
1	西三线	3807				
	东段干线（吉安—福州）	817	1219/1016	150	10	在建
	中段干线（中卫—吉安）	2062	1219	300	12	
	闽粤支干线	575	813	56	10	
	中卫—靖边支干线	353	1219	300	12	
2	西四线（伊宁—中卫）	2431				
	伊宁—吐鲁番段	760	1219	300	12	
	吐鲁番—中卫段	1671	1219	300	12	
3	西五线（乌恰—中卫）	3200				
	乌恰—连木沁段	1495	1219	300	12	
	连木沁—中卫段	1705	1219	300	12	
4	中亚D线（含境外段）	1000	1219	300	12	
5	陕京四线	1274	1219	300	12（10）	
6	中俄东线					
	黑河—长岭（含长春支线）	737/115	1422/1016	380	12	
	长岭—永清	1110	1422/1219	150	12	
	安平—泰安	321	1219	200	12	
	泰安—泰兴	715	1219	200	10	
7	楚雄—攀枝花管道	186	610	20	6.3	
8	新疆煤制气外输管道	8972	1219/1016	300	12（10）	
9	鄂尔多斯—安平—沧州管道	2422	1219/1016	300	12（10）	
	濮阳—保定支干线	443	1016	100	10	
10	青岛—南京管道	553	914	80	10	
11	川气东送二线管道	550	1016	120	10	
12	蒙西煤制气外输管线	1200	1219	300	12	
13	琼粤海口—徐闻管道	265	914	100	10	
14	青藏天然气管道	1140	610	12.7	6.3	
15	重庆—贵州—广西管道	780	1016	100	10	
16	广西LNG配套管道	1106	813/610	40	10	在建
17	天津LNG配套管道	475	1016/813	40	10	在建
	武清—通州支线	56	711	30	10	
18	深圳LNG调峰接收站配套管道	65	813	107	9.2	
19	唐山LNG接收站外输管道复线	161	1219	200	10	
20	威远—荣昌—南川—涪陵	440	711/813/1016	50/60/80	10	

（三）中长期油气管网规划

2017年5月19日，国家发展改革委、国家能源局发布了《中长期油气管网规划》，是我国从国家层面首次制定的系统性油气管网发展规划，对今后十年我国油气管网的发展做出了全面战略部署，是推进油气管网建设的重要依据，具有重要的现实意义和战略意义。

国家发展改革委 国家能源局关于印发《中长期油气管网规划》的通知

发改基础〔2017〕965号

各省、自治区、直辖市发展改革委、能源局，有关油气企业：

为贯彻落实《中共中央 国务院关于深化石油天然气体制改革的若干意见》和《能源生产和消费革命战略（2016—2030）》要求，我们制定了《中长期油气管网规划》。现印发你们，请结合实际认真贯彻落实。

统筹规划、加快构建油气管网体系，有利于完善现代综合运输体系，提高要素配置效率；有利于扩大清洁能源使用，支撑现代能源体系建立；有利于增加有效供给，带动相关产业发展；有利于降低生产要素成本，提升经济整体运行效率效益；有利于不断提升进口能力和应对突发事件水平，保障国家能源安全和公共安全。必须牢固树立和贯彻落实新发展理念，适应把握引领经济发展新常态，坚持以提高发展质量和效益为中心，坚持以推进供给侧结构性改革为主线，以扩大设施规模、完善管网布局、加强衔接互联、兼顾公平开放为重点，大力发展天然气管网，优化完善原油和成品油管道，提升储备调峰设施能力，提高系统运行智能化水平，构建布局合理、覆盖广泛、外通内畅、安全高效的现代油气管网。

《中长期油气管网规划》是我国油气管网中长期空间布局规划，是推进油气管网等基础设施建设的重要依据。国家发展改革委、国家能源局加强统筹、完善机制、跟踪分析、监督考核、及时协调解决实施中的重大问题。省级发展改革委依据本规划和五年期油气行业规划优化本省油气基础设施发展，布局管道通道和路由，完善省内管输定价机制，加强省内管网监管，为管网发展营造良好环境。纳入本规划的项目，请各部门、各地予以积极支持，请企业抓紧履行报批程序，加快建设，共同推动各项目标任务完成。

附件：中长期油气管网规划（略）

国家发展改革委
国家能源局
2017年5月19日

二、推进天然气利用政策

(一) 加快推进天然气利用的意见

为贯彻落实中央财经领导小组第六次、第十四次会议、《大气污染防治行动计划》（国发〔2013〕37号）、《能源发展战略行动计划（2014—2020年）》（国办发〔2014〕31号）、《能源发展"十三五"规划》（发改能源〔2016〕2744号）有关精神，加快推进天然气利用，提高天然气在我国一次能源消费结构中的比重，2017年6月23日，国家发展改革委、科技部等十三个部委制定了《加快推进天然气利用的意见》。

关于印发《加快推进天然气利用的意见》的通知

发改能源〔2017〕1217号

各省、自治区、直辖市和计划单列市、新疆生产建设兵团发展改革委、能源局、科技厅（委、局）、财政厅、国土厅、住建厅（建委）、商务厅、经信委（工信委、工信厅）、环境保护厅（局）、交通运输厅、国资委、国税局、地税局、质监局（市场监管委）、物价局，国家能源局各派出监管机构，各有关中央企业，有关行业协会、学会：

为贯彻落实中央财经领导小组第六次、第十四次会议、《大气污染防治行动计划》（国发〔2013〕37号）、《能源发展战略行动计划（2014—2020年）》（国办发〔2014〕31号）、《能源发展"十三五"规划》（发改能源〔2016〕2744号）有关精神，加快推进天然气利用，提高天然气在我国一次能源消费结构中的比重，我们制定了《加快推进天然气利用的意见》（以下简称《意见》）。现印发执行，并就有关事项通知如下。

一、充分认识加快推进天然气利用的重要意义。天然气是优质高效、绿色清洁的低碳能源，并可与可再生能源发展形成良性互补。未来一段时期，我国天然气供需格局总体宽松，具备大规模利用的资源基础。加快推进天然气利用，提高天然气在一次能源消费中的比重，是我国稳步推进能源消费革命，构建清洁低碳、安全高效的现代能源体系的必由之路；是有效治理大气污染、积极应对气候变化等生态环境问题的现实选择；是落实北方地区清洁取暖，推进农村生活方式革命的重要内容；并可带动相关设备制造行业发展，拓展新的经济增长点。

二、加强指导落实责任。各省（区、市）人民政府要切实承担起加快天然气利用的责任，制定出台本地区加快推进天然气利用的意见，建立各部门协同推进机制，分解主要目标，落实年度重点任务，明确职责分工，完善配套政策。各企业作为加快天然气利用的市场主体，要根据《意见》提出的主要目标和重点任务，细化落实企业实施方案，推进重大项目建设，确保各项指标和任务按期完成。各部门要按照职能分工，加强沟通配合，制定和完善相关配套政策措施，国家发展改革委、能源局会同各部门，对各省（区、市）推进天然气利用的实施情况进行跟踪分析和监督检查。

附件：加快推进天然气利用的意见

国家发展改革委等十三个部委
2017 年 6 月 23 日

加快推进天然气利用的意见

为加快推进天然气利用，提高天然气在我国一次能源消费结构中的比重，稳步推进能源消费革命和农村生活方式革命，有效治理大气污染，积极应对气候变化，现形成以下意见。

一、总体要求

（一）指导思想

全面贯彻党的十八大和十八届三中、四中、五中、六中全会精神，深入落实习近平总书记系列重要讲话精神，牢固树立创新、协调、绿色、开放、共享的发展理念，遵循"四个革命、一个合作"能源发展战略思想，发挥市场在资源配置中的决定性作用，以燃料清洁替代和新兴市场开拓为主要抓手，加快推进天然气在城镇燃气、工业燃料、燃气发电、交通运输等领域的大规模高效科学利用，产业上中下游协调发展，天然气在一次能源消费中的占比显著提升。

（二）基本原则

规划引领、政策驱动。充分发挥规划引领作用，明确天然气利用目标、部署及保障措施。切实落实大气污染防治行动计划，限制使用高污染燃料。推进北方地区清洁取暖，加快提高清洁供暖比重。充分发挥环保、产业、金融、财政、价格政策对扩大天然气利用的驱动作用。

改革创新、市场运作。深入推进天然气体制改革，着力破解影响天然气产业健康发展的体制机制障碍，发挥市场在天然气资源配置中的决定性作用。有序放开竞争性环节，鼓励各类资本进入天然气基础设施建设和利用领域，加快推进天然气价格市场化。

全面推进、突出重点。将北方地区冬季清洁取暖、工业和民用"煤改气"、天然气调峰发电、天然气分布式、天然气车船作为重点。因地制宜、以点带面，积极推进试点示范，积累经验后逐步推广。

产业协调、健康发展。重视天然气产业链上中下游协调，构建从气田开发、国际贸易、接收站接转、管道输配、储气调峰、现期货交易到终端利用各环节协调发展产业链，以市场化手段为主，做好供需平衡和调峰应急。各环节均要努力降低成本，确保终端用户获得实惠，增强天然气竞争力。

（三）总体目标

逐步将天然气培育成为我国现代清洁能源体系的主体能源之一，到 2020 年，天然气在一次能源消费结构中的占比力争达到 10% 左右，地下储气库形成有效工作气量 148 亿立方米。到 2030 年，力争将天然气在一次能源消费中的占比提高到 15% 左右，地下储气库形成有效工作气量 350 亿立方米以上。

二、重点任务

（一）实施城镇燃气工程

推进北方地区冬季清洁取暖。按照企业为主、政府推动、居民可承受的方针，宜气则气、宜电则电，尽可能利用清洁能源，加快提高清洁供暖比重。以京津冀及周边大气污染传输通道内的重点城市（2+26）为抓手，力争5年内有条件地区基本实现天然气、电力、余热、浅层地能等取暖替代散烧煤。在落实气源的情况下，积极鼓励燃气空调、分户式采暖和天然气分布式能源发展。

快速提高城镇居民燃气供应水平。结合新型城镇化建设，完善城镇燃气公共服务体系，支持城市建成区、新区、新建住宅小区及公共服务机构配套建设燃气设施，加强城中村、城乡结合部、棚户区燃气设施改造及以气代煤。加快燃气老旧管网改造。支持南方有条件地区因地制宜开展天然气分户式采暖试点。打通天然气利用"最后一公里"。开展天然气下乡试点，鼓励多种主体参与，宜管则管、宜罐则罐，采用管道气、压缩天然气（CNG）、液化天然气（LNG）、液化石油气（LPG）储配站等多种形式，提高偏远及农村地区天然气通达能力。结合新农村建设，引导农村居民因地制宜使用天然气，在有条件的地方大力发展生物天然气（沼气）。

（二）实施天然气发电工程

大力发展天然气分布式能源。在大中城市具有冷热电需求的能源负荷中心、产业和物流园区、旅游服务区、商业中心、交通枢纽、医院、学校等推广天然气分布式能源示范项目，探索互联网+、能源智能微网等新模式，实现多能协同供应和能源综合梯级利用。在管网未覆盖区域开展以LNG为气源的分布式能源应用试点。

鼓励发展天然气调峰电站。鼓励在用电负荷中心新建以及利用现有燃煤电厂已有土地、已有厂房、输电线路等设施建设天然气调峰电站，提升负荷中心电力安全保障水平。鼓励风电、光伏等发电端配套建设燃气调峰电站，开展可再生能源与天然气结合的多能互补项目示范，提升电源输出稳定性，降低弃风弃光率。

有序发展天然气热电联产。在京津冀及周边、长三角、珠三角、东北等大气污染防治重点地区具有稳定热、电负荷的大型开发区、工业聚集区、产业园区等适度发展热电联产燃气电站。

（三）实施工业燃料升级工程

工业企业要按照各级大气污染防治行动计划中规定的淘汰标准与时限，在"高污染燃料禁燃区"重点开展20蒸吨及以下燃煤燃油工业锅炉、窑炉的天然气替代，新建、改扩建的工业锅炉、窑炉严格控制使用煤炭、重油、石油焦、人工煤气作为燃料。

鼓励玻璃、陶瓷、建材、机电、轻纺等重点工业领域天然气替代和利用。在工业热负荷相对集中的开发区、工业聚集区、产业园区等，鼓励新建和改建天然气集中供热设施。支持用户对管道气、CNG、LNG气源做市场化选择，相关设施的规划、建设和运营应符合法律法规和技术规范要求。

（四）实施交通燃料升级工程

加快天然气车船发展。提高天然气在公共交通、货运物流、船舶燃料中的比重。天然气汽车重点发展公交出租、长途重卡，以及环卫、场区、港区、景点等作业和摆渡车辆等。在京津冀等大气污染防治重点地区加快推广重型天然气（LNG）汽车代替重型柴油车。船舶领域重点发展内河、沿海以天然气为燃料的运输和作业船舶，并配备相应的后处理系统。

加快加气（注）站建设。在高速公路、国道省道沿线、矿区、物流集中区、旅游区、公路客运中心等，鼓励发展CNG加气站、LNG加气站、CNG/LNG两用站、油气合建站、油气电合建站等。

充分利用现有公交站场内或周边符合规划的用地建设加气站，支持具备场地等条件的加油站增加加气功能。鼓励有条件的交通运输企业建设企业自备加气站。推进船用LNG加注站建设，加快完善船用LNG加注站（码头）布局规划。加气（注）站的设置应符合相关法律法规和工程、技术规范标准。

三、政策保障

（一）实行更加严格的环保政策

划定并逐步扩大高污染燃料禁燃区范围。地方人民政府要加快高污染燃料禁燃区划定工作，已划定高污染燃料禁燃区的地区应根据大气环境质量改善要求和天然气等清洁能源供应情况，逐步扩大实施范围，由城区扩展到近郊。高污染燃料禁燃区内禁止销售、燃用高污染燃料，禁止新建、扩建燃用高污染燃料的设施，已建成的，在城市人民政府规定的期限内改用天然气、电力或其他清洁能源。针对大气污染防治重点地区，制定更为严格的排放标准，实施特别排放限值，全面推进排污许可管理。各地能源监管、质量监督、工商行政管理、环境保护等部门按照各自职责对高污染燃料禁燃区内的煤炭生产、流通、使用实施严格监管，同步加强对工业、发电企业用煤监管。

严控交通领域污染排放。强化陆上交通移动源污染防治、船舶排放控制，制定严格的运输工具污染物排放标准和单位运输周转量CO_2排放降低要求。在长三角、珠三角等沿海重点海域严格落实船舶污染物排放控制有关要求，加强内河船舶排放污染防治工作。大气污染防治重点地区全面安装车辆排污监控设备，加强协同管控，重点筛查柴油货车和高排放汽油车，严格限制超标排放车辆上路行驶。

将煤改清洁能源纳入环保考核。建立对各省（区、市）环保措施落实的考核问责机制，切实落实党委政府环保"党政同责""一岗双责"，将民用和工业燃料"煤改气"等纳入考核内容，确保实施效果。

（二）完善天然气价格机制

深化天然气价格改革。推进非居民用气价格市场化改革，进一步完善居民用气定价机制。上游经营主体多元化和基础设施第三方公平接入实现后，适时放开气源和销售价格。各地要加强省内天然气管道运输和配气价格监管，抓紧制定监管规则，建立健全成本监审制度，推行成本信息公开，强化社会监督。

完善天然气发电价格机制。完善气电价格联动机制，有条件的地方可积极采取财政补贴等措施疏导天然气发电价格矛盾。随着电力体制改革进程推进以及电力辅助服务市场的进一步推广，推进天然气发电价格市场化。细化完善天然气分布式能源项目并网上网办法。

（三）健全天然气市场体系

减少供气中间环节。要积极推进体制机制改革，尽量压缩省内天然气供应中间环节，减少供气层级，有效降低各环节输配费用。天然气主干管网可以实现供气的区域和用户，不得以统购统销等名义，增设供气输配环节，提高供气成本。对没有实质性管网投入或不需要提供输配服务的加价，要立即取消。各地在项目核准时，对省内天然气管道项目建设要认真论证，对增设不必要中间环节的管道项目要严格把关，坚决杜绝新建管道"拦截收费"现象。

建立用户自主选择资源和供气路径的机制。用户可自主选择资源方和供气路径，减少供气层级，降低用气成本。用户自主选择资源方和供气路径的，应当符合当地城乡发展规划、天然气和燃气发展等专项规划，地方人民政府应加强统筹协调给予支持。企业应按照《城镇燃气管理条例》的规定，申请取得燃气经营许可证后方可经营供气。支持天然气交易中心有序建设和运营，鼓励天然气市场化交易。

（四）完善产业政策

加快法规标准"立改废释"。加快清理和修改不适合新形势和改革要求的法律法规和规范性文件。简化优化天然气利用行政审批事项，消除行业性、地区性、经营性壁垒，促进公平竞争。加快天然气计量、天然气车船制造、LNG陆路内河储配、加气（注）站安全防护和安全距离等标准规范的制修订工作。研究内河LNG动力船舶过闸、LNG动力船舶过三峡大坝等政策。启动船舶用油质量升级。结合南方地区天然气分户采暖试点工作，研究制定地方标准，稳步提高居住建筑节能标准。

强化天然气设施用地保障。各省（区、市）应将天然气储气调峰设施、加气（注）站项目布局纳入能源及相关行业规划，并做好与土地利用、城乡建设等规划的衔接。支持企业依法利用存量用地建设以上项目。对符合划拨用地目录的天然气设施用地优先划拨，鼓励以出让、租赁方式供应天然气设施用地。优先保证储气调峰设施建设用地需求。

落实碳排放权交易制度。推动建设并不断完善全国统一的碳排放权交易市场，在发电、石化、化工、建材、钢铁、有色金属、造纸等行业，对以天然气为燃料、原料的设施和企业分配碳排放配额时予以重点倾斜。

（五）强化财政和投融资支持

完善财政支持。鼓励地方政府因地制宜配套财政支持，推进天然气管道、城镇燃气管网、储气调峰设施、"煤改气"、天然气车船、船用LNG加注站、天然气调峰电站、天然气热电联产、天然气分布式等项目发展。2017年12月31日前对新建LNG动力船或以动力系统整体更新方式改建为LNG动力船舶按规定享受有关专项补贴政策。

拓宽融资渠道。支持地方政府、金融机构、企业等在防范风险基础上创新合作机制和投融资模式，创新和灵活运用贷款、基金、债券、租赁、证券等多种金融工具，加大天然气利用及基础设施建设运营领域融资支持。加强对民间投资的金融服务，积极推广政府和社会资本合作（PPP）等方式，吸引社会资本投资、建设、运营天然气基础设施。在清洁能源利用和大气污染治理领域，支持京津冀晋鲁豫等重点地区金融支持政策先行先试。

（六）加大科技创新

加快科技攻关和装备产业化。政、产、学、研、用相结合，加大天然气利用基础研究和应用研究投入，促进成果转化。紧密跟踪世界前沿技术发展，加强交流合作。推动天然气利用领域的材料（包括高锰奥氏体钢、因瓦合金等）和装备（包括燃气轮机、小型燃机、车用第五代高压直喷发动机、大型 LNG 船用单燃料发动机等）科技攻关及国产化，鼓励和推动天然气利用装备产业化。

研发 LNG 运输和车用气技术。加快提升水运、铁路、公路 LNG 运输效率，推进多式联运，探索研发集装箱方式运输 LNG 的技术和装备，增强 LNG 运输的灵活性。鼓励并引导 LNG 整车企业加大对电控、发动机、气瓶和蒸发气体回收等方面技术的研发力度，提高天然气车辆运营效率。

（七）推进试点示范

积极探索、试点先行，着力加强重点领域、关键环节改革创新试点，探索一批可持续、可推广的试点经验。一是在油气体制改革总体方案框架内，有序支持四川、重庆、新疆、贵州、江苏、上海、河北等省市开展天然气体制改革综合试点或专项试点。二是健全天然气管道第三方公平准入机制，推进 LNG 接收站第三方开放试点，强化天然气管网设施公平开放监管。三是推进天然气价格市场化改革试点等。

四、加强资源供应保障

（一）提高资源保障能力

立足国内加大常规、深海深层以及非常规天然气勘探开发投入，积极引进国外天然气资源，加强油气替代技术研发，推进煤制气产业示范，促进生物质能开发利用，构筑经济、可靠的多元化供应格局。鼓励社会资本和企业参与海外天然气资源勘探开发、LNG 采购以及 LNG 接收站、管道等基础设施建设。优先保障城镇居民和公共服务用气。

（二）加强基础设施建设和管道互联互通

油气企业要加快天然气干支线、联络线等国家重大项目推进力度。建立项目单位定期向项目主管部门报告建设情况的制度，项目主管部门建立与重大项目稽查部门沟通机制，共享有关项目建设信息。重大项目稽查部门可根据项目建设情况，加强事中事后监管，开展不定期检查，督促项目建设。支持煤层气、页岩气、煤制天然气配套外输管道建设和气源就近接入。集中推进管道互联互通，打破企业间、区域间及行政性垄断，提高资源协同调配能力。加快推进城市周边、城乡结合部和农村地区天然气利用"最后一公里"基础设施建设。开展天然气基础设施建设项目通过招投标等方式选择投资主体试点工作。

（三）建立综合储气调峰和应急保障体系

天然气销售企业承担所供应市场的季节（月）调峰供气责任，城镇燃气企业承担所供应市场的小时调峰供气责任，日调峰供气责任由销售企业和城镇燃气企业共同承担，并在天然气购销合同中予以约定。天然气销售企业、基础设施运营企业、城镇燃气企业等要建立天然气应急保障预案。天然气销售企业应当建立企业天然气储备，到 2020 年拥有不低于其年合同销售量 10% 的工作气量。县级以上地方人民政府要推进 LNG、CNG 等储气调峰设施建设，组织编制燃气应急预案，采取综合措施至少形成不低于保障本行政区域平均 3 天需求量的应急储气能力。

支持承担储气调峰责任的企业自建、合建、租赁储气设施，鼓励承担储气调峰责任的企业从第三方购买储气调峰服务和调峰气量等辅助服务创新。支持用户通过购买可中断供气服务等方式参与天然气调峰。放开储气地质构造的使用权，鼓励各方资本参与，创新投融资和建设运营模式。鼓励现有 LNG 接收站新增储罐泊位，扩建增压气化设施，提高接收站储转能力。

(二) 关于促进天然气协调稳定发展的若干意见

为了加快天然气产供储销体系建设，促进天然气协调稳定发展，2018年8月30日，《国务院关于促进天然气协调稳定发展的若干意见》由国务院常务会议审议通过，自2018年9月5日发布之日起实行。

国务院关于促进天然气协调稳定发展的若干意见

国发〔2018〕31号

各省、自治区、直辖市人民政府，国务院各部委、各直属机构：

天然气是优质高效、绿色清洁的低碳能源。加快天然气开发利用，促进协调稳定发展，是我国推进能源生产和消费革命，构建清洁低碳、安全高效的现代能源体系的重要路径。当前我国天然气产供储销体系还不完备，产业发展不平衡不充分问题较为突出，主要是国内产量增速低于消费增速，进口多元化有待加强，消费结构不尽合理，基础设施存在短板，储气能力严重不足，互联互通程度不够，市场化价格机制未充分形成，应急保障机制不完善，设施建设运营存在安全风险等。为有效解决上述问题，加快天然气产供储销体系建设，促进天然气协调稳定发展，现提出以下意见。

一、总体要求

（一）指导思想。

以习近平新时代中国特色社会主义思想为指导，全面贯彻党的十九大和十九届二中、三中全会精神，统筹推进"五位一体"总体布局和协调推进"四个全面"战略布局，按照党中央、国务院关于深化石油天然气体制改革的决策部署和加快天然气产供储销体系建设的任务要求，落实能源安全战略，着力破解天然气产业发展的深层次矛盾，有效解决天然气发展不平衡不充分问题，确保国内快速增储上产，供需基本平衡，设施运行安全高效，民生用气保障有力，市场机制进一步理顺，实现天然气产业健康有序安全可持续发展。

（二）基本原则。

产供储销，协调发展。促进天然气产业上中下游协调发展，构建供应立足国内、进口来源多元、管网布局完善、储气调峰配套、用气结构合理、运行安全可靠的天然气产供储销体系。立足资源供应实际，统筹谋划推进天然气有序利用。

规划统筹，市场主导。落实天然气发展规划，加快天然气产能和基础设施重大项目建设，加大国内勘探开发力度。深化油气体制机制改革，规范用气行为和市场秩序，坚持以市场化手段为主做好供需平衡。

有序施策，保障民生。充分利用天然气等各种清洁能源，多渠道、多途径推进煤炭替代。"煤改气"要坚持"以气定改"、循序渐进，保障重点区域、领域用气需求。落实各方责任，强化监管问责，确保民生用气稳定供应。

二、加强产供储销体系建设，促进天然气供需动态平衡

（三）加大国内勘探开发力度。深化油气勘查开采管理体制改革，尽快出台相关细则。

（自然资源部、国家发展改革委、国家能源局按职责分工负责）各油气企业全面增加国内勘探开发资金和工作量投入，确保完成国家规划部署的各项目标任务，力争到2020年底前国内天然气产量达到2000亿立方米以上。（各油气企业负责，国家发展改革委、国务院国资委、自然资源部、国家能源局加强督导检查）严格执行油气勘查区块退出机制，全面实行区块竞争性出让，鼓励以市场化方式转让矿业权，完善矿业权转让、储量及价值评估等规则。建立完善油气地质资料公开和共享机制。（自然资源部、国家发展改革委、国务院国资委、国家能源局按职责分工负责）建立已探明未动用储量加快动用机制，综合利用区块企业内部流转、参照产品分成等模式与各类主体合资合作开发、矿业权企业间流转和竞争性出让等手段，多措并举盘活储量存量。（国家发展改革委、自然资源部、国务院国资委、国家能源局按职责分工负责）统筹国家战略和经济效益，强化国有油气企业能源安全保障考核，引导企业加大勘探开发投入，确保增储上产见实效。（国务院国资委、国家发展改革委、国家能源局按职责分工负责）统筹平衡天然气勘探开发与生态环境保护，积极有序推进油气资源合理开发利用，服务国家能源战略、保障天然气供应安全。（生态环境部、自然资源部、国家发展改革委、国家能源局按职责分工负责）

（四）健全天然气多元化海外供应体系。加快推进进口国别（地区）、运输方式、进口通道、合同模式以及参与主体多元化。天然气进口贸易坚持长约、现货两手抓，在保障长期供应稳定的同时，充分发挥现货资源的市场调节作用。加强与重点天然气出口国多双边合作，加快推进国际合作重点项目。在坚持市场化原则的前提下，在应急保供等特殊时段加强对天然气进口的统筹协调，规范市场主体竞争行为。（各油气企业落实，国家发展改革委、外交部、商务部、国家能源局指导协调）

（五）构建多层次储备体系。建立以地下储气库和沿海液化天然气（LNG）接收站为主、重点地区内陆集约规模化LNG储罐为辅、管网互联互通为支撑的多层次储气系统。供气企业到2020年形成不低于其年合同销售量10%的储气能力。（各供气企业负责，国家发展改革委、国家能源局指导并督促落实）城镇燃气企业到2020年形成不低于其年用气量5%的储气能力，各地区到2020年形成不低于保障本行政区域3天日均消费量的储气能力。统筹推进地方政府和城镇燃气企业储气能力建设，实现储气设施集约化规模化运营，避免"遍地开花"，鼓励各类投资主体合资合作建设储气设施。（各省级人民政府负责，国家发展改革委、住房城乡建设部、国家能源局指导）作为临时性过渡措施，储气能力暂时不达标的企业和地区，要通过签订可中断供气合同等方式弥补调峰能力。（国家发展改革委、住房城乡建设部、国家能源局、各省级人民政府按职责分工负责）加快放开储气地质构造的使用权，鼓励符合条件的市场主体利用枯竭油气藏、盐穴等建设地下储气库。配套完善油气、盐业等矿业权转让、废弃核销机制以及已开发油气田、盐矿作价评估机制。（国家发展改革委、自然资源部、国家能源局按职责分工负责）按照新的储气能力要求，修订《城镇燃气设计规范》。加强储气能力建设情况跟踪，对推进不力、违法失信的地方政府和企业等实施约谈问责或联合惩戒。（国家发展改革委、住房城乡建设部、国家能源局、各省级人民政府按职责分工负责）

（六）强化天然气基础设施建设与互联互通。加快天然气管道、LNG接收站等项目建设，集中开展管道互联互通重大工程，加快推动纳入环渤海地区LNG储运体系实施方案的各项目落地实施。（相关企业负责，国家发展改革委、国家能源局等有关部门与地方各级人民政府加强协调支持）注重与国土空间规划相衔接，合理安排各类基础设施建设规模、结构、布局和时序，加强项目用地用海保障。（自然资源部负责）抓紧出台油气管网体制改革方案，推动天然气管网等基础设施向第三方市场主体公平开放。深化"放管服"改革，简化优化前置要件审批，积极推行并联审批等方式，缩短项目建设手续办理和审批周期。（国家发展改革委、国家能源局等有关部门与地方各级人民政府按职责分工负责）根据市场发展需求，积极发展沿海、内河小型LNG船舶运输，出台LNG罐箱多式联运相关法规政策和标准规范。（交通运输部、国家铁路局负责）

三、深化天然气领域改革，建立健全协调稳定发展体制机制

（七）建立天然气供需预测预警机制。加强政府和企业层面对国际天然气市场的监测和预判。统筹考虑经济发展、城镇化进程、能源结构调整、价格变化等多种因素，精准预测天然气需求，尤其要做好冬季取暖期民用和非民用天然气需求预测。根据预测结果，组织开展天然气生产和供应能力科学评估，努力实现供需动态平衡。建立天然气供需预警机制，及时对可能出现的国内供需问题及进口风险作出预测预警，健全信息通报和反馈机制，确保供需信息有效对接。（国家发展改革委、外交部、生态环境部、住房城乡建设部、国家能源局、中国气象局指导地方各级人民政府和相关企业落实）

（八）建立天然气发展综合协调机制。全面实行天然气购销合同制度，鼓励签订中长期合同，积极推动跨年度合同签订。按照宜电则电、宜气则气、宜煤则煤、宜油则油的原则，充分利用各种清洁能源推进大气污染防治和北方地区冬季清洁取暖。"煤改气"要坚持"以气定改"、循序渐进，突出对京津冀及周边地区和汾渭平原等重点区域用气需求的保障。（各省级人民政府和供气企业负责，国家发展改革委、生态环境部、住房城乡建设部、国家能源局指导并督促落实）建立完善天然气领域信用体系，对合同违约及保供不力的地方政府和企业，按相关规定纳入失信名单，对严重违法失信行为实施联合惩戒。（国家发展改革委、国家能源局负责）研究将中央财政对非常规天然气补贴政策延续到"十四五"时期，将致密气纳入补贴范围。对重点地区应急储气设施建设给予中央预算内投资补助支持，研究中央财政对超过储备目标的气量给予补贴等支持政策，在准确计量认定的基础上研究对垫底气的支持政策。研究根据LNG接收站实际接收量实行增值税按比例返还的政策。（财政部、国家发展改革委、国家能源局按职责分工负责）将天然气产供储销体系重大工程建设纳入相关专项督查。（国家发展改革委、国家能源局负责）

（九）建立健全天然气需求侧管理和调峰机制。新增天然气量优先用于城镇居民生活用气和大气污染严重地区冬季取暖散煤替代。研究出台调峰用户管理办法，建立健全分级调峰用户制度，按照确保安全、提前告知、充分沟通、稳妥推进的原则启动实施分级调峰。鼓励用户自主选择资源方、供气路径及形式，大力发展区域及用户双气源、多气源供应。鼓励发展可中断大工业用户和可替代能源用户，通过季节性差价等市场化手段，积极引导用户主动参与调峰，充分发挥终端用户调峰能力。（各省级人民政府负责，国家发展改革委、生态环境部、住房城乡建设部、国家能源局加强指导支持）

（十）建立完善天然气供应保障应急体系。充分发挥煤电油气运保障工作部际协调机制作用，构建上下联动、部门协调的天然气供应保障应急体系。（煤电油气运保障工作部际协调机制成员单位负责）落实地方各级人民政府的民生用气保供主体责任，严格按照"压非保民"原则做好分级保供预案和用户调峰方案。（地方各级人民政府负责）建立天然气保供成本合理分摊机制，相应应急支出由保供不力的相关责任方全额承担，参与保供的第三方企业可获得合理收益。（国家发展改革委、地方各级人民政府按职责分工负责）

（十一）理顺天然气价格机制。落实好理顺居民用气门站价格方案，合理安排居民用气销售价格，各地区要采取措施对城乡低收入群体给予适当补贴。（各省级人民政府负责，国家发展改革委指导并督促落实）中央财政利用现有资金渠道加大支持力度，保障气价改革平稳实施。（财政部负责）加快建立上下游天然气价格联动机制，完善监管规则、调价公示和信息公开制度，建立气源采购成本约束和激励机制。推行季节性差价、可中断气价等差别化价格政策，促进削峰填谷，引导企业增加储气和淡旺季调节能力。加强天然气输配环节价格监管，切实降低过高的省级区域内输配价格。加强天然气价格监督检查，严格查处价格违法违规行为。（各省级人民政府负责，国家发展改革委、市场监管总局指导并督促落实）推动城镇燃气企业整合重组，鼓励有资质的市场主体开展城镇燃气施工等业务，降低供用气领域服务性收费水平。（住房城乡建设部、国家发展改革委负责）

（十二）强化天然气全产业链安全运行机制。各类供气企业、管道运营企业、城镇燃气企业等要切实落实安全生产主体责任，建立健全安全生产工作机制和管理制度，严把工程质量关，加强设施维护和巡查，严格管控各类风险，及时排查消除安全隐患。地方各级人民政府要切实落实属地管理责任，严格日常监督检查和管理，加强重大风险安全管控，指导督促企业落实安全生产主体责任。地方各级人民政府和相关企业要建立健全应急处置工作机制，完善应急预案。制定完善天然气产业链各环节质量管理和安全相关法律法规、标准规范及技术要求。针对农村"煤改气"等重点领域、冬季采暖期等特殊时段，国务院各有关部门要视情组织专项督查，指导督促地方和相关企业做好安全生产工作。（相关企业承担主体责任，地方各级人民政府承担属地管理责任，国家发展改革委、自然资源部、生态环境部、住房城乡建设部、应急部、市场监管总局、国家能源局按职责分工加强指导和监督）

国务院
2018 年 8 月 30 日

三、石油天然气价格政策

（一）关于进一步完善成品油价格形成机制的通知

2013 年 3 月 26 日，国家发展改革委下发了《关于进一步完善成品油价格形成机制的通知》。

国家发展改革委关于进一步完善成品油价格形成机制的通知

发改价格〔2013〕624号

各省、自治区、直辖市、新疆生产建设兵团发展改革委、物价局，中国石油天然气集团公司、中国石油化工集团公司、中国海洋石油总公司：

2008年12月，国家出台了成品油价格和税费改革方案。4年多来，根据成品油价格和税费改革确定的原则和方向，国家对成品油价格进行了10降15升共25次调整，基本理顺了成品油价格关系。总体看，现行机制运行顺畅，效果显著，保证了成品油市场正常供应，促进了成品油市场有序竞争，增强了企业可持续发展能力，提高了群众节油意识，避免了成品油市场价格大起大落，为促进经济社会持续健康发展发挥了积极作用。但现行机制在运行过程中也暴露出调价周期过长，难以灵敏地反映国际市场油价变化，容易产生投机套利行为等问题。为此，决定进一步完善成品油价格形成机制，现就有关事项通知如下：

一、完善成品油价格形成机制的主要内容

（一）缩短调价周期。将成品油计价和调价周期由现行22个工作日缩短至10个工作日，并取消上下4%的幅度限制。

为节约社会成本，当汽、柴油调价幅度低于每吨50元时，不作调整，纳入下次调价时累加或冲抵。

（二）调整国内成品油价格挂靠油种。根据进口原油结构及国际市场原油贸易变化，相应调整了国内成品油价格挂靠油种。

（三）完善价格调控程序。当国内价格总水平出现显著上涨或发生重大突发事件，以及国际市场油价短时内出现剧烈波动等特殊情形需对成品油价格进行调控时，依法采取临时调控措施，由国家发展改革委报请国务院批准后，可以暂停、延迟调价，或缩小调价幅度。当特殊情形消除后，由国家发展改革委报请国务院批准，价格机制正常运行。

按照上述相关完善意见，对《石油价格管理办法（试行）》第六条作相应修改，具体见附件。

二、做好相关配套工作

（一）完善补贴和价格联动机制。成品油价格调整周期缩短后，相应完善对种粮农民、渔业（含远洋渔业）、林业、城市公交、农村道路客运（含岛际和农村水路客运）等部分困难群体和公益性行业的补贴机制，并完善保障城乡部分困难群体基本生活的相关政策措施。各地要进一步完善油运价格联动机制，在运价调整前继续给予出租车临时补贴，妥善处理对出租车和公路客运行业的影响。同时，要严格贯彻落实《关于进一步促进道路运输行业健康稳定发展的通知》（国办发〔2011〕63号）有关规定，采取多种措施，切实维护交通运输行业和社会稳定。

（二）确保成品油供应和市场秩序稳定。中石油、中石化、中海油公司要继续发挥石油企业内部上下游利益调节机制，组织好成品油生产和调运，保持合理库存，加强综合协调和应急调度，保障成品油市场稳定供应。各地要加强成品油市场监管，严厉打击油品走私和偷漏税行为，加强成品油质量和价格监督检查，从严查处无证照经营、超范围经营、经营假冒伪劣油品等违法行为，严厉打击价格违法行为，维护成品油市场正常秩序。

（三）加强宣传解释工作。各地要结合本地实际情况，加强舆论引导，做好宣传解释工作，争取群众的理解和支持，为改革的顺利实施创造有利的舆论环境。

（四）加强监测和评估。要密切监测新机制运行情况，及时进行总结和评估，必要时报请国务院同意后作适当调整，确保其平稳运行。

三、完善后的价格机制自发文之日起实施。

附件：《石油价格管理办法（试行）》（略）

国家发展改革委
2013 年 3 月 26 日

（二）关于进一步完善成品油价格形成机制有关问题的通知

2016 年 1 月 13 日，国家发展改革委下发了《关于进一步完善成品油价格形成机制有关问题的通知》。

国家发展改革委关于进一步完善成品油价格形成机制有关问题的通知

发改价格〔2016〕64 号

各省、自治区、直辖市、新疆生产建设兵团发展改革委、物价局，中国石油天然气集团公司、中国石油化工集团公司、中国海洋石油总公司：

2013 年成品油价格机制修改完善以来，运行总体平稳，国内成品油价格更加灵敏反映国际市场油价变化，保证了成品油正常供应，促进了市场有序竞争，价格调整透明度增强，市场化程度进一步提高。2014 年下半年以来，世界石油市场格局发生了深刻变化，成品油价格机制在运行过程中出现了一些不适应的问题。鉴于此，经研究，决定进一步完善成品油价格机制，并进一步推进价格市场化。现就有关事项通知如下：

一、完善成品油价格形成机制

（一）设定成品油价格调控下限。下限水平定为每桶 40 美元，即当国内成品油价格挂靠的国际市场原油价格低于每桶 40 美元时，国内成品油价格不再下调。

（二）建立油价调控风险准备金。当国际市场原油价格低于 40 美元调控下限时，成品油价格未调金额全部纳入风险准备金，设立专项账户存储，经国家批准后使用，主要用于节能减排、提升油品质量及保障石油供应安全等方面。具体管理办法另行制定。

（三）放开液化石油气出厂价格。液化石油气出厂价格由供需双方协商确定。

（四）简化成品油调价操作方式。发展改革委不再印发成品油价格调整文件，改为以信息稿形式发布调价信息。

供军队用成品油价格按既定机制计算确定；航空汽油出厂价格按照与供新疆生产建设兵团汽油供应价格保持 1.182∶1 的比价关系确定，均不再发布。

二、印发《石油价格管理办法》

根据近年来《石油价格管理办法（试行）》实施情况及此次成品油价格机制完善内容，修订并形成《石油价格管理办法》，自公布之日起实施。

三、做好相关配套工作

（一）确保市场供应。中石油、中石化、中海油公司要继续发挥石油企业内部上下游利益调节机制，组织好原油和成品油生产和调运，保持合理库存，加强综合协调和应急调度，保障市场供应。

（二）维护市场秩序。成品油生产经营企业要严格执行国家价格政策，自觉维护市场价格秩序。各级价格主管部门要加强价格监督检查，严厉打击各种价格违法行为，维护成品油市场稳定。

（三）加强市场监测。要加强成品油市场动态和价格监测，密切跟踪新机制运行情况，积极协调解决机制运行中的矛盾和问题，出现异常情况，及时报告并配合有关部门采取应对措施，确保新机制平稳运行。

（四）做好宣传解释。各地要结合本地实际情况，做好宣传解释工作，正面引导舆论，及时回应社会关切，争取群众的理解和支持，为完善机制营造良好舆论氛围。

附件：《石油价格管理办法》

国家发展改革委
2016 年 1 月 13 日

石油价格管理办法

第一章 总 则

第一条 为规范石油价格行为，根据《中华人民共和国价格法》和《国务院关于实施成品油价格和税费改革的通知》（国发〔2008〕37 号）等有关规定，制定本办法。

第二条 在中华人民共和国境内从事石油生产、批发和零售等经营活动的价格行为，适用本办法。

第三条 本办法所称石油包括原油和成品油，成品油指汽油、柴油。石油价格包括原油价格和成品油价格。成品油价格根据流通环节和销售方式，区分为供应价格、批发价格和零售价格。

第四条 原油价格实行市场调节价。成品油区别情况，分别实行政府指导价和政府定价。

（一）汽、柴油零售价格和批发价格，向社会批发企业和铁路、交通等专项用户供应汽、柴油供应价格，实行政府指导价。

（二）向国家储备和新疆生产建设兵团供应汽、柴油供应价格，实行政府定价。

第二章 价格制定与调整

第五条 汽、柴油最高零售价格以国际市场原油价格为基础，考虑国内平均加工成本、税金、合理流通环节费用和适当利润确定。

第六条 当国际市场原油价格低于每桶 40 美元（含）时，按原油价格每桶 40 美元、正常加工利润率计算成品油价格。高于每桶 40 美元低于 80 美元（含）时，按正常加工利润率计算成品油价格。高于每桶 80 美元时，开始扣减加工利润率，直至按加工零利润计算成品油价格。高于每桶 130 美元（含）时，按照兼顾生产者、消费者利益，保持国民经济平稳运行的原则，采取适当财税政策保证成品油生产和供应，汽、柴油价格原则上不提或少提。

第七条　汽、柴油价格根据国际市场原油价格变化每 10 个工作日调整一次。调价生效时间为调价发布日 24 时。

当调价幅度低于每吨 50 元时，不作调整，纳入下次调价时累加或冲抵。

当国内价格总水平出现显著上涨或发生重大突发事件，以及国际市场油价异常波动等特殊情形需对成品油价格进行调控时，由国家发展改革委报请国务院同意后，可以暂停、延迟调价，或缩小调价幅度。特殊情形结束后，由国家发展改革委报请国务院同意，成品油价格调整继续按照本办法确定的规则执行。

第八条　已实行全省统一价格的省（自治区、直辖市）以及暂未实行全省统一价格的省（自治区、直辖市）中心城市，汽、柴油最高零售价格按本办法第五条确定。暂未实行全省统一价格的省（自治区、直辖市）非中心城市，汽、柴油最高零售价格以中心城市最高零售价格为基础加（减）地区间价差确定。

地区间价差由省级价格主管部门依据运杂费等因素核定。省内划分的价区原则上不超过 3 个，价区之间的价差不高于每吨 100 元。省际之间价差应适当衔接。省级价格主管部门要将省内价区具体安排报国家发展改革委备案。

成品油零售企业在不超过汽、柴油最高零售价格的前提下，自主制定具体零售价格。

第九条　成品油批发企业对零售企业的汽、柴油最高批发价格，合同约定由供方配送到零售企业的，按最高零售价格每吨扣减 300 元确定；合同未约定由供方配送的，在每吨扣减 300 元的基础上再减运杂费确定。运杂费由省级价格主管部门制定。

成品油批发企业在不超过汽、柴油最高批发价格的前提下，与零售企业协商确定具体批发价格。当市场零售价格降低时，批发价格要相应降低。合同约定由供方配送的，批零价差不得低于每吨 300 元，并不得另外收取运杂费；合同未约定由供方配送的，扣除运杂费后，批零价差不得低于每吨 300 元，并不得强制配送。

第十条　成品油生产经营企业对具备国家规定资质的社会批发企业的汽、柴油最高供应价格，按最高零售价格每吨扣减 400 元确定。

成品油生产经营企业在不超过汽、柴油最高供应价格的前提下，与社会批发企业协商确定具体价格。当市场零售价格降低时，对社会批发企业供应价格相应降低，价差不得低于每吨 400 元。

第十一条　成品油生产经营企业对铁路、交通等专项用户的汽、柴油最高供应价格，按全国平均最高零售价格每吨扣减 400 元确定。

成品油生产经营企业在不超过最高供应价格的前提下，与铁路、交通等专项用户协商确定具体供应价格；当市场零售价格降低时，对专项用户供应价格相应降低。

专项用户是指历史上已形成独立供油系统的大用户，具体名单由国家发展改革委确定。

第十二条　成品油生产经营企业对国家储备、新疆生产建设兵团汽、柴油供应价格，按全国平均最高零售价格扣减流通环节差价确定。

第十三条　本办法第五条至第十二条汽油、柴油价格均指标准品价格。国家发展改革委制定成品油标准品与非标准品的品质比率。非标准品价格按照标准品价格和规定的品质比率确定。

第十四条 省级价格主管部门会同有关部门制定本省（自治区、直辖市）汽、柴油吨与升折算的系数。

第十五条 乙醇汽油价格政策按同一市场同标号普通汽油价格政策执行。

第三章 信息发布

第十六条 国家发展改革委在门户网站公布按吨计算的汽、柴油标准品最高零售价格，国家储备、新疆生产建设兵团用汽、柴油供应价格，以及汽油、柴油标准品与非标准品的品质比率。

第十七条 省级价格主管部门在指定网站公布本地区汽、柴油标准品和非标准品最高批发价格和最高零售价格。

第十八条 主要成品油生产经营企业通过所在地新闻媒体公布本公司的汽、柴油具体批发价格和零售价格。

第四章 价格监督检查

第十九条 成品油批发、零售企业要在显著位置标识成品油的品名、规格、计价单位、价格等信息。经营企业在销售成品油时，不得以其他名目在国家规定的成品油价格之外加收或代收任何费用。

第二十条 价格主管部门依法对成品油生产、批发和零售企业的价格活动进行检查，并依照法律法规规定对价格违法行为实施行政处罚。

第五章 附则

第二十一条 本办法由国家发展改革委负责解释。

第二十二条 本办法自公布之日起施行，原《石油价格管理办法（试行）》同时废止。

（三）关于调整非居民用存量天然气价格的通知

2014年8月10日，国家发展改革委下发了《关于调整非居民用存量天然气价格的通知》。

国家发展改革委关于调整非居民用存量天然气价格的通知

发改价格〔2014〕1835号

各省、自治区、直辖市、新疆生产建设兵团发展改革委、物价局，中国石油天然气集团公司、中国石油化工集团公司：

2013年6月，我委区分存量气和增量气调整了天然气价格。方案实施后，国内资源开发和海外资源引进速度明显加快，天然气供应能力显著增强；资源配置趋于合理，天然气利用效率进一步提高。根据党的十八届三中全会精神和2014年深化经济体制改革重点任务的总体安排，按照2015年实现与增量气价格并轨的既定目标，我委会同相关部门研究提出了进一步调整非居民用存量天然气价格的意见。现就有关事项通知如下：

一、价格调整具体安排

在保持增量气门站价格不变的前提下，适当提高非居民用存量天然气门站价格，具体为：

（一）非居民用存量气门站价格适当提高。非居民用存量气最高门站价格每千立方米提高

400元。广东、广西存量气最高门站价格按与全国水平衔接的原则适当提高。调整后的各省（区、市）天然气最高门站价格见附表。

鉴于目前化肥市场低迷，化肥用气调价措施暂缓出台，待市场形势出现积极变化时再择机出台。用气化肥企业需承担冬季调峰责任。

（二）居民用气门站价格不作调整。居民生活用气、学校教学和学生生活用气、养老福利机构用气等（不包括集中供热用气）门站价格此次仍不作调整。方案实施后新增用气城市居民用气门站价格按该省（区、市）调整后的存量气门站价格政策执行。

（三）进一步落实放开进口液化天然气（LNG）气源价格和页岩气、煤层气、煤制气出厂价格政策。需要进入管道与国产陆上气、进口管道气混合输送并一起销售的，供需双方可区分气源单独签订购销和运输合同，气源和出厂价格由市场决定，管道运输价格按有关规定执行。

（四）实施时间。上述方案自2014年9月1日起实施。

二、工作要求

天然气价格调整涉及面广，社会关注度高，各地区、各有关部门和天然气生产经营企业要高度重视、通力合作，共同做好相关工作。

（一）精心组织方案实施。各地区、各有关部门要统一思想，加强组织领导、精心部署，认真排查可能出现的问题，把风险消除在萌芽状态；建立应急预案，完善应急措施，确保调价方案平稳出台。天然气生产经营企业要主动配合地方发展改革（价格）部门，加强与用气企业的沟通和协商，争取用户的理解和支持。

（二）保障天然气市场供应。有关部门和天然气生产经营企业要加强生产组织和供需衔接，保障市场平稳运行。各地要强化需求侧管理，鼓励在终端消费环节推行非居民用气季节性差价、可中断气价政策。天然气生产经营企业要严格执行价格政策，不得采取扣减居民气量、将居民独立采暖用气列为非居民用气等方式，变相提高居民用气价格；转供企业不得扣减或挪用居民气量。增量气中居民气量发生变化的，供需双方应据实核定。

（三）合理安排销售价格。各地要抓紧开展销售价格疏导工作，加强成本监审，从紧核定省内管道运输价格和配气价格，综合考虑天然气采购成本，兼顾用户承受能力，合理安排非居民用气销售价格，其中，车用气销售价格政策可结合当地实际情况自行确定。同时，要按照《国务院关于加快发展养老服务业的若干意见》（国发〔2013〕35号）、《国务院关于促进健康服务业发展的若干意见》（国发〔2013〕40号）等文件要求，认真落实养老机构用气按居民生活类执行、非公立医疗机构用气与公立医疗机构同价等政策。

此外，要根据已出台的居民生活用气阶梯价格指导意见，抓紧建立健全阶梯价格制度。

（四）确保出租车等用气行业稳定。对出租车行业，各地可根据当地实际情况和已建立的运价与燃料价格联动机制，通过调整运价或燃料附加标准疏导气价调整影响；疏导前要统筹考虑当地用油、用气车辆燃料成本差异和补贴情况，以及经营者承受能力，由地方政府采取发放临时补贴等措施，缓解气价调整对出租车行业的影响；对城市公交和农村道路客运，继续按现行补贴政策执行。对供热企业，各地要积极推进供热价格改革，适当理顺供热价格，地方政府可给予适当补贴。对西部个别省份以及确有困难的供热企业等，供气企业要给予适当价格优惠。

（五）加强价格监督检查。各地要加大天然气价格特别是车用气价格的检查和巡查力度，依法查处各种价格违法行为，切实维护天然气市场价格秩序。对不执行国家价格政策，擅自提高或变相提高门站价格，转供过程中变相加价，以及加气站搭车涨价、哄抬价格，或停供、限供等违法违规行为，要依法查处。对性质恶劣、问题严重、社会影响较大的典型案例，要公开曝光。

天然气生产和进口企业每年3月底前要将上年液化天然气（LNG）、页岩气、煤层气、煤制气生产和进口数量，与用户签订的购销合同，以及实际销售气量和价格报送国家发展改革委（价格司）。

（六）营造良好舆论氛围。各地要加强舆论宣传引导，有针对性地宣传解释调整非居民用存量天然气价格的必要性和主要内容，及时回应社会关切，争取社会各方理解和支持，营造良好舆论环境，确保方案平稳实施。

附件：各省（区、市）天然气最高门站价格表

国家发展改革委

2014年8月10日

各省（区、市）天然气最高门站价格表

单位：元/千立方米（含增值税）

省份	存量气	增量气	省份	存量气	增量气
北京	2660	3140	湖北	2620	3100
天津	2660	3140	湖南	2620	3100
河北	2640	3120	广东	2860	3320
山西	2570	3050	广西	2690	3150
内蒙古	2000	2480	海南	2320	2780
辽宁	2640	3120	重庆	2320	2780
吉林	2420	2900	四川	2330	2790
黑龙江	2420	2900	贵州	2370	2850
上海	2840	3320	云南	2370	2850
江苏	2820	3300	陕西	2000	2480
浙江	2830	3310	甘肃	2090	2570
安徽	2750	3230	宁夏	2170	2650
江西	2620	3100	青海	1930	2410
山东	2640	3120	新疆	1810	2290
河南	2670	3150			

注：山东交气点为山东省界。

(四) 关于核定天然气跨省管道运输价格的通知

2017年8月29日，国家发展改革委下发了《关于核定天然气跨省管道运输价格的通知》。

国家发展改革委关于核定天然气跨省管道运输价格的通知

发改价格规〔2017〕1581号

各省、自治区、直辖市发展改革委、物价局，中国石油天然气集团公司、中国石油化工集团公司、中国大唐集团公司、重庆三峡燃气（集团）有限公司、中油金鸿能源投资股份有限公司：

根据《天然气管道运输价格管理办法（试行）》和《天然气管道运输定价成本监审办法（试行）》有关规定，我委对中石油北京天然气管道有限公司等13家跨省管道运输企业进行了定价成本监审，并据此核定了相关管道运输价格。现就有关事项通知如下：

一、经成本监审，核定中石油北京天然气管道有限公司等13家跨省管道运输企业管道运输价格，具体见附表。

相关管道运输企业要根据单位距离的管道运输价格（运价率），以及天然气入口与出口的运输距离，计算确定并公布本公司管道运输价格表，同时报我委（价格司）备案。

二、上述管道运输价格包含输气损耗等费用，管道运输企业不得在运输价格之外加收其他费用。

三、价格放开的天然气，供需双方可在合同中约定气源和运输路径，协商确定气源价格；管道运输企业按规定的管道运输价格向用户收取运输费用。

四、以上价格自2017年9月1日起执行。

附件：天然气跨省管道运输价格表

国家发展改革委

2017年8月29日

天然气跨省管道运输价格表

企业名称	经营的主要管道	主干管道管径 毫米	管道运输价格 元/千立方米·公里	元/立方米
中石油北京天然气管道有限公司	包括陕京系统（陕西靖边、榆林—北京）等	1219/1016	0.2857	
中石油管道联合有限公司	包括西一线西段（新疆轮南—宁夏中卫），西二线西段（新疆霍尔果斯—宁夏中卫），涩宁兰线（青海涩北—甘肃兰州）等	1219	0.1442	
中石油西北联合管道有限责任公司	包括西三线（新疆霍尔果斯—福建福州，广东广州）等	1219	0.1224	

续表

企业名称	经营的主要管道	主干管道管径 毫米	管道运输价格 元/千立方米·公里	元/立方米
中石油东部管道有限公司	包括西一线东段（宁夏中卫—上海）、西二线东段（宁夏中卫—广东广州），忠武线（重庆忠县—湖北武汉），长宁线（陕西长庆—宁夏银川）等	1219/1016/711	0.2429	
中石油管道分公司	包括秦沈线（河北秦皇岛—辽宁沈阳）、大沈线（辽宁大连—沈阳），哈沈线（沈阳—长春），中沧线（河南濮阳—河北沧州）等	1016/711	0.4678	
中石油西南管道分公司	包括中贵线（宁夏中卫—贵州贵阳）、西二线广南支干线（广东广州—广西南宁）等	1016	0.3961	
中石油西南管道有限公司	中缅线（云南瑞丽—广西贵港）	1016	0.4109	
中石油西南油气田分公司	西南油气田周边管网	914/813/711		0.15
中石化川气东送天然气管道有限公司	川气东送管道（四川普光—上海）	1016	0.3894	
中石化榆济管道有限责任公司	榆济线（陕西榆林—山东济南）	711/610	0.4443	
内蒙古大唐国际克什克腾煤制天然气有限责任公司	内蒙古克什克腾旗至北京煤制气管道	914	0.9787	
山西通豫煤层气输配有限公司	山西沁水至河南博爱煤层气管道	559	3.5047	
张家口应张天然气有限公司	应张线（山西应县—河北张家口）	508	2.0304	

注：部分企业经营的管道包含联络线及支线，本表未全部注明，具体见企业公布的价格表。

（五）关于降低非居民用天然气基准门站价格的通知

按照党中央、国务院关于推进供给侧结构性改革的总体要求，国家根据天然气管道定价成本监审结果下调管道运输价格，结合天然气增值税税率调整情况，决定降低非居民用天然气基准门站价格。2017年8月29日，国家发展改革委印发了《关于降低非居民用天然气基准门站价格的通知》。

国家发展改革委关于降低非居民用天然气基准门站价格的通知

发改价格规〔2017〕1582号

各省、自治区、直辖市发展改革委、物价局，中国石油天然气集团公司、中国石油化工集团公司：

按照党中央、国务院关于推进供给侧结构性改革的总体要求，国家根据天然气管道定价成本监审结果下调管道运输价格，结合天然气增值税税率调整情况，决定降低非居民用天然气基准门站价格。现就有关事项通知如下。

一、降低非居民用气基准门站价格

非居民用气基准门站价格每千立方米降低100元。调整后的各省（区、市）非居民用气基准门站价格见附表。

二、实施时间

自2017年9月1日起实施。

三、工作要求

天然气价格调整涉及面广，社会关注度高，各地区和天然气生产经营企业要高度重视，密切配合，共同做好相关工作。

（一）精心组织方案实施。各地区要加强组织领导、精心部署，加强市场监测，完善应急措施，确保调价方案平稳实施；天然气生产经营企业要主动配合地方发展改革（物价）部门，加强沟通协商，认真做好相关工作。

（二）尽快落实降价措施。基准门站价格调整后，天然气生产经营企业供应各省（区、市）的门站价格原则上要同步等额降低。各地要抓紧开展工作，结合门站价格降低，天然气增值税税率下调对终端销售环节的影响，以及加强省内输配价格监管等因素，尽快降低非居民用气销售价格，充分释放改革红利，确保降价措施落实到位，降低下游用户用气成本。

（三）推进天然气公开透明交易。鼓励天然气生产经营企业和用户积极进入天然气交易平台交易，所有进入上海、重庆石油天然气交易中心等交易平台公开交易的天然气价格由市场形成。交易平台要秉持公开、公平、公正的原则，规范运作，严格管理，不断创新，及时发布交易数量和价格信息，形成公允的天然气市场价格，为推进价格市场化奠定基础。

（四）保障天然气市场平稳运行。天然气生产经营企业要加强生产组织和供需衔接，加大上游勘探开发力度，提早确定冬季进口资源，加快推进储运设施建设，解决管输能力瓶颈问题，保障资源稳定供应和市场平稳运行；并要认真落实非居民用气降价政策。各级价格主管部门要加大价格检查和巡查力度，依法查处通过改变计价方式、增设环节、强制服务等方式提高或变相提高价格以及串通价格等违法违规行为，切实维护天然气市场秩序。

（五）加强宣传引导。各地要加强宣传解读，引导社会舆论正确理解降低非居民用气价格对推进供给侧结构性改革、降低实体经济企业成本的重要意义，及时回应社会关切，营造良好舆论氛围。

附件：各省（区、市）非居民用天然气基准门站价格表

国家发展改革委

2017年8月29日

各省（区、市）非居民用天然气基准门站价格表

单位：元/千立方米（含增值税）

省份	基准门站价格	省份	基准门站价格	省份	基准门站价格
北京	1900	浙江	2070	重庆	1540
天津	1900	安徽	1990	四川	1550
河北	1880	江西	1860	贵州	1610
山西	1810	山东	1880	云南	1610
内蒙古	1240	河南	1910	陕西	1240
辽宁	1880	湖北	1860	甘肃	1330
吉林	1660	湖南	1860	宁夏	1410
黑龙江	1660	广东	2080	青海	1170
上海	2080	广西	1910	新疆	1050
江苏	2060	海南	1540		

注：山东交气点为山东省界。

四、石油天然气进口政策

（一）关于进口原油使用管理有关问题的通知

2015年2月16日，国家发改委发布《关于进口原油使用管理有关问题的通知》，将允许负荷条件的地方炼油厂在淘汰一定规模落后产能或建设一定规模储气设施的前提下使用进口原油，意味着油气改革"破垄断"提速，此次文件的发布放开了原油进口的使用权，原油进口仍需通过中联油、中联化、中海油、中化集团、珠海振戎五家企业代理进口。

国家发展改革委关于进口原油使用管理有关问题的通知

发改运行〔2015〕253号

各省、自治区、直辖市发展改革委（经信委），有关行业协会、中央管理企业：

为贯彻落实国务院有关文件精神，我委商公安部、环境保护部、商务部、海关总署、安全监管总局、质检总局、能源局等部门，研究提出了有关原油加工企业使用进口原油的条件和要求。经报请国务院同意，在本通知发布之日前建成投产、尚未使用进口原油的原油加工企业，经确认符合条件并履行相应义务的前提下，可使用进口原油。为规范有序确定新增进口原油使用企业及用油数量，促进炼油行业淘汰落后、结构调整及产业升级，现将有关事项通知如下：

一、指导原则

（一）坚持优化结构，严格淘汰落后产能，促进炼油产业结构升级。

（二）坚持企业自愿，发挥市场在资源配置中的决定性作用，引导企业自主淘汰落后、兼并重组或建设天然气调峰储气设施。

（三）鼓励资源引进，对依法履行审批程序，在境外合法投资石油勘探开发项目并取得实际产量的原油加工企业，可在同等条件下优先使用进口原油。

（四）鼓励原油深加工，装置配套完善且高附加值化工产品收率高的原油加工企业，可在同等条件下优先使用进口原油。

（五）鼓励采用先进污染治理技术，今年年底前完成有机废气综合治理，且各类污染物排放符合国家标准的原油加工企业，可在同等条件下优先使用进口原油。

二、基本条件

新增用油企业应当同时符合以下条件：

（一）拥有一套及以上单系列设计原油加工能力大于200万吨/年（不含）的常减压装置。

（二）炼油（单位）综合能耗小于66千克标油/吨；单位能量因数能耗不超过11.5千克标油/（吨·能量因数）；加工损失率小于0.6%；吨油新鲜水耗量小于0.5吨；原油储罐容量符合有关要求。

（三）具备完善的产品质量控制制度，成品油等炼油产品符合申请时企业所在地施行的国家或地方最新标准。

（四）具备与加工能力、原油品质等相匹配的环境保护设施和事故应急防范设施且运转正常，污染物排放符合国家或地方标准及总量控制要求，编制并报备突发环境事件应急预案，近三年未发生较大及以上突发环境事件。

（五）具备完善的安全生产管理制度和良好的历史安全纪录，近三年未发生较大及以上安全生产事故，通过危险化学品从业单位安全生产标准化达标评审。

（六）具备完善的消防安全管理制度，近三年未发生较大及以上火灾事故，建筑和设施符合国家消防技术标准，依法建立与生产、储存规模和危险性相适应的专职或志愿消防队，依据标准配备人员、车辆及装备。

（七）淘汰本企业所有设计原油加工能力200万吨/年（含）以下常减压装置。

三、用油数量

我委根据国内成品油市场供需情况及进出口战略，合理调控原油进口数量与节奏。新增用油企业用油数量依据淘汰自有或兼并重组的落后装置能力、建设储气设施规模的一定比例确定，但上限不超过本企业符合条件的常减压装置设计加工能力总和。

（一）淘汰落后炼油装置的，按以下比例确定用油数量：

1. 淘汰设计原油加工能力200万吨/年（含）以下常减压装置的，用油数量限额为实际淘汰装置加工能力的1倍；

2. 淘汰设计原油加工能力200万吨/年以上常减压装置的，用油数量限额为实际淘汰装置加工能力的1.2倍；

3. 淘汰2000年清理整顿保留，且未违规改扩建、目前仍正常运行装置的，用油数量限额在第 1 款基础上上浮 1 倍；

4. 跨省、自治区、直辖市淘汰落后生产装置的，用油数量限额在第 1、2、3 款基础上上浮 20%；

5. 提前两年以上（京津冀、长三角和珠三角地区 2013 年底前，其他地区 2015 年底前）完成国 V 车用汽柴油质量升级的，用油数量限额在第 1、2、3、4 款基础上上浮 20%。

（二）建设调峰储气设施的，按以下比例确定用油数量：

1. 建设 LNG（液化天然气）、CNG（压缩天然气）储罐的，每新增 5000 万立方米储气能力（折合标准状况气体体积，其中单个城市新增储气能力不低于 2500 万立方米），增加用油数量限额 100 万吨/年；

2. 建设地下储气库的，每新增 2 亿立方米工作库容，增加用油数量限额 100 万吨/年；

3. 合资建设储气设施的，依据原油加工企业在合资企业的股比核算实际新增储气能力。

四、确认程序

（一）符合条件的原油加工企业向所在地省级发展改革委（经信委）提交下列材料（中央企业向我委提交）：

1. 载明企业基本情况的申请文件，包括企业性质、加工能力、装置构成及主要产品等；

2. 《企业法人营业执照》及《组织机构代码证》；

3. 省级主管部门依法出具或认定的核准或备案建设文件；

4. 土地主管部门依法出具的国有土地使用权证；

5. 省级安全生产监管部门依法出具的安全审查批复文件；

6. 有审批权的省级环保部门依法出具的环境影响评价批复及验收合格文件、污染物排放达到排放标准和总量控制要求情况，地方环保部门出具的突发环境事件应急预案备案登记文件；

7. 省级质检部门依法出具的产品质量检验报告；

8. 属地公安消防部门依法出具的建设工程消防设计审核、消防验收合格文件；

9. 具有炼油工程设计专业甲级资质，或工程设计综合甲级资质且按规定满足炼油工程专业设计人员配置要求的工程设计单位出具的，装置加工能力（包括拟淘汰装置和符合条件的装置）、原油储罐容量、炼油（单位）综合能耗、单位因数能耗、加工损失率及新鲜水耗量等评估报告；

10. 拟淘汰自有落后生产装置的原始材料（包括基本情况、加工能力等）、影像资料等；拟淘汰兼并重组落后生产装置的承诺书（1 年内完成淘汰）及原始材料（包括基本情况、加工能力等）、影像资料等，或拟建设储气设施的承诺书（2 年内建成）及投资计划、可行性研究报告及土地使用权证或土地预审意见等。

（二）省级发展改革委（经信委）负责接收地方企业提交的材料并报我委汇总。

（三）我委、能源局委托有关行业协会组织生产、质量、安全、环保及能耗等方面专家进行核查和评估。核查评估时，申请企业自有落后生产装置须全部完成淘汰，并由有关部门出具验收报告；承诺淘汰兼并重组落后装置或建设储气设施的，须已取得实质性进展，包括但不限于依法签订兼并重组协议、停产落后装置，或完成储气设施建设可行性研究报告、取得土地使用权证或土地预审意见等。

（四）符合条件的企业在确定用油限额内向商务部申请原油进口。

五、有关要求

（一）新增用油企业必须签订承诺书，承诺严格执行国家炼油产业政策，未经国务院投资主管部门核准一律不得再新建、改扩建炼油装置。各地主管部门要采取可核查、可追究责任的措施，切实杜绝违规产能边淘汰、边建设，存在违规建设行为的，应依法予以处罚。新增用油企业及其法人代表应在国家认可的社会征信机构中建立信用记录。

（二）淘汰落后炼油装置的，须按照国家最新颁布的产业政策要求，同时淘汰与常减压配套的相关生产装置；淘汰的生产装置须完全拆除销毁，不得转售或异地重建。

（三）为申请使用进口原油建设的 LNG 储罐、CNG 储罐须与城市燃气管网相连并发挥调峰作用。与 LNG 生产厂、接收站配套的储罐不计入新增储气能力。

（四）获准进口的原油仅限本企业符合条件的炼油装置自用，不得转售。

（五）企业获准使用进口原油后，应按有关要求保持最低原油库存量，并按现行规定报送原油进口、加工使用及主要产品等情况。我委、能源局将会同有关部门编制完善炼油行业规范，从项目选址、工艺水平、产品质量、能源消耗以及环境保护等方面规范行业发展，将新增用油企业纳入现行运行监测和总量平衡体系进行动态监管。企业生产经营出现重大变化的调整其用油数量，实际能耗、物耗和污染物排放等指标达不到要求的暂停其原油使用。国际原油市场出现异常情况时，商务部商有关部门采取措施，维护正常原油采购秩序。

（六）我委、能源局将会同有关部门采取抽查、交叉互查等方式，对企业承诺兑现情况进行监督检查。新增用油企业有下列行为的，停止其使用进口原油，并纳入企业不良征信记录，情节严重的列入黑名单：

1. 提供虚假材料或隐瞒真实情况的；
2. 未按承诺淘汰落后装置、建设储气设施的；
3. 未履行承诺，擅自新建、改扩建炼油装置的；
4. 擅自对外销售原油的；
5. 存在重大火灾隐患，经公安消防部门依法责令限期整改，逾期未整改的。

国家发展改革委
2015 年 2 月 9 日

（二）关于调整天然气进口税收优惠政策有关问题的通知

根据 2017 年 9 月国家发展改革委对非居民用天然气价格调整情况，现对《财政部 海关总署 国家税务总局关于对 2011~2020 年期间进口天然气及 2010 年底前"中亚气"项目进口天然气按比例返还进口环节增值税有关问题的通知》（财关税〔2011〕39 号）和《财政部 海关总署 国家税务总局关于调整进口天然气税收优惠政策有关问题的通知》（财关税〔2016〕16 号）有关事项进行调整，2017 年 12 月 22 日，财政部、海关总署、税务总局印发了《关于调整天然气进口税收优惠政策有关问题的通知》。

财政部　海关总署　税务总局关于调整天然气进口税收优惠政策有关问题的通知

财关税〔2017〕41号

各省、自治区、直辖市、计划单列市财政厅（局）、国家税务局，海关总署广东分署、各直属海关，财政部驻各省、自治区、直辖市、计划单列市财政监察专员办事处：

根据2017年9月国家发展改革委对非居民用天然气价格调整情况，现对《财政部　海关总署　国家税务总局关于对2011~2020年进口天然气及2010年底前"中亚气"项目进口天然气按比例返还进口环节增值税有关问题的通知》（财关税〔2011〕39号）和《财政部　海关总署　国家税务总局关于调整进口天然气税收优惠政策有关问题的通知》（财关税〔2016〕16号）有关事项进行调整，具体通知如下：

一、自2017年10月1日起，将液化天然气销售定价调整为26.64元/吉焦，将管道天然气销售定价调整为0.94元/立方米。

二、2017年7~9月，液化天然气销售定价适用27.49元/吉焦，管道天然气销售定价适用0.97元/立方米。

三、本文印发前已办理退库手续的，准予按本文规定调整。

特此通知。

财政部
海关总署
税务总局
2017年12月22日

（三）关于有关原油加工企业申报使用进口原油问题的通知

自《关于进口原油使用管理有关问题的通知》（发改运行〔2015〕253号）印发以来，已有22家企业通过核查评估开始使用进口原油，2017年4月27日，国家发展改革委印发《关于有关原油加工企业申报使用进口原油问题的通知》，就有关事项给出具体通知。

国家发展改革委关于有关原油加工企业申报使用进口原油问题的通知

发改运行〔2017〕791号

各省、自治区、直辖市及计划单列市发展改革委（经信委），有关行业协会、中央管理企业：

为落实国务院有关文件精神，2015年2月，我委印发《关于进口原油使用管理有关问题的通知》（发改运行〔2015〕253号），允许符合有关条件的企业，在承担相应责任的前提下使用进口原油。文件印发以来，已有22家企业通过核查评估开始使用进口原油。现就有关事项通知如下：

一、自2017年5月5日起，我委停止接收有关原油加工企业使用进口原油的申报材料。

二、对2017年5月4日前已按规定完整提交申报材料的企业，我委将按照发改运行〔2015〕253号文件规定，继续开展后续核查评估等工作。

三、获准用油企业须切实兑现承诺，严格执行产业政策，未经批准一律不得再新建、改扩建炼油装置；按有关要求保持最低原油库存量，按规定报送原油进口、加工使用及主要产品等情况。

四、各地主管部门要采取可核查、可追究责任的措施，切实杜绝违规产能边淘汰、边建设，对存在违规建设行为的，应依法予以处罚。

五、我委将持续加强已获准用油企业的运行监管，建立油气行业失信企业黑名单，健全油气行业信用体系，充分发挥信用的监督、规范等作用，并会同有关部门从工艺水平、产品质量、能源消耗、安全生产、环境保护、税收缴纳等方面进行动态监管，对严重失信及违法违规行为，实施包括调整用油数量、暂停或取消用油资质等在内的联合惩戒。

特此通知。

国家发展改革委
2017 年 4 月 27 日

五、石油天然气供应保障政策

我国冬季出现的天然气供不应求情况，并非源于天然气资源稀缺，主要是天然气储气能力和调峰能力不足、管网储气设施互联互通不够等多方面的原因造成的结果。为加快推进天然气产供储销体系建设，促进天然气利用，2018 年 4 月 26 日，国家发展改革委和国家能源局联合发布《印发〈关于加快储气设施建设和完善储气调峰辅助服务市场机制的意见〉的通知》。

印发《关于加快储气设施建设和完善储气调峰辅助服务市场机制的意见》的通知

发改能源规〔2018〕637 号

各省、自治区、直辖市及计划单列市、新疆生产建设兵团发展改革委、能源局，国家能源局各派出监管机构，各有关中央企业，有关行业协会、学会：

为认真践行习近平新时代中国特色社会主义思想，加快推进天然气产供储销体系建设，贯彻落实《中共中央 国务院关于深化石油天然气体制改革的若干意见》（中发〔2017〕15 号），补足储气调峰短板，我们制定了《关于加快储气设施建设和完善储气调峰辅助服务市场机制的意见》。现印发你们，请按照执行。

附件：关于加快储气设施建设和完善储气调峰辅助服务市场机制的意见

国家发展改革委
国家能源局
2018 年 4 月 26 日

关于加快储气设施建设和完善储气调峰辅助服务市场机制的意见

为认真践行习近平新时代中国特色社会主义思想，加快推进天然气产供储销体系建设，落实《中共中央 国务院关于深化石油天然气体制改革的若干意见》（中发〔2017〕15号）要求，补足储气调峰短板，制定本意见。

一、充分认识加快储气设施建设和完善储气调峰市场机制的必要性和紧迫性

截至目前，我国地下储气库工作气量仅为全国天然气消费量的3%，国际平均水平为12%~15%；液化天然气（以下简称LNG）接收站罐容占全国消费量的2.2%（占全国LNG周转量的约9%），日韩为15%左右；各地方基本不具备日均3天用气量的储气能力。去冬今春全国较大范围内出现的天然气供应紧张局面，充分暴露了储气能力不足的短板。这已成为制约我国天然气产业可持续发展的重要瓶颈之一。

此外，储气和调峰机制上也存在诸多问题，制约天然气稳定安全供应。已有规定中储气责任界定不清，储气能力和调峰能力混淆，储气能力核定范围不明确，储气责任落实的约束力不够。辅助服务市场未建立，企业除在属地自建储气设施外，储气责任落实缺乏其他途径；支持政策不完善，峰谷差价等价格政策未完全落实，市场化、合同化的调峰机制远未形成，各类企业和用户缺乏参与储气调峰的积极性。

加强储气和调峰能力建设，是推进天然气产供储销体系建设的重要组成部分。天然气作为优质高效、绿色清洁的低碳能源，未来较长时间消费仍将保持较快增长。尽快形成与我国消费需求相适应的储气能力，并形成完善的调峰和应急机制，是保障天然气稳定供应，提高天然气在一次能源消费中的比重，推进我国能源生产和消费革命，构建清洁低碳、安全高效能源体系的必然要求。

二、总体要求

以习近平新时代中国特色社会主义思想为指导，全面贯彻党的十九大和十九届二中、三中全会精神，统筹推进"五位一体"总体布局、协调推进"四个全面"战略布局，落实党中央、国务院关于深化石油天然气体制改革的决策部署和加快天然气产供储销体系建设的任务要求，遵循能源革命战略思想，着力解决天然气发展不平衡不充分问题，加快补足储气能力短板，明确政府、供气企业、管道企业、城镇燃气企业和大用户的储气调峰责任与义务，建立和完善辅助服务市场机制，形成责任明确、各方参与、成本共担、机制顺畅、灵活高效的储气调峰体系，为将天然气发展成为我国现代能源体系中的主体能源之一提供重要支撑。

三、基本原则

明确责任划分。供气企业和管道企业承担季节（月）调峰责任和应急责任。其中，管道企业在履行管输服务合同之外，重在承担应急责任。城镇燃气企业承担所供应市场的小时调峰供气责任。地方政府负责协调落实日调峰责任主体，供气企业、管道企业、城镇燃气企业和大用户在天然气购销合同中协商约定日调峰供气责任。

坚持市场主导。推进天然气价格市场化，全面实行天然气购销合同。储气服务（储气设施注采、存储服务等）价格和储气设施天然气购销价格由市场竞争形成。构建储气调峰辅助服务市场机制，支持企业通过自建合建、租赁购买储气设施，或者购买储气服务等手段履行储气责任。

加强规划统筹。建立以地下储气库和沿海LNG接收站储气为主，重点地区内陆集约、规模化LNG储罐应急为辅，气田调峰、可中断供应、可替代能源和其他调节手段为补充，管网互联互通为支撑的多层次储气调峰系统。

严格行业监管。加强对违法违规、履责不力行为的约谈问责、惩戒查处和通报曝光。将各地和有关企业建设储气设施、保障民生用气、履行合同等行为分别纳入政府及油气行业信用体系建设和监管范畴。

四、主要目标

（一）储气能力指标。

供气企业应当建立天然气储备，到2020年拥有不低于其年合同销售量10%的储气能力，满足所供应市场的季节（月）调峰以及发生天然气供应中断等应急状况时的用气要求。

县级以上地方人民政府指定的部门会同相关部门建立健全燃气应急储备制度，到2020年至少形成不低于保障本行政区域日均3天需求量的储气能力，在发生应急情况时必须最大限度保证与居民生活密切相关的民生用气供应安全可靠。北方采暖的省（区、市）尤其是京津冀大气污染传输通道城市等，宜进一步提高储气标准。

城镇燃气企业要建立天然气储备，到2020年形成不低于其年用气量5%的储气能力。不可中断大用户要结合购销合同签订和自身实际需求统筹供气安全，鼓励大用户自建自备储气能力和配套其他应急措施。

以上各方的储气指标不得重复计算。2020年以后各方储气能力配套情况，按以上指标要求，以当年实际合同量或用气量为基数进行考核。作为临时性过渡措施，目前储气能力不达标的部分，要通过签订可中断供气合同，向可中断用户购买调峰能力来履行稳定供气的社会责任。同时，各方要根据2020年储气考核指标和现有能力匹配情况，落实差额部分的储气设施建设规划及项目，原则上以上项目2018年要全部开工。

（二）指标核定范围。

储气指标的核定范围包括：一是地下储气库（含枯竭油气藏、含水层、盐穴等）工作气量；二是沿海LNG接收站（或调峰站、储配站等，以下统称LNG接收站）储罐罐容（不重复计算周转量）；三是陆上（含内河等）具备一定规模，可为下游输配管网、终端气化站等调峰的LNG、CNG储罐罐容（不重复计算周转量，不含液化厂、终端气化站及瓶组站、车船加气站及加注站）等。合资建设的储气设施，其储气能力可按投资比例分解计入相应出资方的考核指标，指标认定的具体方案应在相关合同或合作协议中明确约定。可中断合同供气、高压管存、上游产量调节等不计入储气能力。

五、重点任务

（一）加强规划统筹，构建多层次储气系统。

1. 加大地下储气库扩容改造和新建力度。各企业要切实落实国家天然气发展专项规划等对地下储气库工作气量的约束性指标要求。加快全国地下储气库的库址筛选和评估论证，创新工作机制，鼓励各类投资主体参与地下储气库建设运营。

2. 加快LNG接收站储气能力建设。鼓励多元主体参与，在沿海地区优先扩大已建LNG接收站储转能力，适度超前新建LNG接收站。以优化落实环渤海地区LNG储运体系实施方案为重点，尽快完善全国的 LNG 储运体系。推动 LNG 接收站与主干管道间、LNG 接收站间管道互联，消除"LNG 孤站"和"气源孤岛"。LNG 接收站要形成与气化能力相配套的外输管道。鼓励接收站增加 LNG 槽车装车撬等，提高液态分销能力。

3. 统筹推进地方和城镇燃气企业储气能力建设。针对地方日均 3 天需求量、城镇燃气企业年用气量 5% 的储气能力落实，各省级人民政府指定的部门要统筹谋划，积极引导各类投资主体通过参与 LNG 接收站、地下储气库等大型储气设施建设来履行储气责任（含异地投资、建设）；在此基础上，结合本地实际情况适度、集约化的建设陆上 LNG、CNG 储配中心，确保储气能力达标。县级以上地方人民政府或其指定的部门要在省级规划统筹的基础上，将储气设施建设纳入本级规划体系，明确储气设施发展目标、项目布局和建设时序，制定年度计划。

4. 全面加强基础设施建设和互联互通。基础设施建设和管网互联互通两手抓，加快完善和优化全国干线管网布局，消除管输能力不足和区域调运瓶颈的制约。加快管网改造升级，协调系统间压力等级，实现管道双向输送，最大限度发挥应急和调峰能力。县级以上人民政府指定的部门要加强规划统筹和组织协调，会同相关部门保障互联互通工程实施以及储气设施就近接入输配管网，并推动省级管网与国家干线管道互联互通。

（二）构建规范的市场化调峰机制。

1. 以购销合同为基础规范天然气调峰。全面实行天然气购销合同管理，供用气双方签订的购销合同原则上应明确年度供气量、分月度供气量或月度不均衡系数、最大及最小日供气量等参数，并约定双方的违约惩罚机制。鼓励企业采购 LNG 现货、签订分时购销合同（调峰合同），加强用气高峰期天然气供应保障。超出合同的需求原则上由用气方通过市场化采购等方式解决，但应急保供情况下供气方和管道企业在能力范围内须予以支持并可获得合理收益，额外产生的费用由用气方承担。供气方不能履行合同供应，用气方外采气量超额支出原则上由供气企业承担。

2. 积极推行天然气运输、储存、气化、液化和压缩服务的合同化管理。基础设施使用方应与运营方签订服务合同，合理预定不同时段、不同类型的管输服务等。设施使用及运营方应共同加强用气曲线的科学预测，提高基础设施运营效率。设施运营方不能履行服务合同的，保供支出（含气价和服务收费）超出正常市场运行的部分原则上由设施运营方承担。基础设施尚有剩余能力，且存在第三方需求时，基础设施运营企业应以可中断、不可中断等多样化服务合同形式，无歧视公平开放基础设施并可获得合理收益。

（三）构建储气调峰辅助服务市场。

1. 自建、合建、租赁、购买等多种方式相结合履行储气责任。鼓励供气企业、管输企业、城镇燃气企业、大用户及独立第三方等各类主体和资本参与储气设施建设运营。支持企业通过自建合建储气设施、租赁购买储气设施或者购买储气服务等方式，履行储气责任。支持企业异地建设或参股地下储气库、LNG 接收站及调峰储罐项目。

2. 坚持储气服务和调峰气量市场化定价。储气设施实行财务独立核算，鼓励成立专业化、独立的储气服务公司。储气设施天然气购进价格和对外销售价格由市场竞争形成。储气设施经营企业可统筹考虑天然气购进成本和储气服务成本，根据市场供求情况自主确定对外销售价格。鼓励储气服务、储气设施购销气量进入上海、重庆等天然气交易中心挂牌交易。峰谷差大的地方，要在终端销售环节积极推行季节性差价政策，利用价格杠杆"削峰填谷"。

3. 坚持储气调峰成本合理疏导。城镇区域内燃气企业自建自用的储气设施，投资和运行成本纳入城镇燃气配气成本统筹考虑，并给予合理收益。城镇燃气企业向第三方租赁购买的储气服务和气量，在同业对标、价格公允的前提下，其成本支出可合理疏导。鼓励储气设施运营企业通过提供储气服务获得合理收益，或利用天然气季节价差获取销售收益。管道企业运营的地下储气库等储气设施，实行第三方公平开放，通过储气服务市场化定价，获得合理的投资收益。支持大工业用户等通过购买可中断气量等方式参与调峰，鼓励供气企业根据其调峰作用给予价格优惠。

（四）加强市场监管，构建规范有序的市场环境。

各地在授予或变更特许经营权时，应将履行储气责任、民生用气保障等作为重要的考核条件，对存在不按规定配套储气能力、连年气荒（或供气紧张）且拒不签订购销合同等行为的城镇燃气企业，应要求其加强整改直至按照《城镇燃气管理条例》等法律法规吊销其经营许可，收回特许经营权，淘汰一批实力差、信誉低、保供能力不足的城镇燃气企业。供气企业储气能力不达标且项目规划不落地、不开工、进度严重滞后的，视情研究核减该企业的天然气终端销售比例，核减的气量须井口、接收站转卖给无关联第三方企业，不得一体化运营进入中下游或终端销售。对供气企业利用产业链优势，强行转嫁储气调峰责任的，各类企业在用气高峰期存在实施价格垄断协议、滥用市场支配地位等垄断行为的，各类企业不制定不落实应急预案的，以及管道企业、基础设施运营企业不提供公开公平的接入标准和服务的要加大查处和通报力度。

（五）加强储气调峰能力建设情况的跟踪调度，对推进不力、违法失信等行为实行约谈问责和联合惩戒。

国家发展改革委、能源局会同相关部门对储气调峰能力建设情况等进行跟踪检查，视情对工作推进不力的政府部门、企业及相关责任人约谈曝光。加强对各地和有关企业建设储气设施、保障民生用气、履行合同等情况的信用监管。对未能按照规定履行储备调峰责任的企业、出现较大范围恶意停供居民用气的企业，根据情形纳入石油天然气行业失信名单，对严重违法失信行为依法实施联合惩戒。有关信用信息归集至全国信用信息共享平台，经主管部门认定后，相应纳入城市信用监测和石油天然气行业失信联合惩戒范畴，通过"信用中国"网站向社会公布。

六、保障措施

（一）强化财税和投融资支持。研究对地下储气库建设的垫底气采购支出给予中央财政补贴，对重点地区应急储气设施建设给予中央预算内投资补助支持。在第三方机构评估论证基础上，研究液化天然气接收站项目进口环节增值税返还政策按实际接卸量执行。支持地方政府、金融机构、企业等在防范风险基础上创新合作机制和投融资模式，创新和灵活运用贷款、基金、租赁、证券等多种金融工具，积极推广政府和社会资本合作（PPP）等方式，吸引社会资本参与储气设施建设运营。

（二）强化用地保障，加快项目推进。各企业要切实加快国家规划的地下储气库、LNG接收站及配套管道建设，各省（区、市）相关部门要给予大力支持。各省（区、市）相关部门要做好本地区应急储气设施建设规划与土地利用、城乡建设等规划的衔接，优化、简化审批手续，优先保障储气设施建设用地需求。各级管道企业要优先满足储气设施对管网的接入需求。鼓励储气设施集约运营、合建共用，支持区域级、省级应急储气中心建设，减少设施用地，降低运行成本。

（三）深化体制机制改革，强化政策配套。加快放开储气地质构造的使用权，配套完善油气、盐业等矿业权的租赁、转让、废弃核销机制以及已开发油气田、盐矿的作价评估机制。鼓励油气、盐业企业利用枯竭油气藏、盐腔（含老腔及新建）与其他主体合作建设地下储气库。严格执行管道第三方公平准入，加快 LNG 接收站第三方开放。加强天然气管道输配价格管理和成本监审，输配价格偏高的要尽快降低。鼓励有条件的地区先行放开大型用户终端销售价格。探索储气服务两部制定价，适时推进天然气热值计价。鼓励用户自主选择资源方和供气路径、形式，大力发展区域及用户双气源、多气源供应。加强储气领域技术和装备创新，推动出台小型 LNG 船舶在沿海、内河运输，以及 LNG 罐箱多式联运等方面的相关法规政策。天然气、燃气相关标准规范中关于储气调峰的相关规定，有冲突的以本意见为准。

（四）加强应急保障，确保运营安全。县级以上人民政府指定的部门应建立完善重大突发情况下的天然气保障应急预案，建立联动应急机制。在重大突发情况下，由地方政府指定的部门启动应急预案，相关方应给予配合。建立应急保供的责任划分和成本分担机制，应急调度过程中发生的气量采购、基础设施服务等成本，原则上由高出合同量的用气方、低于合同量的供气方、基础设施服务的违约方等按责任分比例或全额承担，保供方可获得合理收益。天然气领域从业企业要严格履行安全生产主体责任，严格执行相关技术、工程、安全标准规范，加强检查巡查，及时排查处置安全隐患，确保设施安全运行。

（五）加强宣传引导。各方要利用多种媒介，主动宣传天然气季节性供需现状，积极回应社会关切，加强政策解读。加强经验总结和典型示范，推广复制成功经验，积极营造良好有利的社会环境和氛围。

七、附则

本《意见》中供气企业是指从事天然气销售业务，直接与城镇燃气企业、其他终端用户（不含城镇燃气企业终端用户）签订购销合同的企业。其中，自主拥有国产或进口气源且气源销售未实行财务独立核算的各类企业视为供气企业，其全部的自产、进口气量纳入该企业当年销售合同量核定。供气企业是子公司、分公司的，可纳入母公司、总公司等整体考核。

六、石油天然气监管政策

（一）天然气基础设施建设与运营管理办法

2014 年 4 月 28 日，国家发改委颁发中华人民共和国国家发展和改革委员会令，通过《天然气基础设施建设与运营管理办法》。

中华人民共和国国家发展和改革委员会令

第 8 号

《天然气基础设施建设与运营管理办法》已经国家发展和改革委员会主任办公会审议通过，现予公布，自 2014 年 4 月 1 日起施行。

附件：《天然气基础设施建设与运营管理办法》

主任　徐绍史
2014 年 2 月 28 日

天然气基础设施建设与运营管理办法

第一章　总　则

第一条　为加强天然气基础设施建设与运营管理，建立和完善全国天然气管网，提高天然气基础设施利用效率，保障天然气安全稳定供应，维护天然气基础设施运营企业和用户的合法权益，明确相关责任和义务，促进天然气行业持续有序健康发展，制定本办法。

第二条　中华人民共和国领域和管辖的其他海域天然气基础设施规划和建设、天然气基础设施运营和服务，天然气运行调节和应急保障及相关管理活动，适用本办法。

本办法所称天然气基础设施包括天然气输送管道、储气设施、液化天然气接收站、天然气液化设施、天然气压缩设施及相关附属设施等。

城镇燃气设施执行相关法律法规规定。

第三条　本办法所称天然气包括天然气、煤层气、页岩气和煤制气等。

第四条　天然气基础设施建设和运营管理工作应当坚持统筹规划、分级管理、明确责任、确保供应、规范服务、加强监管的原则，培育和形成平等参与、公平竞争、有序发展的天然气市场。

第五条　国家发展改革委、国家能源局负责全国的天然气基础设施建设和运营的管理工作。

县级以上地方人民政府天然气主管部门负责本行政区域的天然气基础设施建设和运营的行业管理工作。

第六条　国家鼓励、支持各类资本参与投资建设纳入统一规划的天然气基础设施。

国家能源局和县级以上地方人民政府天然气主管部门应当加强对天然气销售企业、天然气基础设施运营企业和天然气用户履行本办法规定义务情况的监督管理。

第七条　国家鼓励、支持天然气基础设施先进技术和装备的研发，经验证符合要求的优先推广应用。

第二章　天然气基础设施规划和建设

第八条　国家对天然气基础设施建设实行统筹规划。天然气基础设施发展规划应当遵循因地制宜、安全、环保、节约用地和经济合理的原则。

第九条　国家发展改革委、国家能源局根据国民经济和社会发展总体规划、全国主体功能区规划要求，结合全国天然气资源供应和市场需求情况，组织编制全国天然气基础设施发展规划。

省、自治区、直辖市人民政府天然气主管部门依据全国天然气基础设施发展规划并结合本行政区域实际情况，组织编制本行政区域天然气基础设施发展规划，并抄报国家发展改革委和国家能源局。

天然气基础设施发展规划实施过程中，规划编制部门要加强跟踪监测，开展中期评估，确有必要调整的，应当履行原规划编制审批程序。

第十条　天然气基础设施发展规划应当包括天然气气源、供应方式及其规模，天然气消费现状、需求预测，天然气输送管道、储气设施等基础设施建设现状、发展目标、项目布局、用地、用海和用岛需求、码头布局与港口岸线利用、建设投资和保障措施等内容。

第十一条　天然气基础设施项目建设应当按照有关规定履行审批、核准或者备案手续。申请审批、核准或者备案的天然气基础设施项目应当符合本办法第九条所述规划。对未列入规划但又急需建设的项目，应当严格规范审查程序，经由规划编制部门委托评估论证确有必要的，方可履行审批、核准或者备案手续。未履行审批、核准或者备案手续的天然气基础设施项目不得开工建设。

由省、自治区、直辖市人民政府审批或者核准的天然气基础设施项目的批复文件，应当抄报国家发展改革委。

第十二条　天然气基础设施建设应当遵守有关工程建设管理的法律法规的规定，符合国家有关工程建设标准。

经审批、核准或者备案的天然气基础设施项目建设期间，原审批、核准或者备案部门可以自行组织或者以委托方式对审批、核准或者备案事项进行核查。

第十三条　经审批的天然气基础设施项目建成后，原审批部门应当按照国家有关规定进行竣工验收。

经核准、备案的天然气基础设施项目建成后，原核准、备案部门可以自行组织或者以委托方式对核准、备案事项进行核查，对不符合要求的书面通知整改。项目单位应当按照国家有关规定组织竣工验收，并自竣工验收合格之日起三十日内，将竣工验收情况报原核准、备案部门备案。

第十四条　国家鼓励、支持天然气基础设施相互连接。

相互连接应当坚持符合天然气基础设施发展规划、保证天然气基础设施运营安全、保障现有用户权益、提高天然气管道网络化水平和企业协商确定为主的原则。必要时，国家发展改革委、国家能源局和省、自治区、直辖市人民政府天然气主管部门给予协调。

第十五条　天然气基础设施发展规划在编制过程中应当考虑天然气基础设施之间的相互连接。

互连管道可以作为单独项目进行投资建设，或者纳入相互连接的天然气基础设施项目。互连管道的投资分担、输供气和维护等事宜由相关企业协商确定，并应当互为对方提供必要的便利。

天然气基础设施项目审批、核准的批复文件中应对连接方案提出明确要求。

第三章 天然气基础设施运营和服务

第十六条 天然气基础设施运营企业同时经营其他天然气业务的，应当建立健全财务制度，对天然气基础设施的运营业务实行独立核算，确保管道运输、储气、气化、液化、压缩等成本和收入的真实准确。

第十七条 国家能源局及其派出机构负责天然气基础设施公平开放监管工作。天然气基础设施运营企业应当按照规定公布提供服务的条件、获得服务的程序和剩余服务能力等信息，公平、公正地为所有用户提供管道运输、储气、气化、液化和压缩等服务。

天然气基础设施运营企业不得利用对基础设施的控制排挤其他天然气经营企业；在服务能力具备的情况下，不得拒绝为符合条件的用户提供服务或者提出不合理的要求。现有用户优先获得天然气基础设施服务。

国家建立天然气基础设施服务交易平台。

第十八条 天然气基础设施运营企业应当遵守价格主管部门有关管道运输、储气、气化等基础设施服务价格的规定，并与用户签订天然气基础设施服务合同。

第十九条 通过天然气基础设施销售的天然气应当符合国家规定的天然气质量标准，并符合天然气基础设施运营企业的安全和技术要求。

天然气基础设施运营企业应当建立健全天然气质量检测制度。不符合前款规定的，天然气基础设施运营企业可以拒绝提供运输、储存、气化、液化和压缩等服务。

全国主干管网的国家天然气热值标准另行制定。

第二十条 天然气基础设施需要永久性停止运营的，运营企业应当提前一年告知原审批、核准或者备案部门、供气区域县级以上地方人民政府天然气主管部门，并通知天然气销售企业和天然气用户，不得擅自停止运营。

天然气基础设施停止运营、封存、报废的，运营企业应当按照国家有关规定处理，组织拆除或者采取必要的安全防护措施。

第二十一条 天然气销售企业、天然气基础设施运营企业和天然气用户应当按照规定报告真实准确的统计信息。

有关部门应当对企业报送的涉及商业秘密的统计信息采取保密措施。

第四章 天然气运行调节和应急保障

第二十二条 县级以上地方人民政府天然气运行调节部门应当会同同级天然气主管部门、燃气管理部门等，实施天然气运行调节和应急保障。

天然气销售企业、天然气基础设施运营企业和城镇天然气经营企业应当共同负责做好安全供气保障工作，减少事故性供应中断对用户造成的影响。

第二十三条 县级以上地方人民政府天然气运行调节部门应当会同同级天然气主管部门、燃气管理部门等，加强天然气需求侧管理。

国家鼓励具有燃料或者原料替代能力的天然气用户签订可中断购气合同。

第二十四条 通过天然气基础设施进行天然气交易的双方，应当遵守价格主管部门有关天然气价格管理规定。

天然气可实行居民用气阶梯价格、季节性差价、可中断气价等差别性价格政策。

第二十五条　天然气销售企业应当建立天然气储备，到 2020 年拥有不低于其年合同销售量 10% 的工作气量，以满足所供应市场的季节（月）调峰以及发生天然气供应中断等应急状况时的用气要求。城镇天然气经营企业应当承担所供应市场的小时调峰供气责任。由天然气销售企业和城镇天然气经营企业具体协商确定所承担的供应市场日调峰供气责任，并在天然气购销合同中予以约定。

天然气销售企业之间因天然气贸易产生的天然气储备义务转移承担问题，由当事双方协商确定并在天然气购销合同中予以约定。

天然气销售企业和天然气用户之间对各自所承担的调峰、应急供用气等具体责任，应当依据本条规定，由当事双方协商确定并在天然气购销合同中予以约定。

县级以上地方人民政府应当建立健全燃气应急储备制度，组织编制燃气应急预案，采取综合措施提高燃气应急保障能力，至少形成不低于保障本行政区域平均 3 天需求量的应急储气能力，在发生天然气输送管道事故等应急状况时必须保证与居民生活密切相关的民生用气供应安全可靠。

第二十六条　可中断用户的用气量不计入计算天然气储备规模的基数。

承担天然气储备义务的企业可以单独或者共同建设储气设施储备天然气，也可以委托代为储备。

国家采取措施鼓励、支持企业建立天然气储备，并对天然气储备能力达到一定规模的企业，在政府服务等方面给予重点优先支持。

第二十七条　天然气基础设施运营企业应当依据天然气运输、储存、气化、液化和压缩等服务合同的约定和调峰、应急的要求，在保证安全的前提下确保天然气基础设施的正常运行。

第二十八条　县级以上地方人民政府天然气运行调节部门、天然气主管部门、燃气管理部门应当会同有关部门和企业制定本行政区域天然气供应应急预案。

天然气销售企业应当会同天然气基础设施运营企业、天然气用户编制天然气供应应急预案，并报送所供气区域县级以上地方人民政府天然气运行调节部门、天然气主管部门和燃气管理部门备案。

第二十九条　天然气销售企业需要大幅增加或者减少供气（包括临时中断供气）的，应当提前 72 小时通知天然气基础设施运营企业、天然气用户，并向供气区域县级以上地方人民政府天然气运行调节部门、天然气主管部门和燃气管理部门报告，同时报送针对大幅减少供气（包括临时中断供气）情形的措施方案，及时做出合理安排，保障天然气稳定供应。

天然气用户暂时停止或者大幅减少提货的，应当提前 48 小时通知天然气销售企业、天然气基础设施运营企业，并向供气区域县级以上地方人民政府天然气运行调节部门、天然气主管部门和燃气管理部门报告。

天然气基础设施运营企业需要临时停止或者大幅减少服务的，应当提前半个月通知天然气销售企业、天然气用户，并向供气区域县级以上地方人民政府天然气运行调节部门、天然气主管部门和燃气管理部门报送措施方案，及时做出合理安排，保障天然气稳定供应。

因突发事件影响天然气基础设施提供服务的，天然气基础设施运营企业应当及时向供气区域县级以上地方人民政府天然气运行调节部门、天然气主管部门和燃气管理部门报告，采取紧急措施并及时通知天然气销售企业、天然气用户。

第三十条　县级以上地方人民政府天然气运行调节部门、天然气主管部门和燃气管理部门应当会同有关部门和企业对天然气供求状况实施监测、预测和预警。天然气供应应急状况即将发生或者发生的可能性增大时，应当提请同级人民政府及时发布应急预警。

天然气基础设施运营企业、天然气销售企业及天然气用户应当向天然气运行调节部门、天然气主管部门报送生产运营信息及第二十九条规定的突发情形。有关部门应对企业报送的涉及商业秘密的信息采取保密措施。

第三十一条　发生天然气资源锐减或者中断、基础设施事故及自然灾害等造成天然气供应紧张状况时，天然气运行调节部门可以会同同级天然气主管部门采取统筹资源调配、协调天然气基础设施利用、施行有序用气等紧急处置措施，保障天然气稳定供应。省、自治区、直辖市天然气应急处理工作应当服从国家发展改革委的统一安排。

天然气销售企业、天然气基础设施运营企业和天然气用户应当服从应急调度，承担相关义务。

第五章　法律责任

第三十二条　对不符合本办法第九条所述规划开工建设的天然气基础设施项目，由项目核准、审批部门通知有关部门和机构，在职责范围内依法采取措施，予以制止。

第三十三条　违反本办法第十六条规定，未对天然气基础设施运营业务实行独立核算的，由国家能源局及其派出机构给予警告，责令限期改正。

第三十四条　违反本办法第十七条规定，拒绝为符合条件的用户提供服务或者提出不合理要求的，由国家能源局及其派出机构责令改正。违反《反垄断法》的，由反垄断执法机构依据《反垄断法》追究法律责任。

第三十五条　违反本办法第十八条规定的，由价格主管部门依据《价格法》《价格违法行为行政处罚规定》等法律法规予以处罚。

第三十六条　违反本办法第二十条规定，擅自停止天然气基础设施运营的，由天然气主管部门给予警告，责令其尽快恢复运营；造成损失的，依法承担赔偿责任。

第三十七条　违反本办法第二十五条规定，未履行天然气储备义务的，由天然气主管部门给予警告，责令改正；造成损失的，依法承担赔偿责任。

第三十八条　违反本办法第二十九条规定的，由天然气运行调节部门给予警告，责令改正；造成损失的，依法承担赔偿责任。

第三十九条　相关主管部门未按照本办法规定履行职责的，对直接负责的主管人员和其他直接责任人员依法进行问责和责任追究。

第六章　附　则

第四十条　本办法中下列用语的含义是：

（一）天然气输送管道：是指提供公共运输服务的输气管道及附属设施，不包括油气田、液化天然气接收站、储气设施、天然气液化设施、天然气压缩设施、天然气电厂等生产作业区内和城镇燃气设施内的管道。

（二）液化天然气接收站：是指接收进口或者国产液化天然气（LNG），经气化后通过天然气输送管道或者未经气化进行销售或者转运的设施，包括液化天然气装卸、存储、气化及附属设施。

（三）储气设施：是指利用废弃的矿井、枯竭的油气藏、地下盐穴、含水构造等地质条件建设的地下储气空间和建造的储气容器及附属设施，通过与天然气输送管道相连接实现储气功能。

（四）天然气液化设施：是指通过低温工艺或者压差将气态天然气转化为液态天然气的设施，包括液化、储存及附属设施。

（五）天然气压缩设施：是指通过增压设施提高天然气储存压力的设施，包括压缩机组、储存设备及附属设施。

（六）天然气销售企业：是指拥有稳定且可供的天然气资源，通过天然气基础设施销售天然气的企业。

（七）天然气基础设施运营企业：是指利用天然气基础设施提供天然气运输、储存、气化、液化和压缩等服务的企业。

（八）城镇天然气经营企业：是指依法取得燃气经营许可，通过城镇天然气供气设施向终端用户输送、销售天然气的企业。

（九）天然气用户：是指通过天然气基础设施向天然气销售企业购买天然气的单位，包括城镇天然气经营企业和以天然气为工业生产原料使用的用户等，但不包括城镇天然气经营企业供应的终端用户。

（十）调峰：是指为解决天然气基础设施均匀供气与天然气用户不均匀用气的矛盾，采取的既保证用户的用气需求，又保证天然气基础设施安全平稳经济运行的供用气调度管理措施。

（十一）应急：是指应对处置突然发生的天然气中断或者严重失衡等事态的经济行动及措施。如发生进口天然气供应中断或者大幅度减少，国内天然气产量锐减，天然气基础设施事故，异常低温天气，以及其他自然灾害、事故灾难等造成天然气供应异常时采取的紧急处置行动。

（十二）可中断用户：是指根据供气合同的约定，在用气高峰时段或者发生应急状况时，经过必要的通知程序，可以对其减少供气或者暂时停止供气的天然气用户。

第四十一条　本办法由国家发展改革委负责解释。各省、自治区、直辖市可在本办法规定范围内结合本地实际制定相关实施细则。

第四十二条　本办法自 2014 年 4 月 1 日起实施。

（二）基础设施和公用事业特许经营管理办法

2015 年 4 月 25 日，国家发展改革委、财政部、住房城乡建设部、交通运输部、水利部及中国人民银行联合下发第 25 号令，发布《基础设施和公用事业特许经营管理办法》。

基础设施和公用事业特许经营管理办法
第一章　总　则

第一条　为鼓励和引导社会资本参与基础设施和公用事业建设运营，提高公共服务质量和效率，保护特许经营者合法权益，保障社会公共利益和公共安全，促进经济社会持续健康发展，制定本办法。

第二条　中华人民共和国境内的能源、交通运输、水利、环境保护、市政工程等基础设施和公用事业领域的特许经营活动，适用本办法。

第三条　本办法所称基础设施和公用事业特许经营，是指政府采用竞争方式依法授权中华人民共和国境内外的法人或者其他组织，通过协议明确权利义务和风险分担，约定其在一定期限和范围内投资建设运营基础设施和公用事业并获得收益，提供公共产品或者公共服务。

第四条　基础设施和公用事业特许经营应当坚持公开、公平、公正，保护各方信赖利益，并遵循以下原则：

（一）发挥社会资本融资、专业、技术和管理优势，提高公共服务质量效率；

（二）转变政府职能，强化政府与社会资本协商合作；

（三）保护社会资本合法权益，保证特许经营持续性和稳定性；

（四）兼顾经营性和公益性平衡，维护公共利益。

第五条　基础设施和公用事业特许经营可以采取以下方式：

（一）在一定期限内，政府授予特许经营者投资新建或改扩建、运营基础设施和公用事业，期限届满移交政府；

（二）在一定期限内，政府授予特许经营者投资新建或改扩建、拥有并运营基础设施和公用事业，期限届满移交政府；

（三）特许经营者投资新建或改扩建基础设施和公用事业并移交政府后，由政府授予其在一定期限内运营；

（四）国家规定的其他方式。

第六条　基础设施和公用事业特许经营期限应当根据行业特点、所提供公共产品或服务需求、项目生命周期、投资回收期等综合因素确定，最长不超过30年。

对于投资规模大、回报周期长的基础设施和公用事业特许经营项目（以下简称特许经营项目）可以由政府或者其授权部门与特许经营者根据项目实际情况，约定超过前款规定的特许经营期限。

第七条　国务院发展改革、财政、国土、环保、住房城乡建设、交通运输、水利、能源、金融、安全监管等有关部门按照各自职责，负责相关领域基础设施和公用事业特许经营规章、政策制定和监督管理工作。

县级以上地方人民政府发展改革、财政、国土、环保、住房城乡建设、交通运输、水利、价格、能源、金融监管等有关部门根据职责分工，负责有关特许经营项目实施和监督管理工作。

第八条　县级以上地方人民政府应当建立各有关部门参加的基础设施和公用事业特许经营部门协调机制，负责统筹有关政策措施，并组织协调特许经营项目实施和监督管理工作。

第二章　特许经营协议订立

第九条　县级以上人民政府有关行业主管部门或政府授权部门（以下简称项目提出部门）可以根据经济社会发展需求，以及有关法人和其他组织提出的特许经营项目建议等，提出特许经营项目实施方案。

特许经营项目应当符合国民经济和社会发展总体规划、主体功能区规划、区域规划、环境保护规划和安全生产规划等专项规划、土地利用规划、城乡规划、中期财政规划等，并且建设运营标准和监管要求明确。

项目提出部门应当保证特许经营项目的完整性和连续性。

第十条　特许经营项目实施方案应当包括以下内容：

（一）项目名称；

（二）项目实施机构；

（三）项目建设规模、投资总额、实施进度，以及提供公共产品或公共服务的标准等基本经济技术指标；

（四）投资回报、价格及其测算；

（五）可行性分析，即降低全生命周期成本和提高公共服务质量效率的分析估算等；

（六）特许经营协议框架草案及特许经营期限；

（七）特许经营者应当具备的条件及选择方式；

（八）政府承诺和保障；

（九）特许经营期限届满后资产处置方式；

（十）应当明确的其他事项。

第十一条　项目提出部门可以委托具有相应能力和经验的第三方机构，开展特许经营可行性评估，完善特许经营项目实施方案。

需要政府提供可行性缺口补助或者开展物有所值评估的，由财政部门负责开展相关工作。具体办法由国务院财政部门另行制定。

第十二条　特许经营可行性评估应当主要包括以下内容：

（一）特许经营项目全生命周期成本、技术路线和工程方案的合理性，可能的融资方式、融资规模、资金成本，所提供公共服务的质量效率，建设运营标准和监管要求等；

（二）相关领域市场发育程度，市场主体建设运营能力状况和参与意愿；

（三）用户付费项目公众支付意愿和能力评估。

第十三条　项目提出部门依托本级人民政府根据本办法第八条规定建立的部门协调机制，会同发展改革、财政、城乡规划、国土、环保、水利等有关部门对特许经营项目实施方案进行审查。经审查认为实施方案可行的，各部门应当根据职责分别出具书面审查意见。

项目提出部门综合各部门书面审查意见，报本级人民政府或其授权部门审定特许经营项目实施方案。

第十四条　县级以上人民政府应当授权有关部门或单位作为实施机构负责特许经营项目有关实施工作，并明确具体授权范围。

第十五条　实施机构根据经审定的特许经营项目实施方案，应当通过招标、竞争性谈判等竞争方式选择特许经营者。

特许经营项目建设运营标准和监管要求明确、有关领域市场竞争比较充分的，应当通过招标方式选择特许经营者。

第十六条　实施机构应当在招标或谈判文件中载明是否要求成立特许经营项目公司。

第十七条　实施机构应当公平择优选择具有相应管理经验、专业能力、融资实力以及信用状况良好的法人或者其他组织作为特许经营者。鼓励金融机构与参与竞争的法人或其他组织共同制定投融资方案。

特许经营者选择应当符合内外资准入等有关法律、行政法规规定。

依法选定的特许经营者，应当向社会公示。

第十八条　实施机构应当与依法选定的特许经营者签订特许经营协议。

需要成立项目公司的，实施机构应当与依法选定的投资人签订初步协议，约定其在规定期限内注册成立项目公司，并与项目公司签订特许经营协议。

特许经营协议应当主要包括以下内容：

（一）项目名称、内容；

（二）特许经营方式、区域、范围和期限；

（三）项目公司的经营范围、注册资本、股东出资方式、出资比例、股权转让等；

（四）所提供产品或者服务的数量、质量和标准；

（五）设施权属，以及相应的维护和更新改造；

（六）监测评估；

（七）投融资期限和方式；

（八）收益取得方式，价格和收费标准的确定方法以及调整程序；

（九）履约担保；

（十）特许经营期内的风险分担；

（十一）政府承诺和保障；

（十二）应急预案和临时接管预案；

（十三）特许经营期限届满后，项目及资产移交方式、程序和要求等；

（十四）变更、提前终止及补偿；

（十五）违约责任；

（十六）争议解决方式；

（十七）需要明确的其他事项。

第十九条　特许经营协议根据有关法律、行政法规和国家规定，可以约定特许经营者通过向用户收费等方式取得收益。

向用户收费不足以覆盖特许经营建设、运营成本及合理收益的，可由政府提供可行性缺口补助，包括政府授予特许经营项目相关的其他开发经营权益。

第二十条　特许经营协议应当明确价格或收费的确定和调整机制。特许经营项目价格或收费应当依据相关法律、行政法规规定和特许经营协议约定予以确定和调整。

第二十一条　政府可以在特许经营协议中就防止不必要的同类竞争性项目建设、必要合理的财政补贴、有关配套公共服务和基础设施的提供等内容作出承诺，但不得承诺固定投资回报和其他法律、行政法规禁止的事项。

第二十二条　特许经营者根据特许经营协议，需要依法办理规划选址、用地和项目核准或审批等手续的，有关部门在进行审核时，应当简化审核内容，优化办理流程，缩短办理时限，对于本部门根据本办法第十三条出具书面审查意见已经明确的事项，不再作重复审查。

实施机构应当协助特许经营者办理相关手续。

第二十三条　国家鼓励金融机构为特许经营项目提供财务顾问、融资顾问、银团贷款等金融服务。政策性、开发性金融机构可以给予特许经营项目差异化信贷支持，对符合条件的项目，贷款期限最长可达30年。探索利用特许经营项目预期收益质押贷款，支持利用相关收益作为还款来源。

第二十四条　国家鼓励通过设立产业基金等形式入股提供特许经营项目资本金。鼓励特许经营项目公司进行结构化融资，发行项目收益票据和资产支持票据等。

国家鼓励特许经营项目采用成立私募基金，引入战略投资者，发行企业债券、项目收益债券、公司债券、非金融企业债务融资工具等方式拓宽投融资渠道。

第二十五条　县级以上人民政府有关部门可以探索与金融机构设立基础设施和公用事业特许经营引导基金，并通过投资补助、财政补贴、贷款贴息等方式，支持有关特许经营项目建设运营。

第三章　特许经营协议履行

第二十六条　特许经营协议各方当事人应当遵循诚实信用原则，按照约定全面履行义务。

除法律、行政法规另有规定外，实施机构和特许经营者任何一方不履行特许经营协议约定义务或者履行义务不符合约定要求的，应当根据协议继续履行、采取补救措施或者赔偿损失。

第二十七条　依法保护特许经营者合法权益。任何单位或者个人不得违反法律、行政法规和本办法规定，干涉特许经营者合法经营活动。

第二十八条　特许经营者应当根据特许经营协议，执行有关特许经营项目投融资安排，确保相应资金或资金来源落实。

第二十九条　特许经营项目涉及新建或改扩建有关基础设施和公用事业的，应当符合城乡规划、土地管理、环境保护、质量管理、安全生产等有关法律、行政法规规定的建设条件和建设标准。

第三十条　特许经营者应当根据有关法律、行政法规、标准规范和特许经营协议，提供优质、持续、高效、安全的公共产品或者公共服务。

第三十一条　特许经营者应当按照技术规范，定期对特许经营项目设施进行检修和保养，保证设施运转正常及经营期限届满后资产按规定进行移交。

第三十二条　特许经营者对涉及国家安全的事项负有保密义务，并应当建立和落实相应保密管理制度。

实施机构、有关部门及其工作人员对在特许经营活动和监督管理工作中知悉的特许经营者商业秘密负有保密义务。

第三十三条　实施机构和特许经营者应当对特许经营项目建设、运营、维修、保养过程中有关资料，按照有关规定进行归档保存。

第三十四条　实施机构应当按照特许经营协议严格履行有关义务，为特许经营者建设运营特许经营项目提供便利和支持，提高公共服务水平。

行政区划调整，政府换届、部门调整和负责人变更，不得影响特许经营协议履行。

第三十五条　需要政府提供可行性缺口补助的特许经营项目，应当严格按照预算法规定，综合考虑政府财政承受能力和债务风险状况，合理确定财政付费总额和分年度数额，并与政府年度预算和中期财政规划相衔接，确保资金拨付需要。

第三十六条　因法律、行政法规修改，或者政策调整损害特许经营者预期利益，或者根据公共利益需要，要求特许经营者提供协议约定以外的产品或服务的，应当给予特许经营者相应补偿。

第四章　特许经营协议变更和终止

第三十七条　在特许经营协议有效期内，协议内容确需变更的，协议当事人应当在协商一致基础上签订补充协议。如协议可能对特许经营项目的存续债务产生重大影响的，应当事先征求债权人同意。特许经营项目涉及直接融资行为的，应当及时做好相关信息披露。

特许经营期限届满后确有必要延长的，按照有关规定经充分评估论证，协商一致并报批准后，可以延长。

第三十八条　在特许经营期限内，因特许经营协议一方严重违约或不可抗力等原因，导致特许经营者无法继续履行协议约定义务，或者出现特许经营协议约定的提前终止协议情形的，在与债权人协商一致后，可以提前终止协议。

特许经营协议提前终止的，政府应当收回特许经营项目，并根据实际情况和协议约定给予原特许经营者相应补偿。

第三十九条　特许经营期限届满终止或提前终止的，协议当事人应当按照特许经营协议约定，以及有关法律、行政法规和规定办理有关设施、资料、档案等的性能测试、评估、移交、接管、验收等手续。

第四十条　特许经营期限届满终止或者提前终止，对该基础设施和公用事业继续采用特许经营方式的，实施机构应当根据本办法规定重新选择特许经营者。

因特许经营期限届满重新选择特许经营者的，在同等条件下，原特许经营者优先获得特许经营。

新的特许经营者选定之前，实施机构和原特许经营者应当制定预案，保障公共产品或公共服务的持续稳定提供。

第五章　监督管理和公共利益保障

第四十一条　县级以上人民政府有关部门应当根据各自职责，对特许经营者执行法律、行政法规、行业标准、产品或服务技术规范，以及其他有关监管要求进行监督管理，并依法加强成本监督审查。

县级以上审计机关应当依法对特许经营活动进行审计。

第四十二条　县级以上人民政府及其有关部门应当根据法律、行政法规和国务院决定保留的行政审批项目对特许经营进行监督管理，不得以实施特许经营为名违法增设行政审批项目或审批环节。

第四十三条　实施机构应当根据特许经营协议，定期对特许经营项目建设运营情况进行监测分析，会同有关部门进行绩效评价，并建立根据绩效评价结果、按照特许经营协议约定对价格或财政补贴进行调整的机制，保障所提供公共产品或公共服务的质量和效率。

实施机构应当将社会公众意见作为监测分析和绩效评价的重要内容。

第四十四条　社会公众有权对特许经营活动进行监督，向有关监管部门投诉，或者向实施机构和特许经营者提出意见建议。

第四十五条　县级以上人民政府应当将特许经营有关政策措施、特许经营部门协调机制组成以及职责等信息向社会公开。

实施机构和特许经营者应当将特许经营项目实施方案、特许经营者选择、特许经营协议及其变更或终止、项目建设运营、所提供公共服务标准、监测分析和绩效评价、经过审计的上年度财务报表等有关信息按规定向社会公开。

特许经营者应当公开有关会计数据、财务核算和其他有关财务指标，并依法接受年度财务审计。

第四十六条　特许经营者应当对特许经营协议约定服务区域内所有用户普遍地、无歧视地提供公共产品或公共服务，不得对新增用户实行差别待遇。

第四十七条　实施机构和特许经营者应当制定突发事件应急预案，按规定报有关部门。突发事件发生后，及时启动应急预案，保障公共产品或公共服务的正常提供。

第四十八条　特许经营者因不可抗力等原因确实无法继续履行特许经营协议的，实施机构应当采取措施，保证持续稳定提供公共产品或公共服务。

第六章　争议解决

第四十九条　实施机构和特许经营者就特许经营协议履行发生争议的，应当协商解决。协商达成一致的，应当签订补充协议并遵照执行。

第五十条　实施机构和特许经营者就特许经营协议中的专业技术问题发生争议的，可以共同聘请专家或第三方机构进行调解。调解达成一致的，应当签订补充协议并遵照执行。

第五十一条　特许经营者认为行政机关作出的具体行政行为侵犯其合法权益的，有陈述、申辩的权利，并可以依法提起行政复议或者行政诉讼。

第五十二条　特许经营协议存续期间发生争议，当事各方在争议解决过程中，应当继续履行特许经营协议义务，保证公共产品或公共服务的持续性和稳定性。

第七章　法律责任

第五十三条　特许经营者违反法律、行政法规和国家强制性标准，严重危害公共利益，或者造成重大质量、安全事故或者突发环境事件的，有关部门应当责令限期改正并依法予以行政处罚；拒不改正、情节严重的，可以终止特许经营协议；构成犯罪的，依法追究刑事责任。

第五十四条　以欺骗、贿赂等不正当手段取得特许经营项目的，应当依法收回特许经营项目，向社会公开。

第五十五条　实施机构、有关行政主管部门及其工作人员不履行法定职责、干预特许经营者正常经营活动、徇私舞弊、滥用职权、玩忽职守的，依法给予行政处分；构成犯罪的，依法追究刑事责任。

第五十六条　县级以上人民政府有关部门应当对特许经营者及其从业人员的不良行为建立信用记录，纳入全国统一的信用信息共享交换平台。对严重违法失信行为依法予以曝光，并会同有关部门实施联合惩戒。

第八章 附 则

第五十七条 基础设施和公用事业特许经营涉及国家安全审查的，按照国家有关规定执行。

第五十八条 法律、行政法规对基础设施和公用事业特许经营另有规定的，从其规定。

本办法实施之前依法已经订立特许经营协议的，按照协议约定执行。

第五十九条 本办法由国务院发展改革部门会同有关部门负责解释。

第六十条 本办法自2015年6月1日起施行。

（三）油气管网设施公平开放监管办法

2019年5月24日，国家发展改革委、国家能源局、住房城乡建设部、市场监管总局联合印发关于《油气管网设施公平开放监管办法》的通知。

关于印发《油气管网设施公平开放监管办法》的通知

发改能源规〔2019〕916号

各省、自治区、直辖市发展改革委、能源局、住房城乡建设部门、市场监管部门，新疆生产建设兵团发展改革委、住房城乡建设部门、市场监管部门，国家能源局各派出监管机构，各有关中央企业，有关行业协会：

为提高油气管网设施利用效率，促进油气安全稳定供应，规范油气管网设施开放行为，维护油气管网设施运营企业和用户的合法权益，按照油气体制改革任务要求，我们制定了《油气管网设施公平开放监管办法》，自发布之日起施行。国家能源局《油气管网设施公平开放监管办法（试行）》（国能监管〔2014〕84号）同时废止。

附件：《油气管网设施公平开放监管办法》

国家发展改革委
国家能源局
住房城乡建设部
市场监管总局
2019年5月24日

油气管网设施公平开放监管办法

第一章 总 则

第一条 为提高油气管网设施利用效率，促进油气安全稳定供应，规范油气管网设施开放行为，维护油气管网设施运营企业和用户的合法权益，建立公平、公正、竞争、有序的市场秩序，制定本办法。

本办法所称油气管网设施是指符合相应技术条件和规范，并按照国家及地方有关规定履行审批、核准或者备案手续且已取得合法运营资质的原油、成品油、天然气管道，液化天然气接收站，地下储气库等及其附属基础设施，不包括陆域及海域油气田生产专用集输管道、炼化企业生产作业区内的专用管道、输送非商品质量标准的油气管网设施、军工或涉密油气管网设施和城镇燃气设施。

第二条　本办法适用于中华人民共和国境内及其所管辖其他海域油气管网设施公平开放监管。

城镇燃气设施公平开放执行相关法律法规规定。

第三条　油气管网设施公平开放应当坚持保障安全、运行平稳、统筹规划、公平服务、有效监管的工作原则，按照油气体制改革和天然气产供储销体系建设要求有序推进。

第四条　国家能源局负责除城镇燃气设施以外的全国油气管网设施公平开放监管工作，建立健全油气管网设施公平开放监管规章和工作机制，协调解决油气管网设施公平开放相关问题，负责海域和跨区域油气管网设施公平开放监管工作，组织并指导各派出机构开展油气管网设施公平开放相关监管工作。

国家能源局派出机构负责辖区内除城镇燃气设施以外的油气管网设施公平开放监管工作。

省级人民政府发展改革、能源、市场监管等有关部门依照职责负责本行政区域内油气管网设施公平开放相关工作。

国务院建设主管部门负责全国城镇燃气设施公平开放监管工作。

第五条　油气管网设施运营企业是油气管网设施公平开放的责任主体，应当按照本办法要求建立相应的规章制度，公开开放服务的条件、程序和剩余能力等信息，公平、公正地为所有用户提供油气管网设施服务。

第六条　相关油气行业组织应当发挥行业协调作用，参与油气行业信用体系建设，促进油气管网设施公平开放。

第二章　公平开放基础条件

第七条　国家鼓励和支持各类资本参与投资建设纳入统一规划的油气管网设施，提升油气供应保障能力。

第八条　国家和地方油气发展相关规划应当充分考虑油气管网设施互联互通、资源供应及市场需求中长期变化等因素，对油气管网设施公平开放提出总体要求，为公平开放创造有利条件。

第九条　国家鼓励和支持油气管网设施互联互通和公平接入，逐步实现油气资源在不同管网设施间的灵活调配。油气管网设施运营企业不得阻碍符合规划的其他管网设施接入，并应当为接入提供相关便利。

油气管网设施互联互通的相关企业应当加强信息共享和调度协同，保障油气管网设施安全平稳运行。

第十条　油气管网设施运营企业应当对输送、储存、气化、装卸、转运等运营业务实行独立核算，并按照国家有关规定推进油气管网设施独立运营，实现和其他油气业务的分离。

第十一条　各地应当按照国家要求减少油气供应中间环节和层级，有效降低油气运输费用。

油气管网设施运营企业不得以统购统销等名义拒绝开放油气管网设施。

第三章 公平开放服务基本要求

第十二条 油气管网设施运营企业应当无歧视地向符合开放条件的用户提供油气输送、储存、气化、装卸、转运等服务，无正当理由不得拖延、拒绝与符合开放条件的用户签订服务合同，不得提出不合理要求。

油气管网运营机制改革到位前，油气管网设施运营企业在保障现有用户现有服务并具备剩余能力的前提下，应当按照本办法要求向符合开放条件的用户开放管网设施。

第十三条 原油、成品油管网设施运营企业在商品交接及计算运输费、储存费时，按照有关规定和标准进行计量。

天然气管网设施运营企业接收和代天然气生产、销售企业向用户交付天然气时，应当对发热量、体积、质量等进行科学计量，并接受政府计量行政主管部门的计量监督检查。

国家推行天然气能量计量计价，于本办法施行之日起24个月内建立天然气能量计量计价体系。

第十四条 油气管网设施服务价格实行政府定价或政府指导价的，油气管网设施运营企业应当按照规定的价格政策向用户收取服务费用；实行市场化定价的，收费标准由供需双方协商确定。

第十五条 国家鼓励油气管网设施运营企业根据市场需求和设施运行特点提供年度、季度、月度及可中断、不可中断等多样化服务。

第十六条 油气管网设施运营企业与用户应当加强应急保障体系建设，依照各自职责确保油气管网设施运行安全，保障油气资源可靠供应。

第四章 信息公开

第十七条 油气管网设施运营企业应当通过国家能源局或其派出机构指定的信息平台和本企业门户网站等途径，公开油气管网设施基础信息、剩余能力、服务条件、技术标准、价格标准、申请和受理流程、用户需提交的书面材料目录、保密要求等。相关信息发生变化时，油气管网设施运营企业应当及时更新。

用户合理要求的其他相关信息，油气管网设施运营企业应当向提出申请的用户披露。

国家能源局另行制定油气管网设施开放信息公开相关规定。

第十八条 油气管网设施运营企业应当在国家能源局或其派出机构指定的信息平台和本企业门户网站，于每年12月5日前公布下一自然年度各月油气管网设施剩余能力；每月10日前更新本年度剩余各月度的油气管网设施剩余能力。

具备条件的，油气管网设施运营企业应当实时公开油气管网设施剩余能力。

第十九条 油气管网设施运营企业应当每季度在国家能源局或其派出机构指定的信息平台和本企业门户网站公布上一季度服务对象、服务设施、服务时段、服务总量等不涉及商业秘密的油气管网设施服务信息。

上款规定的信息公开内容包括对所有用户的服务信息。

第五章 公平开放服务申请与受理

第二十条 油气管网设施运营企业应当按照监管要求制定并公开申请材料目录等相关内容。

用户根据油气管网设施运营企业公开的申请材料目录等内容，提交必要的书面材料。

第二十一条 国家鼓励油气管网设施运营企业通过网络平台接受用户申请。

第二十二条 油气管网设施运营企业可采用集中或分散方式受理用户申请。

采用集中方式受理时，油气管网设施运营企业应当公开发布开放服务公告，受理结果应当向所有申请用户公开，并报送国家能源局或其派出机构。

采用分散方式受理时，油气管网设施运营企业应当于收到用户申请之日起15个工作日内回复是否提供开放服务。

对不符合开放条件和要求，或存在信息造假、重大违约等行为的用户申请不予受理；已经受理的，可以终止。

第二十三条 对由政府部门明确需承担国家或区域重大应急保供责任的油气资源、经国家确定的列入煤炭深加工产业规划的煤制天然气和煤制油等油气资源，油气管网设施运营企业可以简化申请、受理流程，优先提供开放服务。

第六章 公平开放服务合同签订及履行

第二十四条 油气管网设施运营企业与用户就油气管网设施开放事宜达成一致的，在正式实施前应当及时签订服务合同，对服务时段、服务油气量、服务能力、交接点与交接方式、服务价格、油气质量、交付压力、管输路径、检修安排、计量方式、平衡义务、安全责任、违约责任及免责条款等内容进行约定。

油气管网设施运营企业和用户应当按照国家有关规定将签订的服务合同在"信用中国"网站备案（登记）。

第二十五条 油气管网设施运营企业应当严格遵守合同约定，无正当理由不得拖延或取消合同执行，不得为提高管输收入而增加管输距离。

第二十六条 用户应当遵守油气管网设施运营企业发布的油气管网设施准入相关技术管理准则和操作程序，按合同约定严格履行油气资源交付和提取义务，遵守合同约定的滞留时限等要求。

用户未按照合同约定充分使用油气管网设施服务能力的，应当按照国家有关规定和合同约定支付服务费用；情节严重的，油气管网设施运营企业应当及时报告国家能源局或其派出机构，按照规定将违约用户情况报送有关部门列入油气领域失信名单。

第二十七条 用户应当按照合同约定履行油气管网系统平衡运行的相关义务。用户未能履行相关义务的，油气管网设施运营企业可根据合同约定以及国家标准采取强制平衡措施。

第二十八条 油气管网设施运营企业与用户应当对开放服务中知悉的商业秘密履行保密责任和义务，并对因泄密产生的后果承担相应的经济赔偿和法律责任。

第七章 监管措施及法律责任

第二十九条 油气管网设施运营企业应当及时将不予受理的用户名单及相应情况报送国家能源局或其派出机构。

油气管网设施运营企业应当按照监管要求定期向国家能源局或其派出机构报送油气管网设施相关情况，包括管网设施基本情况、运营情况、限（停）产检修计划及执行情况、输送（及储存、气化、装卸、转运）能力及开放情况、对申请用户出具答复意见情况、价格情况、存在严重违法违规或违约的用户情况等。

国家能源局及其派出机构根据履行监管职责的需要，可要求油气管网设施运营企业报送与监管事项相关的其他信息和资料。

第三十条　国家能源局及其派出机构可采取下列工作措施实施监管，有关企业及其工作人员应当予以配合：

（一）进入油气管网设施运营企业实施监管；

（二）询问油气管网设施运营企业的工作人员，要求其对有关事项作出说明；

（三）查阅、复制与监管事项有关的文件、资料；

（四）通过企业数据信息系统对相关信息进行调取、分析。

对于发现的违法违规行为，可依法依规当场予以纠正或者要求限期改正。不属于国家能源局及其派出机构监管职责范围的，可移交有关部门处理。

国家能源局及其派出机构可以委托专业机构协助开展工作。

第三十一条　国家能源局及其派出机构根据工作需要，可不定期抽查油气管网设施运营企业信息公开、开放服务合同签订及履约等情况，并适时将抽查情况向社会公布。

第三十二条　对存在争议的开放事项，用户可在收到答复意见之日起30个工作日内提请国家能源局或其派出机构进行协调，国家能源局或其派出机构可根据实际情况出具协调意见。

油气管网设施运营企业和用户在履行开放服务合同过程中发生争议的，可提请国家能源局或其派出机构进行协调和调解，也可直接向人民法院提起民事诉讼或申请仲裁机构进行仲裁。

第三十三条　国家能源局及其派出机构可根据监管工作需要编制并发布监管报告，公布油气管网设施公平开放相关情况。

第三十四条　任何企业和个人对违反本办法的行为可向国家能源局或其派出机构投诉举报。

第三十五条　油气管网设施运营企业违反本办法信息公开、信息报送、受理时限、公平服务等相关规定的，由国家能源局或其派出机构责令限期改正；拒不改正的，可对主管人员和其他直接责任人员提出处理意见和建议。有关处理情况可向社会公布。

第三十六条　用户存在下列行为之一的，由油气管网设施运营企业向国家能源局或其派出机构报告，国家能源局或其派出机构可向其他油气管网设施运营企业进行通报：

（一）提供虚假文件、资料或隐瞒重要事实的；

（二）违反保密要求，泄露相关数据信息的；

（三）不履行合同义务，造成重大损失或严重影响的；

（四）恶意囤积油气管网设施服务能力的；

（五）存在其他严重扰乱市场秩序行为的。

第三十七条　油气管网设施运营企业违反本办法第十三条规定，不按照要求进行商品计量的，或者计量监督检查结果不合格的，由政府计量行政主管部门依照相关法律法规予以处罚。

第三十八条　油气管网设施运营企业违反本办法，情节严重的，可按照能源行业信用体系建设有关规定进行惩戒。

第三十九条　相关主管部门未按照本办法规定履行职责的，对直接负责的主管人员和其他直接责任人员依法进行问责和责任追究。

第八章　附　则

第四十条　本办法中下列用语的含义是：

（一）跨区域油气管网设施是指跨越国家能源局两个及以上区域监管局辖区范围的油气管网设施。

（二）用户是指在中华人民共和国境内注册、符合国家法律法规及相关产业政策的油气生产企业、贸易商、油气销售企业及大型终端用户，包括原油、成品油（含煤制油、生物质油等）、天然气（含煤制天然气、煤层气、页岩气、致密砂岩气、生物质气等）生产企业、城镇燃气企业、油气零售企业及炼化企业、燃油（燃气）发电企业、油气工业用户、其他大型油气直供用户等。

第四十一条　本办法由国家发展改革委会同国家能源局、住房城乡建设部、市场监管总局负责解释。

第四十二条　本办法自发布之日起施行，有效期为5年。国家能源局《油气管网设施公平开放监管办法（试行）》（国能监管〔2014〕84号）同时废止。

（四）油气开发项目备案及监管暂行办法

2019年11月19日，国家发展改革委、国家能源局联合印发关于《油气开发项目备案及监管暂行办法》的通知。

国家发展改革委　国家能源局关于印发《油气开发项目备案及监管暂行办法》的通知

发改能源规〔2019〕1805号

各省、自治区、直辖市、新疆生产建设兵团发展改革委、能源局，能源局各派出监管机构，有关中央企业：

为持续推进"放管服"改革，大力提升国内石油天然气（含煤层气）勘探开发力度，进一步优化国内自营、对外合作石油天然气（含煤层气）开发项目备案流程，服务中外企业，同时加强项目监管，特制定《油气开发项目备案及监管暂行办法》，现印发你们，请按照执行。

附件：《油气开发项目备案及监管暂行办法》

国家发展改革委
国家能源局
2019年11月19日

油气开发项目备案及监管暂行办法

第一条　为贯彻落实党中央、国务院"放管服"改革精神，大力提升国内石油天然气（含煤层气）勘探开发力度，进一步优化国内自营、对外合作油气开发项目备案流程，服务中外企业，同时加强项目监管，按照《企业投资项目核准和备案管理条例》（国务院令第673号）、《企业投资项目核准和备案管理办法》（国家发展改革委令第2号）、《企业投资项目事中事后监管办法》（国家发展改革委令第14号）、《国务院关于取消和下放一批行政许可事项的决定》（国发〔2019〕6号）有关规定，制定本办法。

第二条　石油天然气（含煤层气）开发项目备案通过全国投资项目在线审批监管平台（以下简称在线平台）网上办理。法律、行政法规和国务院另有规定的除外。

第三条　在项目备案前，企业应当通过在线平台生成项目代码。项目备案机关以及其他有关部门统一使用在线平台生成的项目代码办理相关手续。

第四条　企业应当在开工建设前通过在线平台将下列信息告知备案机关：企业基本情况，项目名称、建设地点、建设规模、建设内容，项目总投资额，项目符合产业政策的声明等。企业应当对备案项目信息的真实性负责。

第五条　国家发展改革委、国家能源局收到上述全部信息即为备案，企业告知的信息不齐全的，指导企业予以补正。备案完成后，备案信息将及时通过在线平台和有关部门、地方实现共享，也将通过在线平台公开发布。企业需要备案证明的，可以通过在线平台自行打印。

第六条　项目法人发生变化，项目建设地点、规模、内容发生重大变更，或者放弃项目建设的，项目单位应当通过在线平台及时告知项目备案机关，并修改相关信息。项目开工后，项目单位应当按年度在线报备项目建设动态进度基本信息。项目竣工验收后，项目单位应当在线报备项目竣工基本信息。

第七条　国家发展改革委、国家能源局应当组织有关部门、地方和石油企业，科学合理制定石油天然气（含煤层气）发展规划，充分发挥规划的引导和约束作用，明确石油天然气（含煤层气）对外合作原则和定位，督促支持企业按照国家规划明确的国内石油天然气（含煤层气）产量、新增储量等目标，积极推进有关项目建设。

第八条　企业应当按照项目备案中有关建设地点、建设规模、建设内容等信息，积极推动国内石油天然气（含煤层气）勘探开发，尽快增储上产，保障国家油气供应安全。

第九条　国家发展改革委、国家能源局应当依托在线平台，及时与有关方面共享项目备案信息，指导各省（区、市）发展改革委、能源局、国家能源局各派出监管机构，加强项目监管，督促项目单位按照开发方案推进项目实施。

第十条　各省（区、市）发展改革委、能源局、国家能源局各派出监管机构应当根据项目建设地点、建设进度、建设内容、竣工等项目信息，按照"双随机、一公开"原则，实施现场核查，公开受理有关企事业单位和民众对所辖区域内石油天然气（含煤层气）开发项目建设地点、建设规模、建设内容等与备案信息不一致的投诉，核实有关情况，发现问题及时汇报，并按规定要求企业整改。

第十一条　按照《企业投资项目核准和备案管理条例》《企业投资项目核准和备案管理办法》有关规定，国家安全、城乡规划、自然资源、生态环境保护、水利、林业和草原、节能审查、安全生产监管、外商投资、金融监管、海关、审计等主管部门及项目所在地相关行业主管部门，应当履行法律法规赋予的审批和监管职责，采取在线监测、现场核查等方式，在各自职责范围内，依法加强对项目的有关审批和监管。自然资源部应当依法加强企业合理开发利用石油天然气（含煤层气）资源的监管工作。国资委应当依法加强对中央石油石化企业投资监管，防止国有资产流失。

第十二条　国家发展改革委、国家能源局，各省（区、市）发展改革委、能源局，国家能源局各派出监管机构应当根据各自职责，加强项目跟踪和重大问题协调，及时解决企业在项目备案和后续建设过程中的合理诉求，为企业勘探开发石油天然气（含煤层气）资源创造良好的营商环境。

第十三条　项目自备案后 2 年内未开工建设或者未办理任何其他手续的，项目单位如果决定继续实施该项目，应当通过在线平台作出说明；如果不再继续实施，应当撤回已备案信息。

第十四条　企业未依照《企业投资项目核准和备案管理条例》规定将项目信息或者已备案项目的信息变更情况告知备案机关，或者向备案机关提供虚假信息的，由备案机关责令限期改正；逾期不改正的，处 2 万元以上 5 万元以下的罚款，移除已备案信息，将项目列入异常名录，并通过在线平台和"信用中国"网站向社会公开。

第十五条　本办法自印发之日起施行，有效期为五年。

第十五章 新能源和可再生能源政策

一、新能源和可再生能源发展规划

（一）可再生能源发展"十三五"规划

可再生能源发展"十三五"规划以实现2020年非化石能源比重目标为核心，以解决当前可再生能源发展所面临的主要问题为导向，明确了"十三五"期间可再生能源的发展目标、总体布局、主要任务和保障措施。可再生能源"十三五"规划包括《可再生能源发展"十三五"规划》这个总规划以及水电、风电、太阳能、生物质能、地热能5个专项规划，占了能源领域"十三五"14个专项规划的近一半，特别是首次编制地热能发展规划，充分体现了中国能源转型的大趋势以及中国政府践行清洁低碳能源发展路线的坚定决心。

国家发展改革委关于印发《可再生能源发展"十三五"规划》的通知

发改能源〔2016〕2619号

各省、自治区、直辖市，新疆生产建设兵团发展改革委（能源局）、各派出机构、有关中央企业，各可再生能源学会、协会：

为实现2020年非化石能源占一次能源消费比重15%的目标，加快建立清洁低碳、安全高效的现代能源体系，促进可再生能源产业持续健康发展，按照《可再生能源法》要求，根据《中华人民共和国国民经济和社会发展第十三个五年规划纲要》和《能源发展"十三五"规划》，我们制定了《可再生能源发展"十三五"规划》，现印发你们，请按照执行。

附件：可再生能源发展"十三五"规划

国家发展改革委

2016年12月10日

第十五章 新能源和可再生能源政策

可再生能源发展"十三五"规划

（公开发布版）

前 言

可再生能源是能源供应体系的重要组成部分。目前，全球可再生能源开发利用规模不断扩大，应用成本快速下降，发展可再生能源已成为许多国家推进能源转型的核心内容和应对气候变化的重要途径，也是我国推进能源生产和消费革命、推动能源转型的重要措施。

"十二五"期间，我国可再生能源发展迅速，为我国能源结构调整做出了重要贡献。"十三五"时期是我国全面建成小康社会的决胜阶段，也是全面深化改革的攻坚期，更是落实习近平总书记提出的"四个革命、一个合作"能源发展战略的关键时期。为实现2020年和2030年非化石能源分别占一次能源消费比重15%和20%的目标，加快建立清洁低碳的现代能源体系，促进可再生能源产业持续健康发展，按照《可再生能源法》要求，根据《中华人民共和国国民经济和社会发展第十三个五年规划纲要》和《能源发展"十三五"规划》，制定《可再生能源发展"十三五"规划》（以下简称"《规划》"）。

《规划》包括了水能、风能、太阳能、生物质能、地热能和海洋能，明确了2016年至2020年我国可再生能源发展的指导思想、基本原则、发展目标、主要任务、优化资源配置、创新发展方式、完善产业体系及保障措施，是"十三五"时期我国可再生能源发展的重要指南。

一、发展基础和形势

（一）国际形势

随着国际社会对保障能源安全、保护生态环境、应对气候变化等问题日益重视，加快开发利用可再生能源已成为世界各国的普遍共识和一致行动，国际可再生能源发展呈现出以下几个趋势：

一是可再生能源已成为全球能源转型及实现应对气候变化目标的重大战略举措。全球能源转型的基本趋势是实现化石能源体系向低碳能源体系的转变，最终进入以可再生能源为主的可持续能源时代。为此，许多国家提出了以发展可再生能源为核心内容的能源转型战略，联合国政府间气候变化专家委员会（IPCC）、国际能源署（IEA）和国际可再生能源署（IRENA）等机构的报告均指出，可再生能源是实现应对气候变化目标的重要措施。90%以上的联合国气候变化《巴黎协定》签约国都设定了可再生能源发展目标。欧盟以及美国、日本、英国等发达国家都把发展可再生能源作为温室气体减排的重要措施。

二是可再生能源已在一些国家发挥重要替代作用。近年来，欧美等国每年60%以上的新增发电装机来自可再生能源。2015年，全球可再生能源发电新增装机容量首次超过常规能源发电装机容量，表明全球电力系统建设正在发生结构性转变。特别是德国等国家可再生能源已逐步成为主流能源，并成为这些国家能源转型、低碳发展的重要组成部分。美国可再生能源占全部发电量的比重也逐年提高，印度、巴西、南非以及沙特等国家也都在大力建设可再生能源发电项目。

三是可再生能源的经济性已得到显著提升。随着可再生能源技术的进步及应用规模的扩大，可再生能源发电的成本显著降低。风电设备和光伏组件价格近五年分别下降了约20%和

60%。南美、非洲和中东一些国家的风电、光伏项目招标电价与传统化石能源发电相比已具备竞争力，美国风电长期购电协议价格已与化石能源发电达到同等水平，德国新增的新能源电力已经基本实现与传统能源平价，可再生能源发电的补贴强度持续下降，经济竞争能力明显增强。

四是可再生能源已成为全球具有战略性的新兴产业。许多国家都将可再生能源作为新一代能源技术的战略制高点和经济发展的重要新领域，投入大量资金支持可再生能源技术研发和产业发展。可再生能源产业的国际竞争加剧，围绕相关技术和产品的国际贸易摩擦不断增多。可再生能源已成为国际竞争的重要新领域，是许多国家新一代制造技术的代表性产业。

（二）国内形势

1. 发展基础

"十二五"期间，我国可再生能源产业开始全面规模化发展，进入了大范围增量替代和区域性存量替代的发展阶段。

一是可再生能源在推动能源结构调整方面的作用不断增强。2015年，我国商品化可再生能源利用量为4.36亿吨标准煤，占一次能源消费总量的10.1%；如将太阳能热利用等非商品化可再生能源考虑在内，全部可再生能源年利用量达到5.0亿吨标准煤；计入核电的贡献，全部非化石能源利用量占到一次能源消费总量12%，比2010年提高2.6个百分点。到2015年底，全国水电装机为3.2亿千瓦，风电、光伏并网装机分别为1.29亿千瓦、4318万千瓦，太阳能热利用面积超过4.0亿平方米，应用规模都位居全球首位。全部可再生能源发电量1.38万亿千瓦·时，约占全社会用电量的25%，其中非水可再生能源发电量占5%。生物质能继续向多元化发展，各类生物质能年利用量约3500万吨标准煤。

二是可再生能源技术装备水平显著提升。随着开发利用规模逐步扩大，我国已逐步从可再生能源利用大国向可再生能源技术产业强国迈进。我国已具备成熟的大型水电设计、施工和管理运行能力，自主制造投运了单机容量80万千瓦的混流式水轮发电机组，掌握了500米级水头、35万千瓦级抽水蓄能机组成套设备制造技术。风电制造业集中度显著提高，整机制造企业由"十二五"初期的80多家逐步减少至20多家。风电技术水平明显提升，关键零部件基本国产化，5~6兆瓦大型风电设备已经试运行，特别是低风速风电技术取得突破性进展，并广泛应用于中东部和南方地区。光伏电池技术创新能力大幅提升，创造了晶硅等新型电池技术转换效率的世界纪录。建立了具有国际竞争力的光伏发电全产业链，突破了多晶硅生产技术封锁，多晶硅产量已占全球总产量的40%左右，光伏组件产量达到全球总产量的70%左右。技术进步及生产规模扩大使"十二五"时期光伏组件价格下降了60%以上，显著提高了光伏发电的经济性。各类生物质能、地热能、海洋能和可再生能源配套储能技术也有了长足进步。

三是可再生能源发展支持政策体系逐步完善。"十二五"期间，我国陆续出台了光伏发电、垃圾焚烧发电、海上风电电价政策，并根据技术进步和成本下降情况适时调整了陆上风电和光伏发电上网电价，明确了分布式光伏发电补贴政策，公布了太阳能热发电示范电站电价，完善了可再生能源发电并网管理体系。根据《可再生能源法》要求，结合行业发展需要三次调整了可再生能源电价附加征收标准，扩大了支持可再生能源发展的资金规模，完善了资金征收和发放管理流程。建立完善了可再生能源标准体系，产品检测和认证能力不断增强，可再生

第十五章 新能源和可再生能源政策

能源设备质量稳步提高，有效促进了各类可再生能源发展。

专栏1 "十二五"期末可再生能源主要发展指标

内容	2010年	"十二五"预期目标	2015年	年均增长（%）
一、发电				
1. 水电（万千瓦）	21606	29000	31954	8.1
2. 并网风电（万千瓦）	3100	10000	12900	33.0
3. 光伏发电（万千瓦）	80	2100	4318	122.0
4. 各类生物质发电（万千瓦）	550	1300	1030	13.4
二、供气				
沼气（亿立方米）	140	220	190	6.3
三、供热				
1. 太阳能热水器（万平方米）	16800	40000	44000	21.2
2. 地热等（万吨标准煤/年）	460	1500	460	0.0
四、燃料				
1. 生物成型燃料（万吨）	0	1000	800	
2. 燃料乙醇（万吨）	180	400	210	3.1
3. 生物柴油（万吨）	50	100	80	9.9
总利用量（万吨标准煤/年）	28600	47800	51248	12.4

2. 面临的形势与挑战

随着可再生能源技术进步和产业化步伐的加快，我国可再生能源已具备规模化开发应用的产业基础，展现出良好的发展前景，但也面临着体制机制方面的明显制约，主要表现在：

一是现有的电力运行机制不适应可再生能源规模化发展需要。以传统能源为主的电力系统尚不能完全满足风电、光伏发电等波动性可再生能源的并网运行要求。电力市场机制与价格机制不够完善，电力系统的灵活性未能充分发挥，可再生能源与其他电源协调发展的技术管理体系尚未建立，可再生能源发电大规模并网仍存在技术障碍，可再生能源电力的全额保障性收购政策难以有效落实，弃水、弃风、弃光现象严重。

二是可再生能源对政策的依赖度较高。目前，风电、太阳能发电、生物质能发电等的发电成本相对于传统化石能源仍偏高，度电补贴强度较高，补贴资金缺口较大，仍需要通过促进技术进步和建立良好的市场竞争机制进一步降低发电成本。可再生能源整体对政策扶持的依赖度较高，受政策调整的影响较大，可再生能源产业的可持续发展受到限制。此外，全国碳排放市场尚未建立，目前的能源价格和税收制度尚不能反映各类能源的生态环境成本，没有为可再生能源发展建立公平的市场竞争环境。

三是可再生能源未能得到有效利用。虽然可再生能源装机特别是新能源发电装机逐年快速增长，但是各市场主体在可再生能源利用方面的责任和义务不明确，利用效率不高，"重建设、轻利用"的情况较为突出，供给与需求不平衡、不协调，致使可再生能源可持续发展的潜力未能充分挖掘，可再生能源占一次能源消费的比重与先进国家相比仍较低。

二、指导思想和基本原则

（一）指导思想

全面贯彻党的十八大和十八届三中、四中、五中、六中全会精神，坚持创新、协调、绿色、开放、共享的发展理念，遵循能源发展"四个革命、一个合作"的战略方向，坚持清洁低碳、安全高效的发展方针，顺应全球能源转型大趋势，完善促进可再生能源产业发展的政策体系，统筹各类可再生能源协调发展，切实缓解弃水弃风弃光问题，加快推动可再生能源分布式应用，大幅增加可再生能源在能源生产和消费中的比重，加速对化石能源的替代，在规模化发展中加速技术进步和产业升级，促进可再生能源布局优化和提质增效，加快推动我国能源体系向清洁低碳模式转变。

（二）基本原则

1. 坚持目标管控，促进结构优化。把扩大可再生能源的利用规模、提高可再生能源在能源消费中的比重作为各地区能源发展的重要约束性指标，形成优先开发利用可再生能源的能源发展共识，积极推动各类可再生能源多元发展。

2. 坚持市场主导，完善政策机制。充分发挥市场配置资源的决定性作用，鼓励以竞争性方式配置资源，加快成本降低，实施强制性的市场份额及可再生能源电力绿色证书制度，逐步减少新能源发电的补贴强度，落实可再生能源发电全额保障性收购制度，提升可再生能源电力消纳水平。

3. 坚持创新引领，推动转型升级。把加快技术进步和提高产业创新能力作为引导可再生能源发展的主要方向，通过严格可再生能源产品市场准入标准，促进先进技术进入市场，完善和升级产业链，逐步建立良性竞争市场，淘汰落后产能，不断提高可再生能源的经济性和市场竞争力。

4. 坚持扩大交流，促进国际合作。积极参与国际政策对话和技术交流，充分利用国际、国内市场和资源，吸引全球技术、资金、开发经验等优势资源，鼓励企业由单纯设备出口或投资项目转向国际化综合服务，积极参与全球能源治理和产业资源整合。

三、发展目标

为实现2020年和2030年非化石能源占一次能源消费比重分别达到15%、20%的能源发展战略目标，进一步促进可再生能源开发利用，加快对化石能源的替代进程，改善可再生能源经济性，提出主要指标如下：

1. 可再生能源总量指标。到2020年，全部可再生能源年利用量7.3亿吨标准煤。其中，商品化可再生能源利用量5.8亿吨标准煤。

2. 可再生能源发电指标。到2020年，全部可再生能源发电装机6.8亿千瓦，发电量1.9万亿千瓦·时，占全部发电量的27%。

3. 可再生能源供热和燃料利用指标。到2020年，各类可再生能源供热和民用燃料总计约替代化石能源1.5亿吨标准煤。

4. 可再生能源经济性指标。到2020年，风电项目电价可与当地燃煤发电同平台竞争，光伏项目电价可与电网销售电价相当。

5. 可再生能源并网运行和消纳指标。结合电力市场化改革，到 2020 年，基本解决水电弃水问题，限电地区的风电、太阳能发电年度利用小时数全面达到全额保障性收购的要求。

6. 可再生能源指标考核约束机制指标。建立各省（自治区、直辖市）一次能源消费总量中可再生能源比重及全社会用电量中消纳可再生能源电力比重的指标管理体系。到 2020 年，各发电企业的非水电可再生能源发电量与燃煤发电量的比重应显著提高。

专栏 2　2020 年可再生能源开发利用主要指标

内容	利用规模 数量	利用规模 单位	年产能量 数量	年产能量 单位	折标煤（万吨/年）
一、发电	67500		19045		56188
1. 水电（不含抽水蓄能）	34000		12500		36875
2. 并网风电	21000	万千瓦	4200	亿千瓦·时	12390
3. 光伏发电	10500		1245		3673
4. 太阳能热发电	500		200		590
5. 生物质发电	1500		900		2660
二、生物天然气			80	亿立方米	960
三、供热					15100
1. 太阳能热水器		万平方米			9600
2. 地热能热利用	80000				4000
3. 生物质能供热（万吨）	160000				1500
四、生物液体燃料					680
1. 生物燃料乙醇	400	万吨			380
2. 生物柴油	200	万吨			300
可再生能源合计					72928
商品化可再生能源合计					57828

注：商品化可再生能源包含发电、生物天然气和燃料三类。

四、主要任务

"十三五"时期，要通过不断完善可再生能源扶持政策，创新可再生能源发展方式和优化发展布局，加快促进可再生能源技术进步和成本降低，进一步扩大可再生能源应用规模，提高可再生能源在能源消费中的比重，推动我国能源结构优化升级。

（一）积极稳妥发展水电

积极推进水电发展理念创新，坚持开发与保护、建设与管理并重，不断完善水能资源评价，加快推进水电规划研究论证，统筹水电开发进度与电力市场发展，以西南地区主要河流为重点，积极有序推进大型水电基地建设，合理优化控制中小流域开发，确保水电有序建设、有效消纳。统筹规划，合理布局，加快抽水蓄能电站建设。

1. 积极推进大型水电基地建设。在做好环境保护、移民安置工作和统筹电力市场的基础上，继续做好金沙江中下游、雅砻江、大渡河等水电基地建设工作；适应能源转型发展需要，优化开发黄河上游水电基地。到2020年，基本建成长江上游、黄河上游、乌江、南盘江红水河、雅砻江、大渡河六大水电基地，总规模超过1亿千瓦。积极推进金沙江上游等水电基地开发，着力打造藏东南"西电东送"接续基地。"十三五"期间，新增投产常规水电4000万千瓦，新开工常规水电6000万千瓦。

加快推进雅砻江两河口、大渡河双江口等调节性能好的控制性水库建设，加快金沙江中游龙头水库研究论证，积极推进龙盘水电站建设，提高流域水电质量和开发效益。统筹协调水电开发和电网建设，加快推动配套送出工程建设，完善水电市场消纳协调机制，促进水能资源跨区优化配置，着力解决水电弃水问题。

专栏3　"十三五"常规水电重点项目

序号	河流	重点开工项目	加快推进项目
1	金沙江	白鹤滩、叶巴滩、拉哇、巴塘、金沙	昌波、波罗、岗托、旭龙、奔子栏、龙盘、银江等
2	雅砻江	牙根一级、孟底沟、卡拉	牙根二级、楞古等
3	大渡河	金川、巴底、硬梁包、枕头坝二级、沙坪一级	安宁、丹巴等
4	黄河	玛尔挡、羊曲	茨哈峡、宁木特等
5	其他	林芝、白马	阿青、忠玉、康工、扎拉等

2. 转变观念优化控制中小流域开发。落实生态文明建设要求，统筹全流域、干支流开发与保护工作，按照流域内干流开发优先、支流保护优先的原则，严格控制中小流域、中小水电开发，保留流域必要生境，维护流域生态健康。水能资源丰富、开发潜力大的西部地区重点开发资源集中、环境影响较小的大型河流、重点河段和重大水电基地，严格控制中小水电开发；开发程度较高的东、中部地区原则上不再开发中小水电。弃水严重的四川、云南两省，除水电扶贫工程外，"十三五"暂停小水电和无调节性能的中型水电开发。加强总结中小流域梯级水电站建设管理经验，开展水电开发后评价工作，推行中小流域生态修复。

支持边远缺电离网地区因地制宜、合理适度开发小水电，重点扶持西藏自治区，四川、云南、青海、甘肃四省藏区和少数民族贫困地区小水电扶贫开发工作。"十三五"期间，全国规划新开工小水电500万千瓦左右。

3. 加快抽水蓄能发展。坚持"统筹规划、合理布局"的原则，根据各地区核电和新能源开发、区域间电力输送情况及电网安全稳定运行要求，加快抽水蓄能电站建设。抓紧落实规划站点建设条件，加快开工建设一批距离负荷中心近、促进新能源消纳、受端电源支撑的抽水蓄能电站。"十三五"期间新开工抽水蓄能电站约6000万千瓦，抽水蓄能电站装机达到4000万千瓦。做好抽水蓄能规划滚动调整工作，统筹考虑区域电力系统调峰填谷需要、安全稳定运行要求和站址建设条件，开展部分地区抽水蓄能选点规划启动、调整工作，充分论证系统需求，优选确定规划站点。根据发展需要，适时启动新一轮的全国抽水蓄能规划工作。加强关键技术研究，推动建设海水抽水蓄能电站示范项目。积极推进抽水蓄能电站建设主体多元化，鼓励社会资本投资，加快建立以招标方式确定业主的市场机制。进一步完善抽水蓄能电站运营管理体制和电价形成机制,加快建立抽水蓄能电站辅助服务市场。研究探索抽水蓄能与核能、风能、太阳能等新能源一体化建设运营管理的新模式、新机制。

专栏4 "十三五"抽水蓄能电站重点开工项目

所在区域	省份	项目名称	总装机容量(万千瓦)
东北电网	辽宁	清原、庄河、兴城	380
	黑龙江	尚志、五常	220
	吉林	蛟河、桦甸	240
	内蒙古(东部)	芝瑞	120
华东电网	江苏	句容、连云港	255
	浙江	宁海、缙云、磐安、衢江	540
	福建	厦门、周宁、永泰、云霄	560
	安徽	桐城、宁国	240
华北电网	河北	抚宁、易县、尚义	360
	山东	莱芜、潍坊、泰安二期	380
	山西	垣曲、浑源	240
	内蒙古(西部)	美岱、乌海	240
华中电网	河南	大鱼沟、花园沟、宝泉二期、五岳	480
	江西	洪屏二期、奉新	240
	湖北	大幕山、上进山	240
	湖南	安化、平江	260
	重庆	栗子湾	120
西北电网	新疆	阜康、哈密天山	240
	陕西	镇安	140
	宁夏	牛首山	80
	甘肃	昌马	120
南方电网	广东	新会	120
	海南	三亚	60
总计			5875

4. 积极完善水电运行管理机制。研究流域梯级电站水库综合管理体制,建立电站运行协调机制。开展流域综合监测工作,建立流域综合监测平台,构建全流域全过程的实时监测、巡视检查、信息共享、监督管理体系。研究流域梯级联合调度体制机制,统筹考虑综合利用需求,优化水电站运行调度。制定梯级水电站联合优化调度运行规程和技术标准,推动主要流域全面实现梯级联合调度。探索各大流域按照现代企业制度组建统一规范的流域公司,逐步推动建立流域统一电价模式和运营管理机制,充分发挥流域梯级水电开发的整体效益。深化抽水蓄能电站作用、效益形成机制及与新能源电站联合优化运行方案和补偿机制研究,实行区域电网

内统一优化调度，建立运行考核机制，确保抽水蓄能电站充分发挥功能效用。

5. 推动水电开发扶贫工作。贯彻落实中央关于发展生产脱贫一批的精神，积极发挥当地资源优势，充分尊重地方和移民意愿，科学谋划，加快推进贫困地区水电重大项目建设，更好地将资源优势转变为经济优势和扶贫优势。进一步完善水电开发移民政策，理顺移民工作体制机制，加强移民社会管理，提升移民安置质量。探索贫困地区水电开发资产收益扶贫制度，建立完善水电开发群众共享利益机制和资源开发收益分配政策，将从发电中提取的资金优先用于本水库移民和库区后续发展，增加贫困地区年度发电指标，提高贫困地区水电工程留成电量比例。研究完善水电开发财政税收政策，探索资产收益扶贫，让当地和群众从能源资源开发中更多地受益。

（二）全面协调推进风电开发

按照"统筹规划、集散并举、陆海齐进、有效利用"的原则，严格开发建设与市场消纳相统筹，着力推进风电的就地开发和高效利用，积极支持中东部分散风能资源的开发，在消纳市场、送出条件有保障的前提下，有序推进大型风电基地建设，积极稳妥开展海上风电开发建设，完善产业服务体系。到2020年底，全国风电并网装机确保达到2.1亿千瓦以上。

1. 加快开发中东部和南方地区风电。加强中东部和南方地区风能资源勘查，提高低风速风电机组技术和微观选址水平，做好环境保护、水土保持和植被恢复等工作，全面推进中东部和南方地区风能资源的开发利用。结合电网布局和农村电网改造升级，完善分散式风电的技术标准和并网服务体系，考虑资源、土地、交通运输以及施工安装等建设条件，按照"因地制宜、就近接入"的原则，推动分散式风电建设。到2020年，中东部和南方地区陆上风电装机规模达到7000万千瓦，江苏省、河南省、湖北省、湖南省、四川省、贵州省等地区风电装机规模均达到500万千瓦以上。

2. 有序建设"三北"大型风电基地。在充分挖掘本地风电消纳能力的基础上，借助"三北"地区已开工建设和明确规划的特高压跨省区输电通道，按照"多能互补、协调运行"的原则，统筹风、光、水、火等各类电源，在落实消纳市场的前提下，最大限度地输送可再生能源，扩大风能资源的配置范围，促进风电消纳。在解决现有弃风问题的基础上，结合电力供需变化趋势，逐步扩大"三北"地区风电开发规模，推动"三北"地区风电规模化开发和高效利用。到2020年，"三北"地区风电装机规模确保1.35亿千瓦以上，其中本地消纳新增规模约3500万千瓦。另外，利用跨省跨区通道消纳风电容量4000万千瓦（含存量项目）。

3. 积极稳妥推进海上风电开发。开展海上风能资源勘测和评价，完善沿海各省（区、市）海上风电发展规划。加快推进已开工海上风电项目建设进度，积极推动后续海上风电项目开工建设，鼓励沿海各省（区、市）和主要开发企业建设海上风电示范项目，带动海上风电产业化进程。完善海上风电开发建设管理政策，加强部门间的协调，规范和精简项目核准手续，完善海上风电价格政策。健全海上风电配套产业服务体系，加强海上风电技术标准、规程规范、设备检测认证、信息监测工作，形成覆盖全产业链的设备制造和开发建设能力。到2020年，海上风电开工建设1000万千瓦，确保建成500万千瓦。

4. 切实提高风电消纳能力。加强电网规划和建设，有针对性地对重要送出断面、风电汇集站、枢纽变电站进行补强和增容扩建，完善主网架结构，减少因局部电网送出能力或变电容量不足导致的弃风限电问题。充分挖掘电力系统调峰潜力，提升常规煤电机组和供热机组运行灵活性，鼓励通过技术改造提升煤电机组调峰能力，化解冬季供暖期风电与热电的运行矛盾。结合电力体制改革，取消或缩减煤电发电计划，推进燃气机组、燃煤自备电厂参与调峰。优化风电调度运行管理，建立辅助服务市场，加强需求侧管理和用户响应体系建设，提高风电功率预测精度并加大考核力度，在发电计划中留足风电电量空间，合理安排常规电源开机规模和发电计划，将风电纳入电力平衡和开机组合，鼓励风电等可再生能源机组通过参与市场辅助服务和实时电价竞争等方式，逐步提高系统消纳风电的能力。

（三）推动太阳能多元化利用

按照"技术进步、成本降低、扩大市场、完善体系"的原则，促进光伏发电规模化应用及成本降低，推动太阳能热发电产业化发展，继续推进太阳能热利用在城乡应用。到2020年底，全国太阳能发电并网装机确保实现1.1亿千瓦以上。

1. 全面推进分布式光伏和"光伏+"综合利用工程。继续支持在已建成且具备条件的工业园区、经济开发区等用电集中区域规模化推广屋顶光伏发电系统；积极鼓励在电力负荷大、工商业基础好的中东部城市和工业区周边，按照就近利用的原则建设光伏电站项目；结合土地综合利用，依托农业种植、渔业养殖、林业栽培等，因地制宜创新各类"光伏+"综合利用商业模式，促进光伏与其他产业有机融合；创新光伏的分布利用模式，在中东部等有条件的地区，开展"人人1千瓦光伏"示范工程，建设光伏小镇和光伏新村。

2. 有序推进大型光伏电站建设。在资源条件好、具备接入电网条件、消纳能力强的中西部地区，在有效解决已有弃光问题的前提下，有序推进光伏电站建设。积极支持在中东部地区，结合环境治理和土地再利用要求，实施光伏"领跑者"计划，促进先进光伏技术和产品应用，加快市场优胜劣汰和光伏上网电价快速下降。在水电资源丰富的地区，利用水电调节能力开展水光互补或联合外送示范。

3. 因地制宜推进太阳能热发电示范工程建设。按照总体规划、分步实施的思路，积极推进太阳能热发电产业进程。太阳能热发电先期发展以示范为主，通过首批太阳能热发电示范工程建设，促进技术进步和规模化发展，带动设备国产化，逐步培育形成产业集成能力。按照先示范后推广的发展原则，及时总结示范项目建设经验，扩大热发电项目市场规模，推动西部资源条件好、具备消纳条件、生态条件允许地区的太阳能热发电基地建设，充分发挥太阳能热发电的调峰作用，实现与风电、光伏的互补运行。尝试煤电耦合太阳能热发电示范的运行机制。提高太阳能热发电设备技术水平和系统设计能力，提升系统集成能力和产业配套能力，形成我国自主化的太阳能热发电技术和产业体系。到2020年，力争建成太阳能热发电项目500万千瓦。

4. 大力推广太阳能热利用的多元化发展。持续扩大太阳能热利用在城乡的普及应用，积极推进太阳能供暖、制冷技术发展，实现太阳能热水、采暖、制冷系统的规模化利用，促进太阳能与其他能源的互补应用。继续在城镇民用建筑以及广大农村地区普及太阳能热水系统，到2020年，太阳能热水系统累计安装面积达到4.5亿平方米。加快太阳能供暖、制冷系统在建筑领域的应用，扩大太阳能热利用技术在工农业生产领域的应用规模。到2020年，太阳能热利用集热面积达到8亿平方米。

5. 积极推进光伏扶贫工程。充分利用太阳能资源分布广的特点，重点在前期开展试点的、光照条件好的建档立卡贫困村，以资产收益扶贫和整村推进的方式，建设户用光伏发电系统或村级大型光伏电站，保障280万建档立卡无劳动能力贫困户（包括残疾人）每年每户增加收入3000元以上；其他光照条件好的贫困地区可按照精准扶贫的要求，因地制宜推进光伏扶贫工程。

（四）加快发展生物质能

按照因地制宜、统筹兼顾、综合利用、提高效率的思路，建立健全资源收集、加工转化、就近利用的分布式生产消费体系，加快生物天然气、生物质能供热等非电利用的产业化发展步伐，提高生物质能利用效率和效益。

1. 加快生物天然气示范和产业化发展。选择有机废弃物资源丰富的种植养殖大县，以县为单位建立产业体系，开展生物天然气示范县建设，推进生物天然气技术进步和工程建设现代化。建立原料收集保障和沼液沼渣有机肥利用体系，建立生物天然气输配体系，形成并入常规天然气管网、车辆加气、发电、锅炉燃料等多元化消费模式。到2020年，生物天然气年产量达到80亿立方米，建设160个生物天然气示范县。

2. 积极发展生物质能供热。结合用热需求对已投运生物质纯发电项目进行供热改造，提高生物质能利用效率，积极推进生物质热电联产为县城及工业园区供热，形成20个以上以生物质热电联产为主的县城供热区域。加快发展技术成熟的生物质成型燃料供热，推动20蒸吨/小时（14MW）以上大型先进低排放生物质成型燃料锅炉供热的应用，污染物排放达到天然气锅炉排放水平，在长三角、珠三角、京津冀鲁等地区工业供热和民用采暖领域推广应用，为工业生产和学校、医院、宾馆、写字楼等公共设施和商业设施提供清洁可再生能源，形成一批生物质清洁供热占优势比重的供热区域。到2020年，生物质成型燃料利用量达到3000万吨。

3. 稳步发展生物质发电。在做好选址和落实环保措施的前提下，结合新型城镇化建设进程，重点在具备资源条件的地级市及部分县城，稳步发展城镇生活垃圾焚烧发电，到2020年，城镇生活垃圾焚烧发电装机达到750万千瓦。根据生物质资源条件，有序发展农林生物质直燃发电和沼气发电，到2020年，农林生物质直燃发电装机达到700万千瓦，沼气发电达到50万千瓦。到2020年，生物质发电总装机达到1500万千瓦，年发电量超过900亿千瓦·时。

4. 推进生物液体燃料产业化发展。稳步扩大燃料乙醇生产和消费。立足国内自有技术力量，积极引进、消化、吸收国外先进经验，大力发展纤维乙醇。结合陈次和重金属污染粮消纳，控制总量发展粮食燃料乙醇。根据资源条件，适度发展木薯、甜高粱等燃料乙醇项目。对生物柴油项目进行升级改造，提升产品质量，满足交通燃料品质需要。加快木质生物质、微藻等非粮原料多联产生物液体燃料技术创新。推进生物质转化合成高品位燃油和生物航空燃料产业化示范应用。到2020年，生物液体燃料年利用量达到600万吨以上。

5. 完善促进生物质能发展的政策体系。加强废弃物综合利用，保护生态环境。制定生物天然气、液体燃料优先利用的政策，建立无歧视无障碍并入管网机制，研究建立强制配额机制。完善支持生物质能发展的价格、财税等优惠政策，研究出台生物天然气产品补贴政策，加快生物天然气产业化发展步伐。

第十五章　新能源和可再生能源政策

（五）加快地热能开发利用

坚持"清洁、高效、可持续"的原则，按照"技术先进、环境友好、经济可行"的总体要求，加快地热能开发利用，加强全过程管理，创新开发利用模式，全面促进地热能资源的合理有效利用。

1. 积极推广地热能热利用。加强地热能开发利用规划与城市总体规划的衔接，将地热供暖纳入城镇基础设施建设，在用地、用电、财税、价格等方面给予地热能开发利用政策扶持。在实施区域集中供暖且地热资源丰富的京津冀鲁豫及毗邻区，在严格控制地下水资源过度开采的前提下，大力推动中深层地热供暖重大项目建设。加大浅层地热能开发利用的推广力度，积极推动技术进步，进一步规范管理，重点在经济发达、夏季制冷需求高的长江经济带地区，特别是苏南地区城市群、重庆、上海、武汉等地区，整体推进浅层地热能重大项目。

2. 有序推进地热发电。综合考虑地质条件、资源潜力及应用方式，在青藏铁路沿线、西藏、四川西部等高温地热资源分布地区，新建若干万千瓦级高温地热发电项目，对西藏羊八井地热电站进行技术升级改造。在东部沿海及油田等中低温地热资源富集地区，因地制宜发展中小型分布式中低温地热发电项目。支持在青藏高原及邻区、京津唐等东部经济发达地区开展深层高温干热岩发电系统关键技术研究和项目示范。

3. 加大地热资源潜力勘察和评价。到2020年，基本查清全国地热能资源情况和分布特点，重点在华北地区、长江中下游地区主要城市群及中心城镇开展浅层地热能资源勘探评价，在松辽盆地、河淮盆地、江汉盆地、环鄂尔多斯盆地等未来具有开发前景且勘察程度不高的典型传导型地热区开展中深层地热资源勘察工作，在青藏高原及邻区、东南沿海、河北等典型高温地热系统开展深层地热资源勘察。建立国家地热能资源数据和信息服务体系，完善地热能基础信息数据库，对地热能勘察和开发利用进行系统监测。

（六）推进海洋能发电技术示范应用

结合我国海洋能资源分布及地方区位优势，妥善协调海岸和海岛资源开发利用方案，因地制宜开展海洋能开发利用，使我国海洋能技术和产业迈向国际领先水平。

完善海洋能开发利用公共支撑服务平台建设，初步建成山东、浙江、广东、海南四大重点区域的海洋能示范基地。加强海洋能综合利用技术研发，重点支持百千瓦级波浪能、兆瓦级潮流能示范工程建设，开展小型化、模块化海洋能的能源供给系统研发，争取突破高效转换、高效储能、高可靠设计等瓶颈，形成若干个具备推广应用价值的海洋能综合利用装备产品。开展海岛（礁）海洋能独立电力系统示范工程建设；在浙江、福建等地区启动万千瓦级潮汐能电站建设，为规模化开发海洋能资源奠定基础。

（七）推动储能技术示范应用

配合国家能源战略行动计划，推动储能技术在可再生能源领域的示范应用，实现储能产业在市场规模、应用领域和核心技术等方面的突破。

1. 开展可再生能源领域储能示范应用。结合可再生能源发电、分布式能源、新能源微电网等项目开发和建设，开展综合性储能技术应用示范，通过各种类型储能技术与风电、太阳能等间歇性可再生能源的系统集成和互补利用，提高可再生能源系统的稳定性和电网友好性。重点探索适合可再生能源发展的储能技术类型和开发模式，探索开展储能设施建设的管理体制、激励政策和商业模式。

2. 提升可再生能源领域储能技术的技术经济性。通过示范工程建设培育稳定的可再生能源领域储能市场，重点提升储能系统的安全性、稳定性、可靠性和适用性，逐步完善储能技术标准、检测认证和入网规范，通过下游应用带动上游产品技术创新和成本下降，推动实现储能技术在可再生能源领域的商业化应用。

（八）加强可再生能源产业国际合作

结合经济全球化及国际能源转型趋势，充分发挥我国可再生能源产业比较优势，紧密结合"一带一路"倡议，推进可再生能源产业链全面国际化发展，提升我国可再生能源产业国际竞争水平，积极参与并推动全球能源转型。

1. 加强对话，搭建国际合作交流服务平台。继续加强与重要国际组织及国家间的政策对话和技术合作，充分掌握国际可再生能源发展趋势。整合已有的多边和双边合作机制，建立可再生能源产业国际合作服务和能力建设平台，提供政策对接、规划引领、技术交流、融资互动、风险预警、品牌建设、经验分享等全方位信息和对接服务，有效支撑我国可再生能源产业的国际化发展。

2. 合理布局，参与全球可再生能源市场。紧密结合"一带一路"沿线国家发展规划和建设需求，巩固和深耕传统市场，培养和开拓新兴市场，适时启动一批标志性合作项目，带动可再生能源领域的咨询、设计、承包、装备、运营等企业共同走出去，形成我国企业优势互补、协同国际化发展的良好局面。

3. 提升水平，参与国际标准体系建设。支持企业和相关机构积极参与国际标准的制修订工作，在领先领域主导制修订一批国际标准，提升我国可再生能源产业的技术水平。加大与主要可再生能源市场开展技术标准的交流合作与互认力度，积极运用国际多边互认机制，深度参与国际电工委员会可再生能源认证互认体系（IECRE）合格评定标准、规则的制定、实施和评估，提升我国在国际认证、认可、检测等领域的话语权。

4. 发挥优势，推动全球能源转型发展。充分发挥我国各类援外合作机制的支持条件，共享我国在可再生能源应用领域的政策规划和技术开发经验，为参与全球能源转型的国家，特别是经济技术相对落后的发展中国家，提供能力建设、政策规划等帮助和支持。

五、优化资源配置

充分利用规划、在建和已建输电通道，在科学论证送端电网调峰能力、受端电网可再生能源消纳能力的基础上，尽量提高输送电量中可再生能源电量比例。结合大气污染防治，促进京津冀周边地区可再生能源协同发展，有序推动可再生能源跨省消纳。发挥水电、光热等可再生能源调节能力，促进水电、风电、光伏、光热等可再生能源多能互补和联合外送。

（一）有序推进大型可再生能源基地建设

借助已建的特高压外送输电通道，加快新疆哈密、宁夏宁东等地区配套的可再生能源项目建设，确保2020年前可再生能源项目全部并网发电。结合在建输电通道的建设进度，有序推进甘肃酒泉、内蒙古、山西、新疆准东等可再生能源项目建设，有效扩大消纳范围，最大限度地提高外送可再生能源电量比重。

> **专栏 5　利用规划、在建和已建输电通道外送可再生能源**
>
> （1）已建输电通道。哈密—郑州±800千伏直流、宁夏—山东±600千伏直流、高岭背靠背等。
>
> （2）规划和在建输电通道。锡盟—山东1000千伏交流、锡盟—江苏±800千伏直流、蒙西—天津南1000千伏交流、上海庙—山东±800千伏直流、晋北—江苏±800千伏直流、宁东—浙江±800千伏直流、酒泉—湖南±800千伏直流、扎鲁特—山东±800千伏直流等。

（二）加强京津冀及周边地区可再生能源协同发展

贯彻落实《大气污染防治行动计划》有关要求，结合"绿色奥运""京津冀一体化"发展战略等，积极推进河北张家口、承德等地区可再生能源基地建设，研究论证并适时推动内蒙古乌兰察布、赤峰等地区可再生能源基地规划建设，加强配套输电通道的规划建设，提高京津冀地区电网协同消纳新能源能力，推广普及可再生能源清洁供暖，实现清洁能源电能替代，显著提高可再生能源在京津冀地区能源消费中的比重。

> **专栏 6　京津冀及周边地区可再生能源协同发展**
>
> （1）张家口可再生能源示范区。深入贯彻"低碳奥运"理念，落实张家口可再生能源示范区规划，推进张家口风电、太阳能、地热能等可再生能源建设和应用，着力推进体制机制创新、商业模式创新、技术创新，构建多元化和智能化的能源系统。
>
> （2）承德风电基地三期项目。适时推进承德风电基地三期项目建设，在京津冀地区统筹消纳。
>
> （3）乌兰察布风电基地。根据市场需求规划建设，积极推进华北电网区域内消纳方案论证。
>
> （4）赤峰风电基地。根据市场需求规划建设，积极推进华北电网区域内消纳方案论证。

（三）开展水风光互补基地示范

利用水风光发电出力的互补特性，在不增加弃水的前提下，在西南和西北等水能资源丰富的地区，借助水电站外送通道和灵活调节能力，建设配套的风电和光伏发电项目，协同推进水风光互补示范项目建设。重点推进四川省凉山州风水互补基地、雅砻江水风光互补基地、金沙江水风光互补基地、贵州省乌江和北盘江流域风水联合运行、青海海南州水风光互补基地等可再生能源基地建设。

> **专栏 7　水风光互补示范基地**
>
> （1）四川省凉山州风电基地。在四川省内消纳利用。
>
> （2）雅砻江水风光互补基地。通过锦屏—江苏等特高压直流实现水风光联合外送和跨区消纳。

（3）金沙江水风光互补基地。通过溪洛渡—浙江特高压直流、向家坝—上海特高压直流、溪洛渡—广东直流等实现水风光联合外送和跨区消纳。

（4）贵州省乌江和北盘江水风光互补基地。在贵州省内消纳利用。

（5）青海海南州水风光互补基地。结合受端电力市场情况，推进水电、风电、光伏、光热联合外送方案论证。

（四）论证风光热综合新能源基地规划

在风能、太阳能资源富集地区，统筹考虑送端地区风电、光伏、光热、抽水蓄能等各类资源互补调节能力，研究规划新增外送输电通道，统筹送端资源和受端市场，充分发挥受端调节作用，实现高品质新能源资源在更大范围内的优化配置。研究探索内蒙古阿拉善盟、青海海西州、甘肃金昌武威等地区以可再生能源电量为主的外送方案。

专栏 8　风光热综合新能源基地

（1）内蒙古阿拉善盟。推进风电、光伏、光热、抽蓄联合运行机制、方式等研究，结合受端电力市场情况，适时探索启动联合外送方案论证。

（2）青海海西州。推进风电、光伏、光热、抽蓄联合运行机制、方式等研究，结合受端电力市场情况，适时探索启动联合外送方案论证。

六、创新发展方式

结合电力市场建设和电力体制改革，选择适宜地区开展各类可再生能源示范，探索可再生能源集成技术应用、规模化发展路径及商业运营模式，为加快推动可再生能源利用、替代化石能源消费打下坚实基础。

（一）可再生能源供热示范工程

按照"优先利用、经济高效、多能互补、综合集成"的原则，开展规模化应用的可再生能源供热示范工程。在城镇规划建设过程中，做好区域能源规划与城市发展规划的衔接，树立优先发展可再生能源的理念，将可再生能源供热作为区域能源规划的重要内容。推进建筑领域、工业领域可再生能源供热，启动生物质替代城镇燃料工程，加快供热领域各类可再生能源对化石能源的替代。统筹规划建设和改造热力供应的基础设施，加强配套电网建设与改造，优化设计供热管网，建立可再生能源与传统能源协同互补、梯级利用的综合热能供应体系。到2020年，各类可再生能源供热和民用燃料总计可替代化石能源约1.5亿吨标准煤。

专栏 9　可再生能源供热示范工程

（1）太阳能供热。在继续推广太阳能建筑一体化基础上，加快各类中高温太阳能热利用技术在工业领域应用，满足热水、取暖、蒸汽、制冷等各种品质用热/用冷需要。在适宜地区推广跨季太阳能蓄热工程供热。

（2）生物质能供热。因地制宜推进农林废弃物、城市垃圾等生物质能综合开发，鼓励城镇小型燃煤供热锅炉改造为以生物质成型颗粒为燃料，扩大生物质热电联产比重，提高生物质利用效率，替代城镇化石燃料消费。

（3）地热能供热。鼓励地热能资源丰富地区，建立以地热能为主的供热利用体系，满足各种供热需求。

（4）清洁电力供热。在风能资源富集、供热需求量大、电力供应相对过剩的北方地区，以替代燃煤小锅炉为目标，推广规模化的清洁电力供热工程，在满足这些地区刚性供热需要的同时，扩大清洁电力就地消纳比重，减少煤炭消费。

（二）区域能源转型示范工程

在继续做好绿色能源示范县、新能源示范城市等工作基础上，支持资源条件好、管理有基础、发展潜力大、示范作用显著的地区，以推进新能源应用、显著提高新能源消费比重为目标，以省级、市级、县级或园区级为单位，开展区域能源转型综合应用示范工程建设，促进新能源技术集成、应用方式和体制机制等多层面的创新，探索建立以可再生能源为主的能源技术应用和综合管理新体系。在"三北"地区开展就近消纳试点，发展与可再生能源配套的高载能工业，探索风电制氢、工业直供电等新型可再生能源开发利用模式。争取到2020年，在一些地区工业、建筑、交通等领域增量或存量的能源消费中，率先实现高比例可再生能源应用。

专栏10 区域能源转型示范工程

（1）能源转型示范省（区）。支持可再生能源资源富集的西北、西南等省（区），规划能源转型战略目标，探索可再生能源就地消纳与省间互济、风光水电等互补协调运行机制，建设能源转型示范省（区）。到2020年，示范省（区）内可再生能源在能源消费中的占比超过30%。支持中东部可再生能源资源一般或相对贫乏但能源消费集中的省份，充分发挥网际输电能力、区域调峰能力，探索实施需求侧管理等综合优化调度运行模式，增加可再生能源消纳比重，争取在"十三五"期间，通过市场化机制消纳区外可再生能源，示范省可再生能源在能源消费中的比重超过30%，新增可再生能源在全部新增能源消费中的占比超过50%。

（2）能源转型示范城市。在继续深入开展新能源示范城市创建工作的基础上，引导积极的城市创建能源转型示范城市。示范城市以分布式能源和可再生能源供热为重点领域，完善相关政策措施，建立健全信息统计和监测体系等管理制度，力争城市增量能源消费大部分由新能源提供，加快新能源对存量化石能源消费的替代，提高新能源在城市用能中的消费比重，推动城市能源结构转型。示范城市能源消费中的可再生能源比重占城市用能消费的50%以上。

（3）农村能源转型示范县（区）。支持在农业及人口大省开展农村能源转型示范县（区）建设。加快城乡电力服务均等化进程，实现稳定可靠的供电服务全覆盖。推进各类生物质集中供气、沼气集中供气、成型燃料供热项目在农村和城镇应用。利用荒山荒坡、农业大棚或设施农业等建设"光伏+"项目，因地制宜推动光伏和风力发电在提水灌溉等农业生产中的应用。支持示范县（区）建设新型农村可再生能源开发利用合作模式，加快实现农村能源清洁化、优质化、产业化、现代化。

（4）高比例可再生能源应用示范区。在可再生能源资源富集、体制机制创新等先行先试区域，支持因地制宜创建更高可再生能源比例的清洁能源应用示范区，满足用电、供热、制冷、用气等各类用能需要，实现不同新能源技术之间以及新能源与常规能源生产消费体系的融合。示范区可再生能源在能源消费中的占比超过80%。

（三）新能源微电网应用示范工程

为探索建立容纳高比例波动性可再生能源电力的发输（配）储用一体化的局域电力系统，探索电力能源服务的新型商业运营模式和新业态，推动更加具有活力的电力市场化创新发展，最终形成较为完善的新能源微电网技术体系和管理体制，按照"因地制宜、多能互补、技术先进、创新机制"的原则，推进以可再生能源为主、分布式电源多元互补的新能源微电网应用示范工程建设。

专栏11　新能源微电网应用示范工程

（1）联网型微电网。鼓励在需求较大和资源条件好的地区，建设可再生能源为主、天然气等互补的联网型微电网，实现区域内冷热电负荷的动态平衡及与大电网的灵活互动。

（2）独立性微电网。在偏远、海岛或电网薄弱地区建立风、光、水为主，储能、天然气、柴油备用的独立型微电网。

七、完善产业体系

逐步完善可再生能源产业体系建设，坚持将科技创新驱动作为促进可再生能源产业持续健康发展的基本动力，不断提高可再生能源利用效率，提升可再生能源使用品质，降低可再生能源项目建设和运行成本，增强可再生能源的技术经济综合竞争力。

（一）加强可再生能源资源勘查工作

根据能源结构调整需要，对重要地区的可再生能源资源量进行调查评价，适时启动河流水能资源开发后评价工作。全面完成西藏水能资源调查，组织发布四川水力资源复查成果。加大中东部和南方复杂地形区域的低风速风能资源、海域风能资源评价。加大中东部地区分布式光伏、西部和北部地区光热等资源勘查。加强地热能、生物质能、海洋能等新型可再生能源资源勘查工作。及时公布各类可再生能源资源勘查结果，引导和优化项目投资布局。

（二）加快推动可再生能源技术创新

推动可再生能源产业自主创新能力建设，促进技术进步，提高设备效率、性能与可靠性，提升国际竞争力。建设可再生能源综合技术研发平台，建立先进技术公共研发实验室，推动全产业链的原材料、产品制备技术、生产工艺及生产装备国产化水平提升，加快掌握关键技术的研发和设备制造能力。充分发挥企业的研发创新主体作用，加大资金投入，推动产业技术升级，加快推动风电、太阳能发电等可再生能源发电成本的快速下降。

（三）建立可再生能源质量监督管理体系

开展可再生能源电站主体工程及相关设备质量综合评价，定期公开可再生能源电站开发建设和运行安全质量情况。加强可再生能源电站运行数据采集和监控，建立透明公开的覆盖设计、生产、运行全过程的质量监督管理和安全故障预警机制。建立可再生能源行业事故通报机制，及时发布重大事故通报和共性事故的反事故措施。建立政府监管和行业自律相结合的优胜劣汰市场机制，构建公平、公正、开放的招投标市场环境和可再生能源开发建设不良行为负面清单制度。

（四）提高可再生能源运行管理的技术水平

积极推动可再生能源项目的自动化管理水平和技术改造，提高发电能力和对电网的适应性。逐步完善施工、检修、运维等环节的专业化服务，加强后服务市场建设，建立较为完善的产业服务和技术支持体系。大力推动风电、光伏等新能源并网消纳技术研究，重点推动电储能、柔性直流输电等高新技术的示范应用，推动能源结构调整，加强调峰能力建设，挖掘调峰潜力，提高电力系统灵活性。完善电网结构，优化调度运行，加强新能源外送通道的规划建设，提高外送通道利用率，逐步建立可再生能源大规模融入电力系统的新型电力运行机制，实现可再生能源与现有能源系统的深度融合。

（五）完善可再生能源标准检测认证体系

加强可再生能源标准体系的协调发展，形成覆盖资源勘测、工程规划、项目设计、装备制造、检测认证、施工建设、接入电网、运行维护等各环节的可再生能源标准体系。鼓励有关科研院校和企业积极参与可再生能源相关标准的编制修订工作，推进标准体系与国际接轨。支持检测机构能力建设，加强设备检测和认证平台建设，合理布局可再生能源发电装备产品检测试验中心。提升认证机构业务水平，加快推动可再生能源产业信用体系建设，规范可再生能源发电装备市场秩序。推进认证结果国际互认，为我国可再生能源装备企业参与全球市场提供支持。

（六）提升可再生能源信息化管理水平

建设产业公共服务平台，全面实行可再生能源行业信息化管理，建立和完善全国可再生能源发电项目信息管理平台，全面、系统、及时、准确监测和发布可再生能源发电项目建设和运行信息，为可再生能源行业管理和政策决策提供支撑。充分运用大数据、"互联网+"等先进理念、技术和资源，建设项目全生命周期信息化管理体系，建设可再生能源发电实证系统、测试系统和数据中心，为产业提供全方位的数据和信息监测服务。

八、保障措施

为落实可再生能源发展的主要任务，实现可再生能源发展目标，采取以下保障措施：

（一）建立可再生能源开发利用目标导向的管理体系

落实《可再生能源法》的要求，按照可再生能源发展规划目标，确定规划期内各地区一次能源消费总量中可再生能源消费比重指标，以及全社会电力消费量中可再生能源电力消费比重指标。抓紧研究有利于可再生能源大规模并网的电力运行机制及技术支撑方案，建立以可再生能源利用指标为导向的能源发展指标考核体系，完善国家及省级间协调机制，按年度分解落实，并对各省（区、市）、电网公司和发电企业可再生能源开发利用情况进行监测，及时向全社会发布并进行考核，以此作为衡量能源转型的基本标准以及推动能源生产和消费革命的重要措施。各级地方政府要按照国家规划要求，制定本地区可再生能源发展规划，并将主要目标和任务纳入地方国民经济和社会发展规划。

（二）贯彻落实可再生能源发电全额保障性收购制度

根据电力体制改革的总体部署，落实可再生能源全额保障性收购制度，按照《可再生能源发电全额保障性收购管理办法》要求，严格执行国家明确的风电、光伏发电的年度保障小时数。加大改革创新力度，推进适应可再生能源特点的电力市场体制机制改革示范，逐步建立新型电力运行机制和电价形成机制，积极探索多部制电价机制。建立煤电调频调峰补偿机制，建立辅助服务市场，激励市场各方提供辅助服务，建立灵活的电力市场机制，实现与常规能源系统的深度融合。

（三）建立可再生能源绿色证书交易机制

根据非化石能源消费比重目标和可再生能源开发利用目标的要求，建立全国统一的可再生能源绿色证书交易机制，进一步完善新能源电力的补贴机制。通过设定燃煤发电机组及售电企业的非水电可再生能源配额指标，要求市场主体通过购买绿色证书完成可再生能源配额义务，通过绿色证书市场化交易补偿新能源发电的环境效益和社会效益，逐步将现行差价补贴模式转变为定额补贴与绿色证书收入相结合的新型机制，同时与碳交易市场相对接，降低可再生能源电力的财政资金补贴强度，为最终取消财政资金补贴创造条件。

（四）加强可再生能源监管工作

贯彻落实国务院关于转变职能、简政放权的有关要求，确保权力与责任同步下放、调控与监管同步加强。强化规划、年度计划、部门规章规范性文件和国家标准的指导作用，充分发挥行业监管部门的监管和行业协会的自律作用，打造法规健全、监管闭合、运转高效的管理体制。完善行业信息监测体系，健全产业风险预警防控体系和应急预案机制，完善考核惩罚机制。开展水电流域梯级联合调度运行和综合监测工作，进一步完善新能源项目信息管理，建立覆盖全产业链的信息管理体系，实行重大质量问题和事故报告制度。定期开展可再生能源消纳、补贴资金征收和发放、项目建设进度和工程质量、项目并网接入等专项监管工作。

九、投资估算和环境社会影响分析

（一）投资情况

到2020年，水电新增装机约6000万千瓦，新增投资约5000亿元，新增风电装机约8000千瓦，新增投资约7000亿元，新增各类太阳能发电装机投资约1万亿元。加上生物质发电投资、太阳能热水器、沼气、地热能利用等，"十三五"期间可再生能源新增投资约2.5万亿元。

（二）环境社会影响分析

可再生能源开发利用可替代大量化石能源消耗、减少温室气体和污染物排放、显著增加新的就业岗位，对环境和社会发展起到重要且积极作用。

水电、风电、太阳能发电、太阳能热利用在能源生产过程中不排放污染物和温室气体，而且可显著减少各类化石能源消耗，同时降低煤炭开采的生态破坏和燃煤发电的水资源消耗。农林生物质从生长到最终利用的全生命周期内不增加二氧化碳排放，生物质发电排放的二氧化硫、氮氧化物和烟尘等污染物也远少于燃煤发电。

2020年，全国可再生能源年利用量折合7.3亿吨标准煤，其中商品化可再生能源利用量5.8亿吨标准煤。届时可再生能源年利用量相当于减少二氧化碳排放量约14亿吨，减少二氧化硫排放量约1000万吨，减少氮氧化物排放约430万吨，减少烟尘排放约580万吨，年节约用水约38亿立方米，环境效益显著。

可再生能源产业涉及领域广，可有力带动相关产业发展，可大幅增加新增就业岗位，也是实现脱贫攻坚的重要措施，对宏观经济发展产生积极影响，更是实现经济发展方式转变的重要推动力。2020年，全国可再生能源部门就业人数超过1300万，其中"十三五"时期新增就业人数超过300万。

（二）水电发展"十三五"规划

"十三五"将加快抽水蓄能电站建设，以适应新能源大规模开发需要，保障电力系统安全运行。根据《国民经济和社会发展第十三个五年规划纲要》、《能源发展"十三五"规划》和《可再生能源发展"十三五"规划》，2016年11月29日，国家能源局发布了《水电发展"十三五"规划》。该规划以加快建设清洁低碳、安全高效现代能源体系，进一步转变水电发展思路为主线，提出"十三五"水电发展的指导思想、基本原则、发展目标、重点任务和规划保障，是"十三五"时期我国水电发展的重要指南。

水电发展"十三五"规划（2016—2020年）
（发布稿）
前 言

水电是技术成熟、运行灵活的清洁低碳可再生能源，具有防洪、供水、航运、灌溉等综合利用功能，经济、社会、生态效益显著。根据最新统计，我国水能资源可开发装机容量约6.6亿千瓦，年发电量约3万亿千瓦·时，按利用100年计算，相当于1000亿吨标煤，在常规能源资源剩余可开采总量中仅次于煤炭。经过多年发展，我国水电装机容量和年发电量已突破3亿千瓦和1万亿千瓦·时，分别占全国的20.9%和19.4%，水电工程技术居世界先进水平，形成了规划、设计、施工、装备制造、运行维护等全产业链整合能力。我国水能资源总量、投产装机容量和年发电量均居世界首位，与80多个国家建立了水电规划、建设和投资的长期合作关系，是推动世界水电发展的主要力量。

目前，全球常规水电装机容量约10亿千瓦，年发电量约4万亿千瓦·时，开发程度为26%（按发电量计算），欧洲、北美洲水电开发程度分别达54%和39%，南美洲、亚洲和非洲水电开发程度分别为26%、20%和9%。发达国家水能资源开发程度总体较高，如瑞士达到92%、法国88%、意大利86%、德国74%、日本73%、美国67%。发展中国家水电开发程度普遍较低。我国水电开发程度为37%（按发电量计算），与发达国家相比仍有较大差距，还有较广阔的发展前景。今后全球水电开发将集中于亚洲、非洲、南美洲等资源开发程度不高、能源需求增长快的发展中国家,预测 2050 年全球水电装机容量将达 20.5 亿千瓦 (2050GW)。

随着电网安全稳定经济运行要求不断提高和新能源在电力市场的份额快速上升,抽水蓄能电站开发建设的必要性和重要性日益凸显。目前,全球抽水蓄能电站总装机容量约 1.4 亿千瓦,日本、美国和欧洲诸国的抽水蓄能电站装机容量占全球的 80% 以上。我国抽水蓄能电站装机容量 2303 万千瓦,占全国电力总装机容量的 1.5%。"十三五"将加快抽水蓄能电站建设,以适应新能源大规模开发需要,保障电力系统安全运行。

根据《国民经济和社会发展第十三个五年规划纲要》、《能源发展"十三五"规划》和《可再生能源发展"十三五"规划》,制订了《水电发展"十三五"规划》(以下简称《规划》)。《规划》以加快建设清洁低碳、安全高效现代能源体系,进一步转变水电发展思路为主线,提出"十三五"水电发展的指导思想、基本原则、发展目标、重点任务和规划保障,是"十三五"时期我国水电发展的重要指南。

一、规划基础

(一) 发展现状

"十二五"时期,我国着力构建安全、稳定、经济、清洁现代能源产业体系,把在做好生态保护和移民安置的前提下积极发展水电,作为重要的能源发展方针,高度重视开发建设与生态保护、移民安置、经济社会等的统筹协调工作,新增投产 1 亿千瓦,约占水电总装机容量的三分之一,为实现我国 2015 年非化石能源发展目标发挥了有力支撑作用,为促进国民经济和社会可持续发展提供了重要能源保障。

——装机规模不断跃升。"十二五"期间,新增水电投产装机容量 10348 万千瓦,年均增长 8.1%,其中大中型水电 8076 万千瓦,小水电 1660 万千瓦,抽水蓄能 612 万千瓦。到 2015 年底,全国水电总装机容量达到 31954 万千瓦,其中大中型水电 22151 万千瓦,小水电 7500 万千瓦,抽水蓄能 2303 万千瓦,水电装机占全国发电总装机容量的 20.9%。2015 年全国水电发电量约 1.1 万亿千瓦·时,占全国发电量的 19.4%,在非化石能源中的比重达 73.7%。

"十二五"时期,开工建设了金沙江乌东德、梨园、苏洼龙,大渡河双江口、猴子岩,雅砻江两河口、杨房沟等一批大型和特大型常规水电站,总开工规模达到 5000 万千瓦。同时,开工建设了黑龙江荒沟、河北丰宁、山东文登、安徽绩溪、海南琼中、广东深圳等抽水蓄能电站,总开工规模 2090 万千瓦,创历史新高。

专栏 1 "十二五"水电发展主要指标及完成情况

项目	2010 年装机(万千瓦)	2015 年预期(万千瓦)	2015 年实际(万千瓦)	年均增长率(%)
一、常规水电站	19915	26000	29651	8.3
1. 大中型水电站	14075	19200	22151	9.5
2. 小型水电站	5840	6800	7500	5.1
二、抽水蓄能水电站	1691	3000	2303	6.4
合计	21606	29000	31954	8.1

专栏 2　"十二五"开工的主要水电站	
常规水电站	金沙江：梨园、阿海、鲁地拉、龙开口、观音岩、乌东德、苏洼龙
	雅砻江：两河口、杨房沟
	大渡河：双江口、黄金坪、猴子岩、安谷、枕头坝一级、沙坪二级
	黄河：刘家峡扩机、黄丰
	其他河流：马马崖一级、丰满重建、小漩、立洲、卡基娃、多布
抽水蓄能电站	华北电网：丰宁（一期、二期）、文登、沂蒙
	华东电网：绩溪、金寨、长龙山
	华中电网：天池、蟠龙
	东北电网：敦化、荒沟
	南方电网：琼中、深圳、梅州一期、阳江二期

专栏 3　"十二五"投产的主要水电站	
常规水电站	长江：三峡地下电站
	金沙江：阿海、金安桥、鲁地拉、龙开口、溪洛渡、向家坝
	大渡河：泸定、大岗山、深溪沟、枕头坝一级、安谷
	雅砻江：锦屏一级、锦屏二级、官地
	乌江：沙沱、银盘
	黄河：黄丰
	红水河：岩滩扩建
	沅水：白市、托口
	其他流域：马马崖一级、旁多、亭子口、果多、江边
抽水蓄能电站	华北电网：呼和浩特
	华东电网：仙游
	华中电网：黑麋峰、宝泉
	东北电网：蒲石河
	南方电网：惠州

——技术能力实现跨越。"十二五"期间，坚持技术创新与工程建设相结合，加强重大装备自主化，着力提高信息化水平，工程建设技术和装备制造水平显著提高。攻克了世界领先的复杂地质条件下 300 米级特高拱坝、超高心墙堆石坝采用掺砾石土料和软岩堆石料筑坝、35 米跨度地下厂房洞室群、深埋长引水隧洞群、砂石料长距离皮带输送系统等技术难题。自主制造了单机容量 80 万千瓦混流式水轮发电机组，500 米级水头、单机容量 35 万千瓦抽水蓄能机组成套设备，世界上最大的单体升船机、最大跨度重型缆机等。建成了世界最高混凝土双曲拱坝锦屏一级水电站，深埋式长隧洞锦屏二级水电站，装机规模世界第三的溪洛渡水电站，复杂地质条件的大岗山水电站。

——行业管理逐步强化。"十二五"期间，坚持开发与管理、建设与运行并重，逐步完善水电开发政策法规与技术标准，强化水电行业管理，制定了抽水蓄能产业政策，出台了鼓励社会资本投资水电站的指导意见，以及流域管理、质量监督、工程验收和抽水蓄能选点规划、运行管理相关规定。水电移民政策不断完善，明确了"先移民后建设"要求，加强了移民档案和统计管理，建立了流域水电移民工作协调机制。生态保护工作不断加强，全面落实水电环境影响评价制度，完善了水电建设与验收的环保技术标准，完成了金沙江上游、黄河上游等河流水电规划及规划环评，协调了水电开发与环境保护关系，分层取水、过鱼设施、栖息地保护、生态调度等环境友好型措施逐步推广应用。

（二）面临形势

——生态环保压力不断加大。随着经济社会的发展和人们环保意识的提高，特别是生态文明建设，对水电开发提出了更高要求；随着水电开发的不断推进和开发规模的扩大，剩余水电开发条件相对较差，敏感因素相对较多，面临的生态环境保护压力加大。

——移民安置难度持续提高。我国待开发水电主要集中在西南地区大江大河上游，经济社会发展相对滞后，移民安置难度加大。同时，有关方面希望水电开发能够扶贫帮困，促进地方经济发展，由此将脱贫致富的期望越来越多地寄托在水电开发上，进一步加大了移民安置的难度。

——水电开发经济性逐渐下降。大江大河上游河段水电工程地处偏远地区，制约因素多，交通条件差，输电距离远，工程建设和输电成本高，加之移民安置和生态环境保护的投入不断加大，水电开发的经济性变差，市场竞争力显著下降。此外，对水电综合利用的要求越来越高，投资补助和分摊机制尚未建立，加重了水电建设的经济负担和建设成本。

——抽水蓄能规模亟待增加。总量偏小，目前仅占全国电力总装机的1.5%，而能源结构的转型升级要求抽水蓄能占比快速大幅提高；支持抽水蓄能发展的政策不到位，投资主体单一，电站运行管理体制机制尚未理顺，部分已建抽水蓄能电站的作用和效益未能充分有效发挥，需要统筹发挥抽水蓄能电站作用。

二、规划原则

（一）指导思想

全面贯彻党的十八大和十八届三中、四中、五中全会精神，落实创新、协调、绿色、开放、共享的发展理念，遵循习近平总书记能源发展战略思想，把发展水电作为能源供给侧结构性改革、确保能源安全、促进贫困地区发展和生态文明建设的重要战略举措，加快构建清洁低碳、安全高效的现代能源体系，在保护好生态环境、妥善安置移民的前提下，积极稳妥发展水电，科学有序开发大型水电，严格控制中小水电，加快建设抽水蓄能电站。

（二）基本原则

坚持绿色发展，建设生态文明。高度重视生态环境保护，坚持生态优先，科学开发水能资源，建设环境友好型工程，重视生态修复，保障水电可持续发展。

坚持协调发展，确保健康有序。统筹流域水电开发，积极推进水电基地建设，加快调节性能好的控制性水库建设；优化电源建设结构，加快抽水蓄能发展；统筹水电开发、电网建设和电力市场，增强发展协调性。

坚持创新发展，增强发展动力。加快推进体制机制创新，完善水电开发和建设管理体制，提升流域综合管理水平；不断推进技术创新，提高水电建设和装备制造的国际竞争力。

坚持共享发展，促进脱贫致富。坚持水电开发经济效益与社会效益并重，把水电发展和促进移民脱贫、增加群众资产性收益相结合，把水电发展和促进当地经济发展相结合，让地方和移民共享水电发展成果。

坚持开放发展，加强国际合作。以"一带一路"建设为统领，推动水电装备、技术、标准和工程服务对外合作。

（三）发展目标

全国新开工常规水电和抽水蓄能电站各 6000 万千瓦左右，新增投产水电 6000 万千瓦，2020 年水电总装机容量达到 3.8 亿千瓦，其中常规水电 3.4 亿千瓦，抽水蓄能 4000 万千瓦，年发电量 1.25 万亿千瓦·时，折合标煤约 3.75 亿吨，在非化石能源消费中的比重保持在 50%以上。"西电东送"能力不断扩大，2020 年水电送电规模达到 1 亿千瓦。预计 2025 年全国水电装机容量达到 4.7 亿千瓦，其中常规水电 3.8 亿千瓦，抽水蓄能约 9000 万千瓦；年发电量 1.4 万亿千瓦·时。

专栏4 "十三五"水电发展目标

项目	新增投产规模（万千瓦）	2020年目标规模	
		装机容量（万千瓦）	年发电量（亿千瓦·时）
一、常规水电站	4349	34000	12500
1. 大中型水电	3849	26000	10000
2. 小水电	500	8000	2500
二、抽水蓄能电站	1697	4000	
合计	6046	38000	12500

三、规划布局

（一）常规水电站

根据我国水能资源具有的明显区域分布特点和开发现状，统筹规划、合理布局西部和东中部水电开发。

西南地区以川、滇、藏为重心，以重大项目为重点，结合受端市场和外送通道建设，积极推进大型水电基地开发。继续做好金沙江中下游、雅砻江、大渡河等水电基地建设工作；积极推进金沙江上游等水电基地建设，建设藏东南"西电东送"接续基地。西北地区适应能源转型发展需要，优化开发黄河上游水电基地。发挥水电的调节作用，实现水电与其他能源的多能互补。加强流域梯级水电站群联合调度运行管理。到 2020 年，西部常规水电装机规模达到 24000 万千瓦，占全国的比例为 70.6%，开发程度达到 44.5%。

东中部地区优化开发剩余水能资源，根据能源转型发展需要，优先挖潜改造现有水电工程，充分发挥水电调节作用，总结流域梯级水电站建设管理经验，开展水电开发后评价工作，推行中小流域生态修复。到 2020 年，常规水电装机规模达到 10000 万千瓦，占全国的比例为

29.4%，开发程度达到82.7%。

专栏5　"十三五"常规水电站发展布局

地区	开发规模（万千瓦）	占全国的比例（%）	开发程度（%）
西部地区	24000	70.6	44.5
中部地区	6300	18.5	90.4
东部地区	3700	10.9	72.1
合计	34000	100	51.5

（二）抽水蓄能电站

统筹优化能源、电力布局和电力系统保安、节能、经济运行水平，以电力系统需求为导向，优化抽水蓄能电站区域布局，加快开发建设。

——华北地区。服务新能源大规模发展和核电不断增长需要，抽水蓄能电站重点布局在河北、山东，河北抽水蓄能电站建设兼顾京津冀一体化的电力系统需要。规划2020年装机规模847万千瓦，"十三五"期间开工规模约1200万千瓦。2025年，抽水蓄能电站装机规模约2300万千瓦。

——华东地区。服务核电和新能源大规模发展，以及接受区外电力需要，统筹华东电网抽水蓄能站点布局，抽水蓄能电站重点布局在浙江、福建和安徽。规划2020年装机规模1276万千瓦，"十三五"期间开工规模约1600万千瓦。2025年，抽水蓄能电站装机规模约2400万千瓦。

——华中地区。根据区域内电力系统特点和运行需要，按照区域电网调度需求，合理布局建设抽水蓄能电站，抽水蓄能电站重点布局在城市群和负荷中心附近。规划2020年装机规模679万千瓦，"十三五"期间开工规模约1300万千瓦。2025年，抽水蓄能电站装机规模约1600万千瓦。

——东北地区。服务新能源和核电大规模发展需要，统筹东北电网抽水蓄能站点布局，加快抽水蓄能电站建设。规划2020年装机规模350万千瓦，"十三五"期间开工规模约1000万千瓦。2025年，抽水蓄能电站装机规模约900万千瓦。

——西北地区。服务新能源大规模发展和电力外送需要，重点围绕风电、太阳能等新能源基地及负荷中心合理布局，加快启动抽水蓄能电站建设。"十三五"期间开工规模约600万千瓦。2025年，抽水蓄能电站装机规模约400万千瓦。

——南方地区。服务核电大规模发展和接受区外电力需要，抽水蓄能电站重点布局在广东。规划2020年装机规模788万千瓦，"十三五"期间开工规模约300万千瓦。2025年，抽水蓄能电站装机规模约1400万千瓦。

专栏6 "十三五"抽水蓄能电站发展布局

电网区域	2020年装机规模（万千瓦）	占全国的比例（%）	"十三五"开工规模（万千瓦）	占全国的比例（%）
华北	847	21.4	1200	20
华东	1276	32.3	1600	26.7
华中	679	17.2	1300	21.7
东北	350	8.9	1000	16.6
西北	—	—	600	10
南方	788	20	300	5
西藏	9	0.2	—	—
合计	3949	100.0	6000	100.0

四、重点任务

（一）水电前期工作

——开展水能资源调查。全面完成西藏水能资源调查，组织发布四川水力资源复查成果。根据能源结构调整的需要，发挥水电运行灵活特点和调节作用，对东中部和西北地区开展优化、挖潜开发的水能资源量进行调查和评价。适时启动河流水能资源开发后评价工作。

——加快河流水电规划。加快推进水电规划研究论证工作，全面完成雅砻江上游等重点河流（河段）水电规划工作。统筹考虑综合利用、生态保护、移民安置、区域发展需要，完成金沙江虎跳峡、长江宜宾至重庆、黄河黑山峡等重点争议河段开发方案综合研究论证工作。

——滚动调整抽水蓄能规划。统筹考虑区域电力系统调峰填谷需要、安全稳定运行要求和站址建设条件，对尚未开展选点规划的地区适时启动规划工作；对部分已有选点规划，经论证有增补、调整站点必要的地区进行滚动调整，充分论证系统需求，分析研究抽水蓄能电站的合理建设规模和布局，优选确定规划站点。根据发展需要，适时启动新一轮的全国抽水蓄能规划工作。

专栏7 "十三五"水电前期工作要点

前期工作内容	工作重点
水能资源调查	西藏水能资源全面调查，四川水力资源复查成功发布，东中部和西北地区优化、挖潜开发水能资源量调查和评价
河流水电规划	西南地区雅砻江上游等规划论证
抽水蓄能规划	广西、贵州等地区抽水蓄能电站选点规划，新疆、山东等地区抽水蓄能电站选点规划调整
重点河段研究凭证	金沙江虎跳峡河段、长江宜宾至重庆河段、黄河黑山峡河段
重大项目勘测设计	金沙江叶巴滩、拉哇、岗托、旭龙、奔子栏、龙盘、白鹤滩，黄河茨哈峡等常规水电站。河北抚宁、浙江宁海、辽宁清原等抽水蓄能电站

——推进重大项目勘测设计。抓紧推进一批战略性工程、控制性水库、骨干项目的前期工作，重点做好金沙江白鹤滩、龙盘、岗托，黄河茨哈峡等常规水电站，河北抚宁、浙江宁海、辽宁清原等抽水蓄能电站的勘测设计、方案研究等工作，优化工程设计，坚持节约集约用地，合理控制工程造价，提出科学合理的工程建设方案。加快推进项目建设各项准备工作。

（二）大型基地建设

——基本建成六大水电基地。继续推进雅砻江两河口、大渡河双江口等水电站建设，增加"西电东送"规模，开工建设雅砻江卡拉、大渡河金川、黄河玛尔挡等水电站。加强跨省界河水电开发利益协调，继续推进乌东德水电站建设，开工建设金沙江白鹤滩等水电站。加快金沙江中游龙头水库研究论证，积极推动龙盘水电站建设。基本建成长江上游、黄河上游、乌江、南盘江红水河、雅砻江、大渡河六大水电基地，总规模超过1亿千瓦。

——着力打造藏东南"西电东送"接续能源基地。开工建设金沙江上游叶巴滩、巴塘、拉哇等项目，加快推进金沙江上游旭龙、奔子栏水电站前期工作，力争尽早开工建设，努力打造金沙江上游等"西电东送"接续能源基地。

——配套建设水电基地外送通道。做好电网与电源发展合理衔接，完善水电市场消纳协调机制，按照全国电力统一优化配置原则，落实西南水电消纳市场，着力解决水电弃水问题。加强西南水电基地外送通道规划论证，加快配套送出工程建设，建成投产金中至广西、滇西北至广东、四川水电外送、乌东德送电广东、广西等输电通道，开工建设白鹤滩水电站外送输电通道，积极推进金沙江上游等水电基地外送输电通道论证和建设。

专栏8 "十三五"大型水电基地规划建设情况

序号	基地名称	规划总规模（万千瓦）	2015年建成规模（万千瓦）	"十三五"可能开工规模（万千瓦）	"十三五"新增投产规模（万千瓦）	2020年建成目标规模（万千瓦）
1	长江上游	3128	2521.5	203	0	2521.5
2	黄河上游	2656	1528.8	614.2	384.2	1913
3	乌江	1163	1110	52.5	0	1110
4	南盘江红水河	1508	1207.9	0	60	1267.9
5	雅砻江	2883	1455.6	734.5	15	1470.6
6	大渡河	2524	1229.7	493.86	512.73	1742.4
7	金沙江	8315	3162	2381.25	580	3742
	合计	22177	12215.5	4479.31	1551.93	13767.4

专栏9 "十三五"常规水电重点项目

序号	河流	重点开工项目	加快推进项目
1	金沙江	白鹤滩、叶巴滩、拉哇、巴塘、金沙	昌波、波罗、岗托、旭龙、奔子栏、龙盘、银江等
2	雅砻江	牙根一级、孟底沟、卡拉	牙根二级、楞古等

序号	河流	重点开工项目	加快推进项目
3	大渡河	金川、巴底、硬梁包、枕头坝二级、沙坪一级	安宁、丹巴等
4	黄河	玛尔挡、羊曲	茨哈峡、宁木特等
5	其他	林芝、白马	阿青、忠玉、康工、扎拉等

（三）中小流域开发

——控制中小水电开发。落实生态文明建设要求，统筹全流域、干支流开发与保护工作，按照流域内干流开发优先、支流保护优先的原则，严格控制中小流域、中小水电开发，保留流域必要生境，维护流域生态健康。水能资源丰富、开发潜力大的西部地区重点开发资源集中、环境影响较小的大型河流、重点河段和重大水电基地，严格控制中小水电开发；开发程度较高的东、中部地区原则上不再开发中小水电。弃水严重的四川、云南两省，除水电扶贫工程外，"十三五"暂停小水电和无调节性能的中型水电开发。

——支持离网缺电贫困地区小水电开发。支持边远缺电离网地区，因地制宜、合理适度开发小水电，按照"小流域、大生态"的理念，合理布局规划梯级，科学确定开发规模和方式，维持河流基本生态功能。重点扶持西藏自治区，四川、云南、青海、甘肃四省藏区和少数民族贫困地区小水电扶贫开发工作，继续实施绿色能源示范县建设，解决当地居民用电问题。"十三五"期间全国新开工小水电500万千瓦左右。

（四）抽水蓄能建设

坚持"统筹规划、合理布局"的原则，根据各地区核电和新能源开发、区域间电力输送情况及电网安全稳定运行要求，加快抽水蓄能电站建设。

——加快推进规划站点建设。抓紧落实规划站点建设条件，积极推进开工建设。加快开工建设一批距离负荷中心近、促进新能源消纳、受电端电源支撑的抽水蓄能电站。加强项目建设管理，严格执行基本建设程序，保证工程质量和施工安全，确保工程按期投产。

——研究试点海水抽水蓄能。加强关键技术研究，推动建设海水抽水蓄能电站示范项目，填补我国该项工程空白，掌握规划、设计、施工、运行、材料、环保、装备制造等整套技术，提升海岛多能互补、综合集成能源利用模式。

专栏10	"十三五"抽水蓄能电站重点开工项目		
所在区域	省份	项目名称	总装机容量（万千瓦）
东北电网	辽宁	清原、庄河、兴城	380
	黑龙江	尚志、五常	220
	吉林	蛟河、桦甸	240
	内蒙古（东部）	芝瑞	120
华东电网	江苏	句容、连云港	255
	浙江	宁海、缙云、磐安、衢江	540
	福建	厦门、周宁、永泰、云霄	560
	安徽	桐城、宁国	240

所在区域	省份	项目名称	总装机容量（万千瓦）
华北电网	河北	抚宁、易县、尚义	360
	山东	莱芜、潍坊、泰安二期	380
	山西	垣曲、浑源	240
	内蒙古（西部）	美岱、乌海	240
华中电网	河南	大鱼沟、花园沟、宝泉二期、五岳	480
	江西	洪屏二期、奉新	240
	湖北	大幕山、上进山	240
	湖南	安化、平江	260
	重庆	栗子湾	120
西北电网	新疆	阜康、哈密天山	240
	陕西	镇安	140
	宁夏	牛首山	80
	甘肃	昌马	120
南方电网	广东	新会	120
	海南	三亚	60
总计			5875

（五）生态环境保护

——加大大型水电环保力度。统筹水电开发与环境保护，加强水电开发前期研究和环境论证，扎实推进重点河流（河段）水电规划环评工作，严格落实规划环评要求，做到生态优先，合理布局。强化水电项目环境影响评价工作，科学论证项目的环境合理性；研究制定科学有效的环境保护措施，重点落实生态流量保障、水温影响减缓、水生生态保护，以及陆生生态保护等措施，切实保护流域生态。加强流域环境影响及保护措施效果跟踪监测，科学评估项目实施的环境影响和各项环境保护措施的实施效果；积极开展水电规划、水电项目环境影响跟踪评价、后评价工作，总结经验，推动生态友好型水电建设。

——优化小水电改造思路。转变以扩机增容为主的小水电改造传统思路，根据流域生态和工程安全需要，因地制宜实施以安全、环保为目标的小水电技术改造工作，提高电站安全水平，提升机组运行效率，增加下泄生态流量，加强运行监测监管。为切实改善电站上下游生态环境，今后，实施各类扩机增容、增效扩容等小水电改造，按照现行有效的环保标准进行环境论证和项目环评，增加环保措施，加大生态流量。

——实施流域生态修复。试点开展长江中上游、金沙江等流域水电开发生态保护与修复。开展中小流域水电开发后评价，全面总结开发经验教训，统筹考虑干支流水电开发及其生态环境状况，对环境保护、水土流失问题相对突出的流域，实施流域生态修复工作，抓紧启动岷江、凉山州黑水河等河流生态修复试点工作。坚持科学论证、统筹规划，对环境影响较大、具有改造条件的电站，实施生态改造，增加环境保护设施，促进流域生态恢复；对于建设方案不合理、环境破坏严重的电站采取措施逐步淘汰。建立中小水电破坏生态环境惩罚退出机制，落实生态保障责任。

(六) 流域综合管理

——开展流域水电综合监测。做好流域综合监测规划，推动开展乌江、大渡河、雅砻江、金沙江下游、黄河等流域水文泥沙、生态环境、地震活动、工程安全、水库移民、工程效益等综合监测。建立流域综合监测平台，构建全流域全过程的实时监测、巡视检查、信息共享、监督管理体系。

——实现梯级联合优化调度。统筹考虑综合利用需求，优化水电站运行调度，提高水能资源利用效率。研究流域梯级联合调度体制机制，统筹发电、防洪、供水、航运、灌溉、生态、安全等要求，制定梯级水电站联合优化调度运行规程和技术标准，推动长江、金沙江、乌江、大渡河、雅砻江、黄河、南盘江红水河等流域全面实现梯级联合调度，充分发挥流域梯级水电开发的整体效益。

(七) 水电科技、装备和生态技术研发

——不断加强工程安全风险防控技术研究。巩固大型水电工程安全建设与风险管控技术、复杂地质条件工程勘测与评价技术、高坝工程防震抗震技术、梯级水电站群地震监测技术以及深厚覆盖层坝基、大型地下洞室群、高坝泄洪消能、高陡边坡及滑坡体、鱼类过坝设施等领域的关键技术。开展水电工程失事成因、机理、模式及其预警和应急预案研究，提出影响评价标准。总结锦屏一级、溪洛渡、拉西瓦、大岗山等特高坝工程设计、建设、运行和管理经验，研究高坝工程建设及运行安全风险控制技术。研发水电工程安全风险管理集成成套技术。完善工程安全风险评估体系，研究已建工程除险加固的工程和非工程措施以及综合治理技术，实现水电工程全生命周期安全风险在控、可控。

——持续提高工程建设技术水平。以重大工程为依托，重点开展高寒高海拔高地震烈度复杂地质条件下筑坝技术、高坝工程防震抗震技术、高寒高海拔地区特大型水电工程施工技术、超高坝建筑材料等技术攻关，提升水电勘测设计施工技术水平，服务工程建设。依托茨哈峡水电站研究创新250米级面板堆石坝筑坝技术，依托双江口、两河口水电站研究创新300米级心墙堆石坝筑坝技术，依托乌东德和白鹤滩水电站研究提升强震多发区300米级拱坝及大型地下洞室群关键技术。进一步加强水电行业标准化体系建设，突出强制性和关键性技术标准制修订，加强水电领域技术标准信息化。发挥标准在行业管理中的基础性作用，按水电工程全生命周期理念建立健全水电行业技术标准体系，实现"水电标准化+"效应。

——进一步增强机电设备制造能力。全面实现高性能大容量水电机组和高水头大容量抽水蓄能机组成套设备设计和制造的自主化。依托白鹤滩水电站实现百万千瓦级大型水轮发电机组技术突破；依托阳江抽水蓄能电站实现40万千瓦级、700米级超高水头超大容量抽水蓄能机组设计制造自主化；依托丰宁抽水蓄能电站研发变速抽水蓄能机组；研制50万千瓦级、1000米以上超高水头大型冲击式水轮发电机组；研究浸没式蒸发冷却、机组柔性启动、水轮机非定常流运行等技术；依托示范项目建设研制海水抽水蓄能机组。

——逐步形成生态保护与修复技术体系。依托双江口、白鹤滩等典型工程，系统开展水电工程分层取水、过鱼、栖息地建设、珍稀特有鱼类人工繁殖驯养、生态调度、高寒地区植被恢复与水土保持等关键技术攻关及其运行效果跟踪调查研究，不断提高水电环境保护技术可行性、有效性和经济性，为建设环境友好型水电工程提供技术支持；探索和完善流域水电开发生态环境监测监控技术、水库消落带和下游河流生态重建与修复技术。

——建设"互联网+"智能水电站。重点发展与信息技术的融合，推动水电工程设计、建造和管理数字化、网络化、智能化，充分利用物联网、云计算和大数据等技术，研发和建立数字流域和数字水电，促进智能水电站、智能电网、智能能源网友好互动。围绕能源互联网开展技术创新，探索"互联网+"智能水电站和智能流域，开展建设试点。加强行业信息化管理，推动信息管理平台建设，系统监测项目建设和运行信息，建立项目全过程信息化管理体系，为流域管理和行业监管提供支撑。

专栏11　"十三五"科技创新重点

类别	重点内容	依托重点工程
工程安全风险防控技术研究	高坝工程建设及运行安全风险控制技术和风险评估体系、水电工程安全风险管理集成成套技术、已建工程除险加固综合治理技术等	锦屏一级、溪洛渡、拉西瓦等水电站
工程建设水平	高寒高海拔高地震烈度复杂地质条件下筑坝技术、高坝工程防震抗震技术、高寒高海拔地区特大型水电工程施工技术、超高坝建筑材料等技术	茨哈峡、双江口、两河口、乌东德、白鹤滩等水电站
水轮发电机组制造自主化	百万千瓦级大型水力发电机组	白鹤滩水电站
	变速抽水蓄能机组	丰宁抽水蓄能电站
	40万千瓦级、700米级超高水头超大容量抽水蓄能机组设计制造自主化	阳江抽水蓄能电站
	50万千瓦级、1000米以上超高水头大型冲击式水轮发电机组	玉松水电站
生态保护与修复技术	分层取水、过鱼、栖息地建设、珍稀特有鱼类人工繁殖驯养、生态调度、高寒地区植被恢复与水土保持等关键技术攻关及其运行效果跟踪调查研究；流域水电开发生态环境监测监控、水库消落带和下游河流生态重建与修复技术	锦屏一级、溪洛渡、双江口、白鹤滩、向家坝等水电站
"互联网+"智能水电站	数字流域和数字水电、"互联网+"智能水电站和智能流域试点、信息化管理平台建设等	乌江、南盘江红水河、雅砻江、大渡河、金沙江等
水电站大坝运行安全监督管理系统建设	开发坝高100米以上、库容1亿立方米以上的大坝安全在线监控和远程技术监督功能，提高重点大坝非现场安全监督管理能力	锦屏一级

（八）体制机制改革

——完善水电管理体制机制。建立与国家相关法规政策、改革路线相衔接、相匹配的水电行业管理体制机制。根据国务院简政放权要求和电力体制改革精神，推进水电建设市场化，鼓励抽水蓄能电站投资主体多元化，落实项目法人的市场主体地位，完善项目法人责任制的水电建设管理体制。转变政府职能，强化行业服务和政府监管。进一步理顺抽水蓄能电站运行管理体制和电价形成机制。总结金沙江水电开发协调工作经验，研究建立西藏水电开发协调机制，促进藏东南水电基地开发。研究流域梯级电站水库综合管理体制，提出已建跨界水电站水库综合管理体制方案。完善大坝运行安全、工程施工安全及工程质量监管体系，强化建设期、过渡期、运行期全过程安全监管，加强大坝安全注册登记和定期检查工作，健全应急管理工作机制，提升水电站安全水平。

——健全水电发展政策体系。适应水电开发新形势，研究出台水力发电对《可再生能源法》的适用性政策，完善水电发展政策体系。开展龙头水库综合效益共享政策、建立西藏水电发展基金、水电发展促进地方经济社会发展、水电扶贫、界河水电开发利益协调政策措施等方面研究工作，完善相关政策措施。研究促进水电消纳的技术、政策和管理措施。结合电力市场建设，加快推进水电电价市场化改革，逐步完善电价形成机制，基本建立水电消纳市场化机制，促进水电持续健康发展。

——建立电站运行协调机制。统筹流域综合监测和梯级联合优化调度运行，在大渡河、金沙江等流域逐步建立流域开发运行管理协调机制。探索各大流域按照现代企业制度组建统一规范的流域公司，逐步推动建立流域统一电价模式和运营管理机制。完善水电环境保护管理，建立重点流域生态监测系统和信息平台，探索鼓励水电开发的清洁发展机制。加强对已建抽水蓄能电站运行情况和利用状况的分析总结，学习和借鉴国外运行经验，结合电力系统实际，深化抽水蓄能电站作用、效益形成机制研究，以及与新能源电站联合优化运行方案和补偿机制，实行区域电网内统一优化调度，建立运行考核机制，确保抽水蓄能电站充分发挥功能效用。

（九）水电开发扶贫

——优先安排贫困地区水电项目建设。贯彻落实中央关于发展生产脱贫一批的精神，积极发挥当地资源优势，充分尊重地方和移民意愿，科学谋划、加快推进贫困地区水电重大项目建设，加大贫困地区水电项目开发扶持力度，同等条件下优先布局和核准建设贫困地区水电项目，更好地将资源优势转变为经济优势和扶贫优势。

——调整完善资源开发收益分配政策。在加大贫困地区水电开发力度的同时，研究建立针对贫困地区的能源资源开发收益分配政策，将从发电中提取的资金优先用于本水库移民和库区后续发展，增加贫困地区年度发电指标，提高贫困地区水电工程留成电量比例，落实和完善水电开发财政税收政策，让当地和群众从能源资源开发中更多地受益。

——探索建立水电开发利益共享机制。探索资产收益扶贫，在不改变用途的情况下，财政专项扶贫资金和其他涉农资金投入水电项目形成的资产，具备条件的可折股量化给贫困村和贫困户，尤其是丧失劳动能力的贫困户。对在贫困地区开发水电占用集体土地的，试行给原住居民集体股权方式进行补偿，探索对贫困人口实行资产收益扶持制度，建立水电开发群众共享利益机制，让贫困人口分享资源开发收益。

（十）水电国际合作

——继续深化与周边国家的合作。依托孟中印缅经济走廊和中巴经济走廊，发挥合作规划的引领作用，深化与孟印缅巴尼等重点国家的合作，积极参与缅甸、巴基斯坦等国家河流规划及其梯级的前期工作，推动项目开工建设。跨界河流合作开发稳步推进，充分利用中国和东南亚区域合作、澜沧江—湄公河合作机制、大湄公河次区域经济合作机制，为我国水电产能"走出去"和加强区域水电互联互通创造条件，促进地区协同发展。

——切实提升水电"走出去"质量。加快我国水电技术、标准、装备"走出去"。加强与亚洲、非洲、南美洲等国家的合作和培训交流，重点开展"一带一路"沿线国家战略合作。完善政策引导、政府推动、行业自律、有序发展机制，提升企业编队出海能力。发挥政府间合作规划引领作用，通过投资驱动、规划设计、咨询评估、工程建设、运行管理等多种方式参与境外水电开发。加强"走出去"工程项目的安全质量、环境保护、社会责任等引导和管理，加强水电行业技术标准与国际国外标准对接，优势互补、互利共赢的合作机制不断完善，技术服务、投资开发、装备制造等合作领域不断扩大、合作形式不断创新，持续提升我国水电的竞争力和国际影响力。

五、规划保障

——细化任务落实。强化规划对"十三五"期间常规水电站和抽水蓄能电站发展的指导和约束作用，严格基本建设管理程序，防止盲目开发和无序建设，确保布局合理、健康有序。各省（区、市）、各大型企业要根据本规划合理制定本地区、本系统的水电开发规划，做好与全国主体功能区规划、城乡规划、土地利用总体规划、生态功能区划、水资源综合规划、生态环境保护规划等相关规划的衔接，细化落实本规划提出的目标、任务，确保本规划按期完成。

——落实企业责任。水电项目法人是电站建设的责任主体，要按照企业自主决策、自担风险的要求，根据规划加强前期工作管理，保证前期工作质量和进度，有序推进项目开工建设，加强工程建设质量管理，确保生产运营安全。积极开展宣传工作，加强水电开发舆论引导。

——加强政府监管。落实简政放权、放管结合、优化服务的要求，强化规划指导、政策引导、政府服务和行业监管。适应水电发展新形势，不断完善水电开发政策措施；加强中央与地方、部门与部门、政府与企业的协调，形成促进水电开发推动合力；做好水电发展行业服务与管理工作，强化事中事后监管。

——强化督促检查。加强对水电前期工作、移民安置、项目建设、环境保护等跟踪分析，及时掌握规划执行情况；强化目标考核，根据需要适时开展实地检查，督促各项任务和措施落到实处；根据规划实施情况，及时开展中期评估，适时对规划目标和重点任务进行动态调整。

六、规划效果

（一）投资估算

初步测算"十三五"期间水电建设投资需求约5000亿元，其中大中型常规水电约3500亿元，小水电约500亿元，抽水蓄能电站约1000亿元。按20%的资本金比例测算"十三五"期间资本金需求为1000亿元，融资4000亿元。西部的四川省、云南省、西藏自治区是常规水电建设的重点区域，水电建设投资分别达到1800亿元、1000亿元、300亿元；山东、浙江、安徽、福建、河北等省建设投资规模均超100亿元。预计常规水电单位千瓦投资在1.3万元以上，抽水蓄能单位千瓦投资7000元左右。

（二）综合效益

水电工程除提供大量清洁能源外，还可以通过水库调节作用，合理配置水资源，变水患为水利，减轻洪涝水旱灾害损失及其生态危害。水电具有发电、防洪、供水、航运、灌溉、保护环境、促进移民脱贫致富和地方经济社会发展等综合效益。

"十三五"期间，水电将累计提供5.6万亿千瓦·时的清洁电量，满足我国经济社会发展的用电需要，相应节约16.8亿吨标准煤，减少排放二氧化碳35亿吨，二氧化硫1250万吨，氮氧化物1300万吨，对减轻大气污染和控制温室气体排放将起到重要的作用，具有巨大的生态效益。

"十三五"期间，河流防洪能力进一步提高，水资源调配能力进一步增强，水电综合效益发挥进一步显现，对下游河段及河口区域的水环境改善，城市和乡村供水条件改善，河流湿地生态功能维护都有积极作用。初步统计"十三五"新投产水电可新增调节库容约153亿立方米，防洪库容约74亿立方米，灌溉面积约231万亩，改善航道774余公里。

"十三五"期间，抽水蓄能电站新增投产1697万千瓦，均位于东北、华北、华东、华中和华南等经济中心及新能源大规模发展和核电不断增长区域。抽水蓄能电站作为保障电力系统安全稳定运行的特殊电源及最环保、能量转换效率最高、具经济性大规模开发的储能设施，可提高供电稳定运行水平，优化人民生活质量；并可通过增加风电、太阳能、核电等的利用率及改善火电、核电的运行条件，节约化石能源消耗，减少温室气体排放和污染物，保护生态环境。

"十三五"期间，水电建设将带动水泥、钢材的消费。水电建设和运行期间还将为地方经济社会发展增加大量的税费收入，初步测算，"十三五"期间新投产水电运行期年均税费可达300亿元。此外，电站建设对改善当地基础设施建设、拉动就业、促进城镇化发展都具有积极作用。

（三）风电发展"十三五"规划

"十三五"时期是我国推进"四个革命，一个合作"能源发展战略的重要时期。为实现2020年和2030年非化石能源分别占一次能源消费比重15%和20%的目标，推动能源结构转型升级，促进风电产业持续健康发展，按照《可再生能源法》要求，根据《能源发展"十三五"规划》和《可再生能源发展"十三五"规划》，2016年11月16日，国家能源局制定《风电发展"十三五"规划》。

国家能源局关于印发《风电发展"十三五"规划》的通知

国能新能〔2016〕314号

各省（区、市）发展改革委（能源局），各派出能源监管机构，国家电网公司、南方电网公司、内蒙古电力公司，华能、大唐、华电、国电、国电投、神华、三峡、华润、中核、中广核、中节能集团公司，水电总院、电规总院、风能协会、国家可再生能源中心：

为促进风电产业持续健康发展，加快建立清洁低碳、安全高效的现代能源体系，按照《可再生能源法》要求，根据《能源发展"十三五"规划》和《可再生能源发展"十三五"规划》，我们制定了《风电发展"十三五"规划》，现印发你们，请遵照执行。

附件：风电发展"十三五"规划

国家能源局

2016年11月16日

风电发展"十三五"规划

前　言

风电技术比较成熟,成本不断下降,是目前应用规模最大的新能源发电方式。发展风电已成为许多国家推进能源转型的核心内容和应对气候变化的重要途径,也是我国深入推进能源生产和消费革命、促进大气污染防治的重要手段。

"十三五"时期是我国推进"四个革命,一个合作"能源发展战略的重要时期。为实现2020年和2030年非化石能源分别占一次能源消费比重15%和20%的目标,推动能源结构转型升级,促进风电产业持续健康发展,按照《可再生能源法》要求,根据《能源发展"十三五"规划》和《可再生能源发展"十三五"规划》,制定本规划。

本规划明确了2016~2020年我国风电发展的指导思想、基本原则、发展目标、建设布局、重点任务、创新发展方式及保障措施,是"十三五"时期我国风电发展的重要指南。

一、发展基础和形势

（一）国际形势

随着世界各国对能源安全、生态环境、气候变化等问题日益重视,加快发展风电已成为国际社会推动能源转型发展、应对全球气候变化的普遍共识和一致行动。主要表现在：

风电已在全球范围内实现规模化应用。风电作为应用最广泛和发展最快的新能源发电技术,已在全球范围内实现大规模开发应用。到2015年底,全球风电累计装机容量达4.32亿千瓦,遍布100多个国家和地区。"十二五"时期,全球风电装机新增2.38亿千瓦,年均增长17%,是装机容量增幅最大的新能源发电技术。

风电已成为部分国家新增电力供应的重要组成部分。2000年以来风电占欧洲新增装机的30%,2007年以来风电占美国新增装机的33%。2015年,风电在丹麦、西班牙和德国用电量中的占比分别达到42%、19%和13%。随着全球发展可再生能源的共识不断增强,风电在未来能源电力系统中将发挥更加重要作用。美国提出到2030年20%的用电量由风电供应,丹麦、德国等国把开发风电作为实现2050年高比例可再生能源发展目标的核心措施。

风电开发利用的经济性显著提升。随着全球范围内风电开发利用技术不断进步及应用规模持续扩大,风电开发利用成本在过去五年下降了约30%。巴西、南非、埃及等国家的风电招标电价已低于当地传统化石能源上网电价,美国风电长期协议价格已下降到化石能源电价同等水平,风电开始逐步显现出较强的经济性。

（二）国内形势

1. 发展基础

"十二五"期间,全国风电装机规模快速增长,开发布局不断优化,技术水平显著提升,政策体系逐步完善,风电已经从补充能源进入到替代能源的发展阶段,突出表现为：

风电成为我国新增电力装机的重要组成部分。"十二五"期间,我国风电新增装机容量连续五年领跑全球,累计新增9800万千瓦,占同期全国新增装机总量的18%,在电源结构中的比重逐年提高。中东部和南方地区的风电开发建设取得积极成效。到2015年底,全国风电并网装机达到 1.29 亿千瓦，年发电量 1863 亿千瓦·时，占全国总发电量的 3.3%，比 2010 年提高 2.1 个百分点。风电已成为我国继煤电、水电之后的第三大电源。

产业技术水平显著提升。风电全产业链基本实现国产化，产业集中度不断提高，多家企业跻身全球前 10 名。风电设备的技术水平和可靠性不断提高，基本达到世界先进水平，在满足国内市场的同时出口到 28 个国家和地区。风电机组高海拔、低温、冰冻等特殊环境的适应性和并网友好性显著提升，低风速风电开发的技术经济性明显增强，全国风电技术可开发资源量大幅增加。

行业管理和政策体系逐步完善。"十二五"期间，我国基本建立了较为完善的促进风电产业发展的行业管理和政策体系，出台了风电项目开发、建设、并网、运行管理及信息监管等各关键环节的管理规定和技术要求，简化了风电开发建设管理流程，完善了风电技术标准体系，开展了风电设备整机及关键零部件型式认证，建立了风电产业信息监测和评价体系，基本形成了规范、公平、完善的风电行业政策环境，保障了风电产业的持续健康发展。

2. 面临的形势与挑战

为实现 2020 年和 2030 年非化石能源占一次能源消费比重 15% 和 20% 的目标，促进能源转型，我国必须加快推动风电等可再生能源产业发展。但随着应用规模的不断扩大，风电发展也面临不少新的挑战，突出表现为：

现有电力运行管理机制不适应大规模风电并网的需要。我国大量煤电机组发电计划和开机方式的核定不科学，辅助服务激励政策不到位，省间联络线计划制定和考核机制不合理，跨省区补偿调节能力不能充分发挥，需求侧响应能力受到刚性电价政策的制约，多种因素导致系统消纳风电等新能源的能力未有效挖掘，局部地区风电消纳受限问题突出。

经济性仍是制约风电发展的重要因素。与传统的化石能源电力相比，风电的发电成本仍比较高，补贴需求和政策依赖性较强，行业发展受政策变动影响较大。同时，反映化石能源环境成本的价格和税收机制尚未建立，风电等清洁能源的环境效益无法得到体现。

支持风电发展的政策和市场环境尚需进一步完善。风电开发地方保护问题较为突出，部分地区对风电"重建设、轻利用"，对优先发展可再生能源的政策落实不到位。设备质量管理体系尚不完善，产业优胜劣汰机制尚未建立，产业集中度有待进一步提高，低水平设备仍占较大市场份额。

二、指导思想和基本原则

（一）指导思想

全面贯彻党的十八大和十八届三中、四中、五中、六中全会精神，落实创新、协调、绿色、开放、共享的发展理念，遵循习近平总书记能源发展战略思想，坚持清洁低碳、安全高效的发展方针，顺应全球能源转型大趋势，不断完善促进风电产业发展的政策措施，尽快建立适应风电规模化发展和高效利用的体制机制，加强对风电全额保障性收购的监管，积极推动技术进步，不断提高风电的经济性，持续增加风电在能源消费中的比重，实现风电从补充能源向替代能源的转变。

（二）基本原则

坚持消纳优先，加强就地利用。把风电在能源消费中的比重作为指导各地区能源发展的重要约束性指标，把风电消纳利用水平作为风电开发建设管理的基本依据。坚持集中开发与分散利用并举的原则，优化风电建设布局，大力推动风电就地和就近利用。

坚持推进改革，完善体制机制。把促进风电等新能源发展作为电力市场化改革的重要内容，建立公平竞争的电力市场和节能低碳的调度机制。完善和创新市场交易机制，支持通过直接交易和科学调度实现风电多发满发。完善政府公益性、调节性服务功能，确保风电依照规划实现全额保障性收购。

坚持创新发展，推动技术进步。把加强产业创新能力作为引导风电规模化发展的主要方向，鼓励企业提升自主研发能力，完善和升级产业链，推动关键技术创新，促进度电成本快速下降，提高风电产品的市场竞争力。完善风电产业管理和运维体系，提高全过程专业化服务能力。

坚持市场导向，促进优胜劣汰。充分发挥市场配置资源的决定性作用，鼓励以竞争性方式配置资源。严格风电产品市场准入标准，完善工程质量监督管理体系，加强产品检测认证与技术检测监督，推广先进技术，淘汰落后产能，建立公开、公平、公正的市场环境。

坚持开放合作，开拓国际市场。加强风电产业多种形式的国际合作，推动形成具有全球竞争力的风电产业集群。大力支持和鼓励我国风电设备制造和开发企业开拓国际风电市场，促进我国风电产业在全球能源治理体系中发挥重要作用。

三、发展目标和建设布局

（一）发展目标

总量目标：到2020年底，风电累计并网装机容量确保达到2.1亿千瓦以上，其中海上风电并网装机容量达到500万千瓦以上；风电年发电量确保达到4200亿千瓦·时，约占全国总发电量的6%。

消纳利用目标：到2020年，有效解决弃风问题，"三北"地区全面达到最低保障性收购利用小时数的要求。

产业发展目标：风电设备制造水平和研发能力不断提高，3~5家设备制造企业全面达到国际先进水平，市场份额明显提升。

（二）建设布局

根据我国风电开发建设的资源特点和并网运行现状，"十三五"时期风电主要布局原则如下：

1. 加快开发中东部和南方地区陆上风能资源

按照"就近接入、本地消纳"的原则，发挥风能资源分布广泛和应用灵活的特点，在做好环境保护、水土保持和植被恢复工作的基础上，加快中东部和南方地区陆上风能资源规模化开发。结合电网布局和农村电网改造升级，考虑资源、土地、交通运输以及施工安装等建设条件，因地制宜推动接入低压配电网的分散式风电开发建设，推动风电与其他分布式能源融合发展。

到 2020 年，中东部和南方地区陆上风电新增并网装机容量 4200 万千瓦以上，累计并网装机容量达到 7000 万千瓦以上。为确保完成非化石能源比重目标，相关省（区、市）制定本地区风电发展规划不应低于规划确定的发展目标（见专栏 1）。在确保消纳的基础上，鼓励各省（区、市）进一步扩大风电发展规模，鼓励风电占比较低、运行情况良好的地区积极接受外来风电。

专栏 1	2020 年中东部和南方地区陆上风电发展目标	
序号	地区	风电累计并网容量（万千瓦）
华东	上海市	50
	江苏省	650
	浙江省	300
	安徽省	350
	福建省	300
	华东合计	1650
华中	江西省	300
	河南省	600
	湖北省	500
	湖南省	600
	重庆市	50
	四川省	500
	西藏自治区	20
	华中合计	2570
南方	贵州省	600
	云南省	1200
	广东省	600
	广西壮族自治区	350
	海南省	30
	南方合计	2780
中东部和南方地区合计陆上风电容量		7000

2. 有序推进"三北"地区风电就地消纳利用

弃风问题严重的省（区），"十三五"期间重点解决存量风电项目的消纳问题。风电占比较低、运行情况良好的省（区、市），有序新增风电开发和就地消纳规模。

到 2020 年，"三北"地区在基本解决弃风问题的基础上，通过促进就地消纳和利用现有通道外送，新增风电并网装机容量 3500 万千瓦左右，累计并网容量达到 1.35 亿千瓦左右。相关省（区、市）在风电利用小时数未达到最低保障性收购小时数之前，并网规模不宜突破规划确定的发展目标（见专栏 2）。

专栏2 2020年"三北"地区陆上风电发展目标

序号	地区	风电累计并网容量（万千瓦）
华北	北京市	50
	天津市	100
	河北省	1800
	山西省	900
	山东省	1200
	蒙西地区	1700
	华北合计	5750
东北	辽宁省	800
	吉林省	500
	黑龙江省	600
	蒙东地区	1000
	东北合计	2900
西北	陕西省	550
	甘肃省	1400
	青海省	200
	宁夏回族自治区	900
	新疆维吾尔自治区（含兵团）	1800
	西北合计	4850
"三北"地区合计		13500

3. 利用跨省跨区输电通道优化资源配置

借助"三北"地区已开工建设和已规划的跨省跨区输电通道，统筹优化风、光、火等各类电源配置方案，有效扩大"三北"地区风电开发规模和消纳市场。

"十三五"期间，有序推进"三北"地区风电跨省区消纳4000万千瓦（含存量项目）。利用通道送出的风电项目在开工建设之前，需落实消纳市场并明确线路的调度运行方案。

专栏3 "十三五"期间"三北"地区跨省跨区外送风电基地规划（含存量项目）

地区	风电基地	依托的外送输电通道	开发范围
内蒙古	锡盟北部风电基地	锡盟—泰州特高压直流输电工程	锡盟地区
	锡盟南部风电基地	锡盟—山东特高压交流输电工程	锡盟地区
	鄂尔多斯东部周边风电基地	蒙西—天津南特高压交流输电工程	蒙西地区
	鄂尔多斯西部周边风电基地	上海庙—山东特高压直流输电工程	蒙西地区
	通辽风电基地	扎鲁特—山东特高压直流输电工程	东北地区
山西	晋北风电基地	山西—江苏特高压直流输电工程	大同、忻州、朔州
甘肃	酒泉风电基地二期	酒泉—湖南特高压直流输电工程	酒泉
宁夏	宁夏风电基地	宁东—浙江特高压直流输电工程	宁夏
新疆	准东风电基地	准东—皖南特高压直流输电工程	准东

4. 积极稳妥推进海上风电建设

重点推动江苏、浙江、福建、广东等省的海上风电建设，到 2020 年四省海上风电开工建设规模均达到百万千瓦以上。积极推动天津、河北、上海、海南等省（市）的海上风电建设。探索性推进辽宁、山东、广西等省（区）的海上风电项目。到 2020 年，全国海上风电开工建设规模达到 1000 万千瓦，力争累计并网容量达到 500 万千瓦以上。

专栏4　2020年全国海上风电开发布局

序号	地区	累计并网容量（万千瓦）	开工规模（万千瓦）
1	天津市	10	20
2	辽宁省	—	10
3	河北省	—	50
4	江苏省	300	450
5	浙江省	30	100
6	上海市	30	40
7	福建省	90	200
8	广东省	30	100
9	海南省	10	35
	合计	500	1005

四、重点任务

（一）有效解决风电消纳问题

通过加强电网建设、提高调峰能力、优化调度运行等措施，充分挖掘系统消纳风电能力，促进区域内部统筹消纳以及跨省跨区消纳，切实有效解决风电消纳问题。

合理规划电网结构，补强电网薄弱环节。电网企业要根据《电力发展"十三五"规划》，重点加强风电项目集中地区的配套电网规划和建设，有针对性地对重要送出断面、风电汇集站、枢纽变电站进行补强和增容扩建，逐步完善和加强配电网和主网架结构，有效减少因局部电网送出能力、变电容量不足导致的大面积弃风限电现象。加快推动配套外送风电的重点跨省跨区特高压输电通道建设，确保按期投产。

充分挖掘系统调峰潜力，提高系统运行灵活性。加快提升常规煤电机组和供热机组运行灵活性，通过技术改造、加强管理和辅助服务政策激励，增大煤电机组调峰深度，尽快明确自备电厂的调峰义务和实施办法，推进燃煤自备电厂参与调峰，重视并推进燃气机组调峰，着力化解冬季供暖期风电与热电联产机组的运行矛盾。加强需求侧管理和响应体系建设，开展和推广可中断负荷试点，不断提升系统就近就地消纳风电的能力。

优化调度运行管理，充分发挥系统接纳风电潜力。修订完善电力调度技术规范，提高风电功率预测精度，推动风电参与电力电量平衡。合理安排常规电源开机规模和发电计划，逐步缩减煤电发电计划，为风电预留充足的电量空间。在保证系统安全的情况下，将风电充分纳入网调、省调的年度运行计划。加强区域内统筹协调，优化省间联络线计划和考核方式，充分利用省间调峰资源，推进区域内风电资源优化配置。充分利用跨省跨区输电通道，通过市场化方式最大限度提高风电外送电量，促进风电跨省跨区消纳。

专栏5	"十三五"期间促进风电消纳的重点措施
华北	(1) 京津冀蒙统筹规划、协调运行，加强内蒙古与京津冀联网，实现河北风电、内蒙古风电在区域内统筹消纳。 (2) 结合大气污染防治，积极推动电能替代。 (3) 大力推进需求侧响应和管理，提高智能化调度水平。 (4) 实现特高压外送通道配套风电和煤电协调运行，保障外送风电高效消纳。
东北	(1) 进行供热机组深度调峰技术改造，提高供热机组调峰能力。 (2) 积极推进电能替代，增加用电负荷。 (3) 补强吉林、辽宁电网局部薄弱环节，解决风电送出受限问题。
西北	(1) 推进自备电厂参与系统调峰等辅助服务。 (2) 充分发挥西北五省（区）之间水火风光互补互济效益，优化联络线运行和考核方式。 (3) 加强甘肃酒泉等地区电网建设，提高风电输送能力。 (4) 实现特高压外送通道配套风电和煤电协调运行，保障外送风电高效消纳。

（二）提升中东部和南方地区风电开发利用水平

重视中东部和南方地区风电发展，将中东部和南方地区作为为我国"十三五"期间风电持续规模化开发的重要增量市场。

做好风电发展规划。将风电作为推动中东部和南方地区能源转型和节能减排的重要力量，以及带动当地经济社会发展的重要措施。根据各省（区、市）资源条件、能耗水平和可再生能源发展引导目标，按照"本地开发、就近消纳"的原则编制风电发展规划。落实规划内项目的电网接入、市场消纳、土地使用等建设条件，做好年度开发建设规模的分解工作，确保风电快速有序开发建设。

完善风电开发政策环境。创新风电发展体制机制，因地制宜出台支持政策措施。简化风电项目核准支持性文件，制定风电与林地、土地协调发展的支持性政策，提高风电开发利用效率。建立健全风电项目投资准入政策，保障风电开发建设秩序。鼓励企业自主创新，加快推动技术进步和成本降低，在设备选型、安装台数方面给予企业充分的自主权。

提高风电开发技术水平。加强风能资源勘测和评价，提高微观选址技术水平，针对不同的资源条件，研究采用不同机型、塔筒高度以及控制策略的设计方案，加强设备选型研究，探索同一风电场因地制宜安装不同类型机组的混排方案。在科研设计阶段推广应用主机厂商带方案招投标。推动低风速风电技术进步，因地制宜推进常规风电、低风速风电开发建设。

（三）推动技术自主创新和产业体系建设

不断提高自主创新能力，加强产业服务体系建设，推动产业技术进步，提升风电发展质量，全面建成具有世界先进水平的风电技术研发和设备制造体系。

促进产业技术自主创新。加强大数据、3D打印等智能制造技术的应用，全面提升风电机组性能和智能化水平。突破10兆瓦级大容量风电机组及关键部件的设计制造技术。掌握风电机组的降载优化、智能诊断、故障自恢复技术,掌握基于物联网、云计算和大数据分析的风电场智能化运维技术,掌握风电场多机组、风电场群的协同控制技术。突破近海风电场设计和建设成套关键技术,掌握海上风电机组基础一体化设计技术并开展应用示范。鼓励企业利用新技术,降低运行管理成本,提高存量资产运行效率,增强市场竞争力。

加强公共技术平台建设。建设全国风资源公共服务平台,提供高分辨率的风资源数据。建设近海海上试验风电场,为新型机组开发及优化提供型式试验场地和野外试验条件。建设10兆瓦级风电机组传动链地面测试平台,为新型机组开发及性能优化提供检测认证和技术研发的保障,切实提高公共技术平台服务水平。

推进产业服务体系建设。优化咨询服务业,鼓励通过市场竞争提高咨询服务质量。积极发展运行维护、技术改造、电力电量交易等专业化服务,做好市场管理与规则建设。创新运营模式与管理手段,充分共享行业服务资源。建立全国风电技术培训及人才培养基地,为风电从业人员提供技能培训和资质能力鉴定,与企业、高校、研究机构联合开展人才培养,健全产业服务体系。

(四)完善风电行业管理体系

深入落实简政放权的总体要求,继续完善风电行业管理体系,建立保障风电产业持续健康发展的政策体系和管理机制。

加强政府管理和协调。加快建立能源、国土、林业、环保、海洋等政府部门间的协调运行机制,明确政府部门管理职责和审批环节手续流程,为风电项目健康有序开发提供良好的市场环境。完善分散式风电项目管理办法,出台退役风机置换管理办法。

完善海上风电产业政策。开展海上风能资源勘测和评价,完善沿海各省(区、市)海上风电发展规划。加快海上风电项目建设进度,鼓励沿海各省(区、市)和主要开发企业建设海上风电示范项目。规范精简项目核准手续,完善海上风电价格政策。加强标准和规程制定、设备检测认证、信息监测工作,形成覆盖全产业链的成熟的设备制造和建设施工技术标准体系。

全面实现行业信息化管理。结合国家简政放权要求,完善对风电建设期和运行期的事中事后监管,加强对风电工程、设备质量和运行情况的监管。应用大数据、"互联网+"等信息技术,建立健全风电全生命周期信息监测体系,全面实现风电行业信息化管理。

(五)建立优胜劣汰的市场竞争机制

发挥市场在资源配置中的决定性作用,加快推动政府职能转变,建立公平有序、优胜劣汰的市场竞争环境,促进行业健康发展。

加强政府监管。规范地方政府行为,纠正"资源换产业"等不正当行政干预。规范风电项目投资开发秩序,杜绝企业违规买卖核准文件、擅自变更投资主体等行为,建立企业不良行为记录制度、负面清单等管理制度,形成市场淘汰机制。构建公平、公正、公开的招标采购市场环境,杜绝有失公允的关联交易,及时纠正违反公平原则、扰乱市场秩序的行为。

强化质量监督。建立覆盖设计、生产、运行全过程的质量监督管理机制。充分发挥行业协会的作用,完善风电机组运行质量监测评价体系,定期开展风电机组运行情况综合评价。落实风电场重大事故上报、分析评价及共性故障预警制度,定期发布风电机组运行质量负面清单。

充分发挥市场调节作用，有效进行资源整合，鼓励风电设备制造企业兼并重组，提高市场集中度。

完善标准检测认证体系。进一步完善风电标准体系，制定和修订风电机组、风电场、辅助运维设备的测试与评价标准，完善风电机组关键零部件、施工装备、工程技术和风电场运行、维护、安全等标准。加强检测认证能力建设，开展风电机组项目认证，推动检测认证结果与信用建设体系的衔接。

（六）加强国际合作

紧密结合"一带一路"倡议及国际多边、双边合作机制，把握全球风电产业发展大势和国际市场深度合作的窗口期，有序推进我国风电产业国际化发展。

稳步开拓国际风电市场。充分发挥我国风电设备和开发企业的竞争优势，深入对接国际需求，稳步开拓北非、中亚、东欧、南美等新兴市场，巩固和深耕北美、澳洲、欧洲等传统市场，鼓励采取贸易、投资、园区建设、技术合作等多种方式，推动风电产业领域的咨询、设计、总承包、装备、运营等企业整体走出去。提升融资、信保等服务保障，形成多家具有国际竞争力和市场开拓能力的风电设备骨干企业。

加强国际品牌建设。坚持市场导向和商业运作原则，加强质量信用，建立健全风电产品出口规范体系，包括质量监测和安全生产体系、海外投资项目的投资规范管理体系等。严格控制出口风电设备的质量，促进开发企业和设备制造企业加强国际品牌建设，塑造我国风电设备质量优异、服务到位的良好市场形象。

积极参与国际标准体系建设。鼓励国内风电设计、建设、运维和检测认证机构积极参与国际标准制定和修订工作。鼓励与境外企业和相关机构开展技术交流合作，增强技术标准的交流合作与互认，推动我国风电认证的国际采信。积极运用国际多边互认机制，深度参与可再生能源认证互认体系合格评定标准、规则的制定、实施和评估，提升我国在国际认证、认可、检测等领域的话语权。

积极促进国际技术合作。在已建立的政府双边合作关系基础上，进一步深化技术合作，建立新型政府间、民间的双边、多边合作伙伴关系。鼓励开展国家级风电公共实验室国际合作，在大型公共风电数据库建设等方面建立互信与共享。鼓励国内企业设立海外研发分支机构，联合国外机构开展基础科学研究，支持成立企业间风电技术专项国际合作项目。做好国际风电技术合作间的知识产权工作。

（七）发挥金融对风电产业的支持作用

积极促进风电产业与金融体系的融合，提升行业风险防控水平，鼓励企业降低发展成本。

完善保险服务体系，提升风电行业风险防控水平。建立健全风电保险基础数据库与行业信息共享平台，制定风电设备、风电场风险评级标准规范，定期发布行业风险评估报告，推动风电设备和风电场投保费率差异化。建立覆盖风电设备及项目全过程的保险产品体系。创新保险服务模式，鼓励风电设备制造企业联合投保。鼓励保险公司以共保体、设立优先赔付基金的方式开展保险服务，探索成立面向风电设备质量的专业性相互保险组织。推进保险公司积极采信第三方专业机构的评价结果，在全行业推广用保函替代质量保证金。

创新融资模式，降低融资成本。鼓励企业通过多元化的金融手段，积极利用低成本资金降低融资成本。将风电项目纳入国家基础设施建设鼓励目录。鼓励金融机构发行绿色债券，鼓励政策性银行以较低利率等方式加大对风电产业的支持，鼓励商业银行推进项目融资模式。鼓励风电企业利用公开发行上市、绿色债券、资产证券化、融资租赁、供应链金融等金融工具，探索基于互联网和大数据的新兴融资模式。

积极参与碳交易市场，增加风电项目经济收益。充分认识碳交易市场对风电等清洁能源行业的积极作用，重视碳资产管理工作，按照规定积极进行项目注册和碳减排量交易。完善绿色证书交易平台建设，推动实施绿色电力证书交易，并做好与全国碳交易市场的衔接协调。

五、创新发展方式

（一）开展省内风电高比例消纳示范

在蒙西等一批地区，开展规划建设、调度运行、政策机制等方面创新实践，推动以风电为主的新能源消纳示范省（区）建设。制定明确的风电等新能源的利用目标，开展风电高比例消纳示范，着力提高新能源在示范省（区）内能源消费中的比重。推动实施电能替代，加强城市配电网与农村电网建设与改造，提高风电等清洁能源的消纳能力，在示范省（区）内推动建立以清洁能源为主的现代能源体系。

（二）促进区域风电协同消纳

在京津冀周边区域，结合大气污染防治工作以及可再生能源电力消费比重目标，开展区域风电协同消纳机制创新。研究适应大规模风电受入的区域电网加强方案。研究建立灵活的风电跨省跨区交易结算机制和辅助服务共享机制。统筹送受端调峰资源为外送风电调峰，推动张家口、承德、乌兰察布、赤峰、锡盟、包头等地区的风电有序开发和统筹消纳，提高区域内风电消纳水平与比重。

（三）推动风电与水电等可再生能源互补利用

在四川、云南、贵州等地区，发挥风电与水电的季节性、时段性互补特性，开展风电与水电等可再生能源综合互补利用示范，探索风水互补消纳方式，实现风水互补协调运行。借助水电外送通道，重点推进凉山州、雅砻江、金沙江、澜沧江、乌江、北盘江等地区与流域的风（光）水联合运行基地规划建设，优化风电与水电打捆外送方式。结合电力市场化改革，完善丰枯电价、峰谷电价及分时电价机制，鼓励风电与水电共同参与外送电市场化竞价。

（四）拓展风电就地利用方式

在北方地区大力推广风电清洁供暖，统筹电蓄热供暖设施及热力管网的规划建设，优先解决存量风电消纳需求。因地制宜推广风电与地热及低温热源结合的绿色综合供暖系统。开展风电制氢、风电淡化海水等新型就地消纳示范。结合输配电价改革和售电侧改革，积极探索适合分布式风电的市场资源组织形式、盈利模式与经营管理模式。推动风电的分布式发展和应用，探索微电网形式的风电资源利用方式，推进风光储互补的新能源微电网建设。

六、保障措施

（一）完善年度开发方案管理机制

结合简政放权有关要求，鼓励以市场化方式配置风能资源。对风电发展较好、不存在限电问题的地区放开陆上风电年度建设规模指标，对完成海上风电规划的地区放开海上风电年度建设规模指标。结合规划落实、运行消纳等情况，滚动调整风电发展规划。

（二）落实全额保障性收购制度

结合电力体制改革，督促各地按照《可再生能源法》和《可再生能源发电全额保障性收购管理办法》的要求，严格落实可再生能源全额保障性收购制度，确保规划内的风电项目优先发电。在保障电力系统安全稳定运行以外的情况下，若因化石能源发电挤占消纳空间和线路输电容量而导致风电限电，由相应的化石能源发电企业进行补偿。

（三）加强运行消纳情况监管

加强对风电调度运行和消纳情况的监管，完善信息监测体系，定期发布风电运行消纳数据。由国家能源局及派出机构定期开展弃风限电问题专项监管，及时发布监管报告，督促有关部门和企业限期整改。建立风电产业发展预警机制，对弃风限电问题突出、无法完成最低保障性收购小时数的地区，实施一票否决制度，不再新增风电并网规模。

（四）创新价格及补贴机制

结合电力市场化改革，逐步改变目前基于分区域标杆电价的风电定价模式，鼓励风电参与市场竞争，建立市场竞价基础上固定补贴的价格机制，促进风电技术进步和成本下降。适时启动实施可再生能源发电配额考核和绿色电力证书交易制度，逐步建立市场化的补贴机制。

七、规划实施效果

（一）投资估算

"十三五"期间，风电新增装机容量8000万千瓦以上，其中海上风电新增容量400万千瓦以上。按照陆上风电投资7800元/千瓦、海上风电投资16000元/千瓦测算，"十三五"期间风电建设总投资将达到7000亿元以上。

（二）环境社会效益

1. 2020年，全国风电年发电量将达到4200亿千瓦·时，约占全国总发电量的6%，为实现非化石能源占一次能源消费比重达到15%的目标提供重要支撑。

2. 按2020年风电发电量测算，相当于每年节约1.5亿吨标准煤，减少排放二氧化碳3.8亿吨，二氧化硫130万吨，氮氧化物110万吨，对减轻大气污染和控制温室气体排放起到重要作用。

3. "十三五"期间，风电带动相关产业发展的能力显著增强，就业规模不断增加，新增就业人数30万人左右。到2020年，风电产业从业人数达到80万人左右。

（四）太阳能发展"十三五"规划

为促进太阳能产业持续健康发展，加快太阳能多元化应用，推动建设清洁低碳、安全高效的现代能源体系，2016年12月8日，国家能源局下发了《太阳能发展"十三五"规划》。该规划提出，到2020年底，太阳能发电装机达到1.1亿千瓦以上，其中，光伏发电装机达到1.05亿千瓦以上，在"十二五"基础上每年保持稳定的发展规模；太阳能热发电装机达到500万千瓦。太阳能热利用集热面积达到8亿平方米。到2020年，太阳能年利用量达到1.4亿吨标准煤以上。

国家能源局关于印发《太阳能发展"十三五"规划》的通知

国能新能〔2016〕354号

各省（区、市）发展改革委（能源局）、新疆生产建设兵团发展改革委，国家能源局各派出机构；国家电网公司、南方电网公司，中核集团、华能集团、大唐集团、华电集团、国电集团、国电投集团、三峡集团、神华集团、中节能集团、中电建集团、中能建集团、中广核集团，各地方电网企业，各太阳能领域相关企业、研究机构、行业协会：

为促进太阳能产业持续健康发展，加快太阳能多元化应用，推动建设清洁低碳、安全高效的现代能源体系，按照《可再生能源法》要求，根据《能源发展"十三五"规划》、《电力发展"十三五"规划》和《可再生能源发展"十三五"规划》，将编制的《太阳能发展"十三五"规划》印发你们，请结合实际贯彻落实。

附件：太阳能发展"十三五"规划

国家能源局

2016年12月8日

太阳能发展"十三五"规划

前 言

近年来，太阳能开发利用规模快速扩大，技术进步和产业升级加快，成本显著降低，已成为全球能源转型的重要领域。"十二五"时期，我国光伏产业体系不断完善，技术进步显著，光伏制造和应用规模均居世界前列。太阳能热发电技术研发及装备制造取得较大进展，已建成商业化试验电站，初步具备了规模化发展条件。太阳能热利用持续稳定发展，并向建筑供暖、工业供热和农业生产等领域扩展应用。

"十三五"将是太阳能产业发展的关键时期，基本任务是产业升级、降低成本、扩大应用，实现不依赖国家补贴的市场化自我持续发展，成为实现2020年和2030年非化石能源分别占一次能源消费比重15%和20%目标的重要力量。

根据《国民经济和社会发展第十三个五年规划纲要》《能源发展"十三五"规划》《电力发展"十三五"规划》《可再生能源发展"十三五"规划》，制定了《太阳能发展"十三五"规划》，阐述了2016年至2020年太阳能发展的指导方针、发展目标、重点任务和保障措施。该规划是"十三五"时期我国太阳能产业发展的基本依据。

一、发展基础和面临形势

（一）发展基础

1. 国际发展现状

随着可持续发展观念在世界各国不断深入人心，全球太阳能开发利用规模迅速扩大，技术不断进步，成本显著降低，呈现出良好的发展前景，许多国家将太阳能作为重要的新兴产业。

——太阳能得到更加广泛应用。光伏发电全面进入规模化发展阶段，中国、欧洲、美国、日本等传统光伏发电市场继续保持快速增长，东南亚、拉丁美洲、中东和非洲等地区光伏发电新兴市场也快速启动。太阳能热发电产业发展开始加速，一大批商业化太阳能热发电工程已建成或正在建设，太阳能热发电已具备作为可调节电源的潜在优势。太阳能热利用继续扩大应用领域，在生活热水、供暖制冷和工农业生产中逐步普及。

——太阳能发电规模快速增长。截至2015年底，全球太阳能发电装机累计达到2.3亿千瓦，当年新增装机超过5300万千瓦，占全球新增发电装机的20%。2006年至2015年光伏发电平均年增长率超过40%，成为全球增长速度最快的能源品种；太阳能热发电5年内新增装机400万千瓦，进入初步产业化发展阶段。

——太阳能市场竞争力迅速提高。随着光伏产业技术进步和规模扩大，光伏发电成本快速降低，在欧洲、日本、澳大利亚等多个国家和地区的商业和居民用电领域已实现平价上网。太阳能热发电进入初步产业化发展阶段后，发电成本显著降低。太阳能热利用市场竞争力进一步提高，太阳能热水器已是成本较低的热水供应方式，太阳能供暖在欧洲、美洲等地区具备了经济可行性。

——太阳能产业对经济带动作用显著。2015年全球光伏市场规模达到5000多亿元，创造就业岗位约300万个，在促进全球新经济发展方面表现突出。很多国家都把光伏产业作为重点培育的战略性新兴产业和新的经济增长点，纷纷提出相关产业发展计划，在光伏技术研发和产业化方面不断加大支持力度，全球光伏产业保持强劲的增长势头。

2. 国内发展现状

"十二五"时期，国务院发布了《关于促进光伏产业健康发展的若干意见》（国发〔2013〕24号），光伏产业政策体系逐步完善，光伏技术取得显著进步，市场规模快速扩大。太阳能热发电技术和装备实现突破，首座商业化运营的电站投入运行，产业链初步建立。太阳能热利用持续稳定发展，并向供暖、制冷及工农业供热等领域扩展。

——光伏发电规模快速扩大，市场应用逐步多元化。全国光伏发电累计装机从2010年的86万千瓦增长到2015年的4318万千瓦，2015年新增装机1513万千瓦，累计装机和年度新增装机均居全球首位。光伏发电应用逐渐形成东中西部共同发展、集中式和分布式并举格局。光伏发电与农业、养殖业、生态治理等各种产业融合发展模式不断创新，已进入多元化、规模化发展的新阶段。

——光伏制造产业化水平不断提高，国际竞争力继续巩固和增强。"十二五"时期，我国光伏制造规模复合增长率超过33%，年产值达到3000亿元，创造就业岗位近170万个，光伏产业表现出强大的发展新动能。2015年多晶硅产量16.5万吨，占全球市场份额的48%；光伏组件产量4600万千瓦，占全球市场份额的70%。我国光伏产品的国际市场不断拓展，在传统欧美市场与新兴市场均占主导地位。我国光伏制造的大部分关键设备已实现本土化并逐步推行智能制造，在世界上处于领先水平。

——光伏发电技术进步迅速，成本和价格不断下降。我国企业已掌握万吨级改良西门子法多晶硅生产工艺，流化床法多晶硅开始产业化生产。先进企业多晶硅生产平均综合电耗已降至80kWh/kg，生产成本降至10美元/千克以下，全面实现四氯化硅闭环工艺和无污染排放。单晶硅和多晶硅电池转换效率平均分别达到19.5%和18.3%，均处于全球领先水平，并以年均0.4个百分点的速度持续提高，多晶硅材料、光伏电池及组件成本均有显著下降，光伏电站系统成本降至7元/瓦左右，光伏发电成本"十二五"期间总体降幅超过60%。

——光伏产业政策体系基本建立，发展环境逐步优化。在《可再生能源法》基础上，国务院于2013年发布《关于促进光伏产业健康发展的若干意见》，进一步从价格、补贴、税收、并网等多个层面明确了光伏发电的政策框架，地方政府相继制定了支持光伏发电应用的政策措施。光伏产业领域中相关材料、光伏电池组件、光伏发电系统等标准不断完善，产业检测认证体系逐步建立，具备全产业链检测能力。我国已初步形成光伏产业人才培养体系，光伏领域的技术和经营管理能力显著提高。

——太阳能热发电实现较大突破，初步具备产业化发展基础。"十二五"时期，我国太阳能热发电技术和装备实现较大突破。八达岭1兆瓦太阳能热发电技术及系统示范工程于2012年建成，首座商业化运营的1万千瓦塔式太阳能热发电机组于2013年投运。我国在太阳能热发电的理论研究、技术开发、设备研制和工程建设运行方面积累了一定的经验，产业链初步形成，具备一定的产业化能力。

——太阳能热利用规模持续扩大，应用范围不断拓展。太阳能热利用行业形成了材料、产品、工艺、装备和制造全产业链，截至2015年底，全国太阳能集热面积保有量达到4.4亿平方米，年生产能力和应用规模均占全球70%以上，多年保持全球太阳能热利用产品制造和应用规模最大国家的地位。太阳能供热、制冷及工农业等领域应用技术取得突破，应用范围由生活热水向多元化生产领域扩展。

（二）面临形势

"十三五"是我国推进经济转型、能源革命、体制机制创新的重要时期，也是太阳能产业升级的关键阶段，我国太阳能产业迎来难得的发展机遇，也面临严峻挑战。

1. 发展机遇

——宏观政策环境为太阳能产业提供了发展机遇。党的十八大以来，国家将生态文明建设放在突出战略位置，积极推进能源生产和消费革命成为能源发展的核心任务，确立了我国在2030年左右二氧化碳排放达到峰值以及非化石能源占一次能源消费比例提高到20%的能源发展基本目标。伴随新型城镇化发展，建设绿色循环低碳的能源体系成为社会发展的必然要求，为太阳能等可再生能源的发展提供了良好的社会环境和广阔的市场空间。

——电力体制改革为太阳能发展增添了新动力。新一轮电力体制改革正在逐步放开用电计划、建立优先发电制度、推进售电侧开放和电价形成机制改革、构建现代竞争性电力市场，有利于可再生能源优先发展和公平参与市场交易。在新的电力体制条件下，市场机制将鼓励提高电力系统灵活性、逐步解决常规能源与可再生能源的利益冲突问题，扩大新能源消纳市场，从而促进太阳能发电等可再生能源的大规模发展。随着售电侧改革的推进，分布式发电将会以更灵活、更多元的方式发展，通过市场机制创新解决困扰分布式光伏发展所面临的问题，推动太阳能发电全面市场化发展。

——全球能源转型为太阳能提供了广阔市场空间。当前，全球能源体系正加快向低碳化转型，可再生能源规模化利用与常规能源的清洁低碳化将是能源发展的基本趋势，加快发展可再生能源已成为全球能源转型的主流方向。全球光伏发电已进入规模化发展新阶段，太阳能热利用也正在形成多元化应用格局。太阳能在解决能源可及性和能源结构调整方面均有独特优势，将在全球范围得到更广泛的应用。

2. 面临挑战

——高成本仍是光伏发电发展的主要障碍。虽然光伏发电价格已大幅下降，但与燃煤发电价格相比仍然偏高，在"十三五"时期对国家补贴依赖程度依然较高，光伏发电的非技术成本有增加趋势，地面光伏电站的土地租金、税费等成本不断上升，屋顶分布式光伏的场地租金也有上涨压力，融资成本降幅有限甚至民营企业融资成本不降反升问题突出。光伏发电技术进步、降低成本和非技术成本降低必须同时发力，才能加速光伏发电成本和电价降低。

——并网运行和消纳仍存在较多制约。电力系统及电力市场机制不适应光伏发电发展，传统能源发电与光伏发电在争夺电力市场方面矛盾突出。太阳能资源和土地资源均具备优势的西部地区弃光限电严重，就地消纳和外送存在市场机制和电网运行管理方面的制约。中东部地区分布式光伏发电尚不能充分利用，现行市场机制下无法体现分布式发电就近利用的经济价值，限制了分布式光伏在城市中低压配电网大规模发展。

——光伏产业面临国际贸易保护压力。随着全球光伏发电市场规模的迅速扩大，很多国家都将光伏产业作为新的经济增长点。一方面各国在上游原材料生产、装备制造、新型电池研发等方面加大技术研发力度，产业国际竞争更加激烈；另一方面，很多国家和地区在市场竞争不利的情况下采取贸易保护措施，对我国具有竞争优势的光伏发电产品在全球范围应用构成阻碍，也使全球合作减缓气候变化的努力弱化。

——太阳能热发电产业化能力较弱。我国太阳能热发电尚未大规模应用，在设计、施工、运维等环节缺乏经验，在核心部件和装置方面自主技术能力不强，产业链有待进一步完善。同时，太阳能热发电成本相比其他可再生能源偏高，面临加快提升技术水平和降低成本的较大压力。

——太阳能热利用产业升级缓慢。在"十二五"后期，太阳能热利用市场增长放缓，传统的太阳能热水应用发展进入瓶颈期，缺乏新的潜力大的市场领域。太阳能热利用产业在太阳能供暖、工业供热等多元化应用总量较小，相应产品研发、系统设计和集成方面的技术能力较弱，而且在新应用领域的相关标准、检测、认证等产业服务体系尚需完善。

二、指导方针和目标

（一）指导方针

贯彻党的十八大以及三中、四中、五中、六中全会精神，以推进能源生产和消费革命为总方针，顺应全球能源转型大趋势，以体制机制改革创新为契机，全面实施创新驱动战略，加速技术进步和产业升级，持续降低开发利用成本，推进市场化条件下的产业化、规模化发展，使太阳能成为推动能源革命的重要力量。

——推动光伏发电多元化利用并加速技术进步。围绕优化建设布局、推进产业进步和提高经济性等发展目标，因地制宜促进光伏多元化应用。结合电力体制改革，全面推进中东部地区分布式光伏发电；综合土地和电力市场条件，统筹开发布局与市场消纳，有序规范推进集中式光伏电站建设。通过竞争分配项目实现资源优化配置，实施"领跑者"计划，加速推进光伏发电技术进步和产业升级，加快淘汰落后产能。依托应用市场促进制造产业不断提高技术水平，推进全产业链协调创新发展，不断完善光伏产业管理和服务体系。

——通过示范项目建设推进太阳能热发电产业化。积极推进示范项目建设，及时总结建设和运行经验，建立健全政策和行业管理体系，完善各项技术标准，推动太阳能热发电产业规模化发展。推进多种太阳能热发电技术路线的产业化，建立各项标准和检测认证服务体系，推动我国太阳能热发电产业进入国际市场并不断提高竞争力。

——不断拓展太阳能热利用的应用领域和市场。巩固扩大太阳能热水市场，推动供暖和工农业热水等领域的规模化应用，拓展制冷、季节性储热等新兴市场，形成多元化的市场格局。大幅度提升企业研发、制造和系统集成等方面的创新能力，加强检测和实验公共平台等产业服务体系的建设，形成制造、系统集成、运营服务均衡发展的太阳能热利用产业格局，形成技术水平领先、国际竞争力强的优势产业。

（二）基本原则

——坚持规模化利用与产业升级相协调。以太阳能的规模化利用促进技术进步和产业升级，鼓励优势企业提升自主研发能力，以技术进步为核心，推动关键技术创新，全面提高产业技术研发和设备制造能力，完善和升级太阳能发电和太阳能热利用产业链，加速推动太阳能利用成本下降，通过自身竞争力的提高进一步扩大应用领域和规模。

——坚持市场化发展与改革创新相协调。通过市场化改革释放并增强太阳能产业创新发展新动能，创新促进太阳能利用的电力交易机制，鼓励太阳能发电分布式、多元化、创新型发展。深化体制机制改革，加快实施创新驱动发展战略，将绿色发展与创新发展有机结合，推进市场化融资模式改革创新，实现产融协调发展。

——坚持开发布局与市场需求相协调。以市场为导向，按经济最优原则进行太阳能发电布局，建立太阳能发电布局与电力负荷分布和电网规划相协调的发展机制。优先支持分布式光伏发电发展，重点支持分布式光伏发电分散接入低压配电网并就近消纳。推进太阳能发电大规模集中并网地区源网荷协同发展，优先就地利用，并合理扩大消纳范围。

——坚持上游制造与下游应用相协调。太阳能产业上游制造以加强技术创新、提升产品性能质量、降低成本为核心任务，为下游市场大规模发展创造条件。下游市场应用的核心任务是创新发展模式，实现规模扩大模式向提升质量效益模式转变，以需求端的高标准为上游施加提升技术水平的新动能，实现上游制造与下游市场协同立体化创新发展。

（三）发展目标

继续扩大太阳能利用规模，不断提高太阳能在能源结构中的比重，提升太阳能技术水平，降低太阳能利用成本。完善太阳能利用的技术创新和多元化应用体系，为产业健康发展提供良好的市场环境。

1. 开发利用目标

到 2020 年底，太阳能发电装机达到 1.1 亿千瓦以上，其中，光伏发电装机达到 1.05 亿千瓦以上，在"十二五"基础上每年保持稳定的发展规模；太阳能热发电装机达到 500 万千瓦。太阳能热利用集热面积达到 8 亿平方米。到 2020 年，太阳能年利用量达到 1.4 亿吨标准煤以上。

专栏1 "十三五"太阳能利用主要指标

指标类别	主要指标	2015年	2020年
装机容量指标（万千瓦）	光伏发电	4318	10500
	光热发电	1.39	500
	合计	4319	11000
发电量指标（亿千瓦·时）	总发电量	396	1500
热利用指标（亿平方米）	集热面积	4.42	8

专栏2 重点地区2020年光伏发电建设规模

单位：万千瓦

地区	规模
河北省	1200
山西省	1200
内蒙古自治区	1200
江苏省	800
浙江省	800
安徽省	600
山东省	1000
广东省	600
陕西省	700
青海省	1000
宁夏回族自治区	800

2. 成本目标

光伏发电成本持续降低。到2020年，光伏发电电价水平在2015年基础上下降50%以上，在用电侧实现平价上网目标；太阳能热发电成本低于0.8元/千瓦·时；太阳能供暖、工业供热具有市场竞争力。

3. 技术进步目标

先进晶体硅光伏电池产业化转换效率达到23%以上，薄膜光伏电池产业化转换效率显著提高，若干新型光伏电池初步产业化。光伏发电系统效率显著提升，实现智能运维。太阳能热发电效率实现较大提高，形成全产业链集成能力。

三、重点任务

按照"创新驱动、产业升级、降低成本、扩大市场、完善体系"的总体思路，大力推动光伏发电多元化应用，积极推进太阳能热发电产业化发展，加速普及多元化太阳能热利用。

（一）推进分布式光伏和"光伏+"应用

1. 大力推进屋顶分布式光伏发电

继续开展分布式光伏发电应用示范区建设，到2020年建成100个分布式光伏应用示范区，园区内 80%的新建建筑屋顶、50%的已有建筑屋顶安装光伏发电。在具备开发条件的工业园区、经济开发区、大型工矿企业以及商场学校医院等公共建筑，采取"政府引导、企业自愿、金融支持、社会参与"的方式，统一规划并组织实施屋顶光伏工程。在太阳能资源优良、电网接入消纳条件好的农村地区和小城镇，推进居民屋顶光伏工程，结合新型城镇化建设、旧城镇改造、新农村建设、易地搬迁等统一规划建设屋顶光伏工程，形成若干光伏小镇、光伏新村。

2. 拓展"光伏+"综合利用工程

鼓励结合荒山荒地和沿海滩涂综合利用、采煤沉陷区等废弃土地治理、设施农业、渔业养殖等方式，因地制宜开展各类"光伏+"应用工程，促进光伏发电与其他产业有机融合，通过光伏发电为土地增值利用开拓新途径。探索各类提升农业效益的光伏农业融合发展模式，鼓励结合现代高效农业设施建设光伏电站；在水产养殖条件好的地区，鼓励利用坑塘水面建设渔光一体光伏电站；在符合林业管理规范的前提下，在宜林地、灌木林、稀疏林地合理布局林光互补光伏电站；结合中药材种植、植被保护、生态治理工程，合理配建光伏电站。

3. 创新分布式光伏应用模式

结合电力体制改革开展分布式光伏发电市场化交易，鼓励光伏发电项目靠近电力负荷建设，接入中低压配电网实现电力就近消纳。各类配电网企业应为分布式光伏发电接入电网运行提供服务，优先消纳分布式光伏发电量，建设分布式发电并网运行技术支撑系统并组织分布式电力交易。推行分布式光伏发电项目向电力用户市场化售电模式，向电网企业缴纳的输配电价按照促进分布式光伏就近消纳的原则合理确定。

(二) 优化光伏电站布局并创新建设方式

1. 合理布局光伏电站

综合考虑太阳能资源、电网接入、消纳市场和土地利用条件及成本等，以全国光伏产业发展目标为导向，安排各省（区、市）光伏发电年度建设规模，合理布局集中式光伏电站。规范光伏项目分配和市场开发秩序，全面通过竞争机制实现项目优化配置，加速推动光伏技术进步。在弃光限电严重地区，严格控制集中式光伏电站建设规模，加快解决已出现的弃光限电问题，采取本地消纳和扩大外送相结合的方式，提高已建成集中式光伏电站的利用率，降低弃光限电比例。

2. 结合电力外送通道建设太阳能发电基地

按照"多能互补、协调发展、扩大消纳、提高效益"的布局思路，在"三北"地区利用现有和规划建设的特高压电力外送通道，按照优先存量、优化增量的原则，有序建设太阳能发电基地，提高电力外送通道中可再生能源比重，有效扩大"三北"地区太阳能发电消纳范围。在青海、内蒙古等太阳能资源好、土地资源丰富地区，研究论证并分阶段建设太阳能发电与其他可再生能源互补的发电基地。在金沙江、雅砻江、澜沧江等西南水能资源富集的地区，依托水电基地和电力外送通道研究并分阶段建设大型风光水互补发电基地。

专栏3　电力外送通道配置太阳能发电基地布局

主要省（区）	主要地区	外送通道
新疆	哈密地区	哈密—郑州特高压直流输电工程（已建）
	准东地区	准东—皖南特高压直流输电工程（在建）
内蒙古	锡盟地区	锡盟—泰州特高压直流输电工程（在建）
	锡盟地区	锡盟—山东特高压交流输电工程（在建）
	蒙西地区	上海庙—山东特高压直流输电工程（在建）
	蒙西地区	蒙西—天津南特高压交流输电工程（在建）
	东北地区	扎鲁特—山东特高压直流输电工程（在建）
	阿拉善地区	研究论证以输送可再生能源为主的电力通道
甘肃	酒泉地区	酒泉—湖南特高压直流输电工程（在建）
宁夏	宁夏地区	宁东—浙江特高压直流输电工程（在建）
山西	晋北地区	山西—江苏特高压直流输电工程（在建）
青海	海西州	研究论证以输送可再生能源为主的电力通道
	海南州	研究论证以输送可再生能源为主的电力通道

3. 实施光伏"领跑者"计划

设立达到先进技术水平的"领跑者"光伏产品和系统效率标准，建设采用"领跑者"光伏产品的领跑技术基地，为先进技术及产品提供市场支持，引领光伏技术进步和产业升级。结合采煤沉陷区、荒漠化土地治理，在具备送出条件和消纳市场的地区，统一规划有序建设光伏发电领跑技术基地，采取竞争方式优选投资开发企业，按照"领跑者"技术标准统一组织建设。组织建设达到最先进技术水平的前沿技术依托基地，加速新技术产业化发展。建立和完善"领跑者"产品的检测、认证、验收和保障体系，确保"领跑者"基地使用的光伏产品达到先进指标。

（三）开展多种方式光伏扶贫

1. 创新光伏扶贫模式

以主要解决无劳动能力的建档立卡贫困户为目标，因地制宜、分期分批推动多种形式的光伏扶贫工程建设，覆盖已建档立卡280万无劳动能力贫困户，平均每户每年增加3000元的现金收入。确保光伏扶贫关键设备达到先进技术指标且质量可靠，鼓励成立专业化平台公司对光伏扶贫工程实行统一运营和监测，保障光伏扶贫工程长期质量可靠、性能稳定和效益持久。

2. 大力推进分布式光伏扶贫

在中东部土地资源匮乏地区，优先采用村级电站（含户用系统）的光伏扶贫模式，单个户用系统5千瓦左右，单个村级电站一般不超过300千瓦。村级扶贫电站优先纳入光伏发电建设规模，优先享受国家可再生能源电价附加补贴。做好农村电网改造升级与分布式光伏扶贫工程的衔接，确保光伏扶贫项目所发电量就近接入、全部消纳。建立村级扶贫电站的建设和后期运营监督管理体系，相关信息纳入国家光伏扶贫信息管理系统监测，鼓励各地区建设统一的运行监控和管理平台，确保电站长期可靠运行和贫困户获得稳定收益。

3. 鼓励建设光伏农业工程

鼓励各地区结合现代农业、特色农业产业发展光伏扶贫。鼓励地方政府按 PPP 模式，由政府投融资主体与商业化投资企业合资建设光伏农业项目，项目资产归政府投融资主体和商业化投资企业共有，收益按股比分成，政府投融资主体要将所占股份折股量化给符合条件的贫困村、贫困户，代表扶贫对象参与项目投资经营，按月（或季度）向贫困村、贫困户分配资产收益。光伏农业工程要优先使用建档立卡贫困户劳动力，并在发展地方特色农业中起到引领作用。

（四）推进太阳能热发电产业化

1. 组织太阳能热发电示范项目建设

按照"统筹规划、分步实施、技术引领、产业协同"的发展思路，逐步推进太阳能热发电产业进程。在"十三五"前半期，积极推动 150 万千瓦左右的太阳能热发电示范项目建设，总结积累建设运行经验，完善管理办法和政策环境，验证国产化设备及材料的可靠性；培育和增强系统集成能力，掌握关键核心技术，形成设备制造产业链，促进产业规模化发展和产品质量提高，带动生产成本降低，初步具备国际市场竞争力。

2. 发挥太阳能热发电调峰作用

逐步推进太阳能热发电产业化商业化进程，发挥其蓄热储能、出力可控可调等优势，实现网源友好发展，提高电网接纳可再生能源的能力。在青海、新疆、甘肃等可再生能源富集地区，提前做好太阳能热发电布局，探索以太阳能热发电承担系统调峰方式，研究建立太阳能热发电与光伏发电、风电、抽水蓄能等互补利用、发电可控可调的大型混合式可再生能源发电基地，向电网提供清洁、安全、稳定的电能，促进可再生能源高比例应用。

3. 建立完善太阳能热发电产业服务体系

借鉴国外太阳能热发电工程建设经验，结合我国太阳能热发电示范项目的实施，制定太阳能热发电相关设计、设备、施工、运行标准，建立和完善相关工程设计、检测认证及质量管理等产业服务支撑体系。加快建设太阳能热发电产业政策管理体系，研究制定太阳能热发电项目管理办法，保障太阳能热发电产业健康有序发展。

（五）因地制宜推广太阳能供热

1. 进一步推动太阳能热水应用

以市场需求为动力，以小城镇建设、棚户区改造等项目为依托，进一步推动太阳能热水的规模化应用。在太阳能资源适宜地区加大太阳能热水系统推广力度。支持农村和小城镇居民安装使用太阳能热水器，在农村推行太阳能公共浴室工程，扩大太阳能热水器在农村的应用规模。在大中城市的公共建筑、经济适用房、廉租房项目加大力度强制推广太阳能热水系统。在城市新建、改建、扩建的住宅建筑上推动太阳能热水系统与建筑的统筹规划、设计和应用。

2. 因地制宜推广太阳能供暖制冷技术

在东北、华北等集中供暖地区，积极推进太阳能与常规能源融合，采取集中式与分布式结合的方式进行建筑供暖；在集中供暖未覆盖地区，结合当地可再生能源资源，大力推动太阳能、地热能、生物质锅炉等小型可再生能源供热；在需要冷热双供的华东、华中地区以及传统集中供暖未覆盖的长三角、珠三角等地区，重点采用太阳能、地热能供暖制冷技术。鼓励在条件适宜的中小城镇、民用及公共建筑上推广太阳能区域性供暖系统，建设太阳能热水、采暖和制冷的三联供系统。到2020年，在适宜区域建设大型区域供热站数量达到200座以上，集热面积总量达到400万平方米以上。结合新农村建设，在全国推广农村建筑太阳能热水、采暖示范项目300万户以上。

3. 推进工农业领域太阳能供热

结合工业领域节能减排，在新建工业区（经济开发区）建设和传统工业区改造中，积极推进太阳能供热与常规能源融合，推动工业用能结构的清洁化。在印染、陶瓷、食品加工、农业大棚、养殖场等用热需求大且与太阳能热利用系统供热匹配的行业，充分利用太阳能供热作为常规能源系统的基础热源，提供工业生产用热，推动工业供热的梯级循环利用。结合新能源示范城市和新能源利用产业园区、绿色能源示范县（区）等，建设一批工农业生产太阳能供热，总集热面积达到2000万平方米。

（六）开展新能源微电网应用示范

1. 建设联网型微电网示范工程

在分布式可再生能源渗透率较高或具备多能互补条件的地区建设联网型新能源微电网示范工程。通过储能技术、天然气分布式发电、智能控制和信息化技术的综合应用，探索电力生产和消费的新型商业运营模式和新业态，推动更加具有活力的电力市场化创新发展，形成完善的新能源微电网技术体系和管理体制，逐步提高可再生能源渗透率，探索建设100%可再生能源多能互补微能源网。

2. 开展离网型微电网示范

提升能源电子技术配合微电网能源管理及储能技术，高度融合发输供用电环节，在电网未覆盖或供电能力不足的偏远地区、海岛、边防哨所等，充分利用丰富的可再生资源，实现多种能源综合互补利用，建设智能离网型新能源微电网示范工程，替代柴油发电机组和降低供电成本，保护生态环境，改善地区能源结构。

3. 探索微电网电力交易模式

结合电力体制改革的要求，拓展新能源微电网应用空间。以新能源微电网为载体作为独立售电主体，探索微电网内部分布式光伏直供以及微电网与本地新能源发电项目电力直接交易的模式。支持微电网就近向可再生能源电力企业直接购电，探索实现100%新能源电力消费微电网。

（七）加快技术创新和产业升级

1. 建立国家级光伏技术创新平台

依托国家重点实验室、国家工程中心等机构，推动建立光伏发电的公共技术创新、产品测试、实证研究三大国家级光伏技术创新平台，形成国际领先、面向全行业的综合性创新支撑平台。公共技术创新平台重点开展新型太阳电池、新型光伏系统及部件、光伏高渗透率并网等领域的前瞻研究和技术攻关。产品测试平台重点建设光伏产业链各环节产品和系统测试平台。实证研究平台重点开展不同地域、气候、电网条件下的光伏系统及部件实证研究，建立国家光伏发电公共监测和评价中心。

2. 实施太阳能产业升级计划

以推动我国太阳能产业化技术及装备升级为目标，推进全产业链的原辅材、产品制造技术、生产工艺及生产装备国产化水平提升。光伏发电重点支持 PERC 技术、N 型单晶等高效率晶体硅电池、新型薄膜电池的产业化以及关键设备研制；太阳能热发电重点突破高效率大容量高温储热、高能效太阳能聚光集热等关键技术，研发高可靠性、全天发电的太阳能热发电系统集成技术及关键设备。

3. 开展前沿技术创新应用示范工程

结合下游应用需求，国家组织太阳能领域新技术示范应用工程。重点针对各类高效率低成本光伏电池、新型光伏电池、新型光伏系统及控制/逆变器等关键部件在不同地域、气候、电网条件下进行示范应用，以及中高温太阳能集中供热在建筑、供暖等领域的示范应用，满足新能源微电网、现代农业、光伏渔业等新兴市场太阳能技术的需求，建立产学研有机结合、技术与应用相互促进、上下游协同推进的技术创新机制。

（八）提升行业管理和产业服务水平

1. 加强行业管理和质量监督

建立政府制定规则、市场主体竞争的光伏电站项目资源配置方式，禁止资源换产业和地方保护等不正当竞争行为，杜绝倒卖项目等投机行为，建立优胜劣汰、充分有效的市场竞争机制。加强太阳能项目质量监督管理，完善工程建设、运行技术岗位资质管理，建立适应市场、权责明确、措施到位、监督有力的太阳能项目建设质量监督体系，发挥政府在质量监督中的作用。科学、公正、规范地开展太阳能项目主体工程及相关设备质量、安全运行等综合评价，建立透明公开的质量监督管理秩序，提高设备产品可靠性和运行安全性，确保工程建设质量。

2. 提升行业信息监测和服务水平

拓展太阳能行业信息监测管理范围，应用大数据、"互联网+"等现代化信息技术，完善太阳能资源、规划实施、年度规模、前期进展、建设运行等全生命周期信息监测体系建设，及时向社会公开行业发展动态。通过信息化手段，为行业数据查询和补助资金申请提供便利，规范电价附加补助资金管理，提高可再生能源电价附件补贴资金发放效率，提升行业公共服务水平。

3. 加强行业能力建设

鼓励国内科研院所、中介机构、行业组织发挥在行业人才培训、技术咨询、国际交流等方面的作用，建立企业、消费者、政府部门之间的沟通与联系，加强与国际知名研究机构在国际前沿、共性技术联合研发、新产品制造、技术转移、知识产权等领域的合作。加大人才和机构等能力建设的支持力度，培养一批太阳能行业发展所急需的技术和管理人才，鼓励大学与企业联合培养高级人才，支持企业建立太阳能教学实习基地和博士后流动站，鼓励大学、研究机构和企业从海外吸引高端人才。

（九）深化太阳能国际产业合作

1. 拓展太阳能国际市场和产能合作

在"一带一路"、中巴经济走廊、孟中印缅经济走廊等重点区域加强太阳能产业国际市场规划研究，引导重大国际项目开发建设，巩固欧洲、北美洲和亚洲部分地区等传统太阳能产业投资市场，重点开发东南亚、西亚、拉丁美洲、非洲等新兴市场。加强先进产能和项目开发国际化合作，构建全产业链战略联盟，持续提升太阳能产业国际市场竞争力，实现太阳能产能"优进优出"。

2. 太阳能先进技术研发和装备制造合作

鼓励企业加强国际研发合作，开展太阳能产业前沿、共性技术联合研发，提高我国产业技术研发能力及核心竞争力，共同促进产业技术进步。建立推动国际化的太阳能技术合作交流平台，与相关国家政府及企业合作建设具有创新性的示范工程。推动我国太阳能设备制造"走出去"发展，鼓励企业在境外设立技术研发机构，实现技术和智力资源跨国流动和优化整合。

3. 加强太阳能产品标准和检测国际互认

逐步完善国内太阳能标准体系，积极参与太阳能行业国际标准制定，加大自主知识产权标准体系海外推广，推动检测认证国际互认。依托重点项目的开发建设，持续跟进 IEC 等太阳能标准化工作，加强国际标准差异化研究和国际标准转化工作。参与 IECRE 体系等多边机制下的产品标准检测认证的国际互认组织工作，掌握标准检测认证规则，提升我国在国际认证、检测等领域的话语权。

四、保障措施

（一）完善规划引领和项目配置管理

加强规划和年度建设规模对全国太阳能发展的引导作用，各级地方政府应将太阳能利用纳入能源发展和节能减排等规划。各省级及地方能源主管部门根据国家确定的目标任务，科学编制区域太阳能发展规划并制定年度实施计划，做好农业、林业、土地、建筑等相关领域的衔接和政府间协调工作。全面推行竞争方式配置光伏电站项目，形成以市场竞价为主的定价机制，逐步减少太阳能发电价格补贴需求，不断提高太阳能发电市场竞争力。

（二）建立太阳能产业监测评价体系

针对太阳能发展外部环境和内部因素，合理确定各地区年度建设规模和布局方案，并形成滚动调整机制，实现放管结合、优化服务。按照资源情况、建设条件、实际运行、消纳市场、政策环境以及本规划各项主要任务完成情况等因素建立太阳能监测评价体系，提出科学合理的评价方法，评判地区太阳能发展环境，作为太阳能产业布局的重要依据。

（三）完善太阳能发电市场机制和配套电网建设

根据电力体制改革系列文件要求，建立适应太阳能发电的电力市场机制，确保太阳能发电优先上网和全额保障性收购。促进分布式光伏发电与电力用户开展直接交易，电网企业作为公共平台收取过网费。将分布式光伏发展纳入城网农网改造规划，结合分布式光伏特点进行智能电网建设升级。做好集中式大型电站和配套电网的同步规划，落实消纳市场和送出方案。电网企业及电力调度机构应按可再生能源全额保障性收购管理规定，保障光伏电站最低保障小时数以内的上网电量按国家核定或竞争确定的上网电价收购；超过最低保障小时数的电量，通过参与电力市场竞争实现全额利用。

（四）加强太阳能产业标准体系建设

紧跟技术创新和产业升级方向，建立健全太阳能产业标准体系和检测认证体系。加强太阳能全产业链检测技术及检测装备研发，整合检测资源，建设太阳能产业主要产品的公共检测平台。完善适合不同环境特点的光伏系统设计安装、电网接入、运行维护等标准，研究制定光伏农业、光伏渔业、建筑光伏等各类光伏创新应用标准，促进光伏与其他产业的融合多赢发展。逐步开展对太阳能热发电主要产品的认证工作，规范太阳能热发电电站设计、采购、施工、安装和验收。

（五）创新投融资模式和金融服务

鼓励金融监管机构和金融机构实施促进可再生能源等清洁能源发展的绿色信贷政策，探索售电收益权和项目资产作为抵押的贷款机制。完善分布式光伏发电创新金融支持机制，积极推动银行等金融机构与地方政府合作建立光伏发电项目的投融资服务平台。通过国家出资、企业投资和社会资本参与的形式，探讨建立国家光伏产业投资基金，为光伏产业公共技术平台建设、关键基础理论研究、核心设备国产化、"一带一路"走出去等创新业务提供资金支持和降低融资成本。建立太阳能产业与金融机构之间的常态化交流机制，促进产融协调发展。

五、经济社会与环境效益

（一）环境效益

2020年，太阳能年利用量达到1.4亿吨标准煤以上，占非化石能源消费比重的18%以上，"十三五"期间新增太阳能年利用总规模折合7500万吨标准煤以上，约占新增非化石能源消费比重的30%以上。

2020年，全国太阳能年利用量相当于减少二氧化碳排放量约3.7亿吨以上，减少二氧化硫排放量120万吨，减少氮氧化物排放90万吨，减少烟尘排放约110万吨，环境效益显著。

（二）经济效益

通过大规模发展太阳能利用产业，有力推动地方经济发展转型。预计"十三五"时期，太阳能产业对我国经济产值的贡献将突破万亿元。其中，太阳能发电产业对我国经济产值的贡献将达到6000亿元，平均每年拉动经济需求1200亿元以上，同步带动电子工业、新材料、高端制造、互联网等产业，太阳能热利用产业对经济产值贡献将达到5000亿元。

（三）社会效益

太阳能利用上下游产业规模日益壮大，带动相关产业发展的能力显著增强，就业容量不断增加，扶贫效果显著。预计到2020年，太阳能产业可提供约700万个就业岗位。

（五）生物质能发展"十三五"规划

"十三五"是实现能源转型升级的重要时期，是新型城镇化建设、生态文明建设、全面建成小康社会的关键时期，生物质能面临产业化发展的重要机遇。根据国家《能源发展"十三五"规划》和《可再生能源发展"十三五"规划》，2016年10月28日，国家能源局制定《生物质能发展"十三五"规划》。该规划分析了国内外生物质能发展现状，阐述了"十三五"时期我国生物质能产业发展的指导思想、基本原则、发展目标、发展布局和建设重点，提出了保障措施，是"十三五"时期我国生物质能产业发展的基本依据。

国家能源局关于印发《生物质能发展"十三五"规划》的通知

国能新能〔2016〕291号

各省（区、市）及新疆生产建设兵团发展改革委（能源局）；国家电网公司、南方电网公司，中石油、中石化、中海油集团公司、中节能、中广核集团公司：

生物质能是重要的可再生能源。开发利用生物质能，是能源生产和消费革命的重要内容，是改善环境质量、发展循环经济的重要任务。为推进生物质能分布式开发利用，扩大市场规模，完善产业体系，加快生物质能专业化多元化产业化发展步伐，国家能源局组织编制了《生物质能发展"十三五"规划》，现印发给你们，请结合实际认真落实。

附件：生物质能发展"十三五"规划

国家能源局
2016 年 10 月 28 日

生物质能发展"十三五"规划

前 言

生物质能是重要的可再生能源，具有绿色、低碳、清洁、可再生等特点。加快生物质能开发利用，是推进能源生产和消费革命的重要内容，是改善环境质量、发展循环经济的重要任务。

"十二五"时期，我国生物质能产业发展较快，开发利用规模不断扩大，生物质发电和液体燃料形成一定规模。生物质成型燃料、生物天然气等发展已起步，呈现良好势头。"十三五"是实现能源转型升级的重要时期，是新型城镇化建设、生态文明建设、全面建成小康社会的关键时期，生物质能面临产业化发展的重要机遇。根据国家《能源发展"十三五"规划》和《可再生能源发展"十三五"规划》，制定《生物质能发展"十三五"规划》（以下简称"《规划》"）。

《规划》分析了国内外生物质能发展现状，阐述了"十三五"时期我国生物质能产业发展的指导思想、基本原则、发展目标、发展布局和建设重点，提出了保障措施，是"十三五"时期我国生物质能产业发展的基本依据。

一、发展现状和面临形势

（一）发展基础

1. 国际发展现状

（1）发展现状。生物质能是世界上重要的新能源，技术成熟，应用广泛，在应对全球气候变化、能源供需矛盾、保护生态环境等方面发挥着重要作用，是全球继石油、煤炭、天然气之后的第四大能源，成为国际能源转型的重要力量。

生物质发电。截至 2015 年，全球生物质发电装机容量约 1 亿千瓦，其中美国 1590 万千瓦、巴西 1100 万千瓦。生物质热电联产已成为欧洲，特别是北欧国家重要的供热方式。生活垃圾焚烧发电发展较快，其中日本垃圾焚烧发电处理量占生活垃圾无害化处理量的 70% 以上。

生物质成型燃料。截至 2015 年，全球生物质成型燃料产量约 3000 万吨，欧洲是世界最大的生物质成型燃料消费地区，年均约 1600 万吨。北欧国家生物质成型燃料消费比重较大，其中瑞典生物质成型燃料供热约占供热能源消费总量的 70%。

生物质燃气。截至 2015 年，全球沼气产量约为 570 亿立方米，其中德国沼气年产量超过 200 亿立方米，瑞典生物天然气满足了全国 30% 车用燃气需求。

生物液体燃料。截至 2015 年，全球生物液体燃料消费量约 1 亿吨，其中燃料乙醇全球产量约

8000万吨，生物柴油产量约2000万吨。巴西甘蔗燃料乙醇和美国玉米燃料乙醇已规模化应用。

（2）发展趋势。一是生物质能多元化分布式应用成为世界上生物质能发展较好国家的共同特征。二是生物天然气和成型燃料供热技术和商业化运作模式基本成熟，逐渐成为生物质能重要发展方向。生物天然气不断拓展车用燃气和天然气供应等市场领域。生物质供热在中、小城市和城镇应用空间不断扩大。三是生物液体燃料向生物基化工产业延伸，技术重点向利用非粮生物质资源的多元化生物炼制方向发展，形成燃料乙醇、混合醇、生物柴油等丰富的能源衍生替代产品，不断扩展航空燃料、化工基础原料等应用领域。

2. 国内发展现状

我国生物质资源丰富，能源化利用潜力大。全国可作为能源利用的农作物秸秆及农产品加工剩余物、林业剩余物和能源作物、生活垃圾与有机废弃物等生物质资源总量每年约4.6亿吨标准煤。截至2015年，生物质能利用量约3500万吨标准煤，其中商品化的生物质能利用量约1800万吨标准煤。生物质发电和液体燃料产业已形成一定规模，生物质成型燃料、生物天然气等产业已起步，呈现良好发展势头。

生物质发电。截至2015年，我国生物质发电总装机容量约1030万千瓦，其中，农林生物质直燃发电约530万千瓦，垃圾焚烧发电约470万千瓦，沼气发电约30万千瓦，年发电量约520亿千瓦·时，生物质发电技术基本成熟。

生物质成型燃料。截至2015年，生物质成型燃料年利用量约800万吨，主要用于城镇供暖和工业供热等领域。生物质成型燃料供热产业处于规模化发展初期，成型燃料机械制造、专用锅炉制造、燃料燃烧等技术日益成熟，具备规模化、产业化发展基础。

生物质燃气。截至2015年，全国沼气理论年产量约190亿立方米，其中户用沼气理论年产量约140亿立方米，规模化沼气工程约10万处，年产气量约50亿立方米，沼气正处于转型升级关键阶段。

生物液体燃料。截至2015年，燃料乙醇年产量约210万吨，生物柴油年产量约80万吨。生物柴油处于产业发展初期，纤维素燃料乙醇加快示范，我国自主研发生物航煤成功应用于商业化载客飞行示范。

专栏1　全国生物质能利用现状

利用方式	利用规模 数量	利用规模 单位	年产量 数量	年产量 单位	折标煤（万吨/年）
1. 生物质发电	1030	万千瓦	520	亿千瓦·时	1520
2. 户用沼气	4380	万户	190	亿立方米	1320
3. 大型沼气工程	10	万处			
4. 生物质成型燃料	800	万吨			400
5. 生物燃料乙醇			210	万吨	180
6. 生物柴油			80	万吨	120
总　计					3540

（二）存在问题

生物质能是唯一可转化成多种能源产品的新能源，通过处理废弃物直接改善当地环境，是发展循环经济的重要内容，综合效益明显。从资源和发展潜力来看，生物质能总体仍处于发展初期，还存在以下主要问题：

一是尚未形成共识。目前社会各界对生物质能认识不够充分，一些地方甚至限制成型燃料等生物质能应用，导致生物质能发展受到制约。

二是分布式商业化开发利用经验不足。受制于我国农业生产方式，农林生物质原料难以实现大规模收集，一些年利用量超过10万吨的项目，原料收集困难。畜禽粪便收集缺乏专用设备，能源化无害化处理难度较大。急需探索就近收集、就近转化、就近消费的生物质能分布式商业化开发利用模式。

三是专业化市场化程度低，技术水平有待提高。生物天然气和生物质成型燃料仍处于发展初期，受限于农村市场，专业化程度不高，大型企业主体较少，市场体系不完善，尚未成功开拓高价值商业化市场。纤维素乙醇关键技术及工程化尚未突破，急待开发高效混合原料发酵装置、大型低排放生物质锅炉等现代化专用设备，提高生物天然气和成型燃料工程化水平。

四是标准体系不健全。尚未建立生物天然气、生物成型燃料工业化标准体系，缺乏设备、产品、工程技术标准和规范。尚未出台生物质锅炉和生物天然气工程专用的污染物排放标准。生物质能检测认证体系建设滞后，制约了产业专业化规范化发展。缺乏对产品和质量的技术监督。

五是政策不完善。生物质能开发利用涉及原料收集、加工转化、能源产品消费、伴生品处理等诸多环节，政策分散，难以形成合力。尚未建立生物质能产品优先利用机制，缺乏对生物天然气和成型燃料的终端补贴政策支持。

二、指导思想和发展目标

（一）指导思想

全面贯彻党的十八大、十八届三中、四中、五中全会和中央经济工作会议精神，坚持创新、协调、绿色、开放、共享的发展理念，紧紧围绕能源生产和消费革命，主动适应经济发展新常态，按照全面建成小康社会的战略目标，把生物质能作为优化能源结构、改善生态环境、发展循环经济的重要内容，立足于分布式开发利用，扩大市场规模，加快技术进步，完善产业体系，加强政策支持，推进生物质能规模化、专业化、产业化和多元化发展，促进新型城镇化和生态文明建设。

（二）基本原则

坚持分布式开发。根据资源条件做好规划，确定项目布局，因地制宜确定适应资源条件的项目规模，形成就近收集资源、就近加工转化、就近消费的分布式开发利用模式，提高生物质能利用效率。

坚持用户侧替代。发挥生物质布局灵活、产品多样的优势，大力推进生物质冷热电多联产、生物质锅炉、生物质与其他清洁能源互补系统等在当地用户侧直接替代燃煤，提升用户侧能源系统效率，有效应对大气污染。

坚持融入环保。将生物质能开发利用融入环保体系，通过有机废弃物的大规模能源化利用，加强主动型源头污染防治，直接减少秸秆露天焚烧、畜禽粪便污染排放，减轻对水、土、气的污染，建立生物质能开发利用与环保相互促进机制。

坚持梯级利用。立足于多种资源和多样化用能需求，开发形成电、气、热、燃料等多元化产品，加快非电领域应用，推进生物质能循环梯级利用，构建生物质能多联产循环经济。

（三）发展目标

到 2020 年，生物质能基本实现商业化和规模化利用。生物质能年利用量约 5800 万吨标准煤。生物质发电总装机容量达到 1500 万千瓦，年发电量 900 亿千瓦·时，其中农林生物质直燃发电 700 万千瓦，城镇生活垃圾焚烧发电 750 万千瓦，沼气发电 50 万千瓦；生物天然气年利用量 80 亿立方米；生物液体燃料年利用量 600 万吨；生物质成型燃料年利用量 3000 万吨。

专栏 2　"十三五"生物质能发展目标

利用方式	利用规模 数量	利用规模 单位	年产量 数量	年产量 单位	替代化石能源（万吨/年）
1. 生物质发电	1500	万千瓦	900	亿千瓦·时	2660
2. 生物天然气			80	亿立方米	960
3. 生物质成型燃料	3000	万吨			1500
4. 生物液体燃料	600	万吨			680
生物燃料乙醇	400	万吨			380
生物柴油	200	万吨			300
总　计					5800

三、发展布局和建设重点

（一）大力推动生物天然气规模化发展

到 2020 年，初步形成一定规模的绿色低碳生物天然气产业，年产量达到 80 亿立方米，建设 160 个生物天然气示范县和循环农业示范县。

1. 发展布局

在粮食主产省份以及畜禽养殖集中区等种植养殖大县，按照能源、农业、环保"三位一体"格局，整县推进，建设生物天然气循环经济示范区。

2. 建设重点

推动全国生物天然气示范县建设。以县为单位建立产业体系，选择有机废弃物丰富的种植养殖大县，编制县域生物天然气开发建设规划，立足于整县推进，发展生物天然气和有机肥，建立原料收集保障、生物天然气消费、有机肥利用和环保监管体系，构建县域分布式生产消费模式。

加快生物天然气技术进步和商业化。探索专业化投资建设管理模式，形成技术水平较高、安全环保的新型现代化工业门类。建立县域生物天然气开发建设专营机制。加快关键技术进步和工程现代化，建立健全检测、标准、认证体系。培育和创新商业化模式，提高商业化水平。

专栏3		"十三五"全国生物天然气建设布局					
序号	区域	重点省份	种植养殖大县数量	到2020年前建设示范县数量	秸秆理论资源量（万吨）	粪便理论资源量（万吨）	生物天然气发展规模（亿立方米/年）
1	华北	河北、内蒙古等	37	22	5550	9250	11
2	东北	辽宁、吉林、黑龙江	57	36	8550	14250	18
3	华东	江苏、浙江、安徽、江西、山东等	66	32	9900	16500	16
4	华中	河南、湖北、湖南	69	32	10350	17250	16
5	华南西南	广西、重庆、四川等	34	16	5100	8500	8
6	西北	陕西、甘肃、新疆等	37	22	5550	9250	11
		总计	300	160	45000	75000	80

注：秸秆理论资源量为干物质量（万吨），畜禽粪便理论资源量为鲜重量（万吨）。

推进生物天然气有机肥专业化规模化建设。以生物天然气项目产生的沼渣沼液为原料，建设专业化标准化有机肥项目。优化提升已建有机肥项目，加强关键技术研发与装备制造。创新生物天然气有机肥产供销用模式，促进有机肥大面积推广，减少化肥使用量，促进土壤改良。

建立健全产业体系。创新原料收集保障模式，形成专业化原料收集保障体系。构建生物天然气多元化消费体系，强化与常规天然气衔接并网，加快生物天然气市场化应用。建立生物天然气有机肥利用体系，促进有机肥高效利用。建立健全全过程环保监管体系，保障产业健康发展。

（二）积极发展生物质成型燃料供热

1. 发展布局

在具备资源和市场条件的地区，特别是在大气污染形势严峻、淘汰燃煤锅炉任务较重的京津冀鲁、长三角、珠三角、东北等区域，以及散煤消费较多的农村地区，加快推广生物质成型燃料锅炉供热，为村镇、工业园区及公共和商业设施提供可再生清洁热力。

2. 建设重点

积极推动生物质成型燃料在商业设施与居民采暖中的应用。结合当地关停燃煤锅炉进程，发挥生物质成型燃料锅炉供热面向用户侧布局灵活、负荷响应能力较强的特点，以供热水、供蒸汽、冷热联供等方式，积极推动在城镇商业设施及公共设施中的应用。结合农村散煤治理，在政策支持下，推进生物质成型燃料在农村炊事采暖中的应用。

加快大型先进低排放生物质成型燃料锅炉供热项目建设。发挥成型燃料含硫量低的特点，在工业园区大力推进20蒸吨/小时以上低排放生物质成型燃料锅炉供热项目建设，污染物排放达到天然气水平，烟尘、二氧化硫、氮氧化物排放量不高于20毫克/立方米、50毫克/立方米、200毫克/立方米，替代燃煤锅炉供热。建成一批以生物质成型燃料供热为主的工业园区。

加强技术进步和标准体系建设。加强大型生物质锅炉低氮燃烧关键技术进步和设备制造，推进设备制造标准化系列化成套化。制定出台生物质供热工程设计、成型燃料产品、成型设备、生物质锅炉等标准。加快制定生物质供热锅炉专用污染物排放标准。加强检测认证体系建设，强化对工程与产品的质量监督。

		专栏4 "十三五"全国生物质成型燃料建设布局			
序号	重点区域	重点省份	重点	2020年规划年利用量（万吨）	替代煤炭消费量（万吨标准煤）
1	京津冀鲁	北京、天津、河北、山东等	农村居民采暖、工业园区供热、商业设施冷热联供	600	300
2	长三角	上海、江苏、浙江、安徽等	工业园区供热、商业设施冷热联供	600	300
3	珠三角	广东等	工业园区供热、商业设施冷热联供	450	225
4	东北	辽宁、吉林、黑龙江	农村居民采暖、工业园区供热、商业设施冷热联供	450	225
5	中东部	江西、河南、湖北、湖南等	工业园区供热、商业设施冷热联供	900	450
6		总计		3000	1500

（三）稳步发展生物质发电

1. 发展布局

在农林资源丰富区域，统筹原料收集及负荷，推进生物质直燃发电全面转向热电联产；在经济较为发达地区合理布局生活垃圾焚烧发电项目，加快西部地区垃圾焚烧发电发展；在秸秆、畜禽养殖废弃物资源比较丰富的乡镇，因地制宜推进沼气发电项目建设。

2. 建设重点

积极发展分布式农林生物质热电联产。农林生物质发电全面转向分布式热电联产，推进新建热电联产项目，对原有纯发电项目进行热电联产改造，为县城、大乡镇供暖及为工业园区供热。加快推进糠醛渣、甘蔗渣等热电联产及产业升级。加强项目运行监管，杜绝掺烧煤炭、骗取补贴的行为。加强对发电规模的调控，对于国家支持政策以外的生物质发电方式，由地方出台支持措施。

稳步发展城镇生活垃圾焚烧发电。在做好环保、选址及社会稳定风险评估的前提下，在人口密集、具备条件的大中城市稳步推进生活垃圾焚烧发电项目建设。鼓励建设垃圾焚烧热电联产项目。加快应用现代垃圾焚烧处理及污染防治技术，提高垃圾焚烧发电环保水平。加强宣传和舆论引导，避免和减少邻避效应。

因地制宜发展沼气发电。结合城镇垃圾填埋场布局，建设垃圾填埋气发电项目；积极推动酿酒、皮革等工业有机废水和城市生活污水处理沼气设施热电联产；结合农村规模化沼气工程建设，新建或改造沼气发电项目。积极推动沼气发电无障碍接入城乡配电网和并网运行。到2020年，沼气发电装机容量达到50万千瓦。

专栏5 "十三五"全国农林生物质与垃圾焚烧发电建设布局						
序号	区域	垃圾焚烧发电领域			农林生物质直燃发电领域	
^	^	重点省份	垃圾处置能力（万吨/日）	2020年规划装机规模（万千瓦）	重点省份	2020年规划装机规模（万千瓦）
1	华北	河北等	6.1	80	河北、山西、内蒙古等	120
2	东北	辽宁等	3.1	40	辽宁、吉林、黑龙江	100
3	华东	江苏、浙江、安徽、福建、江西、山东等	20.9	310	上海、江苏、浙江、安徽、福建、江西、山东	210
4	华中	河南、湖南、湖北	5.7	100	河南、湖南、湖北	140
5	华南	广东、广西等	5	70	广东、海南、广西	65
6	西南	重庆、四川、贵州、云南、西藏	5.7	120	重庆、四川、贵州、云南等	30
7	西北	陕西、甘肃等	1.5	30	陕西、甘肃、青海、宁夏等	35
	总计		48	750		700

（四）加快生物液体燃料示范和推广

1. 发展布局

在玉米、水稻等主产区，结合陈次和重金属污染粮消纳，稳步扩大燃料乙醇生产和消费；根据资源条件，因地制宜开发建设以木薯为原料，以及利用荒地、盐碱地种植甜高粱等能源作物，建设燃料乙醇项目。加快推进先进生物液体燃料技术进步和产业化示范。到2020年，生物液体燃料年利用量达到600万吨以上。

2. 建设重点

推进燃料乙醇推广应用。大力发展纤维乙醇。立足国内自有技术力量，积极引进、消化、吸收国外先进经验，开展先进生物燃料产业示范项目建设；适度发展木薯等非粮燃料乙醇。合理利用国内外资源，促进原料多元化供应。选择木薯、甜高粱茎秆等原料丰富地区或利用边际土地和荒地种植能源作物，建设10万吨级燃料乙醇工程；控制总量发展粮食燃料乙醇。统筹粮食安全、食品安全和能源安全，以霉变玉米、毒素超标小麦、"镉大米"等为原料，在"问题粮食"集中区，适度扩大粮食燃料乙醇生产规模。

加快生物柴油在交通领域应用。对生物柴油项目进行升级改造，提升产品质量，满足交通燃料品质需要。建立健全生物柴油产品标准体系。开展市场封闭推广示范，推进生物柴油在交通领域的应用。

推进技术创新与多联产示范。加强纤维素、微藻等原料生产生物液体燃料技术研发，促进大规模、低成本、高效率示范应用。加快非粮原料多联产生物液体燃料技术创新，建设万吨级综合利用示范工程。推进生物质转化合成高品位燃油和生物航空燃料产业化示范应用。

四、保障措施

1. 协同推进。将生物质能利用纳入国家能源、环保、农业战略，加强协调、协同推进，充分发挥生物质能综合效益，特别是在支持循环农业、促进县域生态环保方面的作用，推进生物质能开发利用。研究将生物质能纳入绿色消费配额及交易体系。

2. 优先利用。落实国家有关可再生能源优先利用和全额保障性收购的要求，建立生物质能优先利用机制，加强对燃气、石油和电网企业公平开放接纳生物质能产品的监管，确保生物天然气、液体燃料、生物质发电无障碍接入燃气管网、成品油销售网及城乡配电网。

3. 加强规划。将规划作为项目开发建设的主要依据，统筹生物质各类资源和各种利用方式，以省为单位编制生物质能开发利用规划。以县为单位编制生物天然气、生物成型燃料开发利用规划，做好与环保、农业等规划衔接。编制生物质热电联产区域专项规划。在规划指导下，积极推进生物质能新技术和新利用模式的示范建设。

4. 加大扶持。发挥中央和地方合力，完善支持生物质能利用政策措施体系。制定生物质发电全面转向热电联产的产业政策。研究出台生物天然气、生物质成型燃料供热和液体燃料终端补贴政策。积极支持民间资本进入生物质能领域。引导地方出台措施支持现有政策之外的其他生物质发电方式。

5. 加强监管。会同有关部门加强对生物质能项目建设和运行监管，保障产品质量和安全，加强标准认证管理，做好环保监管，建立生物质能行业监测平台和服务体系。加强工程咨询、技术服务等产业能力建设，支撑生物质能产业可持续发展。

五、投资估算和环境社会影响分析

（一）投资估算

到 2020 年，生物质能产业新增投资约 1960 亿元。其中，生物质发电新增投资约 400 亿元，生物天然气新增投资约 1200 亿元，生物质成型燃料供热产业新增投资约 180 亿元，生物液体燃料新增投资约 180 亿元。

（二）环境效益

生物质能产业具备显著的环境效益。预计 2020 年，生物质能合计可替代化石能源总量约 5800 万吨，年减排二氧化碳约 1.5 亿吨，减少粉尘排放约 5200 万吨，减少二氧化硫排放约 140 万吨，减少氮氧化物排放约 44 万吨。

（三）社会效益

"十三五"期间，生物质重点产业将实现规模化发展，成为带动新型城镇化建设、农村经济发展的新型产业。预计到 2020 年，生物质能产业年销售收入约 1200 亿元，提供就业岗位 400 万个，农民收入增加 200 亿元，经济和社会效益明显。

（六）地热能开发利用"十三五"规划

根据《可再生能源发展"十三五"规划》，2017 年 1 月 23 日，国家发展改革委、国家能源局、国土资源部制定了《地热能开发利用"十三五"规划》。该规划阐述了地热能开发利用的指导方针和目标、重点任务、重大布局，以及规划实施的保障措施等，该规划是"十三五"时期我国地热能开发利用的基本依据。

关于印发《地热能开发利用"十三五"规划》的通知

发改能源〔2017〕158号

各省、自治区、直辖市及新疆生产建设兵团发展改革委（能源局）、国土资源厅，国家能源局各派出机构，国家电网公司、南方电网公司，国家地热能中心、中国地质调查局、中国能源学会地热专委会、国家可再生能源中心：

为促进地热能产业持续健康发展，推动建设清洁、低碳、安全、高效的现代能源体系，按照《可再生能源法》要求，根据《能源发展"十三五"规划》和《可再生能源发展"十三五"规划》，我们组织编制了《地热能开发利用"十三五"规划》，现印发你们，请结合实际贯彻落实。

附件：地热能开发利用"十三五"规划

国家发展改革委
国家能源局
国土资源部
2017年1月23日

地热能开发利用"十三五"规划

前　言

地热能是一种绿色低碳、可循环利用的可再生能源，具有储量大、分布广、清洁环保、稳定可靠等特点，是一种现实可行且具有竞争力的清洁能源。我国地热资源丰富，市场潜力巨大，发展前景广阔。加快开发利用地热能不仅对调整能源结构、节能减排、改善环境具有重要意义，而且对培育新兴产业、促进新型城镇化建设、增加就业均具有显著的拉动效应，是促进生态文明建设的重要举措。

为贯彻《可再生能源法》，根据《可再生能源发展"十三五"规划》，制定了《地热能开发利用"十三五"规划》。规划阐述了地热能开发利用的指导方针和目标、重点任务、重大布局，以及规划实施的保障措施等，该规划是"十三五"时期我国地热能开发利用的基本依据。

一、规划基础和背景

（一）发展基础

我国从20世纪70年代开始地热普查、勘探和利用，建设了广东丰顺等7个中低温地热能电站，1977年在西藏建设了羊八井地热电站。自20世纪90年代以来，北京、天津、保定、咸阳、沈阳等城市开展中低温地热资源供暖、旅游疗养、种植养殖等直接利用工作。本世纪初以来，热泵供暖（制冷）等浅层地热能开发利用逐步加快发展。

1. 资源潜力

据国土资源部中国地质调查局2015年调查评价结果，全国336个地级以上城市浅层地热能年可开采资源量折合 7 亿吨标准煤；全国水热型地热资源量折合 1.25 万亿吨标准煤，年可开采资源量折合 19 亿吨标准煤；埋深在 3000～10000 米的干热岩资源量折合 856 万亿吨标准煤。

表 1　我国地热资源分布

资源类型			分布地区
浅层地热资源			东北地区南部、华北地区、江淮流域、四川盆地和西北地区东部
水热型地热资源	中低温	沉积盆地型	东部中、新生代平原盆地，包括华北平原、河—淮盆地、苏北平原、江汉平原、松辽盆地、四川盆地以及环鄂尔多斯断陷盆地等地区
		隆起山地型	藏南、川西和滇西、东南沿海、胶东半岛、辽东半岛、天山北麓等地区
	高温		藏南、滇西、川西等地区
干热岩资源			主要分布在西藏，其次为云南、广东、福建等东南沿海地区

2. 开发利用现状

目前，浅层和水热型地热能供暖（制冷）技术已基本成熟。浅层地热能应用主要使用热泵技术，2004 年后年增长率超过 30%，应用范围扩展至全国，其中 80% 集中在华北和东北南部，包括北京、天津、河北、辽宁、河南、山东等地区。2015 年底全国浅层地热能供暖（制冷）面积达到 3.92 亿平方米，全国水热型地热能供暖面积达到 1.02 亿平方米。地热能年利用量约 2000 万吨标准煤。

在地热发电方面，高温干蒸汽发电技术最成熟，成本最低，高温湿蒸汽次之，中低温地热发电的技术成熟度和经济性有待提高。因我国地热资源特征及其他热源发电需求，近年来全流发电在我国取得快速发展，干热岩发电系统还处于研发阶段。20 世纪 70 年代初在广东丰顺、河北怀来、江西宜春等地建设了中低温地热发电站。1977 年，我国在西藏羊八井建设了 24 兆瓦中高温地热发电站。2014 年底，我国地热发电总装机容量为 27.28 兆瓦，排名世界第 18 位。

表 2　我国地热能开发利用现状（截至 2015 年底）

	浅层地热能供暖/制冷面积（$10^4 m^2$）	水热型地热能供暖面积（$10^4 m^2$）	发电装机容量（MW）
北京	4000	500	
天津	1000	2100	
河北	2800	2600	0.4
山西	500	200	
内蒙古	500	100	
山东	3000	1000	
河南	2900	600	
陕西	1000	1500	

续表

	浅层地热能供暖/制冷面积（$10^4 m^2$）	水热型地热能供暖面积（$10^4 m^2$）	发电装机容量（MW）
甘肃	400	0	
宁夏	250	0	
青海	0	50	
新疆	300	100	
四川	1000	0	
重庆	700	0	
湖北	1200	0	
湖南	200	0	
江西	600	0	
安徽	1800	50	
江苏	2500	50	
上海	1000	0	
浙江	2200	0	
辽宁	7000	200	
吉林	200	500	
黑龙江	300	650	
广东	500	0	0.3
福建	100	0	
海南	100	0	
云南	150	0	
贵州	800	10	
广西	2200	0	
西藏	0	0	26.58
全国	39200	10210	27.28

（二）发展形势

在"十三五"时期，随着现代化建设和人民生活水平的提高，以及南方供暖需求的增长，集中供暖将会有很大的增长空间。同时，各省（区、市）面临着压减燃煤消费、大气污染防治、提高可再生能源消费比例等方面的要求，给地热能发展提供了难得的发展机遇，但是目前地热能发展仍存在诸多制约，主要包括资源勘查程度低，管理体制不完善，缺乏统一的技术规范和标准等方面。

二、指导方针和目标

（一）指导思想

贯彻党的十八大和十八届三中、四中、五中、六中全会精神，全面推进能源生产和消费革命战略，以调整能源结构、防治大气污染、减少温室气体排放、推进新型城镇化为导向，依靠科技进步，创新地热能开发利用模式，积极培育地热能市场，按照技术先进、环境友好、经济可行的总体要求，全面促进地热能有效利用。

（二）基本原则

坚持清洁高效、持续可靠。加强地热能开发利用规划，加强全过程管理，建立资源勘查与评价、项目开发与评估、环境监测与管理体系。严格地热能利用环境监管，保证取热不取水、不污染水资源，有效保障地热能的清洁开发和永续利用。

坚持政策驱动、市场推动。加强政策引导，推动区块整体高效可持续开发，实现合作共赢。充分发挥市场配置资源的基础性作用，鼓励各类投资主体参与地热能开发，营造公平的市场环境。

坚持因地制宜、有序发展。根据地热资源特点和当地用能需要，因地制宜开展浅层地热能、水热型地热能的开发利用，开展干热岩开发利用试验。结合各地区地热资源特性及各类地热能利用技术特点，有序开展地热能发电、供暖以及多种形式的综合利用。

（三）发展目标

在"十三五"时期，新增地热能供暖（制冷）面积11亿平方米，其中：新增浅层地热能供暖（制冷）面积7亿平方米；新增水热型地热供暖面积4亿平方米。新增地热发电装机容量500MW。到2020年，地热供暖（制冷）面积累计达到16亿平方米，地热发电装机容量约530MW。2020年地热能年利用量7000万吨标准煤，地热能供暖年利用量4000万吨标准煤。京津冀地区地热能年利用量达到约2000万吨标准煤。

表3　我国地热能开发目标

	"十三五"新增			2020年累计		
	浅层地热能供暖/制冷面积（$10^4 m^2$）	水热型地热能供暖面积（$10^4 m^2$）	发电装机容量（MW）	浅层地热能供暖/制冷面积（$10^4 m^2$）	水热型地热能供暖面积（$10^4 m^2$）	发电装机容量（MW）
北京	4000	2500		8000	3000	
天津	4000	2500	10	5000	4600	10
河北	7000	11000	10	9800	13600	10.4
山西	500	5500		1000	5700	
内蒙古	450	1850		950	1950	
山东	5000	5000	10	8000	6000	10
河南	5700	2500		8600	3100	
陕西	500	4500	10	1500	6000	10
甘肃	500	100		900	100	
宁夏	500			750		
青海		200	30		250	30
新疆	500	250	5	800	350	5
四川	3000		15	4000		15

续表

	"十三五"新增			2020年累计		
	浅层地热能供暖/制冷面积（$10^4 m^2$）	水热型地热能供暖面积（$10^4 m^2$）	发电装机容量（MW）	浅层地热能供暖/制冷面积（$10^4 m^2$）	水热型地热能供暖面积（$10^4 m^2$）	发电装机容量（MW）
重庆	3700			4400		
湖北	6200			7400		
湖南	4000			4200		
江西	3000			3600		
安徽	3000			4800	50	
江苏	6000	200	20	8500	250	20
上海	2700			3700		
浙江	3000			5200		
辽宁	1000	1000		8000	1200	
吉林	1000	1000		1200	1500	
黑龙江	1000	1600		1300	2250	
广东	2000		10	2500		10.3
福建	400		10	500		10
海南	500		10	600		10
云南	100		10	250		10
贵州	2000	50		2800	60	
广西	1400			3600		
西藏	0	250	350		250	376.58
全国	72650	40000	500	111850	50210	527.28

在"十三五"时期，形成较为完善的地热能开发利用管理体系和政策体系，掌握地热产业关键核心技术，形成比较完备的地热能开发利用设备制造、工程建设的标准体系和监测体系。

在"十三五"时期，开展干热岩开发试验工作，建设干热岩示范项目。通过示范项目的建设，突破干热岩资源潜力评价与钻探靶区优选、干热岩开发钻井工程关键技术以及干热岩储层高效取热等关键技术，突破干热岩开发与利用的技术瓶颈。

三、重点任务

（一）组织开展地热资源潜力勘查与选区评价

在"十三五"时期，在全国地热资源开发利用现状普查的基础上，查明我国主要水热型地热区（田）及浅层地热能、干热岩开发区地质条件、热储特征、地热资源的质量和数量，并对其开采技术经济条件做出评价，为合理开发利用提供依据。支持有能力的企业积极参与地热勘探评价，支持参与勘探评价的企业优先获得地热资源特许经营资格，将勘探评价数据统一纳入国家数据管理平台。

专栏 1　地热资源勘探评价重点区域	
浅层地热资源	京津冀鲁豫、长江中下游地区主要城市群及中心城镇
水热型地热资源	松辽盆地、渤海湾盆地、河淮盆地、江汉盆地、汾河—渭河盆地、环鄂尔多斯盆地、银川平原等地区
干热岩资源	藏滇高温地热带、东南沿海、东北、松嫩平原等地

（二）积极推进水热型地热供暖

按照"集中式与分散式相结合"的方式推进水热型地热供暖，在"取热不取水"的指导原则下，进行传统供暖区域的清洁能源供暖替代，特别是在经济较发达、环境约束较高的京津冀鲁豫和生态环境脆弱的青藏高原及毗邻区，将水热型地热能供暖纳入城镇基础设施建设中，集中规划，统一开发。

（三）大力推广浅层地热能利用

在"十三五"时期，要按照"因地制宜，集约开发，加强监管，注重环保"的方式开发利用浅层地热能。通过技术进步、规范管理解决目前浅层地热能开发中出现的问题，并加强我国南方供暖制冷需求强烈地区的浅层地热能开发利用。在重视传统城市区域浅层地热能利用的同时，要重视新型城镇地区市场对浅层地热能供暖（制冷）的需求。

（四）地热发电工程

在西藏、川西等高温地热资源区建设高温地热发电工程；在华北、江苏、福建、广东等地区建设若干中低温地热发电工程。建立、完善扶持地热发电的机制，建立地热发电并网、调峰、上网电价等方面的政策体系。

（五）加强关键技术研发

开展地热资源评价技术、高效换热技术、中高温热泵技术、高温钻井工艺技术研究以及经济回灌技术攻关；开展井下换热技术深度研发，深入开展水热型中低温地热发电技术研究和设备攻关；开展干热岩资源发电试验项目的可行性论证，选择场址并进行必要的前期勘探工作。

（六）加强信息监测统计体系建设

建立浅层及水热型地热能开发利用过程中的水质、岩土体温度、水位、水温、水量及地质环境灾害的地热资源信息监测系统。建立全国地热能开发利用监测信息系统，利用现代信息技术，对地热能勘查、开发利用情况进行系统的监测和动态评价。

（七）加强产业服务体系建设

围绕地热能开发利用产业链、标准规范、人才培养和服务体系等，完善地热能产业体系。完善地热资源勘探、钻井、抽井、回灌的标准规范，制定地热发电、建筑供热制冷及综合利用工程的总体设计、建设及运营的标准规范。加强地热能利用设备的检测和认证，建立地热能产业和开发利用信息监测体系，完善地热资源和利用的信息统计，加大地热能利用相关人才培养力度，积极推进地热能利用的国际合作。

四、重大项目布局

（一）水热型地热供暖

根据资源情况和市场需求，选择京津冀、山西（太原市）、陕西（咸阳市）、山东（东营市)、山东(菏泽市)、黑龙江(大庆市)、河南(濮阳市)建设水热型地热供暖重大项目。采用"采灌均衡、间接换热"或"井下换热"的工艺技术，实现地热资源的可持续开发。

专栏2　水热型地热供暖重大项目布局	
河北省	重点推进保定、石家庄、廊坊、衡水、沧州、张家口地区的水热型地热资源开发，"十三五"期间新增水热型地热供暖面积1.1亿平方米。
陕西省	重点开发西安、咸阳、宝鸡、渭南、铜川等市(区)水热型地热资源，"十三五"期间新增供暖面积4500万平方米。
山西省	重点开发太原市高新区、太原经济开发区、太原科技创新城等地区的水热型地热资源供暖，"十三五"期间太原新增供暖面积4000万平方米。
山东省	重点开发东营市、菏泽市地热资源，东营市利用水热型地热资源和胜利油田污水余热，"十三五"期间新增集中供暖面积1200万平方米；菏泽市近期以市区为重点，同时积极开拓定陶、鄄城等地市场，新增地热供暖面积1200万平方米。
黑龙江省	重点开发大庆市林甸、泰康、东风新村、让西等地区地热能供暖、洗浴疗养、矿泉水生产和种植养殖等，"十三五"期间新增供暖面积1000万平方米。
河南省	重点在濮阳市清丰县地热资源，"十三五"期间新增集中供暖面积400万平方米。

(二)浅层地热能利用

沿长江经济带地区，针对城镇居民对供暖的迫切需求，加快推广以热泵技术应用为主的地热能利用，减少大规模燃煤集中供暖，减轻天然气供暖造成的保供和价格的双重压力。以重庆、上海、苏南地区城市群、武汉及周边城市群、贵阳市、银川市、梧州市、佛山市三水区为重点，整体推进浅层地热能供暖(制冷)项目建设。

专栏3　浅层地热能供暖(制冷)重大项目布局	
重庆市	以重庆两江新区等为建设重点，"十三五"期间新增浅层地热能供暖(制冷)面积3700万平方米，到2020年浅层地热能利用面积占新建建筑面积达50%以上。
上海市	"十三五"期间新增浅层地热能供暖(制冷)面积2700万平方米。
苏南地区城市群	南京、扬州、泰州、南通、苏州、无锡、镇江、常州及南京等城市，"十三五"期间新增浅层地热能供暖(制冷)面积6100万平方米。
武汉市及周边城市群	武汉市和周边黄冈市、鄂州市、黄石市、咸宁市、孝感市、天门市、仙桃市、潜江市等8个行政市区，"十三五"期间新增浅层地热能供暖(制冷)面积3060万平方米。
贵州省贵阳市、广西壮族自治区梧州市、广东省佛山市	"十三五"期间，各新增浅层地热能供暖(制冷)面积500万平方米。

(三)中高温地热发电

西藏地区位于全球地热富集区，地热资源丰富且品质较好。有各类地热显示区(点)600余处，居全国之首。西藏高温地热能居全国之首，发电潜力约3000MW，尤其是班公错—怒江活动构造带以南地区，为西藏中高温地热资源富集区，区内人口集中，经济发达，对能源的需求量巨大，是开展中高温地热发电规模开发的有利地区。

根据西藏地热资源勘探成果和资源潜力评价结果，以当地电力需求为前提，优选当雄县、那曲县、措美县、噶尔县、普兰县、谢通门县、错那县、萨迦县、岗巴县9个县境内的羊八井、羊易、宁中、谷露、古堆、朗久、曲谱、查布、曲卓木、卡乌和苦玛11处高温地热田作为"十三五"地热发电目标区域，11处高温地热田发电潜力合计830MW，"十三五"有序启动400MW装机容量规划或建设工作。

（四）中低温地热发电

在东部地区开展中低温地热发电项目建设。重点在河北、天津、江苏、福建、广东、江西等地开展，通过政府引导，逐步培育市场与企业，积极发展中低温地热发电。

（五）干热岩发电

开展万米以浅地热资源勘查开发工作，积极开展干热岩发电试验，在藏南、川西、滇西、福建、华北平原、长白山等资源丰富地区选点，通过建立2~3个干热岩勘查开发示范基地，形成技术序列、孵化相关企业、积累建设经验，在条件成熟后进行推广。

五、规划实施

（一）保障措施

1. 研究制定地热能供暖投资支持政策和地热发电上网电价政策。将地热供暖纳入城镇基础设施建设，在市政工程、建设用地、用水用电价格等方面给予地热能开发利用政策支持。结合电力市场化改革，鼓励地热能开发利用企业通过电力交易降低用电成本。

2. 完善地热能开发利用市场机制。完善现有地热能开发模式，推行地热能勘探、设计、建造以及运营一体化的开发模式，探索建立地热能开发的特许经营权招标制度和政府和社会资本合作（PPP模式）。放开城镇供热市场准入限制，引导地热能开发企业进入城镇供热市场。

3. 加强地热能开发利用规划和项目管理。根据全国地热能开发利用总体规划，统筹各地区地热能开发利用规划和分阶段开发建设方案。加强地热能开发利用重大工程的建设管理，严格项目前期、竣工验收、运行监督等环节的管理，统筹协调地热能开发利用与当地集中供热或供电网络的联接。

4. 完善地热能开发利用行业管理。建立健全各项管理制度和技术标准，依法行政、规范管理，维护良好的地热能开发利用市场秩序。制定地热探矿权许可证办理、地热水采矿许可证办理、地热水资源补偿费征收与管理办法。建立和完善地热行业标准规范，推行资格认证、规划审查和许可制度。建立地热能利用的市场和环境监测体系。

5. 加大关键设备和技术的研发投入。提升地热资源勘查与资源评价、地热尾水经济回灌技术水平，形成有中国特色的地热能开发利用技术体系。加强中低温地热发电技术的研发，完善全流发电等适合我国地热资源特点的技术路线并提升其经济性。扶持地热设备制造企业的发展，提高热泵和换热器等关键设备的技术水平。

6. 加强地热能规划落实情况监管。按照规划、政策、规则、监管"四位一体"的要求，建立健全规划定期评估机制，组织开展规划落实情况监管，编制并发布规划实施情况监管报告，作为规划编制和滚动调整的重要依据。强化各级政府部门的协调，建立健全信息共享机制。

(二) 实施机制

1. 加强规划协调管理。各省（区、市）能源主管部门根据全国规划要求，做好本地区规划的制定及实施工作，认真落实国家规划规定的发展目标和重点任务。地方的地热发展规划，在公布实施前应与国家能源主管部门衔接。

2. 建立滚动调整机制。加强地热能开发利用的信息统计工作，建立产业监测体系，及时掌握规划执行情况，做好规划中期评估工作。根据中期评估结果，按照有利于地热产业发展的原则对规划进行滚动调整。

3. 组织实施年度开发方案。建立健全地热能开发利用规划管理和实施机制，组织重点地区制定年度开发方案，加强规划及开发方案实施的统筹协调，衔接好地热开发利用与电网、热网的联接工作。

4. 加强运行监测考核。委托专业机构开展地热能开发利用重大项目后评估。建立地热利用信息监测管理系统，各城市能源主管部门牵头对地热能利用进行监测，并加强有关统计工作。

六、投资估算和环境社会影响分析

(一) 投资规模估算

初步估算，"十三五"期间，浅层地热能供暖（制冷）可拉动投资约1400亿元，水热型地热能供暖可拉动投资约800亿元，地热发电可拉动投资约400亿元，合计约为2600亿元。此外，地热能开发利用还可带动地热资源勘查评价、钻井、热泵、换热等一系列关键技术和设备制造产业的发展。

(二) 环境社会效益分析

地热资源具有绿色环保、污染小的特点，其开发利用不排放污染物和温室气体，可显著减少化石燃料消耗和化石燃料开采过程中的生态破坏，对自然环境条件改善和生态环境保护具有显著效果。

2020年地热能年利用总量相当于替代化石能源7000万吨标准煤，相应减排二氧化碳1.7亿吨，节能减排效果显著。

地热能开发利用可为经济转型和新型城镇化建设增加新的有生力量，同时也可推动地质勘查、建筑、水利、环境、公共设施管理等相关行业的发展，在增加就业、惠及民生方面也具有显著的社会效益。

二、可再生能源消纳政策

(一) 可再生能源发电全额保障性收购管理办法

2016年3月24日，针对风能、太阳能发展过程中遇到的"弃风弃光"现象，国家发展改革委印发了《可再生能源发电全额保障性收购管理办法》。

国家发展改革委关于印发《可再生能源发电全额保障性收购管理办法》的通知

发改能源〔2016〕625号

各省、自治区、直辖市、新疆生产建设兵团发展改革委（能源局）、经信委（工信委、工信厅），国家能源局各派出机构，国家电网公司、南方电网公司、内蒙古电力（集团）有限责任公司，华能、大唐、华电、国电、国电投、神华、三峡、华润、中核、中广核、中国节能集团公司：

为贯彻落实《中共中央 国务院关于进一步深化电力体制改革的若干意见》（中发〔2015〕9号）及相关配套文件要求，根据《可再生能源法》，我们编制了《可再生能源发电全额保障性收购管理办法》，现印发你们，请按照执行。

附件：可再生能源发电全额保障性收购管理办法

国家发展改革委
2016年3月24日

可再生能源发电全额保障性收购管理办法

第一章 总 则

第一条 为贯彻落实《中共中央 国务院关于进一步深化电力体制改革的若干意见》（中发〔2015〕9号）及相关配套文件的有关要求，加强可再生能源发电全额保障性收购管理，保障非化石能源消费比重目标的实现，推动能源生产和消费革命，根据《中华人民共和国可再生能源法》等法律法规，制定本办法。

第二条 本办法适用于风力发电、太阳能发电、生物质能发电、地热能发电、海洋能发电等非水可再生能源。水力发电参照执行。

第二章 全额保障性收购

第三条 可再生能源发电全额保障性收购是指电网企业（含电力调度机构）根据国家确定的上网标杆电价和保障性收购利用小时数，结合市场竞争机制，通过落实优先发电制度，在确保供电安全的前提下，全额收购规划范围内的可再生能源发电项目的上网电量。

水力发电根据国家确定的上网标杆电价（或核定的电站上网电价）和设计平均利用小时数，通过落实长期购售电协议、优先安排年度发电计划和参与现货市场交易等多种形式，落实优先发电制度和全额保障性收购。根据水电特点，为促进新能源消纳和优化系统运行，水力发电中的调峰机组和大型机组享有靠前优先顺序。

第四条 各电网企业和其他供电主体（以下简称电网企业）承担其电网覆盖范围内，按照可再生能源开发利用规划建设、依法取得行政许可或者报送备案、符合并网技术标准的可再生能源发电项目全额保障性收购的实施责任。

第五条 可再生能源并网发电项目年发电量分为保障性收购电量部分和市场交易电量部分。其中，保障性收购电量部分通过优先安排年度发电计划、与电网公司签订优先发电合同

（实物合同或差价合同）保障全额按标杆上网电价收购；市场交易电量部分由可再生能源发电企业通过参与市场竞争方式获得发电合同，电网企业按照优先调度原则执行发电合同。

第六条 国务院能源主管部门会同经济运行主管部门对可再生能源发电受限地区，根据电网输送和系统消纳能力，按照各类标杆电价覆盖区域，参考准许成本加合理收益，核定各类可再生能源并网发电项目保障性收购年利用小时数并予以公布，并根据产业发展情况和可再生能源装机投产情况对各地区各类可再生能源发电保障性收购年利用小时数适时进行调整。地方有关主管部门负责在具体工作中落实该小时数，可再生能源并网发电项目根据该小时数和装机容量确定保障性收购年上网电量。

第七条 不存在限制可再生能源发电情况的地区，电网企业应根据其资源条件保障可再生能源并网发电项目发电量全额收购。

第八条 生物质能、地热能、海洋能发电以及分布式光伏发电项目暂时不参与市场竞争，上网电量由电网企业全额收购；各类特许权项目、示范项目按特许权协议或技术方案明确地利用小时数确定保障性收购年利用小时数。

第九条 保障性收购电量范围内，受非系统安全因素影响，非可再生能源发电挤占消纳空间和输电通道导致的可再生能源并网发电项目限发电量视为优先发电合同转让至系统内优先级较低的其他机组，由相应机组按影响大小承担对可再生能源并网发电项目的补偿费用，并做好与可再生能源调峰机组优先发电的衔接。计入补偿的限发电量最大不超过保障性收购电量与可再生能源实际发电量的差值。保障性收购电量范围内的可再生能源优先发电合同不得主动通过市场交易转让。

因并网线路故障（超出设计标准的自然灾害等不可抗力造成的故障除外）、非计划检修导致的可再生能源并网发电项目限发电量由电网企业承担补偿。

由于可再生能源资源条件造成实际发电量达不到保障发电量以及因自身设备故障、检修等原因造成的可再生能源并网发电项目发电量损失由可再生能源发电项目自行承担，不予补偿。可再生能源发电由于自身原因，造成不能履行的发电量应采用市场竞争的方式由各类机组竞价执行。

可再生能源并网发电项目保障性收购电量范围内的限电补偿费用标准按项目所在地对应的最新可再生能源上网标杆电价或核定电价执行。

第十条 电网企业协助电力交易机构（未设立交易机构地区由电网企业负责）负责根据限发时段电网实际运行情况，参照调度优先级由低到高顺序确定承担可再生能源并网发电项目限发电量补偿费用的机组范围（含自备电厂），并根据相应机组实际发电量大小分摊补偿费用。保障性收购电量范围内限发电量及补偿费用分摊情况按月统计报送国务院能源主管部门派出机构和省级经济运行主管部门备案，限发电量补偿分摊可根据实际发电情况在月度间滚动调整，并按年度结算相关费用。

第十一条 鼓励超出保障性收购电量范围的可再生能源发电量参与各种形式的电力市场交易，充分发挥可再生能源电力边际成本低的优势，通过市场竞争的方式实现优先发电，促进可再生能源电力多发满发。对已建立电力现货市场交易机制的地区，鼓励可再生能源发电参与现货市场和中长期电力合约交易，优先发电合同逐步按现货交易及相关市场规则以市场化方式实现；参与市场交易的可再生能源发电量按照项目所在地的补贴标准享受可再生能源电价补贴。

第三章 保障措施

第十二条 国务院能源主管部门按照全国可再生能源开发利用规划，确定在规划期内应当达到的可再生能源发电量占全部发电量的比重。省级能源主管部门会同经济运行主管部门指导电网企业制定落实可再生能源发电量比重目标的措施，并在年度发电计划和调度运行方式安排中予以落实。

第十三条 省级经济运行主管部门在制定发电量计划时，严格落实可再生能源优先发电制度，使可再生能源并网发电项目保障性收购电量部分通过充分安排优先发电并严格执行予以保障。发电计划须预留年内计划投产可再生能源并网发电项目的发电计划空间，在年度建设规模内的当年新投产项目按投产时间占全年比重确定保障性收购年利用小时数。

第十四条 电网企业应按照本办法与可再生能源并网发电项目企业在每年第四季度签订可再生能源优先发电合同。

第十五条 电网企业应按照节能低碳电力调度原则，依据有关部门制定的市场规则，优先执行可再生能源发电计划和可再生能源电力交易合同，保障风能、太阳能、生物质能等可再生能源发电享有最高优先调度等级，不得要求可再生能源项目向优先级较低的发电项目支付费用的方式实现优先发电。电网企业应与可再生能源发电企业在共同做好可再生能源功率预测预报的基础上，将发电计划和合同分解到月、周、日、小时等时段，优先安排可再生能源发电。

第十六条 电网企业应建立完善适应高比例可再生能源并网的调度运行机制，充分挖掘系统调峰潜力，科学安排机组组合，合理调整旋转备用容量，逐步改变按省平衡的调度方式，扩大调度平衡范围。各省（区、市）有关部门和省级电网企业应积极配合，促进可再生能源跨省跨区交易，合理扩大可再生能源电力消纳范围。

第十七条 风电、太阳能发电等可再生能源发电企业应配合电网企业加强功率预测预报工作，提高短期和中长期预测水平，按相关规定向电网企业或电力交易机构提交预报结果，由电网企业统筹确定网内可再生能源发电预测曲线，确保保障性收购电量的分解落实，并促进市场交易电量部分多发满发。可再生能源发电企业应按有关规定参与辅助服务费用分摊。

第十八条 建立供需互动的需求侧响应机制，形成用户参与辅助服务分担共享机制。鼓励通过价格手段引导电力用户优化用电负荷特性，实现负荷移峰填谷。鼓励用户参与调峰调频等辅助服务，提高系统的灵活性和可再生能源消纳能力。

第四章 监督管理

第十九条 国务院能源主管部门及派出机构履行可再生能源发电全额保障性收购的监管责任。

第二十条 国务院能源主管部门派出机构应会同省级经济运行主管部门，根据本办法，结合本地实际情况，制定实施细则，报国家发展改革委、国家能源局同意后实施。

第二十一条 国务院能源主管部门派出机构会同省级能源主管部门和经济运行主管部门负责对电网企业与可再生能源并网发电项目企业签订优先发电合同情况和执行情况进行监管。

第二十二条 可再生能源并网发电项目限发电量由电网企业和可再生能源发电企业协助电力交易机构按国家有关规定的进行计算统计。对于可再生能源并网发电项目限发电量及补偿费用分摊存在异议的，可由国务院能源主管部门派出机构会同省级经济运行主管部门协调。

第二十三条　对于发生限制可再生能源发电的情况，电网企业应及时分析原因，并保留相关运行数据，以备监管机构检查。相关情况由国务院能源主管部门及派出机构定期向社会公布。

第五章　附　则

第二十四条　本办法由国家发展改革委、国家能源局负责解释，并根据电力体制改革和电力市场建设情况适时修订。

第二十五条　本办法自发布之日起施行。

（二）解决弃水弃风弃光问题实施方案

2017年11月8日，国家能源局网站正式发布《国家发展改革委　国家能源局关于印发〈解决弃水弃风弃光问题实施方案〉的通知》，要求尽快解决弃水弃风弃光问题，重视可再生能源电力消纳工作，采取有效措施，推动解决弃水弃风弃光问题取得实际成效。

国家发展改革委　国家能源局关于印发《解决弃水弃风弃光问题实施方案》的通知

发改能源〔2017〕1942号

各省、自治区、直辖市、新疆生产建设兵团发展改革委、能源局、物价局、经信委（工信委、工信厅），国家能源局各派出机构，国家电网公司、南方电网公司、内蒙古电力公司：

为贯彻习近平新时代中国特色社会主义思想，推进能源生产和消费革命，落实《政府工作报告》要求，尽快解决弃水弃风弃光问题，国家发展改革委、国家能源局组织制定了《解决弃水弃风弃光问题实施方案》，现印发你们。请各地区和有关单位高度重视可再生能源电力消纳工作，积极落实方案提出的各项任务要求，采取有效措施提高可再生能源利用水平，推动解决弃水弃风弃光问题取得实际成效。

附件：解决弃水弃风弃光问题实施方案

国家发展改革委
国家能源局
2017年11月8日

解决弃水弃风弃光问题实施方案

为贯彻习近平新时代中国特色社会主义思想，推进能源生产和消费革命，落实《政府工作报告》要求，确保实现"十三五"规划纲要确定的非化石能源发展目标，尽快解决弃水弃风弃光问题，制定本实施方案。

一、总体要求

（一）指导思想

全面贯彻党的十九大精神，以习近平新时代中国特色社会主义思想为指导，认真落实党中央、国务院决策部署，紧紧围绕"五位一体"总体布局和"四个全面"战略布局，牢固树立创新、协调、绿色、开放、共享的发展理念，遵循能源生产和消费革命战略，全面树立能源绿色发展和优先开发利用可再生能源的观念，严格落实《可再生能源法》规定的可再生能源发电全额保障性收购制度，在保障电网安全稳定的前提下，实现可再生能源无歧视、无障碍上网，为可再生能源持续健康发展创造良好的市场环境。

（二）基本原则

坚持政府引导与市场主导相结合。强化能源相关规划的约束力和执行力，加强事中事后监管，建立健全可再生能源电力消纳监督考核机制。着力完善市场体系和市场机制，发挥市场配置资源的决定性作用，鼓励以竞争性市场化方式实现可再生能源充分利用。

坚持全国统筹与本地利用相结合。进一步加强可再生能源电力生产地区与消费地区协调联动，在全国层面统筹好电力供需之间、各电力品种之间、各地区之间的衔接平衡。充分挖掘可再生能源电力生产地区用能需求，加快推进电能替代，鼓励可再生能源电力优先本地消纳。

坚持规范电源与优化通道相结合。坚持集中式与分布式并举，着力优化可再生能源电力开发布局，统筹火电与可再生能源电力发展，合理把握可再生能源电力发展规模和节奏。推进可再生能源电力开发基地与电力输送通道同步规划、同步建设，加快调峰电源建设，促进电网与电源协调发展。

坚持技术创新与体制改革相结合。加快促进可再生能源与信息技术深度融合，全面提升电源、电网、用电各环节消纳可再生能源电力的技术水平，探索可再生能源消费新业态、新模式。加快电力市场建设步伐，完善促进可再生能源电力消纳的交易机制、辅助服务机制和价格机制，不断提高可再生能源发电的市场竞争力。

（三）总体目标

2017年可再生能源电力受限严重地区弃水弃风弃光状况实现明显缓解。云南、四川水能利用率力争达到90%左右。甘肃、新疆弃风率降至30%左右，吉林、黑龙江和内蒙古弃风率降至20%左右。甘肃、新疆弃光率降至20%左右，陕西、青海弃光率力争控制在10%以内。其他地区风电和光伏发电年利用小时数应达到国家能源局2016年下达的本地区最低保障收购年利用小时数（或弃风率低于10%、弃光率低于5%）。各省（自治区、直辖市）能源管理部门要及时总结解决弃水弃风弃光的工作成效和政策措施，并提出后续年度解决弃水弃风弃光的工作目标，国家发展改革委、国家能源局组织评估论证后确认各省（自治区、直辖市）年度工作目标，确保弃水弃风弃光电量和限电比例逐年下降。到2020年在全国范围内有效解决弃水弃风弃光问题。

二、完善可再生能源开发利用机制

（四）全面树立能源绿色消费理念。各级政府能源管理部门、电网企业、可再生能源开发企业均要遵循能源生产和消费革命战略，坚持能源绿色发展，把提高可再生能源利用水平作为能源发展的重要任务。可再生能源资源富集地区要加大本地消纳可再生能源力度，采取多种措施扩大可再生能源电力消费。具备可再生能源电力消纳市场空间的省（自治区、直辖市）要结合跨省跨区输电通道尤其是特高压输电通道能力积极接纳区外输入可再生能源电力，主动压减本地区燃煤发电，为扩大可再生能源利用腾出市场空间。

（五）完善可再生能源开发利用目标监测评价制度。各省（自治区、直辖市）能源管理部门应根据国家发展改革委、国家能源局发布的《能源发展"十三五"规划》及各有关能源专项规划和经国家能源局批复的本地区能源发展"十三五"规划确定的本地区可再生能源发展目标，按年度提出能源消费总量中的可再生能源比重指标，将其作为本地区国民经济发展年度计划重要指标并保持逐年提升。

国家能源局将根据全国非化石能源占一次能源消费比重到2020年、2030年分别达到15%、20%的目标，对各地区可再生能源比重指标完成情况进行监测和评价。

（六）实行可再生能源电力配额制。国家根据《可再生能源法》、能源战略和发展规划、非化石能源占能源消费比重目标，综合考虑各省（自治区、直辖市）可再生能源资源、电力消费总量、跨省跨区电力输送能力等因素，按年度确定各省级区域全社会用电量中可再生能源电力消费量最低比重指标。各类电力相关市场主体共同承担促进可再生能源利用的责任，各省级电网企业及其他地方电网企业、配售电企业（含社会资本投资的增量配电网企业、自备电厂）负责完成本供电区域内可再生能源电力配额，电力生产企业的发电装机和年发电量构成应达到规定的可再生能源比重要求。完善可再生能源电力绿色证书及交易机制，形成促进可再生能源电力生产和消费的新发展模式。《可再生能源电力配额及考核办法》另行发布。

（七）落实可再生能源优先发电制度。各电网企业应会同有关电力交易机构，按照电力体制改革关于可再生能源优先发电的政策，根据《可再生能源发电全额保障性收购管理办法》（发改能源〔2016〕625号）、《关于做好风电、光伏发电全额保障性收购管理工作的通知》（发改能源〔2016〕1150号）、《关于有序放开发用电计划的通知》（发改运行〔2017〕294号）和优先发电、优先购电有关管理规定，落实好可再生能源发电项目最低保障收购年利用小时数内的电量按国家核定的上网电价或经招标确定的电价全额收购的政策。省级电力运行管理部门在编制年度优先发电、优先购电计划时，要预留规划内可再生能源发电保障性收购电量，并会同能源管理部门做好可再生能源发电保障性收购与电力市场化交易的衔接。

（八）推进可再生能源电力参与市场化交易。在国家核定最低保障收购年利用小时数的地区，对最低保障收购年利用小时数之外的可再生能源电量，鼓励通过市场化交易促进消纳利用。充分挖掘跨省跨区输电通道的输送能力，将送端地区解决弃水弃风弃光问题与受端地区压减燃煤消费相衔接，扩大跨省跨区消纳可再生能源电力现货交易。有关省（自治区、直辖市）能源管理部门、电力运行管理部门要积极协调可再生能源发电企业与大用户、拥有自备电厂的企业开展可再生能源电力市场化交易，主动与受端地区政府及主管部门进行可再生能源电力外送和市场化交易的衔接。北京电力交易中心、广州电力交易中心及各省级电力交易中心和电网企业要协同组织开展好可再生能源电力市场化交易。有关地区要尽快取消跨省跨区可再生能源电力交易送受端不合理的限价规定，支持可再生能源电力提高市场竞争力。

三、充分发挥电网关键平台作用

（九）提升可再生能源电力输送水平。加强可再生能源开发重点地区电网建设，加快推进西南和"三北"地区可再生能源电力跨省跨区配置的输电通道规划和建设，优先建设以输送可再生能源为主且受端地区具有消纳市场空间的输电通道。充分利用已有跨省跨区输电通道输送可再生能源电力并提高运行水平。研究提高可再生能源电力输送能力的技术措施，加快柔性直流输电技术研究与应用，积极推进张家口可再生能源电力柔性直流输电示范工程。2017年，"三北"地区投产晋北至南京、酒泉至湖南、锡盟至泰州、扎鲁特青州直流输电工程，西南地区投产川渝第三通道。2018年，"三北"地区投产准东—皖南、上海庙至山东直流输电工程，西南地区投产滇西北—广东直流输电工程。"十三五"后期加快推进四川水电第四回外送输电通道以及乌东德水电站、白鹤滩水电站和金沙江上游水电外送输电通道建设。研究提高哈密—郑州、酒泉—湖南等以输送可再生能源为主要功能的特高压输电通道输送能力。

（十）完善跨区域可再生能源电力调度技术支持体系。尽快形成适应可再生能源电力特性的调度运行体系，出台节能低碳电力调度办法。完善跨区域配置可再生能源电力的技术支撑体系，实现送端可再生能源电力生产与受端地区负荷以及通道输电能力的智能化匹配及灵活调配。对西南地区水电等可再生能源发电集中的区域，建立覆盖全区域的中长期与短期相结合的发电预测预报体系。国家电网公司、南方电网公司等电网企业要联合共享相关信息，形成全国性的可再生能源电力发输用监测调配平台。

（十一）优化电网调度运行。充分发挥省际联络线互济作用，完善省级电网企业间调度协调和资源共享，建立省际调峰资源和备用的共享机制，充分利用跨省跨区输电通道开展送端地区与受端地区调峰资源互济。因地制宜开展跨区跨流域的风光水火联合调度运行，实现多种能源发电互补平衡。加强电网企业与发电企业在可再生能源发电功率预测方面的衔接协同。利用大数据、云计算、"互联网+"等先进技术，开展流域综合监测，建立以水电为主的西南调度监控模型，实现跨流域跨区域的统筹优化调度以及四川和云南等周边省区的水电枯平丰调节。加快微电网、储能、智慧能源、新型调相机等关键技术攻关和应用。

（十二）提高现有输电通道利用效率。充分挖掘现有跨省跨区输电通道输送能力，在满足系统运行安全、受端地区用电需求的前提下，减少网络冗余，提高线路运行效率和管理水平，对可再生能源电力实际输送情况开展监测评估。充分利用已有跨省跨区输电通道优先输送水电、风电和太阳能发电。在进行一定周期的监测评估基础上，明确可再生能源电力与煤电联合外送输电通道中可再生能源占总输送电量的比重指标。

四、加快优化电源结构与布局

（十三）统筹煤电与可再生能源电力发展。把防范化解煤电产能过剩风险与促进可再生能源电力有序发展有机结合，积极落实《关于推进供给侧结构性改革 防范化解煤电产能过剩风险的意见》（发改能源〔2017〕1404号），可再生能源弃电严重地区要切实完成2017年淘汰、停建、缓建煤电任务。根据电力供需形势变化，继续做好防范化解煤电产能过剩风险后续任务分解，确保2020年全国投产煤电装机控制在11亿千瓦以内。

（十四）优化可再生能源电力发展布局。坚持集中式与分布式并举，统筹可再生能源电力开发建设与市场消纳，积极支持中东部分散资源的开发，合理把握限电严重地区可再生能源电力发展节奏，督促各地区严格执行风电、光伏发电投资监测预警机制。实行可再生能源电力消纳预警机制，国家能源局对各地区年度可再生能源电力限电情况进行评估，在确保限电比例下降的前提下合理确定年度新增建设规模。

（十五）加快龙头水库电站建设统筹流域运行协调。充分发挥龙头水库作用，提高西南水电流域梯级水电站的调节能力，加快建设雅砻江两河口、大渡河双江口水电站。在统筹考虑金沙江中游龙盘水电站涉及少数民族、文化保护和生态环保问题的基础上，积极推进相关前期工作。研究建立流域各方共同参与、共同受益的利益共享机制。统筹水电运行协调，完善主要流域及大区域水能利用监测体系，科学开展流域梯级联合调度和跨流域水电联合调度，提高流域综合效益。

（十六）切实提高电力系统调峰能力。2017年，"三北"地区开展1635万千瓦火电灵活性示范项目改造，增加系统调峰能力480万千瓦，并继续扩大火电机组灵活性改造范围，大幅提升火电调峰能力。认定一批火电机组作为可再生能源消纳调峰机组，在试点示范的基础上，落实火电机组深度调峰补偿机制，调动火电机组调峰积极性。按照经济技术合理原则，"十三五"期间开工抽水蓄能电站共计约6000万千瓦，其中"三北"地区约2800万千瓦。在华北、华东、南方等地区建设一批天然气调峰电站，新增装机500万千瓦以上。

五、多渠道拓展可再生能源电力本地消纳

（十七）推行自备电厂参与可再生能源电力消纳。合理引导自备电厂履行社会责任参与可再生能源电力消纳，并通过市场化手段对调峰成本给予经济补偿，使其在可再生能源电力限电时段积极主动压减发电出力。同时，充分发挥政府宏观调控作用，采取统筹管理、市场交易和加强监管相结合的措施，深入挖掘自备电厂调峰潜力，有效促进可再生能源电力消纳。有关省级电网企业要制定企业自备电厂参与系统调峰的技术方案，在有关省级政府的支持下将自备电厂纳入电网统一调度运行。新疆、甘肃要把企业自备电厂减少出力、参与系统调峰作为解决其严重弃风弃光问题的一个重要途径。鼓励各地区组织建设可再生能源消纳产业示范区，促进可再生能源电力就近利用。

（十八）拓展电网消纳途径和模式。结合增量配电网改革试点，扩大可再生能源电力消费，积极开展新能源微电网建设，鼓励发展以消纳可再生能源等清洁能源为主的微电网、局域网、能源互联网等新模式，提高可再生能源、分布式电源接入及消纳能力，推动可再生能源分布式发电发展。开展分布式发电市场化交易试点，分布式可再生能源在同一配电网内通过市场化交易实现就近消纳。

（十九）加快实施电能替代。鼓励可再生能源富集地区布局建设的电力制氢、大数据中心、云计算中心、电动汽车及配套设施等优先消纳可再生能源电力。重点在居民采暖、生产制造、交通运输、电力供应与消费四个领域，试点或推广电采暖、各类热泵、工业电锅炉（窑炉）、农业电排灌、船舶岸电、机场桥载设备、电蓄能调峰等电力消纳和利用设施。2017年，"三北"地区完成电能替代450亿千瓦·时，加快推动四川、云南电能替代，鼓励实施煤改电，扩大本地电力消费途径。"十三五"期间全国实现电能替代电量4500亿千瓦·时。

（二十）提升电力需求侧响应能力。挖掘电力需求侧管理潜力，建立需求侧参与市场化辅助服务补偿机制，培育灵活用电负荷，引导负荷跟随系统出力调整，有效减少弃电率。鼓励出台促进可中断、可调节的负荷政策，适当拉大峰谷差价，提高用户消纳可再生能源电力的积极性。加快推广综合性储能应用，加快推进电动汽车智能充放电和灵活负荷控制，提升需求侧对可再生能源发电的响应能力。发挥电能负荷集成商作用，整合分散需求响应资源，建立用于可再生能源电力消纳的虚拟电厂。

（二十一）大力推广可再生能源电力供热。在风能、太阳能和水能资源富集地区，积极推进各种类型电供热替代燃煤供热。推广碳晶、石墨烯发热器件、电热膜等分散式电供暖，重点利用低谷电力发展集中电供热，鼓励建设具备蓄热功能的电供热设施，因地制宜推广可再生能源电力与地热能、生物质能、太阳能结合的综合性绿色供热系统。鼓励风电等可再生能源电力富集地区开展可再生能源电力供暖专项交易，实现可再生能源电力消纳与北方地区清洁供暖相互促进。

六、加快完善市场机制与政策体系

（二十二）加快电力市场建设步伐。充分挖掘跨省跨区输电通道能力，继续扩大跨区域省间可再生能源电力增量市场化交易规模，推进更大范围的区域电力市场建设。围绕日内分时电价形成机制，启动南方（以广东起步）、蒙西、浙江、山西、山东、福建、四川、甘肃等第一批电力现货市场试点，逐步构建中长期交易与现货市场相结合的电力市场体系。在电力市场机制设计和交易规则制定中，要将共同承担可再生能源利用责任作为重要内容。

（二十三）建立可再生能源电力消纳激励机制。总结东北电力辅助服务试点经验，完善电力调峰辅助服务补偿机制，建立风光水火协调运行的激励机制。充分衔接发用电计划有序放开与可再生能源发电保障性收购机制，有序放开省级区域内发用电计划及用户和售电企业的省外购电权，组织电力企业拓展合同电量转让交易，丰富电力市场建设过渡阶段的交易品种。研究电力受端市场激励政策。研究做好可再生能源电力消纳与碳排放、节能减排、能源消费总量控制等各种考核政策的衔接。

（二十四）完善可再生能源发电价格形成机制。完善可再生能源上网电价形成机制，加快新建可再生能源发电项目补贴强度降低。积极开展上网侧峰谷分时电价试点和可再生能源就近消纳输配电价试点，鼓励各类用户消纳可再生能源电量。抓紧对跨省跨区输电工程开展成本监审和重新核定输电价格，在发电计划完全放开前，允许对超计划增量送电输电价格进行动态调整。抓紧完善各省（自治区、直辖市）输配电价格，加强对各地区输配电价日常监管，并指导个别地区适时合理调整输配电价结构，允许在监管周期内保持电价整体水平不变情况下，动态调整各电压等级输电价格。

七、强化组织实施保障

（二十五）落实责任主体。国家发展改革委、国家能源局负责可再生能源消纳工作总体方案的制定和协调。各省（自治区、直辖市）能源管理部门要会同有关部门制定促进本地区可再生能源电力有效利用的政策措施；弃水弃风弃光严重地区的省（自治区、直辖市）能源管理部门要会同有关部门和电网企业等制定本区域可再生能源电力消纳专项方案；具备消纳可再生能源电力市场空间的跨省跨区输电通道受端省（自治区、直辖市）要制定本地区扩大可再生能源电力消纳的目标。电网企业要高度重视可再生能源电力消纳工作，积极整合各方面资源扩大可再生能源电力输送和消纳利用。

（二十六）明确工作机制。各省（自治区、直辖市）能源管理部门于每年一月底前向国家发展改革委、国家能源局报送上年度可再生能源电力消纳情况，提出当年可再生能源电力消纳目标和具体措施。国家发展改革委、国家能源局按年度对各省级区域可再生能源电力消纳目标进行论证评估后确定其当年可再生能源利用相关指标。国家电网公司、南方电网公司、内蒙古电力公司要按年度组织编制区域可再生能源电力消纳工作方案，报送国家发展改革委、国家能源局。各省（自治区、直辖市）能源管理部门和能源监管机构依据职责分工和有关法律法规加强对各省（自治区、直辖市）电网企业等履行可再生能源电力项目接入电网和输送、落实优先上网和全额保障性收购政策情况的监督。

（二十七）强化监测评价。国家能源局对各省（自治区、直辖市）可再生能源电力消纳情况进行监测，并按年度公布监测评价结果，对弃水弃风弃光严重地区按月监测、按季评估、按年预警。国家能源局按年度向社会公布各省（自治区、直辖市）可再生能源占能源消费量比重以及可再生能源电力消纳量占全社会用电量比重、非水电可再生能源电力消纳量占全社会用电量比重等相关比重指标及其升降情况；对跨省跨区输电通道公布其总输电量中可再生能源电量占比情况；对弃风率、弃光率超过5%的地区，公布其弃风、弃光电量及弃风率、弃光率数据及与上年度同比升降情况。

（三）关于建立健全可再生能源电力消纳保障机制的通知

2019年5月10日，国家发展改革委、国家能源局联合下发了《关于建立健全可再生能源电力消纳保障机制的通知》，明确将按省级行政区域确定可再生能源电力消纳责任权重。

国家发展改革委　国家能源局关于建立健全可再生能源电力消纳保障机制的通知

发改能源〔2019〕807号

各省、自治区、直辖市、新疆生产建设兵团发展改革委（能源局）、经信委（工信委、工信厅），国家能源局各派出监管机构，国家电网有限公司、中国南方电网有限责任公司、内蒙古电力（集团）有限责任公司、中国华能集团公司、中国大唐集团公司、中国华电集团公司、国家能源投资集团公司、国家电力投资集团公司、中国能源建设集团有限公司、中国电力建设集团有限公司、中国节能环保集团公司、中国核工业集团公司、中国广核集团有限公司、中国华润集团公司、中国长江三峡集团公司、国家开发投资集团有限公司、中国光大集团、国家开发银行、电力规划设计总院、水电水利规划设计总院、国家可再生能源中心：

为深入贯彻习近平总书记关于推动能源生产和消费革命的重要论述，加快构建清洁低碳、安全高效的能源体系，促进可再生能源开发利用，依据《中华人民共和国可再生能源法》《关于加快培育和发展战略性新兴产业的决定》《能源发展战略行动计划（2014—2020年）》，决定对各省级行政区域设定可再生能源电力消纳责任权重，建立健全可再生能源电力消纳保障机制。现将有关事项和政策措施通知如下。

一、对电力消费设定可再生能源电力消纳责任权重。可再生能源电力消纳责任权重是指按省级行政区域对电力消费规定应达到的可再生能源电量比重，包括可再生能源电力总量消纳责任权重（简称"总量消纳责任权重"）和非水电可再生能源电力消纳责任权重（简称"非水电消纳责任权重"）。满足总量消纳责任权重的可再生能源电力包括全部可再生能源发电种类；满足非水电消纳责任权重的可再生能源电力包括除水电以外的其他可再生能源发电种类。对各省级行政区域规定应达到的最低可再生能源电力消纳责任权重（简称"最低消纳责任权重"），按超过最低消纳责任权重一定幅度确定激励性消纳责任权重。

二、按省级行政区域确定消纳责任权重。国务院能源主管部门组织有关机构，按年度对各省级行政区域可再生能源电力消纳责任权重进行统一测算，向各省级能源主管部门征求意见。

各省级能源主管部门会同经济运行管理部门在国家电网有限公司（简称"国家电网"）、中国南方电网有限责任公司（简称"南方电网"）所属省级电网企业和省属地方电网企业技术支持下，对国务院能源主管部门统一测算提出的消纳责任权重进行研究后向国务院能源主管部门反馈意见。国务院能源主管部门结合各方面反馈意见，综合论证后于每年3月底前向各省级行政区域下达当年可再生能源电力消纳责任权重。

三、各省级能源主管部门牵头承担消纳责任权重落实责任。各省级能源主管部门会同经济运行管理部门、所在地区的国务院能源主管部门派出监管机构按年度组织制定本省级行政区域可再生能源电力消纳实施方案（简称"消纳实施方案"），报省级人民政府批准后实施。消纳实施方案主要应包括：年度消纳责任权重及消纳量分配、消纳实施工作机制、消纳责任履行方式、对消纳责任主体的考核方式等。各省级行政区域制定消纳实施方案时，对承担消纳责任的市场主体设定的消纳责任权重可高于国务院能源主管部门向本区域下达的最低消纳责任权重。

四、售电企业和电力用户协同承担消纳责任。承担消纳责任的第一类市场主体为各类直接向电力用户供/售电的电网企业、独立售电公司、拥有配电网运营权的售电公司（简称"配售电公司"，包括增量配电项目公司）；第二类市场主体为通过电力批发市场购电的电力用户和拥有自备电厂的企业。第一类市场主体承担与其年售电量相对应的消纳量，第二类市场主体承担与其年用电量相对应的消纳量。各承担消纳责任的市场主体的售电量和用电量中，农业用电和专用计量的供暖电量免于消纳责任权重考核。

五、电网企业承担经营区消纳责任权重实施的组织责任。国家电网、南方电网指导所属省级电网企业依据有关省级人民政府批准的消纳实施方案，负责组织经营区内各承担消纳责任的市场主体完成可再生能源电力消纳。有关省级能源主管部门会同经济运行管理部门督促省属地方电网企业、配售电公司以及未与公用电网联网的拥有自备电厂的企业完成可再生能源电力消纳。各承担消纳责任的市场主体及用户均须完成所在区域电网企业分配的消纳量，并在电网企业统一组织下协同完成本经营区的消纳量。

六、做好消纳责任权重实施与电力交易衔接。各电力交易机构负责组织开展可再生能源电力相关交易，指导参与电力交易的承担消纳责任的市场主体优先完成可再生能源电力消纳相应的电力交易，在中长期电力交易合同审核、电力交易信息公布等环节对承担消纳责任的市场主体给予提醒。各承担消纳责任的市场主体参与电力市场交易时，应向电力交易机构作出履行可再生能源电力消纳责任的承诺。

七、消纳量核算方式。各承担消纳责任的市场主体以实际消纳可再生能源电量为主要方式完成消纳量，同时可通过以下补充（替代）方式完成消纳量。

（一）向超额完成年度消纳量的市场主体购买其超额完成的可再生能源电力消纳量（简称"超额消纳量"），双方自主确定转让（或交易）价格。

（二）自愿认购可再生能源绿色电力证书（简称"绿证"），绿证对应的可再生能源电量等量记为消纳量。

八、消纳量监测核算和交易。各电力交易机构负责承担消纳责任的市场主体的消纳量账户设立、消纳量核算及转让（或交易）、消纳量监测统计工作。国务院能源主管部门依据国家可再生能源信息管理中心和电力交易机构核算的消纳量统计结果，按年度发布各承担消纳责任的市场主体的消纳量完成情况。各省级行政区域内的消纳量转让（或交易）原则上由省（自治区、直辖市）电力交易中心组织，跨省级行政区域的消纳量转让（或交易）在北京电力交易中心和广州电力交易中心组织下进行。国家可再生能源信息管理中心与国家电网、南方电网等电网企业及各电力交易中心联合建立消纳量监测核算技术体系并实现信息共享。

九、做好可再生能源电力消纳相关信息报送。国家电网、南方电网所属省级电网企业和省属地方电网企业于每年1月底前向省级能源主管部门、经济运行管理部门和所在地区的国务院能源主管部门派出监管机构报送上年度本经营区及各承担消纳责任的市场主体可再生能源电力消纳量完成情况的监测统计信息。各省级能源主管部门于每年2月底前向国务院能源主管部门报送上年度本省级行政区域消纳量完成情况报告、承担消纳责任的市场主体消纳量完成考核情况，同时抄送所在地区的国务院能源主管部门派出监管机构。

十、省级能源主管部门负责对承担消纳责任的市场主体进行考核。省级能源主管部门会同经济运行管理部门对本省级行政区域承担消纳责任的市场主体消纳量完成情况进行考核，按年度公布可再生能源电力消纳量考核报告。各省级能源主管部门会同经济运行管理部门负责督促未履行消纳责任的市场主体限期整改，对未按期完成整改的市场主体依法依规予以处理，将其列入不良信用记录，予以联合惩戒。

十一、国家按省级行政区域监测评价。国务院能源主管部门依托国家可再生能源中心会同国家可再生能源信息管理中心等对各省级行政区域消纳责任权重完成情况以及国家电网、南方电网对所属省级电网企业消纳责任权重组织实施和管理工作进行监测评价，按年度公布可再生能源电力消纳责任权重监测评价报告。各省级能源主管部门会同经济运行管理部门对省属地方电网企业、配售电公司以及未与公用电网联网的拥有自备电厂企业的消纳责任实施进行督导考核。由于自然原因（包括可再生能源资源极端异常）或重大事故导致可再生能源发电量显著减少或送出受限，在对有关省级行政区域消纳责任权重监测评价和承担消纳责任的市场主体进行考核时相应核减。

十二、超额完成消纳量不计入"十三五"能耗考核。在确保完成全国能源消耗总量和强度"双控"目标条件下，对于实际完成消纳量超过本区域激励性消纳责任权重对应消纳量的省级行政区域，超出激励性消纳责任权重部分的消纳量折算的能源消费量不纳入该区域能耗"双控"考核。对纳入能耗考核的企业，超额完成所在省级行政区域消纳实施方案对其确定完成的消纳量折算的能源消费量不计入其能耗考核。

十三、加强消纳责任权重实施监管。国务院能源主管部门派出监管机构负责对各承担消纳责任的市场主体的消纳量完成情况、可再生能源相关交易过程等情况进行监管，并向国务院能源主管部门报送各省级行政区域以及各电网企业经营区的消纳责任权重总体完成情况专项监管报告。

各省级能源主管部门按照本通知下达的2018年消纳责任权重对本省级行政区域自我核查，以模拟运行方式按照本通知下达的2019年消纳责任权重对承担消纳责任的市场主体进行试考核。各省（自治区、直辖市）有关部门和国家电网、南方电网及有关机构，在2019年底前完成有关政策实施准备工作，自2020年1月1日起全面进行监测评价和正式考核。本通知中的

2020年消纳责任权重用于指导各省级行政区域可再生能源发展，将根据可再生能源发展"十三五"规划实施进展情况适度调整，在2020年3月底前正式下达各省级行政区域当年可再生能源电力消纳责任权重。

本通知有效期为5年，将视情况适时对有关政策进行调整完善。

附件：1. 可再生能源电力消纳责任权重确定和消纳量核算方法（试行）

2. 各省（自治区、直辖市）可再生能源电力总量消纳责任权重

3. 各省（自治区、直辖市）非水电可再生能源电力消纳责任权重

国家发展改革委
国家能源局
2019年5月10日

附件1

可再生能源电力消纳责任权重确定和消纳量核算方法（试行）

本方法随《关于建立健全可再生能源电力消纳保障机制的通知》发布，作为各省级行政区域消纳责任权重测算、消纳量监测评价以及对各承担消纳责任的市场主体考核的基本方法。本方法作为试行版本执行，在可再生能源电力消纳保障机制实施过程中不断总结完善，视情况发布后续版本。

一、消纳责任权重确定方法

（一）基本原则

1. 规划导向，分区设定。依据国家能源发展战略和可再生能源发展相关规划，结合各区域实际用电增长情况、实际可消纳本地生产和区域外输入可再生能源电力的能力确定各区域最低消纳责任权重，原则上各区域均应逐年提升最低消纳责任权重或至少不降低。

2. 强化消纳，动态调整。各省级行政区域均应把可再生能源电力消纳作为重要工作目标，电力净输出区域应做到本地消纳达到全国先进水平，电力净输入区域应做到本地生产的可再生能源电力充分消纳并对区域外输入可再生能源电力尽最大能力消纳。根据各区域可再生能源重大项目和跨省跨区输电通道建设进展，按年度动态调整各省级行政区域消纳责任权重。

3. 区域统筹，分解责任。各省级能源主管部门会同经济运行管理部门、所在地区的国务院能源主管部门派出监管机构以完成本区域可再生能源电力消纳责任权重为基础统筹协调制定消纳实施方案，同时统筹测算承担消纳责任的市场主体（含电网企业）应完成的消纳量，督促其通过多种方式完成各自消纳量。

4. 保障落实，鼓励先进。按省级行政区域对电力消费规定应达到的最低可再生能源电量比重，据此对各省级行政区域进行监测评价。按照最低消纳责任权重上浮一定幅度作为激励性消纳责任权重，对实际消纳高于激励性消纳责任权重的区域予以鼓励。鼓励具备条件的省级行政区域自行确定更高的消纳责任权重。

（二）可再生能源电力消纳量确定

可再生能源电力消纳量，包括可再生能源电力消纳总量和非水电可再生能源电力消纳量。按下列方法确定：

1. 各省级行政区域内生产且消纳的可再生能源电量

（1）接入公共电网且全部上网的可再生能源电量，采用并网计量点的电量数据。

（2）自发自用（全部或部分，以下同）可再生能源电量（含就地消纳的合同能源服务和交易电量），按电网企业计量的发电量（或经有关能源主管部门或国务院能源主管部门派出监管机构认可），全额计入自发自用市场主体的可再生能源电力消纳量。

2. 区域外输入的可再生能源电量

可再生能源发电企业与省级电网企业签署明确的跨省跨区购电协议的，根据协议实际执行情况计入受端区域消纳的区域外输入可再生能源电量。其他情况按以下方法处理：

（1）独立"点对网"输入。可再生能源发电项目直接并入区域外受端电网，全部发电量计入受端区域消纳量，采用并网计量点的电量数据。

（2）混合"点对网"输入。采取与火电或水电打捆以一组电源向区域外输电的，受端电网消纳的可再生能源电量等于总受电量乘以外送电量中可再生能源电量比例。

外送电量中可再生能源电量比例=送端并网点计量的全部可再生能源上网电量÷送端并网点计量的全部上网电量

（3）省间"网对网"输入。省间电网跨区域输入电量中可再生能源电量，通过电力交易方式进行的，根据电力交易机构的结算电量确定；通过省间送电协议进行的，根据省级电网与相关电厂结算电量确定；无法明确的，按送端省级电网区域可再生能源消纳电量占区域全社会用电量比例乘以输入受端省级电网区域的总电量认定。

（4）跨省际"网对网"输入。跨省际区域未明确分电协议或省间协议约定可再生能源电量比例的跨省跨区输电通道，按该区域内各省级行政区域全社会用电量占本区域电网内全社会用电量的比重，计算各省级行政区域输入的可再生能源电量。即：

$$i\text{省级行政区域内输入可再生能源电量} = \text{可再生能源输入电量} \times \left(\frac{i\text{省级行政区域全社会用电量}}{\sum_{i=1}^{n} i\text{省级行政区域全社会用电量}} \right)$$

n表示区域电网内包含的省级行政区域数目。

3. 特殊区域

京津冀地区（北京、天津、冀北、河北南网）接入的集中式可再生能源发电项目和区域外输入的可再生能源电量，按全社会用电量比例分摊原则计入各区域消纳量，各自区域内接入的分布式可再生能源发电量计入各自区域的消纳量。

（三）消纳责任权重测算

1. 消纳责任权重计算公式

（1）非水电消纳责任权重。

区域最低非水电消纳责任权重=（预计本区域生产且消纳年非水电可再生能源电量+预计年净输入非水电可再生能源电量）÷预计本区域年全社会用电量

测算非水电可再生能源发电量时，上年度年底前已投产装机按照应达到的年利用小时数测算；当年新增非水电可再生能源装机按均匀投产计算，对应发电量按全年利用小时数的一半进行折算。

激励性非水电消纳责任权重按照最低非水电消纳责任权重上浮10%计算。

（2）总量消纳责任权重。

区域最低总量消纳责任权重=（预计本区域生产且消纳年可再生能源电量+预计年净输入可再生能源电量）÷预计本区域年全社会用电量

测算可再生能源发电量时，上年度年底前已投产装机按照应达到的年利用小时数测算，水电按照当地平水年份的年利用小时数下浮10%进行最低总量消纳责任权重测算；对计划新增水电装机，如有明确投产时间（主要是大型水电站工程），按预计投产时间计算年利用小时；当年新增非水电可再生能源装机按均匀投产计算，对应发电量按全年利用小时数的一半进行折算。

激励性总量消纳责任权重为激励性非水电消纳责任权重与水电按照当地平水年份的年利用小时数发电量对应消纳责任权重之和。

2. 消纳责任权重确定流程

国务院能源主管部门组织有关机构按年度对各省级行政区域可再生能源电力消纳责任权重进行统一测算，向各省级能源主管部门征求意见。各省级能源主管部门会同经济运行管理部门在国家电网、南方电网所属省级电网企业和省属地方电网企业技术支持下，对国务院能源主管部门统一测算提出的消纳责任权重进行研究后向国务院能源主管部门反馈意见。反馈意见需详细提供分品种的可再生能源发电预测并网装机容量、预测发电量、各跨省跨区通道计划输送可再生能源电量及占比、预测全社会用电量等数据。

国务院能源主管部门组织第三方机构结合各方面反馈意见，综合论证后于每年3月底前向各省级行政区域下达当年可再生能源电力消纳责任权重（包括最低消纳责任权重和激励性消纳责任权重）。

二、消纳量核算方法

（一）承担消纳责任的市场主体

承担可再生能源电力消纳责任的市场主体（含电网企业）的消纳量包括：

1. 从区域内或区域外电网企业和发电企业（含个人投资者和各类分布式发电项目单位）购入的可再生能源电量。

（1）对电网企业按照可再生能源发电保障性收购要求统一收购的可再生能源电量，按照电网企业经营区内各承担消纳责任的市场主体对可再生能源消纳的实际贡献等因素进行分摊。

（2）对通过电力市场化交易的可再生能源电量，按交易结算电量计入购电市场主体的可再生能源电力消纳量。

2. 自发自用的可再生能源电量。电网企业经营区内市场主体自发自用的可再生能源电量，按电网企业计量的发电量（或经有关能源主管部门或国务院能源主管部门派出监管机构认可），全额计入自发自用市场主体的可再生能源电力消纳量。

3. 从其他承担消纳责任的市场主体购买的消纳量或购买绿证折算的消纳量。承担消纳责任的市场主体售出的可再生能源电量和已转让的消纳量不再计入自身的消纳量。购买的水电消纳量只计入总量可再生能源电力消纳量。

（二）各省级行政区域

参照前述"可再生能源电力消纳量确定"部分，与国务院能源主管部门下达的省级行政区域消纳责任权重相对照，各省级行政区域年度整体完成的消纳责任权重计算公式如下：

整体完成消纳责任权重=（区域内生产且消纳的可再生能源电量+区域外输入的可再生能源电量+市场主体消纳量净受让量之和+绿证认购量之和−免于考核电量对应的可再生能源电量）÷（区域全社会用电量−免于考核电量）

其中，按照国家规定豁免消纳责任权重考核的农业用电和专用计量的供暖电量在消纳责任权重核算公式的分子和分母中均予以扣除，免于考核电量对应的可再生能源电量等于免于考核电量乘以区域最低消纳责任权重。

附件2

各省（自治区、直辖市）可再生能源电力总量消纳责任权重

省（区、市）	2018年最低消纳责任权重（%）	2018年激励性消纳责任权重（%）	2019年最低消纳责任权重（%）	2019年激励性消纳责任权重（%）	2020年最低消纳责任权重（%）	2020年激励性消纳责任权重（%）
北京	11.0	12.1	13.5	14.9	15.0	16.5
天津	11.0	12.1	13.5	14.9	15.0	16.5
河北	11.0	12.1	13.5	14.9	15.0	16.5
山西	15.0	16.5	15.5	17.1	16.5	18.1
内蒙古	18.5	20.4	18.5	20.4	18.5	20.4
辽宁	12.0	13.2	12.0	13.2	12.5	13.7
吉林	20.0	22.0	21.5	23.7	22.0	24.2
黑龙江	19.5	21.5	21.5	23.7	26.0	28.6
上海	31.5	34.9	32.0	35.2	33.0	36.5
江苏	12.5	13.7	13.5	14.9	14.0	15.5
浙江	18.0	19.8	17.5	19.3	18.5	20.4
安徽	13.0	14.3	13.5	14.9	14.5	15.9
福建	17.0	18.7	18.5	20.4	19.5	21.4
江西	23.0	25.1	25.5	28.1	29.0	32.1
山东	9.5	10.4	10.0	11.0	10.0	11.0
河南	13.5	14.9	13.5	14.9	16.0	17.6
湖北	39.0	43.0	37.5	41.3	40.0	44.0
湖南	46.0	50.5	47.0	51.7	49.0	53.9
广东	31.0	34.2	28.5	31.4	29.5	32.5
广西	51.0	56.2	45.5	50.1	50.0	55.0
海南	11.0	12.1	11.0	12.1	11.5	12.6
重庆	47.5	52.1	42.5	46.8	45.0	49.5

续表

省（区、市）	2018年最低消纳责任权重（%）	2018年激励性消纳责任权重（%）	2019年最低消纳责任权重（%）	2019年激励性消纳责任权重（%）	2020年最低消纳责任权重（%）	2020年激励性消纳责任权重（%）
四川	80.0	88.0	80.0	88.0	80.0	88.0
贵州	33.5	36.9	31.5	34.7	31.5	34.7
云南	80.0	88.0	80.0	88.0	80.0	88.0
西藏	不考核	不考核	不考核	不考核	不考核	不考核
陕西	17.5	19.2	18.5	20.4	21.5	23.7
甘肃	44.0	48.4	44.0	48.4	47.0	51.1
青海	70.0	77.0	69.5	76.5	70.0	77.0
宁夏	20.0	22.2	20.0	22.0	22.0	24.2
新疆	21.0	23.1	21.0	23.1	22.5	24.5

注：1. 京津冀地区执行统一的消纳责任权重。

2. 内蒙古自治区可按蒙西、蒙东地区分开考核，具体分区域消纳责任权重由内蒙古自治区能源主管部门确定。

3. 2020年消纳责任权重为指导性指标，根据可再生能源资源情况、跨省跨区输电通道输送可再生能源情况进行动态调整。2020年消纳责任权重测算时酒泉—湖南、扎鲁特—青州、宁东—山东、上海庙—山东、宁东—浙江、哈密南—郑州、准东—安徽等特高压输电通道输送电量中的可再生能源占比按不低于30%考虑。

4. 有跨省跨区输入可再生能源电力的受端区域，如实际运行时通道输送可再生能源电量未达到消纳责任权重测算时的设定值，则在区域消纳量监测评价和市场主体消纳责任权重考核时相应核减。

5. 对可再生能源电力总量消纳责任权重达到80%的省级行政区域，不进行总量消纳责任权重监测评价，对区域内市场主体是否进行总量消纳责任权重考核，由有关省级能源主管部门自行决定。未纳入消纳责任权重考核的市场主体不参与消纳量交易。西藏自治区不实行消纳责任权重考核，除国家另有规定外区域内市场主体不参与消纳量交易。

附件3

各省（自治区、直辖市）非水电可再生能源电力消纳责任权重

省（区、市）	2018年最低消纳责任权重（%）	2018年激励性消纳责任权重（%）	2019年最低消纳责任权重（%）	2019年激励性消纳责任权重（%）	2020年最低消纳责任权重（%）	2020年激励性消纳责任权重（%）
北京	10.5	11.6	13.5	14.9	15.0	16.5
天津	10.5	11.6	13.5	14.9	15.0	16.5
河北	10.5	11.6	13.5	14.9	15.0	16.5
山西	12.5	13.8	13.5	14.9	14.5	16.0
内蒙古	18.0	19.8	18.0	19.8	18.0	19.8
辽宁	10.0	11.0	10.0	11.0	10.5	11.6
吉林	15.0	16.5	15.5	17.1	16.5	18.2
黑龙江	15.0	16.5	17.5	19.3	20.5	22.6
上海	2.5	2.8	3.0	3.3	3.0	3.3
江苏	5.5	6.1	6.5	7.2	7.5	8.3

续表

省（区、市）	2018年最低消纳责任权重（%）	2018年激励性消纳责任权重（%）	2019年最低消纳责任权重（%）	2019年激励性消纳责任权重（%）	2020年最低消纳责任权重（%）	2020年激励性消纳责任权重（%）
浙江	5.0	5.5	6.5	7.2	7.5	8.3
安徽	9.5	10.5	10.5	11.6	11.5	12.7
福建	4.5	5.0	5.0	5.5	6.0	6.6
江西	6.5	7.2	7.0	7.7	8.0	8.8
山东	9.0	9.9	10.0	11.0	10.0	11.0
河南	9.0	9.9	9.5	10.5	10.5	11.6
湖北	7.5	8.3	9.0	9.9	10.0	11.0
湖南	9.0	9.9	11.5	12.7	13.0	14.3
广东	3.5	3.9	3.5	3.9	4.0	4.4
广西	4.0	4.4	4.5	5.0	5.0	5.5
海南	4.5	5.0	5.0	5.5	5.0	5.5
重庆	2.0	2.2	2.5	2.8	2.5	2.8
四川	3.5	3.9	3.5	3.9	3.5	3.9
贵州	4.5	5.0	5.0	5.5	5.0	5.5
云南	11.5	12.7	11.5	12.7	11.5	12.7
西藏	不考核	不考核	不考核	不考核	不考核	不考核
陕西	9.0	9.9	10.5	11.6	12.0	13.2
甘肃	14.5	16.0	17.0	18.7	19.0	20.9
青海	19.0	20.9	23.0	25.3	25.0	27.5
宁夏	18.0	19.8	18.0	19.8	20.0	22.0
新疆	11.5	12.7	12.0	13.2	13.0	14.3

注：1. 京津冀地区执行统一的消纳责任权重。

2. 内蒙古自治区可按蒙西、蒙东地区分开考核，具体分区域消纳责任权重由内蒙古自治区能源主管部门确定。

3. 2020年消纳责任权重为指导性指标，根据可再生能源资源情况、跨省跨区输电通道输送可再生能源情况进行动态调整。2020年消纳责任权重测算时酒泉—湖南、扎鲁特—青州、宁东—山东、上海庙—山东、宁东—浙江、哈密南—郑州、准东—安徽等特高压输电通道输送电量中的可再生能源占比按不低于30%考虑。

4. 有跨省跨区输入可再生能源电力的受端区域，如实际运行时通道输送可再生能源电量未达到消纳责任权重测算时的设定值，则在区域消纳量监测评价和市场主体消纳责任权重考核时相应核减。

5. 未纳入消纳责任权重考核的市场主体不参与消纳量交易。西藏自治区不实行消纳责任权重考核，除国家另有规定外区域内市场主体不参与消纳量交易。

三、水电政策

（一）关于促进西南地区水电消纳的通知

为有效解决西南地区弃水问题，实现水电资源的充分利用和优化配置，2017年10月19日，国家发展改革委、国家能源局发布《关于促进西南地区水电消纳的通知》。该通知提出，加强规划引导和全局统筹，促进电源电网协调发展。加快规划内的水电送出通道建设。建立市场和鼓励政策等长效机制，促进水电消纳。

国家发展改革委 国家能源局关于促进西南地区水电消纳的通知

发改运行〔2017〕1830号

有关省、自治区、直辖市发展改革委、经信委（工信委）、物价局、能源局，国家电网公司、中国南方电网有限责任公司、中国华能集团公司、中国大唐集团公司、中国华电集团公司、中国国电集团公司、国家电力投资集团公司、中国长江三峡集团公司、国家开发投资公司：

为贯彻国务院领导指示批示精神，有效解决西南地区弃水问题，实现水电资源的充分利用和优化配置，推进能源结构转型升级，现就有关事项通知如下。

一、加强规划引导和全局统筹，促进电源电网协调发展

（一）加强规划统筹。四川省、云南省政府有关部门要结合电力供需形势，优化两省电力"十三五"发展目标，科学安排在建项目开发时序，保持水电、风电、太阳能等合理发展规模，力争"十三五"后期不再新增弃水问题。

（二）加快规划内的水电送出通道建设。相关省（区、市）政府部门和电力企业要结合市场需求和电源建设，尽快按照国家确定的雅砻江中游、大渡河上游等大型水电的消纳方案开展工作，明确输电方案，配套建设水电送电通道。国家电网公司、南方电网公司要尽快建成"十三五"规划的滇西北至广东±800千伏直流输电工程，开工四川水电外送江西特高压直流输电工程、乌东德电站送电广东广西输电工程，结合在建梯级建设投产时序，积极协调推进白鹤滩水电站和金沙江上游水电外送通道建设工作，争取"十三五"期间新增四川送电能力2000万千瓦以上、新增云南送电能力1300万千瓦以上，确保水电送出通道需求。

（三）加强水火互济的输电通道规划和建设。国家发展改革委、国家能源局会同相关省政府部门、电网企业，推进云南贵州、四川陕西的输电通道建设，从规划上考虑连接云南贵州电网，增加四川陕西通道能力，实现相邻电网互联互通，水火互济。

（四）加强国家电网与南方电网输电通道规划和建设。国家发展改革委、国家能源局会同相关省政府部门、电网公司加强国家电网和南方电网之间输电通道规划研究，提高输电能力，建立水电跨网消纳机制，进一步扩大云南水电的消纳空间。

（五）加快推进龙头水库建设。国家发展改革委、国家能源局会同相关省政府部门、发电集团公司加快推进雅砻江两河口、大渡河双江口水电站建设，推动金沙江中游龙盘水电站尽早开工，争取尽早竣工建成，增加雅砻江、大渡河和金沙江中游水电调节能力。

二、完善价格机制，提高水电竞争力

（六）调整富余水电消纳的价格机制。在保证跨省区送受水电一定优先发电计划的基础上，富余水电通过参与受电地区市场竞价扩大外送比例。鼓励四川、云南等省利用富余水电边际成本低的优势，积极开展水电与载能企业专线供电试点，增加本地消纳和外送。

（七）研究完善跨省跨区输配电价机制。国家发展改革委会同国家能源局，指导云南省适时合理调整输配电价结构，降低省内500千伏输电价格；研究完善跨省跨区输电价格形式，采取两部制等方式实现增送电量输电费用下降，增加西南水电在受端地区竞争力。

三、建立市场和鼓励政策等长效机制，促进水电消纳

（八）建立健全市场化消纳机制。按照深化电力体制改革要求，积极发挥北京、广州区域电力交易平台作用，完善市场规则和交易机制，推进跨省跨区水电市场化交易，鼓励开展电力现货市场试点，形成有利于水电优化配置的市场化机制和价格机制；进一步放开发用电计划，推动送受双方通过自主协商、集中竞价等方式开展跨省区市场化交易，研究开展跨省跨区水火发电置换交易，通过合理机制鼓励受电地区减少火电出力，为接纳外来水电腾出空间，促进跨省跨区资源优化配置；进一步完善电力辅助服务补偿机制，鼓励各地积极稳妥建立电力辅助服务市场机制，提高电力企业提供辅助服务的积极性；大力实施电能替代，促进水电消纳。

（九）制定鼓励水电消纳的节能绿色低碳政策。国家发展改革委、国家能源局会同有关部门，研究将消纳水电一并纳入可再生能源开发利用目标考核体系；研究鼓励跨省跨区消纳清洁能源的节能和控制温室气体排放考核政策，在确保完成全国能源消费总量控制目标条件下，受端省份超出规划部分的可再生能源消费量，不纳入能耗总量和强度目标考核；建立合理的碳排放交易机制，提高各地消纳水电的积极性，促进西南水电在全国更大范围的资源优化配置。

（十）优化流域水库群联合调度。国家发展改革委、国家能源局会同有关部门和电力企业，开展西南水电联合调度试点，充分发挥大数据、云计算的技术优势，运用"互联网+"手段，在保障电网安全运行的前提下，研究健全长江流域水库群电力调度沟通协调机制；推动建立流域统一协调的调度管理机制，研究流域梯级联合调度体制，充分发挥流域梯级水电开发的整体效益，提高市场竞争能力。

四、切实落实责任，加强督查落实

（十一）有关省（区、市）政府部门、电力企业要按照通知要求认真执行，执行中出现的相关问题和情况请及时报告。国家发展改革委、国家能源局将会同有关部门和单位，加强协调，对工作开展情况进行督促检查。

国家发展改革委
国家能源局
2017年10月19日

（二）关于做好水电开发利益共享工作的指导意见

2019年3月8日，国家发展改革委、国家能源局、财政部、人力资源社会保障部、自然资源部、宗教局联合下发了《关于做好水电开发利益共享工作的指导意见》。

关于做好水电开发利益共享工作的指导意见

发改能源规〔2019〕439号

各省、自治区、直辖市及新疆生产建设兵团发展改革委、能源局、财政厅、人力资源和社会保障厅、自然资源厅、宗教局、民宗委（厅、局）：

根据《中华人民共和国国民经济和社会发展第十三个五年规划纲要》《中共中央 国务院关于打赢脱贫攻坚战的决定》等文件要求，现就做好水电开发利益共享工作提出以下意见。

一、总体要求

（一）指导思想。

坚持以习近平新时代中国特色社会主义思想为指导，全面贯彻落实党的十九大和十九届二中、三中全会精神，认真落实党中央、国务院决策部署，紧紧围绕"五位一体"总体布局和"四个全面"战略布局，牢固树立创新、协调、绿色、开放、共享的新发展理念，坚持水电开发促进地方经济社会发展和移民脱贫致富方针，充分发挥水电资源优势，进一步强化生态环境保护，加强体制机制创新，完善水电开发征地补偿安置政策、推进库区经济社会发展、健全收益分配制度、发挥流域水电综合效益，建立健全移民、地方、企业共享水电开发利益的长效机制，构筑水电开发共建、共享、共赢的新局面，增强库区发展动力，维护库区社会和谐稳定，人民安居乐业，稳步推进共同富裕。

（二）基本原则。

政府引导、市场调节。强化政府在移民搬迁安置、库区社会稳定、经济持续发展、资源综合利用中的主体责任；加强水电开发促进地方经济社会发展和移民脱贫致富的支持政策；尊重企业在市场中的主体地位，让企业成为水电开发利益共享的原动力，加大水电开发对地方经济社会发展的促进作用。

统筹协调、倾斜移民。统筹协调水电建设与促进地方经济发展和支持移民脱贫致富、移民搬迁安置与后续发展需要、龙头水库电站与下游梯级电站补偿效益分配、水电综合效益与企业效益等关系，整合资源，完善移民政策，使移民在依法获得补偿补助基础上，更多地分享水电开发收益。

利益共享、多方共赢。充分发挥水电开发的经济效益和社会效益，推动库区发展、移民收益与电站效益结合；通过政策扶持和机制保障，实现移民长期获益、库区持续发展、电站合理收益有保障的互利共赢格局。

创新探索、稳步推进。加快推进水电开发收益分配结构性改革，在资源利用、安置途径、补偿政策、资产收益等方面进行探索创新。根据各电站项目自身经济可承受能力和建设目标，因地制宜施行利益共享措施，稳步推进。

二、主要内容

（一）完善移民补偿补助。统筹原有房屋与安置地新建房屋的建设条件和建设要求，分析新建房屋合理成本，科学确定房屋补偿标准，保障农村移民居住权和合法的住房财产权益。科学制订移民搬迁方案，合理计列搬迁补助费用。完善农村移民宅基地处理方式，以农村集体经济组织为单元，统筹平衡迁入库周农村居民点农村移民的宅基地。规划外迁或者就近迁入城集镇安置的，统一规划住房用地。因地制宜拟定激励方案，鼓励移民加快搬迁进度，必要时可增列移民安置激励措施补助。开展水电工程与铁路等基础设施项目相关政策并轨研究。

（二）尊重当地民风民俗和宗教文化。充分考虑当地风俗民情、宗教文化特点，合理确定补偿补助项目和标准，保护当地民族文化，提升移民安置水平。完善征收民风民俗设施及宗教活动场所、宗教设施补偿办法，征收民风民俗设施及宗教活动场所、宗教设施的，可以选择货币补偿，也可以依法选择重建。对需要重建民风民俗设施的，结合移民安置规划合理布局；对选择重建宗教活动场所、宗教设施的，根据宗教事务等部门依法批准的迁建规划在项目概算中计列迁建费用；按照传统确需举办迁建宗教仪式的，经宗教事务部门确认，予以适当补助。提高少数民族困难移民房屋补助标准，对补偿费用不足以修建基本用房的，根据当地住房结构特征和生活习惯，以及省、自治区、直辖市建设小康社会的住房要求，给予住房困难补助。

（三）提升移民村镇宜居品质。落实乡村振兴战略，根据地方经济社会发展规划要求，充分利用水库蓄水形成的景观，结合国土空间规划编制和实施，合理布局迁建移民村庄集镇新址，提高移民村庄集镇迁建标准，完善基础设施配置，加强风貌管控，改善库区城乡建设面貌。妥善解决好移民村庄集镇新址选址、建设用地、安全饮水、用电、通信、交通、就医、就学等基础条件，配套建设水、电、路、邮政、基础电信网络以及污水、垃圾处理等基础设施，村内主路及对外道路路面全硬化，实现全员饮水安全、家家供水入户、户户通电通邮，人人可用互联网；根据需要配置卫生站、集贸市场以及村委会办公、文化活动、社区服务等场所，并预留商业网点、便民超市、体育健身等用地，全面提升移民生活品质。迁建集镇和大型移民村庄主街道，按管线入地进行规划建设。对农村移民村庄集镇的公共服务设施和整体风貌建设予以适当补助。

（四）创新库区工程建设体制机制。库区工程建设应充分考虑与省级人民政府和行业主管部门制订的相关基础设施规划的衔接，并按照移民政策合理确定水电工程需承担的复建分摊资金，合理布局，科学有序推进。库区供水、供电工程应兼顾安置地居民需求，适当扩大规模。在完善建设管理模式基础上，探索库区工程代建和总承包机制。移民工程验收由省级移民管理机构根据移民工程等级和相应权限统筹，并根据实际情况组织安排和同级行业主管部门或移民工程责任单位联合进行。

（五）拓宽移民资产收益渠道。合理使用移民征地补偿补助费用，有条件的地区要优先为移民配置土地，维护移民合法土地权益。土地资源匮乏地区，在足额支付征地补偿费用，充分尊重被征地移民意愿的前提下，可因地制宜采取多渠道多途径安置政策予以安置，减轻土地筹措压力，创新老年农业移民安置思路。发挥资源优势，开展贫困地区水电资源开发资产收益扶贫改革试点，在总结各地试点经验基础上，探索建立资产收益扶贫长效机制。

（六）推进库区产业发展升级。统筹移民安置规划、后续产业规划，与库区生产发展、产业升级做好衔接，促进移民就业增长和持续增收。对水库淹没的企事业单位，优先按就近迁建处理。迁建企业主营业务属于国家鼓励类产业并符合当地产业布局、用地确需超出原有用地规模但未突破土地使用标准确定的规模的，应予扶持，用地可纳入移民搬迁安置用地一并报批。利用电站水库、安置配置资源，发展农林、加工、旅游、运输、电商等产业。根据国家产业指导目录，引导和支持水电工程库区与产业转移做好衔接。充分利用各种库区产业政策支持渠道，支持移民群众脱贫解困和库区经济社会发展。

（七）强化能力建设和就业促进工作。水电企业应配合地方政府做好移民安置和后期扶持，用好用足移民安置技术培训等费用，针对移民家庭中有转移就业愿望劳动力、已转移就业劳动力、新成长劳动力的特点和就业需求，开展就业技能培训、岗位技能提升培训、创业培训、职业教育和学历教育支持等差异化职业能力建设，支持每个有就业需求的移民家庭至少接受一次培训。鼓励水电企业在同等条件下优先吸纳当地移民就业。

（八）加快库区能源产业扶持政策落地。按照农网改造和村村通电工程（包括通动力电）总体方案，改善移民安置区和库区电网基础设施水平，实现稳定可靠的供电服务全覆盖，供电能力和服务水平明显提升。鼓励移民安置区使用沼气、太阳能等清洁能源。水电消纳要统筹好当地与外送两个市场，优先保障当地用电需求。鼓励通过市场化方式适当降低库区生产生活用电电价水平。科学利用当地资源禀赋，促进水电与当地风电、光电实施多能互补综合利用，增加当地能源产出和经济收入。依托调节性能好的水电工程，优先开发其周边的风电、光电项目，统筹区域风电、光电和水电外送消纳。在移民安置规划和后续产业发展规划中根据资源禀赋和建设条件，结合产业政策合理布置分布式光伏项目，增加移民和库区居民收入。

三、保障措施

（一）加大政策支持力度。进一步探索与多渠道安置方式、保障移民收益和共享水电开发利益相适应的新形势下水电工程用地政策。统筹防洪、供水、灌溉、发电、航运等总体要求，探索通过下游梯级电站补偿效益返还和综合效益投资分摊等方式，充分发挥流域梯级水电的综合效益。落实中央减轻企业负担、清费减税政策。建立促进水电消纳的激励机制，完善水电价格形成机制，落实好水电优先发电和消纳保障政策，为水电开发利益共享创造有利条件。

（二）细化任务推动落实。各有关部门要提高对水电开发利益共享工作重要性的认识，增强责任感和紧迫感，健全工作机制，确保各项政策措施落到实处。强化对水电建设、移民安置、库区发展的指导，严格基本建设管理程序，做好落实措施与现有法规政策的衔接。各有关部门按照职能分工，强化协同配合，加大工作力度，抓紧完善具体政策措施，注重舆论引导。

（三）强化跟踪评估指导。积极稳妥推进水电开发利益共享。国务院能源主管部门要会同有关部门加强检查、评估和指导，及时总结推广经验。各省级有关部门要加强对落实工作的动态跟踪和工作督导，协调解决水电开发利益共享推进工作中出现的困难和问题，研究制定配套政策措施，不断将水电开发利益共享工作引向深入，让水电开发更好地为促进地方经济社会发展发挥作用。

四、附则

本文件自发布之日起施行，有效期5年。

国家发展改革委
能源局
财政部
人力资源社会保障部
自然资源部
宗教局
2019年3月8日

四、风能政策

(一) 关于加快推进分散式接入风电项目建设有关要求的通知

为提高分散式风能资源的利用效率,优化风电开发布局,切实做好分散式接入风电项目建设,探索有利于推动分散式接入风电项目发展的有效模式,2017年5月27日,国家能源局印发了《关于加快推进分散式接入风电项目建设有关要求的通知》。

国家能源局关于加快推进分散式接入风电项目建设有关要求的通知

国能发新能〔2017〕3号

各省(区、市)、新疆生产建设兵团发展改革委(能源局),各派出能源监管机构,国家电网公司、南方电网公司、内蒙古电力公司:

为提高分散式风能资源的利用效率,优化风电开发布局,切实做好分散式接入风电项目建设,探索有利于推动分散式接入风电项目发展的有效模式,现将有关工作和要求通知如下:

一、加快推动分散式风电开发。优化风电建设布局、大力推动风电就地就近利用,是"十三五"时期风电开发的重要任务。随着风能勘察工作的不断深入和低风速技术的持续进步,加快推动接入低电压配电网、就地消纳的分散式风电项目建设,对于优化利用中东部和南方地区的分散风能资源、因地制宜提高风能利用效率、推动风电与其他分布式能源融合发展具有重要意义。

二、规范建设标准。分散式接入风电项目开发建设应按照"统筹规划、分步实施、本地平衡、就近消纳"的总体原则推进。项目建设应严格满足以下技术要求:

(1) 接入电压等级应为35千伏及以下电压等级。如果接入35千伏以上电压等级的变电站时,应接入35千伏及以下电压等级的低压侧。

(2) 充分利用电网现有变电站和配电系统设施,优先以T接或者π接的方式接入电网。

(3) 在一个电网接入点接入的风电容量上限以不影响电网安全运行为前提,统筹考虑各电压等级的接入总容量,鼓励多点接入。严禁向110千伏(66千伏)及以上电压等级送电。

三、加强规划管理。各省级能源主管部门按照有关技术要求和并网规定,结合前期区域内风能资源勘察的成果,在认真梳理区域内电网接入条件和负荷水平的基础上,严格按照"就近接入、在配电网内消纳"的原则,制定本省(区、市)及新疆兵团"十三五"时期的分散式风电发展方案,向全社会公示,并将方案和公示结果抄报我局。

各省级能源主管部门应结合实际情况及时对规划进行滚动修编,分散式接入风电项目不受年度指导规模的限制。已批复规划内的分散式风电项目,鼓励各省级能源主管部门研究制定简化项目核准程序的措施。

红色预警地区应着力解决存量风电项目的消纳问题，暂缓建设新增分散式风电项目。

四、有序推进项目建设。开发企业要认真研究分散式风电项目定义和要求，严格按照规划方案和相关管理规定做好项目建设工作，在保证施工安全、工程建设质量和可靠性的前提下，有序推进项目建设，推进技术进步和成本下降，鼓励探索分散式风电发展新模式，特别是鼓励建设部分和全部电量自发自用，以及在微电网内就地平衡的分散式风电项目。

五、加强并网管理。国家电网公司、南方电网公司、内蒙古电力公司及其他地方供电企业要对具备分散式接入风电的变电站位置和周边负荷情况进行梳理，统筹考虑系统安全运行和系统接入总容量等因素，对各自供电区域内的分散式接入风电项目规划方案出具意见函，对于规划内的项目应及时确保项目接入电网。

对于未严格符合第二条所列并网技术要求的分散式风电项目，电网企业不得接受其并网运行。

六、加强监管工作。各省（区、市）、新疆兵团能源主管部门要会同相关技术单位、电网企业对规划方案内的分散式风电项目开发建设和并网运行情况进行全过程监管，规范工程管理和监督体系，确保分散式项目按照有关要求和规定落实执行到位。

国家能源局各派出能源监管机构应对已建成和拟建设的分散式接入风电项目的合规性特别是接入系统技术方案的合规性进行核查，并对项目建设和建成后的运行情况进行监督，将评估报告上报国家能源局，不符合并网技术要求的项目应提交原因说明，并责令项目单位整改。对不符合技术要求的项目不得发放发电业务许可证。

各派出能源监管机构要对本区域内的分散式风电建设运行情况进行监测，定期公开发布监测结果。

国家能源局

2017年5月27日

（二）关于开展风电平价上网示范工作的通知

为引导和促进可再生能源产业持续健康发展，提高风电的市场竞争力，推动实现风电在发电侧平价上网，拟在全国范围内开展风电平价上网示范工作，2017年5月17日，国家能源局综合司印发了《关于开展风电平价上网示范工作的通知》。

国家能源局综合司关于开展风电平价上网示范工作的通知

国能综通新能〔2017〕19号

各省（自治区、直辖市）、新疆生产建设兵团发展改革委（能源局），国家电网公司、南方电网公司、内蒙古电力公司：

为引导和促进可再生能源产业持续健康发展，提高风电的市场竞争力，推动实现风电在发电侧平价上网，拟在全国范围内开展风电平价上网示范工作，现将有关要求通知如下：

一、近年来，我国风电开发利用技术不断进步，应用规模持续扩大，经济性显著提升，部分资源条件较好的地区已具备了零补贴上网的技术条件。为落实国务院印发的《能源发展战略行动计划（2014—2020年）》有关要求，推动风电技术进步，现组织开展风电平价上网的示范工作。

二、请各省（区、市）、新疆兵团能源主管部门认真分析总结本地区风电开发建设经验，结合本地区风能资源条件和风电产业新技术应用条件，组织各风电开发企业申报风电平价上网示范项目，遴选1~2个项目于2017年6月30日前报备我局，我局汇总后将及时对全社会公布，接受社会各方监督。

示范项目建设规模由各省（区、市）、新疆兵团能源主管部门商电网企业确定，不受年度规模指标的限制。风电红色预警地区，应严格限定示范项目的规模，风电平价上网示范的规模不超过10万千瓦。示范项目的上网电价按当地煤电标杆上网电价执行，相关发电量不核发绿色电力证书。

三、为确保示范效果，电网企业要做好与示范项目配套的电网建设工作，确保配套电网送出工程与风电项目同步投产。项目建成后要及时与风电开发企业签订购售电合同，同时要充分挖掘系统消纳潜力，优先满足就近消纳要求，确保风电平价上网示范项目不限电。

利用已有的跨省跨区输电通道外送的示范项目须由项目投资方落实好消纳市场，并签署购电协议后方可开工建设。

四、相关技术单位和风电设备检测认证机构要协助各省（区、市）、新疆兵团能源主管部门做好示范项目技术支持，确保风电平价上网示范的技术先进性和运行可靠性，满足风电项目平价上网的技术经济要求。必要时可以考虑将示范项目的运行情况及时向全社会公布。

请各有关单位按照上述要求，积极推进风电平价上网示范工作，及时总结示范项目建设运行经验，并及时将示范实施情况报送我局。

国家能源局综合司

2017年5月17日

（三）关于完善风电上网电价政策的通知

为落实国务院办公厅《能源发展战略行动计划（2014—2020）》关于风电2020年实现与煤电平价上网的目标要求，科学合理引导新能源投资，实现资源高效利用，2019年5月21日，国家发展改革委下发《关于完善风电上网电价政策的通知》。

国家发展改革委关于完善风电上网电价政策的通知

发改价格〔2019〕882号

各省、自治区、直辖市及计划单列市、新疆生产建设兵团发展改革委（物价局），国家电网有限公司、南方电网公司、内蒙古电力（集团）有限责任公司：

为落实国务院办公厅《能源发展战略行动计划（2014~2020）》关于风电2020年实现与煤电平价上网的目标要求，科学合理引导新能源投资，实现资源高效利用，促进公平竞争和优胜劣汰，推动风电产业健康可持续发展，现将完善风电上网电价政策有关事项通知如下。

一、关于陆上风电上网电价

（一）将陆上风电标杆上网电价改为指导价。新核准的集中式陆上风电项目上网电价全部通过竞争方式确定，不得高于项目所在资源区指导价。

（二）2019年Ⅰ~Ⅳ类资源区符合规划、纳入财政补贴年度规模管理的新核准陆上风电指导价分别调整为每千瓦·时0.34元、0.39元、0.43元、0.52元（含税、下同）；2020年指导价分别调整为每千瓦·时0.29元、0.34元、0.38元、0.47元。指导价低于当地燃煤机组标杆上网电价（含脱硫、脱硝、除尘电价，下同）的地区，以燃煤机组标杆上网电价作为指导价。

（三）参与分布式市场化交易的分散式风电上网电价由发电企业与电力用户直接协商形成，不享受国家补贴。不参与分布式市场化交易的分散式风电项目，执行项目所在资源区指导价。

（四）2018年底之前核准的陆上风电项目，2020年底前仍未完成并网的，国家不再补贴；2019年1月1日至2020年底前核准的陆上风电项目，2021年底前仍未完成并网的，国家不再补贴。自2021年1月1日开始，新核准的陆上风电项目全面实现平价上网，国家不再补贴。

二、关于海上风电上网电价

（一）将海上风电标杆上网电价改为指导价，新核准海上风电项目全部通过竞争方式确定上网电价。

（二）2019年符合规划、纳入财政补贴年度规模管理的新核准近海风电指导价调整为每千瓦·时0.8元，2020年调整为每千瓦·时0.75元。新核准近海风电项目通过竞争方式确定的上网电价，不得高于上述指导价。

（三）新核准潮间带风电项目通过竞争方式确定的上网电价，不得高于项目所在资源区陆上风电指导价。

（四）对2018年底前已核准的海上风电项目，如在2021年底前全部机组完成并网的，执行核准时的上网电价；2022年及以后全部机组完成并网的，执行并网年份的指导价。

三、其他事项

（一）风电上网电价在当地燃煤机组标杆上网电价（含脱硫、脱硝、除尘电价）以内的部分，由当地省级电网结算；高出部分由国家可再生能源发展基金予以补贴。

（二）风电企业和电网企业必须真实、完整地记载和保存相关发电项目上网交易电量、上网电价和补贴金额等资料，接受有关部门监督检查，并于每月10日前将相关数据报送至国家可再生能源信息管理中心。

上述规定自2019年7月1日起执行。

国家发展改革委
2019年5月21日

五、太阳能政策

（一）光伏电价政策

2015 年 12 月 22 日《国家发展改革委关于完善陆上风电光伏发电上网标杆电价政策的通知》（发改价格〔2015〕3044 号）	实行光伏发电（光伏电站，下同）上网标杆电价随发展规模逐步降低的价格政策。为使投资预期明确，光伏发电先确定 2016 年标杆电价，2017 年以后的价格另行制定。（全国光伏发电上网标杆电价：Ⅰ类资源区 0.80 元/千瓦·时（含税）；Ⅱ类资源区 0.88 元/千瓦·时（含税）；Ⅲ类资源区 0.98 元/千瓦·时（含税）） 利用建筑物屋顶及附属场所建设的分布式光伏发电项目，在项目备案时可以选择"自发自用、余电上网"或"全额上网"中的一种模式；已按"自发自用、余电上网"模式执行的项目，在用电负荷显著减少（含消失）或供用电关系无法履行的情况下，允许变更为"全额上网"模式。"全额上网"项目的发电量由电网企业按照当地光伏电站上网标杆电价收购。选择"全额上网"模式，项目单位要向当地能源主管部门申请变更备案，并不得再变更回"自发自用、余电上网"模式。 上述规定自 2016 年 1 月 1 日起执行。
2016 年 12 月 26 日《国家发展改革委关于调整光伏发电陆上风电标杆上网电价的通知》（发改价格〔2016〕2729 号）	一、降低光伏发电和陆上风电标杆上网电价 根据当前新能源产业技术进步和成本降低情况，降低 2017 年 1 月 1 日之后新建光伏发电和 2018 年 1 月 1 日之后新核准建设的陆上风电标杆上网电价。（2017 年新建光伏电站标杆上网电价：Ⅰ类资源区 0.65 元/千瓦·时（含税）；Ⅱ类资源区 0.75 元/千瓦·时（含税）；Ⅲ类资源区 0.85 元/千瓦·时（含税））
2017 年 12 月 19 日《国家发展改革委关于 2018 年光伏发电项目价格政策的通知》（发改价格规〔2017〕2196 号）	一、根据当前光伏产业技术进步和成本降低情况，降低 2018 年 1 月 1 日之后投运的光伏电站标杆上网电价，Ⅰ类、Ⅱ类、Ⅲ类资源区标杆上网电价分别调整为每千瓦·时 0.55 元、0.65 元、0.75 元（含税）。自 2019 年起，纳入财政补贴年度规模管理的光伏发电项目全部按投运时间执行对应的标杆电价。 二、2018 年 1 月 1 日以后投运的、采用"自发自用、余量上网"模式的分布式光伏发电项目，全电量度电补贴标准降低 0.05 元，即补贴标准调整为每千瓦·时 0.37 元（含税）。采用"全额上网"模式的分布式光伏发电项目按所在资源区光伏电站价格执行。 六、上述规定自 2018 年 1 月 1 日起执行。
2018 年 5 月 31 日《国家发展改革委　财政部　国家能源局关于 2018 年光伏发电有关事项的通知》（发改能源〔2018〕823 号）	二、加快光伏发电补贴退坡，降低补贴强度 完善光伏发电电价机制，加快光伏发电电价退坡。 （一）自发文之日起，新投运的光伏电站标杆上网电价每千瓦·时统一降低 0.05 元，Ⅰ类、Ⅱ类、Ⅲ类资源区标杆上网电价分别调整为每千瓦·时 0.5 元、0.6 元、0.7 元（含税）。 （二）自发文之日起，新投运的、采用"自发自用、余电上网"模式的分布式光伏发电项目，全电量度电补贴标准降低 0.05 元，即补贴标准调整为每千瓦·时 0.32 元（含税）。采用"全额上网"模式的分布式光伏发电项目按所在资源区光伏电站价格执行。

续表

文件	内容
2019年4月28日《国家发展改革委关于完善光伏发电上网电价机制有关问题的通知》（发改价格〔2019〕761号）	一、完善集中式光伏发电上网电价形成机制。 （一）将集中式光伏电站标杆上网电价改为指导价。综合考虑技术进步等多方面因素，将纳入国家财政补贴范围的Ⅰ~Ⅲ类资源区新增集中式光伏电站指导价分别确定为每千瓦·时0.40元（含税，下同）、0.45元、0.55元。 （二）新增集中式光伏电站上网电价原则上通过市场竞争方式确定，不得超过所在资源区指导价。市场竞争方式确定的价格在当地燃煤机组标杆上网电价（含脱硫、脱硝、除尘电价）以内的部分，由当地省级电网结算；高出部分由国家可再生能源发展基金予以补贴。 （三）国家能源主管部门已经批复的纳入财政补贴规模且已经确定项目业主，但尚未确定上网电价的集中式光伏电站（项目指标作废的除外），2019年6月30日（含）前并网的，上网电价按照《关于2018年光伏发电有关事项的通知》（发改能源〔2018〕823号）规定执行；7月1日（含）后并网的，上网电价按照本通知规定的指导价执行。 二、适当降低新增分布式光伏发电补贴标准。 （一）纳入2019年财政补贴规模，采用"自发自用、余量上网"模式的工商业分布式（即除户用以外的分布式）光伏发电项目，全发电量补贴标准调整为每千瓦·时0.10元；采用"全额上网"模式的工商业分布式光伏发电项目，按所在资源区集中式光伏电站指导价执行。能源主管部门统一实行市场竞争方式配置的工商业分布式项目，市场竞争形成的价格不得超过所在资源区指导价，且补贴标准不得超过每千瓦·时0.10元。 （二）纳入2019年财政补贴规模，采用"自发自用、余量上网"模式和"全额上网"模式的户用分布式光伏全发电量补贴标准调整为每千瓦·时0.18元。 （三）鼓励各地出台针对性扶持政策，支持光伏产业发展。本通知自2019年7月1日起执行。
2020年3月31日《国家发展改革委关于2020年光伏发电上网电价政策有关事项的通知》（发改价格〔2020〕511号）	一、对集中式光伏发电继续制定指导价。综合考虑2019年市场化竞价情况、技术进步等多方面因素，将纳入国家财政补贴范围的Ⅰ~Ⅲ类资源区新增集中式光伏电站指导价，分别确定为每千瓦·时0.35元（含税，下同）、0.4元、0.49元。 二、降低工商业分布式光伏发电补贴标准。纳入2020年财政补贴规模，采用"自发自用、余量上网"模式的工商业分布式光伏发电项目，全发电量补贴标准调整为每千瓦·时0.05元；采用"全额上网"模式的工商业分布式光伏发电项目，按所在资源区集中式光伏电站指导价执行。 三、降低户用分布式光伏发电补贴标准。纳入2020年财政补贴规模的户用分布式光伏全发电量补贴标准调整为每千瓦·时0.08元。 本通知自2020年6月1日起执行。

（二）关于支持光伏扶贫和规范光伏发电产业用地的意见

2017年9月25日，国土资源部、国务院扶贫办、国家能源局联合印发出台《关于支持光伏扶贫和规范光伏发电产业用地的意见》（以下简称《意见》），关于光伏发电用地相关政策规定终于有据可循。根据《意见》内容要求，不同项目类型的光伏用地应分别按相应规定执行使用。此次颁布的文件主要明确了光伏扶贫项目及利用农用地复合建设的光伏发电站项目的用地政策，其余光伏用地仍须严格执行国土资规〔2015〕5号文的规定。《意见》基本按照前期发布的征求意见稿作进一步确定，其中要求，光伏发电规划应符合土地利用总体规划等相关规划，可以利用未利用地的，不得占用农用地；可以利用劣地的，不得占用好地，禁止以任何方式占用永久基本农田。使用未利用地的，光伏方阵用地部分可按原地类认定，不改变土地用途，用地允许以租赁等方式取得。

国土资源部　国务院扶贫办　国家能源局关于支持光伏扶贫和规范光伏发电产业用地的意见

国土资规〔2017〕8号

各省、自治区、直辖市和新疆生产建设兵团国土资源、扶贫、能源主管部门，各派驻地方的国家土地督察局：

国土资源部会同有关部门联合印发《关于支持新产业新业态发展促进大众创业万众创新用地的意见》（国土资规〔2015〕5号）以来，对促进光伏发电产业发展起到了积极作用。随着光伏扶贫工作力度不断加大，光伏发电产业持续发展，对用地管理提出了新的要求。为深化供给侧结构性改革，现就支持光伏扶贫和规范光伏发电产业用地提出以下意见：

一、总体要求

各地应当依据国家光伏产业发展规划和本地区实际，加快编制本地区光伏发电规划，合理布局光伏发电建设项目。光伏发电规划应符合土地利用总体规划等相关规划，可以利用未利用地的，不得占用农用地；可以利用劣地的，不得占用好地。禁止以任何方式占用永久基本农田，严禁在国家相关法律法规和规划明确禁止的区域发展光伏发电项目。

除本文件确定的光伏扶贫项目及利用农用地复合建设的光伏发电站项目（以下简称光伏复合项目）外，其他光伏发电站项目用地应严格执行国土资规〔2015〕5号文件规定，使用未利用地的，光伏方阵用地部分可按原地类认定，不改变土地用途，用地允许以租赁等方式取得，双方签订补偿协议，报当地县级国土资源主管部门备案，其他用地部分应当办理建设用地审批手续；使用农用地的，所有用地均应当办理建设用地审批手续。新建、改建和扩建地面光伏发电站工程项目，按建设用地和未利用地管理的，应严格执行《光伏发电站工程项目用地控制指标》（国土资规〔2015〕11号）要求，合理利用土地。

二、积极保障光伏扶贫项目用地

对深度贫困地区脱贫攻坚中建设的光伏发电项目，以及国家能源局、国务院扶贫办确定下达的全国村级光伏扶贫电站建设规模范围内的光伏发电项目，变电站及运行管理中心、集电线路杆塔基础用地按建设用地管理，各地在编制土地利用总体规划和年度土地利用计划中应予以重点保障，并依法办理建设用地审批手续；场内道路用地可按农村道路用地管理；光伏方阵使用永久基本农田以外的农用地的，在不破坏农业生产条件的前提下，可不改变原用地性质；采用直埋电缆方式敷设的集电线路用地，实行与项目光伏方阵用地同样的管理方式。

三、规范光伏复合项目用地管理

对使用永久基本农田以外的农用地开展光伏复合项目建设的，省级能源、国土资源主管部门商同级有关部门，在保障农用地可持续利用的前提下，研究提出本地区光伏复合项目建设要求（含光伏方阵架设高度）、认定标准，并明确监管措施，避免对农业生产造成影响。其中对于使用永久基本农田以外的耕地布设光伏方阵的情形，应当从严提出要求，除桩基用地外，严禁硬化地面、破坏耕作层，严禁抛荒、撂荒。

对于符合本地区光伏复合项目建设要求和认定标准的项目，变电站及运行管理中心、集电线路杆塔基础用地按建设用地管理，依法办理建设用地审批手续；场内道路用地可按农村道路用地管理；利用农用地布设的光伏方阵可不改变原用地性质；采用直埋电缆方式敷设的集电线路用地，实行与项目光伏方阵用地同样的管理方式。

四、加强光伏发电项目用地利用监管

光伏发电站项目用地中按农用地、未利用地管理的，除桩基用地外，不得硬化地面、破坏耕作层，否则，应当依法办理建设用地审批手续，未办理审批手续的，按违法用地查处。对于布设后未能并网的光伏方阵，应由所在地能源主管部门清理。光伏方阵用地按农用地、未利用地管理的项目退出时，用地单位应恢复原状，未按规定恢复原状的，应由项目所在地能源主管部门责令整改。

五、建立部门联合监管机制

项目所在地市、县国土资源主管部门在监管中发现项目违反本通知规定的，应将相关情况通知同级能源主管部门，并逐级上报国家能源局，将项目投资主体纳入能源领域失信主体名单，组织实施联合惩戒。国土资源部将根据行业管理需要，适时对各类光伏发电站项目用地开展专项监测。

本文件自下发之日起执行，有效期五年。

国土资源部
国务院扶贫办
国家能源局
2017 年 9 月 25 日

（三）关于推进光伏发电"领跑者"计划实施和 2017 年领跑基地建设有关要求的通知

为贯彻落实国家创新驱动发展战略，有序推进光伏发电"领跑者"计划实施和基地建设，促进光伏发电技术进步、产业升级和成本下降，实现 2020 年用电侧平价上网目标，2017 年 9 月 22 日，国家能源局印发了《关于推进光伏发电"领跑者"计划实施和 2017 年领跑基地建设有关要求的通知》。

国家能源局关于推进光伏发电"领跑者"计划实施和 2017 年领跑基地建设有关要求的通知

国能发新能〔2017〕54 号

各省（自治区、直辖市）、新疆生产建设兵团发展改革委（能源局），各派出能源监管机构，国家电网公司、南方电网公司，水电水利规划设计总院、电力规划设计总院：

为贯彻落实国家创新驱动发展战略，有序推进光伏发电"领跑者"计划实施和基地建设，促进光伏发电技术进步、产业升级和成本下降，实现2020年用电侧平价上网目标，现通知如下：

一、总体安排

光伏发电"领跑者"计划和基地建设以促进光伏发电技术进步、产业升级、市场应用和成本下降为目的，通过市场支持和试验示范，以点带面，加速技术成果向市场应用转化，以及落后技术、产能淘汰，实现2020年光伏发电用电侧平价上网目标。

光伏发电领跑基地包括应用领跑基地和技术领跑基地，其中应用领跑基地通过为已实现批量制造且在市场上处于技术领先水平的光伏产品提供市场支持，以加速市场应用推广、整体产业水平提升和发电成本下降，提高光伏发电市场竞争力；技术领跑基地通过给光伏制造企业自主创新研发、可推广应用但尚未批量制造的前沿技术和突破性技术产品提供试验示范和依托工程，以加速科技研发成果应用转化，带动和引领光伏发电技术进步和市场应用。

领跑基地光伏产品技术指标根据光伏行业技术进步和产业发展情况循环递进，由国家能源局商有关方面研究确定。为充分发挥"领跑者"计划的行业引领作用，根据领跑基地建设和技术进步、产业升级情况，经研究评估后不定期实施；每期应用领跑基地竞争优选发现的技术指标，作为间隔一期时光伏行业技术平均先进水平预期指标，并作为市场准入标准递进调整的参照；每期技术领跑基地技术指标原则上作为下期应用领跑基地的技术指标的重要参考。

为使领跑基地成为光伏发电行业真正"领跑者"，领跑基地建设实行规模总量控制，同时发挥规模效应、强化监测监管。根据《国家能源局关于可再生能源发展"十三五"规划实施的指导意见》（国能发新能〔2017〕31号），每期领跑基地控制规模为800万千瓦，其中应用领跑基地和技术领跑基地规模分别不超过650万千瓦和150万千瓦。每个基地每期建设规模50万千瓦，应用领跑基地每个项目规模不小于10万千瓦，技术领跑基地每个项目规模为25万千瓦，每个基地均明确其中一个项目承担所在基地综合技术监测平台建设；为保持各地区光伏发电平稳有序发展，每个省每期最多可申报2个应用领跑基地和1个技术领跑基地。加强基地建设和运行监测监管，长期监测评价基地情况，实时发布相关数据和报告，建立激励惩戒机制，对实施效果好的基地所在地政府进行鼓励奖励，对建设运行中的失信企业和地方政府依法依规予以惩戒。

本期拟建设不超过10个应用领跑基地和3个技术领跑基地，应分别于2018年底和2019年上半年之前全部建成并网发电。2017年剩余规模作为激励机制预留规模，根据评估情况对按要求按期并网发电、验收合格且优选确定的电价较光伏发电标杆电价降幅最大的3个基地增加等量规模接续用于应用领跑基地建设。2017年6月30日前已建成未验收以及在建的基地所在市级行政区域不参加2017年新建基地申报。2016年光伏发电运行小时数达到保障小时数95%及以上或弃光率不超过5%的省份方可申报。

二、应用领跑基地建设模式及技术指标

应用领跑基地的建设模式为：进入国家能源局优选范围的基地所在地政府采取竞争性优选方式选择基地项目投资者，要求投资者选用达到领跑技术指标的光伏产品，并将比当地光伏发电标杆上网电价低10%的电价作为企业竞价的入门门槛。本期应用领跑基地采用的多晶硅电池组件和单晶硅电池组件的光电转换效率应分别达到17%和17.8%以上，硅基、铜铟镓硒、碲化镉及其他薄膜电池组件的光电转换效率原则上参照晶硅电池组件效率提高幅度相应提高，各类光伏电池组件的衰减率指标要求保持不变。

三、技术领跑基地建设模式及技术指标

技术领跑基地的建设模式为：进入国家能源局优选范围的基地所在地政府采取竞争性优选方式选择技术最前沿的光伏制造企业，由其单独或联合一家光伏发电投资企业共同（光伏制造企业须控股）作为该基地项目投资企业，基地项目执行光伏发电标杆上网电价。本期技术领跑基地采用的多晶硅电池组件和单晶硅电池组件的光电转换效率应分别达到18%和18.9%以上，硅基、铜铟镓硒、碲化镉及其他薄膜电池组件的光电转换效率原则上参照晶硅电池组件效率提高幅度相应提高，各类光伏电池组件的衰减率指标要求保持不变。被选中的光伏制造企业应具有原创核心技术知识产权，已制定该前沿技术的产业化发展计划。

四、领跑基地优选方式

领跑基地由地方自愿申报，通过竞争方式优选产生。各省发展改革委（能源局）统一组织区域内的基地申报工作，对各基地进行初选后向国家能源局提交申报材料，申报材料应包括基地规划报告、必要的支撑性专题报告以及包含土地成本及税费、电力送出工程及消纳保障、政府服务保障机制的市（县）级及以上政府或有相应管理权限的政府部门的说明或支撑性（承诺）文件等。国家能源局委托技术管理机构组织专家按照以下条件，对申报的基地分别进行评价，按本期拟建设规模，依据评分排名分别确定应用领跑基地和技术领跑基地名单。基地优选过程中可邀请地方政府进行陈述答辩。优选标准详见附件1。

（一）太阳能可利用条件。优先选择具备较好太阳能资源条件的地区。以现有正常运行光伏电站实际年利用小时数并结合省级以上气象局观测及评价判断该基地太阳能可利用条件。

（二）土地类型及成本。基地场址必须属于国家允许建设光伏电站的土地，产权清晰，土地流转价格较低（或不收取土地租金的国有未利用土地）。基地所在市（县）政府应确认基地光伏阵列所占用土地属于不征收城镇土地使用税和耕地占用税范围，并明确按用地面积计列的所有费用以及土地足额交付使用的期限。在同等条件下，优先选择基地规划总规模较大、集中连片的基地。

（三）接入系统建设。基地所在地省级电网企业应负责投资建设基地的电力送出工程，至少应承诺投资建设基地配套的汇集站及以上输电线路，承诺投资建设基地各项目升压站之外全部电力送出工程的优先。在基地所在地政府与电网企业约定在一定期限内由电网企业回购电力送出工程资产的前提下，地方政府可采取其他方式统一建设接网及汇集站等电力送出工程，但不得由基地内项目投资企业分摊工程费用。

（四）电力市场消纳保障。基地所在地省级发展改革委（能源局）会同有关部门提出基地项目电力消纳范围、明确保障基地项目电力优先消纳的措施。基地所在省级电网企业应提供基地项目发电全额消纳或达到国家规定的最低保障小时数（或限电比例不超过5%）的论证意见及承诺；基地所在地市（县）政府应采取有效措施保障基地电力全额消纳，承担基地项目因限电达不到国家最低保障小时数相应欠发电量的经济补偿责任。

（五）地方政府推进工作机制和服务保障。建立健全基地项目地方政府管理"一站式"服务体系，简化项目建设审批手续，降低企业开发光伏电站的非技术成本，确保公开公平公正进行基

地项目竞争性配置并对基地进行严格监督管理。基地所在地政府应公平对待符合条件的所有参与竞争的企业，不得对企业提出申报基地时已明确的建设任务之外的增加企业负担的其他要求。

为支持贫困地区发展，对位于国家认定的深度贫困县的基地，在基地场址不收取土地税费、土地租金较低以及电网企业投资建设全部电力送出工程和确保电力全额消纳的前提下，优先入选领跑基地。

五、投资企业优选方式

应用领跑基地和技术领跑基地的投资企业均通过竞争方式优选确定。竞争条件包括企业投资能力、业绩水平、技术先进性、申请的上网电价（应用领跑基地）等。各入选基地所在地能源主管部门应将竞争优选工作方案报送所在地省级能源主管部门，由其在国家能源局指导下组织审核或论证后批复，基地所在地政府按批复的优选工作方案组织优选。应用领跑基地主要竞争应用领域领先技术的市场竞争力（上网电价），兼顾技术先进性和其他因素；技术领跑基地主要竞争最新研发前沿技术先进性，兼顾预期市场竞争力（未来成本下降）和其他因素。基地的每个项目各自竞争优选且每个企业集团只能有一个企业参与竞选。应用领跑基地和技术领跑基地投资企业优选标准详见附件2和附件3。

六、监测评价和监管

建立国家能源局指导、省级发展改革委（能源局）协调、基地所在地市（县）政府落实、技术管理机构技术支撑下的监测评价和监督管理工作机制。各基地所在地省级发展改革委（能源局）会同国家能源局派出能源监管机构组织技术管理支撑机构认真做好基地项目技术方案论证、主设备采购、施工安装、调试运行、验收及后评估全过程的监督，确保各项目主要光伏产品达到相应先进技术产品指标要求。各基地所在地市（县）能源主管部门负责选择具备能力的机构（或企业）建立基地项目集中监测评价技术系统，相关监测信息报送国家可再生能源信息管理中心。国家可再生能源信息管理中心负责定期发布各基地的监测评价报告。

国家能源局指导有关省级发展改革委（能源局）组织各基地所在地能源主管部门依托技术管理支撑机构对基地进行验收，基地验收内容除常规的工程验收外，应重点验收基地项目采用先进产品、电力送出工程建设、生态保护及土地综合利用、地方政府服务和收费等，其中对基地项目采用先进产品的核实，由国家认可的认证机构按"交叉检查"方式进行。

国家能源局会同有关方面加大对领跑基地建设运行的全过程监督，建立健全基地建设运行状况定期发布、工作激励和黑名单、失信惩戒等制度。对达不到竞争承诺光伏产品技术指标（包括组件转换效率、衰减率、系统效率等）的基地、企业、设备制造商，以及未兑现政策和服务承诺的地方政府予以通报。领跑基地项目整个建设经营期不得转让，对擅自转让基地项目、因自身原因未按期建设和验收不合格的基地企业（含技术领跑基地的光伏制造企业），禁止其及所属企业集团系统所有企业参加后续领跑基地投资建设。对于以上情形中失信情节严重的，根据行业黑名单或国家信用体系失信名单的有关规定办理。同时，建立奖励激励机制，对建设速度快、并网消纳落实、实施效果好的基地所在地通过给予增加基地建设规模等方式予以鼓励。

有关省（自治区、直辖市）及新疆生产建设兵团发展改革委（能源局）对拟申报的应用领跑基地或技术领跑基地，根据申报基地类别进行初审，并于2017年10月31日前向国家能源局提交基地申报材料。

附件：1. 光伏发电领跑基地竞争优选标准（略）
2. 光伏发电应用领跑基地企业优选标准指南（略）
3. 光伏发电技术领跑基地企业优选标准指南（略）
4. ××省（自治区、直辖市）基地申报汇总表（略）
5. ××基地申报资料清单（略）
6. ××基地所在地政府说明和承诺（略）

国家能源局
2017年9月22日

（四）关于公布光伏竞价转平价上网项目的通知

2020年9月30日，国家能源局综合司公布《关于光伏竞价转平价上网项目的通知》。

国家能源局综合司关于公布光伏竞价转平价上网项目的通知

国能综通新能〔2020〕107号

各省（自治区、直辖市）能源局、有关省（自治区、直辖市）及新疆生产建设兵团发展改革委，各派出机构，国家电网有限公司、中国南方电网有限责任公司、内蒙古电力（集团）有限责任公司，电力规划设计总院、水电水利规划设计总院、各有关发电企业：

根据《国家能源局综合司关于报送光伏竞价转平价上网项目的通知》要求，结合各省级能源主管部门报送项目信息，光伏竞价转平价上网项目共1229个、装机规模799.89万千瓦，现予公布。

请有关项目单位抓紧做好备案、开工建设等相关工作，除并网消纳受限原因以外，项目须于2021年底前并网。其他要求按《国家发展改革委办公厅 国家能源局综合司关于公布2020年风电、光伏发电平价上网项目的通知》（发改办能源〔2020〕588号）有关规定执行。

附件：1. 光伏竞价转平价上网项目信息汇总表
2. 光伏竞价转平价上网项目名单（在国家能源局网站上予以公布）（略）

国家能源局综合司
2020年9月30日

附件1

光伏竞价转平价上网项目信息汇总表

序号	省份	合计		其中：2019年光伏发电国家补贴竞价已入选但逾期未并网项目		2020年光伏发电国家补贴竞价申报但未入选项目	
		个数	容量（万千瓦）	个数	容量（万千瓦）	个数	容量（万千瓦）
合计		1229	799.89	212	389	1017	410.89
1	北京	60	11.51	24	4.07	36	7.44
2	天津	44	59.97	20	24.78	24	35.18

续表

序号	省份	合计 个数	合计 容量（万千瓦）	其中：2019年光伏发电国家补贴竞价已入选但逾期未并网项目 个数	其中：2019年光伏发电国家补贴竞价已入选但逾期未并网项目 容量（万千瓦）	2020年光伏发电国家补贴竞价申报但未入选项目 个数	2020年光伏发电国家补贴竞价申报但未入选项目 容量（万千瓦）
3	河北	15	29.34	11	20.88	4	8.46
4	山西	58	130.9	58	130.9	0	0
5	辽宁	40	10.64	8	3.12	32	7.53
6	上海	76	9.99	5	1.14	71	8.85
7	江苏	9	6.58	2	5.5	7	1.08
8	浙江	118	21.46	2	5.13	116	16.33
9	安徽	65	23.6	8	13.74	57	9.86
10	江西	232	98.04	20	31.82	212	66.22
11	山东	142	27	6	5.92	136	21.08
12	河南	21	6.8	1	1.10	20	5.70
13	湖北	2	10	2	10	0	0
14	湖南	39	19.38	1	10	38	9.38
15	广东	135	193.21	28	54.96	107	138.25
16	广西	17	23.02	6	18	11	5.02
17	陕西	17	38.87	7	20.95	10	17.92
18	甘肃	13	5.48	0	0	13	5.48
19	宁夏	126	74.13	3	27	123	47.13

六、生物质能政策

（一）关于印发促进生物质能供热发展指导意见的通知

2017年12月6日，国家发改委、国家能源局公布了《关于印发促进生物质能供热发展指导意见的通知》。

国家发展改革委、国家能源局关于印发促进生物质能供热发展指导意见的通知

发改能源〔2017〕2123号

各省、自治区、直辖市、新疆生产建设兵团发展改革委（能源局），中国光大集团、中节能集团、中广核集团，水电总院、电规总院，中国生物质能联盟：

生物质能供热是绿色低碳清洁经济的可再生能源供热方式，是替代县域及农村燃煤供热的重要措施。为全面贯彻落实党的十九大精神，以习近平新时代中国特色社会主义思想为指导，按照中央财经领导小组第 14 次会议关于清洁供热的要求，加快发展生物质能供热，有效应对大气污染和治理雾霾，我们制定了《关于促进生物质能供热发展的指导意见》，现印发你们，请在工作中参考，及时总结经验，遇有重大问题及时上报。

附件：关于促进生物质能供热发展的指导意见

国家发展改革委
国家能源局
2017 年 12 月 6 日

关于促进生物质能供热发展的指导意见

生物质能供热绿色低碳、经济环保，是重要的清洁供热方式，为中小型区域提供清洁供暖和工业蒸汽，直接在用户侧替代化石能源。为全面贯彻落实党的十九大精神，以习近平新时代中国特色社会主义思想为指导，按照中央财经领导小组第 14 次会议关于清洁供热的要求，推动生物质能供热发展，减少县域及农村燃煤供热，促进大气污染防治和雾霾治理，现提出以下意见。

一、发展生物质能供热的重要意义

生物质能供热主要包括生物质热电联产和生物质锅炉供热，布局灵活，适用范围广，适合城镇民用清洁供暖以及替代中小型工业燃煤燃油锅炉。我国农作物秸秆及农产品加工剩余物、林业剩余物等生物质资源丰富，每年可供能源化利用约 4 亿吨标煤，发展生物质能供热具有较好的资源条件。

生物质能供热就地收集原料、就地加工转化、就近消费，构建城镇分布式清洁供热体系，既减少了农村秸秆露天焚烧，又提供清洁热力，带动生物质能转型升级。我国中小型燃煤供热锅炉数量较多，清洁替代任务较重。生物质能供热在终端消费环节直接替代燃煤，有较大的发展空间。

生物质能供热发展还处在初期，市场培育不完善，产业体系不健全，政策支持不够。为有效治理农村散煤污染，以及为新型城镇化建设提供清洁供热，应加大支持力度，加快生物质能供热产业化发展，形成清洁供热能力，在县域规模化替代燃煤供热。

二、总体要求

（一）指导思想

全面贯彻落实党的十九大精神，以习近平新时代中国特色社会主义思想为指导，将生物质能供热作为应对大气污染的重要措施，作为绿色低碳新型城镇化建设的重要内容，发挥市场机制作用，加大政策支持力度，加快生物质能供热在区域民用供暖和中小型工业园区供热中的应用，构建分布式绿色低碳清洁环保供热体系，在消费侧直接替代化石能源供热，有效治理雾霾，应对气候变化，促进生态文明建设。

（二）基本原则

统筹兼顾、因地制宜。根据大气污染防治和新型城镇化进程，统筹全面淘汰存量散煤以及为新增用户清洁供热，统筹资源、市场、经济性等，根据南北方气候差异等不同条件，因地制宜确定民用供暖、工业供热及制冷发展重点，建立区域清洁能源供热体系。

市场驱动、政策支持。发挥市场配置资源决定性作用，破除市场壁垒，充分考虑环境成本，推进生物质能供热与其他能源平等竞争。以市场为导向，依靠科技进步、提高效率、降低成本，不断提升竞争力。完善政策体系，加强引导扶持，支持扩大应用。

清洁利用、绿色低碳。在原料运输、储存、加工、工程建设、项目运行等各环节加强环境保护工作。采用先进锅炉燃烧及污染物控制技术。通过产业化商业化供热，对秸秆进行规模化消纳利用，带动秸秆禁烧和秸秆资源化利用，促进环境保护。

循环发展、扩大规模。打通产业链，完善产业体系，实现农林业—资源综合利用—清洁供热循环发展。积极拓展市场空间，创新商业模式，培育发展壮大生物质能供热企业，推动规模化专业化市场化发展，尽快形成战略性新兴产业。

部分替代、局部主导。发挥生物质能供热环保和经济优势，在具备竞争优势的中小工业园区热力市场，以及缺乏大型化石能源热电联产项目的县城及农村，加快普及应用，在终端供热消费领域替代化石能源，在局部地区形成生物质能供热主导地位。

（三）发展目标

把扩大市场应用、加快形成产业作为发展生物质能供热的基本立足点，构建有利于生物质能供热应用的市场环境和政策环境，建立资源收集、热力生产和服务一体化规模化专业化市场化绿色低碳清洁供热体系。

到2020年，生物质热电联产装机容量超过1200万千瓦，生物质成型燃料年利用量约3000万吨，生物质燃气（生物天然气、生物质气化等）年利用量约100亿立方米，生物质能供热合计折合供暖面积约10亿平方米，年直接替代燃煤约3000万吨。到2035年，生物质热电联产装机容量超过2500万千瓦，生物质成型燃料年利用量约5000万吨，生物质燃气年利用量约250亿立方米，生物质能供热合计折合供暖面积约20亿平方米，年直接替代燃煤约6000万吨。

到2020年，形成以生物质能供热为特色的200个县城、1000个乡镇，以及一批中小工业园区。打造生物质能供热新兴产业，产业体系比较完善，生物质能供热技术水平和装备制造能力显著提高，形成一批技术创新能力较强、市场规模较大的新型企业。到2035年，生物质能供热在具备资源条件的地区实现普及应用。

三、大力发展生物质热电联产

加快生物质发电向热电联产转型升级，提高能源利用效率和综合效益，构建区域清洁供热体系，为具备资源条件的县城、建制镇提供民用供暖，以及为中小工业园区集中供热，直接在消费侧替代燃煤供热，促进大气污染治理。

（一）大力发展县域农林生物质热电联产。新建农林生物质发电项目实行热电联产，落实当地县域供热负荷，采取加装生物质锅炉等方式满足清洁供暖需求，为300万平米以下县级区域供暖。"十三五"时期，形成一批以农林生物质热电联产为特色的县城，大幅度减少当地燃煤消费，建立低碳供热示范区。

（二）稳步发展城镇生活垃圾焚烧热电联产。在做好环保、选址及社会稳定风险评估的前提下，因地制宜，在大中城市及人口密集、具备条件的县城，依托当地热负荷，稳步推进城镇生活垃圾焚烧热电联产项目建设。"十三五"时期生活垃圾焚烧热电联产形成一批示范项目。

（三）加快常规生物质发电项目供热改造。对已投产的农林生物质纯发电项目，采取低真空循环水、抽汽外供蒸汽、吸收式热泵等方式进行供热技术改造，为周边供热。因地制宜推进生活垃圾焚烧发电项目供热改造。沼气发电尽量为周围供热，提高能源利用效率。

（四）推进小火电改生物质热电联产，建设区域综合清洁能源系统。在资源丰富地区，实施燃料替代和电量替代，将具备条件的小型煤电改为生物质热电联产项目，并结合热泵、蓄热装置、太阳能供暖、能源互联网等，建设区域综合清洁能源系统，为中小城镇和工商业设施提供热电冷综合能源服务。

（五）加快生物质热电联产技术进步。加强对生物质锅炉、辅机和上料系统等关键设备研发，推广高参数锅炉。应用垃圾焚烧处理新技术。推进智能化供热计量、监控和管理，建立适应资源和负荷特性的运行机制。农林生物质热电联产项目严禁掺烧煤炭等化石能源，环保设施稳定运行，确保达标排放。

四、加快发展生物质锅炉供热

加快发展以农林生物质、生物质成型燃料、生物质燃气等为燃料的生物质锅炉供热，为城镇中小区域集中供热或点对点供热，有效替代农村散煤。

（一）大力推进城镇生物质成型燃料锅炉民用供暖。结合新型城镇化进程，在北方地区县域学校、医院、宾馆、写字楼等公共设施和商业设施，以及农村城镇等人口聚集区，加快发展生物质成型燃料锅炉点对点或区域集中供热。因地制宜推广农村户用成型燃料炉具。

（二）加快推进生物质成型燃料锅炉工业供热。在中小工业园区以及天然气管网覆盖不到的工业区，积极推广生物质成型燃料锅炉供热，重点是建设10蒸吨/小时以上的大型先进低排放生物质锅炉，为工业用户提供清洁经济的工业蒸汽，降低制造业、特别是中小企业用热成本。

（三）积极推进生物质燃气清洁供热。加快发展以畜禽粪便、秸秆等为原料发酵制取沼气，以及提纯形成生物天然气。推进生物天然气作为锅炉燃料或并入城镇燃气管网为城镇供热。推动大中型沼气工程为周边居民供气，提升燃气普遍服务水平。加快生物质气化技术进步，以生物质燃气为锅炉燃料实现清洁供热。

（四）形成专业化市场化生物质锅炉供热商业模式。以市场为导向，加快形成投资、建设、运营、服务一体化生物质锅炉供热可持续商业模式。由专业企业投资建设生物质锅炉供热项目，为用户提供热力服务，形成以分布式可再生能源热力服务为特征的生物质锅炉供热新兴产业。

（五）建立分布式生产消费体系。根据生物质资源条件，建立包括原料收集、加工转化、运输、工程建设、热力服务等在内的分布式生物质能供热生产消费体系。小规模、多点布局，在稳定可靠的原料收集体系基础上，建设规模适宜的成型燃料或生物质燃气生产基地。

（六）提高环保水平。生物质锅炉严禁掺烧煤炭等化石能源。按照有关规定配备袋式除尘器等烟气处理设施，安装运行烟气排放连续自动监测系统，生物质锅炉污染物排放应满足国家或地方大气污染物排放标准，达到燃气锅炉排放水平。推进以农林生物质散料为燃料的生物质锅炉示范建设，提高环保排放水平。

五、完善政策措施

（一）加强组织领导。各级能源主管部门将生物质能供热作为大气污染防治和清洁供热的重要措施，与治理散煤、"煤改气"、"煤改电"等一起纳入工作部署和计划，加强组织领导和统筹协调，特别是在县域供暖及中小工业园区清洁供热、替代散煤工作中明确生物质能供热的目标、任务和措施。

（二）强化规划指导。各省（区、市）能源主管部门编制生物质发电规划，合理布局农林生物质和城镇生活垃圾焚烧热电联产项目，加强与相关规划的衔接。在汇总各省（区、市）规划基础上编制全国生物质发电规划。申请国家可再生能源基金补贴的热电联产项目，应纳入国家及省级规划。

（三）示范带动，全面推进。2017年在东北、华北等北方地区以及京津冀大气污染传输通道"2+26"个重点城市组织县域生物质能供热示范建设，在南方地区组织生物质能工业供热示范，示范带动、全面推进生物质能在区域清洁供热中的应用，加快产业化发展步伐。

（四）完善支持政策。生物质能供热在锅炉置换、终端取暖补贴、供热管网补贴等方面享受与"煤改气""煤改电"相同的支持政策，电价按《国家发展改革委关于印发北方地区清洁供暖价格政策意见的通知》（发改价格〔2017〕1684号）中有关规定执行。国家可再生能源电价附加补贴资金优先支持生物质热电联产项目。按照有关规定，生物质热电联产以及成型燃料生产和供热等享受国家税收优惠政策，原料收集加工机械纳入国家农机具补贴范围。

（五）支持参与电力体制改革。发挥生物质热电联产运行方式灵活的优势，积极支持参与电力市场交易和备用、调频等辅助服务交易。鼓励项目法人成立售电公司，从事市场化售电业务，并为周边用户提供冷热电、合同能源管理等综合能源服务。支持参与分布式发电市场化交易，向配电网内用户售电。

（六）加强监督管理。各省（区、市）能源主管部门将生物质能供热纳入能源管理体系，完善项目管理和技术管理，建立供热信息统计和监测评价体系。国家能源局组织制定生物质热电联产技术规范。配合环境保护部门加强生物质热电联产和锅炉供热项目大气污染物排放监管，制定生物质锅炉污染物排放国家或地方标准，建立完善环保监测体系。

（七）加强产业体系建设。适应各地不同情况，支持企业建立生物质原料专业化收集体系，提高资源保障程度。建立包括成型燃料产品、加工设备、专用锅炉和工程建设在内的生物质成型燃料供热标准体系。积极培育发展大型专业化生物质能供热企业，提高产业技术水平，促进生物质能供热产业化可持续健康发展。

（八）加强宣传工作。各省（区、市）能源主管部门要加强生物质能供热的宣传，提高社会公众认识，特别是在项目选址、环境影响评价及社会稳定风险评估等方面，指导项目所在地方依法做好公众沟通、舆论引导等相关工作，为生物质能供热创造较好的社会环境。

（二）关于印发《完善生物质发电项目建设运行的实施方案》的通知

2020年9月11日，国家发展改革委、财政部、国家能源局联合印发了《关于〈完善生物质发电项目建设运行的实施方案〉的通知》。

关于印发《完善生物质发电项目建设运行的实施方案》的通知

发改能源〔2020〕1421号

各省、自治区、直辖市发展改革委、财政厅（局）、能源局，新疆生产建设兵团发展改革委、财政局，国家能源局各派出机构，国家电网有限公司、南方电网公司、内蒙古电力（集团）有限责任公司，国家可再生能源信息管理中心：

为做好2020年生物质发电项目建设，完善项目建设运行管理，推动行业持续健康发展，国家发展改革委、财政部、国家能源局研究制定了《完善生物质发电项目建设运行的实施方案》，现印发给你们，请贯彻执行。

国家发展改革委

财政部

国家能源局

2020年9月11日

完善生物质发电项目建设运行的实施方案

生物质能是可再生能源重要组成部分。近年来，在国家政策支持下，生物质发电（含农林生物质发电、垃圾焚烧发电和沼气发电，下同）行业稳步发展，为构建清洁低碳、安全高效的能源体系，促进生态文明建设发挥了重要作用。为深入贯彻习近平生态文明思想，落实"四个革命、一个合作"能源安全新战略，进一步推动生物质发电高质量发展，特制定本方案。

一、总体要求

以习近平新时代中国特色社会主义思想为指导，全面贯彻党的十九大和十九届二中、三中、四中全会精神，坚持创新、协调、绿色、开放、共享的新发展理念，认真落实习近平总书记关于推进城乡有机废弃物处理利用的重要指示，依据《关于促进非水可再生能源发电健康发展的若干意见》（财建〔2020〕4号）、《可再生能源电价附加补助资金管理办法》（财建〔2020〕5号）有关要求，坚持"以收定补、新老划段、有序建设、平稳发展"，进一步完善生物质发电建设运行管理，合理安排2020年中央新增生物质发电补贴资金，全面落实各项支持政策，推动产业技术进步，提升项目运行管理水平，逐步形成有效的生物质发电市场化运行机制，促进生物质发电行业持续健康发展。

二、补贴项目条件

2020年申请中央补贴的项目须符合以下条件：

（一）纳入生物质发电国家、省级专项规划。

（二）2020年1月20日（含）以后全部机组并网的当年新增生物质发电项目。

（三）符合国家相关法律法规、产业政策、技术标准等要求，配套建设高效治污设施，垃圾焚烧发电项目所在城市已实行垃圾处理收费制度。

（四）申报情况属实，并提交信用承诺书（见附件1），没有且承诺不出现弄虚作假、违规掺烧等情况。

三、工作程序

（一）组织申报

各省（区、市）按月组织符合申报条件、申请中央补贴的生物质发电项目，登录国家能源局可再生能源发电项目信息管理系统（http://www.nea.gov.cn）填报相关信息和上传有关资料，主要是省级专项规划、核准（审批、备案）文件、并网时间证明等。

各省（区、市）对项目申报条件、项目申报信息进行审核，并对项目申报有关情况（项目名称、建设地点、装机规模、纳入规划情况、并网时间等）进行公示。公示后，将通过审核的项目信息正式上报。

有关电网企业定期向各省（区、市）提供并网项目清单，按要求出具项目并网时间证明，及时配合各省（区、市）做好申报工作。

8月底之前符合条件的项目一揽子申报，以后的按月申报（有关申报信息及时间要求见附件2）。纳入补贴范围的项目所需补贴总额达到2020年中央新增补贴资金额度15亿元后，不再纳入当年申报。

（二）统一复核

组织国家可再生能源信息管理中心对地方申报项目的合规性及提供材料真实性和有效性进行复核。一旦发现信息不实，立即取消补贴申报资格。

（三）项目汇总

国家可再生能源信息管理中心对通过复核的项目，按照规则进行汇总排序，并测算补贴需求。

（四）公布补贴名单

排序工作结束后，公布纳入2020年生物质发电中央补贴规模的项目名单。

四、纳入当年补贴项目规则

（一）纳入规则

按项目全部机组并网时间先后次序排序，并网时间早者优先，直至入选项目所需补贴总额达到2020年中央新增补贴资金额度15亿元为止。

（二）补贴额度测算规则

按补贴额度测算规则（见附件3）测算生物质发电项目度电补贴强度、项目所需补贴额度。补贴额度测算仅用于测算补贴总额，不作为实际补贴资金发放依据。

五、推动生物质发电有序建设

（一）加强规划引导。需中央补贴的生物质发电项目必须纳入国家、省级专项规划，各地要以规划为依据，严格按规划核准（审批、备案）建设项目，未纳入规划的不得核准（审批、备案）。鼓励地方结合本地经济社会发展实际，建设不需要中央补贴的生物质发电项目。

（二）加强投资监测预警。依据各省农林生物质资源总量等条件，科学测算各地农林生物质发电合理发展规模，根据各省农林生物质发电发展情况发布项目建设年度预警，已建装机和核准在建、待建装机规模接近合理规模的，给予黄色预警；已建装机和核准在建、待建装机达到或超过合理规模的，给予红色预警。对需中央补贴的生物质发电项目投资建设情况进行监测，按月发布项目投产并网信息，新增项目补贴额度累计达到当年中央补贴资金总额后，地方不再新核准需中央补贴的项目，企业据此合理安排项目建设时序。各省（区、市）按要求组织在国家能源局可再生能源发电项目信息管理系统填报核准、在建、新开工项目信息。

（三）完善生物质发电项目补贴机制。未纳入2020年中央补贴规模的已并网项目，结转至次年依序纳入。自2021年1月1日起，规划内已核准未开工、新核准的生物质发电项目全部通过竞争方式配置并确定上网电价；新纳入补贴范围的项目（包括2020年已并网但未纳入当年补贴规模的项目及2021年起新并网纳入补贴规模的项目）补贴资金由中央地方共同承担，分地区合理确定分担比例，中央分担部分逐年调整并有序退出。需中央补贴的在建项目应在合理工期内建成并网。

（四）拓展生物质能利用渠道。立足于多样化用能需求，大力推进农林生物质热电联产，从严控制只发电不供热项目，坚持宜气则气、宜热则热、宜电则电，鼓励加快生物质能非电领域应用，提升项目经济性和产品附加值，降低发电成本，减少补贴依赖。

（五）落实生物质发电支持政策。鼓励金融机构在风险可控、商业可持续的前提下给予生物质发电项目中长期信贷支持。建立生活垃圾处理收费制度，合理制定垃圾处理收费标准，确保垃圾处理收费政策落实到位。鼓励地方政府统筹各类资金，对生物质发电相关的农林废弃物和生活垃圾"收、储、运、处理"各环节予以适当支持和补偿。

（六）逐步推动形成生物质发电市场化运营模式。发挥生物质发电综合效益，推动建立合理的成本分担机制。鼓励具备条件的省（区、市），探索生物质发电项目市场化运营试点，完善配套保障措施，逐步形成市场化运营模式。

（七）强化项目建设运行监管。健全完善生物质发电产业技术标准，不断推进行业技术进步。落实地方管理主体责任，国家能源局各派出机构会同有关部门依法履行监管职责，按照投诉举报有关规定依法受理有关投诉举报，利用视频监控、在线监测等手段，加强生物质发电项目建设、运行等方面的监管，定期进行"双随机一公开"抽查检查，对存在违规掺烧化石燃料、骗取补贴等违法违规行为的，严格按照国家有关法律法规和政策要求，暂停、核减或取消补贴。强化项目建设运行管理，生物质发电企业要高度重视项目建设和工程质量，严格执行工程基本建设程序和管理制度，确保项目安全有序建设运行。

附件：1. 2020年生物质发电项目中央补贴资金申报信用承诺书（略）
2. 生物质发电项目申报中央补贴填报信息表（略）
3. 2020年生物质发电项目补贴额度测算规则

附件3

2020年生物质发电项目补贴额度测算规则

一、生物质发电项目补贴额度测算

（1）农林生物质发电项目所需补贴额度＝项目装机容量×2019年农林生物质发电项目全国平均上网小时数×农林生物质发电项目度电补贴强度

（2）垃圾焚烧发电项目所需补贴额度＝项目年入厂垃圾处理量×280千瓦·时/吨×（垃圾焚烧发电项目度电补贴强度-0.1元）

（3）沼气发电项目所需中央补贴额度＝项目装机容量×2019年沼气发电项目全国平均上网小时数×0.25元

二、生物质发电项目度电补贴强度测算

（1）农林生物质发电项目度电补贴强度＝0.75元－当地现行燃煤发电基准价

（2）垃圾焚烧发电项目度电补贴强度＝0.65元－当地现行燃煤发电基准价

补贴额度测算仅用于测算补贴总额，不作为实际补贴资金发放依据。

七、储能政策

2017年9月22日，国家发展改革委、国家能源局等五部门联合印发了《关于促进储能技术与产业发展的指导意见》，明确了促进我国储能技术与产业发展的重要意义、总体要求、重点任务和保障措施。

关于促进储能技术与产业发展的指导意见

发改能源〔2017〕1701号

各省、自治区、直辖市及计划单列市、新疆生产建设兵团发展改革委、能源局，国家电网公司、南方电网公司：

储能是智能电网、可再生能源高占比能源系统、"互联网+"智慧能源（以下简称能源互联网）的重要组成部分和关键支撑技术。储能能够为电网运行提供调峰、调频、备用、黑启动、需求响应支撑等多种服务，是提升传统电力系统灵活性、经济性和安全性的重要手段；储能能够显著提高风、光等可再生能源的消纳水平，支撑分布式电力及微网，是推动主体能源由化石能源向可再生能源更替的关键技术；储能能够促进能源生产消费开放共享和灵活交易、实现多能协同，是构建能源互联网，推动电力体制改革和促进能源新业态发展的核心基础。

近年来，我国储能呈现多元发展的良好态势：抽水蓄能发展迅速；压缩空气储能、飞轮储能，超导储能和超级电容，铅蓄电池、锂离子电池、钠硫电池、液流电池等储能技术研发应用加速；储热、储冷、储氢技术也取得了一定进展。我国储能技术总体上已经初步具备了产业化的基础。加快储能技术与产业发展，对于构建"清洁低碳、安全高效"的现代能源产业体系，推进我国能源行业供给侧改革、推动能源生产和利用方式变革具有重要战略意义，同时还将带动从材料制备到系统集成全产业链发展，成为提升产业发展水平、推动经济社会发展的新动能。为贯彻习近平总书记关于"四个革命、一个合作"的能源战略思想，落实《中华人民共和国国民经济和社会发展第十三个五年规划纲要》和《能源生产和消费革命战略（2016—2030）》任务，促进储能技术与产业发展，提出如下意见。

一、总体要求

（一）指导思想

全面贯彻党的十八大和十八届三中、四中、五中、六中全会精神，深入贯彻习近平总书记

系列重要讲话精神，按照中央财经领导小组第六次、第十四次会议和国家能源委员会第一次、第二次会议重大决策部署要求，适应和引领经济社会发展新常态，着眼能源产业全局和长远发展需求，紧密围绕改革创新，以机制突破为重点、以技术创新为基础、以应用示范为手段，大力发展"互联网+"智慧能源，促进储能技术和产业发展，支撑和推动能源革命，为实现我国从能源大国向能源强国转变和经济提质增效提供技术支撑和产业保障。

(二) 基本原则

政府引导、企业参与。加强顶层设计，加大政策支持，研究出台金融等配套措施，统筹解决行业创新与发展重大共性问题。加强引导和信息服务，推动储能设施合理开放，鼓励多元市场主体公平参与市场竞争。

创新引领、示范先行。营造开放包容的创新环境，鼓励各种形式的技术、机制及商业模式创新。充分发挥示范工程的试点作用，推进储能新技术与新模式先行先试，形成万众创新良好氛围。

市场主导、改革助推。充分发挥市场在资源配置中的决定性作用，鼓励社会资本进入储能领域。结合电力体制改革进程，逐步建立完善电力市场化交易和灵活性资源的价格形成机制，还原能源商品属性，着力破解体制机制障碍。

统筹规划、协调发展。加强统筹规划，优化储能项目布局。重视上下游协调发展，优化从材料、部件、系统、运营到回收再利用的完整产业链。在确保安全的前提下发展储能，健全标准、检测和认证体系，确保产品质量和有序竞争。推行绿色设计理念，研究建立储能产品的梯级利用与回收体系，加强监管，杜绝污染。

(三) 发展目标

未来10年内分两个阶段推进相关工作，第一阶段实现储能由研发示范向商业化初期过渡；第二阶段实现商业化初期向规模化发展转变。

"十三五"期间，建成一批不同技术类型、不同应用场景的试点示范项目；研发一批重大关键技术与核心装备，主要储能技术达到国际先进水平；初步建立储能技术标准体系，形成一批重点技术规范和标准；探索一批可推广的商业模式；培育一批有竞争力的市场主体。储能产业发展进入商业化初期，储能对于能源体系转型的关键作用初步显现。

"十四五"期间，储能项目广泛应用，形成较为完整的产业体系，成为能源领域经济新增长点；全面掌握具有国际领先水平的储能关键技术和核心装备，部分储能技术装备引领国际发展；形成较为完善的技术和标准体系并拥有国际话语权；基于电力与能源市场的多种储能商业模式蓬勃发展；形成一批有国际竞争力的市场主体。储能产业规模化发展，储能在推动能源变革和能源互联网发展中的作用全面展现。

二、重点任务

(一) 推进储能技术装备研发示范

集中攻关一批具有关键核心意义的储能技术和材料。加强基础、共性技术攻关，围绕低成本、长寿命、高安全性、高能量密度的总体目标，开展储能原理和关键材料、单元、模块、系统和回收技术研究，发展储能材料与器件测试分析和模拟仿真。重点包括变速抽水蓄能技术、大规模新型压缩空气储能技术、化学储电的各种新材料制备技术、高温超导磁储能技术、相变储热材料与高温储热技术、储能系统集成技术、能量管理技术等。

试验示范一批具有产业化潜力的储能技术和装备。针对不同应用场景和需求，开发分别适用于长时间大容量、短时间大容量、分布式以及高功率等模式应用的储能技术装备。大力发展储能系统集成与智能控制技术，实现储能与现代电力系统协调优化运行。重点包括10MW/100MWh级超临界压缩空气储能系统、10MW/1000MJ级飞轮储能阵列机组、100MW级锂离子电池储能系统、大容量新型熔盐储热装置、应用于智能电网及分布式发电的超级电容电能质量调节系统等。

应用推广一批具有自主知识产权的储能技术和产品。加强引导和扶持，促进产学研用结合，加速技术转化。鼓励储能产品生产企业采用先进制造技术和理念提质增效，鼓励创新投融资模式降低成本，鼓励通过参与国外应用市场拉动国内装备制造水平提升。重点包括100MW级全钒液流电池储能电站、高性能铅炭电容电池储能系统等。

完善储能产品标准和检测认证体系。建立与国际接轨、涵盖储能规划设计、设备及试验、施工及验收、并网及检测、运行与维护等各应用环节的标准体系，并随着技术发展和市场需求不断完善。完善储能产品性能、安全性等检测认证标准，建立国家级储能检测认证机构，加强和完善储能产品全寿命周期质量监管。建立和完善不合格产品召回制度。

（二）推进储能提升可再生能源利用水平应用示范

鼓励可再生能源场站合理配置储能系统。研究确定不同特性储能系统接入方式、并网适应性、运行控制、涉网保护、信息交换及安全防护等方面的要求，对于满足要求的储能系统，电网应准予接入并将其纳入电网调度管理。

推动储能系统与可再生能源协调运行。鼓励储能与可再生能源场站作为联合体参与电网运行优化，接受电网运行调度，实现平滑出力波动、提升消纳能力、为电网提供辅助服务等功能。电网企业应将联合体作为特殊的"电厂"对待，在政府指导下签订并网调度协议和购售电合同，联合体享有相应的权利并承担应有的义务。

研究建立可再生能源场站侧储能补偿机制。研究和定量评估可再生能源场站侧配置储能设施的价值，探索合理补偿方式。

支持应用多种储能促进可再生能源消纳。支持在可再生能源消纳问题突出的地区开展可再生能源储电、储热、制氢等多种形式能源存储与输出利用；推进风电储热、风电制氢等试点示范工程的建设。

（三）推进储能提升电力系统灵活性稳定性应用示范

支持储能系统直接接入电网。研究储能接入电网的容量范围、电压等级、并网适应性、运行控制、涉网保护、信息交互及安全防护等技术要求。鼓励电网等企业根据相关国家或行业标准要求结合需求集中或分布式接入储能系统，并开展运行优化技术研究和应用示范。支持各类主体按照市场化原则投资建设运营接入电网的储能系统。鼓励利用淘汰或退役发电厂既有线路和设施建设储能系统。

建立健全储能参与辅助服务市场机制。参照火电厂提供辅助服务等相关政策和机制，允许储能系统与机组联合或作为独立主体参与辅助服务交易。根据电力市场发展逐步优化，在遵循自愿的交易原则基础上，形成"按效果付费、谁受益谁付费"的市场机制。

探索建立储能容量电费和储能参与容量市场的规则机制。结合电力体制改革，参考抽水蓄能相关政策，探索建立储能容量电费和储能参与容量市场的规则，对满足条件的各类大规模储能系统给予容量补偿。

（四）推进储能提升用能智能化水平应用示范

鼓励在用户侧建设分布式储能系统。研究制定用户侧接入储能的准入政策和技术标准，引导和规范用户侧分布式电储能系统建设运行。支持具有配电网经营权的售电公司和具备条件的居民用户配置储能，提高分布式能源本地消纳比例、参与需求响应，降低用能成本，鼓励相关商业模式探索。

完善用户侧储能系统支持政策。结合电力体制改革，允许储能通过市场化方式参与电能交易。支持用户侧建设的一定规模的电储能设施与发电企业联合或作为独立主体参与调频、调峰等辅助服务。

支持微电网和离网地区配置储能。鼓励通过配置多种储能提高微电网供电的可靠性和电能质量；积极探索含储能的微电网参与电能交易、电网运行优化的新技术和新模式。鼓励开发经济适用的储能系统解决或优化无电人口供电方式。

（五）推进储能多元化应用支撑能源互联网应用示范

提升储能系统的信息化和管控水平。在确保网络信息安全的前提下，促进储能基础设施与信息技术的深度融合，支持能量信息化技术的研发应用。逐步实现对储能的能源互联网管控，提高储能资源的利用效率，充分发挥储能系统在能源互联网中的多元化作用。

鼓励基于多种储能实现能源互联网多能互补、多源互动。鼓励大型综合能源基地合理配置储能系统，实现风光水火储多能互补。支持开放共享的分布式储能大数据平台和能量服务平台的建设。鼓励家庭、园区、区域等不同层次的终端用户互补利用各类能源和储能资源，实现多能协同和能源综合梯级利用。

拓展电动汽车等分散电池资源的储能化应用。积极开展电动汽车智能充放电业务，探索电动汽车动力电池、通讯基站电池、不间断电源（UPS）等分散电池资源的能源互联网管控和储能化应用。完善动力电池全生命周期监管，开展对淘汰动力电池进行储能梯次利用研究。

三、保障措施

（一）加强组织领导

国家发展改革委、国家能源局会同财政部、科技部、工业和信息化部等有关部门统筹协调解决重大问题，建立完善扶持政策，切实推动各项措施落实到位，形成政、产、学、研、用结合的发展局面。依托行业力量建设国家级储能技术创新平台；充分发挥专业协（学）会、研究会作用，引导行业创新方向。建立储能专业咨询委员会，为政府决策提供支撑。推动成立国家级产业联盟，加强产业研究、建立信息渠道。鼓励各省级政府依照已出台的智能电网、微电网、多能互补、"互联网+"智慧能源、电动汽车充电设施、废旧动力蓄电池回收利用、配电网建设、电力现货市场等相关政策对储能进行支持，并根据实际情况出台配套政策、给予资金支持和开展试点示范工作，对符合条件的储能企业可按规定享受相关税收优惠政策，将储能纳入智能电网、能源装备制造等专项资金重点支持方向，在具备条件的地区开展技术与政策机制综合性区域试点示范，鼓励清洁能源示范省因地制宜发展储能。各地能源及相关主管部门应结合实际，研究制定适合本地的落实方案，因地制宜，科学组织，杜绝盲目建设和重复投资，务实有序推进储能技术和产业发展。国家能源局各派出能源监管机构根据职责积极参与相关机制研究，加强安全和市场监管，督促相关政策和重大示范工程的落实。

（二）完善政策法规

建立健全相关法律法规，保障储能产业健康有序发展。加强电力体制改革与储能发展市场机制的协同对接，结合电力市场建设研究形成储能应用价格机制。积极开展储能创新应用政策试点，破除设备接入、主体身份、数据交互、交易机制等方面的政策壁垒，研究制定适应储能新模式发展特点的金融、保险等相关政策法规。加强储能技术、产品和模式等的知识产权管理与保护。加强储能安全与环保政策法规及标准体系建设，研究建立储能产品生产者责任延伸制度。鼓励储能系统开发采用标准化、通用性及易拆解的结构设计，协商开放储能控制系统接口和通讯协议等利于回收利用的相关信息。

（三）开展试点示范

围绕促进可再生能源消纳、发展分布式电力和微网、提升电力系统灵活性、加快建设能源互联网等重大需求，布局一批具有引领作用的重大储能试点示范工程。跟踪试点示范项目建设运营情况，建立健全促进行业可持续发展的体制机制。鼓励和支持国家级可再生能源示范区及其他具备条件的地区、部门和企业，因地制宜开展各类储能技术应用试点示范。在技术创新、运营模式、发展业态和体制机制等方面深入探索，先行先试，总结积累可推广的成功经验。

（四）建立补偿机制

结合电力体制改革，研究推动储能参与电力市场交易获得合理补偿的政策和建立与电力市场化运营服务相配套的储能服务补偿机制。推动储能参与电力辅助服务补偿机制试点工作，建立相配套的储能容量电费机制。建立健全补偿监管机制，严惩违规行为。

（五）引导社会投资

落实简政放权精神，研究建立程序简化、促进投资的储能投资管理机制，对于独立的储能项目，除《政府核准的投资项目目录》已有规定的，一律实行备案制，按照属地原则备案，备案机关及其权限由省、自治区、直辖市和计划单列市人民政府规定。企业按照地方有关规定向主管部门备案。充分发挥中央财政科技计划（专项、基金）作用，支持开展储能基础、共性和关键技术研发。研究通过中央和地方基建投资实施先进储能示范工程，引导社会资本加快先进储能技术的推广应用。鼓励通过金融创新降低储能发展准入门槛和风险，支持采用多种融资方式，引导更多的社会资本投向储能产业。

（六）推动市场改革

加快电力市场建设，建立储能等灵活性资源市场化交易机制和价格形成机制，鼓励储能直接参与市场交易，通过市场机制实现盈利，激发市场活力。建立健全准入制度，鼓励第三方资本、小微型企业等新兴市场主体参与市场，促进各类所有制企业的平等、协同发展。

（七）夯实发展基础

依托行业建立储能信息公共平台，加强信息对接、共享共用和交易服务。创新人才引进和培养机制，引进一批领军人才，培育一批专业人才，形成支持储能产业的智力保障体系。加强宣传，扩大示范带动效应，吸引更多社会资源参与储能技术研究和产业创新发展。

国家发展改革委

财政部

科学技术部

工业和信息化部

国家能源局

2017 年 9 月 22 日

第四篇 科技篇

第十六章 煤炭技术

一、煤炭地质勘查技术

煤炭地质勘查已经形成了针对不同地域、不同地质和地球物理条件，空天地一体的勘查技术和方法，建立了具有中国特色的"中国煤炭地质综合勘查技术新体系"。该体系涵盖了煤炭资源勘查、矿井建设、煤矿开发、采后治理等多个方面，主要包括煤田资源遥感地质调查与填图、高精度地球物理勘查技术、快速精准地质钻探技术、煤炭资源勘查信息化技术、煤矿区环境遥感监测与治理技术、煤层气勘查开发技术、煤炭测试与化验技术等。

（一）高密度三维地震物探技术

"十二五"期间，煤炭物探在地面高密度全数字三维地震、矿井瞬变电磁探测、矿井槽波地震以及煤矿开采动力灾害监测预警等方面取得了阶段性成果，并得到了推广应用。其中：2017年开展的煤矿采区三维地震资料精细处理与动态解释技术，已经在全国国有重点煤矿得到了推广应用。围绕小断层、陷落柱、老窑采空区探测及老窑巷道判识等隐蔽致灾因素的精细探查，中国石油集团东方地球物理勘探有限公司、中国矿业大学、中煤科工集团西安研究院、中国煤炭地质总局物探研究院、安徽煤田地质局物探测量队等单位，先后在两淮矿区、河南煤业化工集团有限责任公司、山西晋城无烟煤矿业集团有限责任公司、中国中煤能源集团有限公司、神华集团有限责任公司、内蒙古伊泰集团有限公司等，开展了高密度全数字三维地震勘探技术的示范性推广应用。淮南丁集煤矿初步探采对比效果表明：该技术对落差2米以上断层的解释准确率超过80%、能够检测出地下埋深800米、宽度4米、相距150米的回采工作面上下顺槽巷道，显示出极高的空间分辨率。

同时，煤矿井下瞬变电磁探测技术与装备在全国各大煤矿得到了广泛的推广应用，已经成为煤矿井下掘进工作面超前探水工作的主要物探手段，该方法具有施工快捷、定向性强、能够实现全方位探测等优点，探测距离80~120米，与超前探放水的钻探工程相结合，基本满足了煤矿井下超前探放水工作的技术需求。

（二）煤矿地质灾害勘查防治技术

我国已经形成了系统的矿区地下水勘查和矿井水害类型划分的理论和技术体系，实现了矿井水隐蔽致灾精细探测和灾害异常区块的主动改造，运用多分支水平井注浆加固煤层顶底板技术，实现了水害防治。煤矿顶板突水的预防方法目前以限厚开采及预疏降为主，在研究导水裂缝带高度及含水层富水性的基础上，采用防治方法预防顶板突水水害，已取得了很多成功的案例，形成了大型地表水体下采煤防治水等关键技术。在底板水害防治技术方面，已经形成了带压开采、疏水降压、底板改造等多项关键技术。

矿山灾害救援钻探技术最新进展主要包括地面快速垂直孔钻进技术、救援钻孔定向钻进技术、救援钻孔护壁技术、救援孔准确定位技术，能够在地下含水层、破碎地层、矿山采空区、松散地层及流沙层、坚硬砂砾岩层等各种复杂地质条件下快速、准确、安全钻进及成孔。救援钻孔分为小口径地面探测孔，主要是实现地面快速观测、信息传递及营养液的输送；大孔径救援孔则是实现井下被困人员快速提升。中国煤炭地质总局特种技术勘探中心在我国多起矿难中运用该技术成功实现了救援。

（三）矿产资源卫星遥感勘测技术

2012年以来，以GeoEy-1和WorldView-2为代表的高空间分辨率卫星遥感数据的普及，我国煤炭地质勘探工作开始创新地采用航天遥感技术和方法，通过对工作区的含煤岩系、含煤盆地、控煤构造等进行解译和分析，为煤炭资源预测评价提供基础地质资料和依据。主要应用在矿产资源开发遥感监测、煤田火区遥感监测和矿区三维生产管理方面。

矿产资源开发遥感监测主要是通过分析矿区的卫星影像，从中提取相关的信息以实现对矿产资源的监测，主要包括矿产资源规划实施情况的监测、矿山开采情况监测和追踪、矿山植被恢复和土地复垦情况监测、地质灾害隐患点监测、水体污染监测等。

煤田火区遥感监测一般要求同时使用高光谱分辨率和高空间分辨率两种遥感数据源。一方面应用高分辨率卫星遥感图像进行地表裂隙、烧变岩、植被、煤层露头、煤系、小窑、断裂构造、剥离边界和灭火堆积物等与火区相关的信息解译；另一方面利用高光谱同步测温数据，建立图像像元值与地物辐射温度的对应关系，进行高光谱图像红外波段温度反演和辐射温度等值线图的制作，划分出温度异常区和高温异常区，圈定火区范围，同以往火区资料对比、动态监测火区变化，指导灭火工程，评价灭火效果。

卫星遥感技术主要用于三维地理模型的地面纹理贴图，在实现卫星影像和数字高程模型（DEM）叠加后，可以二维矢量或三维模型叠加各类矿区专题信息，构建虚拟的矿区场景，把地形、地貌、河流、高山、城镇等地物以及井口、洗煤厂、地下巷道等采矿工程建筑直观地呈现在人们面前，并具备信息查询及空间分析等功能。

(四)煤与煤系气资源勘查开发研究

该项目针对制约我国西北地区煤炭煤层气勘查与开发各个环节的地质关键技术难题展开攻关,取得了重要创新成果:①首创了陆相层序地层格架下的聚煤作用理论和厚煤层聚集模式,构建了典型构造样式的控煤控气控水模式。②创建了煤、气、水协同勘查理论与技术体系,研发了针对沙漠及雪域地区煤、气、水资源与矿井隐蔽致灾地质因素的快速精准绿色勘查系列关键技术。③创立了低煤阶煤层气吸附气、游离气、水溶气三相态含气量预测理论与方法,形成了煤层气富集区优选技术。④创建了针对西部贫水矿区地下水资源勘查评价关键技术。⑤研发了针对低煤阶煤层气的高效钻完井和储层改造、采气关键技术,并成功建设了开发示范工程,构建了适宜西北地区地质条件的5类9型煤与煤层气资源开发模式。

通过该项目的实施,新发现8个适宜建设开发的百亿吨特大型煤田,并探明1000米以浅优质煤炭资源储量1325亿吨;在严重贫水地区发现了多处可供煤矿开发的地下水源地;取得了煤与煤层气开发的重要突破,建成了年产3000万立方米的煤层气开发示范区;为在建和矿井安全高效生产提供了地质保障。

二、煤炭工程建设技术

目前,我国煤矿建设水平达到国际领先地位,自主设计能力大幅提高。其中,神华哈尔乌素露天矿和宝日希勒露天矿达到3500万吨/年,世界第一大井工矿井神华补连塔煤矿达到2800万吨/年,平朔安家岭露天煤矿选煤厂为1500万吨/年。实现了在任何地质条件下建设煤矿的能力。其中:冻结法施工技术得到普遍应用,立井施工深度达到1000米,斜井施工连续斜长800米,并广泛应用于我国非煤矿山、市政工程和地铁隧道等领域;山东莱州新城金矿立井井筒深度达到1527米,河北磁西煤矿副井井筒达到1346.6米,井筒最大净直径已达到10.8米,掘进最大直径已达到15.5米;钻井法凿井深度达到660米。

(一)矿用全断面硬岩快速掘进技术(TBM)装备

2017年1月,我国首座隧道掘进机(Tunnel Boring Machine,TBM)施工长距离煤矿斜井(神东煤炭集团补连塔煤矿2号辅运斜井)建成启用,首台全断面矩形快速掘进机投入使用,首台矿用全断面硬岩快速掘进机、首套煤矿大型护盾式快速掘锚装备研制成功,8米大采高采煤机、8.2米超大采高智能输送系统、3~4米煤层千万吨级智能化综采成套装备实现了国产化。全国大型煤炭企业采煤和掘进机械化程度达到96.1%和54.1%,同比分别提高0.18个百分点和0.49个百分点,回采工作面单产、掘进工作面单进分别达到8.05万吨/(个·月)、156米/(个·月),同比分别提高0.2个百分点和7.6个百分点;井工和露天煤矿原煤生产人员效率同比分别提高10.94个百分点和1.4个百分点。

神华集团有限责任公司针对盾构施工煤矿长斜井工程面临的"深埋超长、连续下坡、富水高压、地层多变"等特点，围绕盾构施工选型配套、始发掘进、地下拆解、数字化远程监控、特殊不良地质处置、煤炭开采对管片结构的影响等重大关键技术开展了研究攻关，研制了适合煤矿斜井掘进的盾构整机设备及新型刀具、窄体管片运输车等新型装置；形成了斜井条件下盾构步进、斜向始发等盾构掘进施工新技术；建立了斜井盾构推力和扭矩理论计算模型及盾构施工安全评估指标体系。

2017年9月我国首台直径为2.8米的矿用全断面硬岩快速掘进机（矿用TBM）在辽宁铁法能源有限责任公司正式下线。这台矿用TBM在重庆能源投资集团松藻煤电有限责任公司的松藻煤矿投入试用。矿用TBM，成功融合了工程TBM、煤矿防爆、自动测量控制等先进技术，可实现圆形巷道一次成巷、掘锚同步作业和巷道快速掘进，一举解决了煤巷、岩巷掘进效率低的难题。

（二）冻结法凿井关键技术与装备

截至2017年，冻结立井数量超过1100多个，冻结总深度超过30万米。解决深厚冲积层为主的立井冻结最大深度达894米（万福主井、风井冲积层最大厚度754米）；解决含水基岩施工困难的立井冻结最大深度达950米（核桃峪副井）。

（1）千米深井控制冻结凿井技术。针对西部深井、事故井和特殊工程，需要保护相关结构工程不冻结受破坏，完成了"千米深井控制冻结凿井关键技术"研究，通过对西部含水软岩地层物理力学性能、冻结壁发展规律和控制冻结壁发展、新型冻结器、千米深井冻结孔偏斜控制、信息化远程监测、井筒安全快速掘进等技术研究，结合工程示范应用，突破控制冻结技术关键，形成控制冻结技术、工艺和监测系统，促进冻结技术发展。利用本项技术在甘肃省核桃峪矿井深1005米，立井井筒净直径9.0米的副井建设中，采用控制冻结技术，冻结深度达到950米，创造了新的冻结深度和冻土体积的世界纪录。

（2）深厚冲积层冻结法凿井关键技术。针对华东华中地区深厚冲积层，进行了"近700米厚表土层冻结法凿井关键技术研究"和多项科研项目研究，进行多圈孔冻结壁发展规律、冻结孔钻进偏斜控制、冻胀力、冻结温度监测、冻结井壁设计理论等技术研究，解决深厚黏土冻胀、防治冻结管断裂、高标号高强混凝土井壁的浇筑和防裂问题。完成了山东万福煤矿即国内外最深的冲积层冻结凿井，形成直径为5.5米、7.0米和6.0米的主井、副井和风井，穿过冲积层最大厚度753.95米，冻结最大深度894米。

（3）斜井沿轴线冻结法凿井技术。在"十二五"国家"863"项目"智能化矿山掘采装备"课题"500m斜井冻结法凿井关键技术与装备"中，通过研究斜井沿掘进轴线冻结工艺、冻结壁发展及控制技术、冻结井壁结构、小倾角高精度专用斜井冻结钻机、信息化施工技术，形成500米斜长斜井冻结法凿井关键技术与装备，满足了我国西部地区复杂地质条件下的斜井建设需求。项目完成了斜井冻结工艺、斜井井壁结构设计、斜井信息化施工和斜井高精度钻孔装备。

(三) 钻井法凿井关键技术与装备

截至 2017 年，我国已完成 130 余个立井，总长度超过 20 千米，最大钻井深度 660 米，最大钻井直径 10.8 米，最大成井直径 8.3 米。钻井法凿井技术与装备先后在土耳其、厄瓜多尔、马来西亚、津巴布韦等十多个国家完成施工任务，累计工程量近万米。

（1）"一扩成井"钻井法凿井技术。在"十一五"国家科技支撑项目"'一扩成井'快速钻井法技术及装备"的基础上，研制出大型竖井钻机、新型扩孔钻头和破岩滚刀，解决了 600 米深厚冲积层钻井终孔直径、钻孔分级方法、钻压、钻进参数确定方法，破岩刀具选型和刀具高密封技术，泥浆参数及控制技术等难题，攻克了 600 米深厚冲积层钻井工艺。

（2）反井钻井凿井技术。研制的 BMC 系列反井钻机，钻孔直径从 0.75 米到 5.0 米，钻井深度从 100 米到 600 米，在不同的地质条件，钻成直径 3.5 米、5.0 米、5.3 米多条煤矿采区风井及电站、隧道的通风竖井。MSJ5.8/1.6D 型矿山竖井掘进机是国家"863"项目完成的国内首台套具有自主知识产权，利用反井钻孔作为导井的大型综合凿井装备。代表性工程包括：国内最大直径反井工程——王台铺一号辅助回风立井工程，采用 BMC600 型反井钻机，在国内首次一次施工直径 5.3 米反井井筒，深度 165 米；瓦斯管道井工程——采用反井工艺及自主研制的管道快速提吊安装 A 字形专用井架，在山西、重庆、河南等地施工管道井累计近 6000 米，管径 600~2000 毫米，其中河南平煤集团平禹四矿瓦斯井为国内最深反井工程，井筒深度 562 米；国内最大直径长斜井——河北丰宁抽水蓄能电站实现了长斜井大直径定向反井钻井工艺，反井钻机扩大超前导孔、扩孔钻进一次形成高精度大直径斜井。斜井直径 2.5 米，长斜 302 米，倾角 53 度，偏斜率 0.42%。

(四) 超大直径深立井建井技术

为满足 800~1200 米深部煤炭资源安全高效开采，需要建设大直径井筒作为煤炭和重装设备提升以及大风量通风的通道。进行的"超大直径深立井建井关键技术及成套装备"研究，项目以创立的深立井井筒地压确定方法理论、施工安全与效益协调等核心理论为指导，创新施工关键技术，研发专用大型施工成套装备，集成复杂的施工装备、技术与组织管理体系，解决了大直径深立井井筒施工系列重大难题。采用理论分析、数值模拟、模型试验、装备研发、现场实测、工程实践等方法进行综合研究，实现了直径 9.0~15.0 米，井深 800~1200 米的立井井筒安全高效建设。

(五) 智能掘进机器人系统技术与装备

为了破解井下采掘失衡导致生产接续紧张的难题，立足智能化煤矿建设对快速智能掘进的迫切需求，助力巷道实现安全、智能、快速掘进，在由西安重工装备制造集团有限公司联合西安科技大学和陕西陕煤榆北煤业共同开发，西安煤矿机械有限公司负责承担研制的重点科研项目——智能掘进机器人系统技术与装备于 2020 年 7 月 25 日在陕西小保当矿业有限公司一号煤矿进行地面组装调试。经过三个月的工业性实验和创新改造，掘进机器人于 2020 年 12 月 20 日在该公司一号煤矿掘进二队四点班单班掘进进尺 25 米，25 日单日进尺 45 米，单班、单日进尺均创新高。

智能掘进机器人系统由护盾机器人、钻锚机器人、锚网运输机器人、电液控平台和集成控制系统五部分组成，集掘、支、锚、运、通风、除尘等功能于一体，可实现定位导航、自动截割、远程控制，地面与井下全系统虚拟测控和一键启停，成功破解了该矿巷道夹矸与片帮共存的掘进难题，经过后期持续创新改造，日进尺有望突破 50 米，月进尺稳定在 1200 米以上，员工工效提高 2~3 倍，对于打造智能快掘、智能矿井具有里程碑的意义。

三、井工煤矿开采技术

近年来，我国煤矿安全开采突破重大基础理论和关键共性技术，在安全方面，围绕灾害防治、职业健康、应急救援等领域，重点开展了采空区水害致灾因素快速探测、掘进工作面远距离超前探测技术与装备，深部矿井煤岩瓦斯动力灾害防治技术与装备，煤矿呼吸性粉尘浓度检测、预警及治理技术，灾区高可靠性无人侦测技术，遇险人员探测定位技术，应急生命通道快速打通技术攻关，实现了煤炭安全高效开采。在千万吨级煤矿综采成套装备、高速运输装备、大型提升装备等方面取得了一定进展，建成 70 余个智能化开采工作面，实现了煤矿工作面有人值守、无人操作，以煤矿保水开采、充填开采、无煤柱自成巷开采等为主的绿色开采技术得到普遍推广，提升了煤矿开发效率和生产力水平，优化了煤矿生产结构。

（一）智能型千万吨级综采成套装备

智能型千万吨级综采成套装备由太原重型机械集团煤机有限公司和西山煤电（集团）有限责任公司联合山西平阳重工机械有限责任公司、山西煤机制造股份有限公司、山西科达自控股份有限公司、太原罗克佳华工业有限公司、太原向明机械制造有限公司、山西汾西重工有限责任公司 6 家单位共同承担。该套产品为国内首套智能型千万吨级综采成套装备，通过研制及示范应用，实现了采煤工作面设备智能化控制及自动化生产，形成了一批具有自主知识产权的专利技术 52 项，多项创新技术填补了国内外空白，智能化系统集成了国内外的先进技术，安全生产效益和社会效益达到了国内外领先水平。实现了三个"最大"：一是成套最大。建成了智能型综采成套装备千万吨级安全高效工作面。国内有千万吨级工作面，但智能型的这是首台套。二是功率最大。通过项目的实施，研究成功世界最大功率电牵引采煤机，并实现智能化控制。三是国产化最大。实现了综采成套装备中各单机和成套装备的最大国产化，关键核心智能装备总国产化率达 89.27%。

该智能成套综采装备的应用，可改变煤矿依靠机械化采煤的生产模式，完成井下跟机操作向远程遥控采煤作业的跨越，实现机械化向自动化的转换，形成高产高效智能开采先进新工艺，极大地提高了生产安全性及集约化开采水平，为我国煤炭的智能高效安全开采起到了示范作用，同时带动整个行业的技术进步。

（二）煤矿绿色（充填）开采技术

充填开采技术作为一种新的采煤方法，实现了矿山边角煤开采、保护煤柱开采、无煤柱开采、绿色开采，已经成为解决三下压煤、多回收资源、延长矿井寿命的最佳方法。近年来，煤矿深井充填技术、采空区综合利用、新型充填材料、煤矿井下采选充采一体化技术和生态智能矿山充填技术得到了创新发展，实现了地下开采与环境协调发展。

国家能源充填采煤技术重点实验室于 2013 年 2 月 6 日经国家能源局批准设立，由冀中能源集团出资并联合中煤科工集团、中国矿业大学（北京）共同建设，是国家能源局在充填开采技术领域设立的唯一一个综合性研发平台。主要进行了综合机械化充填采煤关键技术，高效率、绿色环保充填材料和充填采煤装备设计研究，使我国充填采煤技术与设备整体水平达到国际领先。

（三）煤与瓦斯共采技术

煤井中含有大量的瓦斯，但是在以往的采煤过程中，对瓦斯的处理基本都是采取抽放的形式。众所周知，瓦斯是一种洁净的能源，在工业的各个领域有着广泛的应用，直接抽放掉会造成资源的大量浪费。采煤过程中会移动和破坏采煤区的岩层，岩层的移动会极大提升煤层的渗透率，煤与瓦斯共采技术是通过利用这一特性能够起到卸压瓦斯的作用，从而使抽采瓦斯的效率得以提高，在煤层开采时，采煤和抽瓦斯两个完整的系统同时运作。通过煤与瓦斯共采技术，可以使资源得以充分利用和优化，提高企业的效益，同时瓦斯经过大量抽采后，井下巷道内的瓦斯含量显著减少，使由于瓦斯突出引发安全事故的可能性大幅降低，确保了生产的安全。

2017 年 9 月 24 日，中国国际卓越煤矿瓦斯治理中心正式挂牌成立。该中心系联合国经济委员会依托山西焦煤集团设立，是在联合国欧洲经济委员会授权下，由企业主导的甲烷管理枢纽机构。该中心由山西焦煤集团、北京辛迪克清洁能源技术服务公司等 15 家理事单位自愿结成。

（四）煤与瓦斯突出区域防控理论及新技术

针对煤与瓦斯突出的区域防控理论不完善、区域突出危险性预测预警手段缺乏、预抽煤层瓦斯的区域防控效率低等难题，中煤科工集团重庆研究院有限公司、重庆大学、重庆松藻煤电有限责任公司、中国平煤神马能源化工集团有限责任公司等单位产、学、研联合攻关，研究开发了"煤与瓦斯突出区域防控理论及新技术"，取得以下创新性成果：①确定了矿井煤与瓦斯突出的力学作用机理，建立了突出危险性预测预警、措施有效性评判指标及准则；②发明了煤层瓦斯含量井下直接快速测定技术及装备，实现了120米孔深区域煤层瓦斯含量快速测定，误差小于7%；③提出了软煤微缝网循环延展塑性固化的软煤水力压裂机理，研发了中低压水力压裂工艺和装备，实现了单孔80~100米区域的卸压与增渗，瓦斯抽采效果大幅度提高；④发明了全过程监测、多元信息融合的突出预警方法，构建了信息自动采集和模块化预警系统，预警准确率达到85%以上。

（五）高产矿井采动区瓦斯抽采关键技术及应用

为解决大型高产矿井采动区瓦斯高效安全抽采问题，国家科技重大专项设立了"山西晋城矿区采气采煤一体化煤层气开发示范工程"等项目进行专项攻关，历时10年，形成了大型高产矿井采动区瓦斯抽采关键技术。该项目取得如下重大创新成果：

（1）针对高产矿井采动区瓦斯抽采面临的涌出和流动机理等重大国际难题，创建了针对采场各空间区域的煤基质孔隙非达西渗流→煤层天然裂隙和岩层达西渗流→采动裂隙场扩散和无阻导流等多级流动模型和朗氏、IPR衰减分源涌出动态预测模型，并提出了以井下顶板大直径长钻孔高效抽采、地面L形井和直井连续抽采等为核心的单一厚煤层采动区瓦斯井上下全域抽采模式。

（2）针对工作面顶板裂隙带瓦斯涌出源多量大难题，创立了基于顶板裂隙场时空演化和钻孔抽采能力多因素耦合的精准布孔技术；首次发明了"孔底驱动+高能振击"120毫米大直径一次成孔快速钻进技术；发明了以复合材料定点加固和屏蔽暂堵等为核心的穿越破碎带钻进技术。实现了采动区瓦斯井下高效抽采。

（3）针对单一厚煤层采动区覆岩断裂、位移易造成强烈挤压、切断的难题，发明了基于井身破损"层面拉剪"量化模型的以分段防护、局部固井和悬挂完井等为核心的地面直井钻完井及全域抽采技术；发明了以小角度穿层钻进、松软岩层护壁钻进等为核心的地面L形井连续高效抽采技术，突破了束缚行业的单一厚煤层采动区瓦斯地面抽采技术瓶颈。

（4）针对采动区抽采的低浓度瓦斯存在严重易燃易爆隐患及原《煤矿安全规程》规定"30%以下浓度瓦斯不能抽采输送"的难题，研究揭示了低浓度瓦斯燃、爆"正反馈机制"，发明了以阻火、泄爆、抑爆、阻爆等为核心的多级防护安全输送理论、装备及技术体系，制定了多项国家安全行业标准，解决了低浓度瓦斯抽采和利用的"最后一公里"难题。

（六）大空间采场坚硬顶板控制理论与技术

在国家技术创新及产业化示范工程等项目支持下，产、学、研联合攻关，创建了坚硬顶板大空间远近场结构失稳理论，研发了特厚煤层综放开采矿山压力协同控制和采场支护技术，取得重要创新成果：①研发了大尺度"三位一体"原位实测成套技术，构建了大空间采场时空连续监测技术体系；②发现了大空间远近场的复杂系统结构，提出了坚硬顶板大空间采场结构失稳理论，建立了强矿压预测评价体系；③研发了远场地面压裂和近场井下预裂的坚硬岩层控制技术，构建了大空间远近场坚硬顶板协同控制技术体系。项目在覆岩运移监测、坚硬顶板控制和大空间大采场支护等领域取得突破性创新成果。

该项成果在大同、平朔、神东、开滦等全国多个矿区应用,取得了显著的经济社会效益,对推动行业技术进步发挥了重大作用。

(七) 矿井灾害源超深探测地质雷达装备及技术

针对矿井地质构造和隐伏灾害源导致煤矿安全事故频发、现有矿井物探仪器装备探测深度浅、探测精度低等问题,开发了矿井灾害源超深探测地质雷达装备及技术方法,研制出大功率低频组合矿用系列地质雷达天线,提出基于反射和透射工作方式的灾害源识别算法。成果先进性如下:①国内外首次实现了80米范围内的地质构造和灾害源的精细探测,探测距离提高1.6倍以上;②开发矿井低频地质雷达探测系统及CT透视反演软件,首次实现了透射法300米跨度工作面的地质构造和灾害源的精细探测,探测精度提高30%以上;③提出了基于维纳预测和二维小波变换的干扰信号滤波算法和基于现代滚动谱技术的病害识别算法,实现地质灾害源的智能化解释;④建立了灾害源信息管理系统,可实现灾害源动态跟踪。

该项成果在神华集团、中煤集团、山西晋煤集团、河南能化集团等十几家大型煤矿企业推广应用。

(八) 矿山超大功率提升机全系列变频智能控制技术与装备

针对国内矿井提升设备电力驱动和控制系统存在的功率小、效率低、振动大、谐波重和自动化水平低等问题,产学研结合研发了"矿山超大功率提升机全系列变频智能控制技术与装备",攻克了重载平稳启动、宽范围精确调速,高精度定位,整流器无网侧电动势传感器电网优化接入、低开关频率整流器柔性启动,超大功率三电平高功率密度变频调速等核心技术,建立了基于物联网的二维远程故障预测诊断系统,实现了矿井大型提升机的智能化控制、提升机无人化运行和远程监控。

该项成果已推广应用到河南省、河北省、山东省、山西省、宁夏回族自治区、安徽省、贵州省、黑龙江省等产煤大省区的数十个矿区,装备于数百台提升机,取得了显著的经济和社会效益,具有广阔的推广应用前景。

(九) 复杂采空区下容易自燃煤层开采火灾防治技术与装备

针对煤矿复杂采空区下易自燃煤层开采火灾防治难题,中国矿业大学(北京)、煤炭科学技术研究院有限公司、开滦(集团)有限责任公司、冀中能源集团有限责任公司、神华集团有限责任公司和北京工业大学等单位在国家科技支撑计划、国家自然科学基金支持下,产、学、研结合协同创新,经研究开发和工程实践取得了以下重要的科技成果:①首次提出了煤自燃阶段跃迁理论及其预警决策体系,研究开发了煤自燃隐蔽和潜在高温区域分析圈定技术和数值仿真系统;②自主研发了适用于多源漏风条件下能与煤岩体有效黏合形成堵漏、阻燃隔离层的黏结性防灭火材料；③研发了适用于容易自燃复杂采空区下开采的风压自动调节技术；④研发了非间隔连续拖管注氮防火装备与防灭火工艺，建立了复杂采空区下易自燃煤层开采火灾防治技术体系。

该项成果先后在河北省、山西省、新疆维吾尔自治区、内蒙古自治区、安徽省等10多个煤炭主产区进行了推广应用，遏制了煤矿重大自燃火灾的发生，经济和社会效益十分显著。

（十）透明化智能综采工作面自适应采煤关键技术及系统

为推广应用可视化远程干预智能化采煤模式，以信息技术为重点突破方向，临矿集团菏泽煤电公司与北京大学、北京龙软科技股份有限公司、中国矿业大学共同完成"透明化智能综采工作面自适应采煤关键技术及系统"项目。首次将5G技术应用于井下智能自适应综采工作面常态化生产，首次研发了包括数字孪生系统在内的TGIS管控平台，首次研发了全自动测量机器人动态精确定位系统，主要装备和系统大都实现国产化，形成了煤矿智能开采的成套技术体系、系列化知识产权和示范工程，符合自主可控的国家战略，使煤炭工业由记忆截割进入自适应截割新时代，为真正的少人和无人精准开采奠定了坚实的高科技基础，社会经济效益显著。

（十一）干冰相变惰化防控技术及装备

由于开采接续等原因，当井下某一工作面完成开采需停采搬家时，留置在该区域内的一些煤体等容易放置氧化、蓄热而导致温度上升，引发自燃。为解决停产期间工作面自燃现象的发生，晋能控股煤业集团联合中国矿业大学攻关，结合实际情况进行了顶煤及采空区煤体注二氧化碳气体防灭火工业性试验。通过试验，开发了"停采面采空区自然发火仿真系统"，模拟停采工作面采空区压力场、氧浓度场和温度场的耦合时空演化过程，预测高温危险区域，为制定停采面防灭火措施提供技术支持；研发了"煤矿停采面温度观测系统"，实现了停采期间对支架顶部及尾梁后部的煤体温度变化监测和停采面高温区定位；研制了移动式干冰相变发生器，该装置主体圆筒直径1米，长1.2米，容积0.942立方米，易于运输和操作。以井下水为热源将干冰快速转化为二氧化碳气体，注入停采面高温区，使煤体惰化、降温，解除自燃隐患。研究最终形成由数值仿真系统、温度监测系统和干冰相变注气灭火系统组成的三位一体防灭火技术体系。能够靶向定位、精准治理停采面高温区，将采空区自燃隐患消灭在萌芽状态，实现安全效益最大化。

该项成果以先进理论为依托、以实用技术为手段、以安全高效为目标，同时操作简洁，在晋能控股煤业集团四老沟矿实际应用测试后，取得良好治理效果，有效降低了工作面煤炭自燃情况发生，对相似条件下停采工面煤炭自燃防治具有实际的借鉴意义和参考价值。

（十二）特厚煤层综放开采"孤岛"工作面巷道强矿压控制技术

相较于有坚实相邻实煤区依靠的其他工作面采煤，"孤岛"工作面两顺槽巷道压力都很大，水、火、瓦斯等隐患更为突出。尤其是"孤岛"如果出现在 18~25 米的特厚煤层开采区域，采煤过程不仅需要更多的技术手段来保障，同时要承受巨大的顶板来压。长期以来，国内一直没有很好的解决办法。由于"孤岛"工作面两侧均为采空区，采掘工程环境复杂多变，特别是在特厚煤层地质环境下，巷道承受的各方压力远远大于普通工作面，必须做好坚硬顶板卸压、加强支护等诸多超前措施，稍有不慎就可能引发事故。从 2017 年起，原同煤集团发挥校企联合的强强优势，与河南理工大学并肩攻关，向破解特厚煤层"孤岛"工作面开采难题发起冲击。通过实验室大量反复研究论证，科研团队获得一系列宝贵数据，而后在巷道内埋置探头，用于观测判断顶板活动规律、应力变化、微震等重要结果，通过分析麻家梁煤业"孤岛"工作面矿压显现，确定了在该矿井特厚煤层作业环境下，"孤岛"工作面较非"孤岛"工作面矿压强度增加 8%，而矿压强度增加势必带来巷道难以维护，形成安全隐患。科研团队逐步明确强矿压发生机理，合理有效卸压，缩小煤柱宽度，让小煤柱开采在"孤岛"工作面成为现实。综合塔山、麻家梁两矿的煤层赋存条件实施的小煤柱开采，使每个"孤岛"工作面多回收约 50 米煤柱，而同步应用的合理卸压手段，有效遏制围岩变形，平均每米可节约支护成本 8002 元。生产期间，共多回收原煤 142 万吨，新增产值 71350 万元。

（十三）井工煤矿辅助运输智能装备

目前国内外井工煤矿辅助运输均采用人工驾驶人工调度的方式，系统与装备智能化程度低。国内外车辆智能化及自动驾驶相关的研究主要以民用和军用车辆为主。煤炭领域在辅助运输智能化和自动驾驶技术与装备的相关研究仍是空白。中国煤炭科工集团开采研究院牵头和负责，与陕煤集团张家峁矿业有限公司、山西天地煤机装备有限公司共同完成的"煤矿辅助运输智能化关键技术与装备研究"项目在现场成功应用，通过中国煤炭工业协会专家鉴定，达到国际领先水平。该项目首次对井工煤矿辅助运输车辆智能化自动驾驶相关技术和装备进行研究，并在陕煤集团张家峁矿业有限公司应用成功，形成了煤矿辅助运输智能化系统与成套装备。该项目开发了 2 种辅助运输车辆、2 种驱动力方式的辅助运输智能化系统及装备；实现了辅助运输智能化燃油驱动料车和锂电池驱动人车从地面到井下终点往返约 5 千米的智能驾驶，能够循迹行驶、跟车行驶、定点停车、紧急制动，实现了全过程智能驾驶。截至 2021 年 8 月，累计井下运行 155 天，往返 115 趟次，共计 2100 千米，实现了井工煤矿地面和井下的辅助运输系统智能化，为煤矿提供了安全、可靠、高效的智能化辅助运输设备和技术。

（十四）薄煤层采煤机电缆拖拽系统

为解决薄煤层工作面无人化开采采煤机电缆脱缆、掉缆需要专人看护的难题，天玛公司依托集团公司科技创新创业资金专项项目《1.1m 厚坚硬煤层超长工作面智能化开采技术与装备研究》，积极组织科技攻关，成功研制了薄煤层采煤机电缆拖拽系统，并于张家峁煤矿率先应用。2020 年 11 月 22 日，采煤机电缆拖拽系统完成了安装，并进行了试运转，随着采煤机缓缓的启动运行，采煤机牛头处的电缆一直处于张紧的状态，向机头方向运行时煤机拖着电缆，向机尾方向运行电缆保持平展运行，实现了拖缆小车在拖动电缆夹的同时与采煤机同步运行，跟随采煤机随时换向，电缆跟随自由，无须视频监测与人为干预，自适应运行，保证电缆最多只有双层叠加。采煤机电缆拖拽系统运行正常，达到了预期效果。

在场的工人看到运行效果后非常兴奋，他们相信再也不用安排专人在如此低矮难走的工作面看护电缆了。张家峁14301工作面电缆拖拽系统的成功应用，极大地提高了工作面的自动化程度，降低了工人的劳动强度，为后续薄煤层的自动化开采打下了坚实的基础，为早日实现煤矿工作面的无人化开采扫清了又一障碍。

四、露天煤矿开采技术

党的十八大以来，我国露天煤矿开采技术突飞猛进，围绕"绿色、安全、高效"，重点开展了露井联采边坡稳定控制技术、软岩边坡露天矿控制开采技术、相邻露天矿协调开采技术、综合工艺及外包模式下均衡剥采比理论、自移式破碎机半连续工艺技术、露天煤矿绿色开采理论与技术等方面的研究，成果丰硕，取得了较好的经济效益。

（一）露井联采边坡稳定控制技术

针对平朔矿区采用井工开采方式回收露天矿端帮压煤过程中的边坡变形失稳现象，在理论、机理、勘察、计算、实验、设计等诸多方面开展全方位研究，对井工开采影响下露天矿边坡岩体强度损伤演化机制、边坡变形破坏机理与失稳模式、井工开采对边坡变形破坏的"偏态扰动"效应、"耦合关键岩层"对边坡变形破坏的控制作用、露井协采时空关系与边界参数优化方法、露井协采边坡岩体变形监测预报技术等关键问题进行了研究，建立了完整的露天井工联合开采科学理论体系，提出了露井协调开采边坡安全控制技术，为露井联采工程的设计与施工提供了保障。

该项技术在平朔矿区井工二矿与安家岭露天矿、安太堡露天矿得到应用，最大限度保证井工矿在边坡下部采煤时，露天矿运输系统的安全。

（二）软岩边坡露天矿控制开采技术

针对软岩露天矿边坡治理和软弱基底排土场稳定性治理两个难题，辽宁工程技术大学、国家能源投资集团平庄煤业西露天矿、内蒙古平西白音华煤业有限公司等单位研究构建了复合煤层露天矿分期降深、分层内排追踪压帮边坡稳定控制开采技术体系、软弱起伏基底排土场稳定性控制技术体系。取得以下创新成果：①提出了顺倾层状边坡稳定性三维计算方法，揭示了断面形态、暴露长度对边坡稳定性的定量影响；②发明了兼顾边坡整体和局部稳定性的复合煤层边坡形态逐阶段优化方法；③提出了兼顾基底承载力、边坡稳定性、安全距离三方面因素的排土场设计理念；④发明了复合软弱起伏基底排土场边坡形态优化方法；⑤建立排土场安全距离的概念及评价方法。

该项技术在内蒙古自治区锡林浩特市胜利国家规划矿区西二露天矿、锡林郭勒盟乌兰图嘎煤炭有限责任公司锗煤露天矿、内蒙古平西白音华煤业有限公司露天矿、扎鲁特旗扎哈淖尔煤业有限公司露天矿、内蒙古霍林河露天煤业股份有限公司一号露天矿等多家矿山得到了应用，经济效益可观。

（三）相邻露天矿协调开采技术

针对相邻露天矿存在重复建设增加总体投资、边帮压煤难以有效回采、排土空间得不到有效利用等问题，为了减少总体投资、提高煤炭资源回收率、降低成本、减少外排土场征地，在内蒙古胜利矿区、准格尔矿区、白音华矿区等多个露天煤矿开展"相邻露天矿协调开采技术"研究，主要包括：贯通两矿采场、消除边帮压煤区、工作线同步推进、实现边帮压煤协调开采；贯通两矿排土场、实现协调排土、充分利用排土空间、减少外排土场征地；构筑连接采场与排土场的临时排土桥；建立了临时排土桥参数和数量的优化模型；确定了临时排土桥拆建周期和措施。

该项技术已在蒙东能源控股有限责任公司西二露天矿和乌兰图嘎露天矿开始实施，经济社会效益显著。

（四）综合工艺及外包模式下均衡剥采比理论

剥采比均衡的实质是通过适度超前剥离，以达到在一定时间段内生产剥采比的稳定，避免设备数量频繁变动的目的。但传统的均衡剥采比理论以单一开采工艺、经营方式全部自营为假设条件，它多用于单一工艺的采掘运输设备配套。目前露天煤矿多采用综合开采工艺，现场生产和管理水平已大幅提高，具备了适时调整开采程序和开采参数的能力。同时，矿业权与经营权分离为专业化提供了制度保障，露天煤矿剥离外包已成为一种常态化。在此背景下，露天煤矿设计只要根据投资额度和自营设备能力，充分考虑综合工艺各类设备组能力，使露天煤矿剥离风险最小即可，其他均可采用外包解决。也就是由传统的被动超前剥离、提前追加设备来达到生产剥采比的均衡，向维持自有设备稳定、主动适应剥采比变化，以尽可能降低投资追加额度，提高露天煤矿生命周期内总体经济效益。

（五）自移式破碎机半连续工艺技术

单斗—自移式破碎机半连续工艺减少了卡车运输环节，实现了全系统电力驱动、能源单一、以电代油的目的，同时具有设备生产能力大、自动化程度高、移设灵活方便等特点。中煤西安设计工程有限责任公司、中国矿业大学（北京）等单位结合平朔矿区、霍林河矿区等露天矿区的设计和开发，开展露天煤矿移动式破碎机半连续开采新工艺研究与应用。主要是建立了破碎机参数和应用情况的技术数据库和破碎机选型辅助系统，成为采矿设计和研究工作的先进和实用手段，提高了设计效率。提出了破碎站（机）选型、布局及移设、系统各环节匹配、采掘和转载形式、作业参数等的设计优化原则和通用方法，并在露天煤矿设计和研究中得到了应用。

目前单斗—自移式破碎机半连续工艺已在华能伊敏煤电公司露天矿、内蒙古锡林郭勒白音华煤电有限责任公司露天矿、内蒙古白音华蒙东露天煤业有限公司等多个露天煤矿成功应用。

（六）露天煤矿绿色开采理论与技术

近年来，露天煤矿环境保护工作由传统的先开采后环境治理模式转变为从开采源头控制煤炭开采对环境影响新模式，露天开采生态环保理论水平不断提升，历经多年的土地复垦、生态恢复实践，逐步形成露天煤矿绿色开采理论体系。中国矿业大学、辽宁工程技术大学、中煤科工集团沈阳设计研究院有限公司等单位开展了大量的露天煤矿绿色开采理论与技术研究，提出露天煤矿绿色开采的概念，建立露天煤矿绿色开采评价指标体系，提出陡边坡技术、采场工作帮陡帮开采技术、内排土场陡帮排土技术、外排土场减少占地面积技术、逐孔爆破技术、采场与外排土场帷幕与降尘技术、绿色开采新工艺、闭坑治理技术等一系列露天煤矿绿色开采技术，为国内露天煤矿绿色矿山建设提供了理论支撑和技术依据。

已有平朔、伊敏等多家露天煤矿成为国土资源部确定的国家级绿色矿山试点单位；2017年12月，准格尔国家矿山公园建设经国土资源部批复。

五、煤炭加工利用技术

近年来，我国煤炭加工利用技术取得成效，矿区生态文明建设和生态环境保护制度体系基本形成，清洁生产机制全面建立，原煤洗选、"三废"综合利用能力大幅提高，煤炭深加工示范、高效煤粉工业锅炉技术示范取得成功，煤炭清洁高效集约化利用水平大幅提升；建成了以同煤塔山、神华宁东为代表的一批循环经济产业园区。2017年，全国原煤入选率为70.2%，同比提高1.3个百分点；矿井水利用率达到72%，煤矸石综合利用处置率达到67.3%，井下瓦斯抽采利用量达到48.9亿立方米，大中型煤矿原煤生产综合能耗、生产电耗分别达到11.6公斤标准煤/吨、21.2千瓦·时/吨，煤矸石及低热值煤综合发电装机3600万千瓦，土地复垦率达到49%。攻克了大型先进煤气化、合成气转化、大型煤制甲醇、煤直接液化制油、煤间接液化制油、煤制烯烃、煤制乙二醇等一大批技术难题，开发了一大批大型设备，煤制油、煤制烯烃、煤制乙二醇等煤炭清洁高效转化示范工程顺利实施。

（一）煤制油品/烯烃大型现代煤化工成套技术

由神华集团等21家单位共同完成的"煤制油品/烯烃大型现代煤化工成套技术开发及应用"项目获2017年度国家科技进步一等奖。该项目以国家"863"相关课题为支撑，形成具有自主知识产权的百万吨级煤直接液化、60万吨级煤制烯烃成套技术。首创了高效大型现代煤制油品和烯烃工程化技术；突破了超大超厚大型化工装备设计及制造技术，实现了现代煤化工核心装备的中国创造；首创了现代煤化工系统集成与运行技术；突破了西部缺水区煤化工节水与高难度废水处理技术；首创了煤化工二氧化碳捕集、咸水层封存与监测成套技术，建成了世界首个10万吨级煤化工CCS示范工程。2017年国家能源局印发《煤炭深加工产业示范"十三五"规划》的目标，预计2020年，煤制油产能为1300万吨/年。重点煤制油项目：宁夏神华宁煤二期、内蒙古神华鄂尔多斯二三线、陕西兖矿榆林二期、新疆甘泉堡、新疆伊犁、内蒙古伊泰、贵州毕节、内蒙古东部煤制油项目。

1. 神华煤直接液化技术

神华煤直接液化项目主要由煤液化、液化油提质加工和制氢三大部分组成。项目总投资250亿元，建设规模为年产油品500万吨。该项目于2002年9月得到国家计委正式批准，并于2003年12月正式完成了全厂基础设计工作。先期工程投资150亿元，年产油品103万吨，主要包括车用柴油、石脑油、液化气等主要产品，副产品包括工业粗酚、工业硫黄等。经过数年艰苦建设，已于2008年12月31日一次投料试车成功。

神华煤直接液化项目一期工程，共建设3条生产线，目前第一条生产线年产108万吨油品已建成投产并完成竣工验收。根据先期工程运行情况，拟进一步建设直接液化第二、第三条生产线，同时实施一条50万吨/年的调和油生产线，项目总投资470亿元。

2. 400万吨煤炭间接液化技术

2013年9月28日，神华宁夏煤业集团年产400万吨煤炭间接液化示范项目在该基地煤化工业园区A区正式开工建设，总占地面积800多公顷。该项目总投资约550亿元，是目前世界石油化工及煤化工行业一次性投资建设规模最大的化工项目，每年转化煤炭2046万吨，年产油品405万吨，其中柴油273万吨、石脑油98万吨、液化气34万吨；副产硫黄20万吨、混醇7.5万吨、硫酸铵14.5万吨。这一全球单体规模最大的煤制油项目还将通过系统集成和优化，强化节能节水措施，同时煤炭间接液化的合成油品具有超低硫等特点，有利于降低二氧化硫、氮氧化物、碳氢化合物和颗粒物等污染物的排放，有效降低城市空气污染，防止雾霾出现。

2016年12月，神华宁煤煤制油示范项目A线一次试车成功打通全流程，产出合格油品。2016年7月19日，习近平来到银川市郊的宁东能源化工基地考察，详细了解全球单体规模最大的煤制油工程项目——神华宁煤间接液化示范项目建设的进展情况，肯定了我国在煤化工领域取得的创新成就。

2016年12月28日，项目产出合格成品油，习近平对神华宁煤煤制油示范项目建成投产做出重要指示，代表党中央对项目建成投产表示热烈的祝贺，向参与工程建设、生产运行、技术研发的广大科技人员、干部职工表示诚挚的问候。

3. 百万吨级煤间接液化技术

2015年9月，由兖矿集团有限公司、上海兖矿能源科技研发有限公司、煤液化及煤化工国家重点实验室、陕西未来能源化工有限公司共同完成的"百万吨级煤炭间接液化关键及系统集成技术开发与工业示范"项目，在位于陕西省榆林市的陕西未来能源化工有限公司投产，并产出了优质油品。2017 年 12 月,"百万吨级煤炭间接液化关键及系统集成技术开发与工业示范"项目获得中国煤炭工业协会科学技术奖特等奖。该技术与国内外同类技术相比,具有诸多优势:吨油品催化剂消耗低,为国内外同类催化剂消耗的 30%左右;柴油选择性高,柴油收率达 75%以上,比国内同类技术高 30%以上;费托合成反应器生产强度大,是同类直径反应器产能的 1.5 倍;碳转化率高,煤气化单元采用兖矿集团与华东理工大学共同研发的多喷嘴对置式水煤浆加压气化技术,碳转化率高达 98%~99%;热电联供系统总体热效率可超过 90%。该项目首创了高效铁基低温费托合成催化剂及其工业化生产成套技术;首创了大型低温浆态床费托合成反应器及其内构件技术;首创了百万吨级反应器串联费托合成工艺技术;首创了百万吨级费托合成油品加工催化剂和加工工艺技术;首创了煤间接液化优化集成设计平台、动态模拟系统和操作员培训系统;首创了百万吨级煤间接液化系统集成技术,建成并高效运行了国内首套百万吨级煤间接液化工业示范装置。

(二)全球首套煤基乙醇工业化示范装置

2017 年 1 月 11 日,采用中国科学院大连化学物理研究所和陕西延长石油集团共同研发的、具有我国自主知识产权技术的煤基乙醇工业化项目——陕西延长石油集团 10 万吨/年合成气制乙醇工业示范项目打通全流程,生产出合格的无水乙醇。

这是继煤制油、煤制乙二醇等技术之后,我国煤化工领域取得的又一世界级成果,对于缓解我国石油供应不足、石油化工原料替代、油品清洁化及煤炭清洁高效利用等大有裨益。为今后大规模工业化装置建设、生产和运行提供了关键技术数据和宝贵的经验,标志着我国将率先拥有设计和建设百万吨级大型煤基乙醇工厂的能力,使我国大范围推广乙醇汽油成为可能。

(三)低阶煤分质梯级利用技术

我国低阶煤资源丰富、分布广泛,具有挥发分高、灰分低、化学反应性好等特点,非常适合通过 SM-GF 技术进行分质综合利用。近年来,低阶煤分质梯级利用项目得到有效推进。

河南龙成集团有限公司 1000 万吨/年旋转床粉煤热解项目已经试生产,其单套装置处理能力达 100 吨/时,洁净煤、煤焦油、煤气产率分别为 71.53%、11.05%、9.87%。能源转换效率达到 90.7%,经济效益明显。

陕西煤业化工集团有限责任公司 1 万吨/年气化—低阶煤热解一体化技术也处于示范阶段,利用热解半焦作为气化原料,热解煤气作为热载体为热解炉提供热量,在热量上实现自平衡,生产的热解焦油品质好,可实现能量、物料、产品、工艺和装置的多重耦合。

陕西煤业化工集团和北京国电富通科技发展有限责任公司自主开发了煤气热载体分段多层低阶煤热解成套工业化技术(SM-GF)。该技术实现了低阶煤中低温热解工业化运行。该技术重点针对 30 毫米以下不同粒度的混煤热解开展攻关,集分段多层处理、均匀传热传质、油尘气高效分离、自产富氢煤气循环热载体蓄热式加热、中低温分级耦合热解、干法熄焦等关键技术等为一体,成功开发的分段多层立式矩形热解炉单套处理能力达 50 万吨/年,并在内部设置多层结构，采用干燥、干馏和冷却分段处理的方式，实现炉内自除尘和均匀布料布气，有效解决了当前混煤热解工业化、单套处理规模较小、油尘气分离效率低等多项技术难题。

2017年12月31日，潞安集团举行年产180万吨高硫煤清洁利用油化电热一体化示范项目产出合格产品汇报会，宣布这一山西省转型综改重大标杆工程项目全系统成功试运行。该项目以潞安集团自产高硫煤为原料，采用国际先进技术集成耦合，实现煤炭的清洁高效利用，生产高端蜡、无芳溶剂、特种燃料、高档润滑油、专属化学品五大类49种高端精细化学品以及115兆瓦余热发电。

该项目担负着国家"三高"煤的大规模气化技术示范、煤基费托合成生产高端化学品的示范、带动甲醇等传统煤化工升级改造示范和国家现代煤化工环保高标准的示范。该项目先后开发出5大类、27种产品、48个规格、180个型号的煤基精细化学品产品系列，开创了新型高端煤化工系列化产品的先河，为培育具有全球竞争力的新型高端化工企业奠定基础。该项目开创了三个模式：高端煤化工一体化运营模式、股权多元化合作模式、产学研用一体化协同创新发展模式。

（四）旋流干煤粉气化炉技术装备

2017年12月13日，由神华集团、神华宁夏煤业集团发明的具有自主知识产权的"一种旋流干煤粉气化炉"获第十九届中国专利奖金奖，这也是煤炭行业第4项获中国专利金奖的专利。

旋流干煤粉气化炉攻克了大型单喷嘴干煤粉加压气化技术、关键装备、材料及系统集成等难题，提高了气化效率及碳转化率。

（五）固定床钴基费托技术

国家能源集团北京低碳清洁能源研究院固定床钴基费托技术团队成功开发了以高熔点蜡为主产品的固定床钴基费托合成技术，关键指标均达到了国际先进水平。固定床钴基费托技术的成功，开拓了煤制高附加值化工产品的新技术路线，对我国煤炭清洁、高效、高附加值利用具有重大的意义，将进一步提升我国在煤间接液化技术领域的综合水平，增强煤间接液化技术在煤化工领域的竞争力。

2020年10月18日，国家能源集团北京低碳清洁能源研究院固定床钴基费托合成技术在300吨/年的中试装置上顺利通过72小时标定，技术各方面的性能指标均达到了国际先进水平。根据中试结果，采用国家能源集团北京低碳清洁能源研究院开发的固定床钴基费托合成技术，每生产1吨油品合成气原料的消耗量小于5700标准立方米，并且油品中大于75%的产品为高熔点的费托蜡。国家能源集团北京低碳清洁能源研究院固定床钴基费托技术产出的高熔点粗蜡可高收率地分离出105号和115号等高端蜡，具有极高的经济价值，可打破国外公司对我国高端蜡产品的垄断。

第十七章 电力技术

一、火电技术

我国的火电技术在高效燃煤、低排放、排放治理方面取得进展。超临界燃煤发电、燃煤机组技术、煤电排放治理技术均有重要突破。

(一) 燃煤发电技术

我国重点发展超(超)临界发电技术，具有制造1000兆瓦、31兆帕、600摄氏度等级超(超)临界发电机组的技术和能力，超(超)临界发电机组大量应用于燃煤发电，截至2016年，百万千瓦机组数量达到96台，包括二次再热及空冷发电机组，比世界其他国家的总和还多。煤电发电厂能效水平持续提高。2017年全国6000千瓦及以上火电厂供电标准煤耗309克/(千瓦·时)，比2016年312克/(千瓦·时)降低了3克/(千瓦·时)，煤电机组供电煤耗水平持续保持世界先进水平。由于煤电超低排放改造、负荷率下降等原因，2017年6000千瓦及以上火电厂厂用电率6.04%，比2016年提高0.03个百分点；火电厂单位发电量耗水量1.25千克/(千瓦·时)，比2016年降低0.05千克/(千瓦·时)。

1. 高效超(超)临界燃煤发电技术

2006年国内第一台1000兆瓦超(超)临界机组投运以来，我国在参数等级为25~27兆帕/600摄氏度/600摄氏度的超(超)临界机组取得了进步，提升初参数是先进超(超)临界机组发电机组的技术方向，行业开始探索在应用现有高温耐热钢的前提下，进一步将再热气温由605摄氏度提高到613摄氏度或623摄氏度，开发效率更高的"高效超(超)临界"机组。

2013年12月23日，上海电气集团设计制造的国内首台660兆瓦高效超(超)临界机组在安徽田集电厂通过168小时试运行。锅炉主蒸汽压力28兆帕、过热蒸汽温度605摄氏度、再热蒸汽温度623摄氏度。设计发电标准煤耗为267.9克/(千瓦·时)，机组设计热效率为45.85%。2014年12月17日，哈尔滨锅炉厂有限责任公司及上海汽轮机有限公司设计制造的660兆瓦高效超(超)临界机组在华能国际电力股份有限公司投入运行，锅炉蒸汽参数为29.3兆帕、过热气温605摄氏度、再热气温623摄氏度，测试供电标准煤耗274.3克/(千瓦·时)。2015年2月9日，东方电气集团制造的1050兆瓦高效超(超)临界锅炉在神华万州电厂通过168小时试运，锅炉主蒸汽压力29.4兆帕、过热蒸汽温度605摄氏度、再热蒸汽温度623摄氏度，供电标准煤耗272.3克/（千瓦·时）。

2. 二次再热超（超）临界燃煤发电技术

我国自主研发了600~1000兆瓦等级超（超）临界二次再热发电技术，首先建成我国首台套超（超）临界二次再热发电机组（660兆瓦），随后建成世界首台套1000兆瓦二次再热超（超）临界发电机组，发电效率达47.82%，发电效率和发电煤耗均达到世界领先水平，超（超）临界二次再热发电机组已成为我国新建600~1000兆瓦等级火力发电机组的首选技术。

2012年10月，中国华能集团有限公司牵头与中国华能西安热工研究院有限公司、哈尔滨锅炉厂有限责任公司、东方汽轮机有限公司、江西省电力设计院等组成研发团队，开展"超（超）临界二次再热燃煤发电机组关键技术研究项目"，并在华能安源电厂一期工程建设2台660兆瓦超（超）临界二次再热机组，该项目是华能集团2015年重点科技课题依托项目。项目在国际上首次选用660兆瓦超（超）临界二次再热凝汽式燃煤发电机组，机组设计主蒸汽压力31兆帕，主蒸汽温度600摄氏度，一次/二次再热蒸汽温度620摄氏度，参数世界最高，采用Ⅱ型四角切圆燃烧锅炉，在国内首创高温炉烟再循环系统调节二次再热气温，汽轮机采用四缸四排汽汽轮机，该项目于2013年6月28日在华能安源电厂开工建设，并于2015年6月27日投产，为我国首台投运的二次再热发电机组，供电标准煤耗272.53克/（千瓦·时）。2017年经中国电力企业联合会核查后，安源二次再热机组被评为660兆瓦级机组能耗最优机组，成为同容量火电机组的新标杆机组。

中国国电集团公司牵头与中国电力工程顾问集团公司、上海电气集团股份有限公司三方组成"二次再热"技术研发团队，共同实施"新型超（超）临界二次再热燃煤发电机组关键技术研究项目"，示范工程首台于2015年9月25日在国电泰州发电厂完成168小时满负荷试运行。为国内外首台套投产的超（超）临界百万二次再热机组。机组设计主蒸汽压力31兆帕，主蒸汽温度600摄氏度，一次/二次再热蒸汽温度610摄氏度。锅炉采用单炉膛塔式锅炉，锅炉的调温方式创造性地采用"水煤比+两级喷水（过热系统）、燃烧器摆动+烟气挡板（再热系统）"调温方案，汽轮机采用单轴五缸四排汽轮机。供电煤耗达到了266.57克/（千瓦·时），发电效率达到47.81%。

3. 超临界循环流化床锅炉发电技术

在国家科技支撑计划的支持下，清华大学、东方锅炉（集团）股份有限公司、四川白马循环流化床示范电站有限责任公司、中国华能集团清洁能源技术研究院有限公司等主要科研单位承担了"600MW超临界循环流化床锅炉技术开发、研制与工程示范"项目。

示范工程于2013年4月14日在四川白马循环流化床示范电站有限责任公司投运，成为世界首台600兆瓦超临界CFB锅炉发电机组，完全具有自主知识产权。锅炉运行最大连续蒸发量1903吨/时，热效率91.52%，锅炉原始排放浓度氮氧化物为112毫克/立方米、二氧化硫为192毫克/立方米，综合厂用电率5.57%，各项指标均优于亚临界CFB锅炉和国外的超临界CFB锅炉。

截止到2017年底，国内先后投运了15台350兆瓦超临界CFB锅炉发电机组。我国的超临界CFB锅炉总蒸发量占世界同类锅炉蒸发量的90%以上，充分体现了我国在大型燃煤CFB锅炉制造与运行技术方面居世界领先水平。

4. 700℃超（超）临界燃煤发电关键技术

2010年7月23日，国家能源局组建国家700℃超（超）临界燃煤发电技术创新联盟，国家能源局为理事长单位，中国华能集团有限公司为副理事长单位。

2011年国家能源局设立国家能源领域重点研发项目"700℃超（超）临界燃煤发电关键设备研发及应用示范"。项目由中国华能集团清洁能源技术研究院有限公司牵头，中国电力工程顾问集团有限公司、西安热工研究院有限公司、三大锅炉厂、三大汽轮机厂等单位合作，围绕700℃超（超）临界燃煤发电机组的总体方案设计、高温材料的服役特性及国产化、锅炉的设计制造技术、汽轮机的设计制造技术、关键部件验证平台的建立及运行、示范电站的工程可行性研究等方面开展研究。

经过近5年的技术攻关，我国首个700℃关键部件验证试验平台于2015年12月30日在华能南京电厂2号320兆瓦超临界机组锅炉侧投运，实现700℃长期运行，以国产材料和工艺为主对国内外10个不同牌号新型材料及关键部件进行了验证及测试，初步掌握700℃先进超（超）临界发电技术所涉及的高温材料冶炼、部件制造加工和施工焊接等关键技术，标志着我国700℃技术的发展迈入了一个新的阶段。"700℃超（超）临界燃煤发电机组关键部件验证试验平台研制与应用研究"获2018年度中国电力科学技术二等奖。

相关验证工作还在继续进行，并不断有新的国产材料加入验证。截至2018年10月，700℃平台累计运行时间达到2万小时。

（二）燃气发电技术

近年来我国天然气发电装机容量增长迅速，截至2017年底装机容量约7629万千瓦，超过国内全口径装机容量的4.29%，根据《天然气发展"十三五"规划》，2020年天然气发电装机规模将达1.1亿千瓦以上，占发电总装机比例将超过5%。

1. 燃气蒸汽联合循环发电技术

以天然气为燃料的燃气蒸汽联合循环发电技术将布雷顿循环和朗肯循环相结合，提高了能源综合利用效率。先进的F级燃气蒸汽联合循环机组发电效率已超过59%，远高于百万级燃煤机组的发电效率。

2014年5月8日，上海电气出资4亿欧元收购意大利安萨尔多能源公司40%的股权，并于2014年11月6日在上海成立两家合资公司，从事燃机总装及核心零件的生产、销售和研发。2018年6月8日和8月16日，国内首个采用安萨尔多F级燃机（AE94.3A）的联合循环机组和采用小F级燃机（AE64.3A）的联合循环机组分别在中电四会燃气热电冷联产项目和华电广东江门分布式能源项目顺利投产。目前AE94.3A燃机单循环发电功率约310兆瓦、发电效率约39.8%，联合循环（一拖一）发电功率约456兆瓦、发电效率约58.8%；AE64.3A燃机单循环发电功率约78兆瓦、发电效率约36.3%，联合循环（一拖一）发电功率约116兆瓦、发电效率约53.8%。2018年9月28日，上海电气、中国联合重型燃气轮机技术有限公司、上海电力股份有限公司、安萨尔多能源集团四方共同签署H级燃机技术（GT36）合作谅解备忘录。GT36 燃机单循环发电功率约 538 兆瓦、发电效率约 42.8%，联合循环（一拖一）发电功率约 760 兆瓦、发电效率约 62.6%。

2017 年 3 月 14 日，哈尔滨电气集团公司与美国通用电气公司合作签署天津华电军粮城六期 650 兆瓦级燃气蒸汽联合循环热电联产项目，采用国内首套 9HA 燃机。目前 9HA 燃机单循环发电功率约 429 兆瓦、发电效率约 42.4%，联合循环（一拖一）发电功率约 650 兆瓦、发电效率约 62.6%。同时，哈尔滨电气集团公司与美国通用电气公司签署了合资项目协议，将在河北秦皇岛建立燃机制造基地，成立哈电通用（秦皇岛）燃气轮机有限公司。

2016 年 6 月 23 日，东方电气与三菱日立电力系统公司在德阳签订 M701F5 燃机技术转让协议暨 M701J 燃机技术转让框架协议。M701F5 燃机单循环发电功率约 353 兆瓦、发电效率约 41.7%，联合循环（一拖一）发电功率 525 兆瓦、发电效率约 60.8%。2017 年 11 月 12 日，国内首套 M701F5 燃机在华能北京热电厂成功投入商业运行。M701J 燃机单循环发电功率约 478 兆瓦、发电效率约 42.3%，联合循环（一拖一）发电功率约 701 兆瓦、发电效率约 62.3%。

2018 年 4 月 19 日，德国西门子在国内首个 H 级燃气轮机（SGT5-8000H）订单落地于华电广州增城燃气冷热电三联供项目。SGT5-8000H 燃机单循环发电功率约 450 兆瓦、发电效率约 41%，联合循环（一拖一）发电功率约 665 兆瓦、发电效率约 61%。

2. 整体煤气化联合循环（IGCC）发电技术

华能集团在国家、华能集团重点科技研发项目基础上，研发了自主知识产权的两段式干煤粉加压气化技术和 IGCC 设计集成技术，该技术应用于国家清洁煤重大示范工程——华能天津 IGCC 示范电站，于 2012 年 12 月投入运行，这是我国首座 IGCC 电站。投运以来，实现连续稳定运行，年均运行时间超过 5000 小时。2018 年 9 月 25 日机组实现连续稳定运行 166 天，超过日本勿来 IGCC 机组，创造了 IGCC 机组最长连续运行纪录。主要设计技术指标，设计煤种（神华煤）LHV 为 22760 千焦/千克，原煤投煤量为 2090 吨/天，燃气轮机发电功率 172.8 兆瓦，汽轮机功率 93.4 兆瓦，电厂发电功率 266.3 兆瓦，全厂发电效率 48.3%，供电效率 41%。氮氧化物排放指标小于 35 毫克/标准立方米，粉尘排放小于 1 毫克/标准立方米。煤中的硫以单质硫黄回收，灰渣含碳量小于 1%。

经中国电机工程学会技术鉴定，整体达到国际先进水平，干煤粉加压气化技术达到国际领先水平，实现了煤基发电的污染物近零排放。荣获中国电力科技一等奖、国家科技进步二等奖。

（三）火电厂污染物排放治理技术

1. 主要烟气污染物治理技术

烟尘排放控制技术。我国燃煤电站电除尘器占比达到 95%，除尘效率可达到 99.9%，布袋及电袋除尘器也有一定的份额，粉尘排放可达到 10~50 毫克/立方米。2011 年新的烟尘排放要求出台后，电除尘器普遍进行电除尘器结构、高频电源、脉冲电源技术改造，同时增加低温省煤器，降低烟气温度以降低烟气流速及降低烟尘比电阻，提高除尘效率的协同除尘技术得到普遍推广应用，粉尘排放可达到15~30毫克/立方米。布袋及电袋复合除尘器滤料为聚苯硫醚（PPS）、聚酰亚胺（P84）、芳纶（PI）、聚四氟乙烯（PTFE），并采用超细及覆膜滤料技术，粉尘长期稳定排放10~20毫克/立方米，我国电袋复合除尘器总体技术水平国际领先，荣获2014年度国家科技进步奖。

为了控制湿烟气颗粒物的排放，几家研究机构及企业开发了耐腐蚀合成树脂材料、耐腐蚀金属阳极板材料、电源系统、流场控制等关键技术，形成湿式电除尘技术。其中西安热工研究院有限公司、福建龙净环保股份有限公司等企业开发的湿式电除尘技术于2013年分别推广到华能黄台电厂300兆瓦机组、华电淄博电厂330兆瓦机组，颗粒物排放小于5毫克/立方米水平。

（1）二氧化硫排放控制技术。1996年我国提出了烟气脱硫要求，循环流化床、海水脱硫、炉内喷钙等多种技术开始应用。2003年以后，要求全面实施烟气脱硫，石灰石—石膏湿法技术快速发展，在燃煤电站烟气脱硫中的应用比例达到90%以上，其他应用较多的脱硫工艺有海水法、氨法和烟气循环流化床法，但每种工艺的应用比例都不超过3%。2011年修订的GB13223-2011要求二氧化硫排放浓度低于50毫克/立方米，脱硫技术和运行管理水平进一步提高，石灰石—石膏湿法脱硫效率提升到98%以上。

我国石灰石—石膏湿法脱硫技术主流为多层喷淋塔技术，细分为旋汇耦合、双托盘、单塔双循环、双塔双循环、脱硫协同除尘技术，能实现99.5%以上的脱硫效率，同时还兼有70%以上的协同除尘作用。

同时还发展了海水、氨法和烟气循环流化床、活性焦脱硫技术。海水仅适用于滨海电厂，氨法仅适用于附近有稳定氨源且没有环境敏感目标的电厂，烟气循环流化床仅适用于燃用中低硫煤的电厂。据中国电力企业联合会统计，截止到2016年底，全国煤电机组中石灰石—石膏湿法脱硫占92.9%，海水脱硫占2.6%，氨法脱硫占1.8%，烟气循环流化床脱硫占1.8%，其他脱硫工艺占0.9%。

（2）氮氧化物排放控制技术。我国在20世纪80年代已开展了燃煤锅炉低氮燃烧技术的研究工作，1988年西安热工研究所与兰州西固热电厂在7号锅炉进行了低氮燃烧改造试验研究及示范，氮氧化物排放从744毫克/立方米降低到556毫克/立方米，氮氧化物排放降低了25%。我国1996年首次提出氮氧化物排放浓度限值，要求新建1000吨/小时以上的电厂锅炉采用低氮燃烧器控制氮氧化物排放，当时绝大多数氮氧化物排放浓度接近400~650毫克/立方米，不需要采取氮氧化物控制措施；2003年氮氧化物排放标准进一步提高，新建机组采用低氮燃烧技术。2011年更严格的标准出台，要求氮氧化物排放浓度低于50毫克/立方米，在役机组大面积实施低氮燃烧器改造，燃烧烟煤或褐煤时氮氧化物排放最高达到120~150毫克/立方米，同时SNCR、SCR烟气脱硝技术、脱硝催化剂国产化技术快速发展，脱硝效率可分别达到25%~40%、60%~80%，新建机组采用脱硝，在役机组大面积实施脱硝改造，先进流场控制技术、新型催化剂等高效脱硝技术应用于燃煤机组脱硝，最高脱硝效率可达90%以上。

我国常规煤粉炉以低氮燃烧与选择性催化还原（SCR）脱硝技术组合控制氮氧化物排放，循环流化床锅炉则以流化床低氮燃烧与选择性非催化还原（SNCR）脱硝技术组合控制氮氧化物排放。

（3）烟气污染物超低排放技术。2013年9月10日国务院发布了《大气污染防治行动计划》，首次提出了可吸入颗粒物、细颗粒物。国内提出超低排放的概念及要求，颗粒物排放达到 5 毫克/立方米，二氧化硫排放达到 35 毫克/立方米，氮氧化物排放达到 50 毫克/立方米。2015 年环境保护部、国家发展和改革委员会、国家能源局联合印发《全面实施燃煤电厂超低排放和节能改造工作方案》，华能集团、大唐集团、国电集团、华电集团、中电投集团、神华集团、浙能集团等集团企业分别组织进行烟气污染物超低排放技术研发，西安热工研究院有限公司、福建龙净环保股份有限公司、武汉凯迪电力环保有限公司、北京国电龙源环保工程有限公司、北京清新环境技术股份有限公司等企业分别推出超低排放技术。超低排放技术关键是利用低温省煤器、电除尘器、先进脱硫除雾器、湿式电除尘器构建的协同脱除技术，烟尘脱除效率稳定提高，颗粒物排放达到了 1 毫克/立方米的水平。复合塔技术、单塔双循环、双塔双循环技术脱硫技术，控制二氧化硫排放达到了小于 35 毫克/立方米的水平，深度低氮燃烧、SNCR 脱硝、SCR 脱硝等技术组合协同控制氮氧化物排放，氮氧化物排放达到小于 50 毫克/立方米水平。我国燃煤发电机组三大烟气污染物排放实现追赶燃气机组的排放水平。燃煤电厂烟气污染物跨入燃气机组排放时代，主要烟气污染物排放指标世界领先。这一历史时期形成的烟气污染物超低排放技术行业被称为"烟气污染物协同脱除超低排放技术"。

党的十八大以来，全国累计完成燃煤电厂超低排放改造 7 亿千瓦，占全国煤电机组容量比重超过 70%，提前两年多完成 2020 年改造目标任务。2017 年，全国电力烟尘、二氧化硫和氮氧化物排放量分别约为 26 万吨、120 万吨和 114 万吨，分别比 2016 年下降 25.7%、29.4% 和 26.5%；单位火电发电量烟尘排放量、二氧化硫排放量和氮氧化物排放量分别为 0.06 克/（千瓦·时）、0.26 克/（千瓦·时）和 0.25 克/（千瓦·时），比 2016 年分别下降 0.02 克/（千瓦·时）、0.13 克/（千瓦·时）和 0.11 克/（千瓦·时）。

2. 二氧化碳高效捕集技术

二氧化碳捕集利用与封存（CCUS）是指将二氧化碳从工业排放源中分离后或直接加以利用或封存，以实现二氧化碳减排的工业过程。按照流程，CCUS 可分为捕集、输送、利用与封存四大环节。二氧化碳捕集技术主要有燃烧后捕集、富氧燃烧捕集、基于整体煤气化联合循环的燃烧前捕集和化工过程捕集，封存技术主要有地质利用与封存、化工利用、生物利用三大类 20 多种技术。CCUS 可以捕集发电和工业过程中使用化石燃料所产生的多达 90% 的二氧化碳，脱碳水平较高。

从规模上看，我国已投运或建设中的 CCUS 示范项目约 40 个，捕集能力 300 万吨/年。从覆盖技术来看，目前我国二氧化碳捕集源覆盖燃煤电厂的燃烧前、燃烧后和富氧燃烧捕集等多种技术，二氧化碳封存及利用涉及咸水层封存、EOR 等多种方式。我国 CCUS 技术目前的重点技术方向和产品布局方面主要涉及三个：二氧化碳捕集技术；二氧化碳化学利用技术；二氧化碳地质利用与封存技术。相比国外，我国 CCUS 项目起步较晚，已投运或建设中的 CCUS 示范项目多以石油、煤化工、电力行业小规模的捕集驱油示范为主，缺乏大规模的多种技术组合的全流程工业化示范。二氧化碳捕集技术产业化发展路径涉及高性能、低成本吸收剂及关键塔内件开发；二氧化碳吸收、分离、压缩等设备自主设计；高效二氧化碳捕集系统和电厂系统集成研究；大规模燃烧后碳捕集整体工程设计优化。二氧化碳化学利用技术正向新型催化剂设计及反应器优化和二氧化碳化学转化技术产业化优化与装备研发方面进行产业化发展。二氧化碳地质利用与封存技术涉及的产业化发展路径为：高效驱油技术研究；二氧化碳地质驱油封存中赋存状态及物理化学研究；二氧化碳驱油与封存协同技术研究；二氧化碳注入、储层及泄漏监测方法与设备研制；二氧化碳循环利用模式及设计方法研究；二氧化碳驱注采工程技术研究；二氧化碳封存对环境影响的评价指标和评价方法；二氧化碳地质利用、封存及监测工程示范。

中国作为负责任的发展中大国，已对世界承诺二氧化碳排放2030年左右达到峰值并争取早日实现。作为一项有望实现化石能源大规模低碳利用的新兴技术，CCUS将有可能成为未来中国减少二氧化碳排放和保障能源安全的重要战略技术选择，它也是未来中国履行"碳中和"承诺、构建生态文明和实现可持续发展的重要手段。

中国华能集团清洁能源技术研究院有限公司研发具有自主知识产权的低水气比耐硫变换、同时脱硫脱碳、贫液半贫液吸收、直接氧化法硫回收的技术，在国家"863"计划的支持下，在该技术基础上中国华能集团清洁能源技术研究院有限公司研制了世界首座10万吨/年基于IGCC的燃烧前二氧化碳捕集装置，在华能天津IGCC电站实施，2016年7月10日投入运行，达到连续满负荷稳定运行，具有能耗低、二氧化碳捕集率高的优点。其技术指标，年捕集二氧化碳能力为6万~10万吨，捕集系统单位能耗为22.05亿焦/吨（二氧化碳），捕集后二氧化碳干基浓度为98.11%（V），二氧化碳回收率为88.01%。经中国电机工程学会技术鉴定，整体达到国际领先水平，并荣获2018年中国电力科技一等奖。

3. 燃煤火电机组节能改造技术

燃煤火电机组节能改造技术包罗万象，与系统相关的综合节能提效改造技术包括：亚临界参数机组提效改造、供热机组改造、系统和设备提效改造（烟气余热深度利用、锅炉空气预热器提效改造、烟风道节能改造）、高低位布置方式的双轴二次中间再热技术等。2020年12月16日，申能安徽平山电厂二期工程机组一次并网成功。据悉，申能安徽平山电厂二期工程是"国家示范工程"，是目前全球单机容量最大（135万千瓦）燃煤机组，采用了国际首创高低位布置方式的双轴二次中间再热技术，大大减少管道投资、压力损失及热损失，从而提升热效率及机组性价比。

4. 燃煤火电机组深度节水技术

以冷凝法烟气水回收技术为代表的烟气水回收技术是目前比较成熟并可以应用于工程的深度节水技术，并且将来还会有较大的发展空间。冷凝法烟气水回收技术实现了深度节水。例如，以内蒙古某煤电基地为代表的7个电源点14个机组，在采用空冷技术等一系列节水技术的基础上，要求进一步将设计耗水指标控制在0.03立方米/（秒·吉瓦）以下；12台660兆瓦机组中的8台可能将采用烟气水回收技术。冷凝法烟气水回收技术同样可应用于南方。例如，长三角、珠三角等沿海地区燃煤火电机组，用于湿法烟气脱硫工艺后降温凝结水，减少白烟产生，再通过烟气再热系统消除白烟，国内已有1000兆瓦机组采用该技术，可实现与再热器直接加热消除白烟同样的目的，同时达到低能耗消除白烟的目标。

二、水电技术

我国水电技术成熟，本章不再赘述水电工程类技术，仅就电气自动化、水电机组的状态监测和故障诊断方面取得重要成就进行简述。

（一）电气自动化技术

在水利水电工程当中，采用自动化技术能够有效地提高水利水电工程的监控能力，利用大数据技术对系统的各个方面进行综合分析，并找到比较薄弱的环节，进而采取有效措施改善水利水电工程。

1. 智能化控制设备

电气自动化可以实现对四周设备的处理，对其情况进行实时监测，如水利工程中用到的水泵和电泵等。如果这些设备的运行表现不佳，那么系统就会自动进行调节，缩短系统的修复时间，并且保证电力供电的稳定性。此外，还能够对电路当中的其他重要设备进行监控，如母线、变压器等重要设备。在开展水利水电工程建设的过程中，水工的建设环境十分重要，而自动化操作能够记录工作运行情况，并对其进行监测，对发电机组的运行情况详细掌握。对于防污设备的堵塞情况进行分析，如果出现堵塞情况，需要立即安排维修人员来清除堵塞位置的污垢。水利水电工程受水位影响的程度也比较高，如果实现了自动化加水操作，那么就能够实现对水位的自动化控制，确保其合理的波动范围。

2. 实现对水利水电设备的监测

电气自动化技术还可以实现对发电机组内部电路的安全监测，对机组的运行温度进行查看，确认其是否符合要求。此外，还能够对发电机组内部的润滑度展开监测，查看机组的系统能否正常运行。如果电气自动化技术在进行监测的过程中发现系统故障，还能够向操作人员及时发出警报和呼叫，并及时切换设备，这样能够有效地提高工作人员的工作效率，减少查找故障投入的时间，同时节约了人力和成本。

（二）水电机组状态监测技术

1. 机组振动稳定性监测技术

此监测技术主要包括对机组的水压脉动、主轴摆渡以及结构振动参数的监测。振动监测主要包括两个部分，分别是监测分析系统以及振动传感器。监测分析系统主要包含三个功能，分别是对数据进行采集、储存和分析，通过监测分析系统能够对振动的详细信息获得全面的了解，包括振动的趋势、轴心轨迹、振动频率、波形、幅值和相位等信息。通过这些振动详细信息能够对振动产生的原因进行判定、对事故进行分析。振动传感器主要是对表征机组振动状态的非电量特征参数进行收集，然后将其转化为电量信号以供监测系统使用。

2. 水轮机效率监测技术

对水轮机的效率进行监测，能够提升机组自动化水平以及经济化运行。水轮机效率监测主要是采集测量无功功率、有功功率、接力器行程、工作水头、水轮机流量的参数。除了水轮机的流量，在一些大中型水电厂中已经能够对其他参数进行自动采集，并且数据的精确度较高。测量水轮机过机流量的方法有很多，但是能够用来在线测量的方法主要有蜗壳差压法以及超声波法。前者由于操作简单、造价较低，所以实用性比较高。后者受到水轮机特殊流道条件的影响，测量稳定性和准确性都需要得到提高。

3. 水轮机发电机气隙和磁场强度监测技术

经过长时间的改进和应用，气隙监测系统在很多国家的水电站都有进行安装。主要是通过配套前置器和平板电容式传感器来测量发电机气隙和磁场强度，然后利用计算机采集、存储和输出数据。在气隙中通常采用电容式位移传感器，主要是通过对被测表面和传感器平板之间等效电容的变化进行监测得出两平面之间的距离。另外，由于传感器是平板形式，所以可以在定转子之间进行安装。国内的水轮发电机气隙和磁场强度监测技术发展起步比较晚，随着在线监测系统的不断升级和应用，我国部分水电厂已经进行安装和应用 VibioSystM 公司的 AGM 系统。

4. 水轮机空化在线监测

水轮机破坏的主要形式之一就是空化，对水轮机的能量特性会造成直接的影响，导致出力、效率下降，增加水压脉动和机组振动。另外，在受到泥沙磨损的情况下，还会加大破坏的严重程度，对机组的稳定性造成影响，缩短了机组的运行周期，使检修工作量和维修成本都大大增加。因此，通过加强对水轮机空化的监测方法和系统研究，对产生空化的机理、条件以及后果进行充分的了解，使水轮机空化的破坏性降到最低。

5. 绝缘局部放电监测技术

根据不完全统计，电气方面故障约占到水机组总故障中的一半，其中定子绕组绝缘的老化问题占到故障的 40% 左右。作为电机常见事故之一，局部放电主要是指水轮机定子绕组绝缘层发生非贯穿性放电的情况。尤其是高压绝缘系统中，在绝缘层的表面和内部小空隙中更有可能产生局部放电。绝缘局部放电监测的主流方法是脉冲电流法，利用绝缘局部放电监测技术对水轮机发电机定子绕组进行在线监测，能够对定子绕组的绝缘状态进行实时评估，能够及时发现潜在故障征兆，从而避免产生恶性事故。

6. 主变压器油气监测技术

在电力变压器中，产生的内部故障主要包括绝缘受潮、放电性故障以及过热性故障等，利用色谱分析技术对变压器油中气体进行色谱分析，能够作为发现变压器内部潜在故障的重要方法。主变色谱状态监测主要通过对变压器设备油中溶解的气体含量和增长率进行在线监测来发现故障，再利用故障诊断系统对设备故障隐患信息进行早期预报，防止设备事故的发生，能够有效提升设备运行的可靠性和稳定性，避免重大损失。

（三）故障诊断技术

针对水轮机组的故障诊断技术的研究是一个长期过程，应该以故障诊断技术的高智能化、网络化以及诊断方法的综合化、多元化作为发展目标，只有不断投入大量相关研究人员和机构的长期努力，才能够使水轮机组故障诊断技术得到进一步的完善和广泛应用。

1. 新型信号分析技术

在现场进行实测的振动信号由于随着时间的推移变得十分不规则，甚至有些振动信号是随便变化的，所以，当前的诊断系统还不能有效分析处理这些机组振动信号，从而无法实现对机组运行状态以及故障特征的提取。但是通过小波分析技术则能够分析处理随机信号,从而获得故障特征和机组运行状态,因此,未来应当加强新型信号分析技术的应用。

2. 全息谱分解技术

在过去很长一段时间,通常都是采用频谱分析法来对采集的数据进行分析,以诊断水电机组的故障,然而一般的频谱分析法并不能对相位信息进行分析,所以使故障诊断的可靠性大大降低。通过应用全息谱分解技术能够准确分析相位信息,利用两个互相垂直的信号并根据频谱分析结果还可以分解轴心轨迹,使故障诊断结果的准确性和可靠性增加。

3. 多传感器信息融合技术

此技术主要是通过对专家经验、关系信息与频域数据以及传感器时域等信息的充分利用,并结合证据推理、模糊理论以及人工神经网络,直观地表达出部分不确定的信息和知识,实现融合诊断。

4. 网络技术

通过结合状态监测和故障诊断技术、虚拟仪器技术、计算机网络技术,能够使水电机组的状态监测与故障诊断处于远程网络环境之中,从而实现网络化诊断,使状态监测和故障诊断的实效性和水平得到大大提升。

三、核电技术

中国第三代核电技术得以推广应用,沿海地区将陆续投运一批第三代核电机组。

(一)在运在建基本情况

截至 2017 年底,我国在运核电机组达到 37 台,装机规模 3581 万千瓦,位列全球第四。发电量 2474.69 亿千瓦·时,占全国总发电量的 3.94%,发电量位列全球第三。在我国东南沿海地区,如广东、福建、浙江和海南,核发电量占比超过 15%,最高已超过 25%。目前,我国在运核电机组都属于"二代"或者"二代+"。

截至 2017 年底,我国在建核电机组共 20 台,总装机容量 2287 万千瓦,在建规模继续保持世界第一。在建的 20 台机组中,10 台属于第三代核电技术,包括 4 台华龙一号、4 台 AP1000 以及 2 台 EPR 机组。预计今后新建的机组将全部采用第三代核电技术,第三代核电将进入批量化建设阶段,每年将开工 6~8 台第三代核电机组建设。这标志着我国核电已经实现了由"二代"向"三代"的技术跨越。

(二)第三代核电技术

第三代核电站的安全性明显优于第二代核电站。目前我国有 5 种第三代核电技术,分别是 AP1000、CAP1400、华龙一号、EPR 和 VVER。

1. AP1000

AP1000 技术是美国西屋公司研发的一种"非能动型压水堆核电技术"。2003 年，中共中央做出决定，引进美国西屋公司 AP1000 技术，合作建设自主化依托项目 4 台机组，在消化吸收引进技术基础上自主创新，成立国家核电技术公司。目前我国应用 AP1000 技术的主要目标工程包括：山东海阳核电厂 1、2 号机组和浙江三门核电厂 1、2 号机组。

2. CAP1400

CAP1400 型压水堆核电机组是国家核电技术公司在消化、吸收、全面掌握我国引进的第三代先进核电 AP1000 非能动技术的基础上，通过再创新开发出具有我国自主知识产权、功率更大的非能动大型先进压水堆核电机组。我国应用 CAP1400 技术的项目有山东荣成 CAP1400 示范项目 1、2 号机组，单机容量 140 万千瓦，设计寿命 60 年，于 2014 年 7 月开工建设。

3. 华龙一号

华龙一号源自中广核 ACPR1000+ 与中核 ACP1000 两种自主开发技术，这两种技术都是由法国阿海珐公司二代 M310 技术改进而来。华龙一号是在我国 30 余年核电科研、设计、制造、建设和运行经验的基础上，充分借鉴国际第三代核电技术先进理念，采用国际最高安全标准研发设计的第三代核电机型。华龙一号技术在国内的示范项目包括福建福清核电站和广西防城港核电站。

4. EPR

法国核电技术 EPR 是与美国 AP1000 并列的当代先进的第三代核电技术，由法马通核能公司和西门子在国际先进反应堆的基础上联合开发的。应用项目为广东台山核电站一期，该工程已于 2009 年底正式开工。

5. VVER

俄罗斯核电技术 VVER 是苏联所发展的压水动力堆的简称。20 世纪 90 年代，俄罗斯在 VVER-1000 基础上先后推出了 AES-91（V-428）和 AES-92（V-412）两种机型。江苏田湾核电站共建设了四台 AES-91 型机组，其中，1、2 号机已分别于 2007 年 5 月和 2007 年 8 月建成投产。

（三）核电装备制造能力

我国核电装备制造能力持续提升，装备制造业产品供应链全面覆盖我国建设的各类核电堆型，自主百万千瓦级核电机组国产化率已达 85% 以上，具备年产 8~10 台套百万千万级压水堆核电主设备制造能力。

（四）第三代"走出去"

在面向未来的第三代核电技术上，我国具有自主知识产权的华龙一号和 CAP1400 安全性达到国际公认的最高核安全标准，其中，华龙一号已经实现出口。2016 年 9 月，中国、英国、法国在英国伦敦正式签署了英国新建核电项目一揽子合作协议，确定中广核参股投资英国欣克利角 C 和塞兹维尔 C、控股投资布拉德韦尔 B 项目。其中，欣克利角 C 将采用 EPR 技术，布拉德韦尔 B 项目将采用"华龙一号"技术方案，这是中国自主第三代核电技术首次进入发达国家市场。对外出口一座"华龙一号"核电站将为相关产业链带来约 100 亿美元的收益，可以带动中国 5400 多家设计、设备制造、建筑安装等高端装备制造企业和高新技术企业一同出海。

（五）核电及相关技术发展事件

1. 全球首座球床模块式高温气冷堆核电示范工程开始装料

2021 年 8 月 21 日，全球首座球床模块式高温气冷堆核电示范工程首堆正式开始装料。高温气冷堆核电站示范工程厂址位于山东省荣成市，设计电功率 200 兆瓦，采用"两堆带一机"模块化方案。中核集团中核能源科技有限公司是该工程实施主体，负责核岛工程 EPC 总承包，工程于 2012 年 12 月 9 日开工建设，2021 年 3 月 29 日顺利完成双堆冷试和热试，2021 年 8 月获得国家核安全局颁发运行许可证，计划于 2021 年底实现首次并网发电。

2. "华龙一号"全球首堆投入商业运行和海外首堆正式投入商运

2020 年 11 月 27 日，"华龙一号"全球首堆——中核集团福清核电 5 号机组首次并网成功。2021 年 1 月 30 日，全球第一台"华龙一号"核电机组——中核集团福建福清核电 5 号机组投入商业运行。2021 年 5 月 20 日 1 时 15 分，"华龙一号"海外首堆工程——巴基斯坦卡拉奇 2 号机组正式投入商业运行。

3. 中国环流器二号 M 装置建成并实现首次放电

2020 年 12 月 4 日，由中核集团核工业西南物理研究院自主设计建造的新一代"人造太阳"装置——中国环流器二号 M 装置（HL-2M）在成都建成并实现首次放电，标志着我国自主掌握了大型先进托卡马克装置的设计、建造、运行技术，为我国核聚变堆的自主设计与建造打下了坚实基础。

4. 中国三代核电技术"国和一号"正式发布

2020 年 9 月 28 日，国家电力投资集团有限公司在上海发布中国三代核电自主化成果——"国和一号"。这标志着该技术已完成研发，国家电力投资集团有限公司掌握了第三代非能动核电技术。"国和一号"，即 CAP1400 压水堆技术，指的是在消化、吸收、全面掌握引进的第三代先进核电 AP1000 非能动技术的基础上，通过再创新开发出的具有中国自主知识产权、功率更大的非能动大型先进压水堆核电机组。

"国和一号"的研发工作自 2008 年正式启动；2014 年 1 月初步设计通过国家能源局评审；2016 年 2 月，通过国内联合安全审评；2016 年 4 月，通过国际原子能机构通用安全审评，获得国际认可。

5. 我国成功研制出核电发展"卡脖子"阀门

2019 年 4 月 11 日，由中核集团中国核动力研究设计院自主研制的"华龙一号"稳压器先导式安全阀样机，成功完成全排量热态动作性能试验，性能达到了三代核电最新技术要求，这意味着我国成功打破国外垄断，突破核电关键阀门瓶颈，进一步提升"走出去"核心竞争力。

6. 全球首条高温气冷堆燃料元件生产线投料生产

2017年7月17日，中核北方核燃料元件有限公司高温气冷堆核燃料元件生产线第20万个工业化球形燃料元件成功下线，标志着我国高温气冷堆元件制造实现了从实验线到工业规模生产线的直接转化。中核北方核燃料元件有限公司高温气冷堆核燃料元件生产线是国家科技重大专项——先进压水堆及高温气冷堆示范工程的配套项目，是全球首条工业规模高温气冷堆燃料元件生产线，我国具有完全自主知识产权。

7. 超热负荷第一壁原型件率先通过国际权威机构认证

中核集团西南物理研究院自主研发制造的国际热核聚变核心部件——超热负荷第一壁原型件率先通过国际权威机构认证，标志着我国掌握了第一壁制造关键技术，创造了该类部件在满负载及过载热负荷试验运行下无破坏的世界纪录。

8. 国际首座微堆低浓化成功实施

2016年3月26日，中核集团实施完成我国首座微堆低浓化改造，并实现首次满功率运行，这代表着中核集团已经完全掌握了微堆低浓化的全套技术。2017年8月，中核集团成功完成加纳微堆低浓化改造工作。

9. 玲龙一号模块式小型堆首个通过IAEA安全审查

2016年4月，中核集团研发的玲龙一号（ACP100）模块式小型堆成为全球首个通过国际原子能机构（IAEA）通用安全审查的小型堆。2016年8月，在国家能源局组织的"十三五"小型智能堆示范工程选型技术评估活动中，玲龙一号获得第一名。

10. 自主化核级数字化仪控系统平台"和睦系统"研制成功与规模化应用

2017年7月，北京广利核系统工程有限公司研制的核级数字化仪控系统——"和睦系统"成功应用于阳江核电6号机组。

核电数字化仪控系统是核电站的"神经中枢"，控制着核电站260多个系统、10000多台设备的运行和各类工况处理过程，主要包括核级和非核级两个部分。其中，核级数字化仪控系统研发难度大、质量标准严、研发投入高，我国过去一直依赖进口。自2006年开始，北京广利核系统工程有限公司依托国家重大专项课题，经过原理样机、堆型样机和工程样机的搭建，以及多轮次严苛标准的实验，完成了"和睦系统"软硬件研发和硬件设备鉴定，实现了从技术研发到工程应用。在软件方面，北京广利核系统工程有限公司与清华大学、北京大学等多个高校合作，自主研发出满足核电高安全要求的实时操作系统和适用于核电工程应用的图形化语言，并基于形式化方法验证了该语言的准确性。

作为完全自主的核级数字化仪控系统，"和睦系统"已在大亚湾等在役机组核级仪控系统改造和阳江5号及6号机组、石岛湾高温气冷堆示范工程新建核电项目中得到应用。该系统先后通过了德国莱茵TÜV集团、国际超导技术中心（ISTec）、国际原子能机构（IAEA）等多个国外权威机构的评估和认证。

11. 等离子体危废处理技术正式进入工程应用阶段

中广核广东清远市10吨/天等离子体危废处理项目正式通过竣工验收及专家评审。作为中广核等离子体危废处理技术成功推广到民用环保领域的首个项目和标杆工程，该项目的成功验收标志着国内首台套等离子体危废处理的示范项目正式进入工程应用阶段，可应用于国内医疗垃圾、生活垃圾、废矿物油等危废物的处理。

等离子体危废处理技术利用等离子体瞬间产生的上万摄氏度高温，将二噁英等有机污染物快速裂解为无害化的小分子，将重金属等无机污染物固化在玻璃体中，最终得到的玻璃体可作为路基、建材等材料，真正实现固体废物的减量化、无害化、稳定化及资源化目标。经过多年潜心研究，中广核研究院实现了等离子体危废处理装置完全自主化研制，形成了以等离子体技术为核心的近40项专利群，其中《一种放射性废物处理方法及装置》获第十八届中国专利优秀奖。该装置不但能处理核电领域的放射性危险废物，也能处理焚烧飞灰、医疗垃圾、电子垃圾、重金属污泥等民用领域的危险废物，成功地将核电技术应用于民用环保领域。

四、并网技术

随着可再生能源发电的发展，尤其光电、风电发电量增长显著，并网技术也随之发生改变，尤其是分布式并网技术应用越来越广泛。

（一）高比例可再生能源电力系统引发电网变化

我国电网可再生能源的高渗透率主要体现在西部地区和北部地区。面对大量新能源的集中接入，首先要解决的技术问题是大规模风电和太阳能发电接入弱电网的问题。特别是在西北部，尽管有750千伏交流输电和诸多直流输电通道，这些地区的电网依然是比较薄弱的，新能源发电消纳问题比较突出。具体来说，一是大规模风电太阳能波动性电力接入弱电网系统的稳定运行问题。通过可再生能源机组、电站和电站群的协调控制及与电网控制相配合，解决可再生能源发电功率波动造成的电压、频率波动和电能质量问题。二是风电太阳能发电波动性、间歇性和不确定性的系统调峰调频，以及弃风弃光问题。

根据我国电网的实际情况，目前对于弃风弃光可考虑的技术措施主要包括：灵活电源和储能调节，如东北、华北和西北地区燃煤发电比例达到65%~90%，而灵活电源（如抽水蓄能）比例仅有0.5%~1.2%，为了应对弃风弃光，需要对煤电进行灵活性改造并建设蓄能电站；因地制宜就地消纳，包括高载能产业布局、区域供热、余电制氢和甲烷等；电网互联风光水多能互补；太阳能热发电；输电通道建设。

（二）风力发电并网技术

风能具有不稳定的特性，这就要求风力发电系统尤其是中小型风力发电机采用直流发电系统并配合蓄能器或与其他发电装置互补运行的方式。发电机并网过程是一个瞬变过程，不仅受到并网前发电状况的限制，也对并网后发电机的运行和电网电能质量产生一定影响，因此，如何解决并网控制和功率调节这两大问题是风力发电并网技术的关键。在大规模风电运行要求电网提高接纳风电承受能力的同时，电网为了维持自身的稳定性，也向并网风电机提出了更高的技术要求。并网技术有直接并网和间接并网两种方式,当前主要集中于风电储能系统技术及风能与其他能源系统互补技术,以及规模低电压穿越技术等方面。

大规模风电联网高效规划与脱网防御关键技术。由东北电力大学穆钢教授科研团队主持完成的"大规模风电联网高效规划与脱网防御关键技术及应用"项目荣获 2017 年度国家科学技术进步二等奖。

该项目紧密结合国家能源战略重大需求,依托国家自然科学基金重点项目、国家"863"计划项目和国家电网公司科技项目,历时 11 年,通过产学研用协同攻关、自主创新,攻克了风电联网高效输电规划方法、扩展调节能力的储能优化规划方法、机群大面积脱网防御等关键技术,破解了大规模风电联网规划与安全防御技术难题,项目成果应用于大型风电基地联网工程。

(三)光伏发电并网技术

目前光伏发电系统从规模上主要分为集中式和分布式两种,其并网技术要根据系统结构、系统特点和实际需求来研究确定。

1. 集中式并网技术

集中式并网是指光伏发电电能直接输送给公共电网,由公共电网经过统一调配后供用户使用。整个过程与大电网保持单向电力交换,并且电压等级在 10 千伏以上。集中式发电系统一般由几千个光伏组件、光伏开关站等构成。构建大型光伏电站,接入高压输电系统供给远距离负荷使用。

2. 分布式并网技术

分布式并网是指光伏发电电能被直接分配到用电负载,若电力多余或不足,则连接大电网进行调节。整个过程与大电网保持双向交换。

分布式光伏发电的构成主要包括:太阳能电池组件、保护装置、电路、逆变器、电网接口。其中,太阳能电池组件是光伏系统中的核心部件,其作用是把太阳能转化成电能。逆变器是将直流电转换成交流电的设备。由于太阳能电池组件产生的电为直流电,而实际应用过程中绝大部分负载都是交流负载,因此需要此装置将直流电转换成交流电以供负载使用,并且可并网向国家大电网供电。

在分布式系统的并网技术中,发电与用电并存。针对发电,地面电站要将多余电量升压、变频后接入配电网,优先实现区域就地消纳,然后再接入公共电网。根据配电网中的潮流方向要调整变化,逆潮流导致额外损耗,相关的保护都需要重新整定,变压器分接头需要不断变换。

要装配电压和无功调节控制技术以及防止短路技术的设备。需要配电网级的能量管理系统,在较大规模电量接入的情况下进行负载协同管理;对二次转换设备和通信提出了新的要求,系统较复杂。

在分布式光伏系统设计时,其系统与公共电网衔接很关键。在设计电网接口时,要关注光伏(PV)系统电网接口特性 GB/T 20046—2006 中的关键指标,使得系统设计规范,并网性能优良。

3. 孤岛效应检测技术

电网出现故障造成供电中断时，光伏并网发电系统仍然在运行中，以负载电压的方式继续供电，形成了自给自足的孤岛，这便是孤岛效应。孤岛效应会导致供电系统电频、电压不受控制，损坏用户设备，在维修过程中带电电路也会威胁维修人员的人身安全。

4. 太阳能光伏发电并网电流控制技术

在并网技术应用中，起到控制作用的是逆变器，它可以将直流电转变为交流电。逆变器的设置主要是最大限度降低电力谐波，提高电源供应的效率，保证电流输入和输出的整体稳定性和科学性。电压变换器在运行过程中包含的内容非常广，包括源滤波和不间断的电流以及整流形式，可以促进高性能光伏并网系统的科学规范运行。实际情况中不同运行系统的共同点是含有电流控制内环结构。电力控制技术的应用是为了减少总谐波的失真率。变换器控制系统依靠电流控制策略决定优劣。

（四）多能互补的综合能源电力系统

新一代电力系统伴随我国能源转型而产生，将不再是孤立的电力生产和消费系统，而是新一代能源系统的主要组成部分，是新形势下智能电网概念向综合能源系统的扩展。根据我国综合能源利用的实际情况，可以分为源端基地综合能源电力系统和终端消费综合能源电力系统。

1. 源端基地综合能源电力系统

我国西部地区各类可再生能源丰富，但是受限于输电走廊和技术因素，西电东送的能力很难超过6亿千瓦，大量的电能除尽可能多地就地消纳外，还必须转化为其他形式的能源便于储存和运输。因此，需要在我国西北部建立源端综合能源电力系统，实现水电、风电、太阳能发电、清洁煤电等能源基地和储能通过直流输电网实现多能互补向中东部地区输电；电力通过供热制冷、产业耗电等多种途径就地消纳；电解制氢、制甲烷等就地利用或通过天然气管道实现西电东送。

2. 终端消费综合能源电力系统

此类系统主要存在于我国东部地区，建设目标是提高能源利用效率、降低能源消耗总量。目前我国能源电力生产主要通过热发电，相应的效率只有30%~40%，因此有必要建立综合能源电力系统，提高能源综合利用效率。该系统主要包括基于各类清洁能源满足用户多元需求的区域综合能源系统和清洁能源微网；主动配电网架构下，直接面向各类用户的分布式能源加各类储能和清洁能源微电网；基于天然气和清洁电力的分布式冷热电联产系统。

五、输电技术

我国输电技术取得重要进展，特高压输电技术广泛应用对输电影响巨大。

（一）特高压技术

我国率先研发应用了特高压直流分层接入技术，全面攻克了±1100千伏直流输电工程系统成套技术，掌握了1000千伏高压交流和±800千伏高压直流输电关键技术；世界首台机械式高压直流断路器投运，世界首台特高压柔直换流阀研制成功，我国柔性输电技术取得长足进步；世界上电压等级最高、容量最大的苏南500千伏统一潮流控制器建成投运，全球规模最大的冀北电力新能源虚拟同步机系统实现并网，建成了集成可再生能源主动配电网示范工程，电网控制和新能源接纳能力显著提升。

1. ±1100千伏高压直流输电技术

特高压直流输电技术具有输电距离远、容量大、损耗低等突出优势，适用于大范围优化配置能源资源。目前，国际上在运直流输电工程最高电压等级为±800千伏，经济输电距离约为2000千米。±1100千伏高压直流输电技术是国际上电压等级最高、容量最大、距离最远的输电技术，经济输电距离可达3000~5000千米，每千米损耗率仅为1.6%，输电容量可达1200万千瓦。此前国内外尚无相关研究成果和工程实践。

2. ±800千伏直流输电技术

过去我国多是利用国外研究的±500千伏高压直流输电技术解决远距离输电难题，而随着金沙江下游向家坝、溪洛渡等水电站的开发，近4000万千瓦的水电需要远距离高效送出。因交流输电方案技术不可行，而±500千伏直流输电方案占地大、损耗高、经济性差，因此我国提出发展输送容量大、送电距离远、输电效率高的特高压±800千伏直流技术。

特高压±800千伏直流输电项目的输送容量是±500千伏直流工程的2~3倍，经济输送距离是原来的2~2.5倍，运行可靠性提高了8倍，单位输送距离损耗降低45%，单位容量线路走廊占地减小30%，单位容量造价降低28%。

3. 特大型交直流电网技术

由中国南方电网有限责任公司等单位完成的"特大型交直流电网技术创新及其在国家西电东送中的应用"项目荣获了国家科学技术进步奖二等奖。该技术项目成功开辟出交直流并联电网远距离大容量输电技术道路。

中国南方电网有限责任公司通过自主创新建立的一整套大电网管控技术，保障了电网连续15年安全稳定运行，全面提升了驾驭复杂电网、防控风险的能力。

4. 同步调相机技术

直流特高压输电工程中的大型调相机组，在电磁及机械性能指标、冷却结构形式、辅机系统要求等方面实现了创新。大型调相机的投运，可以充分发挥在交直流混联电网中的动态无功支撑作用，提升电网的安全稳定性，改善电网功率因数，维持电网电压水平，保障绿色特高压电网的高效安全运行。

实现电力系统的稳定运行，不但要求有功实时平衡，而且无功也要求平衡。电力系统中应用最广泛的无功补偿装置是同步发电机，同步发电机组需要时刻根据负载变化调整发出的有功和无功。但是，同步发电机无功调节能力因受到厂用电压、静态稳定等影响，无法满足日益增长的无功调节需求。为平稳电网运行电压，在无功矛盾突出地区的变电站加装电容器、电抗器，通过投切电容器、电抗器进行无功调整。但电容器、电抗器的投切进行无功调节是非连续的，大多只适用电网稳态运行工况。当系统运行受到较大扰动而导致换流站等枢纽站母线电压大幅波动时，电容器、电抗器等传统静态无功补偿装置不能提供满足需要的动态无功补偿，这时会发生电压失稳问题，危及系统稳定。随着电力电子技术的发展，逐渐出现新的动态无功补偿装置——静止无功补偿器（SVC）和静止同步补偿器（STATCOM）。

同步调相机又称同步补偿机，是一种特殊运行状态的同步电机，运行时有功接近于0，能提供或吸收无功功率以平衡电网无功。调相机作为旋转无功发生装置，其双向的动态无功调节能力对提高受端交流电网短路比、增强电网强度和灵活性有独特的优势。在直流系统因故障出现闭锁的情况下，调相机可进入进相运行状态，吸收因直流甩负荷出现的大量过剩无功，从而抑制系统电压升高，改善电压水平。在直流系统正常运行需要电压支撑时，可在迟相运行状态为交流电网提供动态无功支持。在交流电网近端出现故障电压下降时可进行强励磁支撑电压和系统稳定，为切除故障赢得宝贵时间。因此，调相机作为可靠的双向（进相、迟相）动态无功发生装置，因其自身独有的大容量动态无功输出特点及过载能力，受到了电力行业的密切关注。调相机经济性好，使用寿命长，约30年。相比其他无功补偿装置具有比较强的优势。

在加装新型大容量调相机后，能有效提高送端电网直流输电能力，提升新能源消纳比例；对于特高压直流大功率馈入地区以及直流多馈入受电地区，在受端电网安装调相机可有效提高系统电压稳定性和抗无功冲击能力，确保电网的安全稳定运行。

传统同步调相机容量比较小，极少数大容量的调相机也面临冷却方式单一、运行维护复杂、故障率高等缺点，而新型大容量调相机不仅容量做到300兆乏，而且通过优化设计，冷却方式更多样化，既有结构简单的空冷方式，也有一定运行经验的双水内冷方式。

为缓解交、直流故障引起的电压问题以及直流换相失败等问题，2015年9月，国家电网公司研究部署调相机在电网中的应用，利用调相机大容量双向无功调节能力和动态无功输出特点，提高特高压直流电网支撑能力，推动特高压电网发展和安全稳定水平。首批在酒泉—湖南、扎鲁特—青州、锡林郭勒盟—泰州、上海庙—临沂、晋北—南京、准东—皖南、雅中—南昌7条特高压直流工程送、受端换流站加装21台300兆乏级大型调相机。

首批调相机组涉及8省10个换流站（扎鲁特、锡林郭勒盟、酒泉、雅中、湘潭、临沂、泰州、南京、南昌、皖南）。经过工程可行性研究、样机概念设计、工程初步设计、主设备招标、调相机工程建设、调相机驻厂监造、受端双水内冷调相机制造厂内联合调试、送端空冷调相机制造厂内联合调试等，第一批调相机工程项目中，扎鲁特换流站调相机工程于2017年12月建成投运。

（二）高比例电力电子装备电力系统

新一代电力系统中将会有大量的电力电子设备，其中最重要的是近年来高速发展的直流输电系统。2016年末，我国有29项直流输电工程运行，其中包括7项特高压直流、4项背靠背直流、4项柔性直流（VSC-HVDC）。2017年还建成了锡林郭勒盟至泰州、酒泉至湖南、晋北至南京、扎鲁特至青州等特高压直流工程。

其中，华东和华南作为我国两大负荷集中区也是直流输电工程建设的重点。截至2017年末，各有10条直流输电落点在这两个区域，相应的系统运行技术问题有多直流馈入受端电网的动态无功支撑应对多馈入直流相失败、交直流混合系统送受端系统稳定协调控制等。

此外，随着未来西部地区可再生能源开发力度的加大和西电东送需求的增加，我国西部地区通过水电、风电、光伏、具备灵活调节能力的清洁煤电等各种能源跨地区、跨流域的优化补偿调节，进一步整合以可再生能源为主的清洁电力，实现向中东部地区负荷中心高效远距离输送的目标。2017年末开始建设的张北至北京4端柔性直流（VSC-HVDC）电网试验示范工程。

伴随可再生能源的发展，大量风电光伏电力电子变换器接入电网，如直驱式风电机组变流器、光伏电站和分布式光伏逆变器、非水储能电站和分布式储能逆变器等。除了集中式接入的大型风电光伏外，还有越来越多的小容量、分布式风电光伏系统投运。目前，由于西部地区集中式风电光伏受到弃风、弃光的影响，发展暂时遇到障碍；分布式风电和光伏在中东部地区得到较大发展。

随着大量不同类型、不同电压等级的电力电子设备接入电网，我国电力系统电力电子化的趋势逐步显现，给系统运行安全、系统分析控制、仿真建模计算等方面也带来了诸多挑战，主要包括：

（1）防止直流输电受端故障闭锁引起交直流输电系统大范围功率转移、连锁故障。例如，若华东电网发生事故造成多回直流闭锁，大量的功率将会经由交流特高压线路发生转移，造成整个系统送受端大范围功率电压波动，对系统安全稳定运行造成巨大威胁。

（2）受端多馈入直流换相失败再启动引起的电压稳定问题。受端多个直流换流站同时换相失败后的再起动过程中，受端换流器将从电力系统吸收大量无功功率，有可能引发受端系统电压长时间不能恢复正常，甚至电压崩溃。

（3）系统惯性减小造成频率波动和频率稳定问题。这主要是由于大量直流换流器接入系统代替了传统交流发电机，导致整个系统惯性减小；一旦系统有功率波动，其电压和频率的波动速度将会加快、范围也会变大。虽然目前已研究采用精准切负荷、使用调相机等方法，但这一问题对调度运行的威胁依然存在。如2015年，一回馈入华东电网的特高压直流双极闭锁，瞬时损失功率5400兆瓦，系统频率快速跌至49.56赫兹，近10年来首次跌破49.8赫兹，频率越限长达数百秒。

（4）随着风电等接入系统电力电子设备的增加，电力电子设备之间、电力电子设备与交流电网之间相互作用引发1000赫兹的宽频振荡。如2015年7月我国西北电网风电场逆变器与发电厂轴系相互作用产生次同步谐振事故，线路电流中次同步分量的频率变化范围为17~23赫兹。同时，电流中还能检测到77~83赫兹的超同步频率分量。

六、智能电网技术

智能电网技术近年来得以广泛应用，涉及大数据、通信、传感、控制、安全等相关技术领域。

智能电网关键技术包括：新能源发电虚拟同步机技术、柔性直流输电技术、大型交直流混合电网安全稳定运行控制技术、大容量储能技术和分布式微电网技术，以及电网与云计算、大数据、物联网、移动互联网技术深度融合等。随着可再生能源的利用规模越来越大，坚强智能电网大范围能源资源配置和安全经济运行的效益将更加显著，为大规模可再生能源的高效利用提供基础支撑。

（一）智能电力系统的物理信息深度融合技术

随着信息、通信和技术（Information Communications Technology，ICT）的进步，各类能源系统与互联网技术正在逐步融合进而形成能源互联网，使得能源与信息间的联系和互动达到前所未有的新高度。在智能电网发展的基础上，物理信息深度融合的智能电力系统与多种能源生产和消费网络如交通网、热力网、燃料网等广泛互联。

（二）智能电网中电力大数据关键技术

电力系统在运行中会产生庞大的数据信息，数据增长速度很快并且类型较多，这和大数据的特征相符。随着电网的不断发展和推进，系统内的数据源会不断增多，甚至会出现极强的增长趋势。以往的数据处理技术已经不能满足当前的发展需求，主要体现在以下六个方面：

（1）智能电网大数据技术应用。智能电网在运行的过程中会不断产生庞大的数据，对数据按照来源进行划分，可以分为电力企业内部数据和外部数据，其中内部数据包括数据采集与监控系统、生产管理系统、配电管理系统、客户服务系统等，数据大多来源于关键应用系统；外部数据则一般来自互联网、气象信息系统、地理信息系统等，外部的数据较为分散，数据管理单位也各不相同。智能电网数据多样性，半结构化、非结构化的数据数量在不断增加。例如，客户服务系统中的语音数据、在线监测系统中的视频、图像数据，这些都属于非结构化数据，这些数据价值密度不高，每种数据在采样、生命周期、频率方面都各不相同。

（2）智能电网、云计算以及大数据技术之间的联系。当前电网中基础设施还不完善，不能有效地对相应信息资源进行收集、分析和存储，要解决当前现状，就需要在电力系统中加入智能电网应用。

要对电网中的数据信息资源进行合理使用，为决策提供有效的依据，就需要构建大数据平台，实现科学决策。在构建的过程中，还需要加入云计算技术，将云计算技术和大数据技术进行有机结合，实现企业对智能电网下各类数据信息的有效分析、计算与存储，为更好地控制智能电网提供技术支撑。

智能电网、大数据技术、云计算之间具有紧密联系，云计算技术具备很大的信息存储功能，在构建大数据平台时，将其加入，靠其功能对智能电网下各项数据信息进行计算以及分析，而电网运行又会不断产生庞大的数据，因此在搭建平台时，可以利用这一功能，来满足智能电网运行的实际需求，为实现智能电网数据在线分析功能提供技术支撑。另外，应用这一技术，还可以加强对智能电网的实时监控与管理，为其经济合理的运行提供支持。

（3）ETL关键技术。电力领域智能电网在数据分布上具有分散的特点，数据数量很多，数据类型也较多，这些都给数据处理工作带来了一定的困难。在这种情况下，进行数据处理工作应该按照标准流程进行规范操作，即"数据集成—抽取—转换—剔除—修止"。电力企业通常将数据仓库技术应用到数据集成上，ETL是"Extract-Transform-Load"的缩写，从中可以看出其包括三个部分，即Extract、Transform和Load，首先是Extract，被称为数据抽取，就是要将目的数据源系统需要的有关数据从数据源系统中抽取出来；Transform被称为数据转换技术，用数据抽取技术抽取出的数据根据相关的要求进行转换，将数据变为另一种形式，在这个过程中要对数据源中出现的偏差和错误数据进行处理，要清洗或者加工数据；Load是数据加载技术，就是将上一环节处理好转换好的数据进行加载，之后保存到目的数据源系统内。

这一关键技术是智能电网中电力大数据集成的关键技术，将其应用到企业中，需要全面考虑每种因素，在合理考虑后再和多种先进技术进行结合，实现科学的数据集成化。

（4）数据分析关键技术。大数据技术中，核心就是将信号转化为数据，利用Ethink平台对数据进行处理和分析，将其转化为信息，通过对信息进行提炼，可以为电力企业的决策和行动提供有效参考和依据。德国就使用数据分析关键技术，为其太阳能推广提供了有效、科学的决策依据，太阳能的广泛使用可以让电力用户将多余的电能输入电网中，提高电力企业的经济利益。

（5）数据处理关键技术。在电力大数据中，使用数据处理技术就是对采集来的数据进行处理，包括分库、分区与分表。数据分库处理就是要按照一定的处理原则将一些利用率高的数据输入到不同的数据库中，这样可以提高数据库中一些数据的利用率。数据分区处理，就是将通表数据有效地载入到不同文件中，可以有效减轻大型表压力，提高数据的访问性能，让运行情况更好。数据分表处理，就是按照相关的数据处理原则来建造各种数据表，这样可以减轻单表压力。除此之外，构建并行式和纵列式数据库，可以提高数据加载性能，实现高效的数据查询。例如，可以将结构化查询语言和MapReduce进行有机结合，可加强数据库中数据的处理性能，提高数据的抗压弹性。

（6）数据展现关键技术。在智能电网电力大数据中，展现数据的关键技术包括可视化技术、历史流和空间信息流，将这三种数据展现关键技术应用到智能电网数据处理中，可以让企业中的管理者正确认识到电力数据的意义和系统运行情况。可视化技术被广泛地应用到智能电网中，用来实时监测和控制电网的运行情况，可以有效提高电力系统的自动化水平。空间信息流展示技术通常体现在电网参数和已有GIS的融合中，如三维展示技术和虚拟现实技术。历史流展示技术通常会应用到电网历史数据管理和展示中，可以实现对电力生产现场的实时监测数据或者电网规划、负荷预测数据等数据走势的预测功能，可见这一技术具备很大的应用价值。

在大数据的时代背景下，企业应该不断优化，搭建出更完善的电力大数据平台，能够充分挖掘出数据的价值，通过利用一些关键技术，可以提高智能电网中电力大数据的处理水平，给企业带来更多的经济利益，提高企业的竞争力，保证电网的运行。

（三）互联电网动态过程安全防御关键技术及应用

互联电网作为一个动态平衡系统，故障发生时，原有平衡被打破，故障能量瞬间传至整个电网，系统状态迅速恶化，防御不当将导致故障范围迅速扩大，甚至发生大停电。据统计，21世纪发生的负荷损失超过300万千瓦的大停电事故中，90%以上与故障后动态过程中输电断面连锁断开和受端电网电压崩溃相关，造成的总经济损失超过1000亿美元。与国外相比，我国电网输电规模、输电距离、电压等级均居世界第一，电网运行面临的输电安全运行、电网电压稳定等问题更为严峻，建立可靠的互联电网动态过程安全防御体系成为亟须解决的任务。

历次大停电事故表明，互联电网动态过程中关键输电断面连锁开断、受电侧电压崩溃是引发大停电的直接原因。为建立电网动态过程安全防御体系，防止大停电发生，需要解决三大难题：①冲击能量会引发功率大幅波动和振荡，造成输电断面开断，但功率波动和振荡理论还不完善，波动峰值预测、振荡性质辨识、扰动源定位、功率控制等关键技术尚未取得突破；②电压崩溃会造成事故急剧扩大，但电压稳定判别和评估体系不完善，故障后的动态电压支撑能力难以准确评价；③大停电过程时间长、影响范围广，多类型多时间尺度稳定问题交织，仿真能力不能满足停电全过程准确仿真的要求，难以采取针对性预防措施。

针对上述难题，项目在输电断面动态功率分析与控制、受电侧多时间尺度电压稳定评估与控制、互联电网动态全过程建模与仿真方面取得了多项创新成果：

（1）揭示了故障后输电断面不同类型功率波动和振荡的机理；突破了功率波动峰值预测技术；建立了强迫振荡理论，提出了强迫振荡和负阻尼低频振荡的辨识方法；发明了基于割集振荡能量法和控制器力矩法的扰动源定位方法，首次实现了发电机控制器级精确定位；研发了功率波动控制系统，实施后大幅提升四川外送输电、断面输电能力。

（2）提出了多时间尺度电压稳定判别系列方法，建立了完备的电压稳定评价体系，制定了我国首个针对电压稳定问题的标准《电力系统电压稳定评价导则》，提出了动态电压支撑能力提升方案，并在国家电网逐步实施。

（3）提出了自动变阶变步长组合积分、分块直接求解等系列算法，解决了准确模拟响应速度相差5个数量级的元件之间相互影响的难题；研发了世界首套"毫秒级—秒级—分钟级"多时间尺度统一的电力系统全过程动态仿真软件（PSD Power Tools），建立了基于实测的精细化模型库，实现了国家电网（约50000节点）数小时动态过程的准确模拟。

（四）支撑大电网安全高效运行的负荷建模关键技术与应用

"支撑大电网安全高效运行的负荷建模关键技术与应用"项目荣获了国家科学技术进步奖二等奖。该项目经过十余年的学术攻关和工程实践，突破了电力负荷建模的难题，构建了统一、简洁的电力负荷模型结构，创建了大电网负荷的非线性鲁棒建模理论，发明了广域分布负荷的快速整体建模技术，从而形成了完整的负荷建模技术体系。

项目所建立负荷模型的准确性在实际电网扰动试验中得到了验证，并推广应用到国内25个省级电网，支撑了大电网的安全高效运行，经济和社会效益显著。

（五）电力线路行波保护关键技术及装置

"电力线路行波保护关键技术及装置"项目荣获了2017年度国家技术发明奖二等奖。该项目揭示了行波与故障之间的依存机理，发明了兼具可靠性、灵敏性和快速性的电力线路行波保护方法，发明了基于行波的超特高压输电线路纵联方向保护和纵联差动保护技术，发明了针对不同中性点接地方式的配电线路单相接地故障行波保护技术。

项目成果解决了超特高压输电线路和配电线路继电保护难题，有力保障了我国电网安全，实现了电力线路继电保护技术的重大突破。项目成果已被产业化并广泛应用于电力、军工、航天、石化等多行业领域。

（六）全国产化智能分散控制系统

2020年以来，全国产化DCS在中国华能集团有限公司、中国华电集团有限公司的多家火电厂成功投运。2020年11月6日，中国华能集团有限公司自主研发的国内首套100%全国产化分散控制系统（华能睿渥DCS）在福州电厂成功投用；2020年11月23日，中国华电集团有限公司自主研发的"华电睿蓝"自主可控智能分散控制系统（DCS）在华电芜湖电厂66万千瓦超（超）临界机组成功投运；2020年11月25日，中国华能集团有限公司自主研发的国内首套100%全国产化百万千瓦级分散控制系统（DCS）在华能玉环电厂成功投运。

第十八章 石油技术

一、石油勘探技术

我国石油勘探理论和实践均取得了较大突破，下面简述四点关键技术的重要突破。

(一) 砾岩油区成藏理论和勘探技术

中国石油立足玛湖凹陷开展砾岩油区成藏理论创新研究和勘探技术持续攻关，克服了砂砾岩勘探面临的巨大难题，推动了玛湖大油区的发现。

主要科技创新：①首次发现下二叠统碱湖优质烃源岩，独特的绿藻门和蓝细菌母质有利于生成环烷基原油，具有两期生油高峰，资源量同比提高53%，奠定了大油区形成的资源基础；②建立了凹陷区大型退覆式河控季节性三角洲砾岩沉积新模式，突破了传统"冲积扇"认识，开辟了有效勘探面积4200平方千米；③创立了凹陷区源上砾岩大油区成藏模式，勘探部署由单个圈闭转向整个有利相带，探井成功率由35%提高到63%；④创新了砾岩储层甜点预测、旋转导向+个性化PDC钻头提速、黏土含量核磁测井定量表征、细分割体积压裂增产四项砾岩勘探技术，成本降低35%，为储量规模有效动用创造了条件。

理论技术助玛湖地区新增10亿吨级规模三级石油地质储量，水平井建产效果好，能够有序规模应用。

(二) 基于起伏地表的速度建模软件

针对陆上复杂区地震勘探技术挑战，中国石油成功研发出具有自主知识产权的速度建模软件GeoEast-Diva，解决了国内探区复杂地表等一系列地震勘探难题，陆上复杂地表与地层速度建模技术达到了国际领先水平。

GeoEast-Diva速度建模软件采用全交互式多方法协同建模模式，开发了等效深度速度分析、基于正交拓扑的多界面混合模型表示等方法，融合多种建模手段，形成了联动界面更新的网格层析成像、变映射角道集速度分析等技术，并在各向同性的基础上，重点开发了VTI/TTI介质的各向异性建模功能、Q反演功能以及OBN数据建模功能，丰富了PBM波束偏移功能，可广泛用于各种复杂地质构造和不同分辨率数据的叠前深度建模。软件具有高效、灵活、适应性强等特点，既适用于陆上起伏地表、复杂地层速度建模，又可实现海上OBN数据速度建模。

（三）方位远探测声波反射波成像测井系统技术

中国石油研发成功了新型方位远探测声波反射波成像测井仪器，为获取精确的地质信息和复杂油气藏的发现提供了技术支持，同时为定向射孔、定向侧钻、后期酸化压裂等工程施工设计提供了技术参数。

方位远探测声波反射波成像测井系统能够探测井筒周围40米范围内的裂缝孔洞储层，并能够探测方位信息，方位分辨率达22.5度；通过反射波的处理与成像，实现储层预测。该系统属于原创型技术，达到国际领先水平，主要技术创新：①发明了基于相控接收指向性的反射界面方位探测方法；②研制了直接承压式有源发射、接收声系；③设计了相控方位接收换能器的多站、多方位安装结构。

该系统在塔里木、长庆、大港等油田现场试验和应用，在复杂缝洞储层勘探开发中具有独到的储层判识作用，为采用传统井筒探测方法难以发现的油气藏评价提供了新的技术手段。

（四）断陷盆地富油凹陷二次勘探关键理论技术

据河北省科技厅公布，断陷盆地富油凹陷二次勘探关键理论技术与应用主要由中国石油天然气股份有限公司华北油田分公司、中国石油天然气股份有限公司大港油田分公司、中国石油集团东方地球物理勘探有限责任公司、中国石油天然气股份有限公司勘探开发研究院、北京诺克斯达石油科技有限公司、中国科学院地质与地球物理研究所、中国石油大学（北京）完成。渤海湾断陷盆地是当今我国第一大产油盆地，同时也是经历了近50年大规模勘探开发的老油田区，储量发现难度越来越大，油田产量逐年递减，"延缓老油田产量递减，实现东部硬稳定"的国家能源重大战略需求面临严峻挑战。2008年以来，本项目立足老油田区剩余资源依然丰富的富油凹陷，依托国家、中石油重大科技项目，产学研用联合攻关，取得了二次勘探关键地质理论、勘探技术的重大创新与老油田区高效油气储量的规模增长，保障了老油田的产量稳定。此项目中涉及的创新技术有：

（1）创新陆滩海一体化三维地震采集与全凹陷三维地震资料整体连片一致性处理技术。研发一体化观测方法，开发可控震源、炸药震源和气枪震源联机并行激发装置及海缆、陆缆对接兼容系统，攻克了陆滩海三维地震采集系统不兼容世界级难题，在国际上首次实现了海陆过渡带一体化三维地震采集，既保障了采集资料的整体性、一致性，又使效率提高20%，引领了技术发展；研制深层复杂目标2.5次三维地震采集技术，开发多期次三维地震数据体融合一致性处理方法，形成我国首例海陆过渡带5280平方千米和我国东部陆上最大10000平方千米的整体连片三维地震数据体，为老油田区富油凹陷二次勘探构建了大数据平台。

（2）创新斜坡带差异控砂耦合输导成藏理论认识与目标精准落实技术。揭示断陷斜坡带高部位沟槽输砂、中部位坡折富砂、低部位远岸扇聚砂的差异控砂机制与主砂层、盖层断接厚度和微构造脊三元耦合油气输导机理，创立原油极性化合物运移层析作用理论公式，发明油气运移与成藏期次量化表征与地震物相体储层预测目标精准落实新方法，创建多类斜坡带油气成藏新模式，实现斜坡带目标钻探成功率提高17%，发现蠡县、歧北等斜坡带4个亿吨级、7个3000万~5000万吨级油气储量区，实现了老油田区规模高效储量的新发现。

（3）创新隐蔽深潜山及潜山内幕成藏理论认识与超高温深潜山高效酸压技术。揭示潜山内幕优势性储层与输导体系耦合油气聚集机理和9种潜山内幕成藏新类型，构建潜山内幕多层系复式油气聚集新模式，研发出抗230摄氏度超高温压裂液新材料，突破国外压裂液耐温195摄氏度极限，新发现老油田区10个最高日产1036立方米高效潜山油气藏，总储量达亿吨级，牛东1超高温深潜山酸压改造首获成功，发现我国温度最高（201摄氏度）、东部深度最大（6027米）、日产油642立方米、气56万立方米特高产潜山油气藏，对拓展东部老油区深层勘探具有里程碑意义。

二、石油开采技术

通过数字化技术、纳米工艺和复合材料等新技术新工艺的大量应用，石油开采技术取得多项重大进展，开采理论、方法和应用水平大幅度提高，为油田经济可持续开发做出重要贡献。

（一）智能油气开发技术

我国自主研发的"智能"水平井分段压裂工具——"井下全通径无级滑套系统"，已实现工业化推广应用，创下油管不动管柱分段压裂级数最多的世界纪录。与常规压裂技术相比，平均单井产气量提高60%，施工时间缩短近40%，成本节约50%以上。

近年来，世界油气田的新增探明储量主要集中在深海、山地等复杂地理环境，以及低渗致密油气藏、煤层气、页岩气等非常规储层，开发技术主要依靠水平井、分段压裂等超常规手段。"井下全通径无级滑套系统"采用全新智能设计，在施工过程中，通过钥匙和滑套的编码智能匹配，无须人为干预。该技术实现了以下四大创新：①可根据地下油气藏情况，实施"无限级"精细分段，打通数量可观的油气通道，以最大限度释放地下油气产能，实现油井高产、稳产；②采用全通径无级滑套，极大方便了后期维护和作业；③单段可开关，有效避免了出水对油气开采的影响；④施工管柱和油气井生产管柱一体化，施工完成后可直接投产，降本省时。

该技术可广泛用于油气井生产管理，在堵水、调剖和产能测试等方面应用前景尤为广阔。

（二）井下压裂实时监测技术

我国自主开发的井下压裂实时监测技术，在大规模改造压裂施工中，能实时监测并同步解释裂缝长度和宽度等参数，及时指导现场施工参数优化调整。可有效提高低孔、低渗致密储层和页岩气（油）等非常规油气藏压裂施工的压裂效果，适用于沙漠、戈壁、山地等复杂地表条件下的低渗透油气藏储层改造评价。

在华北油田重点探井安探1X井中，通过系统实时显示及解释井压裂裂缝长宽高及方位数；长庆油田苏76-3-12H井，通过系统测出两翼发育不对称等问题，并优化压裂参数，提供可靠的技术依据。

（三）新型钻井液技术

我国自主研发的抗高温高密度油基钻井液DROBM-2体系，大幅提升了油基钻井液固相和盐水侵污的容量限，形成同时满足抗45%盐水污染、抗温200摄氏度、密度2.60克/立方米的超高密度油基钻井液，并在克深1101井成功应用。

（四）高精度可控震源技术

我国自主研发的新一代EV56高精度可控震源正式下线。EV56高精度可控震源，针对复杂构造油气藏、地层岩性油气藏和剩余油气藏。实现了从低频向宽频的跨越，并且经受了野外施工恶劣环境的考验，在兼顾上一代震源性能的同时，激发频带从低到高都得到扩展。

（五）表面活性剂中试反应装置技术

我国具有完全自主知识产权的、年中试生产能力1万吨、国内唯一的表面活性剂中试反应装置建成。该装置具有"工艺模块化、生产广普化、产品系列化"特点，实现了驱油用表面活性剂由实验室合成到工业中试生产的衔接，为产品的工业化应用奠定了基础。

目前，该装置中试生产的甜菜碱表面活性剂适应性广泛，不仅适用生产东部石蜡基原油的油田，而且适宜西部高矿化度油藏、海外高温高盐油藏。在满足玉门、长庆、新疆和吉林油田无碱二元驱试验甜菜碱产品需求的同时，也为大庆油田的矿场试验应用提供了技术保障。

（六）超深小井眼侧钻技术

我国经过多年攻关，研制成功了以非标139.7毫米特殊直连扣镦粗套管、随钻扩孔工艺、小井眼随钻扩孔轨迹控制技术为核心的超深小井眼侧钻技术。该技术在塔河主体区应用30井次，扩孔后井眼直径大于170毫米，最大井斜角65.84度，139.7毫米特殊直连扣套管均一次下入到位，固井质量满足要求，为后续钻井施工提供了良好的井筒条件。

（七）油田细分开采技术

我国研发的"注水开发后期细分开采关键技术"，主要包含分段解封、大斜度井多层偏心分注、大斜度井"偏心+双管"组合分注等关键工艺技术，解决了四级以上封隔器解封难易造成大修、45度斜角以上注水井测试仪器投捞困难无法细分等难题。

该项目开展现场试验应用216口井，工艺成功率97.2%，累计增油29250吨，降水115260立方米，增注247520立方米，减少低效注水158460立方米，减少作业78井次，创效5049万元。

（八）井下分层注采智能控制技术

我国自主开发的井下分层注采智能控制技术现场应用效果好，具有完全自主知识产权。截止到2017年3月，智能分层开发技术累计应用315井次835层，措施成功率92%，累计增油4.3万吨。

（九）特低渗—致密砂岩气藏开发动态物理模拟系统

针对特低渗—致密砂岩气气藏地层条件下微纳米孔喉气水渗流等世界级难题，我国自主设计研制了提高气藏储量动用程度及采收率的大型物理模拟实验系统。

主要技术创新：①以"岩石物性、气水渗流和开采模拟"三大模块30台套设备为核心，首次建成一维最长8米、二维最大1米见方、三维最多8层的大规模、多序列模拟技术和实验装置；②首次攻克致密砂岩微纳米级孔喉定量评价、多维度压力场实时模拟检测、高压状态下气水饱和度场动态测试等关键技术难题，为揭示特低渗—致密砂岩气藏开发过程中动用边界变化特征、地层水可动性量化评价提供了核心技术支撑；③通过室内实验测试、基础理论研究、生产应用有机结合，建立了储量动用与可动水量化评价数学模型及理论方法，为提高产水层识别精度和控水开发、井网加密方案优化等奠定了理论基础；④制定了我国首项致密气评价国家标准。

该系统是目前国际上同领域中性能指标最先进、模型体系最齐全的物理模拟系统，在鄂尔多斯盆地苏里格气田、四川盆地须家河组气藏开发调整方案优化中发挥了重要作用，大幅提升了我国复杂气藏开发基础理论与基础实验水平和创新能力。

（十）固井密封性控制技术

针对"环空带压及井口窜气"，中国石油形成以高强度低弹模水泥及密封完整性为核心的新型固井成套技术。

主要创新点：①建立了水泥环密封完整性力学模型及分析软件，制定了油井水泥石力学评价方法及全过程管理规范；②抗温200摄氏度且适应温差100摄氏度的高强度低弹模水泥；③抗温180摄氏度的抗污染高效前置液；④以控压固井、预应力固井等为主体的10项工艺技术。

技术成果在川渝和塔里木等地区的复杂深井、页岩气井和枯竭气藏储气库井应用1000多口井，大幅降低了环空带压率。其中，安岳气田磨溪—高石梯地区7英寸尾管固井质量合格率提高117%，钻完井期间环空带压率由38%降至0；页岩气井环空带压率降至8%以内。

据中国石油报报道，2020年，中国石油自主研发形成设计—仿真—监控一体化自动固井技术与装备，改变了传统固井作业以经验和人为控制为主、自动化程度低、施工质量和封固质量难以把控的现状。

其主要技术创新：①突破了全生命周期固井密封完整性控制、复杂温压条件井下压力精细分析、多流体拟三维顶替模拟、复杂井型下套管预测和水泥浆混配密度自动控制等8大关键数理模型，奠定了自动化固井的控制理论基础；②研制出自动化水泥车、水泥头、稳定供灰等5大关键固井装备，开发出现场作业数据实时采集与操作控制系统，提升了固井作业的可靠性和精准度，建立了自动化固井的硬件基础；③创新形成集固井设计、仿真、自动监测与控制、大数据分析与技术管理等的多功能AnyCem®软硬件一体化平台，整合了固井业务单元孤岛数据，在国内外率先实现"无人操作"固井作业，推进了固井业务数字化转型发展。该技术已在长庆、西南、辽河、塔里木等地区规模应用。

（十一）超大功率固井车

2017年，烟台杰瑞石油服务集团股份有限公司针对中国页岩气固井作业的难题启动了超大功率固井车的研制。同年，烟台杰瑞石油服务集团股份有限公司团队研制出了世界首台超大功率固井车。这台固井车单机功率是常规固井设备功率的2.25倍，最大混浆能力达到2.3立方米/分，而且它整体占地面积小，有利于井场设备快速排布。

2018年，该超大功率固井车首次作业时，完成了一口5300米深页岩气井的作业，实现连续4小时注灰80立方米和注入顶替液54立方米，实现了我国页岩气多台设备联合作业低效能模式的打破，实现并开启"一机全流程"模式。提升了我国的页岩气开采能力，更引领传统固井行业进入了大功率时代。

2019年，世界首台双混合大排量超大功率固井车诞生。该装备最大混浆能力≥3.0立方米/分，创造了固井车单罐混合的新纪录。之后，杰瑞研发工程师从客户的需求出发，结合井场一线经验，又研制出了千型大排量固井车，并于2020年7月通过厂内测试。一台杰瑞千型固井车相当于两台单机单泵固井车，能重点满足全球4000米以下中浅井的油气资源高效开发需求，轻松实现水泥浆的自动混合泵送。同年，杰瑞的C-KING超级固井车成功下线，C-KING超级固井车集成了双混合系统，可实现大于3.0立方米/分的混浆能力，并引入杰瑞全新的JR2500QL五缸柱塞泵，泵功率达到1839千瓦。通过优化泵内结构，保证柱塞泵的大功率的同时兼顾柱塞泵的轻量化。

（十二）南海高温高压钻完井关键技术及工业化应用

该技术在四个方面取得了重大技术创新：①首创了多源多机制异常压力精确预测方法，研发了极窄压力窗口连续循环微压差定量控制钻井技术，实现了南海高温高压钻井成功率100%。②首次研发了"五防""自修复"高温高压水泥浆体系，构建了多级井筒完整性安全保障技术，创造了南海所有高温高压井环空"零"带压的世界纪录，解决了环空带压的世界级难题。③首创了智能应急关断、备用应急放喷等8大因素98个控制点的本质安全型测试系统，实现了海上平台狭小空间下的高温高压高产气井安全测试作业。④研发了环保型水基双效钻完井液和系列提速工具，创建了优质高效作业技术体系，实现了南海高温高压井工期由175天降至52天，费用降低70%。

成果已在国内外1820口井上推广应用，发现了7个大中型海上高温高压气田，建成了我国第一个海上高温高压气田群。

（十三）纳米智能驱油技术

纳米驱油技术可以将水注入油藏的任意角落，用于中高渗透油藏开发后期的战略接替和低渗/超低渗油藏的水驱有效动用。纳米智能驱油技术融合纳米技术与提高采收率技术（EOR），可解决波及效率低、费用昂贵、苛刻环境下的不适应性及潜在的储层伤害等传统EOR技术不能解决或难以解决的问题。纳米智能驱油技术基本能够实现全油藏波及；遇水排斥，遇油亲和，具有自驱动力，能够实现智能找油；能够捕集分散油，形成油墙或富油带并被驱出。纳米智能驱油技术有望成为提高采收率的战略接替技术，预期将大幅度提高最终采收率，具有广阔的应用前景。

三、石油储存及运输技术

石油储存运输主要有海洋石油储运技术、石油存储技术和油气混输技术三种。

（一）海洋石油储运技术

我国海上钻井平台所开采出来的石油，主要采用海上石油储运技术进行存储和运输。海洋的石油储运技术与陆地的石油储运技术存在很大的差别。海洋石油储运技术需要解决在海洋内部管道运输的问题，一般情况下，都采用海底隧道以及储罐的形式来进行海洋石油的储运。现阶段，我国海上采用储罐和油轮的形式来储运石油。未来，海洋油气储运技术将会向海底管道方向发展，因为这种方式成本比较低，储运也比较稳定。而储罐储运存在一定的风险，如遇到恶劣天气、海水的侵蚀等。海底管道运输，可以将开采的油气运输到陆地进行保存，具备方便、快捷、更加安全等优势。

（二）石油存储技术

目前，在油气的存储过程中，除了利用传统的油罐来存储之外，考虑到储存的成本和环境因素，现阶段又开发了一种新的方式，即利用地下水来进行石油和天然气的存储，主要方式就是用地下水封洞库来进行石油和天然气的封存。当需要使用时，可以将封存的石油和天然气再次开采处理，再进行加工就可以了。这样可以有效地节省成本，大大满足石油和天然气就近储存的原则，既省力又便捷。

（三）油气混输技术

油气混输技术，目前是全世界的一项热门研究技术。但是油气在管线中运输两相流动与单相流动相比，更加复杂。在实际运输过程中，经常遇到塞流、油气不稳定等难题。混输管道的设计结合实际情况，根据油气比例、油气物化特性构建一定的流体模型，对实际应用发挥更大的作用。很多欧美发达国家都在积极研究这项技术，从而确保在开采之后的石油和天然气可以得到有效的储存和运输。本身石油和天然气就是不可再生资源，一旦在储存和运输方面遭受损失，那就得不偿失。因此基于这种需求，石油和天然气的混合运输技术正在研究，目前也得到了长足的发展。因此，未来的研究和创新方向就是石油和天然气一同运输，从而达到混输的效果。

四、石油加工技术

石油加工技术可分为不同类型，其中包括国Ⅵ标准汽油生产技术和丁苯橡胶无磷（环保）聚合技术。

（一）国Ⅵ标准汽油生产技术

围绕汽油质量升级环节，对催化剂和工艺路线进行了完善升级及脱砷配套技术开发，形成了满足国Ⅵ汽油标准的 M-PHG、GARDES 生产组合技术以及脱砷配套技术，成功破解了深度脱硫、降烯烃和保持辛烷值这一制约汽油清洁化的世界级难题，在宁夏石化等企业成功完成了工业试验，实现了国Ⅵ标准汽油生产成套技术的自主创新。主要创新突破：①基于定向堆积扩孔技术开发了氧化铝催化新材料，增强了加氢脱硫催化剂脱硫选择性；②深入揭示了催化汽油加氢脱硫、降烯烃反应行为，实现大幅降烯烃保持辛烷值的目标；③创新开发了具有介孔—微孔多级孔分布的孔道结构的吸附脱砷剂，大幅提高了脱砷剂的性能。

（二）丁苯橡胶无磷（环保）聚合技术

2017年6月，丁苯橡胶无磷聚合技术在抚顺石化20万吨/年装置完成首次工业试验，产品合格率为100%，优等品率为85.2%。研发团队开发了以歧化松香酸皂/脂肪酸皂为主的二元复配乳化体系、铁钠盐为还原剂的活化相体系以及氯化钾为电解质的丁苯橡胶无磷（环保）聚合技术，突破了无磷电解质因不具有缓冲pH的能力而使胶乳凝聚过程稳定性变差的难题，创新性地开发了与原有激发剂匹配的无磷聚合配方，开发了全新的乳化体系、活化相体系以及电解质体系，解决了聚合胶乳稳定性差、凝聚工艺不稳定的难题，达到了聚合反应时间短、聚合转化率高、产品性能稳定、环保合格的目标。丁苯橡胶废水环保检测结果：总磷含量由原来的 120 毫克/升降至 0；COD 由 800 毫克/升降为 600 毫克/升，氨氮含量由 30 毫克/升降为 10 毫克/升，污泥量降低了 80% 以上，并首次实现了过氧化氢对孟烷与无磷电解质—氯化钾匹配技术的工业化应用，解决了污泥处理工序复杂、成本高、二次污染等问题，实现了污水中磷含量零排放，其他环保指数均显著提高。

第十九章 天然气技术

一、天然气勘探技术

天然气勘探技术取得了如下四点进展：

（一）陆上油气勘探技术

在陆上油气勘探领域，创新海相、深层等勘探理论与技术，发现一批大油气田，有力支撑了油气储量不断增长。创新发展古老海相碳酸盐岩油气成藏理论和储层预测技术，在四川盆地发现了安岳、元坝等大气田。其中安岳气田是我国地层最古老的特大型气田，获三级储量1.5万亿立方米，是我国天然气发展史上最重大的发现。

深层油气聚集理论和地震成像、钻井技术取得重大突破，勘探深度从4000米拓展到8000米，在库车深层发现5个千亿立方米大气田，形成万亿立方米规模大气区。

高含硫气田安全高效开发技术达到国际先进水平，建成了我国年产百亿立方米的普光大气田。

（二）海洋、深水油气勘探技术

在海洋油气勘探开发领域，从近海走向深海，深水油气工程技术跻身国际先进水平。3000米深水半潜式钻井平台在我国南海深水钻探成功，实现了作业水深从500米到3000米的跨越。

深水油气工程技术取得重大突破，开发了南海1500米深水荔湾3-1大气田。海上稠油开发新技术提高采收率5%~10%，"十二五"期末我国海洋油气年产量突破5000万吨。

（三）非常规油气勘探技术

在非常规油气勘探开发领域，实现煤层气产业化和煤矿区采气采煤协调开发，引领了页岩气新兴产业的发展。形成煤层气低成本勘探开发技术，建成沁水、保德2个煤层气产业化基地，2016年地面产量45亿立方米。煤矿区采气采煤协调开发保障了煤矿生产安全，2016年井下抽采 128 亿立方米。初步形成页岩气开发关键技术，建成了涪陵、长宁—威远等产业化示范区，2016 年页岩气产量 78 亿立方米。

创新勘探开发工程技术实现页岩气规模有效开发。针对页岩气勘探开发的系列难题，创新勘探开发工程技术，单井综合成本大幅下降，加快了页岩气规模开发。

主要技术创新：①建立了海相页岩气选区参数体系和储层分类评价标准，形成页岩气地质综合分析与产能概率性评价技术；②积极探索了"一趟钻"钻井新技术，优质储层钻遇率提高至 90% 以上，钻井周期缩短 50% 以上；③形成了长水平井分段分簇体积压裂改造技术及"工厂化"作业模式，单井测试产量达到 30 万立方米/天以上，工程作业效率提高 30%，建井成本降低近 30%；④建立了页岩气生产制度及井网井距优化技术，单井累计产量由 7500 万立方米提高至 9000 万立方米以上；⑤自动化地面采输技术，加快了自动化生产和智能化管理水平，平台建设周期缩短 50 天，数字化覆盖率超过 90%，节约操作成本 15% 以上。

（四）勘探工程技术

在工程技术领域，我国自主研发 13 项重大装备，打破国外技术垄断，带动了油气工程技术服务产业跨越式发展。

新一代有线地震仪（G3i）、地震数据处理解释（GeoEast）和"两宽一高"地震勘探等核心装备、软件，实现了比肩世界一流的重大跨越，东方地球物理勘探公司综合实力跃居全球同行前三位。

快速与成像测井装备（EILog）、测井处理解释软件（CIFLog），结束了我国先进测井装备和软件长期依赖进口的历史。精细控压钻井、3000 型成套压裂机组等重大装备，打破了国外技术垄断。

二、天然气开采技术

天然气开发形势发生了较大变化，主要表现为：新增探明储量结构发生变化，深层、低渗—致密、非常规成为主体，开发难度加大；主力气田相继进入稳产期，稳产与提高采收率成为技术攻关的主要方向；非常规天然气开发突破瓶颈技术，开发规模快速增长；提高单井产量和开发效益对工程技术提出更高的要求。在新形势下，天然气开发技术取得以下七项进展：

（一）致密气藏采收技术

苏里格气田的成功开发引领了中国致密气规模化发展进程。气田目前累计投产 9000 余口井、年产量规模在 220 亿~230 亿立方米，约占全国总产气量的 16%。2013~2017 年进入稳产期，针对多井低产、采收率偏低（约 30%）的特点，为提高储量动用程度和气田采收率形成了两项系列技术。

1. 大面积低丰度气藏开发井网优化技术

通过刻画砂体规模尺度、压裂改造范围及气井泄压半径，进行井距优化；在评价砂体几何形态、地应力方位的基础上，明确井网几何形态；论证不同储量丰度区块的经济极限井网密度；形成以直井井网为主，主力层集中型储层采用水平井开发的井型组合。通过密井网区开发先导试验，证实富集区加密的开发效益仍优于非富集区的动用，论证了不同品位储量区的合理动用顺序，明确了加密至4口/立方千米后采收率可由600米×800米基础井网的30%提高为45%~50%，提升了15%~20%。

2. 致密气藏提高采收率配套技术

结合地质、气藏工程及改造工艺，形成了致密气藏提高采收率的一系列配套技术：明确了气井工作制度优化可提高采收率1%，老井未动用层改造可提高1%~2%，有利目标老井侧钻可提高1%~2%，低产期排水采气可提高2%~3%，即提高采收率综合配套技术可在井网优化的基础上再提升采收率5%~8%。

（二）煤层气开发技术

目前已实现中高阶煤层气开发，包括以地球物理和储层评价为主的煤储层描述技术、以水平井钻完井和压裂增产改造为主的提高单井产能技术、以排采和防煤粉技术为主的井筒排采技术及以生产剖面测试和动态监测为主的开发调整技术，助推了煤层气产业稳定发展。低煤阶煤层气开发技术也获得重要进展，内蒙古二连盆地吉煤4井应用填砂分层、低浓度胍胶技术，首次在低煤阶取得重大突破，有助于解放中石油矿权区内6.75万亿立方米、占总量51%的低煤阶煤层气资源。

2013~2017年煤层气开发的新技术还包括：煤层气储层开发地质动态评价关键技术与探测装备。取得了煤层气有利建产区综合评价、叠置含气系统开发工艺优化设计、煤储层开发地质动态数值模拟、物理模拟和现场探测关键装备等原创性技术成果。

该项成果已在沁水、鄂尔多斯、西南、准噶尔盆地等30余个区块进行了应用，相关区块布井成功率、单井日均产气量大幅度提高。

（三）深层气藏开发技术

中西部盆地深层/超深层气藏开辟了天然气增储上产新领域，以四川盆地下寒武统龙王庙组、上震旦统灯影组深层碳酸盐岩气藏、塔里木盆地大北—克深多断块深层致密砂岩气藏为代表，主要形成两项技术系列。

1. 深层碳酸盐岩气藏开发技术

针对四川盆地龙王庙组、灯影组气藏岩溶储层非均质性强、气水分布复杂的特点，形成4项主体开发技术：①白云岩岩溶储层描述技术，创新提出颗粒滩、丘滩体岩溶发育模式，建立不同类型储层地震识别方法，形成高产井布井技术；②裂缝—孔洞型有水气藏开发优化技术，强化不同类型水侵特征研究，开展水侵监测与调控，降低水侵风险；③大斜度井/水平井丛式井组开发技术，增大井筒与储层接触面积；④大型气田模块化、橇装化、智能化建设模式，采用全新设计理念，形成气田建设速度、智能化水平、安全环保的新典范。2016年龙王庙组气藏110亿立方米产能全面建成，灯影组气藏18亿立方米产能建设稳步推进。

2. 深层致密砂岩气藏群开发技术

针对塔里木盆地大北—克深多断块气藏储层描述和工程作业难度大的特点，发展了4项主体开发技术：①以构造建模为核心的气藏描述技术，通过宽方位三维地震落实构造形态，建立不同构造部位裂缝发育模式，优化井位；②以垂直钻井系统国产化为核心的快速钻井技术，自主研发垂直钻井系统、油基钻井液、抗冲击和抗研磨性PDC钻头等，使钻井周期和成本大幅下降；③以缝网压裂为核心的储层改造技术，重点针对Ⅱ、Ⅲ类储层，采用缝网酸压和加砂压裂进行增产，单井日产气量由不足30万立方米提高到50万立方米以上；④以超高压压力测试为核心的开发优化技术，突破超高压气井投捞式压力测试技术，滚动评价断块气藏连通性，优化开发井数，实现稀井高产。2016年，大北—克深气田群年产量突破70亿立方米，是塔里木盆地气区在克拉2、迪那2气田开发调整后，保持气区持续上产的主力气田。

（四）页岩气开发技术

近年来，3500米以浅的海相页岩气开发技术基本成熟配套，产量迅速攀升，2016年实现产量27亿立方米以上。

1. 基于开发尺度的页岩气储层评价技术

形成了主力开发层段小层划分技术，将纵向上研究尺度从几十米精细到几米，优化靶体位置至下志留统龙马溪组龙—11小层，同时形成了动态储量标定地质储量技术，评价四川盆地长宁动用层段储量丰度约4.13亿立方米/平方千米，上奥陶统五峰组—龙一段储量丰度约12.3亿立方米/平方千米。这些技术为页岩气有效开发提供了地质依据。

2. 3500米以浅钻完井及储层改造技术

四川盆地及周缘3500米以浅页岩气资源量为2万亿立方米，经过5年来的攻关和试验，完钻水平井233口，开发技术基本成熟配套，主要包括以旋转地质导向为核心的优快钻井技术、以"低黏滑溜水+低密度支撑剂"为核心的体积改造技术及以大井组工厂化作业为核心的工程实施技术，使单井综合成本降低到5500万元以内，支撑了页岩气规模有效开发。

3. 气井开发指标评价及生产制度优化技术

建立了"微裂缝+次裂缝+主裂缝"多级次复合裂缝模型，形成概率性产能预测方法，提出了若干关键开发指标，有效指导了页岩气井生产。评价页岩气井单井累积产量平均为8070万立方米，首年日产6.5万~10万立方米，初始年递减率46%~62%，前3年递减率逐步下降到30%。形成裂缝、储层基质应力敏感定量描述方法，评价放压与控压两种生产方式对单井累积产量的影响。明确了最优生产方式，指出采用控压生产单井累积产量可提高逾30%。

4. 页岩气开发井距优化技术

提出有效裂缝长度动态预测方法，形成基于产量干扰分析的开发井距优化技术。研究表明，长宁—威远、昭通区块井距可从目前的 400~500 米缩小至 300 米，井控储量采出程度可由 25% 提高到 35% 左右。

（五）海域可燃冰（天然气水合物）开采技术

2017 年 5 月，我国成功实施了首次海域天然气水合物试采工程，实施过程中攻破了粉砂质储层水合物试采、储层埋藏浅、深水低温、地层出砂、水合物二次生成等技术难题，取得了持续产气时间最长、产气总量最大、气流稳定、环境安全等多项重大突破性成果，实现了勘查开发理论、技术、工程的自主创新。

创新成果包括：①突破深水浅软地层钻完井关键技术，实现了深水作业能力的跨越；②创新运用深水水合物储层改造技术，扩大近井筒渗流面积，为增产稳产提供了重要技术支撑；③建立"防排结合、以排为主"的完井防砂理念，创新粉砂质储层防砂排砂方法理论和工艺技术；④集成人工举升核心关键技术，实现井筒气水稳定流动、降压开采精细控制，提高产量效果显著；⑤保障井壁和地层稳定，实现了安全持续开采。

2017 年 12 月 11 日，国家科技部批准建设天然气水合物国家重点实验室。当前，天然气水合物大规模商业开采仍是世界性难题。依托我国自主研制的"海洋石油 708"、保温保压取样装置、随钻测井工具和在线监测系统，成功获取天然气水合物样品，使我国成为世界上第 3 个掌握全套取样分析技术的国家，并于 2017 年 5 月 25 日成功实施固态流化试采。

（六）天然气工程技术

天然气开发的快速推进，很大程度上受益于中国天然气工程技术的进步和发展。核心技术国产化、成本的大幅降低助推了天然气的效益开发，主要形成 3 个方面技术系列。

1. 大井组—多井型—工厂化钻井规模化应用技术

近年来，天然气开发井型从直井、丛式井发展到平台水平井，目前天然气钻完井实现了大井组工厂化的根本性变革，钻井周期大幅缩短，降低了成本，提高了效率。在鄂尔多斯盆地东部，形成多井型大井组立体开发的典型代表，研发三维绕障、三维水平井轨迹控制、低摩阻钻井液等配套技术，最大单平台混合井组达 15 口井。至 2016 年底，多井型大井组累计应用 1200 个井丛，节约了大量土地。

2. 储层改造工艺、工具装备技术

以往储层改造工艺以直井多层和水平井多段常规改造为主，体积改造是近年来兴起的新型储层改造技术。经过攻关实践，中国自主研发的体积改造技术成熟配套，已实现规模化应用，与"工厂化"作业模式结合，成为非常规低成本开发的关键技术。其主体技术为大通径桥塞分段压裂技术和低黏滑溜水液体体系，配套技术包括桥塞泵送与分簇射孔、连续混配与连续输砂、压裂液回收利用等。在工具装备方面，中国自行研制了可溶桥塞压裂技术。2016 年累计现场试验 10 井次，压裂 141 段，成功率达 100%。

3. 形成适应多气藏类型的采气工艺技术

针对不同类型气藏的开发特征形成了相应的排水采气技术系列。如低压低丰度低渗气藏形成泡沫排水、速度管柱、柱塞气举等系列技术，疏松砂岩气藏形成泡排、井间互联气举技术，火山岩气藏形成泡沫排水、速度管柱技术，四川石炭系老气田采用电潜泵排水采气技术。橇装式、移动式排水采气设备的试验与应用，增加了排水采气的灵活性，节约了成本。

（七）大型气藏开发调整技术

2013~2017年天然气开发进入上产与稳产并重发展阶段，很多大型气田进入开发调整期，如靖边、克拉2和涩北等气田，针对这些气田形成三种主体稳产模式。

1. 滚动接替稳产模式

多层系含气、不发育边底水、分布范围广的大型岩性气藏，滚动开发潜力大，代表气田为鄂尔多斯盆地靖边气田。靖边气田具有上、下古生界多套气层发育的特征，主力产层为下奥陶统马家沟组五段，保持年产天然气55亿立方米规模稳产了十余年，是长庆气区稳产的主力气田之一。重点开发技术包括薄层水平井开发技术和富集区优选评价技术。通过毛细沟槽与小幅度构造刻画，实现2米薄层水平井开发，推动了外围扩边区每年5亿~6亿立方米弥补递减产能建设，同时深化上古生界气层富集区优选，落实储量2441亿立方米。

2. 均衡开采模式

针对边底水活跃的大型整装块状气藏，核心是优化气井指标和生产规模，防止边底水锥进，达到一次井网采收率最大化。若采气速度过高，会造成个别气井水淹、气藏非均匀水侵，给气田稳产带来困难。克拉2气田采取稀井高产开发模式，调峰能力强，高峰年产量达到110亿立方米以上，发挥了西气东输主力气田调峰保供作用。主要通过水侵动态分析技术可建立高压气井水侵判别模式，形成千万节点大型数模水侵动态预警机制；通过均衡开发技术可进一步优化采气速度，调整开发规模。这些技术的应用实现了开发指标优化和气田均衡开采。

3. 治水、控砂、多层系协调动用稳产模式

涩北气田是典型的疏松砂岩气藏，高峰年产气量达到65亿立方米，目前稳产规模约50亿立方米。气藏气层多达上百个，发育多套气水系统，具有气藏出砂出水、储量动用不均、稳产难度大的特点。重点形成了多套井网分层系开采技术及综合治水与防砂技术，划分为5个开发层系，地面井网密度达到5.1口/立方千米，减小了多层系干扰，实现了气藏均衡开发，形成以连续油管冲砂为主的工艺技术，优化了压裂充填防砂工艺参数，提高了防砂效果。

三、天然气储存及运输技术

天然气的储存和运输技术取得了广泛应用，尤其是液化天然气的运输和储存。

（一）液化天然气的运输储存技术

近年来液化天然气（Liquefied Natural Gas，LNG）工业发展迅速，LNG 供应量稳步提升。LNG 工业链包括天然气预处理、液化、储存、运输、接收、再汽化、销售等环节。

天然气的大规模储存可采用地下储气库和 LNG 两种方式。有关数据表明，地下储气库垫层气量大，投资回收率低，仅为天然气投资回收率的 85%，而以 LNG 形式储存回收率高达 98%。我国现状是小型压力罐较多，常压大型储罐较少，无 LNG 储气库。

我国主要采用地上 LNG 金属混凝土储罐。根据地上 LNG 金属混凝土储罐内壁材料的不同，通常分为预应力混凝土型储罐和薄膜型储罐两种。一般大型储罐都采用预应力混凝土型，外壳材料主要为预应力混凝土，内筒为低温的金属材料。薄膜型储罐内筒材料有殷瓦钢和不锈钢两种。

LNG 运输有着不同于天然气管道运输的巨大优势，特别是在跨洋运输方面，主要采用 LNG 船运输。船运 LNG 成本较低，仅为天然气管道输送的 1/7 左右。船运 LNG 不仅能有效规避由于气源不足铺设管道而引起的风险，而且天然气通过液化前的净化处理，含有的有害物质更少，更有利于环保。长距离的 LNG 运输可以采用船运和铁路运输，短途则可利用 LNG 槽车或罐箱运输，以及内河水运，其中槽车运输逐渐成为公认的相当可靠、成本最低的 LNG 物流运作模式。

1. 槽车运输

槽车运输包括两种：公路运输和铁路槽车运输。研究表明，1000 千米或更短的距离为公路运输的范围，超过 1000 千米以上则选择铁路油罐车更为经济。目前，国内相关技术已经非常成熟，完全实现了国产化。对于单辆槽车来说，液化天然气水容积最大，已发展到 52.8 立方米，最大工作压力 0.7 兆帕，最大充装天然气量 3.3 万立方米，槽车行驶速度平均为 60 千米/时。经跟车测量，运送中 LNG 槽车的储罐内压力基本稳定，紧急停车时压力会上升 0.02 兆帕左右，停车过程中安全阀无泄漏，LNG 无损失。

在安全性方面，许多 LNG 槽车在设计时为了提高罐容，将径向支撑结构放置在罐壁外，这虽然增大了罐内储存容积，但减小了储存容器的稳定程度，在一定程度上存在安全隐患。

2. LNG 运输船

跨海船运是 LNG 国际远洋贸易采用的一种主要形式。现在生产 LNG 运输船的国家主要集中在亚洲。韩国大宇、三星以及日本三菱已成为世界主要 LNG 运输船制造商，但造船的核心技术被法国 GTT 等北欧公司垄断。作为世界第三大 LNG 船制造国，我国在 20 世纪 90 年代中期才开始进行 LNG 船的技术研发工作。2015 年 1 月我国建成目前第一艘具有完全自主知识产权且设计容量为 17.5 万立方米的 LNG 船"大力水手号"。

LNG 船根据液货仓系统不同可分为独立型和薄膜型两种。薄壁型储罐主屏壁采用 36% 镍钢，次屏壁为 36% 镍钢或铝箔纤维，其蒸发率可以控制在每天 0.10%~0.15%。

3. 管道输送

目前 LNG 管道只用于天然气液化装置和 LNG 的装卸操作设施，还没有长距离管道输送

LNG 的实例。研究表明，用管道长距离输送 LNG 具有技术可行性，而 LNG 长输管道建设最大的问题在于，使用的材料是否在低温条件下仍能保持良好的性能，为了防止 BOG（闪蒸汽）的产生，必须在中间设置 LNG 冷泵站。

因此，LNG 长输管道的投资回收率初期较低，存在建设风险。随着海底低温管道技术的不断进步，LNG 的高效运输距离已经达到了 32 千米，随着近年来天然气需求的不断攀升，管道输送成为一种趋势。

4. LNG 罐箱运输

我国的小型 LNG 生产—罐箱运输—卫星气化站供应链已逐渐形成，这种产业链成为世界上最大的、低成本、技术领先的运作模式。LNG 罐式集装箱的运输方式，特别是近年来出现的 LNG 储罐多联运输，具有经济、灵活、稳定的特点，将成为集装箱物流和沿海 LNG 接收站的重要通道。

LNG 储罐，尤其是圆柱加方框冷保温集装箱，采用高真空多层绝热，运输具有很大的灵活性，可以克服新开辟的天然气市场折旧成本太高的缺陷，加快 LNG 的进一步应用。

（二）第三代大输量天然气管道工程关键技术

具有国际先进水平的第三代大输量天然气管道建设成套技术研发成功。主要技术进展：①在国内首次建立了基于风险评价的天然气管道目标可靠度确定方法，形成了天然气管道可靠性设计和评价方法。②在国际上首次建立了管道止裂韧性预测新方法，研究确定了 X90 管道延性断裂止裂韧性等关键技术指标，形成了 X90 天然气管道断裂控制技术。③在国际上首次系统研究揭示了 X90 管材成分、组织、性能、工艺之间的相关性，研究制定了 X90 螺旋管及板卷、直缝管及钢板、配套弯管及管件的系列技术条件和检测评价方法，并研发成功系列产品；研发了 X90 管材用相关焊接、焊缝材料及施工工艺和装备；研发了 1219 毫米 X90 焊管、弯管及管件。④系统分析研究了我国输气管道在一类地区采用 0.8 设计系数的可行性，确定了 0.8 设计系数管材关键性能指标和质量控制要求，制定了西气东输三线 0.8 设计系数管道用 X80 螺旋缝埋弧焊管技术条件和管道现场焊接工艺规程及施工规范，在西气东输三线上实施了 261 千米的试验段工程。

（三）天然气水合物储运技术

天然气水合物的储运方式，一般采用罐装的方式来运输。天然气水合物在运输过程中，可能会受到一定的运输损耗，从而影响整体的质量。目前，比较常用的方式，主要是将天然气水合物在常压下，将其冷冻到水的冰点以下、平衡温度以上（-15~-5 摄氏度），完全绝热，水合物就可以保持稳定。从而再采用罐装进行运输，这样天然气混合物的品质不会受到运输过程的影响。这种技术也被大量推广，主要适用于边远、零散气源的收集以及提供给下游的分散用户。

具体的天然气水合物的储运技术主要包括以下两个方面：

（1）将天然气转化为一定程度的水合物。目前，最为广泛使用的就是将天然气转化为水合物进行储存，因为水合物比较稳定，储存也比较方便。在使用的时候，再将水合物进行分解，从而得到天然气。这样既不会破坏天然气的属性，而且操作起来也比较方便。目前，我国很多天然气的气田都是采用这种方式来进行天然气的储存，水合物的储运灵活以及稳定是大多数气田选择如此储存的最大原因。

（2）收集伴生气，即两相冰水合物。伴生气，就是在一定条件下，天然气与水作用的水合物。伴生气可以实现在不破坏天然气的本身属性前提下进行运输。目前，很多油气的储运都采用这种技术。另外，还有一种方式，就是将水合物与原油进行混合，这样再通过管道进行运输，这种运输技术比较安全，也比较合理，该方式的应用也是比较广泛的。

（四）地下储气库选址技术

地下储气库是把天然气注入地下圈闭或人造洞穴形成的一种储气场所，主要作用类似长江沿岸的湖泊，调节冬夏用气峰谷差，提升管道输送效率；或作为战略储备和应急储备，应对进口中断和短缺，保障国家能源安全。从2000年1月起，在国家科技部、财政部等支持下，中国石油先后设立国家课题2项、集团公司级重大专项2项、重大工程试验项目1项、重点科技项目20余项、油田公司级科研课题100余项。

目前建设地下储气库的创新成果已应用于北京、新疆、重庆等地16座新地下储气库的建设，刷新了地层压力低、地层温度高、注气井深、工作压力高4项世界纪录；储气规模达400亿立方米，相当于三峡水库的蓄水量；冬季调峰能力超过100亿立方米，相当于中国"十三五"规划的67.5%；最高日调峰量近9000万立方米，相当于全国最高日用气量的1/10，服务于京津冀等10余个省市2亿人口；累计调峰采气350亿立方米，相当于4座千万吨级特大煤矿贡献的能量，综合减排8000万吨。

第二十章 新能源和可再生能源技术

一、风力技术

风力技术包括风力利用技术和相关技术。利用技术主要包括发电技术，相关技术包括风力预测、风力发电机组控制、风电并网等。风电并网已在电力技术篇中简述，在此不再赘述。

(一) 风力预测技术

风力预测技术对于风力发电站选址、风力发电系统设计、电网建设等都具有十分重要的基础作用。风电输出功率与风速大小、风速变化密切相关，在风力发电项目立项调查阶段，风力预测就必须进行。当前，风力预测技术主要有基于风力观测数据和气象模拟两种方法。

前者主要是利用选址目标地区的长期气象数据，对数据进行线性或非线性处理，进而形成当地风力观测模式，并对今后时期的风力情况进行预测。后者则主要是运用现代气象预报技术，建立起当地风力情况的虚拟模型，对风力情况进行预测。这种预测方法目前已经成为风力预测的主流方法，被广泛运用于风力发电选址、风力发电系统设计、项目建设的全过程。

(二) 风力发电技术

当前风力发电系统的核心部件包括风力机、发电机、控制器、聚风系统塔架等。最为关键的就是风力发电机组。风机有多种结构类型，采用的技术方案也不同，并可以进行组合。按照功率传递的机械连接方式的不同，有"有齿轮箱型风机"和无齿轮箱的"直驱型风机"两类。其主要差别在于是否利用齿轮箱风机进行运动能的传递。上海电气3.6兆瓦风电机组采用的就是传统的带齿轮箱的变速恒频双馈技术。而湘电风能5兆瓦风电机组（XD115-5000）采用的是直驱型设计，没有主轴和齿轮箱，单主轴承设计。根据桨叶接受风能的功率调节方式可分为定桨距机组和变桨距机组。主要差别在于当风速变化时，桨叶的迎风角度是否能随之调整，从而最大化地利用风能。重庆海装5兆瓦（H154-5兆瓦）风电机组等大型发电机组采用的均是变桨距机组，因为其更加安全可靠且效能高。

按照叶轮转速是否恒定可分为恒速风力发电机组和变速风力发电机组。恒速风力发电机组的缺点较为明显，多为小型风电项目采用。而大容量主力机型则多采用变速风力发电机组。此外，根据风力发电机组的发电机类型分类，可分为"异步发电机型"和"同步发电机型"两类。

在风电项目建设中，多采用多种机组组合的形式，从而获取更大的运行效益，降低建设和管理成本。主要有：

第一，恒速风力机+感应发电机机组。这是我国一个时期内广泛应用的风力发电机组，其由恒速风力机、感应发电机、电容组、变压器等组成。

第二，变速恒频双馈式机组。这种机组能够有效适应风力变化，并随之进行变速运行。其运行的速度变化范围较大，通过双向传输也提高了电力运输的效率。其利用的是变桨距控制技术，能够保证随着风速变化而调整桨距角，从而实现对风能的最大化利用。

第三，变速风力机和同步发电机机组。这种机组运用的也是变桨距控制技术，但是由风力机直接带动发电机进行发电，并通过两个全功率变频器向电网进行功率输出。这种机组的安全系数高，对风能的利用率大，无须无功补偿，但成本过高，应用还不够广泛。

近几年来，中国风电开发的重心从"三北"地区逐渐向中东南部地区转移，适用于中东南部地区的低风速风机不断涌现，以国电联合动力为例，近年相继推出了1.5兆瓦-97、2兆瓦-115、2兆瓦-121、2兆瓦-130、3兆瓦-146等低风速机型，具有较好的发电效率。金风科技、远景能源等风机制造商也研发了多款低风速机型。在业内看来，中国已在低风速风电领域取得了一系列重大突破，引领了该领域的全球技术创新，中国的低风速风电技术已走在世界前列。

此外，根据国家发改委环资司发布的《关于组织推荐绿色技术的通知》，2020年推广的绿色技术涉及风电的有：

复杂工况下直驱永磁风力发电机组技术。针对陆地与海上风资源等自然环境条件分析，设计包括叶片、直驱永磁式发电机和全功率变流器等关键配套零部件，根据机组总体技术参数确定5兆瓦级直驱永磁风力发电机组组装工艺和吊装工艺。单机容量大、千瓦配套费用低、发电效率高。与传统风力发电技术相比，其发电效率提升2%~3%。

海上风电场升压站结构设计、建设和保障技术。采用整体式或模块式等方式布置导管架、单桩、高桩承台等。利用整体工厂建造、整体海上运输、海上就位安装建造海上升压站。结构可靠、适应性强、现场施工作业少、环境友好；带有盐雾过滤装置的正压通风系统和具有多重油水分离功能的事故油收集装置，保证设备耐久性和安全性，实现海上升压站在海洋环境下长期可靠运行。

10兆瓦海上风电机组设计技术。整机采用新型全密闭结构，可解决海洋腐蚀环境适应性问题；电气系统采用中压双回路，解决扭缆问题的同时提高无故障运行时间，电气效率提高1.5%~3%；双驱电动变桨技术，解决了齿面磨损和驱动同步问题。发电机突破了兆瓦级海上风力发电机轴系、密封结构、电磁绝缘、通风冷却等技术，具有高可靠性、高性能、低维护成本的优点。

海上风电也逐渐成为重点发展区域。海上风电机组向着"大容量、轻量化、高可靠"趋势发展。2019年，国内最大单机容量为10兆瓦。目前海上风电机组关键技术攻关方向有：超长超柔叶片技术、风电机组主轴承技术、液压变桨技术、风电机组支撑结构技术等。

超长超柔叶片技术。叶片是影响风机性能和成本的关键部件，通过弯扭耦合控制实现叶片的自适应降载，降低叶片单位长度的成本。通过合理的材料布置方案提高叶片面内的气动阻尼，提高叶片可靠性。柔性叶片配合气动附件的设计方案可以减少叶片的失速风险，保证机组的发电量。但柔性叶片的弯扭耦合、柔性叶片与变桨系统耦合的稳定性、叶片变形动态测试等方面仍受制于国外技术。

风电机组主轴承技术。风电机组主轴承式风机的核心枢纽，其设计和性能对风机的效率和寿命有关键性的影响。不但要具有防腐防潮等性能，还必须承载整个风机巨大震动冲击。目前国内在主轴承设计布局等方面依然存在薄弱环节，国内主机厂商和轴承厂尚未完全掌握相关核心技术，还需进一步深入研究整个轴系。

液压变桨技术。变桨系统作为大型海上风电机组的关键子系统，对机组发电性能和整机安全性能有至关重要的影响，海上恶劣环境、无人值守等因素对变桨系统安全性、可靠性提出了极高要求，国际主流厂商如 VESTAS 和西门子都采用液压变桨技术路线，海上装机占比超过 70%。中国沿海市场的风区特点使未来中国海上市场更依赖于长柔叶片，重负载应用场景将使高能量密度的液压变桨技术对未来中国沿海大型机组的发展有强大的助推作用，预期在 12~20 兆瓦级别的特大型机组上，高出力液压驱动方式将表现出强大优势。液压系统本身更容易实现柔性化、平台化，借助产业规模效应可以很好地控制成本。

风电机组支撑结构技术。支撑结构主要基础型式分为固定式基础和浮式基础。海上风机支撑结构成本约占海上风电投资的 1/3，通过技术创新，推广产业化应用，降低支撑结构成本，是风电竞价上网、平价上网的技术保障。面向未来深远海风电发展趋势，积极攻克和储备相关浮式风电技术，为深海风能开发做好基础储备，并占领市场制高点。

另外，目前海上风电单场送出的技术主要有高压交流输电（HVAC）、常规直流输电（LCC-HVDC）、柔性直流输电（VSC-HVDC）、分频输电（FFTS）四种方式，海上风电场输电方式选择主要参考风电场容量和离岸距离。海上风电场开发规模的扩大，输电容量和输电距离的增加，机组大型化、受端电网短路电流水平、电网安全稳定等因素，使得海上风电输电直流化方向的发展趋势愈加明显。未来可用于大规模海上风电集群组网送出的方案主要有基于 HVAC 技术的场间交流并联组网交流送出，基于 VSC-HVDC 的交流并联组网柔直送出，基于 VSC-HVDC 的多端柔性直流输电和基于 LCCHVDC 和 VSC-HVDC 的混合直流输电。

柔性直流输变电一体化技术也是目前我国海上风电关键技术的攻关方向之一，柔性直流输电技术是深远海风电送出的有效途径，技术和经济性具有绝对优势。全直流海上风电场概念进一步突破了基于柔性直流输电技术的常规深远海上风电设计方案的观念边界，技术和经济优势进一步扩大，其科研成果可应用的场景不仅是近海和远海海上风电，还可以应用在城市扩容、直流配电网、海上石油平台供电和异步电网互联等。

（三）风力发电机组控制技术

风力发电机组控制技术主要集中于三个方面，即变桨控制、偏航控制和变流控制。控制技术与发电机组的发展密切相关，但其关键在于对功率、对风系统及功率变流的控制。变桨控制是针对变桨距机组技术，从而解决定桨叶自动失速、功率不稳等问题，从而使风轮自动适应风速的变化，对叶片空气动力转矩进行调节，实现风能的最大利用率。偏航控制是针对风向变化，使风轮自动调整与风向一致，从而使机组平稳运转。偏航控制的核心部件是偏航装置，根据不同的机组可以采用尾舵对风、侧风轮对风、伺服电机调向等。变流控制则是指采用全功率变流，完成风电机组输出功率的变换与并网，以控制输出功率，实现电网有功功率与无功功率的灵活控制。

海上风电场方面涉及的运维和控制技术有以下四个方面：

（1）海上风电机组健康诊断智能感知技术。包括风电机组轴承寿命测试评估技术、风电机组叶片全风域测量系统等。例如，2020年9月，中国船舶重工集团海装风电股份有限公司发布中国海装诊断预警平台1.0版。中国海装诊断预警平台1.0版是海装智能运维的一个建设环境，包含了整个预警的模型，实现了风机健康状态评估，同时实现了风控率的精准预测、风资源的合理调配，是个海装智慧工厂运营管理产品，也是智能运维的一个产品。目前，中国海装诊断预警平台1.0版主要作用是对风电机组健康评估，实现预防性运维；同时通过机理结合统计分析进行故障预警并推送运维，实现自动闭环验证。此外对风电场运行情况进行后评估，自动生成风机健康状态后评估报告；还对风电场实现集群分析后评估，以获得发电量提升方案。

（2）激光雷达检测技术与风速实时预测。通过装设于漂浮式平台的激光测风雷达进行风资源观测，可为设计规划以及优化调度提供高精度风况指导；通过机舱式激光雷达实现前馈变桨降载运行。分析历史数据及气象数值信息建立预测模型，输入高精度测量数据进行模型计算，从而得到风速实时预测结果，为多尺度场级功率预测以及海上风电能量优化管理提供了测算依据。

（3）风电场尾流控制技术。构建面向控制的稳态尾流模型，量化机组间因尾流效应产生的功率耦合关系；通过优化问题的构建求解，降低尾流效应引起的功率损失，提高全场发电量。结合模态分解与频域分析手段，分析尾流的动态特性，量化尾流效应对机组载荷的影响，实现功率—载荷协同优化。

（4）设备智能检测与维修技术。基于智能数字化检测技术构建风电场大数据云平台，实时更新与计算风场监控状态、故障分析、设备监测及预警等，以定期维护与故障预警维修相结合的形式，保障机组常规维护，及早发现故障并及时处理，减少故障导致的停机时间。建设区域化运维基地及智能调度策略，结合设备健康度检测信息与精细化气象预报，优化部署海上维修交通工具及检修团队，提高维修效率，降低运维成本。

此外，海上风电场群控制技术和海上风电智能运维技术也是目前我国海上风电关键技术的攻关方向。海上风电场群控制技术可解决海上项目尾流折减严重造成明显发电量损失的问题，显著提高项目经济收益；降低疲劳载荷的问题，减少机组故障率，延长机组服役时间。而海上风电场运维成本占风电场全生命周期的20%~30%，需要引入更智能化的技术手段来改变传统运维模式，以实现降成本目标。海上风电场运维难度、复杂度、风险等要远高于陆上，需要引入智能化装备、智能化管理系统来统筹，提升海上风电场运维效率，提高安全保障。海上风机大型化趋势，加上离岸越来越远，规模越来越大，风机停机维护带来的发电量损失更高，需要引入人工智能技术来支持运维策略的制定，以降低发电量损失。

二、太阳能技术

目前太阳能发电技术主要有光伏发电和太阳能光热发电两种形式。光伏发电是利用半导体器件的光伏效应将太阳能直接转化为电能。太阳能光热发电是利用聚光器聚集太阳能，经吸收器吸收后转化成热能，产生高温蒸汽进入汽轮发电机组产生电能。

（一）光伏发电技术

光伏发电本质是利用太阳光照射光伏元件，在光生伏特效应作用下，通过电荷聚集产生电动势，最终转换为电能。以分布式光伏发电系统为例，其系统构成包括太阳电池方阵、直流配电柜、控制器、逆变器及交流配电柜等。各功能均不同，其中逆变器和太阳电池方阵最为重要。在设计时，太阳电池方阵要求串联，将所有电池组件有效组合在一起，得到较大电压，确保完全满足输出要求。

1. 光伏电池技术进展

光伏组件是光伏发电系统的核心部件，占光伏发电系统成本50%以上，国内厂商对诸多发电技术进行了产业化的开发。

（1）2016年天合光能高效多晶硅太阳电池组件窗口效率达19.86%，创造P型多晶硅组件窗口效率世界纪录；2017年晶科能源P型单晶PERC多栅电池效率达到23.45%，打破P型单晶电池效率的世界纪录；2018年11月8日，隆基经独立第三方认证测试机构TüV南德（TüV-SüD）测试，隆基60型组件光电转换效率达20.83%，打破单晶PERC组件效率世界纪录，这已是2018年以来隆基乐叶第四次刷新组件技术的世界纪录。

（2）2016年天合光能实现了156平方毫米大面积N型单晶硅电池转换效率达到23.5%。电池正面无电极，正负两极金属栅线呈指状交叉排列于电池背面。PN结和金属接触都处于电池的背面，正面没有金属电极遮挡，吸光面积更大。同时背面可以容许较宽的金属栅线来提高光生载流子的收集效率。中来股份研发的N型IBC组件电池效率高于23%，60片型组件正面功率高达340瓦。N型电池具备更高的发电效率和发展前景，特别是N型双面电池，具有双面发电的特性，背面效率可达到19%以上，综合增益可达10%~30%。

（3）国内新奥集团、上澎太阳能科技（嘉兴）有限公司已实现HJT/HIT异质结太阳能电池技术研发，国内其他企业如山西晋能集团有限公司、协鑫集成科技股份有限公司、天津中环电子信息集团有限公司、福建钧石能源有限公司等都在进行量产研发。该技术使用氢化非晶硅薄膜钝化硅片表面，掺杂硅薄膜作为电极层。提高了钝化效果并大大降低了工艺温度（能耗、热损伤），高温发电效果好。其制造工艺与常规晶硅太阳能电池不兼容，需要完全重新研发和搭建产线，产能扩张慢。晋能科技的双面HJT超高效组件采用转换效率超过23%的异质结双面电池，具有优异的弱光响应、-0.28%的超低功率温度系数，以及 N 型硅片超低衰减率等多重优势。同时，由于其具备双面发电特性，在不同的应用环境中发电量有 8%~20%的增加。与普通高效组件相比，整体发电量提升 44%。

（4）2017 年 1 月，汉能旗下的德国公司 Solibro Hi-Tech GmbH 研发的铜铟镓硒（CIGS）薄膜太阳能电池组件，以 16.97%的全面积组件光电转换率刷新世界纪录。CIGS 材料是已知半导体中光吸收系数最高的材料，光谱响应宽度最宽的材料，非常适合制作高效薄膜太阳能电池。CIGS 太阳能电池是目前效率最高的薄膜太阳能电池，实验室最高效率为 22.3%。日本 Solar Frontier 公司是目前国际上 CIGS 技术最先进且产业化规模最大的 CIGS 组件制造商。

（5）2017 年 8 月，苏州腾晖光伏技术有限公司通过与高校合作，研制成功了石墨烯晶硅电池。石墨烯具备高透光、高导电等优异的光电性能以及良好的机械柔韧性。石墨烯主要通过化学气相沉积方法并成功应用于大面积晶硅电池。石墨烯优异的光电性能使其能够在不影响晶硅电池光吸收的基础上，降低载流子传输电阻，从而实现电池串联电阻的降低和电池效率的提升。

（6）2017 年，华为智能光伏逆变器全球发货量 18130 兆瓦，2015~2017 年连续三年蝉联逆变器全球发货量第一。相比集中式逆变器，华为、古瑞瓦特、阳光电源、固德威、欧姆尼克、山亿新能源、兆伏爱索、特变电工、禾望电气等研发的组串式逆变器，直流端具有 MPPT，交流并联并网，其优点是不受组串间模块差异和阴影遮挡的影响，电压范围宽、发电时间长、自耗电小、故障少，增加发电量 3%~5%。

（7）2017 年 11 月 2 日，在第九届中国（无锡）国际新能源大会开幕当天，保利协鑫重磅发布 TS+系列第二代黑硅片，引发客商广泛关注。TS+黑硅片采用保利协鑫最新一代湿法黑硅技术，其效率更高、成本更低，更兼容高效多晶 PERC 技术。据保利协鑫切片事业部副总裁金善明介绍，TS+黑硅片产品竞争力迈上新的台阶，是近些年最具性价比和应用价值的新产品，有望给多晶技术路线乃至晶硅阵营带来深刻变革。

（8）2017 年 5 月，协鑫集成宣布，其自主研发的多晶干法黑硅 PERC 电池平均量产效率已达到 20.1%，最高效率达到 20.6%，再次实现了产业化多晶电池平均效率的突破。在多晶高效电池技术路线的选择上，协鑫集成以金刚线切割多晶硅片降低成本、增加多晶竞争优势，配合金刚线多晶硅片的绒面解决方案以及多晶 PERC 高效电池技术，使效率增益大于 1.8%。在产品端叠加 MBB、金刚等高效组件技术，实现光伏组件产品性能不断突破。

（9）2017 年晶科的半片组件已实现规模化量产的主流功率，60 片单晶 290~300 瓦，单晶 PERC 310~320 瓦，多晶 275~290 瓦；72 片单晶 345~355 瓦，PERC 370~380 瓦，多晶 325~340 瓦，基本上比同行要高出 5 瓦左右。目前晶科都是 1500 伏系统电压，减少 10%左右的 BOS 成本。另外，五栅设计让电流分布更均匀，降低热内损；同时，晶科半片组件比同行更高的抗 PID 标准，其在整个行业里还是相当具有竞争实力的。

（10）2017 年 4 月 19 日，在第十一届上海国际太阳能光伏展（SNEC）上，隆基乐叶展示了 Hi-MO2。该产品具有高功率、高发电量、低 LCOE 3 大亮点，将开启高效单晶 PERC 双面发电技术新时代。隆基绿能科技股份有限公司是全球最大的单晶硅光伏产品制造商，乐叶光伏科技有限公司是隆基股份的全资子公司，2016 年单晶电池组件出货全球第一。

（11）2017年，金刚线切割技术在多晶上的应用，对于硅片成本下降效果显著，在单晶上的应用是单晶技术路线重新崛起的最强大的催化剂。

此外，根据国家发改委环资司2020年12月公布的《关于组织推荐绿色技术的通知》，目前推广的绿色技术涉及光伏产业的有三个：

1）光储空调直流化关键技术。将光伏输出直流电直接连接变频空调系统直流母线，实现光伏直流直接驱动空调系统。实现了并离网多模式运行及自由切换，用电可不依赖于电网。通过引入储能单元，系统用电实现光伏储能互补，能量可用可储。利用功率阶跃抑制技术解决系统模式切换瞬间运行不稳定问题。利用能源信息智慧管理技术实现系统发电用电储电的智慧调度。此技术光伏直驱利用率可达99.04%，提升电能转换效率6%~8%，降低设备成本10%~20%。

2）高效PERC单晶太阳能电池及组件应用技术。通过在电池背面沉积三氧化三铝钝化层来降低电池背表面载流子复合量，提升电池长波响应，从而提升电池转换效率。在电池端，采用SE技术和MBB技术，有效提升电池转换效率；在组件端，采用半片电池封装技术，既提升组件功率，又有效降低组件工作温度，具备出色的耐阴影遮挡性能。

3）太阳能PERC+P型单晶电池技术。以扩散后的PSG层为磷源，利用激光可选择性加热特性，在电池正表面电极位置进行磷的二次掺杂，形成选择性重掺N++层，降低硅片与电极之间的接触电阻，降低表面复合率，提高少子寿命，改善光线短波光谱响应，提高短路电流与开路电压，进一步提升电池效率。在PERC基础上，可实现0.2%~0.3%的转换效率提升。此技术可帮助每吉瓦光伏电站年均发电10.7亿千瓦·时，节约34.2万吨标准碳，减排二氧化碳78.3万吨。

2. 光伏技术应用

2015年11月，华东地区规模最大的正泰江山200兆瓦农光互补发电项目正式并网发电。2016年12月31日，全国最大的浙江省宁波市慈溪市周巷水库100兆瓦"渔光互补"并网发电。2017年12月10日，全球最大的中国三峡集团三峡新能源公司安徽淮南150兆瓦水面漂浮光伏项目正式并网发电。

2017年12月28日，由我国完全自主知识产权研发与铺设的全球首段光伏高速公路在山东济南亮相。"太阳能公路"试验段全长1120米，光伏路面铺设长度1080米，净总面积为5875平方米，铺设主行车道和应急车道。预计年发电量约100万千瓦·时，年减排二氧化碳1550万吨。

2020年12月，西藏最大的综合能源项目日喀则市50兆瓦"光伏+储能"综合能源示范项目成功并网发电。日喀则市50兆瓦光伏+储能综合示范项目占地面积1097333平方米，总投资约4.5亿元，年发电量1亿千瓦·时，年可节约3.06万吨标准煤。此项目是西藏目前最大的光伏+储能综合示范项目，也是西藏首个一次性并网发电的综合能源项目，是国内罕见的高原高海拔大型综合能源项目。

（二）太阳能光热发电技术

太阳能光热发电也称太阳能聚光发电，利用大量反射镜或者透射镜将太阳光聚集而加热工质，高温工质（或直接进入发动机做功发电）经过热交换装置将水加热为高温高压蒸汽，高参数蒸汽进入汽轮发电机组中做功并输出电力。对于带有储热系统的光热电站，在太阳光充足时，部分能量储存在储热系统中；在夜晚或者光照不足时，利用储热系统的能量维持汽轮发电机连续发电。光热发电是将太阳能聚光技术与成熟的火力发电技术结合起来，具有可储热、可调峰、可连续发电等优点。太阳能光热发电技术主要包括塔式、槽式、碟式、线性菲涅尔式以及向下反射式，其中塔式、碟式与向下反射式属于点聚焦技术，而槽式与线性菲涅尔式属于线聚焦技术。太阳能光热发电技术进展主要有四个：

（1）塔式光热发电技术。2012年8月中科院电工所延庆1兆瓦塔式光热发电实验平台投运发电。2015年江苏鑫晨光热技术有限公司在江苏盐城300kW$_t$二次反射塔式试验回路建成投运。

（2）槽式光热发电。2013年12月中广核太阳能德令哈1.6MW$_{th}$槽式回路和1.6MW$_{th}$菲涅尔回路试验建成。2013年常州龙腾光热科技股份有限公司600米标准槽式示范回路在内蒙古巴彦淖尔光热工程示范基地投入运行，在Gb=830瓦/平方米，入射角35度标准工况下该光热转换效率大于67%。2013年9月天威集团和北方工程设计研究院设计建设的甘肃嘉峪关大唐803燃煤电厂10兆瓦光煤互补一期1.5兆瓦试验项目建成投运。2016年10月，由深圳市金钒能源科技有限公司独资建设的阿克塞800米的高温熔盐槽式光热发电试验示范回路投运。

（3）碟式光热发电技术。2013年10月三花绿色太阳城项目1兆瓦碟式光热试验示范项目建成投运。

（4）光热发电技术商业化应用。2013年7月中控太阳能德令哈10兆瓦塔式示范电站并网发电，先期采用直接蒸汽发生（DSG）技术，2014年在水工质光热技术基础上进行了熔盐系统改造，改造后1号塔采用直接熔盐传储热技术。2016年12月北京首航艾启威节能技术股份有限公司敦煌10兆瓦熔盐塔式光热发电项目投运，采用熔盐塔式发电技术，并有储热系统，是中国第一座熔盐塔式光热商用发电站。2018年6月30日中广核德令哈50兆瓦槽式太阳能热发电并网发电，采用槽式导热油集热技术路线，配套9小时熔融盐储热系统，实现储能及多种发电模式切换发电，是我国首座太阳能槽式光热发电商用示范电站。

据《关于组织推荐绿色技术的通知》，2020年我国推广的绿色技术涉及太阳能光热发电的有：太阳能热发电关键技术，利用槽式及塔式工程设计关键技术及全厂性能计算软件，完成塔式镜场布置及瞄准点策略优化，提升发电量；塔式光热电站定日镜，大开口槽式集热器等设计应用，提高光热系统效率，降低了工程造价，其帮助每千瓦装机可替代相同容量燃煤机组参与调峰，节能300克标准煤/（千瓦·时），减少二氧化碳排放687克/（千瓦·时）。

三、氢能技术

（一）制氢技术

制氢方法根据氢气原料的不同，可分为化石燃料制氢、工业尾气制氢、化工原料制氢、电解水制氢、光解水制氢、生物制氢、可再生能源制氢等。

我国目前主要采用化石燃料制氢法，作为一种传统的制氢方法，它仍依赖化石燃料，会排放二氧化碳等温室气体，还会造成环境污染。而电解水制氢的二氧化碳排放最高不超过30千克/吉焦，对环境的污染小，并且可以持续。电解水制氢是最清洁、最可持续的制氢方式，是未来制氢的发展方向。但其效率只有50%~70%，并且电解水制氢需要消耗大量电能，制氢成本会被抬高，但其因电价下降而拥有大规模生产的可能性。光解水是理论上最理想的制氢技术，但目前仍处于研究阶段。生物制氢法是以生物活性酶催化为主要机理来分解有机物和生物质制氢，其主要优势是来源广且没有污染，反应环境是常温常压，生产费用低。利用可再生能源制取氢气的技术近年来备受关注，可再生能源制氢研究成果及示范项目也在不断涌现，可再生能源的间歇性导致弃风、弃水、弃光现象十分严重，通过将风电和光电转化为氢能储存起来，不仅可解决弃电问题，还能反过来利用氢气再发电增强电网的协调性和可靠性。

全球太阳能光催化制氢技术的光氢能量转化效率迄今远低于5%，美国DOE的工业化指标是5%~10%。利用太阳能高效低成本规模制氢既是国际科学前沿，又符合我国能源安全和可持续发展的重大需求。西安交通大学展开科研项目，针对太阳能光催化制氢技术的高效、低成本、规模化世界性难题，通过深入研究从太阳光到氢能整个传输转化全过程的多相流体系内反应体系—相界面—催化剂颗粒三个层面及其之间的能质流动、传输、转化及匹配机制，创建了太阳能光催化制氢的多相流能质传输集储与转化理论，提出了大幅提高光氢转化效率的新理论新方法，研制出首套低成本直接太阳能聚光催化连续制氢装置并中试成功，光氢能量转化效率达6.6%，为国际同期最高值。

（二）氢气储运技术

目前主要的储运氢材料与技术有高压储氢、液体储氢、金属氢化物储氢、有机氢化物储氢等。

高压气态储氢技术比较成熟，应用也最广，是目前我国最常用的储氢技术，高压气态储氢即通过高压将氢气压缩到一个耐高压的容器中，高压容器内氢以气态储存，氢气的储量与储罐内的压力成正比。通常采用气罐作为容器，简便易行，但是储氢罐加压过程的成本较高，且随着压力的增大，储氢的安全性也会大大降低，存有泄漏、爆炸的安全隐患，在储氢密度和安全性方面存在瓶颈。

低温液态储氢技术是先将氢气液化，然后储存在低温绝热真空容器中。其具有单位质量和单位体积储氢密度大的绝对优势，但液化过程耗能大、储氢容器的绝热性能要求高导致储存成本过高。

金属氢化物储氢是目前最有希望且发展较快的固态储氢方式。其利用金属氢化物储氢材料来储存和释放氢气，在一定温度下加压，过渡金属或合金与氢反应，以金属氢化物形式吸附氢，然后加热氢化物释放氢。该技术目前仍处于研究阶段。

有机液态储氢技术是通过加氢反应将氢气与甲烷（TOL）等芳香族有机化合物固定，形成分子内结合有氢的甲基环己烷（MCH）等饱和环状化合物，从而可在常温和常压下，以液态形式进行储存和运输,并在使用地点在催化剂作用下通过脱氢反应提取出所需量的氢气,其目前仍处于技术攻关阶段。

当前氢能技术主要包括:太阳能制氢、氢燃料电池汽车、分布式发电、备用电源和储能等方面。

(三) 氢能应用

1. 氢燃料电池汽车

氢燃料电池汽车是将氢气的化学能直接转化为电能的装置。由于氢燃料电池中铂(Pt)用量的下降,100多千瓦的发动机仅使用20克的铂,因此交通用氢燃料电池的批量生产成本大幅下降。

2. 分布式发电和备用电源

氢燃料电池作为发电设备已经得到广泛应用,氢燃料电池发电还兼具供热功能。发电的燃料来源一般是利用工业副产的氢气,或者生物质气,但目前发电成本较高。氢燃料电池作为应急或备用电源具有能源效率高、环境友好、占地面积小、质量轻、运行稳定可靠、寿命长等优点。

3. 可再生能源消纳的储能载体

近年来,可再生能源特别是风能、太阳能发展迅猛,已成为部分国家和地区的重要能源之一。2016年,我国风电装机1690亿瓦,占全球风电装机的1/3以上,居世界第一位;我国光伏装机780亿瓦,也居世界第一位。然而,风能、太阳能的不稳定性造成了严重的弃电。借用氢储能技术消纳可再生能源的方式已被国际部分国家和地区使用。以风电场制氢储能技术为例,用风电将水电解制成氢气,将氢气储存起来;需要电能时,将储能的氢气通过不同方式(内燃、燃料电池等)转换为电能输送到网上。氢储能技术是智能电网和可再生能源发电规模化发展的重要支撑。

四、地热技术

根据地热资源的类型,地热技术也分不同方式。目前我国开发的地热资源主要是蒸汽型和热水型两类。

(一) 水热型地热资源的梯级利用技术

一般来说,高于150摄氏度的高温地热资源,可开采流体多属于蒸汽型,分布区域有限,主要用于发电;而对于我国大部分地区易开采的地热资源来说,都是低于150摄氏度中低温地热资源,可开采流体属于水热型。对于在封闭管路中循环的地热水,在被提取热量后,通常要回灌至地下,以保证地热资源的循环利用。而一些品质优良的地热水资源温度较高,在经首次提取热量后，仍保持较高的水温，40~50摄氏度甚至更高，其中还有较多的热量，这种地热尾水如果直接回灌至地下，是一种能源资源的浪费。因此，对于品质较好的地热尾水，可以通过热泵系统对其再次或多次提取热量，将水温降至20~30摄氏度后进行回灌。这种做法被称为地热水的梯级利用。一方面，提高了地热资源的利用率，单位水量供能量增大，系统效率提升；另一方面，使地热水用途更加广泛，多种温度需求可以同时满足。

（二）热泵技术+干热型地热资源利用技术

干热型地热资源的特点是地下热层温度较高但无可开采流体。要开采这样的地热资源，有以下方法：从地上输水至地下热层进行充分换热，然后将热水抽取至地面，用热泵提取热水中的热量，取热后的尾水再输送至地下热层换热，如此循环。这种做法的优点是充分利用区域地热资源条件，在水资源缺乏的地区，只要地层温度满足，热储量足够，即可开采地热，并且不存在回灌和地下水资源量限制问题。

（三）新型地埋管换热器技术

传统地埋管地源热泵系统的地下换热器采用单U或双U型HDPE管。通常根据项目不同，地下换热器埋深多在几十米至一百五十米之间。由于单个换热孔换热能力有限，一般一个地源热泵项目需建设地埋管换热孔少则几十个、上百个，多则几千个甚至上万个；按换热孔间距4~5米计算，占地面积很大。尤其是在建筑群密集的城市中，可用土地面积更是有限。在这种状况下，可采用一种新型地埋管换热器——同心套管换热器。换热介质水从套管夹层中进入，夹层管程中设有螺旋纹，保证了水与管外岩土充分换热，换热后的水从套管底部内管中被抽取上来，进入热泵机组换热，换热后的水再输回套管换热器，如此循环。通过试验证明，相同地埋管埋深条件下，单个换热孔换热能力明显提升，有效减少了地埋管换热孔的建设数量。

另外，还有一些新的尝试，如我国北方寒冷地区地热能的利用形式，浅地层岩土温度较低，其中的热量不能够满足建筑供暖需求，一些研究者便尝试突破浅层地热能200米的限制，从400~500米甚至更深层的地下岩土中寻求更多的热量源。再如一些大型地表水水源热泵项目也在推进实施，江、河、湖、海水皆可利用。城市再生水热能的利用，提升城市污水利用的新高度，众多案例都说明，为了顺应时代的发展，研究者们正夜以继日地加快技术创新步伐，创新思路，做出前所未有的大胆尝试，推动产业向前发展，引领了世界先进技术。

（四）地热发电技术

地热发电是把地下热能转变为机械能，然后再把机械能转变为电能的生产过程。能够把地下热能带到地面并用于发电的载热介质主要是天然蒸汽（干蒸汽和湿蒸汽）和地下热水。由于热水和蒸汽的温度、压力以及它们的水、汽品质的不同，地热发电的方式也不同。地热发电方式主要包括直接蒸汽法、扩容发电方式、双工质循环地热发电方式和卡琳娜循环发电方式。

（1）直接蒸汽法。从地热井取出的高温蒸汽，首先经过净化分离器，脱除井下带来的各种杂质，清洁的蒸汽推动汽轮机做功，并使发电机发电。所用发电设备基本上同常规火电设备一样。

（2）扩容发电方式。地热水经井口引出至热水箱部分扩容后进入厂房扩容器，扩容后的二次蒸汽进入汽机做功发电。这种一次扩容系统，热利用率仅为3%左右。将一级扩容器出口蒸汽引入汽机前几级做功，一级扩容器后的地热水进入二级扩容器，经二级扩容后进入汽轮机中间级做功，这就是两次扩容地热发电，其热利用率可达6%左右。西藏羊八井地热发电站属于此种发电方式的机组，单机容量为3000千瓦。

（3）双工质循环地热发电方式。当地热参数较高，温度在150摄氏度以上时，采用扩容发电很合适。但参数较低时扩容发电就很困难，这种情况适宜采用双工质发电方式，即用参数较低的地热水去加热低沸点的工质（如异丁烷、氟利昂等），再用低沸点工质的蒸汽去冲动汽轮机。这种方式理论上效率较高，但技术难度大。

（4）卡琳娜循环发电方式。卡琳娜循环是区别于常规朗肯循环的一种新的热力循环，采用氨和水的混合物作为工质，这种混合工质的沸点是变化的，随着氨与水比例的变化而变化。当热源参数发生变化时，只需要调整氨和水的比例即可达到最佳的循环效果。工质的升温曲线更接近于热源的降温曲线，尽可能地降低传热温差，减少传热过程中系统的熵增，提高循环效率。由于卡琳娜循环的这个显著特点，使它在中低温地热发电领域得到了广泛的应用。

五、海洋能技术

海洋可再生能源通常是指海洋特有的依附于海水的潮汐能、潮流能、波浪能、温差能和盐差能。除潮汐能和潮流能是月球和太阳引潮力的作用产生以外，其他的均产生于太阳辐射。

国际潮汐能技术已达到商业化运行阶段，潮流能技术已进入全比例样机实海况测试阶段，波浪能技术已进入工程样机实海况测试阶段，温差能技术已进入比例样机实海况测试阶段，盐差能技术尚处于实验室验证阶段。同时，为了充分高效地获取海洋可再生能源，根据海洋能资源的条件不同，各种新技术不断涌现。

（一）潮汐能发电技术

潮汐能是指受月球和太阳对地球产生的引潮力作用而周期性涨落所储存的势能。潮汐能发电技术一般是通过建筑拦潮坝，利用潮水涨落形成的水位差，使具有一定水头的潮水流过安装在坝体内的水轮机，通过水轮机带动发电机发电的技术，原理与水力发电相似。

传统潮汐能开发利用主要有单库双向、单库单向、双库单向及双库双向四种方式。作为最成熟的海洋能发电技术，传统拦坝式潮汐能技术早在数十年前就已实现商业化运行。目前，国际上在运行的拦坝式潮汐电站主要采用单库方式。

我国潮汐能电站包括：

江厦潮汐电站。自 1980 年并网发电以来，江厦潮汐试验电站运行良好，并先后进行了多次技术改造。龙源电力温岭江厦潮汐试验电站是目前我国最大的潮汐能发电站，在世界上仅次于韩国始华湖潮汐电站、法国朗斯潮汐电站和加拿大安纳波利斯潮汐电站，居第四位。截至 2019 年，已累计发电 2 亿多千瓦·时。尽管电站建成于 1980 年，但目前仍然是世界上最先进的潮汐发电站。国家能源集团江厦潮汐试验电站作为潮汐能发电的试验基地，电站通过工程实施，积累了双向潮汐发电机组研发、设计、制造、安装和运行经验，电站的稳定运行也为目前我国最具开发潜力的浙江三门健跳港、福建福鼎八尺门、厦门马銮湾潮汐项目的实施奠定了坚实的基础，为我国大规模商业开发潮汐能积累了工程经验和技术储备。

海山潮汐电站。1975 年建成的海山潮汐电站位于浙江省玉环市，是我国现存最早的海洋能电站。

其他潮汐能电站：白沙口潮汐电站、岳浦潮汐电站、浏河潮汐电站、幸福洋潮汐电站等。

潮汐能新技术研发进展包括：

（1）新型高效低水头大流量双向竖井贯流式水轮机。河海大学研制出了新型高效低水头大流量双向竖井贯流式机组。2016 年 5 月，项目通过了国家海洋局科技司组织的验收。

（2）马銮湾万千瓦级潮汐电站可行性研究。福建大唐国际新能源有限公司完成了"厦门马銮湾万千瓦级潮汐电站建设的站址勘查、选划及工程预可研"。2016 年 7 月，项目通过了国家海洋局科技司组织的验收。

（3）温州瓯飞潮汐电站可行性研究。中国电建集团华东勘测设计研究院有限公司牵头开展了"温州瓯飞万千瓦级潮汐电站建设工程预可研"。2016 年 7 月，项目通过了国家海洋局科技司组织的验收。

（二）潮流能发电技术

潮流能是指月球和太阳的引潮力使海水产生周期性的往复水平运动而形成的动能。潮流能的发电原理和风力发电类似，即将水流的动能转化为机械能，进而将机械能转化为电能。

潮流能发电装置按获能装置工作原理，可分为水平轴叶轮式、垂直轴叶轮式、振荡式和其他方式；按照支撑载体固定形式的不同，可分为桩基式、坐底式、悬浮式和漂浮式；按有无导流装置，可分为有导流罩式和无导流罩式。国际潮流能技术基本成熟，单台机组最大功率已超过 1 兆瓦，基本完成了全比例样机实海况测试，并进入试商业化运行。

中国潮流能装置主要分为垂直轴和水平轴两种形式，垂直轴装置研发起步较早，但装置较少，研发单位有哈尔滨工程大学和大连理工大学；水平轴装置研发起步较晚，但发展迅速，以浙江大学、哈尔滨工程大学、中国海洋大学和东北师范大学为代表的高校研制了多个装置。此外，还有部分装置对叶轮形式和形状进行了创新改造，如中国海洋大学开展的柔性叶片潮流能发电装置研发，上海交通大学开展的变几何水轮机发电装置的研制，浙江大学完成了 650 千瓦潮流能机组试运行。

水平轴潮流能技术。水平轴式机组与风机原理类似，机组在水中必须按水流方向放置，叶片可以是固定桨距，也可以变桨，比较适合在深海域应用。中国已开发的水平轴式潮流能机组，最大单机装机容量为 650 千瓦，最小单机容量为 1 千瓦。2014 年 5 月浙江大学研制的 60 千瓦半直驱水平轴潮流能机组工程样机开始在舟山摘箬山岛海域进行海试。

垂直轴潮流能技术。垂直轴式机组的转轴在垂向上与水流方向保持正交，或者在水平方向与水流方向保持正交，在浅水区或者狭窄且深的水道中有更大应用优势。

潮流能示范电站发展包括：

（1）LHD 模块化海洋潮流能发电机组。浙江舟山联合动能新能源开发有限公司研制了 LHD-L-1000 林东模块化潮流能发电机组，2016 年 7 月 27 日，LHD 海洋发电项目首期 1 兆瓦机组在舟山顺利下海发电，2016 年 8 月 26 日成功并入国家电网。2017 年 5 月 25 日开始，该 1 兆瓦发电机组实现全天候发电并网。截至 2019 年 8 月 26 日，该 1 兆瓦机组实现发电并网 3 周年，连续发电并网运行 27 个月，稳定运行时间打破世界纪录。

2019 年，LHD 项目总投运装机达到 1700 千瓦，装机规模和科技水平世界领先。LHD 项目共有 4 个投运机组模块，已全面涵盖当前国际上潮流能发电机主流机型。LHD 项目 3.4 兆瓦海上发电总成平台成为我国规模最大、门类最全、数据最新的海洋清洁能源创新研发实验平台。

（2）300 千瓦半直驱水平轴潮流能发电工程样机。在 2010 年海洋能专项资金支持下，浙江大学研制了 60 千瓦半直驱水平轴潮流能发电装置工程样机，2014 年 5 月开始海试。2016 年 5 月，项目通过了国家海洋局科技司组织的验收。

2013 年海洋能专项资金支持国电联合动力技术有限公司和浙江大学联合开展了 "2×300 千瓦潮流能发电工程样机产品化设计与制造"。

2015 年专项资金支持浙江大学开展了 "海洋能海岛独立供电系统示范工程建设"。

（3）漂浮式潮流能电站海岛独立发电应用项目。浙江省岱山县科技开发中心和哈尔滨工程大学研建了 "2×300kW 潮流能海岛独立发电应用示范" 工程。"海能Ⅲ" 垂直轴潮流能发电装置自 2013 年 12 月进行海试。2017 年 3 月，该项目通过了浙江省海洋与渔业局组织的验收。

（4）400 兆瓦 LHD 海洋潮流能发电站以及潮流能发电总装备基地项目。2019 年 11 月，杭州绿盛集团和杭州林东新能源股份公司分别与定海区政府、岱山县政府签约总投资 42 亿元的潮流发电站及装备制造基地投资协议。这标志着潮流能发电开始从科技研发向产业化跨越。项目建成后，年发电量可达到 10 亿千瓦·时，占目前舟山市年发电量的 1/5。

潮流能新技术研发进展包括：

（1）轮缘驱动型潮流能发电技术。在 2013 年中国科学院电工研究所研发了 5 千瓦轮缘驱动型潮流能发电样机。2016 年 7 月海试，目前已为舟山西轩岛海水养殖的增氧机、水泵等设备提供电力供应。2017 年 1 月，项目通过了国家海洋局科技司组织的验收。

（2）共水平轴自变距潮流能发电装置。东北师范大学研发了 "共水平轴 15 千瓦自变距潮流能发电装置"，2016 年 5 月海试，探索了双向自变距潮流能发电新技术，能够适应我国海域低流速的特点。2016 年 7 月，项目通过了国家海洋局科技司组织的验收。

（3）轴流式潮流能发电装置。中国海洋大学研制了 20 千瓦轴流式潮流能发电装置。2015 年 6 月开始海试。2016 年 7 月，项目通过了国家海洋局科技司组织的验收。

（4）海洋观测平台 5 千瓦模块化潮流能供电关键技术。东北师范大学研发了"海洋观测平台 5kW 模块化潮流能供电关键技术"，2015 年海试，单个模块可满足海洋浮标等观测仪器供电。2016 年 7 月，项目通过了国家海洋局科技司组织的验收。

（5）基于潮流能利用的变几何水轮机发电装置。上海交通大学研制了"基于潮流能利用的变几何水轮机发电装置"。2016 年 5 月，项目通过了国家海洋局科技司组织的验收。

（6）基于潮流能、波浪能耦合的海岛独立发电、制淡系统。在浙江大学宁波理工学院研制了"基于潮流能、波浪能耦合的海岛独立发电、制淡系统"，自 2013 年 6 月海试，海水制淡日产量达到 11.6 吨。2016 年 9 月，项目通过了宁波市海洋与渔业局组织的验收。

（7）300 千瓦海洋潮流能发电机组。2019 年 7 月，由联合动力公司完全自主研发的世界首台应用 270 度变桨技术的 300 千瓦海洋潮流能发电机组实现持续稳定运行 3 个月。该机组的成功稳定运行，是世界海洋清洁能源利用技术上的重大突破，推动我国海洋潮流能发电技术实现了巨大飞跃，跨入了世界先进行列。该机组采用了水平轴、两叶片、紧凑半直驱传动、漂浮式基础的总体技术路线，首创了世界先进的电动变桨技术，攻克了海流波动和变桨耦合作用对机组稳定控制的技术瓶颈，实现了双向海流能量高效捕获，达到能量捕获和发电效率最优，机组集多项世界首创技术于一身，造就多项技术指标世界领先。

（8）600 千瓦海底式潮流发电整机。2020 年 1 月，哈尔滨电气集团有限公司承担的海洋可再生能源资金项目"600kW 海底式潮流发电整机制造"通过专家组验收，标志着我国最大潮流能机组研制成功。2019 年 7 月 17 日，哈尔滨电气集团有限公司承载 600 千瓦潮流能发电机组的国内最大海洋能单体试验平台成功上水，为机组后续海试取得成功提供了坚强保障。2019 年 9 月 9 日，哈尔滨电气集团有限公司 600 千瓦潮流能发电机组在浙江舟山摘箬山海域开展海试，经现场示范运行，该机组水电能量转换效率达 37%，起动流速仅为 0.51 米/秒，均为国内领先水平。

（三）波浪能发电技术

海洋波浪能是由风能转化而来的一种能量，风吹过海洋，通过海—气相互作用把能量传递给海水，形成波浪，将能量储存为势能（水团偏离海平面的位势）和动能（水体运动的形式）。波浪能发电是利用物体在波浪作用下的运动、波浪压力的变化及波浪在海岸的爬升等所具有的机械能进行发电。绝大多数波浪能转换系统由三级能量转换系统组成。其中，一级能量转换系统（波能俘获装置）将波浪能转换成某个载体的机械能；二级能量转换系统将一级能量转换所得到的能量转换成旋转机械（如水力透平、空气透平、液压电动机、齿轮增速机等）的机械能；三级能量转换系统是通过发电机将旋转机械的机械能转换成电能。

在国家自然科学基金会、科技部、中国科学院相关科技计划和专项资金的支持下，尤其是 2010 年海洋能专项资金设立以后，有十几个研究所和大学开展了振荡浮子式、摆式、筏式等波能转换装置的研究，主要研究机构包括：中国科学院广州能源研究所、国家海洋技术中心、上海交通大学、华南理工大学、中国海洋大学、中国船舶重工集团 710 研究所和大连理工大学等。有的完成了实验室模型试验，有的研制了工程样机并进行了海试，基本实现了自主创新的技术过程，正在解决可靠性、实用化、高效转换等方面的技术难点。

振荡浮子式波浪能发电装置。在我国研发的 39 个波浪能装置中，17 个采用振荡浮子式工作方式，最大单机装机容量 100 瓦，最小装机容量不足 1 千瓦。

海蛇波浪能发电装置形式是筏式，装机容量 750 千瓦，第 2 代装置已开展海试；美国 PowerBuoy 装置形式为振荡浮子式，装机容量为 40 千瓦和 150 千瓦，第 2 代装置正在研发中；鹰式波浪能发电装置形式为振荡浮子式，装机容量为 10 千瓦，第 2 代装置正在进行海试。

波浪能示范电站和新技术研发进展包括 10 个方面：

（1）波浪能耦合其他海洋能的发电装置。集美大学研制了 10 千瓦"波浪能耦合其他海洋能的发电系统"。2014 年 7 月开展了 6 个月海试，最大发电功率 3.6 千瓦。2016 年 6 月通过厦门市海洋与渔业局组织的验收。

（2）柔性直驱式浪轮发电装置。上海海洋大学研制了柔性漂浮式风浪流集成海洋发电装置，掌握了不同波高、流速、风速等耦合流场下叶片获能关键技术，自 2015 年 8 月海试。

（3）用于海洋观测设备的直驱式波浪发电关键技术。东南大学研制出了用于海洋浮标系统的 1 千瓦直驱式波浪能发电装置。该装置已为浪流观测仪器供电。2016 年 7 月通过国家海洋局科技司组织的验收。

（4）浮体绳轮波浪能发电技术。山东大学（威海）研制了 10 千瓦浮体绳轮波浪能发电装置样机。2016 年 7 月通过国家海洋局科技司组织的验收。

（5）磁流体波浪能发电技术。中国科学院电工研究所研制了 10 千瓦"磁流体波浪能发电技术样机"。通过项目研究，掌握了往复式液态金属磁流体波浪能发电机、低熔点液态金属发电工质等关键技术。2016 年 7 月通过国家海洋局科技司组织的验收。

（6）筏式液压波浪发电装置。中国船舶重工集团 710 研究所研制了 10 千瓦筏式液压海浪发电装置。2016 年 7 月通过国家海洋局科技司组织的验收。

（7）鹰式"万山号"波浪能发电装置。在中国科学院广州能源研究所"鹰式一号"10 千瓦波浪能发电装置成功海试的基础上，2013 年海洋能专项资金支持中海工业有限公司和中国科学院广州能源研究所联合研制"100kW 鹰式波浪能发电装置工程样机"。2015 年 11 月起，"万山号"100 千瓦鹰式波浪能发电装置开始海试，截止到 2017 年 2 月，累计发电超过 3 万千瓦·时，初步具备了向海岛供电的技术条件。

2016 年 12 月海上可移动能源平台整套设计图纸获得法国船级社（BV）认证，标志着鹰式波浪能技术具备了产业化和走向国际市场的技术条件。2017 年 1 月，项目通过了国家海洋局科技司组织的验收。

（8）抗风浪高效波浪能发电装置。中山大学研制了 20 千瓦"抗风浪高效波浪能发电装置"。自 2014 年开展了 4 年海试，最大发电功率 19.3 千瓦。2016 年 10 月通过广东省海洋与渔业厅组织的验收。

（9）自适应反转式波浪能发电装置。2019 年 12 月，中国人民解放军国防科技大学研发出自适应反转式波浪能发电装置。此装置由智能科学学院尚建忠教授、罗自荣教授及其团队研发，可为海洋工程装备提供稳定、经济的能源。团队研发的发电装置主要由水面浮体和水下波浪能自适应吸收器构成。水面浮体能捕获波浪的升沉运动，吸收器则将升沉运动转换为电能。

吸收器可将传统波浪能发电装置的 3 次能量转换减少到 2 次，大大提高了效率。该装置的发电功率已达 10 瓦量级。该波浪能装置无须系泊，可以为浮标、海洋机器人、海洋监测传感器等海洋工程装备提供低碳、环保、可持续的能源。

（10）首台 500 千瓦波浪能发电装置"舟山号"。2020 年 6 月 30 日，自然资源部支持的"南海兆瓦级波浪能示范工程建设"项目首台 500 千瓦鹰式波浪能发电装置"舟山号"正式交付中国科学院广州能源研究所。"舟山号"由中国科学院广州能源研究所研发设计，招商局重工（深圳）有限公司建造，是我国目前单台装机功率最大的波浪能发电装置。

（四）温差能技术

海水温差能是指以表层海水和深层海水的温度差的形式所储存的海洋热能，具有储量大且随时间推移而相对稳定的特性。海洋温差能转换（OTEC）发电技术的基本原理是利用海洋表面的温海水加热某些低沸点工质并使之汽化，或通过降压使海水汽化以驱动透平发电，同时利用从海底提取的冷海水将做功后的乏汽冷凝，使之重新变为液体，形成系统循环。

20 世纪 80 年代初，中国科学院广州能源研究所、中国海洋大学和天津国家海洋局海洋技术中心等单位开始开展海洋温差能利用研究。在海洋温差能发电技术方面，2005 年，天津大学研制出用于混合式海洋温差能利用的 200 瓦氨饱和蒸汽试验用透平。国家海洋局第一海洋研究所于 2012 年利用电厂温排水，研制了 15 千瓦温差能发电试验装置，在温差为 19.7 摄氏度时，达到额定功率 15 千瓦，透平发电效率约为 73%。在温差能其他利用方面，2004 年，天津大学和国家海洋技术中心合作研发了温差能驱动水下滑翔器试验样机，利用水域表面与深水层约 10 摄氏度的温差产生浮力驱动。2011 年国家海洋技术中心针对小型海洋观测平台供电问题，进行了 200 瓦温差能发电技术研究。

海洋温差能发电关键技术热力循环方式可分为开式循环、闭式循环和混合式循环三类，国家海洋局第一海洋研究所研制的闭式热力循环效率目前处于国际领先水平，已试制了 15 千瓦闭环式循环温差能发电装置样机与 10 千瓦海洋温差能实验室模拟系统。

以国家海洋局第一海洋研究所的温差能发电装置为例，从 2008 年起，开始了闭式温差能发电装置研发；2012 年成功研制了 15 千瓦微型氨透平，并利用电厂温排水搭建了中国第一套温差能发电系统样机，试运行 3 个月，验证了高效循环等关键技术，当温差为 19.7 摄氏度时，达到额定功率 15 千瓦，此时透平发电效率约为 73%，系统的循环效率最高达 3.07%。利用该高效循环模型，搭建的海洋温差能发电装置样机实现了温差能技术的实验室连续运行，通过了验收。

除此之外，中国海洋大学研制了 10.5 千瓦"黄海夏季冷水集中供冷系统装置"，掌握了换热器结构与材料、换热效率、低温水保温提取等关键技术。2017 年 1 月，通过国家海洋局科技司组织的验收。

海水温差能开发利用还处于实验和设计研究阶段，短期内很难得到推广利用。

（五）盐差能技术

盐差能是海洋能中能量密度最大的一种可再生能源。盐差能是 21 世纪新兴的绿色能源，有很大的发展前景。我国河流江海众多，径流量大，盐差能资源有巨大的储量。盐差能主要存在于河海交接处，是指海水和淡水之间或两种含盐浓度不同的海水之间的化学电位差能，以化学能的形态存在。盐差能发电技术主要包括渗透压能法、反向电渗析法以及蒸汽压法，其中，渗透压能法和反向电渗析法的研究较多，其核心技术主要在渗透膜的研究上。

中国盐差能利用技术还处于原理研究阶段，中国海洋大学开展了 100 瓦渗透压能法盐差能发电关键技术研究，于 2017 年通过验收。

2019 年，中国科学院理化所闻利平研究员团队以渗析电池法为基础进行相关研究，制备出了高性能离子交换膜，实现了 2.86 瓦/平方米的能量输出。该研究主要是利用天然的蚕丝与大规模生产的阳极氧化铝组装成异质结构。该复合膜具有非对称的孔道尺寸、非对称的电荷极性，以及非对称的化学行为。这种非对称结构有助于减少浓差极化的影响。而且天然的蚕丝以及规模化的氧化铝的成本较低，这为大规模的生产与应用提供了基础。

盐差能作为海洋生态能源的一种，有着很大的发展前景。科学家们将在该领域做进一步的研究和探索。

六、生物质能技术

生物质能被有效应用的途径主要有：燃烧、热化学法、生物化学法、物理化学法等，这些方法可以将生物质能转变为二次能源，可以转变成热量、生物质燃气沼气、氢气等燃料。生物质发电就是利用一些城市的有机废料作为燃烧物进行燃烧发电。

（一）生物质发电技术

生物质发电技术是一种可循环的环保技术。生物质发电技术有多种类型：直接燃烧发电、与煤混燃发电、气化发电以及沼气填埋气发电等。

1. 生物质直燃发电技术

生物质直接燃烧发电技术是指利用生物质燃烧后的热能转化为蒸汽进行发电，在原理上，与燃煤火力发电没有什么区别。其原理是将储藏在生物质中的化学能通过在特定蒸汽锅炉中燃烧转化为高温、高压蒸汽的内能，再通过蒸汽轮机转化为转子的动能，最后通过发电机转化为清洁高效的电能。生物质直接燃烧发电的关键技术包括生物质原料预处理、锅炉防腐、锅炉的原料适用性及燃料效率、蒸汽轮机效率等技术。生物质直燃发电主要采用循环流化床和水冷炉排锅炉燃烧技术。目前我国的生物质发电以直燃发电为主，技术起步较晚但发展非常迅速，包括农林生物质发电、垃圾焚烧发电和沼气发电。

宿迁秸秆直燃发电项目是我国建成的第一个采用国产设备和技术的秸秆直燃发电项目,于2007年10月正式投入商业化运行,采用循环流化床锅炉,设计燃料为稻草和麦秸秆,可兼烧其他种类的生物质。设计燃料含水率15%,低位发热量14351千焦/千克,锅炉设计效率90.2%。

采用生物质直燃技术的华能农安电厂1号机组于2011年12月4日投运,龙基电力有限公司生产的130吨/时水冷振动炉排锅炉,配备了一台2.5万千瓦的汽轮机,以秸秆为主要燃料,设计燃料含水率为7.9%,低位发热量16100千焦/千克,锅炉设计效率92%。每年可消耗秸秆20余万吨,发电1.5亿千瓦·时,节约煤炭约8万吨,减少二氧化碳排放10万吨。

采用移动床控温碳化技术对稻壳进行碳化,产生的高温燃气经过燃烧器进行燃烧,安徽安粮明太新能源科技股份有限公司供热项目建设的4×10吨/时生物质锅炉供热联产工程,2016年投产,采用移动床控温碳化技术。周边企业提供工业蒸汽并生产碳化稻壳用于钢铁还原剂。预计年消耗稻壳3.7万吨,年产蒸汽12万吨,碳化稻壳0.95万吨,减排二氧化碳9000吨。

生物质直燃发电企业除了发电外,还可通过热电联产、生产碳基复合肥,如安徽国祯生态科技有限公司燃烧秸秆、花生壳等发电,灰渣用于生产碳基复合肥,获得了良好的经济收益。

2. 生物质直燃与燃煤耦合发电技术

对生物质进行预处理,利用独立的生物质燃烧器、煤粉锅炉底部的独立炉排、鼓泡流化床、循环流化床或旋风炉等设备实现生物质与燃煤的耦合发电。

华电国际电力股份有限公司十里泉发电厂2005年在5号1400兆瓦机组上增加了一套秸秆粉碎及输送设备和两套秸秆燃烧器,主要生物质原料是麦秆和玉米秆,秸秆的额定掺烧比例按热值计算为单位输入热量的20%,质量比约为30%,每年可燃用秸秆10万吨左右。

陕西宝鸡第二发电有限责任公司购买了19套秸秆成型加工设备,将生物质压制成型后在300兆瓦机组的中速磨煤机系统上与原煤直接磨制燃烧,单台机组掺烧量为24吨/时,按单台机组每年运行6600小时(2010年实际值)计算,单台机组每年可掺烧生物质燃料15万吨,节省原煤11.7万吨,减少二氧化碳排放量21万吨。

3. 生物质混合燃烧发电技术

生物质混合燃烧发电是指将生物质原料应用于燃煤电厂中,使用生物质和煤两种原料进行发电。其原理是将生物质和煤一起在锅炉中燃烧转化为高温、高压蒸汽的内能,再通过蒸汽轮机转化为转子的动能,最后通过发电机转化为电能。生物质和煤混合燃烧技术可分为直接混烧和气化利用两种形式。生物质可以与煤混合作为燃料发电,称为生物质混合燃烧发电技术。混合燃烧方式主要有两种,一种是生物质直接与煤混合后投入燃烧,该方式对于燃料处理和燃烧设备要求较高,不是所有燃煤发电厂都能采用;另一种是生物质气化产生的燃气与煤混合燃烧,其产生的蒸汽一同送入汽轮机发电机组。

4. 生物质气化发电技术

生物质气化发电技术是把生物质转化为可燃气体,再利用可燃气体使燃气发电设备进行发电。其原理是将储藏在生物质中的化学能通过在特定气化炉中燃烧转化为可燃气体,再通过燃气机发电系统转化为清洁高效的电能。气化发电的关键技术之一是燃气净化,气化出来的燃气都含有一定的杂质,包括灰分、焦炭和焦油等,需经过净化系统把杂质除去,以保证发电设备的正常运行。生物质气化与燃煤耦合发电技术利用独立循环流化床、固定床、移动炉排对稻壳、秸秆等生物质进行气化，产生高温燃气（700 摄氏度以上），高温燃气经旋风除尘和换热器降温，燃气温度达到 400 摄氏度，再由高温风机送至燃煤锅炉进行气煤混烧发电，碳化的生物质用作肥料还田。

国电长源湖北生物质气化科技有限公司的高速循环流化床气化技术，对稻壳、秸秆等生物质在高速循环流化床进行气化产生燃气，在国电长源荆门电厂建设我国首台生物质气化耦合发电项目，2012 年 7 月 3 日该项目投运，气化炉为合肥德博生物能源科技有限公司生产，设计燃料消耗量 8 吨/时，气化功率 10.8 兆瓦，燃气产量 18105 标准立方米/时，气化炉出口燃气温度为 750 摄氏度，经导热硅油降温至 400 摄氏度后送入 7 号机组 600 兆瓦机组锅炉与煤混烧。生物质发电效率可从生物质直燃的 25% 提高至 30% 以上。

中国华电科工集团有限公司的循环床气化技术，对秸秆等生物质在高速循环流化床进行气化产生燃气，在湖北华电襄阳发电有限公司建设生物质气化耦合发电项目，气化炉由合肥德博生物能源科技有限公司生产，气化功率 10.8 兆瓦，这是我国很早利用农林秸秆为主要原料的生物质气化与燃煤耦合发电项目。每年减排二氧化碳 6.7 万吨，减排二氧化硫 218 吨，节约标准煤 2.25 万吨，年发电量 5458 万千瓦·时，节省标准煤约 2.25 万吨。

哈尔滨锅炉厂有限责任公司用循环流化床微正压气化技术，对玉米秸秆等生物质进行气化产生燃气，在长山热电厂建设生物质气化燃煤耦合发电项目，是燃煤耦合生物质发电国家首台示范项目，项目于 2018 年 5 月 13 日开工建设。气化炉产生的燃气送至 660 兆瓦超临界燃煤机组锅炉与煤粉进行混烧，气化功率 20 兆瓦，设计气化效率 75%，燃气热值为 5200 千焦/标准立方米。每年可减排二氧化硫 65 吨，氮氧化物 302 吨，烟尘 3018 吨，年发电量 1.14 亿千瓦·时。

5. 沼气发电技术

沼气发电技术是随着沼气综合利用的不断发展而出现的一项沼气利用技术，它将沼气用于发动机上，并装有综合发电装置，以产生电能和热能，是有效利用沼气的一种重要方式。沼气发电是随着沼气综合利用技术的不断发展而出现的一项沼气利用技术，其主要原理是利用工农业或城镇生活中的大量有机废弃物经厌氧发酵处理产生的沼气驱动发电机组发电。用于沼气发电的设备主要为内燃机，一般由柴油机组或者天然气机组改造而成。

（二）生物质液体燃料技术

生物质液体燃料根据其生产燃料的种类进行划分，可以分为三种，第一种是使用植物作为原料生成的燃料乙醇；第二种是利用一些动植物的油脂提取冶炼成的生物柴油；第三种是利用化学技术合成的生物质裂解油和生物质合成燃料。

此外，通过生物质热裂解技术可获得高品质的燃料——木炭、生物油等。该技术能以连续的工艺和工厂化的生产方式将以木屑等废弃物为主的生物质转化为高品质的易储存、易运输、能量密度高且使用方便的代用液体燃料（生物油），其不仅可以直接用于现有锅炉和燃气透平等设备的燃烧，而且可通过进一步改进加工使液体燃料的品质接近于柴油或汽油等常规动力燃料的品质，此外还可以从中提取具有商业价值的化工产品。相比于常规的化石燃料，生物油因其所含的硫、氮等有害成分极其微小，可视为 21 世纪的绿色燃料。

例如，2020 年国家发改委环资司发布公告中推广的生物质陶瓷热载体快速热裂解技术。将破碎后的农林废弃物在无气化剂环境下与陶瓷热载体混合加热，实现热解裂解，生成混合气和生物炭，高温气体经过生物液喷淋冷凝为生物液和生物气，生物液分离为生物油和木醋液。热载体与生物炭系统分离后，热载体经热烟气加热提升使用，生物炭冷却排出。装备焦油含量低、气体热值高，余热回收效率大于 80%。实现生物油气炭多联产，系统可长周期运行。以 5 万吨级装备为例，可年节约 2.58 万吨标准煤，减排二氧化碳约 6.73 万吨；使项目内部收益率大于等于 12%。

七、储能技术

根据能量存储方式的不同，储能技术主要分为机械储能（如抽水储能、飞轮储能等）、电磁储能（如超导电磁储能、超级电容器储能等）、化学储能（如锂离子电池、钠硫电池、铅酸电池、镍镉电池、锌溴电池、液流电池等）三大类。此外还有储热、储冷、储氢等。本章主要简述储能中的电池技术、压缩空气储能技术。

（一）化学储能技术

化学储能主要包括铅酸电池、钠硫电池、锂离子电池和液流电池等。

铅酸蓄电池，电极主要由铅制成，电解液是硫酸溶液的一种蓄电池。一般分为开口型电池及阀控型电池两种。它具有价格低廉、原料易得、性能可靠、容易回收和适于大电流放电等特点。1986 年，德国建成了世界第一个铅酸电池储能电站，经过多年的发展，在传统铅酸电池的基础上，阀控式密封铅酸电池也被研制出来，大大推动了铅酸电池的发展。近年来，新型的铅酸蓄电池，如卷绕式电池、铅炭电池、双极性电池等正在快速发展。特别是铅炭电池，国内商业应用得到大力推广。铅炭电池作为一种新型铅酸电池，只需在铅酸电池负极添加适量的碳材料即可，有效抑制负极硫酸盐化现象，其倍率性能和循环寿命得到了显著提升，有望在储能领域广泛应用。铅炭电池储能技术在我国的河北、青海、西藏、浙江等 14 个微网储能项目中均有应用。

钠硫电池能量密度和转换效率高，是一种能够同时适用于功率型储能和能量型储能的蓄电池，不过钠硫电池的制造比较困难，对电池材料、电池结构要求高，因此制造成本较高，安全性相对也稍差。我国钠硫电池的发展是以中国科学院上海硅酸盐研究所为代表的。2006 年，上海市电力公司与中科院上海硅酸盐研究所联合开发出大容量钠硫电池，其关键技术和关键工艺已取得重大突破。2010 年世界博览会期间，中国科学院上海硅酸盐研究所提供的 100 千瓦、800 千瓦·时钠硫电池储能系统在上海世博园智能电网综合示范工程中并网运行。

锂电池是一种以锂金属或锂合金为负极材料，使用非水电解质溶液的一次电池，锂电池分为两种：锂金属电池和锂离子电池。锂金属电池一般是使用二氧化锰为正极材料、金属锂或其合金金属为负极材料、使用非水电解质溶液的电池；锂离子电池一般是使用锂合金金属氧化物为正极材料、石墨为负极材料、使用非水电解质的电池。锂离子电池具有体积大和能量密度大的优势。锂电池主要用于水力、火力、风力和太阳能电站等储能电源系统等多个领域。

全固态电池是电池里没有气体、液体，所有材料都以固态形式存在，用固体电解质来代替现有锂离子电池中使用的液体成分。使用固态电解质后，全固态电池相比于一般锂离子电池，可以实现更轻的质量、更小的体积，能量密度也有较大提升。固态电池既可以设计成厚度仅为几微米的薄膜电池，用于驱动微型电子器件，也可以制成宏观体型电池，用于驱动电动车、电网储能等领域。

2020年，中国在固态电池领域的研究已起步，由中国科学院宁波材料技术与工程研究所牵头承担的纳米先导专项"全固态电池"课题已经通过验收；宁德时代新能源科技股份有限公司在聚合物固态锂金属电池和硫化物基固态电池方面分别开展了相关研发；深圳比亚迪股份有限公司也在积极推进固态电池项目的商用；上海蔚来汽车有限公司与辉能科技股份有限公司就固态电池包的生产展开合作。此外还有大批科技公司及新材料公司正在进行固态电池的研发。

液流电池是利用正负极电解液分开存放，各自循环的一种高性能储能电池。其活性物质存在于电解液中，实现了电极与活性物质空间上的分离。电池功率由电极的尺寸大小和电堆中电池的数目决定，电池容量则由电解质的浓度和体积决定，因此电池功率和容量可以分开设计，灵活方便。比较成熟的液流电池体系包含铁铬体系、铁钛体系、钒溴体系和全钒体系等。其中全钒液流电池是一种以钒为活性物质呈循环流动液态的氧化还原电池，它是一种新型清洁能源存储装置，有着寿命长、成本低、维护少、效率高的特点，可以避免活性物质通过离子交换膜扩散造成的元素交叉污染，优势明显，是主要的商用化发展技术方向。

2020年12月23日，晟嘉电气新疆伟力得能源有限公司新疆阿瓦提全钒液流电池储能电站7500千瓦/22500千瓦·时一期成功并网。该项目建设于新疆阿克苏阿瓦提粤水电阿瓦提光伏二电站内，计划总投资额达1.36亿元。电站采用伟力得能源有限公司拥有自主知识产权的全钒液流电池储能产品，电池设计年限达20年以上，循环寿命15000次以上。系统整体对环境友好，是所有电化学电池中安全性最高的电池类型。此项目是新疆维吾尔自治区发展和改革委员会第一批光储示范项目之一，是新疆唯一的兆瓦级全钒液流储能项目，是全国光伏侧最大的全钒液流储能项目。本项目建成后，将与光伏电站（粤水电阿瓦提光伏二电站）联合运行，平滑光伏出力，参与地区电网调峰、调频、电网需求响应等电力市场辅助服务，共同解决当地弃光问题，提高电网的可靠性与稳定性。

（二）抽水蓄能技术

抽水蓄能技术成熟、可靠、经济性强，适用于调峰、调频、调相、黑启动和事故备用等，是目前最成熟的大规模储能技术。但其对厂址的要求较高，大多建设在山区丘陵地带，受地理因素等限制。现阶段，我国仍需要攻克高水头、大容量机组的设计、制造难关，实现机组设计制造国产化，从根本上降低我国抽水蓄能电站的工程造价，实现抽水储能技术的进一步发展。

河北丰宁抽水蓄能电站是世界装机容量最大的抽水蓄能电站。该电站总装机容量为360万千瓦，共安装12台30万千瓦的可逆式水泵水轮机和发电机组。

海南琼中抽水蓄能电站作为海南第一座抽水蓄能电站于2018年7月28日全面投产发电，大幅提升海南电网电源系统的稳定性和调峰、调频系统的灵活性，为清洁能源发展和风能、太阳能大规模开发利用发挥更大作用。

2018年9月25日，深圳抽水蓄能电站最后一台机组投入商业运行，标志着中国首座建于城市中的大型抽水蓄能电站全面投产。

到2018年底，我国抽蓄电站装机已超过3000万千瓦，已建和在建装机容量均居世界第一。

2019年1月8日，国家电网有限公司宣布，河北抚宁、吉林蛟河、浙江衢江、山东潍坊、新疆哈密5座抽水蓄能电站工程开工兴建，总投资386.87亿元、总装机容量600万千瓦。随着我国非化石能源发展领跑全球，抽水蓄能电站建设也迎来了大发展。

（三）飞轮储能技术

飞轮储能是指利用电动机带动飞轮高速旋转，在需要的时候再用飞轮带动发电机发电的储能方式。技术特点是高功率密度、长寿命。我国自20世纪80年代开始关注飞轮储能技术，自20世纪90年代开始关键技术基础研究，随着飞轮技术的不断成熟，从2010年前后，出现了一些飞轮储能系统商业推广示范应用的技术开发公司，主要包括沈阳微控新能源技术有限公司、北京泓慧国际能源技术发展有限公司、北京奇峰聚能科技有限公司、中核集团核工业西南物理研究院、二重德阳储能科技有限公司、盾石磁能科技有限责任公司、上海航天控制技术研究所、贝肯新能源（天津）有限公司、大连亨利科技有限公司等。

2018年，由西藏运高新能源股份有限公司开发、投资、建设及运营的60兆瓦运高光伏电站计划引进第一个长达4小时的飞轮储能系统电站，主要用于调峰调频和增加新能源消纳，飞轮系统采用美国Amber Kinetics公司产品，阵列容量为800千瓦/3200千瓦·时，由100个AmberKinetics M32型飞轮系统组成，先期已经完成了16千瓦/64千瓦·时的验证机组，参与光伏发电调控。

2019年初，国内首台具有自主知识产权的"100千瓦飞轮储能装置"在国机重装研制成功。

2020年3月，国内智能制造示范项目、国机重装重点建设工程——飞轮储能装置智能工厂在国机重装二重装备正式启动建设。该智能工厂预计将于年内建成投产，一期产能达1000套/年。

2020年，经过近两年的研究论证，中关村储能产业技术联盟正式发布国内首个飞轮储能系统团体标准T/CNESA 1202—2020《飞轮储能系统通用技术条件》，助推飞轮储能行业规范化发展。

（四）压缩空气储能技术

压缩空气储能规模大、效率高、能量密度较高，相比于抽水储能选址更为灵活，因此得到广泛的关注，有望成为未来大规模储能的重要技术方向之一。

2013年中国科学院工程热物理研究所成功研制出国内首台具有自主知识产权的1.5兆瓦级超临界压缩空气储能系统，2014年12月在贵州毕节建成启动，具有储能效率高、储能周期长、储能容量大和投资相对较小等优点，比传统压缩空气储能系统的效率高11%~23%，是我国在压缩空气储能技术领域的一项重要突破，为电网级储能领域应用开辟了广阔的发展空间。

2016年中国科学院工程热物理研究所储能研发中心暨国家能源大规模物理储能技术研发中心自主设计研发的10兆瓦级压缩空气储能集成实验与验证平台开始整体系统联合调试。于2016年在贵州毕节建成国际首套也是目前唯一一套10兆瓦新型压缩空气储能示范系统，效率达60.2%，是全球目前效率最高的压缩空气储能系统。

据中国科学报报道，2019年，新型压缩空气储能技术研发主要有以下三个方面的技术进步：首先，由于气体压缩过程会产生压缩热，通过蓄热技术回收这部分热量再利用，不必燃烧化石燃料提供热量；其次，可以采用压缩空气液化储存或高压气态储存在储气装置中，摆脱对储气洞穴的依赖；最后，通过高效的压缩、膨胀、超临界蓄热及换热，系统集成优化，整体提高系统效率。

2019年11月23日，山东肥城压缩空气储能电站项目开工奠基仪式隆重举行。该项目总建设规模为1250000千瓦/7500000千瓦·时，总投资约60亿元，分期建设实施，将在2~5年内陆续开工建设。项目采用的10兆瓦先进压缩空气储能系统由储能联盟理事单位葛洲坝联合联盟理事长单位中国科学院工程热物理研究所共同开发生产。

2020年7月，中国科学院工程热物理所在压缩空气储能系统研发方面取得重大进展，完成了国际首台100兆瓦先进压缩空气储能系统膨胀机的集成测试。该100兆瓦膨胀机的成功研制，是我国压缩空气储能领域的重要里程碑，推动了我国先进压缩空气储能技术迈向新的台阶。

金坛"盐穴压缩空气储能国家试验示范项目"是国家储能领域唯一国家示范项目，也是2019年、2020年江苏省重大推进建设项目。一期工程发电装机60000千瓦，储能容量300000千瓦·时，建成后将成为世界首个非补燃压缩空气储能电站，力争打造成为我国压缩空气储能项目的标杆，建立压缩空气储能领域的标准体系，并规划远期规模1000兆瓦，最终建成华东地区大型储能基地。2020年，"盐穴压缩空气储能国家试验示范项目"主体工程在薛埠镇开工，标志着该项目已进入全面建设的关键时期。

2020年，南方电网科学研究院有限责任公司配电技术研究所提出新型压缩空气储能系统设计。南方电网科研院开发出融合喷射调压技术的压缩空气储能技术路线，通过新增可循环做功气流方式增大电能输出能力，提升储能系统效率。

（五）电磁储能技术

电磁储能是指把能量保存在电场、磁场或交变等电磁场内储能技术，主要技术发展方向为超导电磁蓄能等。相比电化学储能和机械储能，电磁储能技术还处于研发阶段，价格昂贵，实际应用有限。例如，超导电磁储能除了超导体本身的费用外，维持系统低温导致维修频率提高以及产生的费用也相当高昂，因此世界范围内许多超导电磁储能工程正在运行或者处于研制阶段。

（六）储能电站技术

中国电力科学研究院、国网电力科学研究院等单位牵头研发风光储输联合发电技术。2011年12月25日国家风光储输示范工程一期在张家口市张北县和尚义县境内建成，一期工程建设风电100兆瓦，光伏发电40兆瓦，储能20兆瓦。一期配有60000千瓦·时锂电池、12000千瓦·时铅酸储能电池，是世界上规模最大多类型化学储能电站。储能系统用于项目内光伏和风能发电的能量管理、平抑波动及电网调频调压的综合控制调度。项目突破大规模电池成组以及电池系统级联技术，首创大规模电池储能电站监控系统、管理综合控制系统。研发的储能电池大容量成组以及大规模系统级联技术，提出电池动态大容量成组技术及电池系统级联方法，解决系统集成线性放大难题，实现27.5万只电池单体电池储能系统电站化集成，电站整体能量转换效率大于90%；大规模储能电站监测与控制技术，提出储能电站集中控制与储能单元就地调控相互耦合分层实时控制架构，开发电池储能电站监控系统，实现储能电站全功率响应时间小于900毫秒、出力偏差小于1.5%；全球首家具有"黑启动"功能的大规模新能源联合发电站，填补国内外该领域技术空白，确保新能源涉及的局部微电网在特殊情况下可靠运行。

北京睿能世纪科技有限公司研发的火电储能联合调频技术，包括控制模块、锂电池能量模块、功率模块，首创火电储能联合调频技术，充分发挥火电机组与储能系统各自优势。

中国华能集团清洁能源研究院有限公司自主开发直流光伏储能管理系统，可以高效率地实现光伏组件对储能电池的充电以及储能电池向光伏逆变器的放电。2016年8月研制出的直流侧光伏储能技术在青海格尔木电站建设1500千瓦/3000千瓦·时的电站。

厦门科华恒盛股份有限公司和南方电网广东广州供电局共同研究变电站退役电池作为储能电站进行梯级利用技术，在国内首次提出大容量梯次利用铅酸蓄电池，实现对废旧铅酸蓄电池的再生利用。使用厦门科华恒盛股份有限公司SPH系列储能变流器和EMS智能量管理系统解决方案，实现了对峰谷运行、调度响应策略、问题电池管理、储能箱运行、分组运行的管理测试和监控。全国首个退役电池梯级利用储能示范工程于2017年12月投运。

2018年6月，黄河上游水电开发有限责任公司在海南藏辞自治州共和县光伏产业园建成我国首个涵盖所有主流光伏与储能技术路线的"国家光伏发电试验测试基地配套20MW储能电站项目"，开展多种储能技术在不同布置方式下与不同光伏发电系统开展联合运行分析，对"光伏+储能"系统配置方案、设备性能、控制策略与运行效果等进行验证，为整个行业提供了"新能源+储能"系统构建和运行控制的实践基础。

2019年，国内首个市场化运营的电网侧共享储能电站在青海格尔木开建，电站容量32000千瓦/64000千瓦·时。它的运行实践为今后电网侧储能电站的大规模并网探索全新的市场化运营模式，开创电网侧储能电站市场化运营先河。

2020年，广东能源集团所属臻能热电公司AGC调频辅助服务高压储能电站顺利完工并投入运行。该高压储能电站总规模20000千瓦/10000千瓦·时，由4台5000千瓦/2500千瓦·时直挂式高压级联型储能装置组成,是全国首个采用单台容量为5兆瓦的高压直挂式级联型PCS技术的调频电站。

2020年11月,国内首个商业化运行独立储能电站——青海格尔木项目投运。该项目作为国内首个投运的商业化运行独立储能电站,成功打通"源网荷储"及"风光水火储"两个一体化通道。该项目一期建设32000千瓦/64000千瓦·时储能系统电站,由上海电气国轩新能源科技有限公司提供磷酸铁锂电池储能系统,上海电气新能源公司做EPC总包,储能电站接入至青海当地电网,能够有效解决周边地区新能源场站弃光、弃风问题。

2020年12月,浙江首座电网侧磷酸铁锂储能电站——110千伏越瓷变10千伏储能电站在浙江宁波杭州湾新区成功投运。越瓷变10千伏储能电站项目为浙江省首批网侧储能示范工程,项目总投资达4000万元,采用预制舱式结构,占地面积仅为两个篮球场大小,选用能量密度大、循环寿命高的磷酸铁锂电池。该项目由6个储能单元集装箱、1个汇流单元集装箱和1个集控单元集装箱构成,每个储能节点安装1400千瓦·时磷酸铁锂电池组,通过2个500千瓦变流器(PCS)柜升压后,与110千伏越瓷变10千伏侧实现并网。

2020年,国家能源局正式发布了首批科技创新(储能)试点示范项目,分别为青海黄河上游水电开发有限责任公司国家光伏发电试验测试基地配套20兆瓦储能电站项目、国家风光储输示范工程二期储能扩建工程、宁德时代储能微网项目、张家港海螺水泥厂32000千瓦·时储能电站项目、苏州昆山110880千瓦/193600千瓦·时储能电站、福建晋江100000千瓦·时级储能电站试点示范项目、科陆—华润电力(海丰小漠电厂)30兆瓦储能辅助调频项目、佛山市顺德德胜电厂储能调频项目。

第五篇　国际合作篇

第二十一章 能源国际合作战略规划

近年来,在政策层面,中国政府通过一系列政策文件,规划了能源国际合作的主要途径、重点领域和基本内容,为中国能源国际合作指明了方向,提供了强大的制度支持和机制保障。

2013年1月,国务院正式印发《能源发展"十二五"规划》,在深化能源国际合作方面,强调要坚持互利合作、多元发展、协同保障的新能源安全观,积极参与境外能源资源开发,扩大能源对外贸易和技术合作,提升运输、金融等配套保障能力,构建国际合作新格局,共同维护全球能源安全。同时,在深入实施"走出去"战略、提升"引进来"水平、扩大国际贸易、完善国际合作支持体系四个方面,对我国能源国际合作提出了具体的要求。

2014年6月,国务院办公厅印发的《能源发展战略行动计划(2014—2020年)》提出,拓展能源国际合作。统筹利用国内国际两种资源、两个市场,坚持投资与贸易并举、陆海通道并举,加快制定利用海外能源资源的中长期规划,着力拓展进口通道,着力建设丝绸之路经济带、21世纪海上丝绸之路、孟中印缅经济走廊和中巴经济走廊,积极支持能源技术、装备和工程队伍"走出去"。加强中亚—俄罗斯、中东、非洲、美洲和亚太五大重点能源合作区域建设,深化国际能源双边多边合作,建立区域性能源交易市场。积极参与全球能源治理。加强统筹协调,支持企业"走出去"。

2015年3月,国家发改委、外交部、商务部联合发布《推动共建丝绸之路经济带和21世纪海上丝绸之路的愿景与行动》,在设施联通方面,提出加强能源基础设施互联互通合作,共同维护输油、输气管道等运输通道安全,推进跨境电力与输电通道建设,积极开展区域电网升级改造合作;在贸易投资方面,提出加大煤炭、油气、金属矿产等传统能源资源勘探开发合作,积极推动水电、核电、风电、太阳能等清洁、可再生能源合作,推进能源资源就地就近加工转化合作,形成能源资源合作上下游一体化产业链。加强能源资源深加工技术、装备与工程服务合作。

2016年12月,国家发改委和国家能源局联合印发《能源发展"十三五"规划》,提出互利共赢,加强能源国际合作。统筹国内国际两个大局,充分利用两个市场、两种资源,全方位实施能源对外开放与合作战略,抓住"一带一路"建设重大机遇,推进能源基础设施互联互通,加大国际技术装备和产能合作,积极参与全球能源治理。

2017年1月,国家发改委同外交部、环境保护部、交通运输部、水利部、农业部、人民银行、国资委、林业局、银监会、国家能源局、外汇局以及全国工商联、中国铁路总公司等13个部门和单位共同设立"一带一路"政府和社会资本合作(Public-Private Partnership,PPP)工作机制。旨在与沿线国家在基础设施等领域加强合作,积极推广PPP模式,鼓励和帮助中国企业"走出去",推动相关基础设施项目尽快落地。

2017年5月,"一带一路"国际合作高峰论坛期间,中国政府与泰国政府签署政府间和平利用核能协定。中国政府与马来西亚政府签署水资源领域谅解备忘录。中国国家能源局与瑞士环境、交通、能源和电信部瑞士联邦能源办公室签署能源合作路线图,与巴基斯坦水电部签署关于巴沙项目及巴基斯坦北部水电规划研究路线图的谅解备忘录和关于中巴经济走廊能源项目清单调整的协议。同时,国家发改委、国家能源局正式发布《推动丝绸之路经济带和21世纪海上丝绸之路能源合作愿景与行动》(以下简称《愿景与行动》),提出坚持共商共建共享,深化"一带一路"能源合作,打造开放包容、普惠共享的能源利益共同体、责任共同体和命运共同体。《愿景与行动》倡议在七个领域加强合作:加强政策沟通,与各国就能源发展政策和规划进行充分交流和协调,联合制定合作规划和实施方案,协商解决合作中的问题,共同为推进务实合作提供政策支持;加强贸易畅通,积极推动传统能源资源贸易便利化,降低交易成本,实现能源资源更大范围内的优化配置;加强能源投资合作,鼓励企业以直接投资、收购并购、PPP等多种方式,深化能源投资合作;加强能源产能合作,与各国开展能源装备和工程建设合作,共同提高能源全产业链发展水平,实现互惠互利;加强能源基础设施互联互通,不断完善和扩大油气互联通道规模,共同维护油气管道安全;推动人人享有可持续能源,促进各国清洁能源投资和开发利用,积极开展能效领域的国际合作;完善全球能源治理结构,以"一带一路"能源合作为基础,凝聚各国力量,共同构建绿色低碳的全球能源治理格局,推动全球绿色发展合作。

2018年10月,在"一带一路"能源部长会议召开期间,国家能源局与中国出口信用保险公司(以下简称"中国信保")签署了《关于协同推进"一带一路"能源合作的框架协议》(以下简称《协议》)。根据《协议》,国家能源局与中国信保将进一步加强在能源领域的合作,提升企业融资便利化程度,共同推动"一带一路"能源国际合作迈上新台阶。

2019年4月,在第二十一次中欧领导人会晤中,中欧双方就能源发展政策与市场改革、清洁能源转型、多边框架下能源合作及中欧能源合作平台建设等议题深入交换了意见,提到双方在《中欧领导人气候变化和清洁能源联合声明》《中欧能源安全联合声明》《中欧能源合作路线图》等重要合作文件的指引下,进一步深化合作,推动新时期中欧能源合作取得新的更大成就。4月25日,"一带一路"能源伙伴关系在北京正式成立。来自阿尔及利亚、玻利维亚、巴基斯坦等30个伙伴关系成员国及5个观察员国的能源部长、驻华大使、能源主管部门高级别代表出席成立仪式,并共同启动了"一带一路"能源合作伙伴关系。作为一个开放性平台,伙伴关系将成为推动国际能源合作的新的国际公共产品。"一带一路"能源伙伴关系是各参与国为解决能源发展面临的问题,更好地保护生态环境,应对气候变化,保障能源安全,促进可持续发展建立的国际能源合作平台。其宗旨是以共商共建共享为原则,推动能源互利合作,促进各参与国在能源领域共同发展,共同繁荣。伙伴关系将每两年举办一次"一带一路"能源部长会议,并按照需要开展部长级培训班和能源合作领军人才培养项目。伙伴关系还将致力于推动政府间政策交流与合作意向沟通,搭建双边多边项目合作与技术交流平台,推动能源领域务实合作。

2020年4月,国家能源局签署《二十国集团能源部长声明》,承诺采取一切必要措施,以确保生产国与消费国的利益平衡，确保能源系统安全以及能源流动的不间断，努力使能源系统在应对未来危机中更具有适应性和韧性。2020年12月，第二届"一带一路"能源合作伙伴关系论坛围绕"合力应对新冠疫情对能源国际合作的影响""绿色能源投资合作促进经济复苏""清洁能源转型推动实现包容性发展"等话题进行了深入交流。同时，建议发布"一带一路"绿色能源合作倡议，制定国别合作指引，加强清洁能源技术创新合作，组织能力建设等活动，加强多层次、全方位交流合作，共同推动疫情后的经济绿色复苏。

二十国集团能源部长声明

2020年4月10日

二十国集团能源部长们对新型冠状肺炎病毒（简称"新冠肺炎"）疫情蔓延给人类造成的苦难深感悲痛。疫情不仅在健康、经济和社会方面产生了直接影响，也加剧了全球油气能源市场的不稳定，损害多个国家的能源安全。今天，我们在此背景下召开本次会议。

能源市场受到的影响使全球经济危机进一步加剧，阻碍可持续发展。我们同意，在整个危机应对和恢复阶段中，确保能源市场的稳定并确保可负担的、安全的能源对保障所有国家健康、福祉和恢复能力至关重要。

基于3月26日二十国集团领导人特别峰会承诺的"使用现有一切政策工具……维持市场稳定"，我们将确保能源行业继续为克服新冠肺炎疫情与推动后续全球复苏做出充分、有效的贡献。

值此前所未有的国际紧急时刻，我们承诺将秉持团结的精神，共同采取即时、具体的行动解决这些问题。

能源市场稳定

我们认识到，功能完善、运行稳定、公开透明、具有竞争性的能源市场在促进经济活动和增长中发挥着至关重要的作用。

新冠肺炎疫情导致了大规模的经济收缩和经济前景的不确定性，激化了能源供需失衡，从而加剧能源市场的不稳定，直接影响了油气行业并蔓延到其他行业，进一步阻碍全球增长。这种市场不稳定性给就业、商业和人民本身增添了重大损失。

为支持全球经济复苏并维护能源市场，我们承诺考虑各国情况，共同制定协作性的政策应对措施，以确保各种能源的市场稳定。

为应对这些挑战，我们承诺采取所有即时、必要的措施，以确保能源市场的稳定。

我们认识到部分生产国作出致力于稳定能源市场的承诺。我们承认国际合作对保障能源系统韧性的重要性。

能源安全

我们认识到，能源安全是经济活动的关键推动力，是能源可及性的基本要素，也是能源市场稳定的基石。

新冠肺炎疫情带来了前所未有的挑战，再次提醒我们保障供应的重要性，特别是为医疗等关键服务提供稳定、可负担、可持续、不间断的能源供应。这对确保国际社会，尤其是发展中国家与最不发达国家战胜这一危机具有至关重要的意义。

我们承诺采取一切必要措施，以确保生产国与消费国的利益平衡，确保我们的能源系统安全以及能源流动的不间断。我们尤其意识到，这些都需要保证处于抗击新冠肺炎疫情一线的卫生等行业拥有他们所需要的能源供应。

我们将继续密切跨领域合作，努力使能源系统在应对未来危机中更具适应性和韧性。

我们设立短期任务组，制定协调一致的应对措施与改进行动，并视需要提出政策建议。任务组欢迎各二十国集团成员国按照自愿原则参与，并在沙特阿拉伯担任二十国集团轮值主席期间与相关国际组织合作，定期向二十国集团能源部长们提供评估报告。

我们将保持密切协调，并在9月的会议中评估我们对新冠肺炎疫情的应对情况，以及更广泛的二十国集团更清洁、可持续的能源系统转型议程，必要时准备尽快再次召开会议。

第二十二章　能源国际合作战略通道

一、油气战略通道

（一）中俄油气管道

2013年6月，中俄签署《预付款条件下俄罗斯向中国增供原油的购销合同》。按照合同，俄方通过中俄原油管道以逐年增供的方式，至2018年每年向我国增供1500万吨原油。2014年，中俄签订长期贸易合同，规定俄对华出口石油量逐渐上升。2017年11月，中俄原油管道二线工程全线贯通，进口俄罗斯原油将由每年1500万吨增加到3000万吨。2018年1月1日，中俄原油管道二线工程正式投入商业运营。

2014年5月，中俄签署两国政府东线天然气合作项目备忘录、中俄东线供气购销合同。根据合同，从2018年起，俄罗斯开始通过中俄天然气管道东线向中国供气，输气量逐年增长，最终达到每年380亿立方米，累计合同期30年，总价为4000亿美元。同年10月，签署《关于中俄东线天然气管道建设和运营的技术协议》，12月，签署《中俄东线天然气管道项目跨境段设计和建设协议》。随后中俄东线天然气管道建设准备工作有序进行，管道计划将于2018年建成。此外，中俄还于2014年11月达成西线天然气供应的合作备忘录和框架协议。2019年12月2日，中俄东线天然气管道北段工程投产通气，首期预计每年输送天然气50亿立方米，待中段、南段全部贯通后，每年将输送天然气380亿立方米。2020年12月3日，中俄东线天然气管道中段正式投产运营，有效增强京津冀地区天然气供应能力和调峰应急保障能力，提升供气能力至2700万立方米/日。

2015年12月，俄罗斯总理梅德韦杰夫访华，两国签署《中俄总理第二十次定期会晤联合公报》，中国石油天然气集团有限公司（以下简称"中石油"）与俄罗斯天然气工业股份公司签署《中俄东线天然气管道项目跨境段设计和建设协议》和《中国石油和俄气石油合作谅解备忘录》，对深化和拓展双方的合作领域，推动中俄东线天然气管道项目建设步伐具有重要的意义。

2019年6月，在第二十三届圣彼得堡国际经济论坛期间，中国化学工程集团有限公司（以下简称"中国化学"）成功签署俄罗斯油气控股公司帕亚哈油气田项目合作协议。中国化学作为该项目的 EPC（Engineering Procurement Construction）总承包商，工作范围主要包括建设 6 块油田原油处理工艺装置、年吞吐量为 5000 万吨的原油装运码头、410 余千米的原油压力管线、750 兆瓦电站及罐区等。

2019 年 7 月，中国石油天然气集团有限公司与俄罗斯诺瓦泰克公司在莫斯科顺利完成北极 LNG2 项目 10% 股份收购交割全部手续，这标志着中俄两国在北极油气合作中又迈出实质性步伐，两国全面开展深化油气合作进入新阶段。

2019 年 12 月 2 日，在中国和俄罗斯两国元首共同见证下，中俄东线天然气管道正式投产通气。东线管道中国境内全长 5111 公里，自黑龙江省黑河市入境，途经 9 个省（区、市），最终到达上海市。数据显示，东线管道开通以来，2019 年 12 月 2～12 日，管道每天进气量均在 1000 万立方米以上，平均每天进气量为 1042.2 万立方米，超过预期每天 600 万～1000 万立方米的进气量，预计至 2019 年底进气量累计超过 3 亿立方米。

2020 年 7 月，中俄东线天然气管道南段（永清—上海段）长江盾构穿越工程 2020 年 7 月 28 日开工，标志着中俄东线天然气管道南段建设正式启动。中俄东线天然气管道在我国境内途经 9 个省（区、市），境内段新建管道 3371 公里，利用已建管道 1740 公里，按照北、中、南三段分期建设。其中，北段（黑河—长岭）已于 2019 年 12 月投产供气；中段（长岭—永清）正全面施工建设，计划于 2020 年底建成投产；南段起自河北省廊坊市永清县，自北向南途经河北、山东、江苏，终点位于上海市白鹤镇，管道全长 1509 公里，新建管道 1243 公里，利用已建管道 266 公里。该工程计划 2025 年 6 月建成投产，届时可把途经东北、华北等地的俄气输送至长三角地区，每年可供应长三角地区 189 亿立方米天然气，将有效提高长三角地区天然气管道网络的应急保障能力，满足该地区天然气产业发展需要和民生用气需求，有效改善长三角地区大气环境。

（二）中国—中亚油气管道

中哈原油管道是中国首条陆路进口跨国原油长输管道，也是哈萨克斯坦唯一不经过第三国直接输送到终端消费市场的原油外输通道。截至 2017 年 3 月，中哈原油管道投用近 11 年，累计向中国输送原油达到 1 亿吨，成为我国陆上能源战略通道中第一个输油量达亿吨的跨国管道。

A 线、B 线相继投运之后，2014 年 6 月，中国—中亚天然气管道 C 线开始向国内通气，但 A、B、C 三线的建成，仍无法满足最初承诺的供气量。2014 年 9 月，中国—中亚天然气管道 D 线开工建设，这条管线在线路上首次途经塔吉克斯坦和吉尔吉斯斯坦两个国家，与已建成的连接土库曼斯坦、乌兹别克斯坦、哈萨克斯坦的 A、B、C 线一道，形成中国—中亚天然气管道网，将中亚五国与中国紧密相连，进一步加深中国与中亚国家的能源合作。中亚天然气管道自 2009 年 12 月投产以来，已稳定安全运行 10 年，2017 年又开拓了哈萨克斯坦气源。截至 2020 年 3 月 7 日，中亚天然气管道累计输送进口天然气达到 3046 亿立方米。其中，D 线是造福沿线的重大工程，是世界管道建设史上难度最高的工程之一，线路全长 1000 公里，其中境外段 840 公里，设计年输量 300 亿立方米。

2020年1月，中国—中亚天然气管道D线工程1号隧道顺利贯通。1号隧道项目是D线管道自西向东进入塔吉克斯坦境内的第一座山岭穿越工程，全长1860米，建设历时705天。

中国—中亚天然气管道是建设丝绸之路经济带的具体体现和有效实践。管线投产后，将成为中亚地区规模最大的输气系统，进一步改善我国能源消费结构，促进节能减排和环境保护，加深中国与中亚国家的能源合作，促进经贸往来，互利共赢。

（三）中缅油气管道

2013年，中缅天然气管道全线贯通投产通气。2014年，缅甸首次通过管道向我国出口30亿立方米天然气。2019年5月，中缅天然气黔西南应急管道工程成功实现投运通气。黔西南应急管道工程全长42.8千米。工程沿线为喀斯特地貌，地质条件复杂，相对高差约1100米，最大坡度达到78度左右。工程项目从2018年6月17日开展，历时316天。经过24小时监测，管道完成投产升压并保持在5兆帕以下安全运行，标志着黔西南应急管道工程正式投产运行。2019年5月，皎喜燃气发电厂竣工。该发电厂是缅甸最大的内燃机发电项目，使用的是从中缅天然气管道曼德勒分输站下载的天然气，将天然气转化为电能，是缅甸最大的内燃机发电项目，每天燃烧约75万立方米天然气，每年产出12.74亿千瓦·时电力，可解决270万民众的用电问题。

2015年1月30日，中缅原油管道工程在缅甸皎漂马德岛举行试运行仪式，马德岛港同时正式开港。2017年4月，中缅原油管道正式投产。在两国领导人的共同见证下，中缅签署《中缅原油管道运输协议》。经12年筹备建设，中缅原油管道工程正式投运，设计年输量2200万吨。作为共建"一带一路"在缅甸的先导示范项目和样板工程，中缅油气管道项目的建成，为缅甸开拓天然气下游市场带来了商机，创造了可观的经济收益，其所解决的不仅是西南原油输送通道问题，而且为中国原油海上运输绕开马六甲海峡提供了可能，保障了原油运输的安全。

中缅油气管道提供的天然气不仅改善了居民的生活条件，还是缅甸重要的能源动脉。缅甸近年来经济增长速度保持在6%~7%，油气工业是经济发展的重要基础和支撑，中缅油气管道是重要的能源基础设施，为缅甸社会经济发展注入了清洁能源。

截至2020年5月25日，中缅油气管道累计向我国输送原油3000万吨，天然气约265亿立方米，并向缅甸分输天然气46亿立方米。其中，共向瑞丽、芒市、腾冲、大理、丽江等沿线城市供给天然气1185.742万立方米，向大理输送成品油18.34万吨，向保山输送成品油12.98万吨，保障了地方用气、用油的民生和发展需求。

（四）海上油气通道

中国海上能源通道主要是从非洲、中东、澳大利亚通过海上运输将能源送至东部沿海一带。中国除了在本国沿海建设油气港口、码头、管线外，还在国外重要节点建设港口。目前，巴基斯坦瓜达尔港正式开航，缅甸皎漂深水港、吉布提港口码头开始建设，斯里兰卡科伦坡港口城项目全面复工,汉班托塔港二期工程有序推进。中国与马来西亚两国16个港口共同建立"港口联盟",马方还邀请中国合建马六甲海峡巴生第三港。这些港口不仅是海上丝绸之路的重要节点,更是保障我国油气供应海上通道的重要支点。

1. 巴基斯坦瓜达尔港口项目

巴基斯坦瓜达尔港口项目位于巴基斯坦俾路支省瓜达尔镇。项目规模为新建2万吨级多用途泊位3个,结构按停靠5万吨级集装箱船设计,码头岸线长602米,码头陆域纵深按800米预留。瓜达尔港距离巴基斯坦最大城市卡拉奇约533公里,距伊朗边境约120公里,距离阿曼380公里,是靠近波斯湾的主要石油运输通道,距全球最大的石油供应通道——霍尔木兹海峡仅约400公里。2015年11月13日,巴基斯坦将瓜达尔港2281亩的土地使用权租给中国,租期长达43年。中国接手后将为瓜达尔港配备液化天然气设施,这一设施是伊朗—巴基斯坦天然气管道项目(耗资25亿美元)的一部分,项目于2016年6月在瓜达尔港经济特区动工,占地2292英亩。该港于2016年11月13日开港,2018年3月开通巴基斯坦瓜达尔中东快航班轮航线。

2020年,在新冠肺炎疫情影响下,瓜达尔港口建设存在诸多挑战,但仍取得了重大进展。包括首次完成散装货物和集装箱的国际转运,阿富汗集装箱和散装货物的过境贸易,液化石油气进口等。瓜达尔港将继续加强与巴基斯坦海关(过境贸易管理局)、海关清关代理等的合作,吸引更多船只停靠,并利用其独特的地理位置优势,使其成为连接中亚内陆国家的经济纽带。

表22-1 瓜达尔港布置情况

单位:平方米

区域	面积	区域	面积
港区	64000	航标	1500
集装箱堆放区	48278	发电机房	593
冷藏货物空间	367	维修车间	1440
空集装箱堆放区域	6875	车辆维修车库	450
堆场	28669	安全设施	65
中转站	3750	瓜达尔港务局办公区域	4144
危险货物堆场	1800	办公室、食堂、停车场、清真寺等	3191
控制塔	1536	未来发展面积	118575

资料来源:瓜达尔港务局网站(http://www.gwadarport.gov.pk)。

2. 缅甸皎漂经济特区深水港项目

2015年12月29日,缅甸联邦议会通过了皎漂经济特区项目,2018年11月8日,缅甸皎漂经济特区深水港项目建设框架协议在内比都正式签署。皎漂经济特区项目是"一带一路"沿线重点项目和中缅经济走廊的支点项目,分为深水港和工业区。中缅双方通力合作,推动深水港项目合资公司最终完成注册成立手续,为项目后续建设运营奠定了坚实的基础。根据协议，皎漂深水港项目将由缅中双方共同投资的缅甸公司以特许经营方式开发建设和运营，其中，中方占股70%，缅方占股30%，缅方股权将先由皎漂管委会持有，在条件成熟时管委会将把15%的股权转让给政府指定实体。皎漂管委会将根据2014年《缅甸经济特区法》授予该本土公司土地使用权和特许经营权，初始期限50年。

2020年1月18日，举行皎漂特别经济区深水港项目协议交换仪式。中信集团董事长常振明代表中信联合体与缅甸商务部副部长吴昂图交换了深水港项目的《股东协议》和《特许协议》文本，标志着"一带一路"框架下的中缅经济走廊从概念转入实质规划建设阶段。2020年8月6日，缅甸投资与公司管理局（Directorate of Investment and Company Administration，DICA）颁发证书，批准皎漂经济特区深水港项目合资公司注册成立，标志着中缅合作的皎漂经济特区项目取得里程碑式重大进展。

3. 吉布提港口码头项目

吉布提位于非洲之角亚丁湾西岸，与阿拉伯半岛隔曼德海峡相望，是红海与阿拉伯海以及印度洋相通的咽喉要道，北边就是地中海，经由苏伊士运河沟通，苏伊士运河既是国际石油生命线也是亚洲与非洲的交界线，以及亚非欧之间来往的主要海上通道。目前，中国与吉布提在吉布提港口有两大合作项目。一是吉布提国际自贸区。该项目由招商局集团承建，规划面积约48.2平方公里，一期工程6平方公里，首发区2.4平方公里，于2018年7月建成。2013年，招商局国际有限公司（以下简称"招商局国际"）参与吉布提港口公司改制，以1.85亿美元收购其23.5%的股份，成为该港第二大股东。2014年，吉布提港有限公司（Port de Djibovti S. A.，PDSA）下属的多哈雷多功能新港正式开建。该港由吉布提港及招商局国际共同投资，总金额达5.8亿美元。中国建筑工程总公司和中国土木工程集团有限公司两家公司共同承包建设新港，这是中资建筑企业迄今为止在东北非地区承接的最大规模的港口项目。二是大马角工业园区。该工业区占地面积约30.96平方公里，基础设施预计总投资约11.6亿美元，项目开发建设期自2018年起共15年。2016年1月，中国和吉布提签订合作备忘录，中国根据该备忘录租用吉布提后勤保障基地，租期为10年。

2020年，突如其来的新冠肺炎疫情给吉布提相关项目建设带来巨大压力。面对疫情，自贸区利用网络和云技术拓展增收新途径、探索创新新模式，如策划举办了一系列云招商活动，开展云推介、云洽谈、云会商、云签约、云服务，确保疫情期间招商引资不停工、不断线。自贸区还建立了B2B线上展示交易平台Djimart，建立对接非洲市场的线上平台，以电商订单拉动贸易流量，对重点客户设立电商专区，推动中吉贸易逆势上扬。此外，自贸区还谋划发展新思路，培育发展面向非洲市场的新产业，加快布局海外商贸城以及消费电子产品、白色家电、商用汽车生产等园区发展的"快速引擎"，增强园区可持续发展的动能，助力吉布提疫后经济复苏。

4. 斯里兰卡科伦坡港口城项目

作为"一带一路"倡议务实对接的重点项目，2013年11月，中方与斯里兰卡政府签署项目投资协议，共同开发科伦坡港口城。2014年9月16日，中国交通建设集团有限公司与斯里兰卡政府签署特许经营协议。同年10月17日，习近平主席和时任斯里兰卡总统拉贾帕克萨出席了项目开工仪式。科伦坡港口城项目位于斯里兰卡科伦坡CBD核心区，是中斯两国在"一带一路"倡议务实对接的重点项目,其填海项目于 2014 年 10 月 17 日开工建设,2019 年 8 月 28 日完工。

2019 年 11 月 15 日,中国交通建设股份有限公司下辖的中国港湾科伦坡港口城有限责任公司与斯里兰卡城市发展局(The Urban Development Authority of SriLanka,UDA)正式签署项目公司首批地块的租赁协议,完成港口城项目土地确权手续并进入土地开发阶段。工程内容包括陆域形成、防波堤、南拦砂堤、游艇护岸、人工运河以及景观护岸、人工潟湖、人工沙滩、地基处理等。2020 年 12 月 17 日,中国港湾工程有限责任公司与斯里兰卡本土上市公司在斯里兰卡总理府举行签约仪式,双方同意合作开发科伦坡港口城首个投资开发项目——国际金融中心综合体一期项目。

5. 斯里兰卡汉班托塔港

汉班托塔港,又称汉班托塔深水港,位于斯里兰卡南部省汉班托塔区首府。全球约 50%以上的集装箱货运、1/3 的散货海运及 2/3 的石油运输要取道印度洋,汉班托塔港距离印度洋上的国际主航运线仅 10 海里,地理位置十分优越。汉班托塔港自 2007 年起在中国的援助下开始建设,2012 年开始运营。2007 年 10 月,在中国的援助下,斯里兰卡政府在汉班托塔开始建设大型港口。2012 年 6 月,中国投资 15 亿美元兴建的汉班托塔深水港开始运转,成为印度洋至太平洋地区所有舰船最重要的后勤补给中心,每天约有 300 艘船只到港。2017 年 7 月,斯里兰卡与中国签署协议,中国招商局控股港口有限公司购得汉班托塔港 70%的股权,并租用港口及周边土地,租期为 99 年。2017 年 12 月 9 日,斯里兰卡政府正式把斯里兰卡南部的汉班托塔港的资产和经营管理权移交给中国招商局集团。

油气业务是汉班托塔港的主要业务之一。截至 2020 年 4 月,该港口拥有两个 10 万吨级油气泊位和约 14 万立方米的油气罐区。通过国际公开招标,招商局港口与中石化燃料油强强联手,充分利用汉班托塔港地理位置优势,在南亚布局低硫燃料油供油业务,将汉班托塔港打造为南亚区域重要的船舶加油中心和海事服务中心,并辐射东北非和南亚区域用油市场,为往来商船、远洋渔船提供燃油补给。正式运营以来,汉班托塔港一直致力于尽快启动燃料油业务。

2020 年 3 月,完成汉班托塔港油码头和罐区正式营运前的全面调试,获得油气码头国际安全营运资质认证并通过竣工验收。

目前,巴基斯坦瓜达尔港正式开航,缅甸皎漂深水港、吉布提港口码头正在建设,斯里兰卡科伦坡港口城项目全面复工,汉班托塔港二期工程有序推进。中国与马来西亚两国 16 个港口共同建立"港口联盟",马方还邀请中国合建马六甲海峡巴生第三港。这些港口不仅是海上丝绸之路的重要节点,更是保障我国油气供应海上通道的重要支点。

总体上,我国已打造由东北(中俄)、西北(中国—中亚)、西南陆上(中缅)和海上通道组成的四大油气进口战略通道,我国油气战略通道格局逐步成形,基本实现了油气进口通道的多元化,进一步增强了我国能源安全的保障能力。

二、电力战略通道

(一) 中俄电力互联线路

2015年4月,黑龙江省委省政府出台了《"中蒙俄经济走廊"黑龙江陆海丝绸之路经济带建设规划》,积极推动了中俄两国能源深层次合作,强化了俄对华输电能力的释放。

2016年6月,国家电网公司与俄罗斯电网公司签署设立合资公司,开展电网业务的股东协议,根据双方签署的股东协议,该合资公司将在俄罗斯开展输配电网投资、建设、运营和EPC业务,进一步加强电力能源的深层合作。

2018年6月8日,在中俄两国元首的见证下,中国核工业集团有限公司和俄罗斯国家原子能集团公司签署了《田湾核电站7、8号机组框架合同》《徐大堡核电站框架合同》。2019年初,双方完成《田湾核电站7、8号机组总合同》的签署,中俄双方将合作建设田湾7、8号机组及徐大堡3、4号机组。两项目核岛均采用俄罗斯第三代核电VVER-1200堆型。2020年8月,签订田湾核电站7、8号机组及徐大堡核电站3、4号机组汽轮发电机组设备采购合同。两项目分别计划于2020年12月、2021年5月开工,建成投产后年发电量将达到376亿千瓦·时,相当于每年减少二氧化碳排放3068万吨。

2019年6月5日,在习近平主席和普京总统的见证下,中国核工业集团有限公司与俄罗斯国家原子能集团公司签署了合作协议。这些都标志着中俄核电合作进入全面实施和加速期。

2020年12月,俄罗斯电网公司提出建设"数字化电网和现代化电厂",中俄可以在电网数字化创新研究、电网技术标准制定、电气设备制造等领域开展合作。此外,一方面,中俄在核电领域的合作正在向纵深发展,并具有广泛的合作空间,俄方具有先进的核电机组生产技术及丰富的建设经验,双方合作建设的田湾核电站、徐大堡核电站项目正在积极推动落实。另一方面,中俄双方可以携手合作开发北极的风电资源,依托国家电网公司清洁能源消纳、特高压骨干网架外送技术,大力推动清洁能源发展,以替代传统的化石能源,这将对优化全球能源格局具有重要意义。

随着中俄合作不断升级,两国电力合作规模持续扩大。据统计,截至2019年底,自中俄开展电力合作以来,中国累计对俄罗斯购电304.62亿千瓦·时,减少境内煤耗约1018万吨。其中,2019年已完成对俄购电30亿千瓦·时。

截至2020年底,中俄两国已经形成了"一直流、三交流"4条电力互联线路跨境输电新格局,分别是110千伏布黑线(俄罗斯布拉戈维申斯克—中国黑河),220千伏布瑷甲、乙线(俄罗斯布拉戈维申斯克—中国瑷珲),500千伏黑河直流背靠背工程,中俄断面输电能力达到150万千瓦。其中,2012年4月1日正式投入商业运行的中俄500千伏直流背靠背联网工程,是目前中国规划建设的从境外购电电压等级最高、容量最大的输变电工程,是中俄两国开展电力合作取得的一项重大成果。

值得一提的是，2016年3月，国家电网公司、韩国电力公社、日本软银集团、俄罗斯电网公司在北京签署了《东北亚电力联网合作备忘录》，积极推动东北亚电力联网，即要把蒙古国、中国东北和华北以及俄罗斯远东地区的可再生能源基地与中国华北、日韩等负荷中心连接起来，实现地区可再生能源的大规模开发利用。

2017年12月13日，全球能源互联网发展合作组织、国家电网公司、韩国电力公社在中韩商务论坛上签署了三方合作协议，明确三方在蒙—中—韩—日项目框架下首期推动中韩联网项目。

2018年10月，全球能源互联网发展合作组织在北京发布《东北亚能源互联网规划研究报告》，为构建东北亚能源互联网，拓展区域基础设施建设、能源等领域合作提供了行动路线图。

2019年4月，时任蒙古国总统巴特图勒嘎到访全球能源互联网发展合作组织北京总部，表示蒙古国支持推动东北亚电网互联互通，正在积极与相关国际组织、银行等开展合作，共同推动项目规划与建设，力争联网工程早日落地。

全球能源互联网发展合作组织研究提出，构建东北亚能源互联网的总体思路是加快开发俄罗斯远东水电和风电、蒙古国太阳能发电和风电、中国东北华北风电等大型清洁能源基地，建设环渤海/北黄海、环日本海、环阿穆尔河/黑龙江流域、连接蒙古国南部至中国华北的"三环一横"跨国联网通道，形成"西电东送、北电南供、多能互补"的能源发展新格局。预计到2050年，东北亚能源互联网建设投资达2.7万亿美元，创造就业岗位超2400万个，年跨国电力贸易规模可达5500亿千瓦·时。

（二）中老越缅电力互联线路

2017年8月，南方电网公司授权南方电网云南国际有限责任公司，与老挝国家电力公司、老挝彭萨塔瑞集团、越南河内—万象电力公司在昆明共同签署了《中国经老挝向越南特高压送电项目谅解备忘录》。三国四方初步达成2021~2025年，中国经老挝向越南送电500万~600万千瓦。这是我国第一个跨境第三国电网互联互通项目。

2018年5月，中国南方电网公司通过12回110千伏及以上线路与越南、老挝、缅甸电网互联互通。截至2017年底，电力贸易累计达516.5亿千瓦·时，为促进区域资源优化配置发挥积极作用。

2019年10月，南方电网公司同澜湄区域各国就老挝老中铁路供电项目探讨开展更高电压等级的电网互联，并愿意发挥技术优势，推动标准共享，在更广阔的市场空间实现更大规模的电力资源优化配置，打造共同电力市场。老挝老中铁路供电项目是澜湄区域国家首个电网BOT（Build-Operation-Transfer，建设—经营—转让）项目。项目初期将新建10座牵引变电所并接入老挝电网，新建约269千米115千伏输电线路，扩建10个出线间隔，计划2021年3月底前建成投产。

2020年1月，在中缅两国领导人的共同见证下，南方电网公司代表中缅联网项目中方工作组与缅甸电力与能源部交换了《关于开展中缅联网项目可行性研究的备忘录》合作文件，明确中方工作组负责中缅电力互联互通项目可行性研究。中缅联网项目是响应"一带一路"倡议，推进中缅基础设施互联互通的关键项目，进一步贯彻落实了2017年底两国领导人在"一带一路"倡议下共建中缅经济走廊达成的重要共识。中国国家能源局已将中缅联网项目列入中缅经济走廊建设的首批电力合作项目清单。

2020年9月，中国南方电网公司与老挝国家电力公司在老挝万象签署股东协议，由中国南方电网公司和老挝国家电力公司共同出资组建老挝国家输电网公司，标志着中老两国在输电网领域开展互利共赢合作迈出了实质性步伐。为进一步推进澜湄区域资源优化配置，提高能源利用效率，南方电网公司正与区域各国探讨开展更高电压等级的电网互联，其中，中老500千伏联网项目、中越联网项目、中缅500千伏联网项目正在持续推进中。随后，将通过调度协同、标准共享，提高供电可靠性，在更广阔的市场空间实现更大规模的电力资源优化配置，打造共同电力市场。

第二十三章 能源对外投资

一、对外直接投资

"十三五"期间,中国能源企业在欧、美、亚、非、拉各洲开展了包括海外项目与金融业务等在内的多种国际业务,涉及电力、油气、新能源、石化等多重领域,且金额巨大,海外业务模式也不断拓宽。

2012~2016年,中国对外直接投资流量累计6600多亿美元,年均增速22.3%,由全球第三位升至第二位,仅次于美国。2016年,中国对外直接投资创下1961.5亿美元的历史新纪录,流量规模继续保持世界第二位,占全球比重提升至13.5%,投资存量继续增加。截至2016年底,中国2.44万家境内企业在境外设立投资企业3.72万家,分布于全球190个国家和地区,对外直接投资存量近1.4万亿美元,居全球第六位,境外企业资产总额5万亿美元。我国对外投资稳居世界前列,在全球外国直接投资中的地位和作用日益凸显,对外投资大国地位日益巩固。根据《2016—2017中国企业"走出去"调研报告》,能源与矿产、制造业是企业海外投资的热门领域。

国际能源署《2017年世界能源投资报告》显示,2016年,全球能源投资总额约1.7万亿美元,扣除物价因素,比上年减少12%,占全球GDP的2.2%。电力行业首次超过化石燃料行业,成为能源投资最大的行业。2016年,我国对外投资额超过3000万美元的项目中,有65%与清洁能源和电网优化有关。

然而,自2018年下半年以来,中美贸易摩擦的影响动摇了世界经济的信心,更给中资海外投资并购蒙上巨大阴影。2019年上半年,中资赴美并购交易宗数为21宗,同比下降53%,其中,披露交易金额的有10宗,披露总金额为23.40亿美元,同比下降67%,为2014年以来最低水平。

2019年,中国对外直接投资流量蝉联全球第二,存量保持全球第三。2019年,中国对外直接投资1369.1亿美元,同比下降4.3%,流量规模仅次于日本(2266.5亿美元)。

2020年,我国对外投资合作保持平稳健康发展,对外投资总体实现增长。根据商务部、国家外汇管理局统计,2020年,我国对外直接投资1329.4亿美元,同比增长3.3%,其中,对外非金融类直接投资1101.5亿美元,同比下降0.4%。对外承包工程保持平稳,新签合同额2555.4亿美元,同比下降1.8%;完成营业额1559.4亿美元,同比下降9.8%。对外劳务合作派出各类劳务人员30.1万人，12月末在外各类劳务人员62.3万人。

2020年，对外非金融类直接投资额7598亿元，比上年下降0.4%，折合1102亿美元。其中，对"一带一路"沿线国家非金融类直接投资额178亿美元，增长18.3%。

2020年，采矿业对外非金融类直接投资额50.9亿美元，同比减少32.3%，制造业对外非金融类直接投资额199.7亿美元，同比减少0.5%，电力、热力、燃气及水生产和供应业对外非金融类直接投资额27.8亿美元，同比增长10.3%。

我国持续深化可再生能源领域国际合作。水电业务遍及全球多个国家和地区，光伏产业为全球市场供应了超过70%的组件。近年来，我国在"一带一路"沿线国家和地区可再生能源项目投资额呈现持续增长态势，积极帮助欠发达国家和地区推广应用先进绿色能源技术，为高质量共建绿色"一带一路"贡献了中国智慧和中国力量。

（一）油气领域

中国油气企业加大海外投资力度，以持股、合资建厂、并购等方式参与到油气资源国资源勘探开发中，在油气全产业链合作上取得较大进展，主要包括上游的油气田勘探开发与工程技术服务、中游的油气管道建设以及下游的炼油化工合作。

目前，已经有数十家油气企业"走出去"，包括中国石油、中国石化、中国海油、中化集团、振华等国有企业，基本建成中亚—俄罗斯、中东、非洲、亚太等多个油气合作区。除了央企主力军，近几年广汇、杰瑞等民营资本海外油气投资发展迅速。尤其是2014年国际油价大幅下跌后，民营企业充分利用其机制灵活的优势，积极参与到海外油气资源布局中。

随着我国海外油气权益上升，海外油气权益产量也快速增加。海外油气产量当量快速增长，经营效益连创新高。中油国际积极应对各种风险挑战，及时调整经营策略，强化勘探管理，狠抓老油田稳产和新区上产，自主勘探成效显著，油气开发水平持续提升，重点工程建设有序推进，五大油气合作区建设不断迈上新台阶，油气储量产量稳步增长，截至2019年8月，新增油气可采储量当量2.3亿吨，油气权益产量当量年均增长1000万吨。

其中，大型原油项目的投资包括2017年2月中石油和华信斥资28亿美元收购阿布扎比陆上石油公司12%的股权，该项目为阿联酋最大原油开采项目，也是2017年度中国境内企业海外并购最大项目。

华信集团挺进俄罗斯和罗马尼亚。其成就包括收购俄罗斯石油公司（Rosneft）14.16%的股份，哈萨克斯坦国家石油国际公司（KMGI）51%的股权。仅俄罗斯石油公司交易涉及金额就高达90亿美元以上。

从2011年中石油海外油气权益产量当量首次突破5000万吨起，此后一直保持年均10%左右增速。2019年，海外油气权益产量当量从5000万吨跃升至1亿吨，仅用时8年。2019年，中石油实现海外原油权益产量7926万吨，天然气权益产量315亿立方米。

2020年1月13日，中油国际公司统计数据显示，2019年，中石油海外油气权益产量当量达到1.04亿吨，实现历史性突破。这是继2019年海外油气权益产量当量首次突破1亿吨大关后再次达到亿吨，表明中石油海外油气业务经受住了疫情和低油价双重考验，生产经营、商务运作、风险防控能力持续提升。互利共赢的油气合作在取得良好经济效益的同时，进一步提升了我国能源安全保障能力，有力带动了资源国经济社会发展，也为全球能源供应及油气贸易做出了积极贡献。

这些油气产量来自中石油已建成的中东、中亚—俄罗斯、非洲、美洲、亚太五大油气合作区。其中，中东油气合作区贡献了超过65%的原油产量，成为中石油海外原油主产区。在天然气生产方面，中亚—俄罗斯油气合作区产量占比达86%，多年持续领跑。

响应"走出去"战略号召26年来，中石油坚持自主勘探、效益开发，在33个国家运作着90个油气合作项目。其中，中石油在"一带一路"沿线19个国家执行51个油气合作项目，2019年沿线油气权益产量当量占海外权益总产量的83%。这些合作项目累计向沿线各国上缴税费超670亿美元，带动当地就业超10万人，惠及资源国人口超300万人。

（二）电力领域

截至2014年底，中国企业通过对外投资共在境外设立电力企业340家，投资总额184亿美元。

2015年，受全球经济增速放缓的影响，中国电力企业对外投资规模显著下降，但投资模式、投资地域都具有新突破、新拓展。据不完全统计，截至2015年底，中国11家主要电力企业实际完成投资总额29.98亿美元，同比增长75%。共完成项目68项，涉及输变电、火电、水电、新能源、矿产资源等多个领域，其中，投资额3000万美元及以上项目23个，主要分布在南美洲、亚洲、欧洲、非洲等地区，投资额3000万美元以下项目45个。

电力企业通过股权投资等方式，开展对外直接投资。仅2015年，23家投资额超过3000万美元的电力项目中，就有9家通过股权投资进行。境外经贸合作区投资聚集效应和产业辐射作用进一步增强，成为国际产能合作的重要载体和平台。

2016年，大型电力企业对外投资项目、新签对外承包及年底在建合同额均较上年有所增长。"一带一路"成为投资亮点。我国电力企业已在52个"一带一路"沿线国家开展投资业务和项目承包工程，其中，大型承包项目120个，涉及国家29个，合同金额275亿美元。

2017年，主要电力企业实际完成对外投资193亿美元，投资涉及水电、火电、新能源输配电等不同领域。新增电力对外投资项目26个；对外承包工程新签合同额488亿美元，境外承包项目中投产火电机组1227万千瓦、水电机组166万千瓦；出口设备和技术合计超过52亿美元。全年主要电力企业在"一带一路"沿线国家完成电力投资项目12项，合计项目总投资126亿美元，承担大型承包项目194个，合计合同金额306亿美元，涵盖火电、水电、风电、太阳能发电、核电、输配电等工程领域。

2018年，中国电力行业企业参与境外电力项目投（议）标并最终实现签约的项目399个，签约合同总金额466.8亿美元，同比增长5.8%，签约发电装机总容量5013.7万千瓦，较上年有明显提升。中国水电在世界水电市场进一步扩大了范围，先后建成了以巴基斯坦NJ水电站、缅甸耶涯水电站、埃塞俄比亚特克泽水电站为代表的一批大型海外水电工程，备受海外市场认可。中国水电凭借在技术、人才、资本上的优势，相关企业占据了海外70%以上的水电建设市场，大中型水电市场更是几乎被中国水电企业"包揽"。

截至2019年底，中国主要电力企业境外累计实际投资总额878.5亿美元，对外工程承包新签合同额累计2848.5亿美元。2019年，中国主要电力企业对外直接投资项目共32个，投资金额42.6亿美元，比上年下降26.4%；中国主要电力企业年度新签合同项目129个，合同金额240.9亿美元，比上年减少20.2%。

2020年，中国电力行业聚焦亚太新能源合作，特别是强化东南亚光伏智能制造产业链合作，积极加强中东北非光伏+光热国际合作，积极拓展中欧海上风电国际合作，积极拓宽中拉新能源国际合作，进一步挖掘了中美第三方市场新能源合作。2020年，我国电力行业企业跟踪参与323个境外电力项目，估算总金额479.1亿美元，实现签约境外电力项目536个，较上年同期下降4.8%，项目合同总额约为440.6亿美元，下降6.7%，签约发电装机容量约4933.3万千瓦。其中，我国企业在"一带一路"沿线国家市场签约电力项目314个，占全部签约项目数的58.6%，项目金额318.8亿美元，回落1.2%，占全部签约项目总金额的72.4%。我国企业在RCEP区域国家签约项目174个，项目金额169.8亿美元，占全部签约项目总金额的38.5%。

中国在电力领域的海外投资、合作项目数量众多，新能源和可再生能源项目上的海外投资以及工程合作较多。例如，中国核电企业对英国、阿根廷等地投资开发核电项目，中国水电企业在巴基斯坦、老挝等国投资兴建水电项目，三峡集团联合葡萄牙电力在英国投资海上风电项目。

据彭博新能源财经数据显示，2019年全球陆上风电新增装机容量为53.2吉瓦，海上风电新增装机容量达到7.5吉瓦的历史最高水平。中国几乎占据全球市场半壁江山，2019年新增吊装容量为28.9吉瓦，其中，陆上风电新增装机26.2吉瓦，海上风电新增装机2.7吉瓦，全球市场占比48%。中国企业在亚太地区占有最大市场份额，中国2019年新增装机容量占亚太地区的80%。

从投资的产业链来看，中国新能源居全球领导地位。据中国新能源海外发展联盟介绍，在光伏行业，中国是全球唯一具备从上游材料到中游组件再到下游电站投资能力的国家。中国企业拥有全球60%~70%的光伏产业链资源，是全球发展新能源必不可少的重要资源。此外，中国风电产业具有全球40%的产业链资源。

2020年以来，尽管受到不断升级的全球竞争格局以及新冠肺炎疫情的影响，中国的风电、光伏企业仍未动摇出海的决心，正在用"新"的面貌，步步踏稳国际新能源市场。此前，光伏企业天合光能宣布与另类资产管理公司TPG集团旗下睿思基金签署总交易金额约7亿美元的项目合同，其中，包含35个海外光伏电站项目，总规模近1吉瓦，分布在欧洲和拉美地区，此次投资合作迈出了光伏企业海外项目开发新商业模式的重要一步。

总结过去几年的海外投资项目，可以发现中国企业海外电力投资呈现出三大趋势。一是电源类型从水火电转向可再生清洁能源；二是投资地区从发展中国家转向发达国家，逐渐从传统"扎堆"的东南亚地区向成熟的发达和较发达市场（如欧洲、澳大利亚、南美洲等）转移；三是竞争格局更加激烈、多元化。

同时，电力企业"走出去"也在进行资本层面的运作。例如，2018年3月，南方电网公司与加拿大资产管理公司Brookfield Infrastructure Partners（BIP）在西班牙马德里和智利圣地亚哥两地完成股权交割，南方电网公司以 13 亿美元的价格成功收购 BIP 持有的智利 Transelec 公司约 27.8% 的股权。2019 年 6 月，中国广核集团收购巴西 Gamma 新能源项目，标志着中广核开始进入南美清洁能源市场，同时，也意味着"一带一路"倡议在巴西又迈出了坚实的一步。2019 年 10 月，国家电网公司与美国桑普拉能源公司签署股权购买协议，正式收购其持有的智利切昆塔集团公司 100% 股权。2021 年，三峡国际所属三峡欧洲公司顺利完成西班牙 Daylight 光伏电站项目交割，实现三峡集团国际清洁能源投资业务"十四五"开门红。此次成功并购，标志着三峡集团首次进入西班牙这一欧洲最大的光伏市场。

总的来说，随着"走出去"战略的推动，境外电力投资与建设出现前增后降的趋势，电力国际化程度依然较低，电力"走出去"难度不断加大，电力境外投资与建设风险明显增加。

二、对外工程承包

中国企业发挥综合竞争优势，积极承揽电力工程建设等领域的工程项目，同时不断扩展工程承包产业链，一方面，产业链上游带动电力设备的"走出去"，另一方面，在下游实行项目运营，为整个项目提供全生命周期的管理，实现承包业务的跨越式发展。

2015 年，中国电力企业主要以 EPC 总工程承包模式开展传统燃煤电厂及清洁能源（核能、风电）等项目，据不完全统计，截至 2015 年底，主要电力企业在建项目数量 1639 个；在建项目合同额累计 1547.71 亿美元，同比增长约 8.8%。对外承包项目领域主要集中在火电站、输变电、水电站、市政工程等能源与基础设施项目。

2015 年，美国工程新闻记录（Engineering News Record，ENR）公布的 2015 年全球最大 250 家国际承包商榜单中，中国电力企业有 8 家入围。在商务部发布的 2015 年中国对外承包工程业务新签合同额前 100 家企业排行榜中，电力企业有 19 家上榜。2015 年，电力企业对外承包工程合同额超过 10 亿美元的大型承包工程有 6 个。

2016 年，中国企业在"一带一路"沿线 61 个国家新签对外承包工程项目合同 8158 份，新签合同额 1260.3 亿美元，占同期中国对外承包工程新签合同额的 51.6%，同比增长 36%；完成营业额 759.7 亿美元，占同期总额的 47.7%，同比增长 9.7%。主要业务领域涉及电力工程、房屋建筑、交通运输建设、石油化工、工业建设以及制造加工设施等。

2019 年我国对外承包工程营业额达 1729 亿美元，折合人民币 1.19 万亿元，同比增长 2.28%；对外承包工程营业额排名前五的分别为中国建筑集团有限公司、华为技术有限公司、中国港湾工程有限责任公司、中国水电建设集团国际工程有限公司、中国铁建股份有限公司，这 5 家企业对外承包工程营业额总计 431.97 亿美元，占比达 25%。

截至 2019 年，我国对外承包工程新签合同额为 2602.5 亿美元，折合人民币 1.8 万亿元，同比增长 7.63%。其中，对外承包工程新签合同额排名前三的企业为中国水电建设集团国际工程有限公司、中国铁建股份有限公司、中国港湾工程有限责任公司，新签合同额分别为 190.94 亿美元、190.94 亿美元、154.79 亿美元。

随着国内和国际社会对于共建"一带一路"倡议关注度不断提升，对外承包工程企业作为共建"一带一路"倡议的重要参与力量,在沿线国家的业务持续发展。2019年的我国对"一带一路"沿线国家新签对外承包工程项目合同总计6944份,新签合同金额为1548.9亿美元;对"一带一路"沿线国家对外承包工程合同营业额达979.8亿美元,占我国对外承包工程合同营业额的56.67%。

2020年,我国对外承包工程业务保持平稳发展,全年共在全球184个国家和地区新签合同额2555.4亿美元,完成营业额1559.4亿美元,市场相对集中,亚洲和非洲地区业务占八成以上,新签合同额占比分别为56%和26.6%,完成营业额占比分别达57.2%和24.6%;在"一带一路"国家业务占比过半,当年中国企业在"一带一路"沿线61个国家对外承包工程新签合同额1414.6亿美元,完成营业额911.2亿美元,分别占同期总额的55.4%和58.4%;中国对外承包工程业务行业分布广泛,交通运输建设、一般建筑、电力工程、石油化工等领域仍为主要领域,新签合同额、完成营业额占比均在75%以上;新签合同额在5000万美元以上的大项目904个,较上年增加10个,合同额合计2158.5亿美元,占当年新签合同总额的84.5%。其中,上亿美元项目514个,较2019年增加8个。

商务部公布的2020年我国对外承包工程业务完成营业额前100家企业中,能源领域企业38家,占比超过1/3,总金额约330万亿美元,如表23-1所示。

表23-1 2020年我国能源企业对外承包工程业务完成营业额

序号	企业名称	完成营业额(万美元)
1	中国水电建设集团国际工程有限公司	557166
2	中国石油工程建设有限公司	223462
3	中国葛洲坝集团股份有限公司	210334
4	上海电气集团股份有限公司	174441
5	中国电建集团核电工程有限公司	141999
6	山东电力建设第三工程有限公司	140548
7	中国石化集团国际石油工程有限公司	106931
8	中国石油管道局工程有限公司	103190
9	中国电力技术装备有限公司	101503
10	江西中煤建设集团有限公司	98985
11	哈尔滨电气国际工程有限责任公司	92110
12	中国水利水电第八工程局有限公司	88672
13	中海油田服务股份有限公司	78274
14	中国水利电力对外有限公司	77283
15	中国石油集团东方地球物理勘探有限责任公司	74278
16	上海电力建设有限责任公司	68454
17	中国水利水电第十一工程局有限公司	62462
18	中国石油集团长城钻探工程有限公司	60854
19	中国电建集团华东勘测设计研究院有限公司	60854
20	中石化炼化工程(集团)股份有限公司	57281

续表

序号	企业名称	完成营业额（万美元）
21	中石化中原石油工程有限公司	52456
22	中国电建市政建设集团有限公司	50746
23	中国能源建设集团天津电力建设有限公司	48894
24	中国华电科工集团有限公司	47909
25	中国水利水电第三工程局有限公司	47381
26	特变电工股份有限公司	44264
27	海洋石油工程股份有限公司	43627
28	中国能源建设集团广东火电工程有限公司	43393
29	东方电气集团国际合作有限公司	42787
30	中国水利水电第五工程局有限公司	39712
31	江西省水利水电建设有限公司	38440
32	中国水利水电第七工程局有限公司	34639
33	中国电建集团山东电力建设有限公司	33630
34	中国水利水电第十工程局有限公司	33246
35	中国石油集团渤海钻探工程有限公司	33069
36	大庆石油管理局有限公司	29865
37	中国电力工程有限公司	29231
38	中国电建集团中南勘测设计研究院有限公司	27780

商务部公布的2020年我国对外承包工程业务新签合同额前100家企业中，能源领域企业占37家，总金额约707万亿美元，如表23-2所示。

表23-2　2020年我国能源企业对外承包工程业务新签合同额

序号	企业名称	新签合同额（万美元）
1	中国水电建设集团国际工程有限公司	2857638
2	中国葛洲坝集团股份有限公司	1180267
3	山东电力建设第三工程有限公司	193354
4	上海电气集团股份有限公司	165351
5	东方电气集团国际合作有限公司	160071
6	中国石油集团长城钻探工程有限公司	154426
7	中国能源建设集团广东省电力设计研究院有限公司	139272
8	中国石油工程建设有限公司	137277
9	海洋石油工程股份有限公司	135183
10	中国电力技术装备有限公司	122967
11	中国石油集团东方地球物理勘探有限责任公司	122340
12	特变电工股份有限公司	114895

续表

序号	企业名称	新签合同额（万美元）
13	中国石油管道局工程有限公司	107119
14	中国电建集团山东电力建设有限公司	100000
15	中国能源建设集团广东火电工程有限公司	94653
16	中国能源建设集团天津电力建设有限公司	93699
17	中国电力工程顾问集团东北电力设计院有限公司	85676
18	中电投电力工程有限公司	85269
19	中海油田服务股份有限公司	83000
20	江西中煤建设集团有限公司	77935
21	上海电力建设有限责任公司	73873
22	大庆石油管理局有限公司	73312
23	中国电建集团湖北工程有限公司	69693
24	中石化中原石油工程有限公司	66080
25	中国水利电力对外有限公司	65401
26	中国电建集团中南勘测设计研究院有限公司	62629
27	中国电建集团华东勘测设计研究院有限公司	54799
28	中国能源建设集团陕西省电力勘测设计院有限公司	50571
29	中国能源建设集团湖南省电力设计院有限公司	47271
30	中石化南京工程有限公司	46872
31	中国电建集团山东电力建设第一工程有限公司	44225
32	中国能源建设集团江苏省电力设计院有限公司	42902
33	中国石油集团川庆钻探工程有限公司	42361
34	中国电建市政建设集团有限公司	32629
35	中国石油集团渤海钻探工程有限公司	31735
36	中国核工业第五建设有限公司	30591
37	中国石油集团西部钻探工程有限公司	27377

三、大型能源企业对外投资情况

（一）中石油、中石化、中海油三大综合能源公司对外投资合作情况

1. 中石油对外投资合作情况

2009~2015年，中石油分别三次与阿联酋国家钻井公司签订价值共计65亿元人民币的钻机设备项目出口合同，成为阿联酋石油装备合作的重要品牌，也创造了我国高端重型石油装备

出口金额和数量的纪录。2015年8月，由中国石油集团东方地球物理勘探有限责任公司（以下简称东方物探）承担的科威特湾三维勘探项目正式开工，该项目是全球最大的三维勘探项目之一，也是中国油企进军科威特油气上游勘探开发领域的重要项目。在2017年"一带一路"沿线国家实施并购的62起并购中，中石油和华信投资28亿美元联合收购阿联酋阿布扎比石油公司12%股权为其中最大项目。2017年，中石油海外业务实现油气当量产量1.89亿桶，比上年同期下降6.1%。海外业务实现营业额人民币7213.74亿元，实现税前利润人民币45.43亿元。2018年，东方物探中标阿布扎比国家石油公司（Abu Dhabi National Oil Company, ADNOC）项目16亿美元全球最大陆海三维勘探项目，2019年，又获得2.44亿美元新项目受标，2020年11月，东方物探中标ADNOC 5.19亿美元三维过渡勘探项目，取得了一个又一个突破。

2019年中石油对外投资情况：

自"一带一路"倡议提出以来，中石油已在沿线国家累计投入超过550亿美元。2019年，中石油在"一带一路"沿线20个国家参与运营，管理着50多个油气合作项目，形成了上中下游的全产业链合作格局，已建成哈萨克斯坦阿克纠宾、伊拉克哈法亚、土库曼斯坦阿姆河等9个千万吨级油气田和10多个200万吨以上级油气田。在"一带一路"沿线国家，中石油已建成中亚天然气管道、中哈原油管道、中俄原油管道和中缅油气管道，四大油气战略通道总长度超过1万公里。

2019年，中石油海外油气权益产量当量达到1.04亿吨，同比增长6.3%。全年输送原油2692万吨、天然气520亿立方米。2019年12月16日，中石油与莫桑比克国家石油公司正式签署莫桑比克Mazenga区块权益转让协议，标志着中石油首次作为作业者登上南部非洲的油气合作舞台，为中莫两国"全天候"伙伴关系增添了新的内涵。2019年11月18日，阿姆河B区东部气田一期工程全面完工，提高了国内冬季天然气保供能力。2019年6月14日，中石油乍得2.2期油田产能建设工程正式投产，乍得原油产量从此迈上日产10万桶的新台阶。

2019~2020年中石油对外合作重要事件：

中石油与诺瓦泰克股份公司签署北极LNG2合作项目协议。2019年6月7日，中石油与诺瓦泰克股份公司在圣彼得堡签署了《中国石油国际勘探开发有限公司与诺瓦泰克股份公司关于入股"北极LNG2有限责任公司"的购股协议》。之前在第二届"一带一路"国际合作高峰论坛期间，中国石油国际勘探开发有限公司与诺瓦泰克股份公司在北京签署了北极LNG2项目合作框架协议。这是继该框架协议签署后，中俄两国油气企业签署的又一个重要文件。根据协议，中国石油国际勘探开发有限公司将收购北极LNG2项目10%的股份。2019年7月中旬完成10%股权交割，中俄油气合作再上新台阶。

中石油与贝宁签署管道建设运营协议。2019年8月5日，《尼日尔—贝宁原油管道建设与运营贝宁东道国协议》在北京签署。尼日尔—贝宁原油外输管道起点在尼日尔阿加德姆油田，终点在贝宁赛美港，全长1980公里，其中贝宁段687公里。该管道是中石油在非洲投资规模最大的跨国输油管道，也是贝宁最大的对外合作项目，协议的正式签署，将为尼贝管道项目的顺利启动、工程实施以及未来长期运营奠定坚实的基础。

中石油阿曼项目延期合同签署。2019年8月7日，中石油阿曼项目延期合同在阿曼首都马斯喀特签署，新签署的延期合同期限为15年。这标志着中石油与阿曼油气合作进入新阶段。未来，中石油将在油田服务、风险勘探等方面与阿曼开展更广泛的合作。

海外油气业务半年权益产量首超5000万吨。2019年上半年，中石油集团公司海外油气业务实现权益产量当量近5300万吨，同比增长10.6%，利润同比大幅增长。阿姆河B区东部三气田项目一期一阶段工程提前投产；乍得项目2.2期Lanea FPF于2019年3月26日投产；伊拉克哈法亚项目三期工程按期实现每日40万桶高峰产量目标。此外，莫桑比克LNG项目Coral一期、巴西里贝拉项目Mero1单元、加拿大LNG项目一期、俄罗斯亚马尔LNG项目第四条生产线等工程正按计划推进。

中石油参股中标巴西深海盐下项目。2019年11月6日和7日，中石油在巴西政府举行的两轮盐下石油区块招标中，成功中标深海大型在产布兹奥斯油田和盐下阿拉姆区块项目。继里贝拉和佩罗巴项目后，再次参与巴西深海盐下项目合作，为深化中巴油气合作注入了新动力。布兹奥斯项目中标联合体中，巴西国油占股90%，中石油和中海油各占5%；阿拉姆项目中标联合体中，巴西国油占股80%，中石油占20%。中石油于2013年底正式进入巴西开展上游深海油气合作，2020年4月，运行着里贝拉和佩罗巴两个超深海盐下项目。

中石油入股阿布扎比原油期货交易所。阿布扎比国家石油公司（ADNOC）与洲际交易所（ICE）合作，2019年11月11日，宣布成立阿布扎比原油期货交易所（ICE Futures Abu Dhabi），将推出世界上首批穆尔班原油期货合约。这可能会改变未来中东原油的定价和交易方式，影响全球1/5原油的价格基准。中石油作为唯一的中资企业，参与入股该交易所。

中石油在哈萨克斯坦签署两项合作协议。2019年11月13日，中石油在哈萨克斯坦首都努尔苏丹，与哈萨克斯坦国家石油天然气股份公司签署了《关于在油气领域扩大合作的备忘录》，与哈萨克斯坦共和国能源部、哈萨克斯坦天然气运输股份公司签署了《关于天然气领域合作备忘录》。双方就进一步提升中哈油气合作水平，特别是技术合作水平，以及有关项目建设、油田工程服务等交换了意见。中石油同哈萨克斯坦能源部就石油合同延期、陆上油田开发中后期稳产、扩大天然气领域合作等交换了意见。

中石油国内油气对外合作项目继2018年产量首次突破千万吨后，2019年达1072万吨油当量，增幅6%；税前利润、油气操作成本在国内上游业务中继续保持领先。

2020年，面对海外疫情防控的严峻形势，中石油油服海外业务坚持防疫、生产两手抓、两不误，海外市场新签合同额同比大幅增长64%，收入增长15%。其中，钻井进尺、物探三维、定向井工作量分别增长14%、46%和57%，并创出一批作业新纪录、新指标。与此同时，进一步拓展阿联酋、阿曼等国市场，连续获得多个超亿美元大单。渤海钻探、长城钻探和大庆钻探在伊拉克市场持续扩大。截至2020年3月中旬，中东市场完成合同额和签订合同额分别增长81%和157%。亚太、非洲和中亚地区市场均实现稳定增长。

2020年4月，中石油测井公司天津分公司中标并签订SeleRayaBelida（SRB）公司射孔作业合同和火工品采购合同。SeleRayaBelida公司的作业油田位于苏门答腊岛南部八连邦省内，原油产量约为1400桶/天，该公司计划通过修井以及年内打新井来提高产量至每天3000桶。

2020年5月，东方物探承担的油藏开发重点项目"Kalamkas油田综合地质研究"顺利通过验收，获得中油国际（曼格什套）公司高度认可。Kalamkas项目是在东方物探里海战略的指导下，开展的一项基于"两宽一高"地震资料进行老油田挖潜的海外重点市场开拓项目，关系到东方物探里海战略的稳固与拓展，是地震资料向老油田开发延伸最重要的一个市场开拓项目。"Kalamkas 油田综合地质研究"项目的高水平验收标志着东方物探"两宽一高"地震资料向"双高"老油田开发延伸取得了重要的阶段性成果，有利于进一步推动面向"双高"老油田的"两宽一高"地震资料采集、处理、解释和油藏开发一体化业务的发展。

2020 年 5 月，中国石油国际事业香港公司下属全资子公司佳仕福船务与上海中远海运液化天然气投资有限公司及中远海运石油运输有限公司签署《股东合资协议》，拟在香港成立合资公司，投资建造 3 艘 17.4 万立方米 LNG 运输船舶，为中国石油 LNG 购销协议提供运输保障。这对完善中石油海上物流体系建设、加强航运企业运营管理、保障海上 LNG 运输业务统一专业高效运作具有重要意义。

2020 年 6 月，东方物探中标英国北海四维拖缆项目，这意味着东方物探海洋物探处拿下首张进入英国油气勘探开发领域的通行证，海洋业务首次进入欧洲北海市场。2020 年 7 月，吐哈油田工程院中亚项目部近期成功中标 KOA 公司 7 口井酸化施工项目。该项目的顺利签约，标志着 2020 年吐哈油田工程院海外新市场开拓工作取得重要进展。

2020 年 11 月，东方物探中标阿布扎比国家石油公司项目 5.19 亿美元三维过渡带勘探项目。这是继 2018 年中标阿布扎比国家石油公司 16 亿美元全球最大陆海三维勘探项目、2019 年获得 2.44 亿美元新项目授标之后，东方物探在阿联酋市场取得的又一次重大突破。该项目是当前全球最大且首次采用全节点采集的三维过渡带项目，将采用三种观测系统以及气枪、炸药和陆地可控震源三种激发方式，并运用具有自主知识产权的节点仪器作业。该项目对于东方物探进一步扩大中东市场份额、巩固行业领先地位、提升品牌影响力具有重要的战略意义。

2. 中石化对外投资合作情况

2013 年 3 月，中石化在阿联酋合资建设的富查伊拉自由贸易区油品仓储和中转基地项目开工建设，2015 年 2 月中旬，项目投入生产运营，有力提升了我国油企的国际石油贸易能力。2015 年 5 月，中石油与阿联酋阿布扎比陆上石油公司签署总额 3.3 亿美元的曼德油田开发合同。2015 年 1 月，中石化首个海外炼化项目——沙特延布炼厂首批 30 万桶柴油装船外运，正式进入商业化运营阶段。该项目由中石化与沙特阿美合资兴建，总投资近 100 亿美元，设计原油加工能力约为每年 2000 万吨，是中国在沙特最大的投资项目。2016 年 8 月，沙特阿美石油公司与中石化在福建省共同投资的炼油乙烯大型项目已正式投产运营。

2013 年 6 月，中石化与美国马拉松石油公司签署协议，以 15.2 亿美元的价格收购马拉松石油公司所持安哥拉 31 区块 10% 的油气勘探开发权益。2013 年 11 月，中石化首次进入埃及油气资源市场，出资 31 亿美元收购阿帕奇公司埃及资产 1/3 股权。

2015 年 9 月，中石化与俄罗斯石油公司签署《共同开发鲁斯科耶油气田和尤鲁勃切诺—托霍姆油气田合作框架协议》，根据协议，中石化有权收购俄罗斯石油公司所属东西伯利亚油气公司和秋明油气公司这两家公司 49% 的股份。2015 年 12 月，中石化参股俄罗斯天然气巨头西布尔 10% 的股权实现顺利交割。

2017 年，勘探开发工作取得新进展，现有资产创效能力得到提升，总体呈现稳中向好的发展态势。全年在埃及 Apache 项目获得 13 项勘探发现，在加拿大、澳大利亚等获得 3 项勘探进展和2项勘探突破，探井成功率达76%，新增2P+2C储量851万吨油当量。安哥拉15/06东区提前2个月投产，全年权益油气产量4372万吨油当量。降本增效工作成果显著，全年投资比计划节省35.7%。2017年12月27日，中石化炼化工程（集团）股份有限公司宣布，与伊朗国家石油工程建设公司签订了伊朗Abadan炼厂产品升级项目二期设计、采购和施工（EPC）总承包合同。炼化工程在该合同总值中所占份额约为人民币68.58亿元。截至2017年底，在全球26个国家拥有50个油气勘探开发项目。

2018年12月，中石化马来西亚RAPID P12A项目全面实现机械交工。至此，由中石化四建司承建的马来西亚P12A项目工程，经过395天的奋勇拼搏，圆满完成了工程建设，兑现了与业主、总包的承诺。

截至2020年底，中石化在全球24个国家投资46个油气勘探开发项目。2020年，全年完成三维地震采集2800平方千米，探井和评价井29口，成功率83%。在埃及、厄瓜多尔、巴西、安哥拉、俄罗斯等取得丰硕成果，新增权益2P储量和2C资源量733万吨油当量。全年开钻新井390口（含参股），投产新井505口，新建权益产能332万吨。2020年，中石化新获得海外权益原油2838.76万吨，新获得海外权益天然气102.09亿立方米。

2019~2020年中石化对外投资情况：

2019年6月5日，在中俄两国元首的见证下，中石化与俄罗斯最大的综合石化公司西布尔（SIBUR）签订了一份基于阿穆尔天然气化工综合体项目（AGCC）的合营协议，预计中石化将持有该合营项目的40%权益。阿穆尔天然气化工厂是中石化成为西布尔战略投资者之后又一务实的深度合作。通过双方的合作，可共享行业最佳实践经验，进一步发挥两家公司的优势和协同效应，为两国能源合作从上游延伸到石化领域树立典范，并且中俄合作有助双方实现专业知识和经验的共享，以最大化提升新建大型项目的效率。除此之外，中石化与西布尔还签订了一份部门合作协议，详列在中国、俄罗斯和其他国家进行战略合作的细节，其中包括设立合作项目。根据协议，西布尔和中石化同意组建合营公司，在俄罗斯和中国经营天然气加工业务，并开展研发和人员培训合作，以促进知识和专业技术的共享。此外，中石化化工销售（香港）有限公司与西布尔的出口业务部门签订了分销协议，从西布尔的西西伯利亚石化综合体（ZapSibNeftekhim）向中国供应聚乙烯。

2019年11月，沙特朱拜勒空分工程项目冷却水池池壁浇筑工作正式拉开帷幕，在冷却水池北侧和西侧同时进行浇筑工作。经过项目部全体人员的共同努力，完成314方混凝土浇筑，所有部位全部检查合格。2019年11月，中石化与法国液化空气集团代表双方公司在北京人民大会堂签署合作备忘录，探讨加强氢能领域合作。两国企业签署氢能合作文件，揭开了中法清洁能源合作的新篇章。中石化将成立氢能公司，致力于氢能技术研发以及基础设施网络建设，引入国际领先的氢能企业作为战略投资者，联合打造氢能产业链和氢能经济生态圈。根据合作备忘录，法国液化空气集团将成为中石化氢能公司的参股方之一，共同推动氢能和燃料电池汽车整体解决方案在中国的推广和应用。法国液化空气集团和中石化已经合资成立了三家工业气体公司，此次合作将发挥法国液化空气集团在氢气制、储、运、加全产业链的专业经验，为中国发展氢能和燃料电池提供有竞争力的氢气供应方案。

2020年，中国石油化工股份有限公司海外原油产量3070万桶，比2019年减少400万桶左右。海外探明已开发储量3.05亿桶,海外未开发储量3300万桶。海外探明已开发天然气储量3.40亿立方米。

2020年,受新冠肺炎疫情在全球蔓延以及科威特炼油项目结算收尾的影响,中石化海外建设公司的海外投资进度有所放缓。2020年1月,中石化与全球塑料化工和炼油大型公司利安德巴赛尔(Lyondell Basell)签署谅解备忘录,成立一家50∶50的合资企业。根据该谅解备忘录,合资公司将于中国宁波镇海建设一个全新环氧丙烷(PO)和苯乙烯单体(SM)工厂,满足国内市场需求。一旦确定,该合资公司将建于现有利安德巴赛尔和中石化PO/SM合资企业所在地,该合资企业被命名为宁波ZRCC Lyondell化学有限公司。此次国际合作能够实现强强联合,带来潜在发展机会,进而进一步为两国市场服务,是中石化国际合作的又一成就。

2020年5月,中石化炼化工程集团中标俄罗斯西布尔AGCC聚烯烃项目,旗下工程建设公司和俄罗斯分公司分别签署了该项目俄罗斯境外(Offshore)和俄罗斯境内(Onshore)的EPSS合同,合同额约2.3亿欧元,中石化持有该项目40%股份。此次中标标志着炼化工程集团在"百日攻坚创效"行动中大力开拓国际市场取得了实效。随着中俄全面战略协作伙伴关系迈入新时代,阿穆尔项目未来将被打造成为两国能源合作向下游化工合作延伸的典范,成为中石化在俄重要的大型化工业务基地。2020年12月,中石化炼化工程集团中标沙特阿美Berri油气分离安装项目。这一项目是中石化与Saipem在沙特合作的第二大型施工项目,进一步巩固了中石化炼化工程公司在沙特市场的地位,延续了与Saipem的良好合作关系。

2020年9月,由中石化与巴斯夫各持一半股份的合资企业扬子石化—巴斯夫有限责任公司(扬子石化—巴斯夫)扩大了新戊二醇产能。该装置位于江苏南京的扬子石化—巴斯夫世界级一体化基地内,2015年投入运营,年产能为4万吨。扩建完成后,总年产能将达到8万吨。中石化和巴斯夫多年来始终保持密切合作,新戊二醇扩建装置的投产体现了双方更加良好的合作关系,符合中国政府对产业结构调整和转型升级的高质量发展方向;此次扩能标志着中石化与巴斯夫长期合作关系的又一个里程碑,进一步强化了双方提升本地生产能力的承诺,从而积极响应中国客户对于环境友好型粉末涂料日益增长的需求。

3. 中海油对外投资合作情况

2016年,中海油基本完成海外业务布局,设立了中东、亚太、非洲、南美和北美5家区域中心、3家海外投资公司和14家海外控股子公司,涉及20多个国家。公司年末海外资产占比38.8%,海外原油产量3142万吨,天然气产量115.7亿立方米。与墨西哥国家石油公司合作探索成立油田技术服务公司,在印度尼西亚市场提高采收率(EOR)产业研究和实施业务获得推广,安全环保产业逐步获得认可。中海油主要依托四大海外战略布局——南美圭亚那、北美加拿大东海岸、欧洲北海及爱尔兰海域和西非尼日利亚及其周边,打造"海上能源丝绸之路"。中海油在"一带一路"沿线20多个国家进行投资、建设,海外资产占比38.8%。

2019~2020年中海油对外投资情况:

2019年7月,中海油与阿布扎比国家石油公司签署战略框架协议,双方将携手探索在上游勘探开发、炼化产业和液化天然气等领域的合作机遇。根据协议,中海油与阿布扎比国家石油公司将针对超酸性气田开发领域共享最新技术和实践经验,以提高酸性气田钻井作业的性能和可靠性,以及酸性气体加工和处理的运营效率,同时,改进油田和油藏开发规划。双方还考虑将中海油旗下海洋石油工程股份有限公司和中海油田服务股份有限公司纳入阿布扎比国家石油公司设计、采购、施工的承包商和油田服务供应商，探索两家公司在阿布扎比海上油气田领域的潜在合作机会。

此外，中海油与阿布扎比国家石油公司还将共同探索潜在的液化天然气销售和采购机会，分享液化天然气市场的行业经验和专业技术，评估液化天然气价值链中潜在的合作关系和联合投资机会。本次战略合作协议的签署将进一步深化我国与"一带一路"沿线国家在能源领域的合作，共筑更加紧密的能源合作命运共同体。中海油与阿布扎比国家石油公司签署战略协议，将为双方提供更为广阔的合作空间和机遇，实现互利共赢，同时，对中海油推进海外油气业务发展，实现资源进口多元化，优化上中下游一体化产业链布局具有重要意义。未来，中海油将持续践行"一带一路"倡议，深化能源合作，为中阿友谊和区域发展贡献价值和力量。该战略框架协议意义重大，将加强阿联酋与中国之间密切的经贸往来，并为阿布扎比国家石油公司与中海油提供新的机遇和互利双赢的投资项目，同时，在上下游战略合作方面挖掘更为广泛的潜力。今天与中海油达成的未来合作机会在强化战略合作伙伴关系的同时，其带来的科技、资金和市场有助于推动阿布扎比油气资源价值最大化。此外，本次与中海油的合作机会将进一步巩固阿布扎比国家石油公司2030增长战略，加强对包括中国在内的主要经济体和亚洲市场的关注。

2020年4月，中海油境外43个作业点、93个项目和机构在疫情期间的海外业务仍正常开展。"一带一路"沿线海外机构及项目工作均有序运行，各个海外公司生产平稳进行：在海油国际东南亚公司，印度尼西亚BD气田的销售气量达到历史最高水平；在海油国际巴西公司，Libra@35降本增效工作持续推进；在海油国际伊拉克公司，米桑油田终端厂生产平稳，油田ESP油井生产时率创历史新高。

在海外专业服务板块，中海油服中东科威特KOC项目、印度尼西亚PHE OSES项目等均已复工。在疫情防控过程中，中海油服海外机构不仅主动承担起员工的监督管理，还在亚太、印度尼西亚、欧洲、中东等地，积极将中国疫情防控的经验和公司疫情防控的具体举措传授给承包商等合作伙伴。

海油工程所属的"海洋石油202"船在尼日利亚施工期间，做好疫情防控的同时稳步推进生产任务，成功完成11条海管铺设和5套海管终端管汇安装；泰国在建的Chevron TFPSO水下回收项目按照进度正常开展工作。

2020年11月，中海油与来自全球十余个国家的18家供应商现场签订了采购合同和协议，签约金额创三年来新高，展现出中海油在持续扩大对外开放、深化国际合作方面积极作为，有力助推我国海洋石油工业高质量发展。

作为我国首个"海上特区"和首个全方位对外开放的"工业特行"，中海油自成立至2019年底，与来自21个国家和地区的81家国际石油公司共签订228个对外合作石油合同，累计引进外资近2200亿元，使海洋石油成为我国吸引外资最多的行业之一。在"走出去"方面，截至2019年底，中海油海外业务遍及6大洲40多个国家和地区，建立了多个海外油气生产基地，油气资产覆盖亚洲、非洲、北美洲、南美洲、大洋洲和欧洲，海外资产总额超5200亿元。

（二）国家电网对外投资合作情况

国家电网境外投资运营不断取得突破，电力基础设施互联互通不断推进，电力国际产能合作不断深化。海外业务覆盖菲律宾、巴西、葡萄牙、澳大利亚、意大利等国，并建成10条与周边国家互联互通输电线路，与俄罗斯、蒙古国、哈萨克斯坦、巴基斯坦、朝鲜等周边国家开展紧密合作，形成规划设计、工程建设、装备制造、技术标准全产业链"走出去"的国际产能合作模式，带动电工装备出口到83个国家和地区。

2012年12月和2013年4月，通过收购和增持获得澳大利亚南澳输电公司46.56%股权，首次成功投资澳大利亚。2014年1月，收购新加坡淡马锡集团下属的澳洲资产公司60%股权和澳网公司19.9%股权，公司在澳洲资产规模显著提升。2014年2月，与巴西电力公司联合中标巴西美丽山水电特高压直流送出一期项目，公司占股51%，实现公司特高压技术成功"走出去"。2014年11月，收购意大利存贷款能源网公司35%股权，为当时中国企业在意大利最大投资。2015年7月，独立中标巴西美丽山水电特高压直流送出二期项目，首次独立实现特高压投资、建设、装备一体化"走出去"。

2015年，国家电网分别与巴基斯坦政府和国家输电公司签署默拉直流项目协议，该项目是中巴经济走廊框架下唯一的输变电项目，也是巴基斯坦输变电领域向外资开放的首个落地项目。该项目采用我国自主知识产权的±660千伏直流输电技术，输送容量400万千瓦，于2018年12月开工建设，拟在2021年正式投入商业运营。

2016年，公司在"一带一路"沿线国家新签工程承包合同和设备出口合同额超过23亿美元。埃塞俄比亚—肯尼亚直流输电项目计划年底竣工，土耳其—伊朗联网直流背靠背工程开工建设。截至2017年，公司已成功投资运营7个国家和地区骨干能源网，境外投资154亿美元，境外资产568亿美元，所有项目运营平稳，收益良好，全部盈利。

2017年1月，公司成功收购巴西最大配电和新能源公司——CPFL公司54.64%股权，投资额43.08亿美元。6月，完成收购希腊电网公司24%股权，成功中标英国设得兰岛柔性直流联网项目，实现柔性直流输电技术成功"走出去"。

2018年12月，为进一步深化中葡电力能源领域的合作，公司与葡萄牙国家能源网公司（REN）签署合作框架协议。双方将发挥各自优势，共同探讨在南美洲、非洲、欧洲等区域开展合作，开拓能源基础设施合作项目，实现互惠互利、合作共赢。公司就葡萄牙和摩洛哥联网项目开发、建设和运营进行技术交流，分享中方技术和管理经验，支持REN开展相关工作，研究以合适的方式参与项目实施。双方进一步加强新能源技术合作，依托合资成立的研发中心，围绕大电网平衡、新能源消纳等涉及能源绿色转型的前沿技术开展研究。中葡双方就服务和推进"一带一路"建设，推动中葡能源领域合作再上新台阶进行亲切友好的会谈。

2019年8月，国家电网公司投资、建设和运营的美丽山二期特高压直流输电工程提前完工。该项目是世界上距离最长的±800千伏特高压直流输电工程，全长约2539公里，输电能力400万千瓦，将对巴西能源分配发挥至关重要的作用。项目工程于2017年9月开工，2019年3月10日线路全线贯通，计划于2019年第三季度投入运营，较合同工期提前两个月完成，创造了巴西特大型电力建设项目新纪录。该工程是中国特高压走出去的重点工程、国家电网公司服务和参与"一带一路"建设的重要成果、中巴基础设施领域合作的典范，对推动中国先进输电技术和装备走出国门，促进优势产能国际合作与互利共赢，具有重要意义。

截至2020年，国家电网公司积极在海外开展投资并购、产能合作和电网的互联互通等业务，已经在9个国家和地区成功投资运营了骨干的能源网公司，境外资产总额达到650亿美元。国家电网公司利用自己在世界上具有领先地位的特高压直流输电技术，在巴西投资建设了两条±800千伏的特高压直流输电，将亚马逊的水电送到2000公里之外的里约热内卢和圣保罗地区，输送容量约800万千瓦，促进了水电的开发，在埃塞俄比亚建设了该国最大的500千伏输变电工程进行输送和配置水电。

（三）南方电网对外投资合作情况

2016年11月，南方电网在建在管的境外资产主要有越南永新电厂一期BOT项目、老挝南塔河1号水电站项目、对澳跨境购售电业务以及中国香港青山发电公司。2013年12月，中越双方共同签署了越南永新一期BOT项目；2015年7月，项目开工建设。这是中国企业在越南投资规模最大的项目。2013年12月，老挝南塔河1号水电站开工建设，电站总装机16.8万千瓦，总投资约27亿元人民币，是南方电网在国家"一带一路"框架下的第一个境外水电项目。

2016年3月，南方电网同意在经孟东项目技术专家组、中泰缅联合体审批后向缅甸电力部提交项目低水头梯级开发比较方案。2016年9月，南网国际公司在"第二届海上丝绸之路与推进国际产能和装备制造合作论坛"上与越南合作方签署了中越西原风电项目合作备忘录。该项目规划装机210兆瓦，预计总投资约3亿美元。

2017年，南方电网承建的230千伏老挝北部电网工程，结束了老挝北部电网孤网运行的历史，形成了老挝全国统一的高电压等级骨干电网。另外，南方电网作为大湄公河次区域国家电力合作的中方执行单位，大力拓展与周边国家的跨境电力交易，通过12回线路与越南、老挝、缅甸电网实现互通。截至2017年底，电力跨境交易累计达到517亿千瓦·时。

2018年3月，南方电网与加拿大资产管理公司BIP在西班牙马德里和智利圣地亚哥两地完成股权交割，南方电网以13亿美元成功收购BIP持有的智利Transelec公司约27.8%股权。2018年4月，南方电网与中广核在深圳完成埃德拉项目（Edra）股权交割。南方电网以香港公司作为投资主体，持有马来西亚埃德拉公司37%股权。2018年6月15日，南方电网首席技术专家饶宏和巴西国家电力调度中心总裁路易斯·巴拉塔共同签署了"仿真分析技术咨询"合作协议，根据协议，南方电网将对巴西国家电力调度中心开展为期一年的特高压直流输电技术培训。此举也是解决之前在巴西建设的特高压输电项目的工作收尾。

2019年6月，老挝正式确认南方电网老挝南塔河1号水电站进入商业运行，标志着该水电站商运正式得到官方认可。老挝南塔河1号水电站是南方电网在国家"一带一路"框架下的首个境外水电项目，由该公司与老挝国家电力公司共同投资建设。项目位于老挝博胶省湄公河左岸支流南塔河上，是以发电为主，兼有防洪、灌溉等综合效益的水利枢纽，采用BOT模式，建设期4年，特许运营期28年，总装机容量为168兆瓦。电站主体工程于2014年11月开工，2015年11月6日，成功取得大江截流，2018年6月26日，实现电站下闸蓄水，2018年10月26日，三台机组投产发电。

截至2019年底，境外电源、电网等电力基础设施资产总额超450亿元，遍布全球发展，高标准、高质量地推进公司核心项目建设。

（四）华能集团对外投资合作情况

华能集团自2003年实施"走出去"战略以来，国际化业务经历了从无到有、逐步扩大的过程。2013年，华能收购柬埔寨桑河二级水电51%股权。2015年，巴基斯坦萨希瓦尔燃煤电站开工建设，2017年6月，两台机组全面建成投产。2016年，华能山东公司取得拉希姆·亚尔汗2×66万千瓦煤电项目开发权，该项目属中巴经济走廊优先实施项目，拟开发建设2台66万千瓦燃煤发电机组，交通运输采用同一港口、铁路，电网接入旁遮普省当地电网。

截至2016年底，华能共拥有境外发电装机容量超1000万千瓦，项目分布在澳大利亚、新加坡、缅甸、英国、墨西哥、巴基斯坦、柬埔寨7个国家，境外金融、技术服务和技术出口分布在15个国家和地区。

2017年5月，华能巴基斯坦萨希瓦尔燃煤电站1号机组顺利通过168小时满负荷试运行。7月3日，华能巴基斯坦萨希瓦尔燃煤电站竣工庆典仪式在巴基斯坦旁遮普省萨希瓦尔举行。10月27日，巴基斯坦电监局签署了华能巴基斯坦萨希瓦尔燃煤电站发电执照的行政命令，中央购电局随后发布了萨希瓦尔电站商业化运营信函。

2018年12月17日，由华能集团建设的桑河二级水电站在上丁省正式竣工投产。这个柬埔寨史上最大的水电工程，拥有长达6.5公里的亚洲第一长坝。作为"一带一路"建设和柬埔寨能源建设的重点项目，桑河二级水电站促进了上丁省各领域的发展，改善当地百姓生活，将为柬埔寨经济发展提供强大动力支撑。

截至2018年8月，华能集团境外装机近1000万千瓦，分布在澳大利亚、新加坡、缅甸、英国、柬埔寨和巴基斯坦6个国家。近年来，华能集团"走出去"的过程中，不断将中国技术、中国标准带到全球，推动"中国技术+中国标准+中国设备+中国管理"的全链条"走出去"。

华能集团与美国通用电气、德国西门子、法国电力、意大利电力、法国安吉、韩国电力等境外企业，以及上海电气、东方电气、中电建、中能建、南方电网等国内企业建立了全面战略合作关系，利用中巴经济走廊、中墨、中俄、亚太电协等区域性经济合作机制平台，重点把握东南亚、南亚、非洲等区域的发展机会，加快缅甸、巴基斯坦、孟加拉国、新加坡等国电力项目前期工作，推动优质项目落地，全面提升华能集团国际化发展水平。

2019年7月，华能集团与通用电气在华能总部开展技术交流活动，双方就全球能源发展趋势、项目投资策略、发电技术与储能技术等问题进行了深入探讨。双方高度重视国际合作与科技研发，共同致力于清洁能源和传统能源的高效清洁开发利用，分享各方面经验。交流会上，中美专家分别就应对全球能源转型、优化境外项目投资、混合发电与储能技术、陆上风电新技术和燃气机组的高效利用等内容作专题讲座。近年来，华能集团与通用电气保持良好合作关系，双方高度重视国际合作与科技研发，共同致力于清洁能源和传统能源的高效清洁开发利用，分享行业市场、前瞻技术、新技术应用经验，并在管理创新、社会责任、企业文化等方面加强交流。下一步，双方将依托各自优势，探讨更多合作形式，共同推进科技进步，实现互利共赢。

2019年11月，华能集团与通用电气等在上海出席中外企业合作论坛，并与通用电气可再生能源集团签署河南省濮阳市715兆瓦风电场机组供货协议。在论坛展会期间，华能集团旗下26个成员单位271人组成的交易分团签署进口自美国、法国、德国、荷兰、奥地利、俄罗斯、日本、印度尼西亚等国家的智能高端设备、大宗商品共19项采购协议或合同。进口高端智能设备数量、质量和交易团人数均超过上届。

2020年5月，美国通用电气宣布完成华能集团位于河南省濮阳市715兆瓦风电场项目的第100台GE2.5-132风电机组的吊装工作。这标志着该项目一期工程（500兆瓦）已进入这场"绿色接力"的后半程。华能濮阳风电场，是肩负50万户家庭"绿色希望"的主角，更是汇集了中美双方对可再生能源多年研究的可行解决方案。2020年8月，华能集团151名员工抵达巴基斯坦萨希瓦尔电站，即将开始执行运维任务，保障机组安全运行。华能萨希瓦尔电站是中巴经济走廊首个大型清洁煤电项目，也是华能集团响应"一带一路"倡议在海外建设的第一个大型高效清洁煤电项目。作为巴基斯坦单机容量最大、技术最先进和建设速度最快的燃煤发电机组，电站自运营以来创造了优良的安全生产纪录，是华能与巴基斯坦能源合作的典范。

（五）华电集团对外投资合作情况

2013年11月，华电集团和罗马尼亚奥塔尼亚电力集团签署了罗马尼亚罗维纳里燃煤电厂项目的投资意向协议。该项目位于罗马尼亚最主要的煤矿厂区及重工业基地，电厂总投资约8亿欧元。此外，华电集团还在塞尔维亚、波兰、斯洛伐克等国家密切跟踪一批项目。同年，总装机33.8万千瓦的柬埔寨额勒赛水电站建成投产。

2014年，华电集团联合中石化参股的首个境外液化天然气气源项目正式完成交割。根据协议，华电集团与中石化共同持有加拿大太平洋西北液化天然气项目15%权益。同年，华电集团与瑞士苏尔寿公司成立了合资公司，从事燃机现场服务、维修及核心部件供应业务，打破了国内燃机检修市场由原制造厂家垄断的格局。由华电集团与美国通用电气合作在国内组装生产的首台套航改型燃气轮机发电机组下线，标志着中国分布式能源核心装备国产化迈出实质性步伐。

2015年1月，中国华电柬埔寨额勒赛下游水电站竣工庆典在国公省举行，额勒赛下游水电站项目建设全面竣工。时任柬埔寨首相洪森、时任中国驻柬埔寨大使布建国、柬埔寨矿产能源部大臣瑞赛、柬政府官员及各界群众约3000人出席了竣工仪式。额勒赛下游水电站总装机338兆瓦。

2015年8月，印度尼西亚巴厘岛3×142兆瓦燃煤电厂3号机组顺利通过满负荷试运行，正式投产发电。

2017年6月，华电集团在俄罗斯的捷宁斯卡娅燃气—蒸汽联合循环供热电站项目正式建成并投入商业运营，电站装机容量483兆瓦，工程总投资5.71亿美元，年发电量约为30亿千瓦·时，年供热约341万吉焦。

2019年3月，由华电香港公司投资建设的印度尼西亚玻雅项目主体工程正式开工。玻雅项目是香港公司积极响应国家"一带一路"倡议，落实集团公司"2218"战略部署，实现香港公司高质量快速发展目标，以BOOT模式投资开发，并以EPC总承包模式建设的坑口燃煤发电工程。该项目是华电集团迄今在印度尼西亚投资的最大电力项目。两台机组计划分别于2021年12月、2022年3月投运。

华电集团境外投资项目共有9个，其中，4个为在运控股电源项目，共92.2万千瓦，2个为在建控股电源项目，共180.3万千瓦，1个为待开工项目，132万千瓦，2个为参股投资项目。境外技术服务完成总装机3680万千瓦。

（六）大唐集团对外投资合作情况

大唐集团主要从建设示范项目、提前开发布局和输送海外技术等方面进行布局和谋划。大唐集团已在东南亚地区投资建成两个水电站项目和一个电网项目，分别为缅甸太平江一期水电站、柬埔寨斯登沃代水电站和柬埔寨金边至马德望输变电项目，资产规模达7.7亿美元。柬埔寨金边至马德望输变电项目还是中国第一个在外投资建设的电网项目，是柬埔寨第一个国家电网工程，也是柬埔寨第一个由外国人经营的电网项目。3个电力项目均保持安全稳定运行，取得了较好的社会和经济效益。

2016年，大唐集团境外项目年度累计发电突破13亿千瓦·时，年度累计输电21亿千瓦·时。大唐集团锁定开发权的境外电力项目总装机容量已超600万千瓦，海外技术服务累计完成营业总额约1亿元，在外工作人数300多人，业务涉及"一带一路"沿线的印度尼西亚、印度、土耳其、越南、柬埔寨、泰国、马来西亚等11个国家。

2016年12月28日，由大唐集团建设的印度古德洛尔1号脱硫系统成功通过336小时试运行。该项目已经成为印度国家脱硫工程的标杆项目。

2017年3月3日，大唐集团获得印度尼西亚米拉务项目中标通知书，该项目是大唐集团首个通过国际公开招投标获得的项目。

2017年5月14日，"一带一路"国际合作高峰论坛期间，与老挝国家电力公司签署《老挝北本项目电价谅解备忘录》。6月27日，北本项目通过湄公河委员会审查程序，项目开发进入新的阶段。

2018年4月，"一带一路"贸易投资论坛在北京举行。大唐集团表示，大唐集团的国际化业务现已初步形成了境外投资、工程承包、技术服务、国际贸易、国际金融五大业务的发展格局。有开展国际化业务的分子公司、专业公司8家，驻外机构及项目部28个，境外总资产近130亿元，业务涉及"一带一路"沿线16个国家。目前，缅甸、柬埔寨等国的境外投资项目全部盈利，实现了国有资产的保值增值及境外项目合作的互利共赢。此外，大唐集团还在印度、泰国、印度尼西亚、马来西亚、科特迪瓦、圣普等"一带一路"沿线国家开展了工程承包、技术服务、国际贸易和电力技术援助等业务，有效地带动了中国技术和装备"走出去"。和法国电力集团共同打造的江西抚州2×100万千瓦精品工程项目被誉为中法项目合作的典范；成功中标孟加拉国超超临界燃煤电站运维项目，标志着大唐集团在世界高端火电技术运维市场上翻开了崭新的一页，并在柬埔寨投资建设运营水电站和电网工程。

截至2018年8月，大唐集团的境外装机总容量已达36万千瓦，输电线路总长300公里，承揽海外技术服务项目近20个，足迹遍布东南亚、中亚和非洲。

2018年9月，第15届中国—东盟商务与投资峰会框架下的圆桌对话会在广西南宁举办，应邀参加对话会的大唐集团确立"中柬经贸合作 实现共同发展"的主题，并以电力基础设施建设为突破口，推动大唐集团与东盟各国在能源装备、技术、标准及服务等方面深化合作。

2020年5月，由大唐集团下属的大唐环境产业集团股份有限公司总承包的泰国PTG 1×24MW生物质电厂成功并网发电，投入商业化运营，标志着泰国南部最大的生物质发电厂项目建设任务圆满完成。该项目是我国"一带一路"倡议在泰国实施的重点工程，于2018年4月开工，2019年11月8日，锅炉水压试验一次成功，2020年3月5日，汽轮机冲转一次成功，2020年4月20日，并网一次成功，具备商业发电条件。项目投运后，年发电量将达到1.92亿千瓦·时，预计运营期年纳税28万美元，不仅将大大缓解泰国南部北大年府用电紧张局面，而且对当地经济增长和社会发展具有重要拉动作用。

2020年6月，大唐集团发布董事会决议公告，审议通过《关于组成联合体参与缅甸光伏项目竞标及投资建设光伏项目的议案》。大唐集团海外投资有限公司按股比51%∶49%组成联合体参与缅甸卡玛纳特、BuddhaKone和Kyungchaung光伏项目竞标及签署联合体协议，并视中标情况投资建设相关光伏项目；同意由公司与大唐海外投资公司、中国能源建设集团国际工程有限公司按股比51%∶39%∶10%组成联合体参与缅甸Tharzi、Aungchanthar、Ngapyawdine、Nyaungpingyi和Ohntaw 5个光伏项目竞标及签署联合体协议，并视中标情况投资建设相关光伏项目。

（七）国电集团对外投资合作情况

国电集团大力开拓海外新能源市场，先后在南非、美国、加拿大、匈牙利等国家成立了海外项目筹建处，并在加拿大投资建设了中国发电企业在海外第一个风电项目——龙源德芙琳9.91万千瓦风电项目，在南非成功中标德阿风电项目，成为首家入驻非洲开发风电项目的中央发电企业。2017年5月，加拿大二期、巴基斯坦以及波兰等3个风电项目已立项，并在波兰成立了项目筹建处。国电深入调研印度尼西亚市场，与印度尼西亚佳通集团达成合作意向。

国电集团所属的科环集团是中国领先的可再生能源设备制造商和最大的燃煤电厂节能环保服务商，"十二五"期间，出口火电厂等离子体点火、烟气脱硫、空冷、光伏组件、风机及分散控制系统等技术装备到欧洲、澳大利亚、美国、东南亚、中东等二十几个国家和地区，签订合同额累计达23.63亿元人民币。独有的等离子体点火技术是最早的"走出去"项目之一。截至2016年底，该技术成功走进俄罗斯、印度尼西亚、土耳其等国家，总装机容量超过3亿千瓦，市场占有率90%，业内排名第一。

2017年，中国国电集团公司与神华集团有限责任公司合并重组为国家能源投资集团有限责任公司。2017年11月，合并后的国家能源投资集团还与美国西弗吉尼亚州签署投资总额达837亿美元的谅解备忘录，投资领域包括西弗吉尼亚州的电力和化工项目。

2019年12月，国家能源集团国华印度尼西亚爪哇7号2×1050兆瓦燃煤发电工程1号机组于2019年12月13日正式投产。该项目是中国企业在海外投资建设的单机容量最大、拥有自主知识产权的火电机组，同时，也是印度尼西亚装机容量最大、参数最高、技术最先进的高效环保型电站。印度尼西亚爪哇7号项目位于印度尼西亚爪哇岛万丹省，距雅加达约100公里，项目总投资120亿元人民币，一期工程于2017年10月正式开工，计划建设2座1050兆瓦超超临界燃煤发电机组。截至2019年底，国家能源集团在印度尼西亚共有三个火力发电项目，总装机容量达3100兆瓦。印度尼西亚南苏电厂为国华电力在该国投资建设的第一家发电厂，于2011年7月投产。印度尼西亚天健美朗电厂为在建项目，计划建设2×350兆瓦超临界坑口燃煤机组。

2020年8月，国家能源集团龙源电力南非德阿风电项目举行"云开放日"活动。活动以"新能源，新生活"为主题，多角度立体化呈现南非最大风电项目的生产经营情况。国家能源集团龙源电力南非德阿风电项目于2017年建成投运，是中国在非洲第一个集投资、建设、运营为一体的风电项目。项目装机容量24.45万千瓦，每年可为当地供应稳定的清洁电力约7.6亿千瓦·时，相当于节约标准煤21.58万吨，减排二氧化碳61.99万吨，满足当地30万户居民的用电需求，有效优化当地能源结构，推进清洁低碳发展。

截至2020年3月，作为中国国有企业在非洲第一个集投资、建设、运营为一体的风电项目，国家能源集团龙源南非德阿风电项目是南非已经投产的最大容量风电项目。面对疫情压力，龙源南非公司积极应对，提前布局，防疫与安全生产并重，年度机组可利用率达99.3%以上，发电量突破1.74亿千瓦·时，两项目连续安全运行875天，为南非输送超18亿千瓦·时的清洁电能，为南非经济发展注入强劲动力，特别是在南非拉闸限电期间，一直持续提供稳定电力；国华电力印度尼西亚南苏电厂1号机组实现连续安全运行1070天，全厂安全生产3189天，连续七年"无非停"，是印度尼西亚南苏门答腊岛最稳定的电源。2020年，印度尼西亚南苏电厂日发电量屡创新高，2020年3月2日发电量达到616万千瓦·时，上网负荷率达到101%，截至2020年3月17日，南苏电厂本年度累计发电3.22亿千瓦·时，同比增长9.9%；作为中国第一个境外投资的煤电一体化IPP（Independent Power Producer）项目，印度尼西亚南苏电厂创造了中国机组投产后连续运行最长周期的纪录；国华电力爪哇电厂是印度尼西亚电力建设史上装机容量最大、参数最高、技术最先进、指标最优的高效环保型电站，也是中国企业在海外投资建设的单机容量最大、拥有自主知识产权的火电机组，爪哇电厂整体投运后，年发电量约150亿千瓦·时。截至2020年3月25日，1号机组已连续安全运行112天，累计发电量约15.3亿千瓦·时。与此同时，2号机组也已进入调试阶段，预计近期投产。疫情发生以来，在确保1号机组正常发电的同时，有条不紊地推进基建、生产和防疫等各项工作。

（八）国家电投对外投资合作情况

2014年9月，原中电投在缅项目小其培电站通过竣工专项验收。电站装机容量99兆瓦，多年平均发电量 5.99 亿千瓦·时。电站通过 110 千伏、10 千伏线路向缅甸境内提供电能，已送电至 343 公里远的缅甸实皆省的南巴地区，电站已累计发电约 0.65 亿千瓦·时。

2016 年 1 月，国家电投并购的澳大利亚太平洋水电公司在墨尔本完成交割，标志着国家电投正式获得太平洋水电公司的控制权，并将以此为平台积极开拓国际电力业务。5 月，国家电投海外公司在澳大利亚墨尔本成功完成特拉格风电场项目交割，正式获得特拉格风电场全部股权和控制权。10 月底，国家电投上海电力股份有限公司与迪拜阿布拉吉集团在京签署了关于收购巴基斯坦卡拉奇电力公司 66.4% 股权的买卖协议，标志着上海电力收购巴基斯坦卡拉奇电力公司取得了重大的实质性进展。

2017 年，国家电投成功收购澳大利亚太平洋水电公司、巴西圣西芒水电站，全力推进巴基斯坦卡拉奇电力公司的收购和缅甸伊江项目的重启。

2017 年 12 月，国家电投中标巴西圣西芒水电站 30 年期特许经营权并完成交割，水电站总装机容量 171 万千瓦，是巴西第九大水电站。至此，国家电投在巴西拥有 2 个风电场，1 个水电站的特许经营权，总装机容量 176.82 万千瓦，在南美洲地区（智利、巴西）总装机容量达 226.02 万千瓦。

2019 年 2 月 10 日，国家电投下属的胡努特鲁燃煤电厂项目——中国在土耳其最大投资项目克服新冠肺炎疫情影响正常开展施工。该项目为中国"一带一路"和土耳其"中间走廊"倡议下的重点项目，也是迄今为止中资企业在土耳其最大的直接投资项目，实现了中国资金、技术和设备抱团出海。

2020 年 2 月 1 日，总投资约 19.95 亿美元的国家电投中电胡布 2×660 兆瓦燃煤发电项目年度累计完成发电量 4.28 亿千瓦·时、上网电量 4.06 亿千瓦·时。项目预计每年为巴基斯坦提供 90 亿千瓦·时安全、清洁、稳定的电能，极大缓解巴能源短缺现状，助力其实现能源独立与结构调整，为其带来广泛的经济效益。

（九）三峡集团对外投资合作情况

近年来，三峡集团频频在海外出手并购资产，成功实施了巴西大水电、美国杜克能源巴西公司等一批具有国际影响力的重大跨国并购，在巴基斯坦和非洲开工建设一批具有标志性意义的重大水电工程，初步完成海外业务的全球布局。

三峡集团巴基斯坦第一风力发电项目装机容量 4.95 万千瓦，总投资 1.23 亿美元，特许经营期 20 年，设计年发电量 1.39 亿千瓦·时。该项目于 2014 年 11 月 25 日建成并进入商业运行。

2016 年 1 月 5 日，三峡集团与巴西政府签署巴西伊利亚和朱比亚两座水电站 30 年特许经营权交割协议。两电站总装机规模约 500 万千瓦，三峡集团以 138 亿雷亚尔（约合 270 亿元人民币）中标。

长江电力于 2016 年 7 月出资 1.95 亿欧元，与三峡国际共同投资德国 Meerwind 海上风电项目，其中长江电力获得 30% 股权。Meerwind 海上风电项目装机容量 288 兆瓦，是德国最大的已投产海上风电项目，也是全球第一个获得投资级信用评级的海上风电项目。

2018年9月22日,由三峡集团投资开发的巴基斯坦卡洛特水电站成功实现大江截流。卡洛特水电站总装机72万千瓦,总投资超过17亿美元,是"中巴经济走廊"优先实施项目,是三峡集团和中国水电行业第一个被写入中巴两国政府联合声明的项目,是"一带一路"首个大型水电投资建设项目、"中巴经济走廊"首个水电投资项目,也是丝路基金成立后投资的"第一单"。2021年8月8日,三峡集团投资建设的巴基斯坦卡洛特水电站2号机组转子成功吊装。这是继首台机组转子成功吊装后,该电站项目建设取得的又一重大进展,为按期实现蓄水和投产发电目标奠定了坚实的基础。

2020年4月,中国长江三峡集团控股上市公司长江电力以35.9亿美元的基础价格收购秘鲁Luz Del Sur配电公司(以下简称"LDS公司")83.6%股权,顺利完成交割。LDS公司是秘鲁最大的电力公司,主要在秘鲁首都利马地区开展配售电业务,约占秘鲁全国市场份额的29%,排名第一。除配电业务外,LDS公司还拥有10万千瓦已投产的水电资产,以及约74万千瓦的优质水电储备项目。LDS公司运营水平处于行业领先地位,资产质量优良,配售电业务受政府监管,投资回报为政府核定的合理准许收益,资产及回报以美元计价,拥有在首都利马经济最发达区域的永久特许经营权,经营效益稳定并持续增长,是秘鲁具有重要影响力的公用事业公司。该项目的顺利执行,有助于全球经济恢复、提振市场信心,向国际资本市场释放了积极信号。本次交易也将进一步促进秘鲁配电及清洁能源的发展,为秘鲁的经济发展、就业、税收以及技术进步等方面做出积极贡献,促进和带动更多的企业到秘鲁投资发展。本次收购项目是近年来中国企业最大的电力收购项目,也是近期全球范围内最重要的并购交易,受到了各方普遍关注。

三峡集团业务已经覆盖40多个国家和地区,海外管理装机规模(含投产可控、参股权益、在建项目)近1700万千瓦,境外资产规模超过1100亿元,国际业务已经成为推动三峡集团可持续发展的重要一极。

(十) 中国电建对外投资合作情况

中国电建在全球设立了6个区域总部,在101个国家设立了173个驻外机构,在113个国家和地区开展实质性业务,在89个国家执行1207项EPC工程总承包或施工承包类项目合同。在"一带一路"沿线的38个国家设有75个代表处或分支机构,正在执行着321个工程项目。

2016年,中国电建国际业务新签合同额同比增长7.11%,完成营业收入同比增长4.24%。中国电建在ENR全球最大的250家承包商榜单中排名第6,ENR全球工程设计公司150强榜单中排名第2;在电力工程建设和电力设计咨询两个领域继续双双位列全球第1。

2017年,中国电建六大国际区域总部挂牌成立并步入正轨,公司在107个国家设立了238个驻外机构,在"一带一路"42个国家设有104个驻外机构,构建了覆盖全球、区域、国别的集团化、立体式国际市场培育开发和营销竞争体系。公司实现新签国际业务合同1188亿元,同比增长0.89%;完成营业收入632.20亿元,同比增长16.98%。签署了阿根廷高查瑞光伏电站、肯尼亚拉姆燃煤电站等项目,以及中巴经济走廊首个落地大型能源项目——卡西姆燃煤电站。

2019年12月，由中国电建投资开发的澳大利亚塔斯马尼亚州牧牛山风电项目举行首批风机并网发电仪式。这标志着中国电建进入发达国家的首个投资项目顺利投产，也为中国电建海外投资实施新能源发展战略辟出新路。

2020年11月，中国电建在第三届中国国际进口博览会上举行集中签约仪式，分别与美国通用电气公司、丹麦维斯塔斯公司、瑞士日立ABB电网公司、美国哈氏合金公司、美国森达美信昌公司、瑞典山特维克公司、中森国际利比里亚有限公司7家国际企业达成采购订单。作为全球最大的电力工程承包商和设计商，中国电建深度参与"一带一路"建设，积极推动国际产能合作。长期以来，世界各优质品牌制造商为中国电建的工程建设、装备制造提供了坚强的后盾，成为中国电建全球化发展价值链上不可或缺的一环。

近年来，中国电建的国际业务还包括：

伊朗塔里干水电站，中国电建成功推动了第一个卖方出口信贷EPC项目；加纳布维水电站项目，非洲第一个大型混合贷款项目；厄瓜多尔CCS水电站项目，中国在拉美地区第一个单体合同金额巨大的水电站项目；洪都拉斯帕图卡Ⅲ水电站项目，成功推动了在未建交国家的融资项目；津巴布韦旺吉燃煤电站的贷款协议，成功签署了第一个使用优买的投资项目；以"规划+FEPC"模式成功签约喀麦隆颂东水电站项目；以小比例参股投资拉动EPC总承包模式签署了孟加拉艾萨拉姆燃煤电站项目；以固定收益模式签约了秘鲁亚马逊河道疏浚工程；以EPC完工担保模式签署了印度尼西亚巴丹图鲁水电站项目。

印度尼西亚雅万高铁项目，中国水利水电第八工程局有限公司（以下简称"水电八局"）承建段DK29和DK15两个连续梁工点成功实现主跨合龙，标志着全线首个架梁通道形成。全长142.3公里的雅万高铁，正线80%以上设计为桥梁，其中大多数采用标准的预制箱梁连接。在跨越既有的公路、铁路和河流等障碍的线路上，不少桥梁段采用了现浇工艺的连续梁施工。由水电八局承建的2号特大桥全长36公里，有25处设计采用连续梁形式跨越立交桥、高速公路互通匝道及河流。这里的连续梁密度之高，施工难度之大，高铁建筑史上罕见。因此，连续梁施工成为水电八局管段内最重要的施工内容之一。

巴基斯坦卡西姆电站首次尝试了混合所有制投资形式，由中国电建和卡塔尔王室AMC公司，分别按照51%和49%的比例出资建设。

（十一）中国能建对外投资合作情况

中国能建在建的700多个国际工程项目，多数项目全部或部分采用中国自主标准，按照中国标准设计的电力能源装备，正源源不断在各国落地生根、开花结果。

2014~2016年，中国能建在"一带一路"沿线国家累计签订工程承包合同850余份，累计签约总金额超过1800亿元，新签合同额年均增长超过35%。

2016年，中国能建在"一带一路"国家新签合同额占全年国际业务签约总额的66%，约占我国企业在"一带一路"国家对外承包工程签约额的10%以上。"一带一路"沿线65个国家中，中国能建在其中52个国家承包了大量工程项目，设立了116个分支机构。截至2017年，中国能建"一带一路"在建项目逾300个，合同总额超过1500亿元。

2017年，中国能建新签合同额为4437.73亿元，比上年同期增长7.99%，其中，海外新签合同折合人民币1327.46亿元，约占新签合同总额的29.91%，比上年同期增长14.43%。

尼鲁姆—杰鲁姆水电站的引水隧洞全线贯通，巴基斯坦最大在建水电项目核心工程完工。在喜马拉雅断裂带上，中国能建不仅突破了高埋深条件下软硬岩TBM施工的世界性难题，还创造了月掘进距离300米的纪录。

2017年7月3日，由中国能建承建的巴基斯坦萨希瓦尔电站竣工投产，22个月建成。8月初，白俄罗斯能源部授予中国能建中电工程华北院杰出贡献奖。华北院白俄核电项目部项目经理范志义被白俄罗斯能源部授予突出个人贡献奖。白俄核电项目副经理王雨平、潘佳荣获白俄罗斯能源公司颁发的突出个人贡献奖。10月12日，中国能建浙江院与中国机械设备工程股份有限公司签署了巴基斯坦吉航1263兆瓦液化天然气联合循环电站项目的勘测设计合同。10月，由中国能源建设公司浙江火电承建的土耳其卡拉毕加电厂工程1号机组并网发电，为实现机组168小时满负荷试运打下基础。

2020年11月17日，中国能建国际公司、浙江院组成的联合体与墨西哥奥拉新能源公司，以网络云签约的形式，签署墨西哥杜兰戈州154兆瓦风电项目EPC合同。这是中国能建在墨西哥及中北美市场首个签约的风电项目。该项目位于墨西哥中部杜兰戈州杜兰戈市，将以EPC总承包方式建设总容量154兆瓦的风力发电站及配套输变电工程。杜兰戈地区拥有丰富的风力资源，项目建成后，每年将新增发电量约4亿千瓦·时，减少二氧化碳排放约30万吨，将极大地改善当地生态环境和能源供给结构，助力墨西哥实现2025年新能源装机占总装机容量25%的目标。

2020年12月，中国能建东北院与俄罗斯利佩茨克能源工艺开放式股份公司签署利佩茨克燃气—蒸汽联合循环热电站项目EPC总承包合同。该项目位于俄罗斯利佩茨克州利佩茨克市工业生产经济特区内，装机规模589兆瓦，供热功率232.6兆瓦。作为利佩茨克州政府的重点项目，该项目建成后，将极大缓解经济特区及利佩茨克州电力和热力短缺的问题，为当地经济发展创造有利条件。

近年来，中国能建的国际业务还包括：

中国首个海外核电项目——巴基斯坦恰希玛核电项目；中国公司在越南单笔投资金额最大的项目——越南海阳2台60万千瓦燃煤电站；正在建设的圣克鲁斯河水电站是阿根廷最大的项目，这是中国公司在合同价值方面承接的最大的海外水电项目之一。

（十二）中广核对外投资合作情况

中广核在核电、核燃料、新能源等板块取得重大突破，核电站数字化仪控、非动力核技术等领域"走出去"均取得积极进展，创造了中国企业"走出去"的"八个最"，分别是代表中国企业在英国和欧洲大陆获得的最大投资项目——英国核电项目、非洲最大的实体投资项目——湖山铀矿、马来西亚最大的外国直接投资者、中国在爱尔兰投资最大的企业、孟加拉国和埃及最大的独立发电商以及比利时最大的陆上风电场拥有者。中广核国际业务已分布在20多个国家，海外收入占比超过20%。

2014年6月，中广核在法国成立了中广核欧洲能源公司，该公司已成为欧洲第七大新能源运营商。

2015年11月，中广核通过国际竞购，收购了马来西亚埃德拉全球能源公司下属的电力项目，一举拿下马来西亚、埃及、孟加拉国、阿联酋、巴基斯坦5国的13个电力项目，控股在运装机容量662万千瓦。

2016年9月，中广核与法国、英国签署了英国新建核电项目一揽子协议，实现中国核电"走出去"的历史性突破。英国核电项目包括欣克利角C、赛兹韦尔C、布拉德维尔B三大项目，其中，布拉德维尔B项目将使用中国的三代核电技术"华龙一号"。除英国外，中广核还在罗马尼亚、捷克、肯尼亚及东南亚地区积极布局核电业务，先后与20余个国家签署核电合作谅解备忘录或合作意向书。中广核在海外的铀资源开发已迈出了坚实的一步，如在中亚与哈萨克斯坦共同开发的铀矿，占股49%。

2017年3月，中广核获得马六甲224万千瓦燃气联合循环项目开发权，该项目将引进全球最高科技和最高效率的"H级"联合循环燃气机组。中广核投资建设的英国欣克利角C项目主体工程正式动工。

2020年11月，中广核交易分团分别与法马通、威兰、艾默生、贝克休斯、艾珍公司、罗尔斯·罗伊斯等公司签署项目合同及合作协议，涉及智能与高端装备、新兴技术等领域，进一步夯实中广核与签约公司在产业、贸易、技术等领域的深度合作，为推动共建开放合作、开放创新、开放共享的世界经济做出新的贡献。

第二十四章 能源国际合作双边关系

中国政府通过高层互访等外交方式，与各个国家和地区的政治关系不断深化，各领域交往与合作不断加强，与世界主要能源生产、消费国家和地区，在能源领域的合作持续深入，合作关系日趋紧密，合作层次逐步深化。

一、南亚、东南亚地区

"一带一路"倡议设计的六大经济走廊中有两大走廊涉及南亚东南亚，一是中国—中南半岛经济走廊，二是孟中印缅经济走廊，有力地推动了中国与这些地区的能源合作。

在南亚，中国—南亚博览会连续举办了五届，推动了一些能源项目；中国高层多次同巴基斯坦、印度高层互访，促进了能源合作。例如，2013年5月，李克强总理在访问巴基斯坦期间，与巴基斯坦时任总理谢里夫提出了共建中巴经济走廊的倡议。为保障中巴经济走廊能源项目顺利建设，2014年11月，中巴签署了以能源和基建项目为主体的《中巴经济走廊能源项目合作的协议》，制定了中巴经济走廊能源项目的融资、保险、备案等系列政策和快速绿色通道，协议总金额高达280亿美元，涵盖油气管道工程、能源设备采购、煤电一体化和能源项目融资。2015年，两国升级为全天候战略合作伙伴关系，并提出以中巴经济走廊为引领，以瓜达尔港、能源、交通基础设施和产业合作为重点，形成"1+4"经济合作布局。截至2017年5月，中巴经济走廊确定的16项能源领域优先实施项目已启动建设8项。

2019年8月，孟加拉国的西北电力有限公司和中国的中国机械进出口有限公司将成立孟加拉—中国电力有限公司，开发可再生能源项目，并在南部的帕拉港附近开发风电项目。中国将为孟加拉国提供500兆瓦可再生能源装机容量，其中450兆瓦为太阳能发电。这些项目将由孟加拉—中国电力有限公司进行开发，总投资为5亿美元。

2020年，中国企业对孟加拉国全行业直接投资3.2亿美元。2020年12月，政府采购内阁委员会批准建立55兆瓦风力发电厂的项目。此发电厂位于孟加拉国西南部，是中国在南亚国家支持的一系列能源基础设施项目中的最新项目，一旦投产，将每天发电55兆瓦。

此外，中国和印度签署《关于构建更加紧密的发展伙伴关系的联合声明》，双方进一步深化在清洁能源技术、节能、可再生能源以及民用核能等领域的务实合作。中国和印度尼西亚以中国—印度尼西亚能源论坛为平台开展形式多样的能源合作，两国签署《中印尼全面战略伙伴关系未来规划》，加强海陆油气资源开发、炼化、储存以及煤炭领域合作，推动中印尼能源合作向更多层次、更宽领域发展。中缅签署原油管道运输协议，使中国开辟印度洋能源通道、实现油气通道多元化的构想成为现实。

在东南亚，中国积极参与"东盟10+1""东盟10+3"合作机制，2010年，建立了中国—东盟自由贸易区，2015年，通过了中国—东盟自由贸易协议升级版，中国与东盟地区的能源贸易和投资得到了快速发展。中国积极参与亚洲开发银行主导的大湄公河次区域合作，参与了1992年以来的所有部长级会议和领导人会议，在交通、能源、信息通信、环境、农业、人力资源开发、旅游、经济走廊等方面取得了丰硕成果。中国积极利用同饮一江水的天然条件，促进澜沧江—湄公河合作。2012年，泰国提出澜沧江—湄公河次区域可持续发展倡议，中方给予积极回应。2014年11月，在第17次中国—东盟领导人会议上，李克强总理提出建立澜沧江—湄公河对话合作（以下简称"澜湄合作"）机制，受到湄公河五国热烈响应。2015年11月，澜湄合作首次外长会在云南景洪举行，会议通过了澜湄合作概念文件，发表了联合新闻公报，一致同意正式启动澜湄合作进程，宣布建立澜湄合作机制。2016年3月，澜湄合作首次领导人会议在海南三亚成功举行，标志着澜湄合作机制正式启动。会议发表了《三亚宣言》和《澜湄国家产能合作联合声明》，通过45个早期收获项目联合清单，确立了"3+5合作框架"，即以加强政治安全、经济和可持续发展、社会人文为三大支柱，以互联互通、产能、跨境经济、水资源、农业和减贫为五个优先合作领域，促进流域国家全方位、全天候开展合作。2017年12月15日，澜湄合作第三次外长会在云南大理举行。

2018年1月，第二次领导人会议发表了《澜沧江—湄公河合作五年行动计划（2018—2022）》和《澜沧江—湄公河合作第二次领导人会议金边宣言》，将"3+5合作框架"升级为"3+5+X合作框架"，进一步拓展了合作领域。澜湄合作机制推动了澜湄水资源合作中心、老挝南欧江流域梯级水电站等能源项目的建设。澜湄合作将成为共建"一带一路"进程中次区域合作的典范，澜湄合作将成为推动建设新型国际关系的生动实践，澜湄合作将成为构建人类命运共同体的先行版。

2019年11月21日，澜湄合作博览会暨澜湄合作滇池论坛（以下简称"澜博论坛"）在昆明开幕，吸引了来自澜湄六国（中国、缅甸、老挝、泰国、柬埔寨、越南）及南亚、非洲等地企业参展。2020年，双方又将迎来中国—东盟数字经济合作年。澜湄合作机制的蓬勃发展，为中国—东盟合作注入新的活力。2019年以来，澜湄合作在诸多领域均取得了新的进展和成果。澜湄国家政治互信明显提升，经济合作保持良好发展态势，人文交流扎实推进。同时，在新冠肺炎疫情冲击和大国博弈加剧的背景下，澜湄合作所面临的地区和国际形势也更为复杂严峻。当前形势下，需进一步夯实澜湄合作的基础，共同应对内外部挑战，提高域内合作开放水平，将公共卫生健康纳入区域"3+5+X"合作框架内，有序推进复工复产和拓展新业态合作，构建更为完善的区域产业链和价值链，促进澜湄合作不断迈上新台阶。

2020年8月24日，国务院总理李克强在人民大会堂出席澜湄合作第三次领导人视频会议。李克强总理同各国领导人一道，回顾合作进展，规划未来发展，打造了水资源合作、对接"国际陆海贸易新通道"两大亮点，深化了可持续发展、公共卫生、民生等领域合作，为本地区疫后复苏和发展繁荣提供了新动力，向国际社会发出了澜湄六国团结合作、共谋发展的积极信号。会议发表了《澜沧江—湄公河合作第三次领导人会议万象宣言》和《澜沧江—湄公河合作第三次领导人会议关于澜湄合作与"国际陆海贸易新通道"对接合作的共同主席声明》。2020年9月和10月，中国水利部分别与湄公河五国和湄公河委员会签署相关备忘录与协议，并从11月1日起开始提供澜沧江允景洪和曼安水文站的全年水文信息，助力下游国家水情预报和减灾行动。湄公河国家高度赞赏中方举措，同意进一步密切上下游合作，携手应对流域洪旱灾害和极端气候挑战。2020年11月30日，中国水利部部长鄂竟平、外交部副部长罗照辉和湄公河五国驻华使节在北京共同开通澜湄水资源合作信息共享平台网站。中国率先开通平台网站，全面系统展示澜湄水资源务实合作成果，客观准确分享跨界河流知识，既是落实六国领导人共识的重要举措，也彰显中方推进澜湄合作、提升水伙伴关系的坚定决心。近年来，澜湄六国大力推进生态环境领域合作，建立澜湄环境合作中心，制订了《澜湄环境合作战略》，深化区域绿色与可持续发展。柬埔寨低碳示范区是第一个落地的中方合作建设低碳示范区，也是"绿色澜湄计划"旗舰项目之一。2020年12月21日，示范区建设项目首批物资交付仪式在柬埔寨举行，中方向柬方提供了太阳能路灯、光伏发电系统和电动摩托车等设备。根据中柬双方环境部门签订的谅解备忘录，中方还将为柬提供能力建设培训，与柬共同编制低碳示范区建设方案，帮助柬提高应对气候变化能力，保护澜湄流域的绿水青山。

二、俄罗斯

2013年3月，习近平主席访俄期间，中俄签署《关于合作共赢、深化全面战略协作伙伴关系的联合声明》，两国关系进入了以合作共赢为核心的新型国际关系时代，能源战略合作不断深化拓展。随后几年间，两国元首和高层互访会晤频繁，在历次会晤中都对能源合作高度重视，就该议题深入交换意见，持续推进两国能源合作向更深层次发展。中俄总理定期会晤机制和能源合作委员会等合作机制高效运行，全面落实两国领导人达成的能源合作共识，协调解决合作过程中遇到的各种问题，签署了多个领域政府间和企业间合作协议及备忘录，双方能源合作趋于一体化。

2014年，中俄签署价值3800亿美元的东线天然气购销合同，成为两国能源战略合作里程碑式的成果。2015年5月，中俄发表《关于丝绸之路经济带建设和欧亚经济联盟建设对接合作的联合声明》。2016年6月，中蒙俄三国签署《建设中蒙俄经济走廊规划纲要》，指出要加强三方在能源矿产资源、高技术、制造业和农林牧等领域合作，给中蒙俄能源合作带来了新机遇。

2017年，中俄两国元首在"一带一路"国际合作高峰论坛、国事访问、德国汉堡G20峰会、厦门金砖峰会和越南岘港亚太经合组织第二十五次领导人非正式会议等5个场合会晤，再次强调"一带一路"倡议与欧亚经济联盟建设对接的重要性和必要性，签署《中俄关于进一步深化全面战略协作伙伴关系的联合声明》，批准《中俄睦邻友好合作条约》新的实施纲要，对中俄关系发展作出了全面规划，为中俄能源领域的务实深入合作打下坚实政治基础；成功举办中俄能源合作委员会第十四次会议，双方就天然气、石油、电力、煤炭、核能、新能源、标准互认等领域合作深入交换意见，一致认为要切实落实两国元首达成的能源领域合作共识，充分发挥好中俄能源合作委员会机制作用，实施好能源领域战略性大项目，加强标准对接、能源技术装备、工程建设等非传统领域合作，不断提高两国能源合作水平。2017年9月19日，中俄煤炭工作组第五次会议在北京召开。这些高层互动推进了中俄能源各种合作，2017年取得了七大项目进展与突破：一是北极地区最大天然气项目亚马尔项目第一条生产线投产，二是中俄原油管道二线工程实现整体贯通，三是中国华信能源收购俄罗斯石油公司14.16%股份，四是中俄东线天然气管道工程境内段建设提速，五是中俄合作阿穆尔天然气加工厂开工建设，六是中俄合资华电捷宁斯卡娅燃气蒸汽联合循环供热电站项目投产，七是北京燃气收购俄罗斯石油公司上乔纳斯科油气田开发公司20%股权。

三、中亚地区

中亚通常指里海以东、西西伯利亚以南、阿富汗以北及我国新疆以西的亚洲中部地区，包括哈萨克斯坦、乌兹别克斯坦、土库曼斯坦、吉尔吉斯斯坦和塔吉克斯坦等国家。在坚持"互惠"与"共赢"的原则上，中国与中亚国家在上合组织框架下，从政治、经济、安全等领域开展了深层次合作。能源领域日益成为中国与中亚国家的重要合作内容，在上合组织框架下开展能源合作，是众多上合组织成员国所表达出的意愿。哈萨克斯坦石油出口中国最多，2013年达到1198万吨的峰值，但2014年仅为568万吨，2015年499万吨，2016年323万吨，2017年250万吨。2015年8月，中国与哈萨克斯坦签署《关于全面战略伙伴关系新阶段的联合宣言》，表示将加强区域间互联互通，支持产能和投资领域的大型合作项目。2017年6月，双方发表联合声明强调，"一带一路"建设和"光明之路"新经济政策对接合作规划具有重大意义，将拓展和深化核能领域合作，推动和平利用核能领域的合作项目，拓展和深化能源合作，开展油气田勘探开发、原油加工等领域合作。2017年，中石化以2400亿美元收购了哈萨克斯坦卡沙甘油田，也是中国单笔历史上最大的海外收购。卡沙甘油田石油储存量达到350亿桶，列为"世界第二大油田"。自2006年5月中哈原油管道全线通油以来，管道已安全平稳运行4800多天。截至2019年12月31日，中哈原油管道当年向国内输送原油1088.27万吨，累计输送原油超1.3亿吨。2020年1月，中国—中亚天然气管道D线工程1号隧道顺利贯通。2016~2020年，累计向哈当地市场输送原油2631万吨、天然气37.51亿立方米，分别占当地油气表观消费量的35.1%和5.15%，为哈"西油东送"与"西气南输"做出巨大贡献。

2014年5月，中国和土库曼斯坦签署《关于发展和深化战略伙伴关系的联合宣言》和2014~2018年《中土战略伙伴关系发展规划》，表示将继续发展长期稳定的能源战略合作。

2013年9月，中国和乌兹别克斯坦签署《新丝绸之路石油天然气有限责任公司创建协议》《新丝绸之路石油天然气有限责任公司章程》以及《关于建设和运营中乌天然气管道的原则协议第二补充议定书》等一系列推进能源合作的协议文件，进一步深化和扩大政府及企业在能源领域的合作。

2020年7月，乌兹别克斯坦与中国国家能源局就中国公司参与天然气加工项目进行了会谈。会谈中指出，本着全面战略伙伴关系的精神，乌中双边关系正在积极发展。乌兹别克斯坦驻华使馆通报说，乌方感谢中方对两国公司经营活动的长期支持和协助，这些经营活动对两国经贸合作的发展起着重要作用，双方确认准备加强和扩大能源领域的合作关系。特别是，国家能源局准备考虑吸引中国公司参与为实现天然气深加工和生产新型高流动性产品而将在乌兹别克斯坦实施新的互利项目的具体建议。

2014年3月，中国和塔吉克斯坦达成《中塔天然气管道有限公司创建协议》，共同打造中亚能源战略通道。2015年12月，中国和吉尔吉斯斯坦签署《中吉天然气管道公司的投资协议》。作为"一带一路"标志性项目之一的吉尔吉斯斯坦"达特卡—克明"输变电线项目于2015年8月28日竣工，这一项目是在吉尔吉斯斯坦南北之间架设一条总长410公里的500千伏输变电线。中吉比什凯克热电站改造项目于2014年4月正式开工建设，由中国特变电工公司具体实施，2017年8月30日竣工投产。改造后的热电厂发电量从原来的2.62亿度/年提高到17.4亿度/年，供热量也增加了近1倍，对改善首都地区能源供应，保障城市居民供暖、供电具有重要意义。

2020年6月，吉尔吉斯斯坦制定了对比什凯克市2号热电站进行联产改造和扩建的方案，通过中吉能源合作，阿拉—阿尔恰220/110/10千瓦变电站使用的容量为250兆伏安的自耦变压器替换成容量为200兆伏安的自耦变压器。

截至2020年1月，中石油坚持自主勘探、效益开发，在33个国家运作着90个油气合作项目，在哈萨克斯坦阿克纠宾、土库曼斯坦阿姆河等地建成多个千万吨级油气田，形成了以油气勘探开发为核心，集管道运营、炼油化工、油品销售于一体的完整产业链，构建起多元化的油气供给格局。已建成的中哈原油管道、中亚天然气管道累计输送原油近1.6亿吨，输送天然气超3300亿立方米。

四、中东地区

2014年6月，时任科威特首相贾比尔访华期间，中方表示将与科威特拓展能源合作，将油气上下游、市场和资源、传统能源和新能源紧密结合，并希望科威特向中国石油企业开放油气上游勘探开发市场。科方表示将积极参与"一带一路"建设和亚洲基础设施投资银行筹建工作。中石化与科威特石油公司签署合作谅解备忘录，将继续深化在原油贸易及储备、炼化项目、石油与炼化工程服务等领域的合作。2014年11月，中国与卡塔尔建立战略伙伴关系，确立了能源与替代能源领域长期全面的战略合作关系，双方强调将加强在包括液化天然气、石化领域在内的油气生产和加工领域的合作，鼓励两国政府主管部门、相关企业签署并落实能源供给及相关项目投资领域的合作协议。

2015年12月，中国与伊拉克宣布将两国关系升级为战略伙伴关系，并承诺建立能源领域特别是油气领域长期全面的战略合作关系，扩大对能源领域投资，深化在原油贸易、油气资源勘探开发、油田工程技术服务、储运设施建设等领域合作。中方表示愿在"一带一路"框架内，帮助伊拉克加强能源、电力、通信、基础设施建设等领域的重建。2016年，中国同时与沙特阿拉伯、伊朗建立全面战略伙伴关系，落实与埃及的全面战略伙伴关系，并与沙特阿拉伯建立高级别委员会，结合中国政府制订的首份《中国对阿拉伯国家政策文件》，中国与中东国家的合作关系全面提升。在沙特阿拉伯《利雅得报》发表的署名文章中，习近平主席首次提出要打造长期稳定的中沙能源合作共同体，在联合声明中，双方同意构建中沙能源战略合作关系；在伊朗，习近平主席提出要把能源合作作为"压舱石"。2016年5月，中国—阿拉伯国家第七届部长级会议期间，双方签署了《多哈宣言》和《中国—阿拉伯国家合作论坛2016至2018年行动执行计划》等重要文件。公报指出，中国与阿拉伯国家联盟将通过进一步加强双方经济往来，组织电力企业、研究机构等开展交流互访和研讨，加强在电网规划咨询、电力项目投资和建设等方面的合作，进一步加强在太阳能光伏、光热、核能领域的合作。

2020年1月13日，中方新疆金风科技股份有限公司（以下简称"金风科技"）与卡塔尔在卡塔尔首都多哈签署了合作框架协议，正式开启了双方在国际新能源领域为期3年的合作探索。基于该协议，中方与卡塔尔共同成立指导委员会，促进推动双方在可再生能源发电、风电场运维、能源提效和储能技术开发等领域合作。未来双方将共同评估开发新的可再生能源项目，为风电场提供技术咨询、运维服务，为大规模可再生能源项目提供人才培养和智力支持，共同参与可再生能源项目的股权投资与并购，以及创新项目的股权投资等。2020年1月14日首个中乌平行实验室、1月15日中乌国际（黄埔）创新研究院签约后，2020年1月17日，广州开发区作为发起方的沙特吉赞经济城投资服务公司—沙特丝路产业服务公司与买化塑电商平台、深工新能源、天津德华石油装备等10家中资企业签署合作备忘录，项目意向总投资45亿美元；1月19日，科学城（广州）投资集团有限公司与广州泛亚聚酯有限公司签订战略合作框架协议，双方将合资成立泛亚科学集团（沙特）有限公司，推动中沙产能合作首个项目——泛亚沙特石油化工化纤一体化项目首期于2020年10月底正式投产。2020年11月18日，"一带一路"中沙产能合作首个国内国际双循环示范性项目——深工沙特塑胶新材及电子光学产业制造基地项目启动。中沙签订合作备忘录，未来将在沙特打造一个"中国制造塑胶新材电子光学产业园"，助力中国企业"走出去"。

五、非洲地区

2012年，在北京召开的中非合作论坛第五届部长级会议通过了《中非合作论坛——北京行动计划（2013年至2015年）》，提出要鼓励和支持双方企业共同开发和合理利用双方的能源资源，在中非合作论坛框架内建立中非能源论坛；提高非洲国家能源资源产品深加工能力，增加产品附加值，帮助非洲国家将能源资源优势转化为发展优势，保护当地生态环境，促进当地经济社会的可持续发展；根据互利互惠和可持续发展原则，积极推进清洁能源和可再生资源项目合作；在地下水开发、灌溉、水资源综合规划与管理、防灾减灾、小流域治理以及小水电等方面开展合作，加强双方在上述领域的专家、技术和研究成果的交流；中方将向非洲水资源和能源发展提供资金及技术支持，并推动中方企业参与相关活动。

2015年12月3日至5日，中非合作论坛约翰内斯堡峰会暨第六届部长级会议在南非约翰内斯堡召开，通过了《中非合作论坛——约翰内斯堡行动计划（2016—2018 年）》，提出要鼓励和支持中国企业通过多种方式参与非洲电力项目的投资、建设和运营，包括扩大双方在水电、火电、太阳能、核电、风电、生物能发电、输变电、电网建设和维护等领域的合作；注意到中非在能源、自然资源领域具有很强的互补性和合作潜力，鼓励双方开展资源开发合作，支持双方共同开发和合理利用能源和自然资源，包括惠及资源当地；决心在合作中提高非洲国家能源和自然资源产品深加工能力，增加当地就业和初级产品附加值，保护当地生态环境；鼓励能源资源合作，支持中非企业和金融机构开展互利合作，尤其鼓励企业通过技术转移和能力建设帮助非洲从中受益，帮助非洲国家将能源和自然资源潜能转化为实实在在的经济社会发展；同意建立一个培训项目，通过研发交流提高非洲能源从业者的能力；鼓励在中非合作论坛框架内，建立中非能源和自然资源论坛。2020 年 10 月，中非合作论坛 20 周年，中非能源合作开启新篇章。中非能源合作经历了"从北到西再到东"的过程，基本覆盖了非洲全境。中国石油企业陆续进入肯尼亚、埃塞俄比亚、乌干达等东非油气市场，其中，保利协鑫等民营企业在埃塞俄比亚的天然气勘探开发取得显著进展。从公开的数据来看，中国石油企业过去 20 多年在非洲的累计权益投资达 800 亿美元以上，分别形成了北非、西非（含中非）和东非石油项目集群，建成了年产 1.1 亿吨左右的原油生产能力。2017 年，中国石油企业在非洲地区作业产量当量在 8000 万吨左右，权益产量已超过 4000 万吨，取得了接近行业平均水平的投资回报。非洲地区已经成为中国企业"走出去"并培育形成的海外最大合作区之一，能源堪称中非经贸合作的"压舱石"。

2014 年 5 月，中国与阿尔及利亚签署《关于建立全面战略伙伴关系的联合宣言》。2015 年 4 月，时任阿尔及利亚总理塞拉勒访华期间，阿方表示愿积极参与中非合作论坛和"一带一路"框架下同中国的合作。

2014 年 5 月，中国与尼日利亚发表联合声明，强调将致力于在继续深化能源等领域合作基础上，不断开拓新的合作空间，共同致力于提升中尼战略合作水平。

2015 年 9 月，中国与苏丹发表建立战略伙伴关系的联合声明，提升中苏关系为战略伙伴关系，并决定不断深化两国在石油领域合作，支持两国企业在石油增长、油气资源勘探开发、炼油化工等领域进一步开展合作。2019 年 12 月，中矿资源集团股份有限公司与南苏丹就南苏丹全国地质矿产调查项目进行了深入讨论和洽商，将徐徐拉开在该国资源调查工作序幕，双方表示会就石油等资源展开密切合作，尽快形成正式方案，推动项目实施，加快南苏丹单一石油经济向多元经济的转变。

2019 年 5 月，中国与埃塞俄比亚双方就共同推动"一带一路"建设、加强中埃能源电力领域合作等方面展开深入交流讨论，并见证中埃签署埃塞俄比亚 PPP 输配电项目执行协议。中埃合作是我国"一带一路"倡议和中非合作的一个里程碑。中埃双方在水电风电合作上下的发展势头良好。在生物质发电合作方面，2017 年，由中国电力工程有限公司承建的非洲首座垃圾发电厂——莱比垃圾发电厂投入运营。2018 年 8 月，由中国电力工程有限公司承建的雷皮垃圾发电厂正式完工。

六、欧洲地区

2012年5月，中欧高层能源会议在布鲁塞尔举行，宣布建立中欧能源消费国战略伙伴关系。2013年11月，第六届中欧能源对话会在华举行，双方签署《中欧能源安全联合声明》。2016年7月，双方签署《中国—欧盟能源合作路线图（2016~2020）》。2017年，双方签署了《中欧能源合作路线图2017—2018年度工作计划》。目前，中国与欧盟已经在可再生能源、能源效率、清洁煤和需求侧管理等可再生能源领域展开广泛的合作。

2015年10月，习近平主席访英期间，中英两国发表《关于构建面向21世纪全球全面战略伙伴关系的联合宣言》，并且签署、达成能源相关协议至少11项，包括中广核与法国电力集团签署《英国核电项目投资协议》，中广核将持有欣克利角核电厂1/3股份；华电集团和英国石油公司签署《天然气长期贸易协议》；中石油与英国石油公司签署《战略合作框架协议》等。一系列能源大单的签订，将中英能源合作关系推向新的高度。

2017年12月，《中英清洁能源合作伙伴关系实施行动计划》在北京签署，第五次中英能源对话在北京共同举办，中英双方秉承互惠互利、合作共赢的原则，在民用核能、石油天然气、可再生能源等诸多领域开展了一系列务实合作，《中英清洁能源合作伙伴关系实施行动计划》的签署，标志着中英能源关系又迈上一个新的台阶。该行动计划确定了双方未来合作的重点领域，包括清洁能源技术、民用核能、电力市场改革及在"一带一路"框架下开展第三国合作等。2017~2019年，英国在可再生能源领域对中国的出口平均每年达到3000万英镑。2019年，中英举行能源对话期间，两国强调了共同应对能源转型等全球挑战的重要性。

2019年4月9日，中国与欧洲理事会联合发表了《第二十一次中国—欧盟领导人会晤联合声明》，明确提出支持新建立的中欧能源合作平台的启动实施，举行了中国可再生能源发展与电力市场改革、天然气和LNG市场发展、节能和清洁能源市场化融资、能源技术创新4场圆桌论坛。2019年5月15日，中国—欧盟能源合作平台（ECECP）在北京启动，总体目标是加强中国与欧盟在能源领域的交流合作，增进双方的理解互信，推动中欧能源向清洁方向转型，打造中欧能源互利共赢的新模式。

2020年，中欧签署《欧亚互联互通战略》，明确将中国作为重要合作伙伴，共建"一带一路"的共识和举措不断增加。除交通基础设施建设外，能源基础设施互联互通，共同推进绿色发展，也成为了各方热议的焦点。尤其是在中国进一步开放能源进口市场和油气项目上游勘探开发市场后，越来越多的欧洲企业将到中国寻找契机。

七、美国

2013年中美第五轮中美战略与经济对话中，双方已就能源资源问题的沟通对话定下了基调。几年来，能源合作在中美两国政府最高层之间、中美两国政府职能部门之间，以及能源与环境研究机构之间建立起了一个卓有成效的合作机制。

2017年11月,时任美国总统特朗普访华期间,中美签署超过2500亿美元的商贸合同和双向投资协议,签约合作项目34个,能源项目占比65%,覆盖天然气、电力、核电等领域。其中,包括中国国家能源投资集团和美国西弗吉尼亚州签署837亿美元的投资框架协议、东华能源与特朗普访华团UOP签署合作协议、通用电气与中国合作伙伴签署总价为35亿美元的商业协议等,还有中国丝路基金与美国通用电气能源金融服务公司签署"成立能源基础设施联合投资平台合作协议",共同投资"一带一路"沿线的油气、电力、新能源等领域基础设施项目。

2020年1月16日,中美第一阶段经贸协议正式签署。该协议提出,中方将扩大能源产品的进口规模,实现能源行业,特别是在天然气和清洁能源方面,实现进口和出口需求国之间的互补互惠"双赢"关系。协议还设定了能源产品的类别,具体包括液化天然气、原油、精制产品和煤,煤包括冶金煤。两年内进口能源产品约524亿美元。2020年12月,在中国国际能源大会暨国际能源合作创新论坛上,中美双方指出,能源是中美合作的助推器和亮点。美方也认为,深化美中能源领域务实合作将极大地促使两国建立更为紧密的经贸关系,给两国企业带来更多稳定合作机遇。

八、拉美地区

2017年5月,习近平主席同时任阿根廷总统马克里举行会谈,双方一致同意,推动中阿全面战略伙伴关系更大发展,在能源、投资、农业和金融等领域签署双边合作文件,且阿根廷支持并积极参与"一带一路"建设。这为两国寻求能源合作创造了良好的环境。

2020年12月,随着我国市场逐渐恢复,我国向委内瑞拉下达大批石油订单,确认将进口委内瑞拉的石油。两国友好开展能源合作与交流,实现互利双赢。

第二十五章 能源国际合作多边治理

一、完善区域能源合作机制

我国充分利用区域能源合作机制，以上合组织能源合作机制、东盟"10+1"能源部长会议和东亚峰会能源部长会议机制、中阿能源合作机制等为支撑，使能源合作真正成为保障地区能源安全、促进经济发展的坚实基础。

（一）上合组织能源合作机制

作为集石油生产国、消费国、过境国为一体的区域内合作组织，由中国倡导建立的上海合作组织（以下简称"上合组织"）具有天然的能源合作优势和能源发展空间。全球一体化深入发展的同时，区域经济合作的重要性也逐渐上升，各成员国已深刻意识到，油气开发合作和油气管道建设合作对加强上合组织的凝聚力和影响力至关重要，有必要建立有效的协调机制，加快推进多边框架下的能源合作进程。为强化区域能源对话与协作，夯实和建立能源合作有关机制，近年来主要有以下进展：

2013年，李克强总理在上合组织第十二次首脑会议上指出，各方应共同制定上合组织环保和可持续能源合作战略，建设信息共享平台。

2014年，中国—上海合作组织环境保护合作中心正式启动，展示了中国积极拓展多边多轨能源外交的努力。

2015年，习近平主席在乌法峰会上提出开放和共享，加强能源政策沟通，推进跨国油气管道安保合作的倡议。乌法峰会批准的上合组织至2025年发展战略提出，上合组织与"丝绸之路经济带"建设、欧亚经济联盟建设互动与融合，继续深化能源领域合作。

2017年，上合组织阿斯塔纳峰会接收印度和巴基斯坦为成员国，提出在油气资源、清洁能源和替代能源等领域进行全方位深化合作，这为上合成员国间拓展能源合作注入新的活力，正在积极筹建的上合组织开发银行和发展基金将为能源基础设施建设提供强大推动力。

2018年，在上合组织青岛峰会期间，中国和巴基斯坦领导人举行了会晤，习近平主席在会晤中指出，愿同巴方加强各领域友好往来，稳步推进中巴经济走廊建设以及"一带一路"框架下能源和交通基础设施等领域的合作。

2019年，上合组织成员国第十八次总理会议批准了新版《上合组织成员国多边经贸合作纲要》，作为2020~2035年上合组织区域经济合作的纲领性文件，各方继续加强和推动在能源等领域的合作。

2020年，上合组织成员国领导人在元首理事会会议发表宣言，成员国一致同意，继续加强贸易、产能、交通、能源、金融、投资、农业、海关、电信、信息技术、创新及其他共同感兴趣领域的合作，实现开放、包容、创新、绿色、可持续发展。成员国强调，加强能源和工业领域合作十分重要，并注意到塔吉克斯坦关于建立上合组织成员国能源部长会议机制和工业部长会议机制的倡议。

此外，2020年举办的上海合作组织成员国政府首脑（总理）理事会第十九次会议上，各代表团团长强调加强全球能源安全和保障获得稳定、可持续和现代化能源的重要性，支持在能源领域进一步开展合作，采取措施，提高传统能源、替代能源和可再生能源等各类能源的能效和环保程度，通过运用先进技术，向绿色高能效经济过渡，发展本地区能源基础设施。

（二）东盟"10+1"能源部长会议和东亚峰会能源部长会议机制

东盟是中国最早建立区域性合作机制的地区之一。随着"一带一路"倡议的推进和《东盟能源合作行动计划（2016—2025年）》的出台，中国和东盟以"10+1"能源部长会议机制和东亚峰会能源部长会议机制为依托，能源基础设施、清洁能源开发和能源技术合作等领域呈现提速之势。中国与东盟构建了清洁能源能力建设中心、产能合作高层论坛、技术转移中心等多层次、多领域的合作平台，共建风电、太阳能项目，实施煤炭清洁技术、生物质能和水电开发等能源技术的转让。

2014年，中国还在东亚峰会能源部长会议框架下，与东盟共同打造"东亚峰会清洁能源论坛"，提出打造绿色能源网络，以清洁能源开发为依托、能源互联为支撑，构建共赢、开放的周边区域能源生产与消费网络。

2015年，第二届东亚峰会清洁能源论坛提出了"探索建立绿色能源网络"的倡议，以促进本地区能源基础设施互联互通，推进清洁能源开发。

2017年，第三届东亚峰会清洁能源论坛以"深化务实合作，推动互利共赢，共建绿色、互联、普惠、多元的区域能源体系"为主题，在主论坛及区域金融与绿色能源、能源可及性、新能源和规划合作专题等分论坛上深入沟通交流，积极分享清洁能源发展的成果和经验，探讨清洁能源发展的未来。

2019年，在第四届东亚峰会清洁能源论坛上，联合国亚太经社会有关人士表示，东亚地区作为世界能源生产和消费的重要地区，在能源方面的行动会影响全球能源的发展路径。为了兑现促进可持续发展和应对全球气候变化的承诺，共建绿色发展的未来，"东盟10+3"国家尤其是中国，为可再生能源技术创新做出了卓越贡献。

（三）中阿能源合作机制

能源合作大会是中阿双方在新时期拓展互利合作、实现优势互补的一个多边合作平台，为加强中阿能源合作、促进双方可持续发展事业发挥了积极作用。

2012年9月，第三届中阿能源合作大会期间，双方通过《联合声明》，一致同意继续发挥中阿能源合作大会机制的作用，积极落实中国国家能源局和阿拉伯国家联盟（以下简称"阿盟"）关于中阿能源合作机制的谅解备忘录，在互利基础上，继续加强能源领域，特别是石油、天然气、电力、可再生能源领域的合作。

此后，在2014年11月的第四届中阿能源合作大会和2016年10月的第五届中阿能源合作大会上，双方进一步在能源领域交流经验，寻求合作机会，在石油、天然气、电力及其他能源工业及服务领域达成互利共赢的合作意向，落实中阿"产能对接行动"，加速我国优势产能与中东能源优势的结合。

2018年7月10日，国家能源局与阿盟秘书处在中国—阿拉伯国家合作论坛第八届部长级会议上签署了《关于成立中阿清洁能源培训中心的协议》。根据协议，国家能源局与阿盟秘书处拟在北京共同建立中阿清洁能源培训中心，双方将通过该中心组织光伏、光热、风电、智能电网等方面的培训工作。同年11月，时任阿盟助理秘书长卡迈勒·哈桑·阿里于第六届中阿能源合作大会上表示，在"一带一路"框架下，双方可在电力互联互通、提高能源效率和可再生能源领域开展交流与合作。"一带一路"倡议为双边各领域合作创造了大量机会，尤其是能源领域，中国在风电和光伏领域的先进技术和丰富经验，以及阿拉伯国家丰富的自然资源，使得双方在能源尤其是可再生能源领域合作前景十分广阔，可在这一领域继续开展深度合作，带来更多经济发展机会。

二、与主要国际能源组织建立紧密联系

中国通过担任成员国、联盟国、观察员国等，与西方国家主导的主要国际能源组织，如国际能源署、石油输出国组织、国际能源宪章组织、国际可再生能源署、国际能源论坛和国际原子能机构等，开展多种形式的合作，建立紧密联系，并在其中获得一定的话语权。

2014年1月2日，中国正式加入国际可再生能源署，成为其成员国，并以此为契机，开始推动有中国影响力的全球能源转型平台的构建。2015年和2016年，中国与国际可再生能源署连续举办两届"国际能源变革论坛"，倡议在国际可再生能源署框架下建立国际能源变革联盟和国际可再生能源署—中国能源变革研究和交流合作中心，并达成《苏州共识》，提出能源变革需要从愿景转化为实际行动，从部分地区和国家率先行动转化为全球一致行动。

2015年5月20~21日，荷兰海牙举办能源宪章部长级会议，中国签署新的《国际能源宪章宣言》，标志着中国由受邀观察员国变为签约观察员国，在国际能源治理的道路上迈出了新的一步。这是中国显示积极参与国际能源合作、努力提升话语权和国际规则制定能力的一个重大事件。

2015年11月18日，在国际能源署举行的部长级会议上，国际能源署成员国和中国、印度尼西亚、泰国在巴黎共同发表联合部长宣言，启动国际能源署联盟，中国、印度尼西亚、泰国成为首批国际能源署联盟国。会上，中国首次以联盟国的身份，就与能源相关的重点议题，

以及未来世界能源系统转变以应对气候变化的威胁进行讨论，成为全球能源治理体系建构的积极参与者和贡献者。2017年2月16日，国家能源局与国际能源署在北京签署《中国国家能源局—国际能源署三年合作方案》。

近几年，国际能源署非常重视与中国建立机制性的合作，中国的科研机构已加入国际能源署的19个能源技术合作实施协议。国际能源署与中国开展了在能源数据、能源市场分析等领域的能源合作。2015年，科技部成为国际能源署化石能源工作组的常规观察员，并与国际能源署签署了加强能源技术研发合作的谅解备忘录。国际能源署希望通过合作在空气污染、能源效率、能源安全、清洁电力、国际地位等诸多方面为中国带来帮助。

与世界主要国际能源组织的深入合作，意味着中国在深度参与国际能源治理道路上迈出坚实步伐，在国际能源治理方面享有更多主动权和掌握更多话语权。截至2017年11月，中国已与包括国际能源署、国际能源论坛、石油输出国组织、国际能源宪章组织、国际可再生能源署、国际原子能机构等在内的约26个国际能源合作组织和国际会议机制开展了各种形式的能源合作。

此外，中国不断向国际能源组织派遣专员，熟悉机构日常运作，增强参与治理的软实力。例如，向国际原子能机构等国际机制派遣常驻工作人员，系统学习和了解国际能源发展趋势。值得一提的是，2016年6月，国际能源论坛在维也纳召开执委会特别会议，中国石油经济技术研究院原院长孙贤胜博士当选为国际能源论坛第四任秘书长，这是中国智库专家首次在重要国际能源组织中担任关键领导角色，是中国国际影响力提升、在国际能源事务中话语权增强的具体体现。2017年10月，在日本东京召开的国际燃气联盟理事会上，北京燃气集团董事长李雅兰成功当选国际燃气联盟（International Gas Union，IGU）2021~2024年任期主席，北京同时获得第29届世界燃气大会（WGC）举办权。这是中国人首次当选全球燃气行业最大、最权威国际组织领导人，也是IGU自1931年成立以来的首位女性主席，是中国首次获得世界燃气大会举办权。

中国2017年起着力推进"一带一路"能源合作。与"一带一路"国家广泛开展能源投资、贸易、产能、技术标准等领域合作，在2019年建立"一带一路"能源合作伙伴关系。响应联合国2030年可持续发展目标，积极参与能源可及性国际合作，支持"一带一路"国家解决无电人口用电等能源可及性项目建设。

此外，我国积极参与全球能源治理。积极参与二十国集团、亚太经合组织、金砖国家等多边机制下的能源国际合作。截至2020年，我国与90多个国家和地区建立了政府间能源合作机制，与30多个能源领域国际组织和多边机制建立了合作关系。2012年以来，我国先后成为国际可再生能源署成员国、国际能源宪章签约观察国、国际能源署联盟国等。积极倡导和推动区域能源合作，搭建中国与东盟、阿盟、非盟、中东欧等区域能源合作平台。

当前，全世界面临着共同维护全球能源安全、应对全球气候变化的重大挑战。我国将在全球能源治理体系中发挥建设性作用，深化全球能源治理合作，共同促进全球能源可持续发展，维护全球能源安全，共建清洁美丽世界。

三、通过重要国际平台开展能源治理合作

中国以二十国集团（G20）、亚太经合组织（APEC）、金砖国家等涵盖议题比能源更广泛的国际和区域性组织为平台，积极推动能源治理相关问题讨论的常态化，参与多种形式的能源治理合作，为赢得能源话语权打下了基础。

（一）二十国集团

2014年11月，在布里斯班举行的G20峰会上，习近平主席在主题演讲中提及全球能源治理，并强调，二十国集团必须从完善全球经济治理的战略高度，建设能源合作伙伴关系，培育自由开放、竞争有序、监管有效的全球能源大市场，共同维护能源价格和市场稳定，提高能效，制定和完善全球能源治理原则，形成消费国、生产国、过境国平等协商、共同发展的合作新格局。在此次峰会上，中国明确强调参与国际能源规则制定，并在起草实施G20能源合作原则过程中发挥了重要作用。

2016年6月29~30日，中国国家能源局在北京雁栖湖国际会议中心举办以"构建低碳、智能、共享的能源未来"为主题的G20能源部长会议。27个国家和有关国际组织官员围绕国际能源发展的机遇与挑战、能源技术与创新、能源可及性的需求和政策现状等多项议题进行了广泛的讨论，达成了多项共识。会议形成了四项成果，分别为《2016年G20能源部长会议北京公报》《加强亚太地区能源可及性：关键挑战与G20自愿合作行动计划》《G20可再生能源自愿行动计划》和《G20能效引领计划》。

2016年9月4~5日，G20第十一次峰会在杭州举办。习近平主席首次全面阐释中国的全球经济治理观，积极倡导构建金融、贸易投资、能源、发展四大治理格局，这标志着我国在加快融入国际经济体系的同时，跨入主动参与国际经济治理格局建设的新阶段。中国利用此次担任G20峰会主席国的机会，提出了全球能源治理的"中国方案"，共同构建绿色低碳的能源治理格局成为全球能源治理的重要思路。《G20杭州峰会公报》更是明确指出，建设能更好地反映世界能源版图变化、更有效、更包容的全球能源治理架构，塑造一个负担得起、可靠、低温室气体排放和可持续的能源未来。

参与G20并积极推动在G20框架下的多边能源合作，说明中国不仅仅满足于只成为一个重要的跟随者，而是直接参与国际游戏规则的制定，主动引导适合自己的能源治理规则，以保障自己以及合作伙伴的能源安全。

2019年6月27~29日，国家主席习近平在G20领导人第十四次峰会上表示，要落实应对气候变化的《巴黎协定》，完善能源治理、环境治理、数字治理。

2020年4月11日，G20能源部长会议发表声明表示，为应对新冠肺炎疫情，与会者承诺确保能源安全与能源供应稳定。新冠肺炎疫情加剧了全球石油和天然气市场的不稳定，并危及许多国家的能源安全。G20承诺将确保能源行业继续为抗击疫情以及后续的全球经济复苏提供

支持。另外，G20能源部长承诺制定合作政策和应对措施，保障能源体系在应对未来紧急情况时更具适应性和灵活性。

2020年11月22日，G20领导人利雅得峰会"守护地球"主题边会上，G20领导人呼吁发展循环碳经济。G20鼓励采用循环碳经济方式，全面、综合地管理排放，以减轻气候变化的影响，使能源系统更清洁、更可持续，增强能源市场的安全与稳定。中国国家主席习近平提出：第一，加大应对气候变化力度。在《联合国气候变化框架公约》指导下，推动应对气候变化的《巴黎协定》全面有效实施。第二，深入推进清洁能源转型。中方支持后疫情时代能源低碳转型，实现人人享有可持续能源目标。中国将推动能源清洁低碳安全高效利用，加快新能源、绿色环保等产业发展，促进经济社会发展全面绿色转型。第三，构筑尊重自然的生态系统。中方支持G20在减少土地退化、保护珊瑚礁、应对海洋塑料垃圾等领域深化合作，打造更牢固的全球生态安全屏障。

（二）亚太经合组织

2014年，第十一届APEC能源部长会议在华举办。中国强调通过清洁能源来实现地区能源可持续发展和维护能源安全的双重目标。在中国的主张和推动下，会议达成了一系列重要共识，并发表了《北京宣言》。中国倡导开放、包容、合作和可持续的亚太能源安全观，致力于共同构建亚太能源安全新体系，得到了APEC成员国积极响应。

在中国的倡议和争取下，APEC可持续能源中心在北京成立，中心着力促进各经济体在可持续发展领域的政策交流、信息共享、能力建设、联合研发、技术合作。这一举措不仅有利于我国发挥更大的影响力，而且推动和加强了APEC成员国在能源领域的战略合作。

（三）金砖国家

近年来金砖国家的能源合作进程显示，在包括中国在内的全球五个最大的新兴经济体之间，能源合作既是桥梁和基础，也代表着潜力和未来。2015年，以支持基础设施建设和促进可持续发展为宗旨的金砖国家新开发银行成立，并于2016年公布了规模为8.11亿美元的首批贷款项目，分别支持巴西、中国、印度和南非的四个可再生能源项目，为金砖国家间的能源合作提供了有力的绿色融资渠道。

同时，金砖国家均十分重视可再生能源开发与全球气候环境治理问题，环境责任成为金砖各国开展能源治理的压力与动力。2015年4月，为应对严峻的气候问题，金砖国家在莫斯科举行首席金砖国家环境部长正式会议，以发展绿色经济为主题，促进金砖国家之间相互了解，增进金砖国家在环境和气候变化领域的合作。2016年，第二届金砖国家环境部长会议期间，各国环境部长进一步交换意见，为加强金砖国家环境合作，构建金砖国家环境智库交流平台进行了协商。

2017年9月，金砖国家领导人签署《厦门宣言》，提出各国根据共同但有区别的责任原则、各自能力原则等《联合国气候变化框架公约》有关原则，全面落实《巴黎协定》，在可持续发展和消除贫困的框架内继续推动发展绿色和低碳经济,加强金砖国家应对气候变化合作。中国、巴西、俄罗斯、印度和南非五个金砖国家不仅是拉动世界经济增长的重要引擎,也是推动绿色能源发展和能源治理合作的重要力量。

2019年11月,在第四次金砖国家能源部长会议上,与会各方分别介绍了各自国家在能源领域的发展成绩。中方在此次会议上提出,金砖国家在能源领域加强合作,将对发展中国家乃至世界的能源转型、应对气候变化和可持续发展产生积极影响。

金砖国家合作机制成立以来,合作基础日益夯实,领域逐渐拓展,已经形成以领导人会晤为引领,以安全事务高级代表会议、外长会晤等会议为支撑,在经贸、财金、科技、农业、文化、教育、卫生、智库、友城等数十个领域开展务实合作的多层次架构。金砖国家合作的影响已经超越五国范畴,成为促进世界经济增长、完善全球治理、促进国际关系民主化的建设性力量。

四、在"一带一路"倡议下深化能源治理合作

以"一带一路"倡议为契机,中国深化与主要能源贸易国家的能源基础设施建设,加强能源产能合作关系,防范能源供应与运输中的政治、安全等风险,构建国际能源治理新秩序,以一个负责任发展中大国的形象,为全球能源治理提供新的发展方向与动力源。

2013年下半年,习近平主席在出访中亚和东南亚国家期间,先后提出共建"丝绸之路经济带"和"21世纪海上丝绸之路"的重大倡议,得到国际社会的高度关注。

2015年3月,中国政府发布《推动共建丝绸之路经济带和21世纪海上丝绸之路的愿景与行动》,提出加强能源基础设施互联互通合作,共同维护输油、输气管道等运输通道安全,推进跨境电力与输电通道建设,积极开展区域电网升级改造合作。该倡议得到了国际社会的广泛认同与积极响应,能源合作在"一带一路"倡议中得到了进一步的发展。

2017年5月,我国成功举办"一带一路"国际合作高峰论坛。论坛期间,中国政府提出要深化能源国际合作,打造能源利益共同体,推动能源合作深层次、多领域发展。国家发改委和国家能源局共同制定并发布《推动丝绸之路经济带和21世纪海上丝绸之路能源合作愿景与行动》,提出以"一带一路"能源合作为基础,凝聚各国力量,共同构建绿色低碳的全球能源治理格局,推动全球绿色发展合作,并强调将依托多边双边能源合作机制,促进"一带一路"能源合作向更深更广发展,同时,通过共建"一带一路"能源合作俱乐部,为更多国家和地区参与"一带一路"能源合作提供平台。"一带一路"倡议的开放包容性向沿线区域和全球能源治理变革注入了强大能量。

不同于全球能源治理体系中常见的能源合作机制,中国的"一带一路"倡议既注重合作系统的搭建,又注重以具体的金融机制为实体支撑,这对能源合作机制的运作更具影响力和支撑力。

2014年11月4日,习近平总书记主持召开中央财经领导小组第八次会议,提出建立亚洲基础设施投资银行和设立丝路基金,并指出发起并同一些国家合作建立亚洲基础设施投资银行

是要为"一带一路"沿线国家的基础设施建设提供资金支持，促进经济合作，设立丝路基金是要利用我国资金实力直接支持"一带一路"建设。

中国出资 400 亿美元启动丝路基金，全球先后已有 57 个国家加入并成为亚投行成员国。而资源开发、能源投资和能源基础设施建设是亚投行和丝路基金投资的重点领域和主要方向，这为推进"一带一路"能源合作提供了有力的融资支持，实现了能源与金融机制的相互支撑、促进发展。

2018 年 10 月，在首届"一带一路"能源部长会议上，18 个国家共同发布了《共建"一带一路"能源合作伙伴关系部长联合宣言》，中方表示共建"一带一路"能源合作伙伴关系是推动能源转型发展的必然要求。"一带一路"能源合作是绿色低碳的，应重点推进清洁能源开发利用。与会代表们认为，各国需要在新能源、先进核电、智能电网、煤炭清洁利用等技术研发领域开展更多合作，应在提高全球能源可及性上继续努力，合作推进智能微电网、分布式能源建设。此外，会议召开期间，国家能源局与中国信保签署了《关于协同推进"一带一路"能源合作的框架协议》。双方进一步加强在能源领域的合作，提升企业融资便利化程度，共同推动"一带一路"能源国际合作迈上新台阶。

2019 年 4 月 25 日，"一带一路"能源合作伙伴关系在北京成立，成员国总数达到 30 个。伙伴关系秉承共商、共建、共享的原则，以推动能源互利合作为宗旨，助力各国共同解决能源发展面临的问题，实现共同发展、共同繁荣，为推动构建人类命运共同体做出积极贡献。会议期间，伙伴关系成员国共同对外发布《"一带一路"能源合作伙伴关系合作原则与务实行动》。根据该文件，伙伴关系将按照需要开展部长级培训班和能源合作领军人才培养项目，还将致力于推动政府间政策交流与合作意向沟通，搭建双边多边项目合作与技术交流平台，推动能源领域务实合作。

2020 年 12 月，第二届"一带一路"能源合作伙伴关系论坛在北京召开，此届论坛以"绿色能源投资推动经济包容性复苏"为主题，聚焦疫情后全球能源转型与绿色发展，推动"一带一路"国家经济包容性复苏，实现可持续发展目标。来自伙伴关系成员国政府和能源企业的代表围绕能源领域复苏进行需求介绍和项目对接，为后续推动务实合作奠定基础。同时，伙伴关系成员国建议发布"一带一路"绿色能源合作倡议，制定国别合作指引，加强清洁能源技术创新合作，组织能力建设等活动，加强多层次、全方位交流合作，共同推动疫情后的经济绿色复苏。

五、以新主张新实践，引领能源绿色低碳发展

在应对全球气候变化和倡导清洁能源治理体系的建设中，中国作为最大的发展中国家，始终致力于推进世界能源低碳转型，努力做好全球生态文明建设的重要参与者、贡献者、引领者。

（一）积极应对全球气候变化

在 2015 年巴黎气候大会上，中国在应对气候变化方面表现出极大的合作诚意，在自主贡献文件中提出 2030 年左右使二氧化碳排放达到峰值并争取尽早实现，2030 年单位国内生产总值二氧化碳排放比 2005 年下降 60%~65%，非化石能源占一次能源消费比重达到 20% 左右，森林蓄积量比 2005 年增加 45 亿立方米左右。

得益于中国在清洁发展和低碳经济等领域话语权的提升，中国已不仅仅是气候大会的参与者，更是气候大会的关键引领者。在《巴黎协定》谈判过程中，在"共同但有区别性责任"原则的分歧、资金技术支持、协议的法律效力等颇具挑战性的谈判议题上，中国均起到重要的引导作用，从而打破僵局并推动谈判取得实质性进展，同时，提升中国塑造能源治理新秩序的能力。《巴黎协定》的达成和气候大会的成功显示了中国在全球气候治理中的角色正从积极的参与者向引领者转变，全球领导力开始展现。签署《巴黎协定》后，中国不仅自身积极完成参加《巴黎协定》的国内法律程序，同时，向 G20 成员发出倡议，与世界各国一道，推动《巴黎协定》被普遍接受和尽早生效。

2016 年 11 月 4 日，《巴黎协定》正式生效。2017 年，在美国疏离甚至完全退出《巴黎协定》的关键时刻，中国信守应对气候变化的承诺，向国际社会做出了坚定支持的姿态，掌握了气候变化全球治理议题的话语权，为稳定国际社会信心做出了重要贡献。

2018 年 12 月，在联合国气候变化卡托维兹大会上，各方基本完成《巴黎协定》实施细则谈判。谈判期间，中方与有关各方开展密集磋商，积极推动大会取得成功。此次实施细则为 2020 年后《巴黎协定》的实施奠定了坚实基础，为各方减缓和适应气候变化，及相关资金、技术、能力建设支持作出规则安排，维护了多边主义的权威性和有效性，彰显了全球绿色低碳转型的大势不可逆转。

2020 年，国家主席习近平在第 75 届联合国大会期间提出，中国二氧化碳排放力争于 2030 年前达到峰值，努力争取 2060 年前实现碳中和。这一减排承诺引发世界瞩目和国际社会的热烈反响，既表明了中国全力推进新发展理念的坚定意志，也彰显了中国愿为全球应对气候变化做出新贡献的明确态度。中方提出的这一远大目标将对全球应对气候变化产生积极影响，得到国际社会的普遍赞誉。

（二）探讨构建全球能源互联网

2015 年 9 月，习近平主席在联合国发展峰会上倡议构建全球能源互联网，得到国际社会的高度赞誉和积极响应。在诸多国家自觉寻求能源转型的基础上，构建全球能源互联网，用清洁、绿色能源满足全球电力需求，有望塑造未来全球能源发展新格局。全球能源互联网的提出适逢其时，是全球化、体系化的新思路，为实现《巴黎协定》既定目标，以及促进世界能源安全、清洁、高效、可持续发展，提供了重要解决方案，体现了全球能源发展的新战略方向，彰显了中国以更积极的姿态参与全球能源治理和推动全球能源发展的自信。

在这一倡议下，2016年3月，全球能源互联网发展合作组织在北京正式成立，成为中国在能源领域发起成立的首个国际组织。近年来，合作组织发挥平台作用，积极推动我国与巴基斯坦、缅甸、孟加拉国、泰国、蒙古国、日本、韩国等周边国家和地区电网互联互通的规划以及工程落地实施。此外，还编制了全球能源互联网白皮书和技术装备规划，成功发布了系列研究成果，有力支撑了全球能源互联网推动工作，全球能源电网互联理念正在逐步达成国际共识。

2017年5月，全球能源互联网发展合作组织与联合国经济和社会事务部、联合国亚太经济社会委员会、非洲联盟委员会、阿拉伯国家联盟、海湾阿拉伯国家合作委员会电网管理局等五家国际组织分别签署合作协议，拟在互联电网规划、基础研究、政策协同、项目推进、信息共享等方面深化务实合作，共同推动全球能源互联网发展和"一带一路"建设。

2018年，中阿合作论坛第八届部长级会议上，全球能源互联网被写入《北京宣言》《中国和阿拉伯国家合作共建"一带一路"行动宣言》。

2019年1月，全球能源互联网发展合作组织与海湾阿拉伯国家合作委员会（海合会）电网管理局和埃塞俄比亚水资源、灌溉和电力部在阿联酋首都阿布扎比签署三方合作协议，共同推动全球能源互联网建设与埃塞—海湾地区联网项目。

2020年11月，全球能源互联网（亚洲）大会在北京召开，本届大会主题为"绿色低碳可持续发展"，旨在深化全球及亚洲能源电力合作，加快能源变革转型，推动全球能源互联网中国倡议落地实施，为"一带一路"和人类命运共同体建设发挥作用。来自40多个国家和地区的1000多名嘉宾通过现场和网络形式参会探讨，聚焦亚洲能源电力发展与亚洲能源互联网建设。会上，合作组织发布了亚洲及各区域能源互联网研究与展望系列报告，基于可持续发展需要对亚洲能源互联网发展做出系统谋划。报告预计，通过构建亚洲能源互联网，2035年前清洁能源发电将成为亚洲主导电源，至2050年亚洲人均用电成本下降40%以上，累计创造约1.8亿个就业岗位。全球能源互联网倡议已纳入落实联合国2030年可持续发展议程、促进《巴黎协定》实施、推动全球环境治理和共建"一带一路"等工作框架。为推动各方参与全球能源互联网研究、投资与建设，合作组织开发建设了全球能源互联网发展合作网上平台，将于2021年初正式上线运行。

（三）启动碳交易市场，兑现国际承诺

2017年12月19日，国家发改委宣布全国碳交易市场正式启动，初步有1600家左右的火电企业获得碳排放配额。这些企业涉排碳量35亿吨左右，占全国碳排量1/3，电力行业将成为全国碳市场主力军。

启动全国碳排放交易体系，一方面，是中国利用市场机制积极应对气候变化，深度参与全球气候治理；另一方面，是中国兑现国际承诺，为全球气候治理提供中国经验。此举对推动区域协调发展、加快绿色低碳转型、引领气候变化合作具有重要意义，从本质上提升了中国在能源外交中的绿色实力和自信心。

2018年3月，在第二届绿碳发展峰会上，中国气候变化事务特别代表解振华表示，我国

已超额完成到 2020 年的碳强度下降目标，扎实推进应对气候变化的工作，顺利启动全国碳排放交易体系，并扎实推进全国碳市场建设的各项工作。

中国碳排放权交易市场有助于实现中方宣布的"将力争 2030 年前实现碳达峰、2060 年前实现碳中和"承诺，建设全国碳市场是利用市场机制控制和减少温室气体排放、推进绿色低碳发展的一项重大制度创新，也是推动实现碳达峰目标与碳中和愿景的重要政策工具。此举也有利于提供更多可供选择的碳减排方式，帮助选择更合理的低成本碳减排策略，以降低碳减排成本，促进低碳发展。

六、提升议价定价能力，塑造国际能源贸易新秩序

中国正在加快境内国际油气交易中心、期货市场及相关的人民币结算体系建设，这些举措一方面将打破欧美对国际市场整套环节的垄断性控制，提升中国、亚太能源消费大国集团、新兴经济体在国际能源市场上的议价能力和话语权；另一方面也将有效分散全球能源市场的系统性风险，防范美元恶性涨跌对全球能源市场造成意外破坏。

（一）建立油气期现货交易市场

上海石油天然气交易中心于 2015 年 1 月批准成立，7 月正式投入使用，开展石油天然气现货交易。2016 年 11 月，经过一年多的试运行后，上海石油天然气交易中心正式投入运行。交易中心旨在成为具有国际影响力的石油天然气交易平台、信息平台和金融平台。这是中国首次批准独立第三方建设的石油天然气现货市场。

2018 年 3 月，上海期货交易所原油期货正式上市交易。原油期货全面引入境外交易者和境外经纪机构参与交易，吸引大量从事原油产业的跨国实体企业、境内外金融机构等全球性资源集聚上海，促进形成反映亚太地区石油市场供需关系的基准价格体系。

2020 年初，上海市政府印发的《上海市贯彻〈长江三角洲区域一体化发展规划纲要〉实施方案》提出，上海与浙江共同建设期现一体化油气交易市场，合作建设国际油品交割基地。推进上海石油天然气交易中心、上海国际能源交易中心原油市场建设，进一步增强长三角在国内外能源市场上的话语权和影响力。11 月，上海期货交易所下属上海国际能源交易中心战略入股浙江国际油气交易中心。此次股权合作旨在通过促进期货市场与现货市场深度结合，建设期现一体化国际油气交易市场。搭建了一个互联互通、长期合作的共同平台，架起了一条"期货与现货""场内与场外""境内与境外""线下与线上"的联通桥梁。

虽然交易中心成立和原油期货上市不能立即形成中国自己的定价机制，但在亚洲油气市场新供应商不断涌现、市场化定价趋势日渐显现的背景下，期现货交易市场对于中国油气行业意义重大，是消除"亚洲溢价"不平等待遇的难得机遇，更是中国提升议价定价能力、塑造国际油气贸易新秩序的迫切需要。

（二）推进人民币国际化进程

能源的基础设施建设、能源贸易等都需要大量的资金流通，这些都为人民币的国际化进程提供了平台。2014 年，中国从俄罗斯进口的原油首次使用人民币进行结算。随后，伊朗与中国开展石油贸易也使用人民币结算。2018 年，《世界能源蓝皮书：世界能源发展报告（2018）》指出，国际能源合作是推进人民币国际化的有力抓手。未来可以通过实现"石油人民币"或"天然气人民币"，提升人民币在国际社会中的地位乃至国际化进程。人民币国际化有利于进一步提高我国经济的全球影响力，增强中国的经济实力，为能源合作提供有效支撑。

七、投身国际能源援助，消除欠发达地区能源贫困

中国积极参与国际能源开发领域投资合作事务，为消除极端欠发达国家地区的能源贫困做出了巨大的贡献。

随着中国清洁能源的快速发展以及生产技术的创新，中国在国际贸易技术合作、绿色项目建设以及人员培训中起到了领头羊作用，通过"南南合作"为"南方国家"带来了能源绿色转型的良好契机。具体形式包括清洁能源项目援建、物资供给、人员培训、技术转让、金融援助、债务减免等。

中国加强与亚洲开发银行、非洲开发银行、西非开发银行、加勒比开发银行等地区性金融机构的合作，促进更多的资本流入清洁能源发展领域。2015 年 9 月，中国宣布设立 200 亿元人民币的中国气候变化南南合作基金，自 2016 年起推进"十百千"项目，即开展 10 个低碳示范区、100 个减缓和适应气候变化项目及 1000 个应对气候变化培训名额的合作项目，以提升发展中国家的低碳转型能力。2015 年 12 月，习近平主席出席中非合作论坛峰会时提出，将中非关系提升为全面战略合作伙伴关系并配套以 600 亿美元的资金支持，清洁能源发展成为援助外交中的核心。

联合国 2030 年可持续发展议程第七项目标为"确保人人获得负担得起的、可靠和可持续的现代能源"。从电力普及上来看，2018 年 5 月，全球仍有 13% 的人口无电可用，撒哈拉以南的非洲和中亚地区电力缺乏最为严重。

根据国际能源署、国际可再生能源署、联合国统计司、世界银行等国际机构联合发布的《追踪可持续发展目标七：能源进展情况报告》，2010~2016 年，埃塞俄比亚、肯尼亚、坦桑尼亚等国电力供应取得了强劲增长，电力普及率每年提高 3% 以上。在这些非洲国家的能源基础设施建设中，中国的投资和中国参与的项目发挥了重要作用，大大缓解了当地的电力短缺，极大降低了电力价格。

中国金融机构 2017 年向世界各地能源项目提供的 256 亿美元贷款中，有 68 亿美元流向了非洲国家，占贷款总额的近 1/3。发电和输电是非洲接受中国贷款最多的领域，2017 年，中国向非洲提供的 68 亿美元贷款全部用于电力项目。国际能源署执行干事法提赫·比罗尔表示，

在解决贫困国家能源普及性方面，中国发挥着日益重要的作用。

2018年3月，中国政府宣布成立国家国际发展合作署，对推进国家外交总体布局，促进"一带一路"国际合作意义重大而深远。

截至2018年，2015年中非合作论坛约翰内斯堡峰会后，中国承诺提供的600亿美元资金支持都已兑现或作出安排。并于2018年中非合作论坛北京峰会上表示，中国愿以政府援助、金融机构和企业投融资等方式，向非洲提供600亿美元支持。同时，为非洲实施50个绿色发展和生态环保援助项目，且向非洲国家提供优惠性质贷款、出口信贷及出口信用保险额度支持，适当提高优惠贷款优惠度，创新融资模式，优化贷款条件，支持中非共建"一带一路"，支持中非产能合作，非洲基础设施建设、能源资源开发、农业和制造业发展，以及全产业链综合开发。中方提供200亿美元信贷资金额度，支持设立100亿美元的中非开发性金融专项资金。

2019年，中巴经济走廊项目中80%以上由中方直接投资或使用中方无偿援助，只有不到20%使用中方贷款。同年12月，肯尼亚加里萨50兆瓦光伏发电站正式投入运营，该项目是使用中国优惠贷款实施的东非地区最大光伏发电工程，可以满足肯尼亚7万户家庭共计38万多人口的用电需求，惠及项目所在的肯尼亚东北省加里萨地区50%以上人口用电。

2020年是联合国成立75周年，中国表明要巩固以联合国为核心、南北合作为主渠道、南南合作为补充的合作格局。加强减贫国际合作，将减贫置于2030年可持续发展议程全球落实更重要的位置，推动减贫目标尽早实现。中国—联合国和平与发展基金开展了80多个项目，使用资金规模6770万美元，为联合国维和、反恐、能源、农业、基建、卫生、教育等领域工作提供支持。此外，中国为发展中国家提供180个减贫项目、118个农业合作项目、178个促贸援助项目、103个生态保护和应对气候变化项目、134所医院和诊所、123所学校和职业培训中心。南南合作援助基金在30多个发展中国家实施80余个项目，为全球可持续发展注入动力。

第六篇 企业篇

第二十六章　能源企业

本章主要从企业概况、主营业务、发展成果和企业荣誉四个方面介绍了我国煤炭企业的情况。

中国核工业集团有限公司

（一）企业概况

中国核工业集团有限公司（简称"中核集团"）是经国务院批准组建、中央直接管理的国有重要骨干企业，前身是三机部、二机部、核工业部、核工业总公司。中核集团是国家核科技工业的主体、核能发展与核电建设的中坚、核技术应用的骨干，拥有完整的核科技工业体系，肩负着国防建设和国民经济与社会发展的双重历史使命。

2018年1月，党中央、国务院作出中核集团和原中核建设集团合并重组的重大决策。"两核"重组形成了更高水平的核工业创新链和产业链，显著提升了我国核工业的资源整合利用水平和整体国际竞争实力。截至2017年，中核集团资产总额超过9000亿元，拥有各类企事业成员单位1200余家，员工总数约18万人，拥有包括15名中国科学院、中国工程院院士在内的一大批知名学者和高级专家。建立起了清洁能源、天然铀、核燃料、核技术应用、工程建设、环保、装备制造、产业金融等"8+N"的产业体系。旗下拥有中国核电、中国核建、中国同辐等9家控股上市企业和原子高科等4家新三板挂牌公司。2020年，中核集团营业收入、利润分别同比增长25.5%、16.8%，产业经济实现了平稳快速发展。

（二）主营业务

中核集团是国家核科技工业主体、国家核能发展与核电建设的中坚、核技术应用的骨干，业务涵盖核电、核燃料、天然铀勘查开发、核技术应用、工程建设、装备制造、新能源、环保、医疗健康等20余个大门类。

（三）发展成果

党的十八大以来，以习近平同志为核心的党中央高度重视核工业发展。在核工业创建60周年之际，习近平总书记作出重要批示指出，我国核工业从无到有、从小到大，取得了世人瞩目的成就，为国家安全和经济建设做出了突出贡献，要求核工业坚持安全发展、创新发展，坚持核能和平利用，全面提升核工业的核心竞争力，续写核工业新的辉煌篇章。习近平总书记重要批示高度肯定了核工业发展成绩，为核工业指明了发展方向，是中核集团发展的根本遵循。

"两核"重组以来，中核集团始终以习近平新时代中国特色社会主义思想为指导，深入贯彻落实习近平总书记系列重要指示批示精神，瞄准"建设先进的核科技工业体系和打造具有全球竞争力的世界一流集团，推动我国建成核工业强国"的"三位一体"奋斗目标，坚持"以核为本、军民融合，创新引领、人才优先，安全高效、开放合作"24字发展方针原则，开拓进取、攻坚克难，取得一批重要成果。

一是科技自立自强，基础不断巩固。自主三代核电"华龙一号"全球首堆投入商业运行，海外首堆巴基斯坦K2机组相继投入商业运行，标志着我国核电技术水平跻身世界前列。人造太阳——聚变研究装置点火等一批重大成果，世界最强深地核天体物理实验取得重大阶段成果，多项科技成果得到习近平总书记高度肯定。

二是贯彻落实"碳达峰、碳中和"战略目标，大力推动核电发展。截至2021年上半年，在运核电机组24台，在运装机2249.8万千瓦，在建机组6台，在建装机612.5万千瓦。习近平总书记同俄罗斯总统普京共同见证田湾7号、8号和徐大堡3号、4号机组开工仪式。在运机组总体保持安全稳定运行，共有18台机组获WANO综合指数满分，处于世界先进地位。

三是产业经济加快高质量发展。核燃料循环各环节的技术工艺达到先进水平，生产能力按照核电发展规划适度超前配置，能够满足我国核电当前和长远发展。同位素生产、核特色医疗、辐照应用、核技术装备、新能源、建筑、环保等产业加快拓展。

四是深化改革，管理提升不断走向深入。对标世界一流企业，深化改革，提质增效，23家科研院所打破"铁饭碗"，收入分配向骨干科研人员倾斜，创新活力明显增强。严守核安全生命红线，三十余年保持良好的核安全纪录。如期完成了决胜脱贫攻坚目标任务，对口帮扶地区全部实现脱贫摘帽。

（四）企业荣誉

在中央企业2020年度考核中，中核集团经营业绩考核、党建工作考核获得"双A"。经营业绩考核连续16年获得国务院国资委央企负责人业绩考核A级。党建工作考核连续2年获得A级。在世界核工业领域率先进入了世界500强，2020年排名371位。近年来，获得"国家科技进步特等奖""国防科技奖""国家优质工程金奖""中国工业大奖"等一大批奖项和荣誉。

中国石油天然气集团有限公司

（一）企业概况

中国石油天然气集团有限公司（简称"中国石油"）是中央直接管理的国有特大型企业，隶属于国务院国有资产监督管理委员会。总部位于北京。1983年2月，国务院决定成立中国石油化工总公司，将原来分属石油部、化学工业部、纺织工业部管理的39个石油化工企业划归总公司领导，总公司直属国务院。1988年6月，国务院机构改革撤销石油部，成立能源部作为石油工业的主管部门。同年，经国务院批准，原石油部改组为中国石油天然气总公司，直属国务院领导。1998年3月，国务院机构改革将化学工业部和中国石油天然气总公司、中国石油化工总公司的行政职能合并，组建国家石油和化学局，同时对石油石化工业实施战略性改组，分别组建中国石油天然气和中国石油化工两个特大型企业集团公司。1998年7月，中国石油天然气集团公司正式宣告成立。

2015年，国内生产原油11143万吨，生产天然气954.8亿立方米，加工原油15132万吨，生产成品油10369万吨；同时，在海外获取权益原油产量1642.3万吨、天然气产量25.9亿立方米。全年实现销售收入20168亿元，实现利润825亿元。全年国内新增探明石油地质储量72817万吨、新增探明天然气地质储量5702亿立方米，新增探明油气储量当量连续9年超过10亿吨。

作为中国境内最大的原油、天然气生产、供应商，中国石油业务涉及石油天然气勘探开发、炼油化工、管道运输、油气炼化产品销售、石油工程技术服务、石油机械加工制造、石油贸易等各个领域，在中国石油、天然气生产、加工和市场中占据主导地位。2008年，中国石油在美国《石油情报周刊》世界50家大石油公司综合排名中位居第5，在美国《财富》杂志2011年世界500强公司排名中居第6位，在《巴菲特杂志》2009年中国上市公司百强评选中，荣获"中国25家最受尊敬上市公司全明星奖"第一名。在2011年中国企业500强中，以营业收入14654.15亿元人民币列第2位。2013年荣获中国品牌价值研究院、中央国情调查委员会、焦点中国网联合发布的2013年中国品牌500强。

进入新世纪新阶段，中国石油在国家大公司、大集团战略和有关政策的指导、支持下，正在实施一整套新的发展战略，瞄准国际石油同行业先进水平，加快建设主业突出、核心竞争力强的大型跨国石油企业集团，继续保持排名前列世界大石油公司地位。

（二）主营业务

经营范围为组织经营陆上石油、天然气和油气共生或钻遇矿藏的勘探、开发、生产建设、加工和综合利用以及石油专用机械的制造；组织上述产品、副产品的储运；按国家规定自销本公司系统的产品；组织油气生产建设物资、设备、器材的供应和销售；石油勘探、开发、生产建设新产品、新工艺、新技术、新装备的开发研究和技术推广；国内外石油、天然气方面的合作勘探开发、经济技术合作，以及对外承包石油建设工程、国外技术和设备进口、本系统自产设备和技术出口、引进和利用外资项目方面的对外谈判、签约。

主要业务为油气业务、工程技术服务、石油工程建设、石油装备制造、金融服务、运输服务、新能源开发、勘探与生产、油气勘探、开发与生产、炼油与化工、销售业务、天然气管道、液化天然气（LNG）、国际油气业务、国际贸易、工程技术、工程建设、海洋工程、科技创新、新能源开发、金融贸易、矿区服务、商旅服务。

（三）发展成果

2020年8月27日，中国石油发表了2020年上半年年报，公司营业收入9290.45亿元，同比下降22.3%；归属于母公司股东净亏损299.83亿元，同比下降205.5%，上年同期净利润为284.20亿元。

2020年10月29日，中国石油发布的第三季度业绩显示，2020年第三季度实现归属于母公司股东的净利润400.50亿元，同比大幅增长353.6%。按照国际财务报告准则，中国石油实现营业收入14261.7亿元，归属于母公司股东净利润100.67亿元。

2021年4月29日，中国石油公布的财报数据显示，该公司2021年第一季度实现营业收入5519.23亿元，同比增长8.4%，净利润277.21亿元。

（四）企业荣誉

2019年8月5日，获2018~2019年全国企业文化优秀成果特等奖。2019年9月1日，中国企业联合会、中国企业家协会发布2019年中国企业500强榜单，中国石油排名第2。

2019年12月，中国石油在人民日报中国品牌发展（企业）指数100榜单中排名第6。

2020年4月，入选国务院国资委"科改示范企业"名单。

2020年9月，中国企业联合会、中国企业家协会发布2020中国企业500强榜单，中国石油以261920198万元营业收入排名第3。

2020年12月，美国《石油情报周刊》发布2020年世界最大50家石油公司榜，中国石油排名第3。

中国石油化工集团有限公司

（一）企业概况

中国石油化工集团有限公司（简称"中国石化"）的前身是成立于1983年7月的中国石油化工总公司。1998年7月，按照党中央关于实施石油石化行业战略性重组的部署，在原中国石油化工总公司基础上重组成立中国石油化工集团公司，2018年8月，经公司制改制为中国石油化工集团有限公司。中国石化是特大型石油石化企业集团，注册资本3265亿元人民币，董事长为法定代表人，总部设在北京。公司对其全资企业、控股企业、参股企业的有关国有资产行使资产受益、重大决策和选择管理者等出资人的权力，对国有资产依法进行经营、管理和监督，并相应承担保值增值责任。中国石化是中国最大的成品油和石化产品供应商、第二大油气生产商，是世界第一大炼油公司、第二大化工公司，加油站总数位居世界第2，在2020年《财富》世界500强企业中排名第2。

（二）主营业务

中国石化主营业务范围包括实业投资及投资管理；石油、天然气的勘探、开采、储运（含管道运输）、销售和综合利用；煤炭生产、销售、储存、运输；石油炼制；成品油储存、运输、批发和零售；石油化工、天然气化工、煤化工及其他化工产品的生产、销售、储存、运输；新能源、地热等能源产品的生产、销售、储存、运输；石油石化工程的勘探、设计、咨询、施工、安装；石油石化设备检修、维修；机电设备研发、制造与销售；电力、蒸汽、水务和工业气体的生产销售；技术、电子商务及信息、替代能源产品的研究、开发、应用、咨询服务；自营和代理有关商品和技术的进出口；对外工程承包、招标采购、劳务输出；国际化仓储与物流业务等。

（三）发展成果

2020年，中国石化统筹疫情防控和生产经营，紧紧抓住国内经济实现正增长的契机，快速反应，主动作为，推进攻坚创效行动，取得了行业领先的经营业绩，发展的韧性和一体化优势充分体现。

（1）业绩处于行业领先。上游板块稳油增气降本取得新进展，成本进一步下降；炼油板块坚持产销一体化协调发展；成品油销售板块全力拓市扩销，每天服务2000万消费者；化工板块高附加值及高端产品开发和生产全面提升。

（2）分红保持较高水平。2020年，董事会全年派发股息每股0.2元，派息率73.2%，同比提高7.9%。2020年，以公司H股平均股价计算，股息收益率达6.5%。

（3）天然气储量大增，推进天然气全产业链跨越式发展。持续加强战略领域风险勘探、富油气区带勘探和页岩油气勘探，在塔里木盆地、四川盆地、渤海湾盆地取得一批新发现，在威荣、川西等气田建成一批新产能。

（4）专利质量央企第一，将加快建设技术先导型公司。2020年，全年获得境内外专利授权4254件，获10项中国专利奖，专利质量央企第一。

（5）非油业务实现逆势增长。中国石化充分发挥易捷便利店网络、渠道、品牌等优势，创新线上商城、直播带货等营销模式，加强自有品牌商品开发和销售，多点布局汽服、广告、快餐、咖啡等新兴业态。

（6）化工高附加值产品比例快速增长，将提升高端材料和新材料产能规模。2020年，全年乙烯产量1206万吨，合成纤维、合成橡胶高附加值产品比例均超30%，合成树脂新产品和专用料比例超67%。

（7）充分利用自身资源和技术优势，积极增产、转产医卫用料，76天建成了全球最大的熔喷布生产基地；帮助西藏班戈、甘肃东乡等8个对口支援和定点扶贫县实现脱贫，助力完成脱贫攻坚任务。

（四）企业荣誉

荣获"全国脱贫攻坚先进集体"称号；中国石化燕山石化合成树脂厂获评"全国抗击新冠肺炎疫情先进集体"称号；"中国石化公众开放日"入选生态环境部、中央文明办评选的十佳公众参与案例；中国品牌节年会授予"抗疫致敬品牌企业""华谱奖"2个奖项；联合国全球契约组织"2020实现可持续发展目标企业最佳实践"荣誉；中国石化"一种部分支化部分交联聚合物驱油剂及其制备方法"获得2020年中国专利奖金奖；"一种加氢裂化催化剂及其制备方法"等15项专利获得2020年中国专利奖银奖及优秀奖。

中国海洋石油集团有限公司

（一）企业概况

中国海洋石油集团有限公司（简称"中国海油"）是中央直接管理的国有特大型企业，隶属于国务院国有资产监督管理委员会。总部位于北京。1982年1月，国务院颁布《中华人民共和国对外合作开采海洋石油资源条例》，决定成立中国海洋石油总公司。2月，中国海洋石油总公司在北京成立，隶属于石油部。1988年9月，经国务院批准，原石油部改组为中国石油天然气总公司，直属国务院领导。同时，中国海洋石油总公司分立，直属国务院领导。

中国海洋石油工业于20世纪50年代末开始起步，海洋石油勘探始于南海。1965年后，重点转移到了中国北方的渤海海域。在海洋石油工业开拓的初期，使用自制的简易设备，经过艰苦努力，在上述两个海域均打出了油气发现井。

（二）主营业务

中国海油由一家单纯从事油气开采的上游公司，发展成为主业突出、产业链完整的国际能源公司，形成了油气勘探开发、专业技术服务、炼化销售、天然气及发电、金融服务、新能源等业务板块。

（三）发展成果

2018年12月18日，中国海洋石油集团有限公司与英荷壳牌、美国雪佛龙、美国康菲、法国道达尔、挪威石油、科威特海外石油公司、加拿大哈斯基、澳大利亚洛克石油公司、韩国SK共9家国际石油公司在北京签署战略合作协议。

2019年7月10日，中国海洋石油集团有限公司的附属公司中海石油（中国）有限公司与中国石油化工股份有限公司就渤海湾、北部湾、南黄海和苏北盆地签订了合作框架协议，共涉及双方探矿权19个，总面积约2.69万平方公里。在合作框架协议下，同时签署了渤海湾盆地、苏北和南黄海盆地、北部湾盆地联合研究协议。

2020年3月26日，中国海洋石油集团有限公司发布《中国海洋石油集团有限公司2019年可持续发展报告》，2019年中国海油全年实现营业总收入7509亿元，上缴利税费1289亿元；2020年8月20日，中国海油公布截至2020年6月底中期业绩，营业额745.6亿元人民币，同比下降31.8%。纯利103.83亿元，同比下降65.7%，每股盈利0.23元。派中期息0.2港元，上年同期派0.33港元。期内，油气净产量达2.58亿桶油当量，同比增长6.1%。油气销售收入为663.4亿元，同比下降29.9%。

（四）企业荣誉

2020年1月，英国品牌金融（Brand Finance）发布2020年全球最具价值500大品牌榜，中国海油排名第323位，2020年4月，中国海油入选国务院国资委"科改示范企业"名单，2020年5月，排2020福布斯全球企业2000强榜第126位。2020年7月27日，2020年《财富》中国500强排行榜发布，中国海油排第45位。2020年8月10日，《财富》世界500强排行榜发布，中国海油排第64位。2020年9月，中国企业联合会、中国企业家协会发布2020中国企业500强榜单，中国海油以75085732万元营业收入排名第15。2020年12月，美国《石油情报周刊》发布2020年世界最大50家石油公司榜，中国海油排名第30。2019年7月10日，财富中文网发布2019《财富》中国500强排行榜，中国海油排名第41。2019年7月22日，财富中文网发布《财富》世界500强排行榜，中国海油排名第63。2019年8月27日，世界品牌实验室发布2019年亚洲品牌500强榜单，中国海油排名第103。2019年9月1日，中国企业联合会、中国企业家协会发布2019年中国企业500强榜单，中国海油排名第16。2019年12月，中国海油在人民日报中国品牌发展（企业）指数100榜单中排名第81。2018年5月，2018年外滩·中国品牌创新价值榜（TOP100）发布，中国海油排名第28。2018年6月，福布斯全球企业2000强榜单发布，中国海油排名第158。2018年7月19日，2018年《财富》世界500强排行榜发布，中国海油排名第87。2018年9月2日，中国企业联合会、中国企业家协会发布2018年中国企业500强榜单，中国海油排名第19。2018年9月10日，获得民政部第十届"中华慈善奖"。2018年10月，2018年《福布斯》全球最佳雇主排行榜发布，中国海油排名第6。2018年10月16日，科睿唯安发布2018年中国大陆创新企业百强榜单，中国海油入榜第三梯队。2018年11月8日，中国海油入选2018中国企业知识产权竞争力百强榜，以总分87.6分排名第19。2018年12月，中国海油荣获第八届香港国际金融论坛暨中国证券金紫荆奖最佳上市公司奖。2018年12月，中国海油在《财富》发布的2018中国最具影响力的创新公司榜单中排名第44。

国家电网有限公司

（一）企业概况

国家电网有限公司（简称"国家电网"）成立于2002年12月29日，是参照《公司法》规定设立的中央直接管理的国有独资公司，以投资建设运营电网为核心业务，是关系国家能源安全和国民经济命脉的特大型国有重点骨干企业。公司经营区域覆盖我国26个省（区、市），供电范围占国土面积的88%，供电人口超过11亿人。

（二）主营业务

电网建设运营管理、电力供应以及与之相关的科学研究、技术开发、信息通信、节能与电能替代、能源生产、电工装备制造、咨询服务、人才培训开发等业务；进出口业务；产业金融业务；工程总承包；国（境）外投资与运营。

（三）发展成果

国家电网连续16年获得国务院国资委业绩考核A级，列2021年《财富》世界500强第2位，连续8年获得标准普尔、穆迪、惠誉三大国际评级机构国家主权级信用评级，连续5年位列中国500最具价值品牌榜首。

2020年，面对突如其来的新冠肺炎疫情和复杂的国内外形势，国家电网坚持以习近平新时代中国特色社会主义思想为指导，坚决贯彻落实党中央、国务院决策部署，统筹推进疫情防控和服务经济社会发展，攻坚克难、顽强奋斗，充分发挥电网的服务、支撑和基础拉动作用，在大战大考中践行了初心和使命，各项工作取得新成绩。在抗疫救灾中彰显初心。累计出台7批59项措施，在为火神山、雷神山医院等新建救治场所通电的过程中展现了"国网速度"，全力保障方舱医院、医疗物资企业等重要用户和人民群众用电。以居民用户"欠费不停电"、企业用户"不收滞纳金"等贴心服务守护万家灯火，确保了电力供应万无一失。积极应对夏季严重洪涝、冬季大范围雨雪冰冻等灾害，及时恢复受损电网设施，筑起了抗灾救灾的"光明防线"。发挥大电网作用，全力缓解局部地区供电紧张矛盾。在打赢"三大攻坚战"中不辱使命。聚焦脱贫攻坚、大气污染防治，加快推进电网建设。提前完成经营区域"三区三州"、抵边村寨等艰巨电网建设任务，为脱贫攻坚提供了坚实的电力保障。服务西藏、新疆工作大局，推出20项援藏、25项援疆举措，建成了西藏统一电网，实现了疆电大规模外送。积极服务新能源发展，经营区新能源并网容量超过4亿千瓦，利用率达97.1%。在服务"六稳""六保"中担当作为。充分发挥电网投资带动作用，调增全年固定资产投资至4724亿元，比2020年初增长12.9%，重点投向特高压、数字新基建等领域，有效带动上下游产业链共同发展。坚决执行降电价政策，降低全社会用电成本，2020年已累计减免电费886亿元。积极采取扩招稳就业措施，全年提供4.6万个就业岗位，同比增加40%。挖掘电力大数据价值，创新编制"企业复工电力指数"，为政府科学决策提供了数据支撑。在经营发展上实现克难而进。深入贯彻落实"四个革命、一个合作"能源安全新战略，进一步明确战略目标，完善战略体系，科学编制公司"十四五"规划。面对宏观经济下行、疫情冲击以及电价下调等严峻挑战，大力开展提质增效和产业升级，有效对冲减利影响超过600亿元。各业务板块加快升级步伐，综合能源服务、能源电商、电动汽车服务等新兴业务蓬勃发展，国际业务取得新突破。全年实现营业收入2.7万亿元，同比增长0.3%。在改革创新中激发动力活力。积极贯彻电力改革部署，全面完成电力交易机构股份制改造，推动构建全国统一电力市场，更好地发挥市场在资源配置中的决定性作用。落实国企改革三年行动方案，加快突破混合所有制改革，引入社会资本330亿元。实施科技"新跨越行动计划"，大力推进基础研究和重大技术攻关，特高压套管等核心零部件国产化研制取得重要进展，建成张北柔直等多项世界级创新工程。专利拥有量连续10年排名央企第一。在安全生产服务上持续巩固提升。始终把确保大电网安全作为重中之重，优化完善运行方式和控制策略，扎实开展安全生产专项整治，狠抓隐患排查治理，国家电网实现长周期安全稳定运行，持续保持全球特大电网最长安全纪录。贯彻国家关于提升"获得电力"服务水平要求，大力实施"阳光业扩"，因地制宜推广"三零""三省"办电服务。持续改进线上线下服务模式，"网上国网"注册用户突破1亿，增强了客户获得感和满意度。

（四）企业荣誉

1个集体获"全国脱贫攻坚楷模"，7人获"全国脱贫攻坚先进个人"，15个集体获"全国脱贫攻坚先进集体"，2名职工荣获"全国抗击新冠肺炎疫情先进个人"称号，1家单位荣获"全国抗击新冠肺炎疫情先进集体"称号，1个党组织荣获"全国先进基层党组织"称号，3家单位获2020年脱贫攻坚"组织创新奖"。国家电网第三次在中央单位定点扶贫考核中评价为"好"，105家单位荣获第六届全国文明单位，11个先进典型获得全国学雷锋志愿服务表彰，72名职工荣获全国劳动模范称号。巴西里约马累社区音乐学校公益项目荣获"2020中国企业海外形象建设十大优秀案例"和"海外社会责任优秀案例"两项大奖，2个公益项目入选国务院扶贫办"志愿者扶贫50佳案例"，"巴西美丽山特高压输电二期项目"荣获第六届中国工业大奖，"新一代大容量调相机研发及工程应用"荣获中国机械工业科技进步特等奖，"1100kV交流滤波器组频繁投切断路器"荣获中国电力技术发明一等奖。中国专利奖金项1项、银奖3项、优秀奖13项，1个项目获评推荐国家科学技术发明二等奖，中国标准创新贡献奖一等奖1项，中国电力科学技术奖一等奖11项，电力创新大奖5项，能源创新奖一等奖4项，公司双创示范基地位列国家第三方评估企业类基地第1。全场景网络安全态势感知平台获公安部"新基建"网络安全十佳典型案例。"依托电力大数据应用推动经济社会可持续发展"项目成功入选"实现可持续发展目标2020企业最佳实践"。2名职工获"2020联合国可持续发展目标中国先锋"称号。国家电网各单位创作的公益类作品共获得166个奖项，其中，政府奖项70个，企业协会奖项96个，国家电网荣获第十一届中华慈善奖捐赠企业奖、第十一届中华慈善奖抗击新冠肺炎疫情捐赠企业奖，国网光伏扶贫项目荣获第十一届中华慈善奖慈善项目奖，国家电网江苏电力（如东）共产党员服务队荣获第十一届中华慈善奖慈善楷模奖。

中国南方电网有限责任公司

（一）企业概况

中国南方电网有限责任公司（简称"南方电网"）是根据国务院关于电力体制改革的统一部署和国务院《关于印发电力体制改革方案的通知》（国发〔2002〕5号）、国务院《关于组建中国南方电网有限责任公司有关问题的批复》（国函〔2003〕114号）和国家发改委《关于印发〈中国南方电网有限责任公司组建方案〉和〈中国南方电网有限责任公司章程〉的通知》（发改能源〔2003〕2101号）等文件精神，以广东、海南和国家电网在广西、贵州、云南所属电网资产为基础组建的国有企业。经国务院批准，2002年12月29日挂牌成立，2004年6月18日完成工商注册登记。总部设在广州。南方电网属中央管理，在国家实行计划单列，财务关系在财政部单列，由国务院国资委履行出资人职责。根据《关于中国南方电网有限责任公司部分权益协议转让有关问题的批复》（国资产权〔2006〕1480号）和《关于调整国家电网公司所持中国南方电网有限责任公司部分股权有关事项的通知》（国资收益〔2012〕1117号），公司注册资本为人民币600亿元，各方比例为：广东省38.4%，中国人寿保险（集团）公司32%，国务院国资委26.4%（暂时由中国国新控股有限责任公司代持），海南省3.2%。

南方电网总部设有20个部门，下设南网总调、后勤管理中心、年金中心3个直属机构，超高压公司、南网党校（南网领导力学院、南网培训中心）、北京分公司3家分公司；广东、广西、云南、贵州、海南电网公司，深圳供电局，调峰调频公司、产业投资集团、鼎元资产公司、资本控股公司、南网国际公司、南网数研院、南网物资公司、南网能源院14家全资子公司；南网能源公司、南网财务公司、鼎和保险公司、云南国际公司、南网科研院、广州电力交易中心、南网传媒公司7家控股子公司。员工总数近30万人。

（二）主营业务

依法经营南方电网及有关企业中由南方电网投资形成并拥有的全部资产；投资、建设和经营管理南方区域电网，参与投资、建设和经营相关的跨区域输变电和联网工程；从事电力购销业务，负责电力交易和调度，管理南方区域电网电力调度交易中心；根据国家有关规定，经有关部门批准，从事国内外投融资业务；经国家批准，自主开展外贸流通经营、国际合作、对外工程承包和对外劳务合作等业务；从事与电网经营和电力供应有关的科学研究、技术开发、电力生产调度信息通信、咨询服务和培训等业务；经营国家批准或允许的其他业务。

（三）发展成果

南方电网覆盖5个省（区、市），并与香港、澳门地区以及东南亚国家的电网相联，供电面积100万平方公里。供电人口2.54亿人，供电客户9670万户。2020年，5个省（区、市）全社会用电量13056亿千瓦·时，同比增长5.0%。

南方电网东西跨度近2000公里，网内拥有水、煤、核、抽水蓄能、油、气、风力等多种电源，截至2020年底，全网总装机容量3.5亿千瓦；其中，火电1.5亿千瓦，水电1.2亿千瓦，核电1961万千瓦，风电2618万千瓦，光伏2241万千瓦，分别占比43.4%、33.2%、5.6%、7.5%、6.4%；110千伏及以上变电容量11.2亿千伏安，输电线路总长度24.8万公里。2020年底，非化石能源电量占比53.2%。南方电网交直流混联，远距离、大容量、超高压输电，安全稳定特性复杂，驾驭难度大，科技含量高；掌握超（特）高压直流输电、柔性直流输电、大电网安全稳定运行与控制、电网节能经济运行、大容量储能、超导等系列核心技术，建成并运行世界第一个±800千伏特高压直流输电工程，荣获国家科技进步奖特等奖，标志着南方电网在特高压输电领域处于世界领先水平。西电东送已经形成"八条交流、十一条直流"（500千伏天广交流四回，贵广交流四回；±500千伏天广直流、江城直流、高肇直流、兴安直流、牛从双回直流、金中直流，以及±800千伏楚穗特高压直流、普侨特高压直流、新东特高压直流、昆柳龙特高压直流）19条500千伏及以上大通道，送电规模超过5800万千瓦。

南方电网是国内率先"走出去"的电网。积极落实"一带一路"倡议，作为国务院确定的大湄公河次区域电力合作中方执行单位，不断加强与周边国家电网互联互通，持续深化国际电力交流合作。截至2020年底，公司累计向越南送电394.6亿千瓦·时，向老挝送电11.5亿千瓦·时，向缅甸购电5.4亿千瓦·时，对缅甸送电15.4亿千瓦·时。

（四）企业荣誉

2020年，南方电网统筹抓好新冠肺炎疫情防控和改革发展生产经营党建工作，深入推进发展战略落地，牢牢把握安全生产、增供扩销、基建攻坚三个抓手，实现了"十三五"发展圆满收官，为决战脱贫攻坚、决胜全面建成小康社会做出了应有贡献。全系统未发生较大及以上人身事故，未发生设备和电力安全事故，未发生对公司和社会造成重大不良影响的涉电公共安全事件。全网统调最高负荷1.998亿千瓦，同比增长7%；售电量11068亿千瓦·时，同比增长5.2%；西电东送电量2305亿千瓦·时，再创历史新高；客户平均停电时间（低压）12.15小时，同比下降15.4%；第三方客户满意度84.5分；广东、广西电网公司和深圳供电局连续多年在地方公共服务评价中名列第一；公司连续14年获得国务院国资委经营业绩考核A级，获得党建年度考核A级；在世界500强排名第105。

中国华能集团有限公司

（一）企业概况

中国华能集团有限公司（简称"华能集团"）是经国务院批准成立的国有重要骨干企业。华能集团注册资本349亿元人民币，多年来，坚决贯彻党中央决策部署，认真履行央企肩负的经济责任、政治责任和社会责任，秉承华能"三色公司"使命，逐步形成了"电为核心、多能协同、创新引领、金融支持、全球布局，加快建设'三色三强三优'世界一流能源企业"的战略目标定位，为保障国家能源安全、推动能源转型升级、促进国民经济发展做出了积极贡献。拥有51家二级单位、460余家三级企业，6家上市公司（分别为华能国际、内蒙华电、新能泰山、华能水电、华能新能源、长城证券），员工13万人。截至2019年底，全资及控股电厂装机18278万千瓦，煤炭产能7760万吨/年。资产总额和金融管理资产规模均超过1万亿元，主要生产经营指标保持行业领先。

"十三五"时期华能集团产业发展规划目标是：基本建成以电力为核心，煤炭、交通、金融、科技、物流和能源相关服务业相互协同，国内国外协调发展的现代能源产业体系，各项主要指标进入世界同类能源企业前列，进入具有全球竞争力的世界一流企业行列。

（二）主营业务

电源开发、投资、建设、经营和管理，电力（热力）生产和销售，金融、煤炭、交通运输、新能源、环保相关产业及产品的开发、投资、建设、生产、销售，实业投资经营及管理。

（三）发展成果

华能集团深入落实国资委国企改革三年行动方案，制定《改革三年行动实施方案（2020—2022年）》，全面完成年度6个方面24项重点改革任务。

深入推进"双百行动"扎实开展。新能源公司所属雄飞公司成功引入新投资方并实体化运作；资本公司所属长城证券公司完成上市；四川能源销售公司制定员工绩效激励机制实施方案；新能泰山公司全面实行经理层成员任期制契约化管理和管理人员竞争上岗，获国务院国企改革办三项制度改革评估A级。

2020年，建立《管理创新工作标准》，组建管理创新专家库，开展管理创新项目培育，管理创新工作取得丰硕成果。管理创新成果获国家级一等奖2项、二等奖11项，电力行业一等奖2项、二等奖10项，获奖成果质量、数量均在同类型企业中保持领先。同时，不断提升依法治企水平，落实2020年全面建成法治央企目标任务，开展诉讼"攻坚战"，处理法律纠纷案件482件，避免或挽回损失15.54亿元。

常态化开展法治基础工作，深化审计体制改革，强化内部审计监督，狠抓问题整改，整改完成率达到93%。2020年，江苏能源开发有限公司审计部被授予全国内部审计先进集体称号。

着力抓好提质增效工作，精心开展顶层设计，印发专项行动方案，围绕绿色转型谋发展、科技引领强创新、卓越运营稳增长、攻坚克难补短板、突出重点促改革、稳健经营防风险6个方面制定36项重点任务、181项具体工作举措，完成率达99%，成功克服疫情不利影响，实现经济效益稳增长和高质量发展目标。

2020年，华能集团开源节流取得明显成效，资金集中管理得到加强。年末带息负债综合成本同比下降0.64%，节约财务费用30亿元；营业收入增幅优于成本增幅1.3个百分点；成本费用利润率同比提高1.56%；回收新能源补贴60亿元；开展机组状态检修，节约检修费5亿元；自主检修157台次，节约费用2亿元。

根据"1+9+N"的制度体系设计和各处室最新的职责分工，制定"2020年信息化管理制度建设计划"，大力推进业务管理领域信息化应用，努力实现"数字华能"的目标。

2020年，公司工业互联网建设取得长足发展，开发出行业级平台，在玉环电厂部署的4个工业互联网试点应用通过科技评审。工业互联网一期项目，实现水电板块全覆盖，火电板块覆盖10个区域公司、19家电厂，累计采集数据415亿条，开发出智能化应用198类、6787个，应用服务累计调用1.49亿次。

（四）企业荣誉

在国内发电企业中，率先进入世界500强，19次获得国资委业绩考核A级和央企负责人任期考核A级，在国内同类发电企业中次数最多。2020年，中国华能在2020年《财富》世界企业500强中排名第266。

中国大唐集团有限公司

（一）企业概况

中国大唐集团有限公司（简称"大唐集团"）是2002年12月29日在原国家电力公司部分企事业单位基础上组建而成的特大型发电企业集团，是中央直接管理的国有独资公司，注册资本金为人民币180.09亿元，是国务院批准的国家授权投资的机构和国家控股公司试点。

大唐集团实施以集团公司、分（子）公司、基层企业三级责任主体为基础的集团化管理体制和运行模式，相继成立了大唐河北发电有限公司、大唐吉林发电有限公司、大唐黑龙江发电有限公司等18个区域子公司，成立了山西分公司、西藏分公司、上海分公司等11个区域分公司和大唐电力燃料有限公司等专业公司。

大唐集团拥有5家上市公司，分别是首家在伦敦上市的中国企业、首家在香港上市的电力企业——大唐国际发电股份有限公司；较早在国内上市的大唐华银电力股份有限公司和广西桂冠电力股份有限公司，在香港上市的中国大唐集团新能源股份有限公司，以及大唐环境产业集团股份有限公司。大唐集团拥有国内最大在役火力发电厂——内蒙古大唐国际托克托发电公司和世界最大在役风电场——内蒙古赤峰塞罕坝风电场；拥有我国已建成投产发电的最大水电站之一的大唐龙滩水电站，以及物流网络覆盖全国的中国水利电力物资有限公司等。

（二）主营业务

经营集团公司及有关企业中由国家投资形成并由集团公司拥有的全部国有资产；从事电力能源的开发、投资、建设、经营和管理；组织电力（热力）生产和销售；电力设备制造、设备检修与调试；电力技术开发、咨询；电力工程、电力环保工程承包与咨询；新能源开发；与电力有关的煤炭资源开发生产；自营和代理各类商品及技术的进出口；承包境外工程和境内国际招标工程；上述境外工程所需的设备、材料出口；对外派遣实施上述境外工程所需的劳务人员。

（三）发展成果

2020年6月，上海电气集团与大唐集团合资组建中国大唐集团燃气轮机技术服务有限公司；2021年4月15日，国家管网集团与大唐集团在京签署战略合作框架协议。双方将在天然气、氢能等绿色能源基础设施布局和建设等方面深化合作，实现互利共赢、共促发展，助力国家实现"碳达峰""碳中和"目标任务。

（四）企业荣誉

2019年7月，大唐集团被评为全国模范劳动关系和谐企业；2020年4月，大唐集团入选国务院国资委"科改示范企业"名单；2019年7月22日，2019年《财富》世界500强排行榜发布，大唐集团排名第438；2019年8月5日，获2018~2019年度全国企业文化优秀成果一等奖；2019年9月1日，中国企业联合会、中国企业家协会发布2019年中国企业500强榜单，大唐集团排名第103；2020年7月，2020年中国最具价值品牌100强榜单发布，大唐集团排名第85；2020年8月10日，《财富》世界500强排行榜发布，大唐集团位列第465；2020年9月，中国企业联合会、中国企业家协会发布2020中国企业500强榜单，大唐集团以18973335万元营业收入排名第116；2021年8月2日，2021年《财富》世界500强排行榜发布，大唐集团位列第435。

中国华电集团有限公司

（一）企业概况

中国华电集团有限公司（简称"华电集团"）是2002年底国家电力体制改革时组建的国有独资发电企业，是国务院国资委监管的特大型中央企业，也是中央直管的国有重要骨干企业。主要业务有发电、煤炭、科工、金融四大产业板块。资产及业务主要分布在全国31个省（区、市）和香港特别行政区，以及印度尼西亚、柬埔寨、俄罗斯、西班牙等40多个国家。控股6家境内外上市公司，现有职工9.3万人，资产总额达到9000亿元。公司发电装机达到1.66亿千瓦，清洁能源装机占比达43%。煤炭产业产能5830万吨/年，拥有4个千万吨级煤矿。金融产业拥有8家机构，取得财务公司、信托公司、证券、保险经纪、保理、融资租赁6种金融（或类金融）牌照。科工产业拥有国家级火力发电检测、分布式能源技术等多个科技创新平台，在国内率先构筑起覆盖火电、水电、风电、电网的电力自主可控工控产品系列，国产电力工控自主技术已经成熟并具备全面推广条件，技术水平得到行业专家高度评价。2020年，华电集团在国资委2019年度经营业绩考核中荣获A级，至此已连续8年荣获A级，经营业绩考核得分连续5年名列同类型企业前茅。公司连续9年上榜《财富》世界500强，并较上年提升16个位次。连续8年荣获联合国全球契约最佳实践奖。2021年，再次入选中国500最具价值品牌榜，以968.35亿元的品牌价值位列第58，较上年跃升18位。

（二）主营业务

依法经营集团公司及有关企业中由国家投资形成并由集团公司拥有的全部国有资产；从事电源的开发、投资、建设、经营和管理，组织电力（热力）生产和销售；从事与电力能源开发有关的物资经销、环保、科技开发、信息咨询、工程建设与管理、设备制造与检修，与电力相关的煤炭等一次能源开发，以及交通运输、房地产开发、物业管理等电力相关业务的投资、建设、经营和管理；根据国家有关规定，经有关部门批准，从事国内外投融资业务；经国家批准，自主开展外贸流通经营、国际合作、对外工程承包和对外劳务合作等业务。

（三）发展成果

近年来，华电集团在以习近平同志为核心的党中央坚强领导下，深入学习贯彻习近平新时代中国特色社会主义思想，全面落实党中央、国务院决策部署和国家能源安全新战略，以创建具有全球竞争力的世界一流能源企业为愿景，扎实推进"五三六战略"（即坚持和加强党的全面领导、坚持稳中求进工作总基调、坚持新发展理念、坚持推动高质量发展、坚持改革创新，持续推进从保障供应向增加有效供给转变、从规模扩张向注重效益提升转变、从要素驱动向创新驱动为主转变，努力实现一流的可持续发展能力、一流的价值创造能力、一流的国际化运营能力、一流的科技创新能力、一流的企业治理能力、一流的品牌影响力，到2035年基本建成具有全球竞争力的世界一流能源企业），企业改革发展取得了可喜成绩。2020年，全面超额完成了国资委绩效考核指标，效益增长位列央企前茅。"两利三率"指标取得可喜成绩，连续8年荣获国资委业绩考核A级企业，连续5年名列同类型企业前茅；连续9年上榜世界500强，并较上年提升16个位次；首次进入世界品牌实验室发布的中国500最具价值品牌榜并位列第76。

（四）企业荣誉

"大型热电联产源网荷一体化协同供热关键技术研究及应用"项目获中国电力科学技术奖一等奖，"乌江思林、沙沱升船机关键技术与应用"获全国水力发电科学技术奖一等奖。

华电集团获评2019年中央单位定点扶贫考核最优等级，荣获国家脱贫攻坚最高荣誉"全国脱贫攻坚奖组织创新奖"。连续8年荣获联合国全球契约最佳实践奖，社会责任报告连续6年荣获"金蜜蜂优秀企业社会责任报告·长青奖"。

国家电力投资集团有限公司

（一）企业概况

国家电力投资集团有限公司（简称"国家电投"）是中央直接管理的特大型国有重要骨干企业，成立于2015年7月，由原中国电力投资集团公司与国家核电技术有限公司重组组建。国家电投是我国五大发电集团之一，是全球最大的光伏发电企业，2020年在世界500强企业中位列第316，业务范围覆盖46个国家和地区。国家电投现有员工总数13万人，拥有62家二级单位，其中，5家A股上市公司、1家香港红筹股公司和2家新三板挂牌交易公司。国家电投肩负保障国家能源安全的重要使命，负责牵头实施"大型先进压水堆核电站""重型燃气轮机"两个国家科技重大专项，是"能源工业互联网"平台建设任务的主责单位，也是国务院国资委确定的国有资本投资公司试点企业。

国家电投是我国三大核电开发建设运营商之一。拥有辽宁红沿河、山东海阳、山东荣成等多座在运或在建核电站，以及一批沿海和内陆厂址资源，是实施三代核电自主化的主体、载体和平台，以及大型先进压水堆国家科技重大专项的牵头实施单位，肩负着国家三代核电自主化、产业化、国际化的光荣使命，具备核电研发设计、工程建设、相关设备材料制造和运营管理的完整产业链和强大技术实力。

（二）主营业务

电力、热力的开发、投资、建设、生产、经营和销售；电力配电、售电；与电力相关的煤炭、煤层气、页岩气开发及相关交通运输；铝土矿、氧化铝、电解铝的开发、投资、建设、生产、经营和贸易等业务；节能环保工程投资、建设、生产、运营；核电、火电等电力及相关产业技术的科研开发、技术咨询服务、工程建设、运行、维护、工程监理、招投标代理等；业务范围内设备的成套、配套、监造、运行及检修；电能及相关产业配套设备的销售；对外工程承包和对外劳务合作；进出口业务；业务范围内的境内外投资及相关融资业务。

（三）发展成果

核电总装机698万千瓦，是我国三大核电投资建设运营商之一。拥有在运核电机组6台、在建机组4台和一批核电项目前期厂址。拥有第三代非能动核电产业链，具备研发、设计、工程建设、关键设备制造、运营和寿期服务能力。

国家电投是中国领先的核电技术供应商，按照国务院的要求，承担三代核电引进、消化、吸收、再创新的战略任务。从研发设计中国第一座核电站（秦山核电站）、中国第一个出口核电站（巴基斯坦恰希玛核电站），到开发具有世界先进水平的第三代非能动压水堆核电站国和一号，国家电投已成为全球核电行业一支重要的竞争力量。国家电投以控股产业集团——国家核电技术公司为平台，整合核电资产和业务，主要业务包括核电项目投资、开发、建设和运营管理；第三代核电技术引进、消化、吸收、研发、应用和推广；核电重大科技专项实施，国和一号、小堆等先进核电技术研发、应用和推广；核电厂运行、寿期服务，相关设备、材料制造等。坚决落实习近平总书记2016年8月视察国家电投黄河公司时作出的"一定要将光伏产业做好"重要指示。4年多来，国家电投高质量发展光伏产业，光伏发电总装机3303万千瓦，位居全球第一。形成了酒泉、共和、格尔木、哈密、盐城等大型新能源基地，资产主要分布在青海、新疆、河北、江苏、甘肃等30个省（区、市）。拥有研发、设计、多晶硅、光伏电池、组件制造、工程施工和生产运营光伏全产业链。

在国内率先推广应用水光风光互补、渔光农光互补、光伏治沙等技术，解决光伏发电安全并网、土地综合利用率"光伏+"多能互补模式提高、环境治理等问题，探索出一条多能互补、智能协同的能源生态发展道路。火电总装机8497万千瓦，其中，煤电7737万千瓦，燃机、生物质发电760万千瓦。资产主要分布在我国20个省（区、市）以及巴基斯坦、土耳其等国家。致力于火电清洁发展，持续推进超低排放，降低火电机组供电煤耗。

风电总装机3201万千瓦，位居全球第二。资产主要分布在青海、甘肃、内蒙古、江苏等25个省（区、市），正在加速推进内蒙古乌兰察布、江苏、广东海上风电基地建设。2020年，国家电投新增风电装机1158万千瓦，风电投产规模超过了前4年投产总和。水电总装机2399万千瓦，位居全球前十。资产主要分布在青海、湖南等14个省（区、市），承担了中国13大水电流域基地中2个（黄河上游、湘西）流域基地开发任务，同时，开发澳大利亚、南美和缅甸等海外地区水电业务。国家电投境外业务涵盖46个国家，其中，"一带一路"沿线国家37个，拥有境外发电装机容量605.8万千瓦，包括水电234万千瓦、煤电182万千瓦、气电18万千瓦、风电118.4万千瓦、光伏53.4万千瓦，清洁能源占比70%。境外在建电力装机221.5万千瓦（不含缅甸伊江项目）；正在执行的电力工程总承包项目11个，电站咨询设计、运维培训及其他服务项目总计30个。

（四）企业荣誉

2020年，国家电投清洁能源占比突破56%，新能源装机居世界首位，成为首家宣布"碳达峰"时间的中央企业；海阳核电站首次大修创国内"最短工期"纪录，全国首个零碳供暖城市创建项目正式开工，世界首个水热同传实践工程正式投运，核能综合利用实现"双突破"；打造"全球一流光伏产业"技术先行，光伏电池量产效率破24.5%，实现国际领先；组建综合智慧能源科技公司，综合智慧能源项目共407个，综合智慧能源成为国家电投未来发展最重要的增长极；2019年，成功研制氢燃料电池、铁—铬液流电池等尖端产品，氢能、储能、核能等新业态开发取得突破。2020年，国家电投在2020年《财富》世界企业500强中排名第316。

中国长江三峡集团有限公司

（一）企业概况

1993年9月27日，为建设三峡工程，经国务院批准，中国长江三峡工程开发总公司正式成立。2009年9月27日，更名为中国长江三峡集团公司。2017年12月28日，完成公司制改制，由全民所有制企业变更为国有独资公司，名称变更为中国长江三峡集团有限公司（简称"三峡集团"）。在党中央、国务院的坚强领导下，三峡集团历经近30年持续快速高质量发展，现已成为全球最大的水电开发运营企业和中国最大的清洁能源集团，成为国务院国资委确定的首批创建世界一流示范企业之一。

党的十八大以来，习近平总书记多次对三峡集团作出重要讲话指示批示，充分体现了以习近平同志为核心的党中央对三峡集团的高度重视和亲切关怀，为三峡集团做好当前各项工作、谋划未来发展指明了前进方向，提供了根本遵循。根据习近平总书记重要指示批示精神要求，2018年4月，国家发改委、国务院国资委明确三峡集团战略发展定位为：主动服务长江经济带发展等国家重大战略，在深度融入长江经济带、共抓长江大保护中发挥骨干主力作用，在促进区域可持续发展中承担基础保障功能，在推动清洁能源产业升级和带动中国水电"走出去"中承担引领责任，推进企业深化改革和创新发展，加快建成具有较强创新能力和全球竞争力的世界一流跨国清洁能源集团。

三峡集团正立足新发展阶段，完整、准确、全面贯彻新发展理念，构建新发展格局，推动高质量发展，奋力实施清洁能源和长江生态环保"两翼齐飞"，"十四五"时期将基本建成世界一流清洁能源集团和国内领先的生态环保企业，努力为实现"碳达峰""碳中和"目标，促进经济社会发展全面绿色转型做出更大贡献。

截至2020年底，三峡集团可控装机容量达到8760万千瓦，其中，可再生清洁能源装机占95%，可控水电装机占全国水电装机的15%。三峡集团资产总额达到9671亿元，利润总额、归属母公司净利润、成本费用利润率、全员劳动生产率、人均利润、人均上缴利税等指标在央企名列前茅。在中央企业年度经营业绩考核中，连续14年获评A级。

（二）主营业务

历经20多年持续健康发展，三峡集团已经成为全球最大的水电开发运营企业和我国最大的清洁能源集团。三峡集团围绕清洁能源和长江生态环保主业形成了工程建设与咨询、电力生产与运营、流域梯级调度与综合管理、国际能源投资与承包、生态环保投资与运营、新能源开发与运营管理、资本运营与金融业务、资产管理与基地服务八大业务板块。业务遍布国内31个省（区、市），以及全球40多个国家和地区，已经实现从三峡走向长江、从湖北走向全国、从内陆走向海洋、从中国走向世界的跨越式发展。

三峡集团正按照中央赋予的新发展战略定位，奋力实施清洁能源和长江生态环保"两翼齐飞"，积极发挥好"六大作用"，即在促进长江经济带发展中发挥基础保障作用，在共抓长江大保护中发挥骨干主力作用，在带领中国水电"走出去"中发挥引领作用，在促进清洁能源产业升级中发挥带动作用，在深化国有企业改革中发挥示范作用，在履行社会责任方面发挥表率作用，加快建设具有全球竞争力的世界一流企业。

（三）发展成果

截至2020年底，三峡集团拥有二级公司及分公司31家，其中控股上市公司2家，现有境内从业人员2.55万人。资产总额9671亿元，资产负债率50.84%，可控、权益和在建总装机规模达到1.4亿千瓦，其中，可控装机8760万千瓦，在建装机2673万千瓦，权益装机2619万千瓦，96%为清洁可再生能源。2020年，全年完成发电量超3300亿千瓦·时，实现营业收入1117亿元，实现利润总额551亿元，净利润456亿元，信用评级继续保持国家主权评级，连续3年在中央单位定点扶贫考核中获得"好"的评价。

在国内重点工程方面，2020年，乌东德、白鹤滩水电站等重大工程建设取得优异成绩。乌东德水电站主体工程基本完工，首批机组于2020年6月29日投产发电，全年累计8台机组投产发电，创造半年投产8台85万千瓦巨型水轮发电机组的优异成绩；投产机组运行良好，成功实现"首稳百日"目标，累计发电134亿千瓦·时。白鹤滩水电站大坝11个坝段浇筑到顶，泄洪洞主体工程完工；导流洞全部下闸封堵，实现大坝挡水及导流底孔过流，完成工程导流转换；首批发电机组开始总装；移民建房基本完成，3万余人完成搬迁。溪洛渡、向家坝水电站经济问题处理稳妥推进，劳动安全与工业卫生、工程档案等专项验收顺利通过，竣工决算（枢纽工程部分）基础工作基本完成。浙江长龙山抽水蓄能电站上下水库大坝封顶，开始下闸蓄水，首台发电机组具备无水调试条件。

在流域梯级枢纽运行方面，2020年，三峡工程完成整体竣工验收全部程序，转入正常运行新阶段。根据验收结论，三峡工程建设任务全面完成，工程质量总体优良，运行持续保持良好状态，防洪、发电、航运、水资源利用等综合效益全面发挥。三峡—葛洲坝梯级调度新规程获批，首次运用成效显著。三峡水库连续11年实现175米试验性蓄水目标，成功应对建库以来最大洪峰（峰值75000立方米/秒）考验，累计拦洪295亿立方米。三峡船闸通过量1.37亿吨，再创新高。三峡升船机按时恢复通航，快速过坝通道作用充分发挥；荣获菲迪克工程项目优秀奖。向家坝升船机年通货量首次达到设计运量。长江干流梯级电站全年发电2403亿千瓦·时，创历史新高；三峡电站全年发电1118亿千瓦·时，创造单座水电站年发电量世界纪录，圆满实现"三峡创纪录、流域创新高"目标。

在长江大保护工作方面，2020年，三峡集团持续强化"三峡治水模式"创新，城镇污水治理成效逐步显现，已经形成"政府放心、行业认可、百姓满意"三峡品牌。首批试点项目基本建成，重点省市业务覆盖范围不断扩大。牵头成立长三角生态绿色一体化发展示范区开发者联盟并担任首任轮值执行长，成功承办开发者大会等重大活动。启动参与赤水河流域水环境治理工作。"五大平台"全面运转。长江生态环保集团有限公司作为核心实施平台,不断优化完善内部管理体系,核心能力不断增强。长江生态环境工程研究中心初具核心研发能力,积极申报国家级工程中心。长江生态环保产业联盟已有102家成员单位,组建7个专委会。长江绿色发展投资基金有序运转。长江大保护专项资金发挥积极作用。发布中证长江保护主题指数并正式运行,填补聚焦长江经济带战略的主题指数空白。长江大保护资金保障体系初步建立。组建三峡绿色发展公司作为总承包主体单位,建立共抓长江大保护工程总承包长效机制。依托基地公司打造共抓长江大保护项目运维平台,提升运维核心能力。不断深化聚焦"厂网一体"的治理模式、聚焦价格机制的商业模式、聚焦政企互利共赢的合作模式、聚焦产业联盟的共建模式等城镇污水治理"三峡治水模式",积极探索水管家和综合能源管家新模式、新机制。截至2020年底,与沿江11省(区、市)签订合作协议109份,累计落地投资额1353亿元,进一步夯实上游破局发力、中游坚实支撑、下游资本先行的总体布局。管网建设运营长度1.7万公里,直接服务城镇面积1.8万平方公里,惠及2300万人。

在新能源业务方面,2020年,三峡集团新能源业务加快发展,成效显著。加强顶层设计和统筹协调,成立新能源业务领导小组,加快推进新能源业务板块改革发展。全年新增装机近530万千瓦,占"十三五"时期投产总量的一半,创历史新高。累计装机达1724万千瓦。加大优质资源获取力度,新增资源超5000万千瓦,超历年总和;累计储备资源超8000万千瓦,其中海上风电约3000万千瓦。创新资源获取模式,全力在资源禀赋较好地区争取大基地项目,在内蒙古乌兰察布一次性获取全球最大"源网荷储"300万千瓦项目并开工建设。坚定不移实施"海上风电引领者"战略,投产装机134万千瓦。亚太单机容量最大10兆瓦海上风机在福建福清兴化湾成功并网发电。东北地区首个海上风电项目辽宁大连庄河30万千瓦项目全容量并网。江苏、广东、福建等区域5个百万千瓦级海上风电基地初具规模。

在国际化经营方面,2020年,三峡集团国际业务稳健发展。圆满完成秘鲁路德斯公司股权交割(交易金额35.9亿美元),实现平稳过渡、有序衔接。成功发行长江电力"沪伦通"全球存托凭证(GDR),首次实现控股核心子企业境外上市,募集资金19.63亿美元。这是我国企业GDR发行规模最大一单和我国实业类企业首单GDR发行。加强葡萄牙国家电力公司市值管理,股价创新高,持有市值超45亿欧元。优化葡萄牙国家电力公司股权管理策略和方案,实现投资收益约4亿元人民币。成功收购西班牙最大光伏运营项目。德国梅尔海上风电场年发电量创投产以来新高。巴基斯坦卡洛特水电站主厂房二期混凝土全线浇筑到顶,全部机组进入本体安装阶段。老挝南公1水电站下闸蓄水。巴基斯坦科哈拉水电站购电协议以及与巴联邦政府、AJK政府的三方协议成功签署。几内亚苏阿皮蒂水利枢纽两台机组投产发电。

在内部改革方面,2020年,三峡集团组织召开高端研讨会和党的十九届五中全会精神读书研讨班,深化对"十四五"发展重大问题研究,基本形成集团公司"十四五"规划。创建世界一流示范企业成果丰硕,成为首家在国企改革讲堂分享经验的中央企业。全面启动对标世界一流管理提升行动,明确"123456"总体思路,制定57条重要措施和39项对标提升清单,审定45项管理创新成果。全面推进子企业规范董事会建设,董事会建设制度体系基本建立,派出首批专职董事。三峡新能源上市获证监会审议通过。三峡国际基本锁定国际国内具有协同效益的战略投资者,完成公司治理顶层架构调整。长江电力、三峡资本圆满完成国企改革

"双百行动",三项制度改革评估为"A"级。中水电纳入"双百行动"试点单位。三峡建设和机电公司重组成立三峡建工（集团）。整合集团党校和大学，组建新的集团公司党校（集团公司大学）。

在党建工作方面，2020年，三峡集团以党的政治建设为统领，全面推进党的建设。认真学习贯彻习近平总书记对乌东德水电站首批机组投产发电重要指示精神，举办学习贯彻习近平总书记视察三峡工程重要讲话精神两周年主题活动。及时向中办、国办报送大事要情，基本上每周都有集团公司重要信息由中办呈报中央领导同志。扎实开展"中央企业基层党建巩固深化年"专项行动，推动党建工作提质增效升级，在中央企业党建考核中被评为"优秀"。落实"两个一以贯之"，全面修订集团公司和各二级单位"三重一大"决策制度和党委议事规则，制定党组（党委）前置研究事项清单，厘清各治理主体权责边界。及时优化基层党组织设置，实现1350名基层党组织书记和专职党务干部轮训全覆盖。全面总结推广重点工程项目大党建、党员领先指数、支部联建、党员岗号队等创新做法，施工区大党建得到中组部充分肯定。充分发挥纪检监察组与党组、职能部门、所属单位"三位一体"立体监督协调机制作用，深入开展疫情防控、脱贫攻坚、"两个责任"落实专项监督。组织开展中央巡视整改"回头看"，对重点单位进行约谈，推动整改措施落实落地。

（四）企业荣誉

截至2020年底，三峡集团在工程建设、科技创新、履行企业社会责任等方面取得显著成果，受到各级政府、机构及党和国家领导人的表彰。

2020年是决战决胜脱贫攻坚之年。三峡集团坚决贯彻落实党中央决策部署，全力以赴克服新冠肺炎疫情影响，尽锐出战，助力决战决胜脱贫攻坚，在教育扶贫、健康扶贫、基础设施扶贫、产业扶贫、消费扶贫、就业扶贫等方面推出系列"组合拳"，全面超额完成中央单位定点扶贫各项指标任务，高质量兑现"全面小康路上一个都不能少"的庄严承诺。

2020年，三峡集团科技创新成果显著，围绕关键核心技术攻关形成了一批重大科技创新成果。三峡集团组织申报各级科技奖励38项，其中，国家科学技术奖7项，省级科学技术奖4项，行业学会科学技术奖27项，中国专利奖2项，共获省级及行业学会科学技术奖25项。截至2020年底，共荣获257项国家、省部、行业科学技术奖励，其中国家科学技术奖35项，包括科技进步特等奖1项、科技进步一等奖1项、技术发明奖二等奖4项、科技进步二等奖29项；省部和行业奖励222项，包括特等奖15项、一等奖92项、二等奖67项、三等奖48项。

2020年1月10日上午，中共中央、国务院在北京隆重举行国家科学技术奖励大会，三峡集团获得3项2019年度国家科学技术进步奖。三峡集团作为第一完成单位的"长江三峡枢纽工程"项目获2019年度国家科学技术进步奖特等奖，三峡集团参与的"复杂水域动力特征和生境要素模拟与调控关键技术及应用"项目、上海勘测设计研究院参与的"长三角地区城市河网水环境提升技术与应用"项目获国家科学技术进步奖二等奖。

2020年6月28日，中共中央总书记、国家主席、中央军委主席习近平对金沙江乌东德水电站首批机组投产发电作出重要指示，代表党中央对首批机组投产发电表示热烈的祝贺，向全体建设者和为工程建设作出贡献的广大干部群众表示诚挚的问候。习近平强调，乌东德水电站是实施"西电东送"的国家重大工程。希望同志们再接再厉，坚持新发展理念，勇攀科技新高峰，高标准高质量完成后续工程建设任务，努力把乌东德水电站打造成精品工程。要坚持生态优先、绿色发展，科学有序推进金沙江水能资源开发，推动金沙江流域在保护中发展、在发展中保护，更好造福人民。

2020年11月1日，水利部、国家发改委公布，三峡工程已完成整体竣工验收全部程序。根据验收结论，三峡工程建设任务全面完成，工程质量满足规程规范和设计要求、总体优良，运行持续保持良好状态，防洪、发电、航运、水资源利用等综合效益全面发挥。

2020年12月15日，在北京冬奥组委成立五周年之际，中国长江三峡集团有限公司正式成为北京2022年冬奥会和冬残奥会官方发电合作伙伴。这是2020年北京冬奥组委签约的第一家第一层级赞助企业。

国家能源投资集团有限责任公司

（一）企业概况

国家能源投资集团有限责任公司（简称"国家能源集团"）是经党中央、国务院批准，由原国电集团和神华集团重组成立的中央直管国有重点骨干企业，是党的十九大后改革重组的第一家中央企业，是国有资本投资公司改革、创建世界一流示范的试点企业，2017年11月28日正式挂牌成立，2020年《财富》世界500强排行榜排名第108。截至2020年底，国家能源集团职工总数32.8万人，资产总额1.8万亿元，煤炭产能6亿吨/年，发电总装机2.57亿千瓦，自营铁路2420公里，港口设计吞吐能力2.7亿吨/年，煤制油品产能531万吨/年。拥有中国神华、国电电力、长源电力、平庄能源、英力特、龙源技术、莱宝高科等7家A股上市公司和中国神华、龙源电力、国电科环等3家H股上市公司，1000余家生产单位，14家科研院所，21家科技企业，产业分布在全国31个省（区、市）以及美国、加拿大等10多个国家和地区。

（二）主营业务

集团拥有煤炭、电力、运输、化工等全产业链业务，是全球规模最大的煤炭生产公司、火力发电公司、风力发电公司和煤制油煤化工公司。主要经营国务院授权范围内的国有资产，开展煤炭等资源性产品、煤制油、煤化工、电力、热力、港口、各类运输业、金融、国内外贸易及物流、房地产、高科技、信息咨询等行业领域的投资和管理；规划、组织、协调、管理集团所属企业在上述行业领域内的生产经营活动；化工材料及化工产品（不含危险化学品）、纺织品、建筑材料、机械、电子设备、办公设备的销售。

（三）发展成果

国家能源集团积极服从服务国家战略、保障国家能源安全、助力国民经济稳增长，认真贯彻"四个革命、一个合作"能源安全新战略，深入实施"一个目标、三型五化、七个一流"发展战略，即围绕建设具有全球竞争力的世界一流能源集团这一战略目标，打造创新型、引领型、价值型企业集团，推进清洁化、一体化、精细化、智慧化、国际化发展，实现安全一流、质量一流、效益一流、技术一流、人才一流、品牌一流、党建一流。

在生产经营方面，2020年，国家能源集团完成煤炭产量5.3亿吨、煤炭销量7亿吨、发电量9828亿千瓦·时、铁路运量4.6亿吨、含主要中间品的化工品产量2548万吨，实现营业收入5569亿元、利润总额838亿元、净利润577亿元、资产负债率58.83%。在2018年度、2019年度、2020年度和2016~2018年任期中央企业负责人经营业绩考核中，均获得A级，获评2019年度、2020年度央企党建责任制考核A级。

在重大项目方面，落实党中央关于"十四五"规划和2035年远景目标建议，成立规划编制领导小组，召开专题会议，推进"十四五"规划高标准编制、高起点布局。落实"碳达峰、碳中和"要求，制定煤基产业达峰时间表和路线图。积极主动对接国家区域发展战略，加强企地合作，推动重点规划项目落地。2020年，大力发展清洁可再生能源，新能源基建投资占比57.6%，同比增长99.8%，实现新能源投产521万千瓦、开工535万千瓦，风电装机达到4604万千瓦，保持世界第一，清洁可再生能源装机占比达到25.8%。深化供给侧结构性改革，核增优质煤炭产能3520万吨，投产清洁高效煤电机组691万千瓦，完成煤炭、煤电去产能任务。一批重大项目加快实施，鄂尔多斯和巴彦淖尔综合能源基地积极推进，青海玛尔挡水电项目成功并购，西部清洁能源基地规模化发展取得重大突破，国家《中长期铁路网规划》重点工程黄大铁路提前顺利开通，榆林循环经济煤炭综合利用项目一阶段工程产出合格甲醇。

在走向海外方面，习近平总书记见签的中法合资江苏东台50万千瓦海上风电项目落地实施，乌克兰尤日内7.6万千瓦风电项目开工建设，俄罗斯扎舒兰500万吨/年煤矿项目完成项目备案和风险评估。印度尼西亚爪哇7号项目2台百万千瓦机组克服海外疫情影响，实现高标准投产，入选人民日报社发布的首个"一带一路"高质量发展案例。

在科技创新方面，2020年，全年科技投入完成91.5亿元，同比增长14.3%。落实国资委1025专项和国家能源局补短板任务部署，实施重点科技攻关计划，牵头承担的8项关键核心技术攻关任务顺利推进。58项科技成果达到国际领先或国际先进水平，82项科技成果获得国家级、行业或省部级科技奖，获授权专利2395件，同比增长52%，其中发明专利504件，同比增长29.6%。"400万吨/年煤间接液化成套技术创新开发及产业化"项目通过国家科技进步一等奖评审，鄂尔多斯煤直接液化反应器完成国产化整台套更新，包神铁路成功研发全球24轴最大功率电力机车。

在信息化与数字化建设方面，把握数字产业化和产业数字化新趋势，加快智慧企业建设。新ERP系统成功上线，生产调度指挥系统建设高质量推进，初步建成了"一体化集中管控、智能化高效协同、可视化深度融合"的高效调度指挥系统和应急指挥平台，9处煤矿入选国家首批示范智能化煤矿，3个露天煤矿开展无人驾驶试验，实现极寒条件下220吨级无人驾驶卡车重载运行，国内首个5G+智慧火电厂建成投运，铁路调度信息系统实现智能调度，货车智能运维全面实现"状态修"，全流程智能装船填补行业空白。

在深化改革方面，坚决贯彻党中央决策部署，落实国资委工作要求，确立2020年为"改革攻坚年"。积极稳妥推进"总部机关化"整治，健全"战略+运营"管控模式，总部部门、中心减少48%，人员减少42%，管理审批事项减少29%。完成16家同质化公司业务重组，实现一个专业门类、一家公司运营、一个标准管理。有序推进14个省（区、市）电力企业管理整合，区域一体化协同效应进一步巩固。推进科研体系改革，形成"1家智库+2家前沿技术研究院+3家专业研究院+N个研发平台"的自主研发体系。高起点落实国企改革三年行动，制定实施方案，点名推进改革企业40余户。深化三项制度改革，编制9个专业类别的劳动定员标准，在上市公司龙源技术实施股权激励计划，6家科技企业试点开展分红激励。制定《混合所有制改革工作指引（试行）》。厂办大集体在职职工安置完成率100%，三供一业分离移交完成收尾工作，退休人员社会化管理主体任务提前完成。深化"法治国家能源"建设，开展289项制度"立改废"，集团总部及重要子企业规章制度、经济合同和重大决策法律审核率保持100%。

在党的建设方面，坚持党建引领，落实"四同步""四对接"要求，严格落实党建责任制，制定《关于进一步推动党建工作与生产经营融合促进的指导意见》，开展"社会主义是干出来的"岗位建功行动，党建工作与生产经营进一步融合。落实"中央企业党建巩固深化年"要求，全覆盖开展党建考核和党委书记抓党建工作述评考，深入实施"四强化、六提升"工作举措。落实《国有企业基层组织工作条例》，加强"三基"建设，开展建设100个示范党支部、100个创新案例的"双百行动"。实施优秀年轻干部培养工程，一批"80后"优秀年轻干部进入基层企业班子。制定《领导人员能上能下管理办法（试行）》，实施《容错纠错工作办法（试行）》，推动形成能上能下的选人用人机制，激励干部担当作为。认真落实《党委（党组）落实全面从严治党主体责任规定》，明确20个方面71条措施。

在履行社会责任方面，认真贯彻落实习近平总书记关于疫情防控工作重要指示精神和党中央决策部署，成立应对疫情工作领导小组，提出"防控疫情、保安全生产、保职工健康、保稳定供应"的"一防三保"目标要求，公司系统没有发生聚集性感染事件，境外企业员工"零确诊"。向湖北等重点省份捐赠资金1.4亿元，制定实施对湖北"搭把手、拉一把"的具体举措，累计采购湖北地区企业产品及服务金额达36.7亿元。坚决做好能源保供、民生保障和稳价稳市。面对疫情，70座煤矿率先复工复产，湖北等重点区域电厂保持安全稳定运行。面对低温寒潮，63家电厂和10座保供煤矿安全高效生产，一体化调运量和发电量多次创历史新高。认真落实国家宏观调控要求，执行煤炭中长期合同互保机制，全年为社会让利128亿元。因地制宜实施生态扶贫、教育扶贫、消费扶贫和医疗扶贫，党的十八大以来累计投入扶贫资金26.7亿元，定点扶贫和对口支援的四川凉山州布拖、普格等9个贫困县全部脱贫摘帽。贯彻落实"绿水青山就是金山银山"理念，成立集团生态环境保护领导小组，建成国家级绿色矿山36座、省级绿色矿山11座，煤电机组100%实现超低排放，"公转铁"运输增量完成6340万吨，开展黄河源生态保护，建成国家能源集团生态林2.5万亩。

（四）企业荣誉

国华印度尼西亚项目成为人民日报发布的首个"一带一路"高质量发展案例，国华九江电厂新建工程、国电电力舟山普陀6号海上风电场2区项目、国电江永龙田风电场获得2020年度中国电力优质工程奖，大岗山水电站工程获得第十七届（2020年）中国土木工程詹天佑奖。入选"中国企业社会责任TOP前30"，位列第18。在中央单位定点扶贫工作成效考核中，连续三年荣获"好"的最高等次评价。在"护网2020"中，集团公司防守成绩获评最高等级"优秀"。1个集体、2名个人在中央企业抗击新冠肺炎疫情表彰大会上受到表彰。10名职工当选全国劳动模范，当选人数实现历史性突破。2人获全国电力行业领军人才称号，2人获全国电力行业技术能手称号，2 名技术能手当选全国能源化学地质系统"大国工匠"，82 个工作室通过评审并进行命名挂牌。

中国广核集团有限公司

（一）企业概况

中国广核集团有限公司（简称"中广核"）起步于大亚湾核电站建设，是伴随我国改革开放和核电事业发展逐步成长壮大起来的中央企业，经过 40 余年的发展，业务已逐步拓展为"6+1"产业体系，覆盖核能、核燃料、新能源、非动力核技术应用、自动化、科技型环保及产业金融，拥有 2 个内地上市平台及 3 个香港上市平台。

中广核的发展得到了党和国家领导人的亲切关怀，习近平总书记给予了多次关怀和指导，对集团发展寄予厚望。面向"十四五"及未来发展，中广核将始终坚持以习近平新时代中国特色社会主义思想为统领，坚决落实党中央、国务院决策部署，践行"严慎细实"的工作作风，立足新发展阶段，贯彻新发展理念，融入新发展格局，推动集团高质量发展，为实现中华民族伟大复兴的中国梦做出新的更大贡献！

（二）主营业务

在国内业务方面，2021 年 7 月，在运核电机组 25 台，装机容量 2826 万千瓦，占全国 53%，保持安全稳定运行，核电机组 85.4%的 WANO（世界核运营者协会）指标进入世界前 1/4。岭澳 1 号机组连续稳定运行超 5400 天，继续创造并刷新世界纪录。在建核电机组 6 台，装机容量 709 万千瓦，占我国核电在建规模 46.2%。国内在运新能源装机容量 2487 万千瓦，涵盖风能、太阳能等清洁能源业务，覆盖 29 个省（区、市），国内综合排名位居前列。集团拥有国际领先的等离子体固体危废处置、电子束工业废水处理两大技术，核技术应用实现多点突破，其中，电子束治污技术不断拓展新的应用场景，医疗废水、固废处理、杀菌灭活等业务向产业化发展迈出了实质性步伐。科技型环保业务以全面服务核电为基础，辐射核电周边环保业务，努力打造生态核电环保系统综合服务平台。

在境外业务方面，中广核积极响应国家"一带一路"倡议，境外清洁能源控股总装机容量 1156 万千瓦，为 14 个国家和地区提供清洁电力。中广核进行全球战略布局，天然铀产量位居全球前列，收购并建设了世界第三大铀矿纳米比亚湖山铀矿，这是我国在非洲最大实体投资项目，累计产量超过 1 万吨，为国家掌握了宝贵的战略资源。

（三）发展成果

在核电领域，自主研发了"华龙一号"三代核电技术、核电站核级数字化仪控系统"和睦系统"等，掌握了关键核心技术。面向国家重大需求和世界核能科技前沿，积极布局第四代铅铋快堆、创新型小堆、先进核燃料等核能前瞻性技术的研发，牵头中俄合作铅铋快堆项目，四代堆研发实现良好开局。在新能源领域，围绕综合能源服务、储能、氢能、数字化智能运维工程、海上先进技术集成工程、光热发电示范工程、前瞻性创新技术工程等重点领域开展创新工作，建设高水平科技人才队伍，打造科技创新中心。在非动力核技术应用和科技型环保领域，持续提升创新投入占比，筹建等离子技术研发中心、工业零排放工程技术中心等应用创新平台，掌控行业前瞻技术，占领科研高地。

截至2021年8月底，中广核直属管理公司26家，资产总额8285亿元，员工4.3万人，控股在运清洁电力装机超过6469万千瓦（核电2826万千瓦、新能源3643万千瓦），继续保持国内第一、全球第三核电企业地位。主要经营业绩连续8年实现两位数增长，持续保持在中央企业前列；在中央企业负责人经营业绩考核中，连续8年获得国务院国资委A级评价。

（四）企业荣誉

2020年12月1日，广东阳江核电3号、4号机组核电工程荣获国家优质工程金奖，是我国工程建设领域设立最早，规格最高，跨行业、跨专业的国家级质量奖，是集团核电工程建设领域获得的首个国家级金奖；2020年12月11日，项目还荣获第十九届全国质量奖（2020～2021年）卓越项目奖。安徽白马湖风电场荣获全国质量管理先进单位。内蒙古达拉特光伏领跑基地100兆瓦3号项目工程荣获2020年度中国电力优质工程—运营/建设单位。福建宁德核电站一期工程获评国家水土保持生态文明工程，成为中广核首个获此荣誉的核电基地。中广核新能源蝉联3届国家水土保持生态文明工程。大亚湾核电基地、云南磨豆山科普教育基地获中国能源研究会颁发的2020年度优秀能源科普教育基地荣誉称号。

此外，集团员工周创彬同志荣获全国劳动模范称号、深圳经济特区建立40周年创新创业人物和先进模范人物；叶晓军同志、赵云锋同志荣获中央企业抗击新冠肺炎疫情先进个人；方建军同志荣获广东抗击新冠肺炎疫情先进个人；台山核电党委荣获中央企业抗击新冠肺炎疫情先进集体。

京能（锡林郭勒）发电有限公司

（一）企业概况

京能（锡林郭勒）发电有限公司坐落在内蒙古锡林郭勒盟五间房工业园区。2015年9月18日，开工建设2×660MW超超临界褐煤发电机组工程，是锡林郭勒盟清洁能源输出基地率先建成投产的特高压线路配套电源项目，是锡林郭勒盟至山东1000千伏交流特高压输电线路配套的国内首个集清洁能源、生态建设、绿色农业"三位一体"的清洁高效生态煤电综合产业国优金奖示范项目。

（二）主营业务

电力项目开发与建设，电力、热力生产及销售；能源节约和能源开发项目；电力技术改造、咨询；电力、热力相关的燃料、粉煤灰、石膏销售及综合开发利用；仓储物流；烟气提水技术开发、技术推广、技术服务；水的生产及供应。

（三）发展成果

首次研发应用660兆瓦级火电机组烟气提水装置、660兆瓦级双水内冷汽轮发电机组、660兆瓦级电站锅炉尾部高焓值烟气热能回用系统、660兆瓦级高参数超超临界褐煤锅炉创新技术、660兆瓦级高参数高背压九级回热汽轮机组"五个世界首次"为代表的国产重大装备和系统集成,被内蒙古自治区"十四五"规划编制组列为循环经济高质量发展的典型案例。

(四) 企业荣誉

获得欧盟专利2项、美国发明专利2项、国家发明专利12项、实用新型专利57项、科技进步成果奖11项等128项省部级及以上奖项。投产当年即取得了国家高新技术企业认证,获批自治区级企业研究开发中心,获2020年度工程建设质量最高荣誉国家优质工程金奖。

北京清畅电力技术股份有限公司

(一) 企业概况

北京清畅电力技术股份有限公司(简称"清畅电力")的前身北京清畅科技自1999年起投入电力领域,后于2005年成立北京清畅华能公司,也就是如今的北京清畅电力技术股份有限公司。发展至今,公司拥有员工300余人,总部在北京市中关村上地信息产业园,生产基地则位于北京市怀柔区雁栖湖工业开发区,拥有先进的智能制造和检测设备,核心产品营销网络遍布全国。一直以来,清畅电力始终坚持以技术为导向、注重产品质量,并以专业技术支持能源行业的发展、紧跟清洁能源的发展道路,致力于打造中国电力行业民族品牌。

(二) 主营业务

清畅电力一直以来专注于配电领域一二次设备的技术研发和智能制造,主要产品包括传统的SF6气体绝缘环网柜及自主研发生产的固体绝缘环网柜、环保气体绝缘环网柜。除此之外还有其他配电设备,如配网自动化终端(DTU)、柱上断路器、微机保护装置及故障指示器等。

(三) 发展成果

清畅电力是最早布局全产业链生产模式的专业制造类企业之一,目前有着完整的技术体系和专业实验室。拥有专利技术超80项、产品实验报告超230项,所研发的产品深受广大用户推崇。

(四) 企业荣誉

清畅电力是国家高新技术企业、北京市企业技术中心、华北电力大学研究生工作站、国网A类供应商,并于2020年正式成为国家重点研发计划项目制造业《网络协同制造与智能工厂》专项研究的唯一落地企业。

协合新能源集团有限公司

(一) 企业概况

协合新能源集团有限公司(简称"协合新能源")成立于2006年,是一家国际性的可再生能源集团,也是目前香港证券市场上唯一一家具有纵向集成一体化商业发展模式的清洁能源发电上市公司。

（二）主营业务

协合新能源以风力和太阳能发电厂投资运营、风力和太阳能发电服务业务（包括项目前期开发、技术咨询、电厂设计、电厂建设与安装调试、电厂专业运行及维修维护服务）为主营业务，目前在中国 19 个省区及美国等地区拥有 78 间风电及光伏电厂，并在上述区域建立了管理机构。

协合新能源拥有电力工程设计公司、工程建设安装公司、专业的电厂运行及维修维护公司、融资租赁公司，以及自主研发的智慧能源解决方案 Power+ 云平台，并拥有新能源业务的咨询及设计、电力工程总承包等各项专业资质以及一流的风力和太阳能发电专业的技术人才和管理团队，是中国风力发电和太阳能发电投资领域内产业链最为完善的专业集团公司之一。

（三）发展成果

截至 2020 年底，集团累计建设电站容量 5822 兆瓦，提供清洁电力 400 多亿千瓦·时，减少二氧化碳排放量 3470 万吨。

（四）企业荣誉

获得 2021 年第五届金港股"最佳能源与资源公司"、第十届中国公益节"2020 企业社会责任行业典范奖"、2020 年光能杯"最具影响力认证/检测企业"奖、2019 年第四届金港股"最佳能源与资源股公司"、2019 年协合运维荣获"中国管理创新先进单位"荣誉称号等荣誉。

广州博纳信息技术有限公司

（一）企业概况

广州博纳信息技术有限公司（简称"博纳公司"）是成立于 2008 年 8 月的高新技术企业，注册资金 1.01 亿元。公司十余年耕耘致力于能源行业的应用开发与运维，拥有完备的自主知识产权体系，获得专利 11 项、软件著作权 82 项。目前公司共有近 300 名员工，其中技术管理、技术开发、系统实施员工占 84%，本科以上学历技术人才占比 83%。

（二）主营业务

博纳公司提供信息基础设施建设与运营、电网信息安全、用能服务、储能电站规划运行服务和电力数据应用服务，全面覆盖新能源市场，为智能电网提供专家级应用产品和运营服务。

（三）发展成果

以推进能源消费革命为切入点，博纳公司构造"物联网为数据触角、大数据分析为技术核心、专业服务为运营基础"的业务体系，致力打破能源行业数据壁垒，全面实现行业"碳监测"，全景深化智慧"碳应用"，以"数字驱动"方式实现新能源管理和服务全流程贯通。

（四）企业荣誉

获得 CMMI5 级认证、信息系统建设和服务能力评估（CS3 级）、CCRC 国家计算机信息安全服务资质（安全集成三级）、CCRC 国家计算机信息安全服务资质（灾难备份三级）、ITSS 信息技术服务运行维护标准符合评估（二级）、增值电信业务经营许可证、云服务认证（三级）、国家信息安全服务资质—安全工程一级、安全生产许可证、CNAS 软件测评实验室认证、电力工程施工总承包三级。

吉林省地方电力有限公司

（一）企业概况

吉林省地方水电有限公司于 1998 年 12 月 28 日成立，注册资本人民币 65828335.00 元，公司于 2021 年 2 月 2 日由吉林省地方水电有限公司更名为吉林省地方电力有限公司，是吉林省地方水电集团有限公司的全资子公司。共有分子公司 11 家，其中分公司 9 家，全资子公司 1 家，控股子公司 1 家，公司现有在册人员 2003 人。

（二）主营业务

发电、供电生产经营、供电配套工程、供电设施维护、检修、电网施工、水电开发建设（凭资质证经营）；电气设备材料经销；水电设备制造经销；水电工程项目技术咨询、水产养殖、冶炼；水库供水；进出口贸易；送电工程和变电工程的勘察设计（凭资质证经营）；利用自有资金对外投资。

主要负责安图县、抚松县、靖宇县、长白县、临江市、通化县、长白山保护开发区，6 县 1 区的城乡供电任务，供电区域面积 2.7 万平方千米，覆盖人口 106 万，年销售电量 16.52 亿千瓦·时。

（三）发展成果

"十三五"期间，售电量总额规划 60.51 亿千瓦·时，实际完成售电量总额 70.99 亿千瓦·时，完成率 117.3%；2020 年售电量规划 12.83 亿千瓦·时，2020 年实际完成售电量 16.52 亿千瓦·时，完成率 128.8%。

在电网工程建设方面，"十三五"期间完成工程总投资 2.44 亿元，主要完成了以下工程项目：一是 2017 年完成安图县、长白县、抚松县、靖宇县、临江市、通化县中心村农网改造升级工程；二是 2018 年完成临江市 66 千伏临城输变电改造工程，靖宇县 66 千伏天合兴变电所增容改造工程；三是 2019 年完成安图县 66 千伏白山变电所增容改造工程，安图县 66 千伏黄松蒲塔增容改造工程，66 千伏白河输变电改造工程，通化县 66 千伏蓝岛输变电新建工程。

敦白客专外部供电工程是吉林省发改委批准立项的省级重点建设项目，批复投资为 66288 万元，已于 2021 年 8 月末建设完成并运行使用。

（四）企业荣誉

公司先后获得中华人民共和国水利部颁发的"全国农村水电及电气化建设先进集体"，中华人民共和国人力资源和社会保障部、中华全国总工会、中国企业联合会、中国企业家协会、中华全国工商业联合会颁发的"全国模范劳动关系和谐企业"，中国水利企业协会颁发的"全国优秀水利企业"，中共吉林省委、吉林省人民政府颁发的"吉林省防汛抗洪抢险救灾先进集体"，吉林省总工会颁发的"五一劳动奖状"，中共吉林省直属机关工作委员会颁发的"学习型党组织建设先进单位""文明单位"，吉林省直机关团工委颁发的"五四红旗团委"等。

江苏泽宇智能电力股份有限公司

（一）企业概况

江苏泽宇智能电力股份有限公司（简称"泽宇智能"）成立于 2011 年，旗下拥有 3 家控股子公司，分别为江苏泽宇电力设计有限公司、江苏泽宇电力工程有限公司、江苏泽宇新森智能设备有限公司。公司是以提供电力信息系统整体解决方案为导向，包含电力咨询设计、系统集成、工程施工及运维的一站式智能电网综合服务商。公司服务及方案广泛应用于电力系统的发电、输电、变电、配电、用电和调度等各个环节，持续推动着智能电网的信息化发展。

（二）主营业务

基于打造"信息化、自动化、互动化"坚强智能电网的发展目标，泽宇智能主要为电力体系中涉及的各个主体如发电厂、供电公司、变电站、配电房、用户等打造电力信息通信系统，主要包括电力通信网络、调度数据网、信息管理网、无线核心网等子系统，业务涵盖咨询设计、方案论证、软硬件采购调试、系统集成、施工运维等全业务链，实现同一主体内部以及不同主体之间的高效、安全、稳定的连接。

泽宇智能通过设计电力系统方案、采购软硬件设备进行系统集成、根据客户需求提供工程施工及运维服务等方式全方位地参与电力行业各个环节的信息化的规划与建设，为电力系统提供通信、调度等基础性功能，保障了从发电、输电到配电、用电等各个环节安全、高效、稳定的信息通信，在电力行业中起到了重要作用。

（三）发展成果

经过十年发展，泽宇智能已经具备了以电力设计为先导、以系统集成为主线、以工程施工运维为支撑的一站式综合服务能力，是一种符合国家产业融合政策的创新型业务模式。

泽宇智能拥有信息系统服务交付能力等级证书（一级）、电力行业（送电、变电）工程设计乙级资质、电力行业工程咨询乙级资质、通信工程施工总承包叁级、电力工程施工总承包叁级、电子与智能化工程专业承包贰级、承装（修、试）四级资质。公司相继承接了江苏省调度系统改造和 220 千伏宿迁龙圩变电站等精品工程设计项目以及特高压直流输电光通信、大容量骨干传输网建设等国家电网重点工程。

经过多年研发和积累，公司目前拥有发明专利 4 项，实用新型专利 42 项，软件著作权 27 项。泽宇智能成立了专业的研发试验中心和实验室，储备了一批具有电力通信、物联网、网络安全等专业背景的高端研发人才，积极布局、开发电力数字化和智慧化建设相关的新产品与应用，并借助云计算、大数据、人工智能等先进技术，为电力企业提供更加灵活、高效、智能的产品与配套服务。

2018~2020 年，泽宇智能营业收入从 3.11 亿元增长至 5.83 亿元，年复核增长 36.95%，净利润从 0.59 亿元增长至 1.55 亿元，年复核增长 61.61%。

（四）企业荣誉

泽宇智能是南通市认定的企业工程技术研究中心、南通大学大学生就业创业基地、华北电力大学研究生工作站。

赫普能源环境科技股份有限公司

（一）企业概况

赫普能源环境科技股份有限公司（简称"赫普能源"）成立于2016年，是一家以实现清洁能源替代为使命的国家高新技术企业，致力于为新型电力系统提供专业技术的综合服务提供商。

（二）主营业务

赫普能源起步于火电灵活性改造和新能源消纳。赫普能源开创性地提出，在发电侧建设大功率电蓄热调峰炉，利用发电机组电能转换成热能补充到热网，可以实现燃煤火电机组在不降低出力的情况下，实现对电网的深度调峰，对于提高电力系统可再生能源消纳能力有十分重要的意义。

（三）发展成果

赫普能源以核心技术和独创的商业模式，先后在东北、内蒙古组织投资建设了6个火电灵活性调峰项目，通过该公司投建的项目为东北和内蒙古年均消纳新能源20亿度以上，有效缓解了这些地区的"弃风弃光"问题。

赫普能源拥有新能源消纳领域相关专利近200项，为电蓄热调峰行业的开创者、国家新能源消纳的贡献者。

（四）企业荣誉

2017年，荣获2017首届中国能源研究会国家能源技术创新二等奖；评选为"2017中国智慧能源产业年度先进企业"；公司项目被评为"2017中国智慧能源产业年度优秀项目"。

2018年，取得"2018年度中关村国家自主创新示范区首台（套）重大技术装备"认定。

2020年，荣获北京市"专精特新"中小企业称号。

此外，赫普能源荣获中关村"金种子"企业；德勤—亦庄明日之星；获得"国家高新技术企业"资格认定。

珠海市同海科技股份有限公司

（一）企业概况

珠海市同海科技股份有限公司（ToHi）（简称"同海科技"）总部位于中国经济特区、美丽的花园城市珠海，注册地为国家级经济开发区——横琴新区，注册资本为5010万元。公司主要为企业提供专业的管理咨询和信息化解决方案，致力于打造数字化智慧企业。建立了完善的全国各省（区、市）和海外的技术服务体系，依靠自有知识产权专业化软件和集成服务的优势，帮助客户向数字化智慧企业转型，已发展成为国内领先的数字化智慧企业信息化供应商、服务和解决方案提供商。

（二）主营业务

计算机软硬件及辅助设备开发；控制系统开发；信息系统集成服务；电站设备、机电设备销售、安装与维护；企业管理咨询，数据编码服务；技术开发、技术转让、技术服务；安保服务、安保咨询；一般贸易；施工安装服务；电力及热力生产供应、售电、售热业务；电力工程及运行维护；新能源及其设备的开发、运维；计算机信息系统集成；自动化仪器仪表、嵌入式软硬件、安全锁具、智能物联网设备、计算机软硬件及辅助设备、控制系统开发、生产、服务；电气工程设计、施工。

（三）发展成果

公司多年专注于为客户提供专业的 IT 服务，客户遍及多个行业，典型客户如珠江啤酒、华为、中电控股、广东能源、华润电力、华润煤业、华润新能源、深圳能源、中海油、中石油、美国卡麦奇（Kerr-McGee）石油有限公司、美国阿纳达科（Anadarko）石油有限公司、中港印能源集团、珠江投管集团、大唐集团、国电集团、华电集团、华能集团、国电投集团、中电控股、协鑫集团、广州港集团等。

（四）企业荣誉

同海科技先后获得包括国家科技进步奖、95 全国十大科技成就、广东省科技进步特等奖、广东省"八五"重点攻关十大科技成就、广东省电子工业厅科技进步一等奖、广东省企业信息化建设创新成果一等奖、珠海市科技进步特等奖等一系列国家级、省部级及市级奖励。

河南明阳新能源有限公司

（一）企业概况

河南明阳新能源有限公司（简称"河南明阳"）成立于 2018 年，注册资金 3 亿元，是明阳智慧能源集团股份公司在豫全资控股子公司。公司自成立以来，凭借清晰的战略和高效的执行力，以资源开发为中心，以经营为主线，发挥自身在风能产业方面的领军优势，依托信阳，面向全国，着力于创新转型与绿色发展。截至目前，公司在新密尖山、叶县马头山、叶县将军山、方城七顶山、新县七龙山、新县红柳（在建）、固始武庙（在建）及浉河区董家河（在建）等数十个风电场，容量近 100 万千瓦，自持风电项目资源储备高达 200 万千瓦。河南拥有装机总容量约 50 万千瓦，2018 年获取核准项目约 58 万千瓦，跃居河南省开发方案容量第二名，2019 年获取分散式核准项目约 15 万千瓦。未来，计划每年开发新能源建设规模在 20 万千瓦以上。

（二）主营业务

主要经营新能源电站建设与运营；新能源技术开发；能源项目开发、新能源装备制造、开发、建设、运营等。

（三）发展成果

国内首款百米超长碳玻混叶片；明阳智能——全国陆上大机组；明阳智能——国美收款

11兆瓦级别的超大型海上叶片。

（四）企业荣誉

在风电行业排名全国前三、全球前六，获得过德国HUSUM国际风能技术创新奖（2009年）、全球海上风电创新排名第一位（2016年）、全球最具创新能力企业50强（2017年、2018年）、全球新能源企业500强排第37位（2018年）、全国海上风电大兆瓦风机订单行业第一位（2019年）、全国陆上大机组新增及累计装机均排名第一位（2019年）、国家博士后科研工作站——电气（2008年）、国家地方联合工程研究中心（2012年）、国家认定企业技术中心（2013年）、国家博士后科研工作站——风电（2013年）、国家技术创新示范企业（2016年）、国家知识产权优势企业（2017年）、国家能源仿真与检测认证技术重点实验室（2018年）。

山西省地质工程勘察院

（一）企业概况

山西省地质工程勘察院（山西省第一水文地质工程地质队）成立于1958年，隶属于山西省地质勘查局。现有职工1282名，其中，在职人员449人，离退休职工833人；现有各类专业技术人员228人，占在职职工总数的50.8%；目前，拥有高级工程师11人、高级职称44人、中级职称67人、初级职称106人。根据专业工作领域下设地质公司、工勘公司、水井公司、海外工程公司、深圳分院5个二级经营单位。

（二）主营业务

山西省地质工程勘察院拥有工程勘察综合类、液体矿产勘查、固体矿产勘查、水文地质、工程地质、环境地质调查、地质钻探、地质灾害危险性评估、地质灾害治理工程勘查、地质灾害治理工程设计、地质灾害治理工程施工11个甲级资质，地基与基础施工壹级资质和测绘、土地规划、水资源论证、地球物理勘查、岩土试验、岩矿鉴定6个乙级资质。

（三）发展成果

自成立以来，山西省地质工程勘察院相继完成了150余项国家和山西省重点工程项目，承担了20余项专题科研项目。2017年省级地勘项目《山西省阳高县—天镇县一带干热岩地热资源预可行性勘查》于2020年取得勘查重大成果突破，基于该高温地热井，成立"高温地热资源开发利用科研示范基地"和"地热发电示范试验电站"，标志着山西省地热资源探测、地热理论研究及地热资源利用开启了新篇章。

（四）企业荣誉

累计获国家专利一项，国家级、省部级三等奖以上奖项47项（其中一等奖3项，二等奖12项，三等奖33项）。先后荣获原地矿部"功勋地质队"、原国土资源部"西南抗旱打井工作先进集体"、原国土资源部"北方四省抗旱打井工作先进集体"、山西省十佳勘察设计院、山西省重合同守信用单位、国家勘察诚信单位、山西省直文明单位标兵等荣誉，现为中国地质灾害防治工程行业协会理事单位、中国能源研究会常务理事单位。

奇安信科技集团股份有限公司

（一）企业概况

奇安信科技集团股份有限公司（简称"奇安信"）成立于2014年，专注于网络空间安全市场，为政府、企业用户提供新一代企业级网络安全产品和服务。凭借持续的研发创新和以实战攻防为核心的安全能力，奇安信已发展成为国内领先的基于大数据、人工智能和安全运营技术的网络安全供应商。同时，奇安信是北京2022年冬奥会和冬残奥会官方网络安全服务和杀毒软件赞助商。此外，公司已在印度尼西亚、新加坡、加拿大、中国香港等国家和地区开展网络安全业务。

（二）主营业务

奇安信重点涵盖了网络安全行业多个前沿领域，包括建设云和大数据安全防护与管理运营中心、物联网安全防护与管理系统、工业互联网安全服务中心、安全服务化项目、基于"零信任"的动态可信访问控制平台，以及网络空间测绘与安全态势感知平台。其中，工业互联网安全服务中心将构建全国性的三级工业互联网安全服务中心体系，为4000家以上工业互联网企业及工业关键基础设施建立安全管理中心，提供工业安全防护、监测、安全托管服务。针对目前市场上云安全和大数据安全的有效防护产品和方案稀缺的现状，奇安信的云和大数据安全防护与管理运营中心项目将通过构建能力平台、产品体系和服务中心三部分，全面提升奇安信全方位安全防护的服务能力。

（三）发展成果

近年来，奇安信以高投入研发下的技术创新为引领，特别针对云计算、大数据、移动互联网、工业互联网、物联网等新技术运用下产生的新业态、新场景，为政府与企业等机构客户提供全面有效的网络安全解决方案，率先提出并成功实践"数据驱动安全""44333""内生安全"等先进的安全理念，推出了"天狗"系列第三代安全引擎，零信任、"天眼"等创新的安全产品；并于2020年发布面向新基建的新一代网络安全框架，此框架下的"十大工程五大任务"，可以适用于各个应用场景，能指导不同的行业输出符合其业务特点的网络安全架构。

（四）企业荣誉

奇安信内生安全框架荣获2020年"世界互联网领先科技成果"，奇安信智能威胁检测和分析项目荣获2020年中国通信学会科技奖二等奖，"天眼"申报项目荣获2021年信息社会世界峰会冠军项目奖及Frost & Sullivan"2020年中国威胁检测与响应（TDR）市场领导奖"。据最新IDC报告，奇安信安全分析和情报国内市场份额居首位，云安全管理平台位列国内第一，奇安信2019年入选Gartner亚太区防火墙魔力象限核心厂商。据奇安信项目2020年荣获第十届吴文俊人工智能科技进步奖获等级保护测评中国十大网络安全企业，网神新一代安全感知系统获中国十大网络安全明星产品，蝉联2020北京民营企业科技创新、社会责任百强双榜单前十。

北京清新环境技术股份有限公司

（一）企业概况

北京清新环境技术股份有限公司（简称"清新环境"）成立于2001年，现为四川发展国有控股的混合所有制上市公司。公司是以火电烟气治理为起点，以工业烟气治理为主业，协同发展工业水处理、资源综合利用、固（危）废综合处置、工业节能、环境监测、智控综合服务等，并集技术研发、工程设计、施工建设、运营服务、资本运作为一体的综合性环保服务集团。截至目前，已拥有50余家分子公司，资产总额超过百亿元，拥有博士后科研工作站、清新环境研究院及多个试验基地，汇集工业节能环保行业精英五千余人，服务于中国、印度、土耳其、韩国、巴西等全球十余个国家。

清新环境在四川发展的支持和赋能下，以推动生态文明建设、践行绿色发展理念为己任，精耕于节能环保行业，在烟气治理、节能减碳、危险废物、水务和智慧环境等领域开展多元业务布局，致力于成为一家国内领先、国际知名的综合环境服务商。

（二）主营业务

清新环境以工程、运营、资源利用、节能、危废五大事业部为核心，布局"气、水、固"全要素业务，广泛服务于电力、钢铁、石化、有色金属、建材等行业，业务版图覆盖中国、印度、巴西、巴基斯坦、土耳其、韩国等众多国家。

未来，清新环境将朝着生态化、能源化、资源化三个发展方向不断前进。立足生态环境治理，综合发展烟气治理、污水处理、生态修复、环境检测监测等；立足综合能源服务，重点布局工业节能、园区综合服务、新能源工程服务等多板块业务；立足资源再生利用，重点发展有色金属资源利用、废钢综合利用、危废资源再生利用等；围绕生态化、能源化、资源化，清新环境积极参与全球环境治理，致力成为国内领先、国际知名的综合环境服务商。

（三）发展成果

清新环境坚守环境事业，以实际行动守护绿水青山、呵护人与自然和谐共生。至今已累计为数百个工业伙伴的1343台机组提供烟气脱硫脱硝服务，每年减少二氧化硫排放约818万吨，减少氮氧化物排放约92万吨，减少粉尘排放约131万吨。同时，清新环境助力"碳达峰、碳中和"目标，余热发电项目2020年总计发电量7.1亿度，外供汽量13万吨，折算节约标准煤约29.4万吨，折算减排二氧化碳约73.4万吨，减碳量20万吨。

（四）企业荣誉

多年来，清新环境一直秉持"初心、匠心、恒心"的企业精神持续发展，精耕技术、不断创新，公司在工业节能环保领域先后获得百余项核心技术专利，2项国家科技进步二等奖，百余项行业及区域大奖：国家科学技术进步奖（二等奖）、中国电力科学技术奖（一等奖）、中国电力科学创新奖（一等奖）、环境保护科学技术奖（三等奖）、国际环保博览会金奖、全国工人先锋号、中关村科技创新团队、最受投资者尊重的百强上市公司、品牌创新企业、最佳贡献上市公司、烟气治理领军企业等。主要技术成果被评定为"能源高质量发展典型项目"

"电力行业技术创新成果"等。

大唐电信科技股份有限公司

（一）企业概况

大唐电信科技股份有限公司（简称"大唐电信"）于1998年在北京成立，其控股股东中国信科集团是国务院国资委管理的大型高科技中央企业。大唐电信以"大安全"战略为指引，以守护国家信息通信安全为使命，以集成电路设计、信息通信安全、5G赋能应用为基石，深化安全芯片在工业、5G等新领域的探索攻关，加强大数据、云计算、密码技术的研究应用，持续提升信息通信安全保障能力。

（二）主营业务

在集成电路设计领域，大唐电信依托智能安全、生物识别等核心技术，面向公安、社保、金融、能源等行业客户提供包括二代身份证芯片和模块、社保卡芯片和模块、金融支付芯片、指纹传感器和指纹算法芯片、读卡器芯片、终端安全芯片等产品。

在信息通信安全领域，大唐电信主要面向石油、石化、矿山、公安、城管、安监等行业市场，提供行业专用通信终端产品和应用平台。

在5G赋能应用领域，大唐电信以一体化大数据云平台为核心，为电信运营商、交通、能源等行业客户提供电信运营支撑服务、行业应用软件、大数据解决方案等产品和解决方案。

（三）发展成果

针对石油、石化及矿山类能源项目，公司推出多种智能设备，基于公司自主芯片开发的物联网智能网关在石油石化、电力等领域陆续实现规模商用。

大唐电信规划的十余款行业专用通信终端产品，配合专用的宽带公网通信调度平台，协助多个能源行业客户解决行业需求，并在部分省份形成规模化成果示范应用和项目订单交付，得到相关能源类行业客户的一致好评。

（四）企业荣誉

曾获得国家科学进步奖特等奖、一等奖、二等奖，世界知识产权组织和国家知识产权局颁发的专利金奖；是国家发改委认定的企业技术中心和国家知识产权示范企业。

江阴弘远新能源科技有限公司

（一）企业概况

江阴弘远新能源科技有限公司专注于新能源电力产业的综合服务。集团现拥有研发、生产、销售、运维及投资团队约200人，围绕储能及风电变桨控制系统两大核心产业，已在中国的华北、华东及华南等地区建立了成熟的业务网络，辐射全球新能源业务。

（二）主营业务

（1）智慧能源：产品与解决方案；储能设备；EMS能量管理系统；智慧能源云平台；综合能源仿真测算平台。

（2）风电业务：研发、整合、制造及销售相关变桨控制系统；风电场投资与运营；风电场技改与运维。

（三）发展成果

变桨控制系统业务已经成为中国的五大变桨控制系统供应商；是国内高压变桨系统开发最早，装机量最多的厂家之一。

（四）企业荣誉

被评为无锡市工程技术研究中心、无锡市瞪羚企业、无锡市专精特新小巨人企业、无锡市企业技术中心；江苏省信用贯标管理企业；科技部认证高新技术企业、高新技术产品；中国能源研究会常务理事单位、中国农业机械协会风力机械分会会员单位。

青岛鼎信通讯股份有限公司

（一）企业概况

青岛鼎信通讯股份有限公司（简称"鼎信通讯"）于2008年3月成立，注册资本6.57亿元，2016年10月在上海证交所挂牌上市。公司现有员工3000余人，其中研发人员超1500人。年营业收入20亿元，年研发投入超过5亿元。通过不断建设优化IPD、LTC、ISC等16大业务流程，构建起"以客户为中心，能力建在组织上"的先进管理体系，支撑企业实现"成为配用电领域的引领者"的企业愿景。

（二）主营业务

鼎信通讯深耕信号处理及电力电子两大技术方向，坚持以"基础理论研究"为创新基础，以"板级应用芯片化"构建产品核心竞争力，以提供"系统化解决方案"为客户创造价值。涉及电力营销采集业务、配电自动化业务、电能质量业务、新能源业务等。同时公司还提供消防报警全套系统、电弧故障保护器（AFDD）、电弧故障探测器（AFCI）、全电子式智能水表及四表集抄系统等。

（三）发展成果

2016年10月12日，鼎信通讯公布的2016年中报告显示，其营业收入5.12亿元；归属于上市公司股东的净利润7945万元，比上年增长。经营活动产生的现金流量净额-85.36百万元，比上年增长。基本每股收益0.2元/股，比上年增长。

2017年7月，鼎信通讯公布的2017年第一季度报告显示，其营业收入1.95亿元；归属于上市公司股东的净利润6970万元，比上年增长3387.74%。经营活动产生的现金流量净额-52.64百万元。基本每股收益0.16元/股。

2020年4月22日，鼎信通讯披露年报和一季报，2019年实现营业收入18.10亿元，同比增长3.79%；净利润1.62亿元，同比下降20.58%；每股收益0.35元。公司2020年第一季度营业收入1.78亿元,同比下降22%;净利润亏损5392.83万元,公司上年同期盈利1260万元。

(四) 企业荣誉

荣获国家企业技术中心、国家级高新技术企业、国家规划布局内重点软件企业、国家瞪羚企业、国家级博士后科研工作站、山东省企业技术中心、青岛市工程研究中心、青岛市科技创新型企业等。"TOPSCOMM"品牌获得山东省服务名牌称号,"集中器""载波芯片软件"等被认定为山东名牌产品。董事长王建华获得"泰山产业领军人才"荣誉称号。

北京四方继保自动化股份有限公司

(一) 企业概况

北京四方继保自动化股份有限公司(简称"四方继保")成立于1994年,为国家高新技术企业。公司专注于智慧发电及新能源、智能电网、智慧配电、智慧用电等领域,提供以继电保护、自动化、电力电子等技术为核心的产品、技术咨询及系统解决方案。

(二) 主营业务

公司提供多个系列的继电保护、电网自动化及发电厂自动化系统。目前,除电力行业之外,公司服务的客户已遍及能源、冶金、石化、交通、制造等多个行业。

(三) 发展成果

公司累计拥有授权的发明专利700余项,软件著作权500余项,先后参加了300余项国际标准、国家标准和行业标准的起草制定和修订工作。基于完全自主知识产权的丰富产品体系,公司开拓性地在国内实现了技术成就的多个"第一",获得国家科学技术进步二等奖2项,获得其他国家与省部级科技奖100余项。

(四) 企业荣誉

连续多年入选"中国电气工业100强""北京软件和信息服务综合实力百强企业";被五部委联合认定为"国家企业技术中心";被工信部认定为"国家技术创新示范企业"。

兴唐通信科技有限公司

(一) 企业概况

兴唐通信科技有限公司(简称"兴唐通信")是由1972年成立的数据通信科学技术研究所转制而来,隶属于中国信息通信科技集团,是一家面向信息通信产业的高科技公司,是国家数据通信工程技术研究中心的依托单位。兴唐通信隶属于国务院国有资产监督管理委员会,是中央直属高科技企业。

(二) 主营业务

制造商用密码产品;技术开发、技术转让、技术咨询、技术服务;计算机技术培训、计算机系统集成;货物进出口、技术进出口、代理进出口;销售电子元器件、机械电气设备、通信设备、计算机软件及辅助设备、安全技术防范产品。

(三) 发展成果

公司现有员工 1500 多名，本科及以上学历人员约占全部员工总数的 85%，而研发人员中 98%具有本科及以上学历（近 70%为硕士或博士学历）。同时拥有享受政府特殊津贴的教授级高级工程师、高级工程师 140 多名，以及一批高水平的国内知名专家、集团首席专家、学科专业带头人等，形成了多个富有创造力、事业心和责任感的研发团队。

(四) 企业荣誉

多年来，兴唐通信承担并完成了国家的"七五"到"十二五"计划、"863"计划、国家科技支撑计划、国家科技基础条件平台等多项科研攻关项目，各类密码设备和软件产品在党、政、军机关及大中型企业得到了广泛应用，深受用户信赖和好评，有百余项科研成果获得了省部级以上科技进步奖。其中，网络密码机项目获国家科技进步二等奖，第二代居民身份证系统获国家科学进步一等奖。

中国中煤能源集团有限公司

(一) 企业概况

中国中煤能源集团有限公司（简称"中煤集团"）是国务院国资委管理的国有重点骨干企业，前身是 1982 年 7 月成立的中国煤炭进出口总公司。2006 年 12 月，中煤集团独家发起成立的中国中煤能源股份有限公司在香港上市，2008 年 2 月回归 A 股。截至 2020 年底，中煤集团资产总额 4128 亿元，从业人员约 12 万人。

(二) 主营业务

中煤集团以煤炭生产与贸易、煤化工、电力、装备制造、工程建设、综合服务为主营业务。

(三) 发展成果

中煤集团是中国大型煤炭生产企业，现有可控资源储量超 680 亿吨，生产及在建矿井 70 余座，总产能达到 3 亿吨级规模。煤化工产品主要包括烯烃、甲醇、尿素、硝铵、焦炭等，权益产能约 1000 万吨。电力产业通过新建和参股合作等方式，积极推进煤电一体化，现有控股和参股发电厂 40 余座，总装机超过 2700 万千瓦。煤矿建设企业承担了国内多数千万吨级矿区、千万吨级高产高效矿井和大型洗煤厂的设计建设任务，代表行业先进水平。煤矿装备制造企业集"研制、供给、维修、租赁、服务"五位一体，成套化智能化煤矿工作面输送、支护、采掘设备的技术水平及市场占有率居国内领先。

(四) 企业荣誉

多次荣获中央企业董事会规范运作优秀企业、中央企业负责人经营业绩考核 A 级、全国煤炭工业社会责任报告发布优秀企业等奖项。

2020 年，中煤集团在"2020 中国企业 500 强"中排名第 126 位。

山东能源集团有限公司

（一）企业概况

2020年7月13日，山东省委、省政府站在保障全省能源安全的战略高度，将原兖矿集团和原山东能源集团联合重组成立新山东能源集团有限公司（简称"山东能源集团"），定位为山东省能源产业的国有资本投资公司，是全国唯一一家拥有境内外四地上市平台的大型能源企业、我国国际化程度最高的能源企业，形成4家主板上市公司、1家科创板上市公司、4家"新三板"挂牌公司的多元化多层次资本市场上市新格局。拥有兖州煤业、新矿集团、枣矿集团、贵州矿业、新疆能化、陕西未来能源等30多个二级企业，产业主要分布在国内山东、内蒙、新疆、陕西、贵州、甘肃、海南、上海以及境外澳大利亚、加拿大、泰国、拉美地区。

（二）主营业务

山东能源集团主营业务包括煤炭、煤电、煤化工、高端装备制造、新能源新材料、现代物流贸易。

（三）发展成果

山东能源集团煤炭产量达到2.78亿吨，居全国煤炭企业第三位。2020年实现营业收入6752亿元，利润总额170亿元，年末资产总额6851亿元，居世界500强前100位。目前全部从业人员24万人。

（四）企业荣誉

山东能源集团获得中央精神文明建设指导委员会颁布的"全国文明单位"、中国企业文化建设峰会组委会颁布的"企业文化建设典范企业"等。2020年，山东能源集团有限公司在"2020年《财富》世界企业500强"中排名第212位，在"2020年中国企业500强"中排名第57位。

陕西煤业化工集团有限责任公司

（一）企业概况

陕西煤业化工集团有限责任公司（简称"陕煤集团"）是陕西省委、省政府为落实"西部大开发"战略，充分发挥陕西煤炭资源优势，从培育壮大能源化工支柱产业出发，按照现代企业制度要求，经过重组发展起来的国有特大型能源化工企业，是陕西省能源化工产业的骨干企业，也是陕西省内煤炭大基地开发建设的主体。

（二）主营业务

陕煤集团形成了"煤炭开采、煤化工、燃煤发电、钢铁冶炼、机械制造、建筑施工、铁路投资、科技、金融、现代服务"等相关多元互补、协调发展的产业格局。

（三）发展成果

陕煤集团成立以来，通过投资新建、收购兼并、资产划转、内部重组等多种途径，形成了旗下二级全资、控股、参股企业60多个，上市公司4家，员工总数12万余人，资产总额5900亿元的发展规模。

（四）企业荣誉

自2015年首次进入《财富》世界500强，连续多年入榜，排名稳步提升，列2021年世界500强榜单第220位。2021年，在"2020中国企业500强"中排名第66位。

大同煤矿集团有限责任公司

（一）企业概况

大同煤矿集团有限责任公司（简称"同煤集团"），是我国第三大煤矿国有企业。大同煤矿集团公司的前身大同矿务局成立于1949年8月30日，2000年7月改制为大同煤矿集团有限责任公司。2003年12月，山西省委、省政府按照现代企业制度要求，将山西省北部的煤炭生产和运销企业进行重组，成立了新的大同煤矿集团有限责任公司。2005年12月实施债转股后，成为7家股东共同出资的大同煤矿集团有限责任公司，初步形成了地跨大同、朔州、忻州3市、39个县、区，拥有煤田面积6157平方千米，总储量892亿吨的集团公司。现有总资产2030亿元，73对矿井，80万职工家属。

（二）主营业务

同煤集团以煤炭、电力为主，还涉及金融、煤化工、冶金、机械制造、物流贸易、建筑建材、房地产、文化旅游等多元产业。

（三）发展成果

同煤集团成立以来，为国家经济建设和社会发展做出了巨大的贡献，累计为国家生产优质煤炭21亿吨，上缴利税500多亿元。在煤炭营销中创立了享誉世界的"大友"煤炭品牌，行销全国各地，并远销日本、韩国及美国、法国、意大利等欧亚国家，以低灰、低硫、高发热量的优质动力煤被海内外用户誉为"工业精粉"。

（四）企业荣誉

荣获国家企业管理最高奖"金马奖"、"中国煤炭采选大王"、全国"五一劳动奖状"、全国职工思想政治工作优秀企业等多项荣誉。历史上有30多位党和国家领导人亲临同煤视察指导工作，累计为国家输送出10多位省部级领导干部，涌现出一大批如马六孩、李满仓等全国劳动模范、青年技术标兵等英模人物。

山西焦煤集团有限责任公司

（一）企业概况

山西焦煤集团有限责任公司（简称"山西焦煤"）是具有国际影响力的炼焦煤生产加工企业和市场供应商，炼焦煤产销量居于世界前列。山西焦煤组建于2001年10月，总部位于山西省会太原市，下有山西焦煤能源股份公司、西山煤电、汾西矿业、霍州煤电、山煤集团、华晋焦煤、山西焦化、运城盐化、山西焦炭等 28 个子分公司和山西焦煤能源股份公司、山西焦化股份有限公司、南风化工股份有限公司、山煤国际股份有限公司 4 个 A 股上市公司。

（二）主营业务

山西焦煤以煤炭生产、加工及销售为主业，兼营焦化、现代物流贸易、民爆等产业。

（三）发展成果

山西焦煤现有 151 座煤矿，规划能力 2.48 亿吨/年；50 座选煤厂，入洗能力 1.61 亿吨/年；4 座焦化厂，焦炭产能 940 万吨/年；6 座燃煤电厂，装机容量 4670 兆瓦；21 座瓦斯及余热电厂，装机容量 224.2 兆瓦，光伏发电 97.2 兆瓦；民爆化工产能 12.2 万吨/年；盐化产能 192.5 万吨/年。

（四）企业荣誉

获得全国煤炭工业社会责任报告发布优秀企业、全国煤炭工业优秀企业、山西省煤炭企业履行社会责任成绩突出单位等荣誉。2021 年 5 月，入选国务院国资委"双百企业"名单。

冀中能源集团有限责任公司

（一）企业概况

冀中能源集团有限责任公司（简称"冀中能源"）成立于 2008 年 6 月，企业总部设在河北省邢台市，现有 27 家二级单位，控股冀中能源、华北制药和金牛化工 3 家上市公司，拥有 1 家财务公司。产业主要分布在河北、山西、江苏、河南、内蒙古、新疆、香港等 13 个地区。

（二）主营业务

冀中能源以煤炭为主业，制药、现代物流、化工、电力、装备制造等多产业综合发展。

（三）发展成果

冀中能源拥有全资及控股公司（含集团总部）共 387 家，其中一级公司 1 家，二级公司 27 家，三级公司 223 家，四级公司 124 家，五级公司 12 家，从业人员 99542 人，拥有冀中能源、华北制药和金牛化工 3 家上市公司，主要产业包括煤炭、医药、化工（新材料）、现代服务等板块。产业主要分布在河北、山西、江苏、河南、内蒙古、新疆、香港等 13 个地区。2020 年完成原煤产量 7410 万吨，精煤产量 1981 万吨，实现营业收入 1724 亿元。冀中能源拥有国家级科研平台 7 个，省部级平台 17 个，其中：国家级企业技术中心 2 个，省级企业技术中心 1 个；国家级重点实验室 2 个，省部级重点实验室 4 个；国家级工程技术研究中心 1 个，省部级工程技术中心 7 个；博士后科研工作站 2 个；省级产业研究院 1 个；省级院士工作站 4 个。近 10 年来，冀中能源累计获得国家级科技创新奖励 12 项、省部级科技创新奖励 227 项。先后研发推广厚煤层一次采全高综采技术、极薄煤层高效开采技术、急倾斜煤层综放技术、充填采煤技术、深井大地压软岩巷道支护技术、沿空留巷技术、水害地面区域超前治理技术、矿井水害微震监测预警技术、瓦斯治理安全高效开采技术、煤层自燃火灾防治技术和煤矿综合防尘技术，积累了丰富的煤炭高效开采技术、灾害治理技术和安全管理经验，破解了制约企业发展的一系列重大难题，对推动煤炭行业技术进步产生重大影响，尤其是充填开采、沿空留巷、充填支架制造和矿井水害治理等技术保持着国际领先水平。

（四）企业荣誉

2020年，冀中能源在"2020年《财富》世界企业500强"中综合实力居世界第406位，居"中国企业500强"第100位，居"中国煤炭企业50强"第5位。

山西潞安矿业（集团）有限责任公司

（一）企业概况

山西潞安矿业（集团）有限责任公司（简称"潞安集团"）的前身是成立于1959年1月的潞安矿务局，2000年8月整体改制为潞安矿业（集团）公司，是国家重要的优质动力煤和喷吹煤生产基地。2007年，重组原新疆哈密煤业（集团）有限责任公司成立了潞安新疆煤化工（集团）有限公司；2010年，重组山西省重点企业山西天脊煤化工集团，成为一个跨地区、跨行业的现代化企业集团。

（二）主营业务

潞安集团以优势煤炭产业为基础，延伸煤电化、煤焦化、煤油化三条主产业链，建设煤电、煤油、焦化、电化四大循环经济园区，发展煤、电、油、化、硅五大产业。

（三）发展成果

潞安集团是山西五大煤炭企业集团之一，现有总资产1081亿元，职工家属30万人（包括潞安新疆公司），子分公司75个。潞安集团以建设亿吨级煤炭集团为目标，坚持"两条腿"走路，一是建设数字化矿井，巩固提升潞安集约高效优势，实现了"老矿井减人提效，新矿井集约高效"；二是实施跨疆域发展，为"百年潞安"储备资源基础。目前，已形成潞安本部、武夏、忻州、临汾、晋中、潞安新疆六大矿区，煤炭总储量达到435.6亿吨，按照亿吨级生产能力，可稳定生产200年以上，为打造"百年潞安"奠定了坚实基础。

（四）企业荣誉

两次获得全国五一劳动奖状，两次被评为"中国十大最具影响力企业"。2020年，潞安集团在"2020年中国企业500强"中排名第123位。

晋能集团有限公司

（一）企业概况

晋能集团有限公司（简称"晋能集团"）成立于2013年5月，是由原山西煤炭运销集团与山西国际电力集团合并重组，资产总额2620亿元。2020年，为发挥山西省能源企业产业集群优势，提高集中度，推动能源革命综合改革试点取得重大突破，山西省委决定联合重组同煤集团、晋煤集团、晋能集团，同步整合潞安集团、华阳新材料科技集团相关资产和改革后的中国（太原）煤炭交易中心，组建成立晋能控股集团有限公司。

(二) 主营业务

晋能集团以光伏、风电、煤炭、电力、电网、房地产、贸易物流、装备制造、新材料、金融等产业为主营业务。

(三) 发展成果

晋能集团清洁能源产业现有光伏、风电在役装机 100.7 万千瓦，在建装机 129 万千瓦，总装机 229.7 万千瓦。晋能集团光伏研发及制造技术达世界领先水平，拥有文水 1.2 吉瓦和晋中 2 吉瓦高效光伏电池组件 2 条生产线，转换效率达到 22.5%，产能为山西省第一，进入世界前 5% 先进产能行列，入选中国光伏组件生产企业 20 强。

煤炭产业现有生产矿井 65 座、联合试运转矿井 4 座，煤炭生产能力 7720 万吨/年。晋能集团煤炭资源储量丰富，气、肥、焦、瘦、贫、无烟煤等品种齐全，产品行销国内、山西省各主要消费地，年煤炭贸易量达 1.6 亿吨。晋能集团坚持安全、高效、绿色发展理念，先进产能建设不断推进，煤矿管理水平已进入全国先进行列。

电力（电网）产业现有在役运行电厂 9 座（其中火电厂 7 座，燃气发电、水电各 1 座），在役装机 558.2 万千瓦；在建电厂 2 座，装机 237 万千瓦。晋能集团电网覆盖吕梁、临汾、朔州 3 个市 12 个县，供电用户 85 万户，供电区域 2.2 万平方千米。目前，晋能集团电力企业全部实现超低排放，智慧电网、智能化电站、"电、水、汽、热"综合能源一站式供应建设快速推进，基本形成了"煤+电+网+高载能"的发展格局。

(四) 企业荣誉

2020 年，山西晋能集团在"2020 中国企业 500 强"中排名第 204 位。

华阳新材料科技集团有限公司

(一) 企业概况

华阳新材料科技集团有限公司（原阳煤集团，简称"华阳集团"），前身为阳泉矿务局，为山西省五大煤炭集团之一，是全国最大的无烟煤生产基地。2020 年 10 月 27 日，阳煤集团整体更名为华阳新材料科技集团。

(二) 主营业务

经过六十余年的发展，华阳集团现已成为一个以煤炭和煤化工为主导产业，铝电、建筑建材地产、装备制造、贸易服务四大辅助产业强势发展的煤基多元化企业集团。

(三) 发展成果

华阳集团是全国最大的无烟煤生产供应商。建企 70 余年来，为保障国家能源供给和新中国工业基础体系建设做出了卓越贡献。拥有强大的研发创新优势，与清华大学、北京大学、斯坦福大学等全球 40 多所顶尖高校、院所合作，形成了院士专家工作站、博士后科研工作站、国家级工程中心、实验室、研发中心等数十个创新平台。仅近 3 年，获得各类科技鉴定成果 219 项，其中国际领先水平 30 项，获得行业级以上科技奖 129 项，取得各类专利 633 项。

（四）企业荣誉

2020年8月，《财富》世界500强排行榜发布，阳煤集团居第499位。2021年5月，华阳集团入选国务院国资委"双百企业"名单。

山西晋城无烟煤矿业集团有限责任公司

（一）企业概况

山西晋城无烟煤矿业集团有限责任公司（简称"晋煤集团"）是由山西省国资委控股，国开金融公司、中国信达公司持股的有限责任公司，是我国优质无烟煤重要的生产企业、全国最大的煤层气抽采利用企业集团、全国最大的煤化工企业集团、全国最大的瓦斯发电企业集团和山西省最具活力的煤机制造集团。

（二）主营业务

晋煤集团主营煤炭开采、洗选加工、煤层气开发利用、煤化工、坑口电厂等。

（三）发展成果

晋煤集团拥有68个子公司、10个分公司、1个托管企业。企业有12对生产矿井、5000万吨/年煤炭生产能力；有18家煤化工企业、1200万吨/年总氨产能、1000万吨/年尿素产能、10万吨/年煤制油品规模；有2300余口地面煤层气抽采井群、15亿立方米/年抽采能力、11.5亿立方米/年利用能力，建成了世界最大的120兆瓦煤层气发电厂，拥有97台瓦斯发电机组，形成了煤层气勘探、抽采、输送、压缩、液化、化工、发电、燃气汽车、居民用气等完整的产业链；成功研制出具有自主知识产权的国内最高的7.6米高端液压支架、二代连掘和掘锚一体化工艺，形成了一整套适合于大型矿井、中小型现代化矿井的煤炭开采装备和技术工艺。

（四）企业荣誉

2020年8月10日，《财富》世界500强排行榜发布，晋煤集团居第500位。

内蒙古霍林河露天煤业股份有限公司

（一）企业概况

内蒙古霍林河露天煤业股份有限公司（简称"露天煤业"）成立于2001年12月18日，是通辽市地方国有独资公司。它的前身是霍林河矿务局，是全国94家国有重点局矿之一，也是全国五大露天煤矿之一。

2007年4月18日，露天煤业正式登陆国内A股市场，股票市值308.19亿元，是全国首家大型露天煤业上市公司。现有员工4300余人，下设南露天矿、北露天矿。公司生产的优质褐煤具有低硫、低磷、高挥发分、高灰熔点的特点，其燃烧反应充分、燃烧后不结焦，平均发热量为3150大卡/千克，是符合环保要求的电厂"绿色燃料"。

(二) 主营业务

露天煤业主营业务包括：煤炭产品生产、加工、销售；土方工程；矿山设备、工程机械、发动机、电机、电器安装与维修；普通机械制造，机电、机械配件加工及经销；煤化工产品生产、销售；建材、化工产品（除专营）、金属材料（除专营）销售；地质勘探、工程与地籍测绘测量，疏干及防排水设计及施工；仓储、房屋、机电产品、机械设备租赁；油质检验，技术服务，信息咨询；铵油炸药生产（自产自用）；煤炭经营，金属检验服务；道路普通货物运输。

(三) 发展成果

闻名全国的五大露天煤矿之一的霍林河露天煤矿，是我国也是亚洲第一个现代化露天煤矿。煤田宽9千米，长60千米，总面积540平方千米，可采煤层9层，总厚度81.7米，储存优质褐煤131亿吨，相当于抚顺煤矿的9倍，大同煤矿的4倍，已形成1500万吨/年生产能力。

(四) 企业荣誉

2020年7月27日，2020年《财富》中国500强排行榜发布，露天煤业排名第467位。

黑龙江龙煤矿业控股集团有限责任公司

(一) 企业概况

黑龙江龙煤矿业控股集团有限责任公司（简称"龙煤集团"）于2004年末成立，由中央下放地方管理的鸡西、鹤岗、双鸭山、七台河4个国有重点矿区整合而成。所属4个国有重点矿区中，鸡西和鹤岗具有百年开发史，双鸭山和七台河也有60多年建企史。现集团权属17个子公司，最大的龙煤股份公司于2009年由国有和民营13家股东发起设立，龙煤集团持股85.58%。

(二) 主营业务

龙煤集团以煤炭开采为主，配套形成洗选加工、热电联产、火工生产、物流贸易、地质勘探、矿山建设、房地产开发等关联产业。

(三) 发展成果

现有煤炭地质储量74亿吨，可采储量38亿吨，煤质低硫、低磷、中灰、高热值，煤种齐全，焦煤、肥煤、瘦煤被国家列入稀缺保护煤种，冶金煤占东北市场的40%左右。行政矿井41个，包括省内37个（在建1个），省外4个（在建2个），核定生产能力5353万吨/年。企业在册职工13.5万人，在岗职工10.4万人，离退休职工20.8万人。建企以来，累计生产煤炭33亿吨，上缴税费609亿元，集团组建后上缴税费467亿元。

(四) 企业荣誉

2008年获得"全国'安康杯'竞赛优胜企业"荣誉称号。

华电煤业集团有限公司

（一）企业概况

华电煤业集团有限公司（简称"华电煤业"）由中国华电集团公司控股，是在原华电燃料有限公司和华电开发投资有限公司的基础上，合并组建的电煤供应和煤炭开发专业公司。经国家工商行政管理总局登记注册，于 2005 年 8 月 29 日在北京成立。公司注册资本 3.66 亿元人民币，共有股东 13 家，其中华电集团控股 42.65%，世富一号（天津）能源股权投资基金有限公司等 3 家基金公司参股 30%，华电国际电力股份有限公司等系统内 9 家单位合计参股 27.35%。根据官网 2021 年 2 月 14 日更新：公司本部设 16 个职能部门，下设 2 个分支机构、4 个全资子公司、11 个控股公司、8 个专业化管理业和 15 个参股公司。

（二）主营业务

华电煤业主要负责华电系统的电煤供应以及煤矿、煤电化一体化、煤炭深加工、煤炭储运和境外煤炭等项目的投资。华电煤业集团主营煤炭开采、洗选加工、煤层气开发利用、煤化工、坑口电厂等。

（三）发展成果

华电煤业控制煤炭资源 240 亿吨，生产能力 4900 万吨/年；投产电力装机规模 197 万千瓦；投产煤制甲醇产能 60 万吨/年；投运和在建港口吞吐能力 7400 万吨；拥有船舶 6 艘，总运力 34.8 万载重吨；参股投资运煤铁路总里程 2857 千米。

（四）企业荣誉

华电煤业连续 9 年进入中国煤炭工业 50 强前 30 位、产量 50 强前 20 位。

内蒙古伊泰集团有限公司

（一）企业概况

内蒙古伊泰集团有限公司（简称"伊泰集团"）成立于 1988 年 3 月，为中国企业 500 强、全国煤炭百强企业和内蒙古自治区最大的地方煤炭企业。

（二）主营业务

伊泰集团以煤炭生产、经营为主业，以铁路运输、煤制油为产业延伸，同时发展房地产开发、生物制药、太阳能等非煤产业。

（三）发展成果

内蒙古伊泰集团有限公司拥有大中型生产矿井 11 座，总生产能力超过 5000 万吨/年，生产的煤炭具有低灰、特低硫、特低磷、高热值等优点。矿井采区回采率为 80% 以上，采掘机械化程度达到 100%。产量 1800 万吨/年的酸刺沟煤矿是我国第一座超千万吨的地方煤矿。

另外，投入运营的选煤厂有 8 座，全部采用先进的重介洗选工艺，总洗选能力超过 5000

万吨/年,其中,准格尔召与酸刺沟选煤厂现已建成煤泥干燥系统,单套设备处理湿基煤泥99万吨/年。

(四)企业荣誉

2020年9月10日,中国工商联发布"2020中国民营企业500强"榜单,伊泰集团排名第140位。2020年9月28日,中国企业联合会、中国企业家协会发布"中国企业500强"排行榜,其中,伊泰集团列第331位,在全国煤炭企业50强中排名第17位。

内蒙古汇能煤电集团有限公司

(一)企业概况

内蒙古汇能煤电集团有限公司(简称"汇能集团")始建于2001年,现拥有生产经营企业19家,参股企业2家(参与准朔铁路和新包神铁路建设,其中准朔铁路持股比例5%,股本金1.276亿元;新包神铁路持股比例5.42%,股本金2.34亿元),现已形成固定资产120亿元。

(二)主营业务

汇能集团以煤炭、电力、煤化工为主业,投资涉足金融服务、地产开发、路桥建设、铁路运输、水源工程等非煤产业,集能源供应和非煤产业于一体。

(三)发展成果

汇能集团自成立以来,累计生产原煤3亿多吨,上缴税费300多亿元,年平均实现营业收入150亿元。公司现已形成4000万吨煤炭、21万千瓦电力、4亿立方米煤制天然气、4亿立方米液化天然气生产能力。

(四)企业荣誉

被内蒙古自治区党委、人民政府评为"全区履行社会责任先进企业"和"扶贫济困爱心单位"。

中国平煤神马集团有限公司

(一)企业概况

中国平煤神马集团有限公司(简称"中国平煤神马集团")是在平煤集团和神马集团的基础上于2008年12月5日重组整合而成,是一家以能源化工为主导的国有特大型企业集团,产业遍布河南、湖北、江苏、上海、陕西等9个省份,产品远销30多个国家和地区,与40多家世界500强企业及跨国集团建立战略合作关系。中国平煤神马集团是我国品种最全的炼焦煤、动力煤生产基地和亚洲最大的尼龙化工产品生产基地。

(二)主营业务

中国平煤神马集团构建了以煤焦、化工、新能源新材料为核心产业,装备制造、建工等产业协同发展的产业体系。

(三) 发展成果

中国平煤神马集团旗下拥有平煤股份、神马股份、易成新能3个上市公司和5家新三板挂牌公司，营业收入、资产总额均达1500亿元。煤炭产能4500万吨，焦炭、糖精钠、超高功率石墨电极、碳化硅精细微粉产能全国第一，尼龙66盐、工程塑料产能亚洲第一，工业丝、帘子布产能世界第一。

(四) 企业荣誉

2018年9月2日，中国企业联合会、中国企业家协会发布2018年中国企业500强榜单，中国平煤神马能源化工集团有限责任公司排名第132位。2019年9月1日，中国企业联合会、中国企业家协会发布2020年中国企业500强榜单，中国平煤神马能源化工集团有限责任公司排名第133位。

淮北矿业（集团）有限责任公司

(一) 企业概况

淮北矿业（集团）有限责任公司（简称"淮北矿业集团"）坐落在安徽省淮北市，毗邻苏鲁豫三省，横跨淮北、宿州、亳州三市。其前身为淮北矿务局，始建于1958年5月，原属煤炭工业部下属企业。1997年12月，煤炭工业部通过"煤办字〔1997〕第613号"文批准，同意将淮北矿业局依照《公司法》改建为国有独资公司。1998年3月，改制为淮北矿业（集团）有限责任公司。现由安徽省人民政府国有资产监督管理委员会直接监管。

(二) 主营业务

淮北矿业集团以煤电、煤盐化工、物流为主导产业，以民爆、生物能源、工程建设、房地产等为支撑产业。

(三) 发展成果

淮北矿业集团拥有资产1000亿元，在岗员工5万人，生产矿井17对、在建矿井1对；电力总装机规模200万千瓦，年产原煤3500万吨、焦炭440万吨、甲醇40万吨、聚氯乙烯46万吨。

(四) 企业荣誉

2020年8月，淮北矿业（集团）有限责任公司入选中国企业联合会、中国企业家协会发布的2020年中国企业500强排名第302位。2020年11月19日，2020长三角百强企业榜单发布，淮北矿业（集团）有限责任公司位列第89名。

徐州矿务集团有限公司

(一) 企业概况

徐州矿务集团有限公司（简称"徐矿集团"）前身是徐州矿务局，最早从清朝徐州利国矿务总局演变而来，至今已有130多年的煤炭开采历史，是中国井工开采历史最长的煤矿之一，华东地区重要的能源生产供应基地，国家煤炭应急储备基地，中国500家大企业集团之一，是国家六部委首批核定的国有特大型企业。1970年以前，隶属于原国家煤炭部，是全国十大矿务局之一，后划归江苏省政府管理。1998年5月，经江苏省政府批准改制为国有独资公司，是江苏省政府授权的国有资产投资主体。徐矿集团江苏省内控参股企业91户；省外控参股企业36户，主要分布在新疆、陕甘、内蒙古、江苏等区域。

（二）主营业务

徐矿集团主营业务为煤炭、电力、煤化工。

（三）发展成果

徐矿集团为江苏省属唯一国有特大型能源工业企业，国家煤炭应急储备基地，中国大企业500强、煤炭企业全球综合竞争力30强、能源企业全球竞争力500强。全集团拥有煤炭生产能力5000万吨/年，其中自有2500万吨/年，在新疆建成了全疆最大井工煤矿，在陕西建设了首个本安智能生态矿井。同时，利用关闭矿井人才和技术优势"走出去"，开展以煤炭技术管理为主的服务外包，目前在"一带一路"国家和国内9个省区开展煤矿和电力运维服务的人员近2万人、项目20多个，年生产煤炭2500万吨，年创收近20亿元，其中，在孟加拉托管运营该国第一个现代化煤矿。拥有控参股电力企业17家，项目遍及10个省份及"一带一路"沿线9个国家，总装机容量1860万千瓦，耦合生物质发电和矿区增量配电列入国家试点，已成为源网荷一体的综合能源企业。宝鸡长青能化公司150万吨/年煤制甲醇项目运营质量和效益在全国同类装置中处于最好水平，创行业标杆。

（四）企业荣誉

徐矿集团连续多年被评为"信用江苏诚信单位"，并被多家资信评估机构和金融机构评为资信AA+等级企业（主体信用等级AA，本期中期票据中票等级AA+）。企业先后荣获全国五一劳动奖状、全国精神文明建设先进单位、全国学习型组织标兵单位、全国煤矿安全质量标准化公司、中国优秀企业文化奖、全国煤炭工业安全生产先进单位、全国煤炭工业科技创新先进单位、江苏省先进基层党组织、江苏省文明单位、江苏省创新型试点企业、江苏地标性企业排名第三位、江苏省企业"七五"普法中期先进集体等荣誉。

靖远煤业集团有限责任公司

（一）企业概况

靖远煤业集团有限责任公司（简称"靖煤集团公司"）是原煤炭工业部下放地方的94户重点统配矿务局之一，是甘肃省重要的动力煤生产供应基地。1958年8月拉开建设序幕，1978年11月成立靖远矿务局和甘肃煤炭基本建设工程公司，2001年8月合并两家单位，整体改制为靖远煤业有限责任公司，2007年11月完成集团化母子公司管理体制改革，更名为靖远煤业集团有限责任公司，2012年实现主业整体上市，控股西北首家煤炭类上市公司——甘肃靖远煤电股份有限公司。

（二）主营业务

靖煤集团公司经过60多年的改革发展，现已成为以煤炭、电力、化工三大主业为支撑，基建施工、装备制造、瓦斯发电、勘察设计等多元产业协同发展的能源集团公司。

（三）发展成果

截至2020年底，在册职工15382人，资产总额213亿元，注册资本金18.87亿元，拥有6个子公司和23个成员单位，核定煤炭产能1054万吨/年，电力装机容量2×350兆瓦，尿素产能70万吨/年、硝基复合肥产能25万吨/年。

（四）企业荣誉

靖煤集团公司荣获全国文明单位、全国煤炭工业优秀企业、甘肃省优秀企业、先进基层党组织、甘肃省脱贫攻坚先进集体等荣誉称号。

中国中化集团有限公司

（一）企业概况

中国中化集团有限公司（简称"中化集团"）其前身为成立于1950年3月的中国进口总公司。1961年1月，对外贸易部对直属行政和企业单位进行合并改组，中国进出口公司改称为中国化工进出口公司。1965年7月，中国化工进出口公司更名为中国化工进出口总公司。2003年11月，经公司申请并报国务院国有资产监督管理委员会和国家工商行政管理总局核准，中国化工进出口总公司更名为中国中化集团公司。2017年12月，中化集团完成公司改制，由全民所有制企业改制为国有独资公司，名称正式变更为中国中化集团有限公司。

（二）主营业务

中化集团主业分布在能源、农业、化工、地产、金融五大领域，是中国四大国家石油公司之一，是领先的化工产品综合服务商最大的农业投入品（化肥、种子、农药）和现代农业服务一体化运营企业，并在城市开发运营和非银行金融领域具有较强的影响力。

（三）发展成果

截至2020年，中化集团从事石油业务经营已有70年的历史，公司能源业务由油气勘探开发、石油贸易、石油炼制、仓储物流和分销零售等板块组成。近年来，公司不断巩固和提高石油国际贸易的优势地位，大力拓展核心商品和核心业务，促进经营内涵提升，同时加快向石油产业上下游延伸，产业基础和可持续发展能力不断增强。中化集团已发展成为一家具有国际化特色、产业链完整、营销服务能力突出的大型能源企业。

（四）企业荣誉

2020年8月10日，《财富》世界500强排行榜发布，中化集团排第109位。2020年9月，中国企业联合会、中国企业家协会发布"2020中国企业500强"榜单，中化集团以55527470万元营业收入排名第31位。2021年2月，中化集团MAP扶贫工作队被公示为"全国脱贫攻坚先进集体"拟表彰对象。

中国航空油料集团有限公司

(一) 企业概况

中国航空油料集团有限公司（简称"中国航油"）是以原中国航空油料总公司为基础组建的国有大型航空运输服务保障企业，是国务院授权的投资机构和国家控股公司试点企业，国务院国资委管理的中央企业。

(二) 主营业务

中国航油是国内最大的集航空油品采购、运输、储存、检测、销售、加注为一体的航油供应商。

(三) 发展成果

中国航油控股、参股20多个海内外企业，构建了遍布全国的航油、成品油销售网络和完备的油品物流配送体系，在全国215个机场、海外46个机场拥有供油设施，为全球300多家航空客户提供航油加注服务，在25个省、自治区、直辖市为民航及社会车辆提供汽柴油及石化产品的批发、零售、仓储及配送服务，在长三角、珠三角、环渤海湾和西南地区建有大型成品油及石化产品的物流储运基地。

(四) 企业荣誉

2020年4月，入选国务院国资委"科改示范企业"名单。2020年，上榜2020福布斯全球企业2000强榜，排名第1748位。2020年8月10日，《财富》世界500强排行榜发布，中国航油居第305位。2020年9月，中国企业联合会、中国企业家协会发布"2020中国企业500强"榜单，中国航油以27970383万元营业收入排名第79位。

陕西延长石油（集团）有限责任公司

(一) 企业概况

陕西延长石油（集团）有限责任公司（简称"延长石油"）是集石油、天然气、煤炭等多种资源高效开发、综合利用、深度转化为一体的大型能源化工企业，是国内拥有石油和天然气勘探开发资质的四家企业之一，隶属于陕西省人民政府，注册地在延安市。延长石油下设全资和控股子公司63个、分公司8个、直属机构1个、参股公司20个，拥有延长石油国际、兴化股份和陕天然气3个上市公司。

(二) 主营业务

延长石油产业主要覆盖油气探采、加工、储运、销售，石油炼制、煤油气综合化工，煤炭与电力，工程设计与施工、技术研发与中试、新能源、装备制造、金融服务等领域。

(三) 发展成果

延长石油是国家认定企业技术中心和陕西省首批创新型企业，建有6个科研设计机构、24

个省级工程技术研发中心、10个研发试验平台、8个国家级和省级企业技术中心及3个中试基地，建成陕西省1号院士专家工作站和博士后创新基地。目前已形成原油生产能力1200万吨/年、炼油加工能力1740万吨/年、天然气产能53亿立方米/年、煤炭产能1100万吨/年、化工品产能670万吨/年。在特低渗透油气田勘探开发、煤油气资源综合利用、节能环保等领域掌握了一批国际国内领先的前瞻性创新技术，建成投产了全球首套煤油气资源综合化工园区、全球首套煤油共炼和合成气制乙醇等多个工业示范项目，正在开展多项高端能源化工技术中试和示范，基本形成了综合型能源化工产业格局。

（四）企业荣誉

2020年9月，中国企业联合会、中国企业家协会发布"2020中国企业500强"榜单，延长石油以30767419万元营业收入排名第68位。在"2020年《财富》世界企业500强"榜单中排名第265位。

振华石油控股有限公司

（一）企业概况

振华石油控股有限公司（简称"振华石油"）成立于2003年8月，是中国北方工业公司的全资子公司，是专业化国际石油公司。振华石油是国家发改委海外油气资源开发协调小组成员之一，同时也是中国—哈萨克斯坦、中国—科威特、中国—俄罗斯政府能源合作委员会的成员单位。

（二）主营业务

振华石油控股有限公司主要从事油气勘探开发、石油产业投资、国际石油贸易、石油炼化、油品储运等业务。

（三）发展成果

自2003年成立以来，振华石油充分发挥市场、资本、人才、机制等优势，各项业务均实现长足发展。目前已经在7个国家运营8个油气勘探开发区块，拥有地质储量19.2亿吨，在产油气田年产量超1200万吨；原油、成品油年贸易量6500多万吨，年销售收入超千亿元。

振华石油不断拓展海外油田开发及国际石油贸易业务，目前公司已经在中亚、中东、东南亚地区拥有5个海外油田项目。开发生产期的项目年作业产量已达750万吨；原油、成品油年贸易额已达700多亿元人民币；目前在大连建设40万立方米的原油储罐；在成都拥有研究机构。

（四）企业荣誉

2019年，振华石油首次荣获"绿色矿山科学技术奖"。2020年4月，振华石油入选2019年中国进口企业200强。

新奥集团股份有限公司

（一）企业概况

新奥集团股份有限公司（简称"新奥集团"）成立于1989年，已经形成了贯穿下游分销、中游贸易储运和上游生产开采的完整清洁能源产业链，以及覆盖健康、文化、旅游、置业等领域的幸福生活产品链。新奥集团是中国最大的民营天然气分销企业，也是中国的五大燃气公司之一。新奥集团业务覆盖中国20余个省、自治区、直辖市的230多座城市，以及东南亚、大洋洲等地区。

（二）主营业务

新奥集团主要从事城市天然气利用业务，在气化城市开发、管网设计、安全运营和优质服务等方面形成了独特的运作模式，并积极开发燃气配套设备，形成了颇具规模的燃气产业。

（三）发展成果

新奥集团现有员工近5万名，2020年经营收入达1436亿元人民币，旗下拥有新奥能源、新奥股份、新智认知、西藏旅游4家上市公司。2018年5月，新奥集团成立新奥动力科技（廊坊）有限公司，主要从事建设微小型燃机高端制造、智能制造生产基地，进行100千瓦及300千瓦批量生产，年产规模1000台。

（四）企业荣誉

2018年12月28日，新奥100千瓦微燃机荣获中国工业设计研究院创新设计大奖——优秀创新设计产品奖。2020年1月9日，胡润研究院发布《2019胡润中国500强民营企业》，新奥集团列第49位。2020年5月，列2020福布斯全球企业2000强榜第996位；同月，"2020中国品牌500强"排行榜发布，新奥能源排名第128位。2020年9月10日，全国工商联发布《2020中国民营企业500强榜单》，新奥集团列第26位。2020年11月20日，被中央文明委表彰为"第六届全国文明单位"。2020年11月28日，中国企业评价协会发布《2020中国新经济企业500强榜单》，新奥集团排名第36位。2020年12月14日，入选抗击新冠肺炎疫情先进民营企业表扬名单。2020年12月15日，被民政部公示为第十一届"中华慈善奖"拟表彰对象。

山东东明石化集团有限公司

（一）企业概况

山东东明石化集团有限公司（简称"东明石化"）成立于1997年，位于山东省菏泽市东明县，现有员工7000人，总资产450亿元。

（二）主营业务

东明石化形成了炼油、化工、三产物流、国际业务、基础设施等板块。

炼油板块。主要包括山东省东明县的1200万吨/年炼油厂区和位于江苏省连云港市赣榆县原油一次加工能力 300 万吨/年的江苏新海石化有限公司厂区，总计炼油能力 1500 万吨/年。

化工板块。主要包括 15 万吨/年的离子膜烧碱、5 万吨/年的甲乙酮、10 万吨/年的苯乙烯、12 万吨/年的烯烃、5 万吨/年的丁烯橡胶、20 万吨/年的丙烯、50 万吨/年的 MTBE 等。

三产物流板块。主要包括润华物业、鲁班建安、昌顺物流、港湾房地产、港运公司等实业公司、绿色生态园以及日照原料中转码头、200 万立方米油品仓储库、1000 万吨/年"日—东"输油管道、500 万吨/年铁路专用线、10 亿立方米/年天然气管道、自备列车、原料成品中转库、物流配送中心、成品油（气）零售终端等现代化物流、销售体系。

国际业务板块。主要包括以香港恒丰石油贸易有限公司为主的国际金融、以新加坡太平洋商业控股有限公司为主的国际贸易、以与山东海运股份有限公司合资的香港气体船为主的国际物流、以新加坡证券交易所上市的恒昌化工为主的国际资本四大国际业务板块的国际化公司。牵头成立了中国（独立炼厂）石油采购联盟，并将紧紧依托"一带一路"倡议，向"走出去"的国际化公司迈进。

基础设施板块。主要包括 2×35 万千瓦华润热电、前海热力 3 万千瓦背压机组、6 万千瓦热电以及新海化工园、热电中心等。

（三）发展成果

东明石化是山东地炼的龙头企业，目前原油一次加工能力达到 1500 万/年，是集原油加工、石油化工、氯碱化工、精细化工、天然气化工及工程技术、房地产、成品油（气）销售、国际金融、国际贸易、国际投资、国际物流、基础设施、文化教育等为一体的、股权多元化的特大型石油化工企业集团；拥有进口原油使用资质、原油非国营贸易进口资质。

（四）企业荣誉

2020 年 9 月，2020 中国民营企业 500 强榜单发布，东明石化排名第 44 位；同月，中国企业联合会、中国企业家协会发布 2020 年中国企业 500 强榜单，东明石化排名第 186 位。2020 年 7 月，东明石化列中国装备制造行业协会发布的《2020 年中国装备制造业 100 强榜》第 29 位。

荣盛石化股份有限公司

（一）企业概况

荣盛石化股份有限公司（简称"荣盛石化"）位于杭州市萧山区，其前身为荣盛化纤集团有限公司，创建于 1989 年。荣盛石化是中国 500 强企业和中国民营企业前 50 强企业，拥有总资产近 300 亿元，属下有多家控股子公司已挂牌上市，在全国同行业中位居前列。投资产业涉及多个领域，已形成多元化经营格局，形成以石化、聚酯、纺丝、加弹为主业，以煤化工、房地产、贸易、金融为辅业的相对完整的产业链。在化工行业内，具备年产 PTA 426 万吨、聚酯 100 万吨、涤纶长丝 57 万吨、涤纶加弹丝 25 万吨、煤化工 100 万吨的生产规模。

（二）主营业务

荣盛石化主要从事石化、化纤相关产品的生产和销售，具备芳烃 200 万吨、精对苯二甲酸

（PTA）1300万吨以上、聚酯200万吨以上、纺丝100万吨、加弹45万吨的年产能。

（三）发展成果

荣盛石化通过强强联合，先后在宁波、大连和海南部署PTA产业，成为全球最大的PTA生产商之一。2015年建成的中金石化芳烃项目具备200万吨规模。目前公司正在舟山绿色石化基地打造4000万吨/年炼化一体化项目，该项目分两期建设，一期工程计划于2018年底投产。

荣盛石化是国内较早涉足聚酯直接纺项目的企业之一，目前荣盛聚酯及纺丝、加弹配套项目的生产规模、原料单耗及产品质量均处于国内同行前列，综合能耗处于行业先进水平，其中在新建的差别化项目中，在国内首次引进了具有卷绕自动落丝—输送—检测—中间立体仓储—包装等全自动一体化功能的德国高端工业自动化纺丝设备，代表了国际先进水平。荣盛石化积极搭建各类研发平台，建立了高新技术研发中心、院士专家工作站、企业技术中心、博士后科研工作站等。以研发平台为依托，荣盛大力推进新产品、新技术的研发，每年都有多项新技术和新产品问世。

荣盛石化还是全国化纤行业标准化委员会成员单位，主持和参与起草了多项产品行业标准。

（四）企业荣誉

2020年5月，列2020福布斯全球企业2000强榜第1066位。同月，"2020中国品牌500强"排行榜发布，荣盛石化排名第158位。2020年7月27日，2020年《财富》中国500强排行榜发布，荣盛石化排名第125位。

第二十七章　能源建设企业

本章根据国内相关企业在营业收入、资产总额、利润总额、资信等级、社会贡献、业主满意度等指标进行综合评分排序，选出排名前十的能源建设企业，并从企业概况、主营业务、发展成果和企业荣誉四个方面介绍这十家能源工程企业的情况。

中国节能环保集团有限公司

（一）企业概况

中国节能环保集团有限公司（简称"中国节能"）是经国务院批准，由中国节能投资公司和中国新时代控股（集团）公司于2010年联合重组成立的中央企业。集团母公司中国节能投资公司前身是国家计委节能局，1988年，改制成立国家能源投资公司节能公司；1994年正式更名为中国节能投资公司；1997年，环保部所属中国环境保护公司划归中国节能投资公司。中国新时代控股（集团）公司前身是原国防科学技术工业委员会所属的成立于1980年的中国新时代公司，1999年正式更名为中国新时代控股（集团）公司；2004年，原机械工业部所属第七设计研究院（后更名为中国新时代国际工程公司）划归新时代集团；2006年，原地矿部所属中国地质工程公司划归新时代集团。

目前，中国节能拥有700余家下属企业，其中二级公司26家，上市公司7家，业务分布在国内各省区市及境外约110个国家和地区。

（二）主营业务

中国节能主业涉及节能、环保、健康、清洁能源及节能环保综合服务（包括相关监测评价、规划咨询、设计建造、工程总承包、运营服务、技术研发、装备制造和产融结合）。目前，中国节能在工业节能、建筑节能、固废处理、污水处理、烟气治理、环境监测、土壤修复、重金属治理、风电、太阳能、新材料、健康产业等多项细分业务领域，规模和实力国内领先。

（三）发展成果

中国节能拥有独家开发权风资源1000万千瓦，已经投产和在建风电装机150万千瓦，累计建设容量位居国内前十名，是我国风电领域资产最为优良的企业之一；太阳能光伏发电项目已签约和在建装机容量1400兆瓦，其中发电60兆瓦，占全国发电装机的1/4，是国内最大的太阳能光伏发电运营商。在节能服务领域，中国节能为高耗能企业提供从节能诊断、评估、设计、改造到运行移交一条龙式的节能减排服务，通过合同能源管理（在国外简称 EPC，在国内被广泛地称为 EMC）等方式，为建材、冶金、化工等工业企业实施了一批大型项目，还开发了大型公共建筑节能、城市照明节能等项目。在新材料领域，中国节能拥有亚洲最大的节能环保建材生产基地，可年产 20 亿块折标新型节能墙材产品。在国内动力电池材料行业，拥有领先的锂电池正极材料制备技术和独特工艺。在光伏发电材料领域，中国节能投资 50 亿元建设产能达 1400 兆瓦的太阳能电池产业基地项目，并建立薄膜太阳能电池项目与光热发电项目研发中心。

以水处理为主的水务板块，日处理能力达到 500 万吨，年污水处理量近 20 亿吨；以城市固体废弃物、农林生物质转化利用为主的可再生能源板块，垃圾发电、污泥焚烧发电、生物质能发电日处理能力达到 1 万吨；以风电、太阳能光伏发电为主的新能源板块，投产和在建风电装机 150 万千瓦，拥有独家开发权风资源 1000 万千瓦，正在投资建设一批大型光伏发电项目与光伏建筑一体化项目，并积极开发风光互补项目，在建和已签约太阳能发电装机达 1400 多兆瓦。在以工业节能减排改造、城市生态节能服务为主的节能环保技术服务领域，中国节能环保集团公司作为中国政府有关部委指定的节能项目评估咨询机构、中央企业节能减排技术服务中心，通过合同能源管理方式，在冶金、化工、建筑、照明等领域实施了大批节能减排服务项目，并为城市和区域提供整体的循环经济规划和节能减排咨询服务，在城市开发建设低碳经济产业园区。

（四）企业荣誉

获得全国安康杯竞赛优胜单位；全国学习型先进班组；北京市清洁生产审核咨询机构；北京市节能评估中介机构；北京市发改委能源审计专门机构；北京市发改委咨询顾问机构；北京市高新技术企业；天津市模范职工之家；天津市劳动模范集体；天津市 AA 级劳动关系和谐企业；天津市"十一五"制造业信息化示范企业；天津市学习型组织先进单位。2020 年 4 月，入选国务院国有资产监督管理委员会"科改示范企业"名单。

中国煤炭科工集团有限公司

（一）企业概况

中国煤炭科工集团有限公司（简称"中国煤科"）是国务院国有资产监督管理委员会直接监管的中央企业。作为全球唯一全产业链综合性煤炭科技创新型企业，中国煤科为保障国家能源安全坚守初心，为创新煤炭安全高效开采和清洁低碳利用担当使命，以持续科技创新推动行业进步。中国煤科现有 34 家直属企业、1 家控股高科技上市公司，业务范围涵盖煤机智能制造、安全技术装备、清洁能源、设计建设、示范工程、新兴产业六大板块。

（二）主营业务

中煤国际是中国煤炭工程行业规模最大、技术最强、市场占有率最高的工程公司，主营煤炭等工程勘察、设计、服务、工程承包和矿用设备研发制造等业务。煤科总院是煤炭行业唯一的综合性科学研究院，主营煤炭工程技术研发、服务与煤机装备、安全技术装备研发和制造等业务。拥有地质勘探、矿井建设、煤矿开采、矿山机械、煤矿安全、煤炭洗选、煤化工、节能环保等覆盖煤炭全行业的专业技术体系。积极推动科学技术成果转化，发展形成煤机装备制造、安全技术仪器设备、工程技术服务三大产业板块，为国际知名、国内一流的创新型科技企业。

中国煤炭科工在矿井、露天采矿、洗选煤、水煤浆、清洁能源、环境工程、灾害治理等技术应用领域处于领军地位。

（三）发展成果

中国煤科现有员工30000多名，拥有各类专业技术人员约15000人，其中高级专业技术人员约4500人，在职国家百千万人才工程国家级人选23人；培养两院院士10人，在职中国工程院院士5人；有突出贡献的中青年科学、技术管理专家7人，持有各类注册职业资格证书人员1700人。

（四）企业荣誉

2020年，中国煤炭科工集团有限公司重庆设计院、武汉设计院获得中央精神文明建设指导委员会颁发的"2020年全国文明单位"；2006~2009年，荣获国家科技进步奖一等奖2项、国家科技进步二等奖32项、国家技术发明二等奖3项，并多次荣获省部级及中国煤炭工业协会、中国煤炭建设协会、中国机械工业联合会、中国机械工程学会等单位颁发各类奖项。

中国电力建设集团有限公司

（一）企业概况

中国电力建设集团有限公司（简称"中国电建"）是经国务院批准，于2011年9月29日在中国水利水电建设集团公司、中国水电工程顾问集团公司和国家电网公司、中国南方电网有限责任公司所属的14个省（区、市）电力勘测设计、工程、装备制造企业基础上组建的国有独资公司。中国电建是全球能源电力、水资源与环境、基础设施及房地产领域提供全产业链集成、整体解决方案服务的综合性特大型建筑集团，主营业务横向跨越国内外能源电力、水利、铁路（地铁）、公路、机场、房屋建筑、水环境治理、市政基础设施及大土木、大建筑多行业，纵向覆盖投资开发、规划设计、工程承包、装备制造、项目运营等工程建设及运营全过程，具有懂水熟电的核心能力和产业链一体化的突出优势。电力建设（规划、设计、施工等）能力和业绩位居全球行业第一。

（二）主营业务

中国电建主要从事：境内外水利电力工程和基础设施项目的工程总承包与规划、勘测设计、施工安装、科技研发、建设管理、咨询监理、设备制造和投资运营、生产销售、进出口；房地产开发与经营；实业投资、经营管理；物流；国际资本运作与境外项目投融资；对外派遣劳务人员和对外承包工程。受委托负责国家水电、风电、太阳能等清洁能源和新能源的产业规划、政策研究、标准制定、项目审查等。

(三) 发展成果

2020年实现营业总收入4019.55亿元，同比增长15.24%；实现利润总额162.07亿元，同比增长18.41%。公司新签合同总额6732.60亿元，同比增长31.5%，为全年新签合同总额计划的121.75%。其中，国内新签合同额4716.55亿元，同比增长29.79%；国外新签合同额2016.05亿元，同比增长35.82%。国内外水利电力业务新签合同额2117.35亿元。

在电力投资运营领域方面，截至2020年底，公司控股并网装机容量1613.85万千瓦，其中，太阳能光伏发电装机129.16万千瓦，同比增长7.77%；风电装机528.34万千瓦，同比增长6.12%；水电装机640.36万千瓦，同比增长9.19%；火电装机316万千瓦，同比持平。清洁能源占比达到80.42%。截至2020年底，公司累计投运和在建装机容量达2008.85万千瓦。

目前拥有6家分公司，7家子公司，以及60多家控股、参股子公司（项目公司）。

(四) 企业荣誉

2020年，中国电建在"2020中国企业500强"中排名第41位，在"2020年《财富》世界企业500强"中排名第157位。2020年，中国电建获国务院国有资产监督管理委员会2020年度经营业绩考核A级。

中国能源建设集团有限公司

(一) 企业概况

中国能源建设集团有限公司（简称"中国能建"）成立于2011年9月29日，是经国务院批准、由国务院国有资产监督管理委员会直接管理的特大型能源建设集团，由中国葛洲坝集团公司、中国电力工程顾问集团公司（电力规划设计总院）和国家电网公司、中国南方电网有限责任公司所属15个省（区、市）的电力勘察设计、施工和修造企业组成。中国能建是我国最具实力、世界最具竞争力的电力和能源规划、设计企业。承担国家电力和能源规划研究工作，完成了我国90%以上的电力规划科研、咨询评审、勘测设计和行业标准制定，以及20多个国家和地区的200多项重大工程勘测设计业务。

(二) 主营业务

中国能建是集电力和能源规划咨询、勘测设计、工程承包、装备制造、投资运营等于一体的完整业务链的特大型骨干企业，是我国和世界能源建设的主力军。

(三) 发展成果

中国能建是中国乃至全球最大的电力行业全面解决方案提供商之一，凭借强大的全产业链（尤其在勘测设计领域）业务优势，能为客户提供一站式综合解决方案和全生命周期的管理服务。中国能建在中国及海外逾80个国家及地区的电力工程建设项目中获得丰富的经验。

(四) 企业荣誉

中国能建主要成员企业包括：中国葛洲坝集团有限公司、中国电力工程顾问集团有限公司、电力规划设计总院有限公司（国家电力规划研究中心）、中国能建集团装备有限公司，以及15个省（区、市）电力勘测设计、工程企业。其中，葛洲坝集团位居"全球最大的250强承包商"第37位，中电工程居"全球最大的150强设计公司"第42位。2020年，中国能源建设集团在"2020《财富》世界企业500强"中排名第353位。

中煤矿山建设集团有限责任公司

（一）企业概况

中煤矿山建设集团有限责任公司（简称"中煤矿建"）是一家跨行业、多元化经营的大型企业集团，由中煤第三建设（集团）有限责任公司和中煤特殊凿井（集团）有限责任公司合并而成。

（二）主营业务

中煤矿建主要从事各类矿山工程建设及其生产运营服务、建筑、机电、市政公用、公路、地铁、隧道、铁路等基础设施建设以及地产、园林绿化等，是我国矿山建设中的领军企业。

（三）发展成果

中煤矿建综合实力、科研能力连续14年在我国矿山建设行业中位居第一。旗下子、分公司16余个，年营业收入150亿元；资产总额280亿元；在职员工2万余人，专业技术人员3500余人，一、二级建造师1100余人；拥有各类施工装备1.4万台套，总价值30亿元；集团及旗下子公司具有矿山工程施工总承包特级，建筑、市政公用、机电、公路工程施工总承包一级等资质和对外经营许可权，通过了"三标一体"认证。拥有国家认定企业技术中心、煤矿深井建设技术国家工程实验室和博士后科研工作站，获国家发明奖和国家科技进步奖21项，国家发明专利及实用新型专利439项，国家级工法11项、省部级工法74项，参与了23项国家和行业规范标准的编制及修订。

中煤矿山建设集团有限责任公司成立以来，足迹遍布20多个省、区、市及蒙古国、土耳其、巴基斯坦、老挝、印度、越南、柬埔寨、乌兹别克斯坦等国，有着丰富的工程施工经验、PPP项目建设经验及国际项目管理经验。

（四）企业荣誉

中煤矿建在矿山建设领域保持着5项世界纪录和38项中国纪录，荣获省部级以上优质工程奖371项，其中中国建设工程最高质量奖"鲁班奖"13项、国家优质工程奖6项、中国煤炭行业工程质量最高奖"太阳杯"126项、中国土木工程詹天佑奖1项；多次被评为全国重合同守信用单位、全国优秀施工企业、全国煤炭行业优秀企业、中国工程建设社会信用"AAA"级企业、中国工程建设诚信典型企业、全国建筑业科技进步与创新先进企业、中国建筑业竞争力百强企业、全国设备管理先进单位、全国五一劳动奖状、全国安康杯竞赛优胜企业等荣誉称号。

内蒙古能源建设投资（集团）有限公司

（一）企业概况

内蒙古能源建设投资（集团）有限公司（简称"内蒙古能建"）成立于2014年8月6日，是经内蒙古自治区人民政府批准，在原属内蒙古电力（集团）有限责任公司管理的内蒙古电力勘测设计院有限责任公司、内蒙古送变电有限责任公司、内蒙古第一电力建设有限责任公司、内蒙古第三电力建设有限责任公司4家电力设计施工企业和煤田筹备处的基础上，组建成立的内蒙古自治区直属大型国有企业。内蒙古能建党委下设直属基层党委9个，直属党总支1个，直属党支部1个，基层党总支6个，基层党支部100个。截至目前，共有党员1734名，其中在职党员1676名，离退休党员58名。现有职工5000余人，其中享受国务院"政府特殊津贴"1人，"草原英才"7人，自治区突出贡献专家、草原英才、青年创新人才60余人，各级各类专业技术人员近3000人。

（二）主营业务

内蒙古能建是以电力基础设施投资、规划设计、工程施工、监理、运营管理、装备制造、煤炭资源开发及其他能源投资建设与经营为一体的综合性能源建设投资企业。

（三）发展成果

目前拥有电力工程总承包特级资质，以及电力工程设计、勘察、咨询、测绘等数十项甲级资质以及电力工程施工总承包、房屋建筑工程施工总承包、机场目视助航工程专业承包等12项设计施工一级资质；取得电力建设工程金属实验室、国家土建一级实验室、国家二级标准计量、国家档案馆一级资格；国家级高新技术企业有7家，国家级科改示范企业1家，博士后科研工作站1座；取得国家和自治区级科研成果386项、有效专利400余项、行业专有技术39项，荣获国家级、省部级奖项1008项，获评自治区级施工工法13项。承担了内蒙古自治区境内70%以上的电网、火电、风电、光伏发电等电力项目的勘测、设计、科研任务，同时开辟了蒙古、巴基斯坦、塔吉克斯坦等10多个国家和地区的工程勘测设计和施工市场。累计承建各类型发电机组装机总容量近2000万千瓦，具备年建设220千伏以上变电站40余座、220千伏线路2000公里、500千伏以上线路1000公里以上的施工能力，参与建设上海庙—山东临沂、宁夏宁东—浙江绍兴江等国内800~1100千伏特高压电网及藏中联网、天舟一号保电等国家级重大项目建设任务，工程设计、施工技术处于国内领先水平。近年来，内蒙古能建按照内蒙古自治区党委政府组建企业时赋予的职能定位，重点发展火力发电、新能源、设计施工、煤炭资源开发四大产业板块，努力打造内蒙古自治区能源建设投资领域骨干企业。其中，火电板块正在控股建设旗下营2×350兆瓦热电联产机组，参股建设长城2×1000兆瓦机组；新能源板块现有装机容量48.45万千瓦，继续采取直接投资、合资建设、并购项目等方式，大力开发区内外新能源项目；设计施工板块广泛参与区内外、国内外高端大型电力工程设计施工，加快内部重组整合，发挥特级资质优势，做强电建品牌；煤炭板块拥有自治区配置19亿吨煤炭资源，正在按照"国家级绿色煤矿"的标准，高起点规划、高标准建设，坚定推动企业转型升级。

此外，正在积极培育高端信息技术产业、装配式建筑基地产业、市政基础设施、新型建材制造、交通网络通道建设等新领域，着力打造内蒙古自治区本土的国有建工企业品牌。

（四）企业荣誉

2020年8月，由公司投资建设的旗下营2×350兆瓦热电联产项目正式开工建设，当年完成投资1.5亿元，工程建设按计划顺利推进。

2020年，内蒙古能建全年计划完成产值717999万元，实际完成565603万元，完成年度计划的78.8%。与2019年完成产值443029万元相比，同比增长27.7%。

河北建投能源投资股份有限公司

（一）企业概况

河北建投能源投资股份有限公司（简称"建投能源"），成立于1994年1月18日，是河北建设投资集团有限责任公司（简称"建投集团"）旗下重要的境内资本运作平台，是河北省电力投资主体。建投能源于1996年6月6日在深圳证券交易所挂牌上市。

（二）主营业务

建投能源主营业务为投资建设、经营管理以电力生产的能源项目。

（三）发展成果

截至2020年末，公司注册资本17.92亿元，总资产338.85亿元、净资产147.19亿元。公司控股股东建投集团持有公司股份11.76亿股，持股比例65.63%。建投能源目前拥有控股发电公司12家、售电公司1家，参股发电公司12家；公司控制运营装机容量915万千瓦，控制在建装机容量70万千瓦，权益运营装机容量922万千瓦。公司拥有控股供热公司4家，参股供热公司2家，供热面积17666万平方米。

建投能源控股股东建投集团是河北省政府聚合、融通、引导社会资本和金融资本，支持河北省经济发展的投融资平台、基础设施建设平台和金融服务业平台，由河北省国资委履行监管职责的国有资本运营机构和投资主体，公司注册资本150亿元。截至2019年底，河北建投集团合并总资产1911.87亿元，净资产892.86亿元。集团系统企业员工约11500人，控股建投能源和新天绿色能源两家上市公司，参股华能国际、大唐发电、唐山港、秦港股份等多家上市企业，是河北省国有资本投资公司改革试点单位。多年来，建投集团不断完善发展战略，优化资产结构，通过政府主导、市场化运作，相继投资建设了电厂、铁路、港口、高速公路、天然气管线、水厂和一批省级重大支撑性项目，逐步形成了以能源、交通、水务、城镇化等基础设施及战略性新兴产业为主的业务板块。此外，集团投资领域还涉及金融服务、矿产开发等多个行业，为促进河北省经济发展做出了重要贡献。

（四）企业荣誉

建投能源董事会荣获第十五届"金圆桌"公司治理特别贡献奖、中国证券报"金牛奖"投资者关系管理奖；主体长期信用等级为AAA，评级展望为"稳定"；《国有发电集团招标采购标准化管理体系构建与实施》《境外投资风险防控体系的构建》获省级企业管理现代化成果一等奖。

第二十八章　能源设备制造企业

本章从企业概况、主营业务、发展成果和企业荣誉四个方面介绍能源设备制造企业的情况。

一、煤炭设备制造企业

天地科技股份有限公司

（一）企业概况

天地科技股份有限公司（简称"天地科技"）隶属中国煤炭科工集团有限公司，是2000年3月由煤炭科学研究总院作为主发起人设立的股份有限公司。

（二）主营业务

天地科技主营业务包括：矿山生产过程自动化、机械化、信息化设备开发、制造和系统集成；煤炭洗选设备开发、制造和选煤厂工程总承包；储装运快速定量装车成套装备及工程总承包；地下特殊施工技术开发和地下特殊工程施工承包；煤炭高效生产的技术服务、技术咨询和煤矿经营。

（三）发展成果

天地科技自2000年成立以来，共取得科技成果2700余项，获得国家及省部级以上科技进步奖600余项，专利1904项（其中发明专利547项），软件著作权492项。

（四）企业荣誉

2020年7月27日，2020《财富》中国500强排行榜发布，天地科技排第463位；2021年7月20日，2021《财富》中国500强排行榜发布，天地科技排第463位。

山东能源重型装备制造集团有限责任公司

（一）企业概况

山东能源重型装备制造集团有限责任公司（简称"山东能源重装集团"）是世界500强企业山东能源集团有限公司的二级单位。注册资本29亿元，所属企业分布于山东省内泰安、枣庄、莱芜、兖州等地区，并在新疆、内蒙古、陕西分别建立起装备制造园区。

(二) 主营业务

山东能源重装集团主要经营：矿山采、掘、运、洗选设备及矿用机械设备、风力发电机、变压器、仪器仪表、电动自行车的制造及销售；建材、环保设备、非标准设备加工制造及销售；铜材生产加工及销售；起重机械设备销售；设备租赁；房屋租赁；金属材料热处理；机械（不含起重机械）、电器设备修理、安装；理化检验；货物进出口业务；环保工程施工；废旧金属回收、销售。

(三) 发展成果

山东能源重装集团拥有1个国家级工程技术研究中心，4个省级企业技术中心，获得各类专利400余项，制定国家及行业标准20余项，是机械产品再制造国家工程研究中心建设单位，国家《千万吨级综合机械化放顶煤工作面设备选型配套技术要求》起草单位。山东能源重装集团以"装备制造、再制造与现代服务业"为主导产业，完善研发—设计—制造—租赁—再制造—再设计循环价值链条，综合技术水平和企业整体规模位居国内前列，是中国煤炭机械工业优秀企业、山东省高新技术企业、山东省新型工业化产业示范基地、山东省数字化装备制造中心。

(四) 企业荣誉

2020年7月，被评为2020年山东省技术创新示范企业。

平煤神马机械装备集团有限公司

(一) 企业概况

平煤神马机械装备集团有限公司（简称"平煤神马机械装备集团"）是中国平煤神马集团全资子公司，注册资本10.9亿元，下辖中平能化集团机械制造公司、中平能化集团天工机械制造有限公司、中国平煤神马能源化工集团有限责任公司天成实业分公司、平顶山日欣机械制造有限公司、平煤神马机械装备集团河南重机有限公司、平煤神马机械装备集团河南矿机有限公司、河南天工科技股份有限公司、平顶山市矿益胶管制品股份有限公司、河南中平自动化股份有限公司、河南惠润化工科技股份有限公司、河南沈缆电缆有限责任公司、河南平煤神马电气股份有限公司、河南中平川电气有限公司、平顶山市安盛机械制造有限公司、平顶山市安科支护洗选设备有限公司等16家专业化公司（其中天工科技公司、矿益股份公司、天成科技公司为新三板上市公司）及电气事业部、光伏事业部、营销事业部、地产事业部4个事业部，并对中国平煤神马集团下属单位的集体企业进行行业管理和业务指导。

(二) 主营业务

平煤神马机械装备集团是集煤机装备成套化、节能环保产品系列化、矿用通用产品配套化、资本运作与社会服务一体化的专业化集团公司。

(三) 发展成果

目前平煤神马机械装备集团拥有资产近百亿元，职工总数2万余人（其中直属单位人员近5000人），年销售收入已突破百亿元，位列中国煤炭机械工业企业50强前四名，为行业信用最高等级AAA级企业。

（四）企业荣誉

平煤神马机械装备集团拥有1个省级技术中心，1个省级工程技术研究中心，7家高新技术企业。与南京航空航天大学合作研发的矿用救生舱产品，取得6项国家专利，成为国内首家通过国家煤炭工业协会行业鉴定的矿用救生舱生产企业；与山东科技大学合作开发的湿式喷浆机填补了国内空白；承担了由国家发改委、财政部、工信部联合组织实施，国家专项拨款7000万元的煤炭综采成套装备智能系统项目。

中国煤矿机械装备有限责任公司

（一）企业概况

中国煤矿机械装备有限责任公司（简称"中煤装备公司"）是中国中煤能源集团有限公司旗下企业，是我国目前规模最大、技术装备水平最高、产品成套服务最全、综合竞争实力最强的井工煤矿工作面综采成套设备制造企业，也是唯一一家入围中国机械百强的煤矿装备制造企业。企业资产总额近200亿元，员工10247人，拥有全资、控股、参股企业及分公司16家，为市场提供20余个技术品种、82个系列、1300多个规格产品。

（二）主营业务

中煤装备公司专业从事煤矿工程机械装备成套研制、成套供给、专业维修、专业租赁、专业服务五位一体的企业。

（三）发展成果

中煤装备公司在国内率先形成了以采煤机、刮板运输机、掘进机和液压支架为代表的"三机一架"成套研制能力，成功实现了千万吨煤炭生产工作面成套装备国产化，收购了世界品牌英国帕森斯矿用链条公司，产品远销美国、英国、俄罗斯、澳大利亚、印度、越南、土耳其等国家和地区。中煤装备公司积极构建了由1个国家能源研发（实验）中心、2个国家级技术中心、2个国家能源技术装备评定中心、3个国家认可实验室、5个博士后科研工作站、1个院士工作站、10余个省级研发机构组成的创新体系。近年来，先后实施863、973计划项目、国家重大科技支撑计划项目、国家重点研发计划等省部级项目40余项，获得包括国家科技进步一等奖、国家科技进步二等奖、国家技术发明二等奖、省部级科技进步一等奖等120余项国家、省部级科技奖，截至目前已累计申请受理、授权国家专利2029件，其中663件为国家发明专利。

（四）企业荣誉

中煤装备公司是国家能源局认定的国家能源煤矿采掘机械装备研发（实验）中心和国家认定的企业技术中心。

郑州煤矿机械集团股份有限公司

（一）企业概况

郑州煤矿机械集团股份有限公司（简称"郑煤机"）始建于1958年，郑煤机具备年产

30000台（架）煤矿综采设备的生产能力，能生产支护高度从0.55米到8.8米，工作阻力从1600千牛到26000千牛的各类液压支架，630至1250全系列刮板输送机及其配套的转载机、破碎机等设备。公司产品遍布全国各大煤业集团，先后出口到俄罗斯、美国、澳大利亚、土耳其、印度、越南等国家。

（二）主营业务

郑煤机主营业务为煤机研发制造和汽车零部件制造，同时涉足装备制造、服务、金融、商贸等领域。

（三）发展成果

近年来，郑煤机A股上市募投项目——高端液压支架生产基地，总投资20多亿元，拥有目前国内同行业先进的钢板下料、焊接、喷涂全自动化生产线，行业内先进的立柱千斤顶自动化生产线。郑煤机拥有国家认定企业技术中心、博士后科研工作站、院士工作站等科研机构，先后承担了国家多项煤矿综采装备重点项目的研制开发，引领了中国煤矿装备的发展方向。

（四）企业荣誉

2018年入选国务院国资委国企改革"双百行动"企业，2019~2020年连续入选中国机械工业百强企业和《财富》中国500强企业。

西安重工装备制造集团有限公司

（一）企业概况

西安重工装备制造集团有限公司是陕西煤业化工集团有限责任公司的全资子公司，是经陕西省人民政府批准，于2009年11月17日挂牌成立的以煤矿成套装备设计制造和综合配套技术服务为主导产业的大型企业集团，注册资本金28亿元。公司下辖西安煤矿机械有限公司、铜川煤矿机械有限公司等9家大中型企业。

（二）主营业务

西安重工装备制造集团有限公司经营范围涉及采煤机、掘进机、液压支架、刮板（皮带）输送机、电气自动控制等煤矿成套装备，同时，为用户提供全方位的综合保障配套技术服务。

（三）发展成果

西安重工装备制造集团有限公司有2个省级企业技术中心和1个博士后科研工作站。现有专业技术人员957人，其中正高级工程师32人，高级工程师245人；拥有union创台式锉铣加工中心、大行程SHW落地式铠铣加工中心、5轴联动DMG车铣复合式加工中心、3级磨齿精度高端数控成型磨齿机以及检测直径达1米的精密齿轮检测仪、焊接机器人等高精尖设备200多台套。

（四）企业荣誉

西安重工装备制造集团有限公司产品关键技术获国家科学技术进步二等奖1项，陕西省科技进步一等奖4项、二等奖2项、三等奖4项。

中煤张家口煤矿机械有限责任公司

（一）企业概况

中煤张家口煤矿机械有限责任公司始建于1924年，是我国集研发、设计、制造、销售、服务于一体的煤矿井工成套输送设备制造企业。1959年，更名为张家口煤矿机械厂；2000年改制并更名为张家口煤矿机械有限公司；2003年，整体并入中煤集团，成为中煤集团煤机装备板块主要生产企业；2006年，中煤集团上市，张家口煤矿机械有限公司随之更名为中煤张家口煤矿机械有限责任公司。

（二）主营业务

中煤张家口煤矿机械有限责任公司形成了井工成套输送设备、工业链条及吊索具、地面输送设备、洗选环保设备、煤矿电控设备五大类主营业务及铸锻件、传动组件、结构件等诸多优势零部件产品，可以为用户提供一体化煤矿技术装备解决方案。

（三）发展成果

目前，中煤张家口煤矿机械有限责任公司拥有以国家认可测试实验室、国家认定技术中心、博士后科研工作站、煤机行业首个国家能源采掘装备研发实验中心为核心的科研开发平台，生产和实验设备5900多台套，煤矿井工输送设备年生产能力17万吨。

公司目前下设20个职能部室，1个控股子公司，2个参股公司，2个分公司，2个全资子公司，托管煤机服务公司（金桥宾馆和医院）。公司拥有完善可靠的生产系统，下设机电设备分厂、传动分厂、中部槽分厂、结构件分厂、铸造分公司、锻造分公司、总装分厂、下料分厂、涂装分厂、产品维修分厂、动力分厂等15个分厂事业部。

2020年，公司主要生产经营指标再创历史新高，完成工业总产值37.52亿元，产品产量15.55万吨；实现营业收入37.65亿元，利润总额2.02万元，职工收入随经营业绩稳步增长。

（四）企业荣誉

2019年，河北省科学技术厅、河北省财政厅、国家税务总局河北省税务局授予高新技术企业，中质协质量保证中心授予管理体系优秀实践企业。

山西晋煤集团金鼎煤机矿业有限责任公司

（一）企业概况

山西晋煤集团金鼎煤机矿业有限责任公司（简称"金鼎公司"）是晋城煤业集团全资子公司，是国家高新技术企业，国家重大技术装备企业，是全国最具特色的集研发、制造、安装、租赁、维修、技术服务于一体的综合性煤机制造企业。公司位于山西省，成立于2008年12月26日，公司注册资本10亿元，总资产50亿元，在册员工5500余人，下辖36个子分公司。

（二）主营业务

金鼎公司形成了煤机制造与检修、矿井建设与安装、贸易与物流、煤炭生产四大产业相互呼应，煤与煤机联动发展的新模式。

(三) 发展成果

金鼎公司自主研制了 6.2 米、7.2 米、7.6 米、8.2 米高端液压支架、大采高短壁采煤机、大采高"8G"采煤机、掘进机及岩巷进机、湿式喷浆机、瓦斯抽放钻机、煤层长孔定向钻机、系列无轨胶轮车、永磁电机、矿山电气自动化控制等煤矿综合机械化开采成套设备，研发了具有自主知识产权的"闫氏开采法"，主要包含闫氏采煤工艺技术和装备（短壁采煤、大采高"8G"采煤、薄煤层采煤、旺格维利采煤和"三下"采煤）、闫氏岩巷综合机械化作业线、闫氏连掘工艺技术和装备、闫氏巷道准备工艺技术和装备等，填补了国内外煤矿采掘工艺技术装备的多项空白。

(四) 企业荣誉

金鼎公司先后被评为全国煤炭机械工业优秀企业、山西省煤炭装备制造十佳企业，荣获山西省"科技奉献奖"先进集体一等奖、山西省煤矿机电产品先进定点单位、山西省企业文化建设先进单位、山西省转型跨越新锐企业等称号。

太原重型机械集团有限公司

(一) 企业概况

太原重型机械集团有限公司（简称"太重集团"），位于山西省省会太原市，前身为太原重型机器厂，始建于 1950 年，是中华人民共和国自行设计、建造的第一座重型机械制造企业属国家特大型骨干企业。主要成员单位有：太原重工股份有限公司、太重集团煤机有限公司、太重集团榆次液压工业有限公司、智波交通设备有限公司、太重集团贸易有限公司、山西恒芪农业开发有限公司等。自 2011 年开始，太重集团销售规模始终居于我国重型机械行业首位。太重集团装备制造水平先进，自主创新能力卓著，是全国"创新型企业 20 强"之一，拥有冶炼、铸造、锻造、热处理、焊接、机加工、总装调试、检测计量和包装运输等配套齐全的装备研发制造能力；太重技术中心在国家认定企业技术中心中排名第二位，居同行业第一位。

(二) 主营业务

太重集团在提供产品的基础上积极拓展生产性服务业务。在矿山领域，公司不仅能为客户提供完整的"三机一架"煤矿综采成套设备、露天矿半连续开采工艺成套设备，还将服务延伸到了煤焦化以及清洁煤技术在内的煤炭深加工技术装备的设备总成套与工程总承包领域；在冶金领域，太重集团已经具备了从矿山开采、码头运输到焦化、炼铁、炼钢、轧钢、精整等全过程的配套服务能力；在新能源领域，太重集团依托风电整机、工程机械等产品优势，为客户提供包括风场设计与开发、设备制造与安装，以及工程建设等在内的全方位配套服务。

(三) 发展成果

太重集团在冶金、矿山、发电、交通、化工、建筑、新能源、航空航天等领域，尤其是为国家重点建设项目提供了 2000 余种、近 3 万台（套）装备产品。公司制造的 1300 吨桥式起重机、520 吨铸造起重机、6400 吨液压复式起重机、20~75 立方米矿用挖掘机、1.5~5 兆瓦风力发电机、180 毫米三辊连轧管机组、225 兆牛铝合金挤压机、3000 千瓦电牵引采煤机，以及神州系列发射塔架、北京奥运会开闭幕式舞台设备等产品，以一流的品质和卓越的口碑成为太重集团的标志性产品。

太重集团首台海洋石油钻井平台已经成功下水，大吨位全地面起重机和履带起重机已完成了系列化开发，350公里级动车组轮轴实现供货，具备了轨道交通全谱系车轮、车轴及轮对产品的研发、制造能力，新能源领域已形成1.5~5兆瓦系列化风电整机及增速器产品，并在国内率先完成了5兆瓦大功率海上风机的开发工作，走在了行业的前列。液压系统、电控系统、传动系统、铸锻件等基础配套件也实现了向高端化及智能化的延伸。

（四）企业荣誉

2020年9月，2020中国制造业企业500强榜单发布，太原重型机械集团有限公司名列第444位。

二、电力设备制造企业

哈尔滨电气集团有限公司

（一）企业概况

哈尔滨电气集团有限公司（简称"哈电集团"）是由国家"一五"期间苏联援建的156项重点建设项目的6项沿革发展而来，是为适应成套开发、成套设计、成套制造和成套服务的市场发展要求，最早组建而成的我国最大的发电设备、舰船动力装置、电力驱动设备研究制造基地和成套设备出口基地，是中央管理的关系国家安全和国民经济命脉的国有重要骨干企业之一。

（二）主营业务

哈电集团形成了以大型煤电、水电、核电、气电、风电、电气驱动装置、舰船动力装置和电站交钥匙工程八大主导产品为核心的多电并举、协调发展的产业格局。

（三）发展成果

集团先后引进、消化、吸收600兆瓦亚临界、超临界、超超临界煤电三大主机；300兆瓦循环流化床锅炉；700兆瓦水电；抽水蓄能；9FA重型燃机及联合循环机组等国际尖端制造技术，历经重大装备的升级改造，技术和装备能力已达国际先进水平。日月更始，精进不休，形成开发设计和生产制造大型煤电、水电、核电、气电、电站总承包工程和舰船动力装置六大核心产品，年生产能力30000兆瓦，所属企业全部通过ISO9001质量体系认证。

（四）企业荣誉

2018年9月2日，中国企业联合会、中国企业家协会发布2018年中国企业500强榜单，哈尔滨电气集团有限公司排名第474位；2020年4月，入选国务院国资委"科改示范企业"名单。

中国东方电气集团有限公司

（一）企业概况

中国东方电气集团有限公司（简称"东方电气"）是中央确定的涉及国家安全和国民经

济命脉的国有重要骨干企业之一，属国务院国资委监管企业，是全球最大的发电设备制造和电站工程总承包企业集团之一，发电设备产量累计超过6亿千瓦，已连续17年发电设备产量位居世界前列。

（二）主营业务

东方电气主营业务为：水力发电设备，汽轮发电机，交直流电机，控制设备，普通电机，电器机械，氧气、电站、电站设备等；泵类设计、制造，计算机网络系，承包境外发电设备、机电、成套工程和境内国际招标工程；上述境外工程所需的设备、材料出口等。

（三）发展成果

东方电气自主研发三峡右岸700兆瓦机组、溪洛渡770兆瓦混流式机组和世界单机容量最大的灯泡贯流式巴西杰瑞75兆瓦机组，成功研制世界首台百万千瓦水电机组，创造水电单机容量新的世界纪录，成为世界水电巅峰之作。国内第一超高水头长龙山抽水蓄能机组关键核心技术实现突破，技术指标和性能挑战抽水蓄能领域研发极限。参建的三峡枢纽工程荣获国家科学技术奖特等奖。

自主研制世界首台1000兆瓦超超临界空冷机组，中国首台660兆瓦超超临界二次再热机组，"600兆瓦超临界循环流化床锅炉开发、研制与工程示范"项目获得国家科技进步奖一等奖。世界最大单机容量660兆瓦超临界循环流化床锅炉成功投运，进一步巩固循环流化床锅炉技术领先优势。正在推进发电效率世界第一的世界首台超高参数630℃1000兆瓦超超临界二次再热示范机组和性能参数世界第一的世界首台660兆瓦超超临界循环流化床锅炉研制。

自主研制的"华龙一号"全球首套汽轮发电机组核蒸汽冲转成功，全面具备"华龙一号"和"国和一号"核岛、常规岛主设备研制能力，主要性能指标达到世界领先水平。承制世界最大单机容量1750兆瓦三代核电机组主设备，在台山核电站投入商业运行。先后获得全国首张核蒸汽供应系统设备制造许可证、装备制造企业首张核1级设备（蒸汽发生器）设计许可证，核设计能力取得长足进步，正在推进第四代钠冷快堆、模块化小堆主设备研制。

砺剑十年，重型燃气轮机自主研发取得突破，国内首台自主知识产权F级50兆瓦重型燃气轮机成功实现满负荷运行，建立起完整的设计、试验验证和制造体系，实现了自主燃机技术"零"的突破。

自主研制的亚太地区首台10兆瓦海上风电机组成功并网发电，实现我国风电产业技术历史性跨越。具备国际一流水平的双馈、直驱系列化风电机组研制能力，具备覆盖Ⅲ类风场到Ⅰ类风场的装备支撑能力。具有完全自主知识产权的iPACOM智慧风电系统，为机组全维度赋能。

新技术、新产品研发取得积极进展。自主研制40~110千瓦等级燃料电池系统、核心电堆和高性能膜电极，突破燃料电池关键核心技术。自主知识产权氢燃料电池动力城市客车在四川省示范运行，系统关键指标和示范运营效果实现国内领先。自主研发撬装式加氢系统、加氢站高压储氢容器、国内首套100千瓦等级燃料电池热电联供系统和配套微型甲醇裂解装置，以燃料电池为核心实现了氢能全产业链关键装备技术的突破。成立我国能源装备领域第一家工控网络安全工程实验室，独家提出能源装备工控网络安全一体化保护解决方案，发现电力监控系统安全漏洞26个，主持和参与制订国家和行业标准6项，在维护和保障我国能源安全方面迈出关键一步。

东方电气集团大力推进"两化融合""两业融合",在全球数字化、智能化浪潮中踏浪而行。打造国内首个大型清洁高效发电装备智能制造数字化车间,实现效率倍增,成为行业智能制造数字化车间示范引领工程,形成具有自主知识产权的数字化解决方案。入选工信部2020年智能制造系统解决方案供应商,自主研发的耐辐照动力机械臂荣获2019年度恰佩克技术创新奖。自主研发行业首个智慧电厂一体化系统解决方案,智能化关键技术正重塑能源装备制造业形态。

(四) 企业荣誉

获得国家科技进步奖特等奖2项、一等奖7项、二等奖13项,省部级特等奖9项;2018年11月8日,东方电气入选《2018中国企业知识产权竞争力百强榜》,以总分46.3分排名第45;2020年4月,入选国务院国资委"科改示范企业"名单;2020年11月28日,中国企业评价协会发布《2020中国新经济企业500强榜单》,东方电气排名第297位。

上海电气集团股份有限公司

(一) 企业概况

上海电气集团股份有限公司(简称"上海电气")是中国装备制造业最大的企业集团之一,具有设备总成套、工程总承包和提供现代装备综合服务的优势。自20世纪90年代以来,销售收入始终位居全国装备制造业第一。主导产品主要有1000兆瓦级超超临界火力发电机组、1000兆瓦级核电机组,重型装备、输配电、电梯、印刷机械、机床等。

(二) 主营业务

上海电气是一家大型综合性装备制造集团,主导产业聚焦能源装备、工业装备、集成服务三大领域,致力于为客户提供集绿色、环保、智能、互联于一体的技术集成和系统解决方案。产品包括火力发电机组(煤电、气电)、核电机组、风力发电设备、输配电设备、环保设备、自动化设备、电梯、轨道交通和机床等。

(三) 发展成果

作为中国工业的领导品牌,上海电气的历史最早可以追溯到1902年,创造了中国与世界众多第一。中国第一套6000千瓦火力发电机组、世界第一台"双水内冷"发电机、中国首台万吨水压机、中国第一套核电机组等都来自上海电气。

集团主导产品主要有1000兆瓦级超超临界火力发电机组、1000兆瓦级核电机组,重型装备、输配电、电梯、印刷机械、机床等。高效清洁能源、新能源装备是上海电气集团的核心业务,能源装备占销售收入的70%左右。

(四) 企业荣誉

上海电气是中国装备制造业领袖品牌。在"亚洲品牌500强"评选中,上海电气为亚洲机械类品牌排名第五名,中国机械类品牌第一名。上海电气正在成为一个主业突出、优势明显,可持续发展的现代化、国际化大型装备集团。上海电气品牌在国际和国内多个榜单中名列前茅,荣获中国工业领域最高奖项——中国工业大奖。

远东控股集团有限公司

（一）企业概况

远东控股集团有限公司（简称"远东控股集团"）创建于1985年，前身为宜兴市范道仪表仪器厂，现为全球投资管理专家、亚洲品牌500强、中国企业500强、"中国民营企业500强"、"中国最佳雇主企业"。

（二）主营业务

远东控股集团坚持"主业+投资"的战略。旗下远东智慧能源股份有限公司主营智慧能源和智慧城市技术、产品与服务及其互联网、物联网应用的研发、制造与销售；智慧能源和智慧城市项目规划设计、投资建设及能效管理与服务；智慧能源和智慧城市工程总承包等领域，致力成为全球领先的智慧能源、智慧城市服务商。

（三）发展成果

远东控股集团对外投资屡创佳绩，截至目前，总投资企业数量达到347家，累计实现上市99家（其中新三板28家），预披露12家。目前年营业收入近500亿元，品牌价值810.18亿元，员工1万余人。

（四）企业荣誉

2020年9月，远东控股集团入选中国企业联合会、中国企业家协会发布的2020年中国企业500强名单，排名第473位；同月，全国工商联发布《2020中国民营企业500强榜单》，远东控股集团居第233位。

新疆特变电工集团有限公司

（一）企业概况

新疆特变电工集团有限公司（简称"特变电工集团"）是世界输变电制造行业的骨干企业特变电工股份有限公司的第一大股东。特变电工集团致力于为全球客户提供系统解决方案，是全球信赖的服务商，拥有特变电工股份有限公司、新特能源股份有限公司、新疆众和股份有限公司三家上市公司。

（二）主营业务

特变电工集团目前已形成以能源为基础，输变电高端制造、新能源、新材料"一高两新"三大国家战略性新兴产业、房地产、路桥建设、金融物流七大产业协同发展的产业集群。

（三）发展成果

特变电工集团是中国重大装备制造业核心骨干企业，世界电力成套项目总承包企业，国家级高新技术企业，中国最大的变压器产品研制基地和重要的电线电缆、高压电子铝箔新材料及太阳能光伏产品及系统的研发、制造和出口基地。其中变压器年产能1.7亿千伏安，居世界前三位，亚洲第一位。输变电、新能源、新材料三大产业均拥有国家级工程实验室。

(四) 企业荣誉

2020年9月，中国企业联合会、中国企业家协会发布2020年中国企业500强榜单，特变电工集团排名第353位；同月，全国工商联发布《2020中国民营企业500强榜单》，特变电工集团列第150位。

人民电器集团有限公司

(一) 企业概况

人民电器集团有限公司（简称"人民电器"）始创于1996年，以工业电器为核心产业，横跨金融、地产、新能源、国际贸易等多元化发展。产品畅销全球70多个国家和地区，广泛应用于浦东机场、京沪高铁、三峡水电、北京地铁、奥运场馆、南水北调、青藏铁路、嫦娥探月工程、越南太安水利枢纽等国内外重大工程项目，是中国工业电器领域价值第一品牌。

人民电器是高低压电器元件、防爆电器、仪器仪表、建筑电器等电器产品的专业制造商。公司生产180多个系列、2万多种规格的产品。

(二) 主营业务

人民电器以智慧电网为产业核心，横跨产业新城、新能源、微波通信、电商平台、环保科技、现代物流、国际贸易、金融投资八大产业集群。

(三) 发展成果

人民电器品牌价值高达591.26亿元，拥有浙江、上海、南昌、抚州四大制造基地，12家全资子公司、85家控股成员企业、800多家加工协作企业和3000多家销售公司。

(四) 企业荣誉

人民电器连续多年位居中国企业500强、全球机械500强、中国500最具价值品牌前列。

许继电气股份有限公司

(一) 企业概况

许继电气股份有限公司（简称"许继电气"）是国家电力系统自动化和电力系统继电保护及控制行业的排头兵，被誉为我国电力装备行业配套能力最强的企业，是国家科技部认定的国家重点高新技术企业，国家520家重点企业和国家重大技术装备国产化基地之一，承担了国家"六五"至"十一五"期间等一系列重大攻关项目，其中大部分产品获得国家和省部级科技进步奖。

(二) 主营业务

许继电气是中国电力装备行业的领先企业，致力于为国民经济和社会发展提供高端能源和电力技术装备，为清洁能源生产、传输、配送以及高效使用提供全面的技术、产品和服务支撑。公司聚焦特高压、智能电网、新能源、电动汽车充换电、轨道交通及工业智能化五大核心业务，拓展节能环保、智慧城市、智能制造、先进储能、军工全电化五类新兴业务，产品广泛应用于电力系统各个环节。公司产品主要分为智能变配电系统、直流输电系统、智能中压供用电设备、智能电表、电动汽车智能充换电系统、EMS加工服务六类。

（三）发展成果

许继电气产品被广泛应用于三峡、葛洲坝、龙羊峡、秦山核电，晋东南—荆门特高压交流输电、云南—广东及向家坝—上海特高压直流输电，大秦电气化、武汉—广州客运专线等数百项国家重点工程，能够为交流1000千伏、直流±800千伏及以下超高压输电工程，1000兆瓦火电机组、720兆瓦水电机组及以下容量发电厂站以及各种电压等级城乡电网和工矿企业提供成套产品和服务。

许继电气设有2家行业归口研究所、3家国家级产品检测中心、1个国家级工程研究中心、2个国家标准化委员会秘书处、1个国际标准化委员会主席席位。拥有1家上市公司、14家主要子（分）公司，形成了许昌、北京2个公司级研发中心，珠海、上海、哈尔滨、福州4个研发分中心以及许昌、珠海、厦门、福州、济南5个制造基地。

（四）企业荣誉

2018年第32届中国电子信息百强企业名单发布，许继电气排名第47位；2019年7月18日，经工信部电子信息司审定，中国电子信息行业联合会发布了2019（第33届）电子信息百强企业名单，许继电气排名第58位。

中国西电集团有限公司

（一）企业概况

中国西电集团有限公司（简称"中国西电集团"）成立于1959年7月，是以我国"一五"计划期间156项重点建设工程中的5个项目为基础，发展形成的以科研院所和骨干企业群为核心，集科研、开发、制造、服务、贸易、金融为一体的大型企业集团。2003年，中国西电集团成为国务院国资委监管的我国输配电成套设备研发制造的中央企业。2004年11月，中国西电集团被国务院国资委确定为第一批49家主业明确的中央企业之一。2008年4月，中国西电集团对主业整体重组改制，发起并设立了中国西电电气股份有限公司（该公司已于2010年1月28日在上海证券交易所成功上市）。2009年5月6日，经国家工商行政管理总局批准，正式更名为中国西电集团公司。2017年12月，经国务院国资委批准，中国西电集团由全民所有制企业改制为有限责任公司（国有独资），由国务院国有资产监督管理委员会代表国务院履行出资人职责；企业注册资本由216494万元人民币变更为600000万元人民币。同时，企业名称由"中国西电集团公司"变更为"中国西电集团有限公司"。

（二）主营业务

中国西电集团的主营业务为输配电及控制设备研发、设计、制造、销售、检测、服务及总承包；自动化、控制保护系统技术及设备研发、设计、制造及相关服务；电力电子技术及设备，控制技术及设备在清洁能源、节能减排领域的利用，相关产品研发、设计、制造、销售、服务及总承包；核心业务为高压、超高压及特高压交直流输配电设备研发、制造和检测。

（三）发展成果

西电集团共拥有60余家各级子企业，其中包括2家上市公司（名称：中国西电；宝光股份），4个国家级企业技术中心和工程实验室，4个国家级质量检测中心，4家海外合资合作公司，40余个驻外营销服务机构。职工总数15500余人，中级职称以上专业技术人员3000人，高级职称人员800余人，享受国务院政府特殊津贴的专家30余人，省市级有突出贡献的青年专家50人。多年来，西电集团坚持"市场导向、自主创新、重点突破、引领行业"的科技发展战略，加大研发投入，努力突破制约企业发展的关键技术，抢占市场竞争制高点，打破了国外特高压输配电设备关键技术垄断，在国内率先研发了800千伏、1100千伏、±800千伏特高压交直流输配电设备中的系列产品（GIS、GCB、隔离开关、避雷器、电力变压器、并联电抗器、换流变压器、平波电抗器、直流输电换流阀等）。作为我国高电压、强电流、大容量交直流实验研究基地，中国西电集团所属研究机构不但成为国际电工委员会、国际大电网会议的成员，同时也是国际电工技术委员会在中国的归口单位和相关的国际秘书处。中国西电集团已有5项主导产品获得了中国名牌产品称号，同时还获得陕西省名牌16个，西安市名牌19个，各相关技术研发水平均处于国内领先、国际先进地位，并形成了自主知识产权。

（四）企业荣誉

中国西电集团已经成为我国最具规模、成套能力最强的中压、高压、超高压、特高压交直流输配电设备和其他电工产品的研发制造、实验检测和服务基地。是首批国家级知识产权示范企业，先后多年位居中国电气百强企业之首，并荣获全国"五一劳动奖状"，先后荣获国家科技进步奖23项（特等奖3项、一等奖4项）。

作为我国输配电装备制造业中最具代表性的企业和"走出去"的重要力量，中国西电集团曾先后为我国多个第一条交直流输电工程以及"三峡工程"、"西电东送"、超特高压交直流等国家重点工程项目提供了成套输配电设备和服务，并为80多个国家和地区提供了可靠的产品和优质的服务，在全球市场建立了"XD"品牌良好的声誉和形象。

湘电集团有限公司

（一）企业概况

湘电集团有限公司（简称"湘电集团"）拥有80余年发展历史，前身为始建于1936年的中央电工器材厂，1953年更名为第一机械工业部湘潭电机厂，2007年更名为湘电集团有限公司。湘电集团主业部分湘潭电机股份有限公司于2002年7月在上海证券交易所上市。

（二）主营业务

湘电集团是我国电工行业的大型骨干企业，也是国务院确立的国家重大技术装备国产化研制基地，主要为我国国防、电力、能源、矿山、交通、化工、轻工、水利等建设事业服务，大型电气成套装备、城市轨道客运车辆、矿山开采运输成套装备、大型水泵和兆瓦级风力发电成套装备等产品的开发应用在国内起主导作用，拥有国家认定企业技术中心、海上风力发电技术与检测国家重点实验室、国家能源风力发电机研发（实验）中心、湖南省风力发电工程技术研究中心、湖南省工矿电传动车辆工程技术研究中心5个国家级、省级技术创新平台。

（三）发展成果

湘电集团"一五"期间被列入国家156项重点建设项目，20世纪80年代跻身于全国500

家最大工业企业行列、20 世纪 90 年代列入 520 户国家重点企业。研制开发新产品 1100 多项，其中 100 多项填补国内空白。截至 2017 年底，湘电集团拥有全资子公司 5 家、控股公司 7 家，总资产 277 亿元，实现营业收入 131 亿元。

（四）企业荣誉

湘电集团先后荣获国家高技术武器装备发展建设工程突出贡献奖 2 次，国家特等奖 5 项，国家科技进步一等奖 9 项、二等奖 12 项及部、省级发明创新奖 50 余项，为我国重大装备国产化事业做出了突出贡献。

平高集团有限公司

（一）企业概况

平高集团有限公司（简称"平高集团"）是国家电网有限公司直属产业单位，是我国电工行业重大技术装备支柱企业。平高集团资产总额超过 200 亿元，现有员工近万人，其中，国家级人才 4 人，全国技能大师 3 人，省部级人才 103 人，博士研究生 10 人，硕士研究生 576 人。

平高集团控股一家上市公司，本部位于河南平顶山，在北京、天津、上海、郑州、长沙、威海、廊坊、长春等地设有子公司，在波兰、印度、南非、老挝、巴基斯坦等国家和地区设有分公司与办事处，拥有国家级质检中心和三个研发中心。平高集团将高压设备、配电网设备、国内外工程总承包以及运维检修作为四大核心存量业务，将电力电子、大规模储能作为两大战略增量业务；把平顶山基地打造成为高压产业基地，把天津基地打造成为配电网产业基地，把印度工厂打造成为拓展国际市场的战略根据地，把郑州基地打造成为以人力资源为驱动的轻资产总承包平台。

（二）主营业务

平高集团业务范围涵盖输配电设备研发、设计、制造、销售、检测、相关设备成套、服务与工程承包，核心业务为中压、高压、超高压及特高压交直流开关设备制造、研发、销售和检修服务。

（三）发展成果

平高集团掌握了交直流、全系列、全电压等级开关产品研发制造技术，形成了科学完善的科技创新体系。近 80 项新产品通过国家级鉴定，其中 20 余项达到国际领先水平，获得省部级科技奖 60 余项，参与制定国家及行业标准 50 余项，拥有专利 1000 余项。

平高集团拥有专业化装配厂房 20 座，具备年产 5000 间隔组合电器、1.3 万台断路器、7000 组隔离开关和 11 万面开关柜的生产能力，同时具备了真空灭弧室、绝缘件制造、导体镀银、壳体制造及涂装、精密加工、橡胶密封制品、复合绝缘子等核心零部件制造能力。平高集团产品广泛应用于我国重点电力工程，曾先后为我国第一条 550 千伏高压交流输电工程、第一条 750 千伏超高压交流输电工程、世界首条投入商业运行的 1100 千伏交流示范工程"晋东南—南阳—荆门"、±800 千伏哈郑直流工程等国家重点工程项目提供了输配电设备。参与建设的青藏联网工程、山东牟平变哈郑±800 千伏特高压直流输电线路工程，分别荣获"国家优质工程金奖"和"中国建设工程鲁班奖"。

平高集团产品覆盖东欧、东南亚、中东、非洲、南美洲、大洋洲等60多个国家和地区。形成以工程总承包为主、配套供货出口为辅的国际业务格局。目前，已独立承建了印度、波兰、老挝、巴基斯坦、肯尼亚、赞比亚、叙利亚等多个国家的工程总承包项目。

（四）企业荣誉

平高集团是河南省首批创新龙头企业，曾先后荣获全国五一劳动奖、全国精神文明建设工作先进单位、中国机械工业100强企业、中国制造业企业500强、国家技能人才培育突出贡献单位等荣誉称号。

三、油气设备制造企业

烟台杰瑞石油服务集团股份有限公司

（一）企业概况

烟台杰瑞石油服务集团股份有限公司（简称"杰瑞股份"），公司前身为成立于1999年12月的烟台杰瑞设备有限公司。杰瑞股份是中国油田、矿山设备领域迅速崛起的、极具竞争优势的多元化民营股份制企业，由9个成员公司、4个驻外办事机构组成。2007年11月15日，杰瑞有限公司股东会做出决议，同意以经审计的净资产79800870.04元为依据，各股东按出资比例以1.000011∶1折股，整体变更设立烟台杰瑞石油服务集团股份有限公司。2007年11月22日，公司在烟台市工商行政管理局完成工商变更登记手续，取得企业法人营业执照。

（二）主营业务

杰瑞股份从事的主要业务是油田服务及设备、油田工程及设备。公司的产品和服务主要应用于石油天然气的勘探与开发、集运输送等，属于石油天然气设备制造及服务行业范畴，俗称油田服务。

（三）发展成果

2019年4月，杰瑞推出了全球首个电驱压裂成套装备及页岩气开发解决方案，它的出现将大大地提升我国页岩气开发进程，让低成本、高效率、智能化的页岩气开发成为可能，为保障国家能源安全画上浓墨重彩的一笔。

2020年12月27日上午10时，位于西安的中国石油长庆油田指挥中心传来好消息：长庆油田2020年年产油气当量突破6000万吨大关，这标志着长庆油田已建成我国首个年产6000万吨级别的特大型油气田，创造了中国石油工业的新高度。其中，杰瑞股份为长庆油田提供了包含柴驱压裂车、电驱压裂橇、混砂车、仪表车、管汇车、固井车、混配车、连续输砂橇、液氮车、连续油管作业车、测井工程车等在内的油气开发装备，为高效率、低成本、智能化的油气开采提供助力。

长庆油田在油气开发上是国际典型的低渗、低压、低丰度"三低"油气田，其显著特点是"井井有油，井井不流"，井不压裂不出油，储层不注水没产能，实现其经济有效开发是世界性难题。

在没有国际先例的情况下，长庆油田依靠自主创新形成了特低渗、超低渗油田、致密气田开发等非常规技术系列，成长为21世纪以来我国油气产量增长最快的油田。

近年来，随着我国油气对外依存度的不断攀升，特别是国际局势的风云变幻，油气进口不确定性风险增大。长庆油田攀上国内油气田产量最高峰，是深入贯彻落实习近平总书记"提升国内油气勘探开发力度，努力保障国家能源安全"重要批示精神取得的重大成果，在我国石油工业发展史上具有里程碑意义。早在2006年，杰瑞股份就与长庆油田区域客户展开合作，为该客户提供了第一台批混橇。目前，杰瑞股份装备产品已在长庆油田的各大区块进行作业。2020年，杰瑞股份自主研发制造的电驱压裂设备在甘肃庆阳市参与施工作业，这是陕北地区首套电驱成套设备，凭借输出压力高、排量足、连续作业稳定性高等特点，为长庆地区的致密油开采提供了装备保障，对于陕北地区的增产提效具有重要意义。

在为长庆油田提供助力的同时，杰瑞股份的油气装备还在我国川渝、新疆、东北等地的各大油气田现场"安家落户"，"撸起袖子"铆足劲儿助力国家油气资源开发。围绕着让油气开发更智慧、更清洁、更高效，杰瑞股份将继续专注油气田智能装备领域的创新研发，为客户提供更具竞争力的产品和解决方案，为保障国家油气战略安全、推动高质量发展注入强大动力。

（四）企业荣誉

2020年1月9日，胡润研究院发布《2019胡润中国500强民营企业》，杰瑞股份排第246位。

宏华集团有限公司

（一）企业概况

宏华集团有限公司（简称"宏华集团"）是中国航天科工集团公司旗下唯一境外上市公司，被定位为航天科工的能源装备发展主平台。

（二）主营业务

宏华集团将在现有陆地钻机装备的优势基础上，实施相关多元化发展，进军海洋装备制造、关键零部件制造、油气工程服务、油气资源开发（尤其是非常规油气）等领域；实现围绕能源的装备制造、资源开发、工程服务三大板块的联动。同时，利用全球的销售平台，将营销业务涵盖到陆地钻机、零部件、海洋设备、非钻井产品、非油产品、外包工程及劳务输出等众多业务领域。

（三）发展成果

宏华集团主要凭借其强劲研发能力、优质生产设施及成熟的国际销售网络，产品约80%销往世界各地的著名企业，包括销往主要产油区如北美和中东，以及新兴市场如南美、印度、俄罗斯、中国及非洲等地区。宏华集团在现有陆地钻机装备的坚实基础上，实施多元化发展，壮大成为涉足陆地、海洋两大领域，装备制造、油气资源开发（尤其是非常规油气领域）及工程服务三大板块的互动发展的综合性企业。

2020年，宏华集团着重发展集团内非常规油气装备及服务业务，在中国市场营收增长

29.5%，业务结构占比73.9%，达到上市以来最高水平。集团销售与产品研发均有突破性进展，实现电动压裂泵销售4套，并推出全国首套电动连续油管和电动自动输砂储砂装置。电驱连续油管较传统柴油驱动的连续油管在性能和效率、自动化程度和同步控制三方面均有创新和提升，电动自动输砂储砂装置成功下线并首次实现井场作业。秉承电驱压裂整体开发的理念，宏华以6000HP电动压裂泵为核心，陆续推出电动供液橇、智能指挥控制中心、柔性罐、高压管汇、电动连续油管和自动输砂储砂装置等成套电动压裂装置。

宏华电动压裂装备助力非常规油气实现大规模开发，泵注服务规模实现爆发式增长，全年提供压裂泵注服务4357段，较上年同期增长48.5%。从2019年开始，宏华将作业范围进一步从泵注服务拓展到全套的电动压裂服务。期间，宏华与中石油附属公司西部钻探获得长宁价值3.25亿元的电动压裂成套设备租赁及服务合同、获得重庆某区块三个页岩气平台全电动压裂工程服务合同，价值2.88亿元。此外，宏华集团依托国企背景优势，利用现有制造业产能，聚焦海上升压站、导管架、单桩等优势业务领域，与数个国企签订海上风电建造协议。

（四）企业荣誉

宏华集团有限公司荣获"2019年成都企业百强"和"2019年成都制造业百强"称号，所属宏华电气荣获"2019年成都制造业百强"称号，所属宏华国际荣获"2019年成都服务业百强"称号；宏华集团所属四川宏华石油设备有限公司（简称四川宏华）获得成套工程设备领域AAA级信用等级认证，成为该领域国内最高信用级别的企业之一；宏华集团获得IR Magazine（投资者关系杂志）所颁发的"2019年大中华区最佳投资者活动（中小型市值企业）"奖；宏华集团6000HP电动压裂泵项目获得"2019年中国好设计"银奖。

安东油田服务集团

（一）企业概况

安东油田服务集团（简称"安东油服"）是定位于油气开发新兴市场的全球化公司，是提供油气田开发全系列产品和服务的技术公司，是以增产、降本、一体化为特色的创新型公司，是与油田客户和合作伙伴共赢发展的上市公司。安东油服拥有覆盖油气田开发全过程的门类齐全的产品及服务。

（二）主营业务

安东油服提供钻井总包、定向及随钻测量、钻井液、油田环保、固井、钻机设备等各项服务。安东油服是全球领先的完井工具和技术服务提供商，产品包括固完井工具、生产完井工具、井下作业工具、油气井防砂技术、油井控水增油技术。

（三）发展成果

安东油服与中国及国际优秀的产品和技术公司深度合作，组成更具竞争力的服务联盟，能够承担从油气田地面建设到井筒工程技术及油藏服务全过程的业务；同时又拥有领先的技术优势，从而能够最大可能地满足客户需求。安东油服的一体化服务为客户创造更全面的价值；拥有油气开发整体设计能力及高效的现场组织实施能力；提供开发项目投资、产能建设及油田管理等各层次的一体化服务。安东油服的油气开发技术始终处于行业前列，形成了以增产为核心的全系列配套技术。安东油服拥有实力雄厚的油藏地质研究院及工程技术中心；拥有油气开发全过程资深技术专家团队；安东油服始终坚持自主创新，拥有近600项各类专利；同时与全球领先的油气技术公司及科研机构保持长期技术合作。安东油服执行石油行业最高质量标准；秉承"先有QHSE，后有安东"的理念；按照国际油气生产者协会（OGP）标准建立了全面的QHSE管理体系。安东油服在全球油气开发新兴市场已形成全面覆盖的业务网络；服务基地遍布中国、中东、中亚、非洲、南美、北美等国家和地区，形成了能够快速响应的全球服务支持体系。

（四）企业荣誉

获得质量管理体系证书；QSHE体系证书。

四、新能源与可再生能源设备制造企业

新疆金风科技股份有限公司

（一）企业概况

新疆金风科技股份有限公司（简称"金风科技"）是经新疆新风科工贸有限责任公司2000年12月31日召开的临时股东大会决议通过，在新疆新风科工贸有限责任公司的基础上，采取整体变更设立的方式，于2001年3月26日成立的股份有限公司。成立至今，实现全球风电装机容量超过73吉瓦，全球风电机组安装超过4万，是中国成立最早、自主研发能力最强的风电设备研发及制造企业之一。

（二）主营业务

金风科技主营业务为：大型风力发电机组生产销售及其技术引进与开发、应用；建设及运营风力发电场；制造及销售风力发电机组零部件；有关风机制造、风电场建设运营方面的技术服务与技术咨询；风力发电机组及其零部件与相关技术的进出口业务。

（三）发展成果

自成立至今，金风科技亲历并见证了中国可再生能源事业的蓬勃发展，并以全面深度的国际化能力根植于全球市场。金风科技业务遍及全球6大洲、29个国家，布局全球的8大研发中心，构建起驱动前沿技术发展的核心动力。金风科技全球员工近9000人，其中研发和技术人员近3000人。公司已在北美、南美、欧洲、非洲、澳大利亚、亚洲、中东、北非、中亚俄语区设立8大海外区域中心，全面实现资本、市场、技术、人才、管理的国际化。

金风科技是深交所、港交所两地上市公司。2020年，金风科技实现营业收入562.65亿元，净利润29.64亿元。截至2020年底，公司总资产1091.38亿元，净资产超过341.68亿元。

（四）企业荣誉

2019年，金风科技获得全球最环保企业200强榜单，排第54位；2019年7月10日，财

富中文网发布2019《财富》中国500强排行榜，金风科技排名第294位；2019年8月12日，金风科技被中国质量协会授予"全国质量奖"；2019年10月22日，"2019全球新能源企业500强榜单"发布，金风科技排在第24位。2020年5月，"2020中国品牌500强"排行榜发布，金风科技排名第218位；2020年7月27日，2020年《财富》中国500强排行榜发布，金风科技排名第257位；2020年9月16日，入选由中国机械工业联合会、中国汽车工业协会主办的第16届中国机械工业百强名单，排名第13位；2020年11月28日，中国企业评价协会发布《2020中国新经济企业500强榜单》，金风科技排名第120位。

晶龙实业集团有限公司

（一）企业概况

晶龙实业集团有限公司（简称"晶龙集团"）始建于1996年，是主要从事光伏产业的高科技民营企业，为领先的光伏企业之一，拥有30多家控股和全资子公司，员工3万余名。在国内设有12个生产研发基地，在海外设有2个生产基地和60多个营销机构。晶龙集团控股的晶澳太阳能公司于2007年在美国纳斯达克证券交易所上市。

（二）主营业务

晶龙集团是以生产太阳能级大直径、低氧碳单晶硅棒、片和半导体器件级、集成电路级单晶硅系列产品、太阳能电池、组件为主，兼单晶炉、石墨制品、石英坩埚和化工产品的集生产、科研、加工、贸易、服务为一体的高科技、外向型、股份制民营企业。

（三）发展成果

晶龙集团纵横延伸产业链条，年产能晶体硅2万吨、硅片5吉瓦、太阳能电池6.5吉瓦、组件6.5吉瓦，并打造了光伏设备、高纯石墨器件、石英坩埚、网版等辅业集群。在做大光伏产业的同时，积极实施多元化发展战略，在金融、酒店、精细化工、电力器材及工程等领域均有建树。

晶龙集团坚持以科技创新增强企业核心竞争力，与国内外高等学府及科研机构开展产学研合作，建成国家级企业技术中心和国家地方联合工程实验室，拥有4个产品研发中心、2个博士后工作站，大力开展全员创新，晶体硅制造、硅片切割、太阳能电池及光伏组件光电转换效率等技术始终保持业内领先水平，产品质量备受赞誉，畅销国内外市场，全国市场占有率达到10%，全球市场占有率达到8%。

（四）企业荣誉

2018年7月31日，2018年第32届中国电子信息百强企业名单发布，晶龙集团排名第22位；2018年9月2日，2018年中国企业500强发布，晶龙集团排名第423位。2019年7月18日，经工信部电子信息司审定，中国电子信息行业联合会发布了2019（第33届）电子信息百强企业名单，晶龙集团排名第29位；2019年8月，入选2019中国民营企业500强榜单，排名第240位；2020年7月，排中国装备制造行业协会发布的《2020年中国装备制造业100强榜》第59位。

天合光能股份有限公司

(一) 企业概况

天合光能股份有限公司（简称"天合光能"）是全球最大的光伏组件供应商和领先的太阳能光伏整体解决方案提供商，1997年创立于江苏常州，2006年在美国纽交所上市。企业着眼于全球可持续发展，以推动光伏平价上网和普及绿色能源为己任，提供从光伏产品到光伏应用的整体解决方案，不断开拓创新，引领光伏产业进步，用太阳能造福全人类。

天合光能是能源物联网概念的提出者，天合能源物联网构架分为云、管、端三部分，分别涵盖信息收集对象和服务对象的设施层、采集能源基础数据的感知层、包含服务园区和智能微网的天中能量管理平台 TrinaMOTA 的网络层、以天能云 TrinaAurora 智慧能源云为基础的平台层，以及为终端用户提供各类智慧、高效的能源服务的应用层，形成"三位一体"能源物联网新体系，打通能源领域中发电、储能、配网、用电终端各环节，让能源流、信息流、价值流以及能源设备在互动、共享的智慧能源网络里相互连接，从而实现能源互联一体化管控，最终为用户提供各类智慧、高效的能源服务。

(二) 主营业务

天合光能的业务范围主要集中在光伏产业链下游，包括供给高效组件，以及为客户提供开发、融资、设计、施工、运维、储能等一站式系统集成解决方案等。目前，天合光能正在向光伏智慧能源及能源互联网解决方案提供商迈进。

(三) 发展成果

截至2017年底，公司组件累计发货量超过32吉瓦，全球排名第一位，位列"全球新能源企业500强"第13名。目前，公司全球项目累计并网近2吉瓦。

天合光能先后在瑞士苏黎世、美国圣何塞和迈阿密及新加坡设立了欧洲、美洲和亚太中东区域总部，并在东京、马德里、米兰、悉尼、北京和上海等地设立了办事处，引进了来自30多个国家和地区的高层次人才，业务遍布全球100多个国家和地区。

2017年，天合光能启动"百万光伏屋顶计划"，发布首个中国原装家用光伏品牌"天合富家"；开始建设马尔代夫27个海岛的智能微电网项目。

2018年，发布国内能源物联网品牌"天合能源物联网"，并联合西门子、IBM、华为、清华大学、阿里云等行业企业和高校，共同启动天合能源物联网产业发展联盟。

(四) 企业荣誉

2020年9月10日，全国工商联发布《2020中国民营企业500强榜单》，天合光能排名第422位。2020年11月28日，中国企业评价协会发布《2020中国新经济企业500强榜单》，天合光能排名第491位。迄今为止，天合光伏科学与技术国家重点实验室已20次打破电池效率和组件功率的世界纪录。

保利协鑫能源控股有限公司

（一）企业概况

保利协鑫能源控股有限公司（简称"保利协鑫"）是全球领先的高效光伏材料研发和制造商，掌握并引领高效光伏材料技术的发展方向，是多晶硅、硅片等光伏产品的主要技术驱动者和领先供应商。保利协鑫同时也是全球规模最大、市场占有率最高的光伏材料制造商，每年为全球提供1/4左右的高效光伏材料。

保利协鑫还是全球领先的专注从事太阳能发电的专业公司和太阳能电站运维商，是具备储能技术、微电网及智能一体化集成能力的国际化公司。

（二）主营业务

保利协鑫致力于开发和运行环保能源以及可再生能源发电厂工程及提供相关的技术服务，提供包括能源市场分析和项目评估、项目开发、项目融资、电力工程设计、技术研发、物流配套、电厂建设、电力设备制造及电厂运营的一站式服务。

（三）发展成果

保利协鑫坚持"创新驱动"的核心价值观，在光伏材料领域拥有雄厚的科技储备。作为光伏材料领域领先的工业级生产商，保利协鑫正在致力于将半导体级高纯多晶硅、FBR硅烷流化床法颗粒硅、CCZ连续直拉单晶等前沿科技投入产业化应用，让光伏科技造福清洁能源生活。保利协鑫坚持以高效、优质的产品为客户创造价值，从而推动行业进步，促进光伏发电平价上网的实现。

2017年，保利协鑫多晶硅年产量达7.5万吨；硅片年产能达40吉瓦，产量达24吉瓦，全球市场占比约25%。

（四）企业荣誉

2019年7月10日，2019《财富》中国500强排行榜发布，保利协鑫排名第405位。2020年7月27日，2020《财富》中国500强排行榜发布，保利协鑫排名第465位。

天能动力国际有限公司

（一）企业概况

天能动力国际有限公司（简称"天能动力"）于1986年正式成立。天能动力地处江苏、浙江、安徽三省交界的"中国绿色动力能源中心"——浙江长兴，距离上海、杭州、南京、苏州及芜湖均在200公里以内。

（二）主营业务

天能动力为中国最大的动力电池生产商，主要从事铅酸、镍氢及锂离子等动力电池、电动车用电子电器及风能及太阳能储能电池的研发、制造和销售。

（三）发展成果

2007年，天能动力以"中国动力电池第一股"在香港主板成功上市。天能动力现拥有60

多家国内外子公司，已在浙、苏、皖、豫、黔五省建成十大生产基地。

（四）企业荣誉

2019年7月10日，2019《财富》中国500强排行榜发布，天能动力排名第255位。2020年7月27日，2020《财富》中国500强排行榜发布，天能动力排名第246位。

晶科能源控股有限公司

（一）企业概况

晶科能源控股有限公司（简称"晶科能源"）成立于2006年，为美国纽交所上市公司，系全球最大的光伏组件销售商。晶科能源拥有垂直一体化的产能，截至2018年6月30日，硅锭和硅片产能达到9吉瓦；电池片产能达到约5吉瓦，其中，高效电池片产能占比约63%；组件产能达到约9吉瓦。在全球拥有超过12000名员工，9个生产基地。全球营销中心位于上海，并在日本、新加坡、印度、土耳其、德国、意大利、瑞士、美国、加拿大、墨西哥、巴西、智利、澳大利亚以及阿联酋等拥有22个海外子公司；销售团队遍布英国、保加利亚、希腊、罗马尼亚、约旦、沙特阿拉伯、埃及、摩洛哥、加纳、肯尼亚、南非、哥斯达黎加、哥伦比亚、巴拿马和阿根廷等。

（二）主营业务

晶科能源业务涵盖了优质的硅锭、硅片、电池片生产以及高效单多晶光伏组件制造，为全球地面电站、商业以及民用客户提供太阳能产品、解决方案和技术服务。

（三）发展成果

2016~2017年，晶科能源分别凭借6.66吉瓦、9.8吉瓦的组件销量连续两年位列全球第一。2018年上半年，晶科能源再次以4.809吉瓦的组件销量成为半年度全球冠军。2018年11月26日，晶科能源公布了截至2018年9月30日的第三季度财报，总收入为66.9亿元人民币（9.748亿美元），环比增长10.5%，同比增长4.3%，创历史新高。毛利率提升至14.9%，环比增长2.9个百分点。营业利润为1.880亿元人民币（2740万美元），环比增长98.7%，同比增长104.6%。晶科能源自2006年成立以来，组件总出货量已超过30吉瓦，销售区域覆盖90多个国家地区。

（四）企业荣誉

2019年7月10日，2019《财富》中国500强排行榜发布，晶科能源排名第340位；2019年7月，被评为全国模范劳动关系和谐企业；2019年8月，入选2019中国民营企业500强榜单，排名第150位；2020年5月，"2020中国品牌500强"排行榜发布，晶科能源排名第266位；2020年7月27日，2020《财富》中国500强排行榜发布，晶科能源排名第325位；2020年9月10日，全国工商联发布《2020中国民营企业500强榜单》，晶科能源排名第144位。

阿特斯阳光电力科技有限公司

（一）企业概况

阿特斯阳光电力科技有限公司（简称"阿特斯阳光电力"）是一家由瞿晓铧博士于2001年11月创办的太阳能光伏企业，并于2006年在美国纳斯达克股票交易所成功上市，是中国第一家登陆美国纳斯达克的光伏一体化企业。公司总部位于加拿大安大略省，中国区总部位于江苏省苏州市高新区股票交易所。通过全球战略和多元化市场布局，目前在全球6大洲150个国家和地区建立了分支机构。

阿特斯阳光电力不仅是全球领先的太阳能光伏组件制造商和太阳能整体解决方案提供商，还在世界各地拥有丰富的公用事业规模太阳能光伏电站项目储备。目前，阿特斯阳光电力遍布全球的电站项目储备超过9吉瓦，后期公共事业规模光伏电站项目储备超2.2吉瓦，已建成电站总量超过4吉瓦，持有运营光伏电站总量超过1.4吉瓦，预计转售价值超110.3亿元人民币。

在全球知名调研公司IHS Markit对太阳能行业客户发起的最近一次年度满意度独立调研中，阿特斯阳光电力荣膺"质量最好""性价比最高"和"年度购买次数最多"的组件供应商。

（二）主营业务

阿特斯阳光电力专业从事太阳能光伏应用系统工程的投资开发、设计、鉴证咨询、安装、调试及运营管理；太阳能电池组装和销售；太阳能光伏产品的批发、进出口及相关配套服务。

（三）发展成果

自2001年以来，阿特斯阳光电力先后在中国建立了7家独资企业，在德国、美国、意大利、韩国、日本等全球9个国家拥有运营公司，产品遍布德国、西班牙、意大利、美国、加拿大、韩国、日本、中国等全球5大洲的30多个国家和地区。阿特斯阳光电力光伏组件被广泛应用于商业、家用、工业的离网和并网的太阳能供电系统及光伏发电站等不同领域，同时阿特斯阳光电力也为全球客户提供光伏玻璃幕墙及太阳能发电应用产品。

成立以来，通过多元化发展战略和市场布局，阿特斯阳光电力已在全球范围内成立了16家光伏硅片、电池和组件生产企业，并在20多个国家和地区建立了分支机构，与近70家国际顶尖银行和金融机构建立了合作伙伴关系，是全球综合实力领先的太阳能公司。

发展至今，阿特斯阳光电力共为全球100多个国家的1200余家客户提供了近30吉瓦的太阳能光伏组件产品，连续多年获评"中国对外贸易500强企业"。

（四）企业荣誉

阿特斯阳光电力先后被评为"双优"企业、"先进企业"、"外贸出口先进企业"、"十大外向型企业"、苏州"名星华资企业"、苏州市"先进技术企业"、江苏省高新技术企业等荣誉称号。2019年7月10日，2019《财富》中国500强排行榜发布，阿特斯阳光电力排名第344位。2019年10月22日，"2019全球新能源企业500强榜单"发布，阿特斯阳光电力位列第35。

宁德时代新能源科技股份有限公司

（一）企业概况

宁德时代新能源科技股份有限公司（简称"宁德时代"）成立于2011年，总部位于福建宁德。公司建立了动力电池和储能系统研发制造基地，拥有材料、电芯、电池系统、电池回收的全产业链核心技术，致力于通过先进的电池技术为全球绿色能源应用、高效能源存储提供解决方案。

（二）主营业务

宁德时代新能源科技股份有限公司专注于新能源汽车动力电池系统、储能系统的研发、生产和销售，致力于为全球新能源应用提供一流解决方案。

（三）发展成果

宁德时代研发实力雄厚，拥有海内外博士130余人，硕士1000余人。公司研发能力涵盖材料研发、产品研发、工程设计、测试分析、智能制造、信息系统、项目管理等各个领域。公司成立了新能源集团专家学术委员会，由30多位行业专家及学者组成；设立了宁德研发中心，斥资数亿元引进数千台国际一流水平的仪器设备，具备材料、电芯和电池系统的全面分析和测试能力。公司在坚持自主研发的同时，积极与国内外知名公司、高校和科研院所建立深度合作关系，主导和参与制定了超过40项标准。公司申请专利水平达到新高，截至2017年9月，共计申请国内外专利2000余篇，授权专利800余篇。

宁德时代已与德国、美国等国际汽车厂商及国内众多知名汽车厂商建立了深度合作关系，为全球客户研发和生产纯电动汽车、混合动力汽车的动力电池系统。此外，公司还承接了一些重要客户的大型储能项目。2016年动力电池与储能锂电池销量达6.8亿瓦时，全球排行第三。

（四）企业荣誉

2020年，宁德时代新能源科技股份有限公司党委被授予"福建省先进基层党组织"荣誉称号。在中国企业评价协会发布的《2020中国新经济企业500强榜单》上，宁德时代排名第16位。宁德时代排名"2020中国制造业民营企业500强"第100位。在全国工商联发布的《2020中国民营企业500强榜单》中，宁德时代排名第181位。在2020《财富》中国500强排行榜中，宁德时代排名第226位。

明阳新能源投资控股集团有限公司

（一）企业概况

明阳新能源投资控股集团有限公司（简称"明阳集团"）成立于1993年，总部位于中国广东中山，现有员工1万余人，其中，研发技术人员占比30%（含50名外籍人士）。下设明阳智慧能源集团股份公司、瑞德兴阳新能源技术有限公司、广东明阳电气集团有限公司、华阳长青投资有限公司等20多家子公司，通过战略实施、技术研发以及资本、商业模式、人才等创新举措，已发展成为国内领先、全球具有重要影响力的新能源企业集团。

(二) 主营业务

明阳集团业务涵盖风能、太阳能、高端芯片、智能电气、生物质能等新能源装备与工程技术服务领域。

(三) 发展成果

（1）风能产业。明阳集团坚持核心技术自主创新，坚持高发电量、高可利用率、低度电成本，以全生命周期管理的先进理念，先后推出抗台风型、高原型、海上型等定制化、独到设计的 1.5~2.0 兆瓦双馈式、3.0~16 兆瓦 MySE 半直驱式国际领先的系列风机产品。致力于成为全球顶级的、以海上风电为突出优势的、提供智能风场建设与管理的风电场开发整体解决方案提供商。

（2）太阳能产业。明阳集团创建了全球第三代高效 CdTe 太阳能电池百兆瓦级生产线，具有自主知识产权的核心镀膜设备，确保了高质量连续快速的镀膜工艺，填补国内该技术领域应用空白。产品安全环保，对弱光吸收好，性价比高，环境适应力强，美观和度电成本优势明显，可定制化，适用各种集中式和分布式光伏电站、光伏建筑一体化（BIPV）项目。

（3）电气产业。业务涵盖高低压成套开关设备、箱变及变压器设备、智能化装置及系统、大功率动态无功补偿装置、柔性直流输电换流阀及控保系统、交直流混合配电网柔性换流阀及控保系统、交直流混合配电网电能路由器、风电电控系统、储能系统集成及核心设备、有源滤波系统等新型电力电子产品、输配电产品及智能化配用电整体解决方案。主要服务领域涵盖发电、电网、数据中心、轨道交通、石油化工、工民建等重点行业。其中，新型电力电子产品、海上升压一体化产品技术水平位于行业前沿。

（4）高端芯片产业。专注于太空能源芯片、微波通信芯片和高倍聚光太阳能芯片的研发与生产。明阳集团已经量产了空间电池芯片、柔性电池芯片、红外探测器/激光器、雷达耿式器件外延片等产品。

（5）循环润滑油产业。依托"年处理 20 万吨润滑油循环综合利用项目"，打造我国中部润滑油再生产业基地。形成原料收集、资源再生、高值利用等回收润滑油生产提炼、技术开发与转化的全产业链体系，全力推动循环经济的发展与进步，为解决我国环境问题贡献一分力量。

"地蕴天成、能动无限"。明阳集团立志在清洁能源领域成为一个负责任、守诚信、有尊严、受尊敬的国际化企业，打造风能装备技术和清洁能源整体解决方案提供商。

(四) 企业荣誉

2019 年 10 月 22 日，"2019 全球新能源企业 500 强榜单"发布，明阳集团排名第 41 位。2020 年 9 月 10 日，"2020 中国制造业民营企业 500 强榜单"发布，明阳集团排名第 311 位。

隆基绿能科技股份有限公司

(一) 企业概况

隆基绿能科技股份有限公司（简称"隆基股份"）成立于 2000 年 2 月 14 日，总部位于西安航天基地，注册资本 19.94 亿元。2012 年 4 月公司在上海交易所主板上市，是 A 股单晶硅光伏产品龙头上市公司，全球领先的单晶硅产品制造商。隆基股份以西安总部为中心，在宁夏中宁、银川，江苏无锡、泰州，浙江衢州，安徽合肥、滁州，云南丽江、保山、楚雄，印度、马来西亚等地设有多个生产基地。

（二）主营业务

目前隆基股份业务已延伸至光伏整个产业链，产品包含从多晶硅料、单晶硅棒、硅片、电池、组件到光伏电站EPC和投资业务等，客户遍及全球各地。

（三）发展成果

2020年10月30日，隆基股份发布2020年第三季度报告，公司前三季度实现营业收入338.32亿元，同比增长49.1%，实现归母净利润63.6亿元，同比增长82.4%。其中第三季度实现营业收入136.9亿元，同比增长59.5%，归母净利润22.4亿元，同比增长51.9%。经营活动现金流同样改善明显，前三季度净额62.6亿元。

（四）企业荣誉

2019年7月10日，2019年《财富》中国500强排行榜发布，隆基股份排名第380位。2020年7月，隆基股份排名中国制造企业协会发布的《2020年中国制造企业效益200家榜》第70位。2020年7月27日，2020年《财富》中国500强排行榜发布，隆基股份排名第300位。2020年9月10日，全国工商联发布《2020中国民营企业500强榜单》，隆基股份排名第283位。2020年11月28日，中国企业评价协会发布《2020中国新经济企业500强榜单》，隆基股份排名第52位。

第七篇 数据篇

简要说明

　　本篇内容包括能源消费、能源投资、能源生产、能源设施和能源贸易五个方面。在每个方面的指标选取上，"抓大放小"，力争通过几个关键性指标反映能源发展概况。对于每个指标，设计了两个维度的数据：一是 2000 年以来的时间序列数据，试图帮助读者把握中国能源发展的脉络与趋势；二是分地区数据，试图帮助读者把握中国能源发展的地区分布和差异。

　　本篇所涉及的全国性统计数据，除特殊说明外，均未包括香港特别行政区、澳门特别行政区和台湾地区数据。部分统计数据暂缺西藏自治区部分。

第二十九章 能源消费与效率

一、综合能源消费

如表 29-1~表 29-7 所示。

表 29-1 能源消费总量

指标 年份	能源消费总量 绝对额（亿吨标准煤）	能源消费总量 增速（%）	人均能源消费量 绝对额（吨标准煤）	人均能源消费量 增速（%）	日均能源消费量 绝对额（万吨标准煤）	日均能源消费量 增速（%）
2001	15.55	5.8	1.22	5.2	426	6.0
2002	16.96	9.1	1.32	8.2	465	9.2
2003	19.71	16.2	1.53	15.9	540	16.1
2004	23.03	16.8	1.77	15.7	629	16.5
2005	26.14	13.5	2.00	13.0	716	13.8
2006	28.65	9.6	2.18	9.0	785	9.6
2007	31.14	8.7	2.36	8.3	853	8.7
2008	32.06	3.0	2.41	2.1	876	2.7
2009	33.61	4.8	2.52	4.6	921	5.1
2010	36.06	7.3	2.69	6.8	988	7.3
2011	38.70	7.3	2.87	6.7	1060	7.3
2012	40.21	3.9	2.96	3.1	1099	3.7
2013	41.69	3.7	3.05	3.0	1142	3.9
2014	42.83	2.7	3.11	2.0	1167	2.2
2015	43.41	1.4	3.14	1.0	1178	0.9
2016	44.15	1.7	3.17	1.0	1191	1.1
2017	45.58	3.2	3.26	2.8	1229	3.2
2018	47.19	3.5	3.36	3.1	1293	5.2

续表

指标 年份	能源消费总量 绝对额（亿吨标准煤）	能源消费总量 增速（%）	人均能源消费量 绝对额（吨标准煤）	人均能源消费量 增速（%）	日均能源消费量 绝对额（万吨标准煤）	日均能源消费量 增速（%）
2019	48.60	3.3	3.45	2.7	1334	3.2
2020	49.80	2.2	3.53	2.3	1361	2.0

注：标准量折算采用发电煤耗计算法；人均量根据年中人口数计算；根据第四次全国经济普查结果，对能源消费总量等相关指标历史数据进行了修订。

资料来源：2001~2020年人口数据来自国家统计局《中国统计年鉴2021》；2000~2019年能源消费数据来自国家统计局《中国能源统计年鉴2020》；2020年能源消费数据来自国家统计局《中华人民共和国2020年国民经济和社会发展统计公报》。

表29-2 能源消费总量国际比较（BP）

单位：亿吨标准煤

国家/地区 年份	2012	2013	2014	2015	2016	2017	2018	2019	2019年占比（%）
世界	179.35	182.74	184.23	185.56	188.10	191.46	196.86	199.48	100.0
OECD成员国	77.95	78.66	78.00	78.15	78.45	79.20	80.42	79.75	40.0
非OECD成员国	101.40	104.08	106.23	107.42	109.65	112.25	116.44	119.73	60.0
中国	39.99	41.46	42.43	42.83	43.37	44.70	46.38	48.41	24.3
美国	30.64	31.46	31.79	31.48	31.44	31.54	32.66	32.34	16.2
欧盟	24.27	24.07	23.13	23.41	23.62	23.88	23.85	23.51	11.8
印度	8.58	8.91	9.52	9.83	10.27	10.70	11.38	11.64	5.8
俄罗斯	9.90	9.77	9.81	9.61	9.83	9.86	10.26	10.18	5.1
日本	6.81	6.75	6.57	6.48	6.37	6.45	6.44	6.38	3.2
加拿大	4.60	4.74	4.79	4.78	4.76	4.82	4.90	4.85	2.4
德国	4.57	4.70	4.50	4.58	4.65	4.71	4.59	4.49	2.3
巴西	3.99	4.14	4.24	4.18	4.07	4.12	4.14	4.24	2.1
韩国	3.94	3.95	3.98	4.06	4.15	4.23	4.29	4.23	2.1
伊朗	3.21	3.37	3.51	3.49	3.69	3.86	4.04	4.22	2.1
沙特阿拉伯	3.33	3.35	3.59	3.70	3.75	3.76	3.73	3.77	1.9
法国	3.49	3.52	3.37	3.39	3.33	3.31	3.37	3.31	1.7
印度尼西亚	2.48	2.59	2.42	2.43	2.49	2.59	2.81	3.04	1.5
英国	2.92	2.91	2.74	2.77	2.74	2.73	2.72	2.68	1.3
墨西哥	2.63	2.64	2.63	2.63	2.66	2.70	2.67	2.64	1.3
土耳其	1.75	1.73	1.79	1.95	2.05	2.18	2.15	2.22	1.1

注：BP统计的是一次能源消费总量；标准量折算采用发电煤耗计算法。

资料来源：*BP Statistical Review of World Energy* 2020：*A Pivotal Moment*。

表 29-3 分地区能源消费量

单位：万吨标准煤

地区\年份	2011	2012	2013	2014	2015	2016	2017	2018	2019
全国	387043	402138	416913	428334	434113	441492	455827	471925	487000
地区加总	422305	443603	427490	439954	445867	454413	465372	472155	477478
北京	6995	7178	6724	6831	6853	6962	7133	7270	7360
天津	7598	8208	7882	8154	8260	8245	8011	7973	8241
河北	29498	30250	29664	29320	29395	29794	30386	32185	32545
山西	18315	19336	19761	19863	19384	19401	20057	20199	20859
内蒙古	18737	19786	17681	18309	18927	19457	19915	23068	25346
辽宁	22712	23526	21721	21803	20217	19677	20061	20779	22103
吉林	9103	9443	8645	8560	8142	8014	8015	7000	7132
黑龙江	12119	12758	11853	11955	12126	12280	12536	11436	11614
上海	11270	11362	11346	11085	11387	11712	11859	11454	11696
江苏	27589	28850	29205	29863	30235	31054	31430	31635	32526
浙江	17827	18076	18640	18826	19610	20276	21030	21675	22393
安徽	10570	11358	11696	12011	12332	12695	13052	13295	13870
福建	10653	11185	11190	12110	12180	12358	12890	13131	13718
江西	6928	7233	7583	8055	8440	8747	8995	9286	9665
山东	37132	38899	35358	36511	37945	38723	38684	40581	41389
河南	23062	23647	21909	22890	23161	23117	22944	22659	22307
湖北	16579	17675	15703	16320	16404	16850	17150	16682	17316
湖南	16161	16744	14919	15317	15469	15804	16171	15544	10735
广东	28480	29144	28480	29593	30145	31241	32342	33330	34142
广西	8591	9155	9100	9515	9761	10092	10458	10823	11270
海南	1601	1688	1720	1820	1938	2006	2103	2170	2264
重庆	8792	9278	8049	8593	8934	9204	9545	8557	7687
四川	19696	20575	19212	19879	19888	20362	20874	19916	20791
贵州	9068	9878	9299	9709	9948	10227	10482	10036	10423
云南	9540	10434	10072	10455	10357	10656	11091	11590	11982
陕西	9761	11013	10610	11222	11716	12120	12537	12900	13478
甘肃	6496	7007	7287	7521	7523	7334	7538	7823	4235
青海	3189	3524	3768	3992	4134	4111	4202	4364	4253
宁夏	4316	4562	4781	4946	5405	5592	6489	7100	7648
新疆	9927	11831	13632	14926	15651	16302	17392	17694	18490

注：标准量折算采用发电煤耗计算法，2015年、2016年、2017年的数据是第四次经济普查调整后的数据。

资料来源：国家统计局历年《中国能源统计年鉴》。

表29-4 一次能源消费结构

单位：%

年份	煤炭	石油	天然气	一次电力及其他能源	水电	核电
2001	68.0	21.2	2.4	8.4	6.7	0.4
2002	68.5	21.0	2.3	8.2	6.3	0.5
2003	70.2	20.1	2.3	7.4	5.3	0.8
2004	70.2	19.9	2.3	7.6	5.5	0.8
2005	72.4	17.8	2.4	7.4	5.4	0.7
2006	72.4	17.5	2.7	7.4	5.4	0.7
2007	72.5	17.0	3.0	7.5	5.4	0.7
2008	71.5	16.7	3.4	8.4	6.1	0.7
2009	71.6	16.4	3.5	8.5	6.0	0.7
2010	69.2	17.4	4.0	9.4	6.4	0.7
2011	70.2	16.8	4.6	8.4	5.7	0.7
2012	68.5	17.0	4.8	9.7	6.8	0.8
2013	67.4	17.1	5.3	10.2	6.9	0.8
2014	65.6	17.4	5.7	11.3	7.7	1.0
2015	63.7	18.3	5.9	12.1	8.0	1.2
2016	62.2	18.7	6.1	13.0	8.3	1.5
2017	60.6	18.9	6.9	13.6	7.9	1.6
2018	59.0	18.9	7.6	14.5	7.8	1.9
2019	57.7	18.9	8.0	15.3	8	2.1
2020	56.8	18.9	8.4	15.9	—	—

注：标准量折算采用发电煤耗计算法。

资料来源：2001~2019年数据来自国家统计局《中国能源统计年鉴2020》；2020年能源消费数据来自国家统计局《中国统计摘要2021》。

表29-5 一次能源消费结构国际比较（BP）

单位：%

国家/地区	煤炭	石油	天然气	水电	核电	其他可再生能源
世界	27.03	33.06	24.23	6.45	4.27	4.96
OECD成员国	13.75	38.40	27.78	5.28	7.61	7.18
非OECD成员国	35.88	29.50	21.86	7.23	2.04	3.48
中国	57.64	19.69	7.81	7.99	2.19	4.68
美国	11.98	39.08	32.20	2.55	8.02	6.16
印度	54.67	30.06	6.31	4.24	1.18	3.55

续表

国家/地区 品种	煤炭	石油	天然气	水电	核电	其他可再生能源
俄罗斯	12.18	22.04	53.67	5.81	6.25	0.05
日本	26.27	40.34	20.84	3.53	3.13	5.89
加拿大	3.93	31.66	30.47	23.96	6.30	3.68
德国	17.53	35.60	24.29	1.37	5.09	16.11
巴西	5.29	38.14	10.39	28.70	1.16	16.32
韩国	27.78	42.88	16.29	0.20	10.52	2.34
伊朗	0.42	31.77	65.22	2.09	0.46	0.04
沙特阿拉伯	0.04	62.74	37.07	0.00	0.00	0.14
法国	2.79	32.54	16.15	5.39	36.79	6.34
印度尼西亚	38.22	37.98	17.70	1.70	0.00	4.39
英国	3.34	39.61	36.20	0.68	6.39	13.78
墨西哥	6.57	42.63	42.28	2.75	1.30	4.47
土耳其	26.14	31.31	23.97	12.25	0.00	6.33
澳大利亚	27.82	33.43	30.18	1.99	0.00	6.58
意大利	4.67	39.05	39.99	6.31	0.00	9.98

注：本表数据为2019年数据。

资料来源：*BP Statistical Review of World Energy* 2020：*A Pivotal Moment*。

表29-6 分行业能源消费量

单位：万吨标准煤

年份 行业	农、林、牧、渔业	工业	建筑业	交通运输、仓储和邮政业	批发、零售业和住宿、餐饮业	其他行业	生活消费	总计
2000	4233	96871	2207	11101	3251	6118	16695	140476
2001	4553	103253	2283	11491	3500	6352	17301	148733
2002	4929	112725	2457	12509	3917	6861	18642	162040
2003	5683	131565	2770	14643	4723	8153	21448	188985
2004	6392	154802	3183	17452	5499	9294	24745	221367
2005	6860	177775	3486	18783	5917	10484	27573	250878
2006	7154	195582	3836	20525	6358	11500	30102	275057
2007	7068	214473	4203	22015	6732	12293	32891	299675
2008	6873	219516	3874	23560	6885	13215	33689	307612
2009	6978	243567	4712	24460	7303	13933	35173	336126
2010	7266	261377	5533	27102	7847	15052	36470	360647
2011	7675	278048	6052	29694	9147	16843	39584	387043
2012	7804	284712	6337	32561	10012	18407	42306	402139
2013	8055	291130	7017	34819	10598	19763	45531	416913

续表

年份 \ 行业	农、林、牧、渔业	工业	建筑业	交通运输、仓储和邮政业	批发、零售业和住宿、餐饮业	其他行业	生活消费	总计
2014	8020	298449	7377	36343	10864	20069	47211	428333
2015	8271	295953	7545	38510	11447	21925	50461	434112
2016	8585	295615	7847	39883	12042	23185	54336	441493
2017	8945	302308	8243	42140	12456	24277	57459	455828
2018	8781	311151	8685	43617	12994	26262	60436	471926
2019	9018	322503	9142	43909	13624	27582	61709	487487

注：标准量折算采用发电煤耗计算法。
资料来源：国家统计局历年《中国能源统计年鉴》。

表29-7 分行业能源消费结构

单位：%

年份 \ 行业	农、林、牧、渔业	工业	建筑业	交通运输、仓储和邮政业	批发、零售业和住宿、餐饮业	其他行业	生活消费
2000	3.0	69.0	1.6	7.9	2.3	4.4	11.9
2001	3.1	69.4	1.5	7.7	2.4	4.3	11.6
2002	3.0	69.6	1.5	7.7	2.4	4.2	11.5
2003	3.0	69.6	1.5	7.7	2.5	4.3	11.3
2004	2.9	69.9	1.4	7.9	2.5	4.2	11.2
2005	2.7	70.9	1.4	7.5	2.4	4.2	11.0
2006	2.6	71.1	1.4	7.5	2.3	4.2	10.9
2007	2.4	71.6	1.4	7.3	2.2	4.1	11.0
2008	2.2	71.4	1.3	7.7	2.2	4.3	11.0
2009	2.1	72.5	1.4	7.3	2.2	4.1	10.5
2010	2.0	72.5	1.5	7.5	2.2	4.2	10.1
2011	2.0	71.8	1.6	7.7	2.4	4.4	10.2
2012	1.9	70.8	1.6	8.1	2.5	4.6	10.5
2013	1.9	69.8	1.7	8.4	2.5	4.7	10.9
2014	1.9	69.7	1.7	8.5	2.5	4.7	11.0
2015	1.9	68.2	1.7	8.9	2.6	5.1	11.6
2016	1.9	67.0	1.8	9.0	2.7	5.3	12.3
2017	2.0	66.3	1.8	9.2	2.7	5.3	12.6
2018	1.9	65.9	1.8	9.2	2.8	5.6	12.8
2019	1.8	66.2	1.9	9.0	2.8	5.7	12.7

注：标准量折算采用发电煤耗法计算。
资料来源：根据表29-6数据计算得到。

二、煤炭消费

如表 29-8~表 29-12 所示。

表 29-8 煤炭消费总量

年份	煤炭消费总量 绝对额（亿吨）	煤炭消费总量 增速（%）	人均煤炭消费量 绝对额（吨）	人均煤炭消费量 增速（%）	日均煤炭消费量 绝对额（万吨）	日均煤炭消费量 增速（%）
2001	14.3	5.4	1.12	4.7	392	5.7
2002	15.4	7.7	1.20	7.1	422	7.7
2003	18.4	19.5	1.42	18.3	504	19.4
2004	21.2	15.2	1.63	14.8	581	15.3
2005	24.3	14.6	1.86	14.1	666	14.6
2006	27.1	11.5	2.06	10.8	742	11.4
2007	29.0	7.0	2.20	6.8	795	7.1
2008	30.1	3.8	2.26	2.7	825	3.8
2009	32.5	8.0	2.44	8.0	890	7.9
2010	34.9	7.4	2.60	6.6	956	7.4
2011	38.9	11.5	2.88	10.8	1066	11.5
2012	41.2	5.9	3.03	5.2	1129	5.9
2013	42.4	2.9	3.10	2.3	1162	2.9
2014	41.4	-2.4	3.00	-3.2	1134	-2.4
2015	40.0	-3.4	2.89	-3.7	1096	-3.4
2016	38.9	-2.8	2.79	-3.5	1066	-2.7
2017	39.1	0.5	2.80	0.4	1071	0.5
2018	39.7	1.5	2.83	1.1	1088	1.6
2019	40.2	1.3	2.85	0.7	1101	1.2
2020	40.4	0.5	2.87	0.4	1105	0.4

注：人均量根据年中人口数计算。

资料来源：2001~2020 年人口数据来自国家统计局《中国统计年鉴 2021》；2001~2019 年煤炭消费总量数据来自国家统计局《中国能源统计年鉴 2020》；2020 年煤炭消费总量根据《中华人民共和国 2020 年国民经济和社会发展统计公报》煤炭消费增速计算得到。

表 29-9 煤炭消费总量国际比较

单位：万吨标准油

国家/地区\年份	2012	2013	2014	2015	2016	2017	2018	2019	2019年占比（%）
世界	380398	387355	387019	377460	371877	373288	379744	377504	100.0
OECD成员国	103033	103859	102151	95713	90227	89606	86540	76770	20.3
非OECD成员国	277365	283496	284868	281747	281650	283682	293204	300734	79.7
中国	193019	197152	195691	191634	189144	189586	190910	195319	51.7
印度	33040	35322	38803	39576	40311	41747	44379	44528	11.8
美国	41655	43237	43139	37270	34099	33168	31763	27120	7.2
欧盟	29500	28811	26898	26169	24002	23485	22398	18401	4.9
日本	11663	12130	11926	12032	12009	12186	11937	11730	3.1
南非	8845	8847	8960	8407	9040	8893	8993	9120	2.4
俄罗斯	9855	9063	8766	9223	8936	8403	8677	8678	2.3
韩国	8074	8165	8450	8551	8160	8628	8676	8218	2.2
印度尼西亚	5307	5707	4517	5121	5341	5723	6788	8146	2.2
德国	8059	8294	7971	7878	7662	7197	6945	5510	1.5
越南	1612	1722	2080	2627	2843	2844	3801	4950	1.3
波兰	5129	5345	4951	4873	4956	4984	4986	4569	1.2
澳大利亚	4773	4530	4492	4652	4649	4490	4411	4264	1.1
土耳其	3654	3160	3617	3478	3851	3951	4091	4057	1.1
哈萨克斯坦	3790	3753	3708	3428	3393	3641	4077	3998	1.1
乌克兰	4277	4148	3562	2738	3249	2579	2762	2638	0.7
马来西亚	1589	1508	1537	1742	1875	2078	2218	2147	0.6
菲律宾	810	1002	1066	1163	1310	1550	1637	1745	0.5
泰国	1649	1623	1790	1757	1791	1798	1917	1707	0.5
巴西	1531	1650	1754	1765	1594	1681	1665	1569	0.4
捷克	1775	1692	1639	1635	1646	1561	1551	1445	0.4

资料来源：BP Statistical Review of World Energy 2020：A Pivotal Moment。

表 29-10 分地区煤炭消费量

单位：万吨

地区\年份	2011	2012	2013	2014	2015	2016	2017	2018	2019
全国	388961	411727	424426	411613	397014	384560	385723	397452	401915
地区加总	428585	436454	432216	431741	425476	424943	435211	450364	462276
北京	2366	2270	2019	1737	1165	848	490	276	183
天津	5262	5298	5279	5027	4539	4230	3876	3833	3766

续表

年份 地区	2011	2012	2013	2014	2015	2016	2017	2018	2019
河北	30792	31359	31663	29636	28943	28106	27417	29594	28738
山西	33479	34551	36637	37587	37115	35621	42942	48940	51332
内蒙古	34684	36620	34916	36466	36500	36675	38596	44138	49036
辽宁	18054	18219	18133	18002	17336	16944	17587	17904	18711
吉林	11035	11083	10414	10379	9805	9417	9355	8553	8740
黑龙江	13200	13965	13267	13596	13433	14034	14469	13371	14143
上海	6142	5703	5681	4896	4728	4626	4578	4421	4238
江苏	27364	27762	27946	26913	27209	28048	26620	25407	24902
浙江	14776	14374	14161	13824	13826	13948	14262	14180	13677
安徽	14123	14704	15665	15787	15671	15729	16085	16673	16700
福建	8714	8485	8079	8198	7660	6827	7543	8559	8718
江西	6988	6802	7255	7477	7698	7618	7761	7878	7996
山东	38921	40233	37683	39562	40927	40939	38165	42319	43133
河南	28374	25240	25058	24250	23720	23227	22669	22333	20045
湖北	15805	15799	12167	11888	11766	11686	11777	11100	11768
湖南	13006	12084	11224	10900	11142	11444	12405	10922	10664
广东	18439	17634	17107	17014	16587	16135	17172	17068	16834
广西	7033	7264	7344	6797	6047	6518	6613	7340	8022
海南	815	931	1009	1018	1072	1015	1099	1163	1130
重庆	7189	6750	5794	6096	6047	5674	5647	5130	5023
四川	11454	11872	11679	11045	9289	8869	7856	7496	7713
贵州	12085	13328	13651	13118	12833	13643	13410	12008	12204
云南	9664	9850	9783	8675	7713	7461	7211	7402	7533
陕西	13318	15774	17248	18375	18374	19671	20070	19396	21549
甘肃	6303	6558	6541	6716	6557	6378	6361	6819	6810
青海	1508	1859	2073	1817	1508	1962	1747	1640	1542
宁夏	7947	8055	8534	8857	8907	8665	11058	12711	13724
新疆	9745	12028	14206	16088	17359	18985	20370	21790	23702

资料来源：国家统计局历年《中国能源统计年鉴》。

表 29-11 分用途煤炭消费结构

单位：%

用途 年份	终端消费	火力发电	供热	炼焦	炼油及煤制油	制气	洗选损耗
2000	37.2	41.1	6.5	12.2	—	0.7	2.4
2001	36.9	41.8	6.3	12.5	—	0.7	1.8

续表

用途年份	终端消费	火力发电	供热	炼焦	炼油及煤制油	制气	洗选损耗
2002	35.6	44.7	5.8	12.1	—	0.6	1.2
2003	34.8	44.6	5.9	12.9	—	0.6	1.2
2004	36.6	43.3	5.4	12.3	—	0.6	1.6
2005	35.5	42.6	5.6	13.7	—	0.5	2.0
2006	34.0	43.9	5.4	14.2	—	0.5	1.8
2007	34.3	44.0	5.3	14.3	—	0.5	1.3
2008	34.6	44.1	5.0	13.8	—	0.4	2.0
2009	34.3	44.3	4.7	14.0	—	0.4	2.2
2010	32.9	44.1	5.0	14.3	0.1	0.3	3.2
2011	31.0	45.1	5.0	14.4	0.1	0.2	4.0
2012	28.9	44.6	5.8	13.8	0.1	0.2	6.5
2013	28.2	46.0	5.4	14.7	0.1	0.2	5.3
2014	27.3	45.8	5.4	15.5	0.2	0.2	5.5
2015	28.3	44.9	6.0	15.2	0.2	0.3	5.0
2016	26.1	47.0	6.8	15.6	0.3	0.3	3.8
2017	23.7	49.5	7.4	15.1	0.4	0.4	3.4
2018	20.4	51.6	8.1	15.5	0.6	0.5	3.1
2019	18.3	52.3	8.6	16.3	0.8	0.6	3.0

资料来源：根据国家统计局历年《中国能源统计年鉴》数据计算得到。

表29-12 分用途煤炭消费结构国际比较

单位：%

用途国家/地区	发电	热电联产	供热
世界	71.5	27.5	1.0
OECD成员国	89.2	10.3	0.5
非OECD成员国	65.0	33.9	1.1
中国	55.3	44.0	0.7
美国	97.9	2.1	0.0
印度	100.0	0.0	0.0
日本	100.0	0.0	0.0
俄罗斯	0.0	82.9	17.1
韩国	90.2	9.8	0.0
南非	100.0	0.0	0.0
德国	88.7	10.8	0.5

续表

用途 国家/地区	发电	热电联产	供热
澳大利亚	98.7	1.3	0.0
印度尼西亚	100.0	0.0	0.0
波兰	1.5	91.1	7.4
土耳其	98.9	1.1	0.0
乌克兰	80.5	15.3	4.2
加拿大	100.0	0.0	0.0
越南	100.0	0.0	0.0
捷克	14.4	85.2	0.4
西班牙	99.7	0.3	0.0
泰国	100.0	0.0	0.0
墨西哥	100.0	0.0	0.0

注：本表数据为2018年数据；百分比按标准量计算。

资料来源：IEA，*World Energy Balances*（2020 edition）。

三、石油消费

如表29-13～表29-20所示。

表29-13　石油消费总量

指标 年份	石油消费总量 绝对额（亿吨）	石油消费总量 增速（%）	人均石油消费量 绝对额（千克）	人均石油消费量 增速（%）	日均石油消费量 绝对额（万吨）	日均石油消费量 绝对额（万桶）
2001	2.30	2.2	180	1.1	63	461
2002	2.48	7.8	193	7.2	68	499
2003	2.76	11.3	214	10.9	76	554
2004	3.21	16.3	247	15.4	88	642
2005	3.25	1.2	249	0.8	89	654
2006	3.49	7.4	266	6.8	96	701
2007	3.67	5.2	278	4.5	101	736
2008	3.73	1.6	281	1.1	102	748
2009	3.87	3.8	290	3.2	106	777
2010	4.41	14.0	329	13.4	121	886
2011	4.56	3.4	338	2.7	125	916

续表

指标 年份	石油消费总量 绝对额（亿吨）	石油消费总量 增速（%）	人均石油消费量 绝对额（千克）	人均石油消费量 增速（%）	日均石油消费量 绝对额（万吨）	日均石油消费量 绝对额（万桶）
2012	4.78	4.8	352	4.1	131	957
2013	5.00	4.6	366	4.0	137	1004
2014	5.19	3.8	377	3.0	142	1039
2015	5.60	7.9	405	7.4	153	1124
2016	5.77	3.0	414	2.2	158	1159
2017	6.04	4.7	431	4.1	165	1213
2018	6.22	3.0	443	2.8	170	1250
2019	6.45	3.7	457	3.2	177	1297
2020	7.02	8.8	497	8.8	192	1407

注：每吨按7.33桶折算。

资料来源：2001~2020年人口数据来自国家统计局历年《中国统计年鉴》；2001~2019年石油消费数据来自国家统计局《中国能源统计年鉴2020》；2020年石油消费总量来自《2020年国内外油气行业发展报告》。

表29-14 石油消费总量国际比较

单位：亿吨

年份 国家/地区	2011	2012	2013	2014	2015	2016	2017	2018	2019	2019年占比（%）
世界	40.36	40.86	41.28	41.54	42.27	43.12	43.62	44.10	44.45	100.0
OECD成员国	20.46	20.25	20.10	19.88	20.15	20.42	20.57	20.68	20.52	46.2
非OECD成员国	19.90	20.61	21.18	21.66	22.12	22.70	23.05	23.42	23.93	53.8
美国	7.96	7.78	7.91	7.96	8.13	8.18	8.26	8.44	8.42	18.9
中国	4.62	4.84	5.05	5.24	5.58	5.71	5.96	6.20	6.50	14.6
欧盟	6.33	6.08	5.93	5.81	5.91	6.04	6.13	6.12	6.10	13.7
印度	1.64	1.75	1.76	1.82	1.97	2.18	2.26	2.35	2.42	5.4
日本	2.03	2.17	2.07	1.97	1.89	1.83	1.80	1.76	1.74	3.9
沙特阿拉伯	1.39	1.46	1.47	1.61	1.67	1.65	1.62	1.57	1.59	3.6
俄罗斯	1.42	1.45	1.44	1.52	1.44	1.48	1.46	1.49	1.51	3.4
韩国	1.06	1.09	1.08	1.08	1.14	1.23	1.23	1.22	1.20	2.7
巴西	1.13	1.16	1.23	1.27	1.18	1.12	1.14	1.09	1.10	2.5
德国	1.08	1.08	1.10	1.07	1.07	1.09	1.11	1.06	1.07	2.4
加拿大	1.04	1.01	1.01	1.03	1.00	1.01	1.01	1.05	1.03	2.3
伊朗	0.84	0.86	0.94	0.87	0.77	0.79	0.79	0.81	0.89	2.0
印度尼西亚	0.73	0.75	0.76	0.76	0.70	0.70	0.74	0.77	0.77	1.7
墨西哥	0.91	0.93	0.90	0.86	0.85	0.85	0.82	0.79	0.75	1.7

续表

年份 国家/地区	2011	2012	2013	2014	2015	2016	2017	2018	2019	2019年占比（%）
法国	0.80	0.77	0.76	0.73	0.73	0.73	0.73	0.73	0.72	1.6
新加坡	0.64	0.63	0.64	0.65	0.69	0.72	0.74	0.74	0.72	1.6
英国	0.73	0.71	0.70	0.69	0.71	0.74	0.74	0.73	0.71	1.6
西班牙	0.67	0.63	0.59	0.58	0.60	0.62	0.63	0.64	0.64	1.4
泰国	0.49	0.51	0.53	0.53	0.56	0.58	0.60	0.61	0.62	1.4
意大利	0.69	0.64	0.59	0.56	0.58	0.58	0.59	0.60	0.58	1.3
澳大利亚	0.44	0.46	0.47	0.47	0.46	0.46	0.48	0.49	0.49	1.1
土耳其	0.31	0.33	0.36	0.36	0.44	0.47	0.49	0.47	0.48	1.1

资料来源：*BP Statistical Review of World Energy* 2020：*A Pivotal Moment*。

表 29-15　日均石油消费量国际比较

单位：万桶

年份 国家/地区	2012	2013	2014	2015	2016	2017	2018	2019	2019年占比（%）
世界	8879	9015	9090	9261	9440	9602	9735	9827	100.0
OECD成员国	4446	4446	4409	4470	4521	4575	4612	4582	46.6
非OECD成员国	4433	4569	4681	4791	4919	5027	5123	5245	53.4
美国	1759	1801	1814	1852	1862	1888	1943	1940	19.7
中国	1017	1067	1113	1191	1225	1284	1337	1406	14.3
欧盟	1274	1253	1231	1251	1275	1300	1298	1291	13.1
印度	374	378	391	423	463	486	511	527	5.4
日本	469	451	429	414	401	397	385	381	3.9
沙特阿拉伯	346	345	376	388	387	384	377	379	3.9
俄罗斯	312	313	330	314	322	319	328	332	3.4
韩国	246	246	245	258	277	280	278	276	2.8
加拿大	233	235	239	235	239	239	244	240	2.4
巴西	251	266	272	256	244	248	238	240	2.4
德国	228	234	227	227	231	237	226	228	2.3
伊朗	186	202	190	171	176	181	183	202	2.1
墨西哥	208	203	196	194	195	188	182	173	1.8
印度尼西亚	164	166	168	156	157	166	172	173	1.8
英国	152	150	151	155	160	161	158	154	1.6
法国	161	160	154	154	153	154	154	153	1.6
泰国	122	127	127	133	136	141	143	145	1.5
新加坡	120	122	126	133	137	141	143	140	1.4

续表

年份 国家/地区	2012	2013	2014	2015	2016	2017	2018	2019	2019年占比（%）
西班牙	125	118	118	122	126	127	130	130	1.3
意大利	135	125	118	123	124	125	128	122	1.2
澳大利亚	99	101	102	99	99	103	105	105	1.1
阿联酋	77	85	88	96	103	101	106	104	1.1

注：每吨按7.33桶折算。

资料来源：BP Statistical Review of World Energy 2020：A Pivotal Moment。

表29-16 分地区石油消费量

单位：万吨

年份 地区	2011	2012	2013	2014	2015	2016	2017	2018	2019
全国	45620	47797	49971	51814	55160	56403	58744	62245	64507
地区加总	49604	52387	50957	52571	55491	57021	58085	56732	57922
北京	1535	1533	1481	1538	1584	1578	1656	1707	1752
天津	1516	1619	1542	1615	1732	1778	1689	1523	1580
河北	1582	1620	1489	1423	1632	1788	1693	1460	1341
山西	759	773	783	747	775	803	864	773	648
内蒙古	1348	1278	1021	967	869	896	989	940	948
辽宁	4403	4993	4074	4084	4470	4442	4555	4544	4892
吉林	1079	1002	1020	1014	950	974	1046	1016	1011
黑龙江	2128	2252	1848	2000	2032	1915	1706	1433	1500
上海	3148	3260	3396	3292	3460	3633	3775	3318	3510
江苏	2573	2935	2814	3048	3088	3178	3131	3275	3286
浙江	2708	2751	2814	2781	2970	2909	2871	2612	2549
安徽	707	992	1177	1311	1405	1452	1595	1546	1586
福建	1649	1699	1809	2262	2112	2075	2181	2075	2229
江西	727	780	919	941	1018	1048	1096	1200	1257
山东	5039	5179	3901	3648	4042	4361	4437	4229	4103
河南	1525	1693	1951	1978	2100	2159	2222	2375	2405
湖北	1852	1988	2268	2505	2551	2529	2581	2707	2927
湖南	1235	1303	1520	1560	1734	1844	1823	1991	2112
广东	5462	5481	5178	5320	5619	5942	6212	6443	6417
广西	1019	1132	999	1109	1228	1299	1356	1227	1111
海南	402	410	387	419	453	449	460	487	508
重庆	622	637	706	704	793	864	907	918	976

续表

年份 地区	2011	2012	2013	2014	2015	2016	2017	2018	2019
四川	1825	1961	2395	2724	3029	3137	3221	2549	2689
贵州	546	562	658	683	842	945	987	1137	1174
云南	975	1070	996	1061	1108	1174	1290	1391	1507
陕西	1154	1199	1177	1213	1114	862	776	778	744
甘肃	662	691	872	881	887	884	907	906	860
青海	254	243	227	240	261	300	344	316	333
宁夏	199	251	264	233	210	221	113	337	455
新疆	971	1100	1271	1270	1423	1582	1602	1519	1512

资料来源：国家统计局历年《中国能源统计年鉴》。

表29-17　分行业石油消费量

单位：万吨

行业 年份	农、林、牧、渔业	工业	建筑业	交通运输、仓储和邮政业	批发、零售业和住宿、餐饮业	其他行业	生活消费
2000	789	11249	841	6399	247	1636	1336
2001	839	11295	934	6588	252	1674	1375
2002	922	12169	1047	7217	273	1699	1497
2003	1058	13221	1191	8263	299	1786	1766
2004	1231	14829	1392	10062	349	2002	2208
2005	1452	14030	1502	10928	376	1974	2284
2006	1540	14649	1649	12014	392	2078	2609
2007	1400	14901	1823	12907	427	2216	2981
2008	1266	15285	1517	13627	366	2354	2917
2009	1308	15768	2042	13650	430	2306	3168
2010	1383	18555	2483	15079	481	2578	3542
2011	1466	17986	2582	16221	500	2880	3984
2012	1538	17753	2741	17864	542	3068	4292
2013	1650	17595	3091	18968	565	3350	4752
2014	1718	18218	3312	19547	563	3152	5305
2015	1733	18908	3508	20550	616	3683	6162
2016	1730	19093	3713	21033	585	3537	6713
2017	1786	19546	4040	22029	621	3503	7220
2018	1725	22460	3936	22739	599	3458	7328
2019	1748	25211	4055	22110	608	3461	7314

资料来源：国家统计局历年《中国能源统计年鉴》。

表 29-18 分行业石油消费结构

单位：%

年份	农、林、牧、渔业	工业	建筑业	交通运输、仓储和邮政业	批发、零售业和住宿、餐饮业	其他行业	生活消费
2000	3.5	50.0	3.7	28.5	1.1	7.3	5.9
2001	3.7	49.2	4.1	28.7	1.1	7.3	6.0
2002	3.7	49.0	4.2	29.1	1.1	6.8	6.0
2003	3.8	47.9	4.3	30.0	1.1	6.5	6.4
2004	3.8	46.2	4.3	31.4	1.1	6.2	6.9
2005	4.5	43.1	4.6	33.6	1.2	6.1	7.0
2006	4.4	41.9	4.7	34.4	1.1	5.9	7.5
2007	3.8	40.7	5.0	35.2	1.2	6.0	8.1
2008	3.4	40.9	4.1	36.5	1.0	6.3	7.8
2009	3.4	40.8	5.3	35.3	1.1	6.0	8.2
2010	3.1	42.1	5.6	34.2	1.1	5.8	8.0
2011	3.2	39.4	5.7	35.6	1.1	6.3	8.7
2012	3.2	37.1	5.7	37.4	1.1	6.4	9.0
2013	3.3	35.2	6.2	38.0	1.1	6.7	9.5
2014	3.3	35.2	6.4	37.7	1.1	6.1	10.2
2015	3.1	34.3	6.4	37.3	1.1	6.7	11.2
2016	3.1	33.9	6.6	37.3	1.0	6.3	11.9
2017	3.0	33.3	6.9	37.5	1.1	6.0	12.3
2018	2.8	36.1	6.3	36.5	1.0	5.6	11.8
2019	2.7	39.1	6.3	34.3	0.9	5.4	11.3

资料来源：根据表 29-17 数据计算得到。

表 29-19 分行业终端石油消费结构国际比较

单位：%

国家/地区	农、林、渔业	工业与非能源使用	交通运输业	商业和公共服务	其他行业	生活消费
世界	2.8	7.2	16.5	66.1	2.0	5.4
OECD 成员国	2.7	5.3	18.2	67.3	2.4	4.0
非 OECD 成员国	3.6	11.4	19.9	60.9	2.1	2.1
美国	1.9	2.8	15.7	76.1	1.5	2.0
中国	3.5	8.5	22.9	53.9	3.0	8.1
印度	2.6	15.1	15.4	47.9	5.3	13.6
日本	2.2	12.0	23.1	48.0	7.1	7.7

续表

行业 国家/地区	农、林、渔业	工业与 非能源使用	交通运输业	商业和 公共服务	其他行业	生活消费
俄罗斯	2.3	6.4	28.8	49.8	1.8	10.8
巴西	6.3	10.2	13.5	62.7	0.7	6.6
韩国	0.3	3.9	54.4	35.7	2.0	3.7
德国	2.4	4.1	20.5	57.9	3.7	11.4
沙特阿拉伯	0.0	24.4	25.8	47.8	0.0	1.9
加拿大	5.7	6.5	19.8	64.9	1.4	1.8
墨西哥	4.6	7.7	5.8	72.1	2.1	7.8
印度尼西亚	2.2	10.8	4.2	70.1	1.0	11.7
伊朗	3.7	5.5	25.4	57.6	1.2	6.6
法国	4.5	3.8	18.0	62.5	3.9	7.2
英国	1.4	3.8	13.8	72.8	4.0	4.2
泰国	5.3	5.4	40.6	44.0	1.5	3.2
澳大利亚	5.5	8.7	9.3	73.8	2.0	0.8
西班牙	4.7	7.7	10.7	67.8	3.0	6.1
土耳其	7.3	13.6	10.0	66.8	1.9	0.5
波兰	8.1	2.6	13.4	72.3	1.6	2.1
南非	4.4	7.1	14.1	68.8	0.7	2.1
越南	2.1	22.3	7.5	58.1	6.4	3.7

注：本表数据为2018年数据。
资料来源：IEA, *World Energy Balances* (2020 edition)。

表29-20 主要品种石油消费量

单位：万吨

品种 年份	原油	汽油	煤油	柴油	燃料油	液化石油气	柴汽比
2001	21411	3598	890	7158	3850	1411	2.0
2002	22694	3804	919	7790	3724	1627	2.1
2003	25181	4119	922	8575	4330	1818	2.1
2004	29009	4696	1061	10207	4845	2016	2.2
2005	30089	4855	1077	10975	4244	2046	2.3
2006	32245	5243	1125	11729	4471	2253	2.2
2007	34032	5519	1244	12492	4157	2328	2.3
2008	35510	6146	1294	13545	3237	2119	2.2
2009	38129	6173	1450	13551	2829	2153	2.2
2010	42875	6956	1765	14699	3758	2322	2.1

续表

品种\年份	原油	汽油	煤油	柴油	燃料油	液化石油气	柴汽比
2011	43966	7596	1817	15635	3663	2470	2.1
2012	46679	8166	1957	16966	3683	2482	2.1
2013	48652	9366	2164	17151	3954	2823	1.8
2014	51597	9776	2335	17165	4356	3290	1.8
2015	54788	11368	2664	17360	4662	3961	1.5
2016	57126	11866	2971	16839	4631	5015	1.4
2017	59402	12416	3326	16917	4887	5458	1.4
2018	63004	13055	3654	16410	4536	5673	1.3
2019	67268	13628	3950	14918	4690	6066	1.1
2020	69488	11620	3306	14019	4659	4875	1.2

注：柴汽比=柴油消费量/汽油消费量。

资料来源：2001~2019年数据来自国家统计局历年《中国能源统计年鉴》；2020年数据由国家统计局进度数据库成品油产量及海关总署进出口数据计算得到。

四、天然气消费

如表29-21~表29-27所示。

表29-21 天然气消费总量

指标\年份	天然气消费总量 绝对额（亿立方米）	天然气消费总量 增速（%）	人均天然气消费量 绝对额（立方米）	人均天然气消费量 增速（%）	日均天然气消费量 绝对额（亿立方米）	日均天然气消费量 增速（%）
2001	274	11.8	21	15.8	0.75	11.9
2002	292	6.6	23	9.5	0.80	6.7
2003	339	16.1	26	13.0	0.93	16.3
2004	397	17.1	31	19.2	1.08	16.1
2005	466	17.4	36	16.1	1.28	18.5
2006	573	23.0	44	22.2	1.57	22.7
2007	705	23.0	53	20.5	1.93	22.9
2008	813	15.3	61	15.1	2.22	15.0
2009	895	10.1	67	9.8	2.45	10.4
2010	1080	20.7	81	20.0	2.96	20.8
2011	1341	24.2	99	22.2	3.67	24.0

续表

指标 年份	天然气消费总量 绝对额（亿立方米）	天然气消费总量 增速（%）	人均天然气消费量 绝对额（立方米）	人均天然气消费量 增速（%）	日均天然气消费量 绝对额（亿立方米）	日均天然气消费量 增速（%）
2012	1497	11.6	110	11.1	4.09	11.4
2013	1705	13.9	125	13.6	4.67	14.2
2014	1869	9.6	136	8.8	5.12	9.6
2015	1932	3.4	140	2.9	5.29	3.3
2016	2078	7.6	149	6.4	5.68	7.4
2017	2394	15.2	171	14.8	6.56	15.5
2018	2817	17.7	200	17.0	7.72	17.7
2019	3060	8.6	217	8.5	8.38	8.6
2020	3277	7.1	232	6.9	8.95	6.8

注：自2010年起包括液化天然气数据；人均量根据年中人口数计算。

资料来源：2001~2020年人口数据来自国家统计局《中国统计年鉴2021》；2001~2019年天然气消费数据来自国家统计局历年《中国能源统计年鉴》；2020年天然气消费数据根据国家统计局《中华人民共和国2020年国民经济和社会发展统计公报》计算得到。

表29-22 天然气消费总量国际比较

单位：亿立方米

国家/地区 \ 年份	2012	2013	2014	2015	2016	2017	2018	2019	2019年占比（%）
世界	33220	33766	33994	34780	35590	36585	38516	39293	100.0
OECD成员国	15739	16069	15819	16151	16491	16695	17565	18011	45.8
非OECD成员国	17481	17697	18175	18629	19099	19890	20951	21282	54.2
美国	6881	7070	7223	7436	7491	7400	8199	8466	21.5
欧盟	4591	4508	4014	4187	4488	4638	4572	4696	12.0
俄罗斯	4286	4249	4222	4087	4206	4311	4545	4443	11.3
中国	1509	1719	1884	1947	2094	2404	2830	3073	7.8
伊朗	1525	1538	1734	1840	1963	2091	2241	2236	5.7
加拿大	972	1043	1096	1098	1062	1093	1183	1203	3.1
沙特阿拉伯	944	950	973	992	1053	1093	1121	1136	2.9
日本	1232	1235	1248	1187	1164	1170	1157	1081	2.8
墨西哥	737	778	788	808	830	860	876	907	2.3
德国	811	850	739	770	849	877	859	887	2.3
英国	769	763	701	720	807	786	793	788	2.0
阿联酋	639	647	634	715	727	747	744	760	1.9
意大利	714	667	590	643	675	716	692	708	1.8

续表

年份 国家/地区	2012	2013	2014	2015	2016	2017	2018	2019	2019年占比（%）
印度	557	490	485	478	508	537	581	597	1.5
埃及	506	495	462	460	494	559	596	589	1.5
韩国	525	550	500	456	476	498	578	560	1.4
澳大利亚	354	372	401	421	417	412	414	537	1.4
泰国	486	489	499	510	506	501	500	508	1.3
阿根廷	457	460	462	467	482	483	487	475	1.2
巴基斯坦	366	356	350	365	387	407	436	457	1.2
阿尔及利亚	299	321	361	379	386	395	434	452	1.2
印度尼西亚	430	445	440	458	446	432	445	438	1.1

资料来源：BP Statistical Review of World Energy 2020：A Pivotal Moment。

表29-23　分地区天然气消费量

单位：亿立方米

年份 地区	2011	2012	2013	2014	2015	2016	2017	2018	2019
全国	1341	1497	1705	1869	1932	2078	2394	2817	3060
地区加总	1319	1502	1648	1826	1947	2084	2344	2678	2902
北京	73.6	92.1	98.8	113.7	146.9	162.3	164.6	187.9	189.4
天津	26.0	32.6	37.8	45.5	64.0	74.5	83.3	104.0	110.6
河北	35.1	45.1	49.9	56.1	73.0	70.5	96.7	133.1	165.5
山西	31.9	37.4	45.1	50.3	64.9	69.4	74.9	75.2	91.7
内蒙古	40.8	37.8	43.5	44.5	39.2	45.1	52.0	62.0	64.2
辽宁	39.1	63.7	78.7	84.0	55.3	50.6	62.0	73.2	75.1
吉林	19.4	22.8	24.1	22.6	21.3	21.5	24.7	29.7	30.2
黑龙江	31.0	33.7	34.8	35.5	35.8	38.0	40.6	43.8	44.4
上海	55.4	64.4	72.9	72.4	77.4	79.0	83.2	93.5	99.4
江苏	93.7	113.1	124.5	127.7	165.0	172.7	237.7	276.2	288.1
浙江	43.9	48.1	56.7	78.2	80.3	87.8	104.9	134.9	147.2
安徽	20.1	24.9	27.8	34.5	34.8	39.2	44.4	53.0	59.6
福建	37.9	37.5	49.4	50.3	45.4	48.6	50.2	51.9	52.8
江西	6.3	10.0	13.4	15.2	18.0	20.0	21.7	25.9	27.0
山东	52.9	67.2	68.8	75.0	82.3	98.6	131.1	156.3	190.0
河南	55.0	73.9	79.8	76.9	78.8	92.8	104.1	106.3	109.3
湖北	24.9	29.3	32.0	40.2	40.3	41.5	50.0	62.7	68.5
湖南	15.3	18.8	20.5	24.4	26.5	28.3	27.0	30.5	32.9

续表

年份 地区	2011	2012	2013	2014	2015	2016	2017	2018	2019
广东	114.5	116.5	124.0	133.8	145.2	167.8	182.4	190.6	206.2
广西	2.5	3.2	4.5	8.3	8.4	12.9	14.0	22.7	27.9
海南	48.9	47.5	46.0	46.0	46.0	41.3	43.5	44.3	46.2
重庆	61.8	71.0	72.2	82.1	88.4	89.3	95.2	99.5	103.5
四川	156.1	153.0	148.3	165.2	171.0	181.6	198.9	237.0	254.4
贵州	4.8	5.3	8.4	10.6	13.3	17.1	17.7	30.8	36.8
云南	4.2	4.3	4.3	4.6	6.3	7.7	9.7	13.0	16.5
陕西	62.5	66.0	70.3	74.3	82.7	98.2	103.9	105.5	122.9
甘肃	15.9	20.3	23.2	25.2	26.0	26.4	28.9	31.2	32.9
青海	32.1	40.1	41.6	40.6	44.4	46.3	49.6	51.3	52.1
宁夏	18.6	20.5	19.6	17.9	20.7	22.4	22.3	21.0	25.4
新疆	95.0	102.0	127.4	169.9	145.8	132.4	125.0	130.9	131.1

注：包括液化天然气数据。

资料来源：国家统计局历年《中国能源统计年鉴》。

表29-24　分行业天然气消费量

单位：亿立方米

年份	农、林、牧、渔业	工业	建筑业	交通运输、仓储和邮政业	批发、零售业和住宿、餐饮业	其他行业	生活消费
2000	—	199.0	0.8	8.8	3.4	0.6	32.3
2001	—	214.8	0.7	11.0	5.0	0.7	42.1
2002	—	222.5	0.7	16.4	6.1	—	46.2
2003	—	251.4	0.7	18.8	6.9	9.4	51.9
2004	—	278.6	1.4	26.2	9.2	14.1	67.2
2005	—	327.2	1.5	38.0	10.8	9.1	79.4
2006	—	398.9	1.7	44.2	13.2	12.8	102.6
2007	—	479.7	2.1	46.9	17.1	16.1	143.4
2008	—	531.6	1.0	71.6	17.8	20.9	170.1
2009	—	577.9	1.0	91.1	24.0	23.6	177.7
2010	0.5	691.8	1.2	106.7	27.2	26.0	226.9
2011	0.6	875.7	1.3	138.4	33.6	27.1	264.4
2012	0.6	980.8	1.3	154.5	38.7	32.9	288.3
2013	0.7	1129.1	2.0	175.8	39.3	35.6	322.9
2014	0.8	1223.0	1.9	214.4	46.6	41.3	342.6

续表

年份\指标	农、林、牧、渔业	工业	建筑业	交通运输、仓储和邮政业	批发、零售业和住宿、餐饮业	其他行业	生活消费
2015	1.0	1234.5	2.2	237.6	51.3	45.4	359.8
2016	1.1	1338.6	2.0	254.8	53.8	48.2	379.8
2017	1.1	1575.3	1.8	284.7	57.6	53.0	420.3
2018	1.3	1940.1	2.5	286.2	60.8	57.9	468.4
2019	1.2	2092.1	2.8	341.5	62.5	57.3	502.3

注：自2010年起包括液化天然气数据。

资料来源：国家统计局历年《中国能源统计年鉴》。

表29-25　分行业天然气消费结构

单位：%

年份\指标	农、林、牧、渔业	工业	建筑业	交通运输、仓储和邮政业	批发、零售业和住宿、餐饮业	其他行业	生活消费
2000	—	81.3	0.3	3.6	1.4	0.2	13.2
2001	—	78.3	0.3	4.0	1.8	0.3	15.3
2002	—	76.3	0.2	5.6	2.1	—	15.8
2003	—	74.1	0.2	5.6	2.0	2.8	15.3
2004	—	70.2	0.4	6.6	2.3	3.6	16.9
2005	—	70.2	0.3	8.2	2.3	2.0	17.0
2006	—	69.6	0.3	7.7	2.3	2.2	17.9
2007	—	68.0	0.3	6.6	2.4	2.3	20.3
2008	—	65.4	0.1	8.8	2.2	2.6	20.9
2009	—	64.6	0.1	10.2	2.7	2.6	19.8
2010	0.0	64.0	0.1	9.9	2.5	2.4	21.0
2011	0.0	65.3	0.1	10.3	2.5	2.0	19.7
2012	0.0	65.5	0.1	10.3	2.6	2.2	19.3
2013	0.0	66.2	0.1	10.3	2.3	2.1	18.9
2014	0.0	65.3	0.1	11.5	2.5	2.2	18.3
2015	0.0	63.9	0.1	12.3	2.7	2.4	18.6
2016	0.1	64.4	0.1	12.3	2.6	2.3	18.3
2017	0.0	65.8	0.1	11.9	2.4	2.2	17.6
2018	0.0	68.9	0.1	10.2	2.2	2.1	16.6
2019	0.0	68.4	0.1	11.2	2.0	1.9	16.4

资料来源：根据表29-24数据计算得到。

表29-26 分用途天然气消费量及消费结构

单位：亿立方米，%

年份	火力发电 消费量	火力发电 消费结构	供热 消费量	供热 消费结构	炼油及煤制油 消费量	炼油及煤制油 消费结构	损失 消费量	损失 消费结构	终端消费 消费量	终端消费 消费结构
2000	15.21	6.2	14.25	5.8	0.00	0.0	6.66	2.7	208.91	85.3
2001	13.00	4.7	16.41	6.0	0.00	0.0	6.22	2.3	238.67	87.0
2002	11.05	3.8	17.02	5.8	0.00	0.0	6.33	2.2	257.44	88.2
2003	13.24	3.9	14.00	4.1	0.00	0.0	6.65	2.0	305.19	90.0
2004	19.03	4.8	20.37	5.1	0.00	0.0	7.76	2.0	349.56	88.1
2005	30.12	6.5	23.17	5.0	0.00	0.0	10.33	2.2	398.36	86.2
2006	57.56	10.1	16.23	2.9	0.00	0.0	9.90	1.7	484.03	85.3
2007	80.68	11.5	19.83	2.8	0.00	0.0	11.11	1.6	589.38	84.1
2008	81.97	10.2	21.40	2.7	0.00	0.0	13.83	1.7	689.69	85.5
2009	134.24	15.0	25.70	2.9	0.00	0.0	21.76	2.4	710.43	79.6
2010	184.92	17.2	29.17	2.7	0.00	0.0	20.05	1.9	842.18	78.2
2011	224.98	16.9	29.27	2.2	0.00	0.0	18.92	1.4	1056.02	79.4
2012	229.11	15.3	34.32	2.3	2.17	0.1	23.20	1.6	1205.46	80.7
2013	241.93	14.2	42.82	2.5	5.92	0.3	20.68	1.2	1391.67	81.7
2014	252.42	13.5	52.96	2.8	4.67	0.3	24.98	1.3	1532.12	82.1
2015	314.10	16.3	63.06	3.3	3.75	0.2	22.17	1.1	1526.61	79.1
2016	361.87	17.3	80.12	3.8	6.62	0.3	24.18	1.2	1617.81	77.4
2017	380.35	15.7	97.25	4.0	17.05	0.7	27.57	1.1	1893.62	78.4
2018	419.91	14.7	132.35	4.7	20.57	0.7	24.31	0.9	2251.15	79.0
2019	423.79	13.6	147.81	4.8	32.35	1.0	21.81	0.7	2485.23	79.9

注：自2010年起包括液化天然气数据；1万吨LNG折合0.138亿立方米天然气；损失包括液化损失和储运过程中的损失。

资料来源：国家统计局历年《中国能源统计年鉴》。

表29-27 分用途天然气消费结构国际比较

单位：%

国家/地区	发电	热电联产	供热	终端消费	其他
世界	27.9	10.2	1.8	49.4	10.7
OECD成员国	29.1	7.6	0.6	52.7	10.0
非OECD成员国	26.9	12.4	2.9	46.5	11.2
美国	31.6	5.6	0.0	53.6	9.3
欧盟	13.6	13.9	2.2	65.0	5.4
俄罗斯	1.5	37.3	10.1	45.4	5.7

续表

国家/地区 \ 指标	发电	热电联产	供热	终端消费	其他
中国	10.6	10.5	0.0	65.0	13.9
伊朗	88.0	0.0	0.0	12.0	0.0
日本	68.6	0.0	0.3	29.8	1.3
加拿大	12.7	2.1	0.0	49.3	35.9
沙特阿拉伯	63.5	0.0	0.0	32.5	4.0
德国	4.9	15.5	2.4	75.2	2.1
英国	27.2	3.8	3.4	58.4	7.2
墨西哥	51.2	8.4	0.0	23.5	16.9
意大利	12.9	26.0	0.5	57.5	3.2
阿联酋	49.8	0.0	0.0	49.2	1.0
印度	28.3	0.0	0.0	59.3	12.5
埃及	62.4	0.0	0.0	27.5	10.1
阿根廷	38.1	0.0	0.0	46.6	15.4
土耳其	30.2	4.6	0.0	61.0	4.3
韩国	33.8	19.6	0.2	46.2	0.3
卡塔尔	24.7	0.0	0.0	22.7	52.6
印度尼西亚	34.3	0.0	0.0	43.0	22.7
法国	7.9	6.1	1.9	79.4	4.7
泰国	60.5	0.0	0.0	20.2	19.3
阿尔及利亚	41.6	0.0	0.0	49.3	9.2
巴西	25.5	9.0	0.0	42.7	22.9
马来西亚	33.1	0.0	0.0	48.7	18.2
乌兹别克斯坦	15.2	15.6	3.9	45.5	19.8
巴基斯坦	34.6	0.0	0.0	62.0	3.4
乌克兰	0.8	14.4	19.5	59.2	6.1

注：本表数据为2018年数据。

资料来源：IEA，*World Energy Statistics*（2020 *edition*）。

五、电力消费

如表29-28~表29-34所示。

表 29-28 全社会用电量

年份	全社会用电量 绝对额(亿千瓦·时)	全社会用电量 增速(%)	人均用电量 绝对额(千瓦·时)	人均用电量 增速(%)	日均用电量 绝对额(亿千瓦·时)	日均用电量 增速(%)
2001	14683	9.0	1150	8.2	40	8.1
2002	16386	11.6	1276	11.0	45	12.5
2003	18891	15.3	1462	14.6	52	15.6
2004	21761	15.2	1674	14.5	59	13.5
2005	24781	13.9	1895	13.2	68	15.3
2006	28368	14.5	2158	13.9	78	14.7
2007	32565	14.8	2465	14.2	89	14.1
2008	34380	5.6	2589	5.0	94	5.6
2009	36598	6.5	2742	5.9	100	6.4
2010	41935	14.6	3127	14.0	115	15.0
2011	47001	12.1	3484	11.4	129	12.2
2012	49763	5.9	3661	5.1	136	5.4
2013	54203	8.9	3964	8.3	149	9.6
2014	57830	6.7	4201	6.0	158	6.0
2015	58020	0.3	4194	-0.2	159	0.6
2016	61205	5.5	4396	4.8	168	5.7
2017	65914	7.7	4708	7.1	181	7.7
2018	71508	8.5	5088	8.1	196	8.3
2019	74866	4.5	5309	4.3	205	4.6
2020	75110	3.1	5320	0.2	205	0

注：人均量根据年中人口数计算。

资料来源：2001~2020年人口数据来自国家统计局《中国统计年鉴2021》；2001~2009年全社会用电量数据来自中国电力企业联合会历年《电力工业统计资料汇编》；2010~2019年全社会用电量数据来自国家统计局《中国能源统计年鉴2020》；2020年全社会用电量数据来自国家能源局2020年全国电力工业统计数据。

表 29-29 用电量国际比较

国家/地区	2012年 用电量(亿千瓦·时)	2013年 用电量(亿千瓦·时)	2014年 用电量(亿千瓦·时)	2015年 用电量(亿千瓦·时)	2016年 用电量(亿千瓦·时)	2017年 用电量(亿千瓦·时)	2018年 用电量(亿千瓦·时)	2018年 人均用电量(千瓦·时)	2018年 用电量占比(%)
世界	209799	216329	221886	224618	231139	238323	247323	3.3	100.0
OECD 成员国	103291	103750	103326	103690	104738	105026	107353	8.0	43.4
非 OECD 成员国	106509	112579	118560	120928	126401	133297	139970	2.2	56.6
中国	47403	51683	55429	55897	59277	64286	68449	4.9	27.7
美国	40692	41086	41383	41285	41537	41166	42888	13.1	17.3

续表

国家/地区	2012年 用电量(亿千瓦·时)	2013年 用电量(亿千瓦·时)	2014年 用电量(亿千瓦·时)	2015年 用电量(亿千瓦·时)	2016年 用电量(亿千瓦·时)	2017年 用电量(亿千瓦·时)	2018年 用电量(亿千瓦·时)	2018年 人均用电量(千千瓦·时)	2018年 用电量占比(%)
印度	9080	9659	10613	11162	11817	12480	13339	1.0	5.4
日本	10557	10566	10327	10181	10253	10403	10235	8.1	4.1
俄罗斯	9476	9384	9496	9493	9692	9784	9994	6.9	4.0
韩国	5173	5237	5327	5347	5441	5481	5719	11.1	2.3
巴西	4983	5162	5311	5228	5214	5281	5384	2.6	2.2
德国	5832	5820	5698	5744	5742	5742	5675	6.9	2.3
加拿大	5592	5796	5839	5651	5675	5654	5715	15.4	2.3
法国	4904	4952	4710	4794	4851	4832	4802	7.1	1.9
英国	3475	3462	3312	3321	3306	3259	3259	4.9	1.3
沙特阿拉伯	2649	2821	3153	3338	3415	3459	3538	10.5	1.4
意大利	3214	3108	3041	3097	3080	3149	3156	5.2	1.3
墨西哥	2642	2548	2596	2694	2808	2785	3149	2.5	1.3
澳大利亚	2362	2356	2364	2377	2402	2448	2476	9.9	1.0
伊朗	2104	2165	2341	2364	2531	2699	2728	3.3	1.1
土耳其	2067	2092	2199	2292	2437	2620	2725	3.4	1.1
西班牙	2607	2522	2490	2543	2557	2611	2600	5.6	1.0
南非	2307	2301	2290	2282	2254	2271	2290	4.0	0.9

注：人均量根据年中人口数计算；用电量不包括线损电量。
资料来源：IEA, World Energy Balances Highlights (2020 edition)。

表29-30 分地区全社会用电量

单位：亿千瓦·时

地区	2011	2012	2013	2014	2015	2016	2017	2018	2019	2020
北京	822	874	913	937	953	1020	1067	1142	1166	1140
天津	695	722	774	794	801	808	806	855	878	875
河北	2985	3078	3251	3314	3176	3265	3442	3666	3856	3934
山西	1650	1766	1832	1823	1737	1797	1991	2161	2262	2342
内蒙古	1864	2017	2182	2417	2543	2605	2892	3353	3653	3900
辽宁	1862	1900	2008	2039	1985	2037	2135	2302	2401	2423
吉林	630	637	654	668	652	668	703	751	780	805
黑龙江	802	828	845	859	869	897	929	974	996	1014
上海	1340	1353	1411	1369	1406	1486	1527	1567	1569	1576
江苏	4282	4581	4957	5013	5115	5459	5808	6128	6264	6374

续表

年份 地区	2011	2012	2013	2014	2015	2016	2017	2018	2019	2020
浙江	3117	3211	3453	3506	3554	3873	4193	4533	4706	4830
安徽	1221	1361	1528	1585	1640	1795	1921	2135	2301	2428
福建	1516	1580	1701	1856	1852	1969	2113	2314	2402	2483
江西	835	868	947	1019	1087	1183	1294	1429	1536	1627
山东	3635	3795	4083	4223	5117	5391	5430	6084	6219	6940
河南	2659	2748	2899	2920	2880	2989	3166	3418	3364	3392
湖北	1451	1508	1630	1657	1665	1763	1869	2071	2214	2144
湖南	1293	1347	1423	1431	1448	1496	1582	1745	1864	1929
广东	4399	4619	4830	5235	5311	5610	5959	6323	6696	6926
广西	1112	1154	1238	1308	1334	1360	1445	1703	1907	2025
海南	185	211	232	252	272	287	305	327	355	362
重庆	717	724	813	867	875	925	997	1119	1160	1187
四川	1751	1831	1949	2015	1992	2101	2205	2459	2636	2865
贵州	944	1047	1126	1174	1174	1242	1385	1482	1541	1586
云南	1204	1316	1460	1529	1439	1411	1538	1679	1812	2026
西藏	24	28	31	34	41	49	58	69	78	82
陕西	982	1067	1152	1226	1222	1357	1495	1594	1683	1741
甘肃	923	995	1073	1095	1099	1065	1164	1290	1288	1376
青海	561	602	676	723	658	638	687	738	716	742
宁夏	725	742	811	849	878	887	978	1065	1084	1038
新疆	839	1152	1540	1900	2160	2316	2543	2686	2868	2998

资料来源：2011~2017年数据来自中国电力企业联合会历年《电力工业统计资料汇编》；2018~2019年数据来自《中国统计年鉴2020》；2020年数据来自《中国统计摘要2021》。

表29-31　分行业用电量

单位：亿千瓦·时

年份 行业	2011	2012	2013	2014	2015	2016	2017	2018	2019	2020
第一产业	1013	1013	1027	1013	1040	1092	1175	747	779	859
第二产业	35263	36841	39912	41524	42249	43815	45749	48123	49595	51215
其中：工业	34692	36232	39237	40803	41550	43089	44960	47343	48705	50297
1. 纺织业	1379	1449	1533	1541	1562	1593	1685	1638	1649	—
2. 化学原料及化学制品制造业	3528	3936	4341	4628	4754	4875	5122	4549	4506	—

· 1149 ·

续表

行业\年份	2011	2012	2013	2014	2015	2016	2017	2018	2019	2020
3. 非金属矿物制品业	2918	2951	3148	3324	3105	3188	3305	3512	3761	—
4. 黑色金属冶炼及压延加工业	5248	5221	5704	5796	5333	5282	5261	5434	5682	—
5. 有色金属冶炼及压延加工业	3502	3819	4114	4399	5505	5763	6003	6273	6215	—
6. 金属制品业	959	1038	1213	1303	1264	1371	1448	2275	2345	—
7. 通用及专用设备制造业	1076	1088	1155	1235	1205	1247	1338	1255	1306	—
8. 交通运输、电气、电子设备制造业	2184	2198	2344	2467	2597	2750	2912	3865	4163	—
9. 电力、热力生产和供应业	6512	6567	7184	7291	7435	7977	8293	8596	8807	—
第三产业	5105	5691	6275	6670	7166	7970	8825	10839	11861	12087
居民生活	5620	6219	6989	7176	7565	8421	9072	9697	10250	10949

资料来源：2011~2017年数据来自国家统计局《中国统计年鉴2020》；2018~2019年数据来自中国电力企业联合会《中国电力统计年鉴2020》；2020年数据来自国家能源局2020年全国电力工业统计数据。

表29-32 分行业用电结构

单位：%

行业\年份	2011	2012	2013	2014	2015	2016	2017	2018	2019	2020
第一产业	2.2	2.0	1.9	1.8	1.8	1.8	1.8	1.1	1.1	1.1
第二产业	75.0	74.0	73.6	73.6	72.8	71.5	70.6	69.3	68.1	68.2
其中：工业	73.8	72.8	72.4	72.4	71.6	70.3	69.4	68.2	66.9	67.0
1. 纺织业	2.9	2.9	2.8	2.7	2.7	2.6	2.6	2.4	2.3	—
2. 化学原料和化学制品制造业	7.5	7.9	8.0	8.2	8.2	8.0	7.9	6.6	6.2	—
3. 非金属矿物制品业	6.2	5.9	5.8	5.9	5.4	5.2	5.1	5.1	5.2	—
4. 黑色金属冶炼和压延加工业	11.2	10.5	10.5	10.3	9.2	8.6	8.1	7.8	7.8	—
5. 有色金属冶炼和压延加工业	7.5	7.7	7.6	7.8	9.5	9.4	9.3	9.0	8.5	—
6. 金属制品业	2.0	2.1	2.2	2.3	2.2	2.2	2.2	3.3	3.2	—
7. 通用及专用设备制造业	2.3	2.2	2.1	2.2	2.1	2.0	2.1	1.8	1.8	—
8. 交通运输、电气、电子设备制造业	4.6	4.4	4.3	4.4	4.5	4.5	4.5	5.6	5.7	—
9. 电力、热力生产和供应业	13.9	13.2	13.3	12.9	12.8	13.0	12.8	12.4	12.1	—
第三产业	10.9	11.4	11.6	11.8	12.4	13.0	13.6	15.6	16.3	16.1
居民生活	12.0	12.5	12.9	12.7	13.0	13.7	14.0	14.0	14.1	14.6

资料来源：根据表29-31数据计算得到。

表 29-33 终端电力消费结构国际比较

单位：%

国家/地区 \ 行业	农、林、渔业	工业	交通运输业	商业与公共服务	生活	其他
世界	3.1	42.0	1.7	21.5	26.9	4.8
OECD 成员国	1.6	31.7	1.2	31.5	31.1	2.9
非 OECD 成员国	4.2	49.9	2.2	13.8	23.7	6.3
中国	2.1	61.6	2.3	7.4	16.4	10.2
美国	1.2	19.8	0.3	35.2	37.5	6.1
印度	17.6	40.6	1.5	9.2	25.6	5.4
俄罗斯	2.4	44.8	10.8	20.0	21.9	0.0
日本	0.3	36.4	1.8	33.8	27.6	0.0
巴西	6.0	39.5	0.6	26.8	27.1	0.0
德国	1.0	44.9	2.4	26.7	25.0	0.0
加拿大	2.0	35.1	1.5	28.5	32.9	0.0
韩国	2.6	52.5	0.6	31.1	12.7	0.5
法国	1.9	28.1	2.4	31.5	36.0	0.2
英国	1.1	31.1	1.7	30.8	35.0	0.4
沙特阿拉伯	1.6	14.5	0.0	41.4	42.3	0.2
意大利	1.9	39.6	3.9	32.2	22.2	0.1
墨西哥	4.4	52.8	0.4	8.9	22.3	11.2
伊朗	14.6	34.1	0.2	16.4	32.8	1.9
土耳其	3.6	44.9	0.5	29.6	21.4	0.1
西班牙	2.1	33.0	1.7	31.2	31.5	0.5
澳大利亚	1.0	35.6	2.8	32.9	27.8	0.0
南非	3.0	52.7	1.5	18.3	24.1	0.4

注：本表数据为 2018 年数据。

资料来源：IEA，*World Energy Statistics*（2020 edition）。

表 29-34 各地区分行业终端用电结构

单位：%

地区 \ 行业	第一产业	第二产业	其中：工业	第三产业	居民生活
北京	0.8	27.9	25.6	49.7	21.6
天津	1.7	64.9	63.4	20.4	13.0
河北	1.4	67.5	66.5	17.5	13.6
山西	0.8	77.2	76.2	12.6	9.4
内蒙古	0.6	87.7	87.3	7.9	3.9

续表

地区\行业	第一产业	第二产业	其中：工业	第三产业	居民生活
辽宁	1.6	71.6	70.8	15.0	11.8
吉林	1.6	60.2	59.0	21.8	16.4
黑龙江	2.6	60.0	58.9	19.1	18.3
上海	0.3	48.6	47.7	35.4	15.6
江苏	0.8	72.0	71.1	14.9	12.3
浙江	0.4	70.7	68.9	15.2	13.6
安徽	1.1	65.1	63.4	16.6	17.2
福建	1.5	64.0	62.6	15.2	19.3
江西	0.5	63.5	62.0	17.3	18.7
山东	1.4	76.0	75.1	11.4	11.2
河南	1.3	64.2	62.9	16.3	18.2
湖北	1.0	60.8	59.2	18.5	19.7
湖南	0.9	53.0	51.5	18.8	27.3
广东	1.7	61.5	60.8	20.6	16.1
广西	1.4	65.9	64.7	13.2	19.4
海南	4.4	40.9	38.2	35.6	19.1
重庆	0.3	60.4	58.4	21.7	17.6
四川	0.5	63.6	62.1	17.5	18.4
贵州	0.6	65.8	63.7	11.6	22.0
云南	0.9	72.1	69.2	13.4	13.5
陕西	0.9	67.6	65.9	17.8	13.7
甘肃	0.6	75.7	74.6	15.2	8.4
青海	0.2	89.1	88.4	6.1	4.6
宁夏	0.6	90.2	89.8	6.3	2.9
新疆	1.4	82.9	82.1	11.7	4.0

注：本表数据为2019年数据。

资料来源：根据中国电力企业联合会《中国电力统计年鉴2020》相关数据计算得到。

六、能源效率

（一）综合能源消费

如表29-35～表29-37所示。

表 29-35　万元国内生产总值能源消费量

年份	单位GDP能耗 绝对额（吨标准煤/万元）	单位GDP能耗 增速（%）	单位能耗创造的GDP 绝对额（元/吨标准煤）	单位能耗创造的GDP 增速（%）
GDP按2000年可比价格计算				
2000	1.47	—	6803	—
2001	1.43	-2.7	6993	2.8
2002	1.43	0.0	6993	0.0
2003	1.51	5.6	6623	-5.3
2004	1.60	6.0	6250	-5.6
2005	1.63	1.9	6135	-1.8
GDP按2005年可比价格计算				
2005	1.40	—	7143	—
2006	1.36	-2.9	7353	2.9
2007	1.29	-5.1	7752	5.4
2008	1.21	-6.2	8264	6.6
2009	1.16	-4.1	8621	4.3
2010	1.13	-2.6	8850	2.7
GDP按2010年可比价格计算				
2010	0.88	—	11364	—
2011	0.86	-2.3	11628	2.3
2012	0.83	-3.5	12048	3.6
2013	0.79	-4.8	12658	5.1
2014	0.76	-3.8	13158	4.0
2015	0.72	-5.3	13889	5.6
GDP按2015年可比价格计算				
2015	0.63	—	15873	—
2016	0.60	-4.8	16667	5.0
2017	0.58	-3.3	17241	3.4
2018	0.56	-3.5	17857	3.6
2019	0.55	-1.8	18182	1.8

资料来源：根据国家统计局《中国能源统计年鉴2020》相关数据计算得到。

表 29-36　单位GDP能耗国际比较

TPES/GDP 国家/地区	按汇率计算 吨标准油/万美元	按汇率计算 吨标准煤/万美元	按购买力平价计算 吨标准油/万美元	按购买力平价计算 吨标准煤/万美元
世界	1.6	2.3	1.0	1.5
OECD成员国	1.0	1.5	0.9	1.3

续表

国家/地区	TPES/GDP 按汇率计算 吨标准油/万美元	吨标准煤/万美元	按购买力平价计算 吨标准油/万美元	吨标准煤/万美元
非OECD成员国	2.5	3.5	1.2	1.7
美国	1.1	1.5	1.0	1.5
欧盟	1.1	1.5	0.8	1.1
中国	2.4	3.4	1.4	2.1
日本	0.9	1.3	0.8	1.1
德国	0.8	1.2	0.7	0.9
印度	2.8	4.0	0.9	1.2
英国	0.7	0.9	0.6	0.8
法国	0.9	1.2	0.7	1.0
意大利	0.8	1.1	0.6	0.8
巴西	1.6	2.3	0.9	1.4
加拿大	2.0	2.8	1.8	2.5
俄罗斯	4.2	6.0	1.7	2.5
韩国	1.8	2.6	1.3	1.9
西班牙	1.0	1.4	0.7	1.0
澳大利亚	1.1	1.6	1.2	1.7
墨西哥	1.5	2.1	0.7	1.0
印度尼西亚	1.9	2.7	0.7	0.9

注：本表数据为2019年数据；按汇率计算GDP为2019年现价美元；按购买力平价计算GDP为2019年现价国际元。

资料来源：根据 BP Statistical Review of World Energy 2020: A Pivotal Moment 的能源消费量数据及世界银行的GDP数据计算得到。

表29-37 分地区能耗强度

单位：吨标准煤/万元

地区 年份	2011	2012	2013	2014	2015	2016	2017	2018	2019
全国	0.72	0.67	0.71	0.66	0.63	0.59	0.55	0.52	0.50
北京	0.43	0.40	0.34	0.32	0.30	0.27	0.25	0.24	0.21
天津	0.67	0.64	0.55	0.52	0.50	0.46	0.43	0.42	0.58
河北	1.20	1.14	1.04	1.00	0.99	0.93	0.89	0.89	0.93
山西	1.63	1.6	1.56	1.56	1.52	1.49	1.29	1.20	1.23
内蒙古	1.30	1.25	1.05	1.03	1.06	1.07	1.24	1.33	1.47
辽宁	1.02	0.95	0.80	0.76	0.76	0.95	0.92	0.88	0.89
吉林	0.86	0.79	0.66	0.62	0.58	0.54	0.54	0.46	0.61
黑龙江	0.96	0.93	0.82	0.79	0.80	0.75	0.79	0.70	0.85
上海	0.59	0.56	0.52	0.47	0.45	0.42	0.39	0.35	0.31

续表

年份 地区	2011	2012	2013	2014	2015	2016	2017	2018	2019
江苏	0.56	0.53	0.49	0.46	0.43	0.40	0.37	0.34	0.33
浙江	0.55	0.52	0.49	0.47	0.46	0.43	0.41	0.39	0.36
安徽	0.69	0.66	0.61	0.58	0.56	0.52	0.48	0.44	0.37
福建	0.61	0.57	0.51	0.50	0.47	0.43	0.40	0.37	0.32
江西	0.59	0.56	0.53	0.51	0.50	0.47	0.45	0.42	0.39
山东	0.82	0.78	0.64	0.61	0.60	0.57	0.53	0.53	0.58
河南	0.86	0.80	0.68	0.66	0.63	0.57	0.51	0.47	0.41
湖北	0.84	0.79	0.63	0.60	0.56	0.52	0.48	0.42	0.38
湖南	0.82	0.76	0.61	0.57	0.54	0.50	0.48	0.43	0.27
广东	0.54	0.51	0.46	0.44	0.41	0.39	0.36	0.34	0.32
广西	0.73	0.70	0.63	0.61	0.58	0.55	0.56	0.53	0.53
海南	0.63	0.59	0.54	0.52	0.52	0.49	0.47	0.45	0.43
重庆	0.88	0.81	0.63	0.60	0.57	0.52	0.49	0.42	0.33
四川	0.94	0.86	0.73	0.70	0.66	0.62	0.56	0.49	0.45
贵州	1.59	1.44	1.15	1.05	0.95	0.87	0.77	0.68	0.62
云南	1.07	1.01	0.85	0.82	0.76	0.72	0.68	0.65	0.52
陕西	0.78	0.74	0.65	0.63	0.65	0.62	0.57	0.53	0.52
甘肃	1.29	1.24	1.15	1.10	1.11	1.02	1.01	0.95	0.49
青海	1.91	1.86	1.78	1.73	1.71	1.60	1.60	1.52	1.43
宁夏	2.05	1.95	1.85	1.80	1.86	1.76	1.88	1.92	2.04
新疆	1.40	1.58	1.61	1.61	1.68	1.69	1.60	1.45	1.36

注：GDP按现价计算；标准量折算采用发电煤耗计算法。

资料来源：能源消费量数据来自国家统计局历年《中国能源统计年鉴》；分地区GDP数据来自国家统计局历年《中国统计年鉴》。

（二）电力效率

如表29-38~表29-40所示。

表29-38 单位GDP用电量

指标 年份	单位GDP用电量 （千瓦·时/万元）	单位用电量创造的GDP （元/千瓦·时）
GDP按2000年可比价格计算		
2000	1343	7.40
2001	1348	7.42

续表

指标 年份	单位 GDP 用电量 （千瓦·时/万元）	单位用电量创造的 GDP （元/千瓦·时）
2002	1344	7.44
2003	1394	7.17
2004	1395	7.17
2005	1351	7.40
GDP 按 2005 年可比价格计算		
2005	1332	7.51
2006	1291	7.74
2007	1238	8.07
2008	1113	8.98
2009	1026	9.75
2010	1037	9.64
GDP 按 2010 年可比价格计算		
2010	1022	9.79
2011	992	10.08
2012	920	10.87
2013	915	10.92
2014	886	11.28
2015	831	12.04
GDP 按 2015 年可比价格计算		
2015	842	11.87
2016	825	12.12
2017	794	12.60
2018	783	12.77
2019	770	12.98
2020	747	13.38

资料来源：用电量数据来自表 29-28，CPI、GDP 数据来自国家统计局历年《中国统计年鉴》。

表 29-39　单位 GDP 用电量国际比较

单位：千瓦·时/美元

年份 国家/地区	2011	2012	2013	2014	2015	2016	2017	2018
世界	0.302	0.301	0.304	0.299	0.297	0.299	0.320	0.286
OECD 成员国	0.226	0.223	0.221	0.214	0.210	0.208	0.215	0.200
非 OECD 成员国	0.456	0.454	0.459	0.456	0.455	0.463	0.505	0.425
中国	0.574	0.539	0.525	0.502	0.049	0.515	0.502	0.483

续表

年份 国家/地区	2011	2012	2013	2014	2015	2016	2017	2018
俄罗斯	0.583	0.576	0.563	0.530	0.551	0.595	0.639	0.599
南非	0.613	0.583	0.568	0.556	0.547	0.537	0.583	0.621
印度	0.478	0.478	0.478	0.495	0.491	0.493	0.576	0.483
韩国	0.446	0.446	0.438	0.432	0.422	0.417	0.401	0.332
加拿大	0.323	0.314	0.319	0.318	0.303	0.325	0.319	0.333
美国	0.272	0.262	0.261	0.256	0.249	0.245	0.250	0.208
巴西	0.209	0.213	0.214	0.219	0.224	0.231	0.273	0.286
墨西哥	0.235	0.233	0.221	0.221	0.223	0.223	0.251	0.237
土耳其	0.249	0.255	0.247	0.214	0.211	0.217	0.246	0.350
西班牙	0.185	0.189	0.186	0.182	0.180	0.175	0.189	0.183
法国	0.175	0.179	0.179	0.168	0.169	0.170	0.182	0.172
日本	0.189	0.183	0.180	0.172	0.167	0.167	0.174	0.204
澳大利亚	0.177	0.172	0.168	0.164	0.160	0.160	0.187	0.173
德国	0.165	0.164	0.163	0.157	0.155	0.151	0.155	0.143
意大利	0.153	0.155	0.152	0.149	0.150	0.148	0.157	0.151
英国	0.141	0.140	0.137	0.126	0.123	0.120	0.124	0.114

注：GDP 按汇率法计算，以 2010 年美元为不变价。

资料来源：2011~2016 年数据来自 IEA，*World Indicators*；2017~2018 年用电量数据来自 IEA，GDP 数据来自世界银行。

表 29-40　分地区单位 GDP 用电量

单位：千瓦·时/万元

年份 地区	2011	2012	2013	2014	2015	2016	2017	2018	2019	2020
北京	506	489	461	439	414	397	381	377	330	316
天津	615	560	536	505	484	452	435	458	623	621
河北	1218	1158	1143	1126	1066	1018	1012	1018	1098	1087
山西	1468	1458	1446	1429	1361	1380	1282	1285	1329	1327
内蒙古	1298	1270	1290	1360	1426	1437	1797	1939	2122	2247
辽宁	838	765	738	712	692	916	912	909	964	965
吉林	596	534	501	484	464	452	470	498	665	654
黑龙江	637	605	585	571	576	583	584	595	732	740
上海	698	670	647	581	560	527	498	480	411	407
江苏	872	847	830	770	730	705	676	662	629	621
浙江	964	926	915	873	829	820	810	807	755	748
安徽	798	791	795	760	745	735	711	712	620	628

续表

地区\年份	2011	2012	2013	2014	2015	2016	2017	2018	2019	2020
福建	863	802	778	772	713	683	657	646	567	566
江西	714	670	657	648	650	639	647	650	620	633
山东	801	759	739	711	812	793	748	774	875	949
河南	987	928	901	836	778	739	711	711	620	617
湖北	739	678	657	605	563	540	527	526	483	494
湖南	657	608	578	529	501	474	467	479	469	462
广东	827	809	773	772	729	694	664	650	622	625
广西	949	885	857	835	794	742	780	837	898	914
海南	733	739	730	720	735	708	683	677	669	654
重庆	716	635	636	608	557	521	513	550	491	475
四川	833	767	738	706	663	638	596	605	565	590
贵州	1656	1528	1392	1267	1118	1055	1023	1001	919	890
云南	1354	1276	1234	1193	1057	954	939	939	780	826
西藏	396	399	380	369	399	426	442	467	459	431
陕西	785	738	711	693	678	699	683	652	652	665
甘肃	1839	1761	1695	1602	1618	1479	1560	1564	1477	1526
青海	3358	3179	3186	3139	2722	2480	2617	2576	2414	2468
宁夏	3449	3169	3146	3085	3015	2799	2840	2874	2892	2648
新疆	1269	1535	1824	2049	2316	2400	2337	2202	2109	2173

注：GDP按现价计算。

资料来源：2011~2018年用电量数据来自中国电力企业联合会历年《电力工业统计资料汇编》；2011~2018年分地区GDP数据来自国家统计局历年《中国统计年鉴》；2019年用电量、GDP数据来自《中国统计年鉴2020》；2020年用电量、GDP数据来自《中国统计摘要2021》。

第三十章 能源投资与资源

一、能源投资

如表 30-1~表 30-11 所示。

表 30-1 能源工业分行业投资

单位：亿元

行业 年份	能源工业投资总额	煤炭开采和洗选业	石油和天然气开采业	电力、蒸汽、热水生产和供应业	石油加工及炼焦业	煤气生产和供应业	能源工业投资额占全社会固定资产投资总额比重（%）
2000	3991	211	789	2744	173	74	12.1
2001	3819	222	810	2468	242	77	10.3
2002	4262	301	815	2823	236	87	9.8
2003	5660	436	946	3804	322	152	9.9
2004	7714	690	1112	5064	638	210	10.6
2005	10206	1163	1464	6503	801	275	11.5
2006	11825	1459	1822	7274	939	331	10.8
2007	13699	1805	2225	7907	1415	347	10.0
2008	16346	2399	2675	9024	1828	420	9.5
2009	19478	3057	2791	11139	1840	651	8.7
2010	21627	3785	2928	11915	2035	964	8.6
2011	23046	4907	3022	11603	2268	1244	7.4
2012	25500	5370	3077	12948	2500	1605	6.8
2013	29009	5213	3821	14726	3039	2210	6.5
2014	31514	4684	3948	17432	3208	2242	6.2
2015	32562	4007	3425	20260	2539	2331	5.8
2016	32838	3038	2331	22638	2696	2135	5.4
2017	32259	2648	2649	22055	2677	2230	5.0

续表

行业\年份	能源工业投资总额	煤炭开采和洗选业	石油和天然气开采业	电力、蒸汽、热水生产和供应业	石油加工及炼焦业	煤气生产和供应业	能源工业投资额占全社会固定资产投资总额比重（%）
2018	30097	2805	2630	19342	2947	2373	5.4
2019	33118	3759	3127	20483	2835	2914	6.2

注：本表为国有经济固定资产投资。

资料来源：2000~2019年能源工业投资额根据国家统计局历年《中国能源统计年鉴》能源工业投资额增速计算得到；全社会固定资产投资总额数据来自国家统计局历年《中国统计年鉴》。

表30-2 能源工业分行业投资构成

单位：%

行业\年份	煤炭开采和洗选业	石油和天然气开采业	电力、蒸汽、热水生产和供应业	石油加工及炼焦业	煤气生产和供应业
2000	5.3	19.8	68.8	4.3	1.9
2001	5.8	21.2	64.6	6.3	2.0
2002	7.1	19.1	66.2	5.5	2.0
2003	7.9	17.2	69.1	5.9	2.8
2004	9.2	14.8	67.5	8.5	2.8
2005	11.4	14.3	63.7	7.9	2.7
2006	12.3	15.4	61.5	7.9	2.8
2007	13.2	16.2	57.7	10.3	2.5
2008	14.7	16.4	55.2	11.2	2.6
2009	15.7	14.3	57.2	9.5	3.3
2010	17.5	13.5	55.1	9.4	4.5
2011	21.3	13.1	50.4	9.8	5.4
2012	21.1	12.1	50.8	9.8	6.3
2013	18.0	13.2	50.8	10.5	7.6
2014	14.9	12.5	55.3	10.2	7.1
2015	12.3	10.5	62.2	7.8	7.2
2016	9.3	7.1	68.9	8.2	6.5
2017	8.2	8.2	68.4	8.3	6.9
2018	9.3	8.7	64.3	9.8	7.9
2019	11.5	9.6	62.6	8.7	8.9

资料来源：根据表30-1数据计算得到。

表 30-3 电力工程建设完成投资额

单位：亿元

年份	电力工程	电源	电网
2000	—	642	—
2001	—	593	—
2002	—	677	—
2003	—	1880	—
2004	3285	2048	1237
2005	4754	3228	1526
2006	5288	3195	2093
2007	5677	3226	2451
2008	6302	3407	2895
2009	7702	3803	3898
2010	7417	3969	3448
2011	7614	3927	3687
2012	7393	3732	3661
2013	7728	3872	3856
2014	7805	3686	4119
2015	8576	3936	4640
2016	8840	3408	5431
2017	8239	2900	5339
2018	8161	2787	5374
2019	8295	3283	5012

资料来源：2000~2018年数据来自中国电力企业联合会历年《电力工业统计资料汇编》；2019年数据来自中国电力企业联合会《中国电力统计年鉴2020》。

表 30-4 分地区能源工业投资

单位：亿元

地区 \ 年份	2011	2012	2013	2014	2015	2016	2017	2018	2019
北京	141	192	230	258	181	223	418	222	270
天津	431	447	591	596	591	422	493	588	705
河北	963	1051	1202	1296	1643	2053	2170	2528	1969
山西	1919	2113	2098	2313	2582	2121	1182	1251	1180
内蒙古	1903	1827	2331	2887	2133	2232	2011	1762	2097
辽宁	960	1059	1094	970	701	451	769	738	988
吉林	616	739	663	758	785	736	683	604	451

续表

年份 地区	2011	2012	2013	2014	2015	2016	2017	2018	2019
黑龙江	983	1113	991	835	680	625	735	774	697
上海	145	160	143	165	145	163	158	165	127
江苏	598	840	908	1019	1455	1584	1570	1185	1083
浙江	529	623	756	881	919	998	1030	813	741
安徽	481	624	606	614	757	910	1081	824	634
福建	630	728	877	946	862	1010	949	841	1171
江西	331	298	350	368	464	710	623	470	485
山东	1133	1275	1559	2047	2332	2950	3383	2666	3058
河南	827	785	868	764	1154	1662	1922	1834	2259
湖北	518	491	511	510	643	760	928	885	988
湖南	601	607	677	774	733	744	828	982	1243
广东	891	999	1147	1310	1282	1349	1540	1619	1706
广西	421	473	560	560	662	811	810	675	1156
海南	101	124	127	167	127	115	106	192	222
重庆	343	483	575	680	633	463	393	328	320
四川	1315	1427	1429	1574	1603	1660	1563	1479	1648
贵州	704	513	586	584	622	648	537	592	1128
云南	891	1086	1184	1073	1364	1005	689	777	1105
西藏	64	90	167	229	154	189	285	228	184
陕西	1235	1343	1786	1676	1697	1803	1799	1835	1679
甘肃	638	851	1094	1138	826	683	357	320	524
青海	232	295	397	429	511	497	410	524	955
宁夏	414	422	439	606	786	673	549	540	792
新疆	1233	1491	2101	2603	2998	1886	1344	1361	1218

资料来源：2011~2017年数据来自国家统计局《中国能源统计年鉴2019》，2018~2019年数据由国家统计局《中国能源统计年鉴2020》增速计算得到。

表30-5　分地区煤炭采选业投资

单位：亿元

年份 地区	2011	2012	2013	2014	2015	2016	2017	2018	2019
北京	2.7	—	2.4	1.3	0.1	—	—	—	—
天津	3.7	—	—	—	—	0.7	0.7	3.0	—

续表

年份 地区	2011	2012	2013	2014	2015	2016	2017	2018	2019
河北	135.0	164.2	143.5	127.1	111.9	51.3	45.0	47.0	59.3
山西	1240.2	1352.2	1158.0	1078.1	1047.0	769.2	374.9	399.0	486.0
内蒙古	588.7	674.4	852.2	863.8	509.0	452.8	590.0	385.0	560.9
辽宁	62.4	72.3	50.1	50.0	24.8	7.9	5.5	6.0	6.5
吉林	88.1	97.7	56.3	40.1	45.6	57.8	24.8	33.0	18.7
黑龙江	171.7	207.9	193.2	101.1	96.8	82.2	98.4	131.0	125.6
上海	—	—	—	—	—	—	—	—	—
江苏	13.9	17.9	5.6	15.7	3.8	14.0	7.6	8.0	—
浙江	—	0.2	0.2	0.6	0.1	0.1	0.1	0.0	—
安徽	142.0	206.0	145.9	126.3	110.5	50.2	50.1	68.0	62.7
福建	43.7	62.2	90.2	75.0	107.8	50.3	18.3	56.0	—
江西	78.6	64.8	49.6	47.7	29.2	32.8	24.0	12.0	4.6
山东	93.6	79.4	59.9	77.4	75.9	78.7	89.9	49.0	76.4
河南	296.1	247.6	187.3	145.5	100.0	67.4	124.4	103.0	463.5
湖北	45.6	45.9	51.2	39.7	32.0	22.6	17.1	5.0	9.7
湖南	182.1	223.0	241.7	252.5	192.8	166.9	119.0	137.0	—
广东	0.5	—	—	0.6	—	0.3	—	—	—
广西	21.5	25.2	14.6	12.7	10.1	4.8	3.9	2.0	—
海南	—	—	—	2.3	—	—	—	—	—
重庆	89.8	92.0	99.3	81.1	67.8	31.8	14.2	7.0	2.3
四川	252.5	261.1	186.7	174.5	161.4	111.0	92.7	169.0	281.0
贵州	360.0	229.1	248.9	174.5	257.1	329.8	195.7	456.0	1223.4
云南	106.4	175.8	227.3	167.2	204.9	155.4	158.8	141.0	253.9
西藏	—	0.2	0.7	0.0	—	0.0	0.1	—	—
陕西	507.1	593.2	582.4	462.1	381.0	281.2	335.4	358.0	627.6
甘肃	111.9	138.5	168.3	117.1	87.0	43.6	28.8	46.0	37.1
青海	14.4	23.8	34.3	41.2	33.7	16.5	11.3	5.0	—
宁夏	119.8	143.8	159.3	155.4	72.5	25.1	131.2	141.0	130.3
新疆	135.3	171.9	203.5	253.9	243.4	133.1	86.5	1466.0	2838.2

资料来源：2011~2017年数据来自国家统计局《中国能源统计年鉴2019》，2018~2019年数据由国家统计局《中国能源统计年鉴2020》增速计算得到。

表30-6 分地区石油和天然气开采业投资

单位：亿元

地区\年份	2011	2012	2013	2014	2015	2016	2017	2018	2019
北京	0.1	—	1.1	0.6	—	—	—	—	—
天津	219.8	172.0	286.6	303.8	261.7	101.1	169.6	230.7	340.3
河北	36.8	26.8	39.7	40.7	33.6	30.7	19.0	15.4	23.3
山西	65.7	88.3	111.6	140.6	124.1	63.0	32.1	38.7	60.0
内蒙古	96.5	53.6	141.3	159.1	42.6	115.6	111.5	50.8	110.9
辽宁	110.4	90.7	131.5	96.0	85.0	47.8	94.3	83.2	90.9
吉林	160.1	228.4	177.9	253.7	295.1	173.5	159.0	127.2	135.8
黑龙江	350.3	312.5	338.9	307.0	271.8	200.9	232.1	187.5	229.7
上海	0.6	—	—	—	—	—	—	—	—
江苏	15.0	28.2	32.1	35.9	44.3	17.3	27.1	19.5	3.8
浙江	—	—	—	—	—	0.2	—	—	—
安徽	1.0	0.7	2.0	3.4	0.9	0.6	0.8	—	—
福建	—	—	—	11.9	—	—	—	—	—
江西	—	—	—	—	—	—	—	—	—
山东	289.6	283.6	289.1	298.9	307.9	133.3	157.9	191.1	228.2
河南	59.0	59.5	50.3	42.1	31.5	15.7	19.0	15.8	25.4
湖北	4.5	0.6	3.2	0.8	1.1	5.1	6.8	17.0	19.4
湖南	2.1	—	0.3	—	1.1	—	0.4	0.0	—
广东	30.9	28.1	89.2	135.5	23.7	42.5	63.9	84.7	104.9
广西	4.9	0.4	1.9	2.2	4.9	1.5	2.7	3.8	0.0
海南	11.4	3.0	3.3	5.7	1.4	4.8	5.8	38.6	44.0
重庆	23.5	12.2	33.0	115.0	138.9	75.6	58.4	39.0	66.3
四川	—	6.2	13.5	14.3	129.8	92.0	145.4	243.5	286.4
贵州	1.1	—	—	—	1.4	16.0	34.5	21.3	30.2
云南	0.2	—	—	—	—	—	—	—	—
西藏	—	—	—	—	—	0.3	0.2	—	—
陕西	301.2	299.5	502.8	394.3	473.7	274.5	238.5	365.9	448.6
甘肃	21.0	75.2	115.7	121.2	67.1	25.8	12.1	8.4	22.0
青海	34.5	39.9	62.3	59.8	49.3	48.6	47.3	57.9	64.3
宁夏	1.0	0.9	8.0	4.5	14.3	2.1	1.5	—	—
新疆	431.4	440.5	525.3	605.6	543.1	357.5	402.8	491.0	646.6

资料来源：2011~2017年数据来自国家统计局《中国能源统计年鉴2019》，2018~2019年数据由国家统计局《中国能源统计年鉴2020》增速计算得到。

表30-7 分地区石油加工及炼焦业投资

单位：亿元

地区\年份	2011	2012	2013	2014	2015	2016	2017	2018	2019
北京	6.7	8.7	11.4	4.2	1.0	1.7	3.6	5.1	6.7
天津	14.5	26.5	34.2	41.0	20.8	27.0	17.3	38.4	55.8
河北	137.0	215.2	309.0	250.1	170.4	278.8	375.4	477.9	369.4
山西	98.4	101.8	197.1	170.2	135.1	110.9	44.8	52.6	130.6
内蒙古	158.9	126.1	204.6	228.3	99.8	84.9	104.3	62.3	126.2
辽宁	189.6	230.8	216.1	179.2	146.1	140.7	174.1	204.9	337.5
吉林	21.6	30.6	20.6	30.0	17.8	51.9	32.2	55.3	36.1
黑龙江	126.7	105.8	63.8	32.1	24.4	31.6	33.5	98.3	197.5
上海	26.6	36.9	3.3	7.1	4.5	4.3	13.3	6.0	17.1
江苏	72.4	117.0	103.3	134.5	160.1	147.1	121.6	103.8	153.2
浙江	22.4	24.4	47.4	75.8	90.3	88.1	82.7	66.9	56.8
安徽	68.5	59.7	30.8	30.8	29.4	35.4	30.0	49.7	66.9
福建	111.3	146.3	173.2	85.0	61.1	67.9	118.2	146.7	203.8
江西	29.3	26.1	62.4	41.8	16.8	24.4	29.8	33.6	45.5
山东	201.6	287.3	362.0	529.3	441.7	490.4	542.2	456.0	278.2
河南	96.3	77.1	69.1	59.2	99.8	88.4	95.8	106.3	131.9
湖北	129.4	116.0	85.0	54.8	67.0	36.3	51.1	79.9	66.2
湖南	33.1	19.0	23.1	22.4	30.4	25.7	17.5	71.1	130.5
广东	75.5	116.7	143.8	218.2	258.7	270.1	242.9	242.9	275.9
广西	67.7	55.9	85.2	49.2	48.9	27.4	57.7	102.5	168.3
海南	1.1	29.3	33.7	38.4	30.3	17.7	12.1	7.2	12.9
重庆	7.4	65.5	70.4	147.8	65.9	18.2	8.5	5.2	3.6
四川	101.8	43.4	42.6	46.9	48.8	61.8	78.8	45.9	51.1
贵州	38.1	39.3	30.2	13.8	7.5	5.1	5.3	50.1	47.5
云南	29.1	29.5	73.3	97.8	83.9	76.5	9.8	16.0	33.6
西藏	—	0.2	—	1.2	0.2	2.3	0.6	0.1	0.0
陕西	158.8	129.9	211.1	184.6	135.5	203.3	221.6	265	242.5
甘肃	48.6	31.0	79.4	61.3	18.8	32.3	14.4	27.0	31.3
青海	7.0	1.3	3.2	4.8	0.9	5.2	2.5	0.4	2.3
宁夏	61.0	57.0	38.5	24.8	21.4	28.1	47.7	208.7	174.3
新疆	128.1	146.1	211.5	344.0	201.2	212.8	88.0	101.2	88.2

资料来源：2011~2017年数据来自国家统计局《中国能源统计年鉴2019》，2018~2019年数据由国家统计局《中国能源统计年鉴2020》增速计算得到。

表30-8 分地区煤气生产和供应业投资

单位：亿元

地区\年份	2011	2012	2013	2014	2015	2016	2017	2018	2019
北京	17.0	23.9	38.1	21.3	11.3	33.1	69.9	99.5	60.0
天津	18.1	22.8	44.3	65.4	59.0	31.9	29.0	64.4	50.2
河北	56.3	87.3	117.1	122.1	221.9	216.1	322.5	410.5	536.9
山西	51.9	69.3	80.3	95.9	149.9	173.9	67.1	78.7	100.3
内蒙古	194.5	186.3	192.4	178.8	93.9	72.5	129.6	77.4	107.3
辽宁	99.5	163.6	173.7	97.2	69.5	11.0	16.5	19.4	16.2
吉林	37.3	37.1	59.5	83.3	67.3	69.0	71.9	123.5	77.6
黑龙江	55.5	59.7	54.2	53.4	34.9	48.7	35.7	104.8	118.3
上海	12.4	11.9	22.7	12.8	8.1	12.1	4.9	2.2	6.1
江苏	64.2	57.6	52.3	72.2	75.8	77.9	92.2	78.7	76.3
浙江	33.3	57.3	66.2	64.8	52.7	82.9	54.2	43.8	53.4
安徽	29.1	32.4	50.2	48.7	40.3	46.9	43.9	72.8	116.2
福建	18.7	20.7	47.8	89.6	63.5	45.5	40.2	49.9	68.1
江西	40.8	43.3	73.8	26.6	48.0	55.2	35.6	40.2	58.4
山东	61.0	88.7	104.1	125.0	173.1	122.6	158.0	132.9	125.7
河南	61.5	90.2	118.7	127.9	212.0	151.3	178.7	198.4	322.8
湖北	29.4	36.9	50.1	69.6	59.6	81.3	87.1	136.1	126.6
湖南	44.5	43.4	48.5	67.8	75.0	70.4	83.5	339.1	608.3
广东	49.6	76.0	90.7	89.0	85.5	71.6	73.1	73.1	119.0
广西	15.3	64.7	111.1	77.1	102.4	101.9	48.6	86.4	98.5
海南	8.6	11.2	15.2	27.3	13.0	0.6	2.3	1.4	6.2
重庆	20.7	31.2	83.5	63.8	91.9	68.8	84.4	51.5	65.5
四川	75.0	71.0	82.8	102.5	151.7	170.5	175.9	102.5	87.0
贵州	13.1	18.5	21.3	24.8	16.9	29.6	19.9	188.3	322.2
云南	9.2	17.7	39.0	26.7	42.5	44.6	53.0	86.5	109.1
西藏	0.8	2.0	43.5	49.3	1.1	2.6	0.9	0.2	0.0
陕西	33.9	52.4	120.1	147.2	90.6	90.1	127.3	152.3	164.9
甘肃	19.6	27.7	37.1	43.5	60.4	54.1	25.7	48.2	59.0
青海	3.4	5.5	10.4	6.7	7.5	7.2	8.9	1.4	6.7
宁夏	8.0	10.5	21.9	18.4	14.7	24.0	12.3	53.8	37.9
新疆	62.3	84.2	139.5	142.7	137.4	66.2	77.0	88.6	72.2

资料来源：2011~2017年数据来自国家统计局《中国能源统计年鉴2019》，2018~2019年数据由国家统计局《中国能源统计年鉴2020》增速计算得到。

表30-9 分地区电力、蒸汽、热水生产和供应业投资

单位：亿元

年份 地区	2011	2012	2013	2014	2015	2016	2017	2018	2019
北京	114	160	177	231	169	188	344	179	153
天津	175	226	226	186	249	261	276	243	280
河北	598	558	593	756	1105	1476	1408	1626	1577
山西	463	501	551	828	1126	1004	663	706	687
内蒙古	865	786	940	1457	1387	1506	1075	1077	1120
辽宁	498	502	523	547	375	244	478	413	440
吉林	309	345	348	351	359	384	395	338	172
黑龙江	278	427	341	342	252	262	335	382	381
上海	105	111	116	145	132	147	140	156	123
江苏	433	619	714	761	1171	1328	1321	984	870
浙江	473	541	642	740	776	827	893	700	625
安徽	240	325	377	405	576	777	956	673	555
福建	456	499	566	684	630	845	772	615	635
江西	182	164	164	252	370	598	533	385	408
山东	487	536	744	1016	1333	2125	2435	1812	1569
河南	314	310	443	389	711	1340	1504	1427	1574
湖北	310	291	322	345	484	614	766	676	678
湖南	340	322	363	431	433	481	607	694	693
广东	735	778	824	867	914	965	1161	1223	1339
广西	311	327	347	418	496	676	697	556	626
海南	80	80	75	94	82	91	86	144	162
重庆	202	282	289	272	269	269	227	219	224
四川	885	1046	1104	1236	1111	1225	1071	829	938
贵州	292	226	285	371	339	268	282	216	299
云南	747	863	844	781	1033	728	467	549	600
西藏	63	87	123	179	152	184	284	227	230
陕西	234	268	370	488	616	954	877	659	672
甘肃	437	579	693	795	592	527	276	217	285
青海	173	225	287	317	420	419	340	441	605
宁夏	224	209	211	403	663	593	356	289	206
新疆	476	649	1021	1257	1873	1117	690	603	547

资料来源：2011~2017年数据来自国家统计局《中国能源统计年鉴2019》，2018~2019年数据由国家统计局《中国能源统计年鉴2020》增速计算得到。

表 30-10 分电源完成投资额

单位：亿元

年份	火电	水电	核电	风电	太阳能发电
2002	380	161	136	—	—
2004	1437	554	40	13	—
2005	2271	862	34	45	—
2006	2229	784	94	63	—
2007	2005	859	164	171	—
2008	1679	849	329	527	—
2009	1544	867	584	782	—
2010	1426	819	648	1038	—
2011	1133	971	764	902	155
2012	1002	1239	784	607	99
2013	1016	1223	660	650	323
2014	1145	943	533	915	150
2015	1163	789	565	1200	218
2016	1119	617	504	927	241
2017	858	622	454	681	285
2018	786	700	447	646	207
2019	630	814	335	1171	184

资料来源：2002~2018 年数据来自中国电力企业联合会历年《电力工业统计资料汇编》；2019 年数据来自中国电力企业联合会《中国电力统计年鉴 2020》。

表 30-11 分电源完成投资结构

单位：%

年份	火电	水电	核电	风电	太阳能发电
2002	56.1	23.8	20.1	—	—
2004	70.3	27.1	2.0	0.6	—
2005	70.7	26.8	1.0	1.4	—
2006	70.3	24.7	3.0	2.0	—
2007	62.7	26.9	5.1	5.3	—
2008	49.6	25.1	9.7	15.6	—
2009	40.9	23.0	15.5	20.7	—
2010	36.3	20.8	16.5	26.4	—
2011	28.9	24.7	19.5	23.0	3.9
2012	26.9	33.2	21.0	16.3	2.7
2013	26.2	31.6	17.0	16.8	8.3

续表

年份\电源	火电	水电	核电	风电	太阳能发电
2014	31.1	25.6	14.5	24.8	4.1
2015	29.6	20.1	14.4	30.5	5.5
2016	32.8	18.1	14.8	27.2	7.1
2017	29.6	21.4	15.7	23.5	9.8
2018	28.2	25.1	16.0	23.2	7.4
2019	20.1	26.0	10.7	37.4	5.9

资料来源：根据表30-10数据计算得到。

二、能源资源

（一）煤炭资源

如表30-12～表30-14所示。

表30-12 主要矿产查明资源量

年份\指标	煤炭（亿吨）	石油（亿吨）	天然气（亿立方米）	煤层气（亿立方米）	页岩气（亿立方米）
2006	11598	28	30009	—	—
2007	11805	28	32124	—	—
2008	12464	29	34600	—	—
2009	13097	30	37074	—	—
2010	13408	32	37793	—	—
2011	13779	32	40206	—	—
2012	14208	33	43790	—	—
2013	14843	34	46429	—	—
2014	15317	34	49452	—	—
2015	15663	35	51940	3063	1302
2016	15980	35	54366	3344	1224
2017	16667	35	55221	3025	1983
2018	17086	36	57936	3046	2160
2019	17183	36	59666	3110	9804

注：①基础储量即满足现行采矿和生产所需的指标要求，控制的、探明的，通过可行性研究认为属于经济的、边际经济的部分；②查明资源量为已发现资源的总和；③非油气资源为查明资源储量，油气资源为剩余技术可采储量。
资料来源：自然资源部历年《中国矿产资源报告》。

表 30-13 煤炭探明储量国际比较

指标 国家/地区	无烟煤和烟煤 （亿吨）	次烟煤和褐煤 （亿吨）	总储量 （亿吨）	占比 （%）	储采比
世界	7492	3205	10696	100.0	132
OECD 成员国	3241	1771	5012	46.9	308
非 OECD 成员国	4251	1433	5684	53.1	88
美国	2195	300	2495	23.3	390
俄罗斯	717	904	1622	15.2	369
澳大利亚	726	765	1491	13.9	294
中国	1335	81	1416	13.2	37
印度	1009	51	1059	9.9	140
欧盟	234	531	765	7.2	209
印度尼西亚	282	117	399	3.7	65
德国	—	359	359	3.4	268
乌克兰	320	23	344	3.2	*
波兰	211	59	269	2.5	240
哈萨克斯坦	256	—	256	2.4	222
土耳其	6	110	115	1.1	140
南非	99	—	99	0.9	39
新西兰	8	68	76	0.7	*
塞尔维亚	4	71	75	0.7	193
巴西	15	50	66	0.6	*
加拿大	43	22	66	0.6	130
哥伦比亚	46	—	46	0.4	55
越南	31	2	34	0.3	73
巴基斯坦	2	29	31	0.3	481
捷克	4	25	29	0.3	71
匈牙利	3	26	29	0.3	425
希腊	—	29	29	0.3	105
蒙古	12	14	25	0.2	44
保加利亚	2	22	24	0.2	153
乌兹别克斯坦	14	—	14	0.1	339
墨西哥	12	1	12	0.1	108

注：①本表数据为 2019 年底数据；②煤炭的"探明储量"是指通过地质与工程信息以合理的确定性表明，在现有的经济与作业条件下，将来可从已知储层采出的煤炭储量，即基础储量中的剩余可采储量；③储采比表明尚存的可采储量，如按照当前实际或计划开采水平开采，尚可开采多少年。* 表示超过 500 年。

资料来源：*BP Statistical Review of World Energy* 2020：*A Pivotal Moment*。

表 30-14　分地区煤炭基础储量

单位：亿吨

年份 地区	2010	2011	2012	2013	2014	2015	2016	2016年占比（%）
北京	3.8	3.8	3.7	3.8	3.8	3.9	2.7	0.11
天津	3.0	3.0	3.0	3.0	3.0	3.0	3.0	0.12
河北	60.6	38.4	39.5	39.4	41.0	42.5	43.3	1.74
山西	844.0	834.6	908.4	906.8	920.9	921.3	916.2	36.76
内蒙古	769.9	368.9	401.7	460.1	490.0	492.8	510.3	20.47
辽宁	46.6	31.0	31.9	28.3	27.6	26.8	26.7	1.07
吉林	12.4	9.5	9.8	10.0	9.7	9.8	9.7	0.39
黑龙江	68.2	61.8	61.6	61.4	62.1	61.6	62.3	2.50
江苏	14.2	10.8	10.8	10.9	10.7	10.5	10.4	0.42
浙江	0.5	0.4	0.4	0.4	0.4	0.4	0.4	0.02
安徽	81.9	79.9	80.4	85.2	84.0	84.0	82.4	3.31
福建	4.1	4.3	4.4	4.3	4.2	4.1	4.0	0.16
江西	6.7	4.3	4.1	4.0	3.4	3.4	3.4	0.13
山东	77.6	74.1	79.7	78.8	77.2	77.6	75.7	3.04
河南	113.5	97.5	99.1	89.6	86.5	86.0	85.6	3.43
湖北	3.3	3.3	3.3	3.2	3.2	3.2	3.2	0.13
湖南	18.8	13.3	6.6	6.6	6.7	6.6	6.6	0.27
广东	1.9	0.2	0.2	0.2	0.2	0.2	0.2	0.01
广西	7.7	2.0	2.1	2.3	2.2	0.9	0.9	0.04
海南	0.9	1.2	1.2	1.2	1.2	1.2	1.2	0.05
重庆	22.5	18.6	19.9	19.9	18.0	17.6	18.0	0.72
四川	54.4	51.8	54.5	55.7	54.1	53.8	53.2	2.14
贵州	118.5	58.7	69.4	83.3	94.0	101.7	110.9	4.45
云南	62.5	59.7	59.1	60.1	59.5	59.6	59.6	2.39
西藏	0.1	0.1	0.1	0.1	0.1	0.1	0.1	0.00
陕西	119.9	107.6	109	104.4	95.5	126.6	162.9	6.54
甘肃	58.1	23.5	34.1	32.7	32.9	32.5	27.3	1.10
青海	16.2	16.1	16.0	12.2	11.8	12.5	12.4	0.50
宁夏	54.0	31.3	32.3	38.5	38.0	37.4	37.5	1.50
新疆	148.3	148.4	152.5	156.5	158.0	158.7	162.3	6.51

资料来源：国家统计局历年《中国统计年鉴》。

（二）石油资源

如表 30-15~表 30-17 所示。

表 30-15　全国累计已查明油气田

类别 \ 年份	2016 数量（个）	2016 年产量（万吨/亿立方米）	2017 数量（个）	2017 年产量（万吨/亿立方米）	2018 数量（个）	2018 年产量（万吨/亿立方米）	2019 数量（个）	2019 年产量（万吨/亿立方米）
油田	722	1.996	734	1.92	746	1.89	756	1.91
天然气田	271	1231.72	275	1330.07	281	1415.12	284	1508.84
页岩气田	—	78.82	—	89.95	5	108.81	7	153.84
煤层气田	—	44.95	—	47.04	24	51.5	25	54.63
二氧化碳气田	—	—	—	—	3	—	3	—
合计	993	—	1009	—	1027	—	1040	—

资料来源：自然资源部历年《全国石油天然气资源勘查开采情况通报》。

表 30-16　原油剩余探明储量国际比较

单位：亿桶

国家/地区 \ 年份	2012	2013	2014	2015	2016	2017	2018	2019	2019年占比（%）	2019年储采比
世界	16850	16930	16955	16822	16898	17283	17359	17339	100.0	50
OPEC 成员国	11750	11805	11806	11826	11890	12150	12148	12147	70.1	94
非 OPEC 成员国	5100	5124	5149	4996	5007	5132	5211	5192	29.9	24
OECD 成员国	2464	2492	2522	2427	2422	2553	2613	2601	15.0	25
非 OECD 成员国	14385	14438	14433	14395	14476	14730	14746	14737	85.0	60
委内瑞拉	2977	2984	3000	3009	3023	3028	3038	3038	17.5	*
沙特阿拉伯	2659	2658	2666	2665	2662	2960	2977	2976	17.2	69
加拿大	1737	1730	1722	1715	1705	1726	1708	1697	9.8	82
伊朗	1573	1578	1575	1584	1572	1556	1556	1556	9.0	121
伊拉克	1403	1442	1431	1425	1488	1472	1450	1450	8.4	83
俄罗斯	1055	1050	1032	1024	1062	1063	1072	1072	6.2	25
科威特	1015	1015	1015	1015	1015	1015	1015	1015	5.9	93
阿联酋	978	978	978	978	978	978	978	978	5.6	67
美国	442	485	550	480	500	612	689	689	4.0	11
利比亚	485	484	484	484	484	484	484	484	2.8	108
尼日利亚	371	371	374	371	375	375	370	370	2.1	48

续表

年份 国家/地区	2012	2013	2014	2015	2016	2017	2018	2019	2019年占比（%）	2019年储采比
哈萨克斯坦	300	300	300	300	300	300	300	300	1.7	43
中国	244	247	252	256	257	259	262	262	1.5	19

注：原油包括常规原油、致密油、油砂与天然气液，不包括转化衍生液体燃料，如生物质油、煤制油、气制油。*表示超过500年。

资料来源：*BP Statistical Review of World Energy 2020：A Pivotal Moment*。

表30-17 分地区原油剩余可采储量

指标 地区	剩余技术可采储量（万吨）	剩余技术储采比	剩余经济可采储量（万吨）	剩余经济储采比
全国	341255	17.1	250257	12.5
天津	2719	0.8	1522	0.5
河北	26272	48.1	22245	40.7
内蒙古	8209	182.4	5611	124.7
辽宁	15005	14.8	8637	8.5
吉林	17780	29.1	12837	21.0
黑龙江	44049	12.0	35726	9.8
江苏	2905	17.5	1676	10.1
安徽	247	—	132	—
山东	31017	13.5	17417	7.6
河南	4602	14.6	1360	4.3
湖北	1242	21.4	423	7.3
广东	14	0.0	13	0.0
广西	129	2.7	11	0.2
海南	354	12.2	314	10.8
四川	0	0.0	−56	−5.1
云南	12	—	12	—
陕西	38445	11.0	27598	7.9
甘肃	24110	602.8	16268	406.7
青海	7954	36.0	4445	20.1
宁夏	2371	395.2	1894	315.7
新疆	54636	21.3	38960	15.2
渤海	46306	—	41653	—
东海	489	—	484	—
南海	12390	—	11077	—

注：本表数据为2015年数据；原油不包括凝析油；储采比=储量/产量。

资料来源：《2015年全国油气矿产储量通报》。

(三) 天然气资源

如表30-18~表30-20所示。

表30-18 天然气剩余经济可采储量国际比较

单位：万亿立方米

年份 国家/地区	2012	2013	2014	2015	2016	2017	2018	2019	2019年占比（%）
世界	188.0	187.4	188.6	189.9	187.9	191.0	195.8	197.1	100.0
OECD 成员国	18.1	17.2	18.0	18.0	16.4	16.4	19.8	20.1	10.2
非 OECD 成员国	169.9	170.1	170.7	171.9	171.6	174.6	176.0	177.0	89.8
俄罗斯	34.5	34.6	34.9	35.0	35.0	34.8	38.3	38.0	19.3
伊朗	31.8	31.9	32.1	32.1	31.6	31.8	31.9	32.0	16.2
卡塔尔	25.9	25.8	25.5	25.4	25.1	24.9	24.7	24.7	12.5
土库曼斯坦	19.5	19.5	19.5	19.5	19.5	19.5	19.5	19.5	9.9
美国	9.1	8.4	9.2	10.0	8.3	8.7	11.9	12.9	6.5
中国	2.9	3.1	3.4	3.6	4.7	5.5	6.1	6.4	3.2
委内瑞拉	6.1	6.2	6.2	6.2	6.3	6.4	6.3	6.3	3.2
沙特阿拉伯	7.6	7.7	7.8	7.9	8.0	8.0	5.7	5.9	3.0
阿联酋	5.9	5.9	5.9	5.9	5.9	5.9	5.9	5.9	3.0
尼日利亚	4.9	4.9	4.9	5.1	5.0	5.2	5.3	5.4	2.7
阿尔及利亚	4.3	4.3	4.3	4.3	4.3	4.3	4.3	4.3	2.2
伊拉克	3.4	3.0	3.0	3.0	3.0	3.6	3.6	3.5	1.8
阿塞拜疆	1.0	1.0	1.0	1.3	1.3	1.3	1.3	2.1	1.1
哈萨克斯坦	2.0	2.0	2.0	2.0	2.0	2.7	2.7	2.7	1.4
澳大利亚	2.8	2.8	2.8	2.4	2.4	2.4	2.4	2.4	1.2
埃及	2.1	2.0	1.8	2.1	2.0	2.1	2.1	2.1	1.1
加拿大	1.8	1.9	1.9	1.9	2.1	2.0	2.0	1.9	1.0

资料来源：BP Statistical Review of World Energy 2020：A Pivotal Moment。

表30-19 分地区气层气探明储量

单位：亿立方米

指标 地区	累计探明地质储量 合计	累计探明地质储量 已开发	累计探明地质储量 未开发	剩余技术可采储量	剩余经济可采储量
全国	110502	61052	49450	49621	36608
天津	641	321	320	228	34
河北	375	310	65	109	45

续表

指标\地区	累计探明地质储量 合计	已开发	未开发	剩余技术可采储量	剩余经济可采储量
山西	883	0	883	419	287
内蒙古	18024	13573	4451	8125	5067
辽宁	724	673	51	43	29
吉林	1762	954	808	640	417
黑龙江	2624	854	1770	1124	765
江苏	30	18	12	13	10
山东	589	432	157	107	12
河南	458	378	80	31	2
湖北	109	47	62	43	29
广东	0	0	0	0	0
广西	7	7	0	1	0
海南	50	50	0	-1	-5
重庆	6771	3810	2961	2642	1809
四川	27476	11761	15715	12663	9163
云南	9	9	0	0	0
贵州	45	45	0	6	3
陕西	16193	10808	5385	7272	5240
甘肃	0	0	0	0	0
青海	3612	3096	516	1371	1047
宁夏	552	2	550	251	138
新疆	19595	11058	8537	9763	8118
渤海	679	485	194	262	205
东海	3155	178	2977	1705	1630
南海	6140	2183	3957	2801	2560

注：本表数据为2015年数据。
资料来源：《2015年全国油气矿产储量通报》。

表30-20 分地区煤层气探明储量

单位：亿立方米

指标\地区	累计探明地质储量 合计	已开发	未开发	剩余技术可采储量	剩余经济可采储量
全国	6293	1174	5119	3062	2508
按所属行政区划分					
辽宁	59	52	7	20	14
山西	5730	1122	4608	2801	2304

续表

指标 地区	累计探明地质储量			剩余技术 可采储量	剩余经济 可采储量
	合计	已开发	未开发		
安徽	32	0	32	16	15
陕西	472	0	472	222	175
按所属盆地划分					
渤海湾盆地	52	52	0	18	11
阜新盆地	7	0	7	2	2
鄂尔多斯盆地	1490	131	1359	732	603
沁水盆地	4712	991	3721	2294	1876
南华北盆地	32	0	32	16	15

注：本表数据为 2015 年数据。

资料来源：《2015 年全国油气矿产储量通报》。

（四）非化石能源资源

如表 30-21～表 30-29 所示。

表 30-21　全国及分流域水力资源量

指标 流域	理论蕴藏量		技术可开发量		经济可开发量	
	平均功率 （万千瓦）	年发电量 （亿千瓦·时）	装机容量 （万千瓦）	年发电量 （亿千瓦·时）	装机容量 （万千瓦）	年发电量 （亿千瓦·时）
全国	69441	60830	54162	24740	40179	17533
长江流域	27781	24336	25627	11879	22832	10498
黄河流域	4331	3794	3734	1361	3165	1111
珠江流域	3224	2824	3129	1354	3002	1298
海河流域	283	248	203	48	151	35
淮河流域	112	98	66	19	56	16
东北诸河	1661	1455	1682	465	1573	434
东南沿海诸河	2028	1776	1907	593	1865	581
西南国际诸河	9852	8630	7501	3732	5559	2684
雅鲁藏布江及 西藏其他河流	16021	14035	8466	4483	259	120
北方内陆及 新疆诸河	4148	3634	1847	806	1717	756

注：数据统计范围为理论蕴藏量 10 兆瓦及以上的 3886 条河流。

资料来源：《中华人民共和国水力资源复查成果（2003 年）》。

表 30-22 分地区水力资源量

指标 地区	理论蕴藏量 平均功率（万千瓦）	理论蕴藏量 年发电量（亿千瓦·时）	技术可开发量 装机容量（万千瓦）	技术可开发量 年发电量（亿千瓦·时）	经济可开发量 装机容量（万千瓦）	经济可开发量 年发电量（亿千瓦·时）
京津冀	227	199	175	37	125	25
山西	563	494	402	121	397	119
内蒙古	581	509	262	73	257	72
辽宁	203	178	177	60	173	59
吉林	344	301	512	118	504	115
黑龙江	758	664	816	238	723	212
江苏	174	152	6	2	2	1
浙江	614	538	664	161	661	161
安徽	312	274	107	30	100	27
福建	1074	941	998	353	970	345
江西	486	426	516	171	416	138
山东	117	102	6	2	5	1
河南	471	412	288	97	273	91
湖北	1721	1507	3554	1386	3536	1380
湖南	1327	1163	1202	486	1135	458
广东	607	532	540	198	488	178
海南	84	74	76	21	71	20
广西	1764	1545	1891	809	1858	795
四川	14352	12572	12004	6122	10327	5233
重庆	2296	2012	981	446	820	378
贵州	1809	1584	1949	778	1898	752
云南	10439	9144	10194	4919	9795	4713
西藏	20136	17639	11000	5760	835	376
陕西	1277	1119	662	222	650	217
甘肃	1489	1304	1063	444	901	370
青海	2187	1916	2314	913	1548	555
宁夏	210	184	146	59	146	59
新疆	3818	3344	1656	713	1567	683
全国	69440	60829	54164	24740	40180	17534

资料来源：《中华人民共和国水力资源复查成果（2003 年）》。

表30-23 水力资源量国际比较

单位：兆瓦

国家/地区 \ 年份	2011	2012	2013	2014	2015	2016	2017	2018	2019	2020	排序
世界	1056729	1089846	1136714	1175603	1211620	1246725	1272642	1295025	1311301	1331889	—
中国	232980	249470	280440	304860	319530	332070	343775	352261	358040	370160	1
巴西	82457	84294	86019	89194	91651	96930	100333	104482	109143	109318	2
美国	100943	101107	101589	102162	102240	102692	102703	102847	102769	103058	3
加拿大	75573	75537	75537	75537	79420	80259	80831	81004	81053	81058	4
俄罗斯	47479	49445	50104	50845	50998	51016	51241	51333	51819	51811	5
印度	42417	43035	44173	45407	47103	47624	49517	50060	50203	50680	6
日本	48419	48934	48932	49597	50035	50117	50014	50031	50008	50016	7
土耳其	17137	19609	22289	23643	25868	26681	27273	28291	28503	30984	8
法国	25642	25657	25646	25577	25552	25621	25707	25727	25869	25897	9
意大利	21737	21880	22009	22098	22220	22298	22426	22499	22541	22448	10
西班牙	18540	18550	19185	19223	20053	20080	20079	20080	20114	20114	11
伊朗	8745	9745	10265	10785	12318	12618	12993	13139	13222	13233	12
墨西哥	11571	11626	11633	12464	12223	12580	12642	12642	12671	12671	13
德国	11436	11257	1239	11234	11255	11207	11120	10684	10733	10720	14
澳大利亚	8271	8271	8271	8271	8271	8271	8271	8523	8528	8528	15
韩国	6418	6447	6452	6467	6471	6485	6489	6490	6508	6506	16
英国	4423	4437	4453	4474	4677	4733	4770	4773	4773	4775	17
南非	2135	2135	2135	2132	2147	3146	3479	3479	3479	3479	18

资料来源：IRENA，*Renewable Capacity Statistics* 2021。

表30-24 风能资源量国际比较

单位：兆瓦

国家/地区 \ 年份	2011	2012	2013	2014	2015	2016	2017	2018	2019	2020	排序
世界	220019	266908	299919	349300	416248	466864	514374	563830	622249	733276	—
中国	46355	61597	76731	96819	131048	148517	164374	184665	209582	281993	1
美国	45676	59075	59973	64232	72573	81286	87597	94417	103571	117744	2
德国	28712	30979	33477	38614	44580	49435	55580	58721	60721	62184	3
印度	16179	17300	18420	22465	25088	28700	32848	35288	37505	38559	4
西班牙	21529	22789	22958	22925	22943	22990	23124	23405	25583	27089	5
英国	6596	9030	11282	13074	14306	16126	19585	21767	24095	24665	6

续表

年份 国家/地区	2011	2012	2013	2014	2015	2016	2017	2018	2019	2020	排序
南非	1737	2340	2864	6580	9943	12947	15727	19140	20698	24493	7
法国	6758	7607	8156	9201	10298	11567	13499	14900	16427	17382	8
巴西	1426	1894	2202	4888	7633	10129	12304	14843	15438	17198	9
加拿大	5265	6201	7801	9694	11214	11973	12403	12816	13413	13577	10
意大利	6918	8102	8542	8683	9137	9384	9737	10230	10679	10839	11
土耳其	1729	2261	2760	3630	4503	5751	6516	7005	7591	8832	12
墨西哥	601	1815	2122	2569	3271	4051	4199	4875	6591	8128	13
日本	2419	2562	2646	2753	2808	3247	3483	3667	3786	4206	14
澳大利亚	1106	1337	1675	2110	2489	2730	2887	3133	3224	3224	15
韩国	425	464	576	612	847	1067	1215	1420	1512	1636	16
俄罗斯	10	10	10	10	11	11	11	52	102	945	17
伊朗	98	106	108	149	153	191	259	282	302	303	18

资料来源：IRENA，*Renewable Capacity Statistics* 2021。

表30-25 风能资源潜在开发量

	陆地风能（达3级以上）		
指标 离地面高度（米）	潜在开发量 （亿千瓦）	技术开发量 （亿千瓦）	技术开发面积 （万平方千米）
50	25.6	20.5	56.6
70	30.5	25.7	70.5
100	39.2	33.7	94.8

	近海风能		
指标 风能资源区划等级	4级及以上 风功率密度≥400瓦/平方米 （亿千瓦）	3级及以上 风功率密度≥300瓦/平方米 （亿千瓦）	3级及以上 风能资源中3级所占比例 （%）
离岸50千米以内	2.3	3.8	0.4
离岸20千米以内	0.7	1.4	0.5
近海水深5~25米	0.9	1.9	0.5

注：潜在开发量是在风功率密度达到300瓦/平方米的区域内，考虑制约风电开发的主要自然地理和国家基本政策等因素后，计算出的风能资源储量；技术开发量是装机容量超过1500千瓦/平方千米区域的潜在开发量综合；技术开发面积是装机容量超过1500千瓦/平方千米区域面积的综合。

资料来源：国家气象局、国家发展和改革委员会、国家财政部、国家能源局《关于全国风能资源详查和评价工作情况的报告》，《风电接入电网和市场消纳研究总报告》。

表 30-26　全国各地区陆地 70 米高度风能资源储量

地区 \ 指标	可利用面积（万平方千米）	技术开发量（万千瓦）	潜在开发量（万千瓦）
全国	70.47	256590	305372
北京	0.01	50	135
天津	0.01	56	56
河北	1.19	4188	8651
山西	0.50	1598	3791
内蒙古	39.49	145967	163126
辽宁	2.04	5981	7824
吉林	2.27	6284	7985
黑龙江	2.96	9651	13415
上海	0.01	51	51
江苏	0.09	370	373
浙江	0.06	209	353
安徽	0.02	77	104
福建	0.27	955	1222
江西	0.09	310	541
山东	0.84	3018	4028
河南	0.12	389	916
湖北	0.04	126	243
湖南	0.03	113	276
广东	0.42	1367	2216
广西	0.22	692	1522
海南	0.06	206	276
重庆	0.04	138	434
四川	0.10	340	1248
贵州	0.17	456	1372
云南	0.63	2066	4972
西藏	0.02	65	99
陕西	0.33	1115	1970
甘肃	6.13	23634	26446
青海	0.66	2008	2407
宁夏	0.44	1555	1777
新疆	11.18	43555	47543

资料来源：国家可再生能源中心《可再生能源数据手册（2016）》。

表 30-27 全国各地区陆地 80 米高度风能资源储量

地区 \ 指标	可利用面积（万平方千米）	技术开发量（万千瓦）	潜在发电量（亿千瓦·时）
全国	173.23	351283	88051
北京	0.03	39	9
天津	0.02	26	6
河北	3.22	4877	1337
山西	1.30	1565	392
内蒙古	61.59	161016	41352
辽宁	4.55	5099	1362
吉林	7.30	10669	2825
黑龙江	14.03	18771	4655
上海	0.24	246	65
江苏	1.34	1376	332
浙江	0.21	230	56
安徽	0.50	569	119
福建	0.62	730	230
江西	0.09	100	22
山东	4.17	4975	1224
河南	1.24	1337	306
湖北	0.08	79	16
湖南	0.24	241	52
广东	1.85	2264	613
广西	1.66	2041	480
海南	0.22	303	84
重庆	0.19	209	48
四川	4.53	5197	1273
贵州	1.33	1654	357
云南	2.54	3108	733
西藏	29.34	47609	12160
陕西	1.28	2122	474
甘肃	6.27	17626	4003
青海	7.52	14227	3316
宁夏	2.05	3900	905
新疆	13.57	38960	9211

注：风速≥6.0米/秒，可利用小时数≥1800小时，80米高度（风力机2兆瓦、轮毂80米、叶轮直径99米）。
资料来源：国家可再生能源中心《可再生能源数据手册（2016）》。

表 30-28　全国各地区陆地 90 米高度风能资源储量

地区 \ 指标	可利用面积（万平方千米）	技术开发量（万千瓦）	潜在发电量（亿千瓦·时）
全国	329.42	630204	181820
北京	0.21	246	62
天津	0.46	490	141
河北	8.74	10945	3398
山西	4.32	4745	1395
内蒙古	88.25	232140	72180
辽宁	6.55	6631	2208
吉林	9.57	12424	4116
黑龙江	26.62	31135	9855
上海	0.26	275	92
江苏	4.27	4362	1337
浙江	0.77	791	224
安徽	6.22	6601	1833
福建	1.13	1248	413
江西	2.67	2932	745
山东	8.54	9575	2947
河南	7.76	8120	2276
湖北	3.67	3798	934
湖南	2.89	2837	693
广东	4.79	5193	1683
广西	6.25	7017	2025
海南	1.26	1687	539
重庆	0.58	623	151
四川	9.26	10537	2948
贵州	3.20	3754	963
云南	5.49	6110	1743
西藏	41.05	66261	19049
陕西	5.30	8046	2138
甘肃	14.57	35862	9141
青海	16.23	35676	8948
宁夏	3.23	6074	1726
新疆	34.99	103752	25823

注：风速≥5.0 米/秒，可利用小时数≥1800 小时，90 米高度（风力机 2 兆瓦、轮毂 90 米、叶轮直径 121 米）。
资料来源：国家可再生能源中心《可再生能源数据手册（2016）》。

表 30-29 太阳能资源

太阳能	年辐射量	年地表吸收热能	年可利用量
	5×10^{22} 焦	17000 亿吨标准煤	22 亿千瓦

注：太阳能年可利用量按照 20%的屋顶面积、2%的戈壁和荒漠地区面积安装太阳能发电设备估算。

资料来源：国家能源局发展规划司、国家电网公司发展策划部、国网能源研究院《关于全国生物质能源详查和评价工作情况的报告》《光伏发电市场消纳研究总报告》。

第三十一章 能源生产与价格

一、综合能源生产

如表 31-1~表 31-4 所示。

表 31-1 一次能源生产量

年份	生产总量 绝对额（亿吨标准煤）	生产总量 增速（%）	人均生产量 绝对额（万吨标准煤）	人均生产量 增速（%）	日均生产量 绝对额（万吨标准煤）	日均生产量 增速（%）	自给率（%）
2001	14.7	6.4	1.2	5.6	404	6.7	94.8
2002	15.6	6.0	1.2	5.3	428	6.0	92.2
2003	17.8	14.1	1.4	13.4	488	14.1	90.5
2004	20.6	15.6	1.6	14.9	563	15.3	89.5
2005	22.9	11.1	1.8	10.5	627	11.4	87.6
2006	24.5	6.9	1.9	6.3	671	6.9	85.4
2007	26.4	7.9	2.0	7.4	724	7.9	84.8
2008	27.7	5.0	2.1	4.5	758	4.7	86.5
2009	28.6	3.1	2.1	2.6	784	3.4	85.1
2010	31.2	9.1	2.3	8.6	855	9.1	86.5
2011	34.0	9.0	2.5	8.4	932	9.0	87.9
2012	35.1	3.2	2.6	2.5	959	2.9	87.3
2013	35.9	2.2	2.6	1.5	983	2.5	86.1
2014	36.2	1.0	2.6	0.3	992	1.0	84.6
2015	36.2	0	2.6	-0.6	992	0.0	83.4
2016	34.6	-4.5	2.5	-5	945	-4.7	78.4
2017	35.9	3.7	2.6	3.1	983	4.0	78.7
2018	37.9	5.6	2.7	5.1	1038	5.6	80.3

续表

年份	生产总量 绝对额（亿吨标准煤）	生产总量 增速（%）	人均生产量 绝对额（万吨标准煤）	人均生产量 增速（%）	日均生产量 绝对额（万吨标准煤）	日均生产量 增速（%）	自给率（%）
2019	39.7	4.9	2.8	4.5	1089	4.9	81.5
2020	40.8	2.7	2.9	2.5	1115	2.4	81.9

注：标准量折算采用发电煤耗计算法。人均量根据年中人口数计算。自给率＝一次能源生产总量/能源消费总量。

资料来源：2001~2020年人口数据来自国家统计局《中国统计年鉴2021》；2001~2019年一次能源生产、消费数据来自国家统计局《中国能源统计年鉴2020》；2020年一次能源生产、消费数据根据前表数据计算得到。

表31-2　一次能源生产量国际比较

国家/地区	生产总量（万吨标准油）	占比（%）	日均生产量（万吨标准油）	人均生产量（吨标准油）	自给率（%）
世界	1442115	100	3951	1.9	100
OECD成员国	437872	30.4	1200	4.1	159.3
非OECD成员国	1004244	69.6	2751	1.4	118.3
中国	256225	17.8	702	2.3	79.8
美国	217252	15.1	595	6.8	97.4
俄罗斯	148413	10.3	407	5.3	195.5
沙特阿拉伯	66538	4.6	182	6.3	311.4
印度	57356	4.0	157	0.7	62.4
加拿大	52928	3.7	145	8.0	177.9
印度尼西亚	45079	3.1	124	0.9	195
伊朗	40625	2.8	111	3.3	152.9
澳大利亚	41155	2.9	113	5.1	321.5
巴西	29568	2.1	81	1.4	103
阿联酋	23195	1.6	64	7.0	343.1
卡塔尔	21923	1.5	60	15.6	505
墨西哥	15816	1.1	43	1.5	87.6
南非	15810	1.1	43	2.3	117.8
法国	13549	0.9	37	1.4	55
英国	12303	0.9	34	2.6	70.2
德国	11169	0.8	31	3.6	37
泰国	7329	0.5	20	2.0	54
波兰	6240	0.4	17	2.8	59
越南	6107	0.4	17	0.9	73.2
乌克兰	6088	0.4	17	2.1	65.1

续表

指标 国家/地区	生产总量 （万吨标准油）	占比 （%）	日均生产量 （万吨标准油）	人均生产量 （吨标准油）	自给率 （%）
日本	5033	0.3	14	3.4	11.8
韩国	4523	0.3	12	5.5	16

注：①本表数据为2018年数据，占比为占世界一次能源生产总量的比重；②IEA的统计范围除了煤炭、石油、天然气、核电、水电和其他可再生能源等商品能源之外，还包括农村生物燃料等非商品能源；③标准量折算采用电热当量计算法，自给率=生产总量/供应总量（Production/TPES）。

资料来源：IEA，*World Energy Balances Highlights*（2020 edition）；人均生产量数据来自IEA，*World Energy Balances*（2020 edition）。

表31-3 一次能源生产结构（电热当量计算法）

单位：%

年份	原煤	原油	天然气	非化石能源	水电	核电
2000	76.3	17.6	2.7	3.4	2.1	0.2
2001	76.5	16.7	2.9	3.9	2.4	0.2
2002	77	16.1	2.9	4	2.4	0.2
2003	79.3	14.2	2.7	3.8	2	0.3
2004	80.5	12.8	2.8	3.9	2.2	0.3
2005	81.2	11.9	3	3.9	2.2	0.3
2006	81.4	11.3	3.3	4	2.3	0.3
2007	81.6	10.6	3.7	4.1	2.4	0.3
2008	81	10.3	4.1	4.6	2.7	0.3
2009	81	10	4.2	4.8	2.8	0.3
2010	80.7	9.8	4.3	5.2	3	0.3
2011	81.9	9	4.3	4.8	2.7	0.3
2012	81	9	4.4	5.6	3.2	0.4
2013	80.4	8.9	4.7	6	3.4	0.4
2014	79.2	9	5	6.8	3.9	0.5
2015	78.2	9.2	5.3	7.3	4.2	0.6
2016	76.7	9	5.7	8.6	4.7	0.8
2017	76.6	8.4	6	9	4.5	0.9
2018	76.6	7.9	6	6.3	4.4	1.1
2019	76.2	7.6	6.3	9.9	4.5	1.2

资料来源：国家统计局《中国能源统计年鉴2020》。

表 31-4 一次能源生产结构国际比较

单位：%

品种 国家/地区	原煤	原油	天然气	水电	核电	其他
世界	27.0	31.6	22.8	2.5	4.9	11.2
OECD 成员国	19.0	28.3	27.6	2.8	11.8	10.6
非 OECD 成员国	30.5	33.0	20.8	2.4	1.9	11.4
中国	72.6	7.4	5.3	4.0	3.0	7.7
美国	17.0	31.5	33.1	1.2	10.1	7.1
俄罗斯	16.2	37.6	40.9	1.1	3.6	0.6
沙特阿拉伯	0.0	88.1	11.9	0.0	0.0	0.0
印度	50.3	7.0	4.7	2.3	1.7	34.0
加拿大	5.9	50.5	29.2	6.3	5.0	3.2
印度尼西亚	63.8	8.7	13.9	0.4	0.0	13.2
伊朗	0.3	51.9	46.9	0.3	0.5	0.1
澳大利亚	69.8	3.3	24.6	0.3	0.0	1.9
巴西	0.7	46.8	7.3	11.3	1.4	32.6
阿联酋	0.0	78.4	21.5	0.0	0.0	0.1
卡塔尔	32.8	0.0	67.2	0.0	0.0	0.0
墨西哥	4.3	66.8	16.3	1.8	2.3	8.5
南非	91.6	0.1	0.5	0.1	1.9	5.9
法国	0.0	0.6	0.0	4.1	79.4	15.8
英国	1.3	43.0	28.3	0.4	13.8	13.3
德国	33.7	3.1	4.2	1.4	17.7	39.9
泰国	5.1	27.1	31.2	0.9	0.0	35.7
波兰	38.9	21.6	13.0	11.8	0.0	14.7
越南	77.0	1.7	5.6	0.3	0.0	15.5
乌克兰	23.9	3.8	27.1	1.5	36.4	7.3
日本	1.5	0.8	4.4	13.8	33.6	45.9
韩国	1.2	1.8	0.6	0.6	76.9	18.9

注：①本表数据为 2018 年数据；②IEA 的统计范围除了煤炭、石油、天然气、核电、水电和其他可再生能源等商品能源之外，还包括农村生物燃料等非商品能源；③标准量折算采用电热当量计算法。

资料来源：IEA，*World Energy Balances*（2020 *edition*）。

二、煤炭生产

如表 31-5~表 31-7 所示。

表 31-5 原煤生产量

指标 年份	生产总量 绝对额（亿吨）	生产总量 增速（%）	人均生产量 绝对额（吨）	人均生产量 增速（%）	日均生产量 绝对额（万吨）	日均生产量 增速（%）	自给率（%）
2001	14.72	6.3	1.15	5.5	403	6.6	102.9
2002	15.5	5.3	1.21	5.2	425	5.5	100.9
2003	18.35	18.4	1.42	17.4	503	18.4	99.8
2004	21.23	15.7	1.63	14.8	580	15.3	100.0
2005	23.65	11.4	1.81	11.0	648	11.7	97.2
2006	25.7	8.7	1.96	8.3	704	8.6	95.0
2007	27.6	7.4	2.09	6.6	756	7.4	95.0
2008	29.03	5.2	2.19	4.8	793	4.9	96.6
2009	31.15	7.3	2.33	6.4	854	7.7	95.8
2010	34.28	10.0	2.56	9.9	939	10.0	98.2
2011	37.64	9.8	2.79	9.0	1031	9.8	96.8
2012	39.45	4.8	2.90	3.9	1078	4.6	95.8
2013	39.74	0.7	2.91	0.3	1089	1.0	93.6
2014	38.74	-2.5	2.81	-3.4	1061	-2.6	93.7
2015	37.47	-3.3	2.71	-3.6	1026	-3.3	93.7
2016	34.11	-9.0	2.45	-9.6	932	-9.2	87.7
2017	35.24	3.3	2.52	2.9	962	3.2	90.0
2018	36.83	4.5	2.62	4.0	1009	4.9	92.7
2019	38.46	4.4	2.73	4.2	1054	4.5	95.8
2020	39	1.4	2.76	1.1	1066	1.1	91.7

注：自给率=原煤生产量/原煤供应量；人均量根据年中人口数计算。

资料来源：2001~2020年人口数据来自国家统计局《中国统计年鉴2021》；2001~2019年原煤生产量数据来自国家统计局历年《中国能源统计年鉴》，2020年原煤生产量来自国家统计局《中华人民共和国国民经济和社会发展统计公报2020》。

表 31-6 煤炭生产量国际比较

单位：亿吨

国家/地区 \ 年份	2012	2013	2014	2015	2016	2017	2018	2019	2019年占比（%）
世界	81.84	82.55	81.78	79.47	74.78	77.01	80.91	81.29	100.0
OECD成员国	20.58	20.27	20.59	19.27	17.48	17.78	17.71	16.50	20.3
非OECD成员国	61.26	62.28	61.20	60.19	57.30	59.23	63.19	64.79	79.7
中国	39.45	39.74	38.74	37.47	34.11	35.24	36.98	38.46	47.3
印度	6.06	6.09	6.46	6.74	6.90	7.12	7.60	7.56	9.3
美国	9.22	8.93	9.07	8.14	6.61	7.03	6.86	6.40	7.9

续表

年份 国家/地区	2012	2013	2014	2015	2016	2017	2018	2019	2019年占比（%）
印度尼西亚	3.86	4.75	4.58	4.62	4.56	4.61	5.58	6.10	7.5
澳大利亚	4.48	4.73	5.05	5.04	5.02	4.87	5.06	5.07	6.2
俄罗斯	3.58	3.55	3.57	3.72	3.87	4.13	4.42	4.40	5.4
欧盟	5.91	5.58	5.40	5.28	4.83	4.93	4.78	3.88	4.8
南非	2.59	2.56	2.61	2.52	2.50	2.52	2.53	2.54	3.1
德国	1.96	1.91	1.86	1.84	1.75	1.75	1.69	1.34	1.6
哈萨克斯坦	1.21	1.20	1.14	1.07	1.03	1.12	1.18	1.15	1.4
波兰	1.44	1.43	1.37	1.36	1.31	1.27	1.22	1.12	1.4
土耳其	0.71	0.60	0.65	0.58	0.73	0.74	0.84	0.84	1.0
哥伦比亚	0.89	0.85	0.89	0.86	0.91	0.91	0.84	0.82	1.0
蒙古	0.31	0.33	0.24	0.24	0.35	0.49	0.55	0.57	0.7
加拿大	0.67	0.68	0.68	0.62	0.62	0.60	0.53	0.50	0.6
越南	0.42	0.41	0.41	0.42	0.39	0.38	0.42	0.46	0.6
捷克	0.55	0.49	0.47	0.47	0.46	0.45	0.44	0.41	0.5
塞尔维亚	0.38	0.40	0.30	0.38	0.39	0.40	0.38	0.39	0.5
希腊	0.63	0.54	0.51	0.46	0.33	0.38	0.36	0.27	0.3
乌克兰	0.66	0.65	0.46	0.30	0.32	0.25	0.27	0.26	0.3
罗马尼亚	0.34	0.25	0.24	0.25	0.23	0.26	0.24	0.22	0.3
保加利亚	0.33	0.29	0.31	0.36	0.31	0.34	0.31	0.15	0.2

资料来源：BP Statistical Review of World Energy 2020：A Pivotal Moment。

表 31-7　分地区原煤生产量

单位：万吨

年份 地区	2013	2014	2015	2016	2017	2018	2019	2019年占比（%）
全国	397432	387392	374654	341100	352356	368325	384633	100
地区加总	397443	387390	374652	341062	352357	368372	384633	100
北京	500	457	450	318	255	176	36	0
天津	—	—	—	—	—	—	—	—
河北	7739	7345	7437	6484	6020	5508	5075	1.3
山西	92167	92794	96680	83044	87221	92633	98795	25.7
内蒙古	99055	93391	90957	84559	90597	97560	109068	28.4
辽宁	5658	5001	4752	4170	3630	3403	3292	0.9

续表

年份 地区	2013	2014	2015	2016	2017	2018	2019	2019年占比（%）
吉林	3060	3100	2634	1684	1639	1565	1256	0.3
黑龙江	7988	7059	6551	5890	6196	6071	5391	1.4
上海	—	—	—	—	—	—	—	—
江苏	2011	2019	1919	1368	1278	1246	1103	0.3
浙江	9	—	—	—	—	—	—	—
安徽	13885	12804	13404	12236	11724	11529	10990	2.9
福建	1681	1589	1591	1384	1130	941	846	0.2
江西	2986	2814	2271	1557	939	622	504	0.1
山东	14962	14684	14220	12818	13160	12632	11918	3.1
河南	16042	14416	13596	11947	11751	11446	10938	2.8
湖北	1096	1057	860	594	315	120	41	0
湖南	7229	5554	3559	2787	1938	1858	1474	0.4
广东	—	—	—	—	—	—	—	—
广西	697	615	425	433	443	488	406	0.1
海南	—	—	—	—	—	—	—	—
重庆	3910	3884	3562	2437	1194	1212	1171	0.3
四川	6588	7663	6406	6165	4799	3708	3397	0.9
贵州	18518	18508	17205	16851	16344	14323	13168	3.4
云南	10686	4741	5184	4587	4675	4727	5523	1.4
西藏	—	—	—	—	—	—	—	—
陕西	50323	52226	52576	51566	57102	62974	63630	16.5
甘肃	4521	4753	4400	4254	3738	3602	3685	1.0
青海	3128	1833	816	787	842	821	1287	0.3
宁夏	8800	8563	7976	7069	7644	7840	7477	1.9
新疆	14204	14520	15221	16073	17782	21317	24165	6.3

资料来源：国家统计局历年《中国能源统计年鉴》。

三、石油生产

如表31-8~表31-11所示。

表 31-8 原油生产量

年份	生产总量 绝对额（亿吨）	生产总量 增速（%）	日均生产量（万吨）	日均生产量（万桶）	石油自给率（%）
2001	1.6	0	44.9	329	70.7
2002	1.7	6.3	45.8	335	67.0
2003	1.7	0	46.5	341	61.5
2004	1.8	5.9	48.1	352	54.8
2005	1.8	0	49.7	364	55.7
2006	1.8	0	50.6	371	52.9
2007	1.9	5.6	51.0	374	50.8
2008	1.9	0	52.0	381	51.0
2009	1.9	0	51.9	381	49.0
2010	2.0	5.3	55.6	408	46.0
2011	2.0	0	55.6	407	44.4
2012	2.1	5.0	56.7	416	43.3
2013	2.1	0	57.5	422	42.0
2014	2.1	0	57.9	425	40.8
2015	2.1	0	58.8	431	38.9
2016	2.0	-4.8	54.6	400	35.4
2017	1.9	-5	52.5	385	32.6
2018	1.9	0	51.9	380	30.8
2019	1.9	0	52.3	384	36.5
2020	2.0	5.3	54.2	397	36.0

注：石油自给率=原油生产总量/石油供应量；每吨按7.33桶折算。

资料来源：2001~2020年人口数据来自国家统计局《中国统计年鉴2021》；2001~2017年原油数据来自国家统计局历年《中国能源统计年鉴》；2018~2019年原油生产和消费总量数据来自国家统计局《中国统计年鉴2020》，2020年根据国家统计局网站生产总量增速数据计算得到。

表 31-9 原油生产量国际比较

国家/地区	生产总量（亿吨）	占比（%）	日均生产量（万吨）	日均生产量（万桶）
世界	44.84	100.0	1229	9519
OPEC成员国	16.80	37.5	460	3557
非OPEC成员国	28.04	62.5	768	5963
美国	7.47	16.7	205	1704
俄罗斯	5.68	12.7	156	1154
沙特阿拉伯	5.57	12.4	152	1183
加拿大	2.75	6.1	75	565

续表

指标 国家/地区	生产总量 （亿吨）	占比 （%）	日均生产量（万吨）	日均生产量（万桶）
伊拉克	2.34	5.2	64	478
中国	1.91	4.3	52	384
阿联酋	1.80	4.0	49	400
伊朗	1.61	3.6	44	353
巴西	1.51	3.4	41	288
科威特	1.44	3.2	39	300
尼日利亚	1.01	2.3	28	211
墨西哥	0.95	2.1	26	192
哈萨克斯坦	0.91	2.0	25	193
卡塔尔	0.79	1.8	22	188
挪威	0.78	1.7	21	173
欧盟	0.72	1.6	20	153
安哥拉	0.69	1.5	19	142
阿尔及利亚	0.64	1.4	18	149
利比亚	0.58	1.3	16	123
英国	0.52	1.2	14	112
阿曼	0.47	1.0	13	97
哥伦比亚	0.47	1.0	13	89

注：本表数据为2019年数据；每吨按7.33桶折算。

资料来源：*BP Statistical Review of World Energy 2020：A Pivotal Moment*。

表31-10 分地区原油生产量

单位：万吨

年份 地区	2012	2013	2014	2015	2016	2017	2018	2019
全国	20748	20992	21143	21457	19969	19151	18911	19101
地区加总	20748	20992	21143	21457	19967	19151	18911	19101
北京	—	—	—	—	—	—	—	—
天津	3098	3045	3075	3497	3273	3102	3086	3112
河北	584	591	592	580	546	539	537	550
山西	—	—	—	—	—	—	—	—
内蒙古	—	—	21	46	45	12	11	12
辽宁	1000	1001	1022	1037	1017	1044	1037	1053
吉林	810	704	664	665	611	421	388	386
黑龙江	4002	4001	4000	3839	3656	3420	3224	3110

续表

地区\年份	2012	2013	2014	2015	2016	2017	2018	2019
上海	5	8	6	7	7	7	7	39
江苏	195	201	206	191	166	156	151	151
浙江	—	—	—	—	—	—	—	—
安徽	—	—	—	—	—	—	—	—
福建	—	—	—	—	—	—	—	—
江西	—	—	—	—	—	—	—	—
山东	2775	2726	2713	2608	2295	2235	2231	2238
河南	477	477	470	412	316	283	259	251
湖北	79	80	79	71	58	56	54	54
湖南	—	—	—	—	—	—	—	—
广东	1209	1292	1245	1573	1556	1435	1394	1475
广西	2	44	59	51	47	44	52	50
海南	19	26	29	30	29	30	30	31
重庆	—	—	—	—	—	—	—	—
四川	18	22	19	15	11	9	8	8
贵州	—	—	—	—	—	—	—	—
云南	—	—	—	—	—	—	—	—
西藏	—	—	—	—	—	—	—	—
陕西	3528	3688	3768	3737	3502	3490	3520	3543
甘肃	70	73	71	67	40	47	52	58
青海	205	215	220	223	221	228	223	228
宁夏	2	6	8	13	6	1	—	—
新疆	2671	2792	2875	2795	2565	2592	2647	2752

资料来源：国家统计局历年《中国能源统计年鉴》。

表31-11 主要品种石油生产量

单位：万吨

年份\品种	原油	汽油	煤油	柴油	燃料油	液化石油气
2001	16396	4155	789	7486	1864	952
2002	16700	4376	826	7796	1846	1037
2003	16960	4836	855	8633	2005	1212
2004	17587	5265	962	10104	2029	1417
2005	18135	5434	1006	11090	1767	1433

续表

年份\品种	原油	汽油	煤油	柴油	燃料油	液化石油气
2006	18477	5595	975	11653	1885	1745
2007	18632	5918	1153	12359	1967	1945
2008	19044	6347	1159	13409	1737	1915
2009	18949	7321	1480	14079	1353	1832
2010	20301	7410	1924	14924	2487	2092
2011	20288	8118	1922	15690	2282	2241
2012	20748	8976	2164	17064	2253	2269
2013	20992	9834	2524	17276	2776	2513
2014	21143	11030	3081	17635	3542	2706
2015	21456	12104	3659	18008	3963	2934
2016	19969	12932	3984	17918	4237	3504
2017	19151	13486	4231	18668	4564	3663
2018	18911	13888	4770	17376	2024	3801
2019	19101	14121	5273	16638	2470	4136
2020	19477	13180	4049	15905	3406	4448

资料来源：国家统计局历年《中国能源统计年鉴》。

四、天然气生产

如表31-12~表31-14所示。

表31-12　天然气生产量

年份\指标	生产总量（亿立方米）	生产总量增速（%）	日均生产量（亿立方米）	人均生产量（立方米）	自给率（%）
2001	303	11.5	0.8	23.7	110.6
2002	327	7.9	0.9	25.5	112.0
2003	350	7.0	1.0	27.1	103.2
2004	415	18.6	1.1	31.9	104.5
2005	493	18.8	1.4	37.7	105.8
2006	586	18.9	1.6	44.6	102.3
2007	692	18.1	1.9	52.4	98.2
2008	803	16.0	2.2	60.5	98.8

续表

指标 年份	生产总量 （亿立方米）	生产总量增速 （%）	日均生产量 （亿立方米）	人均生产量 （立方米）	自给率 （%）
2009	853	6.2	2.3	63.9	95.3
2010	958	12.3	2.6	71.4	88.7
2011	1053	9.9	2.9	78.0	78.5
2012	1106	5.0	3.0	81.4	73.9
2013	1209	9.3	3.3	88.4	70.9
2014	1302	7.7	3.6	94.6	69.7
2015	1346	3.4	3.7	97.3	69.7
2016	1369	1.7	3.7	98.3	65.9
2017	1480	8.1	4.1	105.7	61.8
2018	1602	8.2	4.4	114.0	56.9
2019	1762	10.0	4.8	125.0	57.5
2020	1925	9.3	5.3	136.3	58.7

注：自2010年起包括液化天然气数据；人均量根据年中人口数计算；自给率=生产量/供应量。

资料来源：人口数据来自国家统计局《中国统计年鉴2021》；生产量数据来自国家统计局网站（http://www.stats.gov.cn）。

表31-13 天然气生产量国际比较

指标 国家/地区	生产总量 （亿立方米）	占比 （%）	日均生产量 （亿立方米）
世界	39893	100.0	109.3
OECD成员国	15062	37.8	41.3
非OECD成员国	24832	62.2	68.0
美国	9209	23.1	25.2
俄罗斯	6790	17.0	18.6
伊朗	2442	6.1	6.7
卡塔尔	1781	4.5	4.9
中国	1776	4.5	4.9
加拿大	1731	4.3	4.7
澳大利亚	1535	3.8	4.2
挪威	1144	2.9	3.1
沙特阿拉伯	1136	2.8	3.1
欧盟	1010	2.5	2.8
阿尔及利亚	862	2.2	2.4
马来西亚	788	2.0	2.2
印度尼西亚	675	1.7	1.9

续表

国家/地区 \ 指标	生产总量（亿立方米）	占比（%）	日均生产量（亿立方米）
埃及	649	1.6	1.8
土库曼斯坦	632	1.6	1.7
阿联酋	625	1.6	1.7
乌兹别克斯坦	563	1.4	1.5
尼日利亚	493	1.2	1.4
阿根廷	416	1.0	1.1
英国	396	1.0	1.1
阿曼	363	0.9	1.0
泰国	358	0.9	1.0

注：本表数据为2019年数据。

资料来源：BP Statistical Review of World Energy 2020：A Pivotal Moment。

表31-14 分地区天然气生产量

单位：亿立方米

地区 \ 年份	2012	2013	2014	2015	2016	2017	2018	2019	2020
全国	1106.1	1208.6	1301.6	1346.1	1368.7	1480.4	1602.7	1761.7	1888.0
地区加总	1071.5	1208.6	1301.6	1346.1	1368.7	1480.3	1602.7	1761.7	1925.0
北京	—	7.5	12.8	16.9	21.7	15.4	17.3	14.6	20.0
天津	18.7	18.7	21.2	20.5	19.7	21.5	33.9	34.9	36.3
河北	13.4	15.6	17.5	10.4	7.8	7.4	6.2	5.8	5.6
山西	—	25.1	31.6	43.1	43.2	46.8	52.4	82.6	85.9
内蒙古	—	10.0	15.5	9.2	0.3	0.2	16.1	22.1	25.6
辽宁	7.2	8.3	8.1	6.6	5.5	5.1	5.9	6.2	7.4
吉林	22.2	23.9	22.3	20.3	19.8	18.6	18.4	19.8	19.8
黑龙江	33.7	35.0	35.4	35.8	38.0	40.5	43.5	45.7	46.8
上海	2.9	2.4	2.1	1.9	2.0	1.7	14.5	12.5	15.1
江苏	0.6	0.5	0.5	0.4	1.3	2.9	10.0	4.1	4.2
浙江	—	—	—	—	—	6.1	—	—	—
安徽	—	—	—	—	3.4	2.6	2.3	2.1	2.2
福建	—	—	—	—	—	—	—	—	—
江西	—	—	0.4	0.4	0.2	0.2	0.2	0.0	—
山东	6.0	5.1	4.9	4.6	4.2	4.1	4.8	5.0	5.8
河南	5.0	4.9	4.9	4.2	3.3	3.0	2.9	3.0	2.9
湖北	1.7	3.1	1.5	1.4	1.3	1.3	5.1	1.1	1.0

续表

年份地区	2012	2013	2014	2015	2016	2017	2018	2019	2020
湖南	—	—	—	—	—	—	—	—	—
广东	83.5	75.3	83.7	96.6	79.3	89.2	102.5	112.1	131.6
广西	—	0.1	0.2	0.2	0.2	0.2	0.2	0.2	0.2
海南	1.8	2.3	1.6	1.9	1.4	1.1	1.1	1.0	1.0
重庆	0.4	1.7	7.8	33.3	51.8	60.7	61.2	72.7	80.0
四川	242.3	244.8	253.5	267.2	296.9	356.4	369.8	416.8	463.3
贵州	—	0.4	0.4	0.9	3.4	4.2	3.0	3.2	5.0
云南	0.1	0.0	0.0	—	0.0	0.0	—	—	—
西藏	—	—	—	—	—	—	—	—	—
陕西	311.3	371.7	410.1	415.9	411.9	419.4	444.5	473.4	527.4
甘肃	0.2	0.2	0.2	0.1	0.1	0.6	1.0	0.1	3.9
青海	64.3	68.1	68.9	61.4	60.8	64.0	64.1	64.0	64.0
宁夏	3.3	—	—	—	—	—	—	—	—
新疆	253.0	284.0	296.7	293.0	291.2	307.0	321.8	341.1	369.8

资料来源：2012~2019 年数据来自国家统计局《中国能源统计年鉴 2020》，2020 年数据来自国家统计局网站（http://www.stats.gov.cn）。

五、电力生产

如表 31-15~表 31-21 所示。

表 31-15 发电量及增速

年份	发电量 绝对额（亿千瓦·时）	发电量 增速（%）	人均发电量 绝对额（千瓦·时）	人均发电量 增速（%）	日均发电量 绝对额（亿千瓦·时）	日均发电量 增速（%）
2001	14839	8.4	1163	7.7	41	10.8
2002	16542	11.5	1288	10.7	45	9.8
2003	19052	15.2	1474	14.4	52	15.6
2004	21944	15.2	1688	14.5	60	15.4
2005	24975	13.8	1910	13.2	68	13.3
2006	28499	14.1	2168	13.5	78	14.7
2007	32644	14.5	2471	14.0	89	14.1

续表

年份	发电量 绝对额（亿千瓦·时）	发电量 增速（%）	人均发电量 绝对额（千瓦·时）	人均发电量 增速（%）	日均发电量 绝对额（亿千瓦·时）	日均发电量 增速（%）
2008	34510	5.7	2599	5.2	94	5.6
2009	36812	6.7	2758	6.1	101	7.4
2010	42278	14.8	3153	14.3	116	14.9
2011	47306	11.9	3506	11.2	130	12.1
2012	49865	5.4	3669	4.6	136	4.6
2013	53721	7.7	3929	7.1	147	8.1
2014	56801	5.7	4127	5.0	156	6.1
2015	57399	1.1	4150	0.6	157	0.6
2016	60228	4.9	4326	4.2	165	5.1
2017	64171	6.5	4583	5.9	176	6.7
2018	69947	9.0	4977	8.6	192	9.1
2019	73253	4.7	5195	4.4	201	4.7
2020	77791	6.2	5510	6.1	213	6.0

注：人均量根据年中人口数计算。

资料来源：2001~2020年人口数据来自国家统计局《中国统计年鉴2021》；2001~2019年发电量数据来自中国电力企业联合会《中国电力统计年鉴2020》；2020年发电量数据来自能源统计局《全国电力工业统计快报一览表2020》。

表31-16 发电量国际比较（BP）

单位：亿千瓦·时

国家/地区 \ 年份	2012	2013	2014	2015	2016	2017	2018	2019	2019年占比（%）
世界	228047	234335	240298	242663	249229	256430	266527	270047	100.0
OECD成员国	109553	109441	108829	109312	110053	110552	112461	111360	41.2
非OECD成员国	118494	124894	131469	133351	139176	145878	154066	158687	58.8
中国	49876	54316	57945	58146	61332	66044	71661	75034	27.8
美国	43106	43303	43633	43487	43479	43025	44574	44013	16.3
欧盟	32954	32696	31884	32366	32594	32900	32701	32153	11.9
印度	10918	11461	12622	13173	14017	14738	15514	15587	5.8
俄罗斯	10693	10591	10642	10675	10910	10912	11092	11181	4.1
日本	11069	10878	10627	10301	10303	10426	10562	10363	3.8
加拿大	6365	6557	6476	6593	6630	6645	6523	6604	2.4
德国	5525	5708	5905	5812	5789	5893	6014	6256	2.3
韩国	6301	6387	6278	6481	6507	6537	6435	6124	2.3
巴西	5312	5372	5404	5478	5610	5764	5934	5847	2.2

续表

年份 国家/地区	2012	2013	2014	2015	2016	2017	2018	2019	2019年占比（%）
法国	5645	5738	5642	5703	5562	5541	5742	5554	2.1
沙特阿拉伯	2964	2971	3033	3103	3203	3291	3493	3640	1.3
英国	2717	2841	3118	3385	3456	3552	3592	3574	1.3
墨西哥	3639	3583	3381	3389	3392	3382	3329	3237	1.2
伊朗	2488	2589	2735	2795	2861	3052	3144	3187	1.2
土耳其	2395	2402	2520	2618	2744	2973	3048	3085	1.1
意大利	2993	2898	2798	2830	2898	2958	2897	2838	1.1

资料来源：BP Statistics Review of World Energy 2020：A Pivotal Moment。

表31-17 分地区发电量

单位：亿千瓦·时

年份 地区	2012	2013	2014	2015	2016	2017	2018	2019	2020	2020年占比（%）
北京	291	336	369	421	434	388	450	464	457	0.6
天津	590	624	626	623	618	611	711	733	772	1.0
河北	2411	2507	2559	2498	2631	2817	3133	3298	3425	4.4
山西	2546	2641	2679	2449	2535	2824	3181	3362	3504	4.5
内蒙古	3172	3567	3977	3929	3950	4436	5003	5495	5811	7.5
辽宁	1441	1554	1656	1665	1779	1829	1983	2073	2135	2.7
吉林	692	779	781	731	760	800	838	946	1019	1.3
黑龙江	849	839	889	874	900	917	1029	1112	1138	1.5
上海	886	859	793	793	807	859	840	822	862	1.1
江苏	4001	4321	4346	4361	4709	4915	5085	5166	5218	6.7
浙江	2808	2942	2898	3011	3198	3312	3438	3538	3531	4.5
安徽	1771	1970	2074	2062	2253	2456	2734	2887	2809	3.6
福建	1623	1777	1907	1901	2007	2201	2494	2578	2651	3.4
江西	728	875	882	982	1085	1129	1281	1376	1445	1.9
山东	3212	3549	4655	4685	5329	5163	5826	5897	5806	7.5
河南	2643	2864	2741	2625	2653	2740	3050	2888	2906	3.7
湖北	2238	2237	2351	2341	2479	2615	2836	2958	3016	3.9
湖南	1398	1356	1337	1314	1385	1435	1533	1559	1554	2.0
广东	3764	3875	4013	4035	4264	4503	4695	5051	5226	6.7
广西	1186	1266	1336	1300	1347	1401	1752	1846	1971	2.5
海南	199	231	245	261	288	299	323	346	346	0.4

续表

年份 地区	2012	2013	2014	2015	2016	2017	2018	2019	2020	2020年占比（%）
重庆	598	630	678	680	701	728	800	812	841	1.1
四川	2151	2631	3095	3130	3274	3480	3687	3924	4182	5.4
贵州	1618	1678	1746	1815	1904	1899	2016	2207	2305	3.0
云南	1759	2181	2526	2553	2693	2955	3241	3466	3674	4.7
西藏	26	29	36	45	54	56	67	86	89	0.1
陕西	1342	1512	1630	1623	1757	1814	1856	2193	2379	3.1
甘肃	1103	1202	1241	1242	1214	1349	1531	1631	1762	2.3
青海	584	611	581	566	553	627	811	886	952	1.2
宁夏	1010	1105	1196	1155	1144	1381	1610	1766	1882	2.4
新疆	1237	1668	2100	2479	2719	3011	3283	3670	4122	5.3

资料来源：2012~2019年数据来自《中国统计摘要2020》，2020年数据来自国家统计局网站（http://www.stats.gov.cn）。

表31-18 分电源发电量及发电结构

单位：亿千瓦·时

电源 年份	火电 发电量	火电 发电结构（%）	水电 发电量	水电 发电结构（%）	核电 发电量	核电 发电结构（%）	风电 发电量	风电 发电结构（%）	太阳能发电 发电量	太阳能发电 发电结构（%）	总计 发电量	总计 发电结构（%）
2011	39003	82.4	6681	14.1	872	1.8	741	1.6	6	0.0	47306	100
2012	39255	78.7	8556	17.2	983	2.0	1030	2.1	36	0.1	49865	100
2013	42216	78.6	8921	16.6	1115	2.1	1383	2.6	84	0.2	53721	100
2014	43030	75.8	10601	18.7	1332	2.3	1598	2.8	235	0.4	56801	100
2015	42307	73.7	11127	19.4	1714	3.0	1856	3.2	395	0.7	57399	100
2016	43273	71.8	11748	19.5	2132	3.5	2409	4.0	665	1.1	60228	100
2017	45558	71.0	11931	18.6	2481	3.9	3034	4.7	1166	1.8	64171	100
2018	49249	70.4	12321	17.6	2950	4.2	3658	5.2	1769	2.5	69947	100
2019	50450	68.9	13019	17.8	3487	4.8	4057	5.5	2238	3.1	73253	100
2020	53303	68.5	13552	17.4	3663	4.7	4665	6.0	2605	3.3	77791	100

注：发电量为全口径数据。

资料来源：2011~2019年数据来自中国电力企业联合会历年《电力工业统计资料汇编》；2020年数据来自国家统计局《中华人民共和国2020年国民经济和社会发展统计公报》。

表 31-19　分电源发电结构国际比较

单位：%

国家/地区　电源	化石燃料	水电	核电	地热能	风电	太阳能	其他
世界	55.1	14.0	17.7	0.4	10.1	2.4	0.0
OECD 成员国	54.7	14.7	17.4	0.5	10.0	2.5	0.0
中国	74.7	11.5	4.6	0.0	6.5	2.7	0.0
美国	61.1	7.4	19.9	0.4	9.0	2.0	0.0
印度	83.2	7.1	2.8	0.0	3.2	3.7	0.0
日本	82.7	6.8	0.9	0.3	1.2	6.0	0.0
加拿大	17.4	63.5	12.1	0.0	6.8	0.2	0.0
德国	59.0	3.7	11.8	0.0	23.6	1.6	0.0
巴西	25.6	59.5	2.5	0.0	11.1	1.3	0.0
韩国	68.3	0.9	27.0	0.0	0.8	2.4	0.1
法国	12.3	11.1	67.0	0.0	8.7	0.8	0.1
英国	55.2	2.9	15.8	0.0	25.2	0.9	0.0
墨西哥	76.3	7.5	2.4	1.5	9.0	3.4	0.0
意大利	69.6	15.8	0.0	2.3	6.7	5.4	0.0
西班牙	28.7	14.7	22.2	0.0	31.0	3.4	0.0
澳大利亚	71.6	4.6	0.0	0.0	11.1	12.8	0.0

注：本表数据为 2020 年数据。

资料来源：IEA，*Monthly OECD Electricity Statistics*。

表 31-20　各地区分电源发电结构

单位：%

地区　电源	火电	水电	核电	风电	太阳能发电及其他
北京	96.1	2.2	0.0	0.7	1.0
天津	96.4	0.0	0.0	1.5	2.1
河北	84.5	0.5	0.0	9.6	5.3
山西	88.1	1.5	0.0	6.7	3.8
内蒙古	83.9	1.1	0.0	12.1	3.0
辽宁	71.2	2.1	15.8	8.8	2.0
吉林	76.6	7.1	0.0	12.1	4.2
黑龙江	82.0	2.5	0.0	12.6	2.9
上海	97.0	0.0	0.0	2.1	0.9
江苏	86.5	0.6	6.4	3.6	3.0
浙江	70.7	7.3	17.8	0.9	3.4

续表

电源 地区	火电	水电	核电	风电	太阳能发电及其他
安徽	92.3	1.8	0.0	1.6	4.3
福建	54.8	17.1	24.1	3.4	0.6
江西	80.0	12.2	0.0	3.7	4.1
山东	89.8	0.1	3.5	3.8	2.8
河南	88.4	5.0	0.0	3.0	3.5
湖北	49.7	45.9	0.0	2.5	1.9
湖南	58.6	34.9	0.0	4.8	1.7
广东	67.9	7.9	21.8	1.4	1.1
广西	54.5	32.1	9.3	3.3	0.7
海南	61.6	4.9	28.0	1.4	4.0
重庆	68.3	29.9	0.0	1.4	0.4
四川	13.0	84.5	0.0	1.8	0.7
贵州	60.7	34.8	0.0	3.5	0.9
云南	9.2	82.3	0.0	7.1	1.4
西藏	5.9	79.1	0.0	0.2	14.8
陕西	86.0	5.9	0.0	3.8	4.3
甘肃	48.4	30.4	0.0	14.0	7.2
青海	12.1	62.5	0.0	7.5	17.9
宁夏	81.8	1.2	0.0	10.5	6.5
新疆	77.1	7.9	0.0	11.3	3.7

注：本表数据为2019年数据。
资料来源：根据国家统计局《中国能源统计年鉴2020》发电量数据计算得到。

表31-21 分地区发电设备平均利用小时数

单位：小时

年份 地区	2011	2012	2013	2014	2015	2016	2017	2018	2019
北京	4160	3982	4260	4069	3806	3983	3482	3655	3656
天津	5525	5265	5230	5068	4453	4141	3996	4218	3779
河北	5201	5014	4829	4497	4116	4159	4135	4047	3790
山西	5070	4790	4744	4452	3744	3485	3584	3758	3740
内蒙古	4407	4389	4421	4354	4064	3656	3772	4159	4272
辽宁	4411	4119	4006	3935	3822	3857	3807	3859	3804
吉林	3369	3126	3086	2998	2742	2756	2841	3004	3065

续表

年份 地区	2011	2012	2013	2014	2015	2016	2017	2018	2019
黑龙江	4059	3962	3737	3668	3519	3411	3384	3413	3482
上海	4911	4551	4502	3718	3671	3564	3681	3527	3206
江苏	5678	5617	5545	5098	4908	4806	4563	4213	3995
浙江	5193	5004	4996	4398	4019	4010	4050	4055	3973
安徽	5460	5299	5270	4690	4274	4161	4099	4327	4155
福建	4562	4258	4499	4464	3996	3917	4183	4496	4449
江西	4504	4319	4480	4474	4564	4165	4068	4126	4112
山东	4819	4749	4815	4822	4974	4788	4240	4256	4061
河南	5181	4724	4802	4354	3913	3674	3571	3589	3213
湖北	4179	4120	3832	3969	3750	3819	3876	4034	3968
湖南	4176	3814	3908	3641	3375	3325	3313	3391	3483
广东	5265	4958	4576	4504	3978	3861	4137	4209	3957
广西	4027	3982	3857	3931	3740	3494	3231	3735	4123
海南	4536	4735	4815	4995	4768	4137	4126	3946	3878
重庆	4494	4220	4148	4845	3602	3443	3191	3445	3393
四川	4250	4259	4288	4308	3946	3786	3787	3874	3988
贵州	3751	4189	4071	3980	3933	3602	3511	3481	3689
云南	4076	4012	4025	3989	3618	3192	3394	3600	3620
西藏	3068	2100	2151	1976	2268	2378	2180	2276	2638
陕西	4932	4978	4990	4995	4441	4105	4156	3829	3790
甘肃	4157	3891	3804	3356	2776	2554	2727	3212	3274
青海	3797	4151	3782	3375	3052	2458	2578	2971	2925
宁夏	6069	5344	5403	5094	4294	3575	3643	3649	3476
新疆	5198	5145	5045	4188	3753	3507	3605	3641	3918

注：本表数据为6000千瓦及以上电厂数据。
资料来源：中国电力企业联合会历年《电力工业统计资料汇编》。

六、非化石能源生产

如表31-22~表31-30所示。

表 31-22 非化石能源发电量

单位：亿千瓦·时

电源 年份	总计	水电	核电	风电	太阳能发电
2001	2794	2611	175	—	—
2002	3020	2746	265	—	—
2003	3262	2813	439	—	—
2004	3840	3310	505	—	—
2005	4538	3964	531	16	—
2006	4758	4148	548	28	—
2007	5437	4714	629	57	—
2008	6480	5655	692	131	—
2009	6695	5717	701	276	—
2010	8112	6867	747	494	1
2011	8303	6681	872	741	7
2012	10610	8556	983	1030	36
2013	11505	8921	1115	1383	84
2014	13771	10601	1332	1598	235
2015	15069	11117	1714	1853	385
2016	16954	11748	2132	2409	665
2017	18612	11931	2481	3034	1166
2018	20708	12329	2944	3660	1775
2019	22803	13019	3487	4057	2238
2020	22148	13552	3662	4665	2605

资料来源：2001~2018年数据来自中国电力企业联合会历年《电力工业统计资料汇编》；2019~2020年数据来自中国电力企业联合会历年《全国电力工业统计快报》。

表 31-23 水电发电量国际比较

单位：亿千瓦·时

年份 国家/地区	2012	2013	2014	2015	2016	2017	2018	2019
世界	36001	37597	38828	39825	39780	41700	43251	—
OECD 成员国	14523	14529	14756	14633	14418	14764	14953	14566
非 OECD 成员国	21478	23068	24072	25192	25361	26936	28298	—
中国	6989	8721	9203	10643	11303	11934	12321	—
巴西	4283	4153	3910	3734	3597	3809	2890	3979
加拿大	3758	3803	3919	3826	3807	3872	3860	3819
美国	3446	2983	2901	2815	2711	3251	3170	3034

续表

年份 国家/地区	2012	2013	2014	2015	2016	2017	2018	2019
俄罗斯	1676	1673	1827	1771	1753	1866	1930	1962
挪威	1216	1428	1287	1366	1390	1440	1395	1258
印度	1436	1245	1416	1316	1313	1375	1512	1738
日本	917	836	849	869	913	851	883	880
委内瑞拉	837	820	835	872	749	676	605	582
法国	499	636	759	686	594	544	706	621
瑞典	666	791	615	639	754	621	623	651
土耳其	523	579	594	406	671	582	599	889
巴拉圭	576	602	604	553	553	638	592	494
哥伦比亚	489	476	493	497	448	490	599	545
越南	409	528	520	585	561	641	841	—
意大利	439	547	603	470	443	380	505	475
奥地利	378	477	458	448	406	429	412	442
瑞士	341	403	400	397	399	367	378	410
阿根廷	297	334	331	328	302	322	326	279
西班牙	241	411	430	313	399	211	368	268

资料来源：IEA，*World Energy Statistics*（2020 edition）。

表 31-24　分地区水电发电量

单位：亿千瓦·时

年份 地区	2011	2012	2013	2014	2015	2016	2017	2018	2019
北京	4.5	4.4	4.7	6.8	6.6	12	11	10	10
天津	0.1	0.2	0.2	0.2	0.2	0	0.1	0.2	0.1
河北	7.3	4.7	10.9	11	10	24	20	17	16
山西	34.6	43.8	38.9	33.1	29.3	39	42	43	49
内蒙古	12.2	17.7	19.7	37.5	36.4	27	24	45	58
辽宁	31.7	38.2	61.1	41.8	32.3	56	45	46	44
吉林	62.9	65.8	118.5	72.6	58.4	85	77	79	67
黑龙江	17	16.3	30.5	20	16.9	23	25	26	28
江苏	2	11.2	11.1	11.7	11.7	17	29	34	31
浙江	161.7	187	173.3	176.2	229.1	274	212	192	257
安徽	17.9	19.6	34.2	40.5	48.7	63	57	53	51
福建	285.2	476.2	402.7	454.4	466.1	631	416	325	442
江西	79.8	111.7	128.9	138.2	178.3	199	157	116	168

续表

年份 地区	2011	2012	2013	2014	2015	2016	2017	2018	2019
山东	2	1.2	3.5	5.2	7.8	14	7	5	5
河南	103.4	136.7	114.7	99	110.2	93	100	144	145
湖北	1163.9	1415.3	1203	1376	1328.5	1399	1494	1471	1357
湖南	459	602.7	507.1	559.9	572.5	560	498	432	544
广东	331	367.3	388.8	407.1	436.8	423	301	292	397
广西	415.5	541.6	489	654.5	749.3	600	614	609	593
海南	12.6	15.4	23.9	24.6	11.4	23	26	27	17
重庆	184.3	244.8	177.3	240.2	229.4	247	253	242	243
四川	1364	1562.5	2002	2501.1	2667.6	2989	3164	3249	3316
贵州	355	582.1	477.8	684	789.2	727	733	770	769
云南	1007.4	1238.2	1656.3	2058.8	2177.6	2268	2502	2699	2854
西藏	20.6	19	19.8	29	39.5	46	51	57	68
陕西	99.6	88.9	110.9	116.9	134.3	69	93	102	129
甘肃	252	294.7	333	354.2	336	314	374	444	496
青海	370.9	455.5	435.5	391.3	364.3	302	332	517	554
宁夏	16.8	19.1	18.8	17.5	15.5	14	16	20	22
新疆	114.6	139.7	207	165.9	209.1	211	256	254	290

资料来源：2011~2014年数据来自中国电力企业联合会历年《电力工业统计资料汇编》；2015~2019年数据来自中国电力企业联合会《中国电力统计年鉴2020》。

表 31-25 核电发电量国际比较

单位：亿千瓦·时

年份 国家/地区	2012	2013	2014	2015	2016	2017	2018	2019
世界	24603	19923	25354	25702	26060	26360	27104	—
OECD成员国	19516	14756	19807	19710	19655	19552	19792	1987
非OECD成员国	5087	5167	5547	5992	6405	6808	7312	—
美国	8011	8220	8306	8303	8399	8389	8413	8433
法国	4254	4237	4365	4374	4032	3984	4129	3990
中国	974	1116	1325	1708	2133	2481	2950	—
俄罗斯	1775	1725	1808	1955	1966	2031	2046	2090
韩国	1503	1388	1564	1648	1620	1484	1335	1459
加拿大	949	1034	1077	1018	1014	1013	1007	1012
乌克兰	901	832	884	876	809	856	843	830
德国	995	973	971	918	846	763	760	751

续表

年份 国家/地区	2012	2013	2014	2015	2016	2017	2018	2019
英国	640	665	649	563	631	657	685	666
瑞典	704	706	637	703	717	703	651	561
西班牙	615	567	573	572	586	580	558	584
比利时	159	93	0	94	181	329	649	638
印度	329	342	361	374	379	383	378	465
日本	303	307	303	268	241	283	299	302
捷克	403	426	337	261	435	422	286	435
芬兰	254	260	276	231	211	204	255	264
瑞士	230	236	236	232	232	225	228	239
匈牙利	404	416	424	365	317	224	277	323
巴西	158	154	156	158	161	161	—	—

资料来源：IEA，*World Energy Statistics*（2020 edition）。

表 31-26　分地区核电发电量

单位：亿千瓦·时

年份 地区	2011	2012	2013	2014	2015	2016	2017	2018	2019
辽宁	0	0	64	120	145	200	236	307	327
江苏	161	162	167	168	166	153	173	242	329
浙江	286	346	346	354	496	504	511	587	629
福建	0	0	74	142	290	407	560	646	621
山东	0	0	0	0	0	0	0	39	207
广东	425	474	464	549	606	705	800	896	1102
广西	0	0	0	0	7	103	127	161	172
海南	0	0	0	0	4	60	75	77	97

资料来源：2011~2018 年数据来自中国电力企业联合会历年《电力工业统计资料汇编》；2019 年数据来自国家统计局《中国能源统计年鉴 2020》。

表 31-27　风电发电量国际比较

单位：亿千瓦·时

年份 国家/地区	2012	2013	2014	2015	2016	2017	2018	2019
世界	5236	6456	7173	8380	9577	11273	12734	—
OECD 成员国	3805	4468	4877	5563	6055	6965	7450	8385
非 OECD 成员国	1431	1987	2296	2817	3522	4308	2497	—

续表

年份 国家/地区	2012	2013	2014	2015	2016	2017	2018	2019
中国	960	1412	1561	1858	2371	2950	3658	—
美国	1419	1697	1839	1930	2295	2572	2758	3034
德国	507	517	574	792	786	1057	1100	1260
印度	301	336	372	428	449	511	643	660
英国	198	284	320	403	374	500	569	641
西班牙	495	556	520	493	489	491	509	556
巴西	51	66	122	216	335	424	485	560
加拿大	113	180	225	264	308	315	332	342
法国	149	160	172	212	214	247	286	346
土耳其	59	76	85	116	155	179	199	218
意大利	135	149	151	148	177	177	177	202
瑞典	72	98	112	162	155	176	166	198
波兰	47	60	77	109	126	149	128	150
丹麦	103	111	131	141	128	148	139	162
澳大利亚	70	80	103	114	122	126	152	177
葡萄牙	103	120	121	116	125	122	126	137
荷兰	50	56	58	76	82	106	106	115
爱尔兰	47	43	50	52	60	65	75	75
日本	39	41	37	46	51	55	63	73
希腊	2012	2013	2014	2015	2016	2017	2018	2019

资料来源：IEA, *World Energy Statistics* (2020 edition)。

表 31-28　分地区风电发电量

单位：亿千瓦·时

年份 地区	2011	2012	2013	2014	2015	2016	2017	2018	2019
北京	3	3	3	3	3	3	3	3	3
天津	1	5	6	6	6	6	6	8	11
河北	89	126	161	175	168	216	263	283	318
山西	13	36	51	68	100	135	165	212	224
内蒙古	227	284	373	390	408	464	551	632	666
辽宁	66	79	98	109	112	129	150	165	183
吉林	40	44	54	60	60	67	87	105	115
黑龙江	44	51	73	72	72	88	108	125	140
上海	4	6	3	3	10	14	17	18	17

续表

年份地区	2011	2012	2013	2014	2015	2016	2017	2018	2019
江苏	27	37	41	57	64	98	120	173	184
浙江	6	8	10	13	16	23	25	31	33
安徽	3	5	8	13	21	34	41	50	47
福建	22	28	35	40	44	50	65	72	87
江西	2	3	5	6	11	19	31	41	51
山东	42	63	75	91	121	147	166	214	225
河南	2	3	6	7	12	18	30	57	88
湖北	2	2	8	8	21	35	48	64	74
湖南	1	3	6	11	22	39	50	60	75
广东	16	24	49	43	42	50	62	63	71
广西	0	1	3	2	6	13	25	42	61
海南	5	5	7	5	6	6	6	5	5
重庆	0	1	2	2	3	5	7	8	11
四川	0	0	1	2	10	21	35	55	71
贵州	1	5	11	17	33	55	63	68	78
云南	10	28	44	62	94	149	188	220	245
西藏	—	—	—	—	0	0	0	0	0
陕西	1	3	5	21	18	28	42	72	84
甘肃	71	94	118	115	127	136	188	230	228
青海	0	0	1	4	7	10	18	38	66
宁夏	13	33	65	66	88	129	155	187	186
新疆	28	49	96	131	151	220	318	358	413

资料来源：2011~2018年数据来自中国电力企业联合会历年《电力工业统计资料汇编》；2019年数据来自国家统计局《中国能源统计年鉴2020》。

表31-29 太阳能发电量国际比较

单位：亿千瓦·时

年份国家/地区	2012	2013	2014	2015	2016	2017	2018	2019
世界	1035	1464	1982	2560	3385	4544	5544	—
OECD成员国	921	1220	1554	1924	2297	2716	3047	3546
非OECD成员国	114	244	428	636	1088	1828	5284	—
中国	64	155	292	453	753	1313	1769	—
美国	102	159	246	356	503	710	812	931
日本	70	143	245	359	510	551	627	741

续表

年份 国家/地区	2012	2013	2014	2015	2016	2017	2018	2019
德国	264	310	361	387	381	394	458	475
印度	21	34	49	56	141	260	397	506
意大利	189	216	223	229	221	244	226	237
西班牙	74	83	82	82	81	85	79	93
英国	14	20	41	76	104	115	129	127
法国	40	47	59	73	82	96	106	114
澳大利亚	26	38	49	60	62	81	99	148
韩国	5	11	14	24	34	45	45	52
泰国	17	37	38	39	39	40	38	40
希腊	22	26	29	31	31	33	39	39
比利时	22	20	21	23	21	22	24	23
捷克	4	5	8	11	15	15	16	26
以色列	3	6	8	9	11	13	14	17
奥地利	4	5	6	8	8	10	10	13
葡萄牙	3	6	4	5	5	7	11	10
乌克兰	4	6	6	5	5	5	6	6
斯洛伐克	—	—	—	2	10	29	78	96

资料来源：IEA，*World Energy Statistics*（2020 edition）。

表 31-30　分地区太阳能发电量

单位：亿千瓦·时

年份 地区	2011	2012	2013	2014	2015	2016	2017	2018	2019
北京	—	—	—	—	0.5	1.1	2.0	3.0	4.8
天津	—	—	0.0	0.8	0.0	3.0	6.0	8.0	15.4
河北	—	—	1.1	6.0	9.5	40.0	77.0	126.0	176.3
山西	0.0	0.2	0.5	3.0	3.2	27.0	56.0	94.0	127.5
内蒙古	0.1	1.7	6.2	25.0	57.0	83.3	113.0	130.0	162.8
辽宁	—	0.0	0.2	—	1.2	4.0	12.0	32.0	42.2
吉林	—	—	0.0	—	0.8	3.0	13.0	24.0	39.8
黑龙江	—	—	—	—	0.2	1.3	6.0	20.0	32.4
上海	0.1	0.1	1.1	1.0	0.4	1.0	3.0	6.0	7.8
江苏	0.8	4.2	6.0	13.0	19.3	47.0	81.0	120.0	154.1
浙江	—	0.1	0.8	3.0	7.7	22.2	56.0	100.0	119.0
安徽	—	0.1	0.3	2.0	3.7	20.7	62.0	104.0	124.7

续表

年份 地区	2011	2012	2013	2014	2015	2016	2017	2018	2019
福建	—	0.0	0.1	—	4.7	1.0	6.0	14.0	15.9
江西	—	0.1	0.4	—	2.3	11.1	30.0	52.0	55.9
山东	0.4	0.7	1.0	4.5	21.0	31.0	73.0	137.0	166.9
河南	—	—	0.0	1.0	0.9	12.0	44.0	84.0	101.8
湖北	—	0.1	0.2	—	1.4	11.4	28.0	49.0	56.8
湖南	—	—	0.0	—	0.4	2.0	6.0	20.0	25.9
广东	—	0.0	0.1	—	1.8	8.0	20.0	38.0	53.4
广西	—	—	0.3	1.0	0.4	1.1	4.0	9.0	13.5
海南	0.0	0.3	0.5	1.0	1.9	3.0	3.0	6.0	14.0
重庆	—	—	—	—	—	0.0	0.2	2.0	3.3
四川	—	—	0.0	1.0	1.1	11.0	16.0	22.0	28.2
贵州	—	—	—	—	0.0	1.1	6.0	16.0	19.6
云南	0.3	0.3	0.9	4.0	5.7	23.0	28.0	34.0	48.2
西藏	0.4	0.8	1.4	3.0	2.6	4.0	6.0	8.0	12.8
陕西	—	0.3	0.8	2.0	8.1	20.0	41.0	71.0	94.2
甘肃	0.6	3.1	18.9	40.0	59.1	60.2	73.0	95.0	118.1
青海	1.4	14.5	28.0	58.0	72.7	90.0	113.0	131.0	158.2
宁夏	1.9	7.8	10.5	25.0	40.8	55.0	76.0	97.0	114.7
新疆	—	1.7	5.2	43.0	59.4	67.0	107.0	116.0	136.0

资料来源：2011~2018年数据来自中国电力企业联合会历年《电力工业统计资料汇编》；2019年数据来自国家统计局《中国能源统计年鉴2020》。

第三十二章 能源设施

一、煤炭设施

如表 32-1~表 32-3 所示。

表 32-1 原煤开采新增生产能力

单位：万吨/年

年份	原煤开采建设规模	原煤开采施工规模	原煤开采新开工规模	原煤开采新增生产能力
2001	—	—	—	2720
2002	—	—	—	3419
2003	—	26156	17962	7443
2004	—	—	—	15441
2005	—	75656	41029	18377
2006	—	95265	39402	22648
2007	—	109746	43304	26984
2008	102845	89493	33978	23059
2009	119584	101008	48249	32006
2010	179019	137744	57410	38706
2011	170473	131377	60740	41281
2012	202423	151118	65209	39852
2013	184376	140354	44238	39915
2014	161485	104523	34766	29545
2015	125260	84287	25306	22642
2016	84212	44291	13620	12870
2017	—	—	—	19873
2018	—	—	—	11697
2019	—	—	—	9702

资料来源：国家统计局网站（http://data.stats.gov.cn）。

表32-2 焦炭新增生产能力

单位：万吨/年

年份 \ 指标	焦炭生产建设规模	焦炭生产施工规模	焦炭生产新开工规模	焦炭生产新增生产能力
2001	—	—	—	1014
2002	—	—	—	1169
2003	—	11091	9674	4092
2004	—	—	—	9284
2005	—	18481	10099	7337
2006	—	13060	5790	5113
2007	—	13359	7453	4554
2008	19112	17169	10249	4203
2009	21959	18462	9077	6327
2010	25014	20435	11182	7729
2011	23010	18661	9318	7078
2012	22369	17968	7126	6125
2013	21741	16980	7300	6692
2014	14968	12039	4816	4996
2015	9909	7311	2192	2622
2016	5727	4733	1557	1541
2017	—	—	—	1853
2018	—	—	—	1470
2019	—	—	—	923

资料来源：国家统计局网站（http：//data.stats.gov.cn）。

表32-3 分地区煤炭矿区数

单位：个

地区 \ 年份	2008	2009	2012	2013	2014	2015	2015年占比（%）
全国	8672	8932	7588	7609	7703	7744	100
北京	34	34	29	29	29	29	0.4
天津	2	2	2	2	2	2	0.0
河北	242	246	147	149	149	151	1.9
山西	656	656	608	613	617	622	8.0
内蒙古	491	512	408	413	410	413	5.3
辽宁	481	486	275	277	277	277	3.6
吉林	472	450	384	368	370	371	4.8
黑龙江	228	234	227	233	230	231	3.0
江苏	126	127	96	96	96	96	1.2

续表

年份地区	2008	2009	2012	2013	2014	2015	2015年占比（%）
浙江	68	68	56	56	56	56	0.7
安徽	217	220	213	217	217	217	2.8
福建	251	245	208	206	207	207	2.7
江西	483	479	165	167	167	167	2.2
山东	301	301	183	186	188	189	2.4
河南	297	300	257	230	252	269	3.5
湖北	277	282	285	286	288	290	3.7
湖南	619	620	336	340	341	341	4.4
广东	188	188	170	170	170	170	2.2
广西	176	179	135	137	141	123	1.6
海南	8	8	3	2	3	3	0.0
重庆	214	223	340	324	326	330	4.3
四川	574	614	621	599	599	583	7.5
贵州	839	959	780	794	805	818	10.6
云南	374	390	455	476	485	487	6.3
西藏	23	23	23	23	24	24	0.3
陕西	210	219	224	229	237	240	3.1
甘肃	213	221	206	208	209	212	2.7
青海	85	89	95	108	116	116	1.5
宁夏	90	92	125	122	122	122	1.6
新疆	433	465	532	549	570	586	7.6

资料来源：国土资源部历年《全国矿产资源储量通报》。

二、石油设施

如表32-4~表32-11所示。

表32-4 原油开采新增生产能力

单位：万吨/年

年份\指标	建设规模	施工规模	新开工规模	累计新增生产能力	新增生产能力
2001	—	—	—	—	1931
2002	—	—	—	—	2541
2003	—	2218	1891	—	1716

续表

年份\指标	建设规模	施工规模	新开工规模	累计新增生产能力	新增生产能力
2004	—	—	—	—	2468
2005	—	2628	2354	—	2388
2006	—	2137	1971	—	1602
2007	—	3697	2518	—	1956
2008	2676	2199	1866	1978	1765
2009	3259	2803	1415	2930	2559
2010	5904	4062	3635	4412	3553
2011	47719	4168	2865	3815	3490
2012	3927	3144	2800	3178	2494
2013	4875	3087	2791	4004	2731
2014	3663	2994	2779	3256	2717
2015	4737	4689	4088	4293	3666
2016	4132	3348	2801	2756	2724

资料来源：国家统计局网站（http://data.stats.gov.cn）。

表 32-5　OPEC 原油产能国际比较

单位：百万桶

国家/地区	日均生产量	国家/地区	日均生产量	国家/地区	日均生产量
OPEC	34	科威特	2.9	刚果	0.3
沙特阿拉伯	12.1	尼日利亚	1.8	几内亚	0.1
伊拉克	4.9	安哥拉	1.4	加蓬	0.2
阿联酋	3.7	阿尔及利亚	1	委内瑞拉	0.6
伊朗	3.8	利比亚	1.1		

注：本表数据为 2020 年数据。
资料来源：IEA, *Market Report: Oil*（2021 edition）。

表 32-6　预计新增石油化工能力国际比较

国家/地区	地点	预计容量 千吨/年	产物	最大产能 千桶/日	预计投产时间
比利时	安特卫普	1000	乙烷	55	2023
中国	漳州	800	石脑油	65	2022
中国	库尔勒	600	石脑油	48	2025
埃及	埃因苏赫纳	1500	石脑油	121	2023

续表

国家/地区	地点	预计容量 千吨/年	产物	最大产能 千桶/日	预计投产时间
印度	巴廷达	1200	石脑油/煤油	97	2022
印度尼西亚	默拉克	1000	石脑油	81	2023
伊朗	代赫洛兰	500	乙烷	28	2024
伊朗	加纳韦	500	乙烷	28	2025
俄罗斯	下卡姆斯克	650	乙烷/石脑油	43	2023
俄罗斯	斯沃博德内	1200	乙烷/丙烷	73	2025
俄罗斯	纳霍德卡	1400	乙烷	78	2026
沙特阿拉伯	延步	2000	石脑油	161	2026
韩国	瑞山	750	石脑油/液化石油气	57	2022
韩国	丽水	700	石脑油	56	2023
泰国	麦普塔普特	525	石脑油/液化石油气	40	2022
美国	莫纳卡	1497	乙烷	83	2022
美国	科珠斯克里斯蒂	1800	乙烷	100	2023
美国	圣詹姆斯	1200	乙烷	67	2024
阿联酋	鲁崴斯	1500	乙烷	83	2025

注：本表数据为2021年数据。
资料来源：IEA，*Market Report：Oil*（2021 edition）。

表32-7 炼油能力国际比较

单位：亿吨/年

国家/地区 \ 年份	2012	2013	2014	2015	2016	2017	2018	2019	2019年占比（%）
世界	47.24	47.72	48.29	48.51	48.77	49.00	49.70	50.46	100.0
OECD成员国	22.43	22.19	21.99	22.09	22.13	22.03	22.31	22.48	44.6
非OECD成员国	24.81	25.53	26.30	26.42	26.64	26.97	27.39	27.98	55.4
美国	8.87	8.93	8.95	9.12	9.27	9.25	9.34	9.45	18.7
中国	6.81	7.22	7.59	7.48	7.42	7.58	7.80	8.07	16.0
欧盟	7.30	7.11	7.05	7.08	6.97	6.96	6.98	7.00	13.9
俄罗斯	2.90	3.13	3.20	3.25	3.28	3.29	3.29	3.35	6.6
印度	2.13	2.15	2.15	2.15	2.30	2.34	2.47	2.49	4.9
韩国	1.43	1.43	1.55	1.56	1.62	1.64	1.67	1.69	3.3
日本	2.12	2.05	1.87	1.85	1.79	1.66	1.66	1.66	3.3
沙特阿拉伯	1.05	1.25	1.44	1.44	1.44	1.41	1.41	1.41	2.8
伊朗	0.97	0.99	0.99	0.99	0.99	1.06	1.12	1.20	2.4
巴西	1.00	1.05	1.12	1.14	1.14	1.14	1.14	1.14	2.3

续表

年份 国家/地区	2012	2013	2014	2015	2016	2017	2018	2019	2019年占比（%）
德国	1.05	1.03	1.04	1.02	1.02	1.03	1.04	1.04	2.1
加拿大	1.00	0.96	0.96	0.96	0.96	0.98	1.01	1.02	2.0
意大利	1.05	0.93	0.95	0.95	0.95	0.95	0.95	0.95	1.9
西班牙	0.77	0.77	0.77	0.78	0.78	0.78	0.78	0.79	1.6
墨西哥	0.80	0.80	0.76	0.76	0.76	0.77	0.78	0.78	1.5
新加坡	0.71	0.70	0.75	0.75	0.75	0.75	0.75	0.75	1.5
荷兰	0.64	0.64	0.64	0.65	0.65	0.65	0.65	0.65	1.3
阿联酋	0.35	0.35	0.36	0.57	0.57	0.61	0.61	0.65	1.3
委内瑞拉	0.65	0.65	0.65	0.65	0.65	0.65	0.65	0.65	1.3
法国	0.75	0.68	0.68	0.68	0.62	0.62	0.62	0.62	1.2
泰国	0.61	0.62	0.62	0.62	0.61	0.61	0.61	0.61	1.2
英国	0.76	0.75	0.67	0.67	0.61	0.61	0.61	0.61	1.2
印度尼西亚	0.55	0.55	0.55	0.55	0.55	0.55	0.54	0.54	1.1
伊拉克	0.48	0.41	0.39	0.38	0.39	0.39	0.42	0.46	0.9
土耳其	0.30	0.30	0.30	0.30	0.30	0.30	0.41	0.41	0.8

注：每吨按7.33桶折算；^表示数值小于0.5。

资料来源：BP Statistical Review of World Energy 2020：A Pivotal Moment。

表 32-8　日均炼油能力国际比较

单位：万桶/日

年份 国家/地区	2011	2012	2013	2014	2015	2016	2017	2018	2019	2019年占比（%）
世界	9446	9488	9583	9698	9742	9794	9842	9981	10134	100
OECD成员国	4522	4505	4456	4417	4437	4445	4425	4481	4514	44.5
非OECD成员国	4924	4983	5127	5281	5305	5349	5417	5500	5620	55.5
美国	1737	1782	1793	1797	1832	1862	1857	1876	1897	18.7
中国	1301	1368	1450	1525	1502	1490	1523	1566	1620	16.0
欧盟	1522	1467	1428	1416	1421	1399	1398	1402	1405	13.9
俄罗斯	572	582	628	642	652	659	660	660	672	6.6
印度	379	428	432	432	431	462	470	497	501	4.9
韩国	286	288	288	312	313	326	330	335	339	3.3
日本	427	425	412	375	372	360	334	334	334	3.3
沙特阿拉伯	211	211	251	290	290	290	283	284	284	2.8
伊朗	186	195	199	199	199	199	213	224	241	2.4
巴西	201	200	210	224	228	229	229	229	229	2.3
德国	208	210	206	208	205	205	207	208	208	2.1
加拿大	200	201	193	193	193	193	197	203	205	2.0

续表

年份 国家/地区	2011	2012	2013	2014	2015	2016	2017	2018	2019	2019年占比（%）
意大利	228	210	186	190	190	190	190	190	190	1.9
西班牙	154	155	155	155	156	156	156	156	159	1.6
墨西哥	161	161	161	152	152	152	155	156	156	1.5
新加坡	143	142	141	151	151	151	151	151	151	1.5
荷兰	128	128	128	128	130	130	130	130	131	1.3
阿联酋	71	71	71	73	115	115	123	123	131	1.3
委内瑞拉	130	130	130	130	130	130	130	130	130	1.3
法国	161	151	137	137	137	125	125	125	125	1.2
泰国	123	123	124	125	125	123	123	123	123	1.2
英国	179	153	150	134	134	123	123	123	123	1.2
印度尼西亚	110	110	110	110	111	111	111	109	109	1.1
伊拉克	94	97	82	79	76	78	78	85	92	0.9
土耳其	60	60	60	60	60	60	60	82	82	0.8

资料来源：BP Statistical Review of World Energy 2020：A Pivotal Moment。

表32-9　分地区炼油能力及结构

年份	指标 能力/占比	华北	东北	华南	华东	西北	华中	西南	合计
2011	能力（万吨/年）	14600	11000	9130	7680	7800	3540	200	53950
	占比（%）	27.1	20.4	16.9	14.2	14.5	6.6	0.4	100
2012	能力（万吨/年）	17150	11850	10030	8130	8220	3840	200	59420
	占比（%）	28.9	19.9	16.9	13.7	13.8	6.5	0.3	100
2013	能力（万吨/年）	21860	12210	9900	9690	7950	4440	200	66250
	占比（%）	33	18.4	14.9	14.6	12	6.7	0.3	100
2014	能力（万吨/年）	22960	12210	11300	10140	7950	4440	1200	70200
	占比（%）	32.7	17.4	16.1	14.4	11.3	6.3	1.7	100
2015	能力（万吨/年）	27172	12249	11380	10115	8510	4740	1200	75366
	占比（%）	36.1	16.3	15.1	13.4	11.3	6.3	1.6	100
2016	能力（万吨/年）	29921	12569	11530	10365	8610	4960	1200	79155
	占比（%）	37.8	15.9	14.6	13.1	10.9	6.3	1.5	100
2017	能力（万吨/年）	29691	12489	12530	10365	8610	4730	2500	80915
	占比（%）	36.7	15.4	15.5	12.8	10.6	5.8	3.1	100
2018	能力（万吨/年）	30166	14489	12530	10115	8610	4730	2500	83140
	占比（%）	36.3	17.4	15.1	12.2	10.4	5.7	3.0	100

注：华北指京、津、冀、晋、豫、鲁；东北指辽、吉、黑、蒙；华南指粤、闽、琼、桂；华东指沪、浙、苏；西北指新、甘、青、陕、宁；华中指湘、皖、赣、鄂；西南指滇、川、渝、贵。

资料来源：中石油经济技术研究院历年《国内外油气行业发展报告》。

表32-10 管道输油（气）里程

年份	绝对额（万公里）	增速（%）	年份	绝对额（万公里）	增速（%）
2000	2.47	-0.8	2011	8.33	6.1
2001	2.76	11.7	2012	9.16	10.0
2002	2.98	8.0	2013	9.85	7.5
2003	3.26	9.4	2014	10.57	7.3
2004	3.82	17.2	2015	10.87	2.8
2005	4.4	15.2	2016	11.34	4.3
2006	4.81	9.3	2017	11.93	5.2
2007	5.45	13.3	2018	12.23	2.5
2008	5.83	7.0	2019	12.66	3.5
2009	6.91	18.5	2020	13.42	6.0
2010	7.85	13.6			

资料来源：国家统计局网站（http：//data.stats.gov.cn）。

表32-11 新建的成品油管道

运输介质	项目名称	起止点/所在地	投产时间	管道长度（千米）	设计输送能力（万吨/年，亿立方米/年）
成品油	甬台温管道	算山首站/浙江宁波—瑞安末站/浙江温州	2018年3月	408.82	460
	钦南柳成品油管道	钦州—柳州	2018年8月	363.65	500/300
	抚顺—锦州成品油管道	辽阳—锦州	2018年9月	372	750
	南武管道	南疆（天津）—武清	2018年11月	172.99	155
	荆门—襄阳	湖北荆门—湖北襄阳	2019年6月	128.75	350
	合六支线	安徽合肥—安徽六安	2019年8月	99.99	140
	合计			1546.2	1855

注：本表数据为2018年1月至2021年4月数据。
资料来源：国家管网网站（https：//www.pipechina.com.cn）。

三、天然气设施

如表32-12~表32-18所示。

表 32-12 天然气开采新增生产能力

单位：亿立方米/年

年份\指标	建设规模	施工规模	新开工规模	累计新增生产能力	新增生产能力
2001	—	—	—	—	18
2002	—	—	—	—	164
2003	—	54	54	—	54
2004	—	—	—	—	114
2005	—	153	153	—	129
2006	—	120	107	—	76
2007	—	289	237	—	113
2008	144	139	72	62	61
2009	46	30	24	25	20
2010	664	587	477	208	189
2011	507	464	386	368	315
2012	459	362	275	322	274
2013	617	280	142	370	146
2014	456	321	225	207	157
2015	819	388	269	420	176
2016	371	231	199	174	158
2017	—	—	—	—	168
2018	—	—	—	—	46

资料来源：国家统计局网站（http://data.stats.gov.cn）。

表 32-13 新建成的天然气管道

运输介质	项目名称	起止点/所在地	管道长度（千米）	设计输送能力（亿立方米/年）	投产时间
天然气	鄱阳支线	芦田站—鄱阳站	7.1	0.6	2016年3月
	孝潜线管道	湖北潜江市—湖北孝感市	181.3	4	"潜江至天门"段2013年7月投产试运行，孝潜线"天门至孝昌"段2016年3月投产试运行
	海南LNG复线管道	海南洋浦经济开发区LNG接收站至海南省澄迈县海文管线三通处	112.93	38	2016年8月
	西气东输三线吉安—福州段	吉安—福州	903.4	100	2016年10月
	中原—开封输气管道	濮阳—菏泽—开封	191.1	30	2016年12月

续表

运输介质	项目名称	起止点/所在地	管道长度（千米）	设计输送能力（亿立方米/年）	投产时间
天然气	川气东送江苏配套管线金武管道江苏国信宜兴燃机热电联产天然气支线项目	宜兴高塍分输站—宜兴协联电厂	13	84	2016年12月
	宜丰支线	上高站—宜丰站	17.9	2	2017年5月
	东乡支线	虎圩阀室—东乡计量站	0.8	1	2017年7月
	西气东输三线中卫—靖边联络线	中卫—靖边	377	300	2017年11月
	陕京四线	靖边首站、高丽营分输站、西沙屯分输站	1246	250	2017年11月
	川气入湘管道	湖北荆州市—湖北荆州市	16.77	1.5	2018年8月
	广西管道干线	北海—柳州	501.97	80	2018年9月
	柳州支线	柳州—柳州	29.4	5.5	2018年11月
	乐平支线	鱼山阀室下游—乐平站	0.23	2.8	2018年11月
	鄂安沧输气管道	沧州首站、安平分输站、鹿泉分输站	700	70	2018年12月
	孝大线管道（孝昌至杨寨段）	湖北孝感市—湖北随州市	45	1.18	2019年5月
	中俄东线北段	黑河首站、长岭分输站	813.35	380	2019年12月
	天津LNG外输管道	天津LNG接收站、邹平末站	579.6	103	2019年12月
	重庆管道	南川—王场	195.3	100	2019年12月
	粤西支线	北海—湛江	131.29	33	2020年5月
	粤北天然气主干管网韶关—广州干线项目	韶关末站、鳌头首站	238	42	2020年12月
	潜江—韶关输气管道	潜江枢纽站、衡阳分输站清管、韶关末站	835	近期90亿立方米/年，远期168亿立方米/年	2021年1月、2021年10月
	合计		7136	1629	—

注：本表数据为2018年1月至2021年4月数据。

资料来源：国家管网网站（https://www.pipechina.com.cn）。

表 32-14 投产 LNG 接收站

储运介质	项目名称	起止点/所在地	长度（千米）	设计接收能力（亿立方米/年）	投产时间
天然气	北海 LNG 接收站	LNG 接收站到北海首站	9.4	600	2016 年 4 月
	深圳 LNG	深圳大鹏	350/350/1.9	400	2018 年 11 月
	广西防城港 LNG 接收站	广西防城港市	1.9	60	2019 年 4 月
	粤东 LNG 接收站	广东省揭阳市	14.98	200	2018 年 1 月
	海南 LNG 接收站	海南洋浦经济开发区	22.8	300	2014 年 8 月
	大连 LNG 接收站	辽宁省大连市	0	600	2011 年 11 月
合计			49.08	2160	—

注：本表数据为 2018 年 1 月至 2021 年 4 月数据。
资料来源：国家管网网站（https://www.pipechina.com.cn）。

表 32-15 LNG 接收站剩余接收能力

储运介质	项目名称	起止点/所在地	码头接收剩余能力（万吨）	储罐周转剩余能力（万吨）	外输设施剩余能力（万吨）	备注
天然气	北海 LNG 接收站	LNG 接收站到北海首站	0.0	33.0	7.4	—
	天津 LNG 接收站	—	0.0	2.5	22.6	夏季期间续租 FSRU，相应调整储罐及外输能力
	深圳 LNG 接收站	深圳大鹏	0.0	0.0	0.0	
	防城港 LNG 接收站	广西防城港市	0.0	0.0	4.7	
	粤东 LNG 接收站	—	6.5	6.5	2.5	粤东 LNG 外输管道投产，增加气化外输
	海南 LNG 接收站	海南洋浦经济开发区	28.8	39.3	18.6	—
	大连 LNG 接收站	—	22.5	5.7	27.4	
合计			57.8	87.0	83.2	—

注：本表数据为 2020 年 12 月数据。
资料来源：国家管网网站（https://www.pipechina.com.cn）。

表 32-16 部分在建及规划 LNG 接收站项目

项目名称	所在位置	所属公司	预计投产时间	年规模（万吨/年）
曹妃甸新天唐山 LNG 启山	河北	河北建投	2021 年	1200
中海油天津 LNG 二期项目	天津	国家管网、中海油	2021 年	600
北京燃气天津南港 LNG 应急储备项目	天津	北京燃气	2022 年	500
龙口南山 LNG 接收站项目一期	山东	国家管网	2021 年	500
东营港 LNG 接收站	山东	鲁信集团、海诺港务	2022 年	200

续表

项目名称	所在位置	所属公司	预计投产时间	年规模（万吨/年）
龙口港 LNG 接收站	山东	中海油、龙口港集团	2021 年	600
华电赣榆 LNG 接收站	江苏	华电	2021 年	600
中海油滨海 LNG 接收站	江苏	中海油	2023 年	600
中天江阴 LNG 储配站项目	江苏	中天	2021 年	200
温州液化天然气 LNG 项目	浙江	浙江浙能	2022 年	300
浙江嘉兴 LNG 应急调峰储运站	浙江	杭州、嘉兴燃气	2021 年	100
新奥舟山接收站及加注站二期	浙江	新奥	2021 年	200
玉环市大麦屿能源 LNG 中转储运项目	浙江	君安能源	2021 年	200
漳州 LNG 接收站项目	福建	国家管网、中海油	2022 年	300
中国国储漳州 LNG 接收站项目	福建	中国国储	—	300
阳江 LNG 调峰储气库	广东	粤电、太平洋油气	2024 年	100
潮州华丰中天 LNG 储配站	广东	中天能源	2021 年	100
广州 LNG 应急调峰气源站	广东	广州燃气	2022 年	100
中石油深圳 LNG 接收站	广东	中石油	2022 年	600
惠州 LNG 接收站	广东	广东能源	2023 年	280
潮州华瀛 LNG 接收站	广东	华瀛天然气	2023 年	300
珠海直湾岛 LNG 接收站	广东	澳门天然气	2025 年	500
江门广海湾 LNG 接收站	广东	九丰	—	600
茂名协鑫粤西 LNG 接收站	广东	协鑫	2023 年	600
揭阳 LNG 项目	广东	中石油	2023 年	650
合计				9730

注：本表数据截至 2020 年底。

资料来源：中石油经济技术研究院，由前瞻产业研究院整理。

表 32-17 已建地下储气库

储气库	所属公司	配套管道	类型	工作气能力（亿立方米）	最大注入率（万立方米/日）	投产时间
大港板桥储气库群（6 座）	中石油	大庆	枯竭	0.17	—	1969 年
喇嘛甸	中石油	大庆	枯竭	1	—	1975 年
大张坨	中石油	大港	枯竭	6	320	1999 年起陆续投产
板 876	中石油	大港	枯竭	2.17	100	
板中北	中石油	大港	枯竭	10.97	300	
板中南	中石油	大港	枯竭	4.7	225	
板 808	中石油	大港	枯竭	4.17	360	
板 828	中石油	大港	枯竭	2.57	360	

续表

储气库	所属公司	配套管道	类型	工作气能力（亿立方米）	最大注入率（万立方米/日）	投产时间
金坛	中石油	江苏	盐穴	1.8	—	2007年
京51	中石油	华北	枯竭	1.2	—	2010年
京58	中石油	华北	枯竭	3.9	—	2010年
永22	中石油	华北	枯竭	3	—	2010年
刘庄	中石油	江苏	枯竭	2.45	—	2011年
文96	中石化	中原	枯竭	2.95	—	2012年
双6	中石油	辽河	枯竭	16	—	2013年
呼图壁	中石油	新疆	枯竭	45	1123	2013年
相国寺	中石油	重庆	枯竭	23	1380	2013年
苏桥储气库群一期	中石油	华北	枯竭	23	1300	2013年
板南	中石油	大港	枯竭	5	240	2013年
云应	中石油	湖北	盐穴	6	—	2015年
港华金坛	港华燃气	江苏	盐穴	2.18	—	2016年
云应	中石油	湖北	盐穴	6	—	2015年
港华金坛	港华燃气	江苏	盐穴	2.18	—	2016年
中石化金坛	中石化	江苏	盐穴	7	—	2017年
港华金坛	香港中华煤气、中盐金坛盐化有限责任公司	江苏	盐穴	45	—	2018年
文23	中石化	中原	盐穴	2	—	2019年
合计				229.41	—	—

注：本表数据截至2020年底；苏桥储气库群一期包括苏1、苏20、苏4、苏49、顾辛庄五座储气库。

资料来源：1969~2016年数据来自中石油经济技术研究院历年《国内外油气行业发展报告》；2016~2019年数据来自重庆石油天然气交易中心。

表32-18 部分在建及规划地下储气库

所属公司	储气库	地点	设计库容（亿立方米）	类型	状态
中石油	驴驹河储气库	天津	5.7	枯竭	开工
	兴9储气库	河北	15.42	枯竭	前期
	南堡储气库	河北	—	枯竭	前期
	苏203、苏39-61	内蒙古	—	枯竭	前期
	辽河储气库群	辽宁	241	枯竭	开工
	双坨子储气库	吉林	11.21	枯竭	前期
	升平储气库	黑龙江	150	枯竭	开工
	升深2-1、四站、朝51储气库	黑龙江	—	枯竭	前期
	铜锣峡储气库	重庆	15	枯竭	前期

续表

所属公司	储气库	地点	设计库容（亿立方米）	类型	状态
中石油	黄草峡储气库	重庆	19.4	枯竭	前期
	万顺场储气库	重庆	58.7	枯竭	规划
	沙坪场储气库	重庆	200	枯竭	规划
	寨沟湾储气库	重庆	—	枯竭	规划
	老翁场储气库	四川	18.5	枯竭	前期
	牟家坪储气库	四川	10.5	枯竭	前期
	沈公山储气库	四川	—	枯竭	规划
	兴隆场储气库	四川	—	枯竭	规划
	陕43储气库	陕西	20.8	枯竭	规划
	温吉桑储气库群	新疆	56	枯竭	开工
	淮安储气库	江苏	12.2	盐穴	开工
	平顶山储气库	河南	18	盐穴	前期
	云应储气库	湖北	8.5	盐穴	前期
	衡阳储气库	湖南	10	盐穴	规划
	白驹储气库	浙江	—	含水层	规划
	麻丘储气库	江西	18.43	含水层	规划
中石化	广华沙岩油藏	湖北	34.5	枯竭	规划
	金坛储气库二期、三期	江苏	11.79	盐穴	开工
	黄场储气库	湖北	52	盐穴	规划
	江汉盐穴储气库	湖北	48.09	盐穴	开工
港华	金坛储气库二期	江苏	3.1	盐穴	开工

注：本表数据截至2020年底。
资料来源：重庆石油天然气交易中心。

四、电力设施

如表32-19~表32-25所示。

表32-19 发电装机容量及增速

指标 年份	发电装机容量		人均发电装机容量	
	绝对额（万千瓦）	增速（%）	绝对额（千瓦）	增速（%）
2001	33849	6.0	0.27	8.0
2002	35657	5.3	0.28	3.7
2003	39141	9.8	0.30	7.1

续表

指标 年份	发电装机容量 绝对额（万千瓦）	发电装机容量 增速（%）	人均发电装机容量 绝对额（千瓦）	人均发电装机容量 增速（%）
2004	44239	13.0	0.34	13.3
2005	51718	16.9	0.40	17.6
2006	62370	20.6	0.47	17.5
2007	71822	15.2	0.54	14.9
2008	79273	10.4	0.60	11.1
2009	87410	10.3	0.65	8.3
2010	96641	10.6	0.72	10.8
2011	106253	9.9	0.79	9.7
2012	114676	7.9	0.85	7.6
2013	125768	9.7	0.93	9.4
2014	137887	9.6	1.01	8.6
2015	152527	10.6	1.11	9.9
2016	165051	8.2	1.20	8.1
2017	177708	7.7	1.28	6.7
2018	190012	6.9	1.36	6.3
2019	201066	5.8	1.44	5.9
2020	220058	9.4	1.56	8.3

注：人均量根据年中人口数计算。

资料来源：2001~2020年人口数据来自国家统计局《中国统计年鉴2021》；2001~2019年发电装机容量数据来自《中国电力统计年鉴2020》；2020年发电装机容量数据来自国家统计局《中华人民共和国2020年国民经济和社会发展统计公报》。

表32-20 发电装机容量国际比较

指标 国家/地区	2011年 发电装机容量（亿千瓦）	2012年 发电装机容量（亿千瓦）	2013年 发电装机容量（亿千瓦）	2014年 发电装机容量（亿千瓦）	2015年 发电装机容量（亿千瓦）	2016年 发电装机容量（亿千瓦）	2017年 发电装机容量（亿千瓦）
世界	52.58	54.20	58.76	61.62	63.85	67.15	—
中国	10.63	11.47	12.58	13.70	15.25	16.51	17.77
美国	10.55	10.68	10.65	10.73	10.72	10.87	11.00
日本	2.92	2.95	3.03	3.17	3.18	3.22	3.35
德国	1.63	1.77	1.86	1.97	2.04	2.09	2.15
巴西	—	—	1.21	1.34	1.41	1.50	—
加拿大	1.39	1.34	1.33	1.37	1.48	1.44	1.48
法国	1.31	1.29	1.30	1.29	1.29	1.31	1.33
意大利	1.18	1.24	1.25	1.22	1.17	1.44	1.14
韩国	0.85	0.94	0.92	1.00	1.03	1.11	1.23

续表

国家/地区 \ 指标	2011年 发电装机容量（亿千瓦）	2012年 发电装机容量（亿千瓦）	2013年 发电装机容量（亿千瓦）	2014年 发电装机容量（亿千瓦）	2015年 发电装机容量（亿千瓦）	2016年 发电装机容量（亿千瓦）	2017年 发电装机容量（亿千瓦）
西班牙	1.03	1.05	1.06	1.06	1.07	1.06	1.04
英国	0.94	0.95	0.92	0.97	0.95	0.98	1.03
澳大利亚	0.61	0.63	0.64	0.67	0.68	0.67	0.66
南非	—	—	0.45	0.47	0.47	0.48	—

资料来源：中国电力企业联合会《中国电力统计年鉴2020》。

表32-21 分地区发电装机容量

单位：万千瓦

地区 \ 年份	2011	2012	2013	2014	2015	2016	2017	2018	2019	2019年占比（%）
北京	634	731	792	1090	1086	1103	1219	1276	1304	0.6
天津	1097	1134	1137	1357	1324	1467	1499	1709	1842	0.9
河北	4450	4868	5220	5544	5778	6275	6807	7427	8319	4.1
山西	4987	5455	5767	6304	6966	7640	8073	8758	9249	4.6
内蒙古	7506	7840	8485	9273	10397	11045	11826	12285	12931	6.4
辽宁	3400	3807	3966	4192	4322	4601	4869	5192	5370	2.7
吉林	2305	2399	2518	2560	2611	2716	2864	3055	3122	1.6
黑龙江	2087	2173	2393	2499	2647	2783	2969	3129	3246	1.6
上海	1966	2146	2162	2184	2344	2371	2400	2525	2664	1.3
江苏	7004	7544	8241	8611	9541	10160	11469	12657	13288	6.6
浙江	6063	6164	6478	7412	8158	8331	8899	9565	9789	4.9
安徽	3179	3532	3933	4322	5161	5733	6468	7089	7394	3.7
福建	3717	3885	4201	4449	4919	5210	5597	5770	5909	2.9
江西	1806	1947	1999	2078	2389	2866	3167	3554	3782	1.9
山东	6805	7315	7718	7971	9716	10942	12556	13107	14044	7.0
河南	5324	5765	6052	6196	6744	7218	7880	8680	9306	4.6
湖北	5314	5787	5896	6213	6411	6745	7124	7401	7862	3.9
湖南	3112	3297	3364	3567	3889	4121	4277	4522	4669	2.3
广东	7624	7810	8598	9163	9817	10457	10968	11929	12870	6.4
广西	2707	3037	3140	3215	3458	4152	4332	4513	4615	2.3
海南	423	502	497	504	635	745	786	919	918	0.5
重庆	1296	1340	1509	1774	2109	2178	2326	2386	2448	1.2
四川	4787	5459	6862	7874	8673	9108	9721	9833	9929	4.9
贵州	3901	4010	4476	4669	5066	5510	5778	6039	6599	3.3

续表

年份\地区	2011	2012	2013	2014	2015	2016	2017	2018	2019	2019年占比（%）
云南	4047	4825	5979	7078	7915	8645	8957	9341	9620	4.8
西藏	97	102	110	144	196	233	281	304	327	0.2
陕西	2460	2494	2590	2866	3389	3740	4192	5443	6242	3.1
甘肃	2745	2916	3489	4191	4643	4825	4995	5113	5268	2.6
青海	1422	1470	1710	1829	2074	2345	2543	2800	3168	1.6
宁夏	1848	1972	2231	2424	3157	3675	4188	4715	5296	2.6
新疆	2138	2952	4254	5464	6992	8109	8679	8978	9614	4.8

资料来源：2011~2018年数据来自中国电力企业联合会历年《电力工业统计资料汇编》；2019年数据来自中国电力企业联合会《中国电力统计年鉴2020》。

表32-22 分电源发电装机容量及结构

单位：万千瓦

电源\年份	火电 容量	火电 结构（%）	水电 容量	水电 结构（%）	核电 容量	核电 结构（%）	风电 容量	风电 结构（%）	太阳能发电 容量	太阳能发电 结构（%）	总计 容量	总计 结构（%）
2011	76834	72.3	23298	21.9	1257	1.2	4623	4.4	222	0.2	106253	100
2012	81968	71.5	24947	21.8	1257	1.1	6142	5.4	341	0.3	114676	100
2013	87009	69.2	28044	22.3	1466	1.2	7652	6.1	1589	1.3	125768	100
2014	93232	67.6	30486	22.1	2008	1.5	9657	7	2486	1.8	137887	100
2015	100554	65.9	31954	20.9	2717	1.8	13075	8.6	4218	2.8	152527	100
2016	106094	64.3	33207	20.1	3364	2	14747	9	7631	4.7	165051	100
2017	110495	62.2	34359	19.2	3582	2	16325	9.2	12942	7.3	177708	100
2018	114408	60.2	35259	18.6	4466	2.4	18427	9.7	17433	9.2	190012	100
2019	119055	59.2	35640	17.7	4874	2.4	21005	10.4	20468	10.2	201066	100
2020	124517	56.6	37016	16.8	4989	2.3	28153	12.8	25343	11.5	220058	100

资料来源：2011~2019年数据来自中国电力企业联合会《中国电力统计年鉴2020》；2020年数据来自国家统计局《中华人民共和国2020年国民经济和社会发展统计公报》。

表32-23 分电源发电装机结构国际比较

单位：%

电源\国家/地区	火电	水电	核电	地热、风能、太阳能发电等
世界	56.4	16.20	10.1	17.3
中国	62.2	19.30	2.0	16.5
OECD成员国	56.6	16.30	9.9	17.2

续表

国家/地区 \ 电源	火电	水电	核电	地热、风能、太阳能发电等
美国	69.3	9.30	9.1	12.3
加拿大	25.3	54.70	9.5	10.4
法国	16.5	19.30	47.4	16.8
意大利	53.7	19.60	0.0	26.7
澳大利亚	69.2	12.50	0.0	18.3
德国	44.1	5.20	5.0	45.7
英国	56.9	4.40	9.1	29.5

注：本表数据为2017年数据。
资料来源：IEA，*Electricity Information*（2019）。

表 32-24　各地区分电源发电装机容量

单位：万千瓦

地区 \ 电源	火电	水电	核电	风电	太阳能发电	总计
全国	118957	35804	4810	21005	20430	201006
北京	1135	99	0	19	51	1304
天津	1639	1	0	60	143	1842
河北	5021	182	0	1639	1474	8319
山西	6687	223	0	1251	1088	9249
内蒙古	8721	239	0	3007	1081	12931
辽宁	3446	302	448	832	343	5370
吉林	1845	445	0	557	274	3122
黑龙江	2253	108	0	611	274	3246
上海	2475	0	0	81	109	2664
江苏	10050	265	441	1041	1486	13288
浙江	6212	1170	250	160	1339	9789
安徽	5521	345	0	274	1254	7394
福建	3172	1321	871	376	169	5909
江西	2205	661	218	286	630	3782
山东	10713	108	250	1354	1619	14044
河南	7050	408	0	794	1054	9306
湖北	3157	3679	0	405	621	7862
湖南	2280	1612	0	427	344	4669
广东	8628	1576	1614	443	610	12870
广西	2294	1681	217	287	135	4615

续表

地区\电源	火电	水电	核电	风电	太阳能发电	总计
海南	465	154	130	29	140	918
重庆	1548	772	0	64	65	2448
四川	1570	7846	0	325	188	9929
贵州	3410	2223	0	457	510	6599
云南	1509	6873	0	863	375	9620
西藏	42	170	0	0.8	110	327
陕西	4380	391	0	532	939	6242
甘肃	2104	943	0	1297	908	5268
青海	393	1192	0	462	1101	3168
宁夏	3219	43	0	1116	918	5296
新疆	5813	773	0	1956	1080	9614

注：本表数据为2019年数据。

资料来源：火电、水电、总计数据来自中国电力企业联合会《中国电力统计年鉴2020》；风电、太阳能发电数据来自能源统计局《2019年风电并网运行情况》《2019年光伏并网运行情况》；核电数据根据中国核能行业协会《2019年1—12月全国核电运行情况》计算得到。

表32-25 各地区分电源发电装机结构

单位：%

地区\电源	火电	水电	核电	风电	太阳能发电
全国	59.2	17.8	2.4	10.4	10.2
北京	87.0	7.6	0	1.5	3.9
天津	89.0	0.1	0	3.3	7.8
河北	60.4	2.2	0	19.7	17.7
山西	72.3	2.4	0	13.5	11.8
内蒙古	67.4	1.8	0	23.3	8.4
辽宁	64.2	5.6	8.3	15.5	6.4
吉林	59.1	14.3	0	17.8	8.8
黑龙江	69.4	3.3	0	18.8	8.4
上海	92.9	0	0	3.0	4.1
江苏	75.6	2	3.3	7.8	11.2
浙江	63.5	12	2.6	1.6	13.7
安徽	74.7	4.7	0	3.7	17
福建	53.7	22.4	14.7	6.4	2.9
江西	58.3	17.5	5.8	7.6	16.7

续表

电源\地区	火电	水电	核电	风电	太阳能发电
山东	76.3	0.8	1.8	9.6	11.5
河南	75.8	4.4	0	8.5	11.3
湖北	40.2	46.8	0	5.2	7.9
湖南	48.8	34.5	0	9.1	7.4
广东	67.0	12.2	12.5	3.4	4.7
广西	49.7	36.4	4.7	6.2	2.9
海南	50.7	16.8	14.2	3.2	15.3
重庆	63.2	31.5	0	2.6	2.7
四川	15.8	79	0	3.3	1.9
贵州	51.7	33.7	0	6.9	7.7
云南	15.7	71.4	0	9.0	3.9
西藏	12.8	52	0	0.2	33.6
陕西	70.2	6.3	0	8.5	15
甘肃	39.9	17.9	0	24.6	17.2
青海	12.4	37.6	0	14.6	34.8
宁夏	60.8	0.8	0	21.1	17.3
新疆	60.5	8	0	20.3	11.2

注：本表数据为2019年数据。
资料来源：根据表32-24数据计算得到。

五、非化石能源设施

如表32-26~表32-34所示。

表32-26 非化石能源发电装机容量

单位：万千瓦

电源\年份	非化石能源发电	水电	其中：抽水蓄能	核电	风电	太阳能发电
2001	8535	8301	—	210	—	—
2002	9102	8607	—	447	—	—
2003	10164	9490	—	619	—	—
2004	11291	10524	—	684	—	—
2005	12580	11739	—	685	106	—

续表

年份 \ 电源	非化石能源发电	水电	其中：抽水蓄能	核电	风电	太阳能发电
2006	13988	13029	—	685	207	—
2007	16215	14823	—	885	420	—
2008	18987	17260	—	885	839	—
2009	22302	19629	—	908	1760	—
2010	25674	21606	1693	1082	2958	—
2011	29419	23298	1838	1257	4623	212
2012	32708	24947	2033	1257	6142	341
2013	38759	28044	2153	1466	7652	1589
2014	44655	30486	2211	2008	9657	2486
2015	52063	31953	2303	2717	13130	4263
2016	59181	33211	2669	3364	14864	7742
2017	67208	34359	2869	3582	16325	12942
2018	75581	35259	2999	4466	18427	17433
2019	82011	35640	3029	4874	21005	20468
2020	93400	37016	3149	4989	28153	25343

资料来源：2001~2018年数据来自中国电力企业联合会历年《电力工业统计资料汇编》；2019年数据来自中国电力企业联合会《2019年全国电力工业统计快报》；2020年数据来自国家能源局《2021年一季度网上新闻发布会文字实录》。

表32-27 水电装机容量国际比较

单位：亿千瓦

国家/地区 \ 年份	2011	2012	2013	2014	2015	2016	2017	2018
中国	2.33	2.49	2.80	3.05	3.20	3.32	3.44	3.52
美国	1.01	1.01	1.02	1.02	1.02	1.03	1.03	1.03
巴西	0.82	0.82	0.84	0.86	0.89	0.97	1.00	1.05
加拿大	0.75	0.76	0.76	0.76	0.79	0.80	0.81	0.81
日本	0.48	0.49	0.49	0.50	0.50	0.50	0.50	0.50
印度	0.39	0.39	0.40	0.40	0.40	0.45	0.48	0.49
挪威	0.30	0.30	0.31	0.31	0.31	0.32	0.32	0.33
土耳其	0.17	0.20	0.22	0.24	0.26	0.27	0.27	0.28
法国	0.25	0.25	0.25	0.25	0.25	0.26	0.26	0.26
意大利	0.22	0.22	0.22	0.22	0.22	0.22	—	—
西班牙	0.19	0.19	0.19	0.19	0.20	0.20	—	—
瑞典	0.17	0.16	0.16	0.16	0.16	0.16	—	—

续表

国家/地区	2011	2012	2013	2014	2015	2016	2017	2018
委内瑞拉	0.15	0.15	0.15	0.15	0.15	0.15	—	—
瑞士	0.16	0.16	0.16	0.14	0.14	0.15	—	—

资料来源：中国2011~2016年数据来自中国电力企业联合会历年《电力工业统计资料汇编》，中国2017~2018年数据来自IEA，*Key World Energy Statistics*；国际数据来自历年IEA，*Electricity Information*，*Key World Energy Statistics* 和 United Nations，*Energy Statistics Yearbook*。

表32-28 分地区水电装机容量

单位：万千瓦

地区	2011	2012	2013	2014	2015	2016	2017	2018	2019	2020	2020年占比（%）
北京	105	102	101	101	98	98	98	98	99	99	0.3
天津	1	1	1	1	1	1	1	1	1	1	0.0
河北	179	179	181	182	182	182	182	182	182	182	0.5
山西	243	243	243	244	244	244	244	223	223	223	0.6
内蒙古	85	108	108	177	238	241	242	242	239	242	0.7
辽宁	147	272	273	293	293	293	295	299	302	305	0.8
吉林	433	442	445	377	377	378	380	385	445	510	1.4
黑龙江	96	97	97	97	102	102	103	104	108	109	0.3
上海	0	0	0	0	0	0	0	0	0	0	0.0
江苏	114	114	114	114	114	115	265	265	265	265	0.7
浙江	971	984	986	995	1002	1154	1160	1161	1170	1171	3.2
安徽	200	278	282	288	291	295	310	312	345	474	1.3
福建	1125	1140	1285	1288	1300	1304	1307	1322	1321	1331	3.6
江西	411	420	457	484	490	613	615	627	661	660	1.8
山东	107	108	108	108	107.7	108	108	108	108	108	0.3
河南	395	395	395	396	399	399	399	401	408	408	1.1
湖北	3386	3595	3616	3627	3653	3663	3671	3675	3679	3757	10.1
湖南	1337	1372	1401	1510	1534	1553	1570	1598	1612	1581	4.3
广东	1302	1306	1319	1323	1355	1411	1486	1576	1576	1576	4.3
广西	1526	1536	1582	1626	1645	1665	1669	1677	1681	1756	4.7
海南	81	81	83	83	62	91	114	154	154	155	0.4
重庆	598	611	642	652	676	688	736	756	772	779	2.1
四川	3342	3964	5266	6293	6939	7246	7714	7824	7846	7892	21.3

续表

年份 地区	2011	2012	2013	2014	2015	2016	2017	2018	2019	2020	2020年占比（%）
贵州	1866	1728	1908	1955	2056	2089	2119	2212	2223	2281	6.2
云南	2842	3306	4409	5361	5782	6088	6281	6649	6873	7556	20.4
西藏	54	54	58	87	135	156	158	160	170	210	0.6
陕西	232	250	251	253	266	272	326	385	391	392	1.1
甘肃	655	730	755	814	851	861	868	927	943	957	2.6
青海	1096	1101	1118	1143	1145	1192	1191	1192	1192	1193	3.2
宁夏	43	43	43	43	43	43	43	43	43	43	0.1
新疆	327	385	517	573	573	665	702	702	773	800	2.2

资料来源：2011~2019年数据来自中国电力企业联合会《中国电力统计年鉴2020》；2020年数据来自中国电力知库。

表32-29　核电装机容量国际比较

单位：亿千瓦

年份 国家/地区	2011	2012	2013	2014	2015	2016	2017	2018
美国	1.01	1.02	0.99	0.99	0.99	1.00	1.00	0.99
法国	0.63	0.63	0.63	0.63	0.63	0.63	0.63	0.63
中国	0.13	0.13	0.15	0.20	0.27	0.34	0.35	0.43
日本	0.49	0.46	0.44	0.44	0.42	0.41	0.40	0.37
韩国	0.19	0.21	0.21	0.21	0.22	0.23	—	0.22
加拿大	0.13	0.13	0.13	0.14	0.14	0.14	0.14	0.14
德国	0.12	0.12	0.12	0.12	0.11	0.11	0.10	0.10
瑞典	0.09	0.09	0.09	0.10	0.10	0.10	—	—
英国	0.11	0.10	0.10	0.10	0.09	0.10	0.09	0.09
西班牙	0.07	0.07	0.07	0.07	0.07	0.07	—	—
印度	0.05	0.05	0.05	0.05	0.06	0.07	—	—
比利时	0.06	0.06	0.06	0.06	0.06	0.06	—	—
捷克	0.04	0.04	0.04	0.04	0.04	0.04	—	—
瑞士	0.03	0.03	0.03	0.03	0.03	0.03	—	—

资料来源：中国2011~2016年数据来自中国电力企业联合会历年《电力工业统计资料汇编》，中国2017~2018年数据来自IEA, Key World Energy Statistics；国际数据来自历年IEA, Electricity Information, Key World Energy Statistics 和 United Nations, Energy Statistics Yearbook。

表 32-30　分地区核电装机容量

单位：万千瓦

年份 地区	2011	2012	2013	2014	2015	2016	2017	2018	2019	2020	2020年占比（%）
辽宁	0	0	100	200	300	448	448	448	448	448	9
江苏	212	212	212	212	212	212	212	437	437	549	11
浙江	433	433	433	549	657	657	657	908	908	911	18.3
福建	0	0	109	327	545	762	871	871	871	871	17.5
山东	0	0	0	0	0	0	0	125	250	250	5
广东	612	612	612	721	829	938	1046	1330	1614	1614	32.3
广西	0	0	0	0	109	217	217	217	217	217	4.3
海南	0	0	0	0	65	130	130	130	130	130	2.6

资料来源：2011~2019年数据来自中国电力企业联合会《中国电力统计年鉴2020》；2020年数据来自中国电力知库。

表 32-31　风电装机容量国际比较

单位：万千瓦

年份 国家/地区	2012	2013	2014	2015	2016	2017	2018	2019	2019年占比（%）
世界	26710	30029	34967	41628	46683	51440	56382	62270	100.0
中国	6160	7673	9682	13105	14852	16437	18466	21048	33.8
美国	5908	5997	6423	7257	8129	8760	9442	10358	16.6
德国	3098	3348	3861	4458	4944	5558	5884	6082	9.8
印度	1730	1842	2247	2509	2870	3285	3529	3751	6.0
西班牙	2279	2296	2293	2294	2299	2312	2341	2555	4.1
英国	903	1128	1307	1431	1613	1958	2177	2413	3.9
法国	761	816	920	1030	1157	1350	1490	1626	2.6
巴西	189	220	489	763	1012	1229	1483	1536	2.5
加拿大	620	780	969	1121	1197	1240	1282	1341	2.2
意大利	810	854	868	914	938	974	1023	1076	1.7
瑞典	361	419	509	582	644	661	730	889	1.4
土耳其	226	276	363	450	575	652	701	759	1.2
澳大利亚	256	322	380	423	433	482	582	727	1.2
墨西哥	182	212	257	327	405	420	488	659	1.1
丹麦	416	482	489	508	525	549	612	612	1.0
波兰	256	343	384	489	575	576	577	592	1.0
葡萄牙	441	461	486	494	512	512	517	523	0.8

资料来源：*BP Statistical Review of World Energy* 2020：*A Pivotal Moment*。

表 32-32 分地区风电装机容量

单位：万千瓦

地区\年份	2011	2012	2013	2014	2015	2016	2017	2018	2019	2020	2020年占比（%）
北京	15	15	15	15	15	19	19	19	19	19	0.1
天津	13	23	23	29	29	29	29	52	60	85	0.3
河北	447	675	825	963	1022	1138	1181	1391	1639	2274	7.7
山西	90	198	316	455	669	771	872	1043	1251	1974	6.7
内蒙古	1457	1693	1854	2100	2425	2557	2670	2868	3007	3786	12.8
辽宁	402	476	563	608	639	695	711	761	832	981	3.3
吉林	285	330	377	408	444	505	505	514	557	577	1.9
黑龙江	255	323	392	454	503	561	570	598	611	686	2.3
上海	21	27	32	37	61	71	71	71	81	82	0.3
江苏	158	193	256	302	412	561	656	865	1041	1547	5.2
浙江	32	40	45	73	104	119	133	148	160	186	0.6
安徽	20	30	49	82	136	177	217	246	274	412	1.4
福建	82	113	146	159	172	214	252	300	376	486	1.6
江西	13	20	30	37	67	108	169	225	286	1974	6.7
山东	246	382	500	622	721	839	1061	1146	1354	1795	6.1
河南	11	15	27	44	91	104	233	468	794	1518	5.1
湖北	10	17	35	77	135	201	253	331	810	502	1.7
湖南	11	19	34	70	151	217	263	348	427	669	2.3
广东	74	139	174	204	246	268	335	357	443	564	1.9
广西	5	10	12	12	40	70	150	208	287	643	2.2
海南	25	30	30	31	31	31	34	34	29	29	0.1
重庆	5	5	10	10	23	28	33	50	64	97	0.3
四川	2	2	11	29	73	125	210	253	325	426	1.4
贵州	4	96	135	233	323	362	363	386	457	580	2.0
云南	67	131	165	287	614	737	825	857	863	881	3.0
西藏	0	0	0	0	0	0	0	1	1	1	0.0
陕西	10	15	59	84	114	179	288	405	532	892	3.0
甘肃	555	597	703	1008	1252	1277	1282	1282	1297	1373	4.6
青海	2	2	10	32	47	69	162	267	462	843	2.8
宁夏	117	236	302	418	822	942	942	1011	1116	1377	4.6
新疆	188	292	521	774	1691	1776	1836	1921	1956	2361	8.0

资料来源：2011~2019年数据来自中国电力企业联合会《中国电力统计年鉴2020》；2020年数据来自中国电力知库。

表32-33 太阳能发电装机容量国际比较

单位：万千瓦

年份 国家/地区	2012	2013	2014	2015	2016	2017	2018	2019	2019年占比（%）
世界	10268	13946	17601	22199	29582	38855	48874	58642	100.0
中国	672	1776	2840	4355	7781	13082	17524	20549	35.0
美国	733	1305	1765	2344	3472	4312	5318	6230	10.6
日本	643	1211	1933	2862	3844	4423	5550	6184	10.5
德国	3408	3671	3790	3922	4068	4229	4518	4896	8.3
印度	57	93	367	559	988	1815	2736	3506	6.0
意大利	1679	1819	1860	1891	1929	1969	2011	2091	3.6
澳大利亚	380	457	529	595	669	735	1131	1593	2.7
英国	175	294	553	960	1193	1278	1312	1340	2.3
西班牙	657	699	700	701	702	703	707	1106	1.9
法国	436	528	603	714	770	861	962	1057	1.8
韩国	102	156	248	362	450	584	713	1051	1.8
荷兰	37	75	105	152	205	290	452	673	1.1
土耳其	1	2	4	25	83	342	506	600	1.0
乌克兰	37	75	82	84	95	120	200	594	1.0

资料来源：BP Statistical Review of World Energy 2020：A Pivotal Moment。

表32-34 分地区太阳能发电装机容量

单位：万千瓦

年份 地区	2011	2012	2013	2014	2015	2016	2017	2018	2019	2020	2020年占比（%）
北京	—	—	—	2.5	8	15	25	40	51	62	0.2
天津	—	0.2	1.6	4.7	12	60	68	128	143	164	0.6
河北	—	—	25.1	114.5	222	443	868	1234	1474	2190	8.1
山西	1.5	1.5	3.5	41.3	111	297	590	864	1088	1309	4.8
内蒙古	8.7	20.5	136.8	285.4	471	638	743	946	1081	1237	4.6
辽宁	—	1	2.3	7	16	52	223	302	343	400	1.5
吉林	—	—	1	6.1	7	56	159	265	274	338	1.2
黑龙江	—	—	1.1	1.1	2	17	94	215	274	318	1.2
上海	0.7	0.7	0.7	8.7	21	35	58	89	109	137	0.5
江苏	33.1	43	104.6	256.2	422	546	907	1332	1486	1684	6.2
浙江	—	1.2	18	49.8	164	338	814	1138	1339	1517	5.6
安徽	—	1.9	5	40	121	345	888	1118	1254	1370	5.0
福建	—	0.1	2.6	7.8	13	27	92	148	169	2020	7.4

续表

年份\地区	2011	2012	2013	2014	2015	2016	2017	2018	2019	2020	2020年占比（%）
江西	—	1.6	8.5	20.4	43	228	449	536	630	776	2.9
山东	3.5	6.6	11.8	30.6	133	455	1052	1361	1619	2272	8.4
河南	—	—	2	20.1	41	284	703	991	1054	1175	4.3
湖北	—	1.2	4.8	8.6	48	187	413	510	1242	698	2.6
湖南	—	—	0.1	4.9	17	30	176	292	344	391	1.4
广东	0.8	0.8	4.4	51.1	62	117	332	527	610	797	2.9
广西	—	—	4.2	4.5	12	16	78	124	135	190	0.7
海南	2	2	8.9	13.9	16	29	43	136	140	140	0.5
重庆	—	—	—	—	—	0	12	43	65	67	0.2
四川	—	—	3.3	5.4	36	96	135	181	188	191	0.7
贵州	—	—	—	—	3	46	135	178	510	1057	3.9
云南	2	3	11	28.2	117	208	238	326	375	393	1.4
西藏	4	8	11	13	17	33	79	98	110	137	0.5
陕西	2	2.1	6.3	31.3	72	246	434	716	939	1089	4.0
甘肃	11.1	38.2	429.8	517.3	610	686	786	839	924	982	3.6
青海	93.8	136.3	348.1	412.4	564	682	791	962	1122	1601	5.9
宁夏	49.1	53.1	155.1	173.4	309	526	620	816	918	1197	4.4
新疆	—	18	277.1	326.1	529	893	934	978	1080	1266	4.7

资料来源：2011~2018年数据来自中国电力企业联合会《中国电力统计年鉴2020》；2019~2020年数据来自中国电力知库。

第三十三章 能源贸易

一、综合能源贸易

如表33-1所示。

表33-1 能源进出口量

指标 年份	进口量 （万吨标准煤）	出口量 （万吨标准煤）	日均进口量 （万吨标准煤）	日均出口量 （万吨标准煤）	净进口量 （万吨标准煤）	对外依存度 （%）
2000	14327	9327	39	25	5000	4
2001	13469	11558	37	32	1911	1
2002	15767	11220	43	31	4547	3
2003	20002	12123	55	33	7879	4
2004	26480	11547	72	32	14933	7
2005	26823	11257	73	31	15566	6
2006	31098	10500	85	29	20598	8
2007	35027	9945	96	27	25082	9
2008	36935	9624	101	26	27311	9
2009	47518	8436	130	23	39082	12
2010	57671	8803	158	24	48868	14
2011	65437	8449	179	23	56988	14
2012	68701	7374	188	20	61327	15
2013	73420	8005	201	22	65415	15
2014	78027	8270	214	23	69757	16
2015	77695	9785	213	27	67910	16
2016	90235	11956	247	33	78279	19
2017	100039	12669	274	35	87370	20
2018	110787	13337	304	37	97450	21
2019	119064	14151	326	39	104913	21

注：净进口量=进口量-出口量；对外依存度=净进口量/（净进口量+生产量）。
资料来源：国家统计局历年《中国能源统计年鉴》。

二、煤炭贸易

如表 33-2 ~ 表 33-5 所示。

表 33-2 煤炭进出口量

指标 年份	进口量 （万吨）	出口量 （万吨）	净进口量 （万吨）	日均净进口量 （万吨）	对外依存度 （%）
2001	249	9012	-8763	-24.0	—
2002	1081	8384	-7303	-20.0	—
2003	1110	9403	-8293	-22.7	—
2004	1861	8666	-6805	-18.6	—
2005	2617	7172	-4555	-12.5	—
2006	3811	6327	-2516	-6.9	—
2007	5102	5317	-215	-0.6	—
2008	4034	4543	-509	-1.4	—
2009	12584	2240	10344	28.3	3.3
2010	16310	1910	14400	39.5	4.5
2011	22220	1466	20754	56.9	5.1
2012	28841	928	27913	76.3	6.3
2013	32702	751	31951	87.5	7.0
2014	29120	574	28546	78.2	6.5
2015	20406	533	19873	54.4	4.7
2016	25543	879	24664	67.4	6.0
2017	27090	817	26273	72.0	6.3
2018	28189	493	27696	75.9	6.5
2019	29952	603	29349	80.4	6.8
2020	30399	319	30080	82.2	6.6

注：负值表示净出口。

资料来源：进口量数据来自国家统计局网站（https://data.stats.gov.cn）；2001~2019 年出口量数据来自国家统计局网站（https://data.stats.gov.cn），2020 年出口量数据来自海关总署网站（http://www.customs.gov.cn）。

表33-3 煤炭进出口额

年份 \ 指标	出口额（百万美元）	日均出口额（百万美元）	平均出口单价（美元/吨）	进口额（百万美元）	日均进口额（百万美元）	平均进口单价（美元/吨）
2001	2666	7.30	29.6	88	0.24	32.9
2002	2532	6.94	30.2	328	0.90	29.2
2003	2750	7.53	29.2	363	0.99	32.7
2004	3811	10.41	44	892	2.44	47.9
2005	4272	11.70	59.6	1383	3.79	52.8
2006	3681	10.08	58.2	1618	4.43	42.3
2007	3296	9.03	62	2422	6.64	46.9
2008	5240	14.32	115	3509	9.59	80.4
2009	2375	6.51	106	10574	28.97	80.2
2010	2252	6.17	117.9	16932	46.39	92.5
2011	2717	7.44	185.3	23890	65.45	107.4
2012	1588	4.34	171.2	28716	78.46	99.6
2013	1062	2.91	141.4	29066	79.63	88.9
2014	695	1.90	121.1	22257	60.98	76.4
2015	499	1.37	93.4	12101	33.15	59.3
2016	698	1.91	79.4	14152	38.77	55.4
2017	1104	3.02	136.5	22637	62.02	83.6
2018	787	2.16	159.6	24606	67.41	87.5
2019	934	2.56	154.9	23395	64.10	78.1
2020	435	1.19	136	20237	55.29	136.6

资料来源：2001~2017年煤炭进出口额数据来自国家统计局网站（https://data.stats.gov.cn）；2001~2017年煤炭进出口量数据来自国家统计局历年《中国能源统计年鉴》；2018~2020年数据来自海关总署网站（http://www.customs.gov.cn）。

表33-4 煤炭进出口国际比较

单位：万吨标准油

国家/地区 \ 指标	产量	进口量	出口量	净进口量
世界	389368	82929	87969	-5040
OECD成员国	83224	35529	35112	417
非OECD成员国	306144	47400	52857	-5457
中国	185968	15609	657	14952
美国	36899	312	6859	-6547
印度	28877	12353	56	12297
澳大利亚	28744	30	24681	-24651
印度尼西亚	28754	368	23599	-23231

续表

指标 国家/地区	产量	进口量	出口量	净进口量
俄罗斯	24040	1689	13319	-11630
南非	14478	47	4696	-4649
欧盟	12635	11052	1340	9712
哥伦比亚	5478	0	5582	-5582
哈萨克斯坦	4868	83	1208	-1125
波兰	4807	1134	809	325
德国	3762	3028	148	2880
加拿大	3103	548	2000	-1452
越南	2374	1171	136	1035
蒙古	2552	0	2138	-2138
土耳其	1655	2448	15	2433
乌克兰	1456	1381	6	1375
朝鲜	1110	9	0	9
韩国	1110	9	0	9
泰国	375	1629	5	1624
巴西	193	1508	0	1508
英国	155	711	46	665
日本	74	11476	102	11374
意大利	0	888	25	863
法国	0	916	3	913
荷兰	0	833	13	820

注：本表数据为 2018 年数据；负值表示净出口。
资料来源：IEA, *World Energy Balances*（2020 edition）。

表 33-5 分地区煤炭调入调出量

单位：万吨

指标 地区	原煤产量	调入量	调出量	进口量	出口量	净调入量	净调入比重（%）
北京	36	247	33	—	96	214	139
天津	—	3857	394	290	40	3463	93
河北	5075	31149	8275	822	128	22874	80
山西	98795	9887	56883	—	—	-46996	-48
内蒙古	109068	3138	66233	3518	—	-63095	-56
辽宁	3292	16853	2213	663	—	14640	79
吉林	1256	7633	299	196	—	7334	83
黑龙江	5391	9726	1464	634	—	8262	58
上海	—	3149	32	1125	—	3117	73

续表

指标\地区	原煤产量	调入量	调出量	进口量	出口量	净调入量	净调入比重（%）
江苏	1103	31662	8046	938	—	23616	92
浙江	—	11135	—	2609	0.09	11135	81
安徽	10989	9650	4006	—	—	5644	34
福建	846	5031	1706	4234	—	3325	40
江西	504	7348	46	139	—	7302	92
山东	11918	39655	8174	—	—	31481	73
河南	10938	15962	6837	—	—	9125	45
湖北	41	11716	—	51	—	11716	99
湖南	1473	9193	118	220	0.03	9075	84
广东	—	12916	5317	9437	—	7599	45
广西	406	6884	20	826	—	6864	85
海南	—	650	102	582	—	548	48
重庆	1171	4096	244	—	—	3852	77
四川	3397	5916	1512	—	—	4404	56
贵州	13168	1159	2347	—	—	-1188	-9
云南	5523	4300	2313	—	—	1987	26
陕西	63630	2373	44163	—	—	-41790	-66
甘肃	3685	4931	1470	—	—	3461	48
青海	1286	196	22	—	—	174	12
宁夏	7477	7232	1000	—	—	6232	45
新疆	24165	422	1399	146	0.08	-977	-4

注：本表数据为2019年数据；净调入量＝调入量-调出量，负值表示净调出量及净调出比重。对于净调入省份，净调入比重＝净调入量／（产量+净调入量+净进口量）；对于净调出省份，净调出比重＝净调出量／（产量+净进口量）。

资料来源：国家统计局《中国能源统计年鉴2020》。

三、石油贸易

如表33-6~表33-11所示。

表33-6 石油进出口量

指标\年份	进口量（万吨）	出口量（万吨）	净进口量（万吨）	日均净进口量（万吨）	日均净进口量（万桶）
2001	9118	2047	7071	19.4	142
2002	10269	2139	8130	22.3	163

续表

指标 年份	进口量 （万吨）	出口量 （万吨）	净进口量 （万吨）	日均净进口量 （万吨）	日均净进口量 （万桶）
2003	13190	2541	10649	29.2	214
2004	17291	2241	15050	41.1	301
2005	17163	2888	14275	39.1	287
2006	19453	2626	16827	46.1	338
2007	21139	2664	18475	50.6	371
2008	23015	2946	20069	54.8	402
2009	25642	3917	21725	59.5	436
2010	29437	4079	25358	69.5	509
2011	31594	4117	27477	75.3	552
2012	33089	3884	29205	79.8	585
2013	34265	4177	30088	82.4	604
2014	36180	4214	31966	87.6	642
2015	39749	5128	34621	94.9	695
2016	44503	6382	38121	104.2	763
2017	49141	7026	42115	115.4	846
2018	51197	6123	45074	123.5	905
2019	55107	6766	48341	132.4	971
2020	54206	1638	52568	143.6	1086

注：每吨按7.33桶折算。

资料来源：2001~2017年数据来自国家统计局历年《中国能源统计年鉴》；2018~2020年数据根据海关总署网站（http://www.customs.gov.cn）的原油进出口额、成品油进出口额数据计算得到。

表33-7 石油进出口额

指标 年份	进口额 （亿美元）	出口额 （亿美元）	净进口额 （亿美元）	日均净进口额 （亿美元）
2001	154	35	119	0.33
2002	166	37	129	0.35
2003	256	54	202	0.55
2004	432	53	379	1.04
2005	582	91	491	1.35
2006	820	98	722	1.98
2007	962	108	854	2.34
2008	1594	166	1428	3.9
2009	1062	147	915	2.51
2010	1575	187	1388	3.8

续表

年份\指标	进口额（亿美元）	出口额（亿美元）	净进口额（亿美元）	日均净进口额（亿美元）
2011	2294	227	2067	5.66
2012	2539	235	2304	6.30
2013	2517	260	2257	6.18
2014	2517	263	2254	6.18
2015	1488	206	1282	3.51
2016	1276	203	1073	2.93
2017	1768	272	1496	4.1
2018	2604	372	2232	6.12
2019	2651	388	2263	6.2
2020	1760	481	1279	3.49

资料来源：2001~2020年数据来自海关总署网站（http://www.customs.gov.cn），石油进出口额根据原油进出口额与成品油进出口额数据计算得到。

表33-8 石油进出口量国际比较

单位：万吨

国家/地区\指标	原油进口	石油制品进口	原油出口	石油制品出口	原油净进口	石油制品净进口
世界	223899	124190	223899	124190	0	0
欧洲	52254	20921	2674	12543	49580	8378
中国	50723	7840	44	6686	50679	1154
美国	33841	10991	13771	25115	20070	-14124
亚太其他	29044	21268	3923	10934	25121	10334
印度	22165	4440	5	6066	22160	-1626
日本	14687	3970	0	1934	14687	2036
新加坡	4963	11240	191	8607	4772	2633
加拿大	3288	3246	19701	3474	-16413	-228
中东其他	2777	1777	12519	6215	-9742	-4438
澳大利亚	2285	3217	1303	551	982	2666
中南美	2126	11017	14618	2327	-12492	8690
东南非	1956	3899	549	296	1407	3603
独联体其他	1853	561	9154	2042	-7301	-1481
阿联酋	1234	3489	13941	7704	-12707	-4215
北非	645	3757	9336	2608	-8691	1149
西非	44	3854	21903	770	-21859	3084
墨西哥	7	6090	5813	483	-5806	5607

续表

指标 国家/地区	原油进口	石油制品进口	原油出口	石油制品出口	原油净进口	石油制品净进口
沙特阿拉伯	6	1137	35841	5736	-35835	-4599
俄罗斯	1	943	28612	16457	-28611	-15514
伊拉克	0	451	20079	1101	-20079	-650
科威特	0	80	9921	2542	-9921	-2462

注：本表数据为2019年数据；负值表示净出口。

资料来源：*BP Statistical Review of World Energy 2020：A Pivotal Moment*。

表33-9 日均石油进出口量国际比较

单位：万桶

指标 国家/地区	原油进口	石油制品进口	原油出口	石油制品出口	原油净进口	石油制品净进口
世界	4496	2596	4496	2596	0	0
欧洲	1049	437	54	262	995	175
中国	1019	164	1	140	1018	24
美国	680	230	277	525	403	-295
亚太其他	583	445	79	229	504	216
印度	445	93	0	127	445	-34
日本	295	83	0	40	295	43
新加坡	100	235	4	180	96	55
加拿大	66	68	396	73	-330	-5
中东其他	56	37	251	130	-195	-93
澳大利亚	46	67	26	12	20	55
中南美	43	230	294	49	-251	181
东南非	39	82	11	6	28	76
独联体其他	37	12	184	43	-147	-31
阿联酋	25	73	280	161	-255	-88
北非	13	79	187	55	-174	24
西非	1	81	440	16	-439	65
墨西哥	0	127	117	10	-117	117
沙特阿拉伯	0	24	720	120	-720	-96
俄罗斯	0	20	575	344	-575	-324
伊拉克	0	9	403	23	-403	-14
科威特	0	2	199	53	-199	-51

注：本表数据为2019年数据；负值表示净出口。

资料来源：*BP Statistical Review of World Energy 2020：A Pivotal Moment*。

表33-10 分来源原油进口量

国家/地区	进口量（万吨）	日均进口量（万桶）	进口份额（%）
总计	50723	1018.6	100.0
沙特阿拉伯	8332	167.3	16.4
西非	7784	156.3	15.3
俄罗斯	7766	156.0	15.3
中南美	6719	134.9	13.2
中东其他	5217	104.8	10.3
伊拉克	5180	104.0	10.2
科威特	2269	45.6	4.5
亚太其他	1558	31.3	3.1
阿联酋	1529	30.7	3.0
欧洲	1357	27.3	2.7
北非	1074	21.6	2.1
美国	635	12.8	1.3
独联体其他	423	8.5	0.8
东南非	387	7.8	0.8
澳大利亚	227	4.6	0.4
加拿大	215	4.3	0.4
墨西哥	48	1.0	0.1

注：本表数据为2019年中国从其他国家和地区进口原油数据。
资料来源：*BP Statistical Review of World Energy* 2020：*A Pivotal Moment*。

表33-11 分地区石油调入调出量

单位：万吨

地区	石油产量	调入量	调出量	进口量	出口量	净调入量	净调入比重（%）
北京	0	2314	1802	1199	0	512	30
天津	3112	6422	8027	56	54	-1605	-52
河北	550	2057	1681	404	0	376	28
山西	0	755	119	0	0	636	100
内蒙古	12	1036	197	89	0	839	89
辽宁	1053	8717	8075	3401	84	642	13
吉林	386	1208	574	0	0	634	62
黑龙江	3110	457	5284	3247	0	-4827	-76
上海	39	2686	5973	3026	308	-3287	-119
江苏	151	3991	3464	2789	243	527	16

续表

指标 地区	石油产量	调入量	调出量	进口量	出口量	净调入量	净调入比重（%）
浙江	0	2715	3267	4461	874	-552	-15
安徽	0	1095	167	658	0	928	59
福建	0	305	629	2551	0	-324	-13
江西	0	733	112	634	0	621	49
山东	2238	12830	10772	0	0	2058	48
河南	251	3202	1056	0	0	2146	90
湖北	54	2783	31	169	36	2752	94
湖南	0	2281	101	12	0	2180	99
广东	1475	1707	3274	7793	1119	-1567	-19
广西	50	2490	1448	0	1	1042	96
海南	31	455	569	1039	407	-114	-17
重庆	1030	55	0	0	0	55	5
四川	8	2625	18	0	0	2607	100
贵州	0	1155	0	0	0	1155	100
云南	0	1175	751	0	0	424	100
陕西	3543	208	3031	0	0	-2823	-80
甘肃	904	590	604	0	0	-14	2
青海	228	182	79	0	0	103	31
宁夏	0	746	742	0	0	4	100
新疆	2752	12	2357	1100	0	-2345	-61

注：本表数据为2019年数据；净调入量=调入量-调出量，负值表示净调出量及净调出比重。对于净调入省份，净调入比重=净调入量/（产量+净调入量+净进口量）；对于净调出省份，净调出比重=净调出量/（产量+净进口量）。

资料来源：国家统计局《中国能源统计年鉴2020》。

四、天然气贸易

如表33-12~表33-14所示。

表33-12　天然气进出口量

单位：亿立方米

指标 年份	进口量	出口量	净进口量	日均净进口量	对外依存度（%）
2001	—	30.4	—	—	—
2002	—	32.0	—	—	—

续表

指标 年份	进口量	出口量	净进口量	日均净进口量	对外依存度（%）
2003	—	18.7	—	—	—
2004	—	24.4	—	—	—
2005	—	29.7	—	—	—
2006	9.5	29.0	−19.5	−0.1	—
2007	40.2	26.0	14.2	0.0	2.0
2008	46.0	32.5	13.5	0.0	1.7
2009	76.3	32.1	44.2	0.1	4.9
2010	164.7	40.3	124.4	0.3	11.5
2011	311.5	31.9	279.6	0.8	21.0
2012	420.6	28.9	391.7	1.1	26.2
2013	525.4	27.5	497.9	1.4	29.2
2014	591.3	26.1	565.2	1.6	30.3
2015	611.4	32.5	578.9	1.6	30.1
2016	745.7	33.8	711.9	2.0	34.2
2017	945.6	35.3	910.3	2.5	38.2
2018	1247.4	33.7	1213.7	3.3	43.1
2019	1332.5	36.0	1296.5	3.6	43.4
2020	1402.9	36.9	1366.0	3.7	42.7

注：从2010年起包括液化天然气数据；1万吨LNG按0.138亿立方米天然气折算。

资料来源：2001~2017年数据来自国家统计局历年《中国能源统计年鉴》；2018~2020年数据来自海关总署网站（http://www.customs.gov.cn）。

表33-13 天然气进出口量国际比较

单位：亿立方米

出口国家/地区 进口国家/地区	俄罗斯	挪威	美国	加拿大	荷兰	土库曼斯坦	哈萨克斯坦	进口总量
德国	556	278	0	0	234	0	0	1096
美国	0	0	0	732	0	0	0	733
意大利	207	27	0	0	12	0	0	541
墨西哥	0	0	508	0	0	0	0	508
中国	3	0	0	0	0	316	65	477
荷兰	80	253	0	0	0	0	0	400
法国	78	193	0	0	44	0	0	372

管道气

续表

管道气

出口国家/地区 进口国家/地区	俄罗斯	挪威	美国	加拿大	荷兰	土库曼斯坦	哈萨克斯坦	进口总量
英国	47	266	0	0	16	0	0	332
土耳其	146	0	0	0	0	0	0	313
俄罗斯	0	0	0	0	0	0	206	268
出口总量	2172	1091	754	732	382	316	275	8015

LNG

出口国家/地区 进口国家/地区	卡塔尔	澳大利亚	美国	俄罗斯	马来西亚	尼日利亚	特立尼达和多巴哥	进口总量
日本	119	410	50	87	128	11	0	1055
中国	114	398	4	34	100	26	10	848
韩国	153	106	72	31	66	9	1	556
印度	132	14	26	3	5	36	2	329
法国	19	0	31	69	0	44	3	229
西班牙	44	0	45	32	0	43	28	219
英国	88	0	29	31	0	3	8	180
意大利	64	0	16	0	0	1	15	135
土耳其	25	0	12	0	0	25	2	129
出口总量	1071	1047	475	394	351	288	170	4851

注：本表数据为2019年数据。

资料来源：BP Statistical Review of World Energy 2020: A Pivotal Moment。

表33-14 分地区天然气调入调出量

单位：亿立方米

地区\指标	生产量	调入量	调出量	进口量	出口量	净调入量	净调入比重（%）
北京	0	22	0	0	0	22	100
天津	35	88	0	0	14	88	81
河北	0	55	22	2	0	33	94
山西	65	42	0	0	0	42	39
内蒙古	22	261	215	0	0	46	68
辽宁	6	68	0	0	0	68	92
吉林	20	11	0	0	0	11	35
黑龙江	46	0	0	0	0	0	0

续表

指标 地区	生产量	调入量	调出量	进口量	出口量	净调入量	净调入比重（%）
上海	12	53	13	46	0	40	41
江苏	12	281	11	0	0	270	96
浙江	0	140	0	0	0	140	100
安徽	2	57	0	0	0	57	97
福建	0	23	0	30	0	23	43
江西	0	26	0	0	0	26	100
山东	5	0	0	0	0	0	0
河南	3	102	0	0	0	102	97
湖北	5	66	0	0	0	66	93
湖南	0	32	0	0	0	32	100
广东	112	50	0	0	0	50	31
广西	0	28	0	0	0	28	100
海南	1	50	7	0	0	43	98
重庆	111	0	7	0	0	-7	-6
四川	441	0	179	0	0	-179	-41
贵州	3	32	0	0	0	32	91
云南	0	7	0	1035	0	7	1
西藏	0	0	0	0	0	0	—
陕西	473	0	329	0	0	-329	-70
甘肃	2	31	0	0	0	31	94
青海	0	0	11	0	0	-11	—
宁夏	0	36	0	0	0	36	100
新疆	342	0	687	457	0	-687	-86

注：本表数据为2019年数据；净调入量=调入量-调出量，负值表示净调出量及净调出比重。对于净调入省份，净调入比重=净调入量/（产量+净调入量+净进口量）；对于净调出省份，净调出比重=净调出量/（产量+净进口量）。

资料来源：国家统计局《中国能源统计年鉴2020》。

第三十四章 能源价格

一、煤炭价格

如表 34-1~表 34-5 所示。

表 34-1 分品种太原煤炭交易价格指数（CTPI）

单位：点

时间 指标	综合指数	动力煤	喷吹用精煤肥煤	化工用原料煤
2019 年 7 月	140	120	159	116
2019 年 8 月	138	119	151	116
2019 年 9 月	137	118	148	112
2019 年 10 月	136	118	148	112
2019 年 11 月	135	117	143	113
2019 年 12 月	134	115	138	116
2020 年 1 月	133	119	147	104
2020 年 2 月	129	115	135	104
2020 年 3 月	127	114	131	104
2020 年 4 月	125	111	130	97
2020 年 5 月	125	112	130	95
2020 年 6 月	126	112	130	98
2020 年 7 月	124	109	131	102
2020 年 8 月	125	106	133	105
2020 年 9 月	128	109	136	107
2020 年 10 月	133	115	139	112
2020 年 11 月	133	115	138	114
2020 年 12 月	133	115	138	114

资料来源：中国太原煤炭交易中心。

表 34-2　中国煤炭价格指数（CCPI）

单位：点

指标 时间	综合指数	华北	三西	东北	华东	华中	华南	西南	西北
2020 年 1 月	133	178	174	183	171	153	162	155	165
2020 年 2 月	129	167	163	182	154	152	144	153	161
2020 年 3 月	127	163	155	180	150	151	143	153	160
2020 年 4 月	125	157	149	177	143	151	137	153	158
2020 年 5 月	125	154	148	175	143	151	137	153	156
2020 年 6 月	126	158	150	174	144	151	139	153	156
2020 年 7 月	124	154	146	173	139	151	131	152	156
2020 年 8 月	125	147	147	172	130	151	123	153	154
2020 年 9 月	128	150	155	173	135	151	125	155	156
2020 年 10 月	133	162	165	174	144	151	132	157	160
2020 年 11 月	133	165	165	174	146	151	136	156	160
2020 年 12 月	133	162	162	173	145	151	136	155	159

资料来源：煤炭市场网。

表 34-3　环渤海动力煤价格指数（BSPI）

单位：元/吨

指标 时间	环渤海动力煤 价格指数	秦皇岛港			
		5800 大卡	5500 大卡	5000 大卡	4500 大卡
2016 年 3 月	389	405~415	385~395	345~355	310~320
2016 年 6 月	401	415~425	395~405	360~370	320~330
2016 年 9 月	561	570~580	560~570	495~505	440~450
2016 年 12 月	593	645~655	590~600	545~555	490~500
2017 年 3 月	605	635~645	600~610	550~560	495~505
2017 年 6 月	571	600~610	570~580	525~535	460~470
2017 年 9 月	586	610~620	580~590	545~555	480~490
2017 年 12 月	577	610~620	575~585	540~550	475~485
2018 年 3 月	571	610~620	565~575	530~540	465~475
2018 年 6 月	570	630~640	560~570	555~565	475~485
2018 年 9 月	569	625~635	565~575	515~525	465~475
2018 年 12 月	569	615~625	565~575	510~520	455~465
2019 年 3 月	562	620~625	510~525	580~580	455~475
2019 年 6 月	544	605~620	510~520	575~575	455~470
2019 年 9 月	532	600~605	510~520	550~575	455~465
2019 年 12 月	556	580~605	490~595	530~560	440~455

续表

指标 时间	环渤海动力煤价格指数	秦皇岛港			
		5800 大卡	5500 大卡	5000 大卡	4500 大卡
2020 年 3 月	563	580~595	490~510	525~535	440~460
2020 年 6 月	577	550~575	455~485	540~550	415~435
2020 年 9 月	578	565~585	485~500	555~595	435~450
2020 年 12 月	574	585~610	500~535	580~620	450~480

注：本表数据为月末环指价格。

资料来源：国家统计局网站（https://data.stats.gov.cn）。

表 34-4 煤炭价格国际比较（一）

单位：美元/吨

指标 时间	欧洲三港	澳大利亚纽卡斯尔港	南非理查德港	指标 时间	欧洲三港	澳大利亚纽卡斯尔港	南非理查德港
2017 年 1 月	86.7	83.8	78.2	2018 年 8 月	98.6	119.1	90.3
2017 年 2 月	83.0	80.1	72.1	2018 年 9 月	99.9	114.6	89.0
2017 年 3 月	76.3	80.2	69.6	2018 年 10 月	100.7	110.2	78.8
2017 年 4 月	74.4	85.5	74.7	2018 年 11 月	89.7	100.5	67.0
2017 年 5 月	73.8	75.2	68.8	2018 年 12 月	87.4	99.5	66.7
2017 年 6 月	78.9	80.6	74.0	2019 年 1 月	82.1	98.4	66.4
2017 年 7 月	82.7	86.5	79.3	2019 年 2 月	73.8	90.8	61.8
2017 年 8 月	84.6	97.4	85.6	2019 年 3 月	69.7	90.4	59.6
2017 年 9 月	90.3	99.0	92.1	2019 年 4 月	58.3	81.5	56.6
2017 年 10 月	90.7	97.3	90.8	2019 年 5 月	57.5	78.8	56.4
2017 年 11 月	93.1	97.0	91.5	2019 年 6 月	51.7	73.1	58.6
2017 年 12 月	95.1	99.7	95.7	2019 年 7 月	73.4	74.3	87.3
2018 年 1 月	96.3	107.0	90.7	2019 年 8 月	56.0	62.4	60.6
2018 年 2 月	88.4	107.4	89.3	2019 年 9 月	58.6	58.2	60.2
2018 年 3 月	81.3	100.6	93.3	2019 年 10 月	62.1	67.4	61.6
2018 年 4 月	80.7	93.7	86.3	2019 年 11 月	62.9	67.5	58.8
2018 年 5 月	89.1	105.2	98.4	2019 年 12 月	61.1	67.0	58.9
2018 年 6 月	94.7	114.3	97.8	2020 年 1 月	58.9	67.4	59.9
2018 年 7 月	99.5	119.5	96.4				

注：数据为动力煤离岸价的月均价格；欧洲三港分别为荷兰鹿特丹港、比利时安特卫普港以及德国汉堡港。

资料来源：中国煤炭运销协会。

表 34-5 煤炭价格国际比较（二）

单位：美元/吨

指标 年份	西北欧标杆价格	美国中部阿巴拉契煤炭现货价格指数	日本炼焦煤进口到岸价	日本动力煤进口到岸价	亚洲标杆价格
2000	35.99	29.90	39.69	34.58	31.76
2001	39.03	50.15	41.33	37.96	36.89
2002	31.65	33.20	42.01	36.90	30.41
2003	43.60	38.52	41.57	34.74	36.53
2004	72.08	64.90	60.96	51.34	72.42
2005	60.54	70.12	89.33	62.91	61.84
2006	64.11	62.96	93.46	63.04	56.47
2007	88.79	51.16	88.24	69.86	84.57
2008	147.67	118.79	179.03	122.81	148.06
2009	70.66	68.08	167.82	110.11	78.81
2010	92.50	71.63	158.95	105.19	105.43
2011	121.52	87.38	229.12	136.21	125.74
2012	92.50	72.06	191.46	133.61	105.50
2013	81.69	71.39	140.45	111.16	90.90
2014	75.38	69.00	114.41	97.65	77.89
2015	56.79	53.59	93.85	79.47	63.52
2016	59.87	53.56	89.40	72.97	71.12
2017	84.51	63.83	150.00	99.16	99.58
2018	91.83	72.84	158.49	117.39	111.69
2019	60.86	57.16	148.52	108.58	80.81

资料来源：*BP Statistical Review of World Energy* 2020：*A Pivotal Moment*。

二、石油价格

如表 34-6~表 34-10 所示。

表 34-6 原油离岸价格国际比较

单位：美元/桶

指标 时间	WTI 现货	WTI 期货	Brent 现货	Brent 期货	迪拜现货	辛塔现货	大庆现货
2018 年 1 月	64.8	64.7	67.8	69.1	65.7	61.9	61.4
2018 年 2 月	61.4	61.6	66.1	65.8	63.2	60.0	59.1

续表

时间\指标	WTI现货	WTI期货	Brent现货	Brent期货	迪拜现货	辛塔现货	大庆现货
2018年3月	64.9	64.9	69.0	70.3	65.4	63.1	59.5
2018年4月	68.6	68.6	75.9	75.2	70.4	66.2	63.6
2018年5月	67.0	67.0	76.5	77.6	75.4	69.8	68.5
2018年6月	74.1	74.2	77.4	79.4	75.8	70.5	70.8
2018年7月	69.9	68.8	74.2	74.3	73.6	67.3	67.0
2018年8月	69.8	69.8	76.9	77.4	75.7	69.5	65.3
2018年9月	73.2	73.3	82.7	82.7	80.0	73.6	69.6
2018年10月	65.3	65.3	74.8	75.5	76.7	68.9	72.3
2018年11月	50.8	50.9	57.7	58.7	58.8	51.9	58.2
2018年12月	45.2	45.4	50.6	53.8	52.9	45.6	50.2
2019年1月	53.7	53.8	67.1	61.9	61.8	52.1	51.5
2019年2月	56.9	57.2	65.0	66.0	66.2	57.6	57.2
2019年3月	60.2	60.1	67.9	68.4	67.3	59.8	59.5
2019年4月	63.5	63.9	72.2	72.8	71.7	64.2	63.9
2019年5月	53.3	53.5	66.8	64.5	64.0	62.7	62.4
2019年6月	59.4	58.5	67.5	66.6	65.0	55.5	55.3
2019年7月	57.5	58.6	64.1	65.2	64.6	57.3	57.0
2019年8月	55.2	55.1	61.0	60.4	59.7	52.7	52.4
2019年9月	54.3	54.1	61.0	60.8	61.2	55.5	54.9
2019年10月	54.0	54.2	59.3	60.2	61.2	54.7	54.4
2019年11月	55.4	55.2	64.5	62.4	64.1	59.0	58.7
2019年12月	61.2	61.1	67.7	66.0	67.5	62.8	62.4
2020年1月	57.5	57.6	64.4	63.5	64.8	63.8	63.4
2020年2月	50.5	50.9	55.5	55.3	54.3	54.3	54.0
2020年3月	29.2	32.0	31.9	35.1	33.7	33.6	33.6
2020年4月	16.6	23.5	18.8	27.7	20.4	22.0	21.9
2020年5月	28.6	29.7	29.0	32.8	30.5	23.7	23.4
2020年6月	38.3	38.4	40.1	40.7	40.8	33.3	33.0
2020年7月	40.7	40.9	43.3	43.3	43.3	38.6	36.8
2020年8月	42.3	42.7	44.9	45.1	44.0	39.0	38.5
2020年9月	39.6	40.1	40.9	42.0	41.5	35.9	35.3
2020年10月	39.4	39.6	40.2	41.5	40.7	37.4	35.3
2020年11月	40.9	41.8	42.7	44.0	43.4	40.7	38.1
2020年12月	47.0	47.2	49.9	50.2	49.8	47.5	45.2

注：本表数据为月均数据。

资料来源：WTI现货、Brent现货数据来自EIA；WTI期货、Brent期货数据来自ICE；迪拜现货、辛塔现货、大庆现货数据来自国家统计局网站（https://data.stats.gov.cn）。

表 34-7 原油到岸价格国际比较

单位：美元/桶

国家/地区 时间	法国	德国	意大利	西班牙	英国	日本	加拿大	美国	加权平均
2018年1月	68.68	68.59	68.05	65.43	69.64	65.54	67.62	58.75	63.52
2018年2月	67.13	65.76	66.7	68.15	67.8	68.86	67.70	56.51	62.99
2018年3月	66.41	65.82	65.61	63.17	67.19	66.25	65.73	55.28	61.37
2018年4月	71.04	69.66	69.03	67.62	71.63	67.16	69.21	58.45	64.26
2018年5月	75.49	75.31	74.46	71.52	77.49	72.28	74.95	64.35	69.62
2018年6月	74.83	74.51	73.54	70.93	75.48	77.17	74.53	65.54	70.32
2018年7月	74.36	74.3	74.48	71.77	75.28	76.93	72.04	65.97	70.79
2018年8月	72.76	72.19	72.34	70.01	73.83	76.53	71.48	63.81	69.54
2018年9月	78.17	77.12	77.50	74.58	77.98	76.49	76.20	63.40	71.05
2018年10月	79.90	80.69	80.73	78.26	81.92	80.44	75.92	64.48	73.63
2018年11月	69.85	67.82	69.38	68.23	71.05	79.18	71.89	50.61	63.31
2018年12月	59.11	58.64	58.25	57.77	59.07	69.21	65.21	40.13	53.00
2019年1月	59.35	59.49	58.22	55.97	60.10	61.78	56.08	46.76	54.41
2019年2月	64.00	63.41	61.46	60.37	64.25	62.33	60.42	54.14	59.27
2019年3月	66.27	64.95	67.29	64.77	66.97	67.09	64.39	58.67	63.23
2019年4月	71.06	70.50	71.20	68.82	71.54	69.96	67.83	63.04	67.36
2019年5月	70.28	71.79	71.93	70.46	72.51	73.32	70.34	64.67	69.05
2019年6月	66.67	66.16	65.77	65.46	66.48	71.35	64.87	58.58	63.82
2019年7月	64.73	65.04	65.41	63.52	65.81	66.24	62.15	57.41	62.17
2019年8月	60.47	60.50	60.59	59.17	61.61	66.76	61.77	55.20	59.66
2019年9月	63.02	61.55	63.42	60.80	63.25	64.35	61.23	55.81	60.07
2019年10月	62.05	60.29	61.43	60.44	62.14	65.21	60.78	53.60	59.16
2019年11月	65.23	63.33	62.93	60.00	64.74	64.94	62.46	53.75	59.90
2019年12月	69.37	66.68	67.51	64.14	68.90	67.97	65.15	54.20	62.17
2020年1月	68.53	65.34	66.12	65.23	67.01	70.79	66.43	52.92	61.85
2020年2月	58.59	57.92	58.34	57.88	60.39	69.60	60.20	46.64	55.79
2020年3月	40.47	34.60	36.26	45.00	40.07	56.30	43.12	31.18	39.39
2020年4月	25.19	20.77	20.38	22.07	24.20	36.34	30.35	17.67	23.39

注：本表数据为月均数据；到岸价=成本+保险+运费。

资料来源：IEA, Monthly Oil Price Statistics。

表 34-8 成品油价格

执行时间	汽油价格 (元/吨)	汽油价格 (元/升)	柴油价格 (元/吨)	柴油价格 (元/升)
2019 年 1 月 15 日	7345	5.36	6355	5.47
2019 年 1 月 29 日	7590	5.54	6585	5.66
2019 年 2 月 15 日	7640	5.58	6635	5.71
2019 年 3 月 1 日	7910	5.77	6895	5.93
2019 年 3 月 29 日	7990	5.83	6975	6.00
2019 年 4 月 13 日	7940	5.80	6945	5.97
2019 年 4 月 27 日	8135	5.94	7130	6.13
2019 年 5 月 14 日	8060	5.88	7055	6.07
2019 年 5 月 28 日	8110	5.92	7105	6.11
2019 年 6 月 12 日	7645	5.58	6660	5.73
2019 年 6 月 27 日	7525	5.49	6545	5.63
2019 年 7 月 10 日	7675	5.60	6685	5.75
2019 年 8 月 7 日	7595	5.54	6615	5.69
2019 年 8 月 21 日	7385	5.39	6410	5.51
2019 年 9 月 4 日	7500	5.48	6515	5.60
2019 年 9 月 19 日	7625	5.57	6640	5.71
2019 年 10 月 22 日	7475	5.46	6495	5.59
2019 年 11 月 5 日	7580	5.53	6600	5.68
2019 年 11 月 19 日	7650	5.58	6665	5.73
2019 年 12 月 3 日	7705	5.62	6715	5.77
2019 年 12 月 31 日	7940	5.80	6945	5.97
2020 年 2 月 4 日	7520	5.27	6945	5.97
2020 年 2 月 18 日	7105	4.98	6945	5.97
2020 年 3 月 17 日	6090	4.26	6945	5.97
2020 年 6 月 28 日	6210	4.35	6945	5.97
2020 年 7 月 10 日	6310	4.42	6540	5.62
2020 年 8 月 21 日	6395	4.48	6650	5.72
2020 年 9 月 18 日	6080	4.26	6730	5.79
2020 年 10 月 23 日	6160	4.31	6800	5.85
2020 年 11 月 5 日	6000	4.20	6650	5.72
2020 年 11 月 19 日	6150	4.31	6795	5.84
2020 年 12 月 3 日	6400	4.48	7035	6.05
2020 年 12 月 17 日	6555	4.59	7185	6.18
2020 年 12 月 31 日	6645	4.65	7270	6.25

注：本表价格是指成品油生产经营企业供军队及新疆生产建设兵团、国家储备用汽、柴油（标准品）的供应价格；汽油密度取 0.73 千克/升；柴油密度取 0.86 千克/升。

资料来源：每吨价格数据来自东方财富网（http://data.eastmoney.com/cjsj/yjtz/default.html）；每升价格数据根据汽、柴油密度计算得到。

表34-9 石油价格国际比较（IEA）

单位：美元/升

年份 国家/地区	2016	2017	2018	2019
世界	0.8	0.9	1	0.9
美国	0.6	0.7	0.8	0.8
英国	1.5	1.5	1.7	1.6
日本	1.1	1.2	1.4	1.3
法国	1.4	1.6	1.8	1.7
加拿大	0.9	1	1.1	1
韩国	1.5	1.6	1.7	1.5

资料来源：IEA，*World Energy Prices Overview* 2020。

表34-10 成品油零售价格国际比较

品种 国家/地区	汽油 （美元/升）	柴油 （美元/升）	取暖用油 （美元/升）	工业用低硫燃料油 （美元/千克）
意大利	1.308	1.206	0.749	0.429
法国	1.266	1.085	0.509	—
英国	1.381	1.269	1.102	0.367
德国	1.119	1.020	0.515	0.264
西班牙	1.066	1.126	0.438	—
日本	1.299	1.106	0.777	—
加拿大	1.029	0.947	0.854	—
美国	0.550	0.636	—	—

注：本表数据为2020年6月数据；法国、德国、意大利、西班牙、英国汽油价格为优质无铅汽油价格（95 RON）；日本、加拿大、美国汽油价格为普通无铅汽油价格；柴油价格为非商业使用车用柴油价格；日本国内取暖用油价格为煤油价格；法国、意大利、西班牙、英国的工业用低硫燃料油价格不含增值税，因其增值税会返还给工业用户。

资料来源：IEA，*Monthly Oil Price Statistics*。

三、天然气价格

如表34-11～表34-14所示。

表 34-11 国产陆上天然气出厂基准价格

单位：元/千立方米

油气田	用户分类	现行基准价			调后基准价
川渝气田	化肥	690			920
	直供工业	1275			1505
	城市燃气（工业）	1320			1550
	城市燃气（除工业）	920			1150
长庆气田	化肥	710			940
	直供工业	1125			1355
	城市燃气（工业）	1170			1400
	城市燃气（除工业）	770			1000
青海气田	化肥	660			890
	直供工业	1060			1290
	城市燃气（工业）	1060			1290
	城市燃气（除工业）	660			890
新疆各气田	化肥	560			790
	直供工业	985			1215
	城市燃气（工业）	960			1190
	城市燃气（除工业）	560			790
大港、辽河、中原		一档气	二档气	平均	
	化肥	660	980	710	940
	直供工业	1320	1380	1340	1570
	城市燃气（工业）	1230	1380	1340	1570
	城市燃气（除工业）	830	980	940	1170
其他油田	化肥	980			1210
	直供工业	1380			1610
	城市燃气（工业）	1380			1610
	城市燃气（除工业）	980			1210
西气东输	化肥	560			790
	直供工业	960			1190
	城市燃气（工业）	960			1190
	城市燃气（除工业）	560			790
忠武线	化肥	911			1141
	直供工业	1311			1541
	城市燃气（工业）	1311			1541
	城市燃气（除工业）	911			1141

续表

油气田	用户分类	现行基准价	调后基准价
陕京线	化肥	830	1060
	直供工业	1230	1460
	城市燃气（工业）	1230	1460
	城市燃气（除工业）	830	1060
川气东送	用户分类	1280	1510

注：供需双方可以基准价格为基础，在上浮10%、下浮不限的范围内协商确定具体价格；上述出厂（或首站）价格政策自2010年6月1日起执行。

资料来源：国家发展和改革委员会网站。

表 34-12　各省（区、市）天然气基准门站价格

单位：元/千立方米

地区	基准门站价格	地区	基准门站价格
北京	1860	湖北	1820
天津	1860	湖南	1820
河北	1840	广东	2040
山西	1720	广西	1870
内蒙古	1220	海南	1520
辽宁	1840	重庆	1520
吉林	1640	四川	1530
黑龙江	1640	贵州	1590
上海	2040	云南	1590
江苏	2020	陕西	1220
浙江	2030	甘肃	1310
安徽	1950	宁夏	1390
江西	1820	青海	1150
山东	1840	新疆	1030
河南	1870		

注：本表价格含增值税；山东交气点为山东省界；表内价格自2019年4月1日起实施。

资料来源：国家发展和改革委员会网站。

表 34-13 天然气进口价格

指标 年份	管道天然气 美元/立方米	管道天然气 美元/MBTU	LNG 美元/吨	LNG 美元/立方米	LNG 美元/MBTU
2009	—	—	232.69	0.17	4.47
2010	0.28	7.71	323.39	0.23	6.22
2011	0.33	9.03	471.98	0.34	9.08
2012	0.39	10.91	560.36	0.41	10.78
2013	0.36	9.90	589.82	0.43	11.34
2014	0.37	9.90	616.35	0.45	12.10
2015	0.28	7.63	450.58	0.33	8.85
2016	0.19	5.25	343.01	0.25	6.74
2017	0.20	5.45	386.84	0.28	7.52
2018	0.23	6.25	499.04	0.36	9.80
2019	0.26	6.99	475.70	0.34	9.34
2020	0.21	5.66	348.21	0.25	6.83

注：进口价格=进口额/进口量；1吨LNG折合1380立方米天然气；1Mbtu天然气折合27.1立方米天然气；0.7174kg管道（气态）天然气折合1立方米天然气。

资料来源：海关总署网站（http://www.customs.gov.cn）。

表 34-14 天然气价格国际比较

单位：美元/MBTU

指标 年份	天然气 德国 平均进口到岸价	天然气 英国 全国名义平均点数	天然气 美国 亨利中心	天然气 加拿大 阿尔伯塔	LNG 日本 到岸价
2000	2.91	2.71	4.23	3.75	4.72
2001	3.67	3.17	4.07	3.61	4.64
2002	3.21	2.37	3.33	2.57	4.27
2003	4.06	3.33	5.63	4.83	4.77
2004	4.30	4.46	5.85	5.03	5.18
2005	5.83	7.38	8.79	7.25	6.05
2006	7.87	7.87	6.76	5.83	7.14
2007	7.99	6.01	6.95	6.17	7.73
2008	11.60	10.79	8.85	7.99	12.55
2009	8.53	4.85	3.89	3.38	9.06
2010	8.03	6.56	4.39	3.69	10.91
2011	10.49	9.04	4.01	3.47	14.73
2012	10.93	9.46	2.76	2.27	16.75
2013	10.73	10.64	3.71	2.93	16.17

续表

指标	天然气				LNG
	德国	英国	美国	加拿大	日本
年份	平均进口到岸价	全国名义平均点数	亨利中心	阿尔伯塔	到岸价
2014	9.11	8.25	4.35	3.87	16.33
2015	6.72	6.53	2.60	2.01	10.31
2016	4.93	4.69	2.46	1.55	6.94
2017	5.62	5.80	2.96	1.60	8.10
2018	6.62	8.06	3.13	1.12	10.05
2019	5.25	4.47	2.53	1.27	9.94

注：到岸价=成本+保险+运费。

资料来源：BP Statistical Review of World Energy 2020: A Pivotal Moment。

四、电力价格

如表 34-15~表 34-21 所示。

表 34-15　各地区燃煤机组脱硫标杆上网电价

单位：分/千瓦·时

执行时间 地区	2013年 9月25日	2014年 9月1日	2015年 4月20日	2016年 1月1日	2017年 7月1日	2018年 8月1日	2019年 12月1日	2021年 4月8日
北京	38.67	38.04	36.34	33.95	34.78	35.98	35.98	35.98
天津	39.83	39.29	36.95	33.94	35.35	36.55	36.55	36.55
河北（北网）	41.08	40.21	38.51	35.14	36.00	37.20	37.20	37.20
河北（南网）	41.96	41.14	37.94	33.77	35.24	36.44	36.44	36.44
山东	43.57	42.76	40.74	36.09	38.29	39.49	39.49	39.49
山西	37.67	36.52	34.18	30.85	32.00	33.20	33.20	33.20
蒙东	30.64	29.84	29.48	29.15	29.15	30.35	30.35	30.35
蒙西	30.04	28.84	28.17	26.52	27.09	28.29	28.29	28.29
辽宁	40.22	39.24	37.43	35.65	36.29	37.49	37.49	37.57
吉林	39.74	38.94	36.83	35.97	36.11	37.31	37.31	37.31
黑龙江	39.89	39.44	37.44	36.03	36.20	37.40	37.40	37.40
陕西	38.64	37.74	37.74	32.26	34.25	33.45	35.45	35.45
甘肃	32.09	31.69	31.69	28.58	29.58	30.78	30.78	30.78
宁夏	27.61	26.71	26.71	24.75	24.75	25.95	25.95	25.95

续表

执行时间 地区	2013年9月25日	2014年9月1日	2015年4月20日	2016年1月1日	2017年7月1日	2018年8月1日	2019年12月1日	2021年4月8日
青海	34.50	34.20	34.20	31.27	31.27	32.47	32.47	22.77
上海	45.23	44.73	42.39	39.28	40.35	41.55	41.55	41.55
江苏	43.00	41.90	39.76	36.60	37.90	39.10	39.10	39.10
浙江	45.70	44.60	43.33	40.33	40.33	38.53	41.53	41.53
安徽	42.11	41.64	39.49	35.73	37.24	38.44	38.44	38.44
福建	43.04	42.59	39.55	36.17	38.12	39.32	39.32	39.32
湖北	45.82	44.72	42.96	38.61	40.41	41.61	41.61	41.61
湖南	48.79	48.20	46.00	43.51	43.80	45.00	45.00	45.00
河南	42.62	40.71	38.77	34.31	36.59	37.79	37.79	37.79
江西	47.52	44.35	42.76	38.73	40.23	41.43	41.43	41.43
四川	44.87	44.32	42.82	38.92	38.92	40.12	40.12	40.12
重庆	43.31	42.63	40.93	36.76	38.44	37.64	39.64	39.64
广东	50.20	49.00	49.00	43.85	44.10	45.30	45.30	45.30
广西	45.52	44.54	43.04	40.20	40.87	42.07	42.07	42.07
云南	36.06	36.06	34.43	32.38	32.38	33.58	33.58	33.58
贵州	37.28	36.93	35.89	32.43	33.95	35.15	35.15	35.15
海南	47.68	46.58	44.08	40.78	41.78	42.98	42.98	42.98

注：本表价格为含税价；本表2013~2017年价格含脱硫电价，不含脱硝、除尘电价，自2013年9月25日起提高脱硝电价至1分/千瓦·时，增设除尘电价0.2分/千瓦·时；2018~2019年价格含脱硫、脱硝、除尘电价。2019年10月将标杆上网电价机制改为"标准价+上下浮动"的市场化价格机制。

资料来源：2013~2019年数据来自各地方发展和改革委员会网站，2021年数据来自国家发展和改革委员会网站。

表34-16 跨省、跨区域电网输电价格调整情况

项目	原执行价格（元/千千瓦·时）	现执行价格（元/千千瓦·时）	线损率（%）	降价额度（元/千千瓦·时）	送电省分享降价额度（元/千千瓦·时）	受电省分享降价额度（元/千千瓦·时）
龙政线	74.0	67.5	7.50	6.50	3.25	3.25
葛南线	60.0	55.8	7.50	4.23	2.12	2.12
林枫直流	47.1	43.9	7.50	3.23	1.61	1.61
宜华线	74.0	68.5	7.50	5.49	2.75	2.75
江城直流	41.7	38.5	7.65	3.20	1.60	1.60
三峡送华中	48.3	45.1	0.70	3.19	1.60	1.60
阳城送出	22.1	20.7	3.00	1.44	0.00	1.44
锦界送出	19.2	18.1	2.50	1.14	0.00	1.14
府谷送出	15.4	14.5	2.50	0.93	0.00	0.93

续表

项目	原执行价格（元/千千瓦·时）	现执行价格（元/千千瓦·时）	线损率（%）	降价额度（元/千千瓦·时）	送电省分享降价额度（元/千千瓦·时）	受电省分享降价额度（元/千千瓦·时）
中俄直流	37.1	37.1	1.30	0.00	0.00	0.00
呼辽直流	45.9	42.0	4.12	3.92	1.96	1.96
青藏直流	60.0	60.0	13.70	0.00	0.00	0.00
锦苏直流	55.0	51.1	7.00	3.93	1.97	1.97
向上工程	62.0	57.1	7.00	4.88	2.44	2.44
宾金工程	49.5	45.4	6.50	4.06	2.03	2.03
灵宝直流	42.6	40.3	1.00	2.25	1.13	1.13
德宝直流	35.8	33.6	3.00	2.23	1.12	1.12
高岭直流	25.0	23.5	1.70	1.53	0.76	0.76
晋南荆工程	33.2	25.1	1.50	8.07	4.04	4.04
哈郑直流	65.8	61.3	7.20	4.53	2.27	2.27
宁东直流	53.5	50.8	7.00	2.69	1.34	1.34
宁绍直流	71.4	65.9	6.50	5.55	2.77	2.77
酒湖直流	70.1	60.2	6.50	9.86	4.93	4.93
溪广线	53.2	49.5	6.50	3.72	1.86	1.86
云南送广东	80.2	75.5	6.57	4.73	2.37	2.37
贵州送广东	80.2	75.5	7.05	4.73	2.37	2.37
云南送广西	57.2	53.8	2.98	3.37	1.69	1.69
贵州送广西	57.2	53.8	3.47	3.37	1.69	1.69
天生桥送广东	63.2	59.5	5.63	3.73	1.86	1.86
天生桥送广西	40.2	37.8	2.00	2.37	1.19	1.19

注：本表价格自2019年7月1日起实施。

资料来源：国家发展和改革委员会《关于降低一般工商业电价的通知》。

表34-17 区域电网输电价格

单位：元/千瓦·时

区域	电量电价	容量电价	
		单位	水平
华北	0.0071	北京	0.0175
		天津	0.0129
		冀北	0.0048
		河北	0.0035
		山西	0.0011
		山东	0.0018

续表

区域	电量电价	容量电价	
		单位	水平
华东	0.0095	上海	0.0072
		江苏	0.0034
		浙江	0.0046
		安徽	0.0039
		福建	0.0023
华中	0.01	湖北	0.0015
		湖南	0.0007
		河南	0.0009
		江西	0.0006
		四川	0.0004
		重庆	0.0019
东北	0.0087	辽宁	0.0031
		吉林	0.0034
		黑龙江	0.0031
		蒙东	0.0041
西北	0.02	陕西	0.0012
		甘肃	0.0029
		青海	0.0017
		宁夏	0.0015
		新疆	0.0009

注：实施时间为2020年1月1日至2022年12月31日。
资料来源：国家发展和改革委员会《关于核定2020~2022年区域电网输电价格的通知》。

表34-18　各地区终端销售电价

指标 地区	2012年 销售电价 （元/兆瓦时）	2014年 销售电价 （元/兆瓦时）	2015年 销售电价 （元/兆瓦时）	2016年 销售电价 （元/兆瓦时）	2017年 销售电价 （元/兆瓦时）	2018年 销售电价 （元/兆瓦时）
北京	733	776	777	766	760	738
天津	682	719	725	709	697	688
河北（北网）	587	596	590	570	574	570
河北（南网）	639	664	646	605	598	595
山东	660	712	698	642	650	645
山西	514	521	517	467	457	461
蒙东	505	556	513	529	491	521
蒙西	—	401	432	382	388	356

续表

地区\指标	2012年 销售电价(元/兆瓦时)	2014年 销售电价(元/兆瓦时)	2015年 销售电价(元/兆瓦时)	2016年 销售电价(元/兆瓦时)	2017年 销售电价(元/兆瓦时)	2018年 销售电价(元/兆瓦时)
辽宁	627	628	613	594	590	582
吉林	618	626	631	612	616	587
黑龙江	573	559	547	539	531	582
陕西	539	569	557	502	493	497
甘肃	429	462	455	410	416	400
宁夏	410	407	394	354	369	370
青海	371	384	381	364	346	347
新疆	433	444	441	402	375	400
上海	754	769	760	736	736	722
江苏	630	694	689	667	672	665
浙江	758	754	747	705	703	689
安徽	582	690	682	637	634	641
福建	639	669	648	627	609	583
湖北	654	675	670	644	648	643
湖南	627	673	681	668	652	637
河南	540	569	610	581	584	584
江西	658	733	712	671	666	657
四川	502	550	536	518	501	491
重庆	658	643	648	622	622	595
西藏	596	—	—	—	—	—
广东	760	715	701	681	653	636
广西	570	567	557	551	547	529
云南	459	444	419	374	368	361
贵州	509	512	494	452	482	480
海南	743	744	734	725	728	726

注：销售电价含税，不含政府性基金和附加。

资料来源：2010~2014年数据来自中国电力企业联合会历年《中国电力行业年度发展报告》；2015~2018年数据来自历年《全国电力价格情况监管通报》。

表34-19 居民用电价格

地区\指标	2012年 居民电价(元/兆瓦时)	2014年 居民电价(元/兆瓦时)	2015年 居民电价(元/兆瓦时)	2016年 居民电价(元/兆瓦时)	2017年 居民电价(元/兆瓦时)	2018年 居民电价(元/兆瓦时)	2019年 居民电价(元/兆瓦时)	2020年 居民电价(元/兆瓦时)
北京	480	496	495	495	489	481	488	488
天津	492	502	503	504	502	501	490	490

续表

地区 \ 指标	2012年 居民电价(元/兆瓦时)	2014年 居民电价(元/兆瓦时)	2015年 居民电价(元/兆瓦时)	2016年 居民电价(元/兆瓦时)	2017年 居民电价(元/兆瓦时)	2018年 居民电价(元/兆瓦时)	2019年 居民电价(元/兆瓦时)	2020年 居民电价(元/兆瓦时)
河北（北网）	488	515	514	514	514	510	520	520
河北（南网）	489	525	507	524	523	522	520	520
山东	531	536	537	539	539	540	547	550
山西	472	486	493	488	489	488	600	478
蒙东	486	504	507	508	499	493	485	485
蒙西	—	440	435	436	428	428	415	415
辽宁	501	511	512	513	513	512	500	500
吉林	529	534	535	532	530	531	525	525
黑龙江	480	481	521	522	516	525	510	510
陕西	501	507	507	506	507	508	498	498
甘肃	498	526	512	523	526	508	510	510
宁夏	455	456	457	463	463	467	449	488
青海	379	407	406	404	404	400	377	377
新疆	528	532	534	531	530	480	390	345
上海	553	570	571	573	573	575	617	617
江苏	510	520	518	520	519	513	528	528
浙江	558	557	556	559	557	559	538	538
安徽	556	569	569	573	573	576	565	565
福建	524	557	551	557	553	540	498	528
湖北	576	586	580	574	573	578	558	558
湖南	542	607	607	608	610	614	588	588
河南	557	570	563	552	558	562	560	—
江西	610	619	618	621	620	623	600	600
四川	517	531	523	523	505	501	522	546
重庆	528	538	537	534	533	537	520	520
广东	663	647	646	677	666	659	592	—
广西	552	461	563	558	551	515	528	528
云南	461	476	472	468	435	402	450	424
贵州	465	485	485	484	482	483	456	456
海南	616	633	632	632	632	632	608	—

注：居民电价均为平段的到户价。

资料来源：2010~2014年数据来自中国电力企业联合会历年《中国电力行业年度发展报告》；2015~2018年数据来源于历年《全国电力价格情况监管通报》；2019~2020年数据来自各地区发展和改革委员会《销售电价表》。

表 34-20 居民用电价格国际比较（IEA）

单位：美元/千瓦·时

年份 国家/地区	2011	2012	2013	2014	2015	2016	2017
德国	0.28	0.33	0.33	0.33	—	0.33	0.34
日本	0.21	0.22	0.24	0.26	0.23	0.22	0.23
英国	0.16	0.17	0.18	0.19	0.24	0.21	0.21
法国	0.15	0.15	0.16	0.17	0.18	0.18	0.19
美国	0.12	0.12	0.12	0.13	0.13	0.13	0.13
韩国	0.09	0.09	0.1	0.11	0.12	0.12	0.11

注：本表数据为平均值，现价；美国不含税。
资料来源：IEA，*Energy Prices & Taxes*：2018Q4。

表 34-21 工业用电价格国际比较（IEA）

单位：美元/千瓦·时

年份 国家/地区	2011	2012	2013	2014	2015	2016	2017
日本	0.15	0.16	0.17	0.19	0.16	0.16	0.15
德国	0.13	0.13	0.14	0.15	0.15	0.14	0.14
英国	0.10	0.11	0.11	0.12	0.15	0.13	0.13
法国	0.10	0.10	0.11	0.11	0.11	0.11	0.11
美国	0.07	0.07	0.07	0.07	0.07	0.07	0.07

注：本表数据为平均值，现价；美国不含税。
资料来源：IEA，*Energy Prices & Taxes*：2018Q4。

索引

内容索引

"一扩成井"钻井法凿井技术 …………… 887
"十三五"天然气行业发展主要指标 …… 695
"十三五"太阳能利用主要指标 ………… 806
"十三五"水电发展目标 ………………… 779
"十三五"电力工业发展主要目标 ……… 596
"十三五"生物质能发展目标 …………… 817
"十三五"时期石油发展主要目标 ……… 682
"三零""三省"服务典型经验做法……… 669
"华龙一号"稳压器先导式安全阀样机 … 910
10MW 海上风电机组设计技术 ………… 373
2012~2017 年电力、热力、燃气生产和供应业
　固定资产投资（不含农户） …………… 9
2012~2019 年中国煤炭开采和洗选业固定资产
　投资（不含农户） ……………………… 4
2012~2020 年电源、电网完成投资增速 …… 10
2012~2020 年新能源和可再生能源投资情况
　………………………………………… 20
2015~2020 年中国能源消费总量及增速 …… 36
2015~2020 年中国煤炭消费总量及增速 …… 38
2016~2020 年一次能源消费结构………… 37
2019~2020 年中石化对外投资情况 ……… 993
2019~2020 年中石油对外合作重要事件 … 990
2019~2020 年中海油对外投资情况 ……… 994
2020 年生物质发电项目补贴额度测算规则
　………………………………………… 873
2020 年煤电化解过剩产能工作要点 …… 630
2020 年煤炭化解过剩产能工作要点 …… 571
2020 年"三北"地区陆上风电发展目标
　………………………………………… 794

2020 年中东部和南方地区陆上风电发展目标
　………………………………………… 793
2020 年可再生能源开发利用主要指标 …… 761
2020 年生物质发电项目中央补贴资金申报信用
　承诺书 ………………………………… 873
2020 年我国能源企业对外承包工程业务完成营
　业额 …………………………………… 987
2020 年我国能源企业对外承包工程业务新签合
　同额 …………………………………… 988
2020 年国家核准煤矿建设项目统计 ………… 5
2020 年国家清洁能源示范省（区）落实情况
　………………………………………… 35
2020 年供电企业办理用电报装业务的环节和时
　限目标 ………………………………… 670
2023 年经济性预警情况 ………………… 629
2023 年资源约束情况 …………………… 628
2023 年装机充裕度情况 ………………… 627
300 千瓦海洋潮流能发电机组 ………… 955
300 千瓦半直驱水平轴潮流能发电工程样机
　………………………………………… 954
3500 米以浅钻完井及储层改造技术 …… 935
400 兆瓦 LHD 海洋潮流能发电站以及潮流能发
　电总装备基地项目 …………………… 954
600 千瓦海底式潮流发电整机 ………… 955
700 摄氏度超超临界燃煤发电关键技术 … 902
AP1000 …………………………………… 910
CAP1400 ………………………………… 910
EPR ……………………………………… 910
ETL 关键技术 …………………………… 920

条目	页码
Hi-MO2	946
LHD 模块化海洋潮流能发电机组	954
LNG 接收站项目	19
LNG 接收站剩余接收能力	1222
LNG 接收能力	19
OPEC 原油产能国际比较	1215
TS+系列第二代黑硅片	946
VVER	910
一次能源人均生产量	1185
一次能源日均生产量	1185
一次能源生产结构（电热当量计算法）	1186
一次能源生产结构国际比较	1187
一次能源生产量	1184
一次能源生产量国际比较	1185
一次能源消费结构	1126
一次能源消费结构国际比较（BP）	1126
"一带一路"倡议下深化能源治理合作	1023
二次再热超超临界燃煤发电技术	901
二氧化硫排放控制技术	904
二氧化碳捕集、利用与封存技术创新路线图	347
二氧化碳捕集利用与封存（CCUS）	905
丁苯橡胶无磷（环保）聚合技术	930
"十三五"时期煤炭工业发展主要目标	509
人均石油消费量	1133
人均能源消费量	1123
人均煤炭消费量	1129
三峡集团对外投资合作情况	1003
干冰相变惰化防控技术及装备	892
直接蒸汽发电法	951
工业节能诊断服务行动计划	432
工业用电价格国际比较（IEA）	1269
大井组—多井型—工厂化钻井规模化应用技术	936
大空间采场坚硬顶板控制理论与技术	890
大型风电技术创新路线	348
大型高产矿井采动区瓦斯抽采关键技术	890
大面积低丰度气藏开发井网优化技术	934
大唐集团对外投资合作情况	1000
与二十国集团开展能源治理合作情况	1021
与亚太经合组织开展能源治理合作情况	1022
与金砖国家开展能源治理合作情况	1022
万元国内生产总值能源消费量	1153
上合组织能源合作机制	1017
千米深井控制冻结凿井技术	886
已建地下储气库	1223
卫星遥感技术	884
飞轮储能技术	383
井下分层注采智能控制技术	927
井下压裂实时监测技术	925
天然气人均消费量	42
天然气开采新增生产能力	1220
天然气互联互通工程	19
天然气日均消费量	1141
天然气水合物储运技术	939
天然气生产年度走势	30
天然气生产量	1194
天然气生产量国际比较	1195
天然气主干管道规划	703
天然气发展"十三五"规划	690
天然气价格国际比较	1262
天然气进口价格	1262
天然气进出口	47
天然气进出口量	1248
天然气进出口量国际比较	1249
天然气建设	18
人均天然气消费量	42
日均天然气消费量	42
天然气消费总量	42
天然气消费总量及增速	43
天然气消费总量国际比较	1141

天然气基础设施建设与运营管理办法 …… 735
天然气剩余经济可采储量国际比较……… 1174
天然气跨省管道运输价格表 …………… 722
支撑大电网安全高效运行的负荷建模关键技术
　与应用 …………………………………… 921
不单独进行节能审查的行业目录 ………… 432
太阳能 PERC+P 型单晶电池技术 ……… 947
太阳能发电量国际比较…………………… 1209
太阳能发电装机容量国际比较…………… 1237
太阳能发展"十三五"规划 ……………… 801
太阳能光伏发电并网电流控制技术 ……… 915
太阳能光催化制氢的多相流能质传输集储与转
　化技术 …………………………………… 949
太阳能热发电关键技术 …………………… 370
太阳能资源……………………………… 1183
区域电网输电价格 ……………………… 1265
区域电网输电价格定价办法 …………… 225
区域电网输电价格定价办法（试行） …… 210
互联电网动态过程安全防御关键技术及应用
　………………………………………………… 920
日均石油进出口量国际比较…………… 1246
日均石油消费量………………………… 1133
日均石油消费量国际比较……………… 1134
日均炼油能力国际比较………………… 1217
日均能源消费量………………………… 1123
日均煤炭消费量………………………… 1129
中广核对外投资合作情况……………… 1006
中石化与俄罗斯石油公司签署《共同开发鲁斯
　科耶油气田和尤鲁勃切诺—托霍姆油气田
　合作框架协议》 ………………………… 992
中石化与美国马拉松石油公司签署协议
　………………………………………………… 992
中石化马来西亚 RAPID P12A 项目 …… 993
中石化对外投资——签订一份基于阿穆尔天然
　气化工综合体项目（AGCC）的合营协议
　………………………………………………… 993

中石化炼化工程集团中标俄罗斯西布尔 AGCC
　聚烯烃项目 …………………………… 994
中石油对外合作重要事件——中标深海大型在
　产布兹奥斯油田和盐下阿拉姆区块项目
　………………………………………………… 991
中石油对外合作重要事件——阿曼项目延期合
　同签署 ………………………………… 990
中石油对外合作重要事件——签订 SeleRayBeli-
　da（SRB）公司射孔作业合同和火工品采
　购合同 ………………………………… 991
中石油对外合作重要事件——签署《关于天然
　气领域合作备忘录》 ………………… 991
中石油对外合作重要事件——签署《关于在油
　气领域扩大合作的备忘录》 ………… 991
中石油对外合作重要事件——签署北极 LNG2
　合作项目协议 ………………………… 990
中石油对外投资合作情况 ……………… 989
中央企业公司制改制工作实施方案 …… 112
中老越缅电力互联线路 ………………… 980
中共中央国务院关于推进价格机制改革的若干
　意见 …………………………………… 114
中阿能源合作机制……………………… 1018
中国三代核电技术"国和一号" ……… 911
中国与中东地区能源合作情况 ……… 1012
中国与中亚地区能源合作情况 ……… 1011
中国与拉美地区能源合作情况 ……… 1016
中国与欧洲地区能源合作情况 ……… 1015
中国与非洲地区能源合作情况 ……… 1013
中国与南亚、东南亚地区能源合作情况
　………………………………………………… 1008
中国与俄罗斯能源合作情况 ………… 1010
中国与美国能源合作情况 …………… 1015
中国—中亚油气管道 ………………… 974
中国电建对外投资合作情况 ………… 1004
中国对外工程承包 …………………… 986
中国对外直接投资 …………………… 982
中国的减排承诺……………………… 1025

中国海油与阿布扎比国家石油公司签署战略框架协议 …… 994	分用途煤炭消费结构 …… 1131
中国能建对外投资合作情况 …… 1005	分用途煤炭消费结构国际比较 …… 1132
中俄东线天然气管道 …… 973	分地区天然气生产量 …… 30
中俄东线天然气管道南段（永清—上海段）长江盾构穿越工程 …… 974	分地区天然气消费量 …… 1142
	分地区天然气调入调出量 …… 1250
中俄电力互联线路 …… 979	分地区太阳能发电量 …… 33
中缅油气管道 …… 975	分地区太阳能发电装机容量 …… 1237
水力发电 …… 32	分地区太原煤炭交易价格指数（CTPI） …… 1253
水力资源量国际比较 …… 1178	
水平轴潮流能技术 …… 953	分地区水力资源量 …… 1177
水电发电量国际比较 …… 1204	分地区水电发电量 …… 1205
水电发展"十三五"规划 …… 775	分地区水电装机容量 …… 1233
水电站大坝安全监测工作管理办法 …… 616	分地区气层气探明储量 …… 1174
水电装机容量国际比较 …… 1233	分地区风电发电量 …… 1208
水轮机发电机气隙和磁场强度监测技术 …… 908	分地区风电设备平均利用小时数 …… 32
	分地区风电装机容量 …… 1236
水轮机空化在线监测 …… 908	分地区石油加工及炼焦业投资 …… 1165
水轮机效率监测技术 …… 907	分地区石油和天然气开采业投资 …… 1164
水热型地热资源的梯级利用技术 …… 950	分地区石油消费量 …… 1136
气井开发指标评价及生产制度优化技术 …… 935	分地区石油调入调出量 …… 1247
	分地区电力、蒸汽、热水生产和供应业投资 …… 1167
化石燃料制氢法 …… 948	
反井钻井凿井技术 …… 887	分地区电力发电量 …… 27
分布式发电市场化交易试点方案编制参考大纲 …… 277	分地区用电量 …… 40
	分地区发电设备平均利用小时数 …… 1202
分布式光伏发电并网技术 …… 914	分地区发电量 …… 1199
分电压等级输配电价的计算公式（省级电网输配电价定价办法） …… 231	分地区发电装机容量 …… 1227
	分地区全社会用电量 …… 1148
分电源发电结构国际比较 …… 1201	单位GDP能耗国际比较 …… 1153
分电源发电量及发电结构 …… 1200	分地区炼油能力及结构 …… 1218
分电源发电装机结构国际比较 …… 1228	分地区核电发电量 …… 1207
分电源发电装机容量及结构 …… 1228	分地区核电装机容量 …… 1235
分电源完成投资结构 …… 1168	分地区原油生产量 …… 1192
分电源完成投资额 …… 1168	分地区原油剩余可采储量 …… 1173
分用途天然气消费结构国际比较 …… 1145	分地区原煤生产量 …… 24
分用途天然气消费量及消费结构 …… 1145	分地区能耗强度 …… 1154
	分地区能源工业投资 …… 1161

分地区能源消费量 …………………… 1125	巴基斯坦瓜达尔港口项目 ……………… 976
分地区煤气生产和供应业投资………… 1166	双工质循环地热发电 …………………… 952
分地区煤层气探明储量………………… 1175	打赢蓝天保卫战三年行动计划 ………… 468
分地区煤炭矿区数……………………… 1213	节能与能效提升技术创新路线 ………… 390
分地区煤炭采选业投资………………… 1162	可计提收益的有效资产计算公式（省级电网输
分地区煤炭消费量……………………… 1130	配电价定价办法） …………………… 230
分地区煤炭调入调出量………………… 1242	可再生能源电力消纳责任权重确定和消纳量核
分地区煤炭基础储量…………………… 1171	算方法（试行） ……………………… 843
分行业天然气消费结构………………… 1144	可再生能源发电全额保障性收购管理办法
分行业天然气消费量…………………… 1143	………………………………………… 830
分行业石油消费结构…………………… 1138	可再生能源发展"十三五"规划 ………… 756
分行业石油消费量……………………… 1137	石油天然气固定资产投资 ……………… 15
分行业用电结构………………………… 1150	石油生产 ………………………………… 28
分行业用电量…………………………… 1149	石油发展"十三五"规划 ………………… 678
分行业终端石油消费结构国际比较…… 1138	石油存储技术 …………………………… 929
分行业能源消费结构…………………… 1128	石油价格国际比较（IEA） …………… 1259
分行业能源消费量……………………… 1127	石油价格管理办法 ……………………… 717
分产业用电量 …………………………… 40	石油进出口情况 ………………………… 45
分来源原油进口量……………………… 1247	石油进出口量 …………………………… 1243
分品种天然气生产量 …………………… 31	石油进出口量国际比较 ………………… 1245
分品种太原煤炭交易价格指数（CTPI）… 1252	石油进出口额 …………………………… 1244
乏燃料后处理与高放废物安全处理处置技术创	石油建设 ………………………………… 18
新路线 ………………………………… 366	石油效率 ………………………………… 51
风力发电机组控制技术 ………………… 943	石油消费人均量 ………………………… 1134
风力发电并网技术 ……………………… 913	石油消费日均量 ………………………… 1134
风力发电 ………………………………… 32	石油消费总量…………………………… 1134
风力预测技术 …………………………… 941	石油消费总量国际比较 ………………… 1134
风电发电量国际比较…………………… 1207	石油消费结构 …………………………… 42
风电发展"十三五"规划 ………………… 789	石墨烯晶硅电池 ………………………… 946
风电场尾流控制技术 …………………… 944	东方物探中标阿布扎比国家石油公司（AD-
风电机组支撑结构技术 ………………… 943	NOC）项目 …………………………… 990
风电机组主轴承技术 …………………… 943	东方物探中标英国北海四维拖缆项目 …… 992
风电保障性收购落实情况 ……………… 32	东方物探承担的 Kalamkas 油田综合地质研究
风电装机容量国际比较………………… 1235	………………………………………… 991
风能资源量国际比较…………………… 1178	东盟 10+1 能源部长会议和东亚峰会能源部长
风能资源潜在开发量…………………… 1179	会议机制 ……………………………… 1018
方位远探测声波反射波成像测井系统技术 … 924	卡琳娜循环发电 ………………………… 952

北方地区冬季清洁取暖规划（2017—2021年）	440	电磁储能技术	964
北方重点地区冬季清洁取暖"煤改气"气源保障总体方案	459	400万吨煤炭间接液化技术	897
电力工程建设完成投资额	9	生物制氢法	949
电力中长期交易基本规则	254	生物质、海洋、地热能利用技术创新路线	376
电力生产安全	28	生物质气化发电技术	959
电力发电总量	26	生物质发电	33
电力发电新增量	26	生物质直燃与燃煤耦合发电技术	959
电力发展"十三五"规划（2016—2020年）	590	生物质直燃发电技术	958
电力进出口情况	44	生物质热裂解技术	960
电力现货市场试点地区联系部门表	235	生物质陶瓷热载体快速热裂解技术	961
电力现货市场信息披露办法（暂行）	242	生物质能发展"十三五"规划	814
电力现货市场信息披露基本内容	248	生物质混合燃烧发电技术	959
电力服务质效	16	生物质液体燃料技术	960
电力线路行波保护关键技术及装置	921	用于海洋观测设备的直驱式波浪发电关键技术	956
电力效率	51	用电报装各环节申请资料清单目标表	663
电力消费人均量	1147	用电报装各环节压缩时间目标表	663
电力消费日均量	1147	用电量国际比较	1147
电力消费总量	39	主变压器油气监测技术	908
电力消费结构	41	主要矿产查明资源量	1169
电力领域对外投资	771	主要品种石油生产量	1193
电力需求侧管理办法（修订版）	645	主要品种石油消费量	1139
电气自动化技术	907	加快推进天然气利用的意见	705
电化学储能技术	382	发电企业少发电量结算价格计算公式（电力中长期交易基本规则）	267
电网企业固定资产分类定价折旧年限表	223	发电企业超发电量结算价格计算公式（电力中长期交易基本规则）	266
电网固定资产投资	11	发电设备利用小时数	27
电网建设完成投资额	15	发电量及增速	1197
电网建设规模	15	发电量国际比较（BP）	1198
电量电费比例计算公式（区域电网输电价格定价办法（试行））	212	发电装机容量	12
电解水制氢法	375	发电装机容量及增速	1225
电源在建规模	14	发电装机容量国际比较	1226
电源固定资产投资	10	吉布提港口码头项目	977
电源建设完成投资额	1161	扩容式蒸汽发电	940
		地下储气库选址技术	940

条目	页码
地热能开发利用"十三五"规划	822
共水平轴自变距潮流能发电装置	954
机组振动稳定性监测技术	907
压缩用电报装时间实施方案	662
压缩空气储能技术	383
有机液态储氢技术	949
有序放开配电网业务管理办法	191
百万吨级煤间接液化技术	897
页岩气开发井距优化技术	935
页岩气发展规划（2016—2020年）	671
成品油价格	1258
成品油进出口情况	46
成品油零售价格国际比较	1259
光伏电价政策	858
光伏扶贫项目计划	21
光伏保障性收购落实情况	33
光伏竞价转平价上网项目信息汇总表	865
光热发电技术商业化应用	948
光储空调直流化关键技术	947
光解水制氢法	949
同步调相机技术	916
网络技术	909
先进核能技术创新路线	363
先进储能技术创新路线	383
任务分工和进度安排（关于深化能源行业投融资体制改革的实施意见）	133
价内税金计算公式（区域电网输电价格定价办法（试行））	212
华为智能光伏逆变器	946
华龙一号	910
华电集团对外投资合作情况	999
华能集团对外投资合作情况	998
自适应反转式波浪能发电装置	956
自移式破碎机半连续工艺技术	895
全社会人均用电量	1147
全社会日均用电量	1147
全社会用电量	1147
全国及分流域水力资源量	1176
全国可再生能源电力消纳情况	33
全国电力固定资产投资额	8
全国生产和建设煤矿产能情况	5
全国各地区陆地70米高度风能资源储量	1180
全国各地区陆地80米高度风能资源储量	1181
全国各地区陆地90米高度风能资源储量	1182
全国产化智能分散控制系统	922
全国非水电可再生能源电力消纳情况	34
全国累计已查明油气田	1172
全息谱分解技术	909
全球首套煤基乙醇工业化示范装置	898
创新陆滩海一体化三维地震采集与全凹陷三维地震资料整体连片一致性处理技术	924
创新斜坡带差异控砂耦合输导成藏理论认识与目标精准落实技术	924
创新隐蔽深潜山及潜山内幕成藏理论认识与超高温深潜山高效酸压技术	925
各地区分电源发电结构	1201
各地区分电源发电装机结构	1230
各地区分电源发电装机容量	1229
各地区分行业终端用电结构	1151
各地区终端销售电价	1266
各地区燃煤机组脱硫标杆上网电价	1263
各省（区、市）天然气基准门站价格	300，1261
各省（区、市）天然气基准门站价格表	300
各省（区、市）天然气最高门站价格表	721
各省（区、市）非居民用天然气基准门站价格表	725
各省（自治区、直辖市）可再生能源电力总量消纳责任权重	843

各省（自治区、直辖市）非水电可再生能源电力消纳责任权重 …… 843
各省、自治区、直辖市电力系统参考备用率 …… 626
各省份天然气最高门站价格表 …… 293
各省级电网承担的容量电费比例计算公式（区域电网输电价格定价办法） …… 212
各省级电网终端售电量收取容量电费标准计算公式（区域电网输电价格定价办法（试行）） …… 213
多传感器信息融合技术 …… 909
多晶干法黑硅 PERC 电池 …… 946
产业技术升级示范重点 …… 581
产业融合发展重点 …… 582
产能利用率 …… 49
关于大力推进煤矿安全生产标准化建设工作的通知 …… 534
关于开展分布式发电市场化交易试点的补充通知 …… 280
关于开展分布式发电市场化交易试点的通知 …… 273
关于开展风电平价上网示范工作的通知 …… 855
关于开展电力现货市场建设试点工作的通知 …… 232
关于开展重点用能单位"百千万"行动有关事项的通知 …… 429
关于开展燃煤耦合生物质发电技改试点工作的通知 …… 623
关于支持光伏扶贫和规范光伏发电产业用地的意见 …… 859
关于公布光伏竞价转平价上网项目的通知 …… 865
关于北方地区清洁供暖价格政策的意见 …… 437
关于电力交易机构组建和规范运行的实施意见 …… 162

关于印发《不单独进行节能审查的行业目录》的通知 …… 432
关于印发《中长期油气管网规划》的通知 …… 704
关于印发节能节水和环境保护专用设备企业所得税优惠目录（2017年版）的通知 …… 427
关于印发绿色建筑创建行动方案的通知 …… 435
关于加大清洁煤供应确保群众温暖过冬的通知 …… 465
关于加快浅层地热能开发利用促进北方采暖地区燃煤减量替代的通知 …… 567
关于加快能源领域新型标准体系建设的指导意见 …… 659
关于加快推进分散式接入风电项目建设有关要求的通知 …… 854
关于加快推进可再生能源发电补贴项目清单审核有关工作的通知 …… 483
关于加快推进深度贫困地区能源建设助推脱贫攻坚的实施方案 …… 480
关于加快推进增量配电业务改革试点的通知 …… 201
关于加快储气设施建设和完善储气调峰辅助服务市场机制的意见 …… 730
关于加快签订和严格履行煤炭中长期合同的通知 …… 143
关于加强天然气输配价格监管的通知 …… 301
关于加强市场监管和公共服务　保障煤炭中长期合同履行的意见 …… 140
关于加强市场监管和公共服务保障煤炭中长期合同履行的意见 …… 140
关于加强和规范燃煤自备电厂监督管理的指导意见 …… 172
关于发布2023年煤电规划建设风险预警的通知 …… 631
关于发展煤电联营的指导意见 …… 137
关于在山西开展能源革命综合改革试点的意见 …… 89

关于有关原油加工企业申报使用进口原油问题的通知 …… 729
关于有序放开发用电计划的实施意见 …… 584
关于有序放开发用电计划的通知 …… 181
关于当前开展电力用户与发电企业直接交易有关事项的通知 …… 175
关于全面放开经营性电力用户发电用电计划的通知 …… 184
关于全面深化价格机制改革的意见 …… 119
关于全面提升"获得电力"服务水平 持续优化用电营商环境的意见 …… 665
关于进一步加快建设煤矿产能置换工作的通知 …… 559
关于进一步加强核电运行安全管理的指导意见 …… 633
关于进一步完善成品油价格形成机制有关问题的通知 …… 716
关于进一步完善成品油价格形成机制的通知 …… 714
关于进一步完善国有企业法人治理结构的指导意见 …… 108
关于进一步推进煤炭企业兼并重组转型升级的意见 …… 562
关于进一步推进增量配电业务改革的通知 …… 205
关于进一步深化电力体制改革的若干意见 …… 152
关于进口原油使用管理有关问题的通知 …… 725
关于完善水电上网电价形成机制的通知 …… 637
关于完善风电上网电价政策的通知 …… 856
关于完善核电上网电价机制有关问题的通知 …… 632
关于完善新能源汽车推广应用财政补贴政策的通知 …… 484
关于完善煤矿产能登记公告制度开展建设煤矿产能公告工作的通知 …… 560

关于规范开展增量配电业务改革试点的通知 …… 199
关于国有企业发展混合所有制经济的意见 …… 102
关于制定地方电网和增量配电网配电价格的指导意见 …… 210
关于实施煤炭资源税改革的通知 …… 147
关于建立健全可再生能源电力消纳保障机制的通知 …… 840
关于建立健全居民生活用气阶梯价格制度的指导意见 …… 683
关于建立健全煤炭最低库存和最高库存制度的指导意见（试行） …… 296
关于降低非居民用天然气门站价格并进一步推进价格市场化改革的通知 …… 294
关于降低非居民用天然气基准门站价格的通知 …… 723
关于促进天然气协调稳定发展的若干意见 …… 711
关于促进生物质能供热发展的指导意见 …… 867
关于促进西南地区水电消纳的通知 …… 849
关于促进非水可再生能源发电健康发展的若干意见 …… 638
关于促进智能电网发展的指导意见 …… 649
关于促进储能技术与产业发展的指导意见 …… 874
关于核定天然气跨省管道运输价格的通知 …… 722
关于健全完善电力市场建设试点工作机制的通知 …… 234
关于调整天然气价格的通知 …… 291
关于调整天然气进口税收优惠政策有关问题的通知 …… 728
关于调整非居民用存量天然气价格的通知 …… 719
关于理顺居民用气门站价格的通知 …… 298

· 1281 ·

关于推进"互联网+"智慧能源发展的指导
　　意见 …………………………………… 416
关于推进2018年煤炭中长期合同签订履行工作
　　的通知 ………………………………… 144
关于推进电力市场建设的实施意见 ……… 158
关于推进电力交易机构独立规范运行的实施
　　意见 …………………………………… 283
关于推进电力安全生产领域改革发展的实施
　　意见 …………………………………… 609
关于推进光伏发电"领跑者"计划实施和2017
　　年领跑基地建设有关要求的通知 …… 861
关于推进多能互补集成优化示范工程建设的实
　　施意见 ………………………………… 424
关于推进矿产资源管理改革若干事项的意见
　　（试行） ………………………………… 305
关于推进供给侧结构性改革　防范化解煤电产
　　能过剩风险的意见 …………………… 619
关于推进售电侧改革的实施意见 ………… 168
关于推进输配电价改革的实施意见 ……… 166
关于推进新能源微电网示范项目建设的指导
　　意见 …………………………………… 653
关于做好2020年能源安全保障工作的指导意见
　　………………………………………… 49
关于做好2021年煤炭中长期合同签订履行工作
　　的通知 ………………………………… 587
关于做好水电开发利益共享工作的指导意见
　　………………………………………… 850
关于做好北方地区"煤改电"供暖工作保障群
　　众温暖过冬的通知 …………………… 467
关于做好电力现货市场试点连续试结算相关工
　　作的通知 ……………………………… 239
关于做好迎峰度冬期间煤炭市场价格监管的
　　通知 …………………………………… 585
关于做好煤电油气运保障工作的通知 …… 486
关于深入推进供给侧结构性改革做好新形势下
　　电力需求侧管理工作的通知 ………… 642

关于深入推进煤炭交易市场体系建设的指导
　　意见 …………………………………… 135
关于深化石油天然气体制改革的若干意见
　　………………………………………… 289
关于深化电力现货市场建设试点工作的意见的
　　通知 …………………………………… 235
关于深化投融资体制改革的意见 ………… 125
关于深化国有企业改革的指导意见 ……… 94
关于深化能源行业投融资体制改革的实施意见
　　………………………………………… 129
关于深化燃煤发电上网电价形成机制改革的指
　　导意见 ………………………………… 187
关于强化输煤及制粉系统和防腐工作安全措施
　　落实　有效防范人身事故的通知 …… 539
关于煤炭行业化解过剩产能实现脱困发展的
　　意见 …………………………………… 498
安全评价检测检验机构管理办法 ………… 541
设备智能检测与维修技术 ………………… 944
HJT/HIT异质结太阳电池技术 …………… 945
批发交易用户少用电量的结算价格计算公式
　　（电力中长期交易基本规则） ………… 266
批发交易用户偏差电量计算公式（电力中长期
　　交易基本规则） ………………………… 266
批发交易用户超用电量的结算价格计算公式
　　（电力中长期交易基本规则） ………… 266
折旧费的计算公式（省级电网输配电价定价
　　办法） …………………………………… 228
均衡开采模式 ……………………………… 937
LNG接收站 ………………………………… 19
抗风浪高效波浪能发电装置 ……………… 956
我国地热能开发目标 ……………………… 825
低阶煤分质梯级利用技术 ………………… 898
低温液态储氢技术 ………………………… 949
含13%增值税的管道运输价格计算公式（国家
　　发展改革委关于调整天然气价格的通知）
　　………………………………………… 292

条目	页码
应纳税额计算公式（关于实施煤炭资源税改革的通知）	147
冷凝法烟气水回收技术	906
汽油生产	29
完善电力辅助服务补偿（市场）机制工作方案	269
完善生物质发电项目建设运行的实施方案	870
启动碳交易市场	1026
陆上油气勘探技术	932
纳米智能驱油技术	929
环渤海动力煤价格指数（BSPI）	1253
现代电网关键技术创新路线	385
现代煤化工产业创新发展布局方案	580
表面活性剂中试反应装置技术	926
抽水蓄能技术	962
构建全球能源互联网	1025
矿山超大功率提升机全系列变频智能控制技术与装备	891
矿井灾害源超深探测地质雷达装备及技术方法	891
矿业权出让制度改革方案	304
矿用全断面硬岩快速掘进技术（TBM）装备	885
矿产资源开发遥感监测	884
矿产资源权益金制度改革方案	302
轮缘驱动型潮流能发电技术	954
软岩边坡露天矿控制开采技术	894
非化石能源发电量	1204
非化石能源发电装机容量	1231
非常规油气和深层、深海油气开发技术创新	354
非常规油气勘探技术	932
国Ⅵ标准汽油生产技术	930
国电集团对外投资合作情况	1001
国务院机构改革和职能转变方案	91
国产陆上天然气出厂基准价格	1260
国家电网对外投资合作情况	996
国家电投对外投资合作情况	1002
国家核准重大煤矿建设情况	5
国家能源局主要职责内设机构和人员编制规定	90
固井密封性控制技术	927
固定床钴基费托合成技术	899
垂直轴潮流能技术	954
供电标准煤耗	50
所得税计算公式（省级电网输配电价定价办法）	230
金刚线切割技术	947
金属氢化物储氢	949
变速风力机和同步发电机机组	942
变速恒频双馈式机组	942
单位GDP用电量	1155
单位GDP用电量国际比较	1156
油气开发项目备案及监管暂行办法	753
油气矿业权出让收益市场基准价标准表	308
油气领域对外投资	983
油气混输技术	930
油气管网设施公平开放监管办法	748
油田细分开采技术	926
沼气发电技术	960
波浪能耦合其他海洋能的发电装置	956
治水、控砂、多层系协调动用稳产模式	937
试点工作重点专项及分工（关于开展分布式发电市场化交易试点的补充通知）	282
试点方案支持性文件要求（关于开展分布式发电市场化交易试点的补充通知）	282
建立油气期现货交易市场	1027
居民用电价格	1267
居民用电价格国际比较（IEA）	1269
孤岛效应检测技术	915
终端电力消费结构国际比较	1151
终端消费综合能源电力系统	915

玲龙一号（ACP100）模块式小型堆……… 912	核电装机容量国际比较…………………… 1234
城市维护建设税及教育费附加计算公式（省级电网输配电价定价办法）……… 230	核级数字化仪控系统——"和睦系统"… 912
南方电网对外投资合作情况……………… 997	砾岩油区成藏理论和勘探技术…………… 923
南海高温高压钻完井关键技术及工业化应用……… 928	原油开采新增生产能力…………………… 1214
相邻露天矿协调开采技术………………… 895	原油生产 ………………………………… 28
轴流式潮流能发电装置…………………… 954	原油生产量………………………………… 1191
省级电网平均输配电价（含增值税）计算公式（省级电网输配电价定价办法）……… 231	原油生产量国际比较……………………… 1191
省级电网输配电价定价办法……………… 227	原油进口年度走势………………………… 45
省级行政区域内输入可再生能源电量计算公式……… 844	原油进出口情况…………………………… 45
氢能与燃料电池技术创新路线…………… 375	原油到岸价格国际比较…………………… 1257
适应多气藏类型的采气工艺技术………… 937	原油离岸价格国际比较…………………… 1255
重点地区 2020 年光伏发电建设规模……… 806	原油剩余探明储量国际比较……………… 1172
重点煤炭工程建设………………………… 7	原煤开采新增生产能力…………………… 5
重点燃煤电厂煤炭最低库存和最高库存规定……… 577	原煤生产人均量…………………………… 24
复杂工况下直驱永磁风力发电机组技术……… 942	原煤生产日均量…………………………… 24
复杂采空区下容易自燃煤层开采火灾防治技术与装备 ……… 891	原煤生产总量……………………………… 24
保障核电安全消纳暂行办法……………… 633	原煤生产量………………………………… 1188
首台 500 千瓦波浪能发电装置"舟山号"……… 957	原煤应纳税额计算公式（关于实施煤炭资源税改革的通知）……………… 147
炼油能力国际比较………………………… 1216	致密气藏提高采收率配套技术…………… 934
洗选煤应纳税额计算公式（关于实施煤炭资源税改革的通知）………… 147	柴油生产 ………………………………… 29
恒速风力机+感应发电机机组…………… 942	特大型交直流电网技术…………………… 916
神华煤直接液化技术……………………… 897	特低渗—致密砂岩气藏开发动态物理模拟系统……… 927
柔性直驱式浪轮发电装置………………… 956	特厚煤层综放开采"孤岛"工作面巷道强矿压控制技术……… 892
柔性直流输变电一体化技术……………… 943	特高压线路输送可再生能源情况………… 34
绝缘局部放电监测技术…………………… 908	积极应对全球气候变化…………………… 1025
盐差能技术………………………………… 958	透明化智能综采工作面自适应采煤关键技术及系统……… 892
热泵技术+干热型地热资源利用技术…… 951	矿产资源卫星遥感勘测技术……………… 884
核电发电量国际比较……………………… 1206	高比例电力电子装备电力系统…………… 917
	高压气态储氢技术………………………… 949
	高效 PERC 单晶太阳能电池及组件应用技术……… 947
	高效太阳能利用技术创新路线…………… 369
	高效多晶硅太阳电池组件………………… 945

条目	页码
高效超超临界燃煤发电技术	900
高效燃气轮机技术创新路线	380
高温气冷堆燃料元件生产线	912
高精度可控震源技术	926
准许成本计算公式（省级电网输配电价定价办法）	228
准许收益计算公式（省级电网输配电价定价办法）	229
准许收益率计算公式（区域电网输电价格定价办法（试行））	212
准许收益率的计算公式（省级电网输配电价定价办法）	212
部分在建及规划LNG接收站项目	1222
部分在建及规划地下储气库	1224
烟气污染物超低排放技术	904
烟尘排放控制技术	903
消纳责任权重计算公式	844
海上风电场升压站结构设计、建设和保障技术	942
海上风电场群控制技术	944
海上风电机组健康诊断智能感知技术	944
海上风电单场送出技术	943
海上风电智能运维技术	944
海上风电装机情况	21
海洋石油储运技术	929
海洋观测平台5kW模块化潮流能供电关键技术	955
浮体绳轮波浪能发电技术	956
容量电费与电量电费比例计算公式（区域电网输电价格定价办法）	212
容量电费比例计算公式（区域电网输电价格定价办法（试行））	212
能耗强度	48
能源工业分行业投资	1159
能源工业分行业投资构成	1160
能源与固体废弃物排放	54
能源与废水污染物排放	54
能源与废气污染物排放	53
能源与温室气体排放	55
能源生产安全	24
能源生产结构	23
能源生产量	23
能源加工转换损耗	49
能源加工转换效率	49
能源发展战略行动计划（2014—2020年）	79
能源进出口量	1239
能源投资规模	3
能源体制革命行动计划	88
能源国际合作战略规划	969
能源消费总量	1123
能源消费总量国际比较（BP）	1124
能源消费结构	37
能源消费量	36
预计新增石油化工能力国际比较	1215
预计新增单位电量固定资产计算公式（省级电网输配电价定价办法）	229
推动共建丝绸之路经济带和21世纪海上丝绸之路的愿景与行动	969
推进人民币国际化进程	1028
推进并网型微电网建设试行办法	655
基于开发尺度的页岩气储层评价技术	935
基于起伏地表的速度建模软件	923
基于潮流能、波浪能耦合的海岛独立发电、制淡系统	955
基于潮流能利用的变几何水轮机发电装置	955
基础设施和公用事业特许经营管理办法	741
勘探工程建设技术	883
铜铟镓硒（CIGS）薄膜太阳电池	946
第三代大输量天然气管道工程关键技术	939
售电公司准入与退出管理办法	191
斜井沿轴线冻结法凿井技术	886

旋流干煤粉气化炉技术装备	899	储气库建设	19
断陷盆地富油凹陷二次勘探关键理论技术		储层改造工艺、工具装备技术	936
	924	储能电站技术	965
淘汰落后产能	25	温差能技术	957
液化天然气进出口情况	47	缅甸皎漂特别经济区深水港项目	976
液化天然气的运输储存技术	938	输电通道建设	16
液压变桨技术	943	输配电定价成本监审办法	217
深层致密砂岩气藏群开发技术	935	跨省、跨区域电网送电价格调整情况	1264
深层碳酸盐岩气藏开发技术	934	跨省跨区专项工程输电价格定价办法（试行）	
深厚冲积层冻结法凿井关键技术	886		210
综合工艺及外包模式下均衡剥采比理论		签署《二十国集团能源部长声明》	970
	895	签署《关于协同推进"一带一路"能源合作的	
绿色建筑创建行动方案	435	框架协议》（国家能源局与中国信保）	
塔式光热发电技术	948		970
超大功率固井车	928	签署俄罗斯油气控股公司帕亚哈油气田项目合	
超大直径深立井建井关键技术及成套装备		作协议（中国化学工程集团有限公司）	
	887		973
超长超柔叶片技术	943	微堆低浓化改造	912
超临界循环流化床锅炉发电技术	901	解决弃水弃风弃光问题实施方案	834
超热负荷第一壁原型件	912	新建成的天然气管道	1220
超深小井眼侧钻技术	926	新建的成品油管道	1219
提升新能源汽车充电保障能力行动计划		新型地埋管换热器技术	951
	489	新型信号分析技术	908
斯里兰卡汉班托塔港	978	新型钻井液技术	926
斯里兰卡科伦坡港口项目	978	新能源和可再生能源发电情况	31
晶科半片组件	946	新能源和可再生能源发电装机容量	21
智能电力系统的物理信息深度融合技术		新能源和可再生能源投资	20
	919	新能源和可再生能源新增装机容量	21
智能电网大数据技术应用	919	新增电网建设规模	16
智能油气开发技术	925	数据分析关键技术	920
智能型千万吨级综采成套装备	888	数据处理关键技术	920
智能掘进机器人系统技术与装备	887	数据展现关键技术	920
等离子体处理固废处理技术	1055	煤与瓦斯共采技术	889
筏式液压波浪发电装置	956	煤与煤系气资源勘查开发研究	885
集中式光伏发电并网技术	914	煤气热载体分段多层低阶煤热解成套工业化技	
焦炭生产量	25	术（SM-GF）	898
焦炭新增生产能力	1213	煤电项目预期投资回报率计算方法	626

煤田火区遥感监测	884
煤层气开发技术	934
煤矿井下瞬变电磁探测技术与装备	883
煤矿地质灾害勘查防治技术	884
煤矿安全生产标准化考核定级办法（试行）	537
煤矿安全改造中央预算内投资专项管理办法	547
煤矿采区三维地震资料精细处理与动态解释技术	883
煤矿重大事故隐患判定标准	553
煤矿绿色（充填）开采技术	889
煤制油品/烯烃大型现代煤化工成套技术	896
煤油生产	29
煤炭工业发展"十三五"规划	503
煤炭无害化开采技术创新路线	352
煤炭中长期合同诚信履约承诺机制	146
煤炭生产量国际比较	1188
煤炭价格国际比较	1254, 1255
煤炭进出口国际比较	1241
煤炭进出口	44
煤炭进出口量	1240, 1241
煤炭进出口额	1241
煤炭固定资产投资	4
煤炭效率	51
煤炭消费	38
煤炭消费总量	1129
煤炭消费总量国际比较	1130
煤炭探明储量国际比较	1170

煤炭清洁利用	25, 81, 319, 332, 340, 500, 509, 572, 573, 1024
煤炭清洁高效利用	50
煤炭清洁高效利用技术创新路线	357
煤炭深加工产业示范"十三五"规划	523, 583, 897
源端基地综合能源电力系统	915
滚动接替稳产模式	937
磁流体波浪能发电技术	956
管道天然气进出口情况	47
管道输油（气）里程	1219
漂浮式潮流能电站海岛独立发电应用项目	954
增量配电业务配电区域划分实施办法（试行）	201, 202, 206, 207, 208
增量配电改革主要政策文件梳理	208
槽式太阳能热发电	370, 948
蝶式光热发电技术	948
潮汐能发电技术	952
薄煤层采煤机电缆拖拽系统	893
整体煤气化联合循环（IGCC）发电技术	903
燃气蒸汽联合循环发电技术	902
燃煤火电机组节能改造技术	906
潞安高硫煤清洁利用示范项目	7
激光雷达检测技术与风速实时预测	944
鹰式"万山号"波浪能发电装置	956
露井联采边坡稳定控制技术	894
露天煤矿绿色开采理论与技术	896